Enquete-Kommission
„Überwindung der Folgen der SED-Diktatur
im Prozeß der deutschen Einheit"

Band VIII/2

Materialien der Enquete-Kommission
„Überwindung der Folgen der SED-Diktatur
im Prozeß der deutschen Einheit"
(13. Wahlperiode des Deutschen Bundestages)
Herausgegeben vom Deutschen Bundestag

Acht Bände in 14 Teilbänden

Materialien der Enquete-Kommission
„Überwindung der Folgen der SED-Diktatur
im Prozeß der deutschen Einheit"
(13. Wahlperiode des Deutschen Bundestages)
Herausgegeben vom Deutschen Bundestag

Band VIII/2

Das geteilte Deutschland im geteilten Europa

Nomos Verlag
Suhrkamp Verlag

Die Deutsche Bibliothek – CIP-Einheitsaufnahme

Deutscher Bundestag (Hrsg.):
Materialien der Enquete-Kommission „Überwindung der Folgen
der SED-Diktatur im Prozeß der deutschen Einheit"
(13. Wahlperiode des Deutschen Bundestages);
acht Bände in 14 Teilbänden/
hrsg. vom Deutschen Bundestag
– Baden-Baden : Nomos Verl.-Ges.
ISBN 3-7890-6354-1

– Frankfurt am Main : Suhrkamp.
(suhrkamp taschenbuch nomos)
ISBN 3-518-06580-7

Bd. VIII Das geteilte Deutschland im geteilten Europa [Red. Marlies Jansen]. 2. – 1999

Erste Auflage 1999
Nomos Verlagsgesellschaft mbH & Co Kommanditgesellschaft, Baden-Baden.
© Alle Rechte, auch die des Nachdrucks von Auszügen, der photomechanischen
Wiedergabe und der Übersetzung, vorbehalten.
Satz: Richarz Publikations-Service, Sankt Augustin
Druck: C.H. Beck'sche Buchdruckerei Nördlingen
Printed in Germany

Inhaltsübersicht

Inhaltsübersicht

Inhaltsübersicht

Inhaltsübersicht

Hans-Joachim Döring

Zur Politik der DDR gegenüber der Dritten Welt am Beispiel von Äthiopien und Mosambik unter besonderer Berücksichtigung der Außenwirtschaftsbeziehungen

1. Einleitung

1.1 Zur Eingrenzung der Ausarbeitung

Die von der Enquete-Kommission erbetene Ausarbeitung „Die Politik der DDR gegenüber der Dritten Welt am Beispiel von Mosambik[1] und Äthiopien[2] sowie die Konsequenzen für das Verhältnis der Bundesrepublik zu diesen Ländern" war von dem Auftraggeber vor allem als Literaturrecherche gewünscht worden. Bei der Durchsicht der Literatur stellte sich heraus, daß einige wichtige Fragen der DDR-Politik gegenüber Äthiopien und Mosambik mit der verfügbaren Literatur nicht geklärt werden konnten. Vor allem war zu klären, warum mit dem Beginn des Jahres 1977 bis in die frühen 80er Jahre hinein eine unerwartet häufige Beschäftigung der DDR-Medien mit den Ländern der Studie und eine wirtschaftliche und diplomatische so nicht zu erwartende Intensität der Kontakte eintrat.

Die diplomatische Anerkennungswelle der DDR, lange Zeit aufgestaut und ausgelöst durch den Abschluß des Grundlagenvertrages zwischen der Bundesrepublik Deutschland und der Deutschen Demokratischen Republik, war 1974 weitgehend abgeschlossen. 1974 kam es zum Umsturz in Äthiopien und zur Ausrufung des sozialistischen Staates. Mosambik erklärte nach dem langen Kampf der FRELIMO[3] am 25. Juni 1975 seine Unabhängigkeit. Kontakte der

---

1 Diese Schreibweise wird für die Volksrepublik Moçambique verwendet.
2 Diese Schreibweise wird für das Sozialistische Äthiopien und ab 1987 für die Volksdemokratische Republik Äthiopien verwendet.
3 FRELIMO = Frente de Libertaçao des Moçambique, Befreiungsbewegung und Partei.

SED bzw. der DDR zur FRELIMO bestanden aber seit 1962[4]. Der politische und ideologische Rahmen in der SED und der DDR hatte sich zwischen 1974 und 1977 nicht derart grundlegend verändert, daß er als Begründung für die hektisch und komplex einsetzenden Aktivitäten der DDR in Afrika ausreichend war.

In Gesprächen erfuhr der Verfasser, daß es eine Kommission unter Leitung des Wirtschaftssekretärs des ZK der SED, Günther Mittag, für „Entwicklungsländer" gab, an der „nichts vorbei ging".

In einschlägigen Veröffentlichungen[5] ist die „Kommission zur Koordinierung der ökonomischen, kulturellen, wissenschaftlich-technischen und der Tätigkeit im nichtzivilen Bereich in den Ländern Asiens, Afrikas und des arabischen Raumes" des Politbüros der DDR[6], so ihre ursprünglich vollständige Bezeichnung, bisher nicht erwähnt bzw. beschrieben worden. Sollte die Aussage zutreffen, daß an dieser Kommission „nichts vorbei ging", würden Literaturrecherchen kaum die notwendigen Ergebnisse bringen. Die Primärquellen mußte erschlossen werden, soweit dies in einem zeitlich vertretbaren Maße möglich war. Der Verfasser entschied sich für diesen Weg.

Damit konnte das eingereichte Konzept zur Expertise nicht mehr eingehalten werden. Sowohl der nur begrenzt mögliche Zeitaufwand für die Archivarbeit und Aufarbeitung der Primärquellen als auch der vorgegebene Umfang der Studie erlauben nur erste Erkenntnisse.

Die Bedeutung des Politbüros und Sekretariates des ZK der SED und damit der von ihm eingesetzten „Kommission für Entwicklungsländer" auch für die Afrikapolitik der DDR unterstreicht eine Titeldokumentation der Afrika betreffenden Tagesordnungspunkte dieser höchsten DDR-Gremien: „Alle wichtigen gesellschaftlichen Entscheidungen – so auch die Afrikapolitik – haben das Politbüro und das Sekretariat des ZK der SED durchlaufen."[7] Hans-Georg Schleicher, langjähriger Mitarbeiter im Diplomatischen Dienst der DDR und

---

4 Vgl. Schleicher, I.: „Das Solidaritätskomitee der DDR und Mosambik" in: van der Heyden/Schleicher/Schleicher, Münster 1993, S. 196, darüber hinaus: der Präsident der FRELIMO Machel weilte zum VIII. Parteitag der SED 1971 in Berlin, ein Protokoll über die Zusammenarbeit zw. SED und FRELIMO wurde 1974 unterzeichnet (ND 10.12.1974).

5 Z.B. in: „So funktionierte die DDR – Lexikon der Organisationen und Institutionen" Bd. 1-3, Hamburg 1994; Hans-Joachim Spanger/Lothar Brock: „Die beiden Deutschen Staaten in der Dritten Welt" Opladen 1989; Hillebrand, E.: „Das Afrika-Engagement der DDR" Frankfurt/M. 1988; Dolezal, J.: Entwicklung, Ziele, Methoden und Instrumente der DDR-Außenpolitik in der Dritten Welt" in: Baske, S. (Hrsg.): „Die Dritte Welt und die beiden Staaten in Deutschland" Asperg 1983; sowie „Bericht des Schalck-Untersuchungsausschusses", Bundestagsdrucksache 12/7600 u. a.

6 Anlage Nr. 13 zum Protokoll (des Politbüros des ZK der SED, d. Verf.) Nr. 49/77 vom 20.12.1977 „1. Zur Koordinierung der ökonomischen, kulturellen, wissenschaftlich-technischen und der Tätigkeit im nichtzivilen Bereich in den Ländern Asiens, Afrikas und des arabischen Raumes wird eine zeitweilige Kommission des Politbüros gebildet..." BAZ DY30 J IV2/2 1705, S. 156.

7 Husemann, Bettina/Neumann, Anette: „Die Afrikapolitik der DDR" Eine Titeldokumentation der Akten des Politbüros und des Sekretariats der SED, Hamburg 1994, „Die verschiedenen Bereiche der DDR-Afrikapolitik spiegeln sich zu einem bedeutenden Teil in Parteiakten der SED wider. Dies hängt mit der politischen Struktur der DDR, insbesondere mit der „führenden Rolle der Partei zusammen", S. I.

unter anderem Botschafter in Simbabwe berichtet eher nachrichtlich: „Höhepunkt des Versuches, die verschiedenen Träger der Afrikapolitik zu koordinieren und Entscheidungen zu zentralisieren, war die Schaffung einer speziellen Politbürokommission..."[8] ohne näher auf die Funktion und Rolle der Kommission einzugehen und sie zu charakterisieren. Bei allen Zentralismus der DDR wurde davon ausgegangen, daß die Beziehungen zu Entwicklungsländern unkoordiniert und ohne bündelnde Einrichtung unterhalten wurden.

Noch in neueren Ausarbeitungen galt: „Ein hervorstechendes Kennzeichen der DDR-Entwicklungshilfe war das Fehlen einer zentralen staatlichen Behörde".[9]

Es mußte der Frage nachgegangen werden, ob gerade in der DDR, die für ihre „dezentrale" Südpolitik[10] bekannt war, eine Art „Südkabinett" bestand, welches sich interministeriell mit den Beziehungen und besonderen Aufgabenbereichen zu den Ländern Asiens, Afrikas und des arabischen Raumes befaßte.[11]

Die Beschäftigung vorwiegend mit den Unterlagen und Akten der „Mittag-Kommission", so die Bezeichnung der Eingeweihten für das Politbürogremium und der handelspolitischen Abteilung des Bereiches „Kommerzielle Koordinierung" im Ministerium für Außenhandel, bringt eine „Engführung" mit sich. Die „Mittag-Kommission" verstand die Süd-Politik vor allem als Außenwirtschaftspolitik. Auf Grund der Besonderheiten der Beziehungen der DDR zu den ausgewählten afrikanischen Staaten Äthiopien, Mosambik sowie Angola stellten sie einen Sonderfall dar.

Auch wurden Fragen für die DDR wichtiger asiatischer oder lateinamerikanischer Länder, wie Vietnam, Nordkorea, Kuba oder Nicaragua in dieser Kommission nicht behandelt. Um so intensiver wurden in der Kommission Entscheidungen zur Zusammenarbeit mit den befreundeten Staaten in Afrika Mosambik, Äthiopien und Angola beraten und getroffen.

Die Ausarbeitung begrenzt sich auf die Beispielländer Äthiopien und Mosambik. Damit kann kein „Gesamtbild" der Afrikapolitik oder der Südpolitik der DDR gezeichnet werden. Wichtige Motive, Ziele und Entscheidungen der Partei- und Staatsführung und ihrer Apparate, sowie deren Auswirkungen lassen sich jedoch darstellen.

---

8 Engel, Ulf/Schleicher, Hans-Georg „Thesen zur Afrikapolitik der beiden deutschen Staaten" Institut für Afrikakunde/Hamburg 1997.

9 Siebs, Benno: Die DDR und die Dritte Welt -Entwicklungspolitik in den achtziger Jahren, München 1993, S. 49; Graewe, W.-D.: „Eine spezifische Besonderheit der DDR-Entwicklungszusammenarbeit war das Fehlen einer zentralen entwicklungspolitischen Institution.", Vortrag am 24.04.1997 vor der Gesellschaft für Deutschlandforschung, „Entwicklungspolitische Zusammenarbeit der DDR", Manuskript, S. 3.

10 Der Begriff „Südpolitik" wird als Oberbegriff für die Aktivitäten und Absichten der DDR gegenüber Entwicklungsländern verwendet.

11 Die Forderung nach einem „Entwicklungskabinett", welches die Beziehungen zu den Entwicklungsländern als „Querschnittsaufgabe" verstand und mit Entscheidungsrechten auszustatten sei, war eine langjährige Forderung der entwicklungspolitischen Öffentlichkeit der Bundesrepublik.

Die ökonomische Sicht auf die Politik gegenüber Mosambik und Äthiopien wird durch die Ablehnung des Auswärtigen Amtes auf „vorzeitige Einsichtnahme in Dokumente des Ministeriums für Auswärtige Angelegenheiten der DDR" zur Politik gegenüber Mosambik und Äthiopien verstärkt.[12] Die „Mittag-Kommission" und ihr handelspolitisches Umfeld erhält durch diese Entscheidung und die dadurch nichtzugänglichen Materialien eine herausragende Bedeutung. Dadurch können gegebenenfalls abweichende Positionen im Partei- und Staatsapparat, nur bedingt dargestellt werden, vorausgesetzt diese gab es.

1.2 Zu den Quellen

Neben der zugänglichen Literatur wurde in verschiedenen Archiven recherchiert.[13]

Die Akten konnten größtenteils nur in Stichproben eingesehen werden. In einigen Archiven laufen noch Anfragen.

Es bestand nicht die Absicht und Möglichkeit, Archive in Mosambik und Äthiopien bzw. dortige Unterlagen einzubeziehen. Auch ergab sich bisher keine Gelegenheit, Zeitzeugen dieser Länder zu befragen. Die Ausarbeitung muß also auch unter den Vorbehalt einer weiteren Einschränkung stehen. Eine umfassende Beurteilung bedarf der Einbeziehung der äthiopischen und mosambikanischen Seite.

Es wurde sich zeitweise um Gespräche mit sogenannten Zeitzeugen der „DDR-Südpolitik" bemüht, um die Zusammenhänge, die Anbahnungen und

12 Begründet wird die generelle Zugangseinschränkung für die wissenschaftliche Benutzung der Archive durch die „30-Jahre-Sperrfrist" und das Vertrauensverhältnis gegenüber dritten Staaten. Im Falle dieser Ausarbeitung ist diese Entscheidung bedauerlich, da eine Kommission des Deutschen Bundestages die Ausarbeitung in Auftrag gab. Im speziellen Fall dürften auch die beiden afrikanischen Staaten ein Interesse an der Klärung von Zusammenhängen ihrer Beziehungen zur DDR besitzen. Die Anwendung der Sperrfrist könnte in diesen konkreten Fällen die Herausbildung weiteren Vertrauens verhindern, wenn man annimmt, daß Regierungsstellen und die Öffentlichkeit in Mosambik und Äthiopien ein Interesse an der Erhellung ihrer eigenen Geschichte haben.
13 „Stiftung Archive der Parteien und Massenorganisationen der DDR" im Bundesarchiv Berlin-Zehlendorf für die Unterlagen aus dem Politbüro, der ZK der SED-Abteilung für Internationale Verbindungen und dem Büro des Politbüro-Mitgliedes G. Mittag. Signatur: BAZ DY ....
  - Bundesarchiv Berlin-Zehlendorf für die Akten des Sekretariates der „Mittag-Kommission", deren Sekretariat in der „Staatlichen Plankommission der DDR" angesiedelt war. Signatur: BAZ DE – 1....
  - beim Bundesbeauftragten für die Unterlagen des Ministeriums für Staatssicherheit (BStU) in Berlin; Signatur: BStU...
  - Bundesarchiv Außenstelle Coswig (BAC) für die Bestände des Bereiches Kommerzielle Koordinierung, Abteilung: Handelspolitik; Signatur: DL-2-KOKO....
  - Bundesarchiv Außenstelle Dahlwitz-Hoppegarten, für die Akten des Solidaritätsdienstes der DDR; Signatur: BAD.....
  - Archiv des Auswärtigen Amtes, Außenstelle Berlin, nur Kopien von Vertragstexten; Signatur AA
  - Bundesarchiv – Militärarchiv in Freiburg im Br.; Signatur BAF MA....
  - Evangelisches Zentralarchiv, Außenstelle Berlin-Mitte; Signatur: EZA....
  - Hauptarchiv des Diakonischen Werkes in Berlin Zehlendorf; Signatur: HADW....

die Umsetzungen, die hinter den Papieren, Vorlagen und knappen Beschlüssen verborgen waren, besser erkunden und verstehen zu können. Diese Gespräche erwiesen sich im Recherchestadium als eher unproduktiv.

In der vorliegenden Studie kann und soll nicht über das Verhalten der Bevölkerung der DDR zu Solidarität, Entwicklungszusammenarbeit[14] und globaler Verantwortung bzw. pauschal über Experten und Spezialisten geurteilt werden. Eine Einschätzung zu diesen Sachverhalten ist nicht Gegenstand der Ausarbeitung.

„Vor Ort" wurde durchaus aufopferungsvolle und solidarische Arbeit geleistet.[15] Die Mehrheit der Bevölkerung, weitgehend gehindert am selbstbestimmten und konkreten solidarischen bzw. entwicklungspolitischen Engagement (soweit sie dies wollte), stand den Solidaritätsbekundungen der SED und der DDR-Regierung eher unkritisch und in den 70er Jahren durchaus sympathisierend gegenüber.

2.0 Zum Rahmen der Südpolitik der DDR

2.1 Das Ringen um internationale Anerkennung und die Jahre bis 1975

2.1.1 Die internationale Anerkennung der DDR

Ein Trauma der Partei- und Staatsführung der DDR war die internationale Nichtanerkennung des ersten deutschen Arbeiter- und Bauernstaates durch die internationale Öffentlichkeit bis zu Beginn der 70er Jahre. Entsprechend der „Hallstein-Doktrin" von 1956 wurde durch die Bundesregierung der Alleinvertretungsanspruch für alle Deutschen proklamiert und speziell in den Beziehungen zu den Ländern der Dritten Welt angewandt. Die Anerkennung der DDR durch „Dritte Staaten" bzw. aktive Beziehungen zur DDR wurde von der Bundesregierung als Vertiefung der Spaltung Deutschlands angesehen und als „unfreundlicher Akt" gewertet. „In einem solchen Fall werde die Bundesregierung ihre Beziehungen zu den betreffenden Staaten einer Überprüfung unterziehen müssen."[16] Die Hallstein-Doktrin, gekoppelt an die Gewährung oder den Entzug von Entwicklungshilfemaßnahmen bzw. begünstigter oder behinderter wirtschaftlicher Zusammenarbeit durch die Bundesregierung erfüllte seine Funktion bis Ende der 60er Jahre.

---

14 Dieser Begriff wurde in der DDR nicht verwendet.

15 Dies wurde auch in Gutachten und Evaluierungsberichten gewürdigt, die vom Ministerium für wirtschaftliche Zusammenarbeit der DDR ab April 1990 oder durch das Bundesministerium für wirtschaftliche Zusammenarbeit und Entwicklung (BMZE) in Auftrag gegeben wurden. Dabei ist zu beachten, daß die Prüfung der Projekte und Maßnahmen der DDR auch als „politische Evaluierung" verstanden wurde. Durch die deutsche Einheit sollten Leistungen für die „Dritte Welt" u.' a. aus außenpolitischen Gründen nicht verringert werden. Vgl. Pressemitteilung des BMZE vom 24.10.1990.

16 Außenminister Heinrich von Brentano vor dem Deutschen Bundestag am 28.06.1956. Nach: Spanger/Brock, S. 287.

Mit der Unterzeichnung des „Vertrages über die Grundlagen der Beziehungen zwischen der Bundesrepublik Deutschland und der Deutschen Demokratischen Republik" am 21.12.1972 und der Mitgliedschaft beider deutscher Staaten in den Vereinten Nationen setzte prompt eine Welle der Anerkennung der DDR ein. Eine Phase der Zurücksetzung und Demütigung war beendet. Die „Hallstein-Doktrin" mußte dem veränderten internationalen Klima und der Politik der Regierung unter Willy Brandt weichen. Eine abgeschwächte Fortsetzung erfuhren die „Hallstein-Doktrin" allerdings durch die Aufnahme der „Berlin-Klausel" in die Lome`-Abkommen der Europäischen Gemeinschaft. Fünf afrikanische Länder, Mosambik, Äthiopien, Angola, Saõ Tome` und Príncipe und Guinea-Bissau[17] lehnten diese Klausel aus Verbundenheit mit der DDR noch bis Anfang der 80er Jahre ab.

Die „Hallstein-Doktrin" behinderten die DDR in Afrika massiv[18] und verletzten sie an ihrer empfindlichsten Stelle, der staatlichen Souveränität und völkerrechtlichen Legitimation. Hinzu kam, daß ein Land mit staatlichem Außenhandelsmonopol für den Handel anerkannte und vertraglich geregelte Beziehungen benötigt.

Mit der 1973/74 erfolgten weltweiten Anerkennung einschließlich der UN-Mitgliedschaft wurde die DDR in die ihr sehr wichtige internationale Öffentlichkeit aufgenommen. Sie galt durchaus als Sieger in diesem diplomatischen, deutsch-deutschen Kampf der zurückliegenden Jahrzehnte.

Aktiv versuchte sie eine Rolle an der Seite der Warschauer-Vertragsstaaten in den Vereinten Nationen wahrzunehmen und dort die jungen Nationalstaaten und Entwicklungsländer im Rahmen ihrer Außenpolitik zu unterstützen. Eine besondere Rolle spielte dabei das Auftreten gegen das rassistische Apartheid-Regime in der Republik Südafrika. Dies ist eine der Wurzeln für das hohe Ansehen der DDR-Führung bei vielen Entwicklungsländer Mitte der 70er Jahre.

2.1.2 Veränderungen in der Weltpolitik in der ersten Hälfte der 70er Jahre

Mit dem Abkommen über einen Waffenstillstand im Vietnam-Krieg im Januar 1973 und dem Abzug der letzten amerikanischen Soldaten im März des gleichen Jahres gestanden die USA ihre Niederlage im Vietnam-Krieg ein. Die Vereinigten Staaten von Amerika waren bezwungen worden. Dieses Ereignis wurde als internationaler Sieg der progressiven Welt gefeiert. Die vietnamesische Bevölkerung hatte in den zurückliegenden Jahren in allen Teilen der Welt materielle und moralische Unterstützung erhalten. Die Studenten erschütterten

---

17 Heyden, van der/Schleicher/Schleicher: „Die DDR und Afrika" 1993, S. 27.
18 So hatte die DDR 1974 21 Handelsabkommen und 27 Abkommen über ökonomische bzw. wissenschaftlich-technische Zusammenarbeit mit Entwicklungsländern abgeschlossen. nach: Clausnitzer, F.: „Prinzip und Praxis der Außenhandelspolitik der DDR gegenüber Entwicklungsländern" in: aala 5/1984, S. 701 ff. und 1984 67 Handelsabkommen und 55 Abkommen über ökonomische und wissenschaftlich-technische Zusammenarbeit. nach: Scharschmidt, R. „Wirtschaftliche Zusammenarbeit DDR-Entwicklungsländer" in: Außenpolitische Korrespondenz 31/ 1984, S. 243 ff.

mit ihren Aktionen und Forderungen die westlichen Gesellschaftsgebäude. In der Weltpolitik wehte ein progressiver Windzug. Der DDR stärkte er den Rükken.

Weiter prägend in der ersten Hälfte der 70er Jahre war für Entwicklungsländer die April- oder Nelken-Revolution in Portugal, bei der das alte Militärregime durch programmatisch eher demokratisch-sozialistisch ausgerichtete Offiziere entmachtet wurde. Dieser Machtwechsel wurde mit entscheidend durch die Erfolge der Befreiungsbewegungen in den portugiesischen Kolonien bewirkt. So beschloß am 8. September 1974 die Regierung unter Ribeivo de Spinola in Lissabon, die Kolonien, unter anderem Mosambik, zum 25.6.1975 in die Unabhängigkeit zu entlassen. Die FRELIMO wurde als Vertretung des mosambikanischen Volkes anerkannt.[19] Nach und nach wurden ihr bis zur formalen Unabhängigkeit Machtfunktionen, so sie über diese nicht schon in befreiten Gebieten verfügte, abgetreten. Mit Angola, und Saõ Tomé und Príncipe wurden weitere Länder unabhängig und das letzte europäische Kolonialsystem in Afrika aufgelöst.

In der gleichen Woche, am 12. September 1974 wurde in Äthiopien Kaiser Haile Selassie vom „Komitee der Streitkräfte" entmachtet. Zuvor hatte es Unruhen im ganzen Land gegeben.

Am 1. August 1975 wurden in Helsinki die Vereinbarungen der Konferenz über Sicherheit und Zusammenarbeit in Europa (KSZE) von 33 Staatsoberhäuptern unterzeichnet.

Bis Ende der 60er Jahre konnte man das internationale System als asymmetrische Bipolarität zwischen der „westlichen Hemisphäre" und deren Führungsmacht USA und der „östlichen" Hemisphäre mit der Führungsmacht UdSSR bezeichnen. Die Asymmetrie begründete sich in dem wirtschaftlichen und militärischen Vorsprung vor allem der USA. Dieser Zustand zeigte eine Vielzahl von Konfrontationen. Spätestens mit Beginn der 70er Jahre konnte von einer gewissen strategische Symmetrie zwischen den territorial und ideologisch eher geschlossen Blöcken gesprochen werden. Die Warschauer Vertragsstaaten hatten militärtechnische Nachteile ausgeglichen und weltpolitisch durch die Bildung junger Nationalstaaten gewonnen.

Bei allen Unterschieden bildete sich eine partielle Interessenidentität der beiden Großmächte zur Vermeidung eines Atomkrieges heraus. Rüstungskontrolle und Entspannungspolitik waren Begriffe für eine im Ansatz teilweise kooperative Bipolartität. Dies fand u. a. im KSZE-Prozeß einen Ausdruck. Eine andere Form der Auseinandersetzung und Zusammenarbeit zwischen Staaten und verschiedenen gesellschaftlich bzw. ordnungspolitischen Systemen deutete sich an und sollte zu einer weniger konfliktbeladenen Lage in Europa führen. Die Entspannungspolitik bekam eine vertragliche Basis. Die DDR versuchte, als anerkannter Staat und „zu den zehn wichtigsten Industriestaaten der

---

19 So auch von den Vereinten Nationen.

Erde" sich zugehörig fühlend, seinen aktiven Platz in der Weltpolitik einzunehmen. Die Voraussetzungen schienen nicht schlecht.

Weite Teile der DDR-Bevölkerung begrüßten die Aufhebung der internationalen Isolation der staatlichen Beziehungen. Der Raum hinter der Mauer schien sich zu weiten. Wenige Bürger in der DDR forderten die Aufhebung der Isolation auch in zivilen und privaten Bereichen.

In diesem politischen Umfeld waren die Voraussetzungen für eine erweiterte Süd-Politik der DDR durchaus gegeben. Die internationale Anerkennung war abgeschlossen. Durch die Beziehungen zu den Befreiungsbewegungen gab es gute Kontakte zu einigen Führungskräften in jungen Nationalstaaten. Die westlichen Gesellschaftssysteme galten bei den neuen politischen Eliten als weithin verbraucht und stellten keine eindeutige Alternative dar. Zu lange wurde z. B. der Rassismus in Südafrika in die eignen Konzepte und Interessen eingebunden, toleriert und gestützt. Der NATO-Staat Portugal wurde wegen seiner Politik in Afrika von den eigenen Verbündeten nur in Ausnahmefällen kritisiert.

Die sozialistischen Staaten galten den Eliten in nicht wenigen Entwicklungsländern inmitten der Ost-West-Konfrontation als eher verläßlicher, zukunftsweisender und solidarischer Pol. Zudem waren die Ansprechpartner für wirtschaftliche Fragen in Staatshandelsländern für die neuen Führungsschichten klarer zu erkennen, als in westlichen Ländern. Durch „revolutionäres" Herangehen konnte in den ersten Jahren der jungen Nationalstaaten viel motiviert und bewegt werden.

Die Angebote der sozialistischen Länder gegenüber den ausgewählten Staaten, besonders den Staats- Sicherheits- und Militärapparat zu unterstützen, trafen auf Interesse der aus dem Widerstand kommenden neuen Führungen. Diese Art der Unterstützung gab vor, die Unsicherheit der neuen Machthaber im Hinblick auf ihre Verankerung in der Bevölkerung zu verringern. Mit dem Imperialismusbegriff stand ein gemeinsames, von außen einigendes Feindbild zur Verfügung. Die Blockadebemühungen westlicher Staaten und Firmen konnten teilweise ausgeglichen werden.

Ein weiterer Grund zur Anlehnung einiger Entwicklungsländer an die sozialistischen Länder, ist in den Mechanismen des Weltmarktes zu sehen. Die politisch Verantwortlichen der unterentwickelten Länder wußten, daß ihre Produkte in diesem scharfen und ungleichen Wettbewerb nicht konkurrenzfähig waren, sie somit nur letzte Plätze in der weltweiten Arbeitsteilung und der damit verbundenen Wertschöpfung einnehmen konnten.

Die Ausstrahlung des besonderen Wirtschaftsgebietes der RGW-Staaten auf einem Teil der Entwicklungsländer war zu diesem Zeitpunkt durchaus verständlich. Einige Vertreter der neu ausgerufenen Staaten suchten, bei ihren

Anstrengungen auch ökonomisch unabhängig zu werden, die Nähe des „Ostens", wo immer er auch liegen mochte.[20]

Diese Ausstrahlung wurde durch die Propaganda und das geschönt verbreitete Selbstbild der RGW-Staaten und besonders der DDR verstärkt und mit Hilfe einer Vielzahl von Partei-, Regierungs- und Staatsbesuchen unterstützt. Von den wirtschaftlichen und innenpolitischen Schwierigkeiten der DDR war auch in Afrika wenig bekannt.

Mit dem ökonomischen und besonders dem militärischen Engagement der sozialistischen Länder in der zweiten Hälfte der 70er Jahre, vor allem in Afrika (u. a. 1976 in Angola, der Ogaden-Krieg zwischen Somalia und Äthiopien 1977, die marxistisch-leninistische Ausrichtung der FRELIMO in Mosambik ab Februar 1977, die Befreiung Simbabwes) und dem Einmarsch der Militärtruppen der UdSSR am 31.12.1979 wurde das fragile Gleichgewicht der Bipolarität und Balance in der Weltpolitik erheblich gefährdet. Die Sowjetunion und einige ihrer Verbündeten agierten mitten im atlantischen Entspannungsprozeß hochmotiviert außerhalb ihres „klassischen" Einflußgebietes. Der „Westen" fühlte sich herausgefordert.

Eine zum Teil dramatische Beschäftigung westlicher Beobachter mit sozialistischen oder „roten" Aktivitäten in Afrika setzt ein.

2.2 Zum außenpolitischem Selbstverständnis der DDR gegenüber Entwicklungsländern

2.2.1 Ein frühes Konzept

In der „Persönlich-streng geheim" eingestuften „Analyse und Prognose des Internationalen Kräfteverhältnisses und der Entwicklung der internationalen Beziehungen, sowie die sich daraus ergebenden Erfordernisse für die Außenpolitik[21] und die Außenwirtschaftspolitik[22] der DDR bis 1980" des ZK Sekretariates der SED unter Leitung von H. Axen vom 25.1.1970[23] ist u. a. im Ab-

---

20 Z.B. behielt Mosambik trotz aller Nähe zu Moskau immer auch Gesprächskontakte zur VR China.

21 Außenpolitik: „Die Hauptaufgabe der sozialistischen A. besteht in der Sicherung der günstigen internationalen Bedingungen für den Aufbau des Sozialismus und Kommunismus ... Die sozialistische A. befindet sich in Übereinstimmung mit den Gesetzmäßigkeiten der gesellschaftlichen Entwicklung, ihre Ausarbeitung und Realisierung erfolgt unter steter Berücksichtung der Entwicklung der internationalen Kräfteverhältnisse" aus: „Wörterbuch der Außenpolitik und des Völkerrechtes", Staatsverlag Berlin 1980, S. 64

22 Außenwirtschaft: „Die sozialistische A. leistet einen wichtigen Beitrag zur Lösung der Hauptaufgabe in den sozialistischen Staaten, indem sie zur Versorgung der Volkswirtschaft mit den materiellen Produkten und Leistungen beiträgt, die der ständig wachsenden Befriedigung der Bedürfnisse der Werktätigen dienen, und gleichzeitig ein wesentlicher Faktor der Intensivierung der für die Bedürfnisbefriedigung erforderlichen Produktion auf der Grundlage des wissenschaftlich-technischen Fortschritts und der Steigerung der Arbeitsproduktivität ist.", S. 70, ebenda.

23 „Analyse und Prognose des Internationalen Kräfteverhältnisses und der Entwicklung der internationalen Beziehungen, sowie die sich daraus ergebenden Erfordernisse für die Außenpolitik und die Außenwirtschaftspolitik der DDR bis 1980" vom 25.01.1970, Büro H. Axen, in: BAZ DY30 IV 2/2 035/10.

schnitt „Die Aufgaben der Außenpolitik der DDR gegenüber Staaten in Asien, Afrika und Lateinamerika" zu lesen: „Bei der Gestaltung der außenpolitischen Beziehungen wird von folgenden Grundsätzen ausgegangen:

1. der Notwendigkeit der Intensivierung des nationalen Befreiungskampfes als wichtigem Frontabschnitt im Kampf gegen den Imperialismus, um die internationalen Positionen des Imperialismus zu schwächen und das Kräfteverhältnis weiter zugunsten der Staaten der sozialistischen Staatengemeinschaft zu verändern;

2. der Stärkung und Entwicklung von Bündnisbeziehungen mit Staaten, die den nichtkapitalistischen Entwicklungsweg beschreiten und die einer starken Konfrontation mit dem Imperialismus ausgesetzt sind;

... 5. der Realisierung der revolutionären Solidarität mit nationalen Befreiungsbewegungen und der Schaffung einer engen politischen Zusammenarbeit mit den progressiven Befreiungsbewegungen und somit den künftigen regierenden Parteien;

6. der Sicherung der Gesamtinteressen der DDR;

7. der Erfüllung der besonderen Aufgabe der DDR als sozialistischer deutscher National- und Friedensstaat zur Zurückdrängung des westdeutschen Imperialismus auch außerhalb Europas, insbesondere durch ... die Herstellung weiterer diplomatischer Beziehungen zu Staaten Asiens, Afrikas und Lateinamerikas;

8. der Konzentration der Bemühungen um die Aufnahme diplomatischer Beziehungen zu Staaten, bei denen die günstigsten Voraussetzungen hierfür gegeben sind."[24]

Im Anschluß werden die außenwirtschaftlichen Grundsätze beschrieben:

„1. außenwirtschaftliche Beziehungen sind wesentlicher Bestandteil der Außenpolitik der DDR;

2. Ausbau einer höheren effektiveren Stufe der ökonomischen Zusammenarbeit und internationaler arbeitsteiliger Beziehungen;

3. die Gestaltung der ökonomischen Zusammenarbeit unter dem Gesichtspunkt, die Volkswirtschaft der DDR langfristig und auf stabiler Basis mit einigen wichtigen Rohstoffen ... zu versorgen;"[25]

Als besonders zu berücksichtigende Erfordernisse werden u. a. aufgeführt:

„die Notwendigkeit, die Importstruktur der DDR von reinem Rohstoffimport schrittweise auf Halb- und Fertigerzeugnisse der Entwicklungsländer auszurichten;" und die „Verbesserung der Devisenbilanz der DDR durch die Steigerung der Exporte gegen freikonvertierbare Währungen."

24 Ebenda, S. 172 f.
25 Ebenda, S. 173 f.

Mit dem ersten Grundsatz wird die Grundkonstellation der Nachkriegsjahrzehnte, die Systemkonfrontation zwischen „Sozialismus" bzw. „Kommunismus" und „Kapitalismus" bzw. „Imperialismus" im Ost-West-Konflikt aufgenommen. Es geht um die Verbesserung des Kräfteverhältnisses zugunsten des sozialistischen Lagers. Vergleichbar den „Hallstein-Doktrin" werden die Entwicklungsländer für eigene Interessen instrumentalisiert und zur territorialen Ausbreitung des eigenen Einflußgebietes benutzt. Dies gründet sich auf die Imperialismus- bzw. Weltrevolutionstheorie" von W. I. Lenin und auf den „historischen Optimismus" des 70er Jahre innerhalb der kommunistischen Parteien.[26] Dieser war mit der Erwartung schnellen sozialen Fortschritts verbunden.

Die Entwicklungschancen der Länder der Dritten Welt werden in der durchaus auch realistischen Analyse als „eher gering" angesehen. „Auch bis 1980 werden die entwickelten kapitalistischen Länder den Hauptanteil am Außenhandel behalten, wobei der Anteil der sozialistischen Staatengemeinschaft – wenn auch nur langsam und konzentriert auf progressive Staaten – zunehmen wird."[27] Im Gegensatz zur späteren „Kommission Entwicklungsländer" wurde die schrittweise Abkehr von Rohstoffimporten zum Bezug von Halb- und Fertigerzeugnissen aus Entwicklungsländern als Erfordernis der Außenwirtschaft der DDR benannt.

2.2.2 Die Transformationslehre

Die Determinierung der Transformationslehre, d. h. des „revolutionär zwangsläufigen" Wechsels und des „weltweit unumkehrbaren Übergangs" vom Kapitalismus zum Sozialismus prägte dabei das Selbstverständnis der Außenpolitik. Diese hatte „die internationale Position des Sozialismus, der Hauptkraft des Friedens und des gesellschaftlichen Fortschritts zu stärken und somit eine weitere Veränderung des internationalen Kräfteverhältnisses im Einklang mit den historischen Gesetzmäßigkeiten zu fördern."[28]

Bestandteil der „Transformationslehre" vom Kapitalismus zum Sozialismus war die Theorie der drei revolutionären Hauptströmungen:

1. die sozialistische Staatengemeinschaft;

2. die internationale Arbeiterbewegung und

3. die nationalen Befreiungsbewegungen.

---

26 Ebenda, S. 87, „Eine erfolgreiche Lösung der ökonomischen Probleme (der nichtkapitalistischen Entwicklungsländer; d. Verf.) setzt einen erweiterten, allseitigen Ausbau der Zusammenarbeit mit der sozialistischen Staatengemeinschaft voraus, ohne die so schwierige Entwicklungsprobleme wie z. B. die Anwendung moderner Technologien, oder die Qualifizierung der Kader, nicht zu lösen ist."
27 Ebenda, S. 87.
28 Doernberg, St. (Hrsg.): „Außenpolitik der DDR – Sozialistische deutsche Friedenspolitik" Berlin 1982, S. 20; nach Siebs, S. 8.

So schreibt E. Honecker in der 1980 erschienenen Autobiographie: „Objektiv sind die sozialistische Welt und die nationalen Befreiungsbewegungen natürliche Verbündete."[29]

Diese Verbundenheit wurde bzw. sollte durch verschiedene Formen der antiimperialistischen Klassensolidarität, als einer zweckgebundenen Solidarität zum Ausdruck gebracht werden. Der Solidaritätsgedanke wurde am 10.7.1974 im Artikel 6 Abs. 3 mit den Worten „Die DDR unterstützt die Staaten und Völker, die gegen den Imperialismus und sein Kolonialregime, für nationale Freiheit und Unabhängigkeit kämpfen, in ihrem Ringen um gesellschaftlichen Fortschritt." in die Verfassung aufgenommen. Die 3. Säule der revolutionären Hauptströmungen war damit besonders gegründet und verankert.

Auch das staatliche Außenhandelsmonopol verfügte über den Verfassungsrang.[30]

Um die Vielfalt der Entwicklungsländer in ein System zu fassen, wurden im Laufe der Jahre verschiedene Einteilungssysteme entworfen.[31] Die Einteilung erfolgte in Entwicklungsländer mit kapitalistischem bzw. nichtkapitalistischem Entwicklungsweg, bzw. in Länder mit sozialistischer Orientierung[32] und in sozialistische Entwicklungsländer. Die Regionalwissenschaften[33] der DDR betrieben den Ausbau dieser Theoriegebäude mit besonderer Sorgfalt und Ausdauer.[34] Die Einteilung sollte neben der weltrevolutionären Territorialplanung eine „Orientierungshilfe" für die praktische Außenpolitik und Außenwirtschaftspolitik geben.

2.3 Zum Selbstverständnis des Außenhandels der DDR mit Entwicklungsländern

Nach dem ideologischen Selbstverständnis der DDR waren die eigenen wirtschaftlichen Beziehungen mit Entwicklungsländern, im Vergleich zu dem „Klassengegner Imperialismus", von grundsätzlich anderem Charakter.

„Die Grundprinzipien ihrer (der DDR, d. Verf.) ökonomischen Verbindungen sind die souveräne Gleichheit, völlige Gleichberechtigung, Nichtdiskriminierung und gegenseitiger Vorteil, verbunden mit antiimperialistischer Solidarität. Im DDR-Außenhandel erreichte der Warenaustausch mit den Entwicklungsländern das höchste Wachstumstempo. Es ist ein vorrangiges Anliegen der

---

29 Honecker, E.: „Aus meinem Leben" (Autobiographie) Berlin 1980, S. 402.
30 Artikel 9 Absatz 3; Verfassung der DDR, Berlin (O) 1974.
31 Vgl. Spanger/Brock, S. 114 ff.
32 Nach Spanger/Brock, S. 131, umfaßt diese Gruppe 1980 18 Staaten, darunter Mosambik und Äthiopien.
33 Bezeichnung in der DDR für die Hochschulsektionen der Afrika-Nahost-, Asien und Lateinamerika-Wissenschaften, zeitweise gehörten auch die Skandinavienwissenschaften dazu.
34 Zur Arbeitsweise der Afrika- und Orientwissenschaften in der DDR vgl. Hafez, Kai: „Orientwissenschaften in der DDR – Zwischen Dogma und Anpassung, 1969-1989", Hamburg 1995, Schriften des Deutschen Orient-Institutes.

DDR, den Beziehungen einen komplexen Charakter zu verleihen und nicht auf den Warenaustausch zu beschränken. Im Gegensatz zu den Zielen des Imperialismus und der internationalen Monopole gestaltete die DDR ihre wirtschaftlichen, technischen und kulturellen Beziehungen so, daß diese zur Entwicklung der Produktivkräfte beitragen. Dementsprechend fördert sie die Verarbeitung von Rohstoffen im Erzeugerland, gehen die errichteten Betriebe in das nationale Eigentum dieser Länder über und findet selbstverständlich kein Gewinntransfer statt."[35]

Für einige befreundete Entwicklungsländer wurden diese Grundsätze aus politischen Gründen teilweise angewandt. So erhielten Kuba und Vietnam über Jahrzehnte Präferenzpreise für bestimmte Produkte in Mark der DDR. Für Nicaragua ist 1985 einmalig ein Barkredit in Höhe von 20 Mio. US $ vergeben worden. Soweit bekannt, war dies der einzige Kredit der DDR, der nicht auf Verrechnungsbasis vergeben wurde.

Für die hier zu untersuchenden Länder Mosambik und Äthiopien, sowie Angola wurden keine Vorzugspreise angeboten oder vereinbart. Es wurde auf höchster Ebene eine andere Politik gegenüber den ausgewählten und besonders befreundeten Ländern betrieben. Gewinntransfer fand selbstverständlich und grundsätzlich angestrebt, spätestens seit der Reise von E. Honecker im Februar 1979, statt.[36] Die auf internationale Reputation abzielende Propaganda der DDR und die fehlende Diskussion in der Öffentlichkeit verdeckten diese Widersprüche.

Die handelspolitischen Beziehungen wurden komplex aufgefaßt und als staatliche Aufgabe mittels eingeschränkt unternehmerisch tätiger, weisungsgebundener Betriebe durchgeführt. Ein Großteil des Handels mit befreundeten Entwicklungsländern wurde – unabhängig von seinen auf eigene Gewinne bzw. Nutzeffekte abzielenden Absichten – als Unterstützung aufgefaßt und beschrieben.[37] Die begrifflich gewollten Unschärfen bei den Definitionen und Konditionen der „Südleistungen" der DDR ermöglichte ein ideologisches Überhöhen der eigentlichen Ziele erschwert bis heute die Beurteilung.[38]

Sowohl nach dem eigenen Anspruch, „neuer Typus zwischenstaatlicher Beziehungen" als auch in der Praxis der geplanten und teilweise durchgeführten außenwirtschaftlichen Beziehungen, galt der „Handel der sozialistischen Länder

---

35 Willerding, K.: „Die Außenpolitik der DDR und die Länder Asiens, Afrikas und Lateinamerikas" in: aala 7/1979, S. 576.

36 Vgl. unten.

37 Vgl. Hahn, K./Jacob, E.: „Charakter und Hauptformen der Wirtschaftsbeziehungen DDR-Entwicklungsländer" aala 1/1986, S. 57, These 8.

38 So schreibt G. Mittag in seiner Biographie: „Zu berücksichtigen ist auch, daß in den achtziger Jahren für rund 20,5 Milliarden Mark Solidaritätsleistungen beschlossen wurden." Mittag, Günter: „Um jeden Preis", Berlin 1991, S. 241; Die OECD berechnete für 1980 72 Mio. US $, in: „OECD-Bericht" Paris 1981, S. 121-124 nach Dolezal, J.: „DDR-Außenpolitik in der Dritten Welt" in: „Jahrbuch der Gesellschaft für Deutschlandforschung 1982" Asperg 1983.

allgemein als Kernstück und Hauptinstrument der östlichen Entwicklungshilfe."[39]

Über den Inhalt der Handels- und damit in gewisser Weise der „Entwicklungsabsichten" können somit auch Aussagen über außenpolitische Motive und Ziele gegenüber Entwicklungsländern, in diesen Fall gegenüber Mosambik und Äthiopien getroffen werden.

Bei der Einbeziehung der Außenwirtschaftsbeziehungen in die Betrachtung muß berücksichtigt werden, daß der Außenhandel ein „ganz besonderes Tabuthema" war.[40]

2.4 Zur entwicklungspolitischen Einordnung der Politik der DDR gegenüber Ländern in Afrika, Asien und Lateinamerika

Das „Kleine Politische Wörterbuch"[41] versteht unter „sozialistischer Hilfe" im Gegensatz zur „bürgerlichen Entwicklungshilfe" die ökonomische und wissenschaftlich-technische Zusammenarbeit der sozialistischen Staaten mit Entwicklungsländern, die Unterstützung im Kampf um Unabhängigkeit sowie in ihrer ökonomischen und sozialen Entwicklung. Sie beansprucht „echte Hilfe" zu sein und die „wirklichen Interessen" der Entwicklungsländer zu vertreten. Die Abhängigkeit der Entwicklungsländer von den westlichen Industrieländern sollte durch die „sozialistische Hilfe" überwunden werden. Dies drückt sich in konsequenter Weise in der Forderung nach einer Neugestaltung der internationalen Wirtschaftsordnung aus.

Der Außenhandel wird folglich mit zur „sozialistischen Hilfe gerechnet."[42]

In der Unterstützung einer „Neuen Internationalen Wirtschaftsordnung" (NIWO) bündeln sich wichtige Interessen der Entwicklungsländer und der sozialistischen Staaten.

Die Hauptursachen für die anhaltende Unterentwicklung sah die DDR-Politik in der kolonialen Ausbeutung und in den Austauschverhältnissen des Welt-

---

39 In: Hillebrand, Ernst: „Das Afrika-Engagement der DDR", Frankfurt 1986, S. 128.
40 Die Rangordnung für die „Geheimniskrämerei", die bis heute anhält, beschreibt von der Lippe, P.: in: „Die gesamtwirtschaftlichen Leistungen der DDR–Wirtschaft in den offiziellen Darstellungen. Die amtliche Statistik der DDR als Instrument der Agitation und Propaganda der SED" aus: „Aufarbeitung der Geschichte und Folgen der SED-Diktatur in Deutschland" Band II Frankfurt/Main 1995, S. 1973-2086 wie folgt: „Zu den typischen Tabuthemen gehören offenbar vor allem Auswanderungen, die Beschäftigten in sogenannten Bereich X (Volksarmee, Polizei, Uranerzbergbau, Rüstungsbetriebe, Staatssicherheit) ... und ganz besonders der Außenhandel." Als Gründe dafür gibt er an: 1. Interessengegensätze innerhalb des RGW, vor allem wegen verstärkter Westimporte der DDR, 2. Die Abwicklung „eines großen Teiles des Außenhandels außerhalb des Planes und zwecks Umgehung der COCOM-Liste durch den Bereich Kommerzielle Koordinierung des Ministeriums für Außenhandel, 3. Daß die „Propaganda gegen den Westen, insbesondere gegenüber der BRD unglaubwürdig gewesen wäre, wenn erkennbar gewesen wäre, daß die Kreditgabebereitschaft des Westen das Regime ökonomisch eher unterstützt als geschädigt hat", S. 1995.
41 „Kleines politisches Wörterbuch", Autorenkollektiv, Berlin (O) 1986, S. 1007.
42 Ebenda, S. 1071.

marktes, die weitgehend ohne ihr Zutun stattfanden. „Deshalb lehnt die DDR solche Thesen ab, in denen von einer gemeinsamen Verantwortung aller Staaten für die entstandene prekäre ökonomische Lage, insbesondere der Entwicklungsländer, die Rede ist."[43]

Die Anerkennung der Überwindung der Unterentwicklung in Länder Afrikas, Asiens oder Lateinamerikas als Aufgabe oder als Herausforderung eines Industriestaates erfolgte nicht. Die Lösung dieser Frage war eingebettet in den „Automatismus" des historischen Weltprogresses. Vorausgesetzt, der Imperialismus kann bekämpft und zurückgedrängt werden, was den Sieg des Sozialismus nach sich ziehen würde, käme es folgerichtig zu einer positiven Entwicklung der weltweiten sozialen Verhältnisse. Die Sicherung der sozialen und politischen Grundbedürfnisse in den progressiven Nationalstaaten war nach diesem Verständnis damit eingeschlossen.

Dieses Konzept hatte zur Folge, daß „globale Probleme wie Hunger, Armut, Krankheit und Unterentwicklung allein der Verantwortung des Kapitalismus zugewiesen und ihre Relevanz für die eigene konkrete Politik kaum berücksichtigt wurde."[44] Konzepte zur Grundbedürfnisabsicherung der Bevölkerung in Entwicklungsländer, Partizipationsansätze der Bewohner im ländlichen Raum, Ressourcenschutz, Ernährungssicherung, die über Katastrophenhilfe oder die Versorgung von Militärangehörigen hinausging oder Gemeinwesenarbeit wurden nach den Unterlagen der „Kommission Entwicklungsländer" und dem Politbüro bzw. deren Durchführungsorganisationen, wie dem Solidaritätskomitee der DDR, nicht diskutiert und nicht umgesetzt.[45] Die federführende und planende Kompetenz war nach den Entscheidungen der Parteiführung bei den Außenhändlern fest verankert.

Für Maßnahmen der Wissenschaftlich-Technischen Zusammenarbeit (WTZ) auf industriellem und landwirtschaftlichem Gebiet und für Vorhaben der Kulturell-Wissenschaftlichen Zusammenarbeit (KWZ), die vorrangig im Bildungsbereich und deutlich geringer auf medizinischem Gebiet durchgeführt wurde, wird es – neben ökonomischen Zielstellungen – auch entwicklungspolitisch orientierte Projektvorlagen gegeben haben. Die übergroße Zahl der Spezialisten und Experten, wie die Fachkräfte im DDR-Sprachgebrauch genannt wurden, reisten durch Außenhandelsbetriebe (AHB), zum Beispiel „LIMEX" oder „intercoop" aus. Damit waren sie direkt oder indirekt in die „Linie" Außenhandel eingebunden. Viele WTZ- und KWZ-Abkommen wurden durch das Ministerium für Außenhandel vorbereitet und abgeschlossen. G. Mittag unterzeichnete eine Vielzahl von Ihnen persönlich.[46]

---

43 Aus: Rede des Außenministers der DDR H. Sölle vor der V. UN-Konferenz für Handel und Entwicklung (UNCTAD) am 14. 05.1979 in Manila; nach: Horizont Nr. 23/1979, S. 2-4.
44 Schleicher, H.-G. in: „Die DDR und Afrika", S. 18.
45 Auf unteren Ebenen mag es solche Fragestellungen u.U. gegeben haben; sie teilen sich in den Unterlagen der Entscheidungsträger nicht mit.
46 Bezeichnend ist, daß trotz intensiven Suchens keine Unterlagen über einzelne Projekte in den Archiven gefunden wurden. Die geringe Zahl an vorgefundenen Dokumenten des Außenhandelsbe-

Die Regional- und Entwicklungswissenschaften der DDR spielten im Sinne einer entwicklungspolitischen Politikberatung keine Rolle. In den Publikationen nahmen sie eine, die politischen Entscheidungen legitimierende Funktion ein.

Durch Berichtspflicht vor der Kommission für Entwicklungsländer und sich daraus ergebende Weisungsbindung waren weitere Institutionen in diese Hierarchie eingebunden: zum Beispiel der Sportbund, der FDJ-Zentralrat, der die Einsätze in Entwicklungsländern mit den „Brigaden der Freundschaft" im Auftrag des Politbüros durchführte und das Solidaritätskomitee.

Fragen nach dem Nutzen der Projekte für das jeweilige Entwicklungsland sowie die Kontrolle anvisierter Ziele, vergleichbar einer entwicklungspolitischen Teil- oder Gesamtrechnung bzw. Evaluierung, wurden in der Kommission Entwicklungsländer und soweit einsehbar, auch in anderen Organen nicht gestellt. Ausschlaggebend war das Planziel bzw. die Erfüllung der angeordneten bzw. befohlenen Maßnahmen. Eine außenpolitische Diskussion wurde auf ökonomischem Terrain weitgehend durch den Kampf um die Lebensfähigkeit der DDR und gleichzeitig auf ideologischen Feld durch die Einbettung in den Kampf gegen den Imperialismus ersetzt.

Der besondere Charakter der Südpolitik der DDR-Führung, auf der einen Seite Devisenbeschaffung, auf der anderen Seite internationale Solidarität, kommt auch in der strikten Geheimhaltung der Informationen zur Südpolitik zum Ausdruck. Dies ist u. a. als ein Zeichen für die befürchtete Gefährdung des internationalen Ansehens der DDR bei Bekanntwerden ihrer widersprüchlichen und doppelzüngigen Politik zu werten. Die Verschleierung der realen Finanzsituation der DDR ist als weiteres Motiv für den fast perfekten Datenschutz anzusehen.

Die Nichtbekanntgabe der Daten wurde offiziell mit grundlegenden qualitativen Unterschieden zwischen der kapitalistischen und sozialistischen Entwicklungshilfe begründet.[47]

Die uneinheitliche Begrifflichkeit, die bewußte Verdunklung und die Geschlossenheit des Kreises der agierenden Personen erschwert bis heute den Überblick.[48]

---

triebes (AHB) „intercoop", speziell für den vertraglichen Einsatz der Experten gegründet, umfaßte Abrechnungslisten und Tabellen mit Devisenerwirtschaftungskoeffizienten.

47 Vgl. Hess, P.: „Soziale Marktwirtschaft – morbide Herrschaftskonzeption des Monopolkapitals in: Einheit 1977, S. 975, nach Kipke Rüdiger „Entwicklungspolitik der DDR – Grundsätze und Strukturen" in: Bellers, Jürgen (Hrsg.): „Entwicklungspolitik in Europa", Münster 1988, S. 30.

48 „Deshalb steht ein Beitrag zur Entwicklungspolitik der DDR vor einem Problem allgemeiner Art. Verwertbare Veröffentlichungen, Statistiken etc. aus der DDR sind nur spärlich verfügbar. Die Informationen über den aktuellen Stand sind so lückenhaft bzw. unsicher, daß darauf gänzlich verzichtet werden müßte." Kipke, R. „Entwicklungspolitik der DDR – Grundsätze und Strukturen" in Bellers, J. „Entwicklungspolitik in Europa", Münster 1988, S. 26; auch: Stier, P.: „Die teilweise Vermischung von Entwicklungshilfe und kommerziellen Außenhandel ist eine Ursache für die Schwierigkeiten des quantitativen Ausweises dieser Entwicklungszusammenarbeit. Hinzu kommt die jahrelang betriebene Geheimhaltung der Angaben und die Nichtvergleichbarkeit der verwende-

3.0 Die Kommission für Entwicklungsländer des Politbüros des ZK der SED – die sogenannte „Mittag-Kommission"

3.1 Die Einsetzung der Kommission und ihre Hintergründe

Mit Beschluß des Politbüros der SED vom 20.12.1977[49] „Zur Koordinierung der ökonomischen, kulturellen, wissenschaftlich-technischen und der Tätigkeit im nichtzivilen Bereich in den Ländern Asiens, Afrikas und des arabischen Raumes wird eine zeitweilige Kommission des Politbüros gebildet". Per Beschluß gehören ihr an:

- Günter Mittag, Mitglied des Politbüros (MPB[50]) Leiter der Kommission, ZK-Sekretär für Wirtschaft

- Hermann Axen, (MPB), ZK-Sekretär für Auswärtige Angelegenheiten

- Werner Lamberz, (MPB) ZK-Sekretär für Agitation (nur für drei Sitzungen, er verunglückt am 6. März 1978 in Libyen tödlich)

- Werner Jarowinsky, Kandidat d. PB, verantwortlich für Handel und Versorgung

- Wolfgang Rauchfuß, Stellv. des Vors. des Ministerrates, Minister für Materialwirtschaft

- Paul Markowski, Leiter der Abt. Internationale Verbindungen des ZK d. SED, Vertrauter von Lamberz, verunglückte mit ihm in Libyen

- Klaus Willerding, Stellv. des Ministers für Auswärtige Angelegenheiten

- Alexander Schalck-Golodkowski, Leiter des Bereiches Kommerzielle Koordinierung und Staatssekretär im Ministerium für Außenhandel

- Dieter Albrecht, Stellv. des Vors. der Staatlichen Plankommission, gleich. Sekretär der Kommission

- Friedmar Clausnitzer, Stellv. des Ministers für Außenhandel

- Rudi Wecker, Stellv. des Ministers für Elektrotechnik und Elektronik

- Walter Krause, Stellv. des Präsidenten der Außenhandelsbank

- O. N. Leitender Mitarbeiter des Ministeriums für Nationale Verteidigung

- O. N. Leitender Mitarbeiter des Ministeriums für Staatssicherheit

---

ten ökonomischen Größen mit internationalen Angaben." In: „Osteuropäische Entwicklungspolitik und Zusammenarbeit – Was bleibt?" Entwicklungspolitische Gesellschaft e.V., Berlin 1992, S. 29.

49 „Zur Koordinierung der ökonomischen, kulturellen, wissenschaftlich-technischen und der Tätigkeit im nichtzivilen Bereich in den Ländern Asiens, Afrikas und des arabischen Raumes" Beschluß des Politbüros vom 20.12.1977 in: BAZ DY30 JIV 2/2 1705, Protokoll-Nr. 49/77, Anlage 13.

50 MPB: Mitglied des Politbüros des Sekretariates des ZK der SED.

Eine hochrangige Besetzung zeichnete dieses „Entwicklungsländergremium" oder „Entwicklungskabinett" aus.

Als Aufgabe wurde formuliert: „Durch die Kommission sind die oben genannten Probleme, (gemeint ist der Wortlaut des Beschlusses; d. Verf.) die die Tätigkeit der SED und der Regierung der DDR in Asien, Afrika und im arabischen Raum betreffen, zu beraten und zu koordinieren, sowie die entsprechenden Entscheidungen für das Politbüro und die Regierung der DDR vorzubereiten."

Mit den Adjektiven ökonomisch, kulturell, wissenschaftlich-technisch und „nichtzivil" wurde die gesamte Breite der praktischen Beziehungen und damit der Großteil der außenpolitischen Betätigungsfelder erwähnt. Die Kommission war somit nicht nur ein Richtliniengremium für den Außenhandel sondern auch für die erweiterten Südbeziehungen, einschließlich der solidarischen oder unentgeltlichen Hilfe, der Wissenschaftlich-Technischen Zusammenarbeit (WTZ) und der Kulturellen Zusammenarbeit. Die Begriffe „Wissenschaftlich-Technische Zusammenarbeit" und „Kulturell-Wissenschaftliche Zusammenarbeit" (KWZ) kamen im Verständnis der DDR-Ökonomen der westlichen Entwicklungshilfe am nächsten.[51] Die Ergänzung „nichtzivile" wurde bis zur ersten Sitzung am 5.01.1978 wieder gestrichen. Die Eindeutigkeit und Offenheit wurde wieder zurückgenommen.

Weiter bemerkenswert ist, daß die Kommission nur „zeitweilig" eingesetzt wurde. Die letzte Sitzung fand jedoch am 16.10.1989 statt.

Im Beschluß vom 20.12.1977 wurde gleichzeitig im Punkt 3 festgelegt, daß Genosse Werner Lamberz im Februar 1978 die in Berlin tagende Sitzung der gemeinsamen Kommission Libyen-DDR leiten wird.

3.2 Aktive Reisetätigkeit 1977

Die Beschlüsse wurden unter der Überschrift: „Maßnahmen zur weiteren Auswertung der Reisen des Generalsekretärs ..., E. Honecker und anderer Mitglieder der Parteiführung nach Asien und Afrika" gefaßt.

E. Honecker weilte im Dezember 1977 u. a. auf den Philippinen, war in Nordkorea und Vietnam. W. Lamberz reiste mit einer Partei- und Regierungsdelegation von 14.06. bis 25.06.1977 in die VDR Jemen, reiste nach Äthiopien, Angola, Kongo, Nigeria und Sambia und weilte im Dezember 1977 erneut u. a. in Libyen. Bereits in Februar 1977 besuchte er u. a. Mosambik und Äthiopien.

Anfang April 1977 landete Kubas Präsident Fidel Castro in Berlin, bevor er nach Moskau weiterflog. Er kam von einer ausgedehnten Afrika-Reise, auf der er mit einer über einhundert Personen umfassenden Delegation die militärischen und politischen Brennpunkte besucht hatte, und traf sich mit

---

51 Vgl. Spanger/Brock: a. a. O.., S. 222 ff.

E. Honecker und W. Lamberz. In einem Gespräch mit E. Honecker am 3.04.1977 sagte Fidel Castro u. a.: „Der Befreiungskampf in Afrika hat eine große Perspektive. Historisch gesehen ist die Lage so, daß die Imperialisten die Entwicklung nicht zurückdrehen können. Der Befreiungskampf ist die gerechteste Sache, die es gibt. Wenn die sozialistischen Länder eine richtige Haltung beziehen, können sie einen großen Einfluß gewinnen. Hier können wir dem Imperialismus schwere Schläge zufügen. (...) Man kann Afrika vom Einfluß der USA und der Chinesen befreien.

Honecker: Wir teilen die Meinung des Genossen Fidel, daß gegenwärtig in Afrika nach dem sozialistischem Weltsystem die größten Möglichkeiten bestehen, im revolutionären Weltprozeß einen bedeutenden Schritt voranzukommen.“[52]

Diese Möglichkeiten wollte auch die DDR unterstützen und konsequent für sich nutzen.

Die hauptsächlichen Motive der speziellen Gründung der Kommission EL können nur aus „indirekten Daten“ abgeleitet werden. Der Dokumentenband „Gründung und Auflösung der Kommission EL“ konnte bisher nicht gefunden werden.[53]

Im Vorfeld und in der Nachbereitung der Lamberz-Reisen gab es bemerkenswert viele Aktivitäten und Besuche, vor allem nach Äthiopien und Libyen. Werner Lamberz übernahm die aktive Führung. „Dem subjektiven Faktor kam im Entscheidungsprozeß besondere Bedeutung zu. Das betraf eine persönliche Affinität Honeckers zu Afrika ebenso wie die Rolle von Schlüsselakteuren wie die .... von Lamberz, der 1977/1978 wesentlich dazu beigetragen hat, Kontakte zu afrikanischen Führungskräften aufzubauen und gleichzeitig aufgrund seiner Position im Politbüro entscheidend an der innerstaatlichen Weichenstellung für das Afrikaengagement der DDR in dieser Zeit mitwirkte.“[54]

Der „subjektive Faktor“ ist als Hauptmotiv nicht ausreichend. Der dem Zitat folgende Satz „So hat Lamberz beispielsweise in den Beziehungen mit Angola und Äthiopien ökonomische Konstruktionen zustande gebracht, die der DDR in einer schwierigen wirtschaftlichen Lage dringend benötigte Importe wie Kaffee devisenfrei ermöglichte und gleichzeitig wichtige Absatzmärkte für DDR-Produkte wie LKW eröffnete.“[55] weist auf weitere weniger subjektive Motive und Kopplungsgeschäfte hin.

---

52 In: „Auf höchster Stufe – Gespräche mit Erich Honecker“, Hrsg. Staadt, J., Berlin 1995, S. 62, Die stenographische Mitschrift des gesamten Gespräches soll 65 Seiten umfassen.

53 BAZ DE-1 15509 der Aktenband „Gründung und Auflösung der Kommission für Entwicklungsländer“ wird im Verzeichnis des BAZ geführt, konnte aber nicht gefunden werden. Im Brief des BAZ vom 25.2.1997 an den Verf. heißt es „Die Recherche nach der Akte verlief leider erfolglos. Eine Verlagerung ist nicht auszuschließen. Nur eine zur Zeit nicht durchführbare Revision des Gesamtbestandes könnte eine Verlagerung aufdecken und die Akte benutzbar machen.“

54 In: Engel, U./Schleicher, H.-G.: „Thesen zur Afrikapolitik der beiden deutschen Staaten“ Hamburg 1997, S. 14.

55 Ebenda, Bezug zu: BAZ DY30 JIV 2/2 A 2087, Bd. 3.

3.3 Ein Brief vom 6. Juli 1977

Die vorherrschenden Motive zeigt ein Brief auf, den G. Mittag und W. Lamberz vom 6.07.1977 an E. Honecker schrieben.[56]

Neben Berichten über Rüstungsexporte und militärische Fragen, einschließlich dem Bemühen um eine politische Lösung im Äthiopien-Eritrea-Konflikt, an der W. Lamberz besonders interessiert war, werden schon fast alle wichtigen Themen der Kommission EL ab der ersten Sitzung am 5.01.1978 in dem Brief benannt.[57]

Die wichtigsten Themen des Briefes sind:

– Planrückstände beim Versand von Stahlhelmen und Munition werden ausgeglichen,

– 5.000 t Rohkaffee sollen zusätzlich geordert werden, um „noch mehr freie Devisen abzulösen",

– in Angola soll die gesamte „Kaffeelinie" erobert werden, „Wir haben die Absicht, besonders aus den durch die DDR bisher nicht verkauften Handelsbeständen, ein Maximum in Angola abzusetzen,"[58]

– Veränderungen der Strukturen der Solidaritätssendungen werden angezeigt, „um sie besser in Übereinstimmung mit den ökonomischen Aufgaben und Bedürfnissen der DDR zu bringen,"

– detaillierte Überlegungen zur Kaffeeversorgung in der DDR,

– „Genosse Schalck übt eine straffe und sichere Führungstätigkeit[59] aus."

Neben den Unterschriften von W. Lamberz und G. Mittag schließt der Brief mit: „Außer uns kennt diesen Brief niemand."

Im kleinsten Kreis werden Entscheidungen zur praktischen Afrikapolitik getroffen. Der Generalsekretär und Staatsratsvorsitzende und Freund der Völker Afrikas, E. Honecker, der Sekretär des ZK der SED für Wirtschaft G. Mittag und der Sekretär des ZK der SED für Agitation und Propaganda, W. Lamberz mühen sich mit allen Mitteln um die Kaffeeversorgung für die DDR-Bürger.

---

56 „Brief von G. Mittag und W. Lamberz an E. Honecker" vom 06.07.1977, in: BAZ DY30 22187 (Büro Mittag).

57 Die Angelegenheiten scheinen wichtig und brandeilig zu sein, denn der Brief an E. Honecker wird an seinen Urlaubsort gesandt.

58 Im Jahre 1976 wurden durch das Solidaritätskomitee der DDR gegenüber Angola 107,56 Mio. Mark der DDR Hilfsleistungen ausgewiesen. 1975 waren es nur 9,2 Mio. Mark der DDR und 1977 gar nur 8,89 Mio. Mark der DDR. Der Einsatz der „Solidaritätsmittel" erfolgte auf Anweisungen „zielgenau".

59 Kontinuität über ein Jahrzehnt zeigt sich in einer Hausmitteilung. E. Krenz meldet am 05.04.1988 an E. Honecker: „Die gesamte Aktion wird durch Genossen Schalck exakt koordiniert." Mit „Aktion" war die kurzfristige, innerhalb von vier Wochen realisierte, Waffenlieferung nach Äthiopien in einem Mengenumfang von weit über 1.000 t Kriegsmaterial gemeint. In: Staadt, Jochen, 1995, S. 68.

Die Devisen in der DDR waren knapp geworden. Die organisierte ihre Politik gegenüber wichtigen Entwicklungsländern neu.

Im Hintergrund führte A. Schalck Entscheidungen aus und bereitete neue vor. Er rückte wohl auch die Stühle für die Koordinierungskommission Entwicklungsländer des Politbüros, die die wichtigen Entscheidungen der DDR gegenüber den befreundeten Ländern in Afrika traf.

3.4 Zur wirtschaftlichen Lage der DDR in den Jahren 1976/77

Die DDR befand sich zum Jahresende 1976/77 in der ersten besonders bedrohlichen wirtschaftlichen Lage der Regierungszeit von E. Honecker. Durch die Auswirkungen der Ölpreiskrise kam es zu steigenden Rohstoffpreisen. Das Warenangebot der DDR war nur bedingt konkurrenzfähig und erlöste nicht die notwendigen und geplanten Devisen, welche u. a. zur Bezahlung der Importe aus dem „Westen" notwendig waren.[60] Der Handel mit dem „Nichtsozialistischen Wirtschaftsgebiet (NSW) wies eine Devisendefizit in bisher nicht bekannter Milliardenhöhe aus. „Die wirtschaftliche Bewegungsfreiheit reduzierte sich noch mehr, als nach dem Desaster in Polen, international auch Zweifel an der Zahlungsunfähigkeit der DDR aufkamen."[61] Eine Überschuldung und damit Kreditunwürdigkeit drohte.[62] Durch die Devisenknappheit war auch die Versorgung mit notwendigen Rohstoffen gefährdet. Wichtige Produkte und Rohstoffe für den Bereich Hochtechnologie, aber auch klassische Versorgungsgüter wie Steinkohle, konnten nicht wie vorgesehen eingeführt werden.

Am 27.04.1977 führte Mittag eine Parteiberatung für Minister und Abteilungsleiter des ZK durch. Er teilte mit, daß der Volkswirtschaftsplan – trotz Lücken – wie vorgesehen in vollem Umfang verabschiedete werde. Die Lücken sollen unter anderem durch vermehrte Leistungen mittels gezielter Kampfpositionen, eine Stunde längerer Maschinenlaufzeiten pro Tag und Disziplin – „Wer quatscht, fliegt raus" – geschlossen werden.[63] Im Juni 1977 wurde auf dem „Elektronik-Plenum" des ZK der SED verkündet, den kapitalintensiven Ausbau der elektronischen Industrie im Alleingang, d. h. ohne die

---

60 Vgl.: Stichwort „Wirtschaft" in: „So funktionierte die DDR – Lexikon der Organisationen und Institutionen der DDR" Hrsg.: Herbst, Andreas u. a., Hamburg 1994, S. 1166; vgl. auch: Haendke-Hoppe-Arndt, M.: „Wer wußte was? Der ökonomische Niedergang der DDR" in: Deutschland Archiv 28 (1995), S. 588-602; Janson, C. H.: „Der Totengräber der DDR: wie Günter Mittag den SED-Staat ruinierte" Berlin 1991, S. 79 ff. 1976 wies NSW-Plan der Devisenerlöse aus Nichtsozialistischen Wirtschaftsgebiet (NSW) erstmals eine Unterdeckung von mehr als 1 Mrd. VM auf. „Für 1977 zeichnete sich eine ähnliche Entwicklung ab, wobei auch die Rentabilitätsziele nicht geschafft wurden. Der Import sank nicht, sondern wuchs weiter (bei Getreide und Kaffee). Alle Anstrengungen, Einfuhrwaren zu ersetzen, brachten nicht die gewünschten Ergebnisse. Das gleiche galt für die Beschaffung von Bargeldkrediten, weshalb das Gespenst der Zahlungsunfähigkeit drohte. Der Ansatz für den Plan 1978 kündigte noch größere Lücken an.", S. 90.
61 Herbst, Andreas: „So funktioniert die DDR", S. 1166.
62 Vgl. Pkt. 7.3; Die Gespräche zwischen E. Honecker und L. J. Breschnew 1978 und 1981.
63 Jancon, C. H., S. 90.

sozialistischen Bruderstaaten zu betreiben und 1978 das Kombinat „Mikroelektronik" in Erfurt zu gründen. Devisen mußten dafür bereitgestellt werden.

Die Situation spitzte sich Ende 1977 besonders zu. Auf einer Krisenberatung am 18.11.1977 soll nach Aufzeichnungen des FDGB-Vorsitzenden H. Tisch, E. Honecker gesagt haben: „Produktivität reicht nicht aus – Devisenbilanz ein schweres Problem (Zinsen und Kredite wie ablösen) Die Katastrophe schon für Mitte nächsten Jahres vorprogrammiert."[64]

In der gesamten Volkswirtschaft mußten Devisen erwirtschaftet, eingespart bzw. „abgelöst" werden. A. Schalck, für die Sonderausstattung der DDR mit Devisen durch seinen besonderen Apparat Kommerzielle Koordinierung zuständig, „kümmerte" sich nun auch um einige Entwicklungsländer. Er bezog sie auf Anweisung in seine Beschaffungsstrategien mit ein.

Diese finanz- und wirtschaftspolitische Konstellation war eines der mitentscheidenden Beweggründe für das so plötzlich im Sommer und Herbst organisiert aufbrechende DDR-Süd-Engagement und die generalstabsmäßige Durchsetzung der „beschlossenen Beziehungen" zu den afrikanischen Staaten.

Die beabsichtigte „zeitweilige" Installierung der Kommission Entwicklungsländer deutet mehr auf einen Reparaturauftrag, denn langfristige politische Strategie hin.[65] Die SED- und DDR-Führung ging von vorübergehenden finanziellen Schwierigkeiten aus, entwicklungspolitische Aspekte spielten keinen Rolle. Devisen sollten und mußten erwirtschaftet werden. Dies geschah unter größten Zeitdruck. Erfahrungen des Außenhandels zu den afrikanischen Staaten auf der administrativen und kommerziellen Ebene lagen in der DDR faktisch nicht vor. Es gab nur Kontakte auf politischer Ebene. Trotzdem wurde in dieser Phase der Krisenbewältigung den afrikanischen Entwicklungsländern bei der Devisen- bzw. Rohstoffbeschaffung eine herausragende Rolle zugemessen.[66]

---

64 Herbst, Andreas: „So funktioniert die DDR", S. 1166 f.
65 Protokoll einer Beratung in der Koordinierungsgruppe Industrie/Außenhandel des Bereiches Länderplanung/Exportdurchführung am 12.10.1977: „Gen. Dr. Albrecht übergab den anwesenden Mitgliedern der KOKO-Gruppe Vorschläge zur Entwicklung der ökonomischen Zusammenarbeit mit Mosambik. Zur Sicherung eines kurzfristigen Arbeitstermins wurde folgende Festlegung getroffen: Die Industrieministerien überprüfen die übergebenen Vorschläge zur Entwicklung der ökonomischen Zusammenarbeit mit Mosambik und geben ihre Stellungnahme bis zum 13.10.16.00 Uhr an den stellv. Vorsitzenden der Staatlichen Plankommission Dr. Albrecht." Unterlagen des Büros Albrecht der Staatlichen Plankommission, BAZ AB DL 2- MR 3.
66 Am 06.01.1978 informiert F. Clausnitzer, Mitglied der Kommission auf der Beratung der Koordinierungsgruppe des Ministerrates „Industrie/Außenhandel", „über die Neubildung und erste durchgeführte Tagung der Kommission beim Politbüro des ZK der SED für Entwicklungsländer, die auch eine Konzeption der strategischen Rohstoffsicherung für die VW (Volkswirtschaft; d. Verf.) der DDR behandeln wird. In der Koordinierungsgruppe des Ministerrates werden Probleme der Plandurchführung dazu beraten werden." Unterlagen des Büros Albrecht der Staatlichen Plankommission, BAZ AB DL 2- MR 3.

3.5 Zur Arbeitsweise der Kommission für Entwicklungsländer

Die Kommission für Entwicklungsländer tagte zum ersten Mal am 05.01.1978. Die Tagesordnungspunkte für das erste Halbjahr wurden bereits am 14.12.1977 durch G. Mittag und somit vor dem Beschluß vom 20. 12. 1977 verschickt. Als formal das Politbüro nur beratendes Gremium[67], hatte die Kommission auf dem Gebiet der erweiterten ökonomischen Beziehungen zu Entwicklungsländern faktisch Entscheidungshoheit und Beschlußkraft, die dem Politbüro des ZK der SED gleichkam.[68] Die Vorlagen der Kommission wurden wohl in der Regel dem Politbüro zugeleitet, beraten und gemäß den Beschlußempfehlungen von G. Mittag auch dem ZK der SED und dem Präsidium des Ministerrates überstellt. Meist wurden die Vorlagen mit einem neuen Deckblatt versehen, von Willi Stoph als Ministerpräsident der DDR oder von Werner Krolikowski, als dessen Stellvertreter unterschrieben und als Beschlüsse des Präsidiums des Ministerrates zur Ablage gebracht.[69] Die festgelegten Ausführungsbeschlüsse waren schon längst zur Realisierung über das Politbüro oder das ZK den Fachministerien oder Organen überstellt worden. Oft gab es für komplizierte ökonomische Projektvorhaben nur 14 Tage Planungszeit. Gelegentlich wurde diese Zeit auf unter 48 Stunden verkürzt.

Halbjährlich wurden die Arbeitspläne der Kommission durch das Sekretariat der Kommission in der Staatlichen Plankommission verschickt. Mit der Bitte um Kenntnisnahme und mögliche Ergänzungen, die eingereicht werden sollten, wurde jeweils gebeten, die den Adressaten betreffenden Termine vorzumerken.

Ein „Verteiler für den Arbeitsplan der Kommission" ist in den Unterlagen der Sitzung am 4. April 1978 erhalten geblieben. Er umfaßt Mitglieder der Kommission, und die über die Tagesordnungspunkte zu informierenden Personen aus Partei und Regierung. 34 Männer sind darin aufgeführt. Die Hierarchie ist aufschlußreich.[70] Die Liste wird vom Partei- und Staatschef E. Honecker ange-

---

67 Sie hatte lt. BAZ DY30 J IV 2/2 1705, S. 157 „die entsprechenden Entscheidungen für das Politbüro und die Regierung der DDR vorzubereiten."

68 „...aber ich habe im Politbüro überhaupt kaum Abstimmungen erlebt. (Heiterkeit)" Aussage von Günter Schürer am 26. Januar 1993 vor der EK; in: Materialien der Enquete-Kommission „Aufarbeitung von Geschichte und Folgen der SED-Diktatur in Deutschland" (12. Wahlperiode), Bd. II,1 „Machtstrukturen und Entscheidungsmechanismen im SED-Staat und die Frage der Verantwortung", S. 481.

69 Zum Beispiel: „Betrifft: Wirtschaftliche Zusammenarbeit zwischen der DDR und der VRM auf dem Gebiet des Steinkohlebergbaus. Der Beschluß des Sekretariates des ZK der SED vom 14.01.1987... Gilt gleichzeitig als Beschluß des Präsidiums des Ministerrates." Beschluß 28/I. 13/87 vom 20.01.1987, BAC DL-2-KOKO 1.

70 Nr. 1 E. Honecker, Nr. 2 G. Mittag, Nr. 3 W. Lamberz, per Hand durchgestrichen, Nr. 4. H. Axen, Nr. 7. G. Schürer, Nr. 8 E. Krenz, Nr. 9 Kurt Seibt, Vorsitzender der Revisionskommission beim ZK der SED und Vorsitzender des Präsidiums des Solidaritätskomitees der DDR, Nr. 9 G. Kleiber, Minister für allg. Maschinen, und Landmaschinen und Fahrzeugbau (einschl. Waffen und militärische Ausrüstungen), erster Minister in der Liste, Nr. 10 Minister für Materialwirtschaft, W. Rauschfuß, Nr. 11 Leiter der Abteilung internationale Verbindung beim ZK, der stellv. Außenminister K. Willerding rangierte direkt einen Platz vor A. Schalck, dem folgte D. Albrecht. Außenminister Oskar Fischer folgte nach den Vertretern des Militärs auf Platz 21. Dies muß keine Abwertung des

führt. Fünf stellvertretende Vorsitzende des Ministerrates waren in den Verteilungsplan aufgenommen und 15 Vertreter von Ministerien. Das Ministerium für Volksbildung war nicht mit aufgeführt. Das Ministerium für Außenhandel stand dafür gleich mit sieben stellvertretenden Ministern auf der Liste.

Somit waren die maßgeblichen Personen der Partei- und Staatsführung der DDR und ihre Vertrauten Apparate über die Arbeit der Kommission EL informiert und hätten „strukturmäßig" ihre Voten abgeben können. Auch wenn G. Mittag die gesamte Kommission dominiert haben soll und durch seine Stellung zu E. Honecker jede Kommissionsvorlage zum Beschluß des Politbüros erheben oder fallen lassen konnte, war eine relativ große Anzahl von Personen und Apparaten direkt oder indirekt an der Arbeit der Kommission für Entwicklungsländer beteiligt.

Das indirekte Vorschlagsrecht wurde gelegentlich wahrgenommen, indem D. Albrecht meist kurze Stellungnahmen zu einzelnen Tagesordnungspunkten zugesandt bekam.

Im ersten Jahr, 1978, wurde vierzehntägig ein umfangreiches Pensum von 10 bis 15 Tagesordnungspunkten abgearbeitet. Ab 1983 wurden die Listen der Tagesordnungspunkte kürzer, die Sitzungen fanden in größeren Abständen statt. 1988/89 wurde teilweise im Umlaufverfahren gearbeitet.[71]

Die Vorlagen wurden von den jeweiligen Ministerien oder Einrichtungen erstellt und durch Mitglieder in die Kommission eingebracht. Gäste wurden zu bestimmten Tagesordnungspunkten eingeladen.

Aus den Arbeitsplänen für das Jahr 1978 geht hervor, daß zu 40 Ländern spezielle Tagesordnungspunkte vorgesehen waren. Über die Beziehungen zu Libyen wurde sechs mal beraten, zu Angola gab es vier und zu Mosambik und Äthiopien drei Beratungen. Ebenfalls drei Vorlagen wurden zu den Philippinen eingereicht. Die wirtschaftlichen und kulturellen Kontakte zur namibischen Befreiungsbewegung SWAPO für den Fall einer bald erwarteten Unabhängigkeit in „Südwestafrika" wurden zwei mal behandelt. Für alle anderen Länder war je eine Tagesordnungspunkt reserviert.[72]

Außenministeriums bedeuten, eher eine Stärkung durch einen weiteren Platz. Die Reihe endet mit Kulturminister Hoffmann.

71 Janson, C. H. beschreibt die „Wirtschaftskommission des Politbüros" (WIKO) als beratendes Organ zu vor allem binnenwirtschaftlichen Fragen recht ausführlich. S. 155 f. Parallelen zur „Komm EL", von der es bisher keine Insider-Berichte gibt, können gezogen werden. Beide Kommissionen tagten unter Vorsitz von Mittag alternierend 14-tägig am Montag. Es gab keine Stellvertreter. In 14 Jahren soll es in der WIKO nicht mehr als 5 Aussprachen gegeben haben, bei i.d.R. 15 bis 20 Sitzungen pro Jahr. „Die WIKO war mehr die Bühne für den Auftritt des Meisters, die meisten ihrer Mitglieder waren Statisten." ...„Am Schluß hatte die WIKO keinen Wert mehr. In ihr übte der Vorsitzende nur noch Repressionen aus und verursachte Depressionen." Der WIKO wurde eine gewisse Bekanntheit nachgesagt.

72 Nach: „Übersicht der Tagesordnungspunkte Kommission Entwicklungsländer" der Staatlichen Plankommission der DDR; aktenführenden Stelle: „Länderplanung/Exportförderung" (Büro D. Albrecht) Sig.: BA Z DE-1 54912; VR Jemen, die südafrikanische Befreiungsbewegung ANC; Guinea-Bissau, Tansania, Syrien, Benin, die westsaharische Befreiungsbewegung POLISARIO,

Für die Länder Mosambik, Äthiopien, Angola und São Tome und Príncipe sind alle Vorlagen von A. Schalck allein oder gemeinsam mit Fachministern gezeichnet. A. Schalck ließ viele seiner Vorlagen von der Abteilung „Handelspolitik" des Bereiches „Kommerzielle Koordinierung" ausarbeiten.

4.0 Zur Funktion des Bereiches „Kommerzielle Koordinierung" in den Beziehungen der DDR zu ausgewählten Ländern Afrikas

4.1 Alexander Schalck-Golodkowski und der erste Tagesordnungspunkt der Kommission für Entwicklungsländer

„Durch die zentrale stabsmäßige Leitung aller Aktivitäten im Ex- und Import mit den ausgewählten Ländern konnte in einem Zeitraum von 6 Monaten ein Gesamtumsatz im gegenseitigen Warenaustausch von ca. 450 Mio. VM erreicht werden.

Damit wurde die DDR zu einem der wichtigsten Handelspartner für die Länder Sozialistisch Äthiopien, VR Angola und VR Mosambik.

Für die Versorgung der Volkswirtschaft der DDR mit Rohkaffee im Jahre 1977 konnten 15.000 t vertraglich gebunden und in voller Höhe der kaffeeverarbeitenden Industrie der DDR zur Verfügung gestellt werden. Die Bezahlung des Rohkaffees erfolgt durch Warenlieferungen der DDR. Dabei handelt es sich zum Teil um solche Waren, deren Absatz im NSW gegenwärtig nicht möglich ist (zum Beispiel LKW W 50).

Mit der Realisierung der Ex- und Importe im Rahmen der abgeschlossenen Vereinbarungen erfolgte eine Entlastung der KD-Zahlungsbilanz."[73]

Mit diesen Worten beginnt die erste Vorlage der erste Sitzung der Kommission für Entwicklungsländer des Politbüros des ZK der SED und der Regierung der DDR. Der Grundton ist angeschlagen. Die Vorlage trägt als Tagesordnungspunkt eins den Titel: „Stand der erreichten ökonomischen Beziehungen zu den Ländern Sozialistisch Äthiopien, VR Angola, VR Mosambik und Demokratische Republik Sao Tomé im Jahre 1977."[74] Sie wurde vom A. Schalck erarbeitet.

Iran, Irak, Ägypten, Sambia, Sri Lanka, Argentinien, Kap Verde, Nigeria, Liberia, Sao Tome und Principe, Malaysia, Indien, Singapur, Kuwait, Thailand, Simbabwe, Algerien, Nordkorea (KDVR), Guyana, Uganda, Equador, Costa Rica, Kap Verde, Vietnam, Panama und Indonesien. (Reihenfolge nach der Tagesordnungsliste).

73 „Vorlage für die Kommission des Politbüros des ZK der SED zur Koordinierung der ökonomischen, kulturellen und wissenschaftlich-technischen Beziehungen der DDR zu Ländern Asiens, Afrikas und des arabischen Raumes" vom 05.01.1978, Tagesordnungspunkt 1 „Betrifft: Stand der Zusammenarbeit mit den Ländern Äthiopien. VR Angola und VR Mosambik", Staatliche Plankommission, Büro D. Albrecht, BAZ DE 1 54880, die Unterlagen sind chronologisch, aber ohne Blatteinteilung abgelegt.

74 Ebenda.

Wie auch schon aus dem Schreiben von G. Mittag und W. Lamberz an Honekker, abgefaßt am 06.07.1977 hervorgeht, ist A. Schalck für die Handelsbeziehungen mit den vier auserwählten Ländern zuständig. Die Einsetzung der Kommission EL stellte somit keinen grundsätzlicher Neuanfang und keine Neubestimmung dar, sondern sollte die Bündelung zur Steigerung der Effektivität der DDR-Südpolitik nach den Aktivitäten des Jahres 1977 bewirken.

A. Schalck[75] verfügte mit seinem Bereich Kommerzielle Koordinierung als G. Mittag direkt unterstellter und mit ihm zuarbeitender „Devisenbeschaffer" der DDR über entscheidenden Einfluß auf die Politik der DDR gegenüber der Dritten Welt, insbesondere Afrika.

Nicht nur im innerdeutschen Handel, auch bei den Beziehungen mit Afrika war er eine prägende, eher im Hintergrund agierende Gestalt. Bei aller Unterschiedlichkeit dieser beiden „Geschäftsfelder" gab es auch Gemeinsamkeiten, die mit zur Beauftragung des Bereiches KOKO für die erweiterten ökonomischen Beziehungen der DDR mit den befreundeten afrikanischen Staaten geführt haben dürften.

Der langjährige Vermittler im „innerdeutschen Kirchengeschäfte" auf Seiten der Evangelischen Kirche von Deutschland (KD), Ludwig Geißel, schrieb über seine dreißigjährige Zusammenarbeit mit der DDR und mit A. Schalck in seinen Erinnerungen „Unterhändler der Menschlichkeit": „Während die EKD einen legalen Weg gefunden hatte, Geld in die DDR zu transferieren, konnte die Regierung in Ost-Berlin Steinkohle aus dem Ruhrgebiet an die Industrie und Bohnenkaffee an ihre Bürger weitergeben."[76] Mit Kaffee und Kohle finden sich im innerdeutschen Handel Schlüsselbegriffe des Afrikageschäftes des Bereiches Kommerzielle Koordinierung wieder.

Für die Länder Mosambik, Äthiopien, Angola und São Tome und Príncipe verfügte A. Schalck mit Unterstützung der Beschlüsse der Parteiführung der SED und der Kommission Entwicklungsländer über Vorschlags- und Bestimmungsrechte[77] mit umfangreichen Vollmachten. Der 1. „Schalck-Untersuchungsausschuß stellt nur fest: „Im Jahre 1977 wurde der Bereich KOKO mit der Entwicklung der Handelsbeziehungen zu Angola, Äthiopien und Mosambik beauftragt."[78]

---

75 Uschner, Manfred: „Die zweite Etage –Funktionsweise eines Machtapparates", Berlin 1993, S. 53, hatten neben G. Mittag und E. Mielke nur noch A. Schalck ungehinderten Zugang zu E. Honecker.

76 Geißel, L.: „Unterhändler der Menschlichkeit", Stuttgart 1991, zitiert nach: „Ökumenische Rundschau", Frankfurt/M.1993, Heft 12, S. 272.

77 Ein Beschluß, der die Zuordnung der o.g. vier afrikanischen Länder unter A. Schalck belegt, konnte nicht gefunden werden. Dieser muß aber vor der 1. Sitzung der Kommission Entwicklungsländer im Sommer 19977 gefaßt worden sein. Grundsätzliches zur Rolle und Funktion von A. Schalck in: „Werkzeug des SED-Regimes – Bereich Kommerzielle Koordinierung und A. Schalck-G." Bundestagsdrucksache 12/7600, 4 Bände; Przybylski, R.: „Tatort Politbüro", Berlin 1991; Koch, E. R.: „Das geheime Kartell", Hamburg 1992.

78 Drucksache des Dt. Bundestages 12/7600, S. 179, Quellen, Motive und Inhalte werden nicht genannt. Der Untersuchungsausschuß ist mehr an der Klärung von Vorgängen des Kunst- und Waffenhandels und nicht an außenpolitischen Implikationen interessiert.

Die Beauftragung des Bereiches Kommerzielle Koordinierung mit der Gestaltung der ökonomischen und damit im Verständnis von Marxisten wichtigsten Beziehungen der DDR zu den „Bruderländern" in Afrika war eine weitreichende politische Entscheidung. Als Begründung dafür muß vor allem der Auftrag des Bereiches KOKO: „in der maximalen Erwirtschaftung konvertierbarer Devisen außerhalb des geplanten Wirtschaftsbereiches",[79] die vermeintliche Effektivität des Bereiches „Kommerzielle Koordinierung", der Verbindung von „allgemeinem" Handel und „speziellem" d. h. militärischen Handel und des besonderen Rechtsraumes des „Bereiches" angesehen werden. Der innerhalb der staatlichen Struktur Ministerium für Außenhandel angesiedelte Bereich Kommerzielle Koordinierung agierte dabei wie ein mit Sonderkonzessionen ausgestattetes Unternehmen.

Im Handel mit den befreundeten afrikanischen Ländern wurde wie im innerdeutschen Handel mit warengebundenen Verrechnungseinheiten abgewickelt.[80]

Im innerdeutschen Handel wurde von beiden Seiten versucht, historische Gemeinsamkeiten und Besonderheiten wirtschaftlich und politisch zu nutzen. Der Handel mit den afrikanischen Länden erfolgte ebenfalls unter Anknüpfung bzw. Ausnutzung gemeinsamer, diesmal ideologischer Besonderheiten.

4.2 Die Beauftragung von A. Schalck-Golodkowski und die Aufgaben und Rechte der Sonderbeauftragten

Die am 2. November 1976 formal erfolgte Unterstellung des Bereiches KOKO/Schalck unter den ZK-Sekretär für Wirtschaftsfragen G. Mittag durch das Politbüro[81], setzte die tatsächliche Zusammenarbeit zwischen G. Mittag und Schalck nur in einen veränderten juristischen Rahmen. Auf der gleichen Sitzung des Politbüros u. a. auch die „Arbeitsgruppe Zahlungsbilanz" unter Leitung von G. Mittag und unter Mitarbeit u. a. von A. Schalck ins Leben gerufen wurde. „Hauptaufgabe dieser Arbeitsgruppe war es, im Rahmen der Haushaltsplanung durch entsprechende Vorgaben an die Industrie- und Außenhandelsunternehmen Deviseneinnahmen nach Möglichkeit zu maximieren und Devisenausgaben (Importe) zu minimieren".[82]

In dieser „Traditionslinie" wurden später auch die Beschlüsse der Kommission Entwicklungsländer gefaßt.

Die Beziehungen zu den für die DDR wichtigsten afrikanischen Ländern auf der Basis „gegenseitigen Vorteils und wechselseitigen Nutzens" erfuhren

---

79 Lt. „Verfügung des Vorsitzenden des Ministerrates der DDR Nr. 61/66 vom 1. April 1966, in: Bundestagsdrucksache 12/7650, S. 19.
80 Der Export von Gütern war an den Import von Gütern gekoppelt bzw. umgekehrt. (Ware gegen Ware-Geschäfte).
81 Przybylski, Peter: „Tatort Politbüro – Honecker, Mittag und Schalck-Golodkowski", Berlin 1992, Bd. 2, S. 104 f.
82 Ebenda, S. 104.

durch die Koordinierung von A. Schalck eine besondere Auslegung und höchste Anleitung durch G. Mittag und E. Honecker.[83]

Auf der 3. Sitzung der Kommission Entwicklungsländer vom 1. Februar 1978 wurden nach Vorlage von A. Schalck die „Aufgabenstellung, Rechte und Pflichten der Sonderbeauftragten der Parteiführung und der Regierung der DDR"[84] in ausgewählten Entwicklungsländern behandelt und bestätigt. In diesen Richtlinien wird u. a. bestimmt:

– daß die Sonderbeauftragten der Hauptnomenklatura[85] des Sekretariates des ZK unterliegen;

– daß die Sonderbeauftragten verantwortlich sind für die politische und fachliche Leitung der ökonomischen, wissenschaftlich-technischen und kulturellen Beziehungen mit ausgewählten Ländern;

– kurzfristig wirksame Zusammenarbeit mit dem Ziel der Sicherung des Importes wichtiger landwirtschaftlicher und mineralischer Rohstoffe durch den Abschluß von Vereinbarungen zur Bezahlung der Importe der DDR mit Lieferungen von DDR-Exporterzeugnissen;

– Realisierung KD-wirksamer Kredite in für die Zahlungsbilanz der DDR nützlichen Formen aus den EL, die über bedeutende Devisenreserven verfügen;

– daß die Sonderbeauftragten die schwerpunktmäßige Kontrolle der Durchführung der Beschlüsse und Festlegungen durchführen sollen;

– Herstellung und Pflege von engen persönlichen Kontakten zur Partei- und Staatsführung;

– Verhandlungsvorbereitung und -durchführung.

Folgende Befugnisse werden ausgesprochen;

– unmittelbare Teilnahme an Beratungen der Staats- und Wirtschaftsorgane;

– Unterlageneinsicht;

– der Botschafter hat jegliche Unterstützung zu gewähren;

– Weisungsberechtigung gegenüber allen DDR-Bürgern, einschließlich der Handelsräte, im Einsatzland; „Ausgenommen davon sind Parteibeziehungen":

– die Sonderbeauftragten können direkt an G. Mittag als Vorsitzenden der Kommission EL über Botschaften Nachrichten senden.

---

83 Vgl.: „Zusammenfassend kann festgestellt werden, daß alle grundlegenden Entscheidungen für den Bereich (KOKO d. Verf.) Parteientscheidungen waren. Die Anleitung erfolgte jedoch ausschließlich von der Parteispitze, d. h. durch G. Mittag und E. Honecker" in: Kapitel 2 „Politische Anleitung des Bereiches KOKO", Schalck-Untersuchungsausschuß, Bundestagsdrucksache 12/7600, S. 103.

84 In: BAZ DE-1-54880.

85 Zur Problematik der Nomenklatura vgl. u. a. Uschner, M., S. 89 f. und Janson D. H., S. 93 ff.

Abschließend wird festgestellt: „Die Verantwortung für die Erfüllung der Beschlüsse von Partei und Regierung durch die zuständigen Staatsorgane, VVB, Kombinate, Betriebe und ihrer Vertreter im Ausland, bleibt durch den Einsatz der Sonderbeauftragten unverändert."[86]

Damit war die „straffe und einheitliche Leitung" formal durchgesetzt und die Möglichkeit gegeben, daß die Sonderbeauftragten in ihrem Einsatzland in fast alle Aktivitäten der länderbezogenen DDR-Außenpolitik eingreifen können, ohne die persönliche und materielle Verantwortung übernehmen zu müssen.

Sonderbeauftragte für 15 Länder werden benannt.[87]

Für Mosambik erfolgt in Auswertung der Reise einer Partei- und Staatsdelegation unter Leitung von E. Honecker im Februar 1979 eine weitere Steigerung und Absicherung der koordinierenden Funktion durch den Bereich „KOKO". Mit kommunistischen Gruß schreibt A. Schalck am 3. Mai 1979 an G. Mittag „mit der Bitte um Zustimmung" und übergibt einen Bericht des Sonderbeauftragten für Mosambik Dieter Uhlig. In diesem Bericht werden Vorschläge zur Bildung eines „ständigen Arbeitsstabes Mosambik" unterbreitet.[88]

„Mit Beschluß des Präsidiums des Ministerrates (vom 15. März 1978) in Auswertung der Reise von E. Honecker im Februar 1979 in afrikanische Länder wird dem Staatssekretär im Ministerium für Außenhandel und Leiter des Bereiches KOKO die Verantwortung für die einheitliche Koordinierung und Leitung aller ökonomischen, industriellen sowie landwirtschaftlichen Fragen (der DDR gegenüber Mosambik, d. Verf.) übertragen."

Dazu wurde ausgeführt:

Bildung einer ständigen Arbeitsgruppe im Bereich KOKO. Gegenstand ist die Durchsetzung und Kontrolle des zwischen den Regierungen vereinbarten „Programmes über die langfristige wirtschaftliche Zusammenarbeit zwischen der DDR und der VR Mosambik bis 1990 sowie darauf aufbauende komplexe Länderkonzeptionen."

Es soll eine Arbeitsgruppe Mosambik/Berlin unter Leitung von D. Uhlig und weiteren 12 Mitarbeitern, darunter die Sonderbeauftragten für Äthiopien und Angola/Sao Tomé, gebildet werden und eine Arbeitsgruppe Maputo mit 5 Mitarbeitern die Tätigkeit aufnehmen. „Diese Arbeitsgruppe wird in den Verwaltungsapparat der Botschaft eingeordnet und ist finanziell selbständig."

86 A.a.O.
87 „Aufgabenstellung, Rechte und Pflichten der Sonderbeauftragten der Parteiführung und der Regierung der DDR" Anlage 9 zum Protokoll Nr. 17 der Sitzung des Politbüros vom 8.2.1978, Bl. 81: BAZ DY 2/3 2709, folgende Länder, einschließlich der Namen der Sonderbeauftragten werden aufgeführt: Äthiopien, Angola, Mexiko, Madagaskar, Tansania, Philippinen, Indonesien, Uganda, Kamerun, Elfenbeinküste, Panama, Costa Rica, Burundi, Liberia, Indien, Kolumbien, Brasilien. Mosambik wird nicht aufgeführt. In den Unterlagen des Sekretariates der Kommission war nur die Beschlußvorlage ohne Länder und Namenliste vorhanden.
88 „Schreiben vom A. Schalck an G. Mittag vom 3.05.1979" BAZ DY30 22195/2; eine Vorlage dazu schrieb D. Uhlig, BAC DL-2-KOKO 1, S. 255-260.

Aufgaben der Arbeitsgruppe „M", so eine spätere Bezeichnung, sind neben der Durchsetzung und der Kontrolle u. a.:

– Entwicklung neuer Formen der direkten Zusammenarbeit und Beratung der Betriebe[89]

– erreichen einer ausgeglichenen Zahlungsbilanz bis 1985

– Vorbereitung und Durchführung der Gemeinsamen Wirtschaftsausschüsse (GWA).

Die Arbeitsgruppe untersteht ausschließlich dem Leiter Bereich KOKO. Dieser schlägt, in Abstimmung mit den zuständigen Ministern, die Schwerpunktprojekte vor. Die Verantwortung bleibt erneut bei den Ministern bzw. ihren Stellvertretern. Es wiederholen sich die Rechte des Bereiches KOKO gegenüber den Ministerien, wie die der Sonderbeauftragten gegenüber den DDR-Bürgern im Entwicklungsland.

Auch die Verantwortlichen der Minister bzw. die Minister selbst sind damit der Arbeitsgruppe „M" „voll verantwortlich für die Durchsetzung der Beschlüsse".[90]

Das System der Vollmachten war perfekt.

Eine Woche nach der Afrika-Reise von E. Honecker hatte G. Mittag zu einer „Beratung zur Auswertung der Reise der Partei- und Staatsführung der DDR in die Länder: Libyen, Angola, Sambia und Mosambik", die wichtigsten Handels- und Industrieminister der DDR eingeladen. Hier gab er die Richtung vor, die in folge der Auswertung der Reise die Beziehungen verstärkt bestimmen sollte. Ein Bericht[91] faßt die Ausführungen gegenüber Angola wie folgt zusammen: „Der zur Beratung anstehende Maßnahmeplan legt dazu eine Reihe von konkreten Schritten fest. Genosse Mittag ging es in seinen Ausführungen nochmals darum, daß prinzipiell andere Herangehen gegenüber bisherigem Vorgehen darzustellen: nicht mehr schlechthin auf Export und Import zu orientieren, sondern auf eine direkte Beteiligung in angolanischen Betrieben ... Er sprach sich dafür aus, die Spezialisten nicht mehr, wie bisher über Limex in diese Länder zu entsenden und dafür ein monatliches Gehalt von 1500, – bis 2000, – Dollar zu kassieren, sondern die Spezialisten als Leistungskader direkt in der Produktion, in Betrieben, Bergbaueinrichtungen u. a. für die DDR interessanten Objekten einzusetzen, so daß sie dort die Produktion organisieren und wir uns an dem Gewinn und an den Produkten beteiligen und dadurch die Rohstoffversorgung der DDR sichern und unsere Beziehungen bedeutend en-

---

89 Gemeint waren zu bildende gemeinsame Betriebe zwischen der DDR und Mosambik auf dem Gebiet der Fischerei, der Weizenproduktion, der Kohlegewinnung, bei „Gold und Kupfer", einem Pegmatit- und Halbedelsteinvorkommen und der Bananenproduktion; die Erdöl/Erdgasgewinnung war vorgesehen.

90 Ebenda.

91 „Bericht an die HA XVIII vom 10.3.1979 zur Auswertung der Reise der Partei- und Regierungsdelegation der DDR in die Länder Libyen, Angola, Sambia und Mocambique", BStU MfS HA XVIII 8639", Bd. 56-58.

ger gestalten als bisher." Im Bezug auf Mosambik berichtet der IM „Henry"
u. a.: „..., daß die DDR sich direkt an einer paritätischen Leitung dieser Betriebe beteiligt und die Betriebe praktisch gemeinsam mit der VR Mocambique in
Form von gemischten Produktionsgesellschaften oder anderen geeigneten
Formen leitet, daß man sich an dem Gewinn der Betriebe beteiligt und daß die
Hälfte der erzeugten Rohstoffe in die DDR exportiert wird." Auf diesem Wege
soll auch eine ausgeglichene Zahlungsbilanz angestrebt werden. A. Schalck
wird die Verantwortung für den „gemeinsamen Generalstab" zur Ankurbelung
der ökonomischen Entwicklung in die Hände gelegt.

Am 14. Mai des gleichen Jahres hält der Minister für Außenhandel der DDR.
Horst Sölle in Manila, der Hauptstadt der Philippinen, vor der V. UN. Konferenz für Handel und Entwicklung (V. UNCTAD) eine Rede in der er u. a. aus-
führt: „Die Deutsche Demokratische Republik unterstützt uneingeschränkt die
Verwirklichung der gerechten Forderungen der Entwicklungsländer, ...die
DDR ist – ebenso wie die anderen sozialistischen Staaten – entschiedener Verfechter der demokratischen Umgestaltung der internationalen Wirtschaftsbeziehungen. Das ist für sie keine Frage der Taktik, sondern ergibt sich aus dem
Wesen ihrer sozialistischen Ordnung. Sie hat diese Haltung stetes unter Beweis
gestellt ... Die Partner in den Entwicklungsländern werden so in ihrem Streben
nach ökonomischer Unabhängigkeit und umfassender Nutzung ihrer Ressourcen, insbesondere durch Verarbeitung von Rohstoffen im eignen Lande, unterstützt. In Übereinstimmung mit den von der Deutschen Demokratischen Republik hierbei angewandten Prinzipien gehen die errichteten Betriebe in das nationale Eigentum dieser Länder über. Es erfolgt deshalb keinerlei Gewinntransfer."[92]

Gleichlautend schreibt der stellvertretende Außenminister der DDR aus Anlaß
des 30. Jahrestages der DDR im Zentralblatt der DDR-Regionalwissenschaften
„Afrika, Asien, Lateinamerika" zur neuen Qualität der ökonomischen Beziehungen der DDR zu Entwicklungsländern: „Dementsprechend fördert sie (die
DDR, d. Verf.) die Verarbeitung von Rohstoffen im Erzeugerland, gehen die
errichteten Betriebe in das nationale Eigentum dieser Länder über und findet
selbstverständlich kein Gewinntransfer statt."[93]

Alexander Schalck-Golodkowski indes hat einen anderen Auftrag seiner Parteiführung erhalten. Bei der von G. Mittag herzustellenden Einheit von Sozial-
und Wirtschaftspolitik wird den afrikanischen Ländern ein besonderer Platz
zugewiesen.

---

92 In: „horizont", Außenpolitische Wochenzeitschrift, Ost-Berlin, Ausgabe 23/79, S. 3.
93 Willerding. Klaus: „Die Außenpolitik der DDR und die Länder Asiens, Afrikas und Lateinamerikas" in: aala 7/1979, S. 576.

„Es geht primär um die Existenz der DDR"[94] zitiert Arbeitsgruppenleiter D. Uhlig mit Bezug auf Mosambik seinen Chef A. Schalck in einem IMS-Treffbericht.

4.3 Der Sonderbeauftragte

Den Charakter der von A. Schalck im Parteiauftrag ausgestalteten Beziehungen zu Mosambik[95] spiegelt die Wahl des Sonderbeauftragten Dieter Uhlig wider. Vom Sommer 1977 bis über den März 1990 hinaus nahm er seine Beauftragung war. D. Uhlig war wohl der Sonderbeauftragte für Entwicklungsländer, der mit den weitreichendsten Vollmachten ausgestattet wurde.

Ein Publizist beschreibt D. Uhlig als Mann, der „für Schalck vor allem in sensiblen Bereichen im Einsatz"[96] war. D. Uhlig vereinte eine Vielzahl von Funktionen in einer Person. Er war Leiter der Abteilung „Handelspolitik" im Bereich KOKO, die zugleich die Afrikaabteilung von A. Schalck darstellte und einen Großteil des KOKO-Waffenhandels[97] betrieb. Er war gleichzeitig hochrangiger Mitarbeiter des Ministeriums für Außenhandel, Sonderbeauftragter der Partei- und Staatsführung und zeitweise Geschäftsführer einer Handelsfirma für Waffen und Militärtechnik. D. Uhlig fungierte als stellvertretender Leiter des Gemeinsamen Wirtschaftsausschusses DDR-Mosambik von der ersten bis zur letzten Sitzung, unterzeichnete Regierungsverträge und leitete z.T. die Wirtschafts- und Umschuldungsverhandlungen. Gleichzeitig betrieb er Geschäftsanbahnung. Zum Beispiel bereitete er am 3.08.1977 mit dem mosambikanischen Planungsminister M. dos Santos die grundlegenden Verträge (mit den umfangreichen Lieferwünschen der DDR) über wirtschaftliche Zusammenarbeit vom 15.11.1977 und ein Sofortprogramm vor. Diese Protokolle und Verträge wurde später in Maputo von G. Mittag für die DDR unterzeichnet. Er vertrat die DDR im RGW-Gremium zur Zusammenarbeit mit Mosambik und bestimmte als Sonderbeauftragter für Mosambik maßgeblich die Umsetzung der Verträge und Parteibeschlüsse.

D. Uhlig war für „operative" Rüstungsgeschäfte des Bereiches zuständig und leitete in der Gründungsphase die IMES GmbH[98] als Firma des Bereiches

---

94 Zitat von A. Schalck nach: Treffbericht IMS „Henry" alias D. Uhlig zu von Mosambik erbetenen militärischen Lieferungen vom 17.5.1982, s. Anlage 3. Nach: Dokument 307 der Bundestagsdrucksache 12/7600.

95 Vgl. Drucksache Dt. Bundestag 12/7600, S. 179.

96 Koch, P. F.: „Das Schalck-Imperium lebt. Deutschland wird gekauft", München 1992, S. 83.

97 „Er hatte innerhalb des Personenkreises, der im Waffenhandel des BKK tätig war, die weitestreichenden Verbindungen zum MfS und dessen Untergliederungen." in Drucksache Dt. Bundestag 12/7600, S. 177.

98 „Internationale Meßtechnik GmbH" (IMES) auf Weisung von Honecker durch A. Schalck am 23.12.1981 in Berlin gegründet. „Die Partei- und Staatsführung wollte mit dieser Maßnahme eine erhöhte Devisenbewirtschaftung im Bereich des Exportes von Militärgütern, Waffen und Instandsetzungsleistungen erzielen." Um „außerhalb der staatlichen Planungsauflagen zusätzliche Devisen aus dem Rüstungsexport in maximaler Höhe zu erwirtschaften." Bundestagsdrucksache 12/7600, S. 176, 179, 180.

Kommerzielle Koordinierung. Er handelte mit dem Iran während des Golfkrieges und verkaufte den islamischen Revolutionsführern nach 1980 neben anderer Waffentechnik 11.048 militärisch nutzbare LKW[99] In Auftrag des Ministers für Nationale Verteidigung 1982 führte er mit dem Irak Gespräche über die Lieferung vom 24 Luna M-Raketen, deren Sprengköpfe auf atomare und chemische Waffen umzurüsten waren. Die Sowjetunion lieferte an den Irak Raketen gleichen Typs, aus Sicherheitsgründen nur mit konventionellen Sprengeinsätzen.[100] Er galt als glänzender Waffenschieber.[101]

Vor dem Afrika- und Waffengeschäften gründete er 1973 im Auftrag von A. Schalck in Ausführung eines Beschlusses des Politbüros und des Ministerrates 1973 die „Kunst- und Antiquitäten GmbH/Internationale Gesellschaft zum Export und Import von Kunstgegenständen"[102] als Firma des Bereiches Kommerzielle Koordinierung, die Kunst- und Kitschgegenstände aus DDR-Museen und Privatsammlungen von Bürgern unter Zwang gegen Devisen in den Westen verkaufte. D. Uhlig war lange Zeit Gesellschafter dieser GmbH und auch Vizepräsident der „Interessengemeinschaft der Handelsvertreter und Handelsmakler der DDR" e.V., welche für die „Provisionsgeschäfte" zuständig war und in Internationalen Handelszentrum in der Ostberliner Friedrichstraße ihren Sitz hatte.

Als IMS „Henry" arbeitet er mit der HA XVIII/7 (Sicherung der Volkswirtschaft), der HA XXII (Terrorabwehr) und der HVA (Außenaufklärung) des Ministeriums für Staatssicherheit[103] zusammen und stand im Range eines Oberstleutnant des MfS und bezog nachweisbar in der zweiten Hälfte der 80er Jahre ein monatliches Gehalt. [104/105]

Nach der „Wende" und Öffnung der Mauer wurde D. Uhlig im Dezember 1989 durch die DDR-Regierung unter Hans Modrow mit der Abwicklung des zum 15. März 1990 aufgelösten Bereiches Kommerzielle Koordinierung betraut. Er wurde zu einem der Geschäftsführer der KOKO Nachfolgeholding „Berliner Handels- und Finanzierungsgesellschaft mbH" (BKFG) bestellt.

---

99 Ebenda, S. 192.
100 Ebenda, S. 192.
101 Vgl.: Bundestagsdrucksache 12/7600, S. 25, auch „Handel mit Waffen und Kriegsgerät", S. 176–212.
102 Vgl. „So funktionierte die DDR", Berlin 1994, Bd. 2, S. 580 f.; „Eine am 10.12.1973 ergangene Weisung von Außenhandelsminister Sölle sprach der „K&A" GmbH mit Beginn des kommenden Jahres das alleinige Recht zu, in der DDR den Export und Import von Antiquitäten, Werken der bildenden und angewandten Kunst, Gegenständen aus dem Bereich der Volkskunst sowie von Gebrauchsgegenständen mit kulturellem Charakter zu betreiben." Der ökonomische Erfolg, in 16 Jahren wurden nur 330 Mio. VM an den Staatshaushalt abgeführt, ist gegenüber den kulturhistorischen, künstlerisch-kulturellen und ideellen Verlusten – wenn ein derartiger Vergleich überhaupt statthaft ist – als gering einzuschätzen.
103 Die HA XVIII/7 des MfS war die „Hauptabteilung Sicherung der Volkswirtschaft, Referat Außenhandel".
104 A. Schalck sagte vor dem BKA aus: „Die Anrechnung seiner langjährigen inoffiziellen Zusammenarbeit mit dem MfS habe dazu geführt, daß ihm (D. U. d. Verf.) der Dienstrang Oberstleutnant verliehen werden konnte." In: 12/7600, S. 123.
105 Vgl. „Treffbericht vom 13.3.1986", in: BStU-MfS: AJM 7735/91, Band 5, S. 129 und 147 f.

Nach Verdacht auf Manipulation wurde er im Dezember 1990 von dieser Vertrauensaufgabe entbunden.[106]/[107]

Die Klammer für diese verschiedenen Tätigkeiten bildeten die D. Uhlig nachgesagten Fähigkeiten zu außergewöhnlichen Geschäftsanbahnungen zu Gunsten der Devisenkonten der DDR.

4.4 Zur Funktion und Arbeitsweise der Abteilung Handelspolitik des Bereiches Kommerzielle Koordinierung

Am 29. Juli 1977 wurde D. Uhlig durch A. Schalck mit dem Aufbau der Wirtschaftsbeziehungen zu Mosambik beauftragt und zum Sonderbeauftragten für Mosambik berufen.[108] Zuvor arbeitete D. Uhlig im staatlichen Außenhandelsunternehmen Transportmaschinen als Verkaufsgruppenleiter und handelte unter anderem mit Lastkraftwagen (LKW). Seit 1969 war er als stellvertretender Generaldirektor des Außenhandelsbetriebes (AHB) Transinter des Bereiches KOKO tätig. Dieser unterhielt in Westdeutschland und Westeuropa Fuhrparks und war im innerdeutschen Handel aktiv. Seine Berufung in den außen- und entwicklungspolitisch sensiblen Bereich Mosambik in der Konfliktregion südliches Afrika beschreibt D. Uhlig wie folgt: „Ich bin als stellvertretender Generaldirektor eines Tages zum Staatssekretär gerufen worden, und dort wurde mir mitgeteilt, daß ich in Zukunft für Mosambik verantwortlich bin. Und die reine – wie man die der DDR sagte – kadermäßigen Veränderungen, also offizielle Abberufung als Stellvertreter des Generaldirektors... sind irgendwie anderthalb oder zwei Jahre später passiert. Also so ganz im Vordergrund stand erst mal, die gestellte Aufgabe zu erledigen."[109]

Als Aufgaben des Bereiches Afrika der Handelsabteilung werden von ihm genannt: „Na ja, die Aufgaben bestanden darin, sichtbare Ergebnisse nachzuweisen, einen Handel zwischen Mosambik und der DDR zu entwickeln, nicht bloß eine einseitige Solidaritätsaktion. Dasselbe für Angola, dasselbe für Sao Tomé und Prínzipe, dasselbe für Äthiopien. Und da das natürlich sich über die ganze Breite der DDR-Volkswirtschaft erstreckte, war das eine sehr langwierige, ins Detail gehende Kleinarbeit. Also wir haben – das mal vielleicht an einem praktischen Beispiel zu erklären – wir haben immer gesagt: also es kann nicht

106 Vgl. Koch E. F.:, S. 200 f.; auch Bundestagsdrucksache 12/7600, S. 389.
107 Nach 1989 gründete D. Uhlig Handels-Gesellschaften in Berlin-Karlshorst. Mehrere Verfahren sind zur Zeit beim Kammergericht Berlin anhängig.
108 Treffbericht IMS „Henry" vom 1.08.1977: „Der IM berichtet über sein Gespräch bei Dr. SCHALCK am 29.07.1977. Genosse Dr. Schalck hat dem IM mitgeteilt, daß er für einen längerfristigen Einsatz nach Mocambique geht. ...Obwohl seitens der DDR eine Botschaft dort seit 2 Jahren besteht sowie auch Berater, insbesondere auf dem Gebiet Landwirtschaft eingesetzt wurden, ist bisher keine Entwicklung der Außenhandelsbeziehungen zustande gekommen. ... Die Ausreise des IM ist für die Nacht vom 2. zum 3. August 1977 vorgesehen..."
109 Aussage von D. Uhlig vor dem 1. Untersuchungsausschuß „Kommerzielle Koordinierung" des Deutschen Bundestages in: Stenografisches Protokoll der 100 Sitzung, Öffentlicher Teil vom 11.11.1992, Befragung Uhlig, S. 12.

vernünftig sein, daß man nur Geld in die Länder hineinpumpt, ohne daß man irgend etwas da rauskriegt.[110]

Also wurde z. B. mit Angola – das ist immer am übersichtlichsten – Vereinbarungen getroffen, die vorhandene Kaffeeproduktion zu unterstützen. Nun hatten wir ja keine Leute, die was von Kaffeeplantagen verstanden. Aber wie hatte neben LKW, oder wir hatten andere Ausrüstungen, die dort irgendwo gebraucht wurden. Dort haben wie eben dort Abkommen versucht zustande zu bekommen, wo dann solche Lieferungen gegeneinander gestellt wurden, also, was weiß ich, 3.000 W 50 aus Ludwigsfelde gegen soundsoviel Tonnen Kaffee. Nun war das immer für die Angolaner natürlich auch kompliziert. Dann gehörte dazu dann ein Kredit, mit dem man das immer in Rückzahlung also über fünf oder sieben Jahre verlängerte. Also dann brauchte man die angolanische Staatsbank und die Deutsche Außenhandelsbank, und man brauchte eine Politbürobeschluß dazu, und man brauchte einen Ministerratsbeschluß dann dazu. Das mußte ja alles abgestimmt werden. ... die Abteilung (hat) also in manchen Zeiten 12,14 Stunden gearbeitet."

Zur Gründung der Abteilung Handelspolitik gibt D. Uhlig zu Protokoll: „Die Abteilung Handelspolitik entstand als Folge der Beauftragung des Bereiches Kommerzielle Koordinierung mit der Entwicklung der Handelsbeziehungen mit Angola, Äthiopien und Mosambik. Das war eine Aufgabe, die dem Bereich neu zugeordnet wurde. Nachdem diese Länder als ehemalige ... portugiesische Kolonien selbständig wurden, gab es ja auf DDR-Seite zu diesen Ländern fast keine Kenntnisse. Das resultiert daraus, daß vorher ein Handelsverbot mit diesen portugiesischen Kolonien bestanden hatte. .... deshalb wurden damals drei Sonderbeauftragte eingesetzt. Ich war derjenige für Mosambik. Und wir haben dann versucht, die Handelsbeziehungen zu diesen Ländern in Gang zu bringen, was uns auch einigermaßen gelungen ist."[111]

Auf die Frage, warum der Bereich KOKO und nicht eine allgemeine administrative bzw. staatliche Einrichtung federführend die Beziehungen zu Mosambik, Angola und Äthiopien betrieb, antwortet Zeuge D. Uhlig: „Ja, dies Frage habe ich mir auch des öfteren gestellt. Aber es war so, daß bevor Herr Schalck diesen Auftrag erhielt, gab es also bereits Beziehungen z. B. im Fall Mosambik, und das schleppte sich so dahin, ohne daß sich irgendwas bewegte. Und deshalb; da Herr Schalck in der DDR den Ruf hatte, eine Mannes, der es versteht, seine Arbeit zu organisieren, hatte man ihn damit beauftragt."[112]

Welchen Stellenwert und Rang die ökonomischen Erwartungen der DDR an das „Afrika-Geschäft" einnahmen, zeigt eine am 03.07.1979 von A. Schalck

---

110 Zum Stichwort „hineinpumpen": 1976, dem Jahr vor der Berufung von D. Uhlig zum „Sonderbeauftragten für Mosambik" werden zum Außenhandelsumsatz DDR-Mosambik wegen unbedeutendem Umfang keine Angaben gemacht. 1977 betrug er 24,9 VM. (vgl. Pkt. 7.10.1) Das Solidaritätskomitee der DDR weist für 1977 11,8 Mio. Mark Hilfslieferungen gegenüber Mosambik aus.

111 In: 1. Untersuchungsausschuß „Kommerzielle Koordinierung" des Deutschen Bundestages; Stenografisches Protokoll der 100 Sitzung, Öffentlicher Teil vom 11.11.1992, Befragung Uhlig, S. 12.

112 Ebenda, S. 13.

im Rahmen des „Kurses DDR 30" abgegebene Kampferklärung, in ihr werden Zielstellungen der im Oktober 1979 gegründeten Arbeitsgruppe „Mosambik" beschrieben.

„Die Kommunisten und Mitarbeiter des Bereiches und die unterstellten Außenhandelsbetriebe haben mit hoher Einsatzbereitschaft, Initiative, Disziplin und persönlichem Engagement die Verpflichtungen eingelöst, die sie der Partei, dem Zentralkomitee und dem Generalsekretär , Genossen Erich Honecker, gegeben haben.

Es war für sie eine Sache der Ehre, ihren Beitrag zur Erfüllung der Hauptaufgaben zu leisten, und die historischen Beschlüsse des IX. Parteitages der SED in die Tat umzusetzen und mit zu helfen, das von der Partei beschlossene Programm des Wachstums, des Wohlstandes und der Stabilität zu verwirklichen."

Nach Aufzählung der wichtigsten Investitionsvorhaben der DDR, die beim Bereich KOKO angesiedelt waren, wie der Vakuumdestillationsanlage im VEB-Leuna-Werke „Walter Ulbricht", dem Kupferbergbau Mansfeld, den 20 Vorhaben der Gestattungsproduktion, unter anderem Trinkfix, Schlagschaum, Kaugummi, Salamander-Schuhe, Kosmetika und Bratfischfilets, der Bereitstellung von Krediten in Höhe von insgesamt 1.665 Mrd. VM, dem Bau des Palast-Hotels in Berlin und des Merkur-Hotels in Leipzig, dem Bau eines Elektrostahlwerkes in Brandenburg und der Erwirtschaftung von zusätzlichen Valuta durch chemische Industrie wird zu den afrikanischen Ländern ausgeführt:

„– Im Interesse der Vertiefung der Zusammenarbeit der DDR mit ausgewählten afrikanischen Ländern wurden komplexe Länderkonzeptionen zur langfristigen Entwicklung der ökonomischen und wissenschaftlich-technischen Beziehungen zur VR Mosambik und zur VR Angola erarbeitet und bestätigt.

– Eine Arbeitsgruppe in der VRM, die am 07.10.1979 ihre Arbeit aufnehmen wird, wird die Tätigkeit von Delegationen vorbereiten, die speziellen Abschnitte der Produktionssteigerung untersuchen, wie Bergbauprodukte, Konzentrate u.ä.

– Aus der VR Angola konnten im Jahre 1979, 91.000 t Kaffee bezogen werden.

– Dem Bereich Kommerzielle Koordinierung wurde die Leitung solcher wichtigen Versorgungspositionen aus dem NSW für Industrie und Bevölkerung übertragen wie: Erdöl und -produkte, Kohle, Getreide, pflanzliches und tierisches Eiweiß, NE-Metalle und Kaffee.

– Die Realisierung der Importe erfolgt zu den geforderten Terminen".[113]

113 In: „Bericht des Schalck-Untersuchungsausschusses" Bundestagsdrucksache 12/3462, Band 455, S. 755 ff., Dokument 109.

Für wichtige „Versorgungspositionen aus dem NSW" lassen sich Planungs-bzw. Realisierungsabsichten für Großprojekte in ausgewählten afrikanischen Ländern nachweisen.

5.0 Werner Lamberz und Libyen oder der zweite Tagesordnungspunkt der Kommission für Entwicklungsländer

5.1 Werner Lamberz und die Aktivitäten zu Libyen in den Jahren 1977/78

Bei der Durchsicht der Akten der Parteiführung in den Jahren 1977 und 1978 tauchen immer wieder Hinweise auf Kontakte zu der Libyschen Arabischen Sozialistischen Volksjamahirija (LASVJ) und zu Oberst al-Gaddafi auf.

In den 40 Jahren von 1949 bis 1989 beschäftigte sich das Politbüro in wenigstens 24 Fällen mit Libyen.[114] Bei insgesamt 581 Tagesordnungspunkten zu Afrika geschah dies nicht auffällig häufig. Zwischen dem 30.08.1977 und dem 29.08.1978 lassen sich aber gleich 10 Nachweise finden. In 12 Monaten behandelte das Politbüro über 40 % aller Vorlagen zu diesem arabischen Staat. Dies ist vor allem den Bemühungen von Politbüromitglied W. Lamberz zu verdanken.

W. Lamberz war Anfang Februar 1977 zu einer Afrikareise aufgebrochen. Er nahm im Auftrag des Politbüros am III. FRELIMO Kongreß vom 03. bis 07.02.1977 in Maputo teil und besuchte auf der Rückreise Somalia, Äthiopien und Libyen. Sein Interesse galt unter anderem der politischen Lösung des militärischen Konfliktes zwischen der äthiopischen Zentralregierung und den auch marxistisch orientierten Befreiungsbewegungen von Eritrea.[115]

Mit mehreren Reisen bis zum 06. März 1978 und einem intensiven Besucherprogramm afrikanischer Politiker in Berlin versuchte W. Lamberz als ZK Sekretär, eigentlich für Agitation und Propaganda zuständig, unter anderem zwischen Äthiopien und den drei eritreischen Befreiungsbewegungen zu vermitteln. Gleichzeitig erkundete er günstige ökonomische Bedingungen für das Afrika-Engagement der DDR.

Für die Zusammenarbeit der DDR mit Afrika ist vor allem wichtig, daß W. Lamberz von der gemeinsamen Reise mit H. Axen[116] nach Libyen, die Möglichkeit größerer Kreditangebote von Libyen, zugunsten von DDR-Maßnahmen in Entwicklungsländern und die Absicht eines „Prinzipienabkommens

114 Nach: Husemann, B./Neumann, A: Die Afrikapolitik der DDR...

115 Vgl. Eik, Jan: „Besondere Vorkommnisse Politische Affären und Attentate", Berlin 1995, „Tod eines Kronprinzen – Werner Lamberz und der Hubschrauberabsturz in Libyen", S. 95–151.

116 Vom 01. bis 04.10.1977; zu diesem Anlaß wurden eine Reihe von Verträgen unterzeichnet; bekannt wurden: Komplexvereinbarung über Zusammenarbeit, eine Vereinbarung zwischen der SED und dem Allgemeinen Volkskongreß, ein Protokoll zur Entwicklung der ökonomischen, industriellen und wissenschaftlichen Zusammenarbeit, ein Protokoll über die Zusammenarbeit auf dem Gebiet der Körperkultur und des Sportes sowie Jugendfragen.

über die wirtschaftliche Zusammenarbeit beider Länder in ausgewählten Entwicklungsländern", dem sog. „Drittlandabkommen", mitbrachte. Er hatte offensichtlich das Vertrauen von Oberst al-Gaddafi erlangen können.

Dieses „Drittlandabkommen", nebst Direktiven zu den bevorstehenden Verhandlungen mit einer libyschen Delegation, wurde der 2. Tagesordnungspunkt der 1. Sitzung der Kommission EL am 05. Januar 1978 in Berlin.

In der Einladung zur dieser Sitzung vom 14.12.77 ist dieser Tagesordnungspunkt bereits aufgeführt. Am gleichen Tag kam W. Lamberz als „Sonderbotschafter des Generalsekretärs des ZK der SED und Vorsitzenden des Staatsrates der DDR" von einer Reise[117] aus Libyen zurück. Am 20.12.1977 findet die nächste Sitzung des Politbüros statt. W. Lamberz gibt einen Bericht über die Reise. Das Politbüro faßt den formale Beschluß zur Einsetzung der Kommission Entwicklungsländer. W. Lamberz wird die Verhandlungsführung mit der libyschen Delegation im Februar 1978 übertragen.

5.2 Das „Drittlandabkommen DDR-Libyen-Entwicklungsländer"

Die „Direktive für die Verhandlungen der Gemeinsamen Regierungskommission DDR/LASVJ" vom 20. bis 24. Februar in Berlin umreißen die Absicht des „Drittlandabkommens":[118]

„Die Verhandlungen sind mit dem Ziel zu führen, die Beziehungen mit der LASVJ komplex, insbesondere auf dem Gebiet der Wirtschaft, der Industrie, der Wissenschaft und Technik, der Finanzen, der Kultur, des Genossenschaftswesens, des Verkehrswesens, des Sportes und der Jugendarbeit wesentlich zu entwickeln und zu vertiefen." Weiter heißt es: „In kurzer Zeit ist ein Beispiel für die Zusammenarbeit zwischen der DDR als einem entwickelten sozialistischen Industriestaat in Europa und der LASVJ als einem progressiven Entwicklungsland im arabisch-afrikanischen Raum zu schaffen ... und die zunehmende Materialisierung der Zusammenarbeit zu erreichen. Durch die zugesagte Gewährung eines langfristigen Finanzierungskredites an die DDR ist ein wichtiger Beitrag zur Entlastung der Zahlungsbilanz zu leisten."[119]

W. Lamberz wird mit der Leitung der Verhandlungen für die DDR beauftragt.

Zu den Hauptfragen des Vertrages über die „Ökonomische Zusammenarbeit in Drittländern" wird ausgeführt und beschlossen: „Es ist angestrebt, mit der libyschen Seite ein Prinzipienabkommen abzuschließen und im Rahmen dieses

---

117 Die Reise findet vom 04. bis 14.12.1977 statt. Nach Eik, J. stand in der Konzeption für diese Reise u. a. „Entsprechend der Bitten der libyschen Führung auf militärischem Gebiet (handschriftlich von Lamberz unterstrichen) hat die Partei- und Staatsführung der DDR die Möglichkeiten geprüft und ist bereit, die Zusammenarbeit intensiv zu entwickeln", S. 126. Zu diesem Zeitpunkt gab es erhebliche Grenzspannungen zwischen Ägypten und Libyen.

118 „Direktive für die Verhandlungen der Gemeinsamen Regierungskommission DDR/LASVJ vom 20. bis 24. Februar in Berlin", BAZ DE 1 54880.

119 Ebenda.

Abkommens Objekte und Waren zu vereinbaren, deren Finanzierung die LASVJ übernimmt. Hinsichtlich der Finanzierung ist eine solche Regelung anzustreben, daß die LASVJ, die für ausgewählte Entwicklungsländer vorgesehenen Mittel zweckgebunden zur Bezahlung der von der DDR zu erbringenden Lieferungen und Leistungen bereitstellt."

Im Entwurf vom 05.01.1978 des Abkommens heißt es u. a.:

§ 1) „Beide Abkommenspartner werden die direkte Zusammenarbeit in ausgewählten Entwicklungsländern entwickeln."

§ 2) „Die wirtschaftliche und industrielle Zusammenarbeit in ausgewählten Entwicklungsländern kann umfassen:

Seitens der DDR:

– die Lieferung von kompletten Anlagen und Ausrüstungen sowie anderer Waren einschließlich Konsumgütern in diese Länder;

– die Erkundung, Erschließung, Förderung und Verarbeitung von Rohstoffen und Halbfertigerzeugnissen in diesen Ländern;

– die Ausarbeitung von technischen und ökonomischen Studien in Vorbereitung von Investitionsvorhaben für diese Länder;

– die Entsendung von Experten, insbesondere im Zusammenhang mit Lieferungen und Leistungen seitens der DDR, in diesen Länder.

Die LASVJ wird ihrerseits die für ausgewählte Entwicklungsländer vorgesehenen Mittel u. a. zweckgebunden zur Bezahlung der von der DDR zu erbringenden Lieferungen und Leistungen bereitstellen und mit diesen Ländern die entsprechenden Vereinbarungen abschließen, die die Bezahlung an die DDR-Seite aus den bereitgestellten Mitteln gegen Vorlage von Dokumenten über die erfolgten Lieferungen und Leistungen sichern."

§ 3) „Die Lieferungen im Rahmen des Abkommens erfolgen außerhalb von Ausschreibungen. Beide Seiten unterstützen sich bei den Abschlüssen von Verträgen."

§ 4) „Die vorgesehenen Lieferungen und Leistungen erfolgen auf der Grundlage von kommerziellen Verträgen."

Der Vertragsentwurf sieht eine Laufzeit bis zum 31.12.1990 vor. Verlängerungen sind möglich.

In der Anlage wird ein konkretes Lieferangebot von Waren und Technologien der DDR für 10 Entwicklungsländer mit einem Gesamtumfang von 1,614 Mrd. US $ unterbreitet.[120]

---

120 Ebenda.

Den größten Anteil soll Syrien mit insgesamt 1,046 Mrd. US $, davon ein Feinwalzwerk für 725 Mio. US $ erhalten. Dies vor allem auf Wunsch der libyschen Seite. Mit Abstand folgen die befreundeten Schwerpunktländer Äthiopien mit 226 Mio. US $, Angola mit 139 Mio. US $ und Mosambik mit 70 Mio. US $. Für die Länder Äthiopien und Mosambik sind praktisch alle Großvorhaben aufgelistet, welche die Kommission Entwicklungsländer im Laufe der nächsten Jahre „auf Wunsch der Regierungen der befreundeten Länder" beschließen wird. Ein Teil der Vorhaben und Projekte wird die Kommission bis zu ihrer Auflösung im Oktober 1989 begleiten.

Die Kassen der vor allem arabischen Ölförderländer füllten sich in der ersten Hälfte der 70er Jahre außerordentlich schnell und schufen drückende Liquiditätsprobleme.[121] Arabische Prinzen wurden in die europäischen Börsen geschickt, kauften unter anderem große Aktienpakete von Daimler-Benz, der Deutschen Bank und Rennpferde. Manche Beobachter sprachen von der Gefährdung der deutschen Interessen. Das Ölpreisgeld kam auf diese Weise indirekt in die westeuropäischen und auch deutschen Unternehmen zurück.

Die DDR verfügte über eine schlechtere Position. Sie mußte die im Zuge der Ölpreiskrise gestiegenen Energie- und Rohstoffpreise mit Devisen bezahlen und hatte gleichzeitig nach der internationalen Anerkennung der DDR kostenintensive Verpflichtungen. Die Wirtschaft arbeitete unrentabel.

Der Plan, mittels libyscher Dollar, die noch zu 90 % aus Ölkäufen der USA und der EG bestanden, das eigene Devisendesaster zu vermeiden, schien genial. Die „kapitalistischen Hauptgegner" sollten mit ihren Devisen die Geldsorgen der DDR abschwächen und die Ausbreitung der Weltrevolution in Afrika vorantreiben. Zudem hoffte man, „nicht marktgängige" Erzeugnisse aus der DDR-Produktion an Entwicklungsländer zu weltmarktnahen Preisen verkaufen zu können.

Der „Drittlandvertrag", wurde neben weiteren Verträgen auf der Sitzung der Gemeinsamen Kommission Libyen-DDR von 20. bis 24. Februar 1978 durch W. Lamberz für die DDR und durch den Stellvertreter von al-Gaddafi Staatsminister und Stabsmajor Jadallah Azuz At-Talhi unterzeichnet. Zu diesen Beratungen war die libysche Regierungsdelegation mit 35 Staatsfunktionären in Berlin erschienen. Die größte Delegation, die je von Libyen ins Ausland geschickt wurde.[122] Das Politbüro hatte 21 Personen zur Teilnahme an den Verhandlungen bestimmt. Vierzehn Ministerien waren mit Ministern oder stellvertretenden Ministern beteiligt. Die Kommission für Entwicklungsländer nahm fast komplett teil.

---

121 Libyen bezog aus dem Erdölverkauf in der ersten Hälfte der 70 Jahre 3-5 Mrd. US $ pro Jahr. In der der zweiten Hälfte betrug dieser Erlös jährlich zwischen 15 und 20 Mrd. US $. Prof. Dr. Volker Matthies von Institut für Afrika-Kunde Hamburg, gegenüber dem Verf. am 14.05.1998.
122 Eik, Jan, S. 128.

5.3 Begleitende Gespräche der Militärs

Parallel zu der 1. Sitzung der Kommission Entwicklungsländer am 05.01.1978 weilte eine hochrangige Militärdelegation aus der LASVJ zu Vorgesprächen in der DDR. Eine weitere Delegation unter Leitung des Chefs der Nationalgarde besuchte von 28.01. bis 02.02. die DDR.[123] Aus den Berichten der NVA-Verwaltung Internationale Verbindung geht hervor, daß die Verhandlungen sich schwierig gestalteten. Die Verhandlungen kreisten um Lieferungen von Militärtechnik und Ausbildungshilfe. Z.B. sollen 60 libysche Offiziere bei der Volksmarine ausgebildet werden. Als Probleme werden u. a. genannt, „Ausgang ja, aber keine Außenschläfer" und „monatliche Dienstbezüge 200 US $, Auszahlung noch nicht geklärt".

Gewichtiger ist folgende Bemerkung: „Lieferung von Bewaffnung und militärischer Ausrüstung:" „...eine weitere Liste über gebrauchte Technik zur Weitergabe an dritte Länder wird der libyschen Seite später übergeben."

Bei den Verhandlungen ging die DDR von der Unterzeichnung von Verträgen aus.[124]

Im NVA-Bericht über den Aufenthalt der Delegationen wird unter Bezug auf den ägyptisch-libyschen Konflikt zusammenfassend berichtet: „Libyen erbittet nicht nur Ausbildungshilfe und Technik, sondern auch Entsendung von Soldaten, die im Kriegsfall zum Einsatz kommen könnten."[125] In dem Abschlußgespräch ging Armeegeneral Hoffmann auf diese Anfrage ein und wehrte moderat aber bestimmt ab: „Im Falle eines Krieges wird man helfen, aber z.Z. wäre es nicht zweckmäßig, Truppen der NVA in Libyen zu stationieren; Ein Sieg ohne Weltkrieg ist unsere Aufgabe."[126]

5.4 Der Tod von Werner Lamberz

Das sprunghaft begonnene Engagement der DDR in Afrika drohte im Frühjahr 1978 abrupt unterbrochen zu werden.

Nach drei Monaten intensiven Libyenengagement und erfolgten Vertragsabschlüssen will W. Lamberz am 04. März zur Kur fahren. Am 01. März 1978 erreicht Berlin ein Telegramm vom DDR-Botschafter in Tripolis, welches an E. Honecker und W. Lamberz adressiert war. Darin „...bittet al-Gaddafi den

---

123 „Verhandlungen zur weiteren Gestaltung der Zusammenarbeit mit den libyschen Streitkräften" vom 06.01.1997 in Berlin-Pankow, Verwaltung der NVA – Internationale Verbindung, BAF MA VA. O1/42448 Bl. 4-7. „Bericht über den Aufenthalt einer Delegation der Libyschen Streitkräfte unter Leitung des Chefs der Nationalgarde OSL ... „vom 28.01. Bis 02.02.1997 in der DDR" vom 03.02.1998; Verwaltung der NVA – Internationale Verbindung, BAF MA VA. O1/42448, Bl. 11-14.

124 Ebenda, S. 12. „Jedoch stellte sich heraus, daß diese Genossen (die libyschen; d. Verf.) nur sondieren wollten, inwieweit die NVA in der Lage ist, ihren Wünschen nachzukommen." „Die Verträge sollen im März 1978 in Tripolis unterzeichnet werden."

125 Ebenda, S. 12.

126 Ebenda, S. 13.

Gen. Honecker und den Gen. Lamberz, die guten Beziehungen der DDR-Führung zur äthiopischen Führung zu nutzen, um Mengistu zu bitten, so schnell wie möglich nach Tripolis zu kommen...“[127]

Al-Gaddafi hatte bei Gesprächen mit dem Präsidenten Somalias, Siad Barre am 28.02.1978 erreicht, daß dieser zu Gesprächen mit der äthiopischen Seite zur „friedlichen Beilegung des Konfliktes und zur Rückkehr in das Lager der progressiven, antiimperialistischen Kräfte in Afrika“[128] bereit sei. Lamberz ist zur Vermittlung bereit.

Als Abflugtermin nach Addis Abeba wird der 05. März 1978 festgelegt. W. Lamberz und P. Markowski[129] wollen in Tripolis einen Zwischenstop einlegen, um im Gespräch mit al-Gaddafi die Chancen der Konfliktlösung zu erkunden. Am 06. März[130], nach einem dreistündigen Gespräch mit dem libyschen Staatschef, stürzt der Helikopter, der die Delegation nach Tripolis zurückbringen sollte, ab. Werner Lamberz mit seiner Begleitung verunglückten in unmittelbarer Nähe von al-Gaddafis Wüsten-Camp beim Wadi Suf al-Jin tödlich.

Zwei Tage später, am 08.03.1978 setzt der Sekretär (Minister) für Auswärtige Angelegenheiten Libyens, Dr. Ali Abdessalam Treiki, in Berlin-Ost mit Politbüromitglied H. Axen die „unterbrochenen“ Gespräche fort. Das „Neue Deutschland“ meldet am 09.03. „In allen Fragen volle Übereinstimmung.“[131/132]

Der Sarg mit dem Leichnam von W. Lamberz traf Tage später in Berlin ein. Auf der Sitzung vom 09.05.1978 nimmt das Politbüro den libyschen Bericht

---

127 Eik, Jan, S. 130, nach: BZ DY30JIV/22.033/126, Bl. 242.
128 Ebenda.
129 Leiter der Abteilung Internationale Verbindungen des ZK der SED; ausführlich über W. Lamberz und P. Markowski in: Uschner. M., S. 33 ff.
130 Am gleichen Tag fand das seit Mai 1977 vorbereitete Gespräch von E. Honecker in der Funktion des Staatsratsvorsitzenden der DDR und einer Delegation der Kirchenleitung des Bundes der Evangelischen Kirchen in Berlin stattfand. U.a. wurden auf diesem Zusammentreffen Vereinbarungen über den Neu- und Ausbau von kirchlichen und diakonischen Gebäuden sowie die Einrichtung einer Rentenversorgungssystems für Kirchenbeamte und Pastoren vereinbart. Das Gesamtpaket beinhaltete Regelungen, die der DDR einen mehrstellige Millionenbeträge in DM garantierten. Hinzuweisen ist auch auf die seit 1975 bestehenden zum Teil intensiven Bemühungen des Bundes der Evangelischen Kirchen in der DDR, Kontakte und Partnerschaften mit dem Nationalen Kirchenrat von Mosambik aufzunehmen. Die beständige Ablehnung von Besuchsreisen von Delegierten der Evangelischen Kirchen nach Mosambik belastete in den Jahren 1977 bis 1981 das Verhältnis Kirchen-Staat nicht unbeträchtlich. Diese Verhinderung irritierte, da von Seiten der Kirchen erwartet wurde, daß ihr Engagement in dieser Frage gewollt war und Unterstützung erfahren würde. Erst 1982 konnte, nach mehreren Interventionen der Konferenz der Kirchenleitung, eine kleine Delegation unter Leitung des damaligen Sekretärs des Sekretariates des Bundes der Evangelischen Kirchen, Manfred Stolpe einen Besuch in Mosambik durchführen. U.a. wurde damals durch Stolpe eine eigenständige und unabhängige Entsendung von Entwicklungshelfern durch die Kirchen der DDR gefordert bzw. vorgeschlagen.
131 Nach H. Lindemann: „Einfluß der kommunistischen Länder auf Libyen – Unter besonderer Berücksichtigung der DDR“, Manuskript, Köln 1983.
132 Vgl. auch: „Kontrollkarte Betreuung von Delegationen, Abteilung: VII 2.4/1978/22“ über die Personenschutzmaßnahmen einer libyschen Delegation vom 08. bis 10.03.1998. In: BStU-MfS HA PS/AKG 1222/MF.

über den Absturz zur Kenntnis. Im Juni des gleichen Jahres besucht Oberst al-Gaddafi in einem offiziellen Freundschaftsbesuch die DDR und unterzeichnete weitere Abkommen. Eine ausreichende Erklärung für den Absturz wurde nicht gegeben.[133]

5.5 Zur Umsetzung des „Drittlandabkommens"

Auf der ersten Sitzung nach dem Absturz von W. Lamberz befaßt sich die Kommission EL mit der „Auswertung der 2. Tagung der Gemeinsamen Kommission DDR/LASVJ" in einer Fassung von 13. März 1978. Die Auswertung hat Außenhandelsminister H. Sölle erstellt. Unter Punkt 10 wird ausgeführt: „Die Regierungen progressiver arabischer und afrikanischer Staaten (vor allem Syrische Arabische Republik, VRDJ, Äthiopien und Mosambik) sind über den Inhalt des Abkommens über die Zusammenarbeit der DDR und der LASVJ in Entwicklungsländern zu informieren. Durch die jeweiligen Botschafter der DDR ist auf die Führungen ihrer Aufenthaltsländer Einfluß zu nehmen, daß diese von sich aus direkt an die libysche Seite mit der Bitte herantreten, gemeinsam mit der DDR in ihren Ländern Objekte zu realisieren, die der Verstärkung ihrer ökonomischen Unabhängigkeit dienen."[134]

Am 31.05.1978 berichtete der Sonderbeauftragte für Libyen, R. Wecker vom Stand der ökonomischen Beziehungen. Es seien „äußerst komplizierte und aufwendig verlaufende Verhandlungen." Er führte zum „Drittlandabkommen" aus: „Zu Aufnahmen von Verhandlungen bzw. Konsultationen zur Ratifizierung des Abkommens erklärte sich die libysche Seite bisher nicht bereit."

Ein Jahr später läßt sich in einem Treffbericht des Ministeriums für Staatssicherheit mit IM „Henry" bzw. Dieter Uhlig[135] vom 07. März 1979 über seine Teilnahme an der Reise der Staats- und Regierungsdelegation unter Leitung von E. Honecker vom 15. bis 24.02.1979 in einige afrikanische Länder u. a. über das Gespräch von al-Gaddafi und E. Honecker lesen: „Für die Entwicklung der zwischenstaatlichen Zusammenarbeit kamen alle Anstöße und positiven Vorschläge ausschließlich von der DDR-Seite ... Ein Thema, was mich besonders interessierte, nämlich die libysche Beteiligung, vor allem finanzielle Beteiligung an der Entwicklung und Durchführung von Industrie- oder Landwirtschaftsprojekten in dritten Ländern, wurde während der offiziellen Gespräche zwar erwähnt, aber spürbare Fortschritte konnten nicht erzielt werden. Offensichtlich ist es so, daß auch dazu innerhalb der libyschen Führung keine

133 Vgl. Politbürositzung vom 09.05.1978, „Information der Regierung der SLAVJ über die Ursachen des Hubschraubergunglücks am 06.03.1978" BAZ DY30 JIV/2151/1725, in: Husemann B.; Neumann A., S. 20.

134 „Auswertung der 2. Tagung der Gemeinsamen Kommission DDR/LASVJ" in einer Fassung von 13. März 1978. Erstellt von Außenhandelsminister H. Sölle vor der Kommission Entwicklungsländer. BAZ DE 1 54881.

135 Vgl. BStU MfS AJM 7735/91, Bd. 1-6, auch: Bundestagsdrucksache 12/7600.

einheitliche Position besteht und das von einer zielklaren Inangriffnahme solcher Projekte deshalb gar nicht die Rede sein kann."[136]

E. Honecker hatte bei gleicher Gelegenheit gegenüber dem libyschen Staatschef ausgeführt: „Ich habe Genossen. Gaddafi bereits gesagt, daß wir uns auf der Reise in den Süden Afrikas bedingen, und daß ich diese Riese gemeinsam mit meinen Freunden nicht nur unternehme, weil viele Einladungen vorliegen, sondern unser Aufenthalt im südl. Afrika dazu beitragen soll, jene Probleme lösen zu helfen, über die auch Bruder Gaddafi hier gesprochen hat."[137] Im folgenden Gesprächsverlauf werden umfangreiche Waffenlieferungen angesprochen: „Genosse Honecker stellte die Frage nach dem tatsächlichen libyschen Bedarf auf militärischem Gebiet. Die Verhandlungen mit der DDR im Januar hätten nach unseren Informationen ergeben, daß bei vielen Positionen, die früher von Libyen gewünscht wurden, kein Bezugswunsch mehr vorhanden sei. Wir bitten um Bestätigung, damit wir wissen, was Libyen wirklich brauche. Er betonte, daß die DDR ihre Angebote ausdrücklich auf der Grundlage der Solidarität und Freundschaft sowie entsprechend der früher unterbreiteten libyschen Wünsche gemacht habe."[138] Daraufhin wurden einige konkrete Positionen angesprochen. Über die bilaterale ökonomische Zusammenarbeit stellte Oberst Gaddafi fest:

„Die Zusammenarbeit sei gut, aber es geben Probleme bei einigen Preisen."[139] Zum Beispiel bei Mischfutteranlagen wolle die DDR den dreifachen Preis einer vergleichbaren Anlage aus Italien. „Libyen würde gern bei der DDR kaufen, aber solche Angebote könne es nicht akzeptieren."[140] E. Honecker versprach sofortige Prüfung.

Ob das „Drittlandabkommen" ratifiziert wurde und praktisch zur Anwendung kam, konnte bisher nicht festgestellt werden. Es wurden keine Hinweise auf Kofinanzierung durch die SLAVJ gefunden.[141] Gleichwohl sind eine Vielzahl der Vorhaben, die in der Liste zum „Drittlandabkommen" vom 05.01.1978 aufgeführt waren, durch die DDR vor allem in Äthiopien und Mosambik begonnen worden.

Es muß angenommen werden, daß die DDR-Ministerien auf Anweisung des Politbüros in Erwartung möglicher libysche Kofinanzierung mit der Realisierung von Großprojekten in Afrika verstärkt begannen. Immerhin ging es um ein Gesamtvolumen von ca. 1,6 Mrd. US $ oder mehr als 3 Mrd. DM. Damit

---

136 BStU-MfS-HA XVIII Nr. 8639, S. 29. Die Partei- und Staatsdelegation weilte vom 15.-17.02. in der LASVJ, vom 17.-20.2 in Angola, vom 20.-22.02. in Sambia und vom 02.-24.02. in Mosambik.
137 Staad, J. (Hrsg.): „Auf höchster Stufe – Gespräche mit Erich Honecker", Berlin 1995, S. 69.
138 Ebenda, S. 70.
139 Ebenda, S. 72.
140 Ebenda, S. 72.
141 Andere Abkommen z. B. eines über wirtschaftliche Zusammenarbeit wurde lt. Sonderbeauftragter für Libyen vor der Kommission am 31.05.1978 teilweise umgesetzt; z. B. der Bau von Industrieanlagen in Höhe von 550 Mio. VM; BAZ DE 1 54882.

hätte dieser Kofinanzierungsvertrag das Volumen der sog. „F. J. Strauß-Kredite" aus den Jahren 1983 und 1984 übertroffen.[142]

Die hohen Erwartungen auf eine wirtschaftliche Entlastung oder gar Stärkung der DDR durch „Entwicklungsprojekte" in der Dritten Welt mittels finanzieller Unterstützung Libyens erfüllten sich nicht.[143] Die Gründe für das unerwartete Desinteresse Libyens an den Verträgen mit der DDR konnten nicht festgestellt werden. Es ist nicht auszuschließen, daß Libyen für seine militärischen Kaufinteressen günstigere Angebote unterbreitet bekam und damit das Hauptinteresse der ökonomischen Zusammenarbeit erlosch.

6.0 Zur Zusammenarbeit mit Äthiopien

6.1 Zur Zusammenarbeit von 1973 bis 1978

6.1.1 Der Machtwechsel im Februar 1977

Am 01.02.1973 nahm die DDR mit dem Kaiserreich Äthiopien als 68. Staat diplomatische Beziehungen auf. Nach der Entmachtung des Kaisers Haile Selassi am 12.09.1974 übernahm ein Provisional Military Administrative Council (PMAC) die Führung, löste das Parlament auf und setzte die Verfassung außer Kraft. Eine antifeudale, demokratisch-nationale Politik mit marxistisch-leninistischen Einflüssen bestimmt die Entscheidungen des provisorischen Militärrates. Die Sowjetunion und somit auch die DDR nahmen eine abwartende Haltung ein. Die Sowjetunion hatte in Somalia aus strategischen Gründen wegen eines Seehafens an der ostafrikanischen Küste für die Flottengeschwader im Mittelmeer und im Indischen Ozean großes Engagement gezeigt.[144] Auch die DDR war in Somalia aktiv. Eine FDJ-Brigade arbeitete bis 1977 in Somalia. Das Solidaritätskomitee lieferte bis Mai 1977 Materialien in dieses Land.

Im Dezember 1976 erkundete Außenminister O. Fischer die Lage in Addis Abeba. W. Lamberz legte in der äthiopischen Hauptstadt einen Zwischenstop am 10 und 11.02.1977 ein. Er war auf dem Rückflug vom III. FRELIMO-

---

142 In diesem Zusammenhang ist darauf hinzuweisen, daß F. J. Strauß oft in Zusammenhang mit politischen und finanziellen Unterstützungen für die RENAMO gebracht wurde. A. Schalck verhandelte gleichermaßen und zum Teil gleichzeitige mit der FRELIMO-Führung und vermeintlichen oder tatsächlichen RENAMO-Unterstützern zum Wohle der DDR.

143 Das stellte am 02.05.1979 auch IM „Kuno" in einem Treffbericht gegenüber der HA XVIII/7 fest: „Seit einigen Jahren laufen verstärkt Bemühungen den Export in Entwicklungsländer zu verstärken. Die Aktivitäten sind maßgeblich seit einigen Jahren durch Delegationen der Partei- und Staatsführung unterstützt worden, um damit die Anstrengungen auch politisch motiviert zu unterstützen. ...Bedauerlicherweise konnten die für einige Länder eingeschätzten positiven Entwicklungen nicht verzeichnet werden. So bei den erdölproduzierenden Ländern, wie Libyen oder auch Irak, bei denen eigentlich finanziell die besten Voraussetzungen gegeben wären." in: BStU – MfS HAXVIII Nr. 8639.

144 Vgl.: Schöne, Bernhard „Die NVA und das subsaharische Afrika" in: van der Heyden/Schleicher/Schleicher, 1993, S. 38 f.

Kongress in Mosambik und landete mitten in den Machtkämpfen der Führungsgruppe der PMAC.

Am 03. Februar war der erste Vorsitzende Teferi Banta abgesetzt worden. Er wurde später hingerichtet. Am 11. Februar übernahm der bisher „zweite Mann" Mengistu Haile Mariam die drei wichtigsten Ämter. Er wurde Staatsoberhaupt, Ministerpräsident und Oberkommandierender der Streitkräfte. „Es wurde damit klargestellt, daß machtpolitisch eine wichtige Entscheidung zugunsten des konsequent revolutionär-demokratischen Flügels in der Bewegung der Streitkräfte gefallen war."[145]

So die Sicht eines Wissenschaftlers der DDR auf die Februarereignisse. Eine andere Betrachtung lautet: „Die innenpolitischen Konflikte eskalierten und dem Regime, daß sich nach heftigen Auseinandersetzungen mit der UdSSR verbündet und seither auf den „wissenschaftlichen" Sozialismus beruft, gelang es nur durch Einschüchterung und staatlichen Terror, die Opposition nachhaltig zu schwächen. Im Verlaufe dieses Prozesses, der als „roter Terror" (1977/78) in die äthiopische Geschichte eingegangen ist, kamen etwa 200 Regierungsfunktionäre und 5.000 - 10.000 mutmaßliche oder tatsächliche Angehörige der Opposition ums Leben."[146]

Fidel Castro berichtete am 03. April 1977 E. Honecker, der wohl durch W. Lamberz schon gut unterrichtet war von der Machtübernahme Mengistus wie folgt: „Mengistu macht den Eindruck eines ruhigen, ernsthaften überzeugten politischen Führers, der sich der Kraft der Massen bewußt ist. Er ist eine intellektuelle Persönlichkeit; der seine Klugheit auch am 03. Februar bewiesen hat. Die Rechten wollten am 03. Februar die linken Flügel beseitigen. Den Auftakt bildete eine Rede des äthiopischen Präsidenten, die von Nationalismus strotzte. Mengistu kam dem Anschlag zuvor: er verlegte die Sitzung des Revolutionsrates um eine Stunde vor, ließ die rechten Führer verhaften und erschießen."[147] (...) Der cubanische Partei- und Staatschef berichtet im Anschluß auch über Angola und Somalia.. (vgl. Abschnitt 3. 2.)

E. Honecker antwortet auf die Ausführungen F. Castros: „Es ist jetzt notwendig, daß in Moskau entschieden wird, was wir in welchem Ausmaß wo tun. Bestärkt durch die Ausführungen des Genossen Fidel Castro, vertreten wir die Meinung, daß jetzt nachdem die revolutionäre Entwicklung in Angola dank der Unterstützung Kubas gesichert ist, es notwendig ist, insbesondere zur Stabilisierung der Revolution in Äthiopien einen konkreten Beitrag zu leisten und den Sieg dieser Revolution zu sichern. (...) Inzwischen sind bereits vier Flugzeuge mit Waffen der DDR in Äthiopien eingetroffen, eine Schiffsladung ist gegenwärtig in Vorbereitung.... Ein Vertreter des MfS hat kürzlich mit Mengi-

---

145 Pfaffenberg, B.: „Zur Entwicklung und Rolle der äthiopischen Streitkräfte sowie ihrer revolutionär-demokratischen Vertreter im Verlauf der Revolution" in: aala 5/, S. 182/886.

146 Brüne, St.: „Ideologie, Politisches Regime und Entwicklung – Die Demokratische Volksrepublik Äthiopien", in: Entwicklungsperspektiven am Horn von Afrika" Texte zum Kirchlichen Entwicklungsdienst Nr. 49, Hamburg 1991, S. 122.

147 Staadt, Jochen: Auf höchster Stufe – Gespräche mit Erich Honecker, Berlin 1995, S. 64.

stu die weitere Unterstützung seitens der DDR vereinbart. In Abstimmung mit der KPdSU werden wir entsprechend dieser Vereinbarungen Kriegsmaterial und Militärkader zur Verfügung stellen. Diese Unterstützung bezieht sich sowohl auf den Bereich des Ministeriums für Verteidigung, des Ministeriums des Innern wie auch auf die ökonomisch und kulturellen Bereich Äthiopien."[148]

Bereits am 12.02.1977 hatte W. Lamberz nach seiner Rückkehr aus Addis Abeba den Startschuß für das Engagement der DDR gegeben: „In der Tat, die äthiopische Revolution braucht und verdient unsere volle Solidarität und Unterstützung."[149] Innerhalb weniger Wochen wurden umfangreiche militärische Lieferungen auf den Weg gebracht. Die ökonomische Zusammenarbeit folgte.

6.1.2 Das Kaffeeabkommen

Nach der Auswertung der W. Lamberz-Reise in Februar wurde am 28.03.1977 der Botschafter der DDR in Äthiopien beauftragt, dem Verteidigungsminister und dem Handelsminister „den Vorschlag zu unterbreiten, Gegenseitigkeitslieferungen auf langfristiger Basis zu vereinbaren. (Kaffeeimport der DDR gegen DDR-Lieferungen von ausgewählter Militärtechnik und Erzeugnissen des Maschinen-, Fahrzeugbaus und der Elektrotechnik)."[150] Am 29.04. berichtete der Botschafter über die prinzipielle Bereitschaft der äthiopischen Seite zu diesen Kopplungsgeschäften.

Vom 11. bis 25. Juni 1977 fliegt eine Partei- und Regierungsdelegation unter Leitung von W. Lamberz nach Afrika und besucht u. a. Äthiopien, Angola und die VDR Jemen, Kongo, Nigeria und Sambia. Der Ogaden-Krieg zwischen dem sozialistischen Somalia und dem sozialistischen Äthiopien verschärft sich in Sommer 1977 dramatisch.[151]

Am 15. Juni wurden in Addis Abeba im Beisein von W. Lamberz eine Vereinbarung und ein Protokoll unterzeichnet. In dem Handelsprotokoll wird erklärt, daß

1. die Außenhandelsbeziehungen schnell und dynamisch entwickelt werden sollen und

2. Äthiopien 1977 bis 1982 je 5.000 t Kaffee liefern wird.

In der Vereinbarung wurden zusätzlich 5.000 t Kaffee gegen Waffen- und Warenlieferungen aus der DDR vereinbart.[152] Diese Lieferungen bedeuteten zu

---

148 Staadt, Jochen: Auf höchster Stufe – Gespräche mit Erich Honecker, Berlin 1995, S. 67.

149 In: ND vom 12.02.1977, nach: Lindemann, Hans: Ausarbeitungen zu Äthiopien, Köln, Manuskript.

150 „Information zum Stand über einen Vorschlag zur Durchführung eines Gegenseitigkeitsgeschäftes mit Äthiopien" vom 12.5.1977. Unterzeichnet: Clausnitzer; in: BAZ DY30/22187, Büro G. Mittag.

151 Vgl. Hofmeier, R./Matthies, V. (Hrsg.): „Die vergessenen Kriege Afrikas", Göttingen 1992, S. 185 f.

152 Vereinbarung und Protokoll vom 15.06.1977, in: BAZ DY30 41831, Bd. 2.

den 1977 historisch hoch stehenden Kaffeepreisen gegenüber dem freien Markt eine Deviseneinsparung für die DDR von weit über 100 Mio. VM.

Nach „ergänzenden Beschlüssen" und erneuter Auswertung der Reise im Politbüro schrieben G. Mittag und W. Lamberz den Brief vom 6.07.1977 (vgl. Abschnitt 3.3.) an E. Honecker.

Aus diesem Brief beigelegten „Entscheidungsvorschlägen für die Sicherung der getroffenen Vereinbarungen Äthiopien – DDR"[153] geht hervor, daß die zugesagten LKW W 50-Lieferungen als semimilitärisches Gerät und Stahlhelme sowie Munition nicht vollständig ausgeliefert werden konnten. Es wird eine Delegation mit einer Botschaft von Mengistu Haile Mariam an E. Honecker angezeigt, in der er um weitere „Lieferungen gegen Bezahlung und ohne Bezahlung" bittet. Die äthiopische Zentralregierung, die sich seit 1975 fast ununterbrochen an verschiedenen Fronten im Kriegszustand befand, benötigte Waffen über Waffen.

Die Vollmacht zur Abstimmung und Verhandlung erhielt A. Schalck. Er wurde ermächtigt, zur Sicherung der Kaffeeimporte bis zur Höhe von 10.000 t Kaffee bzw. 130 bis 140 Mio. VM entsprechende Exportprodukte „in Abstimmung mit den beteiligten Ministerien bereitzustellen."

In der sich zuspitzenden militärischen Auseinandersetzung zwischen Somalia und Äthiopien wird ein umfangreicher Handel von Waffen gegen Kaffee abgewickelt.[154]

Das Vorgehen der DDR-Beauftragten gibt ein Bericht wieder, den A. Schalck am 26.07.1977 an G. Mittag überstellen läßt. „Gestern hat nun es auch die ersten durchschlagenden Erfolge gegeben, vor allem die Air-Force hat den Somalis mächtig eingeheizt. Es sind viele Gegenstände erbeutet und leitende Leute der Somalis gefangengenommen worden. (...) Zum Beutegut zählen u. a. modernste amerikanische Handfeuerwaffen. Anderseits stellen wir bis hin zu den Militärs eine abwartende Haltung fest. Offensichtlich schwanken auch einige leitenden Leute angesichts der militärischen Lage. Was die „zivile" Ökonomie anbetrifft, wird uns immer wieder gesagt, daß dafür Genosse ..... zuständig sei und wir warten müßten, bis er zurück ist. Was man jetzt brauche, seinen militärisches Material bzw. Verpflegung für die kämpfende Truppe. Gestern wurde es mir zu bunt, da bin ich mit Genossen ... und ... ohne Anmeldung beim General ... hineingeplatzt und habe eine Erklärung verlangt, warum z. B. unsere Militärexperten seit 10 Tagen auf Möglichkeiten zur Demonstration ihrer Geräte warten und keine Anschlußverträge verhandeln können. Wir

---

153 „Entscheidungsvorschlägen für die Sicherung der getroffenen Vereinbarungen Äthiopien – DDR" vom 06.07.1977, Anlage zum Brief von G. Mittag und W. Lamberz an E. Honecker vom gleichen Tag, in: BAZ DY30/22187, Büro G. Mittag.

154 Siye Abraha, der Verteidigungsminister der Übergangsregierung stellte 1991 folgende Verlustbilanz über die Kriege des sozialistischen Äthiopien auf. „Seit 1974 hätten die Kriege ca. einer Million Menschen das Leben gekostet, darunter 50.000 reguläre Soldaten, etwa 100.000 aufständische Kämpfer und etwa 500.000 Zivilisten, meist Frauen, Kinder und Alte." Hofmeier, R./Matthies V., S. 188.

sagten ihnen, daß die Verantwortung für unsren Klassenauftrag im Interesse der äthiopischen Revolution uns zwingt, in dieser Situation die Frage so zu stellen."[155]

In einem weiteren Brief „unsres Sonderbeauftragten in Äthiopien" wurde drei Monate später u. a. neben strategischen Sachverhalten berichtet: „Die neue Armeeführung muß sich erst Überblick über die aktuelle Situation hinsichtlich des Kaufes von weiterem Kriegsmaterial verschaffen. Auch über unseren Saldenstand gibt es keine klaren Aussagen auf äthiopischer Seite.

Dabei unterstützen unsere Leute Dr. Ashagre, Mitglied der Provisorischen Regierung und Minister für Handel und Tourismus, um dort Sauberkeit in die Bücher zu bekommen."

Weiter schreibt er: „Er (der Handelsminister; d. Verf.) setzt uns davon in Kenntnis, daß man aufgrund der Kriegskosten so gut wie am Ende sei. Es gibt jetzt ein Exekutivkomitee, bestehend aus den wichtigsten Ministern, vor dem praktisch alle geplanten Valutaausgaben verteidigt werden müssen, bevor eine Bestätigung erfolgt. Der Bedarf an vielfältigen Wünschen ist groß, aber kein Geld. Ähnlich wie Dr. Schalck in Leipzig, habe ich nochmals wiederholt, warum es uns geht. Alle Unterstützung für die Revolution, aber wir müssen nun konkret wissen, was man will. Dr. A. war ausführlich von der Messedelegation über die Begegnung mit Dr. Schalk informiert. Die Leute sind voll des Lobes über das, was ihnen in der DDR geboten worden ist, und sie sind mächtig am Grübeln, um weitere Importmöglichkeiten zu schaffen."[156]

Alle Bemühungen gelten dem Abbau des „voraussichtlichen Plus (welches) gegenüber Äthiopien besteht", schreibt A. Schalck ohne das Wort Schulden zu verwenden an G. Mittag.[157]

6.1.3 Der Schuldenstand der DDR gegenüber Äthiopien Ende der 70er Jahre

Durch den Kaffee-Import in „Ware gegen Ware-Geschäft" erzielte die DDR trotz der Exportbemühungen in kürzestes Zeit negative Kontenstände gegenüber Äthiopien.

Die äthiopischen Banken übten auf die sich an der DDR orientierenden Kräfte Druck aus: „Man wirft ihnen vor, daß sie den Kaffee sozusagen auf Kredit an die DDR liefern, ohne dafür einen vollen Ausgleich zu erhalten bzw. den entstehenden Währungssaldo verzinsen können."

Kaffee wurde und wird auf dem Weltmarkt in Sofortzahlung gegen US $ gehandelt. „Kaffee ist für uns keine Ware, Kaffee ist für uns bares Geld" sagte in den Verhandlungen ein äthiopischer Minister. Äthiopien erzielt 60 bis 80 %

155 „Auszug aus einem Brief des Beauftragtes des Genossen Schalck in Addis Abeba vom 22.07.1977"
    (Anlage 1) eines Briefes an G. Mittag vom 26.07.1977, in: BAZ DY30/22187, Büro G. Mittag.
156 „Brief unseres Sonderbeauftragten in Äthiopien" vom 22.09.1977, abgezeichnet durch G. Mittag.
157 Brief von A. Schalck an G. Mittag vom 26.10.1977, in: BAZ DY30 22187, Büro G. Mittag.

seiner Exporterlöse aus dem Kaffeeverkauf.[158] Für 1977 wurde die Kaffeeproduktion von Äthiopien mit 48.165 t beziffert bzw. auf 120 kt geschätzt.[159] Ein Fünftel des gesamten Exporterlöses aus der Kaffee-Ernte von Äthiopien wurde durch die 10.000-t-Kaffeeverträge mit der DDR gebunden[160] und mit Waffen und eher zweifelhaften Industriewaren bezahlt.

Die Parteiführung der DDR und der Außenhandel nutzten die politisch und militärisch instabile Lage nach Umsturz und Ogaden-Krieg in Äthiopien und den daraus erwachsenden Waffenbedarf. Sie schickten ihre Sonderbeauftragten zu den äthiopischen Regierungsvertretern, um DDR-Exportgüter, die international schwer zu verkaufen waren, anzupreisen. Bei der Förderung der Geschäftsanbahnungen spielte die Bekanntschaft von E. Honecker und dem äthiopischen Staatschef Mengistu Haile Mariam eine besondere Rolle.

Im November wurde eine hektisch vorbereitete Exportmesse der DDR in Addis Abeba durchgeführt, an der 23 Außenhandelsbetriebe teilzunehmen hatten. Noch während der Messe meldet A. Schalck per Brief vom 24.11.1977 erste Ergebnisse und legte Fotos bei. Die LKW W 50 könnten nicht leicht abgesetzt werden, da die Sowjetunion „große Mengen LKW zu nicht unterbietenden kommerziellen Bedingungen – Schenkung – auf den Markt gebracht hat." Eine kleine Hoffnung bleibt, daß „wir auf dem Markt bleiben, da die sowjetischen LKW die dreifache Menge an Treibstoff benötigen...". Zudem sei die Sowjetunion „außerordentlich erschrocken", da die DDR bereits 100 Traktoren vertraglich gebunden hat, sie selbst bisher nur 60. Der Brief schließt mit „kommunistischen Gruß Alex Schalck" und ist am gleichen Tag von E. Honecker gegengezeichnet.

In einer „Information zum Stand der Außenhandelsbeziehungen zwischen der DDR und Sozialistisch Äthiopien"[161] von Mittag mit Vermerk „Für W. Lamberz" versehen, wird ausgeführt, daß für die 10.000 t Kaffee im Wert von 128,4 Mio. VM, bilanzwirksam 104,4 Mio. VM vertraglich Exportleistungen der DDR nach Äthiopien gesichert seien, d. h. es besteht eine Differenz

---

158 Brüne, Stephan: „Der Sozialismus als Wille und Vorstellung oder: Das Verhältnis der äthiopischen Machtelite zur ländlichen Bevölkerung" in: „Entwicklungsperspektiven am Horn von Afrika", S. 56.

159 Der Sonderbeauftragte H. Graf gibt am 03.05.1978 eine Jahresproduktion von 48.165 t Kaffee an. Vgl. „Zur oekonomischen Lage in Äthiopien – Einschätzung des Arbeitsstabes" vom 02.05.1978, Anlage zu einem Brief an G. Mittag und H. Axen mit Durchschlag an A. Schalck und D. Albrecht vom 03.05.1978, BAZ DY30 12189. Eine Vorlage für die Kommission Entwicklungsländer „Betrifft: Konzeption zur Intensivierung und perspektivischen Entwicklung der politischen, ökonomischen, wissenschaftlichen und kulturellen Beziehungen zwischen der DDR und dem Sozialistischen Äthiopien" vom gleichen Tag geht von 120.000 t aus. Vgl. BAZ DE-1 54811.

160 „Die Handelsbeziehungen zw. der DDR und Äthiopien sind praktisch Mitte des Jahres 1977 eingeleitet worden und entwickelten sich in bisher kaum bekannten Ausmaße. Von der Bezugsseite der DDR wurden Mitte 1977 10.000 t Kaffee gekauft. ... damit rückte die DDR an 2. Stelle der Bezugsländer Äthiopiens praktisch sofort hinter die USA." Nach: Treffbericht „IM-V" Fleischmann" vom 28.08.1978 in: BStU MfS – HA XVIII Nr. 7628, S. 13.

161 „Information zum Stand der Außenhandelsbeziehungen zwischen der DDR und sozialistisch Äthiopien" vom 23.11.1977. U.a. durch W. Lamberz und G. Mittag gegengezeichnet; in: BAZ DY30 22187.

von 24 Mio. VM. Daraus ergibt sich: „Die Zielstellung für die Messe in Addis Abeba lautet u. a. für 1977 noch Verträge in Höhe von 24 Mio. VM abzuschließen."

Vorschläge werden unterbreitet: Landmaschinen, Militärtechnik im bisher abgeschlossenen Wert von 36,1 Mio. VM, der DDR Lieferanteil einer Baumwollspinnerei von 4 Mio. VM[162] und 3.500 t Dauerbrot[163] im Wert von 9.187 Mio. VM. Die „Aktion Brot für die Front" sollte Meutereien in der Armee verhindern, die auf Grund von Lebensmittel- und Soldmangel drohten.

Eingeschätzt wird, daß zur Sicherung des Kaffeebedarfes der DDR 15.000 t Rohkaffee notwendig wären. Möglichkeiten bestehen seitens des Sozialistischen Äthiopien. Aber: „Diese Menge mit Waren aus der DDR abzudecken wird gegenwärtig als nicht real eingeschätzt."

„Das Hauptproblem der außenwirtschaftlichen Beziehungen liegt gegenwärtig darin, daß von der äthiopischen Seite trotz größter Anstrengungen unserer Sonderbeauftragten und Botschafter auf Ministerebene seit 6 Monaten keine weiteren Anfragen bzw. Importverträge an uns übergeben wurden."

Zwölf Tage später fliegt der Sonderbotschafter des Generalsekretärs des ZK der SED und Vorsitzenden des Staatsrates Genossen E. Honecker Politbüromitglied W. Lamberz nach Äthiopien.

In den Schlußfolgerungen aus dieser Reise vom 06. bis 12.12.1977 legt das Politbüro fest:

„1. Mengistu Haile Mariam erhält zwei persönliche Berater für Parteiaufbau und Massenmedien

2. weitere Bemühungen sind zu unternehmen, um mit dem progressiven Führer der eritreischen Bewegung Treffen abzuhalten, Genosse Mengistu ist davon zu unterrichten;

3. es ist zu prüfen ob über das Volksbildungsministerium die Deutsche Schule in Addis Abeba übernommen werden könnte;

5. die Bemühungen zur Entwicklung der ökonomischen Zusammenarbeit sind konzentriert fortzuführen. Ein Bericht ist bis Mitte Januar vorzulegen;

---

162 Auf der Frühjahrsmesse in Leipzig 1978 wird berichtet, daß „der Stahlkonzern Krupp gemeinsam mit der DDR in Äthiopien eine große Baumwollspinnerei bauen wird." Der Vertrag wurde am 13.03.1978 abgeschlossen. Krupp und die DDR seien je zu 50 % an dem Geschäft beteiligt. Radio Addis Abeba vom 20.05.1978 (aramäisch) nach: Lindemann, H.

163 Gegenüber dem Verf. wurde durch Vertreter des ehemaligen Solidaritätskomitees diese Brotversorgung als besonders gelungene und den Ruf der DDR-Solidaritätsarbeit unterstreichende Aktion beschrieben. Gegenüber Daniel Ortega, dem ehemaligen Regierungschef von Nicaragua, berichtete E. Honecker am 20.04.1984: „Wir haben (in Äthiopien d. Verf.) 200.000 Mann Miliz mit Stahlhelm, MP's und Schuhen ausgerüstet. Die gesamte Republik hat Brot gebacken. Mit Fallschirmen wurde es abgeworfen. Durch diese Hilfe für Äthiopien wurde die Situation stabilisiert." in: Staadt, J. (Hrsg.):„Auf höchster Stufe – Gespräche mit Erich Honecker", Berlin 1995, S. 53.

6. ab Anfang '78 sind die Voraussetzungen zur Ausbildung von 25 äthiopischen Diplomaten zu schaffen;

7. eine stabile Flugverbindung ist herzustellen."

Die Voraussetzungen für eine stetige Entwicklung stabiler Beziehungen zwischen beiden Ländern sollte damit gewährleistet werden. Die Exportleistungen der DDR waren notwendig, um das Kaffee-Abkommen mit Warenlieferungen zu erfüllen. Kritiker für diese ökonomisch-politische Lösung gab es reichlich.

6.1.4 Die Zusammenarbeit in den Jahren 1978 und 1979

Pünktlich zum neuen Jahr setzten nach diesen Vorarbeiten die Beratungen der Kommission Entwicklungsländer auch zu Äthiopien ein. Weitreichende Pläne sollen realisiert werden.

Eine Übersicht über den Stand der Beziehungen zwischen beiden Ländern mit Stand 30.10.1978 stellt neben den Außenhandelszahlen auch Angaben zur Expertenentsendung und materiellen Unterstützung zusammen. Damit ist für diesen Zeitabschnitt eine gute Übersicht gegeben.

Die Dynamik der seit 1977 einsetzenden Partei- und Handelsbeziehungen wird in diesen knapp zwei Jahren deutlich. 1976 weist das statistische Jahrbuch der DDR für das Handelsvolumen 0,131 Mio. VM[164] auf. Zum 31.10.1978 werden 205,4 Mio. VM beziffert. Eine Steigerung um weit über das 1000-fache, wenn auch von niedrigem Niveau ausgehend.

Zum 31.12.1978 wird mit einem „Saldo zugunsten Äthiopiens in Höhe von ca. 60 Mio. VM" ausgegangen.

Diese Schulden sollen durch die Realisierung der Großprojekte abgebaut werden. Alle in der Vorlage aufgeführten „Projekte" finden sich auch in der Liste des „Drittlandabkommens" der DDR mit Libyen wieder. „Zur Sicherung langfristiger und kontinuierlicher Bezüge der DDR an Rohkaffee wurden der äthiopischen Seite Objektlisten zur Lieferung im Zeitraum 1979 bis 1983 mit einem Wertumfang von ca. 1 Mrd. VM übergeben.".

„Bei kommerziellen Verträgen mit Zahlungszielen wurden bisher folgende Bedingungen angewandt:

1. Ein Regierungskredit wurde auf Beschluß des ZK der SED am 28.06.1977 in Höhe von 20 Mio. US $ oder 37 Mio. VM mit einer Laufzeit von 12 Jahren, bei zwei rückzahlungsfreien Jahren und einem Zinssatz von 2,5 % ausgereicht." Die Warenbindung wurde nicht genannt.

2. „Kommerzielle Kredite erfolgen zu international üblichen Bedingungen zwischen 5 und 10 Jahren, 5 - 6 % Zinsen und Anzahlung zwischen 10 und

---

164 Statistischen Bundesamt Wiesbaden: Sonderreihe mit Beiträgen für das Gebiet der ehemaligen DDR – Umsätze im Außenhandel 1975 und 1980 bis 1990, Heft 9; Wiesbaden 1993.

15 %. Diese Bedingungen finden Anwendung für Erzeugnisse des Maschinen-, Landmaschinen- und Fahrzeugbaus sowie bei Elektrotechnik."

Unter der Überschrift Kaderausbildung werden folgende Kurs und Unterstützungen genannt:

- 34 Kader an der Parteihochschule der SED (Halb- bzw. Jahreslehrgänge),

- 24 Gewerkschaftsfunktionäre zu vier-Wochen-Lehrgängen,

- 5 Jugendfunktionäre/Jugendhochschule (1979 waren 20 vorgesehen),

- ca. 300 Journalisten zu Kurzlehrgängen des VDJ[165] in Addis Abeba und

- 47 Journalisten an der Schule der Solidarität des VDJ.

Bei der Ausbildung durch Staatsorgane wird aufgeführt:

- 25 Kader für diplomatischen Dienst (vier-monatiger Lehrgang)

- 2 Lehrgänge der Staatlichen Plankommission mit je 50 Planungsexperten in Addis Abeba

- 110 Kommunalpolitiker in der Bildungseinrichtung des Städte- und Gemeindetages in Weimar

- 50 Kreisadministratoren werden auf Bitte der äthiopischen Regierung von der Akademie für Staat und Recht ausgebildet.

Der Schwerpunkt der Ausbildungsleistungen lag eindeutig auf der ideologischen Stärkung und dem politisch-administrativen Ausbau der Verwaltungsstrukturen.

Auf Grundlage einer Sondervereinbarung arbeiten zwei Regierungsberater im äthiopischen Ministerium für Handel und Tourismus und ein Berater im Landwirtschaftsministerium.

Der KWZ-Arbeitsplan weist langfristig aus:

- 8 Wissenschaftler an der Universität in Addis Abeba sowie einen Arzt,

- bis 1979 Entsendung von 7 Berater und 40 Experten bzw. Lehrer an das Volksbildungsministerium,

- 67 Dozenten aus Addis Abeba waren zu Marxismus-Leninismus-Lehrgängen an den Universitäten in Leipzig und Dresden eingeladen worden,

- 84 äthiopische Bürger studieren in der DDR.

Die materielle Unterstützung durch das Solidaritätskomitee wird 1977 mit 17,9 Mio. M, 1978 mit 12 Mio. M und 1979 mit 15 Mio. M (vorgesehen) angege-

---

165 Verband Deutscher Journalisten der DDR.

ben. 1976 betrug die Hilfe für Äthiopien durch das Solidaritätskomitee wenige 100.000 M.

Charakteristisch ist, daß die Kaderentsendungen im „Parteibereich" bereits vollzogen waren, während sie im „humanitären Bereich" z. B. bei der Volksbildung noch vorgenommen werden mußten.

Durch die gesamten Unterlagen zieht sich die Klage wegen „schleppender Kaderbereitstellung". Dies galt sowohl für die WTZ- und KWZ-Experten als auch für die Außenhändler vor Ort. Es fehlte an qualifizierten und motivierten Personal. Die „entsendenden" Betriebe und Einrichtungen gaben ihre guten Kräfte ungern ab. Der streng reglementierte Auslandseinsatz war nicht über die Maßen attraktiv. Die konsequent parteiliche und ideologisch-sicherheitspolitische Auswahl der „Kader" verringerte den Kreis potentieller „Entwicklungshelfer" enorm.

Einen ersten Abschluß der dynamischen und konzentrierten Entwicklung der Beziehungen war in der 2. GWA-Sitzung zu sehen. Sie sollte schon auf Wunsch der DDR „zum frühestmöglichen Zeitpunkt" Ende Mai 1978, nur 11 Monate nach der Unterzeichnung des Kaffeeabkommens zusammengerufen werden. Die äthiopische Seite stimmte erst einem Termin im Oktober zu. In der grundlegenden Konzeption vom 02.05.1978[166], die in der Kommission Entwicklungsländer behandelt wurde, werden alle Bereiche der Beziehungen von Industriekomplexen über Bergbau bis zur Jugendarbeit auf die Sicherung des Kaffeeimports hin überprüft und Vorschläge möglicher Zusammenarbeit unterbreitet. Unter Zusammenarbeit verstand man nach dieser Vorlage vor allem die Verrechnung der Leistungen der DDR gegenüber dem überzogenen Kaffeekonto. Unter anderem wurden den Außenpolitikern und Diplomaten Aufträge erteilt: „Zur Durchsetzung der langfristigen Export- und Importinteressen der DDR ist eine Konzeption zur Besuchs- und Einladepolitik auszuarbeiten. Verantwortlich: Minister für Auswärtige Angelegenheiten, Termin 31.07.1978."

In einem überarbeiteten Standpunkt zur Vorbereitung der Oktober-Sitzung wurden zwei Zielstellungen klar umrissen:

1. „Einer Begleichung des Passivsaldos durch die Zahlung von konvertierbaren Devisen kann durch die DDR nicht zugestimmt werden."

2. „Bis zum 30.06.1979 soll der Schuldsaldo einschließlich der aufgelaufenen Zinsen beglichen sein."

Die äthiopisch Seite kündigt zum 01.01.1979 an, den Handel nur noch gegen konvertierbare Devisen abwickeln zu wollen. Die DDR-Unterhändler sahen große Schwierigkeiten auf sich zukommen. Im Bericht vom 03.05.1978 hatte

---

166 Betrifft: Konzeption zur Intensivierung und perspektivischen Entwicklung der politischen, ökonomischen, wissenschaftlichen und kulturellen Beziehungen zwischen der DDR und dem Sozialistischen Äthiopien" vom 02.04.1978 (Vorlage) für die Kommission Entwicklungsländer, in: BAZ DE-1 54811.

der Sonderbeauftragte schon festgestellt: „Die auf den Freihandel orientierten Kräfte, insbesondere im Finanzministerium und in der Bank, treten unverhohlen gegen die mit dem Kaffeeabkommen begründete Art der Wirtschaftsbeziehungen zwischen beiden Ländern auf."

Fortan galt es, das Prinzip „Ware gegen Ware" operativ und parteilich durchzusetzen.[167]

Im Bericht über die 2. GWA-Sitzung[168] meldete der Delegationsleiter und Minister für Materialwirtschaft W. Rauchfuß: Daß die äthiopische Seite auf der Bezahlung des Kaffees gegen freie Devisen bestand. „In der Verhandlung gelang es, diese Forderungen abzuwenden. Wichtigste Argumente waren dabei der Briefwechsel zwischen E. Honecker und M. Haile Mariam, sowie die anerkannte Haltung der Parteiführung der DDR zur äthiopischen Revolution und die dynamische Entwicklung der wirtschaftlichen Beziehungen."

Es wurde eingeräumt, daß die DDR bis zum 30.06.1979 die offenen 60 Mio. VM durch Waren bezahlen kann. Danach gäbe es Kaffee nur noch gegen Barzahlung in Devisen. „In einem vertraulichen Briefwechsel wurde eine modifizierte Beibehaltung der bestehenden Vereinbarungen Ware gegen Ware vereinbart. Die bestehenden Sonderkonten werden nach dem 30. 06. 1979 weitergeführt."[169]

Die DDR wird aber nur noch maximal 2.000 t Kaffee importieren können. Das langfristige Kaffeeabkommen, eingefädelt durch W. Lamberz war schon 14 Monate nach der Unterzeichnung der Verträge zum Scheitern verurteilt.

In einer Information zu aktuellen Fragen der Außenhandelsbeziehungen berichtete am 10.10.1978 der Handelsrat Gummert aus Addis Abeba an G. Mittag[170], daß die äthiopische Regierung sich „intensiv um die Ausweitung der ökonomischen Beziehungen zur SU und zu Kuba bemüht, bisher seien diese wenig dynamisch gewesen. Die äthiopische Regierung ersuche vor allem nach langfristigen günstigen Krediten und anderen Hilfsleistungen." Diese konnte oder wollte die DDR-Führung nicht gewähren.

---

167 In einem Schreiben vom 30.08.1978 sendet G. Mittag E. Honecker eine Ausarbeitung von A. Schalck. In ihr wird mitgeteilt, daß die äthiopische Regierung auf Grund der angespannten Devisenlage z.Z. keine Entscheidungen zum Import von Investitionsgütern trifft, den Import auf die Sicherung der Grundnahrungsmittel konzentriert, z. B. gegen Barzahlung sofort 50.000 t Weizen kaufen muß und aus diesem Grund vom Kaffeeabkommen zurücktreten will. Kaffee könne nur noch gegen freie Devisen abgegeben werden. Schalck schlägt den Leitungsgenossen vor, statt 10.000 t Kaffee nur 5.000 t gegen Industrieanlagenverrechnung zu importieren und später den „gegenseitigen Warenaustausch auf der Grundlage Ware gegen Ware kontinuierlich weiterzuentwickeln." Als Konsequenz stellt er fest, wird das Prinzip Ware gegen Ware nicht weitergeführt, sind Lieferungen an Äthiopien nur noch gegen „unwiderrufliche Bankgarantien" durchzuführen. E. Honecker zeichnet am 31.08.1978 das Schreiben mit „einverstanden E. H." gegen.
168 „Information über die 2. Tagung des Gemeinsamen Wirtschaftsausschusses DDR/Soz. Äthiopien vom 16. bis 19.10.1978 in Addis Abeba, vom 21.10.1978, von W. Rauchfuß an G. Mittag, u. a., von E. Honecker und D. Albrecht gegengezeichnet, in: DY30 22189, Büro G. Mittag.
169 Ebenda.
170 Ebenda.

Eine Trendwende zeigt sich an.

Die Sorge um die knappen Devisen bestimmte auch die Zusammenarbeit auf der Ebene der Parteikader. Aus einem Brief der Abteilung Internationale Verbindungen des ZK der SED vom 06.09.1978[171] an G. Mittag geht hervor, daß aufgrund einer persönlichen Bitte von Mengistu Haile Mariam an E. Honecker „100 politische Kader für die in Vorbereitung befindliche Partei und für die Massenorganisationen" in der DDR ausgebildet werden sollen. Ein Beschluß des ZK der SED von 14.06.1978 hatte festgelegt, daß alle Kosten in solchen Fällen von der äthiopischen Seite zu bezahlen sind. Die Abteilung bittet den Wirtschaftssekretär des ZK der SED G. Mittag und nicht, wie zu erwarten wäre die zuständigen ZK-Sekretäre für Parteibeziehung oder Finanzen, diesen Beschluß zu korrigieren.

Selbst die Ausbildung und Zurüstung von äthiopischen Parteikadern in der DDR hatte in der Planung einen kommerziellen Hintergrund. Ein weiteres Indiz für die komplette Kommerzialisierung des Denkens und Handels der Spitzennomenklatura. Die Tatsache der beabsichtigten Dollar-Bezahlung für Parteikader und Kreisadministratoren wird noch absurder, wenn man berücksichtigt, daß die Bildung einer „revolutionären Kaderpartei" in Äthiopien eine Forderung der Kommunistischen Parteien Osteuropas und besonders der SED war. Der Kompromißvorschlag an G. Mittag lautet: „Diese Korrektur sollte die Übernahme der Reise- und Valutakosten durch die äthiopische Regierung und die Kosten für die Ausbildung und den Aufenthalt in unserer Währung durch die Regierung der DDR oder das Solidaritätskomitee vorsehen."

Zur inneren Logik der Kaderparteien Leninischen Zuschnitts gehört durchaus, daß die Bildung einer Partei eine Voraussetzung – wenn nicht die Hauptvoraussetzung – von sozialer Entwicklung ist. In einer Veröffentlichung der Akademie für Gesellschaftswissenschaften des ZK der SED, Institut für Internationale Arbeiterbewegung wird als letztes Zitat, sozusagen als Schlußstein Mengistu Haile Mariam mit den Worten wiedergegeben: „Um ein neues System der Gerechtigkeit und des Wohlstandes aufzubauen ... ist die Hauptfrage ... die Gründung der Partei der Werktätigen."[172]

Dies führt zu der kuriosen Situation, daß mit Gründung der Äthiopischen Arbeiterpartei im Oktober 1984 Äthiopien bis 1991 als einziges afrikanisches Land von einer „Arbeiterpartei"[173] regiert wird. Die Landbevölkerung stellt in Äthiopien jedoch allein einen Anteil von über 90 % der Bewohner. An der Gründung dieser Partei wirkte die SED maßgeblich mit.

---

171 „SED-Hausmitteilung" an Genossen. Mittag von Abteilung Internationale Beziehungen vom 06.09.1978, in: BAZ DY 22189 Büro G. Mittag.

172 Dummer, Egon: „Äthiopien im Aufbruch", Berlin 1984, S. 121.

173 Bezeichnend ist, daß das Exekutivkomitee der COPWE (Commission für Organizing the Party of the Working People of Ethiopia) aus sieben Militärs bestand und das in der gesamten Kommission von 123 Mitgliedern 97 aktive dem Militär angehörten. In: Auf, Christiane: Staat und Militär in Äthiopien, Hamburg 1996.

6.2 Zur Zusammenarbeit 1979 bis 1989

6.2.1 Der Abschluß des Vertrages über Freundschaft und Zusammenarbeit im November 1979

In dem bisherigen Umfang kann die Zusammenarbeit der Regierungs- und Parteiorgane nicht mehr dargestellt werden. Das Grundmuster ist erkennbar. Es behält seine Gültigkeit bis zum Jahr 1989.

Die häufigen Staats- und Regierungsreisen erweckten bei Beobachtern gelegentlich den Eindruck, daß die ökonomische Zusammenarbeit zwischen Äthiopien und der DDR stabile Größenordnungen erreichte. Der Eindruck täuscht.

Der Anteil der DDR Handelsvolumen von Äthiopien blieb nach dem Auslaufen des Kaffeeabkommens gering. In einer Ausarbeitung vom 9.4.1979[174] – also vor dem in November des Jahres zu schließenden Freundschaftsvertrag – an G. Mittag, stellt A. Schalck verwundert fest, daß die DDR Berater isoliert seien[175], der Anteil an äthiopischen Importen aller sozialistischen Staaten, einschließlich der DDR, hatte sich vom 1977 mit 5,8 % auf 1978 mit 5,2 % verringert[176], während die acht kapitalistischen Hauptländer ihren Anteil von 1977 mit 50 % auf 1978 mit 60,7 % steigern konnten. Er beklagt die für Äthiopien „sehr günstigen Kredite" der imperialistischen Staaten, die beabsichtigte Schuldenstreichung der BRD oder kostenlose Weizenlieferungen der USA, die gegenüber der DDR ausgesprochene definitive Erwartung nur über Großprojekte zu verhandeln, „... wenn auch die sozialistischen Partner ähnlich großzügige Kredite und Zahlungsziele gewähren, wie die imperialistischen Partner..."[177] Die national-reaktionären Kräfte Äthiopiens würden die DDR-Produkte verleumden und „unseriös und unannehmbare Kreditforderungen", aufstellen. Diese Kräfte wollte den Saldenabbau in konvertierbaren Devisen zum 30.06.1979 herausfordern und das Prinzip Ware gegen Ware unterlaufen. „Gegenwärtig liegen den zuständigen äthiopischen Außenhandelsdienststellen insgesamt Angebote der DDR über mehr als 1 Milliarde VM vor, die sich ausnahmslos auf äthiopischerseits übergebene Bedarfswünsche beziehen. Seit September 1978 wurden jedoch keine nennenswerten Verträge abgeschlossen."[178]

---

174 „Zu einigen Aspekten der gegenseitigen politischen Entwicklung Äthiopiens und ihrer Auswirkungen auf die ökonomischen Beziehungen der sozialistischen Staatengemeinschaft, speziell mit der DDR" vom 09.04.1979 (Anlage) mit Schreiben vom 18.04.1979 von A. Schalck an G. Mittag, in: BAZ DY30 22194.

175 ... „dem aus der CSSR tätigen UNDP-Chefberater wurde angeraten, keine Kontakte bzw. Konsultationen mit den DDR-Beratern durchzuführen".

176 ca. 20 % Anteil der sozialistischen Länder am Exportumfang angegeben, nach Lindemann, H.

177 „Zu einigen Aspekten der gegenseitigen politischen Entwicklung Äthiopiens und ihrer Auswirkungen auf die ökonomischen Beziehungen der sozialistischen Staatengemeinschaft, speziell mit der DDR" vom 09.04.1979 (Anlage) mit Schreiben vom 18.04.1979 von A. Schalck an G. Mittag, in: BAZ DY30 22194, S. 3.

178 Ebenda, S. 8.

Als Vorschläge unterbreitete er, daß mit der Sowjetunion beraten werde müsse, wie Mengistu Haile Mariam besser auf Leistungen der sozialistischen Länder hingewiesen werde könne, daß E. Honecker einen Sonderbeauftragten zu Mengistu Haile Mariam senden solle und das mit den Verkaufsverhandlungen z. B. für 200.000 Paradeuniformen (mit nach äthiopischen Vorlagen in Sachsen hergestellten Effekten und Rangabzeichen) für die äthiopischen Streitkräfte zum Abschluß gekommen werden müsse.[179] Über G. Mittag gelangen die Vorschläge direkt zu E. Honecker. Der Generalsekretär läßt sich über Äthiopien immer sofort informieren.

Vierzehn Tage zuvor zeichnete ein IMS der MfS-Hauptabteilung XVIII/4 „Sicherung der Volkswirtschaft/Außenhandel" ein anderes Bild der Aktivitäten der DDR in Äthiopien und gab zu Protokoll: „Zur Zeit gibt es in Äthiopien enorme Bestrebungen, die Beziehungen zu den soz. Staaten abzubrechen bzw. ausklingen zu lassen." Im Zusammenhang mit von Holland nicht zu Ende gebauten Zementwerken wird berichtet: „Der Hilferuf an die sozialistischen Staaten zur Unterstützung durch den Bau von Zementwerken kam. Die DDR war hinsichtlich der Preisgestaltung Spitzenreiter und durfte wieder nach Hause fahren. Die SU hat sich dann bereit erklärt, Zementwerke für den halben Weltmarktpreis zu liefern. Die LKW W 50, die durch die DDR geliefert werden, entsprechen hinsichtlich der dort geforderten Leistungsparameter bei weitem nicht den Erfordernissen. (gebirgiges Gelände zwischen 20000 – 2500 m). LKW, die z. B. durch kap. Staaten importiert wurden bzw. geschenkt wurden, wie Volvo, Fiat, Mercedes u. a..(...) Es ist für die Perspektive der Einsatz von ca. 5.000 Traktoren ZT 300 des Traktorenwerkes Schönebeck vorgesehen, wo z.Z. aber keinerlei Voraussetzungen bestehen, die Traktoren permanent zu warten und zu pflegen, weil die äthiopischen Bauern bisher z.T. noch nicht einmal Traktoren gesehen haben, geschweige denn sie ordnungsgemäß zu bedienen, zu pflegen und zu warten (80 % Analphabetentum). (...) Das Land ist ca. elf mal so groß wie die DDR. Wenn wir als soz. Staaten nicht gemeinsam handelnd voll in Äthiopien einsteigen und effektiv helfen, bricht uns Äthiopien wieder aus. (...) Ich habe nur mit staatlichen Organen verhandelt. Aber dort stand man mir bei den Verhandlungen schon pessimistische gegenüber. Indem ich wiederholt gefragt wurde, na können sie denn das überhaupt realisieren, wie sieht es mit dem Service aus, können sie den denn verläßlich realisieren, sehen Sie, die Italiener machen das so zuverlässig usw. Hier wird die Möglichkeit der DDR schon von vornherein in Frage gestellt, weil langsam bekannt geworden ist, welche Schwierigkeiten auch wir haben, ihre Wünsche

---

179 Die Devisenrentabilitätsberechnungen der Paradeuniformen im Vergleich zu Herrenanzügen Marke „Präsent 20" liegen vor. Die Paradeuniformen erlösen einen um Faktor 0,42 oder fast 50 % höheren Wert. Der Vertrag war unterzeichnet worden, auf Grund eines von A. Schalck angeregten Briefwechsels E. Honecker – Mengistu. Mengistu kam wegen dieses Vertrages in große innenpolitische Schwierigkeiten. Der Auftrag wurde nicht ausgeführt.

zu realisieren."[180] Es gibt keine Anhaltspunkte an den Angaben diesem IMS-Berichtes zu zweifeln.

Die Reise von E. Honecker nach Afrika im November 1979 und der Abschluß des Freundschaftsvertrages mit Äthiopien standen kurz bevor. Eine Woche vor dem Besuch von E. Honecker in Addis Abeba tagte der 3. GWA. Der Bericht faßt die Ergebnisse aus DDR-Sicht wie folgt zusammen:

„Bereits zu Beginn der Verhandlungen wurde deutlich, daß beide Seiten unterschiedliche Ziele verfolgen. Während die DDR-Delegation die Erweiterung und Vertiefung der wirtschaftlichen und wissenschaftlich-technischen Zusammenarbeit in den Mittelpunkt stellte und dafür mit dem Abschluß entsprechender Abkommen und Vereinbarungen weiterreichende Voraussetzungen schaffen wollte, bestand die Zielstellung der äthiopischen Delegation darin, mit dem Besuch weitreichende Zugeständnisse der Parteiführung und Regierung der DDR in Größenordnungen zur Milderung ihrer ökonomischen Probleme zu erhalten."[181]

„Das äußerte sich in der äthiopischen Forderung, die Bedingungen der Regierungskredite auf alle Anlageprojekte und im Volumen unbegrenzt auszudehnen sowie alle Leistungen (Studien, Expertenentsendungen, Ausbildung äthiopischer Kader) als Schenkung der DDR zu vereinbaren." Schon zu diesem frühen Zeitpunkt wurden auch „nichtmaterielle Leistungen", wie Ausbildungs- und Fachkräfteleistungen verkauft bzw. mußten von Äthiopien bezahlt werden.

Im Umfeld der Akten der angestrengten Bemühungen um Schuldenbeseitigung und im Vorfeld der E. Honecker-Reise fand sich der Entwurf einer „Vereinbarung über die Zusammenarbeit auf dem Gebiet der Produktion von Handfeuerwaffen im Sozialistischen Äthiopien".[182] Aus dem Entwurf geht hervor, daß beginnend am 01.07.1980 der Plan der Errichtung einer Waffenfabrik mit einer Kapazität von jährlich 90.000 Handfeuerwaffen Typ AKM 910 in den Versionen KM und KS in drei Hallen auf einem Gelände von 250.000 bis 300.000 qm verwirklicht werden soll. Das Projektvolumen wird mit 382 Mio. VM angegeben. Ein kommerzieller Kredit wird in Aussicht gestellt. Mit der Aufnahme der vollständigen Produktion 1988 sollen 3.200 Arbeiter in dem Waffenkomplex tätig sein. Davon waren 400 Facharbeiter zur dreijährigen Ausbildung in der DDR vorgesehen. Probelauf sollte zum 01.01.1985 sein. E. Honecker hat dieses Vorhaben gebilligt. In den Verhandlungen zur 3. GWA wurde es nicht erwähnt. Viel Kaffee hätte bei der Realisierung dieses speziel-

---

180 „Bericht über die gegenwärtige pol.-ökonomische Lage in Äthiopien hinsichtlich des Einflusses der DDR und anderer sozial. Staaten in diesem Land im Gegensatz zum Einfluß kap. Staaten", Abteilung XVIII/4 „auf Tonband entgegengen. am 02.03.1979; IMS „Günther", BStU-MfS HA XVIII Nr. 6855.

181 „Information der 2. Tagung des Gemeinsamen Wirtschaftsausschusses DDR/Sozialistisch Äthiopien vom 16. bis 19.10.1978 in Addis Abeba" vom 21.10.1978 mit Begleitbrief an G. Mittag. U.a. von G. Mittag, D. Albrecht und E. Honecker gegengezeichnet. In: BAZ DY30 22194, Büro Mittag.

182 „Konzeption und Entwurf einer Vereinbarung über die Zusammenarbeit auf dem Gebiet der Produktion von Handfeuerwaffen im Sozialistischen Äthiopien" vom 31.10.1979. In: BAZ DY30 22194, Büro Mittag.

len Vorhabens eingetauscht werden können. Die Fabrik ist wahrscheinlich nicht errichtet worden.

Nachdem die Sowjetunion am 18.11.1978 den ersten Freundschaftsvertrag mit Äthiopien abgeschlossen hatte, wurde der zweite mit der DDR am 15.11.1979 während des Aufenthaltes von E. Honecker in Addis Abeba vereinbart. Der Freundschaftsvertrag hatte eine Laufzeit von 20 Jahren. Ohne direkten Bezug auf den Marxismus-Leninismus wird die Zusammenarbeit auf fast allen Gebieten vereinbart. Die militärische Zusammenarbeit erfährt, anders als bei Mosambik, keine ausdrückliche Erwähnung. Der Sammelbegriff „sowie auf anderen Gebieten" schließt die militärische Zusammenarbeit mit ein.

Außergewöhnliche ökonomische Beschlüsse und Impuls scheint dieser Besuch nicht nach sich gezogen zu haben. Immerhin wurde der Grundstein für das erste Karl-Marx-Denkmal auf afrikanischem Boden gelegt.

Nach einer Information des ZK der SED lieferte das Solidaritätskomitee der DDR im Rahmen der materiellen Solidarität Ende der 70er Jahre Güter mit folgendem Wert:

17,9 Mio. Mark

12,0 Mio. Mark

15,0 Mio. Mark (darunter 200 Traktoren und ein Werkstattkomplex)

Mitunter kam es vor, daß im Auftrag von A. Schalck das Solidaritätskomitee nicht nur für seinen Bedarf liefern mußte, sondern auch von Sondermaschinen einzusetzen hatte, damit die Güter pünktlich eintrafen. So bitten in einem Brief an G. Mittag vom 15.01.1979 G. Rauchfuß und A. Schalck um: „Auftragserteilung an Solidaritätskomitee der DDR, die für 24.01. geplante Solidaritätssendung durch eine Sondermaschine der INTERFLUG so abzufertigen, damit diese vor dem 27.01.79 eintrifft."[183] Am 27.01. fand eine Demonstration in Addis Abeba statt. Gleichzeitig wurde die staatliche Werbefirma der DDR DEWAG der Auftrag erteilt: „... zur Unterstützung der Sichtagitation der äthiopischen Seite DDR-Fahnen, rotes Fahnentuch und andere Materialien bereitzustellen und sofort Übermittlung dieser Materielaien nach Äthiopien."[184] Die zusätzlichen Kosten der Sondermaschine bezahlte das Solidaritätskomitee mit den Spendengeldern der Bürger der DDR.

6.2.2 Zum Stand der Beziehungen in den 80er Jahren

In den Jahre 1980 bis 1985 wurde vor allem die Erfüllung der Verpflichtungen gegenüber den vertraglich gebundenen „Großprojekten" in der Kommission Entwicklungsländer beraten. Grundtenor waren immer wieder die auftretenden

---

183 Brief vom 15.01. von W. Rauchfuß und A. Schalck an G. Mittag. In: BAZ DY30 22194, Büro Mittag.
184 Ebenda.

Mängel. In einer zusammenfassenden Information vor der Kommission aus dem Jahre 1982 heißt es: „Die Information bringt eindeutig zum Ausdruck, daß trotz spezieller Beschlüsse des Sekretariates des ZK der SED und des Präsidiums des Ministerrates der DDR bei den drei wichtigsten Investitionsobjekten im sozialistischen Äthiopien, die zu Regierungsbedingungen abgeschlossen wurden und unter direkter Kontrolle des Genossen Mengistu Haile Mariam stehen, beträchtliche Rückstände in der Erfüllung eingegangener vertraglicher Verpflichtungen, zunehmende Qualitätsmängel sowie unzureichende politisch-ideologische, fachliche und stabsmäßige Führungstätigkeit durch verantwortliche wirtschaftsleitende Organe der DDR zugelassen wurden. Die gegenwärtig eingeschätzte kritische Lage wird durch einen nicht genügenden Vertragsgestaltung und Beratung des Partners sowie einer fehlerhaften Gesamtkoordinierung der Realisierung der Aufgabenstellung durch die beteiligten Betriebe der DDR begünstigt. Damit wird das Vertrauen des Partners in die Leistungskraft der DDR ernsthaft belastet... Es ist daher nicht verwunderlich, daß der äthiopischen Vertragspartner im Hafen Assab durch US-Spezialisten beraten wird."[185]

Als ranghöchster Politiker hielt sich E. Honecker zu den Feierlichkeiten zum 10. Jahrestag der äthiopischen Revolution vom 10. bis 13. September 1984 in Addis Abeba auf. Unter anderem weihte er gleichsam als Belohnung für die im April 1984 nach jahrelangem Vorbereitungen endlich gegründete Avantgarde-Partei „Äthiopische Arbeiterpartei" das Karl-Marx-Denkmal ein.[186] Errichtet wurde es von den „Entwicklungshelfern" der DDR im Blauhemd, einer zeitweilig eingereisten FDJ-Brigade.

Während der Dürrekatastrophe 1984/85 leistete die DDR nach Abstimmung in der Kommission EL vor allem durch das Solidaritätskomitee Soforthilfe im Wert von 20 Mio. Mark der DDR (Lebensmittel, Decken, Zelte, Medikamente 35 LKW W 50)[187]. Eine Flugstaffel mit vier Maschinen der NVA sowie 40 Mann Besatzung und Bodenpersonal beteiligte sich vom November 1984 bis zum September 1985 an dem internationalen Einsatz zum Transport von Hilfsgütern. Es wurden in 3.750 Flugstunden 9.200 Tonnen Hilfsgüter und 4.500 Passagiere befördert. Der Einsatz kostete 13,6 Mio. Mark der DDR und 3,7 Mio. US $" und wurde aus dem Haushalt der NVA bezahlt.[188]

Im Mai 1985 wurde in „Auswertung der Dürrefolgen ein Landwirtschaftliches Großprojekt" mit 11 Teilprojekten in der Kommission Entwicklungsländer beraten und beschlossen. Der Umfang betrug 43 Mio. US $, die über einen Regierungskredit vorfinanziert werden sollten. Die Bedeutung dieses Projektes wird unterstrichen indem G. Schürer, A. Schalck, G. Beil und W. Rauchfuß

185 „Information zu den Objekten „Rekonstruktion des Hafen Assab, Textilfabrik Kombocha und Zementfabrik New Mugher" in Sozialistisch Äthiopien und Schlußfolgerungen", Vorlage der Kommission Entwicklungsländer vom 18.03.1982, in: BAZ DE-1 54898/19.

186 Auch hier folgt die DDR-Führung der Führung der Sowjetunion. Diese hatte bereits der Hauptstadt ein Lenin-Denkmal gestiftet.

187 „Abschlußbericht Flugstaffel Äthiopien", in: BAF MA VA-01/32281, S. 249.

188 Ebenda, S. 19.

gemeinsam bei G. Mittag die Bitte um Einbeziehung der Landwirtschaftsvorhaben in den Regierungskredite vortragen. Der Fachminister für Landwirtschaft ist nicht dabei. Die vier Vortragenden erachten das Vorhaben für günstig, da Äthiopien die im Land anfallenden Kosten für die DDR-Experten und die Baukosten übernehmen würde. Überdies wären Landmaschinenverkäufe ohne Consulting-Leistungen in dieser Größenordnung nicht mehr zu tätigen.[189]

Das „Aktionsprogramm zur langfristigen Überwindung der Dürrefolgen" wurde mit der für die DDR typischen Weise der Außenhändler unterstützt. Die Landwirtschaftsvorhaben waren die ersten längerfristigen Projektvorhaben der DDR-Parteiführung und Regierung in Äthiopien seit 1977. Sie standen nicht mehr auf der „Libyenliste" des Drittlandabkommens.

Im einzelnen ging es um mehrere Milchvieh- bzw. Milchproduktionanlagen, um Geflügelhaltung in erheblichen Größenordnungen und um Landerschließungsprojekte u. a. für die Getreideproduktion.

Durchaus prägend in der staatlichen äthiopischen Landwirtschaft waren die Landmaschinen aus der DDR. Der Landmaschinenexport bietet reichlich Material, um den auf umfangreiche Vollmachten gestützten, koordinierende Einfluß des Bereiches KOKO gegenüber den Produktions- und Außenhandelsbetrieben zu veranschaulichen.

Wurden 1976 Landmaschinen der DDR in vier Entwicklungsländer (Ägypten, Algerien, Indien und Irak) im Wert von 14,1 Mio. VM exportiert, änderte sich dies im folgenden Jahr schlagartig. Der 14-fache Wert oder für 197,4 Mio. VM wurden 1977 Landmaschinen in fünf Länder, (Algerien, erstmals Angola, Äthiopien und Mosambik, sowie Syrien; alles Länder aus der Projektliste des „Drittlandabkommens") exportiert.

Insgesamt wurden in dem kurzen Zeitraum von 1977 bis 1980 Traktoren und Landmaschinen mit einem ausgewiesenen Handelswert von 925,3 Mio. VM in diese Länder ausgeführt. Keine weiteren Länder in der Dritten Welt wurden in diesem Zeitabschnitt mit Landmaschinen „Made in GDR" beliefert. Auf die drei afrikanischen „Schalck-Länder" entfielen Landmaschinen im Wert 836,6 Mio. VM der DDR bzw. ca. 90 % der gesamten Exportleistungen dieser Branche.[190]

Über die Einsatzfähigkeit und den Nutzen dieser massiven Unterstützung mit Großgeräten wurde an anderer Stelle berichtet.

Nach einem Evaluierungsbericht der „Gesellschaft für technische Zusammenarbeit", Eschborn aus dem Oktober 1990 befanden sich 1984 1850 Traktoren aus Schönebeck/Elbe, 285 Mähdrescher und diverse Pflüge und Drillmaschinen in Äthiopien. Bis zum Jahre 1990 hatte sich die Anzahl fast verdoppelt. Es wurden 3.000 Traktoren und 450 Mähdrescher in Äthiopien gezählt. Eine von der FDJ immer zur Ernte eingeflogene „Freundschaftsbrigade Werner Lam-

189 „Brief vom 21.05.1985 an G. Mittag", in: BAC DL-2-KOKO-3.
190 Vgl. Strege, F.: „Die Entwicklungspolitik der DDR 1976 – 1980...", Bonn 1990, S. 70.

berz" unterstützte die Ernteeinbringung durch Reparaturleistungen. Die „Brigaden der Freundschaft" finanzierten sich zu großen Teilen aus dem „Konto junger Sozialisten" beim Zentralrat der FDJ, eines Spendensammelfonds, in den Jugendbrigaden der DDR und FDJ-Mitglieder, vergleichbar den Solidaritätsspenden für das Solidaritätskomitee durch die Gewerkschaften, regelmäßig einzahlten.[191] Oft waren die Zahlungen in Rahmenkollektivverträgen festgelegt. Die FDJ-Reparaturbrigaden stellen eine Form der Förderung des Exportes aus Spendenmitteln dar.

Auf der Sitzung der Kommission Entwicklungsländer vom 06.06.1989 wird letztmalig über Äthiopien berichtet und beraten. Alle acht aufgezählten Projekte wurden als nicht oder nicht planmäßig funktionierend eingeschätzt. Dem Wunsch der äthiopischen Seite nach weiteren Expertenentsendungen wurde Rechnung getragen: „Da der Forderungen der äthiopischen Seite nach weiteren Vergünstigungen für lang– und kurzfristige Experteneinsätze nicht stattgegeben werden kann..."[192] Die langjährige, gute Arbeit des Ärzteteams der Universität Leipzig an der Medizinischen Akademie der nordäthiopischen Gonda hob sich gegenüber der Arbeit der Außenhändler deutlich ab. Beeinflußt wurde aber die Arbeit der Ärzte von den Außenhändlern und den Entscheidungen des Politbüros einschneidend.

6.3 Zum Außenhandel DDR – Äthiopien

Der Außenhandel verlief in den 80er Jahren recht gleichmäßig. Die Umsätze schwanken in der Regel zwischen knapp 50 Mio. DM und 80 Mio. DM, sieht man von den Jahren 1983 und 1988[193] mit Bilanzwirksamkeit 1989 ab. In diesen Jahren sind umfangreiche Waffenlieferungen festzustellen bzw. sehr wahrscheinlich.

---

191 Die Arbeit der „Brigaden der Freundschaft" benötigen eine gesonderte Untersuchung. Die FDJ-Einsätze waren in die Entscheidungshoheit der Kommission Entwicklungsländer und des Politbüros eingebunden. Jährlich berichtete der Erste Sekretär des Zentralrates der FDJ. Die Planungen wurden in der Kommission beschlossen. Für die afrikanischen Zielländer bestimmte der Bereich KOKO nach den ökonomischen Interesse die Einsatzorte, Maßnahmen ihre Dauer und deren Umfang maßgeblich und beauftragte die FDJ mit der Durchführung.

192 „Vorlage für die Kommission Entwicklungsländer: Informationen über die Durchsetzung der Schlußfolgerungen aus der 9. Tagung der GWA DDR/VR Äthiopien" vom 05. Juni 1989. Eingericht von W. Rauschfuß und G. Beil, in: BAZ DE-1 54911/32. Die letzte Vorlage der Kommission Entwicklungsländer für Äthiopien bringt A. Schalck nicht mehr ein.

193 Nach einer Hausmitteilung von E. Krenz an E. Honecker vom 05.04.1988 wurden 1988 umfangreiche Waffen- und Materiallieferungen durchgeführt.
„Lieber Gen. Erich Honecker! Zum aktuellen Stand der Maßnahme für Äthiopien melde ich Dir:"
a) Lufttransport am 30.03. durch Interflug 19,8 t Waffen und Munition. Am 04.04.1988 sind weitere 28 t in Addis Abeba eingetroffen. Weitere 140 t sind bis 14.04. geplant. Flüge übernimmt Äthiopien Airlines. Weitere 100 t sind noch geplant
b) Seetransport am 05.04.1988 2.00 Uhr ist mit MS „Neuhaus" mit 60 LKW W 50 und 973 t Waffen, Munition, Uniform und Schuhen ausgelaufen. Restliche 40 LKW werden zum 12.04. verschifft.
„Am 30.03.1988 hatte H. M. Mengistu geschrieben: Die schnelle Reaktion des Genossen Erich Honecker bestätigt, daß auf die SED in jeder Situation absoluter Verlaß ist." In: Staadt, J. (Hrsg.): „Auf höchster Stufe – Gespräche mit Erich Honecker", Berlin 1995, S. 68.

Aus der Handelsstatistik fallen nur deutlich die für die Beziehungen beider Länder besonders wichtigen Jahre 1977 und 1978 heraus.

Innerhalb eines Jahres wurde von wenigen hunderttausend Valutamark Umsatz bis 1976 im Jahr 1977 bereits ein Volumen von 278 Mio. VM erreichte. Dies vor allem im zweiten Halbjahr. 1978 konnte in Erfüllung und spekulativer Ausgestaltung des Kaffeeabkommens dieses Ergebnis noch um ca. 35 Mio. VM überboten werden. Im folgenden Jahr, nach der nicht erfolgten Verlängerung des Kaffeeabkommens, fiel der Außenhandelsumsatz um vier Fünftel seines Wertes auf 63,3 Mio. VM.

Der Außenhandel der 80er Jahre, soweit nachvollziehbar, umfaßte vor allem Lieferungen der DDR für die bereits erwähnten Großprojekte und kommerziell zu verrechnende militärische Güter. Er wies immer ein Guthaben für die DDR aus.

Der Außenhandelsumsatz betrug 1983 125 Mio. DM. Zum Vergleich: Der Umsatz der Bundesrepublik mit Äthiopien betrug in gleichen Jahr 361,7 DM.[194] Die von der DDR exportierten Warengruppen sind weitgehend der Anlagentechnik, des Maschinen-, Fahrzeug- und Landmaschinenbau und der Waffen- und Militärtechnik zuzuordnen. Die DDR kaufte von Äthiopien vor allem Kaffee, Felle, Häute, Ölsaaten und Hülsenfrüchte, fast ausschließlich landwirtschaftliche Produkte.

Per Stand zum 15.08.1985 wird von einem verfügbaren Saldo der DDR in Höhe von 35,9 Mio. US $ berichtet. Er steht für Importe 1986 zur Verfügung.[195] Durch die Großprojekte und die seit 1979 verminderten Kaffeeimporte hat sich der „Schuldenstand" der DDR in ein Guthaben gewandelt.

Ein im Oktober 1984 eingeräumter Regierungskredit in Höhe von 100 Mio. US $ war mit Stand 05. Juni 1989 zu 66 % ausgeschöpft. Auf Landtechnik und landwirtschaftliche Projekte entfielen 5,7 Mio. US $, auf das Zementwerk New Mugher II 25,2 Mio. US $ und auf die militärischen Lieferungen der KOKO-Waffenhandelsfirmen IMES und ITA zusammen 33,7 Mio. US $ oder 50 % der ausgeschöpften Kreditsumme.[196]

Die intensiven politischen und persönlichen Kontakte auf höchster Ebene konnten den Handel beider Staaten – abgesehen von den Waffen- und Militärlieferungen – nicht substanziell steigern. Als Ursachen sind vor allem die mangelnde Kreditbereitstellung der DDR, die eingeschränkte Produktpalette der DDR für Äthiopien sowie die Bezugsmöglichkeiten der DDR von äthiopischen Waren und Gütern im „Ware gegen Ware"-Geschäft anzusehen.

194 Nach: Lindemann, H.
195 „Bericht über die Ergebnisse der Dienstreise des Genossen Hans Kopmann nach sozialistisch Äthiopien in der Zeit vom 06. bis 16. August 1985" vom 19.08.1985. Am 21.08.1985 von A. Schalck an W. Rauchfuß und G. Mittag weitergeleitet. In: BAC DL -2-KOKO 3.
196 „Vorlage für die Kommission Entwicklungsländer: Informationen über die Durchsetzung der Schlußfolgerungen aus der 9. Tagung der GWA DDR/VR Äthiopien" vom 05. Juni 1989. Eingericht von W. Rauchfuß und G. Beil, in: BAZ DE-1 54911/32.

6.3.1 Außenhandelsumsätze DDR – Äthiopien

Jahr	Umsatz	Einfuhr	Ausfuhr[197]
bis 1976	0,2 bis 0,06		
1977	278,2		
1978	316,5		
1979[198]	63,3		
1975	131		
1980	66,841	3.939	62.902
1981	36.319	19.695	16.624
1982	90.398	30.013	60.385
1983	125.675	49.977	75.698
1984	64.396	40.528	23.868
1985	81.940	31.715	50.225
1986	67.382	39.956	27.426
1987	57.207	26.576	30.631
1988	48.064	15.106	32.958
1989	110.172	17.762	92.410
Gesamt 1980-89[199]	748.394	275.267	473.127

6.4 Zur Verschuldung Äthiopiens gegenüber der Bundesrepublik Deutschland auf Grundlage der Forderungen der ehemaligen DDR

Zum Tag der Währungsumstellung am 01. Juni 1990 erhob die Bundesregierung gegenüber Äthiopien aus Krediten und staatlicher Handeltätigkeit der DDR Verbindlichkeiten in Höhe von 135,0 Mio. US $. Zum 31. Oktober 1997 wurden Forderungen in Umschuldungsabkommen in Höhe von 137,5 Mio. US $ sowie nicht umgeschuldete Forderungen in Höhe von 5 Mio. US $ erhoben. Die Summe gemäß der Umschuldungen erlassenen Forderungen betrug 90,6 Mio. US $.

Gegenüber Äthiopien gab es zwei Umschuldungsabkommen mit Teilerlassen. DDR-Forderungen aus Militärlieferungen in Höhe von 41,00 Mio. US $ wurden zu 100 % erlassen.

„Durch vertragliche Zinsbelastungen gemäß DDR-Kreditabkommen haben sich die DDR-Forderungen in den Jahren 1990 bis 1997 weiter erhöht."

---

197 Für die Angaben über Ein- und Ausführen der Jahre 1977 und 1978 vgl. Abschnitt 6.1.3.
198 Angaben von 1976 bis 1979 in 1.000 Valuta-Mark nach: Angaben in effektiven Preisen 1.000 VM, nach: „Statistisches Jahrbuch der DDR".
199 Angaben in effektiven Preisen 1.000 DM, nach: „Sonderreihe mit Beiträgen für das Gebiet der ehem. DDR" Heft 9, „Umsätze im Außenhandel 1975 und 1980 bis 1989", Wiesbaden 1993, Statistisches Bundesamt.

Dieser Prozeß wird mit wachsenden Raten fortgesetzt, sollte es zu keinen weiteren Schuldenerlassen kommen.[200] Ausführlich wird auf die Problematik der Forderungen der Bundesrepublik aus Beständen der DDR in Punkt 7.10 eingegangen.

6.5 Zur Entsendung von Spezialisten und Experten sowie zu Ausbildungsleistungen

Der Einsatz von WTZ-Experten der DDR erfolgte vor allem als Ausbilder, Dozenten und Berater trotz der besonderen Freundschaft der beiden Regierungschefs und der Größe des Landes ist die Anzahl der entsandten Experten als eher gering anzusehen. 1977 waren nur vier Experten im Einsatz. 1978 wurden 40 Experten für Äthiopien eingeplant.[201]

Die Expertenentsendung nach Äthiopien erfolgte für Äthiopien teilweise unentgeltlich. Die Mittel wurde aus dem Staatshaushaltes der DDR oder über das Solidaritätskomitee bereitgestellt. Zum Teil wurden durch die äthiopische Seite die Lebenshaltungskosten und die Gehälter der Experten im Gastland bezahlt. Unterlagen lassen sich nur spärlich finden. In einer Aufstellung des „differenzierten Anteils der Partnerzahlungen in Valuta für der DDR entstehende Kosten für den Experteneinsatz", für sieben afrikanische Länder, u. a. Mosambik und Angola, fehlt Äthiopien.[202]

Die Anzahl der Entsendungen und das Aufgabengebiet haben sich seit 1977 geändert. Die „kadermäßige" Absicherung der vertraglich vereinbarten Zahlen war für die DDR-Organe nicht leicht und wird immer als sehr schwierig beschrieben. Im Bericht zur 7. Sitzung des GWA wird allgemein festgestellt: „... der Einsatz von Experten ist zu stabilisieren", was auf erhebliche Schwierigkeiten hindeutet. 1988 waren 11 Regierungsberater in 6 Ländern Afrikas im Einsatz. Nur ein Berater arbeitete als Leiter der Kommission für Hochschulbildung in Addis Abeba.

In einer Aufstellung des Bundesministerium für wirtschaftliche Zusammenarbeit und Entwicklung wurden für das zweite Halbjahr 1990 folgende 53 Experten aus der DDR in Äthiopien aufgeführt:

5 Fachkräfte für Lehrer- Aus – und Weiterbildung, vor allem in Naturwissenschaftlichen Fächern,

---

200 Alle Angaben nach: Schreiben des Bundesministeriums der Finanzen, Dienstsicht Berlin, vom 19. November 1997 an den Verf.

201 Aus: „Bericht über den Einsatz von DDR-Experten in Entwicklungsländern Asiens und Afrikas mit Schlußfolgerungen für eine stärkere Konzentration auf Schwerpunktländer und für die Schaffung einer größeren Kaderreserve" erarbeitet durch die Staatliche Plankommission (SPK) im Herbst 1977 BAZ: DE-1 54882, Anlage 1.

202 Ebenda, Anlage 3, Für Angola wird ein „Anteil an Valutakosten" von 135,6 % und ein Anteil an Gesamtkosten von 38,6 % angegeben. Für Mosambik betrug der Valutaanteil 119,8 % und der Anteil an den Gesamtkosten 32,7 %.

11 Fachkräfte für Lehrer- Aus- und Weiterbildung, vor allem für Pädagogik, Psychologie, Marxismus-Leninismus, Mathematik und Polytechnik,

12 Fachkräfte als Lehrplangestalter im Erziehungsministerium,

5 Fachkräfte als Methodik-Dozenten in der Lehrer- Aus- und Weiterbildung,

5 Dozenten für Land- und Forstwirtschaft,

12 Dozenten an der Universität in Addis Abeba für Chemie, Bauwesen, Kraftfahrzeugtechnik und Philosophie (auslaufend),

2 Dozenten für die Deutschausbildung,

2 Städteplaner beim Stadtrat von Addis Abeba,

1 Fachkraft als Laborleiter beim Ministerium für Bergbau und Energie,

1 Fachkraft für Binnenfischaufzuchtanlagen,

1 Fachkraft für ländliche Infrastrukturfragen im Landwirtschaftsministerium,

1 Fachkraft für Bodenuntersuchungen und Düngemitteleinsatzberatung beim Ministerium für die Entwicklung der staatlichen Farmen.

In der Vorlage „Konzeption für den weiteren Einsatz von WTZ- und KWZ-Experten und Spezialisten auf kommerzieller Basis" vom 30.10.1987[203] wird nur über Mosambik und Angola aber nicht über Äthiopien berichtet.

Für das Jahr 1982 wird in einer Vorlage A. Schalcks von 55 Stellen für die Kundendienst-, Marktkontakt- und Absatzarbeit in Äthiopien berichtet. Aber nur 35 Stellen werden als besetzt ausgewiesen. Zehn äußere Absatz- und Bezugsorganisationen (äABo's) arbeiteten in Äthiopien.

Für das Studienjahr 1987/88 wird in einer Übersicht zur Aus- und Weiterbildung von Fach und Hochschulkadern mitgeteilt, daß nach UN-Nomenklatur insgesamt 6.906 Auszubildende aus Entwicklungsländern mit einem Nettoaufwand der DDR von 88.972 Mio. Mark der DDR finanziert durch das Solidaritätskomitee in der DDR studieren. Davon stellte Äthiopien mit 622 Studierenden und einem Nettoaufwand von 8,27 Mio. Mark der DDR absolut die größte Gruppe. Im Bezug zu den jeweiligen Bevölkerungszahlen waren Länder wie VDR Jemen; Nicaragua oder die PLO jedoch deutlich stärker vertreten.

---

203 „Konzeption für den weiteren Einsatz von WTZ- und KWZ-Experten und Spezialisten auf kommerzieller Basis" vom 30.10.1987, Vorlage für Kommission Entwicklungsländer. In: BAZ DE-1 55151.

7.0 Zur Zusammenarbeit mit Mosambik

7.1 Von den Anfängen bis zum Jahr 1977

Die Kontakte der SED und damit der DDR lassen sich im Unterschied zu den Beziehungen zu Äthiopien zur FRELIMO bis in die Anfänge des Widerstandes gegen die portugiesische Kolonialmacht zu Beginn der 60er Jahre zurückverfolgen.

Am 25. Juni 1962 wurde aus drei unterschiedlichen Befreiungsbewegungen in Tansania die vereinigte Befreiungsfront für Mosambik (FRELIMO) gegründet.[204]

Bald danach kam es zur ersten Kontaktaufnahme mit der DDR. Im Februar 1963 schrieb der damalige FRELIMO-Sekretär für internationale Beziehungen und heutige Regierungschef von Mosambik Marcelino dos Santos einen Brief an das „Komitee der DDR für die Solidarität mit den Völkern Afrikas", erläuterte die Beschlüsse des 1. FRELIMO-Kongresses vom September 1962 und bat um Unterstützung für den antikolonialen Kampf. „... so schreibt er, daß die eigenen Anstrengungen des Volkes von Mosambik das Wichtigste für seine Befreiung seien, daß aber die internationale Solidarität das Erlangen der Unabhängigkeit beschleunigen und dazu beitragen könne, nicht mehr so viele Menschenleben opfern zu müssen."[205] Er wandte sich im gleichen Zeitraum auch noch an die anderen sozialistischen Länder, einschließlich der VR China.

Die DDR plante 1963 20.000 Mark der DDR für die FRELIMO ein.[206]

Bis zur Ermordung des FRELIMO-Präsidenten Eduard Mondlane 1969 betrugen die jährlichen materiellen Hilfslieferungen, die vor allem die Camps in Tansania mit Verbrauchsgütern versorgten, zwischen 150.000 und 200.000 M. Nach der Recherche von Ilona Schleicher zu diesem Zeitabschnitt „... hat das Solidaritätskomitee keine Waffen geliefert."[207] Diese Feststellung schließt die Lieferung von paramilitärischem Material nicht aus.

Mit der Übernahme der Präsidentschaft in der FRELIMO durch Samora Machel nach der Ermordung von E. Mondlane im Jahre 1970 kam es zur Intensivierung der Kontakte zu den Ländern des sozialistischen Lagers des RWG.[208]

204 Graf, H. führt an, daß die SED bereits 1962 Kontakte zur FRELIMO aufnahm; vgl. „Volksrepublik Mosambik – Werden und Wachsen eines jungen Staates", Berlin, Staatsverlag 1984, S. 204.

205 Schleicher, I. in: van der Heyden/Schleicher/Schleicher, „Die DDR und Afrika", Münster 1993, S. 196.

206 Im gleichen Jahr sah der Planansatz 100.000 M für die Befreiungsbewegung in Angola, 75.000 M für die Befreiungsbewegung in Südrhodesien und 50.000 M für den ANC in Südafrika vor. Ebenda.

207 Ebenda.

208 Gleichzeitig wurden die Kontakte zur VR China versucht aufrecht zu halten. So reiste S. Machel im August 1971, und im Frühjahr 1975 nach Peking. Dos Santos weilte z. B. schon im Sommer 1963 in China und erreichte im September 1977 die Wiederaufnahme der nach der Kulturrevolution unterbrochenen chinesischen Entwicklungshilfe, vgl. Stark, Christoph: „Die Außenpolitik der VR China in Afrika 1969 bis 1983 unter besonderer Berücksichtigung des südlichen Afrika", Frankfurt/M. 1990, S. 175 ff.

1971 nahm S. Machel am VIII. Parteitag der SED in Berlin teil. Bis 1977 weilte er insgesamt drei Mal in der DDR, wobei er 1973 und 1974 von E. Honecker empfangen wurde.[209]

Die Vereinten Nationen räumten 1972 der FRELIMO in Anerkennung ihres antikolonialen Befreiungskampfes einen UN-Beobachterstatus ein. Sie sahen in der FRELIMO die legitime Vertreterin des mosambikanischen Volkes.

Am 24. Mai 1975 wurde die Aufnahme der diplomatischen Beziehungen zwischen der DDR und Mosambik vereinbart. Die offizielle Unabhängigkeitserklärung Mosambiks erfolgte am 26.06.1975. Das erste Abkommen über wissenschaftlich-technische Zusammenarbeit datiert vom 13. August 1975. Für 1976 wird der Einsatz von 28 Spezialisten berichtet.[210] 1976 wird auch ein Abkommen über die kulturelle und wissenschaftliche Zusammenarbeit unterzeichnet und Außenminister Oskar Fischer besucht im Dezember Mosambik.[211] Im Juli waren materielle Hilfssendungen im Wert von ca. 4 Mio. M per Seeweg in Maputo eingetroffen. Auf dem III. FRELIMO-Kongreß im Februar spricht W. Lamberz als ranghöchster osteuropäischer Politiker (vgl. Pkt. 3.2.). Das MfS hatte bereits für diese Großveranstaltung die Sicherheitsbetreuung und das Training von Spezialeinheiten des Personenschutzes übernommen (vgl. Pkt. 7.9.).

Nach Aussage der staatlichen Plankommission wurde noch im Februar, direkt im Anschluß an die Reise von W. Lamberz „mit der Einrichtung der Handelspolitischen Abteilung ... gute Grundlagen für die schnelle Erweiterung der ökonomischen Beziehungen geschaffen".[212] Deren Bildung war A. Schalck sowie der Bereich KOKO im Ministerium für Außenhandel anvertraut worden. Nach Mitteilung von D. Uhlig wurde er am 29.07.1977 durch A. Schalck gebeten „... für einen längerfristigen Einsatz nach Mocambique (zu) gehen."[213] Dem waren Beratungen des Sekretariates des ZK der SED zu Mosambik vorausgegangen. Das Sekretariat beriet am 18.07.1977 über den Besuch des FRE-

---

209 Staatlichen Plankommission der DDR „Zu den ökonomischen Beziehungen der DDR zu der VRM" vom 1.11.1977", in: BAZ DY30 22190.

210 Ausarbeitung des MfAA von 29.04.1978 „Zur Zusammenarbeit mit der VR Mocambique" für „Kommission Entwicklungsländer", in: BAZ DE-1 55151.

211 ND vom 14.12.1976, gleichzeitig unterzeichnete er ein Fischereiabkommen.

212 „Zu den ökonomischen Beziehungen der DDR zur VRM" vom 01.11.1977 der Staatlichen Plankommission, S. 5, in: DY30 22190.

213 Treffbericht von IM „Henry" vom 01.08.1977 gegenüber der HA XVIII/7, in: BStU-MfS AJM 7735/91, Bd. 3, S. 236. Weiter wird mitgeteilt: „Obwohl seitens der DDR eine Botschaft im Lande dort seit 2 Jahren besteht sowie auch Berater, insbesondere auf dem Gebiet Landwirtschaft eingesetzt wurden, ist bisher keine Entwicklung der Außenhandelsbeziehungen zustande gekommen. Es wird eingeschätzt, daß bestimmt Möglichkeiten bestehen...."; „Genosse Schalck war jedoch nicht in der Lage, dem IM mitzuteilen, welche Warenfonds in der DDR evtl. noch für Lieferungen nach Mocambique bereitstehen." Die Abreise war für den 02.08.1977 geplant. S. a. „Im Jahre 1977 wurde der Bereich KOKO mit der Entwicklung der Handelsbeziehungen zu Angola, Äthiopien und Mosambik beauftragt. Als Sonderbeauftragter wurde der spätere Leiter der Abteilung Handelspolitik D. Uhlig ... eingesetzt." In: „Werkzeuge des SED-Regimes", Bericht des Schalck –Untersuchungsausschusses Bundestagsdrucksache 12/7600, S. 179. Außer dieser Feststellung geht der Untersuchungsausschuß auf die Funktion, Tätigkeit und Wirkung des Bereiches KOKO gegenüber den Ländern Mosambik und Äthiopien nicht ein, S. 179.

LIMO-Sekretärs für Propaganda Jorge Rebelo im Juni 1977, der sich als „Counterpart" zum Politbüro-Sekretär W. Lamberz, der ebenfalls für Propaganda zuständig war, in der DDR aufhielt. Am 19.07.1977 beriet das Sekretariat über den „Bericht über die Tätigkeit der Spezialistendelegation des Ministeriums für Geologie in der VR Mosambik in der Zeit vom 05. bis 28. Juni 1977". Am 29.07. und 01.08. des Jahres wird beschlossen, Gesellschaftswissenschaftler zur Ausarbeitung von Schulungsmaterial für die FRELIMO und einen Genossen „zur Vorbereitung der Wahlen und Bildung der Volksvertretungen" in die VR Mocambique zu entsenden.[214]

Der in der Abfolge der Beratungen sichtbar werdende „Dreiklang": ideologische Aussprache, Rohstoffsicherung und Unterstützung und Beeinflussung des Staatsaufbaus schafft die Grundlage für die nun heftig einsetzende verstärkte Zusammenarbeit, welche die DDR zum ökonomisch dominierenden Partner Mosambiks unter den sozialistischen Ländern werden läßt.

Bis zum 15. November 1977 werden die wichtigsten Abkommen bzw. Verträge mit wirtschaftlichen Inhalten zwischen der DDR und Mosambik abgeschlossen.[215] Im Oktober 1977 findet in Maputo eine „Woche der Freundschaft DDR-Mosambik" statt. Ein Straßenzug wird zur „Straße der DDR" umbenannt. Am 03. Oktober 1977 schlossen die UdSSR und Mosambik einen Freundschaftsvertrag in Moskau ab.

Den Stand der politischen Beziehungen im Herbst 1977 wurde in einen Bericht der Staatlichen Plankommission wie folgt zusammengefaßt:

„1972, 1974 und 1977 wurden zwischen der SED und der FRELIMO Vereinbarungen über die Zusammenarbeit abgeschlossen. Die FRELIMO sieht in der SED einen verläßlichen Bündnispartner. Sie ist besonders an Erfahrungen aus der Periode der antifaschistisch-demokratischen Umwälzung in der DDR interessiert. Die jahrelange solidarische Unterstützung der SED und die Ergebnisse der sich ständig erweiternden Beziehungen fanden bei der Führung der FRELIMO hohe Würdigung. Die SED unterstützte die FRELIMO u. a. bei der Ausarbeitung der Verfassung der VRM, bei der Vorbereitung des III. Kongresses und bei der Vorbereitung der ersten allgemeinen Wahlen. Durch das ZK der SED wurden Lektoren an die Parteischule der FRELIMO delegiert. Aufgrund des großen Vertrauens, das die DDR bei der Führung des FRELIMO und der VRM besaß, bestanden gute Voraussetzungen, die Beziehungen der Solidarität und des gegenseitigen Vorteils weiterzuentwickeln und einen Beitrag zur weiteren Festigung des antiimperialistischen Zusammenwirkens der sozialistischen Staatengemeinschaft mit den jungen Staaten sozialistischer Orientierung Afrikas zu leisten."[216]

214 Vgl. Husemann, Neumann, S. 116 f.
215 „Schreiben des Beauftragten für Verhandlungen betreffend der Überleitung völkerrechtlicher Verträge der DDR vom 14. September 1992, Auswärtiges Amt, Bonn (50A – 505.27/a DDR/MOS).
216 „Zu den ökonomischen Beziehungen der DDR zur VRM" vom 01.11.1977 der Staatlichen Plankommission, in: BAZ DY30 22190.

7.1.1 Das „Sofortprogramm" vom 13. September 1977

Auf der Leipziger Herbstmesse wurde am 13. September 1977 eine „Vereinbarung zur schnellen Entwicklung der wirtschaftlichen Zusammenarbeit" mit einer Laufzeit bis zum 31.12.1978 abgeschlossen, welche u. a. DDR-Exporte nach Mosambik in Höhe von 68,7 Mio. VM und Importe aus Mosambik in Höhe von 4,3 Mio. VM[217] vorsah.

Im Rahmen dieser Vereinbarung gelang es der DDR kurzfristig 1.010 LKW W 50 und bevorzugt Landmaschinen, Straßen- und Nachrichtentechnik liefern zu können. Unterstützung soll beim Ausbau des Stromnetzes und bei der Produktion von Güterwaggons gegeben werden.

Mosambik verpflichtet sich „über die in der Vereinbarung auf dem Gebiet der Geologie und des Bergbaus vom 13.09.1977 genannten mineralischen Rohstoffe hinaus, die DDR bevorzugt mit landwirtschaftlichen Produkten und Erzeugnissen, insbesondere Cashewnüsse, Tee, Sisal, Copra, Eiweißfuttermittel und Zitrusfrüchte, zu beliefern."[218] Die Verträge wurden auf kommerzieller Basis geschlossen.[219] Der zugunsten der DDR per 31.12.1978 zu erwartende Saldo in Höhe von 80 Mio. VM wird mit einer Laufzeit von 5 Jahren bei Rückzahlung ab 30.06.1979 in 10 Halbjahresraten und einen Zinssatz von 5 % p.a. kreditiert. Dazu beschloß das Sekretariat des ZK der SED am 11.10.1977 die Gewährung eines Regierungskredites in Höhe von 50 Mio. VM. Ebenfalls am 10.09.1977 wurde auch die Vereinbarung auf dem Gebiet der Geologie und des Bergbaus und ein Bankabkommen unterschrieben. Im „Geologie-Abkommen" verpflichtet sich die DDR kurzfristig zur Entsendung von Spezialisten nach Abschluß kommerzieller Verträge.[220] Kommerzielle Verträge bedeuten i.d.R., daß die Entwicklungsländer die Leistungen, in diesem Fall Experteneinsätze, bezahlen. Die Bezahlung sollte vor allem durch Rohstoffe erfolgen. Angesichts des chronischen Devisenmangels der Entwicklungsländer ein im Grundsatz auch für Mosambik nicht ungünstiger Ansatz.

Mosambik „ist bereit, zur Bezahlung von Lieferungen und Leistungen der DDR die in Anlage 5 genannten mineralischen Rohstoffe zu liefern. Im Ergebnis der weiteren Zusammenarbeit können Lieferungen weiterer mineralischer Rohstoffe vereinbart werden."[221]

---

217 „Bericht über die Verhandlungen mit der Regierungsdelegation der VRM vom 06. bis 13.09.1977 in Leipzig und Berlin" vom 21.09.1977, in: BAZ DY30 22190 .

218 Ebenda.

219 Das diese Verträge begleitende „Abkommen über die Bezahlung von Warenlieferungen und Leistungen zwischen beiden Staaten" wird am 07.11.1977 in Maputo unterzeichnet. Vgl. Pkt. 7.12 „Verschuldung Mosambiks gegenüber der Bundesrepublik".

220 Die DDR verpflichtet sich 38 entsprechend der Qualifikation aufgeschlüsselte Spezialisten und zwei Regierungsberater für Geologie und Bergbau zu entsenden. In Anlage 5 werden die „Rohstofflieferungen der VRM" (ohne Mengenangaben) aufgeführt: „Asbest, Kupfererzkonzentrat, Tentalerz, Feldspat, Quarz, Glimmer, Industrieberyl, Wismut, Lithium, Kaolin, Bentonit, Achat, Granat, Smaragd, Perlit, Obsidian." Die Kohlegewinnung und die „noch im September 1977 zu entsendende Spezialistendelegation" waren gesondert erwähnt.

221 Ebenda.

Als Schlußfolgerung der Verhandlungen wurde festgelegt: „Zur Realisierung des Sofortprogrammes sind alle Möglichkeiten zur Verlagerung von Importen aus dem Währungsgebiet KD nach der VRM voll wirksam zu machen. Darüber hinaus sind von der mosambikanischen Seite angebotene Warenlieferungen maximal durch Erschließungen von Möglichkeiten für den Reexport[222] dieser Waren in Anspruch zu nehmen."[223]

Nicht das Abtreten bzw. Einräumen von Weltmarktanteilen der Industriestaaten an Entwicklungsländer – eine der wichtigen Forderungen aus dem Konzept einer „Neuen Internationalen Wirtschaftsordnung" (NIWO) – galten der DDR als Orientierung der Verträge, sondern die Sicherung der eigenen Rohstoffbasis und tendenziell die Erzielung eigner Sondergewinnen durch Verkauf mosambikanischer Rohstoffe auf dem Weltmarkt.

Am 15.11.1977 wird in Berlin durch Außenhandelsminister Sölle und durch den Minister für Planung und Entwicklung von Mosambik M. dos Santos das „Abkommen zwischen der Regierung der Deutschen Demokratischen Republik und der Regierung der Volksrepublik Mocambique über die wirtschaftliche, wissenschaftliche und technische Zusammenarbeit"[224] abgeschlossen.

Die DDR erreichte die Lieferung und Montage von kompletten Industrieanlagen, der Ausarbeitung von Dokumentationen und Durchführungsunterlagen, „einschließlich der Entsendung von Experten der DDR, insbesondere im Zusammenhang mit Anlagen- und Ausrüstungslieferungen auf kommerzieller Basis". Mosambik verpflichtete sich zur bevorzugten Lieferung von mineralischen Rohstoffen, einschließlich Kohle an die DDR, deren Gewinnung im Zusammenhang mit der DDR erzielt wurde."[225] Bei gleicher Gelegenheit wird auch das Abkommen „auf dem Gebiet des Steinkohleabbaus" abgeschlossen. Beide Abkommen fußen „auf der Grundlage der Beschlüsse des IX. Parteitages der Sozialistischen Einheitspartei Deutschlands, die als Orientierung eine enge und solidarische Zusammenarbeit mit den vor kurzem unabhängig gewordenen Staaten mit sozialistischer Orientierung vorsehen und den Beschlüsse des III. Parteitages der FRELIMO zur Schaffung der materiellen, technischen und wissenschaftlichen Grundlagen für den Übergang zum Sozialismus und angesichts der Notwendigkeit, das in beiden Staaten bestehende wirtschaftliche und wissenschaftliche Potential zu nutzen, anerkennen die Abkommenspartner... (die) allgemein anerkannten Prinzipien des Völkerrechts, insbesondere die Prinzipien der Nichteinmischung in die inneren Angelegen-

---

222 Unter Reexport wurde der Weiterverkauf der aus Mosambik importierten Rohstoffe auf dem Weltmark gegen „harte" Währungen verstanden. Die DDR wurde u.U. damit zum Konkurrenten Mosambiks.
223 Ebenda; Der Reexport erfolgt durch den Bereich Kommerzielle Koordinierung, S. 6.
224 „Abkommen zwischen der Regierung der Deutschen Demokratischen Republik und der Regierung der Volksrepublik Mocambique über die wirtschaftliche, wissenschaftliche und technische Zusammenarbeit", in: Politisches Archiv des Auswärtigen Amtes, Außenstelle Berlin o. Sig.
225 Bundestagsdrucksache 12/7600, S. 25, vgl. auch „Handel mit Waffen und Kriegsgerät", S. 176–212.

heiten, der souveränen Gleichheit und des gegenseitigen Vorteils....“[226] so die Präambel der Abkommen.

Damit war die vertragliche Basis für die wirtschaftliche und kommerzielle Zusammenarbeit der DDR mit Mosambik für die nächsten Jahre gegeben. Die DDR versuchte durch diese Verträge, Zugang zu den Rohstoffreichtümern des südlichen Afrika zu bekommen. Durch die Geschäfte „Ware gegen Ware“ sollten Rohstoffe, für die DDR, die auf dem Weltmarkt harte Devisen zahlen mußte, gegen ihre oft nicht „weltmarktgängigen“ Produkte und Leistungen eingetauscht werden. Die mosambikanische Regierung erwartete eine schnelle Industrialisierung ihres Landes und eine erweiterte Rohstoffgewinnung für den Export. Zudem sollte eine Verringerung der Nachteile durch die Einschränkungen bzw. das Embargo durch westliche Staaten erreicht werden. Die FRELIMO proklamierte das erste Jahrzehnt der Volksrepublik Mosambik als „Dekade des Sieges über die Unterentwicklung“. Die Phase der ersten Jahre nach dem III. Parteitag der FRELIMO war bestimmt von der Idee des „Großen Sprunges“, welche von sehr hohen ökonomischen Wachstumsraten ausging. Der III. FRELIMO-Kongress definierte als Generallinie der Entwicklung:

„Die Landwirtschaft ist die Grundlage der Entwicklung, die Industrie ist die dynamische Faktor und die Schwerindustrie ist der entscheidende Faktor für die Beseitigung der wirtschaftlichen Abhängigkeit.“[227]

Von der mosambikanische Seite wurden große Hoffnungen auf die Kooperation mit der DDR gesetzt, die sich u. a. auf die Unterstützung im Befreiungskampf gründete. Sowohl von der Zielsetzung als auch von dem geplanten Umfang unterschied sich die nun beginnende Zusammenarbeit grundsätzlich von den früheren Unterstützungen. Die bisher eher verbale, appellative und politische Solidarität der DDR-Führung gegenüber dem Befreiungskampfes der Mosambikanerinnen und Mosambikaner konnte sich nun bei der Ausformung der ökonomischen Beziehungen eine materielle eine Gestalt geben und ihre neue Qualität beweisen.

7.2 Die Abkommen der DDR mit Mosambik

Den besonderen Charakter der Beziehungen der DDR zu Mosambik bringt das System der abgeschlossenen Verträge, Abkommen, Vereinbarungen und Protokolle zum Ausdruck. Mit keinem anderen afrikanischen Land wurde eine vergleichbar große Anzahl von Verträgen abgeschlossen.[228] Die zentrale Leitung der außenpolitischen und außenwirtschaftspolitischen Vorhaben und Maßnahmen durch die Partei- und Staatsführung der DDR benötigte ein derart

---

226 Ebenda.
227 Halbjahresbericht I/&1984 des Büros Maputo der Friedrich-Ebert-Stiftung vom Juli 1984, S. 36. Verf. Erfried Adam, Leiter des Büros.
228 „...mehr als 70 Abkommen und Vereinbarungen ... auf staatlicher Ebene“ nach: Butters, H. „Zur wirtschaftlichen Zusammenarbeit mit Mosambik“, in: van der Heyden/Schleicher/Schleicher 1993, S. 165 ff.

umfassendes Vertragsregime auf politischer bzw. administrativer Ebene. Von 55 im Politischen Archiv des Auswärtigen Amtes, Außenstelle Berlin aufgeführten Verträgen regeln 42 vor allem wirtschaftliche Angelegenheiten.[229] Einige vom Gegenstand her eher politische Verträge zuzuordnende Dokumente schufen Voraussetzungen für die wirtschaftliche Zusammenarbeit. Z.B. der „Vertrag über Freundschaft und Zusammenarbeit" vom 24.02.1979 oder die Luft- und Seefahrt- bzw. das Paßabkommen. Ein Abkommen über die Zusammenarbeit auf dem Gebiet des Gesundheits- und Sozialwesen wurde erst 1981 abgeschlossen. Die UdSSR soll mit allen afrikanischen Staaten insgesamt nur 120 Verträge unterzeichnet haben.

Gemäß Einigungsvertrag (Art. 12) übernahm die Bundesrepublik völkerrechtlich abgeschlossene Verträge der DDR mit Mosambik, um zu prüfen, wie weit diese erloschen sind bzw. noch Verpflichtungen enthalten. Mit der Veröffentlichung am 04.08.1992 im Bundesgesetzblatt[230] wurde für 48 Verträge das Erlöschen bekanntgegeben.[231] Neun Verträge bedurften zu diesem Zeitpunkt noch der Prüfung. Es handelt sich ausnahmslos um Verträge der wirtschaftlichen, d. h. kommerziellen und technischen Zusammenarbeit und um Umschuldungs- bzw. Stundungsabkommen für ehemalige Warenlieferungen und Kredite.[232]

Forderungen aus den Beziehungen der DDR gegenüber Mosambik sollen durch die Bundesregierung auf diese Weise fiskalisch erhalten und gesichert werden.

7.3 Zur Reise von Erich Honecker nach Mosambik im Februar 1979

Bis zur Reise von E. Honecker in mehrere afrikanische Staaten im Winter 1979 wird intensiv an der Umsetzung des „Sofortprogrammes" gearbeitet. Sonderbeauftragter D. Uhlig reist mehrmals „zur Kontrolle" dieses Programmes nach Mosambik.

---

229 Leider konnten wichtige Verträge zur Expertenentsendung oder zu den mosambikanischen Vertragsarbeitern nicht vorgelegt werden.

230 Bundesgesetzblatt 1992, Teil II, S. 615 ff. lt. Brief des „Beauftragten für Verhandlungen betreffend die Überleitung völkerrechtlicher Verträge der DDR" des Auswärtigen Amtes vom 14.09.1992.

231 Lt. Schreiben der Auswärtigen Amtes vom 14.09.1992 (50 A-505.27/4 DDR/MOS) an 17 Bundesministerien zuzüglich des Bundeskanzleramtes wird zur „Behandlung völkerrechtlicher Verträge der DDR mit der VRM nach Herstellung der Einheit Deutschlands" mitgeteilt: „...daß eine für Jan. 1992 anberaumte Konsultation beider Staaten über die Behandlung der 57 Verträge zwischen beiden Staaten nicht stattfand, „...da die mosambikanische. Seite sich bei Ankunft der deutschen Delegation hierzu außerstande erklärte." Eine Klärung sollte über den Notenweg erfolgen. Per Verbalnote vom 24.03.1992 wurde eine Liste von 48 Verträgen übermittelt, die als „erloschen" gelten sollten. Bis zum 15. Mai 1992 erhob die Regierung von Mosambik dagegen keinen Einwand. Per Bekanntmachung von 04.08.1992 im Bundesgesetzblatt Teil II., S. 615 ff. wurde das Erlöschen veröffentlicht."

232 U.a. handelt es sich um das grundlegende Abkommen über wirtschaftliche Zusammenarbeit vom 15.11.1977, die Vereinbarung zur wirtschaftlichen Zusammenarbeit 1980 bis 1985, den Briefwechsel zum Regierungskredit von 20.09.1980 in Höhe von 75 Mio. US $ (als Warenverrechnungskredit), die drei Stundungsabkommen von 1983, 1985 und 1989, sowie die Warenlisten vom 13.01.1989 und 19.01.1990.

Vom 04. bis 10. Juli 1978 fand in Maputo die erste Sitzung des GWA statt. Sieben Unterkommissionen wurden gebildet.[233]

Die Unterkommission „Berufsbildung und Arbeitskräfte" hatte unter anderem die Aufgabe, die in früheren Abkommen weitgehend unentgeltlich von der DDR durchgeführte Berufsausbildung zu verändern. „Die Zielstellung der Direktive, im Zeitraum 1980 bis 1985, 200 bis 300 mosambikanische Werktätige[234] auf kommerzieller Basis zur Berufsausbildung in der DDR aufzunehmen, konnte nicht durchgesetzt werden. Da der Partner ausdrücklich auf den Bedingungen des bestehenden WTZ-Abkommens bestand, kam eine Einigung dazu nicht zustande." Der Punkt sollte später erneut verhandelt werden.[235/236]

Im Februar 1979 flog eine große Partei- und Regierungsdelegation in verschiedene Länder Afrikas. Vom 19. Bis 24.02.1979 weilt sie in Mosambik. Es wurde der „Vertrag über Freundschaft und Zusammenarbeit" mit einer Laufzeit von 20 Jahren durch E. Honecker und der Vertrag über die langfristige wirtschaftliche Zusammenarbeit bis 1990 durch G. Mittag unterzeichnet. Gleichfalls wurde der erste Vertrag „über die zeitweilige Beschäftigung mosambikanischer Werktätiger in sozialistischen Betrieben der DDR" unterschrieben.

Der diplomatische Höhepunkt der Beziehungen zwischen beiden Ländern ist mit diesem Besuch erreicht.[237] Neben den wechselseitigen Beteuerungen des Kampfes gegen Imperialismus und Neokolonialismus sowie dem Versprechen gemeinsamen und vorteilhaften Handelns, wird im § 10 eine Beistandsklausel auch bei der Bedrohung des Friedens aufgenommen.[238]

Der Vertrag über die wirtschaftliche Zusammenarbeit faßte für das kommende Jahrzehnt die bekannten Wirtschaftsziele beider Länder zusammen. Unter anderem wurde der Saldenausgleich im Außenhandel bis 1985 festgeschrieben. Durch die Unterschrift vom Wirtschaftssekretär des ZK der SED, G. Mittag erhielt dieser Vertrag eine herausgehobene Bedeutung.

---

233 1. Außenhandel, Finanzen und wirtschaftliche Zusammenarbeit, 2. Bergbau und Geologie 3. Industrie und Energie, 4. Landwirtschaft, 5. Berufsausbildung und Arbeitskräfte, 6. Fischfang, 7. Transport und Nachrichtenwesen.

234 Damit sind nicht die „Vertragsarbeiter" gemeint, (d. Verf.).

235 „Es ist vom Grundsatz auszugehen, daß im Prinzip die Leistungen der DDR auf dem Gebiet auf kommerzieller Basis erfolgen." Schleicher, I. in: „Berufsbildung und Wirtschaftsbeziehungen DDR-Mosambik", van der Heyden/Schleicher/Schleicher, DDR-Afrika II, Berlin 1994, S. 184; Zwischen 1978 und 1988 wurden 750 Mosambikaner und Mosambikanerinnen in 12 Fachrichtungen in der DDR ausgebildet; weitere 822 Schüler der „Schule der Freundschaft" in Staßfurt erhielten eine Berufsausbildung; sie wurden mit dem Ende des Aufenthaltes in der DDR fast alle in die mosambikanische Armee eingegliedert. Ebenda, S. 190 ff.

236 Lt. ADN vom 06.09.1978 trafen am 05.09.1978 die ersten mosambikanischen Praktikanten zur beruflichen Qualifizierung ein. Nach Lindemann, H.

237 Tage zuvor war ein vergleichbarer Vertrag mit Angola unterzeichnet worden.

238 „Falls eine Situation entsteht, die den Frieden bedroht oder ihn verletzt, werden die Hohen vertragschließenden Seiten unverzüglich miteinander in Kontakt treten, um ihre Position zur Beseitigung der entstandenen Gefahr bzw. zur Wiederherstellung des Friedens abzustimmen." § 10, Politisches Archiv des AA, Außenstelle Berlin, o. Sig.

Mosambik feierte die DDR-Delegation und E. Honecker. „Die Presse schrieb anschließend, daß das bisher der begeisterndste Empfang war, der je einem ausländischen Staatsoberhaupt in der VRM zuteil wurde."[239] „Ich habe nie ein Land erlebt, in dem der Begriff SED oder wie es in der portugiesischen Abkürzung heißt PSUA, großen Teilen der Bevölkerung so gewohnt und flüssig von den Lippen geht, als würde sie diesen Ausdruck mehrmals täglich benützen."[240]

Im Bericht wurde mitgeteilt, daß S. Machel: „Offensichtlich auch die Leistungsfähigkeit der DDR und der sozialistischen Staatengemeinschaft im allgemeinen nach wie vor überschätzt." ... „In seinen Ausführungen stellte S. Machel die Frage, warum die DDR, wenn sie in der Lage ist, 250 Mio. t Braunkohle zu fördern, nicht 1 %, nämlich 2,5 Mio. t Steinkohle in Mosambik fördern kann."[241]

Am 07. März wertete G. Mittag mit Ministern und Staatssekretären die Afrikareise aus. Zu Mosambik wird berichtet, daß die DDR sich direkt an „der paritätischen Leitung der Rohstoffbetriebe und an dem Gewinn" beteiligen soll, und daß die Hälfte der erzeugten Rohstoffe in die DDR exportiert wird. „Im Gespräch zwischen E. Honecker und S. Machel habe dieser Teil der Zusammenarbeit eine wichtige Rolle gespielt. Es sei davon gesprochen worden, einen gemeinsamen Generalstab zu schaffen zur Ankurbelung der ökonomischen Entwicklung im beidseitigen Interesse und zum beiderseitigen Vorteil ... Die Verantwortlichkeit dafür liegt bei Genossen Alex SCHALCK".[242]

Die „Komplexe Konzeption der Zusammenarbeit" unter Leitung von A. Schalck führte die Konzentration auf die Sicherung der DDR-Interessen fort. Die Spezialisten im Rahmen der wissenschaftlich-technischen Zusammenarbeit sollten von 50 im Jahre 1979 auf 200 im Jahre 1985 erhöht werden. Der Einsatz erfolgte nach wirtschaftspolitischen Zielstellungen. „Die Vergütung (der Arbeit der Spezialisten, der Verf.) ist schrittweise zu erhöhen." lautete seit 1980 eine immer wiederkehrende Formel bei den Direktiven, ohne daß konkrete Zahlen genannt werden.

In den folgenden zwei Jahren wurden neben der Kohlegewinnung und der Erkundung mineralischer Rohstoffe weitere größere Industrieprojekte begonnen: Zum Beispiel eine gemeinsame Radioproduktion für den internationalen Markt. Bauteile aus der DDR sollten bei der Herstellung mit verwendet werden. Eine industrielle Produktion von Alkohol und eine Leuchtenfabrikation für den VEB Narva Berlin waren vorgesehen. Der Aufbau des größten mosambikanischen Textilkombinates in Mocuba wurde vereinbart, ein LKW-Montagewerk sollte erstellt und der Waggonbau rekonstruiert werden. Die für

---

239 Treffbericht IM „Henry" vom 12. März 1979 über diesen Staatsbesuch. In: BStU Mfs -HA XVIII Nr. 8639 S. 45.
240 Ebenda, S. 45.
241 Ebenda, S. 47.
242 Treffbericht IM „Henry" vom 07. März 1979, BStU MfS – HA XVIII Nr. 8639, s. Anhang: Dokument Nr. 7.

den Steinkohleabtransport unverzichtbare Eisenbahnlinie Moatize – Hafen Beira sollte auf einigen Abschnitten durch die DDR befahrbar gemacht werden.

Viele Einzelvorhaben konnten nicht umgesetzt werden und blieben weitgehend Stückwerk. Projekte wurden begonnen, scheiterten aber vor allem an den unrealistischen Größenordnungen und oft unsinnigen Schwerpunkten dieser Vorhaben im südlichen Afrika. Sie waren ausgerichtet an den die Bedürfnisse der DDR sowie ihre Liefermöglichkeiten und an den ideologisch geprägten Entwicklungsvorstellungen der neuen mosambikanischen Elite. Zu den Interessen der DDR kamen die ehrgeizigen Wunschvorstellungen der mosambikanischen Führungsmannschaft. Die Vorhaben setzten auf den Staat als hauptsächlichen Entwicklungsträger und berücksichtigten die realen natürlichen, ökonomischen und mentalen Voraussetzungen in Mosambik weitgehend nicht.

Die Eigendynamik der häufigen Staatsbesuche mit dem Hang zu vorzeigbaren Ergebnissen brachte es mit sich, daß nüchterne ökonomische oder gar entwicklungspolitische Betrachtungen der Vorhaben die Ausnahme blieben.

Ermöglicht wurden die begonnenen Projekte und durchaus umfangreichen Lieferungen durch Verrechnungskredite, die die DDR im Zuge der Verhandlungen mit einräumte bzw. ausreichte. Die Umschuldung dieser Kredite und Verrechnungssummen spielten seit 1983 bei den Wirtschafts- und Staatsgesprächen eine immer bestimmendere Rolle.

Fast zeitgleich mit dem in Kraft getretenen Freundschaftsvertrag begann die Stagnation des Handels zwischen beiden Ländern und auch eine nüchternere Beurteilung der politischen Beziehungen. Das „Schicksal" des abrupten Einbruches der ökonomischen Beziehungen unmittelbar nach Abschluß der auf Jahrzehnte konzipierte Freundschafts- und Beistandspakte teilt Mosambik mit Äthiopien und Angola. Dies war ein Kennzeichen des besonderen Charakters dieser Beziehungen.

7.4 Exkurs: Landwirtschaftliche Großprojekte

Großvorhaben der Landwirtschaft waren 1979 neu in den Maßnahmeplan der Zusammenarbeit aufgenommen worden. In den Vereinbarungen von 1977 wurden diese noch nicht aufgeführt.[243] Großfarmen zur Getreideproduktion mit einer zu bearbeitenden Gesamtfläche von bis zu 120.000 ha und eine Bananenplantage mit bis zu 20.000 ha wurden geplant und wie folgt begründet:

---

243 Hinzuweisen ist auf den Bereich Küstenfischerei. Die Großgarnelenfischerei der DDR vor den Küsten Mosambiks wurde vertraglich schon 1975 vereinbart. Auch die Sowjetunion betrieb dieses exportträchtige Geschäft in Größenordnungen. Vgl. Kühne, W.: „Die Politik der Sowjetunion in Afrika", S. 151 ff. Strittig ist, ob die abgeschlossenen Verträge internationalen Gepflogenheiten und Preisbedingungen bei der Vergabe von Fangrechten entsprachen. Kühne: „Denkbar ist, dennoch, daß sich Länder wie Mosambik und Angola aufgrund ihrer Finanzschwäche veranlaßt gesehen haben, günstige Konditionen beim Einkauf sowjetischer Waffen mit einem Entgegenkommen bei der Vergabe von Fischfangrechten zu beantworten, dies aber später bedauerten.", S. 153.

„Zur Auslastung des vorhandenen Potentials der VRM an landwirtschaftlicher Nutzfläche und Arbeitskräften sind Vorschläge für die Bildung gemeinsamer Landwirtschaftsbetriebe der Getreide- und Futtermittelproduktion auszuarbeiten mit dem Ziel, 50 % der erzeugten Produktion in die DDR zu liefern und dadurch spätestens ab 1983 ca. 50 Mio. VM NSW-Importe abzulösen."[244]

In dieser Zeit war Mosambik zur Linderung elementarer Not auf Nahrungsmittellieferungen der internationalen Hilfswerke angewiesen.

Die Unterstützung der DDR auf landwirtschaftlichem Gebiet, insbesondere die Projektierung und teilweise Realisierung von Großfarmen bedarf einer eigenen Untersuchung und der präzisen Feststellung der Ziele, Motive und Vorgehensweisen der DDR sowie der Erfolge bzw. Mißerfolge, insbesondere für die Land- und Stadtbevölkerung in Mosambik.[245] Die DDR-Spezialisten bekamen die Produktion trotz kostenintensiver und aufwendiger Technisierung der Landwirtschaft nicht ausreichend in Gang.

Von erheblichen Schwierigkeiten auf den Sektoren Landwirtschaft und Textilproduktion[246] berichtete auch A. Schalck in seinem Bericht zum 30. Jahrestag der DDR: „Die Störversuche des Klassengegners auf dem Textilgebiet und bei landwirtschaftlichen Produkten führten dazu, daß die Kollektive nur mit außerordentlich großen Anstrengungen die gesteckten Ziele erreichen konnten."[247] Eines der Motive für landwirtschaftliche Projekte in den ausgewählten afrikanischen Ländern in den genannten Größenordnungen ist auch aus stenografischen Mitschriften von Gesprächen zwischen E. Honecker und J. I. Breschnew zu erkennen. Auf Grund der Hochrangigkeit und der außenpolitischen Dimension des „Getreide-Problems", soll daraus zitiert werden.

Beim Krimtreff 1978, einem der sommerlichen Zusammenkünfte der osteuropäischen KP-Generalsekretäre mit dem KPdSU-Chef geht L. I. Breschnew in einem vertraulichen Gespräch mit E. Honecker u. a. auf zuvor eingereichte Bitten ein: „Zu einigen konkreten Bitten Eurerseits: Du verstehst sicher gut, Erich, wenn es sich um Getreide handelt, dann hängt alles von der Ernte ab. Unsererseits war die Einstellung zu Euren Bitten stets positiv. Das ganze Problem liegt darin, daß wir die entsprechenden Möglichkeiten haben müssen, und die sind gegenwärtig begrenzt. Ich spreche täglich mit den Genossen in den Gebieten ... die sagen mir: Die Maikälte hat sich ausgewirkt. ... seit sechzehn Stunden regnet es, Leonid Iljitsch. Es ist kalt und der Wind weht scharf. Du kannst Dir vorstellen, daß unter diesen Bedingungen es mir jetzt nicht möglich ist, Dir eine Eurer Bitten entsprechende Antwort zu geben.... Das Gesagte trifft auch für die Fragen der Lieferungen von Rohstoffen, Nicht-Eisenmetallen sowie Waren zu, die Ihr gegenwärtig in der BRD kauft. ...

---

244 „Komplexe Konzeption DDR-Afrika 1979" vom Mai 1979, in: BAZ DY30 J/2/3A/3379.
245 Vergleichbares kann auch für Äthiopien gesagt werden.
246 Das größte Industrieprojekt der DDR war der Versuch des Aufbaus des Textilkombinates Mocuba.
247 „Kampfprogramm zum 30. Jahrestag der DDR" in: Bundesdrucksache 12/3462, Band 455, S. 758.

Honecker: Bis 1975, so sagte er, haben wir in einem durchschnittlichen Umfang von 1,5 Mio. Tonnen jährlich Getreide aus der UdSSR erhalten. In den Jahren 1976 bis 1978 hat die Sowjetunion uns kein Getreide geliefert. Wir mußten umfangreiche Getreidekäufe im kapitalistischen Ausland tätigen. Dafür mußten wir in den Jahren 1975 bis 1978 rd. 1,4 Mrd. Dollar aufwenden, was 3,5 Mrd. Valutamark bzw. rd. 1 Mrd. Rubel entspricht. Das hat unsere Zahlungsbilanz sehr belastet. Honecker bat dringend darum, eine jährliche Lieferung von mindestens 1,5 Mio. Tonnen wieder aufzunehmen Er bat um Unterstützung, daß in möglichst großem Umfang Waren, welche die DDR aus der BRD beziehen mußte und die für die Sicherung unserer Produktion eine grundlegende Bedeutung haben, durch Lieferungen aus der Sowjetunion abgelöst werden. Genosse Tichinow habe dazu von uns eine entsprechende Liste erhalten...Anschließend sah man sich noch eine Fernsehnachrichtensendung über das Treffen an."[248]

Die Notwendigkeit der DDR vor allem Futtergetreide zur Fleischproduktion[249] gegen „harte Devisen" einführen zu müssen, hält auch in den Jahren 1979 bis 1984 an. Gleichzeitig erhöht die Sowjetunion die Erdölpreise gegenüber der DDR und verringert die Liefermengen. Die Handelsbilanz verschlechtert sich weiter. Die Repräsentanten der KPdSU begründen die Liefereinschränkungen mit der wirtschaftlichen Lage in der Sowjetunion, insbesondere der Landwirtschaft. Am 21.10.1981 führt ZK Sekretär K. V. Russakow im Auftrage von L. J. Breschnew mit E. Honecker ein Gespräch: Honecker hatte zuvor zwei Briefe an den L. J. Breschnew geschrieben und die vorgesehene Erdölpreiserhöhung und Minderung der Verkaufssumme „heftig kritisiert und um Überprüfung der Entscheidung gebeten."

K. V. Russakow erläutert den abschlägigen Bescheid: „... Allein bei Getreide fehlen Dutzende von Millionen Tonnen. Wir stehen vor einem Resultat, das fast beispiellos in unserer Geschichte ist. (...) Ganz bestimmte Reserven sind schon angegriffen, und das geschieht bei der gegenwärtigen internationalen Situation und der Wahnsinnspolitik von Reagan, die die allergrößten internationalen Spannungen mit sich bringt. Leider besteht der einzige Ausweg für uns, den wir sehen, nur im Ankauf von Getreide und Zucker im Ausland gegen Devisen. Ihr könnt versichert sein, Genossen, wir haben vielfach alle unsere Möglichkeiten geprüft, aber als real erwies sich dabei nur der erhöhte Export von Erdöl in kapitalistische Länder. Deshalb sind wir an die Bruderparteien herangetreten und haben die bekannte Bitte (des Verständnisses für die Erdölpreiserhöhung, der Verf..) ausgesprochen. Das war für uns nicht leicht. (...) Im Verlauf des Bestehens der sozialistischen Staatengemeinschaft haben wir so oft in mancher schwierigen Situation geholfen. Jetzt bitten wir Euch um Hilfe. Wir wissen uns keinen anderen Rat und kennen keinen Ausweg. Genosse Bre-

---

248 Staadt, J. (Hrsg.): „Auf höchster Stufe – Gespräche mit Erich Honecker", Berlin 1995, S. 25 f., Gespräch vom 25.07.1978.
249 Getreide wurde u.U. im großen Umfang für die Mast zur „Exportproduktion" von Fleisch benötigt, welches wieder durch den Bereich KOKO in den „Westen" exportiert wurden: Vgl. u. a. Schalck-Untersuchungsausschuß des Bayrischen Landtages. (Stichwort: Merz und Moksel).

schnew sagte mir, wenn du mit Genossen Honecker sprichst, sagt ihm, daß ich geweint habe, als ich unterschrieb.(...) Es ist für uns selbst sehr schlimm, daß es am Vorabend des 75. Geburtstages von L. J. Breschnew zu einer solchen Verschlechterung der Beziehungen kommt."

Honecker antwortet: „Es dreht sich nicht um eine Verschlechterung der Beziehungen zwischen der DDR und der Sowjetunion. Ich betone dies mit aller Klarheit, es gibt nichts, aber auch gar nichts, was unsere Beziehungen verschlechtern kann. Aber ich bitte Dich Genosse, Leonid Iljitsch Breschnew offen zu fragen, ob es 2 Mio. Tonnen Erdöl wert sind, die DDR zu destabilisieren und das Vertrauen unserer Menschen in die Partei und Staatsführung zu erschüttern. Glaube mir, ich habe in den letzten Monaten wenig geschlafen, seitdem wir Eure Mitteilung erhalten haben. (...)

Russalow: „Genosse Leonid Iljitisch hat mich beauftragt, dem Politbüro der SED mitzuteilen, in der UdSSR gibt es ein großes Unglück. Wenn Ihr nicht bereit seid, die Folgen dieses Unglücks mit uns gemeinsam zu tragen, dann besteht die Gefahr, daß die Sowjetunion ihre gegenwärtige Stellung in der Welt nicht halten kann, und das hat dann Folgen für die sozialistische Gemeinschaft."

Honecker: „Wir wären sofort bereit zuzustimmen, aber wir können nicht ja sagen, denn wir wissen, es geht um die Stabilität der DDR. Bei uns in der DDR Betriebe zuschließen, hat eine ganz andere Auswirkung als in Polen. Nicht eine Minute dürfen wir die Gefährlichkeit des elektronischen Krieges unterschätzen, die durch Rundfunk und Fernsehen auf die DDR durch den Westen gerichtet ist. Wir müssen uns das Vertrauen des Volkes erhalten. Wir sind tief betroffen von dem Unglück, welches über die UdSSR gekommen ist, obwohl ich keine Details kenne. Aber das Unglück darf nicht noch größer werden, und deshalb bitte ich, erneut die Entscheidung zu überprüfen. Die stabile Lage in der DDR hat doch auch eine große internationale Bedeutung. Die Lage in Polen wäre ganz anders, wenn es die DDR nicht gäbe, und daher sollte man über die Entscheidung nochmals nachdenken. Die DDR ist so stark, wie ihre Partei, die SED im Volk verankert ist. Wir können keinen Rückwärtsgang einschalten."

Russakow: „Es geht um euer Volk und unser Volk. (...) Wir haben das ganze Volk mobilisiert, um zu ernten, was wir ernten können. Ich will die Zahlen nicht nennen; die Zahlen unserer Ernte sind schrecklich. Sie, Genosse Honekker, kennen doch unser Volk. Sie wissen, wie wir leben. Sie haben selbst bei uns gelebt."

Honecker: „Um was es geht, das ist das Vermächtnis unserer toten Genossen, die ihr Leben für ein sozialistisches Deutschland gegeben haben. Um was es geht, das sind die Millionen gefallener sowjetischer Soldaten im Zweiten Weltkrieg und darum, daß ihr Sieg von niemanden geraubt wird. Wenn es notwendig ist, bilden wir doch eine Weltunion der sozialistischen Länder. Die DDR würde sich daran beteiligen. Ich möchte nochmals sagen, die getroffene

Entscheidung kann sich nur gegen die DDR wenden. Einschließlich ihrer internationalen Stellung."

Die Entscheidung auf sowjetischer Seite, die Erdölpreise zu erhöhen und gleichzeitig die Liefersumme zu verringern, wurde nicht revidiert.

Die vertraulichen Gespräche zeugen den Ernst der Lage in der DDR Anfang der 80er Jahre auf. Die durch die Sowjetunion geänderte Handelspolitik gegenüber ihren Bündnisstaaten im Sektor Erdöl und die Kalamitäten der sowjetischen Landwirtschaft, die den Getreideexport zusammenbrechen ließ, gefährdeten die Stabilität und Rolle des Frontstaates DDR und die Vorherrschaft der SED. Das Bestreben, den Engpaß von Futtergetreide durch agrarische Großprojekte in Mosambik beheben zu wollen, ist offensichtlich.

7.5 Zur Zusammenarbeit in den Jahren 1980 bis 1989

Trotz sich abzeichnender Stagnation, erkennbarer Rückschritte und offensichtlicher Mängel blieb die DDR durch die umfangreichen Verpflichtungen noch bis Mitte der 80er Jahre der Hauptwirtschaftspartner der sozialistischen Länder für Mosambik. 1981 betrug nach eigenen Angaben der Export Mosambiks in die DDR 85 % des gesamten Anteils der sozialistischen Staaten.[250] (vgl. auch Pkt. 7.11.1.) Dies kommt auch in der öffentlichen Wertschätzung und außenpolitischen Bedeutung der DDR für Mosambik in den frühen 80er Jahren zum Ausdruck. Einer Studie der Stiftung „Wissenschaft und Politik" in Ebenhausen bei München aus dem Jahre 1983 zufolge, führt die DDR mit dem ANC die Rangfolge der „aggregierten Bedeutung ausgewählter Länder für die mosambikanische Außenpolitik" an. Es folgen Simbabwe und die UdSSR. Die Bundesrepublik Deutschland liegt weit abgeschlagen auf Platz 24 von 30 ausgewerteten Staaten und Befreiungsbewegungen.[251]

Zu diesem Zeitpunkt spiegelt sich in dieser aus Meldungen, Berichten und Statistiken erhobenen Beurteilung das Ansehen der DDR in Mosambik durchaus wieder. Die Vielzahl der Projekte war begonnen bzw. ausgerufen worden. DDR-Bürger weilten in großer Zahl in Mosambik. Die Vielzahl der Verträge und Kontakte brachte zahlreiche Meldungen und Berichte von angekündigten Projekten mit sich. Gemeinsam hofften die DDR und Mosambik die großen Vorhaben bewältigen zu können. Die Einzelheiten waren weitgehend nicht bekannt. Die internen Schwierigkeiten (z. B. unrealistische Projektvorhaben beim Industrialisierungskonzept) und die externen Schwierigkeiten (z. B. die Angriffe der RENAMO auf Betriebe, Dörfer und Sozialeinrichtungen) zeigten erste Auswirkungen.

---

250 „Bericht von der GWA vom 23.09.1982" Beschluß des Ministerrates VVS B 2 – 845/82, in: BAC DL-2-KOKO 1.
251 Weimer, B.: „Die mosambiquanische Außenpolitik 1975 –1982", Stiftung Wissenschaft und Politik, Ebenhausen, Baden-Baden 1983; S. 26 ff. Die Erhebung umfaßte die sicherheitspolitische, wirtschafts- und entwicklungspolitische und politisch-ideologische Bedeutung für Mosambik. Die Liste hat „einen heuristischen (nicht streng wissenschaftlichen) `Gebrauchswert`", S. 29.

Mit der Ablehnung der Aufnahme Mosambiks in den RGW im Sommer 1981 und seiner eher pragmatischen Öffnung zum Westen verschlechterte sich das Verhältnis zwischen der DDR und Mosambik allmählich. Die Verhandlungen wurden schwieriger. Verstärkt wurden auch Güter aus dem „nichtzivilen" Bereich nach Mosambik geliefert. Die Phase der großen Projektvorhaben und gemeinsam geplanter Betriebe wurde abgelöst durch eine Phase der Sicherung der Vorleistungen, Warenlieferungen und Kreditlinien seitens der DDR und eines allmählichen Herauslösens aus den Verträgen durch die Regierung Mosambiks.

Im September 1982 wird notiert: „Erstmals traten überfällige Forderungen der Bezahlung von DDR-Lieferungen – hauptsächlich für den nichtzivilen Bereich – auf, die per 30.06.1982 9,7 Mio. US $ betrugen. Die VRM vertritt den Standpunkt, daß für Lieferungen zur Stärkung der Verteidigungsbereitschaft Sonderbedingungen gewährt werden sollten."[252]

Die militärische und ökonomische Lage in Mosambik hat sich seit 1981 verschärft. Die Kämpfe zwischen der RENAMO und der FRELIMO nehmen zu. Vor allem die Landbevölkerung wurde in diese Auseinandersetzungen verwikkelt und erfuhr großes Leid.

Sowohl die landwirtschaftlichen als auch die industriellen Projekte der Zusammenarbeit der DDR mit Mosambik erbrachten nicht den erhofften Nutzen. Ein „aktualisiertes Konzept" für Mosambik wurde im Frühjahr 1984 beschlossen. Es kam einem Revidieren der Programme über die Zusammenarbeit von 1977 und 1979 gleich.[253] Die Ausführen der DDR nach Mosambik fielen von 190,116 Mio. VM 1982 um immerhin 50 % auf 81.604 Mio. VM 1983. In der offiziellen Darstellung der Beziehungen spiegelte sich dies nicht wider.

Im März 1983 weilte S. Machel als einziges Staatsoberhaupt auf der großen Karl-Marx-Konferenz der SED in Ostberlin, an der Delegationen von kommunistischen Parteien sowie Arbeiterparteien aus über 100 Ländern teilnahmen.

Am 16. März 1984 unterzeichneten Mosambik und Südafrika den Vertrag über „Nicht-Angriff und gute Nachbarschaft" am Grenzfluß Nkomati. Der Vertrag versuchte, eine „Normalisierung" der Beziehungen beider Länder anzubahnen.

---

252 „Bericht von der GWA vom 23.09.1982" Beschluß des Ministerrates VVS B 2 – 845/82, in: BAC DL-2-KOKO 1. Leiter der DDR-Delegation auf dem GWA war D. Uhlig. „Ab Mitte der 80er Jahre wurden auch nennenswerte Exporte für die Armee durchgeführt." in: Butters, H. Zur wirtschaftlichen Zusammenarbeit mit Mosambik" in: von der Heyden/Schleicher/Schleicher, Berlin 1993, S. 170; Damit ist für Mosambik ein Befund gegeben, daß militärische Lieferungen aus dem Rahmen der Verhandlungen der GWA durchgeführt und kommerziell verrechnet wurden. Wertmäßig werden ggf. Militär- und Waffenlieferungen in die Kreditierung eingegangen sein. Hannelore Butters war langjährige Abteilungsleiterin für Mosambik im Ministerium für Außenhandel der DDR und zuletzt im Ministerium für Wirtschaftliche Zusammenarbeit tätig.
253 Im März 1984 beschließt der Ministerrat ein „aktualisiertes Konzept zu Mosambik, das die Beschlüsse von 1979 außer Kraft setzt. Weil „...ökonomische Projekte sind nicht unverändert realisierbar. Sie müssen neuen Bedingungen angepaßt werden ... um weitere Lieferungen an zur Zeit nicht nutzbarer Technik zu verhindern und mit ... größerer Konsequenz ein besseres Verhältnis von Aufwand und Ergebnis ... zu erreichen."

Im Kern war nicht primär ein Wirtschaftsabkommen, als vielmehr ein Anti-Subventionsabkommen. Es hatte vor allem das Ziel, die Beendigung der Unterstützung der jeweiligen Gegner der Unterzeichnerstaaten auf dem Territorium der Nachbarstaaten herbeizuführen. Mosambik verpflichtete sich zur Schließung von ANC-Basislager und er Ausweisung (nicht Auslieferung!) von ca. 800 ANC-Kämpfern. Südafrika sagte in Gegenzug den Abbruch der finanziellen, materiellen und logistischen Unterstützung der RENAMO zu.[254] Mosambik erhoffte sich eine Beruhigung der militärischen Lage, die Entlastung des Staatshaushaltes durch verringerte Militärausgaben und eine verstärkte wirtschaftliche Kooperation mit Südafrika.

Der März 1984 stellte somit für die Beziehungen zwischen beiden Staaten eine stille Zäsur dar. Schon auf dem IV. FRELIMO-Kongreß im Herbst 1983 wurde der Anfang der 80er Jahre entscheidend von DDR-Beratern mit erarbeitete Entwicklungsplan PPI (Plano Pespectivo Indicativo) zurückgezogen. Vor allem wegen „des verheerenden Scheiterns der Großprojekte".[255]

Im Zuge der notwendigen erweiterten Orientierung wird Mosambik 1984 Mitglied des Internationalen Währungsfonds und der Weltbank. Damit sollten aber weniger die alten Freunde verprellt als vielmehr neue Partner gewonnen werden. Nachdem die mosambikanische Regierung klar erkennen mußte, daß die sozialistischen Staaten nur sehr eingeschränkte Ressourcen für die soziale und ökonomische Entwicklung ihres Landes aufbrachten und einen gespaltenen Willen zeigten, war diese Entscheidung durchaus folgerichtig und zu erwarten. Zudem forderte die Not unter der Bevölkerung und die wirtschaftliche Lage andere Lösungsansätze. Das von der Weltbank geforderte Strukturanpassungsprogramm zur „Wirtschaftlichen Gesundung" begann im Jahre 1987.

Die DDR versuchte nun verstärkt, ihre Handelsbilanzüberschüsse und Guthaben abzubauen. Dabei nutzte sie immer stärker Vertragsarbeiter aus Mosambik und den damit verbundenen Lohnanteiltransfer.

Die wirtschaftspolitischen Beziehungen wurden von Jahr zu Jahr reduziert. Die außen- und sicherheitspolitischen Kontakte verringern sich ebenfalls mit dem Absinken der Anzahl der DDR-Bürger spätestens seit 1985 und wurden weitgehend auf das Niveau vom Frühjahr 1977 zurückgeführt.

Die von Mosambik in der Phase des „Großen Sprungs" nach der III. FRELIMO-Parteitag 1977 gestellten Erwartungen vor allem an die Zusammenarbeit mit der DDR erfüllten sich nicht, denn sie trafen die DDR in einer Zeit, als sie auf Grund erster ernsthafter Finanzkrisen weiche Knie bekam. Aus einer Vielzahl von Gründen, die nicht nur ökonomisch zu erklären sind, versagte die

---

254 S. Machel hatte Die Sowjetunion und andere Staaten des Warschauer Vertrages vor der Ausnahme der Verhandlungen informiert. Die Sowjetunion hat diese Verhandlungen geduldet, den Vertrag aber aufgrund ihrer Beziehungen zu Südafrika in der Öffentlichkeit nicht gewürdigt. U.a. soll S. Machel bei diesen Vorgesprächen angeboten haben, die Verhandlungen einzustellen.- wenn die Länder des Warschauer Vertrages den militärischen Schutz Mosambiks garantieren würden.

255 Vgl. Halbjahresbericht II/1986 vom Dezember 1986 des Repräsentanten des Büros Maputo der Friedrich-Ebert-Stiftung, S. 2.

DDR-Führung bei der Unterstützung Mosambiks. Aus Zusammenarbeit zum gegenseitigen Vorteil „entwickelte" sich in weiten Bereichen der ökonomischen Beziehungen ein Schaden für Mosambik. Durch die komplexe Vorgehensweise der DDR gegenüber Mosambik, die Vielzahl DDR-Bürger, die Berater in den unterschiedlichsten Regierungs- und Verwaltungsebenen, einschließlich des Sicherheitsbereiches und besonders durch die Beauftragung des Bereiches KOKO bei der Ausgestaltung dieser Zusammenarbeit kamen Vertraute der Verhältnisse zur Einschätzung, daß die „Beziehungen (der DDR, d. Verf.) zu Mosambik sich neokolonialistischen Dimensionen annähern."[256] Die folgende Beurteilung der Rolle der sozialistischen Staaten in Mosambik kann auch weitgehend zur Beurteilung der DDR herangezogen werden: „Insgesamt erweisen sich die auf der Basis der Gegenseitigkeit und des wechselseitigen Nutzens abgeschlossenen Kooperationsverträge hinsichtlich ihres Volumens, der Qualität und der Kosten für Mosambik als unzureichend und in der Regel ungünstig. Nur bedingt realisierten sich vereinbarte Barter-Abkommen; die Bezahlung von Lieferungen und Leistungen (z. B. Experteneinsatz, Ausbildungshilfe) ist in der Regeln in konvertierbarer Währung zu leisten bzw. wird auf Basis von Weltmarktpreisen verrechnet. Die Devisenkomponente wird damit zum konstitutiven Merkmal der Kooperationsbeziehungen und gibt noch für die Entlohnung der „internationalistischen" Experten (Kooperanten), die sich häufig nicht unbedingt durch Qualifizierung und Effizienz auszeichneten. Aus der Kombination des politischen Faktors der „privilegierten Beziehungen" mit dem ausgeprägten ökonomischen Eigeninteresse der sozialistischen Partnerstaaten gerieten die Kooperationsbeziehungen in die Nähe typischkolonialwirtschaftlicher Austauschverhältnisse und im Vergleich zu den wirtschafts- und entwicklungspolitischen Leistungen westlicher Staaten unter zunehmende negative Bewertung. Ähnliches gilt trotz aller politischen Rhetorik im Kern auf die Militärhilfe, deren Qualität und Effektivität in ihrer konventionellen Ausrichtung den sicherheitspolitischen Anforderungen nicht gerecht wird, und die – soweit bekannt – prinzipiell kommerziell abgewickelt wird."[257]

7.6 Zum Engagement der DDR im Steinkohlenrevier von Moatize, Provinz Tete

Die Verringerung des Devisenmangels der DDR und die damit drohende Überschuldung in der zweiten Hälfte der 70er Jahre sowie der chronische Rohstoffmangel stellten eines der tragenden Motive der Afrikapolitik der DDR seit

256 Abschlußbericht des Repräsentanten des Büros Maputo der Friedrich-Ebert-Stiftung im Rahmen des „gesellschaftspolitischen Beraterprogrammes südliches und östliches Afrika", Projektnummer: G 7728686, S. 11, Zeitraum 1984-1987. Maputo-Bonn 1987.
257 Adam, Erfried „Mosambik; Im 12. Jahr am Ende? Wirtschaftskatastrophe und Ansätze wirtschaftspolitischer Neuorientierung seit dem IV. Kongreß" In: afrika-spektrum, Jahrgang 21, Hamburg 86/3, Sonderdruck, S. 354.

1976 dar. Dies kam auch in der Absicht zum Ausdruck, die Steinkohlenvorkommen von Moatize[258] für die Interessen der DDR zu nutzen.

Am „Projekt Steinkohle M", dem mit Abstand aufwendigsten und umfangreichsten Vorhaben der DDR in Entwicklungsländern, lassen sich Mechanismen und Vorgehensweisen beschreiben. Die Sonderheiten vieler Vorgehensweisen und Momente des Engagements der DDR in Mosambik und Äthiopien, wohl abgeschwächt auch in Angola resultierten auch hier durch die Wahrnehmung der Koordinierungsaufgaben im Bereiches KOKO, der allerdings immer auf Anweisung oder in Interpretation der Beschlüsse des Politbüros der SED bzw. von E. Honecker und G. Mittag handelte.

Das Engagement der DDR erstreckte sich über einen Zeitraum von 1976 bis 1989, wobei in den Jahren 1980 bis 1983 der intensivste Zeitabschnitt dieser speziellen Zusammenarbeit zu verzeichnen war.

Die Abbaurechte für das Kohlenrevier Moatize hatte seit 1948 die portugiesische Firma „Companhia Carbonifera de Mocambique (CCM)". Sie erreichte im Jahre 1975 ihr größtes Fördervolumen von ca. 500.000 t Steinkohle. Die Bergbausicherheit wurde extrem vernachlässigt. Im Zuge der Unabhängigkeit verließen viele portugiesische Fachkräfte das Kohlenrevier.[259]

Im September 1976 kam es in der Grube Chipanga VI des Reviers Moatize in der Provinz Tete zu einem verheerenden Schlagwetterunglück. 98 mosambikanische Bergleute verunglückten tödlich.[260]

Die Regierung der Volksrepublik Mosambik richtete auf Grund der desolaten Lage im Kohlenrevier, der wichtigsten produktiven Einheit von Mosambik, an verschiedene Länder Bitten um Unterstützung. Ein Gesuch richtete sie auch an die DDR. Im Dezember 1976 flog eine Delegation der DDR u. a. mit Vertretern der Obersten Bergbehörde, der Vereinigung Volkseigene Betriebe (VVB) Steinkohle des Ministeriums für Kohle und Energie und des Bereiches Kommerzielle Koordinierung nach Moatize. Ein Zustandsbericht über den technischen und materiellen Umfang der Katastrophe sowie ein sicherheitstechnisches Minimalprogramm wurden erarbeitet. Daraufhin verlangte die Regierung von Mosambik von den portugiesischen Betreibern der Gruben ein Mindestmaß an notwendigen Sicherheitsbestimmungen. Diese wurden nicht in Angriff genommen. Im August 1977 kam es zu einem weiteren Schlagwetterunglück. Weitere 56 mosambikanische Bergleute verloren ihr Leben. In der Folge dieses Unglücks kam es zu Unruhen auf dem Grubengelände, unter anderem wurde der Direktor der CCM umgebracht. Die Bergleute weigerten

---

258 Lt. Bundesamt für Statistik, Länderbericht Mosambik 1989, Wiesbaden 1989, S. 50, wird das Steinkohlevorkommen von Mosambik auf 11 Mrd. t geschätzt, davon betragen die im Tagebau zu fördernden Vorräte in Moatize 200 Mio. bis 250 Mio. t.

259 Von den 1974 in Mosambik lebenden 200.000 Portugiesen waren 1976 noch 20.000 im Land.

260 Dieser Abschnitt stützt sich u. a. auf die Ausarbeitung „Das Steinkohlenprojekt Moatize zwischen solidarischer Hilfeleistung und kommerziellen Anspruch" von Heide Künanz, in: van der Heyden/Schleicher/Schleicher: „Die DDR und Afrika", Münster 1993, S. 174-191 sowie auf Gespräche mit der Autorin. Sie weilte 1984/85 als Übersetzerin im Moatize.

sich, in die Gruben einzufahren. Erneut wandte sich die mosambikanische Regierung mit Gesuchen um Unterstützung an die Vereinten Nationen und verschiedene Länder. Rumänien entsandte 12 Bergbauexperten und die DDR schickte im Januar 1978 mit drei Sondermaschinen der Interflug 50 Bergleute und 8 t Material. Die Arbeit begann vor Ort. Als erstes mußten unter großem Einsatz tote Bergleute geborgen werden.

Die zwischen Februar 1977 und Mai 1978 entfalteten „dynamische" Aktivitäten der DDR gegenüber Mosambik betrafen „schwerpunktmäßig" auch die Steinkohle. Im August 1977 weilte der Sonderbeauftragte D. Uhlig in Mosambik und erläuterte gegenüber dem mosambikanischen Minister für Planung und nationale Entwicklung M. dos Santos und dem Minister für Industrie und Handel M. Machungo unter Bezugnahme auf Gespräche des FRELIMO-Sekretärs Jorge Rebelo mit E. Honecker im Juni in Berlin die Bitte um „Verhandlungen über eine langfristige wirtschaftliche Zusammenarbeit auf ausgewählten Gebieten" und unterbreitete Vorschläge der DDR:

– „Einleitung von Maßnahmen im Sinne eines Sofortprogrammes auf beiden Seiten..."

– „Benennung von kompetenten Verhandlungspartnern und konkrete Angebote über Mengen, Preise, Liefertermine" etc.[261]

Auf der Leipziger Herbstmesse im September 1977 wurde dann durch A. Schalck mit einer mosambikanischen Regierungsdelegation das „Sofortprogramm" vereinbart. Von den vereinbarten Lieferungen aus Mosambik seien 13,7 Mio. VM „entspr. KD-Importplan DDR" anzusehen, berichtet A. Schalck in einem Brief vom 08.09.1977 aus Leipzig am G. Mittag.[262] Hier dürfte es sich vor allem um Steinkohle handeln, die auf Grund der polnischen Lieferausfälle gegen konvertierbare Devisen auf dem Weltmarkt gekauft werden müßten. Festgelegt wird u. a., daß sich die Beauftragten beider Seiten „in Maputo regelmäßig, und zwar bis Ende Oktober 1977 mindestens einmal wöchentlich und danach einmal monatlich treffen werden."[263]

In einem „Bericht über den Stand der ökonomischen Beziehungen zur VRM"[264] für das Politbüro und Sekretariat des ZK der SED Ende September

---

261 „Niederschrift von D. Uhlig über Gespräch am 13.08.1977", in: BAZ DY30 22190.

262 „Brief von A. Schalck an G. Mittag" vom 08.09.1977. BAZ DY30 22190. Im gleichen Brief lehnte A. Schalck „Aus prinzipiellen Gründen, weil ein solches Beispiel Schule machen würde in allen anderen Ländern in diesem Raum, ..." eine Kreditierung des Aktivsaldos von ca. 26 bis 43 Mio. VM nach Wünschen der mosambikanischen Seite mit einer Laufzeit von 12 Jahren, Zahlungsfreiheit von 5 Jahren und einer Rückzahlung über 7 Jahre bei 3 % Zinsen ab. Er besteht auf dem Vorschlag der DDR von einer Kreditgewährung von 5 Jahren, zahlbar in 10 gleichen Halbjahresraten mit 5 %. Der Brief endet: „Dieser Standpunkt der DDR sollte auch in dem vorgesehen Gespräch Genosse Stoph, Genosse Lamberz, Gen. Machungo" unmißverständlich dargelegt werden.", sowie der Bitte um Zustimmung sowie „Mit kommunistischem Gruß".

263 „Vereinbarung über ein Sofortprogramm zwischen der DDR und Mosambik" § 13, in: BAZ DY30 22187.

264 „Bericht über den Stand der ökonomischen Beziehungen zur VRM" vom Sept. 1977, in: BAZ DY30 22187.

erklärten, sich auf das Messegeschäft beziehend G. Schürer und A. Schalck: „Um den zu erwartenden Aktivsaldo der DDR so gering wie möglich zu halten, wird gegenwärtig überprüft, inwieweit für angebotene Waren der VRM, die nicht im Rahmen des Importplanes der DDR gekauft werden können, Möglichkeiten des Reexportes bestehen." Der Verhandlungsführer und Kohleminister der DDR K. Siebold landete im September 1977 aus Maputo kommend, bei einem Zwischenstop in Rom, um Erkundungen wegen möglichem Weiterverkaufs von mosambikanischer Steinkohle durch Handelseinrichtungen der DDR einzuholen.

Die Wichtigkeit des Themas Reexport beschreibt eine Ausarbeitung der Staatlichen Plankommission vom 01.11.1977 mit dem Titel „Zu den ökonomischen Beziehungen der DDR zu der VRM – Bedeutung, Stand, Gestaltung"[265] „Über die Planimporte hinaus werden die von der VRM angebotenen mineralischen und landwirtschaftlichen Rohstoffe und Erzeugnisse mit dem Ziel geprüft, diese Waren durch Käufer des Bereiches Kommerzielle Koordinierung maximal für den Reexport zu nutzen..." Dies bedeute, jede Tonne Steinkohle über den Plan sollte in die Kassen von A. Schalcks Bereich KOKO fließen. Ansporn genug für aktive Geschäftsanbahnungsbemühungen. Am 15.11.1977 wird eine Vereinbarung zwischen dem Ministerium für Kohle und Energie der DDR und dem Ministerium für Industrie und Handel von Mosambik unterzeichnet.

7.6.1 Die gemeinsame Leitung der Kohleförderung

Vom 15. bis 28. 02.1978 weilte D. Uhlig erneut in Mosambik[266] und sprach die nächsten Schritte mit wichtigen Persönlichkeiten durch. Er traf u. a. vier Minister und drei Nationaldirektoren. Zum Bereich „Steinkohle M" führt er aus: „Die Erfüllung der I. Phase der Vereinbarung – „Wiederbewältigung" der Grube Chipanga III – kann als gesichert angesehen werden. Die DDR-Kumpel in Moatize leisten eine aufopferungsvolle Arbeit unter komplizierten Bedingungen." „Über die Arbeit der DDR-Bergleute in Moatize wird im ganzen Land positiv gesprochen. Sie wird als ein Beispiel für Organisiertheit, Disziplin und Einsatzbereitschaft hervorgehoben und als konkreter Ausdruck internationaler Hilfe gewertet." Er sorgte sich auch um das Essen. „Seit drei Wochen keine Kartoffeln..."

Er bereitete „DDR-seitig" die Verstaatlichung der Gruben mit vor. Die mosambikanische Seite möchte „... die Verstaatlichung der Grube von Moatize zum frühestmöglichen Zeitpunkt durchführen." „Parteiführung und Regierung der VRM gehen davon aus, daß die Hilfe der DDR sie in die Lage versetzt, den gesamten Betrieb zu verstaatlichen"[267]

---

265 „Zu den ökonomischen Beziehungen der DDR zu der VRM – Bedeutung, Stand, Gestaltung" vom 01.11.1977, in: BAZ DY30 22190, S. 8.
266 „Bericht D. Uhlig", von A. Schalck am 06.03.78 an G. Mittag gesandt, in: BAZ DY30 22191.
267 Ebenda.

D. Uhlig spricht die Anwesenheit der rumänischen Experten an. Die Minister
dos Santos und M. Machungo erklären, diese seien private Vertragsangestellte
und bekräftige: „Die Regierung von Mosambik hat eine Vereinbarung mit der
DDR und wird diese Punkt für Punkt erfüllen."[268]

Am 24. April 1978 wurde eine Ergänzung zum „Kohleabkommen" vom
15.11.1977 abgeschlossen. In ihm wird festgelegt, daß die leitenden Mitarbeiter in „gegenseitiger Übereinstimmung" besetzt wurden. Mosambik stellte den
Generaldirektor. Die DDR den ökonomische und damit kaufmännischen Direktor.

Als Leitungsmethode wurde vertraglich geregelt: „Die Leitung erfolgt nach
den Erfahrungen der sozialistischen Wirtschaft der DDR und unter Berücksichtigung der Erfahrungen und Bedingungen Mosambiks." Die materielle und
technische Basis für die Verbesserung der Arbeitsbedingungen und die beruf-
stechnische Ausbildung der mosambikanischen Bergleute sollte durch Hilfe
der DDR angehoben werden. Vorgesehen wurden:

– ein Wohnkomplex;

– „kadermäßige, technische und materielle Verstärkung auf dem Gebiet der
  vorbeugenden medizinischen Betreuung im Grubenkomplex;

– Schaffung einer Berufsschule;

– „Schaffung eines landwirtschaftlichen Betriebes zur Verbesserung der Versorgung

der Bergleute".

Die Tagebauerschließung der Steinkohle wird vereinbart. Die mosambikanische Seite „verpflichtet sich, die Unterbringung der Techniker der DDR zu sichern."

„Beide Seiten stimmen überein, die Intensivierung dieser Zusammenarbeit auf
kommerzieller Grundlage zu realisieren." Keine Zahlen wurden genannt. Dies
sollte in „abzuschließenden Verträgen vereinbart" werden. „Die Seite der
VRM erklärt ihre Bereitschaft, der DDR Kokskohle, die in Zusammenarbeit
mit der DDR gefördert wird, in Mengen zu liefern, die in Verträgen festgelegt
werden. Die DDR äußert die Absicht jährlich ca. 200.000 t Kokskohle zu importieren. Lieferungen und durchgeführte Arbeiten für die Gruben von Moatize durch die DDR sowie andere Lieferungen und Leistungen der DDR können
durch diese Lieferungen kompensiert werden."

Die Ergänzung wurde durch die jeweiligen Fachminister K. Siebold für die
DDR und M. Machungo für Mosambik unterzeichnet. Unmittelbar danach
wurde die Kohlenproduktion wieder aufgenommen.

---

268 Ebenda.

Drei Wochen später, am 12. Mai 1978, erfolgte die Verstaatlichung der portugiesische Betreiberfirma. Es wurde die „Empresa Nacional de Carvão de Moçambique CARBOMOC E. E." gegründet. Mit der DDR hatte ein neuer Träger Besitz ergriffen. „Es bestand langfristig die Absicht, einen Teil des Steinkohlebedarfs der DDR kostengünstig unterhalb des Weltmarktpreises zu decken."[269] Bis zum Jahresende 1978 wurde die technische, soziale und ökonomische Leitung des Betriebes durch die DDR übernommen.

Die noch heute den Unterlagen der Büros G. Mittag, A. Schalck und D. Uhlig zu entnehmende Hektik bei der Entwicklung des „Projektes M" beschreibt eine Reportage, die unter anderem über die Verstaatlichung der Grube berichtet, folgendermaßen: „Im April 1978 waren fast alle DDR-Spezialisten wieder zu Hause. Auch Sik sollte zurück fliegen. Er kam nur bis Maputo, dort schickte ihn der DDR-Botschafter noch ein Mal nach Moatize. `Hilf den mosambikanischen Freunden, daß sie ihre Verpflichtungen erfüllen – bis zum 01. Mai soll Chipanga III wieder arbeiten. Es muß zur Maifeier hier in Maputo verkündet werden."...

Am 10. Mai sollte erneut Abreise sein, die unwiderruflich letzte Abreise aus Moatize. Er stand schon im Passagierraum des Flughafens. Koffer abgefertigt, Freunde umarmt. Sehnsucht nach dem Bauernhaus im Erzgebirge. Die „Boeing" aus der Hauptstadt war gelandet, sollte in wenigen Minuten mit Sik zurückfliegen. Da klopfte ihm Soares (der Vertreter der VR Mosambik im Aufsichtsrat des Kohlengrubenkonzernes, 10 % Aktien) auf die Schulter: `Auftrag von eurem Botschafter – ich muß dich am Abflug hindern! Alles andere heute abend bei mir zu Hause. `Das Haus war verdunkelt. Im Hause saßen der Polizeichef von Tete, ein Regierungsbeamter, ein Sicherheitsbeauftragter und Soares. Kurz und bündig verkündete der Polizeichef: `Morgen um 11.00 Uhr werden wir ohne Vorwarnung die Companhia Carbonífera de Moçambique verstaatlichen.` FRELIMO-Posten bewachten in der Nacht die Gruben und die Verwaltung."[270] Am kommenden Tag wurde die Verstaatlichung verkündet. Mosambikaner und DDR-Bürger stellen die Direktoren. Kurze Zeit später setzte die Förderung der Kohle wieder kontinuierlich ein.

Prompt verübte die RENAMO Bombenanschläge auf die Eisenbahnlinien von Moatize nach Beira, der Hafenstadt am Indischen Ozean. Ehemalige ausländische Handelspartner verweigerten die Lieferung von Ersatzteilen für Grubenausrüstungen.

7.6.2 Der Maßnahmeplan

Schon am 02.06.1978, nur fünf Wochen nach der Unterzeichnung der Ergänzung des „Kohlevertrages" und drei Wochen nach der Verstaatlichung, beschließt nach Vorarbeiten im Bereich KOKO und der Kommission Entwick-

---

269 H. Künanz, S. 176.
270 Scherzer, Landolf: „Bom dia, weißer Bruder". Rudolstadt, 1984, S. 178.

lungsländer das Präsidium des Ministerrates der DDR „Maßnahmen zur weiteren Entwicklung der Zusammenarbeit zwischen der DDR und der VRM auf dem Gebiet des Bergbaus und der geologischen Erkundung".[271] In einem Feststellungsprotokoll vom 21.06.1978[272] zum Maßnahmeplan in Erfüllung des Beschlusses des Ministerrates wurden alle Schritte „zur Gewährleistung der leitungsmäßigen Voraussetzung" für das Großunternehmen „Steinkohle M" beschrieben. Zwölf Ministerien waren mit hohen und höchster Mitarbeitern eingebunden, aber auch Betriebe und die „Akteure" der DDR-Solidaritätsbewegung: das Solidaritätskomitee, der Bundesvorstand des FDGB und der Zentralrat der FDJ. Mit der praktischen Durchführung wird das Gas- und Braunkohlekombinat „Schwarze Pumpe", das dem Ministerium für Kohle und Energie (MKE) unterstellt war, betraut.

Die Verantwortung übernahm eine „Stabsgruppe Steinkohle Moatize`".

Unter anderem wird festgelegt:

– bis zum 01.07.1978 sollten Kadervorschläge eingereicht werden; „In die Auswahlarbeit ist der künftige Sekretär der Parteiorganisation der SED in Moatize mit einzubeziehen." Kaderpolitisch bereits geprüfte Vorschläge der für den Einsatz in der CARBOMOC vorgesehenen Leitungskader und Spezialisten sind bis zum 07.07.1978 an den Leiter der Kaderkommission im MKE zu übergeben";

– AHB LIMEX wird für den Leistungsexport verantwortlich gemacht;

– der AHB Bergbau und Handel für dem Kohleimport;

– 40 Praktikanten sollen in Bergbautechnik (wohl als Counterparts) ausgebildet werden;

– bei den sozialen Maßnahmen wird bestimmt: „In Abstimmung der Leistungen für den Aufbau der medizinischen Betreuung, die von seiten der DDR a) kommerziell verrechnet werden und b) aus Solidaritätsleistungen gedeckt werden können." Verantwortlich dafür: Ministerium für Gesundheitswesen und Solidaritätskomitee[273];

---

271 „Maßnahmen zur weiteren Entwicklung der Zusammenarbeit zwischen der DDR und der VRM auf dem Gebiet des Bergbaus und der geologischen Erkundung" VVS B 2 – 563/78 nach: BAD DZ 8 7366 – 662 066 .

272 Ebenda.

273 Die Arbeit und Funktion des „Solidaritätskomitee der DDR" bedarf einer eigenen Untersuchung. S. a. „Bericht der Unabhängigen Kommission zur Überprüfung des Vermögens der Parteien und Massenorganisationen der DDR" Bd. 4, S. 127–144.
Es war eine von dem Sekretariat des ZK der SED und dem Politbüro gegründete und ihm gegenüber weisungsgebundene Einrichtung mit der Funktion eines zentralen „Staatsorgans", welches Spenden von „gesellschaftlichen Kräften" und Bürgern nach Zuweisung verwaltete und entsprechend der Vorgaben Lieferungen nach Afrika, Asien und Lateinamerika durchführte bzw. Kosten für staatliche Einrichtungen der DDR für erbrachte „Solidaritätsleistungen" erstattet. Es war auch in „vordiplomatischen Feld" tätig, d. h. es unterhielt Beziehungen unterschiedlicher Art zu Staaten bzw. Befreiungsbewegungen, mit denen die DDR nicht offiziell in Verbindung stand bzw. unterhielt für die Regierung offizielle Beziehungen zu Befreiungsbewegungen. Es hatte verschiedene Vorgänger: Im Fe-

– „Der vorgesehene Einsatz einer FDJ-Brigade der Freundschaft in der VRM erfolgt in Moatize und wird mit der Berufsausbildung mosambikanischer Jugendlicher verbunden ...";

– „Vorrangige Konzentration von Solidaritätsaktionen der DDR auf dem Komplex Moatize" verantwortlich „Vertreter des Vorsitzenden des Solidaritätskomitees."

bruar 1960 wurde der „Fonds für die Unterstützung der nationalen und Freiheitsbewegungen in den afrikanischen Staaten und abhängigen Gebieten" auf Beschluß des Sekretariates des ZK der SED beim Nationalrat der Nationen Front gebildet. Gleichfalls per Beschluß der Partei wurde der „Freie Deutsche Gewerkschaftsbund" (FDGB) angewiesen, jährlich von den Mitgliedern eingesammelte Solidaritätsgüter in den Fonds einzuzahlen. Ab 1973 wurde die Bezeichnung „Solidaritätskomitee der DDR" verwandt. „Organ zur Koordinierung der staatlichen und nichtstaatlichen internationalen Solidarität der DDR für den antiimperialistischen Kampf der Völker Asiens, Afrikas und Lateinamerikas um nationale und soziale Befreiung.... Das S. stützt sich auf eine breite Solidaritätsbewegung aller Schichten des Volkes." Aus: „Wörterbuch der Außenpolitik und des Völkerrechts", Berlin 1985. Jährlich gab es einen Bericht vor der Kommission Entwicklungsländer. Per Beschluß von SED-Gremien wurden Spendengelder der DDR-Bürger auch in Größenordnungen für militärische Leistungen verwendet. So lt. einem Sonderblatt, gekennzeichnet mit „GVS" und überschrieben mit „Anlage für die Mitglieder des Sekretariates des ZK der SED", d. h. nur für eine Auswahl der Mitglieder des Politbüros vom November 1983. Hier werden Solidaritätsleistungen „Auf dem Gebiet der 'Verteidigung und Sicherheit' für das Jahr 1982 in einer Gesamthöhe von 81,0 Mio. Mark" benannt. Zur Finanzierung wurden 60,0 Mio. M aus dem Staatshaushalt und 21,0 Mio. M „aus Mitteln des Solidaritätskomitees" eingesetzt. BAZ DY30 J/IV/2/3A/3903. Für 1983 konnten vergleichbare Beschlüsse festgestellt werden. Auf die Gesamtproblematik der Waffenlieferungen durch die DDR zu Befreiungsbewegungen und in Entwicklungsländer kann in dieser Ausarbeitung nicht eingegangen werden. Auch bei besonderen „Geschäftsanbahnungen" spielte das Solidaritätskomitee der DDR – wohl eher in Ausnahmefällen – eine Rolle. In einer Entscheidungsvorlage von A. Schalck und dem Generalsekretär des Solidaritätskomitees der DDR A. Reichelt bzw. seinem Stellvertreter Krause u. a. vom 17. April 1986 unterschrieben, ist zu lesen: „Das Eingehen auf das Ersuchen von Staatspräsident Museveni (Uganda, d. Verf.) würde die politischen Beziehungen positiv beeinflussen. (...) Es gibt ökonomische Interessen. Bisher wurden mit der neuen Führung Ausrüstungen für die Nationale Widerstandsarmee im Wert von 15 Mio. US $ vertraglich gebunden, davon wurden rund 4 Mio. US $ bereits bezahlt. Es ist vorgesehen, das Nutzfahrzeug L 60 in Uganda zu testen und als Standard-Truppentransporter bei der nationalen Widerstandsarmee einzuführen. Die Übernahme der Heilbehandlung verwundeter Angehöriger der nationalen Widerstandsarmee würde sich positiv zu Gunsten der DDR im Konkurrenzkampf mit westlichen Anbietern auswirken." 50 % der Kosten sollte Uganda in US $ bezahlen und 50 % der Kosten sollte das S. aus Spendenmitteln finanzieren. In: „Erster abweichender Bericht zum Bericht des 1. „Schalck-Untersuchungsausschusses" der Abgeordneten Lederer, A. (PDS/LL) Bundesdrucksache 12/7650, S. 25; Mat.: A 94, Bd. 3, Bl. 549 ff. Das S. wandelte sich nach mehreren Zwischenstufen am 6. Oktober 1990 in den privatrechtlich organisierten Vereine „solidaritätsdienst international" um. Nach einem gerichtlichen Vergleich mit der Treuhandanstalt wurde eine Teil des Vermögens des S. in die 1994 gegründete Stiftung „Nord-Süd-Brücken", Sitz Berlin überführt.

Für Mosambik stellte das Solidaritätskomitee der DDR nach Recherche von I. Schleicher zwischen 1975 und 1989 190,7 Mio. Mark der DDR unentgeltlich zur Verfügung. Davon wurden ca. 94 Mio. Mark der DDR für Ausbildungsleistungen in der DDR aufgewandt. Vgl. van der Heyden/Schleicher/Schleicher: „Engagement für Afrika", S. 154 ff. Von den verbleibenden 96,7 Mio. Mark der DDR, die als unentgeltliche Hilfe per Materiallieferungen direkt nach Mosambik gelangten, sind weitere Millionenbeträge für „DDR-Bürger bezogene Leistungen in Mosambik", für die Bezahlung militärischer Lieferungen, DDR-Großprojekte begleitende Maßnahmen u. a. abzuziehen. Z.B. wurden zwischen 1981 und 1985 jährlich 14,25 Mio. Mark der DDR vom Solidaritätskomitees für Großprojekte in Mosambik eingeplant, die – so ist anzunehmen im Rahmen der Plan- und Parteiauftragserfüllung – pauschal an die Durchführungsbetriebe in der DDR überwiesen wurden.

In einem atemberaubenden Tempo wurden in diesem Maßnahmeplan Zielstellungen, Terminverbindungen und Verantwortlichkeiten der DDR aufgeführt, damit die Ingangsetzung des Komplexes „M" erfolgen kann. Selbst die medizinischen Leistungen wurden erst nach „kommerziellen" d. h. von Mosambik zu bezahlenden Möglichkeiten durchsucht, ehe sie durch das Solidaritätskomitee als export- bzw. importfördernde flankierende Maßnahmen materiell und unentgeltlich übernommen werden mußten.

Der Kohlevertrag vom 24.04.1978 löste in der DDR große Aktivitäten aus. Noch im September sollten die nächsten „Großkontingente" von Vorarbeitern per Sondermaschinen nach Mosambik fliegen. Die Steinkohleförderung sollte unbedingt wieder aufgenommen werden. Vom 04. bis 10. Juli 1978 tagte in Maputo der erste Gemeinsame Wirtschaftsausschuß (GWA) DDR – Mosambik. Am 12.07.1978 berichtet der Delegationsleiter K. Siebold an E. Honecker.[274] Unter anderem wird mitgeteilt, daß 170.000 t Kokskohle als Importe in die DDR vertraglich vereinbart wurden. Im Bericht über die Arbeitstagung der beiden Vorsitzenden der GWA vom 14. - 18.12.1978 wurde ebenfalls durch K. Siebold festgehalten, daß im abzuschließenden Jahr in Moatize 240.000 t Kohle gefördert wurden. D.h. gut 70 % der gesamten Fördermenge des mosambikanischen Steinkohlebergbaubetriebes CARBOMOC wurden in diesem Jahr in die DDR geliefert bzw. sollten als Bestandteil der „Ware gegen Ware" – Geschäfte geliefert werden. Aus einem „Vorschlag für die Warenliste 1979-1980 für die GWA"[275] läßt sich entnehmen, daß die DDR die Tonne Kokskohle mit 30 US $ beim Import aus Mosambik berechnet.[276]

Für 1979 wurde ein Förderumfang von 515.000 t in den Plan eingestellt.

Gute Voraussetzungen für die in „größerem Umfang zu erwartenden Rohstofflieferungen" waren scheinbar gegeben. Die Ökonomen und Parteiarbeiter aus Berlin und Lauchhammer und die Vorarbeiter aus den „ausgekohlten" Revieren um Zwickau und Oelsnitz in Sachsen hatten bei partnerschaftlicher Leitung die CARBOMOC fest in ihrer Hand und in Vorbereitung des Besuches von E. Honecker alles gegeben, damit die mosambikanischen Bergleute Exportkohle für die DDR fördern konnten.

7.6.3 Große Pläne und frühzeitige Schwierigkeiten

Fast alle vor Februar 1979 abgeschlossenen Vereinbarungen wurden im Rahmen des „Sonderprogrammes" auf ihre Erweiterbarkeit bis zum Jahre 1990 überprüft. Dies betraf auch die Kohle- und Bergbauverträge. Sie galten als die

---

274 Vgl. „Maßnahmeplan" BAZ DY30 22191.
275 „Vorschlag für die Warenliste 1979-1980 für die GWA" BAZ DY30 22191 o. Datum.
276 Der Weltmarktpreis lag 1979 bei 90 DM bzw. ca. 60 US $, Angaben für Steinkohle: vom Bundesverband für Steinkohlebergbau E. V. Essen vom 12.01.1997 als „Grenzübergangswert" und für die Wechselkurse DM – US $ aus dem Monatsbericht der Deutschen Bundesbank, Januar 1997 Tabelle X.10 . Für die Steinkohle aus Moatize müssen z.T. Qualitätsabschläge (Salzkohle) berücksichtigt werden.

wichtigsten Vereinbarungen. Darum wurde in „Auswertung der Reise des Genossen Generalsekretär" die Kompetenzen von A. Schalck und der Handelsund Afrikaabteilung des Bereiches KOKON erneut erweitert.

Die Ausweitung der koordinierenden Kompetenzen geschah trotz oder gerade weil schon im Dezember 1978 Zweifel an den erhofften ökonomischen Erfolgen für die DDR mittels des „Sofortprogrammes" geäußert wurden.

In einem Brief vom 05.12.1978 von K. Siebold an Günter Schürer als Stellvertreter des Vorsitzenden des Ministerrates und Chef der Staatlichen Plankommission heißt es: „In der Versorgung der DDR mit festen Brennstoffen ist eine außerordentlich ernste Situation entstanden. Seit 1976 hat die VR Polen gegenüber den Verträgen rd. 2 Mio. t Steinkohle nicht geliefert." Die Staatsreserve mußte ausgelagert werden. Auch die Braunkohlenbrikettbestände verringerten sich. 1978 entstand gegenüber der Staatsplanbilanz bei der Bevölkerung ein Mehrbedarf von rd. 500.000 t Braunkohlenbrikett. Unsere bisherige Konzeption für den Einsatz von Steinkohle aus der VR Mosambik ging davon aus, die Eignung von verkokbarer Steinkohle zu prüfen und damit den Import der verkokbaren Steinkohle aus der BRD abzulösen." Der hohe Ascheanteil der mosambikanischen Kohle erfordert noch weitere Großversuche zur Prüfung der Verkokbarkeit. „Das bedeutet, daß 1979 die Ablösung der verkokbaren Steinkohle aus der BRD nicht möglich ist." [277]

Weiter bittet er dringlich, daß die für 1979 vorgesehenen 170.000 t mosambikanische Steinkohle „zur Verteidigung des Entwurfes für den Volkswirtschaftsplan 1979 des Ministeriums für Kohle und Energie in den Plan und die Bilanzen aufgenommen werden." Als Hintergrund für dieses Gesuch ist die Absicht des Bereiches KOKO zu vermuten, große Teile der mosambikanischen Kohle zu reexportieren, d. h. gegen Devisen direkt auf dem Weltmarkt zu verkaufen.[278] Unter den Steinkohlekumpel und Vorarbeitern in Moatize hielt sich hartnäckig das Gerücht, daß „die unsere Kohle gleich schiffeweise auf Hoher See wieder verscherbeln."

Die unterschiedlichen Interessen sind klar zu erkennen: K. Siebold als „Kohleminister" und Vorsitzender des GWA benötigte die Steinkohle für die Verteidigung seines Planes. A. Schalck, unterstützt durch G. Schürer, wollten die Devisenbilanz der DDR nicht nur durch Importe „Ware gegen Ware", sondern auch durch direkte Verkäufe der Kohle gegen „KV" verbessern.

Auch in Moatize selbst kam es Ende 1978 durch die Verantwortlichen aus der DDR zu einer veränderten Einschätzung: „Die Leistungsfähigkeit der mosambikanischen Struktureinheiten des Staates und der Wirtschaft blieb unter allen Erwartungen seitens der DDR. Beklagt wurde die fehlende straffe Organisati-

---

277 „Brief von K. Siebold an G. Schürer" vom 05.12.1978, BAZ DY30 22194.
278 Während der Verhandlungen des GWA-Vorsitzenden vom 14. zum 18.12.1978 in Maputo telegrafiert G. Schürer an Siebold, er möge „in den Importvertrag die Möglichkeiten des Reexportes der Kohle aufnehmen." Die mosambikanische Seite lehnt dies ab, könnte sich aber eine Verrechnung in Devisen zur Bezahlung von Lieferungen aus der DDR vorstellen. Die Verhandlungen sollen später wieder aufgenommen werden. In: BAZ DY 22191 Information über Arbeitstreffen vom 18.12.1978.

on und Leitung sowie die enttäuschend schwache militärische Potenz zur Absicherung der Betriebe."[279] „Desillusioniert stand die DDR-Delegation der Realität gegenüber."[280]

Die einheitliche Leitung des gesamten Mosambik-Einsatzes der DDR durch A. Schalck und D. Uhlig, verstärkt durch die Arbeitsstäbe „M" erreichten, daß zwischen 1979 und 1982 die Kohleförderung trotzdem stetig anstieg. 1981 konnten 534.546 t Steinkohle[281] ans Tageslicht gebracht werden. Der Stand von 1975 war damit überboten. Trotzdem konnte der Export in die DDR nur zu 75,8 % und die Bereitstellung für den Binnenmarkt nur zu 62,8 % erreicht werden. Die vorhandenen Eisenbahnwaggons auf der Strecke Moatize zur Hafenstadt Beira hatten eine zu geringe Kapazität. Zudem war die Strecke häufig Ziel von Terroranschlägen der RENAMO.

In einem Beschluß des Politbüros über den Vorschlag der UdSSR „eines Generalabkommens über die Zusammenarbeit bei der komplexen Erschließung der Lagerstätten Moatize zwischen den interessierten RGW-Ländern und der VRM" vom 20.10.1982 werden die Prognosen der DDR über die Steinkohlegewinnung mitgeteilt. Hintergrund des Vorschlages der UdSSR könnte eine Bitte der mosambikanischen Regierung an den RGW gewesen sein, die u. a. zum Ziel hatte, die Kohleausbeutung im neu zu erschließenden Tagebau auf breitere Schultern zu stellen.

„Folgende Entwicklung bei der Erzeugung absetzbarer Steinkohle wird eingeschätzt:

	1983	1985	1990
Steinkohle	430.000	800.000	3.000.000
davon verkokbar	235.000	440.000	1.600.000

Die Lieferungen und Leistungen der DDR waren auf Grundlage bilateraler Vereinbarungen durch Steinkohlelieferungen der VRM zu bezahlen. Dazu war folgende Entwicklung der Steinkohleimporte aus der VRM anzustreben:

	1983	1985	1990
Steinkohle	150.000	400.000	700.000
davon verkokbar	120.000	280.000	530.000"[282]

Beweggrund und Motor für die unverhältnismäßig „aufwandsintensive" Steigerung der Produktion war der Abbau der aufgelaufenen Kredite der DDR und die weiterhin chronische Devisenknappheit der DDR. Eine realistische Einschätzung der Produktions- und Verschiffungsmöglichkeiten in Mosambik er-

---

279 Ein nur 5 km vom DDR-Lager in Moatize entferntes Camp der simbabwischen Befreiungsbewegung wurde im Dezember 1978 durch südrhodesische Militärflugzeuge angegriffen.
280 Künanz, H., S. 178, nach Unterlagen des Energiewerkes Schwarze Pumpe AG Lauchhammer..
281 Künanz, H., S. 178.
282 „Beschluß des Politbüros über den Vorschlag der UdSSR eines Generalabkommens über die Zusammenarbeit bei der komplexen Erschließung der Lagerstätten Moatize zwischen den interessierten RGW-Ländern und der VRM" vom 20.10.1982, BAC DL-2-KOKO 1, S. 117.

folgte in der „Arbeitsgruppe Mosambik" nicht. Im Maßnahmeplan zur Auswertung der E. Honecker-Reise vom Februar 1979 war als eine der Hauptfor-
derungen der Saldenausgleich zwischen beiden Ländern bis spätestens 1985
festgelegt. In der Regel werden über 50 % der Kohleförderung aus dem Tiefbau an die DDR zur Tilgung der Kredite abgeführt.[283]

7.6.4 Wachsende Schwierigkeiten seit 1982

Die erste Phase des Steinkohlebergbaus in Moatize unter ökonomischer Leitung der DDR wurde mit der Übergabe verschiedener Sozialeinrichtungen an
die werktätigen Bergarbeiter durch den Präsidenten des Solidaritätskomitees
Kurt Seibt im Sommer 1982 abgeschlossen.

Seit 1982 zeichnete sich das Desaster des „DDR-gestützten" Kohlebergbaus
immer stärker ab. Die Großversuche zur Verkokung der Kohle bei Rostock
blieben weitgehend negativ. Die verstärkte Bandentätigkeit der RENAMO in
Verlaufe des mosambikanischen Bürgerkrieges brachte den Kohletransport per
Eisenbahn auf der 600 km langen Strecke entlang des Beira-Korridores zum
Indischen Ozean praktisch zum Erliegen. Das „schwarze Gold" mußte per
LKW in Konvois unter militärischen Sicherheitsleistungen und großen Gefah-
ren transportiert werden. Die Kohle wurde vor allem auf Halde produziert und
verlor mit jedem Tag an Wert. Die Rentabilität des Steinkohlenbetriebes
CARBOMOC sank rapid. „Die Höhe der Einnahmen aus dem Kohlenverkauf
1984 deckte nur noch 66,5 % der Lohnkosten für die DDR-Spezialisten."[284]
Die DDR drängte auf Reduzierung der Produktion und damit des Umfangs des
Spezialisteneinsatzes. Mosambik wollte seinen wichtigsten Staatsbetrieb auf
vollen Touren weiter laufen lassen und bejahte die Produktion auf Halde, denn
der Krieg sei bald zu Ende und die Bahn nach Beira wieder benutzbar.[285]

Im Dezember 1984 wurden im Norden Mosambiks neben mosambikanischen
Begleitern 7 Landwirtschaftsexperten der DDR von Mitgliedern einer militärischen Bande der RENAMO überfallen und umgebracht. Die DDR verhängte
für ihre Spezialisten Einreiseverbote nach Mosambik. Mit jeder Heimreise
wurde das DDR-Team kleiner. Im Mai 1985 waren nur noch 25 Bürger der
Deutschen Demokratischen Republik in Moatize im Einsatz. Diese Zahl wurde
bis zum Jahr 1990 beibehalten.

Nach dem Flugzeugabsturz, bei dem Präsident Samora Machel am 19. Oktober
1986 ums Leben kam, zog die DDR ohne vorherige Rücksprache mit den mosambikanischen Partnern alle DDR-Bürger zeitweilig aus Mosambik und da-

---

283 Vgl. Beschluß des Präsidiums des Ministerrates VVS B 2 359/82, in: BAC DL-2-KOKO 1, S. 108
   „Die DDR erhält als Hauptposition zur Rückzahlung der Kredite bis zu 50 % der im Tiefbau geförderten Steinkohle". Im gleichen Dokument wird von einem Gesamtforderungsbestand der DDR von
   500 Mio. VM fällig bis 1992 berichtet.
284 Künanz, H., S. 183, nach Energiewerk Schwarze Pumpe, Akte Moatize: E5PAG 3567,1.
285 Nach: Künanz, H., S. 182 f.

mit auch aus Moatize ab, was „Rückschlüsse auf die Qualität der Beziehungen beider Seiten zuläßt."[286]

In einem Beschluß des Präsidiums des Ministerrates der DDR vom 20.01.1987 heißt es dazu: „Die kurzfristige und mit der VRM-Regierung nicht abgestimmte Rückführung der DDR-Spezialisten wird als eine einseitige Maßnahme mit negativen politischen Auswirkungen und ökonomischen Verlusten für die VRM bewertet. Die VRM-Seite erwartet eine kurzfristige Entscheidung zur Rückführung der DDR-Spezialisten nach Moatize. Einer weiteren Reduzierung des Kollektives ist sie bereit zuzustimmen."[287] „Mangelndes Vertrauen und nicht mehr überbrückbare Spannungen kennzeichneten die letzte Phase der Zusammenarbeit beider Länder in diesem Projekt."[288]

Mit Wirkung vom 01.01.1988 übernahm die mosambikanische Seite die ökonomische Leitung des Komplexes CARBOMOC. Am 27.07.1989 beschloß der Ministerrat: „Die Zusammenarbeit zwischen der DDR und der VRM auf dem Gebiet des Steinkohlebergbaus ist ab 1990 einzustellen. Die Gültigkeit der bestehenden staatlichen und kommerziellen Vereinbarungen ist zum nächstmöglichen Zeitpunkt zu beenden."[289]

Der Beschluß sah vor, bis 1995 eine begrenzte Anzahl von Spezialisten zur Bergbausicherung einschließlich technischer Hilfe vertraglich zu regeln.

Der Anlage zum Beschluß ist zu entnehmen, daß die DDR von 1978 bis 1988 Lieferungen und Leistungen einschließlich geologischer Erkundungen von ca. 30,5 Mio. US $ erbracht hat. Dem stehen 450.600 t Steinkohlelieferungen im Zeitraum von 1979 bis 1982 im Wert von 16,4 Mio. US $ entgegen. Der Anteil der auf „hoher See" gegen konvertierbare Währungen weiterverkauften Steinkohle konnte nicht festgestellt werden.

Bis Ende 1988 erfolgten Solidaritätslieferungen in Höhe von ca. 21,0 Mio. Mark. Achtzig Facharbeitern wurde eine Berufsausbildung[290] und 30 Hoch- und Fachschulkadern ein Studium ermöglicht. Zwei von fünf Gruben wurden aus „bergbautechnischen und ökonomischen Gründen geflutet". Die Produktion sank 1988 auf 25.000 t Steinkohle.

Die vom mosambikanischen Staat zu tragenden Verluste betrugen bei der Übernahme der ökonomischen Leitung 1988 2,5 Mio. US $ jährlich. Die Gruben von Moatize wurden in diesem Abschlußbericht „auf Grund der Gasge-

---

286 Ebenda, S. 184.
287 BAC DL-2-KOKO 1, S. 39 , 15 bis 18 Spezialisten sollen „ab Mitte Januar 1987" wieder ihre Tätigkeit aufnehmen.
288 Künanz, H., S. 184.
289 Beschluß des Ministerrates 124/4/89, nach: BAC DL-2- KOKO 1.
290 Diese geringe Zahl ist verwunderlich, da offiziell die FDJ-Freundschaftsbrigade für Mosambik in Moatize über mehrere Jahre mit der Berufsausbildung betraut war. Nach Aussage von DDR-Spezialisten baute die FDJ-Brigade aber vor allem den Wohnkomplex für die DDR-Bürger und hielt ihn instand. Dabei wurden Mosambikaner zu Hilfsarbeiten herangezogen und zum Teil in Handwerkstechniken unterwiesen. Vgl. auch: Scherzer, L., S. 92 ff. eine Zukunftsstadt mit mehreren zehntausend Menschen sei geplant.

fährdung zu den gefährlichsten Steinkohlegruben der Welt" gerechnet. „Die VRM geht von einer Fortsetzung der Präsenz der DDR im Steinkohlebergbau der VRM aus und erwartet weitere Hilfe und Unterstützung. Die DDR konnte dieser Erwartung nicht entsprechen." Der Bericht endet mit folgender Bemerkung: „Mosambik ist vorzuschlagen, die vorhandenen Gruben zu schließen. Ein solcher Schritt ist für die VRM-Seite von großer politischer und sozialer Tragweite. Es ist deshalb erforderlich, die VRM-Seite in einer Übergangsphase bis zum Jahre 1995 weiter zu unterstützen."

Der „Komplex M" wurde per Beschluß geschlossen. Auf keinem Blatt der umfangreichen Aktenbestände fanden sich Zeilen einer entwicklungspolitischen Diskussion. Die ökonomischen Interessen und Risiken der Volksrepublik Mosambik wurden weitestgehend ausgeblendet.

Unmittelbar vor ihrem eigenen Zusammenbruch verabschiedet sich die DDR aus dem umfangreichsten und am intensivsten betriebenem Vorhaben ihrer Zusammenarbeit in den Entwicklungsländern. Auf Grund der Entscheidungen auf höchster Partei- und Regierungsebene, der vertraglichen Einbindungen, der Größenordnung und der Dauer des Engagements mußte der „Komplex M – Steinkohle Moatize" als ein Ausdruck für das Verständnis der Parteiführung der SED und der Regierung der DDR ihres wirtschaftlichen, technischen, kulturellen, außenpolitischen und solidarischen Engagement in Entwicklungsländern angesehen werden.

Hervorzuheben ist, daß bei all den weitgehend als erfolglos anzusehenden Schwerpunktprojekten und Maßnahmen – nicht nur auf dem Gebiet der Geologie und des Bergbaues – eine hohe Kontinuität der Verantwortlichen zu verzeichnen ist. Zwischen 1977 und 1989 waren die unmittelbaren Entscheidungsträger bzw. die Verantwortlichen für die Umsetzung G. Mittag nach Abstimmung mit E. Honecker, A. Schalck und D. Uhlig.

G. Schürer – als Chef der DDR-Plankommission – war auch sehr oft mit Mosambik beschäftigt. Sein Einfluß bzw. seine ggf. gesonderten Interessen konnten nicht ausreichend geklärt werden. G. Schürer schätzte A. Schalck als herausragenden Fachmann und unterstützte seine Politik. In Mosambik[291] ist A. Schalck und sein Bereich KOKO auch unter ausschließlich kommerziellen Gesichtspunkten gründlich gescheitert. Den aus den Fehlberatungen und Fehllieferungen hervorgegangenen Schaden muß Mosambik heute weitgehend allein tragen.

Etliche Fragen müssen noch unbeantwortet bleiben. Nicht geklärt werden konnte, ob es wirklich zu Reexporten von Steinkohle gekommen ist? Wenn ja, in welche Kassen ist der Gewinn geflossen? In die des Gas- und Kohlekombinates „Schwarze Pumpe"; sind sie in die Bilanzen des Ministers für Kohle und Energie K. Siebold eingegangen oder ggf. erzielte Mehrerlöse den Firmen des Bereiches KOKO zur jeweilig speziellen Verfügung überlassen?

---

291 Vergleichbares gilt für Äthiopien.

Zur weiteren Einschätzung des Engagements und des Ertrages des „Komplexes M" ist die Frage nach der Bezahlung bzw. Vergütung der „DDR-Spezialisten" notwendig zu stellen: Wie erfolgte die Bezahlung der DDR-Spezialisten in Mosambik und speziell in Moatize?

Anfang der 80er Jahre betrug nach Unterlagen des Gas- und Kohle-Kombinates „Schwarze Pumpe" die monatliche Vergütung für einen Hochschulkader 1.300 US $ und für einen Fachschulkader 1.200 US $. Diese Summen wurde von der VR Mosambik an den Außenhandelsbetrieb LIMEX entrichtet.[292] Es wird auch von monatlichen Sätzen pro Spezialisten in Höhe von 1.800 US $ berichtet.[293] In dieser Hochphase des Einsatzes der DDR weilten 152 Spezialisten aus der DDR mit 46 mitausreisenden Ehefrauen und 23 Kindern in Moatize. Nicht unerhebliche Summen von Lohnzahlungen auf US $-Basis sind der DDR auf ihre Konten überwiesen oder diesen gutgeschrieben worden.[294]

Die DDR-Spezialisten kamen in der Regel nicht in den direkten Genuß von Devisen.

7.6.5 Zum Alltag der Delegation der Bürger der DDR im Lager Moatize

Zum besseren Verständnis des Engagements der DDR in Moatize soll kurz auf das Leben der „DDR-Kolonie" im Revier Moatize eingegangen werden, soweit es sich einem Außenstehenden erschließen läßt.

Mitte 1982 war der erste Ausbau der technischen und sozialen Anlagen weitgehend abgeschlossen. Die Produktion lief auf Hochtouren.

Ein Küchen-[295] und Kulturzentrum, Kindergärten, eine landwirtschaftliche Farm[296] mit 45 ha Nutzfläche zur Versorgung und eine Kegelbahn für die Brigadefeiern („für die mosambikanischen Bergleute" laut offizieller Begründung) aus Spendengeldern der Bevölkerung der DDR durch das Solidaritätskomitee bezahlt und durch seinen Präsidenten Kurt Seibt als „Solidaritätsgeschenk" in Juli 1982 übergeben. Kein Mosambikaner wird in seiner Freizeit jemals gekegelt haben.

---

292 Vgl. Künanz, H., S. 188. Diese pauschalen Zahlungen je Spezialisten sollen aufgrund politischer Anliegen „weit unter den international üblichen und auch für DDR-Spezialisten in anderen Ländern vertraglich gebundenen Preisen (ca. 50 %) gelegen haben."

293 Scherzer, L., S. 188: „Mosambik zahlt nicht monatlich 1.800 Dollar für uns, damit wir hier jeden Tag wie Anfänger erlernen, was die portugiesischen Farmer schon vor fünfzig Jahren praktiziert haben." Sagt der für die Rinder- und Schweinemast Zuständige der Farm bei Moatize in der Reportage.

294 Zurückhaltende Überschlagsrechnungen für die kommerziellen Gehälter der DDR-Spezialisten in Moatize ergeben zwischen 10 und 15 Mio. US $, die Mosambik im Laufe der 10 Jahre, neben den Kohlelieferungen, an die DDR gezahlt haben könnte.

295 Die Zentralküche versorgte 1.200 bis 1.300 Personen neben dem DDR-Personal. Ca. 400 Grubenarbeiter und 800 bis 900 der lokalen Armeeinheit, die zum Schutz des Lagers auf dem Gelände stationiert war.

296 1983 wurden 879 Rinder, 275 Schweine und 240 Ziegen und Schafe gehalten. Futtermittel wurden zum Teil aus der DDR eingeführt.

Die Siedlung am Rio Moatize prägten vor allem die aus der DDR gelieferten Fertigteilhäuser und das zentrale Kulturzentrum. Diese wurden durch die FDJ-Brigaden „Ernst Thälmann" und „Sigmund Jähn" im Rahmen der „praxisnahen Ausbildung"[297] errichtet und unterhalten. Auf dem Gelände befanden sich auch die Unterkünfte der Betriebsmiliz. Der Eingang war durch einen Schlagbaum deutlich gekennzeichnet. Für die DDR-Bürger bestand ein sogenanntes Kontaktverbot sowohl gegenüber Bürgern aus dem „Nichtsozialistischen Wirtschaftsgebiet (NSW)" als auch zu Mosambikanern.[298]

Kontaktmeldungen mußten nachgereicht werden, war das Verbot nicht einzuhalten. Bei Verstößen wurde mit der „Endausreise" gedroht. Ausflüge in die Umgebung waren für die DDR-Bürger bis eher 1983 selten. Mit der Zunahme der militärischen Aktionen in der Region Tete bzw. nach der Ermordung von sieben DDR-Mitarbeitern einer landwirtschaftlichen Großfarm in der Provinz Niassa im Dezember 1984 wurde die Ausgangssperre auf 18.00 Uhr festgelegt. Ausflüge waren verboten. Besuche in der Provinzhauptstadt Tete waren nur noch einem sehr kleinen Kreis gestattet. Es war nach 1984 eher die Regel als die Ausnahme, daß die Spezialisten auch bei mehrjährigem Aufenthalt außer Maputo bei der Ein- und Ausreise nichts von Mosambik kennenlernen konnten. In ausgewählten Häusern von DDR-Delegationsmitgliedern wurden Waffen gelagert. Zu Schießübungen fuhren bestimmte und ausgewählte DDR-Bürger zu den Schießplätzen der sowjetischen Militärberater nach Tete.

Diese aus Sicherheitsbedürfnissen erzeugte Geschlossenheit wurde durch die vollständige Belieferung aller Gebrauchsgüter aus der DDR noch gesteigert. Vom Flaschenbier, über Toilettenartikel bis zur Kleidung und Wäsche wurden alle Dinge des täglichen Bedarfs nach Moatize geschafft.

In den Akten des Solidaritätskomitees sind Lieferlisten auch über kuriose Dinge zu finden. Zum Beispiel wurden „bedruckte Tischdecken, Socken, 2,5 t Waschmittel „Spee" sowie 350 Stücke Weingläser Größe 2 „Saphir" und Größe 4 „Saphir", 138 Stück Likörgläser „Saphir" und 360 Kognacschwenker „Saphir"[299] geliefert und aus Spendenmitteln bezahlt. Im gleichen Ordner findet sich ein Schreiben vom Leiter der DDR-Delegation, Genossen Hille, an den VEB „Lausitzer Glas" Bernsdorf wegen einer Reklamation über 1.050 Sekt-, Wein- und Likörgläser sowie Kognakschwenker zum Stückpreis von 2,00 M bis 4,90 M. „Wegen ihres unzumutbaren Aussehens müßten alle Gläser

---

297 Aus der „Arbeitsentschließung Grundorganisation der SED Steinkohle Moatize" vom Dezember 1993, in: BAZ DY30 27482/2.

298 Künanz, H., S. 187: „Existierten auch im Ausland gegebener Maßen keine Mauern, wurden DDR-Bürger praktisch angehalten, Mauern zwischen den Menschen zu ziehen ... Besonders belastend war, daß diese Verhaltensweise auch die mitreisenden DDR-Kinder unter Druck setzte, die in einem DDR internen Kindergarten bzw. in einer eigenen Schule unter sich blieben. Einerseits wurde ihnen vermittelt, nicht mit den „schwarzen" Kindern zu spielen (Sauberkeit, Krankheiten); andererseits waren an Festtagen auch mosambikanische Kinder anwesend, die nun ihrerseits mit den deutschen Kindern spielen wollten. Da standen nun die DDR-Kinder mit ihren Händen auf dem Rücken und wußten vor lauter Zwängen nicht, wie sie reagieren sollten."

299 Bestand Solidaritätskomitee der DDR, „Abrechnung Moatize 1981-1983", BAD DZ 8 8073-661-573.

in Moatize aus dem Verkehr gezogen werden. Um das Ansehen unserer Republik im Ausland nicht weiter zu gefährden, sollte schnellstmögliche Ersatzlieferung angestrebt werden. In diesem Zusammenhang möchte ich die politische Bedeutung dieses Kulturzentrums besonders hervorheben, da alle großen gesellschaftlichen Ereignisse der Provinz Tete in diesem Komplex durchgeführt werden und häufig ausländische Gäste dort weilen. Bereits am Eingang zum Kulturzentrum werden alle Besucher durch eine Tafel darauf aufmerksam gemacht, daß dieser Komplex ein Solidaritätsgeschenk der Werktätigen der DDR ist."[300]

7.6.6 Zur Funktion des Solidaritätskomitees der DDR im Steinkohlenrevier

Die Finanzierung all dieser Verbrauchsgüter erfolgte durch das Solidaritätskomitee der DDR. In einen Brief vom 2.7.1981 teilt K. Krüger, Generalsekretär des Solidaritätskomitees dem DDR-Leiter der GWA mit, daß das Solidaritätskomitee für den Zeitraum 1981 bis 1985 folgende Verantwortlichkeiten übernimmt:

„Steinkohle M	jährlich 5,00 Mio. Mark	Betrieb: Gaskombinat Schwarze Pumpe
Pegmatik-Objekt	1,00 Mio. Mark	Mansfeld-Kombinat
Landwirtschafts- produktion	2,50 Mio. Mark	noch unbekannt
Objekt Zementpro- duktion	0,75 Mio. Mark	VEB Zementwerke Dessau"[301]
Jugendobjekt Ma- toundo	5,00 Mio. Mark 1981/82	
Baustelleneinrich- tung Gleisbau Moatize- Beira	2,00 Mio. Mark 1981/82.	

Diese Mittel wurden durch die „Objekt leitenden Betriebe" pauschal beim Solidaritätskomitee angefordert.

Im Bericht über die Aktivitäten 1981 und die Schwerpunkte 1982 vor dem Politischen Rat des Solidaritätskomitees vom 4.3.1982 ist zu lesen: „Eine gute Zusammenarbeit entwickelt sich zwischen dem Solidaritätskomitee der DDR und der VRM. Dank einer konstruktiven Kooperation mit dem GWA DDR-VRM wirkt der Einsatz der Solidaritätsgelder beispielhaft. In Mosambik

---

300 Ebenda.
301 „Brief vom Generalsekretär K. Krüger an den Vorsitzenden des Gemeinsamen Wirtschaftsausschusses DDR/Mosambik" vom 02.07.1981, in: Akte Mosambik: BAD DZ 8 7375-662-075.

kommt unser Bestreben bisher am besten zum Tragen, Solidaritätsleistungen mit außenpolitischen und außenwirtschaftlichen Beziehungen und Interessen der DDR zu verbinden. Einige Beispiele: „Das Zentrum für Kultur, Bildung und Arbeiterversorgung im Steinkohlenbergbau Moatize geht seiner Fertigstellung entgegen und soll am 20. Jahrestag der FRELIMO, am 25. Juni, offiziell übergeben werden. Bisher sind aus Spenden der DDR-Bevölkerung über 8 Mio. M aufgewendet worden. Bei dem ökonomisch wichtigen Gleisanlagenbau für die Strecke Moatize – Beira hilft das Solidaritätskomitee bei der Baustelleneinrichtung mit 3,5 Mio. Mark ... Diese Beispiele zeigen, daß der effektive Einsatz unserer Solidaritätsmittel in der VRM verbessert werden konnte."[302]

Teilweise wurden diese Lieferungen in US $ umgerechnet und in die Warenlisten aufgenommen, was wohl den Außenhandelsüberschuß der DDR erhöht hat.

Dieses Verständnis von solidarischer Hilfe und die daraus resultierenden Praxis wurde auch auf andere Projekte in Mosambik angewandt. Nach Abstimmung mit dem Handels- und Wirtschaftsrat, schrieb der außerordentliche und bevollmächtigte Botschafter der DDR in Mosambik am 10.01.1986 aus Maputo an den Generalsekretär des Solidaritätskomitees der DDR u. a.: „In Abstimmung ... möchte ich folgende Konkretisierungen der Vorschläge für weitere Gebiete der Solidaritätsleistungen übermitteln: Bei der Unterstützung der Sicherung möglicher hoher Importe der DDR aus der VRM durch zielgerichtete Solidaritätslieferungen (handschriftlich unterstrichen) gehen wir davon aus, daß über die Verbesserung der Arbeits- und Lebensbedingungen die Arbeitsergebnisse der Werktätigen in den entsprechenden Bereichen stimuliert sowie das Interesse und die Bereitschaft der VRM-Exporteure zur Lieferung an die DDR gefördert wird. Das betrifft sowohl bereits traditionellen Importlinien, wie Süd- und Zitrusfrüchte (DDR-Importeur AHB-Fruchtimex), Kaschunüsse (AHB Genußmittel) Sisalgarn (Textilkommerz) und Kobra (AHB Nahrung) sowie neu zu erschließende Importmöglichkeiten, deren Realisierungsmöglichkeiten gegenwärtig noch geprüft werden. Als mögliche Solidaritätsgüter würden sich aus unserer Sicht u. a. anbieten: Textilien, Stoffe, Arbeitsbekleidung, Haushaltswaren (Töpfe, Schüsseln, Becher, Eimer Pfannen) Handwerkszeug, ... einfache Schreib- und Spielwaren, Sportartikel, Schlafdecken, Kernseife, Waschpaste, Kerzen, Fertiggerichte, Fahrräder. Bei der praktischen Realisierung müßte, insbesondere bezüglich des Importes von Zitrusfrüchten, berücksichtigt werden, daß entsprechende Lieferungen dann im genannten Sinne wirksam werden, wenn sie kurz vor bzw. während der jährlichen Erntekampagne (März-Juli) erfolgen ... Nach Informationen des Leiters der wirtschaftspolitischen Abteilung unserer Botschaft wurden bereits die für 1986 geplanten Solidaritätsleistungen zur Unterstützung der Schwerpunktobjekte der wirtschaftlichen Zusammenarbeit, einschließlich jener mit möglichem Drittlan-

---

302 „Bericht über die Aktivitäten 1981 und die Schwerpunkte 1982" vor dem Politischen Rat des Solidaritätskomitees vom 04.03.1982, BAD DZ 8 7422-660-022.

dexport (Leuchten,- Radio- und Alkoholproduktion), mit dem Solidaritätskomitee der DDR abgestimmt."[303]

Der Brief endete mit dem Dank für die konstruktive Zusammenarbeit im vergangen Jahr.

7.6.7 Zu Sicherheitsvorkehrungen im Lager Moatize und zum Verhalten von Bürgern der DDR zur mosambikanischen Bevölkerung

Mit dem Überfall auf die Landwirtschaftsexperten im Norden des Landes, in der Nähe von Lechinga in der Provinz Niassa am 06. Dezember 1984 verschärfte sich die Lage und die Sicherheitsmaßnahmen.[304] Beauftragte des Militärattachés weilten daraufhin mehrmals in Moatize, um die Sicherheitslage zu sondieren und das mosambikanische Schutzbataillon bei der Ausbildung zu unterstützen. Gleichzeitig wurden die DDR-Bürger „sicherheitstechnisch geschult". In einem Bericht vom November 1985 berichtet Oberst J.: „Im Resultat zielstrebiger Arbeit der staatlichen Leitung des DDR-Kollektives, des Parteisekretärs und der Sicherheitsbeauftragten zur kontinuierlichen Durchsetzung der getroffenen Festlegungen zur Gewährleistung der Sicherheit der DDR-Bürger wurde ein insgesamt stabilisiertes Sicherheitsgefühl entwickelt. Der Einsatz der Objektsicherungskräfte und die zeitweilige Arbeit der Offiziere der NVA hat weitgehend positive Auswirkungen. Das gut organisierte Informations-, Melde- und Alarmierungssystem im Kollektiv in Moatize, die praktische Durchführung der Schießausbildung mit dem festgelegten Personalbestand sowie die Ausrüstung mit Waffen haben das Verantwortungsgefühl der DDR-Bürger für ihre Sicherheit und damit insgesamt das Sicherheitsgefühl gestärkt."[305] Ein reguläres Schutzbataillon der Armee Mosambiks (FPLM) sollte, wie mit dem Minister für Staatssicherheit und Nationale Verteidigung schon 1984 besprochen war, in Moatize gebildet werden. Ausrüstungsgegenstände wurden durch die DDR bereits geliefert.

Eine Übersetzerin, die sich zum gleichen Zeitpunkt in Moatize aufhielt, beschrieb die Situation wie folgt: „Ein ausgefeiltes Alarm- und Meldesystem sollte Sicherheit vermitteln; die Bespitzelung durch die Mitarbeiter der Staatssicherheit verschärfte das Kontaktverbot und erhöhte das Risiko, diese überzogenen Maßnahmen zu umgehen. ... Der Prozeß der Einigelung und Abkapslung setzte verstärkt zu einem Zeitpunkt ein, als sich im arbeitstechnischen Bereich die Probleme und Spannungen ständig verschärften. Von ehrlicher Freundschaft und Solidarität war nichts zu spüren; ebensowenig von der einfachen Wahrheit, Gast in einem anderen Land zu sein. Der latente Haß gegen-

303 Brief des Botschafter der DDR Mosambik an den Generalsekretär des Solidaritätskomitee" vom 10.01.1986, in: Bestand Solidaritätskomitee, BAD DZ-8 7368.
304 Es wurden bei diesem Überfall sieben DDR-Landwirtschaftsspezialisten, zwei Priester, 2 italienische Experten, zwei Portugiesen, zwei jugoslawische FAO-Experten und ein schwedischer Berater für Landwirtschaft teilweise durch Kopfschüsse umgebracht.
305 „Bericht von der Dienstreise nach Mosambik" vom 18.11.1985, in: BAF MA VA-01/32277.

über Afrikanern kam allmählich zum Vorschein. Die Objektsicherungskräfte legitimierten ihn durch unverhohlen rassistisches Auftreten."[306]

Was auf ökonomischem Gebiet mit einem Debakel endete, fand auch bei nicht wenigen DDR-Spezialisten in der Beziehung zu den mosambikanischen Arbeitern und Kollegen eine Echoform.

Manche Delegationsmitglieder werden versucht haben, eher partnerschaftliche Beziehungen aufzubauen. Sie sollen deutlich in der Minderzahl gewesen sein. Die Gründe für das beschriebene Verhalten werden verschiedene Ursachen haben. Als ein Grund wird das in sich geschlossene Auswahlverfahren durch die Partei angesehen werden müssen, welches den Ausschluß der Öffentlichkeit und somit von Transparenz und Kritik sicherstellte. Hinzu kam das meist gering ausgebildete entwicklungspolitische Bewußtsein der Kaderermittler. Die von den Verantwortlichen und vom Bürgerkrieg auferlegten Beschränkungen sowie die künstliche Abgeschlossenheit der DDR-Bürger verbunden mit den unbefriedigenden Arbeitsergebnissen könnten zu weit verbreiteter Frustration und rassistischen Erscheinungen geführt haben. Viele DDR-Bürger spürten gegenüber anderen ausländischen Spezialisten oder Kooperanten eine deutliche Zweitklassigkeit. Sie befanden sich in der Regel in einer gespaltenen Wirklichkeit. Auf der einen Seite waren sie ausgewählt und zum Teil privilegierte Bürger der DDR, die ins entfernte und unerreichbare Ausland reisen durften. Auf der anderen Seite wurden sie, obwohl Vertreter eines Hauptpartners von Mosambik mit eher wenig Sympathie bedacht.[307]

Über die Motivation für den Einsatz in Moatize wurde unter anderem berichtet: „Für die überaus größte Zahl von DDR-BürgernInnen war der ausschlaggebende Faktor für die Attraktivität eines Einsatzes in Moatize der materielle Anreiz, denn die Aufwandsentschädigung für einen Auslandseinsatz wurde in Devisen geleistet. Parallel dazu lief das heimatliche Gehalt in DDR-Währung auf dem Konto weiter, das sich durch Sonderzuschläge noch beträchtlich erhöhte. Luxusartikel westlicher Herkunft rückten dadurch für die glücklichen DDR-Bürgerinnen in erreichbare Nähe, die dafür auch die erfahrene Unmündigkeit bei der Valutaüberweisung tolerierten. Die Auszahlung der Devisen erfolgte nicht in bar, sondern als Transfer auf ein Konto in der DDR, dessen Betrag dann im DDR-eigenen Äquivalent „Forum-Scheck" ausgezahlt wurde. Dabei waren die zwischen der DDR und Mosambik für DDR-Spezialisten vereinbarten Kosten um ein vielfaches geringer als für westliche Kooperanten."[308]

---

306 Künanz, H., S. 189.
307 Dies berichteten mehrere DDR-Spezialisten. Vgl. auch: Halbjahresbericht II/1984 vom Januar 1985 des Repräsentanten des Büros Maputo der Friedrich-Ebert-Stiftung, S. 7.
308 Künanz, H., S. 188.

7.7 Exkurs: Gold

Parallel zur Kohleförderung liefen umfangreiche Erkundungen der DDR nach Goldvorkommen in den Bergen von Mosambik. Am 22. Juni 1978 erhält A. Schalck vom DDR- Botschafter in Maputo ein Telegramm[309] in dem der Botschafter mitteilt, daß die Regierung von Mosambik einen Absatz der „Vereinbarung über die Zusammenarbeit bei der geologischen Erkundung von Goldlagerstätten" nicht zustimmt.

Inhalt des strittigen Absatzes: „Die Regierung der VR Mosambik erklärt nicht ihr Einverständnis in diesem Falle 50 % der Produktion zur Bezahlung der von der DDR erbrachten Lieferungen und Leistungen an die DDR zu liefern." Begründung für die Ablehnung der mosambikanischen Seite: „Fehlende Kenntnis über die Größe der Lagerstätten und ihrer Nutzungsmöglichkeiten." Die mosambikanische Seite schlägt vor, „daß die Menge und Bedingungen der Lieferung von Gold gesondert in Handelsverträgen ..." vereinbart werden.

A. Schalck teilt G. Mittag mit: „Damit wird das Prinzip des direkten Ausgleiches der Warenlieferungen der DDR durch Goldlieferungen aus der VR Mosambik abgelehnt. Im Interesse der Sicherung der Interessen der DDR und eines effektiven Einsatzes des Volksvermögens der DDR wird vorgeschlagen, in den gegenwärtigen Verhandlungen keinen Kompromiß der DDR in diesem Punkt zuzulassen. Die Verhandlungen sind zu unterbrechen."

Die Verhandlungstaktik von A. Schalck läßt sich aus dem nächsten Abschnitt des Briefes entnehmen: „Sollte im Ergebnis dieser Verhandlungen der prinzipielle Standpunkt der DDR weiterhin nicht durchsetzbar sein, ist Genosse Siebold bevollmächtigt, in Abweichung des Beschlusses des Sekretariates des ZK der SED folgenden Kompromiß zu diesem Punkt zu unterbreiten: VRM erklärt die Bereitschaft, der DDR Gold zu liefern. Die DDR erklärt ihre Bereitschaft, 100 % des durch die zu gründende Gemischte Produktionsgesellschaft geförderten Goldes zu erwerben."

Im Brieftext an G. Mittag erklärt dann A. Schalck: „Um diesen Kompromiß nicht einseitig zu Lasten der DDR einzugehen, ist in diesem Fall gleichzeitig der Punkt 3 der Vereinbarung so zu verändern, daß die Durchführung der erforderlichen geologischen Erkundungsarbeiten auf einen Zeitraum von zwei Jahren ausgedehnt wird." Damit sollten wohl die von Mosambik in Gold zu bezahlenden Kosten für Erkundungsarbeiten gesteigert werden.

Das Geschäft schien für die Devisenbeschaffung lukrativ. Die DDR-Geologen wurden von ihren Heimatbetrieben in DDR-Mark bezahlt. Mosambik wird der Export geologischer Felderkundungsleistungen in Millionenhöhe auf dem Saldenkonto in Rechnung gestellt[310] und der Goldbezug in nicht begrenztem Um-

---

309 BAZ DY30 22191 lt. Brief von A. Schalck am G. Mittag vom 23.06.1978.
310 „Direktive Mai 1987 für GWA" „Mosambik wollte die von der DDR über Jahre in Rechnung gestellten 1,9 Mio. US $ für geologische Golderkundung nicht anerkennen. Verhandlungsvorschlag

fang durch KOKO ermöglicht. Die ggf. über die schon geleisteten Erkundungsarbeiten hinausgehende notwendige „Bezahlung" erfolgt mit den unrentablen DDR LKW W 50 und Nachrichtentechnik für das Militär.

Nach jahrelangen strittigen Verhandlungen über die Berechtigung der von der DDR aufgestellten Erkundungsrechnungen wurden erst 1987 auch Transferleistungen der mosambikanischen Vertragsarbeiter in die Bezahlung der Golderkundungen eingezogen.[311]

Neben dem Interesse an Gold lassen sich vergleichbare Erkundungs- und Importvorhaben für Kupfer, Pegmatit, Tantalit[312], ein seltener Rohstoff für die Microprozessorenproduktion, Flußspat und Edelsteinen nachweisen.

Eine Art „Kronkolonie" sollte durch den Bereich KOKO für die DDR in Mosambik geschaffen werden.[313] Durch die beabsichtigte oder erfolgte Begleichung der von der DDR erhobenen Rechnungen aus der Golderkundung war beabsichtigt, daß die schwarzafrikanischen Vertragsarbeiter in der DDR die offenen Beträge dieser Handelsepisode des Bereiches KOKO bezahlen sollten.

Zur optimalen Verwertung möglicher Goldvorkommen wurde Ende der 70er Jahre durch die KOKO-Firma „Kunst- und Antikhandel" ein mehrjähriger Geschäftskontakt zu der südafrikanischen Firma „Montagu Ltd." mit Sitz im Montagu, 400 km nördlich von Kapstadt aufgebaut und gehalten.[314] Das mosambikanische Gold sollte, unter Brechung des wirtschaftlichen und politischen Embargos gegenüber dem Apartheid-Regime in Südafrika und unter Mißachtung von UN-Resolutionen durch den Bereich KOKO zur Linderung der Devisenschwäche der DDR maximal vermarktet werden.

Diese Planungen haben sich unter Umständen nicht erfüllt. Goldimporte in die DDR oder ein Handel mit dem Edelmetall konnten an Hand der zugänglichen Akten nicht festgestellt werden.

Wie die „Goldepisode" müssen fast alle Vorhaben der mineralischen Rohstoffbeschaffung aus Mosambik als gescheitert angesehen werden.

---

der DDR: Summe in den Lohntransferleistungen der Vertragsarbeiter einbeziehen." in: BAZ DE-1-55151.
311 Ebenda.
312 BAC DL-2-KOKO 1, S. 109 „Die für den Zeitraum 1982 bis 1985 vereinbarten Tantalit-Importe im Wert von ca. 20,0 Mio. US $ sind für die DDR-Mikroelektronik eine entscheidende Voraussetzung für die Fertigung hochwertiger elektronischer Bauelemente, die den neuesten Stand in der Nachrichtentechnik und Militärtechnik bestimmen."
313 „Der Grund, warum das Montmotopa-Reich, welches auf dem Gebiet der heutigen Republik Mosambik liegt, 1629 portugiesische Kolonie wurde, waren deren Goldvorkommen." in: Brehme, G. und Kramer, H. (Hrsg.): „Afrika – kleines Nachschlagewerk", Berlin 1985, S. 352.
314 Lt. Mitteilung von Herrn Werner Jenke, Abteilungsleiter KOKO-Firmen im Direktorat Sondervermögen der Bundesanstalt für vereinigungsbedingte Sonderaufgaben, Berlin gegenüber dem Verf.

7.8 Zur Entsendung von Spezialisten und Experten

In Mosambik weilten zeitweise gleichzeitig bis zu 1.000 Bürger der DDR.[315] Die Experten, Spezialisten und Berater spielten bei der ökonomischen Ausrichtung der Beziehungen eine gewichtige Rolle. Seit 1979, spätestens seit 1982 wurden auch die WTZ- und KWZ-Experten konsequent nach ökonomischen Richtlinien entsandt.[316]

Das erklärt eine gewisse Beständigkeit bei der Entsendung unabhängig von den politischen Veränderungen. Eine Auflistung gibt Auskunft über den Experten- und Spezialisteneinsatz in Mosambik.[317] Zu diesen Zahlen müssen immer noch eine nicht genau aufzugliedernde mehrfache Anzahl von Botschaftsmitarbeitern, Sicherheits-, Militär- und Parteiberatern sowie Instrukteuren gerechnet werden. Für 1977 werden 44 Experten angegeben, gleichzeitig arbeiteten zu diesem frühen Zeitpunkt des DDR-Engagement aber ca. 150 DDR-Bürger in Mosambik.[318]

	Gesamt	WTZ	KWZ
1976	28	15	13
1977	44	27	17
1978	64	34	30
1979	129	55	74
1980	161	69	92
1981	169	51	118
1982	176	46	130
1983	193	49	143
1984[319]	195	50	145
1985	165	44	121
1986	159	47	112
1987	128	39	82

315 Nach Seibt, B. waren zwischen 1970 und 1988 26.000 Experten der DDR in Entwicklungsländern im Einsatz. 1989 sollen es ca. 1.000 in 40 Ländern gewesen sein. „... im allgemeinen erfolgte die Expertenentsendung unentgeltlich", S. 79.

316 „Die WTZ- und KWT-Experten mußten seit 1982 verkauft werden." Botschafter H.-G. Schleicher im Gespräch mit dem Verfasser am 14.10.1996.

317 „Konzeption für weiteren Einsatz von Experten und Spezialisten" 30.10.1987 von A. Schalck, in: BAZ DE-1-55151.

318 „Treffbericht IM „Henry" gegenüber HA XVIII/7 vom 02.11.1977 in BStU-MfS AJM-77335/91Bd. 3, Bl. 241.A XVIII.

319 Nach BStU MfS Z 3407 waren am 8. Dezember 1984 701 DDR-Bürger in Mosambik. Davon 341 Männer, 257 Frauen und 103 Kinder. 499 lebten in Maputo und 74 arbeiteten in Moatize, einschließlich der 2 FDJ-Brigaden.

Die WTZ-Spezialisten waren 1987 in folgenden Bereichen eingesetzt:

Landwirtschaft: 10

Finanzen/Bank   3

Industrie/Verkehr/Bauwesen   18

Binnenhandel   2

Staat und Recht   2

Berufsbildung   11

Fernmeldewesen   4

Statistik   6

Die KWZ-Spezialisten waren 1987 in folgenden Bereichen eingesetzt:

Volksbildung   50

Hoch- und Fachschulwesen   35

Gesundheitswesen   23

Sport   2

Regierungsberater   9/[320]

1977 wurde für die aus dem WTZ-Fonds des Staatshaushaltes finanzierten Experten in Mosambik eine „Valutakostendeckung" von 119,8 % und eine Gesamtkostendeckung von 32,7 % errechnet.[321]

Die Spezialisten auf kommerzieller Basis werden 1987 mit 56 planmäßigen und 43 besetzten Stellen angegeben.[322] Im Juli 1980 waren 157 Spezialisten auf kommerzieller Basis in Mosambik im Einsatz.[323]

Die große Zahl der DDR-Spezialisten wird in die Hintergründe der ökonomischen Interessen der DDR in Mosambik keinen Einblick erhalten bzw. gesucht haben. An vielen Orten wurde durchaus versucht, den politischen und ökono-

---

320 „Konzeption für Regierungsberater für Mosambik" ebenfalls von A. Schalck, sehen folgende Einsatzorte vor: 1 beim Präsidialamt für staatl. Verwaltung; 1 beim Leiter des Sekretariates des Ministerrates; 1 beim Gouverneur der Bank von M.; 2 beim Ministerium für mineralische Ressourcen; 1 beim Minister für Planung; in der Nationalen Plankommission 3 Berater. IN: BAZ DE-1-55150.

321 „Zu einigen Aspekten der gegenseitigen politischen Entwicklung Äthiopiens und ihrer Auswirkungen auf die ökonomischen Beziehungen der sozialistischen Staatengemeinschaft, speziell mit der DDR" vom 09.04.1979 (Anlage) mit Schreiben vom 18.04.1979 von A. Schalck an G. Mittag, in: BAZ DY30 22194.

322 Folgende Standorte werden angegeben: Steinkohle M. 18/17, Textilkombinat Mocuba 0/10, Zementindustrie 8/7 Eisenbahn 4/4, Bauwesen 5/1, Waggonbau 7/1, Getränkeindustrie 3/1, Geologie 4/0, Radio/Leuchtenproduktion 2/0, Fischerei 5/2. Erste Zahl Plan, zweite Zahl Ist.

323 Davon zwei Berater für das Finanzministerium und einen für die Nationaldirektion Statistik.

mischen Auftrag mit solidarischem Verhalten zu verbinden. Die Unsicherheit über den Sinn des Einsatzes und die Motive für die Projekte galt unter den „im Einsatz stehenden" DDR-Experten als verbreitet. Umso bemerkenswerter war die äußerst geringe Anzahl von sogenannten Republikflüchtlingen unter den Außenhändlern, Spezialisten, Beratern und „mit ausreisenden" Familienangehörigen in fast allen Entwicklungsländern.

7.9 Zur Tätigkeit des Ministeriums für Staatssicherheit in Mosambik

Mit der zum Teil stabsmäßigen Unterstützung und Anleitung des Bereiches KOKO und der Tätigkeit des Sonderbeauftragten sicherte sich das MfS Kontroll- und weitreichende Einflußmöglichkeiten bei den Beziehungen der DDR zu Mosambik. Es ist davon auszugehen, daß die verantwortlichen Personen auf seiten der DDR grundsätzlich eine Interessenübereinstimmung mit dem MfS verband.

Auf dem Gebiet der Wirtschaft wird die Einflußnahme des MfS weniger durch aktive Steuerung, denn vor allem durch die „reibungslose" Absicherung der von Politbüro und dem Sekretariat des ZK der SED festgelegten Maßnahmen und Objekte bestimmt gewesen sein. Nicht nur der Sonderbeauftragte für Mosambik, auch die Beauftragten für Äthiopien und Angola standen in einem Berichtsverhältnis zum MfS, vor allem gegenüber der Hauptabteilung „Sicherung der Volkswirtschaft", HA XXIII.

Mit der Prüfung der Reisekader verfügte das MfS über ein weiteres grundsätzliches Steuerungsinstrument. Bei einem Aufenthalt von zeitweise 1.200 DDR-Bürgern war dies eine herausgehobene Einflußnahme auf die Qualität der zu leistenden Arbeit.

Insgesamt muß wohl das Engagement der DDR auf militärischem und sicherheitspolitischem Gebiet geringer veranschlagt werden, als lange Zeit in westlichen Publikationen gemutmaßt. Es gab kein militärisches „Afrika-Korps" der DDR.[324] Eher könnte man von einem außenwirtschaftlichen „Korps" sprechen.

Die materiellen Lieferungen an Sicherheitsorgane können im internationalen Vergleich als eher nicht herausgehoben umfangreich eingeschätzt werden. Trotzdem nahm Mosambik unter den Ländern, mit denen das MfS in Afrika Beziehungen unterhielt, eine herausragende Rolle ein.[325] Unter den sozialistischen Staaten nahm die DDR auf der „Sicherheitsstrecke" nach der Sowjetunion mit Abstand zu den anderen Ostblockstaaten wohl den zweiten, gegebenenfalls gleichrangigen Platz ein.

---

324 Vgl. Engel, U./Schleicher, H.-G.: „Afrikapolitik als Geheime Verschlußsache: Das MfS der DDR" 1996 Manuskript; S. 1. Ebenda, S. 31: „Es ging nie um den Einsatz bewaffneter Kräfte (auch keiner verdeckten) bei innerafrikanischen militärischen Auseinandersetzungen." H. Matthes. Botschafter der DDR in Mosambik von 1983-1987.

325 Zwischen 1977 und 1988 sind „eher offizielle" Beziehungen im afrikanischen Raum zu Mosambik, VR Jemen, Äthiopien, Angola, Tansania mit dem Spezialfall Sansibar und der PLO mit Sitz in Tripolis zu verzeichnen.

Markus Wolf, bis 1986 Chef der Auslandsspionage des MfS und einer der Stellvertreter von Generalmajor Erich Mielke, widmet dem Einsatz des MfS in seiner Biographie ein eigenes Kapitel.[326] Als Motiv für das Handeln „seiner Leute" schreibt er: „Wir waren überzeugt, durch das, was wir leisteten, das Freiheitsstreben der afrikanischen Völker zu unterstützen. Das war vielleicht eine etwas naive Vorstellung, doch die meisten unserer Leute, die in jenen Jahren in der dritten Welt tätig waren, empfanden sich nicht so sehr als Geheimdienstler, sondern als Mitakteure in einem revolutionären Prozeß."[327] Für den Umfang des Engagements des MfS in Mosambik auffällig zurückhaltend beschreibt M. Wolf den Einsatz wie folgt: „In Mosambik unterstützten wir gemeinsam mit kubanischen und sowjetischen Beratern die Regierungspartei FRELIMO gegen die RENAMO-Rebellen, die von den Apartheidregimes Rhodesiens und Südafrikas finanziert wurden. Sechs Jahre lang investierte das Ministerium für Staatssicherheit beträchtliche Mittel in Ausbildung und Ausrüstung eines Sicherheitsdienstes, doch der Bürgerkrieg wurde unentwirrbar. Machtkämpfe innerhalb der Regierung von Mosambik erschwerten uns eine effektive Unterstützung in gleichen Maße wie die Uneinigkeit zwischen KGB und dem sowjetischen Militär über den richten Weg, die Konflikte zu reduzieren, und deshalb beschränkten wir uns zuletzt auf Lieferungen technischer Hilfsmittel und ausgemusterter NVA-Waffen."[328]

Die verschiedenen Hauptabteilungen des MfS agierten teilweise gleichzeitig in den befreundeten und ausgewählten Ländern. Konkurrenzen blieben dabei nicht aus.

Für Mosambik war die HA XVIII, „Sicherung der Volkswirtschaft" eine der Hauptakteure. Mit der Verringerung das ökonomischen Engagements, kommt es wohl zu einer Verlagerung der Kompetenzen. Die HVA von Markus Wolf übernimmt die Federführung.[329]

Im Dezember 1974 forderte S. Machel bei seinem Besuch von der DDR auch Unterstützung auf militärischem und sicherheitspolitischem Gebiet. „Das MfS hat seit 1975 nach besten Kräften der Bitte des von uns hochgeschätzten ersten Präsidenten, Genossen S. Machel entsprochen, den Aufbau des revolutionären Sicherheitsorgans in der VRM zu unterstützen"[330] ist einer Redevorlage des Ministers E. Mielke zu entnehmen. Im Dezember 1977 wurde berichtet, daß der Präsident Machel gegenüber einem Berater der DDR geäußert haben soll:

---

326 Wolf, Markus: Spionagechef im geheimen Krieg – Erinnerungen", München 1998, Hier: Kap.: „Die Entdeckung der Dritten Welt", S. 361-387.
327 Ebenda, S. 366.
328 Ebenda, S. 376.
329 „Vermerk über eine Absprache mit der HVA IX/B" vom 14.06.1984, BStU-MfS BKK 292. Ihm ist zu entnehmen: „1. Die Wirtschaftspolitische Abteilung (WPA-Maputo, Mosambik-Büro der Abteilung „Handelspolitik des Bereiches KOKO, d. Verf.) wurde zukünftig in das Sicherheitssystem der HVA IX/B voll integriert. 2. Die AG BKK (Sicherungsbereich KOKO im MfS; aus der HA XVIII hervorgegangen, d. Verf.) übergibt die IM's während ihres langfristigen Auslandsaufenthaltes in Mosambik zur operativen Nutzung an die HVA IX/B."
330 „Hinweis für das Gespräch des Gen. Minister mit Minister für Staatssicherheit der VRM GM M. Matsinha", in: BStU MfS ZAIG 5120 am 29.08.1978, Bl. 12.

„... daß jetzt, nachdem die Ökonomie klar ist, wir auch politisch weitergehen ... daß der Präsident für die Zusammenarbeit mit der DDR vor allen Dingen drei Gebiete sieht: die Partei, wo er also sehr eng mit der SED zusammen arbeiten will, was den weiteren Aufbau der Partei, die Durchorganisierung betrifft, 2. die Justiz, einschließlich Sicherheit – also Polizei, Staatssicherheit usw. – und 3. Staatsapparat."[331]

Die Hauptaktivitäten des MfS richteten sich vor allem auf die Entsendung von Beratern und materielle Ausstattung des „Schutzregimentes" in Maputo. Diese Unterstützung erfolgte kontinuierlich bis zum Jahre 1989. Daneben spielte die Ausbildung von Kadern vor allem in der DDR eine wichtige Rolle. Schon 1975 wurden 110 FRELIMO-Kader durch das MfS auf Beschluß des ZK-Sekretariates trainiert. „Weitere Guerillas wurden durch das MdI[332] und die DDR-Grenztruppen ausgebildet, so daß bereits zu den Unabhängigkeitsfeiern in Juni 1975 250 in der DDR ausgebildete Sicherheitskräfte zur Verfügung standen.[333]

Der III. FRELIMO-Kongreß im Februar, auf der W. Lamberz anwesend war, erfuhr durch das MfS die „Absicherung". Am 29.08.1978 wird eine Vereinbarung der beiden Sicherheitsdienste in Berlin unterzeichnet. Es wird sich der gegenseitigen Unterstützung, der Beratung und Ausbildung durch das MfS der DDR und Hilfeleistungen „entsprechend der Möglichkeiten" versichert. Hervorzuheben ist folgender Passus: „Das MfS unterstützt gleichfalls beim Erwerb von Materialien und Ausrüstungen auf der Basis von zwischen den Einrichtungen des Außenhandels beider Länder abgeschlossener Verträge."[334]

Dieser Passus ist Umschreibung für Materiallieferungen des MfS auf kommerzieller Grundlage. Zugleich ist er ein Beleg, daß die Lieferungen des MfS in den Plan des Ministeriums für Außenhandel, höchstwahrscheinlich des Bereiches KOKO eingestellt wurden.[335]

Die langfristig eingesetzte MfS-Beratergruppe, auch Ministerratsgruppe genannt[336], umfaßte in der Regel 40 Fachkräfte. Hinzu kamen die Familienangehörigen und Kinder.[337] 1980 wurden 4 zusätzliche Berater abgeordnet. Ein Be-

331 Treffbericht „IM Henry" vom 28.12.1977" „Bericht: Delegation zur Vorbereitung des Einsatzes von 50 Bergleuten zur Wiederaufwältigung der Grube Chipanga III in Mocambiqe", in: BStU MfS AJM 7735/91, Bd. 3, Bl. 255.
332 Ministerium des Innern der DDR.
333 Engel/Schleicher, S. 5.
334 BStU MfS-Dokumenten-Stelle (o. Sig. o. Pag.).
335 M. Wolf schreibt zu den Waffenlieferungen seines Ministeriums (ohne konkreten Bezug auf Mosambik): „Im übrigen tat sich die DDR durch Waffenlieferungen erst im letzten Jahrzehnt ihres Bestehens hervor; Regierungsabkommen regelten die Lieferungen, die entweder über die Armee oder über eine regierungseigene Außenhandelsfirma der Bereiche Kommerzielle Koordinierung erfolgten." in: Wolf, M.: „Spionagechef im geheimen Krieg – Erinnerungen", München 1998, S. 375. Bei den Firmen handelt es sich um den NVA-Außenhandelsbetrieb ITA GmbH. (Ingenieur-Technischer Außenhandel) mit Sitz in Berlin-Pankow und um die KOKO-Firma IMES GmbH.
336 Engel/Schleicher, S. 4.
337 Nach Aussage von Prof. Dr. Helmuth Matthes, Botschafter der DDR in Mosambik von 1983 bis 1988, gegenüber dem Verfasser; in Vergleich: in Äthiopien waren in Normalfall nur 4 Berater eingesetzt. BStU MfS Abt. X 93, Bl. 78.

rater für die Absicherung ökonomischer Objekte (HA XVIII), je ein Spezialist für Spionageabwehr und Nachrichtendienste und ein Fußballtrainer von SV Dynamo Berlin für den Club „Roter Stern".[338] Diese „Ministerratsgruppe" führte ein von der Botschaft weitgehend getrenntes Eigenleben. Ihre Mitglieder arbeiteten sowohl in der Verwaltung des Ministeriums für Staatssicherheit von Mosambik als auch bei der Ausbildung des umfangreichen Personal- und Objektschutzes der Regierung.

Aus Planungslisten für die materielle Unterstützung geht hervor, daß vor allem für das „Schutzregiment" Material der unterschiedlichsten Art geliefert wurde. 1984 erfolgte die Unterstützung „(Waffen, und Munition, Ausrüstungen für das Organ und das Schutzregiment, Fahrzeuge und Unterkünfte)"[339] im Wert von 7 Mio. Mark.[340] 1988 war geplant, für 4,2 Mio. Mark im „Rahmen der Solidarität" Unterstützung zu gewähren. Zwischen 1977 und 1989 wurden wohl jährlich Lieferungen zwischen 3 und 7 Mio. M nach Mosambik gesandt. Neben diesen unentgeltlichen Lieferungen muß es auch kommerzielle Lieferungen des MfS an das „Bruderorgan" gegeben haben. Unter der Rubrik „offenen Forderungen gegenüber Mosambik" werden im März 1988 1.076.882,92 US $ festgehalten.[341] Die Forderungen gehen z.T. bis auf das Jahr 1980 zurück. Damals wurden Papierhäcksler zur Aktenvernichtung und MPI KMS und Patronen geliefert. Bei bereits eingegangenen Zahlungen war vermerkt: „Rückzahlung in US $ erfolgt an Staatshaushalt".[342]

Die Kaderausbildung erfolgte über den gesamten Zeitraum wohl recht gleichmäßig. 1987 wurden z. B. 35 Offiziere in Leitungstätigkeit ausgebildet und eine nicht genannte Anzahl von Personen zu einem „Qualifizierungskurs für Untersuchungsführer" eingeladen.

Für das letzte Gespräch der Sicherheitsminister aus der DDR und Mosambik im August 1988, nachdem die schwierige ökonomische Lage in der DDR beschrieben und die Gefahren der inneren Opposition der DDR benannt wurden, hält der Sprecherzettel für E. Mielke als abschließenden Punkt fest: „Auch weiterhin gilt das Prinzip der gemeinsamen Verantwortung für den Schutz der an gemeinsamen ökonomischen Projekten eingesetzten Kader der DDR und Mosambiks. – Unbedingt notwendig sind dabei gewissenhafte Lageanalysen

---

338 In einem Dossier schreibt GO (Generaloberst) M. Wolf am 03.12.1982 an „Genossen Minister", daß die politische Lage in Mosambik instabil sei, Mosambik der Berlinklausel zugestimmt hätte und u. a. „folgende Tendenzen sichtbar werden: Zunehmende Meinungsverschiedenheiten in der Führung zur weiteren Entwicklung der VRM. Erkennbare Unsicherheit von Präsident Machel bei wichtigen Entscheidungen. Abschiebung der Verantwortung für die entstandene Lage auf die sozialistischen Länder (Einfluß der Beratertätigkeit) und Kritik an ungenügender Unterstützung (Bewaffnung)." BStU MfS ZAIG 5494, Bl. 185.
339 BStU MfS Abt. X 93, Bl. 24.
340 Äthiopien erhielt in gleichen Jahr 100.000 M für Fototechnik und „Ausstattung für die Schule des Organs" Sc.
341 „Offenen Forderungen gegenüber Mosambik", März 1988, in: BStU MfS Abt. Finanzen 1393, Bl. 34.
342 „Rückzahlung in US $ erfolgt an Staatshaushalt", in: BStU MfS Abt. Finanzen 1419, Bl. 3.

und gegenseitige Informationen, um jeweils rechtzeitig die erforderlichen vorbeugenden Maßnahmen einleiten zu können."[343]

Betrachtet man die MfS-Aktivitäten vom Umfang her, sind sie eher mit international durchaus nicht unüblichen (wenn auch bedenklichen) polizeilichen Unterstützungsmaßnahmen in Ländern der Dritten Welt zu vergleichen. Das um ein Vielfaches größere Engagement des MfS in Mosambik in Vergleich zu den anderen Einsatzländern wie in Äthiopien, Angola oder gar Tansania/Sansibar war vor allem „zur Sicherung des besonderen ökonomischen Interesses" der DDR in diesem Land bestimmt.

Das MfS unterstützte so im Ausland mit seinen speziellen Mitteln vor allem die Sicherheit des eigenen Staates an der „ökonomischen Front" in Afrika. Ein revolutionär und tschekistisch wachsames Mosambik garantierte eher die Investitionen der DDR und die prognostizierten Gewinne bzw. Deviseneinsparungen.

Die Arbeit bzw. der Erfolg der Berater bzw. die Sicherheitskooperation wird unterschiedlich bewertet: Ein Beobachter aus Maputo schrieb 1985: „Und es kann als sicher angenommen werden, daß die ausländischen Berater (vor allem der DDR), die den Aufbau des Sicherheitsapparates unterstützen und diesen strukturieren, sich keine große Sympathie erworben haben."[344] Eine 1997 verfaßte wissenschaftliche Studie kommt zum Ergebnis: „So stellte die Militär- und Sicherheitskooperation wenn auch nicht den umfangreichsten, so doch einen Schlüsselbereich für den relativen Erfolg der Afrikapolitik der DDR dar..." „Durch ... den Aufbau von dauerhaften Sicherheitsstrukturen ... (neben Ideologie- und Wertetransfer, sowie Ausbildung von Personen) wurde ein langfristig wirksamer Einfluß ausgeübt, der über den unmittelbaren Bereich der Sicherheitskooperation hinausreichte."[345] In den Kernbereich ihres Sicherheitsgeschäftes, so ein weiterer Beobachter, hätten die Mosambikaner die DDR-Berater nicht schauen lassen.[346] Auf Forderungen des mosambikanischen Ministeriums für Volkssicherheit nach materieller Unterstützung reagierte das MfS eher zurückhaltend. Auch wenn DDR-Berater in wichtigen Bereichen angesiedelt waren, „... scheint Mosambik den Kern seiner geheimdienstlichen Arbeit nicht offengelegt und so eine gewisse Unabhängigkeit bewahrt zu haben."[347]

---

343 BStU MfS ZAIG 5120, Bl. 20; „Zur Beratung und Anleitung bei der Durchführung der Aktion M" MfS Bezeichnung für Moatize, war neben der HA XVIII und der Abteilung N auch das Schutz-oder Wachregiment mit beteiligt, was auf ein Motiv für die langfristige Unterstützung hinweist.
344 Halbjahresbericht II/1984 vom Januar 1985 des Repräsentanten des Büros Maputo der Friedrich-Ebert-Stiftung, S. 7".
345 Engel/Schleicher, S. 17/18.
346 Botschafter H. Matthes gegenüber dem Verf.
347 Schleicher/Engel, S. 4. Zu vergleichbarer Einschätzung kommt auch Botschafter H. Matthes gegenüber dem Verf.

7.10 Zum Aufenthalt von mosambikanischen Arbeitern und Arbeiterinnen in der DDR

Ein noch wenig erforschtes Kapitel der Beziehungen zwischen der DDR und Mosambik stellt die Anwerbung und die Tätigkeit von mehreren Zehntausend mosambikanischen Vertragsarbeitnehmern und Vertragsarbeitnehmerinnen[348] in Betrieben der DDR dar.

Zwischen 1979 und 1989 arbeiteten ca. 21.600 Mosambikaner und Mosambikanerinnen in der DDR.[349] Zum genaueren Verständnis der Lebensumstände der mosambikanischen Arbeiter müssen vor allem auch die sozialen Belange und Auswirkungen auf die mosambikanischen Bürger mit berücksichtigt werden.[350]

An dieser Stelle kann lediglich versucht werden, einige ökonomische Zusammenhänge des Einsatzes der Vertragsarbeiter zu erhellen.

Bereits mit dem 03. November 1977 datiert, findet sich in den Unterlagen des Büros G. Mittag eine „Stellungnahme zum Vorschlag der VR Mosambik über die Ausbildung mosambikanischer Arbeiter in Betrieben der DDR" erstellt von Staatssekretariat für Arbeit und Löhne der DDR und nicht wie zu erwarten wäre, vom Staatssekretariat für Berufsausbildung; welches für Ausbildungsfragen zuständig gewesen wäre. In der Stellungnahme heißt es im ersten Punkt: „Die VR Mosambik will 1978 und 1979 jeweils 1.000 Arbeiter in die DDR zur einjährigen praktischen Ausbildung entsenden. Die besten Arbeiter unter ihnen sollen die Möglichkeit einer zweijährigen Ausbildung (Ausbildung in bestimmten Spezialisierungen) erhalten".[351]

Dies wurde durch das Staatssekretariat für Arbeit und Löhne mit folgender Begründung abgelehnt: „Die Beschäftigung mosambikanischer Werktätiger nur mit Arbeiten, die keinerlei Bildungsvoraussetzungen erfordern, ist aus politischen Erwägungen nicht vertretbar und hat auch keinerlei Nutzen für die mosambikanische Volkswirtschaft. Den Industriebetrieben würden außerdem produktionsorganisatorische und technologische Schwierigkeiten entstehen, die sie nicht oder nur mit einem unvertretbar hohen Aufwand lösen könnten. Aufwand und Nutzen, die mit einem solchen Einsatz für beide Seiten entste-

---

348 „Vertrags- oder Regierungsarbeitnehmer" sind bundesdeutsche Begriffe. In der DDR wurde die Bezeichnung mosambikanische Werktätige verwendet.

349 Schleicher, I.: „DDR und Afrika" II, S. 188.

350 Vgl. dazu: Karsten, Marie-Elenora; Marburger, Helga und Ulrich Steinmüller (Hrsg.): Interkulturelle Forschungs- und Arbeitsstelle. Fachbereich Erziehungs- und Unterrichtswissenschaften. TU Berlin. „Wir haben unseren Beitrag zur Volkswirtschaft geleistet." Eine aktuelle Bestandsaufnahme der Situation der Vertragsarbeitnehmer der ehem. DDR vor und nach der Wende. Frankfurt a.M. 1993; „Die Bundesbeauftragte des Bundesregierung für die Belange der Ausländer „Die ausländischen Vertragsarbeitnehmer in der ehemaligen DDR" Autor: Andreas Müggenburg, Berlin 1996; Sextro, Uli; „Gestern gebraucht – heute abgeschoben" Die innenpolitischen Kontroverse um die Vertragsarbeitnehmer der ehemaligen DDR, Sächsisches Landeszentrale für politische Bildung, Dresden 1996.

351 „Stellungnahme des Staatssekretariates Arbeit und Löhne zum Vorschlag der VRM über die Ausbildung mosambikanischer Arbeiter in Betrieben der DDR" vom 03.11.1977, in: BAZ DY30 22190 (Büro Mittag).

hen, rechtfertigen deshalb die Ausbildung mosambikanischer Jugendlicher in dieser vom Partner vorgeschlagenen Form nicht."[352] Es wurde „unabhängig davon" vorgeschlagen, „die Ausbildung von 100 mosambikanischen Jugendlichen in Einrichtungen der Berufsausbildung durch den Staatssekretär für Berufsausbildung zu vereinbaren.

Hintergründe dieser Bitte der mosambikanischen Regierung um Entsendung von 2.000 Arbeitern zur praktischen Ausbildung sind zum einen der Ersatz der nach der Unabhängigkeit nicht mehr vorhandenen portugiesische Facharbeiter und die von der FRELIMO beabsichtigte „Industrialisierung". Zum anderen die Tatsache, daß Mosambik einen erheblichen Anteil seiner Arbeitskräfte traditionell als Wanderarbeiter vor allem in Südafrikas Goldminen beschäftigen konnte. Nach der Unabhängigkeit ergaben sich zwangsläufig Schwierigkeiten auch auf diesem „klassischen" Feld der Beziehungen. Südafrika kündigte verschiedene Verträge über den Einsatz von Wanderarbeitern. Dies bedeutete für den Staat Mosambik und für die Wanderarbeiter erhebliche finanzielle Einbußen. „Auf Grund der Kündigung der 'Goldoption' (So die Bezeichnung der Verträge über die Wanderarbeiter in den Goldminen, d. Verf.) verringerte sich Mosambiks Deviseneinnahmen aus dem Verkauf von Wanderarbeitern an Südafrika von rund 150 Mio. bis 175 Mio. US $ im Jahre 1975 auf weniger als 15 Mio. US $ im Jahre 1978."[353] Die ausbleibenden Geldüberweisungen der Wanderarbeiter an ihre Familien verringerte vor allem im Süden Mosambiks die Kaufkraft, erschwerten die Lebenshaltung und stellten den Staat vor unerwartete Probleme.

Während der „dynamischen" Vorbereitungen des Staatsbesuches und des Abschlusses des Freundschaftsvertrages muß die Bitte erneut verhandelt worden sein. Die DDR-Führung hat inzwischen Interesse an mosambikanischen Werktätigen. Die „politischen nicht vertretbaren Erwägungen" sind nicht mehr vorhanden. Aus dem Ersuchen um Aufnahme von Arbeitern zur Ausbildung in Betriebe ist nun ein „Programm zur zeitweiligen Beschäftigung von mosambikanischen Werktätigen" geworden.

Im Rahmen des Freundschafts- und Staatsbesuches wird zeitgleich mit anderen grundlegenden Verträgen am 24.02.1979 ein „Abkommen über die zeitweilige Beschäftigung mosambikanischer Werktätiger in sozialistischen Betrieben der DDR" durch G. Mittag, als ZK-Sekretär für Wirtschaft und M. dos Santos, als Planungs- und Entwicklungsminister unterzeichnet.[354] Artikel 1, Absatz 1, Satz 1 lautet: „Die Regierung der Deutschen Demokratischen Republik ermöglicht 2.000 Bürgern der Volksrepublik Mocambique für die Dauer von je-

---

352 „Stellungnahme des Staatssekretariates Arbeit und Löhne zum Vorschlag der VRM über die Ausbildung mosambikanischer Arbeiter in Betrieben der DDR" vom 03.11.1977, in: BAZ DY30 22190 (Büro Mittag).

353 Nach: Africa Contemporary Record, Annual Survey and Documents, Hrsg. Legum, C. New/London 1980, S. 339, in: Weimer, B.: „Die Mosambikanische Außenpolitik 1975 1982" Stiftung Wissenschaft und Politik, Ebenhausen/Köln 1983.

354 Politisches Archiv des Auswärtigen Amtes – Außenstelle Berlin o. Sig. Handschriftlicher Vermerk: „Gelöscht: 08.06.1989".

weils vier Jahren die Aufnahme einer bezahlten Beschäftigung in sozialistischen Betrieben." Weiterhin werden „praktische Berufserfahrung im Prozeß der produktiven Tätigkeit und ... betriebliche Erwachsenenqualifizierung" zugesagt. Im Absatz 2 verpflichtet sich die DDR wie folgt: „Die mosambikanischen Werktätigen werden im Produktionsprozeß ausschließlich an solchen Arbeitsplätzen eingesetzt, die im Zusammenhang mit der in diesem Abkommen vorgesehenen beruflichen Aus- und Weiterbildung die Vermittlung eines hohen Maßes an Kenntnissen und Fertigkeiten ermöglicht".

Für die Beschäftigung in Betrieben der DDR sind mosambikanische Bürger zwischen 18 und 25 Jahren (männlich und weiblich) zu delegieren, die gesundheitlich geeigneten und durch das Ministerium für Arbeit von Mosambik ausgewählt wurden.

Die Einreise hat ohne Familienangehörige zu erfolgen. „Die Reise mosambikanischer Werktätiger in dritte Länder ist ausgeschlossen". Die mosambikanischen Arbeiter können 25 % des Nettolohnes[355] nach Mosambik transferieren. „Alle mit dem Einsatz der mosambikanischen Werktätigen verbundenen Zahlungen und Überweisungen erfolgen über die bestehenden Sonderkonten ... der Vereinbarung vom 15.11.1977"[356]

Als vorrangige Einsatzbereiche werden schon im 1. Artikel des Abkommens aufgeführt:

– Braunkohlenbergbau

– Kupferbergbau/Verarbeitung)

– Herstellung von Lastkraftwagen

– Textilindustrie

– Landwirtschaft.

Jedem vorgesehenen Einsatzschwerpunkt der mosambikanischen Werktätigen in der DDR-Industrie kann ein Großprojekt aus der „Komplexen Konzeption der Zusammenarbeit mit Mosambik" von A. Schalck zugeordnet werden. Die Absicht war, so ist zu schließen, daß die mosambikanischen Arbeiter nach vier Jahren „zeitweiser Beschäftigung" in den Braunkohlentagebauten der Niederlausitz direkt im mosambikanischen Steinkohlenrevier von Moatize zum Einsatz kommen. Die Kenntnisse des Mansfelder Kupferbergbaus könnten bei der Erz- und Goldgewinnung im mosambikanischen Bergland angewandt werden. Die Arbeiter aus den LKW-Werken waren demnach für das geplante Montagewerk der W-50-Reihe und die Mosambikanerinnen aus der DDR-Textilindustrie ins konzipierte Textilkombinat nach Mocuba vorgesehen.

---

355 Andere Quellen berichten von „25 % bis 60 % der Lohnsumme über 350,– M".
356 Politisches Archiv des Auswärtigen Amtes – Außenstelle Berlin o. Sig. Handschriftlicher Vermerk: „Gelöscht: 08.06.1989.

Schon für 1980 wurden 3.000 Arbeitskräfte aus Mosambik in der Volkswirtschaft eingeplant.[357]

Im „Abkommen zwischen den Regierungen der DDR und der VRM über die Bezahlung von Warenlieferungen und Leistungen zwischen beiden Staaten"[358] vom 07.11.1979, für die Regierung der DDR unterzeichnet von D. Uhlig, findet sich die Liste C „Export der VRM in die DDR für das Jahr 1980". Unter Position 18 ist verzeichnet: „Leistungen – 3,3 Mio. US $", ohne dies genauer zu erklären. Es ist anzunehmen, daß mit dem Begriff „Leistungen" die Transfer-Leistungen zu verstehen sind, die die mosambikanischen Arbeiter als Bestandteile ihres monatlichen Lohnes erarbeiten sollen. Welche anderen Leistungen hätte Mosambik an den „zehntgrößten Industriestaat der Welt, die DDR sonst „exportieren" können?

Seit dem ersten Einsatz von mosambikanischen Vertragsarbeitern war der Abbau des DDR-Guthabens durch die Lohntransfers der mosambikanischen Werktätigen vertraglich eingeplant. Mit einem Wert in Höhe von 3,3 Mio. US $ wurden mehr als 50 % des im Abkommen preisspezifizierten „Exportes" von Mosambik in der DDR mit sogenannten Transferleistungen festgelegt. Nach dem 1978 und 1979 hektisch erzeugten Außenhandelsüberschuß der DDR gegenüber Mosambik suchte man nach „exportfähigen" Leistungen in die DDR. In den Augen der Verantwortlichen schien der Einsatz von Arbeitskräften dafür geeignet zu sein. Dabei trafen sich die verschiedenen Interessen: Mosambik suchte einen Ersatz für die nicht mehr zur Verfügung stehenden Arbeitsplätze der Wanderarbeiter in Südafrika, erhoffte sich Ausbildungshilfe und die Stärkung bzw. Schaffung der Arbeiterklasse. Die DDR wollte ihr Arbeitskräftedefizit mildern, den Handelsüberschuß verringern und Facharbeiterressourcen für die zukünftigen Großbetriebe in Mosambik anlegen.

Durch diese Planbindung der Transferleistungen wurden vom ersten Einsatz an die mosambikanischen Werktätigen zum „Schuldenabbau" herangezogen. Diese Praxis wurde bis zum Ende der DDR fortgeführt und ausgeweitet.

Die verbreitete Ansicht, daß erst seit 1985/86 die Anwerbung der Vertragsarbeitnehmer unter primär ökonomischen Gesichtspunkten und bis dahin vor allem „im Rahmen internationaler Solidarität" erfolgte, kann nicht bestätigt werden.[359]

Bis 1985 stieg die Zahl der mosambikanischen Werktätigen in der DDR auf ca. 5.000. Zum 31.09.1987 zählte die HA XVIII des MfS 7.800 mosambikanische Werktätige in der DDR.[360] Für 1988 waren 4.500 weitere mosambikanische

---

357 „Komplexe Konzeption DDR-Mosambik vom 17.09.1979" für ZK der SED, in: BAZ DY30 J/V2/3A/3379.

358 Politisches Archiv des Auswärtigen Amtes – Außenstelle Berlin o. Sig.

359 Vgl. Die Beauftragte der Bundesregierung für die Belange der Ausländer; Autor: Mückenburg, A.: „Die ausländischen Vertragsarbeitnehmer in der ehem. DDR.", Berlin 1996, S. 8, auch anderer Autoren.

360 „Jahreseinschätzung zur politisch-operativen Lage unter den ausländischen Werktätigen in der DDR" vom 19.10.1987, in: BStU MfS HX XVIII Nr. 5881. Insgesamt weilten 95.400 ausländische

Werktätige zum Einsatz in DDR-Betriebe zwecks Schuldenabbau vorgesehen. Hintergrund ist ein „Erneutes Ersuchen der Präsidenten der FRELIMO und der VRM auf weitreichende Unterstützung" vom 05. Juni 1987. Dabei ging es vor allem um 260 Mio. US $, die bis 1990 durch Mosambik an die DDR zu zahlen waren.

In der Vorlage für das Politbüro des ZK der SED, „Betrifft: Festlegung in Beantwortung der Botschaft des Präsidenten der FRELIMO-Partei und VR Mocambique an den Generalsekretär des ZK der SED, Genossen Erich Honecker, vom 05. Juni 1987" am 21.8.1987[361] wurde dies ausführlich erörtert.

Der erbetene Stundung, möglichst zu besseren Bedingungen als die des „Pariser Clubs", sollte unter Bedingungen zugestimmt werden. „Als Voraussetzungen für die Stundung sind im Rahmen des Gemeinsamen Wirtschaftsausschusses DDR/VRM folgende Vereinbarungen anzustreben:

1. Berechnung der Vergütungssätze für WTZ- und KWT-Spezialisten auf US-Basis zu dem vor der 1. Abwertung des Metical gültigen Umrechnungsverhältnis,

2. Verrechnung der Einnahmen aus Spezialistenvergütung, ... (über) ein zu schaffendes Devisenkonto mit den Ausgaben der Botschaft, einschließlich der Handelspolitischen Abteilung,

3. Erhöhung der Anzahl der in die DDR zu entsendenden Werktätigen ab 1988 auf insgesamt 13.000."[362]

Im Vorfeld des Ersuchens des Präsidenten von Mosambik um Schuldenerlaß bzw. Stundung richtete A. Schalck ein auf dem 28.05.1987 datiertes Schreiben an den Stellvertreter des Vorsitzenden des Ministerrates und Vorsitzenden der Staatlichen Plankommission G. Schürer. In diesem Schreiben übersandte er den Entwurf einer Vorlage für das Politbüro des ZK der SED über „Maßnahmen zur Sicherung der Neueinreise von 4.500 mocambiquanischen Werktätigen und ihres Einsatzes in sozialistischen Betrieben der DDR in Jahre 1988"[363]. Als Einreicher der Vorlage ist G. Mittag ausgewiesen.

Arbeitskräfte in der DDR. „Vorkommnisse mit mosambikanische Werktätigen im September 1987 belegen, daß diese Ausländergruppe zunehmend Provokationen von DDR-Bürgern ausgesetzt sind." Bl. 8; „120 mosambikanische Werktätige mußten aus disziplinarischen Gründen vorzeitig zurückgeführt werden", Bl. 7.

361 „Vorlage für das PB des ZK der SED, Betrifft: Festlegung in Beantwortung der Botschaft des Präsidenten der FRELIMO-Partei und VR Mocambique an den Generalsekretär des ZK der SED. Genossen Erich Honecker, vom 05. Juni 1987" o.D.; Außenminister O. Fischer stimmt der Vorlage am 21.08.1987 zu. Als Einreicher sind ausgeführt: G. Schürer; O. Fischer; G. Beil; E. Höfner; A. Schalck, K. Singhuber; in: BAC DL-2-KOKO 2.

362 Ebenda; Direkt im Anschluß an diese Bedingungen wird aufgeführt: „Der Export der DDR nach der VRM ist auch in den nächsten Jahren entsprechend den bestehenden zwischenstaatlichen Vereinbarungen vorrangig auf Lieferungen und Leistungen für den Bereich der Landesverteidigung und die Schwerpunktobjekten der wirtschaftlichen Zusammenarbeit ... zu konzentrieren."

363 Schreiben von A. Schalck an G. Schürer vom 28.05.1987 mit Entwurf einer Vorlage: „Maßnahmen zur Sicherung der Neueinreise von 4.500 mocambiquanischen Werktätigen und ihres Einsatzes in sozialistischen Betrieben der DDR in Jahre 1988", in: BAC DL-2-KOKO 2.

Die für 1988 vorgesehene Verdopplung der Anzahl der mosambikanischen Werktätigen in der DDR auf 13.000 wird auf Grund des Schuldenstandes begründet:

– „Über den von der VRM-Seite für ihre Werktätigen zur Pflicht erhobenen Transfer von Lohnteilen ist eine Reduzierung der jährlichen entstehenden Aktivsalden zugunsten der DDR möglich"[364]

– „Mit Einsatz von insgesamt 13.000 mosambiquanischen Werktätigen wird sich der Pflichttransfer wie folgt erhöhen:

1986   4,6 (Mio. CL $)

1987   14,7

1988   8,1

1989   26,2

1990   27,3 "

– „Nach Berechnungen des Ministeriums der Finanzen der DDR betrug der durchschnittliche Anteil eines mosambikanischen Werktätigen am 1986 produzierten Nationaleinkommen der DDR netto 18.482 Mark. Der Einsatz von insgesamt 13.000 mosambikanischen Werktätigen ab 1988 entspricht demnach einem jährlichen Beitrag zum Nationaleinkommen von ca. 240 Mio. Mark."

– „Mit dem Einsatz zusätzlicher Werktätiger aus Mosambik kann der Rückgang bzw. die Beendigung des Einsatzes polnischer und kubanischer Werktätiger teilweise kompensiert werden."

Diese Vorlage schloß sich das Politbüro nicht an. Sie muß nicht weit genug gegangen sein. In einem späteren Dokument wurde mitgeteilt, daß in Dezember 1987 das Stundungsersuchen von Mosambik nicht stattgegeben wurde: „Einem erneuten Stundungsersuchen der VRM konnte nicht zugestimmt werden. Politbüro-Beschluß vom 01.12.1987. Somit sind die seit 01.10.1987 überfälligen und fällig werdenden Forderungen der DDR gegenüber der VRM nicht mehr völkerrechtlich vereinbart. Gemäß Auftrag (d. Politbüros, d. Verf.) wurde eine neue Variante erarbeitet, die vorsah, das Problem des Abbaus des Guthabens der DDR über die Verrechnung des Transfers für den erweiterten Einsatz von mosambikanischen Werktätigen in der DDR zu lösen."[365]

Zusätzlich zu den in Sommer 1987 eingeplanten 4.500 Werktätigen wurden im Januar 1988 für das gleiche Jahr weitere 3.500 zur Neueinreise[366] vorgesehen.

---

364 Ebenda.

365 „Beschluß des Politbüros vom 28.06.1988, in: BAC DL-2-KOKO 1, S. 15.

366 Diese Beschlüsse bringen erhebliche logistische Probleme mit sich. Täglich müssen bis zu 40 Personen ausgesucht und medizinisch untersucht werden. Wöchentlich sind bis zu 160 Mosambikaner

Die Neueinreisen wurden als Ausweg für die der DDR-Führung nicht erfolgte Entschuldung angesehen und Mosambik vorgeschlagen. Die mosambikanische Seite stimmte zu. Die Entschuldungsleistungen aus dem Nachfolgeantrag werden neu berechnet. „Mit dem Einsatz von nunmehr voraussichtlich insgesamt 16.500 mosambikanischen Werktätigen wird sich der Transfer wie folgt entwickeln:

1986	4,6 (Mio. CL-$)
1987	13,5
1988	23,8
1989	36,3
1990	37,3
1991	36,3 "[367]

stellt die Vorlage vom 28.01.1988 fest.

Ebenfalls am 28.06.1988 beschloß das Politbüro für 1989 die Zahl der mosambikanischen Arbeiter auf insgesamt 18.000 zu erhöhen, um „das Guthaben von 367,2 Mio. ... auf 66,4 Mio. Clearing US $ bis 1995" zu reduzieren.[368] Ab 1992 bis 1995 wurden die Transferleistungen pauschal mit 40 Mio. CL-$ angegeben.

Mit 18.000 mosambikanischen Vertragsarbeitern sollte nach dieser Planung der SED-Führung die Höchstzahl an Einreisen 1989 erreicht werden. Entsprechend des Abbaus der Schulden sollte sich danach die Zahl der Vertragsarbeiter verringern.

Aus einem Bericht über die auf dem Politbürobeschluß basierenden Verhandlungen zum Abbau des Guthabens der DDR gingen die Unterschiede in den Meinungen deutlich hervor.

Die Verhandlungen für die DDR leitete D. Uhlig, in Funktion des stellvertretenden Vorsitzenden des GWA. Mosambik war durch den Finanzminister Abdul Magid Osman vertreten.

„Auf der Grundlage der am 28.06.1988 vom Politbüro des ZK der SED bestätigten „Maßnahmen zur Gestaltung der Wirtschaftsbeziehungen zwischen der DDR und der VRM bis 1995 im Sinne einer beidseitigen befriedigenden Lö-

---

per Flugzeug in die DDR zu bringen. Die gemäß der Dynamik, die Politbürobeschlüsse mit sich bringen, gibt es oft keine ausreichende Zeit, geeignete Wohnquartiere zu finden oder die DDR-Werktätigen in geeigneter Weise auf die neuen Gäste und Kollegen vorzubereiten.

367 „Schreiben von A. Schalck an G. Schürer vom 28.01.1988 mit Vorlage zu „Maßnahmen zur Sicherung der Neueinreise von zusätzlichen 3.500 mocambiquanischen Werktätigen und ihres Einsatzes in sozialistischen Betrieben der DDR im Jahre 1988", in: BAZ DE-1-55151/2.

368 Ebenda, vgl. auch: „Die ausländischen Vertragsarbeitnehmer in der ehemaligen DDR" Mitteilungen der Beauftragten der Bundesregierung für die Belange der Ausländer, Autor, Mückenburg. A., Berlin November 1996, S. 10.

sung zum Abbau des Guthabens der DDR" wurde der Vorschlag der DDR erläutert, das Guthaben über den erweiterten Einsatz von mocambiquanischen Werktätigen in der DDR bis 1995 weitgehend abzubauen. Dem Genossen Magid wurde erklärt, daß die DDR auf Grund der Vielzahl der vorliegenden Anträge nicht in der Lage ist, weitere Stundungen zu vereinbaren."

„Der Genosse Madig entgegnete, daß der Vorschlag der DDR für die VRM aus finanziellen und moralischen Gründen unannehmbar sei. Mocambique habe alle Gläubiger gebeten, die fällig werdenden Forderungen bei niedrigsten Zinsen für mindestens 15 Jahre zu stunden. Die Mehrheit der Länder ist bereits darauf eingegangen. Im Rahmen des Pariser Clubs ist eine Übereinkunft erzielt worden..." Diese Übereinkünfte seien für Mosambik günstiger als die Vorschläge der DDR.[369]

„Der Vorschlag der DDR bedeute in der Praxis, daß die DDR das einzige Land sei, was eine sofortige Rückzahlung der Schulden Mocambiques fordere (Kapital und Zinsen). Dies sei angesichts der menschlichen Not in Mosambik nicht verständlich.

Auf den konkreten DDR-Vorschlag eingehend, stellte der VRM-Minister die Frage, weshalb die DDR das Recht für sich in Anspruch nehme, die Forderungen gegenüber Mocambique aus dem Transfer seiner Arbeitskräfte zu tilgen. Er machte darauf aufmerksam, daß die VRM durchaus das Recht habe, die Transferleistungen zur Lösung innerer Probleme zu verwenden. Wenn man das Problem zuspitze, so Genosse Magid, könne Mosambique auch die Forderung erheben, einen Teil des Transfers der Arbeitskräfte in konvertierbaren Devisen zur Verfügung gestellt zu bekommen. Gerechtfertigt sei auf jeden Fall, erhöhte Exporte der DDR in die Volksrepublik Mosambique darauf zu bezahlen."

„In seiner Erwiderung erläuterte Genosse Uhlig nochmals die großzügigen Bedingungen, die die DDR Mocambique jahrelang zur Rückzahlung der Schulden gewährt hat, und die Vorteile des Abbaues des Guthabens über den erweiterten Einsatz von Arbeitskräften."[370]

Abschließend wurde darauf hingewiesen, daß mit der Anwerbung zusätzlicher Arbeitskräfte auch innere Probleme Mosambiks gelöste werden könnten. 1988 kam es zu keiner Stundung oder gar Schuldenstreichung durch das Politbüro. Es kam zur größten Einreisewelle von mosambikanischen Arbeitern und Arbeiterinnen, die es in den zehn Jahren der Vertragsregelung gab.

Die tatsächlichen Einreisen mosambikanischer Werktätiger zwischen 1979 und 1989 stellen sich wie folgt dar:[371]

---

369 UdSSR, Schweden und Republik Südafrika verzichteten auf Zinsen, Italien schlug 1,5 %, Cuba 2 % und Portugal 3 % vor. Die DDR bestand auf 5 % bei sofortiger Tilgung.
370 „Bericht über die Verhandlung mit dem Finanzminister der Volksrepublik Mosambik, Genossen Abdul Magid Osman, zum Abbau des Guthabens der DDR" vom 11.07.1988, Unterschrift Uhlig, in: BStU-MfS AJM 7735/91, Bd. 6., Bl. 16-18.
371 Nach: Riede. Almut: „Erfahrungen algerischer Arbeitsemigranten in der DDR", Berlin 1992, S. 5; in: Sextro; Uli; „Gestern gebraucht – heute abgeschoben", Dresden 1996, S. 22.

Jahr	1979	1980	1981	1982	1983	1984	1985	1986	1987	1988	1989
Einreisen:	447	2.839	2.618	Keine	382	Keine	1.347	2.896	3.203	6.464	1.992

Auf Grund der hohen Forderungen der DDR gegenüber Mosambik kam es im Mai 1989 erneut zu Umschuldungsverhandlungen.

Diese erwiesen sich als äußerst schwierig. Aus „Informationen zum Stand der Umschuldungsverhandlungen mit der VRM" zum Beschluß des Politbüros des ZK der SED vom 09. Mai 1989[372] sowie der dazugehörigen Direktiven ging hervor: „Zur Durchsetzung dieses Konzeptes haben inzwischen drei Verhandlungsrunden stattgefunden. Es konnte keine Einigung erzielt werden. ... Das Problem wurde in den Verhandlungen bis zur möglichen Rückführung der Werktätigen nach Mosambik zugespitzt. Trotzdem bleibt die VRM-Seite bei ihrer Forderung ... Die bisherigen Verhandlungen zeigen, daß die VRM-Seite die bisherige Praxis, wonach der Transfer ihrer Werktätigen in voller Höhe zum Guthabenabbau beträgt, erneut nicht akzeptieren wird."[373]

Unter anderem gab es in Mosambik Probleme mit den privaten Geldtransferleistungen der Vertragsarbeiter zur Unterstützung der in Mosambik verbliebenen Familien. Die Regierung Mosambiks konnte die ins Land fließende Kaufkraft nicht mit Waren abdecken. Sie forderte von der DDR deshalb zusätzliche Warenlieferungen. In den Direktiven für die anstehenden Verhandlungen heißt es u. a.: „Unter Berücksichtigung des Zieles, ökonomisch maximale Bedingungen für die Deutsche Demokratische Republik zu erreichen, ... ist die geltende Transferregelung dahingehend zu verändern, den bisherigen Transfer von Lohnanteilen um die Hälfte zu verringern." ... „Bleibt die VRM bei der Forderung 50 % des für 1989 und 1990 zu erwartenden Lohntransfers durch zusätzliche Warenlieferungen auszugleichen, ist der Leiter der Delegation bevollmächtigt, dem bis zu einer Höhe von maximal 35 Mio. US $ zuzustimmen."[374] Im Rahmen der sich anschließenden Verhandlungen kommt es zu Umschuldungen in Höhe von maximal 160 Mio. US $.[375] Über die Reduzierung der zwischen den Regierungen strittigen Transferleistungen wurde nichts bekannt. Die Verhandlungen führten die stellvertretende Finanzministerin H. König und Sonderbeauftragter D. Uhlig.

Über den praktische Vollzug des Lohnanteiltransfers und den Nutzen für die mosambikanischen Bürger ist noch wenig bekannt. Die Transferleistungen enthielten zwei unterschiedliche Bestandteile: Lohnanteile und Ansprüche auf

---

372 „Informationen zum Stand der Umschuldungsverhandlungen mit der VRM" zum Beschluß des Politbüros des ZK der SED vom 09. Mai 1989 in: BAC DL-2-KOKO 1, vgl. auch „Die ausländischen Vertragsarbeitnehmer in der ehemaligen DDR" Mitteilungen der Beauftragten der Bundesregierung für die Belange der Ausländer, Autor, Mückenburg. A., Berlin November 1996, Dokument 4.
373 Ebenda, S. 3 und 4.
374 Ebenda.
375 Vgl. Abschnitt 7.11 Forderungen der Bundesrepublik gegenüber Mosambik aus Beständen der DDR.

Kranken- und Rentenleistungen. Die mosambikanischen Vertragsarbeiter sollten gemäß DDR-Recht durch ihre Arbeit in der DDR mittels zentralen Transfer landesübliche Rentenansprüche in Mosambik erwerben können.[376] „Befragte ehemalige Vertragsarbeiter konnten dazu keine Auskünfte machen und verfügen auch über keinerlei schriftliche Unterlagen zu dieser Problematik."[377] Personen, die intensiv mit der Betreuung von mosambikanischen Vertragsarbeitern vor und nach 1989 befaßt waren, bewerten den Transfer für den einzelnen Arbeitnehmer sehr unterschiedlich.[378]

Weitere Untersuchungen sind zur Klärung dieser Fragen notwendig.

Durch die direkte Bindung des Einsatzes der Vertragsarbeiter an den Abbau des Aktivsaldos der DDR gegenüber Mosambik ist davon auszugehen, daß Teile des Lohntransfers und der Kranken- und Rentenansprüche aus den vertraglichen Verpflichtungen[379] der DDR, der mosambikanischen Regierung nicht zur Weitergabe an die Vertragsarbeiter bzw. deren Familien zur Verfügung standen. Den Arbeiterinnen und Arbeitern aus Mosambik ist dadurch ein Verlust entstanden. Daraus könnten sich unter Umständen Konsequenzen auf finanz-, sozial-, und entwicklungspolitischem sowie ggf. juristischem Gebiet ergeben. Verstärkt fragen ehem. Vertragsarbeiter nach ihnen „vorenthaltenden Ansprüchen" und einer vergleichbaren Behandlung der mosambikanischen Arbeiter mit „Gastarbeitern" in Westdeutschland und ostdeutschen DDR-Werktätigen, die in das bundesdeutsche Rentensystem integriert wurden.[380]

7.11 Zum Außenhandel DDR – Mosambik

Auf den Außenhandel zwischen beiden Staaten wurde bereits an verschiedenen Stellen der Studie eingegangen. Ein Hauptziel seitens der DDR durch Importe auf dem Gebiet des Bergbaus, insbesondere der Steinkohlegewinnung und von landwirtschaftlichen Produkten aus Großfarmen in Mosambik Devisen zu sparen. Die Bezahlung sollte in der Regel über die Verrechnung von – meist für

376 Nach: Stier, P. u. a.: in „Entschuldung und nicht-kommerzielle Umwelt- und Entwicklungsfonds am Beispiel Mosambik" Studie im Auftrag der Stiftung Nord-Süd-Brücken, Berlin 1996, Manuskript, S. 42.
377 Ebenda, S. 42.
378 Die Ansichten bzw. Kenntnisse reichen von keinerlei Auszahlung von Geldern in Mosambik über regelmäßige Auszahlungen durch staatliche Stellen bis hin zur einmalig ausgezahlten Summe bei Ankunft im Heimatland. Vgl. dazu auch: „Die ausländischen Vertragsarbeitnehmer in der ehemaligen DDR" Mitteilungen der Beauftragten der Bundesregierung für die Belange der Ausländer, Autor, Mückenburg. A., Berlin November 1996, S. 20.
379 Ebenda, S. 42 „Es konnte bis jetzt noch nicht eindeutig die juristischen Grundlagen dieses Verfahrens geklärt werden."
380 So Eusébio Demba in der deutsch-mosambikanischen Zeitschrift „Unser Journal" Maputo/Berlin April 1998, S. 4. Sein ehemaliger Betrieb schrieb zu seinen von ihm errechneten Rentenforderungen in Höhe von 23.000 DM: „Aufgrund des Arbeitskräfteabkommens der ehem. DDR mit Mosambik hat zum Ausgleich hierfür den im Arbeitskräfteabkommen festgelegen Betrag an Ihren Heimatstaat überwiesen. Wir empfehlen Ihnen sich an die Sozialversicherung Ihres Heimatstaates zu wenden, die die in der ehem. DDR zurückgelegten Zeiten nach ihren Rechtsvorschriften zu entschädigen hat."

die Großprojekte der DDR erbrachten – Lieferungen und Leistungen in Form eines Verrechnungsgeschäftes auf Clearing-US $-Konten oder durch „Ware gegen Waren"-Geschäfte erfolgen. Der Export der DDR bestand vor allem aus LKW W 50 und Anlagen der metallverarbeitenden Produktion.

Mosambik erwartete vor allem, inspiriert von den staatssozialistischen Modernisierungs- und Industrialisierungsauffassungen, eine schnelle Entwicklung der eigenen, schwach ausgebildeten Produktionsbasis in möglichst größer werdender Unabhängigkeit vom westlich dominierten Weltmarkt und eine Steigerung der Exportkraft. Dies rührte von der Annahme des „Großen Sprunges" her. Mit dem „Ware gegen Ware"–Handel bot die DDR ihre Produkte unter Ausnutzung von ideologischer „Beratung" und intensiver Reisediplomatie, zum Teil unter Einbeziehung der „höchster Ebene" an. In der für Jahre entscheidenden Direktive für die Beratungen des GWA von Juli 1978 wurde als strategisches Ziel der Außenwirtschaftsbeziehungen formuliert: „Das strategische Ziel in der weiteren Vertiefung der ökonomischen und wissenschaftlich-technischen Zusammenarbeit mit der VR Mosambik besteht darin, die junge Volksrepublik mit Hilfe und Unterstützung der DDR zu einem zuverlässigen Handelspartner zu entwickeln, der die DDR langfristig und stabil mit wichtigen mineralischen und landwirtschaftlichen Rohstoffen beliefert und zugleich den Absatzmarkt mit wachsender Aufnahmefähigkeit für typische DDR-Exporterzeugnisse darstellt. Diesem wirtschaftspolitischen Ziel sind alle Aktivitäten auf dem Gebiet der Industriekooperation, der wissenschaftlich-technischen und der kulturell-wissenschaftlichen Zusammenarbeit, der unmittelbaren Marktarbeit, des Aufbaus der äußeren Absatz- und Bezugsorganisationen, der Messe- und Ausstellungstätigkeit usw. unterzuordnen".[381]

Das Primat der wirtschaftspolitischen Zielstellungen und die vorrangige Sicherung der Interessen der DDR war damit klar festgelegt und definiert. Die Orientierung auf die Rohstoffsicherung wurde mit durch die 1974/75 einsetzenden Rohstoffpreiserhöhungen bei Verringerung der Liefermengen seitens der Sowjetunion gegenüber der DDR und weiteren Bündnispartnern hervorgerufen. Bis zu diesem Zeitabschnitt fungierte die Sowjetunion faktisch als alleinige Rohstofflieferanten der DDR.

Für Mosambik, als einem besonders exportschwachen Land, bot der Handel „Ware gegen Ware" bei einer ausgeglichener Handelsbilanz grundsätzlich auch Vorteile. Nicht konkurrenzfähige Güter konnten zum Teil in den Güterverkehr mit einbezogen werden. So tauschte Mosambik auf dem Weltmarkt schwer absetzbaren Schwarztee gegen durch die DDR international nicht verkaufbare Industriewaren.[382] Eine besondere Form der „Ware gegen Ware-Geschäfte" waren die „Kompensationsgeschäfte".[383] Zur angestrebten Bildung

---

381 „Direktive für die Beratungen der GWA in Juli 1978", in: STA ZPA J IV/2/3/2709, in: Heyden, van der/Schleicher/Schleicher, 1994, S. 183.

382 Schoeller, Wolfgang; „Komparativer Nachteil und „Wechselseitiger Nutzen". Zur Kooperation zwischen COMECON und Entwicklungsländern am Beispiel Mosambik" in: Deutschlandarchiv, Nr. 12/1983, S. 1305 f.

383 Ebenda.

gemeinsamer bzw. eigentumsrechtlich gemischter Betriebe oder Gesellschaften zwischen der DDR und Mosambik kam es nicht. Der Steinkohlebergbaubetrieb CARBOMOC wurde „nur" gemeinsam geleitet. Die DDR hielt keine Geschäftsanteile. Ihr „Kapital" war der Außenhandelsüberschuß. Dieser verzinste sich unabhängig von dem wirtschaftlichen Ertrag der von DDR-Spezialisten projektierten und zum Teil geleiteten Betriebe.

Die Vorrangstellung der DDR im Außenhandel mit den sozialistischen Ländern brachte Mosambik auf Grund mancher für Mosambik ungünstiger Abschlüsse erhebliche Exportverluste.

So erwirkte die DDR bei der Regierung von Mosambik die alleinigen Erkundungs- und Abbaurechte für Tental. Die DDR Technologie erzielte aber nur eine Erzausbeute von ca. 65 %. International üblich wurde durchaus eine Ausbeutungsrate von 95 % erreicht. Die Monopolstellung der DDR ermöglichte Mosambik keine besonderen Spielräume.[384]

In den Handel und die Handelsstatistik waren oft die Vorhaben und Abschlüsse der DDR mit einbezogen, die als entwicklungspolitische Projekte klassifiziert werden können bzw. klassifiziert werden müssen. So wurden zum Beispiel die kompletten technischen Anlagen für ein Textilkombinat, welches nie die Produktion aufnahm, einer Schulbuchdruckerei, Landmaschinen oder Bestandteile für den Eisenbahnbetrieb u. a.m. geliefert. Auch Militärlieferungen sind darin enthalten. Die Projektliste des „Drittlandabkommens" wurde wohl 1978 und 1979 als Ausgangsbasis verwendet und neben den beabsichtigten Rohstofflieferungen, wohl als Sicherheit für die Bezahlung angesehen.

Für Mosambik haben sich diese Zielsetzungen sowie die Handelsform „Ware gegen Ware" weder ökonomisch noch entwicklungspolitisch „ausgezahlt". Die reale Leistungskraft der mosambikanischen Wirtschaft und mosambikanische Interessen wurden dabei von den politisch Verantwortlichen, den Beauftragten und den Handelsorganisationen der DDR nur sehr eingeschränkt berücksichtigt. Besonders ist dies für die Jahre 1977 bis 1980 festzustellen. Zum Teil wurden auf dem Weltmarkt nur schwer absetzbare Produkte geliefert aber auch Ausrüstungen spezieller Nomenklatur und Vergütungsleistungen für Spezialisten[385] in Rechnung gestellt. Aus den hohen „Aktivsaldo" für die DDR wurden bzw. sollten später die in die DDR zu exportierenden Rohstoffe verrechnet, bzw. „bezahlt" werden, ohne das Aufwendungen in konvertierbaren Devisen notwendig geworden wären.

---

384 Ebenda, S. 1309.
385 „Abkommen zwischen ... über die Bezahlung von Warenlieferungen und Leistungen zwischen beiden Staaten" für 1980 vom 07.11.1979 wird in Liste A (zur gegenseitigen Verrechnung) mit einem Volumen von 29,55 Mio. US $ für „nichtwirtschaftliche Güter" ein großer Teil des Umfanges vorgesehen: u. a. 2 Mio. US $ für „Ausrüstungen spezieller Nomenklatur", 1,5 Mio. US $ „Vergütung für Spezialisten", 0,3 Mio. US $ für Sportmaterial, 3,5 Mio. US $ „Elektrische und Elektronische Bauelemente und Erzeugnisse" oft wurde damit Nachrichtentechnik bezeichnet, 7,0 Mio. US $ Fracht und Versicherung.

Dieser vorherrschenden Handelspraxis der DDR kam eine besondere Bedeutung zu. Außenpolitisch und militärstrategisch war die DDR durchaus als Juniorpartner der Sowjetunion mit vorhandenem aber eingeschränktem Spielraum anzusehen. Handelspolitisch war die DDR der Hauptakteur und Platzhalter bei der Ausgestaltung der Beziehungen der osteuropäischen Staatshandelsländer mit Mosambik. Sie übertraf den Anteil der Sowjetunion sowie der anderen sozialistischen Staaten um ein Vielfaches. Zwischen 1977 und 1982 betrug der Anteil der DDR am Gesamtaufkommen der Exporte von Mosambik in osteuropäischen Staatshandelsländer zwischen 63,9 % und 95,7 %. Der Anteil der DDR an den Importen der Staatshandelsländer nach Mosambik betrug in diesem Zeitraum zwischen 32,6 % und 53,1 %.b (Vgl. Pkt. 7.11.1.). Die hohen Exportanteile in die DDR der Jahre 1979 bis 1982 deckten sich mit den Jahren der Steinkohlelieferungen aus Moatize. Bei dieser vorrangigen Stellung der DDR im Export von Mosambik von z.T. fast 100 % aller Lieferungen für die sozialistischen Länder ist der zu Ungunsten von Mosambik erzeugte Handelsüberschuß außerordentlich bemerkenswert. Leider konnte die Preisbildung der DDR nicht untersucht werden.

Zu berücksichtigen ist, daß der Handelsumfang der Staatshandelsländer über den gesamten Zeitraum von 1977 bis 1989 eher gering blieb. Der „Staatshandel" konnte auch in den Jahren besonders intensiver Beziehungen den Handel Mosambiks mit westlichen Industriestaaten substanziell nicht zurückdrängen. Die ideologischen und propagandistischen Äußerungen beider Seiten haben diesen Fakt oft verdrängt.

Die Warenstruktur und die Zusammenstellung der jährlichen Warenlisten spiegelte eher den Bezug von „Kolonialwaren" wider, denn die auch immer wieder von der DDR international vorgetragene Forderung nach „ökonomischer Entkolonialisierung"[386] und einer daran gebundenen Veränderung des Warenaustausches.

Die statistischen Zahlenangaben des Außenhandelsumsatzes sowie der Ein- und Ausfuhren beider Staaten spiegeln deutlich das auf und ab der Beziehungen der DDR zu Mosambik wider. Für jede einschneidende Veränderung könnte aus einem Politbürobeschluß zitiert werden. Seit 1983 reduzierte die DDR ihre Lieferungen. Fast ausschließlich wurden Materialien auf bereits begonnene Vorhaben und Projekte konzentriert. Die Sowjetunion übernahm die Anteile der DDR und übertraf sie seit 1984 um das Mehrfache. Wie weit die Handelsausweitung durch Konsum-, Industrie- oder vor allem durch Militärgüter ausgefüllt war, konnte nicht ermittelt werden.

Nach mehr als zehnjährigem Engagement der DDR in Mosambik erreichte der Außenhandelsumsatz 1989 fast wieder das Niveau von 1977. Militärische Lieferungen gingen in die Handelsbilanz mit ein. Zahlenangaben konnten zusammenhängend nicht ermittelt werden. Zudem wird sich eine Zuordnung als schwer erweisen, da zum Beispiel der Einsatz der umfangreich gelieferten

---

386 Vgl. auch: Siebs, Benno, S. 108.

LKW W 50 nur sehr eingeschränkt in militärisch und nicht militärisch aufteilen lassen wird.

Nach eigenen Angaben „realisierte die DDR in den Jahren 1977 bis 1987 in der VRM Gesamtexporte in Höhe von ca. 415 Mio. US $ (davon ca. 390 Mio. US $ auf der Basis kommerzieller und Regierungskredite). Dem stehen Importe in Höhe von ca. 150 Mio. US $ gegenüber."[387]

Auch unter Berücksichtigung der erheblichen Beeinträchtigungen durch die militärischen Auseinandersetzungen in Mosambik kann in der Gesamtheit nur sehr eingeschränkt von einem Handel auf Basis „des Grundsatzes vom gegenseitigen Vorteil" oder den Kriterien einer „Neuen Internationale Wirtschaftsordnung" (NIWO) gesprochen werden.

Im Ergebnis der Handelstätigkeit der DDR mit Mosambik verblieb bei zeitweise herausragenden Exportanstrengungen der mosambikanischen Partner zugunsten der DDR, ein „Handelsüberschuß" für die DDR bzw. ein „Schuldenberg" für Mosambik, der mit fast einer halben Milliarde DM beziffert werden muß.

Damit trug Mosambik mit zum von der DDR dokumentieren Außenhandelsüberschuß seit 1979 gegenüber „Hartwährungsländern" bei.

7.11.1 Die Außenhandelsumsätze DDR – Mosambik

Jahr	Umsatz	Einfuhr	Ausfuhr
1975	Keine Angaben		
Bis 1976	Keine Angaben		
1977	24,9		
1978	130,5		
1979[388]	227,3		
1980	133,870	46,779	87,091
1981	211,146	104,169	106,977
1982	267,653	77,447	190,116
1983	115,888	34,284	81,604
1984	79,060	48,410	30,650
1985	69,472	25,120	44,352
1986	52,077	15,625	36,452
1987	44,657	14,971	29,686
1988	32,462	15,586	16,876
1989	28,104	18,517	9,587

387 „Vorlage für ZK der SED über die weiteren wirtschaftlichen Beziehungen der DDR mit Mosambik" vom 01.02.1989, in: BAC DL-2-KOKO 2, S. 15.
388 „Statistische Jahrbücher der DDR", Berlin-Ost. Angaben von 1976 bis 1979 in 1.000 Valuta-Mark. Seit 1976 wurden auf Weisung von G. Mittag nur noch Umsätze bekanntgegeben.

Jahr	Umsatz	Einfuhr	Ausfuhr
Gesamt 1980-89[389]	1.034,229	400,908	633,391

Zusammensetzung des Exports und Imports von Mosambik, aufgeteilt nach Ländergruppen bzw. Länder in Prozent (%) für die Jahr 1975 bis 1985[390]

Export	1975	1976	1977	1978	1979	1980	1981	1982	1983	1984	1985
OECD	63,4	79,5	75,3	68,5	70,5	55,9	52,1	39,9	52,5	58,9	70,0
Sozial. Länder	0,01	0,00	0,24	3,7	9,3	9,8	20,2	11,2	17,5	15,4	17,7
DDR-Anteil von 100%	0,00	0,00	0,16	2,3	8,1	9,4	13,7	9,2	10,6	12,4	12,4
DDR-Anteil an den Sozial. Ländern	0	0	66,4	63,9	87,2	95,5	67,7	82,3	60,5	80,5	70,3
Andere	36,6	20,5	24,5	27,9	20,2	34,3	27,7	48,9	30,0	25,7	12,3
Gesamt in Mrd. MT[391]	5,05	4,52	4,92	5,34	8,31	9,10	9,93	8,66	5,29	4,06	3,31

Import	1975	1976	1977	1978	1979	1980	1981	1982	1983	1984	1985
OECD	62,7	60,5	59,6	47,0	41,2	36,4	43,7	39,1	57,8	52,5	50,5
BRD[392]	10,3	12,7	14,6	7,4	4,9	3,0	2,8	3,6	4,3	3,5	3,0
Sozial. Länder	0,53	3,83	1,08	11,2	18,0	13,8	14,1	19,5	17,1	26,4	25,4
DDR-Anteil von 100 %	-	0,0	0,0	3,7	9,5	6,5	6,4	9,6	6,3	4,1	2,6
DDR-Anteil an den sozial.Länder	-	-	-	32,6	53,1	47,2	45,8	49,2	36,6	15,5	10,5
UdSSR	-	2,2	0,3	0,13	0,9	1,9	1,8	4,3	7,5	19,5	19,5
UdSSR-Anteil	-	57,8	24,4	1,11	5,2	13,8	12,9	22,3	44,1	73,7	76,6
Afrika, Länder	24,5	17,8	21,2	18,3	17,4	14,5	20,7	312,0	17,7	16,0	14,1
R. Südafrika	17,5	15,3	19,1	16,3	14,4	11,0	12,5	8,1	9,6	11,6	11,7

389 „Sonderreihe mit Beiträgen für das Gebiet der ehem. DDR", Heft 9, „Umsätze im Außenhandel 1975 und 1980 bis 1989" Wiesbaden 1993, Statistisches Bundesamt. Angaben in effektiven Preisen 1.000 DM.
390 Adam, Erfried, „Mosambik: Im 12. Jahr am Ende?". In: „Afrika-Spektrum, Institut für Afrika-Kunde 86/3 21. Jahrgang, S. 343; nach Angaben der Nationalen Plankommission und der Bank von Mosambik sowie Berechnungen von E. Adam.
391 Meticais, Landeswährung von Mosambik.
392 Bis 1974 sind keine Importe verzeichnet.

Import	1975	1976	1977	1978	1979	1980	1981	1982	1983	1984	1985
Andere	12,4	17,8	18,2	23,5	23,5	35,5	21,5	10,4	7,5	5,2	9,3
Gesamt in Mrd. MT	10,47	9,06	10,82	17,20	18,58	25,92	28,32	31,57	25,57	22,9	18,3
Export in % zu Importe	48,2	49,9	45,5	31,1	44,7	35,1	35,1	27,4	20,7	17,7	18,1

7.11.2 Exkurs: Die Entwicklungsländer in der Außenhandelsstatistik der DDR

Die Geheimniskrämerei um den Außenhandel hatte nicht nur eine ideologische und militärische sondern auch eine kreditwirtschaftliche Seite. Die Außenhandelsbilanz war spätestens seit 1977 schlecht, ja katastrophal und mußte wegen des internationalen Ansehens der DDR und vor allem wegen der Kreditwürdigkeit verdeckt werden.[393] Dem Handel mit den Entwicklungsländern kam neben dem erhofften Gewinnen, vor allem auf dem Gebiet der „Hartwährungsablösung" durch den „Verrechnungshandel" eine weitere Funktion zu, die der „Bilanzstabilisierung". Dieser Vorgang ist für das Jahr 1981 beispielhaft beschrieben worden.[394]

Auch wenn dieses Jahr für die Länder dieser Untersuchung ein recht ausgeglichenes Handelsverhältnis aufweisen, sind die Beobachtungen zur Beurteilung der Beziehungen zu Entwicklungsländern und des politischen und außenwirtschaftlichen System der DDR von Wert. Es ist von der Annahme auszugehen, daß Berechnungen für weitere Jahre diese Tendenzen bestätigen bzw. bestärken könnten.

Am 02.03.1976 gab G. Mittag der Staatlichen Zentralverwaltung für Statistik der DDR die Anweisung, nur noch Umsatzzahlen und nicht mehr Einfuhr und Ausfuhrzahlen zu veröffentlichen. Hauptmotiv war die buchtechnische Erhaltung bzw. Erzielung der Kreditwürdigkeit der DDR durch den Ausweis einer weniger negativen bzw. gar positiven Außenhandelsbilanz mit „Hartwährungungsländern".[395]

Die Verschleierung wurde zusätzlich durch die Zusammenfassung von Umsatzzahlen von Entwicklungsländern (EL) und „Kapitalistischen Industrielän-

---

393 Die DDR sah in der Frage der eigenen Stabilität nicht nur ihren „siegreichen" Wettbewerb innerhalb der Systemauseinandersetzung gefährdet, sondern auch Gefahren für die europäische und weltweite Sicherheit.

394 Lippe, von der P.: „Die gesamtwirtschaftlichen Leistungen der DDR Wirtschaft in den offiziellen Darstellungen. Die amtliche Statistik der DDR als Instrument der Agitation und Propaganda der SED-Diktatur." In: „Aufarbeitung von Geschichte und Folgen der SED-Diktatur in Deutschland" Band II, Machtstrukturen und Entscheidungsmechanismen im SED-Staat und die Fragen der Verantwortung, Baden-Baden, Frankfurt/M. 1995, S. 1973–2086.

395 Zu den „Hartwährungsländern" zählten neben den sog. kapitalistischen Industrieländern, den Schwellenländern wie Mexiko, Brasilien oder auch den Philippinen, arabische bzw. erdölexportierenden Staaten, wie IRAN; IRK;: Libyen, aber auch Syrien und Marokko, sowie Angola, Äthiopien und Mosambik u. a.

dern" (KIL) im Begriff „Nichtsozialistisches Wirtschaftsgebiet" (NSW) für die „Devisen- oder Härtwährungsländer" im statistischen Jahrbuch der DDR gesteigert.

So deckten sich die Angaben des Jahrbuches nicht mit den internationalen Erhebungen zum Außenhandel der DDR. Aus diesen Grund fragte das US-amerikanische Wharton-Institut bei der Staatlichen Zentralverwaltung für Statistik (SZS) zur Handelsbilanzen gegenüber sog. „Hartwährungsländern" nach, da es mittels eigener Erhebungen ein Handelsdefizit für das Jahr 1981 errechnet hatte[396]. Die Argumentation der SZS verteidigt die Angaben einer positiver Handelsbilanz für 1981 in Höhe von 59,4 Mio. US $ oder 197,2 Mio. VM im Statistischen Jahrbuch umfangreich und ermöglicht eine nachträgliche Überprüfung.

Die im Jahre 1992 durchgeführte Berechnungen zum Handelssektor „Nichtsozialistisches Wirtschaftsgebiet" – differenziert in Export und Import sowie KIL und EL – bestätigen den Außenhandelsüberschuß für dieses Jahr mit dem NSW von insgesamt 197,2 Mio. Im Vergleich zu dem noch 1980 ausgewiesenen Defizit von 5.4638 Mio. VM oder ca. 5,5 Mrd. VM eine unerwartete und erhebliche Steigerung und seit Jahrzehnten erstmals ein positives und „schwarzes" Ergebnis. Ein „Beweis" für die wiederhergestellte Wirtschaftskraft der DDR war erbracht.

Differenziert nach EL und KIL zeigt sich aber, daß der Überschuß nur aus dem Exportleistungen der DDR in die Entwicklungsländer erzielt wurde:

Differenzierte Außenhandelsangaben für 1981[397]

Handel mit Angaben in Mio. VM[398] (DM)	Export	Import	Saldo
EL	4.210,8	2.331,6	+1.879,2
KIL	18.079,4	19.761,3	1.681,9
Insges. (NSW)	22.290,2	22.092,9	+197,2

Unter „EL" im Bereich NSW wurden durch das SZS die Entwicklungsländer der Kommission Entwicklungsländer verstanden. Die befreundeten Länder in Indochina oder Lateinamerika wurden gesondert geführt und nicht dem NSW zugerechnet. Zum Teil waren sie Mitgliedsländer des RGW.

Dies bedeutete, der ausgewiesene Überschuß beruhte vor allem aus der „Handels- und Anbahnungsarbeit", die von der Kommission Entwicklungsländer beschlossen bzw. gesteuert und durch die Sonderbeauftragten für die einzelnen

396 Noch 1980 wies das Statistische Jahrbuch der DDR ein Defizit im Außenhandel mit dem NSW in Höhe von 5,4638 Mrd. VM auf.
397 Lippe, von der, S. 2012, Tabelle 3.3.
398 Lippe, von der, S. 2013, „Die sog. „Valutamark" ist überhaupt ein Verdunklungsmanöver großen Stils."... „Das gerade auf dem Gebiet des Außenhandels seitens der DDR die Sachlage vernebelt wurde und sogar Daten gefälscht wurden, ist einerseits verständlich (wegen der politischen Brisanz des Themas), andererseits aber auch erstaunlich, denn Exporte (Importe) der DDR können durch Importe (Exporte) der Partnerländer gegengerechnet werden."

Entwicklungsländer angeleitet wurde.[399] Der Handelsüberschuß war weitgehend ein „rechnerisch" erzeugter Überschuß und erfüllte in dieser Phase der Zahlungsschwierigkeiten der DDR in Verbindung mit den statistischen Manipulationen[400] sein fiskalisches und politisches Ziel.

Damit sind wohl auch hinter den Exportüberschüssen dieses Jahres[401] gegenüber Entwicklungsländern im arabischen Raum und Afrika Lieferverpflichtungen der DDR im mittelbaren oder unmittelbaren Zusammenhang mit dem „Drittlandabkommen" und der politischen „Begleitarbeit" auf höchster Ebene, zum Beispiel während der Afrikareise von E. Honecker 1979, zu sehen.

Das Drängen der afrikanischen Verhandlungspartner durch die DDR-Bevollmächtigten, zum Beispiel zur Abnahme einer großen Anzahl von LKW W 50, bzw. der überdimensionierten Industrieanlagen hatte unter anderem auch die Aufgabe der Bilanzaufbesserung. Es ist davon auszugehen, daß Risikoabwägungen seitens des DDR-Außenhandels in Bezug auf mögliche Rückzahlungen von Krediten bzw. der Ausgleich durch Exportleistungen unter Berücksichtigung der zu erwartenden Wirtschaftskraft der Entwicklungsländer nicht oder nur bedingt vorgenommen wurden. Dem „höheren" politischen Ziel, der Beseitigung der drohenden Zahlungsunfähigkeit der DDR, wurde das Prinzip der kaufmännischen Sorgfaltspflicht „geopfert".

Auf Grund des staatlichen Außenhandelsmonopol und die Vermittlung durch den Bereich KOKO konnte eine Deckung möglicher Zahlungsausfälle für die Produktionsbetriebe bzw. Außenhandelsbetriebe der DDR mittels zentral bereitgestellter, staatlicher Verrechnungskredite vorgenommen werden. Die gewährten Kredite schlugen sich als Negativsalden zum Beispiel in den Beständen von Mosambik nieder und erhöhten die Forderungen der DDR. Aus dieser Praxis resultieren zu großen Teilen die noch bestehenden Schulden von Mosambik und Äthiopien gegenüber der Bundesrepublik.

7.12 Die Forderungen der Bundesrepublik Deutschland gegenüber Mosambik auf Grundlage der Forderungen der ehemaligen DDR

Zum Tag der Währungsumstellung am 01. Juli 1990 erhob die Bundesregierung gegenüber Mosambik aus Krediten und staatlicher Handelstätigkeit der DDR Forderungen in Höhe von 450 Mio. DM. 1995 betrug der Forderungsbe-

---

399 Die Außenhandelszahlen belegen weiterhin, daß trotz des 1981 erzeugten „Überschusses" im Handel mit Entwicklungsländern, der absolute Umsatz von 1980 mit 7.3312 Mio. VM auf 6.5423 Mio. VM im Jahre 1981 zurückgeht. Der Anteil der EL am Außenhandelsumsatz NSW verringert sich von 18,2 % auf 14,7 %.

400 Von der Lippe spricht vom „hemmungslosen" Mißbrauch der Wirtschaftsstatistik. Vgl. S. 2008 f.

401 Mit Entwicklungsländern wurde 1981 immerhin ein prozentualer Handelsüberschuß von 44,7 % erreicht. Dies entsprach in keiner Weise den Forderungen der Entwicklungsländer z. B. in Rahmen einer „Neuen internationalen Wirtschaftsordnung" (NIWO) nach größeren Export- und Weltmarktanteilen.

stand noch 340 Mio. DM.[402] Zum 31. Oktober 1997 wurden Forderungen in Umschuldungsabkommen in Höhe von 520,2 Mio. DM vertraglich festgeschrieben. Hinzu kommen nicht umgeschuldete Forderungen in Höhe von 10 Mio. US $.

Die Summe erlassener Forderungen im Rahmen von Umschuldungsverhandlungen mit Erlaßanteilen betrug 116,2 Mio. US $ bzw. 200,2 Mio. DM.[403]

Gegenüber Mosambik gab es seitens der Bundesregierung bisher drei Umschuldungsabkommen unter Einbeziehung der Forderungen aus DDR-Beständen. Dabei wurden Teilerlassen mit 50 % und 67 % gemäß des „Pariser Clubs" vorgenommen. Das letzte Umschuldungsabkommen im Umfang von 180 Mio. DM wurde am 10. Juni 1997 in Maputo abgeschlossen.[404]

Auf die Kreditvergabe der DDR gegenüber Mosambik wurde in verschiedenen Zusammenhängen der Studie eingegangen. Eine umfassende Betrachtung kann in der Studie nicht erfolgen. Die DDR unterzeichnete selbst drei Umschuldungsabkommen mit Mosambik:

Am 03.11.1983 für Salden der Jahre 1982-85 Umschuldungsbetrag 145,0 Mio. US $ Kreditierung 5 Jahre, 6 Monate zahlungsfrei, 5 % Zinsen p.a.;

Am 18.10.1985 für Salden des Jahre 1986, Umschuldungsbetrag 80,0 Mio. US $ Kreditierung 10 Jahre, 4 Jahre zahlungsfrei, 5 % Zinsen p.a.;

An 19.05.1989 für Salden der Jahre 1987-1990, Umschuldungsbetrag max. 160 Mio. US $ Kreditierung 10 Jahre, zahlungsfrei ein Jahr, 2 % Zinsen p.a.;[405]

Diese Umschuldungen beinhalteten keine Schuldenerlasse. So kam es zu einem schnell wachsenden Forderungsbestand der DDR.

Trotz der seit 1990 erfolgten Umschuldungen durch die Bundesrepublik, die keine substanziellen Streichungen der Förderungen darstellen, hat sich der Schuldenstand Mosambiks gegenüber der Bundesrepublik zum Jahresende 1997 auf über 520 Mio. DM erhöht und liegt damit deutlich über der Verschuldungssumme von 450 Mio. DM zum Tag der Währungsumstellung vom 01. Juli 1990.

„Durch vertragliche Zinsbelastungen gemäß DDR-Kreditabkommen haben sich die DDR-Forderungen in den Jahren 1990 bis 1997 weiter erhöht"[406] teilte

---

402 „Wissenschaftlicher Dienst" des Deutschen Bundestages vom 05.08.1996, Reg.-Nr.: WF-IV 119/96 Thema: „Auslandsverbindlichkeiten und Forderungen ... der ehem. DDR und ihre Abwicklung."
403 Angaben nach Schreiben des Bundesministeriums der Finanzen, Dienstsitz Berlin, vom 19.11.1997 an den Verfasser.
404 „Finanznachrichten BMF" Hrsg. BMF, Bonn 17. Juni 1997, S. 4. Als Konditionen werden angeführt: „langfristige Rückzahlung bis zu 23 Jahren einschließlich 6 Freijahren", der Zinssatz wird nicht mitgeteilt.
405 Nach: Stier, P., Wahl, P., Wellmer, G, S. 41.
406 Angaben nach Schreiben des Bundesministeriums der Finanzen, Dienstsitz Berlin, vom 19.11.1997 an den Verfasser.

das Finanzministerium mit, obwohl Mosambik versucht, die fälligen Raten zu bezahlen.

Die Erhebung konkreter Angaben zu Rückzahlungen erwies sich als schwierig. 1993 wurden 9,9 Mio. DM an die Bundesrepublik zurückgezahlt.[407] Dies entsprach in diesem Jahr ca. einem Fünftel der gesamten deutschen Entwicklungshilfe für Mosambik.

1998 muß Mosambik 6,3 Mio. DM an Zinsleistungen (ohne Tilgungen) gegenüber der Bundesrepublik aufbringen.[408] Diese Summe könnte sich im Rahmen von bilateralen Nachverhandlungen auf Grund der Umschuldungsmaßnahmen des „Pariser Clubs" verringern.

Berücksichtigt man aber die ab der Jahrtausendwende 2000 fällig werdenden Tilgungsraten nach gegenwärtig geltendem Umschuldungsmodus von durchschnittlich 22,6 Mio. DM pro Jahr, ergeben sich Zins- und Tilgungsleistungen von Mosambik an die Bundesrepublik von jährlich fast 30 Mio. DM.

Die deutsche Entwicklungshilfe gegenüber Mosambik betrug 1996 im Rahmen der Finanziellen Zusammenarbeit 20 Mio. DM und in Rahmen der Technischen Zusammenarbeit 23 Mio. DM. Bei Beibehaltung der zur Zeit geltenden Rückzahlungsvereinbarungen müßte Mosambik ab dem Jahr 2000 jährlich die eineinhalbfache Summe der zur Zeit gewährten deutschen finanziellen Hilfe zur Erfüllung der Forderungen aus DDR-Beständen an die Bundesrepublik zurückzahlen. Ein Zustand, an dem beide Länder kein Interesse haben dürften und der die Ziele der finanziellen Entwicklungshilfe weit verfehlt.

Durch das Bundesfinanzministerium wird als Beweggrund für den bisher nur erfolgten Teilerlaß – neben der finanziellen Entlastung für Mosambik – angegeben: „Für die Bundesrepublik Deutschland soll durch das Umschuldungsabkommen sichergestellt werden, daß der verbleibende Teil ihrer Forderungen abkommensgemäß beglichen wird."[409]

Dies ist eine finanztechnisch nachvollziehbar, aber außen- und entwicklungspolitisch unzureichende Begründung der Ablehnung der Streichung der Außenstände.

Mosambik zählt zu den ärmsten und extrem hoch verschuldeten Ländern der Welt. 1993 betrug die Gesamtverschuldung 5,263 Mrd. US $ und wuchs auf 5,491 Mrd. US $ 1994 an.[410] Dies bedeutete einen Schuldendienst von 20,6 % des Exportes von Gütern und Dienstleistungen. Dieser betrug im gleichen Jahr 372 Mio. US $. Der Netto-Transfer[411] an ausländischer Hilfe betrug 1993 823

---

407 Länderheft „Mosambik" Hrsg.: Evangelisches Missionswerk in Deutschland, Reihe: „Weltmission heute" Heft 28, Hamburg 1997.
408 Auskunft von Frau E. Kortüm. Regierungsdirektorin in Bundesministerium der Finanzen, Dienstsitz Berlin, vom 24. März 1998.
409 Schreiben des Bundesministeriums der Finanzen, Dienstsitz Berlin, vom 19.11.1997 an den Verfasser.
410 In: The World Bank „World Debt Tabels" 1996, Vol. 2, Washington 1996, S. 331.
411 Ausländische Hilfe nach Abzug der Schuldzinsen.

Mio. US $. Die „erfreulich zugenommenen Direktinvestitionen erreichten die 30 Mio. US $-Grenze"[412]. Die Zahlen umreißen die wirtschaftlich prekäre Lage und damit die realen Zahlungsmöglichkeiten Mosambiks recht genau.

Eine rechtliche Grundlage für die Übernahme der DDR-Forderungen durch die Bundesregierung bildet der Einigungsvertrag gemäß § 24, Abs. 1 Satz 1. Der Finanzminister ist für noch bestehende Forderungen und Verbindlichkeiten, die „im Rahmen des Außenhandels- und Valutamonopols oder in Wahrnehmung anderer staatlicher Aufgaben der DDR bis zum 01. Juli 1990 gegenüber dem Ausland ... begründet worden sind" verantwortlich. Er verwaltet dies für den Bund.

Das politische System der DDR, daß keinen privaten Außenhandel zuließ und keine öffentliche Entwicklungshilfe im Sinne der in der OECD versammelten Industrieländer durchführte, schuf durch das staatliche Außenhandelsmonopol die Voraussetzung für die derzeitigen Forderungen der Bundesrepublik gegenüber Mosambik. Die DDR-Forderungen, ursprünglich gehalten durch die Außenhandelsbanken der DDR, gingen auf „Kreditanstalt für Wiederaufbau" über. Diese Einrichtung des Bundes verwaltet u. a. die aus dem Marshall-Plan nach dem Zweiten Weltkrieg von den Alliierten für den Westteil Deutschlands zur Verfügung gestellten Aufbaugelder.

In der letzten Regierung der DDR wurde durch das neu gegründete Ministerium für wirtschaftliche Zusammenarbeit (MwZ) intensive Vorbereitungen für einen vollständigen Schuldenerlaß gegenüber den ärmsten und besonders hoch verschuldeten Länder getroffen. Diese Überlegungen reiften bis zu einem Beschlußentwurf für den Ministerrat: „Verwirklichung der Regierungserklärung des Ministerpräsidenten hinsichtlich der Beziehungen der DDR zu Entwicklungsländern in Übereinstimmung mit Resolutionen der UNO, ihrer Spezialorganisationen und weiterer internationaler Organisationen".[413] Zu den acht einzubeziehenden Ländern gehören Äthiopien und Mosambik. Diese beiden Länder wurden auf Grund ihrer entwicklungspolitischen Bedeutung und ihrer Verbindung zur DDR mit besonderen Voten bedacht.[414] Zu Mosambik wird ausgeführt: „Der Schuldenerlaß gegenüber der VRM ist mit der Regelung der Gesamtbeziehungen, besonders mit der Rückführung der mosambikanischen Arbeitskräfte zu verbinden. Der Schuldenerlaß insgesamt umfaßt Rückzahlungsverpflichtungen in Höhe von 400 Mio. US $."

Dieser Beschluß sollte auf der 2. UN-Konferenz über die am wenigsten entwickelten Länder von 03. bis 14.09.1990 in Paris bekanntgegeben werden.

Die aus dem friedlichen Wandel in der DDR hervorgegangene, frei gewählte Regierung der DDR wollte ihre neuen, wenn auch nur sehr fragilen Funda-

---

412 Angaben aus: „Wissenschaftlicher Dienst" des Deutschen Bundestages vom 19.01.1996, Reg.-Nr.: WF-IV 14/96 Thema: „Umschuldungsabkommen und Verschuldung Mosambik".
413 o. Datum, Kopie liegt dem Verfasser vor.
414 Zu Äthiopien: „der Schuldenerlaß gegenüber der Volksdemokratischen Republik Äthiopien ist im Zusammenhang mit der Erreichung eines gesicherten Friedensprozesses wirksam zu machen."

mente nicht mit auf·Einnahmen aus der Rückzahlung der aufgelaufenen DDR-Forderungen gegenüber besonders armen Ländern bauen. Von den Einzelheiten des Zustandekommens der DDR-Forderungen und dem Einfluß des Bereiches Kommerzielle Koordinierung war zu diesen Zeitpunkt den in der Übergangsregierung politisch Verantwortlichen wenig bekannt und spielte bei der Diskussion keine Rolle.

Im Ausschuß der Volkskammer „Für wirtschaftliche Zusammenarbeit" wurde in allen Fraktionen Konsens für einen Schuldenerlaß erreicht. In den Regierungs- und beginnenden Vereinigungsverhandlungen zwischen den deutschen Entwicklungsministerien erklärte der damaligen parlamentarischen Staatssekretär H. P. Repnik aus dem Bundesministerium im Juli 1990: „Auf seiten des Bundesministeriums werde ein Schuldenerlaß für LDC – und nur der könne in Frage kommen – mitgetragen, vorausgesetzt, daß die Finanzminister beider deutschen Staaten zustimmen."[415] Die Zustimmung der Finanzminister konnte. nicht erreicht werden. Der Beschluß wurde von der de Maiziere-Regierung nicht gefaßt. Die Schulden wurden nicht erlassen. Das versetzt die Bundesregierung in die problematische Lage, aus noch aktiven Forderungen der Bankrott gegangenen DDR gegenüber einigen der ärmsten und am meisten verschuldeten Ländern, in diesem Fall Mosambik und Äthiopien, finanziellen Gewinn zieht zu können.

In diesem Zusammenhang muß auch erwähnt werden, daß kurz vor der „Wende" 1989 die Bundesregierung 180 Mio. DM aus entwicklungspolitischen Gründen Mosambik gewährte Kredite der Finanziellen Zusammenarbeit erlassen hat, da sie zur Auffassung gelangt war, Mosambik könne diese Kredite nicht mehr aus eigener Kraft zurückzahlen und ein Erlaß hätte einen besonderen entwicklungspolitischen Effekt. Mittelfristig würden durch dieses Entschuldungen Aufbauchancen eröffnet und die Lebensbedingungen der Menschen verbessert. Diese Argumente gelten auch für die derzeitigen Forderungen aus Krediten der ehemaligen DDR.

7.13 Zur Bewertung der Forderungen der Bundesrepublik Deutschland gegenüber Mosambik auf Grundlage der Forderungen der ehemaligen DDR

Die Bundesregierung hat die Forderungen aus Beständen der ehem. DDR gegenüber Entwicklungsländern weitgehend mit ihren eigenen öffentlichen, bilateral gewährten Krediten gleichgesetzt. Das Bundesfinanzministerium vertritt die Auffassung[416], daß gemäß Einigungsvertrag § 24, die aus dem staatlichen Außenhandel der DDR hervorgegangenen Forderungen mit dem Wirksamwerden des Beitrittes der DDR zur BRD auf den Bund zu übertragen waren. Damit

---

415 Lt. „Niederschrift über die 2. Konsultation zwischen BMZ und MWZE am 26. und 27. Juli 1990 in Konstanz.
416 Vorgetragen auf dem Workshop „Zur Entschuldung von Forderungen der ehem. DDR gegenüber Entwicklungsländern" der „Gemeinsamen Kommission Kirche und Entwicklung" (GKKE) am 23. März 1998 in Bonn durch MR Dr. B. Ziese.

fallen sie, nach Sicht des Bundesfinanzministeriums, unter die Entschuldungsmechanismen des „Pariser Clubs", dem die Bundesrepublik angehört. Diese fordern nach Auslegung des Bundesfinanzministeriums u. a. ein gleichrangiges Vorgehen der Mitgliedsländer bei Entschuldungsmaßnahmen gegenüber Entwicklungsländern, schließen zur Zeit eine vollständige Entschuldung oder einen Erlaß aus. Sie würden keine Sonder- bzw. Präzedenzfälle erlauben.

Der Verfasser ist der Ansicht, daß durch die Einbeziehungen der Schulden der DDR gegenüber Mosambik und Äthiopien in die Verhandlungen des „Pariser Clubs" ihre „besondere historische Herkunft" und ihr politischer und ökonomischer Zweck nicht ausreichend berücksichtigt wird. Die speziellen außenhandelspolitischen Bestimmungen der DDR, die beschriebene Praxis der Geschäftsanbahnungen und die Rolle der Entwicklungsländer in Ost-West-Konflikt hätte bei der Einordnung der Kredite der ehemaligen DDR in das Finanzsystem der Bundesrepublik berücksichtigt werden müssen.[417]

Auf einige Merkmale des besonderen Charakter der von Mosambik eingegangen Kreditverpflichtungen soll im folgenden zusammenfassend eingegangen werden:

1. Gemäß der speziellen Handels- und Kreditbeziehungen der DDR mit Mosambik auf der Basis von „Ware gegen Ware"-Geschäften konnte Mosambik trotz aller Schwierigkeiten davon ausgehen, daß die eingegangenen Kreditverpflichtungen nicht real in Devisen von „Hartwährungsländern" zum Beispiel US $ zurückgezahlt werden mußten. Wohl wurden Waren und auch Leistungen zum Beispiel der Spezialisten und WTZ-Experten auf US $-Basis berechnet. Bezahlt wurde aber in der Regel in Landeswährung bzw. durch gelieferte Rohstoffe. Gleichfalls wurden Warenlieferungen aus Mosambik auf US $-Basis berechnet. Zu einem Devisenverkehr kam es im Falle von Mosambik in der Regel wohl nicht. Gleichfalls wurden aller Salden in US $ verbucht. Erst mit dem Wegfall des „Ware gegen Ware"-Handels nach der Währungsunion am 01. Juli 1990 sah sich die Regierung Mosambiks mit der Tatsache konfrontiert, bestehende Schulden vollständig in US $ bezahlen zu müssen. Eine grundlegende Voraussetzung für den Abschluß der vielfältigen Verträge und Warenprotokolle war damit hinfällig.

Vertrags- bzw. Vertrauensschutz reklamierend, müßte Mosambik ein Zahlungsverweigerungsrecht eingeräumt werden.

2. Gemäß den durch die Bundesregierung nicht gelöschten Wirtschaftsverträgen wird bei der Rückzahlung der Standardparagraph 3 aus den Verträgen der DDR mit Mosambik angewandt. Beispielhaft soll das „Abkommen zwischen der Regierung der VRM und der Regierung der DDR über die Bezahlung von Warenlieferungen und Leistungen zwischen beiden Staaten

---

417 Auch andere, nicht leicht mit dem westdeutschen Finanz- und Rechtssystem zu vereinbarende Kreditverpflichtungen aus der ehem. DDR konnten teilweise zu Gunsten der „Schuldner" geregelt werden. Verwiesen sei hier zum Beispiel auf die „Kommunalen Altschulden" der Gemeinden der ehem. DDR.

vom von 07. November 1979, für die DDR unterzeichnet durch D. Uhlig zitiert werden: „Die Rückzahlung des in Artikel 2 dieses Abkommens gewährten Kredites erfolgt in 10 gleichen Halbjahresraten, wobei die erste Rate am 30.06.1981 fällig wird. Diese fälligen Halbjahresraten werden einem laufenden Konto in US $ der Deutschen Außenhandelsbank bei der Banco do Mocambique gutgeschrieben."

Durch den Wechsel des politischen, rechtlichen und ökonomischen Systems in Deutschland nach 1989 ist Mosambik nun verpflichtet, um der guten Beziehungen zur Bundesrepublik Willen, diesen Paragraphen zu erfüllen. Andere Entwicklungsländer mühen sich bei weitem nicht um die Einhaltung vergleichbarer, unter ähnlichen Voraussetzungen abgeschlossener Verträge.

3. Seitens des Bundesfinanzministeriums wird argumentiert, Verträge, abgeschlossen von souveränen Staaten, müßten eingehalten werden. Dies treffe auch für Mosambik zu. Darauf ist zu erwidern, daß Mosambik in ökonomischen Fragen nur sehr eingeschränkt souverän war und die Politik der Bundesregierung diese Einschränkungen zum Beispiel durch die Aufrechterhaltung der Berlin-Klausel[418] gefördert hat. Die ideologisch und ökonomisch einseitige Ausrichtung Mosambiks auf die Staatshandelsländer war nicht nur in der „Attraktivität" des osteuropäischen Sozialismus- und Parteienmodells begründet, sondern auch in der ablehnenden bzw. zurückhaltenden Zusammenarbeit westlicher Staaten mit der FRELIMO. Die westliche Unterstützung des NATO-Partners Portugals bis 1975 und des Apartheid-Regimes in Südafrika verstärkte die Orientierung am Osten. Die Entwicklungshilfe der Bundesrepublik hatte in der zweiten Hälfte der 70er Jahre und der ersten Hälfte der 80er Jahre ein extrem geringes Niveau von unter einer Million DM, die durch Kirchen und Nichtregierungsorganisationen geleistet wurden.

4. Die Federführung der ökonomischen Beziehungen zu Mosambik durch den von A. Schalck geleiteten Bereich KOKO verweist auf besonders ungünstige Voraussetzungen für einen sogenannten Handel „zum gegenseitigen Interesse" mit Mosambik hin. Gleichzeitig war die Handelspolitik dieses Bereiches für die hohen Schulden Mosambiks gegenüber der DDR verantwortlich.

5. Die von der DDR gewährten Kredite wurden als gebundene Kredite für DDR-Lieferungen ausgereicht. Sie räumten der mosambikanischen Seite keine freie Verfügung ein und hatten vor allem die Sicherung der Interessen der DDR zum Ziel.

6. Die als unentgeltliche Hilfe bezeichneten Lieferungen des Solidaritätskomitees der DDR gegenüber Mosambik waren weitgehend zur Ausstattung der Großprojekte mit ausgeprägtem ökonomischen Interesse der DDR be-

---

418 Bis 1982 verhinderte die Position der Bundesregierung eine auf Grund der sozialen und ökonomischen Lage notwendige und bevorzugte Entwicklungszusammenarbeit der Europäischen Union mit Mosambik.

stimmt. Mosambik hat nur sehr eingeschränkt entwicklungspolitische Hilfe durch die DDR erfahren.

7. Das Grant-Element, d. h. der reine Zuschußanteil eines gewährten Kredites im Rahmen der finanziellen Zusammenarbeit, der eine Vergünstigung gegenüber den Konditionen des Weltkreditmarktes anzeigt, ist bei den von der DDR ausgereichten Summen als eher sehr niedrig einzustufen.[419] Alle Kredite waren zweckgebundenen Kredite zum Bezug von Waren aus der DDR.

Auch wenn der Umfang der militärischen Lieferungen der DDR und ihre Einbeziehung in die verschiedenen Kreditlinien noch nicht vollständig geklärt werden konnten, ist davon auszugehen, daß in den aufrechterhaltenen Forderungen größere Positionen aus dem Verkauf von militärischen Gütern enthalten sind.[420]

8. Fast alle über Kredite errichteten Großprojekte der DDR erreichten nicht die vorgesehene Produktionsreife und blieben bzw. erwiesen sich nach kurzer Zeit als „Entwicklungsruinen". Sie ermöglichen Mosambik keine zusätzlichen Exporterlöse sonder hinterließen nur Schulden. Die Bezahlung der Beträge für Experten und Spezialisten der DDR ging ebenfalls in die jetzt bestehenden Forderungen mit ein, soweit sie nicht in Landeswährung durch die Botschaft der DDR verausgabt wurden.[421]

9. Durch die von der DDR-Führung betriebene Einbeziehung der den mosambikanischen Vertragsarbeiter zustehenden Lohntransferleistungen in den Abbau der Forderungsbestände gegenüber Mosambik kann es zu Verlusten von Rechten der Vertragsarbeiter gekommen sein (vgl. Pkt. 7.9). Dies bedarf genauer Prüfung und gegebenenfalls die Schaffung der Voraussetzung zur Gewährung dieser Rechte.

---

419 Die Konditionen der IDA (International Development Association) von 0,75 % Zinsen, einer Laufzeit von 50 Jahren und 10 rückzahlungsfreien Jahren weisen ein Grant-element von 83,4 % aus. Nach: Nohlen, Dieter (Hrsg.): Lexikon Dritte Welt, Hamburg 1989.

420 So wurden laut einer Meldung von Generaloberst Fleißner über seinen Besuch in Mosambik vom 25. März bis 01. April 1980 mitgeteilt, daß zwischen den Regierungen der DDR und von Mosambik u. a. drei Abkommen unterzeichnet wurden:
 – Eines über die Ausbildung von 279 mosambikanischen Militärkadern bis 1989 mit einem von Mosambik zu zahlenden Wertumfang von 7.286 130,– US $ und 13,8 Mio VM.
 – eines über die Lieferung von Ausrüstungen aus Beständen der NVA im Wert von 17,4 Mio. VM und
 – eines über unentgeltlicher Hilfslieferungen militärischer Ausrüstungen im Wert von 3,5 Mio. Mark der DDR, in: BAF-MA-VA-o1/42450.

421 Diese Praxis wurde auch noch bis 1991 geführt. Am 06.11.1991 schrieb der Leiter des Büros in Maputo der Deutschen Agentur für Entwicklungszusammenarbeit e.V., einer 1989/1990 erfolgten Neugründung für den Einsatz von Experten und Spezialisten im Auftrag des DDR-Entwicklungsministeriums, Herr Hoffmann an den Botschafter der Bundesrepublik in Mosambik: „Gemäß dem Protokoll über die wissenschaftliche-technische Zusammenarbeit zwischen der DDR und Mosambik für den Zweijahreszeitraum 1988/89 sowie dessen Verlängerung für 190/91 hatte die mosambikanische Seite pro Fachkraft und Monat einen Betrag in Höhe von 470 US $ in Landeswährung zum Monatsmittelkurs zu entrichten." Zum 31.10.1991 wurden aus 12 Einsatzstellen offene Forderungen in Höhe von 18.809.090,– MT gemeldet.

Die Bundesregierung steht mit der Aufrechterhaltung der Forderungen gegenüber Mosambik in der Gefahr, nutzen aus Krediten zu ziehen, die unter Ausnutzung ideologischer Abhängigkeiten und der Mißachtung kaufmännischer Sorgfaltspflicht ausgereicht wurden. Durch die Übernahme der nicht gelöschten Verträge der DDR durch die Bundesrepublik und der Einbeziehung der Forderungen in das Regelwerk des „Pariser Clubs" setzt sie diese mit von ihr selbst gewährten bzw. garantierten Krediten gleich, ohne das die Kriterien ausreichend geprüft wurden. Dies führt zu einer späten Anerkennung der Kreditierungspraxis der DDR.

Der Intension folgend, welche zum Erlaß der Kredite durch das Bundesministerium für wirtschaftliche Zusammenarbeit von 1989 führte, sollten alle Forderungen aus Beständen der DDR gestrichen werden. Auf diese Weise kann die außen- und entwicklungspolitische Verantwortung und Verläßlichkeit der Bundesrepublik unterstrichen werden. Dem demokratischen Mosambik, und in Analogie Äthiopien, würde ein auf diese Weise eine große historische Last genommen werden.

Eine parlamentarische Initiative könnte die vermeintliche Bindung dieser Forderungen an den „Pariser Club" aufheben. Dies um so mehr, daß es für andere Mitglieder des „Pariser Clubs" keine vergleichbaren Forderungen, wie diese aus dem Beitritt der DDR resultieren, geben wird. Zudem handelt es sich um ein „abgeschlossenes Sammelgebiet". Die unter gewissen Umständen zu respektierende Zurückhaltung gegenüber einer Schuldenstreichung vor der schnell vollzogenen Währungsunion, weil die konkreten Bestände und ihre Konditionen noch nicht ausreichend geklärt werden konnten, kann nun aufgeben werden. Die Zahlen sind nun auf Heller und Pfennig bekannt. Die Umstände ihres Zustandekommen sind ausreichend ermittelt. Für die Bundesrepublik stellt ein Erlaß einen geringen finanziellen Verlust[422] aber einen großen außenpolitischen und moralischen Gewinn und keine, wenn auch indirekte Verstrickung dar. Für Mosambik und Äthiopien bedeutet ein Erlaß eine erhebliche Entlastung, neue Kreditwürdigkeit, Entwicklungschancen für die Länder und damit Verbesserung der Lebensumstände für die Bevölkerung. Mit der Aufrechterhaltung der Forderungen übernimmt die Bundesregierung die Verantwortung für die Vergabepraxis und die Qualität der Beziehungen und legitimiert diese.

Das wiedervereinigte Deutschland hat 1990 für seinen damaligen „Entwicklungsprozeß" international großes Verständnis und unerwartete Unterstützung erhalten. Dies sollte in der Behandlung der Forderungen aus Beständen der DDR gegenüber besonders armen und hoch verschuldeten Entwicklungsländern zum Ausdruck kommen.

---

422 Da bei Mosambik und Äthiopien von einer langfristigen Zahlungsunfähigkeit auszugehen ist, würden letztlich auch die weiter steigenden Zins- und Tilgungsraten aus dem Erblastentilgungsfonds und somit durch wachsende Beträge von Steuerzahler aufgebracht werden müssen.

Für Mosambik bieten sich 1999 und 2000 durch Jahrestage drei herausragende Termine für einen vollständigen Schuldenerlaß an:

– der 24. Februar 1999, vor 20 Jahren wurde der „Freundschaftsvertrag zwischen der DDR und der Volksrepublik Mosambik" abgeschlossen. Er erfüllte von Anfang an nicht die durch die DDR-Führung niedergelegten Ziele und trug zur Anhäufung der heute Mosambik belastenden Forderungen bei;

– der 01. Juli 2000, vor 10 Jahren wurde die Währungsunion zwischen beiden deutschen Staaten vollzogen;

– der 03. Oktober 2000, vor 10 Jahren trat die DDR der BRD bei.

Mit einem Schuldenerlaß könnte die Bundesrepublik und ihr Parlament einen eigenen, substanziellen und nachdrücklichen Beitrag zum „Erlaßjahr 2000" beisteuern. Dieses Vorhaben zu einer Schuldenstreichung der Industriestaaten gegenüber besonders armen und verschuldeten Entwicklungsländern wird von europäischen Kirchen, Papst Johannes Paul II und Nichtregierungsorganisationen gefordert.

Sollte eine vollständige Streichung der Forderungen der Bundesrepublik gegenüber Mosambik nicht möglich sein, ist die Errichtung eines Nichtkommerziellen Fonds für Entwicklung und Umwelt unter maßgeblicher Beteiligung von Vertreterinnen und Vertretern der mosambikanischen und deutschen Kirchen, Nichtregierungsorganisationen und staatlichen Stellen zu erwägen. Zweck dieses Fonds bzw. einer gemeinsamen Stiftung sollte ein geplanter Forderungsabbau zugunsten von Projekten der Entwicklungszusammenarbeit und des Umweltschutzes sein.

7.14 Zur Absicht von Mosambik, Mitglied des Rates für Gegenseitige Wirtschaftshilfe (RGW-COMECON) zu werden

Nach dem Besuch von F. Castro im April 1977 in Berlin beschloß das Politbüro der SED, daß zur besseren Umsetzung der Aufgabenstellung für Afrika ein spezielles RGW-Organ geschaffen werden sollte.[423] Die Zusammenarbeit sollte mit Hilfe über den RGW beschleunigt und unterstützt werden. Der Anteil der RGW-Staaten am Welthandel mit Entwicklungsländern in Afrika war traditionell sehr gering und betrug auch in der Hochphase des östlichen Südengagements 1979/80 nur 1,5 %. Bei den westlichen Industrieländern wurde ein Anteil von 16 % festgestellt.[424]

Auf der 32. Tagung 1978 des RGW war Vietnam als Vollmitglied und drittes Entwicklungsland nach der Mongolei und Cuba in den Rat aufgenommen

423 Vgl. Engel, U./Schleicher, H.-G., S. 12.
424 Kühne, W., 1983, S. 129, nach sowjetischen Quellen.

worden. Äthiopien war seit 1978 zu einem Beitritt bereit und stellte im Juni 1980 den Antrag.[425] Dieser wurde abgelehnt.

Mosambik nahm 1979 als „Beobachter" und 1980 als „Gast" an den Sitzungen teil. 1981 wurde ein Antrag auf Mitgliedschaft gestellt. In den Akten der „Mittag-Kommission" spielt das Aufnahmebegehren von Mosambik keine Rolle.

Als Gründe für den Beitrittswunsch Mosambiks wurden genannt:

– Unzufriedenheit mit den Umfängen der bilateralen Verträge, d. h. Erwartung des Ausbaus der ökonomischen Beziehungen vor allem aber der Hilfsmaßnahmen;

– gewünschte Abkopplung von dem kapitalistischen Wirtschaftssystem[426], verbunden mit der Hoffnung nach langfristig gesicherten Preisen, die auf dem Weltmarkt nicht zu erwarten waren,

– Interesse an Kompensationsgeschäften mit sozialistischen Ländern,

– Wunsch der Gleichbehandlung mit Cuba[427].

Im Sommer 1981 wird der Antrag abgelehnt. Offizielle Informationen über die Entscheidung lagen nicht vor.

Als Gründe wurden von Beobachtern angeführt:

– Die starke Krise des RGW, z. B. Verschuldung Polens Anfang der 80er Jahre, diese erlaubte keine weiteren wirtschaftlich schwachen Mitglieder.

– Die insgesamt schwierige Integration der RGW-Staaten würde durch die Verschiedenheit den Entwicklungsländern erschwert.

– Die Kreditbelastungen der Entwicklungsländer hätten das RGW-Ausgleichssystem zu sehr belastet.

– Einige europäische RGW-Länder standen auch wegen militärpolitischer Implikationen einer Aufnahme reserviert gegenüber.[428]

Die Haltung der DDR zu den Aufnahmebegehren von Mosambik wurde unterschiedlich gewertet.[429] Die SED-Führung beschließt im September 1979: „Die VRM ist zu unterstützen beim Bemühen .., eine Einbeziehung der VRM in den Mechanismus der politischen Konsultationen der sozialistischen Staatenge-

---

425 Kühne, W., 1983, S. 136 f.
426 Vgl.: Kühne, W., S. 125, 1980 betrug der Handel mit „westlichen" Staaten, einschließlich Südafrika ca. 80 %.
427 S. Machel orientierte sich stark an F. Castro; Gespräch des Verfassers am 03.11.1997 mit E. Adam, Repräsentant des Büros der Friedrich-Ebert-Stiftung in Maputo von 1983 bis 1987.
428 Nach Kühne, W., 1983 und Weimer, B., 1983.
429 Matthes, H. Botschafter a. D. „"Mosambik mußte von einer zu weitgehenden Bindung an den Warschauer Vertrag ... und den RGW ... regelrecht abgehalten werden." In: Engel, U./Schleicher H.-G., S. 27; abweichend davon: Kühne, W., S. 137,„Im Falle Mosambiks hat sich die DDR-Führung allerdings möglicherweise für eine Aufnahme eingesetzt."

meinschaft und in die Tätigkeit des RGW zu erreichen."[430] Ob die DDR-Führung noch 1981 zu diesem Beschluß stand, kann nicht gesagt werden.

Die Wünsche Mosambiks nach wenigstens teilweise funktionierenden Alternativen zum westlich bestimmten Welthandelssystem und die Erwartungen schneller Erfolge bei der Umsetzung der industriellen Großprojekte wurden nicht erfüllt. Nach der Ablehnung des Beitrittes zum RGW und nach der Analyse der Ergebnisse der wirtschaftlichen Zusammenarbeit mit den sozialistischen Staaten verstärkte die mosambikanische Regierung die Öffnung zu westlichen Staaten.

Einen erneuten Versuch zur Zusammenarbeit des RGW mit Mosambik, Äthiopien und Angola hat es 1985 gegeben. Auf der 42. Tagung des RGW wurde eine „Gemischte Kommission" zu den afrikanischen Staaten aller RGW-Mitgliedsländer ins Leben gerufen. Das ZK der KPdSU hatte dazu im Vorfeld einen Beschluß gefaßt. Im einem Bericht wird erklärt, daß nur die DDR und die UdSSR in der Kommission mitarbeiten, die Entwicklungsländer zu große, vor allem finanzielle Erwartungen hätten, „die DDR sich im Rahmen der Arbeit der Gemischten Kommission auf Objekte konzentriert, die bereits seit Jahren Gegenstand bilateraler Abkommen sind und keine gesonderten Finanzierungen erfordern."[431]

Die Absicht, eine unter M. Gorbatschow zurückhaltend eingeleitete Veränderung der Afrikapolitik mittels einer Kommission des RGW auf dem Gebiet der wirtschaftlichen Zusammenarbeit durchzusetzen, war nicht erfolgreich. Es gab keine ausreichend gemeinsamen Ziele und keinen gemeinsamen Gestaltungswillen bei den sozialistischen Ländern für die befreundeten Staaten auf dem afrikanischen Kontinent. [432]

7.15 Zur Problematik der „Berlin-Klausel"

Die Entwicklungsländer waren auch Felder, auf denen die Konfrontation des Ost-West-Konfliktes ausgetragen wurde. Nach dem Scheitern der Hallstein-Doktrin gab es eine weitere speziell deutsch-deutsche Variante. Die sogenannte „Berlin-Klausel". Die Bundesrepublik verlangte von Staaten die Entwicklungshilfe erhalten wollten, daß in den Verträgen die „Standart-Berlin-Klauses" aufgenommen wurde. Diese besagte vor allem, daß Berlin-West zum Geltungsbereich des Grundgesetzes gehörte. Die DDR sprach vom Status einer „besonderen politischen Einheit Westberlin".

430 Vorlage des Sekretariates des ZK der SED. „Komplexe Konzeption DDR-Mosambik" vom 17.09.1979, in: BAZ DY30 J/. 2/3A/ 3379.
431 „Bericht von D. Uhlig zur Vorlage für Kommission Entwicklungsländer" vom 05.12.1987, in: BAZ DE 54910.
432 Stier, P.: „Versuche, im Rahmen des RGW eine abgestimmte, gemeinsame Entwicklungspolitik sowohl insgesamt als auch gegenüber einzelnen Ländern zu gestalten, bleiben meist in Absichtserklärungen stecken." In: „Osteuropas Entwicklungspolitik – was bleibt?" Epog, Berlin 1992, S. 19.

Bis 1981 wurde von Mosambik, die von der Bundesregierung für die Zusammenarbeit zur Bedingung gemachte Anerkennung der „Berlin-Klausel", noch strikt abgelehnt. Dies hatte zur Folge, daß Mosambik nicht nur von der Entwicklungshilfe der Bundesrepublik sondern auch über die Verankerung der Berlin-Klausel in den Lomé-II-Abkommen von der Unterstützung aus zentralen Fonds der Europäischen Gemeinschaft ausgeschlossen war.

Die geringer werdende Bindekraft zur DDR – wohl auch in Verbindung mit der Ablehnung einer mosambikanischen Mitgliedschaft im RGW – kommt in der Akzentuierung der „Standart-Berlin-Klausel"[433] gegenüber der Bundesrepublik durch Mosambik 1982 zum Ausdruck.

Am 21. Juni 1982 trafen sich in Bonn die Außenminister H.-D. Genscher und M. Chissano und vereinbarten ein „Abkommen über entwicklungspolitische Kooperation", in welchem Mosambik im November 1982 die „Berlin-Klausel" mit unterschrieb. Die Beziehungen zur Bundesrepublik begannen sich zu stabilisieren. Die DDR stellte eine Verschärfung des Klassenkampfes fest.[434]

7.16 Zu den Beziehungen der UdSSR – Mosambik

Die ökonomische Zusammenarbeit der UdSSR mit Mosambik ist in der zweiten Hälfte der 70er Jahre bemerkenswert gering und stand hinter der Handelstätigkeit der DDR deutlich zurück. Die Sowjetunion hielt 1979 einen Exportanteil von 1,1 % und einen Importanteil von 0,9 %.[435] Erst im November 1980 wurde eine Gemeinsame Wirtschaftskommission ins Leben gerufen. Der Vertrag über Freundschaft und Zusammenarbeit war bereits am 31.03.1977 in Moskau unterzeichnet worden. Nach 1981 verdoppelte sich der Handelsumsatz pro Jahr bis 1985 mehrmals.[436] (Vgl. auch Pkt. 7.11) Zum einen wird es sich um vermerkte Waffenlieferungen auf kommerzieller Basis handeln. Durch die Angriffe der RENAMO erlebte die mosambikanische Gesellschaft eine weitgehende Militarisierung und Aufrüstung. Zum anderen übernahm die Sowjetunion Anteile am Export und am Import, der durch das deutlich verringerte Engagement der DDR im Handelssektor der sozialistischen Staaten frei wurde.

---

433 Die „Standart-Berlin-Klausel" besagt u. a., daß Berlin/West zum Geltungsbereich des Gundgesetzes gehört. Die DDR sprach dagegen von einer „besonderen politischen Einheit".

434 „BRD nutzt Mittlerrolle Portugals und versucht, in M. vor allem auf wirtschaftlichem Gebiet aktiv zu werden, Als Erfolg wertet BRD kürzlich erfolgte Akzeptierung der Westberlin-Klausel durch M. Als nächster Schritt ist mit Beitritt M zum Lomé-II-Abkommen zu rechnen. Damit Erwartung verbunden, daß Angola Beispiel folgen wird. // Die gegenwärtige Gesamtsituation in M. ist von einer Verschärfung des Klassenkampfes gekennzeichnet. Es muß jederzeit mit einer Zuspitzung der Lage gerechnet werden." In: „Brief von GO M. Wolf/Chef der HVA des MfS an GM E. Mielke/Minister vom 10. Dezember 1982: Einschätzung zu einigen aktuellen Entwicklungstendenzen in Mosambik"), BStU MfS 5494 ZAIG, Bl. 184.

435 Schoeller, W.: „Komperativer Nachteil oder wechselseitiger Vorteil". Zur Kooperation zwischen COMECON und Entwicklungsländern am Beispiel Mosambiks", in: epd-Entwicklungspolitik, Frankfurt/M. 1984, Heft 22, S. h, (Die DDR hielt im gleichen Jahr 8 % des Exportes und 9,5 % des Importes von Mosambik.).

436 Weimer, B., S. 185.

Ein wichtiges Interesse der UdSSR bestand an den Fangrechten vor den Küsten Mosambiks und an mineralischen Rohstoffen. Auch wurden frühzeitig gemeinsame Betriebe gegründet. In der ökonomisch-technische Kooperation wurden folgende Schwerpunkte gesetzt:

– Erschließung und Förderung von Erdöl, Erdgas und Steinkohle[437],

– Maßnahmen im Bereich der exportorientierten ländlichen Entwicklung einschließlich Großfarmen und Landmaschinenwerk in Beira, Bewässerungssystemen und kleinere Wasserkraftwerke,

– Lieferung von LKW,

– Ausbau des Fischereiwesens.[438]

Parallele Ziele zum Engagement der DDR lassen sich feststellen. Im Vordergrund standen industrielle und landwirtschaftliche Großprojekte und Kompensationsgeschäfte.

Wichtiger als die ökonomische Zusammenarbeit war vor allem für Mosambik die Unterstützung mit militärischen Lieferungen und Beratern der Roten Armee. Die Militärhilfe übernahm die UdSSR für den Warschauer Vertrag fast vollständig. Mosambik war durch die Konfrontation mit Südafrika und die aktiven Kämpfe der RENAMO im eigenen Land substantiell auf diese Lieferungen angewiesen. Durch die Orientierung am sozialistischen Lager war Mosambik von „westlichen" Lieferungen für den militärischen Bereich ausgeschlossen. Seine innere und äußere Sicherheit war damit in Frage gestellt. Diese militärischen Leistungen waren eng mit zivilen Handelsabsichten verbunden und der Waffenhandel galt als einer der einträglichsten Devisenbringer der UdSSR. „Sowjetische Waffenlieferung und die Entsendung von 30 bis 500 Ausbildern, Technikern und Militärberatern werden gewöhnlich in bar (Devisen) und/oder mit Hilfe von Kompensationsgeschäften bezahlt und/oder durch innen- und außenpolitische Zugeständnisse 'honoriert'."[439] Von Bedeutung soll hier vor allem das Geschäft mit Großgarnelen gewesen sein. Die Sowjetunion „reexportierte" in den Konzessionsfanggebieten vor der mosambikanischen Küste gefischte Tiefseekrabben nach Mosambik.

Trotz aller notwendigen Kooperation auf diesen Gebiet behielt sich Mosambik auch eine gewisse „Unabhängigkeit" gegenüber der Sowjetunion, indem es z. B. den Wunsch nach einem Flottenstützpunkt nicht entsprach und gegenüber China immer Gesprächskontakte hielt. Auch wurden nicht, wie in Angola oder Äthiopien, zur militärischen Sicherung cubanische Truppen erbeten. Es wur-

437 Es gab weitreichende Pläne zur Kooperation mit der DDR in den neu zu erschließenden Tagebaugruben für Steinkohle in Revier Moatize.
438 Weimer, B., S. 108.
439 Weimer, B., S. 113 a.a.S. „Nach Langellier 'begleicht' M. sowjetische Lieferungen militärischer und ziviler Art mit der Vergabe von Fangrechten in seinen Hoheitsgewässern an die sowjetische Fischereiflotte." Ebenda, S. 109.

den im Sinne einer eher afrikanischen Lösung Truppen aus Simbabwe und Tansania um Unterstützung ersucht.

In den frühen 80er Jahren bemühte sich Mosambik bei der UdSSR und den Warschauer Vertragsstaaten um eine militärische Sicherheitsgarantie gegenüber Südafrika. Diese wurde unter Berücksichtigung der realen Kräfteverhältnisse nicht gegeben. S. Machel informierte auch frühzeitig über die Verhandlungen mit Südafrika, die im Juni 1984 zum Vertrag von Nkomati führten. Die UdSSR akzeptierte ohne „große Verstimmung" diese Verhandlungen und das Ergebnis.[440]

In gleiche Zeitabschnitt kam es mit der Öffnung nach Westen und der Aufnahme der Verhandlungen mit dem Internationalen Währungsfonds zu einer flexiblen Veränderung der Politik Mosambiks. Dabei entstand kein Bruch in den Beziehungen zur Sowjetunion, auch wenn es zu einer realistischeren Einschätzung der realen Möglichkeiten und damit zu einer Ernüchterung kam. Die Interessen Mosambiks als Nation waren für die FRELIMO-Führung von höherem Wert als ideologische Vorentscheidungen oder Erwartungen Dritter.

Die sowjetische Führung unter M. Gorbatschow versuchte ein verändertes Verhältnis zu den afrikanischen Ländern aufzubauen. Entwicklungspolitische Aspekte bzw. „Aufgaben der Menschheit" sollten in Zuge des „Neuen Denkens" stärker berücksichtigt werden. Der Versuch, 1987 eine spezielle Kommission des RWG für Mosambik in Leben zu rufen, zeugte davon, obwohl die Kommission weiterhin vor allem handelspolitisch bestimmt war. (vgl. Pkt. 7.14.)

Die Unentschlossenheit der Umsetzung und die nur beschränkt vorhandenen bzw. eingesetzten Ressourcen zur Unterstützung Mosambiks durch die Ostblockstaaten zeigen die ökonomischen Grenzen und den fehlenden politischen Willen zu einer substantiellen Partnerschaft mit den Ziel einer beständigen, die Grundbedürfnisse der mosambikanischen Bevölkerung in den Blick nehmenden Entwicklung.

Literaturverzeichnis

Abkürzungsverzeichnis Ministerium für Staatssicherheit: Häufig verwendete Abkürzungen und ausgewählte Begriffe, (hrsg.): vom Bundesbeauftragten für die Unterlagen des Staatssicherheitsdienstes der ehemaligen DDR, Abteilung Bildung und Forschung, Berlin 1993
Adam, Erfried: Mosambik; Im 12. Jahr am Ende? Wirtschaftskatastrophe und Ansätze wirtschaftspolitischer Neuorientierung seit dem IV. Kongreß, in: afrika-spektrum, Jahrgang 21, Hamburg 86/3, Sonderdruck
Ammer, Thomas: Die Nahost-Reise Honeckers im Oktober 1982 – in: Deutschland-Archiv, Nr. 12/1982. S. 1310-1321

440 Vgl. Engel, U./Schleicher, H.-G., S. 27 und Kühne, W.

Anspranger, Franz: Zur Wiedervereinigung der deutschen Afrikawissenschaft, – in: Internationales Afrika-Forum, Köln, 1/1991

Aktion Sühnezeichen/Friedensdienste/Pax Christi: Ökumenische Versammlung für Gerechtigkeit, Frieden und die Bewahrung der Schöpfung. Eine Dokumentation, Berlin 1990

Auf, Christiane: Staat und Militär in Äthiopien, Hamburg 1996

Autorenkollektiv (Leitung.: Gerhard Hahn): Die Außenpolitik der DDR in der Welt, 2 Bde., Potsdam-Babelsberg 1989

Autorenkollektiv (Leitung: Manfred Kemper und Dietrich Maskow): Außenwirtschaftsrecht der DDR, Berlin (DDR) 1987

Autorenkollektiv (Leitung: Lothar Rathmann): Grundfragen des antiimperialistischen Kampfes der Völkern Asiens, Afrikas und Lateinamerikas in der Gegenwart, Bd. 2, Berlin (O) 1974

Autorenkollektiv (Leitung: Martin Robbe): Wege zur Unabhängigkeit. Die antikoloniale Revolution in Asien und Afrika und die Zukunft der Entwicklungsländer, Berlin (O) 1989

Autorenkollektiv (Leitung: Peter Stier): Handbuch Entwicklungsländer. Sozialökonomische Prozesse, Fakten und Strategien, Berlin (O) 1987

Autorenkollektiv (Leitung: Stefan Doernberg): Außenpolitik der DDR. Sozialistische Deutsche Friedenspolitik, Berlin (O) 1982

Axen, Hermann: Ich war ein Diener der Partei (Autobiographie), Berlin 1996

Babing, A.: Neue Entwicklungsstrategie der freien Staaten im südlichen Afrika, – in: IPW-Berichte, Berlin (O), 4/1981

Baebler, H.: Das Bild der Dritten Welt im Neuen Deutschland und in der Neuen Züricher Zeitung. Ein Vergleich zwischen östlicher und westlicher Berichterstattung über die Dritte Welt, mit einer Einführung zur Entstehung und Anwendung der UNESCO-Mediendeklaration, Saarbrücken/Fort Lauderdale 1984

Bahrmann, Hannes, Fritsch, Peter-Michael: Sumpf, Privilegien, Amtsmißbrauch, Schiebergeschäfte, Berlin 1990

Baier, K./Farnsteiner, W.: Die Ausbildung von Führungskräften des Bildungswesens aus Entwicklungsländern aus heutiger Sicht, – in: Vergleichende Pädagogik, Berlin (O), 3/1990

Balal, A.R.A.: Zur Analyse des Verhältnisses sozialistischer Länder – Entwicklungsländer am Beispiel der Herausbildung der Entwicklungsländerwissenschaft der Deutschen Demokratischen Republik (1945–1974), Frankfurt am Main 1981

Bärschneider, Jörg: Die Entwicklungspolitik der DDR – in: Beine, Hannsgeorg (Hrsg.): Die Entwicklungspolitik unserer Nachbarn. Eine Darstellung der Entwicklungspolitik der BRD, DDR, USA, Niederlande und Frankreichs, Münster 1985, S. 25–47

Bartelt, Dawid: „Wohlstand nicht auf Dritte Welt-Kosten". Runder Tisch beriet über Entwicklungspolitik der DDR in: epd-Entwicklungspolitik, Nr. 3–4/1990, S. 8–10

Baske, Siegfried, Zieger, Gottfried (Hrsg.): Die Dritte Welt und die beiden Staaten in Deutschland, Asperg 1983 (Jahrbuch d. Gesellschaft für Deutschlandforschung; 1982/Schriftenreihe der Gesellschaft für Deutschlandforschung, Bd. 6)

Bechtoldt, H.: Staaten ohne Nation. Sozialismus als Macht-Faktor, – in: Asien und Afrika, Stuttgart 1980

Beidatsch, Horst: Voraussetzungen, Aufgaben und Grenzen der Schaffung und Funktion eines staatlichen Wirtschaftssektors in Entwicklungsländern mit sozialistischer Orientierung – dargestellt am Beispiel der Volksrepublik Mocambique. Diss. A., Freiberg 1986

Belal, A.R.A.: Zur Analyse des Verhältnisses sozialistischer Länder – Entwicklungsländer am Beispiel der Herausbildung und Entwicklung der Entwicklungsländerwissenschaft der Deutschen Demokratischen Republik (1945–1974), Frankfurt am Main 1981

Belle, Manfred: Der Entwicklungspolitische Runde Tisch in der DDR und im vereinigen Deutschland – Ziele, Arbeitsweisen und Ergebnisse einer außergewöhnlichen Institution. Vorwort: Döring, Hans-Joachim. Egelsbach/Frankfurt/ St. Peter Port 1996

Bellers, J.: Entwicklungspolitik in Europa, Münster 1988

Berg, Wilfried, Thole, Günther: Wandel im Handel mit Entwicklungsländern geboten – in: Horizont, Nr. 2/1990, S. 27

Berger, C.: Die Stimme der Piccolo-Flöte. Zum Entwicklungsengagement der Kirchen in der DDR, – in: Der Überblick. Zeitschrift für ökumenische Begegnung und internationale Zusammenarbeit, Stuttgart, 3/1986

Berner, Wolfgang: Some Aspects of Comecon's Closed Door Policy: Dead-End for LDCs Committed to a „Socialist Orientation" – in: Carnovale, Marco/Potter, William C. (Hrsg.): Continuity and Change in Soviet-East European Relations. Implications for the West, Boulder, San Francisco, London 1989

Bigler, R. H.: The role of the German Democratic Republic in the communist penetration of Africa, – in: Grieves, F. L. (Hrsg.), Transnationalism in world politics and business, New York et. al 1979

Billerbeck, K.: Deutscher Beitrag für Entwicklungsländer, Hamburg 1958

Billerbeck, K.: Die Auslandshilfe des Ostblocks für die Entwicklungsländer, Hamburg 1960

Bindemann, Walther: Der entwicklungspolitische Runde Tisch – ein Instrument gesellschaftlicher Kommunikation – in: Evangelische Akademie Berlin-Brandenburg (Hrsg.): ERT-Report. Berichte und Dokumente vom Entwicklungspolitischen Runden Tisch, S. 4–9

Bindemann, Walther: Ost-West-Kooperation und Entwicklungsländer, – in: IPW-Berichte, Berlin (O), 4/1990

Bischof, H.: Die DDR in Afrika, – in: Monatshefte. Entwicklungspolitische Aktivitäten kommunistischer Länder, Bonn, 11/1977

Bischof, H.: Nach der Anerkennung – eine Bestandsaufnahme der Beziehungen DDR – Dritte Welt, – in: Monatshefte. Entwicklungspolitische Aktivitäten kommunistischer Länder, Bonn, 3/1974

Bley, H./Tetzlaff, R. (Hrsg.): Afrika und Bonn, Versäumnisse und Zwänge deutscher Afrika-Politik, Hamburg 1978

Blutke, Günter: Obskure Geschäfte mit Kunst und Antiquitäten. Ein Kriminalroman, Berlin 1990

Boege, Volker: Militärische und militärisch relevante Aspekte der DDR-Südpolitik. Problemaufriß, Literaturbericht, Bibliographie, Hamburg 1989

Boettcher, E. (Hrsg.): Ostblock, EWG und Entwicklungsländer, Stuttgart 1963

Bolz, Klaus: Die Außenwirtschaftspolitik der DDR gegenüber westlichen Industrieländern und gegenüber den Entwicklungsländern zur Sicherung der Rohstoffversorgung – in: Gutmann, Gernot (Hrsg.): Das Wirtschaftssystem der DDR. Wirtschaftspolitische Gestaltungsprobleme, Stuttgart, New York 1983. (= Schriften zum Vergleich von Wirtschaftsordnungen, Heft 30), S. 363–381

Brehme, G./Fischer, D./Ulrich, I.: 20 Jahre „Afrikanisches Jahr", – in: Deutsche Außenpolitik, 8/1980

Breyer, K.: Moskaus Faust in Afrika, Stuttgart 1979

Brie, André: Zwischen Eitelkeit und Ignoranz. Eine kritische Bestandsaufnahme bisheriger DDR-Außenpolitik – in: Horizont, Nr. 2/1990, S. 3

Brie, Sonja: Die „Schule der Solidarität" des VDJ – in: Deutsche Außenpolitik, Nr. 2/1979, S. 115–123

Brock, Lothar, Spanger, Hans-Joachim: Die beiden deutschen Staaten in der Dritten Welt. Die Entwicklungspolitik der DDR – eine Herausforderung für die Bundesrepublik Deutschland?, Opladen 1987

Brüne, Stephan: „Der Sozialismus als Wille und Vorstellung oder: Das Verhältnis der äthiopischen Machtelite zur ländlichen Bevölkerung" in: „Entwicklungsperspektiven am Horn von Afrika", Hamburg, S. 56

Bruns, W.: Deutschland und die Vereinten Nationen, – in: Zieger, G. (Hrsg.): Schriften zur Rechtslage Deutschlands, Bd. 3, Köln 1981, S. 133–146

Bruns, W.: Das Verhalten der DDR gegenüber den Entwicklungsländern im UNO-System, – in: Monatsberichte. Entwicklungspolitische Aktivitäten kommunistischer Länder, Bonn, 10/1976

Buck, Hannsjörg F.: Abbau von Rohstoffengpässen durch Handel mit Entwicklungsländern. DDR-Wirtschaftsbeziehungen mit Entwicklungsländern am Beispiel Syriens, Zyperns und Kuweits – in: Deutschland-Archiv, Nr. 1/1983, S. 53–67

Büttner, S.: DDR-Hilfe für Entwicklungsländer – Zahlen und Fakten, – in: Einheit, Berlin (O) Heft 10/1980, S. 1081–1082

Bundesministerium für wirtschaftliche Zusammenarbeit (Hrsg.): Journalisten-Handbuch Entwicklungspolitik Jg. 1987 – 1997, Bonn

Cervenka, Z./Dederichs, M. R.: The two Germanies and Africa during 1980. Rivals for influence, – in: Africa Contemporary Record: Annual Survey and Documents 1980–1981, New York 1981

Cervenka, Z./Dederichs, M. R.: The two Germanies in Africa, – in: Africa Contemporary Record: Annual Survey and Documents 1978–79, New York 1980

Cervenka, Z./Dederichs, M. R.: The two Germanies in Africa. Eastern Advances and Western Isolationism, – in: Africa Contemporary Record: Annual Survey and Documents 1979–80, New York 1981

Claus, Burghard: Versuch einer Bestandsaufnahme und eines Ausblicks – in: Entwicklung und Zusammenarbeit, Nr. 4/1990, S. 4–6.

Claus, Renate/Seifert, Karl-Jürgen: Die Notwendigkeit des Wirksamwerdens einer Gruppe Sachkundiger im Ministerium für Außenwirtschaft im Prozeß der Aufdekkung, Verhinderung und Bekämpfung feindlicher Angriffe gegen die Außenwirtschaftsbeziehungen der DDR zum nichtsozialistischen Wirtschaftsgebiet, BStZ-MfS 160 – 803/72

Coker, C.: NATO, Warsaw Pact and Africa, London 1985

Cornelsen, Doris: DDR-Wirtschaft: Ende oder Wende? – in: Aus Politik und Zeitgeschichte, B 1–2/1990. 5.1.1990, S. 33–38

Croan, Melvin: A New Afrika Korps? – in: The Washington Quarterly, Nr. 4, Winter 1980, S. 21–37

Csaba, Läszló: Economic Policy Coordination in the CMEA, Köln 1984 (= Berichte des Bundesinstituts für ostwissenschaftliche und internationale Studien, Nr. 31/1984)

Czempiel, Ernst-Otto: Machtprobe. Die USA und die Sowjetunion in den achtziger Jahren, München 1989

Das Wörterbuch der Staatssicherheit. Definitionen des MfS zur „politische-operativen Arbeit", hrsg. vom Bundesbeauftragten für die Unterlagen des Staatssicherheitsdienstes der ehemaligen DDR, Abteilung Bildung und Forschung, Berlin 1993

Despres, Laure/Fritsche, Klaus/Jung, Lothar, u. a.: Osteuropa und die Dritte Welt, Hamburg 1989

Després, Laure: Die wirtschaftspolitischen Beziehungen zwischen Osteuropa und der Dritten Welt – in: Osteuropa und die Dritte Welt, Hamburg 1989 (Osteuropa-Forum, Nr. 75), S. 9–32

Deutscher Bundestag: Beschlußempfehlungen und Teilberichte des 1. Untersuchungsausschusses nach Artikel 44 des Grundgesetzes (Schalck-Untersuchungsausschuß), Drucksache 12/3462, Bonn 1992, Drucksache 12/3920, Bonn 1992, Drucksache 12/4500, Bonn 1993, Drucksache 12/4832, Bonn 1993, Drucksache 12/44970, Bonn 1993, Drucksache 12/7600, Bonn 1995, Drucksache 12/7650, Bonn 1995

Deutsches Institut für Wirtschaftsforschung Berlin (Hrsg.): Wirtschaftsbeziehungen der DDR in Entwicklungsländern. Keine neuen Trends in Hilfe und Handel, – in: DIW-Wochenbericht, Berlin (W), 51–52/1985

Die Afrika-, Nahost- und Asienwissenschaften in Leipzig (= Wissenschaftliche Zeitschrift der Karl-Marx-Universität Leipzig, Gesellschaftswissenschaftliche Reihe, Heft 6), Leipzig 1985

Dietsch, U.: New Tendencies in the Cooperation Policy of the GDR, – in: Intereconomics. Review of international Trade and Development, Hamburg, 9 u. 10/1977

Dolezal, Joseph: Entwicklung, Ziele, Methoden und Instrumente der DDR-Aussenpolitik in der Dritten Welt. – in: Siegfried Baske, Gottfried Zieger (Hrsg.): Die Dritte Welt und die beiden Staaten in Deutschland, Asperg 1983 (= Jahrbuch der Gesellschaft für Deutschlandforschung; 1982/Schriftenreihe der Gesellschaft für Deutschlandforschung, Bd. 6)

Domdey, Karl-Heinz/Kohlmey, G./Steininger, P. A./Spiller, H.: Gegenwartsprobleme der internationalen Handelsbeziehungen, Berlin (O) 1964

Domdey, Karl-Heinz: „Entwicklungshilfe" oder echte sozialistische Hilfe, Leipzig/Jena/Berlin (O) 1961

Döring, Hans-Joachim: Wir haben es satt, dass andere hungern, Zur Arbeit der Zweidrittelwelt-Gruppen in der DDR, in: Der Überblick. Zeitschrift für ökumenische Begegnung und internationale Zusammenarbeit, Stuttgart, Hamburg, 3/1988

Döring, Hans-Joachim: Dritte Welt Arbeit, in: Stattbuch Ost, Berlin 1991

Döring, Hans-Joachim: Wir haben es immer noch satt, dass anderer hungern! – Gespräch zum 20. Jahrestag der Gründung des ökumenischen Netzwerkes INKOTA (Information, Koordination, Tagungen zu Problemen der Zweidrittel-Welt, in. INKOTA-Brief, Berlin, 3/1991

Döring, Hans-Joachim/Heuer, Wolfgang: Ergebnisse der Bestandsaufnahme: Erstellen einer Bibliographie zu entwicklungspolitischer Bildungsarbeit und entsprechenden Unterrichtsmaterialien in der DDR im Rahmen des Forschungsprojekts Grundlagen, Anregung und Förderung entwicklungspolitischer Bildung und Aktionen in den neuen Bundesländern, Berlin 1991

Dornbusch, H. L./Vogelsang, D. W.: Ein Vergleich der entwicklungspolitischen Aktivitäten von der BRD und der DDR, Hamburg 1973

Dummer, Egon: „Äthiopien im Aufbruch", Berlin 1984

Dummer, Egon: Gemeinsamkeit der Interessen, in: Horizont, Nr. 50/1980, S. 8 f.

Dummer, Egon: Sozialistische Staaten und Entwicklungsländer heute. Revolutionäre Kräfte im Kampf um Frieden und sozialen Fortschritt, hrsg. von der Akademie für Gesellschaftswissenschaften beim Zentralkomitee der SED, Berlin 1989

End, Heinrich: Zweimal deutsche Außenpolitik. Internationale Dimensionen des innerdeutschen Konfliktes 1949–1972, Köln 1973

Engels, Benno (Hrsg.): Das vereinige Deutschland in der Weltwirtschaft, Hamburg 1991

Entwicklungspolitische Gesellschaft e.V. (Hrsg.): Osteuropas Entwicklungspolitik und -zusammenarbeit – was bleibt? Bericht und Beiträge. Materialien des Workshops vom 23. und 24.4.1992, Berlin 1992

Eik, Jan: „Besondere Vorkommnisse Politische Affären und Attentate", Berlin 1995

epd-Entwicklungspolitik: DDR. Entwicklungspolitik zwischen Ab- und Aufbruch, Frankfurt/Main 1990 (Materialien V/90)

Erl, Willi: Das Erbe der DDR-Entwicklungspolitik, in: Entwicklungspolitische Gesellschaft e.V. (Hrsg.): Osteuropas Entwicklungspolitik und -zusammenarbeit – was bleibt? Bericht und Beiträge. Materialien des Workshops vom 23. und 24.4.1992, Berlin 1992, S. 121–138

Ernst, Klaus/Schilling, Hartmut (Hrsg.): Entwicklungsländer: Sozialökonomische Prozesse und Klassen, Berlin (O) 1981

Faulwetter, Helmut/Liebscher, Gertraud: Zum unüberbrückbaren Gegensatz zwischen „Entwicklungshilfe" und sozialistischer Hilfe für Entwicklungsländer, in: Asien, Afrika, Lateinamerika, Nr. 4/1981, S. 539–601

Faulwetter, Helmut/Luchterhand, W.: 10 Jahre Charta der ökonomischen Rechte und Pflichten der Staaten und der Beitrag der DDR zu ihrer Verwirklichung, in: Asien, Afrika, Lateinamerika, 6/1984

Faulwetter, Helmut/Stier, Peter/Voigt, Arnold: Ergebnisse und Perspektiven kapitalistischer Transformation in der Dritten Welt – ein Beitrag zur Diskussion um Unterentwicklung (Thesen), in: Asien, Afrika, Lateinamerika, Nr. 3/1989, S. 410–418

Faulwetter, Helmut/Stier, Peter: Entwicklungsländer am Scheideweg, Berlin (O) 1984

Faulwetter, Helmut: Imperialismus und Neokolonialismus, in: IPW-Berichte, Nr. 12/1989, S. 43 f.

Fischer, Hans-Joachim: ABC und Einmaleins – Waffen im Klassenkampf. Zur pädagogischen Auslandsarbeit der DDR in Entwicklungsländern, in: Deutschland-Archiv, Nr. 6/1982, S. 605–613

Fischer, Oskar: Frieden, Frieden und nochmals Frieden, in: Einheit, Nr. 4–5/1986, S. 359–364

Förster, Siegfried: 30 Jahre Ausländerstudium in der DDR, in: Deutsche Außenpolitik, Nr. 9/1981, S. 29–35

Franzke, Jochen: Das Zusammenwirken von sozialistischen Staaten und Entwicklungsländern im weltweiten Kampf und die Sicherung des Friedens, in: Geschichtsunterricht und Staatsbürgerkunde, Nr. 10/1987, S. 736–747

Frech, J.: Bundesrepublik und DDR im Nord-Süd-Dialog: Das integrierte Rohstoffprogramm, Bochum 1985

Freiberg, Paul/Nitz, Jürgen: Zur ökonomischen Zusammenarbeit zwischen der DDR und befreiten Ländern, in: Deutsche Außenpolitik, Nr. 8/1981, S. 45–61

Fritsche, Klaus: Entwicklungshilfe der Sowjetunion. Der westliche Forschungsstand, Köln 1987 (Bundesinstitut für ostwissenschaftliche und internationale Studien, Nr. 13/1987)

Fritsche, Klaus: Nach dem Anschluß der DDR: Exodus ausländischer Arbeiter, in: epd-Entwicklungspolitik, Nr. 22/1990, S. 9

Fritsche, Klaus: Sowjetische Dritte-Welt-Politik unter Gorbatschow, in: Deutsches Übersee-Institut (Hrsg.): Jahrbuch Dritte Welt 1989. Daten, Übersichten, Analysen, München 1988, S. 33–52

Fritsche, Klaus: Sowjetische Entwicklungspolitik auf dem Prüfstand, in: epd-Entwicklungspolitik, Nr. 3/1989, S. 9–12,15

Gäbelein, Wolfgang/Reder, Andrej: Im Kampf für Frieden und sozialen Fortschritt, in: Einheit, Nr. 3/1987, S. 257–262

Geißel, Ludwig: Unterhändler der Menschlichkeit, Stuttgart 199

Gesellschaft für entwicklungspolitische Bildungsarbeit (Hg.): DDR und Dritte Welt. (Entwicklungspolitische Korrespondenz), Hamburg 1983

Glass, G. A.: East Germany in Black Africa: a new special role?, in: The World Today. Royal Institute of International Affairs, London, 8/1980

Glockner, Eduard: Die DDR – Stellvertreter und Helfer der Sowjetunion in der Dritten Welt, in: Deutsche Studien, Heft 93/1986, S. 3–23

Gottstein, K. (Hrsg.): Osteuropa und Afrika. Ökonomische und soziokulturelle Aspekte des Technologietransfers zwischen Ost und Süd, München 1986

Graf, Herbert/Joseph, Detlef: Volksrepublik Mocambique – Werden und Wachsen eines jungen Staates. Berlin (O) 1984

Grienig, Horst/Münch, Siegfried: Brot für alle hat die Erde. Zur Ernährungsfrage in den Entwicklungsländern, Berlin (Ost) 1985

Grimm, R./Haupt, H.-G./Richter, I.: Zusammenarbeit der Mitgliedsländer des RGW mit den Entwicklungsländern – in: Deutsche Außenpolitik, Nr. 2/1982, S. 14–30

Gründer, H.: Kolonialismus und Marxismus. Der deutsche Kolonialismus in der Geschichtsschreibung der DDR, – in: Fischer, A./Heydemann, G. (Hrsg.), Geschichtswissenschaft in der DDR. Historische Entwicklung, Theoriediskussion und Geschichtsdialektik (= Schriftenreihe der Gesellschaft für Deutschlandforschung, Bd. 25/2), Berlin (W) 1988

Haedcke-Hoppe-Arndt, Maria: Wer wußte was? Der ökonomische Niedergang der DDR, in: Deutschland Archiv 28/1995/6, S. 588-602

Hahn, Karla/Jacob, Eleonore: Charakter und Hauptformen der Wirtschaftsbeziehungen DDR – Entwicklungsländer, in: Asien, Afrika, Lateinamerika, Nr. 1/1986, S. 5–14

Hahn, Karla/Jacob, Eleonore: The development of the economic relations of the GDR with developing countries, in: Economic Quarterly, Berlin (O), 4/1986

Hamrell, S./Wichtrand, C. D. (Hg.): The Soviet Bloc, China and Africa, Uppsala 1964

Heilmann, Peter: 35 Jahre DDR – 35 Jahre Beziehungen der DDR zu den Entwicklungsländern auf dem Gebiet des Hochschulwesens, in: Asien, Afrika, Lateinamerika, Nr. 12/1984, S. 813–820

Heilmann, Peter: Aspekte des Ausländerstudiums in der DDR, in: Asien, Afrika, Lateinamerika, Nr. 5/1990, S. 798–804

Helwig, Gisela/Spittmann-Rühle, Ilse (Hrsg.): Die DDR vor den Herausforderungen der achtziger Jahre. Sechzehnte Tagung zum Stand der DDR-Forschung in der Bundesrepublik Deutschland 24. bis 27. Mai 1983, Köln 1983

Hendrichs, Klaus-Michael: Die Wirtschaftsbeziehungen der Deutschen Demokratischen Republik mit den Entwicklungsländern, (Sozialwissenschaftliche Medien zu internationalen Problemen, Bd. 59), Saarbrücken/Fort Lauderdale 1981

Herbst, Andreas (Hrsg.): So funktionierte die DDR – Lexikon der Organisationen und Institutionen der DDR, Hamburg 1994

Heyden, Ulrich van der: Zwischen Bevormundung und Kreativität. Die Afrika-Geschichtsschreibung in der DDR, in: Berliner Debatte INITIAL. Zeitschrift für sozialwissenschaftlichen Diskurs, Berlin, 1/1992

Heyden, Ulrich van der: Schleicher, Hans-Georg; Schleicher, Ilona (Hrsg); Die DDR und Afrika Zwischen Klassenkampf und neuem Denken; Münster, Hamburg 1993

Heyden, Ulrich van der: Schleicher, Hans-Georg; Schleicher, Ilona (Hrsg.): Engagiert für Afrika – die DDR und Afrika II, Münster, Hamburg 1994

Hillebrand, Ernst: Das Afrika-Engagement der DDR, (Münchener Studien zur internationalen Entwicklung, Bd. 5, Frankfurt am Main/Bern/New York/Paris 1987

Hillebrand, Ernst: Sowjetische Theorie – Afrikanische Praxis. Zu den sowjetischen Konzepten einer sozialistischen Agrarpolitik in Afrika (Hamburger Beiträge zur Afrika-Kunde, Bd. 37), Hamburg 1990

Hoel, O.: Die Entwicklungshilfe-Leistungen der USA, der Europäischen Gemeinschaften und des COMECON. Versuch einer Gegenüberstellung, in: PB. Politische Bildung und Zeitschrift für Erwachsenenbildung , Mattersburg/Schwalbeck, 1/1987

Höhne, H./Darkow, M.: Research Project on the Distribution of News from and about the Developing Countries in the News behalf of UNESCO, Bonn 1978

Holzapfel, Gerhard: Beispiele für Hilfeleistungen der DDR in Entwicklungsländern. (Dargestellt am weiteren Aufbau einer Lebensmittelindustrie), in: Geschichtsunterricht und Staatsbürgerkunde, Nr. 9/1986, S. 639–644

Holzweißig, G.: Publikationen der DDR-Auslandspropaganda, in: Deutschland-Archiv, 1/1980

Honecker, Erich: Aus meinem Leben (Autobiografie), Berlin 1980

Hopfmann, Arndt/Schilling, Hartmut: Unterentwicklung, sozialökonomische Multisektoralität und gesellschaftlicher Fortschritt in Entwicklungsländern. in: Asien, Afrika, Lateinamerika, Nr. 5/1988, S. 773–790

Hundt, Walter/Lamprecht, M.: Zu einigen aktuellen Fragen der Beziehungen des FDGB zu den Gewerkschaften Afrikas, in: Asien, Afrika, Lateinamerika, 5/1977

Husemann, Bettina; Neumann, Anette: „Die Afrikapolitik der DDR" Eine Titeldokumentation der Akten des Politbüros und des Sekretariats der SED, Hamburg 1994

Illy, H. F. (Hrsg.): Studenten aus der Dritten Welt in beiden deutschen Staaten, Berlin (W) 1987

INKOTA-Brief, 20 Jahre Ökumenisches Netzwerk INKOTA, in: INKOTA-Brief, Berlin, Hefte 74–75/1991. Gegründet 1971

Jacobsen, Hans-Adolf/Leptin, Gerd/Scheuner, Ulrich/Schulz, Eberhard (Hrsg.): Drei Jahrzehnte Außenpolitik der DDR. Bestimmungsfaktoren, Instrumente, Aktionsfelder. 2. Aufl., München, Wien 1980 (Reihe: Internationale Politik und Wirtschaft, Band 44)

Janson, C. H.: Der Totengräber der DDR: wie Günter Mittag den SED-Staat ruinierte, Berlin 1991

Jegzentis, Peter/Wirth, Volker: Zum Stand der entwicklungstheoretischen Diskussion in der DDR in den 80er Jahren – ein Literaturüberblick, in: Peripherie, Nr. 41/1991, S. 71–88

Jung, Lothar: Neues Denken in der sowjetischen Dritte-Welt-Strategie, in: Osteuropa und die Dritte Welt, Hamburg 1989 (= Osteuropa-Forum, Nr. 75), S. 57–69

Junghahn, Michael/Schmidt, Ulrich: DDR – Wirtschaftspartner der Entwicklungsländer, in: Deutsche Außenpolitik, Nr. 1/1979, S. 44–55

Kaiser, J.: Zwischen angestrebter Eigenständigkeit und traditioneller Unterordnung. Zur Ambivalenz des Verhältnisses von sowjetischer und DDR-Außenpolitik in den achtziger Jahren, in: Deutschland-Archiv, 5/1991

Kaminski, Hans-Jürgen: Ausländische Werktätige lernen und arbeiten in der DDR, in: Außenpolitische Korrespondenz, Nr. 12/1989, S. 95 f.

Kaschel, Eberhard: Unterstützung des Gesundheitswesens in Entwicklungsländern – ein Schwerpunkt solidarischer Hilfe der DDR, in: Deutsche Außenpolitik, Nr. 4/1981, S. 49–60

Kindermann, Gottfried-Karl (Hrsg.): Grundelemente der Weltpolitik. 3. erw. Neuaufl., München, Zürich 1986

Kipke, R.: Die Entwicklungspolitik der DDR – Grundsätze und Strukturen, in: Bellers, J. (Hrsg.), Entwicklungspolitik in Europa (= Studien zur Politikwissenschaft, Bd. 21), München 1988

Kistner, H.: Die Erfahrungen beim Aufbau des Sozialismus – eine wertvolle Hilfe für die progressive Entwicklung national befreiter Staaten, in: Asien, Afrika, Lateinamerika, 1978/3

Kodatschenko, A.: Wirtschaftliche Zusammenarbeit zwischen RGW und Entwicklungsländern. Ein Beitrag der sozialistischen Länder zur nationalen Befreiung , in: Deutsche Außenpolitik, Nr. 1/1981, S. 51–62

Korbanski, A.: Eastern Europe and the Third World, or, „Limited Regret Strategy" Revisited, in: Korbanski, A./Fukuyama, F. (Hrsg.), The Soviet Union and the Third World. The last three decades, Ithaca/London 1987

Koch, Peter Ferdinand: „Das Schalck-Imperium lebt. Deutschland wird gekauft", München 1992

Koch, Egmont R.: Das geheime Kartell – BND, Schalck, Stasi & Co., Hamburg 1992

Koschel, E.: Unterstützung des Gesundheitswesens in Entwicklungsländern – ein Schwerpunkt solidarischer Hilfe der DDR, in: Deutsche Außenpolitik, 4/1981

Krause, Joachim: Soviet-East European Cooperation in the Field of Military Aid towards the Third World, in Carnovale, Marco/Potter, William C. (Hrsg.): Continuity and Change in Soviet-East European Relations. Implications for the West, Boulder, San Francisco, London 1989, S. 175–189

Krause, Joachim: Sowjetische Militärhilfepolitik gegenüber Entwicklungsländern, Baden-Baden 1985 (Internationale Politik und Sicherheit, Bd. 16)

Kregel, B.: Außenpolitik und Systemstabilisierung in der DDR, Opladen 1979

Kridl-Valkenier, Elizabeth: Revolutionäre Veränderungen in der Dritten Welt, in: Osteuropa und die Dritte Welt, Hamburg 1989 (Osteuropa-Forum, Nr. 75), S. 33–55

Kroske, H.: Das sozialistische Grundmodell der gesellschaftlichen Entwicklung und seine Anwendungsmöglichkeiten unter den Bedingungen der Entwicklungsländer, in: Deutsche Außenpolitik, 4/1970

Krüger, Kurt: Antiimperialistische Solidarität mit allen um nationale und soziale Befreiung kämpfenden Völkern Asiens, Afrikas und Lateinamerikas, in: Asien, Afrika, Lateinamerika, Nr. 3/1979, S. 377–388

Krüger, Kurt: Solidarität der DDR mit den Völkern Asiens, Afrikas und Lateinamerikas, in: Deutsche Außenpolitik, 10/1979

Kühne, Winrich/Plate, Bernard von: Two Germanies in Africa, in: Africa Report, Nr. 4/25, Washington 1980

Kühne, Winrich: Die Politik der Sowjetunion in Afrika, Baden-Baden 1983

Kühne, Winrich: Südafrika und seine Nachbarn: Durchbruch zum Frieden?, Baden-Baden 1985

Kühne, Winrich: Sowjetische Afrika-Politik unter Gorbatschow, in: Europa-Archiv, Folge 22/1986, S. 659–666

Kühne, Winrich: „Neuer Realismus" in Moskaus Afrika-Politik? in: Aus Politik und Zeitgeschichte, Beilage zur Wochenzeitung Das Parlament, B 7–8/1988, 12.2.1988

Kuhns, Woodrow J.: The German Democratic Republic in Africa, – in: East European Quarterly, Boulder, 2/1985

Kuhns, Woodrow J.: The German Democratic Republic in the Third World. Diss. Phil., Ann Arbor 1985

Kum'a Ndumbe III (Hrsg.): L'Afrique et l' Allemagne de la coloniasation a la cooperation 1884–1986 (Le cas de Cameroun). Actes du Colloque International „Cent ans de relations entre l'Afrique et les Allemagnes 1884–1984: Le cas du Cameroun", Yaounde 8–14 avril 1985, Yaounde 1986

Kum'a Ndumbe III.: Was will Bonn in Afrika? Zur Afrikapolitik der Bundesrepublik Deutschland, Pfaffenweiler 1992

Kuppe, Johannes: In Salisbury war die DDR nur Zaungast, in: Deutschland-Archiv, Nr. 6/1980, S. 566–568

Kuppe, Johannes: Investitionen, die sich lohnen. Zur Reise Honeckers nach Afrika, in: Deutschland-Archiv, Nr. 4/1979, S. 347–352

Kupper, Siegfried: Die europäischen Bündnispartner der Sowjetunion und die Entwicklungsländer, in: Deutschland-Archiv, Nr. 7/1981, S. 745–757

Lamm, Hans Siegfried/Kupper, Siegfried: DDR und Dritte Welt, München, Wien 1976. (Reihe: Internationale Politik und Wirtschaft, Bd. 39)

Langer, Emil: Die nationale Befreiungsbewegung – ein revolutionärer Hauptstrom, in: Einheit, Nr. 4/1982, S. 346–352

Langer, Emil: Gemeinsam gegen Imperialismus, für Frieden und sozialen Fortschritt. Zur Entwicklung der Beziehungen der SED mit revolutionären Parteien und Bewegungen Afrikas, Asiens und Lateinamerikas – in: Deutsche Außenpolitik, Nr. 9/1982, S. 43–59

Last, B.: Zur Expertenentsendung der DDR in Entwicklungsländer, in: Goldschmidt, D./Schäfer, H.-D. (Hrsg.): Entwicklungspolitische Zusammenarbeit auf dem Gebiet von Hochschulbildung und Wissenschaft: Die Suche nach neuen Ansätzen, Berlin 1990

Lehfeld, Horst: Fragen der nationalen Befreiungsrevolution in Ländern Afrikas und Asiens mit sozialistischer Orientierung, in: Asien, Afrika, Lateinamerika, Nr. 2/1982, S. 207–216

Lehfeld, Horst: Zum antiimperialistischen Bündnis zwischen der DDR und den national befreiten Staaten Afrikas, in: Asien, Afrika, Lateinamerika, 6/1979

Lennig, Rolf: Die DDR-NRO sind im Aufbruch, in: Entwicklung und Zusammenarbeit, Nr. 5/1990, S. 4 f.

Lindemann, Hans: Nordamerika (USA und Kanada) und Kuba, in: Jacobsen, Hans-Adolf/Leptin, Gerd/Scheuner, Ulrich/Schulz, Eberhard (Hrsg.): Drei Jahrzehnte Außenpolitik der DDR. Bestimmungsfaktoren, Instrumente, Aktionsfelder. 2. Aufl., München, Wien 1980 (=Reihe: Internationale Politik und Wirtschaft, Bd. 44)

Loose, Gudrun: Gedanken zur multilateralen Entwicklungszusammenarbeit der DDR im Rahmen der Vereinten Nationen, in: Entwicklungspolitische Gesellschaft e.V. (Hrsg.): Osteuropas Entwicklungspolitik und -zusammenarbeit – was bleibt? Bericht und Beiträge. Materialien des Workshops vom 23. und 24.4.1992, Berlin 1992, S. 156–161

Lorf, Peter: Ein Diplom aus der DDR, in: Außenpolitische Korrespondenz, Nr. 6/1984, S. 46 f.

Löwis of Menar, Henning von: Das afrikanische Erbe von Werner Lamberz. Ost-Berlins Äthiopien-Abenteuer, in: Deutschland-Archiv, 4/1978

Löwis of Menar, Henning von: Das Engagement der DDR im portugiesischen Afrika, in: Deutschland-Archiv, 1/1977

Löwis of Menar, Henning von: Das politische und militärische Engagement der Deutschen Demokratischen Republik in Schwarzafrika. Ein Überblick von 1953 bis 1978, in: Beiträge zur Konfliktforschung, Köln, 1/1978

Löwis of Menar, Henning von: Die DDR als Schrittmacher im weltrevolutionären Prozeß. Zur Honecker-Visite in Äthiopien und im Südjemen, in: Deutschland-Archiv, Nr. 1/1980, S. 40–49

Löwis of Menar, Henning von: Machtpolitik südlich des Sambesi. Sambia und Mocambique als Adressaten der DDR-Afrikapolitik, in: Deutschland-Archiv, 11/1980

Löwis of Menar, Henning von: Solidarität und Subversion. Die Rolle der DDR im südlichen Afrika, in: Deutschland-Archiv, 6/1977

Ludwig, H.: Die „DDR" in Afrika (I). Der Einfluß der SBZ auf die unabhängigen afrikanischen Länder, in: SBZ Archiv. Dokumente, Berichte, Kommentare zu gesamtdeutschen Fragen, Köln, 6/1965

Ludwig, H.: Die „DDR" in Afrika (II). Die Aktivität in den arbischen Ländern, in: SBZ Archiv. Dokumente, Berichte, Kommentare zu gesamtdeutschen Fragen, Köln, 22/1965

Lutze, Karin: Hauptmerkmale der Einbindung von national befreiten Staaten mit sozialistischer Orientierung in das kapitalistische Weltwirtschaftssystem und daraus resultierende Konsequenzen für die langfristige Gestaltung der Wirtschaftsbeziehungen zwischen den Mitgliedsländern des RGW und diesen Ländern (dargestellt am Beispiel der VR Angola und der VR Mocambique). Diss. A, Berlin 1989

Massula, Wolfgang/Mühle, Werner/Wagner, Hans-Peter: Die Analyse grundlegender Prozesse der sozialistischen Entwicklung auf dem afrikanischen Kontinent in ihren nationalen und internationalen Zusammenhängen – wesentliche Voraussetzung für eine effektive Ausbildung und Erziehung von Kadern der Sicherheitsorgane nationaler bzw. volksdemokratischer Staaten, Portsdam-Babelsberg, 1982, Diss, Sig. BStU-JHS VVS 239/81

Machowski, H./Schultz, S.: Die Beziehungen zwischen den sozialistischen Planwirtschaften und der 3. Welt-Handel und Entwicklungshilfe, in: Deutschland-Archiv, 14. Jg. , Heft 7/1981, S. 737–745

Mährdel, Christian: Das Friedens- und Fortschrittspotential der Völker und Staaten Asiens, Afrikas und Lateinamerikas: Objektive Interessen und Probleme ihrer Freisetzung zum aktiven Handeln in: Asien, Afrika, Lateinamerika, Nr. 4/1989, S. 714–719

Mährdel, Christian: Revolutionstheoretische Bemerkungen zur sozialistischen Orientierung gesellschaftlicher Entwicklung im heutigen Afrika und Asien, in: Asien, Afrika, Lateinamerika, Nr. 3/1980, S. 421–431

Mahnke, H.-H. (Hrsg.): Beistand- und Kooperationsverträge der DDR, Köln 1982

Mallinckrodt, Anita M.: An Außenpolitik beteiligte Institutionen, in: Jacobsen, Hans-Adolf/Leptin, Gerd/Scheuner, Ulrich/Schulz, Eberhard (Hrsg.): Drei Jahrzehnte Außenpolitik, der DDR. Bestimmungsfaktoren, Instrumente, Aktionsfelder. 2. Aufl., München, Wien 1980 (=Reihe: Internationale Politik und Wirtschaft, Bd. 44), S. 135–149

Materialien der Enquete-Kommission „Aufarbeitung der Geschichte und Folgen der SED-Diktatur in Deutschland" (12. Wahlperiode), hrsg. vom Deutschen Bundestag, Baden-Baden, Frankfurt/Main 1994 ff. Bd. 1-18

Meinel, Wolfgang/Grund, Gert: Die personenbezogene Arbeit im und nach dem Operationsgebiet auf der Linie XVIII, Arbeitsmaterial zum Forschungsthema, BStU-GVS JHS o001-33/85-20089 und 20090

Melchers, K.: Die sowjetische Afrika-Politik von Chruschtschow bis Breshnew, Berlin (W) 1986

Melvin, J.: DDR – Neokolonialismus in Afrika, (Schriftenreihe Deutsche Afrika-Stiftung, 8), Bonn 1981

Meusling-Barnett, Thomas Patrick: Warsaw Pact-Third World Relations, 1968–1987: Explaining the Special Roles of Romania and East Germany. Diss. Phil., Cambridge/Mass. 1990

Meyer, Petra: Wo Karl Marx immer noch ein Gütesiegel ist, in: Entwicklung und Zusammenarbeit, Nr. 12/1990, S. 18 f.

Meyns, Peter: Sozialismus in der Dritten Welt, in: Deutsches Übersee-Institut (Hrsg.): Jahrbuch Dritte Welt 1989. Daten, Übersichten, Analysen, München 1988, S. 53–71

Michalski, Edeltraud/Müller-Syring, Rolf/Schmid, Heike: Theorien über Unterentwicklung und Strategien für Entwicklung in national befreiten Ländern Asiens und Afrikas, in: Asien, Afrika, Lateinamerika, Nr. 2/1989, S. 319–324

Mittag, Günter, „Um jeden Preis", Autobiografie, Berlin 1991

Müller, Ewa P.: Ausländische Studierende in der DDR, in: Osteuropa und die Dritte Welt, Hamburg 1989 (= Osteuropa-Forum, Nr. 75), S. 101–109

Müller, Gertrud: Was war und wie geht es weiter. Zweidrittelwelt-Gruppen gewachsen in der DDR, in: Vogel, Detlev (Red.): Zwischen Rostock und Dresden. 2/3-Welt-Gruppen. Ein Handbuch, Freiburg, Berlin 1990, S. 8–10

Müller, K.: Das Entwicklungshilfe Osteuropas – Konzeptionen und Schwerpunkte, Hannover 1970

Näther, C. M.: Ein Kontinent sucht die Freiheit. Afrika zwischen den Großmächten, Frankfurt am Main 1968

Naumann, Joachim: Staatsbesuch im Zeichen friedlicher Koexistenz, in: Deutsche Außenpolitik, Nr. 12/1981, S. 29–40

Nieber, Gerhard/Schmidt, Horst: Grundlegende Aufgaben des MfS im Zusammenhang mit dem zunehmenden Aufenthalt von Ausländern in der DDR, BStU-JHS 001-235/78

Nohlen, Dieter (Hrsg.): Lexikon Dritte Welt. Länder, Organisationen, Theorien, Begriffe, Personen, Reinbek 1989

Nohlen, Dieter/Nuscheler, Franz: Handbuch der Dritten Welt. Bd. 1: Grundprobleme – Theorien – Strategien, Bonn 1992

Nürnberger, A.: Entwicklungshilfe und Entwicklungspolitik des Ostblocks, in: dpa-Hintergrund, Nr. 3172, Hamburg 1985

Osteuropa und die Dritte Welt, Hamburg 1989 (= Osteuropa-Forum, Nr. 75)

Plate, Bernard von: Afrika südlich der Sahara – in: Jacobsen, Hans-Adolf/Leptin, Gerd/Scheuner, Ulrich/Schulz, Eberhard (Hrsg.): Drei Jahrzehnte Außenpolitik der

DDR. Bestimmungsfaktoren, Instrumente, Aktionsfelder. 2. Aufl., München, Wien 1980 (Reihe: Internationale Politik und Wirtschaft, Bd. 44), S. 657–671

Plate, Bernard von: Aspekte der SED-Parteibeziehungen in Afrika und der arabischen Region, in: Deutschland-Archiv, Nr. 2/1979, S. 132–149

Plate, Bernard von: Außenpolitik und internationale Beziehungen, in: Rausch, Heinz: DDR. Das politische, wirtschaftliche und soziale System, 7. Aufl., München 1988

Plate, Bernard von: DDR-Außenpolitik Richtung Afrika und Araber, in: Außenpolitik. Zeitschrift für internationale Fragen, Hamburg, 1/1978

Plate, Bernard von: Der Nahe und Mittlere Osten sowie der Maghreb, in: Jacobsen, Hans-Adolf/Leptin, Gerd/Scheuner, Ulrich/Schulz, Eberhard (Hrsg.): Drei Jahrzehnte Außenpolitik der DDR. Bestimmungsfaktoren, Instrumente, Aktionsfelder. 2. Aufl., München, Wien 1980 (= Reihe: Internationale Politik und Wirtschaft, Bd. 44), S. 673–698

Plate, Bernard von: Die DDR und die Entwicklungsländer, in: DDR-Report, Nr. 2/1982, S. 74–77

Plate, Bernard von: Die Handelsbeziehungen der DDR mit den Entwicklungsländern und die neue Weltwirtschaftsordnung, in: Deutschland-Archiv, Nr. 8/1980, S. 819–833

Plate, Bernard von: Revolutionary change in Africa: some implications for East German policy Behaviour, in: Nation, R. C./Kauppi, M. (Hrsg.): The Soviet Impact in Africa, Lexington, Mass. 1984

Plener, Ulla: Sozialdemokratische Konzeptionen zur Lösung der Probleme der Entwicklungsländer, in: IPW-Berichte, Nr. 2/1988, S. 16–22

Post, Ulrich/Sandvoss, Frank: „Honeckers Afrika-Korps – Erfindung oder Realität? Die Militärbeziehungen der DDR zu Afrika, in: Der Überblick. Zeitschrift für ökumenische Begegnung und internationale Zusammenarbeit, Hamburg, 2/1986

Post, Ulrich/Sandvoss, Frank: Die Afrikapolitik der DDR, Hamburg 1982 (Arbeiten aus dem Institut für Afrika–Kunde, Bd. 43)

Priewe, Jan/Hickel, Rudolf: Der Preis der Einheit: Bilanz und Perspektiven der deutschen Wiedervereinigung, Frankfurt/Main 1991

Przybylski, Peter: „Tatort Politbüro – Honecker, Mittag und Schalck-Golodkowski", Berlin 1992, Bd. 1 u. 2

Raabe, Joachim: Dialog zu Problemen der Entwicklungsländer, in: Horizont, Nr. 12/1987, S. 10

Rathmann, L.: North-South university co-operation and its practical implications, in: Higher Education Policy, London, 4/1988

Reetz, Dietrich: Die Entwicklungsländerforschung in der DDR nach der Wende: Veränderungen in Konzeption und Struktur (Berichte des Bundesinstituts für ostwissenschaftliche und internationale Studien), Köln, 7/1991

Reichardt, Achim: Solidarität hilft siegen. 25 Jahre Solidaritätskomitee der DDR, in: Asien, Afrika, Lateinamerika, Nr. 6/1985, S. 945–951

Reime, S.: Die Tätigkeit der DDR in den nichtkommunistischen Ländern, Bd. 8, Schwarzafrika, Bonn 1972

Richter, E.: Wissenschaftliche Arbeiten zu Sprachen Asiens und Afrikas in der DDR (1950–1983), in: Asien, Afrika, Lateinamerika, 4/1984

Rix, Christiane: Ideologischer Wandel und Veränderung der außenpolitischen Doktrin der DDR, Frankfurt/Main 1990 (Militärpolitik. Dokumentation, Heft 70–72)

Robbe, Martin: Die Stummen der Welt haben das Wort. Entwicklungsländer: Bilanz und Perspektive, Berlin (O) 1984

Robbe, Martin: Entwicklungsländer. Woher und Wohin? in: Horizont, Nr. 2/1989, S. 16 f.

Robbe, Martin: Frieden und sozialer Fortschritt als Herausforderung, in: Autorenkollektiv (Leitung: Martin Robbe): Wege zur Unabhängigkeit. Die antikoloniale Revolution in Asien und Afrika und die Zukunft der Entwicklungsländer, Berlin(O) 1989, S. 292–306

Roikte, Horst: Die politisch-operative Führung einer Gruppe Sachkundiger im Ministerium für Außenwirtschaft im Prozeß der Aufdeckung, Verhinderung und Bekämpfung feindlicher Angriffe gegen die Außenwirtschaftsbeziehungen der Deutschen Demokratischen Republik zum nichtsozialistischen Wirtschaftsgebiet, BStU-VVS MFS 160-804/73

Roike, Horst: Die Tätigkeit des ehemaligen MfS zur Sicherung der Volkswirtschaften der DDR, in: Zwie-Gespräch 5 (1995) 28/29, S. 12-23

Röscheisen, Roland: Nord-Süd-Politik in beiden deutschen Staaten, in: Gorhol, Martin/Kunz, Norbert W. (Hrsg.): Deutsche Einheit – Deutsche Linke. Reflexionen der politischen und gesellschaftlichen Entwicklung, Köln 1991

Rothensee, D.: „Ein qualitativ neuer Typ zwischenstaatlicher Beziehungen" – Die DDR und die Länder Asiens, Afrikas und Lateinamerikas, in: Rissener Rundbrief, Hamburg, 9/1989

Rubinstein, A. Z.: Moscow's Third World Strategy, Princeton, New Jersey 1990

Saack, Birgit: Handbuch. Brandenburger Eine-Welt-Gruppen, Aktionsläden, Initiativen, Organisationen und Institutionen, Potsdam 1992 (Brandenburgische Entwicklungspolitische Hefte, Heft 2)

Sandvoss, Frank: The German Democratic Republic's policies in Africa 1983–1984. A balance sheet of losses and gains, in: Africa Contemporary Record: Annual Survey and Documents 1984–1985, New York 1985

Sandvoss, Frank: The German Democratic Republic's policies in Africa. Africa remains lower Priority in Third World relations, in: Africa Contemporary Record: Annual Survey and Documents 1986–1987, New York 1988

Sandvoss, Frank: The German Democratic Republics policies in Africa 1982–83. Balancing aid with trade, in: Africa Contemporary Record: Annual Survey and Documents 1983–1984, New York 1985

Schaarschmidt, Ralf: DDR/Entwicklungsländer. Traditionelle und neue Formen der wirtschaftlichen Zusammenarbeit, in: Horizont, Nr. 7/1984, S. 23

Scharschmidt, Gerhard/Spröte, Wolfgang: DDR an der Seite der Entwicklungsländer im Kampf um demokratische Umgestaltung der internationalen Wirtschaftsbeziehungen, in: IPW-Berichte, Nr. 9/1984, S. 16–22, 38

Scharschmidt, Gerhard: Die Vertiefung der Wirtschaftsbeziehungen zwischen den Mitgliedsländern des RGW und den Entwicklungsländern auf gleichberechtigter und gegenseitig vorteilhafter Grundlage, in: Asien, Afrika, Lateinamerika, Nr. 5/1981, S. 773–784

Scharschmidt, Gerhard: Stellung und Perspektiven der Ost-West-Zusammenarbeit auf Drittmärkten aus der Sicht der DDR, in: IPW-Berichte, Berlin (O), 7/1984

Schalck-Golodkowski, Alexander/Volpert, Heinz: Zur Bekämpfung der imperialistischen Störtätigkeit auf dem Gebiet des Außenhandels, BStU-GVS 210-234/70

Scherzer, Landolf „Bom dia, weißer Bruder", Rudolstadt 1984

Schilling, Hartmut: Ökonomisch-soziale Unterentwicklung und ihre Überwindung als globale politische Herausforderung und als Anspruch an die marxistisch-leninistische Politische Ökonomie, in: Asien, Afrika, Lateinamerika, Nr. 3/1989, S. 377–388

Schleicher, Ilona: Zur „materiellen" Solidarität der DDR mit dem ANC in den 60er Jahren, in: Afrika-Spectrum, Hamburg, 2/1992

Schleicher, Hans-Georg: Die Afrikapolitik der DDR: Versuch einer Nachbetrachtung, in: Hofmeier, R. (Hg.), Afrika Jahrbuch 1990, Opladen 1991

Schleicher, Hans-Georg: Juniorpartner der Sowjetunion: die DDR im südlichen Afrika, in: Behrens, M./Rimscha, R. von, Südafrika nach der Apartheid, Baden-Baden 1993

Schleicher, Hans-Georg: Der Dialog über eine neue Ordnung in Südafrika als Herausforderung für den ANC. Beobachtungen eines ehemaligen DDR-Diplomaten, (SWP-AP 2707), Ebenhausen 1991

Schleicher, Hans-Georg: Die Afrikapolitik der DDR: Versuch einer Nachbetrachtung, in: Institut für Afrika-Kunde/Rolf Hofmeier (Hrsg.): Afrika-Jahrbuch 1990. Politik, Wirtschaft und Gesellschaft in Afrika südlich der Sahara, Opladen 1991

Schleicher, Hans-Georg: Zwischen Klassenkampf und neuem Denken: Die DDR-Afrikapolitik der achtziger Jahre, in: Internationales Afrikaforum, Köln, 4/1991

Schleicher, Ilona: Der lange Weg der Sechaba, in: Der Überblick, Hamburg, 4/90

Schleicher, Ilona: Internationalistische Entwicklung der FRELIMO und ihre Beziehungen zur SED, in: Deutsche Außenpolitik, 7/1979

Schmidt-Streckenbach, Wolfgang: Entwicklungspolitik und internationale Verwaltungsbeziehungen. Verwaltungsförderung der DDR für Entwicklungsländer (Speyerer Arbeitshefte, 43), Speyer 1982

Schmidt-Streckenbach, Wolfgang: Zur Fortbildung von Fach- und Führungskräften aus Entwicklungsländern. Das Angebot der DDR für Kader aus Kommunalpolitik und Kommunalverwaltung, in: Deutsche Studien, Heft 93/1986, S. 24–50

Schoeller, Wolfgang: „Komparativer Nachteil" und „Wechselseitiger Nutzen". Zur Kooperation zwischen COMECON und Entwicklungsländern am Beispiel Mosambiks, in: Deutschland-Archiv, Nr. 12/1983, S. 1303–1311

Schubert, Werner/Voigt, Arnold: Östliche Entwicklungshilfe und -zusammenarbeit im agraren Bereich. Ergebnisse und Neuansätze, in: Entwicklungspolitische Gesellschaft e.V. (Hrsg.): Osteuropas Entwicklungspolitik und -zusammenarbeit – was bleibt? Bericht und Beiträge. Materialien des Workshops vom 23. und 24.4.1992, Berlin 1992, S. 139–155

Schubert, Werner: Aspekte der Zusammenarbeit der DDR mit Entwicklungsländern unter besonderer Berücksichtigung der Landwirtschaft, in: Asien, Afrika, Lateinamerika, Nr. 1/1991, S. 20–34

Schultz, Siegfried: Characteristics of East Germany's Third World Policy: Aid and Trade, in: Konjunkturpolitik, Berlin, 5/1990

Schultz, Siegfried: Die Entwicklungshilfe der DDR. Von der Qualität zur Quantität?, in: Vereinte Nationen, Koblenz, 1/1986

Schultz, Siegfried: Wirtschaftsbeziehungen der DDR zu Entwicklungsländern: Keine neuen Trends in Hilfe und Handel, in: DIW-Wochenbericht, Nr. 51–52/1985, S. 583–588

Schulz, Brigitte: The road to socialism in the periphery: East German Solidarity in theory and practice, in: Journal für Entwicklungspolitik, Wien, 2/1986

Schulz, Brigitte: Development Through Aid and Trade? The Development Aid Strategies of the Two German States in Sub-Saharian Africa, 1960–1985. Diss. Phil., Boston 1989

Schulz, Brigitte: The two German States and Apartheid, in: Journal für Entwicklungspolitik, Wien, 4/1988

Schulz, Eberhard: Bestimmungsfaktoren, in: Jacobsen, Hans-Adolf/Leptin, Gerd/Scheuner, Ulrich/Schulz, Eberhard (Hrsg.): Drei Jahrzehnte Außenpolitik der DDR. Bestimmungsfaktoren, Instrumente, Aktionsfelder. 2. Aufl., München, Wien 1980 (Reihe: Internationale Politik und Wirtschaft, Bd. 44), S. 203–231

Schürer, Gerhard: Gewagt und verloren. Einen deutsche Biographie, Frankfurt/Oder 1996

Schwanitz, W.: Die Hegemoniale Vertragspolitik der Sowjetunion und der DDR. Militärpolitik und Völkerrecht, Berlin (W) 1983

Sebastian, Hendrik: Versuch einer Bewertung, in: Entwicklung und Zusammenarbeit, Nr. 4/1990, S. 6 f.

Seibt, Kurt: 30 Jahre DDR – 30 Jahre antiimperialistische Solidarität, in: Asien, Afrika, Lateinamerika, 6/1979

Seul, Arnold: Das Ministerium für Staatssicherheit in die DDR-Volkswirtschaft, in: Materialien der Enquete-Kommission „Aufarbeitung von Geschichte und Folgen der SED-Diktatur in Deutschland" (12. Wahlperiode), hrsg. vom Deutschen Bundestag, Bd. VIII: Das Ministerium für Staatssicherheit, Seilschaften, Altkader, Regierungs- und Vereinigungskriminalität, Baden-Baden, Frankfurt am Main 1995, S. 532-584

Sextro, Uli: Gestern gebraucht – heute abgeschoben – die innenpolitische Kontroverse um die Vertragsarbeiter er ehemaligen DDR. Sächsische Landeszentrale für politische Bildung, Dresden 1976

Simonija, Nodari: Probleme der Zusammenarbeit der UdSSR (Rußlands) mit der „Dritten Welt" im Kontext der Ost-West-Beziehungen, in: Entwicklungspolitische Gesellschaft e.V. (Hrsg.): Osteuropas Entwicklungspolitik und -zusammenarbeit – was bleibt? Bericht und Beiträge. Materialien des Workshops vom 23. und 24.4.1992, Berlin 1992, S. 62–76

Sodaro, Michael: The GDR and the Third World: supplicant and surrogate, in: Radu, Michael (Hrsg.): Eastern Europe and the Third World – East vs. South, New York 1981, S. 106–141

Solidarische Hilfe der DDR für die Kinder Afrikas, Asiens und Lateinamerikas – in: Außenpolitische Korrespondenz, Nr. 39/1986, S. 310 f.

Solidaritätsdienst – international e.v. (Hrsg.): Rundbrief, Nr. 1/1992

Spanger, Hans-Joachim/Brock, Lothar: Die beiden deutschen Staaten in der Dritten Welt. Die Entwicklungshilfe der DDR – eine Herausforderung für die Bundesrepublik Deutschland?, Opladen 1987

Spanger, Hans-Joachim: Aus dem Osten wenig Neues, in: epd-Entwicklungspolitik, Frankfurt am Main, 10/1983

Spanger, Hans-Joachim: DDR legt erstmals offizielle Zahlen über ihre Entwicklungshilfe vor, in: Deutschland-Archiv, Nr. 7/1983, S. 681–683

Spanger, Hans-Joachim: Die beiden deutschen Staaten in der Dritten Welt, in: Deutschland-Archiv, 1 u. 2/1984

Spanger. Hans-Joachim: Militärpolitik und militärisches Engagement der DDR in der Dritten Welt, in: Deutschland-Archiv, 8/1985

Spröte, Wolfgang: Das Zusammenwirken sozialistischer Staaten und national befreiter Länder in der UNO, in: Deutsche Außenpolitik, 6/1981

Spröte. Wolfgang/Hahn, Gerhard: DDR-Wirtschaftshilfe contra Bonner Neokolonialismus, Berlin 1965

Statistisches Bundesamt Wiesbaden: Sonderreihe mit Beiträgen für das Gebiet der ehemaligen DDR – Umsätze im Außenhandel 1975 und 1980 bis 1990, Heft 9, Wiesbaden 1993

Staadt, Jochen: Auf höchster Stufe – Gespräche mit Erich Honecker, Berlin 1995

Stark, Christoph. „Die Außenpolitik der VR China in Afrika 1969 bis 1983 unter besonderer Berücksichtigung des südlichen Afrika", Frankfurt/M. 1990

Stefan, Klaus-Dieter: Heißes Eisen. (2) DDR lieferte Waffen in die „Dritte Welt", in: Horizont, Nr. 2/1990, S. 31 f.

Stefan, Klaus-Dieter: Heißes Eisen. Über Waffengeschäfte der DDR mit dem Ausland, in: Horizont, Nr. 1/1990

Strege, F.: Die Entwicklungspolitik der DDR 1976-1980, Bonn 1990

Stier, Peter: Gedanken zu einer europäischen Entwicklungspolitik nach dem Ende des Ost-West-Konflikts, in: Entwicklungspolitische Gesellschaft e.V. (Hrsg.): Osteuropas Entwicklungspolitik und -zusammenarbeit – was bleibt? Bericht und Beiträge. Materialien des Workshops vom 23. und 24.4.1992, Berlin 1992, S. 13–52

Stockholm International Peace Research Institute: SIPRI Yearbook 1990. World Armaments and Disarmament, Stockholm, London 1990

Stokke, B. R.: Soviet and Eastern Trade and Aid in Africa, New York 1967

Struwe, Jürgen: Langjährige DDR-Exporte von Einrichtungen und Ausrüstungen für das Bildungswesen, in: Außenpolitische Korrespondenz, Nr. 40/1985, S. 327 f.

Statistisches Bundesamt: Länderbericht Mosambik 1989, Wiesbaden 1989

Statistisches Bundesamt: Länderbericht Mosambik 1996, Wiesbaden 199.

Statistisches Bundesamt: Länderbericht Äthiopien 1990, Wiesbaden 1990

Theuring, Rolf: Internationales Symposium „Sozialökonomische Unterentwicklung und die Rolle kapitalistischer Produktionsverhältnisse in Ländern der Dritten Welt" an der Hochschule für Ökonomie „Bruno Leuschner" am 2. und 3. Dezember 1987 in Berlin, in: Asien, Afrika, Lateinamerika, Nr. 3/1988, S. 529–533

Timm, Angelika: DDR – Israel: Anatomie eines gestörten Verhältnisses, in: Aus Politik und Zeitgeschichte, Beilage zur Wochenzeitung Das Parlament, B 4/1993, 22.1.1993, S. 46–54

Trevhela, P.: A Literature of Wolves, in: Searchlight South Africa, Johannesburg, 8/1992

Tschetschorke, Hans/Specht, Hans-Peter/Schmidt-Kunter, Detlef: Zur Rolle und zum Vergehen der Geheimdienste imperialistischer Hauptländer und Südafrika sowie der Geheimdienste prokapitalistischer Staaten bei der Verwirklichung der neokolonialen Politik des Imperialismus gegen die Staaten sozialistischer Entwicklung/Orientierung und die kämpfenden Befreiungsbewegungen im subsaharischen Afrika, Potsdam-Babelsberg, BStU-VVS JHS o001-233/84

Tüttenberg, E.: Der Beitrag der Staaten des Ostblocks zur Wirtschaft der Entwicklungsländer Afrikas, Dissertation, St. Augustin 1977

Uljanowski, R. A.: Länder sozialistischer Orientierung, in: Deutsche Außenpolitik, Nr. 11/1979, S. 64–75

United Nations Conference on Trade and Development: Manual on trading with the socialist countries of Eastern Europe, New York 1987

Uschner, Manfred: Die zweite Etage – Funktionsweise eines Machtapparates, Berlin 1993

Valenta, J./Butler, S.: East German Security Policies in Africa, – in: Radu, M. (Hrsg.): Eastern Europe and the Third World, New York 1981

van der Meer, Horst: Solidaritätsdienst – international e.V. – in: IPW-Berichte, Nr. 5/1991, S. 24–28

Verfassung der DDR, Berlin 1974

Vogel, Detlev (Red.): Zwischen Rostock und Dresden. 2/3-Welt-Gruppen. Ein Handbuch, Freiburg, Berlin 1990

Voigt, Manfred/Klien, Erich Alvaro/Koppe, Klaus: Lehre und Studium der Asien-, Afrika- und Lateinamerikawissenschaften im 40. Jahr der Deutschen Demokratischen Republik – in: Asien, Afrika, Lateinamerika, Nr. 5/1989, S. 789–796

Voigt, Manfred/Klient, Erich Alvaro/Koppe, Klaus: Lehre und Studium der Asien-, Afrika- und Lateinamerikawissenschaften im 40. Jahr der Deutschen Demokratischen Republik, in: Asien, Afrika, Lateinamerika, 5/1989

Weiter, Matthias: Gesamtdeutsche Entwicklungspolitik? in: Entwicklung und Zusammenarbeit, Nr. 5/1990, S. 7

Weiter, Matthias: Was bleibt von den DDR-Projekten? Die Suche nach Fakten, in gtz-info, Nr. 1/1991, S. 26–30

Weimer, Bernhard: Die mosambikanische Außenpolitik 1975-1982, Merkmale, Probleme, Dynamik (Aktuelle Materialien zur internationalen Politik, Stiftung Wissenschaft und Politik, Ebenhausen), Baden-Baden 1983

Wiedmann, Roland: Strukturen des Ausländerstudiums in der Deutschen Demokratischen Republik, in: Illy, Hans F./Schmidt-Streckenbach, Wolfgang (Hrsg.): Studenten aus der Dritten Welt in beiden deutschen Staaten, Berlin 1987 (Schriftenreihe der Gesellschaft für Deutschlandforschung; Bd. 20), S. 67–99

Willerding, Jochen: Für Frieden, Freundschaft und antiimperialistische Solidarität – Zur internationalen Tätigkeit des sozialistischen Jugendverbandes der DDR, in: Deutsche Außenpolitik, Nr. 4/1982, S. 22–30

Willerding, Jochen: Über Freundschaftsbrigaden der FDJ, in: Einheit, Nr. 6/1989, S. 570–572

Willerding, Klaus: Die Außenpolitik der DDR und die Länder Asiens, Afrikas und Lateinamerikas, in: Asien, Afrika, Lateinamerika, Nr. 4/1979, S. 569–577

Willerding, Klaus: Die DDR und die national befreiten Staaten Asiens und Afrikas, in: Asien, Afrika, Lateinamerika, 5/1974

Willerding, Klaus: Grundlagen und Inhalt der Beziehungen der DDR zu den befreiten Staaten Asiens und Afrikas, in: Deutsche Außenpolitik, 11/1976

Willerding, Klaus: Zur Afrikapolitik der DDR, in: Deutsche Außenpolitik, Nr. 8/1979, S. 5–19

Winrow, Gareth M.: The Foreign Policy of the GDR in Africa, Cambridge, New York u. a. 1990. (Soviet and East European Studies, Bd. 78)

Winrow, Gareth M.: The GDR in Africa – a Gradual Disengagement? in: Afrika-Spectrum, Nr. 3/1989, S. 303–314

Winter, Heinz-Dieter: Die DDR und die Staaten Asiens, Afrikas und Lateinamerikas – Zusammenwirken und Dialog für Frieden und Fortschritt. in: Asien, Afrika, Lateinamerika, Nr. 4/1989, S. 581–590

Winter, Heinz-Dieter: Die Politik der DDR für Frieden und Fortschritt gegenüber Entwicklungsländern, in: Asien, Afrika, Lateinamerika, Nr. 5/1989, S. 889–893

Woitzik, K.-H.: Die Auslandsaktivität der sowjetischen Besatzungszone Deutschlands. Organisationen, Wege, Ziele, Mainz 1966

Wolf, M. Spionagechef im geheimen Krieg, Erinnerungen" München 1998

Wörterbuch der Außenpolitik und des Völkerrechtes, Staatsverlag Berlin (O) 1980

Zenker, J.: Zur Bedeutung der Zusammenarbeit der SED mit national-demokratischen Parteien und Organisationen für deren politisch-ideologische Entwicklung, in: Asien, Afrika, Lateinamerika, 5/1975

Zenker, J.: Zur internationalen Zusammenarbeit zwischen Komunisten und nationalen Demokraten nach 1969, in: Beiträge zur Geschichte der deutschen Arbeiterbewegung, Berlin (O), 1/1976

Zenker, J.: Zusammenarbeit der SED mit revolutionär-demokratischen Parteien in Asien und Afrika, in: Deutsche Außenpolitik, 10/1977

Zevin, L.: Die Arbeitsteilung zwischen den RGW-Staaten und den Entwicklungsländern, in: Monatsberichte. Entwicklungspolitische Aktivitäten kommunistischer Länder, Bonn, 11/1977

Zinger, H.: „Entwicklungshilfe" oder Unterstützung der Entwicklungsländer, in: Deutsche Außenpolitik, 1978/11

Zusammenfassung

In der Außenpolitik der DDR gegenüber Afrika spielten die sozial und ökonomisch besonders benachteiligten und unterentwickelten Länder Mosambik und Äthiopien (sowie Angola) eine herausragende Rolle. Sie galten als befreundete und ausgewählte afrikanische Staaten. Freundschafts- und Beistandsverträge sowie eine Vielzahl von Einzelabkommen, vor allem zu den Wirtschafts- und Parteibeziehungen, waren Ausdruck dieser intensiven Zusammenarbeit und galten als praktizierte internationale Solidarität, die die Beziehungen der Industriestaaten zu den Entwicklungsländern auf eine höhere Stufe stellen sollten.

Mosambik und Äthiopien waren, anders als die Mongolei, Vietnam und Kuba, allerdings nicht Mitglieder des Rates für gegenseitige Wirtschaftshilfe (RGW/COMECON).

Die Zusammenarbeit wurde geprägt von Kontakten auf den höchsten Partei- und Staatsebenen. Die Ausgestaltung der Beziehungen der DDR zu Mosambik und Äthiopien nahm an Intensität, Ausmaß und Gestalt besondere Formen an. Die charakteristischen Merkmale der Beziehungen der DDR zu den ausgewählten afrikanischen Staaten, wie Mosambik, Äthiopien und Angola auch von der DDR-Nomenklatura bezeichnet wurden, können nur eingeschränkt auf die Ausgestaltung der Beziehungen der DDR zu anderen Entwicklungsländern übertragen werden.

Frühzeitig baten die politischen und militärischen Führer der mosambikanischen Befreiungsbewegung FRELIMO und des jungen Soldatenrates in Äthiopien die SED-Führung und die DDR um Unterstützung auf verschiedenen Gebieten. Mit der Erringung der Unabhängigkeit in Mosambik und dem Sturz des äthiopischen Kaiserhauses baute die DDR diplomatische Beziehungen zu den Ländern auf.

Die Kontakte der DDR zu beiden afrikanischen Staaten können in den Jahren 1975 und 1976 auf Grund der eingetretenen politischen Entwicklungen als freundlich, aber abwartend bezeichnet werden.

Im Jahre 1977 setzte eine so nicht zu erwartende „Dynamisierung" der Zusammenarbeit ein. Die Initiative ging zu diesem Zeitpunkt vor allem von der DDR aus.

Nach der internationalen Anerkennung der DDR und der eingetretenen Phase politischer Entspannung im Rahmen des europäischen KSZE-Prozesses eröffneten sich für die sozialistischen Länder unter Führung der Sowjetunion neue geostrategische Möglichkeiten. Der „Weltimperialismus" sollte an seinen damals „schwächsten Stellen", dem Horn von Afrika und dem zusammengebrochenen portugiesischem Kolonialreich Länder mit sozialistischer Orientierung entgegengestellt werden.

Durch die im Februar 1977 erfolgte marxistisch-leninistische Ausrichtung der aus dem mosambikanischen Befreiungskampf siegreich hervorgegangen FRELIMO sowie die Übernahme der Führung des Provisorischen Militärischen Verwaltungsrates (DERG) in Äthiopien durch den an der Sowjetunion und den sozialistischen Ländern orientierten Mengistu Haile Mariam waren die für die zentralistisch strukturierte Sozialistische Einheitspartei Deutschlands notwendigen ideologischen Voraussetzungen für die besondere Zusammenarbeit gegeben. Diese für die „Weltrevolution günstige Situation" fiel mit der ersten großen Krise der Außenwirtschaft der DDR zusammen.

Die Partei- und Staatsführung mußte 1977 erkennen, daß sich ein großes, zunehmend wachsendes Devisendefizit im Staats- bzw. Haushaltsplan auftat, welches die Existenz der DDR ökonomisch und politisch bedrohte. Fortan galt das besondere Augenmerk der Partei- und Staatsführung, Devisen zu erwirtschaften bzw. einzusparen.

Mit dieser Aufgabe wurde federführend der Bereich Kommerzielle Koordinierung (KOKO) im Ministerium für Außenhandel der DDR unter Leitung von Alexander Schalck-Golodkowski betraut. Den ausgewählten afrikanischen Länder Äthiopien, Mosambik und Angola wurde dabei eine besondere Rolle zugemessen.

In der zweiten Hälfte der 70er Jahre hatte die UdSSR die Rohstofflieferungen in die DDR drastisch verringert und deren Preise empfindlich erhöht.

Die erste existenzgefährdende Devisenkrise der DDR und die ideologische Ausrichtung der regierenden Parteien bzw. Gruppierungen von Mosambik und Äthiopien auf den Marxismus-Leninismus vielen in das gleiche Jahr.

In engen Beziehungen zu Mosambik und Äthiopien sah die Partei- und Staatsführung der DDR gute Voraussetzungen – vor allem im Handel „Ware gegen Ware" – Devisen, d. h. frei konvertierbare Währungen einsparen bzw. erwirtschaften zu können. Die Erwartungen der neuen Führungen an das sozialistische Lager, die Embargopolitik vieler westlicher Industriestaaten, der Bedarf an Militärtechnik und ideologisch und ökonomisch hohe Ansprüche der jungen Führungskräfte an die eigenen Entwicklungssprünge begünstigten den Ausbau der Beziehungen vor allem auf wirtschaftlichem Gebiet.

Mineralische und landwirtschaftliche Rohstoffe, an der die DDR chronisch litt und die auf dem Weltmarkt nur gegen „harte" Währung zu erhalten waren, sollte gegen die international nur schwer zu veräußernden Produkte und Leistungen der DDR (wie LKW W 5O, Produkte des Maschinenbaus oder industrielle Großanlagen, aber auch kommerzielle Einsätze von Spezialisten) eingetauscht werden.

Im Fall von Mosambik interessierte sich die DDR schwerpunktmäßig für die Einfuhr von Steinkohle und von seltenen Erzen. Äthiopien sollte vor allem Rohkaffee im erheblichen Umfang liefern. Bei den Geschäftsanbahnungen wurden oft auch Materialsendungen für das Militär und den Staatsschutz auf kommerzieller Basis vereinbart und in die Krisenregionen geliefert.

Um die gewünschten Gewinne – vor allem in Form von Deviseneinsparungen – in Mosambik und Äthiopien für die DDR realisieren zu können, wurde im Sommer 1977 im Bereich KOKO eigens eine Abteilung Handelspolitik installiert und Sonderbeauftragte der SED und der Regierung der DDR mit weitreichenden Vollmachten eingesetzt.

Die ökonomischen Interessen und die ideologischen bzw. „weltrevolutionären" Vorstellungen der DDR sollten durch ein geheimes „Drittlandabkommen" zwischen der DDR und Libyen über die ökonomische Zusammenarbeit in ausgewählten Entwicklungsländern verknüpft und finanziert werden. Politbüromitglied Werner Lamberz vereinbarte ein solches Abkommen auf seinen zahlreichen Afrikareisen 1977 mit dem libyschen Staatschef al-Gaddafi. Es sah

u. a. vor, daß Libyen zur Bezahlung von großtechnischen „Entwicklungsvorhaben" der DDR in elf arabischen bzw. afrikanischen Staaten, darunter Äthiopien, Mosambik und Angola beiträgt. Das Abkommen umfaßte ein Volumen von ca. 3 Mrd. DM und hätte die DDR in der damaligen finanziellen Krise erheblich entlastet.

Auch in Erwartung dieser finanziellen Risikobegrenzung durch reichlich fließende libysche Petrodollar begann die DDR in Äthiopien und Mosambik mit der Errichtung von Großprojekten. Das Abkommen wurde im Februar 1978 in Berlin unterzeichnet, trat aber nach bisheriger Kenntnis nicht in Kraft.

Um die neue Intensität und Dynamik der wirtschaftlichen Beziehungen zu ausgewählten Entwicklungsländern und die Anforderungen aus dem Abkommen mit Libyen straff steuern und in einer Hand verwalten zu können, wurde im Dezember 1977 eine „Kommission des Politbüros des ZK der SED zur Koordinierung der ökonomischen, kulturellen, wissenschaftlich-technischen und der Tätigkeit im nichtzivilen Bereich in den Ländern Asiens, Afrikas und des arabischen Raumes" (Kurzbezeichnung Kommission für Entwicklungsländer) durch Beschluß des Politbüros eingesetzt. Die Leitung übernahm der Wirtschaftssekretär des ZK der SED, Günter Mittag. Als Sekretär wurde der stellvertretende Leiter der Staatlichen Plankommission der DDR, Dieter Albrecht, berufen.

Die Kommission für Entwicklungsländer beriet neben einer Vielzahl von Handelsvorhaben mit devisenträchtigen Schwellenländern alle Mosambik und Äthiopien betreffenden ökonomischen und wissenschaftlich-kulturellen bzw. wissenschaftlich-technischen Beschlüsse und entschied weitestgehend über die Politik der DDR gegenüber diesen Ländern. Ein ausgeprägt ökonomischer Anspruch zur Ausnutzung der ideologisch-politischen Übereinstimmungen zwischen der DDR und den beiden afrikanischen Staaten sowie des Handels auf der Basis des „gegenseitigen Vorteils" wird im Interesse der DDR erhoben und durchgesetzt. Die besonders Ende der 70er und Anfang der 80er Jahre auch von der DDR international und propagandistisch erhobenen Forderungen nach einer Neuen Internationalen Wirtschaftsordnung (NIWO) beachtete die DDR-Führung bei der von ihr angewandten ökonomischen Praxis gegenüber Mosambik und Äthiopien nicht, vielmehr mißachtete und verletzte sie diese regelmäßig. Die Zielsetzung „Hilfe durch Handel" verkehrte die DDR-Führung in „Handel statt Hilfe".

Die bisher als eher nichtkommerzielle und unentgeltliche Hilfe angesehenen Leistungen und Lieferungen des Solidaritätskomitees der DDR, der „FDJ-Freundschaftsbrigaden" und auch anderer Einrichtungen sowie der Einsatz von Experten und Spezialisten waren direkt oder begleitend in die kommerzielle Strategie eingebettet und mit ihr weitestgehend gleichgeschaltet.

Von niedrigem Niveau ausgehend, konnten in den Jahren 1978 und 1979 mit beiden Ländern erhebliche Umsatzsteigerungen im Außenhandel erzielt werden.

Bereits mit der Unterzeichnung der Freundschafts- und Beistandsverträge im Jahre 1979 reduzierte sich die ökonomische Zusammenarbeit der DDR mit beiden Staaten erheblich. Die 80er Jahre waren vor allem durch Stagnation und Rückgang der Handelsbeziehungen gekennzeichnet.

Zurück blieben für Mosambik und Äthiopien vor allem verloren gegangene Jahrzehnte, Entwicklungsruinen und Schulden aus Handelsüberschüssen, welche die DDR durch das Bemühen und Ausnutzen ideologischer und politischer Übereinstimmungen, revolutionärer Stimmungen und den Einsatz von Regierungsberatern erzielte. Mit dazu beitrug die Blockadepolitik vieler westlicher Industriestaaten, die den neuen Führungen nur wenig Entscheidungsspielräume ließ und die Bindung an die östlichen Staaten begünstigte.

Zu Äthiopien

Im Zusammenhang mit der Übernahme der Führung des Provisorischen Militärischen Verwaltungsrates durch Mengistu Haile Mariam, dem Aufbrechen des militärischen Ogaden-Konfliktes und der Bereitschaft der DDR, militärische Güter auf Ersuchen der militärischen Führung Äthiopiens kurzfristig zu liefern, konnten 1977 für die DDR umfangreiche Kaffee-Geschäfte im „Ware gegen Waren"-Handel abgeschlossen werden.

Durch den devisenfreien Bezug von Rohkaffee und nicht ausreichende Warenlieferungen seitens der DDR bestanden Ende der 70er Jahre Handelsschulden gegenüber Äthiopien. Diese mußten vor allem durch den Verkauf von für Äthiopien weitgehend ungeeignete LKW, Landmaschinen sowie durch militärisches Gerät abgebaut werden. Nachdem Äthiopien ab 1979 auf der Bezahlung der Kaffeelieferung in Devisen bestand, verringerte sich der Handel mit Äthiopien erheblich. Am Beispiel des Kaffee-Abkommens wird in der Studie versucht, den Charakter der Politik der DDR gegenüber Äthiopien in diesem Zeitabschnitt aufzuzeigen. Mit dem Ende des für die DDR kurzzeitig vorteilhaften und die eigene Misere überbrückenden Kaffeegeschäftes stagnierten die Beziehungen zwischen beiden Ländern auf ökonomischem Gebiet.

In den 80er Jahren führte die DDR vor allem die 1978 im „Drittlandabkommen" mit Libyen vereinbarten Großprojekte zum Teil mit erheblichen Mängeln und Verzögerungen bis 1989 zu Ende, stellte Dozenten an Universitäten und Lehrer zur Pflege der Parteibeziehungen. Regierungsberater der DDR spielten in Äthiopien eine eher geringe Rolle. Für die militärisch unbedeutende DDR kam es zum Teil zu Waffenverkäufen in erheblichem Umfang.

Durch die besonderen Kontakte zwischen dem Generalsekretär der SED und Staatsratsvorsitzenden der DDR Erich Honecker und dem Vorsitzenden des Provisorischen Militärischen Verwaltungsrates und späteren Vorsitzenden des Staatsrates von Äthiopien Mengistu Haile Mariam, die in der Öffentlichkeit breit dargestellt wurden, sowie die beschönigende Darstellung die DDR-

„Hilfe" war oft der Eindruck einer durchaus auch selbstlosen Unterstützung der DDR in Äthiopien verbreitet.

Als vorrangig leitendes Motiv stellte sich vor allem die Sicherung der ökonomischen Interessen der DDR unter zum Teil massiver Mißachtung der Interessen Äthiopiens heraus. Ein weiteres Motiv der Unterstützung war die Verteidigung der sich revolutionär und sozialistisch verstehenden Zentralregierung in Addis Abeba und die Aufrechterhaltung ihrer langjährigen antiwestlichen Rolle im Ost-West-Konflikt.

Durch ihre engen Beziehungen zu einem der großen afrikanischen Staaten und zu den angesehenen Völkern Äthiopiens erwarb die DDR Anerkennung vor allem in der Gemeinschaft der blockfreien Staaten und in der Organisation für Afrikanische Einheit.

Für den engsten Führungszirkel in Äthiopien um Mengistu Haile Mariam wirkte die Unterstützung der DDR politisch stabilisierend. Die Politikberatung der DDR setzte auf Mengistu Haile Mariam, der vor allem militärische Konfliktlösungen anstrebte. Ökonomisch oder gar entwicklungspolitisch brachte die Zusammenarbeit mit der DDR für Äthiopien kaum Gewinn.

Aus dem Handel mit Äthiopien erzielte die DDR zum 1. Juli 1990 einen Handelsüberschuß von 90,6 Mio. US $. Zum Jahresende 1997 erwuchs daraus ein Schuldenbestand Äthiopiens gegenüber der Bundesrepublik von ca. 235 Mio. DM.

Dessen ungeachtet haben einzelne Experten oder Spezialistenkollektive Vertrauen bildende Arbeit geleistet. Eine nicht geringe Anzahl von Akademikern erhielt in der DDR ihre Ausbildung. Neben Unverständnis oder gar Ablehnung der erfahrenen Unterstützung ist auch mit Sympathien gegenüber der DDR zu rechnen. Daran könnte bei der Gestaltung guter Beziehungen der Bundesrepublik zu Äthiopien angeknüpft werden. Eine Anzahl der Vorschläge, die zur Gestaltung der Beziehungen der Bundesrepublik gegenüber Mosambik unterbreitet werden, können modifiziert auf die Beziehungen zu Äthiopien übertragen werden. Unter anderem sollte die Betreuung und der Kontakt zu äthiopischen Absolventen, die in der DDR studiert haben, ausgebaut werden.

Zu Mosambik

Auf Basis der langen, vor allem politischen Unterstützung des Befreiungskampfes der FRELIMO gegen die portugiesische Kolonialherrschaft durch die SED und die DDR entwickelten sich frühzeitig Beziehungen zwischen beiden Ländern.

Mit Mosambik unterhielt die DDR die intensivsten Kontakte zu einem Entwicklungsland. Über 80 Verträge wurden im Verlauf von knapp 15 Jahren abgeschlossen. Schon in der Übergangszeit zur politischen Unabhängigkeit bat Mosambik die DDR und die SED um Unterstützung.

Nach einer eher abwartenden Phase in den Jahren 1975 und 1976 gab es ab Mitte 1977 eine Reihe von Sonderprogrammen und Maßnahmeplänen mit dem Ziel, Mosambik vor allem als Rohstofflieferant für die DDR-Wirtschaft einzurichten und aufzubauen. Dabei wurde eine Vielzahl von Ministerien, Außenhandelsbetrieben und Einrichtungen einbezogen und verpflichtet. Die „generalstabsmäßige" Leitung lag in den Händen von A. Schalck, der im Parteiauftrag handelte und sich durch den Wirtschaftssekretär des ZK der SED, Günter Mittag, und oft auch durch Erich Honecker die Pläne und Vorschläge des Bereiches KOKO für Mosambik (wie auch für Äthiopien und Angola) bestätigen ließ. Die DDR plante in Mosambik umfangreiche, den Verhältnisse in einem südafrikanischen Land nicht angepaßte industrielle Großprojekte.

Neben den Erkundungen von seltenen Erzen ist vor allem das Steinkohlenrevier in Moatize, Provinz Tete, das größte Industrieobjekt der DDR außerhalb ihres Territoriums, als herausragender Schwerpunkt zu nennen. Mit dem langfristig angelegten Import von Steinkohle in die DDR sollten Devisen im erheblichen Umfang eingespart werden. Gleichzeitig wurde durch den Aufbau der zerstörten Grube die Stärkung der mosambikanischen Exportkraft und die Entwicklung einer nationalen Arbeiterklasse erhofft.

Die Studie versucht unter anderem die Arbeits- und Lebensbedingungen im Lager Moatize, soweit dies die einsehbaren Unterlagen zulassen, zu erhellen. In Moatize, wie in anderen Vorhaben der DDR, finanzierten und organisierten die staatlich eingesetzten Auftragsorganisationen Solidaritätskomitee und „Freundschaftsbrigaden der FDJ" aus Spendengeldern Materiallieferungen und Personaleinsätze vor allem für die Sozialeinrichtungen der Bürger der DDR im Einsatzobjekt. Die Aktivitäten dieser Organisationen waren hauptsächlich auf die ökonomischen Zielstellungen der DDR-Führung ausgerichtet und orientierten sich in der Regel nicht an entwicklungspolitischen Kriterien.

Neben dem Steinkohlenrevier Moatize wurden Großprojekte wie die Textilfabrik in Mocuba, ein LKW-Montagewerk, die Rekonstruktion der zentralen Waggonfabrik, Radio-, Lampen- und Alkoholproduktionen sowie landwirtschaftliche Großprojekte geplant, begonnen und zum Teil übergeben. Die meisten Projekte erfüllten nicht die in sie gesetzten Erwartungen oder wurden nicht fertiggestellt. Alle ökonomischen Vorhaben in Mosambik waren primär an den Interessen der DDR orientiert. So sollten die landwirtschaftlichen Großprojekte bis zu 120.000 ha „Boden unter den Pflug nehmen" und die DDR mit Getreide und Futtermitteln versorgen.

In der ersten Hälfte der 80er Jahre weilten gleichzeitig bis zu 1.200 Bürger der DDR mit Dienstaufträgen in Mosambik.

Auf Grund der Koordinierung der Beziehungen zu Mosambik durch den Bereich KOKO kam es, vergleichbar den Handelsbeziehungen mit Äthiopien, innerhalb von wenigen Jahren zu einer drastischen Steigerung der Außenhandelsumsätze. Dieser Anstieg resultierte vor allem aus Warenlieferungen der DDR, die im Vorgriff auf erhoffte Rohstofflieferungen in Verfahren „Ware gegen Ware" getätigt wurden.

Schon im Jahr nach der Unterzeichnung des Freundschaftsvertrages 1979 reduzierten sich die Handelsumsätze erheblich.

Die Angriffe der gegen die FRELIMO kämpfenden Einheiten und Banden der RENAMO auf zivile, industrielle, landwirtschaftliche und militärische Objekte sowie gegen die Bevölkerung waren der gewichtigste Grund für die dramatische Verschlechterung der Entwicklungsmöglichkeiten in Mosambik. Die viel zu schnell und oberflächlich geplanten und die Entwicklungsvoraussetzungen Mosambiks mißachtenden Projekte der DDR sowie die oft unzureichend angelieferten Materialien waren ein weiterer Grund für das häufige Scheitern der gemeinsamen Vorhaben.

Der erhebliche Außenhandelsüberschuß der DDR gegenüber Mosambik resultiert vor allem aus der Handelspraxis der Jahre 1977 bis 1982. In dieser Phase der Beziehungen nahm die DDR den ersten Platz der Handelspartner Mosambiks mit Staatshandelsländern mit deutlichem Abstand ein. Weit vor der Sowjetunion dominierte die DDR. Sie stellte in manchen Jahren bis zu 95 % des Exports alle RGW-Staaten nach Mosambik und konzentrierte bis zu 65 % der Gesamtimporte von Mosambik in sozialistische Staaten auf den eigenen bilateralen Handel.

Die in Betrieben der DDR tätigen Vertragsarbeiter wurden durch Einbehalten bzw. Verrechnen eines für die Überweisung in die Heimat bestimmten Lohnanteils mit zu dem Abbau des Außenhandelsüberschusses der DDR herangezogen.

Mit der Vereinigung der beiden deutschen Staaten übernahm die Bundesrepublik die Forderungen der DDR gegenüber Mosambik. Zum 3. Oktober 1990 beliefen sich die Schulden Mosambiks auf einen Betrag in Höhe von 450 Mio. DM. Zum Jahresende 1997 wuchs dieser Betrag zu einem Schuldenstand Mosambiks gegenüber der Bundesrepublik in Höhe von mehr als 520 Mio. DM. an, obwohl inzwischen seit 1990 umfangreiche Umschuldungen mit einem anteiligen Schuldenerlaß von insgesamt über 200 Mio. DM seitens der Bundesregierung durchgeführt wurden.

Durch die Währungsunion am 1. Juli 1990 muß Mosambik (Vergleichbares gilt für Äthiopien) die Forderungen an die Bundesrepublik in Devisen, in US $ zurückzahlen. Dies entspricht nicht den Intentionen und der weitgehenden Praxis der diese Forderungen begründenden Handelsverträge der ehemaligen DDR mit Mosambik. Diese beruhten vor allem auf der Basis von „Ware gegen Ware"-Geschäften. Für Mosambik stellen die Zins- und Tilgungszahlungen eine die Entwicklung schwer belastende Hypothek dar.

Die Bundesrepublik steht in der Gefahr, bei Aufrechterhaltung dieser Forderungen gegenüber Mosambik (Vergleichbares gilt für Äthiopien) Gewinne aus einem besonders unterentwickelten Land zu ziehen, das tief in den Ost-West-Konflikt hineingezogen worden war.

Die Schulden Mosambiks gegenüber dem vereinigten Deutschland gehen vor allem auf die Aktivitäten des Bereiches KOKO unter Leitung von Alexander Schalck-Golodkowski zurück. Sie waren in keiner Weise auf die besonderen Notwendigkeiten dieses afrikanischen Entwicklungslandes abgestimmt.

Die Bundesrepublik ist gut beraten, wenn sie sich durch das Löschen der die Forderungen begründenden Verträge der ehemaligen DDR mit Mosambik nicht in die Tradition der außenpolitischen sowie außenwirtschaftlichen Praxis der DDR und des Bereiches KOKO stellt. Gewinne sollten nicht aus diesen Verträgen gezogen werden, die unter umfassend veränderten Voraussetzungen abgeschlossen wurden.

Westliche Regierungen, und hier besonders auch die der Bundesrepublik, unternahmen vor allem im Zeitraum von 1975 bis 1982 kaum Anstrengungen, Mosambik – bei Achtung seiner Souveränität – außenpolitisch und entwicklungspolitisch angemessen zu unterstützen und Entscheidungsspielräume anzubieten.

Bei aller Orientierung am „realen Sozialismus" und der zum Teil durch westliches Embargo noch verstärkten Notwendigkeit der Zusammenarbeit mit den Staaten des Ostblocks erhielt sich die Regierung Mosambiks eine bemerkenswerte Flexibilität und Unabhängigkeit von den Führungen in Moskau oder Ost-Berlin.

Die vor allem administrative Unterstützung des Ministeriums für Staatssicherheit wird oft in ihren Auswirkungen überschätzt. Sie war aber nicht unerheblich und ist mit zu den personalaufwendigsten und umfangreichsten Einsätzen des MfS im Ausland zu zählen. Die Unterstützung zielte weniger auf direkte militärische Aufgaben. Sie sollte vor allem die umfangreichen ökonomischen Interessen der DDR in Mosambik sichern. Das schloß die Beeinflussung und Absicherung der machtpolitischen Verhältnisse mit ein.

Die oft hervorgehobene und mit breiter Anerkennung versehene Internationale Solidarität der DDR gegenüber Äthiopien und Mosambik unter Berücksichtigung des Außenhandels ist in der Gesamtbilanz vorrangig als Lippenbekenntnis anzusehen. Bestimmendes Hauptmotiv der Politik der DDR gegenüber diesen beiden Ländern war die Sicherung der eigenen Interessen unter weitgehender Nicht- bzw. Mißachtung der Bedürfnisse speziell ausgewählter afrikanischer Entwicklungsländer. Durch eine geschickte Mischung aus Geheimhaltung, Propaganda und Reisediplomatie wurden die vorrangig ökonomischen Interessen der DDR in Afrika (und die Mißerfolge) im erheblichen Maße verdeckt.

Der Einfluß des Ministeriums für Auswärtige Angelegenheiten der DDR auf die Politik gegenüber den beiden Ländern konnte nicht ausreichend beurteilt werden. Die für mögliche Aussagen notwendigen Materialien standen nicht zur Verfügung. Er ist aber als eher gering anzusehen.

Für die DDR erwiesen sich die weit gefächerten und koordiniert geplanten Afrikaaktivitäten als ökonomisches Verlustgeschäft und schadeten ihrem Ansehen in Entwicklungsländern nachhaltig. Der viel beschriebene, scheinbar erfolgreich wirtschaftende Bereich KOKO hinterließ in den beiden afrikanischen Staaten ein Desaster.

Das ideologische Selbstverständnis der Politik der SED-Führung, verbunden mit der damit einhergehenden Unfähigkeit, die realen Notwendigkeiten von Mosambik und Äthiopien in ihren jeweiligen Entwicklungsphasen erkennen zu können, die eigenen ökonomischen Grenzen bei gleichzeitigem Propagieren, zu den zehn größten Industrieländern der Welt zu gehören, sowie eine nicht zugelassene kritische Öffentlichkeit in der DDR förderten die für Mosambik und Äthiopien nachteiligen bis schädlichen Beziehungen zur DDR.

Unabhängig von den Absichten der Führung der DDR hat sich eine Anzahl von Experten und Spezialisten trotz aller ökonomischen, ideologischen und sicherheitsrelevanten Beschränkungen für die Menschen in Mosambik und Äthiopien eingesetzt. Das kommt zum Teil in einem bis in die Gegenwart reichendem positiven Bild der DDR in diesen Ländern zum Ausdruck.

Als Konsequenzen für die weiteren Beziehungen der Bundesrepublik zu Mosambik und Äthiopien werden u. a. vorgeschlagen:

– Ein vollständiger Erlaß der Forderungen gegenüber der Bundesrepublik, die sich aus den Handelstätigkeiten der DDR ergeben.

– Sollte dies nicht möglich sein, wird dringend geraten, die Bildung von Stiftungen oder Einrichtungen zur entwicklungspolitischen Förderung beider Länder in Anlehnung und in Inspiration an die von UN-Gremien entwickelten „Nichtkommerziellen Fonds für Entwicklung und Umwelt" unter Einbeziehung von Kirchen und sozialen, nichtstaatlichen Organisationen zu erwägen. Als Termine für die Bekanntgabe eines umfassenden Schuldenerlasses oder der Stiftung Nichtkommerzieller Fonds durch die Bundesrepublik bieten sich an:

– der 20. Jahrestag der Unterzeichnung des Freundschaftsvertrages DDR – Mosambik, am 24. Februar 1999 bzw. des Freundschaftsvertrages DDR – Äthiopien, am 15. November 1999,

– der 10. Jahrestag der Währungsunion zwischen der DDR und der Bundesrepublik am 1. Juni 2000 oder

– der 10. Jahrestag des Beitrittes der DDR zum Geltungsbereich des Grundgesetzes, am 3. Oktober 2000.

– Mosambik sollten die Forderungen aus militärischen Lieferungen der DDR in Anlehnung an Erlaß für militärische Lieferungen gegenüber Äthiopien sofort gestrichen werden.

– Für die ca. 21.000 Vertragsarbeiter, die in der Regel über mehrere Jahre in der DDR gearbeitet und gelebt haben, müssen die ihnen vorenthaltenen Transferleistungen und Ansprüche geprüft und auf individuelle oder pauschale Ersatzleistungen hin geprüft werden. Vorschläge zur Regelung von möglichen Leistungsansprüchen sollten gegebenenfalls erarbeitet werden.

– Es empfiehlt sich vor allem in Mosambik, Möglichkeiten der Pflege von Kontakten zu Deutschland und der deutschen Sprache verstärkt einzuräumen bzw. auszubauen.

– Eine stärkere und kontinuierlichere Begleitung der Absolventen, die Studien- und Ausbildungseinrichtungen der ehemaligen DDR besucht haben, sollte angestrebt werden.

– Die Entwicklungszusammenarbeit mit beiden Ländern sollte auf den verschiedenen Sektoren substanziell erhöht werden. Die Bundesrepublik ist gut beraten, wenn sie sich besonders in Äthiopien und Mosambik in die Reihe der ersten Geberländern einordnet.

– Noch bestehende Schäden aus den Kriegen in beiden Ländern sollten besonders mit Unterstützung der Bundesrepublik beseitigt werden. Hier ist vor allem an das Räumen von Minenfeldern und an die soziale und ökonomische Eingliederung von ehemaligen Soldaten zu denken.

– Es sollte nach Wegen gesucht werden, die die Sichtung und Prüfung der politischen, ökonomischen und kulturellen Beziehungen der DDR zu Mosambik und Äthiopien gemeinsam mit Fachleuten dieser Länder ermögichen. Zudem sollten, um eine möglichst umfassende Beurteilung herbeiführen zu können, Materialien aus dem Archiv des ehemaligen Ministeriums für Auswärtige Angelegenheiten der DDR für diese Spezialfälle zugänglich gemacht werden.

– Die Bundesregierung sollte dafür Sorge tragen, daß die Entwicklungszusammenarbeit in der Regierung, in Politik und Öffentlichkeit ausreichend verankert ist. Die Entwicklungszusammenarbeit und ihre verschiedenen Instrumente sollten ihre spezifischen Aufgaben und die Interessen ihrer Hauptzielgruppe, der von Unterentwicklung betroffenen Menschen in Afrika, Asien und Lateinamerika, unabhängig und wirksam gegenüber den Interessen der Außen- und Wirtschaftspolitik vertreten können.

Karl Wilhelm Fricke
unter Mitarbeit von Gerhard Ehlert

Entführungsaktionen der DDR-Staatssicherheit und die Folgen für die Betroffenen

1. Begriffsbestimmung und Quellenlage

Was heißt „Entführung"? Die nachstehend zitierte Definition charakterisiert sie als „Erscheinungsform von Terrorverbrechen" und führt im übrigen aus: „Sie ist das Verbringen von Menschen gegen ihren Willen unter Anwendung spezifischer Mittel und Methoden (Gewalt, Drohung, Täuschung, Narkotika, Rauschmittel u. a.) von ihrem ursprünglichen Aufenthaltsort in andere Orte, Staaten oder Gebiete." Die Besonderheit dieser Begriffserklärung liegt in ihrer Urheberschaft. Sie ist dem „Wörterbuch der politisch-operativen Arbeit" des Ministeriums für Staatssicherheit der DDR entnommen[1], einem für den Dienstgebrauch erarbeiteten Kompendium, in dem von Entführungen durch Inoffizielle Mitarbeiter oder Einsatzgruppen der Staatssicherheit allerdings keine Rede ist. Gerade auch sie aber werden begrifflich von dieser Definition erfaßt, insoweit der staatlich sanktionierte Menschenraub, dieser „systemtragende Rechtsbruch"[2], durch den Staatssicherheitsdienst als „Verbringen von Menschen ge-

---

1 Vgl. Siegfried Suckut (Hrsg.): Das Wörterbuch der Staatssicherheit. Definitionen zur 'politisch-operativen Arbeit`, Berlin 1996, S. 107.
2 Urteil des Bundesgerichtshofes vom 3. Dezember 1996, Aktenzeichen: 5 StR 67/96.

gen ihren Willen unter Anwendung spezifischer Mittel und Methoden" tatsächlich praktiziert worden ist.

Materiell stimmt die Definition mit der Tatbestandsbestimmung in § 234 a des geltenden Strafgesetzbuches überein. Danach macht sich wegen „Verschleppung" strafbar, „wer einen anderen durch List, Drohung oder Gewalt in ein Gebiet außerhalb des räumlichen Geltungsbereiches dieses Gesetzes verbringt oder veranlaßt, sich dorthin zu begeben, oder davon abhält, von dort zurückzukehren und dadurch der Gefahr aussetzt, aus politischen Gründen verfolgt zu werden und hierbei im Widerspruch zu rechtsstaatlichen Grundsätzen durch Gewalt- oder Willkürmaßnahmen Schaden an Leib oder Leben zu erleiden, der Freiheit beraubt oder in seiner beruflichen oder wirtschaftlichen Stellung empfindlich beeinträchtigt zu werden." Näheres zu dieser Bestimmung und zur angedrohten Strafe wird anderen Orts ausgeführt.[3]

Entführungen durch operative Kräfte des MfS – Verschleppungen im Sinne des Strafrechts – sind Gegenstand des vorliegenden Berichts. Unberücksichtigt bleiben Menschenraubaktionen, die in der Verantwortung der sowjetischen Geheimpolizei durchgeführt wurden. Tatsächlich waren die Organe des NKGB/MGB bzw. des KGB[4] im Berlin des Kalten Krieges für politisch motivierte Entführungen in erheblicher Zahl verantwortlich. Für die Staatssicherheitsorgane der DDR waren sie gleichsam beispielgebend, wobei zu berücksichtigen ist, daß bis Mitte der fünfziger Jahre sowjetische Instrukteure bzw. Berater ohnehin auf allen Ebenen des MfS/SfS[5] eingesetzt und in dessen operative Entscheidungen einbezogen waren. Zudem hatten sich mit dem Aufbau eigener Geheimpolizei- und Sicherheitsorgane in der DDR enge kooperative Beziehungen herausgebildet. Sie reichten bis zur gemeinsamen Vorbereitung von Entführungen und schlossen auch gemeinsame geheimpolizeiliche Ermittlungen und Untersuchungen ein.

Zum Beispiel wurde die Entführung des Westberliner Rechtsanwalts Dr. Walter Linse am 8. Juli 1952 auf einer Beratung in Berlin-Karlshorst, damals Sitz der MGB-Niederlassung für die DDR, erörtert und geplant, an der neben Anton Ackermann, damals Kandidat des Politbüros des ZK der SED und Leiter des Außenpolitischen Nachrichtendienstes der DDR, Wilhelm Zaisser, damals Mitglied des Politbüros und Minister für Staatssicherheit, und zweier weiterer Mitarbeiter des MfS mit Oberst Lossow auch ein hoher Vertreter der sowjetischen Geheimpolizei teilnahm.[6]

Zudem konnten sich Staatssicherheit und Strafjustiz der DDR auch auf „Arbeitsergebnisse" der sowjetischen Geheimpolizei in Ostberlin stützen. So wur-

---

3 Vgl. dazu den Abschnitt „Strafrechtliche Aspekte und justitielle Aufarbeitung" in diesem Bericht.

4 NKGB/MGB bzw. KGB = Abkürzungen (russ.) für Volkskommissariat für Staatssicherheit/Ministerium für Staatssicherheit bzw. Komitee für Staatssicherheit.

5 SfS = Staatssekretariat für Staatssicherheit. In der Zeit vom 23. Juli 1953 bis 24. November 1955 war der Apparat der Staatssicherheit formell dem Ministerium des Innern der DDR als Staatssekretariat eingegliedert.

6 Aussage „Otto Rathmann" vom 29. Januar 1953, UFJ-Akte (ohne Signatur).

de der Mitarbeiter der damaligen Organisation Gehlen, Wolfgang Paul Höher, zwar am 13. Februar 1953 von sowjetischen Agenten aus Westberlin entführt und in das Untersuchungsgefängnis des MGB in Berlin-Karlshorst eingeliefert, aber nachdem es gelungen war, ihn in der Haft politisch „umzudrehen", trat er als Belastungszeuge in einem Schauprozeß gegen „Westspione" vor dem Obersten Gericht der DDR auf und machte in der Beweisaufnahme vor Gericht Aussagen als „Experte".[7]

Verschleppungen in der Verantwortung des NKWD/MWD bzw. KGB waren in Berlin bis zur Mitte der fünfziger Jahre zu registrieren. Sie wurden teils mit Unterstützung der „deutschen Freunde", teils ohne sie und sogar ohne ihre vorherige Information durchgeführt. Zum Beispiel wurde der Journalist Alfred Weiland, ein unabhängiger Sozialist, der schon unter der nationalsozialistischen Diktatur verfolgt worden war, am frühen Morgen des 11. November 1950 auf dem Wege zu einem Postamt in Berlin-Schöneberg, damals US-Sektor von Berlin, von Agenten in sowjetischem Auftrag überfallen, betäubt und in einem Pkw gewaltsam nach Ostberlin entführt. Bis zum 22. November 1951 befand er sich in Untersuchungshaft beim MWD/MGB in Berlin-Karlshorst. Danach wurde er dem MfS überstellt und am 27. August 1952 vom Landgericht Greifswald zu 15 Jahren Zuchthaus verurteilt. Nach Herabsetzung dieser Strafe auf acht Jahre wurde er am 8. November 1958 entlassen.[8]

Eine Operation der sowjetischen Geheimpolizei war auch die Verschleppung des russischen Emigrantenführers Alexander R. Truschnowitsch.[9] Der ehemalige Leiter des Berliner Büros von NTS[10] wurde in den frühen Abendstunden des 13. April 1954 von vier unbekannten Tätern, darunter eine Frau, unter Beihilfe eines Westberliner Architekten aus dessen Wohnung im Westberliner Stadtteil Wilmersdorf, damals britischer Sektor, verschleppt. Nach Zeugenaussagen wurde das besinnungslose Opfer von den Tätern aus der Wohnung heraus in den Fond einer bereitstehenden Limousine getragen. In der Wohnung war Truschnowitsch nach einem blutigen Handgemenge niedergeschlagen und am Kopf schwer verletzt worden. Außerdem erhielt er vermutlich eine betäubende Injektion, damit er während des Transportes über die Sektorengrenze sein Bewußtsein nicht vorzeitig wiedererlangte. Der Entführungswagen brachte das Opfer nach Ostberlin in das Gefängnis der sowjetischen Geheimpolizei im Stadtteil Karlshorst, wo Truschnowitsch – wie aus heute zugängli-

7. Vgl. dazu Karl Wilhelm Fricke/Roger Engelmann: „Konzentrierte Schläge". Staatssicherheitsaktionen und politische Prozesse in der DDR, Berlin 1998, S. 124.

8 Vgl. dazu den Erlebnisbericht von Alfred Weiland, in: Der Staatssicherheitsdienst. Ein Instrument der politischen Verfolgung in der sowjetischen Besatzungszone, Bonn/Berlin 1962, S. 143 ff.; ferner: V. V. Sacharov/D. N. Filippovych/Michael Kubina: Tschekisten in Deutschland. Organisation, Aufgaben und Aspekte der Tätigkeit der sowjetischen Sicherheitsapparate in der Sowjetischen Besatzungszone Deutschlands (1945-1949), in: Manfred Wilke (Hrsg.): Anatomie der Parteizentrale. Die KPD/SED auf dem Weg zur Macht, Berlin 1998, S. 322.

9 Vgl. dazu Karl Wilhelm Fricke: Politik und Justiz in der DDR. Zur Geschichte der politischen Verfolgung 1945-1968. Bericht und Dokumentation, Köln 1979, S. 64; ferner: „Alles furchtbar". Moskauer Akten dokumentieren das Ende eines 1954 vom KGB aus West-Berlin entführten prominenten Exil-Politikers, in: Der Spiegel Nr. 43/1992.

10 NTS = Abkürzung (russ.) für Nationaler Arbeiter-Bund.

chen KGB-Akten ersichtlich ist – nur wenige Stunden später, noch am Abend des 13. April 1954, verstorben ist.

Truschnowitsch' Tod hinderte die für Agitation und Propaganda in der DDR Verantwortlichen nicht, einen politischen Frontwechsel des Entführten zu konstruieren und noch am 21. April sogar eine angeblich von ihm verfaßte Erklärung über einen „freiwilligen Übertritt" in die DDR zu veröffentlichen, die mit folgenden Sätzen endete: „Ich spreche die Zuversicht aus, daß mir die Gelegenheit gegeben wird, eine ausführliche Erklärung über die Gründe meines Bruchs mit der Vergangenheit abzugeben."[11] Allerdings war der Erklärung in den Medien in Ost wie in West schon damals keinerlei Glaubwürdigkeit beschieden.

Im dienstlich-internen Sprachgebrauch des MfS sind Entführungen natürlich nicht als solche bezeichnet worden. Vielmehr wurde dafür zumeist der Begriff „Überführung"[12] verwandt. Während MfS-intern der Umgang mit Entführungen verbal also kein Problem war, sind sie extern selbstverständlich niemals eingeräumt worden. Selbst nach der friedlichen und demokratischen Revolution der DDR haben ehemalige hohe Offiziere des MfS Verschleppungen zu leugnen versucht. Zum Beispiel erklärte der frühere Generaloberst Markus Wolf, ehemals Stellvertreter des Ministers für Staatssicherheit und bis 1986 Leiter der Hauptverwaltung A im MfS, auf eine entsprechende Interview-Frage: „Also Entführungen, da muß ich widersprechen... Ich kann für mich mit gutem Gewissen sagen, daß ich weder direkt noch indirekt mit Tötungsdelikten, Verschleppungen, Freiheitsberaubungen und auch nicht mit der Unterstützung der RAF-Leute zu tun hatte."[13] Auch Wolfs Nachfolger im Amt seit 1986, Generaloberst a. D. Werner Großmann, behauptete 1993 in einem Offenen Brief: „Es ist einfach unwahr, daß es in unserer Tätigkeit 'Entführungen, Anschläge und Morde' gegeben hat ... Ich ... kann versichern, daß mir in meiner Tätigkeit von 1952 bis 1990 solch schwerwiegende strafbare Handlungen nicht bekannt geworden sind."[14]

Ganz abgesehen davon, daß der DDR-Staatssicherheit auch versuchte oder vollendete Tötungsdelikte anzulasten sind – von ihrer Mitwirkung an Justizmorden ganz zu schweigen –, beruhten die Äußerungen beider Ex-Generäle speziell zu Entführungen auf dreister Unwahrheit. Wolf Ausflüchte waren besonders verlogen, weil der ehemalige „Spionagechef im geheimen Krieg"[15] inzwischen u. a. wegen Mittäterschaft in zwei nachgewiesenen Entführungs-

11 „Erklärung von Dr. Truschnowitsch, dem ehemaligen westberliner Leiter der NTS", zit. in: Dokumentation der Zeit, Nr. 71/1954, Sp. 4895.
12 So z. B. die Formulierung in dem „Plan zur Operation 'Blitz'", BStU ZA AS 171/56, Bd. 1.
13 Zit. bei Irene Runge/Uwe Stelbrink: Markus Wolf: 'Ich bin kein Spion'. Gespräch mit Markus Wolf, Berlin 1990, S. 47 f.
14 „Verbrechen gehörten nicht zu unseren Szenarien". Offener Brief von Werner Großmann an Wolfgang Schäuble, in: Neues Deutschland vom 7. Oktober 1993.
15 So Wolfs Selbstcharakterisierung. Vgl. dazu: Markus Wolf: Spionagechef im geheimen Krieg. Erinnerungen, München 1997.

fällen rechtskräftig zu zwei Jahren Freiheitsstrafe mit Bewährung verurteilt worden ist.[16]

Die Entführungen betreffende Quellenlage ist breit und daher von überzeugender Beweiskraft. Es gibt eine Reihe von Erlebnisberichten ehemaliger Entführungsopfer[17] sowie biographische oder historische Studien, in denen u. a. auch Verschleppungen belegt werden[18], es liegen rechtskräftige Urteile Westberliner und westdeutscher Gerichte vor, die wegen Verschleppungen gegen inoffizielle oder hauptamtliche Mitarbeiter der DDR-Staatssicherheit vor dem revolutionären Umbruch der DDR ergangen sind[19], sowie Urteile in einschlägigen Strafsachen, die seit der deutschen Vereinigung gefällt wurden, und nicht zuletzt lassen sich Menschenraubfälle aus den Akten des Ministeriums für Staatssicherheit vielfältig dokumentieren, speziell anhand von Dienstanweisungen, Befehlen und Maßnahmeplänen.

2. Entführungen in der Strategie und Taktik der DDR-Staatssicherheit

Die Feststellung, daß Entführungen in den fünfziger Jahren unverzichtbarer Bestandteil der Strategie und Taktik des MfS bzw. SfS waren, schließt Entführungen in späteren Jahren nicht aus. Sie verweist allerdings auf den Tatbestand, daß sie speziell unter der Ägide Ernst Wollwebers als Chef der Staatssicherheit ein Ergebnis zielgerichteter Planung und stabsmäßig organisierter Vorbereitung und Durchführung waren – kombiniert mit gleichzeitigen Festnahmeaktionen in der DDR.

Konzeptionell ging die Leitung der Staatssicherheit in dieser Strategie und Taktik von dem Kalkül aus, den Kampf gegen den „inneren Klassenfeind" systematisch mit dem geheimpolizeilichen Angriff auf seinerzeitige Institutionen und Organisationen außerhalb der DDR zu kombinieren, speziell in Westberlin, die aus der Sicht der SED als „Feind-" oder „Agentenzentralen" zu gelten hatten. Betroffen waren speziell die damals existierenden Ostbüros der SPD, der CDU und der FDP, die Kampfgruppe gegen Unmenschlichkeit (KgU), der

---

16 Vgl. Urteil des 7. Strafsenats des Oberlandesgerichts Düsseldorf gegen Markus Wolf vom 27. Mai 1997, Aktenzeichen: VII-1/96 (1/96 VS-Geheim) – 3 StE 14/92-3 (3) – Ref. 4 – 3 StE 4/96 – 4 (1) – 3 StE 9/96 – 4 (2).

17 Vgl.dazu Heinz Brandt: Ein Traum, der nicht entführbar ist. Mein Weg zwischen Ost und West, München 1967; Kurt Müller: Ein historisches Dokument aus dem Jahre 1956. Brief an den DDR-Ministerpräsidenten Otto Grotewohl, in: Aus Politik und Zeitgeschichte, Nr. 11/1990, S. 16 ff.; und Karl Wilhelm Fricke: Akten-Einsicht. Rekonstruktion einer politischen Verfolgung, Berlin 1995.

18 Vgl. dazu George Bailey/Sergej A. Kondraschow/David E. Murphy: Die unsichtbare Front. Der Krieg der Geheimdienste im geteilten Berlin, Berlin 1997; Siegfried Mampel: Der Untergrundkampf des Ministeriums für Staatssicherheit gegen den Untersuchungsausschuß Freiheitlicher Juristen in Berlin (West). Schriftenreihe des Berliner Landesbeauftragten für die Unterlagen des Staatssicherheitsdienstes der ehemaligen DDR, Band 1, Berlin 3. Auflage, Berlin 1997; Norbert F. Pötzl: Basar der Spione. Die geheimen Missionen des DDR-Unter-händlers Wolfgang Vogel, Hamburg 1997; und Michael Herms/Gert Noack: Der steile Aufstieg und der tiefe Fall des Robert Bialek. Vom hohen SED-Funktionär zum Opfer des MfS, in: Aus Politik und Zeiggeschichte, Nr. 50/1997, S. 35 ff.

19 Vgl. dazu den Abschnitt „Strafrechtliche Aspekte und justitielle Aufarbeitung" in diesem Bericht.

Untersuchungsausschuß Freiheitlicher Juristen (UFJ), Flüchtlingsorganisationen wie die Vereinigung Politischer Ostflüchtlinge (VPO), ferner die Dienststellen des Bundesministeriums für Gesamtdeutsche Fragen, des Verfassungsschutzes und die Filialen der Organisation Gehlen, der Vorläuferorganisation des Bundesnachrichtendienstes, in Westberlin. Auch die Dependencen und Residenturen westlicher Geheimdienste in Westberlin und Westdeutschland waren selbstverständlich dazuzurechnen.

Zwar hatte es auch unter Wilhelm Zaisser, Wollwebers Amtsvorgänger, grenzüberschreitende Aktivitäten und Operationen der Staatssicherheit gegeben, darunter selbst Verschleppungen, aber sie waren singuläre Unternehmen gewesen. Erst unter Wollweber wurde die Kombination DDR-interner und DDR-externer Aktionen systematisch geplant und stabsmäßig koordiniert. Sein Leitgedanke war die Forderung, „daß der Kampf gegen Provokateure, gegen Saboteure, Diversanten, Putschisten und die Organisatoren der Zersetzung offensiv geführt wird, mit konzentrierten Schlägen gegen die Feinde."[20] So hatte er sich auf einer Dienstbesprechung im SfS am 11./12. November 1953 geäußert und damit ein Konzept bekräftigt, das er rund drei Monate zuvor, auf einer Dienstbesprechung im SfS am 21. August 1953, mit folgenden Sätzen entwickelt hatte:

„Wir werden erst genaue Informationen haben, wenn unsere Informatoren in den feindlichen Zentren sind. Die Absichten der Gegner für die nächste Zeit können wir nur erfahren, wenn wir unsere Informatoren in den feindlichen Zentren haben. Überall, wo wir stehen, müssen wir eine entschlossene Wendung machen. Überall, in jeder Kreisdienststelle, die Möglichkeit überprüfen, wie wir unsere Arbeit nach dem Westen verstärken können, d. h. in diese Zentralen hineinkommen können."[21]

Neu, wenn auch folgerichtig war die zur Durchführung solcher „konzentrierten Schläge" erfolgende Bildung zentraler Einsatzstäbe, die die Großaktionen der Staatssicherheit allseitig vorzubereiten und zu koordinieren hatten, und zwar sowohl horizontal auf zentraler Ebene, durch Zusammenführung verschiedener Hauptabteilungen, deren Zusammenwirken den Erfolg der Operationen optimieren sollte, als auch vertikal, durch Einbeziehung der entsprechenen Abteilungen in den Bezirksverwaltungen der Staatssicherheit. Die Stäbe arbeiteten nach Dienstanweisungen und Einsatzbefehlen, die im Regelfall von Wollwebers Stellvertreter, Erich Mielke, unterzeichnet oder, soweit sie von Wollweber selbst unterzeichnet wurden, von ihm entworfen worden waren.

Der Wandel in der Strategie und Taktik der Staatssicherheit trug der traumatischen Erfahrung, Rechnung, die die Politbürokratie der SED mit dem Aufstand vom 17. Juni 1953 hatte hinnehmen müssen. Da die deutschen Kommunisten von der Fiktion ausgingen, der Aufstand wäre von Westberlin aus inszeniert

20 Referat des Genossen Staatssekretär Wollweber auf der Zentralen Dienstkonferenz am 11. und 12.11.1953, BStU ZA Dst 102273, Bl 4.
21 Protokoll von der Dienstbesprechung mit den Leitern der Bezirksverwaltungen und den Abteilungsleitern im Staatssekretariat vom 21.8.1953, BStU SdM 1921, Bl. 2 f.

worden, eben durch westliche „Feind-" oder „Agentenzentralen", war die Leitung des Staatssekretariats für Staatssicherheit durch einen Beschluß des Politbüros vom 23. September 1953 u. a. konkret auf die „Durchführung einer aktiven Aufklärungsarbeit in Westdeutschland und Westberlin" orientiert und verpflichtet worden „mit dem Ziel des Eindringens in die wichtigsten Institutionen der westlichen Besatzungsmächte, der Bonner Regierung, in die Zentralvorstände der SPD und der bürgerlichen Parteien, und besonders in ihre Ostbüros, in den Kreis westdeutscher Industrieller und anderer monopolistischer Vereinigungen, in militärische und wissenschaftliche Forschungsämter und Institutionen."[22] Es war mithin die Führung der SED, die den entscheidenden Impuls zum offensiven Vorgehen der Staatssicherheit gab.

Ein Unrechtsbewußtsein wegen des eindeutig illegalen Charakters der grenzüberschreitenden Aktivitäten im Zuge „konzentrierter Schläge" ließen weder die Entscheidungsträger der Partei noch die leitenden Kader der Staatssicherheit erkennen. War nicht im Statut des Staatssekretariats für Staatssicherheit das „Recht" verankert, „in Westdeutschland, Westberlin und in der Deutschen Demokratischen Republik effektiv arbeitende Agenturen zu errichten und zu unterhalten"?[23] Warum sollten sie gegebenenfalls nicht aktiviert werden, wenn es dem MfS/SfS als geheimpolizeilicher Ermittlungs- und Untersuchungsbehörde darum ging, „Festnahmen" auch im Operationsgebiet zu tätigen? Daß die damit begangene Verletzung der Gebietshoheit Westberlins oder Westdeutschlands rechtswidrig war, konnte den Verantwortlichen in der DDR keineswegs fragwürdig sein, im Gegenteil, ihr „revolutionäres Recht" auf Sicherung und Verteidigung ihrer Diktatur schloß in der Logik der Staatssicherheit auch die „Ermächtigung" zu grenzüberschreitenden Aktivitäten einschließlich Verschleppungen ein – und deren Abwehr in Westberlin erschien sozusagen als illegitim. In einem Schreiben an die Leiter der Bezirksverwaltungen des SfS vom 10. Mai 1954 teilte Mielke z. B. mit, „daß von den Spionage- und Untergrundorganisationen als auch (von) offiziellen Dienststellen in Westberlin Maßnahmen geplant werden, um die Bekämpfung der verbrecherischen Tätigkeit dieser Agentenzentralen durch das SfS zu behindern", und er fügte geradezu entrüstet hinzu: „Das Senatsbüro für 'Gesamtberliner Fragen' beauftragte die Justiz- und Senatsabteilung des Innern mit der Ausarbeitung umfangreicher Maßnahmen, die die Tätigkeit der Organe der Staatssicherheit unmöglich machen sollen. Geplant ist der Ausbau des westberliner Warnsystems bei 'Menschenraub'. Bei begründetem Verdacht sollen Alarmsirenen ertönen, die den gesamten westberliner Verkehr stillegen sollen."[24] Es folgte ein sechs Ziffern umfassender Katalog von Sicherheitsvorkehrungen des SfS, „um den Maßnahmen des Gegners wirksam zu begegnen."[25] Von Unrechtsbewußtsein

---

22 Beschluß des Politbüros vom 23. September 1953, SAPMO-BArch J IV 2/202/62, Bl. 5.
23 Statut des Staatssekretariats für Staatssicherheit vom 15. Oktober1952, S. 2, Archiv des Bundesbeauftragten für die Unterlagen des Staatssicherheitsdienstes der ehemaligen Deutschen Demokratischen Republik (im folgenden zit. als BStU), ZA Dst 102272.
24 Schreiben Erich Mielkes an den Leiter der BV Erfurt vom 10.5.1954, BStU ZA VGM 71/54.
25 Ebenda.

wie gesagt keine Spur, obschon es psychologisch verräterisch war, daß sich Mielke des Wortes „Menschenraub" – wenn auch in Gänsefüßchen – bediente.

Im Zuge ihrer insoweit neuen Strategie und Taktik hatte die Staatssicherheit seit Herbst 1953 umfangreiche Festnahmen vornehmen lassen. Allein zwischen dem 30. Oktober und dem 1. November 1953 wurde schlagartig, meist nachts, eine größere Zahl Verdächtiger in Haft genommen – entsprechend einem Einsatzbefehl, der wenige Tage zuvor, am 28. Oktober 1953, vorgelegt worden war[26]. Mit diesem Befehl wurde eine unter dem Codewort „Feuerwerk" in diesem Umfang erstmals stabsmäßig organisierte Großaktion der Staatssicherheit veranlaßt, in deren Verlauf Festnahmen in der DDR mit zumindest einer Entführung aus Westberlin verbunden worden war. Verschleppt wurde Werner Haase[27], Leiter einer Filiale der Organisation Gehlen in Westberlin. Gut vier Wochen nach seiner Entführung wurde er gemeinsam mit sechs Mitangeklagten aus der DDR in einem spektakulären Schauprozeß vor Gericht gestellt.

Dem ersten folgten weitere „konzentrierte Schläge". Mit der Dienstanweisung Nr. 44/54 vom 26. Juli 1954 wurde unter dem Codewort „Pfeil" abermals eine kombinierte Festnahme- und Entführungsaktion geplant und verwirklicht. Auf einer Pressekonferenz wurde am 4. Oktober 1954 mitgeteilt, daß im Rahmen dieser Aktion nicht weniger als 547 „Agenten" von der Staatssicherheit „unschädlich" gemacht worden wären. Die Aktion lief in der Zuständigkeit der für die Abwehr von Militärspionage zuständigen Hauptabteilung II und ihren nachgeordneten Abteilungen in den Bezirksverwaltungen der Staatssicherheit. Einige Opfer der Aktion „Pfeil" wurden in einem Schauprozeß zur Rechenschaft gezogen, den der 1. Strafsenat des Obersten Gerichts am 8./9. November 1954 in Ostberlin inszenierte.

Ähnlich verhielt es sich mit der Aktion „Blitz", deren Zielsetzung in der Dienstanweisung Nr. 54/54 vom 16. November 1954 niedergelegt worden war. Sie wurde in der Verantwortung der in den fünfziger Jahren im MfS/SfS für die Bekämpfung von „politischer Untergrundtätigkeit" zuständigen Hauptabteilung V realisiert. Auch hier handelte es sich um eine kombinierte Festnahme- und Entführungsaktion, der offiziellen Angaben zufolge 521 „Agenten" zum Opfer fielen. Erfaßt werden sollten speziell solche politische Gegner, die als ehemalige Funktionäre der SED zu „Verrätern" geworden waren, ferner Mitarbeiter von Ostbüros, regimefeindlich eingestellte Journalisten, denen illegale Informationsquellen in die DDR unterstellt wurden, und mutmaßliche „Westagenten", Mitarbeiter alliierter Nachrichtendienste. Aus propagandistischen Gründen flankierten die Herrschenden in Ostberlin diese Aktion mit einer Regierungserklärung[28], die Otto Grotewohl am 12. April 1955 vor der

---

26 Vgl. Einsatzbefehl Nr. 333/53 des Staatssekretärs für Staatssicherheit vom 28.10.1953, BStU ZA Dst 100077.

27 Vgl. dazu Fall Nr. 19. – Die Bezifferung bezieht sich hier und im folgenden auf die Numerierung der 50 Entführungsfälle, die im Anhang zu diesem Bericht aufgelistet werden.

28 Vgl. Die Erklärung des Ministerrats der DDR vom 12. April 1955, in: Dokumentation der Zeit Nr. 94/1955, S. 7064 ff.

Volkskammer abgab, und in einer drei Wochen danach veranstalteten „internationalen Pressekonferenz" vom 5. Mai 1955 wurde die Aktion nicht nur noch einmal öffentlich bestätigt, sondern auch bekannt gegeben, „daß über 80 Agenten, die sich seit der Erklärung der Regierung der DDR vom 12.04.1955 freiwillig den Staatsorganen gestellt hatten, straffrei ausgegangen wären."[29].

Charakteristisch war für die Dienstansweisungen und Befehle, die zur Durchführung „konzentrierter Schläge" erlassen wurden, die akribische, minutiöse und erstaunlich offen formulierte Ausarbeitung entsprechender Operativpläne mit allen erforderlichen Maßnahmen unter personenbezogener Festlegung der Zuständigkeit und Verantwortlichkeit im Apparat der Staatssicherheit. So wurde z. B. in der Dienstanweisung Nr. 54/54 angeordnet, daß die Leitung der Aktion „Blitz" dem damaligen Oberst Bruno Beater übertragen war und daß ad hoc ein sechsköpfiger Einsatzstab mit Major Hugo Treßelt als Chef des Stabes zu bilden war. Im einzelnen wurden sodann die Termine für die verschiedenen Etappen der Aktion „Blitz" fixiert und ein Operativplan[30] ausgearbeitet, in dem es speziell zu den in Aussicht genommenen Entführungen hieß:

„Besondere Bedeutung kommt hierbei den Vorgängen zu, deren Liquidierung in Westberlin und Westdeutschland ihren Ausgang finden muß."

Im einzelnen wurde dieser Teil der Aktion „Blitz" mit einer für den internen Dienstgebrauch ungewöhnlichen Offenheit konkretisiert:

„Die Operation 'Blitz' sieht folgende operative Maßnahmen vor:

1. Überführung von einer Reihe offizieller Mitarbeiter und Residenten der o.g. Feindzentralen, um

   a) sie zu überwerben,

   b) die freiwillige Rückkehr mit eigenem Geständnis zu inszenieren, oder

   c) sie zu verhaften.

2. Herbeischaffung von Unterlagen aus den genannten Feindzentralen, welche die feindliche Tätigkeit dieser Zentralen und ihre Verbindungen zu den ausländischen Geheimdiensten beweisen und entlarven.

3. Die im Gebiet der Deutschen Demokratischen Republik aufgeklärten Agentengruppen der oben angeführten Zentralen sind zu liquidieren.

4. Durch die Kompromittierung einzelner Leiter sowie Mitarbeiter der feindlichen Zentralen werden diese im Westen unmöglich gemacht.

5. Es sind neue Anwerbungen von offiziellen Mitarbeitern sowie Residenten der angeführten Feindzentralen durchzuführen; Maßnahmen zur Festigung der Stellung der schon in den Feindzentralen vorhandenen Agenturen. Eine

---

29 Studienmaterial zur Geschichte des Ministeriums für Staatssicherheit, VVS JHS 001-133/80. Teil III, S. 105.
30 „Plan zur Operation 'Blitz'", BStU ZA AS 171/56, Bd. 1.

Reihe unserer Agenturen sind nach dem Westen zu überführen mit dem Ziel, sie in die feindlichen Zentralen eindringen zu lassen.

6. Die während der ganzen Operation erarbeiteten Materialien sind in politischer Hinsicht folgendermaßen auszuwerten.

a) Eine große Gruppe von Personen, die früher mit den genannten Zentralen in Verbindung standen, muß zur Abgabe eines Geständnisses vorbereitet werden.

b) Durchführung von öffentlichen Prozessen.

c) Es sind dementsprechende Veröffentlichungen in den Organen der demokratischen Presse, im Rundfunk u.s.w. durchzuführen; Pressekonferenzen zu organisieren; Mittel und Wege zur Veröffentlichung einiger Berichte in der Westpresse zu finden, sowie die Verbreitung von Flugblättern und Broschüren im Westen zu organisieren.

d) Seitens der leitenden Mitarbeiter der Organe der Staatssicherheit der DDR sind in den größten Betrieben vor den Werktätigen Vorträge über die schmutzige, verbrecherische Tätigkeit der westlichen Geheimdienste sowie deren feindliche Absichten abzuhalten."

Selten hat ein offizielles Dokument derart tiefe Einblicke in die grenzüberschreitenden Aktivitäten der Staatssicherheit und ihre Nutzanwendung in Agitation und Propaganda der SED ermöglicht wie der hier auszugsweise wiedergegebene Operativplan zur Aktion „Blitz". Alle Spielarten östlicher Untergrundarbeit gegen Westberlin – Desinformation, Zersetzung, Menschenraub – sind hier aktenkundig gemacht worden.

Über das Jahr 1955 hinaus sind vergleichbare Großaktionen der Staatssicherheit nicht mehr durchgeführt worden. Selbstverständlich fanden auch weiterhin gezielt einzelne grenzüberschreitende Operationen statt.[31] Indes hatten sich die politischen Rahmenbedingungen geändert. Nach dem XX. Parteitag der KPdSU und nach der 3. Parteikonferenz der SED im Februar/März 1956 schienen spektakuläre Aktionen im geteilten Berlin bzw. im geteilten Deutschland politisch weniger opportun. Auch wirkte sich der Sturz Ernst Wollwebers aus, dessen Bitte, „ihn aus Gesundheitsrücksichten von seiner Funktion zu entbinden", am 1. November 1957 öffentlich gemacht wurde.[32] Mit seiner Entfernung aus der Staatssicherheit und dem Aufstieg Erich Mielkes zum Minister für Staatssicherheit wandelte sich auch wieder deren Strategie und Taktik.

Die politisch-moralische Rechtfertigung von Entführungen aus Westberlin und Westdeutschland ist, soweit sie als „Verräter" gebrandmarkte Überläufer aus den Reihen der Staatssicherheit betraf, in Befehlen der Chefs des MfS/SfS sogar ausdrücklich bekräftigt worden. So ließ Wollweber noch am Tage der

---

31 Vgl. dazu die Fälle Nrn. 5, 6, 29, 35, 36, 48 und 50.
32 Vgl. „Erich Mielke Minister für Staatssicherheit", in: Neues Deutschland vom 1. November 1957.

Vollstreckung des gegen den ehemaligen Oberkommissar Paul Rebenstock[33], Leiter der MfS-Kreisdienststelle Prenzlau, ergangenen Todesurteils durch Befehl Nr. 78/54 allen hauptamtlichen Mitarbeitern der Staatssicherheit die Hinrichtung des aus Westberlin Entführten und vom Obersten Gericht der DDR Verurteilten bekanntgeben.[34] Ebenso handelte er nach Vollzug der Todesstrafe an den ehemaligen hauptamtlichen Mitarbeitern der Staatssicherheit, Paul Köppe und Heinz Ebeling sowie Johannes Schmidt.[35] Auch diese drei waren nach Westberlin geflüchtet und wieder in die DDR „zurückgeholt" worden. Ebeling war in Halle, Köppe in Potsdam, Schmidt in Cottbus vor Gericht gestellt worden. In den Befehlen, in denen intern ihre Hinrichtung bekanntgegeben wurde, fehlte als politisch-moralische Nutzanwendung niemals die Drohung gegen künftige potentielle „Verräter". So hieß es z. B. in Befehl Nr. 134/55:

„Die Regierung und die Partei der Arbeiterklasse haben den Organen der Staatssicherheit große und verantwortungsvolle Aufgaben zur Sicherung der Arbeiter- und Bauernmacht übertragen. Der ehrenvolle Dienst in den Organen des Staatssekretariats für Staatssicherheit erfordert von einem jeden Mitarbeiter grenzenlose Ergebenheit, Standhaftigkeit und Treue zur Sache der Arbeiterklasse und des Sozialismus.

Wer aus unseren Reihen Verrat an der Partei, an der Arbeiterklasse und an der Sache des Sozialismus übt, hat die strengste Strafe verdient.

Die Macht der Arbeiterklasse ist so groß und reicht so weit, daß jeder Verräter zurückgeholt wird oder ihn in seinem vermeintlich sicheren Versteck die gerechte Strafe ereilt."[36]

Als die Eheleute Bruno und Susanne Krüger, beide ehemals hauptamtliche Mitarbeiter der Staatssicherheit in der Bezirksverwaltung Schwerin – er als Untersuchungsführer, sie als Sekretärin –, nach ihrer Flucht aus Westberlin entführt, zum Tode verurteilt und hingerichtet worden waren, stellte Wollweber dazu in Befehl Nr. 224/55 fest:

„Jeden Verräter an unserer gerechten Sache ereilt sein verdientes Schicksal. Er wird genau wie die beiden Krüger ergriffen, auch wenn er sich in einem noch so sicheren Versteck zu befinden glaubt, und entgeht in keinem Fall seiner gerechten Strafe, denn die Macht der Arbeiterklasse reicht über alle Grenzen hinweg."[37]

---

33 Vgl. dazu Fall Nr. 33.
34 Vgl. Befehl Nr. 78/54 des Staatssekretärs für Staatssicherheit vom 5. März 1954, BStU ZA DSt 100082.
35 Vgl. dazu die Fälle Nrn. 10, 25 und 34.
36 Befehl Nr. 134/55 des Staatssekretärs für Staatssicherheit vom 7. Mai 1955, BStU ZA DSt 100118.
37 Befehl Nr. 224/55 des Staatssekretärs für Staatssicherheit vom 5. August 1955, BStU ZA DSt 100128.

Zur Hinrichtung von Johannes Schmidt, der nach seiner Entführung „wegen schändlichem Verrat" ebenfalls mit dem Tode bestraft wurde, erging ein gleichartiger Befehl Wollwebers.[38]

Auch Erich Mielke ist als Minister für Staatssicherheit in ähnlicher Weise verfahren. Nachdem das Todesurteil an dem früheren Oberleutnant der Deutschen Grenzpolizei, Manfred Smolka[39], am 30. Mai 1960 vollstreckt worden war – das Opfer wurde in die DDR entführt und vom Bezirksgericht Erfurt zum Tode verurteilt –, ließ auch er dies ganz im Geiste seines Vorgängers im Amt durch Befehl Nr. 357/60 ausdrücklich mitteilen, verbunden mit der Drohung, daß es „keine Nachsicht mit Verrätern an der Sache des Friedens und des Sozialismus" gebe. „Jeder Verräter – ganz gleich, wo er sich auch befinden möge – wird seiner gerechten Strafe nicht entgehen."[40]

MfS-intern wurde aus der Entführung von „Verrätern" folglich nicht nur kein Hehl gemacht, sondern erzieherisch „geeignete Fälle" wurden zur Abschreckung und Einschüchterung den Mitarbeitern offiziell zur Kenntnis gebracht. Moralische oder juristische Skrupel hatten weder Wollweber noch Mielke, ihre „ethische" Einstellung war an „tschekistischen" Grundsätzen orientiert.

3. Operative Varianten politischer Entführungen

Endgültige Zahlen über Entführungen in der Verantwortung der DDR-Staatssicherheit lassen sich nach dem jetzigen Ermittlungsstand nicht feststellen. Ob es sie jemals geben wird, d. h., ob nicht immer eine Dunkelziffer bleibt, steht dahin. Gegenwärtig können jedenfalls nur geschätzte Zahlen vorgelegt werden, denen allerdings ein hoher Wahrscheinlichkeitswert zuzuerkennen ist. So waren nach dem Stand vom 27. Januar 1998 in der zuständigen Referatsgruppe AU II/2 beim Bundesbeauftragten für die Unterlagen des Staatssicherheitsdienstes der ehemaligen Deutschen Demokratischen Republik 661 Verdachtsfälle auf versuchte oder vollendete Entführung anhand früherer MfS-Akten bearbeitet worden. In etwa der Hälfte aller Fälle sollte sich der Verdacht bestätigen.[41] Zum Stichtag 1. September 1997 waren bei der Zentralen Ermittlungsstelle für Regierungs- und Vereinigungskriminalität Berlin 444 Verdachtsfälle auf Verschleppung abgeschlossen oder in Bearbeitung.[42] Bei der Staatsanwalt-

---

38 Vgl. Befehl Nr. 356/55 des Ministers für Staatssicherheit vom 23. Dezember 1955, BStU ZA DSt 100185.

39 Vgl. dazu Fall Nr. 48; ferner Klaus Schmude: Fallbeil-Erziehung. Der Stasi/SED-Mord an Manfred Smolka, Böblingen 1992; und Eberhard Wendel: Ulbricht als Richter und Henker. Stalinistische Justiz im Parteiauftrag, Berlin 1996, S. 162 ff.

40 Befehl Nr. 357/60 des Ministers für Staatssicherheit vom 18. Juli 1960, BStU ZA DSt 100290, Bl. 3.

41 Mündliche Information vom 27. Januar 1998.

42 Mitteilung der Zentralen Ermittlungsstelle für Regierungs- und Vereinigungskriminalität vom 1. September 1997, Aktenzeichen: ZERV 213/KKL.

schaft II bei dem Landgericht Berlin waren zum genannten Zeitpunkt ca. 400 Einzelvorgänge mit Verdacht auf Entführung erfaßt.[43]

Unter Zugrundelegung dieser Angaben und unter Berücksichtigung einer mutmaßlichen Dunkelziffer ist realistischerweise von einer Zahl zwischen 600 und 700 versuchten und vollendeten Entführungen in der Verantwortung des Ministeriums für Staatssicherheit zeit seiner Existenz auszugehen.

In dieser Zahl sind 120 Gewalt- und Listverschleppungen enthalten, denen nachgewiesener-maßen ehemalige Mitarbeiter des MfS zum Opfer fielen, die nach Westberlin oder Westdeutschland geflüchtet waren und „zurückgeholt" wurden.[44] Da das MfS in der Zeit seines Bestehens insgesamt 484 Desertionen hauptamtlicher Mitarbeiter registriert wurden[45], bedeutet diese Zahl, daß jeder vierte „Verräter" aus den Reihen der Staatssicherheit seinen früheren Genossen wieder in die Hände fiel und in aller Regel zu hohen Strafen oder, wie in mehreren Fällen[46] erwiesen, sogar zum Tode verurteilt wurde.

Eine Analyse mehrerer hundert Entführungen aus Westberlin, Westdeutschland und Österreich ergibt in der Vorgehensweise der Staatssicherheit im wesentlichen drei – manchmal auch kombinierte – Grundmuster oder operative Varianten, wobei es in den meisten Fällen konkret ausgearbeitete Maßnahmepläne gab, in denen eine jeweilige Entführung exakt und gegen alle Eventualitäten bei ihrer Durchführung gesichert geplant wurde.

a) Verschleppungen unter Anwendung physischer Gewalt

Einer der spektakulärsten Menschenraubfälle, der sich in den Hoch-Zeiten des Kalten Krieges ereignete, war zugleich typisch für die Variante einer Entführung, bei der das Opfer unter brutaler Anwendung physischer Gewalt kampf- und widerstandsunfähig gemacht und nach Ostberlin oder in die DDR verschleppt wurde. In Rede steht die Entführung eines leitenden Mitarbeiters des UFJ aus Westberlin, Rechtsanwalt Dr. Walter Linse, Leiter der Abteilung Wirtschaft. Er wurde am 8. Juli 1952 morgens um 7.25 Uhr auf dem Weg zu seinem Büro vor seinem Haus in der Gerichtsstraße in Berlin-Lichterfelde, damals amerikanischer Sektor, von vier vom MfS gedungenen Kriminellen überfallen, überwältigt und in ein bereitstehendes Kraftfahrzeug gestoßen. Trotz verzweifelter Gegenwehr, die mit zwei Pistolenschüssen in die Waden des Opfers gebrochen wurde, passierte der Entführungswagen den nahegelegenen Grenzübergang nach Lichterfelde-Ost. Hier übernahm den Entführten eine Operativgruppe des MfS, die ihn in das Zentrale Untersuchungsgefängnis Ber-

---

43 Schreiben der Staatsanwaltschaft II bei dem Landgericht Berlin vom 30. Januar 1998, Aktenzeichen: 29 AR 14/98.
44 Vgl. Jens Gieseke: Die hauptamtlichen Mitarbeiter des Ministeriums für Staatssicherheit, Reihe Anatomie der Staatssicherheit/MfS-Handbuch, Berlin 1995, S. 81.
45 Ebenda.
46 Vgl. dazu Fälle Nrn. 10, 25, 26, 27, 33 und 46.

lin-Hohenschönhausen einlieferte.[47] Offenkundig sollte er in einen zu diesem Zeitpunkt vorbereiteten Schauprozeß vor dem Obersten Gericht gegen ehemalige Verbindungsleute des UFJ in der DDR einbezogen werden, der am 25./26. Juli 1952 vor dem 1. Strafsenat inszeniert wurde.[48] Da sich Linse jedoch nicht „kooperativ" oder „geständnisfreudig" zeigte, wurde der verschleppte Rechtsanwalt am 3. Dezember 1952 den Untersuchungsorganen der sowjetischen Geheimpolizei in Berlin-Karlshorst überstellt.

Nach rund zehn Monaten in sowjetischer Untersuchungshaft verurteilte ihn das Militärtribunal des sowjetischen Truppenteils 48240 in Berlin-Lichtenberg am 23. September 1953 wegen „Spionage", „antisowjetischer Propaganda" und „antisowjetischer Gruppenbildung" zum Tode durch Erschießen. Nachdem das Urteil für „rechtskräftig" erklärt worden war, wurde es am 15. Dezember 1953 in Moskau, wohin Walter Linse zwischenzeitlich verbracht worden war, in der Butirka durch Erschießen vollstreckt. Vierundvierzig Jahre nach seiner Entführung wurde das Opfer vom Generalstaatsanwalt der Russischen Föderation postum rehabilitiert.[49]

Weniger brutal, aber gleichwohl auch gewaltsam vollzog sich die Entführung der damals 26jährigen Sekretärin und Dolmetscherin Christa Trapp am 16. Juni 1955 durch einen Geheimen Mitarbeiter der Staatssicherheit, der unter dem Decknamen „Gerlach" unter dem Vorwand an sie herangespielt worden war, Fremdsprachenunterricht erteilt zu bekommen. Der Fall verdient deshalb besonderes Interesse, weil Markus Wolf, der damalige Chef der Hauptabteilung XV – seit 1956 Hauptverwaltung A – persönlich in die Entführung verstrickt war und u. a. auch wegen dieses Falles strafrechtlich zur Verantwortung gezogen wurde.

Christa Trapp war seinerzeit in der Ostabteilung der Berliner Vertretung des US-High-Commissioner for Germany (HICOG) beschäftigt. Zweck ihrer Entführung war die nachrichtendienstliche Anwerbung als Agentin der Staatssicherheit. Man erhoffte sich von ihr Informationen über Struktur und Personal der amerikanischen Mission sowie Kopien von aktuellen Lageanalysen. Tatsächlich vermochte „Gerlach" einige Unterrichtsstunden bei ihr zu absolvieren. Ein schriftlicher Entführungsplan, ausgearbeitet von zwei Offizieren in der Abteilung II der SfS-Hauptabteilung XV und mit eine handschriftlichen Genehmigungsvermerk von Markus Wolf versehen, sah ihre Verbringung nach Ostberlin mit List, notfalls auch mit Gewalt durch „Gerlach" vor. Zur Ausführung der minutiös geplanten Tat kam es am 16. Juni 1955, als es „Gerlach" weisungsgemäß gelungen war, Christa Trapp und ihre Mutter Katharina Trapp zu einem gemeinsamen Abendessen zu bewegen.

---

47 Die Tatbestandsschilderung beruht auf dem Urteil der 2. großen Strafkammer des Landgerichts Berlin gegen einen der Täter vom 4. Juni 1954, Akzenzeichen: (502) 1 P KLs 16/53 (96/53).
48 Vgl. dazu Frank Hagemann: Der Untersuchungsausschuß Freiheitlicher Juristen 1949-1969, Frankfurt/Main 1994, S. 133 ff.
49 Vgl. dazu Karl Wilhelm Fricke: Entführungsopfer postum rehabilitiert, in: Deutschland Archiv Nr. 5/1996, S. 713 ff.; und ders.: Postskriptum zum Fall Walter Linse, in: Deutschland Archiv Nr. 6/1996, S. 917.

„An diesem Abend fuhr 'Gerlach' mit dem von einem anderen Mitarbeiter des SfS gesteuerten Pkw bei der Zeugin Trapp in Berlin-Dahlem vor. Christa Trapp und ihre Mutter stiegen in den Wagen ein. Sie schöpften bei der Fahrt in Richtung Berlin-Charlottenburg, angeblich zu einem Restaurant in der Fasanenstraße, auch keinen Verdacht, als 'Gerlach' unterwegs einen Umweg zu seinem Büro ankündigte, wo er Geschäftsunterlagen vergessen habe. Erst als Christa Trapp plötzlich ein Schild mit der Aufschrift 'You are leaving the American Sector' bemerkte, schrie sie auf und verlangte vergeblich, das Fahrzeug anzuhalten. Der Wagen wurde jedoch trotz der wegen der Sektorengrenze auf der Fahrbahn vorhandenen Sperren und Schwellen noch beschleunigt. Im Ostsektor wurde der Pkw von Volkspolizisten gestoppt, 'Gerlach' rannte weg, Christa Trapp und ihre Mutter versuchten, in Richtung Sektorengrenze zu flüchten, wurden jedoch von den Polizisten mit dem Zuruf 'Halt oder wir schießen!' daran gehindert und zu einer Dienststelle der Volkspolizei gebracht. Dort wurden Christa Trapp und ihre Mutter getrennt.

Ein Mitarbeiter des SfS begann, die Zeugin (gemeint ist Christa Trapp) zu vernehmen. Sie weigerte sich, Fragen nach Einzelheiten ihrer beruflichen Tätigkeit zu beantworten und verlangte, mit ihrer Mutter nach West-Berlin zurückkehren zu dürfen. Sie wurde aber nach ihrer Weigerung in eine Villa des SfS gebracht, wo der Werbeversuch durch einen anderen Mitarbeiter des SfS (...) fortgesetzt wurde. Die ablehnende Haltung der Zeugin änderte sich auch nicht durch das Versprechen guter Bezahlung für eine Zusammenarbeit, die in der Lieferung von Kopien der von ihr in ihrer Dienststelle zu schreibenden Berichte und von Informationen aus ihrem beruflichen Umfeld bestehen sollte. Erst die Drohung ihres Gegenüber, falls sie bei ihrer ablehnenden Haltung bleibe, werde sie wohl ihre Mutter nie wiedersehen, ließ Christa Trapp die Ausweglosigkeit ihrer Situation erkennen. Als ihr versprochen wurde, sie und ihre Mutter unverzüglich freizulassen, falls sie sich zu einer Zusammenareit bereit fände, entschloß sie sich, zum Schein auf das Ansinnen des SfS-Offiziers einzugehen. Nach längerem Sträuben unterschrieb sie auch eine Verpflichtungserklärung."[50]

In der Tat wurden die beiden entführten Frauen in den frühen Morgenstunden des 17. Juni 1955 freigelassen. Mit der U-Bahn kehrten sie nach Westberlin zurück, wo sich Christa Trapp umgehend ihrem Chef offenbarte. Da sie in der Folgezeit mehrfach vom SfS fernmündlich bedrängt wurde und sich in Westberlin nicht mehr sicher fühlte, wanderte sie im folgenden Jahr mit ihrer Mutter in die USA aus.

Verschleppungen unter Anwendung physischer Gewalt aus Westberlin waren in den späten vierziger Jahren, vor allem aber in den frühen fünfziger Jahren nach Gründung des MfS, keine Seltenheit. Sie waren wiederholt Gegenstand erregter Debatten sowohl in der Stadtverordnetenversammlung von Groß-Ber-

---

50 Urteil des 7. Strafsenats des Oberlandesgerichts Düsseldorf gegen Markus Wolf, a. a. O., S. 9 f.

lin[51] und im Abgeordnetenhaus von (West-)Berlin[52] als auch im Deutschen Bundestag.[53] Die stenographischen Protokolle der jeweiligen Parlamentsdebatten spiegeln die ohnmächtige Empörung wider, die damals Politik und öffentliche Meinung gleichermaßen erfaßt hat, wenn immer ein neuer Menschenraub geschehen war. Im Rückblick lassen sie zugleich ermessen, mit welcher Intensität Entführungen in den Hoch-Zeiten des Kalten Krieges als Mittel des Staatssicherheitsdienstes im politischen Kampf angewandt worden sind.

b) Verschleppungen unter Anwendung von Betäubungsmitteln

Speziell der Fall Walter Linse hatte international ungewöhnliches Aufsehen erregt – zuviel selbst nach Auffassung der Staatssicherheit. Die operative Konsequenz, die sie daraus zog, bestand allerdings nicht im Verzicht auf Entführungen, sondern in ihrer gleichsam lautlosen Durchführung unter Verwendung von Betäubungsmitteln, mit deren Hilfe Entführungsopfer willen- oder bewußtlos gemacht und entführt wurden. Das politische Risiko spektakulären Aufsehens sollte, wenn immer möglich, vermieden werden.

Nach Auffassung von Gerichtsmedizinern eignen sich als Betäubungsmittel bei Entführungen Morphinhydrochlorid, Morphin-Atropin, Morphin-Scopolamin, Dolantinhydrochlorid, Evipan-Natrium, Luminal-Natrium sowie verschiedene handelsübliche Schlaftabletten. Peroral in Kaffee oder alkoholischen Getränken verabreicht, benötigen diese Substanzen mindestens eine Dauer von einer halben Stunde, bis ihre Wirkung eintritt, wobei es von der körperlichen Verfassung des jeweiligen Opfers abhängt, wie rasch die Wirkung einsetzt.[54]

Ein auf fatale Weise klassisches Beispiel einer Entführung unter Anwendung von Narkotika bot der Fall des seinerzeitigen Leiters einer nachrichtendienstlichen Filiale der Organisation Gehlen in Westberlin, Wilhelm van Ackern. Seine Verschleppung gelang am Abend des 24. März 1955 im Zuge der Aktion „Blitz" mit Hilfe des Geheimen Mitarbeiters Fritz Weidmann (Deckname „Schütte") folgendermaßen:

„In genauer Umsetzung der sich ergänzenden Festnahmepläne lockte Weidmann am 24. März 1955 van Ackern unter dem Vorwand, er könne diesem eine einem sowjetischen Offizier gehörende Meldetasche mit Kartenmaterial und militärischen Unterlagen verschaffen, in die Wohnung in der Gneisenaustraße 93. Im Laufe des Abends nahmen beide Männer zunächst alkoholische Getränke zu sich. Zwischen 22.00 und 23.00 Uhr kochte Weidmann Kaf-

---

51 Z.B. am 11. März 1948 (58. Sitzung), 17. Juni 1949 (17. Sitzung) und am 28. Juli 1949 (23. Sitzung).

52 Z.B.am 21. Juni 1951 (16. Sitzung), 2. August 1951 (21. Sitzung), 17. Juli 1952 (51. Sitzung), 8. Januar 1953 (61. Sitzung), 5. März 1953 (65. Sitzung), 9. April 1953 (67. Sitzung), 21. Mai 1953 (69. Sitzung) und am 22. April 1954 (99. Sitzung).

53 Z.B. am 10. Juli 1952 (222. Sitzung), 16. Juli 1952 (223./224. Sitzung), 22. Januar 1953 (246. Sitzung) und am 30. Mai 1956 (146. Sitzung).

54 Vgl. Eberhard Burger/Rainer Becher: „Inwieweit lassen sich einschläfernde Medikamente unbemerkt bei-bringen", in: Archiv für Toxikologie, Bd. 17/1958, S. 214 ff.

fee. In die für van Ackern bestimmte Tasse mischte er ein mehrere Stunden wirkendes Betäubungsmittel. Wenige Minuten, nachdem van Ackern den Kaffee getrunken hatte, konnte er nur noch verschwommen sehen, wurde müde und war nicht mehr bei vollem Bewußtsein. In diesem Zustand wurde er von Weidmann allein auf die Straße und von dort gemeinsam mit einem zweiten Mann gegen seinen Willen zu einem Auto gebracht. Dabei wurde er links und rechts festgehalten, in den Wagen gesetzt und durch die dreiköpfige Operativgruppe in ca. halbstündiger Fahrt durch Berlin-Neukölln nach Berlin (Ost) in die Untersuchungshaftanstalt Hohenschönhausen ('U-Boot') verbracht."[55]

Van Ackern wurde in Untersuchungshaft genommen. In einem Schauprozeß vor dem 1. Strafsenat des Obersten Gerichts vom 9. bis 13. Juni 1955 gegen sieben Angeklagte wurde er nach Artikel 6 der DDR-Verfassung wegen Spionage zu lebenslänglich Zuchthaus verurteilt. Mielke persönlich hat den Entführten unter Androhung der Todesstrafe genötigt, während der Hauptverhandlung vor Gericht zu seiner Entführung zu schweigen. Entlassen wurde Wilhelm van Ackern nach Freikauf am 5. September 1964.

Ähnlich wie im Fall van Ackern wurde die Entführung des Gewerkschaftsjournalisten Heinz Brandt am 16. Juni 1961 aus Westberlin inszeniert.[56] Das Opfer, 1909 in Posen geboren, ursprünglich Mitglied der KPD (seit 1931), bereits unter dem nationalsozialistischen Regime verfolgt – als Kommunist und als Jude –, Überlebender der Konzentrationslager Auschwitz und Buchenwald, war 1945/46 wieder aktiv in der KPD/SED tätig geworden, zuletzt als Sekretär für Agitation in der Bezirksleitung Berlin, ehe er 1954 wegen politischer Gründe gemaßregelt wurde und sich 1958 zur Flucht nach Westberlin entschloß. Als Redakteur der Gewerkschaftszeitung „Metall" wurde er 1959 in Frankfurt/Main ansässig. Acht Wochen vor dem 13. August 1961, dem Stichtag für die Abriegelung Westberlins, fiel er Agenten des MfS in die Hände. Ihm wurde am Tage der Tat in Westberlin ein mit einem Betäubungsmittel versetzter Whisky angeboten. Als er sich gegen 20.30 Uhr zu Fuß in seine Unterkunft begeben wollte, brach er nach wenigen Minuten unter starken Herzbeschwerden auf der Straße zusammen und verlor die Besinnung. Kurz bevor ihm schwarz vor Augen wurde, war seine letzte Wahrnehmung das Auftauchen von vier Männern, die ihm scheinbar zu Hilfe kommen wollten. Es waren Mitarbeiter der Staatssicherheit, die auf ihn gewartet hatten. Im Zentralen Untersuchungsgefängnis Berlin-Hohenschönhausen kam Heinz Brandt erst wieder zur Besinnung. In die Vorbereitung dieser Verschleppung waren Agenten der Hauptverwaltung A des MfS, nämlich „unsere Quellen 'Wein` und 'Straußberg`", einbezogen bzw. „unmittelbar beteiligt."[57] Am 10. Mai 1962 wurde er in einem Geheimprozeß vor dem 1. Strafsenat des Obersten Ge-

---

55 Urteil der 22. großen Strafkammer des Landgerichts Berlin vom 13. Juni 1995, Aktenzeichen: (522) 29/2 Js1241/92 Kls (5/94), Bl. 6.
56 Vgl. dazu Heinz Brandt: Ein Traum, der nicht entführbar ist, a. a. O.., S. 339 f.; ferner Karl Wilhelm Fricke: Die DDR-Staatssicherheit. Entwicklung/Strukturen/Aktionsfelder, Köln 1982, S. 126 f.
57 Vermerk der Hauptverwaltung A, Abteilung II, vom 4. Januar 1964, BStU MfS – Sekr. d. Min. 1446, Bl. 139.

richts der DDR zu dreizehn Jahren Zuchthaus verurteilt. Seine Zusammenarbeit mit dem Ostbüro der SPD wurden ihm als „Spionage" angelastet. Immerhin durfte er am 23. Mai 1964 in die Freiheit zurückkehren. Internationale Proteste gegen seine Entführung und Verurteilung hatten den Vorsitzenden des Staatsrates der DDR, Walter Ulbricht, zu einem „Gnadenerweis" veranlaßt.

Die in den Fällen van Ackern und Brandt angewandte Variante der Entführung durch Betäubung mittels Narkotika entsprach einer in der zweiten Hälfte der fünfziger Jahre vielfach praktizierten Vorgehensweise der Staatssicherheit.[58] Den Opfern beigebracht wurden die Betäubungsmittel auf sehr unterschiedliche Weise – meist in Getränken, aber auch in Konfekt, Zigaretten oder durch Injektionen.

c) Entführung durch arglistige Täuschung

Die dritte – vielfach abgewandelte – Entführungsvariante bestand darin, ein Opfer durch arglistige Täuschung, häufig unter Ausnutzung seiner beruflichen Tätigkeit, seiner menschlichen Gutmütigkeit oder persönlichen Hilfsbereitschaft nach Ostberlin oder in die DDR zu locken, um hier seine Festnahme vorzunehmen. Trotz vieler warnender Präzedenzbeispiele wurde diese „spezifische Methode" immer wieder mit Erfolg angewandt.

Als exemplarisch für eine solche Entführung durch List kann die Art und Weise gelten, wie der damalige 2. Vorsitzende der KPD, Kurt Müller, nach Ostberlin verschleppt wurde.[59] Jahrgang 1903, überzeugter Kommunist, war auch er – ähnlich wie Heinz Brandt – in der Zeit der nationalsozialistischen Diktatur in politischer Haft gewesen. Nach 1945 machte er Karriere als führender Funktionär und als Bundestagsabgeordneter der KPD. Unter einem dienstlichen Vorwand wurde er am frühen Morgen des 22. März 1950 von drei MfS-Offizieren in Zivil von seiner Wohnung in Hannover im Pkw nach Ostberlin abgeholt und hier unverzüglich in das MfS-Untersuchungsgefängnis Magdalenenstraße in Lichtenberg eingeliefert. Hier begannen die Vernehmungen, die übrigens zum Teil von Erich Mielke persönlich geführt wurden.[60] In der Nacht vom 23. zum 24. August 1950 wurde Müller der sowjetischen Geheimpolizei übergeben, die ihn „im Verwaltungswege" als „Trotzkisten" zu 25 Jahren Gefängnis verurteilen ließ und bis 13. Oktober 1955 im Gefängnis Wladimir in Haft hielt.

---

58 Vgl. dazu Fälle Nrn. 3, 4, 5, 7, 8, 9, 13 und 31.
59 Vgl. dazu Kurt Müller: „Ein historisches Dokument aus dem Jahre 1956. Brief an den DDR-Ministerpräsi-denten Otto Grotewohl", in: Aus Politik und Zeitgeschichte, Beilage zur Wochenzeitung Das Parlament Nr. 11/1990, S. 16 ff.; ferner „Der Fall Kurt Müller", in: Karl Wilhelm Fricke: Warten auf Gerechtigkeit. Kommunistische Säuberungen und Rehabilitierungen. Bericht und Dokumentation, Köln 1971, S. 85 ff.
60 Vgl. Protokoll der Vernehmung von Kurt Müller durch den Staatssekretär Mielke am 23.3.1950, zit. bei Jochen von Lang: Erich Mielke. Eine deutsche Karriere, Berlin 1991, S. 232 ff.

Erstaunlicherweise hat die DDR-Staatssicherheit Entführungen durch List vor allem im geteilten Berlin gelegentlich selbst nach Abriegelung der Sektorengrenzen am 13. August 1961 praktizieren können, weil sie immer wieder auf die Arglosigkeit, Hilfsbereitschaft oder Leichtfertigkeit ihrer Opfer spekulieren konnte.

Dies demonstrierte auch der Fall Rainer Schubert. Der in Westberlin ansässige, damals 28jährige Journalist war als Fluchthelfer für die Schweizer Fluchthilfeorganisation „Aramco AG" tätig, in deren Rahmen er zwischen 1972 und 1975 rund hundert ausreisewilligen DDR-Bürgern zur Flucht verholfen hatte – zumeist durch Schleusungen mit falschen Pässen im Transitverkehr. Am 8. Januar 1975 wurde er von einem Ostberliner Bekannten, der vom MfS zur inoffiziellen Zusammenarbeit genötigt worden war, auf Weisung des Führungsoffizier gezielt zu einem Treffen nach Ostberlin bestellt, und zwar unter dem Vorwand, eine Fluchthilfeaktion zu besprechen. In einem Fußgängertunnel nahe dem Alexanderplatz wurde Rainer Schubert in den frühen Abendstunden wie geplant von einer operativen Gruppe des MfS erwartet und festgenommen. Das Stadtgericht (Ost-)Berlin verurteilte ihn am 26. Januar 1976 – nach einem Jahr Untersuchungshaft – „in teilweise nichtöffentlicher Hauptverhandlung (...) wegen staatsfeindlichen Menschenhandels, teilweise in Tateinheit mit Sabotage im besonders schweren Fall, mehrfacher Spionage, mehrfachen ungesetzlichen Grenzübertritts im schweren Fall (...) sowie mehrfacher Urkundenfälschung und wegen Terrors und staatsfeindlicher Hetze" zu fünfzehn Jahren Freiheitsstrafe[61], von denen er knapp neun Jahre in Berlin-Hohenschönhausen und Bautzen II zu verbüßen hatte – bis zu seinem Freikauf.

Experten schätzen den Anteil der List-Entführungen an den vom Staatssicherheitsdienst durchgeführten Verschleppungen auf 50 bis 60 vom Hundert aller Fälle.[62]

4. Verantwortlichkeit und Zuständigkeit im MfS

Die im Zusammenhang mit Entführungsaktionen des MfS erlassenen Dienstanweisungen, Befehle und Maßnahmepläne belegen nicht nur den Tatbestand als solchen, sondern sie weisen auch die Zuständigkeiten für diesbezügliche Operationen aus. Ihre Analyse macht zweierlei ersichtlich:

Entführungen waren erstens stets Chefsache. Alle Minister für Staatssicherheit, Wilhelm Zaisser, Ernst Wollweber und Erich Mielke, waren persönlich in die Planung und Durchführung von Verschleppungen einbezogen. Bei ihnen lag die letzte Entscheidung. Auch einige ihrer Stellvertreter, insbesondere Bruno Beater und Markus Wolf, waren unmittelbar oder mittelbar mit Verschleppun-

---

61 Urteil des Stadtgerichts von Groß-Berlin vom 26. Januar 1976, Bl. 2, Aktenzeichen: 101 a BS 80. 75 /211-153-75. – Zur Entführung vgl. auch Urteil der 22. großen Strafkammer des Landgerichts Berlin vom 13. Mai 1993, Aktenzeichen: (502) 76/6 P Js 214/84 KLs (34/92).
62 Vgl. dazu Fälle Nrn. 11, 20, 21, 29, 32 und 36.

gen befaßt. Ihre politische und strafrechtliche Verantwortung für Entführungsaktionen steht außer Zweifel. Zaisser, Wollweber und Beater sind verstorben, so daß sie sich dafür nicht mehr zu verantworten brauchten. Wolf wurde, wie anderen Orts dargelegt, rechtskräftig verurteilt[63], und gegen Mielke wurde zwar am 16. Februar 1994 durch die Staatsanwaltschaft bei dem Kammergericht in Berlin Anklage erhoben[64], aber wegen Verhandlungsunfähigkeit wurde das Hauptverfahren vor Gericht gegen ihn nicht mehr eröffnet.

Im übrigen ist auch davon auszugehen, daß Entführungsaktionen der Staatssicherheit – zumindest post festum – in den Sitzungen des Kollegiums des MfS zur Sprache gekommen sind und von dessen Mitgliedern insoweit billigend in Kauf genommen wurden. Sie waren jedenfalls darüber informiert. Auch haben sie die Befehle des Ministers zur Kenntnis nehmen müssen, in denen die Hinrichtung von in die DDR „zurückgeholten" Überläufern bekanntgegeben wurde, so daß sie sich auch über deren Entführung durchaus im Klaren gewesen sind.

Zweitens läßt sich anhand der vorliegenden Dokumente feststellen, daß konkret als für Entführungen im MfS/SfS zuständige Hauptabteilungen vornehmlich die Hauptabteilung II, der die sogenannte Spionageabwehr oblag, sowie die Hauptabteilung V, zuständig für die Bekämpfung „politischer Untergrundtätigkeit" und „ideologische Diversion"[65], in Erscheinung getreten sind. Das wird durch Dienstanweisungen und Maßnahmepläne ebenso dokumentiert wie durch die Zugehörigkeit von hauptamtlichen und inoffiziellen Mitarbeitern der Staatssicherheit, die an Verschleppungen beteiligt waren, zu diesen Struktureinheiten.

Bei der Verschleppung von Überläufern aus der Kasernierten Volkspolizei bzw. aus der Nationalen Volksarmee und den Grenztruppen der DDR war auch die Zuständigkeit der sogenannten Militärabwehr in Gestalt der Hauptabteilung I des MfS/SfS gegeben. Zeitweilig verfügte sie – bis 1959 – in Gestalt der Abteilungen I/8 und I/9 sowohl über eigene Einsatzgruppen wie über eigene Untersuchungsorgane für die „Bearbeitung" von Desertionen.[66]

Bei bestimmten Entführungen war schließlich die Mitwirkung der Hauptabteilung XV bzw. der Hauptverwaltung A gegeben – nicht zuletzt durch Bereitstellung operativ verwertbarer Informationen über Personen, die Zielobjekte einer Verschleppung werden sollten. Zum Beispiel waren ehemalige Inoffizielle Mitarbeiter der HV A in die Entführung von Heinz Brandt verstrickt.

Hilfsdienste wurden von der Hauptabteilung VIII geleistet, die für operative Ermittlungen und Festnahmen zuständig war – und zwar sowohl DDR-intern wie DDR-extern. Der Einsatz spezifischer Einsatzgruppen oder operativer

---

63 Siehe dazu Kapitel 6.
64 Vgl. Anklageschrift gegen Erich Mielke und Helmut Träger vom 1. Februar 1994, Aktenzeichen: 29/2 Js 1241/92.
65 Durch Befehl Nr. 211/64 des Ministers für Staatssicherheit vom 9. März 1964 wurde die Hauptabteilung V in die Hauptabteilung XX umgewandelt.
66 Aussage von Heinz Busch, Oberst a. D. des MfS, vom 23. Januar 1998.

Gruppen der Hauptabteilung VIII in Westberlin und Westdeutschland ist dokumentarisch belegbar.

5. *Entführungsopfer nach Zielgruppen*

Aufgrund einer Analyse versuchter und vollendeter Entführungen lassen sich folgende Zielgruppen feststellen, aus denen sich Personen rekrutiert haben, die von der Staatssicherheit außerhalb der DDR verfolgt wurden:

a) Hauptamtliche oder geheime Mitarbeiter westlicher Nachrichtendienste. Sie bildeten die quantitativ größte Zielgruppe, gegen die sich Verschleppungsaktionen der Staatssicherheit gerichtet haben.

b) Ehemalige hauptamtliche und inoffizielle Mitarbeiter der Staatssicherheit, die „zum Klassenfeind übergelaufen" waren und als „Verräter" zurückgeholt wurden. Auch ihre Zahl ist, wie dargelegt, erheblich.

c) Flüchtlinge aus anderen bewaffneten Organen, speziell der Volkspolizei, der Grenzpolizei, der Kasernierten Volkspolizei, der Nationalen Volksarmee und der Grenztruppen der DDR.

   In dieser Zielgruppe ist die größte Dunkelziffer zu vermuten.

d) Sogenannte Verräter aus den Reihen der SED, Genossen, die die DDR verließen und häufig von Westberlin oder Westdeutschland aus zu Gleichgesinnten in der DDR offen oder konspirativ Kontakt aufgenommen haben und dafür verfolgt wurden.

e) Mitarbeiter der Ostbüros von SPD, FDP und CDU sowie des DGB. Dieser Zielgruppe sind auch die Mitarbeiter sogenannter „Feind-" oder „Agentenzentralen" wie die Kampfgruppe gegen Unmenschlichkeit oder der Untersuchungsausschuß Freiheitlicher Juristen zuzurechnen.

f) Oppositionell oder regimefeindlich exponierte Journalisten in Westberlin oder Westdeutschland, denen „illegale" Kontakte nach Ostberlin oder in die DDR unterstellt wurden.

g) Fluchthelfer, die nach dem 13. August 1961 individuell oder in Gruppen Bürgern der DDR aktive Fluchthilfe geleistet haben.

h) Personen, die zwecks Werbung für nachrichtendienstliche Zwecke entführt wurden.

i) Spitzensportler der DDR, die sich nach Westen abgesetzt hatten. Allerdings sind diesbezügliche Entführungsversuche stets gescheitert.

Selbstverständlich ist eine Kategorisierung der Entführungsopfer nicht in jedem Fall eindeutig, möglich, d. h., ein- und dieselbe Person, die entführt wurde, kann gelegentlich zwei oder drei Kategorien gleichzeitig zugeordnet werden – ein ehemaliger Funktionär der SED etwa, der nach seiner Flucht als Journalist tätig wird und in dieser Eigenschaft Verbindung zum Ostbüro der SPD unterhält, fällt unter die Kategorien d, e und f. Andererseits entziehen sich gewisse Entführungsfälle jeder Zuordnung. Flüchtlinge aus der DDR, die unmittelbar bei ihrer Flucht über die Sektoren- oder Zonengrenze entdeckt und „spontan" zurückgeholt worden, waren selten Opfer gezielter Staatssicherheitszugriffe. Die Kategorisierung soll lediglich den Personenkreis umreißen, der durch die Staatssicherheit konkret gefährdet war. Zudem waren auch Verschleppungen zu verzeichnen, die sich aus zufälliger Gelegenheit ergaben. Opfer waren etwa Westberliner Polizeiposten oder Zollbeamte. Auch Verschleppungen, die auf Verwechselung beruhten, sind nachweisbar. Im Regelfall führten sie nach wenigen Stunden oder Tagen zur Freilassung der Betroffenen.

6. Strafrechtliche Aspekte und justitielle Aufarbeitung

Die sich häufenden politischen Menschenraubaktionen der Staatssicherheit (sowie der sowjetischen Geheimpolizei) machten in Westberlin bereits frühzeitig gesetzgeberische Maßnahmen erforderlich, um den strafrechtlichen Schutz vor solchen Verbrechen zu verstärken.

Bereits am 12. September 1949 – also schon kurz vor Gründung der DDR – beschlossen Stadtverordnetenversammlung und Magistrat von Groß-Berlin ein „Gesetz über die Verschleppung von Personen aus den Berliner Westsektoren."[67] Nach § 1 wurde mit einer Zuchthausstrafe, im minderschweren Fall mit Gefängnis nicht unter sechs Monaten bedroht, „wer sich eines Menschen durch List, Drohung oder Gewalt bemächtigt, um ihn gegen seinen Willen in ein Gebiet außerhalb der Westsektoren Groß-Berlins zu verschleppen oder dort festzuhalten, oder wer bei einer solchen Handlung Hilfe leistet." Sofern eine Entführung gegen Entgelt geschehen oder dabei eine schwere Körperverletzung verübt worden war, belief sich die Mindeststrafe auf drei Jahre Zuchthaus, bei Todesfolge konnte auf lebenslänglich Zuchthaus erkannt werden.

Knapp zwei Jahre später, am 14. Juni 1951, wurde dieses Gesetz durch ein anderes Normenwerk ersetzt. Das Abgeordnetenhaus von Berlin beschloß ein spezielles „Gesetz zum Schutz der persönlichen Freiheit"[68], das in § 1 die politische Verdächtigung und in § 2 die Verschleppung unter Strafe stellte. Nachstehend wird der nicht nur juristisch, sondern auch zeitgeschichtlich interessante Wortlaut dokumentiert:

„§ 2
(1) Wer einen anderen durch List, Drohung oder Gewalt in ein Gebiet außerhalb des Bereichs der in Berlin geltenden Gerichtsverfassung verbringt oder veranlaßt, sich dorthin zu begeben, oder davon abhält, von dort zurückzukeh-

---

67 Verordnungsblatt für Berlin Nr. 62/1949, Teil I, S. 331.
68 Gesetz- und Verordnungsblatt für Berlin Nr. 33/1951. S. 417 f.

ren und dadurch der Gefahr aussetzt, verfolgt zu werden und hierbei im Widerspruch zu rechtsstaatlichen Grundsätzen durch Gewalt- oder Willkürmaßnahmen Schaden an Leib oder Leben zu erleiden, der Freiheit beraubt oder in seinem Vermögen, seiner beruflichen oder wirtschaftlichen Stellung empfindlich beeinträchtigt zu werden, wird wegen Verschleppung mit Zuchthaus, in minder schweren Fällen mit Gefängnis nicht unter drei Monaten bestraft.

(2) Hat der Täter aus Gewinnsucht oder in der Absicht gehandelt, eine der in Absatz 1 bezeichneten Folgen herbeizuführen, so ist auf Zuchthaus nicht unter drei Jahren, in minder schweren Fällen auf Gefängnis nicht unter sechs Monaten zu erkennen.

(3) Hat der Verschleppte mit einer Tat nach Absatz 1 den Tod erlitten und mußte der Täter den Umständen nach hiermit rechnen, so kann auf lebenslanges Zuchthaus erkannt werden.

(4) Wer eine Handlung nach Absatz 1 bis 3 vorbereitet, wird mit Gefängnis bestraft."

Auf ihre Weise macht die Erinnerung an die beiden Gesetze bewußt, für wie notwendig der Gesetzgeber angesichts der Häufigkeit von Verschleppungen damals einen besonderen strafrechtlichen Schutz davor gehalten hat. Dazu paßt auch, daß § 2 des Freiheitsschutz-Gesetzes durch Gesetz vom 15. Juli 1951 inhaltlich identisch, jedoch allgemeiner gefaßt, als § 234 a in das bundesrepublikanische Strafgesetzbuch aufgenommen wurde.[69]

Das Freiheitsschutz-Gesetz blieb in Westberlin bis zum 31. März 1970 in Kraft. Vom 1. April 1970 an galt auch in Berlin die allgemeiner gehaltene Fassung des § 234 a StGB.[70] Damit war in der Bundesrepublik (alt) einschließlich Westberlins eine juristisch einheitliche Strafbarkeit von politischen Entführungsdelikten gegeben.

Es versteht sich von selbst, daß Verschleppungen durch die Staatssicherheit bis zum Ende der Diktatur der SED in der DDR strafrechtlich nicht verfolgt wurden, obwohl Freiheitsberaubung unter Verletzung fremder Staatshoheit – die bei jeder gewaltsamen Verschleppung vorlag – auch mit der „sozialistischen Gesetzlichkeit" der DDR nicht vereinbar war. Das Landgericht Berlin hat diese im Prinzip nie strittige Auffassung wie folgt begründet:

„Die Rechtsordnung eines Staates erstreckt sich grundsätzlich auf das Gebiet innerhalb seiner Grenzen. Gewaltsame wie nicht gewaltsame Maßnahmen, die von einem Staatsgebiet auf das andere hinüberwirken und eine Verletzung fremder Gebietshoheit darstellen, hat ein Staat zu unterlassen und zu unterbinden. Auch das Recht der DDR sah keinerlei Rechtsgrundlagen für ein derartiges Vorgehen (wie Menschenraub – K. W. F.) vor. Insbesondere sind einzelne Anordnungen, Verordnungen oder Erlasse des SfS von minderer Qualität als

---

69 Gesetz vom 15. Juli 1951, BGBl. I, S. 448. – § 1 Freiheitsschutz-Gesetz, der die politische Verdächtigung betraf, wurde dem bundesrepublikanischen Strafrecht als § 241 a StGB eingefügt.

70 Art. 103 Abs. 2/1 StrRG.

ein Gesetz; sie konnten daher nicht das StGB/DDR außer Kraft setzen und hatten in West-Berlin keinerlei Bedeutung. Die Freiheitsberaubung findet insoweit namentlich keine Rechtfertigung im Statut des SfS vom 15. Oktober 1953, was aus selbstverständlichen Grundsätzen des Völkerrechts folgt, die aus der Sicht der DDR auch im Verhältnis zur Bundesrepublik einschließlich West-Berlin galten."[71]

Verschleppungen waren daher nach geltendem Recht nicht nur der Bundesrepublik (alt) einschließlich Westberlins, sondern auch der DDR unter Strafe gestellt, aber logischerweise konnte unter den gegebenen Machtverhältnissen die Ahndung eines solchen „systemtragenden Rechtsbruchs" von der Strafjustiz unter der Diktatur der SED nicht erwartet werden.

Mit dem Beitritt der DDR zum Geltungsbereich des Grundgesetzes trat eine qualitativ neue Situation ein. Nicht nur waren nun die Akten der Staatssicherheit zugänglich, so daß sich die Beweislage in Verschleppungssachen erheblich verbesserte, sondern die Strafverfolgungsbehörden konnten auch mancher Täter von einst habhaft werden, die sich in der DDR vorher vor dem Zugriff der Justiz sicher sein konnten.

Zum anderen ergab sich natürlich eine völlig neue Rechtslage. Nach Artikel 8 des zwischen beiden deutschen Staaten geschlossenen Vertrages über die Herstellung der Einheit Deutschlands vom 31. August 1990 trat in den neuen Bundesländern mit Wirkung vom 3. Oktober 1990 grundsätzlich Bundesrecht in Kraft. Artikel 9 des Einigungsvertrages zufolge blieb das Recht der DDR allerdings insoweit in Kraft, wie es mit der bundesrepublikanischen Rechtsordnung vereinbar war. Das galt auch für das Strafrecht der DDR.

Das hatte zur Folge, daß auch zur Ahndung gewaltsamer Verschleppungen in die DDR deren Strafrecht heranzuziehen war, und zwar die jeweils gültigen Bestimmungen zur Freiheitsberaubung. Nach § 234 a StGB, also nach bundesrepublikanischen Strafrecht, konnten derartige Delikte einerseits wegen des strafrechtlichen Rückwirkungsverbots, andererseits wegen der inzwischen eingetretenen absoluten Verfolgungsverjährung nur noch unter besonderen juristischen Voraussetzungen, die hier nicht erörtert zu werden brauchen, verfolgt werden. Stattdessen waren die in § 239 StGB (alt) bzw. in § 131 StGB (neu)[72] niedergelegten Strafbestimmungen der DDR zur Freiheitsberaubung anzuwenden. Zwar wäre auch für sie nach dem Recht der DDR die Verfolgungsverjährung eingetreten, aber durch das Verjährungsgesetz vom 26. März 1993 ist das Ruhen der Verfolgungsverjährung für die Zeit vom 11. Oktober 1949 zum 2. Oktober 1990 herbeigeführt worden, soweit es gleichsam regimebedingte Straftaten betraf:

---

71 Urteil des Landgerichts Berlin vom 30. Juli 1997, Aktenzeichen: (511) 29/2 Js 1057/92 KLs (32/96), Bl. 11 f.

72 Mit Einschränkungen, die hier nicht interessieren, galt in der DDR das (Reichs-)Strafgesetzbuch vom 31. Mai 1970 bis zum Inkrafttreten des „sozialistischen" Strafgesetzbuches der DDR vom 12. Januar 1968.

„Bei der Berechnung der Verjährungsfrist für die Verfolgung von Taten, die während der Herrschaft des SED-Unrechtsregimes begangen wurden, aber entsprechend dem ausdrücklichen oder mutmaßlichen Willen der Staats- und Parteiführung der ehemaligen Deutschen Demokratischen Republik aus politischen oder sonst mit wesentlichen Grundsätzen einer freiheitlichen rechtsstaatlichen Ordnung unvereinbaren Gründen nicht geahndet worden sind, bleibt die Zeit vom 11. Oktober 1949 bis 2. Oktober 1990 außer Ansatz. In dieser Zeit hat die Verjährung geruht."[73]

Unter dieser Voraussetzung konnten auch Verschleppungen durch die Staatssicherheit strafrechtlich verfolgt werden, allerdings wie dargelegt nach Maßgabe des zur Tatzeit geltenden DDR-Rechts. Nachstehend die einschlägigen Strafbestimmungen über Freiheitsberaubung im Wortlaut:

„§ 239
Freiheitsberaubung

(1) Wer vorsätzlich und widerrechtlich einen Menschen einsperrt oder auf andere Weise des Gebrauchs der persönlichen Freiheit beraubt, wird mit Gefängnis oder mit Geldstrafe bestraft.

(2) Wenn die Freiheitsentziehung über eine Woche gedauert hat oder wenn eine schwere Körperverletzung des der Freiheit Beraubten durch die Freiheitsentziehung oder die ihm während derselben widerfahrene Behandlung verursacht worden ist, so ist auf Zuchthaus bis zu zehn Jahren zu erkennen. Sind mildernde Umstände vorhanden, so tritt Gefängnisstrafe nicht unter einem Monat ein.

(3) Ist der Tod des der Freiheit Beraubten durch die Freiheitsentziehung oder die ihm während derselben widerfahrene Behandlung verursacht worden, so ist auf Zuchthaus nicht unter drei Jahren zu erkennen. Sind mildernde Umstände vorhanden, so tritt Gefängnisstrafe nicht unter drei Monaten ein."[74]

Die im Zuge der „sozialistischen Strafrechtsreform" der DDR im Jahre 1968 neu definierte Bestimmung zur Freiheitsberaubung erhielt folgenden Wortlaut:

„§ 131
Freiheitsberaubung

(1) Wer einen Menschen einsperrt oder auf andere Weise rechtswidrig der persönlichen Freiheit beraubt, wird mit Freiheitsstrafe bis zu zwei Jahren oder mit Verurteilung auf Bewährung, Geldstrafe oder mit öffentlichem Tadel bestraft oder von einem gesellschaftlichen Organ der Rechtspflege zur Verantwortung gezogen.

---

73 Art. 1 des Gesetzes über das Ruhen der Verjährung bei SED-Unrechtstaten vom 26. März 1993, BGBl. I, S. 392.
74 Strafgesetzbuch vom 15. Mai 1871, zit. nach: Strafgesetzbuch und andere Strafgesetze, Textausgabe, (Ost-)Berlin 1960.

(2) Wer durch die Freiheitsberaubung eine schwere Körperverletzung fahrlässig verursacht oder sie auf andere, die Menschenwürde besonders verletzende Art und Weise begeht, wird mit Freiheitsstrafe bis zu fünf Jahren, und wer durch sie den Tod des Opferes fahrlässig verursacht, wird mit Freiheitsstrafe von zwei bis zehn Jahren bestraft.

(3) Der Versuch ist strafbar."[75]

Eine dem bundesrepublikanischen Strafrecht entsprechende Bestimmung, wie sie § 234 a StGB enthielt, kannte das Strafrecht der DDR nicht. Es hat ihrer objektiv nicht bedurft. Da andererseits sogenannte List-Verschleppungen von der Tatbestandsdefinition in § 239 StGB (alt) bzw. § 131 StGB (neu) nicht erfaßt wurden, ließ sich in diesen Fällen auch ein auf die Bundesrepublik übergegangener originärer Strafanspruch der DDR mit dem Recht der DDR nicht begründen. Eine Festnahme in Ostberlin durch den Staatssicherheitsdienst als Folge einer List-Verschleppung war nicht als unrechtmäßig im Sinne einer Freiheitsberaubung zu qualifizieren. Einschlägige Strafverfahren wurden deshalb eingestellt.

Vor dem hier nur kurz skizzierten strafrechtlichen Hintergrund ist zunächst die Ahndung von Verschleppungsdelikten zu sehen, wie sie vor der Wiedervereinigung erfolgte. Denn wo die Strafverfolgungsorgane in Westberlin oder Westdeutschland der Täter habhaft werden konnten, wurden selbstverständlich Verschleppungen von den Gerichten geahndet. Die folgenden ausgewählten Beispiele rechtskräftiger Strafurteile sollen anschaulich machen, daß die 1949 bzw. 1951 neu geschaffenen Strafbestimmungen gegen Entführungsdelikte keine abstrakten Drohungen waren, sondern angesichts der sich häufenden Verschleppungen konkret angewandt werden mußten.

– Durch Urteil der 2. großen Strafkammer des Landgerichts in Berlin vom 4. Juni 1954 wurde Kurt Oswald K., einer der an der Entführung des Rechtsanwalts Dr. Walter Linse beteiligten Straftäter, wegen Verschleppung nach § 2 Freiheitsschutz-Gesetz zu zehn Jahren Zuchthaus verurteilt.[76]

– Durch Urteil der 2. großen Strafkammer des Landgerichts in Berlin vom 7. Oktober 1955 wurden zwei der an der Entführung des ehemaligen MfS-Majors Sylvester Murau, Heinz H. und Joachim T., wegen gemeinschaftlicher Verschleppung in Tateinheit mit gemeinschaftlicher schwerer Freiheitsberaubung gemäß den §§ 234 a, 239 Abs. 2 StGB zu zwölf bzw. zehn Jahren Zuchthaus verurteilt.[77]

– Durch Urteil des 3. Strafsenats des Bundesgerichtshofes vom 14. Oktober 1968 wurden drei von insgesamt sieben Straftätern, die an der Entführung von des geflüchteten MfS-Hauptmanns Walter Thräne und seiner Geliebten Ursula Schöne beteiligt waren, wegen Verschleppung gemäß § 234 a StGB

---

75 Strafgesetzbuch der Deutschen Demokratischen Republik vom 12. Januar 1968, GBl. I S. 1.
76 Aktenzeichen: (502) 1 P KLs 16/53 (96/53).
77 Aktenzeichen: (502) 2 P KLs 13/55 (268.55)

zu Freiheitsstrafen verurteilt, und zwar Arthur T. und Gottfried Sch. zu je vier Jahren, die Ehefrau Anna-Maria T. wegen Beihilfe zu zwei Jahren und drei Monaten.[78]

Die Zahl der von Strafgerichten in Westberlin und Westdeutschland zwischen 1949 und 1989 ausgesprochenen Verurteilungen nach § 2 Freiheitsschutz-Gesetz bzw. § 234 a StGB ist auf etwa zweihundert zu schätzen.[79]

Seit der Wiedervereinigung ist beim Landgericht Berlin eine Reihe einschlägiger Strafverfahren anhängig geworden. Die nachfolgend skizzierten Entscheidungen können ebenfalls als für die Rechtsprechung bei Verschleppungsdelikten exemplarisch angesehen werden:

– Durch Urteil der 22. großen Strafkammer des Landgerichts Berlin vom 13. Juni 1995 wurde der ehemalige Oberstleutnant im MfS, Helmut T., wegen Anstiftung zu tateinheitlich mit vorsätzlicher Körperverletzung verübter Freiheitsberaubung zu zehn Monaten Freiheitsstrafe zur Bewährung verurteilt, weil er als Verantwortlicher seiner Diensteinheit den Operativplan zur Entführung des ehemaligen Filialleiters der Organisation Gehlen, Wilhelm van Ackern, unterzeichnet hatte.[80]

– Durch Urteil der 11. großen Strafkammer des Landgerichts Berlin vom 30. Juli 1997 wurde der seinerzeitige Inoffizielle Mitarbeiter des Staatssicherheitsdienstes Herbert H., der an der Verschleppung des ehemaligen VP-Generals und SED-Funktionärs Robert Bialek beteiligt war, wegen Freiheitsberaubung zu zehn Monaten Freiheitsstrafe zur Bewährung verurteilt.[81]

– Durch Urteil der 34. großen Strafkammer des Landgerichts Berlin vom 29. September 1997 wurde die im Entführungsfall Karl Wilhelm Fricke beteiligte ehemalige Geheime Mitarbeiterin der Staatssicherheit, Anna-Maria R., wegen gemeinschaftlicher Freiheitsberaubung nach den §§ 239 Abs. 1 und 25 Abs. 2 StGB zu sieben Monaten Freiheitsstrafe zur Bewährung verurteilt.[82]

Aus der Rechtsprechung westdeutscher Gerichte ist das inzwischen rechtskräftig gewordene Urteil des 7. Strafsenats des Oberlandesgerichts Düsseldorf vom 27. Mai 1997 zu erwähnen, mit dem der ehemalige Generaloberst im MfS, Markus Wolf, u. a. wegen Mittäterschaft in den Entführungsfällen Christa Trapp bzw. Ursula Schöne/Walter Thräne zu einer (Gesamt-) Freiheitsstrafe von zwei Jahren zur Bewährung verurteilt wurde.[83]

---

78 Aktenzeichen: 7 StE 2/68.
79 Bis 1961 waren bereits 142 einschlägige Urteile zu verzeichnen. Vgl. Der Staatssicherheitsdienst, a. a. O.., S. 40.
80 Aktenzeichen: (522) 29/2 Js 1212/92 KLs (5/94).
81 Aktenzeichen: (511) 29/2 Js 1057/92 KLs (32/96).
82 Aktenzeichen: (534) 29/2 Js 69/93 KLs (5/95).
83 Aktenzeichen: VII-1/96 (1/96 VS-Geheim) / 3 StE 14/92-3 (3) – Ref. 4 / 3 StE 4/96 – 4 (1) /3 StE 9/96 – 4 (2).

Die Zahl der Verurteilungen nach der Wiedervereinigung steht gewiß in keinem Verhältnis zur Vielzahl tatsächlich begangener Verschleppungen. In Berlin wurde nach Auskunft der Staatsanwaltschaft II bei dem Landgericht bis zum 30. Januar 1998 in sechzehn Fällen Anklage im Zusammenhang mit Gewaltverschleppungen erhoben. In vier Fällen erfolgte eine rechtskräftige Verurteilung wegen Freiheitsberaubung bzw. Teilnahme an derselben. Die Strafmaße lagen zwischen sechs Monaten und einem Jahr Freiheitsstrafe, wobei in allen Fällen die Vollstreckung zur Bewährung ausgesetzt wurde.[84]

Betroffenen oder Hinterbliebenen erscheinen solche Strafen als derart milde, daß sie ihnen häufig nur schwer vermittelbar sind. Sie stehen auch der vom Landgericht Berlin entwickelten Rechtsauffassung skeptisch gegenüber, wonach der Tatbestand der Freiheitsberaubung bei einer Verschleppung aus Westberlin für den Entführer nur nach der zumeist lediglich nach Minuten zählenden Zeit verwirkt war, die jeweils von der eigentlichen Tat bis zur offiziellen Festnahme des Entführungsopfers in Ostberlin verstrich. Dementsprechend heißt es z. B. in dem Urteil gegen einen der Bialek-Entführer:

„Der Angeklagte hat sich nach § 131 Abs. 1 StGB/DDR strafbar gemacht, da er durch die Verschleppung einem Menschen die Möglichkeit genommen hat, den eigenen Aufenthaltsort ungehindert zu verändern. Die Tat war spätestens vollendet mit dem Verbringen von Robert Bialek in den wartenden Pkw. (...) Eine am Recht der DDR orientierte Beurteilung führt allerdings hinsichtlich der Fortdauer der Freiheitsberaubung nach Festnahme in der DDR zur Annahme eines jedenfalls nicht schuldhaften Verhaltens wegen eines insoweit unvermeidbaren Verbotsirrtums (...), weshalb der Schuldumfang in zeitlicher Hinsicht auf den Freiheitsentzug bis zur Festnahme in Ost-Berlin zu beschränken war."[85]

Im Hinblick auf den Tod Robert Bialeks im Gefängnis muß eine solche Entscheidung besonders befremdlich wirken. Sie läuft auch der eigenen Rechtsprechung des Landgerichts Berlin in den fünfziger Jahren zuwider, die seinerzeit allerdings auf dem Freiheitsschutz-Gesetz basierte.

Was die Opfer von Entführungsaktionen der Staatssicherheit anbelangt, so haben sie im Regelfall jeweils den Großteil ihrer Freiheitsstrafe verbüßen müssen. Viele von ihnen wurden nach langjährigem Strafvollzug von der Bundesregierung freigekauft: die Menschenraubopfer waren für die DDR zur devisenträchtigen Handelsware geworden.

---

84 Schreiben der Staatsanwaltschaft II bei dem Landgericht Berlin vom 30. Januar 1998, Aktenzeichen: 29 AR 14/98.
85 Aktenzeichen: (511) 29/2 Js 1057/92 Kls (32/96).

Anhang:

Dokumentation ausgewählter Entführungsfälle

Die nachstehend aufgeführten fünfzig Verschleppungen und sogenannten List-Entführungen fallen in die Verantwortung des MfS/SfS, wenn sie auch vielfach mit Wissen der sowjetischen Geheimpolizei – in Abstimmung mit den „Freunden" – durchgeführt wurden. Sämtliche Fälle wurden anhand von Erlebnisberichten der Betroffenen oder von Zeitzeugenaussagen, von Akten der Zentralen Ermittlungsstelle für Regierungs- und Vereinigungskriminalität beim Polizeipräsidenten in Berlin, der Staatsanwaltschaft II beim Landgericht Berlin sowie von Akten der Referatsgruppe AU II/2 beim Bundesbeauftragten für die Unterlagen des Staatssicherheitsdienstes der ehemaligen Deutschen Demokratischen Republik sowie aus der Stiftung Archiv der Parteien und Massenorganisationen im Bundesarchiv, Außenstelle Berlin, nach bestem Wissen und Gewissen recherchiert bzw. verifiziert. Gleichwohl konnten in einigen Fällen, die vielfach Jahrzehnte zurücklagen, nicht alle konkreten Details geklärt werden. Der Tatbestand selbst ist jedoch in keinem Fall strittig.

a) Entführungen aus West-Berlin

1. Wilhelm van Ackern

Entführung am 24. März 1955

2. Paul Behm

Ehemals hauptamtlicher Funktionär der SED-Bezirksleitung Rostock, wurde Paul Behm, geboren am 3. Januar 1915, im Zuge der Aktion „Blitz" aus Westberlin verschleppt. Er hatte sich während seines Studiums an der Parteihochschule „Karl Marx" in Kleinmachnow am 9. Januar 1955 nach Westberlin abgesetzt, von wo aus er offenbar Kontakte zu ehemaligen Genossen zu knüpfen versucht hatte. Am 24. Januar 1955 wurde er von einem Studienkollegen, den die Staatssicherheit zur inoffiziellen Mitarbeit verpflichtet hatte, nach einer ausgiebigen Zecherei in einen Pkw gezerrt, nach Ostberlin verbracht – möglicherweise betäubt – und dort festgenommen. Paul Behm wurde nach Artikel 6 der DDR-Verfassung durch das Bezirksgericht Rostock am 15. November 1955 zu fünfzehn Jahren Zuchthaus verurteilt. Er starb durch Suicid am 10. September 1964 im „Lager X" in Berlin-Hohenschönhausen.

3. Karl Behnisch

Der in Westberlin nachrichtendienstlich tätige Karl Behnisch, geboren am 5. Oktober 1910, wurde am 2. Oktober 1958 von einem als „politischer Flüchtling" getarnten Agenten des MfS, zu dem er freundschaftlichen Kontakt unterhalten hatte, auf besonders raffinierte Weise entführt: Der Täter lockte ihn am Tattage unter dem Vorwand, für Behnischs Vogelzwinger eine junge Birke beschaffen zu wollen, in den Gatower Forst nahe der Zonengrenze am Rande von Berlin. Hier wurde das Opfer von mehreren im Hinterhalt wartenden unbekannten Personen nach einem blutigen Handgemenge niedergeschlagen und in die DDR verschleppt. Nach seiner Verurteilung zu lebenslänglichem Zuchthaus am 10. November 1959 durch das Bezirksgericht Frankfurt/Oder erlangte er nach vierzehnjähriger Haft, am 21. September 1972, durch Freikauf die Freiheit zurück.

4. Klaus Benzing

Der Buchhändler und Journalist Klaus Benzing, der bereits vom 3. August 1948 bis zum 18. Januar 1954 als Verurteilter eines sowjetischen Militärtribunals in politischer Haft gewesen war, wurde am Abend des 3. Oktober 1959 in einem Restaurant im Stadtbezirks Kreuzberg, damals amerikanischer Sektor von Berlin, betäubt, nachdem seinem Getränk unbemerkt ein Narkotikum beigemischt worden war. Als er wegen „Übelkeit" das Restaurant verließ, wurde er von Agenten erwartet, die das kurz danach bewußtlos gewordene Opfer im Pkw nach Ostberlin verschleppten. Hier ist der Entführte in einer „konspirativen Wohnung" des MfS wieder zur Besinnung gekommen. Am 20. September 1960 wurde Benzing vom Bezirksgericht Leipzig wegen „Spionage" und „Verleitung zur Republikflucht" zu 15 Jahren Zuchthaus verurteilt. Durch Freikauf konnte seine Entlassung am 26. Mai 1966 erwirkt werden.

5. Robert Bialek

Der am 4. Februar 1956 Entführte kam aus der sozialistischen Arbeiterbewegung. Robert Bialek wurde am 23. Juni 1915 geboren. Ehemals Mitglied der Sozialistischen Arbeiterpartei, wurde er 1936 in Breslau wegen illegaler antifaschistischer Tätigkeit zu fünf Jahren Zuchthaus verurteilt. 1946 war er Mitbegründer und 1. Landesvorsitzender der FDJ in Sachsen, wurde Mitglied der SED und Abgeordneter des Sächsischen Landtags. 1948 für wenige Monate Generalinspekteur der Volkspolizei, wurde Robert Bialek nach seiner Amtsentbindung aus politischen Gründen zum 1. Sekretär der SED-Kreisleitung Großenhain degradiert. 1952 erfolgte sein Ausschluß aus der SED, 1953 flüchtete er mit seiner Familie nach Westberlin. Am Tattage wurde das Opfer in einer Westberliner Wohnung durch ein in einem Getränk beigebrachtes Narkotikum betäubt und nach Ostberlin verschleppt. Hier ist er auf bis heute ungeklärte Weise zu Tode gekommen.

6. Brandt, Heinz

Entführung am 16. Juni 1961

7. Gottlieb Burghardt

Der aus Rußland stammende Dolmetscher, geboren am 22. April 1899, wurde in der Nacht vom 15. zum 16. Dezember 1956 durch einen weiblichen IM des MfS in Westberlin betäubt und in der S-Bahn nach Ostberlin verbracht, wo er am S-Bahnhof Friedrichstraße in hilflosem Zustand „ausgesetzt" und festgenommen wurde. Das MfS ließ zwei Tage später folgende Meldung kommentarlos in der „Berliner Zeitung" veröffentlichen: „In der Nacht vom 15. zum

16. Dezember belästigte der in Westberlin wohnhafte Gottlieb Burghardt in der Nähe der Friedrichstraße Straßenpassanten. B. machte den Eindruck eines völlig dem Alkohol verfallenen und verwahrlosten Menschen. Er wurde von Passanten gestellt und festgenommen. B. war im Besitz einer Pistole." Am 28. Juni 1957 wurde der Entführte vom Bezirksgericht Frankfurt/Oder wegen Spionage zu 14 Jahren Zuchthaus verurteilt, weil er für eine russische Emigrantenorganisation in Westberlin tätig gewesen war. Nach Strafvollzug in Bautzen II erfolgte seine Entlassung am 14. August 1964 durch Freikauf.

8. Ewald Christiansen

Der ehemalige 1. Kreissekretär der SED von Lobenstein/Bezirk Gera, der am 3. November 1953 nach Westberlin geflüchtet war, wurde hier in den späten Abendstunden des 1. Dezember 1954 in einer Tanzbar von einem IM unter Mitwirkung einer Agentin betäubt und im Zuge der Aktion „Blitz" von einer operativen Gruppe im Pkw über die Sektorengrenze nach Ostberlin verbracht. Ein knappes Jahr später, am 15. November 1955, wurde er in einem Geheimprozeß vor dem 1. Strafsenat des Bezirksgerichts Rostock nach Artikel 6 der ersten DDR-Verfassung zu lebenslänglich Zuchthaus verurteilt. Durch „Gnadenerweis" des Staatsrates vom 28. Februar 1969 wurde das Strafmaß auf fünfzehn Jahre herabgesetzt. Am 6. November 1969 wurde er durch Freikauf entlassen.

9. Werner Chrobock

Der Kaufmann Werner Chrobock, geboren am 31. Juli 1917, flüchtete am 15. Juli 1955 von Potsdam nach Westberlin. Als Mitarbeiter eines westlichen Nachrichtendienstes wurde er am 19. September 1956 nach Ostberlin verschleppt. Im Verlauf einer Zecherei betäubt, wurde er im Pkw über die Sektorengrenze verbracht. Durch Urteil des Obersten Gerichts der DDR vom 20. September 1957 – mithin nach einem Jahr Untersuchungshaft – zu fünfzehn Jahren Zuchthaus verurteilt, verblieb Werner Chrobock bis zu seinem Freikauf am 26. August 1964 im DDR-Strafvollzug.

10. Heinz-Georg Ebeling

Als ehemaliger „operativer Mitarbeiter" der Bezirksverwaltung Halle/Saale der Staatssicherheit im Rang eines Feldwebels war Heinz-Georg Ebeling am 14. Oktober 1953 nach Westberlin geflüchtet. Vermutlich wurde er unter einem unverfänglichen Vorwand nach Ostberlin gelockt und dort am 19. April 1954 festgenommen. Der Entführte wurde vom Bezirksgericht Halle am 11. März 1955 nach Artikel 6 der ersten DDR-Verfassung zum Tode verurteilt und am 17. Mai 1955 in Dresden hingerichtet.

11. Horst Eckert

Geboren am 8. Februar 1926, Student an der Deutschen Hochschule für Politik, am 30. Mai 1953 von West- nach Ostberlin gelockt, wurde Horst Eckert hier festgenommen. Das Bezirksgericht Cottbus verurteilte ihn am 21. Dezember 1953 nach Artikel 6 der ersten DDR-Verfassung wegen angeblicher Spionage zu fünfzehn Jahren Zuchthaus. Nach Strafhaft in Luckau und Brandenburg-Görden wurde er am 18. August 1964 entlassen – nach über elf Jahren.

12. Johannes Fasel

Der aus Zwickau stammende Diplom-Kaufmann, geboren am 31. Dezember 1923, hatte wegen seiner oppositionellen Haltung im CDU-Kreisvorstand im Oktober 1949 nach Westberlin flüchten müssen. Er wurde in der Nacht vom 18. zum 19. Juli 1955 von zwei Geheimen Mitarbeitern des SfS, die ihn nach Rückkehr vom Parteitag der Exil-CDU in Göttingen auf dem Flughafen Berlin-Tempelhof erwartet hatten, nach Ostberlin entführt. Das Bezirksgericht Karl-Marx-Stadt verurteilte ihn am 17. Mai 1956 wegen angeblicher Spionage zu lebenslangem Zuchthaus. Nach zweimaliger Reduzierung des Strafmaßes auf fünfzehn bzw. zehn Jahre wurde er am 19. Juni 1961 entlassen.

13. Karl Wilhelm Fricke

Der freiberuflich in Westberlin tätige Journalist Karl Wilhelm Fricke folgte am 1. April 1955 arglos der Einladung in eine im damaligen amerikanischen Sektor von Berlin gelegene „konspirative Wohnung" der Staatssicherheit, in der er durch ein in einem Glas Weinbrand verabreichtes Betäubungsmittel besinnungslos gemacht und von einer „operativen Gruppe" im Zuge der Aktion „Blitz" im Pkw nach Ostberlin entführt wurde. Im Zentralen Untersuchungsgefängnis Berlin-Hohenschönhausen kam er wieder zu sich. Nach Artikel 6 der DDR-Verfassung wurde er am 11. Juli 1956 zu vier Jahren Zuchthaus verurteilt und nach Strafverbüßung am 31. März 1959 nach Westberlin entlassen.

14. Alfons Fruhner

Jurist und Verwaltungsangestellter, geboren am 20. August 1920, Vorsitzender des Kreisvorstandes der CDU in Niesky, 1950-1952 Mitglied der Volkskammer, wurde wegen „feindlicher Einstellung zur DDR" und „Versagens im Amt" aller Funktionen entbunden, aus der CDU ausgeschlossen und am 19. Oktober 1951 zeitweilig in Haft genommen. Seit August 1952 in Westberlin ansässig, wurde Alfons Fruhner hier am 22. Dezember 1956 aus einer Gaststätte entführt. Seine Verurteilung zu sechseinhalb Jahren Zuchthaus durch das Bezirksgericht Cottbus am 11. April 1957 basierte auf Artikel 6 der ersten DDR-Verfassung. Nach Strafvollzug in Cottbus und Bautzen kehrte er am 14. Dezember 1962 nach Westberlin zurück.

15. Hans Füldner

Der am 18. Januar 1921 geborene ehemalige Mitarbeiter des FDP-Ostbüros Hans Füldner wurde am 9. Oktober 1953 von zwei Inoffiziellen Mitarbeitern des SfS aus Westberlin im Pkw durch das damals noch nicht geschlossene Brandenburger Tor nach Ostberlin entführt. Nach rund acht Monaten Untersuchungshaft wurde er am 14. Juni 1954 vom Obersten Gericht der DDR in einem Schauprozeß gegen „Hintermänner" des Aufstands vom 17. Juni 1953 zu zehn Jahren Zuchthaus verurteilt.

16. Horst Gassa

Dieselben Tatverdächtigen, die schon Hans Füldner verschleppt hatten, entführten auch den am 28. März 1927 geborenen Horst Gassa, der ebenfalls Mitarbeiter des Ostbüros der FDP war. Die Tat geschah am 23. Februar 1954. Auch er wurde in dem schon erwähnten Schauprozeß gegen „Hintermänner" des Juni-Aufstands vom Obersten Gericht der DDR am 14. Juni 1954 zu fünf Jahren Zuchthaus verurteilt. Er kehrte am 21. Februar 1959 nach Westberlin zurück.

17. Erich Geppinger

Der aus Dresden stammende Hotelier wurde am 21. August 1954 von einem später als mutmaßlicher Raubmörder entlarvten Entführer im Auftrage der Staatssicherheit durch ein in einer präparierten Weinbrandbohne verabfolgtes Betäubungsmittel besinnungslos gemacht und im Zusammenwirken mit einer Komplizin im Pkw aus dem damaligen US-Sektor von Berlin nach Ostberlin verschleppt. Das Opfer wurde vom Bezirksgericht Dresden am 19. Oktober 1954 zu acht Jahren Zuchthaus verurteilt. Erich Geppinger verstarb am 1. April 1960 nach Aussagen ehemaliger politischer Häftlinge im Strafvollzug in Bautzen. Der der Tat verdächtige Entführer endete durch Selbstmord in der Untersuchungshaft in Westberlin.

18. Niki Glyz

Die Serviererin Niki Glyz geborene Hirsch, zur Tatzeit 34jährig, vor ihrer Flucht nach Westberlin Angehörige der Volkspolizei, wurde am 20. Januar 1954 von einem „Freund", der Geheimer Mitarbeiter der Staatssicherheit war, nach einem gemeinsamen Kinobesuch im Pkw gewaltsam nach Ostberlin verschleppt. Während der Fahrt wurde sie von einem Mittäter im Wagen überwältigt, so daß die Sektorengrenze mit der wehrlosen Frau passiert werden konnte. Das Stadtgericht (Ost-)Berlin verurteilte sie am 31. Mai 1954 zu fünf Jahren Zuchthaus. Nach „Begnadigung" kehrte sie am 1. Juni 1956 nach Westberlin zurück. Ein erster Entführungsversuch war am 4. Mai 1951 gescheitert.

19. Werner Haase

Bei einer geheimdienstlichen Operation wurde Werner Haase alias Fritz Heisler, damals Leiter einer Filiale der Organisation Gehlen in Westberlin, in der Nacht vom 13. zum 14. November 1953 von einer Einsatzgruppe der Staatssicherheit auf westlicher Seite der Sektorengrenze zwischen den Stadtbezirken Kreuzberg und Treptow bei dem Versuch, ein Telefonkabel durch den Landwehrkanal zu verlegen, überwältigt und in den Osten verschleppt. Der Coup war im Nachgang der Aktion „Feuerwerk" längerfristig geplant und in die Vorbereitung eines Schauprozesses gegen „Gehlen-Agenten" einbezogen worden. Durch Urteil des Obersten Gerichts der DDR vom 21. Dezember 1953 zu lebenslangem Zuchthaus verurteilt – neben weiteren sechs Mitangeklagten –, wurde Werner Haase bereits am 7. Dezember 1956 begnadigt und gegen einen mutmaßlichen Ostagenten ausgetauscht.

20. Horst Hempel

Als ehemaliger Angehöriger der Transportpolizei nach Westberlin geflüchtet, wurde Horst Hempel, geboren am 9. September 1935, am 29. Januar 1954 durch einen weiblichen IM nach Ostberlin gelockt. Einen Tag nach seiner List-Entführung ist er in der Haft verstorben – aller Wahrscheinlichkeit nach verübte er Selbstmord.

21. Klaus Herzberg

Der aus Düsseldorf stammende Chemiker, geboren am 24. April 1931, wurde am 10. April 1959 nach einer Zechtour von einem vermeintlichen Freund im eigenen Pkw aus Westberlin entführt. Seine Verurteilung zu zwölf Jahren Zuchthaus erfolgte am 23. September 1959 durch das Bezirksgericht Frankfurt/Oder wegen angeblicher Spionage. Am 28. August 1964 wurde er dank Freikauf entlassen.

22. Wilhelm Klamka

Der Zollassistent Wilhelm Klanka, geboren am 2. März 1915, wurde am 8. Juni 1955 gewaltsam aus Westberlin entführt. Wegen Kontakte zu einem westlichen Nachrichtendienst wurde er vom Bezirksgericht Potsdam am 15. September 1955 zu lebenslangem Zuchthaus verurteilt. Er konnte er am 2. Dezember 1965 freigekauft werden.

23. Wolfgang Klosa

Als ehemaliger Angehöriger der Volkspolizei nach Westberlin geflüchtet, wurde Wolfgang Klosa, geboren am 27. Oktober 1930, wegen Verbindung zu einem westlichen Nachrichtendienst am 30. Oktober 1956 von der eigenen Schwester in eine Falle des MfS gelockt. Nachdem sein Pkw durch Zucker im Benzintank fahruntüchtig worden war, veranlaßte ihn die Täterin zu einer U-Bahn-Fahrt durch Ostberlin, wo er von Mitarbeitern des MfS festgenommen wurde. Das Bezirksgericht Potsdam verurteilte ihn am 20. April 1957 wegen Spionage zu lebenslänglich Zuchthaus. Durch Freikauf erlangte er am 4. September 1964 seine Freiheit zurück.

24. Erich Kobelt

Der Fernmeldetechniker Erich Kobelt, geboren am 26. Februar 1937, wurde am 17. Juni 1959 gewaltsam nach Ostberlin entführt. Am 9. November 1959 wurde er vom Stadtgericht (Ost-) Berlin wegen Spionage zu zehn Jahren Zuchthaus verurteilt. Seine Freiheit erhielt er durch Entlassung aus der Strafvollzugsanstalt Brandenburg-Görden am 24. September 1964 dank Freikauf zurück.

25. Paul Köppe

Geboren am 2. Dezember 1914, ehemals Kraftfahrer in der Hauptabteilung I des MfS, wurde das Entführungsopfer nach seiner Flucht nach Westberlin am 27. Dezember 1953 zu einem Treffen nach Ostberlin gelockt und hier am 12. Oktober 1954 festgenommen. In einem Geheimprozeß wurde Paul Köppe vom Bezirksgericht Cottbus am 14. März 1955 zum Tode verurteilt und am 17. Mai 1955 in Dresden hingerichtet.

26. Bruno Krüger

Ehemals hauptamlicher Mitarbeiter der Bezirksverwaltung Schwerin der Staatssicherheit, wurde Bruno Krüger zum „Verräter", als er, damals 29jährig, am 27. August 1953 nach Westberlin flüchtete. Auf bislang ungeklärte Weise wurde er am 7. Oktober 1954 – ca ein gutes Jahr nach seiner Flucht – nach Ostberlin verschleppt („zurückgeholt") und am 14. August 1955 in einem Geheimprozeß vom Obersten Gericht der DDR zum Tode verurteilt – gemeinsam mit seiner Ehefrau Susanne Krüger. Beide wurden am 14. September 1955 in Dresden hingerichtet.

27. Susanne Krüger

Die Ehefrau des Vorgenannten, Susanne Krüger geborene Heinig, war ihrem Mann am 5. September 1953 nach Westberlin gefolgt. Da sie in Schwerin als Sekretärin in der Bezirksverwaltung der Staatssicherheit tätig gewesen war, galt auch sie als „Verräterin". Ihre Entführung gelang vermutlich am 17. März 1955. Wie dargelegt, wurde sie zusammen mit ihrem Ehemann Bruno Krüger zum Tode verurteilt. Als sie in Dresden hingerichtet wurde, war sie 29 Jahre alt.

28. Dr. Walter Linse

Entführung am 8. Juli 1952

29. Werner Mangelsdorf

Der am 8. Dezember 1925 geborene Dreher, Streikführer in Gommern während der Arbeitererhebung am 17. Juni 1953, wurde Werner Mangelsdorf am 16. Januar 1954 mit List aus Westberlin entführt. Wegen seiner „Rädelsführerschaft" und weil er in Westberlin zu den Mitbegründern des „Komitees 17. Juni" gezählt hatte, verurteilte ihn das Oberste Gericht in dem Schauprozeß gegen „Hintermänner" des Juni-Aufstands am 14. Juni 1954 zu vierzehn Jahren Zuchthaus. Seine Rückkehr erfolgte am 28. August 1964.

30. Dr. Erwin Neumann

Der promovierte Jurist, geboren am 24. Februar 1912, wurde während einer Segeltour auf dem Wannsee am 20. August 1958 im eigenen Segelboot durch einen Inoffiziellen Mitarbeiters dem MfS in die Hände gespielt. Das Bezirksgericht Frankfurt/Oder verurteilte den ehemaligen Abteilungsleiter im Untersuchungsausschuß Freiheitlicher Juristen in einem Geheimprozeß am 14. November 1959 wegen „Spionage im schweren Fall" zu lebenslänglich

Zuchthaus. Er starb am 3. Juli 1967 in strenger Isolationshaft im Gefängnis Berlin-Hohenschönhausen. Seine Hinterbliebenen erfuhren davon erst nach dem Umbruch in der DDR.

31. Basilios Orlandatos

Im Auftrag des MfS wurde Basilios Orlandatos, geboren am 17. August 1919, der Nationalität nach Grieche, am 1. September 1953 in einem Café am Kurfürstendamm in Westberlin zunächst willenlos gemacht und schließlich im Pkw des Entführers bewußtlos nach Ostberlin verbracht. Wegen Verbindung zu einer russischen Emigrantenorganisation wurde er vom Bezirksgericht Frankfurt/Oder am 30. März 1956 – nach zweieinhalb Jahren Untersuchungshaft – zu 15 Jahren Zuchthaus verurteilt. Seine Entlassung erfolgte am 28. August 1964.

32. Eva Philippsborn-Kerzin

Geboren am 28. September 1927, als ehemaliger DDR-Flüchtling in Westberlin ansässig und hier mit antikommunistischen Widerstandsorganisationen in Verbindung, wurde sie am 3. April 1951 Opfer einer Listentführung. Ein vermeintlicher Freund, der später wegen seiner Tat in Westberlin zu vier Jahren Zuchthaus verurteilt wurde, hatte sie zu einer S-Bahn-Fahrt nach Ostberlin überredet und dort ihre Festnahme veranlaßt. Nach dreizehn Monaten Untersuchungshaft wurde Eva Philippsborn-Kerzin in einem Schauprozeß vor dem Obersten Gericht der DDR, in dem insgesamt fünfzehn Beschuldigte als Mitglieder einer sogenannten „Spionage- und Diversionsgruppe" angeklagt waren, am 7. Mai 1952 zu zwölf Jahren Zuchthaus verurteilt. Nach über neun Jahren Haft wurde sie am 30. Juni 1960 entlassen.

33. Paul Rebenstock

Der ehemalige Leiter der Kreisdienststelle Prenzlau des MfS, Oberkommissar Paul Rebenstock, geboren am 7. Dezember 1905, war am 1. Februar 1953 nach Westberlin geflüchtet. Am 20. September 1953 wurde er durch den Dienststellenleiter des SfS in Templin, der zu konspirativen Kontakten mit dem Flüchtling bereit zu sein schien, und einem Geheimen Mitarbeiter hart an der Grenze zwischen dem damaligen amerikanischen und dem sowjetischen Sektor von Berlin in eine Falle gelockt. Als er nach Aktenlage „wie im Plan vorgesehen" gegen 11.50 Uhr zu einem verabredeten Treff in dem Bierlokal „Zur Felsengrotte" in der Adalbertstraße-Ecke-Fritz-Heckert-Straße erschien – hier grenzen die Bezirke Kreuzberg und Mitte aneinander –, wurde er von wartenden Fahndern der Staatssicherheit festgenommen, wenige Meter hinter der Sektorengrenze, allerdings auf östlicher Seite. Im Sinne des Strafrechts war es eine Entführung durch List. Vom Obersten Gericht der DDR wurde Rebenstock am 3. März 1954 nach Artikel 6 der DDR-Verfassung zum Tode verurteilt und zwei Tage später, am 5. März 1954, in Dresden hingerichtet.

34. Johannes Schmidt

Ehemals Kommissar im MfS Berlin, wurde Johannes Schmidt, geboren am 27. Oktober 1929, nach seiner Flucht nach Westberlin am 25. Februar 1953 gut zwei Jahre später, am 15. März 1955, nach Ostberlin entführt. Das Bezirksgericht Cottbus verurteilte ihn am 7. November 1955 zum Tode. Die Exekution erfolgte am 22. Dezember 1955 – zwei Tage vor Heiligabend.

35. Rainer Schubert

Entführung am 8. Januar 1975

36. Walter Schuch

Der ehemalige Bürgermeister von Falkensee, Walter Schuch, geboren am 18. April 1915, wurde am 2. Oktober 1961 aus Westberlin in die DDR verschleppt. Unter Vorspiegelung einer Gelegenheit, mit seiner in der DDR verbliebenen Frau zu sprechen, war er hart an der Grenze in einen Hinterhalt gelockt und überfallen worden. Nach seiner am 1. Juni 1962 erfolgten Verurteilung zu acht Jahren und vier Monaten Zuchthaus durch das Bezirksgericht Frankfurt/Oder wurde er am 19. August 1965 freigekauft.

37. Dr. Werner Silgrath

Der am 11. April 1905 geborene Redakteur, Mitarbeiter beim Forschungsbeirat für Fragen der Wiedervereinigung sowie der Liga für Menschenrechte in Westberlin, wurde am Abend des 19. Februar 1954 nach Ostberlin gelockt. Zwei Geheimen Mitarbeitern des SfS, einer Frau und einem Mann, war es nach dem gemeinsamen Genuß alkoholischer Getränke in einem Westberliner Restaurant gelungen, ihn zu einer Taxi-Fahrt nach Ostberlin zu verleiten, wo er von Fahndern des SfS erwartet und in der Nacht zum 20. Februar in einer konspirativen Wohnung, einer vermeintlichen Privatwohnung, wie geplant festgenommen wurde. Der so Entführte war als Hauptangeklagter in dem schon erwähnten Schauprozeß vor dem Obersten Gericht gegen „Hintermänner" des Juni-Aufstands 1953 vorgesehen. Am 14. Juni 1954 wurde er zu fünfzehn Jahren Zuchthaus verurteilt und nach zehneinhalb Jahren Strafvollzug in zwölf Jahren Zuchthaus erfolgte am 23. September 1959 Bautzen II, am 21. August 1964, von der Bundesregierung freigekauft.

38. Gerd Sommerlatte

Geboren am 27. März 1943, Angehöriger der Volkspolizei, war Gerd Sommerlatte in Berlin, wo er im Grenzdienst eingesetzt war, am 10. September 1961 geflüchtet. Schon knapp drei Wochen später, am Abend des 30. September, wurde er von zwei Inoffiziellen Mitarbeitern des MfS, die als Flüchtlinge im Notaufnahmelager Berlin-Marienfelde aufgetreten waren, nach dem gemeinsamen Besuch eines Bierlokals im Pkw gewaltsam nach Ostberlin verschleppt. Das Bezirksgericht Frankfurt/Oder verurteilte ihn am 20. Februar 1962 zu zehn Jahren Zuchthaus, die er zunächst im „Lager X" in Berlin-Hohenschönhausen und später in der Strafvollzugsanstalt Brandenburg-Görden verbüßte, ehe er am 28. Oktober 1965 vorzeitig entlassen wurde.

39. Wilhelm Steneberg

Der in Westberlin ansässige Wirtschaftsredakteur wurde am 27. Oktober 1950 zu einer fingierten Besprechung nach Ostberlin im Taxi abgeholt und dort bei der verabredeten Zusammenkunft festgenommen. Durch Urteil des Landgerichts Greifswald wurde er am 31. Oktober 1951 zu acht Jahren Zuchthaus verurteilt. Seine am gleichen Tag nach Ostberlin gelockte Ehefrau Anna Steneberg wurde zu vier Jahren Zuchthaus verurteilt und am 27. Oktober entlassen – er selbst kehrte am 17. September 1956 nach Westberlin zurück.

40. Karl-Albrecht Tiemann

Der zum Zeitpunkt seiner Entführung 52jährige Angestellte wurde am 1. August 1954 von einer Operativgruppe der Staatssicherheit aus Westberlin über die Zonengrenze gewaltsam nach Potsdam verschleppt. Wie die Tat im einzelnen geschah, ist aus den Akten nicht ersichtlich, der Tatbestand selbst aber durch einen Operativplan der Hauptabteilung II/3 vom 23. Juli 1954 belegt. Der Entführte wurde vom Bezirksgericht Cottbus nach Artikel 6 der ersten DDR-Verfassung am 3. März 1955 zum Tode verurteilt. Die Anklage gegen Karl-Albrecht Tiemann lautete auf Verbindung zu westlichen Nachrichtendiensten. Das Todesurteil wurde am 26. Juli 1955 in Dresden vollstreckt.

41. Christa Trapp

Entführung am 16. Juni 1954

42. Eduard Freiherr von Unruh

Der Bücherrevisor Eduard Freiherr von Unruh, geboren am 6. März 1919, wurde am 30. März 1956 vom Lehrter Stadtbahnhof aus in der S Bahn nach Ostberlin entführt, nachdem ihn die Täter durch Alkohol arglos gemacht hatten. Vom Bezirksgericht Halle/Saale wurde er am 20. Juli 1956 nach Artikel 6 der DDR-Verfassung zu fünf Jahren Zuchthaus verurteilt. Er kehrte am 15. März 1960 heim.

43. Horst Zimmermann

Von Beruf ursprünglich Versicherungskaufmann, wurde Horst Zimmermann, geboren am 24. Juli 1928, zum 1. Januar 1952 als hauptamtlicher Mitarbeiter der Kreisdienststelle Weißensee der Verwaltung für Staatssicherheit in Groß-Berlin mit Dienstgrad Hauptfeldwebel verpflichtet. Seit Beginn seines Dienstes im MfS hielt er Kontakt zum Untersuchungsausschuß Freiheitlicher Juristen, bis er am 20. Oktober 1952 nach Westberlin flüchtete. Am Vormittag des 18. Juli 1953 wurde Horst Zimmermann in unmittelbarer Nähe der Sektorengrenze von zwei Zivilpersonen, die ihn offensichtlich beschattet hatten, über die Sektorengrenze gedrängt und nach Ostberlin gezerrt, wo er sofort festgenommen wurde. Am 20. November 1953 verurteilte ihn das Stadtgericht (Ost-)Berlin laut Urteil „wegen fortgesetzten Verbrechens der faschistischen Propaganda (sic!) gem. Kontrollratsdirektive 38, Art. III A III, zum Teil in Tateinheit mit fortgesetzter Verletzung des Amtsgeheimnisses in einem schweren

Falle, zum Teil in Tateinheit mit Landfriedensbruch und in Tateinheit mit unbefugtem Waffenbesitz" zu lebenslänglich Zuchthaus. Zum Strafvollzug nach Brandenburg-Görden bzw. nach Bautzen II verbracht, wurde das Strafmaß 1965 auf fünfzehn Jahre Zuchthaus herabgesetzt. Am 5. April 1966 – nach zwölf Jahren und neun Monaten Haft – wurde der Entführte mit der Auflage entlassen, seinen Wohnsitz in Erfurt zu nehmen.

b) Entführungen aus der Bundesrepublik Deutschland

44. Karl Friedrich Bauer

Als hauptamtlicher Mitarbeiter des Verfassungsschutzes in Hannover war Karl Friedrich Bauer mit der operativen Beschaffung von Nachrichten aus der DDR befaßt. Am 17. Juli 1954 wurde er von einem Doppelagenten an der Demarkationslinie über die Ecker, einem Grenzflüßen im Harz, in einen Hinterhalt gelockt, von Mitarbeitern des SfS zusammengeschlagen und über die Grenze in die DDR entführt. Über Wernigerode und Magdeburg kam er nach Ostberlin. Am 15. September 1955 – nach vierzehn Monaten Untersuchungshaft – wurde er vom Bezirksgericht Rostock zu lebenslänglich Zuchthaus verurteilt. Seine Freiheit erhielt er dank Freikauf am 10. Dezember 1965 zurück.

45. Kurt Müller

Entführung am 22. März 1950

46. Sylvester Murau

Als ehemaliger Major der Bezirksverwaltung Schwerin des MfS war Murau nach West-Berlin geflüchtet und hatte schlließlich seinen Wohnsitz in Heubach bei Darmstadt gefunden. Hier besuchte ihn die eigene Tochter, um seine Entführung mit Hilfe zweier vom MfS gedungener Krimineller durchzuführen. In der Nacht vom 24. zum 25. Juli 1955 wurde er bei einer „Wiedersehensfeier" durch Alkohol und Betäubungsmittel willenlos und widerstandsunfähig gemacht, in einem Pkw bei Kronach/Unterfranken über die Demarktionslinie verschleppt. Durch Urteil des Bezirksgerichts Cottbus vom 22. Februar 1956 wurde er nach Artikel 6 der DDR-Verfassung zum Tode verurteilt und am 16. Mai 1956 in Dresden durch das Fallbeil hingerichtet.

47. Werner Rieker

Als Mitarbeiter eines westlichen Nachrichtendienstes in Westberlin wurde der damals 34jährige Werner Rieker am 17. November 1955 auf der Bundesautobahn Kassel-Frankfurt/Main entführt. Das Opfer, das zuvor des längeren von der Hauptabteilung II/4 operativ bearbeitet worden war, wurde ca. 50 km südlich von Kassel im eigenen Pkw gestoppt, von drei Inoffiziellen Mitarbeitern des MfS, der sogenannten operativen Gruppe „Donner", aus seinem Auto gezerrt, brutal zusammengeschlagen und im Kofferraum des eigenen Fahrzeugs gefesselt in das MfS-Untersuchungsgefängnis Berlin-Hohenschönhausen verbracht. Das Bezirksgericht Frankfurt/Oder verurteilte ihn am 29. Juni 1956 nach Artikel 6 der ersten DDR-Verfassung zu fünfzehn Jahren Zuchthaus. Seine Entlassung erfolgte dank Freikauf am 24. September 1964.

48. Manfred Smolka

Als ehemaliger Oberleutnant der Deutschen Grenzpolizei hatte Manfred Smolka, geboren am 26. November 1930, die DDR im Jahre 1958 verlassen und war in Oberfranken ansässig geworden. Unter Vortäuschung einer Möglichkeit, mit Hilfe ehemaliger Kameraden Frau und Tochter über die Zonengrenze in die Bundesrepublik zu holen, wurde er am 22. August 1959 im Grenzbereich in einen Hinterhalt gelockt, von wartenden Mitarbeitern des MfS angeschossen und in die DDR verschleppt. Hier wurde er am 5. Mai 1950 vom Bezirksgericht Erfurt wegen „Spionage" zum Tode verurteilt und am 30. Mai 1960 im Alter von 29 Jahren in Leipzig hingerichtet.

c) Entführungen aus dem Ausland

49. Ursula Schöne

Entführung am 5. September 1962 (Näheres siehe unter Fall Nr. 50)

50. Walter Thräne

Der ehemalige Hauptmann des MfS, Walter Thräne, Jahrgang 1926, war als Mitarbeiter der Arbeitsgruppe „Wissenschaftlich-Technische Auswertung" am 11. August 1962 gemeinsam mit seiner Geliebten, der Krankenschwester Ursula Schöne, nach Westberlin geflüchtet. Ein Dienstausweis des MfS hatte einen unverdächtigen Grenzübertritt ermöglicht. In der Nacht vom 4. zum 5. September 1962 wurden beide von Inoffiziellen Mitarbeitern des MfS in der Nähe von Kremsmünster/Oberösterreich in einen Hinterhalt gelockt und von hier wartenden Helfershelfern überwältigt, betäubt und nach Prag/CSSR verschleppt. Hier nahmen Offiziere des MfS sie in Empfang. Nach ihrer Überführung auf dem Luftwege nach Ostberlin wurden sie vor Gericht gestellt, Walter Thräne wurde wegen „Spionage" und Fahnenflucht am 24. Januar 1963 vom Bezirksgericht Neubrandenburg zu fünfzehn Jahren Zuchthaus verurteilt, die er zu gut zwei Dritteln verbüßte, und zwar in totaler Isolationshaft. Seine Entlassung erfolgte am 10. Januar 1973. Ursula Schöne wurde zu vier Jahren Zuchthaus verurteilt und am 30. Dezember 1965 entlassen.

Hans-Jürgen Grasemann

Das DDR-Grenzregime und seine Folgen.
Der Tod an der Grenze

1. Vorbemerkung

Diktaturen betrachten das Recht als bloßes Machtinstrument, das ihrem Willen und damit der Willkür unterworfen ist. So war auch das sozialistische Recht in der DDR als Instrument der herrschenden Parteielite grundsätzlich willkürlich verfügbar. Es stand nicht neben oder gar über der Politik der Partei; es war eine der Politik untergeordnete Kategorie. Es galt, die DDR als den „westlichsten Vorposten des sozialistischen Lagers" ruhig und stabil zu halten und alle Ansätze für potentielle Oppositionelle oder auch in ihrer Dynamik nur schwer zu kontrollierende Entwicklungen im Keim zu ersticken. „Staatsfeindliche Tätigkeit ist im Ansatz zu unterbinden", lautete einer der Schlüsselsätze Erich Honeckers. Noch deutlicher äußerte sich Erich Mielke: „Feinde werden wie Feinde bekämpft."

Eine solche Perversion des Rechts führt nicht nur zur Ausschaltung und Kriminalisierung jeder politischen Opposition, sondern schließt zwangsläufig die Zielsetzung ein, jeden Versuch, sich dem Regime durch Flucht zu entziehen, zur Straftat zu erklären und mit allen Mitteln zu verhindern.

Dies zu verschleiern, war von Anfang an das Bemühen der Staats- und Parteiführung der DDR. Das Grenzregime wurde als etwas „Normales" dargestellt. Der Grenzdienst galt als „Frontdienst für den Frieden". Wie jeder souveräne Staat habe auch die DDR das Recht, ihre Grenzen so zu sichern, wie es international üblich sei. Es bestehe „ein gemeinsames Interesse aller Klassen und Schichten am Schutz der Staatsgrenze der DDR". Den Grenztruppen wurde ein „humanistisches Wirken im Interesse des gesamten Volkes der DDR" attestiert.[1]

Es verwundert nicht, daß von den ehemals Verantwortlichen des Grenzregimes der DDR mit rückwärts gewandter Verstocktheit heute eine andere Selbstrechtfertigung vorgebracht wird, wohlwissend, daß sie selbst der SED-Diktatur ihren unverwechselbaren Charakter gegeben haben. So wird das Grenzregime auf „die Grenze" reduziert, die ein „Resultat des 2. Weltkrieges, der Spaltung der Welt in zwei Lager, eine Geburt des Kalten Krieges" sei. Die Schuldigen für die Grenze seien jene, die 1933 an die Macht kamen. Sie seien für den Krieg verantwortlich und hätten die Niederlage bewirkt, in deren Konsequenz die Siegermächte durch Deutschland die Grenze zogen. Die Westgrenze der DDR sei einerseits keine „innerdeutsche Grenze" gewesen, sondern eine auch von der Bundesrepublik Deutschland „anerkannte Grenze zwischen souveränen UNO-Mitgliedsstaaten". Andererseits sei sie als Nahtstelle zwischen zwei Gesellschafts- und Militärsystemen die „sensibelste Grenze der Welt" gewesen. Erst mit der Durchführung der „separaten Währungsreform" in den drei Westzonen, mit der der „Wirtschafts- und Finanzkrieg des Westens gegen den Osten eröffnet" worden sei, habe die Schärfe des Grenzregimes begonnen. Der Bau der Mauer 1961 sei schließlich kein Alleingang der DDR sondern Aus-

---

1 Vgl. Hirtschulz/Lapp: Das Grenzregime der DDR, S. 143 ff; Lapp: Frontdienst im Frieden; Lapp: DA 1/1987, S. 6.

druck des Willens der Siegermächte, die Ergebnisse des 2. Weltkrieges abzusichern, gewesen.[2]

II. Flucht- und Ausreisebewegung

Keine wissenschaftliche Analyse hat den Charakter des totalitären Regimes in der DDR besser entlarvt als die Flucht- und Ausreisebewegung, die schon früh als „Abstimmung mit den Füßen" bezeichnet wurde. Bis Ende 1959 waren bereits 2,3 Millionen Menschen aus der DDR geflüchtet. Mit 331.390 Personen hatte das Jahr 1953 die höchsten Flüchtlingszahlen zu verzeichnen, die nur noch im Jahre 1989 mit 344.000 Flüchtlingen und Ausreisenden übertroffen wurden. 1960 wurden 199.000 Flüchtlinge registriert, und 1961 hatten bis zum 13. August 155.000 Menschen die DDR verlassen, so daß von 1950 bis zum Mauerbau 1961 bereits 2,6 Millionen Menschen aus der DDR in die Bundesrepublik Deutschland geflohen waren.[3]

Trotz der Schließung des letzten Schlupflochs Berlin (West) sind vom August 1961 bis Ende 1988 235.000 Menschen durch „Republikflucht" in die Bundesrepublik Deutschland gelangt, davon 40.000 Personen als „Sperrbrecher" über die schwer bewachte DDR-Grenze. Von 1980 bis 1988 wurden noch 2.700 Personen als „Sperrbrecher" registriert.[4]

Waren vor dem Mauerbau 1961 von 56 % der Betroffenen politische Gründe (darunter 12 % Gewissensnotstände und Einschränkung von Grundrechten) und von 10 % wirtschaftliche Gründe (vor allem bessere Einkommens- und Wohnverhältnisse) für die Flucht angegeben worden, ergab sich in den 80er Jahren die Motivstruktur (Mehrfachnennungen waren möglich) wie folgt: fehlende Meinungsäußerungsfreiheit 71 %, politischer Druck 66 %, beschränkte Reisefreiheit 56 %, schlechte Versorgung 46 %, fehlende Zukunftsaussichten 45 %, verwandtschaftliche Beziehungen 36 %.[5]

Der ständige Strom von Republikflüchtigen, verursacht von dem sich verschärfenden „Klassenkampf", hat schon früh zu einem justitiellen Kampf gegen diese „Abstimmung mit den Füßen" geführt. Bereits in einer Rundverfügung des Justizministeriums und des Generalstaatsanwalts vom 26.09.1950 ging es um Republikflucht, gegen die es damals noch keine gesetzliche Handhabe gab. Um den Schein zu wahren, wurden Strafurteile auf andere willkürlich ausgelegte Vorschriften gestützt (z. B. Kontrollratsdirektive Nr. 38 oder Artikel 6 der Verfassung). Eine „Verordnung über die Rückgabe der Personalausweise" von 1953 drohte jedem bis zu 3 Jahre Haft an, der bei der Übersiedlung in den Westen den Ausweis nicht zurückgegeben hatte. Erst am 3.12.1957 schuf das

---

2 Egon Krenz: Persönliche Erklärung vor dem Landgericht Berlin am 19.02.1996 (Redemanuskript abgedruckt in: Frankfurter Rundschau v. 26.2.1996, S. 10).
3 Wendt: DA 4/1991, S. 389.
4 Ebenda, S. 387 f., 392.
5 Ebenda, S. 392; vgl. auch Ronge: S. 17 ff.

Politbüro durch verbindliche Vorgabe an die Volkskammer mit einer Änderung der §§ 8 und 9 des Paßgesetzes den selbständigen Straftatbestand der „Republikflucht". Der Grenzdurchbruch konnte nunmehr als staatsgefährdender Gewaltakt gemäß § 17 STEG bestraft werden. In Urteilen wurde Fluchthilfe als Verleiten zum Verlassen der DDR Verbrechen gegen den Frieden und gegen die Menschlichkeit im Sinne von § 21 STEG gleichgesetzt. Im Strafgesetzbuch von 1968 wurden schließlich mit § 105 (Staatsfeindlicher Menschenhandel) und § 213 (Ungesetzlicher Grenzübertritt) die Tatbestände geschaffen, auf die sich bis 1989 die Urteile gegen Flucht und Fluchthilfe stützten.[6]

Der Versuch des ungesetzlichen Grenzübertritts – die Vollendung der „Tat" konnte wegen des Verfolgungshindernisses der Abwesenheit nicht geahndet werden – wurde bis zum Ende der DDR das ihre politische Strafjustiz quantitativ dominierende Delikt. Wurden wegen „Grenzdurchbrüchen" zwischen 1958 und 1960 21.300 Straf- bzw. Ermittlungsverfahren eingeleitet, steigerte sich die Strafverfolgung wegen dieses Delikts während der Jahre 1961 bis 1965 auf 45.400 Strafverfahren. Von 1979 bis 1988 erfolgten auf der Grundlage des Straftatbestandes des § 213 StGB/DDR rund 18.000 Verurteilungen zu Freiheitsstrafe.[7]

III. Von der Zonengrenze zur „häßlichen Grenze"

Nach der Gründung der DDR am 7.10.1949 gab es an der Trennungslinie noch keine Minenfelder und keinen Stacheldraht, ermöglichten Interzonenpässe das Überqueren der Grenze und konnte sich der Strom der Flüchtlinge und Vertriebenen ohne ernsthafte Behinderung bewegen. Nach den Statistiken des Notaufnahmeverfahrens wurde der Arbeiter- und Bauernstaat monatlich um 10.000 bis 20.000 Menschen ärmer. Mangels Registrierzwangs wird die Gesamtzahl der Flüchtlinge in den Jahren von 1949 bis 1952 indes auf etwa das Doppelte der offiziellen Zahlen geschätzt.[8]

Es war deshalb keine Überraschung, als am 13.5.1952 das Politbüro Maßnahmen zur Errichtung eines „besonderen Regimes an der Demarkationslinie" beschloß und Ministerpräsident Otto Grotewohl zur Durchführung dieser Maßnahmen beauftragte. Mit dem 26.5.1952, dem Tag der Bekanntgabe der Abriegelung der Grenze gegen den Westen, wurde die Zonengrenze zur „häßlichen Grenze".[9]

Vorgesehen war vor allem ein 10 Meter breiter, gepflügter „Kontrollstreifen" entlang der gesamten Grenze. Diesem sollten sich im Osten ein 500 Meter

---

6 Bundesministerium der Justiz: Katalog zur Ausstellung, S. 91, 95.
7 Werkentin: Politische Justiz in der Ära Ulbricht, S. 186 f.
8 Shears: Die häßliche Grenze, S. 38 f.
9 Ebenda, S. 39; vgl. auch „Grenzverletzer werden als Gegner gestellt und, wenn nötig vernichtet". Aus der Anklageschrift der Staatsanwaltschaft II beim Landgericht Berlin gegen die früheren SED-Politbüromitglieder, in: Frankfurter Allgemeine Zeitung v. 20.2.1996, S. 7.

breiter „Schutzstreifen" und eine 5 Kilometer breite „Sperrzone", die nur mit einer Sondergenehmigung betreten werden durfte, anschließen. Obwohl von der Anordnung von Zäunen nicht die Rede war, wurde sofort Stacheldraht entlang der Grenze zur Beendigung des Grenzverkehrs gespannt. Die Felder in dem 500 Meter breiten Schutzstreifen durften nur von Sonnenaufgang bis Sonnenuntergang bewirtschaftet werden. Jegliche Arbeit in der Nähe des Kontrollstreifens war nur unter polizeilicher Aufsicht erlaubt. Das Überqueren dieses Streifens wurde für alle Personen verboten. Jeder, der ihn in Richtung DDR oder Bundesrepublik Deutschland zu passieren suchte, sollte von den Grenzpatrouillen festgenommen werden. Im Fall von Zuwiderhandlungen gegen die Befehle der Grenzpolizei wurde Schußwaffengebrauch angeordnet.

Mit den Sperrmaßnahmen um Berlin (West) herum in der Nacht zum 13.8.1961 wurde „der Schutz der Staatsgrenze zur Bundesrepublik und von See her ... verstärkt". Es wurden weitere 2.000 Bewohner der Sperrzone aus ihren Häusern vertrieben und die Vorschriften für die Grenzkontrolle verschärft. Von da an durften nur Personen, „die durch ihr bisheriges Verhalten die Garantie bieten, daß sie die Sicherheit in der verbotenen Zone nicht gefährden", in dem 5 Kilometer breiten Streifen bleiben. Sie mußten sich anmelden und erhielten die Wohnerlaubnis nur jeweils für 3 Monate. Ausländern, Westdeutschen und anderen Reisenden wurde das Betreten dieser Zone ausnahmslos verboten. Wer dort arbeiten wollte, brauchte eine Genehmigung des Kommandeurs der lokalen Grenzwachen. Straßen und Wege, die in den 500 Meter breiten Schutzstreifen führten und nicht ausnahmsweise als Zugang zu Häusern und Gehöften gebraucht wurden, mußten verbarrikadiert werden. Die wenigen, die „offen" blieben, wurden mit Schlagbäumen und Wachposten gesichert. Selbst an den Zufahrtswegen zur Sperrzone wurden ähnliche Vorkehrungen getroffen. Weiterhin wurde das Fällen von Bäumen, Unterholz und Gestrüpp, das weniger als 100 Meter vom Kontrollstreifen entfernt war, befohlen. Die Jagd, das Bootfahren und Angeln und sogar das Halten von Brieftauben nahe der Grenze wurde verboten. Zu dieser Zeit ging auch die 50.000 Mann starke Grenzpolizei, die bis dahin dem Innenministerium unterstanden hatte, in den Bereich der Nationalen Volksarmee über und wurde in „Kommando Grenze" umbenannt.[10]

Um die Flucht über die Ostsee, die sogenannte „blaue Grenze", zu verhindern, trat im Sommer 1962 ein strengeres Grenzregime an der Ostseeküste in Kraft:

• Zur Grenzzone wurde ein 5 Kilometer breiter Streifen längs der Küste vom Dassow-See bei Lübeck bis zur Oder zwischen Seebad Ahlbeck und Swinemünde auf Usedom erklärt. Der Grenzzonenbereich galt auch für alle Inseln und Halbinseln.

• Jeder, der die Grenzzone betritt, wurde von Angehörigen der Grenzbrigade Küste bzw. von der VP kontrolliert.

---

10 Shears: Die häßliche Grenze, S. 52; vgl. auch Lapp: Frontdienst im Frieden, S. 22 ff.

- Darüber hinaus wurde ein 500 Meter breiter Streifen an der Ostseite der Lübecker Bucht vom Dassow-See bis in die Nähe von Bad Doberan zum „Grenzschutzgebiet" erklärt, das nur mit schriftlicher Genehmigung der zuständigen VP-Stellen betreten werden durfte. Bewohner dieses Schutzstreifens erhielten einen Sonderstempel in den Personalausweis, der sie zum Aufenthalt in diesem Gebiet berechtigte.

- In der Grenzzone durften Urlauber nur mit Genehmigung einer Stadt- oder Gemeindeverwaltung untergebracht werden.

- Die Ostsee durfte mit Kanus, Ruder- und Paddelbooten nicht mehr befahren werden. Andere „Schwimmkörper" (einschließlich Luftmatratzen) durften nur an zugelassenen Stellen, meist Seebädern, zu Wasser gelassen werden, und sich nicht weiter als 150 Meter von der Küste entfernen.

- Segel- und Motorboote, die eine Genehmigung zur Küstenfahrt besaßen, durften die Ostsee nur noch von Sonnenaufgang bis Sonnenuntergang befahren. Das Ein- und Auslaufen der Boote war der VP zu melden.

- Alle größeren Segelboote, Motorboote und Küstenfischereifahrzeuge mußten auf bestimmte Liegeplätze konzentriert werden, die die Verwaltung bestimmte. Innerhalb des Schutzstreifens durften keine Liegeplätze eingerichtet werden.

- Eigentümer und Bewohner von Wochenendhäusern in der Grenzzone, die sich länger als 2 Tage auf diesen Grundstücken aufhielten, mußten sich bei der VP an- und abmelden.[11]

Darüber hinaus sollte durch die Stationierung von Angehörigen der Transportpolizei auf den DDR-Fähren nach Skandinavien die Flucht über die „blaue Grenze" erschwert werden. Diese hatten Befehl, fluchtverdächtige Passagiere zu beobachten und sie am Aussteigen zu hindern.

Von 1952 bis 1989 wurden die Sperranlagen an der innerdeutschen Grenze und um Berlin (West) fortlaufend zu einem nach innen gerichteten, nahezu undurchdringlichen System ausgebaut. Die aus Gitterzäunen, Mauern, Wachtürmen, Gräben, Licht- und Alarmanlagen bestehenden Grenzbefestigungen erreichten an der innerdeutschen Grenze eine Länge von 1.378 Kilometern, rund um Berlin (West) nochmals 165 km.[12]

11 Lapp: Frontdienst im Frieden, S. 27 f.
12 Hirtschulz/Lapp: Grenzregime der DDR, S. 144; vgl. dazu auch Sauer/Plumeyer: Der Salzgitter Report, S. 40 ff.

IV. Schießbefehl und pioniertechnischer Ausbau durch Erd- und Splitterminen

Die unmenschliche Perfektion des Grenzregimes erschließt sich freilich erst aus dem „rücksichtslosen Schußwaffengebrauch" und dem „überall gewährleisteten einwandfreien Schußfeld", den Minensperren aus Erdminen und dem pioniertechnischen Ausbau der Grenze durch Errichtung von Streckmetallzäunen zur Anbringung der richtungsgebundenen Splitterminen.[13]

Aus den Dienstvorschriften über den Schußwaffengebrauch und den übereinstimmenden Schilderungen von Überläufern der DDR-Grenztruppen ergibt sich, daß das Ziel der Fluchtvereitelung um jeden Preis und mit jedem Mittel angestrebt werden sollte, wenn eine Festnahme mit dem Ziel der strafrechtlichen Inanspruchnahme des Flüchtlings nicht mehr möglich war. Unter bestimmten Voraussetzungen lag der Zweck des Schußwaffengebrauchs allein in der physischen Vernichtung des „Grenzverletzers". Anruf, Parole und Warnschuß konnten wegfallen, wenn die Gefahr bestand, daß der Flüchtling westliches Gebiet erreichen konnte. Ob er dabei getötet oder nur verletzt wurde, wurde bei der Unterrichtung und Vergatterung in den Grenzkompanien als unerheblich bezeichnet: „Ein festgenommener Grenzverletzer ist gut. Ein angeschossener Grenzverletzer ist auch gut, ein vernichteter ist besser als ein Grenzdurchbruch".

Aussagen von Überläufern zufolge wurde lediglich im tiefgestaffelten Grenzbereich von den Schußwaffengebrauchsbestimmungen Gebrauch gemacht. Bei den Wachvergatterungen erfolgte hingegen eine weitere Auslegung: „Grenzverletzer sind festzunehmen oder zu vernichten", „unschädlich oder rechtsverletzungsunfähig zu machen."

Über den „Schießbefehl" haben geflüchtete Grenzsoldaten bei ihren Anhörungen folgendes angegeben:

„Seitens der Vorgesetzten wurde allgemein die Ansicht vertreten, wir sollten Flüchtlinge nach Anruf oder Warnschuß 'umlegen'. Einige Vorgesetzte waren der Meinung, wir sollten ohne Warnung schießen. Über den Schießbefehl herrschte geteilte Meinung. Die meisten lehnen ihn innerlich ab, können sich jedoch nicht offen dagegen auflehnen. Nur einige Fanatiker unter den Soldaten sind der Meinung, daß man rücksichtslos auf Flüchtlinge schießen sollte. Ich glaube, die meisten sehen ein Verbrechen darin, auf Flüchtlinge zu schießen. Von den Soldaten unserer Gruppe war niemand der Meinung, man sollte rücksichtslos schießen und 'umlegen'. Es herrschte im Gegenteil die Ansicht, wenn möglich, nichts sehen, nur notfalls festnehmen. Schießen nur dann, wenn durch die Gegenwart von Vorgesetzten keine andere Möglichkeit besteht" (Anhörung am 16.7.1963).

---

13 Vgl. im folgenden Grasemann: „Grenzverletzer sind zu vernichten"!, S. 67 ff.; Grasemann: Fluchtgeschichten, S. 39 ff.

„Es wurde darauf hingewiesen, daß nicht oft genug geschossen werden kann, sobald ein Grenzverletzer auf Anruf und Warnschuß nicht sogleich regiert ...“ (Anhörung am 14.11.1963).

„Auf Flüchtlinge, die sich noch vor der 2. Verdrahtung befinden, darf erst – soweit sie nicht festgenommen werden können – nach Anruf und Abgabe eines Warnschusses gezielt geschossen werden. Befindet sich jedoch eine Person schon an der 2. Verdrahtung (Minensperre), so darf ohne jeglichen Anruf und ohne Warnschuß sofort ein Zielschuß abgegeben werden. Auf Kinder darf nicht geschossen werden. Ist jedoch ein Erwachsener dabei, so darf auch auf Kinder geschossen werden. Grenzverletzer sind als Feinde und Provokateure zu behandeln. Gegen sie ist das schärfste Mittel, die Schußwaffe, anzuwenden“ (Anhörung am 30.1.1964).

„Die Dienstvorschrift DV - 30/9 wurde im Juni 1964 durch die DV - 30/10 ergänzt. 6 Exemplare wurden im Panzerschrank beim Kompanieführer aufbewahrt und nur zum Unterricht an die Zugführer ausgegeben. Nach dieser Vorschrift muß im 500 m – Schutzstreifen auf eine Person, die die Parole nicht nennen kann, bei Dunkelheit mit Hilfe einer Fallschirmleuchtpatrone sofort ein Zielschuß abgegeben werden. Bei Tag hat nach Anruf der Warnschuß und anschließend der Zielschuß zu erfolgen. Das Verbot, die Demarkationslinie zu überschießen, gilt nicht, wenn Angehörige der NVA versuchen, in die Bundesrepublik zu entkommen. Flüchtende NVA-Angehörige dürfen, wenn sie sich bis zu 50 m auf westlichem Gebiet befinden, beschossen und zurückgeholt werden, da es sich um Verräter des Arbeiter- und Bauernstaates handele. Im Fahneneid heißt es: 'Bei Verrat soll mich die höchste Strafe des Arbeiter- und Bauernstaates treffen'“ (Anhörung am 5.2.1965).

„Es lag im Ermessen des Schützen, je nach Art und Lage des Falles Einzel- oder Dauerfeuer zu geben. Die Vorschrift besagte zwar ausdrücklich auch, daß auf West-Berliner Territorium nicht zu schießen sei, in Belehrungen durch die Offiziere deutete man jedoch immer wieder unverhohlen an, daß es besser für den Schützen sei, auch dann noch auf den Flüchtenden zu schießen, wenn er sich schon auf West-Berliner Seite befindet. Für den Fall, daß er den Grenzverletzer nicht getroffen habe, sei es für den Schützen entlastender, wenn sein Magazin leergeschossen habe. Im übrigen stand den Schützen auch dann eine Schußprämie (wie gesagt: eine Kopfprämie) zu, wenn er den Grenzverletzer auf West-Berliner Gebiet getroffen hatte“ (Anhörung am 20.12.1966).

„So hat mir z. B. ein Feldwebel unserer Kompanie einmal gesagt, man soll mit den Grenzverletzern nicht zimperlich umgehen und gleich 'draufhalten'. Der Feldwebel war der Ansicht, daß es sich bei den Grenzverletzern um moralisch verkommene Subjekte ... handele, auf die man keine besondere Rücksicht zu nehmen brauche"
(Anhörung vom 15.2.1966).

„Zur Auslegung der Waffengebrauchsbestimmungen kann ich nur den Text wiederholen, der bei der Vergatterung durch den jeweiligen Offizier vorgenommen wurde. Er lautet: 'Genossen Soldaten, wir haben die Aufgabe, den Grenzabschnitt von Bergmann-Borsig- bis Egon-Schultz-Straße zu sichern. Grenzverletzer sind festzunehmen oder zu vernichten.' Weiter hieß es, 'nach West-Berlin darf nicht geschossen werden, es sei denn, zur Vernichtung eines Fahnenflüchtigen und das nur, wenn andere Personen nicht verletzt werden können.' In der praktischen Anwendung hieß es weiter, 'daß der Flüchtling zunächst dreimal angerufen werden mußte, dann hat ein Warnfeuerstoß zu erfolgen und wenn diese Maßnahmen nicht zum Ziel führten, gezieltes Feuer aus der Maschinenpistole – Dauerfeuer, Einzelfeuer verboten – einzusetzen'"
(Anhörung vom 29.5.1967).

„Es hieß offiziell, daß auf Kinder nicht geschossen werden dürfe. Gleichzeitig sagte man aber dazu, daß nachts Kinder von Erwachsenen nicht zu unterscheiden seien"
(Anhörung am 22.12.1966).

„Man trichterte uns ein, daß Grenzverletzer unbedingt zu stellen sind. Grenzverletzer galten als Verbrecher. Deshalb sollten sie auch so behandelt werden ... Es wurde bei der Ausbildung von 'Abschießen' gesprochen. Dabei sollte der Grenzverletzer tot oder lebendig gestellt werden"
(Anhörung am 13.6.1966).

„Bei der Schießausbildung, aber auch beim Grenzeinsatz wurde darauf hingewiesen, daß man das Ziel aufsitzen lassen sollte, d. h. in Bauchhöhe halten, damit der oder die Schüsse in Brusthöhe treffen. Man erklärte uns immer wieder, daß man sich keinesfalls später damit herausreden könne, man habe wegen der Entfernung den Flüchtigen nicht getroffen, da man ja 60 Schuß dabei hat und einer davon beim 'Mähen' mit der MP ja hätte treffen müssen. Aus diesem Grunde wurde auch nie auf die Beine gezielt. Des weiteren bestand der Befehl, auf jede Person, ganz gleich ob Zivil- oder Uniformperson, zu schießen, falls sie sich vor der Begrenzung, d. h. unmittelbar am 6 m Kontrollstreifen befindet. Diese Schüsse mußten dann direkt ohne Warnung als Zielschüsse abgefeuert werden"
(Anhörung am 20.4.1968).

„Der Schießbefehl hat sich trotz des Rückgangs von Fluchtfällen nicht verändert. Im Ergebnis bedeutet er, daß zwar die Reihenfolge 'Anruf, Warnschuß, Zielschuß' einzuhalten ist. Sofern jedoch der Grenzverletzer schon so nahe an der Grenze ist, daß durch vorausgehenden Anruf oder Warnschuß ein Grenzübertritt möglich wird, muß sofort gezielt geschossen werden. Als wir noch in der Ausbildung waren, sagte ein Soldat, daß er beispielsweise nie auf seinen Cousin schießen könnte. Der Politoffizier entgegnete, daß der Grenzverletzer sein ganzes Wissen über die DDR und seine ganze von den Arbeitern bezahlte Ausbildung den Imperialisten zur Verfügung stellen würde. Auf solche Staatsverräter müßte zu Recht geschossen werden, im Interesse des Friedens" (Anhörung am 10.6.1970).

Schießbefehl, Minensperren aus Erdminen und die richtungsgebundenen Splitterminen an den Streckmetallzäunen dienten nicht zuletzt dem Zweck, durch vorsätzliche Tötung von „Grenzverletzern" Dritte vom unerlaubten Grenzübertritt abzuschrecken. So äußerte sich ein Oberstleutnant des MfS in der Sitzung des Militärrates des Kommandos der Grenztruppen am 25.8.1967:

„Ich bin nicht für eine Reduzierung der Minensperre. Die Kostenfrage darf nicht im Vordergrund stehen. Wir müssen in erster Linie den politischen und moralischen Schaden sehen, der unserer Republik durch Grenzdurchbrüche erwächst. Bei den angeführten Nachteilen der SSM-1 sehe ich kaum noch Vorteile. Ich begrüße, daß die Gassen geschlossen werden sollen. Das ist die vordringlichste Aufgabe. Es darf in der Frage der Minensperren keinerlei Humanitätsduselei geben".

Die 1970 erprobte und eingeführte Splittermine SM-70 (spätere Bezeichnung des Sperranlagensystems: 501 bzw. 701) bestand aus einem metallenen Schußtrichter, gefüllt mit 110 Gramm TNT und versehen mit einer Schicht eingegossener Metallsplitter, die durch Auslösen entsprechender Kontakte zur Detonation führen und als Streugeschosse wirken sollten. Die Wirkungsweise sollte ca. 20 Meter betragen und in unmittelbarer Nähe tödlich sein. Daß die SM-70 nach den „bisherigen Erfahrungen ... bei ihrer Detonation in fast allen Fällen tödliche Verletzungen" verursachte, wurde von DDR-Verteidigungsminister Hoffmann in der Sitzung des Kollegiums des Ministeriums für Nationale Verteidigung vom 4.12.1971 bestätigt.

Die bis 1971 vorliegenden Ergebnisse der Erprobung der Splittermine SM-70 wurden wie folgt eingeschätzt:

• „Die gesperrten Abschnitte wurden nicht durchbrochen. Die Grenzverletzer versuchten, die Sperre zu umgehen.

• Die Splitterwirkung der Mine SM-70 auf Wild läßt die Schlußfolgerung zu, daß geschädigte Grenzverletzer nicht mehr in der Lage sind, die Sperren zu überwinden.

• Das getötete Wild konnte schnell und gefahrlos aus dem Wirkungsbereich der Sperre beseitigt werden. Auf die Bergung von geschädigten Grenzverletzern lassen sich durchaus mit Sicherheit gleiche Schlüsse ableiten.

• Die Kombination SM-70/Grenzzaun I erwies sich als die wirkungsvollste Sperranlage der erprobten Varianten."

Über die Ergebnisse der Truppenerprobung der SM-70 im Jahre 1971 wird berichtet:

„Seit Juni 1971 wurden 10 Kilometer Grenzabschnitt in einer Hauptrichtung der Bewegung der Grenzverletzer nördlich Salzwedel durch 2 Anlageneinheiten SM-70 gesperrt. Im Verlauf der Truppenerprobung hat sich der SM-70-ausgebaute Sperrzaun als wirksame Grenzsicherungsanlage erwiesen. Die Splitterwirkung der durch Wild ausgelösten Minen bestätigt die Aussage, daß Personen, die versuchen, die Sperre zu durchbrechen, tödliche bzw. so schwere Schädigungen erhalten, daß sie nicht mehr in der Lage sind, die Staatsgrenze zu verletzen."

Zur Verhinderung, „daß Personen das Territorium der BRD erreichen", schlug der Nationale Verteidigungsrat auf seiner 67. Sitzung am 1.7.1983 vor:

„Die gegenwärtig 650 km minengesperrten Abschnitte der Staatsgrenze (davon 200 Kilometer Erdminensperren und 450 Kilometer Sperranlagen mit Splitterminen) sind auf 320 Kilometer zu reduzieren. Dazu sind die in 30 bis 50 m Abstand von der Staatsgrenze am Grenzzaun (3 m Höhe) montierten 450 km Sperranlagen mit Splitterminen schrittweise abzubauen. Der Grenzzaun (3 m Höhe) verbleibt als Sperr- und Warnzaun und ist entsprechend den Erfordernissen der Lage und dem Stand der Forschung und Entwicklung durch den Einsatz neu entwickelter Grenzsicherungsanlagen mit physikalischen Wirkprinzipien zu ergänzen. Der Abbau der Splitterminen erfolgt nach Umrüstung der in der Tiefe des Schutzstreifens errichteten Grenzsignalzaunanlagen in dem betreffenden Abschnitt.

Die zum Teil mit veralteten Minentypen vorhandenen 200 km Erdminensperren sind in ihrer Länge zu erhalten und unter Berücksichtigung der Lagerbedingungen und Schwerpunktrichtungen schrittweise bei Verwendung moderner Erdminen zu rekonstruieren. In der Tiefe des Schutzstreifens sind in besonders gefährdeten Abschnitten bis 120 km Sperranlagen mit Splitterminen im Abstand von ca. 20 m vom Grenzsignal und Sperrzaun unter Beachtung der geographischen und demographischen Bedingungen neu zu errichten. Die Splitterminenanlagen sind ständig technisch zu vervollkommnen."

Das zeitweilige Ausmaß der Minensperren ergibt sich aus dem Bericht des Kommandos der Grenztruppen (Chef/Pionierwesen) vom 27.8.1979. Danach waren bis zu diesem Zeitpunkt errichtet:

– 1961   Minensperren Typ 61 mit Minen POMS   ca. 150 km

– 1962-65 Minensperren Typ 62 mit Minen PMD-6   ca. 800 km

– ab 1966 Minensperren Typ 66 mit Minen PMN-71, PPM-2   ca. 300 km

– ab 1970 Minensperren SM-70 mit Splitterminen 70   ca. 400 km

In dem Bericht heißt es weiter:

„In den Minensperren der Typen 61, 62 und 66 wurden im Rahmen des Neubaus insgesamt 1.125.000 Stück Minen verlegt. Davon wurden bisher 665.000 Stück Minen geräumt. Zur Erhöhung der Wirksamkeit wurden seit 1976 ca. 400.000 Minen nachverlegt.

Zum gegenwärtigen Zeitpunkt sind an der Staatsgrenze vorhanden:

Minensperren Typ 62 =   97,0 km

Minensperren Typ 66 = 291,0 km

Minensperren SM-70 = 383,0 km.

Die Minensperren des Typs 61 wurden 1979 vollständig geräumt."

Daß die DDR-Führung von 1983 bis 1985 die Selbstschußautomaten SM-70 vollständig abgebaut und die Bodenminen, soweit sie noch auffindbar waren, geräumt hat, erfolgte mit Rücksicht auf das eigene Prestige im Westen und als Gegenleistung für einen von der Bundesregierung garantierten Bankkredit („von Franz-Josef Strauß eingefädelter Milliardenkredit"). Vor dem schrittweisen Abbau der Minen, mit dem als Geste gegenüber Strauß in der „Bayerischen Ecke" angefangen werden sollte (so Honecker), hatten die Selbstschußanlagen mit 439,5 Kilometer Länge und einer Anzahl von ca. 60.000 den Höchststand erreicht.[14]

Mit dem sukzessive erfolgten Abbau der Minen hat die DDR ihr Grenzregime freilich nicht „humanisiert", nicht einmal „normalisiert", sondern durch die „Tiefenstaffelung" der Grenzbefestigungen eine zunehmende „Effektivität" zu erreichen versucht. „Herzstück" des technischen Ausbaus war der im Hinterland angelegte, den „Schutzstreifen" begrenzende Alarmzaun von 1.160,8 km Länge, an dem vielfältige optische und akustische Warn- und Signalanlagen angebracht waren, die bei jeder Berührung ausgelöst wurden.

Gemäß der „Struktur 80" standen in den 80er Jahren an der Grenze der DDR zur Bundesrepublik annähernd 30.000 Grenzsoldaten und an der Grenze zwischen der DDR und dem Ostteil Berlins gegenüber Berlin (West) weitere 8.000 Angehörige der DDR-Grenztruppen. Die Grenzaufklärung wurde die wichtigste Art der „Sicherstellung der Grenzsicherung". Der in jeder Grenzkompanie eingesetzte „Grenzaufklärerzug" sollte die Überwachung des eigenen Grenzgebiets, die Kontrolle der in diesem Territorium lebenden oder sich hier besuchsweise aufhaltenden Bürger gewährleisten, daneben aber auch als Beobachtungs-, Horch- und Hinterhaltsposten zielgerichtete Angaben über die Handlungen „subversiver Kräfte, die gegen die Staatsgrenze gerichtet sind", bauliche Veränderungen im Grenzgebiet des „Gegners" und das Zusammenwirken zwischen BGS, Zollgrenzdienst und Bayerischer Grenzpolizei einbringen.[15]

---

14 Hirtschulz/Lapp: Grenzregime, S. 144; Sauer/Plumeyer: Salzgitter Report, S. 47; Anklageschrift der Staatsanwaltschaft II beim Landgericht Berlin (siehe Anm. 9).

15 Hirtschulz/Lapp: Grenzregime, S. 148; Lapp: Frontdienst im Frieden, S. 42 ff.

Hinzu kamen „Freiwillige Helfer der Grenztruppen", die sich hauptsächlich aus Reservisten der NVA und der Grenztruppen zusammensetzten und im Grenzgebiet wohnten und als Mitglieder der SED als politisch zuverlässig galten. Sie sollten Grenzverletzer erkennen und festnehmen. Zuletzt taten etwa 3.000 ortskundige Helfer in der Uniform der Grenztruppen ohne Dienstgradabzeichen Dienst.

Zu der weit ins DDR-Hinterland hineinreichenden tiefengestaffelten Grenzsicherung gehörten darüber hinaus Ende der 80er Jahre rund 1.000 verdeckt arbeitende Helfer, die, unter einem Tarnnamen einem Grenzaufklärer bei der Grenzkompanie zugewiesen, Stimmungs- und Meinungsbilder der Grenzbevölkerung anzufertigen hatten, vor allem aber eingesetzt wurden gegen Bürger, die im Verdacht standen, sich mit Fluchtabsichten zu tragen oder als politisch unzuverlässig galten und gegen Angehörige der Schutz- und Sicherheitsorgane, deren Denk- und Verhaltensweisen außerhalb des Dienstes es zu erfahren galt.

Auch ohne Minensperren hat das Grenzsicherungssystem der „modernen Grenze" in den letzten Jahren vor dem Zusammenbruch der DDR ein solches Maß an Effektivität erreicht, daß über 90 % der Fluchtversuche bereits in der 5 km breiten Grenzzone oder unmittelbar im Schutzstreifen durch Festnahme scheiterten. Dennoch hat die SED das gezielte Schießen auf Flüchtlinge bis 1989 als unverzichtbar angesehen.

V. Historische und politische Bedeutung der justitiellen Sachaufklärung

Gegenstand von Strafprozessen sind bekanntlich allein Tat und Schuld des einzelnen Angeklagten. Auf ein historisches Gesamtgeschehen oder Geschehensabläufe im Räderwerk einer Diktatur ist die Strafprozeßordnung dagegen nicht ausgerichtet. Trotzdem können Strafgerichte zur Aufklärung eines komplexen historisch-politischen Tatgeschehens gezwungen sein, wenn die individuelle Tat Vollzug eines staatlich-bürokratisch organisierten Tötens ist. Allerdings bleibt die gerichtliche Aufklärung an die strafprozessualen Ziele und Formen gebunden, muß sich der Richter im Gegensatz zum Historiker auf gesetzlich zulässige Beweismittel beschränken und nicht zuletzt den Grundsatz „Im Zweifel für den Angeklagten" beachten. Diese Beschränkungen vermögen solche Urteile indes nicht zu entwerten, im Gegenteil: Gerade weil die Gerichte an die strengen Formen des Strafprozesses gebunden sind, haben ihre Feststellungen besonderes Gewicht.

Ähnlich wie im „Auschwitz-Prozeß" (1963 - 65) haben auch die erkennenden Strafkammern des Landgerichts Berlin auf der Grundlage der Ermittlungsergebnisse der Staatsanwaltschaft II beim Berliner Landgericht und der Bundesgerichtshof (BGH) in mehreren Grundsatzentscheidungen in umfangreichen Beweisaufnahmen und mit sorgfältiger Sachaufklärung das DDR-Grenzregime in seiner jeweiligen Ausprägung offengelegt und damit Geschichte lebendig gemacht.

Neben der Einzelfallgerechtigkeit liegt die juristische und politische Bedeutung der bislang ergangenen Urteile vor allem darin, daß in rechtsstaatlichen Verfahren festgestellt wurde, was Recht und was Unrecht ist und daß Unrecht nicht dadurch Recht wird, daß staatliche Institutionen es in Rechtsbestimmungen kleiden. Nunmehr ist klargestellt, daß der einkalkulierte Tod von Menschen als eine Grundvoraussetzung für das Funktionieren des Grenzregimes der DDR einen Verstoß gegen elementare Gebote der Gerechtigkeit und gegen völkerrechtlich geschützte Menschenrechte darstellt, daß die Tötung eines unbewaffneten Flüchtlings durch Dauerfeuer ein jeder möglichen Rechtfertigung entzogenes Tun gewesen ist und daß dies auch für einen indoktrinierten Menschen ohne weiteres einsichtig war.

Der justitiellen Aufarbeitung ist die Erkenntnis zu verdanken, daß der „Schießbefehl" nicht als solcher mit entsprechender Überschrift und Bezeichnung existiert hat, sondern ein Geflecht von offiziellen Anweisungen und informellen, für die Grenzsoldaten aber gleichwohl verbindlichen Einflußnahmen war. Insbesondere die informellen Einflußnahmen ergänzten die schriftlichen Anweisungen in einer Weise, daß die Grenzsoldaten, wie von den Verantwortlichen gewollt, die Gesamtheit der Äußerungen als verpflichtend und damit als Befehle auffaßten. Die bewußt ungenau und unvollständig abgefaßten Bestimmungen und ihre Ergänzungen durch die „Vergatterung" ergaben für die Grenztruppen einen Befehl mit greifbarem Inhalt: die „licence to kill".[16] Deren Wirkung wurde durch die Belobigung, Belohnung und Beförderung nach tödlichen Schüssen noch verstärkt. Gerade dieses Nachtatverhalten macht es allen, die nicht selbst geschossen haben, also nicht nur den im unmittelbaren Grenzdienst tätigen Vorgesetzten, sondern vor allem den „Schreibtischtätern", den „Tätern hinter dem Täter", unmöglich, sich mit dem Einwand zu verteidigen, ein „Schießbefehl", nämlich die ausdrückliche Anweisung, Flüchtlinge notfalls zu töten, sei nie erteilt worden.

Nach der jedermann zugänglichen Beweislage ist noch weniger nachvollziehbar, warum ehemalige DDR-Größen mit einer Sprachregelung aus SED-Zeiten die Existenz des „Schießbefehls" noch immer bestreiten: Die Schußwaffengebrauchsbestimmungen der DDR hätten sich nicht von denen der BRD unterschieden, so Fritz Streletz, Generaloberst und langjähriger Sekretär des Nationalen Verteidigungsrates der DDR, nach der Revisionsentscheidung des BGH am 26.7.1994.[17] Ähnlich Karl Leonhardt, ehemaliger Vizechef der DDR-Grenztruppen, im April 1993 vor der „Alternativen Enquete-Kommission": „Einen Schießbefehl hat es nicht gegeben. Mit der 1946 für die Grenzpolizei erlassenen Schußwaffengebrauchsbestimmung galt analog das gleiche wie im bundesdeutschen 'Gesetz über den unmittelbaren Zwang' zum Gebrauch der

---

16 Bossenz: DA 6/1993, S. 739.
17 Berichterstattung in Frankfurter Rundschau und Hannoversche Allgemeine Zeitung vom 26.7.1994, zit. nach Grasemann: „Grenzverletzer sind zu vernichten!", S. 81.

Schußwaffe vom 10.3.1969." Und in der Tradition des ideologischen Schulterschlusses assistiert als Angeklagter im „Politbüro-Prozeß" vor dem Berliner Landgericht der letzte Generalsekretär der SED, Egon Krenz, in seiner „Persönlichen Erklärung" vom 19.2.1996: „Wir wollten keine Toten – weder an der Grenze noch anderswo – so wenig wie ... die Bundesregierungen die 251 Toten wollten, die von 1971 bis 1985 im Ergebnis von Schüssen der BRD-Polizei zu beklagen sind."[18] Der wegen Totschlags rechtskräftig verurteilte Streletz hat noch im September 1996 als „Diplom-Militärwissenschaftler" doziert:

„Es gibt kein Menschenrecht auf Flucht. Jeder Staat entscheidet selbst, wen er ein- oder ausreisen lassen und wie er seine Staatsgrenze schützen will. Das Menschenrecht auf Leben steht in der von der Bundesregierung Deutschland bereits 1952 ratifizierten Europäischen Menschenrechtskonvention unter dem ausdrücklichen Vorbehalt, daß dieses Recht nicht verletzt wird, wenn die Tötung bei der Festnahme oder Fluchtvereitelung durch staatliche Organe erfolgt. Da die Tötung eines Flüchtlings durch staatliche Organe als letztes Mittel der Fluchtvereitelung keine Menschenrechtsverletzung darstellt, kann sich die Frage nicht stellen, ob hierdurch Grund- und Menschenrechte mißachtet werden."[19]

Diese Versuche einer Legendenbildung enden zwangsläufig mit dem Vorwurf „Siegerrecht" und „Siegerjustiz". So sprach der frühere DDR-Hochschullehrer und jetzige Bundestagsabgeordnete Uwe-Jens Heuer (PDS) nicht nur von „Siegerjustiz", sondern von „gewollter politischer Strafverfolgung in Ostdeutschland". Der PDS Ehrenvorsitzende Hans Modrow verstieg sich gar zu der Äußerung, die Richter hätten sich nicht von Recht und Gesetz leiten lassen, sondern „von der Torheit des Antikommunismus und dem Geist des Kalten Krieges".[20]

Wer für den „Vernichtungsbefehl" mit solchen Abwiegelungen aufwartet, übersieht, daß sich hinter dem Begriff „Schußwaffengebrauchsbestimmung" kein unverbindliches Regelwerk verbarg, sondern verbindliche Vorschriften, unter welchen Bedingungen die Grenztruppenangehörigen schießen mußten. Anderenfalls wäre die zeitweilige Aussetzung des „Schießbefehls", beispielsweise während des Besuchs von Erich Honecker in der Bundesrepublik Deutschland im September 1987, die den Grenztruppen mündlich weitergegeben wurde, mit der Weisung, Flüchtlinge durch einen Warnschuß zum Halten aufzufordern und „lieber laufen zu lassen", wenn eine Festnahme nicht möglich war, nicht erforderlich gewesen.[21] Auch wäre nicht verständlich, was Honecker in seiner „Erklärung zu humanitären Fragen" Anfang 1990 ausgeführt hat: „Auf meinen Vorschlag hin wurden, zum Teil gegen Einwände, folgende Beschlüsse herbeigeführt:

18 Krenz: Persönliche Erklärung (s. Anm. 2).
19 Leserbrief in: FAZ v. 24.9.1996, S. 11.
20 Grasemann: „Grenzverletzer sind zu vernichten!", S. 81; vgl. auch Berichterstattung in FR v. 1.6. und 13.12.1996.
21 Gerig: Morde an der Mauer, S. 243; Sauer/Plumeyer: Salzgitter Report, S. 79.

a) Die Beseitigung der Selbstschußanlagen und Minenfelder an der Grenze zur BRD,

b) die Aufhebung des sogenannten „Schießbefehls" für die Grenztruppen der DDR im Jahre 1987,

c) das Verbot, außerhalb der Grenzziehung durch Stacheldraht und Mauer Operationen gegen Menschen durchzuführen. Der Streifen zwischen der Grenze zur BRD und der DDR sowie zu West-Berlin sollte als Niemandsland behandelt werden".[22]

Bemerkenswert ist schließlich auch das Selbstzeugnis des Politbüros des ZK der SED, das am 11.7.1989 einen Bericht über ein Gespräch Honeckers mit dem damaligen Chef des Bundeskanzleramtes, Rudolf Seiters, am 4.7.1989 billigte und damit zugleich Honeckers Äußerungen diesem gegenüber, es könne „auf BRD-Seite nicht unbemerkt geblieben sein, daß das Grenzregime der DDR geändert wurde und daß es keinen sogenannten Schießbefehl mehr gebe", bestätigte.[23]

VI. Auswirkungen des Schießbefehls (ausgewählte Einzelschicksale)

Die Rechtsprechung hat inzwischen ein dichtes Bild von der Anlage und Wirksamkeit des DDR-Grenzregimes, seiner Rechtsgrundlagen und insbesondere von deren praktischer Handhabung gezeichnet, das zum einen den Vorwurf der „Gesinnungs- und Rachejustiz" widerlegt, zum anderen in der unemotionalen juristischen Diktion die bürokratische Konditionierung der Grenztruppen aufzeigt, die ihren „Kampfauftrag" an unbewaffneten Opfern entsprechend der paranoiden Sicherheitsdoktrin der SED-Führung übererfüllen zu müssen glaubten.

Die nachfolgend geschilderten Grenzzwischenfälle belegen exemplarisch, daß der Schußwaffengebrauch an der Grenze Verurteilung zum Tode und Vollzug in einem Akt war.[24] Falls mildere Mittel zur Fluchtverhinderung nicht ausreichten, schloß die Befehlslage zur Vereitelung der Flucht auch die bewußte Tötung des Flüchtenden ein. Daß der Flüchtende den Westen erreichte, war danach „auf jeden Fall und letztlich mit allen Mitteln zu verhindern". Der Kernsatz der regelmäßig wiederkehrenden Vergatterung lautete: „Grenzdurchbrüche sind auf keinen Fall zuzulassen. Grenzverletzer sind zu stellen oder zu vernichten." Bei der Schulung der Grenzsoldaten galt als Faustregel: „Besser der Flüchtling ist tot, als daß seine Flucht gelingt." Das Interesse, die Flucht zu verhindern, hatte Vorrang vor dem Leben des Flüchtlings. Eine gelungene Flucht war „das Schlimmste, was der Kompanie passieren konnte, da sie der

---

22 Wortlaut abgedruckt in Przybylski: Tatort Politbüro, S. 363 ff.
23 Vgl. FAZ v. 20.2.1996 (s. Anm. 9).
24 Berliner Morgenpost v. 4.8.1987, Kommentar „Schüsse", zit. nach Schröder: DA 10/1987, S. 10, 81.

ihr gestellten Aufgabe nicht gerecht geworden war".[25] Dagegen hat die Erschießung eines Flüchtlings in keinem Fall zu einem Verfahren gegen den Schützen geführt. Selbst in den Exzeßfällen, in denen Grenzsoldaten ersichtlich nicht im Rahmen der schriftlichen Schußwaffengebrauchsbestimmungen handelten, wurden keine Disziplinar- oder strafrechtlichen Ermittlungen geführt. Auch in diesen Fällen wurden die Posten ausgezeichnet und belohnt.

1. Vorfall vom 05.06.1962 (Spree nahe Reichstagsgebäude)

Am Nachmittag des 5.6.1962 wurde in der Nähe des Reichstagsgebäudes der Spree ein 17 Jahre alter DDR-Bürger erschossen, als er versuchte, den Westteil von Berlin schwimmend zu erreichen. Das Landgericht Berlin hat den Angeklagten, der damals 21 Jahre alt war und als Gefreiter einer Grenzbrigade angehörte, wegen Totschlags zu einer Freiheitsstrafe von 2 Jahren verurteilt und deren Vollstreckung zur Bewährung ausgesetzt. Festgestellt wurde folgender Sachverhalt:

„Der Angeklagte war zusammen mit seinem – inzwischen verstorbenen – Postenführer östlich des Reichstagsgebäudes am linken Spreeufer an einem Flußabschnitt eingesetzt, der dem Bezirk Mitte von Berlin (sowjetischer Sektor) zugerechnet wurde, während etwas weiter flußabwärts das linke Ufer zum Bezirk Tiergarten (britischer Sektor) gehörte. Der täglich bei Dienstbeginn mitgeteilte 'Kampfauftrag' besagte, daß Grenzverletzer, die nicht auf Anruf und Warnschuß reagierten, zu 'vernichten' seien, die Flucht in den Westen also notfalls durch gezielte tödliche Schüsse verhindert werden müsse. Als die beiden Posten den flußabwärts schwimmenden H. entdeckt hatten, wies der Postenführer den Angeklagten an, auf den Schwimmer zu schießen, wenn dieser nicht auf Warnschüsse des Postenführers reagiere; die Flucht müsse auf jeden Fall verhindert, der Flüchtling notfalls erschossen werden. H. reagierte nicht auf den Anruf und Warnschuß des Postenführers, der sich nahe an das Wasser begeben hatte. Sodann gab der Postenführer einen ersten gezielten Schuß auf den Schwimmer ab. Der Angeklagte schoß sodann aus einer Entfernung von 25 Meter zweimal mit seiner Kalaschnikow-Maschinenpistole ... H. wurde von den Schüssen des Angeklagten nicht getroffen. Während der Angeklagte schoß, gab der Postenführer einen weiteren Zielschuß ab. Kurz darauf schoß der Postenführer zum dritten Mal gezielt. Dieser Schuß traf den Kopf des Schwimmers tödlich. In einem Bericht des Stabschef der Grenzabteilung an das Innenministerium wurden die Handlungen der beiden Grenzposten als 'taktisch richtig und zweckmäßig' bezeichnet; der Angeklagte wurde 3 Tage später mit einer Medaille für vorbildlichen Grenzdienst ausgezeichnet."[26]

Nach Auffassung des Landgerichts Berlin muß sich der Anklagte den tödlichen Schuß seines Postenführers als Mittäter zurechnen lassen. Auch hätten

---

25 BGH, Urt. v. 3.11.1992 – 5 StR 370/92, NJW 1993, 141 (143).
26 BGH, Urt. v. 20.3.1995 – 5 StR 111/94, NJW 1995, 27 28.

seine Schüsse ebenfalls zur Fluchtverhinderung beigetragen. Seine Revision blieb erfolglos.

In der Revisionsentscheidung führt der BGH u. a. aus:

„(Dem Landgericht) kann nicht gefolgt werden, soweit (es) annimmt, die Rechtswidrigkeit der tödlichen Schüsse ergebe sich schon daraus, daß es in der DDR zur Tatzeit – vor dem Inkrafttreten des Grenzgesetzes von 1982 – keine gesetzliche Grundlage für den tödlich wirkenden Schußwaffengebrauch gegeben habe und daß der vom Angeklagten befolgte Befehl gegen die Verfassung der DDR, insbesondere gegen die dort unter Gesetzesvorbehalt verbriefte Ausreisefreiheit verstoßen habe ...

Die am 19.3.1962 erlassene Durchführungsanweisung Nr. 2 des Innenministers der DDR zum Befehl Nr. 39/60 verpflichtete die Posten der Grenzbrigaden, an der Berliner Grenze die Schußwaffe 'zur Festnahme von Personen' zu gebrauchen, die auch nach einem Warnschuß 'offensichtlich versuchen, die Staatsgrenze der DDR zu verletzen', sofern 'keine andere Möglichkeit zur Festnahme besteht'. Die mit bedingtem Tötungsvorsatz abgegebenen Schüsse des Angeklagten auf den schwimmenden Flüchtling entsprachen der Zielsetzung dieses Befehls. Die Erläuterung dieses Befehls durch den täglich wiederholten und ersichtlich dem Willen des Befehlsgebers entsprechenden 'Kampfauftrag' besagte, daß eine Flucht in jedem Falle, notfalls durch tödliche Schüsse, zu verhindern war. Im Hinblick auf das Ziel, Grenzübertritte zu verhindern, galt bei dieser Interpretation die Tötung (und anschließende Bergung) des Flüchtlings als eine Art der im Befehl des Ministers bezeichneten 'Festnahme' ..."

2. Vorfall vom 15.06.1965 (Teltow-Kanal)

Am 16.11.1993 hat das Landgericht Berlin einen zur Tatzeit 21 Jahre alten Unteroffizier, der seinen Grenzdienst als Postenführer in Klein-Machnow versah, wegen Totschlags in Tateinheit mit versuchtem Totschlag zu einer Freiheitsstrafe von 6 Jahren verurteilt. Gegenstand der Verurteilung war ein Vorfall, der sich am 15.6.1965 an der Grenze zwischen Berlin (West) und der DDR zugetragen hatte, wo die Grenze von der Mittellinie des Teltow-Kanals gebildet wurde. Nach den vom Landgericht getroffenen Feststellungen feuerte der Angeklagte gezielt auf die beiden Insassen eines sich von West-Berliner Seite her nähernden Motorbootes, die – offenbar in Unkenntnis des genauen Grenzverlaufs – wenige Meter auf das Gebiet der DDR geraten waren und sich für den Angeklagten erkennbar auf einer Ausflugsfahrt befanden. Dabei handelte er entsprechend der ihm von seinen Vorgesetzten vermittelten Befehlslage in der Absicht, die „Grenzverletzer", deren Festnahme nicht möglich war, unschädlich zu machen bzw. zu vernichten, was für ihn bedeutete, durch Tötung ein Entkommen der beiden Bootsinsassen zu verhindern. Einer der Insassen verstarb, von den Schüssen des Angeklagten tödlich getroffen, nach Erreichen des Ufers in Berlin (West), seine Begleiterin wurde durch die Schüsse aus der Waffe des Angeklagten schwerverletzt und trug bleibende Schäden davon.

Das Landgericht Berlin hat die Tat des Angeklagten als rechtswidrig gewertet, weil die zur Tatzeit für den Schußwaffengebrauch der Grenzsoldaten geltende Weisung DV-30/10 nicht geeignet gewesen sei, vorsätzliches tödliches Schießen zu rechtfertigen.

Der BGH hat durch Urteil vom 20.3.1995 die Revision des Angeklagten als unbegründet verworfen. Ein Befehl, der verlange, unterschiedslos bei jeder unerlaubten Grenzüberschreitung mit Tötungsvorsatz zu schießen, auch wenn es sich um ein geringfügiges und sogleich korrigiertes Fehlverhalten von Ausflüglern handele, sei als offensichtliches Unrecht anzusehen.[27]

3. Vorfall vom 18.10.1965 (Berliner Mauer)

Am 18.10.1965 gegen 02.45 Uhr versuchten Walter Kittel und Eberhard Krause, beide Anfang 20, vom DDR-Gebiet aus nach West-Berlin zu fliehen. Innerhalb der Grenzanlagen wurden sie von zwei Grenzsoldaten gestellt. Nach Sperrfeuer und auf Anruf gaben beide Flüchtlinge ihr Fluchtvorhaben auf und gehorchten mit erhobenen Händen der Aufforderung der Posten, zurückzukehren. Auf Befehl der Grenzsoldaten begaben sie sich in den zwischen 50 cm und 1 m tiefen Kraftfahrzeugsperrgraben zurück, wo sie Deckung suchten. „Zur Mahnung" gaben beide Posten aus ihren Maschinenpistolen mehrere Dauerfeuersalven in den Graben ab, durch die Eberhard Krause schwer verletzt wurde. Der als Gruppenführer für den Grenzabschnitt Hauptverantwortliche, bis dahin vom Geschehen etwa 500 m entfernt, wurde alarmiert und ließ sich zum Ereignisort fahren, wo seine beiden Untergebenen mit ihren Maschinenpistolen im Anschlag die im Graben befindlichen Flüchtlinge in Schach hielten. Er wurde darüber informiert, daß zwei Flüchtlinge gestellt worden und auf Befehl zurückgekommen seien und sich jetzt im Graben befänden. Der Gruppenführer übernahm das Kommando und befahl den Flüchtlingen, deren Gestalten er im Graben erkennen konnte: „Rauskommen!" Seine Entfernung zu Kittel und Krause betrug höchstens 20 bis 25 m. Der bereits angeschossene Krause rief: „Ich kann nicht, ich bin verletzt!" Kittel hingegen erhob sich aus dem Graben, um den Grenzposten entgegenzugehen. In diesem Augenblick gab der Gruppenführer aus seiner Maschinenpistole, die er auf Dauerfeuer gestellt hatte, 3 Feuerstöße (mindestens 15 Schüsse) auf Kittel ab. Er schoß so lange, bis Kittel umfiel und bis er glaubte, sein Magazin sei leer. Kittel wurde von mehreren Schüssen tödlich getroffen. Entweder vor oder nach den tödlichen Schüssen schrie der Grenzer sinngemäß: „Ich habe mir geschworen, hier kommt keiner mehr lebend raus". Nach den Feststellungen des Bezirksgerichts Potsdam, das den zum Feldwebel beförderten Angeklagten wegen Totschlags zu einer Freiheitsstrafe von 6 Jahren verurteilt hat, wollte der Angeklagte Kit-

---

27 Vgl. BVerfG, Beschl. v. 12.7.1995 – 2 BvR 1130/95, DtZ 1995, 397.

tel töten, weil er davon ausging, jeder Flüchtling sei ein Verbrecher und politischer Gegner, dessen Leben nicht geschont werden müsse.[28]

Während die Revision des Angeklagten ohne Erfolg blieb, führte das zu seinen Ungunsten eingelegte Rechtsmittel der Staatsanwaltschaft zur Änderung von Schuldspruch und Strafausspruch durch den BGH, der zur Rechtswidrigkeit der Tat ausgeführt hat:

„Zur Tatzeit war der Schußwaffengebrauch der DDR-Grenzsoldaten nicht durch ein Gesetz, sondern lediglich durch die am 1.5.1964 in Kraft getretene 'Vorschrift über die Organisation und Führung der Grenzsicherung in der Grenzkompanie' des Ministers für Nationale Verteidigung der DDR vom 8.2.1964 (DV-30/10) geregelt. Dieses Regelungswerk war noch weniger als das Grenzgesetz der DDR vom 25.3.1982 (GBl. I, 197) geeignet, vorsätzliches tödliches Schießen auf Flüchtlinge an den innerdeutschen Grenzen zu rechtfertigen. Abgesehen davon war die Tat des Angeklagten von den 'Handlungserlaubnissen' der DV-30/10 nicht gedeckt, verstieß sie vielmehr sogar gegen das Schießverbot des Regelungswerkes. Dort war in Abschnitt IX 'der Gebrauch der Schußwaffe' geregelt. Unter Nrn. 114 bis 116 war in umfangreichen Einzelregelungen vorgesehen, in welchen Fällen von der Schußwaffe Gebrauch gemacht werden durfte. Soweit es den vorliegenden Zusammenhang betrifft, war darin der Schußwaffengebrauch nur in den Fällen gestattet, in denen er zur präventiven Verhinderung eines Grenzübertritts erforderlich war. Nummer 117 der DV-30/10 lautete:

1. 'Der Gebrauch der Schußwaffe ist die äußerste Maßnahme der Gewaltanwendung gegenüber Personen. Er ist nur dann zulässig, wenn alle anderen Maßnahmen erfolglos bleiben oder dann, wenn es aufgrund der Lage nicht möglich ist, andere Maßnahmen zu treffen.

2. Von der Schußwaffe darf insbesondere nicht oder nicht mehr Gebrauch gemacht werden, wenn ...

b) die Umstände, die den Gebrauch der Schußwaffe rechtfertigen, nicht oder nicht mehr vorliegen (z. B. wenn kein unmittelbar drohender Angriff vorliegt oder dieser mit anderen Mitteln abgewehrt werden kann, wenn der Widerstand inzwischen gebrochen ist usw.).'

Ein Fluchtversuch, der aus der Sicht des Angeklagten etwa hätte verhindert werden müssen, lag 'nicht mehr' vor."

Die Änderung des Schuldspruchs dahin, daß der Angeklagte nicht wegen Totschlags, sondern wegen Mordes schuldig ist, hat der BGH wie folgt begründet:

„Der Angeklagte hat sein Opfer heimtückisch (im Sinne des § 211 Abs. 2 StGB, des § 211 Abs. 2 StGB in der zur Tatzeit in der DDR geltenden Fassung

---

28 BGH, Urt. v. 20.10.1993 – 5 StR 473/93, NJW 1994, 267 (ebenfalls abgedruckt in: NStZ 1994, 125). Eberhard Krause hat den Ablauf der Ereignisse am 18.10.1965 in der RIAS-TV-Filmdokumentation „Wenn die Stummen schreien" ausführlich geschildert.

und des § 112 Abs. 2 Nr. 2 StGB/DDR von 1968) getötet. Nach ständiger Rechtsprechung handelt heimtückisch, wer die Arg- und Wehrlosigkeit des Opfers bewußt zur Tötung ausnutzt. Der in diesem Mordmerkmal zum Ausdruck kommende höhere Unrechtsgehalt des Täterverhaltens liegt darin, daß der Mörder sein Opfer in einer hilflosen Lage überrascht und dadurch daran hindert, dem Anschlag auf sein Leben zu begegnen oder ihn wenigstens zu erschweren. Arglos ist, wer sich keiner Feindseligkeit des Täters versieht. Aus dem Verhalten Kittels ergibt sich ohne weiteres, daß er keinen Angriff des Angeklagten erwartete. Nur so ist zu erklären, daß er sich aus der Deckung, die ihm der Graben bot, erhob, um den Grenzposten entgegenzugehen. Diese Arglosigkeit wird nicht durch das generelle Mißtrauen ausgeschlossen, das Kittel 'rollenbedingt' als Flüchtling gegen den Angeklagten als Angehörigen der Grenztruppen der DDR gehegt haben mag. Es kommt insoweit nicht auf ein allgemein begründetes Mißtrauen, sondern allein darauf an, ob das Opfer im Tatzeitpunkt mit Feindseligkeiten des Täters rechnete ... Wenn der Angeklagte nunmehr den Flüchtlingen befal, aus dem Graben zu kommen, so hatten sie keinen Anlaß zu der Annahme, der Angeklagte werde tätlich gegen sie vorgehen, gar auf sie schießen ... Nach der Beruhigung der Lage, dem weiteren Zeitablauf und dem Hinkommen des Angeklagten, das nach der Gesamtsituation auch von Kittel nur als das Erscheinen eines vorgesetzten Grenzsoldaten verstanden werden konnte, hatte Kittel keinen Anlaß zu der Annahme, er werde nunmehr nach der elementaren Regel behandelt werden, die praktisch allen nationalen Polizeirechts-, Grenzrechts- und Strafrechtsordnungen sowie selbst dem Kriegsvölkerrecht gemein ist, nämlich als Unbewaffneter, der sich ergeben hat, in Gefangenschaft geführt zu werden, ohne daß ihm körperliches Leid geschehen würde ..."

Da zwischen Tatbegehung und Aburteilung nacheinander vier verschiedene Strafdrohungen bestanden, von denen das mildeste Gesetz anzuwenden war (§ 2 Abs. 3 StGB i.V.m. Artikel 315 Abs. 1 Nr. 1 EGStGB), hat der BGH mit 10 Jahren Freiheitsstrafe die gesetzlich niedrigste Strafe festgesetzt. Die mildeste Strafdrohung für Mord war diejenige, die nach § 112 StGB/DDR seit dem 4. Strafrechtsänderungsgesetz der DDR vom 18.12.1987 GBl. I, 301) bis zur Einigung Deutschlands galt, nämlich Freiheitsstrafe nicht unter 10 Jahren oder „lebenslängliche" Freiheitsstrafe.

4. Vorfall vom 07.02.1966 (Stacheldrahtzaun West-Staaken)

Im Zusammenhang mit einem Grenzzwischenfall am 07.02.1966, bei dem ein Flüchtling getötet wurde, hat der BGH am 04.03.1996 Ausführungen zur mittelbaren Täterschaft eines Kommandeurs der DDR-Grenztruppen, den das Landgericht Berlin wegen versuchten Totschlags zu einer Freiheitsstrafe von 3 Jahren verurteilt hatte, gemacht.[29]

---

29 BGH, Urt. v. 4.3.1996 – 3 StR 494/94, NJW 1996, 20 42.

Zum Sachverhalt:

„Der Angeklagte gehörte seit November 1964 den Grenztruppen der DDR an. Zur Tatzeit war er Kommandeur des 34. Grenzregiments. Dieses Regiment hatte im Bereich West-Staaken die 'Aufgabe der Grenzsicherung' nach Berlin (West). Die Grenzanlagen waren derart aufgebaut, daß einem etwa 20 m breiten Erdstreifen ein 150 cm tiefer und 1 m breiter Kfz.-Sperrgraben folgte. 15 m entfernt waren 3 Sperren aus Stacheldrahtrollen aufgebaut, hinter denen sich jeweils ein Stacheldrahtzaun befand. Der zwischen Kfz.-Sperrgraben und Stacheldrahtrollen liegende 'Kontrollstreifen' bestand aus geharktem Sand. Am 07.02.1966 versuchte der Bauarbeiter B., aus West-Staaken kommend, die Grenzanlagen zu überwinden. Dabei wurde er von 2 in einem Beobachtungsturm postierten Grenzsoldaten (J. und H.) entdeckt. Beide Grenzposten gaben neben einem Schuß mit Leuchtmunition mehrere Feuerstöße Sperrfeuer aus ihren Kalaschnikow-Maschinenpistolen in den Boden vor dem Flüchtling ab. B. versuchte gleichwohl, unter den 3 Sperren aus Stacheldrahtrollen hindurch in den Westteil Berlins zu gelangen. Dabei verfing er sich in der 2. Stacheldrahtsperre und blieb auf dem Bauch liegen. Durch die Schüsse wurden 2 weitere Grenzsoldaten (S. und O.) auf den Fluchtversuch aufmerksam. Sie liefen zum Ort des Geschehens und begaben sich – ebenso wie zuvor J. und H. – in den Sperrgraben hinter den Flüchtling. Kurz danach erschien der Kompaniechef Z. mit seinem Fahrer K.; beide postierten sich ebenfalls im Sperrgraben. Der Angeklagte, der die Schüsse im Regimentsobjekt hörte, rief seinen Fahrer P. und fuhr zusammen mit seinem Stabschef R. zur Grenze. Der Angeklagte begab sich auf den Grenzstreifen, um sich einen Überblick über die Lage zu verschaffen. Nach einigen Minuten machte der im Stacheldraht festhängende Flüchtling eine Bewegung in Richtung Berlin (West). Dabei war für den Angeklagten 'erkennbar', daß für den Flüchtling nicht die geringste Chance bestand, sich zu befreien und den Westteil Berlins zu erreichen. Der Angeklagte zog daraufhin seine Pistole und schoß auf B., bis das Magazin der Waffe leer war. Dabei nahm er den Tod des Opfers billigend in Kauf. Da die Schüsse den Flüchtling verfehlten, rief der Angeklagte nach einer Maschinenpistole. Der Fahrer K. händigte ihm daraufhin seine Kalaschnikow aus. Mit dieser Maschinenpistole gab der Angeklagte aus einer Entfernung von 15 – 20 m mehrere gezielte Schüsse auf B. ab. Neben dem Angeklagten schossen zumindest S. und O., möglicherweise auch J. und H. sowie unbekannt gebliebene Grenzsoldaten in Richtung des Flüchtlings. Insgesamt wurden – einschließlich der ersten Schüsse vom Beobachtungsturm – rund 70 Schüsse abgegeben. B. wurde von 4 Schüssen aus einer Kalaschnikow getroffen, von denen 3 unmittelbar tödlich wirkten."

Während die Revision des Angeklagten gegen das Urteil des Landgerichts erfolglos war, hatte das zu Ungunsten des Angeklagten eingelegte Rechtsmittel der Staatsanwaltschaft Erfolg. Ihre Revision richtete sich gegen den Schuldspruch wegen eines nur versuchten Totschlags. Der Angeklagte sei wahlweise als Alleintäter, als Mittäter oder als mittelbarer Täter für den Tod des Flüchtlings verantwortlich. Ein Geschehensablauf, der sein Verhalten als bloß versuchten Totschlag erscheinen ließe, komme nicht in Betracht.

Dem ist der 3. Strafsenat des BGH gefolgt. Es liege zwar nahe, daß der Kommandeur eines Grenzregiments bei der Umsetzung des von der obersten militärischen Führung vorgegebenen Grenzregimes Zwischenglied einer Befehlshierarchie sei und dabei durch eigene Tatbeiträge unter Ausnutzung seiner Befehlsgewalt zur Tatbestandsverwirklichung führende regelhafte Abläufe auslöse, doch könne offengelassen bleiben, ob der Angeklagte bereits nach früher entwickelten Grundsätzen des BGH als mittelbarer Täter angesehen werden muß.

Der Angeklagte erscheine bei jeder denkbaren Sachverhaltsgestaltung als Täter eines vollendeten Tötungsdelikts. Nach dem Gesamtbild der Urteilsfeststellungen durch das Landgericht spreche eine hohe Wahrscheinlichkeit dafür, daß der Angeklagte die tödlichen Schüsse selbst aus der von ihm verwendeten Maschinenpistole abgegeben hat. Der Angeklagte sei unter dieser Voraussetzung Täter eines vollendeten Totschlags. Falls außer ihm kein anderer Soldat mit Tötungsvorsatz geschossen hat, sei er Alleintäter; haben auch andere mit Tötungsvorsatz geschossen, so sei der Angeklagte Mittäter eines vollendeten Totschlags. Das gelte auch, wenn der Angeklagte das Opfer zwar verfehlt hat, der Flüchtling jedoch durch einen anderen Grenzsoldaten mit Tötungsvorsatz erschossen worden ist. Der Rangunterschied zwischen dem Angeklagten und anderen Soldaten, die mit derselben Zielrichtung wie er geschossen haben, stehe einer Mittäterschaft nicht entgegen.

Sofern der Flüchtling durch einen Grenzsoldaten getötet worden ist, der ohne Tötungsvorsatz lediglich Sperrfeuer schießen wollte, sei der Angeklagte mittelbarer Täter eines Totschlags. Denn er habe als Regimentskommandeur durch die Abgabe gezielter Schüsse seinen vor Ort befindlichen Untergebenen zumindest in schlüssiger Form abverlangt, den Flüchtling ihrerseits unter Feuer zu nehmen. Überdies habe er das Verhalten des Kompaniechefs Z. als unangemessen inaktiv empfunden und habe durch seine Schußabgabe die Situation mit dem Flüchtling beenden wollen. Daß der Angeklagte im Rahmen des Tatgeschehens als unmittelbar Handelnder durch die von ihm abgegebenen Schüsse selbst den tatbestandlichen Erfolg herbeiführen wollte, stehe der Annahme gleichzeitiger mittelbarer Täterschaft aufgrund der zur Tatbestandserfüllung ausgenutzten Befehlsherrschaft nicht entgegen.

Trotz der Tatsache, daß das Vorgehen des Angeklagten den Charakter einer „Hinrichtung" hatte, hat der Strafsenat des BGH in Übereinstimmung mit der Staatsanwaltschaft mangels Nachweises niedriger Beweggründe Mord verneint. Der BGH hat davon abgesehen, selbst auf die gesetzliche Mindeststrafe für Totschlag von 5 Jahren zu erkennen, und das Verfahren an das Landgericht Berlin zurückverwiesen. In einer abschließenden Bemerkung hat der BGH seine Auffassung bekräftigt, daß das Grenzregime der DDR nicht mit den sonst üblichen Formen bewaffneter Grenzsicherung gleichgesetzt werden könne. Der Befehl, die Flucht um jeden Preis, gegebenenfalls durch die Tötung des

Flüchtlings zu verhindern, sei unter den besonderen Verhältnissen an der innerdeutschen Grenze ein so schweres Unrecht gewesen, daß etwaige Rechtfertigungsgründe des DDR-Rechts unbeachtlich seien, weil sie gegen die allen Völkern gemeinsamen, auf Wert und Würde des Menschen bezogenen Rechtsüberzeugungen verstoßen. Damit steht durchaus im Einklang, daß auf Schußwaffengebrauch, der nicht mit Tötungsvorsatz einherging, der BGH in keinem einzigen Fall die Verurteilung von Grenzsoldaten gestützt hat.

5. Erschießung eines DDR-Pioniers am 06.08.1969 auf bundesdeutschem Gebiet

Das Landgericht Schweinfurt hat einen Hauptmann und stellvertretenden Kompaniechef einer Grenzbrigade wegen der Tötung eines Flüchtlings am 06.08.1969 zu einer Freiheitsstrafe von 5 Jahren und 6 Monaten verurteilt. Der BGH hat den Schuldspruch Totschlag bestätigt, auf die Revision des Angeklagten den Strafausspruch jedoch aufgehoben.[30]

Zum Sachverhalt:

„Der Angeklagte war Hauptmann und stellvertretender Chef der 11. Pionierkompanie der 11. Grenzbrigade der DDR. Am 06.08.1969 waren die aus Wehrpflichtigen bestehenden Mannschaftsdienstgrade seiner Kompanie mit Ausbesserungsarbeiten an den Grenzsicherungsanlagen im Bereich des Kreises Meiningen (DDR)/Landkreis Königshofen (BRD) beschäftigt. Bewacht wurden sie von Angehörigen der 4. Grenzkompanie. 10 m vor der Grenze zwischen der DDR und der Bundesrepublik war ein Trassierband ausgelegt, das nicht überschritten werden durfte. Die Pioniere wurden von den Vorgesetzten darauf hingewiesen, daß bei Zuwiderhandlung sofort geschossen werde. Der 19-jährige Pionier P. entschloß sich zur Flucht, warf sein Arbeitsgerät weg und überwandt rennend die insgesamt 30 m von seinem Arbeitsplatz zur Grenzlinie. Währenddessen gaben 2 Sicherungsposten 2 - 3 Feuerstöße aus ihren Maschinengewehren ab und zielten dabei vor und über den unbewaffnet Flüchtenden. Dieser warf sich ca. 10 m nach Überschreiten der Grenze in das 10 - 25 cm hohe Gras. Er versuchte, robbend voranzukommen, und forderte ein in der Nähe befindliches Ehepaar auf, zu ihm zu kommen, weil 'die' dann nicht mehr schießen dürften. Der Angeklagte bemerkte, 100 m entfernt stehend, den Fluchtversuch. Er lief bis zu dem Trassierband und rief dem Flüchtenden zu, er solle zurückkommen. Außerdem gab er aus seiner Pistole 2 Warnschüsse ab. Die Wachposten hatten bereits das Feuer eingestellt. P. hatte bei Abgabe der Schüsse in seiner Fortbewegung innegehalten, machte aber keine Anstalten zur Rückkehr. Der Angeklagte wollte um jeden Preis die Flucht verhindern; er wußte, daß ihm bei einem Gelingen der Flucht von Vorgesetzen Repressalien drohten und eine weitere Karriere bei der Armee nicht möglich sein werde. Er zielte deshalb mit seiner Pistole auf die ihm zuge-

---

30 BGH, Urt. v. 18.1.1994 – 1 StR 740/93, NJW 1994, 23 37.

wandten Füße des 22 - 24 m bäuchlings in Längsrichtung etwas schräg vor ihm liegenden P. und nahm bei dem Schuß die von ihm erkannte Möglichkeit, den Soldaten tödlich zu treffen (der Angeklagte war schnell gelaufen und konnte nicht ruhig zielen), in Kauf. Er traf P. in die Schläfe. Anschließend holten der Angeklagte und ein weiterer Soldat den Getroffenen auf DDR-Gebiet zurück. P. starb am gleichen Tag an der Schußverletzung. Der Angeklagte wurde wegen des Vorfalles in der Armee ausgezeichnet. 2 Jahre später wurde er zum Major befördert."

Das Landgericht Schweinfurt hat die Verurteilung wegen Totschlags damit begründet, der Angeklagte habe entgegen seinen Dienstvorschriften gehandelt, denn er hätte mit milderen Mitteln die Flucht verhindern können. Statt zu schießen, hätte er zu dem im Gras liegenden Flüchtling hinlaufen und ihn mit Waffendrohung 10 m auf das Gebiet der DDR zurückholen können, so wie er es nach dem Schuß – ebenfalls unter Verletzung der Grenze – auch getan habe. Auch hätte er nicht über die Grenze schießen dürfen.

In seiner Revisionsentscheidung vom 18.01.1994 hat der BGH ausgeführt, daß die Tötung des Pioniers P. nach der Rechtslage der DDR nicht gerechtfertigt war. Denn für den Angeklagten war zur Tatzeit die Dienstanweisung DV-30/10 vom 16.12.1966 maßgebend. Danach durfte von der Schußwaffe „nur Gebrauch gemacht werden", ... u. a. ...

Nr. 203 d: „... wenn andere Mittel nicht ... ausreichen, um ... Verbrecher ..., die flüchten, unschädlich zu machen."

Speziell für Grenzposten galt, daß sie die Waffe anzuwenden hatten,

Nr. 204 „... zur vorläufigen Festnahme von Personen, die sich den Anordnungen der Grenzposten nicht fügen, indem sie auf den Anruf „Halt – Grenzposten – Hände hoch!" oder nach Abgabe eines Warnschusses nicht stehenbleiben, sondern offensichtlich versuchen, die Staatsgrenze der DDR zu durchbrechen, und keine andere Möglichkeit zur vorläufigen Festnahme besteht ..."

Nach Nr. 206 I war

„der Gebrauch der Schußwaffe ... die äußerste Maßnahme der Gewaltanwendung gegenüber Personen. Er ist nur dann zulässig, wenn alle anderen Maßnahmen erfolglos blieben oder dann, wenn es aufgrund der Lage nicht möglich ist, andere Maßnahmen zu treffen."

Nr. 208: „Die Schußwaffe darf nur in Richtung des Territoriums der DDR oder parallel zur Staatsgrenze gegen Grenzverletzer angewendet werden."

Nach diesen Vorschriften („**darf nur**") war klar, daß es nicht erlaubt war, auf Personen zu schießen, die bereits „die Staatsgrenze" zur Bundesrepublik Deutschland (§ 12 Grenzordnung vom 19.03.1964, GBl. II 257, 258) überschritten hatten.

Soweit durch mündliche Unterweisungen in Ergänzung der offiziellen Dienstordnung sich die allgemeine Befehlslage ergab, nach der Grenzdurchbrüche und Fahnenflucht auch durch tödliches Handeln in jedem Fall zu verhindern und das Überschreiten der Grenze auf jeden Fall zu unterbinden war, hat der BGH einen Rechtfertigungsgrund verneint:

„Es gab keine eindeutige Anordnung, notfalls auf 'fremdes Staatsgebiet' zu schießen; alle Vorschriften befaßten sich mit der Frage, was zu tun sei, bevor der Flüchtling die Grenze erreichte. Daß das Verhalten des Angeklagten trotz der möglicherweise bewußt undeutlichen Erläuterungen nicht erlaubt war, ergibt sich aus der Gesamtheit der Anweisungs- und Gesetzeslage der DDR. Selbst ein militärischer Befehl entband einen Soldaten nicht von der strafrechtlichen Verantwortlichkeit, wenn der Befehl 'offensichtlich gegen die anerkannte Norm des Völkerrechts verstieß' (§ 258 StGB/DDR). Ein solch offensichtlicher Verstoß lag hier vor: Die Rechtsordnung eines Staates beschränkt sich grundsätzlich auf das Gebiet innerhalb seiner Grenzen. Die Ausübung des eigenen Rechts darf das des Nachbarn nicht beeinträchtigen. Gewaltsame wie nicht gewaltsame Maßnahmen, die von einem Staatsgebiet auf das andere hinüberwirken und eine Verletzung fremder Gebietshoheit darstellen, hat ein Staat zu unterlassen und zu unterbinden."

Die Tat des Angeklagten – so der BGH – sei aber auch nach dem zur Tatzeit geltenden Recht der Bundesrepublik Deutschland rechtswidrig gewesen. Denn auch nach Bundesrecht gelte als allgemeine Regel des Völkerrechts mit Verbindlichkeit für den einzelnen (Artikel 25 GG), daß man einen Menschen auf fremdem Hoheitsgebiet nicht durch einen Schuß über die Grenze töten darf, nur um dessen endgültiges Entweichen zu verhindern. Damit komme es für die Beurteilung nicht darauf an, daß Schußwaffengebrauch gegen einen Fahnenflüchtigen auch auf dem Gebiet der Bundesrepublik nicht zulässig ist.

6. Vorfall vom 14./15.05.1972 (Spree nahe Schillingbrücke)

Die Jugendkammer des Landgerichts Berlin hat einen ehemaligen Postenführer einer Bootskompanie des Grenzregiments 35, der zur Tatzeit 19 Jahre alt und damit Heranwachsender war, wegen Totschlags zu einer Jugendstrafe von einem Jahr und 10 Monaten mit Bewährung verurteilt. Seine Revision hat der BGH durch Urteil vom 26.7.1994 verworfen.[31] Der Entscheidung lag folgender Sachverhalt zugrunde:

„Die Kompanie hatte in Berlin einen Grenzabschnitt in der Nähe der Schillingbrücke zu sichern. Dort wurde die Wasserfläche der Spree dem Ostteil Berlins zugerechnet, während das jenseitige Ufer zum Bezirk Kreuzberg (damals: Berlin-West) gehört. Der Angeklagte, der sich auf Drängen seines Vaters widerstrebend zu einem Wehrdienst von 3 Jahren verpflichtet hatte, war in der Nacht vom 14. zum 15.2.1972 Postenführer einer aus ihm und dem Soldaten

---

31 BGH, Urt. v. 26.7.1994 – 5 StR 167/94, NJW 1994, 27 08.

K. gebildeten Grenzstreife. Der 29 Jahre alte E. aus Ost-Berlin war gegen 22.30 Uhr unbemerkt in die Spree gelangt, die er in Richtung auf das Kreuzberger Ufer durchschwimmen wollte, um im Westen zu bleiben. Als die Angeklagten ihn entdeckten, schwamm er in der Mitte des Flusses. Auf Zuruf der beiden Grenzsoldaten reagierte er nicht. Diese schossen nunmehr aus einer Entfernung von ungefähr 40 m nahezu gleichzeitig auf ihn, ohne sich vorher ausdrücklich verständigt zu haben. Ihre Maschinenpistolen vom Typ 'MPi Kalaschnikow' (Kaliber 30 = 7,62 mm) waren auf Dauerfeuer eingestellt. Der Angeklagte gab 3, K. 2 Feuerstöße von jeweils 2 Schüssen ab. Beide Soldaten schossen aus der Hüfte. Ihnen kann nicht widerlegt werden, daß 'die ersten abgegebenen Schüsse' Warnschüsse waren. Die weiteren Schüsse wurden 'sofort' danach abgegeben. Beiden war 'bewußt, daß sie den Flüchtling tödlich verletzen konnten; das nahmen sie billigend in Kauf'. Nach den Feuerstößen war der Schwimmer nicht mehr zu sehen. Er war durch ein Geschoß am Kopf getroffen worden und deswegen ertrunken. Von welchem der beiden Soldaten das tödliche Geschoß herrührte, ist ungeklärt. Die Soldaten 'handelten mit dem gemeinsamen Ziel, den bei der Vergatterung erhaltenen Befehl auszuführen und den vermuteten Grenzdurchbruch zu verhindern'. Die vor Antritt des Grenzdienstes jeweils erteilte Vergatterung lautete in Übereinstimmung mit Nr. 89 der DV-30/10 des Ministeriums für Nationale Verteidigung (1967): 'Der Zug ... sichert die Staatsgrenze ... mit der Aufgabe, Grenzdurchbrüche nicht zuzulassen, Grenzverletzer vorläufig festzunehmen oder zu vernichten und den Schutz der Staatsgrenze unter allen Bedingungen zu gewährleisten.' Taucher fanden die Leiche des E. erst am nächsten Tag gegen 15.00 Uhr bei der Schillingbrücke. Um zu verhindern, daß der Vorgang von Berlin (West) aus beobachtet wurde, brachten sie die Leiche unter Wasser zu einem Boot, das unter der Schillingbrücke wartete. Bei der Obduktion wurde eine Blutalkoholkonzentration von 1,9 g o/oo festgestellt. Die Witwe des Getöteten erstattete 1 Woche später Vermißtenanzeige. Nach 4 Wochen wurde ihr von der Polizei mitgeteilt, die Leiche ihres Mannes sei 'in der Nähe der Museumsinsel' geborgen, nach den Fingerabdrücken identifiziert und bereits eingeäschert worden; es habe sich um einen Selbstmord gehandelt. Der Angeklagte und K. wurden noch in der Nacht zum 15.2.1972 als Posten abgelöst und am nächsten Tag mit einem Leistungsabzeichen sowie mit einer Prämie von 150 Mark ausgezeichnet."

Der BGH hat die Annahme des Landgerichts, daß beide Grenzsoldaten – das Urteil gegen K. war bereits rechtskräftig – als Mittäter eines bedingt vorsätzlichen Totschlages anzusehen seien, bestätigt, obwohl nicht feststehe, aus wessen Maschinenpistole das Geschoß, das den Schwimmer getroffen hat, abgefeuert worden ist. Denn keiner von ihnen habe bewußt daneben geschossen.

Zur Frage, ob im Strafrechtssystem der DDR Ansatzpunkte für die Prüfung eines Rechtfertigungsgrundes vorhanden gewesen seien, hat der BGH ausgeführt, daß offengelassen werden könne, auf welche Rechtsgrundlage der Schußwaffengebrauch der Grenztruppen vor Inkrafttreten des Grenzgesetzes vom 25.3.1982 gestützt wurde. Denn die inzwischen offenkundigen tatsächlichen Verhältnisse, die an der innerdeutschen Grenze herrschten, der Inhalt der Vergatterung und der Umstand, daß gezieltes Dauerfeuer auf unbewaffnete Flüchtlinge nicht zu Ermittlungen der DDR-Behörden gegen die Schützen, sondern zu ihrer Belobigung und Belohnung geführt hat, seien ein Indiz dafür, daß die staatlichen Stellen der DDR den Schußwaffengebrauch ohne jede Einschränkung als zulässig kennzeichnen wollten. Ein der Staatspraxis entsprechender Rechtfertigungsgrund, der die vorsätzliche Tötung von Personen deckte, die nichts weiter wollten, als unbewaffnet und ohne Gefährdung anerkannter Rechtsgüter die innerdeutsche Grenze zu überschreiten, müsse indes unbeachtet bleiben. Schließlich hätte unter Berücksichtigung des auch in der DDR ansatzweise anerkannten Verhältnismäßigkeitsgrundsatzes die Auslegungsmöglichkeit bestanden, den Rechtfertigungsgrund in der Weise einschränkend auszulegen, daß der Tod eines Menschen nicht durch das staatliche Interesse aufgewogen werde, das unerlaubte Überschreiten der innerdeutschen Grenze zu verhindern.

7. Vorfall vom 01.12.1984 (Berliner Mauer in Pankow)

Ob und inwieweit das DDR-Grenzgesetz vom 25.3.1982 als Rechtfertigungsgrund die Strafbarkeit von Grenzsoldaten wegen vorsätzlicher Tötung eines Flüchtlings ausschließt, hat der BGH erstmals in seinem Urteil vom 3.11.1992 beantwortet.[32] Zum Sachverhalt wird ausgeführt:

„Die Angeklagten waren als Angehörige der Grenztruppen der DDR – W. als Unteroffizier und Führer eines aus 2 Personen bestehenden Postens, H. als Soldat – an der Berliner Mauer eingesetzt. Dort haben sie am 1.12.1984 um 03.25 Uhr auf den 20 Jahre alten, aus der DDR stammenden S. geschossen, der sich anschickte, die Mauer vom Stadtbezirk Pankow aus in Richtung auf den Bezirk Wedding zu übersteigen. S. wurde, während er auf einer an die Mauer gelehnten Leiter hochstieg, von Geschossen aus den automatischen Infanteriegewehren der Angeklagten getroffen. Ein Geschoß aus der Waffe des Angeklagten W. drang in seinen Rücken ein, als er bereits eine Hand auf die Mauerkrone gelegt hatte; diese Verletzung führte zum Tode. S. wurde auch von einem Geschoß aus der Waffe des Angeklagten H. getroffen, und zwar am Knie; diese Verletzung war für den Tod ohne Bedeutung. Die zeitliche Abfolge der beiden Schußverletzungen ist nicht geklärt. S. wurde erst kurz vor 05.30 Uhr in das Krankenhaus der Volkspolizei eingeliefert, wo er um 06.20 Uhr starb. Er wäre bei unverzüglicher ärztlicher Hilfe gerettet worden. Die Verzögerung war die Folge von Geheimhaltungs- und Zuständigkeitsregeln, die den Angeklagten nicht bekannt waren. Die Angeklagten sind nicht bei der Bergung und dem Abtransport des Opfers eingesetzt worden. Bei den Schüssen, die S. getroffen haben, waren die Gewehre der beiden Angeklagten auf 'Dauerfeuer' eingestellt. Der Angeklagte H. hat in den 5 Sekunden, während derer S. auf der Leiter nach oben stieg, insgesamt 25 Patronen verschossen; aus dem Gewehr

---

32 BGH, Urt. v. 3.11.1992 – 5 StR 370/92, NJW 1993, 141.

des Angeklagten W. wurden 27 Patronen verschossen. Der Angeklagte W., der zuvor durch Zuruf zum Stehenbleiben aufgefordert und Warnschüsse abgegeben hatte, schoß aus einer Entfernung von 150 m aus dem Postenturm auf S. Der Angeklagte H., der beim Auftauchen des Flüchtlings auf Anweisung des Angeklagten W. den Turm verlassen hatte, schoß, an die Mauer gelehnt, aus einer Entfernung von ca. 110 m. Beide Angeklagten wollten S., den sie nicht für einen Spion, Saboteur oder 'Kriminellen' hielten, nicht töten. Sie erkannten aber die Möglichkeit eines tödlichen Treffers. 'Auch um diesen Preis wollten sie aber gemäß dem Befehl, den sie für bindend hielten, das Gelingen der Flucht verhindern. Um die Ausführung des Befehls auf jeden Fall sicherzustellen, der zur Vereitelung der Flucht auch die bewußte Tötung des Flüchtenden einschloß, schossen sie – das als Vorstufe vorgeschriebene gezielte Einzelfeuer auslassend – in kurzen Feuerstößen Dauerfeuer. Sie wußten, daß dieses zwar die Trefferwahrscheinlichkeit, wenn auch nicht in dem anvisierten Bereich, erhöhte, damit aber auch das Risiko eines tödlichen Schusses'."

Die Jugendkammer des Landgerichts Berlin hat die Voraussetzungen des § 213 StGB (minderschwerer Fall des Totschlages) angenommen und den zur Tatzeit 20 Jahre alten W. zu einer Jugendstrafe von 1 Jahr und 6 Monaten, den damals 23 Jahre alten H. zu einer Freiheitsstrafe von 1 Jahr und 9 Monaten verurteilt. Die Vollstreckung beider Strafen wurde zur Bewährung ausgesetzt. Die Revisionen der Angeklagten wurden vom BGH verworfen.

Nach Auffassung des BGH entsprach das Verhalten der Angeklagten der rechtfertigenden Vorschrift des § 27 II DDR-Grenzgesetz, so wie sie in der Staatspraxis, die durch den Vorrang der Fluchtverhinderung vor dem Lebensschutz gekennzeichnet sei, angewandt wurde. Denn nach § 27 II 1 DDR-Grenzgesetz war die Anwendung der Schußwaffe „gerechtfertigt, um die unmittelbar bevorstehende Ausführung oder die Fortsetzung einer Straftat zu verhindern, die sich den Umständen nach als ein Verbrechen darstellt". Da aber die DDR-Strafgerichte „Republikflucht" mit unmittelbarem Grenzkontakt in den meisten Fällen als Verbrechen werteten und mit Freiheitsstrafen von mehr als 2 Jahren ahndeten, konnte ein unmittelbar bevorstehender Grenzübertritt durch Anwendung der Schußwaffe „verhindert" werden. Zwar bezeichnete das Grenzgesetz die Anwendung der Schußwaffe als „äußerste Maßnahme" (§ 27 I 1). Andere Mittel, den Grenzübertritt zu verhindern, standen den Angeklagten aber nicht zur Verfügung. Der Wortlaut des Grenzgesetzes ließ also die Auslegung zu, daß auch mit Tötungsvorsatz geschossen werden durfte, wenn das Ziel, Grenzverletzungen zu verhindern, nicht auf andere Weise erreicht werden konnte. Insoweit bedeutete das Grenzgesetz keine Änderung der Rechtslage, schon gar nicht der Befehlslage.

Für die Frage, ob das Verhalten der Angeklagten nach dem in der DDR angewandten Recht gerechtfertigt war, sei – so der BGH – die andere Frage zu unterscheiden, ob ein so verstandener Rechtfertigungsgrund (§ 27 II DDR-Grenzgesetz) wegen Verletzung vorgeordneter, auch von der DDR zu beachtender allgemeiner Rechtsprinzipien und wegen eines extremen Verstoßes gegen das Verhältnismäßigkeitsprinzip bei der Rechtsfindung außer Betracht bleiben muß. Der BGH hat diese Frage bejaht, allerdings zugleich ausgeführt, daß Fälle, in denen ein zur Tatzeit angenommener Rechtfertigungsgrund als unbeachtlich angesehen wird, auf extreme Ausnahmen beschränkt bleiben müssen:

„Ein zur Tatzeit angenommener Rechtfertigungsgrund kann ... nur dann wegen Verstoßes gegen höherrangiges Recht unbeachtet bleiben, wenn in ihm ein offensichtlich grober Verstoß gegen Grundgedanken der Gerechtigkeit und Menschlichkeit zum Ausdruck kommt; der Verstoß muß so schwer wiegen, daß er die allen Völkern gemeinsamen, auf Wert und Würde des Menschen bezogenen Rechtsüberzeugungen verletzt. Der Widerspruch des positiven Gesetzes zur Gerechtigkeit muß so unerträglich sein, daß das Gesetz als unrichtiges Recht der Gerechtigkeit zu weichen hat (Gustav Radbruch). Mit diesen Formulierungen ist nach dem Ende der nationalsozialistischen Gewaltherrschaft versucht worden, schwerste Rechtsverletzungen zu kennzeichnen. Die Übertragung dieser Gesichtspunkte auf den vorliegenden Fall ist nicht einfach, weil die Tötung von Menschen an der innerdeutschen Grenze nicht mit dem nationalsozialistischen Massenmord gleichgesetzt werden kann. Gleichwohl bleibt die damals gewonnene Einsicht gültig, daß bei der Beurteilung von Taten, die in staatlichem Auftrag begangen worden sind, darauf zu achten ist, ob der Staat die äußerste Grenze überschritten hat, die ihm nach allgemeiner Überzeugung in jedem Lande gesetzt ist."

Die DDR-Führung hat nach Auffassung des BGH die Grenze zur Willkür dadurch überschritten, daß der Schußwaffengebrauch an der Grenze dem Zweck diente, Dritte vom unerlaubten Grenzübertritt abzuschrecken: „Daß die 'Befehlslage', die die vorsätzliche Tötung von 'Grenzverletzern' einschloß, auch dieses Ziel hatte, liegt auf der Hand."

VII. Zur strafrechtlichen Ahndung der „Täter hinter den Tätern"

Die Tatsache, daß in der DDR der Schußwaffengebrauch an der Grenze ausnahmslos selbst in den Fällen strafrechtlich ungeahndet blieb, in denen das Handeln der Grenzsoldaten nicht durch die schriftlichen Bestimmungen gedeckt war, war nur die Kehrseite und logische Konsequenz des allgemeinen Schießbefehls. Wer wegen der Tötung eines Menschen zur Verhinderung eines Fluchtunternehmens belobigt und ausgezeichnet wurde, konnte nicht gleichzeitig wegen derselben Tat mit einem Strafverfahren überzogen werden. Diese Sicherheit wurde von den politisch und militärisch Verantwortlichen jahrzehntelang übermittelt, während sie durch Organisationsstrukturen Rahmenbedingungen schufen, innerhalb derer entsprechend der Befehlshierarchie regelhafte Abläufe gewährleistet waren, deren Ergebnisse ihnen unverzüglich gemeldet wurden. Sie waren als Hintermänner die Täter, die dafür gesorgt haben, daß ihre Befehle durch anonyme austauschbare Figuren, deren man sich als auswechselbare „Rädchen im Getriebe des Apparates" bedient hat, rückhaltlos vollzogen wurden. Wer als Hintermann die unbedingte Bereitschaft des unmittelbar Handelnden, den Tatbestand zu erfüllen, ausnutzt und den Erfolg als Ergebnis seines eigenen Handelns will, ist Täter in der Form mittelbarer Täterschaft und nicht Anstifter. Seine Tatherrschaft und Verantwortlichkeit nimmt mit größerem Abstand zum Tatort nicht ab, sie nimmt eher zu.[33]

Die Mitglieder des Politbüros des ZK der SED und des Nationalen Verteidigungsrates der DDR sowie die Grenztruppenkommandeure waren kein anonymer Apparat, sondern sind als Individuen anzusehen, deren Schuld individuell darin besteht, die zwingenden Voraussetzungen für die grundlegenden Befehle, auf denen das Grenzregime der DDR beruhte, geschaffen zu haben. Angesichts der von ihnen gewollten Unmenschlichkeit des Grenzregimes konnten sie nicht ernsthaft erwarten, strafrechtlich verantwortungsfrei zu bleiben. Unter Zugrundelegung der ermittelten Tötungsfälle an der Grenze erscheinen die erkannten Strafen für die Mitglieder des Nationalen Verteidigungsrates (Freiheitsstrafen zwischen 5 Jahren und 7 Jahren und 6 Monaten) und die Haftstrafen für die ehemaligen Generäle der DDR-Grenztruppen bis zu 6 Jahren und 6 Monaten durchaus milde. Diese Wertung wird durch die Meldungen und Berichte, zur Kenntnis genommen und gebilligt durch die Angehörigen des obersten Führungskreises der DDR und dort dokumentiert, vielfältig belegt.[34]

So heißt es beispielsweise im Bericht des Stabschefs der 1. Grenzbrigade vom 10.4.1969 über den tödlich verlaufenen Fluchtversuch eines 28 Jahre alten Dekorationsmalers am 9.4.1969 gegen 21.50 Uhr im Bereich Adalbertstraße/Leuschnerdamm nach Berlin-Kreuzberg:

„Alle beteiligten Grenzposten eröffneten auf eigenen Entschluß das Feuer. Die Feuerführung wurde eingestellt, nachdem der Grenzverletzer ca. 5 m vor der Grenzmauer vernichtet war. Die Grenzposten Legiendamm und Fritz-Heckert-Straße verließen nach erfolgreicher Feuerführung die Postentürme und organisierten die Bergung ... Zur Vernichtung des Grenzverletzers wurden durch die 8 beteiligten Grenzsoldaten aus 3 LMG und 5 Maschinenpistolen insgesamt 148 Schuß verschossen."

Die am Vorfall beteiligten Soldaten wurden mit der „Medaille für vorbildlichen Grenzdienst", mit dem „Leistungsabzeichen der Grenztruppen" sowie einer Sachprämie (Armbanduhr) ausgezeichnet und befördert.

Über den Vorfall und den tödlichen Ausgang wurde noch am 10.4.1969 dem Mitglied des Politbüros des Zentralkomitees der SED und Sekretär des Nationalen Verteidigungsrates der DDR, Honecker, Meldung erstattet, die mit der Schlußfolgerung endete:

---

33 BGH, Urt. v. 26.7.1994 – 5 StR 98/94, NStZ 1994, 537 (538).
34 Vorermittlungsverfahren AR – ZE 222/69 der Zentralen Erfassungsstelle Salzgitter (dokumentiert durch Staatsanwaltschaft bei dem Kammergericht Berlin 2 Js 26/90); vgl. auch Grasemann: „Grenzverletzer sind zu vernichten!", S. 77 f.

„1. Die Grenzposten handelten entsprechend ihrem Kampfbefehl entschlossen, taktisch richtig und gewährleisteten somit die Unantastbarkeit unserer Staatsgrenze.

2. Die an der Verhinderung des Grenzdurchbruchs beteiligten Grenzposten werden für ihre ausgezeichnete Dienstdurchführung von mir belobigt."

Über den Fluchtversuch eines 21 Jahre alten Chemiefacharbeiters und seiner 23 Jahre alten Verlobten, einer Chemiestudentin, am 4.3.1965 im Bereich Klein-Machnow zwischen Kohlhaasenbrück und Zehlendorfer Spinne wird im Abschlußbericht des Operativgruppenleiters der 4. Grenzbrigade u. a. ausgeführt:

„Da die Personen sich weiter ... bewegten, führten beide Postenpaare weiter das Feuer auf die Grenzverletzer. Feldwebel D. erteilte den Befehl zur Verfolgung. Dabei wurde aus dem kurzen Halt weiter das Feuer gegen die Grenzverletzer durch alle 4 Genossen geführt. In Höhe der Durchbruchstelle ... wurde festgestellt, daß die Grenzverletzer bereits die 3. und 2. Pfahlreihe der PTA durchkrochen hatten. Da sie den Aufforderungen zurückzukommen nicht Folge leisteten und keine andere Möglichkeit der Festnahme vorhanden war, wurde wiederum das Feuer auf die Grenzverletzer geführt ...

... Das Verhalten der Grenzposten entsprach voll und ganz den Dienstvorschriften. Die Genossen, besonders der Feldwebel D., handelten entschlossen und entsprechend ihrem Kampfbefehl.

Das Feuer wurde aus den 4 Waffen der genannten Grenzposten auf die Grenzverletzer geführt.

Feldwebel D. verschoß 51 Patronen

UffZ G. verschoß 30 Patronen

Gefr. G. verschoß 58 Patronen

Sold. S. verschoß 60 Patronen.

Insgesamt wurden in kurzen Feuerstößen 199 Patronen verschossen ..."

Der Chemiefacharbeiter wurde getötet, seine Verlobte erlitt einen Wadendurchschuß. Die beteiligten Grenzposten wurden durch den Stadtkommandanten und den Kommandeur der 4. Grenzbrigade mit der „Medaille für vorbildlichen Grenzdienst" ausgezeichnet, ein Unterleutnant erhielt das „Leistungsabzeichen der Grenztruppen", 3 Soldaten wurden befördert und der Kompaniechef erhielt eine Prämie von 300 Mark. Abschließend heißt es in dem Bericht: „Die konsequente Haltung der Grenzposten, ihr vorbildliches Verhalten, wird durch die Politabteilung in Absprache mit unserem Organ ausgewertet."[35]

---

35 Dokumente des Grenzregiments 46, vorgestellt auf der 100. Pressekonferenz der Arbeitsgemeinschaft 13. August am 10.8.1993 (Manuskript).

Diese und alle anderen ähnlich gelagerten Fälle hat das Bundesverfassungsgericht in seiner Entscheidung vom 12.11.1996 gemeint, als es das sogenannte Rückwirkungsverbot in Artikel 103 Abs. 2 GG im Zusammenhang mit der Beurteilung von Straftaten, die in der DDR von Staats wegen begangen worden sind, eingeschränkt hat: Das Rückwirkungsverbot finde seine rechtsstaatliche Rechtfertigung in der besonderen Vertrauensgrundlage, welche die Strafgesetze tragen, wenn sie von einem an die Grundrechte gebundenen demokratischen Gesetzgeber erlassen werden. An einer solchen besonderen Vertrauensgrundlage fehle es aber, wenn der Träger der Staatsmacht für den Bereich schwersten kriminellen Unrechts die Strafbarkeit durch Rechtfertigungsgründe ausschließt, indem er über die geschriebenen Normen hinaus zu solchem Unrecht auffordert, es begünstigt und so die in der Völkerrechtsgemeinschaft allgemein anerkannten Menschenrechte in schwerwiegender Weise mißachtet. Der strikte Schutz von Vertrauen durch Artikel 103 Abs. 2 GG müsse dann zurücktreten.[36]

Erst straflos Töten in der Diktatur und dann Schutz suchen im Rückwirkungsverbot des Rechtsstaats – das wäre in der Tat der perfekte Mord.

VIII. Tötung von Grenzsoldaten durch eigene Kameraden

Von 1949 bis 1989 sind an der Grenze durch Deutschland und Berlin mindestens 251 Menschen durch Schüsse von Grenzsoldaten oder durch Minen zu Tode gekommen. In weiteren 100 – 110 Fällen besteht der Verdacht einer Tötung. Darüber hinaus liegen in 96 Fällen „sonstige Todesursachen" vor. Ein solcher Vorfall ist z. B. dann gegeben, wenn ein an der Flucht beteiligtes Fahrzeug beschossen wurde und die Insassen bei einem dadurch verursachten Unfall ums Leben kamen. 884 Personen wurden durch Schußwaffen und durch Boden- bzw. Splitterminen verletzt. In diesen Fällen wird wegen versuchter vorsätzlicher Tötung ermittelt. Nicht eingerechnet sind die Menschen, die bei Fluchtversuchen über die Ostsee und durch die Elbe ertrunken sind. Die Anzahl dieser Opfer des Grenzregimes, bei denen ein Fremdverschulden nicht erkennbar ist, beträgt nach Schätzungen ca. 80.[37]

Sechs Jahre nach der Vereinigung Deutschlands und Berlins hat die Staatsanwaltschaft II beim Berliner Landgericht 135 Anklagen wegen Gewalttaten an der Grenze erhoben. Angeklagt wurden 293 Personen – zumeist Angehörige der Grenztruppen. 20 Angeklagte gehörten der politischen, 65 der militärischen Führung der DDR an. Bis zum 35. Jahrestag des Mauerbaus in Berlin (13.8.1996) waren 33 Verfahren gegen 40 Angeklagte rechtskräftig abge-

---

36 BVerfG, Beschl. v. 26.10.1996 – 2 BvR 1851/94; 1853/94: 1875/94; 1852/94 (auszugsweiser Vorabdruck in: FR v. 18.11.1996, S. 12); vgl. im übrigen Pressemitteilung des BVerfG Nr. 69/96 v. 12.11.1996, in: NJW-Informationen Heft 49/1996 (XII).

37 Pressemitteilung durch Generalstaatsanwalt Christoph Schaefgen (Berlin) am 13.8.1996, zit. nach FAZ und FR v. 14.8.1996; Statistik der ZERV v. 28.8.1996, zit. nach Hirtschulz/Lapp: Grenzregime, S. 159 f.; vgl. auch Müller: Über die Ostsee in die Freiheit, S. 59 ff.

schlossen.[38] Daß von 37 Angehörigen der Grenztruppen 36 „Mauerschützen" zu Freiheitsstrafen mit Bewährung verurteilt worden sind, deutet darauf hin, daß sich die Gerichte bei ihren Strafzumessungserwägungen in nicht geringem Maße davon bestimmen lassen, daß hier junge Menschen mißbraucht und zur Pervertierung humanistischen Denkens gebracht worden sind. Vielen von ihnen, die den Tod eines Menschen auf ihr Gewissen luden, wurde damit auch das eigene Leben zerstört. Für die meisten der ehemaligen Grenzsoldaten gilt, was das Landgericht Stuttgart bereits 1963 ausgeführt hat, als es einen 22 Jahre alten ehemaligen Stabsgefreiten der „Nationalen Volksarmee Kommando West" wegen versuchten Totschlags zu einer Gefängnisstrafe von 1 Jahr und 3 Monaten verurteilte:

„Seine Tat ist vor dem Hintergrund eines unmenschlichen Systems zu sehen, das ihn mit allen Mitteln der Massenpsychologie zu einer blinden Einseitigkeit und einem beschränkten Weltbild erzogen hat. Dem hatte er mit seiner geringen Intelligenz und unzureichenden Bildung fast nichts entgegenzusetzen. Er konnte im Gegensatz zu den eigentlichen Verantwortlichen in der SBZ die volle Tragweite seines Tuns nicht übersehen. Ihn trifft daher die geringste Schuld an seiner Tat; sie fällt in umso höherem Maße den Machthabern des Sowjetzonenregimes zu ... Insgesamt war der Eindruck vom Angeklagten in der Hauptverhandlung nicht der eines kriminellen, verantwortungslosen Menschen, vielmehr erschien er als ein irregeleiteter junger Mensch, der letztlich ein Opfer der unseligen Spaltung Deutschlands geworden ist."[39]

Zu den Opfern des DDR-Grenzregimes zählen aber auch die Grenzsoldaten, die durch Kameraden bei deren Flucht erschossen wurden. Die für die Täter zuständig gewordenen westdeutschen Strafgerichte haben zwar ausnahmslos den Grundsatz vertreten, daß ein fremdes Menschenleben nicht der Preis der eigenen Freiheit sein kann und daß einem DDR-Grenzsoldaten, der sich den Weg nach Westen „freischießt", nicht von vornherein Notwehr oder Notstand zugebilligt werden kann. Doch mußten auch die persönliche Bedrängnis, Unreife und bisherige Unbescholtenheit im Einzelfall berücksichtigt werden. Das auch insoweit in jeder Hinsicht tragische Geschehen gehört ebenfalls zur Bilanz des Grenzregimes der DDR.

1. Vorfall vom 04.11.1980 (Berliner Mauer)

Am 4.11.1980 hat ein damals 19-jähriger Maschinist, der als Wehrpflichtiger zu den Grenztruppen einberufen war, im Grenzstreifendienst seinen Streifenführer aus ca. 20 m Entfernung erschossen und ist anschließend über die Sperrmauer nach Berlin (West) geflüchtet. Er wurde zunächst von der 9. Strafkammer (Jugendkammer) des Landgerichts Berlin am 15.10.1981 wegen Tot-

---

38 Schaefgen (s. Anm. 37); Schaefgen: Die Strafverfolgung von Regierungskriminalität der DDR, S. 62 ff.
39 LG Stuttgart, Urt. v. 11.10.1963 – Ks 14/63, NJW 1964, 63 (68 f.).

schlags zu 6 Jahren Jugendstrafe verurteilt.[40] Nach Aufhebung dieses Urteils durch den BGH hat eine andere Jugendkammer am 1.2.1983 eine Jugendstrafe von 4 Jahren und 9 Monaten festgesetzt.[41]

Zur Tatausführung heißt es in dem Urteil:

„Zunächst zog der Angeklagte unbemerkt den Stecker aus der Buchse des neben dem Beobachtungsturm befindlichen akustischen Grenzüberwachungssystems, damit das folgende Geschehen in den Nachbarbereichen nicht abgehört werden konnte. Sodann nahm er entsprechend seinem Plan, den Postenführer mit vorgehaltener Waffe zum Wegwerfen seiner Waffe zu zwingen, seine MP 'Kalaschnikow' von der Schulter, entsicherte sie und stellte den Hebel dabei auf Einzelfeuer. Schließlich lud er die Waffe durch. Einerseits sollte das dabei entstehende laute Geräusch St. aufmerken lassen, andererseits sollte die hörbar schußbereit gemachte Waffe St. darauf hinweisen, daß er – der Angeklagte – jederzeit schießen könnte und damit seiner Aufforderung mehr Nachdruck verleihen. Tatsächlich wandte sich St. infolge des Durchladegeräuschs überrascht um und sah sich nunmehr der auf ihn gerichteten 'Kalaschnikow' des Angeklagten gegenüber, der ihm in diesem Augenblick zurief: 'Ich haue jetzt ab, wirf Deine Waffe weg!'. St. ging daraufhin mit dem erschreckten Ausruf 'Mach keinen Quatsch' einen Schritt auf den Angeklagten zu, wobei er seine MP von der Schulter nahm. Der Angeklagte glaubte zunächst noch, St. wolle die Waffe aufforderungsgemäß wegwerfen, meinte dann aber zu bemerken, daß dieser zum Sicherungshebel griff. In der aufsteigenden Furcht, St. werde entgegen seiner bisher gehegten Erwartung die Waffe nicht wegwerfen und die lange ersehnte Flucht, möglicherweise mit der Folge anschließender Festnahme, scheitern, schoß der Angeklagte, nunmehr fest entschlossen, sein Vorhaben auch gegen den Widerstand des Postenführers mit Gewalt durchzusetzen, zweimal warnend über den Gefreiten hinweg.

Während der Knall der Schüsse ihm in den Ohren hallte und es ihm infolge der Schüsse und auch vor Aufregung leicht vor den Augen flimmerte, bemerkte der Angeklagte, wie St. die Waffe auf ihn richtete. Zur Aufgabe seines Vorhabens trotz der sich auch jetzt noch zeitlich hierzu bietenden Möglichkeit nicht bereit, schoß er daraufhin kurz hintereinander in Richtung des Gefreiten St., bis dieser umfiel. Der Angeklagte handelte dabei zwar in großer Erregung, jedoch zielbewußt und wohlwissend, was er tat. Ihn beherrschte der Gedanke, St. als Fluchthindernis auszuschalten und in erster Linie kampfunfähig zu machen. Er rechnete jedoch zumindest damit, daß die Schüsse den Gefreiten auch tödlich treffen könnten und war mit dieser Folge, da ihm in diesem Augenblick seine Freiheit, insbesondere das Gelingen der Flucht, über alles ging, einverstanden.

Nach dem 3. Schuß stürzte St. tödlich verletzt bäuchlings zu Boden. Mindestens einer der Schüsse hatte ihn als Streifschuß von vorn, ein weiterer, vermutlich der letzte, in den Rücken getroffen und durch Zerreißung des Herzens fast unmittelbar den Tod herbeigeführt."

In der Hauptverhandlung hat sich der Angeklagte als stiller und in sich gekehrter Mensch gezeigt, der bereitwillig Auskunft gab und um Offenheit bemüht erschien. Er hat freimütig erklärt, in der DDR keinen besonderen Repressionen ausgesetzt gewesen zu sein. Er habe das Leben eines Normalbürgers geführt. Der Grund für seine Flucht sei letztlich der Traum vom „besseren Leben im Westen" gewesen. Insgesamt habe er die Reglementierungen im privaten und beruflichen Bereich als unangenehm empfunden und schon längere Zeit mit dem Gedanken gespielt, die Flucht zu versuchen. Den konkreten Entschluß habe er jedoch erst gefaßt, als er zum Grenzdienst eingeteilt wurde und die günstige Fluchtmöglichkeit im Bereich des Postens wahrgenommen habe. Inzwischen sehe er seine Tat in einem anderen Licht. Er habe erkannt, daß er schweres Unrecht begangen habe und dafür auch zur Verantwortung gezogen werden müsse. In einer ähnlichen Situation würde er sich heute mit Sicherheit anders verhalten. Der Gedanke, den Tod eines Menschen verschuldet zu haben, beschäftige und belaste ihn sehr.

Bei der Strafzumessung hat die 7. Strafkammer des Landgerichts Berlin auch die Verantwortlichkeit der DDR-Politik gewertet:

„Zum einen wäre es mit Sicherheit nicht zu der Tat gekommen, wenn die DDR ihren Bürgern das Recht auf Freizügigkeit bzw. Ausreisefreiheit nicht in der gehandhabten rigorosen Weise verweigern würde; zum anderen fehlt der Kammer das Verständnis dafür, wie ein so unreifer und kindlicher junger Mensch – wie es der Angeklagte im November 1980 war – mit einer Maschinenpistole samt Munition in einen örtlich derart kritischen Bereich gestellt und dann sich selbst überlassen werden kann."

2. Vorfall vom 02.05.1982 (Oebisfelde)

Am 20.12.1982 verurteilte die 2. Strafkammer (Jugendkammer) des Landgerichts Braunschweig den ehemaligen DDR-Grenzer D. wegen Totschlags zu einer Jugendstrafe von 5 Jahren.[42] Der damals 19 Jahre alte D., der erst am 26.04.1982 von Halberstadt aus zur 4. Grenzkompanie nach Sommersdorf an die Grenze zur Bundesrepublik Deutschland gekommen war und dort eine konkrete Möglichkeit sah, seine latent vorhanden gewesenen Fluchtpläne zu realisieren, verrichtete erstmals am 2.5.1982 Grenzdienst an der Interzonenbahnstrecke gegenüber von Oebisfelde. Die Grenzbegehung sowie dienstliche Unterweisungen und Gespräche mit Kameraden hatten ihm klar gemacht, daß die Grenze dort nicht so hermetisch abgeriegelt war, daß eine Flucht von vornherein aussichtslos erschien. Die Hundelaufanlage war nur teilweise besetzt und stellenweise waren keine Tretminen vorhanden. Am 3,20 m hohen Metallgitterzaun, auf dem oben Stacheldrahtrollen aufgezogen waren, waren keine

---

42 LG Braunschweig, Urt. v. 20.12.1982 – 32 KLs 301 Js 17618/92.

Selbstschußanlagen (SM 70) montiert. Diese Gegebenheiten sah D. als so günstig und einmalig an, daß er sich entschloß, während des Streifendienstes in der Nacht vom 4./5.5.1982 in den Westen zu gehen. Sein Streifenführer war der 24 Jahre alte Gefreite K., über dessen politische Einstellung er nichts wußte. Bis zum Einbruch der Dunkelheit hielten sich beide auf dem Beobachtungsturm auf. Jeder von ihnen war ausgerüstet mit einer Maschinenwaffe und einem eingeführten Magazin mit 30 Schuß Munition. Da auf dem Turm die Waffen angelehnt an der Wand standen, kam D. der Gedanke, das Leichtmaschinengewehr des K. aus dem Fenster zu werfen, den so entwaffneten Streifenführer sodann im Turm einzuschließen und zu fliehen. Er verwarf diesen Plan aber wieder, weil er befürchtete, daß ihn der größere und kräftigere Gefreite K. überwältigen würde.

In der anschließend aufgesuchten Erdbeobachtungsstelle (Deckungsmulde) überlegte D. weiterhin, wie er seine Flucht ermöglichen könnte. Ihm kam nun die Idee, K. mit vorgehaltener Waffe zu zwingen, seine eigene Waffe niederzulegen. Danach wollte er über eine leere Hundehütte den Metallgitterzaun überwinden. Den Gedanken, wie er sich verhalten würde, wenn K. Widerstand leistete, verdrängte er. Obwohl K. seine Waffe in der Beobachtungsmulde neben sich abgestellt hatte, nahm D. davon Abstand, K. mit vorgehaltener Waffe zu zwingen, ihn nicht an der Flucht zu hindern. Im Urteil des Landgerichts Braunschweig heißt es weiter:

„Er hoffte, einen anderen Weg finden zu können, bei dem er keine Gewalt anwenden müßte. Er wußte aus Gesprächen mit jungen Leuten der DDR, daß viele von ihnen am liebsten in der Bundesrepublik Deutschland leben würden. Da er den Gefreiten K. nicht als Schleifer oder überzeugten Anhänger des DDR-Regimes kennengelernt hatte, hoffte er, daß K. vielleicht mit ihm fliehen würde. Er fragte deshalb den Gefreiten K. gegen 02.10 Uhr, als er etwa 2 m rechts von ihm stand: 'Paß auf, kommst Du mit in den Westen?'. Die naheliegende Möglichkeit, daß der Streifenführer K. auf diese Worte seiner Pflicht nachkommen und ihn festnehmen könnte, hatte er nach seiner unwiderlegten Einlassung bis dahin nicht bedacht. K. gab auf die Frage des Angeklagten keine Antwort. Er sprang hoch, griff zur Waffe, brachte sie in Richtung des Angeklagten in Anschlag und duckte sich in der Mulde ab. Anhand dieser Bewegungen des Gefreiten K., den er im Licht der Lichterkette in Umrissen erkennen konnte, war dem Angeklagten nun schlagartig klar, daß K. seine Flucht verhindern und ihn festnehmen wollte mit der Konsequenz, daß er dann in der DDR eine lange Freiheitsstrafe zu verbüßen hätte und nicht in den Westen gelangen konnte. Anhaltspunkte dafür, daß ihn der Gefreite K. entgegen den bestehenden Vorschriften ohne weiteres erschießen würde, hatte er nicht. Er nahm dies auch deshalb nicht an, weil er nicht gehört hatte, daß K. sein LMG schon durchgeladen hatte; denn das Durchladen ist mit einem lauten Geräusch verbunden, das er nicht überhören konnte. Um seiner sicheren Festnahme zu entgehen und K. außerstande zu setzen, seine Flucht zu verhindern, legte der Angeklagte, ehe K. zu weiteren Maßnahmen kam, mit geübten Griffen den Sicherungshebel seiner Maschinenpistole auf Einzelfeuer um, lud durch und

drückte ab. Die Waffe mit dem Lauf nach vorn hat er dabei auf den Streifenführer gerichtet. Dieser war für den Angeklagten vom Oberkörper an sichtbar,
im übrigen war K. von der Mulde verdeckt. Insgesamt schoß der Angeklagte in
schneller Folge 4 Mal auf den Gefreiten K. Zu jedem Schuß mußte er erneut
abdrücken ... „

Der 24 Jahre alte K. verstarb noch am Ort. Gegen D. wurde unmittelbar nach
seiner Flucht noch am 5.5.1982 durch das Amtsgericht Helmstedt Haftbefehl
erlassen. Die Jugendkammer hat das Vorliegen niedriger Beweggründe und
damit den Straftatbestand des Mordes verneint, weil D. „in Sekundenschnelle
den Weg der Ausschaltung des Streifenführers gewählt und seine Waffe gegen
ihn eingesetzt" habe, nachdem er, weil K. zur Waffe griff, sich vor die Alternative gestellt sah, seine Flucht aufzugeben, festgenommen und wegen versuchter Fahnenflucht und versuchter Republikflucht zu langjähriger Freiheitsstrafe in der DDR verurteilt zu werden. Auch das Mordmerkmal der Heimtük-
ke wurde mit der Begründung verneint, daß der Streifenführer nicht in hilfloser
Lage überrascht worden sei. Vielmehr sei es K. gewesen, der sein LMG zuerst
in Anschlag gebracht und erst dadurch die Entscheidung des D. ausgelöst habe,
auf ihn zu schießen. Andererseits wäre K. berechtigt gewesen, D. wegen seiner
erkennbar strafbaren Vorbereitung zur Fahnenflucht festzunehmen. Da im Wi-
derstreit zwischen Freiheit und Leben das Leben Vorrang habe, könne sich D.
nicht auf einen rechtfertigenden Notstand berufen.

Als straferschwerend hat die Jugendkammer gewertet, daß D. einen Kameraden erschossen hat, der ihm nicht feindlich gesinnt war und mit dem er auf Posten stand. Auch sei ihm mit knapp 20 Jahren die Wertigkeit eines Menschen-
lebens hinreichend bewußt. Mildernd hat das Landgericht berücksichtigt:

„Der Angeklagte befand sich bei der Tat in einem psychischen Spannungszu-
stand. Er mußte seine Entscheidung – Aufgabe der Flucht mit allen Konsequenzen oder Ausschaltung des Streifenführers – in allerkürzester Zeit treffen.
Er hat nicht von vornherein vorgehabt, K. zu töten, und er hat dies auch nur
mit bedingtem Vorsatz getan.

Daß ein unbescholtener junger Mann eine derart schwere Tat begangen hat,
erklärt sich letztlich auch aus der mitten durch Deutschland führenden Grenze.
Die DDR-Führung weiß, daß viele, auch gerade junge Leute, sich in ihrem
Staat eingeengt fühlen und es ihnen erstrebenswert erscheint, ein Leben in einer freiheitlichen Grundordnung zu führen, wie sie in der Bundesrepublik
Deutschland besteht. Durch die Befestigung ihrer Grenze macht sie es ihnen
aber unmöglich, in den anderen Teil Deutschlands zu wechseln. Wenn dann
derselbe Staat seine 19- und 20-jährigen Männer, die oft noch unfertig und in
ihrem Urteil unausgewogen sind, mit einer Waffe in der Hand an diese Grenze
stellt, so führt er dadurch manchen geradezu in die Versuchung, die auf einmal
so greifbar nahe Grenze unter Umständen auch unter Einsatz der Waffe zu
überwinden. Diese Versuchung, mit der nicht jeder fertig wird, kann, wenn ihr
jemand unterliegt, so tragisch enden wie im Fall des Postenpaares D. und K."

In der DDR wurde D. in Abwesenheit am 17.5.1983 vom 1. Strafsenat des Militärobergerichts Berlin wegen Mordes zu lebenslänglicher Freiheitsstrafe verurteilt.[43] Das Braunschweiger Urteil wertete das DDR-Gericht als Versuch, „den Mörder dem ordentlichen Gerichtsverfahren in dem Staat zu entziehen, auf dessen Territorium das Verbrechen geschah, dessen Staatsbürgerschaft das Opfer besaß und dessen Personalhoheit der Täter unterliegt". Im übrigen sei der Strafausspruch der Jugendkammer in Braunschweig „skandalös niedrig". Des weiteren drohten die Militärrichter in Ost-Berlin damit, „daß Mörder von Angehörigen der Grenztruppen die verdiente Strafe trifft, auch wenn sie glauben, sich der Verantwortung entziehen zu können". Dabei wurde auf die Vielzahl von Rechtshilfeverträgen zwischen der DDR und anderen Staaten hingewiesen: „Allein daraus ergibt sich objektiv eine Reihe von Möglichkeiten zur Ergreifung des Täters."[44]

3. Vorfall vom 19.05.1962 (Verstoß gegen das Verbot der Doppelbestrafung durch die DDR-Justiz)

Daß in den über 20 eingeleiteten „Mordverfahren", die sich gegen geflüchtete DDR-Grenzsoldaten wegen der Tötung von Kameraden richteten, die DDR ihren Strafverfolgungsanspruch nicht aufgegeben hatte, obwohl die Täter in der Regel in der Bundesrepublik Deutschland rechtskräftig verurteilt worden waren, zeigt der besonders fatale Präzedenzfall der Verurteilung des ehemaligen DDR-Grenzers Günter J. wegen Mordes durch das Militärobergericht (Ost) Berlin am 12.6.1979 zu lebenslänglichem Zuchthaus, nachdem der in Bad Salzdetfurth ansässige Verurteilte am 18.12.1978 auf der Transitstrecke Helmstedt - Berlin festgenommen worden war.[45] J. hatte am 19.5.1962 beim Versuch, die DDR-Grenze bewaffnet zu überwinden, einen DDR-Gefreiten durch mehrere Schüsse getötet. Der zur Tatzeit 18 Jahre alte J. war dafür im Februar 1963 vom Landgericht Schweinfurt zu 9 Jahren Jugendstrafe verurteilt worden, von denen er 6 verbüßt hat. In dem naiven Glauben, daß die rechtskräftige Verurteilung und deren Vollstreckung nach dem Rechtsgrundsatz des Verbotes der Doppelbestrafung („ne bis in idem") eine weitere Bestrafung ausschließt, meinte er, die Transitstrecke nach Berlin ungefährdet benutzen zu können. Bei der Einreise am Grenzkontrollpunkt Marienborn wurde er aufgrund des im Fahndungssystem der DDR gespeicherten Haftbefehls wegen Mordes festgenommen. Erst 1988 – nach einer Haftdauer von 10 Jahren – konnte die Bundesregierung gegenüber der DDR seine vorzeitige Entlassung und Ausreise durchsetzen.

---

43 Fricke: DA 7/1983, S. 684; „Mörder zu lebenslänglicher Freiheitsstrafe verurteilt", in: Neues Deutschland vom 18.05.1983.

44 Leibner: Volksarmee Nr. 40/1982.

45 Fricke: DA 7/1983, S. 685 f.

IX. Vergessene Einzelschicksale?

Die Betrachtung der Folgen des DDR-Grenzregimes soll nicht abgeschlossen werden, ohne daß auch auf jene Schicksale eingegangen wird, auf die sich das öffentliche Interesse weniger richtet und die deshalb in den öffentlich geführten Auseinandersetzungen weitestgehend unerwähnt bleiben.

1. Verurteilung eines Schießbefehlsverweigerers 1964

Da sind zum einen die stillen oder vergessenen Helden, die die Befolgung des konkreten Schießbefehls bei einem Fluchtversuch verweigerten und dafür hohe Haftstrafen in Kauf nahmen. Einer von ihnen, 1944 geboren, hat der Zentralen Erfassungsstelle Salzgitter am 14.4.1975 zu Protokoll gegeben:

„1962 habe ich mich freiwillig zur NVA gemeldet und hatte die Absicht, Berufssoldat zu werden. Nach 2 Jahren Dienstzeit war ich Unterleutnant und wurde 1964 an der Zonengrenze zur Bewachung eingesetzt ... Mein Standort war 6 km von Eisenach entfernt, in der Nähe von Probstzella. Am 24.5.1964 war ich zusammen mit dem Hauptmann N. in dem Grenzbereich Friedrichroda/Heuberg zur Bewachung der Zonengrenze eingesetzt, als wir gegen 22.00 Uhr eine männliche Person bemerkten, die von der DDR aus in die Bundesrepublik flüchten wollte. Nachdem ich den Flüchtenden angerufen hatte (ich rief: ‘Stehenbleiben‘), erhielt ich von Hauptmann N. den dienstlichen Befehl, auf den Flüchtenden zu schießen. Ich habe diesen Befehl verweigert, worauf Hauptmann N. mit der Pistole auf den Flüchtenden 3 Schüsse abgab, wovon offensichtlich einer den Flüchtenden ins Bein getroffen hat. Der Flüchtende blieb auf dem sogenannten Todesstreifen vor dem Grenzzaun liegen und wurde etwa 10 Minuten später von 2 anderen NVA-Angehörigen zurückgezogen und mit einem NVA-Krankenwagen ins Krankenhaus gebracht. Ich wurde noch an Ort und Stelle von Hauptmann N. dienstenthoben und er nahm mir meine Waffe und das Soldbuch ab. Man brachte mich nach Friedrichroda, wo ich etwa 4 Stunden später von 3 MfS-Angehörigen in Empfang genommen wurde. Man brachte mich nach Löbau in die Militär-U-Haftanstalt. Ich wurde dort einem Militärrichter vorgeführt, der gegen mich Haftbefehl erließ. Ich blieb 3 Tage in Löbau und wurde von 4 MfS-Angehörigen und anschließend von einem Staatsanwalt vernommen. Ich wurde korrekt behandelt. Am 4. Tage fand gegen mich vor einem Militärobergericht, das von Berlin nach Löbau gekommen war, die Verhandlung statt. Ich war alleiniger Angeklagter, die Gerichtsbeteiligten sind mir nicht bekannt. Als Verteidiger hatte ich einen Major aus meiner Einheit. Vom Gericht wurde ich zu 10 Jahren Zuchthaus verurteilt und kam gleich nach der Verhandlung nach Bautzen II.“[46]

---

46 Zentrale Erfassungsstelle Salzgitter, Vorermittlungsverfahren AR – ZE 433/75; vgl. auch „Wir sollten die Leute wie Hasen abschießen", in: Volksstimme Magdeburg v. 11.11.1991.

Es liegt in der Natur der Sache, daß nur wenige Fälle von Befehlsverweigerung durch Nichtschießen oder bewußtes Danebenschießen bekannt geworden sind. Unentdeckt gebliebene Grenzsoldaten haben aus Furcht vor Bestrafung darüber nicht gesprochen; die DDR-Militärstrafjustiz hat aus gutem Grunde Verurteilungen nicht veröffentlicht. Auch im Zuge der seit 1990 angelaufenen staatsanwaltschaftlichen Ermittlungen konnte bislang nicht aufgeklärt werden, in wieviel Fällen Grenzsoldaten flüchtenden DDR-Bürgern durch Verletzung der Dienstvorschriften das Leben gerettet haben.

2. Bodenminenopfer: Grenzsoldaten und Flüchtlinge

Bewußt verschwiegen wurde in der DDR das Schicksal von Angehörigen der Grenztruppen, die beim Verlegen oder Räumen von Minen verletzt oder gar getötet wurden. Einer Übersicht des Stellvertreters des „Chefs Technik und Bewaffnung und Chef Grenzsicherungsanlagen (Kommando der Grenztruppen)" ist die Zahl von 104 Minenopfern zu entnehmen.[47] Die weitere Aufschlüsselung lautet: 1 Toter, 36 Schwerverletzte, 67 leicht und mittlere Verletzte. Betroffen waren Offiziere, Unteroffiziere und Soldaten, letztere überproportional. 45 Soldaten mußten aufgrund schwerer Minenverletzungen als dienstuntauglich entlassen werden. Einige von ihnen konnten in anderen Berufen Tätigkeiten übernehmen, andere wurden Invalidenrentner. In nahezu allen Fällen waren nach dem „Abriß" von Gliedmaßen Amputationen, in einigen Fällen nicht nur auf eine Extremität beschränkt, unumgänglich. Auch schwere Augenverletzungen – bis zur Erblindung – und Gehörschäden sowie schwere Verbrennungen werden in den als vertrauliche bzw. geheime Verschlußsache eingestuften Unterlagen aufgelistet. Etwa 50 % der Minenverletzungen der auch nach der „Wende" für die Öffentlichkeit anonym gebliebenen Opfer des Grenzregimes geschahen beim Räumen der Minen vom Typ PMN.

Handelte es sich hier um Unglücksfälle auf der Seite derer, die für den Staat DDR tätig waren, waren die gegen Flüchtlinge gerichteten Erdminensperren – die Minen lagen in der Regel in 3 Reihen mit je 1,5 m Abstand und 85 cm Minenabstand – Menschenrechtsverletzungen, weil sie unter Außerachtlassung des Verhältnismäßigkeitsgrundsatzes jeden tödlich treffen sollten, der der DDR „illegal" den Rücken kehren wollte wie z. B. der 22-jährige, dem am 24.11.1963 an der Thüringischen Grenze infolge der Detonation einer Erdmine ein Bein abgerissen wurde und der, nachdem er sich ca. 2,5 m weiter geschleppt hatte, mit dem Kopf bzw. dem Oberkörper auf eine weitere Erdmine geriet, durch deren Detonation ein Teil des Kopfes und eine Hand abgerissen wurden.[48]

---

47 Dokumente, vorgestellt auf der 100. Pressekonferenz der Arbeitsgemeinschaft 13. August (Manuskript), siehe Anm. 35.
48 Grasemann: „Grenzverletzer sind zu vernichten!", S. 86.

3. Straffreie Tötung auch ohne Feststellung eines Fluchtversuchs

Kein Fluchtversuch, sondern ein in jeder Hinsicht atypischer Geschehensablauf im Sperrgebiet, der bei richtiger Rechtsanwendung die zuständige Straf-
verfolgungsbehörde der DDR zur Aufnahme von Ermittlungen gegen den Täter hätte veranlassen müssen, lag dem Zivilverfahren vor dem Landgericht Lüneburg zugrunde, in dem die Witwe eines von einem Grenzposten erschosse-
nen DDR-Bürgers Schmerzensgeld gegen den Schützen geltend machte.[49] Der
Fall ist nicht nur deshalb von besonderer Bedeutung, weil – abgesehen von der
erfolgreichen Schadenersatzklage eines Opfers der DDR-Strafverfolgungsbe-
hörden gegen einen Bürger, der ihn bei der Staatssicherheit denunziert hat –[50]
das Schmerzensgeld zugesprochen wurde, sondern weil das Verhalten der
DDR-Behörden Aufschluß darüber gibt, welche Anstrengungen unter Außerachtlassung der Rechtsordnung dann unternommen wurden, wenn sich im Zusammenhang mit dem Grenzregime kritische Fragen aufgedrängt hätten.

Der Beklagte, damals Wehrpflichtiger der NVA und in der Tatnacht als Postenführer mit einem weiteren Posten beim Streifendienst eingesetzt, hat den
32 Jahre alten Ehemann der Klägerin auf deren Anwesen getötet, das sich innerhalb des Sperrgebietes direkt an der Grenze befand. Nach der Silvesterfeier
im Hause der Eheleute L. wollte ein befreundetes Ehepaar gegen 01.30 Uhr am
1.1.1966 nach Hause zurückkehren. Sie stießen bereits wenige Meter vom
Grundstück des Ehepaares L. entfernt auf den Beklagten. Dieser wollte das
Ehepaar wegen der Sperrstunde nicht passieren lassen und schickte es deshalb
zum Grundstück der Eheleute L. zurück. Dem leistete das Ehepaar Folge,
nachdem der Beklagte einen Warnschuß abgegeben hatte. Daraufhin kam der
Ehemann der Klägerin, selbst Helfer der Grenzpolizei, aus dem Hause und
wollte sich mit den Grenzsoldaten verständigen. Er hatte eine Taschenlampe
bei sich, mit der er den Angriff eines von den Grenzsoldaten mitgeführten
Hundes abwehrte. L. forderte den Beklagten auf, das Ehepaar nach Hause gehen zu lassen. Zwischen ihm und dem Beklagten kam es darüber zu einer verbalen Auseinandersetzung, in deren Verlauf der Postenführer mit der Schußwaffe drohte. Obwohl der andere anwesende Posten den Beklagten durch Zu-
rufe vom Gebrauch der Schußwaffe abzuhalten versuchte, schoß dieser aus ca.
3 m Entfernung auf L. Dabei war seine Waffe auf Dauerfeuer umgestellt. L.
wurde von insgesamt 14 Schüssen getroffen, wovon 4 Einschüsse im Bereich
des Oberbauches lagen. Frau L. stand währenddessen an der Tür ihres Hauses
und erlebte die Erschießung ihres Mannes mit. Im Krankenhaus konnte nur
noch sein Tod festgestellt werden.

Diese Tatumstände wurden von den Organen der damaligen DDR weder im
einzelnen untersucht (so fand z. B. keine Obduktion des Getöteten statt, auch
wurde Frau L. der Name des Beklagten nicht bekanntgegeben) noch wurde der
Beklagte dafür zur Rechenschaft gezogen. Stattdessen wurde das Geschehen in

---

49 LG Lüneburg, Urt. v. 30.5.1995 – 5 O 510/93, DtZ 1995, 376.
50 BGH, Urt. v. 11.10.1994 – VI ZR 234/93, NJW 1995, 256.

der Öffentlichkeit verfälscht dargestellt, L. wegen versuchten Grenzdurchbruchs verächtlich gemacht und seine Witwe eingefeindet. Sie erhielt keinerlei staatliche Unterstützung, obwohl sie zu diesem Zeitpunkt 4 Kinder im Alter von 6 Monaten bis 9 Jahren zu versorgen hatte.

Ihrer Aufforderung im Jahre 1993 zur Zahlung eines Schmerzensgeldes von 50.000,00 DM kam der Beklagte nicht nach.

Vor dem Landgericht Lüneburg hat die Klägerin behauptet, sie habe durch den Tod ihres Ehemannes starke gesundheitliche Beeinträchtigungen, vor allem psychischer Art, und große seelische Schmerzen erlitten. Obwohl sie vor der Tat eine lebensbejahende und fröhliche Frau gewesen sei, hätte sich danach bei ihr eine deutliche Wesensveränderung eingestellt. Sie sei bis heute deprimiert, verbittert, scheu und verängstigt, da sie das traumatische Ereignis der Silvesternacht 1966 wegen der schwierigen Bedingungen in der DDR nicht habe verarbeiten können. Sie leide unter Angstzuständen und Schlaflosigkeit, habe damals sogar monatelang das Bett nicht aufgesucht, sondern die Nächte kniend vor einem Stuhl verbracht. Insgesamt läge bei ihr ein reaktiv-depressiver, mit Angstzuständen untermauerter Gesundheitszustand vor. Im Hinblick darauf halte sie ein Schmerzensgeld in Höhe von 30.000,00 DM für angemessen.

Die 5. Zivilkammer des Landgerichts Lüneburg hat der Klägerin ein Schmerzensgeld von 10.000,00 DM für den sogenannten „Schockschaden" zugesprochen. Ein Schmerzensgeld in Höhe von 30.000,00 DM müsse als überhöht angesehen werden, weil die Klägerin nicht habe nachweisen können, daß sie nach wie vor unter Depressivität u.ä. aufgrund des Todes ihres Ehemannes leidet. Andererseits rechtfertige sich die Höhe des zuerkannten Schmerzensgeldes deshalb, weil das Leben der Klägerin über den langen Zeitraum von mehr als 17 Jahren in nicht unerheblichem Maße beeinträchtigt worden sei.

X. Schlußbetrachtung

Das DDR-Grenzregime war der für jedermann sichtbare Beweis der Exekutierung von Unrecht durch den SED-Staat. Mit Betonmauern, Stacheldrahtrollen, Metallgitterzäunen, Schießbefehl, Minenfeldern und mörderischen Selbstschußautomaten sollte es zum unüberwindlichen Hindernis für diejenigen werden, die aus dem SED-Staat in die Freiheit fliehen wollten. Für die SED-Führung war die Grenzsicherung unabdingbare Voraussetzung für die Stabilisierung ihres Regimes. Denn nur durch die rigorosen Menschenrechtsverletzungen konnte das alsbaldige „wirtschaftliche Ausbluten der DDR" verhindert werden. Wären Schießbefehl und Minenfelder nicht so unmenschlich gewesen, die DDR hätte die großen Fluchtbewegungen nach 1961 nicht verhindern können. Zwischen Grenzsicherung und Fluchtstatistik bestand mithin von Anfang an eine Interdependenz.

Die Fluchtbewegung des Jahres 1989 hat nicht nur die Beseitigung des allein gegen sie gerichteten Bollwerkes „Grenzregime" ereicht. Sie hat zugleich unbewußt die bereits geplante Aufrüstung zur „Grenze 2000" verhindert, deren pionier- und signaltechnischer Ausbau in den Jahren 1991 bis 1995/2000 gewährleisten sollte, daß kein Flüchtling eine Chance hat, bis zum vorderen Zaun zu gelangen. Geplant waren Infrarotschranken, deren Strahlen beim Durchqueren Scheinwerfer einschalten und Alarm auslösen, Sperren aus extrem dünnen Drahtrollen, in denen sich ein Mensch bis zur Bewegungslosigkeit verfangen kann, erdversenkte Sensoren, die Erschütterungen im Umkreis von 500 m registrieren, Vibrationsmeldungsgeber an Metallgittern im Wasser, Mikrowellenschranken für 7 m breite Sicherungslinien und elektronische Übersteigsicherungen für die Streckmetallzäune.[51]

Literaturverzeichnis

Matthias Bath: Es wird weiter geschossen. Zur Normgenese des „Schießbefehls", in: Deutschland Archiv Heft 9, Köln 1985, S. 959-971

Karl Wilhelm Fricke: Altes Grenzregime mit neuen Bestimmungen, in: Deutschland Archiv Heft 6, Köln 1982, S. 567-569

Bundesministerium der Justiz (Hrsg.): Im Namen des Volkes? Über die Justiz im Staat der SED. Katalog zur Ausstellung des Bundesministeriums der Justiz, Leipzig 1994

Ingolf Bossenz: Der Schießbefehl war kein Phantom. Licence to kill – für Frieden und Sozialismus. Im Zweifelsfall war für den DDR-Grenzer ein toter Flüchtling besser als eine geglückte Flucht, in: Deutschland Archiv Heft 6, Köln 1993, S. 736-739

Werner Filmer/Heribert Schwan: Opfer der Mauer. Die geheimen Protokolle des Todes, München 1991

Karl Wilhelm Fricke: Das Ziel heißt Abschreckung. Abwesenheitsurteile gegen ehemalige DDR-Grenzer, in: Deutschland Archiv Heft 7, Köln 1983, S. 683-686

Uwe Gerig: Morde an der Mauer, Böblingen 1989

Roman Grafe: „Niemals Zweifel gehabt" – Der Prozeß gegen die Grenztruppenführung der DDR, in: Deutschland Archiv Heft 6, Opladen 1996, S. 862-871

Hans-Jürgen Grasemann: Der „Schießbefehl" - kein Verbrechen ohne Schuld. Vom gesetzlichen Unrecht zum Legalitätsprinzip, in: Politische Studien Heft 324 (Juli/August 1992), S. 28-34

Hans-Jürgen Grasemann: Der Beitrag der „Zentralen Erfassungsstelle Salzgitter zur Strafverfolgung" in: Politische Justiz in der DDR. Die kriminelle Herrschaftssicherung des kommunistischen Regimes der DDR und die Aufarbeitung der Vergangenheit. Hrsg. Landeszentrale für politische Bildung des Landes Sachsen-Anhalt, Magdeburg 1993, S. 39-58

Hans-Jürgen Grasemann: Die justitielle Aufarbeitung des Stasi-Erbes. Grenzen und Probleme, in: Wann bricht schon mal ein Staat zusammen! Die Debatte über die Stasi-Akten auf dem 39. Historikertag 1992. Hrsg. Klaus-Dietmar Henke, dtv Dokumente München 1993, S. 64-72

Hans-Jürgen Grasemann: Fluchtgeschichten aus der Zentralen Erfassungsstelle Salzgitter, in: Grenzland. Beiträge zur Geschichte der deutsch/deutschen Grenze. Hrsg. Bernd Weisbrod, Hannover 1993, S. 28-50

---

51 Schmalz: DIE WELT v. 7.8.1996, S. 3.

Hans-Jürgen Grasemann: „Grenzverletzer sind zu vernichten!" Tötungsdelikte an der innerdeutschen Grenze, in: Eine Diktatur vor Gericht. Aufarbeitung von SED-Unrecht durch die Justiz. Hrsg. Jürgen Weber und Michael Piazolo, München und Landsberg am Lech 1995, S. 67-87

Rainer Hildebrandt: Es geschah an der Mauer, Berlin 1990

Stefan Ulrich Hirtschulz/Peter Joachim Lapp: Das Grenzregime der DDR, in: Eberhard Kuhrt (Hrsg.) i.V.m. Hannsjörg F. Buck und Gunter Holzweißig: Die SED-Herrschaft und ihr Zusammenbruch. Am Ende des realen Sozialismus. Band I. Herausgeben im Auftrag des Bundesministeriums des Innern, Opladen 1996, S. 143-160

Peter Joachim Lapp: Frontdienst im Frieden – Die Grenztruppen der DDR. Entwicklung – Struktur – Aufgaben, Koblenz 1987[2]

Peter Joachim Lapp: Humanistisches Wirken mit dem Schießbefehl? 40 Jahre DDR-Grenztruppen, in: Deutschland Archiv Heft 1, Köln 1987, S. 6-9

Alfred Leibner: Im Interesse der Sicherheit der DDR und des Schutzes ihrer Grenzsoldaten, in: Volksarmee Nr. 40/1982

Hartmut Mehls: Im Schatten der Mauer, Berlin 1990

Christine und Bodo Müller: Über die Ostsee in die Freiheit: Dramatische Fluchtgeschichten, Bielefeld 1992

Peter Przybylski: Tatort Politbüro. Die Akte Honecker, Berlin 1991

Volker Ronge: Von drüben nach hüben. DDR-Bürger im Westen, Wuppertal 1985

Christoph Schaefgen: Die Strafverfolgung von Regierungskriminalität der DDR. Probleme, Ergebnisse, Perspektiven, in: Jürgen Weber/Michael Piazolo (Hrsg.): Eine Diktatur vor Gericht. Aufarbeitung von SED-Unrecht durch die Justiz, München und Landsberg am Lech 1995, S. 49-65

Peter Schmalz: Schöne neue Grenze? Wie Ostberlin den deutschen Trennwall modernisieren wollte, in: DIE WELT v. 7.8.1996, S. 3

Dieter Schröder: Erich Honecker, die Todesstrafe und der Schießbefehl, in: Deutschland Archiv Heft 10, Köln 1987, S. 1008-1011

Heiner Sauer/ Hans-Otto Plumeyer: Der Salzgitter Report. Die Zentrale Erfassungsstelle berichtet über Verbrechen im SED-Staat, Esslingen und München 1991

David Shears: Die häßliche Grenze, Stuttgart-Degerloch 1970

Hartmut Wendt: Die deutsch/deutschen Wanderungen – Bilanz einer 40-jährigen Geschichte von Flucht und Ausreise, in: Deutschland Archiv Heft 4, Köln 1991, S. 386-395

Falco Werkentin: Die Reichweite politischer Justiz in der Ära Ulbricht, in: Bundesministerium der Justiz (Hrsg.): Im Namen des Volkes? Über die Justiz im Staat der SED. Wissenschaftlicher Begleitband zur Ausstellung des Bundesministeriums der Justiz, Leipzig 1994, S. 179-196

Peter Jochen Winters: Ungewisser Herbst, in: Deutschland Archiv Heft 11, Köln 1983, S. 1121-1125

Zusammenfassung

Das DDR-Grenzregime war der für jedermann sichtbare Beweis der Exekutierung von Unrecht durch den SED-Staat. Mit Betonmauern, Stacheldrahtrollen, Metallgitterzäunen, Schießbefehl, Minenfeldern und mörderischen Selbstschußautomaten sollte es zum unüberwindlichen Hindernis für diejenigen werden, die aus dem SED-Staat in die Freiheit fliehen wollten. Für die SED-Führung war die Grenzsicherung unabdingbare Voraussetzung für die Stabilisierung ihres Regimes. Nur durch die unmenschliche Perfektion des Grenzregi-

mes und rigorose Menschenrechtsverletzungen konnte die DDR große Fluchtbewegungen nach 1961 verhindern. Folgerichtig diente der rücksichtslose
Schußwaffengebrauch, der häufig Verurteilung zum Tode und Vollzug in einem Akt war, nicht allein der „Vernichtung des Grenzverletzers", sondern vor
allem der Abschreckung Dritter vom unerlaubten Grenzübertritt. Der einkalkulierte Tod von Menschen war mithin eine Grundvoraussetzung für das
Funktionieren des Grenzregimes.

Die Tatsache, daß in der DDR der Schußwaffengebrauch an der Grenze ausnahmslos selbst in den Exzeßfällen, in denen Grenzsoldaten nicht im Rahmen
der schriftlichen Schußwaffengebrauchsbestimmungen handelten, strafrechtlich ungeahndet blieb, war die Kehrseite und logische Konsequenz des allgemeinen Schießbefehls. Dieser hat nicht als solcher mit entsprechender Überschrift und Bezeichnung existiert, sondern war ein Geflecht von offiziellen
Anweisungen und informellen, für die Grenzsoldaten aber gleichwohl verbindlichen Einflußnahmen. Die bewußt ungenau und unvollständig abgefaßten
Bestimmungen und ihre Ergänzungen durch die „Vergatterung" ergaben einen
Befehl mit greifbarem Inhalt: die „licence to kill". Wer wegen der Tötung eines Menschen zur Verhinderung eines Fluchtunternehmens belobigt und ausgezeichnet wurde, konnte nicht gleichzeitig wegen derselben Tat mit einem
Strafverfahren überzogen werden. Diese Sicherheit haben die politisch und
militärisch Verantwortlichen jahrzehntelang übermittelt, während sie zugleich
durch Organisationsstrukturen Rahmenbedingungen schufen, innerhalb derer
entsprechend der Befehlshierarchie regelhafte Abläufe durch anonyme austauschbare Figuren gewährleistet waren, deren Ergebnisse ihnen unverzüglich
gemeldet wurden. Angesichts der von ihnen gewollten Unmenschlichkeit des
Grenzregimes konnten die Mitglieder des Politbüros des ZK der SED und des
Nationalen Verteidigungsrates der DDR sowie die Grenztruppenkommandeure
nicht ernsthaft erwarten, strafrechtlich verantwortungsfrei zu bleiben.

Daran ändert auch nichts die Räumung der Bodenminen und der Abbau der
richtungsgebundenen Splitterminen SM-70 zwischen 1983 und 1985, wodurch
das Grenzregime nicht „humanisiert", nicht einmal „normalisiert" wurde, sondern durch die „Tiefenstaffelung" der Grenzbefestigungen durch vielfältige
optische und akustische Warn- und Signalanlagen im Hinterland ein solches
Maß an Effektivität erreicht hat, daß über 90 % der Fluchtversuche bereits in
der 5 km breiten Grenzzone oder unmittelbar im Schutzstreifen durch Festnahme scheiterten, weil das gezielte Schießen auf Flüchtlinge weiterhin als
unverzichtbar angesehen wurde.

Zur Bilanz des Grenzregimes der DDR von 1949 bis 1989 gehören nicht nur
die mindestens 251 Menschen, die durch Schüsse von Grenzsoldaten oder
durch Minen zu Tode gekommen sind, und die durch Schußwaffen und durch
Boden- bzw. Splitterminen verletzten 884 Personen sowie die 80 bei Fluchtversuchen über die Ostsee und durch die Elbe Ertrunkenen, sondern auch die
mehr als 20 Grenzsoldaten, die durch eigene Kameraden bei deren Flucht erschossen wurden und die über 100 Angehörigen der Grenztruppen, die beim

Verlegen oder Räumen von Minen verletzt oder gar getötet wurden, deren Schicksal in der DDR bewußt verschwiegen worden ist.

Die Rechtsprechung hat inzwischen ein dichtes Bild von der Anlage und Wirksamkeit des DDR-Grenzregimes, seiner Rechtsgrundlagen und insbesondere von deren praktischer Handhabung gezeichnet, das zum einen den Vorwurf der „Gesinnungs- und Rachejustiz" widerlegt, zum anderen in der unemotionalen juristischen Diktion die bürokratische Konditionierung der Grenztruppen aufzeigt, die ihren „Kampfauftrag" an unbewaffneten Opfern entsprechend der Sicherheitsdoktrin der SED-Führung übererfüllen zu müssen glaubten. Die juristische und politische Bedeutung der bislang ergangenen Urteile liegt vor allem darin, daß in rechtsstaatlichen Verfahren festgestellt wurde, was Recht und was Unrecht ist und daß Unrecht nicht dadurch Recht wird, daß staatliche Institutionen es in Rechtsbestimmungen kleiden.

Jerzy Holzer

Die Reformpolitik Gorbatschows und der Umbruch in Ostmitteleuropa 1989/90 aus polnischer Sicht

1. Polnische Krise 1980/1981

Die Vorgeschichte der Krise trug sich im Laufe der 70er Jahre zu. Die Politik der Gierek-Mannschaft stieß auf gewisse Vorbehalte in der Sowjetunion und in anderen kommunistischen Ländern. Einerseits sahen manche Kritiker in der Öffnung nach Westen, sofern diese mit einer wirtschaftlichen Abhängigkeit Polens von westlichen Ländern (insbesondere wegen der Kredite) verbunden war, eine Erschütterung der sozialistischen Ordnung. Auf diesen Vorwurf antwortete die Gierek-Mannschaft mit gewichtigen Argumenten: Das ökonomische Gleichgewicht habe in Polen schon vorher nicht existiert; die Wirtschaft brauche eine moderne Technologiespritze und bekomme sie auch; die Öffnung nach Westen setze an die Stelle der vorherigen Stagnation eine neue Dynamik.

Und das vielleicht wichtigste Argument war: Die Situation sei schon so weit gediehen, daß ein Kurswechsel zur Katastrophe führen müsse, es sei denn, andere kommunistische Länder würden Polen helfen, diesen Kurswechsel zu überstehen. Das aber war aus Moskauer Sicht und aus der Sicht der anderen Volksdemokratien völlig ausgeschlossen, weil sie alle unter dem Druck schwerer wirtschaftlicher Probleme standen.

Giereks Politik war ein Versuch, die Wirtschaft technologisch zu reformieren, ohne die Grundlagen der ökonomischen Ordnung zu ändern. Wohl oder übel wurde dieser Versuch in Moskau, wenn auch unwillig, toleriert. Das Scheitern Giereks hatte große Bedeutung für weitere Reformkonzepte, weil es zeigte, daß Möglichkeiten, die Wirtschaft auf diese Art und Weise zu sanieren, nicht existierten.

Andererseits hatte die wirtschaftliche Abhängigkeit Polens vom Westen auch politische Konsequenzen. Nach dem Helsinki-Abkommen gestaltete sich die Verwirklichung seines „dritten Korbes" in den kommunistischen Ländern unterschiedlich. Polen konnte sich nicht erlauben, das Abkommen sichtlich zu verletzen, weil das ein Versiegen des Geldhahnes bedeutet hätte. Polen war ein Paradepferd des KSZE-Konzepts und rettete sich mit ihm Ende der 70er Jahre vor dem Bankrott.

Eine gewisse Toleranz der polnischen Kommunisten der seit 1976 tätigen Opposition gegenüber erregte die Kritik anderer Blockstaaten. Nach den derzeit zugänglichen Archivalien wissen wir jedoch noch nicht, ob die Moskauer Zentrale diese Toleranz als polnischen Sonderfall (Polen als Helsinki-Schaufenster) billigte oder ob sie, bei der Verkalkung der Breschnew-Riege, aktiven Druck auszuüben unfähig war oder ob sie solchen Druck zwar versuchte, ihre Weisungen aber schon nicht mehr als Befehle betrachtet wurden.

1.1. Haltung der Partei (PVAP)

Die Bereitschaft, das politische oder wirtschaftliche System strukturell zu reformieren, war 1980/81 in den Kreisen polnischer Kommunisten begrenzt. Immerhin war schon vor der Entstehung der „Solidarność" in den Jahren 1979/1980 eine Gruppe Parteiintellektueller zusammen mit Parteilosen und sogar mit Oppositionellen im Gesprächskreis „Erfahrung und Zukunft" tätig, wo zwei Texte über Reformen entstanden.[1] Ihre Idee war, zwischen der Staatsmacht und den wichtigsten Gruppen der Gesellschaft eine Verständigung herbeizuführen. Eine Übereinkunft zwischen Partei und Gesellschaft sollte den Parteivertretern die Mehrheit der Mandate sichern, die Zensur einschränken, die Rechtmäßigkeit gewährleisten, die Selbstbestimmung der Verbände (auch der Gewerkschaften) und die Wiederherstellung der territorialen und wirtschaftlichen Selbstverwaltung ermöglichen sowie sozialökonomische Refor-

---

1 Holzer, „Solidarität", S. 107-109.

men (wirtschaftliche Steuerungsmechanismen, Mitbestimmung der Arbeitnehmer) in Gang setzen.

Betrachtet man jedoch die politischen Entscheidungsträger, so ist zu sagen, daß die polnische Partei auf Reformen kaum vorbereitet war, wenn auch mehreren ihrer Spitzenvertreter vage Konzepte einer „marktähnlichen" sozialistischen Wirtschaft und einer weniger repressiven Politik vorschwebten.

1.2. Politik der Sowjetunion

Ich schreibe hier nicht ausführlicher über die Ereignisse in Polen 1980/1981 und die Politik der polnischen KP. Diese Vorgänge sind relativ gut bekannt, und meine Arbeiten hierzu liegen in deutscher Sprache vor.[2] Ich beschränke mich deswegen im wesentlichen auf den Teil der Problematik, der mit der späteren Perestrojka in Zusammenhang steht, d. h. auf Einwirkungen der polnischen Krise auf die sowjetische Politik.

Am Anfang der polnischen Krise gab es keine klaren Signale hinsichtlich der sowjetischen Position. Am 27. oder 28. August übermittelte der sowjetische Botschafter in Warschau, Aristow, eine Mitteilung über Moskauer Besorgnisse wegen der Entwicklung in Polen. In der Sitzung des Politbüros sagte Gierek: „Der Ton der Äußerung war ziemlich entschieden, er klang wie eine Warnung, daß Gefahr drohe."[3] Am 29. August beschloß das Politbüro, sich mit dem „Bundesgenossen" zu treffen. Wieder kam es zu einem Gespräch zwischen Gierek und Aristow. Gierek begründete die Notwendigkeit eines Kompromisses.[4]

Aristow fungierte nur als „Briefträger", denn noch am 30. August wartete das Politbüro auf die Antwort „der sowjetischen Genossen". Wie man deren Bereitschaft, sich zu engagieren, einschätzte, zeigten die Stimmen führender Politiker der polnischen Partei. „Aus meiner Praxis als Außenminister weiß ich, daß sie das, was wir sagen, nur zur Kenntnis nehmen und darauf keine Antwort geben können" (Olszowski). „Ich habe das sogar erwartet. Wir gingen eigentlich gestern im Gespräch davon aus, daß wir sie über das informierten, was wir zu tun beabsichtigen, und nicht bei ihnen Rat holten. Sie können mindestens erst nach zwei bis drei Tagen ihre Bedenken artikulieren" (Gierek).[5]

Die sowjetische Reaktion erscheint eher konfus. Einerseits veröffentlichte am 31. August die „Prawda" einen Kommentar, in dem die polnische Führung vor weiteren Konzessionen gewarnt wurde. Am selben Tag kam es zur Unterzeichnung des Danziger Abkommens. Trotzdem erklärte sich die Sowjetunion am 3. September zu weitgehender Hilfe bereit, sie wollte Polen Kredite in

---

2 Ebenda, passim; Jerzy Holzer: Die Einführung des Kriegsrechtes in Polen 1981, in: Forum für osteuropäische Ideen- und Zeitgeschichte 1997, Bd. 1 (im Druck).
3 Włodek, Tajne dokumenty , S. 78.
4 Ebenda, S. 89-91.
5 Ebenda, S. 91.

Geld und Nahrungsmitteln gewähren.[6] Wahrscheinlich haben Warschau mehr oder weniger klare Signale einer sowjetischen Billigung des Danziger Abkommens erreicht, denn der neugewählte Erste ZK-Sekretär Kania referierte auf der Sekretariatssitzung am 6. September über sein Gespräch mit Breschnew folgendes: „Ich bedankte mich für das Verständnis für unsere Situation und für die schon versprochene Hilfe. Ich betonte, die Lage bleibe verwickelt und werde sich so schnell nicht ändern." Breschnew soll darauf u. a. geantwortet haben: „Das Politbüro des ZK der KPdSU untersuchte die Lage in Polen, würdigte vollauf die von uns gezeigte Umsicht und erörterte die wirtschaftliche Hilfe."[7]

Aus weiteren Materialien geht hervor, daß die sowjetische Führung sich eine „Normalisierung" in Polen wünschte, sie aber als Aufgabe der polnischen Partei betrachtete und Angst vor den Folgen einer sowjetischen militärischen Intervention hatte. So sagte ZK-Sekretär Simjanin in einem Gespräch mit SED-ZK-Sekretär Herrmann am 27. Oktober: „Wir lassen uns vom Gegner nicht provozieren mit seinen Behauptungen über ein militärisches Eingreifen der Sowjetunion, sondern wir halten uns zurück und bewahren Haltung und Takt gegenüber dem polnischen Volk und seiner Führung."[8]

Verwirrung existierte in Moskau immerhin. In der Sitzung des Politbüros am 29. Oktober sagte Verteidigungsminister Ustinow: „Die Nord-Gruppe unserer Streitkräfte ist bereit und befindet sich in voller Gefechtsbereitschaft." Ähnlicher Meinung soll der Vorsitzende des Staatlichen Planungskomitees Bajbakow gewesen sein.[9]

Die sowjetische Position hat sich auch später nicht geklärt. Zuerst schwankte die KPdSU-Führung zwischen Drohungen mit einer militärischen Intervention und dem Wunsch, daß die polnischen Kommunisten selbst die „Solidarność" bändigen. Zu einem Höhepunkt der Drohungen kam es Anfang Dezember 1980. Die polnischen Erinnerungen bestätigen eine Angst vor der Intervention; das gilt sowohl für kommunistische Führer wie Kania und Jaruzelski als auch für den später abgesprungenen Mitarbeiter der amerikanischen Spionage Oberst Kukliński.[10]

Jedenfalls konnte sich die Moskauer Führung weder für die Intervention noch für die bestehende Situation entscheiden. Die Materialien des sowjetischen Politbüros, soweit sie bisher bekannt sind, lassen auf eine gewisse Hilflosigkeit schließen. Am 5. Dezember sagte Breschnew zu Kania: „No charaszo, nie wajdiom. A kak budiet uslažniatsia, wajdiom, wajdiom. No biez tiebia – nie

---

6 Ebenda, S. 612.
7 Ebenda, S. 95.
8 Kubina, Wilke, „Hart...", S. 98.
9 Pawłow: Byłem rezydentem, S. 271, 273.
10 Jaruzelski: Stan wojenny, S. 35-37; Kania: Zatrzymać konfrontację, S. 82-84; Kukliński: Wojna z narodem, S. 21-23.

wajdiom." [Nun gut, wir gehen nicht rein. Aber wenn es kompliziert wird, gehen wir rein, gehen wir rein. Aber ohne dich gehen wir nicht rein][11]

Die sowjetische Hilflosigkeit hatte verschiedene Aspekte. Eigentlich entschied man sich, das Kriegsrecht mit inneren polnischen Kräften einzuführen, man war unzufrieden mit einer zögernden Linie der polnischen Führung, aber man sah auch keine Möglichkeiten, mit Ausnahme eines ständigen Drucks, sie zur Einführung des Kriegsrechts zu bewegen. In einer Analyse des Ausschusses des sowjetischen Politbüros für polnische Angelegenheiten vom 16. April 1981 hieß es: „Auf der linken Flanke befinden sich solche Kommunisten wie Grabski, Żabiński, Olszowski, Kociołek und andere. Die Äußerungen dieser Genossen stehen in ideologischer Hinsicht unserer Position am nächsten. Sie äußern die Stimmung desjenigen Teils der Parteimitglieder, der sich beharrlich für den Sozialismus, für die Freundschaft mit der Sowjetunion, gegen revisionistische Entstellungen erklärt, der entschiedene Taten gegen 'Solidarność' fordert. Sie bilden leider in keiner Weise die Mehrheit. Es entsteht der Eindruck, daß sie einen Ausweg aus der Krise im Frontalangriff gegen 'Solidarność' sehen und das jetzige Kräfteverhältnis nicht in Rechnung stellen. Dabei sehen sie keine Möglichkeit, die Situation ohne das Eingreifen sowjetischer Truppen zu verbessern."[12]

Im Unterschied zu Ungarn 1956 und zur Tschechoslowakei 1968 ging es der sowjetischen Führung nicht um Genossen, die die Intervention verlangten, sondern umgekehrt um solche, die auf eigene Faust die Situation meistern würden. Deswegen empfahl der Ausschuß, „diesen Genossen zu helfen, damit sie die Notwendigkeit verstehen, Genossen Kania und Jaruzelski zu unterstützen, sowie ihnen zu elastischerem Verhalten zu verhelfen".

Diese Empfehlung war begleitet von Qualifizierungen Kanias und Jaruzelskis wie: „passiv, mit Schwankungen und oft mit Konzessionen für 'Solidarność'", „unbegründete Nachgiebigkeit gegenüber den Forderungen von 'Solidarność'", „eine panische Angst vor der Konfrontation mit ihr". Früher hätten sie als Grundlage für die Intervention dienen können.

Am klarsten äußerten sich die sowjetischen Führer in der letzten Phase der polnischen Krise vor der Einführung des Kriegsrechts. Während der Politbürositzung am 29. Oktober 1981 sagte Andropow: „Polnische Führer haben auf eine militärische Hilfe seitens der Bruderländer angespielt. Wir sollten jedoch entschieden bei unserer Linie bleiben, unsere Truppen nicht in Polen einziehen zu lassen." Sogar Ustinow, der meistens eher scharfe Schritte befürwortete, stimmte dem zu: „Im ganzen müssen wir feststellen, daß man unsere Truppen nicht in Polen einziehen lassen kann. Die Polen sind nicht bereit, unsere Truppen aufzunehmen."[13]

---

11 Jaruzelski: Stan wojenny, S. 42; Kania: Zatrzymać konfrontację, S. 91.
12 Dokumenty. Teczka Susłowa, S. 37.
13 Pawłow: Byłem rezydentem, S. 362; Dokumenty dotyczące wprowadzenia stanu wojennego, S. 49-50.

Einen Schritt weiter gingen die sowjetischen Führer auf der Sitzung des Politbüros am 10. Dezember 1981. Andropow sagte im Kontext einer angeblichen Äußerung des Oberbefehlshabers des Warschauer Vertrages, Kulikow, in Warschau über die Bereitschaft, Polen militärisch zu helfen, und vermeintlicher Anspielungen Jaruzelskis auf eine militärische Hilfe des Warschauer Vertrages im Falle eines heftigen Widerstandes von „Solidarność": „Wenn Genosse Kulikow tatsächlich über den Truppeneinzug gesprochen hat, dann finde ich das nicht richtig. Wir dürfen das nicht riskieren. Wir beabsichtigen nicht, unsere Truppen in Polen einziehen zu lassen. Das ist eine richtige Position, und wir müssen sie bis zum Schluß befolgen. Ich weiß nicht, was mit Polen wird, aber Polen sogar unter der Herrschaft von 'Solidarność' wäre nur ein Problem [...] Soweit es um die Verbindungen geht, die aus der Sowjetunion über Polen in die DDR führen, sollten wir natürlich etwas tun, etwas unternehmen, um sie zu schützen."

Dies war keineswegs ein Alleingang Andropows. Gromyko sagte:"Wir selbst wissen jetzt nicht, in welche Richtung sich die Ereignisse in Polen entwickeln. Die polnische Führung merkt, daß die Macht ihrer Hand entgleitet [...] Wie ist unsere Einstellung zu den polnischen Ereignissen? [...] Wir müssen Polen sagen, daß wir den polnischen Ereignissen mit Verständnis begegnen. Das ist eine eherne Formulierung, und wir haben keinen Grund, sie zu ändern. Gleichzeitig werden wir irgendwie die Erwartungen Jaruzelskis und anderer polnischer Führer in bezug auf den Truppeneinzug dämpfen müssen. Es kann keinen Truppeneinzug in Polen geben."

Nicht anders äußerte sich Suslow: „Die polnischen Genossen sollen selbst entscheiden, was sie zu tun haben. Wir sollten sie nicht zu irgendwelchen entschiedeneren Schritten drängen [...] Ich glaube, daß wir alle derselben Meinung sind, daß es gar nicht in Frage kommt, die Truppen einziehen zu lassen."[14]

1.2.1. Sowjetische Wirtschaftslage

Die polnische Krise zeigte der sowjetischen Führung die Grenzen ihrer Möglichkeiten und brachte sie das erste Mal dazu, eine Gefahr der Systeminsuffizienz als akut wahrzunehmen. Die Fortführung der Entspannungspolitik betrachtete man in Moskau als eine Lebensfrage für die Sowjetunion. Das erste Signal dieser Art gab schon Ende Oktober 1980 Simjanin in seinem oben zitierten Gespräch mit Herrmann, als er sich beklagte, daß man die Sowjetunion zu einer militärischen Intervention provozieren wolle.

Ganz eindeutig aber sprachen darüber die Politbüromitglieder erst am 10. Dezember 1981 (nach den jetzt zugänglichen Materialien). Nur aus dem Kontext geht hervor, daß man schon vorher in Moskau über strategisch-politische Probleme diskutiert haben muß. Andropow sagte u. a.: „Und wenn sich

14 Dokumenty. Teczka Susłowa, S. 83-89.

die kapitalistischen Länder auf die Sowjetunion stürzen und schon eine entsprechende Übereinkunft über ökonomische und politische Sanktionen verschiedener Art getroffen haben, dann wird es für uns sehr schwer. Wir sollten um unser Land besorgt sein, um die Stärkung der Sowjetunion. Das ist unsere Grundlinie."

Ähnlich äußerte sich damals Suslow: „Wir führen breit angelegte Aktivitäten für den Frieden und dürfen jetzt unsere Position nicht ändern. Die öffentliche Weltmeinung wird uns nicht verstehen. Wir haben mittels der Organisation der Vereinten Nationen bedeutende Aktionen zur Festigung des Friedens durchgeführt. Was für Ergebnisse haben wir nach dem Besuch von L.I. Breschnew in der BRD gehabt, und [es gibt] viele andere Friedensaktionen, die wir durchgeführt haben. Das förderte in allen friedliebenden Ländern die Einsicht, daß die Sowjetunion entschlossen und beharrlich die Friedenspolitik verteidigt. Und eben deswegen dürfen wir unsere Position hinsichtlich Polens, die wir gleich am Anfang der polnischen Ereignisse bezogen haben, nicht ändern."[15]

Wer die sowjetische Politik kennt, wird die damaligen Äußerungen keineswegs als eine ideologisch bedingte Position verstehen. Schließlich war die Reaktion des Westens auf die Ereignisse in Ungarn 1956 oder in der Tschechoslowakei 1968 sehr kritisch, was jedoch die Sowjetunion nicht hinderte, zu intervenieren und sogar 1968 die Breschnew-Doktrin zu verkünden. Die Interessen der Sowjetunion hatten sich geändert, und die „friedliche Koexistenz" nahm, besonders wegen der wirtschaftlichen Lage in der Sowjetunion und im ganzen kommunistischen Block, die erste Stelle ein.

Die besondere Bedeutung der polnischen Krise steht also im Zusammenhang mit der auch schon davor vorhandenen, aber erst jetzt zum Vorschein gebrachten wirtschaftlichen Krise des kommunistischen Systems. Die Hilflosigkeit der sowjetischen Führung war weitgehend durch das Bewußtsein begrenzter eigener Chancen in einem wiederaufgenommenen Rüstungswettlauf bestimmt.

Auf der Politbürositzung am 29. Oktober 1980 referierte Bajbakow über die wirtschaftliche Hilfe für Polen wie folgt: „Ich glaube, daß wir auch die Briefe an die Bruderparteien vorbereiten müssen. Wir haben schon solche Briefe vorbereitet, in denen wir sie informieren, daß wir ihnen im nächsten Jahr etwas weniger Erdöl und Erdölprodukte liefern werden. Wir verkaufen es selbst, und das erlöste Geld überweisen wir an die Volksrepublik Polen, so daß sie kaufen kann, was sie für notwendig hält. Man muß die Erdöllieferungen an alle Länder bis auf Kuba, Mongolei und Vietnam einschränken. Was das Getreide betrifft, entschieden wir uns für 500.000 Tonnen, mehr zu liefern sind wir nicht imstande [...] Wir müssen die sozialistischen Länder über gewisse Beschränkungen der Erdölproduktelieferungen im Zusammenhang mit den polnischen Ereignissen benachrichtigen. Selbstverständlich werden alle protestieren, das

15 Ebenda, S. 83, 89.

ist sicher. Aber was sollen wir tun? Wir haben keinen anderen Ausweg und werden das wahrscheinlich machen müssen."[16]

Nach einem polnischen Ersuchen um zusätzliche Rohstofflieferungen sprach man in der Politbürositzung vom 26. März wieder über die wirtschaftlichen Probleme. Der stellvertretende Premierminister Archipow sagte: „Wir gaben Polen eine beschränkte Menge Rohstoffe, weil wir einfach mehr zu geben nicht imstande waren [...] Sie bitten uns um 700 Millionen Dollar. Natürlich sind wir nicht imstande, eine solche Summe aufzubringen."[17]

In der Politbürositzung vom 29. Oktober 1981 berichtete ZK-Sekretär Russakow über seine Informationsreise in die DDR, die Tschechoslowakei, nach Ungarn und Bulgarien: „Während der Gespräche berührten die Führer der Bruderländer auch die wirtschaftlichen Probleme. Das Hauptthema war die Einschränkung der Energieträger- und besonders der Erdöllieferungen. Wenn auch die Genossen Kádár, Husak und Schiwkoff sagten, daß es für sie schwer werde, begegneten sie doch unserem Vorschlag mit Verständnis und kündigten an, einen Ausweg zu suchen und das zu nehmen, was wir ihnen anbieten [...] Anders entwickelte sich das Gespräch mit Genossen Honecker. Er sagte gleich, daß für die DDR eine derartige Einschränkung der Erdöllieferungen nicht hinnehmbar wäre, daß sie der Volkswirtschaft und generell der DDR bedeutenden Schaden zufügen würde, daß sie einen harten Schlag für die Ökonomie der DDR bedeutete und sie kaum damit auskommen würden."[18]

Auf derselben Sitzung sprach man auch über andere wirtschaftliche Probleme, z. T. im Zusammenhang mit der polnischen Krise, weil Polen um Fleischlieferungen ersuchte. Archipow informierte, daß die Lieferungen nach Polen (30.000 Tonnen) aus staatlichen Reserven genommen würden. In der Sowjetunion selbst hatte eine große Aktion zur Lieferung aus den Republiken in die staatliche Reserve keinen Erfolg.

Breschnew kam auf die Unzufriedenheit Honeckers zurück und bemerkte abschließend: „Ich weiß einfach nicht, welche Entscheidung wir treffen sollen." Viel konsequenter waren andere Redner. Archipow ergänzte, es gebe auch Probleme mit Steinkohle („Die Bergarbeiter werden 30 Millionen Tonnen nicht aufbringen. Wie wird das zu decken sein? Die Erdölindustrie wird den Plan nicht erfüllen. Deswegen muß man irgendwie diese 30 Millionen Tonnen decken"), Zucker („Uns fehlen 1,5 Millionen Tonnen Zucker, auch das muß man kaufen") und Pflanzenöl („800.000 Tonnen, ohne sie läßt sich jetzt nicht leben").[19]

In der Politbürositzung vom 10. Dezember 1981 schlug Russakow vor, die Lieferungen nach Polen im ersten Vierteljahr 1982 entsprechend dem Vorjahresstand festzusetzen. Darauf fragte Breschnew: „Und können wir das jetzt lie-

---

16 Pawłow: Byłem rezydentem, S. 274.
17 Ebenda, S. 299-300.
18 Ebenda, S. 361-362.
19 Ebenda, S. 363-364.

fern?" Die Antwort von Bajbakow war: „Das zu liefern geht nur aus staatlichen Reserven oder auf Kosten von Lieferbeschränkungen für den Binnenmarkt." Es kam zu keiner Entscheidung. Man wollte noch die Möglichkeiten und die tatsächlichen polnischen Bedürfnisse prüfen.[20]

Zusammenfassend: Es scheint, daß die sowjetische Führung keine Alternative zur Entspannungspolitik sah. Das führte zu einer unschlüssigen Politik Polen gegenüber, trotz der Einsicht in die Gefahren, welche die Ausstrahlung der polnischen Ereignisse für die Sowjetunion selbst brachte. Darüber sprach auf der Politbürositzung am 2. April 1981 Andropow: „Die polnischen Ereignisse beeinflussen auch die Lage in den westlichen Regionen unseres Landes. Besonders in Weißrußland hört man in vielen Dörfern gut den polnischen Rundfunk, und auch das Fernsehen erreicht sie. Gleichzeitig muß man beachten, daß auch bei uns in manchen Regionen, besonders in Georgien, spontane Demonstrationen ausbrechen. Gruppen von Maulaufreißern sammeln sich auf den Strassen wie vor kurzem in Tbilisi, sie treten mit antisowjetischen Parolen auf usw. Man muß auch im Inneren des Landes scharfe Maßnahmen durchführen."[21]

2. Einführung des Kriegsrechts

Die Einführung des Kriegsrechts erweckte zunächst Befürchtungen, die polnische Situation würde sich in dieselbe Richtung wie in Ungarn 1956 oder in der Tschechoslowakei 1968 entwickeln, doch aufgrund sowohl polnischer wie sowjetischer Entscheidungen kam es zu einer „sanften" Normalisierung. Dagegen wurde im Modell des politischen, sozialen und wirtschaftlichen Lebens kaum eine Reformtendenz spürbar.

2.1. Politik der Partei (PVAP)

Die Politik der polnischen Führung war weitgehend dadurch bedingt, daß sie nach der Einführung des Kriegsrechts einem relativ schwachen Widerstand der „Solidarność" gegenüberstand, doch mit heftiger innerparteilicher Kritik der Hardliner rechnen mußte. Eine Abrechnung mit der Vergangenheit konnte in eine Vergeltungsspirale und zu einer Desavouierung der Gruppe um Jaruzelski und Rakowski führen.

Die „sanfte" Normalisierung bedeutete für Jaruzelski und seine Mannschaft eine Selbstrechtfertigung und die Fortsetzung der vorherigen Politik. Andererseits war die kommunistische Partei in großem Maße isoliert, reformkommunistische und „liberale" Kreise der unteren und mittleren Ebene verließen sie, und die Führung mußte mit einem Hang zur harten Linie im Partei- und Sicherheitsapparat sowie in der Armee rechnen.

---

20 Dokumenty. Teczka Susłowa, S. 79-81.
21 Pawłow: Byłem rezydentem, S. 312-313.

Rakowski schreibt: „Ich denke dabei vor allem an die Rolle, die im System des realen Sozialismus der Sicherheitsdienst als politische Polizei spielte. Er war ein Staat im Staate, eine Organisation, die nach ihren eigenen Spielregeln handelte. Diese Struktur war über Jahrzehnte von einem besonderen historischen Sendungsbewußtsein geprägt. Die Geschichte habe ihr den 'Schutz der Errungenschaften der werktätigen Bevölkerung' als Aufgabe zugedacht. Diese Vorstellung bildete eine ideologische Verbrämung des Strebens nach Macht. Und diese Macht mußten die Bürger nicht nur respektieren, sondern auch fürchten. Das galt auch für Sekretäre, Regierungschefs, Minister und so fort. Den Vertretern solcher Auffassungen erschienen Jaruzelski und seine politischen Mitstreiter als Weichlinge, die vor den Feinden des Sozialismus andauernd nur Rückzieher machten."

An anderer Stelle meint Rakowski: „Ich habe über viele Situationen und Begebenheiten nachgedacht, an denen ich beteiligt oder deren Mitbegründer ich war. Aus heutiger Sicht halte ich die Bemühungen um eine möglichst breite gesellschaftliche Unterstützung für ehrlich und zugleich wenig erfolgreich, weil wir den gängigen Vorstellungen von Demokratie zuwiderhandelten [...] In der ersten Hälfte der achtziger Jahre bestimmte der Kampf die politische Situation in Polen [...] Die Staatsmacht, deren Vertreter ich war, sperrte die Opposition in Gefängnisse ein und nicht umgekehrt."[22]

Der Regierungssprecher der 80er Jahre, Urban, schreibt über das Kriegsrecht: „Die Betonköpfe profitierten. Es kam zu einer enormen Aktivierung, vielleicht weniger der Betonfraktion, die schließlich in ihrem Fahrwasser schwamm, als einer für Betondenken charakteristischen Stimmung [...] Nach der Einführung des Kriegsrechts wurde die Partei hart, sie gewann an Selbstbewußtsein, die Mehrheit sah es so, daß wie durch Zauber der politische Gegner, der die Partei gejagt und mißhandelt hatte, für immer verschwand. Die 'Solidarność' verging wie ein böser Traum." Und an anderer Stelle über Jaruzelski: „Die Realitätseinschätzung, die Jaruzelski vornahm, war sehr kritisch. Er merkte, wie ihm alles aus den Fugen ging, ihm entglitt. Gleichzeitig stellte er sich vor, er würde die Systemschranken überspringen, um etwas Neues zu beginnen. Das Neue verstand er als eine Abart des sozialistischen Systems, ebenso leistungsfähig wie der Kapitalismus, aber empfindsam für soziales Unrecht, für Mechanismen allgemeiner sozialer Wohlfahrt, soziale Sicherheit und Chancengleichheit für die Jugend. Die Tätigkeit Jaruzelskis muß man evolutionär sehen. Oft hat er sich selbst überholt. Immer stand er vor einem unschlüssigen Politbüro und Zentralkomitee, einer trägen Partei. Er war Leader des Wandels [...] Man könnte ihm eine Verzögerung vorwerfen, wenn wirklich alles von ihm abhängig gewesen wäre. Aber die Bedingungen für einen Reformkurs in der PVAP zu wahren, das war Jaruzelskis zentristische Position. In der PVAP waren die Liberal-Reformisten in der Minderheit [...] Jaruzelski unterstützte intellektuell die Reformströmungen, doch bei praktischen Entscheidungen unterstützte er sie nicht immer [...] Und gleichzeitig, bei großer Fähigkeit, einer Sache auf den

22 Rakowski: Es begann in Polen, S. 72, 76 – 78.

Grund zu gehen, und zur Analyse, neigte er zu einfachen befehlsartigen Lösungen, ihrer Herkunft nach aus der Armee. Er unterstützte die Bildung von Systemmechanismen, glaubte aber nicht, daß sie selbsttätig, ohne direktes administratives Eingreifen etwas in Gang bringen würden."[23]

Ähnlich urteilt Rakowski: „Jaruzelski war auch nicht frei von [...] Schwächen, die ihm aufgrund des langjährigen Militärdienstes anhafteten."[24] Wenn er in der Armee einen Befehl gab, mußte er realisiert werden. Er konnte es nicht billigen, daß im zivilen Leben andere Bräuche herrschten.

Die Politik der polnischen Kommunisten bis 1985 ließ sich schwerlich als Reformpolitik bezeichnen. Immerhin war der Rahmen für persönliche und bürgerliche Freiheiten im Vergleich mit anderen kommunistischen Staaten eher breit, wenn auch nicht beständig, repressivere wechselten mit freiheitlicheren Perioden ab.

Trotz einer neuen politischen Linie der beschränkten Repressivität war die Denkweise des Sicherheitsdienstes weitgehend intakt geblieben. Gleich nach der Einführung des Kriegsrechts am 22.12.1981 sprach Innenminister Kiszczak auf einer Sitzung der Ministeriumsspitze davon, daß man den Journalisten „Ideen und Materialien, wie z. B. den Fall Geremek, der sich als Historiker auf die Probleme der französischen Prostitution spezialisierte", unterschieben sollte.[25] Einen Tag zuvor sagte er seinen führenden Mitarbeitern: „Es bedarf einiger Gesten an die Adresse der Gesellschaft. Wir müssen das berücksichtigen, aber uns nach dem Prinzip richten: Für nichts – nichts geben."[26]

Wichtiger war, daß sich der Sicherheitsdienst wie bis 1980 als Staat im Staate betrachtete. Auf der Sitzung am 22.12.1981 beschäftigte sich Kiszczak sogar mit der Außenpolitik: „Die Frage des Zionismus – Medien und Geld sind in großem Maße in zionistischen Händen. Zu gute Beziehungen mit Zionisten würden unsere Beziehungen mit der arabischen Welt, die, wie z. B. die mit Libyen, sehr vorteilhaft sind, kaputtmachen."

Auf derselben Sitzung fehlte die Innenpolitik nicht. Man diskutierte sogar notwendige personelle Veränderungen in Regierung und Parteiführung. Die stellvertretenden Innenminister Stachura und Požoga sowie Generaldirektor Straszewski schlugen vor, Tejchma vom Posten des Ministers für Kultur und Kunst abzusetzen, und kritisierten heftig das Politbüromitglied und Sekretär des ZK Kubiak.[27]

Am 6.1.1982 entstanden im Innenministerium zwei Texte „Geheim von besonderer Bedeutung" über „Probleme zu lösen während der Kriegsrechtszeit". Die Autoren beschäftigten sich mit der Überprüfung aller Vereine, ihrer Reorganisation (d. h. auch Zusammenlegung oder Abschaffung). In diesem Kontext

---

23 J. Urban: Jajakobyły, S. 102-103, 138.
24 Rakowski: Es begann in Polen, S. 74.
25 Akten des Innenministeriums, Bd. 251/1, S. 207
26 Ebenda, S. 205.
27 Ebenda, S. 212-214.

war von den Clubs der Katholischen Intelligenz, dem PEN, dem Schriftstellerverband und dem Filmverband die Rede. Es folgten weiter die Fragen: Reorganisation der zentralen Staatsverwaltung, Überprüfung der leitenden Kader, Verlagerung der Arbeitskräfte, Wohnungspolitik, Umgestaltung der „Solidarność" und eine unklar umrissene „Aktivität im Zusammenhang mit der Kirche".[28]

Aus dem Jahre 1984 stammt ein Bericht, der in der 3. Abteilung des Innenministeriums (zuständig für die Opposition) für das Politbüro vorbereitet wurde. Der Sicherheitsdienst interessierte sich nicht nur für die illegale „Solidarność" und andere oppositionelle Organisationen, sondern auch für „die bewußtseinsund meinungsbildenden Kreise".[29] Er analysierte die Situation in Wissenschaft, Medien, Kultur, Schulen und Hochschulen, Druckgewerbe, Gesundheitswesen, Sport und Touristik sowie in der Rechtsanwaltschaft.

Spezifische Probleme betrafen das Verhältnis zur katholischen Kirche. Ihre autonome Rolle war zwar nach der Einführung des Kriegsrechts anerkannt, obwohl die Kirche selbst, jedenfalls auf der Ebene der Hierarchie, ihre politische Aktivitäten einschränkte. Aus jetzt bekannten Quellen ergibt sich jedoch ein Bild verschiedener antikirchlicher Aktionen, von Verdächtigungen, Provokationen, des Abhörens und von Anschlägen.

Auf der Sitzung des Politbüros der Partei am 11.6.1982 schlug Innenminister Kiszczak vor: „Aktionen sind nötig, um den Besuch des Papstes Johannes Paul II. im August 1982 unmöglich zu machen." Er zählte Bedingungen auf. Der Papst sollte: 1) die offizielle Bewegung der Nationalen Erneuerung gutheißen und die Extreme der „Solidarność" verurteilen; 2) die Diskriminierung Polens in der Politik der USA und westlicher Staaten öffentlich verurteilen; 3) zu Beginn des Besuchs mit Jaruzelski zusammentreffen; 4) in jeder Stadt den Besuch mit dem militärischen Kommissar abstimmen; 5) Soldaten in Uniform zu seinem persönlichen Schutz hinnehmen.[30]

Im Dezember 1982 wurde im Innenministerium eine Information vorbereitet und akzeptiert. Als eine der Schlüsselaufgaben des Ministeriums nach der Suspendierung des Kriegsrechts wurde formuliert: „Die Aufklärungsarbeit zu aktivieren mit dem Ziel, die Pläne [...] c) der polnischen Katholischen Kirche, im Einvernehmen mit dem Vatikan den Einfluß und die soziale Basis der Kirche zu erweitern, zu kompromittieren, zu entkräften und zu begrenzen"[31].

Entsprechend hieß es in einer Beilage zur Verordnung des Innenministers Kiszczak vom 30.11.1984: „Die 4. Abteilung realisiert operative Aufgaben [...] in bezug auf die unten genannten Kreise, Gruppen, Institutionen und Organisationen: 1. Die römisch-katholische Kirche, ihre Kader und organisatorischen Glieder: a) den Episkopat; b) das Sekretariat des Episkopats; c) den Primas

---

28 Akten des Innenministeriums, Bd. 228/I B, S. 83-86.
29 Widacki, Czego nie powiedział, S. 37-58.
30 Protokolle des Politischen Büros des ZK der PVAP 1982, Bd. 4, S. 134-136.
31 Akten des Innenministeriums, Bd. 228/1 A/b, S. 14.

und seine beratend-exekutiven Agenten; d) die Sachausschüsse des Episkopats; e) die Konsulte der Oberen der Männerorden; f) die Konsulte der Oberen der Frauenorden; g) die Mission des Vatikans in Polen; h) die Strukturen der sog. Stiftung für die Landwirtschaft; i) die zentralen Glieder der spezialisierten Seelsorger. 2. Die Leitungen der Vereine katholischer Laien."[32]

Der Direktor der 4. Abteilung Płatek berichtete schon 1983 nach dem Besuch des Papstes in Polen u. a. über die Übermittlung von 18 Petitionen und Schreiben „eines operativ vorteilhaften Inhalts" an den Papst, über „operative Kombinationen in bezug auf die Bischöfe Tokarczuk, Musiel und Werno, die ihrem Prestige im Vatikan und im Lande Schaden zufügten", über Aktivitäten gegen mehrere Priester „kompromittierenden, operativ-repressiven und administrativen Charakters", über die Realisierung einer Reihe von Publikationen in westlichen katholischen Zeitschriften betreffend die polnische Kirche, sogar über eine Initiative mit dem Zweck, ein Buch der Priester-Traditionalisten, „Das fundamentalische Kompendium der katholischen Wissenschaft", zu publizieren. Die Schlußfolgerung war: „Die gesetzten propagandistischen Ziele einer Desavouierung der Kirche und der Priester wurden weitgehend erreicht. Das fand seinen Ausdruck in heftigen Protesten der kirchlichen Seite."[33]

Jan Rokita, damals (1991) Vorsitzender des parlamentarischen Sonderausschusses zur Erforschung der Aktivitäten des Innenministeriums, sagte: „Es ist egal, ob die Leute aus der Sektion 'D' (Desintegration) der 4. Abteilung [zuständig für die Kirche] der Abteilungsdirektor oder der Minister schickte. Verantwortlich ist der Minister [... die Sektion 'D'] beschäftigte sich mit rechtswidrigen verbrecherischen Aktivitäten gegen Kirche, Priester und Gläubige."[34]

Darüber schrieb ferner der ehemalige stellvertretende Innenminister in der Regierung Mazowiecki, Widacki: „Es waren von einem Zentrum geplante und vorbereitete Aktivitäten. Sowohl die Pläne für solche Aktivitäten wie auch Berichte über ihre Verwirklichung gingen an den Innenminister und seinen Stellvertreter, der den Sicherheitsdienst beaufsichtigte."[35]

Einen bisher nicht vollständig geklärten Fall bilden der Mord an dem Warschauer Priester Jerzy Popiełuszko am 18.10.1984 und das spätere Gerichtsverfahren gegen vier Funktionäre des Sicherheitsdienstes. Die Mordmethode selbst war dem damaligen Sicherheitsdienst keineswegs fremd, wenn sie auch in diesen Jahren schon eher als Betriebsunfall bei Einschüchterungsrepressalien gegen Vertreter der Opposition oder der Kirche einzustufen ist. Zum ersten Mal wurde jedoch die Rolle des Sicherheitsdienstes in einem Mordfall klargelegt und bestraft.

Kiszczak sagte dazu 1991: „Das war kein Betriebsunfall, das war ein kaltblütig geplanter Mord." Er widersetzte sich jedoch entschieden einer Theorie der

---

32 Widacki: Czego nie powiedział, S. 77.
33 Ebenda, S. 91-92.
34 Bereś, Skoczylas: Generał Kiszczak, S. 148.
35 Widacki: Czego nie powiedział, S. 63.

großen Provokation.[36] Dagegen erinnert sich Rakowski, daß Kiszczak unmittelbar nach dem Mord ganz anderer Meinung war: „Seiner Ansicht nach sollte der Mord den Auftakt zu einem Szenario bilden, dessen Ablauf folgendermaßen hätte aussehen können: Auf der Plenarsitzung des ZK sollten sich mehrere Redner zu Wort melden und die Situation im Land kritisch beurteilen, um dann von einem Chaos bzw. davon zu sprechen, daß die amtierende Parteileitung und Regierung offenbar außerstande wären, die Lage in den Griff zu bekommen usw.; dann sollte auf einmal jemand ans Rednerpult gehen und sagen, die Lage erfordere eine Pause in den Beratungen, um über notwendige Änderungen in der Zusammensetzung von Parteispitze und Regierung nachzudenken [...] In den seit der Ermordung Popiełuskos verflossenen Jahren habe ich keinerlei Beweise finden können, die den Verdacht bekräftigen würden, daß es irgendwelche Anstifter zu diesem schändlichen Mord gegeben hätte [...] indessen [...] kann [ich] mich des Verdachts nicht erwehren, daß es eine Verschwörung gegeben haben muß."[37]

2.2. Polnische Wirtschaftslage

Um die „sanfte" Normalisierung zu verstehen, muß man die wirtschaftliche Lage Polens berücksichtigen. Rakowski schreibt 1991: „Die wirtschaftlichen Sanktionen der USA waren für die krisengeplante Wirtschaft Polens sehr schmerzlich. In der Folge kam es auch auf den internationalen Handels- und Finanzmärkten zu einer für uns äußerst ungünstigen Entwicklung. Das Dramatische daran war, daß die polnische Regierung 1982 wie auch in den folgenden Jahren Zinsen für die in den siebziger Jahren erhaltenen Darlehen abzahlen mußte. Aus der notleidenden Wirtschaft wurden dafür 1982 bis 1988 etwa zehn Milliarden US-Dollar herausgepreßt."[38]

Eine Wirtschaftsreform zu verwirklichen, war im damaligen Zustand unmöglich. „Betriebe (und nicht nur sie) bekamen Armeekommissare, die mit Befehlen ihrer Kommandeure Ordnung zu schaffen verpflichtet waren [...] Die Einführung auf allen Verwaltungsebenen einer der Intendantur-Logistik ähnlichen Regel erforderte – natürlich – die Suspendierung der früher verabschiedeten Gesetze über Selbständigkeit und Selbstverwaltung der Betriebe. Das verursachte auch eine bedeutende Vergrößerung der Angestellten-Armee, die im übrigen schon vorher beträchtlich gewesen war [...] Die Verteilung betraf nicht nur die Produktionsmittel, sondern auch die Konsumartikel. Das damals eingeführte Konsumartikelkartensystem, mit dem der Ankauf vieler Lebensmittel- und Industrieartikel reglementiert wurde, verlangte einen ausgebauten Beamtenapparat der Teilung und Zuteilung, der Kartenbilanz, der Kartenverkaufskontrolle [...] Überdies kam es zu keinem Wandel in der Struktur der Erzeugung und Investition. Weiterhin spielten die schweren Industriebranchen

---

36 Bereś, Skoczylas: Generał Kiszczak, S. 241-243.
37 Rakowski: Es begann in Polen, S. 119, 121.
38 Rakowski: Es begann in Polen, S. 90.

eine überragende Rolle und weiterhin verbrauchten sie beinahe die Hälfte der Investitionsausgaben. Die traditionelle Industriestruktur befestigte sich, der Konsumartikelmarkt blieb unausgeglichen. Die Stabilisierungsstrategie wandelte sich, ähnlich wie in den 60er Jahren, in Wirtschaftsstagnation."[39]

Trotzdem gelangt Rakowski zu einer optimistischen (obwohl für den unbefangenen Leser eher pessimistischen) Beurteilung. Das Reformkonzept sei nicht, wie die Opposition behauptet habe, eine „Propagandashow" oder ein „kosmetischer Kunstgriff" gewesen, sondern habe eine „völlig neue Qualität [gehabt]. An die Durchführung der Reform gingen wir vom 01. Januar 1982 an [...] Um die Jahreswende 1983/84 konnte ich immer häufiger beobachten, daß einige Ressorts und deren Leiter dazu neigten, die Reform und ihre ökonomischen Gesetzmäßigkeiten nach alten und 'bewährten' Methoden zu handhaben. Der Hang zum Zentralismus wurde immer stärker [...] Allmählich gelangte man zu der Überzeugung, daß die altvertraute Stabilität zurückgekehrt sei. So begann die Bürokratie erneut Fuß zu fassen." [40]

Urban berichtet: „In den Regierungssitzungen verliefen große Schlachten zwischen Baka, der das Kriegsrecht für die Intensivierung der Reformen nutzen, sowie zwischen Krasiński, der die Preise an die freien Marktpreise annähern wollte, und einer großen Gruppe der Wirtschaftsminister [...] Die Minister, die für die Wirtschaft zuständig waren, sammelten sich um Szałajda und verschworen sich, in den Regierungssitzungen gegen die in Systemkategorien denkenden Baka oder Sadowski anzutreten." Und über Jaruzelski: „Meines Erachtens setzte er in diese Reformmechanismen kein volles Vertrauen [...] Ähnlich war es mit General Kiszczak, der aus derselben militärischen Gruppe stammte [...] Sogar die Menschen, die sich selbst als Reformenbefürworter betrachteten und die Reformen unterstützten, verstanden sie nicht ganz und glaubten nicht voll an sie. Die Zeitlücke zwischen dem Anstoßen der Marktmechanismen und ihrer Wirkung war zu groß und die Macht zu schwach, um Sinn für das Abwarten zu haben."[41]

Es scheint wahr zu sein, daß Jaruzelski, Rakowski, Urban und anderen die Realitäten des sozialistischen Systems und die Notwendigkeit der Systemreformen bewußt waren. Sie verfügten jedoch weder über Konsequenz noch über klare Pläne, weder über die soziale Basis noch über die Unterstützung durch den eigenen Apparat, um die Reformen in Gang zu setzen.

2.3. Opposition

Der polnische Beitrag zum späteren Wandel des sozialistischen Systems entstammte in der ersten Hälfte der 80er Jahre eher mehr der weiteren Aktivität

---

39 Bolesta-Kukułka, Gra o władzę, S. 127-129.
40 Rakowski: Es begann in Polen, S. 105 – 107.
41 Urban: Jajakobyły, S. 141, 145.

von „Solidarność" und anderer oppositionellen Organisationen als der Verwirklichung von Reformen innerhalb des Systems.

In gewissem Sinne war der Beitrag negativ: Das System blieb lebensunfähig, weil es weder die Opposition ausrotten (wegen der wirtschaftlich bedingten Notwendigkeit, die Helsinki-Politik fortzusetzen, wegen fehlender Bereitschaft der Sowjetunion zu einer direkten Intervention, wegen der Schwäche der polnischen kommunistischen Staatsmacht) noch die Reformen durchführen konnte.

Die Opposition änderte in der Zeit zwischen 1982 und 1985 faktisch die Regeln des politischen Lebens.[42] Das Parteimonopol des politischen Lebens funktionierte nicht mehr. Die illegalen Gruppen agierten auf breiter Front. Bereits am 22.4.1982 entstand im Untergrund die „Vorläufige Koordinationskommission", ihr folgten entsprechende regionale Instanzen. In vielen Betrieben funktionierten illegale Vorstände und Gruppen der „Solidarność". Nach seiner Befreiung aus der Haft traf sich Wałęsa mehrmals insgeheim mit der illegalen Koordinationskommission und führte eine rege Tätigkeit – er traf sich ständig mit Aktivisten und Beratern der „Solidarność" aus der Zeit vor dem Kriegsrecht, auch mit ausländischen Politikern und Journalisten, und gab viele Interviews. Sein Prestige wuchs noch mit der Verleihung des Friedensnobelpreises am 5.10.1983.

Ein ständiges Element des politischen Lebens bildeten die illegalen Demonstrationen. Sie begannen in den ersten Wochen nach der Einführung des Kriegsrechts, wurden aber untergedrückt. Am 01. und 03.05.1982 (Jahrestag der ersten polnischen Verfassung von 1792) kam es das erste Mal zu einer neuen Protestwelle mit vielen Tausenden von Demonstranten in allen größeren Städten. Seitdem wiederholten sich jedes Jahr mehrfach die großen Demonstrationen bei verschiedenen Gelegenheiten.

Eine besondere Bedeutung hatte in diesem Kontext der zweite Besuch des Papstes im Juni 1983. Der Papst sprach wiederholt über eine Ordnung der Menschen- und Bürgerrechte, und bei allen Versammlungen, meistens mit Hunderttausenden von Menschen, waren zahlreiche Fahnen und Transparente der „Solidarność" zu sehen, immer durch die Menschenmassen stürmisch begrüßt. Die Kontinuität des Widerstandes und dessen Massenbasis wurden öffentlich dokumentiert.

Die kommunistische Regierung versuchte die Opposition lahmzulegen. Ende 1983 entstand die Idee, über kirchliche Vermittlung die noch verhafteten Führer der „Solidarność" und KOR-Mitglieder zu überreden, als Preis für ihre Befreiung drei Jahre lang jedwede politische Aktivität aufzugeben und gegebenenfalls sogar ins Ausland zu verschwinden.[43] Die Absage zwang die Regie-

42 Holzer, Leski: Solidarność w podziemiu, passim.
43 Bereś, Skoczylas: Generał Kiszczak, S. 208-219; Raina, Rozmowy z władzami PRL, Bd. 2, S. 56-73.

rung, sie nach einem gewissen Zögern am 21. Juli 1984 im Rahmen einer allgemeinen politischen Amnestie freizulassen.

Auch das Monopol der Medien wurde eingestürzt. Besonders Zeitschriften und Bücher waren davon betroffen. Das Inneministerium informierte zusammenfassend für das Jahr 1982 über die Beschlagnahme von 1196 Vervielfältigungsapparaten, 730.000 Flugschriften, 4.000 Plakaten usw. Es wurden auch 11 illegale Rundfunksender liquidiert.[44] Immerhin lag die verlegerische Aktivität der Opposition zu jedem Zeitpunkt darüber.

Zum ersten Mal in der Geschichte eines eingewurzelten kommunistischen Systems mußte die Partei eine Opposition mehr oder weniger dulden, wenn sie sie auch nicht rechtlich erlaubte. Die Anwesenheit der Opposition im politischen Leben drängte die Kommunisten auch dazu, die katholische Kirche als politischen Vermittler und beruhigende Kraft zu nutzen, was das politische Monopol der Partei noch mehr in Frage stellte.

2.4. Politik der Sowjetunion

Die sowjetische Führung billigte die Einführung des Kriegsrechts in Polen, versuchte aber gleichzeitig, die „sanfte" Linie der polnischen Führung zu verhärten. Diese Versuche waren fragmentarisch und wenig konsequent. Sie trugen immerhin zu einem großen Teil dazu bei, daß die Politik der polnischen Kommunisten weder streng repressiv noch reformistisch war und mehr zur Stagnation tendierte.

Urban über Jaruzelski: „Ich habe den Eindruck, daß er vor den 'Sowjets' Angst hatte und daß diese verschlüsselte, vielleicht aus der Jugendzeit stammende Angst länger dauerte als ihre rationalen Quellen. Er bemerkte nicht rechtzeitig, daß sich die sowjetische Position gegenüber Polen abschwächte." Umgekehrt behauptet Urban jedoch: „Die Einführung des Kriegsrechts ermöglichte es, den Druck der 'Sowjets' loszuwerden [...] Und damit meine ich nicht das Abrücken von der Interventionsdrohung, sondern eine grundsätzliche Veränderung des Status Polens und seiner Behörden gegenüber Moskau [...] Nach der Einführung des Kriegsrechts hat sich der Status polnischer Autoritäten so radikal geändert, daß man mit einer für die damalige Zeit großen Freiheit die inneren Verhältnisse gestalten, die Reformen durchführen konnte, was in anderen sozialistischen Blockländern unvorstellbar war. Moskau hörte auf, uns zu belehren."[45]

Jaruzelski antwortete auf die Frage, ob es in der späten Breschnewzeit möglich gewesen wäre, den Konsultativen Rat und das Amt des Bürgerrechtsanwalts zu bilden, nicht ganz konsequent: „Die Zeitumstände auf der einen wie auf der anderen Seite erlaubten solche Lösungen nicht. Ich erinnere daran, daß ein

---

44 Pernal, Skórzyński, Kalendarium Solidarnośći, S. 76.
45 Urban: Jajakobyły, S. 111-112.

großer Teil der damaligen Opposition nicht geneigt war, sich am Konsultativen Rat zu beteiligen [...] Es war nicht so, daß wir nur wegen Breschnew die Instanzen dieser Art nicht bilden konnten, wenn sie auch bisherige Strukturen verletzten und es schwierig war zu sagen, welche Rückwirkungen sie haben würden. Wenn man hätte sehen können, daß diese Instanzen zu einer Stabilisierung und zur Festigung des Landes führen würden, dann wäre die Rückwirkung bejahend gewesen. Wäre sie als Machtauflösung aufgefaßt worden, dann wäre die Rückwirkung ablehnend gewesen."[46]

Kiszczak erinnert sich: „Nach dem 13. Dezember 1981 war ich im Spätsommer 1982 in Moskau. Und wieder gab es lange Gespräche mit vielen Leuten, auch im ZK, daß das Kriegsrecht nicht ausreiche, daß es zu weich sei, daß man scharf reagieren, eine größere Zahl der Oppositionellen verhaften müsse, daß die Gerichtsurteile streng sein sollten. Manche Argumente habe ich ähnlich in Polen gehört."[47]

Am 14.1.1982 diskutierte das sowjetische Politbüro eine Information über Gespräche Suslows und Gromykos mit dem polnischen Außenminister Czyrek wie auch den Brief Jaruzelskis an Breschnew vom 03.01.1982.[48] Breschnew billigte die Jaruzelski-Linie. „Im ganzen gelangt man zu dem Eindruck, daß der General sich als Politiker gefestigt hat und in der Regel die richtige Lösung findet. Manchmal scheint es, daß er zu vorsichtig ist und öfter als notwendig in seinem Handeln die Position des Westens und der Kirche berücksichtigt. Jedoch könnte man in der jetzigen Lage mit hitzigen Aktivitäten in der Sache nur verlieren. Neben harten und strengen Schritten, wenn es um Prinzipien geht, muß man auch elastisch und besonnen sein."

Aus diesen Worten geht hervor, wie befangen die sowjetische Politik war. „Wir alle wissen genau, daß zur vollen Stabilisierung der polnischen Lage eine wirtschaftliche Neubelebung vonnöten wäre [...] Im Zusammenhang damit stehen wir vor einem ungewöhnlich schweren Problem, weil wir uns ohnehin schon in bezug auf die Hilfe für Polen an der Grenze unserer Möglichkeiten befinden, während sie sich mit immer neuen Ersuchen an uns wenden. Vielleicht müßte man noch etwas tun, aber noch mehr bedeutende Zusagen sollten wir nicht geben [...] Die polnische Führung rechnet auch mit der Hilfe des Westens. Nun, im Prinzip sollten wir nichts dagegen haben, wenn auch, ehrlich gesagt, fraglich ist, ob der Westen eine Militärherrschaft unterstützen würde. Sicher würden sie Zugeständnisse verlangen, und hier wäre besondere Wachsamkeit erforderlich."

In einer anderen Phase der Diskussion sagte Breschnew: „Klar, auch diesmal dürfen wir das den Polen nicht so total abschlagen, irgend etwas muß man finden, irgendwie helfen." Dazu Bajbakow: „Ich habe den Stand unserer Erdölbestände sehr sorgfältig analysiert und bin absolut nicht imstande, die zusätzli-

46 Karaś, Sąd nad autorami, S. 299.
47 Bereś, Skoczylas: Generał Kiszczak, S. 170.
48 Dokumenty dotyczące wprowadzenia stanu wojennego, S. 54-58.

chen Mengen an Treibstoff für die VRP zu finden. Es scheint mir, daß wir an Polen genügend Mengen an Erdölprodukten liefern, und sie müssen sich mit dem begnügen, was sie bekommen."

Eine ganz andere Frage ist, wie Jaruzelski die sowjetische Position verstand. Er erinnerte an seinen Besuch in Moskau: „Während des Besuches am 1. März 1982, also kurz nach der Kriegsrechtseinführung, sagte Breschnew: 'Wenn die Kommunisten der Konterrevolution nachgäben, wenn sie vor den Wutangriffen der Feinde des Sozialismus zitterten, so würde das Schicksal Polens und die Stabilisierung in Europa wie auch in der ganzen Welt bedroht.' Eine Rhetorik, die zwar altertümlich, aber in ihrer Beweiskraft doch eindeutig war."[49]

Am 20.5.1982 diskutierte das Moskauer Politbüro eine Information des ZK-Sekretärs Russakow über seinen Besuch in Warschau, wo er eine mündliche Mitteilung Breschnews an Jaruzelski überbringen sollte. Leider stehen uns weder diese Richtlinien noch der vorgelegte Bericht Russakows zur Verfügung. Wir wissen nur, daß „anfangs das Gespräch einen ziemlich schroffen Charakter hatte und manchmal heftige Proteste des Genossen Jaruzelski auslöste, der meine Folgerungen abzulehnen versuchte. Nach einer gewissen Zeit fand er jedoch zu seinem Gleichgewicht, und die überzeugenden Beweise, die ich ihm im Namen L.I. Breschnews vorlegte, wurden gebührend aufgenommen."

Welche Beweise das waren, können wir nur indirekt erahnen. Russakow sagte, daß „Barcikowski oder Rakowski versuchen, ihn auf einen unrichtigen Weg zu drängen [...] Als ich über konkrete Aktivitäten der 'Solidarność', des Untergrunds und über die Gegenmittel der polnischen Führung sprach mit der Folgerung, diese Mittel sollten verschärft werden, mußte der Genosse Jaruzelski dem zustimmen [...] Zum Gesprächsschluß war der Genosse Jaruzelski ganz anderer Stimmung [...] Mit einem Wort, er stimmte unserer Beweisführung zu."

Immerhin faßte Breschnew die Probleme folgendermaßen zusammen: „Klar, die polnische Frage ist nicht von einer Art, daß man sie mit einem Gespräch oder an einem Tag lösen könnte. Dazu braucht man Zeit."[50] Im ganzen ist die Hypothese berechtigt, daß die Moskauer Führung Druck ausüben wollte, um eine härtere Linie gegen die Opposition in Gang zu setzen, aber selbst zu keinen dramatischen und rapiden Veränderungen tendierte.

Nach dem Tod Breschnews übernahm am 10.11.1982 Andropow in der Sowjetunion die Führung. Rakowski schreibt über ihn: „Er galt als aufgeklärter und vernünftiger Mensch [...] Jaruzelski legte verständlicherweise großen Wert auf gute Beziehungen zu Andropow. Er hatte sich mehrfach mit ihm unterhalten und meinte, als er mir davon erzählte, Andropow brächte unserer besonderen Lage Verständnis entgegen. Während eines Treffens im Dezember 1982 fing der sowjetische Generalsekretär, nachdem die Stenotypistin den Raum verlassen hatte, mit seinen Überlegungen zu Polen an. Er bemängelte das feh-

---

49 Karaś: Sąd nad autorami, S. 257.
50 Rosyjskie dokumenty archiwalne, S. 46-53.

lende Verständnis, das in der UdSSR gegenüber dem 'polnischen Phänomen' herrsche, und die Nachahmung sowjetischer Vorbilder durch Boleslaw Bierut. Zum Schluß nickte er und meinte: 'Wir haben euch das beschert.'" Dann aber fährt Rakowski fort, daß wahrscheinlich viele Entscheidungen wegen Andropows Krankheit nur in seinem Namen getroffen worden seien. So will er auch einen langen Brief Andropows an Jaruzelski vom 10.01.1983 verstehen. Andropow kritisierte heftig die polnische Kirche und gab seinem Erstaunen Ausdruck, daß sich in der polnischen Führung weiterhin „bestimmte Genossen" befänden. Rakowski will hier, wahrscheinlich mit Recht, auch eine auf sich gerichtete Anspielung verstehen.[51]

Kiszczak ist ähnlicher Meinung über Andropow. Er lobt ihn für seine Kenntnisse und seine Offenheit schon zu der Zeit, als Andropow Chef des KGB war. „Ich bin der Meinung, daß Andropow den Weg für Gorbatschow bereitet hat. Auch deswegen, weil alle Nachrichtendienste ganz einfach Informationsbetriebe sind und ein Mensch wie er genau wußte, wie die Situation in der UdSSR war und wie es ohne Reformen enden würde."[52]

Nach dem Tod Andropows am 13.02.1984 übernahm Tschernenko in der Sowjetunion die Leitung. Am 26.04.1984 diskutierte das sowjetische Politbüro die polnische Problematik wieder, diesmal im Kontext eines Gesprächs Gromykos und Ustinows mit Jaruzelski und eines Gesprächs Ustinows mit dem polnischen Verteidigungsminister Siwicki. Die Gespräche fanden kurz vor dem Besuch Jaruzelskis in Moskau am 04. Mai statt. Eine dem Politbüro vorgelegte Aufzeichnung des Gesprächs mit Jaruzelski steht uns nicht zur Verfügung.[53]

Gromyko referierte das Gespräch. Jaruzelski habe gegrollt wegen des Ausbleibens einer Antwort auf polnische Wirtschaftsbegehren. Alles, was in Polen vorgegangen sei, habe er zu rechtfertigen versucht. Besonders übel nahm Gromyko Jaruzelski, daß er kein Wort über Aufgaben bei der sozialistischen Umgestaltung der Landwirtschaft verloren hatte sowie die Kirche als einen Verbündeten und „Vertreter der polnischen Führung wie Rakowski und Barcikowski, die – wie man es weiß – auf rechten Positionen stehen, positiv einschätzte". Zufrieden dagegen waren Gromyko und Suslow mit Jaruzelskis außenpolitischen Ansichten, obwohl Gromyko bemerkte: „Wir hatten immerhin den Eindruck, daß in manchen Bereichen die polnische Führung Kontakte mit dem Westen auf breiterer Basis [als die Sowjetunion] entwickelt."

Sie waren nach dem Politbüroauftrag vorgegangen: „Wir sagten Jaruzelski, daß bescheidene Fortschritte bei der Festigung der führenden Rolle der PVAP in der polnischen Gesellschaft unsere besondere Unruhe hervorriefen. Denn eigentlich hat sich die Kirche bereits in eine Partei mit staatsfeindlichen Positionen umgewandelt. Wir machten Jaruzelski aufmerksam auf Mängel bei der

51 Rakowski: Es begann in Polen, S. 97 – 98.
52 Bereś, Skoczylas: Generał Kiszczak, S. 167.
53 Pawłow: Byłem rezydentem, S. 382-386.

Auslese und Verteilung der Kader, in der konsequenten Verwirklichung der Parteibeschlüsse [...] Wir machten ihn besonders aufmerksam auf wirtschaftliche Fragen und betonten, daß in vielen Fällen zentrale und mittlere Instanzen des Wirtschaftsapparats die Entwicklung der polnisch-sowjetischen Wirtschaftsbeziehungen störten und weiterhin nach Westen blickten [...] Wir sagten Jaruzelski direkt, daß sich tatsächlich eine Differenzierung des polnischen Bauertums entwickele und – würde sich die Situation nicht ändern – die Partei praktisch früher oder später in einen Sozialismus mit Kulaken hineingeriete [...] Wir sagten Jaruzelski, in der Sowjetunion müsse es beunruhigen, daß die PVAP bisher keine aktive ideologische Arbeit leiste und besonders schwach der Kirche entgegentrete. Hinzu käme, daß Tausende und Abertausende Menschen auf Knien vor dem Papst kröchen. Das Gespräch ergab jedoch, daß in dieser Angelegenheit der polnische Führer über kein konstruktives Programm verfügt und die vor der Partei stehenden Aufgaben wenig klar erkennt. Unsere allgemeine Schlußfolgerung ist die, daß Jaruzelski derzeit nicht reif für einen radikalen Wandel der Politik ist. Man muß viel mit ihm arbeiten, man muß ihn ständig unsererseits beeinflussen."

Ustinow beklagte sich noch mehr: „Ich habe den Eindruck, daß er nicht ganz aufrichtig zu uns war." Andererseits sei er keineswegs bereit, einen Wandel in Polen offensiv anzugehen. „Um mich kurz zu fassen: Wir müssen aktiv mit den polnischen Führern arbeiten. Gleichzeitig muß man ihnen mehr helfen, denn allein würde Polen es nicht schaffen, sich aus der bestehenden Situation herauszuziehen."

Noch weiter ging während der Diskussion Russakow. „Man muß berücksichtigen, daß Polen, wenn es sich auch ein sozialistisches Land nennt, nie sozialistisch im vollen Sinne des Begriffs war. Was die PVAP-Führung betrifft, haben wir in Kaderhinsicht im ganzen die richtige Wahl getroffen. In der gegebenen Lage ist Jaruzelski in Person der einzige, der für die Führung des Landes in Frage kommt [...] Mit Jaruzelski muß man arbeiten, und das mit Ausdauer."

Tschernenko war ähnlicher Meinung. „In der Tat müssen uns die polnischen Ereignisse beunruhigen. Sie gehen weit über den nationalen Rahmen hinaus und betreffen das Schicksal der ganzen sozialistischen Gemeinschaft, sie haben einen sehr direkten Zusammenhang mit unserer Sicherheit." Dann zählte er auf: Aktivitäten der konterrevolutionären Kräfte, eine Offensive der Kirche, eine schwere Situation der polnischen Wirtschaft und schlechte Stimmung unter den Arbeitern, eine Stärkung des privaten Sektors, aber besonders eine komplizierte Lage innerhalb der Partei, die ihre führende Rolle nicht erfülle. „Die polnischen Genossen reden uns ein, diese oder jene Mängel [...] seien nur taktischer Natur und als strategische Linie bleibe die Linie der Festigung der sozialistischen Positionen. Nun gut, aber fraglich bleibt, ob es sich nicht zeigen wird, daß ein Verzicht auf einzelne Positionen aus taktischen Gründen in eine Unfähigkeit mündet, die strategischen Pläne zu verwirklichen." Nach diesen harten Worten faßte Tschernenko jedoch zusammen: „Wir vertrauen natürlich auf Jaruzelski. Wir unterstützen ihn. Man muß ihn jedoch weiter beeinflussen, ihm helfen, die besten Entscheidungen zu treffen zur Stärkung des Sozialismus auf polnischem Boden."

In der Diskussion sprach auch Gorbatschow. Er ließ wissen, er habe das Gesprächsmanuskript, mehr als 100 Seiten, ganz gelesen. „Daraus ergibt sich, daß Jaruzelski die Situation besser darstellen wollte, als sie tatsächlich ist. Es scheint mir, daß wir noch klären müssen, was Jaruzelski tatsächlich vorhat, ob er nicht ein pluralistisches System in Polen haben will [...] Deswegen steht die Delegation, die mit Jaruzelski sprechen wird, zweifellos vor einer großen und komplizierten Aufgabe. In diesem Gespräch muß man aktiv die Linie vertreten, die das Politbüro festgesetzt hat."

Es fragt sich, ob Verdächtigungen, daß Moskau hinter dem Mord an Popiełuszko stand und damit einen Führungswechsel in Warschau in Gang bringen wollte, völlig falsch sind, oder ob sie einem internen Kampf in der sowjetischen Führung entsprangen. Kiszczak macht gewisse Anspielungen auf General Milewski, ZK-Sekretär und ehemaligen Innenminister, als Anreger des Mordes: „Er war Kandidat mancher Gruppen in Moskau für das Amt des Ersten PVAP-Sekretärs. Er war mit ihnen eng verbunden."[54]

Zwar bezweifelt Kiszczak in seinen Erinnerungen Aussagen des Mörders über sowjetische Auftraggeber als zu naiv, sagt aber auch: „Die Geschichte Piotrowskis stimmte in gewissem Maße mit Signalen aus anderen Quellen überein. So die Hilfe der 'Sowjets' für ihn bei der Visumbeschaffung, die Erleichterungen bei der Ausreise an der Grenze, der Besuch in Lemberg und die engen Beziehungen mit einem KGB-Funktionär namens Oberst Michailow."[55]

Am 13.12.1984 übersandte auch Tschernenko einen Brief an Jaruzelski. Die kontroversen Probleme waren immer die gleichen. Jaruzelski beschrieb sie: „Ich habe vor mir die Abschriften zweier an mich gerichteter Briefe, der erste von Jurij Andropow vom Dezember 1983, der zweite von Konstantin Tschernenko vom Dezember 1984 [...] In diesen Briefen wurden die Kirche und unsere liberale Haltung in deren Angelegenheiten kritisiert. Warum erlaubten wir die Aktivitäten der Opposition? Man kritisierte unser Verhältnis zum Westen."[56]

Der sowjetische Generalsekretär schrieb: „Offen gesagt gewinnt man den Eindruck, daß die Dynamik des Stabilisierungsprozesses schwächer wird. Ich denke hierbei an die Verzögerung in den Bemühungen, das Vertrauen eines Teils der Arbeiterklasse wiederzugewinnen, an die immer größere Bedeutung der Kirche und deren Ehrgeiz, am politischen Leben teilzunehmen, an die Aktivität des konterrevolutionären Elements, an die immer negativere Stimmung unter den Jugendlichen und der Intelligenz. Ihr bemüht Euch zwar in all diesen Angelegenheiten um eine Besserung, doch ein Wendepunkt ist nicht in Sicht

54 Bereś, Skoczylas: Generał Kiszczak, S. 243.
55 Bereś, Skoczylas: Generał Kiszczak, S. 248.
56 Karaś: Sąd nad autorami, S. 248.

[...] Nehmen wir da zum Beispiel diese Eure Parole 'Kampf und Verständigung'. An sich wäre gegen dieses Schlagwort nichts einzuwenden, doch der Akzent fällt ja auf den zweiten Teil der Losung, auf die nationale Verständigung eben. Nun fragt sich, mit wem man sich zu verständigen gedenkt. Mit dem Privatgewerbe, den kleinbürgerlichen Kreisen, der Kirche, die eine totale Klerikalisierung der Gesellschaft anstrebt, oder vielleicht mit dem westlich orientierten Teil der Intelligenz, die die Zukunft Polens in der Restauration des Kapitalismus erblickt? Ihr behauptet, es werde keinerlei Verständigung mit den Gegnern des Sozialismus geben, doch die Realität ist ja solcherart, daß nicht nur ein paar Individuen, sondern beträchtliche Teile der Bevölkerung gegen den Sozialismus sind. Wenn also die nationale Verständigung auf sozialistischer Basis unmöglich ist, bedeutet dies, daß Ihr auf Zugeständnisse denjenigen gegenüber gefaßt sein müßt, die eine Schwächung des bestehenden Systems anstreben."[57] Wie in den Jahren zuvor sparte Tschernenko auch nicht mit Vorwürfen der Toleranz gegenüber einer revisionistischen Abweichung in der Partei.

Kiszczak verneinte, daß die Verhaftung von drei führenden Vertretern der Solidarność, Frasyniuk, Lis und Michnik, einen Monat nach dem Brief Tschernenkos am 13. Januar 1985 unter dem Druck aus Moskau erfolgt sei, und schrieb sie einem „inneren Druck der polnischen Betonköpfe" zu.[58]

3. Polen in der Anfangsphase der Gorbatschow-Zeit

Am 11. März 1985 wurde Gorbatschow Generalsekretär der sowjetischen Partei. Das Ereignis hatte keinen sichtbaren Einfluß auf die Politik der polnischen Kommunisten. Repressalien verschiedener Art wurden fortgesetzt, was jeden positiven Eindruck nach der Amnestie zunichte machte. Am 18. Oktober 1985 gab es in Polen offiziell 363 politische Häftlinge, in Wirklichkeit waren es mehr.[59]

Jaruzelski blieb nach 1985 als Erster Sekretär der Partei und Staatsratvorsitzender die wichtigste Person. Der neue Premierminister Messner galt als Befürworter des technokratischen Modells. Rakowski über ihn: „Messners Regierung beteuerte zwar, ihr läge die Wirtschaftsreform am Herzen, doch handelte es sich um einen Gruppe von Leuten, in der konservative Neigungen im Verhältnis zum Reformwillen überwogen."[60]

Rakowski selbst, zuvor Stellvertretender Ministerpräsident, der als Befürworter der Reformen galt, wurde auf ein Nebengleis abgestellt. Dazu Urban: „Als Gorbatschow Parteichef wurde, verteidigte er Rakowski nicht und drückte so-

---

57 Rakowski: Es begann in Polen, S. 98 – 99.
58 Bereś, Skoczylas: Generał Kiszczak, S. 257.
59 Pernal, Skórzyński: Kalendarium Solidarności, S. 96.
60 Rakowski: Es begann in Polen, S. 129.

gar ständig seine Betroffenheit aus, daß man ihn toleriere und daß er weiterhin eine wichtige politische Rolle spiele."[61]

Ein Einfluß der Gorbatschow-Linie war sogar im wirtschaftlichen Bereich kaum zu sehen. Urban: „[...] wir haben teilweise sechs Jahre – 1982 bis 1988 – verloren. Deswegen, weil die Parteibasis die Reformen nicht unterstützte [...] Eine Folge war, daß der Reformflügel mit Jaruzelski in der Luft schwebte [...] Mitverantwortung für die verlorenen Jahre trägt die Opposition." Dieser Versuch, die Opposition für das Scheitern der Jaruzelski-Politik verantwortlich zu machen, mutet eher amüsant an.

Auf der Oppositionsseite schlugen manche Intellektuelle eine begrenzte Zusammenarbeit mit dem kommunistischen Staat vor, weil sie keine Chancen für grundlegende Reformen erblickten.[62] Dagegen glaubte die Führungsmannschaft der „Solidarność" an einen Kompromiß erst in entfernterer Zukunft.[63]

Auch 1986 blieb das kommunistische System in Polen zunächst unberührt. Verhaftungen und Gerichtsprozesse intensivierten sich sogar in der ersten Jahreshälfte. Umso überraschender war im Juli 1986 eine Teilamnestie für politische Häftlinge, die in ihrem Vollzug bald zu einer allgemeinen politischen Amnestie wurde. Im Herbst 1986 entstanden, wenn auch formal illegal, wieder zentrale und lokale Instanzen der „Solidarność". Die Behörden reagierten kaum darauf.

Ein bedeutender Teil der „Solidarność" wollte die neue Amnestie als Akt des Kompromisses betrachten. Wie Geremek damals schrieb, mußte die Regierung „die Teilnahme der Gesellschaft am öffentlichen Leben verstärken, um auf diese Art und Weise die explosive Situation zu entschärfen und für die Reformpolitik Unterstützung zu gewinnen". Geremek hoffte auf eine Wirtschaftsreform, auf Hilfe für die private Landwirtschaft, Selbständigkeit der Kirche und einen breiteren Rahmen für unabhängige Aktivitäten.[64]

Die „Solidarność" interpretierte die Regierungsabsichten falsch. Laut Rakowski „waren wir damals noch davon überzeugt, einen tiefgreifenden Umbau des Systems nach eigenem Rezept durchführen zu können". Er behauptet, als Endziel habe die Gestaltung eines neuen demokratischen sozialwirtschaftlichen Systems gegolten. Die politische Demokratie erwähnt er nicht.[65]

Einzige politische Initiative blieb im Spätherbst 1986 die Berufung des Konsultativen Rates beim Staatsratvorsitzenden Jaruzelski. Obwohl ein Teil seiner Mitglieder der katholischen Kirche oder sogar der „Solidarność" nahestand, erwies sich die Initiative selbst als Fehlschlag. Die Opposition war nicht gewillt, Verantwortung ohne jegliche Entscheidungskompetenz zu übernehmen.

---

61 Urban: Jajakobyły, S. 123.
62 Waldemar Kuczyński, O niektórych postawach w opozycji, in: „21", 1986, Nr. 1, S. 77-84.
63 Raport – Polska 5 lat po Sierpniu, S. 3.
64 Realizm Anno Domini 1986. Rozmowa z Bronisławem Geremkiem, in: Tygodnik Mazowsze vom 8. Oktober 1986, S. 1.
65 Rakowski: Es begann in Polen, S. 136.

Der Stand der Wirtschaft weckte Ende 1986 und im Jahre 1987 neue Befürchtungen der Parteispitze. Sogar die kommunistische Gewerkschaft kritisierte die Regierung Messner. Mit dem Wissen Jaruzelskis konzipierten drei prominente Vertreter des kommunistischen Establishments, ZK-Sekretär Ciosek, Stellvertretender Innenminister Požoga und Regierungssprecher Urban, seit 1986 Denkschriften, in welchen sie eine politische Liberalisierung und wirtschaftliche Reformen vorschlugen. Sichtbare Folgen hatte das nicht. Urban meint nachträglich: „Mangel an Unterstützung an der breiteren Parteibasis, auf die jede Staatsmacht rechnen mußte, verzögerte meist alles, was wir zu verwirklichen planten. Es wurde meistens vom Chef akzeptiert, aber nur halbherzig und zu spät angepackt."[66]

Der Besuch des Papstes in Polen im Juni 1987 entschärfte die Gegensätze nicht. Das kommunistische Regime konnte weder den Besuch verbieten noch die für sich negativen Folgen des Besuches vermeiden. Während des Besuches kam es sogar zu einem Sondertreffen der Jaruzelski-Vertreter Barcikowski und Ciosek mit Kardinal Casaroli. Sie setzten „ihn vom Mißbehagen des Generals über die vielen politischen Akzente in den päpstlichen Predigten in Kenntnis."[67] Wie Innenminister Kiszczak nachträglich dem Politbüro vortrug, „wurden die päpstlichen Äußerungen über die ideologisch-politischen und sozialwirtschaftlichen Probleme mit Zufriedenheit und Billigung aufgenommen [...] Die Opposition und der sogenannte Untergrund schafften es zu zeigen, daß sie noch existieren. Sie wurden auf gewisse Art und Weise durch die päpstlichen Äußerungen aufgewertet." Die Schlußfolgerungen Kiszczaks gingen in eine traditionelle Richtung: „Es gibt meines Erachtens besonders jetzt, nach dem Papstbesuch, eine begründete Notwendigkeit, kräftiger zu betonen, daß die Staatsmacht stark ist und keine destruktiven Aktivitäten zuläßt."[68]

Rakowski berichtet in seinen Erinnerungen über seine vertrauliche Denkschrift vom Juni 1987. Er behauptet, daß Jaruzelski die Thesen der ersten Version meistens billigte. Die endgültige Version machte, wie Rakowski glaubt, in den polnischen Parteieliten, bei der Opposition und in der Kirche, aber auch „in den obersten und mittleren Parteigremien der Warschauer-Pakt-Staaten" und in vielen Botschaften die Runde. Im Text kamen keine konkreten Projekte zur politischen Reform zur Sprache, wenn auch Rakowski die Gefahren einer politischen Offensive der Kirche und der „Solidarność" klar erkannte.

Als Heilmittel galt ihm die Wirtschaftsreform. Rakowski blieb in Rahmen des sozialistischen Wirtschaftssystems, tendierte aber zu einem Modell der Arbeiterselbstverwaltung, um „die Erzeuger, das heißt die Arbeiterklasse, zu faktischen Eigentümern der Produktionsmittel zu machen, weil das bürokratische System die Arbeiterklasse von den Produktionsmitteln getrennt hatte und demzufolge nicht wiedergutzumachende Verluste eingetreten waren".[69] Er befür-

---

66 Urban: Jajakobyły, S. 151.
67 Rakowski: Es begann in Polen, S. 142.
68 Widacki: Czego nie powiedział, S. 106-108.
69 Rakowski: Es begann in Polen, S. 145.

wortete auch eine breitere Berücksichtigung der marktwirtschaftlichen Regeln, eine Begrenzung der staatlichen Planung und private Wirtschaftsaktivitäten.

In einem Zusammenhang mit dem Drängen auf die Wirtschaftsreform stand die Volksabstimmung am 29. November 1987. Ihre wichtigste Frage lautete: „Sind Sie für die volle Durchführung des dem Sejm vorgelegten Programms der radikalen wirtschaftlichen Sanierung, die zu einer eindeutigen Verbesserung der Lebensbedingungen der Bevölkerung führen würde, im Bewußtsein dessen, daß dies einer zwei- bzw. dreijährigen Zeitspanne von raschen Veränderungen bedarf?" Eigentlich waren jedoch die Reformprojekte eher allgemein, dagegen die Projekte einer Beschneidung des Lebensniveaus durch sogenannte Preis- und Einkommenoperationen konkret.

Die Volksabstimmung erforderte eine positive Antwort bei der absoluten Mehrheit der Abstimmungsberechtigten. Wahrscheinlich verbarg sich hinter diesem Entscheidungsmodus Angst vor einer Protestbewegung im Falle von Preissteigerungen und eines Lohnstopps. Obwohl die Mehrheit der Berechtigten an die Urnen ging und die Mehrheit positiv votierte, verlor die Regierung im Endeffekt. Ihre Niederlage drängte sowohl das kommunistische Establishment als auch die Opposition dazu, nach neuen Wegen zu suchen.

Gleich nach der Volksabstimmung schlug die „Solidarność"-Führung das erste Mal offiziell einen Krisenpakt zwischen der Staatsmacht und der Opposition vor. Als Ziel galt die Wirtschaftsreform (auch wenn ihr Inhalt unklar war), als Paktbedingungen galten die Legalisierung der „Solidarność" und der unabhängigen Verbände, die Milderung der Pressekontrolle und die Beendigung der Repressalien.[70]

Drei Tage darauf verkündete Urban: „Wałęsa sagte, solange Vertreter der Staatsmacht auch nur Begriffe des Sozialismus benutzen wie z. B. sozialistischer Pluralismus, sozialistische Wirtschaftswissenschaft, sozialistisches Recht, solange, ich zitiere: 'haben wir kein Thema für die Unterhaltung'. Diese völlig aufrichtige und wichtige politische Deklaration schließt wirklich jedes Gespräch aus."[71]

Bei der Regierung herrschte eine Art Doppelgleisigkeit. Gleichzeitig wurden Repressalien und liberalisierende Schritte unternommen. Die Spannung im Lande war nach der Preissteigerung im Februar 1988 sichtbar. Von beiden Seiten wurden Versuche unternommen, halboffizielle Gespräche zu beginnen.

3.1. Streikwelle 1988

In dieser Atmosphäre kam es zum Streik der städtischen Verkehrsbetriebe in Bydgoszcz am 24. April 1988 und danach zu mehreren Streiks in großen Be-

---

70 Erklärung des Landesvollzugausschusses der „Solidarność", in: Tygodnik Mazowsze vom 9. Dezember 1987, S. 1.
71 Pernal, Skórzyński, Kalendarium Solidarnośći, S. 108.

trieben. Die Tendenzen, Gespräche einzuleiten, intensivierten sich. Sie wurden durch die brutale Unterdrückung des Streiks in der Krakauer Hütte zunichte gemacht. Am 6. Mai erklärte Rakowski als Vorsitzender des Sozialwirtschaftlichen Rates beim Parlament (und Mitglied des Politbüros): „Ich sehe keine Möglichkeiten des Dialogs mit Menschen, die Polen das Chaos und die Rückkehr zu einer Phase der Selbstzerstörung anbieten." Czyrek, auch Mitglied des Politbüros und Sekretär des ZK, sprach hingegen in einem Interview am 16. Mai über offene Chancen eines Krisenpaktes.[72] Am 13. Juni sprach Jaruzelski zum ersten Mal über den „Runden Tisch". Er verstand darunter nur ein Treffen mit bestehenden oder neuzugelassenen Körperschaften, um das neue Körperschaftengesetz zu diskutieren.[73]

Auf seiten der Opposition zeigten sich Hoffnungen auf einen Kompromiß. Kuroń schlug sogar die Bildung einer Regierung des allgemeinen Vertrauens, mit Unterstützung der Partei, der Kirche und der „Solidarność", vor.[74] So weit gingen andere Vertreter der „Solidarność" nicht. Sie dachten aber an Chancen einer Relegalisierung der Gewerkschaft.

Am 19. Juni 1988 erbrachten die lokalen Wahlen wegen hoher Wahlenthaltung eine neue Niederlage des kommunistischen Regimes. Die Politik der Partei änderte sich kaum, aber die Parteispitze diskutierte über eine neue politische Strategie.

Im Juli 1988 kam Gorbatschow nach Warschau. Man erwartete von ihm stimulierende Erklärungen, besonders über die Geschichte der sowjetisch-polnischen Beziehungen (Katyn!) oder über die Breschnew-Doktrin. Die Erwartungen wurden nicht erfüllt. Indirekt wurde sogar die Breschnew-Doktrin bestätigt, als Gorbatschow im polnischen Sejm sagte: „Ich möchte den Abgeordneten versichern, daß die sowjetische Führung alles tun wird, um die engen Bindungen, die unsere sozialistischen Bruderländer, Sowjetmenschen und Polen vereinen, zu bewahren und zu befestigen." Auf eine direkte diesbezügliche Frage bei einem Treffen mit polnischen Intellektuellen (darunter auch der Opposition nahestehenden) gab er keine Antwort.[75]

Der Besuch Gorbatschows hatte große Bedeutung für die polnische Führung. Er sprach unter vier Augen mit Jaruzelski. Der polnische Erste ZK-Sekretär kündigte nicht nur Wirtschaftsreformen, sondern auch einen „Prozeß der Demokratisierung" mit zwei Schranken an: „Wir werden nicht auf einen gewerkschaftlichen Pluralismus in dem Sinne, wie man ihn uns aufzwingen will, eingehen, und wir werden nicht auf eine Bildung von oppositionellen Parteien eingehen. Das schließt eine Beteiligung von Personen mit unterschiedlichen, sogar oppositionellen Standpunkten und Meinungen an repräsentativen und gesellschaftlichen Einrichtungen nicht aus."

---

72 Skórzyński: Ugoda i rewolucja, S. 66-67.
73 Das Referat von Jaruzelski vom 13. Juni 1988 auf der 7. ZK-Sitzung des Partei, in: Trybuna Ludu vom 14. Juni 1988.
74 Jacek Kuroń: Zdobyć milczącą większość, in: Tygodnik Mazowsze vom 25. Mai 1988.
75 Spotkanie z Polską, S. 36, 39.

Gorbatschow ging relativ weit: „Wir fanden Polen auf einem Weg der Suche und die polnischen Menschen besorgt um das Vaterland. Wir wollen, daß mit unserem Besuch ihr Glauben an die eigenen Kräfte gestärkt werde."[76] Am 27. Juli 1988 sprach Kiszczak mit Erzbischof Dąbrowski über den Besuch und sagte, daß „Gorbatschow die politisch-soziale Linie von Jaruzelski und der Regierung stark unterstützt hat; er hat große Freundlichkeit gezeigt".[77]

Am 15. August 1988 begann die zweite, stärkere Streikwelle. Ein bedeutender Teil der Parteiführung gelangte zu der Auffassung, daß im Rahmen der bisherigen Mittel sich die Situation nicht mehr beruhigen lasse. Zu erwarten war, daß es nach einer Unterdrückung der zweiten Streikwelle in absehbarer Zeit zu einer weiteren noch stärkeren Streikwelle kommen werde, es sei denn, man betriebe eine harte und breite repressive Politik. Dafür jedoch boten die internationale Situation und besonders die sowjetische Perestrojka keine günstigen Umstände.

Am 20. August tagte das Landesverteidigungskomitee. Man entschied sich, spezielle Sondereinheiten der Miliz zu mobilisieren und vorbereitende Schritte im Hinblick auf die potentielle Notwendigkeit der Ausrufung des Notstands zu unternehmen. Einen Tag später nannte Kiszczak in seiner TV-Rede als Bedingung für den Dialog den Abbruch der Streiks.

Am 24. August 1988 trafen sich zwei Parteiführungsmitglieder, Barcikowski und Ciosek, mit einem Vertreter der Kirche, Pater Orszulik. Sie verneinten die Möglichkeit, die „Solidarność" zu legalisieren. Orszulik argumentierte: „Es besteht nach Zeit und Umständen ein großer Unterschied zwischen 1981 und 1988. Damals galt die Breschnew-Doktrin." Darauf antwortete Barcikowski: „Denkt ihr vielleicht, daß die Breschnew-Doktrin heute nicht mehr gilt?! Gorbatschow macht 'Perestrojka', aber außer ihm gibt es doch die Armee!"[78]

Die vertraulichen Kontakte gingen fort. Vertreter beider Seiten präzisierten ihre Meinungen über den Krisenpakt. Die Kommunisten wollten nicht über eine Legalisierung der „Solidarność" reden, dagegen waren sie bereit, andere Vereine zu legalisieren und teildemokratische Wahlen durchzuführen. Ein Trauma aus den Ereignissen 1980/81 erlaubte ihnen, eher politische als gewerkschaftliche Organisationen als Partner zuzulassen, weil sie in den ersten elitäre, in den zweiten Massenorganisationen sahen.

4. Die Auflösung des polnischen Kommunismus

Am 27. August 1988 erklärte Kiszczak öffentlich, er habe Vollmacht erhalten, einen „Runden Tisch" mit „Vertretern verschiedener Kreise" zu zuvorbereiten. Das Politbüro billigte am 28. August ein Treffen zwischen Kiszczak und Wałęsa mit der Vorbedingung, daß Wałęsa Streiks zu unterbinden verspreche.

---

76 Perzkowski: Tajne dokumenty, S. 7-8.
77 Raina: Rozmowy, S. 251.
78 Raina: Rozmowy, S. 256.

Drei Tage später berichtete Jaruzelski auf der Sitzung des ZK-Sekretariats: „Wir sagen heute, es gibt keinen Platz für 'Solidarność', weil sie wieder einmal bestätigt hat, daß sie eine Partei der Streiks, der Zerstörer ist. Es gibt aber Platz für Menschen aus der ehemaligen 'Solidarność', die konstruktiv mitwirken wollen." Rakowski war kritisch. „Wir müssen damit rechnen, daß der Fall Wałęsa in der Parteidiskussion aufscheint [...] Bedeutet das, daß ihr nach Canossa gegangen seid? [...] Wir sagen heute, daß wir nicht fragen, woher jemand kommt, sondern womit. Und Wałęsa, kommt er nicht mit dem Gewerkschaftspluralismus?" Jaruzelski antwortete darauf: „Wir müssen vorübergehende Kosten tragen und dürfen gleichzeitig nicht das verlieren, was schon erreicht ist (Beruhigung der Streiks, ein Konzept der Kräftepolarisierung auf der anderen Seite). Zugleich müssen wir klar sagen, daß es keinen Gewerkschaftspluralismus nach dem Muster 'Solidarność', keine oppositionelle Partei geben wird [...] Das Gespräch mit Wałęsa ist nicht unser Canossa. Er kommt mit dem Bischof zusammen zum Polizeichef und nicht umgekehrt."[79]

Am 27. September wurde Rakowski neuer Premierminister. Am 4. Oktober kam es zu einer analytischen Diskussion im Politbüro.[80] Czyrek erläuterte über die Stimmung der „Basis", „daß bei fortdauerndem Kritizismus und einem gewissen Mangel an Glauben an die Erfolgschancen dieser Politik [...] diese Aufregungswelle doch abebben wird zugunsten einer nüchterneren realistischeren Einstellung". Dieser Satz zeigte, daß wichtige innere Widerstände zu überwinden waren. Czyrek berichtete auch über Gespräche mit dem Vertreter der „Solidarność" Professor Stelmachowski und gelangte zu der Schlußfolgerung, daß ihre politische Ziele nicht über den Rat der Nationalen Verständigung und den Gewerkschaftspluralismus hinausgingen.

Rakowski trat keineswegs als Verfechter einer Konzessionspolitik hervor. „Man muß ihnen Machtgefühl zeigen. Sogar wenn wir diese Macht nicht in ausreichendem Maß haben [...] wenn wir die Reaktivierung der ' Solidarność' nicht zulassen, gehen wir einer politischen Auseinandersetzung großen Stils entgegen. Es gibt hier keine Zweifel. Und im Zusammenhang damit müssen wir uns jetzt auch, selbstverständlich streng geheim, auf eine solche Auseinandersetzung vorbereiten. Meines Erachtens ist der Konflikt in Polen noch nicht auf Dauer entschieden. Es gibt zwei Grundkräfte [...] Man weiß doch, daß sich hier zwei Kräfte auseinandersetzen – die PVAP und unsere politischen Gegner. Sie wissen das ganz genau. Es geht darum, das auch unter uns zu wissen. Und deswegen es ist nicht so, daß ich hier einen Pessimismus betreibe, denn ich glaube, daß die Idee des 'Runden Tisches' richtig war. Ich meine aber, daß es unerläßlich ist, so einen Konfrontationsplan zu haben."

Trotz Widerständen änderte sich allmählich die Position der kommunistischen Führung. Am 10. Oktober 1988 entstand im ZK ein Dokument über die notwendigen politischen Reformen.[81] Man plante, einen Rat der Nationalen Ver-

---

79 Perzkowski: Tajne dokumenty, S. 36-39.
80 Perzkowski: Tajne dokumenty, S. 55-127.
81 Ebenda, S. 169-175.

ständigung unter Beteiligung der Opposition zu berufen und dort die Reformen vorzubereiten. Die wichtigsten Entwürfe betrafen die Bildung einer zweiten Kammer (Senat) mit Beteiligung von Oppositionsvertretern und die Einführung des Präsidialsystems („Der Präsident soll immer Mitglied der PVAP sein"). „Die Verhandlungen sollen nicht die Grundprinzipien des Systems betreffen, darunter die führende Rolle der Partei, das soziale Eigentum an wichtigen und entscheidenden Produktionsmitteln und das System der internationalen Bündnisse." Daraus folgte: „In Polen gibt es keine Bedingungen für die Bildung neuer politischer Parteien."

Der „Runde Tisch", angesagt für den 18. Oktober, wurde verschoben. Beide Seiten konnten weder zu einer gemeinsamen Position über die Legalisierung von „Solidarność" noch zu einer Übereinstimmung in bezug auf die personelle Vertretung der Opposition am „Runden Tisch" gelangen. Am 31. Oktober entschied sich die Regierung, die Danziger Werft, die Wiege der „Solidarność", in den Stand der Auflösung zu versetzen, was überall als Provokation betrachtet (und später zurückgenommen) wurde.

Erst am 5. Dezember 1988 kam es im ZK-Sekretariat zu einem Wandel. Jaruzelski sagte, man solle „keine Angst vor 'Solidarność' haben, denn eigentlich wird sie hier nur behilflich sein, denn in der ganzen Welt gibt es Pluralismus, auch dort, wo diese Welt prosperiert. Warum dann nicht bei uns? Und zweitens ist dieser Wałęsa ein kluger Mann, ernsthafter, verantwortlicher [...] Wie lange darf man in einem Graben sitzen und glauben, daß dieser Graben sich verteidigt? Er ist nicht zu verteidigen, man muß rauskommen und nach vorne gehen, sogar wenn das auf gewisse Weise im Widerspruch steht zu dem, was man bisher gesagt oder für optimal gehalten hat."[82]

Eine entscheidende Bedeutung hatte die ZK-Sitzung am 20. und 21. Dezember 1988, auf der Rakowski im Einvernehmen mit Jaruzelski grundlegende Fragen stellte, u. a.: „Was soll angesichts der Situation, die in den letzten Wochen entstanden ist, unternommen werden? Sollen wir die Haltung von Wałęsa so deuten, daß er die Tür zum Dialog geöffnet habe? Und wenn ja, zu welchen Ergebnissen soll dieser Dialog führen? [...] Was sollen wir unternehmen, damit die Opposition aufhört, Inbegriff alles Schönen und Vielversprechenden zu sein, während wir zum Inbegriff der tristen Alltagsprobleme gestempelt werden? Wäre es vielleicht eine Möglichkeit, zu erwägen, die Verantwortung mit der Opposition zu teilen? Wir benötigen sozialen Frieden. Konflikte würden die wirtschaftlichen Reformen und die politischen wie gesellschaftlichen Wandlungen hemmen. Auf welchem Wege ließe sich in voraussehbarer Zukunft der soziale Friede erreichen?"[83] Die ZK-Sitzung wurde danach vertagt.

Am 21. Dezember erstellte die ZK-Prognosegruppe eine Expertise, die in dem Satz gipfelte: „Wir sehen somit keine Chancen, die Legalisierung von 'Solidarność' zu vermeiden [...] Wenn es in der nächsten Zeit zu keiner Verständi-

82 Ebenda, S. 198–199.
83 Rakowski: Es begann in Polen, S. 238–239.

gung in dieser Frage kommt, hat die andere Seite keinen anderen Ausweg, als eine Auseinandersetzung mit uns zu beginnen. In dieser Konfrontation kann Wałęsa gewinnen."[84]

Der zweite Teil der ZK-Sitzung fand am 16./17. Januar 1989 statt. Nach Kritik an ihrer Politik drohten Jaruzelski und drei andere Politbüromitglieder, Premierminister Rakowski, Verteidigungsminister Siwicki und Innenminister Kiszczak, mit ihrem Rücktritt. Nachfolgend stellte sich das ganze Politbüro einem Vertrauensvotum und bekam es beinahe einstimmig. Wie Ciosek in einem Gespräch mit Mazowiecki und Pater Orszulik drei Tage später sagte: „Das beeindruckte die ZK-Mitglieder und besonders die Ersten Sekretäre der Wojewodschaftskomitees. Sie verstanden, daß sie keine Unterstützung in Armee und Polizei und auch keine Unterstützung bei Gorbatschow fanden."[85] In einer „Plattform des ZK über den politischen und gewerkschaftlichen Pluralismus" stand zu lesen, beide Pluralismen bildeten ein wichtiges „Element der sozialpolitischen Wirklichkeit der Polnischen Volksrepublik". Über Gewerkschaften hieß es, „sie sollten so beschaffen sein, 'wie die Werktätigen es sich wünschten'".[86]

Zur selben Zeit reifte in der kommunistischen Führung die Idee, vorgezogene Parlamentswahlen unter Beteiligung der Opposition auszuschreiben. Die Idee stammte von Rakowski, der glaubte, mit halbfreien Wahlen die Machtstellung der Kommunisten für die nächsten vier Jahre legitimieren zu können.[87] Geremek meinte rückblickend: „Vorrangig wurde das Junktim zwischen der Registrierung von 'Solidarność' und der politischen Akzeptanz der Wahlen." Und auf die Frage: „Bedeutet das, daß diesmal die Partei nicht imstande war, es ähnlich zu machen wie früher, nämlich die Wahlen auf ihre Art und Weise durchzuführen und niemand um seine Meinung zu fragen?", antwortete Geremek: „Sie kamen zu der Überzeugung, es nicht zu schaffen."[88]

4.1. Der „Runde Tisch" und seine Folgen

Der „Runde Tisch" wurde für den 6. Februar 1989 einberufen. Beide Seiten einigten sich, über die Legalisierung von „Solidarność" und über Wahlen zu diskutieren. Die Unterschiede betrafen eine spätere Beteiligung der Opposition an der Regierung. Die „Solidarność"-Vertreter wollten davon nichts hören, die Partei drängte sie, ihre Teilnahme nicht zu verweigern. Wie Cypryniak auf einer ZK-Sekretariatssitzung am 27. Januar sagte, sollte „eine Konsequenz der neuen Machtverhältnisse im Sejm [...] eine Regierung der nationalen Einheit

84 Perzkowski: Tajne dokumenty, S. 220-222.
85 Raina: Rozmowy, S. 351.
86 Rakowski: Es begann in Polen, S. 248.
87 Ebenda, S. 271.
88 Rok 1989, S. 50.

und bei der Opposition die Mitverantwortung für die Krisenbewältigung sein". [89]

Die Gespräche des „Runden Tisches" (auch mehrerer „Untertische" und bei größeren Schwierigkeiten eines engen Kreises im Regierungshaus in Magdalenka bei Warschau) dauerten bis zum 5. April. Die Parteiführung wollte alle Instrumente der Machtausübung behalten. Die Entscheidungen waren Folge von Mißverständnissen auf beiden Seiten. Die Opposition erreichte ihr ursprüngliches Ziel – die Legalisierung von „Solidarność" – und überschätzte diesen Erfolg massiv. Sie ging aber einen Kompromiß ein und entschied sich, an Parlamentswahlen teilzunehmen. Der Preis dafür waren freie Wahlen für alle Senats- und für 35 Prozent der Sejmsitze sowie eine Formel, daß diese undemokratische Wahlordnung nur einmal angewandt werde.

Weil die Kompetenzen des Senats eher bescheiden waren, schien diese Lösung der kommunistischen Seite ihre Machtausübung sicherzustellen. Einen weiteren Schutz brachte ihr das neue Staatspräsidentenamt mit ziemlich breiten Kompetenzen. Der Staatspräsident sollte im Parlament (durch beide Kammern) gewählt werden, und die Kommunisten glaubten, dort mit ihren Bundesgenossen einer ständigen absoluten Mehrheit sicher zu sein.

Auf der Oppositionsseite herrschte Unsicherheit. Man hoffte zwar viele Sitze zu gewinnen. Immerhin schien die kommunistische Machtausübung unangetastet zu bleiben, und die oppositionelle Mitverantwortung konnte auch eine schwere politische Last bedeuten. Trotzdem war Jaruzelski während der ZK-Sekretariatssitzung am 17. Mai 1989 schon sichtlich pessimistisch. „Die Situation entwickelt sich aktuell ungünstig für uns [...] Die Wahlkampagne erbringt mehr Punkte für die Opposition." [90] Im Parteiapparat war die Stimmung viel besser. ZK-Sekretär Czarasty glaubte noch am 3. Juni 1989, daß in den meisten Wahlkreisen im ersten Wahlgang keine Seite gewinnen werde. [91]

4.2. Die Wahlen und ihre Folgen

Die Ergebnisse des ersten Wahlganges am 4. Juni 1989 wurden auf der Sitzung des ZK-Sekretariats als Katastrophe bewertet. [92] Wie Erzbischof Dąbrowski in zwei Gesprächen am 10. und 13. Juni 1989 Kiszczak erzählte, waren auch die „Solidarność"-Vertreter unsicher. Orszulik notierte: „Wir sagten, anknüpfend an Gespräche mit mehreren Beratern Wałęsas, daß niemand von den bedeutenden Leuten in 'Solidarność' daran denke, das Staatspräsidenten- oder Premierministeramt anzustreben. Alle sind sich bewußt, daß Polen Mitglied des Warschauer Paktes und mit dem RGW verbunden ist. Die Verfassung mit ihren Festlegungen auf die führende Rolle der Partei, über die Bündnisse und auch

89 Perzkowski: Tajne dokumenty, S. 245.
90 Ebenda, S. 348-349.
91 Ebenda, S. 377-389.
92 Ebenda, S. 393.

über die Nomenklatura gilt fort. Die Leute sind realistisch. Sie rechnen mehr mit evolutionären Veränderungen unseres Systems [...] Wir fragten, ob bei uns eine Palastrevolution möglich wäre. Der General antwortete bejahend. Es genügt, ihn und General Siwicki aus ihren Ämtern zu verdrängen. Deswegen ist eine rasche Stabilisierung der Staatsmacht nach dem zweiten Wahlgang so wichtig, besonders die Staatspräsidentenwahl. Wird General Jaruzelski nicht gewählt, dann fängt das Drama an."[93]

Dubiński (Sekretär Kiszczaks am „Runden Tisch") behauptete: „Das ZK könnte sich sammeln, es sei sehr konservativ eingestellt, die ganze Reformmannschaft würde isoliert, und man könnte sie in einer Stunde verjagen [...] geschweige denn die sowohl Kisczak wie den Vereinbarungen gegenüber widerwillige Stimmung im Apparat des Innenministeriums. Dieselbe kämpferische Stimmung herrschte in der Armee."[94]

Ähnlich Geremek: „Wir sprachen mit der Macht, mit den zwei Machtapparaten, auf denen die damalige Parteiführung basierte. Die Partei war in Wirklichkeit auf keiner Seite des Gesprächs gegenwärtig und über unseren Verhandlungen schwebte immer ein Fragezeichen: Was macht die Partei?" Weiter bemerkte er, daß „in der Parteiführung eine starke Gruppe entstand, die für die Annullierung der Wahlen war [...] Wir waren uns bewußt, daß diese Tendenz im Apparat stark war, man durfte sie nicht unterschätzen und besonders nicht verstärken durch eine starre Position unsererseits."[95]

Noch vor dem zweiten Wahlgang diskutierte man auf der ZK-Sekretariatsitzung am 16. Juni 1989 die Möglichkeit, eine Regierung mit einem Premierminister aus der „Solidarność" zu bilden. Die Mehrheit war dagegen. Besonders kämpferische Töne kamen von Rakowski: „Wenn bei uns die Opposition die Exekutive übernimmt, hat das wichtige innere und äußere Folgen (Wie benimmt sich der Apparat des Innenministeriums? Wie die Armee? Welche Folgen wird es in der Sowjetunion geben?)." Und weiter: „Ich bin Gegner grenzenloser Zugeständnisse. Heute liegt unsere Chance darin, Unnachgiebigkeit zu demonstrieren. Ich fürchte defätistische Positionen, die dazu führen, daß wir verlieren [...] Meiner Meinung nach war die Partei schon in schlechteren Situationen und gewann."[96]

Die Staatspräsidentenwahl im Parlament wurden zuerst verschoben, dann aber zeigten sich immer größere Schwierigkeiten. Ein Teil der Parlamentarier aus der kommunistischen Partei oder den mit ihr verbundenen Parteien und Gruppen wollte Jaruzelski nicht mehr unterstützen. Am 27. Juni 1989 sprachen Kiszczak und Ciosek mit Erzbischof Dąbrowski und Pater Orszulik. „General Kiszczak sagte, die Stimmung im Verteidigungsministerium, im Innenministerium und in der Partei sei schlecht. Verliert Jaruzelski die Wahl, weiß man nicht, was passiert [...] Drei Pfeiler der Macht, d. h. die Partei, das Verteidi-

93 Raina: Rozmowy, S. 450-453.
94 Bereś, Skoczylas: Generał Kiszczak, S. 266.
95 Rok 1989, S. 125, 200.
96 Perzkowski: Tajne dokumenty, S. 411.

gungsministerium und das Innenministerium, sind dem General Jaruzelski noch gehorsam. Wenn er die Wahl verliert, verliert er sein Ansehen und gerät ins Abseits."[97]

Zwei Tage später verzichtete Jaruzelski auf die Kandidatur (wie sich später zeigte, nur für kurze Zeit), und Kiszczak trat an seine Stelle. Ciosek sprach gleich darauf mit Dąbrowski und Orszulik. Orszulik notierte: „Unsererseits gibt es keine Bedenken, weder zum ersten noch zum zweiten General. Wir verstehen, es müssen Kandidaten sein, die die Armee und der Sicherheitsdienst billigen. Deswegen kommen zivile Personen nicht in Betracht."[98]

Am 3. Juli 1989 fand eine ZK-Sekretariatssitzung statt. Kiszczak informierte seine Genossen über „besorgniserregende Anzeichen für das Benehmen von manchen verantwortlichen Genossen. Sie treffen sich mit jüngeren Offizieren des Innenministeriums, machen sich bekannt und erkundigen sich gleichzeitig detailliert über die Situation im Ressort, wie man im Innenministerium die Partei- und Regierungsführung einschätze, ob man eine Notwendigkeit sehe, die PVAP zu liquidieren und auf ihren Trümmern eine sozialistische Partei oder mehrere unterschiedliche Parteien zu bilden, ob das Innenministerium für oder gegen den General sei. In diesen Gesprächen wurden manche Führungsmitglieder auf anstößige Weise verhöhnt."[99]

Am selben Tag tagte das Politbüro. Kiszczak und Ciosek erzählten darüber Wałęsa (im Beisein Orszuliks) am 4. Juli: „Man stellte Fragen, wozu und wem der 'Runde Tisch' nützlich sei, seine Urheber hätten sich naiv gezeigt und befänden sich bis heute über ihn im Irrtum. Man deutete an, weil die Opposition ihr Wort nicht gehalten habe, dürfe auch die Partei alle Festlegungen brechen."[100] Es läßt sich schwer sagen, ob diese Äußerungen der Wirklichkeit entsprachen oder als Druckmittel vor der Staatspräsidentenwahl eingesetzt wurden.

Jedenfalls wurde am 19. Juli 1989 Jaruzelski zum Staatspräsidenten und am 2. August Kiszczak zum Premierminister gewählt. Rakowski ging vorher in den Sejm, um die Abgeordneten der PVAP und beider Bündnisparteien mit Drohungen zu erpressen. „Rakowski setzte ein Gleichheitszeichen zwischen dem Austreten kleiner Fraktionen aus der PVAP-gesteuerten Koalition und dem Ausbruch des Bürgerkrieges."[101]

Am 7. August schlug Wałęsa eine Regierungskoalition zwischen der Opposition und den bisherigen Bündnisparteien der Kommunisten vor. Die ersten Reaktionen der kommunistischen Parteiführung waren extrem negativ. Nach zwei Wochen änderte sie ihre Meinung gänzlich. Mit einer „Stellungnahme" des Politbüros vom 22. August befürwortete sie die Bildung einer neuen Regie-

97 Raina: Rozmowy, S. 456.
98 Raina: Rozmowy, S. 458.
99 Perzkowski: Tajne dokumenty, S. 422.
100 Raina: Rozmowy, S. 462.
101 Rok 1989, S. 234.

rung. „Man stellte fest, daß Polen eine leistungsfähige Regierung brauche, die der Idee der nationalen Verständigung entspreche und den nationalen Interessen am besten diene. Man betonte, daß die PVAP am Erfolg einer solchen Regierung vital interessiert und Verantwortung in den Grenzen der eröffneten Möglichkeiten zu übernehmen bereit sei."[102] Unübersehbar müssen in der Zeit zwischen dem 7. und dem 22. August wichtige Ereignisse vor sich gegangen sein, die die polnische Führung zu einer neuen, nachgiebigen Linie zwangen. Weil sie wahrscheinlich mit internationalen Problemen zu tun hatten, komme ich später darauf noch zurück.

Denkt man über die Entwicklung nach dem „Runden Tisch" nach, so drängen sich mehrere Schlußfolgerungen auf. Erstens, die kommunistische Seite befand sich in einem Prozeß völliger Auflösung. Zweitens, die Armee und der Sicherheitsdienst waren auf der kommunistischen Seite die einzig relativ starken Faktoren. Drittens, die Prognosen beider Seiten, der Kommunisten und der Opposition, waren weit von den Realitäten entfernt, weil man den Auflösungsprozeß nur z. T. überblickte. Viertens, die Opposition nahm ihre Chancen nur bruchstückweise wahr und hatte immer noch große Angst vor der kommunistischen Staatsgewalt. Fünftens, beide Seiten hatten keine volle Klarheit über die sowjetische Politik.

4.3. Sowjetunion und Blockländer

Ciosek erzählte am 30. September 1988 Orszulik, daß „die Russen uns volle Freiheit für Reformexperimente geben [...] Weder die Russen noch wir predigen Frieden und Abrüstung aus Liebe, sondern aus Notwendigkeit, weil wir einen weiteren Rüstungswettlauf nicht aushalten, weil ihre und unsere Wirtschaft insuffizient ist."[103]

Am 4. Oktober 1988 referierte während einer ZK-Sekretariatssitzung Ciosek über dasselbe Gespräch mit Orszulik. Dieser sah in der Legalisierung der „Solidarność" die einzige Erfolgschance für den „Runden Tisch". Auf heftigen Widerspruch Cioseks antwortete er mit dem Hinweis auf die gerade stattfindende Sitzung des sowjetischen ZK: „Wir werden sehen, was bei den Sowjets wird."

Czyrek kommentierte das so: „Sie wissen, daß die Zeit für sie arbeitet [...] Das, was Orszulik sagte: Wir werden warten, was in Moskau passiert usw., die These Stelmachowskis, daß in der internationalen Situation eine Abkehr von der Ära der Konfrontation zu der der Versöhnung im Gange sei, das schlachten sie offensiv aus. Das bedeutet, daß in einer Ära der Versöhnung wir unsererseits eine Konfrontation nicht eingehen können. Das beschränkt unser Bewegungsfeld."

---

102 Perzkowski: Tajne dokumenty, S. 469.
103 Raina: Rozmowy, S. 281, 283.

Jaruzelski faßte trotzdem relativ optimistisch zusammen: „Und jetzt, Genossen, zu einem ich muß sagen: empfindlichen und auch wichtigen Thema, nämlich zu Sowjetunion, Perestrojka, Reformen, zu dem, was dort in letzter Zeit passiert ist. Und hier gibt es so etwas wie zwei Ebenen, die man unterscheiden muß. Unsere Gegner sehen, merken, verbreiten, daß das, was in der Sowjetunion passiert, vor allem darauf hinausläuft, daß die Sowjetunion ihre Hände in Unschuld wäscht. Die Hände in Unschuld wäscht, und hier gebe es nichts zu befürchten. Und zweitens, daß in der Tat diese Reformen in eine Richtung laufen, die der unseren beinahe vorauseilt, so daß es leicht ist, solche Reden zu unterstellen. Und wir sollten wohl stärker berücksichtigen, daß diese Veränderungen, die in der Sowjetunion geschehen, Veränderungen im sozialistischen Bereich sind, für den Sozialismus, gesteuert durch die kommunistische Partei, die sich durch sie stärkt, und das führt eindeutig zu einer Festigung des Sozialismus."[104]

Am 18. November 1988 bemerkte Jaruzelski auf der Sitzung des ZK-Sekretariats: „In der Sowjetunion werden diese Dinge von Grund auf angegangen, und es muß ein Konzept geben, davon wegzukommen mit kleinstem Schaden für die Partei. Aber am schlimmsten ist es, sich in diesen Gräben zu verschanzen, die man, wie man weiß, irgendwann doch aufgeben muß. Dann ist es besser, das irgendwie so zu erledigen, daß man Punkte erzielt und nicht umgekehrt. Den sowjetischen Genossen und der Partei tragen diese Auseinandersetzungen Punkte ein."[105]

Am 10. Dezember 1988 schickte Czyrek an alle Mitglieder des Politbüros eine Analyse des Außenministeriums. Im ersten Kapitel hieß es: „Es kam zu einer bedeutenden Beschleunigung des Wandels in der Gemeinschaft der sozialistischen Staaten. Ihr Hauptverursacher ist der neue politische Kurs M. Gorbatschows. Das bisherige neostalinistische Entwicklungsmodell ist zusammengebrochen. Sein Wesen wurde vor allem mit der Zentralverwaltungswirtschaft und mit der Entwicklung der Produktionsmittelindustrie, im Bereich des Überbaus mit dem Befehlsverwaltungssystem identifiziert. Die Krise des Wirtschaftssystems und der Methode der Machtausübung brachte ein Bewußtsein notwendiger Reformen und einer tiefgehenden Demokratisierung vor allem in der Sowjetunion, in Polen und Ungarn hervor."[106]

Am 4. Januar 1989 trafen sich hohe Vertreter der kommunistischen Seite, u. a. Rakowski, mit hohen Vertretern der Kirche, u. a. Kardinal Macharski. Rakowski sagte: „Vor der Gorbatschow-Zeit hatten wir keine Chance, selbst über uns zu entscheiden [...] Die Entwicklung der Situation in den sozialistischen Ländern und in der Sowjetunion führt dazu, daß wir erstmals ganz selbständig sind, unser Haus zu möblieren. Mit Dummheit und Ungeduld ist alles zu verlieren. Man sollte nichts tun, was die 'Perestrojka' ändert. In der DDR sagt man, wir seien verrückt. Nur die Ungarn verstehen uns. Was heute in den Be-

---

104 Perzkowski: Tajne dokumenty, S. 67, 93, 121.
105 Ebenda, S. 190.
106 Ebenda, S. 206.

ziehungen zwischen der VRP und der UdSSR passiert, wurde 1980 als Revisionismus verdammt [...] Man muß das, was heute in Polen passiert, danach beurteilen, ob es die 'Perestrojka' stört oder ihr hilft. Wenn Gorbatschow nicht gestürzt wird, und man muß auch damit rechnen, ändert sich das Antlitz Europas. Die 'Perestrojka' frustriert auch bestimmte Menschen, sowohl in der Sowjetunion als auch in Polen." Ein anderes Thema berührte Czyrek: „Die Partei muß als Garant gelten, anders kommt es zu einer Verschiebung der Grenzen. Die Moskauer Kontakte zu den Deutschen sind für uns gefährlich, und sie entwickeln sich."[107]

Am 24. Januar 1989 sagte Ciosek in einem Gespräch mit Mazowiecki und Orszulik: „Wir sind heute für eine Partei, die regiert [...] Wir fürchten das, was bei den Ungarn passiert."[108] Am 1. Februar fügte er hinzu, daß „die linksradikalen Kräfte in Polen und in den Nachbarländern sich vereinigen. Der Kampf ist noch nicht abgeschlossen. Mazowiecki antwortete, daß die ZK-Sitzung „die polnische 'Perestrojka' eröffnete. Zum ersten Mal wurden Wünsche der Gesellschaft berücksichtigt, und die Sprunglatte wurde höher gelegt. Das bedeutet, eine neue Wirklichkeit zu schaffen und nicht die Opposition in das Regierungslager zu kooptieren."[109]

Während des „Runden Tisches" kam die internationale Problematik immer wieder hoch. In einem vertraulichen Gespräch zwischen Vertretern der Parteiführung und der Kirche am 18. Februar 1989 beklagten sich die Parteivertreter über Schwierigkeiten des „Runden Tisches". Rakowski sagte: „Bei den kleinen Tischen des „Runden Tisches" sind wir in die Enge getrieben. Ein irgendwie gearteter Zusammenbruch der angefangenen Reformen in Polen bedeutet einen Zusammenbruch der 'Perestrojka' Gorbatschows. Er hat auch große Schwierigkeiten mit dem Staatsumbau [...] Polen ist für Gorbatschow eine Chance."[110]

Geremek erinnert sich: „Das andere wichtige Argument war die polnische Position im kommunistischen System. Es ging sowohl um die Beziehungen innerhalb des realsozialistischen Blocks wie auch um die Abhängigkeit von der Sowjetunion, um die Position im sowjetischen Imperium. Sie wiesen uns auf die Bedrohungen von dieser Seite hin. Sicher war das ein Element des bewußten Verhandlungsdrucks oder gar der Erpressung. Ich glaube jedoch – und das war unsere Meinung am Verhandlungstisch –, daß an dem, was sie sagten, auch viel Wahres war. Sie übermittelten uns z. B. Informationen über ihre Gespräche mit der sowjetischen Führung, und man muß sich erinnern, daß die sowjetische Führung nicht nur Gorbatschow-Leute waren. Sie übermittelten uns auch verschiedene Informationen über die Einstellung der Nachbarländer. In diesem Kontext sprachen sie über die internationale Verbindung der konservativen Kräfte der polnischen Führung [...] Von Anfang an wurden die Gespräche des 'Runden Tisches' in Prag und Ost-Berlin negativ beurteilt. In Mos-

107 Raina: Rozmowy, S. 331, 335.
108 Raina: Rozmowy, S. 355.
109 Raina: Rozmowy, S. 379-380.
110 Raina: Rozmowy, S. 397.

kau war die Situation komplizierter. Für Moskau war wahrscheinlich die Möglichkeit einer politischen Destabilisierung am gefährlichsten. Den 'Runden Tisch' sah man dort als ein Unternehmen, das diese Bedrohung aufhob. Der Prozeß des 'Runden Tisches' als Suche nach einem neuen Modell der Beziehungen zwischen Gesellschaft und Staatsgewalt unterstützte die Reformaktivitäten Gorbatschows. Im Laufe der Verhandlungen offenbarte sich jedoch die Stärke der 'Solidarność' und der polnischen Opposition. Für die sowjetischen Beobachter muß das eine Überraschung gewesen sein. Davor hatten sie gedacht, es bestehe eine Chance, in Polen die Reformen so zu verwirklichen, wie sie sie bei sich durchführen wollten – d. h. unter Beihaltung der vollen Kontrolle durch die Subjekte des bisherigen Systems."[111]

Dubicki behauptet: „Ganz sicher muß es irgendwelche Absprachen mit den Russen gegeben haben und vielleicht auch mit anderen Verbündeten, aber ich bin sicher, daß während der Gespräche keine Eingriffe von außen stattfanden. Generell begleiteten die Verbündeten die Arbeit des 'Runden Tisches' mit Widerwillen. Und paradoxerweise waren in unserem Block die Russen am freundlichsten eingestellt. Sie betrachteten ihn als ein Experiment, das eine Wiederholung bei ihnen verdiene, und ich glaube, sie hätten diese Lösung riskiert, wäre nicht die Partei bei den Wahlen und danach völlig zusammengebrochen. Hätte es nicht eine so blitzartige und vollständige Niederlage unserer Seite gegeben."[112]

Geremek erzählte über die Lage nach dem Runden Tisch: „Wir behaupteten, daß die polnische Führung hinter Gorbatschow und seinen Reformen zurückbleibe. Ob wahr oder nicht, diese Losung war tragfähig – auch in Parteikreisen. Sie nahm der Partei diese eigenartige Legitimität, die darauf basierte, daß die Partei nationalen Interessen diene und sie gegenüber Moskau vertrete. Es entstand ein Verdacht – und sie wollte ihn nie und besonders nicht im Jahre 1989 hinnehmen –, daß diese Partei Interessenvertreterin der Sowjetunion im eigenen Lande und nicht umgekehrt sei."[113]

Anfang Mai weilte Jaruzelski zu einem Arbeitsbesuch in Moskau. Es gibt keine Angaben über dessen Verlauf. Es muß aber keine grundlegenden Differenzen zwischen der polnischen und der sowjetischen Führung gegeben haben, da das Politbüro der PVAP „Festlegungen bestätigte, die im Laufe des Besuchs getroffen wurden".[114]

Geremek erzählte über sein Gespräch mit einem Vertreter der harten Linie in der polnischen kommunistischen Führung, Cypryniak: „Alle unsere bisherigen Kontakte [mit Moskau] sind abgebrochen – sagte er –, dort sind ganz neue Leute, bei denen unsere Argumente nicht verfangen. Bisher haben wir mit einer Gruppe von Personen, die wir seit Jahren kannten, gesprochen. Sie haben unsere, wir ihre Interessen verstanden. Jetzt hat sich die Situation geändert. Sie

111 Rok 1989, S. 114, 116.
112 Bereś, Skoczylas: Generał Kiszczak, S. 266.
113 Rok 1989. S. 131.
114 Perzkowski: Tajne dokumenty, S. 341.

sind pragmatisch, und wir haben keinen Zugang zu ihnen."[115] Geremek kommt zu dem Schluß: „Zu Gorbatschow hatte General Jaruzelski eine persönliche Beziehung. Wir wußten nicht, wie es dazu kam, aber wir wußten, daß sie existierte. Dagegen wurden auf allen anderen Ebenen die nahen Beziehungen entsprechend der Entwicklung der Perestrojka abgebrochen."

Nach dem 4. Juni dachten die Politiker der Partei an mögliche internationale Folgen der Ereignisse. Ciosek betrachtete als wichtigste Aufgabe die Präsidentenwahl, denn der Präsident sei „eine Sicherung des ganzen Systems, nicht nur unsere innere Angelegenheit, das ist Sache der ganzen sozialistischen Gemeinschaft, sogar Europas". Noch weiter ging Rakowski: „Was in Polen geschehen ist, wird großen Einfluß nach außen haben (Sowjetunion, Ungarn, andere Länder). Es kann zu Erschütterungen im ganzen Lager kommen."[116]

Geremek kommentierte es ähnlich: „In der ganzen Ereignisreihe dieses Jahres in Europa und in der Welt spielten die polnischen Wahlergebnisse eine bahnbrechende Rolle. Wir waren es, die zeigten, daß der Kommunismus zu Ende ging, daß der König nackt war, daß ihm von seinem Glanz nur ein blankes Schwert blieb, daß er keine gesellschaftliche Unterstützung hatte."[117]

Nach dem Bericht Orszuliks über Gespräche am 10. und 13. Juni teilte Kiszczak mit, daß Czyrek nach Moskau gefahren sei, „um die nach den Wahlen entstandene Lage zu klären". Er erzählte weiter: „In Moskau gibt es Beunruhigung wegen der Lageentwicklung in Polen. Gorbatschow hat bis jetzt nur Mißerfolge. Die Menschen sagen, daß es wie bei Stalin und auch ähnlich wie bei Breschnew sei, doch gab es damals Brot und Wodka, gab es im Lande Ordnung, und der Staat hatte das Prestige einer Großmacht [...] Die Befürworter einer harten Linie in unserer Partei finden Bundesgenossen in Moskau [...] Beunruhigung wegen der polnischen Lage herrscht auch in anderen sozialistischen Ländern. Während seines letzten Besuches sagte der bulgarische Premierminister offen, daß Bulgarien den polnischen Weg nicht beschreiten werde, weil er für ihn eine Warnung sei."

Orszulik schreibt ferner, daß er am 13. Juni mit Geremek sprach, der die Möglichkeit, das Amt des Premierministers zu übernehmen, ausschloß. „Er weiß, daß Wałęsa das suggerieren soll. Er würde aber nie so ein Angebot annehmen wollen, weil er dagegen ist, daß die 'Solidarność' die neue Regierung bildet. Er fügte hinzu, eine solche Regierung würde im ganzen sozialistischen Block nicht gebilligt."[118] Kiszczak und Ciosek trafen sich am 27. Juni 1989 mit Dąbrowski und Orszulik: „Es gibt auch eine große Beunruhigung des 'großen Bruders' wegen der Lage in Polen."[119]

115 Rok 1989, S. 124.
116 Perzkowski: Tajne dokumenty, S. 392.
117 Rok 1989, S. 172.
118 Raina: Rozmowy, S. 452-453.
119 Raina: Rozmowy, S. 456.

Als Wałęsa die Bildung einer „Solidarność"-geführten Regierung vorschlug, war die Reaktion der kommunistischen Partei zuerst stürmisch. In einer Vorlage für das Politbüro (ohne Datum, wahrscheinlich um den 16. August 1989) wurden schärfste Töne angeschlagen. „Das Politbüro der PVAP urteilt, daß die Übernahme der ganzen Staatsmacht durch die 'Solidarność' eine große Bedrohung für den polnischen Staat, für die Ordnung und die Existenz der Nation mit sich bringt. 1. Die Übernahme der Macht im zweitgrößten Staat des Warschauer Vertrages, mit seiner zentralen geographischen Lage in der sozialistischen Gemeinschaft, durch die Opposition, die sich politisch auf die NATO-Staaten orientiert, droht die Lage in Europa wie in den Ost-West-Beziehungen zu destabilisieren. Beunruhigung wurde schon in einer Erklärung des Sprechers des sowjetischen Außenministeriums geäußert. Das Ausscheiden Polens aus dem globalen Mächtesystem zwischen Ost und West beschwöre die Gefahr bedeutender negativer Folgen für die Entspannungspolitik und für den Bau eines gemeinsamen europäischen Hauses herauf [...] Kann man sich vorstellen, daß in einem Schlüsselmitgliedstaat der NATO eine kommunistische Regierung gebildet wird? Der politische Umsturz in Polen müßte andere osteuropäische Staaten negativ beeinflussen. Besonders die DDR würde dann zwischen die Bundesrepublik und ein durch westfreundliche Politiker regiertes Polen geraten. Die Stabilisierung der DDR liegt aber im nationalen Grundinteresse Polens. 2. Die Vereinbarungen des Runden Tisches wurden in Ost und West als Ausdruck des Kompromisses, der Verständigungspolitik und der Philosophie einer evolutionären Realisierung der Wandlungen wohlwollend akzeptiert [...] Bricht man diese Vereinbarungen, dann verstärken sich reformenfeindliche konservative Kräfte in allen sozialistischen Ländern. Es zeigt sich somit, daß die Kompromisse mit der Opposition keinen dauerhaften Wert haben, sie führen zum Machtverzicht und zu einem gewaltigen Zusammenbruch des Sozialismus – nicht zu seiner Modernisierung und Erneuerung." Die Schlußfolgerung war: „Das Politbüro versichert, daß die Partei sich mit allen legalen Mitteln der Gefahr eines politischen Umsturzes mit dem Ziel, eine Erneuerung des Sozialismus durch dessen Abschaffung unmöglich zu machen, widersetzt."[120] Es läßt sich nicht überprüfen, welche politischen Konzepte diese Vorlage beeinflußten. Die wahrscheinlichste Hypothese muß sein, daß man auf eine harte Reaktion der Sowjetunion hoffte.

In ähnlichem Sinne führte Jaruzelski am 17. August ein Gespräch mit dem Vorsitzenden der Parlamentarischen Bürgerfraktion (d. h."Solidarność"), Geremek. „Er sagte, seiner Meinung nach würde für manche Blockländer und besonders für die DDR und die Tschechoslowakei die Bildung einer „Solidarność"-geführten Regierung zu einem dramatischen Ereignis und könne zu unterschiedlichen Reaktionen führen. Er sagte, daß er nicht sicher sei, ob man sich schon jetzt ein Mitglied der 'Solidarność' als Regierungsgründer in einem Land des Warschauer Vertrages vorstellen dürfe [...] Er sagte mir – und ich betrachtete diese Äußerung als sehr wichtig –, daß er nicht wisse, wie die Reaktion der Russen ausfalle. Er sagte, daß jedesmal, wenn in den letzten Jahren

120 Perzkowski: Tajne dokumenty, S. 465, 468.

wichtige Entscheidungen getroffen wurden, wir auf der Grenze dessen waren, was die Russen bewilligen konnten. Er meinte, auch diesmal befänden wir uns auf so einer Grenze, man könne sie aber nicht erkennen, solange sie nicht überschritten sei."[121]

Das Politbüro wurde am 22. August über ein Gespräch Rakowskis (er wurde nach der Wahl Jaruzelskis zum Staatspräsidenten Erster Sekretär der Partei) mit Gorbatschow informiert; es „billigte Einschätzungen und Schlußfolgerungen". Rakowski hat über das Gespräch selbst berichtet und kritisiert westliche Journalisten, daß sie die Information verbreitet hätten, Gorbatschow habe Rakowski zu einem Kompromiß überredet. Dagegen Rakowski: „Ich sprach auch über die politische Lage und darüber, daß man sie mit Hilfe eines Ausnahmezustandes nicht ändern könne, selbst wenn jemand noch so sehr davon träumen würde. Wir müssen das verlorene Vertrauen wiedergewinnen. Gorbatschow teilte diese Auffassung."[122] Mit der erwähnten Vorlage des Politbüros steht diese Erinnerung Rakowskis in keinem Zusammenhang.

Geremek behauptet: „Bei der Entscheidung für unseren Premierminister spielten wir in großem Maße mit verdeckten Karten – wir kannten weder die Reaktion des Apparats noch die russische Position." Er spricht weiter über eine sowjetische Angst vor Anarchie im öffentlichen Leben Polens. „Das befürchteten die Russen am stärksten. Mir scheint nicht, daß Moskau damals die Entscheidung für irgendwelche konkrete Lösungen beeinflussen wollte, ich glaube nicht, daß sie irgendwelche konkrete Leute unterstützten, aber sie befürchteten sehr eine Destabilisierung des politischen Lebens. Die Destabilisierung Polens wäre ein ungeheurer Schlag gegen die Politik Gorbatschows gewesen."[123]

Schon am 7. Juli 1989 griff Ceausescu während einer Sitzung des Politischen Beratenden Ausschusses des Warschauer Vertrages in Bukarest den Kompromiß in Polen an. Nach der Erinnerung Rakowskis antwortete Gorbatschow auf dessen Bemerkung, Ceausescu habe sich wie ein Lehrer aufgeführt: „Er, ein Lehrer? Lächerlich, reiner Spott, vergiß es!"[124]

Die einzige klare Aussage gegen den Kompromiß in Polen kam auch aus Bukarest. In einem nichtöffentlichen Brief vom 19. August 1989 wandten sich Ceausescu und die rumänische Parteiführung „an die Leitung der PVAP, das Politbüro und alle Parteiführungen des Warschauer Pakts [...] mit dem Vorschlag, gemeinsam zu handeln und einer schwerwiegenden Situation in Polen vorzubeugen, um den Sozialismus und das polnische Volk zu schützen".[125]

Geremek erhielt gleich eine Kopie des Briefes. „ Bitte, bedenken Sie, wie ernst mußte ihn das polnische Politbüro nehmen, wenn man sich damals entschied, ihn nicht zu publizieren. Das war eine außerordentliche Chance, ein neues Ge-

---

121 Rok 1989, S. 250.
122 Rakowski: Es begann in Polen, S. 339.
123 Rok 1989, S. 245.
124 Rakowski: Es begann in Polen, S. 356.
125 Rakowski: Ebenda, S. 355.

sicht der Partei zu zeigen, die nicht nur die Veränderungen zuließ, nicht nur niemand um brüderliche Hilfe bat, sondern noch dazu die freundlich dargebotene Hand rumänischer Genossen ablehnte [...] Polen befand sich noch im Schatten des Prager Frühlings und des Platzes des Himmlischen Friedens. Für mich bedeutete dieser Brief ein sehr wichtiges Memento." Geremek fügt hinzu: „Ziemlich rasch bekamen wir Nachricht, daß ein rumänischer Emissär bei Gorbatschow nicht vorgelassen wurde. Für uns war das ein Signal, daß die Bedrohung eher nicht bestand."[126]

Wahrscheinlich aber waren auch die sowjetische Führung und Gorbatschow selbst durch die Bildung einer nicht-kommunistischen Regierung in Polen mit einer neuen Situation konfrontiert und standen vor der Alternative: Entweder Fortsetzung der Perestrojka oder Rückkehr zur neu-alten harten Linie.

Urban schreibt, er sei als Sendbote Rakowskis nach Moskau gefahren (jedenfalls nach der Nominierung Mazowieckis als Premierminister am 24. August). Er überschätzt seine Mission: „Ich sollte die Russen informieren und beruhigen. Versichern, daß die Partei, die gerade ihre Führung wechselte, konstruktive Gespräche mit der anderen Seite in der Sache der Regierungsbildung führe und daß gewisse Elemente der Machtkontinuität beibehalten werden." Weiter schreibt Urban jedoch, daß seine Reise den Russen nur breitere Informationen brachte, was wahrscheinlich stimmt, wenn wir annehmen, daß Gorbatschow seine Grundentscheidung schon vorher getroffen hatte.[127] Andererseits kam zur selben Zeit der Chef des KGB Krutschkow nach Warschau, um Mazowiecki zu treffen und die Situation einzuschätzen.[128]

Andere kommunistische Länder waren kaum zu beruhigen. Rakowski berichtet über seinen Besuch in Prag, wo die Parteiführung die entstandene Situation überhaupt nicht verstand. Viel realistischer war Schiwkoff in Bulgarien, der aber auch kein Mittel zur Krisenüberwindung wußte. Noch kritischer beurteilt Rakowski die DDR-Führung.[129]

5. Schlußfolgerungen

Die polnische Krise beeinflußte die Entwicklung im europäischen Staatensystem direkt und indirekt. Einerseits wurde die kommunistische Ordnung in Polen selbst paralysiert und schließlich in einen Prozeß der Auflösung getrieben. Andererseits war die polnische Krise ein Katalysator für die Krisenerscheinungen in anderen Staaten, besonders in der Sowjetunion, wo im Zusammenhang mit der polnischen Krise die Systeminsuffizienz zum Vorschein kam. Die Perestrojka war zu einem gewichtigen Teil indirekte Folge der polnischen Krise, aber gleichzeitig vertiefte sie diese Krise noch, legte die sy-

---

126 Rok 1989, S. 254-255.
127 Urban: Jajakobyły, S. 185.
128 Bereś, Skoczylas: Generał Kiszczak, S. 276.
129 Rakowski: Es begann in Polen, S. 357-364.

stemerhaltenden polnischen Kräfte lahm und ermutigte die polnische Opposition. Das Verhältnis zwischen polnischer Krise und Perestrojka war auf diese Art und Weise wechselseitig und spielte beim Zusammenbruch des europäischen Kommunismus eine bedeutende Rolle.

Es läßt sich aber keineswegs sagen, daß die polnischen Kommunisten eine besondere Reformfreudigkeit an den Tag legten. Sowohl in den Jahren 1980/1981 wie 1988/1989 standen sie unter dem starken Druck der oppositionellen Bewegung „Solidarność" und der wirtschaftlichen Katastrophe. Der Unterschied war der, daß sie in der ersten Periode für eine harte Linie Unterstützung in Moskau fanden, hingegen in der zweiten Phase sogar aus Moskau gedrängt wurden, Kompromisse einzugehen. Auf einem anderen Blatt steht, daß weder die polnischen noch die sowjetischen Kommunisten (und ebensowenig die polnische Opposition) zutreffende Vorstellungen von den Folgen der Reformpolitik hatten.

Literaturverzeichnis

Witold Bereś, Jerzy Skoczylas: Generał Kiszczak mówi...prawie wszystko [General Kiszczak sagt...beinahe alles], Warszawa 1991

Krystyna Bolesta-Kukułka: Gra o władzę a gospodarka. Polska 1944-1991 [Machtspiel und Wirtschaft. Polen 1944-1991], Warszawa 1992

Dokumenty dotyczące wprowadzenia stanu wojennego w Polsce przekazane przez Komitet ds. Archiwów przy Rządzie Federacji Rosyjskiej (Roskomarchiw) [Dokumente betreffend die Einführung des Kriegsrechts in Polen, übermittelt vom Komitee für Archivwesen bei der Regierung der Rusischen Föderation], Ms., Studien- und Gutachtenbüro der Sejmkanzlei, o.O., o.D.

Dokumenty. Teczka Susłowa [Dokumente. Mappe Suslow], Warszawa 1993

Jerzy Holzer: „Solidarität". Die Geschichte einer freien Gewerkschaft in Polen, München 1985

Jerzy Holzer, Krzysztof Leski: Solidarność w podziemiu [Solidarność im Untergrund], Łódź 1990

Wojciech Jaruzelski: Stan wojenny. Dlaczego... [Kriegsrecht. Warum...], Warszawa 1992

Stanisław Kania: Zatrzymać konfrontację [Die Konfrontation zum Stehen bringen], Warszawa 1991

Anna Karaś (Hrsg.): Sąd nad autorami stanu wojennego [Gerichtsverfahren gegen Kriegsrechtsurheber], Warszawa 1993

Michael Kubina, Manfred Wilke: „Hart und kompromißlos durchgreifen". Die SED contra Polen 1980/81. Geheimakten der SED-Führung über die Unterdrückung der polnischen Demokratiebewegung, Berlin 1995

Ryszard Kukliński: Wojna z narodem widziana od środka [Der Krieg mit der Nation aus der Binnenperspektive], Warszawa 1987 (illegal, Nachdruck von Kultura 1987, H. 4)

[Witalij] Pawłow: Byłem rezydentem KGB w Polsce [Ich war KGB-Vertreter in Polen], Warszawa 1994

Marek Pernal, Jan Skórzyński: Kalendarium Solidarnośći 1980-1989 [Kalendarium der Solidarność 1980-1989], Warszawa 1990

Stanisław Perzkowski (Hrsg.): Tajne dokumenty Biura Politycznego i Sekretariatu KC. Ostatni rok władzy 1988-1989 [Geheime Dokumente des Politbüros und des ZK-Sekretariats. Das letzte Jahr der Macht 1988-1989], Londyn 1994
Peter Raina (Hrsg.): Rozmowy z władzami PRL. Arcybiskup Dąbrowski. W służbie Kościoła i Narodu [Gespräche mit VRP-Behörden, Erzbischof Dąbrowski. Im Dienste der Kirche und der Nation], Bd. 2: 1982-1989, Warszawa 1995
Mieczysław F. Rakowski: Es begann in Polen. Der Anfang vom Ende des Ostblocks, Hamburg 1995; deutsche Übersetzung der 1991 in Warschau erschienenen Originalausgabe unter dem Titel „Jak to się stało"
Raport – Polska 5 lat po Sierpniu [Ein Bericht – Polen 5 Jahre nach dem August], Warszawa 1985 (illegal)
[Bronisław Geremek, Jacek Żakowski]: Rok 1989. Bronisław Geremek opowiada. Hacek Żakowski pyta [Das Jahr 1989. Bronisław Geremek erzählt. Jacek Żakowski fragt], Warszawa 1990
Rosyjskie dokumenty archiwalne dotyczące wprowadzenia stanu wojennego w Polsce 13 grudnia 1981 r. [Russische Archivdokumente betreffend die Einführung des Kriegsrechts in Polen am 13. Dezember 1981], Ms., Studien- und Gutachtenbüro der Sejmkanzlei, o.O. o.D.
Jan Skórzyński: Ugoda i rewolucja. Władza i opozycja 1985-1989, [Vergleich und Revolution. Die Staatsmacht und die Opposition 1985-1989], Warszawa 1995
Spotkanie z Polską. 11-16 lipca 1988 roku [Ein Treffen mit Polen. 11.-16. Juli 1988], Warszawa 1988
[Jerzy Urban]: Jajakobyły. Spowiedź życia... [Ich als der Ehemalige. Die Lebensbeichte von...], Warszawa 1991
Jan Widacki: Czego nie powiedział Generał Kiszczak (Was General Kiszczak nicht gesagt hat], Warszawa 1992
Zbigniew Włodek (Hrsg.), Tajne dokumenty Biura Politycznego. PZPR a „Solidarność" 1980-1981 [Geheime Dokumente des Politbüros. PVAP und „Solidarność" 1980-1981], Londyn 1992

Zusammenfassung

Die polnische Krise 1981-1989 mit ihren beiden Höhepunkten 1980/81 und 1988/1989 war ein wichtiger Bestandteil der allgemeineren Krise des kommunistischen Systems in Europa. Die polnischen Ereignisse 1980/81 haben in Polen weitgehend die kommunistische Ideologie und mit ihr den kommunistischen Machtanspruch delegitimiert. Die Sowjetunion war mit einer tiefgehenden Insuffizienz der eigenen Wirtschaft konfrontiert und mußte sich – anders als im Fall der DDR 1953, Ungarns 1956, der Tschechoslowakei 1968 – für eine weniger repressive Politik entscheiden. Die Alternative wären eine Verschlechterung der Beziehungen mit westlichen Staaten sowie eine Blockierung der „Koexistenzpolitik" mit weiteren verheerenden Folgen für die sowjetische, polnische und die Wirtschaft aller Mitgliedstaaten des kommunistischen Blocks gewesen.

Das Kriegsrecht brachte in Polen eine „sanfte Normalisierung", weil die kommunistischen Führungen sowohl in Moskau wie in Warschau sich nicht zutrauten, eine Konfrontation alten Stils zu riskieren. Im Gegenteil, auf der Tagesordnung stand eine Wirtschaftsreform (mehr oder weniger auch in der Sowjetunion unter Andropow) mit liberalisierenden Zügen. Eigentlich jedoch waren die Konzepte der Wirtschaftsreform eher vage und fanden wegen des sinkenden Lebensniveaus und der steigenden Korruption der Nomenklatura bei der Bevölkerung kaum Unterstützung.

Gorbatschows Perestrojka war der erste Versuch, Wirtschaftsreformen mit politischer Demokratisierung zu kombinieren (Glasnost!). In ihrer ersten Phase beeinflußte die Perestrojka die polnische Partei kaum. Diese hatte schon vorher erfahren, daß sie nicht imstande war, Wirtschaftsreformen ohne politische Umwandlung zu realisieren. Gleichzeitig war die polnische Führung überzeugt, daß die demokratischen Ansprüche der Bevölkerung zu weit gingen, um das nach 1981 erzielte labile Gleichgewicht in einem Reformprozeß erhalten zu können.

Der beginnende zweite Höhepunkt der polnischen Entwicklung seit 1988 (zwei Streikwellen) drängte jedoch die polnischen Kommunisten zu politischen Zugeständnissen. Sie standen ständig vor der Alternative, sich entweder ohne sowjetische Rückendeckung in eine gefährliche Auseinandersetzung mit der „Solidarność" hineinzulavieren oder mit sowjetischer Unterstützung eine ebenso gefährliche Koexistenz mit der „Solidarność" einzugehen.

Immerhin, weder am „Runden Tisch" noch vor den Wahlen rechneten die polnischen Kommunisten mit einer so erdrückenden Niederlage, wie sie sie dann tatsächlich traf. Ebensowenig war die polnische Opposition auf ihren großen Sieg vorbereitet. Beide Seiten in Polen warteten unruhig auf die sowjetische Reaktion: Die Partei hoffte auf eine drohende Warnung, die die Opposition lähmen würde, „Solidarność" hoffte auf Freiraum für friedlichen Wandel des Systems.

Die Gorbatschow-Führung entschied sich für die zweite Variante, wahrscheinlich wieder in der falschen Überzeugung, daß der stabile Zustand der kommunistischen Herrschaft in der Sowjetunion und in der Mehrheit der kommunistischen Staaten einen polnischen Alleingang erlaube, wohingegen die Unterdrückung der polnischen Umwandlung für die Perestrojka katastrophal wäre (Erfahrung der Chruschtschow-Reformen nach 1956).

Nguyen van Huong

Die Politik der DDR gegenüber Vietnam und den Vertragsarbeitern aus Vietnam sowie die Situation der Vietnamesen in Deutschland heute

6.2. Das bisherige Ergebnis der Umsetzung des Rückübernahmeabkommens durch die Bundesrepublik Deutschland und die Haltung der Regierung Vietnams

6.3. Integrationschancen für Vietnamesen in der Bundesrepublik Deutschland

Abkürzungsverzeichnis

Literaturverzeichnis

Zusammenfassung

1. Einleitung

Ende 1989 lebten und arbeiteten ca. 59.000 vietnamesische Gastarbeiter und Gastarbeiterinnen in der DDR. Sie bildeten gemeinsam mit einigen Hunderten von vietnamesischen Auszubildenden und einigen wenigen mit DDR-Bürgern verheirateten Vietnamesen die mit Abstand größte Ausländergruppe von den insgesamt ca. 190.000 Ausländern im Land. Obwohl sie und die anderen Gastarbeiter aus den mit der DDR befreundeten Ländern – wie Angola, China, Volksrepublik Korea, Kuba, Mongolei, Mosambik, Volksrepublik Polen – damals als ein die DDR-Wirtschaft prägender Faktor stets dazu beitrugen, die Produktion in den industriellen Betrieben der DDR aufrechtzuerhalten, wurden sie aus dem öffentlichen Bewußtsein der DDR-Bevölkerung durch eine permanente restriktive Informationspolitik ausgeblendet. Nach dem Mauerfall bewegte die Problematik „Vertragsarbeitnehmer der ehemaligen DDR" erstmals das Interesse der deutschen Öffentlichkeit. Indes sah man bis heute kaum einen Anlaß, der Auslandspolitik der ehemaligen DDR gegenüber Vietnam kritisch nachzugehen. Im Auftrag des Deutschen Bundestages – im Rahmen der Arbeit der Enquete-Kommission zur „Überwindung der Folgen der SED-Diktatur" – versucht deshalb der Autor in dieser Arbeit, die Politik der DDR gegenüber Vietnam kritisch zu erfassen und hinter die Kulissen zu schauen. In der Thematik „Vertragsarbeitnehmer" versucht der Autor auch dem öffentlichen Interesse an der Genesis der Migration vietnamesischer Vertragsarbeitnehmer der ehemaligen DDR durch die Suche nach bisher unbekannten Fakten einen Dienst zu erweisen.

In der DDR-Literaturlandschaft sowie in (west)deutschen Fachkreisen findet man bis heute keine Abhandlung über die Außenpolitik der DDR gegenüber Vietnam. In der Thematik „Vertragsarbeitnehmer der ehemaligen DDR" begegnet man dagegen einer Fülle von Abhandlungen seit dem Zusammenbruch der DDR Ende 1989. In dieser Abhandlung stützt sich der Autor aber mehr auf die Auswertung der von ihm studierten, in der DDR meist unter Geheimhaltung befundenen Dokumente aus dem heutigen Bundesarchiv, aus der Stiftung Archiv der Parteien und Massenorganisationen der DDR sowie auf seine persönlichen Erlebnisse und Erfahrungen aus der DDR-Zeit unter Wiederverwendung von Betrachtungen und Berichten nach der „Wende" in der DDR. Am Ende seines Studiums der Dokumente im Bundesarchiv – vordergründig im Bestand Ministerrat/Präsidium des Ministerrates der DDR – ist der Autor bezüglich der Zitierweise der Literaturquellen nach mehreren Versuchen dazu übergegangen, wegen der Absicherung der Auffindbarkeit der Quellen für die Zukunft wie folgt zu verfahren: Die zitierten Quellen werden nach der Suchweise im Bundesarchiv, u.z. nach dem Jahrgang, der Sitzungsnummer des Ministerrates und schließlich nach der Bezeichnung des damaligen Beschlusses des Ministerrates bzw. dessen Präsidiums angegeben. Wenn in den Fußnoten ein bestimmter Beschluß des Ministerrates bzw. dessen Präsidiums als Quelle angegeben wird, muß die Information nicht unbedingt in dem unmittelbaren Inhalt des Beschlusses enthalten gewesen sein (was zugegebenermaßen irritierend wirken kann). Sie kann genauso gut einem dem Beschluß beigefügten handschriftlichen Vermerk oder einer Anlage ohne zitierbaren Titel entspringen. Derartige Vermerke und Anlagen lassen sich nur auffinden, wenn man über die Sitzungs- und Beschlußnummer des Ministerrates und das jeweilige Datum verfügt. Die Angabe der jetzigen Signatur im Bundesarchiv allein garantiert nicht die Auffindbarkeit der Dokumente, zumal dieses derzeit dabei ist, Dokumente auf mikrofilmische Archivierung zusammenzuführen und neu zu signieren. Indes erscheint gegenwärtig die Art der Quellenangabe in dieser Arbeit als eine dauerhafte Garantie für eine erfolgreiche Suche nach den Dokumenten.

2. Die Vietnam-Politik der Regierungen der Deutschen Demokratischen Republik von 1949 bis 1990

Die ideologische Grundlage der Gestaltung politischer, wirtschaftlicher und kultureller Beziehungen der DDR mit anderen Staaten der Weltgemeinschaft war die marxistisch-leninistische Klassentheorie. Beziehungen der DDR zu einem anderen Staat standen stets im Dienste des Klassenkampfes[1] des „internationalen Proletariats" gegen die internationale „Bourgeoisie" – gegen die ökonomisch und politisch herrschende Klasse in der kapitalistischen Gesellschaft[2]. Der Mythos vom „gesetzmäßigen" Sieg des Sozialismus im Weltmaßstab drängte die ehemaligen sozialistischen Länder zu tiefgreifender ideologischer und pragmatischer Expansion und zur Verstärkung aller sozialistischen bzw. sozialistisch orientierten Kräfte in der Welt. Ein besonderer Schwerpunkt der Außenpolitik der DDR lag zwangsläufig in der Vertiefung der außenpolitischen Beziehungen zu den Ländern, die sich seinerzeit unmittelbar im Ost-West-Konfliktfeld befanden. Mehr als drei Jahrzehnte befand sich Vietnam im Mittelpunkt der Austragung dieses Konflikts im asiatischen Raum und in der internationalen Aufmerksamkeit. Die Politik der DDR gegenüber Vietnam in allen ihren Bestandteilen wurde in dieser und der folgenden Zeit von den zwei grundlegenden Prinzipien der gesamten DDR-Außenpolitik getragen: das Prin-

---

1 Vgl. Marcel Bulla: Außenpolitik der DDR, S. 20.
2 Großes Fremdwörterbuch, VEB Bibliographisches Institut, Leipzig, 1984, S. 115.

zip des „sozialistischen Internationalismus" und das der „antiimperialistischen
Solidarität". Die Gestaltung der Beziehungen beider Staaten wurde stets von
beiden Seiten als das Zeugnis eines unzertrennlichen Bündnisses zweier sozialistischer „Bruderstaaten" und des sozialistischen Engagements der DDR für
die „revolutionäre Bewegung" der um ihre nationale Unabhängigkeit ringen-
den Länder Afrikas, Asiens und Lateinamerikas postuliert.

2.1. Die Beziehungen von 1949 bis zum Ende des 2. Indochinakrieges

Vietnams neuere Geschichte wurde stark geprägt durch die französische Kolonialherrschaft von 1858 bis 1954. Im Widerstand gegen die Kolonialmacht
bildete sich eine starke nationale Bewegung heraus. Ho Chi Minh[3], der sich
bereits seit Anfang der 20er Jahre der kommunistischen Idee zuwandte und
schon damals Kontakte zu der Sowjetunion unterhielt[4], gründete Anfang 1930
in Hongkong (China) die erste kommunistische Partei Südostasiens – die
Kommunistische Partei Indochinas (KPIC). Ab 1941 vereinte er die wesentlichen Kräfte der nationalen Bewegung Vietnams zur „Liga für die Unabhängigkeit Vietnams" (Viet Minh) und führte sie letztendlich zur Machtergreifung, nachdem Japan[5] am Ende des zweiten Weltkrieges kapitulierte und Vietnam verließ. Die Demokratische Republik Vietnam wurde am 2. September
1945 mit einer von Ho Chi Minh verfaßten Proklamation zur Unabhängigkeit
ausgerufen. Die politische Orientierung nach dem gesellschaftlichen Modell
der Sowjetunion wurde durch die neue Regierung unter Leitung von Ho Chi
Minh diktiert.

Die französische Kolonialherrschaft, die durch die japanische Okkupation Vietnams faktisch verdrängt worden war, gab jedoch ihren Anspruch auf die
Kolonie nicht vollständig auf und marschierte 1946 erneut in Vietnam ein. Am
19.12.1946 rief Ho Chi Minh die vietnamesische Nation zum totalen Widerstand gegen die Franzosen auf. Damit begann der 1. Indochinakrieg, der bis
zur Niederlage der Franzosen in Dien Bien Phu am 7. Mai 1954 dauerte. Während des Krieges bemühte sich die junge Republik Vietnam um deren Anerkennung durch andere Staaten der Weltgemeinschaft und um Verbündete. Es
ist deshalb nicht verwunderlich, daß bald nach der Gründung der DDR am

---

3 Ho Chi Minh: geboren 1890 in der heutigen Provinz Nghe Tinh (Mittelvietnam), wanderte 1911 als
  Schiffjunge nach Frankreich aus und nahm an der Gründung der kommunistischen Partei Frankreichs im Jahr 1920 in Paris teil. Er war vom September 1945 bis zu seinem Tod am 3. September
  1969 Präsident der (kommunistischen) Demokratischen Republik Vietnam (Nordvietnam).
4 Ho Chi Minh schrieb in den Jahren 1924 – 1926 in sowjetischen Zeitungen, z. B. „Prawda" und in
  der französischen Zeitung „Le Paria" eine Reihe von polemischen Artikeln zu der Thematik „Leninismus". Hier einige Beispiele: „ Lenin und Völker der Kolonien" (1924, 1925), „Die russische Revolution und Völker der Kolonien" (1924), „Lenin und die Völker des Orients" (1924), „Lenin und
  Orient" (1926), vgl. Ho Chi Minh: Con đß¶ng dçn tôi, S. 5 ff.
5 Im Jahr 1940 okkupierte Japan das bis dahin unter der französischen Kolonialherrschaft stehende
  Vietnam. Die französische Kolonialverwaltung bestand aber aufgrund einer Zusammenarbeitsver-
  einbarung zwischen Frankreich und Japan fort, bis Japan dann Anfang 1945 die Zusammenarbeit
  mit Frankreich aufkündigte, die französische Indochina-Armee entwaffnete und die französische
  Kolonialherrschaft aus dem Territorium Vietnams verdrängte.

7. Oktober 1949 diplomatische Beziehungen zwischen den beiden Staaten aufgenommen wurden. Die DDR suchte ebenfalls nach internationaler Anerkennung als einen souveränen deutschen Staat. Obwohl erst am 16.12.1954 Botschafter ausgetauscht wurden, betrachteten beide Staaten die diplomatischen Beziehungen offiziell zum 3. Februar 1950 als hergestellt[6], nachdem am Tag zuvor die Provisorische Regierung der DDR eine Erklärung zur Frage der Fremdenlegionäre in Vietnam abgab. Darin forderte die DDR alle in der französischen Fremdenlegion dienenden deutschen Söldner auf, zur vietnamesischen Volksarmee überzulaufen, versprach den Überläufern „vollkommene Amnestie, Arbeit entsprechend ihren Wünschen und Fähigkeiten sowie berufliche Ausbildungsmöglichkeiten" und erleichterte Heimreisen[7]. Die Beziehungen waren jedoch bis auf diese Erklärung bis zum Ende des ersten Indochinakrieges (1946 - 1954) nicht substanziiert.

In der folgenden Zeit begann die Außenpolitik der DDR gegenüber Vietnam Gestalt anzunehmen. Otto Grotewohl – erster Ministerpräsident der DDR – gratulierte Ho Chi Minh und dem vietnamesischen Volk in einem Telegramm zum Genfer Waffenstillstandsabkommen 1954 und versicherte darin dem vietnamesischen Volk die Unterstützung durch die DDR[8]. Infolge der Nichteinhaltung des ObG. Abkommens konnte aber die vorgesehene provisorische Teilung Vietnams am 17. Breitengrad in Nord- und Südvietnam nicht aufgehoben werden. Der im Abkommen vereinbarte Vollzug einer Vereinigung Vietnams durch gesamtvietnamesische Wahlen innerhalb von 2 Jahren fand nicht statt. Die DDR definierte sich ausgehend von dieser Situation fortfolgend ohne erkennbare Konzeptionsansätze als Befürworter einer Wiederherstellung der Einheit Vietnams[9]. Die Teilung Deutschlands in zwei Staaten bewirkte bei der vietnamesischen Parteiführung offensichtlich eine stärkere Verbundenheit mit der DDR und ein größeres Interesse für die politische und ideologische Arbeit der SED. Im Dezember 1955 sandte Truong Chinh, der damalige Generalsekretär der kommunistischen Partei Vietnams, einen Brief mit folgenden brennenden Fragen an das Zentralkomitee der SED:

„1) Welche Erfahrungen sind unter dem faschistischen Hitler-Regime und heute unter Adenauer gemacht worden im Schutz der Grundorganisationen der Partei und der Massenorganisationen, bei der Mobilisierung der Massen für den Kampf und bei der Koordinierung der verschiedenen illegalen und legalen Kampfformen?

---

6 Dokumente zur Außenpolitik der Regierung der Deutschen Demokratischen Republik 1985, Band XXXIII, 2. Halbband, Berlin (DDR) 1988, S. 782.
7 Vgl. Erklärung der Provisorischen Regierung der Deutschen Demokratischen Republik vom 2. Februar 1950 zur Frage der Fremdenlegionäre in Vietnam, in: Dokumente zur Außenpolitik der Regierung der Deutschen Demokratischen Republik 1949 - 1954, Bd. 1, Berlin (DDR) 1954, S. 483-484.
8 Vgl. Hohensee: Zusammenarbeit Deutschlands und Vietnams, S. 6.
9 „An das Mitglied des Politbüros der Lao – Dong – Partei, Mitglied des Politbüros der PWV, Ministerpräsident und Minister für Auswärtige Angelegenheiten der Demokratischen Republik Vietnam, Genossen Pham Van Dong Hanoi" (anläßlich seines Geburtstages am 1. März 1956, d.A.), ohne Unterschrift, undatiert, SAPMO-BArch DY 30/IV 2/20/214, Bl. 43.

2) Welche Erfahrungen sind gemacht worden bei der Aufrechterhaltung und Entwicklung normaler Beziehungen auf allen Gebieten zwischen dem Osten und dem Westen Deutschlands, insbesondere in wirtschaftlicher und kultureller Hinsicht? Ferner, welche Erfahrungen sind gemacht worden bei der Entfaltung des Einflusses der DDR auf die verschiedenen Schichten und Klassen der Bevölkerung Westdeutschlands?"[10]

Fortan war die Zusammenarbeit zwischen der DDR und der Demokratischen Republik Vietnam auf dem Gebiet der Außenpolitik durch eine disziplinierte gemeinsame Koordination außenpolitischer Aktivitäten, die politische Belange und Interessenlagen des anderen Landes tangieren könnten, gekennzeichnet. Die außenpolitischen Beziehungen der DDR zu den Nachbarländern Vietnams Kambodscha und Laos wurden „im wesentlichen über Hanoi [...] unterhalten"[11]. Allen Initiativen der DDR zur Unterstützung Vietnams, wie Proteste gegen den USA-Krieg, Aufrufe der internationalen Öffentlichkeit zur Solidarität mit Vietnam, waren Konsultationen und Abstimmungen mit Vietnam vorausgegangen. Im Gegenzug dazu „hat sich [Vietnam] bei den Verhandlungen über die Aufnahme diplomatischer Beziehungen mit der BRD kontinuierlich mit der DDR konsultiert. Die zwischen der DRV und der BRD vereinbarten Dokumente entsprechen [...] den mit der vietnamesischen Seite getroffenen Absprachen sowie den Vereinbarungen [...]"[12]. Mit großer Zufriedenheit würdigte Erich Honecker immer wieder die enge Zusammenarbeit beider Länder auf dem Gebiet der Außenpolitik[13]. Ziel der Außenpolitik der DDR war es, „die DRV weiter an die UdSSR und die anderen sozialistischen Bruderländer heranzuführen und eine ständige Übereinstimmung der Meinungen in politischen Grundfragen zu gewährleisten."[14]

Rückblickend können dennoch die Beziehungen zwischen der DDR und der Demokratischen Republik Vietnam während der ersten Etappe der „Schaffung von Grundvoraussetzungen für den Aufbau des Sozialismus in Vietnam" (1958-1963) trotz der öffentlichkeitswirksam deklarierten Freundschaft insgesamt eher nur als eine Phase der stillen Beobachtungen und vorsichtigen Annäherungen durch beide Seiten charakterisiert werden. Die kommunistische Partei („Partei der Werktätigen Vietnams" seit deren II. Parteitag im Jahr 1951) und die Regierung Vietnams befanden sich am Anfang einer Orientierung bzw. Suche nach politischen, wirtschaftlichen Entwicklungswegen und

---

10 „Übersetzung Lao – Dong – Partei Vietnams – Zentralkomitee – an das Zentralkomitee der Sozialistischen Einheitspartei Deutschlands der Deutschen Demokratischen Republik", datiert vom 4. Dezember 1955, Unterschrift: Truong Chinh (der damalige Generalsekretär der Partei der Werktätigen Vietnams, d.A.), SAPMO-BArch DY 30/IV 2/20/214, Bl. 36-37.

11 4. Sitzung des Präsidiums des Ministerrates vom 12. Januar 1972, Bd. 1, Beschluß des Ministerrates 02 – Präsidium 4 / I.8 / 72 vom 23.12.1971, BArch DC 20 I/4 – 2577, S. 92-114, hier S. 100.

12 174. Sitzung des Präsidiums des Ministerrates vom 19. Februar 1976, Bd. 1, Beschluß des Ministerrates 02-Präsidium des Ministerrates 174/ 9/ 76 vom 19.2.1976, BArch DC 20 I/4 – 3510, S. 147-171, hier S. 156.

13 „Stenografische Niederschrift der offiziellen Gespräche der Partei- und Staatsdelegation der Deutschen Demokratischen Republik und der Sozialistischen Republik Vietnam am Freitag, dem 2. Dezember 1977 in Hanoi", SAPMO-BArch J IV/2/ 201 -1297 (Bd. 1), 81 Seiten, hier Bl. 75.

14 Siehe Fn. 11.

Verbündeten. Nach dem Sieg über die Franzosen im Jahr 1954 gelang es der kommunistischen Partei Vietnams bis 1960 nicht, einen neuen Kurs bzw. ein neues Parteiprogramm für die veränderte politische Situation auszuarbeiten und öffentlich zu verkünden. Die Verzögerung der Festlegung des Parteikurses bis zum III.Parteitag im Jahr 1960 hatte verschiedene Gründe. Der Hauptgrund war, daß die kommunistische Partei Vietnams sich nach einer Reihe schwerwiegender Fehler neu orientieren mußte. Bei der von ihr in den Jahren 1952/53 durchgeführten Bodenreform wurden zigtausende Bauern falsch beschuldigt, ihrer dürftigen Familienexistenzgrundlage beraubt und enteignet, oft auch getötet. Hunderttausende Parteimitglieder, die sich in dem vorangegangen Widerstandskampf gegen die französische Kolonialherrschaft sehr verdient gemacht hatten, wurden aus der Partei ausgeschlossen[15]. Ein zweiter Grund dürfte die relativ entspannte Lage Nordvietnams nach dem Sieg über die Franzosen im Jahr 1954 sein. Es herrschte Frieden. Schließlich machte das Bestreben Vietnams nach einer nationalen Unabhängigkeit es nicht erforderlich, voreilige Bündnisse einzugehen. Aus der Geschichte hatte Vietnam auch gelernt, daß es immer eine loyale Position gegenüber China einnehmen muß. Bereits Ende der 50er Jahre schwollen die Konflikte zwischen den zwei größten Ländern im sozialistischen Lager, der VR China und der Sowjetunion, an. Eine zu starke Anlehnung an die Sowjetunion – und damit an die meisten sozialistischen Länder Osteuropas – hätte eine Verschlechterung der guten nachbarschaftlichen Beziehung zu China bedeutet. Vietnam hatte zwar materielle, wissenschaftlich-technische Hilfe von den jungen europäischen sozialistischen Ländern als entscheidende Unterstützungen erwartet, beteiligte diese Staaten jedoch nicht an der nationalen Herausarbeitung der langfristigen Konzeption zur Entwicklung Vietnams, wie diese es sich aber wünschten. Keiner einzigen „Bruderpartei" wurde die Gelegenheit eingeräumt, den Diskussionen auf dem III. Parteitag der kommunistischen Partei Vietnams – der PWV – vom 5. bis zum 10. September 1960 beizuwohnen, obwohl sie eingeladen waren und die Delegationen zu diesem Anlaß auch tatsächlich in Vietnam weilten[16]. Und es war sicherlich nicht gerade erfreulich für die SED-Führung zu erfahren, daß Vietnam zu diesem Zeitpunkt „kein offenes Bekenntnis zur Politik der KPdSU" abgab. Immerhin stand für die SED-Führung bereits fest, daß „die Feststellungen der XX. und XXI. Parteitage der KPdSU für alle kommunistischen und Arbeiterparteien von allgemeiner Bedeutung"[17] waren.

Bereits in den ersten Jahren gewährte die DDR, als eines der wenigen sozialistischen Länder, Vietnam Unterstützung für dessen ideologischen und wirtschaftlichen Aufbau. Im Jahr 1955 lud sie 348 vietnamesische kleine Kinder,

---

15 Vgl. Au Duong The: Die politische Entwicklung in Gesamtvietnam, S. 104.

16 „Kurze Übersicht über einige Fragen des III. Parteitages der Partei der Werktätigen Vietnams", Verfasser unbekannt, ohne Datum (vermutlich im Oktober 1960, da der III. Parteitag der PWV vom 5. bis zum 10. September 1960 stattfand. d.A.), SAPMO-BArch DY 30/IV 2/20/216, Bl. 93-99, hier Bl. 93.

17 Ebenda, Bl. 97 f.

„fast ausschließlich Kinder von Parteifunktionären"[18], zu einer 3- bzw. 4-jährigen grundschulischen Ausbildung nach Moritzburg (Sachsen) ein[19]. Neben der schulischen Ausbildung waren „die Kinder zu aktiven politischen Kämpfern zu erziehen."[20]. Funktionäre der SED wurden mit der Erziehung der vietnamesischen Kinder beauftragt[21]. Die Gewährung der Schulausbildung wird bis heute von diesen ehemaligen Schülern als ein hoher Verdienst der DDR angesehen. Während des Aufenthalts der Kinder gab es allerdings einen bis heute nicht aufgeklärten Vorgang: Obwohl man bereits zu dem damaligen Zeitpunkt wissen konnte, daß das Präparat „Plasmochin" nur bei Malariaanfällen einzusetzen ist, wurden allen Kindern gleichzeitig dieses Mittel verabreicht. Daraufhin erkrankten 70 Kinder, eins davon verstarb. Dem Autor sind zwei Vermerke zu dem Vorgang bekannt, aus denen eine leichtfertige Vorgehensweise bei der Verabreichung des Präparats „Plasmochin" zu entnehmen ist. Man kann sich des Eindrucks nicht erwehren, daß damals aus übertriebener Vorsicht das für eine Vorbeugung nicht geeignete Medikament als Impfstoff pauschal eingesetzt wurde. Sowohl die Bezeichnung „Probeimpfung" im originalen, mit einer Schreibmaschine geschriebenen Vermerk vom 21.8.1956, als auch die handschriftliche, von der Person mit Namen Schwortzer vorgenommene Korrektur in „Vorbeugung" lassen keinen Zweifel an der alleinigen „Vorbeugungsabsicht" aufkommen.

Vor Ort in Vietnam übernahm die DDR die Patenschaft für die damals renommierte Oberschule in der Ly-Thuong-Kiet-Straße in Hanoi („Oberschule der vietnamesisch-deutschen Freundschaft"). Darüber hinaus wurden bereits vor 1957 mehrere Entwicklungsprojekte konzipiert. Das von den Franzosen für sich und die frühere Oberschicht Vietnams errichtete Krankenhaus Phu Doan wurde in „das Krankenhaus der vietnamesisch-deutschen Freundschaft"[22] umbenannt und von der DDR, übrigens bis zum Ende ihrer Existenz, fortlaufend unterhalten. Die größte Druckerei (Nord-)Vietnams „Tien Bo" (zu deutsch: „Fortschritt") in Hanoi wurde mit finanziellen Mitteln der DDR von 1957 bis 1963 errichtet[23]. Ein Zentraltelefonamt in Hanoi, ein Filmstudio für Vietnam, eine Glasfabrik in Hai Phong und diverse Laboratorien wurden kurzfristig mit Hilfe der DDR aufgebaut[24]. Bis 1957 lieferte die DDR Vietnam 4 komplette Stahlkutter für den Fischfang und technische Ausrüstungen für weitere 16 Fischkutter[25]. Neben der Einrichtung und Umrüstung des genannten Krankenhauses dürfte das damalige Engagement der DDR am Fischfang der jungen

---

18 „Probleme des Aufenthalts und der Ausbildung vietnamesischer Kinder", Berichterstatter unbekannt, datiert vom 8.7.1957, SAPMO-BArch DY 30/IV 2/20/214, Bl. 160-168, hier Bl. 163.
19 Ebenda, Bl. 160-168.
20 Ebenda, Bl. 165.
21 Ebenda.
22 Vietnamesisch:B®nh vi®n hæu ngh‚ Vi®t – ÐÑc. In der DDR trug dieses Krankenhaus den Namen „Krankenhaus Vietnam – DDR" bzw. „Krankenhaus der Freundschaft Vietnam – DDR".
23 70. Sitzung des Präsidiums des Ministerrates vom 23. August 1973, Bd. 1, Beschluß des Ministerrates 02-70/2a/73 vom 23.8.1973, BArch DC 20 I/4 – 2923, S. 103-115, hier S. 113.
24 „Problem des Außenhandels", Verfasser unbekannt, ohne Datum, Dokument unvollständig, SAPMO-BArch DY 30/IV 2/20/214, Bl. 169-178, hier Bl. 171.
25 Ebenda.

Republik Vietnams eine überaus große Bedeutung für Vietnam gehabt haben. Die Fischkutter waren das Symbol eines neuen Industriezweiges für Vietnam und begeisterten die Vietnamesen derart, daß sie in den damaligen Zeitungen und Büchern als *das* Beispiel der DDR-Solidarität mit Vietnam an erster Stelle angepriesen wurden[26].

Die wirtschaftlichen Beziehungen zwischen den beiden Staaten wurden vorangetrieben durch das 1. Handelsabkommen vom 30.1.1956 zwischen der DDR und der Demokratischen Republik Vietnam in Höhe von 10,1 Millionen Rubeln, das 2. Handelsabkommen vom 25.2.1957 in Höhe von 30 Millionen Rubeln, das Abkommen über die materielle Hilfsleistung der DDR an die DRV vom 30.1.1956 in Höhe von 60 Millionen Rubeln sowie das Abkommen über die technisch-wissenschaftliche Zusammenarbeit vom 14.3.1956[27]. Die ersten anfänglichen Fehler bei der wirtschaftlichen Unterstützung für Vietnam traten bald auf. „Es lieferte z. B. die DDR 100 t DDT (Wirkstoff) Schädlingsbekämpfungsmittel, deren Weiterverarbeitung und Anwendung im Lande nicht bekannt war"[28].

Im Außenhandel der Republik Vietnam nahm die DDR 1957 bereits hinter China und der Sowjetunion die 3. Stelle ein[29]. Vietnam bezog von der DDR hauptsächlich Chemikalien, Pharmazeutika, industrielle Ausrüstungen und industrielle Konsumgüter für den Massenbedarf und belieferte die DDR im Gegenzug mit tropischen landwirtschaftlichen und forstwirtschaftlichen Produkten wie Reis, Mais, Sesamsaat, Erdnußkernen, ätherische Öle, Gerbstoffe, Harze...[30]. Dies bedeutet aber noch nicht, daß die DDR etwa zu diesem Zeitpunkt bereits ihrer Entwicklungshilfe für Vietnam eine Priorität gab. Die bescheidene materielle Unterstützung Vietnams durch die DDR ab 1957 bis 1962 in jährlicher Höhe von 138.000,- DM diente in erster Linie dem Kampf um die Wiedervereinigung Vietnams[31]. Noch im Jahr 1963 stellte die DDR der vietnamesischen Regierung im Norden nur aufgrund der zugespitzten Konfliktsituation in Südvietnam und der, damit verbunden, erhöhten Zuwendung für die nationale Befreiungsfront Südvietnams durch den Norden „ausnahmsweise für die Finanzierung der TWZ-Hilfe [...] bis zu 150.000,- DM der Deutschen Notenbank"[32] zur Verfügung[33].

---

26 Nguyen-Viet-Chung: Thịt chất tình đòàn kết, S. 4.

27 „Problem des Außenhandels", a. a. O.., Bl. 172 ff.

28 Ebenda, Bl. 171 f.

29 Ebenda, Bl. 173.

30 Ebenda; vgl. dazu auch 7. Sitzung der Kommission für laufende Angelegenheiten vom 6. September 1962, „Beschlußentwurf über die Finanzierung der TWZ-Hilfe 1963 für die Demokratische Republik Vietnam", Unterschrift: Müller (1. Stellvertreter der Staatlichen Plankommission der DDR, d.A.), ohne Datum, BArch DC 20 I/5-10, Bl. 210-219, hier Bl. 214.

31 7. Sitzung der Kommission für laufende Angelegenheiten vom 6. September 1962, „Beschlußentwurf über die Finanzierung der TWZ-Hilfe 1963 für die Demokratische Republik Vietnam", a. a. O.., Bl. 215.

32 7. Sitzung der Kommission für laufende Angelegenheiten vom 6. September 1962, „Anordnung Nr. 03/7/13/62 Finanzierung der TWZ-Hilfe 1963 für die Demokratische Republik Vietnam", BArch DC 20 I/5-10, Bl. 50.

33 DM der Deutschen Notenbank bedeutet Mark der DDR, d.A.

Die Wirtschaftsbeziehungen zwischen der DDR und Vietnam erweiterten sich von Wirtschaftsgebiet zu Wirtschaftsgebiet, so daß sie am Ende eine Vielzahl und Vielfalt aufweisen konnten. Der Umfang der wirtschaftlichen Hilfe für Vietnam wurde nicht zuletzt aufgrund der Kriegssituation von Jahr zu Jahr angehoben. Die der zentralisierten sozialistischen Planwirtschaft entspringende Notwendigkeit einer zentralen Koordinierung aller wirtschaftlichen Beziehungen und Aktivitäten mit Vietnam führte dann zu der Gründung des „Ausschusses für wirtschaftliche und wissenschaftlich-technische Zusammenarbeit zwischen der Deutschen Demokratischen Republik und der Demokratischen Republik Vietnam" (auch Wirtschaftsausschuß genannt) im Jahr 1969. Solche Ausschüsse fungierten als Mechanismus bei der Gestaltung wirtschaftlicher Beziehungen zwischen den ehemaligen sozialistischen Ländern und ermöglichten dem jeweiligen stärkeren Partner eine gewisse Kontrolle über die Effizienz der wirtschaftlichen Zusammenarbeit. So legte der Wirtschaftsausschuß DDR/Vietnam auf seiner jährlichen Tagung das Lieferungsleistungsvolumen der einzelnen wirtschaftlichen zusammenarbeitenden Bereiche – Industrieausrüstungen, Leichtindustrie, Lebensmittelindustrie, Landwirtschaft, Forstwirtschaft, Geologie, Fischerei, Wohnungsbau, Verkehrswesen, Gesundheit, Kultur u. a.m. – für das nächste Jahr fest.

Die allseitigen Beziehungen beschränkten sich in der Zeit bis 1975 aber nicht allein auf Zusammenarbeit, Entwicklungshilfe und Solidarität mit dem kommunistischen Teil Vietnams (Nordvietnam). Als 1956 die südvietnamesische, von den Vereinigten Staaten unterstützte Regierung Ngo Dinh Diem definitiv gesamtvietnamesische Wahlen ablehnte, entbrannte in Südvietnam erneut ein Kampf zwischen den Militärkräften der südvietnamesischen Regierung und den nordvietnamesisch orientierten Kräften unter Führung der „Liga für die Unabhängigkeit Vietnams" (Viet Minh). Der Widerstand gegen die Regierung Ngo Dinh Diem wuchs zunehmend und führte dann 1960 zur Gründung der Nationalen Befreiungsfront in Südvietnam (FNL), die nicht zuletzt nur durch materielle und militärische Unterstützungen Nordvietnams ihren militärischen Kampf durchführen konnte. Von nun an gewährte die DDR zusätzlich Unterstützung für den militärischen Kampf der FNL. Im November 1963 beschloß das Präsidium des Ministerrates der DDR Lieferungen technischer Ausrüstungen im Valutawert bis zu 200.000 DM an die NFL. Genauso viele finanzielle Mittel waren gerade in dem Jahr im Hilfsfonds für Laos vorhanden, und die DDR setzte die Hilfe für Laos aufgrund des Ersuchens der FNL um materielle Unterstützung kurzerhand ab[34].

Während die DDR-Politik gegenüber Vietnam bis Mitte 1964, abgesehen von ihrem aufmerksamen Interesse an der sozialistischen Orientierung Vietnams, keine Besonderheit aufwies, erfuhr die Beziehung zwischen den beiden Ländern eine neue, enorme Intensität ab 1965, als die USA den Vietnam-Krieg auf Nordvietnam im August 1964 ausdehnte. Fortan galt Vietnam als das soziali-

---

· 34 140. Sitzung des Präsidiums des Ministerrates vom 7. November 1963, Bd. 2, Beschluß des Ministerrates 140/24/63 vom 7.11.1963, BArch DC 20 I/4-843, S. 54-55, hier S. 55.

stische Land, das die Stellung des östlichen Vorpostens des sozialistischen Lagers innehatte und von hier aus den Sozialismus gegen die imperialistischen Vernichtungsversuche verteidigt. Das einzige Land, das den Konflikt zwischen dem Lager der sozialistischen Länder und den westlichen entwickelten Industriestaaten mit militärisch-kriegerischen Mitteln austrug, sollte alle erdenkliche Unterstützung der sozialistischen Länder erhalten.

2.1.1. Das Solidaritätsprogramm der DDR während des 2. Indochinakrieges (1964 – 1975)

Die theoretische und ideologische Grundlage der gesamten (d. h. ideellen, politischen, moralischen und materiellen) Solidarität mit anderen Völkern der Welt war in der marxistisch-leninistischen These begründet, die Mission der Arbeitnehmerschaft (im marxistisch-leninistischen Sprachgebrauch: Arbeiterklasse) sei die Befreiung der Menschheit vom Imperialismus. Die Solidarität wurde in der DDR daher stets als ein antiimperialistisches Mittel eingesetzt und war deshalb ausschließlich den Völkern vorbehalten, die gegen Imperialismus und Kolonialherrschaft, für nationale Freiheit und Unabhängigkeit sowie für „gesellschaftlichen Fortschritt", was mit einer sozialistischen Orientierung für die nationale Entwicklung gleichzusetzen war, kämpften. In der DDR-Propagandaliteratur findet man deshalb den Begriff „Völkersolidarität" fast nur unter „antiimperialistische Solidarität" und „Solidarität mit dem Kampf der Arbeiterklasse, der Gewerkschaften und Völker Asiens, Afrikas und Lateinamerikas". Die Instrumentalisierung der Solidarität ging mit einer streng zentralisierten Lenkung und Verteilung der Solidarität einher. Über die Verteilung der Solidaritätsleistungen an die Völker entschied das Politbüro des ZK der SED. Die Menschen, die Träger der Solidarität sein sollten, hatten kaum eine Bindung zu den Solidaritätsempfängern und schon gar nicht Einfluß auf deren Zweckbestimmung. Schließlich bestanden die Funktionen der Völkerfreundschaft und „antiimperialistische(n) Solidarität" darin,

– das sozialistische Bündnis zu festigen,

– immer mehr Entwicklungsländer für das sozialistische Lager zu gewinnen und an dieses fester zu binden,

– die Effektivität aller Bemühungen und Aktivitäten gegen die USA und ihre Verbündeten zu erhöhen und

– die DDR in die internationale Staatengemeinschaft als einen souveränen Staat zu etablieren.

Das Solidaritätsprogramm der DDR für Vietnam in der Zeit des Krieges gegen die USA verfolgte in erster Linie das Ziel des Erhalts der Kampfkraft des vietnamesischen Volkes und der Errungenschaften des anfänglichen sozialistischen Aufbaus durch eine schrittweise Industrialisierung des Landes im Norden. Es umfaßte im wesentlichen folgende Leistungen:

1) jährliche Lieferungen unentgeltlicher Konsumgüter für die zivile Bevölkerung Vietnams,

2) jährliche Gewährung von zins-, spesen- und provisionsfreien Krediten zwecks Bezugs von Waren aus der DDR nach Bedarf Vietnams und vorhandenen Möglichkeiten der DDR,

3) fortlaufende Errichtung und Rekonstruktion von Versorgungs-, Produktions- und Ausbildungsstätten in Vietnam,

4) Gewährung der sogenannten Präferenzpreise, um die Exportmöglichkeiten Vietnams in die DDR zu sichern,

5) fortlaufende Ausbildung vietnamesischer Staatsbürger in der DDR,

6) jährliche Lieferung unentgeltlicher militärischer Ausrüstungen und Konsumgüter für den Zivilbedarf der (nord-)vietnamesischen Streitkräfte und

7) Mobilisierung der ideellen und materiellen Solidarität der DDR-Bevölkerung für Vietnam.

Wenngleich die DDR-Bevölkerung den Umfang ihrer materiellen Unterstützungen für Vietnam nicht selbst bestimmen konnte, erwies sie dennoch in der Tat dem vietnamesischen Volk enorme Solidaritätsleistungen. Sie hatte der vietnamesischen Bevölkerung in ihren schweren Zeiten lebenswichtige Hilfe zukommen lassen. Geschunden durch die wiederholten barbarischen militärischen Angriffe der USA konnte das vietnamesische Volk in Nordvietnam nur aufgrund von materieller Unterstützung durch andere Völker, darunter auch das Volk der DDR, diese Kriegszeit durchstehen. In der Zeit des wirtschaftlichen und diplomatischen Embargos, unmittelbar nach dem Krieg, herrschte in den 70er Jahren und Anfang der 80er Jahre eine andauernde Hungersnot in Vietnam. Ohne Zweifel halfen die Solidaritätsgüter aus den osteuropäischen Ländern dem vietnamesischen Volk, die damalige Hungersnot wesentlich zu lindern. Die DDR leistete nach offizieller Einschätzung Vietnams hinter der UdSSR die zweitstärkste Hilfe.

2.1.1.1. Staatliche Geschenke der DDR an Vietnam

Jährlich wurden entsprechend den Wunschlisten der vietnamesischen Regierung und Parteiführung unentgeltliche Warenlieferungen ausdrücklich als staatliche Geschenke der DDR-Regierung an Vietnam übergeben. Die finanziellen Mittel für die – gemessen an den DDR-Verhältnissen und den von der DDR gewährten Zuwendungen an die anderen Nationen – rigoros großzügigen Geschenke stammten aus dem DDR-Nationaleinkommen. Sie wurden in der Regel nicht aus dem Spendeneinkommen der DDR-Bevölkerung finanziert. Das Präsidium des Ministerrates faßte gegen Ende eines Jahres einen Beschluß über die Geschenkslieferungen und deren Werthöhe, der dann vom Ministerrat der DDR in einer Ministerratssitzung bestätigt und als eigener Beschluß erlassen wurde. Die Liste der gewünschten Waren wurden entweder bereits im Vorjahr oder im laufenden Jahr von der vietnamesischen Regierung oder Parteiführung an die DDR-Regierung oder an die SED-Führung übergeben. Bis auf wenige Herabsetzungen der gewünschten Menge einiger Waren wurde den Wünschen Vietnams in der Regel entsprochen. Es kam vor, daß die vietnamesische Seite sich an die SED-Führung wandte, um ihre Wünsche durchzusetzen, wenn die Vertreter der DDR-Regierung in den Vorverhandlungen ihren Wünschen eine Absage erteilten[35]. Der jährliche Anteil der staatlichen Geschenke betrug mehr als die Hälfte der gesamten Nettolieferung der DDR an Vietnam in dem jeweiligen Jahr abzüglich der Lieferung aus Solidaritätsspenden der DDR-Bevölkerung. So lieferte die DDR Vietnam im Jahr 1969 Waren im Wert von 140 Millionen Mark als staatliches Geschenk[36], d. h. mehr als 55,62 % der gesamten oben bezeichneten Lieferung des Jahres 1969 in Höhe von 251,7 Millionen Mark[37]. Das staatliche Geschenk der DDR im Jahr 1970 im Wert von 93,4 Millionen Mark[38] machte sogar einen Anteil von mehr als 61,69 % der gesamten bezeichneten Nettolieferung in Höhe von 151,4 Millionen Mark[39] aus. Zu den jährlichen Geschenken der DDR-Staatsführung kamen noch Geschenke in nicht geringer Größenordnung zu besonderen Anlässen. So schenkte das Politbüro der SED Vietnam zum 30. Jahrestag der Demokratischen Republik Vietnam 2.000 Fernsehgeräte, 2.000 Radios, 20 Tonnen Vollmilchpulver und Textilien im Gesamtwert von 9,28 Millionen Mark der DDR[40] und anläßlich der vollständigen Befreiung Südvietnams am 30. April 1975 zusätzlich zu den festgesetzten 33 Millionen Mark Solidaritätsspenden der DDR-Bevölkerung nochmals 50 Millionen Mark aus den Fonds des Solidaritätskomitees[41]. Abzüglich der Geschenksendungen waren die restlichen Lieferungen exakt differenziert als Warenlieferungen auf Kreditbasis, als Gegenleistungen der DDR für Importe aus Vietnam, als unentgeltliche militärische Hilfe und als Lieferung aus Spenden der Bevölkerung der DDR ausgewiesen. Eine relativ zuverlässige Statistik der Lieferungen läßt sich heute an-

---

35 Vgl. 121. Sitzung des Präsidiums des Ministerrates vom 21. November 1974, Bd. 1, Beschluß des Ministerrates 02-Präsidium des Ministerrates 121/6/74 vom 21.11.1974, BArch DC 20 I/4-3207, S. 113-141, Zitat: „Als die DDR-Delegation entsprechend ihren Direktiven zur Verhandlungen die Unterstützungen versagte, kündigte Le Thanh Nghi an, sich an die SED-Führung zu wenden.", S. 118.

36 39. Sitzung des Präsidiums des Ministerrates vom 12. Juni 1968, Bd. 1, Beschluß des Ministerrates 02-39/3a/68 vom 12.6.1968, BArch DC 20 I/4-1773, S. 97-108, hier S. 98.

37 Vgl. 115. Sitzung des Präsidiums des Ministerrates vom 3. Oktober 1974, Bd. 5, „Vorlage für das Politbüro des ZK der SED", Einreicher: Horst Sindermann, 4. Oktober 1974, BArch DC 20 I/4-3177, S. 117-147, hier S. 142.

38 89. Sitzung des Präsidiums des Ministerrates vom 13. August 1969, Bd. 1, Beschluß des Ministerrates 02-89/8/ 69 vom 13.8.1969, BArch DC 20 I/4-2028, S. 146-157, hier S. 147.

39 Vgl. untenstehende Übersicht über die realisierten Lieferungen der DDR an die Demokratische Republik Vietnam von 1966 bis 1975 (185,6 Mio. M – 34,2 Mio. M = 151,4 Mio. M).

40 Vgl. 135. Sitzung des Präsidiums des Ministerrates vom 20. März 1975, Bd. 1, Beschluß des Ministerrates 02-Präsidium des Ministerrates 135/II.3/75 vom 20.3.1975, BArch DC 20 I/4-3288, S. 81-84, hier S. 83.

41 Vgl. 140. Sitzung des Präsidiums des Ministerrates vom 15. Mai 1975, Bd. 3, Beschluß des Ministerrates 02-Präsidium des Ministerrates 140/8/75 vom 15.5.1975, BArch DC 20 I/4-3331, S. 22-28, hier S. 24.

hand der damals unter Geheimverschluß gehaltenen Unterlagen des Ministerrates der DDR erstellen.

*Übersicht über die realisierten Lieferungen der DDR an die DRV von 1966 bis 1975
(jeweils in Mio. Mark der DDR)[42]*

	der DDR einschl. Exports im gegen- seitigen Waren- austausch	aus Spenden der Bevölkerung der DDR	der DDR aus der DRV	der DDR
1966	97,3	16,1	24,6	72,7
1967	158,3	31,1	20,6	137,7
1968	.207,1	35,1	25,2	181,9
1969	301,3	36,3	13,3	288,0
1970	205,0	34,2	19,4	185,6
1971	154,9	40,0	33,2	121,7
1972	156,5	37,0	17,0	139,5
1973	186,0	48,5	36,2	149,8
1974	210,0	47,0	50,0	177,0
1975	315,28	83,0	72,0	243,28

In den Bruttolieferungen der DDR waren Lieferungen auf Kreditbasis enthalten. Mit seinem Beschluß vom 3. August 1973 wandelte das Politbüro des ZK
der SED alle bis Ende 1973 gewährten und noch nicht getilgten Kredite an Vietnam in eine Schenkung um[43]. Der Anlaß war die Unterzeichnung des Waf-
fenstillstandsabkommens in Paris im Januar 1973 und das damit verbundene
Ende der militärischen Interventionen der USA in Vietnam. Die DDR-Führung
brachte damit ihren Dank gegenüber dem „heldenhaften vietnamesischen
Volk" zum Ausdruck. In seinem Treffen mit der vietnamesischen Partei- und
Regierungsdelegation in Berlin am 19. und 20. Oktober 1973 bedankte sich
Horst Sindermann mit den Worten: „Sie haben dem USA-Imperialismus eine
Niederlage beigebracht, demselben USA-Imperialismus, der einige Kilometer
von uns entfernt steht. Die Lieferungen kann man in Rubeln ausrechnen, aber
Ihre Hilfe kann man nicht in Rubeln ausrechnen."[44] Der Sieg des vietnamesi-
schen Volkes über die USA wurde von der DDR- und SED-Führung zugleich
seltsamerweise als Sieg der DDR über die Bundesrepublik Deutschland aufgewertet.

---

42 Vgl. die in den Fußnoten 37, 40 und 41 genannten Dokumente und 115. Sitzung des Präsidiums des
Ministerrates vom 3. Oktober 1974, Bd. 1, Beschluß des Ministerrates 02-Präsidium des Ministerrates 115/14a/74 vom 3.10.1974, BArch DC 20 I/4-3173, S. 204-213, hier S. 205 sowie Beschluß
des Ministerrates 02-Präsidium des Ministerrates 115/14c/74 vom 3.10.1974, S. 231-233, hier
S. 232.

43 Beschlußtext in: „Dokumente zur Außenpolitik der Deutschen Demokratischen Republik 1973,
Bd. XXI", Berlin (DDR) 1976, S. 446-447; Vgl. auch 70. Sitzung des Präsidiums des Ministerrates
vom 23. August 1973, Bd. 1, Beschluß des Ministerrates 02-70/2a/73 vom 23.8.1973, BArch DC 20
I/4 – 2923, S. 103-115, hier S. 109.

44 „Stenografische Niederschrift der Verhandlung der Partei- und Regierungsdelegation der Deutschen
Demokratischen Republik und der Demokratischen Republik Vietnam am 19. und 20. Oktober 1973
im Hause des Ministerrates in Berlin", SAPMO-BArch J IV 2/2 J-4964, 57 Seiten, hier S. 32.

2.1.1.2. Die Ausbildung vietnamesischer Staatsbürger in der DDR

Die DDR übte ihre „antiimperialistische Solidarität" auch in Form der Bereitstellung kostenloser Berufsausbildungs-, Ausbildungs- und Weiterbildungskapazitäten sowie der Stipendienvergaben für Angehörige von Bruderländern und befreundeten Völkern seit 1951[45] aus. Der Grundgedanke dieser Solidaritätsform bestand darin, eine politisch und fachlich zuverlässige Truppe von Kadern (führenden Kräften) für die „revolutionäre Sache" der Länder heranzubilden. „Dabei wird davon ausgegangen, daß Kaderausbildung politische und materielle Hilfe zugleich ist."[46] Auf dem Gebiet der Aus- und Weiterbildung von Kadern für die Länder Asiens, Afrikas und Lateinamerikas betrieb die DDR in der Tat einen beachtlichen hohen finanziellen Aufwand. „Nahezu die Hälfte des Solidaritätsaufkommens aus Spenden der Bevölkerung wird für die Finanzierung der Aus- und Weiterbildung von Bürgern aus Entwicklungsländern und von nationalen Befreiungsbewegungen wie der PLO, der SWAPO Namibias und des ANC von Südafrika ausgeben."[47] Dabei wurden in der Regel mehr als die Hälfte der Kapazitäten den Vietnamesen vorbehalten[48]. Wie im Kapitel 2.1. deutlich gezeigt wurde, hatte die DDR mit der Schulausbildung von 348 vietnamesischen Kindern in den 50er Jahren schon früh mit der Unterstützung für Vietnam auf dem Gebiet der Bildung begonnen. Die meisten dieser Kinder konnten im Anschluß an ihrer schulischen Ausbildung in der DDR eine Berufsausbildung oder ein Studium aufnehmen. Jährlich studierten Hunderte Vietnamesen an DDR-Universitäten und -Hochschulen. Zum Beginn des Studienjahres 1965/66 nahmen z. B. 152 Studenten und 18 Doktoranden aus Nordvietnam[49] und zu Beginn des Studienjahres 1966/67 180 Studenten, 40 Doktoranden aus Nordvietnam und 30 Studenten und 15 Doktoranden aus der südvietnamesischen Nationalen Befreiungsfront[50] ihr Studium in der DDR auf. Eine quantitative und qualitative Steigerung derartiger Unterstützungen wurde dann mit der „Vereinbarung zwischen der DDR und der Regierung der DRV über die berufliche Qualifizierung von 2500 Bürgern der DRV in Betrieben und Einrichtungen der DDR vom 10.10.1966"[51] festgelegt. Im Jahre 1973 schloß die DDR mit Vietnam ein weiteres Abkommen über die Berufsausbildung und weitere Qualifizierung von 10.000 vietnamesischen Bürgern bis 1982 ab[52]. Bei aller kritischer Betrachtungsweise darf man heute diese ge-

---

45 Vgl. Hahn/Jacob, Wirtschaftsbeziehungen DDR , in: AAL 1/86, S. 11.

46 Reichardt, Solidarität hilft siegen, in: AAL 6/85, S. 949.

47 Ebenda.

48 Vgl. „AASK – Beschlußprotokoll der Sekretariatssitzung am 16.4.1968", Unterschrift: Heinz H. Schmidt, SAPMO-BArch DY 30/IV A 2/20/114, 3 Seiten, hier S. 3.

49 Vgl. 51. Sitzung des Präsidiums des Ministerrates vom 15. September 1965, Bd. 1, Beschluß des Ministerrates 51/13/65 vom 15.9.1965, BArch DC 20 I/4-1188, S. 129-132, hier S. 130.

50 Vgl. 88. Sitzung des Ministerrates vom 31. August 1966, Bd. 1, Beschluß des Ministerrates 88/6/66 vom 31.8.1966, BArch DC 20 I/4-1408, S. 47-62, hier S. 48 f.

51 Vgl. 89. Sitzung des Präsidiums des Ministerrates vom 13. August 1969, Bd. 1, Beschluß des Ministerrates 02-89/7/69 vom 13.8.1969, BArch DC 20 I/4-2028, S. 129-145, hier S. 140.

52 Vgl. 145. Sitzung des Präsidiums des Ministerrates vom 4. Juli 1975, Bd. 1, Beschluß des Ministerrates 02 -Präsidium des Ministerrates 145/I.4.1/75 vom 26. Juni 1975, BArch DC 20 I/4-3367, S. 70-78, hier S. 73.

währten Solidaritätsleistungen der DDR auf dem Bildungssektor nicht gering-
schätzen. Als positiv und besonders günstig für die Zusammenarbeit wird
heute von Wirtschafts- und Entwicklungshilfeunternehmen eingeschätzt, daß
in der heutigen Republik Vietnam Zehntausende vietnamesische Fachkräfte
gute deutsche Sprachkenntnisse besitzen.

Dennoch ist es bedauerlich, daß die Solidaritätsleistungen seitens der DDR oft
unkritisch und bedingungslos verteilt wurden. Zum einen unterstützte die DDR
die Wirtschaftskonzeption Vietnams – eines Agrarlandes, das aber die Landwirtschaft zugunsten der Industrialisierung nach leninistisch-sowjetischer
Theorie opferte –, und setzte daher in der Ausbildung von Vietnamesen den
Schwerpunkt in den Industriebranchen an. Zum anderen hatte sich die DDR
nie der durch die Verordnung Vietnams entstandenen persönlichen Probleme
der Auszubildenden in ihrer Berufsauswahl und in ihren Ambitionen angenommen. Es ist nicht bekannt, daß jemals ein Vietnamese in der DDR die
Richtung seiner Ausbildung wählen oder wechseln durfte. Die DDR-Führung
registrierte durchaus, daß die „staatlichen Organe der DRV bestimmen, ausgehend von den Erfordernissen des Landes, in welchen konkreten Berufen die
Ausbildung erfolgen soll. Das stimmt nicht immer mit den persönlichen Vorstellungen einzelner vietnamesischer Lehrlinge überein. Dadurch treten beim
Abschluß der Qualifizierungsverträge mit den Betrieben bei ihnen Enttäu-
schungen auf. Das führt vereinzelt zu Problemen in der Arbeitsmoral im Betrieb und Disziplin in den Wohnheimen"[53]. Traten solche Probleme bei vietnamesischen Auszubildenden auf, lag die Entscheidung über deren Beseitigung bei der Botschaft Vietnams. „Bei der Lösung solcher und anderer Probleme arbeiten die Vertreter der Botschaft der DRV in der DDR eng mit den
Betrieben und Einrichtungen zusammen."[54] Das bedeutete in der Regel, daß
der vietnamesische Auszubildende „mit Problem(en)" aus dem Bildungsbe-
trieb entfernt und in die Heimat geschickt wurde. Ein weiteres Beispiel der unkritischen Haltung der DDR gegenüber Vietnam zeigte sich in der Unterlassung jeglicher Unterstützung für vietnamesische Opfer von willkürlichen politischen oder disziplinarischen Maßnahmen Vietnams gegen seine sich in der
DDR aufhaltenden Bürger. 1963 beorderte Vietnam alle damals in der Sowjetunion studierenden Staatsbürger aufgrund seiner Abwehrposition gegen den
sog. sozialistischen Revisionismus der KPdSU unter Führung Chruschtschows
und zur Vorbeugung eventueller negativer ideologischer Einflüsse desselben
auf die Intelligenzschicht Vietnams abrupt in die Heimat zurück und dehnte
1964 diese Vorkehrungsmaßnahme auch auf die in der DDR studierenden Vietnamesen aus. Ähnlich wie in der SU standen diejenigen vietnamesischen
Studierenden damals mit ihren Versuchen allein, durch sachliche Argumentationen die vietnamesische Regierung von ihrer voreiligen Entscheidung abzu-
bringen. Als Vietnam 1965 seine Bürger wieder in die DDR zum Studium de-

---

53 145. Sitzung des Präsidiums des Ministerrates vom 4. Juli 1975, Bd. 1, Beschluß des Ministerrates
   02-Präsidium des Ministerrates 145/I.4.1/75 vom 26.6.1975, BArch DC 20 I/4-3367, S. 70-78, hier
   S. 76.
54 Ebenda.

legieren wollte, nahm die DDR Verhandlungen auf. Dabei legte sie ihrer Verhandlungsdelegation auf, „[die] Frage der Rückberufung vietnamesischer Studenten aus der DDR im vergangenen Jahr [...] bei den Gesprächen mit der vietnamesischen Seite nicht [zu berühren]",[55].

2.1.1.3. Der Neubau und die Rekonstruktion von Produktions-, Ausbildungs- und anderen Einrichtungen in Vietnam durch die DDR

Vietnam war und ist nach wie vor ein Land mit Agrarwirtschaft als Hauptproduktionssektor. Während der französischen Kolonialherrschaft wurden wenige Industriezweige ansatzweise in Vietnam angesiedelt. Sie konzentrierten sich jedoch in wenigen Städten Vietnams und dienten in erster Linie der alltäglichen notwendigen Versorgung des kolonialen Machtapparates. Mit dem sozialistischen Entwicklungskurs nach leninistischer Theorie strebte die vietnamesische kommunistische Parteiführung mit Unterstützung der sozialistischen Bruderländer die explosionsartige Entwicklung zu einer Industrienation an. Das stand im Einklang mit der Konzeption der DDR für die Gestaltung ihrer Wirtschaftsbeziehungen zu den Entwicklungsländern, deren Hauptschwerpunkt in der Unterstützung dieser Länder „bei der Industrialisierung, der Erweiterung ihrer Exportbasis und der Schaffung einer eigenen wirtschaftlichen und wissenschaftlich-technischen Infrastruktur"[56] bestand. Abgesehen von der Sowjetunion und der Volksrepublik China, begann die DDR bereits Mitte der 50er Jahre ihre diesbezügliche Entwicklungshilfe für Vietnam – im Vergleich mit anderen sozialistischen Ländern und in Anbetracht ihrer damaligen eigenen wirtschaftlichen, nach dem II. Weltkrieg ungünstigen Lage – ziemlich früh. Die Hilfeleistungen erfolgten in Form von Lieferungen kompletter Anlagen und Ausrüstungen, Lieferungen von Ersatzteilen, Entsendung von führenden Fachkräften in die Republik Vietnam und Ausbildung vietnamesischer Fachkräfte für die jeweiligen Projekte, die auch während des Krieges nicht unterbrochen wurden. Die Liste der Projekte, die mit Hilfe der DDR in Vietnam errichtet, rekonstruiert und z.T. betrieben wurden, kann sich heute noch sehen lassen. Heute muß man trotz der ansehnlichen Leistungen der DDR der Frage nach der Zweckmäßigkeit, Effizienz und den Mängeln der Projekte nachgehen. Dies würde aber den Rahmen dieser Arbeit sprengen. Jedoch soll an dieser Stelle auf folgendes hingewiesen werden:

Beim Studium der Dokumente der Ministerratssitzungen gewann der Autor den Eindruck, daß die DDR-Führung mit Verbitterung zur Kenntnis nehmen mußte, daß ihr Partner Vietnam nicht immer mit der erforderlichen Sorgfalt mit den gelieferten Materialien und Anlagen umging[57]. Es gelang Vietnam oft,

---

55 Vgl. 51. Sitzung des Präsidiums des Ministerrates vom 15. September 1965, Bd. 1, Beschluß des Ministerrates 51/13/65 vom 15.9.1965, BArch DC 20 I/4-1188, S. 129-132, hier S. 131.

56 Hahn/Jacob: Wirtschaftsbeziehungen DDR – Entwicklungsländer, S. 7.

57 Auf der VIII. Tagung des Wirtschaftsausschusses DDR-SRV vom 2. bis 8. Februar 1977 in Hanoi drängte die DDR die vietnamesische Seite zu der Zusage, noch im gleichen Jahr mit dem Bau einer Meßwerkzeugfabrik zu beginnen. Die benötigten Ausrüstungen für die Fabrik wurde Vietnam von

seine Unzulänglichkeiten mit der Kriegssituation zu rechtfertigen. Auf der anderen Seite legte die DDR unprofessionell bei fast allen Unterstützungsmaßnahmen keinen Wert auf die eigene Überprüfung der Durchführbarkeit der Projekte. Diese Arbeit überließ die DDR in der Regel dem Partner[58]. Die Folgen waren, daß fast alle Projekte nur mit erheblicher Verzögerung fertiggestellt werden konnten.

2.1.1.4. Die militärische Unterstützung Vietnams

Die DDR hatte nachweislich ab 1967 bis 1975 jährlich ein Budget für Lieferungen militärischer Ausrüstungen nach Vietnam eingerichtet. Die Ausgaben zu diesem Zweck wurden jeweils im Vorjahr persönlich und allein vom Vorsitzenden des Ministerrates Willi Stoph oder seinem 1. Stellvertreter Gerhard Weiss bewilligt. In den Dokumenten der Ministerratssitzungen dieser Jahre waren alle Beschlüsse über eine Unterstützung Vietnams auf dem militärischen Gebiet in einem gesonderten Umschlag mit dem Vermerk „GVS persönlich" aufbewahrt und wiesen damit einen höheren Geheimhaltungsgrad zu den anderen Beschlüssen über die Unterstützungen für Vietnam auf. Aus diesen Dokumenten ergibt sich folgende Übersicht über die Höhe der Zuwendungen (in Mark der DDR) für militärische Ausrüstungen: 1967 25 Mio, 1968 20 Mio., 1969 27 Mio., 1970 16 Mio., 1971 15,5 Mio., 1972 16 Mio., 1973 21 Mio., 1974 21 Mio. und 1975 21 Mio.[59]. Damit wird es auch klar, daß die DDR nach

---

der DDR bereits Ende der 60er Jahren zur Verfügung gestellt. Aufgrund der Zweifel an der Vollständigkeit und Verwendungsfähigkeit der gelagerten Ausrüstungen nahm die DDR eine Überprüfung des Zustandes der Ausrüstungen vor. Vgl. 14. Sitzung des Präsidiums des Ministerrates vom 17. Februar 1977, Bd. 6, Beschluß des Ministerrates 02 – Präsidium des Ministerrates – 14/8/77 vom 17.2.1977, BArch DC 20 I/4-3726, S. 1-71, hier S. 47. Leif Rosenberg berichtete in „The Soviet-Vietnamese Alliance and Kampuchea" auch über die Verärgerung der Sowjetunion im Jahr 1981, als diese in Vietnam von ihr in den Jahren 1968 gelieferte vor sich hin rostende Ausrüstungen entdeckte; zitiert in: Will: von Krieg zu Krieg, S. 102.

58 Vgl. 14. Sitzung des Präsidiums des Ministerrates vom 17. Februar 1977, Bd. 6, Beschluß des Ministerrates 02 -Präsidium des Ministerrates – 14/8/77 vom 17.2.1977, BArch DC 20 I/4-3726, S. 1-71, hier S. 47. Dort heißt es: „Die DDR-Seite ersuchte die SRV-Seite, bei der endgültigen Festlegung des Standortes für die Spinnerei alle notwendigen infrastrukturellen Erfordernisse allseitig zu prüfen." Ähnlich wurde bei der größten Wohnungsbauprojektierung für die Stadt Vinh verfahren, so daß erst bei der Durchführung des Projektes das Nichtvorhandensein elementarer infrastruktureller Voraussetzungen (Straßennetz, Transportmöglichkeiten, Anlagen für die Kalkherstellung...) festgestellt wurde; Vgl. hierzu 121. Sitzung des Präsidiums des Ministerrates vom 21. November 1974, Bd. 1, Beschluß des Ministerrates 02 – Präsidium des Ministerrates 121/6/74 vom 21.11.1974, BArch DC 20 I/4-3207, S. 113-141, hier S. 119.

59 Diese Angaben wurden der Reihe nach folgenden Dokumenten entnommen: 91. Sitzung des Präsidiums des Ministerrates vom 29. September 1966, Bd. 1, Beschluß des Ministerrates 91/I.10/66 vom 22.9.1966, BArch DC 20 I/4-1420, S. 149; 9. Sitzung des Präsidiums des Ministerrates vom 14. September 1967, Bd. 2, Beschluß des Ministerrates 02 – 9/I.6/67 vom 28.8.1967, BArch DC 20 I/4-1618, S. 97-102, hier S. 100; 39. Sitzung des Präsidiums des Ministerrates vom 12. Juni 1968, Bd. 1, Beschluß des Ministerrates 02 – 39/3b/68 vom 12.6.1968, BArch DC 20 I/4-1773, S. 109-111, hier S. 110; 89. Sitzung des Präsidiums des Ministerrates vom 13. August 1969, Bd. 1, Beschluß des Ministerrates 02 – 89/9/69 vom 13.8.1969, BArch DC 20 I/4-2028, S. 158-160, hier S. 159; 135. Sitzung des Präsidiums des Ministerrates vom 21. Oktober 1970, Bd. 1, Beschluß des Ministerrates 02 – 135/III.15/70 vom 21.10.1970, BArch DC 20 I/4-2327, S. 94-96, hier S. 95; 176. Sitzung des Präsidiums des Ministerrates vom 27. Oktober 1971, Bd. 1, Beschluß des Minister-

dem Abzug der amerikanischen militärischen Kampfkräfte aus dem Süden Vietnams nach dem Pariser Abkommen vom Januar 1973, die Regierung Nordvietnams in den Jahren 1973-1975 im Kampf gegen die südvietnamesische pro-amerikanische Regierung militärisch unvermindert unterstützte.

Der Autor hat keinen Zugang zu den Daten gefunden, welche Ausrüstungen für die bewilligten Ausgaben tatsächlich nach Vietnam gebracht wurden. Die DDR war – im Gegensatz zu China und der ehemaligen Sowjetunion – für Vietnam aber sicher kein besonders wichtiger Partner auf dem militärischen Gebiet.

2.1.1.5. Das Programm des staatlichen Solidaritätskomitees der DDR

„Das Solidaritätskomitee in der Deutschen Demokratischen Republik" war eine Massenorganisation, die ganz im Dienst der DDR-Regierung stand und streng von ihr verwaltet und kontrolliert wurde. Der Staat und die SED-Führung hatten jederzeit die absolute Verfügungsgewalt über die Strukturierung (einschließlich der personellen)[60] und den Sachbestand der Organisation[61]. Das Solidaritätskomitee war ein zentrales politisches und ständig arbeitendes Gremium. Seine Aufgaben bestanden darin, die Bevölkerung zu solidarischen Tätigkeiten für die Dritte Welt zu mobilisieren, Solidaritätsinitiativen auszuarbeiten, alle Solidaritätsaktionen miteinander zu koordinieren, die Ergebnisse der Solidaritätsleistungen der Bevölkerung zu bilanzieren und staatlich-sachliche und parteipolitische Vorgaben über Verwendung der Sach- und Geldspenden umzusetzen. Ein liberaler Umgang mit den Solidaritätsspenden der Bevölkerung und deren sachbezogene Verwendung war nicht das vorrangigste Ziel der Arbeit des Solidaritätskomitees. Es hatte die „Solidaritätsgelder in erster Linie politisch gezielt auszugeben"[62].

Die Gründung des Solidaritätskomitees geht in das Jahr 1950 zurück, als beim Nationalrat der Nationalen Front der DDR der „Korea-Ausschuß" gegründet wurde, der die Solidarität mit dem gegen die militärische Intervention der USA

rates 02 – 176/I.3/71 vom 27.10.1971, BArch DC 20 I/4-2559, S. 35-35/2, hier S. 35/2; 39. Sitzung des Präsidiums des Ministerrates vom 1. November 1972, Bd. 1, Beschluß des Ministerrates 02 – 39/4c/72 vom 1.11.1972, BArch DC 20 I/4-2753, S. 97-97/3, hier S. 97/2; 70. Sitzung des Präsidiums des Ministerrates vom 23. August 1973, Bd. 1, Beschluß des Ministerrates 02 – 70/2d/73 vom 23.8.1973, BArch DC 20 I/4-2923, S. 142-142/3, hier S. 142/2 und 115. Sitzung des Präsidiums des Ministerrates vom 3. Oktober 1974, Bd. 1, Beschluß des Ministerrates 02 – Präsidium des Ministerrates 115/14c/74 vom 3.10.1974, BArch DC 20 I/4-3173, S. 231-233, hier S. 232.

60 Aufgrund des Beschlusses des Sekretariats des ZK der SED vom 5.4.1967 (15./422 24/67) wurde der Vietnam-Ausschuß zu einem „selbständigen Gremium beim Afro-Asiatischen Solidaritätskomitee der DDR"; Vgl. hierzu „Afro-Asiatisches Solidaritätskomitee – Analyse 1967 – Aufgabenstellung 1968", Unterschrift: Heinz H. Schmidt (Vorsitzender der AASK in der DDR, d.A.), 1.3.1968, SAPMO-BArch DY 30/IV A 2/20/114, 15 Seiten, hier S. 1.

61 Siehe auch Kap. 4 dieser Abhandlung.

62 „Afro-Asiatisches Solidaritätskomitee in der Deutschen Demokratischen Republik, Auswertung der Arbeit vom Herbst 1965 bis Herbst 1966 und Planungsgrundlinien für 1967", Unterschrift: Schmidt (vermutlich Heinz H. Schmidt, d.A.), 26.10.1966, SAPMO-BArch DY 30/IV A 2/20/113, 24 Seiten, hier S. 18.

in Korea kämpfenden koreanischen Volk mobilisieren sollte. Die Arbeit des Ausschusses wurde im Jahr 1951 um die Solidarität mit Vietnam erweitert. Der Ausschuß selbst wurde in den „Solidaritätsausschuß für Korea und Vietnam" umbenannt, wobei seine Aktivitäten bezüglich Vietnams damals hauptsächlich auf die Ausbildung von vietnamesischen Kindern in der DDR ausgerichtet waren und in der agitativen Auseinandersetzung mit dem damaligen 1. Indochinakrieg gegen die französische Kolonialherrschaft lagen. Erst Ende der 60er Jahre richtete die DDR ihr Hauptaugenmerk auf die Unabhängigkeitsbewegungen in Afrika und gründete beim Nationalrat das „DDR-Komitee für Solidarität mit den Völkern Afrikas". Sie bemühte sich um Anschluß an die internationale Organisation AAPSO und gründete dann im Inland das „Afro-Asiatische Solidaritätskomitee der DDR". Das Komitee trug ab 1973 bis zum Ende der DDR den Namen „Solidaritätskomitee in der Deutschen Demokratischen Republik".

Die Ausdehnung der militärischen Intervention der USA auf Nordvietnam ab 1964 veranlaßte die SED zu einer umfangreicheren Verstärkung der Hilfsleistungen für Vietnam und richtete bei dem damaligen „Afro-Asiatische(n) Solidaritätskomitee der DDR" im Juli 1965 den „Vietnam-Ausschuß" mit eigenen Aufgaben ein. Die gesamte Arbeit des Komitees stand aber mehrere Jahre im Zeichen der Solidarität mit Vietnam. „Zuweilen ging alle übrige Arbeit darin unter"[63].

Durch die Arbeit des Vietnam-Ausschusses erfuhr Vietnam nun von der DDR-Bevölkerung einen sprunghaften beeindruckenden Solidaritätszuwachs ideeller und materieller Natur. Während der Ausschuß im Gründungsjahr noch 2 ½ Millionen Mark der DDR für Vietnam auftrieb, gingen bereits im Herbst 1966 13 ½ Millionen und am Ende des Jahres insgesamt 16,1 Millionen MDN auf das Solidaritätskonto 444 für Vietnam ein. Die effiziente Mobilisierung der Geld- und Sachspenden durch das Solidaritätskomitee setzte sich übrigens nach dem Krieg mit den USA fort und konnte sogar eine erstaunliche Steigerung verzeichnen. Ca. 730 Mio. Mark sammelte das Solidaritätskomitee in der Zeit von 1975 bis 1983[64] (durchschnittlich 81 Mio. Mark im Jahr) und ca. 280 Mio. Mark von 1984 bis 1989[65] (durchschnittlich 46,7 Mio. Mark im Jahr) für Vietnam.

Aufgrund der äußerst begrenzten finanziellen Möglichkeiten Vietnams übernahm der „Vietnam-Ausschuß" beim Solidaritätskomitee vom Beginn des Krieges an einen großen Teil an Öffentlichkeitsarbeit für Vietnam. Beispielsweise veröffentlichte er in Absprache mit Vietnam eine Klagedokumentation über „Das Engagement der westdeutschen Bundesrepublik in Vietnam" in englischer, französischer und spanischer Sprache, versandte diese Dokumentation nach Afrika, Asien und Lateinamerika und gab Erklärungen zu den Ver-

63 Ebenda, hier S. 4.
64 Sieber: Antiimperialistische Solidarität, S. 934.
65 MWZ, Rechenschaftsbericht, zitiert in: Hohensee: Zusammenarbeit Deutschlands und Vietnams, S. 30.

wicklungen der Bundesrepublik Deutschland in Giftgaseinsätze in Vietnam ab[66].

Der größte Teil der Spendengelder der DDR-Bevölkerung für Vietnam wurde nach wie vor für die Ausbildung vietnamesischer Staatsbürger in der DDR verwendet[67].

Während im Krieg die Solidaritätsgelder der Versorgung der vietnamesischen Bevölkerung mit lebensnotwendigen Gütern dienten, wurden Spendengelder nach dem Krieg, insbesondere in den 80er Jahren, gezielt als Hilfe zur Selbsthilfe eingesetzt. Das Solidaritätskomitee beteiligte sich fortan an Projekten mit entwicklungspolitischem Charakter. Die Betriebsfähigkeit des „Krankenhaus[es] der deutsch-vietnamesischen Freundschaft" in Hanoi wurde hauptsächlich durch Spendengelder der DDR-Bevölkerung, und zwar durch jährliche Lieferungen medizinischer Ausrüstungen, von Ersatzteilen und Medikamenten, ermöglicht.

Hervorzuheben sind erhebliche Solidaritätsbeiträge für das Wohnungsbauprojekt in der mittelvietnamesischen, durch USA-Bombardements völlig zerstörten Stadt Vinh, sowie für die Errichtung von einer ganzen Reihe von mittleren und kleinen Handwerksbetrieben und Berufsausbildungsstätten in Vietnam. Das bislang für Vietnam größte und repräsentativste „Orthopädie-Technische Zentrum Ba Vi" bei Hanoi wurde gar ausschließlich mittels 25 Mio. Mark Spendengeldern der DDR-Bevölkerung[68] errichtet und ist heute noch eine kompetente und begehrte Behandlungs-, Versorgungs- und Therapiestätte für einen großen Teil inländischer Behinderter.

2.2. Die Politik der DDR gegenüber Vietnam nach dem 2. Indochinakrieg (1975-1990)

Im Vergleich der Beziehungen der DDR zu den meisten Ländern des sozialistischen Lagers – vor allem zu China, der CSSR, Polen und der Sowjetunion – war die politische Beziehung der DDR zu Vietnam stabil und frei von Turbulenzen und Belastungen. Im wesentlichen wurden die Grundrichtung und Grundbestandteile der Politik der DDR gegenüber Vietnam auch in der Zeit nach dem Krieg mit den USA nicht geändert. Die Solidarität mit dem vietnamesischen Volk prägte weiterhin übergreifend alle Beziehungen der DDR zu Vietnam.

Auffallend ist jedoch, daß die SED- und DDR-Führung Vietnam unmittelbar nach der Beendigung des Krieges unmißverständlich erklärte, einen neuen Akzent in der wirtschaftlichen Zusammenarbeit setzen zu wollen. Während das

---

66 Siehe das in Fn. 62 genannte Dokument, hier S. 5.
67 Siehe auch Kapitel 2.1.1.2. dieser Abhandlung.
68 146. Sitzung des Präsidiums des Ministerrates vom 16. August 1984, Bd. 4, Beschluß des Ministerrates 02 -Präsidium des Ministerrates 146/I.3.3/84 vom 16.8.1984, BArch DC 20 I/4-5457/1, S. 119-127, hier S. 122.

Prinzip des gegenseitigen Vorteils in den wirtschaftlichen Beziehungen in den Kriegsjahren nur einen marginalen, ja deklatorischen Charakter hatte, beanspruchte die DDR nunmehr ab 1975 „verstärkte wirtschaftliche Beziehungen auf der Grundlage der Gegenseitigkeit"[69]. Ansätze der beginnenden Verwirklichung des Prinzips der Gegenseitigkeit in den Engagements der DDR in Vietnam zeigten sich jedoch erst Mitte der 80er Jahre, als die politischen, z.t. kriegerischen Auseinandersetzungen zwischen Vietnam und China nachließen und Vietnam seine militärischen Ausgaben langsam reduzieren konnte. Trotz des zunehmenden Drucks seitens der DDR auf Vietnam, seine jährlichen Verpflichtungen im Exportplan gegenüber der DDR zu erfüllen, waren die Erfüllungsquoten äußerst unzureichend[70]. Auf dem stärksten Feld der Zusammenarbeit – der Leichtindustrie – erfüllte Vietnam im Jahr 1981 nur 49 %[71] seiner Verpflichtung. Im Jahr 1983 erfüllte die DDR ihre gesamte Exportverpflichtungen zu 93 %, während Vietnam nur zu 77 % seinen gesamten Exportverpflichtungen nachkam[72].

Anfang der 80er Jahre intensivierte die DDR ihre Suche nach Möglichkeiten finanzieller Investitionen in vietnamesische Wirtschaftsbereiche, um die Exportsfähigkeit Vietnams zu entwickeln. So investierte die DDR verstärkt ab 1986 in das Kaffeekombinat „Vietnam-DDR" in Buon Me Thuot, im Kokosöl-Kombinat in Ho-Chi-Minh-Stadt, in das Pfefferanbaugebiet Tan Lam, in den Naturkautschukbetrieb Buon Me Thuot und in die Erkundung von Seltenen Erden in Dong Pao. Der Anlauf dieser Projekte wurde von DDR-Krediten mit 2 % Zinsen pro Jahr finanziert, wobei die Rückzahlung nicht sofort, sondern einige Jahre später beginnen und in 6 bis 10 Raten erfolgen sollte[73]. Der ent-

---

69 „Stenografische Niederschrift der offiziellen Verhandlungen der Partei- und Regierungsdelegationen der Deutschen Demokratischen Republik und der Demokratischen Republik Vietnam im Hause des Zentralkomitees der Sozialistischen Einheitspartei Deutschlands" (vom Mittwoch, 15.10. und Donnerstag, 16.10.1975; d.A.), SAPMO-BArch J IV 2/201/1225, 51 Seiten, hier S. 28. Vgl. hierzu auch Will: von Krieg zu Krieg, S. 67.

70 190. Sitzung des Präsidiums des Ministerrates vom 17. November 1980, Bd. 3, Beschluß des Ministerrates 02 – Präsidium des Ministerrates 190/I.4/80 vom 17.11.1980, BArch DC 20 I/4-4668, S. 1-36, hier S. 7.

71 42. Sitzung des Präsidiums des Ministerrates vom 27. Mai 1982, Bd. 7, Beschluß des Ministerrates 02 – Präsidium des Ministerrates 42/I.24/82 vom 21.5.1982, BArch DC 20 I/4-4951, S. 172-198, hier S. 181.

72 138. Sitzung des Präsidiums des Ministerrates vom 20. Juni 1984, Bd. 2, Beschluß des Ministerrates 02 -Präsidium des Ministerrates 138/I.5/84 vom 15.6.1984, BArch DC 20 I/4-5417, S. 155-218, hier S. 199.

73 Vgl. z. B. 9. Sitzung des Präsidiums des Ministerrates vom 21. August 1986, Bd. 4, Beschluß des Ministerrates 02 – Präsidium des Ministerrates 9/I.9/86 vom 18.8.1986, BArch DC 20 I/4-5855, S. 1-65, hier S. 6, 149. Sitzung des Präsidiums des Ministerrates vom 20. September 1984, Bd. 9, Beschluß des Ministerrates 02 – Präsidium des Ministerrates 149/I.42/84 vom 14.9.1984, BArch DC 20 I/4-5473, S. 43-88, hier S. 48 f. und 180. Sitzung des Präsidiums des Ministerrates vom 18. September 1980, Bd. 5, Beschluß des Ministerrates 02 – Präsidium des Ministerrates 180/I.14/80 vom 26.8.1980, BArch DC 20 I/4-4615, S. 67-168, hier S. 74. Holger Hohensee verwendet in seiner Magisterarbeit bezüglich des Zinssatzes für Vietnam andere Quelle (Spranger, H.J. und Brock, L.: Die beiden deutschen Staaten in der dritten Welt; Die Entwicklungspolitik der DDR – eine Herausforderung für die Bundesrepublik Deutschland? Westdeutscher Verlag Opladen 1987) und nennt den Zinssatz fälschlicherweise mit 2,5 bis 3 %. Dieser Zinssatz galt der Kreditgewährung

wicklungspolitische Nutzen für Vietnam war dabei unstrittig. Die genannten intensiven Investitionen der DDR waren aber auch auf den zunehmenden Bedarf der DDR an Rohstoffen und Produkten, die bisher nur mit Devisen zu beschaffen waren, zurückzuführen. Der permanente Mangel an Devisen zwang die DDR zur Suche nach Importmöglichkeiten aus den Bruderländern. Trotz der für die DDR-Verhältnisse hohen Investitionen rechnete die DDR aufgrund des devisenfreien Zahlungsmittelverkehrs innerhalb der RGW-Staaten eine nicht unerhebliche wirtschaftliche Effizienz für sich aus. So erwartete die DDR von Vietnam Kaffeelieferungen aus dem DDR-Kaffeeprojekt ab 1986, wodurch eine Entlastung des Devisenfonds der DDR „im Zeitraum 1986 bis 1990 ca. 65 Mio. VM und in den nachfolgenden Fünfjahrplänen jeweils ca. 125 Mio. VM"[74] möglich werden sollte. Bei dem späteren Pfefferbezug schätzte die DDR z. B. mit einer Reduzierung des NSW-Imports im Wert von 50 Mio. VM für den Zeitraum 1991-2010[75]. Ähnliche Kalkulationen gehörten zu den Grundlagen der anderen Wirtschaftsprojekte der DDR in Vietnam. Anstrengungen zur Erschließung und Ausnutzung des wirtschaftlichen Potentials Vietnams sollten verstärkt werden und der „Festigung der ökonomischen und wissenschaftlich-technischen Unangreifbarkeit beider Länder gegenüber kapitalistischen Ländern"[76] dienen.

Da die DDR insbesondere hinsichtlich der Reisefreiheit ihrer Bevölkerung allgemein bekannt als eine „geschlossene Gesellschaft" galt, verdient die „Zusammenarbeit mit Vietnam auf dem Gebiet des Tourismus" ab 1977 hier erwähnt zu werden. Der Ministerrat beschloß im März 1977 die Aufnahme des „organisierten Tourismus" mit Vietnam und legte fest, jährlich bis zu 200 DDR-Touristen in die Sozialistische Republik Vietnam zu entsenden[77]. Für Vietnam war diese Art der Zusammenarbeit mit der Sowjetunion (1.000 Touristen jährlich), Polen (300 Touristen jährlich), der CSSR (300 Touristen jährlich)[78] und nunmehr mit der DDR durchaus eine willkommene Entwicklungshilfe, versuchte Vietnam doch nach Beendigung des Krieges den Tourismus als einen zukunftsträchtigen Wirtschaftsbereich aufzubauen und daher zunächst mit sozialistischen vertrauenswürdigen Touristen erst einmal die Ressourcen und Grenzen des Landes auf diesem Gebiet zu erkunden.

durch die DDR, jedoch nicht im Fall Vietnam. Siehe Hohensee: Zusammenarbeit Deutschlands und Vietnams, S. 25.

74 180. Sitzung des Präsidiums des Ministerrates vom 18. September 1980, Bd. 5, Beschluß des Ministerrates 02-Präsidium des Ministerrates 180/I.14/80 vom 26.8.1980, BArch DC 20 I/4-4615, S. 67-168, hier S. 146.

75 9. Sitzung des Präsidiums des Ministerrates vom 21. August 1986, Bd. 4, Beschluß des Ministerrates 02-Präsidium des Ministerrates 9/I.9/86 vom 18.8.1986, BArch DC 20 I/4-5855, S. 1-65, hier S. 20.

76 25. Sitzung des Ministerrates vom 9. April 1987, Bd. 4, Beschluß des Ministerrates 01 – Ministerrat 25/I.4/87 vom 2.4.1987, BArch Filmsignatur 75641, S. 138-176, hier S. 142.

77 17. Sitzung des Präsidiums des Ministerrates vom 10. März 1977, Bd. 5, Beschluß des Ministerrates 02-Präsidium des Ministerrates 17/13/77 vom 10.3.1977, BArch DC 20 I/4-3746, S. 65-94, hier S. 67.

78 Ebenda, S. 73.

Politisch und ideologisch rückten die Staats- und Parteiführungen beider Länder nach dem Krieg enger zusammen. In der euphorischen Stimmung eines Siegers über den „größten Imperialisten der Welt" – die USA – ging es der kommunistischen Führung Vietnams nicht schnell genug, das bereits während des Krieges auf theoretischer Ebene verinnerlichte sowjetische Modell des sozialistischen Aufbaus in Vietnam umzusetzen. Der Aufbau des Sozialismus nach dem sowjetischen Vorbild und damit verbunden die Zulassung einer Zunahme sowjetischer Einflüsse im südostasiatischen Raum führten Vietnam, wenn auch zu Beginn ungewollt, zu einem offenen unheilvollen Konflikt mit China. Nachdem die Volksrepublik China bald nach dem Ende des 2. Indochinakrieges aufgrund der unzureichenden Bindung Vietnams an sie ihre bisherigen, für den gesellschaftlichen Aufbau Vietnams entscheidenden materiellen Unterstützungen weitestgehend einstellte, später sogar alle Beziehungen zu Vietnam abbrach, und Vietnam durch eine Reihe außenpolitischer Fehlzüge von den anderen – vor allem südostasiatischen – Ländern zunehmend isoliert wurde, war Vietnam zwangsläufig auf die Hilfe der Sowjetunion und der osteuropäischen sozialistischen Länder angewiesen. Mit Genugtuung stellte die DDR-Führung bei Vietnam „eine klare Hinwendung zu den Ländern der sozialistischen Staatengemeinschaft, insbesondere UdSSR"[79] fest und honorierte das mit einer Erweiterung des materiellen Unterstützungsumfanges. Der jahrelang bekundeten und praktizierten brüderlichen Freundschaft zwischen den beiden Ländern verlieh der Freundschaftsbesuch Erich Honeckers in Vietnam im Dezember 1977 – der einzige vom ranghöchsten Repräsentanten der SED – Nachdruck. Während dieses Besuches unterzeichneten beide Staaten den „Vertrag über Freundschaft und Zusammenarbeit zwischen der Deutschen Demokratischen Republik und der Sozialistischen Republik Vietnam"[80]. Sicher sollte man die Bedeutung dieses Dokuments nicht überbewerten, da dieser Vertrag etwa im Gegensatz zu dem „Freundschaftsvertrag Vietnam-Sowjetunion von November 1978"[81] keinen militärischen Beistand zum Vertragsgegenstand hatte und deshalb vielmehr nur den Charakter einer Bestandsaufnahme der bisherigen allseitigen Beziehungen beider Länder und einer Willensbekundung zur kontinuierlichen Fortsetzung der aufgebauten Beziehungen besaß. Das Prinzip der Nichteinmischung in die Angelegenheiten Vietnams, die Treue der DDR und ihre Kontinuität in der Gestaltung ihrer außenpolitischen Beziehungen zu Vietnam kamen auch in ihrer Haltung zu der Beziehung Vietnam-China deutlich zum Ausdruck. Obwohl die DDR bereits ab den 60er Jahren bis Mitte der 80er Jahre – also in der Zeit der kooperativen und „brüderlichen" Beziehungen zwischen Vietnam und China bis 1978 – die Politik der chinesischen Führung stets attackierte, verschonte sie Vietnam ge-

79 89. Sitzung des Präsidiums des Ministerrates vom 31. August 1978, Bd. 2, „zur Vorlage im Präsidium: Auswertung der IX. Tagung des Wirtschaftsausschusses DDR/SR Vietnam", Einreicher: W. Krolikowski (1. Stellvertreter des Vorsitzenden des Ministerrates, d.A.), 21.8.1978, BArch DC 20 I/4-4160, S. 190-202, hier S. 196.

80 Zu lesen in „Dokumente zur Außenpolitik der Deutschen Demokratischen Republik 1977, Bd. XXV", Berlin (DDR) 1982, S. 514-517.

81 Zum vietnamesischen Freundschaftsvertrag mit der Sowjetunion vgl. Will: von Krieg zu Krieg, S. 126 ff.

duldig vor einer Konfrontation mit der heiklen sog. „China-Frage". Als China am 17. Februar 1979 mit groß angelegter militärischer Gewalt in das vietnamesische Territorium einmarschierte – als Antwort auf den Einmarsch vietnamesischer Militärtruppen in Kambodscha –, rief die DDR ihre Bevölkerung und die internationale Öffentlichkeit zur verstärkten Solidarität mit Vietnam auf. Der Freundschaftsvertrag zwischen der DDR und der von pro-vietnamesischen Kräften um Heng Samrin regierten Volksrepublik Kambodscha vom 18. März 1980 untermauerte die übereinstimmende Haltung der DDR mit der vietnamesischen Politik der militärischen Einmischung in Kambodscha und der Konfrontation zu China. Und dann wieder war es die volle Rücksichtnahme auf die Selbstbestimmung der kommunistischen Partei Vietnams in ihrer Beziehung zu China, die der Tatsache zugrundelag, daß Erich Honecker kein Vermittler zwischen Vietnam und China sein wollte, als Vietnam und die DDR ab Mitte der 80er Jahre eine Normalisierung ihrer Beziehungen zu China anstrebten. In den Gesprächen mit chinesischen Genossen „woll[t]e [Erich Honecker] aber als Kommunist unterstreichen, daß es gut wäre, wenn sich China und Vietnam an den Verhandlungstisch setzten."[82] Diese von der DDR eingenommene Position zu der politischen Beziehung „Vietnam – China" und aber auch die bewußte Vermeidung einer politischen Spannung zu den beiden Ländern China und Vietnam ist die Erklärung dafür, warum Erich Honecker auf seiner Besuchsreise nach China vom 21. bis zum 26. Oktober 1986, nicht nach Vietnam kam.

Schließlich stellte ab 1980 der Einsatz vietnamesischer Gastarbeiter in den Betrieben der DDR eine neue Form der ökonomischen Zusammenarbeit mit Vietnam sowie der Entwicklungshilfe für das Land dar, der als Erblast aus der DDR bis zur Gegenwart politische Diskussion und Verantwortung verlangt.

3. Vietnamesische Vertragsarbeiter in der Deutschen Demokratischen Republik

3.1. Hintergründe des Einsatzes vietnamesischer Arbeitskräfte in der DDR

Nach Beendigung des zweiten Indochinakrieges konnte Vietnam von den anderen sozialistischen Bruderländern keine uneigennützige materielle Hilfeleistungen mehr erwarten. Die DDR intensivierte sofort nach Kriegsende in den Verhandlungen mit Vietnam, vor allem in den jährlichen Tagungen des Wirtschaftsausschusses DDR/Vietnam, ihre Suche nach neuen wirtschaftlichen Kooperationsformen, nunmehr aber auf der Basis des gegenseitigen Vorteils. Den Anfang bildete die Nutzung vietnamesischer Ressourcen einschließlich der Arbeitskräfte vor Ort durch die DDR ab 1973 in der Textilproduktion. Da-

---

82 „Vermerk über Gespräche des Genossen Erich Honecker mit führenden Genossen der Bruderparteien am Rande des Treffens der führenden Repräsentanten in Moskau am 10. und. 11.11.1986", SAPMO-BArch DY 30 J IV 2/201/1707, 7 Seiten, hier S. 6.

bei stellte die DDR Vietnam Rohmaterialien für die Herstellung von Bekleidung (anfangs für Arbeitsschutzbekleidung) und Teppichen für den Bedarf der
DDR-Bevölkerung zur Verfügung. Die Nutzung vietnamesischer Ressourcen
hatte zum Ziel, die Exportkraft Vietnams zu steigern, damit Vietnam seine Exportverpflichtungen gegenüber der DDR, vor allem bei den für die DDR bisher
nur über den NSW-Export zu beziehenden Waren, besser erfüllen konnte.

Aktenkundig wurde das Bestreben der DDR nach einer stärkeren Nutzung vietnamesischer Arbeitskräfte durch deren Einsatz in der DDR zum ersten Mal
im Jahr 1976. In der 168. Sitzung des Präsidiums des Ministerrates vom
8. Januar 1976 wurde die „Verhandlungsdirektive zum Einsatz vietnamesischer Bürger in Betrieben und Einrichtungen der DDR" bestätigt. Der Einsatz
sollte noch im gleichen Jahr mit 10.000 bis 20.000 Vietnamesen beginnen[83].
Vermutlich ist es aber in dem Jahr nicht zur Verhandlung gekommen. Während des Staatsbesuches von Erich Honecker in Vietnam im Dezember 1977
versuchten er und der Generalsekretär der kommunistischen Partei Vietnams
Le Duan trotz klarer Worte dem Thema Arbeitskräfte eine Beiläufigkeit zu
verleihen. Le Duan wußte allgemein, daß „in den entwickelten Industrieländern Mangel an Arbeitskräften herrscht[e]„, und gab an, daß Vietnam „die Arbeitskräfte von 7 Millionen Menschen exportieren" könne[84]. Zum späteren
Zeitpunkt des Gespräches wies Erich Honecker unvermittelt darauf hin, „daß
es in der DDR einen Arbeitskräftemangel gibt" und die Kapazität vieler DDR-
Kombinate noch nicht voll ausgelastet sei[85]. Daher wäre die DDR nicht abge-
neigt, 20.000 bis 30.000 Vietnamesen in diejenigen Produktionszweige der
DDR aufzunehmen, die für die vietnamesische Entwicklung gerade interessant
seien[86].

Schon in den 60er Jahren litt die DDR unter einem chronischen Arbeitskräftemangel, weshalb bereits damals ausländische Arbeitskräfte angeworben
wurden. Bestand zunächst für die DDR nur die Möglichkeit der Anwerbung
aus den europäischen sozialistischen Bruderländern (Polen 1966, Ungarn
1967), so kamen ab den 70er Jahren auch Arbeitskräfte aus den befreundeten
Entwicklungsländern in nicht geringer Größenordnung (Algerien 1974, Mosambik 1979, Angola 1985)in die DDR. Ab Mitte der 80er Jahre herrschte ein
akuter Arbeitskräftemangel in den DDR-Betrieben. Er zwang die DDR, kurzfristig wesentlich mehr Arbeitskräfte aus dem Ausland anzufordern, als ausgehandelt worden waren[87]. Der Einsatz ausländischer Arbeitskräfte wurde auf
der Grundlage bilateraler Regierungsabkommen staatlich zentral gelenkt.

83 168. Sitzung des Präsidiums des Ministerrates vom 8. Januar 1976, Bd. 2, Beschluß des Ministerrate
    02 -Präsidium des Ministerrates 168/9/76 vom 8.1.1976, BArch DC 20 I/4-3485, S. 90-93, hier
    S. 92.
84 „Stenografische Niederschrift der offiziellen Gespräche der Partei- und Staatsdelegation der DDR
    und der SRV am Freitag, den 2.12.1977 in Hanoi", SAPMO-BArch J IV·2/201-1297/Bd. 1, 81 Sei-
    ten, hier Bl. 12.
85 Ebenda, Bl. 72.
86 Ebenda, Bl. 73.
87 Die DDR hat Anfang 1987, 3 Monate nach der Verlängerung des „Abkommen[s] zwischen der Re-
    gierung der Deutschen Demokratischen Republik und der Regierung der Sozialistischen Republik

Konnte man bis Ende der 70er Jahre allgemein noch von einer sicheren Entwicklung der DDR-Wirtschaft sprechen, geriet die Produktivität ab den 80er Jahren in zunehmende Stagnation. Die fehlende Möglichkeit von Investitionen in bessere, international wettbewerbsfähige Technologien brachte die DDR-Wirtschaft mit der Zeit in einen desolaten Zustand und machte die Arbeitsplätze in der unmittelbaren Produktion immer unattraktiver. Die demographische Entwicklung der DDR-Gesellschaft war ungünstig und führte zusätzlich zu einem steigenden Bedarf an Arbeitskräften aus dem Ausland. Die Welle der Auswanderung von DDR- Bürgern in „den Westen" stieg weiter an. Immer weniger DDR-Bürger waren daran interessiert, in den zum Teil veralteten, mit zu geringen Investitionsmitteln wieder aktivierten Betriebsanlagen produktiv zu arbeiten. All das zwang die SED- und DDR-Führung dazu, neue sozialpolitische Attraktivitäten für die eigenen Bürger, wie Anhebung des Mindestbruttolohnes, Bereitstellung von wesentlich mehr Halbtagsarbeitsplätzen für Frauen mit Kindern, Erweiterung des bezahlten Mutterschaftsurlaubes u. a.m., zu schaffen. Der Einsatz ausländischer anspruchsloser und billiger Arbeitskräfte versprach eine Lösung des Problems.

Das Thema „vietnamesische Arbeitskräfte" verschwand nach dem Besuch Honeckers in Vietnam im Dezember 1977 für fast 2 Jahre von den Tagesordnungen der Begegnungen beider Länder. Im Herbst 1979 signalisierte der Botschafter Vietnams in der DDR die Bereitschaft Vietnams, in der DDR ausgebildete vietnamesische Staatsbürger bis zur Dauer von 5 Jahren als Facharbeiter im Gastland zu belassen[88]. Von nun an liefen die Verhandlungen zwischen den beiden Staaten auf Hochtouren, in deren Ergebnis das „Abkommen zwischen der Regierung der Deutschen Demokratischen Republik und der Regierung der Sozialistischen Republik Vietnam über die zeitweilige Beschäftigung und Qualifizierung vietnamesischer Werktätiger in Betrieben der Deutschen Demokratischen Republik" am 11. April 1980 (fortlaufend Regierungsabkommen genannt) unterzeichnet wurde. Bald darauf reisten 1.540 Vietnamesen in die DDR ein[89].

Durch den Einsatz vietnamesischer Arbeitskräfte versprach sich die DDR zunächst einen Gewinn zwischen 9.200,- M und 11.200,- M pro Vietnamesen im Jahr. „Es wird damit gerechnet, daß die Arbeitsleistungen der vietnamesischen Werktätigen im Durchschnitt von vier Beschäftigungsjahren bei 90 % der Leistungen von Werktätigen der DDR liegen werden. In Abhängigkeit von den Einsatzbereichen wird der Anteil der vietnamesischen Werktätigen am erarbeiteten Betriebsergebnis jährlich durchschnittlich etwa 20.000 Mark je Be-

Vietnam über die zeitweilige Beschäftigung und Qualifizierung vietnamesischer Werktätiger in Betrieben der Deutschen Demokratischen Republik" vom 11.4.1980 und der Zusage Vietnams, bis zum 1. Quartal 1988 10.000 Vietnamesen in die DDR zu schicken, allein für das Jahr 1987 bereits 18.680 Vietnamesen angefordert.

88 144. Sitzung des Präsidiums des Ministerrates vom 15. November 1979, Bd. 3, Beschluß des Ministerrates 02 – Präsidium des Ministerrates 144/6/79 vom 15.11.1979, BArch DC 20 I/4-4439, S. 103-168, hier S. 138.

89 Nach Angaben aus dem ehemaligen DDR-Ministerium für Arbeit und Löhne; zitiert in: Grundmann u. a.: Vietnamesen in Ostdeutschland, S. 143.

schäftigten betragen und damit höher sein als der zusätzliche Aufwand der DDR für ihren Einsatz."[90] Der zusätzliche finanzielle Aufwand für einen „vietnamesischen Werktätigen" belief sich auf höchstens 7000,- M im Jahr[91], wobei ein erheblicher Teil dieser Mittel in den Bau von Wohnheimen zur Unterbringung der Vietnamesen floß. Folgt man der Einschätzung der DDR-Führung, war „der ökonomische Aufwand der DDR bei Einsatz der vietnamesischen Werktätigen [...] niedriger als bei der Beschäftigung von Werktätigen aus anderen außereuropäischen Ländern"[92]. Bezüglich der „Belastung" der Betriebe durch die Unterbringung ihrer vietnamesischen Vertragsarbeitnehmer sei jedoch an dieser Stelle bereits vermerkt, daß die Mieteinnahme 30,- M pro Vietnamese im Monat zwar die tatsächlichen Kosten nicht deckte (ähnlich wie die bei den DDR-Bürgern wegen der Subvention), im Vergleich zu der von der DDR-Bevölkerung zu entrichtenden Miete entsprechend der genutzten Quadratmeterfläche aber wesentlich höher war[93]. „Der Einsatz von 1.000 vietnamesischen Werktätigen bringt (zum Zeitpunkt 1986, d.A.) eine Nettoproduktion von ca. 57 Millionen Mark"[94]im Jahr, wobei der Gewinn geringer als erhofft ausfiel[95].

Für Vietnam eröffnete der Arbeitskräfteexport[96] in die Bruderländer Osteuropas einen lukrativen Wirtschaftsbereich und eine neue Perspektive für das Land. Nach dem Krieg gegen die USA war Vietnam „ein rückständiges Agrarland", das fast keine Industrie hatte und dazu noch zum größten Teil durch die Kriegswirren zerstört worden war. Die kommunistische Führung sah

---

90 158. Sitzung des Präsidiums des Ministerrates vom 27. März 1980, Bd. 6, Beschluß des Ministerrates 02 -Präsidium des Ministerrates.158/5/80 vom 27.3.1980, BArch DC 20 I/4-4503, S. 118-218, hier S. 166.

91 Ebenda, S. 177 und 144. Sitzung des Präsidiums des Ministerrates vom 15. November 1979, Bd. 3, Beschluß des Ministerrates 02 – Präsidium des Ministerrates 144/6/79 vom 15.11.1979, BArch DC 20 I/4-4439, S. 103-168, hier S. 138.

92 42. Sitzung des Präsidiums des Ministerrates vom 27. Mai 1982, Bd. 7, Beschluß des Ministerrates 02-Präsidium des Ministerrates 42/I.24/82 vom 21.5.1982, BArch DC 20 I/4-4951, S. 172-198, hier S. 183.

93 Eine befreundete Familie des Autors zahlte für ihre 2-Zimmer-Wohnung mit Küche, Bad, mit einer gesamten Nutzungsfläche von 63 qm in der DDR-Zeit beständig knapp über 51,- M monatlich an Mietzins. Ein vietnamesischer Vertragsarbeitnehmer hatte ein 20-qm-Zimmer in der Regel mit weiteren 2 bis 3 Zimmergenossen zu teilen und bezahlten den Schlafplatz jeweils mit 30,- M!

94 24. Sitzung des Präsidiums des Ministerrates vom 11. Dezember 1986, Bd. 2, Beschluß des Ministerrates 02 – Präsidium des Ministerrates 24/I.1.1/86 vom 3.12.86, BArch DC 20 I/4-5940, S. 1-13, hier S. 9.

95 Als der Ministerrat im Jahr 1987 die Anreise von weiteren 25.000 Vietnamesen im folgenden Jahr vorsah, wurde der Gewinn wie folgt berechnet: „Der mit dem Einsatz dieser 25.000 vietnamesischer Werktätiger in der materiellen Produktion zu erzielende jährliche Nutzen abzüglich aller Kosten und Aufwendungen in Höhe von 190 Millionen Mark, bezogen auf eine Einsatzdauer von 5 Jahren in Höhe von 950 Millionen Mark, ist ab 1988 zweigkonkret in die Jahresvolkswirtschaftspläne aufzunehmen"; in: 58. Sitzung des Präsidiums des Ministerrates vom 15. Oktober 1987, Bd. 3, Beschluß des Ministerrates 02 – Präsidium des Ministerrates 58/I.4/87 vom 30.9.1987, BArch DC 20 I/4-6102, S. 99-117, hier S. 101. Dieser Informationsquelle zufolge brachte jede/r vietnamesische/r Vertragsarbeitnehmer/in der DDR jährlich 7600,- Mark Gewinn.

96 Während in den Empfangsländern die Termini „Export" oder „Import" nie im Zusammenhang mit dem Einsatz von ausländischen Arbeitskräften fielen, gehörten in Vietnam die Begriffe „xuᵈt khᶙu lao ổ∕∕ng" (Arbeitskräfteexport) und „ổi xuᵈt khᶙu lao ổ∕∕ng" (dt.: Einsatz im Rahmen des Arbeitskräfteexportes) zu den sprachlichen Arbeitsinstrumenten vietnamesischer Verwaltungsbehörden.

sich nun mit neuen sozialen und wirtschaftlichen Problemen konfrontiert und sektoral überfordert. Während des Krieges konzentrierte sie sich auf die Befreiung des Landes und träumte nach dem Sieg naiv davon, daß das vietnamesische Heldentum im militärischen Kampf nun auf den wirtschaftlichen Aufbau des Landes sofort fruchtbringend zu übertragen sei. Sehr schnell waren sich die vietnamesischen politischen Führungskräfte sicher, daß sie in 20 Jahren (also etwa im Jahr 1993) den für sie erstrebenswerten Lebensstandard von Bulgarien oder gar der DDR erreichen würden. Ehrgeizig entbrannte der Wunsch, mit Hilfe der Bruderländer bald eine zahlenmäßig große und moderne Arbeiterklasse bilden zu können.

Die wirtschaftliche und soziale Situation des Landes nach dem 2. Indochinakrieg war nicht gerade ermutigend. Allein in Südvietnam waren zum Kriegsende 1,5 Millionen Menschen schon seit Jahren arbeitslos. Nochmals soviel Arbeitslose kamen aus der Auflösung der südvietnamesischen Verwaltung und Armee hinzu. Knapp 1,5 Millionen Menschen im Arbeitsalter (Prostituierte, Drogenabhängige, Geschlechtskranke, Invaliden...) konnten nicht arbeiten und mußten versorgt werden. Zusätzlich drängten jährlich mehr als eine Million Jugendlicher auf den Arbeitsmarkt. Die Stagnation der Produktion, vor allem des für Vietnam existentiellen Reisanbaus, kulminierte 1979/80 in einer Hungersnot. Viele Familien in Vietnam sahen in der staatlich organisierten Arbeitsmigration die einzige Chance, ihre elende Lebenssituation zu ändern. Arbeitsplätze in Osteuropa, insbesondere in der DDR, waren bei Vietnamesen äußerst begehrt. Auch der vietnamesische Staat sicherte sich eine neue zusätzliche Einnahmequelle, denn die DDR zahlte an Vietnam einen Pauschalbetrag in Höhe von 180,- Mark pro Person im Jahr für die Rentenversicherung, eine Unfallumlage und ein pauschales Kindergeld, wobei das Kindergeld in keiner Form den Kindern der Vertragsarbeitnehmer zugute kam. Darüber hinaus waren die exportierten Arbeitskräfte von Anfang an verpflichtet, monatlich 12 % ihres Bruttoeinkommens[97] an den vietnamesischen Staat als Beitrag „zum Aufbau und zur Verteidigung des vietnamesischen Vaterlandes" von der DDR direkt abführen zu lassen. Es wird eingeschätzt, daß Vietnam auf diese Weise in den letzten Jahren der DDR jährlich von den eigenen Staatsbürgern über 200 Millionen Mark einnehmen konnte[98]. Die von der DDR regelmäßig zu tä-

---

97 Punkt 2.9. der „Richtlinie zur Durchführung des Abkommens zwischen der Regierung der Deutschen Demokratischen Republik und der Regierung der Sozialistischen Republik Vietnam über die zeitweilige Beschäftigung und Qualifizierung vietnamesischer Werktätiger in Betrieben der Deutschen Demokratischen Republik vom 11. April 1980 in der Fassung des Protokolls vom 26. Januar 1987 zur Änderung und Ergänzung des vorgenannten Abkommens", Berlin, datiert vom 19.3.1987, Unterschrift: Beyreuther – Staatssekretär für Arbeit und Löhne, 11 Seiten, hier S. 6; Quelle: privater Dokumentenbesitz des Autors.

98 MWZ, Abschlußbericht, zitiert in: Hohense: Zusammenarbeit Deutschlands und Vietnams, S. 34. Fakt ist: allein wegen des o.g. verpflichteten Pauschalbeitrages zur Rentenversicherung, Unfallversicherungsumlage und zum Kindergeld zahlte die DDR 1990- laut „Gemeinsame Niederschrift über die Verhandlungen zwischen Delegationen der Regierung der Deutschen Demokratischen Republik und der Regierung der Sozialistischen Republik Vietnam zu Fragen der Beschäftigung vietnamesischer Bürger in Betrieben der Deutschen Demokratischen Republik vom 08. - 13. Mai 1990 in Hanoi" (Quelle: privater Dokumentenbesitz des Autors, das Dokument umfaßt 5 Seiten, hier S. 2) – 125,28 Mio. Mark an den vietnamesischen Staat.

tigenden Überweisungen gingen auf ein Konto zur Tilgung der bestehenden Kreditzahlungsverpflichtungen Vietnams gegenüber der DDR[99]. Somit trugen die ca. 59.000 vietnamesischen Vertragsarbeitnehmer in der DDR in erheblichem Maße dazu bei, den Schuldenberg des vietnamesischen Staates abzutragen.

3.2. Das Regierungsabkommen vom 11. April 1980 und seine Ausführungsvorschriften

Offiziell wurde das Regierungsabkommen vom 11.4.1980 „vom Wunsch zur Vertiefung der brüderlichen Zusammenarbeit zwischen beiden Staaten" geleitet[100]. Am gleichen Tag wurde eine zusätzliche Vereinbarung zur Durchführung des Abkommens unterzeichnet. Das Regierungsabkommen enthält Bestimmungen über Einreise, Aufenthalt, Ausreise, Rückführung und betriebliche sowie soziale Bedingungen der vietnamesischen Vertragsarbeitnehmer. Der Titel des Regierungsabkommens verweist auf zwei anscheinend gleichgewichtige Regulierungsgegenstände: „Beschäftigung" und „Qualifizierung". Während der ersten 5 Jahre des Bestehens des Regierungsabkommens versuchten die Betriebe der DDR zwar noch, der Qualifizierung vietnamesischer Vertragsarbeitnehmer Rechnung zu tragen, aber das diesbezügliche Interesse beider Seiten, der DDR-Betriebe und der vietnamesischen Vertragsarbeitnehmer, ließ zunehmend nach.

Per Regierungsabkommen holte die DDR junge, gesunde Vietnamesen im Alter von 18 bis 35 Jahren (mit Ausnahme bis zu 40 bei hochqualifizierten Arbeitnehmern) ins Land (Artikel 2 Abs. 1). Auf Wunsch der vietnamesischen Regierung wurde ab 1981 in den Jahresprotokollen vereinbart, „daß etwa 50 % der Anreisenden Jugendliche ohne berufliche Qualifikation sein können"[101]. Der Einsatz vietnamesischer Vertragsarbeitnehmer erfolgte strikt nach dem Rotationsprinzip. Zunächst sah das Regierungsabkommen einen Höchstdauereinsatz von 4 Jahren vor. Mit dem Protokoll zur Änderung und Ergänzung des Abkommens vom 26.1.1987 wurde aber dann die Dauer des Arbeitsaufenthalts auf 5 Jahre festgelegt, wobei gemäß den Jahresprotokollen von 1985 und 1986 eine Verlängerung des Arbeitsaufenthalts um höchstens 2 Jahre möglich wurde. Der Arbeitnehmer hatte keinerlei Möglichkeit den Einsatzbereich und den Betrieb zu wählen[102]. Die vietnamesische Seite bestimmte be-

---

99 „Gemeinsame Niederschrift über die Verhandlungen zwischen Delegationen der Regierung der Deutschen Demokratischen Republik und der Regierung der Sozialistischen Republik Vietnam zu Fragen der Beschäftigung vietnamesischer Bürger in Betrieben der Deutschen Demokratischen Republik vom 08. - 13. Mai 1990 in Hanoi", a. a. O.., hier S. 2.
100 Vorwort des Regierungsabkommens.
101 42. Sitzung des Präsidiums des Ministerrates vom 27. Mai 1982, Bd. 7, Beschluß des Ministerrates 02 -Präsidium des Ministerrates 42/I.24/82 vom 21.5.1982, BArch DC 20 I/4-4951, S. 172-198, hier S. 183.
102 Eine Cousine des Autors kam als Vertragsarbeitnehmerin in einem Nähbetrieb in Reichenbach (damals Bezirk Karl-Marx-Stadt, jetzt Sachsen), mußte in den ersten drei Monaten neben dem Sprach-

reits vor der Auswahl der „zu exportierenden Arbeitskräfte" diese Festlegung. Eine Ablehnung des Einsatzes in einem bestimmten Wirtschaftsbereich oder auf einem bestimmten Territorium der DDR hätte bedeutet, auf den begehrten Arbeitsplatz im Ausland, allen voran in der DDR, zu verzichten.

Der Einsatz erfolgte ohne Familienangehörige. Kamen durch „Zufall" Eheleute in die DDR zum Einsatz, hatten sie keinen Anspruch auf gemeinsame Unterbringung, auch nicht auf Einsatz im selben Bezirk. Kinder durften absolut nicht miteinreisen und sich auch nicht zu Besuchszwecken in der DDR aufhalten. Dabei erhielten die Kinder, wie oben bereits erwähnt, nicht das Kindergeld, das die DDR an Vietnam regelmäßig abführte. An dieser Stelle soll auch erwähnt werden, daß die DDR zunächst nicht beabsichtigte, Vietnam bzw. den vietnamesischen Vertragsarbeitnehmern Kindergeld und das sog. Trennungsgeld von 4,- Mark pro Tag zu gewähren. In den Unterlagen zu einem Beschluß des Ministerrates in seiner 144. Sitzung im Jahr 1979 erklärte sich Gerhard Weiss – Stellvertreter des Vorsitzenden des Ministerrates – den anderen Mitgliedern des Ministerratspräsidiums gegenüber damit „prinzipiell einverstanden", „daß die [...] Gewährung von Trennungsentschädigung und Kindergeld nicht mehr vorgesehen ist"[103]. Eine Gewährung sei für die DDR ökonomisch nicht vertretbar, „da die DDR seit vielen Jahren der SRV eine sehr umfangreiche Hilfe und Unterstützung gewährt."[104] In der Direktive zur Verhandlung mit Vietnam zwecks Abschlusses des Regierungsabkommens wies man schließlich die Verhandlungsdelegation an, eine Rücksprachemöglichkeit mit der DDR- und SED-Führung dem vietnamesischen Partner zuzusichern, falls dieser von sich aus die Forderung nach den genannten Leistungen stellen sollte. Es kam dann aber doch noch zur Gewährung der Leistungen durch die DDR.

Für vietnamesische Vertragsarbeitnehmer galten die arbeits- und tarifrechtlichen Bestimmungen der DDR gleichermaßen. Punktuell erschien es den meisten DDR-Kollegen, als ob die Vietnamesen bessergestellt wären, weil die Vietnamesen ab 1987 einen Heimaturlaub incl. Reisekosten während der gesamten Einsatzdauer vom Betrieb bezahlt erhielten. Dieses „Privileg" löste nicht selten Neid und Feindseligkeit im Umfeld aus. Dagegen war es fast selbstverständlich, daß Vietnamesen – wie alle anderen ausländischen Arbeitskräfte – vorwiegend in den wenig attraktiven Betriebsbereichen eingesetzt wurden, so daß das durchschnittliche Einkommen der Vietnamesen trotz des Prinzips „gleicher Lohn für gleiche Arbeit" wesentlich unter dem Durchschnittslohn

---

kurs autodidaktisch und außerhalb der Betriebszeit das Maschinennähen lernen, da sie vor der Abreise aus Vietnam im Straßenbau tätig war und noch nie mit einer Nähmaschine gearbeitet hatte.

103 144. Sitzung des Präsidiums des Ministerrates vom 15. November 1979, Bd. 3, Beschluß des Ministerrates 02 – Präsidium des Ministerrates 144/6/79 vom 15.11.1979, BArch DC 20 I/4-4439, S. 103-168, hier S. 142.

104 Ebenda, S. 146.

eines DDR-Arbeitnehmers lag[105]. Eine Ausnahme bildeten die aufsichtsaus-übenden Vietnamesen.

Die vietnamesischen Vertragsarbeitnehmer waren in erster Linie „Arbeitsma-schinen". Die Bestimmungen im Regierungsabkommen und in den anderen Ausführungsvorschriften waren natürlich geheim und ihnen nicht zugänglich. Auch einige Rechtsvorschriften der DDR sollten ihnen nicht bekannt gemacht werden. Das Recht auf die „Einsicht in Regelungen der Zollorgane der Deut-schen Demokratischen Republik, der Deutschen Post und anderer Organe" war z. B. nur den vietnamesischen Gruppenleitern vorbehalten[106].

Gemeinsam mit dem vietnamesischen Vertragspartner unterhielt die DDR ein aufwendiges mehrstufiges Überwachungssystem über die Vertragsarbeitneh-mer. Bei der vietnamesischen Botschaft in Berlin residierte eine politisch-ideologisch operierende Zentrale in Form einer eigenständigen „Abteilung Verwaltung der Vertragsarbeiter" (vietn.: Ban Quản lý hpp tác lao ðµng), die auch zugleich alle konsularischen Aufgaben für die Vertragsarbeitnehmer wahrnahm und den Einsatz der Vietnamesen bilanzierte[107]. Dieser Abteilung arbeiteten die Bezirksbeauftragten zu, die von der vietnamesischen Regierung in die DDR delegiert wurden. Das Amt eines Bezirksbeauftragten wurde dort eingerichtet, wo annähernd 2.000 vietnamesische Vertragsarbeitnehmer be-schäftigt waren. In den Bezirken mit mehr als 2.000 Vietnamesen (was auf-grund der Ballung der Industriegebiete fast immer der Fall war) stand dem Be-zirksbeauftragten auf je 3.000 Vietnamesen ein vietnamesischer Gehilfe zur Verfügung. „Die Bezirksbeauftragten [hatten] die Aufgabe, die in den Betrie-ben ihres Wirkungsbereiches eingesetzten vietnamesischen Gruppenfunktionä-re anzuleiten, zu kontrollieren und in ihrer Tätigkeit zu unterstützen [...] Sie nehmen insbesondere Einfluß auf die politisch-ideologische Erziehung der vi-etnamesischen Werktätigen zu einer hohen Disziplin bei der Erfüllung der Ar-beits- und Qualifizierungspflichten sowie auf die sinnvolle Freizeitgestal-tung."[108] Sie nahmen an den „Beratungskontrollen" in den Betrieben teil, wo-bei sie dem DDR-Partner Vorschläge zur Durchführung von Kontrollen unter-

---

105 Bitte dazu noch zu bedenken, daß zusätzlich 12 % des Bruttoeinkommens jedes Vertragsarbeitneh-mers „zum Aufbau und zur Verteidigung des vietnamesischen Vaterlandes" automatisch von der DDR auf ein Konto zur Tilgung der Schulden Vietnams vor der Auszahlung überwiesen wird !

106 Punkt III.8 der „Ordnung über die Aufgaben, Rechte und Pflichten der vietnamesischen Gruppen-leiter vom 12.7.1989", Quelle: privater Dokumentenbesitz des Autors.

107 Diese Abteilung existiert heute weiterhin in der vietnamesischen Botschaft – Außenstelle Berlin –, wenn auch ihr Personal erheblich und ihre Kompetenzen im Vergleich zu den ihren in der DDR-Zeit ein wenig eingeschränkt sind. Beispielsweise entscheidet sie heute formal gesehen nicht mehr über die Visaangelegenheiten der Vertragsarbeitnehmer, hat aber das Vetorecht gegen die Erteilung eines Einreisevisums nach Vietnam für einen vietnamesischen ehemaligen Vertragsarbeitnehmer, wenn dieser nach der Wende finanzielle „Schulden" an den vietnamesischen Staat noch haben sollte (z. B.: fehlende Beiträge „zum Aufbau und zur Verteidigung des Vaterlandes" in Höhe von 12 % des Bruttoeinkommens in der Zeit des ursprünglichen Vertrages mit der DDR oder noch nicht be-zahlter „Freikauf" wegen Eheschließung mit einem DDR-Staatsbürger); hierzu vgl. auch „Visum gegen Schmiergeld" in: Tageszeitung (taz) vom 20. Juni 1997, S. 21.

108 Punkt I.4 der „Ordnung über die Aufgaben, Rechte und Pflichten der vietnamesischen Bezirksbe-auftragten vom 11.5.1989", Quelle: privater Dokumentenbesitz des Autors.

breiteten[109]. Die DDR übernahm die Kosten der Ein- und Ausreise und des einmaligen Heimatsurlaubes während des 5-jährigen Diensteinsatzes eines Bezirksbeauftragten, stellte jedem von ihnen eine komfortable 2-Zimmer-Wohnung kostenfrei zur Verfügung und stattete die Wohnungen – im Vergleich zu den miserablen Wohnbedingungen der Vertragsarbeitnehmer – luxuriös aus.

Die Arbeitnehmer standen in fast allen Lebensbereichen unter Aufsicht der vietnamesischen Gruppenleiter. Bei einer Einsatzgröße bis zu 50 Vietnamesen wurde ein Gruppenleiter eingesetzt. Allgemein waren in den Betrieben mehrere Gruppenleiter oder nur einer mit Stellvertretern beschäftigt. Die Gruppenleiter arbeiteten nicht in der Produktion, sondern sie erhielten Aufgaben vom jeweiligen Betrieb und hatten Weisungen der vietnamesischen Botschaft zu erfüllen. Ihre Hauptaufgaben waren:

– aktive politisch-ideologische Erziehung der vietnamesischen „Werktätigen",

– Überwachung der betrieblichen Normenerfüllung und Einhaltung der „sozialistischen Arbeitsdisziplin" der vietnamesischen „Werktätigen",

– Einflußnahme auf Teilnahme der Vietnamesen am Sprachunterricht, an Qualifizierungsmaßnahmen, ihre „niveauvolle" Freizeitgestaltung und das Verhalten der Vietnamesen zur Einhaltung der DDR-Normen des gesellschaftlichen Zusammenlebens sowie zur Gewährleistung der Ordnung und Sicherheit.

Hauptarbeitsinstrumente der Gruppenleiter waren tägliche Kontrollen sowohl im Produktionsbereich als auch in der Privatsphäre der Landsleute und die Verhängung disziplinarischer Sanktionen. Da für Vietnam und die DDR die politische und moralische Zuverlässigkeit als die allererste Forderung an die Person des Bezirksbeauftragten und des Gruppenleiters stand, waren sie fast alle militant und stalinistisch doktrinär gegenüber den „Anvertrauten" eingestellt. Sie fühlten sich als Alleinherrscher in ihrem Wirkungsbereich und lieferten eifrig denunziatorische Berichte an die vietnamesische und deutsche Obrigkeit. Die Mehrheit der Vietnamesen waren der Willkür ihrer Gruppenleiter ausgeliefert und wurden von diesen vielfältigerweise gedemütigt. „Fast jede Nacht kontrollierten [...] die vietnamesischen Gruppenleiter gemeinsam mit den Wohnheimbetreuern die Zimmer auf illegale Übernachtungen", vor allem auf Übernachtung von Gästen des anderen Geschlechtes. „Bei Feststellung von Verstößen gegen die Heimordnung wurde nicht selten die Rückkehr eingeleitet."[110]

Außereheliche Intimbeziehungen wurden zunächst durch harte interne Sanktionsbestimmungen Vietnams geahndet. Das Verbot der Eheschließung zwischen Vietnamesen während ihres „ehrenhaften und verantwortungsvollen Einsatzes" im Ausland führte bereits bei Bekanntwerden einer Liebesbezie-

109 Ebenda, Punkt II.2.
110 Spennemann: Aufbauhelfer, S. 17.

hung zur Rückführung durch vietnamesische, in der DDR tätige Behörden. In den ersten Jahren des Regierungsabkommens mußte sich die DDR daher kaum mit Schwangerschaften vietnamesischer Frauen befassen. Als jedoch 1987 eine steigende Zahl vietnamesischer Vertragsarbeitnehmerinnen in der DDR das Tabu der außerehelichen Intimbeziehungen durchbrachen und schwanger wurden, traf die DDR mit Vietnam am 21.7.1987 die „Vereinbarung über die Verfahrensweise bei Schwangerschaft vietnamesischer werktätiger Frauen in der DDR". Das in dieser Vereinbarung deklarierte oberste Prinzip lautete: „Schwangerschaft und Mutterschaft verändern die persönliche Situation der betreffenden werktätigen Frau so grundlegend", „daß Schwangerschaft und Mutterschaft mit ihrem Delegierungsauftrag nicht vereinbar sind."[111] Die vorgeschriebenen Pflichten beider Abkommenspartner, die vietnamesischen Frauen auf die Nutzung der Möglichkeiten zur Schwangerschaftsverhütung hinzuweisen, die damals von den Vietnamesinnen ungeforderte Vergabe der Antibabypille und die bedingungslose, kostenlose Schwangerschaftsunterbrechung in den Kliniken, legitimierten den bis dahin im Sexualleben gezwungenermaßen zurückhaltenden Vietnamesen die Sexualbeziehungen außerhalb der Ehe. Aufgrund der unzureichenden Aufklärung der noch mit einer rigiden Sexualmoral behafteten Personengruppe kam es häufig zu ungewollten Schwangerschaften. Die Vereinbarung zwischen beiden Staaten sah die sofortige Rückführung nach Vietnam vor, wenn die Schwangerschaft sich nicht mehr unterbrechen ließ oder die Frau sich der Unterbrechung verweigerte; die betroffene Schwangere wurde mit einer ärztlichen Bescheinigung der Reisefähigkeit schnellstens in die Heimat befördert. Anfang der 80er Jahren wurden nicht selten auch die an der Schwangerschaft beteiligten männlichen Personen zurückgeführt.

3.3. Vietnamesische Vertragsarbeiter und die DDR-Bevölkerung

Die restriktive Informationspolitik der DDR, die oft zur nicht nachvollziehbaren Geheimhaltung von Dokumenten und politischen, gesellschaftlichen Vorgängen führte, und die Negierung einer Politik der Ausländerintegration stellten große Hindernisse für das Zusammenleben von Vertragsarbeitnehmern und den DDR-Bürgern dar.

Wie auch bei anderen vorherigen Vertragsarbeitnehmergruppen, wurde die DDR-Bevölkerung, bis auf die jeweiligen Betriebe, nicht über den Einsatz und die Ankunft von Vertragsarbeitnehmern informiert. Bis Mitte der 80er Jahre wurde das Thema „ausländische Gastarbeiter" in der DDR in der öffentlichen Publizistik nicht erwähnt. Selbst in den Dokumenten der SED-Parteitage sucht man vergeblich nach einer politischen Aussage zu diesem Thema. Die DDR-

---

111 Punkt 1 der „Vereinbarung über die Verfahrensweise bei Schwangerschaft vietnamesischer werktätiger Frauen in der DDR", Unterschriften: Schmidt und Nguyen Trong Thuy, vom 21.7.1987, Berlin, 2 Seiten, hier S. 1; Quelle: privater Dokumentenbesitz des Autors.

Bevölkerung war nicht im mindesten auf das Kommen der Fremden vorbereitet.

Die Vertragsarbeitnehmer wurden in separat für sie bereitgestellten Wohnheimen (Neubauten oder Baracken) untergebracht. Ein individuelles Wohnen außerhalb der Wohnheime war nicht gestattet. Die Vereinbarung zur Durchführung des Regierungsabkommens legte fest, daß ein Wohnraum mit höchstens 4 Personen belegt werden darf, wobei jeder Person mindestens 5 qm zur Verfügung stehen sollten. Diese Festlegungen wurden in der Praxis auch optimal umgesetzt. Jahrelang lebten nicht wenige Vietnamesen zu zehnt in einer 3-Zimmer-Wohnung im Neubaugebiet. In den Heimen herrschte in der Regel eine strenge Ordnung. Besuche mußten im Prinzip von der Einlaßkontrolle akribisch im Einlaßkontrollbuch registriert werden. Dies verminderte zwangsläufig die Kontaktmöglichkeit zur DDR-Bevölkerung. Vietnamesen schämten sich außerdem oft wegen der Enge und der damit verbundenen gastfeindlichen Atmosphäre ihrer Wohnstätten und unterließen weitestgehend Einladungen an deutsche Freunde. Hinzu kam die in diversen subtilen Formen zum Ausdruck gebrachte Erklärung der vietnamesischen Obrigkeit, daß private Kontakte der Landsleute zur DDR-Bevölkerung unerwünscht waren.

Freundschaftliche Beziehungen zwischen DDR-Bürgern und Vertragsarbeitnehmern erfuhren kaum eine moralische Anerkennung durch das Umfeld und wurden nicht selten diskreditiert. Sie waren jedoch nicht ausdrücklich verboten. Heiratsabsichten wurden dagegen durch staatliche Bedingungen (wie Heiratsgenehmigungen durch beide Staaten, Verlust bestimmter gesellschaftlicher und beruflicher Stellungen, Ausreiseverpflichtung nach der Eheschließung ...) nicht nur erschwert, sondern fast unrealisierbar gemacht.

Im betrieblichen Leben konnten nur wenige oberflächliche Kontakte zustande kommen, da in vielen Brigaden fast ausschließlich Vietnamesen arbeiteten.

Im Alltag der DDR erschienen die Vietnamesen neben den polnischen Vertragsarbeitnehmern den DDR-Bürgern als schärfste Konsumkonkurrenten und landeten daher auf der „Liste" unbeliebter Gäste an erster Stelle, denn sie versorgten ihre großen Familien in der Heimat mit DDR-Verbrauchswaren. In den überall herrschenden Engpässen bei Konsumgütern erschienen sie den meisten DDR-Bürgern als kriminelle Warenhorter und wurden permanent mit einer unverhohlenen Feindseligkeit bedacht. In der proletarisch-internationalistischen, antiimperialistisch-solidarischen DDR durfte es eigentlich keine Ausländerfeindlichkeit und keinen Rassismus geben. Eine kollektive, öffentliche Auseinandersetzung mit ausländerfeindlichen Äußerungen und Haltungen wurde deshalb tunlichst vermieden. Traten dennoch in den Betrieben krasse Konflikte zwischen DDR-Bürgern und Ausländern auf, endeten Schlichtungsversuche durch die Betriebsleitungen ohne Beteiligung der Öffentlichkeit durchgängig mit Verharmlosung der Vorfälle. Das führte zu Frustrationen und Resignation bei den Vietnamesen, die einen ausgeprägten Drang nach Harmonie haben. Die Vietnamesen versuchten deshalb Konflikte mit der DDR-Bevölkerung durch Kontaktvermeidung auszuweichen. Das Aufeinanderzugehen wurde zunehmend schwerer. Vorurteile und Argwohn fielen auf fruchtbaren Boden. Sie konnten mangels Bereitschaft an einer Herstellung von Öffentlichkeit und an offene Auseinandersetzung nicht abgebaut werden. Bis zum Ende der DDR existierte in der breiten DDR-Bevölkerung hartnäckig die Vorstellung, Vietnamesen erhielten zumindest einen Teil ihres Lohnes in „Westmark" (Deutsche Mark) ausgezahlt und könnten beliebig in kapitalistische westliche Länder fahren. Gerade Letzteres ist ein Paradebeispiel für die Absurdität von Vorurteilen, denn in Wahrheit mußten alle Vietnamesen in der DDR sofort nach der Einreise ihre Nationalpässe bei der vietnamesischen Botschaft bzw. bei den vietnamesischen Bezirksbeauftragten abgeben. Die Vietnamesen, denen bis zur Mitte der 80er Jahre noch kein Heimaturlaub zugestanden wurde, sahen ihre Pässe erst am Flughafen bei der Rückreise in die Heimat wieder.

Die begrenzten[112] Bemühungen engagierter, für die Probleme der ausländischen Mitbürger interessierter DDR-Bürger, gingen in der eindeutig integrationsfeindlichen Politik der DDR-Führung völlig unter. „Die seitens der Partei- und Staatsführung der DDR verordnete Solidarität und Völkerfreundschaft konnte sich nicht im Privaten ausdrücken, sondern war auf die staatlich verordneten Begegnungsmöglichkeiten beschränkt."[113]

4. Die „staatlich verordnete" Solidarität:

Die staatlich verordneten Begegnungsmöglichkeiten schlossen weitestgehend das persönliche Kundtun der Solidarität und die persönliche Anteilnahme der DDR-Bürger für das vietnamesische Volk aus. Dies zeigte sich bereits vor der Anwesenheit der vietnamesischen Vertragsarbeitnehmer in der DDR daran, daß alle Solidaritätsleistungen der DDR-Bürger an das Solidaritätskomitee zuzuführen waren. Solidaritätsleistungen etwa auf der Basis von Freundschaftsverträgen zwischen einem anderen öffentlichen Träger oder einem DDR-Betrieb mit Trägern und Personen der Republik Vietnam waren strikt untersagt. Das Solidaritätskomitee sammelte und verwaltete die Spendengelder der Bevölkerung. Die Ausgaben der Spenden erfolgten ausschließlich durch Beschlüsse des Ministerrates, denen wiederum Beschlüsse des Politbüros oder des Zentralkomitees der SED zugrundelagen. Die Klassifizierungen der abzuschickenden Solidaritätsgüter wurden mit dem Ministerium für Materialwirtschaft abgestimmt und von diesem kontrolliert, da alle „Lieferungen im Rahmen der materiellen Solidarität der Bevölkerung Bestandteil der zwischenstaatlichen Vereinbarungen"[114] waren. Mitten auf dem Höhepunkt der Solida-

---

112 Es ist hinlänglich bekannt, daß DDR-Bürger mit intensiven Kontakten zu Ausländern beim Ministerium des Innern und anderen Behörden oft absurden Verdächtigungen ausgeliefert waren und beobachtet wurden.

113 Buchhorn: Die Einführung, S. 69.

114 79. Sitzung des Präsidiums des Ministerrates vom 28. Mai 1969, Bd. 1, „Information für das Präsidium des Ministerrates über Fragen der Zusammenarbeit zwischen der Deutschen Demokratischen Republik und der Demokratischen Republik Vietnam", Berichterstatter: Gerhard Weis, Berlin, 22.5.1969, BArch DC 20 I/4-1980, S. 60-63, hier S. 63.

rität mit Vietnam im Jahre 1968 war der Ministerrat über Solidaritätsaktionen für Vietnam verärgert, die nicht mit dem Ministerium für Materialwirtschaft abgestimmt waren[115]. Die Grenze der Irrationalität mancher Arbeiten des Ministerrates wurde sicherlich dort erreicht, wo er sich gründlich mit der angeblichen Umgehung der staatlichen Kontrolle über die Abgabe der Solidaritätsspenden beschäftigte. So wurde z. B. der Kaufversuch eines Mitgliedes der Auslandsvertretung Vietnams in einem Mopedladen durch die DDR-Obrigkeit als ein eindeutiger Beweis für unkontrollierte Fehlleitung der Solidaritätsspenden an Vietnam gewertet[116]. Mit der „Ordnung zur einheitlichen Durchführung und materiellen Sicherung der Solidarität der Bevölkerung der Deutschen Demokratischen Republik mit dem vietnamesischen Volk", die durch die Veröffentlichung im offiziellen Blatt „Mitteilungen des Ministerrates der Deutschen Demokratischen Republik" allgemein zugänglich gemacht wurde, sind 1972 peinliche Verbote verhängt worden, z. B. das Verbot der Entgegennahme der Wünsche von vietnamesischen Auslandsvertretern. Während in übermäßig mit Lobeshymnen versehenen propagandistischen Abhandlungen und öffentlichen Reden die Solidarität mit anderen Völkern als eine „Herzenssache" der DDR-Bevölkerung betont wurde, mußten permanent subtile Zwangsmechanismen eingesetzt werden, um bestimmte Solidaritätsleistungen, wie Arbeitseinsätze für Solidaritätszwecke und Abkaufen von Solidaritätsmarken, zustandezubringen. Im Mai 1968 müßten alle „Vorsitzenden des Rates für Landwirtschaft und Nahrungsgüter-Wirtschaft des Kreises" ein beleidigendes Schreiben des „Kuratorium[s] Internationale Solidarität beim Afro-Asiatischen Solidaritätskomitee der DDR" erhalten haben, in dem die mangelnde Spendebereitschaft der Genossenschaftsbauern für Vietnam mißbilligt wurde. Zwar entschuldigte sich der damalige Vorsitzende des Afro-Asiatischen Solidaritätskomitees der DDR, Heinz H. Schmidt, im Juni schriftlich bei allen „Vorsitzenden des Rates für Landwirtschaft und Nahrungsgüter-Wirtschaft des Kreises" für „unqualifizierte politische Bemerkungen" in dem o.g. Schreiben vom 24.5.1968 des Kuratoriums[117], doch fand das Solidaritätskomitee im September 1968 die Solidaritätsleistungen der Bauern intern weiterhin vorwurfsvoll mangelhaft und suchte nach Wegen zur Mobilisierung der Spendebereitschaft der Genossenschaftsbauern für Vietnam[118]. Die gängige Militarisierung der Sprache sowie die überdimensionierte Ideologiesierung der Solidaritätsaktionen führten zu einem politischen Verdruß, zu einer unkritischen Haltung in der Bevölkerung und zur sukzessiven Vernichtung privater Initiativen für die Solidarität. Private Initiative zur Völkerfreundschaft (auch zu Polen) konnten zu verheerenden

---

115 Ebenda, S. 60 f.

116 „Ministerium für Materialwirtschaft – Fachgebiet Sicherung der Solidaritätsaktion –, Bericht über die materielle Solidarität mit dem vietnamesischen Volk im II.Quartal 1968", Unterschrift: nicht entzifferbar (i.V. Lehmann), Berlin, 29. Juli 1968, BArch DC 20 I/4-1823, S. 238-243, hier S. 242.

117 Afro-Asiatisches Solidaritätskomitee der DDR, Brief „An den Vorsitzenden des Rates für Landwirtschaft und Nahrungsgüter-Wirtschaft des Kreises", Unterschrift: Heiz H. Schmidt, datiert vom 7.6.1968, SAPMO-BArch DY 30/IV A 2/20/114, 2 Seiten, hier S. 1.

118 Kuratorium „Internationale Solidarität", „Vorlage an das Sekretariat des AASK", Unterschrift: Pampel (Sekretär des AASK) und Petras (Kuratorium „Internationale Solidarität"), SAPMO-BArch DY 30/IV A 2/20/114, 4 Seiten, hier S. 1.

Folgen für den Initiator – wie im Fall des Leiters des Jugendclubs namens „Tran van Dang" in Werneuchen und Mitglieds der Leitung des Afro-Asiatischen Solidaritätskomitees der DDR – führen.

Die vom DDR-Staat verordnete und verwaltete Solidarität hatte auch eine andere pragmatische Funktion. Sie diente z. B. oft der Erfüllung internationaler, materieller Verpflichtungen der DDR innerhalb der Staatengemeinschaft des RGWs gegenüber Vietnam.

Die Solidarität der DDR-Bevölkerung hatte schließlich einen Beitrag zur Stärkung der „Diktatur des Proletariats" des sozialistischen Bruderlandes Vietnam zu leisten. Sie wurde ungeachtet dessen, wie schwer und in welchem Umfang Vietnam Menschenrechte verletzte und Grundprinzipien einer Demokratie mißachtete, ausgeübt. Kein einziges Nachdenken über Menschenrechtsverletzungen durch die Regierung Vietnams war erlaubt und selbst intern in der SED-Führungsspitze nicht einmal ansatzweise vorhanden.

5. Die Situation der vietnamesischen Vertragsarbeiter nach der Vereinigung beider deutscher Staaten

5.1. Änderung des Regierungsabkommens vom 11. April 1980 und die neue Lebenssituation der Vertragsarbeiter

Den politischen und gesellschaftlichen Umwandlungen der DDR nach dem „Mauerfall" im November 1989 folgten unmittelbar rasante Änderungen in der wirtschaftlichen Struktur der DDR, besonders nach der Währungsunion vom 1. Juli 1990. Bereits Anfang 1990 zeichnete sich die Auflösung mehrerer DDR-Betriebe, in denen auch ausländische Vertragsarbeitnehmer beschäftigt waren, ab. In den Betrieben drohten Massenentlassungen. Die Vertragsarbeitnehmer, allen voran die zahlenmäßig größte Gruppe der Vietnamesen, wurden ein Problem für die Betriebe und die DDR-Bevölkerung. Das Regierungsabkommen sah ja keine Möglichkeit einer betriebsbedingten Auflösung der Arbeitsverhältnisse mit den Vertragsarbeitnehmern vor. Während die Betriebe sich an die letzte DDR-Regierung unter De Maizière wandten und eine Lösung verlangten, wurde die Forderung in der DDR-Bevölkerung laut, daß ausländische Arbeitnehmer vor DDR-Bürger entlassen werden sollten. Der ohnehin immense Druck auf die De-Maizière-Regierung wuchs diesbezüglich stetig. Aus der damaligen Tätigkeit des Autors als Mitglied der Beratergruppe bei der Ausländerbeauftragten der DDR weiß er zu berichten, daß in Regierungskreisen zunächst ungehemmt und laut über eine einseitige Beendigung des Regierungsabkommens mit Vietnam durch die DDR diskutiert wurde. Dieser Bestrebung setzte sich die Ausländerbeauftragte der letzten DDR-Regierung, Almuth Berger, vehement entgegen. Letztendlich wurde sie beauftragt, mit den Vertragsstaaten Verhandlungen mit dem Ziel der Änderung der Regierungsverträge durchzuführen. Im Ergebnis dieser Verhandlungen kam es zur Unterzeichnung von Protokollen und Vereinbarungen zur Änderung der Regierungsabkommen mit Vietnam (13.5.1990 in Hanoi), Mosambik (28.5.1990 in Maputo) und Angola (1.6.1990 in Luanda).

Mit Vietnam wurden einvernehmlich folgende wesentliche Hauptänderungen vertragsmäßig herbeigeführt:

– die Möglichkeit der DDR-Betriebe zur vorzeitigen Auflösung von Arbeitsverträgen mit den vietnamesischen Vertragsarbeitnehmern aus betriebswirtschaftlichen Gründen, wegen der Umstellung des Produktionsprofils und wegen Einstellung der Produktion aus Gründen des Umweltschutzes,

– Gewährung einer finanziellen Ausgleichszahlung und Entschädigung durch die DDR für vorzeitig entlassene und rückkehrwillige vietnamesische Arbeitnehmer,

– die Möglichkeit zum weiteren Verbleib in der DDR für vietnamesische Vertragsarbeitnehmer nach der vorzeitigen Auflösung des ursprünglichen Arbeitsvertrages mit der DDR, die nach der Auflösung einen neuen Arbeitsplatz und eine Unterkunft vorweisen können und deren Antrag auf Genehmigung zum Weiterverbleib in der DDR durch die vietnamesische Botschaft stattgegeben wird und

– Abschaffung des von der DDR bezahlten einmaligen Urlaubes für vietnamesische Vertragsarbeitnehmer,

– Aufhebung der Einschränkung des einmaligen Heimaturlaubes während der gesamten Einsatzzeit in der DDR,

– Herausgabe der vietnamesischen Heimatpässe an Paßinhaber,

– Abschaffung der zwangsweisen Abführung des 12prozentigen Anteils des Bruttoeinkommens der vietnamesischen Vertragsarbeitnehmer durch die DDR-Betriebe auf ein Sonderkonto zur Rückzahlung der Kreditschulden Vietnams.

Auch mit Mosambik und Angola wurden ähnliche Änderungen in den Regierungsabkommen erzielt. So erließ der Ministerrat am 13. Juni 1990 die „Verordnung über die Veränderung von Arbeitsverhältnissen mit ausländischen Bürgern, die auf der Grundlage von Regierungsabkommen in der DDR beschäftigt und qualifiziert werden"[119] und deren Durchführungsbestimmung[120]. Diese für die Vertragsarbeitnehmer aus den 3 Ländern Angola, Mosambik und Vietnam erlassene Verordnung führte 2 Verbesserungen für die Vietnamesen herbei: Die DDR machte das Weiterverbleiben eines vorzeitig gekündigten vietnamesischen Vertragsarbeitnehmers – entgegen der oben erwähnten Vereinbarung mit Vietnam – nicht von einer Genehmigung der zuständigen vietnamesischen Behörde und von dem Nachweis eines neuen Arbeitsplatzes abhän-

---

119 GBl. der DDR, Teil I, Nr. 35 vom 27. Juni 1990, S. 398.
120 GBl. der DDR, Teil I, Nr. 42 vom 20. Juli 1990, S. 666.

gig. Ein vorzeitig durch den Betrieb gekündigter Vertragsarbeitnehmer hatte Anspruch auf:

– Weiterverbleib in der DDR bis zum Ende des ursprünglichen Arbeitsvertrages mit der DDR;

– Wohnunterkunft im bisherigen Betriebswohnheim mindestens für drei Monate nach der schriftlichen Mitteilung des Betriebes über die vorzeitige Beendigung des Arbeitsverhältnisses;

– angemessenen Wohnraum nach dem Verlust des Wohnheimplatzes wie bei den DDR-Bürgern;

– Erteilung einer Arbeitserlaubnis durch das zuständige Arbeitsamt für jede gefundene Arbeitsstelle;

– Vermittlung eines neuen Arbeitsplatzes oder Umschulung durch das Arbeitsamt;

– Gewährung einer Gewerbeerlaubnis entsprechend den allgemeinen Bedingungen für DDR-Bürger.

Da die DDR zum damaligen Zeitpunkt in den politisch bedeutenden Entscheidungsfindungen bereits unter dem Einfluß der Bundesregierung stand und die Forderung des Zentralen Runden Tisches der DDR nach einem generellen Bleiberecht für die Vertragsarbeitnehmer nicht erfüllte, waren alle oben erwähnten Ansprüche längstens bis zum Ende des ursprünglichen individuellen Arbeitsvertrages von vornherein befristetet. Die Vertragsarbeitnehmer, die sich für ein weiteres Verbleiben in der DDR auch nach der Kündigung des Arbeitsvertrages durch die Betriebe entschieden, mußten ihre Ausreise am Ende ihres Aufenthaltes aus eigener Tasche bezahlen. Diejenigen, die nach der vorzeitigen Auflösung des Arbeitsvertrages in die Heimat zurückkehren wollten, hatten Anspruch auf:

– eine finanzielle Ausgleichszahlung in Höhe von 70% des Nettodurchschnittslohnes bis zum Zeitpunkt der Ausreise, mindestens jedoch für die Dauer von drei Monaten[121];

– Unterbringung in einem betrieblichen Wohnheim zu den bisherigen im Regierungsabkommen vereinbarten Konditionen;

– Finanzierung der Ausreise vom Betrieb, sowie darauf, bei dem Versand der persönlichen Gegenstände Unterstützung zu erhalten.

Wenig später bot die DDR in Absprache mit der Bundesregierung den vor Ablauf ihrer individuellen Verträge rückkehrwilligen Vertragsarbeitnehmern aus den drei o.g. Ländern eine Abfindung in Höhe von 3000,- DM durch die

---

121 Diese Mindestvorgabe von 3 Monaten galt in der Praxis zugleich als Maximalvorgabe. Kein einziger Betrieb der ehemaligen DDR hatte mehr als 3 Monate die Ausgleichszahlung in Höhe von 70 % des letzten Nettolohnes gewährt.

jeweiligen Betriebe[122] an. Bei Zahlungsunfähigkeit des Betriebes übernahm das Ministerium für Finanzen auf Antrag des Betriebes die finanziellen Leistungen. Dieses Angebot galt nur bis zum 31.12.1991[123] und drückte unmißverständlich die ausländerpolitische Zielsetzung der Bundesregierung aus, daß ehemalige DDR-Vertragsarbeitnehmer bis dahin Deutschland verlassen sollten.

Die finanziellen Leistungen der DDR bzw. der Bundesrepublik Deutschland bei freiwilliger Rückkehr in die Heimat nahmen ca. 34.500 der 59.000 vietnamesischen Vertragsarbeitnehmer in Anspruch und reisten bis Ende 1991 aus[124]. Dabei war nicht in erster Linie der beabsichtigte Anreiz für die Rückkehr durch die finanziellen Leistungen die Hauptursache für die massenhafte Rückkehr der Vietnamesen, wenn auch einige Vietnamesen tatsächlich wegen einer bisher unerreichbaren Summe von harter Währung ihre Koffer freiwillig gepackt hatten[125] (sie bereuten es später[126]). Hauptbeweggründe für die Rückkehr in die Heimat waren vielmehr die Perpektivlosigkeit in Deutschland nach dem Verlust des Arbeitsplatzes sowie die persönliche Konfrontation mit einer bisher ungekannten aggressiven Ausländerfeindlichkeit in der Bevölkerung. Hinzu kam eine Orientierungslosigkeit dadurch, daß die gewohnten sozialen Strukturen in den DDR-Betrieben von heute auf morgen zusammenbrachen. So verhaßt oft Gruppenleiter, Betreuer und Sprachvermittler wegen früherer Gängeleien und Bevormundung auch waren, so hatten sie den der deutschen Sprache meist nicht mächtigen Vertragsarbeitnehmern doch fast alle Behördengänge abgenommen und viele Unbequemlichkeiten im Alltag erspart. Die ersten Initiativgruppen für die Arbeit mit Ausländern formierten sich gerade erst. Die Folgen der verfehlten Ausländerpolitik der DDR machten sich bemerkbar. Die deutschen Sozialarbeiter und Mitarbeiter der freien Träger bemühten sich mit großem ausländerintegrationspolitischen Engagement um die Herstellung des Vertrauens zwischen Deutschen und Vietnamesen. Die meisten Vietnamesen fühlten sich allein gelassen und überfordert bei Behörden-

---

122 Verordnung über finanzielle Leistungen bei vorzeitiger Beendigung der Beschäftigung ausländischer Bürger in Unternehmen der DDR vom 18. Juli 1990, GBl. der DDR, Teil I, Nr. 46, S. 813.

123 Anlage II zum Vertrag zwischen der Bundesrepublik Deutschland und der Deutschen Demokratischen Republik über die Herstellung der Einheit Deutschlands – Einigungsvertrag – Kapitel VIII, Sachgebiet E, Abschnitt III, Nr. 4; Quelle: Presse- und Informationsamt der Bundesregierung, Bulletin Nr. 104/S. 877, Bonn, 6.9.1990, hier S. 1104.

124 Angabe des BMA im Jahre 1992. Diese Angabe wurde auf telefonische Nachfrage des Autors vom 27. Juni 1997 vom zuständigen Mitarbeiter des BMA erneut bestätigt. Im Januar 1992 bilanzierte BMA, daß mehr als 47.000 ehemalige DDR-Vertragsarbeitnehmer, darunter ca. 34.500 Vietnamesen, Anträge auf Erstattung der Abfindung stellten und die Leistung erhielten. Fast alle reisten aus. Es gab auch Vietnamesen, die die Abfindung in Anspruch nahmen, aber nicht ausreisten. Letztere bildeten aber eine äußerst kleine Ausnahme.

125 In der Beratungstätigkeit des Autors im Amt der Ausländerbeauftragten des Senates von Berlin begegnete der Autor in der Zeit 1990-1991 des öfteren Vietnamesen, die ihn um Intervention baten, damit ihre Betriebe eine Kündigung des Arbeitsverhältnisses vornehmen sollten.

126 Im November 1996 hielt sich der Autor in Vietnam auf und suchte einige von sog. ehemaligen freiwilligen Rückkehrern auf. Aus den Gesprächen kamen von ihnen vorwiegend Bedauern über die freiwillige Ausreise aus Deutschland mit dem Wunsch nach Wiederkehr zum Ausdruck.

gängen, vor allem bei der Arbeits- und Wohnungssuche. Dies wirkte entscheidend auf ihren Entschluß zur Rückkehr mit.

Diejenigen, die trotz der Arbeitslosigkeit aus persönlichen Gründen den Zeitpunkt ihrer Rückkehr für noch nicht angebracht hielten, begannen sich unter oft großen materiellen Entbehrungen neu zu orientieren. Das Arbeitslosengeld, die Arbeitslosenhilfe und/oder die Sozialhilfe sicherten ihnen zwar das Existenzminimum, ihren Auftrag zur Ernährung der Familien in der Heimat und Schaffung einer besseren materiellen Existenzgrundlage nach der Rückkehr, konnten sie damit jedoch nicht mehr erfüllen. Der Zwang nach besserem Einkommen war ihnen ständig gegenwärtig. In dieser Situation konnte sich kaum ein vietnamesischer Vertragsarbeitnehmer der Versuchung entziehen, auf dem Territorium der ehemaligen DDR durch illegalen Zigarettenhandel zusätzliche Geldmittel zu erwerben. Der illegale Handel mit unversteuerten Zigaretten wurde dann bald Tausenden vietnamesischen Vertragsarbeitnehmern zum Verhängnis, weil er sie um das später eingeräumte Bleiberecht in Deutschland brachte.

5.2. Die Entscheidung der Innenministerkonferenz vom 14. Mai 1993 und das sog. Bleiberecht für die ehemaligen DDR-Vertragsarbeitnehmer

Der am Runden Tisch formulierte Wunsch nach einem Bleiberecht für alle ehemaligen Gastarbeiter der DDR ging bei einem Teil der DDR-Bevölkerung trotz der sozial tiefgreifenden Veränderungen durch die Vereinigung beider deutscher Staaten doch nicht ganz verloren. Als der Einigungsvertrag die Umschreibung des Aufenthaltstitels der Vertragsarbeitnehmer in eine Aufenthaltsbewilligung festschrieb, die die Vertragsarbeitnehmer zur Ausreise nach dem Ablauf ihrer ursprünglichen Vertragszeit verpflichtete, lebte erneut in den Initiativ- und Selbsthilfegruppen, in den Kreisen der sich der Problematik der Vertragsarbeitnehmer annehmenden politischen Parteien (insbesondere bei Bündnis 90/Die Grünen, FDP und PDS) und bei den Ausländerbeauftragten aller Verwaltungsebenen die Forderung nach der „Gleichstellung der DDR-Vertragsarbeitnehmer mit den ehemaligen Gastarbeitern in der alten Bundesrepublik Deutschland" und damit verbunden nach einem Daueraufenthalt ermöglichenden Aufenthaltstitel, die „Aufenthaltserlaubnis", auf. Weigerte sich die Bundesregierung, stellvertretend durch das Bundesministerium des Innern, zunächst noch hartnäckig mit der Forderung auseinanderzusetzen, wurde sie ab 1992 von folgenden zwei Tatsachen zum Nachdenken über die weitere Regulierung des Aufenthalts der ehemaligen DDR-Vertragsarbeitnehmer gezwungen:

– Für die meisten der in den Jahren 1987/88 in die DDR eingereisten Vietnamesen endete der 5-jährige Vertrag mit der DDR und somit ihr Aufenthalt in Deutschland. Die meisten der ca. 24.500 in Deutschland im Jahre 1992 verbliebenen vietnamesischen Vertragsarbeitnehmer konnten sich nicht mit dem Gedanken einer Rückkehr nach Vietnam abfinden. Ein Teil von ihnen ging in ein Asylverfahren. Die anderen erhoben Widerspruch bzw. Klage bei den Verwaltungsgerichten, nachdem ihre Aufenthaltsbewilligung nicht mehr verlängert und ihrem auf das Argument der „Gleichstellung mit den ehemaligen Gastarbeitern der Bundesrepublik Deutschland" stützenden Antrag auf die Erteilung einer Aufenthaltserlaubnis nicht entsprochen wurde. Einige Vietnamesen gingen in die Illegalität. Damit versuchten alle drei Gruppen, ihren Aufenthalt zunächst in die Länge zu ziehen. Das Ergebnis waren enorme Belastungen für die Asylbehörde und die Verwaltungsgerichte;

- Eine zwangsweise Durchsetzung der Ausreisepflicht der Vietnamesen (Abschiebung) war nicht möglich, da Vietnam den ehemaligen Asylbewerbern ständig das Einreisevisum für Vietnam verweigerte[127]. Ähnlich verfuhr die Vietnamesische Botschaft bei Vertragsarbeitnehmern, die nicht freiwillig das Einreisevisum für Vietnam beantragten. Damit sah sich die Bundesregierung immer mehr mit Vietnamesen konfrontiert, die ausreisepflichtig waren, aber weiter, ohne eine Abschiebung befürchten zu müssen, in Deutschland bleiben konnten.

Schließlich konnten selbst die Landesregierungen in den neuen Bundesländern und Berlin sich nicht mehr der zunehmend problematischer gewordenen Lage der ehemaligen DDR-Vertragsarbeitnehmer verschließen und leiteten den auf sie ausgeübten politischen und moralischen Druck an die Bundesregierung weiter, indem sie das Bleiberecht für die Personengruppe bei den Beratungen der Länderinnenminister und beim Ministerium für Arbeit und Sozialordnung thematisierten. Am 14. Mai 1993 verabschiedete die Ständige Konferenz der Innenminister und Senatoren der Länder (IMK) unter Berücksichtigung humanitärer Gründe den Beschluß zur „Bleiberechtsregelung für Werkvertragsarbeitnehmer aus der ehemaligen DDR/ Anordnung gemäß § 32 AuslG für Vertragsarbeitnehmer der ehemaligen DDR".

Die Umsetzung dieses Beschlusses brachte denjenigen Vietnamesen eine Aufenthaltsbefugnis, die:

- vor dem 13.6.1990 in die DDR gekommen, bis dato noch nicht ausgereist waren und von denen die Ausländerbehörden Kenntnisse über ihren ununterbrochenen Aufenthalt hatten;

- bis zum 17.4.1994 den Nachweis der Sicherung des Lebensunterhalts durch eigene Erwerbstätigkeit oder Arbeitslosengeld erbringen konnten;

- in keiner Form Sozialhilfe beziehen mußten;

---

127 Trotz des „Abkommen[s] über Finanzierungshilfen zur Existenzgründung und beruflichen Eingliederung von Fachkräften der Sozialistischen Republik Vietnam" vom 9.6.1992, in dem sich die vietnamesische Regierung gemäß Artikel 8 im Prinzip zur Aufnahme rückkehrwilliger Vietnamesen bereit erklärte, erlaubte die vietnamesische Botschaft in Deutschland in Wirklichkeit durch ihre ständige Verweigerung der Ausstellung eines Passes und der Erteilung der benötigten Einreisegenehmigung keinem ehemaligen Asylbewerber die Rückkehr.

– im Fall eines noch anhängigen Asylverfahrens dieses vor dem Stichtag 17.12.1993 bzw. 17.4.1994 durch Rücknahme des Asylantrages beendeten;

– keinen Ausweisungsgrund geliefert hatten und nicht wegen einer vorsätzlichen Straftat verurteilt wurden.

Die Aufenthaltsbefugnis wurde für die Zeit des gültigen Arbeitsvertrages oder des (noch) bewilligten Arbeitslosengeldes, jedoch höchstens für zwei Jahre, erteilt und verlängert. Die Bleiberechtsregelung eröffnete den Vertragsarbeitnehmern eindeutig eine neue Perspektive. Sie mußten nicht nach Vietnam zurückkehren, wo sie vor Jahren wegen eines Arbeitsplatzes in der DDR ihre Existenzgrundlage in der Heimat (Arbeitsplätze und Wohnstätten) aufgegeben hatten, und bekamen nunmehr die Möglichkeit, für immer in Deutschland zu bleiben und von hier aus ihre Verwandten in der Heimat besser (mit weniger Geld) zu unterstützen[128]. Doch ein gesichertes Aufenthaltsrecht für die Bundesrepublik Deutschland wurde ihnen damit keinesfalls gegeben[129].

Zunächst führten die genannten Vorbedingungen für ein Bleiberecht bei vielen Vertragsarbeitnehmern zu einer verzweifelten Arbeitsuche. Nach Jahren ohne Aufenthaltsgenehmigung und somit ohne eine Arbeitsmöglichkeit fanden sie nur schwer Anschluß an den Arbeitsmarkt. Die meisten Arbeitgeber schreckten vor der von den Ausländerbehörden bis zum Stichtag 17.4.1994 immer nur erteilten 3-monatigen „Duldung" zurück. Zudem besaßen die Vertragsarbeitnehmer nicht von vornherein eine Arbeitserlaubnis (die sog. besondere Arbeitserlaubnis). Die Arbeitserlaubnis wird nur beim Vorweisen eines tarif- und sozialversicherungsrechtlich korrekten Arbeitsangebots erteilt. Die meisten Arbeitgeber zweifelten an der Information des Arbeitsuchenden bzw. der Beratungsstellen, daß die Arbeitserlaubnis ganz sicher erteilt wird, wenn der Arbeitgeber sich schriftlich zur Beschäftigung des Arbeitsuchenden nach der Vorlage der Arbeitserlaubnis bereit erklärte (ein Arbeitsvertrag war nicht erforderlich).

Später gerieten die Inhaber der Aufenthaltsbefugnis permanent unter einen kaum auszuhaltenden Druck, weil sie ständig mit der Sorge lebten, gegen Ende der Gültigkeit der erteilten Aufenthaltsbefugnis ihre Arbeit zu verlieren. Für die Verlängerung der Aufenthaltsbefugnis müssen sie eine Arbeit mit genügendem Einkommen nachweisen. Die Angst vor dem unvorhersehbaren Verlust der Arbeitsstelle treibt noch heute viele Vertragsarbeitnehmer zur selbständigen Erwerbstätigkeit, hauptsächlich in Form eines Wandergewerbes. Dort haben sie zumindest die Möglichkeit, die Einnahmen – unter Hinnahme einer zu hohen Steuerabgabe – nach oben zu manipulieren und entsprechend der ausländerrechtlichen Forderung anzugeben.

Die familiäre Situation der meisten vietnamesischen Vertragsarbeitnehmer wirkt nicht gerade positiv auf ihre Lebensgestaltung. Diejenigen, die eine Familie mit einer außerhalb Deutschlands befindlichen Person erst nach dem

---

128 Vgl. Ascheberg: Ehemalige vietnamesische Vertragsarbeitnehmer, S. 499-502.
129 Siehe außer der folgenden Ausführung auch Kapitel 6.3.

17.6.1993 gründeten, haben bis heute kein Recht auf Familiennachzug (Stichtagsregelung in der Bleiberechtsregelung). In Vietnam lebende und nachzugsberechtigte Ehepartner und Kinder können nur nach Deutschland kommen, wenn der hier lebende Vertragsarbeitnehmer den Lebensunterhalt der ganzen Familie durch sein eigenes Einkommen sichert und ausreichenden Wohnraum besitzt. So leben weiterhin viele verheiratete vietnamesische Vertragsarbeitnehmer in Deutschland allein, fern von ihren Familienangehörigen, weil ihr Einkommen zu niedrig ist. Damit der Lebensunterhalt nach dem Sozialhilfesatz als für die ganze Familie gesichert gilt, versuchen sie kleine, weniger komfortable und billige Wohnungen zu finden. Kann eine Familienzusammenführung wegen Nichterfüllung der Nachzugsvoraussetzungen nicht stattfinden, sind die hier lebenden Familienmitglieder den ständigen Vorwürfen ihrer in der Heimat lebenden Familienangehörigen ausgesetzt.

Der sogenannten Bleiberechtsregelung aus humanitären Gründen für die ehemaligen DDR-Vertragsarbeitnehmer gegenüber steht der Unmut hunderter Vietnamesen, die wegen Verurteilung(en) aufgrund vorsätzlicher Straftat(en) zu geringer Strafe vom Bleiberecht ausgeschlossen wurden. Ein Beispiel: Ein Vietnamese, der zu zehn Tagessätzen à DM 5,- wegen eines Kaufhausdiebstahls verurteilt wurde, kämpfte von 1993 bis Ende 1996 um sein Bleiberecht[130]. Mehr als drei Jahre nach dem Erlaß der sog. Bleiberechtsregelung für die ehemaligen DDR-Vertragsarbeitnehmer erklärte der Bundesinnenminister erst am 5. September 1996 sein Einvernehmen darüber, daß Verurteilungen zu Geldstrafen von bis zu 50 Tagessätzen für das Bleiberecht unschädlich bleiben, soweit die Straftat vor dem 1. Juni 1993 begangen worden ist[131]. Viele Familien werden weiterhin auseinandergerissen, weil ein Ehepartner (meist zugleich ein Elternteil) wegen einer Verfehlung (und Geldstrafe zu mehr als 50 Tagessätzen) sein Bleiberecht verwirkt hat. Die Ausländerbehörde in Berlin weist in der Regel illegale vietnamesische Zigarettenhändler ab dem Handel mit 5 Stangen Zigaretten aus und verhängt damit ein Einreise- und Aufenthaltsverbot[132] gegen diese Personen für mehrere Jahre. Hier zurückbleibende Ehepartner, vor allem Ehefrauen mit Kindern, haben wenig Hoffnung, irgendwann ihren Ehepartner in Deutschland wiederzusehen. Eine in Berlin lebende, alleinstehende Frau mit einem kleinen Kind und bei einer Miete von 700,- DM müßte ein Einkommen abzüglich 20 % des Nettoeinkommens für die sog. be-

---

130 Der Name der Person und der Sachverhalt ist dem Autor bekannt.
131 Bundesministerium des Innern, Einvernehmenserklärung vom 5. September 1996, Aktenzeichen: A 2a-125 225-1/2.
132 Die Ausweisung ist nicht identisch mit der Beendigung des Aufenthaltsrechts eines Ausländers durch eine Entscheidung der Ausländerbehörde, etwa durch einen Ablehnungsbescheid über einen Antrag auf Erteilung oder Verlängerung einer Aufenthaltsgenehmigung. Die Ausweisungsverfügung ist ein Verwaltungsakt, der die schärfsten Sanktionen auslöst, die das Ausländergesetz bereithält. Die Ausweisung verhängt ein an den Ausländer gerichtetes absolutes Verbot der Einreise und des Aufenthalts und verpflichtet die deutschen Behörden, Anträge des ausgewiesenen Ausländers auf Erteilung eines Visums oder einer Aufenthaltsgenehmigung zwingend abzulehnen (§ 8 Abs. 2 Satz 1 und 2 AuslG). Das Verbot der Einreise und des Aufenthalts kann nach der Ausreise auf Antrag befristet werden (§ 8 Abs. 2 Satz 3 AuslG). In der Praxis befristet die Ausländerbehörde Berlin die Wirkung der Ausweisung (das genannte Verbot) bei vietnamesischen Vertragsarbeitnehmern mit strafrechtlicher geringfügiger Verurteilung wegen Zigarettenverkaufs auf 3 Jahre.

rufsbedingte Mehraufwendung in Höhe von mindestens 1940,- DM netto im Monat[133] aufbringen, damit der Kindesvater nach jahrelangem Einreiseverbot dann im Rahmen der Familienzusammenführung nach Deutschland kommen dürfte. Kaum eine alleinstehende, Kinder erziehende vietnamesische Arbeitnehmerin erfüllt diese Bedingung für die Familienzusammenführung.

Es tat sich des weiteren ein krasser Widerspruch zwischen der humanitären Bleiberechtsregelung für die angeworbenen ausländischen Arbeitnehmer und dem Aufenthaltstitel „Aufenthaltsbefugnis" auf, als unmittelbar nach dem Erlaß des Bleiberechts durch ein Bundesgesetz ab dem 26.6.1993 das Erziehungsgeld für Ausländer mit einer Aufenthaltsbefugnis nicht mehr gezahlt wurde[134]. Infolge der Änderung der gesetzlichen Bestimmungen über die Gewährung von Kindergeld werden Ausländer ab 1.1.1994 zusätzlich zum Erziehungsgeld auch noch vom Kindergeld ausgeschlossen, wenn sie lediglich im Besitz einer „Aufenthaltsbefugnis" sind. Die Vertragsarbeitnehmer dürfen in Deutschland bleiben, ihre Kinder aber werden von einer integrationswirksamen Maßnahme dieses Landes ausgeschlossen. Der Ausschluß der Ausländer mit einer Aufenthaltsbefugnis von den genannten Förderungen dient „sicherzustellen, daß das Kindergeld nur an Ausländer ausgezahlt wird, von denen zu erwarten ist, daß sie auf Dauer in Deutschland bleiben werden."[135] Das Bleiberecht der Vertragsarbeitnehmer kann also seitens der Bundesregierung zunächst doch nur für begrenzte Zeit angedacht sein.

6. Die verunsicherten Vietnamesen in der Bundesrepublik Deutschland

Bis heute leben vietnamesische Vertragsarbeitnehmer – ebenso wie diejenigen aus Angola und Mosambik – mit der drängenden Frage: „Wie lange kann ich mein Leben hier einplanen?". Sie müssen sich ständig fragen, ob sie bei Verlust der jetzigen Arbeitsstelle zwecks der Verlängerung der Aufenthaltsbefugnis für die nächsten zwei Jahre sofort wieder eine Arbeit finden würden. Die Hoffnung verringert sich mit dem Alter und der zunehmenden Anspannung des Arbeitsmarktes in Deutschland. Eine Rückkehr nach Vietnam wird immer unmöglicher, je länger sie von der Heimat entfernt leben. Resignation, familiäre Konflikte, psychosomatische Erkrankungen u. a.m. begleiten die meisten von ihnen fortlaufend. Typisch ist die Angst, das Aufenthaltsrecht für die Bundesrepublik Deutschland zu verlieren und auf die Liste der nach Vietnam zurückzuführenden vietnamesischen „Illegalen" gesetzt zu werden.

---

133 Berechnet nach dem gegenwärtig geltenden Sozialhilfesatz im Land Berlin: 539,- DM für den Haushaltsvorstand, 431,- DM für den Ehegatten, 270,- DM für ein Kind unter 6 Jahre und das Aufkommen für die Miete.

134 Gesetz über Maßnahmen zur Bewältigung der finanziellen Erblasten im Zusammenhang mit der Herstellung der Einheit Deutschlands, zur langfristigen Sicherung des Aufbaus in den neuen Ländern, zur Neuordnung des bundesstaatlichen Finanzausgleichs und zur Entlastung der öffentlichen Haushalte (Gesetz zur Umsetzung des Föderalen Konsolidierungsprogramms – FKPG), BGBl. I, Nr. 30, S. 944 ff., hier Artikel 4, S. 946.

135 Felix: Kindergeldansprüche von Ausländern, S. 124. In diesem Zusammenhang wies Dagmar Felix auch auf BT-Drs. 12/5502 hin.

6.1. Das Rückübernahmeabkommen zwischen der Bundesrepublik Deutschland und der Sozialistischen Republik Vietnam vom 21. Juli 1995

Da die Bundesregierung bis Mitte 1992 immer noch keine Argumentation für ein Bleiberecht für die ehemaligen DDR-Vertragsarbeitnehmer zu erkennen vermochte, versuchte sie, mit Vietnam eine Möglichkeit der Förderung der freiwilligen Rückkehr der in Deutschland lebenden Vietnamesen auszuhandeln. Die im Ergebnis der Verhandlungen zustandegekommenen Rückkehrhilfeprogramme[136] konnten aber bisher ihren Zweck nicht erfüllen. Sie konnten kaum einem Vietnamesen den Anreiz zur freiwilligen Rückkehr bieten [137]. Unterdessen mußte die Bundesregierung im Mai 1993 den ehemaligen DDR-Vertragsarbeitnehmern das zuvor erwähnte, an bestimmte Bedingungen gebundene Bleiberecht zugestehen[138]. Das Hauptanliegen der Bundesrepublik Deutschland bestand nunmehr darin, die vietnamesische Regierung an ihre völkerrechtliche Verpflichtung zu binden, ihre eigenen Staatsangehörigen zurückzunehmen, soweit sie kein Aufenthaltsrecht im Ausland besitzen. Ab Ende 1993 versuchte die Bundesrepublik Deutschland sodann auf verschiedenen Ebenen, Verhandlungen mit Vietnam zur Rücknahme seiner Staatsangehörigen ohne Aufenthaltsgenehmigung in Gang zu setzen. Im Januar 1995 konnten sich beide Staaten nach zähen, harten Verhandlungen endlich zu einer „Gemeinsame[n] Erklärung über Ausbau und Vertiefung der Deutsch-Vietnamesischen Beziehungen" durchringen, nachdem in folgenden Schwerpunkten Einvernehmen erreicht wurde:

1. Vietnam verpflichtet sich, gemäß dem Völkerrecht vietnamesische Staatsangehörige ohne Aufenthaltsrecht für Deutschland – ohne Rücksicht auf ihre Rückkehrbereitschaft – zurückzunehmen.

2. Im Gegenzug dazu wird die Bundesrepublik Deutschland Vietnam nach vielen Jahren der Unterbrechung Entwicklungshilfe einschließlich Wiedereingliederungshilfe in Höhe von 100 Mio. DM jeweils für die Jahre 1995 und 1996 gewähren.

Nachdem die Bundesregierung den vietnamesischen Verhandlungspartner dazu bewegen konnte, außerhalb eines offiziellen, völkerrechtlich verbindlichen

---

136 Am 9.6.1992 schloß die Bundesrepublik Deutschland mit der Sozialistischen Republik Vietnam das „Abkommen über Finanzierungshilfen zur Existenzgründung und beruflichen Eingliederung von Fachkräften der Sozialistischen Republik Vietnam" ab.

137 Manche abgelehnten Asylbewerber würden zurückkehren, kommen aber nicht in den Genuß einer Förderung. Fast alle Förderungsprogramme sehen eine mehrjährige Arbeits- bzw. Berufserfahrung, zumindest eine Aus- oder Fortbildung von mindestens 2 Jahren, in Deutschland als Förderungskriterien vor. Die können in der Regel von (ehemaligen) Asylbewerbern nicht erfüllt werden, da sie meistens nicht arbeiten und an einer Aus- bzw. Fortbildung teilnehmen dürfen. Die meisten Vertragsarbeitnehmer hatten hier mehr als zwei Jahre schon gearbeitet, hatten aber zu dem Zeitpunkt aufgrund der immer stärker wachsenden gesellschaftlichen Initiativenbewegung für ein Bleiberecht die große Hoffnung auf ein Verbleiben in Deutschland nicht aufgegeben und waren nicht bereit, auszureisen. Zu den Förderungsprogrammen vgl. Arbeitsgruppe Entwicklung und Fachkräfte g GmbH (im Auftrag der Zentralstelle für Arbeitsvermittlung Frankfurt/Main), Rückkehr und Reintegration – Arbeitsmaterialien für die Beratung –, Berlin, Oktober 1996, insbesondere Abschn. 3.1, 3.2. und 3.4.2.

138 Siehe Kap. 5.2.

Rückübernahmeabkommens Straffreiheit bezüglich des „unerlaubten Verbleibens im Ausland" für die zurückzukehrenden Vietnamesen zuzusichern, unterzeichneten beide Staaten am 21.7.1995 das „Abkommen zwischen der Regierung der Bundesrepublik Deutschland und der Regierung der Sozialistischen Republik Vietnam über die Rückübernahme von vietnamesischen Staatsangehörigen (Rückübernahmeabkommen)"[139] in Berlin.

Zwar mußten die deutschen Akteure der Unterzeichnung des Rückübernahmeabkommens im nachhinein viele offensichtliche Vertragsmängel eingestehen, insbesondere bezüglich überbürokratischer und zeitaufwendiger Verfahrensweisen zur Aufnahme ausreisepflichtiger Vietnamesen, das Anliegen des Abkommens ist jedoch völkerrechtlich völlig legitim. Vietnam verlangt von seinen eigenen Staatsbürgern bei Rückkehr in das Heimatland absurderweise ein gültiges Einreisevisum[140]. Während Vietnamesen in den ehemaligen sozialistischen Ländern in der Regel auf (meist mündlichen) Antrag problemlos das Einreisevisum für Vietnam erhalten, läßt Vietnam bei der Erteilung des Visums für die in den westlichen Ländern sich aufhaltenden Vietnamesen hohe Anforderungen und Willkür walten. Deshalb war es unumgänglich, Vietnam in dem Abkommen zu verpflichten, „vietnamesische Staatsangehörige, die keinen gültigen Aufenthaltstitel für die Bundesrepublik Deutschland haben, entsprechend den Bestimmungen dieses Abkommens zurückzunehmen" (Artikel 1 Abs. 1 Rückübernahmeabkommen). Das Rückübernahmeabkommen löste anfangs eine Welle von Unruhe bis zur Panik unter den Vietnamesen in Deutschland aus. Die Botschaft, die bei ihnen angekommen war, lautete: „Vietnamesen müssen Deutschland bis zum Jahr 2000 verlassen". Diese Verunsicherung der Vietnamesen verursachte nicht originär das Rückübernahmeabkommen, sondern bedauerlicherweise die unsachliche und Ängste schürende Informationspolitik mancher führender Politiker und die meist undifferenzierte Berichterstattung der Medien. Die Angabe, in Deutschland hielten sich gegenwärtig 40.000 Vietnamesen „illegal" auf, entbehrt jeglicher zuverlässiger seriöser Statistik und erzeugt dagegen in der breiten Öffentlichkeit einen unerfreulichen, undifferenzierten Umgang mit den hier lebenden Vietnamesen. Da jeder Vietnamese für die deutsche Bevölkerung potentiell ein „Illegaler" geworden ist, sehen sich auch die Vietnamesen mit einem ordentlichen Aufenthaltsrecht für Deutschland verbalen Attacken ausgesetzt. Außerdem belastet die vietnamesische Gemeinde sehr, daß leider wiederholt abscheuliche Verbrechen von einzelnen Vietnamesen in der mafiösen Struktur des Zigarettenhandels gegen ihre Landsleute in Deutschland begangen wurden.

---

139 BGBl. 1995, Teil II, Nr. 27, S. 744.

140 Es wird mehrfach behauptet, Vietnam sei das einzige Land auf der Welt mit dieser Verfahrensweise. Dies dürfte nur bedingt richtig sein, wenn man bedenkt, daß in der letzten Zeit Deutschland Verhandlungen mit einer ganzen Reihe von Ländern der Welt (z. B. Rumänien, (Rest-)Jugoslawien, Algerien) zwecks Rückführung deren in Deutschland sich ohne Aufenthaltsgenehmigung aufhaltenden Staatsangehörigen durchführen mußte. Zwar verlangten die anderen Ländern von ihren Staatsbürgern kein formales Einreisevisum für die Rückkehr, verweigerten jedoch massiv und willkürlich die Einreise ihrer Staatsangehörigen.

6.2. Das bisherige Ergebnis der Umsetzung des Rücknahmeabkommens durch die Bundesrepublik Deutschland und die Haltung der Regierung Vietnams

Von dem Vorhaben des Rücknahmeabkommens, im Jahre 1995 2.500 Vietnamesen, 1996 5.000, 1997 6.000 und 1998 6.500 nach Vietnam zurückzuführen, ist das bisherige Resultat weit entfernt. Nur 12 bis 27 Vietnamesen wurden 1995 zurückgeführt[141]. Insgesamt wurden bis Mai 1996 höchstens 250 Vietnamesen in ihre Heimat gebracht[142]. Zwar hat Vietnam im Juni 1996 eine Liste mit 3.000 Vietnamesen an Bonn zurückgeschickt, die Vietnam als vietnamesische Staatsangehörige bestätigte, aber die Bundesrepublik Deutschland konnte bis zum 7. Mai 1997 insgesamt nur 2.365[143] von den im Abkommen bis zum Ende 1997 vorgesehenen 13.500 Vietnamesen zurückführen. In die letzte Statistik der „Zurückgeführten" dürfte bereits auch die Zahl der freiwillig zurückgekehrten Vietnamesen mit einfließen, da Vietnam ab Mitte 1996 eine „Lockerung"[144] der Erteilung der Einreisevisa an freiwillige Rückkehrer einführte und dafür von der deutschen Seite eine Anrechnung der freiwilligen Zurückgekehrten auf das im Rücknahmeabkommen genannte Rücknahmekontingent erfolgreich verlangte. Seitdem kann ein ausreisepflichtiger vietnamesischer Staatsbürger die Rückführung durch die deutschen Behörden umgehen, indem er sich an die vietnamesische Botschaft wendet und dort ein Einreisevisum bzw. ein Laizer-Passer beantragt. Mit einer entsprechenden Bestätigung des Antrages auf die Erteilung des Einreisevisums von der Botschaft geht er dann zu seiner Ausländerbehörde und läßt eine sog. „Grenzübertrittsbescheinigung" ausstellen. Auf dieser Bescheinigung bestätigt die Ausländerbehörde gleichzeitig die Anrechnung auf das Kontingent und leitet ggf. den eingezogenen vietnamesischen Paß an die Botschaft weiter[145]. Die nunmehr offene Bereitschaft Vietnams, den vietnamesischen freiwilligen Rückkehrern die Einreise zu erlauben, bringt etwas Entspannung in die Beziehung zwischen beiden Staaten, stellt aber nach wie vor eine nicht nachvollziehbare, widersprüchliche Haltung Vietnams dar. Vietnam tut so, als ob es an der Förderung von freiwilligen Rückkehrern äußerst interessiert ist und kritisiert wiederholt und heftig die deutschen Behörden, daß bei ihnen vietnamesische freiwillige

---

141 Internationale Gesellschaft für Menschenrechte (IGFM) – Deutsche Sektion e.V., Bericht: Rückführung von Vietnamesen aus Deutschland. Praxis und Erfahrungen, Frankfurt a. Main, Januar 1997, 35 Seiten, hier S. 14.

142 Ebenda, S. 15.

143 Parlamentskorrespondenz – hib (heute im bundestag) – Bonn, Mittwoch, 11. Juni 1997.

144 Von nun an erteilt die vietnamesische Botschaft Einreisevisa für Rückkehrwillige. Sie müssen nicht mehr mit Hilfe von Schlepperbanden in eins der osteuropäischen Nachbarländer Deutschlands, um von dort ein Einreisevisum für Vietnam zu erhalten. Die Erteilung des Einreisevisums erfolgt jedoch – nach zuverlässigen und glaubwürdigen Berichten von Vietnamesen an den Autor in seiner Beratung – ausschließlich nach der Zahlung vom Bestechungs- bzw. Schmiergeld in Höhe zwischen DM 1500,- bis DM 3000,-. Die Vietnamesen zahlen diese Forderungen, meistens weil sie eine Befragung und möglicherweise eine vorübergehende Unterbringung in einem Aufnahmelager bei der Ankunft in Vietnam vermeiden wollen.

145 Siehe Anhang Nr. 11 und Vgl. auch Bericht der IGFM, a. a. O.., S. 15.

Rückkehrer nur mit langen Wartezeiten ihre Rückkehr beantragen können[146]. An eine direkte Hilfe für die freiwilligen Rückkehrer in Form von Erteilung der Einreisevisa ohne ein Durchlaufverfahren über die deutschen Ausländerbehörden denkt Vietnam natürlich nicht.

Trotz der Anrechnung der freiwilligen Rückkehrer auf das im Rückübernahmeabkommen festgelegte Kontingent steht bereits jetzt fest, daß in Wirklichkeit z.Zt. wesentlich weniger ausreisepflichtige Vietnamesen in Deutschland leben – weit unter der angegebenen Zahl von insgesamt 40.000. Vietnam hat selbstverständlich Kenntnis davon, daß die in der Öffentlichkeit kursierenden Angaben über die Zahl der vietnamesischen „Illegalen" nicht stimmen , behindert aber weiterhin die Aufnahme ausreisepflichtiger Vietnamesen. Die Hypothese, Vietnam wolle mit seiner Verzögerungstaktik mehr Leistungen von Deutschland erhalten, ist nicht fundiert. Deutschland ist in seinen Handlungsprämissen eben nicht nur an der Rückführung einiger Vietnamesen interessiert, sondern vielmehr an wirtschaftliche Interessen gebunden. Die Verweigerung bzw. Verschiebung der Aufnahme von Vietnamesen hat folgende Gründe:

– die Staats- und Parteiführung Vietnams betrachtet eine Rückkehr von Vietnamesen in einer höheren Größenordnung aus den westlichen kapitalistischen Ländern als eine große Gefahr für die politische sozialistische Entwicklung und Gestaltung des Landes;

– das zu den ärmsten Länder der Welt gehörende Vietnam ist mit großer Wahrscheinlichkeit nicht daran interessiert, bei der derzeitigen Arbeitslosigkeit von mehr als 20 %[147] im Lande und beim zunehmenden Wegfall des für den Sozialismus unverzichtbaren staatlichen und einzig beherrschbaren Wirtschaftssektors irgendeinen Staatsbürger noch aufzunehmen;

– Vietnam ist sich dessen bewußt, daß es in der letzten Zeit aufgrund der übermächtigen Korruption im Inland einer ganzen Reihe von Vietnamesen mit wenigen Bindungen an ihr Land und zum Teil mit bereits in Vietnam – vor der Auswanderung – entfalteter krimineller Energie, gelungen ist, Vietnam in Richtung Westen zu verlassen. Diese Personen sind in Vietnam unerwünscht[148];

– die Rückführung von ausreisepflichtigen Vietnamesen, die in der Mehrzahl erst nach der „Wende" in der DDR nach Deutschland gekommen sind, betrifft in nicht geringer Zahl enge Verwandte, Freunde und (eine hoch bezahlende) Klientel von Funktionären in führenden Positionen im vietname-

---

146 Vgl. Marina Mai, Rückführung mit Fallen, in: Neues Deutschland vom 27. Juni 1996, S. 3 und Vietnam kritisiert Bonner Bürokratie, in: Berliner Zeitung vom 1. August 1996, S. 1.

147 Vgl. auch Auswärtiges Amt: Lagebericht Vietnam (Stand: Januar 1996), Aktenzeichen: 514-516.80/3 VIE, Bonn, den 26.1.1996, 9 Seiten, hier S. 3.

148 Vgl. auch Monika Högen, Nur ein paar gute Ratschläge – Zurück in Vietnam, aber Arbeit gibt es kaum –, in Frankfurter Rundschau vom 12. August 1996, S. 6. Hier berichtete Högen über die Haltung ausdrückende Frage der vietnamesischen Bevölkerung: „Warum laßt ihr die die Kriminellen überhaupt rein? Das sind Randgruppe, Vietnamesen, mit denen auch wir nichts zu tun haben wollen".

sischen Staat. Der vietnamesische Staat ist durch seine korrumpierten Beamten und Funktionäre zutiefst in die Organisation der Auswanderung verwickelt. Schwere Konflikte zwischen den korrupten Beamten und den zwangsweise Zurückgeführten, aber auch zwischen den im Inland bisher miteinander konkurrierenden, im staatlichen Apparat sitzenden Schlepperbanden[149] sind zu erwarten, wenn Vietnam ohne Bedingungen aus Deutschland die Leute zurücknehmen würde, denen letztendlich nur gegen hohe Bezahlung die Ausreise unter der Garantie, nicht sobald zurückkehren zu müssen, ermöglicht wurde[150].

Um so undurchschaubarer ist die Haltung Vietnams zur Umsetzung des Rückübernahmeabkommens in der letzten Zeit, wenn es „Bonn zur Abschiebung von Kriminellen" rät[151]. Vietnam fordert die deutschen Behörden auf, straffällige Vietnamesen ohne Bestrafung und/oder ohne Strafverbüßung in Deutschland nach Vietnam abzuschieben und sei bereit, sie ohne bürokratische Hürden aufzunehmen. Das Argument Vietnams für eine sofortige Abschiebung vietnamesischer Straffälliger, nach Verbüßung der Strafe in Deutschland seien die Bestraften keine Straftäter mehr, impliziert andererseits die Forderung nach einem bedingungslosen Bleiberecht für „Nicht-Straftäter". Darüber hinaus läßt die Aufforderung zur sofortigen Abschiebung vermuten, daß die vietnamesische Regierung die strafrechtliche Verfolgung gegen vietnamesische Straftäter durch die deutschen Strafverfolgungsbehörden weitestgehend vermeiden will. Das Motiv dafür ist allerdings noch völlig unklar. Eindeutig dagegen ist das Interesse der vietnamesischen Seite an der Arbeit der strafverfolgenden Behörden Deutschlands. Sie würde „jederzeit Dolmetscher zur Verfügung stellen, um die Ermittlungen zu verkürzen."[152] Das Angebot scheint seltsam, aber nicht unerklärlich. Vietnam konnte gerade in der jüngsten Zeit reichlich die Erfahrungen sammeln, daß der deutsche Partner oft erst sein Ziel erreichen konnte, sobald manchen unüblichen Forderungen Vietnams nachgegeben wurde. Ein Verzicht Deutschlands auf die Strafverfolgung schwerwiegender

149 Verfolgt man ständig die alltägliche politischen Geschehnisse Vietnams, ist folgendes nicht zu übersehen: Bei vielen Wechseln der hohen Beamten in Polizei- und Behörden des Inneren auf höheren Verwaltungsebenen (Großstadt, Ministerium...) flogen Gruppen von bestechlichen Beamten unter der Führung von den entmachteten Funktionären auf, die die Ausreise von Vietnamesen nicht „ordnungsgemäß" organisiert hatten. Die Aufdeckung mancher Schlepperbanden wurde durch Aussagen von zurückgekehrten und zurückgeführten Vietnamesen ermöglicht.
150 Folgendes muß man im Auge behalten: In Vietnam besitzt kein Bürger einen Paß vor einer Reise ins Ausland. Damit ein Bürger in den Besitz eines Passes kommt, muß seine Ausreise tatsächlich bevorstehen. Eine Ausreise steht wiederum nur bevor, wenn die Innenbehörden einem Antrag auf eine bestimmte Ausreise zugestimmt haben. Die Zustimmung wird nur erteilt, wenn ein dringender familiärer oder beruflicher Grund vorliegt, im besten Fall, wenn eine staatlich organisierte/kontrollierte touristische Reise in wenig problematische (d. h. osteuropäische und einige wenige südostasiatische) Länder gestattet werden soll. Dann erhält der Bürger einen Paß mit einer ausdrücklichen, zweckgebundenen Ausreisegenehmigung und Rückkehrberechtigung innerhalb von 180 Tagen. Die Prozedur zur Erlangung eines Passes durchläuft alle Verwaltungsebenen von der untersten kommunalen bis zur Regierungsebene. Ein Bürger kann nicht einfach ohne Wissen aller Behörden das Land verlassen. Es sei denn er verläßt das Land als „boat people".
151 Vietnam rät Bonn zur Abschiebung von Kriminellen, in: Berliner Zeitung vom 3. April 1997, S. 1.
152 Diplomat: Straftäter schnell nach Vietnam abschieben – Botschaft will mit Berliner Behörden kooperieren –, in: Berliner Zeitung vom 3. April 1997, S. 23.

Straftaten von Vietnamesen in Deutschland kommt nicht in Frage. Ein Absehen von der (Teil)Vollstreckung einer durch das deutsche Gericht verhängten Strafe bei Ausweisung ist dagegen in einzelnen Fällen nach Maßgabe des § 456a Strafprozeßordnung (StPO) der Bundesrepublik Deutschland[153] durchaus möglich. Ihm liegen jedoch fast ausschließlich hiesige innerstaatlich-rechtspolitische und sachliche Kriterien zugrunde, auf die die Forderung seitens Vietnams nach Abschiebung straffälliger Vietnamesen keinen Einfluß hat.

Eine pauschale Verfolgung der vietnamesischen Rückkehrer wegen des „unerlaubten" Verbleibens im Ausland liegt mit Sicherheit nicht im Interesse des vietnamesischen Staates. Dieser hat einerseits zur Zeit existentielle soziale, ökonomische und politisch-konzeptionelle Probleme zu lösen und andererseits aufgrund der lebensnotwendigen wirtschaftlichen und zwangsweise – wenn auch im begrenzten Maße – politischen Öffnung des Landes nach westlichen Ländern Rücksicht auf deren Menschenrechtsvorstellung zu nehmen. Bisher ist keine einzige strafrechtliche Verfolgung gegen einen aus Deutschland zurückgeführten und zurückgekehrten Vietnamesen bekannt geworden. Das bedeutet aber mit Sicherheit nicht, daß eine politische Verfolgung gegen in Deutschland politisch antivietnamesisch tätige Vietnamesen bei ihrer Rückkehr nicht stattfinden würde. Das Interesse Vietnams an umfassender Erfassung der persönlichen Lebensverhältnisse und -umstände der im Ausland lebenden Vietnamesen ist genauso erschreckend[154] wie banal und zeigt frappierende Parallelen zu dem Staatssicherheitsstaat DDR auf. Eine gründliche Überprüfung der individuellen Rückkehrhindernisse und damit Vermeidung der Rückführung von politischen Verfolgten nach Vietnam ist geboten. Diese Überprüfung darf sich aber nicht zu sehr an den ausländerrechtlichen Vorgaben der gegenwärtigen Politik der Zuzugsbegrenzung für Ausländer orientieren.

6.3. Integrationschancen für Vietnamesen in der Bundesrepublik Deutschland

Diejenigen ausreisepflichtigen Vietnamesen, die keine politische Verfolgung in Vietnam zu befürchten haben, werden in ihre Heimat zurückkehren müssen. Eine ausländerrechtliche Ausnahmeregelung für diese Personengruppe wäre im Kontext der gesamten Ausländerpolitik der Bundesrepublik Deutschland nicht gerechtfertigt. Demzufolge gab es bisher keine Bestrebung in der Politik, die ausreisepflichtigen – und bei Verweigerung der Ausreise die zurückzuführenden – Ausländer im allgemeinen, die Vietnamesen im speziellen, in die hiesige Gesellschaft zu integrieren. Auf der einen Seite ist diese Vorgehensweise der Ausländerpolitik nachvollziehbar, denn eine sozialpolitisch gezielte Integration würde der Rückführung einen inhumanen Charakterzug verleihen und sie zusätzlich erschweren. Auf der anderen Seite dürfte jedoch das äußerst bü-

---

153 Der § 456a StPO regelt das „Absehen von Vollstreckung bei Auslieferung und Ausweisung".
154 Aus Deutschland nach Vietnam zurückzuführende Vietnamesen sollen gegenüber der vietnamesischen Regierung in einem Fragebogen z. B. die Frage beantworten, welche Verwandten von ihnen im Ausland und wo leben. Diesen Fragebogen erhält ein zurückzuführender Vietnamese von der zuständigen deutschen Ausländerbehörde.

rokratische Rückführungsverfahren bei den Vietnamesen und damit verbunden die tatsächlich nur zögerlich vonstatten gehende Rückführung den deutschen Politikern doch einen ernsthaften Überdenkensprozeß abverlangen. Zahlreiche und tiefgreifende Integrationsvorgänge im Alltag der Ausländer ohne Aufenthaltsrecht in Deutschland sind nicht vermeidbar. Unter den zurückzuführenden Vietnamesen befinden sich viele, die kurz nach dem Zusammenbruch der DDR bzw. nach der Vereinigung beider deutscher Staaten aus anderen osteuropäischen Ländern und direkt aus Vietnam nach Deutschland immigrierten. Sie haben ihre Familien mitgebracht oder hier gegründet. Bei den jüngsten vietnamesischen Immigranten formierte sich bereits die 2. Generation, die über keine Verbindung zu Vietnam verfügt. Und so drängt sich die Frage auf, ob die Rückführung einer vietnamesischen Familie mit Kind/ern im Jahr 2000 nach mehr als 10 Jahren Aufenthalt in Deutschland noch vertretbar ist. Es läge dann nahe, daß man Familien mit Kind/ern zuerst und unverzüglich abschieben müßte. Die bisherige Abschiebepraxis zeigt jedoch, daß nur sehr wenige vietnamesische Familien zurückgeführt werden. Das ist unter anderem darauf zurückzuführen, daß gerade ausreisepflichtige vietnamesische Familien größere Solidarität in der Bevölkerung, vor allem durch Wohlfahrtsverbände und Einrichtungen mit Ausländerintegrationsauftrag, erfahren. Sie fordern – mit wenigen Ausnahmen – eine ausdrückliche geregelte Reihenfolge der Rückführung, in der zuallererst die Straffälligen und zuallerletzt die Familien mit Kind/ern Deutschland verlassen sollten[155]. Viele vietnamesische Familien hoffen immer noch auf eine positive Änderung ihrer Situation durch eine neue Altfallregelung. Denn sie wissen, daß in den letzten fünf Jahren die Bundesregierung sich zweimal zu humanitären Bleiberechtsregelungen (Altfallregelungen) für Asylbewerber und andere Ausländer mit langen Aufenthaltszeiten in Deutschland (d. h. von 5 bis 9 Jahren) entschließen konnte[156].

Die viel diskutierte Thematik „Rückführung von Vietnamesen" bringt auch einen produktiven Effekt auf das Problembewußtsein vieler gesellschaftlicher Kräfte bezüglich der Frage der weiteren Aufenthaltsgestaltung der ehemaligen DDR-Vertragsarbeitnehmer. Die allgemeine Verunsicherung unter ihnen bewirkte gesellschaftliches Nachdenken. Der auf ihre Integration nachteilig wirkende und wenig gesicherte Aufenthaltstitel „Aufenthaltsbefugnis"[157] wird mehr und mehr von Mitmenschen, aber auch Behörden einiger Bundesländer, als ungerecht erkannt. Die grundlegende Voraussetzung für eine erfolgreiche Integrationspolitik und praktikable Umsetzung derselben ist die Änderung des Aufenthaltstitels in eine Aufenthaltserlaubnis und damit die Möglichkeit einer

---

155 Vgl. z. B. Bericht der IGFM, S. 32. Dort heißt es: „Folgende Reihenfolge ist zu empfehlen: Straftäter, Freiwillige, jüngst abgelehnte und ausreisepflichtige Asylbewerber, Sozialempfänger (Einzelperson vor Familie) und andere (Einzelperson vor Familien)."

156 Die erste wurde im Zuge des sog. Asylkompromisses Ende 1992 und die zweite im März 1996 beschlossen. In der ersten konnten Ausländer einer ganzen Reihe von Ländern eine Aufenthaltsbefugnis erhalten, wenn sie vor dem 31.10.1988 in das Bundesgebiet eingereist waren. In der zweiten vom 26.3.1996 konnten Asylbewerber mit Familien ebenfalls die Aufenthaltsbefugnis bekommen, wenn sie u. a. vor dem 1.7.1990 in das Bundesgebiet eingereist waren und den Lebensunterhalt der Familien weitestgehend durch eigene Erwerbstätigkeit sichern können.

157 Siehe Kap. 5.2.

baldigen Verfestigung des Aufenthalts in Deutschland. Gegen Ende 1993 – nach unzähligen Foren und Diskussionen – einigten sich die meisten Gruppen und Personen in den neuen Bundesländern, die sich seit Jahren intensiv um die Verbesserung der sozialen Situation der ehemaligen DDR-Vertragsarbeitnehmer bemühen, auf eine Suche nach Wegen zur Anerkennung der Aufenthaltszeiten in der ehemaligen DDR einschließlich der Zeiten vom 1. Januar 1991 bis zur Erteilung der Aufenthaltsbefugnis entsprechend der Bleiberechtsregelung vom 14. Mai 1993. Seit der Einführung des geltenden Ausländergesetzes der Bundesrepublik Deutschland vom 9. Juli 1990[158] auf dem Gebiet der ehemaligen DDR am 1. Januar 1991[159] rechnen die Ausländerbehörden den Vertragsarbeitnehmern ihre Aufenthaltszeiten in der ehemaligen DDR nicht an, wenn es darauf ankommt, unter Anrechnung dieser Zeiten ihren Aufenthaltsstatus zu verbessern und zu verfestigen. Die Verweigerung der Anrechnung der Aufenthaltszeiten in der ehemaligen DDR ist um so unerklärlicher, wenn man bedenkt, daß die Einbürgerungsbehörden in ihrer ständigen Verwaltungspraxis – im Gegensatz zu den Ausländerbehörden – noch nie Zweifel an die Anrechnungsfähigkeit der genannten Zeiten hegten.

Der Nutzen der Anrechnung der DDR-Aufenthaltszeiten und der Zeiten bis zur Erteilung der Aufenthaltsbefugnis besteht darin, daß viele Vertragsarbeitnehmer längst auf der Grundlage des § 35 Abs. 1 AuslG ihre Aufenthaltsbefugnis in eine unbefristete Aufenthaltserlaubnis hätten umwandeln lassen können. Gemäß dem derzeit geltenden § 35 Abs. 1 AuslG kann einem Ausländer eine unbefristete Aufenthaltserlaubnis erteilt werden, wenn er seit 8 Jahren im Besitz der Aufenthaltsbefugnis ist. Auf die erforderlichen 8 Jahre werden kraft Gesetzesvorgaben die Aufenthaltszeit des der Erteilung der Aufenthaltsbefugnis vorangegangenen Asylverfahrens (§ 35 Abs. 1 AuslG) und die rechtmäßigen Aufenthaltszeiten vor dem Inkrafttretens des neuen Ausländergesetzes am 1. Januar 1991, unabhängig vom Aufenthaltstitel (§ 99 Abs. 1 AuslG), angerechnet.

Der Durchbruch bezüglich der Anerkennung der DDR-Aufenthaltszeiten kam mit dem Vorschlag der Koalitionsfraktionen im April 1996[160], sich des vom Freistaat Sachsen eingebrachten Bundesratsantrages (Bundesratsdrucksache 182/2/96 vom 2. Mai 1996) anzunehmen und den Ausländern, „die sich bis zum 3.10.1990 rechtmäßig im dem in Art. 3 des Einigungsvertrages genannten Gebiet aufgehalten haben, die Zeit des rechtmäßigen Aufenthalts vor Erteilung einer Aufenthaltsbefugnis bei Anwendung des § 35 *zur Hälfte* anzurechnen." Der Deutsche Bundestag hat in seiner 138. Sitzung am 14. November 1996 den „Entwurf eines Gesetzes zur Änderung straf-, ausländer- und asylverfah-

---

158 BGBl. 1990, Teil I, S. 1354.
159 Vertrag zwischen der Bundesrepublik Deutschland und der Deutschen Demokratischen Republik über die Herstellung der Einheit Deutschlands – Einigungsvertrag –, a. a. O.., Anlage I, Kapitel II, Sachgebiet B, Abschnitt III, Nr. 3 und 4, S. 895 f. in Verbindung mit Anlage II, Kapitel II, Sachgebiet B, Abschnitt III, Nr. 1, 2 und 3, S. 1066.
160 Presseerklärung der innenpolitischen Sprecher der Koalitionsfraktionen im Deutschen Bundestag Marschewski (CDU/CSU) und Dr. Stadler (FDP) vom 29. April 1996.

rensrechtlicher Vorschriften – Drucksache 13/4948" angenommen, in dem eine Gesetzesänderung u. a. dem Vorschlag des Freistaates Sachsen entsprechen sollte. Der Vermittlungsausschuß von Bundestag und Bundesrat wurde jedoch angerufen, der schließlich am 12. Juni 1997 in seinem Einigungsvorschlag hinsichtlich der Problematik der Vertragsarbeitnehmer die volle Anerkennung der DDR-Aufenthaltszeiten und der meisten Aufenthaltszeiten zwischen dem 3. Oktober 1990 und der Erteilung der Aufenthaltsbefugnis empfahl [161]. Der Deutsche Bundestag faßte am 26. Juni 1997 einen Beschluß entsprechend der Beschlußempfehlung des Vermittlungsausschusses. Der Bundesrat stimmte dann am 4. Juli 1997 dem Beschluß des Deutschen Bundestages zu. Die Gesetzesänderung wird voraussichtlich im Herbst 1997 in Kraft treten. Dann werden die meisten ehemaligen DDR-Vertragsarbeitnehmer aus Vietnam die unbefristete Aufenthaltserlaubnis bzw. die befristete Aufenthaltserlaubnis erhalten. Danach können sie das Recht auf Kindergeld und Erziehungsgeld in Anspruch nehmen. Der Erwerb der deutschen Staatsangehörigkeit ist mit der Aufenthaltserlaubnis auch möglich. Den ehemaligen DDR-Vertragsarbeitnehmern wird dann die gleiche juristische Chance für die Integration wie den ehemaligen Gastarbeitern der Bundesrepublik Deutschland eingeräumt werden. Mit der bevorstehenden Gesetzesänderung wird die Bundesregierung einen vorläufigen Schlußpunkt unter die in den letzten Jahren in Deutschland viel diskutierte und in der Öffentlichkeit thematisierte Problematik der „DDR-Vertragsarbeitnehmer" setzen.

Außer den ehemaligen DDR-Vertragsarbeitnehmern mit einem Bleiberecht für die Bundesrepublik Deutschland und den ausreisepflichtigen Vietnamesen leben heute schätzungsweise noch mehr als 40.000 andere Vietnamesen rechtmäßig in Deutschland. Diese gehören zu drei Hauptgruppen: eingewanderte Vietnamesen nach Familiengründung mit deutschen Staatsangehörigen oder sich hier bereits aufhaltenden Ausländern, Vietnamesen mit einem zweckgebundenen, zeitlich begrenzten Aufenthalt (z. B. Studenten und einige Wissenschaftler ...) und die bereits weitestgehend integrierten und etablierten Kontingentflüchtlinge (sog. „boat people"). Der Autor unterläßt es bewußt, diese Gruppen von Vietnamesen in diese Abhandlung einzubeziehen. Zum einen unterscheiden sich sowohl ihre Rechtsstellung als auch ihre soziale Lage nicht wesentlich von der der anderen nichtdeutschen Mitbürger mit den gleichen bzw. adäquaten Aufenthaltsstatus. Gerade deshalb bedeutet zum anderen eine wissenschaftliche Auseinandersetzung mit der Rechts- und Soziallage dieser Gruppen von Vietnamesen zwangsläufig eine Analyse und Auseinandersetzung mit der gesamten Ausländerpolitik der Bundesrepublik Deutschland, was den Rahmen dieser Abhandlung sprengen würde.

---

161 Presseerklärung des Vermittlungsausschusses vom 13. Juni 1997.

Abkürzungsverzeichnis

AAL   asien afrika latein-amerika (Zeitschrift des Zentralen Rates für Asien-, Afrika- und Lateinamerikawissenschaft in der DDR)

AAPSO   Afro-Asian Peoples' Solidarity Organization

AASK   Das Afro-Asiatische Solidaritätskomitee der DDR

AuslG   Ausländergesetz der Bundesrepublik Deutschland vom 9.7.1990, BGBl. 1990, Teil I, S. 1354

BArch   Bundesarchiv

BGBl.   Bundesgesetzblatt

BMA   Bundesministerium für Arbeit und Sozialordnung

DRV   Demokratische Republik Vietnam

FNL   Nationale Befreiungsfront Südvietnams (Front National de Libération)

GBl.   Gesetzblatt (der DDR)

IGFM   Internationale Gesellschaft für Menschenrechte

MDN   Mark der Deutschen Notenbank (Bezeichnung der Währung der DDR bis 1967)

MWZ   Ministerium für wirtschaftliche Zusammenarbeit (DDR)

NSW   nichtsozialistisches Wirtschaftsgebiet

PWV   Partei der Werktätigen Vietnams (kommunistisch)

RGW   Rat für gegenseitige Wirtschaftshilfe

SAPMO   Stiftung Archiv der Parteien und Massenorganisationen der DDR

SRV   Sozialistische Republik Vietnam

VM   Valutamark

WTZ   Wissenschaftlich-technische Zusammenarbeit

ZAR   Zeitschrift für Ausländerrecht und Ausländerpolitik

Literaturverzeichnis

Arbeitsgruppe Entwicklung und Fachkräfte g GmbH Berlin (AGEF) (Hrsg.): Rückkehr und Reintegration – Arbeitsmaterialien für die Beratung – , Berlin Oktober 1996

Carsten Ascheberg: Repräsentativuntersuchung '95: Situation der ausländischen Arbeitnehmer und ihrer Familienangehörigen in der Bundesrepublik Deutschland, Teil

B: Ehemalige vietnamesische Vertragsarbeitnehmer in den neuen Bundesländern, in: Ursula Mehrländer/Carsten Ascheberg/Jörg Ueltzhöffer: Repräsentativuntersuchung '95: Situation der ausländischen Arbeitnehmer und ihrer Familienangehörigen in der Bundesrepublik Deutschland, Hrsg.: Bundesministerium für Arbeit und Sozialordnung, Berlin u. a., Juli 1996, S. 468-594

Au Duong The, Die politische Entwicklung in Gesamtvietnam 1975 bis 1982: Anspruch und Wirklichkeit, tuduv-Verlagsgesellschaft, Reihe Politikwissenschaften Bd. 13, München 1987

Almuth Berger: „...und es kamen Menschen." Bericht der Ausländerbeauftragten 1991-1994, Potsdam, 1994

Winfried Buchhorn: Die Einführung des neuen Ausländergesetzes in den fünf neuen Bundesländern, in: Klaus Barwig u. a. (Hrsg.): Das neue Ausländerrecht. Kommentierte Einführung mit Gesetzestexten und Durchführungsverordnungen, Baden-Baden 1991, S. 63-73

Siegfried Büttner: DDR-Hilfe für Entwicklungsländer, in: Einheit – Zeitschrift für Theorie und Praxis des wissenschaftlichen Sozialismus – herausgegeben vom Zentralkomitee der Sozialistischen Partei Deutschlands, 35 (1980), S. 1081-1082

Marcel Bulla: Zur Außenpolitik der DDR: Bestimmungsfaktoren – Schlüsselbegriffe – Institutionen und Entwicklungstendenzen, Deutschland-Report 4, hrsg. im Auftrag der Konrad-Adenauer-Stiftung, Melle 1988

Die Ausländerbeauftragte des Senats von Berlin (Hrsg.): Vietnamesen in Berlin – Bootsflüchtlinge und „Gastarbeiter" wider Willen – , Berlin 1990

Die Ausländerbeauftragte des Senats von Berlin (Hrsg.): Vietnamesen in Berlin – Exil und neue Heimat – Zwei Generationen, Berlin 1997

Die Beauftragte der Bundesregierung für die Belange der Ausländer (Hrsg.): die ausländischen Vertragsarbeitnehmer in der ehemaligen DDR. Darstellung und Dokumentation, Berlin 1996

Günter Engmann: Die USA-Aggression gegen Vietnam, Militärverlag der Deutschen Demokratischen Republik, Berlin (DDR) 1983

Dagmar Felix: Kindergeldansprüche von Ausländern nach dem Bundeskindergeldgesetz, in: ZAR 3/1994, S. 124-131

Siegfried Grundmann/Irene Müller-Hartmann/Ines Schmidt: Vietnamesen in Ostdeutschland – Ihre Lage und ihre Perspektiven –, in: Hermann W. Schönmeier (Hrsg.): Prüfung der Möglichkeiten eines Fachkräfteprogramms Vietnam, Saarbrükken, Fort Lauderdale 1991, S. 139-192

Karla Hahn/Eleonore Jacob: Charakter und Hauptformen der Wirtschaftsbeziehungen DDR – Entwicklungsländer, in: asien afrika latein-amerika – Zeitschrift des zentralen Rates für Asien-, Afrika- und Lateinamerikawissenschaft in der DDR, 14 (1986), S. 5-14

Hans Haubenschild: Onkel Ho und seine Erben – Die Moritzburger – 1955-1959, Hrsg.: Deutsch – Vietnamesische Gesellschaft e.V., Düsseldorf 1995

Tamara Hentschel/Magnar Hirschberger/Lars Liepe/Nozomi Spennemann: Zweimal angekommen und doch nicht zu Hause. Vietnamesische Vertragsarbeiter in den neuen Bundesländern, Hrsg.: Reistrommel e.V., Berlin 1997

Ho-Chi-Minh: Con đổ̉ng dẫn tôi đ̉n chủ nghĩa Lê-nin (dt.: Der Weg, der mich zum Leninismus führte), Verlag Sṇ thṭt (dt.: Wahrheit), Hanoi 1987 (vietnamesisch)

Holger Hohensee: Die entwicklungspolitische Zusammenarbeit Deutschlands und Vietnams in Vergangenheit und Gegenwart (Magisterarbeit an der Humboldt-Universität zu Berlin), Berlin 1996

Saleh Hussain: Die Situation der Ausländer in der DDR vor und nach der Wende – eine Übersicht, in: Ausländerbeauftragte des Senats (Hrsg.): Ausländer in der DDR – Ein Rückblick, Berlin 1994, S. 26-32

Internationale Gesellschaft für Menschenrechte – IGFM – Deutsche Sektion e.V. -: Rückführung von Vietnamesen aus Deutschland. Praxis und Erfahrungen, Frankfurt/Main 1997

Kurt Krüger/Dieter Thielemann: Antiimperialistische Solidarität mit allen um nationale und soziale Befreiung kämpfenden Völkern Asiens, Afrikas und Lateinamerikas – in der DDR Staatspolitik und Herzenssache der Bürger, in: asien afrika latein-amerika – Zeitschrift des zentralen Rates für Asien-, Afrika- und Lateinamerikawissenschaft in der DDR, 7 (1979), S. 377-388

Ursula Mehrländer/Carsten Ascheberg/Jörg Ueltzhöffer: Repräsentativuntersuchung '95: Situation der ausländischen Arbeitnehmer und ihrer Familienangehörigen in der Bundesrepublik Deutschland, Hrsg.: Bundesministerium für Arbeit und Sozialordnung, Berlin u. a., Juli 1996

Nguyen-Viet-Chung: Th¡t ch£t tình ðoàn k^{a}t qu$^-$c t^a ð¬ ti^{a}n lên Chü nghîa xã hμi, (dt.: Verstärkung der internationalen Solidarität im Dienst des Vorwärtstreibens des Sozialismus), Verlag Sñ th§t (dt.: Wahrheit), Hanoi 1958 (vietnamesisch)

Achim Reichardt: Solidarität hilft siegen. 25 Jahre Solidaritätskomitee der DDR, in: asien afrika latein-amerika – Zeitschrift des zentralen Rates für Asien-, Afrika- und Lateinamerikawissenschaft in der DDR, 13 (1985), S. 945-951

Hermann W. Schönmeier (Hrsg.): Prüfung der Möglichkeiten eines Fachkräfteprogramms Vietnam, Saarbrücken, Fort Lauderdale 1991

Kurt Seibt: Solidarität – tatkräftiger Humanismus, in: Einheit – Zeitschrift für Theorie und Praxis des wissenschaftlichen Sozialismus – Hrsg.: Zentralkomitee der Sozialistischen Partei Deutschlands, 35 (1980), S. 699-705

Günter Sieber: Antiimperialistische Solidarität, in: Einheit – Zeitschrift für Theorie und Praxis des wissenschaftlichen Sozialismus – Hrsg.: Zentralkomitee der Sozialistischen Partei Deutschlands, 39 (1984), S. 933-939

Uli Sextro: Gestern gebraucht – heute abgeschoben. Die innenpolitische Kontroverse um die Vertragsarbeitnehmer der ehemaligen DDR, Hrsg.: Sächsische Landeszentrale für politische Bildung, Dresden 1996

Nozomi Spennemann: Aufbauhelfer für eine bessere Zukunft – Die vietnamesischen Vertragsarbeiter in der ehemaligen DDR –, in: Tamara Hentschel/Magnar Hirschberger/Lars Liepe/Nozomi Spennemann: Zweimal angekommen und doch nicht zu Hause. Vietnamesische Vertragsarbeiter in den neuen Bundesländern, Hrsg.: Reistrommel e.V., Berlin 1997, S. 8-20

Wolfgang Spröte: Die Position der sozialistischen Staaten zur Umgestaltung der internationalen Wirtschaftsbeziehungen, in: asien afrika latein-amerika – Zeitschrift des zentralen Rates für Asien-, Afrika- und Lateinamerikawissenschaft in der DDR, 10 (1982), S. 965-973

Andrzej Stach: Ausländer in der DDR – Ein Rückblick, in: Ausländerbeauftragte des Senats (Hrsg.): Ausländer in der DDR – Ein Rückblick, Berlin 1994, S. 4-24

Renate Strassner: Der Ḳambodscha-Konflikt von 1986 – 1990 unter besonderer Berücksichtigung der Rolle Vietnams, Münster, Hamburg 1991

Monika van der Meer: Das Erbe der RGW-Projekte in Vietnam und die Arbeit der osteuropäischen Nicht-Regierungs-Organisationen, in: Jörg Wischermann (Hrsg.): Vietnam im Wandel – Nicht-Regierungs-Organisationen im Aufwind, Berlin 1994, S. 86-90

Gerhard Will: Vietnam 1975 – 1979: von Krieg zu Krieg, aus der Reihe: Mitteilungen des Instituts für Asienkunde Hamburg, Heft Nr. 156, Hamburg 1987

Klaus Willerding: Die Außenpolitik der DDR und die Länder Asiens, Afrikas und Lateinamerikas, in: asien afrika latein-amerika – Zeitschrift des zentralen Rates für Asien-, Afrika- und Lateinamerikawissenschaft in der DDR, 7 (1979), S. 569-577

Renate Wünsche/Helmut Mardek: Das Zusammenwirken der sozialistischen Länder mit den national befreiten Staaten Asiens, Afrikas und Lateinamerikas im Kampf um

Frieden – ein dringendes Erfordernis unserer Zeit, in: asien afrika latein-amerika – Zeitschrift des zentralen Rates für Asien-, Afrika- und Lateinamerikawissenschaft in der DDR, 10 (1982), S. 197-206

Zusammenfassung

Infolge der Zugehörigkeit der DDR und der vietnamesischen Regierung (zunächst) in Nordvietnam zu dem nach dem 2. Weltkrieg entstandenen sozialistischen Lager, wurden rasch politische Beziehungen zwischen den beiden Staaten nach ihren Gründungen (Vietnam 1945, DDR 1949) hergestellt. Sie fanden sich als ideologische Verbündete in der Austragung ihrer Konfrontation mit den kapitalistischen Ländern, allen voran den USA und der Bundesrepublik Deutschland. Jedoch beruhte das Verhältnis der DDR zu Vietnam in den Jahren des 1. Indochinakrieges (1946 bis 1954) auf einer völlig formalen Beziehung ohne einen nennenswerten Inhalt. Nach der Beendigung dieses Krieges und einer Befriedung Nordvietnams leitete die sozialistisch orientierte vietnamesische Regierung im Norden Vietnams unter Führung der kommunistischen Partei Vietnams die sog. Phase der Schaffung der materiell-technischen Basis für den Aufbau des Sozialismus ein. Von nun an avancierte die DDR bereits innerhalb weniger Jahre hinter der Volksrepublik China und der ehemaligen Sowjetunion zum drittstärksten Helfer und Partner für den kommunistischen Teil Vietnams. Die finanziellen Aufbauhilfen für Vietnam durch die DDR in den ersten Jahren bis 1965 erscheinen aus heutiger Sicht zwar ziemlich bescheiden, waren damals jedoch die größte Unterstützung seitens der DDR für ein anderes nichteuropäisches befreundetes Land und brachten deutlich das Streben der damals selbst hilfsbedürftigen DDR nach einer engen Verbindung zu Vietnam zum Ausdruck. Der von vornherein beabsichtigte ideologische Wert der Unterstützungen war für Vietnam, die DDR und letztendlich das sozialistische Lager weitaus höher. Trotzdem war die politisch-ideologische Beziehung zwischen der DDR und Vietnam vor der Ausdehnung der militärischen Intervention der USA auf Nordvietnam im Jahr 1964 nicht mehr als eine „freundschaftliche" Beziehung, die kein Abhängigkeitsverhältnis zur Folge hatte.

Die militärische Intervention der USA in Vietnam verfestigte das Feindbild USA in den sozialistischen Ländern und leitete eine intensive Beziehung der beiden Staaten DDR und DRV ein. Neben der selbstverständlichen Zusammenarbeit auf dem politischen und ideologischen Gebiet erfaßte die wirtschaftliche Zusammenarbeit der beiden Staaten ab 1966 schnell alle wichtigen Wirtschaftsbereiche Vietnams. Innerhalb der letzten 10 Jahre des 2. Indochinakrieges (1966 bis 1975) verdreifachte sich das Volumen der wirtschaftlichen gegenseitigen Leistungen beider Länder. Einen gewaltigen Anteil an den gesamten finanziellen Leistungen der DDR für Vietnam bildeten die Solidaritätsspenden der DDR-Bevölkerung. Die Solidarität mit dem Teil des vietnamesischen Volkes, das unter der Führung der kommunistischen Partei Vietnams den energischen und erfolgreichen Kampf gegen die USA und ihren vietnamesischen Verbündeten führte, prägte wesentlich die gesamte Politik der DDR gegenüber Vietnam in den Jahren des 2. Indochinakrieges. Sie trug gemeinsam mit den Unterstützungen anderer sozialistischer Länder entscheidend dazu bei, daß die nordvietnamesische Bevölkerung ihre Kampf- und Lebenskraft während des Krieges bewahren konnte.

Die starke solidarische Haltung gegenüber Vietnam wurde nach der Beendigung des Krieges mit den USA in der DDR-Politik beibehalten. Die „antiimperialistische Solidarität der DDR-Bevölkerung" war nach wie vor „unveräußerlicher Bestandteil der Politik und Ideologie der SED"[162]. Die Entwicklungspolitik – wenn auch dieser Terminus in den ehemaligen sozialistischen Ländern verpönt war – trat dann aber doch noch in den Vordergrund, wobei die DDR-Entwicklungshilfe, im Weltmaßstab betrachtet, sehr bescheiden war und deswegen für Vietnam kaum effizient sein konnte. Eine besonders herausragende entwicklungspolitische Leistung der DDR für Vietnam ist jedoch hervorzuheben: Die DDR stellte in all den Jahren kostenlos und mit Stipendien versehene Ausbildungsplätze für fast zwanzigtausend Vietnamesen zur Verfügung.

Die vielfältige Zusammenarbeit zwischen der DDR und Vietnam erhielt erst nach dem 2. Indochinakrieg den eigentlichen Auftrag, einen ökonomischen Nutzen für die DDR zu erzielen. In der wirtschaftlichen Zusammenarbeit mit Vietnam versuchte die DDR immer entschiedener und konsequenter das sog. Prinzip des gegenseitigen ökonomischen Vorteils zur Geltung zu bringen. Erst Mitte der 80er Jahren – nachdem sich Vietnam um eine Normalisierung der Beziehung zu China bemühte und die Wahrscheinlichkeit einer erneuten kriegerischen Auseinandersetzung zwischen Vietnam und China sank – konnte die DDR dann einige langfristige ökonomische Unternehmen in und für Vietnam konzipieren sowie mit deren Umsetzung beginnen. Diese sollten langfristig ab Anfang der 90er Jahre die DDR mit Rohstoffen und Produkten beliefern und den Devisenetat der DDR für Importe aus den nichtsozialistischen Ländern entlasten. Mit dem Ende der DDR ging das Vorhaben nicht auf. Dagegen konnten die DDR und Vietnam mit der 1980 begonnenen Beschäftigung vietnamesischer junger Arbeitskräfte in den Betrieben der DDR enormen wirtschaftlichen Nutzen für sich erzielen.

Die DDR-Regierung realisierte Mitte der 70er Jahre unschwer, daß die vietnamesische Regierung in schwerer Bedrängnis war, nach schnellen Lösungswegen gegen die nach dem Krieg für die vietnamesische Gesellschaft offensichtlich sich zum sozialen Sprengsatz entwickelnde, steigende Arbeitslosigkeit und die alarmierende Armut der Bevölkerung zu suchen. Die Regierung Vietnams forcierte ihre Bemühungen, Arbeitsmärkte in den sozialistischen und sozialistisch orientierten Ländern für ihre billigen Arbeitskräfte zu erschließen. Dem Wunsch der vietnamesischen Regierung nach Export vietnamesischer Arbeitskräfte im großen Umfang kam die DDR, aufgrund ihrer eigenen zunehmenden ungünstigen Entwicklung der arbeitsfähigen Bevölkerungsstruktur

---

162 Krüger/Thielemann: Staatspolitik und Herzenssache, S. 377.

und ihrer mangelnden Investitionsmöglichkeiten in international wettbewerbs-
fähigen Technologien, entgegen. Mit dem „Abkommen zwischen der Regierung der Deutschen Demokratischen Republik und der Regierung der Sozialistischen Republik Vietnam über die zeitweilige Beschäftigung und Qualifizierung vietnamesischer Werktätiger in Betrieben der Deutschen Demokratischen
Republik" vom 11. April 1980 begann die Geschichte der vietnamesischen
Gastarbeiter in der DDR. Wurden 1980 1540 Vietnamesen in die DDR geschickt, so stieg die Zahl der einreisenden vietnamesischen Gastarbeiter im
Jahr 1988 auf mehr als 30.500[163]. Ende 1989 lebten und arbeiteten ca. 59.000
Vietnamesen als Gastarbeiter in der DDR.

Der Einsatz der vietnamesischen Arbeitskräfte wurde wie bei allen anderen
ausländischen Gastarbeitern in der DDR streng nach dem an der effektivsten
Ausnutzung menschlicher Arbeitskräfte orientierenden Rotationsprinzip gestaltet. Vietnamesische Vertragsarbeitnehmer arbeiteten in der Regel 5 Jahre in
den Industriebetrieben der DDR. Ausnahmsweise konnten wenige Vietnamesen ihre Arbeitsverträge höchstens um 2 Jahre verlängern lassen. Nach Ablauf
der Verträge sorgte die vietnamesische Botschaft für eine sofortige Ausreise
bei Kostenübernahme durch die DDR. Die meisten der vietnamesischen Vertragsarbeitnehmer arbeiteten am Fließband, an monotonen, wenig qualifizierten und für die DDR-Bürger oft unattraktiven Arbeitsplätzen. Der vertragsmäßig vereinbarten Fortbildung bzw. Qualifizierung der Vertragsarbeitnehmer
stand das Desinteresse beider Seiten entgegen. Für die DDR stand die Nutzung
der ungelernten Arbeitskräfte im Vordergrund. Die Vertragsarbeitnehmer sahen meist keinen persönlichen oder/und wirtschaftlichen Nutzen in einer Fortbildung oder Weiterqualifizierung, da wesentliche Aufstiegschancen für den
„kurzen" Arbeitseinsatz nicht vorgesehen waren.

Die schlechten, und die Lebensqualität stark einschränkenden, Lebensbedingungen der vietnamesischen Vertragsarbeitnehmer waren menschenunwürdig.
Am gravierendsten war die Isolierung der Vertragsarbeitnehmer von der DDR-
Bevölkerung durch die strikte Unterbringung in „ghettoähnlichen" Gemeinschaftsunterkünften, aber auch die Isolierung durch das Verbot der Miteinreise
von Familienangehörigen. Besuchsweiser Aufenthalt von Familienangehörigen
war durch den Ausschluß der Einreisemöglichkeit faktisch verboten. Bis
1989[164] standen schwanger gewordene vietnamesische Vertragsarbeitnehmerinnen vor der einzigen Alternative, nach Vietnam zurückzukehren oder die
Schwangerschaft unterbrechen zu lassen. Der Alltag der Vertragsarbeitnehmer
einschließlich der privaten Sphäre unterlag einer strengen Kontrolle sowohl
seitens der vietnamesischen Regierung als auch seitens der durch die DDR-
Betriebe geschaffenen Kontrollstrukturen und -mechanismen. Politische Betä-
tigungen konnten nur im in der DDR allgemein gültigen, wenig demokratischen Rahmen erfolgen. Die Integration von Ausländern allgemein, von Ver-

---

163 Siehe Fn. 89.
164 Vgl. z. B. Die Beauftragte der Bundesregierung für die Belange der Ausländer (Hrsg.): Vertragsarbeitnehmer, S. 18.

tragsarbeitnehmern im speziellen, war in der DDR-Gesellschaft tabuisiert. Die vietnamesischen Vertragsarbeitnehmer durften ihre Arbeitskraft gegen eine im Vergleich mit dem Arbeitsmarkt in der Heimat bessere Verdienstmöglichkeit verkaufen, um ihre Familien daheim besser ernähren zu können. Abgesehen von den verbreiteten hartnäckigen Vorurteilen der DDR-Bevölkerung gegen die vietnamesischen Vertragsarbeitnehmer war es politisch von der DDR- und SED-Führung bewußt gewollt, daß Vertragsarbeitnehmer so wenig wie möglich am wirtschaftlichen, sozialen und kulturellen Leben der DDR-Gesellschaft teilhaben.

Die Vereinigung der beiden deutschen Staaten brachte den meisten vietnamesischen Vertragsarbeitnehmern eine entscheidende Zäsur ihrer Lebenssituation. Fast 2/3 der vietnamesischen Vertragsarbeitnehmer verließen bis Ende 1991 Deutschland aufgrund des Verlustes der Arbeitsstelle und der abrupten Änderung bisher gewohnter Lebensbedingungen, die eine Orientierungslosigkeit verursachte und nicht selten eine Perspektivlosigkeit erscheinen ließ. Dies war in erster Linie darauf zurückzuführen, daß die Regierung der Bundesrepublik Deutschland zunächst keinerlei Interesse daran zeigte, die Ausländer ausgrenzende Politik der DDR zu ändern, das durch Vereinbarungen zwischen der DDR und Vietnam sowie anderen Ländern den Ausländern zugefügte Unrecht öffentlich zu verurteilen und die Frage nach der Teilhabe am wirtschaftlichen Leben Deutschlands wesentlich anders als in der DDR für die ehemaligen DDR-Gastarbeiter zu gestalten. An Stelle der Nichtintegrationspolitik der DDR trat nun die für die Vertragsarbeitnehmer wenig Gewinn bringende Politik der Zuzugbegrenzung. Die eindeutige politische Vorgabe zum Zeitpunkt der Vereinigung lautete: Die letzten ehemaligen DDR-Vertragsarbeitnehmer haben Deutschland gegen Ende 1994 zu verlassen.

Nur unter zum Teil massivem und langanhaltendem Druck der Öffentlichkeit sowie sich der Leiden der ehemaligen DDR-Vertragsarbeitnehmer annehmenden Bevölkerungsteile und bedingt durch die fehlende Möglichkeit einer Rückführung vietnamesischer Staatsbürger in ihr Land nach der Beendigung der Aufenthaltsgenehmigung für die Bundesrepublik räumte die Bundesregierung dann am 14. Mai 1993 einem Teil der bis dato noch im Bundesgebiet sich aufhaltenden ehemaligen DDR-Vertragsarbeitnehmer aus Vietnam, Mosambik und Angola ein Bleiberecht ein. Ein nicht geringer Teil der vietnamesischen Vertragsarbeitnehmer konnte das Bleiberecht nicht für sich geltend machen, da sie wegen einer oder mehrerer vorsätzlicher Straftaten verurteilt worden waren. Erst Ende 1996 besserte die Bundesregierung die sog. Bleiberechtsregelung dahingehend nach, daß Verurteilungen zu Geldstrafen insgesamt bis zu 50 Tagessätzen wegen vor dem 1. Juni 1993 begangener Straftaten unschädlich bleiben. Das Bleiberecht ist mit dem Aufenthaltstitel „Aufenthaltsbefugnis" versehen, der manche elementaren sozial- und integrationspolitischen Rechte ausschließt und deshalb äußerst ungünstig auf die Integration dieser Personengruppe wirkt.

Die Beendigung der 7 Jahre langen, zögerlichen, bewußt inkonsequenten Lösung der Frage des weiteren aufenthaltsrechtlichen Schicksals der ehemaligen DDR-Vertragsarbeitnehmer durch die Bundesregierung[165] könnte die letzte Entscheidung des Deutschen Bundestages bzw. des Bundesrates Ende Juni/ Anfang Juli 1997 herbeigeführt haben, nach der die Aufenthaltszeiten der ehemaligen DDR-Vertragsarbeitnehmer bis auf wenige Ausnahmen nunmehr anerkannt werden und damit ihnen der Aufstieg von der hinderlichen „Aufenthaltsbefugnis" in den sie besserstellenden Aufenthaltstitel „unbefristete Aufenthaltserlaubnis" ermöglicht wird. Es bleibt jedoch derzeit abzuwarten, wie schnell, unbürokratisch und ermessensfehlerfrei diese gesetzliche Änderung durch die Ausländerbehörden in die Praxis umgesetzt wird.

Auch mit dieser Änderung wird die Diskussion über die Thematik „ehemalige DDR-Vertragsarbeitnehmer" noch nicht beendet sein. Sie wird, zwar kaum separat, sondern eingebettet in die ewige Diskussion über die Ausländerpolitik der Bundesrepublik Deutschland ganz sicher weitergeführt werden.

---

165 Uli Sextro gelangt in seiner Studie zu folgender Schlußfolgerung: „Der durch [...] Verhandlungstaktik [der Bundesregierung, d.A.] auf Jahre hin ungeklärte Aufenthaltsstatus kann als Instrument der Bundesregierung gesehen werden, die Vertragsarbeitnehmer der ehemaligen DDR dazu zu veranlassen, die Bundesrepublik zu verlassen." In: Sextro: Gestern gebraucht – heute abgeschoben, S. 229.

Marlies Jansen

„Entspannungspolitik von unten": Innerdeutsche Städtepartnerschaften

1. Einleitung

Gegenstand dieses Berichts ist die kurze, knapp vierjährige Geschichte der Partnerschaften zwischen Städten der Bundesrepublik und der DDR bis zum Fall der Berliner Mauer am 9. November 1989. Mit diesem Datum verlor die SED die Kontrolle über das „Grenzregime", ihre Autorität über die intra-nationalen Beziehungen ihrer Bürger und damit eine wesentliche Grundlage ihrer Herrschaft. Die Städtepartnerschaften, die bis dahin geschlossenen wie die zahlreichen neu begründeten, änderten umgehend ihren Charakter, indem sie die ihnen von der SED vorgegebenen politischen Zielsetzungen mitsamt Restriktionen abwarfen und zu Einrichtungen wurden, mit deren Hilfe westdeutsche Kommunen ab 1990 ihren ostdeutschen Partnern u. a. Hilfe beim Übergang in die kommunale Selbstverwaltung leisteten.[1] Mit den Kommunalwahlen vom 6. Mai 1990 und dem Volkskammergesetz über die Selbstverwaltung der Gemeinden und Landkreise in der DDR (Kommunalverfassung) vom 17. Mai 1990 entfiel die systemisch-institutionelle Asymmetrie, die bis dahin die Partnerschaften zwischen den selbstverwalteten westdeutschen Kommunen und DDR-Städten als „Organen der einheitlichen Staatsmacht" geprägt hatte.

Die Geschichte der innerdeutschen Städtepartnerschaften bis zum Umbruch 1989 gilt als gut erforscht. So konnte sich schon Kurt Plück in seiner Expertise für die Enquete-Kommission der 12. Wahlperiode[2] auf eine Reihe von Vorarbeiten[3] stützen, die im wesentlichen bereits vor dem Spätherbst 1989 und das heißt auch: vor dem Zeithorizont der Fortdauer der SED-Herrschaft, entstanden waren. Diese Perspektive, verbunden mit dem unausgesprochenen Streben, den innerdeutschen Städtepartnerschaften nicht zu schaden, veranlaßte die Autoren, namentlich von Weizsäcker und Schnakenberg, zu einer gewissen schonungsvollen Zurückhaltung im Urteil in bezug sowohl auf den „Geist" als auch den Ertrag der innerdeutschen Städtepartnerschaften; von Weizsäcker versteht sich sogar weithin als deren Anwalt gegenüber rechtlichen und politischen Vorbehalten im Westen.

Im Unterschied zu den vor der Wende entstandenen Arbeiten konnten zwei weitere, die in den letzten Jahren erschienen sind, Akten der SED zum Thema auswerten.[4] Die Autoren gelangen zu im einzelnen entschiedeneren Urteilen und Schlüssen, doch entgehen sie, insbesondere Roland Höhne, nicht dem spezifischen Forschungsproblem, das die Plötzlichkeit des Endes der SED-Herrschaft gerade in bezug auf die Akten aufwirft. Alle herangezogenen Selbstzeugnisse des Regimes, auch diejenigen, die es zu seiner Selbstverständigung verfaßt hat, halten bis zuletzt den hohen Ton der Selbstgewißheit durch, sie sind unangekränkt von Symptomen der Krise, des Selbstzweifels und eigener Schwäche. In bezug auf die Politik nach außen wird in den Akten bis zuletzt eine ungebrochene Fähigkeit zu eigenem planvollen Handeln zugunsten der Interessen der DDR und des Sozialismus unterstellt, werden die gewohnt selbstsicheren Analysen und Begründungsmuster fortgeschrieben. Die Entscheidungsfindung und -vorbereitung bleibt auch jetzt, wie üblich, im dun-

---

1 Vgl. Klaus: Städtepartschaften, S. 54-79, insbesondere S. 62-69; von Weizsäcker: Verschwisterung, S. 358-364.
2 Plück: Innerdeutsche Beziehungen, S. 2048-2057.
3 Insbesondere Burgmer: Städtepartnerschaften (Oktober 1989); Pawlow: Innerdeutsche Partnerschaften (1990); Schnakenberg: Innerdeutsche Städtepartnerschaften (1990); von Weizsäcker: Verschwisterung (1990).
4 Klaus: Städtepartnerschaften (Oktober 1993); Höhne: Von deutsch-deutschen (1994).

keln.[5] Der Betrachter ist also in hohem Maße zu Berücksichtigung des Forschungsstandes und zu Quellenkritik angehalten sowie auf Kombinationen und Rückschlüsse angewiesen. Letztere sind insbesondere zu ziehen aus dem tatsächlichen Verhalten bzw. aus der Differenz zwischen Verhalten und Selbstdarstellung. Anschauungsmaterial für diese Differenz bieten auch die innerdeutschen Städtepartnerschaften bzw. deren Widerspiegelung in den Akten der SED.

Der vorliegende Bericht faßt die Fakten zu den innerdeutschen Städtepartnerschaften vor der Wende, so wie sie bis jetzt aufgearbeitet sind, zusammen. Plück bemerkt zurecht, daß die innerdeutschen Städtepartnerschaften zu wenig Zeit hatten, „verläßliche Leistungsprofile" sichtbar werden zu lassen, das heißt, über ihre tatsächliche Wirkung im innerdeutschen Verhältnis als „Entspannungspolitik von unten" oder gar als hilfreich im Sinne der späteren Vereinigung läßt sich wenig bis nichts aussagen. Die zusammengetragenen „Fakten" ergeben bestenfalls ein Bild über die Motivlage beider Seiten, wie sie sich in Vertragstexten, Jahresprogrammen, öffentlichen Reden und eben, was die DDR betrifft, in Akten der SED niedergeschlagen hat.

Letztere freilich müssen kritisch gelesen werden und ebenso die Schlüsse, die daraus in der Literatur bisher gezogen wurden. Die innerdeutschen Städtepartnerschaften, die die SED/DDR in ihren letzten vier Jahren zugelassen bzw. gewährt hat, können nicht losgelöst von der innerdeutschen Politik der SED sowie von deren Begründungsmustern und wiederum deren Hintergründen betrachtet werden. Das 5. Kapitel dieses Berichts versteht sich als Versuch, eine solche Einordnung vorzunehmen.

2. Fakten und Zahlen

2.1. Die beteiligten Städte

Die erste innerdeutsche Städtepartnerschaft wurde am 25. April 1986 zwischen Saarlouis und Eisenhüttenstadt schriftlich fixiert (paraphiert) und ein halbes Jahr später förmlich abgeschlossen. Ihr folgten gegen Jahresende 1986 noch zwei weitere Partnerschaften: Wuppertal-Schwerin und Neunkirchen-Lübben. Im Jahre 1987 kamen 17, 1988 27 und bis zum 9. November 1989 11 weitere Städtepartnerschaften hinzu. Bis zur Wende in der DDR sind also 58 innerdeutsche Städtepartnerschaften geschlossen bzw. paraphiert worden.[6]

---

5 Vgl. Ash: Im Namen, S. 292-293.
6 Siehe die Übersicht bei von Weizsäcker (Verschwisterung, S. 365-366). Beschlossen hat die SED-Führung unter Honecker bis zum 30. August 1989 insgesamt 73 innerdeutsche Städtepartnerschaften, 15 davon kamen aus unterschiedlichen Gründen nicht bzw. nicht mehr unter ihrer Ägide zustande – vgl. die Chronologie der Beschlußfassung des ZK der SED zu den Städtepaaren bei Klaus (Städtepartnerschaften, Anhang S. 1-4).

Schon unter den ersten fünf Städtepartnerschaften zeigt sich eine deutliche Bevorzugung des Saarlandes. Neben Saarlouis und Neunkirchen, in dessen Ortsteil Wiebelskirchen Erich Honecker 1912 geboren wurde, gelang es auch der Landeshauptstadt Saarbrücken bereits im März 1987, eine Stadt der DDR, Cottbus, als Partner zu gewinnen. Bis zur Wende von 1989 waren vier weitere Städte des Saarlandes erfolgreich, somit insgesamt sieben, während sich für die übrigen Bundesländer, gemessen an der Bevölkerungszahl, eine ähnliche überproportionale Präferenz nicht feststellen läßt. Das bevölkerungsreichste Bundesland, Nordrhein-Westfalen, brachte es in dieser Zeit auf zehn, Niedersachsen auf acht, Baden-Württemberg auf neun und Bayern auf sechs Städtepartnerschaften.

Was die Parteizugehörigkeit der westdeutschen Stadtoberhäupter anbelangt, liegt mit mindestens 38 Oberbürgermeistern bzw. Bürgermeistern die SPD weit vorn, gefolgt von CDU/CSU mit 17 und der F.D.P. mit einem Oberbürgermeister (Fellbach). Es scheint jedoch von seiten der DDR-Partnerstädte keine Versuche gegeben zu haben, die westdeutschen Vertreter parteipolitisch gegeneinander auszuspielen, zumal die westdeutschen Seiten von ihrem geschlossenen Auftreten her dazu auch keine Veranlassung boten. Welche Partei oder Koalition auch immer die westdeutsche Kommune führte oder als erste die Partnerschaft vorgeschlagen hatte, diese wurde in allen Fällen von allen Ratsfraktionen gebilligt.

Auf der DDR-Seite ist zu bemerken, daß alle 14 Bezirkshauptstädte und alle Universitätsstädte in die innerdeutschen Städtepartnerschaften involviert waren. Ost-Berlin blieb ohne Partner, nachdem Bonn ihm „Hauptstadtbeziehungen" verweigert hatte; Bonn kam schließlich mit Potsdam zusammen.[7] Die West-Berliner Bezirke Spandau und Zehlendorf wurden nach dem Besuch des damaligen Regierenden Bürgermeisters bei Honecker mit Nauen bzw. Königs Wusterhausen aus dem Bezirk Potsdam verknüpft.[8] Von den westdeutschen Landeshauptstädten blieben Wiesbaden, Stuttgart und München ohne innerdeutsche Partnerstadt. Etwa ein Drittel der Städteverbindungen korrelierte mit den Wirkungsbereichen der „Westarbeit" der SED-Bezirke[9], was insofern nicht unerheblich ist, als die innerdeutschen Städtepartnerschaften, wie die Akten eindeutig ausweisen, auf der Parteischiene vom ZK-Sekretariat abwärts initiiert, angeleitet und kontrolliert wurden. Versuche der DKP, sich im Rahmen der Städtepartnerschaften zur Geltung zu bringen, wurden von der SED abgeblockt.[10]

Eine umfassende Statistik über die Zahl der Besuche, die im Rahmen der Städtepartnerschaften stattfanden, fehlt. Eine Zwischenbilanz per 31. Mai 1988, die die ersten 15 Städtepartnerschaften in der Verwirklichungsphase er-

---

7 Schnakenberg: Innerdeutsche Städtepartnerschaften, S. 65-66; vgl. auch Plück: Faden, S. 442-447.

8 Weizsäcker: Verschwisterung, S. 43.

9 Pawlow: Innerdeutsche Städtepartnerschaften, S. 61.

10 Höhne: Von deutsch-deutschen, S. 100-101.

faßt, kommt auf insgesamt 2.037 partnerschaftsbedingte Besuchsreisen, davon 57 v. H. in Ost- und 43 v. H. in Westrichtung.[11] Eine Aufschlüsselung nach Reisegruppen ergibt, daß der Kulturaustausch (Laienkulturgruppen) mit 38 v. H. Anteil am Reiseverkehr beteiligt war, der politisch-administrative mit 27 v. H., der Jugendaustausch mit 24 v. H. und der Sportaustausch mit 11 v. H.[12] Für das Jahr 1988 rechnete die DDR nach eigenen Angaben mit rund 8.000 partnerschaftsbedingten Reisen (4.000 in jede Richtung).[13] SPD-Berechnungen vom Frühjahr 1989 veranschlagten für jedes Städtepaar Reisen von je bis zu 200 Menschen pro Jahr.[14] Das hätte, bei 60 Partnerschaften und „normalem" weiteren Verlauf im Sinne der DDR, die Zahl der Besuchsreisen im Jahr 1990 auf höchstens 12.000 hochgetrieben – eine bescheidene Zahl, hält man dagegen, daß schon 1988 allein 7,8 Millionen Reisen aus der DDR in die Bundesrepublik unternommen wurden, darunter über 1 Million in dringenden Familienangelegenheiten, also von Menschen vor dem Rentenalter, während gleichzeitig in West-Ost-Richtung noch einmal mit mindestens 6 Millionen Reisen zu rechnen ist.[15]

2.2. Das Auswahlverfahren

Der Wunsch nach einer Partnerschaft ging in aller Regel von den westdeutschen Städten aus. Nach dem Abschluß des Grundlagenvertrages von 1972 hatten eine Reihe von Städten der Bundesrepublik sich vergeblich um die Anknüpfung einer Partnerschaft mit einer Stadt in der DDR bemüht; bis 1984 sollen es ca. 80 gewesen sein.[16] Nach dem Abschluß der ersten innerdeutschen Städtepartnerschaft setzte ein förmlicher Run ein. Im Juli 1986 lag die Zahl der westdeutschen Interessenten bei 300, ein Jahr später bei 500, im Mai 1988 betrug sie 600, und im Juli 1989 erreichte sie die Zahl von 900.[17] Im Fall dreier Städteverbindungen ist bekannt, daß die Initiative von der ostdeutschen Seite ausging, Wismar, Neubrandenburg und Gera. Zuvor hatte die DDR den Antrag Flensburgs in bezug auf Wismar abschlägig beschieden und dann nach Intervention Egon Bahrs auf Neubrandenburg umgelenkt, das dann von sich aus an Flensburg herantrat.[18] Wismar wandte sich an Lübeck, Gera an Nürnberg.

Die DDR konnte sich somit die westdeutschen Partner für „ihre" Städte aussuchen. Nach welchen Kriterien sie dabei vorging, läßt sich letztlich nicht mit Bestimmtheit sagen, doch deutet alles darauf hin, daß sie in vielen, wenn nicht den meisten Fällen nicht nach dem passenden Partner für ihre Städte Ausschau hielt, sondern umgekehrt vorging: Eine bestimmte westdeutsche Kommune

---

11 Schnakenberg: Innerdeutsche Städtepartnerschaften, S. 81.
12 Ebenda.
13 Klaus: Städtepartnerschaften, S. 29.
14 Ebenda.
15 Vgl. die Tabelle bei Plück: Innerdeutsche Beziehungen, S. 2024-2025.
16 Schnakenberg: Innerdeutsche Städtepartnerschaften, S. 51.
17 Weizsäcker: Verschwisterung, S. 41, 48.
18 Pawlow: Innerdeutsche Städtepartnerschaften, S. 53.

sollte bedient werden. Dafür spricht die Art, wie die meisten Städtepartnerschaften angebahnt wurden.

Kennzeichnend für die Anbahnung der innerdeutschen Städtepartnerschaften war, daß sie überwiegend auf Fürsprache bundesdeutscher Politiker bei Honecker persönlich zustandekamen.[19] Den Vogel schoß ohne Zweifel der Ministerpräsident des Saarlandes, Oskar Lafontaine, ab, dem es gelang, sechs Städtepartnerschaften für sein (kleines) Bundesland zu akquirieren, gefolgt von dem nordrhein-westfälischen Ministerpräsidenten Johannes Rau, der es auf vier, und von dem bayerischen Ministerpräsidenten Franz-Josef Strauß, der es auf drei brachte. Auch Bundeskanzler Helmut Kohl, die Bundesminister Schäuble, Genscher und Jenninger, Bundestagsabgeordnete und SPD-Oppositionspolitiker in den Ländern verwandten sich bei Honecker für westdeutsche Städte. Einige Städte fanden gleich mehrere Fürsprecher, so Wuppertal, für das sich neben Johannes Rau auch der Bundeskanzler und Außenminister Dietrich Genscher einsetzten. Vielleicht hat auch Karl Marx seine Hand im Spiel gehabt, denn er und Johann Wolfgang von Goethe werden in der Vereinbarung Trier-Weimar eigens als „Söhne" dieser Städte erwähnt. In einigen Fällen mag auch die Fürsprache von Wirtschaftsunternehmen geholfen haben, so die der Salzgitter-Peine AG zugunsten von Braunschweig, die der Volkswagen AG zugunsten von Wolfsburg und die der Salamander AG zugunsten von Kornwestheim. Insgesamt läßt sich aus dem vorliegenden Material schließen, daß so mindestens 35 innerdeutsche Städtepartnerschaften auf Fürsprache angebahnt wurden, so daß das resümierende Urteil von Weizsäckers plausibel erscheint: „Völlig ohne fremde Hilfe kamen nur wenige Städtepartnerschaften zustande."

Daß dieser Anbahnungsmodus bei Erörterung der Motivlage der DDR in bezug auf die innerdeutschen Städtepartnerschaften nicht ausgeblendet werden darf, wird an anderer Stelle zu erörtern sein. Hier sei festgehalten, daß die DDR ihre Auswahl unter den westdeutschen Städten, die sich um eine Partnerschaft bewarben, überwiegend nach dem Kriterium des hochmögenden Petenten traf. Erstaunlicherweise ist dieser Befund von den bisherigen Bearbeitern des Themas zwar bemerkt, doch in seinen Hintergründen und Konsequenzen kaum bedacht worden. Burgmer bewertet den Umstand, „daß innerdeutsche Städtepartnerschaften immer dann vereinbart werden konnten, wenn zuvor bundesdeutsche politische Prominente beim Vorsitzenden des Staatsrates der DDR für derartige kommunale Beziehungen geworben hatten", lediglich als „wichtiges Indiz dafür, auf welcher Ebene die Entscheidungen für oder gegen innerdeutsche Städtepartnerschaften fallen".[20]

Die Partnerwünsche der westdeutschen Städte gingen nicht immer in Erfüllung. Schon Saarlouis, der Vorreiter, machte die Erfahrung, daß sein

---

19 Vgl. von Weizsäcker: Verschwisterung, S. 37-38, 42-43; Schnakenberg: Innerdeutsche Städtepartnerschaften, S. 64-65; Pawlow: Innerdeutsche Städtepartnerschaften, S. 52; Klaus: Städtepartnerschaften, S. 25-27.
20 Burgmer: Städtepartnerschaften, S. 43.

Wunschpartner Halberstadt ihm versagt blieb. Es mußte statt dessen das 950 km entfernte Eisenhüttenstadt akzeptieren. Ähnlich erging es Wuppertal, das ursprünglich Halle favorisiert hatte und dann zwischen mehreren DDR-Städten wählen konnte und sich für Schwerin entschied; Halle wurde mit Karlsruhe verbunden.[21]

Als „Organe der einheitlichen Staatsmacht" weisungsgebunden, hatten die Städte der DDR bei der Auswahl ihrer Partner nichts mitzureden. Die Entscheidungen des Zentralkomitees bzw. des Politbüros wurden ihnen zudiktiert.[22] Hin und wieder kam es zu Pannen bei der Unterrichtung von oben nach unten mit der Folge, daß die westdeutsche Kommune eher von der Genehmigung erfuhr als ihre Partnerstadt in der DDR. So erging es z. B. der Bürgermeisterin von Frankfurt/Oder, die in einem Telefongespräch mit der „Heilbronner Stimme" am 14. Dezember 1987 von der vom Leiter der Ständigen DDR-Vertretung, Ewald Moldt, mitgeteilten „Bereitschaft der Stadt Frankfurt/Oder ..., mit der Stadt Heilbronn eine solche Städtepartnerschaft zu begründen", erfuhr. Darauf die Bürgermeisterin am Telefon: „Uns liegen noch keine Informationen vor. Auch ist bislang weder ein Brief an den Heilbronner Oberbürgermeister diktiert noch abgesandt worden." Um das Maß der Peinlichkeit voll zu machen, teilte der Oberbürgermeister von Frankfurt/Oder seinem Heilbronner Kollegen am 6. Januar 1988 mit, die Volksvertretung seiner Stadt habe sich auf ihrer Sitzung vom 22. Dezember 1987 für das Partnerschaftsvorhaben ausgesprochen.[23]

2.3. Verhandlungen und Abschluß

Lag die Genehmigung aus Ost-Berlin vor, lief zwischen den Partnerkommunen ein bestimmtes Verhandlungsritual ab.[24] Zur ersten Verhandlungsrunde reiste für gewöhnlich eine Delegation aus der DDR-Stadt an, die zweite und entscheidende Verhandlungsrunde fand immer in der DDR statt; sie endete mit der Paraphierung der Vertragstexte und teilweise auch gleich der „Ratifizierung" durch die Stadtverordnetenversammlung der DDR-Kommunen. In anderen Fällen folgte erst nach einiger Zeit die Genehmigung des Verhandlungsergebnisses durch die jeweiligen kommunalen Vertretungskörperschaften, zumeist beginnend mit der westlichen Seite, in feierlicher Sitzung und in Anwesenheit des Oberhauptes der Partnerstadt. So fügte es sich, daß der Akt der abschließenden Unterzeichnung wiederum in der DDR-Stadt vonstatten ging.[25]

Die Umstände lassen deutlich werden, daß die DDR-Seite darauf bedacht war, sich Rückzugs- und Korrekturmöglichkeiten nach der ersten Verhandlungs-

---

21 Weizsäcker: Verschwisterung, S. 39.
22 Klaus: Städtepartnerschaften, S. 34.
23 Burgmer: Städtepartnerschaften, S. 43-44. Weitere Beispiele für DDR-Kommunalpolitiker bloßstellende Pannen dieser Art bei Schnakenberg: Innerdeutsche Städtepartnerschaften, S. 66-67.
24 Vgl. Burgmer: Städtepartnerschaften, S. 47.
25 Ausführlich dokumentiert bei Dettmering/Kieselbach (Hrsg.): Marburg-Eisenach.

runde sowie optimale Abstimmungsbedingungen für die zweite (entscheiden-de) Verhandlungsrunde zu sichern.

Die Verhandlungsdelegationen der DDR-Kommunen setzten sich aus Stadt-verordneten zumeist aller in der Nationalen Front zusammengeschlossenen Parteien – SED, CDU, LDPD, DBD und NDPD – zusammen. In der ersten Verhandlungsrunde ließ sich das formelle Staatsoberhaupt oft von seinem Stellvertreter vertreten, um dann erst in der entscheidenden zweiten Runde an der Spitze seiner Delegation das Heft in die Hand zu nehmen. Von vier Fällen (Erlangen, Trier, Hof, Wuppertal) ist bekannt, daß die Verhandlungsdelegatio-nen der DDR-Seite (Jena, Weimar, Plauen, Schwerin) nach der ersten Runde komplett ausgetauscht und die westdeutsche Seite mit einem neuen Vereinba-rungstext konfrontiert wurde.[26]

Die westdeutschen Verhandlungsdelegationen setzten sich aus jeweils einem Vertreter der im Rat vertretenen Parteien, zumeist den Fraktionsvorsitzenden, ggf. dem Oberstadtdirektor und dem Bürger- bzw. Oberbürgermeister zusam-men. Letzterer hatte die Leitung inne.

3. Der Inhalt der Vereinbarungen

3.1. Statuspolitische Erklärungen

Allen Vereinbarungen ist gemeinsam, daß sie die Begegnung auf kommunaler Ebene mit allgemeinpolitischen Aussagen und Ambitionen überhöhen. Gene-rell wird die Partnerschaft in der Absicht beider Seiten geschlossen, dem Frie-den einen Dienst zu erweisen und die Entwicklung gutnachbarlicher Bezie-hungen zwischen den beiden deutschen Staaten zu fördern.

Als Berufungsgrundlage wird in allen Vereinbarungen der innerdeutsche Grundlagenvertrag von 1972 herangezogen, in den frühen Vereinbarungen unter besonderer Betonung spezifischer Aussagen. So heißt es in der Vereinba-rung Saarlouis-Eisenhüttenstadt: „... gemäß dem Vertrag über die Grundlagen der Beziehungen zwischen der Bundesrepublik Deutschland und der Deut-schen Demokratischen Republik, der die gegenseitige Respektierung der staat-lichen Souveränität, die Gleichberechtigung und die Nichtdiskriminierung in den Beziehungen zwischen den beiden deutschen Staaten beinhaltet".[27] Die

26 Burgmer: Städtepartnerschaften, S. 47, 52-55. Ob der Austausch noch öfter oder gar „häufig", wie Höhne (Von deutsch-deutschen, S. 89) schreibt, nach der ersten Runde vorgenommen wurde, muß offenbleiben. Höhne beruft sich auf Schnakenberg (Innerdeutsche Städtepartnerschaften, S. 68), der allerdings nur die Fälle Plauen und Schwerin erwähnt. Burgmer, die in dieser Hinsicht am ausführ-lichsten ist, bemerkt, in den beigezogenen Materialien aus anderen westdeutschen Städten fehlten häufig vollständige Angaben zur Zusammensetzung der Delegationen, und vermutet, möglicherwei-se übten hier die westdeutschen Städte bewußte Diskretion, um ihre DDR-Partner nicht zu verprel-len.

27 Abgedruckt bei von Weizsäcker: Verschwisterung, S. 367-368.

darauf folgende Vereinbarung zwischen Wuppertal und Schwerin[28] hob aus der Präambel des Grundlagenvertrages hervor: „... der von der Unverletzlichkeit der Grenzen und der Achtung der territorialen Integrität und Souveränität der Staaten in Europa in ihren gegenwärtigen Grenzen als einer grundlegenden Bedingung für den Frieden ausgeht".[29] In den späteren Vereinbarungen bleibt es bei der bloßen Benennung des Grundlagenvertrages und – mit abnehmender Tendenz – der KSZE-Schlußakte, statuspolitische Klarstellungen, an denen der DDR-Seite sicher mehr gelegen war als der bundesdeutschen, die aber dieser wenig abverlangten.[30]

3.2. Friedenspolitische Erklärungen

Die friedenspolitische Komponente wurde in vielen Vereinbarungen so weitgehend ausdifferenziert, daß die westdeutschen Kommunen oft hart an die Grenze ihrer von der Rechtsordnung der Bundesrepublik Deutschland vorgegebenen Zuständigkeit gerieten. Zwar suchten sie in etlichen Fällen dieser Gefahr durch eingebaute Hinweise wie „im Rahmen ihrer Möglichkeiten" oder „im Rahmen ihrer kommunalen Möglichkeiten und Zuständigkeiten" vorzubeugen, doch ändert dies nichts an der in den allermeisten Vereinbarungen deklarierten Tendenz, die kommunale Partnerschaft vor allem für die Zielgemeinsamkeiten Frieden, Entspannung, Sicherheit, Abrüstung und Beendigung des Wettrüstens fruchtbar zu machen. Dies mögen einige Beispiele verdeutlichen.

Wuppertal und Schwerin vereinbarten in der „Präambel" eine Partnerschaft, „getragen von dem Wunsch, aktiv zur Friedenssicherung ... beizutragen, geleitet von dem festen Willen, einen Beitrag dazu dafür zu leisten, daß von deutschem Boden nie wieder Krieg, sondern nur Frieden, Abrüstungsanstren-

28 Abgedruckt ebenda, S. 369-371.
29 Der Passus aus der Präambel des Grundlagenvertrages von 1972 findet sich auch in der Moskauer Erklärung über das Gespräch Kohl-Honecker vom 12. März 1985 und wurde nachfolgend unter Berufung auf diese Erklärung von Ost-Berliner Seite immer wieder zitiert, sein Erscheinen in der am 14. November 1986 paraphierten Vereinbarung Wuppertal-Schwerin hat also aktuelle Gründe. Heinrich Potthoff (Deutschlandpolitik, S. 2076) sieht in ihm eine Bestätigung für die Linie der Regierung Kohl, „auf die Bedürfnisse des Honecker-Regimes nach Gleichrangigkeit, Reputation und de facto-Aufwertung einzugehen", und ähnlich urteilt Hans Schindler (Deutsche Gipfeltreffen, S. 227). De facto jedoch nutzte Ost-Berlin den inzwischen 13 Jahre alten und von Bundeskanzler Kohl gemeinsam mit Honecker in Moskau bestätigten Passus – und insofern kam die Bundesregierung tatsächlich einem Bedürfnis des Honecker-Regimes entgegen –, um damit der damaligen Moskauer Linie, die Bundesrepublik des Revanchismus zu zeihen, etwas entgegenzusetzen, was ihm die Fortführung seiner innerdeutschen Interessenpolitik erlaubte. Noch in seinem Gespräch mit Honecker am 20. April 1986 in (Ost-)Berlin sprach Gorbatschow wie selbstverständlich vom „Revanchismus der BRD", der sich mit dem „Kurs der sozialen Revanche der USA" kreuze (Honecker-Gorbatschow, S. 99). Dieses Gespräch ist unter den inzwischen bekannten das ausführlichste, das Honecker und Gorbatschow je zur Deutschlandpolitik geführt haben, und außerordentlich aufschlußreich hinsichtlich ihrer divergierenden Auffassungen und Interessen. Die „Information" darüber wurde dem Politbüro der SED vorenthalten (vgl. ebenda, S. 78, Anmerkung 104).
30 Ab Herbst 1987 kam auch zuweilen anstelle der KSZE der Hinweis auf das gemeinsame Kommuniqué zum Honecker-Besuch vom 8. September 1987 hinzu, sogar noch in der Vereinbarung Leverkusen-Schwedt/Oder, die nach Honeckers Abgang geschlossen wurde.

gungen und Entspannungsbemühungen ausgehen". Der operative Teil beginnt mit der Vereinbarung, „einen aktiven Beitrag zur Sicherung des Friedens ... zu leisten". Dann folgen Absprachen über „aktiven Meinungsaustausch und die Vermittlung von Erfahrungen" über kommunale Themen – sehr ausführlich, beginnend mit Stadtplanung und Stadtentwicklung über Wohnungsbau, Stadtsanierung und Denkmalpflege, Nahverkehr bis zu Erwachsenenbildung und Jugendförderung –, und dazu heißt es dann wieder abschließend: „Dieser Erfahrungsaustausch schließt das Thema 'Sicherung des Friedens' ein."

Hamburg und Dresden vereinbarten, „im Interesse einer sicheren Zukunft ihrer Städte und deren Bürgerinnen und Bürger alle Aktivitäten, die auf die Sicherung des Friedens, auf Abrüstung und Entspannung gerichtet sind, zu unterstützen" sowie „einen stetigen politischen Dialog zu beidseitig interessierenden Fragen, insbesondere zur Friedenssicherung, in den Bürgerinnen und Bürger, gesellschaftliche Organisationen und politische Parteien einbezogen werden, zu führen".[31] Danach folgen wieder der Informations- und Erfahrungsaustausch zu kommunalen Themen sowie Absprachen über Austausch von Gruppen und Delegationen sowie „Begegnungen von Bürgerinnen und Bürgern im Rahmen dieser Partnerschaft".

Nur wenige innerdeutsche Partnerschaftsvereinbarungen, wie die zwischen Trier und Weimar[32] sowie die zwischen Bonn und Potsdam[33], kommen allein mit dem Wort „Frieden" bzw. mit „Sicherung des Friedens" aus, alle anderen gehen mit der Ausdifferenzierung weiter, einige übernehmen gar mit der „friedlichen Koexistenz" einen eindeutig östlichen Begriff[34]. Anzumerken ist, daß das gemeinsame Kommuniqué zum Besuch Honeckers in der Bundesrepublik vom 8. September 1987 die innerdeutschen Städtepartnerschaften von der friedenspolitischen Konnotation (fast) ganz freihielt. Es erklärte: „Sie [Bundeskanzler Kohl und Generalsekretär Honecker] begrüßten das Zustandekommen von Partnerschaften zwischen Städten in der Bundesrepublik Deutschland und in der Deutschen Demokratischen Republik als einen wichtigen Beitrag zu Begegnungen zwischen Bürgern – auch unter Einbeziehung kultureller Veranstaltungen – und damit zum Ausbau friedlicher Nachbarschaft zwischen beiden deutschen Staaten. Sie werden solche Bemühungen auch künftig unterstützen."

---

31 Abgedruckt bei Schnakenberg: Innerdeutsche Städtepartnerschaften, S. 583-587.
32 Abgedruckt bei von Weizsäcker: Verschwisterung, S. 374-375.
33 Abgedruckt ebenda, S. 376-378.
34 Vgl. dazu ebenda, S. 270-274. Die Verfasserin macht darauf aufmerksam, daß in der zweiten Hälfte der 80er Jahre der Begriff der friedlichen Koexistenz in der DDR eine Umdeutung erfuhr. Darunter werde nun nicht mehr ideologischer Klassenkampf verstanden, sondern das „konstruktive Bestreben zur Zusammenarbeit auf der Basis der Gleichberechtigung und des gegenseitigen Vorteils auf den verschiedensten Gebieten" (Zitat aus dem Kleinen Politischen Wörterbuch, Berlin 1988).

3.3. Arbeitspläne

Präambel und operativer Teil der Vereinbarungen zeichnen sich generell durch ein Ungleichgewicht aus. Auf die friedenspolitischen Bekundungen am „Kopf" folgt im operativen Teil eher diesbezügliche Einsilbigkeit, denn die spezifisch kommunalen Themen, zu denen man sich austauschen will, sind ungleich zahlreicher und detaillierter aufgeführt als das deklarierte Hauptthema. Das zeigt auch das schon oben herangezogene Beispiel aus der Vereinbarung Wuppertal-Schwerin. Das zwischen diesen Städten verabredete Arbeitsprogramm für 1988 wies keinen einzigen Friedensdialog aus, statt dessen sollte folgendes stattfinden: Jeweils 15-köpfige Delegationen von Fachleuten reisen nach Wuppertal bzw. Schwerin, um über Stadtplanung, Stadtentwicklung, Stadtsanierung, Stadterneuerung und Denkmalschutz zu sprechen; Wuppertal zeigt eine Fotoausstellung „Wuppertal stellt sich vor" in Schwerin, und dieses besorgt analog eine Ausstellung in Wuppertal; elf Wuppertaler Langstreckenläuferinnen und -läufer (ab 18 Jahren) nehmen am Fünf-Seenlauf in Schwerin teil; „Teilnahme von Tischtennisspielern/männlich (ab 18 Jahre) zu einem Mannschaftsvergleich"; jeweils zwei Jugendgruppen, bestehend aus jeweils 30 Personen, besuchen die Partnerstadt.

Das Beispiel läßt sich verallgemeinern. In den sogenannten Jahres- bzw. Arbeitsplänen, in denen die Austauschaktivitäten für das jeweils folgende Jahr festgelegt wurden, taucht der konkrete Friedensdialog, etwa in Form von Friedensseminaren, nur eingeschränkt auf oder wirkt etwas aufgesetzt, wenn z. B. Friedensmalwettbewerbe oder Friedensläufe verabredet werden.[35] Festzuhalten bleibt aber, daß der DDR-Seite offenbar sehr daran lag, friedenspolitische Bekundungen in die Vereinbarungen einzubringen. Ohne sie wären die Partnerschaften, wie von Weizsäcker schreibt, nicht zustande gekommen.[36] Die DDR-Kommunen standen hier unter eindeutigen Vorgaben, die sie als weisungsgebundene Organe zu vollziehen hatten.[37]

3.4. Bürgerschaftliche Kommunikation

Dem friedenspolitischen Interesse der DDR-Verhandlungspartner stand auf seiten der westdeutschen Städte ein Interesse an möglichst breiter Kommunikation gegenüber. Nicht nur die Spitzen und Experten der Verwaltungen, nicht nur Parteien, Verbände bzw. gesellschaftliche Organisationen, sondern auch möglichst viele (normale) Bürgerinnen und Bürger sollten in die Besuchsprogramme einbezogen werden. Vereinbart wurden in der Regel Gruppenreisen,

---

35 Höhne: Von deutsch-deutschen, S. 93-95; von Weizsäcker: Verschwisterung, S. 307.

36 Ebenda, S. 306; ähnlich Klaus: Städtepartnerschaften, S. 21.

37 Burgmer (Städtepartnerschaften, S. 53) berichtet unter Berufung auf den damaligen Oberbürgermeister von Hof, Hans Heun, die Plauener Delegation habe bei der ersten Verhandlungsrunde den Hofer Positionen zugestimmt und versichert, daß sie die Dinge auch so sehe, wie in dem Hofer Entwurf niedergelegt, doch als die Abordnung aus Hof zur zweiten Verhandlungsrunde nach Plauen gekommen sei, sei sie mit einem unakzeptablen neuen Entwurf konfrontiert worden.

Reisen von Sportlern, Kultur- und Jugendgruppen, wobei die Kultur- und Sportbegegnungen in die jeweiligen Jahrespläne auf innerdeutscher Gesamtebene integriert werden mußten. Schülerreisen hat die DDR im Rahmen der Städtepartnerschaften nicht zugelassen, weswegen vermutlich bis auf wenige Ausnahmen die Berufung auf das innerdeutsche Kulturabkommen vom 6. Mai 1986 unterblieb.

Generell bestand die DDR-Seite auf Unterbringung in Gemeinschaftsunterkünften, in Hotels, Jugendherbergen und Gästehäusern, und scheute dabei nicht einmal das Eingeständnis, daß die Wohnverhältnisse in der DDR die private Unterbringung von Gästen noch nicht zuließen. Doch auch unter den anders gearteten Verhältnissen in der Bundesrepublik sollten ihre eigenen Leute nicht bei Privaten logieren dürfen. Einzig in der Nähe des Honecker-Besuchs vom September 1987 gelang es Saarlouis, Gäste aus Eisenhüttenstadt privat unterzubringen.[38] Den Unterhändlern aus den westdeutschen Städten, denen an diesem Punkt – auch aus finanziellen Gründen – sehr gelegen war, gelang es zumeist nur, in den Vereinbarungen selbst die Frage für spätere Entscheidungen offenzuhalten, doch ist die (alte) DDR, abgesehen von der genannten Ausnahme, bis zuletzt bei ihrer Weigerung geblieben. Über ihre Gründe braucht nicht weiter spekuliert zu werden. Das unkontrollierte Gespräch sollte nach Möglichkeit unterbleiben und die Aufsicht durch die befugten Organe – auch hier dürfte die Stasi immer mit dabei gewesen sein – jederzeit gewährleistet sein. In dieses Bild fügt sich auch die nur spärliche lokale Presseberichterstattung der DDR über Partnerschaftsereignisse ein.[39] An großer Publizität im eigenen Lande und am konkreten Ort war man nicht interessiert.

4. Motivlagen auf westdeutscher Seite

4.1. Kommunen

Städtepartnerschaften sind für westdeutsche Kommunen seit Jahrzehnten selbstverständlich. Die nach dem Ersten Weltkrieg aufgekommene Idee, der Aussöhnung mit ehemals verfeindeten Staaten auf kommunaler Ebene vorzuarbeiten[40], wurde nach dem Zweiten Weltkrieg in Richtung Westen in reichem Maße realisiert. Am 1. Januar 1987 unterhielten die Städte und Gemeinden der Bundesrepublik 2.746 partnerschaftliche Verbindungen mit ausländischen Kommunen, davon 2.416 mit solchen im westlichen Europa, 1.221 allein in Frankreich. Unter den 91 Partnerschaften mit ausländischen sozialistischen Staaten stand mit 31 Partnerschaften Jugoslawien an der Spitze, gefolgt von Ungarn mit 21 und der Sowjetunion mit 18.[41]

38 Burgmer: Städtepartnerschaften, S. 90.
39 Plück: Innerdeutsche Beziehungen, S. 2056; Klaus: Städtepartnerschaften, S. 39.
40 Burgmer: Städtepartnerschaften, S. 1-3.
41 Zahlen bei Schnakenberg: Innerdeutsche Städtepartnerschaften, S. 35-36.

Es lag somit nahe, das Institut Städtepartnerschaft analog auf die DDR zu übertragen, zumal nachdem auf staatlicher Ebene die „Grundlagen der Beziehungen" gelegt waren. Hier ging es nicht um die Aussöhnung mit ehemals verfeindeten Völkern, sondern um die Pflege bzw. das Wiederanknüpfen von Verbindungen innerhalb des staatlich getrennten Volkes mit gemeinsamer Sprache, Geschichte, Tradition und Kultur. Die übergeordneten Maximen stellte die „große Politik" bereit: Entspannung, gute Nachbarschaft, friedliche Zusammenarbeit bei bzw. zur Wahrung der Einheit der Nation.

Als Angehörige und Vertreter ihrer Parteien setzten die westdeutschen Kommunalpolitiker zwar unterschiedliche öffentliche Akzente bei der Begründung der innerdeutschen Städtepartnerschaften, doch war das gemeinsame Anliegen stark genug, Differenzen bei dem einen oder anderen, vielleicht auch Bedenken, im Interesse der Sache zurückzustellen, um zum Erfolg zu kommen. Kennzeichnend ist die Aussage des seinerzeit amtierenden sozialdemokratischen Oberbürgermeisters von Hof, Dieter Döhla: „Der abgeschlossene Vertrag wurde in seiner Form von allen Parteien und Gruppen des Stadtrates vorbehaltlos gebilligt... Die im Rahmenplan vorgesehenen Gespräche zu Arbeiterfragen und zu Friedensfragen wurden von den CSU-Politikern genauso akzeptiert. Wichtig war uns allen, daß es auch zu Begegnungen von Jugendlichen kommt."[42] Wohl nicht zu Unrecht vermutet Burgmer bei den westdeutschen Kommunen neben einem überparteilichen Interesse an Prestigegewinn für die Kommune – auch allgemeine Lust am Repräsentieren mag im Spiele gewesen sein – „verbliebene parteiübergreifende nationale Gefühle", die alle Rathausparteien in puncto innerdeutscher Städtepartnerschaft zusammenführten.

4.2. Parteien

Bedenken waren anfänglich insbesondere auf seiten der CDU/CSU zu spüren. Sie betrafen die status- und friedenspolitischen Aussagen der frühen Vereinbarungen, begleitet von der Befürchtung, die Städtepartnerschaften könnten sich in Polittourismus erschöpfen und insgesamt der Bürgernähe entbehren. Auch die Bundesregierung warnte vor „politischer Überfrachtung" der Städtepartnerschaften und bot Beratung durch das Bundesministerium für innerdeutsche Beziehungen an[43], desgleichen 1987 die kommunalpolitische Vereinigung der CDU/CSU[44]. Erklärtes Hauptmotiv für CDU/CSU-Politiker, innerdeutsche Städtepartnerschaften zu begründen, war der Wunsch, durch Verbreiterung der Kommunikation zur Wahrung der nationalen Gemeinsamkeit und Einheit beizutragen.[45]

---

42 Zitiert bei Burgmer: Städtepartnerschaften, S. 15.
43 Bundesminister Windelen: Für bürgernahe innerdeutsche Städtepartnerschaften, S. 266.
44 Innerdeutsche Städtepartnerschaften. Handreichung der kommunalpolitischen Vereinigung der CDU und CSU in Deutschland, Bonn 1987.
45 Höhne: Von deutsch-deutschen, S. 85-88.

Die SPD und ihre Vertreter taten sich von Anfang an leichter, war es doch ein führendes Mitglied[46] ihrer Partei gewesen, das Erich Honecker die erste innerdeutsche Städtepartnerschaft – und nachfolgend noch fünf weitere – „abgerungen" hatte. SPD-Kommunalpolitiker befürworteten innerdeutsche Städtepartnerschaften im Sinne der neuen Ost- und Deutschlandpolitik Willy Brandts, weil sie darin die Möglichkeit sahen, „gutnachbarliche Beziehungen", den Abbau von Spannungen sowie ein besseres Miteinander der beiden deutschen Staaten zu befördern, letzteres auch in bezug auf die Fragen des Friedens und der Sicherheit. Dazu argumentierten sie, aufgrund ihrer Vergangenheit und ihrer Lage an der Nahtstelle zwischen NATO und Warschauer Pakt hätten die Bundesrepublik und die DDR eine gemeinsame Verantwortung zur Erhaltung des Friedens. Der Dialog zwischen Bürgern aus Ost und West über alle strittigen Fragen sei ein Mittel, dieser Verantwortung gerecht zu werden. Dabei dürften die gegensätzlichen Gesellschaftsordnungen kein Hindernis sein. Voraussetzung sei allerdings die Anerkennung der Existenz zweier Staaten, die letztlich Folge des von NS-Deutschland begonnenen Zweiten Weltkrieges sei, sowie der Grenze zwischen ihnen. „Nur eine Grenze, die man akzeptiert, kann man auch überschreiten", sagte der Oberbürgermeister von Kassel, Hans Eichel.[47]

Die kompetenzrechtlich begründeten Bedenken namentlich der CDU/CSU-Vertreter zu den friedens- und sicherheitspolitischen Aussagen der Vereinbarungen wurden von den Vertretern der SPD nicht geteilt. „Sowohl in der DDR als auch in der Bundesrepublik sind Friedenssicherung, Stopp des Westrüstens, Abrüstung und gegenseitige Verständigung in der Tat Fragen, die für unsere Bürgerinnen und Bürger von besonderer Bedeutung sind... Insofern halte ich diese Aussagen in den kommunalen Partnerschaftsvereinbarungen nicht nur für gerechtfertigt, meiner Ansicht nach sind die Kommunen gefordert, diese Bemühungen nachhaltig zu unterstützen", so 1987 der Oberbürgermeister von Saarbrücken, Hans-Jürgen Krebnik.[48] Zugunsten des Allparteienkonsenses war die SPD vielfach genötigt, von der Formulierung konkreter statusrelevanter und friedenspolitischer Verpflichtungen Abstand zu nehmen.[49]

Ähnlich der SPD hoben die Kommunalpolitiker der F.D.P. hervor, daß die innerdeutschen Städtepartnerschaften sich der innerdeutschen Vertragspolitik verdankten und der Verständigung zur Sicherung des Friedens dienen sollten. Anders als Sozialdemokraten und Grüne verwiesen sie jedoch auch auf die

---

46 Als Oberbürgermeister von Saarbrücken hatte Oskar Lafontaine 1975 auch die erste deutsch-sowjetische Städtepartnerschaft – mit dem georgischen Tbilissi (Tiflis) – angebahnt, der bis zum Frühjahr 1987 zwölf weitere folgten, elf weitere waren zu diesem Zeitpunkt in Vorbereitung – vgl. Eröffnungsansprache Hans-Jürgen Krebnik, in: Landeshauptstadt Saarbrücken (Hrsg.): 1. Treffen, S. 23.
47 Höhne: Von deutsch-deutschen, S. 81-82, Zitat S. 82.
48 von Weizsäcker: Verschwisterung, S. 54.
49 Höhne: Von deutsch-deutschen, S. 88.

Gemeinsamkeit der deutschen Geschichte als Basis der gegenseitigen Beziehungen.[50]

Die Vertreter der Grünen stellten die innerdeutschen Städtepartnerschaften betont unter das Postulat der vorbehaltlosen gegenseitigen Anerkennung beider Staaten. Diese sei unerläßlich für die Sicherung des Friedens, könne aber auch der DDR innere Reformen erleichtern. Es gehe bei den innerdeutschen Städtepartnerschaften um Entspannungspolitik von unten, um den Abbau von Feindbildern im regen, unreglementierten Dialog zwischen Bürgern aus Ost und West, damit gemeinsame Initiativen zu Abrüstung und Entmilitarisierung möglich würden.[51]

Unverkennbar schlugen sich in den öffentlichen Einlassungen der Kommunalpolitiker die deutschlandpolitischen Argumentationsmuster nieder, die die Parteien auf Bundesebene während der 80er Jahre vertraten – bei Sozialdemokraten und Grünen war es insbesondere die Dominanz sicherheitspolitischer Aspekte. Dennoch muß man mitbedenken, was sie am Ende doch alle einte: Das Vertrauen in und die Hoffnung auf den Selbstlauf kommunaler Interessen und Bedürfnisse, den die SPD auch auf zentraler Parteiebene zu unterstützen bemüht war.[52]

5. Motivlage der DDR

Die DDR hat nach dem Abschluß des Grundlagenvertrages lange gezögert, dem Drängen nach innerdeutschen Städtepartnerschaften aus der Bundesrepublik nachzugeben. Noch 1983 bekräftigte ein von Honecker signiertes Papier aus dem Apparat des Zentralkomitees, Abteilung Auslandsinformation, daß weiterhin die Voraussetzungen für solche Partnerschaften auf seiten der Bundesrepublik fehlten.[53] Als solche wurden immer wieder genannt die Erfüllung von Geraer Forderungen wie die nach Anerkennung der DDR-Staatsbürgerschaft und nach Auflösung der Erfassungsstelle Salzgitter[54] sowie die Auf-

50 Burgmer: Städtepartnerschaften, S. 18; Höhne: Von deutsch-deutschen, S. 85.
51 Ebenda, S. 84; Burgmer: Städtepartnerschaften, S. 19.
52 Kommunalpolitiker der SPD und der SED kamen vom 12. bis 15. April 1989 zu einem ersten kommunalpolitischen Dialog zusammen, der in der Zeit vom 12. bis 15. September 1990 seine Fortsetzung finden sollte – vgl. Klaus: Städtepartnerschaften, S. 48, 52.
53 Ebenda, S. 16-17.
54 Trotz der Klippe „Erfassungsstelle" gelang es der Stadt Salzgitter, eine Partnerschaft mit Gotha herzustellen. In der Vereinbarung vom 8. Juli 1988 heißt es dazu: „Die Stadtverordnetenversammlung von Gotha begrüßt und unterstützt den vom Rat der Stadt Salzgitter gefaßten Beschluß zur 'Zentralen Erfassungsstelle'. Beide Seiten treten für die Fortsetzung des Entspannungsprozesses ein; in diesem Zusammenhang wäre auch die Auflösung der 'Zentralen Erfassungsstelle' ein weiterer Schritt zur allgemeinen Verbesserung der gegenseitigen Beziehungen." Der erwähnte Beschluß des Rates der Stadt Salzgitter, datiert vom 26. April 1987, lautet folgendermaßen: „Der Rat der Stadt Salzgitter unterstützt die Bemühungen um die Fortentwicklung der Friedens- und Entspannungspolitik. Er sieht den Besuch des DDR-Staatsratsvorsitzenden Erich Honecker als eine gute Gelegenheit an, weitere Erleichterungen für die Menschen in beiden deutschen Staaten zu erreichen. Die Stadt Salzgitter möchte durch eine Partnerschaft mit einer Stadt in der DDR dazu beitragen. Der Rat der Stadt bedauert, daß es nicht zu einem Einvernehmen der Bundesländer über die Zukunft der Erfas-

nahme offizieller Beziehungen zwischen der Volkskammer der DDR und dem Deutschen Bundestag. Da die Geraer Forderungen jedoch ansonsten in diesen Jahren die DDR an weiteren Vereinbarungen mit der Bundesrepublik nicht gehindert haben – so wurde etwa 1986 das lange umstrittene Kulturabkommen mit der Bundesrepublik geschlossen –, ist davon auszugehen, daß sie im Falle der innerdeutschen Städtepartnerschaften als Vorwände vorgeschützt wurden. Der eigentliche Grund für die ablehnende Haltung der DDR dürfte eher im Charakter der innerdeutschen Städtepartnerschaften zu suchen sein, denn als kommunale Verbindungen bargen sie schwer zu kontrollierende emotionale und praktische Risiken, die, gerade weil sie auch offiziell und damit öffentlich waren, für die DDR zu peinlichen Situationen führen konnten. Unsicherheit und eingewurzeltes Mißtrauen gegen jede Art von Spontaneität, bestimmend für die Abgrenzungspolitik seit Beginn der 70er Jahre, ließen es der DDR lange geraten erscheinen, von Beziehungen auf kommunaler Ebene mit der Bundesrepublik Abstand zu halten.

5.1. „Staatspolitische Zielsetzung"

Warum die SED/DDR diese defensive Verweigerungshaltung Mitte der 80er Jahre aufgegeben hat, läßt sich auch anhand der Akten nicht vollständig klären bzw. die Erklärungen, die sie bieten, lassen viele Fragen offen. Manfred Klaus etwa, der umfangreicher als Roland Höhne die SED-Akten heranzieht, macht folgende Ursachen für den Umschwung in der DDR-Haltung aus:

Außenpolitisch sei es der DDR angesichts der krisenhaften Verschlechterung im Ost-West-Verhältnis seit Beginn der 80er Jahre (u. a. Afghanistan, Nachrüstung) darum gegangen, die Bundesrepublik in das Konzept „Frieden durch Abrüstung und Entspannung" einzubinden, „d. h. mit einem friedenspolitischen Engagement sollten die Städtepartnerschaften indirekten Druck auf Bonn in außen- und sicherheitspolitischen Fragen ausüben"; deutschlandpolitisch habe die DDR beabsichtigt, die Durchsetzung der Geraer Forderungen voranzubringen, „d. h. mit den Städtepartnerschaften sollte die völkerrechtliche Anerkennung der DDR 'von unten' her forciert werden". [55]

---

sungsstelle in Salzgitter gekommen ist. Er würde es begrüßen, wenn diese Behörde aufgelöst würde. Allerdings verbindet er damit die Erwartung, daß auch die DDR ihrerseits den Entspannungskurs fortsetzt." In einem zweiteiligen Abstimmungsverfahren stimmte der Rat der Stadt Salzgitter „dem Abschluß einer Städtepartnerschaft mit der Stadt Gotha" zu. Mit 25 gegen 18 Stimmen beschloß er sodann den paraphierten Text der Vereinbarung. Von Weizsäcker, die den Fall Salzgitter-Gotha breit erörtert – einschließlich der diesbezüglich eingeleiteten kommunalaufsichtlichen Verfahrens –, kommt zu dem Schluß, daß die Stadt Salzgitter mit der Vereinbarung nicht gegen ihre Kompetenzgrenzen verstoßen habe, denn sie habe nur zum Ausdruck gebracht, daß sie die Abschaffung der Erfassungsstelle als ein Ergebnis des Entspannungsprozesses sehe – vgl. von Weizsäcker: Verschwisterung, S. 323-335.

55 Klaus: Städtepartnerschaften, S. 20. Ähnlich von Weizsäcker: Verschwisterung, S. 47: „Die Staatsund Parteiführung sah in den Städtepartnerschaften von Anfang an ein Mittel ihrer auswärtigen Politik... Die Bedeutung der Städtepartnerschaften lag für die DDR insbesondere in deren eigenständigem Beitrag zum Friedensdialog der DDR, zu dem Fragen des Friedens ebenso gehörten wie solche

Neben dieser „staatspolitischen Zielsetzung" erwähnt Klaus – mit anderen Autoren – noch zwei weitere Motive für den Meinungsumschwung in bezug auf die innerdeutschen Städtepartnerschaften. Zum einen habe dieser der DDR aus dem ohnehin schwer erklärlichen Sonderverhältnis gegenüber der Bundesrepublik in dieser Frage herausgeholfen, denn die DDR habe eine stattliche Zahl von Partnerschaften mit Städten des nichtsozialistischen Auslandes unterhalten. Zum anderen habe die Eröffnung von innerdeutschen Städtepartnerschaften den wachsenden Druck aus dem eigenen Land und von außen in Richtung vermehrter Informations- und Reisefreiheit „etwas relativieren" sollen, zumal auf diese Weise auch solchen Bürgern zu Reisen verholfen wurde, die nach den Regeln der DDR die Bundesrepublik nicht besuchen konnten.

Auch Roland Höhne[56] mißt der friedenspolitischen Zielsetzung für die Motivlage der DDR allerhöchste Bedeutung zu. Er stützt sich dabei auf eine Ausarbeitung der SED für die KPdSU, die, vom Politbüro am 23.6.1987 beschlossen, unter dem Titel „Analyse zur Lage in der BRD – Schlußfolgerungen für eine gemeinsame Politik" im Vorfeld des Honecker-Besuchs als „Grundlage für den Meinungsaustausch mit dem Zentralkomitee der KPdSU" nach Moskau übermittelt wurde.[57] Diese Schrift ist eine beredte Rechtfertigung der Politik der DDR gegenüber der Bundesrepublik unter dem Motto „Dialog und Zusammenarbeit", Rechtfertigung deswegen, weil die Sowjetunion sie seit langem, vornehmlich aber seit 1983/84, als einseitige Interessenpolitik der DDR beargwöhnte, mit der sich diese in wachsende Abhängigkeit zur Bundes-

---

der Entspannung, Sicherheit und Abrüstung." Pawlow (Inner-deutsche Städtepartnerschaften, S. 37-40) hebt hingegen mehr auf „politische Einflußnahme" in der Bundesrepublik ab.

56 Höhne: Von deutsch-deutschen, S. 74-77.

57 Wiedergabe in Faksimile bei Hertle u. a.: Der Staatsbesuch, S. III-LXXXIV. Es liegt nahe zu vermuten, daß Honecker mit dieser Ausarbeitung einem Wunsch Gorbatschows entsprach, der in dem bereits erwähnten (Anm. 29) Gespräch mit Honecker vom 20. April 1986 eine gemeinsame Konzeption der UdSSR und der DDR gegenüber der Bundesrepublik angemahnt hatte (vgl. Honecker-Gorbatschow, S. 98) – in einem Gespräch, das seine verhaltene Dramatik aus der Kontroverse über den Wunsch Honeckers bezog, Anfang Juli 1986 die Bundesrepublik zu besuchen. Nunmehr, im Juni 1987, übersandte Honecker seine Analyse und seine Schlußfolgerungen für eine gemeinsame Politik an das Zentralkomitee in Moskau. Über den jetzt für September 1987 geplanten Besuch hieß es darin: „Ein solcher Besuch würde die Möglichkeit bieten, die Friedenspolitik der DDR und der gesamten Staatengemeinschaft umfassend zu vertreten, die Stellung der DDR als sozialistischer Staat auf deutschem Boden unterstreichen, ihre internationale Rolle betonen und festigen und die Normalisierung der Beziehungen mit der BRD voranbringen können" (Hertle u. a.: Der Staatsbesuch, S. LXXXVI). Hermann Axen fuhr im Monat darauf, im Juli 1987, zu Konsultationen nach Moskau und äußerte danach in einem Memorandum vom 29. Juli 1987 an Honecker, es sei „zweifelsohne ein Erfolg für die Politik der SED", daß die sowjetische Seite die Ost-Berliner Analyse und Schlußfolgerungen gutgeheißen habe (vgl. Ash: Im Namen, S. 165, 675-676). Das Papier muß also im Kontext der Differenzen gelesen werden, die im Verhältnis DDR-Sowjetunion wegen der innerdeutschen Beziehungen seit den 70er Jahren schwelten. Im Spätherbst 1983 (VI. Plenum des ZK der SED) waren sie akut aufgebrochen, im Sommer 1984 hatten sie bis zu öffentlich ausgetragenen Kontroversen geführt, 1986 waren sie noch immer nicht beigelegt und erst im Laufe des Jahres 1987 allmählich abgeklungen, weil die sowjetische Außenpolitik im Zeichen des „neuen Denkens" inzwischen Fahrt aufgenommen und die DDR im sowjetischen Interessenkalkül zurückgestuft hatte. Axen ist das offenbar bei seinem Moskau-Besuch vom Juli 1987 entgangen. Die neue sowjetische Gleichgültigkeit gegenüber dem Verbündeten bescherte der DDR einen Freiraum, den sie so niemals angestrebt hatte und auch nicht wollen konnte.

republik manövriere.[58] Dem sowjetischen Argwohn stellte die SED eine ausführliche Argumentation entgegen, die das innerdeutsche Verhältnis ganz in den Dienst der östlichen Friedens- und Abrüstungspolitik rückte, für welche sie auf seiten der bundesdeutschen Politik und Gesellschaft reichlich Ansatzpunkte feststellte. Unter Berufung auf dieses Papier, ohne dessen Zweck und Adressaten zu erwähnen, zieht Höhne eine gerade Linie von dem, was die SED-Analyse der Moskauer Parteiführung als gemeinsame Einwirkungsstrategie gegenüber der Bundesrepublik empfahl, zu den friedens- und statuspolitischen Zielsetzungen der Städtevereinbarungen.

5.2. Späte Entscheidung

5.2.1. Interne Vorlagen des ZK-Apparats

Mit einem Satz waren in der für die KPdSU bestimmten Analyse auch die innerdeutschen Städtepartnerschaften erwähnt: „Die vereinbarten Städtepartnerschaften sind unter Berücksichtigung der politischen und Sicherheitsinteressen der DDR mit Leben zu erfüllen."[59] Angesichts der allgemeinen Einwirkungsabsicht ist die Verhaltenheit der Formulierung bemerkenswert, denn was da „berücksichtigt" werden soll, sind die alten Abgrenzungsvorbehalte der SED selbst – und selbstredend der KPdSU –, während der offensive Friedensdialog nicht einmal erwähnt wird. Ähnlich verhalten gibt sich auch der Beschluß des Zentralkomitees vom 26.3.1986 über die Aufnahme der ersten innerdeutschen Städtepartnerschaft Saarlouis-Eisenhüttenstadt.[60] Der Vertragsentwurf, der ihm beigegeben ist, dürfte die allgemeinpolitischen Wünsche der SED an die Vertragstexte in optimaler Form wiedergeben (und einen Monat später wurde er mit nur marginalen Änderungen tatsächlich paraphiert). Gleichwohl sind die ebenfalls beigefügten „Hinweise zur Frage der Aufnahme von Städtepartnerschaften mit Städten und Gemeinden der BRD" durchsetzt mit Warnungen und halben Rückziehern. Sie scheinen ein gewisses Widerstreben zu signalisieren.

---

58 Zum Verhältnis DDR-Sowjetunion siehe Oldenburg: Wechselwirkung, S. 404-427; ders.: Eine endliche Geschichte; Kwizinskij: Sturm, S. 255-266; Seidel: Erste Schritte, S. 124-126. Wettig gelangt in seiner knappen Zusammenfassung zu dem Urteil: „Das Verhältnis zwischen UdSSR und DDR war daher längst erschüttert, als die entscheidenden Ereignisse vom Herbst 1989 in Gang kamen" – vgl. Wettig: Sowjetunion und SBZ/DDR, insbesondere S. 531, Zitat S. 532. Praktisch begleitete das sowjetische Mißtrauen die innerdeutsche Vertragspolitik von Anfang an. Es spielte bei der Absetzung Ulbrichts eine erhebliche Rolle und ereilte bald auch dessen Nachfolger Erich Honecker, obwohl dieser anfangs brav in der sowjetischen Spur zu laufen schien, indem er sich z. B. die von Breschnew verordnete „Abgrenzung" zu eigen machte – vgl. Breschnew-Honecker, S. 283, 287; Seidel: Erste Schritte, S. 122. Ders. (Der Weg, S. 208-209) berichtet, die Einrichtung der Ständigen Vertretungen in Bonn und Ost-Berlin habe sich aufgrund einer „rigorosen sowjetischen Intervention" um fast ein Jahr ver-zögert, und auch noch gegen den Honecker-Besuch haben Gorbatschow und Schewardnadse im August/September 1987 ihre Bedenken wenigstens zu Protokoll gegeben – s. Nakath: Zur Geschichte, S. 13.

59 Hertle u. a.: Der Staatsbesuch, S. LXXVII.

60 Die Vorlage einschließlich Beschluß, Vertragsentwurf, Jahresplan und Hinweisen vollständig in Faksimile wiedergegeben bei Klaus: Städtepartnerschaften, Anhang Nr. 3.

Städtepartnerschaften zwischen Städten der DDR und der Bundesrepublik könnten, so heißt es, wirksam werden im Sinne einer Verantwortungsgemeinschaft für den Frieden und für die Herstellung gutnachbarlicher Beziehungen zwischen den Staaten. „Aber sie können nicht an den gültigen Gesetzen vorbei funktionieren." Das bisherige Verhalten der Bundesregierung lasse erkennen, daß die erforderlichen Voraussetzungen für Städtepartnerschaften „in breitem Rahmen" fehlten. So sei die Bundesregierung nicht bereit, ihre destruktive Haltung in bezug auf die Respektierung der DDR-Staatsbürgerschaft, die Erfassungsstelle Salzgitter und die Herstellung normaler Parlamentsbeziehungen „auf der obersten Ebene" aufzugeben. „Unter diesen Bedingungen ist die Aufnahme einiger Städtepartnerschaften ... als Ausnahmeregelung zu verstehen, die einer gesonderten Entscheidung bedarf. Sie wird mit solchen Städten durchgeführt, deren Repräsentanten – wie in Saarlouis – für die Verhinderung eines nuklearen Infernos, für Frieden, Abrüstung und Entspannung in Europa ... entsprechend den Prinzipien der friedlichen Koexistenz eintreten." Abschließend heißt es dann, mit der Herstellung „einzelner Städtepartnerschaften" zeige die DDR ihren guten Willen, für die Verbesserung der Gesamtbeziehungen „auch auf diesem Gebiet" ihren Beitrag zu leisten.

Von einer offensiven, selbstgewissen Instrumentalisierung der Städtepartnerschaften im Sinne des vielbeschworenen Friedens ist in diesen Hinweisen nichts zu spüren. Man will es bei einzelnen Ausnahmen belassen, das Zentralkomitee will alles in der Hand behalten, über die Aufnahme weiterer innerdeutscher Partnerschaften entscheidet es „je nach politischer Notwendigkeit" (Beschluß), und die kommunalen Organe der DDR, bei denen aus der Bundesrepublik angefragt wird, dürfen nicht einmal selber antworten.

Ein Jahr später, am 28.4.1987, lag dem Politbüro ein Bericht des Zentralkomitees über die drei inzwischen geschlossenen und in die Realisierung getretenen Städtepartnerschaften Saarlouis-Eisenhüttenstadt, Neunkirchen-Lübben und Wuppertal-Schwerin vor.[61] Die Bilanz war positiv: Der Standpunkt der DDR zum politischen Inhalt der Vereinbarungen habe durchgesetzt werden können; die Städtepartnerschaften böten Möglichkeiten, die Ziele der DDR öffentlich in Ost und West zu propagieren, „ohne die innere Stabilität der DDR zu gefährden"; der „tiefe Friedenswille, die soziale Geborgenheit und die optimistische Lebenshaltung der Bevölkerung der DDR-Städte" hätten bei den Westgästen beachtliche Wirkung hinterlassen. Positiv vermerkt wurde auch, daß „schädliche Einflüsse" von der eigenen Bevölkerung hätten ferngehalten werden können und daß die „Erwartung bestimmter Kreise der BRD, daß durch die Aufnahme von Partnerschaftsbeziehungen die Forderungen von Bürgern der DDR hinsichtlich eines 'freizügigen Reiseverkehrs' in starkem Maße zunehmen würden", nicht aufgegangen seien. Trotz seiner Rundum-Zufriedenheit beharrte das Sekretariat des Zentralkomitees auf seiner restriktiven Grundeinstellung vom Jahre vorher und blieb dabei auch am 28. Oktober 1987, als das Politbüro elf weitere Städtepartnerschaften zustimmte, die Honecker

---

61 Vgl. Höhne: Von deutsch-deutschen, S. 80, 89, 96-102.

bei seinem Besuch im September gewährt hatte. Jetzt hieß es sogar, daß weitere Abschlüsse nicht mehr möglich seien, da noch immer die statusrechtlichen Voraussetzungen fehlten.[62]

Daraus kann jedoch nicht gefolgert werden – wie es bei Höhne geschieht –, die SED habe die Zustimmung zur Aufnahme innerdeutscher Städtepartnerschaften „weiterhin als Druckmittel zur Durchsetzung ihrer Statusziele" benutzt.[63] Das hat sie weder vor dem Herbst 1987 noch danach tatsächlich getan, vielmehr hat sie in einem „voluntaristischen"[64] Verfahren, das allen aufgestellten Grundsätzen des ZK-Sekretariats Hohn sprach, Städtepartnerschaften gleichsam aus der Westentasche ihres spendablen Generalsekretärs verteilt. Von diesem Verteilungsmodus in „Weihnachtsmann-Manier"[65] kann bei der Ergründung der Motive und Intentionen, welche die SED mit den innerdeutschen Städtepartnerschaften verband, nicht abgesehen werden.

Zur Entscheidungsfindung selbst schweigen sich die Akten aus, so daß nicht mit letzter Sicherheit festgestellt werden kann, von wem der Anstoß ausging. Gesichert ist, daß die Vorlage aus dem ZK-Apparat kam und daß die Entscheidung nach unten auf der Parteischiene „durchgestellt" wurde. Die Akten bleiben auch eine Antwort auf die Frage schuldig, warum man angesichts der hochpolitischen Zielsetzung erst 1985 und nicht schon viel früher, etwa zu Beginn der 80er Jahre, das Instrument der innerdeutschen Städtepartnerschaften zu handhaben begann, als die Friedensagitation der SED gegen den NATO-Nachrüstungsbeschluß auf Hochtouren lief und als etwa bundesdeutsche Städte im Zuge dieser auch im Westen laufenden Kampagne sich zu atomwaffenfreien Zonen erklärten und ähnliche Ansinnen an Städte der DDR herantrugen.[66]

Als sicher jedoch ist zu unterstellen, daß es sich bei der Entscheidung vom Spätherbst 1985 um eine autonome Entscheidung der SED handelte. Ein kalendarischer Zufall wollte es, daß just am Tag vor der ersten Zusage Honeckers gegenüber dem saarländischen Ministerpräsidenten die Moskauer „Prawda" (12.11.1985) von einer Sitzung der auswärtigen Ausschüsse des Unionssowjets und des Nationalitätensowjets des Obersten Sowjets der UdSSR berichtete, diese hätten Empfehlungen zur weiteren Erhöhung der Effektivität von Partnerschaften sowjetischer Städte mit solchen anderer Länder beschlossen.[67] Abgesehen davon, daß Honeckers Zusage vom 13.11.1985 nicht aus heiterem

---

62 Ebenda, S. 102.
63 Ebenda.
64 Klaus: Städtepartnerschaften, S. 32.
65 Klaus, ebenda S. 25, zitiert einen „örtlichen Funktionär" mit der Meinung, daß DDR-Spitzenpolitiker „in 'Weihnachtsmannmanier' Städtepartnerschaften verschenken würden, ohne sich darum zu kümmern, was daraus werde".
66 Ebenda, S. 17.
67 Schnakenberg: Innerdeutsche Städtepartnerschaften, S. 57. Auch Plück: Innerdeutsche Beziehungen, S. 2052, und Klaus: Städtepartnerschaften, S. 18, lassen sich diesen Hinweis nicht entgehen. Während Klaus sich jeder Folgerung enthält, kommentiert Plück ironisch: „Umstände und Terminfolge sprechen für einen Zusammenhang. Dann würde es einer der letzten Fälle gewesen sein, in denen die DDR mehr oder weniger freiwillig dem großen Vorbild Moskau gefolgt ist."

Himmel kam, sondern „offensichtlich ... gut vorbereitet"[68] war, heißt es die damalige sowjetische Einstellung zur innerdeutschen Politik der DDR gründlich zu verkennen, wenn aus dem Moskauer Beschluß die Vermutung abgeleitet wird, dieser habe sich besonders an die DDR gerichtet und diese wiederum habe dem sowjetischen Drängen nachgegeben.[69] Wenn ein Zusammenhang zwischen dem Moskauer Beschluß und Honeckers erster Zusage bestehen sollte, dann eher umgekehrt: Die DDR konnte sich auf den Moskauer Beschluß als Rechtfertigung für ihre Meinungsänderung in bezug auf innerdeutsche Städtepartnerschaften berufen. Wie der oben zitierte Satz aus der an das ZK der KPdSU adressierten Analyse vom Juni 1987 ausweist, war die SED sogar in diesem Papier bemüht, die innerdeutschen Partnerschaften vom immer wachen sowjetischen Soupçon der inneren Destabilisierung freizuhalten. Als sich 1987 in der SED-Führung Widerstand gegen die schnell wachsende Zahl der innerdeutschen Städtepartnerschaften regte, soll er sich „offenbar in Abstimmung mit der sowjetischen Führung" befunden haben.[70]

Was also hat die SED im Spätherbst 1985 bewogen, ihr langes Sträuben gegen innerdeutsche Städtepartnerschaften aufzugeben? Die strategische friedens- und statuspolitische Zielsetzung kann es nicht gewesen sein, jedenfalls erklärt sie nicht den späten Zeitpunkt. Auch eine Reaktion auf die sowjetische Perestrojka in der Weise, daß auf innerdeutschem Feld eine gewisse Kompensation für enttäuschte Reformerwartungen bei der DDR-Bevölkerung geschaffen werden sollte, scheidet für diesen Zeitpunkt noch aus; im Herbst 1985 war für die SED noch nicht absehbar, wie weit Gorbatschows Reformpolitik gehen und welche Folgen sie für die DDR zeitigen würde. Gefälligkeit bzw. gar Gehorsam gegenüber sowjetischem Drängen ist ebenfalls auszuschließen. Eine schlüssige Erklärung läßt sich nicht nachweisen, doch weisen genügend Zeichen darauf hin, daß sie in der Person und in den Ambitionen des Generalsekretärs und Staatsratsvorsitzenden Erich Honecker zu suchen ist.

5.2.2. Chefsache Honecker

Von Insidern ist zweifelsfrei bestätigt, daß Honecker die Deutschland- und Berlinpolitik während seiner ganzen Amtszeit als „Chefsache" betrieb, ab 1974 unter Einbeziehung von Günter Mittag und Alexander Schalck-Golodkowski. Karl Seidel, langjähriger Leiter der Abteilung BRD im Ministerium für Auswärtige Angelegenheiten der DDR, schreibt, die Politik gegenüber der Bundesrepublik und West-Berlin habe uneingeschränkt in Honeckers „Hand und Verantwortung" gelegen, und bescheinigt diesem, er habe das „Metier BRD (und Westberlin)" ausgezeichnet beherrscht. Seidels Abteilung, zuständig auch für die Ständige Vertretung der DDR in Bonn, war faktisch unmittelbar bei Honecker angebunden und mußte sich nicht, wie alle übrigen Länder-

---

68 Plück: Innerdeutsche Beziehungen, S. 2052.

68 Plück: Innerdeutsche Beziehungen, S. 2052.
69 So Höhne: Von deutsch-deutschen, S. 77-78.
70 Vgl. von Weizsäcker: Verschwisterung, S. 46-47.

abteilungen des MfAA, bei Vorlagen an das Politbüro zuvor mit der zuständigen Abteilung des Zentralkomitees, hier der „Abteilung für Politik und Wirtschaft", abstimmen.[71]

Im Fall der innerdeutschen Städtepartnerschaften war das jedoch anders. Hier kamen die Vorlagen zur Entscheidung aus dem ZK-Apparat – neben der federführenden IPW-Abteilung waren noch die Abteilungen Auslandsinformation und Staats- und Rechtsfragen beteiligt –, während Seidels MfAA-Abteilung lediglich Handlanger- und Botendienste (via StäV/DDR) zu erbringen hatte. Auch auf den unteren Ebenen, gegenüber den Räten der Bezirke und Kreise, waren es die Parteiorgane, die in bezug auf die Durchführung innerdeutscher Städtepartnerschaften entschieden und diese kontrollierten.[72] Institutionell gesehen wurden somit die innerdeutschen Städtepartnerschaften quasi in der Manier der „Westarbeit"[73] gehandhabt.

Doch wie auch immer die Zuständigkeit der Apparate geregelt war, in jedem Fall konnte der Partei- und Staatsratsvorsitzende darüber freihändig verfügen und sich mal des einen, mal des anderen Instruments bedienen, je nach dem, wie es ihm zuträglich erschien. So auch in puncto Städtepartnerschaften.

Als allzuständiger Deutschlandpolitiker fühlte sich Honecker offenbar persönlich von dem Drängen seiner zahlreichen Besucher aus dem Westen unter Druck gesetzt. Die oben erwähnten „Hinweise", mit denen das Politbüro bzw. das Zentralkomitee seine Meinungsänderung am 26.3.1986 bei Gelegenheit der ersten innerdeutschen Städtepartnerschaft zu erläutern versuchte, beginnen mit dem Satz: „In letzter Zeit häufen sich Anträge von Städten und Gemeinden der BRD zur Aufnahme von Partnerschaften mit Städten und Gemeinden der DDR." Honecker tat sich schwer zu erklären, wieso die DDR, die ansonsten jede innerdeutsche Besonderheit (bis auf den innerdeutschen Handel) abstritt, auf dem Feld der Städtepartnerschaften, die sie – wie in den Hinweisen ebenfalls eingangs vermerkt – immerhin mit Städten in 31 Staaten des nichtsozialistischen Auslands unterhielt, im Verhältnis zur Bundesrepublik eine Ausnahme behauptete. Bezeichnenderweise stellte er in einem Interview mit der „Zeit" vom Januar 1986 den Aspekt, daß es sich bei innerdeutschen Städtepartnerschaften doch um etwas international Normales handele, heraus: „ ... wie das in aller Welt üblich und gebräuchlich ist".[74] Überdies verfolgte Honecker trotz der im Sommer 1984 von Moskau erzwungenen spektakulären Absage weiter das Projekt seines Besuchs in der Bundesrepublik, und es war absehbar, daß er dort wiederum mit dem leidigen Thema konfrontiert werden würde. Und schließlich: Ungeachtet des Mißfallens in Moskau nahmen die innerdeutschen Beziehungen langsam, aber stetig auf privater wie auf offizieller und finanzieller (Kredite) Ebene zu, gewannen an Dichte und Substanz und war die Bundesrepublik für die DDR zum nach der Sowjetunion sichtbar

71 Seidel: Erste Schritte, S. 122-124.
72 Klaus: Städtepartnerschaften, S. 33-34; Höhne: Von deutsch-deutschen, S. 99.
73 Vgl. Staadt: Westarbeit.
74 Zitiert bei Pawlow: Innerdeutsche Städtepartnerschaften, S. 35.

wichtigsten Außenpartner geworden. Aus der Sicht Honeckers, der diesen Kurs unter dem friedenspolitischen Schirm verfolgte und gegenüber Gorbatschow als Beeinflussungsstrategie gegenüber der Bundesrepublik ausgab[75], gab es also durchaus Gründe, die Ausnahmesituation in bezug auf die Städtepartnerschaften zu beenden.

Die Wahrscheinlichkeit spricht dafür, daß bei dem Meinungsumschwung vom November 1985 der Wunsch des Generalsekretärs eine, wenn nicht die wesentliche Rolle gespielt hat. Das Sekretariat setzte diesen Wunsch um und fügte ihn in das bestehende, auf die Person Honeckers zugeschnittene[76] Argumentationsmuster zur Politik von Dialog und Zusammenarbeit gegenüber der Bundesrepublik ein.

Ob Honecker von Anfang an, wie es dann weitgehend geschah, die Städtepartnerschaften als persönliche Chefgeschenke zu behandeln beabsichtigte, läßt sich ebenfalls nur mit einiger Gewißheit vermuten, doch nicht beweisen. Hier tritt auch ein Element persönlicher Eitelkeit hinzu, das nicht unbemerkt blieb.[77] Aus den „einzelnen Fällen" bzw. den „Ausnahmeregelungen", von denen anfänglich die Rede war, werden im Verlauf nur weniger Jahre fünf bis sechs Dutzend Städtepartnerschaften, und sie involvierten auf westdeutscher Seite keineswegs nur solche Städte, deren Repräsentanten vollmundig die sicherheits- und statuspolitischen Ziele der DDR nachbuchstabierten.

Bemerkenswert sind die Vorsicht und die restriktive Haltung, die das Sekretariat des Zentralkomitees in seinen schriftlichen Vorlagen an den Tag legte, auch dort, wo es, wie in den bilanzierenden Vorlagen von 1987 und 1988, die Vorteile und Erfolge der innerdeutschen Partnerschaften rühmte; manche Stellen lesen sich wie eine beruhigende Antwort auf früher geäußerte Befürchtungen oder Einwände. Manche Entscheidungen Honeckers sollen gegen die Vorstellungen von Politbüro-, Sekretariats- oder ZK-Mitgliedern, des MfAA oder Erster Bezirkssekretäre gefallen sein. Im ZK sollen sogar unter der „Ägide" von Politbüromitglied Horst Dohlus Lageberichte entstanden sein, die die Bürgerkontakte anprangerten und die Städtepartnerschaften als „Fehlschlag" einstuften.[78] Von dem Direktor des Instituts für Internationale Politik und Wirtschaft (IPW), Max Schmidt, ist eine Äußerung vom März 1986 bekannt, wonach die Frage der Städtepartnerschaften eingebettet sein müsse in den „vom Geben und Nehmen bestimmten Prozeß der Normalisierung".[79] Honecker hingegen erklärte etwa gleichzeitig gegenüber dem Ministerpräsidenten von Nordrhein-Westfalen, Städtepartnerschaften könnten „ohne Bedingungen" entstehen[80], und so verhielt er sich ja auch. Die Städtepartnerschaften vergab

75 Wörtlich heißt es in der Information über das Gespräch vom 20. April 1986: „Genosse Honecker unterstrich, daß das gemeinsame Ziel doch darin bestehe, das Kräfteverhältnis in der BRD zu ändern" – vgl. Küchenmeister: Honecker-Gorbatschow, S. 105.
76 Vgl. Schindler: Deutsch-deutsche, S. 233.
77 Vgl. Ash: Im Namen, S. 295.
78 Klaus: Städtepartnerschaften, S. 78.
79 Schnakenberg: Innerdeutsche Städtepartnerschaften, S. 65.
80 Ebenda.

er freihändig, sie waren nicht eingebunden in „Verhandlungspakete", die auf innerdeutscher Arbeitsebene traktiert wurden, jedenfalls ist davon nichts bekannt. Daß dies dem Ostberliner Apparat wenig gefiel, ist verständlich, zumal die zahlreichen und drängenden Wünsche aus dem Westen in ihm die Vorstellung erwecken konnten, man habe hier gegenüber Bonn ein Pfund in der Hand, mit dem sich wuchern ließe. Ein Mitarbeiter aus dem ZK-Apparat vermerkt im nachhinein über die zahlreichen politischen Besucher aus dem Westen: „Jeder wollte etwas mitnehmen, von Fischereirechten in der Lübecker Bucht in den Hoheitsgewässern der DDR bis hin zu Städtepartnerschaften. Man kam mit leeren Taschen und fuhr mit einem Geschenk nach Hause. Das systematische Aushöhlen politischer Positionen konnte auf Dauer nicht gutgehen. Die politischen Schubladen wurden immer leerer."[81]

5.3. Priorität Krisenbewältigung

Schon bald nach der Einrichtung der ersten innerdeutschen Städtepartnerschaften gerieten diese zunehmend in den Sog der Öffnung zur Bundesrepublik, die mit wachsender Entfremdung der Ostberliner Führung gegenüber der Gorbatschowschen Reformpolitik nun in der Tat Züge einer Kompensation für die Reformverweigerung im Innern der DDR annahm. Die Reisezahlen schnellten in die Höhe. Hatten in den Jahren 1983-1985 im Durchschnitt 64.000 DDR-Bürger unterhalb des Rentenalters in dringenden Familienangelegenheiten in die Bundesrepublik reisen dürfen, so stieg diese Art von Besuchen 1986 auf die Zahl von 244.000 an, 1987 übersprang sie bereits die Millionengrenze (1,1 Millionen), wohin sie auch 1988 gelangte, und das weitere erübrigt sich. Honecker hat 1992 im Gefängnis Moabit im Gespräch mit Timothy Garton Ash bestritten, die Ausweitung der Reiseerlaubnis sei aus Gründen finanzieller Not oder gar der Abhängigkeit von der Bundesrepublik erfolgt. Vielmehr sei sie Teil „einer ganz bewußten Strategie" gewesen, seine Antwort auf die Herausforderungen aus dem Osten und ein weiterer Schritt zur Normalisierung der Beziehungen zwischen den beiden deutschen Staaten. Er habe daran geglaubt, daß die Menschen dadurch zufriedener werden.[82]

Wenn auch diese Rechnung nicht aufging, so läßt sich ihr doch entnehmen, daß zumindest im Kopf des Generalsekretärs ein Zusammenhang bestand zwischen den Nöten, die der DDR aus dem Osten erwuchsen, und einem möglichen Ausweg in Richtung Westen bzw. mit Hilfe der Bundesrepublik. Die Öffnung jedoch vermochte die Reformverweigerung nicht auszugleichen, schlimmer noch: jedes der beiden Elemente wirkte für sich destabilisierend. Ob Honecker das Risiko, das er einging, richtig einschätzte, mag dahingestellt bleiben. Auf jeden Fall zeigt es die verzweifelte Lage der DDR an, Hilfe und Rettung ausgerechnet bei der Bundesrepublik zu suchen, als deren „sozialistische Alternative auf deutschem Boden" sich die DDR verstand. Es war ein

---

81 Wagner: Nebenaußenpolitik, S. 268.
82 Ash: Im Namen, S. 293.

Prozeß, ob nach Krenz eher „konfus, reaktiv und improvisiert"[83] oder „ganz
bewußte Strategie" (s.o.), in dem die DDR sich selbst, ihre offizielle innere
Moral, aufzehrte und preisgab. Dies wäre eine Erklärung „von innen her" für
die merkwürdige Lähmung und Widerstandslosigkeit, mit denen der gewaltige
Machtapparat der SED den äußerlich jähen Zerfall seiner Herrschaft geschehen
ließ.

Die Bundesregierung ihrerseits brauchte nur abzuwarten und mit ihrer operativen Deutschlandpolitik, faktisch DDR-Politik, fortzufahren. Wie nahe das Ende der DDR war, wagten auch diejenigen, die es ahnten, kaum auszusprechen
aus Unsicherheit, ob dem Ende der Breschnew-Doktrin wirklich zu trauen sei.
Den Akteuren mehr instinktiv als klar bewußt[84], änderte die operative
Deutschlandpolitik ihren Charakter. Mit jedem Schritt, den die Bundesrepublik
im Rahmen dieser Politik der DDR entgegenkam, vergrößerte sie das tödliche
Dilemma der DDR. Die operative Deutschlandpolitik mutierte de facto zu aktiver Vereinigungspolitik.

In diesem Gefüge spielten die innerdeutschen Städtepartnerschaften eine gewisse Rolle, wenn auch nur eine bescheidene. Honecker mag sie verschenkt
haben in der diffusen Erwartung, sich und der DDR damit das Wohlwollen
einflußreicher Gönner in der Bundesrepublik zu erwerben und zugleich ein
Ventil zu öffnen für den wachsenden Druck im Innern als Reaktion auf den
Reformdruck aus dem Osten. Entgegen dem äußeren Anschein dürften diese
Aspekte die politisch vorherrschenden gewesen sein.

5.4. Akten und Wirklichkeit

Was die Akten an Analysen, Spekulationen und Strategien im Hinblick auf die
Bundesrepublik enthalten, muß in Beziehung gesetzt werden zur Wirklichkeit
der DDR in ihren letzten Jahren. Tatsächlich war sie ungleich abhängiger von
ihrem Verhältnis zur Bundesrepublik, als die Akten erkennen lassen bzw. zu-
geben. Diese Abhängigkeit war nicht nur und nicht einmal in erster Linie finanziell, quasi zahlungsbilanztechnisch begründet. Sie war vielmehr politischer Natur, und als solche hatte sie sich, beginnend mit den 70er Jahren, mehr
und mehr herausgebildet. Ihr Kern war ein DDR-innenpolitischer, nämlich der
Umstand, daß das Verhältnis zur Bundesrepublik zu einem psychologischen
und auch materiell konnotierten Besitzstand der DDR-Bevölkerung geworden
war. Als solcher bildete er einen Anspruch an die Führung, den diese nicht
nach Belieben zurückfahren konnte, wenn sie nicht schwerste Gefährdungen
der inneren Stabilität riskieren wollte. In gewisser Weise hatte die SED sogar
Recht, wenn sie den Vorhaltungen aus Moskau widersprach, sie begebe sich

---

83 Ebenda.
84 Immerhin machte die Bundesministerin für innerdeutsche Beziehungen, Dorothee Wilms, ab 1988
   mehrfach in öffentlichen Reden auf die für die DDR kontraproduktive Wirkung des Widerspruchs
   zwischen Öffnungspolitik nach Westen und Reformverweigerung im Innern aufmerksam – vgl. z. B.
   Wilms: Perspektiven, S. 197-199.

mit ihrer innerdeutschen Politik in Abhängigkeit von der Bundesrepublik. Es war weniger eine direkte als vielmehr eine vermittelte Abhängigkeit, die aber nicht weniger gefährlich war, da sie die innere Stabilität der DDR an das Verhältnis zur Bundesrepublik band, an einen Anspruch des Volkes an seine Führung. Und diese war genötigt, den einmal eingeschlagenen Weg weiterzugehen. Oder in dem Bild des sowjetischen Diplomaten Julij Kwizinskij: „Die DDR schluckte den goldenen Angelhaken immer tiefer, von dem sie dann nicht mehr loskam."[85]

Vor diesem Hintergrund stellt sich am Beispiel der innerdeutschen Städtepartnerschaften die allgemeine Forschungsfrage nach dem Verhältnis von Schwäche und Abhängigkeit einerseits und Einwirkungsstrategie seitens der SED gegenüber der Bundesrepublik andererseits. Nach offizieller Darstellung der SED, intern wie auch nach außen, war die offensive Einwirkungsstrategie das treibende Moment ihrer Politik. Ihre zunehmende Optionslosigkeit hingegen bis hin zu dem so riskanten wie hilflosen Versuch, die Öffnung zur Bundesrepublik am Ende sogar zu akuter Krisenbewältigung zu nutzen, blieb unausgesprochen. Das Beispiel ist angetan zu bestätigen, was Mary Fulbrook angesichts der vom DDR-Regime hinterlassenen Akten über die Aufgabe des Historikers sagt, nämlich „etwas aus den Akten herauszufinden, was nicht mit dem identisch ist, was in den Akten zu lesen ist".[86]

Auf einem ganz anderen Blatt steht die Frage, ob die beredten Explikationen der SED-Akten zur Einwirkungsstrategie gegenüber der Bundesrepublik bloße und unwirksame Lippenbekenntnisse waren. Hier tritt zur Wirklichkeit der SED-Herrschaft mit ihrem wachsenden Elend die damalige Wirklichkeit der Bundesrepublik hinzu. Auf dem Papier und in öffentlichen Reden kamen die Vertreter vieler westdeutscher Partnerstädte der DDR-Friedensrhetorik nicht selten weit entgegen, so daß die DDR-Seite sich oberflächlich gesehen bestätigt fühlen konnte. Vielleicht trieb sie das sogar noch tiefer in ihre Selbstverblendung, doch bleibt die Frage an die westdeutsche Seite, was sie zu ihrer Zugänglichkeit für östliche Parolen veranlaßte. War es kalkulierte Taktik zugunsten des Anliegens Partnerschaft, oder war es nicht auch Anpassung, politische Naivität oder gar innere Übereinstimmung? Die Frage führt über das hier behandelte Thema hinaus, sie gehört in die Geschichte der politischen Überzeugungen in der alten Bundesrepublik. Sicher ist jedoch, daß die westdeutsche Nachgiebigkeit es der DDR erlaubte, die innerdeutschen Städtepartnerschaften als Erfolge ihrer Einwirkungsstrategie auszugeben und dadurch ihre Schwäche und Angewiesenheit zu verdecken – und dies, wie die Beispiele heutiger Geschichtsschreibung zeigen, zuweilen sogar über ihr Ende hinaus.

---

85 Kwizinskij: Sturm, S. 261.
86 Vgl. Fulbrook: Methodologische Überlegungen, S. 280; vgl. auch Weber: „Asymmetrie", S. 11.

6. „Entspannungspolitik von unten"

Die Einordnung der innerdeutschen Städtepartnerschaften in die Kategorie „Entspannungspolitik von unten" erweist sich als problematisch, bestenfalls mehrdeutig. Im verbalen Wortsinn entspricht sie den Begründungsmustern der SED, insofern diese sich den Anschein gab, auf die altneue Propagandaform der „Volksdiplomatie"[87] zurückzugreifen. Deren unvermeidlich basisdemokratisches Element jedoch flößte ihr Unbehagen ein, weswegen sie bestrebt war, die „Basis" denn doch nicht ungehindert und unkontrolliert für Frieden und Anerkennung agitieren zu lassen. Bei Licht besehen verfing sich die SED in den Fangstricken ihrer eigenen Argumentation, denn einerseits sollten nur solche bundesdeutsche Städte für Partnerschaften in Frage kommen, die bereits konfirmiert waren, andererseits aber sollten mit Hilfe der Entspannungspolitik von unten Proselyten gemacht werden. In der Realität jedoch blieben die Partnerschaften in beiderlei Hinsicht hinter den Anforderungen der SED zurück: Weder folgte die Vergabe den 1986 selbst gesetzten Kriterien noch lag die Durchführung bei den hochpolitischen Schwerpunkten, die in den Vereinbarungen deklariert waren. Vielmehr dominierten hier kommunalpolitische Interessen und, wenn auch von der SED peinlich kanalisiert, allgemeine Kommunikationswünsche.

Dem damaligen Verständnis entsprechend setzte „Entspannungspolitik", gleich ob von oben oder unten, die Akzeptanz des politischen Status quo voraus. In dieser Hinsicht, für die DDR existentiell gesehen, haben die innerdeutschen Städtepartnerschaften als „Entspannungspolitik von unten" der DDR ebensowenig genutzt wie die Beteuerungen ihrer Diplomatie, die Existenz der DDR sei ein unerläßlicher Faktor für Frieden und Stabilität in Europa. Wie sich zeigte, bot die Entspannungspolitik der DDR keine Existenzgarantie, als die Sowjetunion die ihrige für die DDR aufgab und das „Volk" der DDR entscheiden konnte. Auf keiner Seite, und schon gar nicht „unten" im Volk, war die Entspannungspolitik so verinnerlicht, daß sie den gewaltgestützten Status quo, an dem sie sich abarbeitete, geschützt hätte.

Für die Machthaber der DDR erwies sich die Entspannungspolitik als zweischneidiges Schwert. Einerseits verschaffte sie ihrem Staat die begehrte internationale Anerkennung, andererseits nötigte sie sie zu partieller Öffnung gegenüber der Bundesrepublik, eine Nötigung, die für die DDR auch ihre verführerischen Seiten hatte, da sie mit finanziellen Vorteilen einherging. Spätestens jedoch, als die DDR unter den Druck der sowjetischen Perestrojka geriet, wurde der vermeintliche Ausweg, die Öffnungs- und Entspannungspolitik, für die DDR-Führung zur abschüssigen Bahn Richtung Abgrund. Die innere Erosion der DDR, die im Herbst 1989 zum Zusammenbruch der SED-Herrschaft führte, war zwar wesentlich nicht durch die Öffnungs- und Entspannungspolitik verursacht, doch erwies sich diese als für den SED-Staat fatal und unverträglich, als sie zur Stützung seiner Existenz herhalten sollte.

---

87 Pawlow: Innerdeutsche Städtepartnerschaften, S. 45-47.

Dieses Ergebnis hatten allerdings die an den Städtepartnerschaften Beteiligten weder in der DDR noch in der Bundesrepublik im Auge. Unbillig wäre es, ihnen daraus einen Vorwurf zu machen oder umgekehrt: ihnen deswegen ein sonderliches Verdienst zuzuschreiben. Es genügt die Feststellung, daß sie im Sinne der nachfolgenden Revolution nichts Falsches oder Schädliches unternommen hatten.

Literaturverzeichnis

Timothy Garton Ash: Im Namen Europas. Deutschland und der geteilte Kontinent, München, Wien 1993

[Breschnew-Honecker]: Protokoll einer Unterredung zwischen L.I. Breschnew und Erich Honecker am 28. Juli 1970, in: Peter Przybylski: Tatort Politbüro. Die Akte Honecker, Reinbek bei Hamburg Juni 1992, S. 280-288

Inge Marie Burgmer: Städtepartnerschaften als neues Element der innerdeutschen Beziehungen, in: Arbeitspapiere zur internationalen Politik 55, Forschungsinstitut der Deutschen Gesellschaft für Auswärtige Politik e.V., Bonn Oktober 1989

Erhart Dettmering/Rainer Kieselbach (Hrsg.): Städtepartnerschaft Marburg-Eisenach 1988. Eine historische Verbindung, Marburg 1988

Mary Fulbrook: Methodologische Überlegungen zu einer Gesellschaftsgeschichte der DDR, in: Richard Bessel/Ralph Jessen (Hrsg.): Die Grenzen der Diktatur. Staat und Gesellschaft in der DDR, Göttingen 1996, S. 274-197

Hans-Hermann Hertle/Rainer Weinert/Manfred Wilke: Der Staatsbesuch. Honecker in Bonn: Dokumente zur deutsch-deutschen Konstellation des Jahres 1987, Berlin Oktober 1991

Roland Höhne: Von deutsch-deutschen zu innerdeutschen Städtepartnerschaften. Ein europäischer Sonderfall, in: Annette Jünemann et al (Hrsg.): Gemeindepartnerschaften im Umbruch Europas, Frankfurt/Main, Berlin 1994, S. 69-107

[Honecker-Gorbatschow]: Information über das Treffen des Genossen E. Honecker mit Genossen M.S. Gorbatschow am 20. April 1986 in Berlin, in: Daniel Küchenmeister unter Mitarbeit von Gerd-Rüdiger Stephan (Hrsg.): Honecker-Gorbatschow. Vieraugengespräche, Berlin 1993, S. 78-105

Manfred Klaus: Städtepartnerschaften zwischen ost- und westdeutschen Kommunen. Ein Medium des Bürgerdialogs, interkommunaler Solidarität und verwaltungspolitischer Integration (Studie im Auftrag der Kommission für die Erforschung des sozialen und politischen Wandels in den neuen Bundesländern e.V.), Oktober 1993 (ungedruckt)

Julij A. Kwizinskiy: Vor dem Sturm. Erinnerungen eines Diplomaten, Berlin 1993

Detlef Nakath: Zur Geschichte der Beziehungen zwischen beiden deutschen Staaten in den siebziger und achtziger Jahren anhand archivalischer Quellen, in: Ders. (Hrsg.): Deutschlandpolitiker der DDR erinnern sich, Berlin 1995, S. 11-38

Fred Oldenburg: Die Wechselwirkung der gegenseitigen Beziehungen zwischen der Bundesrepublik Deutschland, der DDR und der Sowjetunion im Zeitraum 1970-1989, in: Materialien der Enquete-Kommission „Aufarbeitung von Geschichte und Folgen der SED-Diktatur in Deutschland" (12. Wahlperiode des Deutschen Bundestages), hrsg. vom Deutschen Bundestag, Band V/1, S. 398-433

Ders.: Eine endliche Geschichte. Zum Verhältnis DDR-UdSSR 1970 bis 1990, in: Gisela Helwig (Hrsg.): Rückblick auf die DDR. Festschrift für Ilse Spittmann-Rühle, Köln 1995, S. 163-174

Nicole-Annette Pawlow: Innerdeutsche Städtepartnerschaften. Entwicklung-Praxis-Möglichkeiten, Berlin 1990

Kurt Plück: Innerdeutsche Beziehungen auf kommunaler und Verwaltungsebene, in: Wissenschaft, Kultur und Sport und ihre Rückwirkungen auf die Menschen im geteilten Deutschland, in: Materialien der Enquete-Kommission „Aufarbeitung von Geschichte und Folgen der SED-Diktatur in Deutschland" (12. Wahlperiode des Deutschen Bundestages), hrsg. vom Deutschen Bundestag, Band V/3, S. 2015-2064

Ders.: Der schwarz-rot-goldene Faden. Vier Jahrzehnte erlebter Deutschlandpolitik, Bonn 1996

Heinrich Potthoff: Die Deutschlandpolitik der Bundesregierungen CDU/CSU-F.D.P.-Koalition (Kohl/Genscher), die Diskussion in den Parteien und in der Öffentlichkeit 1982-1989, in: Materialien der Enquete-Kommission „Aufarbeitung von Geschichte und Folgen der SED-Diktatur in Deutschland" (12. Wahlperiode des Deutschen Bundestages), hrsg. vom Deutschen Bundestag, Band V/3, S. 2065-2113

Landeshauptstadt Saarbrücken (Hrsg.): Dokumentation 1. Treffen von Vertretern der Partnerstädte aus der BRD und der UdSSR vom 29.3.-1.4.1987 in Saarbrücken, Saarbrücken 1988

Oliver Schnakenberg: Innerdeutsche Städtepartnerschaften. Rechtliche Aspekte grenzüberschreitenden kommunalen Handelns, Baden-Baden 1990

Karl Seidel: Erste Schritte auf dem Weg zu normalen Beziehungen zwischen der DDR und der BRD. Persönliche Erinnerungen an die deutsch-deutschen Verhandlungen Anfang der siebziger Jahre, in: Detlef Nakath (Hrsg.): Deutschlandpolitiker der DDR erinnern sich, Berlin 1995, S. 95-134

Ders.: Der Weg zum Grundlagenvertrag und zur Errichtung der Ständigen Vertretungen, in: Detlef Nakath (Hrsg.): Deutschlandpolitiker der DDR erinnern sich, Berlin 1995, S. 185-222

Jochen Staadt: Westarbeit der SED, in: Rainer Eppelmann/Horst Möller/Günter Nooke/Dorothee Wilms (Hrsg.): Lexikon des DDR-Sozialismus. Das Staats- und Gesellschaftssystem der Deutschen Demokratischen Republik, Paderborn u. a. 1996, S. 685-689

Karl-Heinz Wagner: Nebenaußenpolitik? Zu den Verhandlungen zwischen SED und SPD aus der Sicht eines Teilnehmers an den Gesprächen, in: Detlef Nakath (Hrsg.): Deutschlandpolitiker der DDR erinnern sich, Berlin 1995, S. 249-270

Hermann Weber: „Asymmetrie" bei der Erforschung des Kommunismus und der DDR-Geschichte?, in: Aus Politik und Zeitgeschichte. Beilage zur Wochenzeitung Das Parlament, B 26/97, 20. Juni 1997, S. 3-14

Beatrice von Weizsäcker: Verschwisterung im Bruderland. Städtepartnerschaften in Deutschland, Bonn 1990

Gerhard Wettig: Sowjetunion und SBZ/DDR, in: Rainer Eppelmann/Horst Möller/Günter Nooke/Dorothee Wilms (Hrsg.): Lexikon des DDR-Sozialismus. Das Staats- und Gesellschaftssystem der Deutschen Demokratischen Republik, Paderborn u. a. 1996, S. 526-532

Bundesminister Dr. Dorothee Wilms: Perspektiven der innerdeutschen Beziehungen – wirtschafts- und gesellschaftspolitische Aspekte, in: Bundesministerium für innerdeutsche Beziehungen (Hrsg.): Texte zur Deutschlandpolitik, Reihe III/Bd. 6-1988, Bonn 1989, S. 196-203

Bundesminister Heinrich Windelen: Für bürgernahe innerdeutsche Städtepartnerschaften, in: Bundesministerium für innerdeutsche Beziehungen (Hrsg.): Texte zur Deutschlandpolitik, Reihe III/Bd. 4, Bonn 1987, S. 263-267

Zusammenfassung

Gegenstand dieses Berichts sind die 58 Städtepartnerschaften, die bis zum 9. November 1989 zwischen Städten der Bundesrepublik und solchen der DDR förmlich paraphiert bzw. durch Unterschrift besiegelt wurden. Der Bericht faßt die in der vorhandenen Literatur aufgearbeiteten Fakten zusammen und unterzieht die Urteile und Schlüsse einer kritischen Wertung. Bis zum Jahre 1990 erschienen in der Bundesrepublik bereits mehrere Monographien zum Thema. Zwei nach 1990 verfaßte Arbeiten stützen sich unter anderem auf Aktenmaterial aus SED-Archiven. Im Unterschied zu den vor 1990 entstandenen Arbeiten können sie anhand der Akten zweifelsfrei belegen, daß alle Entscheidungen in Sachen Städtepartnerschaften vom Zentralkomitee der SED mit Generalsekretär Honecker an der Spitze vorbereitet und getroffen und daß die innerdeutschen Städtepartnerschaften institutionell gesehen analog zur „Westarbeit" gehandhabt wurden.

Die erste innerdeutsche Städtepartnerschaft – zwischen Saarlouis und Eisenhüttenstadt – wurde im November 1985 zwischen Honecker und dem ihn besuchenden damaligen Ministerpräsidenten des Saarlandes, Oskar Lafontaine, verabredet. Unter allen Bundesländern konnte das Saarland bis zum Spätherbst 1989 mit insgesamt sieben die, gemessen an der Einwohnerzahl, proportional meisten Städteverbindungen abschließen, Nordrhein-Westfalen erzielte zehn, Niedersachsen acht, Baden-Württemberg neun und Bayern sechs. Nach der Parteizugehörigkeit der westdeutschen Stadtoberhäupter ließ die SPD mit etwa 40 alle anderen Parteien weit hinter sich. Alle innerdeutschen Städtepartnerschaften jedoch wurden von den Parlamenten der beteiligten westdeutschen Städte einstimmig gebilligt. Alle Ratsfraktionen waren jeweils an den Verhandlungen über die Vereinbarungen mit den ostdeutschen Partnerstädten beteiligt.

Das Interesse für die Anknüpfung einer Partnerschaft ging sehr massiv von den westdeutschen Kommunen aus; die DDR-Seite konnte unter Hunderten von Interessenten wählen. Den Ausschlag gab in den meisten Fällen die Fürsprache westdeutscher Politiker, die sich bei Honecker persönlich für diese oder jene Stadt verwandten, gelegentlich konnten auch Günter Mittag und Hermann Axen hilfreich sein. Dieser personenbezogene, „voluntaristische" Anbahnungsmodus steht in auffallendem Gegensatz zu den hochpolitischen Absichten, die die SED nach ihren Aussagen mit den innerdeutschen Städtepartnerschaften verfolgte.

Die politischen Absichten der SED schlugen sich in den geschlossenen Vereinbarungen nieder. Diese enthielten statuspolitische Feststellungen sowie vor allem friedenspolitische Aussagen, Bekenntnisse und Verpflichtungen, die oftmals die Kompetenzgrenzen der westdeutschen Kommunen zu überschreiten drohten. Für die ostdeutsche Seite waren sie unverzichtbar, so daß die westdeutschen Kommunen vielfach zu Zugeständnissen genötigt waren, ohne die sie die Partnerschaft nicht erlangt hätten. In der Praxis nahm sich dann manches anders aus. Hier überwogen bei Meinungs- und Erfahrungsaustausch am Ende doch die kommunalpolitischen Themen, während das Thema „Friedenssicherung" eher mitlief. Ihren offensiven friedenspropagandistischen Absichten zuwider achtete die SED auch darauf, den Austausch zwischen den Bürgerschaften streng zu reglementieren (keine Unterbringung in Privatunterkünften) und zu begrenzen. Ferner legte sie bei partnerschaftsbedingten Anlässen in Städten der DDR auf Publizität keinen sonderlichen Wert.

Den westdeutschen Kommunen war hingegen an höchstmöglicher Kommunikation gelegen. Nicht nur die Spitzen und Experten der Verwaltungen, nicht nur Parteien, Verbände bzw. gesellschaftliche Organisationen, sondern auch möglichst viele (normale) Bürgerinnen und Bürger sollten in die Besuchsprogramme einbezogen werden.

Zahlenmäßig erreichte der partnerschaftsbedingte Reiseverkehr nur bescheidene Größenordnungen, 1988 z. B. nach Angaben der SED rund 8.000, während gleichzeitig der allgemeine Reiseverkehr in beiden Richtungen in die Millionen ging. Bei diesen geringen Zahlen ist allerdings zu bedenken, daß sie auch Funktionsträger des Regimes umschlossen, die ansonsten keine Gelegenheit gehabt hätten, die Bundesrepublik zu besuchen.

Ihre Motive, die sie zur Partnerschaft mit einer Stadt der DDR bewogen, artikulierten die westdeutschen Kommunalpolitiker im wesentlichen im Rahmen der deutschlandpolitischen Argumentationsmuster, die ihre Parteien auf Bundesebene in den 80er Jahren vertraten. Während die Vertreter von CDU/CSU und F.D.P. die Absicht betonten, durch bürgerschaftliche Kontakte zur Wahrung der nationalen Gemeinsamkeit beizutragen, stellten Sozialdemokraten und Grüne vielfach den Aspekt der Friedenssicherung heraus, ohne allerdings in der Praxis den kommunalpolitischen Erfahrungsaustausch zu vernachlässigen.

Auf seiten der SED/DDR wird in der Literatur allgemein das Interesse an der Friedenssicherung auf der Basis des politischen Status quo in Europa, was die Existenz der DDR einschließt, als dominant vermutet. Dies wird scheinbar durch die Akten des Zentralkomitees der SED bestätigt, hier sogar verschärft als offen deklarierte Absicht, die Meinungsbildung – und auf längere Sicht die Mehrheitsverhältnisse – in der Bundesrepublik im Sinne der Sicherheitsvorstellungen des Warschauer Pakts zu beeinflussen.

Diese Deutung vermag jedoch nicht zu erklären, warum die SED erst Ende 1985 die erste innerdeutsche Städtepartnerschaft zuließ, und sie steht auch in sichtlichem Widerspruch zu dem Verfahren, nach dem die Partnerschaften vergeben wurden. Generalsekretär Erich Honecker, der die Deutschlandpolitik ohnehin als „Chefsache" betrieb, steht eindeutig im Mittelpunkt des Verfahrens, er gewährte die Städtepartnerschaften als Gastgeber westdeutscher Besucher oder selbst als Gast in der Bundesrepublik. Nachvollziehbaren Kriterien im Sinne der Beeinflussungsstrategie folgte dieser Vergabemodus nicht, und so kann es auch nicht erstaunen, daß es dagegen, wie gegen die innerdeutschen

Städtepartnerschaften überhaupt, Vorbehalte im ZK-Apparat gab. Von solchen Vorbehalten zeugen selbst die Vorlagen, die der Apparat für das Politbüro fertigte, nachdem vermutlich Honecker selbst im Vorfeld seiner Reise in die Bundesrepublik die „Geschenkidee" Städtepartnerschaften gefaßt hatte.

Der Apparat setzte die Idee in den Argumentationsbahnen um, in denen die SED gewohntermaßen seit Beginn der 80er Jahre ihre Deutschlandpolitik formulierte, als Politik von (Friedens-) Dialog und Zusammenarbeit. Es war diese Kombination, die es der SED vor und nach 1983 (Nachrüstung) erlaubte, ihre innerdeutsche Interessenpolitik (Zusammenarbeit) mit dem Friedensthema bzw. – intern – der diesbezüglichen Einflußnahme auf die Bundesrepublik insbesondere gegenüber der mißtrauischen Sowjetunion abzuschirmen. Insofern führt es in die Irre, von Argumentationspapieren der SED für die KPdSU auf die innerdeutschen Städtepartnerschaften rückzuschließen.

War auch den Städtepartnerschaften innerhalb der Honeckerschen Deutschlandpolitik nur eine Rolle am Rande zugedacht, so gerieten sie doch bald in den Sog der Öffnung zur Bundesrepublik, mit der Honecker wohl die Reformerwartungen in der DDR dämpfen und ablenken wollte. So wurden sie Teil der Öffnungs- und Entspannungspolitik, die zuletzt die innere Erosion der DDR beschleunigte.

László J. Kiss

Die Reformpolitik Gorbatschows und der Umbruch in Ostmitteleuropa 1989/90 aus ungarischer Sicht

1. Ostmitteleuropa in der sowjetischen Politik, sowjetische Politik in Ostmitteleuropa

Der östliche Teil Europas war aus Moskauer Sicht zugleich eine Gefahrenquelle und ein Mittel zur Beeinflussung des westlichen Teiles des Kontinents. Es war bereits die Eigenart der zaristischen Politik gewesen, den Cordon sanitaire und das Mittel für den möglichen russischen Einfluß mit der Politik der territorialen Kontrolle zu verbinden, und diese Eigenart haben die sowjetischen Führer nach dem Zweiten Weltkrieg in präzedenzlosem Maße ausgebaut. Ostmitteleuropa konnte als Cordon sanitaire gleichzeitig als Mittel für die Isolation vom westlichen Einfluß und für die Erweiterung des sowjetischen Einflusses dienen, und so konnte es auf dem Höhepunkt des Kalten Krieges gleichzeitig „Schranke" und „Sprungbrett" sein. [1]

Nach dem Zweiten Weltkrieg sind die mittel- und ostmitteleuropäischen Länder zu Bestandteilen des regionalen Hegemonialsystems geworden, in dem die Sowjetunion dominierte. Die Gesamtheit der Region wurde zum Bestandteil der sowjetischen Innenpolitik und wie ein Glacis bzw. strategisches Vorfeld auch zum Bestandteil der sowjetischen Sicherheitspolitik. Die Institutionen der sowjetischen Ostmitteleuropapolitik – der Warschauer Vertrag und der RGW – dienten dazu, die Länder des sowjetischen Machtbereichs sowohl von der „kapitalistischen Umwelt" als auch voneinander zu isolieren. Im homogenisierten sowjetischen Machtbereich dienten die entnationalisierten Außenpolitiken den Interessen der sowjetischen Blockpolitik, und die Ideologie des „proletarischen Internationalismus" diente in Wirklichkeit der Verhüllung sowjetischer Großmachtinteressen. Während dieser Periode waren die Beziehungen zwischen den ostmitteleuropäischen Ländern und der Sowjetunion durch völlige Übereinstimmung auf den Gebieten der Politik, Wirtschaft, Sicherheitspolitik, Kultur usw. und durch Konformität gekennzeichnet. Die ungarische Revolution im Jahre 1956 war ein dramatischer Beweis für die Kündigung dieser Konformität, obwohl das Interesse der Festigung der Einflußsphären sowohl im Osten als auch im Westen viel größer war als die Bereitschaft zum Ertragen der mit deren Zerfall verbundenen Risiken.

Trotz der Etablierung eines homogenisierten sowjetischen Machtbereichs begann sich eine relative (sektorale) Autonomie, ein beschränktes Souveränitätspotential von Anfang der sechziger Jahre an im Schatten des sino-sowjetischen Konflikts (Polyzentrismus in der kommunistischen Weltbewegung) in Ostmitteleuropa herauszubilden. Es reicht, an die differenzierten Methoden der Machtausübung, nämlich an die Unterschiede zwischen den „weichen" („Gulaschkommunismus") und den Hardliner-Diktaturen sowie an das Verhältnis zwischen Innen- und Außenpolitik und die beschränkte „Renationalisierung" der einzelnen Politikfelder in Ostmitteleuropa zu erinnern. (Ungarns innenpolitischer Reformismus versus außenpolitische Loyalität, Ausnutzung des sino-sowjetischen Konflikts durch Rumänien zugunsten einer relativ selbständigen Außenpolitik unter den Bedingungen des nationalistisch gefärbten innenpolitischen Stalinismus usw...)

Vor diesem Hintergrund war die sowjetische Außenpolitik im Sinne der Breschnew-Doktrin darauf gerichtet, der Ausdehnung der sektoralen Autonomie und dem möglichen Spill-Over-Effekt der einzelnen Reformländer einen Riegel vorzuschieben (Unterdrückung des Prager Frühlings im Jahre 1968). Die frühere Praxis der unilateralen Intervention wurde durch die „kollektive" Intervention aufgrund der nachvollzogenen Rechtfertigungsdoktrin (Breschnew-Doktrin) ergänzt. Darüber hinaus war Moskau bestrebt, das Konzept eines europäischen kollektiven Sicherheitssystems zwecks Neutralisierung der regio-

---

1 Alex Pravda: Relations with Central- and South-Eastern Europe. In: Neil Malcolm: Russia and Europe: An End to Confrontation?, London 1994, S. 123.

nalen Westpolitik (BRD-Politik) der ostmitteleuropäischen Staaten und der externen Ersatzlegitimation (KSZE-Schlußakte) inmitten einer inneren Legitimationskrise in Anspruch zu nehmen.

Wie sich Westeuropa nach dem Krieg festigte und die Spannung des Kalten Krieges – vor allem aufgrund der Anerkennung des Status quo – sich in eine Politik der friedlichen Koexistenz bzw. einen geregelten Ost-West-Konflikt umwandelte, so verringerte sich die Rolle Ostmitteleuropas als Mittel für kontinentalen Einfluß der Sowjetunion. Die Normalisierung der Beziehungen zwischen der Bundesrepublik Deutschland und der Sowjetunion sowie den ostmitteleuropäischen Ländern trug in bedeutendem Maße zur Entstehung des KSZE-Prozesses bei, von dem die Sowjetunion hoffte, ihre De-facto-Hegemonie in Ostmitteleuropa in multilateralem Rahmen auch de jure anerkannt zu bekommen. Die tschechoslowakische Krise im Jahre 1968 signalisierte jedoch, daß der grundlegende Konflikt zwischen der Schaffung besserer Beziehungen zum Westen und der Geltendmachung der Dominanz der Sowjetunion gegenüber den ostmitteleuropäischen Ländern nicht erloschen war. Dieser Konflikt wurde durch die Schlußakte von Helsinki gleichzeitig gemäßigt und verschärft. Die Anerkennung des territorialen Status quo hat die Spannung zwischen den beiden Dimensionen der sowjetischen Europapolitik zwar gelockert, aber die Frage der Menschenrechte führte zu einer Dynamisierung des sozialen Status quo, mit der Moskau nicht gerechnet hatte. Das ständige Geltendmachen von politischen und Menschenrechtsfragen sowie die Zunahme der wirtschaftlichen Schwierigkeiten und das sinkende Wirtschaftspotential der Sowjetunion veranlaßten die ostmitteleuropäischen Führer zur Ausarbeitung nationaler Strategien. Die innerhalb der ostmitteleuropäischen Region beschleunigte Differenzierung stellte die sowjetische Führung vor noch kompliziertere Aufgaben, denn diese Entwicklung trat in einer Periode ein, in der die wirtschaftlichen und militärischen Ausgaben erheblich zunahmen, die Subventionierung der nach 1973 gestiegenen Energiepreise immer schwieriger wurde und die Konkurrenzunfähigkeit der auf den sowjetischen Markt spezialisierten ostmitteleuropäischen Produktionsstruktur immer mehr ans Licht kam. Gleichzeitig war die Sowjetunion nicht imstande, ihre auf dem militärischen Faktor und ihrer abnehmenden Rolle als Rohstofflieferant basierenden Beziehungen zu den ostmitteleuropäischen Staaten in ein „organisches" Verhältnis umzuwandeln.

Die Beziehungen zwischen der Sowjetunion und den ostmitteleuropäischen Staaten zeigten nach dem Zweiten Weltkrieg eine völlige Übereinstimmung, eine völlige Konformität. Anschließend nahm mit der innerhalb der Region entstehenden Differenzierung in verschiedenen Politikfeldern der einzelnen Länder, wider die sowjetische Praxis, die relative Autonomie zu, die sowohl in Wirtschaftsreformen wie auch in selbständigen außenpolitischen Schritten zum Ausdruck kam. In den achtziger Jahren haben sich der Stellenwert Ostmitteleuropas für die Sowjetunion und die Rolle der Sowjetunion für Ostmitteleuropa grundlegend verändert. Die Differenzierung der Region bedeutete, daß Ostmitteleuropa aus Moskaus Sicht weder als Cordon sanitaire noch als Mittel für seine Westeuropapolitik auf traditionelle Weise benutzt werden konnte, obwohl die DDR bis Ende der achtziger Jahre immer noch ein wesentliches geostrategisches Element der sowjetischen Europapolitik bleiben konnte. Die Konformität mit der sowjetischen Politik reduzierte sich im Falle von Ländern wie Ungarn und Polen, die bei den Reformen Spitzenreiter waren, immer mehr auf den Bereich der Sicherheitspolitik, und die Krise des sowjetischen bzw. kommunistischen Krisenmanagements, vor allem dessen fehlendes nichtmilitärisches und unanwendbar gewordenes militärisches Instrumentarium, war offenkundig. Dies sind die Bedingungen und Herausforderungen, denen auch Gorbatschow von seiner Machtübernahme an ins Auge sehen mußte.

2. Die Beziehungen zwischen Gorbatschow und Ostmitteleuropa

Mit der Machtübernahme Gorbatschows hat sich die sowjetische Ostmitteleuropapolitik in ihrer Qualität verändert. Die Gorbatschowsche Politik schloß die Anwendung von imperialer Gewalt in der Ostmitteleuropapolitik aus, sie war jedoch nicht imstande, die alten „Methoden" durch neue zu ersetzen. Sie war sich zwar darüber im klaren, daß die ostmitteleuropäischen Regime keine bzw. kaum eine Legitimität besaßen, trotzdem war sie zuversichtlich, daß die lokalen Führer in dem durch die Perestrojka gegebenen Rahmen imstande seien, die demokratischen Reformen und die kontrollierten, graduellen Veränderungen zu verwirklichen, ohne daß der Einfluß der kommunistischen Parteien oder der sowjetische Block zusammenbräche. Sie hoffte auf das Zustandekommen von festen und selbsterhaltenden Systemen, die die politischen und wirtschaftlichen Kosten der Sowjetunion weniger belasten und gleichzeitig die Lösung des Konflikts zwischen dem auf Ostmitteleuropa ausgeübten sowjetischen Einfluß und der Pflege guter Beziehungen zu Westeuropa ermöglichen würden. [2]

Der Fehler der Politik Gorbatschows bestand nicht darin, daß „er versuchte, an zu vielen Fronten zu viel zu machen", sondern daß „er auf gewissen Gebieten zurückgeblieben, während er anderswo zu schnell vorangegangen ist".[3] Darüber hinaus bestand die politische Schwäche Gorbatschows darin, daß seine Politik unentschlossen und letzten Endes undurchführbar war. Er hatte bezüglich der Reformen keine genau geplante und konsequente Strategie, weil ihm die den Kreis der in die Reform einzubeziehenden Gebiete umfassende, die koordinierende Vorstellung fehlte. Das wurde auch dadurch verstärkt, daß das, was er verändern wollte, auch sich selbst – zum Teil unter der Wirkung des in der Zwischenzeit entstandenen mehrseitigen politischen Drucks – veränderte und entwickelte. Gorbatschow wollte die sowjetische Dominanz von Anfang an in einen Primat umwandeln, ohne formulieren zu können, um welchen Typ des Primats des sowjetischen Einflusses es sich handeln sollte. Gorbatschow

---

2 Ebenda, S. 129.
3 Vgl. Harry Gelman: Gorbachev's First Five Years in the Soviet Leadership: The Clash of Personalities and the Remaking of Institutions, The Rand Corporation May 1990, S. 109-110.

und seine Experten hofften auf die Entstehung einer innenpolitischen, regionalen und internationalen Umgebung, die im Rahmen eines maximalistischen Laissez-faire-Herangehens den gradualen Übergang zuließe. Das, was Gorbatschow bei seiner Wahl zum Generalsekretär im März 1985 genau wußte, war mehr die Diagnose als die Strategie der Veränderung. Die internationalen Positionen der Sowjetunion waren schwächer geworden, der „zweite Kalte Krieg" hatte den Spielraum der Sowjetunion eingeengt, die Intervention in Afghanistan hatte die Schranken des Durchsetzungsvermögens des militärischen Potentials endgültig bewiesen, und schließlich befand sich die sowjetische Gesellschaft in einer Situation „vor der Krise". Als sich die Entwicklung beschleunigte, ist es nicht gelungen, das Dilemma zu lösen, das durch die Gorbatschowsche Maxime, der Gewaltanwendung zu entsagen, hervorgerufen wurde. Die auf die allmählichen Reformen und den „demokratisierten Kommunismus" gesetzten Hoffnungen erwiesen sich als irreal. Außenminister Schewardnadse wies darauf hin, daß die sowjetischen Reformer zwar auf den „Export der Ideen" und auf die Einmischung in die inneren Angelegenheiten der Nachbarn und Verbündeten verzichteten, diese aber nicht mit früheren Methoden aktiv zu Reformen anspornen konnten.[4] Mit dem Verzicht auf Gewaltanwendung wollte Gorbatschow gerade das Risiko der Reformen verringern und ihnen ohne jeden Anflug von Zwang eine freiere Bahn öffnen. Die Politik der Ratschläge und der Ermutigung hat sich jedoch als nicht angemessen erwiesen, insbesondere dann, als ihre Wirkung auch durch die in der Moskauer politischen Führung vorhandenen Unterschiede geschwächt wurde.

Die radikale Unterstützung der in den ostmitteleuropäischen Ländern vor sich gehenden Reformen beschränkte sich letzten Endes auf die oberste sowjetische Führung und deren Berater, auf solche wie Schachnasarow, der Einfluß auf die sich mit der Region beschäftigenden Abteilungen des ZK hatte. Aber der Großteil der Parteifunktionäre – unter anderem diejenigen, die Botschafterpositionen innehatten – vertrat entschieden die alte Status-quo-Denkart, die sich gegenüber den ostmitteleuropäischen Reformen kritisch verhielt. Da die gegenüber Ostmitteleuropa verfolgte neue Politik fast immer mit den internen Veränderungen der sowjetischen Politik zusammenhing, hinderte offenkundig eine Reihe innenpolitischer Faktoren die Verwirklichung der neuen Ostmitteleuropapolitik. Nicht nur die Gorbatschows Linie opponierenden Funktionäre waren in der Lage, die Durchführung der getroffenen Entscheidungen zu verhindern oder die Entscheidungen zu entstellen, sondern auch innerhalb des ganzen Reiches kamen enge politische Beziehungen zustande, die sich gegen die Perestrojka auswirkten. Diese Situation führte dazu, daß Gorbatschow weder die traditionellen Methoden anwenden noch die Reformen vorantreiben konnte, da diese in der Region Instabilität verursacht und auf diese Weise seiner innenpolitischen Opposition Schützenhilfe geleistet hätten. Der innenpolitische Druck machte es Gorbatschow reichlich schwer, eine effektive und konsistente Ostmitteleuropapolitik zu verwirklichen und den Prozeß im Rahmen der Handhabbarkeit zu halten.

---

4 Eduard Schewardnadse: Die Zukunft gehört der Freiheit, Hamburg 1991, S. 208.

Auch die Veränderung der Ost-West-Beziehungen übte auf die ostmitteleuropäischen politischen Beziehungen einen großen Einfluß aus. Während Gorbatschow damit rechnete, daß eine aktive Westpolitik ihm ermöglichen werde, an Ostmitteleuropa auf eine passivere Laissez-faire-Art heranzugehen, geschah in Wirklichkeit das Gegenteil. Durch die Einigung mit dem Westen wurden die ostmitteleuropäischen Veränderungen nicht gebremst, sondern beschleunigt und gingen über den reformistischen Rahmen hinaus.

Die Westpolitik bestimmte vor allem das Tempo der Demilitarisierung in Europa. Gorbatschow gab Anregungen auf dem Gebiet der Abrüstung, die den zeitlichen Ablauf der Truppenreduzierung in Ostmitteleuropa beschleunigten. Gorbatschows Vorstellung über ein gemeinsames europäisches Haus war auch auf die Verbesserung des politischen Klimas gerichtet, aber seine Verpflichtung auf die „Freiheit der Wahl" beschleunigte das Tempo der ostmitteleuropäischen Veränderungen in einem Maße, das er ursprünglich nicht beabsichtigt hatte. Er wollte ein gesamteuropäisches „Haus" bauen, um sich den radikalen ostmitteleuropäischen Veränderungen anpassen zu können und imstande zu sein, sie zu steuern. Es stellte sich schnell heraus, daß allein sein Versuch, ein „Gerüst" aufzuschlagen, zum Zerfall der ostmitteleuropäischen Seite der gesamteuropäischen Struktur führte.

Die Änderungen des internationalen Umfelds und die Schwierigkeiten der Perestrojka übten eine destabilisierende Wirkung auf die ostmitteleuropäische Situation aus. Gorbatschows Politik wirkte nicht nur auf die innerhalb der politischen Eliten, sondern auch auf die zwischen den Ländern bestehenden politischen Beziehungen zersetzend. Zum ersten Mal in der Geschichte wurde ein sowjetischer Führer in den ostmitteleuropäischen Ländern gefeiert: die Gorbi-Manie richtete sich gegen die reformfeindlichen Führer der einzelnen betroffenen kommunistischen Länder. Im reformfreundlichen Ungarn und Polen wurde der erweiterte politische Spielraum begrüßt. Ostberlin, Prag, Bukarest und Sofia lehnten es ab, irgendeine riskante Reformpolitik zu beginnen, insbesondere nachdem Moskau eindeutig klar gemacht hatte, daß es den „Sicherheitsgurt" nicht mehr bereitstellte, auf den die „Interventionspolitik" oder gerade die traditionelle Politik der Gewährung von Wirtschaftshilfe hinauslief.

Die sowjetischen politischen Veränderungen stellten die Politik der konservativen Bewegungslosigkeit in einen noch krasseren Widerspruch zu dem beschleunigten Tempo der ungarischen und polnischen Reformen. Die Polarisierung zwischen den Staaten machte es aus Moskaus Sicht noch schwieriger, den Prozeß zu verfolgen und im Griff zu behalten. Sogar den ungarischen und den polnischen Führern bereitete es Schwierigkeiten, mit dem Tempo der von unten kommenden Veränderungen Schritt zu halten, obwohl sie die sowjetische Politik der Nachgiebigkeit zur Beförderung ihrer eigenen Reformen gut zu nutzen verstanden. Der Druck war viel stärker, er gestaltete sich weitaus radikaler und viel schneller, als man vermutet hatte. Es erklärt sich zum Teil aus der Schnelligkeit und der Tiefe der Veränderungen, warum es nicht gelungen ist, die sowjetisch-ostmitteleuropäischen imperialen Beziehungen in echte

Verbündetenbeziehungen umzuwandeln. Die Entscheidungsträger der gesteu-erten regionalen Perestrojka im Kreml rechneten mit einer Periode von zehn bis fünfzehn Jahren und nicht mit einer revolutionären Umwandlung im Laufe von nur einigen Monaten, wie sie in der Wirklichkeit ablief. [5]

3. Ungarns Rolle in der sowjetischen Reformpolitik und die Anatomie des Kádárismus

Ungarn spielte in der sowjetischen Ostmitteleuropapolitik keine herausragende und bei den innersowjetischen Reformen keine Modellrolle, im Unterschied zur Volksrepublik China, wo die ungarische Reformpolitik als mögliches Mo-dell in den achtziger Jahren im Zentrum des Interesses stand. Eine unmittelba-re Verbindung der Art – wie im Falle eines Modells zu erwarten –, daß die so-wjetischen Reformen den ungarischen Maßnahmen gefolgt wären, kann nicht nachgewiesen werden. Ungarn wirkte auf die sowjetischen Reformen eher in der Weise, daß es unter den sozialistischen Ländern außerhalb der Sowjetunion eine reformstimulierende Rolle spielte. Auf diese Weise spaltete es die Einheit des „Außenreiches" und stellte die reformabweisenden ostmitteleuropäischen Hardliner-Regime in einen stärkeren Kontrast. Dies zeigte sich am auffällig-sten 1968 und 1989. 1968 wurde Ungarn zum einzigen kommunistischen Land, in dem Wirtschaftsreformen auf der Ebene der staatlichen Politik einge-führt wurden, obwohl die weltwirtschaftliche Großwetterlage damals noch gar nicht so zwingend war wie später, nach 1973.

Die Reform war von der Intention geleitet, die Ökonomie zu modernisieren, die Möglichkeiten der materiellen Bedürfnisbefriedigung sichtbar zu verbes-sern, die Gesellschaft zu Mitarbeit und größerer Übereinstimmung mit der Führung zu bewegen und der Intelligenz größere Toleranz und Entfaltungs-möglichkeiten einzuräumen. Infolge dessen konnte sich Ungarn als reform-kommunistisches Referenzland gegenüber seinen Nachbarn sogar dann gewis-se Tempovorteile verschaffen, wenn manchmal nicht die Reformen selbst, sondern deren Nebenwirkungen oder Dysfunktionen eine Rolle spielten, die den Anschein der Flexibilität des Regimes weckten, und schließlich zu dessen Erosion führten.

Im September 1989 öffnete die reformkommunistische ungarische Regierung für Tausende von aus der DDR nach Ungarn gekommene Flüchtlinge die un-garisch-österreichische Grenze. Dieser Schritt war ein Katalysator für die deut-sche Vereinigung sowie die auf ganz Europa wirkende geopolitische Dynamik, und als solcher war er für viele der Anfang einer selbständigen ungarischen Politik par excellence. Die durch Budapest herbeiführte Schwächung der Posi-tionen der DDR betraf einen der wichtigsten geostrategischen Pfeiler der so-wjetischen Europapolitik. Dies bedeutete auch, daß Ungarn eine seine politi-

---

5 Vgl. V. Schurkin, „Iswestija" vom 27. Mai 1990, S. 5.

sche Größenordnung übersteigende außenpolitische Rolle spielen und im Gegensatz zu seinen Nachbarn sich eine Art politischen „Sex-appeal" verschaffen konnte.[6]

Das Bild Gorbatschows und seiner Generation von den Reformen und von Ostmitteleuropa war allerdings viel mehr durch den Prager Frühling des Jahres 1968 als durch die ungarischen Ereignisse von 1956 bestimmt. Die Vorgänger von Gorbatschow – Breschnew, Andropow und Tschernenko – hatten Ostmitteleuropa als einen unveräußerlichen Gewinn aus dem Zweiten Weltkrieg und als eine berechtigte Ausdehnung der russischen Sicherheitssphäre betrachtet. Der ungarische Aufstand im Jahre 1956, dann die tschechoslowakische und die polnische Krise stellten für sie einen Ausdruck des antirussischen Nationalismus und der Zerbrechlichkeit der kommunistischen Systeme dar. Die Mitarbeiter und Berater von Gorbatschow – unter ihnen Schachnasarow, Frolow, Arbatow und Sagladin – verbrachten in den 1960er Jahren längere oder kürzere Zeiten in Prag, in der Redaktion der Zeitschrift „Fragen des Friedens und des Sozialismus". Viele von ihnen und auch Gorbatschow selbst hatten unmittelbare Beziehungen zu den Reformpolitikern des „Prager Frühlings", und sie betrachteten den ganzen Prozeß als Fortsetzung der Entstalinisierung, die unter Chruschtschow begonnen hatte. Die Zerschlagung des Reformsozialismus in Prag und gleichzeitig damit die Festigung der konservativen Politik in Moskau erfüllten die Politiker der Perestrojka mit Scham, sie hielten diese Schritte für zutiefst retrograd. Für sie war die Anwendung von Gewalt 1968 und 1956 mindestens so kontraproduktiv wie moralisch unzulässig. Das kritische Verhalten von Gorbatschow, Schewardnadse und Jakowlew gegenüber der Intervention in Afghanistan war kein Zufall. Sie hielten sie für ein „schädliches imperiales Syndrom", ähnlich der „Panzerphilosophie" in der Ostmitteleuropapolitik[7].

Für Gorbatschow und seine Generation erwies sich der „Prager Frühling" als ausschlaggebendes Erlebnis für die Ausarbeitung der späteren Europapolitik und des „neuen Denkens". Gleichzeitig aber brauchte der sowjetische Politiker aus innenpolitischen Gründen objektiv ein Ostmitteleuropa – oder wenigstens ein Reformland –, mit dem er die praktische Durchführbarkeit der Perestrojka und deren Vorteile zu demonstrieren vermochte. Ungarn konnte dieser Funktion lediglich zum Teil und nur sehr eingeschränkt entsprechen, obwohl der Kádárismus in seiner Glanzzeit zahlreichen Ländern des Ostblocks ein annehmbares Modell zu bieten schien. Nach 1956 erhöhte Ungarn die Kosten des Sowjetreiches mit keinen weiteren Krisen. Kádár wurde sogar von Gorbatschow für eine herausragende Persönlichkeit und einen bedeutenden Staatsmann gehalten, der „als einer der ersten im 'sozialistischen Lager' erkannte, daß man mit Gewalt zwar einen konterrevolutionären Putsch vereiteln oder zerschlagen, ja sogar einen Volksaufstand unterdrücken kann, daß es jedoch

---

6 Vgl. Péter Hardi: Hungarian Foreign Policy: Integration into Europe, in: Hanspeter Neuhold eds.: The Pentagonal/Hexagonal Experiments. New Forms of Cooperation in a Changing Europe. The Laxenburg Papers, Wien 1991, S. 13.

7 Eduard Schewardnadse: Die Zukunft gehört der Freiheit, Hamburg 1991, S. 16.

unmöglich ist, auf diese Weise ein normales gesellschaftliches Leben in Gang zu setzen. Ihm war es zu verdanken, daß man in Ungarn früher als in anderen Ländern versuchte, das sozialistische Modell zu verbessern und reformieren, und sich nicht weiter mit dem zufriedengab, was man aus der Sowjetunion übernommen hatte. Die Reformen der sechziger Jahre mögen inkonsequent und in mancher Hinsicht einseitig gewesen sein, aber sie setzten einen intellektuellen 'Mechanismus der Erneuerung' in Aktion, und nach und nach sammelte man auch praktische Erfahrungen."[8]

Wenn die Rolle Ungarns als „Reformlabor" auch von den Gegnern der sowjetischen Reformpolitik anerkannt wurde, erinnerte doch auch Gorbatschow selbst an die negativen Auswirkungen der ungarischen Reformen, so vor allem an die zunehmende Verschuldung des Landes, die signalisiert hätten, daß die Reformversuche eines kleinen Landes im Falle eines Landes mit weltpolitischer strategischer Verantwortung zu riskant sein könnten.

Nach dem Machtantritt Gorbatschows wurde die ungarische Reform in der „Prawda" „mutig, innovativ" und sogar auch „realistisch" genannt. Aber auch diejenigen, die sie unterstützten, bezweifelten, daß die Erfahrungen eines kleinen Landes auf die sowjetischen Bedingungen übertragbar seien. Interessanterweise behauptete der als Berater dem sowjetischen ZK nahe Oleg Bogomolow, Leiter einer Denkfabrik der Akademie, entgegen den meisten anderen, daß die Größe der Sowjetunion die Reform erleichtern würde, da die Sowjetunion – im Gegensatz zum kleinen Ungarn – den Veränderungen der Weltwirtschaft nicht so ausgeliefert sei, und so könne man die „Reformen ungarischen Typs" eher zum Erfolg führen.[9]

Neben einem Referenzland der Perestrojka brauchte Gorbatschow auch außenpolitisch „gleichere" Beziehungen, die die Verbesserung seiner Beziehungen zum Westen erleichtern konnten. Dies brachte auch Gorbatschows Konzeption des „Gemeinsamen Europäischen Hauses" zum Ausdruck. In ihrer Auffassung von Sicherheit, ihren Mitteln und ihrer Phraseologie wies sie viele gemeinsame Merkmale mit den Prozessen der Entideologisierung und „Europäisierung" der ungarischen Außenpolitik auf, die bereits ab Mitte der achtziger Jahre zu beobachten waren, doch in ihren Zielen und vor allem hinsichtlich des Endergebnisses unterschied sie sich von ihnen.

Nachdem Gorbatschow zur Macht gekommen war, fanden sich in der vom XXVII. Parteitag der KPdSU gebilligten außenpolitischen Strategie gerade jene Zusammenhänge wieder, die in den sicherheitspolitischen Überlegungen Ungarns bereits in früheren Jahren zum Ausdruck gekommen waren: In der Verteidigung des Friedens, in der Entwicklung der internationalen Kooperation habe jedes Land – ungeachtet seiner Größe – seine eigene Verantwortung; Abrüstung als neue Dimension der internationalen Sicherheit könne nur mit poli-

---

8 Michail Gorbatschow: Erinnerungen, Berlin 1995, S. 854.
9 Vgl. A. Kemp-Welch: Change in Eastern Europe: the Polish paradigm, in: The impact of Gorbachev, The first phase, 1985-90, Edited by D. W. Spring London, New York 1991, S. 140-141.

tischen Mitteln erreicht werden; in der Weltpolitik und in der Weltwirtschaft verwirkliche sich die Interdependenz der Staaten und Völker, in ihrem Aufeinander-Angewiesensein im klassischen Sinne des Wortes sei kein einziges Land unabhängig.[10]

Seit Mitte der achtziger Jahre war die Umstellung des ungarischen sicherheitspolitischen Denkens gut zu beobachten. An die Stelle des eindimensionalen Sicherheitsbegriffs trat ein komplexes Sicherheitsverständnis. Einige Autoren wiesen darauf hin, daß der gesellschaftliche Status quo kaum als ein für allemal gegeben betrachtet werden könne.[11] Andere Autoren betonten, daß „Systemsicherheit" und Interdependenz eng miteinander verknüpft seien, immer mehr Elemente der wirtschaftlichen Sicherheit lägen in internationalen Verflechtungen.[12]

Auch wenn Ungarn auf dem Gebiet der Entideologisierung und der pragmatischen Interessenpolitik der Sowjetunion weit voraus war und die Ideologie in Ungarn von Mitte der siebziger Jahre an immer mehr lediglich eine Alibifunktion erfüllte, ist es offensichtlich, daß in erster Linie die „universalistischen" Vorstellungen der sowjetischen außenpolitischen Experten („Meschdunarodniki") auf die Gestaltung des „neuen Denkens" gewirkt haben, deren Quelle in den Beziehungen zu den entsprechenden amerikanischen und anderen westlichen Instituten lag. Das spiegelte sich in revolutionären Prinzipien des „neuen Denkens" wider wie dem, das Prinzip des Klassenkampfes durch „gesamtmenschliche Interessen" abzulösen, welch letztere auf dem Gebiet der nuklearen Abrüstung zum Durchbruch führten und die Aufgabe der Politik der wirtschaftlichen Autarkie einer „belagerten Festung" förderten.[13]

Die Konzeption des „Gemeinsamen Europäischen Hauses" und die Bestrebung nach „gleicheren" Beziehungen bezweckten allerdings nicht die „Entlassung" der ostmitteleuropäischen kommunistischen Länder aus dem Block und die Aufhebung jeglicher Kontrolle, sondern deren Beibehaltung unter demokratischeren Bedingungen und auf der Basis einer breiteren europäischen Zusammenarbeit. Im Gegensatz dazu waren die „Europäisierung" und die „europäische Solidarität" im Vokabular und in der Praxis der ungarischen Außenpolitik mit den individuellen Bestrebungen eines „kleinen Landes" identisch, was auch die Lockerung der zur Sowjetunion bestehenden Blockbeziehungen beinhaltete. Es war kein Zufall, daß die Krise des „neuen Denkens" die Befürchtung der konservativen Opposition bestätigte. Die Vereinigung Deutschlands erfolgte im Grunde genommen zu westlichen Bedingungen; auf die Auflösung des Warschauer Vertrages folgte keine Selbstauflösung der NATO; allein der

10 Mátyás Szürös: Magyarország és a helsinki folyamat [Ungarn und der Prozeß von Helsinki], „Valóság", 1986/7., S. 3.
11 Vgl. József Balázs: A biztonság értelmezéséről [Über die Interpretation des Sicherheitsbegriffes], „Külpolitika", 1983/5., S. 7-8.
12 Vgl. László J. Kiss: Die Rolle Ungarns im europäischen Sicherheitssystem, HSFK-Report 9/1987, Frankfurt am Main, S. 13-17.
13 Vgl. Neil Malcolm: New Thinking and After: Debate in Moscow about Europe, in: Russia and Europe, An End to Confrontation, edited by Neil Malcolm, London, New York 1994, S. 152-153.

KSZE-Prozeß versprach den sowjetischen Interessen entsprechende Grundlagen für die Schaffung einer neuen europäischen Sicherheitsstruktur und die Beibehaltung des sowjetischen Einflusses.

Ungarns Rolle im sowjetischen Reformdenken können wir gut verfolgen, wenn wir die Frage untersuchen, was für ein Ungarnbild der sowjetischen politischen Debatte der achtziger Jahre zugrunde lag. Das Bild weist eine eigenartige Diskrepanz auf. Das in den Perzeptionen von Chruschtschow, Breschnew und Gorbatschow vorhandene Ungarn als Land des „Agrarwunders", des „Gulaschkommunismus", war in den achtziger Jahren genauso zu entdekken wie das Bild des Landes, das in eine „gefährliche Abhängigkeit" von der „kapitalistischen Welt" geraten war. Ungarn als „Referenzland der Reformer" unterstützte Gorbatschow, aber es lieferte gleichzeitig auch den Gegnern der Reformen Argumente.

3.1. Ungarn als Land des „Gulaschkommunismus"

Das angeblich von Chruschtschow stammende Etikett „Gulaschkommunismus" wies auf den Charakterzug des klassischen, funktionierenden Kádárismus hin, der eine Mischung von aktiver Entpolitisierung der Gesellschaft durch erhöhten Konsum und gelegentlichen Zugeständnissen (Teilliberalisierung) aufgrund eines alltäglichen Opportunismus war, der auch die Öffnung nach Westen und eine größere Reisefreiheit ermöglichte.

Die Kádársche Politik – "sanfter Etatismus", „moderierter Staatssozialismus", „Einparteienpluralismus"[14] – ermöglichte eine paternalistische Machtausübung, die zum Tausch gegen den Verzicht auf Politik steigenden Konsum und teilliberalisierte Freiräume bot. Im Gegensatz zur dramatischen Repolitisierung der ungarischen Gesellschaft ließen die bitteren Erfahrungen des Revolutionsjahres in Kádár die Erkenntnis reifen, daß die Wiederherstellung des kommunistischen Machtmonopols bewußt mit der aktiven Entpolitisierung der ungarischen Gesellschaft zu verbinden sei. Andererseits war diese Politik darauf gerichtet, die unterschiedlichen gesellschaftlichen Gruppen durch kontinuierlich dosierte Zugeständnisse gefügig zu machen. Diese Methode und politische Technologie begünstigte die Politik des Pragmatismus. Diese pragmatische Politik erfüllte viele westliche Beobachter der ungarischen politischen Szene, die die wirkliche Natur des Kádárismus nicht kannten, mit Bewunderung. Der Preis für diesen Pragmatismus bestand darin, daß die den einzelnen sozialen Gruppen gewährten Zugeständnisse bloße Zugeständnisse blieben und nichts anderes. Es war nicht möglich, die Zugeständnisse als Präzedenzfälle zu betrachten oder sie in verbindliche Gesetze umzuwandeln. Es wurde auch im Westen anerkannt, daß das Land des „Gulaschkommunismus" prosperierte und eine Politik der Überzeugung die nachrevolutionäre Gewaltherrschaft ablöste, wobei das Regime auch eine wirkungsvolle Methode fand, Moskaus Mißtrau-

---

14 Vgl. Elemér Hankiss: Diagnózisok [Diagnosen], Budapest 1986, S. 72-78.

en abzuwenden und einige Forderungen der Revolution zur Geltung zu bringen.[15]

Im Gegensatz zu anderen Varianten der poststalinistischen Systeme war der Kádárismus besonders dadurch gekennzeichnet, daß er imstande war, sich selbst zu beschränken. Kádár wollte nicht die ganze Gesellschaft in Ungarn dazu zwingen, sich die offizielle Ideologie anzueignen und aktiv zu unterstützen. Anstatt äußerlicher Gewaltmethoden begnügte er sich mit einer passiven Verhaltensweise, mit einer inneren Selbstzensur und äußeren Überzeugungsarbeit. Es gelang Kádár, die kollektivierte Planwirtschaft in eine mäßig gemischte Wirtschaft umzuwandeln, in der zwar das „sozialistische Staatseigentum" vorherrschend war, in der aber auch die kleine Privatwirtschaft, besonders im Agrarbereich, an Einfluß gewann.

Von der Mitte der siebziger Jahre an war es ganz eindeutig, daß die Rolle der Ideologie als Ideologie immer mehr an Einfluß verlor. Die Ideologie wurde als pure Machtpolitik des Staatssozialismus erkannt, die das Alibi der Machtausübung darstellte und dieses mit der Interventionsgefahr seitens der Sowjetunion bewußt in Verbindung brachte.[16]

Die ungarische Gesellschaft akzeptierte das Kádár-Regime nicht aus Zwang, sondern von der Idee geleitet, mit ihm eine günstige Abmachung zu treffen. Im Austausch gegen den Verzicht auf die Freiheit gewann die Bevölkerung die Chance, mehr zu konsumieren und mehr „Freiräume" im Schatten der staatssozialistischen Politik und Wirtschaft zu erhalten, und so konnte man sich eine „entstaatlichte", relativ autonome Existenz aufbauen. Darüber hinaus hatte der Kádárismus auch mit einem gewissen politischen Stil zu tun. Der Kádárismus war frei vom überschwenglichen Personenkult, er strebte die „goldene Mitte" zwischen den „Extremen" an. So war es kein Wunder, daß Ungarn als „lustigste Baracke im Lager" oder eine Art Quasi-Westen aus der Sicht der anderen Ostblockstaaten wahrgenommen wurde.[17]

Für Chruschtschow und die späteren sowjetischen Führer – Gorbatschow inbegriffen – lag die Bedeutung Ungarns als Land des „Gulaschkommunismus" vor allem darin, daß es Kádár nach dem antisowjetischen nationalen Aufstand von 1956 – dem erstem „Krieg" innerhalb des Warschauer Vertrages – gelungen war, das Land zu konsolidieren. Er machte sogar die Praxis des Staatssozialismus sowjetischen Typs – ergänzt durch seine eigene Reformpraxis – unter ungarischen Bedingungen anwendbar, und damit bewies er die Funktionsfähigkeit des Systems insbesondere zu einer Zeit, als die Krisen in der Tschechoslowakei und in Polen deren Gegenteil bewiesen. In diesem Sinne schuf die Kádársche Politik auf ihrem Höhepunkt ihr eigenes Instrumentarium des Kri-

---

15 Vgl. Charles Gáti: Magyarország a Kreml árnyékában [Ungarn im Schatten des Kremls], Budapest 1990, S. 156.
16 Vgl. George Schöpflin: Conservatism and Hungary's Transition, in: Problems of Communism, January-April 1991, S. 61.
17 Vgl. László J. Kiss: Warum scheiterte der „Gulaschkommunismus"? Eine Anatomie des Kádárismus, in: Der Umbruch in Osteuropa, HMRG, Beiheft 3, Stuttgart 1992, S. 125.

senmanagements, wobei sie den Eindruck erweckte, daß sie die imperialen Kosten der in einem kostspieligen Rüstungswettlauf um die strategische Partnerschaft stehenden Sowjetunion senkte oder wenigstens nicht erhöhte.

In dem mit dem „Gulaschkommunismus" verbundenen Ungarnbild spielten die Anerkennung von Kádárs Persönlichkeit und die Würdigung der Ergebnisse der Landwirtschaft eine dominierende Rolle. Nicht zufällig hatte die Technokratisierung der ungarischen Parteibürokratie durch die Kooptation von technokratischen Elementen, in erster Linie fachkompetenten Intellektuellen, in die machtausübende Elite schon in den sechziger und siebziger Jahren angefangen, und die „Entstehung der Mittelklasse" sowie der Begriff der „sozialistischen Verbürgerlichung" waren mit dem Erscheinen der neuen Intelligenz und deren zunehmendem Einfluß auf die Macht untrennbar verbunden.[18]

Auch Gorbatschow selbst erkennt in seinen Memoiren an, daß „Kádár das Recht der Bauern anerkannte, aus den Kollektivwirtschaften auszutreten; daraufhin schloß sich die Mehrheit der Bauern freiwillig zu Genossenschaften zusammen. Gleichzeitig bot man den Städtern die Möglichkeit, Grundstücke für Kleingärten und Landhäuser zu erwerben. Die Genossenschaften bedienten sich neuer landwirtschaftlicher Technologien und konnten auf diese Weise hohe Erträge an Mais erwirtschaften, Mischfutter aus eigener Produktion gab es förmlich in rauhen Mengen. Man konnte es im ganzen Lande kaufen, und die Bauern, aber auch die Arbeiter in Siedlungen und Kleinstädten, wandten sich der Viehhaltung zu. Auch achtzig bis neunzig Prozent des Obstes stammten in Ungarn aus privatem Anbau. All dem lag eine wohldurchdachte Strategie zugrunde: Das Land hatte wenig Rohstoffe, die man für die Schwerindustrie hätte nutzen können, aber in der Landwirtschaft herrschten paradiesische Produktionsbedingungen, und so setzte man völlig zu Recht auf die größtmögliche Förderung der Landwirtschaft und des Exports von Agrarerzeugnissen."[19]

So entstand mit Recht der Eindruck, daß die landwirtschaftliche Umgestaltung Ungarns zum „Prachtstück" des Regimes wurde. Das Regime bekundete Toleranz gegenüber den Klein- und Großbauern, den sogenannten Kulaken, und bemühte sich darum, diese sozialen Gruppen für die Sache der Genossenschaften zu gewinnen. Darüber hinaus setzten die neuen Generationen der Agraringenieure alles daran, die alten Bauernkader aus der Leitung der LPGs zu entfernen. Ende der siebziger Jahre stand die ungarische Landwirtschaft unter der Kontrolle fachkompetenter Agraringenieure neuen Typs.

18 Vgl. Iván Szelényi: Utószó: Jegyzetek egy szellemi önéletrajzhoz. [Nachwort: Notizen zu einer geistigen Autobiographie], in: Iván Szelényi: Új osztály, állam, politika [Neue Klasse, Staat, Politik], Budapest 1990, S. 51-53.
19 Michail Gorbatschow: Erinnerungen, Berlin 1995, S. 852.

3.2 Das negative Ungarnbild der „gefährlichen Abhängigkeit"

Eine andere Linie des sowjetischen Ungarnbildes – die vom Image des „Gulaschkommunismus" nur analytisch getrennt war, aber in Wirklichkeit gleichzeitig ebenfalls die Perzeption der sowjetischen Politiker prägte – war mit der Besorgnis verbunden, daß die „portionierten" und „kontrollierten" Reformen sowie die mit diesen untrennbar verbundene Öffnung zur und Integration in die Weltwirtschaft Budapest trotz des „Agrarwunders" von der kapitalistischen Welt immer abhängiger machte. In diesem Sinne konnte Ungarn in den Debatten der sowjetischen Führung als negatives Beispiel eingestuft werden.

Auch Gorbatschow selbst, der die Leistungen der ungarischen Landwirtschaft mit außerordentlich anerkennenden Worten würdigte, stellte kritisch fest: „Trotzdem mußte sich Kádár ungefähr alle zehn Jahre an die sowjetische Führung wenden und um finanzielle Unterstützung bitten, worauf Moskau viele hundert Millionen Dollar bereitstellte. Doch mit der Zeit schwand in der UdSSR die Bereitschaft zu dieser Art Finanzhilfe, und daher wandten sich die Ungarn immer häufiger an den Westen, insbesondere an die Bundesrepublik. Ungarn stellte damals einige seiner Produktionsstätten auf westliche Märkte um, geriet dadurch allerdings mit der Zeit in eine gewisse Abhängigkeit, weil man nun darauf angewiesen war, daß aus dem Westen bestimmte Komplettierungsteile, Rohstoffe und Halbfabrikate geliefert wurden. Die Zahlungen dafür verschlangen nahezu den gesamten Ertrag der Exporte; die Außenschulden in frei konvertierbaren Währungen wuchsen, und am Ende verschlangen allein die Zinsen vierzig bis sechzig Prozent aller erwirtschafteten Devisen. So kam es, daß etliche Produktionsstätten, die von westlichen Lieferanten abhingen, am Ende zusammenbrachen und die Produktion im ganzen deutlich zurückging."[20]

Gorbatschow legte Ungarn zur Last, ähnlich wie andere Ländern den Fehler der „strategischen Fehlkalkulation" begangen zu haben; es habe für seine Zukunft nicht vorgesorgt, deshalb sei es in die Falle der Verschuldung geraten.

Nach der Ölpreisexplosion im Jahre 1973 kehrte die ungarische Wirtschaftspolitik zur Politik der Rezentralisierung zurück, einerseits von der in der ganzen RGW-Region herrschenden Ansicht ausgehend, daß die Veränderungen auf dem Weltmarkt lediglich vorübergehende Schwierigkeiten und keinen sich auf lange Sicht auswirkenden strategischen Zwang mit sich brächten. Andererseits wählte der Kádárismus trotz aller Reformfreudigkeit anstelle der strukturellen Anpassung an die Weltwirtschaft und der damit verbundenen tiefgreifenden Reformen lieber die Politik des „importierten Wachstums" und der Verschuldung. Die Aufnahme von ausländischen Krediten diente auf diese Weise der Konservierung der „Struktur der sozialistischen Großbetriebe", der Aufschiebung der strukturellen Umwandlung, den Zwecken des Konsums und dadurch der Aufrechterhaltung der aktiven Entpolitisierung der Gesellschaft. Anstelle der Beschleunigung der inneren Reformen spielte die zunehmende

---

20 Ebenda, S. 852.

Aufnahme der Kredite von außen die Rolle eines Ersatzes für Reformen. Damit begann die Entwicklung, in deren Folge ein immer größerer Teil des ungarischen Nationaleinkommens im Ausland verwendet wurde. Diese Tendenz engte einerseits den finanziellen und wirtschaftspolitischen Spielraum Budapests ein, andererseits trug sie jedoch zur Unabhängigkeit Ungarns vom sowjetischen Block und zur Entstehung der ungarischen Schuldendiplomatie bei. Diese wurde durch den 1982 erfolgten Beitritt Ungarns zum Internationalen Währungsfonds und zur Weltbank auch in konkreter Form zum Ausdruck gebracht. Es war nicht überraschend, daß Ostberlin und Moskau in dem ungarischen Schritt die Einschränkung der Souveränität des sozialistischen Ungarns und demgemäß seine Unterordnung unter die von den USA und der BRD geführte Finanzwelt sahen. Auf paradoxe Weise wurden die „Verselbständigung" und die Lockerung der Verbindungen zur „Blockpolitik" auch durch die inkonsequente Reformpolitik geschürt. Das Defizit wurde von der unveränderten bzw. der nur teilweise modifizierten Strukturpolitik reproduziert, und dies sowie die steigenden Zinslasten erforderten die Aufnahme von immer neuen Geldmitteln, sprich Krediten.

Die „positiven" – letzten Endes zum Systemwechsel führenden – Funktionsstörungen des Kádárschen Systems machten auch die Krise des eigenartigen Krisenmanagements aus. Das System wurde sowohl innen als auch außen von „systemfremden" Elementen abhängig, während die äußere Stütze des Systems, die Sowjetunion, über kein wirksames und auch international annehmbares Instrumentarium des Krisenmanagements mehr verfügte. Durch die Beschleunigung der äußeren Verschuldung erhöhte sich offenkundig die „äußere Abhängigkeit" des Systems. Gleichzeitig aber hing die Exportfähigkeit der Landwirtschaft als des die meisten Devisen einbringenden strategischen Wirtschaftszweiges in zunehmendem Maße – im Falle von einigen Produktgruppen wie Obst, Gemüse usw. in entscheidendem Maße – von den immer wirksamer arbeitenden Privatproduzenten ab, worin sich eine eigenartige „innere Abhängigkeit" des Systems manifestierte.

Ab der Mitte der siebziger Jahre verlor Moskaus wichtigstes Bindemittel für sein Vorfeld, die Rohstoffabhängigkeit der Bruderstaaten, aus Mangel an Rohstoffen an Wert.

Die Sowjetunion konnte den ostmitteleuropäischen Staaten nur zu immer schlechteren terms of trade Erdöl liefern, sie konnte der integrierenden Funktion des Hauptrohstofflieferanten immer weniger Genüge tun, und der interne RGW-Handel begann sich zu verringern. So konnte Moskau von seiner zur Kontrolle und Beeinflussung der Region dienenden Rolle als Rohstofflieferant, die neben dem militärischen Faktor sein wichtigstes strategisches Mittel war, immer weniger Gebrauch machen. Wegen der Innovations- und Reformunfähigkeit des sowjetischen Systems und der inneren Strukturprobleme der Wirtschaft konnte Moskau auch den Anforderungen der Rolle als Technologielieferant nicht entsprechen.

Die Führungsmacht UdSSR erwies sich zwar als militärisch weltweit handlungsfähig, doch wirtschaftlich war sie noch fast vollständig ein Entwicklungsland.

Während der gesteigerte Erdöl- und Erdgasexport in den Westen im Falle der Sowjetunion die Innovationsunfähigkeit des Systems noch eine Weile verschleiern konnte, war es für die ostmitteleuropäischen Länder bereits viel früher offenkundig, daß die Umwandlung ihrer energieabhängigen Industrien ohne die Entwicklung der Ost-West-Beziehungen unvorstellbar und daß die Sowjetunion nicht mehr imstande war, die Funktion der bereits überholten extensiven oder der intensiven wirtschaftlichen Entwicklung zu erfüllen. Es wurde auch augenfällig, daß Moskau nach seinen unilateralen bzw. „multilateralen" ostmitteleuropäischen militärischen Einmischungen von 1956 und 1968 das politische Mittel der Intervention, insbesondere nach der Unterzeichnung der Schlußakte von Helsinki, in Europa nicht mehr anwenden konnte. Der Machtantritt von Gorbatschow beraubte die Kádársche Politik auch ihres traditionellen Mittels, der Heraufbeschwörung der Gefahr der sowjetischen Intervention, mit der sie bis dahin versucht hatte, auf die von ihr manchmal für übertrieben gehaltenen Reformbestrebungen Einfluß auszuüben.

Viele Jahre hindurch konnte der Kádárismus durch seine Funktionsfähigkeit als System eine Ersatzlegitimation aufweisen. Aber seit Anfang der achtziger Jahre waren nicht nur die bloßen „Betriebsunfälle", sondern auch die Merkmale der Funktionsunfähigkeit und Unreformierbarkeit des Kádárismus als System zutage getreten. Die erfolgreiche Entpolitisierung wurde ihrer wichtigsten Träger und Triebkräfte durch Verschlechterung der Wirtschaftslage und der zwangsläufigen Konsumschrumpfung beraubt. Die wachsenden Kosten der aus politischen Gründen verzögerten Reformschritte und die auf Konservierung der politischen Strukturen gerichteten ausländischen Kreditaufnahmen trieben den „Gulaschkommunismus" in einen Zustand, in dem immer weniger „Gulasch" zu finden war. Das Patt in der politischen Leitung zwischen Reformisten und Antireformisten sowie das Schwanken zwischen Plan- und Marktwirtschaft waren die typischen Merkmale des Spätkádárismus, die nicht mehr die Entpolitisierung, sondern die Politisierung der Politik und der Gesellschaft förderten.

Der Dualismus von Wirtschaft und Ökonomie, also die Spaltung der Wirtschaft und Gesellschaft in zwei sekundäre, „entstaatlichte" Dimensionen, machte auf einen tiefgreifenden Widerspruch aufmerksam: Einerseits schufen die privaten Initiativen, die Produktion der die steigende Inflation kompensierenden zusätzlichen Einkommen in der „entstaatlichten" zweiten Wirtschaft ebenso wie die Reorganisierung der zweiten Gesellschaft und der zweiten Öffentlichkeit günstige Bedingungen auf dem Wege zu einem offeneren und demokratischeren System, anderseits aber signalisierte diese informelle Umschichtung der Wirtschaft und Gesellschaft auch die unvermeidliche Desintegrierung des Systems. Dieselben Faktoren übten einen ambivalenten Einfluß auf die politische Stabilität und die soziale Dynamik aus. Paradoxerweise wurde der Kádárismus zum Opfer seines eigenen Erfolges. Je mehr Effizienz die zweite Ökonomie und die Gesellschaft bewiesen, desto schwerer wurde es, das ganze System unter Kontrolle zu halten.Das mit der Abhängigkeit vom Ausland zusammenhängende sowjetische Ungarnbild war auf diese Weise gar nicht unbegründet. Letzten Endes hing der Sturz Kádárs damit zusammen, daß das stark verschuldete Kádár-Regime die von ihm selbst angebotene Abmachung nach dem Motto „Du läßt mir mein Privatleben und die Bereicherung, ich lasse dir die Politik und das öffentliche Leben" nicht einhalten konnte.

Zu Ungarn macht selbst Gorbatschow die kritische Bemerkung, daß die Beschleunigung der ungarischen Reformen erst dann erfolgte, als die Verschuldung in Höhe von 12 – 14 Milliarden immer drückender wurde. Die Verwirklichung der Reformen ging jedoch sehr schwer voran. Mal stellte sich Kádár selbst auf die Seite bestimmender Reformpolitiker wie Rezsõ Nyers, mal distanzierte er sich von ihnen.

Gleichzeitig räumte Gorbatschow jedoch auch ein, daß die Maßnahmen zur Liberalisierung der Wirtschaft innerhalb der sowjetischen Führung unzählige Fragen auslösten. „Unsere Orthodoxen" schreibt er, „knirschten buchstäblich mit den Zähnen, als sie sahen, wie die 'ungarischen Unruhestifter' böswillig gegen die 'objektiven Wirtschaftsgesetze des Sozialismus' verstießen, die die 'Klassiker' formuliert hatten. Manche Verfechter der reinen Lehre meinten sogar, daß man Ungarn wirtschaftlich unter Druck setzen müsse."[21]

Kádár bemühte sich – nach den Worten Gorbatschows – allerdings mit großer Sorgfalt darum, scharfe Reaktionen zu vermeiden und geduldig zu erklären, warum Ungarn gezwungen war, mehr Dynamik in die wirtschaftlichen Prozesse zu bringen, die Zentralisierung zu lockern, den Produktionskollektiven größere Selbständigkeit und höhere Verantwortung einzuräumen sowie Verbindung zum Westen zu knüpfen.[22] Nicht von ungefähr wurde Kádár im Westen als „konservativer Reformer oder konservativer Innovator" eingestuft[23], der jedoch nicht imstande war, mit der Notwendigkeit der Veränderungen Schritt zu halten und von der Macht noch rechtzeitig Abschied zu nehmen.

3.3 Außenpolitisches Rollenverständnis eines kleinen Landes im Atomzeitalter und das „neue Denken"

Vom Ende der siebziger Jahre an wurde die Perzeption der sowjetischen Ostmitteleuropapolitik in der Abstiegsperiode des Kádárismus nicht nur von dem traditionellen „Gulaschkommunismus" und der Gefahr der mit der zunehmenden Verschuldung verbundenen Abhängigkeit vom Ausland geprägt. In der ersten Hälfte der achtziger Jahre – insbesondere von der Mitte des Jahrzehnts

---

21 Ebenda, S. 853.
22 Ebenda, S. 852.
23 Vgl. George Schöpflin: Conservatism and Hungary's Transition, in: Problems of Communism, January-April 1991, S. 60.

an – kam unter den Umständen des „neuen Kalten Krieges" in der ungarischen Außenpolitik ein eigenartiges Rollenverständnis eines kleinen Landes zum Vorschein, das unter den Bedingungen der Schlußakte von Helsinki und des nuklearen Zeitalters die erhöhte Verantwortung der kleinen Länder, die Kontinuität der Ost-West-Beziehungen und sogar die Wichtigkeit der nationalen Interessen betonte. Während die vom Ostblock immer unabhängiger werdende Finanzdiplomatie ein Produkt des „postiven" Zwangs war, stellte die Kleinlanddiplomatie eine bewußte Bestrebung der ungarischen Außenpolitik dar, die eine Weile auch mit den Interessen einiger konservativer ostmitteleuropäischer Regime – so 1984 mit denen der DDR – zusammenfiel, obwohl deren antireformistische innenpolitische Einstellung ihrem vorsichtigen Vorbehalt gegen die „erzwungene Stationierung von sowjetischen Raketen" kein dauerhaftes politisches Gewicht verleihen konnte. Die inoffizielle „Kleinlanddoktrin" enthielt ungarischerseits eine Reihe von Elementen, die in vieler Hinsicht als unmittelbare Vorläufer des Gorbatschowschen „neuen Denkens" gelten können und als solche diesem vorausgingen.

In der Wirklichkeit geht die Kleinlanddiplomatie historisch auf eine viel frühere Periode, nämlich auf die Zeit der Gestaltung der ungarisch-österreichischen „besonderen Beziehungen" zurück, die lange Zeit als „Sonderfall" der Ost-West-Beziehungen angesehen wurden. Die bilateralen ungarisch-österreichischen Beziehungen konnten sich von den Schwankungen der Ost-West-Beziehungen in großem Maße unabhängig machen und eine eigenartige Eigendynamik entwickeln.

Anfang der sechziger Jahre war das Verhältnis zu Österreich aus der Sicht von Budapest ein Mittel für die Lockerung der nach 1956 entstandenen internationalen Isolierung des Regimes. Ab Mitte der sechziger Jahre wurde Österreich das erste „Versuchsgelände" für den westorientierten Brückenschlag Ungarns; in diesem Bereich wurden die ersten „Gehversuche" der ungarischen Außenpolitik im Sinne einer aktiven Koexistenzpolitik getan. Neben der Mäßigung der internationalen Isolierung Ungarns nahmen die bilateralen Beziehungen schon in dieser Frühphase einen in der Geschichte und Geographie verwurzelten subregionalen Charakter an. Der Pragmatismus des reformkommunistischen Kurses von János Kádár wäre ohne eine Westöffnung nicht möglich gewesen. Die Politik der aktiven Neutralität Österreichs fand auch in Moskau die Akzeptanz, die zur Herausbildung der ungarisch-österreichischen Beziehungen unentbehrlich war.

Darüber hinaus erwiesen sich die bilateralen Beziehungen immer mehr als erfolgreich, Österreichs Ostkompetenz und Ungarns Westkompetenz – besonders gegenüber den anderen Ostblockstaaten – unter Beweis zu stellen. Die Experten machten allerdings in den achtziger Jahren darauf aufmerksam, daß der Applikation der ungarisch-österreichischen Sonderbeziehungen im Sinne eines Modells auf das Ost-West-Verhältnis enge Grenzen gezogen waren, d. h. die Verselbständigung des ungarisch-österreichischen Bilateralismus in dem ganzen sowjetischen Machtbereich nicht praktizierbar war.[24] Als später Gorbatschow zur Macht kam, stellte sich heraus, daß die ungarisch-österreichischen Sonderbeziehungen modellartige Lösungen und Muster auch für die anderen Länder in Europa anbieten konnten.

Der Faktor Österreich, das beneidenswert reiche und neutrale „tu felix Austria", als der aus ungarischer Sicht ständige „Vergleichsmaßstab", das „Tor zum Westen", spielte bei der Evolution der ungarischen Außenpolitik eine nicht zu unterschätzende Rolle. Der amerikanische Politikwissenschaftler ungarischer Abstammung, Charles Gáti, nennt die „unwiderstehliche Anziehungskraft" Österreichs direkt einen zur Auflösung des Kádár-Regimes führenden, wenn auch nicht den wichtigsten „Faktor", der nicht außer acht gelassen werden kann.[25]

Durch die bis Mitte der achtziger Jahre entstandene internationale Situation, die sowjetischen Mittelstreckenraketen und die Nachrüstung der NATO sowie die an die vorübergehende Unterbrechung der sowjetisch-amerikanischen Verhandlungen anschließende Diskussion bildete sich ein besonderes Umfeld, das das Rollenverständnis der kleinen ostmitteleuropäischen Länder – unter ihnen in erster Linie das Rollenverständnis und die außenpolitische Praxis Ungarns – erheblich beeinflußte.

In der Situation der Nachrüstungsdebatte erhöhte sich die Gefahr der politischen Konfrontation der Supermächte sowie die der Entpolitisierung der Nuklearwaffen, ohne daß gleichzeitig auch die disziplinierende Kraft des im Kalten Krieg zustande gekommenen Ostblocks zu neuem Leben erwacht wäre. Die Gefahr des Nuklearkrieges als „gemeinsames Feindbild" gegenüber dem vom Kalten Krieg geprägten Feindbild der „guten" und „bösen" Raketen sowie die Integration der Elemente der Ost-West-Kooperation, vor allem in die Reproduktionsprozesse der kleinen Länder, hatten entideologisierende und regulative Auswirkungen. Diese Entwicklung machte die gegenseitige Angewiesenheit der kleinen Staaten im Ostblock und die Notwendigkeit der blockübergreifenden, gemeinsamen „schadenbegrenzenden" Politik bewußt. Die ungarische Außenpolitik trat auch in der angespannten Periode „zur Aufrechterhaltung der Kontinuität des politischen Dialoges, für den Wiederaufbau des Vertrauens und für die Förderung des gegenseitigen Verständnisses" initiativ in Erscheinung.[26] Gyula Horn brachte das Interesse an der Kontinuität der Ost-West-Beziehungen und die Bedeutung der kleinen Länder wie folgt zum Ausdruck: „Es ist eine objektive Gegebenheit, daß im Verhältnis zwischen den beiden Führungsmächten sowohl in negativer als auch in positiver Richtung sehr schnell, in historischem Maßstab gemessen in Sekunden, bedeutende

---

24 Vgl. Zdenek Mlynar: Die österreichisch-ungarischen Beziehungen als Sonderfall der Ost-West-Beziehungen, in: Z. Mlynar, H. G. Heinrich, Toni Kofler, Jan Stankovsky: Die Beziehungen zwischen Österreich und Ungarn: Sonderfall oder Modell?, Wien 1986, S. 150-152.

25 Vgl. Ronald D. Asmus, J. P. Brown, Keith Crana: Soviet Foreign Policy and the Revolutions of the 1989 in Eastern Europe, Rand 1991, Santa Monica, S. 51-52.

26 Vortrag von Mátyás Szürös, in: 10 Jahre Helsinki: Die Herausforderung bleibt, Bergedorfer Gesprächskreis zu Fragen der freien industriellen Gesellschaft, Protokoll Nr. 78, 1985, S. 23.

Wenden eintreten können, während das lange und mühselig ausgebaute System der Beziehungen und der Zusammenarbeit zwischen den kleineren Ländern nur sehr schwer, in Jahren oder sogar in Jahrzehnten, wiederaufgebaut werden kann. All dies belegt, daß die dominierende Rolle des sowjetisch-amerikanischen Verhältnisses die Wichtigkeit der Beziehungen der anderen betroffenen Länder nicht verwischt... Es hat sich erwiesen, daß die Aufrechterhaltung der Beziehungen und die Fortsetzung des Dialogs zwischen den kleinen und mittleren Ländern eine durch nichts zu ersetzende positive Wirkung auf die Erhaltung der Entspannung ausüben und auch für die Verbesserung der sowjetisch-amerikanischen Beziehungen förderlich sein können."[27]

Aber die im Zeichen der Entfernung von der sowjetischen außenpolitischen Linie oder im Zeichen der Lockerung der Bindungen ausgearbeitete ungarische Konzeption über die Rolle der kleinen Staaten betonte nicht nur die Kontinuität der Ost-West-Beziehungen, die besondere Rolle der kleinen Staaten und ihre sich gerade aus ihrer Verletzbarkeit und Druckempfindlichkeit ergebende Verantwortung und die Notwendigkeit ihrer aktiven Rolle, sondern auch die Aufwertung der „nationalen Interessen" gegenüber den „gemeinschaftlichen Interessen":

„Die äußere negative Wirkung des Kalten Krieges verstärkte die dogmatische Politik und begünstigte eine Praxis des Verhältnisses zwischen den kommunistischen Parteien der sozialistischen Länder, die die Prinzipien der Gleichheit und Souveränität verletzte und auf Vernachlässigung der nationalen Eigenheiten basierte."[28] Wie der damalige ZK-Sekretär Mátyás Szürös schrieb, „wurde das nationale Interesse früher den gemeinsam beschlossenen Zielen und Interessen untergeordnet, was jedoch in den achtziger Jahren nicht mehr zwangsläufig der Fall ist. Ja, diese Unterordnung der nationalen Interessen ist nur in Notfällen zulässig, und bei den gemeinsamen Interessen können nur die Praxis und die historische Erfahrung entscheiden."[29] Die „Dialektik der Varietät der nationalen und internationalen Formen" hielt der ungarische Politiker auch in der außenpolitischen Praxis für legitim. So könne sich „die Beziehung zwischen kapitalistischen und sozialistischen Ländern" aufgrund der historischen Traditionen und anderer charakteristischer Merkmale auch entwickeln, „wenn dies vorübergehend dem allgemeinen Trend der internationalen Beziehungen widerspricht". Ja, die Nutzung der spezifischen Möglichkeiten können jedes Land in die Lage versetzen, „sowohl seine eigenen, als auch seine gemeinsamen Interessen zu bestärken"[30]. Die Geltendmachung der nationalen Eigenheiten der Mitgliedsländer des Warschauer Vertrages in ihren Beziehungen

27 Gyula Horn: Társadalmi-politikai tendenciák Európában és hatásuk a nemzetközi kapcsolatokra [Gesellschaftlich-politische Tendenzen in Europa und ihre Auswirkungen auf die internationalen Beziehungen], „Külpolitika", 1984/3, S. 12.
28 Mátyás Szürös: Interaction of the National and the International Interests in Hungarian Foreign Policy, Studies on Peace Research, Centre for Peace Research Coordination of the Hungarian Academy of Sciences, Budapest, 1986, S. 13.
29 Ebenda.
30 Ebenda, S. 20.

zueinander wie auch zu den westlichen Ländern war ebenfalls ein Ausdruck der „Europäisierung" und des Gebots des nuklearen Zeitalters.

Dieses spezifische Verhalten beschränkte sich nicht auf Ungarn, wenn auch die „nationalen Interessen" der kleinen Länder in dieser Form von anderen Ländern nicht selbständig formuliert wurden; die DDR z. B. behalf sich mit der Wiedergabe von Veröffentlichungen aus der ungarischen Presse.

Als im Juni 1983 der Warschauer Pakt in Moskau zusammentrat, um Gegenmaßnahmen gegen die Nato-Nachrüstung zu beschließen, und zwar die Stationierung der sowjetischen Gefechtsfeldwaffen SS-21, 22 und 23 in der DDR, der Tschechoslowakei und womöglich auch in Bulgarien, kam ein entsprechender Beschluß nicht zustande. Ceausescu, unterstützt von Bulgarien und Ungarn, ließ die scharfen antiamerikanischen Passagen im Kommuniqué streichen und durch einen Appell an Friedensliebe und Vernunft ersetzen. Der polnische Parteichef Jaruzelski reiste im September nach Moskau und klagte den ihm früher zugesicherten „besonderen Status" Polens ein, wozu auch der Verzicht auf die Stationierung von Raketen gehörte. Auch in der DDR hatte schon im März 1983 das Zentralorgan „Neues Deutschland" ein Referat des italienischen KP-Chefs Berlinguer abgedruckt, der nicht nur den Einmarsch in Afghanistan, sondern auch das „Ungleichgewicht bei den Mittelstreckenraketen in Europa zugunsten der UdSSR" kritisierte. Im Oktober gestand DDR-Außenminister Fischer seinem schwedischen Amtskollegen Bodström, daß die Warschauer Vertragsstaaten „gezwungen sein werden, Maßnahmen zu ergreifen, die sie nicht wollen".[31]

In Ungarn widersprach der erwähnte ZK-Sekretär Szűrös den Gedanken des Generals Kulikow: „Es gibt keine abstrakten, von den eigenen Interessen der einzelnen Länder unabhängigen gemeinsamen Ziele innerhalb der sozialistischen Außenpolitik."[32] Im Laufe der Diskussion wurde in der am 1. April 1984 erschienenen Ausgabe der „Rudé Právo" „an seltsamen Tendenzen, die manchmal eine Art von unabhängigem Kurs in der Außenpolitik zu demonstrieren scheinen", unmißverständliche Kritik geübt: „Überlegungen über die Rolle 'kleiner Länder', die Kompromisse zwischen den Supermächten herbeiführen sollen." Das tschechoslowakische Blatt verurteilte „alle Elemente des Partikularismus in unserer Gemeinschaft" und das Streben nach „einseitigen Vorteilen von der kapitalistischen Welt, ihren finanziellen und anderen Institutionen". Die Kritik bezog sich eindeutig auf Ungarn. Der Ungar Szűrös aber beharrte in einer Erwiderung darauf, daß auch die kleinen Staaten ihre nationalen Interessen „durch unabhängige Dialoge" in der Außenpolitik vertreten können. Das Moskauer Prinzip der „Rudé Právo": „Kollektive Räson zählt mehr als Separatismus", ließ sich nicht mehr durchsetzen.[33]

---

31 Fritjof Meyer: Weltmacht im Abstieg. Der Niedergang der Sowjetunion, München 1984, S. 208-209.
32 Ebenda, S. 210.
33 Ebenda.

Aus der Diskussion konnten offensichtlich mehrere Lehren gezogen werden. Vor allem folgte die ungarische Diplomatie, trotz Verschlechterung der Ost-West-Beziehungen, im Sinne der „Kleinland-Diplomatie" der sowjetischen Praxis der zeitweiligen Einfrierung der Beziehungen nicht, sondern empfing der Reihe nach führende westeuropäische Politiker, Craxi, Thatcher und Kohl. Seitens der USAP (Ungarische Sozialistische Arbeiterpartei) wurden die Beziehungen zu den in der Opposition befindlichen westeuropäischen sozialdemokratischen und eurokommunistischen Parteien gefestigt. In bilateralen Gesprächen nahm die Frage der europäischen Sicherheit einen zentralen Platz ein. Dieser Prozeß war in vieler Hinsicht der Auslöser der latenten Sozialdemokratisierung der USAP. Auffallend war der verständnisvolle ungarische Standpunkt auch in der der Nachrüstung vorausgegangenen Debatte über den Eurokommunismus.

Als Schiwkoff den Eurokommunismus „das neueste Werk der bürgerlichen Propaganda" nannte, welches „schwanger mit Antisowjetismus" sei, erklärte der Erste Sekretär der ungarischen KP János Kádár vor Journalisten in Wien, er teile diese Auffassungen Schiwkoffs nicht. Die ungarische Presse nahm danach auch eine etwas verständnisvollere Haltung gegenüber dem Eurokommunismus ein.[34]

Die Toleranz der USAP gegenüber dem Eurokommunismus und die – in erster Linie mit den sozialdemokratischen Parteien, so auch mit der SPD – entfaltete „Nebenaußenpolitik" der Partei sowie nicht weniger die innerhalb der Partei vorhandenen Bestrebungen zeugten von einem Prozeß der „Sozialdemokratisierung", und dies wurde seit Anfang der achtziger Jahre immer auffälliger.[35] Im Institut für Gesellschaftswissenschaften der USAP bekam die Erforschung der Sozialdemokratie Priorität, und seitens der ungarischen Partei gab es keine Spur von Berührungsangst vor sozialdemokratischen Parteien. Ganz im Gegenteil spielte die ungarische Partei eine Pionierrolle. Es genügt daran zu erinnern, daß der nach der Machtübernahme von Gorbatschow zu dessen Berater avancierte Fjodor Burlatzki erklärte, daß die ostmitteleuropäischen kommunistischen Parteien zu ihren sozialdemokratischen Wurzeln zurückfinden müßten, denn von ihnen her hätten sie sich entwickelt.[36] Es war auch kein Zufall, daß Gorbatschow und der Kreis der sowjetischen Reformpolitiker große Hoffnungen auf sich formierende sozialdemokratische Parteien in Ostmitteleuropa setzten, obwohl die sozialdemokratische Reformlinke im sowjetischen Hegemonialbereich nach dem Zweiten Weltkrieg von den Kommunisten absorbiert und/oder zerschlagen worden war. Trotzdem wurde von Gorbatschow den sozialdemokratischen Parteien eine sehr positive Rolle bei der Gewährleistung des friedlichen und gewaltlosen Übergangs beigemessen, da die Sozialdemokraten „über ein Jahrhundert lang Erfahrungen in der nichtkonfrontativen politischen Kultur" gesammelt hätten. Daher lag es im sowjetischen Interesse, daß

---

34 Wolfgang Leonhard: Eurokommunismus. Herausforderung für Ost und West, München 1978, S. 358.
35 Vgl. István Horváth: Európa megkísértése [Die Versuchung Europas], Budapest 1994, S. 25-29.
36 Vgl. Lothar Rühl: Zeitenwende in Europa, Stuttgart 1990, S. 299.

sich diese Strömung zu einem „geistig-politischen Gravitationszentrum" entwickelte und imstande war, die Einflüsse nationalistischer und verschiedener
rechtsradikaler Kräfte zu neutralisieren, und letzten Endes den Regierungskurs
maßgeblich mitzubestimmen.[37]

Obwohl sich die Hoffnungen auf die Herausbildung einer einflußreichen Sozialdemokratie in Ostmitteleuropa nicht erfüllt haben, äußerten die KPdSU-Re-
former, daß das in Ostmitteleuropa fast überall stark nach rechts ausgeschlage-
ne Pendel nach einer Übergangsperiode wieder nach links zurückschwingen
werde, freilich nicht zurück zum „Realsozialismus" vergangener Zeiten, sondern in Richtung auf einen „demokratischen Sozialismus" europäischer Tradition.[38]

Durch die Frage der Stationierung von Nuklearwaffen wurde der Ostblock
letzten Endes vorübergehend geteilt, und sogar einige Hardliner-Regime wie
die DDR brachten ihre Besorgnis, wenn auch in vorsichtiger Form und nur für
kurze Zeit, auf irgendeine Weise zum Ausdruck. Es ist offensichtlich, daß die
ungarischerseits erfolgte Ankündigung der „Kleinlandkonzeption" von den anderen Ländern zum Teil bekräftigt wurde und als solche eine synergetische
Wirkung auf das von Gorbatschow vertretene „neue Denken" ausübte. Obwohl
Ceausescu und Schiwkoff und sogar die Führer der DDR die Frage der Raketenstationierung, wenn auch mit unterschiedlichem Akzent, kritisch beurteil-
ten, war jedoch im Gegensatz zu Ungarn eine selbständig werdende Außenpolitik nirgendwo – mit Ausnahme Polens – mit solchen innenpolitischen Refor-
mansätzen verbunden, wie sie in Ungarn im Gange waren.

4.1. Die sowjetische Ostmitteleuropapolitik und der Versuch der Erneuerung des Bündnisses: Die Dialektik von Synchronität und Asynchronität

Die Untersuchung der Wechselwirkungen zwischen den sowjetischen und den
ostmitteleuropäischen Reformen hat schon bisher gezeigt, daß die ungarischen
Reformversuche Gorbatschows Bestrebungen vorausgingen, ohne zu deren
Modellen zu werden, und wie die relative Mittellosigkeit und Unsicherheit der
sowjetischen Ostmitteleuropapolitik einen Freiraum für die Entwicklung nicht
nur in Ungarn, sondern auch in anderen Staaten der Region geschaffen hatten.
Wenn wir die Ära Gorbatschow zwischen 1985 und 1990 betrachten, so läßt
sich feststellen, daß diese mindestens drei analytisch voneinander abgrenzbare
Abschnitte hatte, die die Evolution der sowjetischen Ostmitteleuropapolitik
belegen sowie auf die Asynchronität bzw. Synchronität zwischen der ostmitteleuropäischen und der ungarischen Entwicklung hinweisen. Nicht nur für die
durch das Erlöschen des historischen Tempovorteils der ungarischen Reformpolitik oder die Aufhebung der sowjetischen Interventionspolitik und des „Sicherheitsgurts" beschleunigte ostmitteleuropäische Entwicklung haben wir

---

37 Vgl. Mussatow: Peremeni v Vostotschnoi Evrope i nascha perestroikam 14. 5. 1990.
38 Vgl. Heinz Timmermann: Die Sowjetunion und der Umbruch in Osteuropa, Berichte des Bundesinstituts für ostwissenschaftliche und internationale Studien, 51-1990, S. 21.

Beispiele gesehen, sondern auf paradoxe Weise auch dafür, wie Kádár während seiner letzten Jahre die Gorbatschowschen Reformen zur Beschränkung der Reformpolitik in Ungarn zu nutzen versuchte.

Die ersten anderthalb Jahre nach der im März 1985 erfolgten Machtübernahme durch Gorbatschow standen grundlegend im Zeichen des Versuchs zur Erneuerung des Bündnisses. Die Überprüfung der traditionellen Ostmitteleuropapolitik der Sowjetunion stand noch nicht auf der Tagesordnung. Das erste Jahr der Amtszeit des Generalsekretärs Gorbatschow verlief im Zeichen der Kontinuität, da er auf die weitere Festigung der auf „Klassensolidarität" basierenden „internationalen Beziehungen neuen Typs" drängte und den „sich festigenden Prozeß der allseitigen Annäherung" betonte, indem er die „technisch-wirtschaftliche Unverwundbarkeit" des sozialistischen Lagers zum Ziel setzte.[39]

Das sozialistische Gipfeltreffen der Jahre 1985/86 verlief noch immer im Zeichen der „gemeinsamen Verantwortung". Gleichzeitig aber zeugten die Stellungnahmen zweier prominenter Personen von abweichenden Ansichten und einer beginnenden Diskussion innerhalb der sowjetischen politischen Elite. In der „Prawda" griff ein leitender Funktionär des ZK der KPdSU die ostmitteleuropäischen Reformen scharf an, indem er die Verteidigung der „grundlegenden Prinzipien der sozialistischen Wirtschaftsführung" forderte und die Rolle der „kleinen Länder" in den internationalen Beziehungen ablehnte[40], während Oleg Bogomolow in der Zeitschrift „Kommunist" einen den Reformern größeren Spielraum lassenden Ton anschlug.[41]

Die ersten Anzeichen für die Entfernung vom Breschnewschen Erbe ließen sich nach dem XXVII. Parteitag erkennen. Moskau war nun bestrebt, seine Beziehungen zu den Ländern Ostmitteleuropas ohne deren Destabilisierung zu modernisieren. Diese Periode, die man Rationalisierung der sowjetischen Ostmitteleuropapolitik nennen kann, dauerte bis Mitte des Jahres 1988 und barg zwei Hauptelemente. Erstens wurde die Überprüfung der Beziehungen zur sozialistischen Gemeinschaft auf wirtschaftlichem Gebiet vorgenommen. Zweitens übte die sowjetische Führung eine Art moralische Selbstkritik. Im Mai 1986 lag der Akzent nicht nur auf der größeren Wirksamkeit der „bestehenden Beziehungen", sondern auch auf der Mißbilligung der früher gegenüber Ostmitteleuropa verfolgten Praxis sowie auf der Reform der Beziehungen. Auf dem Parteitag drängte Gorbatschow auf die „Beschleunigung des gemeinsamen Fortschritts"[42], während in dem im Anschluß an das Moskauer Gipfeltreffen des RGW veröffentlichten Kommuniqué des Politbüros des ZK der KPdSU von der „Beschleunigung der gesellschaftlich-wirtschaftlichen Ent-

39 Az SZKP XXVII. kongresszusa [XXVII. Parteitag der KPdSU], Budapest 1986, S. 270, S. 234, S. 338.
40 Oleg Rachmaninow unter dem Pseudonym O. Wladimirow: „Weduschi faktor mirowowo rewolucionnowo prozessa", „Prawda" vom 21. Juni 1985.
41 Oleg Bogomolow: „Soglasowanija ekonomitscheskich interesow i politiki pri sozialisme", „Kommunist", 10/1985, S. 82-95.
42 A Szovjetunió Kommunista Pártjának XXVII. kongresszusa [XXVII. Parteitag der Kommunistischen Partei der Sowjetunion], Budapest 1986, S. 95.

wicklung" der sozialistischen Länder die Rede war.[43] Die Übertragung des Begriffs Beschleunigung als politisches Schlüsselwort aus der Innenpolitik in die Sphäre der sowjetischen Beziehungen zu Ostmitteleuropa verwies zugleich auf das enge Verhältnis zwischen den beiden Gebieten und auch darauf, daß das letztere Gebiet dem ersten nur mit Verspätung folgte. Die die Ostmitteleuropapolitik betreffende erste Selbstkritik wurde in der im Mai 1986 im Außenministerium gehaltenen Rede Gorbatschows formuliert, obwohl die Rede erst im August 1987 veröffentlicht wurde. Nach Meinung des Generalsekretärs „sollte man die Würde anderer achten ... und sich von den in den Köpfen einiger Menschen noch vorhandenen Vorurteilen, der Selbstüberschätzung und der Rückschrittlichkeit befreien, und wir sollten, als das stärkste Land der sozialistischen Gemeinschaft, Bescheidenheit bezeigen".[44] Die Lösung von der alten imperialistischen, bürokratischen Praxis paßte also in das Programm der Verbesserung der Beziehungen zu Ostmitteleuropa und der Effektivitisierung des RGW und so auch in das innenpolitische Programm der Beschleunigung sowie in das der graduellen Reform des Bündnisses. Das Ausmaß der Veränderung überstieg jedoch nicht das, was man Rationalisierung des Bündnissystems nennen könnte. Die Veränderung der sowjetischen Ostmitteleuropapolitik war in dieser Periode oberflächlichen, partiellen und nicht konzeptionellen Charakters. Sie war oberflächlich, weil sie als Novum eher nur eine veränderte Atmosphäre produzierte, sie war partiell, weil sie nur eine – und zwar die wirtschaftliche – Dimension der ostmitteleuropäischen Beziehungen einer Überprüfung unterzog, und schließlich war sie nicht konzeptionell, weil sie lediglich darauf angelegt war, nur auf die unmittelbaren Probleme zu reagieren. Das Hauptziel bestand in der Verbesserung der Effektivität der Organisationen des Warschauer Vertrages und des RGW, es handelte sich also um die Modernisierung der Organisationen, die die Sowjetunion mit der Region verbanden. Mit den militärischen Zielen Moskaus hing es zusammen, daß die Erneuerung des Bündnisses mit der Erzielung eines Konsenses verbunden wurde, besonders im Hinblick auf die Fragen der Lastenverteilung unter den Verbündeten und der Rüstungsbegrenzung.

Während Gorbatschow zu einer allmählich die Wirksamkeit des Bündnisses erhöhenden Ostmitteleuropapolitik überging, trat im Laufe der ungarischen Entwicklung durch die Praxis der Kleinland-Diplomatie die Bedeutung der westlichen Beziehungen in solchem Maße hervor, daß diese als Bestandteile der inneren politischen und der wirtschaftlichen Sicherheit eingestuft wurden. Auf dem Gebiet der Innenpolitik erstreckten sich die wieder zu Kräften kommenden Wirtschaftsreformen auch auf das Gebiet der Politik. Ungarn hatte als erstes europäisches Land 1985, noch bevor in Moskau der neu gewählte Generalsekretär der KPdSU, Michail Gorbatschow, seine Reformpolitik der Perestrojka verkündet hatte, den ersten Schritt auf dem Wege einer allmählichen Demokratisierung getan, indem die kommunistische Staats- und Parteiführung unter dem seit November 1956 regierenden János Kádár für die Parlaments-

43 „Prawda" vom 14. November 1986.
44 „Westnik Ministerstwa Inostrannich Del", 1/1987.

wahlen eine auf zwei Kandidaten der Blockparteien der „Patriotischen Front" beschränkte Auswahl zuließ. Diese enge Öffnung hin zu freien Wahlen war der Ansatz für eine Veränderung der ungarischen Innenpolitik, die das Land binnen fünf Jahren in die Freiheit führte.

4.2. Das Verhältnis zwischen der Gorbatschowschen Perestrojka und den nationalen Perestrojkas

Im Vergleich zu den beiden anderen Segmenten der sowjetischen Reform, den innen- und außenpolitischen Reformen, geriet die sowjetische Ostmitteleuropapolitik in fühlbare Verspätung. Es war die Periode, als die Beschleunigung in der Innenpolitik durch die Perestrojka mit ihrem radikaleren Reformgehalt abgelöst bzw. in der Außenpolitik der Primat der sog. gesamtmenschlichen, universalen Werte vor den Klasseninteressen verkündet wurde bzw. das über den Kapitalismus geschaffene Bild ernsthafte Veränderungen erfuhr. Die 19. außerordentliche Parteikonferenz im Juni 1988 erwies sich als Meilenstein auf allen Gebieten des sowjetischen Reformprozesses. In der Innenpolitik wurde der Begriff „politische Reform" eingeführt[45], was die höchste und zugleich letzte Stufe der Perestrojka bedeutete.

Auf der im Anschluß an die Parteikonferenz veranstalteten Konferenz im Außenministerium wurde die Notwendigkeit der Ausarbeitung einer neuen Konzeption für die Ostmitteleuropapolitik formuliert. Mit der Ankündigung der „neuen Konzeption" ging die sowjetische Politik über die Rationalisierungsphase hinaus und trat in die Reformphase ein. Diese Änderungsabsicht signalisierte, daß die Probleme des Systems der sowjetisch-ostmitteleuropäischen Beziehungen mit so beschränkten Mitteln wie Selbstkritik oder Beschleunigung der wirtschaftlichen Entwicklung nicht gelöst werden konnten.

In den Jahren 1988/89 begannen sich die Elemente der beanspruchten neuen Konzeption abzuzeichnen:

- In den offiziellen Dokumenten kam der Ausdruck „Beziehungen neuen Typs" für die Beziehungen zwischen den sozialistischen Ländern nicht mehr vor. Das war ein offensichtliches Zeichen dafür, daß das vorher angewandte zweierlei Maß in den Hintergrund gedrängt wurde.

- Die „verschiedenen Modelle des Sozialismus" fanden immer mehr Anerkennung, wodurch der Spielraum der einzelnen Länder erweitert wurde.

- Im sowjetischen politischen Vokabular gewann der Begriff „nationales staatliches Interesse" an Boden, was der Interpretation der Gegensätze zwischen den sozialistischen Ländern einen Rahmen gab.

- Demokratisierung und Vertrauensbildung begannen auch in die Sphäre der Intra-Blockbeziehungen Eingang zu finden; ein multipolareres System der

---

45 „Prawda" vom 15. Juni 1988.

Beziehungen projizierte sich anstelle des traditionellen sowjetzentrischen Weltsystems des Sozialismus.

– Als Thema wurde aufgeworfen, daß nach dem Muster der Verwerfung des falschen „Feindbildes" auch das „verzerrte Bruderbild" zu korrigieren sei.

Darüber hinaus, daß die hier aufgezählten Elemente an Boden gewannen, stieß die Reformierung der sowjetischen Ostmitteleuropapolitik auf Hindernisse. Auf der Tagung der Parteiorganisation des Außenministeriums beschwerte sich Außenminister Schewardnadse darüber, daß es am schwierigsten sei, die Umstellung auf das „neue Denken" in bezug auf die sozialistischen Länder durchzuführen: „Wir können es offen sagen, daß sich unsere Arbeit auf diesem Gebiet nicht auf die erforderliche Weise entwickelt..., die Menschen arbeiten auf die alte, gewöhnliche Weise in einer ungewöhnlichen Situation."[46]

Während der Periode 1988/89 vertrat die Sowjetunion eine Art Zwischenposition bezüglich der Reform der ostmitteleuropäischen Beziehungen. Einerseits wollte die sowjetische Führung selbstverständlich mehr Veränderung als die von den Orthodoxen geführten konservativen Länder, andererseits wollte sie weniger Veränderung als die Reformländer. Die sowjetische Führung war der rumänischen, der tschechoslowakischen und der bulgarischen Führung weit voraus. Doch auf die Forderungen der dem Systemwechsel nahen ungarischen und polnischen Politik war sie nicht vorbereitet.

Gleichzeitig war jedoch das Übergreifen des „neuen Denkens" auf die außenpolitische Sphäre offensichtlich. Die Ankündigung des Beginns des Abzugs der sowjetischen Truppen aus Afghanistan, das auf der Stockholmer Konferenz über Vertrauensbildung bezeigte sowjetische Verhalten, der auf dem sowjetisch-amerikanischen Gipfel in Reykjavík versuchte Durchbruch in der Frage der nuklearen Abrüstung signalisierten diese Entwicklung ebenso wie die Aufhebung der Breschnew-Doktrin in der Ostmitteleuropapolitik und die Ausdehnung der „Freiheit der Wahl" auf das Territorium der sozialistischen Länder.

Gorbatschow machte klar, daß jeder sozialistische Staat das Recht habe, seine Politik frei von Einmischung von außen zu bestimmen. Von Ende des Jahres 1986 an wurde auf immer mehr bi- und multilateralen Treffen zum Ausdruck gebracht, daß die ostmitteleuropäischen Verbündeten auf die militärischen und wirtschaftlichen Ressourcen Moskaus nicht mehr rechnen könnten, falls sie nicht imstande seien, sich selbst zu erhalten. Die Ausschaltung der Intervention auf dem Gebiet der sowjetischen Ostmitteleuropapolitik hing mit den Verhandlungen über Abrüstung und Rüstungsbegrenzung eng zusammen, die die Rolle des militärischen Faktors reduzierten und die ostmitteleuropäische Region unmittelbar betrafen. Gorbatschow ging davon aus, daß die ostmitteleuropäischen konservativen Regime mit der Entfernung des „Sicherheitsgurts" der sowjetischen Intervention mehr dem von unten kommenden Druck ausgesetzt würden, der sie in Richtung der Reformen treiben werde. Moskaus Botschaft

46 „Westnik Ministerstwa Inostrannich Del", 22/1988.

war allerdings in der Ablehnung der Praxis der Vergangenheit viel klarer als in der Festlegung der Richtlinien für die Zukunft. Diese Botschaft bedeutete die Deregulierung und Entideologisierung der Beziehungen der Sowjetunion zu Ostmitteleuropa. Niemand konnte mehr Anspruch auf das Monopol der Wahrheit oder die Ausschließlichkeit des zu befolgenden Modells erheben. Gorbatschow machte in seinen zwischen dem Gipfeltreffen in Washington im Mai und der UNO-Vollversammlung im Dezember 1988 gehaltenen Reden klar, daß das Grundprinzip seiner Politik in der „Freiheit der Wahl" bestehe, was in Richtung der ostmitteleuropäischen sozialistischen Länder die Politik der Nichteinmischung ebenso zum Ausdruck brachte wie die Ablehnung der mit Gewalt oder mit Machtdemonstrationen zustande gebrachten Wahl.

Erste Interpretationen brachten dann allerdings auch die Widersprüchlichkeit zutage, mit der der Begriff „Freiheit der Wahl" benutzt wurde. Nach Meinung etwa des engagierten Reformers Jakowlew war dieses Prinzip „nicht gemeint" als Wahl eines anderen gesellschaftlich-wirtschaftlichen Systems, sondern als Wahl eines anderen gesellschaftlich-wirtschaftlichen Modells des Sozialismus.[47]

Eine der Fragen in der Diskussion über die „Freiheit der Wahl" bestand in der Möglichkeit des Austritts der einzelnen ostmitteleuropäischen Länder aus dem Warschauer Vertrag. Im Zusammenhang damit brachte der als Berater von Gorbatschow und namhafter Ostmitteleuropa-Experte bekannte Oleg Bogomolow Anfang des Jahres 1989 ein neues Moment in die Diskussion: „Wenn Ungarn neutral sein möchte, fühlt sich die Sowjetunion davon nicht bedroht."[48] Eine eigenartige Arbeitsteilung zwischen Beratern und Politikern konnte beobachtet werden: Die neuartigen Aussagen der ersteren wurden von den letzteren immer abgeschwächt. Im Gegensatz zu den ersteren betonten die Politiker im allgemeinen, daß es innerhalb des Warschauer Vertrages keine Anzeichen dafür gebe, daß irgendein Mitglied im Begriff sei auszuscheiden. Die Perestrojka, mit welchem Begriff üblicherweise die ganze Gorbaschowsch-Ära identifiziert wird, erschien in der zweiten Hälfte des Jahres 1986 im Vokabular der Veränderungspolitik, wobei die der Veränderung zu unterziehenden Gebiete vor allem in Richtung der politischen Sphäre radikal ausgedehnt wurden. Auf dem Gebiet der Politik bedeuteten Rationalisierung und seit Anfang des Jahres 1987 Glasnost eine Operationalisierung der Perestrojka. Die Gorbatschowsche Reformpolitik erreichte 1988 ihren Höhepunkt, als die politische Sphäre in den Kreis der Veränderungspolitik vollständig einbezogen wurde. Allerdings war die Frage, ob sich die Veränderung auch auf den Charakter des Gesellschaftssystems und die Wahl der internationalen Bündnisbeziehungen erstrecke, keineswegs eindeutig beantwortet. Die ostmitteleuropäischen Führer waren sich bewußt, daß Moskau ihnen den Auftrag erteilt hatte, ihre Systeme umzugestalten, ohne sie zu destabilisieren. Der von Gorbatschow ausgehende Impetus zur Gestaltung der eigenen nationalen Pe-

47 „Népszabadság" vom 9. Oktober 1989.
48 „Magyar Nemzet" vom 10. Februar 1989.

restrojka wurde in den einzelnen ostmitteleuropäischen Ländern unterschiedlich aufgenommen. Zweifellos gab es keine Möglichkeit, eine regional „gesteuerte gemeinsame Perestrojka" durchzuführen, denn eine solche Politik
hätte der Perestrojka selbst widersprochen. Die DDR und Rumänien lehnten
hartnäckig jegliche Umgestaltung ab, während die bulgarischen und die tschechoslowakischen Führer die Politik der Perestrojka beschnitten bzw. nur eine
kosmetische Anpassung an die Gorbatschowsche Linie vornahmen, indem sie
eine Pseudoperestrojka durchführten. Aber Warschau und Budapest nahmen
die Gelegenheit wahr und nutzten die in den Reformen steckenden Möglichkeiten aus bzw. betrachteten sie als Bestätigung ihrer bisherigen Reformpolitik.

Im Falle Gorbatschows war die Bestärkung der vorsichtigen Reformpolitik in
Polen und Ungarn offensichtlich. Gorbatschow bewunderte General Jaruzelski,
der unter außerordentlich schwierigen innenpolitischen Bedingungen eine zunehmende internationale Rehabilitierung und innenpolitische Stabilität zu
schaffen schien. Ungarn erbat mehr Raum für politisches Manövrieren. Ungarn
war ein Pionier der Perestrojka und der „Europäisierung", die auch der Gorbatschowschen Politik am Herzen lag. Gorbatschow sah im alternden Kádár einen Politiker, der mit der kompetentesten Parteielite der Region zu dem fähig
war, was auch Gorbatschow beabsichtigte: Die Strategie der gemäßigten Perestrojka, der „defensiven Liberalisierung". Die im Mai 1988 erfolgte Ablösung Kádárs durch Károly Grósz und nicht durch den viel radikaleren Imre
Pozsgay versprach ebenfalls, daß die auf Kádár folgende „Reformdiktatur"
nicht in Richtung radikaler, sondern eher defensiver Veränderungen wirken
würde, ohne die kommunistische Kontrolle zu gefährden.

5.1. Die ungarische Perestrojka oder der „erfolgreiche Mißerfolg" des ungarischen Reformkommunismus

Die Anfang der achtziger Jahre im Zeichen der Entfernung von der sowjetischen außenpolitischen Linie ausgearbeitete ungarische Konzeption bezüglich
der Rolle der kleinen Staaten stellte die Argumentation der Aufwertung der
nationalen Interessen in den Vordergrund. Die Entfernung von der sowjetischen Praxis wurde jedoch nicht durch die Außenpolitik, sondern durch die
Anfang der achtziger Jahre neu begonnenen – vorwiegend wirtschaftlichen –
Reformen wider die diese damals noch ablehnende Sowjetunion hervorgerufen. Durch die Gorbatschowsche Perestrojka wurde dann die vorher fehlende
außenpolitische Unterstützung geschaffen, und die beiden Reformprozesse
schienen einander bestärkend synchron zu verlaufen. Die Jahre 1986/87
brachten jedoch eine besondere Situation. Diese Zeit war die goldene Ära der
Perestrojka, als der Akzent auf den innerhalb der Grenzen des sozialistischen
Systems von den lokalen Führern durchgeführten, allmählichen Reformen lag
und als sich die inneren Veränderungen breiter und tiefer als je zuvor in der
Weise entfalteten, daß damals noch weder ihre inneren Widersprüche noch die
mit den Veränderungen verbundenen unvermeidlichen gesellschaftlichen

Spannungen zum Vorschein kamen. Daraus zog Kádár die Schlußfolgerung, daß – da die Perestrojka historisch gesehen seinen Reformkurs bestätigte – daheim keine „Reform der Reform" erforderlich sei. Das heißt, die Erfolge der Perestrojka trugen eine Zeitlang auf paradoxe Weise statt zur Fortsetzung der Reformen zur Konservierung des Kádárismus bei. In diesem Sinne kritisierte auch die von Gyula Horn geleitete Unterkommission des ZK der USAP für Geschichte 1989 Kádárs Herangehen an die Gorbatschowsche Reformpolitik: „... die Notwendigkeit tiefgreifender Reformen im wirtschaftlichen und politischen Leben des Landes ist von der führenden Garde der USAP nicht erkannt worden. Dabei spielte – auf eigenartige Weise – der sowjetische Erneuerungsprozeß, besser gesagt: auch das Verhältnis der USAP zu diesem Prozeß, eine Rolle. Die Führer der Partei haben nämlich die sowjetische Umwandlung zur rückwirkenden Bestätigung der Richtigkeit ihrer eigenen Politik genutzt. Gemäß ihrer Beurteilung bestand das wirkliche Ziel der Perestrojka darin, Wirtschaftsreformen den Weg zu bahnen, die in Ungarn bereits seit anderthalb Jahrzehnten in der Praxis durchgeführt wurden. Sie haben auch die Rolle der Öffentlichkeit vereinfacht gesehen, welche sie als ein Mittel der Perestrojka betrachteten und als eine sowjetische Eigenart behandelten. Ähnlicherweise haben sie nicht erkannt, daß eine neue Konzeption hinter den radikalen sowjetischen außenpolitischen Schritten steckt, an die auch Ungarn auf neue Weise herangehen muß. Die von Anfang der achtziger Jahre an in ihrer Betrachtungsweise stufenweise konservativ werdende Parteiführung war – in dem Bewußtsein, daß sie den sowjetischen Reformen voraus sei – nicht imstande, die nationalen Interessen neu zu definieren und sie in einer neuen außenpolitischen Strategie zum Ausdruck zu bringen."[49]

Als Gorbatschow am 10. März 1985 Generalsekretär der KPdSU wurde, waren die ungarischen Reformkommunisten in der besten Situation in Ostmitteleuropa, um die historische Gelegenheit wahrzunehmen, die Glasnost und Perestrojka vor ihnen eröffneten. Sie konnten endlich das Reformpotential realisieren, das in der Praxis des Kádárismus schon immer existiert, aber wegen des offensichtlich zu erwartenden Drucks von außen nie hatte ausgenutzt werden können. Diese Entwicklung machte jedoch eine Kehrtwendung. Noch vor dem Ende des Jahrzehnts wurden die ungarischen Kommunisten nicht nur von der Macht verdrängt, sie wurden auch zu einer marginalen Erscheinung, und der Kádárismus als integraler Bestandteil der vorausgegangenen gut drei Jahrzehnte wurde als ein diskreditiertes stalinistisches Modell des Staatssozialismus eingestuft.

Die Tatsache, daß der ungarische Reformkommunismus aus den von Gorbatschow gebotenen Möglichkeiten in seinem eigenen Interesse kein Kapital schlagen konnte, hing mit der wirklichen Natur des Kádárismus eng zusammen. Auf paradoxe Weise war gerade der Kádárismus, der „Erfolg" des unga-

49 Korlátok és felelősség. Magyarország négy évtizedének összefüggései [Schranken und Verantwortung. Zusammenhänge aus Ungarns vier Jahrzehnten], „Társadalmi Szemle", Sondernummer 1989, S. 41.

rischen Reformkommunismus, für den endgültigen Mißerfolg verantwortlich. Der „erfolgreiche Mißerfolg" des Reformkommunismus oder der „Sieg in der Niederlage" eröffnete eine echte Möglichkeit in Richtung des Systemwechsels[50].

In Wirklichkeit war es die Ironie des Schicksals, daß der Kádárismus ausgerechnet dann in seine stagnierende und rückgängige Phase eintrat, als die sowjetische Politik versuchte, daraus herauszukommen. Kádár und seine Gruppe waren nicht imstande, der Herausforderung gewachsen zu sein, die ihnen der Gorbatschowsche historische Moment bot – als hätten sich Kádárs früheres Geschick und früherer Erfolg als Lasten erwiesen in einem Moment, da nicht Vorsicht, sondern Vision und Mut notwendig waren. Zu erklären ist dies damit, daß Kádár die Art und Weise der Machtausübung, die er in den Jahren 1956/57 und in den darauffolgenden Jahrzehnten ausbildete, nie überprüft hat. Die Krise der achtziger Jahre war auch die Krise der „Regeln" der Machtausübung, die 1956/1957 geschaffen wurden.[51]

Kádárs politische Strategie befähigte Ungarn zwar jahrzehntelang, sich vor den aus Moskau wehenden kalten Winden zu schützen, und tatsächlich hat Kádár in der Politik der Anpassung an Moskau wirklich Erfolge erzielt; jedoch war er nie fähig zu lernen, wie man daraus Nutzen ziehen kann, wenn aus Moskau zufälligerweise günstige Winde wehen.[52] Sein politischer Instinkt sagte ihm auch jetzt, daß Gorbatschow nicht der letzte in der Reihe der sowjetischen Politiker sei und die Forcierung der neuen Reformen in Ungarn zu riskant wäre. Deshalb sah er seine Aufgabe eher darin, solange durchzuhalten, bis Gorbatschow von seinen weniger reformfreundlichen Nachfolgern abgelöst werden würde. So konnte es überhaupt nicht überraschen, daß Kádár zwei Wochen nach Gorbatschows Machtantritt, auf dem XIII. Parteitag der USAP, für die Unveränderlichkeit seiner Politik eintrat. Er betonte, daß Ungarns Pionierleistung in den wirtschaftlichen Veränderungen die sozialistische Natur der auf der bestimmenden Rolle des staatlichen Eigentums basierenden Wirtschaft nicht in Frage stellte, und andere Redner vergaßen auch nicht, die Wichtigkeit der Industriearbeiterschaft und der Schwerindustrie zu unterstreichen. Danach war es dann überhaupt nicht mehr überraschend, daß die personellen Änderungen im Politbüro nicht vom Vorrücken der reformkommunistischen Politiker zeugten. Es genügt nur auf den Aufstieg des konservativen Gewerkschaftsführers Sándor Gáspár oder des Hardliners und die Interessen der Lobby der Schwerindustrie vertretenden Károly Grósz hinzuweisen. Aufgrund seiner Erfahrungen hatte Kádár recht, denn jede Nachfolge auf dem Posten des Generalsekretärs der KPdSU war mangels verfassungsmäßiger Regeln mit potentiell

---

50 Vgl. Bill Lomax: Hungary – from Kádárism to democracy: the successful failure of reform communism, in: The Impact of Gorbachev, The first phase, 1985-90, Edited by D. W. Spring, London, New York 1991, S. 154-155.

51 János Kis: Politics in Hungary: For a democratic alternative, Atlantic Research and Publications, New Jersey 1989, S. 10.

52 Vgl. Bill Lomax, Hungary – from Kádárism to democracy: the successful failure of reform communism, in: The Impact of Gorbachev, The first phase, 1985-90, Edited by D. W. Spring, London, New York 1991, S. 160.

entstehenden Krisen verbunden, und die Einführung jeder Reform – so auch die des neuen Wirtschaftsmechanismus vom Jahre 1968 – und dann das Bremsen der Reform hingen mit der politischen Nachgiebigkeit bzw. der Mißbilligung Moskaus zusammen. Es ist kein Zufall, daß einige Beobachter den Kádárismus als Chruschtschows „Geschenk", als „Modellstaat des Chruschtschowismus" definierten[53] und nicht sonderlich beachteten, daß der Kádárismus auch eine eigenartige konservative Innovation der Machtausübung war.

Gleichzeitig jedoch offenbarte der Kádárismus, der es in Zeiten radikalen Moskauer Antireformismus gelernt hatte sich anzupassen, mit seiner defensiven abwehrenden Politik gegenüber Gorbatschows Reformpolitik seinen eigenen Konservativismus. Gorbatschow enthüllte auch wider seinen Willen den „Bluff" des Kádárismus. Als ein Reformpolitiker im Kreml saß, lag der Grund für die Abbremsung der ungarischen Reformen nicht mehr im Kreml, sondern in Kádárs Person selbst. Nicht von ungefähr forderte die ungarische oppositionelle Presse bereits im Sommer 1987: „Kádár muß gehen!"[54]

Die Rolle der Reformkommunisten war in diesem Prozeß mehr als widersprüchlich. Es wäre ein Fehler, die Rolle der Reformkommunisten mit bloßem Opportunismus und der ausschließlichen Anregung der Veränderungen gleichzusetzen. Zweifellos waren viele aus Karrieregründen in die Partei eingetreten, aber sehr viele hatten sich ihr auch angeschlossen, um sie von innen zu verändern. 1989 kämpften zahlreiche Mitglieder der Partei dafür, daß die USAP zu einer modernen sozialdemokratischen Partei westeuropäischen Typs werde. Ihr Auftreten war jedoch eine Antwort auf die Desintegration des Kádárismus, die vor ihrer Tätigkeit und in vieler Hinsicht unabhängig von ihnen eingetreten war. So war ihr Auftreten mehr ein Produkt als Ursache der Krise des Systems. Anfangs strebten sie auch nichts anderes an als die Beschränkung oder Mäßigung der Desintegrierung des Systems. Sie wollten die Änderungen einschränken und kontrollieren bzw. die sich aus der Abschwächung der Position der Sowjetunion ergebenden „Freiräume" pragmatisch ausnutzen.

Auf eigenartige Weise beschleunigte sich das Tempo der Veränderungen auf dem Gebiet der Außenpolitik mehr als in der Innenpolitik, wo die Reformkommunisten durch die Kádársche Politik gehemmt wurden.

Während die Mitglieder der Führung der USAP, unter ihnen auch die Reformkommunisten, über den Charakter des politischen Pluralismus und der politischen Reformen diskutierten und die Mehrheit noch darauf hoffte, es werde gelingen, die Änderungen im Rahmen des Einparteisystems zu vollziehen, nahm ein De-facto-Mehrparteiensystem immer festere Formen an. Das ging so bis Anfang März 1989, nachdem die USAP unter der Leitung der Reformkommunisten und von Pozsgay ein neues Aktionsprogramm verabschiedet

53 Vgl. Ferenc Fehér: Kádárism as the model state of Khrushevism, Telos 40, S. 19-31.
54 János Kis: Politics in Hungary: For a democratic alternative, Atlantic Research and Publications, New Jersey 1989, S. 143-152.

hatte, das einen vollständigen Bruch mit den Traditionen der vierzigjährigen kommunistischen Vergangenheit bedeutete und auf den westeuropäischen demokratischen Sozialismus verpflichtete. Einige Monate früher noch hätte ein solcher Schritt die ganze Gesellschaft in Aufregung versetzt, aber nach den inzwischen eingetretenen Veränderungen blieb er nahezu unbemerkt.

Mit dem Rücktritt Kádárs 1988 beschleunigte sich die bereits feststellbare „schleichende Reorientierung" der ungarischen Außenpolitik in einem Maße, daß sie nach Meinung einiger die Zeichen einer Semiunabhängigkeit bzw. einer „Neutralität" innerhalb des Blocks annahm.[55] Budapest tat immer mehr unilaterale Schritte, ohne aus dem Warschauer Pakt austreten zu wollen. Immerhin strebte diese Außenpolitik, bei Beibehaltung bestimmter Verpflichtungen, in besonderer Qualität einerseits danach, die sicherheitspolitischen Interessen der Sowjetunion nicht zu provozieren, andererseits aber förderte sie die Annäherung an die westeuropäischen Institutionen und zeigte dabei eine Tendenz zu ausgeglichenen Beziehungen. Diese im damaligen „sozialistischen Lager" einmaligen Bestrebungen spiegelten sich in den 1988 mit Südkorea, Südafrika und Israel aufgenommenen diplomatischen Beziehungen, in Ungarns Abkommen mit der EG, im Abbau des Eisernen Vorhangs sowie in den ersten Schritten, die Aufnahme in den Europarat zu beantragen und die Beziehungen zur Nordatlantischen Versammlung und zum Europäischen Parlament auszubauen. Ein Zeichen gelockerter Bindungen zum Warschauer Pakt bestand darin, daß ab 1. Januar 1989 auf dem Gebiet Ungarns keine Truppenübung des Warschauer Paktes mehr erfolgen durfte.

Der letzte reformkommunistische ungarische Ministerpräsident, Miklós Németh, der ein halbes Jahr vor der historischen Öffnung der ungarisch-österreichischen Grenze im Kreml seinen Antrittsbesuch machte, brachte dem sowjetischen Ministerpräsidenten Ryschkow nahe, daß nun zwischen beiden Regierungen nicht mehr nur verdeckt, sondern offiziell über den Abzug der sowjetischen Atomraketen verhandelt werden sollte; Ryschkow verwies ihn auf das anschließende kurze Gespräch mit Gorbatschow. Németh nutzte diese Gelegenheit und sagte, daß Ungarn aus der Sackgasse herausgelangen wolle, in die es 1945/47 infolge der kommunistischen Diktatur geraten sei. Er informierte Gorbatschow darüber, daß das Prinzip der führenden Rolle der Partei aus der Verfassung gestrichen und das Mehrparteiensystem eingeführt werde. Bei den ersten pluralistischen Wahlen aber werde „die Gesellschaft uns bestrafen", die Macht werde verlorengehen – so Németh. Er hielt es auch für zweckmäßig, die Modalitäten des Truppenrückzugs mit der amtierenden Regierung festzulegen. Des weiteren werde er an der Westgrenze Ungarns den Eisernen Vorhang abbauen. Der sowjetische Präsident bekräftigte gleichzeitig, daß die Breschnew-Doktrin nicht mehr gelte.[56]

55 Vgl. László J. Kiss: European Security and Intra-Alliance Reform Processes, Bulletin of Peace Proposals, vol. 21, 1990, S. 177-178.
56 Vgl. Georg Paul Hefty: Zwischen Kreml und Schloß Gymnich. Wie der ungarische Ministerpräsident Geschichte gemacht hat., in: Frankfurter Allgemeine Zeitung vom 10. September 1994, S. 10.

Die beschleunigte Reorientierung der ungarischen Außenpolitik wurde auch durch Ergebnisse der Gorbatschowschen Westeuropapolitik bestärkt. Die Autonomie der Ostmitteleuropapolitik verstärkte sich umso mehr, je besser die sowjetische Westeuropapolitik vorankam. Der Zusammenhang zwischen den beiden Dimensionen der Europapolitik wurden durch Moskaus Ankündigung einseitiger Truppenreduzierungen im Dezember 1988 und Schritte zur Politisierung des Warschauer Vertrages weiter gefestigt. Diese Entwicklung zeugte von der Demilitarisierung der Beziehungen Moskaus zu beiden Teilen Europas. Seit 1985 drängte Moskau auf engere Beziehungen zwischen der EG und dem RGW, was im Jahre 1988 zu einer gemeinsamen EG-RGW-Erklärung führte, auf die noch in demselben Jahr ein Abkommen zwischen der EG und Ungarn folgte, das erste zwischen Brüssel und einem Land der ostmitteleuropäischen Region. Das war zugleich auch ein Beweis dafür, daß sich die wirtschaftlichen Beziehungen zwischen den beiden Teilen Europas auf bilateralem Wege leichter entwickeln ließen. Der Ausbau der bilateralen Beziehungen untergrub die Bestrebungen Moskaus, durch die Entwicklung des RGW die multilateralen Strukturen in Richtung Westeuropa zu stärken. Die Schaffung eines Gleichgewichts auf dem Gebiet der neuen Beziehungen wurde durch die Vergrößerung der Kluft zwischen der zunehmenden Integration Westeuropas und der im östlichen Teil des Kontinents beobachtbaren Desintegration erschwert. Für Gorbatschow bestand die Antwort in der Einigung mit Westeuropa und in den ostmitteleuropäischen Führern gewährter größerer Autonomie bei der Gestaltung des Schicksals ihrer Länder. Je erfolgreicher Gorbatschows Westeuropapolitik war, desto größer mußte sein Engagement für die „Freiheit der Wahl" in der ostmitteleuropäischen Region sein. Als in der polnischen und ungarischen Entwicklung im Jahre 1989 eine radikale Wende eintrat, paßte sich Gorbatschow den Veränderungen nachgiebig an, die in Wirklichkeit über seine ursprüngliche Vorstellung hinausgingen.

5.2. Der Systemwechsel in Polen und in Ungarn

In Polen trat der gesteuerte Prozeß der Reformen von Ende 1988 an stufenweise in die Phase der revolutionären Umgestaltung. Die polnische Parteiführung trug zur Legalisierung der vorher oppositionellen Gewerkschaft Solidarität sowie zu den Gesprächen am Runden Tisch und den freien Wahlen bei, die zum Sieg der Solidarität und damit zum Zustandekommen der ersten nichtkommunistischen Regierung im „sozialistischen Lager" führten. In jeder Phase dieses Prozesses waren die Polen diejenigen, die das Tempo und das Timing der Veränderungen bestimmten. Moskau hielt die unter Leitung von Mazowiecki zustande gekommene Koalitionsregierung für erträglich, in deren sicherheitsrelevanten Schlüsselpositionen Kommunisten unter der Präsidentschaft Jaruzelskis Platz nehmen konnten.

Die Entwicklung in Ungarn schlug eine ähnlich radikale, wenn auch nicht so dramatische Richtung wie in Polen ein. Moskau antwortete auf diese Entwicklung mit einer Mischung aus öffentlicher Nachgiebigkeit sowie privater

Besorgnis wegen der Stabilität und der Kontrolle. In der ungarischen Innenpolitik signalisierten zwei wichtige Ereignisse im Februar 1989 die Beschleunigung der Reformen: Das Parlament strich den Passus der Verfassung über die führende Rolle der Partei und stimmte der Abhaltung der Mehrparteienwahlen zu. Gorbatschow zeigte Verständnis dafür; ein Jahr später verzichtete auch die sowjetische Partei selbst auf die führende Rolle. Die von Imre Pozsgay abgegebene Erklärung zu den Ereignissen des Volksaufstandes von 1956 löste die Neubewertung der jüngsten Vergangenheit aus und stürzte damit ein unantastbares Dogma des Kádár-Regimes. Im Sommer 1989 hatte Gorbatschow bereits ernsthafte Zweifel, daß die ungarische Führung imstande sein würde, die Veränderungen im Rahmen der Neoperestrojka zu halten.

Die ungarischen Reformkommunisten setzten sich 1989 für die demokratische Legitimation durch ein in Freiheit erteiltes Wahlmandat des Volkes gegen den orthodoxen Flügel ihrer Partei durch und zogen schließlich die unausweisliche Konsequenz der Absage an den Marxismus-Leninismus und der damit verbundenen Umwandlung in eine sozialistische Partei, ein Prozeß, der zur Spaltung führen mußte. Kádárs Nachfolger an der Spitze der USAP, Károly Grósz, wurde von der Dynamik des sich 1989 rapide beschleunigenden, von den Ereignissen in Polen und in der Sowjetunion im Sinne revolutionärer Veränderung beeinflußten Prozesses in seiner Partei in die Minderheit und an den Rand gedrängt. Seine Entmachtung im Juni 1989 durch die Einsetzung einer kollegialen Parteileitung unter dem Vorsitz des zum demokratischen Sozialismus strebenden Rezsö Nyers mit dem Ministerpräsidenten Miklós Németh und dem für die ersten ungarischen Präsidentschaftswahlen designierten reformkommunistischen Kandidaten Imre Pozsgay – nur ein Jahr, nachdem er selber Kádár verdrängt hatte – kündigte die Vollendung der großen Wende an. Nyers hatte sich früher als alle übrigen ungarischen Reformkommunisten offen zur Marktwirtschaft bekannt und die Systemveränderung gefordert.

Diese Forderung verwirklichten Nyers, Németh und Pozsgay gegen den Widerstand des Generalsekretärs Grósz von Juni 1989 an mit einer Doppelstrategie: Vorbereitung einer Verfassungsreform für einen neuen demokratischen Konstitutionalismus und Verhandlungen mit der schon in Teilen formierten demokratischen Opposition am Runden Tisch nach polnischem Vorbild. Der Einfluß des polnischen Beispiels war dabei maßgebend, mit dem Unterschied, daß die kommunistische Partei stärker und in ihrer Machtposition noch nicht erschüttert war und daß die Opposition über keine nationale Kraft wie die Gewerkschaft Solidarität in Polen verfügte.

In der USAP hatte indes der Kampf um die Mehrheit zwischen dem demokratisch-progressiven Flügel und dem orthodox kommunistischen Flügel das kritische Stadium der Entscheidung erreicht. Der Reformflügel setzte sich durch. Wie in Moskau die Perestrojka als Revolution von oben war auch in Budapest die sozialistische Reform als Prozeß der Veränderung außer Kontrolle geraten. Zwar drängten in Ungarn keine Gewerkschaften und katholischen Gläubigen die kommunistische Führung in die Defensive wie in Polen, doch die sich rasch in der Partei ausbreitende Einsicht, daß der Kommunismus als Ideologie, Programm und politische Revolution der Gesellschaft samt seiner Parteidiktatur endgültig gescheitert war, provozierte eine Art politischer Fahnenflucht der Parteimitglieder. Pozsgay proklamierte den prinzipiellen Unterschied zur sowjetischen Perestrojka, indem er erklärte: In Ungarn ist eine vollständige Änderung des Modells im Gange. Es ist ein Neubau, kein Umbau. Wenige Tage danach starb am 6. Juli 1989 János Kádár. Sein Tod war ein Symbol des Endes der kommunistischen Herrschaft und auch des Weges der sozialistischen Reform in Ungarn.

Der moralische und politische Zusammenbruch des ungarischen Kommunismus Ende September 1989 bereitete auch einem zweiten Symbol ein Ende: Die kommunistische Regierung entfernte mit einem ihrer Beschlüsse den roten Stern aus dem ungarischen Wappen und von den öffentlichen Gebäuden. Für Ungarn gab es keine „sozialistische Staatengemeinschaft" mehr.

Im September 1989 bedeutete die ohne vorherige Billigung durch die Sowjetunion erfolgte Öffnung der ungarisch-österreichischen Grenze für die Flüchtlinge aus der DDR, daß die reformkommunistische ungarische Regierung die Aspekte der Humanität und der Freiheit der in dem mit der DDR bestehenden Vertrag festgelegten Solidarität überordnete. Dieser Schritt war in seiner Auswirkung viel größer. Dem ungarischen Beispiel folgten schließlich auch Prag und Warschau, so daß die Grenzen vom Osten zum Westen um die DDR herum für diejenigen Deutschen geöffnet wurden, die die DDR verlassen wollten. Damit war das Schicksal des SED-Regimes besiegelt, und die demokratische Revolution in Ostmitteleuropa setzte über Polen und Ungarn die ganze Region in Bewegung. Der ungarische Schritt berührte einen der empfindlichsten geostrategischen Pfeiler und Trümpfe der sowjetischen Europapolitik. Er bewies die Unreformierbarkeit der DDR und öffnete den Weg für die deutsche Vereinigung, was als solches auch der Vorstellung Gorbatschows über das gemeinsame europäische Haus widersprach.

Die zwischen der USAP und den oppositionellen Parteien geführten Gespräche am Runden Tisch wurden am 18. September 1989 beendet. Es war gelungen, über die konstitutionellen Änderungen und das neue System der Wahlen des Präsidenten und des Parlaments eine Einigung zu erzielen. Pozsgay hatte ursprünglich gehofft, es werde gelingen, ein dem Gorbatschowschen System ähnliches, über eine starke vollziehende Gewalt verfügendes Präsidialsystem zu schaffen, das den zu Sozialisten mutierenden Reformkommunisten trotz ihres erwartungsgemäß bescheidenen Parlamentsmandats doch eine Chance bieten würde, da der Reformkommunist Pozsgay aufgrund seiner Popularität als Anwärter auf den Posten des Präsidenten galt. Der „heiße Herbst" des Jahres 1989 verlieh den Veränderungen eine andere Richtung. Der Bund Freier Demokraten verweigerte die Unterzeichnung des Schlußdokuments über die Gespräche am Runden Tisch, ohne gegen dieses ein Veto einzulegen, und leitete eine Kampagne für ein Referendum ein. Dieses wollte einerseits über Fragen wie die Auflösung der Parteiorganisationen in den Betrieben und der Arbeitermiliz sowie die Frage des Parteivermögens der USAP, andererseits über die Direktwahl des Staatspräsidenten vor den Parlamentswahlen oder dessen indirekte Wahl danach entscheiden. 95 Prozent der Antworten auf die die USAP betreffenden Fragen waren für die Auflösung, 50,1 Prozent der Wähler entschieden sich für die indirekte Wahl des Staatspräsidenten durch das Parlament.

Im Oktober 1989 wurde das ungarische Parlament aufgelöst, die von der USAP abhängende Arbeitermiliz wurde abgeschafft, und die entstandenen oppositionellen Parteien wurden legalisiert. Die Ungarische „Volksrepublik" wurde „Republik". Die Wahlen im März/April 1990 bestätigten schließlich das Ende des Kommunismus. Das Demokratische Forum wurde stärkste Partei mit 42,74 Prozent und 165 Parlamentsmandaten. Der Bund Freier Demokraten sah sich als zweitstärkste Kraft mit 23,83 Prozent und 92 Mandaten. Die wiedergegründete Partei der Kleinen Landwirte erhielt 11,13 Prozent und 43 Mandate. Erst an vierter Stelle fand sich Nyers' und Némeths ehemals kommunistische Ungarische Sozialistische Partei mit 8,54 Prozent und 33 Mandaten, gefolgt vom Bund Junger Demokraten und einer Christlich-Demokratischen Volkspartei mit je 5,44 Prozent der Stimmen und je 21 Mandaten – beide zusammen stärker als die Sozialisten. Mit diesen Wahlen war Ungarn kein Bestandteil der Gemeinschaft der sozialistischen Staaten mehr. Es war nur noch pro forma Mitglied des Warschauer Vertrages, dies um so mehr, als der Abzug der Sowjetarmee des erklärte Ziel der ungarischen Regierung war, nachdem Kádár bei einem seiner letzten Auftritte im Frühjahr 1988 öffentlich gesagt hatte, daß die innere Lage Ungarns die Anwesenheit sowjetischer Truppen nicht mehr erforderlich mache und nur noch die Notwendigkeiten der Bündnispolitik bis zu einem Abkommen über Truppenreduzierungen in Europa zwischen den beiden Allianzen der Militärpräsenz der Sowjetunion einen Grund gäben. Die unter der Führung des Demokratischen Forums zustande gekommene Regierung des Ministerpräsidenten Antall bemühte sich, die formalen Beziehungen zwischen Ungarn und dem Warschauer Pakt so schnell und vorsichtig wie möglich abzuschaffen. Der erste Schritt in dieser Richtung war das Abkommen, mit dem der Termin des Abzuges der sowjetischen Truppen aus Ungarn auf Mitte des Jahres 1991 festgelegt wurde. Damit rückte nach den demokratischen Wahlen die Zurückgewinnung der echten Souveränität Ungarns nach etwa 46 Jahren in unmittelbare Nähe.

Zusammenfassung

– Nach dem Zweiten Weltkrieg diente Ostmitteleuropa der Sowjetunion zugleich als Mittel zur Isolierung von westlichem Einfluß und zur Beeinflussung des Westens. Die ostmitteleuropäischen Länder wurden zum Bestandteil der sowjetischen Innen- und Sicherheitspolitik. Ihr Verhalten war in allen Politikbereichen durch volle Konformität mit der Sowjetunion gekennzeichnet. In den sechziger Jahren wurde die „beschränkte Souveränität" der ostmitteleuropäischen Länder, dementsprechend aber auch die Herausbildung einer relativen Autonomie in einzelnen Politikbereichen – so im Falle Ungarns in der Politik der Wirtschaftsreformen – sichtbar, und damit begann die Differenzierung der Region. Die in den sechziger Jahren auf diesen Prozeß gegebene sowjetische Antwort – militärische Intervention sowie Rohstoff- und Energieversorgung – bewies, daß die Region weder der geopolitischen Funktion der Isolierung noch der der Beeinflussung Genüge tun konnte.

– In den achtziger Jahren beschränkte sich die Konformität mit der sowjetischen Politik im Falle Ungarns und Polens, die in den Reformen Spitzenreiter waren, auf die Sicherheitspolitik, die Krise des sowjetischen Krisenmanagements – vor allem das Fehlen nichtmilitärischer Mittel und die Unanwendbarkeit militärischer Gewalt – wurde offenkundig. Gorbatschow schloß das Mittel der imperialen Gewaltanwendung – als „Sicherheitsgurt" der konservativen Regime – aus dem Instrumentarium seiner Politik aus und vertraute darauf, daß die politischen Führer der Region imstande seien, die kontrollierten und allmählichen Reformen im Rahmen der Perestrojka zu verwirklichen, ohne daß die Herrschaft der kommunistischen Parteien und das sowjetische System zusammenbrächen. Aber seine auf den „demokratisierten Kommunismus" gesetzte Hoffnung erwies sich als irreal. Seine im Interesse der Reduzierung der Spannungen zwischen den sowjetisch-westeuropäischen und den sowjetisch-ostmitteleuropäischen Beziehungen unternommenen Anstrengungen bewiesen, daß die Einigung mit dem Westen die über den reformistischen Rahmen weit hinausgehenden ostmitteleuropäischen Veränderungen nicht bremste, sondern eher beschleunigte.

– Ungarn spielte in der sowjetischen Ostmitteleuropapolitik keine herausragende und bei den Reformen übernahm es keine Modellrolle. Es kann keine unmittelbare Verbindung dergestalt nachgewiesen werden – wie im Falle eines Modells zu erwarten –, daß die sowjetischen Reformen den ungarischen Maßnahmen gefolgt wären. Ungarn wirkte auf die sowjetischen Reformen eher in der Weise, daß es unter den außerhalb der Sowjetunion liegenden staatssozialistischen Ländern eine reformstimulierende Rolle spielte, es spaltete die Einheit des „Außenreiches" und stellte die reformabweisenden ostmitteleuropäischen Hardliner-Regime in einen stärkeren Kontrast. Diese Rolle zeigte sich 1968 und 1989 am auffälligsten. Von 1968 an wurde Ungarn zum Referenzland der Reformen. Es konnte sich gegenüber seinen Nachbarn einen Tempovorteil verschaffen, obwohl in vieler Hinsicht eher die Nebenwirkungen, die Dysfunktionen der Reformen, den Eindruck der Flexibilität des Systems erweckten und zu dessen Desintegration führten. Die Öffnung der ungarisch-österreichischen Grenze im September 1989 wurde zum Katalysator für eine geopolitische Dynamik, die zum Zusammenbruch der als Pfeiler der sowjetischen Europapolitik betrachteten DDR führte.

– Das Ostmitteleuropabild Gorbatschows und seiner Mitarbeiter war mehr
vom „Prager Frühling" von 1968 als vom Jahr 1956 in Ungarn geprägt. Das
Ungarnbild Gorbatschows und der sowjetischen Politiker war gleichzeitig
von zwei entgegengesetzten Beurteilungen gekennzeichnet: Einerseits war
Ungarn das Land des „Gulaschkommunismus" und des „Agrarwunders",
wo neue Methoden der Machtausübung eingeführt wurden, es erhöhte die
Erhaltungskosten des Reiches nicht, und der Kádárismus schien inmitten
von Krisen in der Tschechoslowakei und in Polen eine Art akzeptable Opti-
on zu sein; andererseits war Ungarn das Land der „gefährlichen Abhängigkeit", das von systemfremden äußeren (Verschuldung) und inneren (Privatwirtschaft, Sekundärwirtschaft usw.) Elementen abhängig wurde. In Wirklichkeit bildeten die „Erfolge" des Kádárismus auch den Grund für seinen
Zerfall.

– Ungarns Außen- und Sicherheitspolitik enthielt aber daneben zahlreiche
Elemente – die Interessen der kleinen Länder gegen das Interesse der Gemeinschaft im nuklearen Zeitalter, die komplexe Auffassung der Sicherheit
usw. –, die Budapest zum Pionier der „Europäisierung" und der Gorbatschowschen Konzeption des „Europa-Hauses" machten. Das tolerante ungarische Verhalten gegenüber den Eurokommunisten und die zu den sozialdemokratischen Parteien ausgebauten Beziehungen der ungarischen Partei
waren ebenfalls der Gorbatschowschen Politik voraus. Nach dem am Ende
des Jahrzehnts in den mittel- und ostmitteleuropäischen Ländern erfolgten
Systemwechsel sah Gorbatschow in den „sich sozialdemokratisierenden"
kommunistischen Parteien die Chance dieser Parteien, an die Macht zurückzukehren.

– Die Beziehung zwischen den Gorbatschowschen Reformen und dem
Kádárismus barg zahlreiche Paradoxe. Kádár zog aus der Perestrojka die
Schlußfolgerung, daß die Gorbatschowsche Linie seinen Reformkurs bestä-
tige und deshalb keine „Reform der Reform" erforderlich sei, d. h. auf paradoxe Weise trugen die Erfolge der Perestrojka eine Zeitlang zur Konservierung des Kádárismus statt zur Beschleunigung der Reformen bei. Gerade
die „Erfolge" des Kádárschen Reformkommunismus waren für dessen „erfolgreichen Mißerfolg" verantwortlich. Es war eine Ironie des Schicksals,
daß der Kádárismus eben dann in seine rückgängige Phase eintrat, als die
sowjetische Politik den Versuch machte, aus dem Niedergang herauszukommen. Kádárs konservative und defensive Strategie hatte Ungarn jahrzehntelang befähigt, sich vor den Wirkungen der antireformistischen sowjetischen Politik zu schützen, aber sie war unfähig, die Situation zu nutzen,
als aus Moskau günstige Änderungen eintraten. Gorbatschow enthüllte auch
unwillentlich den Konservativismus des „Kádárismus". Als im Kreml ein
Reformpolitiker die Macht ausübte, lag der Grund für die Abbremsung der
ungarischen Reformen in der Person von Kádár selbst.

– Damit ist es zu erklären, daß die radikalen ungarischen Reformkommunisten auch nach dem Rücktritt Kádárs und seiner konservativen Anhänger

hinter den sich beschleunigenden innenpolitischen Veränderungen in vieler Hinsicht einen Schritt zurückblieben, die ganze reformkommunistische Bewegung am Ende des Jahrzehnts als Teil der vierzigjährigen kommunistischen Ära eingestuft wurde und die auf den Namen Sozialistische Partei umgetaufte ehemalige USAP bei den Parlamentswahlen im Jahre 1990 nur viertstärkste Partei wurde. Dieser Prozeß trat ein, obwohl sich Ungarns Reorientierung auf außenpolitischem Gebiet zum Ende des Jahrzehnts spektakulär beschleunigte, das reformkommunistische Ungarn mit der EG ein Abkommen abschloß, Beziehungen zur Generalversammlung des Atlantischen Rates aufnahm, den Eisernen Vorhang abbaute und sogar die Frage des Abzuges der sowjetischen Truppen aufwarf.

Hans Michael Kloth/Rüdiger Rosenthal

Einstellungen und Verhaltensweisen in beiden deutschen Staaten gegenüber Widerstand und Opposition in der DDR in den siebziger und achtziger Jahren

1. Opposition in einer geschlossenen Gesellschaft und in einem geteilten Land: Zur Problematik der Wahrnehmbarkeit von Widerstand in der DDR

Voraussetzung für die Ausbildung von Einstellungen und Verhaltensweisen gegenüber einem beliebigen Phänomen ist, daß es wahrgenommen wird. Doch schon die Möglichkeit der Wahrnehmung von unangepaßtem, widerständigem und oppositionellem Verhalten in der DDR unterlag bestimmten Besonderheiten, deren Berücksichtigung für die Beurteilung der in den siebziger und achtziger Jahren in beiden deutschen Staaten vorherrschenden Einstellungen und Verhaltensweisen gegenüber Widerstand und Opposition in der DDR notwendig ist.

Strukturell lassen sich diese Besonderheiten grob in solche unterteilen, die sich aus dem Charakter der DDR als geschlossener Gesellschaft ergaben, und solche, die der spezifischen Situation der deutschen Teilung geschuldet waren.

1.1. Opposition in einer geschlossenen Gesellschaft

In der geschlossenen Gesellschaft der DDR war alles, was in irgendeiner Weise mit Opposition zusammenhing, von Tabus umgeben, die zu brechen drakonische Strafen nach sich ziehen konnte. Diese Tabuisierungen führten von vornherein zu einer Verzerrung der Wahrnehmung des oppositionellen Potentials gegen das SED-Regime sowohl im Osten wie im Westen Deutschlands. Daß es viele gab, die mit dem SED-Regime nicht einverstanden waren, konnte nur vermutet, aber nicht belegt werden. Diese Unsicherheit verstärkte wiederum die Neigung zu Vorsicht und Zurückhaltung von DDR-Bürgern beim Äußern von Kritik und förderte damit ihrerseits den Eindruck, es gäbe kaum Widerspruch.

Die Isolierung der Oppositionellen und die mit dem Tabubruch verbundene Androhung von Repressalien führten dazu, daß in der Tat nur ein verschwindend kleiner Teil der DDR-Bevölkerung tatsächlich in organisierter Form Widerstand zeigte. Zum 1. Juni 1989 registrierte das MfS insgesamt ganze 160 oppositionelle „Zusammenschlüsse" mit einem Gesamtpotential von rund

2.500 Personen.[1] Auf Basis dieser Zahlen haben sich weniger als 0,02 Prozent der DDR-Bevölkerung in Gruppen oppositionell engagiert. Auch diese Größenordnung bedeutete von vornherein eine Beschränkung der Wahrnehmbarkeit von Opposition. Die statistische Wahrscheinlichkeit, in der DDR Mitglieder „oppositioneller Zusammenschlüsse" zu treffen, war ohne gezielte Suche fast verschwindend gering.

Als Inhaber des Informationsmonopols unterdrückte die Staatspartei SED – jedenfalls soweit es ihr möglich war und opportun erschien – zudem alle Hinweise auf oppositionelles Verhalten. Die offiziellen Medien erwähnten gegen die SED-Herrschaft gerichtete Aktionen in aller Regel nur dann, wenn diese Vorfälle durch die in der DDR zu empfangenden elektronischen Medien des Westens bereits bekannt geworden waren. Die Art und Weise, in der sie es taten, war zudem darauf ausgerichtet, die in offenen Gesellschaften als normale politische Aktivitäten betrachteten Verhaltensweisen in jeder nur denkbaren Weise zu diskreditieren. Auch die Arbeit westlicher Korrespondenten in der DDR, die nach Abschluß des Grundlagenvertrages 1972 möglich wurde, unterlag starken Beschränkungen und Beeinflussungsversuchen, welche eine Berichterstattung über Themen wie Opposition und Widerstand erschwerten.

Die Informationsblockade führte zu einer quantitativen wie zu einer qualitativen Verzerrung der Wahrnehmung: Zum einen konnten die meisten oppositionellen Aktivitäten über den unmittelbaren Umkreis des Geschehens (z. B. im Betrieb oder im familiären Umfeld) weder in der DDR noch im Westen bekannt werden. Zum anderen blieb die tendenziöse Berichterstattung der DDR-Medien nicht ohne psychologische Wirkung. Trotz meist durchsichtiger Verunglimpfungen Oppositioneller und ihrer Aktivitäten funktionierte das „semper aliquid haeret": Ein Restverdacht blieb hängen.

Die Kriminalisierung Oppositioneller trug zu dieser Verzerrung ebenfalls bei, indem es ihnen das Stigma des Straftäters aufdrückte, das von vornherein negative Vorurteile herausforderte – zumal gerade in die Mechanismen der geschlossenen Gesellschaft Eingebundene nicht immer eine Unterscheidung zwischen politischen und anderen „Straftätern" zu treffen in der Lage oder bereit waren.

Weil sich Nichtübereinstimmung in der geschlossenen DDR-Gesellschaft nicht politisch organisieren konnte, manifestierte sie sich in den siebziger Jahren vorwiegend in (oft konspirativen) Zirkeln. Ihre Wahrnehmbarkeit ging schon von daher gegen Null und konzentrierte sich auf wenige charismatische Dissidentenpersönlichkeiten, die zudem nur Teilöffentlichkeiten in Ost und West erreichten. Seit den späten siebziger Jahren manifestierte sich politischer Dissens zunehmend in scheinbar „sozialen" Phänomenen der Nichtanpassung („Langhaarige", „Gammler", „Tramper", „Punks") oder des staatsunabhängi-

---

1 MfS-„Information über beachtenswerte Aspekte des aktuellen Wirksamwerdens innerer feindlicher, oppositioneller und anderer negativer Kräfte in personellen Zusammenschlüssen" vom 1.6.1989, abgedruckt in: Mitter/Wolle (Hg.): Ich liebe euch doch alle, S. 46-71.

gen Engagements für Themen wie Umwelt, Frauen, Dritte Welt oder Abrüstung. Da sich hier Ausdrucksformen politischer Gegnerschaft mit allgemeinen Phänomenen soziokulturellen Wandels vermengten, konnte die Frage, inwieweit politischer Widerspruch Ursache oder aber Folge unangepaßten Sozialverhaltens war, kaum trennscharf beantwortet werden. Die SED leugnete die politische Dimension solch abweichenden Verhaltens und brandmarkte es als „dekadent". Bei der Sanktionierung konnte sie in der Regel auf die Zustimmung der an traditionellen Sekundärtugenden orientierten DDR-Bevölkerung rechnen.

Eine weitere Verzerrung ergab sich außerdem schon durch die geographische Konzentration oppositionellen Verhaltens. In den größeren Städten, allen voran vor allem Berlin, entstanden eigene widerständige und oppositionelle Milieus, die Freiräume für demonstratives Anderssein schufen und zum Teil – wie der Berliner Stadtbezirk Prenzlauer Berg oder teilweise Jena – ein regelrechtes eigenes Profil als „Dissidentenhochburgen" gewannen. In der Provinz dagegen war der Druck zur Anpassung größer und verdeckte Opposition weitaus häufiger, mit entsprechenden Folgen für die Wahrnehmung.[2]

Ein letzter Faktor, der die Perzeption von Widerstand und Opposition in der geschlossenen Gesellschaft stark beeinflußte, war die besondere Rolle der Kirche. Die Kirche bildete den einzigen nicht unter offizieller staatlicher Aufsicht stehenden Freiraum in Ostdeutschland, unter ihrem sprichwörtlichen „Dach" fand unangepaßtes und widerständiges Verhalten so einen natürlichen Entfaltungsraum. Dies führte jedoch auch immer wieder zu Wahrnehmungsfehlern, insbesondere der – vom Westen, zum Teil aber auch von der SED vorgenommenen – Gleichsetzung von Kirche und Opposition beziehungsweise der Vorstellung „die" Kirche könne für „die" Opposition sprechen. Helmut Schmidt etwa bezeichnete die Kirche als „die einzig greifbare Opposition in der DDR".[3] Dabei wurden jedoch innerkirchliche Differenzierungen ebenso ausgeblendet wie die Tatsache, daß es sich bei den Auseinandersetzungen zwischen Gruppen und Kirchenleitung nicht lediglich um kircheninterne Konflikte handelte, sondern um die Widerspiegelung grundsätzlicher, gesellschaftlicher Konflikte, die sich aufgrund der Konstruktion der DDR als geschlossener Gesellschaft nur im Raum der Kirche manifestieren konnten.

1.2. Opposition in einem geteilten Land

Die Teilung Deutschlands hatte weitreichende Folgen für die Möglichkeiten der gegenseitigen Wahrnehmung im allgemeinen und für die von Widerstand und Opposition gegen das SED-Regime im besonderen.

---

2 Zu den spezifischen Schwierigkeiten von Opposition in der „Provinz" vgl. Jochim de Haas: Arche in der Region, in: Jordan/Kloth (Hg.): Arche Nova, S. 121-127.
3 Rathke, in: Materialien VI/1, S. 264.

Objektiv schnitt die politische Teilung Deutschlands durch den Mauerbau die bis 1961 zumindest noch über die offenen Berliner Sektorengrenzen möglichen Kontakte zwischen DDR und Bundesrepublik ab, darunter insbesondere und auf Dauer solche, die politisch und gegen das SED-Regime gerichtet waren. Hatten bis 1961 noch Rudimente einer gesamtdeutschen Opposition gegen die SED-Herrschaft fortexistiert, etwa durch „zonenübergreifende" Vereinigungen wie die „Kampfgruppe gegen Unmenschlichkeit" (KgU) oder den „Untersuchungsausschuß freiheitlicher Juristen", so war die Opposition in der DDR seither weitgehend isoliert und auf sich gestellt.[4] Erst mit den Ansätzen zu einer blockübergreifenden Friedensbewegung Anfang der achtziger Jahre entstanden – unter völlig veränderten Vorzeichen – neue Beziehungen. Die Folgen dieses „Fadenrisses" waren zweifach: Zum einen schwächte die fehlende Unterstützung aus dem Westen die Opposition in der DDR, zum anderen schwächten die fehlenden Informationen aus dem Osten in der Bundesrepublik allmählich das Bewußtsein für die Existenz einer Opposition in der DDR.

Zudem zeigte sich mehr und mehr die Kehrseite der politisch gewollten und sich immer stärker ausprägenden Westorientierung der bundesdeutschen Gesellschaft. Diese begünstigte zwar in hohem Maße die Verankerung demokratisch-pluralistischer Werte in der westdeutschen politischen Kultur, verstärkte jedoch andererseits Tendenzen der Entfremdung und des Desinteresses gegenüber dem östlichen Teil Deutschlands, die die Wahrnehmung der dortigen Entwicklung noch über die zwangsläufigen Folgen der physischen Trennung hinaus behinderten. Unter dem Strich erwies sich die Entfremdung als das prägendere Element der Westbindung; das bundesdeutsche Demokratiebewußtsein reichte nicht so weit, daß der DDR-Opposition aus prinzipiellen, demokratietheoretischen Gründen eine politische Funktion zugestanden worden wäre.

Eine weitere objektive Folge der spezifischen Situation der deutschen Teilung war, daß sich politische Gegnerschaft zur SED in weitaus größerem Maße als in anderen staatssozialistischen Einparteiendiktaturen durch Flucht und Ausreise manifestierte. Es waren diese Phänomene, welche in der alten Bundesrepublik in hohem Maße die öffentliche Wahrnehmung widerständigen und oppositionellen Verhaltens prägten: zum einen, weil Bundesbürger sich damit nicht nur mittelbar sondern unmittelbar konfrontiert sahen; zum zweiten, weil gerade Fluchtversuche (bzw. ihre gewaltsame Verhinderung) spektakulär und medienwirksam waren und regelmäßig Aufmerksamkeit erregten.

Zu den objektiven Folgen der deutschen Teilung für die Wahrnehmung von Opposition und Widerstand gehörte auch, daß die sich Mitte der siebziger Jahre nach Helsinki-Abkommen und Biermann-Ausbürgerung wieder verstärkende Abwanderung von regimekritischen Bürgern aus der DDR in die Bundesrepublik das oppositionelle Potential in der DDR quantitativ wie qualitativ weiter schwächte, ohne daß dadurch im Westen eine dem Ausmaß der Abwande-

---

4 Vgl. Merz: Kalter Krieg; Mampel: Untergrundkampf.

rung entsprechende community von „Exilanten" entstand, die sich weiter für die Belange der Opposition in der DDR engagierte. Die vorhandene gemeinsame Sprache und eine Reihe von weiteren Faktoren begünstigten eine schnelle Integration der Zugereisten, die zum größten Teil die Westorientierung der Bundesbürger übernahmen und mit ihrer DDR-Vergangenheit abschlossen (nicht selten, um diese dann nach 1990 wiederzuentdecken).

Die durch den Grundlagenvertrag und das Berlin-Abkommen nach 1972 ermöglichten Reiserleichterungen machten in zunehmenden Maße wieder direkte deutsch-deutsche Kontakte möglich. Kritiker des SED-Regimes im Osten wie im Westen profitierten von diesen jedoch nur in geringem Maße. Bis 1989 waren Westeuropäer, die gezielt Kontakt zu Oppositionellen suchten, von einzelnen Einreiseverweigerungen und langjährigen Einreisesperren betroffen. Nur sehr wenige oppositionelle „Dableiber", in der Regel Kirchenmitarbeiter, bekamen die Möglichkeit zu Westreisen. Sie mußten jedoch befürchten, daß ihnen die Wiedereinreise in die DDR verweigert und sie nach dem Vorbild Biermanns kalt ausgebürgert werden könnten.[5] Zum Teil waren DDR-Oppositionelle sogar mit Reiseverboten in osteuropäische „Bruderländer" belegt, so daß selbst Kontakte in beziehungsweise über diese Länder erschwert wurden.[6]

Die Wahrnehmung von Widerstand und Opposition im geteilten Deutschland wurde schließlich in erheblichem Maße durch die Kirche beeinflußt. Auch nach der Trennung des BEK von der EKD 1969 nahm sie eine singuläre deutsch-deutsche Klammerfunktion wahr. Als Transporteur von DDR-Wirklichkeit in die Bundesrepublik hatte die Kirche auf politischer, publizistischer und gesellschaftlicher Ebene enorme Bedeutung. Das DDR-Bild, daß der BEK der EKD vermittelte, bestimmte in erheblichem Maße den Ausschnitt der DDR, den die Bonner Politik jenseits ihrer Kontakte zum Regime wahrnahm.

Zu den subjektiven Faktoren, die die Wahrnehmung von Widerstand und Opposition in erheblichem Maße beeinflußten, gehörten vor allem die unterschiedlichen Haltungen zur Legitimität beziehungsweise Dauerhaftigkeit der deutschen Teilung. Ohne daß dieser Komplex hier näher beleuchtet werden kann, so hatten die unterschiedlichen Positionen doch bestimmte Auswirkungen auf die Wahrnehmung von Opposition und Widerstand in der DDR.

So betrachtete eine Denkschule die Zweistaatlichkeit Deutschlands als widernatürlich, den Normalzustand nationalstaatlicher Existenz künstlich verhindernd und als deshalb zu bekämpfen und zu beseitigen. Ihre Vertreter betonten den illegitimen Charakter des kommunistischen Herrschaftssystems in der DDR und prangerten die von ihm begangenen Menschenrechtsverletzungen an. Widerstand und Opposition in der DDR spielte für sie insofern eine wichtige Rolle, als daß deren Existenz und Verfolgung die Illegitimität des Machtanspruches des SED-Regimes empirisch belegte. Die Position dieser Schule

---

5 Vgl. Eppelmanns Schilderung seiner Vorsichtsmaßnahmen dagegen, in: Ders.: Fremd im eigenen Haus, S. 283.
6 Vgl. Jordan: Akteure und Aktionen, in: Ders./Kloth (Hg.): Arche Nova, S. 55.

wurde aber zum einen durch die in den siebziger und achtziger Jahren immer subtiler werdenden Repressionsmittel des SED-Regimes geschwächt. Zum anderen konnte diese Sicht reformmarxistische und andere, sich zu einer demokratisierten DDR bekennende Oppositionelle nicht integrieren. Wie konnte jemand in der DDR bleiben und sie demokratisieren wollen, wo es doch bereits die Bundesrepublik als demokratische Alternative gab? Eine Folge war die starke Orientierung auf die Phänomene Flucht und Ausreise als Erscheinungsformen politischer Gegnerschaft. Die ostdeutsche Kehrseite dieser Haltung zur deutschen Teilung war die Furcht „linker" DDR-Oppositioneller vor Instrumentalisierung ihrer Aktivitäten durch „nationalistische", „rechte" Kräfte in der Bundesrepublik. Dies war ein wichtiger Grund für lang anhaltende Berührungsängste vieler regimegegnerischer „Dableiber" gegenüber den Westmedien. Regimegegnerische „Ausreiser" dagegen waren im Einsatz westlicher Medien für ihre Ziele unbefangener, mit der Folge breiterer Berichterstattung. Insgesamt dürfte hier ebenfalls eine Wahrnehmungsverschiebung zugunsten von Abwanderung und zuungunsten von Widerspruch als Ausdruck politischer Gegnerschaft die Folge gewesen sein.

Die zweite Denkschule betrachtete die Teilung Deutschlands als selbstverschuldete Konsequenz des Zweiten Weltkriegs, die zu ertragen die Geschichte den Deutschen auferlegt habe und die angesichts des Ausmaßes der deutschen Schuld zu akzeptieren sei. Die Spannweite dieser Position reichte von der Bewertung der Teilung als tragisches, aber nicht zu änderndes Unglück bis hin zu einer mehr oder minder expliziten Rechtfertigung des SED-Regimes als der dezidiert „antifaschistischen" Neugründung. Diese Schule war insgesamt stark geprägt durch die Reaktion der evangelischen Kirche auf die NS-Erfahrung im allgemeinen und die Einflüsse politischer Theologen wie Karl Barth, Helmut Gollwitzer, Martin Niemöller oder auch Heinrich Albertz im besonderen. Dabei war im Gedanken einer als Sühne zu tragenden Last und dem absoluten Primat des Friedens eine Relativierung der Menschenrechtsfrage schon angedeutet; die in dieser Position in Anknüpfung an die Tradition der „Bekennenden Kirche" ebenfalls enthaltenen antitotalitären Elemente kamen dagegen durch eine unbewußte Relativierung kommunistischen Unrechts unter dem Eindruck der Ungeheuerlichkeit des nationalsozialistischen Genozids nicht zur vollen Geltung.

Überwölbt wurden diese Fragen von der Blockkonfrontation zwischen den Supermächten und ihren Bündnissystemen, an deren Nahtstelle sich die beiden deutschen Staaten als Gegner und als potentieller Austragungsort eines militärischen, aller Wahrscheinlichkeit nach nuklearen Weltkonflikts gegenüberstanden. In dieser Situation schienen die politischen Optionen reduziert auf die Alternative: Festschreibung des Status quo oder Atomkrieg. Die Folge war eine Vermengung (und teilweise Gleichsetzung) von Stabilitäts- und Friedensfrage, die als Grundlage der „Entspannungspolitik" von weiten Teilen der politischen Klasse, der Medien und der Bevölkerung der Bundesrepublik jedoch als alternativlos akzeptiert wurde. Demokratisierungsforderungen innerhalb der DDR erschienen so als Bedrohung der Blockstabilität und damit des Friedens; die Hoffnungen richteten sich darum ausschließlich auf Reformen von oben. Dies führte in letzter Konsequenz zu der Ansicht, daß die Anerkennung der Zweistaatlichkeit Deutschlands die entscheidende Voraussetzung für eine Demokratisierung (zumindest Liberalisierung) der DDR sei und nicht die Demokratisierung der DDR Voraussetzung für eine Wiedervereinigung.

2. Einstellungen und Verhaltensweisen in der DDR gegenüber Widerstand und Opposition

2.1. Einstellung und Verhaltensweisen der SED gegenüber Widerstand und Opposition

Dem ideologischen Selbstverständnis der SED nach konnte es in ihrem Staat weder eine parlamentarische noch außerparlamentarische Opposition geben. Gemäß dem Postulat, daß die Grundinteressen der machtausübenden Arbeiterklasse mit denen der anderen Klassen und Schichten prinzipiell übereinstimmten, konnte „in sozialistischen Staaten ... für eine Opposition keine objektive soziale Grundlage" existieren.[7] Die Unterstellung von Interessenübereinstimmung zwischen Partei und Volk machte jede Opposition gegen die Politik der SED per Definition zu einem gegen die Interessen des gesamten Volkes gerichteten, also irrationalen, „systemwidrigen" und daher zu unterdrückendem Verhalten.

Organisierte und/oder „öffentlichkeitswirksame" Bekundungen abweichenden, widerständigen und oppositionellen Verhaltens wurden vom SED-Regime mit schweren Sanktionen bedroht und immer wieder auch tatsächlich bestraft. Das politische Strafrecht der DDR sah für solche „Staatsverbrechen" (so die Bezeichnung für die im besonderen Teil des DDR-Strafgesetzbuchs zusammengefaßten Straftatbestände) wie „staatsfeindliche Hetze" (§ 106) bis zu 10 Jahre oder „Bildung eines verfassungsfeindlichen Zusammenschlusses" (§ 107) bis zu 12 Jahre Gefängnis, für das als „Landesverräterische Nachrichtenübermittlung" (§ 99 StGB) bezeichnete Öffentlichmachen („Verbreiten") von Informationen über oppositionelle Aktivitäten mittels westlicher Medien bis zu 12 Jahre Gefängnis vor. Zudem wurde der politische Kern abweichender sozialer Verhaltensweisen geleugnet und gegebenenfalls mit den Mitteln des gewöhnlichen Strafrechts über die sogenannten „Asozialen-Paragraphen" kriminalisiert.

Da die SED die Möglichkeit der Existenz einer gegen ihre Politik gerichteten Opposition in der DDR a priori ausschloß, war sie gezwungen, den trotz Repression in der DDR zu jeder Zeit vorhandenen offenen Widerspruch und Widerstand gegen ihre Politik zu rationalisieren, indem sie derartige „Erscheinungen" auf vom imperialistischen „Gegner" gezielt „inspirierte" „Angriffe"

---

7 Stichwort „Opposition", in: Kleines Politisches Wörterbuch, S. 706 f. Auch: „Stichwort „Opposition", in: DDR-Handbuch, Bd. 2, S. 954 ff.; Stichwort „Widerstand, Opposition und Verweigerung", in: Lexikon des DDR-Sozialismus, S. 690 ff.

zurückführte.[8] Im Wörterbuch der Staatssicherheit heißt es unter dem Stichwort „innere Opposition":

„... eine im Rahmen der politisch-ideologischen Diversion von den feindlichen Zentren, Institutionen und Kräften entwickelte Bezeichnung für den vom Gegner angestrebten Zusammenschluß aller feindlichen, negativen und unzufriedenen Kräfte innerhalb der sozialistischen Gesellschaftsordnung.

Der Begriff innere Opposition dient dem Ziel, vorhandene feindliche, negative und unzufriedenen Kräfte zum organisatorischen Zusammenschluß zu inspirieren bzw. das Vorhandensein eines solchen Zusammenschlusses in den sozialistischen Staaten der internationalen Öffentlichkeit vorzutäuschen und die sozialistische Gesellschaftsordnung als undemokratisch zu verleumden."[9]

Gegenüber „politischer Untergrundtätigkeit" grenzte das MfS „innere Opposition" dahingehend ab, daß letztere auf eine sehr viel breitere personelle Basis ziele und „als legalisierte politische Kraft wirksam werden" solle.[10] Insbesondere die unabhängige DDR-Friedensbewegung wurde in diesem Sinne als „getarnte innere Opposition" betrachtet.[11]

2.2. Widerstand und Opposition als Thema der DDR-Medien

Die meisten SED-Funktionäre wußten sehr genau, daß die Beherrschung und Steuerung der Öffentlichkeit und der Medien eine der wesentlichen Grundlagen ihrer Machterhaltung war. Bei der Verhinderung der gefürchteten „Öffentlichkeitswirksamkeit" von oppositionellen Aktivitäten war die Beherrschung der Massenmedien für die SED von mindestens ebenso großer Bedeutung wie die direkte Kontrolle der Opposition durch das MfS. Auch im Medienbereich wirkte entscheidend das Trauma der Revolte vom 17. Juni 1953 nach, als Bilder und Berichte von streikenden und demonstrierenden Arbeitern – über die westlichen Medien – um die Welt gegangen waren und gezeigt hatten, was es nach dem SED-Selbstverständnis eigentlich gar nicht geben durfte: öffentlichen Protest gegen die politische Führung.

Aus dieser Erfahrung heraus war die grundsätzliche und über viele Jahre und Ereignisse durchgehaltene Methode der SED gegenüber oppositionellen Aktionen, möglichst jede Diskussion darüber zu unterbinden (der SED-interne Leitsatz lautete „Wir führen keine Fehlerdiskussionen"), die Vorgänge totzuschweigen sowie Beteiligte zu isolieren oder zu bestrafen. Nach der vollzogenen Eingrenzung der DDR durch Mauer und Stacheldraht Anfang der sechziger Jahre schienen es nur noch wenige „unbelehrbare" Einzelpersonen zu sein, die sich dem Herrschaftsanspruch von SED und MfS nicht unterwarfen. Erst

---

8 Wörterbuch der Staatssicherheit, S. 297.
9 Ebd.
10 Ebd.
11 MfS, BV Berlin, Abt. XX/4, Information über die Eröffnung der Ausstellung „Gewalt ohne Risiko" vom 5.9.1983, zit. nach Eppelmann: Fremd im eigenen Haus, S. 133.

ab Anfang/Mitte der siebziger Jahre sah sich die SED wieder einer zunehmenden Protestbewegung gegenüber, der sie mit ihrer Taktik des Totschweigens und Isolierens nicht mehr beikam; es gelang den oppositionellen Strömungen in der DDR – trotz aller Rückschläge – eine stetig wachsende öffentliche Wahrnehmung ihrer Ansprüche und Forderungen zu erreichen.

In bestimmten, eher seltenen, Fällen sah sich die SED gezwungen, die von ihr kontrollierten Medien massiv gegen dissidentische Entwicklungen einzusetzen. Meist geschah dies reaktiv, im Nachhinein, vor allem um der westdeutschen Berichterstattung Paroli zu bieten. Gelegentlich baute die SED jedoch auch aktiv und gezielt eine anti-oppositionelle Propaganda auf, so geschehen begleitend zum „Prager Frühling" von 1968 und parallel zum Bedeutungsgewinn der Gewerkschaft „Solidarność" in Polen Anfang der achtziger Jahre. Indem die DDR-Medien die dortigen Ereignisse diskreditierten und ins Zwielicht rückten, sollten auch potentielle Nachahmer im eigenen Land abgeschreckt und eingeschüchtert werden. Im Verbund der Massenmedien – von Propaganda-Fernsehmagazinen wie dem „Schwarzen Kanal" über die dominierende SED-Parteizeitung „Neues Deutschland" bis zur (spöttisch „FDJ-Stürmer" genannten) Jugendzeitung „Junge Welt" – wurden Oppositionelle, Andersdenkende und Dissidenten in zugespitzten Situationen mit Haßtiraden und Rufmordkampagnen überzogen.

Trotz der meist durchsichtigen Machart der SED-Propaganda blieben die tendenziöse Berichterstattung und selbst krude Verunglimpfungen nicht wirkungslos. So gingen beispielsweise einige Ost-Berliner Oppositionelle trotz der offensichtlichen Absurdität der von der SED 1987 im „Neuen Deutschland" lancierten Behauptung, der Exil-Jenenser Roland Jahn sei CIA-Agent, auf Distanz zu ihrem aktivsten Unterstützer im Westen.[12] Subtiler angelegt war die koordinierte Justiz- und Pressekampagne gegen Robert Havemann, dessen Strafverfahren wegen angeblicher „Devisenvergehen" gezielt mit Neidgefühlen der devisenlosen Bevölkerung spielte, indem es Havemanns Einnahmen aus Westveröffentlichungen zum Angriffspunkt machte, ohne zu erwähnen, daß die Leitfigur der DDR-Opposition in der DDR Publikationsverbot hatte.

Da DDR-Oppositionelle in der Regel auf Kontakte im Westen (Parteien, Redaktionen, Unterstützergruppen) angewiesen waren, um die von der SED errichteten Informationsbarrieren zu überwinden, war es der SED möglich, genau diese Westverbindungen zum Aufhänger für Diffamierung und Kriminalisierung zu machen. Daß Rudolf Bahro tatsächlich eine wie auch immer geartete „nachrichtendienstliche Tätigkeit" ausgeübt hatte, mit der die DDR 1977 seine Inhaftierung und spätere Verurteilung zu acht Jahren Gefängnis begründete, glaubten die wenigsten. Fast alle wußten, daß Bahro in Wirklichkeit verurteilt worden war, weil er seine Fundamentalkritik am SED-System („Die Alternative") im Westen veröffentlicht hatte.

---

12 Neubert: Geschichte der Opposition, S. 717.

Das Totschlagargument gegen den angeblich aus dem Westen gesteuerten Oppositionellen, der nichts anderes im Sinn habe, als die sozialistische Heimat allein um des schnöden Mammons Willen an den Klassenfeind zu verraten, wurde nur von wenigen angenommen. Um so demoralisierender wirkte das hohe Strafmaß von acht Jahren Haft für Bahro auf kritische Menschen in der damaligen DDR. Die Mehrheit der DDR-Bevölkerung sah sich durch die scheinbare Aussichtslosigkeit widerständigen Handels in der Meinung bestärkt, daß Kritik und Opposition ohne Aussicht auf Erfolg seien und lediglich die Gefahr harter Reaktionen und verschärfter Unterdrückungsmaßnahmen heraufbeschwörten.

Bei ihren regelmäßig wiederkehrenden ideologischen Propagandafeldzügen gegen abweichende Meinungen knüpfte die SED oft an verbreitete Vorurteile gegenüber Ausländern, Intellektuellen, Schriftstellern, Künstlern oder Randgruppen an. Beispiel sind die bereits erwähnte polenfeindliche Propaganda der Jahre 1980/81, die intellektuellenfeindliche Kampagne zur Biermann-Ausweisung 1976 und die Gleichsetzung demokratischer Oppositioneller mit rechten Extremisten, wie anläßlich der MfS-Aktion gegen die Berliner Umweltbibliothek 1987, als die FDJ-Zeitung „Junge Welt" deren Mitarbeiter mit Skinheads in einen Topf warf. Auch regelmäßige Kampagnen gegen Ausreisewillige gehörten dazu, wobei SED-interne Informationsblätter die Rolle von Stichwortgebern übernahmen[13], deren Argumentationen dann von Parteimitgliedern, regimeloyalen Künstlern und Intellektuellen und auch – im Sinne von „Volkes Stimme" – Vertretern der Bevölkerung, zum Beispiel in Form von Leserbriefaktionen, übernommen wurden.

Möglich war die Instrumentalisierung der DDR-Medien durch die SED nur, weil die Journalisten in der DDR den Direktiven von SED und MfS folgten, ja sie zum Großteil offenbar verinnerlicht hatten. Sie unterwarfen sich in ihrer großen Mehrheit der jeweiligen Parteilinie und beteiligten sich auf Anforderung oder gar aus Eigeninitiative an der Diffamierung oppositioneller Verhaltensweisen und Akteure. Bestenfalls übten sie einmal „Opposition mit der Augenbraue", wie der ehemalige Chefredakteur der „Jungen Welt", Hans-Dieter Schütt, es im Nachhinein selbstkritisch formulierte.[14]

2.3. Das Verhältnis zwischen Oppositionellen und DDR-Bevölkerung

Empirische Untersuchungen über die Einstellungen und Verhaltensweisen gegenüber „oppositionellen" Akteuren oder Aktivitäten liegen nach unserem Überblick weder aus der DDR noch aus der alten Bundesrepublik vor. Für die empirische Sozialforschung in der DDR war dieses Feld angesichts der ideologischen Vorgaben und Restriktionen von vornherein tabu. Indirekte Schlüsse, die sich aus den vor 1989 von staatlichen DDR-Einrichtungen durchgeführten

---

13 Vgl. z. B. „Was und Wie. Informationen, Argumente, Übersichten für den Agitator" vom 27.6.1989, 29.8.1989 und 26.9.1989.
14 Holzweißig: Zensur ohne Zensor, S. 135.

Meinungsumfragen ziehen lassen, können aus mannigfaltigen Gründen nur Hypothesencharakter haben – etwa, daß die 30 Prozent der Befragten DDR-Bürger, welche 1987 angaben, nicht in einer staatlichen Organisation Mitglied zu sein, möglicherweise potentielle Sympathisanten oppositioneller Bestrebungen gewesen sein könnten.[15] Daß eine absolute Mehrheit der befragten DDR-Bürger (52 Prozent) 1987 angab, vor allem „ohne Anstrengung ein angenehmes Leben führen" zu wollen[16], kann einerseits als Abwendung von der offiziell propagierten Leistungsorientierung interpretiert werden, andererseits als Entpolitisierung und Hedonisierung der DDR-Bürger, die dann die politische Herausforderung durch die Opposition als ebenso belästigend empfunden hätten wie die offizielle Inanspruchnahme durch den Staat.

Subjektive Beobachtungen von Zeitzeugen stützen die zweite These. Nach der Erinnerung von Ulrich Schwarz, dem langjährigen DDR-Korrespondent des Nachrichtenmagazins „Spiegel", war die „Wahrnehmung des DDR-Normalbürgers von der Opposition ziemlich genau Null"; Schwarz machte noch in den achtziger Jahren die Erfahrung, daß man „außerhalb der Dissidentenkreise nicht über Dissidenten reden" konnte: „Das wollte keiner wissen."[17] Oppositionelle fühlten sich mit Hölderlin „Fremd im eigenen Haus", so der Titel der Erinnerungen von Rainer Eppelmann.[18] Die Mehrheit der DDR-Bürger schien sich in den Jahren nach dem Mauerbau und der danach einsetzenden, relativen Stabilisierung der Lage mit den politischen Verhältnissen im Großen und Ganzen zu arrangieren und Oppositionelle eher als Störenfriede zu empfinden. „Wir waren naiv, utopisch, machten uns lächerlich, wurden lächerlich gemacht, wirkten subversiv, störend auch für die große Mehrheit eingeduckter Mitbürger", resümiert Rainer Eppelmann.[19]

Durch ihr Auftreten konfrontierten die Unangepaßten ihre Mitbürger mit deren eigener „Subalternität" (Bahro) und zwangen sie, Stellung zu beziehen. Oppositionelle erfüllten in gewisser Weise auch eine Stellvertreterfunktion: Sie erfuhren unter vier Augen oder im kleinen Kreis Unterstützung und Ermutigung von Bürgern, die selber jedoch nicht bereit waren, auch öffentlich für kritische Ansichten einzustehen. Eppelmann berichtet, „daß mancher Handwerker und manche Angestellte in Volkseigenen Betrieben unsere Gemeinde bei Arbeiten und Materiallieferungen bevorzugten", nachdem er durch den „Berliner Appell" von 1982 ein prominenter Dissident geworden war.[20]

Aber auch Oppositionelle konnten sich, schon aus taktischen Gründen, nicht immer offen und überall zu ihren Aktivitäten bekennen. Im engeren familiären Umfeld war die politische Haltung Oppositioneller zwar meistens mehr oder weniger bekannt, aber nicht alle Familienmitglieder billigten oder unterstütz-

15 Vgl. Gensicke: Mentalitätswandel, in: DA 12/92, S. 1266-1283, 1274.
16 Ebd., S. 1276.
17 Interview mit Ulrich Schwarz am 22.8.1997 in Hamburg.
18 Eppelmann: Fremd im eigenen Haus, S. 117.
19 Friedrich Schorlemmer: Den Frieden riskieren. Dank des Preisträgers, in: Börsenblatt für den Deutschen Buchhandel, 12. Oktober 1993, S. 14-24, 16.
20 Eppelmann: Fremd im eigenen Haus, S. 117.

ten derartige Aktivitäten ihrer Angehörigen. Nicht selten bekamen auch Verwandte von Oppositionellen Nachteile zu spüren, das Wort von der „Sippenhaft" machte dann wie selbstverständlich die Runde.

„Opposition" war für den DDR-Normalbürger so weniger ein öffentliches Phänomen, welches ihm durch Veranstaltungen oder Demonstrationen begegnete, sondern eher ein privates oder halbprivates, mit dem er im Familienumfeld, im Kollegen- und Bekanntenkreis konfrontiert wurde. Es bedurfte in der Regel eigener, bewußter Erkenntnisanstrengungen, um die Motive Oppositioneller nicht nur in einem individuellen, sondern in einem politischen Kontext zu begreifen und auf die eigene Situation zu beziehen.

Der Nimbus, der bekannte Dissidenten wie Havemann oder Biermann umgab, schuf eine erhebliche Distanz zur normalen DDR-Bevölkerung. Ihre herausgehobene Situation war nur für wenige Menschen in der DDR nachvollziehbar. Die Hemmschwelle zu überschreiten, mit diesen Leitfiguren einfach in Kontakt zu treten, bedurfte eines gehörigen Mutes.

In der durch Vertreibungen kritischer Intellektueller einerseits und eine öffentlichkeitsfeindliche oppositionelle Kultur konspirativer Diskussionszirkel andererseits geprägten zweiten Hälfte der siebziger Jahre ergaben sich so zwischen Oppositionellen und Bevölkerung keine wirklichen Berührungs- oder gar Anknüpfungspunkte. Die politische Stimmung war geprägt von Resignation und Lähmung. Die Repressionspolitik der SED hatte die „Nischengesellschaft" (Günter Gaus) weiter verfestigt und auch Opposition zu einem Nischenphänomen gemacht. Anders als bei der Ausbürgerung prominenter Dissidenten wie Biermann fanden in der DDR breitere Solidarisierungen mit Verfolgten in den siebziger Jahren kaum mehr statt. Mehrere Kreise junger Leute in verschiedenen Regionen der DDR wurden vom Regime systematisch aufgerieben, ohne daß davon in der DDR-Bevölkerung in nennenswertem Umfang Notiz genommen wurde – zum Beispiel in Schwerin der Kreis um Ulrich Schacht 1973 oder der in Jena um Jürgen Fuchs 1976.

In Jena wurde 1983 auch die dort in Gestalt der „Friedensgemeinschaft Jena" um Roland Jahn neu entstandene Oppositionsgruppe zerschlagen.[21] In der relativ kleinen Stadt erlebte der Autor (R.R.) seinerzeit Reaktionen in der Bevölkerung gegenüber diesem aufmüpfigen „oppositionellen Zusammenschluß". Von Meinungen wie „Da sieht man mal wieder, daß es sich nicht lohnt, sich mit `denen da oben` anzulegen" über „Das sind doch nur sympathische Spinner" bis zur offenen Unterstützung durch einige wenige, etwa durch Geldspenden für Angehörige von Inhaftierten, reichte das Spektrum der Einstellungen

---

21 Gegen die FG Jena eröffnete das MfS einen Operativvorgang „Opposition" mit folgender Begründung: „Die im Vorgang erfaßten Personen bilden den Kern eines negativ feindlichen personellen Zusammenschlusses. Sie unterhalten Verbindungen in die BRD. Diese Verbindungen sind der sogenannten internationalen Friedensbewegung zuzuordnen und versuchen, den personellen Zusammenschluß dahingehend zu beeinflussen, in der DDR eine sogenannte außerstaatliche Friedensbewegung und mit dieser eine innere Opposition in der DDR zu installieren." Zit. nach in Hildebrand: „Zehn sind manchmal mehr als Zehntausend", in: Gerbergasse 18, 3/97, S. 2 ff.

und Verhaltensweisen. Die Mehrheit der DDR-Bevölkerung nahm diese Vorgänge jedoch nicht wahr. Sie befand sich in einer Art innerer Emigration, abends schloß man sich dem Massenexodus in die Westfernsehprogramme an, ansonsten aber galt politische Abstinenz als Tugend.[22] Die vorherrschende Meinung war, Opposition bringe nichts, womöglich verschärfe sie die Lage durch verstärkte Überwachung und Kontrolle der Gesellschaft noch. Wenn jemand sich partout nicht anzupassen bereit sei, so wäre die Alternative doch der Weg in den Westen.

Viele Oppositionelle wiederum hatten ihrerseits ein durchaus negatives Bild von der Bevölkerung. Sie hielten die Mehrheit der Bevölkerung für angepaßt wie schon während des Dritten Reiches, reformunwillig und -fähig, untertänig und „noch lange nicht reif" für die anstehenden Veränderungen. Zutreffend oder nicht, begünstigte diese Einstellung jedenfalls nicht gerade den Abbau der gegenseitigen Distanz.

Nachdem in den siebziger Jahren der reformmarxistische Versuch, unter DDR-Bedingungen einen „Marsch durch die Institutionen" zu organisieren, an der harten Repression der SED gescheitert war, versuchten Oppositionelle sich fortan außerhalb der „normalen" DDR-Strukturen zu formieren. Das sprichwörtlich gewordene „Dach der Kirche" bedeutete zwar eine Möglichkeit zur begrenzten Entfaltung, andersherum gesehen jedoch auch eine Ausgrenzung: Opposition fand nicht im Betrieb, in der Hausgemeinschaft oder an der Universität statt, sondern in einem kleinen Randbereich der DDR-Gesellschaft namens Kirche.[23] Dort war zwar eine begrenzte Entfaltung oppositioneller Aktivitäten möglich (und auch ohne Alternative), jedoch um den Preis des weitgehenden Kontaktverlustes zur systemgebundenen (deshalb nicht unbedingt auch systemtreuen) Bevölkerung.[24]

Weil nichtkonspirative politische Opposition in der DDR in aller Regel zugleich auch sozialen Ausstieg (und nicht selten Abstieg) bedeutete, lieferte sie einen Grund für ihre Fehlwahrnehmung durch „normale", gesellschaftlich integrierte Menschen (im Osten wie im Westen) gleich selbst. Dies wurde vom SED-Regime zusätzlich ausgenutzt, indem es politische Unangepaßtheit als sozial abweichendes Verhalten stigmatisierte und verfolgte. Bei der an traditionellen Sekundärtugenden ausgerichteten Bevölkerung konnte sie damit den politischen Aspekt von Unterdrückungsmaßnahmen verschleiern und sogar auf Zustimmung für Repressionen rechnen –„Langhaarige", „Gammler" und „Tramper" in den siebziger oder die DDR-"Punks" in den achtziger Jahren sind dafür nur die offensichtlichsten Beispiele.[25]

---

22 Heute gilt sie bereits als Widerstand.
23 Nur etwa ein Drittel der DDR-Bürger war 1989 noch Mitglied einer Kirche, weit weniger auch aktiv; vgl. Stichwort „Kirche und Kirchenpolitik", in: Lexikon des DDR-Sozialismus, S. 329.
24 Insofern unterschied sich die – sich zeitlich ja nur leicht versetzt vollziehende – Formierung der DDR-Opposition von der in Polen nicht nur insofern, als daß östlich der Neiße die Kirche eine breite gesellschaftliche Basis hatte, sondern auch, weil sich die Opposition dort in Gestalt einer Gewerkschaftsbewegung in den Produktionsstätten formierte.
25 Vgl. exemplarisch Kowalzcyk: Punk in Pankow.

Ihre sozialen Folgen machten die Entscheidung für oppositionelles Verhalten zu einem existentiellen Schritt. Auch unterhalb der Schwelle der Kriminalisierung wurde so eine gewisse Fallhöhe für den geschaffen, der von der „Opposition mit der Tasche in der Faust" zu offenem Widerspruch überging. Jeder DDR-Bürger wußte, daß er mit diesem Schritt seine materielle, „bürgerliche" Existenz zu verlieren hatte – ohne daß für ihn, wenn er sich zur Opposition gegen die SED, aber nicht gegen die DDR entschloß, sein Verlust durch die Hoffnung auf einen Neuanfang in der Bundesrepublik relativiert wurde.

Opposition spielte sich so in den achtziger Jahren zwar nicht mehr konspirativ, aber doch überwiegend innerhalb neu entstandener oppositioneller Milieus ab. Immer noch vermochte es die Opposition nicht, mit ihren Mitteln die Bevölkerung zu erreichen. Das lag zum einen daran, daß die Kommunikationsmittel außerordentlich beschränkt waren. Ungeachtet aller Phantasie, Kreativität und Energie, die oppositionelle Akteure bei der Schaffung von Gegenöffentlichkeit zu den staatlich kontrollierten Medien bewiesen, verfügte die Opposition doch zu keinem Zeitpunkt über ein eigenes Massenmedium, mit dem sie breitere Kreise der Bevölkerung hätte erreichen können. Von den vom MfS Mitte 1989 registrierten 25 Untergrundpublikationen des „Samisdat" erreichte keines mehr als niedrige vierstellige, die meisten bestenfalls dreistellige Auflagen.[26] Versuche, zumindest für einen regional begrenzten Hörerkreis in Ost-Berlin einen eigenen Radiosender einzusetzen, scheiterten an der massiven Reaktion der Sicherheitskräfte.[27] Über die Berichterstattung der Westmedien dagegen hatte die Opposition in der DDR keine Kontrolle; lange Zeit ließ sie sich zudem von Berührungsängsten gegenüber diesem massenwirksamen Medium abschrecken.

Die Situation der oppositionellen Gruppen in den achtziger Jahren war so durch eine Aporie gekennzeichnet: Einerseits waren sie unzweifelhaft „Indikatoren und Seismographen der inneren Widersprüche" in der DDR-Gesellschaft (Heino Falcke[28]), andererseits gelang es ihnen bis 1989 nicht, größere Teile der Bevölkerung zu mobilisieren. Zu fragen ist daher auch, ob und inwieweit der Mangel an Widerhall nicht auch inhaltlich bedingt war; ob, in anderen Worten, die Themen der Opposition auch die Themen der Bevölkerung waren.

Denn auch wenn die Oppositionellen Fragen wie Abrüstung, Dritte Welt oder Frauenrechte gewissermaßen „gegen den Strich" der offiziellen Propaganda bürsteten und Defizite der Politik der SED aufzeigten, so drangen sie damit

---

26 MfS-Information Nr. 168/89 über die „Herstellung und Verbreitung nichtgenehmigter Druck- und Vervielfältigungserzeugnisse antisozialistischen Inhalts und Charakters durch Personen, die personellen Zusammenschlüssen angehören", zit. nach Jordan/Kloth (Hg.): Arche Nova, S. 8. Neubert (Geschichte der Opposition, S. 756-766) listet über 130 zwischen 1969 und 1989 erschienene Samisdatpublikationen auf (darunter jedoch auch Einzelhefte), von denen allerdings ebenfalls die wenigsten Auflagen über 1000 Stück erreichten.

27 Vgl. Eine Hoffnung im UKW-Bereich. Vor fünf Jahren gab es in Ost-Berlin den Versuch zu einem Piratensender, in: telegraph, Heft 1/2 vom 30. Januar 1992, S. 31 ff. sowie den „Maßnahmeplan ‚Schwarzer Kanal"' des MfS vom 7. November 1986 (im Archiv der Verf.).

28 Falcke, in: Materialien, VI/1, S. 212.

doch kaum zum Kern der Befindlichkeit des durchschnittlichen DDR-Bürgers durch, der sich vorwiegend für die sogenannte „Versorgungslage" und für Reisemöglichkeiten interessierte. Durch die Besetzung von Begriffen wie Frieden, Abrüstung, Demokratie und anderen durch die SED-Propaganda war in der Bevölkerung zudem eine starke Ermüdung gegenüber derartigen Begriffen eingetreten. Es bedurfte enormer Anstrengungen und Mühen seitens der Oppositionellen, den offiziellen Sprachregelungen auszuweichen und die eigenen Politikansätze überhaupt verständlich zu machen.

Am ehesten möglich war dies vielleicht noch bei Umweltthemen. Für diese interessierten sich DDR-Bürger vergleichsweise stark, da viele von den katastrophalen Umweltsünden des SED-Regimes unmittelbar und in hohem Maße betroffen waren. Bei einer Umfrage stand 1988 die Umweltproblematik mit 84 Prozent an der Spitze der Themen, die als „äußerst dringlich" empfunden wurden; zudem klafften hier die empfundene Dringlichkeit und die Erwartung tatsächlicher Verbesserung (24 Prozent) am stärksten auseinander.[29] Noch greifbarer als Müllentsorgung oder Atomenergie waren Themen wie der allgegenwärtige Verfall der Wohnbausubstanz und der großflächige Abriß gewachsener Altbauquartiere, die öko-oppositionelle Gruppen aber erst in der zweiten Hälfte der achtziger Jahre breiter aufgriffen. Ebenfalls sehr spät öffentlich thematisiert wurde von den oppositionellen Gruppierungen die Manipulation von Wahlen. Allgemein wurden Wahlen in der DDR als Farce betrachtet; diese auch als solche öffentlich sichtbar zu machen, gelang jedoch erstmals im Mai 1989.[30]

Daß eine breitere Wirkung in die Bevölkerung hinein erst 1989 erreicht wurde, ist auch auf die starken Vorbehalte gegenüber der Thematisierung der Reise- und Ausreisefrage durch die Oppositionellen zurückzuführen. Obwohl sie seit dem Helsinki-Abkommen 1975 beständiges Thema war und sich eigene „Helsinki-Gruppen" bildeten, mied die tonangebende Mehrheit der oppositionellen „Dableiber" das Thema instinktiv, weil es ihre Vision einer demokratisierten, doch eigenständigen DDR in Frage stellte. Statt dessen wurden politisch engagierte Ausreisewillige von Oppositionellen oftmals als „Trittbrettfahrer" diffamiert und ausgegrenzt.[31]

---

29 Zudem war die Desillusionierung hier besonders stark vorangeschritten: 1983 hatten noch 44 Prozent der Befragten Hoffnung auf Besserung geäußert. Gensicke: Mentalitätswandel, in: DA 12/92, S. 1269 f. Vgl. a. Kloth: Grüne Bewegung, in: Jordan/Kloth (Hg.): Arche Nova, S. 145 ff.

30 Bereits bei der Volkskammerwahl 1986 hatte der Friedenskreis Samariter die Stimmauszählung in einem Berliner Wahlkreis kontrolliert, jedoch noch keinen statistischen Nachweis von Fälschungen erbringen können.

31 Erst die Gründung der Gruppe „Staatsbürgerschaftsrecht" 1987 und die Einbeziehung von Antragstellern in die Arbeit des Grünen Netzwerks „Arche" ab 1988 änderte dies. Das MfS betrachtet die „Antragstellung auf ständige Ausreise" als eine „Erscheinungsform widerständigen Verhaltens", vgl. B. Eisenfeld: Ausreisebewegung, in: U. Poppe/Eckart/Kowalczuk: Selbstbehauptung, S. 192 ff.

3. Einstellungen und Verhaltensweisen in der Bundesrepublik gegenüber Widerstand und Opposition in der DDR

„Viel wird ... davon abhängen, wie ernst wir im Ausland genommen werden", schrieb ein Oppositioneller im September 1983 in einem Brief an einen westdeutschen Politiker, „wie oft wir sachliche Erwähnung finden, wie oft wir eingeladen werden, wie oft ausländische Friedensfreunde die Uns-Regierenden nach uns und ihrem Verhältnis zu uns befragen; weiterhin wichtig sind die internationale Solidarität, die Vermittlung des Eindrucks, daß wir auch zum Wachstum der (z. B.) westdeutschen Friedensbewegung wichtig sind, viele Besuche und andere Kontakte."[32]

Nach dem Ende der SED-Diktatur lautete das Fazit eines anderen Oppositionellen: „Je deutlicher sich die DDR-Opposition zu Wort meldete, je stärker sie von Repression und Verfolgung betroffen war, desto mehr wurde sie von vielen westdeutschen Politikern und einflußreichen Persönlichkeiten, bis hinein in die westdeutsche Friedensbewegung, weggeredet, verdrängt und auch politisch diskreditiert."[33]

Diese beiden Zitate stehen für die großen Hoffnungen und die tragische Enttäuschung derjenigen, die sich in der DDR für Freiheit und Demokratie einsetzten und die dabei auf Unterstützung, Solidarität, wenigstens Beachtung in der Bundesrepublik hofften, weitgehend vergebens.

3.1. Die politische Klasse der Bundesrepublik und die DDR-Opposition

3.1.1. Der Primat der Stabilität

Vor dem Hintergrund der Annahme, die Blockkonfrontation werde auf unabsehbare Zeit fortdauern, bestand in der politischen Klasse der Bundesrepublik seit den siebziger Jahren weitgehender Konsens darüber, daß die Teilung Deutschlands bis auf weiteres eine unveränderliche Tatsache bleiben werde und Reformen in der DDR (wie im gesamten Ostblock) nur „von oben" möglich seien, da alle Versuche, nationale Selbstbestimmung und Demokratie „von unten" durchzusetzen, wie 1953 in der DDR, 1956 in Ungarn, 1968 in der CSSR und 1970 beziehungsweise 1981 in Polen gewaltsam unterdrückt werden würden. Bereits in dieser Prämisse war eine Aufwertung der Bedeutung politischer Kontakte zu den Machthabern in der DDR und eine Abwertung der Bedeutung politischer Kontakte zu den Machtlosen impliziert: Da das Volk die Verhältnisse nicht würde ändern können, mußte man zu seinem Besten das Gespräch mit den Unterdrückern suchen.

Der Konsens ging jedoch noch weiter. Reformen „von oben" wurden nicht nur für den einzig erfolgversprechenden, sondern auch allein wünschenswerten

32 Zit. nach: Weißhuhn, in: Materialien, VII/2, S. 1866.
33 So Erhart Neubert; ders.: Geschichte der Opposition, S. 639.

Weg gehalten, weil die Frage der inneren Stabilität der DDR in unmittelbarem Zusammenhang mit dem Erhalt des europäischen Mächtegleichgewichts gesehen wurde. Eine gegen die Macht der SED und damit gegen die strategischen Interessen der Sowjetunion aufbegehrende Demokratiebewegung in der DDR stellte aus dieser Sicht geradezu eine potentielle Gefahr für den Weltfrieden dar.

Aus der ersten Prämisse der bundesrepublikanischen Deutschlandpolitik folgte, daß Kontakte zur Opposition nicht nur politisch sinnlos seien, weil die Opposition nichts verändern könne, sondern sogar kontraproduktiv, da sie die Oppositionellen gefährden würden.[34] Mit dem Gefährdungsargument wurden nach den politischen auch andere mögliche Motive – etwa moralische, demokratietheoretische oder strategische – für die Unterstützung der Opposition in der DDR entwertet. Seine Berechtigung war sicherlich nicht generell von der Hand zu weisen. In der Pauschalität, in der es vorgebracht wurde, war es jedoch kaum zu rechtfertigen, zumal es längst nicht von allen Oppositionellen geteilt[35] und auch in der Praxis immer wieder widerlegt wurde.[36]

Die zweite Prämisse ging noch weiter, indem sie oppositionelles Engagement im Osten und Unterstützung für die DDR-Opposition im Westen geradezu als friedensgefährdend stigmatisierte. Durch Berufung auf das höhere Gut (Friedenssicherung) rechtfertigte die westdeutsche Politik ihre Indifferenz und verstieg sich sogar zu der Forderung an die Unterdrückten, auf die Einforderung ihrer Freiheitsrechte zu verzichten:

„Für jeden, der schnelle Veränderung will ... bedeutet diese Reformstrategie auch ein Element der Selbstdisziplinierung. Da man denjenigen, die in Osteuropa schon lange auf eine Verwirklichung ihrer politischen Ziele warten, gleichzeitig aus Westeuropa zur Selbstdisziplin im Rahmen eines mühseligen und von Rückschlägen nicht freien Prozesses rät, kann als zynisch emp-

---

34 Exemplarisch die Aussage des SPD-Politikers Norbert Gansel, der nach eigenen Angaben die „Anbiederung" seiner Partei an die SED ablehnt, andererseits auch keinen Kontakt zu Oppositionellen gesucht habe: „Ich habe die Opposition in der DDR bis 1988 als chancenlos eingeschätzt und wollte Menschen nicht in ein Risiko bringen, das ich mit ihnen nicht teilen kann und das ich für nicht vertretbar halte." (Zit. nach W. Knabe, in: Materialien, VII/2, S. 1182). Volkmar Deile brachte 1983 die dahinter stehende Einstellung auf den Punkt in seiner Antwort auf die Frage, ob man Solidarität üben solle oder diplomatische Rücksichten an die erste Stelle setzen solle: „Meine Solidarität heißt Rücksicht." (Zit. nach Büscher/Wensierski/Wolschner, Hg.: Friedensbewegung, S. 307).

35 So schrieb eine DDR-Friedensinitiative im November 1983 an Die Grünen, nachdem es bei einer fehlgeschlagenen gemeinsamen Demonstration in Ost-Berlin zu Verhaftungen gekommen war: „Wir waren enttäuscht, daß in vielen Massenmedien Eures Landes die politische Unvernunft und die Überreaktion staatlicher Organe der DDR als unvermeidbare Konsequenz gegenüber solchen Aktionen gesehen wurde und damit jeder Versuch, auf die Verständigungsbereitschaft zu setzen, als illusorisch abgetan wurde. Einer solchen Konfrontationslogik dürfen wir uns gemeinsam nicht beugen." (Zit. nach Weißhuhn, in: Materialien, VII/2, S. 1871).

36 So führte beispielsweise über sechs Wochen aufrecht erhaltener öffentlicher Druck nach der Verhaftung von zwei Ost-Berliner Vertreterinnen der blockübergreifenden Bewegung „Frauen für den Frieden" im Dezember 1983 schließlich zu deren Freilassung. Vgl. Weißhuhn, in: Materialien, VII/2, S. 1872.

funden werden. Aber ein gegenteiliger Ratschlag wäre verantwortungs-los."[37]

Mit der Logik, daß Stabilität die unabdingbare Voraussetzung für Reformen sei, weil nur Machthaber, die sich sicher fühlten, eine innenpolitische Liberalisierung zulassen würden[38], wurde zugleich der innere Zusammenhang von Liberalisierung und Demokratisierung entkoppelt. Die Reformperspektive zielte nur noch auf weniger Unterdrückung, nicht mehr auf Freiheit und Selbstbestimmung. Noch 1988 verwies Erhard Eppler darauf, es gäbe, „etwa in der Dritten Welt, Einparteienherrschaft, die dadurch erträglich wird, daß Demokratie innerhalb dieser einen Partei stattfindet, also freie Diskussionen zwischen innerparteilichen Gruppierungen und Strömungen."[39] Die Stabilitätsfixierung war zudem ein idealer Nährboden für sich in den achtziger Jahren links der politischen Mitte stärker verbreitende, relativierende oder sogar affirmative Haltungen gegenüber dem SED-Regime, die in einen selbstgerechten Paternalismus gegenüber der Opposition in der DDR mündeten. Volkmar Deile, damals Leiter der Aktion Sühnezeichen/Friedensdienste schrieb 1985:

„Günter Gaus hat uns oft genug vor dem Irrtum gewarnt, die DDR für grau zu halten und die Menschen in ihrer subjektiven Befindlichkeit als 'Unterdrückte' zu betrachten. (...) Die DDR besteht ja nicht nur aus dem Staatssicherheitsdienst und Dissidenten, mit denen eine angebliche schweigende Mehrheit der DDR-Bevölkerung sympathisiert. Dieses Klischee ist gängig und ist ebenso falsch."[40]

Demnach gab es eine „objektive" Befindlichkeit der DDR-Oppositionellen, von der zwar die Betroffenen nichts merkten, wohl aber westliche Betrachter wie Deile, der Oppositionelle kurzerhand zu politischen Hypochondern erklärte.

Es war Oppositionellen in der DDR kaum zu verdenken, daß sie den Eindruck gewannen, die westdeutsche Entspannungspolitik opfere die politische – präziser: die demokratische – Dimension der Liberalisierung stillschweigend dem Primat der Stabilität. Dabei war der von Egon Bahr und Willy Brandt in den sechziger Jahren entwickelten und von der sozialliberalen Koalition nach dem Bonner Machtwechsel 1982 übernommenen Politik des „Wandels durch Annäherung" zunächst ein unbestreitbarer Durchbruch in der Entwicklung der

---

37 Karsten D. Voigt: Gesellschaftliche Reformen: gemeinsame Freiheit?, Ms., o. D. (nach Sept. 1987), S. 10. Im Archiv der Verf.

38 Noch 1987 erklärte Karsten D. Voigt, sosehr die „Reformkräfte von oben in den Systemen sowjetischen Typs" den Druck von unten benötigten, um Reformen gegen den Widerstand großer Teile der Bürokratie durchzusetzen, so sehr könnten „demokratische Bewegungen, die der Kontrolle entgleiten könnten, zum Problem für Gorbatschows Reformen werden. Dies trifft auch auf andere osteuropäische Staaten zu." Ebd., S. 12. (Hervorhebung der Verf.). Im Archiv der Verf.

39 Zit. bei Garton Ash: Im Namen Europas, S. 478. Garton Ash fragt nicht zu Unrecht, für wen Einparteienherrschaft denn so erträglich werde.

40 Dies schrieb Deile für ein Vorwort zu der Studie „Leben und Bleiben in der DDR" der Theologischen Studienabteilung der Evangelischen Kirche in der DDR. Zit. nach: Neubert, Geschichte der Opposition, S. 640.

deutsch-deutschen Beziehungen zu verdanken. Der „Wandel durch Annäherung" wurde jedoch mit der Zeit Opfer einer Mutation. Sein feinsinniges dialektisches Prinzip, nachdem der Schlüssel zur Überwindung des Status quo gerade in seiner Anerkennung liege, wandelte sich durch „großzügige Auslegung" (Garton Ash) mit der Zeit zu einem ganz anderen dialektischen Prinzip, nach dem man den Parteienstaat stärken müsse, um ihn zu schwächen.[41] Die Logik des Ansatzes führte dann zu einem dritten und fatalen dialektischen Prinzip, das sich zum ersten Mal im Verhalten der Entspannungspolitiker gegenüber der unabhängigen Gewerkschaft Solidarność in Polen Anfang der achtziger Jahre manifestierte und das Garton Ash in dem Satz zusammenfaßt: „Man muß die Demokraten ignorieren, um die Demokratie zu fördern!"[42]

3.1.2. Der Primat der „zwischenmenschlichen Erleichterungen"

Die Entspannungspolitik war geprägt von dem Widerspruch zwischen dem verfassungsrechtlich gebotenen Wiedervereinigungsanspruch und dem realpolitisch begründeten Stabilitätsparadigma, welches die Zweistaatlichkeit de facto festschrieb. Diese Aporie setzte die Bundesregierungen im bilateralen Verhältnis zur DDR unter beständigen Druck, die Ernsthaftigkeit ihres Bekenntnisses zum Status quo demonstrieren zu müssen. Unter Hinweis auf das Festhalten am „revanchistischen" Wiedervereinigungsanspruch konnte die DDR den Willen der Bundesrepublik zu „wirklicher" Entspannung in Zweifel ziehen wann immer es ihr opportun erschien. Zudem mußte die Politik des „Wandels durch Annäherung", um eine Annäherung überhaupt erst zu ermöglichen und damit die Voraussetzung für den erhofften Wandel zu schaffen, bei Gemeinsamkeiten ansetzen und Konflikte so weit wie möglich vermeiden, zurückstellen beziehungsweise geeignete, Widersprüche nivellierende Sprachregelungen finden.

Damit waren innerhalb des selbstgeschaffenen Rahmens die Voraussetzungen für eine bilaterale Thematisierung politischer Opposition in der DDR von vornherein stark eingeschränkt. Um die „Normalisierung der Beziehungen" nicht zu „belasten", mußten Erscheinungsformen widerständigen und oppositionellen Verhaltens soweit wie möglich entpolitisiert werden. In der Praxis bedeutete dies eine Reduzierung der Menschenrechtspolitik auf eine Politik der

---

41 Einen Beleg dafür, wie verbreitet diese Position auch weit über den Kreis der sozialliberalen Entspannungspolitiker war, lieferte Berthold Beitz, der noch im Sommer 1989 in seiner Eigenschaft als Ehrenvorsitzender des New Yorker Instituts für Ost-West-Sicherheitsstudien im Vorwort zu einem Sammelband über „Die beiden deutschen Staaten und die Europäische Sicherheit schrieb: „Einer der wichtigsten Faktoren, der dazu beigetragen hat, die Beziehungen zwischen den beiden deutschen Staaten zu verbessern, ist das gewachsene Selbstbewußtsein der DDR-Führung."; s. Larabee (Hg.): The Two German States, S. XIII.

42 Garton Ash: Im Namen Europas, S. 417. Das moralische Urteil über die Vorstellung, der „Westen würde der Freiheit am besten dienen, indem er sie nicht einforderte" als „gelinde gesagt, herablassend" (Garton Ash) kann man den Vertretern dieser Politik nicht ersparen. Egon Bahr hat an dieser Auffassung trotzdem noch 1992 festgehalten. In einem Streitgespräch mit Bärbel Bohley sagte er: „Indem wir nicht öffentlich die Bewegungsfreiheit für die Opposition gefordert haben, wurde sie erreichbar." (Zit. nach: ebd., 486)

„zwischenmenschlichen Erleichterungen" und „humanitären" Hilfe. Die Forderung nach mehr Reisemöglichkeiten etwa wurde nicht mehr primär unter
dem „politischen" Aspekt des Grundrechts auf Freizügigkeit geltend gemacht,
sondern unter „humanitären" Aspekten wie Familienzusammenführung. Das
schien taktisch sinnvoll. Da die politische Sprachregelung von der „Hilfe für
die Menschen drüben" jedoch nicht zwischen regimeloyalen und regimegegne-
rischen DDR-Bürgern unterschied, gerieten letztere zunehmend aus dem
Blickwinkel; die Sprachregelung verselbständigte sich mehr und mehr.

Während noch die nebensächlichsten Übereinkünfte pauschal als „den Menschen" zugute kommend gefeiert wurden, wurde Widerständigkeit in der
DDR-Gesellschaft zu einem individuellen Phänomen reduziert. So war denn
auch die einzige, gezielt zugunsten Widerständiger betriebene Politik der Bundesrepublik die Betreuung und der Freikauf politischer Gefangener. Hier
konnte das SED-Regime vorschützen, es handele sich um Kriminelle; die
Bundesrepublik konnte Solidarität beweisen; gleichzeitig wurde politische Unzufriedenheit als kollektives Phänomen in der DDR nicht benannt und belastete so auch nicht die Beziehungen. Allerdings ging solche Hilfe am Kernan-
liegen der politischen Opposition in der DDR vorbei. Mit Unterstützung, die
erst im Fall von Verhaftungen und Verurteilungen wirksam wurde, konnte sie
bei ihrem Versuch, eine Demokratisierung der DDR anzustoßen, operativ wenig anfangen.

Mit ihrer opferorientierten Politik der Nachsorge gegenüber der Opposition
verhielt sich die Bundesregierung im Grunde wie ein Flüchtlingshilfswerk,
während die Opposition eher ein politisches Bildungswerk gebraucht hätte, das
begleitende Betreuung und Unterstützung beim Aufbau einer „parallelen Po-
lis" (Vaclav Benda) geleistet hätte. Zwar halfen die Verflechtungen, die im
Zuge der voranschreitenden „Normalisierung" der deutsch-deutschen Beziehungen möglich wurden, beim Aufbau autonomer, von der SED nicht gewollter Strukturen. Doch dies war eher eine unbeabsichtigte Konsequenz der Politik der menschlichen Erleichterungen; in der DDR die Entstehung einer Zivilgesellschaft gegen den Parteistaat aufzubauen hatte die westdeutsche Politik
dabei nicht im Sinn gehabt. Ihre Politik war etatistisch in ihrer Fixierung auf
die DDR-Machthaber und paternalistisch in ihrem Verhältnis zu den DDR-
Bürgern, ohne Bewußtsein für die Bedeutung unabhängiger Assoziationen von
Bürgern als „Ligaturen freier Gesellschaften" (Ralf Dahrendorf).[43]

---

43 Garton Ash: Im Namen Europas, S. 415 f. Garton Ash weist darauf hin, daß allein der amerikanische Finanzier George Soros „wahrscheinlich mehr Geld zur Unterstützung der demokratischen Opposition als alle deutschen Quellen zusammen" gegeben habe. Wenngleich Hilfe keinesfalls immer
aus den größten Ländern des Westens gekommen sei, gebühre bei der Unterstützung von Oppositionsgruppen Amerika der erste Rang. „Die Bundesrepublik nahm dabei den letzten ein." Auch Wilhelm Knabe kommt zu dem Schluß die materielle Unterstützung der DDR-Opposition sei „beschä-
mend gering" gewesen; W. Knabe, in: Materialien; VII/2, S. 1180.

3.1.3. Der Primat der Innenpolitik

Einstellung und Verhaltensweisen der bundesdeutschen Politik gegenüber den Oppositionellen in der DDR waren vor allem auch von innenpolitischen Maßstäben und Interessen der bundesdeutschen politischen Klasse geprägt. „Unsere Besucher aus dem Westen befremdeten uns hin und wieder", erinnert sich Rainer Eppelmann und beschreibt die erste Zusammenkunft mit einer CDU/CSU-Delegation im Oktober 1987:

„Sie sprachen immer von 'Deutschland' und von 'Europa' und meinten die Bundesrepublik und die Europäische Gemeinschaft. Irgendwann hatte ich genug davon und fragte sie, wofür sie mich hielten. Etwa für einen Chinesen? ... Es tat mir – genau wie Gerd Poppe, der bei diesem Treffen dabei war – damals weh, wenn Westdeutsche uns in einer Zeit der Spaltung unseres Landes sprachlich aussperrten und sprachlich einen Alleinvertretungsanspruch erhoben. Sprache drückt Denken aus, und mir wurde deutlich, wie sehr die deutsche Teilung bei vielen Menschen schon verinnerlicht war und als unüberwindlich galt."[44]

Die unreflektierte Übertragung der Maßstäbe der offenen, bundesdeutschen Gesellschaft auf die Situation in der geschlossenen Gesellschaft der DDR war eine Hauptursache für die Fehlwahrnehmung der in der DDR entstehenden oppositionellen „Basisgruppen" durch die etablierten westdeutschen Parteien. Weil die Gruppen sich nicht selbst als „oppositionell" bezeichneten, wurden sie auch nicht als Opposition betrachtet. Inwieweit ihre thematische Ausrichtung angesichts drohender Repressionen taktischer Natur war, wurde nicht hinterfragt. Ebenso fand eine Differenzierung zwischen subjektivem Selbstverständnis der Gruppen und objektiver Funktion im politischen System der DDR, die unzweifelhaft die einer politischen Opposition war, nicht statt.[45]

Statt dessen wurde die Formierung staatsunabhängiger Gruppen in der DDR als analoges Phänomen zum Aufkommen von Bürgerinitiativen und „single issue"-Gruppen in der Bundesrepublik gedeutet. Sie wurde weniger als Reaktion auf die systemspezifischen Verhältnisse in der DDR betrachtet, sondern als Ausdruck allgemeiner, systemübergreifender Zivilisationskritik und postmaterieller Umwertungen, wie sie sich auch in der westdeutschen Alternativbewegung manifestierten. Daß zum Beispiel die unabhängige DDR-Friedensbewegung eine sehr wohl systemspezifisch aus dem Widerstand gegen die Militarisierung der DDR-Gesellschaft zu erklärende und bis in die frühen sechziger Jahre zurückreichende Vorgeschichte besaß und der Widerstand der unabhängigen DDR-Umweltbewegung sich vor allem gegen die extensive Wirtschaftsweise der Kommandoökonomie richtete, die in der DDR eine mit der bundesdeutschen Erfahrung nicht zu vergleichende Umweltkatastrophe verursacht hatte, wurde übersehen.

---

44 Eppelmann: Fremd im eigenen Haus, S. 278 f. Zu diesem Treffen auch G. Poppe, in Hirsch/Kopelew (Hg.): Grenzfall, S. 132; Weißhuhn, in: Materialien VII/2, S. 1899.
45 Neubert: Geschichte der Opposition, S. 13 f.

Die Einordnung der oppositionellen Basisgruppen in der DDR in das innenpolitische Wahrnehmungsraster der Bundesrepublik hatte bei den etablierten Parteien die Übertragung der entsprechenden Vorurteile zu Folge, darunter neben eher sozialen Vorurteilen gegen „alternative" Lebensstile auch das der „Politikunfähigkeit". Außer acht gelassen wurde dabei, daß diese im Osten durch das geschlossene Herrschaftssystem erzwungen war, während die Beschränkung auf den vorpolitischen Raum durch die „Neuen Sozialen Bewegungen" im Westen freiwillig erfolgte.[46]

Umgekehrt führte das gleiche Mißverständnis bei der westdeutschen „alternativen" Szene, deren politische Kultur ebenfalls nicht staatsfixiert, sondern auf gesellschaftliche Selbstorganisation angelegt war, dazu, daß Westdeutsche aus solchen Zusammenhängen früh und vergleichsweise intensiv Kontakt zu oppositionellen Basisgruppen in der DDR herstellten. Dies wiederum bestätigte in einer Art Rückkopplungseffekt die Vorurteile der etablierten politischen Klasse. So verriet der FDP-Politiker Otto Graf Lambsdorff dem Leiter der Ständigen Vertretung, Bräutigam, ausweislich eines MfS-Protokolls Anfang 1988, für ihn sei „das Potential, welches sich hier in der DDR rühre, fast vergleichbar mit 'linken' Kräften und Teilen der Grünen in der BRD (...) Lambsdorff habe nachdrücklich erklärt, daß die Bundesregierung in keiner Weise eine Anheizung der Geschichte wolle" und überdies „bemerkt, daß [der verhaftete Liedermacher Stephan] Krawcyk nicht seine persönliche Sympathie habe."[47]

Daß die DDR-Opposition geschnitten wurde lag auch daran, daß ihr Politikansatz auch nach Westen hin kritisch war. In einer ganzen Reihe von Fällen wurden durch das Aufbegehren oppositioneller Gruppen in der DDR handfeste innenpolitische Interessen in der Bundesrepublik (oft einzelner Bundesländer) berührt. Als Beispiel anführen lassen sich das Engagement der unabhängigen ostdeutschen Umweltbewegung gegen die mit Westmüll betriebene, aber nicht westlichen Standards entsprechende Sondermüll-Verbrennungsanlage Schöneiche bei Berlin und die größte europäische Giftmülldeponie in Schönberg, die vor allem von Hamburg, Schleswig-Holstein und anderen westdeutschen Bundesländern beschickt wurde. Daß die ostdeutsche Opposition gegen die preiswerte Entsorgung westlicher Konsumabfälle auf Kosten der DDR-Bürger protestierten, wo man sich mit der SED doch ohne Probleme einig geworden war, machte sie bei bundesdeutschen Politikern nicht gerade beliebt. Vor diesem Hintergrund wurden Versuche unabhängiger ostdeutscher Umweltgruppen, mit verantwortlichen bundesdeutschen Politikern ins Gespräch über Sachfragen zu kommen, in aller Regel ignoriert. Der damalige Bundesumweltmini-

---

46 „Das Unverständnis westlicher Politik gegenüber der osteuropäischen Opposition beruhte auch auf dem Verkennen, der harten Arbeit, im Vorpolitischen das Politische zu ermöglichen", so Neubert (Geschichte der Opposition, S. 423). Neubert weist zu Recht darauf hin, daß auch diejenigen Oppositionellen, die schließlich nicht über das Vorpolitische hinauskamen, mithalfen, den Nährboden für die Freiheit zu bereiten.

47 Ebd., S. 661 f.

ster Töpfer etwa fand keine Zeit, auf einen Brief des Grün-ökologischen Netzwerks „Arche" zu antworten.[48]

Der Eindruck vieler Oppositioneller in der DDR, daß das Interesse von Westpolitikern an ihnen eher vordergründig und taktischer Natur sei, sie gewissermaßen als Bauern im bundesdeutschen Politschach betrachtet wurden, kam nicht von ungefähr. Denn in gewissem Sinne hatte die Opposition in der DDR aus der Sicht der bundesdeutschen Politik eine klare – und zwar innenpolitische – Funktion. Im konservativen Lager dienten Verweise auf Widerstand und Opposition in der DDR regelmäßig dazu, innenpolitisch motivierte Appelle an antikommunistische Instinkte zu illustrieren. Im linken Spektrum wurde damit dem obligaten Solidaritätsideal genüge getan; häufiger noch mit dem Argument darauf verzichtet, öffentliche Kritik an gewissen „Zuständen" im Realsozialismus könne von „Reaktionären" und „Revanchisten" als Bestätigung ihres „totalitären Antikommunismus" (Günther Gaus[49]) interpretiert werden, also dem innenpolitischen Gegner in die Hände spielen.

Die Grenze zwischen Unsensibilität und bewußter Instrumentalisierung mag oft fließend gewesen sein. Es gibt jedoch eine Reihe von Beispielen, die belegen, daß bundesdeutsche Politiker ganz gezielt innenpolitische Opportunitätserwägungen zur Grundlage ihres Verhaltens gegenüber der ostdeutschen Opposition machten.

So erklärte Bundeskanzler Helmut Kohl in einer vielbeachteten Wahlkampfrede am 4. Januar 1987, in der DDR würden „immerhin über 2.000 unserer Landsleute in Gefängnissen und Konzentrationslagern gehalten"[50]. Diese Bemerkung löste erwartungsgemäß einen Sturm der Entrüstung bei der Linken und Kopfnicken bei der Rechten aus und erfüllte damit vermutlich ihren wesentlichen Zweck. Die DDR-Oppositionellen konnten ihre Realität darin dagegen kaum wiedererkennen. Selbst ein konsequenter DDR-Kritiker wie Karl-Wilhelm Fricke sah sich zu der Anmerkung veranlaßt, der KZ-Vergleich sei zu stark und offensichtlich auf den Wahlkampf bezogen.[51] Daß es sich nicht um das Signal für eine Wende in der Menschenrechtspolitik gegenüber der DDR gehandelt hatte, wurde spätestens deutlich, als Erich Honecker ein dreiviertel Jahr nach der Bundestagswahl mit militärischen Ehren in Bonn empfangen wurde und Bundeskanzler Kohl in seiner Festansprache zu Ehren des Staatsgastes selbst auf die Erwähnung des Wortes „Wiedervereinigung" verzichtete.[52]

Nicht immer waren Instrumentalisierungsversuche so offensichtlich. Als SPD-Politiker Ende 1987/Anfang 1988 erstmals seit langem offen die SED wegen ihres harten Vorgehens gegen die Opposition kritisierten und daraufhin der ZK-Abteilungsleiter Gunter Rettner Oskar Lafontaine ermahnte, solche

48 Cooper: Hilfe vom Klassenfeind, in: Jordan/Kloth (Hg.): Arche Nova, S. 103.
49 Günther Gaus: Wo Deutschland liegt, S. 8.
50 Zit. nach: Chronik, in: DA 2/87.
51 Fricke, in: DA 2/87, S. 160 ff.
52 Bulletin des Presse- und Informationsamtes der Bundesregierung Nr. 83 vom 10. September 1987, S. 705 ff.

Demarchen belasteten die Glaubwürdigkeit der SPD, antwortete Lafontaine, er habe seine Erklärung zur Zions-Affäre „in erster Linie aus innenpolitischer Sicht abgegeben. Die Wirkung in der DDR habe er dabei nicht im Auge gehabt."[53] Gerade weil bekannt sei, daß er so gute Beziehungen zu Honecker und zur SED habe, würden die Menschen einen Kommentar von ihm erwarten, wenn Menschen wegen ihrer Anschauungen Schwierigkeiten bekommen. Als Rettner sich gegen diese Interpretation verwahrte, erwiderte Lafontaine laut Protokoll: „Eine 'völlige Enthaltsamkeit bei kritikwürdigen Erscheinungen in der DDR könne er aus innenpolitischen Gründen nicht' üben. Allerdings müsse man in Zukunft sorgsamer abwägen, wann und wo man das tut. Ein rechtzeitiger Hinweis aus Berlin könne dabei sehr hilfreich sein."[54]

Diese Äußerung könnte so verstanden werden, als habe sich die SPD-Spitze direkte Hinweise von der SED-Führung erbeten, in welcher Form die DDR Kritik an ihrer Menschenrechtspraxis zu tolerieren bereit sei, wenn es für die SPD aus taktisch-innenpolitischen Gründen unausweichlich sei, solche zu üben. Selbst wenn dies eine zu weitgehende Interpretation sein sollte, so bleibt die Feststellung, daß die Sozialdemokraten ihr Verhältnis zur DDR-Opposition rein funktional betrachteten. Dies belegt auch eine weitere Äußerung von Mitte 1988, als Lafontaine laut Rettners Bericht darauf hinwies, daß „die SPD in eine Schieflage komme, wenn sie den Konservativen das Eintreten für systemkritische Kräfte in den sozialistischen Staaten überlasse ... Im Präsidium der Partei herrsche Übereinstimmung, daß das Eintreten für Kräfte in den sozialistischen Staaten, die Kritik äußerten, für die SPD zunächst eine innenpolitische Frage [sei]. Zugleich herrsche Einigkeit darüber, daß Sozialdemokraten bei ihrem Auftreten in der DDR alles vermeiden müßten, was eine Stärkung dieser Kräfte bedeute."[55]

3.1.4. Äquidistanz: Unmöglich?

Daß Kontakte zu den SED-Machthabern – zumindest für die jeweilige Bundesregierung, in geringerem Maße für Parteien und Verbände – unumgänglich, notwendig und auch produktiv waren, ist unbestreitbar. Ob diese Kontakte durch parallele Kontakte zur Opposition wirklich gefährdet worden wären, scheint fraglich. Selbst wenn dies unterstellt wird, stellt sich die Frage, ob und inwieweit es nicht gewichtige prinzipielle wie realpolitische Gründe gab, um eine Beeinträchtigung der Beziehung gegebenenfalls in Kauf zu nehmen.

Eine Politik der „Äquidistanz" zu DDR-Regierung und Opposition hätte unter demokratietheoretischen Gesichtspunkten den bundesdeutschen Kontakten zur illegitim herrschenden SED unzweifelhaft größere Legitimation gegeben. Unter realpolitischen Gesichtspunkten wären möglichst umfassende Beziehungen

---

53 Zit. bei Garton Ash: Im Namen Europas, S. 493.
54 Zit. bei Garton Ash: Im Namen Europas, S. 493.
55 Zit. bei Garton Ash: Im Namen Europas, S. 493. Der letzte Satz ist laut Garton Ash schwarz unterstrichen, vermutlich von Politbüromitglied Hermann Axen.

zur demokratischen Opposition schon aus Informationsgründen sinnvoll gewesen. ein aus Perspektive der Opposition gegen den Strich gebürstetes DDR-Bild hätte eigentlich als unabdingbare Ergänzung zum offiziellen gelten müssen. Das Beispiel anderer westlicher Demokratien, die über ihre Botschaften immer wieder Kontakt zu ostdeutschen Dissidenten suchten und fanden, legt nahe, daß Äquidistanz im Prinzip möglich war. Rainer Eppelmann erinnert sich, daß Anfang der achtziger Jahre die britische Botschaft die erste war, die sich bei ihm in der Berliner Samaritergemeinde meldete, gefolgt von den Amerikanern, den Österreichern, Schweizern, Franzosen und sogar den Jugoslawen. Insbesondere die Amerikaner interessierten sich nicht nur für Informationen, sondern hielten Eppelmann aktiv „auf dem laufenden über die Position ihrer Regierung, vor allem zu Fragen der Abrüstung."[56]

Die Ständige Vertretung der Bundesrepublik in der DDR hat dagegen von sich aus keinerlei Anstrengungen unternommen, um von sich aus Kontakt zu Oppositionellen aufzunehmen; sie „meldete sich erst spät bei uns" (Eppelmann[57]). Im Gegenteil scheint die Ständige Vertretung Kontakte mit Oppositionellen als inopportun betrachtet und sie sogar aktiv verhindert zu haben. Als etwa die damalige Bundesministerin für innerdeutsche Beziehungen, Dorothee Wilms (CDU), nach den Verhaftungen bei der Luxemburg-Liebknecht-Demonstration im Januar 1988 das Gespräch mit dem SED-kritischen Propst Heino Falcke suchte, wurde ihr ausweislich eines MfS-Protokolls vom stellvertretenden Leiter der Ständigen Vertretung, Franz-Jürgen Staab, bedeutet, es sei „nicht empfehlenswert, mit 'solch einem' kirchlichen Vertreter als erstes ins Gespräch zu kommen."[58] Manfred Stolpe hat neben dem DDR-Außenministerium auch die Unterstützung der Ständigen Vertretung gesucht, um westdeutsche Korrespondenten vom Besuch kirchlich-oppositioneller Veranstaltungen abzuhalten.[59]

---

56 Eppelmann: Fremd im eigenen Haus, S. 279. Im Oktober 1987 fand sogar ein Treffen zwischen Ost-Berliner Oppositionellen und einer hochrangigen US-Delegation statt, zu der der Vorsitzende der amerikanischen „Kommission für Sicherheit und Zusammenarbeit in Europa", Steny H. Hoyer, Mitglieder des US-Kongresses sowie der US-Botschafter in Ost-Berlin gehörten. Im Juni 1989 trafen sich sieben Mitarbeiter der US-Botschaft in Ost-Berlin mit Vertretern des „Grün-ökologischen Netzwerks 'Arche'" und diskutierten unter anderem die Frage, ob nach der gefälschten Kommunalwahl am 7. Mai 1989 nun eine Reform des DDR-Wahlrechts nach polnischem Muster denkbar wäre. Daß es vor Ende 1989 ein ähnliches Treffen von Repräsentanten der Bundesregierung, des Bundestages oder der Ständigen Vertretung mit DDR-Oppositionellen gegeben hätte, ist nicht bekannt. (BStU, AIM 161/991, IMB „Reinhard Schumann", II, S. 48).

57 Eppelmann: Fremd im eigenen Haus, S. 279.

58 Neubert: Geschichte der Opposition, S. 662; weitere Beispiele bei Holzweißig: Zensur, S. 211 ff; Eppelmann: Fremd im eigenen Haus, S. 249 ff. Das Verhalten der Ständigen Vertretung war so offensichtlich einseitig, daß Anfang Dezember 1987 der CDU-Bundestagsabgeordnete Alfons Müller per Presseerklärung forderte, die Ständige Vertretung solle „nicht nur mit den Unterdrückern, sondern auch mit den Unterdrückten enge Kontakte" pflegen, notwendig seien „geistiger Austausch und gemeinsames Handeln." (Zit. nach W. Knabe, in: Materialien, VII/2, S. 1128).

59 Holzweißig: Zensur, S. 213, der auch darauf hinweist, daß der ehemalige Leiter der StäV, Hans Otto Bräutigam, unter Ministerpräsidenten Manfred Stolpe zum brandenburgischen Justizminister avancierte und der ehemalige Pressereferent der StäV, Grasshoff, bis zu seiner Pensionierung 1993 das Presse- und Informationsamt der Landesregierung leitete; ebd.

Auf Parteiebene spricht das Beispiel der Grünen dafür, daß es durchaus möglich war, das Prinzip „keine SED-Kontakte ohne Oppositionskontakte" durchzuhalten, ohne daß dadurch der Gesprächsfaden zur SED abreißen mußte. Nachdem Die Grünen 1983 zum ersten Mal in den Bundestag gewählt worden waren, reiste Ende Oktober 1983 eine Grünen-Delegation auf Einladung Honeckers in die DDR. Bereits zur Vorbereitung des Besuches hatte die Bundestagsfraktion die exilierten DDR-Oppositionellen Jürgen Fuchs und Roland Jahn nach Bonn zu Hintergrundgesprächen eingeladen; Fuchs und Jahn benannten dabei auch konkrete Ansprechpartner in der DDR-Opposition.[60] Zum Treffen mit dem SED-Generalsekretär Erich Honecker erschien Die Grünen-Politikerin Petra Kelly im „Schwerter zu Pflugscharen"-T-Shirt und nötigte Honecker zudem freundlich zur Unterschrift unter einen „persönlichen Friedensvertrag" mit ihr selbst. Anstatt, wie sonst vielfach üblich, die Freilassung ausgewählter inhaftierter DDR-Bürger für das Protokoll zu fordern und sich dann dem Geschäftlichen zuzuwenden, suchte Delegationsmitglied Otto Schily bei Honecker um eine Besuchsmöglichkeit bei der in Halle/Saale inhaftieren Oppositionellen Kartin Eigenfeld nach, die kurze Zeit später freikam. Nach Abschluß des offiziellen Programms trafen Grünen-Politiker in mehreren Ost-Berliner Wohnungen Vertreter von ostdeutschen Friedenskreisen, bei denen sie diesen über den Inhalt des Gesprächs bei Honecker berichten.[61] Bei einem Treffen mit dem berlin-brandenburgischen Bischof Gottfried Forck und Konsistorialpräsident Manfred Stolpe forderten Die Grünen-Politiker die Kirchenleitung auf, die unabhängige Friedensbewegung zu unterstützen. Am nächsten Tag folgten weitere Treffen einzelner Delegationsmitglieder bei Bärbel Bohley mit den „Frauen für den Frieden", bei Martin Böttger, Gerd und Ulrike Poppe sowie dem Friedenskreis Pankow um Vera Wollenberger, bei denen unter anderem die Idee der „persönlichen Friedensverträge" zwischen Ost- und Westdeutschen diskutiert wurde, die sich im weiteren zu einer wichtigen persönlichen Klammer über die Mauer hinweg und zum Kern verschiedener langfristiger Ost-West-Unterstützungsbeziehungen entwickelten.[62]

Dieses couragierte Verhalten lieferte auf eindrucksvolle Weise den Beleg, daß parallele Kontakte zur Opposition und zur SED (und sogar noch demonstrative Unterstützung der Opposition) möglich waren und sich dies nicht – wie von den bundesdeutschen Sozialdemokraten dennoch auch später immer wieder behauptet – gegenseitig ausschloß. Das Prinzip „Keine Regierungskontakte ohne Oppositionskontakte" wurde von einzelnen Grünen-Politikern auch später noch durchgehalten, als die offizielle Linie der Partei sich stärker in Richtung einer affirmativen Haltung gegenüber dem SED-Herrschaft verschoben hatte.[63]

---

60 Gespräch mit Roland Jahn.

61 G. Poppe: Grenzüberschreitender Dialog, in: Haufe/Bruckmeyer (Hg.): Bürgerbewegungen, S. 209.

62 Weißhuhn, in: Materialien, VII/2, S. 1865 ff., 1880 ff.

63 Dies galt selbst für den Volkskammer-Besuch einer Grünen-Delegation 1986, der einen im Sinne der SED „korrekten Verlauf" nahm. Bei Treffen einiger Delegationsmitglieder mit DDR-Oppositionellen am Rande der Reise äußerten sich letztere enttäuscht und kritisierten die Naivität,

Selbst wenn es zutrifft, daß zumindest bis 1987 Proteste in der DDR zu innenpolitischen Repressionen geführt und eine offene Rebellion die Rote Armee
auf den Plan gerufen hätte, so stellt sich doch die Frage, inwieweit die Dog-
matisierung des Prinzips der Nichteinmischung eine faktische Einmischung
durch Unterlassung zuungunsten der demokratischen Kräfte – man könnte
auch sagen: eine Bevormundung – darstellte. Garton Ash urteilt, auf dem
schmalen Pfad zwischen der Aufstachelung eines unterdrückten Volkes zur
Revolte und seiner Entmutigung habe „sich die Bundesrepublik auf die Seite
der Entmutigung" verirrt.[64]

3.1.5. Westdeutsche Politiker als Unterstützer der DDR-Opposition

Die westdeutschen Parteien als solche haben mit der Opposition in der DDR
bis in den Herbst 1989 hinein weder institutionalisierte Beziehungen unterhalten noch ihr systematisch Unterstützung zukommen lassen. Aus der SPD heraus wurden im Gegenteil Forderungen und Formierungsbestrebungen der Opposition kritisiert.[65]

Erste offiziöse Kontakte hatten sowohl die CDU/CSU als auch die SPD erst-
mals Ende 1987. Im Oktober 1987 – noch vor den Verhaftungen bei der MfS-
Razzia auf die Berliner „Umweltbibliothek" in der Zionsgemeinde Ende No-
vember 1987 – traf sich eine Delegation von Abgeordneten der CDU/CSU-
Bundestagsfraktion, darunter der Vorsitzende von deren Arbeitsgruppe
Deutschlandpolitik und Berlinfragen, Eduard Lintner, in Ost-Berlin mit zehn
Oppositionellen aus dem Umkreis der IFM und des Friedenskreises der Sama-
ritergemeinde. Das Treffen kam für beide Seiten einem Tabubruch gleich: des
„West-Tabus" (Weißhuhn) der DDR-Oppositionellen[66], des „Basis-Tabus" auf

---

mit der die Gespräche geführt und das von der SED präsentierte DDR-Bild aufgenommen worden
sei. Vgl. Weißhuhn, in: Materialien, VII/2, S. 1895.

64 Garton Ash: Im Namen Europas, S. 304. Daß sie sich im Falle einer größeren Repressionswelle
arrangiert hätte, legt das Beispiel Polen nahe: Helmut Schmidt sprach nach der Erklärung des
Kriegsrechts von einer „großen Erleichterung"; Theo Sommer erklärte in der „Zeit", man solle „dem
perfekten Militärputsch des Generals Jaruzelski" „Gelingen wünschen" (Ebd., 426).

65 Nach Bekanntwerden der SDP-Gründung am 28. August 1989 erklärte der damalige Regierende
Bürgermeister von West-Berlin, Walter Momper (SPD): „Mit Parteigründungen durch kleine Gruppen kann in der DDR jetzt gar nichts bewegt werden. Wichtig ist, daß sich der Reformdruck in der
Bevölkerung der DDR und in Teilen der SED endlich in der Spitze der Staatspartei durchsetzt. Denn
die SED hat in der DDR tatsächlich die Macht, und sie wird sie in absehbarer Zeit behalten. Änderungen gehen nur über diesen Weg." (vgl. „taz" vom 30.8.1989; Die Welt vom 30.8.1989, FAZ vom
30.8.1989).

66 Der „linke" Flügel" der Ost-Berliner Opposition kritisierte das Treffen mit den „Herrschenden" aus
Bonn heftig. Gerd Poppe verteidigte es dagegen in einem Artikel im IFM-Samisdat „Grenzfall":
„Unsere natürlichen Partner ... sind und bleiben die Friedens-, Ökologie-, Menschenrechts- und andere Emanzipationsbewegungen." Jedoch: „Wir würden viel von unserer Glaubwürdigkeit verlieren,
beschränkten wir uns darauf, den Dialog mit denen zu suchen, die ohnehin schon unserer Meinung
sind. Wenn wir eine neue politische Kultur fordern, meinen wir nicht alternatives Insidertum. Der
schon seit Jahren (auch grenzüberschreitend) geführte Basisdialog sollte auch dahingehend erweitert
werden, daß er zwischen möglichst vielen Menschen unterschiedlichster politischer Auffassung
stattfinden kann. Für die Mitglieder unabhängiger Gruppen sollte es auch eine Selbstverständlichkeit werden, mit Vertretern offizieller Organisationen und Parteien (auch regierender Parteien) Ge-

Seiten der dem basisdemokratisch-alternativen, „linken" Politikansatz der Oppositionellen skeptisch gegenüberstehenden, konservativen Westpolitiker. Neben den großen politischen Themen, bei denen die Gegensätze unüberbrückbar blieben, gaben die Oppositionellen ihren Besuchern eine Reihe konkreter Anregungen, so neben der schon erwähnten Bitte, nicht immer die Bundesrepublik mit Deutschland gleichzusetzen, die, sich für die Beendigung von Einreiseverboten, die Teilnahme nichtstaatlicher Vertreter aus der DDR an internationalen Konferenzen und Tagungen und die Teilnahme westlicher Parteienvertreter an nichtstaatlichen Veranstaltungen in der DDR einzusetzen.[67]

Die Reaktionen der CDU/CSU-Politiker nach dem Treffen illustrieren, wie solche Treffen Berührungsängste abbauen halfen. Der CSU-Bundestagsabgeordnete Lintner wertete das Zusammentreffen als sehr informationsreich und interessant. „Angenehm überrascht" sei er von dem Ausmaß der Übereinstimmung in einigen Grundfragen wie Freizügigkeit und Frieden gewesen. Ihm sei deutlich geworden, wie wichtig es sei, sich für die Aufhebung von Einreiseverboten in die DDR einzusetzen „bei uns ist das eigentlich eine Forderung gewesen, die unter ferner liefen abgehakt worden ist, aber hier besteht ein ganz dringendes Bedürfnis nach Kontakten."[68] Andererseits zeigten sie auch einen deutlichen paternalistischen Zug, der 1990 in der fatalen Bemerkung von der „Laienspielschar" gipfelte. CDU-MdB Heribert Scharrenbroich (Jahrgang 1940) schilderte seine Eindrücke von der Begegnung mit Gerd Poppe (Jahrgang 1941), Rainer Eppelmann (Jahrgang 1943) und anderen im „Deutschlandfunk" wie folgt: „Ich glaube, besonders ergreifend war eigentlich, wie diese jungen Menschen darauf hinwiesen, daß wir nicht nur von einer deutschen Teilung zu sprechen hätten, sondern von einer europäischen Teilung. Hier in der DDR kann man gar nicht verstehen, daß wir, wenn wir von Europa sprechen, eigentlich immer nur Westeuropa meinen."[69]

Aus diesem Treffen resultierten immerhin wichtige, dauerhafte Beziehungen zu den Besuchern[70], weitere Treffen dieser Art zwischen Gruppen und CDU/CSU-Delegationen folgten jedoch nicht.

Der Parteivorstand der SPD benannte im Dezember 1987 – unmittelbar nachdem die SED durch die „Zions-Affäre" die im kurz zuvor präsentierten SED-

---

sprächte zu führen. (...) Mit den Grünen in der Bundesrepublik findet der Dialog bereits seit vier Jahren statt ... Wenn wir nun solche Gespräche auch auf Parteien ausdehnen, mit denen uns weniger gemeinsame Überzeugungen verbinden als mit den Grünen, so sollten dabei weniger die Gefahren einer Vermarktung unserer Positionen in westlichen Medien gesehen werden als die Chancen, die klare und offene, auf allen Ebenen geführte Gespräche für die Überwindung der Prinzipien der Abschreckung und der Abgrenzung sowohl für die internationalen Beziehungen als auch innergesellschaftlich bieten können. Im übrigen haben wir, glaube ich, unseren Gesprächspartnern von der CDU/CSU sehr deutlich gemacht, daß uns an einer parteipolitischen Instrumentalisierung unabhängiger DDR-Initativen in der Bundesrepublik nicht gelegen ist." G. Poppe, in: Hirsch/Kopelew (Hg.), Grenzfall, S. 131 f.

67 G. Poppe, in: Hirsch/Kopelew (Hg.): Grenzfall, S. 132.
68 W. Knabe, in: Materialien, VII/2, S. 1227.
69 Weißhuhn, in: Materialien, VII/2, S. 1899.
70 Neubert: Geschichte der Opposition, S. 662.

SPD-"Ideologiepapier" niedergelegten Prinzipien einer „Streitkultur" konterkariert und die Sozialdemokraten der Häme ihrer innenpolitischen Gegner preisgegeben hatte – eine „Kontaktgruppe", die Beziehungen zur DDR-Opposition halten sollte.[71] Diese führte Gespräche mit Eppelmann und Kirchenfunktionären, doch bedeutete ihre Benennung im Grunde nur eine parteioffizielle Anerkennung bereits bestehender Kontakte, nicht eine wirkliche Wende in der auf die SED ausgerichteten Politik der SPD.[72] Diese Wende deutete sich erstmals im Juni 1989 an, als der SPD-Parteivorstand „Grundsätze für die Wahrnehmung von Kontakten mit der SED und deren Gliederungen sowie mit Institutionen, Parteien, Organisationen und Gruppierungen in der DDR" beschloß, in denen der Wille zum Dialog mit der SED bekräftigt, zugleich jedoch angemerkt wurde, „bei Gelegenheit solcher Kontakte" sei „zur Vertiefung der Information und des kritischen Dialogs" auch „das Gespräch mit kirchlichen Gruppen, Vertretern abweichender Meinungen, mit Einzelbürgerinnen und Bürgern notwendig und erwünscht."[73] Als Horst Ehmke Mitte September 1989 auf dieser Grundlage plante, sich bei einer bevorstehenden DDR-Reise auch mit Bärbel Bohley zu treffen, verweigerte ihm die SED die Einreise.[74] Erst angesichts dieses Affronts seitens der SED erklärte die SPD, zukünftig Kontakten mit kirchlichen und oppositionellen Vertretern Vorrang vor solchen zur SED einzuräumen.[75] Zu diesem Zeitpunkt war die Opposition jedoch schon zu einer Massenbewegung geworden, die wiederum reflexhaft die Stabilitätsfixierung der Sozialdemokraten aktivierte.[76]

Für die FDP war nicht die SED Hauptansprechpartner in der DDR, sondern die LDPD; Kontakte zur Opposition unterhielt die Bundes-FDP nicht. Lediglich

---

71 Diese „Kontaktgruppe" bestand aus den Bundestagsabgeordneten Gert Weißkirchen, seit 1983/84 engagierter Unterstützer der Opposition in der DDR, Horst Sielaff, SPD-Experte für Kirchen und deutsche Volksgruppen in Osteuropa, sowie Jürgen Schmude, der als Präses der EKD-Synode über Kontakte zum BEK verfügte. Es ist nicht ganz klar, ob der Auftrag der Kontaktgruppe lautete, feste Beziehungen zu „der Opposition" in der DDR aufzubauen oder nur zu Eppelmann und dem Friedenskreis Samariter. De facto beschränkte er sich auf Letzteres und Gespräche mit Kirchenvertretern. Vgl. W. Knabe, in: Materialien, VII/2, S. 1183 f.

72 Egon Bahr hat später eingestanden, die Berechtigung der Frage, „ob die SPD nicht 1984 oder 1985 prinzipiell hätte umschalten sollen, also auf eine Linie, die sie in einen operativen oder auch nur losen Kontakt zu den Opponenten gebracht hätte" sei „nicht zu leugnen, nachdem das Ergebnis der Geschichte bekannt ist. Festzustellen bleibt jedenfalls, daß in Unkenntnis der späteren Geschichte diese Frage damals in keinem Gremium der SPD auch nur gestellt worden ist." Den Grund nannte Hans-Jochen Vogel: „Es bestand die Befürchtung, durch Kontakte mit der Opposition die Verbindung zur SED zu stören." (Ebd., S. 1177; Garton Ash: Im Namen Europas, S. 485).

73 Zit. nach: Presseservice der SPD, Nr. 478/89 vom 27. Juni 1989.

74 Garton Ash: Im Namen Europas, S. 482.

75 Vgl. FAZ vom 20.9.1989.

76 So erklärte Egon Bahr am 8. Oktober 1989, Honecker habe doch „homöopathische Veränderungen in seinem Staat" zugelassen: „Es hat, wenn sie so wollen, Reformen gegeben." Und in völliger Verkennung der tatsächlichen Lage in der DDR resümierte Bahr nur zehn Tage vor dem Sturz Honeckers: „Es ist ein Lehrsatz, der für jedes System gilt: Mitten im Strom wechselt man nicht die Pferde." (zit. nach: Garton Ash: Im Namen Europas, S. 483). Walter Momper erklärte noch am 29. Oktober 1989 gegenüber Bärbel Bohley: „... es gäbe keine Kraft, die die SED ablösen könnte. Demzufolge stehe Artikel 1 der Verfassung der DDR nicht zu Disposition, wäre die SED bereit, die Macht zu teilen, würde sie sich als kommunistische Partei aufgeben."(Zit. nach: Mitter/Wolle: Untergang auf Raten, S. 548).

zwischen dem Arbeitskreis „Kirche und Liberalismus" der niedersächsischen Landes-FDP (dessen Vorsitzender, der Staatssekretär und Landtagsabgeordnete Rudolf Fischer, schon vor 1982 Kontakt zu Friedensgruppe Güstrow gehabt hatte) und Rainer Eppelmanns Friedenskreis in der Berliner Samaritergemeinde kam es seit 1988/89 zu drei seminarartigen Arbeitstreffen. Die Bundespartei hat das Arbeitsergebnis des Arbeitskreises „Liberalismus und Kirche" jedoch nicht verbreitet. Ein Versuch von Rudolf Fischer, ein Gespräch zwischen Eppelmann und dem damaligen Bundesaußenminister Hans-Dietrich Genscher (FDP) zustandezubringen, scheiterte.[77]

Die bundesdeutschen Grünen unterhielten von allen Westparteien quantitativ wie qualitativ die intensivsten Kontakte zur DDR-Opposition. Sie setzten diese auch nach ihrer Wahl in den Bundestag 1983 parallel zur Aufnahme offizieller Kontakte zur SED demonstrativ fort und füllten so in der Formierungsphase der Opposition in der DDR „eine entscheidende Lücke, die durch das Unverständnis der Etablierten entstanden war." (Erhart Neubert[78]). Doch auch bei den Grünen mit ihrer starken Bindung an die (überwiegend unilateral argumentierende) westdeutsche Friedensbewegung war das offene Eintreten für die DDR-Opposition zu keinem Zeitpunkt mehrheitsfähig. Neben den enthusiastischsten Unterstützern hatte die DDR-Opposition bei den Grünen die entschiedensten Gegner.[79] Und auch bei dieser Partei, die viele ostdeutsche Oppositionelle als „natürlichen Bündnispartner" (Eppelmann) betrachteten, schlug ihnen vor allem Indifferenz entgegen[80] und kam es zu Instrumentalisierungen, die das Verhältnis schwer belasteten.[81] Die erbitterten internen Kon-

---

77 W. Knabe, in: Materialien, VII/2, S. 1174 f.

78 Neubert: Geschichte der Opposition, S. 667.

79 So verließen Teile der „Fundis" die Sitzung, als Marianne Birthler und Werner Fischer im November 1989 auf Einladung vor dem Landesausschuß Baden-Württemberg der GRÜNEN referierten. Großen Schaden richteten die Aktivitäten des (später als IM des MfS enttarnten) zeitweiligen deutschlandpolitischen Sprechers der Grünen Dirk Schneider an, der die Unterstützer als „Ostlandritter" diffamierte und das Einschmuggeln von Büchern in die DDR durch Petra Kelly und andere mit dem „Verschenken von Spiegeln und Perlenketten" verglich „das Vertreter der weißen Herrenrasse in Kolonialländern praktizieren."; vgl. W. Knabe, in: Materialien, VII/2, S. 1170, 1141.

80 Siehe die Schilderung der Erlebnisse eines ostdeutschen Öko-Oppositionellen bei: Cooper: Hilfe vom Klassenfeind, in: Jordan/Kloth (Hg.): Arche Nova, S. 102 f.

81 Hier ist vor allem die Verhinderung der Demonstration der blockübergreifenden Friedensbewegung in der DDR am 4. November 1983 zu nennen. Die in Aussicht gestellte Tolerierung der Übergabe von Protestresolutionen bei den Botschaften der UdSSR und der USA durch West-Grüne und Vertreter von DDR Friedensgruppen durch die DDR-Behörden wurde in den Augen der Oppositionellen durch die öffentliche Bekanntgabe des Vorhabens durch den Bundesgeschäftsführer der Grünen, Lukas Beckmann, auf einer Pressekonferenz in Bonn am 3. November torpediert. DDR-Sicherheitskräfte unterbanden die Aktion noch in der Nacht und am folgenden Tag durch 94 „Zuführungen". Die Ost-Berliner Opposition empfand das Scheitern der Aktion als eine Katastrophe und, so Irena Kukutz von den „Frauen für den Frieden", als einen „Scheidepunkt im Sinne auseinandergehender Wege" im Verhältnis zu den Grünen. Entsprechend auch Eppelmann: „Für mich bedeutete diese Katastrophe einen Bruch in meinem Verhältnis zu den Grünen, die ich bis dahin als natürliche Bündnispartner angesehen hatte. Die unabhängige Friedensbewegung in der DDR hätte in ihrer Entwicklung einen großen Schritt nach vorne machen können. Aber das hatten Lukas Beckmann und andere offenbar nicht begriffen. Sie waren schon auf Dutzenden von internationalen Friedenskundgebungen gewesen, da kam es auf eine in Ost-Berlin wohl nicht an. Wichtiger war ihnen die Publicity. Manche von uns heulten vor Wut, denn die Chance war passé, zum ersten Mal eine staatlich geduldete Demonstration durchzuführen, deren Träger die unabhängige Friedensbewegung

troversen, die sich in der westdeutschen Friedensbewegung und bei den Grünen an der Frage der Haltung gegenüber der unabhängigen Friedensbewegung in der DDR entzündeten, führten – bei aller Destruktivität im einzelnen – letztlich auch zu einem Klärungsprozeß, bei dem sich in einem, wenngleich kleinen, Teil der „alternativen" Bewegung in der Bundesrepublik eine deutlich proaktive Haltung gegenüber oppositionellen Gruppen in der DDR durchsetzte. Bei den etablierten Parteien blieben dagegen passive beziehungsweise reaktive Einstellungen und Verhaltensweisen die fast ausnahmslose Norm. SPD oder CDU setzten sich bei Verhaftungen für die Inhaftierten ein, suchten jedoch darüber hinaus lange keinen Kontakt.

In allen westdeutschen Parteien hat es jedoch einzelne Politiker gegeben, die die Opposition in der DDR beachteten, sich mit ihr auseinandersetzen und sie – zum Teil mit herausragendem Engagement – ideell, materiell und organisatorisch unterstützen.[82] Bereits ab 1977/78 Jahre entstanden vergleichsweise gute Kontakte einzelner grüner Politiker zu oppositionellen Gruppen in der DDR.[83] Nachdem, markiert durch den im Januar 1982 gemeinsam von Robert Havemann und Rainer Eppelmann initiierten „Berliner Appell", die unabhängige DDR-Friedensbewegung durch die Thematisierung der „inneren Friedensfähigkeit" der DDR unübersehbar als politische Opposition gegen die SED auftrat, nahmen auch einzelne Vertreter der etablierten Parteien Kontakte zu ostdeutschen Oppositionsgruppen auf. Mit dem damaligen Berliner Senator Norbert Blüm (der sich auch für die Einhaltung der Menschenrechte in Chile und Südafrika engagierte) und mit Ulf Fink (wie Blüm politisch in den CDU-Sozialausschüssen beheimatet), nahmen 1982 beziehungsweise 1983 erstmals höherrangige CDU-Politiker direkte Verbindung zur DDR-Opposition auf. Ein ausgesprochen wichtiger Kontakt entwickelte sich Mitte der achtziger Jahre zwischen Oppositionellen und den Brüdern Thomas Schwarz (RIAS, später „Radio 100,6") und Stefan Schwarz (Vorsitzender der Jungen Union Rheinland-Pfalz), Söhne des ehemaligen rheinland-pfälzischen Innenministers Heinz Schwarz.[84] Aus der SPD unterhielt vor allem Gert Weißkirchen seit 1983/84 Basiskontakte zur Opposition in der DDR.

in beiden deutschen Staaten war." Vgl. zum 4. November 1983 Weißhuhn, in: Materialien, VII/2, S. 1871 (dort das Kukutz-Zitat, S. 1881); Eppelmann: Fremd im eigenen Haus, S. 265 f., 267; auch Neubert: Geschichte der Opposition, S. 495.

82 Vgl. v. a. die detaillierten Dokumentationen von Wilhelm Knabe und von Reinhard Weißhuhn, beide in: Materialien, VII/2, S. 1110 ff. bzw. 1853 ff.

83 So hatte der damalige Schriftleiter des Umweltmagazins des „Bundesverbands Bürgerinitiativen Umweltschutz" (BBU) und spätere Pressesprecher der GRÜNEN (ab 1983), Michael Schroeren, der seit 1977 Kontakt zu DDR-Kriegsdienstverweigerern (u. a. Nico Hübner) und dem Friedensseminar Königswalde (Hans-Jörg Weigl, Georg Meusel), an dem er jährlich teilnahm, bis er 1979 (ein bis 1988 aufrechterhaltenes) Einreiseverbot erhielt, nachdem er dort 1979 selbst ein Referat gehalten hatte. Für dieses und weitere Beispiele vgl. Neubert: Geschichte der Opposition, S. 481; W. Knabe, in: Materialien, VII/2, S. 1167 f., 1175; Weißhuhn, in: ebd. VII/2, S. 1861.

84 Stefan Schwarz etwa besorgte 1987 Rainer Eppelmann, der zu einem Familienbesuch im Westen war, eine Einladung zum Kanzlerfest und stellte ihn dort zahlreichen Politikern vor. Vgl. Neubert: Geschichte der Opposition, S. 662; W. Knabe, in: Materialien, VII/2, S. 1226 f.; Eppelmann: Fremd im eigenen Haus, S. 282.

Auffällig sind die unterschiedlichen in der DDR gewählten nichtstaatlichen Ansprechpartner. Vereinfacht läßt sich sagen, daß die SPD am stärksten auf Kirchenkontakte ausgerichtet war – der, gemäß Helmut Schmidt, angeblich „einzig greifbaren Opposition in der DDR". Hierzu beigetragen hat sicherlich die starke Überlappung von Sozialdemokratie, Linksprotestantismus und Friedensbewegung in der Bundesrepublik, die sich in Namen wie Erhard Eppler und Jürgen Schmude personifiziert. Von der CDU wählten Blüm und Fink den seit seiner Verhaftung in Zusammenhang mit dem „Berliner Appell" vergleichsweise bekannten oppositionellen Pfarrer Eppelmann als Ansprechpartner. Ihr Schritt reflektierte damit auch eine Orientierung auf einzelne, als Leitfiguren ausgemachte, bekannte Persönlichkeiten. In der Kombination der Orientierung auf „prominente" Oppositionelle im Westen und dem weitgehenden Mangel an hervorstechenden Persönlichkeiten in der DDR-Opposition scheint ein nicht ganz unwichtiger Grund für das weitgehende Nichtzustandekommen von Beziehungen zwischen den großen bundesdeutschen Parteien und der DDR-Opposition bis in die Endphase der SED-Herrschaft zu liegen.[85]

Demgegenüber kamen Vertreter der Grünen mit ihrem „basisorientierten" und die Personalisierung politischer Fragen ablehnenden Politikverständnis der Realität der DDR-Opposition näher, weil es sie nach bestimmten gesellschaftlichen „Zusammenhängen", nicht nach Personen, ausschauen ließ. Daß ein Vorstandsmitglied von CDU oder SPD mit dem Fahrrad in die DDR einzureisen versuchen könnte, um das Kirchliche Forschungsheim Wittenberg, eine Keimzelle der „Öko-Opposition" in der DDR, zu besuchen und anschließend Gespräche mit einer kirchlichen Umwelt-Basisgruppe im Erzgebirge zu führen, wie es der Sprecher des Bundesvorstandes der Grünen, Wilhelm Knabe, und zwei grüne Landespolitikerinnen Mitte Oktober 1983 taten, war kaum vorstellbar.[86]

Vor diesem Hintergrund ist es auch verständlich, daß von den – gegen Politiker aller westdeutschen Parteien verhängten – Einreisesperren Grüne überproportional betroffen waren, da sie in den Augen des MfS ihre DDR-Reisen „skrupellos für die Inspirierung politischer Untergrundtätigkeit ... mißbrauchen"[87] würden.

Ein Höhepunkt in der politischen Zusammenarbeit war die im Dezember 1984 bei einem Treffen von Petra Kelly und Gert Bastian mit DDR-Oppositionellen in Ost-Berlin entwickelte Idee, in der DDR eine Grüne Partei als DDR-Sektion der westdeutschen Grünen zu gründen. Ein Positionspapier wurde erarbeitet

---

85 Daß die Profilierung einzelner Oppositioneller nicht nur von den Herrschenden, sondern immer wieder auch innerhalb der Opposition behindert wurde, darf in diesem Zusammenhang nicht unerwähnt bleiben. Die Versuche von Unterstützern wie Roland Jahn, in den westlichen Medien einzelne Oppositionelle gezielt aufzubauen, scheiterten immer wieder am Unverständnis für die Notwendigkeit, der Opposition für die westdeutsche Öffentlichkeit „ein Gesicht geben" zu müssen.

86 Die Einreise mit dem Fahrrad wurde nicht gestattet, die Gespräche fanden jedoch unbehindert statt; Weißhuhn, in: Materialien, VII/2, S. 1865. Nebenbei wirkte dieser Ansatz noch dem auch bei Oppositionskontakten vorherrschenden Berlin-Zentrismus entgegen.

87 Zit. nach Weißhuhn, in: Materialien, VII/2, S. 1891, auch 1875.

und die Bekanntgabe der Gründung auf dem bevorstehenden Bundeskongreß der Grünen in Hamburg geplant. Die Verwirklichung dieses Vorhabens hätte gleichzeitig eine politische Opposition in der DDR und eine quasi-gesamtdeutsche Partei (mindestens jedoch politische Beziehungen zwischen der DDR-Opposition und der bundesdeutschen Politik) institutionalisiert – angesichts der damit verbundenen Wechselwirkung ein in seiner Reichweite gar nicht zu über-, allerdings in seinen Folgen auch nur schwer abzuschätzendes deutschlandpolitisches Signal. Das Projekt wurde schließlich fallengelassen, da es bei den bundesdeutschen Grünen innerparteilich nicht durchsetzbar war, einige basisdemokratisch fixierte DDR-Oppositionelle die Organisationsform Partei grundsätzlich ablehnten, es zudem von Stasi-IMs zerredet wurde und schließlich die Gefahr drakonischer Repressalien erheblich schien. Auf dem Bundeskongreß der Grünen wurde dann nur eine Grußadresse verlesen, in der die DDR-Ökologiebewegung als „ein Zweig" des „weltweiten grünen Baumes" bezeichnet wurde, „der auch in unserem Land Wurzeln schlägt".[88]

Trotz des Mißlingens des deutsch-deutschen Parteiprojektes zeigte der Ansatz „immerhin, daß bereits zu diesem Zeitpunkt der Wille zur politischen Formierung in der DDR-Friedensbewegung ausgeprägt war" (Neubert[89]); wenngleich die Gründe des Scheiterns zugleich eine „ziemlich komplette Sammlung der inneren Grenzen oppositioneller Politik von damals" (Jordan[90]) darstellten. Der spätere Mitbegründer der „Grünen Partei in der DDR", Carlo Jordan, resümiert: „Wäre es bereits 1984 oder 1985 zur Gründung einer grünen Partei in der DDR gekommen, die sich bewußt als Teil der internationalen grünen Bewegung verstanden hätte, so wäre für die SED eine überaus schwierige Konstellation entstanden. Einerseits sah sie in einem Teil der West-Grünen 'militante' Gegner der DDR, andererseits waren die vom MfS sogenannten 'realistischen' Kräfte der West-Grünen ... ein wichtiger Faktor im Bemühen der SED, die westdeutsche Politik in ihrem Sinne zu beeinflussen. Vielleicht hätte die SED versucht, das Problem mit dem Angebot einiger Mandate auf der Einheitsliste der Nationalen Front zu lösen – was hätten wir dann getan? ... 1988 kam der Impuls für die Gründungsdiskussion jedenfalls nicht mehr aus dem Westen, sondern von den neuen grünen Bewegungen Osteuropas."[91]

Die politischen Kosten der Abgrenzung der westdeutschen Politik gegenüber ostdeutschen Oppositionellen sind hoch gewesen. Wann immer einzelne Politiker die Abgrenzung überwanden, erlebten sie den Kontakt als bereichernd. Einer berichtet, sie hätten ihm „neue politische Perspektiven eröffnet und mir die soziale Realität der DDR, besonders aber die politische Realität der marginalisierten Oppositionsgruppen näher gebracht. Ich konnte mich vor diesem Hintergrund – trotz vieler inhaltlicher Kontroversen – in ihren Denkansatz einfühlen."[92] Auch ein anderer, von Wilhelm Knabe zitierter Zeitzeuge aus der

---

88 Zit. nach Weißhuhn, in: Materialien, VII/2, S. 1877.
89 Neubert: Geschichte der Opposition, S. 518, 827.
90 Jordan: Akteure und Aktionen, in: Ders./Kloth (Hg.): Arche Nova, S. 65.
91 Ebd.
92 Zit. nach W. Knabe, in: Materialien, VII/2, S. 1163.

westdeutschen Politik meint, er habe viel aus der Zusammenarbeit mit der DDR-Opposition gelernt, insbesondere die Klärung des eigenen Verständnisses von Demokratie und Menschenrechten sowie der Weiterentwicklung der Zivilgesellschaft.[93] Wer sich aus dem eigenen, spezifisch westdeutschen Referenzsystem nicht lösen konnte oder mochte und desinteressiert, borniert oder offen ablehnend auf DDR-Oppositionelle reagierte, wurde im Herbst 1989 von seiner Indifferenz eingeholt.[94]

3.2. Widerstand und Opposition in der veröffentlichten Meinung der Bundesrepublik

3.2.1. Widerstand und Opposition in der DDR als Thema der bundesdeutschen Medien

Die elektronischen Medien des Westens waren für Bürger in der DDR – wie natürlich auch für die Bundesbürger – die wichtigste Informationsquelle über Opposition und Widerstand in der DDR. War schon das Interesse bundesdeutscher Medien an der DDR schon nicht gerade ausgeprägt, so galt dies in noch weit größerem Maße für Berichterstattung über die DDR-Opposition. Eine für diese Expertise anhand der Sendekartei der ARD vorgenommene Auswertung der in den politischen Magazinsendungen des ersten Programms zwischen 1975 und 1989 gesendeten Beiträge mit DDR-Bezug[95] ergab, daß der Umfang der DDR-Berichterstattung sich zwar zwischen 1975 und 1989 – mit einigen auffälligen Sprüngen, aber im Mittel kontinuierlich – ausweitete, während der Anteil von Berichten, die im weitesten Sinne Opposition gegen die SED the-

---

93 Ebd., S. 1173.

94 Eppelmann berichtet, wie die damalige SPD-Bundesgeschäftsführerin Anke Fuchs ihm 1987 auf seine Frage, warum die SPD so wenig Kontakt zur DDR-Opposition suche, erklärte, ihre Partei „verfüge über hervorragende Verbindungen zur DDR-Opposition, da müsse ich mich irren." Eppelmann findet dafür das Wort „unwahrhaftig". „Ähnlich desinteressiert" hätten sich bis auf wenige Ausnahmen die meisten Gesprächspartner gezeigt: vgl. Eppelmann: Fremd im eigenen Haus, S. 282. Eine besonders fragwürdige und bis heute umstrittene Episode ist das Verhalten des SPD-Politikers Karsten D. Voigt im Zusammenhang mit den Verhaftungen bei der Berliner Luxemburg-Liebknecht-Demonstration 1988; vgl. Garton Ash: Im Namen Europas, S. 494; Neubert: Geschichte der Opposition, S. 665.

95 Die Auswertung kann keine exakte, wissenschaftliche Gültigkeit beanspruchen, da aus den Eintragungen in der Sendekartei der genau Bezug von Beiträgen nicht immer zu ermitteln war und so die subjektive Einschätzung durch die Verf. ausschlaggebend war. Eine exakte Einordnung hätte die Durchsicht aller Beiträge vorausgesetzt, was in der zur Verfügung stehenden Zeit nicht zu leisten war. Eine Verzerrung ergibt sich vermutlich auch durch die Beschränkung auf die ARD. ZDF-Sendungen wie „Kennzeichen D" und „ZDF-Magazin" hatten deutsch-deutsche Themen zum Schwerpunkt, wobei das „ZDF-Magazin" eine besonders kritische Berichterstattung pflegte. Auf die Auswertung der ZDF-Sendungen mußte aufgrund der vom ZDF verlangten, erheblichen Bearbeitungsgebühren jedoch bedauerlicherweise verzichtet werden. Der Dank der Verf. gilt Frau Bess von der Sendekartei der ARD beim Bayrischen Rundfunk in München für ihre schnelle und unbürokratische Hilfe.

matisierten[96], weitgehend stagnierte und nur in Jahren mit spektakulären Ereignissen gelegentlich (aber keinesfalls immer) anstieg.[97]

Nur in einem Jahr, 1976, in das die spektakulären „Fälle" der Biermann-Ausbürgerung und der Selbstverbrennung Oskar Brüsewitz' fielen, hatte knapp die Hälfte der DDR-Berichte der ARD einen Bezug zur DDR-Opposition. Erst 1989 wurden wieder annähernd ähnliche Größenordnungen erreicht, als in den ersten drei Quartalen immerhin ein Drittel der gesendeten Beiträge im weitesten Sinne einen Bezug zur Opposition aufwies. In den Jahren dazwischen lag der Mittelwert bei rund 15 Prozent, mit Extremwerten von 5 Prozent (1980) und 27 Prozent (1986).

Noch einseitiger fällt das Bild aus, wenn man die hier in die weite Definition von Sendungen über Opposition und Widerstand einbezogenen Berichte über Flucht/Ausreise/Grenze sowie zum Freikauf politischer Gefangener und über allgemeine Repressionen (z. B. Zwangsadoptionen) herausnimmt und nur Berichte über oppositionelle Aktivitäten in einem engeren Sinne betrachtet. 1975 bezog sich gerade ein Beitrag auf letztere, 7 dagegen auf erstgenannten Komplexe; 1981 (1 von 7) und 1985 (1 von 6) waren die Zahlenverhältnisse praktisch identisch. Insgesamt reduziert sich die Zahl der zwischen 1975 und 1989 in der ARD gesendeten Beiträge mit Oppositionsbezug bei einer engen Betrachtung von 163 um mehr als die Hälfte auf nurmehr 71 – bei insgesamt 929 Beiträgen mit DDR-Bezug gerade einmal 7,6 Prozent.

In einer Reihe von Studien ist inzwischen die DDR-Berichterstattung der westdeutschen Medien kritisch untersucht worden.[98] Sie kommen übereinstimmend zu dem Ergebnis, daß ein Gutteil der bundesdeutschen Journalisten ungezwungen Selbstzensur geübt und sich bewußt oder unbewußt kritischer Berichte über die DDR enthalten habe. In einigen Fällen sind regelrechte Anbiederungen einflußreicher bundesdeutscher Journalisten und Medien gegenüber dem SED-Regime bekanntgeworden.[99]

Als exemplarisch kann die 1986 in der Hamburger Wochenzeitung „Die Zeit" erschienene Artikelserie „Reise in ein fernes Land" gelten, Ergebnis einer offiziell genehmigten Gruppenreise von „Zeit"-Redakteuren durch die DDR.[100] In den Artikeln setzten die privilegierten, rundum betreuten Westjournalisten ihre subjektiven, von den SED-Betreuern sorgfältig ausgewählten Eindrücke weit-

---

96 Neben Berichten über oppositionelle Aktivitäten in der DDR wurden auch Berichte über Flucht/Ausreise/Grenze und Freikauf/politische Gefangene/Repression einbezogen. Berücksichtigt sind auch die Beiträge, die regelmäßig zum Jahrestag des Mauerbaus oder am 17. Juni gesendet wurden.

97 Zu den westdeutschen Fernsehsendungen, die sich häufiger mit DDR-Themen und dortigen Protesterscheinungen befaßten, gehörten neben den ARD- und ZDF-Nachrichten die ARD-Sendungen „Report" und „Monitor" sowie das SFB-Magazin „Kontraste", im ZDF das „ZDF-Magazin" und das Magazin „Kennzeichen D".

98 Holzweißig: Zensur ohne Zensor; Hacker: Deutsche Irrtümer, S. 391 ff; Schenk: Darstellung der DDR, in: Eisenmann/Hirscher (Hg.): Zeitgeist, S. 149 ff.

99 Vgl. ebd.

100 Holzweißig: Zensur, S. 199 ff.; Hacker: Deutsche Irrtümer, S. 431 ff.

gehend unkritisch mit der Realität der DDR-Bürger gleich; die DDR erschien als ein zwar mit ökonomischen und sozialen Problemen kämpfender, aber doch im Grunde gar nicht so schlechter Staat. Nach allem was sie kennengelernt habe, „sei ihr völlig unverständlich, weshalb bestimmte Leute die DDR verlassen wollten", zitiert ein SED-Protokoll die „Zeit"-Redakteurin Antonia Grunenberg. Peter Christ, der während der Reise Verwandte in der DDR besucht hatte, die einen Ausreiseantrag gestellt hatten, und der das offizielle Bild bei Diskussionen innerhalb der Reisegesellschaft mit deren Argumenten zu kontrastieren versuchte, wurde – ausweislich des Protokolls ihres SED-Betreuers – von Marlies Menge und Grunenberg eindringlich geraten, die Aussage seiner Bekannten nicht zu verallgemeinern, denn „Unzufriedene und notorische Mekkerer gäbe es überall, man müsse das große Ganze sehen." „Zeit"-Chefredakteur Theo Sommer habe Christ das Beispiel seines Cousins („Leiter einer HO-Verkaufsstelle, zufrieden in der DDR, SED-Mitglied") entgegengehalten.[101]

Was waren die Gründe für solche krassen Fehlwahrnehmungen? Ein Grund war eine „gouvernementale" Fixierung der bundesdeutschen Journalismus. „Man hat sich an die bestehenden Machtverhältnisse gehalten", so Gerhard Spörl, einer der damals an der „Zeit-Reise" beteiligten Journalisten.[102] Die Erwartung, daß Veränderungen nur aus dem Parteiapparat heraus kommen könnten, habe dazu geführt, daß sich das DDR-Interesse politischer Journalisten eher auf Leute aus der zweiten Reihe der SED als auf die ohnehin nur diffus erscheinende Opposition richtete. Diese Tendenz wurde verstärkt durch die Gesetze des Medienmarktes: Das Zustandekommen der „Zeit-Reise" wurde seinerzeit als großer journalistischer Coup betrachtet, weil der SED augenscheinlich Einblicke abgerungen worden waren, die Journalisten sonst verwehrt blieben, einschließlich Treffen mit sonst unerreichbaren, hohen SED-Funktionären.

Ein zweiter Grund war das Aufbegehren der jüngeren Generation gegen den kämpferischen Antikommunismus der fünfziger und sechziger Jahre und dessen Feindbilder. Das Aufbrechen alter Tabus des Kalten Krieges war das Programm einer ganzen Journalistengeneration, das jedoch seine eigenen, neuen Tabus schuf. Die DDR, den „Staat der nicht sein darf" (Ernst Richert), durch Betonung des Alltäglichen, Normalen zu „entdämonisieren" hatte selbst für den nicht von vornherein affirmativen Journalismus seine Tücken. Da der Ansatz seine Wurzel mehr in einer kritischen (man könnte auch sagen: ödipalen) Grundhaltung gegenüber dem bundesdeutschen Establishment als in einer genauen Kenntnis der ostdeutschen Zustände hatte, verwischte zusehends die Grenze zwischen der Beschreibung der Normalität des DDR-Alltags in den bundesdeutschen Medien (die im Sinne der Stärkung des Zusammengehörigkeitsgefühls allgemein als sinnvoll erachtet wurde) und der Akzeptanz, ja Legitimierung des SED-Herrschaftssystems. Wenn Fernsehsendungen wie

---

101 Ebd., S. 200.
102 Gespräch H.M.K. mit Gerhard Spörl am 28.8.1997 in Hamburg.

„Deutsches aus der anderen Republik" (NDR) oder „Unter deutschen Dächern" (Radio Bremen) ausschließlich über Themen wie Kunsthandwerk im Erzgebirge, Kuren in Bad Elster oder ostdeutsche Pferdezucht berichteten, dann lag in der Auswahl der Themen auch bewußt oder unbewußt eine politische Botschaft[103]; genau wie in Günter Gaus' bewußter oder unbewußter Gästeauswahl für seine Gesprächssendung „Deutsche", in der vorzugsweise solche etablierten Ostdeutschen wie der Rektor der Akademie für Wissenschaften beim ZK der SED, Otto Reinhold, der SED-Historiker und Bismarck-Biograph Ernst Engelbrecht oder als Kirchenvertreterin die regimeloyale „Außenministerin" des BEK, Christa Lewek[104], auftraten.

Diese Einstellung beschränkte sich in der zweiten Hälfte der achtziger Jahre auch keinesfalls mehr auf „Linke". Die im Vorfeld des Honecker-Besuchs in Bonn im Mai 1987 getroffene Entscheidung, mit dem „ZDF-Magazin" die einzige Sendung des westdeutschen Fernsehens einzustellen, welche konsequent die Legitimation der SED und der DDR in Frage gestellt hatte, beruhte auf der Einschätzung von „keinesfalls dem linken Spektrum zuzurechnenden" Fernsehratsmitgliedern, das „ZDF-Magazin biete keine Überraschungen mehr. Man schalte es ein, und schon säße da wieder so ein Dissident, Flüchtling oder Antikommunist und erzähle, wie es angeblich hinter dem Eisernen Vorhang zugehe. Das interessiere nun wirklich niemanden mehr."[105] Das „ZDF-Magazin" hatte einen Sendeanteil von gerade 0,2 Prozent.[106]

Die dünne Berichterstattung über die und aus der DDR, zumal die kritische, reflektierte bis zu einem gewissen Grad allerdings auch das mangelnde Interesse der Leser und Zuschauer. Der „Spiegel"-Journalist Ulrich Schwarz konstatiert „ein fundamentales Desinteresse an der Berichterstattung aus der DDR" bei den Westdeutschen. Auf eine große, dreiteilige „Spiegel"-Serie über aufmüpfige Jugendliche („Null Bock auf DDR"), mit der man gehofft hatte, die bundesdeutschen Leser noch am ehesten zu erreichen, gab es nicht einen einzigen Leserbrief.[107] Auch die DDR-Korrespondenten der FAZ und der Frankfurter Rundschau, Peter Jochen Winters und Karl-Heinz Baum und der langjährige Leiter der Ost-West-Redaktion des „Deutschlandfunks", Karl-Wilhelm Fricke, bestätigen das weitgehende Desinteresse der bundesdeutschen Medienkonsumenten an DDR-Themen: „Wir haben ... immer wieder das Gefühl gehabt, eigentlich interessiert das ja im Westen niemanden."[108]

---

103 Dabei muß erwähnt werden, daß die Fernsehberichterstattung es besonders schwer hatte, weil sie für Bilder in höherem Maße als Schreiber auf die offiziell zugänglichen Quellen angewiesen war. So auch Schenk, in: Materialien, V/1, S. 635.

104 Lewek behauptete zum Beispiel im Januar 1984, während Ulrike Poppe und Bärbel Bohley wegen ihres Friedensengagements im Gefängnis saßen, wider besseres Wissen, in der DDR gäbe es keine unabhängige Friedensbewegung; vgl. Neubert: Geschichte der Opposition, S. 640.

105 So Fritz Schenk, der mit Gerhard Löwenthal für das „ZDF-Magazin" verantwortliche Redakteur; Schenk, in: Materialien, V/1, S. 710.

106 Ebd.

107 Schwarz, in: Materialien, V/1, S. 639.

108 Fricke, in: Materialien, V/1, S. 645, 670.

Die Wahrnehmung von Opposition und Widerstand in der DDR unter dem Primat des Konsumenteninteresses und des Nachrichtenwerts in den bundesdeutschen Redaktionen führte zu einer gewissen Dominanz der Themenkomplexe Flucht und Ausreise, die medienwirksame Dramatik (Flucht) oder unmittelbaren Bezug zum Leben der Bundesbürger (und sei es in Gestalt sozialer Ängste wie bei der Ausreisewelle 1984[109]) boten. Die von außen amorph erscheinende „immanente" DDR-Opposition ließ sich medial kaum in Szene setzen – es sei denn, sie erhielt bei Verhaftungen ein Gesicht und einen Namen. Westliche Öffentlichkeit erlangte die DDR-Opposition in den achtziger Jahren denn auch nicht aufgrund ihrer Kritik an der SED, sondern aufgrund der harten Reaktion der SED auf diese Kritik. Daß einzelne westliche Medien dann nach Verhaftungsaktionen den Motiven der scheinbar unversehens in die Fänge der Staatsmacht Geratenen nachspürten, trug jedoch zur Entstehung eines sedimentären Basiswissens über DDR-Opposition bei politisch Interessierten im Westen bei. Die Oppositionellen ihrerseits begannen, die Gesetze der westlichen Medienmarktes zu verstehen und für sich zu nutzen. Einen Durchbruch stellte in gewissem Sinne die „Zions-Affäre" im November 1987 dar, die für die DDR-Opposition zu einem Medienerfolg im doppelten Sinne wurde: Nicht nur gelang es, durch den erzeugten öffentlichen Druck die Freilassung der Inhaftierten zu erzwingen; seither verschwand zudem die DDR-Opposition nie mehr ganz aus dem Blick der westlichen Medien.[110]

Eine besondere Rolle nahmen die in der DDR akkreditierten westdeutschen Korrespondenten der verschiedenen Sender, Zeitungen und Nachrichtenagenturen ein. Neben den Korrespondenten der elektronischen Medien sind hier vor allem zu nennen die Vertreter der Agenturen AP, epd und dpa, die Zeitungen „taz", „Frankfurter Rundschau", „Die Welt", „Süddeutsche Zeitung", die „FAZ" und das Magazin „Der Spiegel". Zwar war der Großteil ihrer Berichte in den Printmedien über Mißstände und Problemlagen in Ostdeutschland dort selbst kaum wahrzunehmen, da ihre Blätter in der DDR nicht zu kaufen waren. Jedoch spielten vor allem die Nachrichtenagenturen bei der Schließung von Informationslücken in Ost und West eine wichtige Rolle als Multiplikatoren, weil ihre Meldungen aus der DDR zur Grundlage für Nachrichten in den verschiedensten anderen Medien wurden.

Fast alle Korrespondenten pflegten Kontakte zu Oppositionellen; schon deshalb, so Ulrich Schwarz, weil diese im Gegensatz zu Funktionären bereit waren, über die DDR zu reden.[111] Eine ganze Reihe westlicher Korrespondenten wurden von passiven Beobachtern und Berichterstattern zu aktiven Unterstützern und Beratern der Opposition in der DDR, die nicht nur Kurierdienste lei-

---

109 So berichtet Arp von einem in der Erwachsenenbildung tätigen Parteienvertreter, der auf einer öffentlichen Podiumsdiskussion die Bereitschaft von DDR-Übersiedlern zu Überstunden als „unsolidarisch" bezeichnet habe, DDR-Bürger kämen ohnehin nur wegen der materiellen Vorteile in den Westen; vgl. Arp: Integrationsprobleme, in: DA 4/86, S. 375.

110 Hans Michael Kloth; „Hände Hoch! Maschinen Aus! An die Wand!", in: Berliner Zeitung vom 24.11.1997, S. 3.

111 Schwarz, in: Materialien, V/1, S. 639 f.; Fricke, ebd., S. 645 f.

steten, materielle Hilfe organisierten oder Zugang zu westlicher Literatur ermöglichten, sondern auch inhaltlich bei Diskussionen über Ansichten und Aktionen ein anerkanntes kritisches Korrektiv bildeten.[112] Eppelmann weist außerdem darauf hin, daß die Oppositionellen nicht zuletzt auch von den Kontakten der Westkorrespondenten zu den Mächtigen in der DDR profitierten.[113]

Allerdings war die Berichterstattung der Korrespondenten über die DDR-Opposition nicht nur durch das geringe Interesse der Heimatredaktionen eingeschränkt, sondern auch durch die Gefährdung, die damit für ihre Quellen verbunden sein konnte. Karl-Heinz Baum verweist auf die „vielen Geschichten,
die ich nicht geschrieben habe, aus Rücksicht auf Informanten, die befürchteten, anschließend verhaftet zu werden."[114]; Auch Peter Jochen Winters bestätigt, es sei „bei unserer Arbeit in der DDR immer ganz wichtig (gewesen), daß
wir so etwas wie die eigene Schere im Kopf hatten und uns selbst zensierten.
Es war immer zu überlegen: Können wir das, was wir erfahren haben von bestimmten Leuten, so der Öffentlichkeit mitteilen oder müssen wir, um diese
Leute zu schützen, darauf verzichten. Auf diese Weise ist eine ganze Menge
nicht erschienen."[115]

Auch mußten westliche Korrespondenten stets selbst befürchten, bei kritischer
Berichterstattung Opfer von Repressionen der SED zu werden. Immer dann,
wenn es die politische Lage gestattete und sich den Hardlinern in der SED-Bü-
rokratie ein Anlaß bot, wurden Journalisten, die an DDR-Tabus gerührt hatten,
in die Schranken gewiesen. Als erstes betroffen war davon der „Spiegel"-
Korrespondent Jörg Mettke, der 1975 wegen eines Artikels über Zwangsadoptionen in der DDR (der nicht von ihm stammte) ausgewiesen wurde. Ende
1976 wurde der ARD-Korrespondent in der DDR, Lothar Löwe, des Landes
verwiesen, nachdem er in einem Bericht davon zu sprechen gewagt hatte, an
der innerdeutschen Grenze würden „Menschen wie Hasen abgeknallt". 1978
wurde das Ost-Berliner Büro des „Spiegel" geschlossen, nachdem das Hamburger Nachrichtenmagazin das „Manifest der DDR-Opposition" abgedruckt
hatte.[116] 1979 mußte ZDF-Korrespondent Peter van Loyen wegen eines nicht
genehmigten Interviews mit Stefan Heym die DDR verlassen. 1983 wurde der
„Stern"-Korrespondent Dieter Bub, der gute Beziehungen zu Eppelmann unterhielt, aufgrund einer Recherche über ein angebliches Attentat auf Honecker
ausgewiesen.[117] Solche Abstrafungen für kritische Berichterstattung hatten neben einer abschreckenden Wirkung auf Kollegen – denen bei einer Ausweisung durch den Verlust ihres Steuerfreiheitsprivilegs zudem nicht unerhebliche
materielle Einbußen drohten – auch immer wieder Entsolidarisierungen innerhalb der westdeutschen Heimatredaktionen zur Folge, die wegen ihres Abstan-

---

112 Eppelmann: Fremd im eigenen Haus, S. 255 ff., 309 ff.
113 Ebd., S. 255.
114 Baum, in: Materialien, V/1, S. 627.
115 Winters, in: Materialien, V/1, S. 628.
116 Vgl. Geppert: Störmanöver.
117 Holzweißig: Zensur, S, 186 f.

des und vermeintlich notwendiger Rücksichten auf den Entspannungsprozeß ohnehin die Verhältnisse in der DDR zu beschönigen geneigt waren.[118]

Eine Beschränkung für die Wirksamkeit der Korrespondenten lag weiterhin auch in dem ohnehin gegebenen, durch die Journalistenverordnung der DDR aber noch erheblich verstärkten Berlin-Zentrismus. Oppositionelle Aktivitäten in den „Territorien" wurden oft nicht wahrgenommen, sondern allenfalls, wenn sie mit größeren Veranstaltungen wie Synoden oder überörtlichen Friedensseminaren verbunden waren. Eine Folge dieser Tatsache war, daß die Opposition außerhalb Berlins länger und stärker medienskeptisch blieb.[119]

Schließlich blieben selbst westdeutsche DDR-Korrespondenten nicht von – durch ihre bundesdeutsche Sozialisation bedingten – Fehlinterpretationen der DDR-Wirklichkeit verschont. Die Tragweite der Aufdeckung der Wahlfälschung am 7. Mai 1989 durch die Opposition etwa wurde nicht in ihrer symbolhaften Bedeutung für die Widerlegung des marxistisch-leninistischen Mythos der Einheit von Volk und Partei begriffen, sondern stattdessen die ermittelten zehn Prozent tatsächliche Gegenstimmen nach dem Muster westlichen Wahlverständnisses als 90 Prozent Zustimmung für die SED und also als Beleg für die relative Stabilität des Regimes interpretiert.[120]

3.2.2. Widerstand und Opposition als Thema von Wissenschaft und Publizistik

In der wissenschaftlichen Beschäftigung mit der DDR setzte sich seit Beginn der siebziger Jahre immer mehr eine „systemimmanente", „szientistische" Betrachtungsweise gegen das bis dahin vorherrschende Totalitarismus-Paradigma durch, dem vorgeworfen wurde, bereits in der Prämisse die wissenschaftlich gebotene Werturteilsfreiheit zu beugen, mit seiner These vom „durchherrschten", monolithischen Parteienstaat die immanenten Veränderungspotentiale kommunistischer Regime von vornherein auszublenden und durch die Behauptung, „bolschewistische" Regime könnten letztlich nur durch äußeren Einfluß verändert werden, die Politik des Kalten Krieges wissenschaftlich legitimierten.

Diese Kritik war nicht von vornherein völlig von der Hand zu weisen, doch fiel die „systemimmanente" DDR-Forschung zunehmend in das andere Extrem, indem sie den fundamentalen normativen Konflikt zwischen liberaler Demokratie und kommunistischer Despotie negierte, wodurch ihre angebliche Werturteilsfreiheit letztlich oft genug zu einem sozialwissenschaftlich verbrämten Werterelativismus degenerierte.[121]

---

118 Ulrich Schwarz: Die Stimme im Kopf, in: Der Spiegel 50 (Sonderausgabe 1947-1997), S. 91 ff.
119 Meckel, in Materialien, V/1, S. 630 f.; Röder, ebd., S. 641 f.
120 Vgl. dazu Hilsberg, in: Materialien, V/1, S. 654 und Baum, in: Ebd., S. 667 f.
121 Vgl. Hacker: Deutsche Irrtümer; Jesse: Politikwissenschaftliche DDR-Forschung, in: Eisenmann/Hirscher (Hg.): Zeitgeist, S. 13 ff.

Um ihre Kernthese zu belegen, daß „das System" zum Wandel fähig sei, richtete die „systemimmanente" DDR-Forschung ihr Forschungsinteresse fast ausschließlich auf die offiziellen Institutionen des SED-Staates; wohingegen nicht in das System integrierte und zu integrierende Bereiche wie Opposition und Widerstand ausgeblendet wurden. Gesucht wurde nach „institutionalisierten Gegeneliten" und einer „Parteielite im Wandel" (P. Chr. Ludz[122]), nicht nach Dissidenten. Es wurde die Praxis der Herrschaftsausübung beschrieben, nicht jedoch die Herrschaftsverhältnisse thematisiert. Damit einher ging ein völlig verändertes Verständnis von „Wandel": Gemeint war damit nicht mehr Demokratisierung und Selbstbestimmung, sondern eine Entideologisierung und Technokratisierung des Regimes und seiner Eliten, bestenfalls also eine „Liberalisierung" im Sinne eines abnehmenden ideologischen Konformitätsdrucks auf die Bevölkerung.

Ironischerweise kam der „systemimmanente" Ansatz auf diese Weise zu einem ganz ähnlichen Schluß wie die Totalitarismus-Theorie: Auch er postulierte die Stabilität kommunistischer Regime, wenngleich nicht aufgrund von Repression und Unterdrückung, sondern aufgrund ihrer angeblich nachgewiesenen Fähigkeit zur Adaption. Mit dieser Analyse lieferte der „systemimmanente" Ansatz die wissenschaftliche Legitimation für die in Egon Bahrs Formel vom „Wandel durch Annäherung" zusammengefaßte Politik der „Liberalisierung durch Stabilisierung", so wie das Totalitarismus-Paradigma es für die Politik des „Roll-Back" getan hatte. Anders als die Totalitarismus-Theorie, die eine Rebellion im Grunde für die einzige Möglichkeit zur Veränderung der Verhältnisse ansah, versperrte die Annahme der weitgehend gelungenen Integration der Bevölkerung den systemimmanenten DDR-Forschern jedoch den Blick auf die Möglichkeit eines massenhaften Aufbegehrens gegen das Regime, wie es dann im Herbst 1989 Wirklichkeit wurde.

Wie in der DDR-Berichterstattung der westdeutschen Medien – wenngleich aus etwas anders gelagerten Gründen – kam es in der bundesdeutschen DDR-Forschung zu einer starken Ausrichtung auf politische Institutionen und allgemeine gesellschaftliche Themen bei einer fast vollständigen Ausblendung der Komplexe Widerstand und Opposition. Eine kursorische Durchsicht der Inhaltsverzeichnisse des „Deutschland Archivs" in den achtziger Jahren fördert reihenweise Abhandlungen über eher abseitige Themen wie Kunsthandwerk in der DDR zutage, die Suchbegriffe „Widerstand" und „Opposition" finden sich dagegen in den allermeisten Jahresregistern nicht. Taucht der Begriff „Widerstand" einmal auf, ergibt Nachschlagen, daß es sich um einen Aufsatz über die Behandlung des Widerstandes gegen das NS-Regime durch die DDR-Historiographie handelt, nicht etwa über Widerstand gegen die SED. Andersherum wurde ein Aufsatz über „Unbotmäßiges von ‚Grenzfall' bis ‚Wendezeit' – Inoffizielle Publizistik in der DDR" im Register unter „Medien" aufgeführt.[123] Ei-

---

122 Ludz: Parteielite im Wandel.
123 Daß in diesem Aufsatz der „Grenzfall" dann als „eher unscheinbares Blättchen" charakterisiert wird, also könne für ihn der Maßstab westlicher Kiosk-Hochglanzware angelegt werden, sei nur am Rande erwähnt. Vgl. Heller: Unbotmäßiges, in: DA, 11/1988, S. 1189.

ne etwas genauere Überprüfung der Inhaltsverzeichnisse der Jahrgänge 1982 bis 1986 auf Bezüge zu Widerstand und Opposition ergab für fünf Jahre lediglich 17 Titel; im Mittel enthielt also nicht einmal jedes dritte Heft in dieser Periode einen Beitrag mit Bezug zu Widerstand und Opposition.[124]

Selbst wenn sich die bundesdeutsche DDR-Forschung mit Aspekten der DDR befaßte, bei der sie geradezu auf das Thema Opposition und Widerstand hätte stoßen müssen, gelang es ihr noch, dies zu vermeiden. Bei einer dem DDR-Strafrecht gewidmeten Tagung der (eher konservativen) „Gesellschaft für Deutschlandforschung" 1986 wurde das Problem der politischen Instrumentalisierung des Strafrechts einfach ausgespart. Und in einem 1987 erschienenen Buch über die Militarisierung der Erziehung in der DDR widmete der Autor von 250 Seiten gerade sechs Seiten der Opposition dagegen und reduziert diese dann noch auf „Stellungnahmen der Kirchen" (so die Kapitelüberschrift).[125] Auf den jährlichen Tagungen der bundesdeutschen DDR-Forscher wurden Widerstand und Opposition kaum je explizit thematisiert. Wenn sie angesprochen wurde, dann meist von nicht zur scientific community der DDR-Forscher gehörenden Außenseitern und zudem unter allgemeinen Chiffren wie „Sozialistische Lebensweise und gegenkulturelle Orientierungen" (Hartmut Fehr, 1984) oder vielleicht gerade noch „Gesellschaftlicher [sic] Dissens im Wandel" (Hubertus Knabe, ebenfalls 1984). 1989 durfte der Oppositionelle Erhart Neubert als Kirchenmitarbeiter auf der DDR-Forschertagung referieren. Er erinnert sich: „Weil ich in die DDR zurück mußte und wollte, habe ich manche verschraubte Formulierung gewählt. So redete ich von der ‚Abwanderung der Macht', weil ich nicht wagte, vom Machtverlust der SED zu sprechen. In einer Zeitung in Hannover stand später, daß bei dem Referenten wohl der Wunsch Vater des Gedankens gewesen wäre und die DDR-Forscher höflich geschwiegen hätten."[126]

An den bundesdeutschen Hochschulen hatte die DDR-Forschung einen geringen Stellenwert und wenig Prestige und blieb ein Feld für wenige Spezialisten. Einer Analyse des Lehrangebots an bundesdeutschen Hochschulen im Wintersemester 1987/88 zufolge, boten „die meisten Hochschulen keine oder fast keine Veranstaltungen zur DDR an."[127]

Eine Monographie zur Opposition hat die etablierte DDR-Forschung bis 1989 nicht hervorgebracht. Sämtliche Bücher der achtziger Jahre zu diesem Thema

---

124 Zwischen Januar 1982 und Dezember 1986 wurden im „Deutschland Archiv" folgende Themen (in chronologischer Reihenfolge) behandelt: Zivilisationskritik in der DDR (Abdruck eines Papiers der Evangelischen Studienabteilung des BEK), unabhängige Friedensbewegung, Tod Robert Havemanns, Amnestie für DDR-Flüchtlinge, Militarisierung der Erziehung, Verhaftungen in Jena 1983, Frauen gegen Wehrdienstgesetz (Dokumentation), MfS, Verfolgung der Jungen Gemeinde 1953, Friedensdekade 1983, Botschaftsbesetzungen, Kirche und Ausreise, DDR vor UNO-Menschenrechtsausschuß, Ausreisewelle 1984, DDR-Strafvollzug, Zwangskollektivierung, MfS, Frauen und NVA, Menschenrechtsverletzungen in der DDR, Schießbefehl, Zensur, politisches Strafrecht, Ausreise, Menschenrechte und KSZE-Prozeß.
125 Schirrmeister: Erziehung zum Haß.
126 Neubert: Geschichte der Opposition, S. 11.
127 Gaidt/Imorde: Von der DDR-Leere, in: DA, 11/1988, S. 1196 f.

stammen von Journalisten und Publizisten, nicht von akademischen Forschern. Das einzige explizit auf die Problematik Bezug nehmende Buch war der 1984 publizierte Band „Widerstand und Opposition in der DDR. Ein politischer Report" des Journalisten und Publizisten Karl Wilhelm Fricke.[128] Neben Fricke waren es vor allem jüngere westdeutsche Journalisten aus dem Umfeld der Friedensbewegung, die politische Opposition in der DDR unter dem Banner der Friedens- und Umweltbewegung in den frühen achtziger Jahren dokumentierten. 1982 erschienen drei kleine Bände zur DDR-Friedensbewegung: die von Wolfgang Büscher, Peter Wensierski und Klaus Wolschner herausgegebene Dokumentation „Friedensbewegung in der DDR. Texte 1978-82" (Hattingen, 1982), der von Hubertus Knabe unter Pseudonym veröffentlichte Band „Schwerter zu Pflugscharen" (Reinbek, 1982)[129], sowie von der SPD-nahen Friedrich Ebert-Stiftung ein schmales Bändchen („Die Friedensbewegung in der DDR") in ihrer Reihe „Die DDR: Realitäten – Argumente". Zwei wichtige Bände waren auch Wensierski/Büschers „Beton ist Beton. Zivilisationskritik in der DDR" (Hattingen, 1982) und Wensierskis „Von oben nach unten wächst gar nichts. Umweltzerstörung und Protest in der DDR" (Frankfurt 1986). Nachdem die DDR-Opposition Ende 1987/Anfang 1988 durch die Zions- und die Luxemburg-Liebknecht-Affären etwas stärker in das Licht der Öffentlichkeit gerückt war, erschien 1988 der Band „'Freiheit ist immer die Freiheit...' Die Andersdenkenden in der DDR" von Ferdinand Kroh (Frankfurt/Berlin 1988).

Auch durch die Ausbürgerungspolitik der SED in den Westen gedrängte DDR-Intellektuelle versuchten, die bundesdeutsche Wahrnehmung von Widerstand und Opposition durch publizistische Aktivitäten zu schärfen. Bernd Eisenfeld, führendes Mitglied der ostdeutschen Bausoldatenbewegung, konnte 1978 mit Hilfe von Mitteln der Berghof-Stiftung eine Untersuchung über Kriegsdienstverweigerung in der DDR veröffentlichen, die mit der Einführung des Wehrkundeunterrichts in der DDR zusammenfiel und in zahlreichen Zeitungen besprochen wurde.[130] Der Großteil der ehemaligen DDR-Bürger, die sich auf diese Weise im Westen zu Wort melden wollten, stieß bei westdeutschen Verlagen jedoch auf Desinteresse, so daß vielen nur eine Veröffentlichung im Selbstverlag oder bei einem Kleinstverlag blieb, mit entsprechenden Folgen für die Aufnahme der Werke in der Öffentlichkeit.[131] Sogar prominente Dissidenten konnten Schwierigkeiten haben, mit ihrer DDR-Sicht bei ihrem Verlag durchzudringen. Als Robert Havemann 1978 in einem Manuskript schrieb, man könne „auf Tritt und Schritt beobachten ..., wie das Regime allen Kredit

---

128 Von Fricke allein stammt ein Großteil der Buchpublikationen zu Widerstand und Verfolgung in der DDR, so: Ders.: Selbstbehauptung und Widerstand in der SBZ; ders. Warten auf Gerechtigkeit; ders.: Politik und Justiz in der DDR; ders., Die DDR-Staatssicherheit.
129 Ehring/Dallwitz (Pseudonym): Schwerter zu Pflugscharen.
130 B. Eisenfeld: Kriegsdienstverweigerung.
131 So erschien beispielsweise der erwähnte Reprint des „Grenzfall" 1989 im Selbstverlag. Eine gewisse Aufmerksamkeit erlangte er allein dadurch, daß der Initiator Ralf Hirsch den ihm unbekannten, aber als Freund Heinrich Bölls in der Bundesrepublik Ansehen genießenden russischen Dissidenten Lew Kopelew ansprach und ihn bat, als Mitherausgeber seinen Namen zur Verfügung zu stellen. (Gespräch mit Ralf Hirsch).

verliert und schon verloren hat, und es eigentlich nur noch weniger äußerer Anstöße und Ereignisse Bedarf, um das Politbüro zum Teufel zu jagen", erwog der Verlag, diese Zeilen „im vermeintlich wohlverstandenen Interesse seines Autors" (so Manfred Wilke, damals Kontaktmann Havemanns zum Verlag) zu streichen: „Der Satz schien damals als Ausdruck eines isolierten und zornigen Wunschdenkens ... 1989 erwies sich dieser vergessene Satz als zutreffend." (Wilke[132]).

1989 konnten mit Hilfe exilierter DDR-Oppositioneller zwei Samisdat-Veröffentlichungen aus der DDR in der Bundesrepublik erscheinen: der von Ralf Hirsch besorgte Nachdruck der Untergrundzeitschrift „Grenzfall" der „Initiative Frieden und Menschenrechte"[133] und unter dem Titel „40 Jahre DDR: Und die Bürger melden sich zu Wort" ein von Oppositionellen zum 40. Jahrestag der DDR im Oktober 1989 in der DDR in kleiner Auflage im Samisdat herausgebrachter Reader mit Selbstzeugnissen von DDR-Bürgern.[134]

Von den westdeutschen Intellektuellen und Schriftstellern, die sich in den siebziger Jahren noch für reformmarxistische Dissidenten wie Biermann, Havemann oder Bahro eingesetzt hatten, erhielt die DDR-Opposition in den achtziger Jahren kaum noch Unterstützung oder Zuspruch. Die westdeutsche Intelligenz hielt, ungeachtet der Privilegien und Staatsverbindungen dieser Vorzeigeliteraten, bestimmte ostdeutsche Schriftsteller für die Aufmüpfigen und Unangepaßten in der DDR und nahm das eigentliche Protestpotential nicht wahr. Dies galt besonders für die in der westdeutschen Friedensbewegung engagierten Schriftsteller. Deren „Berliner Friedensgespräche"[135] nahmen eine weitgehend affirmative Haltung gegenüber der offiziellen „Friedenspolitik" der SED ein. Nach den Verhaftungen bei der Luxemburg-Liebknecht-Demonstration im Januar 1988 brachte Erich Loest in einem „Nun protestieren wir wieder" überschriebenen Artikel seine Frustration darüber zum Ausdruck, daß westliche Kollegen wie Walter Jens, Mitglied der Ost-Berliner Akademie der Künste, nicht gegen die Repressionen protestierten, sondern immer nur dieselben Ex-Ostdeutschen wie Jürgen Fuchs und er selbst. Er wandte sich gegen das übliche Argument, „verschwiegen, leise werde man seine Beziehungen spielen lassen, und das sei wirkungsvoller als jedes Getöse. Dem widerspreche ich. Schriftsteller sind keine Politiker. Nicht das diplomatische Spiel ist unser Metier, sondern das Wort das jeder hören kann."[136]

---

132 Zit. nach Manfred Wilke: Der SED-Staat in der deutschen Nachkriegsgeschichte – Bilanz und Perspektiven des Forschungsverbundes SED-Staat an der Freien Universität Berlin, Beitrag zur 48. Sitzung der Enquete-Kommission „Überwindung der Folgen der SED-Diktatur im Prozeß der deutschen Einheit", am 11.12.1997 in Bonn, Ms.
133 Kopelew/Hirsch (Hg.): Grenzfall.
134 Bohley/Fuchs (Hg.): 40 Jahre DDR.
135 Vgl. Loest: Als wir in den Westen kamen, S. 33 ff.
136 Er hoffe beim unausweichlichen nächsten Anlaß zu Protest auf „neue Stimmen in unserem Chor", der lediglich eine „Viererbande" sei. Ebd., S. 81.

3.2.3. Die schwierige Lobbyarbeit ausgebürgerter Dissidenten für die DDR-Opposition

Die Besonderheit der deutschen Teilung brachte es mit sich, das sowohl der Integrationswille als auch die Integrationsmöglichkeiten für „Exilanten" aus der DDR in der Bundesrepublik – unbenommen aller Probleme – im Vergleich zur Emigration in einen anderen Kulturkreis gut waren. Der Großteil verband mit der Ausreise auch nicht die Vorstellung einer erzwungenen Emigration in die Fremde, sondern eine Art „Umzug" ins andere, freie Deutschland. Wer die DDR verließ, hatte meist mit ihr abgeschlossen und wollte sie so schnell wie möglich hinter sich lassen und vergessen. Der Großteil der Ausreiser wollte sich möglichst nahtlos im Westen integrieren, materiell aufholen, sich etwas aufbauen – und möglichst gar nicht mehr mit der DDR in Verbindung gebracht werden, zumal angesichts der gelegentlichen, unterschwelligen Stigmatisierung von DDR-Bürgern im bundesrepublikanischen Alltag. Damit aber fielen „Exilanten" als Transporteure von Informationen über die DDR, zumal über Opposition und Widerstand dort, weitgehend aus.

Allerdings gab es auch DDR-verbundene Regimekritiker, die von den Mühen widerständigen Alltags zermürbt, die Ausreise beantragten oder außer Landes gedrängt wurden und die sich im Westen als „Exilanten" verstanden, jedenfalls fortgesetztes Interesse für die Entwicklung in der DDR aufrechterhielten. Diese Gruppe läßt sich grob in drei Kategorien unterteilen (die sich natürlich zum Teil überschneiden):

(1) Technokraten: Mitglieder der DDR-Intelligentsia, die – oft nach erfolgreichen Parteikarrrieren – in Widerspruch zur SED gerieten, ihre beruflichen Entwicklungsmöglichkeiten einbüßten und unter mehr oder minder starkem Druck in den Westen gingen. Für diese Gruppe stehen Namen wie Hermann von Berg, Wolfgang Seiffert oder Gernot Schneider, als Organisation der im Mai 1987 gegründete „Arbeitskreis ehemaliger DDR-Akademiker" mit seinen halbjährlichen Symposien, bei denen stärker als in der DDR-Forschung sonst üblich, Themen aus Opposition und Widerstand angesprochen wurden, so im Frühjahr bzw. Sommer 1989 „Innerdeutsche Beziehungen und Selbstbestimmungsrecht" und „Möglichkeiten der Demokratisierung der DDR".[137] Diese Gruppe bemühte sich, ihre Autorität als Insider zu nutzen, um der westdeutschen DDR-Forschung und Publizistik Impulse zu geben, doch mit eher geringem Erfolg.[138]

---

137 Vgl. DA 3/89, S. 316 und 8/89, S. 931.

138 Bredow resümiert, die Wissenschaftler hätten in der Bundesrepublik „zwar meist ein Publikum [gefunden], das ihren Analysen Resonanz verschaffte. Aber es blieb doch eine merkwürdige Distanz ... Sie wurden sehr wohl in die politischen Diskussionslinien innerhalb der Bundesrepublik einbezogen und waren auch manchmal recht wirksam. Aber als wissenschaftliche oder publizistische Auskunftsinstanzen bezüglich der DDR kamen sie meist weniger zur Geltung ... Ähnlich wie manche der übergesiedelten Schriftsteller (z. B. Jürgen Fuchs) beträchtliche Schwierigkeiten hatten, in ihren politischen Milieus in der Bundesrepublik mit Aussagen zur DDR angemessen ernst genommen zu werden, so ging es auch den Wissenschaftlern. Des schiefen Blicks auf die DDR verdächtigt, wurden sie in gewissem Sinne selbst Opfer des schiefen Blicks auf sie." (Bredow: Perzeptions-

(2) Literaten: Schriftsteller, die in der DDR oppositionell aktiv waren und dann in die Bundesrepublik übersiedelten, genossen in der bundesdeutschen Öffentlichkeit vergleichsweise große Aufmerksamkeit und prägten – wenngleich in dauerndem Konflikt mit den im Westen als regimekritisch betrachteten DDR-Schriftstellern wie Christa Wolf, Stephan Hermlin oder Stefan Heym – das Bild von Unangepaßtheit in der DDR. Einige von ihnen (Jürgen Fuchs, Erich Loest, Siegmar Faust, Ulrich Schacht, Rüdiger Rosenthal) arbeiteten im Westen auch journalistisch und versuchten so, Einfluß auf das DDR-Bild der Westdeutschen zu nehmen.

(3) Oppositionelle: Eine Reihe von zwangsausgebürgerten oder aus der Haft in den Westen entlassenen Oppositionellen, die sich auf diese Weise von der SED nicht mundtot machen lassen wollten, nutzten die im Westen gegebenen Möglichkeiten gezielt und mit oft bewundernswerter Energie und Konsequenz für die Unterstützung der Opposition in der DDR. Ausgangspunkt für diesen Kreis, dessen Einfluß auf Wahrnehmung von Einstellungen beziehungsweise Verhalten gegenüber der Opposition im Osten wie im Westen kaum überschätzt werden kann, bildete die kollektive Zwangsabschiebung einer ganzen Oppositionsgruppe aus Jena um Thomas Auerbach und Jürgen Fuchs 1977. Um diese sammelte sich in West-Berlin in den folgenden Jahren ein Kreis von über hundert, meist aus Thüringen stammenden DDR-Exilanten in West-Berlin. Ein Teil davon schloß sich im April 1979 auch förmlich im „Selbsthilfeverein ehemaliger DDR-Bürger" zusammen. Diese Exilanten betrieben neben Öffentlichkeitsarbeit vor allem die sonst so vernachlässigte Kontaktpflege mit den in der DDR gebliebenen Oppositionellen und organisierten für sie materielle und logistische Hilfe. Auf politischer Ebene – zunächst vor allem in der von Auerbach mitgegründeten „Deutschlandpolitischen Arbeitsgemeinschaft" der Berliner Alternativen Liste, zunehmend aber auch darüber hinaus – traten sie offensiv als Lobbyisten für die Opposition in der DDR auf.[139]

1983 kam auch der zwangsausgebürgerte Jenenser Roland Jahn nach West-Berlin, der in den Folgejahren als unermüdlicher Öffentlichkeitsarbeiter, Lobbyist und Unterstützer der DDR-Opposition eine zentrale Rolle spielte. Zu den Oppositions-"Exilanten" zählen auch der im Sommer 1988 ausgereiste Arzt Ulrich Neumann, der die West-Berliner Sektion des oppositionellen Netzwerks „Arche" aufbaute und dem es als Fernsehjournalist bei „Kennzeichen D" immer wieder gelang, Beiträge zur DDR-Opposition in das Programm zu bringen, der 1988 in den Westen gedrängte Ralf Hirsch, ein enger Mitarbeiter Rainer Eppelmanns, der im Westen unter anderem den Reprint der Samisdatzeitschrift „Grenzfall" der Initiative Frieden und Menschenrechte herausgab[140], sowie der 1987 in den Westen gegangene Autor Rüdiger Rosenthal, der bei

---

Probleme, in DA, 2/91, S. 150). Als Titel exemplarisch: Marquardt: DDR – totalität oder autoritär?; Schneider, Wirtschaftswunder DDR.

139 Neubert: Geschichte der Opposition, S. 482. Über diese Schiene erfuhr etwa der FAZ-Korrespondent für die DDR, Peter Joachim Winters, 1983 von den bevorstehenden Protestaktionen in Jena; Winters, in: Materialien, V/1, S. 664 f.

140 Hirsch/Kopelew (Hg.): Grenzfall.

seiner journalistischen Tätigkeit (unter anderem für die „tageszeitung", „Kirche im Sozialismus" und „Radio Glasnost") häufig die Situation der Opposition in der DDR beschrieb.

Diese Exilanten erkannten die Doppelfunktion von Öffentlichkeit für die Opposition in der DDR, die sowohl zur Verbreitung oppositioneller Inhalte unabdingbar war wie auch als Schutz vor oder im Falle von Verhaftungen. Sie führten jedoch oft genug einen Kampf an zwei Fronten, bei dem sie sich im Westen mit indifferenten Redaktionen und im Osten mit den Berührungsängsten oder unrealistischen Ansprüchen der Oppositionellen auseinandersetzen mußten. Nach dem durch die Medienarbeit der Exilanten wesentlich mit ermöglichten Erfolg der Opposition in der „Zions-Affäre" Ende November 1987[141] akzeptierten mehr und mehr Oppositionelle in der DDR zwar den Wert der Medienarbeit, bewahrten sich jedoch ein hohes Maß an Skepsis. Vorwürfe wegen angeblicher Profilierungsversuche, die Unterstellung finanzieller Motive oder Versuche, ungeachtet mangelnder Kenntnis der Gesetze des westlichen Medienmarktes den Exilanten Vorschriften zu machen, waren an der Tagesordnung und führten zum Teil zu heftigen Auseinandersetzungen.[142]

Dabei konnten die Exilanten durch ihre Kontakte eine Authentizität vermitteln, die auch langjährige westdeutsche Korrespondenten kaum je erreichten. Ein herausragendes Beispiel für die Möglichkeiten, die die grenzüberschreitende Zusammenarbeit von Oppositionellen und Exilanten bot, war der Film „Bitteres aus Bitterfeld" über die Umweltkatastrophe im ostdeutschen „Chemiedreieck". Drei Stunden Filmmaterial waren von ostdeutschen Oppositionellen mit Hilfe einer in die DDR geschmuggelten Videokamera unter größter persönlicher Gefährdung aufgenommen und von einem West-Berliner in den Westen geschmuggelt worden. Im September 1988 wurde der 30-Minuten-Film im Westfernsehen ausgestrahlt; die „Tagesthemen" und die Politmagazine „Kontraste" (ARD) und „Kennzeichen D" sendeten Ausschnitte. „Bitteres aus Bitterfeld" lief auf einem Filmfestival in Kalifornien und im australischen Fernsehen; in Deutschland und Italien gewann er Filmpreise. Das DDR-Fernsehen produzierte eilig einen Gegenfilm („Tippeltips aus Bitterfeld"), in dem die zerstörte Region als Naherholungsgebiet gepriesen wurde. Auch hier zeigte sich jedoch die eingeengte Sicht mancher Oppositioneller: Den Exilanten wurde vorgeworfen, den Film „zu schnell" ins Westfernsehen gebracht zu haben; be-

---

141 Vgl. Hans Michael Kloth: „Hände hoch! Maschinen aus! An die Wand!", in: Berliner Zeitung vom 24.11.1997, S. 3.

142 So berichtet die als Kurier zwischen Ulrich Neumann und dem Netzwerk „Arche" aktive Amerikanerin Belinda Cooper, wie frustrierend es gewesen sei, „Hinweise darüber übermitteln zu müssen, wie sich Uli Neumann im nächsten Fernsehbeitrag bezeichnen dürfe: Konnte er nur als ,Arche-Mitglied' auftreten, als ,Arche-Vertreter', oder vielleicht sogar als ,Arche-Mitbegründer'? Basisdemokratie hin oder her – wie sollte man klarmachen, daß der Kampf, überhaupt einen Beitrag über die Arche ins Fernsehen zu bringen, schwierig genug und dieses Ziel wohl allemal wichtiger war als irgendein Titel?"(Cooper: Hilfe vom Klassenfeind, in: Jordan/Kloth (Hg.): Arche Nova, S. 100 f.).

vor eine „DDR-Premiere" (natürlich nicht im Fernsehen, sondern in einer Kirche) stattgefunden habe.[143]

Im Hörfunk gelang es den Exilanten sogar, einen eigenen Sendeplatz für die DDR-Opposition zu ergattern. Seit September 1987 sendete der auch weit in den Osten zu empfangende West-Berliner Privatsender „Radio 100" einmal im Monat eine Stunde lang das Programm „Radio Glasnost", bestehend aus moderierten, aber zum Großteil im Osten aufgenommenen und in den Westen geschmuggelten Originalbeiträgen aus der Opposition, aufgelockert mit Musik von offiziell ungelittenen Ost-Berliner Szenebands.[144] Bis zum Ende der DDR blieb „Radio Glasnost" der SED ein Dorn im Auge, da sie die auf einem lizenzierten Sender ausgestrahlte Sendung nicht ohne internationale Verwicklungen stören konnte (wie sie es im Fall des „Radio Glasnost"-Vorläufers, dem Piratensender „Schwarzer Kanal", der aufgrund der Störungen eingestellt werden mußte, erfolgreich getan hatte). Daß die DDR zunächst dennoch Störsender einsetzte, das „Neue Deutschland" gegen „Radio Glasnost" polemisierte und das Referat Öffentlichkeitsarbeit [sic] des MfS für seine Mitarbeiter eine Broschüre – einschließlich Fotosammlung der Hauptbeteiligten – anfertigte, zeigt die Richtigkeit des Ansatzes der Medienarbeit der oppositionellen „Exilanten".[145]

Ein in diesem Zusammenhang ebenfalls zu erwähnendes Projekt war die seit 1987 vierzehntägig in die Berlin-Ausgabe gerückte „Ost-Berlin-Seite" der alternativen „tageszeitung". Für dieses von ausgebürgerten Oppositionellen angestoßene Projekt kann eine „Einschätzung" des MfS vom September 1988 sprechen:

„Etwa seit 1986 gelang es antisozialistischen Kräften, u. a. feindlich-negativen ehemaligen DDR-Bürgern wie JAHN und FUCHS, Einfluß auf die 'TAZ'-Redakteure zu nehmen, in dessen Folge die sogenannte DDR-Seite (jetzt ‚Ost-Berlin-Seite' genannt) der 'TAZ' entstand und innerhalb kurzer Zeit zum Sprachrohr feindlich-negativer Kräfte in der DDR profiliert wurde.

---

143 Neumann: Was war, in: Jordan/Kloth (Hg.): Arche Nova, S. 89 f.; Cooper: Hilfe vom Klassenfeind, in: Ebd., S. 104 f.

144 Anders als verschiedentlich und fälschlicherweise zu lesen (so z. B. bei Neubert: Geschichte der Opposition, S. 769, der auch den Beginn der Sendereihe falsch auf Anfang 1988 datiert), war „Radio Glasnost" eine Sendung des alternativen Privatsenders „Radio 100" und nicht der eher kommerziell ausgerichteten Radiostation „100,6". Dieser Fehler geht wohl auf das MfS zurück, in dessen Unterlagen wiederholt und entgegen den Fakten „Radio Glasnost" mit „Radio 100,6" in Verbindung gebracht wird. Möglicherweise eine Folge der ideologischen Scheuklappen der Tschekisten, die sich solche „Diversion" nur von einem kapitalistischen „Kommerzsender", nicht aber von einem „linken" Alternativradio denken konnten; ein Irrtum der dadurch plausibel geworden sein mag, daß Thomas Schwarz, Bruder des CDU-Politikers und Unterstützers der DDR-Opposition Stefan Schwarz, bei Radio „100,6" tätig war. In jedem Fall ein Beispiel für die Unerläßlichkeit sorgfältiger Quellenkritik. Vgl. Entstehung und Ausstrahlung von „Radio Glasnost" – die einzige authentische Stimme von Oppositionsgruppen der DDR im Hörfunk 1987-1989 (Materialsammlung), hrsg. vom Matthias-Domaschk-Archiv Berlin, März 1996.

145 Ebd.; div. Dokumente im Archiv der Verf.

Die Themen der Berichterstattung über die DDR sollen dem Leser suggerieren, daß

– zwischen Partei/Staat und Bevölkerung ein durch tiefes Mißtrauen gekennzeichneter Konflikt besteht und

– feindlich-negative Gruppierungen im Gegensatz zur 'schweigenden Mehrheit' der Bevölkerung für Veränderungen der gesellschaftlichen Verhältnisse aktiv eintreten und dieses 'Engagement' feindlicher Kräfte Solidarität sowie moralische und materielle Unterstützung erfordert. (...)

Alle veröffentlichten Artikel und Kommentare sind durch massive Hetze und Verleumdungen der DDR und ihrer Politik gekennzeichnet. (...) neben eigenständigen Beiträgen von 'TAZ'-Redakteuren ... werden von feindlichen Kräften in der DDR verfaßte Artikel veröffentlicht. Darüber hinaus druckte die 'TAZ' wiederholt sogenannte Erklärungen und Ausschnitte von Druckerzeugnissen wie z. B. 'Grenzfall' oder 'Friedrichsfelder Feuermelder' ...

Häufig wird unter der Rubrik 'Hauptstadt-Dates' auf Veranstaltungen in der DDR-Hauptstadt hingewiesen. Diese Termine stellen eine Mischung aus öffentlichen Veranstaltungen bzw. Ausstellungen und Veranstaltungen feindlich-negativer Kräfte dar ...

Ein Teil der Beiträge wurde über direkte Kontakte von Redakteuren der 'TAZ' zu sogenannten oppositionellen Kräften beschafft. Hierbei spielt bei der Vermittlung der Kontakte und Beschaffung der Materialien und Informationen nach wie vor der Feind Roland *Jahn* eine maßgebliche Rolle ..."[146]

3.3. Einstellungen und Verhaltensweisen der bundesdeutschen Bevölkerung gegenüber Widerstand und Opposition in der DDR

3.3.1. Umfragedaten

Nicht nur in der DDR, wo unterstellt wurde, daß es eine Opposition nicht geben könne, sondern auch in der Bundesrepublik hat es empirische Untersuchungen, in denen explizit die Einstellung der Bevölkerung gegenüber Widerstand und Opposition in der DDR in den siebziger und achtziger Jahren thematisiert worden wäre, nicht gegeben. Dieser Befund ist für sich schon bezeichnend. Er dürfte unmittelbar mit der fast totalen Ausblendung der Begriffe „Widerstand" und „Opposition" in bezug auf das SED-Herrschaftssystem zusammenhängen. Eine ganze Reihe empirischer Untersuchungen liegen dagegen über Einstellungen der Bundesdeutschen zur deutschen Frage vor. Hieraus lassen sich – mit den gebotenen Einschränkungen – indirekt auch Schlüsse auf Einstellungen und Verhaltensweisen gegenüber oppositionellem und widerständigem Verhalten in der DDR ableiten.

146 MfS, HA XX/5: Einschätzung zur sogenannten „Ost-Berlin-Seite" der in der BRD/Westberlin erscheinenden „Tageszeitung" (TAZ), datiert 20.9.1988; BStU, ZA, MfS-HA XX, Nr. 132, Bl. 16 f.

Nur ein rundes Drittel der Bundesbürger unterhielt in den achtziger Jahren noch persönliche Beziehungen in die DDR, die bei einem Viertel der Befragten verwandtschaftlicher Natur waren.[147] Eine „enge Verbundenheit mit den Menschen in der DDR" bekundeten 1987 selbst von denen, die wiederholt in der DDR gewesen waren, nicht einmal jeder zweite (40 Prozent); von denen, die noch nie in die DDR gereist waren, nur ungefähr jeder sechste.[148] Entsprechend weit fortgeschritten war die mentale Entfremdung, besonders bei den jüngeren Bundesdeutschen. 1988 betrachteten nicht nur rund 80 Prozent aller Befragten durch alle Altersgruppen die beiden Deutschlands als zwei Staaten, 55 Prozent der Unter- Dreißigjährigen hielten die DDR für Ausland, ein Drittel betrachtete die Deutschen in Ost und West sogar als unterschiedliche Völker.[149] Rund 40 Prozent der befragten Westdeutschen identifizierten bei Umfragen 1981 und 1986 mit der deutschen Nation allein die Bundesrepublik, nur jeweils rund 30 Prozent DDR und Bundesrepublik zusammen.[150]

Da die gesamte DDR auf der „mentalen Landkarte" vieler Bundesbürger kaum existierte, so trifft dies vermutlich erst recht für die Opposition im SED-Staat zu. Anders als die politische Klasse und Teile der westlichen Medien ignorierte die bundesdeutsche Bevölkerung die DDR-Opposition offenbar weniger, weil sie in ihr eine Gefahr für die Entspannung gesehen hätte, sondern weil sie sich grundsätzlich nicht für die DDR interessierte. Nicht allein die beschränkte Öffentlichkeit dort, die geringe Zahl der Widerständigen und die organisatorische Zersplitterung der Opposition beeinträchtigten die Wahrnehmung der DDR-Opposition, sondern bereits ein vorgelagertes Desinteresse gegenüber DDR-Themen insgesamt.

So waren es auch überwiegend allgemeine, humanitäre und nicht politische Motive, mit denen die Bundesdeutschen – die sich mehrheitlich immer für eine Wiedervereinigung aussprachen – diesen Wunsch begründeten: Auf das „Recht auf Selbstbestimmung" (74 Prozent) folgten etwa gleichauf „verwandtschaftliche Bindungen"(73 Prozent) und die allgemeine Feststellung „Weil wir alle Deutsche sind" (70 Prozent).[151]

Zum Ausdruck kommt dieses Desinteresse auch in der Reaktion der Bundesdeutschen auf die große Ausreisewelle 1984: Die Wissenschaftler mußten feststellen, daß dieses kolossale Ereignis an den Westdeutschen schlicht vorbeigegangen war: „Die Übersiedlerwelle war selbst auf ihrem Höhepunkt nicht durchgängig bekannt ... Die zunächst gestellte Frage nach der Beurteilung der

---

147 Infratest-Umfragen 32 Prozent und 1987 35 Prozent der Bundesbürger an; vgl. Förster: Einstellungen junger Menschen, in: Materialien, V/2, 1221 f. Garton Ash erwähnt eine Umfrage aus dem Jahr 1988, nach der 84 Prozent der Westdeutschen angegeben hätten, „keine Kontakte" mit DDR-Bürgern zu haben; s. Garton Ash: Im Namen Europas, S. 307.
148 Hilmer: DDR und deutsche Frage, in: DA 10/88, S. 1091-1100, 1100.
149 Ebd., 1095.
150 Herdegen: Perspektiven und Begrenzung (Teil 1), in: DA, 12/1987, S. 1268.
151 Ebd., S. 1264.

Übersiedlerwelle bedurfte deshalb vorab einer Information über den Sachverhalt, .. diese ... löste wohl nicht selten erst einmal Überraschung aus."[152]

Uneingeschränkt gut fanden nicht einmal ein Fünftel (18 Prozent) der befragten Bundesdeutschen, daß DDR-Bürger dem SED-Staat massenhaft den Rükken kehrten, über zwei Drittel (68 Prozent) fanden dies zumindest teilweise schlecht – ein Ergebnis, das die spürbar konsternierten Forscher seinerzeit „bemerkenswert" fanden. Auch die Motive für diese Einschätzung waren erhellend: 80 Prozent der befragten Westdeutschen meinten, die DDR und die Bundesrepublik hätten sich so auseinander entwickelt, daß es für die „Übersiedler" sehr schwer sein werde, sich zurechtzufinden und wohl zu fühlen. 54 Prozent sprachen den ehemaligen DDR-Bürger ein besonderes Recht auf Unterstützung ab, 47 Prozent vermuten unter den Übersiedlern „bestimmt viele Spione, die in die Bundesrepublik geschleust werden sollen" und ein volles Drittel der Befragten hielt die Neuankömmlinge für potentielle „Querulanten".[153]

Hinsichtlich des politischen Systems in der DDR war bei der bundesdeutschen Bevölkerung ein Wertrelativismus weit verbreitet. 1987 fand die Aussage, es sei Ansichtssache, ob man das politische System der Bundesrepublik oder das der DDR besser finde, bei den Bundesbürgern fast genauso viel Zustimmung (40 Prozent) wie Ablehnung (44 Prozent).[154] Bei einer der zahlreichen Erhebungen zur Einstellung jugendlicher Bundesbürger zur deutschen Frage wurde 1987 auch nach deren Bild vom Stand der Freiheiten in der DDR gefragt.[155] Wenngleich zwei Drittel die Meinungsfreiheit in der DDR für nicht verwirklicht hielten, glaubte doch deutlich mehr als jeder vierte Jugendliche (28 Prozent), sie sei im SED-Staat „begrenzt verwirklicht"; eine jeweils deutliche relative Mehrheit von 48 beziehungsweise 42 Prozent meinte zudem, in der DDR sei die freie Wahl des Arbeitsplatzes und Glaubensfreiheit sichergestellt. Vielleicht war diese Einschätzung nicht weiter verwunderlich, da nur ein Viertel der jungen Bundesbürger unter 30 angab, der Entwicklung in der DDR besonderes Interesse entgegenzubringen und noch weniger (23 Prozent) meinten, über die politische Situation in der DDR solle mehr berichtet werden. Damit stand die Politik von allen angegebenen Themen an letzter Stelle.

152 Köhler/Ronge: Ein Test auf die Wiedervereinigung?, in: DA, 1/85, S. 53-59. Hervorhebungen im Original.
153 Ebd., S. 54 f. Ein Jahr später, im Mai/Juni 1985, wiederholten die Sozialforscher ihre Umfrage. Diesmal wußten immerhin drei Viertel der Befragten, wovon die Rede war; die Zustimmung zum Verhalten der Ausreiser war jedoch noch weiter gesunken – um 5 Prozentpunkte oder fast ein Drittel: „Uneingeschränkt gut" fanden die „Übersiedlerwelle" statt 18 nur noch 13 Prozent. Zwar war auch der Anteil der Befragten, die ihr dezidiert ablehnend gegenüberstanden, zurückgegangen, jedoch nur um 3 Prozentpunkte auf 19 statt 22 Prozent. Der Gesamtanteil der ablehnenden oder teilweise ablehnenden Haltungen war von gut zwei Dritteln auf gut drei Viertel (76 Prozent) gestiegen. Die Furcht vor Spionen war nach einem Jahr zwar etwas gesunken (von 47 auf 43 Prozent), dafür hatte die Angst vor Querulanten unter den Ex-DDR-Bürgern noch einmal kräftig zugelegt von 33 auf 38 Prozent. Vgl. Köhler/Hilmer: Ein Jahr danach, in: DA, 1/86, S. 41-46.
154 Herdegen: Perspektiven und Begrenzung (Teil 2), in: DA, 4/1988, S. 400.
155 Hilmer: DDR und deutsche Frage, in: DA 10/88, S. 1091-1100, 1097 f.

Auf die Frage „Gibt es etwas, das sie persönlich für den Zusammenhalt der Menschen in den beiden Teilen Deutschlands tun können, damit sich die Menschen hier und dort nicht auseinanderleben?" antworteten im Sommer 1987 – in der Hochphase der deutsch-deutschen Entspannung – sechs von zehn Bundesbürgern: „Man kann nichts dafür tun".[156]

Man wollte es aber auch nicht. Noch im Oktober 1989, als in der DDR bereits Millionen Menschen auf der Straße für Freiheit demonstrierten und das massenhafte Aufbegehren gegen die Diktatur unübersehbar geworden war, gab ein volles Drittel (33 Prozent) und sogar die Hälfte (49 Prozent) der unter dreißigjährigen Bundesdeutschen an, die Entwicklung in der DDR in den letzten Wochen hätte sie „weniger interessiert".[157]

3.3.2. Westbürger treffen DDR-Oppositionelle: Reaktionen

Westdeutsche wurden kaum je mit ostdeutschen Oppositionellen konfrontiert. Gelegenheit dazu boten, abgesehen von Privatreisen, vor allem die kirchlichen Basiskontakte auf Gemeindeebene. Die seit 1987 entstehenden deutsch-deutschen Städtepartnerschaften litten in der Regel unter „Verbonzung" (Erhart Neubert[158]); Kontakte von Normalbürger zu Normalbürger, geschweige den von Oppositionellen zu Normalbürgern fanden kaum statt.[159] Im Konfliktfall entschieden sich die westdeutschen Organisatoren meist gegen oppositionelle und für offizielle Kontakte.[160] In einigen wenigen Fällen entstanden im Rahmen von deutsch-deutschen Städtepartnerschaften oder des kleinen Grenzverkehrs feste Kontakte zwischen oppositionellen Gruppen und Westdeutschen.[161] Wurden Bundesdeutsche in der DDR mit oppositionellen Ansichten konfrontiert, so blieb dies meist nicht ohne Wirkung auf sie. Ein westdeutscher Schüler berichtete über eine Klassenfahrt in die DDR im März 1989: „Was bei den meisten blieb war Verbitterung gegenüber unserem Reiseleiter, der eine – wenn auch kleine – Stütze des Systems ist, in dem die Rechte des Menschen keinen Platz haben. Für mich bleibt die Hoffnung, die ich mit einem jungen

---

156 Herdegen: Perspektiven und Begrenzungen (Teil 2), in: DA 4/88, S. 391-403, 395.
157 Hilmer/Köhler: Die DDR im Aufbruch, in: DA 12/89, S. 1391. Hier wären Vergleichszahlen aus anderen Ländern interessant. Könnte das Ergebnis möglicherweise lauten, daß sich in unseren Nachbarländern mehr Menschen für die Revolution in der DDR interessierten als in der alten Bundesrepublik?
158 Neubert: Geschichte der Opposition, S. 665.
159 Laufer: Begrenzte Bürgerkontakte, in: DA, 1/89, S. 51 ff.
160 Als beispielsweise Erlangen im März 1987 eine Städtepartnerschaft mit Jena schloß, verweigerten die Erlanger Stadtherren dem zwangsausgebürgerten oppositionellen Ex-Jenenser Roland Jahn den Zutritt, weil die Jenenser SED-Abordnung dies verlangte. Vgl. Neubert, Geschichte der Opposition, S. 666.
161 So gelang es der oppositionellen „Arbeitsgemeinschaft Trier" in Weimar 1988, sich in die Städtepartnerschaft mit Trier einzuklinken; nachdem anfängliche, starke Zurückhaltung auf westdeutscher Seite überwunden war, kam es zu einer vom MfS argwöhnisch beäugten Zusammenarbeit; vgl. Neubert, Geschichte der Opposition, S. 666; auch Laufer: Begrenzte Bürgerkontakte, in: DA, 1/1989, S. 51 ff. Zu Kontakten im Rahmen des kleinen Grenzverkehrs vgl. die MfS-Aufstellung in der Information Nr. 150/89, als Anlage abgedruckt bei: Jordan/Mitter/Wolle: Die Grünen der Bundesrepublik.

Mann aus der DDR teilte, der mir erklärte: 'Lange kann und wird es in unserem Land so nicht mehr bleiben.'"[162]

Und im September 1989 schrieb ein anderer Schüler über seine DDR-Eindrücke: „Alles war irgendwie anders, sogar die Zeit schien hier stehengeblieben zu sein. Aber je näher man die Leute kennenlernte, um so klarer wurde einem, daß auch hier Menschen leben, die genauso ihre Probleme haben wie wir. Nur ihr Gesellschaftssystem ist ein paar Stufen gemeiner, was Anpassung und Überwachung angeht. In unserem System laufen ja schon manchmal harte Sachen in der Beziehung, aber die Situation dort wäre schon Grund für 'ne Revolution."[163]

Wenn Westdeutsche DDR-Oppositionellen auf ihrem „eigenen" Territorium in der Bundesrepublik begegneten, war, vertraut man den Selbstzeugnissen exilierter Oppositioneller, Desinteresse gepaart mit Borniertheit die vorherrschende Reaktion. War – so die Erfahrung des oppositionellen Schriftstellers Erich Loest – die typische Reaktion gegenüber DDR-Bürgern in der Bundesrepublik ein „Ach, sie kommen aus der Zone – und wie lange sind sie schon in Deutschland?"[164], so wurden DDR-Oppositionelle besonders hilfreiche Ermahnungen zugedacht: „Mir wurde geraten, mich vorm Beifall von der falschen Seite zu hüten", so Loest, „Im Klartext hieß das: Rede besser nicht von Bautzen und den Toten im Draht des antifaschistischen Schutzwalls."[165] Daß er Opfer schwerster politischer Verfolgung geworden war, wurde von manchem seiner westdeutschen Gesprächspartner leichthin relativiert oder sogar gegen ihn ausgelegt:

„Als sich herumsprach, daß ich im Knast gesessen hatte, kühlte sich das Verhältnis einiger neuer Freunde zu mir ab. Sieben Jahre seien freilich happig, meinten manche, da müsse schon was dran gewesen sein. Und schließlich: Gab es nicht in der BRD Berufsverbote?"[166]

Loest liefert eine pointierte Skizze des bundesdeutschen Zeitgeists der frühen achtziger Jahre und seiner Verblendungen: „Als ich im März 1981 nach Osnabrück kam geriet ich unter Professoren, Dozenten und Lehrer. Sie waren bekennende Achtundsechziger, trieben langsam von der SPD auf Die Grünen zu und vermuteten in der Friedensbewegung eine die Bundesrepublik bis auf den Grund verändernde Kraft. Eifrige Vertreterinnen ihrer Gewerkschaft erklärten mir, wie die DDR im Innersten beschaffen sei; sie waren beispielsweise überzeugt für die Werktätigen sei jegliche Gesundheitsfürsorge kostenlos. Auf meinen Einwand, alle zahlten zehn Prozent ihres Einkommens in die Sozialversicherungskasse und der Staat zahle weitere zehn Prozent drauf, die natür-

---

162 Kopp: „Kaum zu glauben ...", in: DA, 5/91, S. 551-53; Berichte über DDR-Eindrücke westdeutscher Jugendlicher aus dem Jahr 1981 finden sich bei Büscher/Wensierski/Wolschner (Hg.): Friedensbewegung, S. 217 ff.
163 Kopp: „Kaum zu glauben ...", in: DA, 5/91, S. 551-53.
164 Loest: Als wir in den Westen kamen, S. 226.
165 Ebd., S. 229.
166 Ebd., S. 227.

lich von den Werktätigen erwirtschaftet worden waren, reagierten sie irritiert bis beleidigt."[167]

Ein aufschlußreiches Zeitdokument ist in diesem Zusammenhang auch die von Jürgen Fuchs in seinem 1984 erschienen Buch „Einmischung in eigene Angelegenheiten" wiedergegebene Diskussion im Koordinierungsausschuß der westdeutschen Friedensbewegung über die Frage, ob bei einer Großdemonstration auch Redner aus der unabhängigen DDR-Friedensbewegung sprechen dürften oder nicht. Weil in dieser Diskussion das ganze Spektrum der Einstellungen gegenüber der DDR-Opposition von der vorbehaltlosen Unterstützung über Indifferenz bis hin zur ideologisch motivierten Gegnerschaft plastisch wird, sei es hier ausführlich wiedergegeben:

„Pfarrer: Wir müssen uns fragen, ob die Zusammenarbeit mit der Opposition im Osten nicht gefährlich ist. Ob nicht ein zusätzliches Bedrohungselement für den Blockgegner geschaffen wird .. Muß unter den gegenwärtigen Umständen der totalen Konfrontation das Bündnis zwischen uns und der osteuropäischen Opposition für die osteuropäischen Regierungen nicht einfach ein ideologisches Manöver sein, gegen sie gerichtet? [...] Die die aus der DDR kommen, also Ausreiseanträge gestellt haben oder abgeschoben wurden, müssen sich darüber klar sein, daß sie hier nicht ihre Opposition gegen die DDR fortsetzen können, ohne in einer ganz bestimmten Ecke zu landen! Ob sie das wollen oder nicht! Man kann von uns nicht verlangen, daß wir zum Sprachrohr der osteuropäischen Emigrantenpolitik werden ...

Zwischenruf: Sehr richtig!

Pfarrer: ... auch wenn wir Verständnis für Einzelschicksale aufbringen.

Zwischenruf: Einzelschicksale? Wir brauchen Solidarität ..."

Ein Redner besteht auf Beteiligung eines Redners aus der unabhängigen DDR-Friedensbewegung:

„Alternativer: Wenn ihr jetzt sagt, daß ist organisatorisch nicht mehr möglich, dann finde ich das nicht aufrichtig. Ihr seid nicht aus organisatorischen Gründen dagegen, sondern aus prinzipiellen. Ihr wollt verhindern, daß Leute wie Eppelmann eingeladen werden. Oder ein Jenaer spricht, der ausgebürgert wurde und sich auch hier gegen die Rüstung wendet. Seid da bitte ehrlich!

Eine Frau plädiert dafür, DDR-Schriftsteller als Redner zu gewinnen:

„Frau vom Kulturaustausch: Von der AL-Friedensgruppe kam der Vorschlag, daß ein Jenaer spricht. Nun gibt es eine Liste von DDR-Bürgern, von denen einige durchaus von einer Mehrheit hier für so integer angesehen werden, daß Einladungen erfolgen könnten. Ich denke an Christa Wolf, Irmtraud Morgner und de Bruyn ... Da wäre auch eine Garantie gegeben, daß eine Rede nicht von der Springer-Presse ausgeschlachtet werden könnte ...

---

167 Ebd.

Zwischenruf: Und vom ND?

Zwischenruf: Was soll denn das? (...)

Zwischenruf: Und die jüngeren Leute, die unbekannten? Die wären doch wichtig! Bärbel Bohley oder Lutz Rathenow ...

Frau vom Kulturaustausch: Wie gesagt, ich plädiere für diese beiden Schriftstellerinnen. Weitere Namen sind jetzt sinnlos. Diese beiden können nicht als antikommunistische Opfer mißbraucht werden, wozu gerade die Jenaer prädestiniert sind ...

Zwischenruf: Wieso? Weil sie verhaftet und unter Druck gesetzt wurden? Ihr isoliert sie hier, ihr diffamiert sie!

Zwischenruf: Die sind doch dauernd im Fernsehen!

Zwischenruf: Sie haben was zu sagen, es ist einiges geschehen!

Ein älterer Mann mit einem schmalen Gesicht steht auf und sagt, daß er von der Gewerkschaft 'Öffentliche Dienste, Transport und Verkehr' kommt.

ÖTV-Kollege: Ich frage mich: Was ist das Ziel? Was wollen wir eigentlich? Welche Relevanz hat für uns hier in Westberlin die Friedensbewegung in der DDR?

Zwischenruf: Sie wendet sich gegen Raketen, die auf dich gerichtet sind.

ÖTV-Kollege: Bei uns geht es doch um Sozialabbau, um Arbeitslosigkeit. Wenn ein Redner dazukommen soll, dann einer von der Gewerkschaft. Er soll über die Probleme sprechen, die die Kollegen in den Betrieben haben. [...]

Herr mit Fassonschnitt: [...] Ich bin der Meinung, wir sollten uns auf das konzentrieren, worin wir uns einig sind: Keine NATO-Raketen, keine Nachrüstung! Wenn jetzt über einen DDR-Redner gesprochen wird: Warum sollen wir uns denn spalten lassen? Da haben die einen eine andere Meinung über Menschenrechte, den anderen paßt wieder etwas anderes nicht ... Aber wollen wir uns doch einmal klar werden: Was ist denn die sogenannte 'unabhängige' Friedensbewegung in der DDR? Irgendwelche Hanseln, die drüben mit Kerzen rumrennen und Gesetze brechen ... Ist das denn Friedensarbeit?"[168]

„Als wir in den Westen kamen", so lautete Erich Loests deprimiertes Fazit, „hofften manche von uns, wir könnten eine politische Kraft sein, Kitt zwischen West und Ost, unabhängig und scharf denkend, gebrannte Kinder und ausgenüchtert, demokratieversessen und scheuklappenfrei ... Allmählich begriffen wir, daß uns in der Bundesrepublik niemand uneingeschränkt wollte, nicht ein Schriftstellerverband und nicht keine Partei. Wir waren im Osten lästig gewor-

---

168 Fuchs: Einmischung, S. 175 ff. Eingeladen wurde schließlich Propst Heino Falcke, vgl. dazu Neubert: Geschichte der Opposition, S. 478 f.

den und waren es im Westen wieder ... Es war Kalter Krieg, und es lebte sich schlecht zwischen den Fronten."[169]

3.3.3. Organisierte Unterstützung aus dem Westen

Die organisierte Unterstützung der DDR-Opposition durch Westdeutsche vor 1989 ist bislang noch nicht ausreichend erforscht worden.[170] Hier kann es daher nicht darum gehen, einen auch nur annähernd vollständigen Überblick zu versuchen, sondern lediglich darum, exemplarisch zu belegen, daß es in der Bundesrepublik neben der weitverbreiteten Indifferenz auch vielfältige, wenngleich viel zu wenige, organisierte Kräfte gab, die für Oppositionelle in der DDR eintraten, sie unterstützten oder mit ihnen zusammenarbeiteten.

In den siebziger Jahren kam es nach den spektakulären Fällen Biermann und Brüsewitz zur Gründung ganz unterschiedlich ausgerichteter Unterstützergruppen. Während der Fall Biermann vor allem im undogmatischen Spektrum der westdeutschen Linken Solidarität auslöste, wirkte der Fall Brüsewitz als Katalysator für konservativ-kirchliche, antikommunistische Unterstützerkreise.

Zur ersten Gruppe gehörte die noch vor der Biermann-Ausbürgerung im Frühjahr 1976 gegründete „Initiativgruppe Freiheit der Meinung – Freiheit der Reise für Wolf Biermann", die sich – im Rückblick eine Ironie – für eine Westreiseerlaubnis für Biermann einsetzte. Aus dieser ging nach der Ausbürgerung das „Komitee zur Verteidigung und Verwirklichung demokratischer Rechte und Freiheiten in Ost und West" hervor, das auch andere Dissidenten unterstützte. Ebenfalls zu diesem Spektrum gehört das nach Massenverhaftungen von jungen Leuten, die in der DDR gegen die Biermann-Ausbürgerung protestiert hatten, gegründete „Schutzkomitee Freiheit und Sozialismus", das prominente Westdeutsche für Solidaritätsaktionen gewinnen konnte und dessen Mitglieder Literatur und Hilfsgelder in die DDR schleusten.[171] Eine weitere wichtige Unterstützergruppe aus dem linken Spektrum war das 1973 ursprünglich zur Unterstützung tschechoslowakischer Dissidenten gegründete „Sozialistische Osteuropa-Komitee Hamburg", das im Westen lebende Dissidenten unterstütze, Kontakt zu Robert Havemann hielt und eine breite Öffentlichkeitsarbeit betrieb. Selbst im trotzkistischen Spektrum gab es westdeutsche Unterstützung für ostdeutsche Oppositionelle: Die Zeitschrift „Links" der „Gruppe Internationaler Marxisten" berichtete über die Situation Oppositioneller in der DDR; Mitglieder der Gruppe schmuggelten die Schriften von Bahro, Havemann und das „Manifest der Opposition" in die DDR.[172]

---

169 Loest: Als wir in den Westen kamen, S. 227, 229.
170 Lediglich zu frühen gesamtdeutschen Widerstandsgruppen wie der „Kampfgruppe gegen Unmenschlichkeit (KgU) oder dem „Untersuchungsausschuß Freiheitliche Juristen" (UFJ) liegen Arbeiten vor: vgl. Merz: Kalter Krieg; Mampel: Untergrundkampf.
171 Neubert: Geschichte der Opposition, S. 332.
172 Ebd.

Die Selbstverbrennnung des Pfarrers Oskar Brüsewitz 1976 war Anlaß für die Gründung des „Brüsewitz-Zentrums" in Bad Oeynhausen, das Menschen- und Bürgerrechtsverletzungen in der DDR dokumentierte und sich besonders für religiös Verfolgte einsetzte. In diese Richtung aktiv waren auch die „Hilfsaktion Märtyrer-Kirche" in Uhldingen und der Verein „Glaube in der 2. Welt" der mit seinem Mitteilungsblatt „Glaube in der 2. Welt – Zeitschrift für Religionsfreiheit und Menschenrechte" eine Fülle von Informationen verbreitete.[173]

Für politische Häftlinge in der DDR setzte sich „Hilferuf von drüben" ein, ein Unterstützerverein und Opferverband, welcher aus dem gleichnamigen Sendeteil des ZDF-Magazins hervorging. Zwischen 1978 und 1990 betreute „Hilferuf von drüben" nach eigenen Angaben 12.500 ehemalige politische Häftlinge, Flüchtlinge, Übersiedler und Freigekaufte. In der gleichnamigen Zeitschrift wurden bis 1990 insgesamt 478 „Hilferufe" veröffentlicht, in denen 1.147 aus politischen Gründen in der DDR Inhaftierte namentlich genannt wurden, die alle vor Ablauf ihrer Haftzeit freigelassen wurden.[174]

Auch „Amnesty International" und die 1972 gegründete „Gesellschaft für Menschenrechte"(GFM, später Internationale Gesellschaft für Menschenrechte, IGFM) thematisierten Menschenrechtsverletzungen in der DDR. Amnesty International veröffentlichte 1966 ein erstes Dossier über die „Gefängnisbedingungen in Ostdeutschland" und organisierte Kampagnen für „Das Recht, das eigene Land zu verlassen" (1975) und gegen „Einschränkungen der Meinungsfreiheit in der DDR" (1983).[175] Die IGFM legte 1977 eine umfangreiche Dokumentation vor, die Erich Honeckers Behauptung, es gebe keine Bürgerrechtsbewegung in der DDR, widerlegte.[176] Jedoch wurden selbst hier ideologische Stellvertreterkonflikte ausgetragen: Amnesty wurde vorgeworfen, Menschenrechtsverletzungen im kommunistischen Machtbereich nicht konsequent genug anzuklagen; die IGFMler dagegen als antikommunistische Kalte Krieger verdächtigt.

Eine neue Dimension erhielt die Unterstützung für und die Zusammenarbeit mit Oppositionellen in der DDR mit der Entstehung von Ansätzen zu einer blockübergreifenden Friedensbewegung im Zuge der Nachrüstungsdebatte Anfang der achtziger Jahre. Das Gefühl der gemeinsamen, existentiellen Bedrohung förderte grenzüberschreitendes politisches Engagement, sowohl durch gezielte Aufnahme von Kontakten wie durch die fast unausweichliche Politisierung bestehender, privater Kontakte. Es entstanden blockübergreifende Zusammenhänge und Aktionsformen wie beispielsweise die „Frauen für den Frieden" und die ursprünglich von niederländischen Friedensbewegten initiierten „persönlichen Friedensverträge" zwischen Ost- und Westeuropäern.[177] Es kam auch zu Aktionen Westdeutscher für die DDR-Friedensbewegung in

---

173 Ebd., S. 333, 642.
174 Löwenthal: Umgang mit den Opfern, in: Zwischen Hoffnung und Resignation, S. 38.
175 Brauckmann: Amnesty.
176 Neubert: Geschichte der Opposition, S. 331.
177 Vgl. Eppelmann: Fremd im eigenen Haus, S. 128 f.

der DDR selbst, neben der Demonstration von Grünen-Politikern auf dem Ost-
Berliner Alexanderplatz am 12. Mai 1983 wohl am spektakulärsten am
29. März 1985, als eine Gruppe von Bundesbürgern ebenfalls auf dem Alexanderplatz mit Flugblättern und einem Transparent („Mutlanger Blockierer/innen
grüßen die unabhängige Friedensbewegung in der DDR") für die Freilassung
zweier inhaftierter ostdeutscher Friedensbewegter demonstrierten.[178] Auch zu
koordinierten, parallelen Protestaktionen von Friedensgruppen auf beiden Seiten der innerdeutschen Grenze kam es gelegentlich, so im Herbst 1983 in
Fulda und Meiningen.[179]

Auch aus der Umweltbewegung heraus entwickelten sich in den achtziger Jahren Unterstützungsbeziehungen und deutsch-deutsche Kooperationen. Das
1988 gegründete „Grün-ökologische Netzwerk ‚Arche'" hatte eine eigene
West-Berliner Unterstützergruppe, deren Bezeichnung als „Arche-Regional-
gruppe Berlin-Brandenburg (West)" einen blockübergreifenden Anspruch dokumentierte.[180] Auch die 1986 gegründete Berliner „Umweltbibliothek" verfügte über einen relativ festen Kreis westdeutscher Kontakte und Förderer.[181]
Protestaktionen in Ost und West wurden gelegentlich parallel organisiert, so
anläßlich der Jahrestagung 1988 von Internationalem Währungsfond und
Weltbank in Berlin.[182] Die Umweltschutzorganisation „Greenpeace" organisierte ebenfalls 1988 zusammen mit ostdeutschen Umweltschützern eine Pro-
testbriefaktion an den DDR-Umweltminister Reichelt gegen die Geheimhaltung der DDR-Umweltdaten. Die 12.000 Vordrucke wurden von der Grünen-
Politikerin Petra Kelly in die DDR geschleust. Obwohl die Postkontrolle des
MfS innerhalb der DDR rund die Hälfte der Briefe abfangen konnte, gingen
bei „Greenpeace" in Hamburg zahlreiche Anrufe und Anfragen aus der ganzen
DDR ein.[183] Auch im Rahmen des „kleinen Grenzverkehrs" kam es zu teilweise intensiven Kontakten zwischen Umweltgruppen.[184]

Die auf den ersten Blick umfangreiche Aufzählung darf nicht darüber hin-
wegtäuschen, daß organisierte Unterstützung für die DDR-Opposition in der
alten Bundesrepublik zu jeder Zeit eine Randerscheinung blieb. West-Unter-
stützer sahen sich beständig mit dem Vorwurf konfrontiert, „Kalte Krieger" zu
sein oder diesen doch in die Hände zu spielen. Der Marginalisierung wurde
auch nicht gerade dadurch entgegengewirkt, daß viele Bemühungen zwar rüh-
rig, aber nicht immer mit der nötigen Kompetenz und Weitsicht betrieben
wurden, um das Anliegen einer ohnehin desinteressierten bis skeptisch-ableh-
nenden Öffentlichkeit zu vermitteln.[185] „Die Mehrheit der Unterstützergruppen

---

178 Neubert: Geschichte der Opposition, S. 642.
179 Stauss, in: Materialien, VI/1, S. 197 f.
180 Zur „Arche" vgl. Jordan/Kloth (Hg.): Arche Nova.
181 Zur „Umweltbibliothek" vgl. Rüddenklau: Störenfried.
182 Stauss, in: Materialien, VI/1, S. 198.
183 Cooper: Hilfe vom Klassenfeind, in: Jordan/Kloth (Hg.): Arche Nova, S. 105 f.
184 Vgl. die MfS-Aufstellung in der Information Nr. 150/89, als Anlage abgedruckt bei: Jor-
    dan/Mitter/Wolle: Die Grünen der Bundesrepublik.
185 Vgl. beispielsweise den Bericht über eine mißglückte IGFM-Tagung zur Menschenrechtssituation in
    der DDR Ende 1984 in Bonn bei Finn: Vertane Chance, in: DA, 1/85, S. 78 f.

kam von den Rändern der etablierten Politik. Sowohl die linken als auch die konservativen Unterstützer hatten in großen Parteien kaum Rückhalt und zudem stets Mühe, die nötigen Geldmittel zu besorgen", so Erhart Neubert.[186] Zwar erreichten die Kontakte zwischen Oppositionellen in der DDR und Westdeutschen seit 1987 immerhin ein solches Ausmaß, daß die SED darin eine Gefahr zu sehen begann und das MfS sich bemühte, eine politische oder geheimdienstliche Steuerung nachzuweisen, zu „einer Systematisierung der Beziehungen, zu strategischen Absprachen oder der Formulierung gemeinsamer politischer Ziele kam es aber nicht."[187].

Allerdings ist in diesem Zusammenhang auch darauf zu verweisen, daß in der DDR-Opposition Unterstützung nicht immer nur willkommen war, sondern die Vorbehalte gegen vermeintlichen Beifall von der falschen Seite auch bei den Oppositionellen in der DDR sehr ausgeprägt sein konnte. „Ohne Hilfe aus dem Westen hätte die DDR-Opposition weit weniger erreichen können als sie erreicht hat", resümiert eine Unterstützerin aus dem Westen, „Trotzdem wurde dieser Unterstützung der Opposition durch Bundesdeutsche und Ausländer ... mit einem Mißtrauen begegnet, das nicht nur auf Stasi-Intrigen zurückzuführen ist."[188] Es habe eine „unglückliche Tendenz auch bei Oppositionellen (gegeben), gewisse Propagandamomente des Staates DDR zu verinnerlichen."[189]

3.4. Das Verhältnis der evangelischen Kirchen in Ost und West zu Widerstand und Opposition

3.4.1. Der Bund Evangelischer Kirchen (BEK) und die DDR-Opposition

Das Verhältnis der Kirche in der DDR – und hier vor allem das der evangelischen Kirche, sie hatte die meisten Berührungspunkte mit der Opposition – zu widerständigen Gruppierungen war gespalten.[190] Zur Ursache dieser Spaltung schreibt der Theologieprofessor Richard Schröder: „Es gab ... einen natürlichen Konflikt zwischen den Kirchen und den oppositionellen Gruppen. Die Kirchen wollten nicht den massiven Konfrontationskurs, den manche Gruppen anstrebten, weil sie befürchteten, der Kampf gehe verloren. Sie versuchten, die Interessen der Gruppen, der Kirchengemeinden und der Gesamtkirche auszutarieren. Die Kirche mußte ihre Spielräume gebrauchen und erhalten, und sie

---

186 Neubert: Geschichte der Opposition, S. 331.
187 Ebd., S. 716.
188 Cooper: Hilfe vom Klassenfeind, in: Jordan/Kloth (Hg.) , S. 99.
189 Ebd.
190 Die Literatur zu diesem Komplex ist bereits heute fast unübersehbar. Vgl. nur die beiden Bände der Enquete-Kommission „Aufarbeitung von Geschichte und Folgen der SED-Diktatur in Deutschland des 12. Deutschen Bundestages (Materialien, VI/1 und VI/2). Darüber hinaus kirchenkritisch vor allem Besier: Die Vision vom „Dritten Weg"; ders.: Höhenflug und Absturz; Neubert: Geschichte der Opposition. Offiziöse Darstellungen bei: Schröter/Zeddies (Hg.): Nach-Denken; Demke/Falkenau/Zeddies (Hg.): Zwischen Anpassung und Verweigerung.

wußte nie genau, wo die Grenze verlief. Man kann auch ruhig sagen, die Kirche mußte lavieren."[191]

Auch Pfarrer Rudi Pahnke spricht von der „faktischen Spaltung der Kirche" angesichts der „Disparatheit" der Gruppen.[192]

Diese Spaltung führte dazu, daß die evangelische Kirche in der DDR einerseits eine aktive Rolle bei der immer wieder versuchten „Domestizierung" der Opposition spielte, sie andererseits oppositionellen Einzelpersonen, Schriftstellern, bildenden Künstlern und politischen Gruppierungen einen – freilich begrenzten – Freiraum der Darstellung ihrer Sicht auf die DDR-Verhältnisse bot. Deutlich wurde dies bereits Ende der siebziger Jahre, als sich mehr und mehr Akteure der Opposition unter das „Dach der Kirche" begaben, daß heißt mit kirchlichen Themenkreisen zusammenarbeiteten oder sich als innerkirchliche Gruppen konstituierten. Dazu gehörte etwa die Sozialarbeit kirchlicher Mitarbeiter unter randständigen Jugendlichen (die sogenannte „Offene Arbeit") oder die Betreuung von Wehrdienstverweigerern, aber auch die teilweise Integration nichtoffizieller Kunst und Literatur. Schließlich fand sie ihre deutlichste Ausprägung mit der Herausbildung der unabhängigen Friedensbewegung „Schwerter zu Pflugscharen" und von Frauen-, Umwelt- und Menschenrechtsgruppen ab Anfang der achtziger Jahre.

Regimeloyale Kräfte in der Kirche, speziell eng (und, wie sich später herausstellte, auch konspirativ) mit dem Staat zusammenarbeitende Kirchenfunktionäre wie Manfred Stolpe und Günter Krusche, bemühten sich jedoch, die Kirche auf ein rein theologisches Profil festzulegen und ihre gesellschaftliche und politische Rolle zu relativieren. So erklärte Stolpe 1983, die Kirche sei „kein Oppositionslokal" und „offen für alle, aber nicht für alles"[193]. Damit war den oppositionellen Gruppierungen signalisiert, daß sie sich nur in Grenzen auf die Kirche verlassen konnten, daß deren Unterstützung auch inhaltlich limitiert war und daß immer wieder mit Bevormundungsversuchen von Seiten der Kirchenfunktionäre zu rechnen sein würde. Die Strategie lautete: „Theologisierung" der Arbeit der Gruppen oder Ausgrenzung. Die meisten Oppositionellen in der DDR lehnten den Begriff „Opposition" für sich nicht nur wegen der drohenden Verfolgung durch den Staat ab, sondern auch wegen seiner Ablehnung durch die ihnen teilweisen Schutz gewährende Kirche.

Die loyalistischen Kirchenfunktionäre konnten für ihre Haltung gegenüber den Gruppen durchaus auf das Verständnis, die Dankbarkeit oder sogar Unterstützung bei „normalen" Gemeindemitgliedern rechnen. Anders als es im Westen gesehen wurde, war die Kirche durchaus kein Bollwerk der Nichtanpassung, sondern ein einigermaßen getreues Abbild der Gesamtgesellschaft der DDR. Wenngleich es im Durchschnitt sicher weniger systemloyal war als die Gesamtbevölkerung, so hatte auch das normale „Kirchenvolk" Berührungsängste

---

191 Schröder: DDR einst – und jetzt?, in: APuZ, B 41/92, 2.10.1992, S. 10.
192 Pahnke, in: Materialien, VI/1, S. 181.
193 Zit. nach Besier: Höhenflug und Absturz, S. 15.

gegenüber den Gruppen, die kaum an traditionellen Formen der Frömmigkeit interessiert waren und als Störenfriede empfunden wurden. Immer wieder machten Pfarrer, die oppositionelle Kreise in ihren Gemeinden tolerierten oder aktiv unterstützen, die Erfahrung, „daß es [d. h. das Kirchenvolk, Verf.] sich sehr bald, als die Gruppen auftauchten und die Gemeinden überfremdeten ... zurückzog."[194] Die Gruppen befanden sich so – neben der Bedrängung durch den Staat – auch innerkirchlich in einer Art Doppelzange.

Es war jedoch der Konflikt mit der Kirchenleitung, der nach der Absage der „Friedenswerkstatt" 1987 offen ausbrach. Zum Berliner Kirchentag 1987 kam es unter dem Motto „Kirchentag von unten" zu einer Parallel- beziehungsweise Gegenveranstaltung der Gruppen und in der Folge zur Gründung der basisdemokratisch-oppositionellen „Kirche von unten", die „Glasnost in Staat und Kirche" einforderte.[195]

Seither konnte die Kirchenleitung die Gruppen nicht mehr im gewünschten Maße kontrollieren. Der sächsische Landesbischof Hempel erklärte auf der Konferenz der Kirchenleitungen (KKL) im Dezember 1988 mit Blick auf die Gruppen, er befürchte, „daß in sechs bis acht Monaten ein Knall passieren könnte."[196] 1987/88 begannen sich oppositionelle Strömungen zudem mehr und mehr in den Synoden zu manifestieren, etwa in Gestalt des „Antrags auf Absage an Praxis und Prinzip der Abgrenzung".[197] Auch die Sessionen der „Ökumenischen Versammlung für Gerechtigkeit, Frieden und Bewahrung der Schöpfung" gaben 1988/Anfang 1989 kritischen Laien die Möglichkeit, Einfluß auf kirchliche Positionen zu nehmen.[198]

Schließlich konnte die Kirchenleitung den berechtigten Anliegen der oppositionellen Gruppen kaum noch ausweichen. Im Juni 1989 kam es bei einem vom BEK angeregten Kolloquium zu einer Aussprache zwischen beiden Seiten, bei der die Kirchenleitung sich in der Defensive sah. Nach dem Nachweis der Wahlfälschungen im Mai 1989 und den dagegen einsetzenden Protesten schwenkte dann auch die Amtskirche zunehmend auf die kritische Haltung gegenüber der SED um, die die Gruppen bereits seit langem vertreten hatten. Insgesamt hat, dem Urteil von Erhart Neubert zufolge, die „jahrelange, zähe Diskussion um das Verhältnis zwischen oppositionellen Gruppen und Kirche, die faktische Bindung der Opposition an die Kirche und die kirchenpolitische Fixierung der Amtskirche auf den SED-Staat ... die Opposition an der politischen Selbstentfaltung gehindert."[199] Und Rainer Eppelmann resümiert: „Wenn man heute von der evangelischen Kirche redet, von ihrem guten Ruf und von ihrer Bedeutung, dann wird man fairerweise sagen müssen: Das ist der

---

194 Hilse, in: Materialien, VI/1, S. 210.
195 Vgl. Kirche von unten (Hg.): Wunder; Rüddenklau: Störenfried, S. 105 ff.
196 Zit. nach: Materialien, VI/1, S. 195. Hempel nahm übrigens an, daß ein solcher „Knall" nicht in Berlin, sondern im Süden der DDR geschehen würde; ebd.
197 Bickhardt: DDR-Opposition in den achtziger Jahren, in: Materialien VII/1, S. 488 ff.
198 Ziemer, Der Konziliare Prozeß, in: Materialien, VI/2, S. 1430 ff.
199 Neubert: Geschichte der Opposition, S. 806.

Ruf von ein paar hundert oder tausend Menschen, den sich jetzt die ganze Kirche zu eigen macht."[200]

3.4.2. Die evangelische Kirche in Deutschland (EKD) und die deutschdeutsche Scharnierfunktion der Kirche

Von allen „nationalen" Institutionen hat die Kirche die Teilung in zwei Staaten 1949 und die physische Trennung seit 1961 am längsten überstanden und während dieser Zeit eine Klammerfunktion ausgeübt. Auch nach dem Auseinanderfallen der Evangelischen Kirche in die EKD und den BEK 1969 nahm die Kirche weiter eine besondere deutsch-deutsche Scharnierfunktion wahr. Trotz der aufgezwungenen organisatorischen Trennung in EKD und BEK 1969 bekannte sich der BEK in seiner Satzung – gegen den Willen der SED – ausdrücklich zur „besonderen Gemeinschaft" der evangelischen Christen in Ost und West.[201]

Mehr als bei allen anderen Bemühungen gelang es im Rahmen der „besonderen Gemeinschaft" der beiden deutschen evangelischen Kirchenbünde, die deutsch-deutschen Beziehungen mit Leben zu erfüllen. Nirgendwo haben „so viele Begegnungen zwischen Deutschen in Ost und West stattgefunden, die nicht durch Familienbande miteinander verknüpft waren wie in den Partnerschaften der evangelischen Kirche".[202]

Trotz organisatorischer Trennung bestanden eine Vielzahl informeller Strukturen fort, die vor allem in Berlin zusammenliefen und dort vor allem im Sekretariat des Bundes in der Auguststraße.[203] Vielfach sind die besonderen Kontakte der Kirche von Politikern gebraucht worden, um Botschaften, Anfragen oder Gesprächswünsche zu übermitteln, nicht zuletzt auch in „humanitären" Fragen. Politikerbesuche wurden regelmäßig über „die Kirchenschiene", insbesondere über die Vertretung der EKD in Bonn (Büro Binder/Kunst) mitorganisiert; so zum Beispiel das Treffen Honecker-Schmidt in Güstrow 1981. Die Kirche wurde zudem als einzige Institution betrachtet, von der man zuverlässige Informationen über die wirkliche Lage und tatsächliche Einstellung der DDR-Bevölkerung erhalten könne. Die Ständige Vertretung der Bundesrepublik in Ost-Berlin legte großen Wert auf Kirchenkontakte, nicht nur zu Kirchenleitung, sondern auch zu Gemeindepfarrern.[204]

Die als politische Reaktion auf die erzwungene Trennung formulierte „besondere Gemeinschaft" wurde jedoch immer stärker entpolitisiert. Der entscheidende Grund hierfür – der bis zum Ende der DDR wesentlicher Bestimmungsfaktor für das Verhalten der EKD gegenüber der DDR bleiben sollte – war die Bereitschaft der westdeutschen evangelischen Kirchen, der Argumentation des

---

200 Eppelmann, in: Richter/Zylla (Hg.): Pflugscharen gegen Schwerter, S. 137.
201 Vgl. Art. 4.4 der Ordnung des Bundes der Evangelischen Kirchen in der DDR.
202 So Bischof Heinz-Georg Binder, in: Materialien VI/1, S. 254.
203 Rathke, in: Materialien VI/1, S. 263.
204 Lohse: BEK und EKD, in: Materialien, VI/2, S. 1009.

BEK zu folgen, daß Zurückhaltung in politischen Fragen notwendig sei, um die ostdeutschen Kirchen nicht in Bedrängnis zu bringen und ihren politischen Spielraum einzuengen. Ein persönliches „Schlüsselerlebnis" schildert der ehemalige Präses der EKD-Synode, Jürgen Schmude: Als er nach seiner Wahl 1985 in einem Interview äußerte, er halte einen gesamtdeutschen Kirchenbund für durchaus denkbar, und SED-Funktionäre dem BEK daraufhin Illoyalität gegenüber der DDR vorwarfen, ermahnten ostdeutsche Kirchenmänner den westdeutschen Präses, solche Äußerungen künftig bitte zu unterlassen.[205] Daraufhin, so Schmude, habe er öffentlich und in einem Gespräch mit dem Staatssekretär für Kirchenfragen „politische Zielsetzungen dieser besonderen Gemeinschaft in Abrede gestellt", den „kirchlichen Charakter der Beziehung ... betont und darauf hingewiesen, daß es nicht Aufgabe der Kirche sei, politische Ziele zu verfolgen."[206]

Das Dogma der Nichteinmischung galt auch und ganz besonders für die Thematisierung von Menschen- und Bürgerrechtsfragen. Jürgen Schmude bewertet die Spannung zwischen der Verantwortung, diese Themen zur Sprache zu bringen und der Zurückhaltung der EKD im Nachhinein als „kitzligen Punkt". Er selbst habe zu denen gehört, die „dieser Versuchung sehr widerstanden und widersprochen" hätten: „Denn wir erlebten es, daß die evangelischen Kirchen in der DDR selbst ihr Wort führten und auch mutig vieles ansprachen, und daß sie uns gleichzeitig auf Leitungsebene sagten: Bitte haltet euch da raus. Wir können hier manches fordern, wenn es aber schon im Westen von der Kirche erklärt worden ist, dann ist es vorbei ... Dann sagt man uns beim Staat: Sie haben euch das vom Westen vorgeschrieben. Ihr seid ferngesteuert. Und das ist die schlimmste Situation, die wir haben können. Deshalb immer wieder die Bitte: Laßt uns das machen. Haltet euch da raus. So ganz leicht ist uns das nicht gefallen, aber ich habe das für notwendig gehalten und deshalb auch vertreten."[207]

Die Folge war eine starke Ausrichtung auf ein von Kritikern als „Geheimdiplomatie" charakterisiertes Wirken hinter den Kulissen, daß dem Diktum von der Kirche als „Kanalarbeiter" (Heinrich Grüber) folgte, der unter der Straße sehen muß, daß die Dinge in Fluß kommen; durchaus in dem Bewußtsein: „Ganz egal, auf welcher Seite ich herauskomme, ich stinke."[208]

Über die deutsch-deutschen Kontakte auf Gemeindeebene gibt es – soweit zu überblicken – bislang keine detaillierten Untersuchungen. Interne Berichte und Unterlagen der EKD über Gemeindepartnerschaften sind im Archiv des Diakonischen Werks in Berlin vorhanden, jedoch noch nicht ausgewertet. Inwieweit diese Materialien Auskunft geben können über die Behandlung – oder Ausklammerung – des Komplexes „Widerstand und Opposition" in den Gemeindebeziehungen, konkret über die Reaktion von Besuchern aus westdeut-

---

205 Schmude, in: Materialien, VI/1, S. 280.
206 Ebd., S. 281.
207 Ebd., S. 309.
208 Zit. nach Rathke, in: Materialien VI/1, S. 264.

schen Partnergemeinden, wenn sie mit der Existenz von regimekritischen Gruppen und mit auf diese ausgeübten Repressionen konfrontiert wurden, läßt sich nicht sagen. Hier besteht weiterer Forschungsbedarf.

Anekdotische Belege gibt es dafür, daß auch bei deutsch-deutschen Zusammentreffen an der „Kirchenbasis" westliche Besucher das Thema politische Opposition eher mieden, weil sie es „nicht für richtig" hielten, „Schwächen des Staates gegenüber den Gastgebern zu thematisieren, die daran sowieso nichts ändern konnten."[209] Rainer Eppelmann erinnert sich, daß solche Kontakte „oft zunächst von einer großen Unsicherheit begleitet waren."[210] Bischof Heinz-Georg Binder verweist darauf, daß „bei den Treffen, die stattgefunden haben, schon aus Vorsichtsgründen das Zusammengehörigkeitsgefühl der Deutschen und die nationale Frage nicht unbedingt vorherrschende Themen waren."[211] Entsprechendes wird man für die Frage der Vorherrschaft der SED als Regel annehmen dürfen, wenngleich selbstverständlich auch „ausführliche politische und allgemeine Diskussionen" an der ost-westlichen Kirchenbasis stattgefunden haben.[212] Margot von Renesse hält ihre Erfahrung mit einer Partnergemeinde in der DDR für verallgemeinerbar: „Alle, die aus dem Westen kamen, haben sehr behutsam darauf gewartet, daß (politische, d. Verf.) Fragen und Antworten aus den östlichen Partnergemeinden kamen. Wir haben die Themen nicht angeschnitten, wir haben die Themen nicht dominiert. Denn so lange wie es die Mauer gab, solange waren wir vielleicht zu furchtsam, mag man aus heutiger Sicht sagen. Aber jedenfalls bestrebt, uns unbekannte Gefahren für unsere Partner nicht heraufzubeschwören."[213]

Trotzdem dürfte gerade über die Partnerbeziehungen auf Gemeindeebene in besonderer Weise – möglicherweise stärker als über die Ebene der Kirchendiplomatie – bei den Bundesdeutschen eine Sensibilität für die besondere Lage politisch Andersdenkender in der DDR geschaffen worden sein.

4. Resumée: Thesen

(1) Wer wissen wollte, konnte wissen.

(2) Die Mehrheit in Ost und West wollte nicht wissen.

(3) DDR-Bürger empfanden Oppositionelle in der Regel als Störenfriede und Querulanten. Durch die scheinbare Aussichtslosigkeit widerständigen Handels sahen sie sich in der Meinung bestärkt, daß Kritik und Opposition ohne Aussicht auf Erfolg seien und lediglich die Gefahr harter Reaktionen und verschärfter Unterdrückungsmaßnahmen heraufbeschwören würden.

---

209 So Reinhard Henkys gegenüber H.M.K.
210 Eppelmann, in: Materialien VI/1, S. 251.
211 Binder, in: Materialien VI/1, S. 254.
212 So Jürgen Schmude über seine Erfahrungen, in: Materialien VI/1, S. 280; Schache, ebd., S. 501.
213 Renesse, in: Materialien, VI/1, S. 502.

(4) SED und MfS taten alles, um die Wahrnehmung oppositionellen und widerständigen Verhaltens in- und außerhalb der DDR zu unterbinden. Wo dies nicht möglich war, wurden die Oppositionellen mit Hilfe der DDR-Medien gezielt diffamiert und ihre Anliegen verfälscht. Dabei wurde oft auf in der Bevölkerung vorhandene Vorurteile aufgebaut.

(5) In der alten Bundesrepublik bedingte bereits das vorherrschende Desinteresse an der DDR allgemein ein Desinteresse an der DDR-Opposition.

(6) Die bundesdeutsche Wahrnehmung von Widerstand und Opposition war stark geprägt von Flucht und Ausreise.

(7) Westdeutsche Entspannungspolitiker ignorierten die DDR-Opposition bewußt, weil sie in ihr eine Bedrohung der Stabilität der DDR sahen, die als Voraussetzung für die Liberalisierung der DDR betrachtet wurde. Sie verlangten von der DDR-Opposition implizit, aber auch explizit, den Verzicht auf die Einforderung ihrer Freiheitsrechte im Interesse politischer Stabilität.

(8) Durch die unzulässige Übertragung westdeutscher Maßstäbe auf die DDR wurde die politisch-oppositionelle Dimension abweichender sozialer Verhaltensweisen in der DDR oft nicht erkannt. Die taktische Notwendigkeit der Vermeidung des Oppositionsbegriffs wurde nicht in Rechnung gestellt beziehungsweise zwischen Selbstverständnis und Funktion im politischen System der DDR nicht unterschieden.

(9) Die bundesdeutsche Politik übernahm im wesentlichen das von der evangelischen Kirche (EKD, BEK) vermittelte Oppositionsbild. Die EKD übernahm im wesentlichen das vom BEK vermittelte Oppositionsbild. Der BEK war jedoch stark von einer loyalen Haltung zur DDR und einer kritischen Haltung gegenüber den Gruppen geprägt. Dies führte mindestens dazu, daß auch in Westdeutschland der Konflikt Kirche-Gruppen als ein innerkirchlicher und nicht als ein auf Betreiben der SED von der Kirche internalisierter (Stellvertreter-)Konflikt gesehen wurde.

(10) Die altbundesdeutsche Politik betrieb gegenüber der Opposition in der DDR eine opferorientierte Politik der Nachsorge für Verhaftete und Verurteilte. Die Sprachregelung „humanitäre Bemühungen" individualisierte und entpolitisierte zudem deren widerständiges Verhalten.

(11) Der Nachrichtenwert oppositioneller Verhaltensweisen in der DDR war für die Westmedien gering – es sei denn, sie erhielten bei Verhaftungen ein Gesicht und einen Namen. Westliche Öffentlichkeit erlangte die DDR-Opposition denn auch meist nicht aufgrund ihrer Kritik am Regime, sondern aufgrund dessen harter Reaktion.

(12) Zwischen der etatistischen Fixierung der altbundesdeutschen Politik auf Reformen „von oben" und der paternalistischen Politik der „menschlichen Erleichterungen" fehlte völlig eine zivilgesellschaftliche Dimension der Deutschlandpolitik.

(13) Die politischen Kosten der Abgrenzung der westdeutschen Politik ge-
     genüber ostdeutschen Oppositionellen, wie teilweise auch der Abgren-
     zung ostdeutscher Oppositioneller gegenüber westdeutschen Politikern
     und Parteien, sind hoch gewesen. Wann immer Einzelne diese Abgren-
     zungen überwanden, erlebten beide Seiten den Kontakt als Bereicherung.

(14) Einen Dialog mit der Opposition in der DDR begann die altbundesdeut-
     sche Politik, nach ersten offiziösen Kontakten Ende 1987, erst im Spät-
     herbst 1989 – nachdem selbst aus der SED schon erste Schritte in diese
     Richtung getan worden waren.[214]Die versäumte Auseinandersetzung mit
     der Opposition in der DDR ist ein wesentlicher Grund dafür, daß die
     westdeutsche Politik von den Ereignissen im Herbst 1989 vollständig
     überrascht wurde. Sie wirkt im Vereinigungsprozeß bis heute nach.

Literatur

Hanns-Peter Arp: Integrationsprobleme der Übersiedler aus der DDR. Darstellung aus
   der Sicht eines Praktikers, in: Deutschland Archiv (DA), 4/86
Peter Beier: Die „Sonderkonten Kirchenfragen". Sachleistungen und Geldzuwendungen
   an Pfarrer und kirchliche Mitarbeiter als Mittel der DDR-Kirchenpolitik (1955-
   1989/90), Göttingen 1997
Gerhard Besier: Der SED-Staat und die Kirche 1969-1990. Die Vision vom „Dritten
   Weg", Frankfurt/M. u. a. 1995
Ders.: Der SED-Staat und die Kirche 1983-1991. Höhenflug und Absturz, Frankfurt/M.
   u. a. 1995
Wilfried von Bredow: Perzeptions-Probleme, in: DA 2/91, S. 150 ff.
Stephan Bickhardt: Die Entwicklung der DDR-Opposition in den achtziger Jahren, in:
   Materialien, VII/1, S. 450-503
Bärbel Bohley/Jürgen Fuchs (Hg.): 40 Jahre DDR. Und die Bürger melden sich zu
   Wort, Berlin 1989
Roland Brauckmann: Amnesty International als Feindobjekt der DDR, Berlin 1996
   (Schriftenreihe des Berliner Landesbeauftragten für die Unterlagen des Staatssicher-
   heitsdienstes der ehemaligen DDR, Bd. 3)
Wolfgang Büscher/Peter Wensierski/Klaus Wolschner (Hg.): Die Friedensbewegung in
   der DDR. Texte 1978-82, Hattingen 1982
Belinda Cooper: Hilfe vom Klassenfeind: Die Arche Berlin-Brandenburg (West), in:
   Jordan/Kloth (Hg.): Arche Nova, S. 99-111
DDR-Handbuch, hrsg. vom Bundesministerium für innerdeutsche Beziehungen, 2 Bde,
   Köln, 3., überarbeitete und erweiterte Auflage 1985
Christoph Demke/Manfred Falkenau/Helmut Zeddies (Hg.): Zwischen Anpassung und
   Verweigerung. Dokumente aus der Arbeit des Bundes der Evangelischen Kirche in
   der DDR, Leipzig 1994
Klaus Ehring/Martin Dallwitz (Pseudonym für Hubertus Knabe): Schwerter zu Pflug-
   scharen, Reinbek b. Hamburg 1982
Bernd Eisenfeld: Kriegsdienstverweigerung in der DDR – ein Friedensdienst? Genesis,
   Befragung, Analyse, Dokumente, Frankfurt/M. 1978

---

214 Erste Treffen zwischen Oppositionellen und SED-Funktionären begannen Ende der ersten Oktober-
    woche 1989.

Ders.: Die Ausreisebewegung – eine Erscheinungsform widerständigen Verhaltens, in: U. Poppe/Eckert/Kowalczuk (Hg.) Selbstbehauptung, S. 192-223

Peter Eisenmann/Gerhard Hirscher (Hg): Dem Zeitgeist geopfert. Die DDR in Wissenschaft, Publizistik und politischer Bildung, München 1992

Gerhard Finn: Vertane Chance. Anhörung zur Menschenrechtssituation in der DDR, in: DA, 1/85, S. 78 f.

Karl-Wilhelm Fricke: Selbstbehauptung und Widerstand in der SBZ, Köln 1966

Ders: Warten auf Gerechtigkeit. Kommunistische Säuberungen und Rehabilitierungen. Bericht und Dokumentation, Köln 1971

Ders.: Politik und Justiz in der DDR. Zur Geschichte der politischen Verfolgung 1945-1968. Bericht und Dokumentation, Köln 1979

Ders., Die DDR-Staatssicherheit. Entwicklung, Strukturen, Aktionsfelder, Köln 1982

Ders.: Widerstand und Opposition in der DDR. Ein politischer Report, Köln 1984

Ders.: Zur Menschen- und Grundrechtssituation politischer Gefangener in der DDR, 2., ergänzte Auflage, Köln 1988

Friedrich Ebert-Stiftung (Hg.): Die Friedensbewegung in der DDR", Bonn 1982 (Reihe „Die DDR: Argumente – Realitäten")

Jürgen Fuchs: Einmischung in eigene Angelegenheiten. Gegen Krieg und verlogenen Frieden, Reinbek b. Hamburg 1984

Andreas Gaidt/Johannes Imorde: Von der DDR-Leere in den bundesdeutschen Hochschulen. Analyse des Lehrangebots zu DDR-Themen im Wintersemester 1987/88, in: DA, 11/1988, S. 1196 ff.

Timothy Garton Ash: Im Namen Europas. Deutschland und der geteilte Kontinent, München u. a. 1993

Günther Gaus: Wo Deutschland liegt. Eine Ortsbestimmung, München 1986

Thomas Gensicke: Mentalitätswandel und Revolution. Wie sich die DDR-Bürger von ihrem System abwandten, in: DA 12/92, S. 1266-1283

Dominik Geppert: Störmanöver. Das „Manifest der Opposition" und die Schließung des Ost-Berliner „Spiegel"-Büros im Januar 1978, Berlin 1996

Jochim de Haas: Das Netzwerk Arche in der Region: Die Basisgruppe Perleberg, in: Jordan/Kloth (Hg.): Arche Nova, S. 121-127.

Jans Hacker: Deutsche Irrtümer. Schönfärber und Helfershelfer der SED-Diktatur im Westen, Berlin/Frankfurt a.M. 1992

Gerda Haufe/Karl Bruckmeyer (Hg.): Die Bürgerbewegungen in der DDR und in den ostdeutschen Ländern, Opladen 1993

Frithjof Heller: Unbotmäßiges von „Grenzfall" bis „Wendezeit" – Inoffizielle Publizistik in der DDR", in: DA, 11/1988, S. 1188 ff.

Gerhard Herdegen: Perspektiven und Begrenzung. Eine Bestandsaufnahme der öffentlichen Meinung zur deutschen Frage. Teil 1: Nation und deutsche Teilung, in: DA, 12/1987, S. 1259-1273

Ders.: Perspektiven und Begrenzung. Eine Bestandsaufnahme der öffentlichen Meinung zur deutschen Frage. Teil 2: Kleine Schritte und fundamentale Fragen, in: DA, 4/1988, S. 391-403

Gerold Hildebrand: „Zehn sind manchmal mehr als Zehntausend", in: Gerbergasse 18, 3/97, S. 2 ff.

Richard Hilmer: DDR und die deutsche Frage. Antworten der jungen Generation, in: DA 10/88, S. 1091-1100

Ders./Anne Köhler: Die DDR im Aufbruch, in: DA 12/89

Ralf Hirsch/Lew Kopelew (Hg.): Initiative Frieden und Menschenrechte: Grenzfall. Vollständiger Nachdruck aller in der DDR erschienenen Ausgaben 1986/87. Erstes unabhängiges Periodikum, Berlin 1989

Gunter Holzweißig: Zensur ohne Zensor. Die SED-Informationsdiktatur, Bonn 1997

Eckhard Jesse: Die politikwissenschaftliche DDR-Forschung in der Bundesrepublik Deutschland, in: Eisenmann/Hirscher (Hg.): Zeitgeist, S. 13 ff.

Carlo Jordan: Akteure und Aktionen der Arche, in: Ders./Kloth (Hg.): Arche Nova, S. 37-70

Ders./Armin Mitter/Stefan Wolle: Die Grünen der Bundesrepublik in der politische Strategie der SED-Führung, Berlin 1994

Ders./Hans Michael Kloth (Hg.): Arche Nova. Opposition in der DDR. Das „Grün-ökologische Netzwerk Arche" 1988-90, Berlin 1995

Kirche von unten (Hg.): Wunder gibt es immer wieder. Fragmente zur Geschichte der Offenen Arbeit Berlin und der Kirche von unten, Berlin 1997 (Eigenverlag)

Kleines politisches Wörterbuch, Neuausgabe 1988, Berlin (Ost) 1989

Hans Michael Kloth: Grüne Bewegung, Grünes Netzwerk, Grüne Partei. Ein politologischer Versuch, in: Jordan/Kloth (Hg.): Arche Nova, S. 145-179

Wilhelm Knabe: Westparteien und DDR-Opposition. Der Einfluß der westdeutschen Parteien in den achtziger Jahren auf unabhängige politische Bestrebungen in der ehemaligen DDR, in: Materialien, VII/2, S. 1110-1202

Anne Köhler/Volker Ronge: Ein Test auf die Wiedervereinigung? Die Reaktion der Bundesdeutschen auf die Übersiedlerwelle aus der DDR vom Frühjahr 1984, in: DA, 1/85, S. 53-59

Dies./Richard Hilmer: Ein Jahr danach. Wie sehen die Bundesbürger die Übersiedlerfrage heute?, in: DA, 1/86, S. 41-46

Lothar G. Kopp: „Kaum zu glauben ..." Erfahrungen westdeutscher Jugendlicher in der DDR, in: DA, 5/91, S. 551-53

Angela Kowalczyk: Punk in Pankow, Berlin 1996

Ferdinand Kroh (Hg.): „Freiheit ist immer die Freiheit.." Die Andersdenkenden in der DDR, Frankfurt/Berlin 1988

Stephen Labaree (Hg.): The Two German States and European Security, New York 1989

Hans-Günther Laufer: Begrenzte Bürgerkontakte. Erfahrungen mit der Städtepartnerschaft Trier-Weimar, in: DA, 1/89, S. 51 ff.

Lexikon des DDR-Sozialismus. Das Staats- und Gesellschaftssystem der Deutschen Demokratischen Republik, hrsg, von Rainer Eppelmann/Horst Möller/Güner Nooke/Dorothee Wilms, Paderborn 1996

Erich Loest: Als wir in den Westen kamen. Gedanken eines literarischen Grenzgängers, Stuttgart/Leipzig 1997

Gerhard Löwenthal: Umgang mit den Opfern, in: Zwischen Hoffnung und Resignation, a. a. O.. , S. 38-41

Eduard Lohse: Der Bund der Evangelischen Kirchen in der DDR (BEK) und die Evangelische Kirche in Deutschland (EKD) in ihrem Verhältnis zueinander und zu den beiden Staaten in Deutschland, in: Materialien, VI/2, S. 997-1025

Peter-Christian Ludz: Parteielite im Wandel. Funktionsaufbau, Sozialstruktur und Ideologie der SED-Führung. Eine empirisch-systematische Untersuchung, Köln/Opladen, 2. Aufl., 1968

Siegfried Mampel: Der Untergrundkampf des Ministeriums für Staatssicherheit gegen den Untersuchungsausschuß Freiheitlicher Juristen in Berlin (West), Berlin 1994, Berlin 199 (Schriftenreihe des Berliner Landesbeauftragten für die Unterlagen des Staatssicherheitsdienstes der ehemaligen DDR, Bd. 1)

Bernhard Marquardt: DDR – totalitär oder autoritär? Bern 1986

Materialien der Enquete-Kommission „Aufarbeitung von Geschichte und Folgen der SED-Diktatur in Deutschland (12. Wahlperiode des Deutschen Bundestages) Herausgegeben vom Deutschen Bundestag (Neun Bände in 18 Teilbänden), Baden-Baden, Frankfurt a.M. 1995

Matthias-Domaschk-Archiv Berlin (Hg.): Entstehung und Ausstrahlung von „Radio Glasnost" – die einzige authentische Stimme von Oppositionsgruppen der DDR im Hörfunk 1987-1989 (Materialsammlung), März 1996

Kai Uwe Merz: Kalter Krieg als antikommunistischer Widerstand. Die Kampfgruppe gegen Unmenschlichkeit 1948-59, München 1987

Armin Mitter/Stefan Wolle (Hg.): Ich liebe euch doch alle! Befehle und Lageberichte des MfS. Januar bis November 1989, Berlin 1990

Dies.: Untergang auf Raten. Unbekannte Kapitel der DDR-Geschichte, München 1993

Ehrhart Neubert: Geschichte der Opposition in der DDR 1949-1989, Berlin 1997

Ulrich Neumann: Was war, war wenig und viel: Die Anfänge der Arche, in: Jordan/Kloth (Hg.): Arche Nova, S. 81-92

Gerd Poppe: Grenzüberschreitender Dialog, in: Haufe/Bruckmeyer (Hg.): Bürgerbewegungen, a. a. O..

Ulrike Poppe/Rainer Eckert/Ilko-Sascha Kowalczuk (Hg.) Zwischen Anpassung und Selbstbehauptung. Formen des Widerstandes und der Opposition in der DDR, Berlin 1995

Manfred Richter/Elsbeth Zylla (Hg.): Mit Pflugscharen gegen Schwerter Erfahrungen in der Evangelischen Kirche in der DDR 1949-90, Bremen 1991

Wolfgang Rüddenklau: Störenfried. DDR-Opposition 1986-89, Berlin 1992

Fritz Schenk: Die Darstellung der DDR in den Medien der Bundesrepublik Deutschland, in: Eisenmann/Hirscher (Hg): Zeitgeist, S. 149 ff.

Karl-Gert Schirrmeister: Erziehung zum Hass. Geistige Militarisierung in der DDR, Stuttgart 1987

Gernot Schneider: Wirtschaftswunder DDR. Anspruch und Realität, Köln 1988

Richard Schröder: Die DDR einst – und jetzt?, in: Aus Politik und Zeitgeschichte (APuZ), Beilage zur Wochenzeitung „Das Parlament", B 41/92, 2.10.1992, S. 3-12.

Ulrich Schröter/Helmut Zeddies (Hg.): Nach-Denken. Zum Weg des Bundes der Evangelischen Kirchen in der DDR, Frankfurt/M. 1995

Reinhard Weißhuhn: Der Einfluß bundesdeutscher Parteien auf die Entwicklung widerständigen Verhaltens in der DDR der achtziger Jahre. Parteien in der Bundesrepublik aus der Sicht der Opposition in der DDR, in: Materialien, VII/2, S. 1853-1949

Peter Wensierski: Von oben nach unten wächst gar nichts. Umweltzerstörung und Protest in der DDR, Frankfurt 1986

Ders./Wolfgang Büscher: Beton ist Beton. Zivilisationskritik in der DDR, Hattingen 1982

Das Wörterbuch der Staatssicherheit. Definitionen des MfS zur „politisch-operativen Arbeit", hrsg. vom Bundesbeauftragten für die Unterlagen des Staatssicherheitsdienstes der ehemaligen DDR, Reihe A, Nr. 1/93, Berlin, 2. Auflage, 1993

Christoph Ziemer: Der Konziliare Prozeß in den Farben der DDR. Die politische Einordnung und Bedeutung der Ökumenischen Versammlung der Christen und Kirchen in der DDR für Gerechtigkeit, Frieden und Bewahrung der Schöpfung, in: Materialien, VI/2, S. 1430-1635

Zwischen Hoffnung und Resignation. Herausforderungen der Aufarbeitung kommunistischer Gewaltherrschaft. Dokumentation des ersten bundesweiten Treffens von Opferverbänden und Aufarbeitungsinitiativen vom 25. bis 17. April 1997 in Berlin, hrsg. vom Berliner Landesbeauftragten für die Unterlagen des Staatssicherheitsdienstes der ehemaligen DDR

Hubertus Knabe unter Mitarbeit von Jochen Hecht, Hanna Labrenz-Weiß, Andreas Schmidt, Tobias Wunschik, Bernd Eisenfeld und Monika Tantzscher

Die „West-Arbeit" des MfS und ihre Wirkungen

1. Vorbemerkung

Die politische Öffentlichkeit hat in jüngster Zeit verstärkt zur Kenntnis genommen, daß die Tätigkeit des Ministeriums für Staatssicherheit (MfS) der
DDR auch den westlichen Teil Deutschlands in erheblichem Maße tangiert hat.
Während in den ersten Jahren nach Öffnung der Stasi-Unterlagen die Aufarbeitung der MfS-Vergangenheit vorrangig als Problem der Ostdeutschen
wahrgenommen wurde, wächst inzwischen die Erkenntnis, daß der Staatssicherheitsdienst der DDR auch die westdeutsche Gesellschaft in vielfältiger
Weise berührt hat – nicht nur im Bereich der „klassischen" Spionage.

Vor diesem Hintergrund hat der Vorsitzende der Enquete-Kommission des
Deutschen Bundestages „Überwindung der Folgen der SED-Diktatur im Prozeß der deutschen Einheit" im März 1997 den Bundesbeauftragten für die Un-
terlagen des Staatssicherheitsdienstes der ehemaligen DDR (BStU) um einen
Bericht zum Thema „Die 'West-Arbeit' des MfS und ihre Wirkungen" gebeten.
Dieser hat sich daraufhin bereit erklärt, die Erkenntnisse beim BStU über die
Westaktivitäten des MfS zusammenzutragen, zugleich aber darauf hingewiesen, daß die Materiallage bei diesem bedeutenden Thema teilweise dürftig und
der Forschungsstand unbefriedigend sei. Welche Wirkungen dieser Teil der
MfS-Tätigkeit gehabt habe, müsse angesichts des geringen Wissensstandes
noch weithin offenbleiben.

Einen systematischen Forschungsprozeß zur „West-Arbeit" des MfS hat es
beim BStU bislang nicht gegeben. Entstehungsgeschichte und Aufgabenbe-

stimmung der Behörde haben es vielmehr notwendig gemacht, daß das MfS zunächst vor allem unter dem Blickwinkel der *inneren* Repression betrachtet wurde und seine Rolle als Instrument der SED zur Herrschaftssicherung im Vordergrund stand. Bei den Personenüberprüfungen auf eine ehemalige Tätigkeit als inoffizieller Mitarbeiter (IM), bei den Akteneinsichten der vom MfS Verfolgten oder bei den externen und internen Forschungen zur Arbeitsweise des MfS ging es fast immer um Aspekte der „Ost-Arbeit" des MfS – war es doch das Grundanliegen des Stasi-Unterlagen-Gesetzes (StUG), die Voraussetzungen für eine politische Erneuerung und eine umfassende Aufarbeitung der MfS-Vergangenheit in Ostdeutschland zu schaffen. Diese Schwerpunktsetzung wurde noch verstärkt durch den Zustand der vom MfS überlieferten Karteien- und Aktenbestände, in denen Findhilfsmittel und Schriftgut der für die „Auslandsaufklärung" vorrangig zuständigen Hauptverwaltung A (HV A) fast völlig fehlen und auch die Unterlagen der anderen Diensteinheiten zur West-Arbeit große Lücken aufweisen.

Gleichwohl war die West-Arbeit des MfS für die Arbeit der Behörde des BStU auch in der Vergangenheit nicht vollkommen bedeutungslos. Nach § 27 StUG ist der BStU dazu verpflichtet, den Staatsanwaltschaften davon Mitteilung zu machen, wenn sich aus den Unterlagen Anhaltspunkte für eine Straftat im Zusammenhang mit der Tätigkeit des Staatssicherheitsdienstes ergeben – solche „Mitteilungen ohne Ersuchen" betrafen in vielen Fällen Bundesbürger, die für das MfS inoffiziell tätig waren. Oftmals führte dies freilich dazu, daß die Unterlagen für die Wissenschaft gesperrt wurden. Zur Tätigkeit des Bereiches Kommerzielle Koordinierung (KoKo) unter Alexander Schalck-Golodkowski wurden dem Untersuchungsausschuß des Deutschen Bundestages in der 12. Wahlperiode umfangreiche Aktenbestände in Kopie übergeben. Auch für die externe Forschung und die Medien wurden zum Zwecke der politischen und historischen Aufarbeitung gemäß §§ 32–34 StUG vielfach Unterlagen mit „West-Bezug" im Gesamtbestand gesucht, zugänglich gemacht und in Kopie ausgehändigt. Darüber hinaus stellte eine wachsende Anzahl von Bürgern aus den alten Ländern einen Antrag auf Auskunft und Einsicht in die über sie vom MfS angelegten Unterlagen, die ihnen, soweit solche aufgefunden werden konnten, inzwischen auch vielfach gewährt wurden. Schließlich spielte die West-Arbeit des MfS auch in der Tätigkeit der Abteilung Bildung und Forschung beim BStU eine Rolle – sei es bei der Erforschung von Strukturen und Vorgehensweisen des MfS, sei es bei Vorträgen oder Ausstellungen im Rahmen der politischen Bildung, sei es in einzelnen Veröffentlichungen (vgl. Kap. 3.1.3).

Eine umfassende Analyse der West-Arbeit des MfS und ihrer Wirkungen bleibt dennoch ein schwieriges Unterfangen. Die untersuchungsrelevanten Aspekte sind – wie zu zeigen sein wird – so vielfältig, die Quellenüberlieferung und der Forschungsstand so bruchstückhaft, daß für eine solide Darstellung zweifellos ein längerer Forschungsprozeß erforderlich wäre – und selbst dann müßten wohl viele Dinge weiterhin im dunkeln bleiben. In besonderem Maße gilt dies für die Frage nach den Wirkungen der West-Arbeit, die nicht

nur aufgrund der Lücken in der Überlieferung und der bisherigen Erkenntnisbildung in diesem Bericht weitgehend unbeantwortet bleiben muß, sondern
auch aufgrund der generellen methodischen Schwierigkeit, Wirkungen des
MfS als solche eindeutig zu identifizieren und mit wissenschaftlichen Instru-
menten zu messen.

Nicht zuletzt wegen der knappen Terminierung durch die Enquete-Kommission kann dieser Bericht letztlich nicht mehr als eine vorläufige Bestandsaufnahme des gegenwärtigen Erkenntnisstandes beim BStU sein, die in einzelnen
Bereichen exemplarisch vertieft wird. Er reflektiert den gegenwärtigen Forschungsstand und stützt sich auf eine Reihe von Zuarbeiten aus verschiedenen
Abteilungen des BStU, für die an dieser Stelle ausdrücklich gedankt werden
soll. Er erhebt in keiner Weise einen Anspruch auf Vollständigkeit, sondern
versteht sich vielmehr als ein Zwischenergebnis, das in seiner Bruchstückhaf-
tigkeit nicht zuletzt die Defizite und künftigen Aufgaben der Forschung sichtbar macht. Trotz dieser Vorläufigkeit stellt er dabei nachdrücklich unter Beweis, wie umfangreich das überlieferte Quellenmaterial des MfS auch zur
West-Arbeit ist – und welche Bedeutung der Auswertung dieses Materials für
die historische und politische Aufarbeitung zukommt. Viele Arbeitsfelder und
Vorgehensweisen des MfS im Westen wurden erst im Verlauf der Recherchen
richtig sichtbar, andere konnten aus Zeitgründen nicht mehr in der gebotenen
Ausführlichkeit behandelt werden. Namentlich die West-Arbeit der Hauptabteilung XX und der Bezirksverwaltungen für Staatssicherheit, aber auch
strukturübergreifende Themen wie die Infiltrierung West-Berlins oder die Zersetzungsmaßnahmen gegen SED-Kritiker im Westen konnten für diesen Bericht nicht mehr, wie ursprünglich vorgesehen, aufgearbeitet werden – sie bleiben einer späteren Buchveröffentlichung vorbehalten.

Dieser Bericht hätte nicht entstehen können ohne die Unterstützung von zahlreichen Kollegen aus der Behörde des Bundesbeauftragten für die Stasi-Unterlagen. Stellvertretend für die Abteilung Archive danke ich insbesondere
Christa Knochenhauer, Ingelore Bartonek, Jochen Hecht, Birgit Sündram,
Christine Eisenberg, Hannelore Edler und Ralf Blum; für die Abteilung Auskunft Klaus Richter und Herbert Ziehm; für die Abteilung Bildung und Forschung Roland Wiedmann, Monika Tantzscher, Bernd Eisenfeld, Hanna Labrenz-Weiß, Andreas Schmidt, Tobias Wunschik, Roger Engelmann, Reinhard
Buthmann, Frank Joestel, Matthias Braun, Günter Förster, Henry Leide, Jens
Gieseke, Regina Leupold und Claudia Schneemann. Mein größter Dank ge-
bührt freilich Peter Popiolek, der die meisten der hier zitierten Dokumente in
mühevoller Recherchearbeit zusammengetragen hat.

2. Fragestellung und methodisches Vorgehen

2.1 Zum Begriff „West-Arbeit"

Die „West-Arbeit" des MfS ist nur auf den ersten Blick ein vergleichsweise einfach und klar zu umreißendes Tätigkeitsfeld des Staatssicherheitsdienstes der DDR – das Entsenden und Führen von Spionen in der Bundesrepublik oder, auf die Arbeitsstrukturen des MfS übertragen, die Spionagetätigkeit der Hauptverwaltung A (HV A) unter Generaloberst Markus Wolf und seinem Nachfolger Werner Großmann. Tatsächlich umfaßte die „Arbeit im und nach dem Operationsgebiet" – wie das MfS seine Aktivitäten im westlichen Ausland bezeichnete – aber ein sehr viel breiteres Spektrum an Handlungsweisen und dafür zuständigen Diensteinheiten. Geographisch, strukturell, aufgabenbezogen und nicht zuletzt mit Blick auf die relevanten Quellenbestände ist der Begriff bedeutend weiter zu fassen, als dies in den meisten Darstellungen der Fall ist.

Geographisch waren die Aktivitäten des MfS auf fremdem, nicht-sozialistischem Territorium zunächst vor allem auf die neugegründete Bundesrepublik Deutschland sowie auf West-Berlin konzentriert. Darüber hinaus weitete es sein Arbeitsgebiet bald auch auf andere westliche Staaten sowie auf zentrale Institutionen der NATO und der Europäischen Gemeinschaft aus. Mit der diplomatischen Anerkennung der DDR und der Einrichtung von Botschaften in zahlreichen Ländern nahmen die Möglichkeiten der konspirativen Informationsbeschaffung weiter zu und wurden – in erster Linie von der HV A – auch weidlich genutzt. „West-Arbeit" des MfS umfaßte also eine große Anzahl an geographischen Einsatzgebieten, zu denen neben Westdeutschland und der um die USA gruppierten westlichen Staatengemeinschaft auch die neutralen europäischen Staaten wie Österreich oder Schweden, eine Reihe von Entwicklungsländern, insbesondere in Afrika, sowie zahlreiche andere Länder der Erde zählten. Seit Anfang der siebziger Jahre gehörte auch die Volksrepublik China zum „Operationsgebiet", seit Anfang der achtziger de facto sogar die Volksrepublik Polen.

Auch strukturell waren große Teile des MfS-Apparates in die „West-Arbeit" des Staatssicherheitsdienstes eingebunden. Für die Beschaffung von politischen, militärischen oder ökonomischen Informationen aus dem westlichen Ausland war keineswegs nur die HV A zuständig; einzelne Diensteinheiten wie die Hauptabteilung XVIII (Volkswirtschaft) oder die Hauptabteilung I (Abwehrarbeit in der Nationalen Volksarmee [NVA] und den Grenztruppen der DDR) hatten ebenfalls den Auftrag, in ihren jeweiligen Arbeitsfeldern „Aufklärung" zu betreiben. Die NVA verfügte zusätzlich über einen eigenen Aufklärungsdienst, der eng mit dem MfS verknüpft war, hier jedoch außerhalb der Betrachtung bleiben muß.[1] Die Hauptabteilung III (Funkaufklärung)

---

1 DA 3/87 über „Das politisch-operative Zusammenwirken zwischen den Diensteinheiten des Ministeriums für Staatssicherheit und dem Bereich Aufklärung des Ministeriums für Nationale Verteidi-

spielte ebenfalls eine zentrale Rolle bei der Informationsbeschaffung aus dem Westen. Darüber hinaus waren aber auch die meisten anderen Diensteinheiten der sogenannten „Abwehr" zur „Arbeit im und nach dem Operationsgebiet" verpflichtet, vor allem die Hauptabteilung II (Spionageabwehr), die Hauptabteilung VIII (Beobachtung/Ermittlung), die Hauptabteilung XX (Staatsapparat, Kunst, Kultur, Untergrund) und die Hauptabteilung XXII (Terrorabwehr), um nur einige Beispiele zu nennen. Mittelbar beteiligt waren ferner viele Diensteinheiten, die die „West-Arbeit" praktisch unterstützten, wie die Abteilung M (Postkontrolle) oder die Abteilung 26 (Telefonüberwachung), die technische und organisatorische Hilfestellung gaben, wie der Operativ-Technische Sektor (OTS) oder die Abteilung XII (Zentrale Auskunft/Speicher), oder die analytisch tätig waren wie die Zentrale Auswertungs- und Informationsgruppe (ZAIG). Schließlich waren grundsätzlich sämtliche Diensteinheiten des MfS dazu verpflichtet, sich in ihrer Arbeit gegenseitig zu unterstützen und jedes „Ressort-Denken" auszuschließen, so daß die Zuarbeit in alle Richtungen erfolgte.

Aufgabenbezogen erschöpfte sich die „West-Arbeit" des Ministeriums für Staatssicherheit nicht, wie man nach den „Erinnerungen" des ehemaligen HVA-Chefs, Markus Wolf, vielleicht annehmen könnte, auf die passive Beschaffung von Informationen für die oberste Führungsspitze – also das, was man im Geheimdienstjargon gemeinhin „Aufklärung" nennt. Ziel war daneben auch nicht nur eine extensive Wirtschafts- und Technologiespionage, deren Ergebnisse systematisch in die DDR-Wirtschaft und zumeist auch in die Sowjetunion transferiert wurden. Vielmehr ging es SED und MfS auch um die gezielte Nutzung der gewonnenen Informationen zur aktiven Einflußnahme auf die Politik des Westens, sei es durch Schürung von Konflikten und Differenzen, sei es durch die Auslösung und Forcierung von Skandalen, sei es durch die Einflußnahme auf Staaten, Medien, Parteien oder Organisationen, damit diese eine der DDR möglichst genehme Politik betrieben. Umgekehrt wollte man jeden unerwünschten Abfluß von Informationen aus der DDR verhindern, was als sogenannte „Spionageabwehr" vom MfS so weit gefaßt wurde, daß letztlich jede Form der Ost-West-Verbindung die Staatssicherheit auf den Plan rufen konnte.[2] In der Logik dieses Sicherheitsdenkens lag es dabei, nicht nur die bundesdeutschen Geheimdienste „vorbeugend" zu infiltrieren, um durch sogenannte „Gegenspionage" über alle Planungen und Schritte des Gegners frühzeitig informiert zu sein, sondern ebenso alle anderen westlichen Institutionen und Organisationen, die sich in irgendeiner Weise mit der DDR oder dem Ostblock beschäftigten. „West-Arbeit" spielte schließlich auch bei der inneren Überwachung und Verfolgung eine zentrale Rolle, also bei dem, was

---

gung"; BStU, ZA, ZAIG 13741, S. 9–24; ausführlicher zum „Bereich Aufklärung": Kabus 1993; Siebenmorgen 1993, S. 145 ff.; Schlomann 1993, S. 17 f.

2 Ein anschauliches Beispiel dafür ist der Fall des Hamburger Bankdirektors Fritz Schwieger, der aufgrund regelmäßiger Besuche in seinem Heimatdorf Strehlen bei Perleberg in den siebziger Jahren wegen des Verdachts der Agententätigkeit jahrelang im Operativen Vorgang „Prignitz" bearbeitet und rundum ausgeforscht wurde. Vgl. Der vermeintliche Agent. Wie Fritz Schwieger aus Hamburg ins Fadenkreuz der Stasi geriet, in: Märkische Allgemeine vom 5.1.1998.

man im MfS euphemistisch ebenfalls als „Abwehr" bezeichnete, denn auch bei der Bekämpfung von Flucht und Ausreise, von politischer Kritik und blockübergreifenden Bewegungen, von innerdeutschen Sonderbeziehungen und sogenannten „Rückverbindungen" ausgereister DDR-Bürger wurde systematisch nach den „Hintermännern" im Westen gefahndet. Die Kontrolle und aktive „Zersetzung" von SED-"feindlichen" Personen und Einrichtungen im Westen gehörte von Anbeginn zu den vornehmlichen Aufgaben des Ministeriums für Staatssicherheit, so daß der „Arbeit im und nach dem Operationsgebiet" auch in diesem Bereich außerordentlich großes Gewicht zukam. Schließlich zählte zum Aufgabentableau des MfS im Westen eine intensive Vorbereitung von Einsätzen in der Bundesrepublik und West-Berlin für den Fall von Kriegs- und Krisensituationen.

Es versteht sich von selbst, daß bei einer solchen Ausgangslage auch *quellenbezogen* der Bereich der „West-Arbeit" des MfS außerordentlich weit zu fassen ist. Keineswegs ist hier ausschließlich oder vorrangig der – planmäßig beseitigte – Aktenbestand der HV A relevant, sondern letztlich die Überlieferung des gesamten Ministeriums. Auf der Ebene des zentralen Weisungsmaterials finden sich zahlreiche Planvorgaben, Richtlinien, Dienstanweisungen, Befehle oder Schreiben, in denen die West-Arbeit der verschiedenen Diensteinheiten geregelt wird. Um den Westen geht es vielfach auch im Bereich der verdichteten Analysen und Berichte, insbesondere der Zentralen Auswertungs- und Informationsgruppe (ZAIG), der Juristischen Hochschule (JHS) sowie der Auswertungsgruppen bzw. -abteilungen der operativen Diensteinheiten. Unter den registrierten und inzwischen zumeist auch archivierten personenbezogenen Vorgängen finden sich ebenfalls zahlreiche „Operative Vorgänge" (OV), „Operative Personenkontrollen" (OPK) oder Arbeitsakten inoffizieller Mitarbeiter (IM) zu Bürgern der alten Bundesrepublik sowie über DDR-Bürger, die als Opfer oder Täter mit dem Westen näher in Berührung kamen. Darüber hinaus spiegelt sich die West-Arbeit des MfS aber auch in den personen- und sachbezogenen Ablagen der Diensteinheiten, in ihren Unterlagen über interne Besprechungen, Festlegungen und Pläne sowie in den umfangreichen Hinterlassenschaften der zentralen oder koordinierenden Organe des MfS, in erster Linie des Sekretariates des Ministers (SdM) und der Arbeitsgruppe des Ministers (AGM) wider. Nicht zuletzt in den zahlreichen zentralen und dezentralen Karteien finden sich wichtige Hinweise über das Vorgehen des MfS im Westen (vgl. Kap. 3.2).

Der Begriff „West-Arbeit" kann somit kaum mehr als eine vage geographische Ausrichtung angeben und ist von der Gesamtarbeit des MfS nicht zu trennen. Tatsächlich hat es eine deutliche Unterscheidung oder gar strukturelle Trennung zwischen „West-Arbeit" und „Ost-Arbeit" im Staatssicherheitsdienst der DDR zu keinem Zeitpunkt gegeben – unbeschadet der relativen organisatorischen und personellen Eigenständigkeit der verschiedenen „Linien", insbesondere der HV A. Von Anbeginn operierte das MfS vielmehr nach innen und außen zugleich, was angesichts der zunächst unerwarteten Teilung Deutschlands, der bis 1961 offenen Grenze und der auch danach fortbestehenden vielfältigen

Beziehungen zwischen Ost- und Westdeutschen auch wenig verwundern kann. Beteiligt waren daran nicht nur nahezu alle Diensteinheiten des MfS, sondern auch Bürger aus beiden Teilen Deutschlands und vielen anderen Staaten sowie, besonders häufig, solche, die ihren Wohnort oder ihre Staatsbürgerschaft wechselten. West-Berlin wurde vom MfS ohnehin lange Zeit wie ein Teil der DDR behandelt, für den in erster Linie die „Verwaltung für Staatssicherheit Groß-Berlin" zuständig war – eine Bezeichnung, die erst 1976 abgeschafft wurde.

Eine Unterscheidung gab es allenfalls zwischen unterschiedlichen Aspekten und Zielrichtungen der „West-Arbeit" – die zum einen darauf gerichtet sein konnte, mehr oder weniger passiv Informationen über den „Gegner" zu gewinnen, zum anderen aber die Aufgabe haben konnte, „Angriffe des Gegners" auf das Herrschaftssystem der SED aktiv abzuwehren. Diese vom MfS benutzte Differenzierung zwischen „Aufklärung" und „Abwehr" trug gewissermaßen Grundformen nachrichtendienstlicher Arbeit Rechnung und war in der Vor- und Frühgeschichte des MfS auch institutionell mit verschiedenen Organisationssträngen verbunden (vgl. Kap. 4.1). Mit „Aufklärungsarbeit" war danach im Sprachgebrauch des MfS in erster Linie die Tätigkeit der Hauptverwaltung A und der von ihr angeleiteten Abteilungen XV in den Bezirksverwaltungen gemeint, während die „Abwehrarbeit" Aufgabe der übrigen operativen Diensteinheiten und Linien war, die freilich zumeist ebenfalls „Arbeit im und nach dem Operationsgebiet" zu leisten hatten.

Tatsächlich verschwimmt bei genauerem Hinsehen aber auch diese Trennlinie. Zum einen lassen sich „Aufklärung" und „Abwehr" in der Sache kaum voneinander trennen, insbesondere wenn zwischen inneren und äußeren Gegnern nicht unterschieden wird. Im mechanischen Freund-Feind-Denken der SED konnte nämlich Kritik im Inneren der DDR aus ideologischen Gründen nur durch äußere „feindliche" Einwirkungen ausgelöst sein, während umgekehrt jedes äußere Agieren des Westens als Versuch zielgerichteter Einmischung und Diversion betrachtet wurde. Dies und die ständige Angst der SED vor einem eventuellen Verlust der Macht ließen die Suche nach dem inneren „Feind" und seinen westlichen „Hintermännern" so sehr ausufern, daß die Grenzen zwischen innerer und äußerer Sicherheit bis zur Unkenntlichkeit verwischten.

Das ideologisch determinierte Grundverständnis des MfS mit seinem umfassenden Feindbegriff spiegelt sich bereits in einer verwirrenden Unklarheit der Begriffe: So galt die „Aufklärung" dem „Wörterbuch der 'politisch-operativen Arbeit'" zufolge sowohl als Bestandteil der „Abwehrarbeit" wie der „Aufklärungsarbeit"; letztere wiederum wurde als „politisch-operative Arbeit verschiedener Diensteinheiten des MfS im und nach dem Operationsgebiet" definiert, die hauptsächlich von der Hauptverwaltung Aufklärung geleistet werde. Deren Ziel war es nicht nur, die „Pläne, Absichten, Agenturen, Mittel und Methoden des Feindes rechtzeitig und zuverlässig aufzuklären und Überraschungen auf politischem, militärischem, wissenschaftlichem und wissenschaftlich-technischem Gebiet zu verhindern", sondern auch die gegnerischen

„Stützpunkte und Agenturen in der DDR" aufzuklären und zu zerschlagen sowie „offensive Maßnahmen gegen feindliche Zentren und gegen im Operationsgebiet tätige feindliche Kräfte durchzuführen".[3] Fast wortgleich werden diese Ziele auch für die „Arbeit im und nach dem Operationsgebiet" wiederholt, so daß in der „lingua securitatis" beide Begriffe offensichtlich Synonyme darstellten.[4] Doch im selben Begriffekanon des MfS wird auch die „Abwehrarbeit" als „Gesamtheit der vorbeugenden, schadensverhütenden, offensiven, schwerpunktbezogenen, komplexen und koordinierten offiziellen und inoffiziellen politisch-operativen Tätigkeit der operativen Linien und Diensteinheiten des MfS zum Schutz des Friedens, der Sicherung und Stärkung der DDR und ihrer Bürger vor allen Angriffen des Feindes innerhalb und außerhalb der DDR [...]" bezeichnet; und auch diese dient u. a. „der rechtzeitigen und allseitigen Aufdeckung und Aufklärung sowie Durchkreuzung der gegen die DDR gerichteten Pläne, Programme, Absichten, Machenschaften, Maßnahmen und Umtriebe des Gegners" auf den verschiedensten Gebieten, einschließlich „der Schaffung von feindlichen Stützpunkten und Agenturen".[5] „Aufklärung" und „Abwehr" dienten somit beide einem gemeinsamen Ziel – die kommunistische Macht in Ostdeutschland und darüber hinaus zu sichern und zu stärken.

Tatsächlich wären „Aufklärung" und „Abwehr" auch organisatorisch in vielfältiger Weise vermengt. Dafür sorgte nicht nur, daß der Aufklärungsapparat von Markus Wolf 1953 seine institutionelle Eigenständigkeit verlor und in einem einheitlichen Staatssekretariat für Staatssicherheit aufging – mit der Folge einer engen und institutionalisierten Kooperation zwischen beiden Bereichen. In der Praxis verfolgten vielmehr alle im Westen aktiven Diensteinheiten sowohl Aufklärungs- wie Abwehraspekte. Wie breit und umfassend die West-Zuständigkeiten sich über das gesamte Ministerium verteilten, macht ein Schreiben des Ministers für Staatssicherheit vom Oktober 1988 anschaulich, in dem die „Verantwortlichkeiten von Diensteinheiten zur Aufklärung, Kontrolle bzw. Bearbeitung feindlicher Stellen und Kräfte im Operationsgebiet" festgelegt werden. Danach wurden von den insgesamt 153 genannten Einrichtungen, die nach Auffassung des MfS „subversive Tätigkeit gegen die DDR und andere sozialistische Staaten inspirieren, organisieren bzw. durchführen oder durch anderweitige politisch-operativ relevante Aktivitäten Sicherheitsinteressen der DDR und anderer sozialistischer Staaten berühren bzw. gefährden (außer imperialistische Geheimdienste und kriminelle Menschenhändlerbanden)" lediglich 58 von der HV A bearbeitet; für 23 Einrichtungen war die Hauptabteilung XX zuständig, für 22 die Abteilung XXII (ab 1989: Hauptabteilung), für 18 die Hauptabteilung II etc. (vgl. Tabelle 1). Auch in einer Übersicht der Abteilung XII (Zentrale Auskunft/Speicher) aus dem Jahr 1983 „über ausgewählte Erfassungen zu Objekten des Feindes, insbesondere über feindliche Zentren und Organisationen sowie terroristische Vereinigungen" spiegelt sich dieselbe breite Streuung der Zuständigkeiten: Von den 119 Einrichtungen wa-

---

3 Suckut 1996, S. 60 f.
4 Ebenda, S. 264 f.
5 Ebenda, S. 37 ff.

ren 26 durch die Hauptabteilung XX, 23 durch die Abteilung XXII, 20 durch die Hauptverwaltung A, 19 durch die Hauptabteilung II sowie 31 durch andere Diensteinheiten des MfS erfaßt.[6]

Tabelle 1: Verantwortlichkeiten im MfS für „feindliche Stellen und Kräfte im Operationsgebiet" (Oktober 1988)[7]

HV A/I:	9	HA XX/1:	1	BV Berlin/XV:	10	BV Schwerin/XV:	1
HV A/II:	12	HA XX//4:	17	BV Berlin/VII:	1	BV Schwerin/VI:	1
HV A/III:	6	HA XX/5:	3	BV Berlin (gesamt)	11	BV Schwerin (gesamt)	2
HV A/IV:	1	HA XX/7:	2	ZKG/4:	3	HA VIII/4:	1
HV A/IX:	4	HA XX (gesamt):	23	ZKG/5:	2	HA XVIII/6:	1
HV A/X:	9	Abteilung XXII:	22	ZKG (gesamt):	5	BV Erfurt/XV:	1
HV A/XI:	8	HA II/AGA:	14	HA I/KGT/Aufkl.:	3	BV Frankfurt/XX:	1
HV A/XII:	6	HA II/13:	3	HA I/Äuß. Abwehr:	1	BV Halle/VI:	1
HV A/XV:	2	HA II/AG 4:	1	HA I (gesamt):	4	BV Magdeburg/XV:	1
HV A/XVI:	1	HA II (gesamt):	18	BV Gera/BKG:	1	BV Suhl/XX:	1
HV A (gesamt):	58			BV Gera/XV:	2		
				BV Gera (gesamt):	3		

Wenn man überhaupt von einer Trennlinie innerhalb des MfS zwischen „West"- und „Ost"-Arbeit sprechen will, dann war diese eher technischer Natur und betraf vor allem die Besonderheiten, die mit dem IM-Einsatz auf fremdem Territorium verbunden waren. Spezifische Probleme verursachte zum Beispiel das „Verbindungswesen", also die Kommunikation mit den inoffiziellen Mitarbeitern im „Operationsgebiet"; auch die Anwerbung war komplizierter, da diese von den hauptamtlichen Mitarbeitern oftmals nicht direkt erfolgen konnte, sondern über Mittelsmänner geschehen mußte. Diesen Besonderheiten wurde 1968 mit einer speziellen „Richtlinie 2/68 für die Arbeit mit Inoffiziellen Mitarbeitern im Operationsgebiet" Rechnung getragen, die für die

6 Die Gesamtzahl der „im Zusammenhang mit der Aufbereitung und Erfassung operativ bedeutsamer Informationen zu Personen im System zu beachtende gegnerische Geheimdienste, Zentren der politisch-ideologischen Diversion sowie andere feindliche Einrichtungen, Institutionen, Organisationen und Personengruppen" war mit rund 1.800 freilich ungleich größer und reichte von der Fluchthilfeorganisation ABBAX bis zum Zweiten Deutschen Fernsehen; vgl. ZAIG, Anlage 2 zu den Hinweisen zum Ausfüllen der Belege Form 430 (Erfassungsbeleg), Form 431 (Auskunftsersuchen) und Form 432 (Übernahmemitteilung/Löschung) vom 7.2.1986, S. 1; BStU, ZA, DSt 103273.
7 Laut Anlage 1 zum Schreiben des Ministers für Staatssicherheit vom 14.10.1988, betrifft: „Verantwortlichkeiten von Diensteinheiten zur Aufklärung, Kontrolle bzw. Bearbeitung feindlicher Stellen und Kräfte im Operationsgebiet, GVS o008-4/85; BStU, ZA, DSt 103142.

„Linien der Aufklärung und äußeren Abwehr" gleichermaßen galt.[8] Mit der Neuformulierung der Richtlinien zum IM-Einsatz wurde diese Trennung Ende der siebziger Jahre jedoch wieder aufgegeben, denn nun wurde mit der Richtlinie 1/79 „die für alle operativen Diensteinheiten verbindliche Grundlage für die Arbeit mit IM und GMS vorgegeben" – mit einem ausführlichen Kapitel über „Die Arbeit mit IM im und nach dem Operationsgebiet".[9] Die nach wie vor bestehenden Sonderregelungen der HV A wurden in einer speziellen „Richtlinie Nr. 2/79 für die Arbeit mit Inoffiziellen Mitarbeitern im Operationsgebiet" als verbindlich für die Diensteinheiten der Aufklärung erklärt, wobei auch die Diensteinheiten der Abwehr danach zu verfahren hatten, wenn „die Lösung spezieller Aufgaben die Anwendung spezieller politisch-operativer Methoden der Arbeit mit IM im Operationsgebiet" erforderte.[10]

Auch die Formen der „Bearbeitung" wiesen manche Besonderheiten auf. So konnte das MfS im „Operationsgebiet" nicht einfach Festnahmen oder Hausdurchsuchungen vornehmen, obwohl es auch das vor allem in den fünfziger Jahren immer wieder gegeben hätte. Durch abgestimmte Strategien der beteiligten Diensteinheiten und unter Nutzung aller „operativer Möglichkeiten" wurden die Interessen der DDR statt dessen auf andere Weise verfolgt – zum Beispiel durch die Entsendung von konspirativ tätigen „Ermittlern" oder durch sogenannte „Zersetzungsmaßnahmen", die systematisch gegen „Feinde" im Westen ins Werk gesetzt wurden.

Trotz dieser Spezifika war die „West-Arbeit" kein abgesonderter Nebenzweig der DDR-Staatssicherheit, sondern eine Gesamtaufgabe des MfS. In dem Begriff vermischen sich politisch-ideologische Vorstellungen mit geographischen und „operativen" Aspekten, so daß eine klare Definition, etwa in Abgrenzung zur „Ost-Arbeit", letztlich nicht möglich ist. Nicht ohne Grund wurde der Begriff in den siebziger und achtziger Jahren durch die umständliche Formulierung „Arbeit im und nach dem Operationsgebiet" ersetzt, wobei man die indirekte Unterstützungsfunktion jener Diensteinheiten des MfS nicht vergessen darf, die mit dieser Tätigkeit nicht unmittelbar „operativ" beauftragt waren. In der verquasten Sprache des MfS bedeutete die „Arbeit im und nach dem Operationsgebiet":

„Gesamtheit der politisch-operativen Aufgaben, Prozesse, Maßnahmen und Aktivitäten des MfS, der Einsatz politisch-operativer Kräfte des MfS im Operationsgebiet und die Nutzung solcher Personen aus dem Operationsgebiet, die zur Erfüllung operativer Aufgaben geeignet sind. Die Arbeit im und nach dem Operationsgebiet dient vor allem der Lösung der politisch-operativen Aufgaben im Operationsgebiet unter Nutzung der Potenzen und Möglichkeiten der operativen Basis des MfS. Sie schließt die vorgangs- und

---

8 Richtlinie 2/68 für die Arbeit mit Inoffiziellen Mitarbeitern im Operationsgebiet, GVS MfS 008-1002/68, abgedruckt in: Die Inoffiziellen Mitarbeiter, 1992, S. 223 ff., hier 227.

9 Richtlinie 1/79 für die Arbeit im Inoffiziellen Mitarbeitern (IM) und Gesellschaftlichen Mitarbeitern für Sicherheit (GMS), abgedruckt in: Müller-Enbergs 1996, S. 305 ff., hier 306 und 351 ff.

10 Richtlinie 2/79 für die Arbeit mit Inoffiziellen Mitarbeitern im Operationsgebiet, GVS MfS 008-2/79, abgedruckt in: Gill/Schröter 1991, S. 478 ff., hier 480.

personenbezogene Arbeit der Diensteinheiten der Abwehr im und nach dem Operationsgebiet ein. Dabei ist ständig von der Einheit der Erfordernisse auszugehen, die sich aus der Zielstellung, der vorgangs- und personenbezogenen Arbeit im und nach dem Operationsgebiet und den Zielstellungen der Aufklärungstätigkeit ergeben."[11]

2.2 Methodische Probleme

Die breite Ausrichtung der West-Arbeit des MfS stellt das vielleicht gravierendste methodische Problem bei der Abfassung der vorliegenden Studie dar. Zu der geographischen, strukturellen und aufgabenbezogen Streuung der Aspekte tritt dabei noch die historische Dimension der West-Arbeit, die die horizontale Themenvielfalt gleichsam auch in vertikaler Richtung auf knapp vierzig Jahre MfS-Geschichte ausdehnt. Es ist deshalb von vornherein in Rechnung zu stellen, daß aus der Fülle der relevanten Aspekte nur eine kleine Auswahl behandelt werden kann, die einen ersten Überblick ermöglichen soll und durch weitere Studien ergänzt und vertieft werden muß.

Verschärft wird dieses Problem dadurch, daß zu vielen untersuchungsrelevanten Aspekten bislang keine oder nur unzureichende Forschungsergebnisse existieren (vgl. Kap. 3.1). Ein Großteil des in Frage kommenden Quellenmaterials ist wissenschaftlich bislang nicht ausgewertet worden. Viele der in dieser Studie angeschnittenen Themen können daher nur vorläufig und holzschnittartig behandelt werden, und beträchtliche Bereiche müssen gänzlich offen bleiben. Durch die von der Behörde des BStU betriebenen Forschungsanstrengungen und die Herausgabe von Unterlagen an externe Forscher konnte zwar manche Lücke geschlossen werden, doch viele Aufgabenfelder des MfS müssen nach wie vor als weitgehend unerforscht gelten.

Ein drittes Problem bildet die Quellenüberlieferung, das durch die thematische Breite der zu verhandelnden Fragen noch verschärft wird. Bei einem Gesamtbestand von ca. 180 laufenden Kilometern Quellenmaterial im Bestand des BStU ist allein der Umfang der analyserelevanten Archivalien so groß, daß deren Aufarbeitung noch Jahre, wenn nicht Jahrzehnte in Anspruch nehmen wird. Darüber hinaus ist erst ein kleiner Teil erschlossen, so daß vielfach kein systematischer Zugriff möglich ist. Zwar sind mittlerweile rund drei Viertel der Schriftgutbestände für Personenrecherchen nutzbar, doch sachlich erschlossen sind bislang weniger als 20 Prozent. Gerade bei der Erschließung der Unterlagen vieler an der West-Arbeit beteiligter Diensteinheiten bestehen dabei beträchtliche Lücken. Ein erhebliches Handicap für die Forschung besteht schließlich darin, daß ein Teil der Bestände vernichtet oder beiseite geschafft wurde, so daß wichtige Arbeitsfelder – vor allem der HV A – quellenmäßig kaum belegt sind.

11 Vgl. Suckut, 1996, S. 264.

Diese Probleme sind um so gravierender, wenn es darum geht, die West-Arbeit des MfS nach systematischen Gesichtspunkten zu analysieren. Um die Dimensionen und Wirkungen der West-Arbeit richtig nachzeichnen zu können, müßte man eigentlich die Hauptstoßrichtungen, die angewandten Methoden sowie (soweit dies überhaupt möglich ist) die erzielten Ergebnisse untersuchen und dabei insbesondere das Zusammenspiel der beteiligten Diensteinheiten herausfiltern – doch gerade zu einem solchen strukturübergreifenden Forschungsansatz fehlen bislang weitgehend die Voraussetzungen. Zum einen steckt die „Grundlagenforschung" zum MfS immer noch in den Anfängen, so daß sich eine Analyse der Methoden und Wirkungen auf unsicherem Boden bewegt und deshalb meistens nur punktuell und unter vielen Vorbehalten möglich ist. Zum anderen bringen es die bürokratische Struktur, das ständige Streben nach Konspiration sowie die ideologischen Denkblockaden des MfS mit sich, daß aus den überlieferten Quellen nur selten brauchbare Aussagen über komplexe Fragestellungen abzuleiten sind. Die Frage etwa, wie weit das MfS in der Halbstadt West-Berlin nun wirklich verankert war oder welchen Einfluß es gar auf den Deutschen Bundestag ausübte, ist in keiner der hauseigenen MfS-Analysen beantwortet – sie kann, wenn überhaupt, auf seriöse Weise nur durch mühseliges Rekonstruieren der vielfältigen Einsatzrichtungen des MfS geklärt werden.

Nicht zuletzt aus diesem Grunde kann die von der Enquete-Kommission aufgeworfene Frage nach den Wirkungen der „West-Arbeit" mit wissenschaftlicher Exaktheit gegenwärtig kaum beantwortet werden. Zum einen stellt sich dabei das grundsätzliche methodische Problem, wie überhaupt eine solche Wirkung gemessen werden kann, denn gerade im Bereich des politischen und geistigen Lebens ist es in der Regel schwierig festzustellen, was wodurch bewirkt worden ist. Wer könnte etwa heute angeben, welchen Anteil das MfS daran hatte, daß der frühere Ministerpräsident von Baden-Württemberg, Hans Filbinger, wegen seiner Vergangenheit als Marinerichter 1978 in die Schlagzeilen geriet und zurücktreten mußte? Und welches Motiv bewirkte letztendlich, daß sich beim Mißtrauensvotum gegen Willy Brandt unter den Abgeordneten des Deutschen Bundestages am 27. April 1972 keine Mehrheit für den Kanzlersturz fand – waren es die Gelder des MfS an den Bundestagsabgeordneten der CDU, Julius Steiner, waren es die Gespräche und Gelder, mit denen der damalige Fraktionsgeschäftsführer der SPD, Karl Wienand, für seinen Kanzler auf Stimmenfang ging, oder waren es die generellen politischen Erwägungen und Stimmungen in dieser Zeit? Wie soll man heute feststellen, was an der Friedensbewegung der achtziger Jahre authentischer Protest war gegen die Gefahren eines Nuklearkrieges, was eine Folge gezielter Einwirkungen der DDR-Staatssicherheit und wie sehr etwa finanzielle Zuwendungen des MfS an die seinerzeit bedeutsame Gruppe „Generäle für den Frieden" deren politische Wirkung verstärkten? Natürlich kann – und sollte! – im Einzelfall genau geprüft werden, wo externe Einflußnahmen stattfanden und welche Wirkungen diese gegebenenfalls nach sich zogen. Doch das Verhältnis zwischen Steuerung und selbständiger Entwicklung ist im Regelfall nur schwer exakt anzugeben.

Am ehesten wäre wohl noch – wenn die diesbezüglichen Unterlagen noch existierten – eine Wirkung der „West-Arbeit" des MfS im Bereich der Wirtschafts- und Technologiespionage anzugeben, doch auch hier müßte man im wesentlichen auf die entsprechenden (Erfolgs-)Bilanzen des MfS zurückgreifen, ohne in der Regel verifizieren zu können, ob diese nicht geschönt wurden und vor allem: welcher konkrete Schaden oder Nutzen dadurch entstanden ist. Die Frage nach den Wirkungen der „West-Arbeit" des MfS kann deshalb im Rahmen dieser Studie nur am Rande und im Sinne einer vorsichtigen, allgemeinen Bilanzierung thematisiert werden.

Eine andere die Öffentlichkeit besonders interessierende Frage ist mit wissenschaftlicher Genauigkeit zur Zeit ebenfalls kaum zu beantworten – die Frage nach der Anzahl der im Westen agierenden Informanten des MfS. Im Bestand des BStU wurden bislang keine Analysen und Statistiken gefunden, die darüber Auskunft geben könnten, und angesichts der besonders starken Konspiration in diesem Bereich sowie der großen Anzahl der beteiligten Diensteinheiten ist es auch wenig wahrscheinlich, daß sie überhaupt geführt wurden. Zudem wurden gerade die Karteikarten und Arbeitsakten der IM im Westen in der Zeit der Auflösung systematisch beseitigt, so daß im operativen Material verifizierte Aussagen wohl niemals möglich sind.

Darüber hinaus wirft aber auch die Definition eines „West-IM" erhebliche Probleme auf, denn der geborene Bundesbürger, der als „klassischer" Agent des MfS agierte, bewältigte nur einen kleinen – und wahrscheinlich geringeren – Teil der West-Arbeit der Stasi. Hinzuzurechnen ist zum einen die Zahl derjenigen, die zwar einen Wohnsitz in der Bundesrepublik hatten und für das MfS tätig waren, aber trotzdem keine Bundesbürger waren, zum Beispiel Ausländer, Diplomaten oder Staatenlose. Hinzu kommen aber auch die inoffiziellen Mitarbeiter, die in Drittstaaten für das MfS tätig waren und entweder aus dem betreffenden Land selbst kamen, die bundesdeutsche Staatsbürgerschaft besaßen oder aus der DDR – in der Regel unter einer Legende – dorthin entsandt wurden. Darüber hinaus führte die besondere Situation im geteilten Deutschland dazu, daß sich „Ost"- und „West"-Biographien manchmal untrennbar miteinander vermengten: Wenn ein aus Schlesien Vertriebener in der DDR seinen Wohnsitz nahm, als Rentner in die Bundesrepublik wechselte und dort (weiter) für das MfS als IM tätig war – war er dann ein West-IM? Wenn ein DDR-IM vom MfS in das „Operationsgebiet" ausgesiedelt wurde zwecks Schaffung einer neuen „Einsatzperspektive" und er sich dann nach einigen eher widerwilligen Treffen seinen Führungsoffizieren entzog – war er dann ein „West-IM"? Wenn ein ehemaliger Ostdeutscher in der Bundesrepublik im Auftrag des MfS spionierte und nach einer gewissen Zeit in die DDR zurückkehrte oder zurückgerufen wurde, um dort eventuell weiter zu spitzeln – war er dann ein „West-IM" und wie soll man ihn als solchen noch identifizieren? Und was ist mit jenen, die, wie oftmals in den fünfziger Jahren, in der einen Hälfte

Berlins lebten und in der anderen arbeiteten und obendrein noch das MfS mit Berichten versorgten? Ein weiteres Problem ist, daß ein großer Teil der West-Arbeit des MfS vom Boden der DDR aus erfolgte – durch „Kuriere", „Instrukteure", „Offiziere im besonderen Einsatz" oder als IM verpflichtete Reisekader, die regelmäßig oder zeitweilig in den Westen entsandt wurden. Sind diese oftmals von der HV A geführten DDR-Bürger ebenfalls zum Kreis der „West-IM" zu rechnen oder nicht? Schließlich: Gerade im Westen setzte das MfS häufig auch verdeckt arbeitende hauptamtliche Mitarbeiter ein wie den berühmten Kanzleramtsspion Günter Guillaume, der nach der Definition der Staatssicherheit gar kein IM war, sondern Offizier der Hauptverwaltung A.[12]

Die Sichtung einzelner Akten zu den rund 50.000 in der Zentralkartei des MfS bei einer Stichprobenzählung des BStU festgestellten IM mit Wohnsitz in der Bundesrepublik hat jedenfalls gezeigt, daß wegen der vielfältigen Bezüge zwischen Ost und West eine saubere Trennung oft nicht möglich ist. Ersten Schätzungen des Bundesbeauftragten zufolge könnten in der Bundesrepublik rund 20.–30.000 IM gelebt haben, doch diese Zahl ist schon deshalb unscharf und vorläufig, weil sie die große Dunkelziffer der während der Auflösung gezogenen Karten, insbesondere der HV A, nicht enthält. Nicht ohne Grund unterschied auch das MfS nicht zwischen „Ost"- und „West"-IM, sondern kannte neben den speziellen IM-Typen der „Aufklärung" nur die IM-Kategorie „IMF" und später: „IMB", die ziemlich vage als „Inoffizieller Mitarbeiter der Abwehr mit Feindverbindung zum Operationsgebiet" sowie als „Inoffizieller Mitarbeiter mit Feindverbindung bzw. zur unmittelbaren Bearbeitung im Verdacht der Feindtätigkeit stehender Personen" definiert wurden.[13] So wie sich „West-" und „Ost"-Arbeit des MfS strukturell miteinander verschränkten, lassen sich also auch die im Westen eingesetzten „IM" von den Informanten im Osten kaum exakt separieren – eine Schwierigkeit, die aufgrund des ständigen Fluktuationsprozesses in dem, bezogen auf die gesamte DDR-Geschichte, ca. 500.000 Menschen umfassenden IM-Bestand noch verstärkt wird.

2.3 Aufbau der Studie

Die geschilderten methodischen Probleme und der vorgegebene zeitliche Rahmen machen es erforderlich, ein Untersuchungsdesign zu wählen, das in erster Linie pragmatischen Gesichtspunkten folgt. Dabei stehen die Forschungen und Erkenntnisse, die in der Behörde des BStU erarbeitet wurden, im Mittelpunkt der Studie, wohingegen Doppelungen mit externen und bereits veröffentlichen Arbeiten nach Möglichkeit vermieden werden sollen. Eine systematische Auswertung der Pressepublikationen über die West-Arbeit des MfS, insbesondere über die zahlreichen Spionageprozesse der letzten Jahre, war nicht möglich. Im Mittelpunkt steht vielmehr eine Darstellung des beim

---

12 Einem „Rentenantrag" Guillaumes vom 6.2.1990 zufolge war er vom 1.10.1955 bis zum 28.2.1990 hauptamtlicher Mitarbeiter des MfS im Dienstgrad eines Oberst; BStU, ZA, Rentenunterlagen des MfS.

13 Suckut 1996, S. 197.

BStU verwalteten Aktenmaterials des MfS, mit Schwerpunkt auf den allgemeinen, nicht personenbezogenen Archivalien.

West-Arbeit wird im Rahmen dieses Berichtes in erster Linie als Tätigkeit des MfS in und nach der Bundesrepublik Deutschland behandelt – Operationen in anderen westlichen Staaten sowie andere konspirative Aktivitäten der DDR in West-Deutschland und West-Berlin, etwa der SED, werden dagegen nur am Rande erwähnt. Die Analyse der mit der Arbeit im Westen befaßten MfS-Strukturen steht dabei im Mittelpunkt; sie bilden aufgrund des Mangels an strukturübergreifenden Erkenntnissen den Ausgangspunkt, um Zielrichtungen und Vorgehensweisen aufzuzeigen, wohingegen Ergebnisse und Wirkungen aus den bereits skizzierten Gründen nur punktuell thematisiert werden.

Im ersten Teil der Studie wird zunächst ein Überblick über den Forschungsstand zur West-Arbeit des MfS gegeben, wobei Schwächen und Stärken der umfangreichen Literatur zum Thema im Mittelpunkt stehen. Um die Möglichkeiten und Grenzen gegenwärtiger und künftiger Forschungsbemühungen zu veranschaulichen, wird in einem zweiten Kapitel die Überlieferungslage in den Archiven des BStU ausführlich dargestellt.

Im zweiten Teil der Studie wird die Bedeutung der West-Arbeit im MfS in groben Zügen nachgezeichnet. Beginnend bei den Ursprüngen und Vorläuferformen, wird die historische Entwicklung dieses Tätigkeitsbereiches in den einzelnen Dekaden skizziert, um schließlich die umfassende strukturelle Verankerung im Endzustand des Ministeriums (Herbst 1989) vor Augen zu führen.

Während hier die West-Arbeit der meisten Diensteinheiten nur gestreift werden kann, wird sie im dritten Teil der Studie anhand einzelner ausgewählter Diensteinheiten vertiefend behandelt, um die Entwicklung und die Einsatzrichtungen der wichtigsten von ihnen deutlich zu machen. Kriterium für die Auswahl ist dabei nicht nur die Bedeutung der jeweiligen Diensteinheit für die West-Arbeit des MfS, sondern vor allem auch der Erschließungs- und Erkenntnisstand beim BStU, wobei die ursprünglich geplanten Kapitel zur Hauptabteilung XX und zu den Bezirksverwaltungen für Staatssicherheit aus Zeitgründen nicht mehr aufgenommen werden konnten.

Im letzten Teil des Berichtes wird der gemeinsame Datenspeicher der sozialistischen Länder in Moskau näher dargestellt, in denen viele der im Westen erhobenen Informationen zu Personen eingespeichert wurden und der aller Wahrscheinlichkeit nach noch heute existiert. Eine zusammenfassende Einschätzung der Bedeutung der West-Arbeit, ein ausführliches Literaturverzeichnis und eine Aufstellung von Ausarbeitungen der Hochschule des MfS beschließen die Studie.

3. Forschungsstand und Quellenlage

3.1 Publikationen zur West-Arbeit des MfS

Der Forschungs- und Erkenntnisstand zur West-Arbeit des MfS ist auch sieben Jahre nach der Auflösung des Staatssicherheitsdienstes und dem Beitritt der DDR zur Bundesrepublik bruchstückhaft und unbefriedigend. Zwar trifft das Thema bei Medien und Verlagen durchaus auf ein besonderes Interesse, doch liegen nur wenige Studien und Monographien vor, die das zur Verfügung stehende Quellenmaterial in umfassender Weise berücksichtigen und dabei den Kriterien wissenschaftlicher Erkenntnisbildung genügen. Gerade bei den Darstellungen zur West-Arbeit des MfS, wo das Herrschaftswissen der Nachrichtendienste bislang erst punktuell gebrochen werden konnte, dominieren oftmals sachfremde Interessen und methodische Grobschlächtigkeit. Das Ungleichgewicht zwischen Angebot und Nachfrage an fundierten Informationen führt dazu, daß die „Aufarbeitung" vor allem Journalisten mit einschlägigen Interessen und Kontakten sowie (ehemalige) Geheimdienstmitarbeiter vornehmen, deren Quellen oft im dunkeln bleiben oder wenig seriös erscheinen. Viele Themenbereiche und Fragestellungen sind zudem noch gar nicht in den Blick genommen worden, so daß der Forschungsprozeß insgesamt als ganz am Anfang stehend bezeichnet werden muß.

Ob die bestehenden Lücken in absehbarer Zeit geschlossen werden, bleibt abzuwarten. Erschwerend wirkt vor allem die Tatsache, daß ein beträchtlicher Teil der die West-Arbeit betreffenden Aktenbestände vernichtet oder an Orte verbracht wurde, wo sie einem wissenschaftlichen Zugriff entzogen sind (vgl. Kapitel 3.2). Anders als in den USA existiert in der Bundesrepublik auch keine an den Universitäten etablierte Geheimdienst-Forschung, die die Defizite mit fundierten Analysen zu schließen verspräche,[14] so daß es vielfach ausgerechnet den ehemaligen Mitarbeitern des MfS überlassen bleibt, den Schleier des Geheimnisses über ihrer Arbeit zu lüften. Schließlich mangelt es wohl oftmals auch am politischen Willen, das Wirken des MfS im Westen eingehender zu untersuchen und der Öffentlichkeit in allen Einzelheiten transparent zu machen – und damit indirekt auch einen tiefen Einblick in das politische, wirtschaftliche und geistige Establishment der alten Bundesrepublik und seiner „stillen" Beziehungen in die DDR zu geben.

---

14 Eine Ausnahme bildet der 1994 von Universitätshistorikern gegründete „Arbeitskreis Geschichte der Nachrichtendienste e.V.", der sich das Ziel gesetzt hat, insbesondere in den Teildisziplinen der Geschichte der internationalen Beziehungen und der Militärgeschichte neue Forschungen anzuregen und kritisch zu begleiten. Vgl. den aus einer Konferenz im Mai 1995 hervorgegangenen Band von Wolfgang Krieger und Jürgen Weber (1997), der auch einige grundsätzliche Überlegungen der Herausgeber über „Nutzen und Probleme der zeitgeschichtlichen Forschung über Nachrichtendienste" enthält – getragen von der angesichts der DDR- und NS-Erfahrungen sicherlich weiter zu differenzierenden Auffassung, daß ein Nachrichtendienst in jedem Fall „unentbehrlich" sei (Krieger/Weber 1997, S. 19).

3.1.1 Frühe Darstellungen

Schon vor dem Zusammenbruch der SED-Herrschaft in der DDR sind immer wieder Publikationen erschienen, die sich der ostdeutschen Spionage in der Bundesrepublik Deutschland widmeten. Anzahl und Qualität hingen freilich in starkem Maße von den politischen Konjunkturen der Nachkriegsjahrzehnte ab, die – unabhängig vom tatsächlichen Bedrohungsgrad – eine sehr unterschiedliche Sensibilität für das Thema mit sich brachten. Während das Thema in den sechziger Jahren in zahlreichen Büchern abgehandelt wurde, erschienen in den siebziger und achtziger Jahren nur noch wenige Darstellungen, deren Autoren sich zudem oft als „Kalte Krieger" abgestempelt sahen (Schlomann 1981, S. 3).

Noch vor dem Mauerbau erschien in Berlin eine Dokumentation über die „Östliche Untergrundarbeit gegen Westberlin" (Senator für Inneres 1959), in der das Vorgehen der östlichen Nachrichtendienste sowie die sogenannte „Infiltrationsarbeit" auf politischem, kulturellem und wirtschaftlichem Gebiet detailliert beschrieben wird. Über Agitations- und Zersetzungsmaßnahmen sowie über die Spionageaktivitäten osteuropäischer Geheimdienste aus Ost-Berlin berichtete 1960 eine andere Broschüre (Ost-Berlin 1960). In ähnlicher Form informierte ein vom Untersuchungsausschuß Freiheitlicher Juristen (UFJ) herausgegebenes Heft über Struktur und Arbeitsweise des MfS, vornehmlich gestützt auf Berichte von Überläufern aus der HV A und anderen Diensteinheiten (Herz 1961).

Um die Wachsamkeit in Westdeutschland zu erhöhen, veröffentlichten zwei nur mit Nachnamen genannte Autoren Anfang der sechziger Jahre ein umfangreiches Buch, das nach „Auswertung aller bisher aufgeklärten Spionagefälle der östlichen Nachrichtendienste in der Bundesrepublik" einen Überblick über deren Arbeitsmethoden gibt (Edgar/Armin 1962, S. 11). Mit dem gleichen Anspruch – „Nehmt Kenntnis von den Methoden und Praktiken des Gegners!" (Gerken 1965, S. 10) – beschrieb ein Mitarbeiter des Bundesamtes für Verfassungsschutz, der dem Klappentext zufolge seit Ende der dreißiger Jahre „im Dienst der deutschen Spionageabwehr" tätig war, Methoden und Praktiken der östlichen Geheimdienste. Aufklärung der Bevölkerung ist auch das Ziel der „Deutsche Welle"-Redakteurin Eva Jentsch (1966), die in ihrem Buch „Agenten unter uns" eine leicht verständliche und um Sachlichkeit bemühte Beschreibung der Spionage gegen die Bundesrepublik gibt. An der Grenze zur fiktionalen Darstellung bewegt sich dagegen der Band des wehrpolitischen Korrespondenten der „Welt am Sonntag", Gerd Scharnhorst (1965), der seine Artikel-Serie „Spione in der Bundeswehr" Mitte der sechziger Jahre in erweiterter Form als Buch herausgab.

Eine neue, von der Entspannungspolitik der Großmächte ausgelöste Perspektive findet sich erstmals in dem Buch des englischen Journalisten Louis Hagen (1969), der ost- und westdeutsche Spionage parallel behandelt und dazu vorrangig öffentlich bekannte Fälle und Personen heranzieht (u. a. Heinz Felfe,

Otto John, Reinhard Gehlen, Walter Linse, Karl Wilhelm Fricke). Mehrere
Vor- und Nachworte zu der aus dem Englischen übersetzten Darstellung zeigen dabei deutlich die Unsicherheit über die Rolle der Nachrichtendienste in
Westdeutschland am Ende der sechziger Jahre. Mit spürbarer Äquidistanz beschreibt auch der Journalist Bernd Ruland (1971) in seinem Buch „Krieg auf
leisen Sohlen" Deutschland als „Tummelplatz der Spionage" und stellt fest:
„Nicht allein der Osten schickt systematisch seine Kundschafter aus – in die
Bundesrepublik. Auch vom Westen aus wird mit der gleichen Zielstrebigkeit
spioniert – in der DDR." (S. 10 f.). Ein Schlaglicht auf den Stimmungswandel
in der Bundesrepublik wirft nicht zuletzt das Buch von Claus Zeller (1969)
„Marx hätte geweint" über den Prozeß gegen den Fotohändler Hannsheinz
Porst, der 1969 wegen seiner Tätigkeit für die HV A zu 2 Jahren und
9 Monaten Gefängnis verurteilt wurde – diese im Prozeß aber als harmlosen
Versuch eines „Brückenschlages zwischen Ost und West" beschrieb, so daß
seine Verteidiger auf „Verbotsirrtum" und „fehlendes Unrechtsbewußtsein"
plädierten.

Ein anderer die Öffentlichkeit beschäftigender Fall war der des ersten Leiters
des Bundesamtes für Verfassungsschutz, Otto John, der am 20. Juli 1954 überraschend in die DDR ging, um im Dezember 1955, ebenso überraschend, zurückzukehren – seiner Darstellung nach eine Entführung, einem Urteil des
Bundesgerichtshofes zufolge hingegen ein freiwilliger Übertritt, für den er
1956 zu vier Jahren Haft verurteilt wurde.[15] John veröffentlichte 1969 seine
Erinnerungen und betrieb auch seine juristische Rehabilitierung. Hans Frederik
(1971) suchte hingegen in einer umfangreichen Dokumentation den „Verrat"
des ehemaligen Widerstandskämpfers zu belegen; dem ehemaligen Spiegel-
Journalisten Peter-Ferdinand Koch (1994, S. 84 f.) sowie dem Buch der Geheimdienstler Murphy und Kondraschow (Bailey/Kondraschow/Murphy 1997,
S. 248) zufolge schrieb Frederik allerdings sein Buch im Auftrag des KGB, der
auf diese Weise den Verfassungsschutz kompromittieren wollte.

In den siebziger und achtziger Jahren erschienen dann nur noch wenige Publikationen zur West-Arbeit des MfS – obgleich mit der Verhaftung des Kanzler-
referenten Günter Guillaume 1974 der wohl folgenträchtigste Fall von Agententätigkeit des MfS die Öffentlichkeit beschäftigte. Zwar widmete sich der
Bericht des Bundesamtes für Verfassungsschutzes weiterhin Jahr für Jahr der
Problematik (Bundesministerium des Innern 1971 ff.), doch fanden diese in
der Literatur nur noch eine geringe Resonanz. Veröffentlichungen wie das in
Bahnhofsbuchhandlungen vertriebene „Spionage-Karussell Ost-West" von
Ottomar Ebert (1984) mit seinen mitunter geradezu pornographischen Passa-
gen oder das anonym herausgegebene Buch vom „verlag politisches archiv
(vpa)" über den Fall Guillaume, dessen Fakten angeblich „von Fachleuten und
Sachexperten [stammten], denen die angeführten Ereignisse unmittelbar be-

---

15 Auch in der neuesten Darstellung des „Fall" Johns bleibt – trotz Hinzuziehung von Akten und Zeitzeugenaussagen aus dem ehemaligen KGB – offen, ob sein spektakulärer Übertritt freiwillig oder
unter Zwang erfolgte; vgl. Bailey/Kondraschow/Murphy 1997, S. 245 ff.

kannt sind" (Guillaume, der Spion 1974, S. 9), verstärkten den Eindruck der Unseriosität und Zwielichtigkeit bei diesem Thema.

Zu den seriösen, wenngleich in Deutschland nicht besonders wahrgenommenen Publikationen dieser Zeit zählt das Buch von Ernst R. Borer (1975) über „Abwerbemethoden und Anwerbepraktiken der Geheimdienste" in der Schweiz, das trotz seines schmalen Umfanges einen erstaunlich umfassenden Einblick in die Problematik gibt. Drei spektakuläre Spionagefälle beschrieben drei Jahre später die „Welt"-Redakteure Heinz Vielain/Manfred Schell (1978) in ihrem Buch „Verrat in Bonn" – den der Sekretärin im Auswärtigen Amt Helge Berger, den des Agentenehepaares Lutze im Bundesverteidigungsministerium, der am Ende sogar zum Rücktritt des Ministers führte, und eben den des Kanzleramtsspions Günter Guillaume. Karl Wilhelm Fricke (1982), damals Redakteur beim Deutschlandfunk, skizzierte vier Jahre später in seinem Buch über „Die DDR-Staatssicherheit" auch wichtige Grundlinien der DDR-externen Arbeit des MfS. Friedrich W. Schlomann (1984), ebenfalls ein Rundfunkredakteur, analysierte schließlich in seiner umfangreichen Arbeit „Operationsgebiet Bundesrepublik" die Vorgehensweise östlicher Geheimdienste im Westen Deutschlands – und zeigte damit, wie informativ man auch schon zum damaligen Zeitpunkt, ohne Aktenzugang, die West-Arbeit der Stasi nachzeichnen konnte.

3.1.2 Überblicksdarstellungen

Erst nach dem Zusammenbruch der SED-Herrschaft und der Auflösung des MfS ist wieder eine größere Anzahl von Publikationen erschienen, die sich der West-Arbeit des MfS annehmen. Die Arbeit der Bürgerkomitees, die die Dienststellen des MfS ab Dezember 1989 besetzten, der plötzliche Zuwachs an Enttarnungen und Prozessen, die Aufklärungsversuche verschiedener Untersuchungsausschüsse, die gesetzliche Regelung des Zugangs zu den einstmals streng geheimen Unterlagen des Ministeriums sowie die Redseligkeit mancher ehemaliger Stasi-Mitarbeiter haben dazu geführt, daß das konspirativ abgeschirmte Wirken des MfS nach und nach transparenter wurde.

Gleichwohl existieren bis heute keine Darstellungen, die die gesamte West-Arbeit des MfS in den Blick nehmen. Die bisher erschienenen Überblicksdarstellungen beschäftigen sich vielmehr vorrangig mit der DDR-Spionage in der Bundesrepublik oder mit der Arbeit der Hauptverwaltung A – eine Einengung, die, wie in diesem Bericht zu zeigen sein wird, am breiten Charakter der MfS-Aktivitäten im „Operationsgebiet" vorbeigeht. Eine aktengesättigte Analyse, die die Überlieferung des MfS beim BStU systematisch erschließt, steht bis heute aus.

Friedrich W. Schlomann hat 1993 ein neues Buch vorgelegt, das sich noch einmal auf 350 Seiten der West-Arbeit der ehemaligen DDR-Spionagedienste widmet und den programmatischen Titel trägt: „Die Maulwürfe. Noch sind sie unter uns, die Helfer der Stasi im Westen". Wie in seinen früheren Darstellungen stützt er sich vor allem auf die Ergebnisse von Gerichtsverhandlungen gegen Agenten, auf Veröffentlichungen sowie auf Informationen aus bundesdeutschen Sicherheitsdiensten – Aktenmaterial bezieht er so gut wie gar nicht ein. Einen umfassenden Ansatz verfolgt auch Peter Siebenmorgen (1993), der in seinem Buch nicht nur die Hauptverwaltung A und die anderen Spionageapparate der DDR skizziert, sondern erstmals auch den Blick auf die West-Arbeit der sogenannten Abwehr-Abteilungen des MfS lenkt. In einem umfangreichen Anhang veröffentlicht er darüber hinaus ausgewählte Dokumente, Strukturschemata und Übersichten. Auf welche Quellen sich Siebenmorgen stützt, bleibt freilich leider meistenteils offen, da er auf Fußnoten verzichtet und ausdrücklich keinen Anspruch auf Wissenschaftlichkeit erhebt – allein der sprachliche Duktus macht aber deutlich, daß wohl vor allem Beschreibungen und Unterlagen aus dem (ehemaligen) Apparat des MfS eingeflossen sind.

Eine besondere Nähe zu ehemaligen hohen HVA-Offizieren wird Siebenmorgen auch vom ehemaligen „Spiegel"-Redakteur Peter-Ferdinand Koch zum Vorwurf gemacht, der in einem umfangreichen Buch die Spionagetätigkeit von MfS und KGB in der Bundesrepublik beschreibt (Koch 1994, S. 12 ff.). Dem Autor geht es dabei nicht um Strukturen oder Aktionsformen, sondern um einzelne Vorgänge und Personen, die von der Öffentlichkeit mit besonderem Interesse verfolgt wurden – darunter Otto John, Walther Rosenthal, Wolfgang Vogel, William Borm und Markus Wolf. Kochs Quellen bleiben freilich – trotz vieler Fußnoten – meistens ebenso mysteriös, etwa wenn er den schnellen Wechsel der „Bettgespielinnen" von Markus Wolf mit „Archiv d. Verf." belegt (S. 236) oder den ehemaligen HVA-Chef mit einem Satz aus einem älteren Buch Kochs zitiert, wo er leider ebenfalls nicht belegt ist (S. 240). Demgegenüber verzichtet Alexander Reichenbach (1992) in seiner solide recherchierten „Markus-Wolf-Story", zu der auch eine Darstellung der HV A gehört, weitgehend auf Emotionen – und macht gerade dadurch augenfällig, wie obskur und irreführend die Selbstinszenierung des früheren DDR-Aufklärungschefs ist. Viele seiner Erkenntnisse finden sich auch in dem englischsprachigen Wolf-Porträt von Leslie Colitt (1996), langjähriger Berlin-Korrespondent der „Financial Times", wobei dieser freilich einen merkwürdigen Akzent auf das „tragisch gespaltene Ich" (S. 9) des langjährigen HVA-Chefs legt. Die persönliche Verantwortung von Markus Wolf deutlich zu machen, ist nicht zuletzt das Anliegen des ehemaligen Präsidenten des Bundesamtes für Verfassungsschutz (BfV), Richard Meier (1992), der in seinem Buch „Geheimdienst ohne Maske" auch einige zentrale Aspekte der HVA-Arbeit skizziert, ohne im Detail freilich immer recht zu haben – zum Beispiel wenn er die für Internationale Beziehungen zuständige Abteilung X des MfS fälschlicherweise der HV A zuordnet (S. 108).

Um Personen, nämlich um sechs „Top-Spione" (Klaus Fuchs, George Blake, Günter Guillaume, Werner Stiller, John Walker und Oleg Gordiewski) geht es auch in dem Buch von Guido Knopp (1994), der das ZDF-Ressort Zeitgeschichte leitet. Der für seine zeithistorischen Fernsehfilme mehrfach ausgezeichnete Autor erzählt die sehr unterschiedlichen Geschichten prominenter

Agenten, von denen freilich nur zwei für das MfS arbeiteten – einer, Stiller, als Überläufer. Aufschlußreich, insbesondere für die Frühzeit der DDR-Aufklärung, ist auch die wissenschaftlich erarbeitete politische Biographie über Kurt Vieweg (Scholz 1997), der als hoher Landwirtschaftsfunktionär der SED seit 1951 für den Außenpolitischen Nachrichtendienst (APN) der DDR – einem Vorläufer der HV A – tätig war und dann in Ungnade fiel; in den siebziger Jahren arbeitete Vieweg als Universitätsprofessor mit alten Verbindungen u. a. zu Herbert Wehner unter dem Decknamen „Nordland" erneut für das MfS (S. 214 ff.).

Aus systematischer Perspektive beschäftigt sich das Buch von Rita Sèlitrenny und Thilo Weichert (1991) mit der Hauptverwaltung A. Die auf Aktenbeständen der Bezirksverwaltung für Staatssicherheit in Leipzig beruhende Monographie entstand nach der Besetzung der Leipziger Stasi-Zentrale und beschreibt Strukturen und Diensteinheiten der HV A, widmet sich aber auch einigen speziellen Aspekten der West-Arbeit wie dem internationalen Datenspeicher der östlichen Geheimdienste in Moskau „SOUD" oder dem Einsatz von Inoffiziellen Mitarbeitern (IM) im „Operationsgebiet". Auch Irene Chaker (1995) hat sich in einer kurzen Studie für die Enquete-Kommission „Aufarbeitung und Folgen der SED-Diktatur in Deutschland" der HV A gewidmet, wobei sie erstmals die Auswirkungen von deren Tätigkeit auf oppositionelle Bestrebungen in der DDR thematisiert.

In übergreifenden Gesamtdarstellungen zum Staatssicherheitsdienst der DDR spielt die West-Arbeit des MfS eine unterschiedlich stark akzentuierte Rolle. David Gill/Ulrich Schröter (1991) skizzieren in ihrem Buch nur knapp Zielstellung, Struktur und Methoden der HV A, dokumentieren aber die zentrale Richtlinie 2/79 für die Arbeit mit inoffiziellen Mitarbeitern im Westen in voller Länge. Größeres Gewicht hat das Thema bei Manfred Schell/Werner Kalinka (1991), die nicht nur die Tätigkeit der HV A umreißen, sondern auch das massenhafte Abhören von Telefongesprächen in Westdeutschland durch die Hauptabteilung III, den Einsatz von Mordkommandos im Westen oder die Beziehungen des MfS zu international gesuchten Terroristen. Ausführlich wird die West-Arbeit des MfS – insbesondere das Vorgehen der HV A gegen die Bundesrepublik – auch in der englischsprachigen Darstellung des Staatssicherheitsdienstes von David Childs/Richard Popplewell (1996) behandelt sowie in dem französischsprachigen Buch des Journalisten Pierre de Villemarest (1991), der freilich die zweifelhafte und gänzlich unbewiesene These vertritt, der Umbruch in der DDR sei ein im Auftrag der sowjetischen Führung durchgeführter „Staatsstreich von Markus Wolf" gewesen.

3.1.3 Darstellungen zu Einzelaspekten

Angesichts der großen Komplexität der West-Arbeit des MfS versteht es sich von selbst, daß gründliche Analysen eine Beschränkung auf Teilbereiche erforderlich machen, um Strukturen und Vorgehensweise näher auszuleuchten.

Bei den bisher erschienenen Publikationen ist dies vor allem bei Themen geschehen, die in der Öffentlichkeit besonderen Widerhall fanden.

Als 1990 bekannt wurde, daß ehemalige Mitglieder der Terrorvereinigung „Rote Armee Fraktion" (RAF) unter geänderter Identität in der DDR untergetaucht waren und deshalb die langjährigen Fahndungsanstrengungen der bundesdeutschen Strafverfolgungsbehörden ins Leere laufen mußten, reagierten viele mit Entsetzen und Empörung. Ausführlicher wurde die „MfS-RAF-Connection" erstmals von Karl Wilhelm Fricke (1991) in seinem Buch „MfS intern" aufgegriffen. Ein Jahr später legten die „Monitor"-Mitarbeiter Michael Müller/Andreas Kanonenberg (1992) ein umfassendes Buch zu diesem Komplex vor, das vor allem auf den Ermittlungsergebnissen der Bundesanwaltschaft beruhte. In dem Maße, wie Stasi-Unterlagen den Ermittlungsbehörden tiefen Einblick in die Terrorismus-Szene erlaubten und auch Journalisten und Wissenschaftlern zur Auswertung zur Verfügung gestellt wurden, erfuhr die Öffentlichkeit durch Bücher wie die von Fritz Schmaldienst/Klaus-Dieter Matschke (1995) oder Wilhelm Dietl (1995) immer mehr Details über die internationalen terroristischen Aktivitäten der siebziger und achtziger Jahre – und die Verstrickung des MfS –, deren Höhepunkt etwa 1983 erreicht war (vgl. Kap. 5.6). Eine umfassende und den aktuellen Erkenntnisstand widerspiegelnde Darstellung der Problematik gibt Tobias Wunschik (1997a), der in der Behörde des BStU die einschlägigen Unterlagen ausgewertet hat.

Ein zweites Themenfeld, das die Öffentlichkeit in besonderer Weise beschäftigte und eine Reihe umfangreicher Publikationen nach sich zog, ist das sogenannte Schalck-Imperium – also die Tätigkeit des Bereiches Kommerzielle Koordinierung (KoKo), dessen Leiter, Alexander Schalck-Golodkowski, MfS-Offizier im besonderen Einsatz (OibE) war. Die ausführlichste und seriöseste Analyse des KoKo-Komplexes hat zweifellos der Untersuchungsausschuß des Deutschen Bundestages (1994) veröffentlicht, der in der 12. Wahlperiode die Schalck-Aktivitäten untersuchen sollte – ein mehrbändiger Bericht mit zahlreichen Dokumenten aus einer Fülle von ausgewerteten Akten. Darüber hinaus wurde die historische Aufarbeitung vor allem von Journalisten bestimmt, die in den Jahren 1991/92 mit schnell geschriebenen Büchern dem öffentlichen Interesse zu folgen suchten. So veröffentlichte Norbert Treutwein schon zu Beginn der Affäre zusammen mit Wolfgang Seiffert die sogenannten „Schalck-Papiere" – eine scharfe Abrechnung mit dem früheren Devisenbeschaffer der SED auf der Basis von Unterlagen, die die Zeitschrift „Quick", wie es im Vorwort heißt, für „viel Geld" von Nachrichtenhändlern gekauft hatte (Seiffert/Treutwein 1991, S. 7f). Ein Jahr darauf publizierte der frühere „Spiegel"-Redakteur Peter-Ferdinand Koch (1992) eine Art kriminologische Biographie von Schalck, die nicht nur seine Aktivitäten zu DDR-Zeiten beschrieb, sondern – getreu dem Titel des Buches „Das Schalck-Imperium lebt" – auch ihren fließenden Übergang in die Marktwirtschaft. Daß die Schalck-Affäre auch eine Affäre der alten Bundesrepublik war, stellt Egmont Koch (1992) in den Vordergrund seines Buches, das – ebenso wie die damalige Bundestagsabgeordnete von Bündnis 90/Die Grünen, Ingrid Köppe – mit Nachdruck die Verbindungen zwischen KoKo, BND und Staatssicherheitsdienst zur Sprache brachte. Schließlich widmete sich auch der ehemalige politische Redakteur der Wochenzeitung „Rheinischer Merkur", Walter Bajohr (1992), der Schalck-Problematik, als er drei seiner Zeitungsbeiträge zum Thema in einem Sammelband veröffentlichte.

Darüber hinaus sind in der Zwischenzeit auch zu anderen Teilaspekten einige größere und kleinere Studien erschienen, die weniger dem tagespolitischen Interesse folgen als vielmehr durch sorgfältige Recherchen und wissenschaftliches Herangehen Licht in die Vergangenheit bringen wollen und dabei auch das vom MfS hinterlassene Aktenmaterial heranziehen. So hat Roland Brauckmann (1996) beispielsweise die Gefangenenhilfsorganisation „Amnesty International" als sogenanntes Feindobjekt der DDR untersucht und dabei insbesondere das koordinierte Zusammenwirken der verschiedenen Diensteinheiten des MfS veranschaulicht. Aufschlußreich ist auch die kurze Studie von Jürgen Wüst (1996) über die Anstrengungen des MfS, die „Internationale Gesellschaft für Menschenrechte" (IGFM) in Frankfurt zu diskreditieren und zu zersetzen. Arbeiten von Siegfried Mampel widmeten sich u. a. dem Kampf des MfS gegen den Untersuchungsausschuß Freiheitlicher Juristen (UFJ) in West-Berlin (1994) und der Einschätzung der DDR- und Deutschlandforschung durch das MfS (1996). Gunter Holzweißig (1995) hat in einer Studie und später in einem Buch (1997) die „West-Medien im Fadenkreuz von SED und MfS" behandelt und damit einen ersten Einblick in Überwachung und Beeinflussung westdeutscher Journalisten gegeben – wobei er nicht zuletzt mit der vorauseilenden Anbiederung vieler Chefredakteure und politischer Beamter aus Westdeutschland ins Gericht geht. Aus der Perspektive bundesdeutscher Sicherheitsstellen hat Rainer O. M. Engberding (1993) erstmals das große Ausmaß der Wirtschaftsspionage durch die DDR offengelegt, während der Deutschland-Korrespondent der „New York Times", Craig R. Whitney (1993), ein umfangreiches Porträt des Honecker-Unterhändlers Wolfgang Vogel veröffentlichte. Zu letzterem hat auch der Spiegel-Redakteur Norbert F. Pötzl (1997) ein Buch geschrieben, das – wie so oft bei Biographien über lebende Personen, die ihre Erinnerungen und Unterlagen einem bestimmten Autor zur Verfügung stellen – aber eher unkritisch mit seinem Gegenstand umgeht.

In der Abteilung Bildung und Forschung des BStU entstand 1996 eine kürzere Arbeit von Stephan Fingerle und Jens Gieseke über die Entstehung einer im Westen agierenden Untergrundtruppe der Nationalen Volksarmee, die 1962 vom MfS übernommen wurde und erst nach dem Fall der SED-Herrschaft bekannt wurde (Fingerle/Gieseke 1996). Über einen anderen Aspekt, die Einspeicherung „von Daten über den Gegner" in einen in Moskau befindlichen gemeinsamen Speicher kommunistischer Staaten, haben Bodo Wegmann und Monika Tantzscher (1996) eine ausführliche Studie vorgelegt. Aussagen über die Anzahl der hauptamtlichen Mitarbeiter der mit West-Arbeit befaßten Diensteinheiten enthält die entsprechende Untersuchung von Jens Gieseke (1995). Einen weiteren speziellen Aspekt – Entstehung und Zerschlagung der maoistischen „Sektion DDR" der KPD/ML – behandelt Tobias Wunschik

(1997b) in seiner kürzlich fertiggestellten Studie. Über den Einsatz von IM im sogenannten „Operationsgebiet" berichtet nicht zuletzt die umfangreiche Arbeit von Joachim Walther (1996) über „Schriftsteller und Staatssicherheit in der Deutschen Demokratischen Republik", in der u. a. die zahlreichen West-Reiseeinsätze des IMB „Dichter" (Paul Wiens) geschildert werden, der für MfS und KGB zugleich arbeitete (S. 596 ff.). In Kürze wird darüber hinaus eine Darstellung der auch den Westen tangierenden Staatssicherheitsaktionen Mitte der fünfziger Jahre erscheinen (Fricke/Engelmann 1998) sowie eine Dokumentation der Richtlinien zur Arbeit mit West-IM (Müller-Enbergs 1998).

3.1.4 Darstellungen von Beteiligten

Während die Anzahl der wissenschaftlichen Arbeiten zur West-Arbeit des MfS eher gering ist, liegen um so mehr Darstellungen von Beteiligten vor, die ihre Erinnerungen zu Papier gebracht haben. Diese lassen sich im großen und ganzen in zwei Gruppen einteilen: in Beiträge, die die eigene Tätigkeit überwiegend positiv sehen und entsprechend euphemistisch beschreiben – und solche, die ein eher kritisches Verhältnis zu erkennen geben, ohne daß dadurch der Wahrheitsgehalt automatisch größer sein muß. Einige Publikationen aus diesem Bereich stammen auch aus fremden Federn, beruhen jedoch auf Interviews oder Hintergrundgesprächen mit einzelnen Beteiligten, ohne deren Perspektive kritisch zu hinterfragen. Nur wenige Veröffentlichungen sind hingegen erschienen, die die West-Arbeit des MfS aus der Perspektive der Opfer beschreiben, so daß über die Wirkungen, insbesondere von Zersetzungsmaßnahmen und politischen Manipulationen, immer noch vergleichsweise wenig bekannt ist.

Unter heuristischen Gesichtspunkten müssen viele dieser Arbeiten mit Vorsicht betrachtet werden, weil die Darstellung fast immer von sachfremden Interessen beeinflußt, wenn nicht geleitet wird. So zeigen viele ehemalige Mitarbeiter des MfS ein starkes Rechtfertigungsbedürfnis und stehen bzw. standen zum Teil unter dem Druck einer möglichen Strafverfolgung. Das Bestreben, die Deutung der Vergangenheit im vereinigten Deutschland zu beeinflussen oder zu bestimmen und vor allem: jede Art von nachträglicher negativer Sanktionierung abzuwenden, steht vielfach offenkundig im Vordergrund und hat sogar bereits zur Bildung entsprechender Organisationen wie dem sogenannten „Insider-Komitee" des ehemaligen HVA-Offiziers Klaus Eichner (1995) oder der sogenannten „Gesellschaft zum Schutz von Bürgerrecht und Menschenwürde e.V. (GBM)" (Reichelt et al.., 1995) geführt. Andere ehemalige MfS-Mitarbeiter sparen die für sie unangenehmen Sachverhalte eher aus psychologischen Gründen aus oder versuchen, mit ihren Veröffentlichungen alte und neue Rechnungen zu begleichen. Selbst Überläufer oder Mitarbeiter westlicher Geheimdienste sind in der Regel in das nachrichtendienstliche Geflecht so sehr eingebunden, daß eine objektive Darstellung ihrer Erfahrungen kaum erwartet werden kann. Nicht zuletzt spielen auch kommerzielle Interessen eine Rolle und führen dazu, daß mit spektakulären „Enthüllungen" der Verkaufswert zu steigern versucht wird. Die Betroffenenberichte leiden hingegen oftmals darunter, daß die Unterlagen, die das Vorgehen des MfS gegen Bundesbürger dokumentieren könnten, in der Regel unvollständig und ungenau sind oder sogar gänzlich fehlen.

Unter den interessengeleiteten Darstellungen ehemaliger Beteiligter sind zuallererst die „Erinnerungen" des langjährigen Leiters der Hauptverwaltung A, Generaloberst Markus Wolf, zu nennen. In einem Interview-Band mit dem Titel „Ich bin kein Spion" hatte er schon kurz nach dem Umbruch in der DDR seine Sicht auf die Tätigkeit des MfS und seiner Auslandsaufklärung zu Protokoll gebracht. Eine seiner Behauptungen darin lautete, „weder direkt noch indirekt mit irgendwelchen Tötungsdelikten, Verschleppungen, Freiheitsberaubungen und auch nicht mit der Unterstützung der RAF-Leute zu tun" gehabt zu haben (Runge/Stelbrink 1990, S. 48) – inzwischen wurde er wegen eben solcher Freiheitsberaubungen in vier Fällen zu zwei Jahren Haft auf Bewährung verurteilt. Wenig später legte er dann unter dem Titel „Im eigenen Auftrag" ein Buch vor, in dem er erneut die Unabhängigkeit der HV A betonte – wider besseres Wissen – und erklärte, die „Aufklärer" seien „nicht verantwortlich [gewesen] für die Unterdrückung im Inneren des Landes" (Wolf 1991, S. 7)"; ein Interview-Band mit ähnlicher Zielrichtung erschien 1992 in Frankreich (Wolf 1992). Unter großer Anteilnahme der Medien kamen schließlich im Frühjahr 1997 – zeitgleich mit seiner Verurteilung durch das Landgericht Düsseldorf – seine förmlichen „Erinnerungen" heraus (Wolf 1997), die seine bisherige Verteidigungslinie fortschrieben und einige besonders spektakuläre, zumeist aber bekannte Fälle von Agententätigkeit und Kooperation von Bundesbürgern mit der DDR nachzeichneten. Grundsätzliche Zweifel an der eigenen Tätigkeit oder gar die Bereitschaft, an einer kritischen Aufarbeitung mitzuwirken, machte auch dieses Buch nicht erkennbar.

Der ungebrochene Glaube an das „Gute" in der eigenen Tätigkeit für das MfS wird auch von Hans Eltgen (1995) geteilt, ein ehemaliger Offizier im besonderen Einsatz (OibE) des Sektors Wissenschaft und Technik (SWT) der HV A, der 1966 in der Bundesrepublik verhaftet wurde – und nach einem Agentenaustausch erneut für die HV A arbeitete. In seinem Buch schildert er seinen Werdegang vom Inoffiziellen Mitarbeiter (IM) zum Kurier, Instrukteur und Werber der HV A, der in fast allen Ländern Westeuropas eingesetzt war. Aus dem gleichen Arbeitsbereich der HV A stammte auch der prominente Überläufer Werner Stiller (1986), der sich 1979 durch eine riskante Flucht in die Bundesrepublik absetzte und in seinem Buch bereits vor dem Umbruch in der DDR einen hochinteressanten Einblick in die Praxis der West-Arbeit des MfS gab. Ein dritter Autor, der die Arbeitsmethoden der HV A aus eigener Anschauung beschreibt, ist der ehemalige OibE im Ministerium für Auswärtige Angelegenheiten der DDR, Heinz Günther, der später Leiter des Lehrstuhls „Recht und Sicherheit" an der Schule der HV A wurde. Der von den politisch Verantwortlichen offensichtlich schwer enttäuschte ehemalige MfS-Mitarbeiter veranschaulicht u. a. die nachrichtendienstliche Tätigkeit aus den Botschaften der DDR, in diesem Fall in Belgrad, aber auch Aufgabe und Selbstverständnis der HVA-Schule sowie das Vorgehen des MfS bei der Gewinnung und Führung von inoffiziellen Mitarbeitern im Westen (Günther o. J., S. 75 ff.).

Darstellungen von Beteiligten über die West-Arbeit des MfS erschienen vereinzelt auch in DDR-Verlagen. Getragen waren sie grundsätzlich von dem Bemühen, die Tätigkeit der sogenannten „Kundschafter" – und damit indirekt des gesamten MfS – als wichtige und ehrenvolle Aufgabe zu beschreiben; auch der Ehrgeiz, ähnlich wie im Sport, die außerordentlichen „Erfolge" der DDR auf diesem Gebiet unter Beweis zu stellen, spielte offensichtlich keine unwesentliche Rolle. In den Genuß dieser Art von Traditionsliteratur kamen allerdings oftmals nur ausgewählte Leserkreise, in erster Linie Kader der „Schutz- und Sicherheitsorgane". So erschien 1988 im Militärverlag der DDR „Die Aussage" des Kanzleramtsspions Günter Guillaume, dessen Verhaftung mit ihren weitreichenden politischen Folgen eigentlich zu den größten Niederlagen der HV A hätte gerechnet werden müssen – zumal sich Guillaume bei seiner Festnahme grundlos dekonspiriert hatte. 1990 kam der Text, sprachlich leicht entschärft, auch in einem westdeutschen Verlag heraus mit dem Hinweis, daß die DDR-Ausgabe als „Buchclubausgabe" deklariert und deshalb „Nur für den Dienstgebrauch" der Sicherheitsorgane und der Nationalen Volksarmee bestimmt gewesen sei (Guillaume 1990, S. 9). Umgekehrt verlief die Veröffentlichungsgeschichte der Autobiographie von Heinz Felfe, KGB-Agent in der Organisation Gehlen, der 1961 verhaftet wurde und 1969 in die DDR ausgetauscht wurde, wo er als Professor an der Sektion Kriminalistik der Humboldt-Universität in Berlin arbeitete; seine Erinnerungen erschienen zunächst in der Bundesrepublik (Felfe 1986), in überarbeiteter Form später auch in der DDR (Felfe 1988).

In dieselbe Kategorie von Publikationen gehört auch das schmale Büchlein über „Stationen aus dem Leben und Wirken des Kommunisten und Tschekisten Paul Laufer", der 1955 Christel und Günter Guillaume angeworben und ein Jahr später in die Bundesrepublik eingeschleust hatte. Das Buch, dessen Autor ungenannt bleibt und das in Anbetracht seines nachrichtendienstlichen Vokabulars augenscheinlich nur für MfS-Angehörige bestimmt war, beschreibt, wie Laufer 1955 als Major in den Aufklärungsapparat („Apparat Heidenreich") eintrat und die Leitung der für die Bearbeitung von SPD und DGB verantwortlichen Abteilung übernahm (Deckname Stabil 1988). Weniger prominent ist der Fall des „Kundschafters" Hans Voelkner (1989), dessen Schicksal nicht ohne Tragik ist, da er 1949 zunächst von einem sowjetischen Militärtribunal zu 25 Jahren Arbeitslager verurteilt wurde, von denen er sechs in Bautzen absaß – um dann in den sechziger Jahren als Instrukteur und Kurier der HV A in Frankreich tätig zu werden, wo er erneut verhaftet wurde und weitere fünf Jahre im Gefängnis verbrachte.

Einen kritischeren Blick auf die Arbeit der HV A und ihren langjährigen Leiter, Markus Wolf, werfen Peter Richter und Klaus Rösler (1992) in ihrem als „Insider-Report" gekennzeichneten Buch über die Auslandsspionage des

MfS. Rösler arbeitete für die HV A seit deren Gründung und leitete zwei Jahrzehnte die für die Ausforschung der NATO und der EG zuständige Abteilung XII; Richter stieß erst 1977 zur HV A und stieg dort bis zum stellvertretenden Leiter der Auswertungsabteilung (Abt. VII) auf. Ohne große Illusionen beschreiben sie die Entstehung und Entwicklung der Auslandsaufklärung der DDR, die sie aus den Zeitumständen, aber auch aus dem stalinistischen Herrschaftsanspruch der SED zu erklären suchen. Weniger reflektiert erscheint dagegen das Buch von Günter Bohnsack und Herbert Brehmer (1992), in dem sie spektakuläre Einzelheiten über die Arbeit der Abteilung X der HV A preisgeben – jene Abteilung, die zuständig war für sogenannte „Aktive Maßnahmen", d. h. für die gezielte Desinformation über Einflußagenturen, insbesondere in den westlichen Medien. Bohnsack war selbst Mitarbeiter dieser Abteilung und erinnert sich an „Aktionen" gegen führende bundesdeutsche Politiker wie den ehemaligen Bundespräsidenten Lübke, den früheren Bundeskanzler Kiesinger oder den früheren baden-württembergischen Ministerpräsidenten Hans Filbinger; immer wieder gelang es danach offensichtlich der Abteilung X, Fälschungen, Halbwahrheiten oder belastende Fakten in den westdeutschen Medien zu lancieren und dadurch für erhebliche Unruhe in der Bundesrepublik zu sorgen.

Die Methoden des Ostblocks bei der „aktiven" Einflußnahme auf den Westen wurden allerdings schon zwei Jahrzehnte früher recht anschaulich beschrieben, und zwar von dem tschechischen Überläufer Ladislav Bittman (1972), der von 1964 bis 1966 stellvertretender Leiter der Abteilung für Desinformation im Prager Geheimdienst war und bereits damals über die Diffamierung des damaligen Bundespräsidenten Lübke als „KZ-Baumeister" durch die HV A und den für „aktive Maßnahmen" zuständigen Oberstleutnant Wagenbreth berichtete (S. 162 ff.). Bohnsacks zweites Buch (1997) enthält demgegenüber wenig Neues – sieht man von einigen Reminiszenzen aus dem HVA-Alltag und dem halben Dutzend Dokumente im Anhang ab, die aus den Archiven des Bundesbeauftragten stammen. Recht aufschlußreich ist dagegen der Bericht von David E. Murphy und Sergej A. Kondraschow über den „Krieg der Geheimdienste im geteilten Berlin" (Bailey/Kondraschow/Murphy 1997). Beide bekleideten in den fünfziger Jahren führende Positionen in den Geheimdiensten der USA und der Sowjetunion, der eine als Leiter der CIA-Operationsbasis Berlin (BOB), der andere als Chef der Deutschlandabteilung des KGB. Durch ihre gegensätzliche politische Herkunft stehen sie weniger als andere Akteure in der Gefahr, ihre frühere Tätigkeit vorwiegend apologetisch zu beschreiben. Darüber hinaus konnten sie auf Unterlagen aus den Archiven ihrer Dienste zurückgreifen, obgleich man diese Angaben in der Regel nicht verifizieren kann. In ihrem Buch werfen sie – gestützt auf die intimen Kenntnisse der sowjetischen „Berater" und die amerikanischen BOB-Berichte – auch auf viele innere Vorgänge des DDR-Staatssicherheitsdienstes Licht.

Das Bedürfnis nach Rechtfertigung hat nicht nur ehemalige hauptamtliche Mitarbeiter des MfS, sondern auch eine Reihe von westdeutschen Beteiligten zur Feder greifen lassen. Mehrere Bundesbürger, die der Spionage für das MfS beschuldigt wurden, haben in den letzten Jahren Bücher veröffentlicht, in denen sie zu ihrer früheren Tätigkeit Stellung nehmen – wohingegen die schriftlichen Darstellungen der Anklagebehörden über die ihnen vorgeworfenen Taten zumeist nur den Prozeßbeteiligten zugänglich sind und damit von der Öffentlichkeit kaum wahrgenommen wurden. Bernd Michels (1992), langjähriger Pressesprecher der SPD in Schleswig-Holstein und 1991 unter dem Verdacht der Spionage für die HV A verhaftet, erinnert sich beispielsweise in seinem Buch „Spionage auf deutsch" lediglich an einige harmlose Treffen mit DDR-Bürgern und versucht, die Rolle der Beteiligten ins Lächerliche zu ziehen – im Gegensatz zur Anklageschrift des Generalbundesanwaltes, die von Herbst 1973 bis Anfang 1990 eine geheimdienstliche Tätigkeit gegen die Bundesrepublik Deutschland konstatiert; 1996 wurde Michels für schuldig befunden und zu 18 Monaten Haft auf Bewährung verurteilt. Einen ähnlichen Versuch der Ehrenrettung im Vorfeld eines Strafprozesses unternimmt der Journalist Gerd Lotze (1995) in seinem Buch über den ehemaligen Bundesgeschäftsführer der SPD, Karl Wienand, gegen den die Bundesanwaltschaft 1994 Anklage erhob wegen geheimdienstlicher Agententätigkeit für die DDR. Wienand, der für das Buch laut Klappentext mit dem Autor erstmals lange Gespräche über seine Vergangenheit führte, bezeichnet darin die regelmäßigen Zusammenkünfte mit dem OibE der HVA-Abteilung I Alfred Völkel alias „Krüger" als „zusätzlichen Gesprächskanal" im Auftrag Herbert Wehners (S. 37 f.) – während der ermittelnde Generalbundesanwalt als „Agentenjäger Lampe" firmiert, der ignoriere, daß Wienands Handeln „im Interesse der Bundesrepublik" lag (S. 163); 1996 verurteilte das Gericht Karl Wienand zu zweieinhalb Jahren Haft und zur Zahlung von mehr als einer Million DM an die Staatskasse, das Urteil ist rechtskräftig.

Eine andere Variante zur Rechtfertigung seiner IM-Tätigkeit für das MfS wählt der ehemalige Terrorist Till Meyer (1996) von der „Bewegung 2. Juni", der 1980 wegen erpresserischen Menschenraubes zu 15 Jahren Haft verurteilt worden war und sich nach seiner vorzeitigen Freilassung 1987 der Hauptabteilung XXII als IMB „Willi Waldoff" verpflichtete. Meyer, der den Staatssicherheitsdienst vor allem mit Interna aus der linksalternativen „tageszeitung" (taz) und ihrem Umfeld versorgte und darüber hinaus auch Desinformationen zum Verbleib der in der DDR untergetauchten Terroristen streute sowie das MfS vor der Verteilung einer in Hamburg hergestellten falschen Ausgabe des „Neuen Deutschland" warnte, bekennt sich in seinen „Erinnerungen" ganz offen zu seiner Zusammenarbeit mit dem MfS, denn „der bereits zu jener Zeit zum Untergang verurteilte zweite deutsche Staat hatte in mir einen kompromißlosen Verbündeten" (S. 452). Trotz seines Geständnisses, das er, von Journalisten zur Rede gestellt, 1992 ablegte, wurde das Ermittlungsverfahren zwei Jahre später „mangels Aktenfunden" (S. 472) eingestellt. Ein merkwürdiges Sammelsurium aus Fakten, Vorwürfen und persönlichen Peinlichkeiten enthält schließlich das Buch des ehemaligen Doppelagenten Dieter Haase (1993), der vom „Spiegel" Mitte der siebziger Jahre wohl nicht zu Unrecht als „schwatzhafter Exzentriker" bezeichnet wurde; wegen Ausspähung der Bundeswehr war er damals zu elf Jahren Haft verurteilt worden – und hatte einen Skandal ausgelöst, weil er zuvor jahrelang von namhaften Wehrpolitikern der CSU unterstützt worden war.

Von ganz anderer Natur sind dagegen die Berichte jener Bundesbürger, die Opfer von MfS-Aktionen im Westen wurden – und diese zumeist erst nach der Einsichtnahme in die zu ihrer Person angelegten Stasi-Unterlagen detaillierter nachvollziehen konnten. So rekonstruiert der Journalist Karl Wilhelm Fricke (1996) in seinem Buch „Akten-Einsicht" anhand von MfS-Akten die Geschichte seiner politischen Verfolgung wegen DDR-kritischer Artikel und Rundfunkbeiträge – von seiner ersten „Bearbeitung" im Operativen Vorgang „Illegale" gegen Mitarbeiter des Befreiungskomitees von Margarete Buber-Neumann in West-Berlin (1954) über seine Entführung im April 1955 durch den Inoffiziellen Mitarbeiter der „Linie V", Kurt Rittwagen, über seine zahlreichen Vernehmungen und anschließende Verurteilung zu vier Jahren Zuchthaus in der DDR bis hin zu seiner erneuten „Bearbeitung" im Westen durch die Hauptabteilung II in den siebziger und achtziger Jahren als Redakteur des Deutschlandfunkes. Auch der Schriftsteller Jürgen Fuchs (1991, 1993, 1994, 1995) hat in verschiedenen Veröffentlichungen die gegen ihn und andere in der Bundesrepublik lebende DDR-Kritiker ergriffenen Maßnahmen des MfS beschrieben und insbesondere das perfide Instrumentarium der „Zersetzungsmaßnahmen" bekanntgemacht. Gerhard Löwenthal und Claus P. Clausen skizzieren dagegen in ihrem Buch „Feindzentrale 'Hilferufe von drüben'" wie diese Hilfsorganisation aus Lippstadt – unter kontinuierlicher Beteiligung der HV A – im Zentralen Operativen Vorgang (ZOV) „Kontra" systematisch ausgeforscht und „zersetzt" wurde (Clausen/Kamphausen/Löwenthal 1993, S. 234 ff.), während Hubertus Knabe (1992) für den Bereich der blockübergreifenden Friedensbewegung und der DDR-Forschung die Akteneinsicht eines Westdeutschen schildert, der zu keinem Zeitpunkt in der DDR gelebt hat – und trotzdem jahrelang „operativ bearbeitet" wurde. In Presseveröffentlichungen und Rundfunkbeiträgen haben darüber hinaus auch Journalisten wie Karl Corino (1993), Wolfgang Gast (1996), Jochen Kummer (1997) oder Helmut Lölhöffel (1993) anhand ihrer eigenen Erfahrungen über das Vorgehen des MfS gegen westdeutsche Korrespondenten und Berichterstatter informiert.

3.2 Überlieferungslage beim BStU[16]

Die Überlieferung beim BStU teilt sich grundsätzlich in zwei Komplexe: die vom Staatssicherheitsdienst archivierten, überwiegend personenbezogenen Vorgänge mit einem Umfang von ca. 59 laufenden Kilometern – und solche Unterlagen, die im Verlauf des 40jährigen Bestehens des Staatssicherheitsdienstes in den einzelnen Diensteinheiten entstanden und dort verwahrt wurden. Da die vom Staatssicherheitsdienst archivierten Unterlagen über die Personenkarteien des MfS zu den im Stasi-Unterlagen-Gesetz genannten Zwecken

---

16 Das folgende Kapitel basiert auf einer Zuarbeit von Jochen Hecht unter Mitarbeit von Birgit Sündram von der Abt. Archivbestände in der Behörde des BStU.

wie Akteneinsicht von Betroffenen, Rehabilitierung oder Überprüfungen im öffentlichen Dienst zum größten Teil bereits genutzt werden können, erfolgte bislang nur in Ansätzen eine inhaltliche Erschließung dieser Unterlagen. Die nachstehenden Aussagen zu den archivalischen Quellen des Staatssicherheitsdienstes zur West-Arbeit des MfS beziehen sich daher nur auf die ca. 62,5 laufenden Kilometer Unterlagen der Diensteinheiten, von denen gegenwärtig im Archiv der Zentralstelle 42 Prozent und in den Archiven der Außenstellen des BStU 65 Prozent archivisch erschlossen sind.[17] Diese Unterlagen gelangten im Verlauf des Auflösungsprozesses des MfS und seiner Gliederungen im Frühjahr und Sommer 1990 aus den Dienstzimmern der Mitarbeiter in die Archive, und zwar überwiegend verunordnet, in Bündel, Säcke oder Kartons formiert und damit grundsätzlich für eine Nutzung nicht geeignet. Allein der Umfang des in Säcken überlieferten zerrissenen Materials beträgt mehr als 15 laufende Kilometer. Wegen des nach wie vor unzureichenden Erschließungsstandes ist eine abschließende Analyse der Überlieferungslage beim BStU nach Struktur und Inhalt der Unterlagen nicht möglich, so daß auch diese Ausführungen als vorläufig zu betrachten sind.

Zur Überlieferung beim BStU zählen dabei auch rund 38 Millionen Personenkarteikarten, von denen sich ca. 18,3 Millionen im Archiv der Zentralstelle und ca. 20,3 Millionen in den Archiven der Außenstellen befinden. Eine exakte Aussage darüber, wieviele Daten zu Bürgern der Bundesrepublik und West-Berlins in diesen Karteien enthalten sind und insbesondere wieviele für das MfS tätig waren, läßt sich jedoch allein aus den Erfassungen der Karteien ohne Sichtung der entsprechenden Akten nicht treffen.

3.2.1 Archivalische Quellen in der Zentralstelle

Karteien

In der umfangreichsten zentralen Personenkartei des MfS, der sogenannten „F 16"-Kartei, wurden ca. sechs Millionen Personen zwischen 1949 und 1989 „erfaßt". Die Kartei ist alphabetisch-phonetisch gegliedert. Eine Strukturierung dieser Karteimenge nach Staatsangehörigkeit wurde im Staatssicherheitsdienst nicht vorgenommen, so daß nur bei konkreten Personenanfragen in dieser Kartei recherchiert und über die dazugehörige Vorgangskartei F 22 der archivierte Vorgang gefunden und ausgewertet werden kann. Ein generelles Herausfiltern aller Bürger der Bundesrepublik und West-Berlins anhand der Angaben über Staatsangehörigkeit oder Wohnort ist zwar möglich, wäre aber mit einem gegenwärtig nicht zu vertretendem Arbeits- und Zeitaufwand verbunden. Versuche, aus ca. einem Prozent der zentralen Personenkartei „West-IM" herauszufiltern, haben zudem gezeigt, daß allein aus der Erfassung in der F 16

---

17 Lediglich der Archivbestand „Allgemeine Sachablage" wurde bereits vom MfS sachthematisch erschlossen und zentral archiviert.

als Bundesbürger und aus der Erfassung in der F 22 als IM ohne Sichtung der entsprechenden Akten keine verbindliche Aussage möglich ist.

In der Zentralstelle des BStU sind aber zwei kleinere MfS-Karteien überliefert, die bestimmte Aspekte der West-Arbeit des MfS personen- und sachbezogen widerspiegeln. In der Abteilung XII/3 wurde seit 1981 eine Feindobjektkartei (F 17) geführt, deren Informationen aus den operativen Diensteinheiten stammten. Diese Kartei umfaßt ca. 20.370 Erfassungen zu

- Dienststellen, Einrichtungen und Institutionen im Operationsgebiet (Anschriften),
- Organisationen, Vereinigungen und Verbänden mit und ohne feste Ortsgebundenheit,
- Telefon- bzw. Telexanschlüssen sowie zu
- Kfz-Kennzeichen.

Die Registriernummern auf den Karten dieser Kartei verweisen auf die entsprechenden Vorgänge, zumeist Objektvorgänge oder Operative Vorgänge. Geführt wurde diese Kartei bis ca. 1986/87. Danach erfolgte die Erfassung über die elektronische Zentrale Personendatenbank des MfS, die jedoch 1990 mit Zustimmung des „Runden Tisches" in der DDR vernichtet wurde. Belege dieser Datenbank zu den sogenannten Feindobjekten wurden in der Zentralstelle des BStU bisher nicht aufgefunden. Die überlieferte Kartei F 17 ist dabei höchstwahrscheinlich nicht vollständig, denn es sind überwiegend Nachweise zu gelöschten Erfassungen eingeordnet, und die in der Kartei abgelegten Kopien stellen Rückläufe von Diensteinheiten dar. Teile dieser „Feindobjektkartei" wurden inzwischen auch in den Außenstellen Rostock und Halle aufgefunden.

Eine andere Kartei mit eindeutigem West-Bezug ist die sogenannte Straßenkartei (F 78). Sie stellt eine interne Nachweis- und Arbeitskartei der Abteilung XII des MfS dar und läßt somit keine Aussagen über die Vollständigkeit der Angaben oder weitere Vergleiche zu. Enthalten sind in ihr insbesondere Erfassungen von IM in West-Berlin, deren Anzahl, geordnet nach Straßennamen, danach über 1.300 betrug. Über Erfassungen von IM in der Bundesrepublik enthält die Kartei dagegen nur 74 Karten mit insgesamt 84 Erfassungen, von denen 65 Vorgänge archiviert sind und 12 auf die HV A verweisen.

Umfangreich überliefert sind außerdem sogenannte Zielkontrollaufträge, mit denen die Überwachung von Fernschreibanschlüssen (einschließlich Datex- und Telexanschlüssen) und das Abhören von Fernsprechanschlüssen (einschließlich Funkgesprächen) eingeleitet wurde. Vorrangig betroffen waren Anschlüsse von Personen und Institutionen aus Politik und Wirtschaft in der damaligen Bundesrepublik. Die Zielkontrollaufträge (häufig in mehreren Kopien und als Durchschläge vorhanden) geben jedoch keinen Aufschluß über die Inhalte der abgehörten Gespräche, sondern sind Vorgaben über den Informationsbedarf der auftraggebenden Diensteinheiten. Angaben zum Auffinden der abgehörten Gespräche bzw. zu anderen Unterlagen werden ebenfalls nicht gemacht.

Innerdienstliche Bestimmungen des Staatssicherheitsdienstes

In der Dokumentenablage des Staatssicherheitsdienstes sind die unterschiedlichsten innerdienstlichen Festlegungen aus den Jahren 1951–1989 überliefert, in denen durch Leitungsfestlegungen auch die „West-Arbeit" geregelt und gesteuert wurde. In diesen Dokumenten, zumeist Weisungen oder Befehle des Ministers für Staatssicherheit bzw. seiner Vertreter, spiegelt sich in konzentrierter Form die gesamte Breite der Aktivitäten des Staatssicherheitsdienstes wider. Sie machen auch deutlich, in welcher Weise der Staatssicherheitsdienst die Arbeit im Operationsgebiet organisierte und durchführte und welche Schwerpunkte dabei gesetzt wurden.

In zahlreichen Dokumenten ist beispielsweise die strukturelle Entwicklung derjenigen Diensteinheiten nachzuvollziehen, die für unterschiedliche Aspekte der West-Arbeit zuständig waren. Zugleich geben die Dokumente Einblick in die inhaltlichen Zielrichtungen und Schwerpunkte dieser Arbeit ab 1952. Beispielsweise werden zahlreiche „Aktionen" festgehalten, die für das MfS so bedeutsam waren, daß sie durch Schreiben oder Weisungen der obersten Leitungsebene initiiert wurden. So wurden etwa in den „Sachakten Ring I und II" alle Informationen zum „Untersuchungsausschuß Freiheitlicher Juristen" in den fünfziger Jahren zusammengefaßt; auch Schulungsmaterial des Staatssicherheitsdienstes ist überliefert, in dem diese Organisation analysiert wird und Maßnahmen zu ihrer Bekämpfung dargestellt werden.[18] Zahlreiche Dokumente spiegeln auch das Vorgehen des MfS gegen die sogenannte „Republikflucht" wider, später „ungesetzliches Verlassen der DDR" genannt, sowie das Eindringen des Staatssicherheitsdienstes in Organisationen, die Fluchthilfe für DDR-Bürger organisierten und durchführten. Schließlich war das MfS auch an der Vorbereitung von offiziellen Kontakten zwischen Politikern der Bundesrepublik und der DDR beteiligt, die sich insbesondere nach Abschluß des Grundlagenvertrages entwickelten – um nur einige Beispiele für zentrale Dokumente zur West-Arbeit des MfS zu geben.

Die Denkweise des MfS wird dabei oft genug schon durch die Tarnbezeichnungen für die geplanten Aktionen illustriert: So wurden die Sicherungsmaßnahmen in Vorbereitung des 2. Treffens zwischen dem Vorsitzenden des Ministerrates der DDR, Stoph, mit Bundeskanzler Brandt im Mai 1970 in Kassel mit dem Namen „Konfrontation II" benannt. Eine Materialsammlung für eine Kampagne gegen das Ministerium für Gesamtdeutsche Fragen im Jahre 1958 trug den Namen „Aktion 'Lemmerschwanz'", die Aufklärung der Vereinigung „Opfer des Stalinismus" im Jahr 1953 erfolgte unter dem Decknamen „Pest", die operative Bearbeitung trotzkistischer und anderer feindlicher Gruppierungen im Jahr 1956 erfolgte unter der Bezeichnung „Unrat".[19]

---

18 BStU, ZA, BdL-Dok. 004925.
19 BStU, ZA, BdL-Dok. 001527; BdL-Dok. 03877; BdL-Dok. 002087; BdL-Dok. 002228.

Allgemeine Sachablage

Neben den vom MfS archivierten personenbezogenen Vorgängen und dem Schriftgut der Diensteinheiten hat die DDR-Staatssicherheit auch eine „Allgemeine Sachablage" geführt. Die dazu geführten Archivregistrierbücher sind jedoch für Recherchen wenig brauchbar; Recherchen zu Personen sind erschwert, da die Karteien des MfS einen großen Teil der in dieser Ablage vorhandenen personenbezogenen Unterlagen nicht nachweisen. Von der Allgemeinen Sachablage sind zur Zeit ca. 43.000 Akteneinheiten (AE) erschlossen. Hinweise zur West-Arbeit finden sich vor allem zu folgenden Aspekten:

– Aufklärung der westlichen Besatzungsmächte, u. a. von Einrichtungen der US-Armee,

– Informationen zu Dienststellen der westlichen Geheimdienste in der Bundesrepublik,

– Aufklärung der Flüchtlingslager in der Bundesrepublik,

– Ermittlungen zum BND, zum BfV sowie zu Polizeidienststellen,

– Informationen zu westdeutschen und europäischen Institutionen und Organisationen sowie Vereinigungen und Firmen.

In den in dieser Ablage aufgefundenen zahlreichen Gefangenenakten befinden sich auch Unterlagen zu Bundesbürgern, ohne daß gegenwärtig eine verläßliche Quantifizierung möglich ist.

Schriftgut der Diensteinheiten

Akten, Vorgänge oder Einzelschriftstücke, in denen Hinweise zur West-Arbeit des MfS enthalten sind, finden sich in der Überlieferung aller Diensteinheiten. Von den ca. 24.800 laufenden Metern ungeordneter oder verunordneter Unterlagen, die sich in den Dienstzimmern und Abteilungsablagen des MfS befanden und im Archiv der Zentralstelle des BStU eingelagert wurden, waren im Juni 1997 10.000 Meter archivisch erschlossen. Weitere archivalische Quellen und damit auch neue Erkenntnisse zur West-Arbeit des Staatssicherheitsdienstes können im Zuge des weiteren Erschließungsprozesses erwartet werden. Bei der archivischen Erschließung werden in aller Regel die Herkunft des Schriftgutes (Provenienz), der Inhalt – in Form von Aktentiteln und ergänzt durch „Enthält"-Vermerke – sowie der zeitliche Umfang bestimmt und in Findkarteien festgehalten. Erkennbare Registriervermerke des MfS werden ebenfalls nachgewiesen, um später in geeigneter Weise originale Registraturverhältnisse und -ablagen erkennen zu können. Zusätzlich zu diesen Angaben werden beim BStU Daten von Personen durch ein Elektronisches Personenregister (EPR) nachgewiesen, um die entsprechenden Vorgänge auch für Personenrecherchen nutzbar zu machen. Die gegenwärtig erschlossene Überlieferung zu diesem Komplex soll im folgenden anhand einzelner wichtiger

Diensteinheiten des MfS näher dargestellt werden (Stand: Juni 1997). Die jeweils angeführten Inhalte zeigen beispielhaft die intensive Tätigkeit in Richtung Westen.

Sekretariat des Ministers

Von den hier abgelegten Akteneinheiten (AE) können viele dem Begriff „West-Arbeit" zugeordnet werden. Inhaltlich handelt es sich dabei um:

– Berichte der HV A mit Informationen zu Militärangelegenheiten der NATO und des Verfassungsschutzes der Bundesrepublik, 1976–1977 und 1985,

– Informationen des Ministeriums für Nationale Verteidigung zu Einrichtungen der Bundeswehr, zur NATO und zum Funkverkehr des westlichen Bündnisses, 1988–1989.

– Informationen über die Arbeitsweise westlicher Geheimdienste, über Spionage in der Bundesrepublik und anderen nicht-sozialistischen Staaten, über die innerdeutschen Beziehungen und den deutsch-deutschen Reiseverkehr und über den Agenten- und Gefangenenaustausch.

Sekretariat des Stellvertreters des Ministers, Neiber

Akteneinheiten zur West-Arbeit betreffen vor allem folgende Aspekte:

– politisch-operative Arbeit in den Auslandsvertretungen der DDR im Operationsgebiet,

– Aufklärung und Bearbeitung feindlicher Organisationen im Operationsgebiet,

– Dokumente zur politisch-operativen Arbeit im und an der Grenze zum Operationsgebiet, 1980–1988.

Zentrale Auswertungs- und Informationsgruppe (ZAIG)

Im Teilbestand ZAIG sind zahlreiche AE mit Inhalten zur West-Arbeit nachgewiesen. Die wichtigsten davon sind:

– Informationen über Organisationen und Bürger der Bundesrepublik aus kulturellen, wissenschaftlichen, politischen und kirchlichen Kreisen; Informationen über politische und wirtschaftliche Ereignisse in der Bundesrepublik und West-Berlin, 1957–1989.

– Informationen zu Veranstaltungen und Aktionen in der Bundesrepublik sowie Meinungen oder Reaktionen von Politikern und anderen Kreisen der Bundesrepublik, 1968–1989.

– Informationen über außenpolitische Aktivitäten der Bundesrepublik, 1958–1989.

– Informationen zu westdeutschen Geheimdiensten, Überläufern und zur Bundeswehr, 1972–1989.

- Informationen über Rechts- und Linksextremismus und Terrorismus in der Bundesrepublik, 1972–1989.

- Informationen über Beobachtungen der westlichen Militärverbindungsmissionen (MVM) bzw. Militärinspektionen (MI) und über Vorkommnisse der MVM/MI auf dem Gebiet der DDR, 1958–1989.

- Dienstbesprechungen, Kollegiumssitzungen, Dienstkonferenzen über Auswertungen und Einschätzungen politischer Ereignisse in der Bundesrepublik und West-Berlin, 1955–1984.

- Informationen über die Bearbeitung von Organisationen, Einrichtungen und Zentren der Bundesrepublik und über den Einsatz von inoffiziellen Mitarbeitern im „Operationsgebiet", 1977–1989.

- Unterlagen aus der Auswertung von westlichen Massenmedien über Organisationen, Institutionen, politische Ereignisse und Entwicklungstendenzen im „Operationsgebiet"; Berichte über die NS-Vergangenheit führender Politiker und anderer Personen in der Bundesrepublik; Tätigkeit von Agenten der DDR in der Bundesrepublik und West-Berlin, 1958–1985.

Rechtsstelle

In verschiedenen AE sind Berichte, Informationen und Vereinbarungen über Politiker und Institutionen im Operationsgebiet sowie Analysen zu bestimmten Sachverhalten (z. B. Rentenrecht) und zur West-Berlin-Frage enthalten aus dem Zeitraum 1971–1989.

Juristische Hochschule des MfS (JHS)

Rund 80 AE (Hoch und Fachschularbeiten) enthalten relevante Informationen zur West-Arbeit (vgl. Kap. 7.2) zu Themen wie:

- Möglichkeiten der vorgangs- und personenbezogenen Arbeit im und nach dem Operationsgebiet,

- Feststellung der Eignung von IM der HV A,

- Möglichkeit des Erkennens einer Doppelagententätigkeit.

Hauptabteilung IX

Hinweise und Sachverhalte zur West-Arbeit sind u. a. zu folgenden Aspekten nachzuweisen:

- Zahlenmaterial zu Bundes- und Landeseinrichtungen sowie zu Vereinigungen, Organisationen und Verbänden; Auswertung von Ermittlungsverfahren, Vernehmungsprotokollen sowie aus Pressematerialien und anderen Veröffentlichungen, 1951–1989.

- Informationen über Polizeidienststellen und Strafvollzugseinrichtungen im Operationsgebiet, 1958–1989.

– Informationen über die Bundeswehr; Dienstabläufe, Organisation, technische Ausrüstung, Strukturen aus der Auswertung von Vernehmungsprotokollen, u. a. von Überläufern sowie von Veröffentlichungen, Merkblättern und Schriftenreihen, 1958–1987.

– Material zu Geheimdiensten der Bundesrepublik, gewonnen aus Vernehmungsprotokollen Verhafteter und Befragungsprotokollen von Überläufern, 1952–1989.

– Notaufnahmeverfahren und -lager, 1949–1989.

– Konsularangelegenheiten und Rechtshilfe; Ständige Vertretung der Bundesrepublik in der DDR; Informationen zur Verhaftung von Bundesbürgern und West-Berlinern, Betreuung dieser Bürger durch westdeutsche Stellen; Gesprächsvermerke von Mitarbeitern der Ständigen Vertretung der Bundesrepublik mit Mitarbeitern des Außenministeriums der DDR, 1957–1989.

– Häftlings- und Agentenaustausch; Häftlingstransportlisten; Schriftverkehr zwischen Rechtsanwälten, 1964–1989.

– Transitangelegenheiten, Grenzvorkommnisse; Berichte, Direktiven zu den Sitzungen der Transitkommission DDR/BRD; Informationen, Meldungen, Befragungsprotokolle, Fotodokumentationen über Vorkommnisse auf den Transitstrecken und den Grenzübergangsstellen, 1969–1989.

– Informationen über Tätigkeiten, Ziele und personelle Zusammensetzung von terroristischen und extremistischen Gruppen im Operationsgebiet, 1960–1989.

– Informationen über die Tätigkeit, Methoden der Kontaktaufnahme und die personelle Zusammensetzung von Flüchtlings- und Vertriebenenorganisationen, 1950–1989.

– Informationen zu den Alliierten, 1957–1982.

– Ausschleusung von DDR-Bürgern durch Fluchthelferorganisationen; Dokumentationen zu diesen Organisationen; Mitglieder, Pläne, Fotodokumentationen und Treffpunkte geschleuster Personen, 1962–1989.

– Informationen zu Firmen und Firmenmitarbeitern im „Operationsgebiet" im Zusammenhang mit der Untersuchung von Wirtschaftsdelikten bei Import-/Exportgeschäften und bei Spionageverdacht, 1956–1989.

Hauptabteilung IX/11 (Aufklärung von NS- und Kriegsverbrechen)

In den bisher verzeichneten Unterlagen der Hauptabteilung IX/11, die im Zusammenhang mit der West-Arbeit genannt werden können, befinden sich vor allem Akten über die Unterstützung der DDR-Nebenkläger in Prozessen vor westdeutschen Gerichten; Informationen zur Verstrickung von Firmen der Bundesrepublik oder West-Berlins in das NS-Regime, die Auseinandersetzung mit der angeblichen Verfälschung des Kampfes der Widerstandsorganisation

„Rote Kapelle" durch westdeutsche Autoren und Medien sowie Maßnahmen zur Aufdeckung des „Neonazismus" in der Bundesrepublik und die „Entlarvung" von Nazi- und Kriegsverbrechern mit Wohnsitz in Westdeutschland und West-Berlin im Zeitraum von 1949 bis 1989.

Zentrale Koordinierungsgruppe (ZKG)

Die Akten der ZKG enthalten unter anderem Hinweise zu:

– den Notaufnahmelagern, 1964–1989.

– Informationen zu Ministerien der Bundesrepublik, zur Bundeszentrale für Politische Bildung, zum Senat von West-Berlin, 1975–1986.

– Informationen, Berichte und Übersichten zu politischen Gruppierungen wie „Verein Grenzopfer", „Bund der Mitteldeutschen" „AG 13. August", „Amnesty International" u. a., 1955–1989.

– Informationen zu „Schleusergruppen", 1963–1989.

– Besetzung von Botschaften westlicher Staaten durch ausreisewillige DDR-Bürger, 1984 und 1988–1989.

Hauptabteilung VI

In den Akten der HA VI 1.600 AE befinden sich unter anderem Informationen zu:

– Reisetätigkeit von Politikern der Bundesrepublik und West-Berlins in die DDR, 1973–1989.

– Reisetätigkeit von Gruppen in die DDR, 1973–1989.

– „Polittourismus"-Reisen von Gruppen unter der „Schirmherrschaft" von Stiftungen und Bildungseinrichtungen, 1973–1989.

– Bilddokumentationen zum Aufenthalt von Bürgern der Bundesrepublik und West-Berlins im Grenzbereich, 1973–1989.

– Informationen zu Handlungen und Provokationen von „feindlich negativen" Kräften im Grenzbereich, 1983–1989.

– Einschätzungen und Informationen zur Arbeit mit IM im „Operationsgebiet", 1970–1989.

Hauptabteilung VIII

Der West-Arbeit können unter anderem Akten zu folgenden Aspekten zugeordnet werden:

– Auftragsersuchen – Beobachtung, Ermittlung, Durchsuchung, Festnahmen, Suchaufträge im und nach dem „Operationsgebiet" zu Personen und Reisegruppen, Organisationen, Verbänden, Objekten, Firmen, 1967–1989.

– Beobachtung von Politikern und Journalisten aus der Bundesrepublik und West-Berlin während ihres Aufenthalts in der DDR im Auftrag anderer Diensteinheiten des MfS; Bilder, Lageskizzen mit Verbindungen zu Personen, 1980–1989.

– Sicherung und Kontrolle der Transitwege; Informationen über Fluchthelferorganisationen, 1962–1989.

Abteilung 26

In verschiedenen AE sind technische Informationen zur Untersuchung „gegnerischer" Abhörtechnik aus dem Zeitraum 1961–1989 enthalten.

Abteilung XIV

Verschiedene Akten der Abteilung XIV enthalten Hinweise zu Personen und Sachverhalten der Bundesrepublik und West-Berlins:

– Dokumentensammlungen zu den Staats- und Rechtsverhältnissen der Bundesrepublik; Rechte der Militärverbindungsmissionen der Alliierten in der DDR; Berichte westlicher Medien über den Strafvollzug in der DDR; Aufklärung von Maßnahmen westlicher Geheimdienste gegen die DDR; Schulungsmaterial zu NATO und Bundeswehr, 1966–1989.

– Anordnungen über Fahndungen und Verhaftungen auf den Transitstrecken; operative Sicherung von Personen aus der Bundesrepublik und West-Berlin bei der Einreise und dem Aufenthalt in der DDR; Geltendmachung von Rechtsansprüchen im westlichen Ausland, 1972–1989.

– Unterlagen zum Strafvollzug und zur Untersuchungshaft wie Vollzugsakten, Gefangenenbücher, medizinische Unterlagen, Häftlingslisten, Vorführungen zu Gerichtsverhandlungen, Überführungen, Vernehmungen, Arbeitsunterlagen zu Strafgefangenen; Lohnabrechnungen (in diesen Unterlagen sind auch Bürger der Bundesrepublik und West-Berlins nachgewiesen), 1975–1989.

Abteilung Finanzen

Hinweise zur West-Arbeit des MfS geben unter anderem Akten zu:

– Sonderfinanzierungen von Importen aus westlichen Ländern; Verbindungen des MfS zum Bereich KoKo; Verwendung von DM durch das MfS, 1966–1989.

– Wiedergutmachungszahlungen westdeutscher Firmen an die DDR, 1984–1987.

– Analysen über erzielte Einnahmen, Visagebühren, Mindestumtausch, beschlagnahmte Gelder, 1981–1989.

- Asservaten, deren Verwendung in der politisch-operativen Arbeit bzw. Wertermittlung und Verkauf (u. a. in der Sonderverkaufsstelle „Zentrum"), 1960–1989.

- Anträgen von Diensteinheiten zur Zahlung von Operativgeldern in DM, Abrechnungen, Kontoauszüge, 1981–1989.

Verwaltung Rückwärtige Dienste (VRD)

Verschiedene AE enthalten Wirtschaftsverträge zwischen Betrieben der DDR und westdeutschen Firmen über Lieferungen von Waren, 1988–1989.

Operativ-Technischer Sektor (OTS)

In zahlreichen AE sind Inhalte mit Bezug zur West-Arbeit erkennbar:

- Import aus der Bundesrepublik, vorwiegend Meß- und Regeltechnik, elektronische Bauelemente, Computer, Film- und Fotomaterial, Videotechnik, Chemikalien; Bestellungen, Importbegründungen und -genehmigungen, Wirtschaftsverträge mit verschiedenen Firmen, Lieferscheine, Rechnungen, 1969–1989.

- Erprobungs- und Abschlußberichte von Planaufgaben zu Wissenschaft und Technik mit Hinweisen auf verwendete BRD-Technik, Marktbeobachtungen; Gerätebeschaffung und Untersuchungsberichte, 1972–1989.

- Aufklärung im „Operationsgebiet" sowie Berichte zu Entwicklungstendenzen in der Wirtschaft und zu Dienstreisen, 1980–1989.

Abteilung Nachrichten

Verschiedene AE enthalten Hinweise zu nachrichtentechnischen Anlagen im grenznahen Raum sowie zur elektronischen Aufklärung der NATO und der Bundeswehr. Weiterhin sind überliefert:

- Aufzeichnungen von Telefonüberwachungen,

- Koordinierung der Frequenznutzung zwischen der Bundesrepublik und der DDR, 1963–1989.

Arbeitsgruppe XVII (Besucherbüro Westberlin)

Zu dieser Diensteinheit können vorwiegend nur Angaben aus der Grobsichtung der Bündel gemacht werden, in denen Hinweise mit einem Bezug zur West-Arbeit erkennbar werden:

- Führungsdokumentationen zur Einrichtung der Passierscheinstellen in West-Berlin,

- Einreise von Politikern aus West-Berlin,

- Arbeitsmaterial zur Erkennung gefälschter Personalausweise der Bundesrepublik,

– Informationen über Mitarbeiter von Senatsdienststellen und der West-Berliner Polizei,

– Anträge auf Einreise in die DDR,

– Unterlagen zu Kurier- und Transportfahrten der West-Berliner Polizei, ca. 1972–1989.

In den bisher erschlossenen AE sind folgende Themen nachzuweisen:

– Organisation, Aufgabenstellung, Arbeitspläne und Arbeitsweise des Besucherbüros in West-Berlin; Berichte, Analysen, politisch-operative Arbeit, 1974–1989.

– Berichte, Vermerke über Unterredungen zwischen Mitarbeitern des Außenministeriums der DDR und dem Senat von Berlin (West), 1971–1981.

– Berichte, Studien und Informationen über den Kuriereinsatz der DDR in West-Berlin; sonstige Informationen über West-Berlin, 1975–1984.

Hauptabteilung I

Im Teilbestand der Hauptabteilung I sind nur wenige AE zur Thematik nachzuweisen. Es handelt sich dabei um einzelne Akten aus der Sammlung von Informationen zur Aufklärung des Grenzumfeldes im Bereich der Grenze zwischen der DDR und West-Berlin.

Hauptabteilung II

Im Teilbestand der Hauptabteilung II können unter anderem Akten zu folgenden Aspekten mit der West-Arbeit des MfS in Verbindung gebracht werden:

– Überprüfung von Bürgern der Bundesrepublik und anderer westlicher Staaten einschließlich von Personengruppen bei Verdacht der Spionagetätigkeit oder zur Gewinnung zur inoffiziellen Zusammenarbeit mit dem MfS,

– Überprüfung von Mitarbeitern und Objekten aus dem „Operationsgebiet" (sog. Feindobjekte),

– Überprüfung der Mitarbeiter der Ständigen Vertretung der Bundesrepublik und der Botschaften anderer westlicher Staaten,

– Überprüfung von Mitarbeitern und Objekten westlicher Geheimdienste, 1964–1989.

Hauptabteilung III

Die bisherigen Erschließungsergebnisse zeigen, daß mehrere Hunderttausend Abhörprotokolle in bezug auf das „Operationsgebiet" überliefert sind, die sich aber nicht eindeutig bestimmten AE zuordnen lassen, sondern vermischt mit Informationen mit DDR-Bezügen aufgefunden wurden. Diese Abhörprotokolle sind in drei Auswertungsstufen abgelegt:

- Rohprotokoll, d. h. wörtliche Mitschnitte, hand- oder maschinenschriftlich, Namen der Gesprächsteilnehmer, auch unvollständig, vereinzelt auch ohne Namen, grundsätzlich keine weiteren Personendaten,

- Vorauswertung, d. h. komprimierter Gesprächsinhalt, Namen der Gesprächsteilnehmer analog zum Rohprotokoll,

- Auswertung, d. h. inhaltliche Zusammenfassung einer Vielzahl von Telefongesprächen, ohne Namen der Gesprächsteilnehmer, hauptsächlich im Sachzusammenhang mit anderen Unterlagen.

Zur Aktivierung der Abhöreinrichtungen der Hauptabteilung III dienten sogenannte Zielkontrollaufträge. Diese enthalten den Namen der Personen oder Institutionen, deren Telefonnummern sowie Angaben zur Laufzeit der Überwachungsmaßnahmen und zum konkreten Informationsbedarf. Sie tragen keine Hinweise zur auftraggebenden Diensteinheit sowie zu den Ergebnissen einer eventuell durchgeführten Abhöraktion.

In der Hauptabteilung III sind weiterhin Akten überliefert, in denen nach sogenannten „Delikteschlüsseln", einer Art Klassifikationsschema, Abhörprotokolle verschiedenen Inhalts abgelegt sind.

Hauptabteilung XVIII

Etwa die Hälfte der erschlossenen AE enthalten Angaben, die sich dem Begriff „West-Arbeit" zuordnen lassen. Dabei nahm die Hauptabteilung XVIII sowohl Aufgaben innerhalb der DDR als auch im Operationsgebiet wahr, da bei jedem „Vorkommnis" in der Volkswirtschaft der DDR grundsätzlich dem Verdacht auf eine Einflußnahme von außen nachgegangen wurde.

Besonders herauszuheben sind Unterlagen:

- zur Bearbeitung von Bürgern der Bundesrepublik oder West-Berlins sowie von Firmen, Banken und Institutionen, deren Vertretern und kommerziellen Aktivitäten hinsichtlich der Klärung von Verdachtsmomenten der Spionage oder wirtschaftsschädigender Aktivitäten sowie hinsichtlich der Möglichkeiten zur Beschaffung oder Lieferung von Embargo-Waren,

- zur Aufklärung „gegnerischer" Dienststellen (zum Beispiel BND, BfV), ihrer Aktivitäten und ihres erkennbaren Informationsinteresses in der DDR; Einsatz von Doppelagenten,

- zur „Absicherung" von Firmen der DKP,

- zum Aufenthalt von DDR-Auslands- und Reisekadern im „Operationsgebiet", u. a. Teilnahme an Schulungen, Messen oder kommerziellen Verhandlungen, 1950–1989.

Hauptabteilung XIX

In der Hauptabteilung XIX können verschiedene AE der West-Arbeit zugeordnet werden. Dies sind vor allem Nachweise über IM-Einsätze im grenzüberschreitenden Verkehr DDR – Bundesrepublik bzw. Westberlin überliefert, speziell bei Reichsbahn, Kraftverkehr, Schiffahrt sowie bei der Deutschen Post, sowie Kontakte von IM und anderen Mitarbeitern des Verkehrswesens der DDR zu Mitarbeitern westlicher Geheimdienste.

Hauptabteilung XX

Im Teilbestand Hauptabteilung XX können zahlreiche AE mit der West-Arbeit in Verbindung gebracht werden. Dabei handelt es sich unter anderem um IM-Einsätze im Operationsgebiet, zur Berichterstattung über das Büro für Besuchs- und Reiseangelegenheiten in West-Berlin, zu Äußerungen von Mitgliedern westdeutscher Parteien zu Bundestagswahlen, zur Arbeit des Ministeriums für Innerdeutsche Beziehungen, zu Sitzungen von Landesausschüssen einzelner Parteien in Westberlin sowie mit Berichten zur Evangelischen Akademie in West-Berlin.

Hauptabteilung XII

Hier sind zum Beispiel überliefert:

– Ermittlungs- und Untersuchungsunterlagen sowie Auskunftsberichte und Informationen zu rechten und linken Gruppierungen im Westen;

– Personenüberprüfungen im Zusammenhang mit Mord- und Gewaltdrohungen, provokatorischen Briefsendungen sowie Droh- und Hetzanrufen aus dem „Operationsgebiet" (Täterermittlungen);

– Personenüberprüfungen sogenannter „Selbstanbieter" zur Mitarbeit beim MfS;

– Aufklärung von Organisationen und Vereinen der linken und rechten Szene sowie von Wehrsportgruppen im „Operationsgebiet" einschließlich deren Aktivitäten;

– Informationen, Berichte und Überwachungsmaßnahmen zu Emigrantenorganisationen;

– Berichte zu NATO und Bundeswehr;

– Informationen zu „gegnerischen" Geheimdiensten;

– Informationen zu terroristischen Anschlägen und zum internationalen Terrorismus, 1970–1989.

Arbeitsgruppe Bereich Kommerzielle Koordinierung

Bei den zur West-Arbeit überlieferten AE handelt es sich vorwiegend um Unterlagen zur:

– Beurteilung von westdeutschen Bürgern und West-Berlinern sowie von Firmen, Banken und Institutionen, ihren Vertretern und kommerziellen Aktivitäten hinsichtlich der Klärung wirtschaftsschädigender Aktivitäten sowie zur Umgehung von Embargo-Bestimmungen;

– Absicherung des Internationalen Handelszentrums in Berlin (Ost).

Hauptverwaltung A

Im Zuge der Selbstauflösung der HV A wurden im Sommer 1990 diverse Unterlagen in das Archiv der Zentralstelle verbracht. Diese sind inzwischen verzeichnet und somit nutzbar und decken im wesentlichen folgende Inhalte ab:

– Dienstanweisungen und Befehle des Ministers für Staatssicherheit;

– Berichte und Informationen zur Bundeswehr und zur wirtschaftlichen Entwicklung der Bundesrepublik;

– Unterlagen über westliche Geheimdienste, u. a. zu Strukturen und zur Stellenbesetzung sowie Karteien zu BND- und Verfassungsschutzmitarbeitern;

– Materialsammlungen zur Innen- und Außenpolitik der USA;

– Materialsammlungen zu einzelnen Aspekten der Arbeit von US-Geheimdiensten;

– Sammlungen von Einzelinformationen sowie außenpolitische und militärische Informationsübersichten, 1959–1989.

Darüber hinaus fanden sich bei Ordnungsarbeiten Ende 1997 zusätzliche Bündel mit HVA-Unterlagen, die bislang nur grob gesichtet werden konnten.

Aufgrund der Bedeutung der HV A ist damit begonnen worden, aus anderen Diensteinheiten des MfS dort überlieferte HVA-Bezüge im Schriftgut nachzuweisen und zu einer Ersatzdokumentation zusammenzufügen. Dabei ergeben sich Nachweise in folgenden Teilbeständen, die die vernichteten Unterlagen teilweise ersetzen helfen:

Zentrale Auswertungs- und Informationsgruppe (ZAIG)

– Informationen der HV A zur Struktur, den Aufgaben und Methoden des Bundesamtes für Verfassungsschutz,

– Zusammenarbeit der ZAIG mit der HV A bei der Auswertung von Erkenntnissen über die Tätigkeit westlicher Geheimdienste sowie von Emigrantenorganisationen.

Hauptabteilung VIII

– Informationen der HV A über die Geschäftstätigkeit westlicher Firmen in der DDR.

Hauptabteilung III

– Zusammenarbeit mit der HV A bei der Funkaufklärung der Bundeswehr und des Bundesgrenzschutzes;

– Informationen der HV A zu Einrichtungen des Zivil- und Katastrophen-
schutzes in der Bundesrepublik, vor allem der Funksysteme und
Funkleiteinrichtungen.

Hauptabteilung XII

– Aufklärung und Beobachtung rechts- und linksextremer Organisationen und
Gruppierungen im „Operationsgebiet" sowie terroristischer Organisationen;

– Unterlagen über die internationale Terrorismusbekämpfung (u. a. Überwachung der RAF).

Insgesamt sind bisher 1.200 AE in anderen Diensteinheiten erschlossen worden, in denen sowohl personen- als auch sachbezogene Bezüge zur HV A
nachgewiesen werden können.

Im weiteren Ergebnis dieser besonderen Auswertung und Erschließung von
Akten und Dateien sind bisher ca. 75.600 Datensätze mit HVA-Bezug in eine
speziell dafür geschaffene Datenbank eingegeben worden. Dabei handelt es
sich unter anderem um ca. 19.000 Datensätze mit Personenangaben zu

– hauptamtlichen Mitarbeitern (ca. 4.100)

– inoffiziellen Mitarbeitern (ca. 1.560) sowie

– im Umfeld der HV A bekannt gewordenen anderen Personen (ca. 14.240).

Tonträger, Fotos, elektronische Datenträger

Zur archivalischen Hinterlassenschaft des Staatssicherheitsdienstes gehören
auch die ca. 960.000 Fotos, 22.500 Diapositive, 3.400 Videos, 600 Filme,
86.000 Tonträger und 7.790 Disketten sowie ca. 10.700 Magentbänder und -
platten. Eine archivische Erschließung findet auch an diesen Unterlagen statt,
die sich jedoch in vielen Fällen technisch schwierig und aufwendig gestaltet.
Aber auch in diesen speziellen Medien sind Hinweise – allerdings in weitaus
geringerer Zahl als beim Schriftgut – zur West-Arbeit des MfS möglich. Dafür
seien nachfolgend beispielhaft genannt:

Tonträger

Zur Thematik lassen sich folgende Inhalte feststellen:

– Dienstberatungen des Ministers und einzelner Diensteinheiten, Kollegiumssitzungen mit Stellungnahmen zur IM-Arbeit im Operationsgebiet,
Ausbau von Agenturen, Spionageabwehr;

– Selbstdarstellung ehemaliger Agenten des MfS (z. B. Guillaume, Stahlmann);

– Schulungen für einen Einsatz im und nach dem Operationsgebiet;

- Prozesse bei Spionageverdacht bzw. bei Kontakten zum BND (Todesurteile);

- Arbeit in Organisationen der Bundesrepublik (z. B. Vertriebenenverbände);

- Überwachung von Personen und Firmen im Zusammenhang mit Aktivitäten des Bereiches KoKo;

- Berichte zum Verkehrswesen in der Bundesrepublik;

- Industriemessen, Tagungen, Außenhandel;

- Prozesse gegen DDR- und BRD-Bürger wegen Spionage (u. a. Todesurteile in den fünfziger Jahren);

- Fluchthilfe („Menschenhandel").

Fotos, Mikrofiches

Überliefert sind Fotos von:

- Mitgliedern „gegnerischer" Gruppierungen wie „Untersuchungsausschuß Freiheitlicher Juristen" oder „Internationale Gesellschaft für Menschenrechte";

- Angehörigen westlicher Geheimdienste und von Staatsschutzorganen des Bundes und der Länder;

- geheimdienstlich genutzten Gebäuden und Kasernen.

Auch auf Fotonegativen und Mikrofiches ist verfilmtes Schriftgut mit Bezügen zur West-Arbeit nachweisbar, so u. a.:

- Schriftverkehr der Bundeswehr, 1971–1983;

- Postobservation der Ständigen Vertretung der Bundesrepublik in der DDR, 1977 und 1981;

- Ständige Vertretung der Bundesrepublik, Informationen an das MfS zu Kulturfragen;

- Informationen zum Anschlag auf die Diskothek „La Belle" in West-Berlin;

- Kartei des Ostbüros der FDP in West-Berlin und Schriftwechsel mit Anwälten zu Personen in der DDR (verhaftete FDP-Sympathisanten), 1952–1965.

Elektronische Datenträger

Die überlieferten elektronischen Datenträger stellen nur einen Bruchteil der früher vorhandenen Unterlagen dar, so daß die ursprünglich gespeicherten Informationen und deren aufeinander bezogene Vernetzung nur schwer nachzuvollziehen ist. Innerhalb der der HV A zugeordneten und auf PC-lesbaren Datenträgern vorhandenen Informationen wurde anhand einer Dokumentation das Projekt SIRA (System Information Recherche Auskunft) identifiziert, durch das Datenbanken gepflegt und verwaltet wurden. Durch SIRA konnten die auf Magnetbändern vorliegenden Dateien zu einzelnen Teildatenbanken zusammengestellt und einzelnen Struktureinheiten der HV A zugeschrieben werden.

Einzelne Dateien enthalten auch Informationen zur Auswertung von Literatur auf verschiedenen Gebieten, wie Naturwissenschaft, Technik, Außenpolitik, Militärpolitik, teilweise mit Angaben zu „Quellen" in der Bundesrepublik bzw. in West-Berlin. Zum Teil sind Registriernummern mit bzw. ohne Decknamen genannt, z.T. auch Klarnamen von Führungsoffizieren und Diensteinheiten des MfS. Einige Magnetbänder enthalten Angaben zu DDR-Bürgern und Bürgern der Bundesrepublik im Zusammenhang mit der Reisetätigkeit in die Bundesrepublik und nach West-Berlin. Gesicherte Erkenntnisse zu den magnetischen Datenträgern sind jedoch erst nach einer weiteren Bearbeitung zu erwarten.

3.2.2 Archivalische Quellen in den Außenstellen

Aufgrund der in den Außenstellen recht unterschiedlichen und teilweise noch unter 50 Prozent liegenden Erschließungsstände bei den Unterlagen der Diensteinheiten können bislang keine quantifizierenden Angaben zum dort überlieferten Aktenbestand zur West-Arbeit des MfS gemacht werden. Endgültige Aussagen sind erst nach Abschluß der Verzeichnung möglich.

An dieser Stelle sollen einige inhaltliche Schwerpunkte und Besonderheiten in der Überlieferung aufgezeigt werden:

– Hinweise zur Auswahl und Ausbildung geeigneter IM finden sich in den Unterlagen der Außenstellen in Gera (u. a. Rentner als IM), Neubrandenburg („Regimeverhältnisse", Reiseberichte u. a. zu Kaufhäusern und Stadtrundfahrten in der Bundesrepublik), Potsdam und Schwerin (z. B. operative Nutzung von Rentnern).[20]

– Unterlagen über westliche – meist westdeutsche – Unternehmen sind in größerem Umfang vorhanden in Erfurt, Frankfurt, Gera, Halle, Magdeburg, Potsdam und Schwerin. Firmenkarteien der Abteilung XVIII sind aus der BV Karl-Marx-Stadt und der BV Cottbus überliefert.

– Akten über Partnerschaften mit westdeutschen Städten sind vorhanden in den Außenstellen Dresden, Erfurt, Frankfurt (KD Eisenhüttenstadt, BV Cottbus), Potsdam und Schwerin.

– Über die Beobachtung des Transitverkehrs sowie von Touristen sind Unterlagen in Erfurt, Gera und Halle (dort VSH-Kartei der AG XXII über Kyffhäuser-Besucher aus der BRD) vorhanden.

---

20 BStU, ASt Neubrandenburg, Abt. XV 76; ASt Potsdam, AKG 666; ASt Schwerin, Leiter Nr. 15 e; Abt. XIX 10357; Stellvertreter Operativ Nr. 1.

– Hinweise zur Fluchthilfe ergeben sich aus Unterlagen der Außenstellen Erfurt, Halle und Potsdam; Akten zur Übersiedlung lagern in Erfurt, Gera und Halle.

– Unterlagen über westliche Journalisten bzw. Medienvertreter sind vorhanden in den Außenstellen Dresden, Erfurt, Frankfurt (mehrere KD und BV Cottbus) sowie in Halle und Potsdam.

– Unterlagen über westliche Diplomaten sind in Erfurt, Halle und Potsdam vorhanden.

– Die Ausspähung westlicher Grenzanlagen ist dokumentiert in den Unterlagen der BV Schwerin und in den Unterlagen von Suhl (Abt. III, nur grob gesichtet).

– Unterlagen über westliche, besonders westdeutsche Geheimdienste sind in der Regel in den Unterlagen der Abteilungen II vorhanden; Unterlagen zu den Militärischen Verbindungsmissionen der Alliierten sind überliefert in Erfurt, Halle und Potsdam.

– Akten über Mitglieder der DKP sind vorhanden in Dresden, Gera (für den Raum München 0,5 laufende Meter), Potsdam (Abt. II), Leipzig und Schwerin; über RAF und „linke Szene" in Gera.[21]

– Besondere Erwähnung verdient die bereits erschlossene Überlieferung der Arbeitsgruppe XXII der BV Dresden. Es handelt sich dabei nach jetzigem Erkenntnisstand um die umfangreichste Überlieferung der AG XXII in einer Außenstelle.

– Erwähnenswert ist auch die Überlieferung zur Anleitungs- und Kontrolltätigkeit der BV Leipzig – Leitung –, gegenüber den Diensteinheiten (Abteilungen II, III und V) sowie den Kreis- bzw. Objektdienststellen des Bezirkes aus dem Zeitraum 1952-1974. Es handelt sich dabei um 52 Akteneinheiten, die das breite Spektrum der IM-Arbeit auf der Ebene der Kreisdienststellen aufzeigen (Kontaktaufnahme, Anwerbung, Berichte, Übernahme von IM anderer Diensteinheiten, Messearbeitspläne, u. ä.).

– Weitere Unterlagen aus den fünfziger und sechziger Jahren sind vorhanden in Magdeburg (zur Lage in der westdeutschen Wirtschaft 1956-60), Gera (zu ehemaligen Nazis und Wehrmachtsmitgliedern und Soldatenverbänden, atomaren Objekten, zur Firma Hoechst, 1956-58) sowie in Potsdam (zum Flugplatz Gatow, zum Bund Nationaler Studenten in West-Berlin u. ä.).[22]

Auch in den ehemaligen Bezirksverwaltungen für Staatssicherheit wurde das Schriftgut der „Linie Aufklärung" 1990 systematisch vernichtet. Gleichwohl finden sich in den Beständen zum Teil recht aufschlußreiche Unterlagen aus der Arbeit der Abteilungen XV. Statistische Hinweise bzw. Material für eine

---

21 Vgl. BStU, ASt Schwerin, Leiter der BV Nr. 15 b; BStU, ASt Leipzig, Leitung Nr. 166; BStU, ASt Gera, KD Jena X/894/81.
22 Vgl. u. a. BStU, ASt Magdeburg, AS 19/73; BStU, ASt Gera, KD Eisenberg ZMA 01358.

Feststellung der Anzahl der West-IM könnten in folgenden Akten bzw. Aktengruppen beinhaltet sein:

– Außenstelle Chemnitz:

In den Unterlagen der BV Karl-Marx-Stadt, Abteilung Finanzen, sind Nachweisbücher über die an IM in der BRD gezahlten DM-Beträge vorhanden.

– Außenstelle Gera:

Aus der BV Gera ist unter anderem eine Bestandsanalyse zur Arbeit im und nach dem Operationsgebiet 1989 überliefert. Ein anderer Vorgang belegt IM-Kontakte zu Firmen 1965–1982.[23]

– Potsdam:

Bei einer an der dortigen Kerblochkartei F 505 der Abteilung II vorgenommenen Untersuchung konnten 33 „aktive" und 24 archivierte IM-Vorgänge zur Tätigkeit in der Bundesrepublik und West-Berlin im Zeitraum 1960-87 festgestellt werden, wobei die Angaben noch unvollständig sein dürften. Für die Abteilung III wurden per Stichprobe 10 aktive IM-Vorgänge aus dem Zeitraum 1974-1989 ermittelt. Es handelt sich zumeist um Unterlagen über West-Berliner (Amateur-)Funker.

– Außenstelle Schwerin:

Hier ist eine Kartei „VSH-West" der Abteilung XIX vorhanden; zwei Bände belegen auch zahlenmäßig das Eindringen des MfS in westdeutsche Grenzbehörden.[24]

– Außenstelle Halle:

Wie eine Recherche in den Unterlagen der Abteilung II ergab, verfügte die Abteilung über elf aktive IMB, die im Westen eingesetzt wurden. Zur Komplettierung des Bildes allein für diese Abteilung müßten freilich noch die anderen IM-Kategorien sowie die bereits vom MfS archivierten Unterlagen überprüft werden.

Wichtige Hinweise für die Analyse der West-IM-Tätigkeit liefern schließlich auch die wenigen überlieferten Karteien der Abteilung XV, die jedoch nur noch in Leipzig und in Frankfurt vorhanden sind. Im letzteren Fall handelt es sich um eine VSH-Kartei der BV Cottbus im Umfang von 800 Karteikarten. In der Außenstelle Leipzig ist auch ein beträchtlicher Teil des Aktenbestandes der Aufklärungsabteilung erhalten geblieben.

Eine Kurzübersicht über IM der Abteilung XV im „Operationsgebiet" ist in der Außenstelle Berlin vorhanden.[25] Ein komplettes Bild kann aber erst nach Er-

23 BStU, ASt Gera, Abt. II 4722; BStU, ASt Gera, ZMA 000119/120.
24 BStU, ASt Schwerin, XIX 10322; BStU, ASt Schwerin, Stellvertreter Operativ Nr. 1 und 3.
25 BStU, ASt Berlin, Abt. XV 15.

schließung der bereits vom MfS archivierten Unterlagen, wie sie in Schwerin begonnen wurde, geliefert werden.

Die Überlieferungslage in den Außenstellen stellt sich – nach bisherigem Kenntnisstand – insgesamt als sehr ungleichgewichtig dar. Außer Zweifel steht, daß neben der bekannten Vernichtung großer Teile der Akten der Abteilungen XV weitere Unterlagen zur Westarbeit in der Jahreswende 1989/90 vernichtet wurden. Unter diesem Gesichtspunkt wären insbesondere die Umsetzung der GVS 0008 Nr. 26/89 vom 22. November 1989 sowie die Festlegungen der Diensteinheiten des MfS Berlin von November und Dezember 1989 zur Aktenvernichtung zu überprüfen. In der Regel wurden nahezu gleichlautende Festlegungen einige Tage später in den Bezirksverwaltungen erlassen. Bei den Kreisdienststellen reicht das Spektrum von wahrscheinlicher Totalvernichtung (KD Neuhaus im Bezirk Suhl) und teilweise sehr lückenhafter Überlieferung in den Kreisdienststellen der Bezirke Rostock und Neubrandenburg bis zu sehr umfangreichen Hinterlassenschaften bei den Kreisdienststellen der sächsischen Bezirke. Von den etwa 44 Paß- und Kontrolleinheiten (PKE) ist nur Material bei zwei Stellen nachgewiesen (PKE Hirschberg/Probstzella und PKE Wartha).

Gesondert zu überprüfen wäre weiter die Aktenlage bei den den einzelnen Bezirksverwaltungen zugewiesenen Sonderaufgaben im Operationsgebiet, beispielsweise die Zuweisung bestimmter Objekte gemäß Schreiben des Ministers vom Oktober 1988.[26] Im allgemeinen kann jedoch festgestellt werden, daß sich bis jetzt für die meisten Außenstellen bei den zugewiesenen Objekten keine Überlieferungsschwerpunkte erkennen lassen.

4. Zur Bedeutung der West-Arbeit im MfS

4.1 Ursprünge

Die konspirative Arbeit auf eigenem oder fremdem Territorium gehörte von Anfang an zur kommunistischen Bewegung leninistischer Prägung. Von den illegalen Parteistrukturen der Bolschewiki im Rußland der Zarenzeit, als Parteikader sich mit Decknamen wie „Lenin" oder „Stalin" tarnten, über den geheimen M-Apparat der KPD, der gegen die Weimarer Republik kämpfte,[27]

---

26 Laut Anlage 1 zum Schreiben des Ministers für Staatssicherheit vom 14.10.1988, betrifft: „Verantwortlichkeiten von Diensteinheiten zur Aufklärung, Kontrolle bzw. Bearbeitung feindlicher Stellen und Kräfte im Operationsgebiet", GVS 0008-4/85; BStU, ZA, DSt 103142.
27 Bei dem M-Apparat handelte es sich um den militärischen Geheimapparat der KPD, der Anfang der zwanziger Jahre auf Geheiß der Komintern gebildet worden war und bis zu seiner Auflösung im Jahre 1937 unter verschiedenen (Tarn-)Bezeichnungen agierte. Seit dem II. Kongreß der Kommunistischen Internationale im August 1920 waren alle kommunistischen Parteien dazu verpflichtet, neben dem legalen Apparat auch illegale Parteiorgane aufzubauen. Zu den konspirativen Strukturen der KPD gehörten auch eine Abt. Zersetzung (Z- oder Zer-Apparat) und ein Nachrichtendienst (N-Apparat). Vgl. ausführlich: Koch 1994, S. 54 f. sowie die stark apologetische Studie des ehemaligen Leiters der HVA-Schule, Bernd Kaufmann et al. (1993).

über die von Moskau gesteuerten Agenten der Komintern, die an den „revolutionären Brennpunkten" der Welt agierten, bis hin zu den verdeckten Operationen des Sowjetstaates in China oder Spanien und dem weltweiten Agentennetz des 1920 begründeten Aufklärungsdienstes der Roten Armee – kommunistische Politik hatte immer neben der öffentlichen und offiziellen Seite noch eine konspirative und inoffizielle Dimension, die für den „Sieg der Weltrevolution" auch vor Ländergrenzen nicht haltmachte.[28] Mit der Roten Armee rückten deshalb 1945 ins zertrümmerte Deutschland zugleich starke geheimdienstliche Apparate der Sowjetunion ein, die lange Zeit eine Schlüsselrolle spielen sollten.[29]

Zu den ersten Anliegen der Besatzungsmacht und der von ihr gelenkten KPD (ab 1946 SED) gehörte es, alte konspirative Verbindungen wiederzubeleben und neue nachrichtendienstliche und geheimpolizeiliche Strukturen in Deutschland zu schaffen. In der Anfangszeit geschah dies nicht durch Bildung eines einheitlichen Geheimdienstes, sondern durch kurzfristige Schaffung verschiedener Apparate und Dienststellen in Polizei, Verwaltung und Partei wie die Dezernate 5 der Kriminalpolizei (K 5), die Abteilung Nachrichten und Information (N/I) und die Hauptverwaltung zum Schutz der Volkswirtschaft in der Deutschen Verwaltung des Innern (DVdI) oder der nach seinem Leiter benannte „Haid-Apparat" in der Berliner SED-Zentrale.[30] Diese Apparate und ihre in der illegalen Arbeit zumeist bereits erprobten leitenden Mitarbeiter standen in enger persönlicher Beziehung zu den sowjetischen Dienststellen und fungierten zunächst mehr oder weniger als deren „deutsche" Außenstellen oder Residenturen.[31] Nach außen hin waren sie durch die Zuordnung zu Institutionen wie die Pressestelle des Berliner Polizeipräsidiums, die Deutsche Zentralverwaltung für Umsiedler oder die Personalpolitische Abteilung der KPD/SED getarnt, so daß das vielschichtige Geflecht von offiziellen und konspirativen Strukturen in den ersten Nachkriegsjahren heute nicht nur wegen der schlechten Quellenüberlieferung oftmals schwer zu rekonstruieren ist.

Eine Unterscheidung zwischen „Ost"- und „West-Arbeit" gab es in dieser frühen Nachkriegszeit nicht, und die Apparate arbeiteten im Vergleich zu späteren Jahren in bescheidenem, oft unprofessionellem Rahmen. Bestimmte Arbeitsfelder und Strukturen waren jedoch schon damals in besonderer Weise auf die westlichen Besatzungszonen ausgerichtet, und ihre Mitarbeiter spielten oftmals auch in der späteren West-Arbeit des MfS eine bedeutende Rolle. Da die KPD das wichtigste Standbein der Kommunisten in den Westzonen bildete,

---

28 Zur kommunistischen Aufklärungsarbeit vor 1945 vgl. Höhne 1985 sowie den aufschlußreichen Zeitzeugenbericht des ehemaligen Leiters des Militärischen Nachrichtendienstes der UdSSR für Westeuropa, Walter G. Krivitsky (1990). Aus DDR-offizieller Sicht u. a. Mader 1984; Werner 1977.

29 Vgl. dazu Naimark 1995; Engelmann 1997; sowie aus der Perspektive ehemaliger Beteiligter: Kondraschew 1997; Semirjaga 1996. Letzterem zufolge (S. 748) zählte allein der „Geheimapparat der Aufklärungsabteilung des Stabs der inneren Truppen des NKVD [...] in Deutschland, der ausschließlich aus Deutschen bestand, 3.083 Personen".

30 Zu den „staatlichen" Vorläufern des MfS vgl. Laufer 1991 und Naimark 1995, S. 353 ff.; zu den frühen Partei-Apparaten vgl. Kubina 1996.

31 Naimark 1995, S. 359.

kam anfangs den konspirativen Parteistrukturen die entscheidende Bedeutung zu – namentlich den Apparaten des „Abwehrfachmanns" Bruno Haid und des Komintern-Kämpfers Richard Stahlmann, die beide dem für Kaderfragen zuständigen Mitglied der Parteiführung Franz Dahlem unterstellt waren. Wirtschaftliche Spionage betrieb der nach Kurt Stoph, einem Bruder des langjährigen DDR-Ministerpräsidenten Willi Stoph, benannte „Stoph-Apparat", über dessen Tätigkeit freilich bislang wenig bekannt ist.[32]

Stahlmann[33] war in der KPD und SED für die technische Abwicklung der Westarbeit zuständig und dann Leiter der 1948 neu gebildeten Abteilung Verkehr im Zentralsekretariat. Sein konspirativer Apparat firmierte unter verschiedenen Bezeichnungen (Grenzapparat, Referat Transport, Abteilung Verkehr) und hatte vor allem die geheimen Verbindungen nach Westdeutschland zu organisieren. Dabei arbeitete er eng mit Kurieren, Mitarbeitern des alten Paßfälscherapparates der KPD und bestimmten SED-Kadern zusammen, die, wie der spätere Staatssicherheitschef Wollweber, offiziell keinerlei nachrichtendienstliche Funktion ausübten. Ende 1948 soll der gesamte Westapparat der SED einschließlich Stahlmanns geheimen Grenzapparates „100-150 Menschen, 20 Lastkraftwagen, 10 Personenkraftwagen" umfaßt, über „unbeschränkte Geldmittel" verfügt und „jede Unterstützung jeder nur denkbaren Organisation der sowjetischen Besatzungsmacht" bekommen haben.[34]

Die Bildung des „Haid-Apparates" ging auf einen Beschluß des KPD-Sekretariates vom Juli 1945 zurück, mit dem die Franz Dahlem unterstellte Kaderabteilung beauftragt wurde, die „Schaffung eines Abwehrapparates zur Beobachtung und Beschaffung von Informationsmaterialien" vorzubereiten.[35] Während dieser parteieigene Abwehrapparat anfangs vor allem die eigenen Kader durchleuchtete, trat er diese Aufgabe später zunehmend an die neu geschaffenen staatlichen Abwehrstrukturen ab und konzentrierte sich nun – über seine Informanten im Umfeld der westdeutschen KPD – mehr auf Aufgaben der Aufklärung.

Ehemalige konspirative Mitarbeiter der KPD wie Huldreich Stroh und Paul Laufer[36] trugen im Herbst 1945 – offiziell als Angehörige der „Pressestelle"

---

32 Fricke 1997, S. 215.

33 Stahlmanns eigentlicher Name lautete Arthur Illner; er wurde 1923 Mitglied des Militärischen Rates der KPD und war ein enger Vertrauter des Komintern-Chefs Georgi Dimitroff; vgl. Wolf 1997, S. 57.

34 Apparat der SED, 8.3.1949 (Fritz Schreiber), AdsD, Ostb. 0302/I, zitiert nach: Kubina 1996, S. 354 (Anm. 91).

35 Protokoll Nr. 2: Sitzung des Sekretariats am 8.7.1945, in: Benser/Krusch 1993, Bd. 1, S. 35.

36 Paul Laufer, der erste Führungsoffizier des späteren Kanzleramtsspions Günter Guillaume, verkörpert in besonderer Weise die personelle Kontinuität der konspirativen kommunistischen Arbeit: 1904 geboren, trat er 1921 der SPD bei und blieb dort auch dann noch Mitglied, als er Ende der zwanziger Jahre damit begann, unter dem Decknamen „Stabil" für das ZK der KPD in der Berliner SPD zu spitzeln, und auch seine Freundin Frieda Schulz für diese Arbeit warb. Nach Kriegsende arbeitete Laufer „an der Seite alter Kampfgefährten" zunächst in der „Pressestelle" des Berliner Polizeipräsidiums, ab 1946 im Referat „Untersuchungen und Schiedsgerichte" der KPD-Zentrale und ab 1947 als Hauptreferent des neugebildeten „Abwehrreferates" der Abt. Personalpolitik der SED unter Bruno Haid. 1949 wechselte er in die Zentrale Parteikontrollkommission (ZPKK), wo er die Kader

des Berliner Polizeipräsidiums – zunächst systematisch Akten aus der NS-Zeit zusammen, darunter umfangreiche Bestände des Volksgerichtshofes und der Gestapo. Für die nachrichtendienstliche Arbeit waren diese Akten von großem Wert, so daß sie 1946 in das SED-Zentralsekretariat und Anfang der fünfziger Jahre ins MfS überführt wurden.[37] Mit den Akten wechselten auch die meisten Mitarbeiter der „Pressestelle" in die Kaderabteilung des Zentralsekretariates. Stroh und Laufer wurden Mitarbeiter des von Bruno Haid geleiteten Referates „Untersuchungen und Schiedsgerichte", in dem nun die „Entlarvung von Parteifeinden und ihrer konkreten Hintermänner" zunehmend an Bedeutung gewann.[38] So bekämpfte man beispielsweise bereits seit Sommer 1946 den ehemaligen Rätekommunisten Alfred Weiland, dessen Wohnung in Berlin-Schöneberg zum zentralen Treffpunkt linker oppositioneller Kräfte in Berlin geworden war; 1950 wurde er in den Ostsektor verschleppt und dort acht Jahre lang inhaftiert.[39] Im Juni 1947 beschloß das Zentralsekretariat offiziell die Bildung eines speziellen Referates „für die Untersuchung aller Versuche der Zersetzung und des Eindringens feindlicher Elemente in die Partei", mit dessen Leitung Bruno Haid beauftragt wurde und das vor allem gegen die Tätigkeit des Ostbüros der SPD gerichtet war.[40] Bald war der Abwehrapparat der SED so weit ausgebaut, daß er auch im Westen zu aktiven Maßnahmen und zur systematischen Informationsbeschaffung in der Lage war.[41]

Die SED verfügte damit über einen ersten, eng mit den sowjetischen Diensten verwobenen Nachrichtendienst in Westdeutschland und West-Berlin. Näheren Einblick in dessen operative Arbeit gibt eine Akteneinheit im Bestand des BStU aus dem Jahr 1952 zur Untersuchung und Abwicklung des als „ehemalige Parteiaufklärung" bezeichneten Informantennetzes; dieses war dem neu gegründeten Auslandsaufklärungsdienst der DDR gleich zu Anfang von Haid übergeben und von Markus Wolf anschließend gründlich überprüft worden.[42] Danach umfaßte die Parteiaufklärung im Westen ein umfangreiches Spitzelsystem mit einem „Hamburger Teil", einem „unmittelbar dem Genossen Vesper angeschlossene[n] Teil" sowie weiteren „anderen Residenturen". Einer der Residenten führte u. a. die „Quelle X (Lothar Weihrauch, [Haupt–]Geschäftsführer der FDP)", während sich Markus Wolf an eine Residentur in Bayern, an

der SED zu prüfen hatte, und 1955 wurde er Major des MfS im sogenannten „Apparat Heidenreich", der späteren HV A. Als Abteilungsleiter wirkte er hier wiederum vor allem gegen die SPD, in die er nicht nur das Ehepaar Guillaume einschleuste, sondern gegen deren Ostbüro er u. a. mit dem persönlichen Sekretär des damaligen DGB-Vorsitzenden Willi Richter, Wilhelm Gronau, operierte. Vgl. Deckname Stabil 1988; Koch 1994, S. 190 ff. Huldreich Stroh war seit 1929 Mitglied der KPD, für die er während der NS-Zeit illegale Parteiarbeit betrieb; 1945 wurde er Mitarbeiter der Pressestelle des Polizeipräsidiums, 1946 der Informationsabteilung der KPD bzw. SED, und seit 1948 war er Resident der „Parteiaufklärung" in West-Berlin. Vgl. BStU, ZA, HA II/6 1158, S. 534.

37 Deckname Stabil 1988, S. 57 ff. und 66 f.; vgl. auch Leide 1998.
38 Deckname Stabil 1988, S. 67.
39 Ausführlich: Kubina 1996, S. 367 ff.
40 Protokoll der Zentralsekretariatssitzung am 10.6.1947, zitiert nach: Kubina 1996, S. 364; Deckname Stabil 1988, S. 69.
41 Kubina 1996, S. 365.
42 BStU, ZA, HA II/6, Nr. 1158, Bl. 30 f.; Wolf 1997, S. 65 ff.

einen Frankfurter Journalisten mit dem Decknamen „Wagner" und an einen hohen Beamten im Bundesministerium für Gesamtdeutsche Fragen erinnert.[43]

In West-Berlin gehörten zum Apparat der Parteiaufklärung im Oktober 1951 „1 Resident, 3 operative Mitarbeiter und 26 Quellen"[44]. Diese Quellen befanden sich „meist in kleineren Funktionen auf der Kreisebene der bürgerlichen politischen Parteien und der SPD bzw. in kleineren Funktionen in der West-Berliner Verwaltung". Allerdings waren drei der Quellen „in wichtigen Positionen" in der SPD, dem DGB und der HICOG tätig; namentlich auf die „Quelle 501" traf diese Einschätzung zu, da sie auf dem Landesparteitag der SPD Berlin am 9. Juli 1952 zum zweiten Vorsitzenden der SPD gewählt wurde.[45] Insgesamt 13 der West-Berliner Quellen gehörten der SPD an, zwei der CDU, drei der FDP, zwei der UAP, eine der USPD[46], und fünf waren parteilos. Eine Quelle war bei der sogenannten „Stumm-Polizei" beschäftigt, eine andere erhielt 1952 eine Stelle in der Senatsverwaltung, eine dritte gab mit finanzieller Unterstützung aus Ostdeutschland die trotzkistische Zeitschrift „Pro und Contra" heraus. Angeleitet wurden die Quellen von Huldreich Stroh, der seit 1948 Resident der Parteiaufklärung in West-Berlin war.[47]

Im Oktober 1951 wurden diese Quellen vom neuen Auslandsaufklärungsdienst übernommen, der als sogenanntes „Institut für wirtschaftswissenschaftliche Forschung" (IWF) firmierte. Da man den Verdacht hatte, westliche Geheimdienste hätten die Parteiaufklärung infiltriert, beschloß die Leitung des Institutes auf Anweisung von Ulbricht im August 1952, die Arbeit mit diesen Quellen zu beenden. Einige wurden in der Folge „konserviert", einige – z.T. wegen des Verdachts auf Doppelagententätigkeit – an das Ministerium für Staatssicherheit abgegeben, vier Quellen waren für eine Weiterverwendung vorgesehen. „Um schnell die Nachrichtenarbeit in West-Berlin zu organisieren", erachtete man es als notwendig, bis Ende 1952 zwei neue „Residenturen und 2 bis 3 Quellenwerber auszusuchen und vorzubereiten" sowie „4 - 5 Werbungen von Quellen" vorzubereiten und durchzuführen; besondere Beachtung sei dabei der „nachrichtenmäßigen Bearbeitung der westlichen Besatzungsbehörden, unter Ausnutzung von Agentur- und legalen Möglichkeiten zu widmen".[48]

Die Abwicklung der „Parteiaufklärung" bedeutete nicht das Ende der geheimen Nachrichtenkanäle der SED in den Westen. Das Zentralkomitee (ZK) der SED verfügte vielmehr bis zum Ende der DDR über eigene konspirative Verbindungen, vor allem zu den kommunistischen Parteien KPD, DKP und SEW

43 Ebenda.
44 BStU, ZA, HA II/6, Nr. 1158, Bl. 529 ff.
45 Der „Berliner Stimme" vom 12.7.1952 zufolge wurde der Kreisvorsitzende der SPD Prenzlauer Berg, Josef Braun, auf dem 9. Landesparteitag der Berliner SPD zum stellvertretenden SPD-Landesvorsitzenden gewählt. Braun war von 1952 bis 1961 Landesgeschäftsführer der SPD Berlin und von 1961 bis zu seinem Tod im Jahr 1966 Mitglied des Deutschen Bundestages.
46 UAP: Unabhängige Arbeiterpartei; USPD: Unabhängige Sozialdemokratische Partei Deutschlands.
47 BStU, ZA, HA II/6, 1158, Bl. 529 ff.
48 Ebenda, Bl. 552 f.

sowie zu kommunistisch gesteuerten „speziellen Firmen", für die weiterhin die
– zuletzt Erich Honecker unterstellte – Abteilung Verkehr (Abteilung 72) beim
ZK der SED verantwortlich war;[49] für die „Absicherung" und nachrichtendienstliche Nutzung dieser Verbindungen war wiederum das MfS zuständig
(vgl. Kap. 5.2). Auch andere DDR-Organisationen wie FDGB, FDJ, DFD etc.
betrieben vor allem in den fünfziger Jahren unter dem Signum der „gesamtdeutschen Arbeit" eine intensive konspirative West-Arbeit mit eigenen Instrukteuren und Verbindungsleuten, die vom ZK der SED kontrolliert und vom
MfS planmäßig genutzt wurde.[50]

Die Gründung eines eigenständigen Auslandsaufklärungsdienstes der DDR[51]
erfolgte den „Erinnerungen" von Markus Wolf zufolge am 16. August 1951,
als unter der Legende des IWF in einer Villa in Berlin-Bohnsdorf der Außenpolitische Nachrichtendienst (APN) gebildet wurde.[52] Der entsprechenden sowjetischen Direktive zufolge sollte er die „innenpolitische und wirtschaftliche
Lage in Westdeutschland; [...] die Aktivitäten der Bonner Regierung und ihrer
Ministerien, des Bundestages, des Bundesrates; [...] die führenden Organe der
bürgerlichen und sozialdemokratischen Parteien; die wissenschaftlich-technischen Zentren und Laboratorien; und die Kirchen und andere gesellschaftliche
Organisationen" ausforschen.[53] Parteiintern wurde dieser Dienst auch als „Apparat Heidenreich" bezeichnet – benannt nach Gerhard Heidenreich, der aus
dem Parteiapparat zum APN stieß und dort Stellvertreter für organisatorische
Angelegenheiten wurde.

Verantwortlich für den Aufbau des APN war – „von Stalin persönlich beauftragt"[54] – der sowjetische Aufklärungsoffizier Andrej G. Grauer, auf deutscher
Seite Anton Ackermann, der damals Staatssekretär im DDR-Außenministerium und Kandidat des Politbüros der SED war. Bei dieser Zuordnung richtete
man sich ganz nach dem Vorbild der Sowjetunion, wo 1948 der Auslandsnachrichtendienst aus dem Apparat der Geheimpolizei herausgelöst und als Infor-
mationskomitee dem Außenminister unterstellt worden war. Zur Gründungs-
gruppe gehörten der bereits erwähnte Richard Stahlmann (Jg. 1891), einer der
Stellvertreter Ackermanns und zuständig für den operativ-technischen Sektor,
die Altkommunisten Robert Korb (Jg. 1900), Peter Scheib (Jg. 1902) und Wilhelm Wöhl (Jg. 1903) sowie die jüngeren SED-Kader Herbert Hentschke (Jg.
1919), Gerhard Heidenreich (Jg. 1916) und Markus Wolf (Jg. 1923). Andere

49 Da im ehemaligen Zentralen Parteiarchiv kein spezieller Bestand zur Abt. Verkehr existiert, ist da-
    von auszugehen, daß ein Großteil der Unterlagen vernichtet wurde. Aufschluß gibt aber zum Teil
    der beim BStU überlieferte Bestand der HA II.
50 Eine ausführliche Darstellung der kommunistischen Infiltrationstätigkeit, insbesondere in West-
    Berlin, gibt die Denkschrift „Östliche Untergrundarbeit gegen Westberlin", Senator für Inneres
    1959.
51 Ich danke Roland Wiedmann von der Abteilung Bildung und Forschung für seine ausführlichen
    Hinweise zum Aufbau des APN.
52 Wolf 1997, S. 55. Die Kaderunterlagen der führenden Mitarbeiter datieren dagegen den Beginn der
    Arbeit auf den 1.9.1951, z. B. bei Robert Korb; BStU, ZA, KS I 18/89, S. 19 und S. 23 f. sowie KS I
    19/89 (Nebenakte), S. 49 f.
53 Zitiert nach: Bailey/Kondraschow/Murphy 1997, S. 181.
54 Wolf 1997, S. 58.

leitende Kader wie Helmut Hartwig (Jg. 1929) oder Gustav Szinda (Jg. 1898) stießen im November 1951 zum APN. Von April bis Oktober 1952 fand darüber hinaus in Berlin für „etwa 30 auserwählte Parteimitglieder" ein spezieller Lehrgang statt, „um nach politischer Unterweisung das Einmaleins der Geheimdienstarbeit zu pauken" – die Einweisung der ersten eigens für diese Arbeit ausgebildeten Mitarbeiter des APN.[55]

Der APN nahm zunächst seinen Sitz in einem Gebäude am Rolandufer der Spree. Über die anfängliche Aufgabenverteilung liegen unterschiedliche Angaben vor. Während amerikanische Quellen von vier Abteilungen sprechen, „denen jeweils ein sowjetischer Berater beigeordnet war", ist in einem Tagesbefehl vom Oktober 1952 von den Hauptabteilungen (HA) I, II und III sowie den Abteilungen 1, 2 und 3 die Rede;[56] daneben gab es noch administrative und technisch-operative bzw. sicherstellende Bereiche. Die Hauptabteilung I, in drei Abteilungen untergliedert, stand unter der Leitung von Oberst Herbert Hentschke und war zuständig für die „politische Aufklärung in Westdeutschland und in West-Berlin".[57] Die Hauptabteilung II wurde von Robert Korb geleitet und war für Information und Auswertung verantwortlich; die Hauptabteilung III dürfte für die Aufklärung der westlichen Alliierten zuständig gewesen sein. Die von Gustav Szinda geleitete Abteilung 1 hatte hingegen die Aufgabe, „die westlichen Geheimdienste zu beobachten und zu infiltrieren", während die Abteilung 2 „wirtschaftliche und wissenschaftlich-technische Aufklärung auf den Gebieten der Kern- und Trägerwaffen, der Kernenergie, Chemie, Elektronik und Elektrotechnik, des Flugzeug- und Maschinenbaus und der konventionellen Waffen" betreiben sollte.[58] Markus Wolf, der zuvor an der Moskauer DDR-Botschaft tätig gewesen war, war zunächst Stellvertreter von Gustav Szinda im Bereich Abwehr und Gegenspionage und wurde mit diesem im Oktober 1952 für seine „gewissenhafte und aufopferungsvolle Arbeit" bei der Lösung einer nicht näher definierten Aufgabe ausgezeichnet – wahrscheinlich die oben erwähnte Abwicklung der „Parteiaufklärung".[59]

Nur wenige Monate nach seiner Gründung nahm der APN auf Empfehlung der Sowjets und nach Rücksprache mit Ulbricht im November 1951 Kontakt auf zum Generalsekretär der „Vereinigung der gegenseitigen Bauernhilfe" (VdgB) und ZK-Sekretär, Kurt Vieweg, der nach eigener Aussage in Ackermanns Wohnung und „im Beisein der sowjetischen Freunde sozusagen verpflichtet" wurde, „als leitender Genosse mitzuarbeiten".[60] Wenig später wurden von der

---

55 Richter/Rösler 1992, S. 17; einer der Teilnehmer war Rösler selbst, der später Leiter der Abt. XII der HV A (NATO und EG) wurde.

56 Bailey/Kondraschow/Murphy 1997, S. 183; Tagesbefehl vom 1.10.1952; BStU, ZA, SV 274/87, Bd. 2, Bl. 33.

57 Wolf 1997, S. 59.

58 Ebenda, S. 59 f.

59 Szinda und Wolf erhielten jeweils eine Prämie in Höhe von 500 DM, die „Genossen Herbert Müller, Karl Behrend und Helga Reichelt" bekamen je 300 DM. Tagesbefehl vom 1.10.1952; BStU, ZA, SV 274/87, Bd. 2, Bl. 33.

60 SAPMO-BA, DY 30/IV 2/4/395, ZPKK-Befragung Vieweg am 27. und 30.11.1953, zitiert nach Scholz 1997, S. 140.

Leitung des APN folgende Ziele der Arbeit mit Vieweg bestätigt: „a) Aufbau einer legalen Residentur, um die großen Möglichkeiten des Arbeitskreises auch zur Herstellung uns interessierender Kontakte zu nutzen; b) Nutzung der Möglichkeiten, die sich aus der DSP (Deutsche-Soziale-Partei, gegründet von Dr. Gereke), ihrer Zeitung 'Der Deutsche Weg' sowie aus der im Aufbau befindlichen Wochenzeitung 'Wir Bauern' von Dr. Korte für die Nachrichtenarbeit ergaben."[61] Nach Auskunft des späteren HVA-Chefs Markus Wolf hatte sich der APN in allen Parteien und Massenorganisationen sogenannte legale Residenturen geschaffen und in diesem Zusammenhang dem konspirativen Apparat des „Gesamtdeutschen Arbeitskreises der Land- und Forstwirtschaft" (GAK) immer öfter Aufgaben der „Aufklärung" übertragen. Vieweg erhielt den Auftrag, mit Hilfe weiterer Landwirtschaftsfunktionäre die Verbindungen in den Westen „genauestens zu charakterisieren" und die aus Sicht der Spionage interessanten Fälle „intensiv abklären zu lassen".[62] Im Juli 1952 wurde jedoch der Herausgeber des „Deutschen Weges", Horst Schauß, nach West-Berlin beordert und in den Ostsektor entführt, wo er wegen geheimdienstlicher Tätigkeit für die Amerikaner inhaftiert wurde. Auch Korte wurde in die DDR geholt und verhaftet, wenig später aber – da er in Westdeutschland über die geheimen Verbindungen nach Ost-Berlin Stillschweigen bewahrt hatte – wieder ausgeflogen. Der Führer der DSP, Günther Gereke, setzte sich freiwillig in die DDR ab und wurde dort Mitglied des Präsidiums des Nationalrates der Nationalen Front. In Absprache mit Ulbricht und den Sowjets brach der APN nach diesen Ereignissen und im Zuge der zunehmenden Abkehr der SED von ihrer gesamtdeutschen Politik die operative Zusammenarbeit mit Vieweg schließlich ab und stellte die operative Nutzung des GAK ein.[63]

Im Dezember 1952 bestellte Walter Ulbricht Markus Wolf in das Zentralkomitee und eröffnete ihm seinen Erinnerungen zufolge, daß er „nun an Stelle Ackermanns, der eine solche Lösung erbeten habe, die Leitung des Dienstes übernehmen" und dabei Ulbricht direkt unterstellt sein solle.[64] Tatsächlich hatte das Politbüro kurz zuvor beschlossen, daß der damalige Minister für Staatssicherheit und Politbüromitglied Wilhelm Zaisser in der obersten Führungsspitze der SED auch für den APN die zentrale Verantwortung übertragen bekam.[65] Nachdem ein Mitarbeiter der Abteilung 3 – Gotthold Krauss – kurz vor Ostern 1953 in den Westen überlief und dort eine Reihe von Verhaftungen

---

61 BStU, ZA, AIM 1200/77, Bd. I/2, Zusammenfassender Bericht über die Zusammenarbeit mit der Aufklärung, zitiert nach: Scholz 1997; ebenda. Dr. Günther Gereke war von 1946 bis 1947 Innenminister, von 1948 bis 1950 Landwirtschaftsminister und stellvertretender Ministerpräsident des Landes Niedersachsen. Im Mai 1950 wurde er aus der CDU ausgeschlossen. Nach seinem Übertritt in die DDR wurde er 1953 Präsident der Zentralstelle für Zucht- und Leistungsprüfung der Vollblut- und Traberpferde der DDR.

62 Ebenda.

63 Ausführlicher dazu: ebenda, S. 160 ff.

64 Runge/Stelbrink 1990, S. 15; vgl. auch Wolf 1997, S. 74.

65 Protokoll der Sitzung des Politbüros am 11.11.1952, Anlage Nr. 3, Bl. 18; SAPMO-BArch IV 2/2/244.

auslöste,[66] erhielten die Arbeitsbereiche des APN neue Unterkünfte, die nun über das ganze Ost-Berliner Stadtgebiet verteilt waren; sämtliche Mitarbeiter wurden nochmals intensiv überprüft. Nach den Ereignissen vom 17. Juni 1953 und der Umwandlung des Ministeriums für Staatssicherheit in ein dem Ministerium des Innern eingegliedertes Staatssekretariat verlor der APN schließlich seine Selbständigkeit: Markus Wolf wurde zum Stellvertreter des damaligen Staatssekretärs für Staatssicherheit ernannt und im Herbst in dieser Funktion bestätigt; der Aufklärungsapparat war von nun an Teil der DDR-Staatssicherheit und erhielt nach einer Übergangszeit die Bezeichnung Hauptabteilung XV, ab Juni 1956 Hauptverwaltung A (HV A).

4.2 Entwicklungslinien

4.2.1 „Das Gesicht dem Westen zu" – die fünfziger Jahre

Die West-Arbeit des MfS begann nicht erst mit der Integration des APN in das Ministerium. Vielmehr waren innere und äußere Aufgabenstellungen der DDR-Staatssicherheit von Anfang an eng miteinander verwoben.[67] Schon bei der formellen Gründung des Ministeriums durch ein Gesetz der Provisorischen Volkskammer der DDR vom 8. Februar 1950 begründete der damalige Minister des Innern, Karl Steinhoff, diesen Schritt damit, daß Spionage-, Diversions- und Sabotageakte nicht nur den wirtschaftlichen und politischen Aufschwung der DDR gefährdeten, sondern auch geeignet seien, den Frieden zu gefährden, indem sie direkt oder indirekt Anlaß für neue kriegerische Verwicklungen bieten könnten. Zu den Hauptaufgaben des Ministeriums rechnete er deshalb neben dem Schutz der DDR-Wirtschaft vor „Anschlägen verbrecherischer Elemente" auch den „entschiedenen Kampf gegen die Tätigkeit feindlicher Agenturen, Diversanten, Saboteure und Spione".[68]

Tatsächlich spielte die Bekämpfung des „Feindes" im Westen bereits in den ersten Monaten nach Gründung des MfS eine zentrale Rolle: Schon im Oktober 1950 vereinheitlichte Erich Mielke, damals Staatssekretär im MfS, das Vorgehen der Länderverwaltungen für Staatssicherheit gegen sogenannte „Agenten", indem er den zuständigen Abteilungen IV detailliert vorgab, wie sie dem Ministerium in Zukunft über jeden „neuen Vorgang, wo konkrete Feststellungen auf Spionage getroffen werden", berichten sollten. „Nur wenn von allen Verwaltungsstellen des Ministeriums für Staatssicherheit auf dieser Grundlage gearbeitet wird, ist es möglich, Einblick in den Apparat des Gegners personenmäßig sowie [einen] Überblick in die von ihm angewandten Arbeitsmethoden und Taktiken sowie über die Ziele zu erhalten. Durch die Aus-

---

66 Weil diese z. T. ungerechtfertigt waren, zog der Übertritt für den bundesdeutschen Verfassungsschutz die sogenannte „Vulkan-Affäre" sowie beträchtliche Schadensersatzforderungen der Betroffenen nach sich. Vgl. Richter/Rösler 1992, S. 21 f.
67 Ich danke Roger Engelmann und Roland Wiedmann von der Abt. Bildung und Forschung beim BStU für ihre ausführlichen Hinweise zur West-Arbeit der Staatssicherheit in den fünfziger Jahren.
68 Zitiert nach: Fricke 1993, S. 10 f.

wertung der anfallenden Vorgänge werden wir im Laufe der Zeit dahin gelangen, vorbeugend zu wirken und die Absicht des Gegners nicht zur Durchführung gelangen zu lassen."[69]

Im Mittelpunkt des Aufklärungsinteresses standen damals Institutionen wie der „Rundfunk im amerikanischen Sektor" (RIAS), der „Untersuchungsausschuß freiheitlicher Juristen" (UFJ), die „Kampfgruppe gegen Unmenschlichkeit" (KgU) und die „Vereinigung der Opfer des Stalinismus" (VOS), die vom MfS allesamt als „Agentenzentralen" betrachtet wurden. Alle Informationen über diese vornehmlich in West-Berlin ansässigen Einrichtungen wurden zentral gesammelt und detaillierte Anweisungen zu ihrer Aufklärung und Bekämpfung erteilt.[70] Insbesondere die Abteilung V, die eigentlich gegen innere „Feinde" vorgehen sollte, wurde mit der Verfolgung von DDR-Gegnern im Westen beauftragt.

In dieser ersten Phase wurde die West-Arbeit des MfS noch ganz vom engmaschigen Netz der sowjetischen Berater angeleitet und kontrolliert.[71] Sowjetische Ausbilder zeigten damals nicht nur, „wie man Agenten bearbeitet, vorbereitet und rekrutiert, wie man Akten über Agenten anlegt und mit Agenten arbeitet, sondern sie haben auch selbst mit Agenten in der gleichen Weise wie es deutsche Offiziere taten, in diesen Institutionen gearbeitet".[72] Die „Anleitung" ging so weit, daß, wie es in einem Bericht des damaligen MGB-Chefs in Berlin vom Februar 1952 hieß, „das deutsche Personal bisher nicht mit Agenten und nicht mit den Akten über die Ausforschung von Residenturen der anderen Seite und von anderen feindliche Einrichtungen betraut wird. Diese Akten wurden ihnen weggenommen und von unseren eigenen Leuten bearbeitet." Die Sowjets betrachteten diese einseitige Abhängigkeit teilweise aber selbst zunehmend als Problem, da man auf diese Weise „den Deutschen die Initiative, aber auch das Interesse an der Arbeit genommen [hat]. Als Folge davon haben sich ungesunde Entwicklungen zwischen ihnen ergeben; man hat Diskussionen darüber mitbekommen, 'daß man ihnen nicht vertraue' und daß es unmöglich sei, unter solchen Bedingungen zu arbeiten."[73] Auf einer Tagung befehlshabender Organe des militärischen Nachrichtendienstes in Deutschland waren deshalb viele sowjetische Offiziere dafür, „den deutschen Organen (unter unserer Kontrolle) mehr Unabhängigkeit zu geben", so daß man „die Art und Weise, wie wir die deutschen Organe der Staatssicherheit in der DDR geführt haben", änderte. „Ausbilder, die direkt mit den Agenten und mit der unabhän-

69 Richtlinie I/IV/50 vom 9.10.1950, S. 1 f.; BStU, ZA, DSt 101092.
70 Zum RIAS: DA II/IV/50 vom 13.11.1950 sowie „Nachträge" vom 19.2.1951 und vom 14.2.1951; BStU, ZA, DSt 100825; zum UFJ: Schreiben des Staatssekretärs vom 22.10.1951; BStU, ZA, DSt 100833 sowie ausführlich: Mampel 1994; zur KgU: Befehl 60/52 vom 24.4.1952; BStU, ZA, DSt 100030; zum VOS: Sachakte „Pest" vom 24.1.1953; BStU, ZA, DSt 100861; allgemein: Schreiben des Staatssekretärs vom 9.3.1953; BStU, ZA, DSt 101392.
71 Vgl. Engelmann 1997.
72 Bericht des Leiters des Berliner MGB-Apparates, Generalmajor Kaverznew, an den damaligen Minister für Staatssicherheit der UdSSR, Semjon Denissowitsch Ignatiew, vom 29.2.1952, auszugsweise dokumentiert bei: Kondraschew 1997, S. 152.
73 Ebenda.

gigen Führung von Agenten in Institutionen, die zum operativen Bereich der deutschen Organe gehörten, zu tun hatten, wurden von der Arbeit befreit."[74]

Trotz dieser Spannungen bescheinigten die Sowjets dem MfS im Februar 1952, „über qualifizierte Agenten für die innere Arbeit in der DDR, für die Arbeit in Westdeutschland und in den Westsektoren Berlins" zu verfügen.[75] Mit der Gründung des APN im August 1951 und der Bildung der für „alle operative Agenturarbeit nach Westdeutschland" zuständigen Abteilungen II im MfS durch Ministerbefehl vom Dezember war die „West-Arbeit" systematisch verstärkt worden (vgl. Kap. 5.2.1).[76] Dennoch konstatierte Erich Mielke in einem Rundschreiben an die Länderverwaltungen vom Juni 1952: „Trotz intensiver Arbeit, wobei beachtliche Einzelerfolge erzielt wurden, ist es bisher nicht gelungen, in die imperialistischen Spionageorganisationen einzudringen."[77] Durch systematischen Einsatz von Agenten gelang es jedoch zunehmend, die „feindlichen" Institutionen im Westen zu infiltrieren, so daß das MfS beispielsweise Anfang 1953 bereits über Mitarbeiter in den West-Berliner Filialen der „Organisation Gehlen" verfügte – die späteren „Überläufer" Hans-Joachim Geyer und Gerhard Prather.[78] Insbesondere aus Kreisen ehemaliger Internierter sowie früherer Funktionsträger des NS-Regimes suchte sich das MfS seine Informanten, wobei die wirtschaftliche Not vieler Flüchtlinge gezielt ausgenutzt wurde.[79] Bei ihrem Vorgehen gegen den Westen schreckte die Staatssicherheit auch nicht vor gewaltsamen Aktionen zurück wie die Entführung des UFJ-Mitarbeiters Walter Linse im Juli 1952, der später in der Sowjetunion zum Tode verurteilt und hingerichtet wurde.[80]

Nach den Ereignissen des 17. Juni 1953 kam es auch in der West-Arbeit des MfS zu einschneidenden personellen, organisatorischen und konzeptionellen Veränderungen. Da das Ministerium für Staatssicherheit unter Wilhelm Zaisser aus der Sicht von Ulbricht auf der ganzen Linie versagt hatte, wurde Zaisser abgesetzt und das Ministerium zu einem Staatssekretariat des Ministeriums des Innern herabgestuft, dessen Leitung nun Ernst Wollweber übernahm. Zugleich wurde der APN ins MfS integriert (vgl. Kap. 4.1), so daß „Aufklärung" und „Abwehr" nun aus einem einheitlichen Apparat heraus betrieben wurden. Vier Wochen nach der Niederschlagung der Arbeiterproteste in der DDR rügte der neue Chef der Staatssicherheit auf einer Dienstbesprechung: „Wir hatten vollkommen verkannt die Bedeutung der Aufgaben in Bezug auf Westdeutschland und Westberlin. Wir haben weiter unterschätzt die Bedeutung der Tätigkeit des Ostbüros und seiner Agenturen." Über die Absichten des Gegners werde man erst dann genaue Informationen haben, wenn die Informatoren der Staatssicherheit in den feindlichen Zentren seien. Überall, in jeder Kreis-

---

74 Ebenda.
75 Ebenda.
76 Befehl 67/51 über die „Zentralgeleitete Erfassung und Bearbeitung aller Vorgänge der Abt. II (Spionage- und Abwehrarbeit)" vom 11.12.1951; BStU, ZA, DSt 100016.
77 Rundschreiben Mielkes an die Länderverwaltungen vom 6.6.1952; BStU, ZA, DSt 101164.
78 Vgl. Engelmann/Fricke 1998.
79 Vgl. Sachakte „Pest" vom 24.1.1953, S. 3; BStU, ZA, DSt 100861.
80 Vgl. Fricke, 1996a.

dienststelle müsse deshalb die Möglichkeit überprüft werden, „wie wir unsere Arbeit nach dem Westen verstärken könne, d. h. in diese Zentralen hineinkommen. [...] Die Schaffung der Möglichkeiten hierfür ist Aufgabe jedes Mitarbeiters".[81]

In einem Grundsatzbeschluß vom 23. September 1953 definierte das Politbüro die künftigen Aufgaben der Staatssicherheit ebenfalls u. a. als „Durchführung einer aktiven Spionageabwehr in Westdeutschland und Westberlin sowie auf dem Territorium der Deutschen Demokratischen Republik" und erläuterte dies als „Eindringen der Informatoren in die Spionageorgane, Schulen und Zentren von Spionage- und Diversionsorganisationen zwecks Aufdeckung der Pläne und Absichten des Feindes sowie der in die DDR, UdSSR und in die Länder der Volksdemokratien eingeschleusten Agenten der feindlichen Spionagedienste, der westdeutschen und West-Berliner Spionage-, Diversions- und terroristischen Organisationen."[82] Diese Aufgabenstellung fand sich wenig später auch im Statut des Staatssekretariats für Staatssicherheit vom 15. Oktober 1953 wieder, in dem der Staatssicherheit das Recht zuerkannt wurde, gleichermaßen „in Westdeutschland, Westberlin und in der DDR effektiv arbeitende Agenturen zu errichten und zu unterhalten".[83] Im November 1953 klagte Wollweber jedoch auf einer Dienstkonferenz, daß es bis jetzt noch nicht gelungen sei, „nach dem Auftrag des Politbüros die Hintermänner und die Organisatoren des Putsches vom 17. Juni festzustellen. Es ist uns bisher nicht gelungen, diesen Auftrag zu erfüllen."[84]

Um den „Feind" und seine „Hintermänner" im Westen zu schlagen, wurde im Herbst 1953 – unter direkter Beteiligung von Ulbricht und Hermann Matern sowie der sowjetischen Chefberater Jewgeni Pitowranow und Iwan Fadejkin – eine neue Offensivstrategie formuliert, die den Gegner mit „konzentrierten Schlägen" in die Knie zwingen sollte: Mit zentral gesteuerten Massenverhaftungen, einschließlich Entführungen aus West-Berlin und Westdeutschland, sollten „Feinde und Agenten" aus dem Weg geräumt und dies mit Propagandakampagnen sowie verstärkten Infiltrierungsanstrengungen im Westen flankiert werden. Für Sabotageeinsätze im Westen wurde die Abteilung „zur besonderen Verwendung" (z.b.V.) geschaffen, die vom ehemaligen Rotgardisten und NKWD-Agenten Josef Gutsche geleitet wurde und Wollweber direkt unterstellt war (vgl. Kap. 5.5). Die neue Richtung begründete Wollweber im November 1953 gegenüber den Leitern seiner Diensteinheiten wie folgt:

„Um das Ziel, die Vernichtung feindlicher Organisationen zu erreichen, damit unseren Staat, die Bevölkerung und die betrieblichen Einrichtungen zu sichern, ist in erster Linie notwendig, die Aufklärungsarbeit zu verstär-

---

81 Protokoll der Dienstbesprechung am 21.8.1953; BStU, ZA, SdM 1921, S. 203 ff.
82 Außerordentlicher „Beschluß des Politbüros" vom 23.9.1953 in Anwesenheit von Otto Grotewohl, Walter Ulbricht, Hermann Matern, Karl Schirdewan, Willi Stoph, Ernst Wollweber, Erich Mielke und Otto Walter; SAPMO-BA, DY 30, J IV 2/202/62.
83 Statut des Staatssekretariats für Staatssicherheit vom 15.10.1953, S. 2; BStU, ZA, DSt 102272.
84 Referat Wollwebers auf der zentralen Dienstkonferenz am 11./12.11.1953, S. 4; BStU, ZA, DSt 102272.

ken, um über die Zentren feindlicher Tätigkeit durch unsere G[eheimen] I[informatoren] und G[eheimen] M[itarbeiter] jederzeit unterrichtet zu sein über die Absichten und Pläne der Feinde. Die schwierigste und wichtigste Aufgabe, die wir haben, ist die Aufklärungsarbeit in den Zentralen des Feindes, und alle Möglichkeiten müssen ausgenutzt und mitgeteilt werden."[85]

Namentlich West-Berlin sollte stärker infiltriert werden. Auf Geheiß von KGB-Chef Serow befahl der Leiter des Berliner KGB-Apparates, Pitowranow, 1954 die Einleitung „aktiver offensiver Operationen gegen die feindliche Aufklärung und andere subversive Organe und Dienste in West-Berlin". Zuständig dafür sollte die „auf Empfehlung des KGB in der Berliner Bezirksverwaltung geschaffene Spezialabteilung für West-Berlin" sein, deren Aufgabe es war, „breite Agentennetze anzuwerben, die in der Lage sind, systematisch über die Lage in West-Berlin zu informieren [...] und zu gewährleisten, daß Maßnahmen ergriffen werden, um die Vorhaben der subversiven Zentren und Organisationen des Gegners in Berlin zu zerschlagen" – die berüchtigte Abteilung IV, deren Gegenstück im KGB für Sabotageaktionen und „aktive Maßnahmen" zuständig war.[86]

Tatsächlich gelang es der Staatssicherheit nun vermehrt, durch Agenten in den „Feindorganisationen" oder durch Einbrüche in ihre Räumlichkeiten herauszufinden, welche DDR-Bürger Kontakt zu diesen aufgenommen hatten oder gar aktiv deren Arbeit unterstützten. So beschaffte einer MfS-internen Publikation zufolge der persönliche Sekretär des früheren DGB-Vorsitzenden Willi Richter, Wilhelm Gronau, den Zahlencode des Panzerschrankes in der Bonner SPD-Zentrale, in dem die Personalkartei des Ostbüros aufbewahrt wurde, was zu zahlreichen Verhaftungen und schließlich zur Zerschlagung seines Unterstützernetzes in der DDR geführt hätte.[87] In einem anderen Fall gelang es im Mai 1956 mit Hilfe des Geheimen Mitarbeiters Horst Hesse in Würzburg die Agentenkartei des amerikanischen Militärspionagedienstes MIS (Military Intelligence Service) zu rauben, was allein 140 Verhaftungen nach sich zog (vgl. Kap. 5.2.1). In mehreren Wellen kam es zur Verhaftung Hunderter oppositioneller DDR-Bürger, denen Verbindungen zu westlichen Stellen vorgeworfen wurden.

85 Ebenda, S. 11
86 Zitiert nach: Bailey/Kondraschow/Murphy 1997, S. 385. Diese speziell für West-Berlin zuständige Diensteinheit erfüllte offensichtlich nicht die in sie gesetzten Erwartungen und wurde 1957 zur Abt. XV umgewandelt und der HV A unterstellt. Zur Begründung hieß es, sie sei in den wichtigsten Regierungsstellen im Senat und in der CDU nicht und in den anderen Organisationen nur auf unterster Ebene verankert gewesen und habe ihre Hauptaufgabe nicht erfüllt, der Partei bei ihrer Arbeit in Westberlin durch qualifizierte politische Informationen und aktive Maßnahmen zu helfen. Protokoll der Kollegiumsitzung am 3.1.1957; BStU, ZA, SdM 1552, Bl. 3.
87 Deckname Stabil 1988, S. 86 ff. Demgegenüber hat jedoch ein Zeitzeuge, Helmut Bärwald, festgestellt, daß es gar keine Kartei der Ostbüromitarbeiter in Mitteldeutschland gegeben habe. „Diese waren vielmehr in mehreren jeweils verschlüsselten und getrennt aufbewahrten Listen erfaßt. Diese Listen lagen auch nicht in einem mit einem Zahlenschloß versehenen Panzerschrank, sondern in anderen, auf vielfältige Weise gesicherten Behältnissen." Vgl. Frankfurter Allgemeine Zeitung vom 15.12.1997, S. 13.

Gleichzeitig verschleppte die Staatssicherheit exponierte Gegner des SED-Re-gimes und Geheimdienstmitarbeiter in den Osten. Derartige Entführungen wa-ren in den Jahren 1953 bis 1955 integraler Bestandteil der „Großaktionen" und trafen ganz unterschiedliche Personengruppen. So wurden beispielsweise im Zusammenhang mit der Aktion „Blitz" der Mitarbeiter der „Organisation Gehlen" Wilhelm van Ackern, der Publizist Karl Wilhelm Fricke sowie die abtrünnigen ehemaligen SED-Funktionäre Ewald Christiansen und Paul Behm entführt.[88] Im Operativplan hieß es dann nur lapidar: „Maßnahme einleiten, um Behm zu ziehen."[89] 1954 wurde Karl-Albrecht Tiemann von einer Operativ-gruppe der Staatssicherheit entführt und später nach Zustimmung des Politbü-ros in Dresden enthauptet, weil er in West-Berlin – und nicht etwa von der DDR aus – legal Verbindungen zu westlichen Nachrichtendiensten unterhalten hatte.[90] Zur Bestätigung der Propagandabehauptung, daß der „faschistische Putsch" am 17. Juni von den westlichen „Kriegstreibern" organisiert wurde, fand zum Jahrestag des Juni-Aufstandes ein Schauprozeß statt, dessen Ange-klagte ausnahmslos vom Staatssicherheitsdienst nach Ost-Berlin verschleppt oder dorthin gelockt worden waren – Zuchthausstrafen zwischen fünf und 15 Jahren waren die Folge.[91] In den Akten überlieferte Planungen zeigen, daß so-gar noch weit mehr Verschleppungen – vor allem von leitenden Mitarbeitern der Ostbüros, der KgU und des UFJ – geplant waren, die oft nur aus zufälligen Gründen nicht realisiert werden konnten. Auch zu publizistisch tätigen „Rene-gaten" wie Wolfgang Leonhard und Carola Stern gab es solche im Detail aus-gearbeiteten Entführungspläne, die nicht umgesetzt werden konnten. Der letzte im engeren Sinn politisch motivierte Entführungsfall war der des in den We-sten gegangenen ehemaligen SED-Funktionärs Heinz Brandt, der noch kurz vor dem Mauerbau, im Juni 1961, in die DDR verschleppt wurde.[92]

Während der innere Widerstand gegen die SED-Diktatur auf diese Weise zu-nehmend gebrochen werden konnte, richtete sich die Arbeit des Staatssicher-heitsdienstes ab Mitte der fünfziger Jahre verstärkt gegen Staat und Gesell-schaft in der Bundesrepublik, die als stärkste Bedrohung der kommunistischen Herrschaft in Ostdeutschland betrachtet wurde. Die Ausforschung von Politik, Wirtschaft und Militär im Westen gewann, ausgelöst von entsprechenden so-wjetischen Direktiven, geradezu sprunghaft an Bedeutung. Im August 1954 befahl Erich Mielke den Leitern der Bezirksverwaltungen, durch ihre „Agentu-ren" Zusammensetzung, Aufgaben und Rechte der damals geplanten „Koordi-nierungskommission beim Amt des Bundeskanzlers" in Erfahrung zu brin-gen.[93] Im Januar 1955 erließ Wollweber dann die Dienstanweisung 3/55, der-zufolge die „westdeutschen Monopole und Wirtschaftsvereinigungen" ver-stärkt aufzuklären seien, wozu alle „Informatoren, die [die] Möglichkeit haben,

88 Vgl. Fricke 1995, S. 41 ff.; Fricke/Engelmann 1998; Fricke 1996b, S. 896.
89 Ebenda.
90 Ebenda, S. 889 f.
91 Ebenda, S. 891 f.
92 Vgl. Brandt 1967.
93 Schreiben des Stellvertreters des Staatssekretärs an den Leiter der BV Cottbus vom 5.8.1954; BStU, ZA, DSt 101537.

auf dieser Linie zu arbeiten, jedoch hauptsächlich in anderer Richtung tätig sind, [...] gleichzeitig mit Aufgaben der wirtschaftlichen sowie wissenschaftlich-technischen Aufklärung zu beauftragen" seien (vgl. Kap. 5.4).[94] Zugleich kritisierte er auf einer Dienstbesprechung, daß „jetzt eine Reihe Genossen in die Hauptabteilung XV versetzt [werden], aber bei fast allen sind Diskussionen notwendig, weil die Versetzung [eine] verhältnismäßig geringe Einschränkung des persönlichen Lebens mit sich bringt".[95]

Nach „Besprechungen mit leitenden Genossen des sowjetischen, polnischen und tschechoslowakischen Sicherheitsdienstes" und entsprechenden Beschlüssen der Sicherheitskommission der SED bezeichnete Wollweber im März 1955 die „Beschaffung von Informationen aus den politischen Zentren der feindlichen Länder" und „die Ausnützung der Gegensätze im feindlichen Lager" durch „aktive Maßnahmen" und „Beeinflussung der öffentlichen Meinung" als „Schwerpunkte der Aufgabenstellung". Zu den „praktischen Schlußfolgerungen" zählte er die Schaffung von eigenen Aufklärungsabteilungen in den Bezirksverwaltungen (BV), die „Aktivierung" der besonderen Abteilung für West-Berlin in der Berliner Verwaltung für Staatssicherheit sowie die Verstärkung der Aufklärung durch die Linien der Abwehr.[96] Im April 1955 erhielten die Bezirksverwaltungen eine detaillierte Anleitung für die Tätigkeit der neu gebildeten „Arbeitsgruppen für wirtschaftliche und technisch-wissenschaftliche Aufklärung" im Westen.[97]

Begründet wurde die neue Linie mit veränderten weltpolitischen Konstellationen: Durch das Inkrafttreten der Pariser Verträge und die Unterzeichnung des Warschauer Vertrages waren im Mai 1955 endgültig zwei einander entgegengesetzte Militärblöcke entstanden. Wollweber ging jedoch davon aus, daß aufgrund der neuen Massenvernichtungswaffen ein Krieg zwischen den Supermächten Sowjetunion und Amerika immer unwahrscheinlicher und es vielmehr zu einer internationalen Entspannung kommen werde – Adenauer und seine „antikommunistische Politik" verlören dadurch zunehmend an Rückhalt. Um die „aggressiven" Kräfte weiter zu schwächen und um gegen jeden eventuellen Angriff gewappnet zu sein, müsse die Aufklärungsarbeit im Westen umfassend verstärkt werden. In einem Grundsatzreferat vor den Leitern der Diensteinheiten am 5. August 1955 verkündete Wollweber deshalb unter Berufung auf einen Beschluß der Sicherheitskommission des ZK, daß der Apparat der Aufklärung noch im Laufe des Jahres um 100 neue Mitarbeiter aufgestockt werden müsse, um „unsere Positionen in den feindlichen Zentren zu verstärken. [...] 75 % von der Erweiterung des Apparates des Aufklärungsdienstes müssen im Lager des Feindes arbeiten." Wörtlich führte er aus:

94 DA 3/55 vom 12.1.1955, S. 3; BStU, ZA, DSt 100938.
95 Protokoll der Dienstbesprechung am 19.1.1955; BStU, ZA, SdM 1921, Bl. 126.
96 Protokoll der Dienstbesprechung am 22.3.1955; ebenda, Bl. 104 f.
97 Richtlinie des Stellvertreters des Staatssekretärs für die wirtschaftliche und technisch-wissenschaftliche Aufklärung und für die Bearbeitung der Konzerne vom 18.4.1955; BStU, ZA, DSt 100938.

„Also ich stelle die Verstärkung der Aufklärungsarbeit, nicht nur die Verstärkung durch die Abteilung XV, sondern insgesamt die Aufklärungsarbeit mit voller Absicht in den Mittelpunkt unserer Aufgaben in der nächsten Zeit unter dem Gesichtspunkt – Kampf gegen den Krieg, den Krieg unter den Bedingungen, von denen ich gesprochen habe.

Auch die anderen Abteilungen müßten sich deshalb umstellen in ihrer Arbeit, „zum Beispiel die Abteilungen VII und VIII.

Die VII hat doch bis jetzt gearbeitet auf ihrem Gebiet rein abwehrmäßig, aber zum Teufel, in der Volkspolizei gibt es doch sehr viele Möglichkeiten, um anzuknüpfen und für die Aufklärung etwas rauszuholen. Ja? Durch die Hände der Volkspolizei laufen doch Tausende von Menschen, von denen man einige ausnutzen kann."[98]

Insbesondere die Leiter der Bezirksverwaltungen sollten Wollweber zufolge persönlich mehr zur Verstärkung der Aufklärungsarbeit beitragen – selbst wenn dies auf Kosten der inneren Überwachung ginge. Sie

„müssen sich in Zukunft mindestens die Hälfte ihrer Zeit mit der Verstärkung der Aufklärungsarbeit in den politischen Zentren und der Verstärkung der Arbeit zum Eindringen in die feindlichen Agentenzentralen im Westen beschäftigen. Bei den Bezirksverwaltungen sage ich ausdrücklich, die Chefs 50 % das Gesicht dem Westen zu. Jetzt nicht nur rein formal die Aufklärung, sondern auch das Eindringen in die feindlichen Agentenzentralen, das ist also das, was auf der Linie II, V usw. bearbeitet wird, aber nach dem Westen zu."[99]

Schließlich verlangte Wollweber auch „die Verstärkung unserer Arbeit in Westberlin", indem er forderte:

„Nun Genossen, wir müssen besonders die Einstellung zu Westberlin ändern, so geht das nicht mehr. In Westberlin darf nichts passieren, was wir nicht wissen. 2. Wir müssen einen Zustand erreichen, wo in Westberlin jeder Agent damit rechnen muß, daß er in kurzer Zeit bei uns ist, ein Gefühl der Unsicherheit und 3. wir müssen bei den Agenten in Westberlin eine solche Psychose erzeugen, daß sie auf verlorenem Posten stehen, und auch bei Angehörigen des Staatsapparates in Westberlin, der Senatsverwaltung usw. [...] Wir müssen mit einigen Leuten sprechen und einigen klarmachen, wie die Lage ist, und einmal wird die Westberliner Frage auch gelöst, und dann gibt es keinen Ausweg. Das gibt uns operative Möglichkeiten, das heißt, wir müssen darauf hin arbeiten, daß sich eine Reihe Leute auf Rückversicherung einstellen."[100]

---

98 Referat des Staatssekretärs Wollweber auf der Dienstbesprechung am 5.8.1955; BStU, ZA, SdM 1921, Bl. 54 ff.; vgl. dazu auch Engelmann 1997, S. 62 f.
99 Referat Wollweber auf der Dienstbesprechung am 5.8.1955; BStU, ZA, SdM 1921, Bl. 57.
100 Ebenda, Bl. 61 f.

Obwohl die von den Sowjets initiierte Umschichtung der Kapazitäten der Staatssicherheit zugunsten der Aufklärung und sogenannter „aktiver Maßnahmen" im Westen bei Ulbricht und dem Leiter der ZK-Abteilung für Sicherheitsfragen, Gustav Röbelen, eher auf Ablehnung stieß, beschloß die Sicherheitskommission der SED im April 1956 den forcierten Ausbau des Aufklärungsbereiches zur HV A.[101] Während Ulbricht nach dem XX. Parteitag der KPdSU vor allem innenpolitische Gefahren heraufziehen sah und den „Gegner" beschuldigte, durch Ausnutzung von Stimmungen und Fehlerdiskussionen in intellektuellen Kreisen und der Partei „bei uns" einzudringen versuchen, worauf Partei und Staatssicherheit nicht vorbereitet seien,[102] ließ Wollweber die West-Arbeit weiter verstärken: Im Mai 1956 stellte er per Dienstanweisung die „Bearbeitung der westdeutschen Konzerne und der zugehörigen Forschungsstellen und Versuchsanlagen" auf eine breitere Basis und machte die „systematische Werbung von GM" in diesem Bereich zur Aufgabe aller Mitarbeiter der „Linien" II und VI.[103] Zur Auswertung der Spionageergebnisse auf wissenschaftlich-technischem Gebiet wurde eine spezielle Arbeitsgruppe im MfS gebildet, und die HV A erhielt den Auftrag, eine neue Abteilung zur „Masseninfiltration in die Truppenteile der Bundeswehr zu schaffen".[104] Schon im August begann das MfS mit der Erfassung aller „operativen Möglichkeiten" im Zusammenhang mit den für 1957 geplanten Bundestagswahlen, um die Pläne der Parteien „exakt" aufzuklären und „vielseitig" auf sie einzuwirken.[105] Im Januar 1957 wurde die Aufklärungsarbeit in West-Berlin neu organisiert, um eine „gründliche Berichterstattung über die Ordnung und Lage" zu gewährleisten und „in weit größerem Maße [als bisher] aktive politische Maßnahmen" durchzuführen.[106]

101 Protokoll der Sitzung der Sicherheitskommission des Politbüros am 20.4.1956, S. 4: Bildung der HV A; BA-MA, DVW 1/39551. Zur Haltung von Ulbricht und Röbelen schreibt Wollweber: „Ich hatte die ganze Zeit mit der Schwierigkeit zu tun, daß er [Ulbricht] immer etwas Unheilvolles sah, daß uns bevorsteht.[...] Die Sicherheitsabteilung des ZK unter Leitung von Gustav Röbelen verbreitete ausgesprochene Panikstimmung, von der er nicht unbeeinflußt war." Ernst Wollweber: Aus Erinnerungen. Ein Porträt Walter Ulbrichts, dokumentiert von Wilfriede Otto, in: Beiträge zur Geschichte der Arbeiterbewegung 32 (1990), S. 350–378, hier 361 f.
102 Rede Ulbrichts auf der Parteiaktivtagung des MfS am 11.5.1956; BStU, ZA, SdM 2366, Bl. 20–34 hier 25.
103 DA 12/56 zur weiteren Bearbeitung der westdeutschen Konzerne vom 12.5.1956; BStU, ZA, DSt 100972.
104 DA 14/56 vom 8.6.1956; BStU, ZA, BdL/Dok. 002213; DA 18/56 zu „Maßnahmen zur Bearbeitung der Bundeswehr, des Bundesverteidigungsministeriums und seiner nachgeordneten Dienststellen, der NATO-Stäbe und der Soldatenverbände in der Bundesrepublik" vom 17.8.1956, S. 1; BStU, ZA, DSt 100977.
105 Direktive 2/56 zur „Erfassung aller operativen Möglichkeiten des MfS im Zusammenhang mit den Bundestagswahlen 1957" vom 25.8.1956, S. 1; BStU, ZA, BdL/Dok. 002613.
106 Protokoll der Kollegiumssitzung am 3.1.1957; BStU, ZA, SdM 1552, Bl. 3 und 5. U. a. wurde beschlossen, aus der Abt. IV der Verwaltung Groß-Berlin eine Abt. XV (wie in den anderen DDR-Bezirken) zu bilden und diese von der HV A anleiten zu lassen; in ähnlichem Sinne sollte die Aufgabenstellung für die Abt. XV der BV Potsdam überprüft werden. „Die Aufgabe der Schaffung von G[eheimen] I[nformatoren] in den Wohnbezirken, Straßen, Hotels, Lokalen usw. in Westberlin wird von der Abt. VIII der Verwaltung Groß-Berlin übernommen." Ebenda, Bl. 5.

Die Ereignisse in Polen und Ungarn führten freilich bald zu einer Revision der vor allem von Wollweber vertretenen Linie.[107] Im Zuge der Entmachtung des Staatssicherheitschefs durch Ulbricht, kritisierte letzterer auch die starke „West-Orientierung" des MfS; im Bericht des Politbüros an das 32. ZK-Plenum im Juli 1957 hieß es dazu:

> „Die vom Genossen Wollweber gegebene einseitige Orientierung: 'Das Gesicht dem Westen zu', führte zu einer groben Vernachlässigung der Bekämpfung feindlicher Agenturen im Gebiet der Deutschen Demokratischen Republik. Der größte Teil der Dienststellen und Mitarbeiter des Ministeriums für Staatssicherheit sah seine Aufgabe darin, irgendwie in Westberlin und Westdeutschland ‚verankert' zu sein. Das führte nicht nur zu unkontrollierbaren Verbindungen nach Westen, sondern schwächte auch die Verantwortung der Kreis- und Bezirksdienststellen der Organe der Staatssicherheit für die Sicherheit in ihrem Gebiet ab."[108]

Mit der Berufung Erich Mielkes zum Staatssicherheitsminister im Oktober 1957 übernahm ein Mann die Leitung des MfS, für den die Sicherung der Macht nach innen oberste Priorität hatte.[109] Gleichwohl bedeutete dieser Führungswechsel keine umfassende Reduktion oder gar das Ende der West-Arbeit des MfS – im Gegenteil: das Ziel der Herrschaftssicherung machte es in den Augen des neuen Chefs unumgänglich, „Abwehr" und „Aufklärung" systematischer zusammenzubinden und auch im Westen die Überwachung und Verfolgung zu perfektionieren. Im Dezember 1957 erhielten die Leiter der Bezirksverwaltung die Anweisung, genaue Angaben zu machen über sämtliche „Inoffizielle Mitarbeiter der Linie V, die in Westdeutschland oder Westberlin wohnhaft sind bzw. nach dort eingesetzt werden".[110] Und im Februar 1958 verlangte Mielke auf einer Kollegiumssitzung eine „Verstärkung und Unterstützung der Arbeit der Partei nach Westdeutschland" [...].

> „Es ist an der Zeit, geeignete leitende Kader auszuwählen, die nach Westdeutschland gehen und gute Agenturen aufbauen. [...] Diese Leute sind nur mit dieser Aufgabe zu beschäftigen, um in die wichtigsten Stellen einzudringen. Die Beschaffung operativer Informationen durch die Aufklärung muß verstärkt werden. Informationen allgemeiner Art helfen in der operativen Arbeit ungenügend vorwärts. [...] Wir müssen den Feind so schlagen, daß er mit sich selbst zu tun hat und gezwungen wird, die Hetze und Verleumdung gegen unsere Partei und die DDR einzustellen."[111]

Die späten fünfziger Jahre standen dabei für das MfS vor allem unter dem Eindruck der wachsenden Fluchtbewegung. Einerseits führte diese zu einem deutlichen Abfluß kritischer Bevölkerungskreise und ermöglichte es auch, eine

---

107 Zu den Auswirkungen der polnischen Ereignisse auf die DDR vgl. Wolle 1996.
108 Protokoll des 32. Plenums des ZK, 10.–12.7.1957; SAPMO-BA, DY 30, IV 2/1/177, Bl. 13–53, hier 43 f.
109 Zum Wechsel von Wollweber zu Mielke ausführlicher: Engelmann/Schumann 1995b.
110 Schreiben des Stellvertreters des Ministers vom 6.12.1957, S. 1; BStU, ZA, DSt 101596.
111 Protokoll der Kollegiumssitzung am 19./20.2.1958; BStU, ZA, SdM 1900, Bl. 7 f.

große Anzahl von Agenten unauffällig in den Westen einzuschleusen.[112] Andererseits verschlimmerte sie den ohnehin vorhandenen Arbeitskräftemangel in der DDR und wirkte wie eine „Abstimmung mit den Füßen" über das SED-Regime. Auch die West-Arbeit des MfS war bis zum Mauerbau von diesen Determinanten geprägt (vgl. Kapitel 5.7).

Die spektakuläre Flucht prominenter DDR-Bürger beantwortete Mielke 1958 mit dem Befehl, gegen das Gesamtdeutsche Ministerium unter seinem damaligen Minister Lemmer „einen wirksamen Schlag zu führen" – die sogenannte „Aktion 'Lemmerschwanz'".[113] 1959 wurde eine detaillierte Arbeitsrichtlinie erlassen, um die Notaufnahmelager in Westdeutschland und West-Berlin „operativ zu bearbeiten", und die Leiter der Bezirksverwaltungen wurden u. a. angewiesen, „alle vorhandenen inoffiziellen Mitarbeiter, die im gastronomischen Gewerbe tätig sind bzw. Kenntnisse auf dem Gebiet besitzen und in Westberlin bzw. Westdeutschland wohnhaft sind", an die Zentrale zu melden.[114] Zugleich veranlaßte die MfS-Spitze die Leiter der Bezirksverwaltungen 1958 zu einer „besseren und zielstrebigeren Organisierung der Abwehr- und Aufklärungsarbeit gegen den Bundesnachrichtendienst".[115] Im Oktober legte die Hauptverwaltung A einen Maßnahmeplan vor, wie mit Bestechung, Drohbriefen, Fälschungen und lancierten Presseartikeln Einfluß auf die für Dezember geplanten Wahlen in West-Berlin zugunsten der SED ausgeübt werden sollte. Über die wichtigsten Kandidaten – darunter Willy Brandt – sollten zusätzliche [...] kompromittierende [...] Materialien" beschafft werden, und unter dem Namen der CDU sollten 5.000 Flugblätter verteilt werden („Inhalt: Verleumdung und Beschimpfung der anderen am Wahlkampf beteiligten Parteien, besonders der SPD").[116] In der Bundesrepublik sollte der Kampf gegen die „feindlichen Zentralen" verstärkt und der Einsatz von qualifizierten Mitarbeitern „für spezielle Aufgaben der Aufklärung" beschleunigt werden.[117] Die „Maßnahmen zur Entlarvung der Kriegspolitik Adenauers und seiner Komplicen" seien weiterzuführen, wobei die HV A den Auftrag erhielt, Erich Mielke „eine Liste der Personen vorzulegen, die in den Aktionen weiter bearbeitet werden sollen".[118] Neu ins Blickfeld gerückte Organisationen wie das West-

---

112 Zur Ausnutzung der Fluchtbewegung schreiben die ehemaligen HVA-Mitarbeiter Richter und Rösler: „Schnell erkannte die HV A die damit verbundenen operativen Möglichkeiten. Nicht wenige dieser Umsiedler konnten sich nämlich sehr effektvoll als politische Flüchtlinge darstellen; andere zogen bald Profit aus der Wirtschaftswunderzeit. Solche Möglichkeiten der beruflichen und sozialen Eingliederung wurden bewußt genutzt, indem einige der fähigsten inoffiziellen Mitarbeiter (IM) der HV A den Auftrag erhielten, mit geeigneter Legende im Westen zu gehen und sich dort – mit Hilfe von Verwandten und soweit möglich auch der Zentrale – eine Existenz aufzubauen, die später für die Spionagetätigkeit auswertbar war." Richter/Rösler 1992, S. 33.
113 Schreiben des Ministers vom 3.9.1958, S. 1; BStU, ZA, DSt 101612.
114 Arbeitsrichtlinie für die HA VII/2 und die Abt. VII/2 in den Bezirksverwaltungen, S. 1; BStU, ZA, DSt 101111; Schreiben des Stellvertreters des Ministers vom 5.2.1959; BStU, ZA, DSt 101623.
115 Schreiben des Stellvertreters des Ministers vom 6.3.1958, S. 1; BStU, ZA, DSt 101602.
116 HV A, Abt. V, Maßnahmeplan zur Aktion „Klarheit" vom 16.10.1958, S. 2 und 10; BStU, ASt Berlin, XV 25.
117 Protokoll der Kollegiumssitzung am 2.7.1960; BStU, ZA, SdM 1903, Bl. 44.
118 Protokoll der Kollegiumssitzung am 9.8.1960; BStU, ZA, SdM 1556, Bl. 131.

Berliner Büro des Internationalen Bundes Freier Gewerkschaften (IBFG) wurden mit großer Intensität „aufgeklärt" und bekämpft.[119]

4.2.2 „Entlarvung des Bonner Staates" – die sechziger Jahre

Die Abriegelung der Sektorengrenzen in Berlin bedeutete für das MfS neben der innenpolitischen Stabilisierung der SED-Herrschaft, daß es seine West-Arbeit teilweise neu organisieren mußte. Zwar wurde das „Verbindungswesen" einem Kontrollbericht über die Arbeit der HV A zufolge „entsprechend den Schutzmaßnahmen von Partei und Regierung schon vorher umgestellt",[120] doch die grenzüberschreitenden Verbindungen waren auch für das MfS komplizierter geworden. Um „die ständige Information aus den Objekten zu sichern", beschloß die Abteilung XV im September 1961 die „Umstellung der gesamten Treffdurchführung auf Treffen in Westberlin" und die „Schaffung der dazu nötigen Voraussetzungen (Instrukteure, Kuriere, Residenten usw.)" sowie den „Bau von illegalen Grenzschleusen" und den verstärkten Einsatz von Funk und Fotografie.[121] Vor allem das Problem der „Schleusungen" von Personen oder Gegenständen für die „Arbeit im und nach dem Operationsgebiet" beschäftigte das MfS, da diese nach Möglichkeit auch vor dem Wach- und Kontrollpersonal konspiriert werden sollten. 1962 wurde deshalb festgelegt, daß spezielle „Offiziere für Sonderaufgaben" an den Grenzen ausschließlich mit Maßnahmen und Aufgaben zu betrauen seien, „die sich aus der Organisierung und Durchführung von Schleusungen für die operativen Hauptabteilungen und selbst[ändigen] Abteilungen, die Bezirksverwaltungen/Verwaltungen und Kreisdienststellen des MfS, für die Partei und anderen in dieser Richtung wirkenden Organen und Institutionen im entsprechenden Abschnitt der Grenzbereitschaft ergeben."[122] In Berlin wurde eine „Gruppe 'Grenzschleuse'" bzw. „Arbeitsgruppe Staatsgrenze" für Schleusungen zuständig.[123]

Gleichzeitig ging es darum, die verschlossenen Grenzen hundertprozentig unter Kontrolle zu bekommen, einschließlich des sogenannten „Grenzvorfeldes" im Westen sowie des verbleibenden Reiseverkehrs. Im Januar 1962 kam deshalb die sogenannte „Grenzaufklärung" der Nationalen Volksarmee (NVA) zum MfS, dessen Hauptabteilung I von nun an systematisch auf der westlichen

---

119 Instruktion zur Bearbeitung der Feindorganisation „Berliner Büro des IBFG"; BStU, ZA, DSt 101376.

120 Abt. für Sicherheitsfragen des ZK der SED, Bericht über den Brigadeeinsatz der Abt. für Sicherheitsfragen in der HA Aufklärung des Ministeriums für Staatssicherheit Berlin vom 15.3.1962; BStU, ZA, SdM 1351, Bl. 123.

121 Verwaltung Groß-Berlin, Abt. XV: Einschätzung der Lage in Westberlin nach dem 13.8.1961 vom 12.9.1961; BStU, ASt Berlin, XV 25, Bl. 2.

122 Befehl 598/61 zur Übernahme der Aufklärungsorgane der Grenztruppen durch das MfS (Abt. Aufklärung beim Kdo. Grenze – HA I) vom 10.12.1961; BStU, ZA, DSt 100326. Befehl 56/62 zur Aufgabenstellung der Abt. Aufklärung beim Kommando Grenze der NVA vom 19.1.1962, S. 4 f.; BStU, ZA, DSt 100330.

123 Bestätigte Vorlagen der Abt. XV der Verwaltung Groß-Berlin im MfS vom 17.1.1962 und vom 4.6.1963; BStU, ASt Berlin, XV 25.

Seite spionierte.[124] Zugleich erhielt das MfS die neue Aufgabe, den grenzüberschreitenden Verkehr zu kontrollieren und abzufertigen, weshalb im August 1962 die Arbeitsgruppe (ab 1964: Hauptabteilung) Paßkontrolle und Fahndung gebildet wurde. Schnell wurde dabei deutlich, daß die Kontrollpunkte nicht nur der „Filtrierung des [...] passierenden Personenkreises zum Erkennen und Unschädlichmachung von Feinden der DDR" dienen konnten, sondern auch der Feststellung von für das MfS „interessanten" Personen und Personengruppen; die systematische „Erarbeitung von politisch-operativ auswertbaren Informationen aus dem Reiseverkehr" zählte nun ebenso zu den Aufgaben des MfS wie die Beobachtung und Aufklärung der „gegnerischen" Grenzübergangsstellen.[125] Eine ähnliche Rolle spielten auch die Leipziger Messen, über die es beispielsweise in einem „Abschlußbericht" vom September 1962 lapidar hieß: „Der Einsatz der Mitarbeiter der HV A in Leipzig und an den Grenzkontrollpunkten hat sich für die Herstellung neuer operativer Kontakte gelohnt".[126]

Nicht zuletzt wegen der größeren logistischen Schwierigkeiten kam es nach dem Mauerbau nur noch vereinzelt zu Verschleppungen, die nunmehr hauptsächlich „republikflüchtige" ehemalige hauptamtliche Mitarbeiter des MfS betrafen. Unter den insgesamt auf mehrere Hundert geschätzten Entführungsopfer der Staatssicherheit befanden sich laut Angaben der Hauptabteilung Kader und Schulung immerhin knapp 120 ehemalige Mitarbeiter des MfS.[127]

Von den Folgen des veränderten „Grenzregimes" abgesehen, blieben die Zielrichtungen der West-Arbeit nach dem Mauerbau aber im wesentlichen unverändert. Anders als sein Vorgänger Wollweber war Mielke jedoch ungleich mißtrauischer gegenüber der Verständigungsbereitschaft des Westens. So erklärte er im Dezember 1961 auf einer Kollegiumssitzung des MfS:

„Vom Abbau des kalten Krieges ist nichts zu spüren. Die Verhandlungsbereitschaft bestimmter Kreise ist zwar vorhanden, aber sie darf uns nicht täuschen über die tatsächliche Lage. [...] Daraus ergibt sich die Forderung, daß wir durch alle vorhandenen Kanäle erfahren müssen, wie ist die Lage und wie ist der Stand beim Gegner. Wir müssen die Arbeit auch in der Beziehung verändern, daß wir unsere Probleme an die Menschen in Westdeutschland herantragen, daß wir die positiven Kräfte stärken und die Ultras und ihre Lakaien zersetzen. Wir müssen eine scharfe Auseinandersetzung zwischen den verhandlungsbereiten Kräften und den Kräften, die an der alten Position festhalten, herbeiführen."[128]

---

124 Befehl 56/62 zur Aufgabenstellung der Abt. Aufklärung beim Kommando Grenze der NVA vom 19.1.1962; BStU, ZA, DSt 100330.

125 Ausführlich: Horst Meinzer/Wolfgang Lindner: Die Bildung der HPF als Ausdruck der Reaktion des MfS auf neue Sicherheitserfordernisse zu Beginn der 60er Jahre (Hausarbeit); BStU, ZA, VVS JHS 001-1175/77, S. 28, 34 und 43.

126 HV A, Stellvertreter Operativ, Abschlußbericht zur Aktion „Kooperation" vom 15.9.1962; BStU, Abt. Bildung und Forschung, Information und Dokumentation, Dokument 38, S. 5.

127 Gieseke, 1995, S. 81.

128 Protokoll der Kollegiumssitzung am 13.12.1961, Fortsetzung am 20.12.1961; BStU, ZA, SdM 1558, S. 6.

Im Frühjahr 1962 erhielt die HV A als „Hauptaufgaben" das verstärkte „Eindringen in die politischen, wirtschaftlichen und militärischen Zentren und Führungsgremien des Gegners" und die „stärkere Mithilfe bei der Durchführung von politisch-operativen aktiven Maßnahmen zur Entlarvung des Charakters des Bonner Staates, seiner Kriegsvorbereitungen und antinationalen Politik"; außerdem sollte sie „Maßnahmen zur Verbesserung des Verbindungswesens und der besseren Absicherung der im Operationsgebiet tätigen Quellen unter allen Bedingungen" treffen.[129] Nach dem VI. Parteitag der SED im Januar 1963 forderte Mielke erneut, „daß die Aufklärung in der Arbeit des MfS einen größeren Platz als bisher einnehmen muß [...], weil die Basis für die Feindtätigkeit im wesentlichen außerhalb des Territoriums unserer Republik liegt".[130]

Zum Schutz des Spitzelnetzes im Westen erließ Markus Wolf 1965 eine Richtlinie, die eine umfassende Meldepflicht über alle „Maßnahmen, Methoden und Mittel der feindlichen Organe" vorschrieb.[131] 1968 folgte dann eine umfassende, von Mielke erlassene Richtlinie „für die Arbeit mit inoffiziellen Mitarbeitern im Operationsgebiet", die als Schwerpunkte der „Aufklärung" und der „äußeren Abwehr" die Bearbeitung der politischen, militärischen, wirtschaftlichen, wissenschaftlich-technischen und geheimdienstlichen Zentren vorsah sowie die „Durchführung aktiver politisch-operativer Maßnahmen gegen die Politik und die Zentren des Feindes zur direkten Unterstützung der Politik der Partei- und Staatsführung".[132] Im selben Jahr traf Mielke umfangreiche Regelungen für die „auf dem Gebiet der Aufklärung tätigen Offiziere im besonderen Einsatz" und „hauptamtlichen inoffiziellen Mitarbeitern" – die hauptberuflichen Agenten des MfS, deren finanzielle und soziale Versorgung nun mit deutscher Gründlichkeit geklärt wurde.[133]

Zu den Schwerpunkten der West-Arbeit in den sechziger Jahren gehörte die konspirative Einflußnahme auf die westdeutsche Politik. Auf Geheiß des ZK der SED und des für Agitation zuständigen Mitglieds des Politbüros Albert Norden suchte das MfS damals die innenpolitischen Auseinandersetzungen in der Bundesrepublik anzuheizen und führende westdeutsche Politiker gezielt zu kompromittieren. Wie Beteiligte später berichteten, suchte man vor allem nach Hinweisen auf persönliche Verstrickungen in das NS-Regime, wofür „Perso-

---

129 Abt. für Sicherheitsfragen des ZK der SED, Bericht über den Brigadeeinsatz der Abt. für Sicherheitsfragen in der HA Aufklärung des Ministeriums für Staatssicherheit Berlin vom 15.3.1962; BStU, ZA, SdM 1351, Bl. 125.

130 Zitiert nach: Referat eines ungenannten Mitarbeiters der Bezirksverwaltung für Staatssicherheit (wahrscheinlich der Leiter der Abt. XV), o. D. (1963), S. 1; BStU, ASt Berlin, XV 25.

131 HV A, Richtlinie zur Einleitung von Maßnahmen zum Schutze und zur Sicherung des inoffiziellen Netzes im Operationsgebiet und der Organe des MfS im Bereich der Aufklärung; BStU, ZA, SdM 342, Bl. 1–23.

132 Richtlinie 2/68 für die Arbeit mit Inoffiziellen Mitarbeitern im Operationsgebiet; BStU, ZA, DSt 101126; dokumentiert in: Die inoffiziellen Mitarbeiter. Richtlinien, Befehle, Direktiven (I), hrsg. vom BStU, 1992, S. 223–266, hier 228 f.

133 Grundsätze zur Regelung des Dienstverhältnisses mit den auf dem Gebiet der Aufklärung tätigen Offizieren im besonderen Einsatz des Ministeriums für Staatssicherheit und zur Regelung der Vereinbarungen mit den auf dem Gebiet der Aufklärung tätigen hauptamtlichen inoffiziellen Mitarbeitern des Ministeriums für Staatssicherheit; BStU, ZA, DSt 102131.

nalakten aus der NS-Zeit [...] aus den Archiven angefordert und nach belastendem Material durchsucht und je nach Maßgabe 'vervollständigt' [wurden] durch Dokumente aus eigener Fertigung".[134] Diese wurden dann in die westliche Presse lanciert oder auf propagandistischen Pressekonferenzen der Nationalen Front in Ost-Berlin präsentiert. Derartige Aktionen zur Kompromittierung wurden u. a. gegen Heinrich Lübke, Kurt-Georg Kiesinger und Eugen Gerstenmaier von der CDU, aber auch gegen Herbert Wehner und Willy Brandt von der SPD geplant bzw. durchgeführt (vgl. auch Kap. 5.2).

Symptomatisch dafür ist ein Schreiben von Albert Norden an Erich Mielke aus dem Jahr 1960, in dem es heißt: „Nachdem die Suche nach den Oberländer-Akten so außerordentlich erfolgreich gewesen ist und wir jetzt uns anderen Persönlichkeiten der Bundesregierung zuwenden müssen, bitte ich Dich zu veranlassen, daß eine systematische Nachforschung in der Richtung betrieben wird, ob über die Minister Seebohm und Lemmer sowie den Staatssekretär im Lemmer-Ministerium, Thedieck, Aktenmaterial vorhanden ist. Ich bin überzeugt, daß eine systematische Suche in den verschiedenen Ministerien und Archiven uns mindestens Teilerfolge bringen wird."[135] Und drei Jahre später lautete eine ähnliche Bitte Nordens: „Lieber Genosse Mielke! Ich bitte Dich, mir eine Zusammenstellung und Analyse darüber anfertigen zu lassen, wer alles auf gegnerischer westdeutscher Seite sich mit DDR-Fragen beschäftigt. [...] Ich nehme an, daß ein Großteil der von mir oben gewünschten Angaben sowieso in Deinem Ministerium vorhanden ist, so daß keine allzu große Extraarbeit aus dieser Anforderung entsteht." – Fünf Wochen später war die 19seitige Ausarbeitung des MfS fertiggestellt.[136]

Eine beispiellose Kampagne wurde in den sechziger Jahren insbesondere gegen den damaligen Bundespräsidenten Heinrich Lübke in Gang gesetzt. Zu diesem Zweck wurde aus verschiedenen Archiven der DDR systematisch Material zusammengetragen und beim MfS deponiert, das Lübke vor allem wegen seiner Tätigkeit in der „Baugruppe Schlempp" belasten sollte. Insbesondere handelte es sich dabei um Baracken-Baupläne mit der Unterschrift Lübkes, die u. a. – dem Deckblatt zufolge – „zur Erstellung eines KZ-Lagers für 2.000 Häftlinge" in Neu-Staßfurt dienten.[137] Ein Tag vor seiner Wiederwahl zum Bundespräsidenten wurde Lübke deshalb im Juni 1964 öffentlich als „Baumeister faschistischer Konzentrationslager" angeprangert.[138] Danach planten MfS, ZK und weitere DDR-Organisationen unter Anleitung von Norden geradezu generalstabsmäßig seinen Rufmord, worüber beim BStU insbesondere ein von der Abteilung Agitation des MfS angelegter und verwalteter Aktenbestand zu Lübke von insgesamt sechs laufenden Metern Auskunft gibt. So wurden nach einer Pressekonferenz im Januar 1966 umfangreiche Beschlüsse über die

---

134 Bohnsack/Brehmer 1992, S. 49; Bittman 1972, S. 162 ff.
135 Schreiben von Albert Norden an Mielke vom 9.5.1960; BStU, ZA, SdM 1121.
136 Schreiben von Albert Norden an Mielke vom 29.6.1963; BStU, ZA, SdM 1110.
137 Braunbuch 1968, Tafel 13.
138 Norden 1981, S. 235; ausführlicher zur Kampagne gegen Lübke: Bittman 1972 S. 162 ff.; Bohnsack/Brehmer 1992, S. 59 f.; Morsey 1996, S. 505 ff. Vgl. auch Braunbuch 1968, S. 40 f.

„weitere Arbeit" gefaßt, wie in der Bundesrepublik, in Frankreich, Israel, Indien und weiteren Ländern Proteste gegen Lübke zu organisieren seien. Das Spektrum der Maßnahmen reichte dabei von der „Erhebung von Klagen ehemaliger französischer Häftlinge in Lübkes Lagern" über die „Entwicklung von Protesten gegen die Verleihung der Ehrendoktorwürde an Lübke durch die Universität Neu-Delhi" bis hin zur Übermittlung von belastenden Dokumenten an westdeutsche Städte, die Lübke die Ehrenbürgerschaft verliehen hatten. „Mit der vom Zentralrat der FDJ eingeladenen Delegation der Leitung des SDS wird ein Besuch der Lübke-Ausstellung und eine Aussprache bei Gen. Dr. Dengler durchgeführt mit dem Ziel, den SDS zur Aktivität gegen Lübke anzuregen. [...] Es ist zu prüfen, welche Möglichkeiten des Auftretens gegen Lübke in Kreisen der FDP und der Jungdemokraten gefunden werden können."[139]

Wachsende Anstrengungen unternahm man dabei, daß die Kampagne nicht nur von Ost-Berlin aus, sondern auch unter Nutzung westlicher Journalisten und Medien betrieben wurde. So informierte der Leiter der Abteilung Agitation nach einer Vorbesprechung für eine Pressefahrt mit zehn westdeutschen Journalisten im Februar 1966 den Minister für Staatssicherheit, daß Norden im Anschluß an die Sitzung „unter vier Augen" darum gebeten hätte,

„ob es dem MfS nicht möglich sei, die Kampagne gegen Lübke durch spezielle aktive Maßnahmen in Westdeutschland zu unterstützen. Er hatte dabei insbesondere folgende Vorstellungen:

a) Lancierung des Lübke-Materials in westliche Presseorgane;

b) Maßnahmen, um den Diffamierungsprozeß um Lübke zu fördern, wobei die sich durch die Koalitionsfrage gebildeten Fraktionen innerhalb der CDU/CSU ausgenutzt werden könnten;

c) Organisierung des öffentlichen Auftretens eines prominenten FDP-Funktionärs, der unter Berufung auf den „einwandfreien" ehemaligen FDP-Bundespräsidenten Heuss die sich aus der Vergangenheit ergebende Disqualifikation Lübkes für das Amt des Bundespräsidenten feststellt.

Ich schlage vor, eine Durchschrift dieser Information an Genossen Generalleutnant Wolf zu geben, mit der Bitte, die Möglichkeiten zur Realisierung [...] durch die HVA zu prüfen."[140]

Im Dezember 1966 wandte sich der Leiter der Abteilung Agitation erneut an den Minister und schrieb, daß mit der letzten Pressekonferenz (vom 14.11.1966) der vom Bonner Innenministerium unternommene „Entlastungsversuch" für Lübke zerschlagen worden sei; da mit der „Auffindung weiterer

---

139 Protokoll der Besprechung zwischen Norden, Stadler, Dr. Dengler, Steinke, Max Schmidt, Heinrich Thalheim, Halle, Schumann, Ender und Mannbar am 24.2.1966 über die weitere Auswertung der Pressekonferenz vom 24.1.1966; BStU, ZA, AU 7/85, Bd. 16, Bl. 190–201.
140 Schreiben des Leiters der Abt. Agitation an Mielke vom 3.2.1966, S. 2 f.; BStU, ZA, AU 7/85, Bd. 2, Bl. 138–140.

belastenden Materials nicht zu rechnen" sei, dürfte die Kampagne jedoch ihren vorerst letzten Höhepunkt erreicht haben. Wörtlich hieß es dann in dem von Mielke an den Leiter der HV A weitergeleiteten Schreiben:

> „Das von uns unterstützte Bemühen der Partei, im westlichen Ausland und auch in Westdeutschland bestimmte Kreise und Persönlichkeiten in der Front gegen Lübke zu mobilisieren, gewinnt darum nunmehr noch größere Bedeutung.

Unter diesem Aspekt wurden im Auftrag des ZK – Westabteilung – seit einiger Zeit mit dem renommierten Hamburger Verlag 'Rowohlt' Verhandlungen geführt über die Herausgabe eines 'rororo-aktuell-Bandes', der in einer Auflage von etwa 75.000 Expl. zum ersten Mal im Buchformat die wesentlichen Belastungsmaterialien gegen Lübke in Westdeutschland veröffentlichen soll. [...] Eine 'Rowohlt'-Ausgabe würde infolge des weltweiten Rufes des Verlages die Lübke-Kampagne auf eine Ebene stellen, die beträchtliche internationale Auswirkungen verspricht und ein für allemal jegliche Versuche Bonns, die Lübke belastenden Dokumente als Fälschungen hinzustellen, aus der Welt zu schaffen. Vom ZK – Westabteilung – Gen. Max Schmidt wird mir in diesem Zusammenhang vertraulich mitgeteilt, daß Gen. W[alter] U[lbricht] und E[rich] H[onecker] von diesem Projekt erfahren haben, es unterstützen [...]."[141]

Vor einer Veröffentlichung des Buches wollte der zuständige Verlagsvertreter, Fritz J. Raddatz, jedoch eine „absolute Garantie über die Echtheit" der Dokumente und schlug deshalb vor, die Unterschriften durch einen Schweizer Schriftsachverständigen prüfen zu lassen. Zu diesem Zweck wurden die Dokumente in die Schweiz gebracht und dort vom Chef des Wissenschaftlichen Dienstes der Stadtpolizei Zürich im Februar 1967 geprüft. Der Experte lehnte dann jedoch die Erstellung eines Gutachtens ab, da dessen Resultate zu politischen Zwecken verwendet werden könnten, so daß der Rowohlt Verlag von einer Publikation Abstand nahm.

Als Mittelsmann von MfS und ZK diente bei diesen Verhandlungen der Ost-Berliner Rechtsanwalt Friedrich Karl Kaul, der auch über andere westdeutsche Medien die Anti-Lübke-Kampagne zu forcieren suchte. Im Oktober 1966 berichtete er beispielsweise über ein Gespräch mit dem Herausgeber der Hamburger Zeitschrift „Konkret", Klaus-Rainer Röhl, bei dem es u. a. um einen Artikel des westdeutschen Schriftstellers Robert Neumann ging, in dem dieser eine Reihe von Publizisten dazu aufrief, in Ost-Berlin die Echtheit der Lübke-Dokumente zu prüfen. Dabei zeigte Röhl dem DDR-Abgesandten auch entsprechende persönliche Briefe von Neumann in dieser Angelegenheit, die er u. a. an Rudolf Augstein vom „Spiegel" und Gerd Bucerius von der „Zeit" gerichtet hatte. Zudem bat Röhl, daß im DDR-Fernsehen auf den Aufruf von

---

141 Schreiben des Leiters der Abt. Agitation an Mielke vom 15.12.1966, S. 1 f.; ebenda, Bl. 104–107.

Neumann Bezug genommen werde.[142] Im Dezember 1966 protokollierte er dann ein Gespräch mit der Ehefrau des „Konkret"-Herausgebers, Ulrike Meinhof, in dem „die Möglichkeiten besprochen [wurden], in der Sache weiter zu kommen". Dabei habe Frau Meinhof u. a. gefragt, „ob wir nicht neues Material nachschieben könnten, das von 'Konkret' veröffentlicht würde, wodurch eine neue Aktion gestartet würde".[143]

Tatsächlich verschob sich das Schwergewicht der Kampagne in der Folgezeit zunehmend in den Westen, wobei insbesondere dem Chefredakteur des „Stern", Henry Nannen, sowie dem „Spiegel" eine Schlüsselrolle zufiel.[144] Auch der SDS war an den Protesten beteiligt. Im März 1968 verwarf die SED den Plan, „Strafverfolgungsmaßnahmen" gegen Lübke einzuleiten, weil es, wie der Leiter der Abteilung Agitation, Oberst Halle, in einem Vermerk feststellte, zweckmäßiger sei, „Aktionen gegen Lübke von Westdeutschland oder aber vom westlichen Ausland ausgehen zu lassen", mit denen „viel größere Wirkungen erzeugt" werden könnten.[145] Lübke selbst verzichtete – nicht zuletzt mit Blick auf den vergeblichen Ehrenrettungsprozeß des Weimarer Reichspräsidenten Ebert – auf eine gerichtliche Auseinandersetzung, die sich über Jahre hätte hinziehen können. Im September 1968 resignierte er schließlich gegenüber dem Druck der öffentlichen Meinung und kündigte seinen vorzeitigen Rücktritt an. Erst nach der „Wende" offenbarte der ehemalige Mitarbeiter der Abteilung X der HV A, Günter Bohnsack, daß den originalen Bauzeichnungen für Baracken auf eigens besorgtem „Papier aus der Nazi-Zeit" mit Hilfe einer „entsprechenden Schreibmaschine" Deckblätter hinzugefügt worden seien, „auf denen das Wort 'Konzentrationslager' explizit stand".[146]

Ein anderes Angriffsziel bildete die Bundeswehr, die ebenfalls Gegenstand diskreditierender Maßnahmen wurde. So übergab die Abteilung „S" des Zentralkomitees Erich Mielke 1963 einen vertraulichen Bericht über eine Sitzung der Arbeitsgruppe Militärpolitik bei der Agitationskommission des Politbüros, auf der die „Schwerpunkte" der militärpolitischen Propaganda nach Westdeutschland festgelegt worden waren. Als „Personen, gegen die sich als Vertreter der aggressiven Politik des Bonner Staates unser Angriff richten muß" wird in dem Bericht eine Reihe hochrangiger Bundeswehroffiziere genannt, darunter der Inspekteur der Marine, Zenker, und der damals neu berufene MAD-Chef Schmeyr. „Zu diesem Personenkreis soll besonders nach Material geforscht werden." Umgekehrt wurde es als „zweckmäßig" angesehen, eine Reihe anderer Offiziere, darunter den vom damaligen Verteidigungsminister

---

142 Bericht vom 26.10.1966 über die Besprechungen in Hamburg bezüglich der Aktion Lübke; BStU, ZA, SdM 1239, Bl.215–221. Gleichzeitig berichtete Kaul dem Minister für Staatssicherheit auch über eine Verabredung mit dem „Stern"-Redakteur Jochen von Lang, der Material für eine Serie „Spione Bonns gegen DDR" haben wollte.
143 Protokoll vom 1.12.1966 über die Besprechung zwischen Ulrike Meinhof, Steinke, Dengler und Friedrich Karl Kaul, S. 2; BStU, ZA, SdM 1239, Bl. 189–191.
144 Ausführlich dazu: Morsey 1996, S. 536 ff.
145 Vermerk des Leiters der Abt. Agitation vom 22.3.1968; BStU, ZA, AS 29/66, Bd. I, Bl. 21.
146 Bohnsack in einem am 24.2.1994 gesendeten Interview des Deutschlandfunks, zitiert nach: Morsey 1996, S. 513, Anm. 38.

Franz Josef Strauß abgelösten MAD-Chef Wessel, „als mögliche Gegner der offiziellen Militärpolitik vorläufig zu werten."[147]

Das MfS versuchte auch, mittels konspirativer Aktionen die Bundesrepublik als antisemitisch zu diskreditieren bzw. selbst antisemitische Aktivitäten aus-zulösen – zeitgleich zum Beginn des Eichmann-Prozesses in Jerusalem. Ein „Vorschlag" vom Mai 1961 sah beispielsweise vor,

> „im Rahmen der Aktion 'Vergißmeinnicht' folgende Publikationen in West-deutschland kursieren zu lassen:
>
> a) Einen Rundbrief mit Absender der Deutschen Reichspartei (DRP), der zum Inhalt den Aufruf hat, gemeinsam finanzielle Mittel zur Verteidi-gung Eichmanns zu schaffen und durch eine antisemitische Welle die Notwendigkeit der Judenvernichtung propagandistisch zu rechtfertigen. [...] Verantwortlich zeichnen müßte [...], ehem. SS-Gruppenführer. [...]
>
> 2. Am 15., 16.4.1961 wurde die sogenannte Gesamtdeutsche Partei ge-gründet. [...] Diese Partei vereinigt in sich die aktivsten revanchistischen, militaristischen und antisemitischen Kräfte Westdeutschlands. [...] Unter diesem Gesichtspunkt müssen von der Leitung dieser Partei verfaßte Schreiben an die Landesverbände gesandt werden mit Aufforderungen zu antisemitischen Aktionen."[148]

In einer anderen Aktion ging es darum, antisemitische Hetz- und Drohbriefe an überlebende Juden in Westdeutschland zu versenden (Aktion „J"). Dazu wurde u. a. ein Inoffizieller Mitarbeiter des MfS nach München entsandt zwecks „Be-schaffung von Adressen jüdischer Bürger". Gleichzeitig wurde eine Liste mit dem MfS bekannten Antisemiten in Westdeutschland erstellt. Aus deren Wohnorten wurden dann Briefe wie der folgende versandt:

> „Offensichtlich habt Ihr Juden immer noch nicht begriffen, daß Ihr aus Deutschland zu verschwinden habt. Euch hat es wohl nicht gereicht, daß wir 6 Millionen von Euch vergast haben! Hätten wir mehr von Euch in der „Sonderbehandlung" gehabt, würde schon heute niemand mehr über Euch reden. Eure Ausrottung ist nur durchbrochen worden. Wir kennen Euch al-le! Jetzt wollt Ihr über unseren Kameraden Eichmann triumphieren. Wir werden ihn rächen. Dich haben wir schon vorgemerkt!
>
> Deutschland erwache!
>
> (ein Kamerad Eichmanns)."[149]

Auch die „Reaktionen" auf die „Aktion 'J'" wurden vom MfS gleich mit orga-nisiert. Im Namen der betroffenen Juden wurden Briefe verfaßt, in denen es beispielsweise hieß:

---

147 Information über die Beratung der Arbeitsgruppe Militärpolitik an 2.4.1963, S. 2 f.; BStU, ZA, SdM 1110.
148 Vorschlag vom 3.5.1961, S. 1 und 3; BStU, ZA, HA XX/4-513.
149 Entwurf; ebenda, S. 6.

„Ich bin deutscher Jude, das muß ich hervorheben, weil es bereits von anderen und im anderen Sinne wieder hervorgehoben wird. Bis 1945 war ich Schutz-Häftling im Groß-Deutschen Reich. Ich habe verschiedene Konzentrationslager kennengelernt und empfinde es heute noch als ein Wunder, daß ich sie überlebt habe. Es ist aber so, wie ich und andere es nicht für möglich gehalten haben. Nicht nur ich als Häftling habe die KZs überlebt, auch die Nazis haben Hitler-Deutschland überlebt.

Ich schreibe Ihnen, weil in der letzten Zeit diese Nazis in mir wieder den Juden entdeckt haben. Die Nachrichten in der Presse habe ich nicht geglaubt. Ich meinte, daß auch etwas derartiges nicht wieder kommen könnte. Im schlimmsten Falle, so hatte ich angenommen, sind es Unverbesserliche. Jetzt aber habe ich Angst, Angst vor der Wiederholung, Angst um die Zukunft, und ich weiß nicht, wie lange es noch dauern wird bis zur Angst ums Leben.

Man beschimpft mich nicht spontan, sondern organisiert. Laufend bekomme ich Briefe mit den schrecklichsten Drohungen, die Absender wollen die Vergangenheit nicht zur Ruhe kommen lassen. [...]

Ich werde Deutschland verlassen. Diesmal wollen ich und meine Glaubensbrüder das rechtzeitig tun. Die Angst ist wieder da.“[150]

Schließlich registrierte das MfS auch die öffentliche Resonanz der antisemitischen Aktionen. In einem Bericht vom 16.5.1961 heißt es: „Belegt durch Veröffentlichungen in der Westpresse“ seien antisemitische Vorfälle in München, Duisburg, Augsburg, Mainz, Nürnberg, Emmerich und Hamburg vorgekommen. Zeitungsausschnitte zu den Aktionen – darunter ein Artikel über zahllose gestanzte Hakenkreuze auf dem Platz vor der Hamburger Synagoge am Geburtstag Hitlers, als in Jerusalem die Anklageschrift gegen Eichmann verlesen wurde – beschließen die Akte aus dem Bestand der für die Kirchen zuständigen Hauptabteilung XX/4.[151]

Spezialisiert auf diese Art von West-Arbeit war das „Sonderreferat F“ der Abteilung VII der HV A unter Oberstleutnant Rolf Wagenbreth, das 1966 zur selbständigen Abteilung X aufgewertet wurde und das eng mit den Desinformationsabteilungen anderer Ostblockstaaten zusammenarbeitete.[152] In einem „Bericht über die Erfüllung der politisch-operativen Verpflichtungen“ in Vorbereitung des 20. Jahrestages der DDR rühmte sich HVA-Chef Wolf beispielsweise 1969, daß durch „das öffentliche Auftreten von mehreren wichtigen IM (Pressekonferenz, Fernsehen usw.)“ zu den „aktiven Maßnahmen“ zum Thema „ABC-Waffen-Produktion in Westdeutschland“ entscheidend beigetragen worden sei. Die Abteilung X habe zusätzlich an politisch-operativen Maßnahmen gegen Kiesinger und Gerstenmaier gearbeitet, u. a. durch „kompro-

---

150 Entwurf vom 3.5.1961; ebenda, S. 8 f.
151 Vgl. Deutsche Volkszeitung vom 28.4.1961; ebenda, S. 64.
152 Befehl 14/66 vom 28.5.1966; BStU, ZA, DSt 100480.

mittierende Artikel" in der schwedischen und holländischen Presse (vgl. Kap. 5.1).[153]

Als „neue und zusätzliche Gefahr" betrachteten SED und MfS Ende der sechziger Jahre die vor allem von der SPD vertretene Ostpolitik – und ordneten im Rahmen der West-Arbeit umfangreiche Gegenmaßnahmen an. Auf einer Delegiertenversammlung der HVA-Parteiorganisation im Februar 1967 erklärte Mielke, „daß bedeutende Vorstellungen der SPD-Führer, besonders Wehners und Brandts, zum Kampf gegen die DDR [jetzt] zu einem festen Bestandteil der offiziellen Bonner Regierungspolitik und Feindtätigkeit gegen die DDR geworden sind bzw. werden", was sich „insbesondere bei den verstärkten Versuchen des Gegners zur Intensivierung der politisch-ideologischen Diversions- und Aufweichungspolitik, der sogen. Kontaktpolitik und auf dem gesamten Gebiet der sogen. Ostpolitik" zeige (Hervorhebungen im Original). Während die Vertreter der CDU/CSU „doch zu einem gewissen Teil öffentlich stark kompromittiert" seien, verstünden es die „rechten SPD-Führer und SPD-Minister [...] sehr gut, ihre wirklichen Absichten demagogisch zu tarnen." Das MfS müsse es deshalb erreichen, „stärker in solche Gremien in Westdeutschland einzudringen, in denen die Politik Bonns gegen die DDR beschlossen bzw. beraten wird". Aus den Quellen im Westen müsse „bedeutend mehr an Substanz [darüber] herausgeholt werden, was unmittelbar vom Standpunkt der Sicherung und Stärkung der DDR wichtig und notwendig ist".[154] Die Aufklärungstätigkeit müsse insgesamt weitaus stärker als bisher unter den Gesichtspunkten der Abwehrarbeit erfolgen – eine Linie, die in der Folgezeit immer mehr an Gewicht gewann. Nicht nur Mielke selbst, sondern auch die Führungsspitze der HV A erhob nunmehr regelmäßig „die Forderung, immer von der Gesamtaufgabenstellung des MfS auszugehen und jedes Ressort- und Liniendenken energisch zu bekämpfen. Hierbei wurden besonders die Hinweise des Genossen Minister Mielke beachtet, daß alle Linien der Aufklärung noch enger mit den Linien der Abwehr zusammenarbeiten und alle noch vorhandenen Tendenzen der Unterschätzung der inneren Abwehraufgaben überwunden werden."[155]

Einen anderen Schwerpunkt der West-Arbeit bildete in den sechziger Jahren die „rechtzeitige Aufklärung" sogenannter Kriegsvorbereitungshandlungen in Westdeutschland, die in Perioden verstärkter politischer Spannungen zwischen Ost und West regelmäßig forciert wurde. 1962 erteilte Erich Mielke die Anweisung, alle überprüften in Westdeutschland tätigen und für diese Aufgaben geeigneten IM „zur systematischen Beobachtung und schnellen Feststellung außergewöhnlicher Handlungen der in ihrem Bereich vorhandenen wichtigsten

153 Bericht des Leiters der HV A über die Erfüllung der politisch-operativen Verpflichtungen der II. Etappe der Vorbereitung des 20. Jahrestages der Deutschen Demokratischen Republik vom 18.3.1969; BStU, ZA, SdM 1474, S. 4 f.
154 Hinweise für das Schlußwort auf der Delegiertenkonferenz der Parteiorganisation V (HVA) – 2.2.1967, S. 22 ff. und 50; BStU, ZA, SdM 1343.
155 Bericht des 1. Sekretärs der Parteiorganisation der HV A an das Sekretariat der Kreisleitung der SED am 11.11.1969; BStU, ZA, SED-KL 146.

militärischen und zivilen Objekte einzusetzen", eine 20seitige Liste nahezu aller wichtigen Einrichtungen der Bundesrepublik fügte er bei.[156] Im Gefolge des Vietnam-Kriegs wurde dann 1968 per Ministerbefehl die „lückenlose und tiefgreifende Aufklärung und Beobachtung aller außergewöhnlichen kriegsvorbereitenden Handlungen des Gegners und feindlichen Provokationen" durch das gesamte MfS weiter perfektioniert – die nach Objekten und Orten gegliederte „Aufstellung der wichtigsten militärischen, zivilen und industriellen Objekte" umfaßte nun schon über 100 Seiten.[157]

Ein weiterer Akzent lag auf dem Ausbau der Wirtschaftsspionage, deren Bedeutung im Zuge der Modernisierungsbestrebungen der SED in den sechziger Jahren beständig zunahm. Zur Verstärkung der wissenschaftlich-technischen „Aufklärungsarbeit" war einem Befehl aus dem Jahre 1962 zufolge alles einschlägige Material von sämtlichen Diensteinheiten des MfS der Abteilung V der HV A „zwecks Auswertung" zuzustellen; im Industriestandort Jena wurde eigens ein Sonderreferat der HV A für Industriespionage gebildet.[158] Zwecks „größerer Spezialisierung der Arbeit" wurden 1969 in der HV A militärische und wirtschaftliche Technikspionage getrennt und von stark spezialisierten Einzelreferaten übernommen.[159] Zur „Beschaffung von Mustern wichtiger Militärtechnik" und „zur Vermeidung von Doppelaufträgen" wurde zugleich eine spezielle Koordinierungsgruppe unter Federführung der HV A gebildet.[160] Anfang der siebziger Jahre wurde dann der „Sektor Wissenschaft und Technik" der HV A gebildet als das eigentliche Zentrum für die Wirtschaftsspionage des MfS (vgl. Kap. 5.1).

Das MfS übernahm auch spezielle nachrichtendienstliche Aufgaben im Rahmen der West-Arbeit der SED und weiterer DDR-Organisationen. Deren verdeckte Verbindungen in die Bundesrepublik wurden in erster Linie durch die Hauptabteilung (HA) II, aber auch durch andere „Linien" wie die für die Wirtschaft zuständige Hauptabteilung III (ab 1964: XVIII) „abgesichert" (vgl. Kap. 5.2). Zur „Gewährleistung eines gesicherten Vertriebes von Agitationsmaterial der DDR nach Westdeutschland und Westberlin" befahl Mielke 1967 zudem die Bildung einer Organisation „außerhalb des Ministeriums", die als Arbeitsgemeinschaft Intergraphik getarnt werden sollte und seinem 1. Stellvertreter, Beater, unterstellt wurde. „Die Hauptaufgabe der Vertriebsorganisation", hieß es in dem Befehl, „besteht im systematischen Aufbau und in der qualifizierten Steuerung eines eigenen IM-Netzes" aus inoffiziellen Mitarbeitern in Ost und West, wobei deren Anwerbung „unter Legende" erfolgen soll-

---

156 DA 6/62 vom 1.6.1962, S. 1 und Anlage (20 Blatt); BStU, ZA, DSt 101041.
157 Befehl 40/68 „über die Durchführung politisch-operativer Maßnahmen zur Ausschaltung des Überraschungsmomentes und zum rechtzeitigen Erkennen einer akuten Kriegsgefahr" vom 2.12.1968, S. 7, sowie 1. DB vom 18.12.1968; BStU, ZA, DSt 100572.
158 Befehl 539/62 vom 1.9.1962; BStU, ZA, DSt 100367, Befehl 172/62 vom 2.4.1962; BStU, ZA, DSt 100341.
159 Befehl 26/69 vom 9.8.1969, S. 1; BStU, ZA, DSt 100595.
160 Befehl 23/69 „über die Koordinierung der Maßnahmen zur Beschaffung von Mustern wichtiger Militärtechnik" vom 14.7.1969, S. 1 f.; BStU, ZA, DSt 100593.

te, um eine Dekonspiration der Organisation als Einrichtung des MfS auszuschließen.[161]

Das Jahr 1968 mit den Protesten der Studentenbewegung im Westen und der Niederschlagung des „Prager Frühlings" im Osten hatte auch auf die West-Arbeit des MfS Auswirkungen. Die marxistisch geprägte Fundamentalkritik der Studenten bot einerseits ein neues Motiv bei der Werbung von Informanten. Auf der anderen Seite sah man sich veranlaßt, nach dem schockierenden Einmarsch in die ČSSR bei den West-IM die „Erziehungsarbeit" durch die Partei zu verstärken.[162] Und noch vor der Intervention fertigte Markus Wolf für Erich Mielke einen „Maßnahmeplan zur Zurückdrängung konterrevolutionärer Einflüsse und zur Stärkung progressiver Kräfte in der ČSSR" an, in dem er seitenlang die verschiedenen Einsatzmöglichkeiten von IM „aus dem Operationsgebiet" und der DDR „in Richtung ČSSR" auflistete.[163] Ein Jahr später berichtete er dann seinem Minister von einer „Aktion von vier Wochen im CS-Operationsgebiet mit erfolgreichen Abwehrmaßnahmen" im Rahmen der Aktion „Genesung" sowie von Einsätzen einer Gruppe hauptamtlicher IM, deren „Hauptergebnisse" u. a. in der „Kontaktaufnahme zu Personen des konterrevolutionären Untergrundes" und der „dadurch möglichen Informationsbeschaffung zu geplanten Aktionen" gelegen haben.[164]

Die Bedeutung der West-Arbeit für den DDR-Staatssicherheitsdienst wurde 1969 in dem vom Nationalen Verteidigungsrat beschlossenen neuen Statut des MfS noch einmal bekräftigt: Danach sollte sich die Tätigkeit des MfS „auf die Aufklärung und Abwehr zur Entlarvung und Verhinderung feindlicher Pläne und Absichten der aggressiven imperialistischen Kräfte und ihrer Helfer" konzentrieren. Unter den „Hauptaufgaben" stand an erster Stelle, „feindliche Agenturen zu zerschlagen, Geheimdienstzentralen zu zersetzen und andere politisch-operative Maßnahmen gegen die Zentren des Feindes durchzuführen". Auch die „wissenschaftliche Führungs- und Leitungstätigkeit im MfS" richte sich vor allem auf „die Arbeit am Feind und das Eindringen in politische, militärische, ökonomische und wissenschaftliche Zentren des Feindes" und „diesbezügliche prognostische und perspektivische Planungen".[165]

161 Befehl 13/67 vom 10.4.1967 zur „Gewährleistung eines gesicherten Vertriebes von Agitationsmaterial der DDR nach Westdeutschland und Westberlin", S. 3 f.; BStU, ZA, BdL/Dok. 001154.

162 Westkommission: Bericht über die durchgeführten Gruppenversammlungen zu Fragen der politisch-ideologischen Erziehungsarbeit mit den Verbindungen im Operationsgebiet vom 14.1.1969; BStU, ASt Berlin, A 1334.

163 Maßnahmeplan zur Zurückdrängung konterrevolutionärer Einflüsse und zur Stärkung progressiver Kräfte in der CSSR vom 14.6.1968; BStU, ZA, SdM 1437.

164 Bericht des Leiters der HV A über die Erfüllung der politisch-operativen Verpflichtungen der II. Etappe der Vorbereitung des 20. Jahrestages der DDR vom 18.3.1969; BStU, ZA, SdM 1474, S. 5 f.

165 Statut des Ministeriums für Staatssicherheit der Deutschen Demokratischen Republik, bestätigt vom Nationalen Verteidigungsrat am 30.7.1969, abgedruckt in: Florath/Mitter/Wolle 1992, S. 138–145, hier 139 f. und 142.

4.2.3 „Gefahren" der Entspannungspolitik – die siebziger Jahre

Das Ende des „Kalten Krieges" zwischen den Supermächten und der Beginn eines von der neuen sozialliberalen Koalition in Bonn und der Führung der SED geförderten Entspannungsprozesses, der zu einer schrittweisen „Normalisierung" des Verhältnisses zwischen beiden deutschen Staaten führte, brachte auch für die West-Arbeit des MfS erhebliche Veränderungen mit sich. Aus dem Blickwinkel des Staatssicherheitsdienstes mehrten sich durch die Entspannungspolitik vor allem die „Gefahren" für die DDR und folgerichtig die „Aufgaben" des MfS – aber auch die Möglichkeiten der Einwirkung und Infiltration im Westen. Die „Politik der weiteren Normalisierung der Beziehungen, der Durchsetzung der Prinzipien der friedlichen Koexistenz wird fortgesetzt" – lautete das von der SED vorgegebene neue Credo der Staatssicherheit, um sogleich hinzuzusetzen: „Es kommt darauf an, alles zu erkunden und zu nutzen, was der Politik der Partei gegenüber der BRD und Westberlin nützt, und alles aufzuklären, was dieser Politik entgegenwirkt und was sich gegen unsere Republik richtet."[166] Neben der Aufklärung und Beeinflussung der westdeutschen Verhandlungspositionen gegenüber der DDR ging es dem MfS vor allem darum, ein politisches, ideologisches und ökonomisches „Eindringen" des Westens im Zuge der Entspannung zu verhindern und zugleich die gewachsenen Möglichkeiten zur Schaffung neuer „operativ interessanter" Verbindungen in der Bundesrepublik umfassend auszunutzen.

Zu den neuen „Aufgaben" des MfS gehörte zunächst die enge „Begleitung" des Verhandlungsprozesses selbst. So befahl Erich Mielke im Vorfeld des Treffens zwischen Willi Stoph und Willy Brandt im Mai 1970 in Kassel die Aktion „Konfrontation II", in deren Rahmen „alle operativen Linien der Aufklärung/Abwehr [...] alle feindlichen Pläne, Absichten und Maßnahmen, die im Zusammenhang mit der Vorbereitung und Durchführung des Treffens stehen, aufzuklären" hatten, insbesondere solche mit dem Ziel, „die DDR-Delegation zu diskriminieren und ihre Verhandlungsposition zu schwächen (besonders durch Demonstrationen, Veranstaltungen, Flugblattaktionen usw.). [...] Alle Diensteinheiten, die die Möglichkeit haben, zuverlässige inoffizielle Mitarbeiter im Raum Kassel einzusetzen (ohne Gefahr der Dekonspiration), melden diese dem Leiter der Aktion persönlich." In einer ausführlichen Anlage wurde den Diensteinheiten dann der „Informationsbedarf zur Verhandlungskonzeption der Bundesregierung" und zum Ablauf der Treffen, zu geplanten Kundgebungen und zur „Reaktion der Bevölkerung der DDR und Westdeutschlands" im einzelnen aufgelistet.[167] Dem MfS saß dabei noch der Schreck über die erste Begegnung zwischen Brandt und Stoph in Erfurt in den Knochen, wo es zu spontanen Hochrufen auf den westdeutschen Kanzler gekommen war („Konfrontation I").

---

166 Zentrale Planvorgabe für 1976 und den Perspektivplanzeitraum bis 1980, S. 31; BStU, ZA, DSt 102260.
167 Befehl 17/70, S. 5 und 13 ff.; BStU, ZA, DSt 100614.

Über seine Informanten an wichtigen Stellen der westdeutschen Politik – darunter der HVA-Offizier Günter Guillaume, der von 1972 bis zu seiner Verhaftung im April 1974 als persönlicher Referent des damaligen Bundeskanzlers Willy Brandt arbeitete – war das MfS tatsächlich über die Vorstellungen und Verhandlungsstrategien der Bonner Regierung genau informiert. Besonders argwöhnisch betrachtete man nach dem Abschluß des Grundlagenvertrages (1972) die Bemühungen des Westens, „Westberlin als zur BRD zugehörig zu behandeln" und dem östlichen Konzept einer „selbständigen politischen Einheit" entgegenzuwirken.[168] „Es geht", so die Zentrale Planvorgabe für 1978, „um den konkreten Nachweis der Verletzung des Vierseitigen Abkommens durch die Westmächte" und „seitens der Regierung der BRD und des Senats von Westberlin".[169] Namentlich das geplante Umweltbundesamt (UBA) in Berlin suchte das MfS massiv zu torpedieren. So entwickelte die „Verwaltung für Staatssicherheit Groß-Berlin" 1974 einen umfangreichen „Maßnahmeplan" gegen das Amt mit dem Ziel der „wirksamen Aufklärung und Bekämpfung der geplanten Errichtung einer weiteren zentralen Bundesbehörde als bisher eklatantestes Beispiel der vielen Versuche der Regierung der BRD und des Senats von Westberlin, das Vierseitige Abkommen zu unterlaufen". Neben der Informationsbeschaffung durch verschiedene IM (u. a. „Jutta" beim Senator für Finanzen; „Frosch" in der Senatskanzlei" sowie „Eisenstein" und „Erler" im Landesvorstand der SPD) sollte dabei auch die „Außenbeobachtung" der UBA-Gebäude in Berlin organisiert werden und die Möglichkeit von „Einschleusungen" geprüft werden. Allein zehn IM sollten „aufgrund ihrer beruflichen Möglichkeiten gesondert zur Aufklärung der personellen Besetzung des Amtes" eingesetzt werden.[170]

Darüber hinaus wollte man aber auch alles über die politischen Fraktionierungen und Konzeptionen in den Bonner Parteien in Erfahrung bringen, um gezielt Einfluß auf die politische Entwicklung in der Bundesrepublik nehmen zu können. „Die Aufgabe besteht in der Bekämpfung der reaktionärsten, offen revanchistischen und entspannungsfeindlichen Kräfte in der BRD, der konservativen Kräfte, besonders in der CDU/CSU, und der hinter ihnen stehenden Kreise des Monopolkapitals, besonders der Rüstungsindustrie, des Militärindustrie-Komplexes sowie aller rechtsextremistischen und rechtsradikalen, terroristischen Elemente. Und wir kämpfen auch gegen jene in der gegenwärtigen Regierungskoalition, die die Fortführung der Entspannung hemmen und deren Handlungen die Entspannung gefährden können." Eine der wichtigsten Aufgaben sei es, so die Zentrale Planvorgabe für 1976, „mit unseren spezifischen

---

168 Zentrale Planvorgabe für 1976 und den Perspektivplanzeitraum bis 1980, S. 33; BStU, ZA, DSt 102260.
169 Zentrale Planvorgabe für die Jahresplanung 1978, S. 14; BStU, ZA, DSt 102428.
170 Leiter der Verwaltung für Staatssicherheit Groß-Berlin: Maßnahmeplan zur Aufklärung der feindlichen Pläne, Absichten, Maßnahmen und Aktivitäten im Zusammenhang mit der Errichtung des Umweltbundesamtes in Westberlin vom 24.7.1974; BStU, ASt Berlin, XV 10.

politisch-operativen Mitteln die Widersprüche und Rivalitäten im imperialistischen Lager weiter zu vertiefen".[171]

Was das MfS alles wissen wollte, veranschaulicht die Zentrale Planvorgabe für 1978, in der die detaillierte „Aufklärung und Analysierung der Entwicklung der Kräftekonstellation in der BRD" verlangt wird, besonders

„– der Bestrebungen der CDU/CSU, die SPD/FDP-Regierungskoalition zu stürzen (zu erwartende Angriffe, der Mittel und Methoden, der Angriffsflächen),

– der weiteren Stärkung der CDU/CSU und ihrer Vorbereitungen auf neue, globale Angriffe auf die Positionen der derzeitigen Regierung (unter Ausnutzung der Rechtsentwicklung in der BRD, des Terrorismus, neonazistischer Tendenzen, der möglichen Aufwertung von Strauß),

– der Lage in der Regierungskoalition unter besonderer Berücksichtigung der FDP,

– der Lage in der SPD und ihrer Bundestagsfraktion (Differenzierung, Abweichler),

– möglicher Auswirkungen der Landtagswahl in Niedersachsen und der Bürgerschaftswahl in Hamburg (jeweils am 4.6.1978) sowie der Landtagswahlen in Bayern und Hessen (im Herbst 1978) auf die Lage der Regierungskoalition."[172]

Daneben wurden aber auch die Wirtschafts- und Militärspionage intensiviert. Die dabei erzielten Ergebnisse waren so umfangreich, daß sie in der DDR oftmals gar keine Verwendung finden konnten. Trotzdem wurden in den siebziger Jahren auch hier die Anstrengungen verstärkt – in erster Linie, um die Sowjetunion mit Informationen zu versorgen und gegenüber den Bruderorganen die Effektivität der DDR-eigenen „Aufklärung" unter Beweis zu stellen. So heißt es etwa in einem 30 Punkte umfassenden Kurzbericht des neu gebildeten Sektors Wissenschaft und Technik (SWT) über „wichtige Arbeitsergebnisse der wissenschaftlich-technischen Aufklärung im 1. Halbjahr 1971" unter Punkt 1.1.: „Die wesentlichen Nachfolgetypen des Starfighters (geplante und in der Planungsdiskussion befindliche) konnten vollständig oder in wichtigen Teilen dokumentiert werden. [...] Die Auswertung erfolgte mit guten Einschätzungen, in erster Linie der SU, aber auch bei unserer NVA, über den Kampfwert dieser Typen."[173]

Während die mit der Entspannungspolitik verbundene Anerkennung des geopolitischen Status quo in Europa als Erfolg der sowjetischen „Friedenspolitik" und als außenpolitische Festigung der SED-Herrschaft gewertet wurde, hatte

171 Zentrale Planvorgabe für 1976 und den Perspektivplanzeitraum bis 1980, S. 34 und 36; BStU, ZA, DSt 102260.
172 Zentrale Planvorgabe für die Jahresplanung 1978, S. 14 f.; BStU, ZA, DSt 102428.
173 HV A, SWT-Leiter: Kurzbericht über wichtige Arbeitsergebnisse der wissenschaftlich-technischen Aufklärung im 1. Halbjahr 1971, S. 1; BStU, ZA, SdM 355, Bl. 14–22.

Mielke allerdings vor allem die „Gefahren" im Auge, die von der neuen Lage für die innere Stabilität der DDR ausgingen. Besonders alarmierten ihn die Folgen der „politisch-ideologischen Diversion", die durch den Abbau der Konfrontationspolitik gegenüber der Bundesrepublik auf die DDR zukamen. Korrespondenten und Diplomaten, die dauerhaft in der DDR lebten und über sie berichteten, die Intensivierung der wirtschaftlichen, politischen und persönlichen Beziehungen, die Zunahme der grenzüberschreitenden Reisen und nicht zuletzt die Hoffnungen auf einen weitergehenden politischen Wandel in der DDR verlangten in seinen Augen nicht nur eine Verstärkung der inneren Überwachung, sondern auch der sogenannten „äußeren Abwehr". Seit Anfang der siebziger Jahre rückte diese deshalb zunehmend in den Mittelpunkt der West-Arbeit des MfS.

Auf einem zentralen Führungsseminar im März 1971 verwies Mielke auf die „vielfältigen, ständig raffinierter und hinterhältiger werdenden Feindmethoden" und folgerte daraus, daß „wir auf dem Gebiet der äußeren Abwehr große Anstrengungen zur Erhöhung der Effektivität unserer Arbeit unternehmen müssen". Um „allen Versuchen des Feindes, die Gestaltung des entwickelten gesellschaftlichen Systems des Sozialismus sowohl durch Angriffe von außen als auch im Innern der DDR zu stören oder zu hemmen, vorbeugend und offensiv entgegenzuwirken", bedürfe es insbesondere „der rechtzeitigen Aufklärung der Pläne, Absichten, Maßnahmen, Mittel und Methoden der feindlichen Zentren und anderen Ausgangspunkte der subversiven Tätigkeit" im Westen. Zu diesem Zweck sei die „Einschleusung von Perspektiv-IM" sowie die „Werbung von Mitarbeitern aus diesen Einrichtungen" erforderlich. Zur Verstärkung der „äußeren Abwehrarbeit" wurde eine nichtstrukturelle Arbeitsgruppe geschaffen, die für die künftige Bearbeitung der „Feindzentralen" in einer neuen Richtlinie Verantwortlichkeiten und Aufgaben genau definieren sollte.[174]

In der ersten Hälfte der siebziger Jahre wurde die „Abwehrarbeit" gegen den Westen durch Befehle zur systematischen Überwachung und Bearbeitung von Korrespondenten, Diplomaten, Handelsvertretern und anderen „bevorrechteten Personen" sowie von allen in der DDR lebenden Ausländern von Grund auf neu geregelt. Zuständig war dafür in erster Linie die Hauptabteilung II, die nun im MfS-Gefüge immer mehr an Gewicht gewann (vgl. Kap. 5.2.1).[175] Darüber hinaus wurde die Überwachung des grenzüberschreitenden Reiseverkehrs durch mehrere Dienstanweisungen verschärft.[176] Auch die HV A bekam zu-

---

174 Referat Mielkes auf dem Zentralen Führungsseminar vom 1.–3.3.1971, Bd. 4, S. 254 ff.; BStU, ZA, DSt 102212.

175 Befehl 16/74 zur politisch-operativen Sicherung der Vertretungen anderer Staaten, internationaler zwischenstaatlicher Organisationen und bevorrechteter Personen in der DDR vom 12.8.1974; BStU, ZA, DSt 100802; Befehl 17/74 zur politisch-operativen Sicherung der in der DDR akkreditierten Publikationsorgane anderer Staaten, deren ständigen Korrespondenten sowie von Reisekorrespondenten aus anderen Staaten; ebenda.

176 DA 3/75 „über die politisch-operative Sicherung der Einreisen von Personen aus nichtsozialistischen Staaten und Westberlin und ihres Aufenthaltes in der DDR" vom 6.8.1975; BStU, ZA, DSt 101498; DA 4/75 „über die politisch-operative Sicherung des Reiseverkehrs von Bürgern der DDR nach nichtsozialistischen Staaten und Westberlin" vom 6.8.1975; BStU, ZA, DSt 101499; DA 5/75 „über die politisch-operative Sicherung des Transitverkehrs durch das Staatsgebiet der DDR" vom

sätzliche Aufgaben zugewiesen, insbesondere das systematische „Eindringen" in westliche Geheimdienste durch die neugebildete Abteilung IX.[177]

Nach der Unterzeichnung der KSZE-Schlußakte in Helsinki sah Mielke das gesamte MfS „vor der Aufgabe, alle Versuche der Entspannungsgegner und anderer imperialistischer Kreise, die Konferenzergebnisse für ihre gegen die DDR und andere sozialistische Staaten gerichteten Ziele auszunutzen und zu mißbrauchen sowie feindlich-negative und politisch schwankende Personen in der DDR zu feindlich-negativen Handlungen zu aktivieren, rechtzeitig mit allen zur Verfügung stehenden geeigneten Kräften sowie Mitteln und Methoden aufzuklären und zu verhindern".[178] Speziell die HV A, aber auch die anderen operativen Diensteinheiten wurden angewiesen, Informationen über westliche Pläne zu beschaffen, „aufgrund der KSZE-Vereinbarungen (besonders der Abschnitte über die Zusammenarbeit in den Bereichen Wirtschaft, Wissenschaft und Technik sowie in humanitären Bereichen) bei künftigen Verhandlungen mit der DDR [...] entsprechende Forderungen zur Verwirklichung" zu stellen. Wirtschaftsunternehmen im Westen wurden nun ebenso verstärkt unter Kontrolle genommen wie Einrichtungen der DDR- und Ostforschung (vgl. Kap. 5.3) sowie Geheimdienste und „Zentren der politisch-ideologischen Diversion" – wie das MfS Medien und Institutionen aus der Bundesrepublik, die sich kritisch mit der DDR auseinandersetzten, bezeichnete. Auch im Innern der DDR sollten alle Versuche der „Ausnutzung" der KSZE-Ergebnisse „rechtzeitig festgestellt, aufgeklärt und wirksam unterbunden werden" – etwa die „Einschleusung von Druckerzeugnissen, in denen die Ergebnisse der KSZE nach westlicher Terminologie interpretiert bzw. verfälscht werden", Bestrebungen, „bei Umgehung der dafür geltenden staatlichen Regelungen" Kontakt in den Westen aufzunehmen oder „verstärkte Versuche, unter Berufung auf die Ergebnisse der KSZE Anträge auf Übersiedlung" zu stellen.[179]

Welche Rückwirkungen die wachsende Anzahl derartig begründeter Ausreiseanträge auf die West-Arbeit des MfS hatten, zeigt exemplarisch der Fall der 1972 gegründeten „Gesellschaft für Menschenrechte" in Frankfurt am Main.[180] Die Gruppe wurde den „Organisationen des Feindes" zugerechnet, „die den subversiven Kampf zur Schaffung eines politischen Untergrundes in der DDR unter dem Deckmantel der angeblichen Verteidigung von Menschenrechten führen." Da es dem „Gegner zur politischen Schädigung unserer sozialistischen Staats- und Gesellschaftsordnung" vor allem darum gehe, die Zahl der Übersiedlungsersuchenden zu erhöhen und diese „für vorbereitete Provokationen zu mißbrauchen", sei „die Abwehr dieser gegnerischen Angriffe gegenwärtig das wichtigste Problem". Um zu verhindern, daß die Antragsteller ihrem Anliegen durch „demonstrative Aktionen" Nachdruck verleihen, bei denen

---

6.8.1975; BStU, ZA, DSt 101500; DA 6/75 „zur Einleitung und Realisierung von Fahndungen im Reiseverkehr über die Staatsgrenze der DDR" vom 6.8.1975; BStU, ZA, DSt 101970.
177 Befehl 14/73 des Ministers; BStU, ZA, DSt 100750.
178 Schreiben des Ministers vom 6.8.1975, S. 2; BStU, ASt Berlin, A 1202.
179 Ebenda, S. 2 ff.
180 Ausführlich: Wüst 1996.

„die Täter bewußt [...] unterhalb der Schwelle der Kriminalität zu bleiben trachten", wurde 1977 nicht nur das politische Strafrecht verschärft, sondern zugleich verlangt, „so viel wie möglich Fakten zu erbringen, welche die 'Gesellschaft für Menschenrechte' als eine geheimdienstlich aufgezogene, durchsetzte und gesteuerte Einrichtung kennzeichnet [...]. Es ist die Voraussetzung, um in den Strafverfahren gegen Bürger der DDR auch durch die Anwendung entsprechender Tatbestände [aus dem StGB] zu charakterisieren, daß sie nicht etwa innere Opposition, 'Bürgerrechtler' oder lediglich wegen ihrer Übersiedlungsabsicht verfolgte Personen sind, sondern diese Straftaten von außen organisiert und in Kollaboration mit dem äußeren Feind als Landesverrat begangen werden. [...] Die Erfahrungen besagen [...], daß sich kaum jemand für einen nachweislichen Spion, für einen Landesverräter öffentlich einsetzt."[181]

Der Nachweis einer solchen geheimdienstlichen „Steuerung" jeder innenpolitischen Kritik oder Unzufriedenheit in der DDR ließ die „äußere Abwehr" immer mehr zur Suche nach einem omnipotenten Phantom werden, dessen Gefährlichkeit und Allgegenwärtigkeit den operativen Diensteinheiten unentwegt eingebleut wurde. Auf Aktivtagungen und Dienstkonferenzen, in Planvorgaben, Weisungen und Befehlen verlangte Erich Mielke immer wieder, „konkreter zu wissen, welche imperialistischen Geheimdienste, andere Zentren, Organisationen und Kräfte des Klassengegners bestrebt sind, feindliche Stützpunkte in der DDR zu schaffen".[182] Entsprechend umfangreich waren die Aktivitäten des MfS im Westen, um dem Minister „beweiskräftiges" Material aus Geheimdiensten, Verbänden, Ministerien, Instituten und Konzernen zu liefern. Über seine Agenten sollte es „in die Zentren und Spitzen des Gegners [eindringen], um die Pläne und Maßnahmen dort zu erkunden, wo sie festgelegt werden."[183] Ab Ende der siebziger Jahre wurden die gesammelten „Daten über den Gegner" auch in ein in Moskau befindliches gemeinsames Speichersystem eingegeben – bis Ende 1987 immerhin über 188.343 Personen (vgl. Kap. 7.4).

In einer Zusammenstellung vom Mai 1978 werden insgesamt 113 westdeutsche Institutionen aufgeführt, die vom MfS als „Zentren, Organisationen und Einrichtungen der politisch-ideologischen Diversion" klassifiziert wurden. Zugleich wird in dem Papier vermerkt, in welchem Maße das MfS zu diesem Zeitpunkt „auskunftsfähig" war (a: es liegen umfassende Angaben vor; b: es liegen nur vereinzelte Angaben vor; c: es liegen nur offizielle Angaben vor). Unter „staatliche Einrichtungen" werden das Bundesministerium für innerdeutsche Beziehungen (b) und das Gesamtdeutsche Institut (b) aufgeführt, während unter „Verlage und Rundfunkstationen" u. a. der Rias (b) und der Deutschlandfunk (b) genannt werden. Mit 15 Seiten außerordentlich umfang-

---

181 Material zur zentralen Dienstkonferenz des 1. Stellvertreters des Ministers, Generalleutnant Beater, am 28.4.1977, S. 1, 7, 15 und 17; BStU, ASt Berlin, A 1201/02.
182 Mielke auf der Zentralen Aktivtagung vom 25.6.1976 zur Auswertung des IX. Parteitages der SED, zitiert nach: ebenda, S. 5; vgl. auch Mielkes Weisung vom 22.12.1976, zusammengefaßt wiedergegeben in: ebenda, S. 5 f.
183 Zentrale Planvorgabe für 1976 und den Perspektivplanzeitraum bis 1980, S. 32; BStU, ZA, DSt 102260.

reich ist die Liste der „Zentren, Organisationen und Institutionen", die von „Amnesty International" in Hamburg (a), über das Notaufnahmelager in Gießen (a) und die Arbeitsgemeinschaft 13. August in Berlin (a) bis zur Zentralen Erfassungsstelle für Gewaltverbrechen in der DDR in Salzgitter (a) reicht. Mit elf Seiten nur wenig kürzer ist die Reihe der „Einrichtungen der DDR- und Ostforschung", zu denen beispielsweise das Bundesinstitut für ostwissenschaftliche und internationale Studien in Köln (a), das Deutsche Institut für Wirtschaftsforschung (b), die Bundeszentrale für politische Bildung in Bonn (b) oder der Arbeitskreis für vergleichende Deutschlandforschung (a) gezählt werden. „Bedeutende links- und rechtsextremistische Organisationen" wie die KPD (b) oder der Bund der Vertriebenen (b) sowie diverse Emigrantenvereinigungen beschließen die Übersicht.[184]

Daß man zu den „feindlichen Aktivitäten im Rahmen des weltweiten Antikommunismus" auch „die Einbeziehung maoistischer, terroristischer und anderer antisozialistischer Kräfte" rechnete, wirft ein Schlaglicht auf das z.T. grotesk ideologisierte Weltbild des MfS.[185] Die im Gefolge der Studentenbewegung aufkommenden neo-marxistischen Gruppen betrachtete man als eine besonders „raffinierte" Form der ideologischen Diversion, die die West-Arbeit unmittelbar tangierte: Zum einen ging es dem MfS darum, in die kommunistischen Splittergruppen einzudringen, ihre Pläne, besonders gegenüber der DDR, in Erfahrung zu bringen und zu sabotieren und die Gruppen nach Möglichkeit lahmzulegen; zugleich sollte auf jeden Fall ein „Überschwappen" auf die DDR verhindert werden.[186] Dasselbe galt für die wachsende terroristische Szene in der Bundesrepublik und anderen Staaten, wobei hier zunehmend eine Strategie der „Umarmung" zum Tragen kam, um sich das Wohlwollen der Terrorgruppen zu sichern (vgl. Kap. 5.6). Für beide Erscheinungsformen der „Neuen Linken" wurde die 1975 gegründete Abteilung XXII mit Dependancen in den Bezirksverwaltungen „federführend" zuständig, doch auch die HV A, die Hauptabteilung II und weitere Diensteinheiten beteiligten sich aktiv an ihrer Aufklärung und Durchdringung.

Daß die partielle Öffnung in Richtung Westen nicht nur „Gefahren", sondern auch „neue operative Möglichkeiten" mit sich brachte, war eine Erkenntnis, die im Laufe der siebziger Jahre im MfS immer mehr an Gewicht gewann. Die Nutzung der neuen DDR-Botschaften im Westen als „legal abgedeckte Residenturen" (LAR) des Staatssicherheitsdienstes, die Herausfilterung von „operativ interessanten Personen" aus dem wachsenden Strom westlicher DDR-Besucher, die zielstrebige Instrumentalisierung von familiären, freundschaftlichen oder beruflichen Ost-West-Verbindungen zur Vergrößerung des Spitzel-

---

184 Übersicht über Zentren, Organisationen und Einrichtungen der politisch-ideologischen Diversion in der BRD und in Westberlin vom Mai 1978; BStU, ZA, ZAIG 5161.

185 Material zur zentralen Dienstkonferenz des 1. Stellvertreters des Ministers, Generalleutnant Beater, am 28.4.1977, S. 3; BStU, ASt Berlin, A 1201/02.

186 Befehl 17/79 „zur Aufklärung, vorbeugenden Verhinderung und Bekämpfung subversiver Pläne, Absichten und Maßnahmen linksextremistischer und trotzkistischer Organisationen, Gruppen und Kräfte" vom 8.12.1979; BStU, ASt Berlin, XV 2; vgl. auch die ausführliche Studie zur Bekämpfung der KPD/ML und ihrer „Sektion DDR „ von Tobias Wunschik (1997b).

netzes oder die systematische Einschleusung von sogenannten „Übersiedlungs-IM" in die Bundesrepublik vergrößerten die Wirkungsmöglichkeiten des MfS um ein Vielfaches. So hieß es in der Zentralen Planvorgabe von Erich Mielke für das Jahr 1976:

> „Die Erfahrung zeigt bei vielen Besuchern aus dem Operationsgebiet eine wachsende Bereitschaft zum politischen Gespräch, gerade auch bei den Menschen, für die wir uns am meisten interessieren. Wie bereits in der zentralen Planvorgabe für 1975 hervorgehoben, ist und bleibt es eine der vorrangigen Aufgaben, die sich in allen operativen Diensteinheiten bietenden bzw. bereits vorhandenen Möglichkeiten zur Schaffung neuer, operativ interessanter Verbindungen in das Operationsgebiet planmäßig zu erschließen. [...]
>
> Von besonderer Bedeutung ist die allseitige Nutzung der IM/GMS, die lückenlose Erfassung
>
> – jeder geeigneten operativen Verbindung von IM/GMS zu Personen in die BRD und in Westberlin,
>
> – jeder Verbindung zu Bürgern der USA und anderer NATO-Staaten,
>
> – jeder Reise eines IM, GMS oder Archiv-IM ins Operationsgebiet,
>
> – jedes Einreise-Antrages, der zu einem IM, GMS oder Archiv-IM in der DDR führt."[187]

Einen der wichtigsten Ansatzpunkte zum Ausbau des „inoffiziellen Netzes" bildeten seit Anfang der siebziger Jahre die Hochschulen der Bundesrepublik, die damals stark unter dem Einfluß der linksorientierten Studentenbewegung standen. Zur „laufenden Gewinnung von Perspektiv-IM und geeigneten Einschleusungskandidaten für das Eindringen in die Hauptobjekte des Feindes" wies Markus Wolf 1971 eine verstärkte „Bearbeitung" der Universitäten an, deren Ziel die „Schaffung von stabilen operativen Stützpunkten" sei. Zu jeder Universität oder Hochschule mußte ein „Objekt-Vorgang" angelegt werden, in dem von der zuständigen Diensteinheit „alle operativ bedeutsamen Materialien – Angaben über den Personalbestand, zur Struktur, zu den politischen Gruppierungen und ihren Aktivitäten, zu Institutionen der sogenannten DDR- und Ostforschung und deren subversiver Tätigkeit sowie zur Tätigkeit imperialistischer Geheimdienste und anderen Regimefragen – laufend zu sammeln, aufzuklären und auszuwerten" waren (vgl. Kap. 5.1.3).[188] In der für die West-Berliner Universitäten verantwortlichen Abteilung XV der Verwaltung Groß-Berlin gab es sogar eine spezielle „Arbeitsgruppe D" aus vier Mitarbeitern, die aus-

---

187 Zentrale Planvorgabe für 1976 und den Perspektivplanzeitraum bis 1980, S. 37 f.; BStU, ZA, DSt 102260. Archiv-IM: Nicht-aktiver und deshalb archivierter IM.

188 DA 5/71 des Stellvertreters des Ministers „über die systematische operative Bearbeitung der Universitäten und Hochschulen im Operationsgebiet – Bearbeitung von Universitäten und Hochschulen –" (Fassung vom 1.8.1971), S. 1 f.; BStU, ASt Berlin, XV 11.

schließlich „an der Werbung West-Berliner Studenten" arbeitete.[189] Die praktischen Erfahrungen mit dieser Art der Agentenrekrutierung wurden einige Jahre
später auch in einer umfangreichen Forschungsarbeit ausgewertet (vgl.
Kap. 5.1.3).[190]

Die Ausweitung des westlichen IM-Netzes wurde in den siebziger Jahren noch
durch andere Maßnahmen vorangetrieben. Zur Gewinnung von „Einschleusungskandidaten, Werbern u. a. Kategorien von Perspektiv-IM" bildete die
HV A beispielsweise speziell getarnte Einrichtungen, die in der DDR systematisch nach Nachwuchskadern für die Arbeit im Westen suchten – sogenannte „operative Außenarbeitsgruppen" (OAG).[191] Und unter dem Kennwort
„Aspirant" wandte sich Erich Mielke im November 1976 an sämtliche
Diensteinheiten und befahl die systematische Suche nach geeigneten Kadern
„für einen langfristigen oder zeitlich befristeten Einsatz im Operationsgebiet"
– vorrangig unter den in der Abwehrarbeit „erprobten" DDR-IM.[192] Um „alle
sich bietenden Möglichkeiten für die Arbeit im und nach dem Operationsgebiet zu erfassen", verlangte er auch in der Zentralen Planvorgabe für 1978
„wesentlich größere Anstrengungen durch alle operativen Diensteinheiten"
und forderte u. a. – entsprechend seiner Orientierung auf dem Zentralen Führungsseminar zum Thema Einreiseverkehr – „sicherzustellen, daß die im Zusammenhang mit dem zunehmenden Einreiseverkehr aus kapitalistischen Ländern sich entwickelnden zahlreichen Kontakte auf ökonomischen, wissenschaftlichen, kulturellen und anderen Gebieten [...] geprüft und im Fall der
Eignung einer sachkundigen Weiterbearbeitung zugeführt werden."[193] Namentlich den Abteilungen XV wies die MfS-Spitze bei der Rekrutierung von
West-IM, bei der Erarbeitung von Hinweisen auf „operativ interessante Personen" oder bei der „Auswahl von Übersiedlungskandidaten" eine Schlüsselrolle
zu.[194]

Zugleich verstärkte man die Anstrengungen, um das „inoffizielle Netz" im
Westen vor einer Dekonspirierung zu schützen. Die Diensteinheiten wurden
angewiesen, daß sich ihre IM an den Grenzübergangsstellen auch gegenüber
DDR-Beamten nicht mehr zu erkennen geben sollten.[195] „Verräter" – das heißt

---

189 Verwaltung für Staatssicherheit Groß-Berlin, Abt. XV: Vorschlag vom 25.3.1971 zum Zusammenschluß der Arbeitsgruppe D und der Außengruppe zu einem Referat, S. 1; BStU, ASt Berlin, XV 25.
190 HV A: Forschungsergebnisse zum Thema „Die politisch-operative Bearbeitung der Hochschulen in
der BRD und in Westberlin", GVS 211-A 20/76; BStU, ASt Berlin, XV 6.
191 DA 6/71 des Stellvertreters des Ministers über Grundsätze für die Arbeit mit operativen Außenarbeitsgruppen (OAG) – Operative Außenarbeitsgruppen – vom 14.10.1971; BStU, ASt Berlin, XV
11.
192 Zu den „Grundanforderungen" rechnete er dabei u. a.: „Ehepaare ohne Kinder oder geschiedene
weibliche und männliche Personen, die in der Regel nicht älter als 30 Jahre sein sollten; erwiesene
politische Zuverlässigkeit und Standhaftigkeit sowie Verbundenheit mit der sozialistischen Staats-
und Gesellschaftsordnung." [...] möglichst Kenntnisse in westlichen Fremdsprachen bzw. entsprechende Sprachveranlagung." Befehl 21/76 vom 12.11.1976, S. 2 f.; BStU, ZA, DSt 102295.
193 Zentrale Planvorgabe für die Jahresplanung 1978, S. 17; BStU, ZA, DSt 102428.
194 DA 3/79 des Stellvertreters des Ministers über Aufgaben und Anleitung der Abteilungen XV in den
Bezirksverwaltungen – Arbeit der Abt. XV/BV – vom 3.12.1979, S. 2; BStU, ASt Berlin, XV 2.
195 Schreiben des Ministers vom 15.7.1970; BStU, ZA, DSt 101887.

Überläufer oder rückkehrunwillige West-IM – sollten, soweit sie DDR-Bürger waren, nach Möglichkeit von der Arbeitsgruppe Sicherheit (AG S) der HV A in die DDR „zurückgeführt" werden, um sie dort zu bestrafen.[196] Nach der ungeschickten Selbstenttarnung von Günter Guillaume bei seiner Festnahme („Ich bin Bürger der DDR und ihr Offizier – respektieren Sie das!")[197] und nach Erfahrungen mit verschiedenen Indizienprozessen in der Bundesrepublik ließ Erich Mielke den West-IM erneut einschärfen, bei Verhaftungen die Aussage zu verweigern und „die operative Ausrüstung [...] auf das unbedingt notwendige Maß zu beschränken."[198] Die Arbeitsgruppe G der HV A erhielt zudem genaue Anweisungen „zur Schaffung und Nutzung von Grenzschleusen für das operative Verbindungswesen".[199]

Beunruhigt war das MfS vor allem durch die verstärkten Anstrengungen der Bundesrepublik auf dem Gebiet der inneren Sicherheit im Zuge der Terrorismusbekämpfung und der Fahndung nach DDR-Agenten. Durch systematische Analyse aller bekanntgewordenen Fakten und Merkmale und durch den Ausbau computergestützter Fahndungsmethoden (Rasterfahndung) hatten die bundesdeutschen Sicherheitsbehörden dem Lehrstuhlleiter „Recht und Sicherheit" der HVA-Schule zufolge „nach und nach eine solche Perfektion und Leistungsfähigkeit im Aufspüren unserer 'Kundschafter' entwickelt, daß deren Enttarnung oft schon vorprogrammiert war."[200] Bereits Mitte der siebziger Jahre sah Erich Mielke das MfS „mit der Tatsache konfrontiert, daß die gegnerischen Organe zur Aufdeckung unseres inoffiziellen Netzes im Operationsgebiet, unserer Verbindungswege und Arbeitsmethoden personell und materiell ständig ausgebaut werden".[201] Hinzu kamen die Großfahndungen nach terroristischen Gewaltverbrechern, die die Gefahr erhöhten, daß der Polizei auch MfS-Mitarbeiter ins Netz gingen. Nach der Entführung des Berliner CDU-Vorsitzenden Peter Lorenz wies Erich Mielke im März 1975 deshalb alle Diensteinheiten an, ab sofort alle „operativen Maßnahmen im und nach dem Operationsgebiet [...] in einem dieser Situation entsprechenden Maße einzuschränken".[202] Ähnliche Anweisungen gab er nach der Ermordung des Generalbundesanwaltes Siegfried Buback im April 1977.[203] Nach der Entführung und Ermordung des Arbeitgeberpräsidenten Hanns-Martin Schleyer im Herbst 1977 unterrichtete die MfS-Führung die Diensteinheiten sogar in allen Einzelheiten von der anlaufenden Großfahndung der westdeutschen Sicherheitsbe-

196 DA 7/71 der HV A „Maßnahmen zum Schutz und zur Sicherung des inoffiziellen Netzes der Hauptverwaltung A und der Abteilungen XV der Bezirksverwaltungen in der Fassung vom 20.4.1987, S. 13 ff.; BStU, ASt Berlin, XV 14.
197 Guillaume 1990, S. 384.
198 Schreiben des Ministers vom 26.8.1977, S. 3; BStU, ZA, DSt 102385.
199 DA 4/79 über die Aufgaben und die Tätigkeit der Arbeitsgruppe G der HV A zur Schaffung und Nutzung von Grenzschleusen für das operative Verbindungswesen – Grenzschleusen – vom 3.12.1979; BStU, ASt Berlin, XV 2.
200 Günther o. J., S. 87.
201 Zentrale Planvorgabe für 1976 und den Perspektivplanzeitraum bis 1980; BStU, ZA, DSt 102260, S. 40 f.
202 Schreiben des Ministers vom 6.3.1975, S. 2; BStU, ZA, DSt 102042.
203 Schreiben des Ministers vom 7.4.1977; BStU, ZA, DSt 102333; Schreiben des Ministers vom 6.5.1977; BStU, ZA, DSt 102338.

hörden und verlangte eindringlich den weiteren „Einsatz geeigneter Kräfte und Mittel zur allseitigen Aufklärung des Systems und der Maßnahmen der Fahndung, der angewandten Mittel und Methoden".[204]

Tatsächlich fielen die beiden größten „Niederlagen" der HV A in die siebziger Jahre: die Verhaftung Günter Guillaumes im April 1974 und die heimliche Flucht des HVA-Oberleutnants Werner Stiller im Januar 1979. Während erstere vor allem politische Nachteile nach sich zog, den Rücktritt des sozialdemokratischen Bundeskanzlers Willy Brandt und eine Verschlechterung der deutsch-deutschen Beziehungen, bedeutete letztere vor allem aus „operativen" Gründen einen Einbruch für die „West-Arbeit" des MfS – der für die Rekrutierung von West-IM so wichtige Nimbus der absoluten Konspiration im MfS war erschüttert worden oder, wie Markus Wolf in seiner Weisung vom 20. Januar 1979 formulierte: „Der Feind verfolgt [...] das Ziel, das IM-Netz des MfS und der sozialistischen Bruderorgane im Operationsgebiet zu verunsichern und labile oder schwankende IM und K[ontakt]P[ersonen] zur Offenbarung und zum Verrat zu bewegen."[205] Das Selbstbild des MfS ließ freilich eine offene Auswertung dieser Ereignisse in den eigenen Reihen nicht zu, so daß das HVA-Material „zur Entwicklung der Krise der SPD/FDP-Koalition in der BRD und zum Verfall der Autorität Brandts" vom Mai 1974 statt Selbstkritik nur politische Platitüden und Vorwürfe gegen Politiker, Sicherheitsbehörden und Medien der Bundesrepublik enthält.[206] Auch nach dem Stiller-Übertritt und den nachfolgenden Verhaftungen wurden zwar die MfS-internen Sicherheitsvorkehrungen verstärkt, das grundsätzliche Problem der erstmals öffentlich zutagegetretenen massenhaften Infiltration der Bundesrepublik durch MfS-Agenten und seine negativen politischen Auswirkungen wurden jedoch nicht thematisiert. Im Gegenteil – in einer „Information über die Arbeit der feindlichen Abwehrorgane gegen inoffizielle Mitarbeiter des MfS im Operationsgebiet" vom Mai 1979 bekräftigte Mielke seine Überzeugung: „Die Erkenntnisse des MfS, aber auch des Feindes, besagen, daß sie nicht verhindern können, daß wir weitere Kämpfer an der unsichtbaren Front gewinnen werden."[207]

Die Erfahrungen und „Niederlagen" bei der Arbeit mit inoffiziellen Mitarbeitern im „Operationsgebiet" führten allerdings im MfS dazu, nun seinerseits „politische-operative Grundprozesse neu zu durchdenken und entsprechende Schlußfolgerungen für die Weiterentwicklung unserer Arbeit zu ziehen."[208] Neben der erwähnten ausführlichen „Information" zu diesem Thema flossen die Erkenntnisse vor allem in ein neues und umfassendes Regelwerk zur Arbeit

---

204 Schreiben des 1. Stellvertreter des Ministers vom 5.9.1977; Schreiben des Leiters der ZAIG vom 8. und 16.9.1977; Schreiben des Ministers vom 28.10.1977; BStU, ZA, DSt 102387.
205 Weisung von Markus Wolf vom 20.1.1979, S. 1; BStU, ZA, SdM 1931, Bl. 162–164.
206 Anlage zum Schreiben des Ministers vom 21.5.1974; BStU, ZA DSt 102016.
207 Schreiben des Ministers vom 3.5.1979: Information über die Arbeit der feindlichen Abwehrorgane gegen inoffizielle Mitarbeiter des MfS im Operationsgebiet; BStU, ZA, DSt 102563.
208 Anlage zum Schreiben des Ministers vom 3.5.1979: Information über die Arbeit der feindlichen Abwehrorgane gegen inoffizielle Mitarbeiter des MfS im Operationsgebiet, S. 2; BStU, ZA, DSt 102563.

mit inoffiziellen Mitarbeitern, das nach langen Beratungen am 1. Januar 1980 in Kraft trat: Die Richtlinien 1/79 und 2/79 legten nun in allen Einzelheiten fest, wie IM für die West-Arbeit geworben, geführt und abgesichert werden sollten und welche Anforderungen damit an das „Verbindungswesen", die Ausrüstung und die „Leitungstätigkeit" verbunden waren. Verankert wurde darin nicht nur das Erfordernis, „die Arbeit der operativen Diensteinheiten der Abwehr mit IM im und nach dem Operationsgebiet zur aktiven Bekämpfung der Ausgangspunkte der gegen die DDR gerichteten subversiven Tätigkeit zu intensivieren", sondern auch die geographische Ausdehnung der „Aufklärung" auf die Volksrepublik China, auf internationale Krisenzonen sowie auf ausgewählte Entwicklungsländer.[209] „Tatsache ist", so Erich Mielkes Bilanz am Ende des Jahrzehnts, „daß das MfS über ein solides und schlagkräftiges Netz von Patrioten an der unsichtbaren Front verfügt, das eine streng konspirative, erfolgreiche und wirkungsvolle Aufklärungsarbeit leistet."[210]

4.2.4 „Einheit von Aufklärung und Abwehr" – die achtziger Jahre

Die Tendenzen der West-Arbeit in den siebziger Jahren, Intensivierung der „Aufklärung" in allen Bereichen, Verstärkung der „äußeren Abwehr" gegenüber einem breiten Spektrum „feindlicher Zentren" und großflächiger Ausbau der IM-Rekrutierung, haben sich auch im letzten Jahrzehnt des MfS fortgesetzt. Nur – jetzt operierte das MfS noch aufwendiger, noch verfeinerter und noch mehr auf „Vorbeugung" bedacht, so wie in den achtziger Jahren die gesamte Tätigkeit des Ministeriums für Staatssicherheit immer stärker ausuferte. In der riesigen Maschinerie der DDR-Staatssicherheit verschmolzen dabei „Abwehr" und „Aufklärung" zunehmend zu einem einheitlichen Apparat, dessen Aufgabe vor allem darin bestand, das erodierende SED-Regime zusammenzuhalten und gemeinsam den „feindlichen Angriffen" von innen und außen entgegenzuwirken.

Nach dem sowjetischen Einmarsch in Afghanistan und dem NATO-Doppelbeschluß über die Stationierung atomarer Mittelstreckenraketen in Europa stand die West-Arbeit des MfS zu Beginn der achtziger Jahre vor allem im Zeichen des angespannten Ost-West-Verhältnisses. Das MfS war darum bemüht, den Anti-Raketen-Protesten im Westen zum Erfolg zu verhelfen – und gleichzeitig die eigene strategische Lage durch Verstärkung der Militärspionage zu verbessern. Im August 1981 legte der Leiter der Abteilung II der HV A ein ausführliches „Konzept für aktive Maßnahmen zur Förderung der Friedensbewegung in

---

209 Richtlinie 1/79 für die Arbeit mit Inoffiziellen Mitarbeitern (IM) und Gesellschaftlichen Mitarbeitern für Sicherheit (GMS) vom 8.12.1979, abgedruckt in: Müller-Enbergs 1996, S. 305–373, hier 351; Richtlinie 2/79 für die Arbeit mit Inoffiziellen Mitarbeitern im Operationsgebiet vom 8.12.1979, abgedruckt in: Gill/Schröter 1991, S. 478–523, hier 481. Eine umfassende Dokumentation der Richtlinien zur IM-Arbeit im Westen ist in Vorbereitung: Müller-Enbergs 1998.

210 Anlage zum Schreiben des Ministers vom 3.5.1979: Information über die Arbeit der feindlichen Abwehrorgane gegen inoffizielle Mitarbeiter des MfS im Operationsgebiet, S. 2; BStU, ZA, DSt 102563.

der BRD" vor,[211] und im Juni 1983 gab Erich Mielke nach dem 6. Plenum der SED der MfS-Führungsspitze die Orientierung, die Bewegung gegen die Stationierung in den westlichen Ländern, besonders in der Bundesrepublik", durch geeignete, wirksame aktive Maßnahmen, unter Nutzung [der] Mittel und Möglichkeiten des MfS stärker zu unterstützen" (vgl. Kap. 5.1.2).[212]

Zugleich wurden alle Diensteinheiten des MfS dazu verpflichtet, verstärkt in die „feindlichen Hauptobjekte" einzudringen, um geheime Fakten über die Absichten des Westens in Erfahrung zu bringen. So hieß es im Juli 1983 in einer Dienstanweisung des Leiters der Berliner Bezirksverwaltung für Staatssicherheit:

„Die infolge der imperialistischen Konfrontationspolitik zunehmenden internationalen Spannungen, wachsenden Kriegsgefahren und verschärften Angriffe von außen gegen die sozialistischen Staaten erfordern eine noch umfassendere und effektivere Aufklärung der gegnerischen Pläne, Absichten, Maßnahmen, Kräfte, Mittel und Methoden im Operationsgebiet; sie verlangen erhöhte Anstrengungen zur Verhinderung jeglicher Überraschungen, vor allem eines militärischen Überfalls auf die sozialistischen Länder."[213]

Nach der Stationierung neuer atomarer Mittelstreckenraketen in West- und Osteuropa gewann die Militärspionage im Westen weiter an Bedeutung. Zur Unterstützung der „Friedens- und Sicherheitspolitik der Partei" verlangte Mielke in seiner Zentralen Planvorgabe für 1985 eine „Erhöhung der Qualität und Effektivität der Aufklärung der gegen die sozialistische Staatengemeinschaft gerichteten friedensfeindlichen Pläne, Absichten und Aktivitäten des Gegners".[214] Absolute Priorität bei der Informationsbeschaffung hätte dabei das frühzeitige Erkennen militärischer Aggressionsabsichten, wozu er – unter Federführung der HV A – alle Diensteinheiten des MfS verpflichtete.[215] Markus Wolf bildete dazu in der HV A ein spezielles „Lagezentrum" und gab in allen Einzelheiten vor, wie „durch zielgerichtetes operatives Eindringen in feindliche Entscheidungszentren und durch Erkennen spezieller Merkmale (Indikatoren) im Operationsgebiet, auf dem Territorium der DDR und im Äther frühzeitig und zuverlässig [entsprechende] Hinweise zu beschaffen und zu

211 HV A, Abt. II: Konzept für aktive Maßnahmen zur Förderung der Friedensbewegung in der BRD vom 17.8.1981, auszugsweise dokumentiert in: Sélitrenny/Weichert 1991, S. 196–200, hier 200.
212 Hinweise für die Kollegiumssitzung am 26.6.1983, S. 4; BStU, ZA, SdM 1567.
213 DA 1/83 des Leiters der BV für Staatssicherheit Berlin vom 28.7.1983 „zur verstärkten Nutzung der operativen Basis der Abwehrdiensteinheiten der Bezirksverwaltung für Staatssicherheit Berlin für die Linie Aufklärung/Abt. XV sowie andere operative Diensteinheiten mit liniengebundenen spezifischen Aufgaben im und nach dem Operationsgebiet", S. 1; BStU, ASt Berlin, XV 389.
214 Zentrale Planvorgabe für die Jahresplanung 1985, S. 8; BStU, ZA, DSt 103102.
215 Ebenda, S. 13; Befehl 1/85 „Aufgaben der Diensteinheiten des MfS zur frühzeitigen Aufklärung akuter Aggressionsabsichten und überraschender militärischer Aktivitäten imperialistischer Staaten und Bündnisse, insbesondere zur Verhinderung eines überraschenden Raketenkernwaffenangriffs gegen Staaten der sozialistischen Gemeinschaft"; BStU, ZA, DSt 103137. Dieser Befehl trat an die Stelle der erwähnten Regelungen aus den 60er Jahren – des Befehls 40/68 und der 1. DB vom 18.12.1968.

melden" seien.[216] Die Abteilung XII (Zentrale Auskunft/Speicher) lieferte der HV A für die Informationsbeschaffung eigens eine Liste mit 477 IM-Verbindungen verschiedener Diensteinheiten in die Bundesrepublik.[217] Die HV A selbst übernahm 1987 die Planung von Sabotageaktionen im Westen für den Fall eines Krieges oder einer Spannungsperiode und verstärkte ihre Vorbereitungen „auf besondere Lagebedingungen im Operationsgebiet" (vgl. Kap. 5.1.2).[218] Zudem wurde der Aufklärungsapparat der NVA, der allein Ende der achtziger Jahre über 1.000 Mitarbeiter beschäftigte, zur Intensivierung der Militärspionage noch stärker in das MfS eingebunden.[219] Obwohl sich das Verhältnis zwischen den Supermächten nach dem Machtantritt Michail Gorbatschows wieder verbesserte und weitreichende Abrüstungsabkommen geschlossen wurden, blieben die „gestellten Aufgaben, insbesondere hinsichtlich der Schaffung neuer qualifizierter Quellen in politischen und militärischen Entscheidungszentren, vor allem in den USA und unter ihren engsten Verbündeten (Großbritannien, BRD und Japan) sowie im Apparat der NATO und in den Geheimdiensten" bis 1989 „voll gültig".[220]

---

216 1. DB des Stellvertreters des Ministers zum Befehl 1/85 vom 15.2.1985, GVS o008-1/85: „Allseitige Nutzung der Möglichkeiten der Diensteinheiten des MfS zur frühzeitigen und zuverlässigen Beschaffung von Hinweisen auf akute feindliche Aggressionsabsichten, -vorbereitungen und -handlungen"; ebenda; DA 3/85 der HV A vom 1.8.1985 „über die Aufgaben der Diensteinheiten der Hauptverwaltung A und der Abteilungen XV/BV zur Realisierung des Befehls 1/85 des Ministers, GVS o008-1/85, und der 1. DB, GVS o008-12/85; BStU, Abt. Bildung und Forschung, Information und Dokumentation, Dokument 36; Katalog ausgewählter Indikatoren zur Früherkennung gegnerischer militärischer Aggressionsvorbereitungen und Überraschungsabsichten, insbesondere von Maßnahmen zur Vorbereitung eines überrraschenden Raketenkernwaffenangriffs (KWA), GVS o198-A 14/85, zitiert in: ebenda (bisher nicht aufgefunden).
217 Aufstellung der Abt. XII über festgestellte Verbindungen in das Operationsgebiet vom 24.5.1985, zitiert nach: Der Generalbundesanwalt 1992, S. 70.
218 Mit dem „Ziel, Prozesse der politisch-operativen Arbeit im und nach dem Operationsgebiet zusammenzuführen und damit verbundene politisch-operative Hauptaufgaben einheitlich und straff zu leiten" wurde die bis 1986 für die Vorbereitung von Sabotageeinsätzen im Westen zuständige Abt. IV des MfS zum 1.1.1987 als selbständige Struktureinheit aufgelöst und stattdessen die Abt. XVIII in der HV A gebildet, die nunmehr die Realisierung dieser Aufgaben übernahm; Befehl 21/86 des Ministers vom 15.12.1986; BStU, ZA, DSt 103342. Für die Informationstätigkeit im Verteidigungszustand erarbeitete die HV A 1984 einen umfangreichen Plan, welche Informationen bei Kriegsgefahr von ihr beschafft und an die Führungsstelle des Ministers gemeldet werden sollten; Plan der HV A für die Informationstätigkeit im Verteidigungszustand (PIV) vom 15.6.1984; BStU, ASt Berlin, XV 3. Die Diensteinheiten der HV A hatten zu gewährleisten, daß im Rahmen der „Vorbereitungsarbeit auf Spannungsperioden und den Verteidigungszustand" genaue Angaben zu allen „politisch-operativ relevanten Objekten und Personen" in der Bundesrepublik zur Verfügung gestellt wurden; Befehl HV A 2/88 „zur politisch-operativen Vorbereitung der Hauptverwaltung A auf besondere Lagebedingungen im Operationsgebiet BRD und Westberlin" vom 20.6.1988, S. 4 f.; BStU, ASt Berlin, XV 9.
219 Für die Kontrolle des bis 1988 auf 1.158 Mitarbeiter angewachsenen „Bereichs Aufklärung" im DDR-Verteidigungsministerium war die HA I zuständig; die Durchsetzung des Mitarbeiterbestandes der Armeeaufklärung mit IM des MfS soll 1 zu 4 betragen haben, d. h. jeder vierte Agentenführer soll gleichzeitig Informant des MfS gewesen sein; vgl. Siebenmorgen 1993, S. 156 f.; DA 3/87 „über das politisch-operative Zusammenwirken zwischen den Diensteinheiten des MfS und dem Bereich Aufklärung des MfNV"; BStU, ZA, DSt 103372.
220 Zentrale Planvorgabe für 1989, S. 9; BStU, ZA, DSt 103530; Planorientierung des Leiters der HV A für das Jahr 1989, S. 5 f.; BStU, ASt Berlin, XV 24.

Das Auf und Ab in den Ost-West-Beziehungen determinierte auch das Verhältnis der SED zur westlichen Friedensbewegung und zur 1980 gegründeten Partei der Grünen. Einerseits betrachteten SED und MfS das „Ökopax-Lager" im Westen als Bündnispartner gegen die Raketenstationierung und die 1982 ins Amt gekommene Regierung Kohl – andererseits bekämpften sie mit allen Mitteln die Entstehung einer ähnlichen Bewegung in der DDR außerhalb der offiziellen Bahnen.[221] Das ambivalente Verhältnis zu den Grünen veranschaulichte Erich Mielke im Juni 1983, als er der MfS-Führungsspitze folgende „Hinweise" gab:

„Für ein Treffen mit Genossen Honecker gibt es noch keine Zustimmung. Grüne möchten das Gespräch führen und zugleich wieder demonstrativ auf dem Alexanderplatz auftreten sowie durch vorherige Propagierung ihrer Vorhaben DDR-Bürger beeinflussen, ebenfalls auf dem Alexanderplatz zu erscheinen. Bei Propagierung solcher Absichten wird nichts aus dem Treffen."[222]

Während Erich Honecker wenig später dann doch noch zur Stärkung der Anti-Raketen-Bewegung im Westen die Grünen-Politikerin Petra Kelly empfing, erhielten ab 1984 nahezu alle dem MfS bekannten Funktionäre, Mitglieder und Sympathisanten der Partei Einreiseverbot; viele wurden in „Operativen Vorgängen" (OV) oder „Operativen Personenkontrollen" (OPK) bearbeitet.[223] „In enger Zusammenarbeit mit den zuständigen Diensteinheiten der Abwehr", so hieß es militärisch knapp in der Zentralen Planvorgabe für 1985, „sind die von den Grünen und der Alternativen Liste ausgehenden antisozialistischen Aktivitäten zurückzudrängen und vorbeugend zu verhindern."[224] Im April 1987 – fünf Monate vor Honeckers Bonn-Besuch – wurde die kollektive Einreisesperre dann zur „wirksamen Unterstützung der Dialogpolitik" der SED wieder gelockert und angeordnet, daß nur noch Grünen-Politikern, die als „feindlich-negativ" eingestuft wurden, die Einreise verweigert werden sollte. Bei Einreisewünschen solcherart gesperrter „Führungskräfte" der Grünen war nun jedes Mal die Entscheidung des Ministers einzuholen – „unter Beachtung der aktuellen politischen Lage, der mit der Einreise beabsichtigten Zielstellung, der mitreisenden Personen und der sicherheitspolitischen Erfordernisse".[225]

---

221 Vgl. Referat auf der zentralen Dienstkonferenz zu ausgewählten Fragen der politisch-operativen Arbeit der Kreisdienststellen und deren Führung und Leitung, Potsdam-Eiche, 11.10.1982; BStU, ZA, DSt 102884.

222 Hinweise für die Kollegiumssitzung am 26.6.1983, S. 7; BStU, ZA, SdM 1567.

223 Schreiben vom 21.9.1984 betreffs „Gestattung der Einreise in die DDR für Mitglieder der Bundestagsfraktion der Partei Die Grünen der BRD"; BStU, ZA, DSt 103092; Schreiben vom 29.10.1986 betreffs „Durchführung differenzierter operativer Kontroll- und Überwachungsmaßnahmen zu Mitgliedern der Partei Die Grünen und der Alternativen Liste/Westberlin während ihres Aufenthaltes auf dem Gebiet der DDR"; BStU, ZA, DSt 103325.

224 Zentrale Planvorgabe für die Jahresplanung 1985, S. 16; BStU, ZA, DSt 103102.

225 Schreiben vom 22.6.1987 betreffs „Einreisen von Mitgliedern und politischen Führungskräften der Partei Die Grünen der BRD und der Alternative Liste Westberlins in die DDR"; BStU, ASt Berlin, A 1202/1; Zentraler Maßnahmeplan zur Durchsetzung der Grundsatzentscheidung über die Einrei-

Zu den Schwerpunkten der West-Arbeit gehörte neben der Militärspionage auch in den achtziger Jahren die intensive „Aufklärung" des politischen Geschehens in der Bundesrepublik. Die Stellung der Bundesrepublik im westlichen Lager interessierte das MfS dabei ebenso wie die „Auffassungen politischer Kreise der BRD über die Taktik zur Realisierung der Wiedervereinigungs- und anderer revanchistischer Konzeptionen; die Verhandlungskonzeptionen für die weitere Gestaltung der Beziehungen zur DDR waren gleichermaßen von Bedeutung wie die „Differenzierungsprozesse in den Regierungsparteien, die Meinungsbildung in der SPD und bei den Grünen".[226] Über den Umfang der Überwachung von Politikern und Beamten ist bis heute nur wenig bekannt geworden. Allein die Bezirksverwaltung für Staatssicherheit Berlin verfolgte aber 1984 die „namentliche Aufklärung von ca. 800 Westberliner Politprominenten" in einer speziellen Kartei, von denen nach eigenem Eingeständnis aber „naturgemäß nicht alle operativ bearbeitet werden" konnten.[227] Mit enormem Aufwand wurde darüber hinaus ab Anfang der achtziger Jahre der sogenannte „Polittourismus"- das heißt jede Privatreise eines westdeutschen Politikers in die DDR – ins Visier genommen, wofür die Hauptabteilung VI die „Federführung" hatte.[228] Auch aus der DDR wurde der in den achtziger Jahren stark ausgeweitete Reiseverkehr systematisch unter Kontrolle genommen, nicht zuletzt mit dem Ziel, daß alle dienstlich in den Westen reisenden IM des MfS zuvor der HV A für Einsätze „angeboten" werden mußten.[229] Ähnliches galt für die neu geknüpften deutsch-deutschen Städtepartnerschaften.[230]

Einen dritten Schwerpunkt der „West-Arbeit" bildete das, was in der Zentralen Planvorgabe 1986–1990 euphemistisch als „maximale Unterstützung der Verwirklichung der ökonomischen Strategie der Partei" überschrieben wurde. Zur

sen von Mitgliedern und Sympathisanten der Partei Die Grünen in der BRD und der Alternativen Liste in Westberlin in die DDR vom 13.4.1987; ebenda.
226 Zentrale Planvorgabe für 1986 und den Zeitraum bis 1990, Bd. I, S. 19 f.; BStU, ZA, DSt 103287.
227 Ergänzende Bemerkungen eines ungenannten Mitarbeiters der BV Berlin zur Berichterstattung: DA 3/75 in der Leiterbesprechung am 9.8.1984, S. 1; BStU, ASt Berlin, A 1121.
228 Vgl. 2. DB zur DA 3/75 vom 16.2.1981 betreffs „Politisch-operative Sicherung privater und touristischer Einreisen von Persönlichkeiten des politischen und gesellschaftlichen Lebens der BRD und Westberlin"; BStU, ZA, DSt 101498. Auch aus West-Berlin registrierte die BV Berlin „bis zum IV. Quartal 1984 eine ständig steigende Tendenz von Einreisen von Persönlichkeiten (1983: 504 zu 1984: 824)", so daß man beschloß, „zu allen 265 Persönlichkeiten der Kategorie II von Berlin (West) Kontroll- und Überwachungsmaßnahmen" durchzuführen. Aufgrund der zunehmenden Bedeutung des „Polittourismus" wurde 1984 zudem eine Zentrale Arbeitsgruppe unter Leitung des Politbüromitgliedes Häber gebildet, der von seiten des MfS der Leiter der HA VI, Fiedler, angehörte. Reisegruppen bildungspolitischer Einrichtungen aus der Bundesrepublik wurden als sogenannte „T-Gruppen" analog den Überwachungsmaßnahmen von Persönlichkeiten der Kategorie I behandelt. Auch die „Kontaktpartner" der Einreisenden, überwiegend deren Verwandte, wurden unter Kontrolle gestellt; vgl. Rededisposition eines unbekannten Mitarbeiters der BV Berlin zum Thema „Polittourismus", o. D. (1985); BStU, ASt Berlin, A 1126.
229 DA 4/85 vom 12.8.85 „über die politisch-operative Sicherung des Reiseverkehrs von Bürgern der DDR nach nichtsozialistischen Staaten und Westberlin"; 1. DB vom 12.8.1985 „Die politisch-operative Sicherung des Dienstreiseverkehrs von Bürgern der DDR nach nichtsozialistischen Staaten und Westberlin"; BStU, ZA, DSt 103209.
230 Schreiben vom 23.11.1987 betreffs „Städtepartnerschaften zwischen Städten der DDR und der BRD"; BStU, ZA, DSt 103427.

„Beschleunigung des wissenschaftlich-technischen Fortschritts" in der DDR und zur „Erhöhung von Produktivität und Effektivität in der Volkswirtschaft" wurden die Diensteinheiten des MfS zu „zielgerichtete[n] Maßnahmen zur wissenschaftlich-technischen und Wirtschaftsaufklärung" verpflichtet. Die Liste der Spionagewünsche reichte dabei von der „Mikro- und Optoelektronik" über „Verfahren für energieeinsparende Prozesse" bis zur „Biotechnologie und Gentechnik".[231] Die „qualifizierte Auswertung, Überarbeitung und Nutzung operativ beschaffter wissenschaftlich-technischer Erkenntnisse" war dabei so zu organisieren, daß sie „unmittelbar und wesentlich zur Intensivierung der gesellschaftlichen Produktion beitragen", denn ohne die ständige Technologiezufuhr aus dem Westen war die DDR-Wirtschaft immer weniger lebensfähig.[232] Mit umfangreichen Anweisungen zur Arbeit der für Wirtschaftsfragen zuständigen Hauptabteilung XVIII und der HV A wurde die Wirtschaftsspionage deshalb 1982/83 weiter perfektioniert (vgl. Kap. 5.4).[233] Beide Diensteinheiten sollten zugleich die Embargo-Bestimmungen des Westens unterlaufen helfen und Ansatzpunkte „für die Erweiterung des Exports der DDR" finden.[234] Die „Beschaffung ausgewählter Spezialausrüstungen der Hochtechnologie sowie qualifizierter Dokumente zu Erzeugnissen, die unter die COCOM-Regelungen fallen", blieb bis 1989 eine „vorrangige" Aufgabe, die „durch den koordinierten Einsatz geeigneter operativer Kräfte und Mittel" gelöst werden sollte.[235]

Ausgebaut wurde in den achtziger Jahren auch die bereits im Zuge der Entspannungspolitik forcierte „gründliche Aufklärung und vorbeugende Verhinderung der gesamten subversiven Tätigkeit [des Westens], der konkreten Absichten und Aktivitäten für das weitere Vorgehen gegen den Sozialismus". Versuche, die sozialistischen Staaten gegeneinander auszuspielen, sollten ebenso bekämpft werden wie Aktivitäten, „die auf die Schwächung und Destabilisierung einzelner sozialistischer Staaten" gerichtet waren. Nahezu jeder kritische Blick auf den „real existierenden Sozialismus" geriet auf diese Weise ins Visier der Staatssicherheit – von der „Schürung von Nationalismus" und der „Ausnutzung bestimmter innerer Entwicklungsprobleme [...] zur Schaffung eines Oppositions- und Konfliktpotentials" über die „Forcierung der Menschenrechtsdemagogie" und den „Mißbrauch des KSZE-Prozesses" bis hin zur „breiten Nutzung der Ergebnisse der Ost- und Kommunismusforschung" oder

---

231 Zentrale Planvorgabe für 1986 und den Zeitraum bis 1990, Bd. I, S. 59 ff.; BStU, ZA, DSt 103287.
232 Zentrale Planvorgabe für die Jahresplanung 1985, S. 14; BStU, ZA, DSt 103102. Zur Wirtschaftsspionage vgl. ausführlicher: Engberding 1993.
233 DA 1/82 „zur politisch-operativen Sicherung der Volkswirtschaft" vom 10.3.1982; BStU, ZA, DSt 102836; 6. DB des Stellvertreters des Ministers „Politisch-operative Sicherung der Auswertung und Nutzung politisch-operativ beschaffter wissenschaftlich-technischer Erkenntnisse in der Volkswirtschaft der DDR" vom 3.1.1983; ebenda; DA 2/83 der HV A vom 15.11.1983 „zur Organisierung und Durchführung der Wirtschaftsaufklärung im Bereich der Hauptverwaltung A und der Abteilungen XV der Bezirksverwaltungen – Wirtschaftsaufklärung –"; BStU, ASt Berlin, XV 8.
234 Zentrale Planvorgabe für die Jahresplanung 1985, S. 15; BStU, ZA, DSt 103102.
235 Planorientierung des Leiters der HV A für das Jahr 1989, S. 24; BStU, ASt Berlin, XV 24.

zur „Inspirierung einer sog[enannten] blockübergreifenden, staatlich unabhängigen Friedensbewegung in sozialistischen Staaten".[236]

Zur Verstärkung der „äußeren Abwehr" wurde in den achtziger Jahren eine Fülle neuer Regelungen getroffen. Im November 1982 erließ Mielke eine umfangreiche Dienstanweisung über die „Einleitung und Realisierung von Fahndungen" im grenzüberschreitenden Reiseverkehr, in der die Überwachung und Festnahme von Reisenden sowie die Durchsetzung von „Reisesperren" geregelt wurde – Tausende von Bundesbürgern und ehemaligen DDR-Bürgern erhielten Einreise- oder Durchreiseverbot.[237] Auch bei der Bekämpfung der Kritik im Innern der DDR kam der West-Arbeit eine wachsende Bedeutung zu, da unbedingt der Nachweis ihrer „geheimdienstlichen Steuerung" erbracht und die Nutzung von „Rückverbindungen" ehemaliger DDR-Bürger verhindert werden sollte. Über den „Mißbrauch von Immunitäten und Privilegien" durch Diplomaten oder Korrespondenten sollten „offiziell verwertbare Informationen" beschafft werden, und zur „Zersetzung bzw. Einschränkung der Wirksamkeit feindlicher Stellen und Kräfte" waren sogenannte „aktive Maßnahmen" durchzuführen. Namentlich die HV A, aber auch die Hauptabteilung II, die Hauptabteilung XX sowie eine Reihe weiterer Diensteinheiten bekamen mit der Dienstanweisung 2/85 den Auftrag „zur vorbeugenden Verhinderung, Aufdeckung und Bekämpfung politischer Untergrundtätigkeit" – auch und gerade im Westen.[238]

Zur „Bekämpfung feindlicher Stellen und Kräfte im Operationsgebiet, die subversiv gegen die DDR und andere sozialistische Staaten tätig sind", ließ Mielke im Februar 1985 eine Liste mit über 200 Gruppen und Institutionen aus der Bundesrepublik anfertigen, die später mehrfach aktualisiert wurde. Zu 153 von ihnen legte er fest, welche Diensteinheit in Zukunft ihre „politisch-operative Verantwortlichkeit für die Aufklärung bzw. Bearbeitung [...] voll wahrzunehmen" habe; weitere 50 Einrichtungen waren zentral in der ZAIG zu erfassen. Die festgelegten Diensteinheiten bekamen die Aufgabe, in „ihre Ausgangsbasen und Führungsgremien einzudringen, rechtzeitig und umfassend ihre Pläne, Absichten und Maßnahmen zu erkennen, wirksam ihre feindlichen Machenschaften zu entlarven sowie nachhaltig ihr Wirksamwerden in der DDR und anderen sozialistischen Staaten zu verhindern".[239]

Verstärkt wurde zum Beispiel die „weitere [...] Aufklärung und Bekämpfung der Feindorganisationen 'Internationale Gesellschaft für Menschenrechte' und 'Hilferufe von drüben'", deren bereits in den siebziger Jahren eröffnete „Zentralen Operativvorgänge" (ZOV) nunmehr von der Zentralen Koordinierungsgruppe geführt wurden (vgl. Kap. 5.7). Vor allem durch den „Einsatz der vor-

---

236 Zentrale Planvorgabe für 1986 und den Zeitraum bis 1990, Bd. I, S. 19 ff.; BStU, ZA, DSt 103287.
237 DA 2/82 „Einleitung und Realisierung von Fahndungen im Reiseverkehr über die Staatsgrenze der Deutschen Demokratischen Republik"; BStU, ZA, DSt 102895.
238 DA 2/85 „zur vorbeugenden Verhinderung, Aufdeckung und Bekämpfung politischer Untergrundtätigkeit" vom 20.2.1985; dokumentiert in: Fricke 1991, S. 146–163, hier 148 f. und 156 ff.
239 Schreiben des Ministers vom 15.2.1985 in der aktualisierten Fassung vom 14.10.1988, S. 1 f.; BStU, ZA, DSt 103142. Schreiben des Leiters der ZAIG vom 9.8.1989; BStU, ZA, DSt 103142.

handenen inoffiziellen Kräfte" sollten gegen sie „gezielt beweiskräftige Informationen" erarbeitet werden zur „wirksamen Unterbindung ihrer feindlichen Angriffe und Aktivitäten bis hin zu ihrer Zersetzung".[240] Auch der gemeinsame Datenspeicher in Moskau „SOUD" wurde Mitte der achtziger Jahre durch die Aufnahme zusätzlicher Personenkategorien weiter ausgebaut (vgl. Kap. 6.1).[241] Allein die keineswegs vollständige Liste aus der BV für Staatssicherheit Berlin über Westdeutsche, die als Unterstützer der „politischen Untergrundtätigkeit" (PUT) in der DDR betrachtet wurden, umfaßt nahezu 1.400 Namen – die Überwachungs- und Verfolgungsmaßnahmen des MfS gegen die Betroffenen füllen, soweit sie nicht vernichtet wurden, Bände operativer Akten.[242]

Im Rahmen des in den achtziger Jahren entwickelten Konzeptes der „komplexen Spionageabwehr" galt der „zielgerichteten Aufspürung und Bekämpfung von Ausgangspunkten für Spionage u. a. subversive Handlungen der Geheimdienste" die besondere Aufmerksamkeit des MfS.[243] Mit den Spitzenbeamten Klaus Kuron (Bundesamt für Verfassungsschutz), Gabriele Gast und Alfred Spuhler (Bundesnachrichtendienst) verfügte namentlich die Abteilung IX der HV A über außerordentlich bedeutsame Informanten in den bundesdeutschen Geheimdiensten.[244] Darüber hinaus wurden sämtliche IM, die im Auftrag des MfS Verbindung zu westlichen Geheimdiensten hatten, nunmehr federführend von der Hauptabteilung II gesteuert (vgl. Kap. 5.2).[245] Ein besonders spektakulärer „Erfolg" fiel dem MfS freilich von allein in den Schoß: der Übertritt des Kölner Verfassungsschützers Hans Joachim Tiedge im August 1985. Mit ihm offenbarte ausgerechnet der für Spionageabwehr verantwortliche Regierungsdirektor dem MfS sein gesamtes Wissen über die Abwehr von DDR-Spionen, so daß Mielke nicht zu Unrecht feststellen konnte, daß der Übertritt „beim Gegner erhebliche Unruhe, Verwirrung und Aktivitäten ausgelöst" habe.[246]

Geradezu sprunghaft an Bedeutung gewann seit Ende der siebziger Jahre auch die elektronische „Aufklärung" des Westens. Das Abhören von Funksprüchen und Telefongesprächen in der Bundesrepublik wurde in einem Maße intensiviert und perfektioniert, daß die dabei erzielten Ergebnisse oftmals die der menschlichen Quellen übertrafen. Die 1971 geschaffene Abteilung III verdop-

---

240 Schreiben des Leiters der Abt. 5 der ZKG vom 26.8.1985, S. 1; BStU, ZA, DSt 103221. Schreiben des Leiters der ZKG vom 7.12.1987; BStU, ZA, DSt 103432.

241 Ordnung 1/86 über die operative Zusammenarbeit der ZAIG mit der HV A, den operativen HA/selbst. Abt. und den Bezirksverwaltungen zur Gewährleistung der Aufbereitung und Erfassung von Informationen im „System der vereinigten Erfassung von Informationen über den Gegner" sowie zur Nutzung von im System gespeicherten Informationen vom 8.1.1986; BStU, ZA, DSt 103250. Schreiben des Leiters der ZAIG vom 13.1.1986; ebenda.

242 Gesamt-PUT-Liste (NSW), Stand: 7.4.1989; BStU, ASt Berlin, A 1001/2.

243 DA 1/87 „zur Gewährleistung des komplexen Vorgehens bei der Abwehr geheimdienstlicher Angriffe gegen politische, ökonomische und militärische Bereiche – Spionageabwehr –", S. 8; BStU, ZA, DSt 103354.

244 Vgl. Schlomann 1993, S. 136 ff.

245 Schreiben des Ministers vom 22.6.1984; BStU, ZA, DSt 103066

246 Schreiben des Ministers vom 30.8.1985; BStU, ZA, DSt 103204.

pelte in wenigen Jahren die Anzahl ihrer Mitarbeiter und wurde 1983 zusammen mit der Abteilung F zur mächtigen Hauptabteilung III unter Generalmajor Horst Männchen ausgebaut (vgl. Kap. 5.3).[247] Obwohl die Hauptabteilung III formal nicht zum Aufklärungsbereich des MfS zählte, betrieb sie im Westen eine außerordentlich effektive Spionage. Durch Abhörstützpunkte an den Grenzen zur Bundesrepublik und sogenannte „Erfassungspunkte auf dem Territorium der BRD"[248] hörte sie nicht nur per „Zielkontrolle" gezielt den Telefon- und Funkverkehr im Westen ab, sondern besaß durch die systematische Auswertung, Verdichtung und Analyse der aufgefangenen Signale ein dichtes Bild von den unterschiedlichsten Vorgängen, Objekten und Personen in der Bundesrepublik. Sowohl auf Anfrage als auch von sich aus informierte sie fortlaufend das gesamte MfS über ihre Erkenntnisse;[249] dabei waren alle Diensteinheiten dazu verpflichtet, „darauf hinzuwirken, daß die sich aus dem Einsatz funkelektronischer Mittel ergebenden Möglichkeiten [...] zielstrebiger und auf Schwerpunkte konzentriert genutzt werden".[250]

Eine neue Qualität bekam die West-Arbeit des MfS noch in anderer Hinsicht – die Grenzen zwischen „Abwehr" und „Aufklärung" wurden in den achtziger Jahren immer weiter eingeschmolzen. Während die Abwehrdiensteinheiten nun systematisch zur Aufklärungsarbeit herangezogen wurden, insbesondere bei der Rekrutierung inoffizieller Mitarbeiter, gewannen die HV A und ihre Abteilungen XV in den Bezirksverwaltungen immer mehr Gewicht bei der Bekämpfung SED-kritischer Bestrebungen in- und außerhalb der DDR. „Die komplizierte internationale Lage", so erklärte Erich Mielke in der Zentralen Planvorgabe für 1983,

> „erfordert die Mobilisierung aller geeigneten operativen Potenzen des gesamten Ministeriums zur Aufklärung der gegen die DDR und die sozialistische Staatengemeinschaft gerichteten feindlichen Angriffe. Die wachsende Kriegsgefahr und die weitere Verschärfung der Situation [...] gebieten die Ausschöpfung aller Möglichkeiten der Erhöhung der Effektivität der Aufklärung, die Nutzung aller Möglichkeiten der Informationsbeschaffung und der Unterstützung der Aufklärung bei der Gewinnung neuer Positionen im Operationsgebiet, vor allem in den Zentren und Institutionen, die Entscheidungen im politischen und militärischen Bereich vorbereiten, treffen und ausführen. Die Nutzung der Möglichkeiten der operativen Basis der Diensteinheiten der Abwehr auch für die Aufklärung [...] hat noch umfassender und zielgerichteter zu erfolgen."[251]

---

247 Befehl 1/83 vom 15.1.1983 zur „Bildung der HA III"; BStU, ZA, DSt 102905.
248 Vorschlag zur Errichtung von Erfassungspunkten auf dem Territorium der BRD, Anlage zum Schreiben von Markus Wolf vom 30.11.1977; BStU, ZA, HA III 8128.
249 Ordnung 5/87 vom 3.7.1987 „über die Gewinnung, Aufbereitung und Weiterleitung operativ bedeutsamer Informationen durch Diensteinheiten der Linie III und deren Auswertung in den Diensteinheiten des MfS – Informationsordnung –"; 1. DB zur Ordnung 5/87 vom 7.12.1987 „Festlegungen zur Erteilung gezielter Informationsbedarfsvorgaben sowie Kontrollaufträge durch die Diensteinheiten des MfS an die Diensteinheiten der Linie III"; BStU, ZA, DSt 103395.
250 Zentrale Planvorgabe für 1986 und den Zeitraum bis 1990, Bd. I, S. 35; BStU, ZA, DSt 103287.
251 Zentrale Planvorgabe für die Jahresplanung 1983, S. 9; BStU, ZA, DSt 102893.

Die Diensteinheiten der „Abwehr" sollten nun auf nahezu allen Gebieten der West-Arbeit einen größeren Beitrag leisten – Militärspionage, Wirtschaftsspionage, politische Spionage und „Aufklärung" der sogenannten „Feindorganisationen". Dazu sollten sie alle Verbindungen ihrer IM in das Operationsgebiet, besonders zu Militärangehörigen, EG-Mitarbeitern, US-Bürgern, Ausländern, Künstlern und Wissenschaftlern sowie zu Privatreisenden aus bundesdeutschen Parteien und Parlamenten „auf ihre Nutzung für die Aufklärung" prüfen. Als besonders bedeutsam galten darüber hinaus Hinweise auf „operativ interessante Personen aus dem Einreiseverkehr, die langfristig in dritten Ländern eingesetzt sind (vorrangig Diplomaten, Wissenschaftler, Spezialisten aus kapitalistischen Staaten)", auf Geheimdienstmitarbeiter, Angehörige der westdeutschen Grenzschutzorgane, der Ausländerämter, der Paß- und Meldebehörden, der bundesdeutschen Staatsdruckereien und der EDV-Einrichtungen zur Bevölkerungsregistratur, auf Reisekorrespondenten und Journalisten, die aus privaten Gründen die DDR besuchten, auf Mitarbeiter aus Forschungs- und Verwaltungsbereichen, auf technisches Personal aus Archiven und Vervielfältigungseinrichtungen von Wirtschaftsunternehmen, auf Rechtsanwälte, Handelsvertreter und Angehörige anderer freier Berufe mit intensiver Reisetätigkeit, auf Studenten der technischen Fachrichtungen sowie Jura- und Volkswirtschaftsstudenten, auf Dolmetscher und Übersetzer, „die sich nicht in linken Gruppen exponiert haben", auf Sekretärinnen sowie auf Bundesbürger, die im grenznahen Verkehr regelmäßig die DDR besuchten. In allen diesen Fällen war die „Bearbeitungswürdigkeit und -möglichkeit solcher Verbindungen zur Schaffung neuer Positionen in feindlichen Zentren und Territorien" von den „Abwehr"-Diensteinheiten in Abstimmung mit der „Aufklärung" zu prüfen.[252]

Tatsächlich unterstützten die Diensteinheiten der „Abwehr" nun in umfassender Weise die Aufklärungsarbeit im Westen. Ein Beispiel dafür ist die Umsetzung der Planvorgabe 1983 in der Bezirksverwaltung (BV) für Staatssicherheit Berlin, dessen Leiter im Juli 1983 auftragsgemäß eine entsprechende Dienstanweisung erließ.[253] Allen „geeigneten IM/GMS", die sich zeitweise im westlichen Ausland aufhielten, sollten nun „gezielte Aufträge zur Beschaffung von Informationen besonders durch Abschöpfung und Beobachtung" erteilt werden. Dazu wurde ein detaillierter Katalog verfaßt mit Angaben zum „Informationsbedarf" des MfS – von „Anzeichen kriegsvorbereitender Handlungen" über „neue Techniken und Technologien" bis hin zu „Dossiers" zu Personen der in der Planvorgabe genannten Gruppen; sogar zu bestimmten, namentlich aufgeführten Kfz-Werkstätten in der Bundesrepublik wurden „Informationen" verlangt. Bei jeder Reise eines „zuverlässigen und überprüften IM/GMS in das Operationsgebiet" mußten nun vorab die im Westen agierenden Diensteinheiten der BV unterrichtet werden, und die erfahreneren unter ihnen wurden per

252 Ebenda, S. 12 ff.
253 BV Berlin, DA 1/83 vom 28.7.1983 „zur verstärkten Nutzung der operativen Basis der Abwehrdiensteinheiten der Bezirksverwaltung für Staatssicherheit Berlin für die Linie Aufklärung/Abt. XV sowie andere operative Diensteinheiten mit liniengebundenen spezifischen Aufgaben im und nach dem Operationsgebiet"; BStU, ASt Berlin, XV 389.

Formblatt erfaßt, damit ihre „operative Nutzung" systematisch geprüft werden konnte. Auch nach Abschluß jeder West-Reise eines IM mußte an die „Aufklärung" Bericht erstattet werden, und die Abwehroffiziere mußten einen speziellen „Meldebogen" über sämtliche West-Verbindungen ihrer IM und GMS ausfüllen – „zur Prüfung auf Nutzung für die Aufklärung". Eine Reihe weiterer Festlegungen sowie diverse Formblätter und eine Durchführungsbestimmung vom November 1985 komplettierten das Maßnahmepaket zur sogenannten „Basisnutzung".[254]

Bei einer Leiterberatung im Oktober 1984 zog man in der BV Berlin eine erste Bilanz der neuen Regelungen. Dabei stellte man fest, daß diese sich „als zeitgemäße Form der vertrauensvollen Zusammenarbeit von Abwehr und Aufklärung" bewährt hätten. Insgesamt seien 39 Informationen über geplante und 70 Berichte über durchgeführte IM-Reisen vorgelegt worden, darüber hinaus sei über 86 Westverbindungen von Abwehr-IM Meldung erstattet worden, die nun geprüft würden. Auch wenn nicht jeder gemeldete Kontakt ein aussichtsreicher Vorgang werde, zeige allein ihre Zahl, welche Reserven der Minister zu erschließen vorgegeben habe. „Jeder Vorgang, der über den Weg natürlicher Kontakte entwickelt werden kann, spart nicht nur Geld und Kräfteeinsatz, sondern hilft auch, die Abwehr des Feindes zu unterlaufen [...]." So seien der Aufklärung in „Spitzenzentren" verschiedene Verbindungen „übergeben" worden, darunter eine „Sekretärin in übernationaler Institution" oder ein „Mitglied zentraler politischer Institutionen". Allein 1984 seien 50 neue gemeinsame „Vorgangsbearbeitungen" von Diensteinheiten der „Abwehr" und der „Aufklärung" geschaffen worden, davon jeweils 10 durch die Abteilungen XVIII (Wirtschaft) und XX (Staatsapparat, Kultur, Kirchen, Opposition). Um jeweils „konkrete Aufträge für jeden IM zu haben", sollten deren geplante West-Reisen in Zukunft aber noch frühzeitiger gemeldet werden als bislang.[255]

Im Juni 1985 befahl Erich Mielke die Bildung eines „Bereiches K" in der HV A, der „vorhandene Reserven bei der Nutzung ausgewählter Einrichtungen, Institutionen und Organisationen der DDR für die Aufklärung systematischer" erschließen sollte. Neue Möglichkeiten für die Aufklärungsarbeit sollten insbesondere durch den Einsatz von Offizieren im besonderen Einsatz (OibE) und ausgewählten IM aus den Bereichen Gesellschaftswissenschaften, Kunst und Kultur, bestimmten DDR-Organisationen und den Außenhandelsbeziehungen „erschlossen" werden. Diese sollten strategische und aktuelle Informationen aus dem „Operationsgebiet" erarbeiten, „operativ interessante Personen und Schwerpunktobjekte" aufklären sowie „aktive Maßnahmen" durchführen – die HV A expandierte damit immer mehr in klassische „Abwehr"-Bereiche der DDR. Das „operative Potential der HV A" sollte dabei zu-

---

254 Ebenda; BV Berlin; 1. DB zur DA 1/83, GVS Bln 69/83 vom 19.11.1985 „zur allseitigen Nutzung der Möglichkeiten der Diensteinheiten der BV Berlin zur frühzeitigen und zuverlässigen Beschaffung von Hinweisen auf akute feindliche Aggressionsabsichten, -vorbereitungen und -handlungen"; BStU, ASt Berlin, B 40.
255 Rededisposition des Stellvertreters Aufklärung auf der Leiterberatung der BV Berlin am 11.10.1984 zur „Basisnutzung"; BStU, ASt Berlin, A 1124.

gleich „voll zur Durchsetzung der politischen Linie der Partei und der Sicherheitserfordernisse" in den betreffenden DDR-Einrichtungen genutzt werden.[256]

Tatsächlich erfolgte die Unterstützung auch in umgekehrter Richtung. Die „Aufklärung" beteiligte sich in den achtziger Jahren immer systematischer an der Bekämpfung „feindlicher" Bestrebungen – auch im Innern der DDR. Auf einer zentralen Dienstkonferenz im Oktober 1982 hatte Mielke beispielsweise die „Verhinderung des Mißbrauchs der Kirchen für feindliche Pläne, Absichten und Aktivitäten" als „zentrale Aufgabe des MfS" bezeichnet.[257] In der Planvorgabe für 1983 wurde in diesem Zusammenhang u. a. eine „systematische und zwischen den operativen Diensteinheiten koordinierte objekt-, personen- und vorgangsbezogene Arbeit im und nach dem Operationsgebiet" verlangt.[258] Zur Umsetzung dieser Direktive legte der Leiter der Bezirksverwaltung (BV) für Staatssicherheit Berlin in der erwähnten Dienstanweisung 1/83 fest, daß die im Westen wirkenden Diensteinheiten „alle geeigneten politisch-operativen Möglichkeiten und Aufklärungsergebnisse auszuschöpfen" hätten, um die „Abwehrdiensteinheiten und -be-reiche wirkungsvoll bei der Erfüllung ihrer Aufgaben [...] zu unterstützen." Letztere sollten u. a. von der „Aufklärung" noch umfassender über „feindliche Pläne [...], Feindobjekte sowie in die Feindtätigkeit einbezogene Personen" informiert werden.[259] Ein Jahr später hieß es dann in einer Zwischenbilanz, daß die für „Aufklärung" zuständige Abteilung XV der BV insgesamt 146 „Abwehrinformationen" übergeben habe; in 50 neuen gemeinsamen Vorgängen von „Abwehr" und „Aufklärung" verwirkliche sich „die Forderung für jeden Aufklärer, die Abwehrarbeit als unabdingbaren Bestandteil der eigenen Arbeit durchzusetzen".[260]

Die Unterstützung der „Abwehr" durch die „Aufklärung" erfolgte sowohl im Innern der DDR als auch in der „Arbeit im und nach dem Operationsgebiet". Spitzel, Informationen oder Aufträge wurden je nach Bedarf tausendfach hin- und hergeschoben. So hatte etwa die Abteilung XV der BV Leipzig nach der erwähnten Dienstkonferenz im Oktober 1982 „mit der Zielstellung einer effektiven Aufklärung und Bearbeitung von reaktionären kirchlichen und kirchlich gebundenen Kräften, einschließlich der Zurückdrängung von politisch-negativen Aktivitäten dieser Kräfte, alle IM/GMS zu melden", die im Kirchenbereich eingesetzt werden konnten; die Meldung mußte u. a. den Deck-

---

256 Befehl 10/85 vom 5.6.1985 „zur weiteren Erhöhung der operativen Effektivität bei der Nutzung von ausgewählten geeigneten Einrichtungen, Institutionen und Organisationen der DDR durch die HV A und zur Vervollkommnung der Zusammenarbeit mit den jeweils verantwortlichen Abwehrdiensteinheiten", S. 1 f.; BStU, ZA, DSt 103177.

257 Referat auf der zentralen Dienstkonferenz zu ausgewählten Fragen der politisch-operativen Arbeit der Kreisdienststellen und deren Führung und Leitung, Potsdam-Eiche, 11.10.1982, S. 62; BStU, ZA, DSt 102884.

258 Zentrale Planvorgabe für die Jahresplanung 1983, S. 29; BStU, ZA, DSt 102893.

259 BV Berlin, DA 1/83 vom 28.7.1983 „zur verstärkten Nutzung der operativen Basis der Abwehrdiensteinheiten der Bezirksverwaltung für Staatssicherheit Berlin für die Linie Aufklärung/Abt. XV sowie andere operative Diensteinheiten mit liniengebundenen spezifischen Aufgaben im und nach dem Operationsgebiet", S. 16 f.; BStU, ASt Berlin, XV 389.

260 Rededisposition des Stellvertreters Aufklärung auf der Leiterberatung der BV Berlin am 11.10.1984 zur „Basisnutzung", S. 7 und 4; BStU, ASt Berlin, A 1124.

namen, die Registriernummer, die berufliche Tätigkeit sowie die „bisherige und profilierbare Einsatzrichtung auf der Linie 'Kirche'" enthalten.[261] Auch einschlägiger „Informationsbedarf" wurde den Diensteinheiten der „Aufklärung" auf diese Weise annonciert, so etwa, wenn die Abteilung XX/4 der BV Berlin über „Bestrebungen feindlich-negativer Kräfte aus dem Operationsgebiet zur Inspirierung und Unterstützung der politischen Untergrundtätigkeit in der DDR" informiert werden wollte – eine Liste mit 90 Namen aus Ost und West und mit 26 westlichen Institutionen lag dem Schreiben bei.[262] Schließlich war die HV A auch bei den „Zersetzungsmaßnahmen" gegen SED-Kritiker im Westen, etwa im Fall der Bürgerrechtler Roland Jahn und Jürgen Fuchs, von eminenter Bedeutung (vgl. Kap. 5.1.2).

Die „operative Bearbeitung" von Feindpersonen umfaßte in der Regel ein breites Arsenal an Überwachungs- und Verfolgungsmaßnahmen wie Postkontrolle, Telefonkontrolle, Ausforschung durch IM, professionelle Observation, Einreise- und/oder Transitreiseverbot, „Zersetzung" durch gezielte Diskreditierung, Organisierung beruflicher Mißerfolge und andere „spezielle Maßnahmen" – nur diesmal im Westen. In einem umfangreichen ZOV wurde beispielsweise der in West-Berlin lebende Bürgerrechtler Roland Jahn systematisch mit Zersetzungsmaßnahmen überzogen. So streute man unter Journalisten, Freunden und politischen Gruppierungen das Gerücht, er betreibe sein DDR-Engagement nur aus Geldgier (Aktion „Keil"). Sein Telefon wurde rund um die Uhr abgehört, und für sein Stammcafé wurde die „Einleitung der B Maßnahme der HA VIII" beschlossen – im Klartext: die Installierung einer Wanze.[263] Gegenüber dem Schriftsteller Jürgen Fuchs leitete das MfS allein im September 1982 u. a. die folgenden „speziellen Maßnahmen" ein:

„FUCHS wurde kontinuierlich, vor allem in den Nachtstunden, in seiner Wohnung angerufen, ohne daß sich der Anrufer meldete. Gleichzeitig wurde jeweils der Fernsprechanschluß zeitweilig blockiert. Im Namen von FUCHS wurde eine Vielzahl von Bestellungen aufgegeben, darunter auch Bestellungen, die zur Kompromittierung des FUCHS geeignet sind. Mehrfach wurden Taxis und Notdienste (Schlüsselnotdienst, Abflußnotdienst, Abschleppdienst) vorwiegend nachts zur Wohnung des FUCHS bestellt. Mit einer Vielzahl von Dienstleistungsunternehmen und anderen Einrichtungen wurden zu unterschiedlichen Tageszeiten, einschließlich der Wochenenden, Besuche bei FUCHS vereinbart (Beratung von Wohnungs- und Kücheneinrichtung sowie zur Badausstattung; Polstermöbelaufarbeitung, Polstermöbelreinigung, Wohnungsreinigung, Fensterputzer, Abholung von Schmutzwäsche, von Teppichen und Gardinen; Verkauf von Antiquitäten,

---

261 Schreiben des Stellvertreters Operativ der BV Leipzig vom 10.2.1983, dokumentiert in: Sélitrenny/Weichert 1991, S. 125 f.

262 Abt. XX/4 der BV Berlin, Schreiben vom 3.10.1984 „Informationsbedarf für Diensteinheiten der Linie Aufklärung hinsichtlich der Bestrebungen feindlich-negativer Kräfte aus dem Operationsgebiet zur Inspirierung und Unterstützung der politischen Untergrundtätigkeit in der DDR, die insbesondere unter dem Deckmantel kirchlicher Möglichkeiten wirksam werden"; BStU, ASt Berlin, A 710.

263 Absprachoprotokoll vom ZOV „Weinberg" vom 13.11.1987, Bd. 10, S. 21; BStU, ZA, 16922/91.

Antiquariatsartikeln, Musikinstrumenten, Wohnungsauflösung, Abholung von Autowracks; Reparatur von Fernsehgeräten und Waschmaschinen; Möbeltransport, Ungezieferbekämpfung, Bereitstellung von Mietautos mit Fahrer, Massage, Beratung über Versicherungsabschlüsse, Buchung von Reisen, Bestellung von Menüs)."[264]

Im Januar 1986 erstattete Markus Wolf bei Erich Mielke einen schriftlichen Bericht über den „Beitrag der Hauptverwaltung A zur Gewährleistung der inneren Sicherheit der DDR". Darin hob er hervor, daß die Aktivitäten der „Aufklärung" zum Ausbau der Zusammenarbeit mit den Diensteinheiten der Abwehr fortgesetzt worden seien. Durch eine stärkere Einbeziehung des IM-Netzes im „Operationsgebiet" und in der DDR sei „ein wertvoller Beitrag der HV A zur Gewährleistung der inneren Sicherheit der DDR" erbracht worden; das Jahr 1985 könne als das „bisher erfolgreichste Jahr auf diesem Gebiet eingeschätzt" werden. Neben Informationen und Dokumenten zur Spionagetätigkeit hätten sich die „abrechenbaren Ergebnisse" u. a. bei der Zerschlagung von Fluchthilfegruppen, bei der Erarbeitung von Personendossiers sowie bei der Bekämpfung der politisch-ideologischen Diversion und der Untergrundtätigkeit gezeigt. Namentlich die „Linie" XX sei u. a. „durch Übergabe von Informationen über Aktivitäten feindlicher Kräfte gegen die DDR in der Friedensbewegung der BRD" unterstützt worden. Die Zusammenarbeit der HV A mit den Diensteinheiten der Abwehr habe dadurch 1985 „eine neue, höhere Qualität erhalten, deren Grundlage immer mehr das gemeinsame Handeln wird, wie die Übergabe/Übernahme von IM, der Einsatz des IM-Netzes der HV A auf der Basis von Absprachen, Abstimmungen und gezielten Aufgabenstellungen, die direkte Kooperation bei der Vorgangsbearbeitung usw."[265]

In der „Zentralen Planvorgabe für 1986 und den Zeitraum bis 1990" wird zwischen den Aufgaben der „Aufklärung" und der „Abwehr" keine Unterscheidung mehr getroffen; vielmehr werden für die Lösung der inneren und äußeren Aufgaben jeweils alle Diensteinheiten des MfS verantwortlich gemacht. Selbst über so „klassische" Domänen der HV A wie die deutsch-deutschen Beziehungen heißt es nun: „Durch die Diensteinheiten der Aufklärung und Abwehr ist ein maximaler Beitrag zur Unterstützung der Politik der DDR gegenüber der BRD zu leisten. Unter Nutzung aller Möglichkeiten gilt es, die Aufklärung und Einschätzung der Außen- und Innenpolitik der BRD [...] weiter zu qualifizieren." Und zur „vorbeugenden Verhinderung, Aufdeckung und Bekämpfung politischer Untergrundtätigkeit" wird angeordnet, daß „alle operativen Diensteinheiten [...] die in der Dienstanweisung 2/85 [...] festgelegten Aufgaben und Maßnahmen konsequent, einheitlich und abgestimmt durchzusetzen" hätten.[266]

264 Zitiert nach Fuchs, 1994, S. 39.
265 Beitrag der HV A zur Gewährleistung der inneren Sicherheit der DDR. Anlage zum Schreiben von Markus Wolf an Mielke vom 6.1.1986; BStU, ZA, ZAIG 7373.
266 Zentrale Planvorgabe für 1986 und den Zeitraum bis 1990, Bd. I, S. 19 und 108; BStU, ZA, DSt 103287.

Der Prozeß der zunehmenden Verschmelzung von „Aufklärung" und „Abwehr" – und damit auch der „West-" und „Ost-Arbeit" des MfS – setzte sich bis zur Auflösung der Staatssicherheit fort. So verlangte Erich Mielke in der Zentralen Planvorgabe für 1989, nun auch „alle operativen Potenzen der Kreisdienstdienstellen für die Arbeit im und nach dem Operationsgebiet [...] umfassend zu erschließen und zu nutzen"; wieder ging es darum, neue Verbindungen zu erschließen, Hinweise auf Personen zu erarbeiten und erprobte IM für die West-Arbeit bereitzustellen. Die Arbeit der Offiziere für Aufklärung in den Kreisdienststellen sollte dafür „noch konsequenter auf die Lösung operativer Schwerpunktaufgaben der Aufklärung ausgerichtet" werden, während umgekehrt die in der HV A konzentrierten „Regimematerialien" über den Westen „von den Diensteinheiten der Abwehr verstärkt zu nutzen" seien.[267] Und in der Planorientierung des Leiters der HV A für 1989 hieß es aus Sicht der „Aufklärung": „Alle Diensteinheiten sind auf der Grundlage meiner Weisung vom 29.2.1988 verantwortlich für die Aufklärung und offensive Bearbeitung von im Operationsgebiet festgestellten Ausgangspunkten der Organisierung der politischen Oppositions- und Untergrundtätigkeit. [...] Geeignete DDR-IM [der „Aufklärung"] sind auf dem Territorium der DDR mit in die Bearbeitung oppositioneller Kräfte und Gruppierungen einzubeziehen."[268] Die „neuen Anforderungen an die Organisation der politisch-operativen Arbeit der HV A zur Aufdeckung und Bekämpfung der P[olitisch-]I[deologischen] D[iversion] und die Zusammenarbeit von Aufklärung und Abwehr" – so der Titel einer der Schule der HV A übertragenen Forschungsarbeit aus dem Jahr 1989 – waren das herausragende Kennzeichen der West-Arbeit des MfS am Ende der achtziger Jahre.[269]

Die politische „Wende", die Egon Krenz im Oktober 1989 verkündete, hatte auf die West-Arbeit des DDR-Staatssicherheitsdienstes zunächst nur indirekte Auswirkungen, weil die neue Führung davon ausging, daß ein Auslandsnachrichtendienst auch in einer reformierten DDR gebraucht werde. Während das Amt für Nationale Sicherheit (AfNS), wie das MfS bald hieß, Akten, die politisch nicht mehr opportun erschienen, systematisch vernichtete, machte man gleichzeitig umfangreiche Pläne für die künftigen Aufgaben und Strukturen des Sicherheitsapparates. Insbesondere in der Hauptverwaltung A machte man sich Hoffnungen auf ein Fortbestehen, wenn auch mit reduziertem Personalbestand. Die Buhrufe, mit denen Markus Wolf auf der Großdemonstration in Berlin am 4. November bedacht wurde, die Besetzung der Stasi-Dienststellen in der ganzen DDR und die eindeutigen Stellungnahmen des Runden Tisches ließen jedoch keinen Zweifel daran, daß die Bevölkerung die Beseitigung aller Strukturen der Staatssicherheit verlangte. Am 12. Januar 1990 erklärte deshalb

267 Zentrale Planvorgabe für 1989, S. 20 f.; BStU, ZA, DSt 103530
268 Planorientierung des Leiters der HV A für das Jahr 1989, S. 12 f.; BStU, ASt Berlin, XV 24.
269 Schule der HV A, Forschungsergebnisse zum Thema: Aktuelle Tendenzen und langfristige Stoßrichtungen der politisch-ideologischen Diversion des Imperialismus gegen den Sozialismus in der DDR (Teil I der Forschungsarbeit „Die neuen Anforderungen an die Organisation der politisch-operativen Arbeit der HV A zur Aufdeckung und Bekämpfung der PID und die Zusammenarbeit von Aufklärung und Abwehr"), Juli 1989; BStU, ZA, MfS JHS 22033.

Ministerpräsident Modrow vor der Volkskammer der DDR, daß das AfNS ersatzlos aufgelöst werde und bis zu den ersten freien Wahlen keine neue Institution mit nachrichtendienstlichen Aufgaben gebildet werde.[270] Bis zum 31. März 1990 wurden sämtliche hauptamtlichen Mitarbeiter entlassen, wobei der HV A vom Zentralen Runden Tisch das Recht eingeräumt wurde, sich bis Ende Juni selbst aufzulösen. Auch die Agenten im Westen wurden nach und nach „entpflichtet", oftmals verbunden mit beträchtlichen Geldprämien und der verbindlichen Mitteilung, daß ihre Akten vernichtet worden seien.[271] Der „Agenturfunk" sendete zum letzten Mal am 31. Mai 1990, und dem offiziellen Auflösungsbericht zufolge wurde die Zahl der HVA-"Vorgänge" bis zum 25. Juni bis auf 13 reduziert.[272] Zumindest einzelne Agenten des MfS spionierten aber auch noch nach dem Beitritt der DDR zur Bundesrepublik – nunmehr für sowjetische Nachrichtendienste.[273]

4.3 Strukturelle Verankerung im Herbst 1989

Von der Gründung bis zur Auflösung des MfS war die West-Arbeit eine Aufgabe, die quer zu den Strukturen des Ministeriums verlief. Weder in der vertikalen Gliederung (Zentrale, Bezirksverwaltungen, Kreis- und Objektdienststellen) noch in der horizontalen Aufteilung nach „Linien", die jeweils für ein abgezirkeltes Aufgabenfeld zuständig waren, beschränkte sich die West-Arbeit auf einen bestimmten Teil der DDR-Staatssicherheit. Wie die „Ost-Arbeit" war sie eine Aufgabe aller Diensteinheiten, die sie jeweils in ihrem unterschiedlichen „Verantwortungsbereich" wahrzunehmen hatten. Ohne die West-Arbeit der 218 Kreisdienststellen mit ihren insgesamt rund 11.000 Mitarbeitern hinzuzurechnen, waren allein auf bezirklicher und zentraler Ebene mehr als 200 Diensteinheiten unmittelbar und rund 100 Diensteinheiten mittelbar an der „Arbeit in und nach dem Operationsgebiet" beteiligt. Die HV A mit ihren westlichen Agenturen bildete in dieser komplexen Maschinerie des Ministeriums für Staatssicherheit lediglich einen Baustein mit mehr oder weniger spezifischen Aufgaben.

Wie sehr die West-Arbeit nicht nur Aufgabe der Zentrale, sondern bis in die unterste Ebene verankert war, macht ein Blick auf die vertikale Aufgabenverteilung im MfS deutlich: So wie der HVA-Chef in Berlin zugleich Stellvertreter des Ministers war, hatten auch die Leiter der Bezirksverwaltungen für Staatssicherheit einen „Stellvertreter Aufklärung und Leiter der Abteilung XV", der „linienmäßig" der HV A unterstellt war. Sein Arbeitsbereich wurde nicht nur inhaltlich von der HV A angeleitet und kontrolliert, sondern bildete gleichsam deren Unterbau, indem beispielsweise flächenmäßig nach interessanten „operativen Verbindungen" oder potentiellen „Quellen" gesucht

---

270 Vgl. Gill/Schröter 1991, S. 180 f.
271 Schlomann 1993, S. 77.
272 Abschlußbericht über die Auflösung der ehemaligen HVA vom 19.6.1990, S. 8; BStU, ZA, HV A 804.
273 Vgl. Schlomann 1993, S. 291 ff.

wurde, die der HV A zugeführt werden konnten. Auch in den Kreisdienststellen gab es entsprechende „Offiziere für Aufklärung" (OfA), die wiederum von der Abteilung XV der Bezirksverwaltungen angeleitet wurden und bei denen die „Linie" gewissermaßen endete.[274] Dasselbe „Linienprinzip" galt auch für die anderen zentralen Diensteinheiten – von der für die sogenannte „Spionageabwehr" zuständigen Hauptabteilung II mit ihren Entsprechungen auf Bezirksebene über die für Ausreise und Flucht zuständige Zentrale Koordinierungsgruppe mit ihren Ablegern in den Bezirken bis hin zur „Linie" III, die für die funkelektronische Aufklärung der Bundesrepublik zuständig und ebenfalls in den Bezirksverwaltungen verankert war. Gerade weil den unteren Diensteinheiten die Verantwortung für die „Sicherheit im Territorium" zufiel, waren sie automatisch auch für alle westlichen Bezüge auf dieser Ebene zuständig.

Wie vielfältig diese Bezüge sein konnten, wird deutlich, wenn man sich das Aufgabentableau der „Linien" auf zentraler Ebene vor Augen führt, wo in ganz unterschiedlichen Zusammenhängen West-Arbeit geleistet wurde – Entsprechendes galt für die Bezirke. Angesichts der Fülle von Aufgaben- und Zuständigkeitsbereichen mit West-Bezug kann im Rahmen dieses Berichtes und angesichts des nach wie vor geringen Erschließungs- und Erkenntnisstandes zu vielen Diensteinheiten des MfS freilich nur ein skizzenhafter Überblick ohne Anspruch auf Vollständigkeit gegeben werden. Da die numerische Ordnung der Diensteinheiten aufgrund wiederholter Strukturveränderungen nur bedingt zur Orientierung taugt, wird dabei im Folgenden – wie im MfS üblich – nach den Zuständigkeitsbereichen des Ministers und seiner Stellvertreter vorgegangen, und zwar nach dem Stand vom Oktober 1989.[275]

Erich Mielke, Minister für Staatssicherheit seit 1957, war für den größeren Teil der Diensteinheiten seines Ministeriums selbst verantwortlich – vom Wachregiment „Feliks E. Dzierzynski" über die Hauptabteilung Kader und Schulung bis hin zum Büro der Zentralen Leitung der Sportvereinigung Dynamo; insbesondere die Diensteinheiten mit übergreifenden Funktionen waren ihm direkt unterstellt. Von diesen waren insbesondere die Arbeitsgruppe des Ministers (AGM), die Zentrale Auswertungs- und Informationsgruppe (ZAIG) sowie die Hochschule des MfS – in je eigener Weise – mit Aufgaben der West-Arbeit betraut.

Die AGM hatte die federführende Verantwortung für alle Aufgaben der Mobilmachungsarbeit und -planung im Ministerium, womit man die Vorbereitungen auf Kriegs- und Spannungsperioden umschrieb. Im Bereich 1 gab es dafür

---

274 Die Hauptaufgabe der „Offiziere für Aufklärung" bestand „in der zielstrebigen Suche, Auswahl und Verdichtung operativ-bedeutsamer Verbindungen sowie der Sichtbarmachung zuverlässiger und befähigter IM aus der Basis der Kreisdienststelle für die Arbeit im und in das Operationsgebiet"; vgl. BV Schwerin, Abt. XV: Funktions- und Qualifikationsmerkmale für den Offizier für Aufklärung in den Kreisdienststellen, 10.7.1981, S. 2; BStU, ASt Schwerin, KD Hagenow 5248. Obwohl der Kreisdienststellen normalerweise nicht nach dem „Linienprinzip" arbeiten sollten, gab es auch dort zu vielen Arbeitsbereichen spezielle Verantwortliche oder Struktureinheiten; vgl. Gill/Schröter 1991, S. 57 f.

275 Zum Folgenden ausführlicher: Die Organisationsstruktur des Ministeriums für Staatssicherheit 1989 (1995).

ein eigenes Arbeitsgebiet V unter Oberst Heinz Siebenhühner, das ausschließlich Aufgaben im „Operationsgebiet" hatte – vorgesehen für den Verteidigungszustand, aber systematisch geplant und vorbereitet in Friedenszeiten. Bis April 1988 war in der AGM darüber hinaus eine spezielle Arbeitsrichtung angesiedelt, die u. a. für die Ausbildung und den Einsatz von „spezifischen Kräften" für „aktive Maßnahmen gegen den Feind und sein Hinterland" wie „Diversionsakte", „aktive physische Maßnahmen gegen bestimmte Personen" oder „Unterstützung bei physischer Auflehnung gegen die Staatsstruktur des Kriegsgegners" zuständig war (vgl. Kap. 5.5).[276]

In der ZAIG war der Bereich 1 (Zentrale Auswertungs- und Informationstätigkeit) mit insgesamt 56 Planstellen und sechs Arbeitsgruppen in starkem Maße mit Problemen des Westens befaßt: Arbeitsgruppe 1 war für internationale Fragen und die sogenannte „Systemauseinandersetzung" zuständig und hatte ständig die Lage in der Bundesrepublik zu analysieren; Arbeitsgruppe 2 war u. a. mit der zentralen Auswertung von Informationen zu links- und rechtsextremistischen Organisationen, zum Terrorismus und zur „inneren Spionageabwehr", d. h. zur Tätigkeit von Diplomaten, Journalisten und westlichen Geheimdiensten beschäftigt; Arbeitsgruppe 3 analysierte Informationen zur Ausreise- und Fluchtproblematik, zum grenzüberschreitenden Verkehr einschließlich „Polittourismus" sowie zur Verteidigungspolitik und Grenzsicherung der DDR; Arbeitsgruppe 4 und 5 befaßten sich mit der systematischen Auswertung der westlichen Massenmedien bzw. mit der Dokumentation von Informationen über „feindliche" Stellen, Organisationen und Personen im Operationsgebiet, die von anderen Diensteinheiten nach Bedarf abgerufen werden konnten; Arbeitsgruppe 6 schließlich war für Kirchen, Kultur, Jugend und Opposition zuständig, wozu auch die Analyse sogenannter „gegnerischer Kontaktpolitik und Kontakttätigkeit" gehörte. Im Bereich 4 war vor allem die Arbeitsgruppe 4 für die West-Arbeit von Bedeutung, denn sie belieferte den zentralen Datenspeicher zur „Erfassung von Informationen über den Gegner" in Moskau bzw. organisierte dessen regelmäßige Abfrage durch das MfS (vgl. Kap. 6.1).

Naturgemäß spiegelten sich die vielfältigen Aspekte der Arbeit „im und nach dem Operationsgebiet" auch in der Tätigkeit seiner zentralen Ausbildungsstätte, der Hochschule in Potsdam-Golm, wider. So beschäftigte sich der Lehrstuhl „Probleme des Imperialismus" u. a. mit der Tätigkeit „imperialistischer Geheimdienste", während der Lehrstuhl „Grundprozesse der politisch-operativen Arbeit" Grundfragen der „Arbeit im und nach dem Operationsgebiet", darunter grundlegende Methoden der Bekämpfung „feindlicher Stellen und Kräfte", behandelte. Der Lehrstuhl „Kriminalistik" erteilte u. a. Unterricht in „operativer" Beobachtung für „Auslandskader", während es im Lehrstuhl „Volkswirtschaft" einen „wissenschaftlichen Arbeitskreis" zur „politisch-operativen Sicherung und Kontrolle dienstlicher Einreisen" aus dem Westen gab. Der Lehrstuhl „Staatsgrenze" war u. a. für die Bekämpfung des „staatsfeindlichen Menschenhandels" und für die „Aufdeckung der Feindtätigkeit im Zu-

---

276 Fingerle/Gieseke 1996, S. 17.

sammenhang mit dem Einreiseverkehr" zuständig. Seit 1983 fungierte auch die Schule der HV A als Sektion der Hochschule (vgl. Kap. 5.1).[277]

Zu den großen „operativen" Diensteinheiten des MfS, die sich in starkem Maße mit dem Westen beschäftigten, gehörte die Hauptabteilung II mit ihren zuletzt 1432 hauptamtlichen Mitarbeitern. Im Aufgabentableau des MfS war die Hauptabteilung II für „Spionageabwehr" zuständig – tatsächlich hatte sie ein gigantisches Überwachungsnetz geschaffen, das der Aufklärung und Abwehr von geheimdienstlichen „Angriffen" und „feindlichen" Organisationen aus dem Westen ebenso diente wie der lückenlosen Kontrolle aller in der DDR lebenden oder arbeitenden Ausländer. Wie weiter unten näher ausgeführt wird (vgl. Kap. 5.2), waren dabei insbesondere die Abteilungen 2 der Hauptabteilung II („Spionageabwehr im und in das Operationsgebiet"), 12 („Bearbeitung der Ständigen Vertretung der Bundesrepublik in der DDR"), 13 („Bearbeitung von Auslandskorrespondenten"), 19 („Sicherung der Auslandsbeziehungen der SED") sowie die Arbeitsgruppe Ausländer (AGA) auf die „Bearbeitung" von Bundesbürgern ausgerichtet.

Die für die Postkontrolle zuständige Abteilung M mit insgesamt 530 Mitarbeitern (fachlich der Hauptabteilung II unterstellt) hatte ebenfalls einen starken Schwerpunkt im Bereich der West-Arbeit – und zwar nicht nur im Sinne des schlichten Briefeöffnens zwischen Ost und West. So war die Abteilung 1 („Internationaler Postverkehr – Abgang"; 74 Planstellen) für die systematische Fahndung nach Briefsendungen und deren Auswertung zuständig, um geheimdienstliche Aktivitäten, Kontakte „vorbeugend zu sichernder Personen" sowie Informationen über „operativ interessierende Personen aus dem Operationsgebiet" festzustellen. Dieselben Aufgaben hatte die Abteilung 2 für den Bereich „Eingang" (40 Planstellen), wobei hier noch hinzu kam, die Einführung von DDR-kritischen Schriften nach Ostdeutschland auszuschließen, „Rückverbindungen" ehemaliger DDR-Bürger festzustellen und aufzuklären sowie alle Formen der „gegnerischen Kontakttätigkeit" und der Fluchthilfe oder -vorbereitung zu verhindern. Ähnlich sah auch das Aufgabenrepertoire der Abteilung 4 aus (32 Planstellen), die für den „Internationalen Kleingutverkehr" zuständig war, während die Abteilung 6 (48 Planstellen) speziell für die Bearbeitung geheimdienstlich verdächtiger Postsendungen geschaffen worden war.

Auch die Untersuchungs- und Ermittlungsbehörde des MfS, die Hauptabteilung IX, arbeitete mit ihren 484 Mitarbeitern in starkem Maße auf den Westen bezogen, denn getreu dem Feindbild und der Aufgabenstellung des MfS, sollten in erster Linie unerwünschte Westverbindungen, verbotene Flucht- und Ausreisebestrebungen, jede Art von „Spionage"[278] sowie grundsätzliche Kritik

---

277 Befehl 7/83 [des Ministers] über die Übertragung der Rechte und Pflichten einer Sektion der Hochschule des MfS an die Schule der Hauptverwaltung A – 1.6.1983; BStU, ZA, DSt 102940.

278 Den Tatbestand der „Spionage" erfüllte nach § 97 des Strafgesetzbuches der DDR jeder, der „Nachrichten oder Gegenstände, die geheimzuhalten sind, zum Nachteil der Interessen der Deutschen Demokratischen Republik für eine fremde Macht, deren Einrichtungen oder Vertreter oder für einen Geheimdienst oder für ausländische Organisationen sowie deren Helfer sammelt, an sie verrät, ihnen ausliefert oder in sonstiger Weise zugänglich macht". Nach § 99 wurde auch bestraft, „wer der

am DDR-System – die in den Augen der SED nur vom Westen inspiriert oder gesteuert sein konnte – durch strafrechtliche Verfolgung verhindert werden: Die Abteilung 1 der Hauptabteilung IX (ca. 40 Mitarbeiter) ermittelte und kämpfte gegen das, was das MfS als „Spionagetätigkeit" bezeichnete, die Abteilung 2 (ca. 30 Mitarbeiter) gegen „politische Untergrundtätigkeit" (PUT), die Abteilung 6 (ca. 25 Mitarbeiter) gegen Militärstraftaten, darunter auch „Angriffe gegen die Staatsgrenze", die Abteilung 9 (ca. 38 Mitarbeiter) gegen „staatsfeindlichen Menschenhandel". Was solche Vorwürfe im Einzelfall bedeuten konnten, weiß man aus Ermittlungsverfahren gegen Regimekritiker wie gegen Rudolf Bahro oder Wolfgang Templin, denen mit absurden Konstruktionen der Vorwurf der Spionage gemacht wurde, weil sie Kontakte in den Westen hatten. Eine äußerst gewichtige Rolle spielte nicht zuletzt die Abteilung 11, die systematisch personenbezogene Unterlagen zur NS-Vergangenheit sammelte und aufbereitete – und diese je nach Bedarf bei Anwerbungsversuchen oder „aktiven Maßnahmen" in der Bundesrepublik als Druckmittel oder zur Kompromittierung zur Verfügung stellte.[279]

Mit West-Arbeit waren auch viele der dem Mielke-Stellvertreter Generaloberst Mittig unterstellten Diensteinheiten befaßt. Insbesondere die Hauptabteilungen XVIII, XIX und XX, die eigentlich für die Kontrolle der Wirtschaft, des Verkehrs sowie des staatlichen und gesellschaftlichen Lebens zuständig waren, operierten keineswegs nur im Inneren der DDR.

Die „Sicherung der Volkswirtschaft" war eines der ältesten Aufgabengebiete des MfS und wurde „federführend" von der Hauptabteilung XVIII mit ihren zuletzt 647 hauptamtlichen Mitarbeitern betrieben; von Anfang waren dabei die nach innen und nach außen gerichteten Aspekte der Arbeit eng miteinander verwoben. So war die Hauptabteilung XVIII beispielsweise dafür zuständig, daß sämtliche Geschäftsreisen und Wirtschaftsbeziehungen zwischen Ost und West einer lückenlosen Kontrolle unterworfen waren. Praktisch bedeutete dies,

---

Geheimhaltung nicht unterliegende Nachrichten zum Nachteil der Interessen der Deutschen Demokratischen Republik an die im § 97 genannten Stellen oder Personen übergibt, für diese sammelt oder ihnen zugänglich macht", und nach § 100 auch derjenige, der „zu den im § 97 genannten Stellen oder Personen Verbindung aufnimmt oder sich zur Mitarbeit anbietet oder diese Stellen oder Personen in sonstiger Weise unterstützt, um die Interessen der Deutschen Demokratischen Republik zu schädigen"; Strafgesetzbuch und Strafprozeßordnung der Deutschen Demokratischen Republik mit den Änderungen vom 28.6.1979, Seminarmaterial des Gesamtdeutschen Instituts – Bundesanstalt für gesamtdeutsche Aufgaben, Bonn o. J., S. 24. Vor der Strafrechtsreform lautete § 97, Abs. 2: „Wer es unternimmt, Tatsachen, Gegenstände, Forschungsergebnisse oder sonstige Nachrichten, die im politischen oder wirtschaftlichen Interesse oder zum Schutze der Deutschen Demokratischen Republik geheimzuhalten sind, für einen imperialistischen Geheimdienst oder für andere Organisationen, Einrichtungen, Gruppen oder Personen, deren Tätigkeit gegen die Deutsche Demokratische Republik oder andere friedliebende Völker gerichtet ist, oder deren Vertreter oder Helfer zu sammeln, an sie auszuliefern oder zu verraten, wird mit Freiheitsstrafe nicht unter fünf Jahren bestraft." § 98 lautete: „(1) Wer Nachrichten, die geeignet sind, die gegen die Deutsche Demokratische Republik oder andere friedliebende Völker gerichtete Tätigkeit von Organisationen, Einrichtungen, Gruppen oder Personen zu unterstützen, für sie sammelt oder ihnen übermittelt, wird mit Freiheitsstrafe von zwei bis zu zwölf Jahren bestraft." In: Strafgesetzbuch der Deutschen Demokratischen Republik – StGB –, hrsg. vom Ministerium der Justiz, Berlin (Ost) 1968, S. 43 f.

279 Vgl. dazu ausführlicher: Leide 1998.

daß nicht nur Tausende von DDR-Bürgern von der Hauptabteilung XVIII auf ihre Tauglichkeit als „Reisekader" überprüft wurden, sondern auch alle einreisenden Firmenvertreter oder Techniker aus dem Westen durchleuchtet wurden. Die Diensteinheit beteiligte sich auch an der Ausforschung von westdeutschen Forschungseinrichtungen wie dem Deutschen Institut für Wirtschaftsforschung und bekämpfte die Umweltorganisation „Greenpeace". Vor allem aber betrieb die Hauptabteilung XVIII in der Bundesrepublik eine intensive Wirtschaftsspionage, indem sie auf konspirativem Wege technologische Neuerungen und Erkenntnisse beschaffte und anschließend dem „Sektor Wissenschaft und Technik" (SWT) der HV A übergab; auch an der Beschaffung von Embargo-Gütern war die Hauptabteilung XVIII unmittelbar beteiligt. Für die Koordinierung dieser „Arbeit im und nach dem Operationsgebiet" gab es eine spezielle Abteilung in der Hauptabteilung XVIII – die Abteilung 14 (vgl. Kap. 5.4).

Während die Hauptabteilung XVIII anfangs auch den gesamten Außenhandel der DDR „abzusichern" hatte, wurde 1983 für den „Bereich Kommerzielle Koordinierung" (KoKo) im Ministerium für Außenhandel der DDR eine spezielle Diensteinheit des MfS gebildet, die ab 1986 auch für die Außenhandelsbetriebe und Vertretergesellschaften des KoKo-Bereiches verantwortlich wurde: die Arbeitsgruppe Bereich Kommerzielle Koordinierung (AG BKK). Mit ihren zuletzt 120 Mitarbeitern war sie damit für die nachrichtendienstliche Kontrolle jenes ominösen Firmengeflechtes zuständig, das einer Ministerratsverfügung vom 1. April 1966[280] zufolge mit dem Ziel der „maximalen Devisenerwirtschaftung außerhalb des Plans" geschaffen wurde und bis 1989 von dem MfS-Offizier im besonderen Einsatz (OibE) Alexander Schalck-Golodkowski geleitet wurde. Zu den Aufgaben der AG BKK gehörte nicht nur die Durchleuchtung der rund 2.000 Beschäftigten dieser Firmen und des Internationalen Handelszentrums in der Berliner Friedrichstraße, sondern auch die Überwachung ihrer Jahr für Jahr rund 5.000 einreisenden Geschäftspartner aus dem Westen.

Eine bedeutende Rolle für die West-Arbeit des MfS spielte auch die Hauptabteilung XIX, die eigentlich für die „Absicherung" des Verkehrswesens der DDR verantwortlich war. Die Diensteinheit mit ihren 251 Mitarbeitern war nämlich nicht nur für den „inneren" Verkehr der DDR zuständig, sondern kontrollierte auch die grenzüberschreitenden Verkehrsströme, insbesondere der Deutschen Reichsbahn (einschließlich Mitropa), der zivilen Luftfahrt (Interflug), der Speditionstätigkeit sowie der Binnen- und Seeschiffahrt; zudem unterstand ihr die Absicherung des Post- und Fernmeldewesens. Der Hauptabteilung XIX oblag dabei nicht nur die Überprüfung der außerhalb der DDR eingesetzten Arbeitskräfte (Flugpersonal, Eisenbahnpersonal, Fernfahrer, Binnenschiffer, Seeleute etc.), sondern sie ließ durch diese im Westen auch gezielt

---

280 Vgl. Verfügung 61/66 vom 1.4.1996, in: Erste Beschlußempfehlung und erster Teilbericht des 1. Untersuchungsausschusses nach § 44 des Grundgesetzes vom 14.10.1992, Bundestagsdrucksache 12/3464, Dokument 7, S. 58–61.

Beobachtungen und Ermittlungen durchführen. Rund die Hälfte aller Mitarbeiter der Hauptabteilung XIX übte eine „IM-führende Tätigkeit" aus.

Die Hauptabteilung XX, die unter anderem Kirchen und Universitäten, Künstler und Schriftsteller, Jugendliche und Oppositionsgruppen kontrollierte, wird gemeinhin als das wichtigste Organ des MfS zur inneren Überwachung und Verfolgung betrachtet. – Weniger bekannt hingegen ist, daß auch diese Diensteinheit intensiv im und nach dem Westen operierte. Insbesondere die Abteilung 5 der Hauptabteilung XX bearbeitete in der Bundesrepublik und West-Berlin systematisch Vorgänge und Personen, vorrangig ehemalige DDR-Bürger und Anhänger alternativer Gruppierungen und Organisationen, die als „Inspiratoren und Organisatoren der politischen Untergrundtätigkeit" in der DDR identifiziert worden waren; „Hauptwaffe" bildeten auch hier die inoffiziellen Mitarbeiter.[281] Aber auch die für Kirchen und Religionsgemeinschaften zuständige Abteilung 4 unterhielt ein eigenes Referat 4 zur Aufklärung und zur Arbeit „im und in das Operationsgebiet" sowie zu kirchlichen Zentren und Organisationen im Ausland. Keine Trennung zwischen In- und Ausland nahm auch die für die Bekämpfung der „politischen Untergrundtätigkeit" geschaffene Abteilung 9 vor, und die übrigen Abteilungen der Hauptabteilung XX operierten gleichermaßen regelmäßig gen Westen – beispielsweise durch IM-Einsätze von DDR-Verlagsleitern oder Schriftstellern, die von der Hauptabteilung XX/7 gelenkt wurden.

Eine ganz andere, aber kaum weniger bedeutende Form der West-Arbeit leistete die eigentlich für die „Absicherung" des DDR-Militärs zuständige Hauptabteilung I mit ihren insgesamt 2.319 hauptamtlichen Mitarbeitern. Schon im Dezember 1961 war die gesamte „Abteilung Aufklärung" beim Kommando Grenze der Nationalen Volksarmee (NVA), die vor allem für die zielgerichtete Ausspähung des westlichen Territoriums an den Grenzen der DDR zuständig war, in die Hauptabteilung I eingegliedert worden.[282] Zu ihren Aufgaben gehörte es u. a., Truppen, Stäbe und Einrichtungen der Bundeswehr, des Bundesgrenzschutzes, des Zollgrenzdienstes bzw. der Bayerischen Grenzpolizei, der Grenzüberwachung sowie von NATO-Objekten zu erkunden. Zur „Spionageabwehr" unterhielt die Hauptabteilung I u. a. eine Abteilung Äußere Abwehr, die eine ganze Palette von Aufgaben in der Bundesrepublik zu realisieren hatte. Neben der allgemeinen „Arbeit im und nach dem Operationsgebiet" war sie speziell für die Bearbeitung der „Deutschen Gesellschaft für Sozialbeziehungen e.V./Deutsche Gesellschaft für zeitgeschichtliche Fragen e.V." in Bonn als sogenanntes „Feindobjekt" zuständig; darüber hinaus sollte sie schwere Fahnenfluchtverbrechen – wie Desertion in den Westen unter Nutzung der Schußwaffe – verfolgen sowie den militärischen Nachrichtendienst der DDR mit seinen teilweise hochkarätigen Quellen in der Bundesrepublik absichern, d. h. infiltrieren und kontrollieren.[283] Die Abteilung Äußere Abwehr

---

281 Vgl. dazu ausführlicher: Auerbach 1997.
282 Befehl 56/62 des Ministers für Staatssicherheit vom 19.1.1962; BStU, ZA, DSt 100330.
283 Zum „Bereich Aufklärung" des Ministeriums für Nationale Verteidigung vgl. den von einem ehemaligen Mitarbeiter geschriebenen Report „Auftrag Windrose" (Kabus 1993) sowie Siebenmorgen

hatte 49 Planstellen für IM-führende Mitarbeiter, die auch in der Bundesrepublik Agenten besaßen – zum Beispiel einen ehemaligen Rekruten der NVA mit dem Decknamen „Stephan Simon",[284] der durch eine vorgetäuschte Flucht von einem Schiff der Handelsmarine in den Westen geschleust wurde und sowohl in der Bundesrepublik als auch in der DDR mit Mitarbeitern der Hauptabteilung I zu verschiedenen Treffs zusammenkam. Ein anderer IM der Hauptabteilung I war hauptamtlicher „Geheimer Mitarbeiter im besonderen Einsatz" (GME) und reiste von 1964 bis 1967 über fünfzigmal in die Bundesrepublik, um tote Briefkästen anzulegen, Treffen zu vereinbaren sowie Personen und Objekte aufzuklären.[285]

Bedeutender war aber noch die Zuständigkeit der Hauptabteilung I für die „Sicherung" der Grenztruppen der DDR, was neben den Aufgaben der Abwehr – darunter auch „vorbeugende Spionageabwehr" – vor allem eine umfangreiche Aufklärungsarbeit in der Bundesrepublik einschließlich geheimer Schleusungen über die innerdeutsche Grenze umfaßte. So hatte die Abteilung Aufklärung Grenzkommando Nord mit Sitz in Stendal die politisch-operative Aufklärung und Bearbeitung der im „Verantwortungsbereich" (d. h. in einem 30 km breiten Streifen entlang der Grenze) dislozierten militärischen Kräfte der Bundeswehr und der NATO sowie der Grenzüberwachungsorgane der Bundesrepublik zu gewährleisten und darüber hinaus jede Art von „subversiven Angriffen" und „feindlicher Schleusungstätigkeit" über die Grenze in die DDR aufzuklären.[286] Für diese Arbeit wurden von den laut Stellenplan 56 IM-führenden Mitarbeitern auch systematisch Bundesbürger eingesetzt wie beispielsweise ein Ehepaar aus Niedersachsen, das zwischen 1976 und 1978 Material für insgesamt 74 schriftliche Informationen lieferte und dafür vom MfS 4.000 DM erhielt. Ein anderes Ehepaar aus der Bundesrepublik informierte im Auftrag der Hauptabteilung I von 1974 bis 1985 u. a. über militärische Einrichtungen in zahlreichen niedersächsischen Orten, über die politische Bildungsstätte „Haus Altmark" und die der Hauptabteilung I als „Feindobjekt" zugewiesene „Deutsch-Deutsche Arbeitsgruppe Wolfsburg" sowie über den damaligen Bundestagsabgeordneten der CDU, Joachim Clemens, und weitere Personen. Das Ehepaar war mit verschiedenen Hilfsmitteln ausgerüstet worden und hatte auch eine entsprechende Anleitung und Ausbildung vom MfS erhalten. Ein drittes Ehepaar beschaffte Informationen über Zolldienststellen und militärische Objekte der Bundeswehr bei Göttingen und erhielt dafür vom MfS für „Auslagenerstattungen", Geschenke sowie als Bargeldzuwendungen rund 35.000 DM. 1970 bewarb sich der Ehemann im Auftrag des MfS zur Einstellung als Zivilbeschäftigter beim Bundesgrenzschutz (BGS), wo er bis 1977 als

---

1993, S. 145 ff. Als Quellen arbeiteten beispielsweise der Chiffrieroffizier der Bundeswehr im NATO-Hauptquartier, Heinz-Helmut Werner, oder der CDU-Abgeordnete in der Hamburger Bürgerschaft, Gerd Löffler, für den militärischen Nachrichtendienst Aufklärung; weitere Beispiele bei Siebenmorgen, S. 364 ff.

284 BStU, ZA, AIM 15383/82.

285 BStU, ZA, AIM 9564/67.

286 Vgl. den Befehl 31/72 des Ministers vom 14.7.1972 zur „Tätigkeit der Grenzaufklärung der HA I des MfS"; BStU, ZA, DSt 100682.

Küchenhilfe arbeitete und 50 Informationen mit „operativ wertvollem Charakter" lieferte. Auch dieses Ehepaar nutzte ein breites Spektrum nachrichtendienstlicher Mittel wie IR-Funk, Konspirative Wohnungen, Grenzschleusen,
Container, Deckadressen, Decktelefon und Tote Briefkästen.[287]

In ähnlicher Weise arbeiteten auch die anderen Aufklärungsabteilungen der
Hauptabteilung I: Die Abteilung Aufklärung Grenzkommando Mitte mit Sitz
in Berlin war für die Bearbeitung bzw. Kontrolle zugewiesener Ziel- und
Kontrollobjekte der Polizei und des Grenzzolldienstes sowie der alliierten
Streitkräfte in West-Berlin zuständig und hatte darüber hinaus alle „Angriffe"
gegen die Grenze aus der westlichen Halbstadt aufzuklären bzw. zu verhindern. Sie verfügte über 56 Planstellen für IM-führende Mitarbeiter, die IM aus
Ost und West dirigierten, darunter auch hauptamtliche IM, die mit gefälschten
Papieren regelmäßig in den Westen fuhren, um „Regimeverhältnisse" aufzuklären, Personen zu beobachten, politische Ausstellungen zu dokumentieren
oder „Haus- und Gebietsaufklärung" zu betreiben.[288] Die Hauptabteilung I war
dadurch beispielsweise in der Lage, „mit Stand vom Mai 1988 eine Abschrift
vom Original einer Aufstellung von Dienst- und Privatfahrzeugen von Angehörigen der Botschaft der USA in der DDR" zu fertigen, deren Insassen „Zu-
trittsberechtigung zu militärischen Einrichtungen der US-Armee" in West-
Berlin hatten.[289] Die Abteilung Aufklärung Grenzkommando Süd mit Sitz in
Erfurt hatte hingegen bestimmte Ziel- und Kontrollobjekte im Südosten der
Bundesrepublik zu bearbeiten und jede Form von „Grenzprovokation" aufzuklären sowie für alle Diensteinheiten des MfS Schleusungen durchzuführen;
sie besaß zuletzt 69 Planstellen für IM-führende Mitarbeiter. Auch die zahlreichen Abwehrabteilungen der Hauptabteilung I zur sogenannten „Spionageabwehr" waren in erster Linie gegen den Westen gerichtet.

Unter den Diensteinheiten des MfS, die vor allem personenbezogen gegen
Bürger der Bundesrepublik operierten, kam der Hauptabteilung VI eine besondere Bedeutung zu, da sie den gesamten grenzüberschreitenden Verkehr sowie
Einrichtungen des Reiseverkehrs und Tourismus zu überwachen hatte. Die
2.025 hauptamtlichen Mitarbeiter waren nicht nur in der Paßkontrolle eingesetzt sowie für die Personenfahndung und Überwachung des grenzüberschreitenden Reiseverkehrs zuständig, sondern auch mit der Aufklärung der Grenzübergangsstellen der Bundesrepublik und West-Berlins beauftragt. Die dafür
zuständige Abteilung 1 hatte insgesamt 51 Planstellen und sollte u. a. Fluchtversuche und Fluchthilfeorganisationen bekämpfen sowie spionageverdächtige
Personen aus dem Westen aufklären und bearbeiten. Die Abteilung Objektsicherung und Tourismus mit ihren 48 Planstellen sowie 20 „legendierten"
hauptamtlichen Mitarbeiten überwachte u. a. die Interhotels der DDR und
kontrollierte insbesondere alle „operativ bedeutenden" Gäste des Metropol-,
Palast- und Grandhotels in Berlin – bis hin zur Überwachung der Schlafräume

---

287 Deckname „Ernst August"; BStU, ZA, AIM 6612/87.
288 Vgl. HIM „Melanie"; BStU, ZA, A 507/89.
289 HA I, Information 209/88 über Fahrzeuge der Botschaft der USA in der DDR vom 25.11.1988, S. 1;
       BStU, ASt Berlin, B 29.

mit Mikrophonen oder Videokameras. Insbesondere Persönlichkeiten des politischen Lebens wurden von der Hauptabteilung VI während ihres Aufenthaltes in der DDR intensiv überwacht – heute sind aus dieser akribischer Observationsarbeit mehr als 1200 personenbezogene „Handakten", d. h. Personendossiers, beim BStU überliefert.[290] Anderen Diensteinheiten arbeitete die Hauptabteilung VI regelmäßig durch Speicherüberprüfung der Ein- und Ausreisen von Bundesbürgern zu, durch Fahndungsmaßnahmen sowie durch die praktische Durchsetzung von Einreisesperren.

Ähnlich wie die Hauptabteilung I operierte auch die für die „Absicherung" des Ministeriums des Innern, der Deutschen Volkspolizei und des Strafvollzugs zuständige Hauptabteilung VII nicht nur im Inneren der DDR. Die Abteilung 1 bearbeitete beispielsweise das „Informationsbüro West" (IWE) in West-Berlin als sogenanntes „Feindobjekt", während die Abteilung 3 das Aufnahmeverfahren zur Wohnsitznahme von Ausländern in der DDR konspirativ kontrollierte. Die Abteilung 2 war zuständig für die Sicherung der Grenzgebiete und die Verhinderung von „Grenzdurchbrüchen", wozu auch die „vorgangs- und personenbezogene Arbeit im und nach dem Operationsgebiet" gehörte. So schleuste sie zum Beispiel 1972 einen IM „Thomas Schneider" mittels eines fingierten Grenzdurchbruchs in die Bundesrepublik, nachdem dieser zuvor einen Schulungs- und Überprüfungseinsatz in Polen absolviert hatte. Der IM nahm dann ein Studium an der Juristischen Fakultät Gießen auf und forschte bis 1979 u. a. die Vereinigung der Opfer des Stalinismus (VOS) und den Ring Christlich-Demokratischer Studenten (RCDS) aus; die Verbindung zum MfS wurde über einen Instrukteur und einen Kurier gehalten.[291] Eine andere inoffizielle Mitarbeiterin, die regelmäßig in den Westen reisen konnte, arbeitete gegen Geldzuwendungen für die Hauptabteilung VII unter dem Decknamen „Rosemarie Schneider" als Kurierin und hielt die Verbindung zu einer „Schleuserorganisation" in West-Berlin, wodurch drei Personen in Haft gerieten; darüber hinaus forschte sie im Auftrag des MfS die Organisationen „Flüchtlingshilfe e.V." und „Hilfswerk Helfende Hände" in Hamburg aus.[292] Das Referat 3 der Abteilung 8 der Hauptabteilung VII („Sicherung des Strafvollzugs") war hingegen unter anderem dafür verantwortlich, unter den Strafgefangenen der DDR sowie „in aktuellen Zielgruppen des Gegners im Innern der DDR" systematisch IM-Kandidaten zu rekrutieren – oft wurden diese dann gezielt in die Bundesrepublik übergesiedelt. Die Abteilung 13 war schließlich für die Bearbeitung und Aufklärung schwerer Straftaten auf den Gebieten Schmuggel und Spekulation zuständig, auch hier ging es häufig um Bundesbürger.

Eine besonders ominöse Rolle im „Operationsgebiet" spielte die Hauptabteilung VIII, die eigentlich für Observationsaufgaben zuständig war. Diese Spezialeinheit unter Generalmajor Karli Coburger hatte insgesamt 1.618 Mitarbeiter und war u. a. für die Observation von Diplomaten, Korrespondenten,

290 Erschließungsergebnis AR 5 zur Ablage „Politprominenz" der HA VI (Objektsicherung und Tourismus), Mai 1997 (BStU – interne Ausarbeitung).
291 Deckname „Thomas Schneider"; BStU, ZA, AIM 14540/82.
292 IMF/IMV „Rosemarie Schneider"; BStU, ZA, AIM 10972/91, AIM 11239/91, A 299/83.

westlichen Politikern, Angehörigen der Militärinspektionen und Personen aus dem grenzüberschreitenden Reiseverkehr zuständig; darüber hinaus kontrollierte sie die Transitstrecken durch die DDR. Sie führte aber auch im Westen systematisch Ermittlungen und Beobachtungen durch und ging dort mit teilweise kriminellen Methoden gegen Personen und Einrichtungen vor. Insbesondere die Abteilungen 4 („Beobachtung der Transitstrecken", ca. 30 Mitarbeiter), 6 („Beobachtung im Operationsgebiet", 45 Mitarbeiter), 10 („Observierung bevorrechteter Personen", 156 Mitarbeiter), 12 („Beobachtung politischer Untergrundtätigkeit und des Polittourismus", 149 Mitarbeiter) und 13 („Ermittlungen im Operationsgebiet", 47 Mitarbeiter) richteten sich unmittelbar gegen Bundesbürger.

Außer für Observationen und Ermittlungen war die Hauptabteilung VIII auch für „aktive operative Maßnahmen im und nach dem Operationsgebiet" zuständig, zum Beispiel für die Beschaffung von bedeutsamen Informationen, Materialien, Unterlagen oder Beweismitteln. Für die Lösung von Spezial- und Sonderaufgaben mit „spezifischen" Mitteln war das Referat 6 der Abteilung 6 verantwortlich. Zur Erfüllung ihrer Aufgaben hatte die Hauptabteilung VIII u. a. das Bundesgebiet mit einem Netz von IM überzogen, zu denen auch der IMB „Rennfahrer" gehörte. Dieser baute in den siebziger Jahren aus seinem Verwandten- und Bekanntenkreis eine zeitweilig aus bis zu 13 Personen bestehende Agententruppe auf und erhielt vom MfS für seine Tätigkeit mehr als 800.000 DM. Das MfS schulte ihn systematisch in der geheimdienstlichen Arbeit einschließlich „operativer Schließtechnik" und konspirativer Abhörtechnik und rüstete ihn mit entsprechenden Hilfsmitteln aus, darunter Zweitdokumente und Schnellnarkotikamittel.[293] Die Hauptabteilung VIII schickte aber auch häufig DDR-Bürger zu Beobachtungsaufgaben in den Westen wie die aus Dresden stammende HIM „Gabriele", die von 1965 bis 1973 mit gefälschten Dokumenten rund fünfzigmal ins „Operationsgebiet" reiste, um dort Ermittlungsaufträge zu oftmals mehr als zehn Personen auszuführen; sie legte im Westen auch Tote Briefkästen an und berichtete zudem über Gaststätten, Hotels und Grenzkontrollen. Für ihre Einsätze erhielt sie vom MfS ca. 30.000 DM.[294]

Die 1989 aus dem Zusammenschluß der Abteilungen XXII und XXIII hervorgegangene Hauptabteilung XXII war eigentlich für die Bekämpfung von Terrorhandlungen gegen die DDR zuständig – tatsächlich haben die 878 hauptamtlichen Mitarbeiter aber in starkem Maße auch in Richtung Westen operiert: durch die Beobachtung und Bearbeitung links- und rechtsterroristischer und anderer gewaltorientierter Organisationen, Gruppen und Personen, durch die Überwachung und Kontrolle des internationalen Terrorismus sowie des Links- und Rechtsextremismus in der Bundesrepublik. Wie weiter unten ausführlicher dargestellt wird, übernahm die Hauptabteilung XXII dabei nicht nur eine Kon-

---

293 IMB „Rennfahrer"; BStU, ZA, A 593/79.
294 HIM „Gabriele"; BStU, ZA, AIM 252/74.

trollfunktion, sondern unterstützte zumindest zeitweise auch einzelne terroristische Gruppen und Aktivitäten (vgl. Kap. 5.6).

West-Arbeit versah auch die im Dezember 1975 auf Befehl Mielkes gebildete Zentrale Koordinierungsgruppe (ZKG), die die Aufgabe hatte, das Vorgehen des MfS gegen Übersiedlungs- und Fluchtwillige zu vereinheitlichen. Obgleich die ZKG vor allem eine Überwachungs-, Analyse und Repressivfunktion nach Innen besaß, war die „Arbeit im und nach dem Operationsgebiet" in dieser Diensteinheit aus naheliegenden Gründen gleichermaßen von zentraler Bedeutung. So war sie beispielsweise für die politisch-operative Bearbeitung von Fluchthelfergruppen, „Feindorganisationen" sowie besonders aktiven Einzelpersonen zuständig, die mit Flucht und Ausreisen in Verbindung gebracht wurden; selbstverständlich geschah dies auch durch Werbung, Einschleusung und Einsatz von inoffiziellen Mitarbeitern in West und Ost. Die für Übersiedlung und Rückkehrersuchen zuständige Abteilung 1 war dabei u. a. mit der Bearbeitung von Rechtsanwalts- und Haftfällen sowie von sogenannten „Listenfällen" und „Problem- und Prominentenfällen" befaßt und hatte auch die Bittbriefe von westlichen Politikern zu prüfen. Die Abteilung 2 hatte Fluchtbestrebungen und Fluchthilfeorganisationen zu bekämpfen, die vom MfS als „Kriminelle Menschenhändlerbanden (KMHB)" bezeichnet wurden; dies geschah überwiegend in Operativen Vorgängen (OV) oder in Zentralen Operativen Vorgängen (ZOV), bei denen jeweils mehrere Diensteinheiten zusammenarbeiten.[295] Namentlich das Referat 3 dieser Abteilung hatte im „Operationsgebiet" gegen den „staatsfeindlichen Menschenhandel vorzugehen und dazu eine breite „inoffizielle Basis" wirksam anzuleiten. Die Abteilung 4 war für „Feindobjekte und -personen" in der Bundesrepublik zuständig, wobei das Referat 2 ausschließlich die Zentrale Aufnahmestelle in Gießen und das Durchgangswohnheim in Berlin-Marienfelde ausforschte. Die Abteilung 5 kämpfte ebenfalls gegen bundesdeutsche „Feindorganisationen", und zwar insbesondere gegen die in Frankfurt am Main ansässige „Internationale Gesellschaft für Menschenrechte (IGFM)" sowie gegen den eingetragenen Verein „Hilferufe von drüben" (Hvd) aus Lippstadt; diese sollten insbesondere durch Maßnahmen der Diskreditierung und Verunsicherung „zersetzt" werden. Wie erfolgreich das MfS dabei war, mit bis in die Gegenwart reichenden Nachwirkungen, hat Jürgen Wüst am Beispiel der IGFM gezeigt, die im 61 Bände umfassenden ZOV „Zentrale" bearbeitet – und vom MfS systematisch als rechtsextrem oder faschistisch stigmatisiert wurde.[296] Ähnlichen Aufwand entfaltete die ZKG/5 mit dem ZOV „Kontra" gegen die Gruppe Hvd, auf die nach Aktenlage insgesamt 83 inoffizielle Mitarbeiter angesetzt waren, die man u. a. durch eine systematische Recherche in den Speichern des MfS und durch die Überwachung praktisch aller Verbindungen von Lippstadt in die DDR und umgekehrt rekrutiert hatte. Auch diese hatten die Aufgabe, die „Feindorganisation" aufzuklären und zu „zersetzen", wobei die ZKG – wie immer in solchen Fällen – bei der

---

295 Vgl. zu diesem Komplex u. a. die Diplomarbeiten der MfS-Mitarbeiter Bogisch, Debski und Hauck (Kap. 7.2)
296 Vgl. ZOV „Zentrale"; BStU, ZA, AOP 6072/91; Wüst 1996.

Durchführung ihrer Maßnahmen eng mit zahlreichen anderen Diensteinheiten des MfS (u. a. HV A, HA III, HA IX, HA XX, Abteilung Agitation) zusammenarbeitete (vgl. Kap. 5.7).[297]

Im weiteren Sinne der West-Arbeit zuzuordnen ist schließlich auch die Arbeitsgruppe XVII, die zuständig für die sogenannten Büros für Besuchs- und Reiseangelegenheiten der DDR in West-Berlin war und bis zum Sommer 1989 dem Stellvertreterbereich von Mittig zugeordnet war. Die 308 hauptamtlichen Mitarbeiter stellten nicht nur in den insgesamt fünf Genehmigungsstellen Einreiseerlaubnisse für West-Berliner aus, sondern waren auch für die Klärung von „Vorkommnissen" aller Art zuständig, die im Rahmen ihrer Arbeit im „Operationsgebiet" auftraten.

Unter den vom Mielke-Stellvertreter Schwanitz verantworteten Diensteinheiten, kam der Hauptabteilung III eine besondere und für die West-Arbeit des gesamten MfS zentrale Bedeutung zu. Als „Diensteinheit des funkelektronischen Kampfes" (ELOKA) waren die 2.361 Mitarbeiter insbesondere für die systematische Überwachung von Funknetzen und Nachrichtenverbindungen zuständig. Diese nahm in den achtziger Jahren ein Ausmaß an, daß man ohne Übertreibung von einer Art „Ätherpolizei" sprechen kann.

Wie weiter unten ausführlicher dargestellt wird (vgl. Kap. 5.3), übernahm es die „Linie III" nicht nur, Funksprüche bundesdeutscher Polizeikräfte oder westlicher militärischer Einrichtungen aufzufangen und zu entschlüsseln. Vielmehr hörte sie auch systematisch einen großen Teil des überörtlichen Telefonverkehrs in der Bundesrepublik ab und recherchierte ungehindert in den Datennetzen von Einwohnermeldeämtern, Polizeidienststellen oder des Kraftfahrtbundesamtes in Flensburg. Die über den Äther gewonnenen Informationen wurden systematisch ausgewertet und anschließend den zuständigen Diensteinheiten übermittelt. Diese waren dadurch oft schneller und gründlicher informiert als über ihre inoffiziellen Mitarbeiter.

Von den zahlreichen Untergliederungen der Hauptabteilung III war es die Abteilung 1 mit 87 Planstellen, die die eingehenden „operativen Informationen" auszuwerten und zu analysieren hatte. Die Abteilung 12 hatte speziell funktechnische Informationen, u. a. zur Herausarbeitung von nachrichtentechnischen Trends und Abschöpfquellen sowie zur Bewertung der Bedeutung „gegnerischer Nachrichtenkanäle", auszuwerten. Abteilung 6 war für die Aufklärung dieser Nachrichtenverbindungen zuständig, und spezielle Abteilungen jeweils für die Informationsgewinnung daraus – im Kurzwellenbereich Abteilung 8, im Satellitenfunk Abteilung 2, im Richtfunk Abteilung 7, bei drahtgebundenen Nachrichtenverbindungen Abteilung 16 etc. IM-Arbeit im und nach dem Westen betrieb die Abteilung 11 mit ihren insgesamt 16 Planstellen, wobei sie von der Abteilung 10, die den Amateurfunk überwachte, tatkräftig unterstützt wurde.

---

297 Ausführlicher dazu: Clausen/Kamphausen/Löwenthal 1993, S. 249 ff.

Von spezifischer Bedeutung für die West-Arbeit des MfS war auch der sogenannte Operativ-Technische Sektor (OTS) mit seinen insgesamt 1.131 hauptamtlichen Mitarbeitern. Hier wurden zum Beispiel die „Container" entwickelt
und hergestellt, in denen man unentdeckt Filmrollen aus dem Westen transportieren konnte, Taschen mit doppelten Böden und anderen Verstecken, Spe-
zialkameras zur Anfertigung von „Mikraten" (fingernagelgroße Filmnegative,
die man auch unter eine Briefmarke kleben konnte), „operative Dokumente",
die teilweise oder totalgefälscht sein konnten, Flüssigkeiten, mit denen man
unsichtbar schreiben konnte, Nachschlüssel und komplizierte „Nachschließ-
technik", technische Mittel zur Beobachtung oder zum Belauschen etc. Auch
die Abteilung XI des MfS mit ihren 513 Mitarbeitern war für die West-Arbeit
nicht unbedeutend, sollte sie schließlich u. a. den Chiffrierverkehr der ausländischen Vertretungen in der DDR enttarnen. Gravierender war aber noch die
Tätigkeit der Abteilung 26, die nicht nur den Telefon- und Telexverkehr der
DDR überwachte (Auftrag „A" bzw. „T") – also auch jene Verbindungen, die
aus der oder in die DDR zustande kamen –, sondern darüber hinaus „Wanzen"
installierte (Auftrag „B") und Videodokumentationen anfertigte (Auftrag „D").
Für die Überwachung von Diplomaten und Korrespondenten in der DDR war
dabei speziell ihre Abteilung 5 mit über 40 hauptamtlichen Mitarbeitern verantwortlich.

Zuständig für die „Auslandsaufklärung" sowie für „Gegenspionage" und „aktive Maßnahmen" im Westen war die mit 3.819 hauptamtlichen Mitarbeitern
größte Diensteinheit des MfS – die Hauptverwaltung A (HV A) oder Hauptverwaltung Aufklärung, wie sie oftmals in Publikationen und zuweilen auch in
MfS-Dokumenten genannt wird.[298] Wie in Kap. 5.1 ausführlicher dargestellt
wird, betrieb die HV A in erster Linie die Ausforschung der zentralen staatlichen Einrichtungen der Bundesrepublik, der Parteien und gesellschaftlichen
Organisationen, des Militärs, des Zivilschutzes und der Geheimdienste, der
NATO, der EU und Nordamerikas sowie nicht zuletzt der Wirtschaft und der
Forschung. Prominente Spione wie Günter Guillaume, Hannsheinz Porst, Wil-
liam Borm, Gabriele Gast oder das Ehepaar Rupp wurden von dieser
Diensteinheit geführt, die bis 1986 von Generalleutnant Markus Wolf geleitet
wurde.

---

298 Siebenmorgen meint dazu, das „A" könne keineswegs mit „Aufklärung" aufgelöst werden, sondern
sei „lediglich eine Bezeichnungsabgrenzung zu anderen Gliederungskomplexen des MfS, so wie die
bis in die sechziger Jahre hinein existierende Struktureinheit, die für den Bereich der rückwärtigen
Sicherstellung zuständig war, Hauptverwaltung B hieß. Erst in den Tagen der Auflösung der Stasi
hielt man es für vorteilhaft, zur Betonung des Aufklärungscharakters der HV A auch 'Aufklärung' in
offiziellen Dokumenten der Hauptverwaltung A des MfS zu schreiben." Siebenmorgen (1993),
S. 106 f.

5. Zur West-Arbeit ausgewählter Diensteinheiten

5.1 Auslandsspionage und „Aktive Maßnahmen" in der Bundesrepublik – Die Hauptverwaltung A

Geschichte und Arbeitsweise der „Auslandsaufklärung"[299] des MfS, für die in der Zentrale die Hauptverwaltung A, auf Bezirksebene die Abteilungen XV und auf Kreisebene die Offiziere für Aufklärung (OfA) zuständig waren, lassen sich auch sieben Jahre nach Auflösung des Ministeriums für Staatssicherheit nur unzureichend darstellen. In keinem anderen Sektor ist die Quellenlage so prekär wie hier, da aus der praktischen „operativen" Arbeit kaum Aktenmaterial überliefert ist. Während in den meisten anderen Diensteinheiten die im November 1989 einsetzende systematische Vernichtung von Aktenbeständen durch die Bürgerkomitees gestoppt wurde, hatte sich die Arbeitsgruppe Sicherheit des Zentralen Runden Tisches „in Berücksichtigung der spezifischen Bedingungen" der „Auslandsaufklärung" im Februar 1990 damit einverstanden erklärt, daß die HV A ihre Auflösung selber betrieb und dafür bis Ende Juni 1990 Zeit eingeräumt bekam.[300] Die Vertreter der Staatssicherheit hatten den Runden Tisch zuvor davon überzeugen können, daß die „Auslandsaufklärung" mit der inneren Repression in der DDR nichts zu tun gehabt hätte, die Mitarbeiter der HV A im Ausland deshalb unauffällig zurückgezogen und die Unterlagen vernichtet werden sollten. War es schon ab Ende Oktober 1989 in der HV A zu einer „radikale[n] Reduzierung [...] der Akten und des Karteienbestandes" gekommen, wurde so ab Ende Februar 1990 nicht nur das zentrale Archiv der HV A bis auf einen kleinen Restbestand vernichtet, sondern auch ein Großteil der Unterlagen der Abteilungen XV in den Bezirksverwaltungen.[301]

In den Archiven des BStU steht deshalb zur Rekonstruktion der Tätigkeit der HV A nur ein schmaler Quellenbestand zur Verfügung – in erster Linie Befehle und Anweisungen zu Struktur- und Personalveränderungen aus der Dokumentenverwaltung des MfS, vereinzelte Berichte und Pläne, die im Sekretariat des Ministers abgelegt wurden, Schriftstücke der „Aufklärung", die in den Abteilungen XV der Bezirksverwaltungen überliefert geblieben sind, operatives Material der HV A, das an andere Diensteinheiten weitergeleitet wurde und dort der Vernichtung entging, sowie jene Akten, die von der HV A bewußt

---

299 „Auslandsaufklärung" wird in diesem Kapitel synonym für jenen Teil des MfS-Apparates benutzt, der bis 1986 Markus Wolf und danach Werner Großmann unterstand: die HV A (bis 1956: HA XV), die von der HV A angeleiteten Abteilungen XV der Bezirksverwaltungen sowie die diesen fachlich unterstellten Offiziere für Aufklärung in den Kreisdienststellen. Streng genommen betrieben jedoch auch andere Diensteinheiten „Auslandsaufklärung" (vgl. Kap. 2.1 und 4.3), und der Wolf-Apparat war darüber hinaus auch für „Gegenspionage" und „aktive Maßnahmen" im Westen zuständig.

300 Gill/Schröter 1991, S. 213; vgl. auch Schlomann 1993, S. 65 ff.

301 Abschlußbericht über die Auflösung der ehemaligen HVA vom 19.6.1990, S. 3 f. und S. 6 f.; BStU, ZA, HV A 804. Diesem Bericht zufolge blieben lediglich 45 laufende Meter Schriftgut von der Vernichtung verschont. Eine ausführliche Schilderung der Vernichtungsaktion und der gezielt hinterlassenen Unterlagen, vornehmlich zu westlichen Geheimdiensten, gibt der ehemalige HVA-Offizier Klaus Eichner; vgl. Eichner/Dobbert 1997, S. 275 ff.

zurückgelassen wurden. Geschlossene Operative Vorgänge oder IM-Akten aus dem Bereich der „Aufklärung" wurden bislang nur in wenigen Fällen gefunden – namentlich in der Außenstelle Leipzig, wo das örtliche Bürgerkomitee sich 1990 dem Ansinnen des damaligen Innenministers der DDR, Peter-Michael Diestel, widersetzte, die Akten der Abteilung XV nach Berlin zu überstellen.[302] Über die Bearbeitung von Politikern, Ministerien, Parteien und Verbänden, über die Einflußnahme auf Medien und Politik, über die Infiltrierung von Gewerkschaften, Kirchen und Unternehmen oder über die Durchführung von sogenannten „spezifischen" Maßnahmen der HV A im Westen ist dagegen so gut wie kein Vorgangsmaterial überliefert. Dieses Defizit wird auch nicht durch die verschiedenen inzwischen publizierten „Erinnerungen" ehemaliger Mitarbeiter der HV A ausgeglichen, da diese fast immer eher zur Legendenbildung als zur historischen Aufarbeitung beitragen.[303] Die nachfolgende Skizze zur Tätigkeit der HV A muß daher notgedrungen schemenhaft und unvollständig bleiben.

5.1.1 Organisationsstruktur

Obwohl der Außenpolitische Nachrichtendienst der DDR von Anbeginn eng mit dem Ministerium für Staatssicherheit (MfS) zusammenarbeitete, genoß die „Auslandsaufklärung" auch nach ihrer Integration in das MfS im Herbst 1953 einen gewissen Sonderstatus. Die weitgehende Steuerung der West-Arbeit durch sowjetische Instrukteure in den ersten Jahren und die enge Kooperation mit dem KGB bis zur Auflösung, der besonders große Zwang zur Konspiration bei im Westen ansässigen Quellen und deren oftmals hochsensible Plazierung im „Feindesland", die Ernennung von Markus Wolf zum stellvertretenden Chef der Staatssicherheit (1953) und seine ausgeprägten persönlichen Ambitionen als Leiter der „Auslandsaufklärung" – all diese Faktoren führten dazu, daß die „Aufklärung" innerhalb des MfS von Anbeginn mit einer besonderen Aura umgeben war.[304] Gleichwohl unterschied sich die Arbeitsweise in diesem Bereich nicht grundsätzlich von der West-Arbeit anderer Diensteinheiten.

Während die „Auslandsaufklärung" MfS-intern anfangs oft als „Wolf-Apparat", als „Abt. Wolf" oder als „Apparat Heidenreich"[305] bezeichnet wurde, lautete ihre offizielle Bezeichnung zunächst „Hauptabteilung XV", ab Juni 1956 dann „Hauptverwaltung A"; die 1955 gebildeten Aufklärungsabteilungen in den Bezirksverwaltungen behielten dagegen bis zuletzt die Bezeichnung „Abteilung XV", in Berlin bis 1957 „Abteilung IV". Im Zuge der Ausweitung der West-Arbeit unter Wollweber gewann die „Auslandsaufklärung" im MfS

302 Zum Leipziger Bestand der „Aufklärung" vgl. ausführlich: Sélitrenny/Weichert 1991.
303 Vgl. exemplarisch: Bohnsack/Brehmer 1992; Bohnsack 1997; Deckname Stabil 1988; Eichner 1995; Eltgen 1995; Günther o. J.; Guillaume 1990; Michels 1992; Richter/Rösler 1992; Runge/Stelbrink 1990; Stiller 1986; Voelkner 1989; Wolf 1991, 1992, 1997.
304 Zum „Mythos" der HV A vgl. Fricke 1997b.
305 Gerhard Heidenreich war zu dieser Zeit Stellvertreter von Markus Wolf und u. a. für die Kaderarbeit verantwortlich.

Mitte der fünfziger Jahre zunehmend an Bedeutung (vgl. Kap. 4.2.1) und zählte mit 481 hauptamtlichen Mitarbeitern (1958) schon damals zu den größten Diensteinheiten.[306]

Die inneren Strukturen des Außenpolitischen Nachrichtendienstes blieben nach dessen Integration ins MfS (vgl. Kap. 4.1) zunächst weitgehend unverändert. Die wachsende Bedeutung der wissenschaftlich-technischen Aufklärung führte jedoch dazu, daß die dafür zuständige Abteilung 2 1954 zur Hauptabteilung IV aufgewertet wurde – die bisherige Hauptabteilung IV (Operative Dienste/Technik) erhielt statt dessen die Ziffer VI. 1955 wurde zudem die für Sabotageaktionen im Westen zuständige Abteilung z.b.V. für vier Jahre Markus Wolf direkt unterstellt. Er selber wurde im Mai 1954 zum Generalmajor ernannt und erhielt für seine Arbeit eine Reihe von Auszeichnungen wie das Ehrenzeichen der Deutschen Volkspolizei, die VVO in Silber (beide 1954) und die Verdienstmedaille der NVA in Gold (1957).[307] 1956 befahl der Minister für Staatssicherheit die Bildung einer zusätzlichen Abteilung im Aufklärungsapparat zur „Bearbeitung des Bundesverteidigungsministeriums, seiner nachgeordneten Dienststellen, der NATO-Stäbe in der Bundesrepublik sowie zur Organisierung einer Masseninfiltration in die Truppenteile der [damals neugegründeten] Bundeswehr".[308]

Zur „weiteren Verbesserung der Arbeitsweise und Arbeitsorganisation des Ministeriums" hielt Mielke 1959 eine „Vereinfachung der Struktur der Hauptverwaltung A" für erforderlich und befahl, deren Hauptabteilungen aufzulösen und durch eine neue Organisationsstruktur zu ersetzen.[309] Als integraler Bestandteil des Ministeriums verlor die HV A damals ihr selbständiges Referat Finanzen, ihr eigenständiges Kaderreferat sowie einen Teil ihres bis dahin weitgehend eigenständigen technischen und Verwaltungsapparates.[310] Nach der von Mielke angeordneten Umstrukturierung gliederte sich die HV A ab 1959 in folgende selbständige Abteilungen:

„Abteilung 1: verantwortlich für die Bearbeitung des westdeutschen Staatsapparates. (Außer militärischen Objekten und Geheimdiensten)

---

306 Giesecke 1995, Mitarbeiterstatistik der Diensteinheiten des MfS Berlin 1954 bis 1989 (Anlage).

307 HA Kader und Schulung: Kurzbiographie vom 18.11.1987, S. 3; BStU, ZA, AOP 22623/91, Bd. Ia. Insgesamt erhielt Wolf bis zu seinem Ausscheiden aus dem MfS über 70 Auszeichnungen und Orden.

308 DA 18/56 vom 17.8.1956 betreffs „Maßnahmen zur Bearbeitung der Bundeswehr, des Bundesverteidigungsministeriums und seiner nachgeordneten Dienststellen, der NATO-Stäbe und der Soldatenverbände in der Bundesrepublik", S. 1; BStU, ZA, DSt 100977. Die Abt. sollte zentral in der HA II der HV A und auf Bezirksebene in den Referaten b der Abteilungen XV disloziert werden.

309 Befehl 48/59 vom 29.1.1959, S. 1; BStU, ZA, DSt 100245.

310 Die Aufgaben des selbständigen Referates Finanzen der HV A wurden mit Wirkung vom 1.1.1959 von der Abt. Finanzen des Ministeriums übernommen; vgl. Befehl 46/59 vom 30.1.1959; BStU, ZA, DSt 100244. Die Aufgabengebiete der Abt. 1 der HA VI (Operative Dienste/Technik) wurden mit der Arbeitsgruppe D der Abt. K des Ministeriums zur neuen Abt. L zusammengelegt; vgl. Befehl 48/59 vom 29.1.1959, S. 2; BStU, ZA, DSt 100245.

Abteilung 2: Bearbeitung der wichtigsten Parteien, Massenorganisationen und anderer politischer Organisationen in Westdeutschland und Westberlin. (Außer Ostbüro und ähnliche Organisationen)

Abteilung 3: Für die Bearbeitung der politischen Zentren der imperialistischen Hauptmächte auf dem Gebiet Westdeutschlands und Westberlins und für die Arbeit in 'dritte Länder'.

Abteilung 4: Bearbeitung der militärischen Zentren der Bundesrepublik und der Nato.

Abteilung 5: Für die wissenschaftlich-technische Aufklärung sowie die Aufklärung der wirtschaftlich-politischen und feindlichen Pläne der Konzerne, Banken und Unternehmerorganisationen.

Abteilung 6: Für Ausbildung und Legalisierung.

Abteilung 7: Auswertung und Information.

Abteilung 8: Operative Dienste.

Objekt 9: Schule der Hauptverwaltung A."[311]

Diese Strukturen blieben in ihren Grundzügen bis zur Auflösung der HV A im Frühjahr 1990 bestehen; im Verlauf dieser drei Jahrzehnte wurden sie jedoch durch zusätzliche Aufgabengebiete und eine größere Spezialisierung ergänzt und verfeinert. Im Industriezentrum Jena wurde 1962 ein Sonderreferat der – inzwischen mit römischen Ziffern benannten – Abteilung V mit den „Arbeitsgebieten" Elektrotechnik/Optik, Mikrobiologie/Bakteriologie und Flugzeugbau/Maschinenbau geschaffen, das die Möglichkeit hatte, in allen bedeutenden Betrieben und Forschungseinrichtungen der Stadt „selbständig operative Maßnahmen durchführen zu können".[312] Im Mai 1966 wurde ein bereits 1956 gebildetes Sonderreferat F per Ministerbefehl aus dem Bereich der Abteilung VII herausgelöst und daraus die Abteilung X gebildet, die fortan für „aktive Maßnahmen" im Westen zuständig war. Drei Jahre später wurde dann die Abteilung V neugegliedert, indem die bis dahin bestehenden Referate B, D und E wie folgt umstrukturiert und umbenannt wurden:

„Referat 2   Chemische und Biologische Forschung und deren Anwendung – Chemische Großindustrie einschließlich der wissenschaftlichen Institute und Verbände des Fachgebietes.

Referat 3   Chemische Anlagen und Verfahrenstechnik.

Referat 6   Rüstungskonzerne – konventionelle Rüstung des Schiffbaus und Kriegsfahrzeugbau.

---

311 Ebenda, S. 1 f.
312 Befehl 172/62 vom 2.4.1962; BStU, ZA, DSt 100341.

Referat 7   Objekte des Maschinenbaus – Chemieanlagenbau – Mechanisierung und Automatisierung – Grundlagenforschung des Fachbereiches.

Referat 9   Militärelektronik – Nachrichtentechnik – Starkstromtechnik.

Referat 10   Datenverarbeitung – Bauelemente."[313]

Zur „schnellen und effektiveren Realisierung der beschafften Materialien [...] durch Nutzung offizieller und halboffizieller Möglichkeiten" wurde zugleich eine Erweiterung der „Linie WTA" (Wissenschaftlich-technische Auswertung) vorgenommen: Der Auswertungsbereich des MfS sollte um 23 Planstellen und eine Arbeitsgruppe für die Auswertung von strategischen militärtechnischen Informationen vergrößert werden.[314] Zur „Vermeidung von Doppelaufträgen" wurde zudem eine spezielle Koordinierungsgruppe unter Federführung der HV A für die „Beschaffung von Mustern wichtiger Militärtechnik" geschaffen.[315] 1970 wurde dann der „Sektor Wissenschaft und Technik" (SWT) der HV A gebildet, der von nun an für die Aufklärung und Auswertung auf diesem Gebiet zuständig war. Dieser bestand zuletzt aus sieben verschiedenen Arbeitseinheiten, die z.T. den Rang einer eigenen Abteilung hatten: Abteilung V im SWT war für die wissenschaftlich-technische Auswertung zuständig, Abteilung XIII für die Aufklärung der Grundlagenforschung, Abteilung XIV für die Aufklärung von Elektronik, Optik und EDV, Abteilung XV für die Aufklärung von Wehrtechnik, Maschinenbau, Luft- und Raumfahrt; darüber hinaus gab es im SWT die Arbeitsgruppen 1 (Residenturkräfte, IM in technisch-kommerziellen Büros), 3 (Operative Beschaffung von Rüstungsgütern) und 5 (Nutzung offizieller Kontakte) (vgl. Organigramm auf der folgenden Seite). Zur „Realisierung der zentralen Schwerpunktaufgabe 'Wirtschaftsaufklärung'" wies Markus Wolf 1983 an, daß der Leiter des SWT auch für die Koordinierung der diesbezüglichen Aktivitäten der Hauptabteilung XVIII zuständig sei.[316]

1973 befahl Erich Mielke, daß „die bisher von der Hauptabteilung II bzw. den Abteilungen II der Bezirksverwaltungen wahrgenommenen Aufgaben der Bearbeitung feindlicher Zentren im Operationsgebiet [...] von der Hauptverwaltung A bzw. den Abteilungen XV der Bezirksverwaltungen übernommen" werden; für die sogenannte „Äußere Spionageabwehr" oder „Gegenspionage" sowie für die „Sicherung der Auslandsvertretungen der DDR im nichtsozialistischen Ausland" war fortan die neu gebildete Abteilung IX zuständig.[317] 1985 bildete Mielke innerhalb der HV A dann den „Bereich K", der die Aufgabe hatte, „vorhandene Reserven bei der Nutzung ausgewählter Einrichtungen, Institutionen und Organisationen der DDR für die Aufklärung systemati-

---

313 Befehl 26/69 vom 9.8.1969, S. 1 f.; BStU, ZA, DSt 100595.

314 Ebenda, S. 2.

315 Befehl 23/69 „über die Koordinierung der Maßnahmen zur Beschaffung von Mustern wichtiger Militärtechnik" vom 14.7.1969, S. 1 f.; BStU, ZA, DSt 100593.

316 DA 2/83 der HV A „zur Organisierung und Durchführung der Wirtschaftsaufklärung im Bereich der Hauptverwaltung A und der Abteilungen XV der Bezirksverwaltungen" vom 15.11.1983, S. 5; BStU, ASt Berlin, XV 8.

317 Befehl 14/73 vom 23.4.1973; BStU, ZA, DSt 100750.

scher zu erschließen".[318] 1986 schuf Wolf die Arbeitsgruppe Z (AG Z), die der Abteilung VII zugeordnet war und „ab sofort außer zum Befehl 1/85 des Genossen Ministers [zur 'Aufdeckung akuter Aggressionsabsichten des Westens'] auch über andere bedeutende Vorkommnisse und Ereignisse im Operationsgebiet wie feindliche Pläne und Handlungen sowie Provokationen gegen die DDR, andere sozialistische Staaten; Militärputsche, Terrorakte, Attentate; Fahndungen, Festnahmen von IM unverzüglich telefonisch oder in kurzer schriftlicher Form zu informieren" hatte.[319]

Am Jahresende kam auch die bislang der Arbeitsgruppe des Ministers (AGM) zugeordnete und u. a. für die Aufklärung von möglichen Sabotageobjekten im Westen zuständige Abteilung IV des MfS zur HV A: Per Ministerbefehl wurde sie „als selbständige Struktureinheit im MfS aufgelöst und die Realisierung der ihr bisher obliegenden politisch-operativen Aufgaben der HV A übertragen" – durch Bildung der Abteilung XVIII.[320] Eine weitere Ziffer wurde 1987 durch die neu gebildete Abteilung XIX belegt, in der die bis dahin bestehenden selbständigen Arbeitsgruppen „Schulung und Traditionspflege", „Operative Betreuung von aus dem Operationsgebiet zurückgezogenen Kundschaftern" sowie „Fremdsprachen" aufgingen.[321] Kurz darauf beschloß Mielke auch, „aus der Hauptabteilung Kader und Schulung die Abteilung Fremdsprachenausbildung herauszulösen und in die Hauptverwaltung A einzugliedern".[322] 1988 schuf er schließlich aus verschiedenen Arbeitsgruppen und Bereichen der HV A die Abteilungen XVI (zuvor: Bereich K), XVII (AG Grenze) und XX (AG EDV).[323] Die Befugnisse der Leiter der einzelnen Diensteinheiten waren in Dienstanweisungen von 1982 bzw. 1989 detailliert geregelt.[324]

Nach bisherigem Kenntnisstand verfügte die Hauptverwaltung A zuletzt über 3.819 hauptamtliche Mitarbeiter; 669 Planstellen standen davon für Offiziere im besonderen Einsatz (OibE) und 700 für Hauptamtliche Inoffizielle Mitarbeiter (HIM) zur Verfügung.[325] Ihr Leiter war Generaloberst Werner Großmann, 1. Stellvertreter Generalmajor Horst Vogel. Dem Leiter direkt unterstellt waren die Abteilungen VII (Auswertung und Information), IX (Äußere Spionageabwehr), X („Aktive Maßnahmen") sowie die Arbeitsgruppe des Leiters (AGL) und die Arbeitsgruppe Sicherheit (AG „S"). Zum Bereich des 1. Stellvertreters gehörten die Abteilungen VIII (Operative Technik und Funk), XX (EDV) sowie der oben skizzierte „Sektor Wissenschaft und Technik" (SWT). Dem Stellvertreter und Leiter des Stabes, Generalmajor Geyer, waren

318 Befehl 10/85 vom 5.6.1985, S. 1; BStU, ASt Berlin, XV 13.
319 Schreiben des Stellvertreters des Ministers vom 1.4.1986; BStU, ASt Berlin, XV 389.
320 Befehl 21/86 vom 15.12.1986, S. 1; BStU, ZA, DSt 103342.
321 Befehl 7/87 vom 29.5.1987; BStU, ZA, DSt 103382.
322 Befehl 21/87 vom 23.12.1987; BStU, ZA, DSt 103436.
323 Befehl 11/88 vom 20.6.1988; BStU, ZA, DSt 103493.
324 Stellvertreter des Ministers, DA 5/89 der HV A zur Regelung der Entscheidungsbefugnisse und Bestätigungsberechtigungen der Leiter der HV A vom 3.10.1989; BStU, ASt Berlin, XV 16. Die DA 1/82 der HV A liegt z. Z. nicht vor; sie trägt in der Fassung vom 25.10.1983 die VVS-Nummer o198 – A 36/83.
325 Zum Endzustand der HV A vgl. ausführlicher: Organisationsstruktur des Ministeriums für Staatssicherheit 1989, S. 364 ff.; ferner: Sélitrenny/Weichert 1991; Siebenmorgen 1993.

der Stab der HV A unterstellt sowie die Abteilungen VI (Operativer Reiseverkehr, „Regimefragen"), XVII (Grenzschleusungen), XXI (Rückwärtige Dienste) und die für die Anleitung der Abteilungen XV in den Bezirksverwaltungen zuständige Arbeitsgruppe. Zum Stellvertreterbereich von Oberst Devaux gehörten die Abteilungen I (Aufklärung des Staatsapparates der Bundesrepublik), II (Aufklärung der Organisationen und Parteien der Bundesrepublik), XVI (Nutzung legaler Beziehungen) und XVIII (Sabotagevorbereitung, Aufklärung des Zivilschutzes). Die Abteilungen IV (Militärische Aufklärung der Bundesrepublik), XI (Aufklärung Nordamerika und US-Einrichtungen in der Bundesrepublik) und XII (Aufklärung NATO und EG) unterstanden dem Stellvertreter Generalmajor Tauchert; die Abteilungen III (Legal abgedeckte Residenturen in „dritten" Ländern) sowie XIX (Schulung und Betreuung) dem Stellvertreter Generalmajor Prosetzky.

Als einzige Diensteinheit verfügte die HV A auch über eine eigene Schule mit verschiedenen Lehrstühlen und einem hochschulähnlichen Studienprogramm. Im Rahmen der Umstrukturierung der HV A im Jahre 1959 erhielt die bereits seit 1952 bestehende Schule die interne Bezeichnung „Objekt 9", später „Objekt S".[326] Sie hatte lange Zeit ihren Sitz in Belzig und nannte sich offiziell „Zentralschule der Gesellschaft für Sport und Technik Etkar André". Ab 1965 wurde sie schrittweise in die neu gegründete Juristische Hochschule (JHS) einbezogen: Zunächst erhielt die HVA-Schule den Rang einer Fachschule; Mitarbeiter der HV A konnten an ihr nach einem zweijährigen Studium an der JHS im dritten Studienjahr eine Spezialausbidung absolvieren. Darüber hinaus war sie für die Ausbildung von Mitarbeitern der HV A im Fernstudium, für die Durchführung von politischen und operativen Qualifizierungslehrgängen – auch für Leiter von anderen Diensteinheiten – sowie für eine systematische Forschungsarbeit zuständig.[327]

Per Ministerbefehl erhielt die Schule der HV A 1968 dann den Status einer „Fachrichtung für Aufklärung" an der JHS, wobei dem Leiter der Schule die Rechte und Pflichten eines Prorektors zugewiesen wurden. Die „Fachrichtung für Aufklärung", die aus dem Institut Spezialausbildung A 1, Institut Spezialausbildung A 2, dem Lehrstuhl Marxismus-Leninismus und dem Lehrkabinett für Information und Dokumentation bestand, hatte die Aufgabe, die an der JHS immatrikulierten Direkt- und Fernstudenten der HV A mit theoretischen Kenntnissen auszurüsten, die „für die Arbeit im Operationsgebiet" notwendig waren.[328] 1978 wurde festgelegt, daß die Offiziershörer (Fernstudenten) der HV A und der Abteilung XV der Bezirksverwaltungen ihr Studium bis zum Abschluß an der JHS durchführen.[329] 1983 erhielt die Schule entsprechend

326 Befehl 48/59 vom 29.1.1959; BStU, ZA, DSt 100245. Zur Schule der HV A vgl. Förster 1996, S. 21 ff. sowie – aus der Binnenperspektive – Günther o. J.
327 Direktive des Stellvertreters des Ministers über die Aufgaben der Schule der HV A bei der Ausbildung und Qualifizierung der Kader und die Zusammenarbeit mit der Juristischen Hochschule vom 28.6.1965; BStU, ZA, SdM 1474, S. 55–64.
328 Befehl [des Ministers] 4/68; BStU, ZA, DSt 100538.
329 Aktennotiz des Direktors für Erziehung und Ausbildung der JHS vom 4.9.1978; BStU, ZA, JHS 372, Bl. 6.

„den Erfordernissen der Aus- und Weiterbildung der Kader der Hauptverwaltung A sowie der Entwicklung der Forschungsarbeit auf dem Gebiet der Aufklärung" die Rechte und Pflichten einer Sektion der JHS übertragen.[330] Unabhängig davon blieben aber ihre Mitarbeiter Angehörige der HV A; Inhalt und Form des Studiums sowie der Forschungsarbeit waren weiterhin durch den dafür zuständigen Stellvertreter des Rektors und den Leiter der HV A festzulegen. Obwohl die Schule nun offiziell „Sektion A" hieß, bezeichnete sich ihr Leiter, Bernd Kaufmann, weiterhin als Leiter der Schule der HV A. 1988 wurde die Schule, zusammen mit der ihr angeschlossenen Fremdsprachenschule des MfS in Dammsmühle, nach Gosen verlegt. Danach erfolgte eine grundlegende Umstrukturierung und Neubesetzung der Lehrstühle, die 1989 noch nicht abgeschlossen waren. Im November 1989 gab es die folgenden Lehrstühle: Lehrbereich A: Politisch-operative Ausbildung; Lehrbereich B: Operative Spezialdisziplin und Methodik der nachrichtendienstlichen Arbeit; Lehrbereich F: Fremdsprachenschule des MfS.[331]

5.1.2 Aufgabenschwerpunkte

Die kurze Organisationsgeschichte der „Auslandsaufklärung" macht bereits deutlich, wo die Haupteinsatzrichtungen der HV A lagen – Ministerien, Parteien und Verbände der Bundesrepublik standen zunächst im Mittelpunkt der politischen Spionage, daneben wurde eine intensive Wirtschafts- und Militärspionage sowie das Ausforschen der westlichen Alliierten in Deutschland betrieben. Später kamen weitere Bereiche hinzu wie Desinformation und Gegenspionage, und die Wirtschaftsspionage gewann immer mehr an Umfang; auch geographisch dehnte sich das Aktionsfeld der HV A sukzessive aus.

In die sechziger Jahre fällt auch die Ausweitung des Arbeitsgebietes der HV A in Bereiche, die mit „West-Arbeit" oder „Auslandsaufklärung" nur noch wenig zu tun haben – insbesondere die Unterstützung von linksorientierten Regimen und Bewegungen in der Dritten Welt. 1964 wurden dem MfS in diesem Zusammenhang erste wichtige Aufgaben in Afrika übertragen, neben materiellen Hilfeleistungen vor allem die Entsendung von Beratern, Ausbildern, technischen Spezialisten sowie die Ausbildung von Mitarbeitern der Sicherheitsorgane verschiedener Staaten in der DDR. In einem Kader-Perspektivplan von Wolf „für die Lösung von Sonderaufgaben zur Unterstützung junger Nationalstaaten und der nationalen Befreiungsbewegungen" aus dem Jahr 1965 wird auf die Notwendigkeit verwiesen, „in den verschiedensten Diensteinheiten des MfS qualifizierte Kader auszuwählen und systematisch auf die Lösung derartiger Aufgaben vorzubereiten". Für den Einsatz in Afrika waren danach 1965 insgesamt 36 und für 1970 48 MfS-Angehörige vorgesehen; für Asien waren es 16 und für Lateinamerika 18 (1965) bzw. 20 (1970). Über deren „Qualifi-

---

330 Befehl 7/83 [des Ministers] über die Übertragung der Rechte und Pflichten einer Sektion der Hochschule des MfS an die Schule der HV A – 1.6.1983; BStU, ZA, DSt 102940.
331 Eine ausführliche Darstellung der Struktur der Schule gibt: Förster 1996, S. 23.

zierungsmerkmale" hieß es: „Die in den einzelnen Diensteinheiten zu benennenden Mitarbeiter müssen absolut zuverlässig, einsatzbereit und durch mehrjährige Tätigkeit im MfS pol.-op. erfahren sein, über umfangreiche Kenntnisse des Marxismus-Leninismus und gute Allgemeinbildung verfügen". Ausdrücklich merkte Wolf dabei an, daß der Plan „nicht identisch mit dem Kaderperspektivplan zur Besetzung von Funktionen in den Auslandsvertretungen der DDR [ist], in den ebenfalls Diensteinheiten der Abwehr und der Bezirksverwaltungen einbezogen sind."[332]

Ein anderes „zusätzliches" Arbeitsgebiet der HV A bildete die „Zurückdrängung konterrevolutionärer Einflüsse" und die „Stärkung progressiver Kräfte in der ČSSR" während des „Prager Frühlings". Im Juni 1968 legte Wolf dazu einen Maßnahmeplan seinem Minister zur „Kenntnisnahme und Bestätigung" vor. Ziel war es dabei zum einen, Informationen „aus den Zentren des Gegners" über die Einschätzungen der inneren Lage in der ČSSR durch die Westmächte und die Bundesrepublik zu beschaffen, Angaben über Reisen westdeutscher Bundestagsabgeordneter sowie Gewerkschafts- und Parteifunktionäre zu erlangen, Vorstellungen zum Ausbau der Handelsbeziehungen zu erkunden oder Pläne zur Verbreitung westlicher Presseerzeugnisse in der ČSSR aufzuklären. Dazu sollten mehr als 20 IM „aus dem Operationsgebiet" eingesetzt werden – darunter die Quellen „Adler" aus dem Bereich des Auswärtigen Amtes, „Schrammel" aus dem Bereich des Auswärtigen Amtes und der SPD, „Gildemann" aus dem Bereich des Bundesministeriums für gesamtdeutsche Fragen, West-Berliner Dienststelle, „Jäger" aus der SPD-Führung und Wirtschaftskreisen, „Stiller" aus dem Bereich des Bundesministeriums für Wirtschaft, „Rabe" über Kontake des SPD-Vorstandes, „Wallone" über Pläne und Absichten des SPD-Bundesvorstandes, „Olaf" aus der FDP-Fraktion und dem Parteivorstand, „Wieland" über die Absichten der katholischen Kirche etc. Zugleich sollten zahlreiche DDR-IM „in Richtung ČSSR" eingesetzt werden und sogar Studienbekanntschaften, verwandtschaftliche Beziehungen oder Urlaubsbekanntschaften von HVA-Offizieren aktiviert werden.[333] Die Ergebnisse der Aktion „Genesung", an der namentlich das Sonderreferat und die Abteilung I der HV A beteiligt waren, würdigte Wolf ein Jahr später in einem Bericht zum 20. Jahrestag der DDR, in dem er u. a. die „Informationsbeschaffung zu geplanten Aktionen und zu Verbindungen innerhalb und außerhalb der ČSSR und der politischen Einflußnahme auf gesunde Kräfte in der KPC" herausstellte.[334]

Einen Einblick in die Arbeitsschwerpunkte der „Aufklärung" in den späten sechziger Jahren geben die „Hinweise für das Schlußwort [von Erich Mielke]

---

332 Kader-Perspektivplan für die Lösung von Sonderaufgaben zur Unterstützung junger Nationalstaaten und der nationalen Befreiungsbewegung (Entwurf), o. D. (1965), S. 5 und 7; BStU, ZA, SdM 1448, Bl. 22–28.
333 Maßnahmeplan zur Zurückdrängung konterrevolutionärer Einflüsse und zur Stärkung progressiver Kräfte in der CSSR vom 14.6.1968; BStU, ZA, SdM 1437.
334 Leiter der HV A, Bericht über die Erfüllung der politisch-operativen Verpflichtungen der II. Etappe der Vorbereitung des 20. Jahrestages der Deutschen Demokratischen Republik vom 18.3.1969; BStU, ZA, SdM 1474, S. 5 f.

auf der Delegiertenkonferenz der Parteiorganisation V (HVA)" vom Februar 1967. Mielke warnte darin vor allem vor den „neue[n] und zusätzliche[n] Gefahren" durch den Eintritt der „rechten SPD-Führer" in die Bonner Regierung – nämlich „eine weitere Verschärfung" des „Kampfes gegen die DDR" und „die Anwendung von vielfältigen neuen, raffinierten, schwerer als Feindtätigkeit erkennbaren Formen, Mitteln und Methoden".[335] In der „Aufklärungsarbeit" komme es deshalb darauf an, „die Pläne und Absichten des Gegners zum politischen Eindringen in die DDR gründlicher zu erkennen und vor allem auch fest[zu]stellen, in welcher Weise die Bonner Regierung mit den Zentren der politisch-ideologischen Zersetzungs- und Aufweichungstätigkeit wie zum Beispiel Rundfunk und Fernsehen und anderen Feindzentralen wie Kuratorium Unteilbares Deutschland, Forschungsbeirat, Landsmannschaften, Vertriebenenverbände usw. konkret zusammenarbeitet und mit welchen Mitteln und Methoden der Wirkungsgrad der politisch-ideologischen Zersetzungs- und Aufweichungstätigkeit zu erhöhen versucht wird".

Hier gebe es noch erhebliche Lücken in den Aufklärungsergebnissen, die möglichst rasch geschlossen werden sollten. „Wir müssen es erreichen, stärker in solche Gremien in Westdeutschland einzudringen, in denen die Politik Bonns gegen die DDR beschlossen bzw. beraten wird. [...] Das sind im wesentlichen das Wehner-Ministerium, der Staatssekretärsausschuß (der direkt dem Bundeskanzleramt untersteht), die entsprechenden Bundestagsausschüsse, die Treuhandstelle für den Interzonenhandel und einige andere Euch bekannte Gremien". Zu untersuchen sei, „wie durch eine allseitigere Ausnutzung der Quellen, durch Umsetzungen und Konzentrierung der Kräfte auf diese Hauptobjekte schneller die Aufklärungsergebnisse erzielt werden könnten, die wir zur Abwehr der feindlichen Politik dringend benötigen." Außerdem solle geprüft werden, inwieweit es möglich sei, bestimmte wertvolle Quellen in den westdeutschen Parteien, namentlich in SPD und FDP, noch stärker für die Berichterstattung über Probleme der Regierungspolitik auszunutzen. Das „Hauptziel der Aufklärungsarbeit" müsse darin bestehen, „Originalinformationen und konkrete Fakten über die Bonner Politik und Feindtätigkeit gegen die DDR und andere sozialistische Staaten zu erkunden, und zwar aus erster Hand, aus den Gremien des Gegners, wo diese Politik und Feindtätigkeit beraten, beschlossen und in den Einzelheiten festgelegt und durchgesetzt wird" (Hervorhebungen im Original).[336]

Entscheidende Bedeutung kam Mielke zufolge dabei der „weiteren Aufklärung der Bonner Pläne und Absichten auf dem Gebiete der Bonner Militär- und Rüstungspolitik" zu, wobei hervorzuheben sei, „daß hier bereits gute Erfolge [...] erzielt worden" seien. Es müßten aber von der HV A verstärkte Anstrengungen unternommen werden, „um den konkreten Nachweis über die militärische Zielsetzung von Forschung, Entwicklung und Produktion auf dem Gebiet der

---

335 Hinweise für das Schlußwort auf der Delegiertenkonferenz der Parteiorganisation V (HVA) – 2.2.1967, S. 6 und 13; BStU, ZA, SdM 1343.
336 Ebenda, S. 26, 33 ff. und 44.

Kerntechnik führen zu können". Außerdem sei es „notwendig, die Aufgaben-stellung des Bonner Kriegsministeriums zur Entwicklung biologischer und chemischer Kampfstoffe aufzuklären und in diesem Zusammenhang auch zu erkunden, welchen Stand die westdeutschen Chemiekonzerne und For-schungsinstitute auf diesem Gebiet erreicht haben. Das ist auch erforderlich im Hinblick auf den Flugzeug- und Raketenbau sowie alle Industriezweige und Monopole, die führend in der Rüstungsproduktion sind."[337]

Einen querschnittartigen Überblick über die Arbeit der HV A zu diesem Zeit-punkt gibt ein Bericht von Markus Wolf an Mielke über die „Erfüllung der po-litisch-operativen Verpflichtungen der II. Etappe der Vorbereitung des 20. Jah-restages der Deutschen Demokratischen Republik".[338] Darin würdigt er zu-nächst die Arbeit der einzelnen Abteilungen, um dann über die Vorbereitung und Durchführung von Werbungen und über Leitungs- und Kaderprobleme zu berichten. Die Abteilung I erzielte danach in der Informationsbeschaffung vor-gesehene qualitative Verbesserungen zu Problemen der Bonner Ostpolitik und der Beziehungen zwischen beiden deutschen Staaten; erstmalig habe sie mit neuen Quellen auch eine Vielzahl an Informationen zur Bonner Entwicklungs-hilfepolitik beschaffen können. In der Abteilung II habe sich die „Effektivität des Quellennetzes" wie vorgesehen erhöht, vor allem durch die „Verbesserung der Qualität von Informationen über Pläne und Absichten des Feindes, beson-ders der SPD, im Rahmen seiner gegen die DDR und die sozialistischen Län-der gerichteten subversiven Tätigkeit". Die Abteilung III/A hätte hingegen „wertvolle Informationen von überwiegend dokumentarischem Charakter zu wichtigen militärischen und politischen Fragen" beschaffen können, während die Abteilung III/B insbesondere „eine wesentliche Erweiterung der bisherigen Kenntnisse über die NATO-Hauptobjekte" ermöglicht habe. Auch die Abtei-lung IV hätte auf dem Gebiet der Informationsbeschaffung auf militärischem Gebiet besonders gute Ergebnisse erzielt; „so konnten sehr wertvolle und wertvolle Informationen um 45 Prozent gesteigert werden, und es wurden fast ausschließlich Dokumente beschafft." (Hervorhebungen im Original)

Die Abteilung V, so Wolf, „erfüllte eine Reihe wichtiger politisch-operativer Verpflichtungen zur Lösung von Schwerpunktaufgaben in strukturbestimmen-den Zweigen der Volkswirtschaft", darunter die „Verpflichtung 'Rezepte für Finalprodukte' Polyurethane" und die „Verpflichtung über die Beschaffung von Materialien über schnelle Brutreaktoren". Die Abteilung VII habe sechs zusätzliche Ausarbeitungen bzw. umfangreiche Übersichten zu politisch-öko-nomischen und militärischen Problemen angefertigt wie eine Übersicht „über die Kriegsfallplanungen und die Dislozierung wichtiger Objekte und Einrich-tungen der Bundeswehr", eine Ausarbeitung über die „Friedrich-Ebert-Stiftung" oder eine „Übersicht über weitere 100 führende westdeutsche und Westberliner Vertreter des Monopolkapitals". Auch die für „aktive Maßnah-

337 Ebenda, S. 15 und 18.
338 Bericht über die Erfüllung der politisch-operativen Verpflichtungen der II. Etappe der Vorbereitung des 20. Jahrestages der Deutschen Demokratischen Republik vom 18.3.1969; BStU, ZA, SdM 1474.

men" zuständige Abteilung X habe ihre Verpflichtungen erfüllt (siehe unten). Darüber hinaus habe das Sonderreferat der HV A im Rahmen der Aktion „Genesung" eine Reihe von Maßnahmen und Einsätzen in der ČSSR durchgeführt.

Im Bereich der Quellenanwerbung verwies Wolf ebenfalls auf die „Erfolge" der HV A. Wörtlich heißt es in seinem Bericht:

„Die Abteilung I konnte in zwei Hauptobjekten (BMZ, BMWi) erstmalig Quellen schaffen. [...] Zwei Vorgänge, Sekretärinnen in CDU-Spitze, befinden sich vor Abschluß der Werbung. Zwei Vorgänge, MdB der SPD, konnten von der politischen Kontaktierung in die Phase der Abschöpfung politischer Informationen übergeleitet werden. Ein IM wurde in die Friedrich-Ebert-Stiftung eingeschleust. Es konnten drei Werber im Operationsgebiet entwickelt werden. Die Abteilung II schloß bei vier Residenten-Ehepaaren die operative Überprüfung für die Übersiedlung in das Einsatzgebiet ab. Mit der Realisierung dieser Verpflichtung können 1969/70 die wesentlichen Lücken beim Einsatz von Führungskadern für wichtige Vorgänge geschlossen werden. [...] Die Abteilung III/C warb eine Quelle (EWG) unter fremder Flagge. Sie liefert wertvolle Informationen. [...] Die Abteilung IV konnte einen IM in ein Hauptobjekt (BMVtg. Fü I) einschleusen. Eine weitere erfolgreiche Schleusung in dieses Spitzenobjekt gelang mit einem Perspektiv-IM (BMVtg – Ministerialbüro) [...]. Vom Sonderreferat der HV A wurde eine Quelle in das P.P. Frankf./M 18 K eingeschleust. Damit konnte die erste Quelle dieses Referates in einem direkten Abwehrorgan geschaffen werden [...]."[339]

In grundsätzlicher, summarischer Form werden die Schwerpunkte der HVA-Tätigkeit auch in den einschlägigen Richtlinien zur IM-Arbeit dargelegt, beispielsweise in der Richtlinie 2/68 für die Arbeit mit inoffiziellen Mitarbeitern im Operationsgebiet.[340] Schwerpunkt der „Aufklärung" und der „äußeren Abwehr" war danach zum einen die „Bearbeitung der staatlichen und anderen politischen Zentren des Feindes, d. h. der wichtigsten staatlichen Machtorgane und der die imperialistische Macht unterstützenden und fördernden Parteien und Organisationen in Westdeutschland und Westberlin, wie auch von staatlich-politischen Zentren in den USA und anderen imperialistischen Ländern". Zum zweiten ging es um die „Bearbeitung der militärischen Zentren der westdeutschen Bundesregierung und der mit ihr verbündeten USA und anderen NATO-Partner, der militärischen Hauptobjekte der NATO und der Bundeswehr, der wichtigsten Stäbe und Kommandobehörden in Westdeutschland und in den anderen NATO-Staaten, der Zentren zur Organisation der verdeckten und der psychologischen Kriegführung". Einen dritten Schwerpunkt bildete die „Bearbeitung der wirtschaftspolitischen und wissenschaftlich-technischen Zentren des Feindes, d. h. der führenden und herrschenden Kreise des Mono-

---

339 Ebenda.
340 Richtlinie 2/68 für die Arbeit mit Inoffiziellen Mitarbeitern im Operationsgebiet; BStU, ZA, DSt 101126; dokumentiert in: Die inoffiziellen Mitarbeiter. Richtlinien, Befehle, Direktiven (I), hrsg. vom BStU, 1992, S. 223–266.

polkapitals, der Verwaltungsstellen und Verbände der Wirtschaftsführung, der wirtschaftlichen und wissenschaftlich-technischen Forschungseinrichtungen der Konzerne, der staatlichen gelenkten Institutionen von Wissenschaft und Forschung". Dabei ging es vor allem um die „Nutzbarmachung der Erkenntnisse für die erfolgreiche Durchführung der technischen-wissenschaftlichen Revolution" in der DDR und ihren Bruderstaaten. Ein vierter Bereich war die „Bearbeitung der Zentren, Dienststellen und Mitarbeiter der imperialistischen Geheimdienste, der feindlichen Nachrichten-, Abwehr- und Polizeiorgane sowie ihrer Agenten- und Untergrundorganisationen" mit dem Ziel der „Aufklärung" und der „Zerschlagung der feindlichen Agenturen und Zersetzung der Geheimdienstzentralen" sowie der „Beschaffung von speziellen Informationen über Bedingungen und Möglichkeiten konspirativer Reisetätigkeit und konspirativen Aufenthalts sowie über Regimeverhältnisse im Operationsgebiet". Schließlich verlangte die Richtlinie die „Durchführung aktiver politisch-operativer Maßnahmen gegen die Politik und die Zentren des Feindes zur direkten Unterstützung der Partei- und Staatsführung". Dabei ging es um die „Ausnutzung des Differenzierungsprozesses, von Widersprüchen, Ansatzpunkten und besonderen Vorkommnissen im Operationsgebiet zur Bekämpfung des Feindes mit allen geeigneten Methoden, insbesondere seiner Entlarvung im Sinne des Kampfes gegen die friedensfeindliche, sozialreaktionäre und antinationale Politik der Bonner Regierung und der ökonomisch, politisch und militärisch herrschenden Kreise in Westdeutschland" (Hervorhebungen im Original).[341]

Auch in der Nachfolge-Richtlinie 2/79 werden die „Hauptaufgaben" der Diensteinheiten der Aufklärung beschrieben – inzwischen ein umfangreicher, beinahe grenzenloser Aufgabenkatalog. Ziel ihrer „operativen Arbeit" war danach:

„– die Sicherheit und die Interessen der DDR, der sozialistischen Staatengemeinschaft, der kommunistischen Weltbewegung und anderer revolutionärer Kräfte gefährdende oder beeinträchtigende Pläne, Absichten, Agenturen, Mittel und Methoden des Feindes rechtzeitig und zuverlässig aufzuklären und Überraschungen auf politischem, militärischem, wirtschaftlichem und wissenschaftlich-technischem Gebiet zu verhindern;

– zur Aufdeckung und Zerschlagung feindlicher Stützpunkte und Agenturen in der DDR, in der sozialistischen Staatengemeinschaft, in der kommunistischen Weltbewegung sowie in anderen revolutionären Kräften beizutragen;

– exakte Kenntnisse über die wichtigsten Feindzentren, über das feindliche Potential sowie über die Widersprüche im Lager des Feindes zu erarbeiten und offensive Maßnahmen gegen feindliche Zentren und gegen im Operationsgebiet tätige feindliche Kräfte durchzuführen;

---

341 Ebenda, S. 4 f.

– die internationale Position des Sozialismus und seiner Verbündeten in der Klassenauseinandersetzung mit dem Imperialismus zu festigen und zu stärken, die offensive Friedenspolitik der sozialistischen Staatengemeinschaft zu unterstützen, antiimperialistische Bewegungen, Kräfte und Organisationen zu fördern und den fortschrittlichen Regierungen in den Entwicklungsländern bei der Festigung ihrer Macht zu helfen;

– die auf die ökonomische und militärische Stärkung sowie auf die weitere Erhöhung des Wohlstandes des Volkes gerichtete Politik der Partei- und Staatsführung zu unterstützen;

– die Sicherheit der Auslandsvertretungen der DDR sowie der DDR-Bürger im nicht-sozialistischen Ausland zu gewährleisten.

Das Operationsgebiet der Diensteinheiten der Aufklärung erstreckt sich insbesondere auf die USA, die BRD, die anderen NATO-Staaten und Westberlin. Zunehmende Bedeutung gewinnt die operative Arbeit in Richtung VR China, in internationalen Krisenzonen und in ausgewählten Entwicklungsländern."[342]

Entkleidet man diesen Zielkatalog von seinen ideologischen Floskeln, beschreibt er recht genau die Arbeitsschwerpunkte des Aufklärungsapparates in den achtziger Jahren: Gewährleistung eines effektiven Frühwarnsystems für eventuelle Bedrohungen der äußeren Sicherheit, aktive Betreibung einer inneren und äußeren „Abwehr" gegenüber westlichen Geheimdiensten und Gegnern des SED-Regimes, umfassende Unterstützung der Außenpolitik des sozialistischen Lagers durch Spionage und Einflußnahme, intensive Wirtschafts- und Militärspionage zur Stärkung des kommunistischen Systems sowie schließlich die Kontrolle und nachrichtendienstliche Nutzung der Auslandsvertretungen der DDR.[343] Die Arbeit des Aufklärungsapparates sollte sich dabei vorrangig auf solche „feindliche" Zentren und Objekte richten, in denen geheime Informationen konzentriert waren oder die günstige Ausgangspositionen für das Eindringen in die „feindlichen Hauptobjekte" sowie für die Durchführung wirkungsvoller „aktiver Maßnahmen" boten. Laut Richtlinie 2/79 waren namentlich zu „bearbeiten":

---

342 Richtlinie 2/79 „für die Arbeit mit Inoffiziellen Mitarbeitern im Operationsgebiet" vom 8.12.1979, S. 7; BStU, ASt Berlin, XV 22.

343 Einer Auflistung aus dem Jahre 1985 zufolge betrieb die HV A im Ausland insgesamt 119 „Legale Residenturen", d. h. nachrichtendienstliche Einheiten in Botschaften, Generalkonsulaten, Kulturzentren und anderen DDR-Vertretungen. Der Bogen spannte sich dabei von Washington (A/1a) und Bonn (A/2) über Bern (B/2) und Wien (B/4) bis Tripolis (C/12) und Tokio (F/12). Von den sozialistischen Ländern waren nur Rumänien (G/6), Jugoslawien (G/7), Albanien (G/8), China (G/12) und Kuba (G/13) mit Residenturen bestückt. Im Unterschied zu den Residenturen in den NATO-Staaten, entwickelten kapitalistischen Staaten, bedeutenden Entwicklungsländern und in Krisengebieten betrieben die kleineren Residenturen keine „Linienarbeit". HV A, Abt. VIII, AG AV: Analyse zum Stand, zur Wirksamkeit und den Ergebnissen der Konterarbeit in Objekten legal abgedeckter Residenturen vom 25.11.1985 (Anlage); BStU, ZA, HV A 407.

„– Führungszentren der USA, der BRD, der anderen imperialistischen Staaten, Westberlins, der NATO, der Europäischen Gemeinschaft (EG), der VR China und anderer operativer bedeutsamer Staaten;

– Zentren, Dienststellen und Mitarbeiter der imperialistischen Geheimdienste, Polizei- und Abwehrorgane, insbesondere des CIA, des BND, des BfV, des MAD sowie anderer Zentren der Subversion;

– militärische Zentren der USA, der NATO, der BRD, anderer imperialistischer Staaten sowie der VR China;

– Führungszentren der systemtragenden Parteien, besonders in der BRD und in Westberlin sowie ihre internationalen Vereinigungen;

– rechts- und linksextremistische, einschließlich maoistische Organisationen und Gruppierungen;

– wirtschaftspolitische und wissenschaftlich-technische Zentren der USA, der BRD und anderer imperialistischer Staaten, insbesondere Zentren der Rüstungsforschung und Rüstungswirtschaft;

– Hochschulen und andere Basisobjekte, deren Bearbeitung günstige Voraussetzungen für das Eindringen in die imperialistischen Hauptobjekte schafft."[344]

Einen Überblick über die Arbeitsschwerpunkte des Aufklärungsapparates am Ende der achtziger Jahre gibt die Planorientierung des Leiters der HV A für das Jahr 1989, die u. a. auf den Ergebnissen einer Beratung der Aufklärungsabteilungen des Ostblocks im Oktober 1988 fußte. An erster Stelle wird darin hervorgehoben, daß es eine herausragende Aufgabe bleibe, „einen entscheidenden Beitrag zur Gewährleistung der äußeren und inneren Sicherheit der DDR und des sozialistischen Staatenbündnisses gegen militärische, politische, ökonomische, subversive und geheimdienstliche Angriffe und zur Vereitelung feindlicher Überraschungen zu leisten". Im zweiten Kapitel heißt es, daß „die Außen- und Innenpolitik der imperialistischen Länder, die Abstimmungsprozesse zwischen ihnen und die sich vollziehenden Differenzierungen [...] Schwerpunkte der Aufklärung zur Unterstützung der offensiven Außenpolitik der sozialistischen Staaten" seien. Dem dritten Abschnitt zufolge hätte der Aufklärungsapparat seinen „Beitrag zur Verwirklichung der ökonomischen Strategie der Partei, insbesondere zur schnelleren Entwicklung der Volkswirtschaft der DDR, zur dauerhaften Sicherung der intensiv erweiterten Reproduktion und zur Stärkung der sozialistischen ökonomischen Integration zu erhöhen". (Hervorhebungen im Original)[345]

---

344 Richtlinie 2/79 „für die Arbeit mit Inoffiziellen Mitarbeitern im Operationsgebiet" vom 8.12.1979, S. 8; BStU, ASt Berlin, XV 22.
345 Stellvertreter des Ministers, Planorientierung des Leiters der Hauptverwaltung A für das Jahr 1989, S. 5, 13 und 22; BStU, ASt Berlin, XV 24.

Spionage

Zu den vorrangigen Aufgaben des MfS gehörte es, in der Bundesrepublik durch ein Netz von Quellen, Residenten, Werbern, Instrukteuren, Kurieren, Funkern, Kontaktpersonen (KP) etc. einen laufenden Informationsfluß aus Regierung und Staatsapparat, Parteien und Verbänden, Wirtschaft und Wissenschaft, Militär und Sicherheitsbehörden zu gewährleisten. Als „von operativer Bedeutung" galten dabei nach der Richtlinie 2/79 des Ministers für Staatssicherheit Informationen über

> „– feindliche Pläne, Absichten, Agenturen, Mittel und Methoden [...];
>
> – Zusammenhänge, Fakten und Sachverhalte, die für die Vorbereitung und Durchführung aktiver Maßnahmen geeignet sind;
>
> – feindliche Zentren und Objekte, operativ interessante Personen, Arbeitsmethoden feindlicher Abwehrorgane, Bedingungen im grenzüberschreitenden Verkehr und sonstige Rahmenbedingungen, die für die Gewährleistung einer hohen Effektivität und Sicherheit der operativen Arbeit erforderlich sind."[346]

Die eingehenden Informationen aus dem Westen wurden von speziellen „Auswertern" benotet und in besonderen Fällen vom MfS prämiert, um die Mitarbeiter zu größtmöglichen Leistungen anzuspornen. Zugleich wurden die Informationen im Rahmen einer systematischen Auswertungs- und Informationstätigkeit analysiert, verdichtet und auf ihre Verwendbarkeit geprüft. Auf diese Weise hatte das MfS einen oftmals exzellenten Überblick über die wichtigsten gesellschaftlichen Vorgänge, Einrichtungen und Personen in der Bundesrepublik. Ein Großteil dieser Informationen, insbesondere aus dem militärisch-technischen Bereich, floß umgehend weiter an die „Freunde", wie der KGB im MfS-Jargon bezeichnet wurde.

Der Umfang dieser Spionage läßt sich im nachhinein kaum quantifizieren. Im Bestand des BStU sind jedoch verschiedene Berichte, Aufstellungen oder Abrechnungen überliefert, die einen Eindruck vom Ausmaß dieser Informationsbeschaffung vermitteln. So meldete etwa HVA-Chef Wolf dem Minister für Staatssicherheit im März 1969, daß allein in der II. Wettbewerbsetappe zur Vorbereitung des 20. Jahrestages der DDR rund 55.000 Mikrate – d. h. Kleinstbildnegative von Dokumenten – bearbeitet werden „mußten".[347]

Aus dem Bereich der politischen Spionage sind zahlreiche von der HV A erstellte „Informationen" überliefert, die diese an andere Diensteinheiten des MfS oder – über die Ministeriumsspitze – an führende Mitglieder des Politbüros sowie an befreundete Geheimdienste des Ostblocks sandte. Diese Informa-

---

346 Richtlinie 2/79 „für die Arbeit mit Inoffiziellen Mitarbeitern im Operationsgebiet" vom 8.12.1979, S. 9; BStU, ASt Berlin, XV 22.
347 Bericht des Leiters der HV A über die Erfüllung der politisch-operativen Verpflichtungen der II. Etappe der Vorbereitung des 20. Jahrestages der Deutschen Demokratischen Republik vom 18.3.1969, S. 11; BStU, ZA, SdM 1474.

tionen basierten in der Regel auf internen Quellen oder Materialien und geben zumeist ein sehr detailgetreues, wenngleich zuweilen ideologisch eingefärbtes Bild der jeweiligen Situation. Im Juni 1968 wurde beispielsweise auf elf Seiten „über die konstituierende Sitzung des CDU-Beirates für Hochschul- und Forschungspolitik" berichtet und ausführlich aus den Referaten und Diskussionsbeiträgen zitiert.[348] Im selben Monat informierte das MfS „nach zuverlässigen internen Angaben" auch über zwei Sitzungen des tarifpolitischen Ausschusses des DGB.[349] Ein anderer Bericht betraf die Auswertung des 25. Parteitages der Berliner SPD durch führende Parteifunktionäre, u. a. auf einer Sekretärkonferenz am 30. Mai,[350] ein weiterer referierte unter Berufung auf „eine zuverlässige Quelle" den Inhalt eines internen Schreibens des Auswärtigen Amtes an den „Bundesverband der Deutschen Industrie".[351] Auch über Auseinandersetzungen in der West-Berliner Außerparlamentarischen Opposition informierte das MfS auf der Basis von „Angaben zuverlässiger und vertrauenswürdiger Quellen".[352] Allein im Zeitraum eines Monats müssen der fortlaufenden Numerierung zufolge rund 100 derartige Berichte verbreitet worden sein, von denen insgesamt 44 überliefert sind.

Ein Konvolut an Informationen über die Partei der „Grünen" macht deutlich, daß insbesondere die internen politischen Diskussionen und Entscheidungen in Westdeutschland für das MfS von Interesse waren. Im Januar 1984 berichtete beispielsweise die Abteilung IX der HV A ausführlich über die „Einflußnahme des BECKMANN auf die Zusammensetzung des Bundesvorstandes der Partei „Die GRÜNEN".[353] Im September teilte eine Information des MfS mit: „Zuverlässig wurden Einzelheiten über den Inhalt des geplanten Briefes antikommunistischer Kräfte der Grünen und der Alternativen Liste (AL) Westberlin an Gen. Honecker und BRD-Kanzler Kohl bekannt, der mit einer Unterschriftensammlung in der DDR und der BRD verbunden werden soll."[354] Im Oktober informierte das MfS: „Vorliegende Angaben aus Führungskreisen der Grünen bestätigen den sich seit Mitte dieses Jahres abzeichnenden Stimmungsumschwung in der Bundestagsfraktion der Grünen hinsichtlich ihrer Haltung gegenüber der DDR zugunsten der realistischer denkenden Funktionäre um D. Schneider. Diese Entwicklung werde maßgeblich gefördert durch eine

---

348 Einzelinformation 627/68 „über die konstituierende Sitzung des CDU-Beirates für Hochschul- und Forschungspolitik" vom 15.6.1968; BStU, ZA, HV A 130.

349 Einzelinformation 619/68 „über einige Fragen der Lohn- und Tarifpolitik im Lichte des 4. Jahresgutachtens und des Jahreswirtschaftsberichtes 1968 der westdeutschen Bundesregierung und der Haltung führender Gewerkschaftskreise zur Mitarbeit im Rahmen der konzertierten Aktion" vom 11.6.1968; ebenda.

350 Einzelinformation 617/68 „über Äußerungen und Einschätzungen führender SPD-Funktionäre zum Verlauf des 25. Landesparteitages" vom 10.6.1968; ebenda.

351 Einzelinformation 605/68 „über die Haltung der Bundesregierung zu privaten Geschäftsverbindungen mit Rhodesien" vom 6.6.1968; ebenda.

352 Einzelinformation 542/68 „über das Verhältnis der außerparlamentarischen Opposition zur SED Westberlin" vom 18.5.1968; ebenda.

353 HV A, Abt. IX, Januar 1984: Einflußnahme des Beckmann auf die Zusammensetzung des Bundesvorstandes der Partei Die Grünen; BStU, ZA, HA XX/AKG 1586.

354 Information 357/84 über den Inhalt des geplanten Briefes antikommunistischer Kräfte der grünenalternativen Bewegung an Gen. Honecker und H. Kohl, S. 1; BStU, ZA, Arbeitsbereich Neiber 437.

wachsende Befürwortung der Positionen Schneiders seitens der Fraktionssprecherinnen der Grünen, A. Vollmer und A. Borgmann, wie sie u. a. in der Unterstützung der Geraer Forderungen der DDR durch A. Vollmer anläßlich der Bundestagsdebatte am 12.9.1984 zum Ausdruck kam. Auch Schily zeige sich nach seinem Gespräch mit H. Häber vom 6.9.1984 deutlich gewandelt und engagiere sich stärker für ein abgestimmtes Vorgehen dieser Gruppe."[355] Und im Dezember hieß es in einer Information: „Vorliegende Einschätzungen aus Führungsgremien der Grünen bestätigen in der Tendenz seit Mitte dieses Jahres eine gewisse politisch-parlamentarische und organisatorische Konsolidierung der Partei. [...] Die Information darf im Interesse der Sicherheit der Quellen nicht publizistisch ausgewertet werden."[356] Einige Monate später schrieb die Abteilung VII der HV A in einer Leiterinformation: „Bei der weiteren Informationsbeschaffung zur Entwicklung der Grünen stehen folgende Fragen im Vordergrund: [...] Zuarbeit für Personeneinschätzungen zu folgenden führenden Funktionären der Grünen: [...]."[357]

Auch aus zahlreichen Spionageprozessen ist inzwischen hervorgegangen, wie umfassend der Informationsfluß von West nach Ost gewesen ist.[358] Agenten wie der Kanzleramtsreferent Günter Guillaume, die Sekretärin des CDU-Bundestagsabgeordneten Werner Marx, Inge Goliath, oder der Vortragende Legationsrat im Auswärtigen Amt, Hagen Blau, gaben regelmäßig Interna aus ihren Tätigkeitsbereichen weiter. Allein im Jahr 1988 kam die HV A auf diese Weise auf knapp 10.000 konspirativ beschaffte Informationen (ohne Wirtschaftsspionage), von denen rund ein Viertel als „wertvoll" oder sogar „sehr wertvoll" eingestuft wurde.[359]

Einen Schwerpunkt der Informationsbeschaffung bildeten die westlichen Geheimdienste. Das „Aufkommen an Geheimdienst-Informationen", so berichtete HVA-Chef Wolf seinem Minister Anfang 1986, „hat den bereits hohen Stand der vergangenen Jahre noch übertroffen und ist in qualitativer Hinsicht beträchtlich angestiegen. Es wurden [1985] insgesamt 6709 (Vorjahr 6338) Informationen beschafft. Der Anteil der sehr wertvollen und wertvollen Informationen stieg von 4544 Informationen im Vorjahr auf 5025 Informationen im Jahre 1985. Das sind 71,9 % des gesamten Aufkommens von Geheimdienst-Informationen.

„Bezüglich des *BND* sind das solche herausragenden Materialien wie

– Erkenntnisse und Einschätzungen des BND zum SDI-Projekt der USA und die Konsequenzen für die BRD; [...]

355 Information 392/84 über aktuelle Entwicklungstendenzen in der Politik der Grünen gegenüber der DDR; ebenda, S. 1.

356 Information 432/84 über die innerparteiliche Situation und Politik der Grünen vor ihrer Bundesversammlung vom 7. bis 9.12.1984 in Hamburg; ebenda, S. 1 und 5.

357 HV A, Abt. VII, Leiterinformation über die innerparteiliche Situation der Grünen und ihre Politik gegenüber der DDR vom 9.9.1985; ebenda, S. 1 und 4.

358 Eine ausführliche Auswertung dieser Prozesse bei: Schlomann 1993; vgl. auch die Übersichten im Anhang bei: Siebenmorgen 1993.

359 BStU-Wanderausstellung „Garant der SED-Diktatur", Tafel 11 (Die Auslandsspionage der DDR).

- Dokumente mit Erkenntnisübersichten und Wertungen zur Militärpolitik, Militärstrategie, Logistik, Dislozierung, Manövern, Bewaffnung und Ausrüstung der Streitkräfte der UdSSR und der anderen Warschauer Vertragsstaaten; [...].

- Aus strategisch bedeutsamen Bereichen der *USA-Geheimdienste* konnten wertvolle Dokumente und Informationen zu folgenden Komplexen beschafft werden: [...]

- die vollständige Planung des zentralen Geheimdienstes der USA-Landstreitkräfte – INSCOM für die Struktur und Aufgabenverteilung der INSCOM-Einheiten im Frieden sowie für den Übergang in den Kriegszustand im Weltmaßstab sowie für den europäischen Handlungsraum;

- Originaldokumente, die die Angriffsrichtungen, Methoden, personellen und technischen Potenzen und die Vorhaben zur Entwicklung der Fähigkeiten und Möglichkeiten bis in die 90er Jahre des Hauptobjektes der Fm/Elo-Spionage [Funkaufklärung] der USA in Westberlin umfassend enttarnen;

- detaillierte Dokumente zur Struktur und Tätigkeit des Geheimdienstes der USA-Luftwaffe für die Fm-Elo-Spionage insgesamt sowie zu speziellen Dienststellen in der BRD und in Westberlin einschließlich ihrer technischen Ausrüstungen; [...]

Diese Informationen fanden eine hohe Wertschätzung durch die Leitung des K[omitees]f[ür]S[taatssicherheit der UdSSR] und Genossen Tschebrikow persönlich [...]."[360] (Hervorhebungen im Original)

Daß das Jahr 1985 für die HV A das bisher erfolgreichste auf dem Gebiet der „Gewährleistung der inneren Sicherheit" gewesen sei, habe sich u. a. gezeigt in der

„– Beschaffung einer beträchtlichen Anzahl von Informationen und Dokumenten aus den Hauptobjekten des Feindes im Operationsgebiet (zum Beispiel BND, BfV) zur Spionagetätigkeit gegen die DDR und andere sozialistische Staaten, zum Menschenhandel, zur Untergrundtätigkeit und zu Verbrechen gegen die Volkswirtschaft, die zur Entlarvung oder Festnahme von Spionen des BND, des BfV u. a. Staatsfeinden bzw. zur Anlegung von Vorgängen und die [sic!] Einleitung weiterer operativer Maßnahmen führten."[361]

Das Informationsaufkommen bei der Bekämpfung der bundesdeutschen Abwehrorgane sei

„in beachtlichem Maße weiter angestiegen. In qualitativer Hinsicht ist in einzelnen Richtungen ein sprunghafter Zuwachs zu verzeichnen. Diese po-

---

360 HV A, Beitrag der Hauptverwaltung A zur Gewährleistung der inneren Sicherheit der DDR, o. D. (mit Schreiben vom 6.1.1986 von Wolf an Mielke übersandt), S. 3 f.; BStU, ZA, ZAIG 7373.
361 Ebenda, S. 1.

sitive Entwicklung ist hauptsächlich durch die kontinuierliche und stabile Arbeit mit den Quellen in den Hauptobjekten erreicht worden. [...] Im Planjahr gelang es, umfangreiche und äußerst wertvolle Materialien und Informationen aus den Abwehrorganen, insbesondere aus dem Verfassungsschutz zu beschaffen."[362]

Auch auf dem Gebiet der Militär- und Wirtschaftsspionage operierte die HV A offenbar mit großem Erfolg; die im Bestand des BStU überlieferten Berichte, Pläne und Befehle machen deutlich, das beides frühzeitig im großen Stil betrieben wurde. „Die auf dem XXII. Parteitag der KPdSU gestellte Aufgabe, die Wirtschaft sämtlicher sozialistischer Länder unablässig weiterzuentwickeln, um dadurch das Übergewicht des Weltsystems des Sozialismus über das kapitalistische hinsichtlich des absoluten Umfanges der Produktion zu erreichen, erfordert eine verstärkte wissenschaftlich-technische Aufklärungsarbeit", erklärte Mielke in einem Befehl vom September 1962. „Gleichzeitig ist mit der Verstärkung der Aufklärungsarbeit auf diesem Gebiet eine gewissenhafte Sicherung der Aufklärungsergebnisse und ihre Auswertung zu gewährleisten." Aus diesem Grund sollte ab sofort alles wissenschaftlich-technische Aufklärungsmaterial aus sämtlichen Diensteinheiten zwecks Auswertung der Abteilung V der HV A zugestellt werden.[363]

Welchen Umfang dieses bereits in den sechziger Jahren hatte, zeigt ein Schreiben der Abteilung V an Generalleutnant Wolf vom Oktober 1967 aus Anlaß des 50. Jahrestages der Oktoberrevolution. Darin heißt es, daß 21 Positionen mit insgesamt 11.770 Blatt zur Weitergabe an die „Freunde" übergeben werden; vorab seien bereits fünf Positionen, die ebenfalls zur Verpflichtung gehörten, „über den Genossen Minister an die Freunde übergeben" worden. Die Liste der Materialien reichte von den Systemunterlagen des Datenverarbeitungssystems „Siemens 4004" über „Unterlagen über einen Druckwasserreaktor mit einer Leistung von 600 MW von Siemens nebst Unterlagen zur Turbinenanlage" bis hin zu „Unterlagen über durchgeführte und künftige Forschungs- und Entwicklungsvorhaben im Kernforschungszentrum Karlsruhe".

„Die Materialien der Positionen 12, 13, 14 umfassen das gesamte know how Polyester der Höchster Farbwerke. Es ist bereits als vollständig und realisierbar von Chemikern der DDR eingeschätzt worden. Die Position 8 ist bei unseren IM von den Genossen des ZK bestellt und von uns besorgt worden. Das Original wird der Parteiführung von Genossen Minister Prey übergeben. Die Positionen 19, 20, 21 sind von dem Referat XV der BV Karl-Marx-Stadt 'W' beschafft worden".[364]

Ein ähnliches Beispiel ist der bereits zitierte Bericht von Wolf über die „Erfüllung der politisch-operativen Verpflichtungen" zum 20. Jahrestag der DDR vom März 1969. Als „erfüllt" werden von der Abteilung V darin u. a. das

---

362 Ebenda, S. 9.
363 Befehl 539/62 vom 1.9.1962; BStU, ZA, DSt 100367.
364 Abt. V: Schreiben an Generalleutnant Wolf vom 26.10.1967; BStU, ZA, SdM 1465.

„Projekt Ammoniak", die „Verpflichtung Oxyd Propylen-Oxyd" und die „Verpflichtung 'Komplettierung der Unterlagen zum TEL-Verfahren" gemeldet. Zu ersterem heißt es:

> „Die Anlage in Schwedt läuft mit 85 % Produktionsausstoß. Es besteht die Sicherheit, daß sie auf 100 % Produktionsausstoß und mehr zu bringen ist. Zusätzlich wurden Wege ermittelt, wie die Ensaanlage Kalkammonsalpeter auf vollen Produktionsausstoß zu bringen ist."[365]

Aufschlußreich – nicht zuletzt, was die Verzahnung der „inoffiziellen" mit der „offiziellen" Ebene anbetrifft – ist schließlich auch die Übergabe „der von unserem Ministerium unter Hilfestellung des Ministeriums für Nationale Verteidigung beschafften Materialien zum Einheitssystem Datenverarbeitung" IBM 360 durch die Abteilung V. Diese Materialien, so heißt es in dem Anschreiben vom September 1969, würden „ausgewertet unter unserer Anleitung und Kontrolle und bilden den entscheidenden Stock bei der Produktion und geplanten Anwendung von Datenverarbeitungsanlagen der dritten Generation in der DDR (Modell 40/21 und Modell 400) entsprechend dem Regierungsabkommen über die Kooperation im Einheitssystem mit der SU zugunsten des gesamten RGW." Zur Information der sowjetischen „Spezialisten" wurde vorgeschlagen, „daß beiliegende Exemplare (Titelliste zu 150.000 Seiten Material und ca. 60 Programme, die in der DDR vorliegen) in den nächsten Tagen übergeben werden an Genossen Dr. Günther Mittag, Genossen Staatssekretär Kleiber, Genossen Minister Steger und ein Exemplar zur persönlichen Verfügung des Genossen Minister Mielke."[366]

Im Januar 1970 übersandte Generalleutnant Wolf dem Minister für Staatssicherheit Teile des NATO-Dokumentes MC 14/3, das den Sicherheitsstempel „NATO-Secret" trug. In seinem Anschreiben teilte er mit, daß das Dokument „von der besonderen Quelle mittels der neuen operativen Technik aufgenommen" worden sei. „Die Beschaffung einer kompletten Fassung ist eingeleitet."[367] Und in einem Kurzbericht des Sektors Wissenschaft und Technik (SWT) über „wichtige Arbeitsergebnisse der wissenschaftlich-technischen Aufklärung im 1. Halbjahr 1971" heißt es im Verlauf einer 30 Punkte umfassenden Auflistung:

> „1.4. Wir konnten die Führungssysteme der Nachrichtentechnik der Luftwaffe des westdeutschen Feindes und Teile seiner Pläne darüber besorgen. Das Material hat sehr großen strategischen Wert für uns. Es wird auch taktisch in unserer NVA und der UdSSR ausgewertet. [...]

> 1.6. Im Prinzip konnten wir die Nachrichtensysteme und die perspektivisch geplanten Nachrichtensysteme der NATO in Europa dokumentieren, weil

---

365 Leiter der HV A, Bericht über die Erfüllung der politisch-operativen Verpflichtungen der II. Etappe der Vorbereitung des 20. Jahrestages der Deutschen Demokratischen Republik vom 18.3.1969, S. 3; BStU, ZA, SdM 1474.

366 Abt. V: Schreiben an Generalmajor Fruck vom 2.9.1969; BStU, ZA, SdM 986.

367 Schreiben des Leiters der HV A an Mielke vom 2.1.1970; BStU, ZA, SdM 286.

die Untersuchungsberichte darüber bei uns vorliegen, ebenso die Entwicklungsmaterialien der wichtigsten westdeutschen Konzerne. Die Unterlagen haben großen strategischen Wert, bieten aber auch Lösungen für unsere eigene Entwicklung in der Elektronik an. [...]

1.11. Der Auftrag der Freunde, die Entwicklungsberichte über das Atomschiff 'Otto Hahn' der westdeutschen Imperialisten zu besorgen, konnte erfüllt werden. [...]

2.1. Die Situation in der Herstellung von Festkörperschaltkreisen in der DDR und in den RGW-Staaten ist ein echter Schwerpunkt geworden. Es geht nicht nur um die Technik der Großproduktion, sondern um die Effektivität der Produktion. Wir produzieren mit einem Kostensatz, der oft den 5-10fachen Weltmarktpreis für das Finalprodukt bedingt. Die für die Aufklärung daraus abgeleiteten Aufgabenstellungen konnten zum Teil realisiert werden. Das Halbleiterwerk Frankfurt/Oder und das Funkwerk Erfurt erwarten daraus einen volkswirtschaftlichen Nutzen von 4,5 Mio. An dem Problem wird von uns weiter gearbeitet."[368]

Aus einer „Aufstellung der wichtigsten Aufklärungsobjekte im NATO-Kommandobereich Zentraleuropa" vom Oktober 1984 geht hervor, daß die HV A auch über militärische Einheiten, Bewaffnung und Stationierungsorte in der Bundesrepublik und Westeuropa eingehend orientiert war. Die siebenseitige Liste reicht vom amerikanischen „Stab 56 RBr" in Schwäbisch-Gmünd mit Pershing 1 A und 2-Bewaffnung über das amerikanische „501. FIRG" im englischen Greenham mit BGM 109 G TOMAHAWK-Bewaffnung bis zum bundesdeutschen „LSK" in Alflen mit Kernbomben – die Liste ging zur Instruierung an die Abteilungen XV der Bezirksverwaltungen für Staatssicherheit.[369]

„Aktive Maßnahmen"

Ziel der Tätigkeit im „Operationsgebiet" war, getreu dem Selbstverständnis des MfS als „Schild und Schwert der Partei", die Fortsetzung des „Klassenkampfes" mit nachrichtendienstlichen Mitteln. Während der gesamten Geschichte der alten Bundesrepublik war der DDR-Staatssicherheitsdienst – in Parteien, Verbänden, Medien, Bewegungen und anderen gesellschaftlichen Einrichtungen – deshalb als zusätzliche konspirative Kraft mit dabei und beschaffte nicht nur Informationen, sondern suchte über seine inoffiziellen Mitarbeiter, über zentral gesteuerte „Aktionen" und über andere „aktive Maßnahmen" für die SED Einfluß zu nehmen. Ihre wichtigsten Mittel waren dabei die gezielte Kompromittierung und Verunsicherung politischer „Gegner", die Schürung von Differenzen und Konflikten sowie die systematische Förderung

---

368 HV A, SWT-Leiter: Kurzbericht über wichtige Arbeitsergebnisse der wissenschaftlich-technischen Aufklärung im 1. Halbjahr 1971, S. 2 f und 5; BStU, ZA, SdM 355, Bl. 14–22.
369 HV A, AG XV/BV: Aufstellung der wichtigsten Aufklärungsobjekte im NATO-Kommandobereich Zentraleuropa vom 25.10.1984; BStU, ASt Berlin, XV 13.

der jeweils vom MfS vorgegebenen politischen und taktischen „Linie" durch das Netz inoffizieller Mitarbeiter.

Derartige „aktive Maßnahmen" waren der Richtlinie 2/79 „für die Arbeit mit inoffiziellen Mitarbeitern im Operationsgebiet" zufolge darauf gerichtet, mit geheimdienstlichen Mitteln

> „– den Feind bzw. einzelne feindliche Kräfte und Institutionen zu entlarven, zu kompromittieren bzw. zu desorganisieren und zu zersetzen;
>
> – progressive Ideen und Gedanken zu verbreiten und fortschrittliche Gruppen und Strömungen im Operationsgebiet zu fördern;
>
> – die Entwicklung von Führungspersönlichkeiten und solchen Personen zu beeinflussen, die bei der Bestimmung der öffentlichen Meinung eine besondere Rolle spielen.

Der Einsatz der konspirativen Kräfte, Mittel und Methoden ist so vorzunehmen, daß Ausgangspunkte, handelnde Personen und Zielsetzung der aktiven Maßnahmen verschleiert werden."[370]

Um die Regierung des bis 1957 unabhängigen Saarlandes zu verunsichern, organisierte das MfS beispielsweise im Vorfeld der im Herbst 1955 abgehaltenen Volksabstimmung ein „Scheinattentat" gegen den damaligen Ministerpräsidenten Johannes Hoffmann. Zu diesem Zweck wurde ein Agent der „Aufklärung" namens Alfred Weise im Februar 1955 beauftragt, eine Briefbombe an den Regierungschef zu senden, die beim Öffnen explodieren sollte. Ziel war es, den Ministerpräsidenten und seine unmittelbare Umgebung „in politische Nervosität zu versetzen". Durch Zufall entdeckte damals jedoch ein Postbeamter den Sprengsatz und alarmierte die Polizei. Der Agent der Abteilung III, der den Decknamen „Wenig" trug, wurde sofort in die DDR zurückgezogen, im September aber von Markus Wolf erneut „zur Auftragserfüllung" in den Westen kommandiert. Den beim BStU überlieferten Unterlagen zufolge arbeitete er für das MfS seit 1954 „auf hauptamtlicher Basis" und leitete in Westdeutschland „eine Gruppe von inoffiziellen Mitarbeitern". Nach seiner erneuten Entsendung bekam er Hamburg „als Arbeitsgebiet", von wo aus er bis mindestens 1964 „Verbindung mit der Zentrale [...] durch einseitige Funkverbindung" und durch regelmäßiges Versenden von „Ansichtskarten" hielt. In einem 1997 erschienenen Artikel erklärte Weise zu seiner früheren Tätigkeit für das MfS: „Ich war freier Mitarbeiter der Stasi und sollte Menschen finden, die im Kriegsfall wie Partisanen arbeiten und viel Unheil beim Gegner anrichten."[371]

---

370 Richtlinie 2/79 „für die Arbeit mit Inoffiziellen Mitarbeitern im Operationsgebiet" vom 8.12.1979, S. 11; BStU, ASt Berlin, XV 22.
371 IM-Vorgang „Wenig"; BStU, ZA, MfS AIM 1844/70, S. 39, 49 und 62. „Bombers Beichte. Der Anschlag auf den Saar-Ministerpräsidenten anno 1955 war Werk eines Stasi-Spezialisten", in: Focus Nr. 19/1997, S. 36 ff.

Wie die HV A die Politik der SED im Westen mit koordinierten konspirativen Maßnahmen unterstützte, demonstriert der Maßnahmeplan zur Aktion „Klarheit" vom 16.10.1958.[372] Darin legt die Abteilung V dem Leiter der „Aufklärung", Wolf, auf insgesamt 13 Seiten dar, welche Maßnahmen sie zur Unterstützung des Wahlkampfes der SED bei den Wahlen zum West-Berliner Abgeordnetenhaus durchführen will. Zur Vorbereitung der vorgesehenen „Aktionen" sollten demnach zunächst umfangreiche „Informationen" beschafft werden wie Wahlkampfrichtlinien, Wahlkampfmethoden und andere interne Politikvorstellungen der Parteien, aber auch „zusätzliche[...] kompromittierende[...] Materialien über die wichtigsten Kandidaten zur Ausnutzung im Wahlkampf" – mit Schwerpunkt auf den Kandidaten „Lemmer, Amrehn, Brandt, Lipschitz, Ohning, Schwedler, Heynitz, Schwennicke u. a.". Darüber hinaus sollten Vorschläge ausgearbeitet werden, wie auch die bereits vorhandenen Materialien und Informanten für „aktive Gegenmaßnahmen" genutzt werden könnten.

An konkreten Maßnahmen war u. a. vorgesehen, den ehemaligen Intendanten der Städtischen Oper in Berlin, Michael Bohnen, zu veranlassen, seine Absicht, in die DDR zu gehen, tatsächlich umzusetzen und „vor der Öffentlichkeit zu begründen". Als zweite Maßnahme war vorgesehen, bürgerliche Vertreter aus den Splitterparteien zu gewinnen („eventueller Kauf eines bürgerlichen Kandidaten"), damit sie öffentlich dazu aufriefen, „aufgrund der unsicheren politischen Lage in Westberlin [...] der SED ihre Stimme zu geben". Zur Verhinderung eines bürgerlichen Sammelblocks sollte ein vertrauliches Rundschreiben des CDU-Landesgeschäftsführers gefälscht, versandt und später als „Faksimile" in der DDR-Presse veröffentlicht werden, durch das die CDU „hinsichtlich der aktiven Unterstützung der amerikanischen Aggressionspläne" bloßgestellt werden sollte. Durch einen zweiten Brief an führende Funktionäre der CDU Westberlins sollten „die Funktionäre gegenseitig ausgespielt [...] und die Differenzen zwischen den Mitgliedern und Funktionären der CDU verstärkt werden." In Kreise der SPD sollte lanciert werden, daß der FDP-Vorsitzende Schwennicke mit Konrad Adenauer eine geheime Absprache getroffen hätte mit dem Ziel, die FDP zu zersetzen – „Material über Vereinbarungen zwischen Adenauer und Schwennicke liegt in der Abt. V. der HV A vor." Gegen den Bundesminister für gesamtdeutsche Fragen, Ernst Lemmer, sollte ein diskreditierender Presseartikel fertiggestellt und in die SPD-Presse lanciert werden. Auch die übrigen der insgesamt 39 aufgeführten Maßnahmen beruhten auf Fälschungen, gezielten Lancierungen, Drohungen, Diffamierungen, Diskreditierungen, Erfindung und Verbreitung von Gerüchten, Desinformationen etc., wobei den Informanten des MfS in SPD, CDU, DGB und weiterer Parteien und Organisationen die Rolle zufiel, die von der HV A lancierten Fragestellungen auf Versammlungen und in Gesprächen zur Sprache zu brin-

---

372 Anlage zum Schreiben der Abt. V der HV A an Generalmajor Wolf vom 16.10.1958; BStU, ASt Berlin, XV 25.

gen.[373] Ähnliche „Aktionen" wurden offensichtlich auch aus anderen Anlässen durchgeführt – zum Beispiel zur Diskreditierung des gesamtdeutschen Ministeriums und seines Ministers Ernst Lemmer im September 1958 (Aktion „Lemmerschwanz").[374]

Zur Herabwürdigung des SPD-Politikers Willy Brandt veranlaßte HVA-Chef Wolf im März 1959 die Verhaftung eines in Leipzig wohnenden Bekannten Brandts aus der Zeit des gemeinsamen Exils in Norwegen. In der Haft sollte Georg Angerer Erklärungen über angebliche frühere Gestapo-Verbindungen Willy Brandts abgeben, von denen er in Norwegen Kenntnis bekommen hätte. Tatsächlich gelang es dem MfS, „durch die Untersuchungen [...] eine Reihe kompromittierender Tatsachen über den Regierenden Bürgermeister von West-Berlin" in Erfahrung zu bringen, „die zur publizistisch-agitatorischen Auswertung geeignet" erschienen. Erich Mielke bestätigte deshalb im September 1959 den Vorschlag, „die über Willy Brandt bekannt gewordenen Tatsachen propagandistisch auszuwerten" und Angerer anschließend „in Gegenwart des Genossen Hauptmann Müller von der HV A" unter gleichzeitiger Verpflichtung zur Verschwiegenheit aus der Haft zu entlassen.[375]

Ein anderes im Bestand des BStU überliefertes Beispiel für die Vorgehensweise der HV A im Westen ist ein „Entwurf über Vorschläge und Maßnahmen für die Verbreitung des Deutschlandplanes" der SED vom Mai 1960.[376] Auf 13 Seiten werden darin Maßnahmen aufgelistet, wie der im April vom Zentralkomitee der SED vorgelegte „Deutschlandplan des Volkes – Offener Brief an die Arbeiterklasse Westdeutschlands" durch das MfS im Westen popularisiert werden könnte. In dem Plan waren „sozialdemokratische, christliche und parteilose Arbeiter, ehrliche Patrioten in Stadt und Land" sowie „fortschrittliche Unternehmer" von der SED aufgefordert worden, den „westdeutschen Militarismus zu beseitigen und so die Voraussetzung für eine Konföderation beider deutscher Staaten zu schaffen".[377]

Über „die legalen Residenturen der operativen Hauptabteilungen und operativen Abteilungen der HV/A beim Nationalrat, Friedensrat, Ausschuß für deutsche Einheit, bei der CDU, LDPD und NDPD" sollte der Plan gezielt an Gruppierungen, Presseorgane und Einzelpersonen verschickt werden, die das MfS als ansprechbar betrachtete, verbunden mit der Aufforderung, den Plan „in den diesen Gruppen zugänglichen Presseorganen zu veröffentlichen" und „gegen Adenauer aktiver aufzutreten". Verschiedene Gruppen sollten darüber hinaus „in ihrer Absicht, Kandidaten für die Bundestagswahlen 1961 aufzustellen, be-

---

373 Trotz dieser Maßnahmen blieb die SED bei den Abgeordnetenhauswahlen 1958 mit 1,9 Prozent der abgegebenen gültigen Stimmen unter der Fünf-Prozent-Marke; Berlin-Handbuch 1992, S. 1340.

374 Schreiben des Ministers vom 3.9.1958; BStU, ZA, DSt 101612.

375 Haftbeschluß von Müller/Jänicke/Wolf gegen Georg Angerer vom 13.3.1959; Entlassungsbeschluß von Mielke betreffend Georg Angerer vom 27.7./26.9.1959, S. 8 f.; BStU, ZA, AU 4000/65.

376 Entwurf über Vorschläge und Maßnahmen für die Verbreitung des Deutschlandplanes des Volkes und zur Beeinflussung westdeutscher und westberliner Bevölkerungsschichten für den Deutschlandplan; BStU, ZA, SdM 1121.

377 DDR-Handbuch 1985, S. 286.

stärkt werden". Zur „Einflußnahme auf verschiedene westdeutsche Presseorgane der Parteien und Organisationen" sollten im „Berliner Blatt" (Gesamtdeutsche Union/West-Berlin), im „Freiheitsboten" (Niemöller-Gruppe/Marburg) und in der „Deutschen Stimme" (Deutscher Saarbund e.V. – Volksbund für die Wiedervereinigung Deutschlands) „Stellungnahmen bekannter Persönlichkeiten zum Deutschlandplan durch Ausnutzung von Kontakten des MfS lanciert werden." Über „Kontakte" zu anderen westdeutschen Presseorganen wollte man „Anregungen geben zur Behandlung des Deutschlandplanes". Darüber hinaus sollten Artikel in dem in München erscheinenden Pressedienst DiBeWe und in dem FDP-Organ „Das freie Wort" untergebracht werden.

Zur „Beeinflussung von SPD- und DGB-Kreisen" sollten die „op[erativen] Möglichkeiten des Auftretens von SPD- und DGB-Funktionären" in der Presse und in Versammlungen überprüft und Materialien „zwecks Unterstützung des Auftretens von G[eheimen]M[itarbeitern] in SPD und DGB" erarbeitet werden. Darüber hinaus war die „Lancierung von internen Informationen über Differenzen in der Parteiführung" der SPD in oppositionelle SPD-Kreise vorgesehen, die „Überprüfung der Möglichkeiten der Inspirierung von Briefen ausländischer führender Sozialisten an SPD-Funktionäre" sowie die „Organisierung von Leserzuschriften an SPD-Zeitungen" vorgesehen. Auch die „Bewegung gegen den Atomtod" sollte für die Kampagne „aktiviert" werden, wofür Mielke ein eigener „Vorschlagsplan für Maßnahmen" vorlag. Durch weitere „aktive Maßnahmen" – darunter „Vorbereitung und Lancierung einer Art Grundlagenmaterial des Bundeskanzleramtes", in das „persönliche Spitzen gegen Erhard eingefügt" werden müßten – wollte man auch bestimmte „verständigungsbereite" Wirtschaftskreise sowie „wissenschaftliche und kulturschaffende Kreise" für die Kampagne instrumentalisieren. So sollte etwa über die „Ruinierung des Mittelstandes" und das „Bauernlegen in Westdeutschland" Beispielmaterial beschafft, veröffentlicht und lanciert werden.

Darüber hinaus plante man, „durch GM führende Wissenschaftler in Westdeutschland und Westberlin für Zusammenkünfte mit DDR-Wissenschaftlern über gemeinsame Schritte gegen die Atomkriegspolitik zu gewinnen." Ferner ging es um die „Organisierung der Abgabe von Erklärungen durch westdeutsche, DDR- und ausländische Teilnehmer an den Film-Festspielen in Cannes, die über unsere legalen Residenturen und GM in der breitesten Öffentlichkeit in Westdeutschland und in der DDR, aber auch im Ausland publik gemacht werden." Zur Beeinflussung bestimmter oppositioneller Kreise in den bürgerlichen Parteien und Organisationen war u. a. die Ausnutzung der „Gegensätze zwischen Adenauer und Gerstenmaier" vorgesehen, die „Einflußnahme auf Unzufriedene" sowie die „Fortsetzung der Oberländer-Kampagne gegen die ausgesprochenen Naziführer, Wirtschaftsführer und Militaristen im Bonner Staatsapparat unter Ausnutzung der Unzufriedenheit breiter CDU/CSU-Kreise über den autoritären Kurs des Monopolflügels in der CDU, in Staat und Partei

(Ausnutzung vor allem von kompromittierenden Materialien gegen Globke, Seebohm u. a.)".[378]

Zur Verstärkung der ʹkonspirativen politischen Einflußnahme auf den Westen wurde 1966 aus dem Sonderreferat F der Abteilung VII die Abteilung X der HV A gebildet und dessen bisheriger Leiter, Oberstleutnant Rolf Wagenbreth, zum Abteilungsleiter ernannt.[379] Außer den internationalen Pressekonferenzen des für Agitation zuständigen Politbüro-Mitglieds Albert Norden in Ost-Berlin, bei denen führende bundesdeutsche Politiker als „Nazis" entlarvt wurden (vgl. Kap. 4.2.2), wurde nun auch verstärkt zu verschleierten Formen der Kompromittierung gegriffen. Dabei arbeitete man eng mit dem KGB zusammen, mit dem jedes Jahr ein Plan über gemeinsame „aktive Maßnahmen" vereinbart wurde.

Einzelheiten über die Arbeit der Abteilung X hat deren ehemaliger Mitarbeiter Günter Bohnsack in dem Buch „Auftrag Irreführung" preisgegeben – von den „Enthüllungskampagnen" gegen Kiesinger, Lübke und Filbinger über gefälschte Bekennerschreiben der „Revolutionären Zellen" und ein angebliches amerikanisches Abhörprotokoll eines Telefonates zwischen Helmut Kohl und Kurt Biedenkopf bis hin zum fingierten Strategiepapier über das Vorhaben der CSU, die Fraktionsgemeinschaft mit der CDU aufzukündigen.[380] Vernehmungen und Aktenfunde der Bundesanwaltschaft haben diese Angaben im wesentlichen bestätigt. In verschiedenen Anklageschriften sind ähnliche Maßnahmen wiedergegeben wie die Herstellung und Verteilung eines ausländerfeindlichen Flugblattes unter der Überschrift „Deutsche, wehrt Euch!" mit dem Impressum der „Deutschen Volksunion" (DVU) im November 1974 oder die Abfassung und Verbreitung einer verunglimpfenden Desinformationsschrift über den CDU-Politiker Rainer Barzel in der Aufmachung eines „rororo-Taschenbuches" im Jahr 1972, woran der spätere DDR-Forscher Rudolf Horst Brocke entscheidend mitwirkte.[381] Auch der Journalist Heribert Schwan hat, unter Rückgriff auf diese Quellen, in seiner Mielke-Biographie eine Reihe von „aktiven Maßnahmen" geschildert – von den fingierten Pressediensten „intern" (SPD) und „Die Mitte" (CDU) bis zu einem gefälschten Brief von Uwe Barschel an Gerhard Stoltenberg, der eine Mitwisserschaft Stoltenbergs an den damaligen Machenschaften gegen den SPD-Politiker Björn Engholm suggerierte.[382]

Beim BStU ist ebenfalls eine Reihe von Unterlagen über derartige „aktive Maßnahmen" überliefert. Aus Unterlagen über eine Besprechung zwischen MfS und KGB in Moskau im April 1967 gehen beispielsweise zahlreiche Einzelheiten über die Zusammenarbeit der beiden Geheimdienste auf diesem Ge-

---

378 Entwurf über Vorschläge und Maßnahmen für die Verbreitung des Deutschlandplanes des Volkes und zur Beeinflussung westdeutscher und westberliner Bevölkerungsschichten für den Deutschlandplan; BStU, ZA, SdM 1121.
379 Befehl 14/66; BStU, ZA, DSt 100480.
380 Bohnsack/Brehmer 1992, S. 59, 122 und 143 ff.
381 Der Generalbundesanwalt 1992, S. 187 ff. und 206 f.; Der Generalbundesanwalt 1993b, S. 6 ff.
382 Schwan 1997, S. 162 ff.

biet hervor. Generalmajor Agajanz vom Komitee für Staatssicherheit (KfS), wie das MfS den KGB nannte, stellt darin zunächst den Inhalt des sowjetischen „Perspektivplanes aktive Maßnahmen bis 1970" vor, demzufolge seit 1966 „alle Mittel und Anstrengungen gegen [die] USA und Westdeutschland als Hauptfeind sowie deren Verbündete" gerichtet würden. Ziel sei vor allem die „Verstärkung der Widersprüche allgemein, besonders zwischen Westdeutschland und den USA" sowie die „Kompromittierung besonders gefährlicher Feinde des sozialistischen Lagers". Auf die Bundesrepublik bezogen, war u. a. ihre Diskreditierung als gefährlichster europäischer NATO-Partner vorgesehen, die „Durchführung von Maßnahmen zur Kompromittierung westdeutscher Truppen in dritten Ländern" oder die „Durchführung geeigneter Maßnahmen zur Entlarvung der Bestrebungen Westdeutschlands, alle Staaten, die Kernwaffen herstellen könnten, zu einem Block gegen den Atomwaffen-Sperr-Vertrag zu vereinigen". Ferner plante der KGB Maßnahmen gegen die Arbeit des CIA und des BND wie „Entlarvung operativer Dächer der Geheimdienste, Entlarvung von Persönlichkeiten, Schaffung von Schwierigkeiten der Geheimdienste bei der Durchführung ihrer Arbeit" u. a.m.[383]

In einem Protokoll „über gemeinsame aktive Maßnahmen für das Jahr 1967"[384] stellen beide Seiten fest, daß der bilaterale Plan für 1966 „im wesentlichen [...] erfüllt und zu einer guten Basis bei der Durchführung aktiver Maßnahmen wurde. Es wurde beschlossen, die weitere Zusammenarbeit auf einer konkreteren Ebene, mit Nachdruck auf die Durchführung von komplexen Maßnahmen zu orientieren, die ermöglichen, dem Gegner harte Schläge zu versetzen und zur Vereitelung seiner Pläne beizutragen." Bezogen auf die Bundesrepublik, sollte bei der Ausarbeitung der Maßnahmen das Augenmerk auf die „Kompromittierung führender Vertreter der Regierung", „aktiver reaktionärer Persönlichkeiten und Organisationen" sowie „einzelner rechter SP[D]-Führer" in der Bundesrepublik gerichtet werden. Konkret wurde zwischen KfS und MfS ein gutes Dutzend „Aktionen" vereinbart – darunter die Unterstützung der „Internationalen Kommission Demokratischer Juristen" zur Entlarvung der „amerikanischen Aggression in Vietnam (Aktion „Tribunal"), die „Enthüllung der Spionagetätigkeit Westdeutschlands in den USA und der der USA in Westdeutschland" (Aktion „Wissenschaft"), die „Enthüllung der Herstellung von ABC- und Raketenwaffen" in Westdeutschland (Aktion „Verwüstung"), die Diskreditierung des „fanatische[n] Antikommunist[en] Dodd" (Aktion „Schatz"), die „Weiterführung der Aktion des MfS zur Verschärfung der Gegensätze zwischen Westdeutschland und den arabischen Ländern" (Aktion „Marabu"), die „Beeinträchtigung der Positionen Westdeutschlands" in Afrika (Aktion „Sonne") und im Fernen Osten (Aktion „Taifun"), die Verschärfung der Gegensätze in der NATO (Aktion „Sturm"), die „Diskreditierung der höheren Politiker und Regierungsbeamten der westdeutschen Bundes-

---

383 HV A, Abt. X: Wiedergabe der thesenhaften Ausführungen des Generalmajor Agajanz; BStU, ZA, SdM 1465.
384 Protokoll über Verhandlungen zwischen Vertretern des MfS der DDR und des KfS beim Ministerrat der UdSSR über gemeinsame aktive Maßnahmen für das Jahr 1967; ebenda.

republik auf der Grundlage ihrer Nazivergangenheit" (Aktion „Nazikamaril-
la"), die „Entlarvung des Neonazismus" in der Bundesrepublik (Aktion „Neo")
sowie die Herausgabe einer Dokumentation über den ersten Präsidenten des
Bundesamtes für Verfassungsschutz, Otto John, zur Kompromittierung des
Amtes und anderer Bonner Institutionen.[385]

Im Rahmen der Aktion „Tribunal" war beispielsweise vorgesehen, daß der
KGB „Unterlagen über die Folgen der chemischen Kriegführung in Vietnam"
sowie „über westdeutsche Wissenschaftler und andere Personen mit Nazi-
Vergangenheit, die auf dem Gebiet der Entwicklung von Giftgasen tätig sind",
vorlegt. Umgekehrt wollte das MfS dem KfS „Personalien über westdeutsche
Wissenschaftler, die von operativem Interesse sind [...] zwecks Überprüfung in
sowjetischen Archiven zur Verfügung" stellen. Schon während der Verhandlungen hatte das MfS dem KGB „Material über die Herstellung von Giftgasen
in der westdeutschen Bundesrepublik" übergeben und weiteres in Aussicht gestellt, damit der KGB dieses in Frankreich, in der UNO und weiteren Ländern
durch seine eigenen Kanäle „realisiert" – d. h. konspirativ verbreitet. Wörtlich
heißt es dann in dem Protokoll:

> „Das MfS prüft die Möglichkeiten für die Herstellung eines Dokumentes,
> das die Zusammenarbeit zwischen der westdeutschen Bundesrepublik und
> den USA bei der Aggression in Vietnam entlarvt und auf glaubwürdigen
> Angaben beruht. Realisierung durch Möglichkeiten des KfS an das Komitee
> Russel in einem kapitalistischen Land."[386]

Im Rahmen der Aktion „Wissenschaft" war u. a. vorgesehen, deutsche Wissenschaftler wie Strughold oder die Gebrüder von Braun, die nach dem Krieg
in den USA arbeiteten, als westdeutsche Spione zu diskreditieren. Das MfS
wollte darüber hinaus dokumentarisches Material vorbereiten, um „zusammen
mit dem KfS ein desinformierendes Dokument über die nazistische Vergangenheit Strugholds" herzustellen und über den KGB in „gesellschaftspolitische
Kreise der USA" zu lancieren. In ähnlicher Weise sollten bei der Aktion „Marabu" „vom MfS der DDR hergestellte Dokumente" über die Politik Westdeutschlands an Regierungskreise arabischer Länder lanciert werden, während
für die Aktion „Sonne" die „Herstellung eines desinformatorischen Doku-
mentes im Namen des Bonner Auswärtigen Amtes vereinbart" wurde. Im
Rahmen der Aktion „Taifun" war u. a. vorgesehen, daß das MfS und das KfS
„Maßnahmen treffen, um den Bonner Kanzler Kiesinger im Zusammenhang
mit seiner im Herbst d.J. [1967] geplanten Reise nach Indien zu diskreditieren". Auch die anderen „Aktionen" folgten einem ähnlichen Muster, wobei
insbesondere Bundeswehroffiziere, Mitarbeiter des Auswärtigen Amtes und

---

385 Tatsächlich erschien 1971 in München eine „Dokumentation" zum Fall John (Frederik 1971), die
dem ehemaligen Spiegel-Journalisten Peter-Ferdinand Koch sowie den ehemaligen Geheimdienstmitarbeitern Murphy und Kondraschow zufolge eine Auftragsarbeit von KGB und MfS gewesen
sein soll – mit dem Ziel, die Entführung Johns nach Ost-Berlin als freiwilligen Übertritt darzustellen; vgl. Koch 1994, S. 84; Bailey/Kondraschow/Murphy 1997, S. 248.
386 Protokoll über Verhandlungen zwischen Vertretern des MfS der DDR und des KfS beim Ministerrat
der UdSSR gemeinsame aktive Maßnahmen für das Jahr 1967, S. 5 f.; BStU, ZA, SdM 1465.

„höhere Politiker" in den sowjetischen Archiven systematisch auf eine eventuelle NS-Belastung überprüft werden sollten.

Aufschlußreich ist auch eine „Niederschrift über die Arbeitsberatung mit der Abteilung aktive Maßnahmen beim KfS vom 10.-15. April 1967", an der u. a. der Leiter der Deutschland-Abteilung der Auslandsaufklärung des KGB, Kondraschow, teilnahm.[387] Darin heißt es, daß im Zusammenhang mit dem Besuch Herbert Wehners in Finnland seitens des KGB „aufgrund einer Reihe guter Möglichkeiten in Regierungs- und Kreise der Sozialdemokratie, eine systematische Arbeit durchgeführt [wird] mit dem Ziel, die Wühltätigkeit Wehners zu entlarven und Differenzen zwischen den beiden [sozialdemokratischen] Parteien zu erzeugen". Zur „Bekämpfung der US-Aggression in Vietnam" sollte die Organisation Demokratischer Juristen stärker unterstützt werden und dem Russell-Komitee „wirksame Hilfe geleistet werden mit dem Ziel der Erreichung einer Massenwirksamkeit". In bezug auf die „Desinformationstätigkeit" gab der KGB dem MfS wegen des „großen Aufwand[es] an Zeit und Kraft" zu bedenken, „ob wir uns eine solche Aufgabenstellung zum derzeitigen Zeitpunkt schon zumuten sollten". Schließlich wird auf einen anliegenden Bericht verwiesen zu „Fragen, die Personen Wehner, Brandt, Gerstenmaier und Barzel betreffend".

Tatsächlich findet sich unter den beigefügten Dokumenten lediglich ein „Vermerk" über „vorhandene Unterlagen" und „geplante Maßnahmen" zu Eugen Gerstenmaier, der einerseits auf eine geplante Kompromittierung des CDU-Politikers, andererseits aber auch auf eine nachrichtendienstliche Kontaktierung hindeutet. Wörtlich heißt es darin:

„Der sowjetischen Seite wurde mitgeteilt, daß aus den bisher vorhandenen Dokumenten über Gerstenmaier zur Zeit eine ihn belastende Dokumentation erarbeitet wird mit dem Ziel, die Person Gerstenmaier zu einem geeigneten Zeitpunkt zu entlarven. Gleichfalls wurde informiert, daß Dokumente vorliegen, in denen Gerstenmaier als eine unzuverlässige Person, besonders aufgrund seiner starken kirchlichen Bindungen, beurteilt und gekennzeichnet wird, so daß die Person Gerstenmaier auch unter operativen Gesichtspunkten betrachtet werden muß. Aufgrund dessen baten wir die sowjetische Seite um eine Einschätzung über den Besuch der Tochter von Gerstenmaier im Februar/März 1967 in Moskau.

Seitens der sowjetischen Seite wurde folgende Information gegeben: Die Tochter von Gerstenmaier, [...], wurde während ihres Aufenthaltes operativ bearbeitet und kontaktiert. Dieser Kontakt wird in Bonn fortgesetzt. [...] Das Ziel der Bearbeitung bestand darin, evtl. über sie direkt auf Gerstenmaier zu stoßen. Genosse Oberst Kondraschow erklärte, daß er momentan

---

387 HV A, Abt. X: Niederschrift über die Arbeitsberatung mit der Abt. aktive Maßnahmen beim KfS vom 10.–15.4.1967; ebenda. Kondraschow war von 1955 bis 1957 und von 1963 bis 1967 Leiter der Abt. und hat 1997, zusammen mit seinem amerikanischen Gegenspieler, ein Buch über seine frühere Tätigkeit veröffentlicht: Bailey/Kondraschow/Murphy 1997.

keine Notwendigkeit sieht, Gerstenmaier zu entlarven, da er seine Person zur Zeit mehr in operativer Hinsicht sieht."[388]

Schließlich findet sich in dem Dokumentenkonvolut zu den Konsultationen zwischen KGB und HV A noch eine „Anlage zum Plan der Maßnahmen, die gemeinsam mit Freunden anläßlich des 50. Jahrestages der Großen Sozialistischen Oktoberrevolution durchzuführen sind". Unter anderem wird hier noch einmal festgelegt, „zur Angelegenheit JOHN [...] ein Buch oder eine Dokumentensammlung herauszugeben" sowie „eine Aktion zur Kompromittierung WEHNERS durchzuführen". Ferner seien Maßnahmen durchzuführen, um die Tätigkeit des Tribunals RUSSELL und der MAJUD-Kommission für Vietnam zu unterstützen, und zur Entlarvung der nachrichtendienstlichen Tätigkeit, die von den Amerikanern in der Bundesrepublik unter der Tarnung des Institutes Batelle geleistet werde. „Es ist ein Komplex von Maßnahmen zur Kompromittierung der Beteiligung der D[eutschen]B[undes]R[epublik] durchzuführen."[389]

Über die Pläne für eine Kompromittierung Herbert Wehners ist im Bestand des BStU ein umfangreiches Aktenkonvolut überliefert, das im Sekretariat von Mielke aufbewahrt wurde. Dieses „Material Wehner" besteht in erster Linie aus Unterlagen über seine Tätigkeit als Funktionär der KPD im Zeitraum 1937 bis 1942, darunter auch Schriftstücke des KGB und des MfS sowie schwedische Originalkopien von Prozeßunterlagen, mit einem Umfang von rund 1700 Blatt. In einem „Informationsbericht über die bisherige Arbeit am Komplex Wehner" vom August 1966 nimmt darin die Hauptabteilung IX/10 eine Einschätzung der bis dahin vorliegenden „wichtigste[n] Dokumente und Materialien" vor und kommt zu dem Ergebnis: „Das zur Zeit über Wehner vorhandene Material über seinen 1942 in Schweden während der Untersuchungshaft sowie im Verlaufe des Prozesses begangenen Verrat, das noch lückenhaft und unvollständig ist, gibt keine Handhabe zu einem strafrechtlichen Vorgehen gegen ihn." Ausgehend von dieser Einschätzung wird sodann

„vorgeschlagen, zu dem Verrat Wehners und dessen Auswirkung wirksame Materialien zu erarbeiten mit dem Ziel, dazu zu kommen, daß eine strafrechtliche Verfolgung möglich wird, auch aus der Sicht der bürgerlichen Rechtsprechung des westlichen Auslandes. [...] Die begonnene Konzentrierung des Materials gegen Wehner müßte weiter betrieben werden, Sach- und Personenzusammenhänge aufgeklärt und das Material nach folgenden Abschnitten chronologisch zusammengestellt werden.

1. Die Tätigkeit Wehners gegen die Einheitsfront und die Einheit der Arbeiterklasse vor und nach 1945,

2. daß Wehner kein Widerstandskämpfer, sondern Karrierist, Feigling ist,

---

388 HV A, Abt. X: Vermerk vom 19.4.1967 betreffs Gerstenmaier, Eugen; BStU, ZA, SdM 1465.
389 Anlage zum Plan der Maßnahmen, die gemeinsam mit Freunden anläßlich des 50. Jahrestages der Großen Sozialistischen Oktoberrevolution durchzuführen sind; ebenda.

3. sein Verrat 1942 am Kampf aller antifaschistischen Kräfte gegen den Faschismus, für die antifaschistische Zukunft Deutschlands.

Eine Möglichkeit, Wehner vor allen fortschrittlich gesinnten Menschen ganz Deutschlands und der breiten Weltöffentlichkeit bloßzustellen und mit strafrechtlichen Mitteln gegen ihn vorgehen zu können, besteht in der zielstrebigen Zusammenfassung aller Fakten der von Wehner nach 1945 fortgesetzt begangenen friedensfeindlichen und gegen die Interessen des deutschen Volkes gerichteten Handlungen. [...]

Es wird gebeten, daß die in der Hauptabteilung IX/10 gebildete Arbeitsgruppe in Zusammenarbeit mit dem Genossen Oberstleutnant Laufer durch die vom Genossen Minister benannten operativen Linien bei der Beschaffung und Bearbeitung der hierzu notwendigen Materialien aktiv unterstützt wird. Ein konkreter Maßnahmeplan für die Schaffung der notwendigen Beweismaterialien wird erarbeitet. Für die Bearbeitung des Komplexes wird etwa ein Zeitraum von 3 Monaten benötigt."[390]

Im März 1967 legte Laufer seitens der HV A eine fünfseitige „Teilkonzeption der operativen Arbeit gegen Wehner" vor, in der jedoch „konkrete operative Fragen nicht behandelt" wurden.[391] Die Teilkonzeption verstand sich als „Thesen", denen der Gedanke zugrunde lag, „daß die Feindtätigkeit Wehners wachsen wird" und „daß wir es unternehmen müssen, neue, breitere Kräfte gegen Wehner zu mobilisieren und ihnen konkrete operative Aufgaben, die in den meisten Fällen getarnterweise werden erfolgen müssen, zu stellen." Vorgeschlagen wird u. a. festzustellen, „wer von den Mitgliedern der [1945 zur Untersuchung der Flüchtlingsproblematik eingerichteten schwedischen] parlamentarischen Untersuchungskommission noch lebt bzw. zu wem ein inoffizieller Zugang möglich wäre". Eine Expertenkommission solle vorbereitet werden, die ein juristisches Gutachten ausarbeitet, aus dem hervorginge, daß Wehner gegenüber Sicherheitspolizei und Gericht in Schweden „unverantwortlich und verbrecherisch handelte". Darüber hinaus sei „festzustellen, welcher IM direkt oder über zuverlässige Mittelspersonen Gespräche mit [dem ehemaligen schwedischen Ministerpräsidenten] Erlander bezüglich Wehner führen könnte." Schließlich heißt es, „daß wir prinzipiell die gesamten Gerichtsakten [...] auf möglichst legale oder halblegale Weise beschaffen sollten". Diese „Teilkonzeption" übersandte Markus Wolf im Februar 1968 an den Mielke-Stellvertreter Bruno Beater mit dem Hinweis, daß dieser Plan „z.T. realisiert ist bzw. an dem noch gearbeitet wird neben anderen Fragen".

Im Mai 1967 wandte sich dann der damalige KGB-Chef Semitschastny an Mielke und sandte ihm Materialien über Wehner aus den Archiven des ehemaligen NKWD. Dabei handelte es sich um handschriftliche Berichte Wehners, in denen er eine Reihe von deutschen Emigranten als „Trotzkisten" charakteri-

---

390 HA IX/10: Informationsbericht über die bisherige Arbeit am Komplex Wehner vom 12.8.1966; BStU, ZA, SdM 1858, Bl. 249 ff.
391 Teilkonzeption der operativen Arbeit gegen Wehner vom 21.3.1967; ebenda, Bl. 258 ff.

sierte. „Einige von diesen", so heißt es in dem Schreiben mit stillem Vorwurf und in merkwürdiger Rollenverkehrung, „wurden in den Jahren 1938/39 inhaftiert, zur Höchststrafe verurteilt und 1957/59 rehabilitiert." Darüber hinaus übersandte der KGB-Chef Fotokopien der Personalakten von Wehner als Mitarbeiter des EKKI. Wörtlich heißt es im Schreiben des KGB-Chefs:

> „Entsprechend der mit Ihnen getroffenen Vereinbarung erörterten die Genossen WAGENBRETH und KNAUST während ihres Aufenthaltes in Moskau mit den Mitarbeitern des Komitees für Staatssicherheit ausführlich die Frage möglicher Maßnahmen gegen Wehner (im folgenden „CORNELIUS" genannt) und kamen zu der völligen Übereinstimmung, daß es aufgrund der besonders gefährlichen Rolle, die „CORNELIUS" bei der Ausarbeitung der gegen die DDR und UdSSR gerichteten Politik der westdeutschen Regierung und der SPD spielt, zweckmäßig ist, aktive Maßnahmen gegen ihn zu überlegen und durchzuführen. Ziel dieser Maßnahmen könnte die Entfernung von „CORNELIUS" als einen der gefährlichen Funktionäre des rechten Flügels der SPD von der politischen Bühne sein. [...]

> Wir nehmen an, daß das Studium dieser Dokumente in Verbindung mit den Materialien, über die Ihr Apparat verfügt, die Erarbeitung scharfer aktiver Maßnahmen gegen „CORNELIUS" ermöglicht. Wir sind bereit, am Studium und der Einschätzung dieser Maßnahmen teilzunehmen. Unter Berücksichtigung der aktiven Tätigkeit von „CORNELIUS" in Verbindung mit seinen Fahrten in einige Länder, insbesondere Finnland, sind wir bereit, Maßnahmen zur Kompromittierung von „CORNELIUS" in den Augen der Leitung der finnischen sozialdemokratischen Funktionäre und der Regierungskreise zu ergreifen. Unsere Vertreter in Berlin werden an der Erörterung dieser Maßnahmen und der Ausarbeitung konkreter Aktionen teilnehmen."[392]

Ein anderes Beispiel für die einflußnehmende Tätigkeit der HV A ist der im Bestand des BStU überlieferte „Plan aktiver Maßnahmen gegen die Bundesversammlung am 5. März [1969] in Westberlin", bei der Gustav Heinemann zum Bundespräsidenten gewählt werden sollte.[393] Hauptziel der Maßnahmen war danach „die Störung der Vorbereitung und Durchführung der Bundesversammlung vor allem durch Unterstützung der geplanten Aktionen der Außerparlamentarischen Opposition in Westberlin [...] sowie durch verstärkte Bekämpfung der Politik und der Person von [Bürgermeister] Schütz". Wörtlich heißt es in dem Plan:

> „Die geplanten Maßnahmen der Westberliner APO gegen die Bundesversammlung und den Nixon-Besuch am 27.2. werden mittels aller nutzbaren operativen Verbindungen in APO-Kreise unterstützt durch:

---

392 Schreiben des Vorsitzenden des Komitees für Staatssicherheit beim Ministerrat der UdSSR, Semitschastny, an Erich Mielke, handschriftliche Datumsangabe: 10.5.67; ebenda, Bl. 264 f.
393 HV A, Abt. X: Plan aktiver Maßnahmen gegen die Bundesversammlung am 5. März in Westberlin vom 17.2.1969; BStU, ZA, SdM 1439.

– Orientierung auf einheitliche Aktionen aller Gruppierungen der APO

– Hilfe bei der Organisierung politischer Demonstrationen (bes. bei der geplanten Veranstaltung des Republikanischen Klubs am 5.3. in Westberlin), Einflußnahme auf den Charakter und die Losungen der Demonstrationen

– Hilfe bei der Erarbeitung und Verbreitung von Flugblättern und anderen Agitationsmaterialien (insbesondere einer Agitationsschrift des Westberliner Republikanischen Clubs über den Zusammenhang zwischen den Bonner Berlin-Provokationen und den Nachteilen für die Westberliner Bevölkerung) [...]

– Nutzung des Berliner Extradienstes für eine Kampagne von Meldungen und Artikeln gegen die Bundesversammlung und die Politik des Schütz-Senats und die Folgen für Westberlin [...]

– Nutzung des Projektes Troja für eine Presselancierung unter französischer Flagge

– Nutzung des IM 'Freddy' für Lancierungen im Pressedienst dpa [...]

– Erarbeitung umfangreichen belastenden Materials gegen den ehemaligen Bundestagspräsidenten Gerstenmaier und verschiedene Bundestagsabgeordnete, das auf der für den 21.2. vorgesehenen Pressekonferenz des Gen. Norden eingesetzt wird."

Handschriftlich hatte Wolf, der den Plan am 18. Februar an Mielke sandte, auf dem Papier noch den Zusatz angebracht: „Fortsetzung der Beeinflussung der FDP-Spitze u. -Fraktion" sowie: „Anhand der konkreten Übersicht über die APO-Verbindungen wird [...] eine Einschätzung der Zuverlässigkeit und des letzten Standes der Zusammenarbeit der IM u. KP vorgenommen". Ferner legte er fest, daß „in Verbindung mit der noch zu erwartenden Orientierung ein entspr[echender] spezieller Plan der Einflußnahme zu ergänzen" sei. In seinem Anschreiben an Mielke hieß es schließlich:

„Der Plan ist bewußt allgemein gehalten, beinhaltet nicht die politische Steuerung einzelner wichtiger IM der operativen Abteilungen (zum Beispiel Bundestagsabgeordneter) und geht nicht auf die Möglichkeit der Beeinflussung bestimmter Aktionen der APO im einzelnen ein. Diese Möglichkeiten werden z.Z. noch präzisiert und ergeben sich allgemein aus der als Anlage zum Plan beigefügten noch unvollständigen Aufstellung über die operativen Verbindungen, die in Zukunft durch das neu geschaffene Arbeitsgebiet in der Abteilung II der HV A koordiniert werden sollen."[394]

Dem Plan war eine „Aufstellung über operative Verbindungen zu Organisationen und Gruppen der APO in Westberlin" beigefügt, derzufolge allein der Aufklärungsapparat des MfS in der Berliner Studentenbewegung über mehr als

---

394 Schreiben von Markus Wolf an Mielke vom 18.2.1969; ebenda.

zwei Dutzend inoffizielle Mitarbeiter (IM) und Kontaktpersonen (KP) verfügte: drei IM und vier KP im Republikanischen Club, neun IM und vier KP im
SDS, zwei IM und drei KP im ASTA von FU und TU sowie sechs IM in anderen Organisationen.[395] Drei dieser IM wurden auch 20 Jahre später noch von
der Abteilung XV als Mitarbeiter geführt: Quelle „Zeitz" – inzwischen ein
West-Berliner Professor und Funktionär der Alternativen Liste, Quelle „Jutta"
– nunmehr Angestellte in der Verbindungsstelle des West-Berliner Finanzse-
nators und schon 1974 gegen das Umweltbundesamt in Berlin im Einsatz (vgl.
Kap. 4.2.3) sowie der zum Führungs-IM (FIM) aufgestiegene „Heinemann",
der 1989 selber verschiedene Quellen steuerte.[396]

In derselben Akteneinheit aus dem Bestand des Ministers für Staatssicherheit
findet sich auch ein Bericht der Abteilung X/3 der HV A über ein Anliegen der
Bonner SPD-Spitze, das sie über den SED-Emissär Hermann von Berg in Ost-
Berlin vortragen ließ, von dem wir heute wissen, daß er zugleich IM des MfS
war. Demzufolge kam es auf Ersuchen des Bonner FAZ-Korrespondenten
Dettmar Cramer im Juni 1969 zu einem Gespräch mit von Berg, bei dem dieser um Weitergabe der Mitteilung gebeten wurde, „Heinemann und Brandt erhofften ein Glückwunschschreiben des Genossen Walter Ulbricht zum Amtsantritt von Heinemann. [...] Endziel sei eine Begegnung zwischen Heinemann
und Genossen Walter Ulbricht. [...] Heinemann könne nicht sofort durch ein
offenes Gesprächsangebot an den Genossen Walter Ulbricht einen Verfas-
sungskonflikt heraufbeschwören. Sein Dank auf die Glückwünsche würde die
CDU/CSU speziell auch Thadden und Kiesinger 'zur Raserei bringen'. Aber sie
könnten 'absolut nichts' dagegen unternehmen."[397] In einem Begleitschreiben
der Abteilung X wurde „eingeschätzt", daß der Korrespondent „tatsächlich im
Auftrage der genannten Personen vorliegende Bemerkungen machte. Wir stützen uns dabei auf die Tatsache, daß [...] [er] kürzlich ein Anliegen von Justizminister Ehmke vortrug, Belastungsmaterial über den Kiesinger-Intimus To-
denhöfer zu erhalten."[398]

Aufschluß über die Umsetzung der von der Abteilung X geplanten „aktiven
Maßnahmen" gibt ein Bericht von Markus Wolf vom März 1969 über die Erfüllung der „politisch-operativen Verpflichtungen" in Vorbereitung des
20. Jahrestages der DDR. Darin wird nicht nur auf „das öffentliche Auftreten
von mehreren wichtigen IM (Pressekonferenz, Fernsehen usw.)" beim Thema
„ABC-Waffen-Produktion in Westdeutschland" hingewiesen, sondern auch
von zusätzlichen „politisch-operativen Maßnahmen gegen Kiesinger und Gerstenmaier" berichtet. Wörtlich heißt es über die „Erfolge" der Abteilung X:

---

395 HV A, Abt. X: Plan aktiver Maßnahmen gegen die Bundesversammlung am 5. März in Westberlin
vom 17.2.1969; BStU, ZA, SdM 1439. Drei IM und zwei KP werden in der Liste doppelt genannt.
396 Arbeitsplan der Abt. XV der Bezirksverwaltung Berlin für das Jahr 1989 vom 16.12.1988, S. 4 f.
und 21; BStU, ASt Berlin, XV 24.
397 HV A, Abt. X/3, Information vom 28.6.1969, S. 1 f.; BStU, ZA, SdM 1439. Franz Lorenz von
Thadden (CDU) war 1969 Mitglied des Deutschen Bundestages.
398 HV A, Abt. X, Begleitschreiben zur Information vom 28.6.1969; ebenda.

„Der 1. Entwurf der Kiesinger-Dokumentation liegt vor. Die erarbeitete Gerstenmaier-Dokumentation wurde auf einer internationalen Pressekonferenz der Öffentlichkeit übergeben. Die Materialsichtung und -zusammenstellung zu der in Frankreich geplanten Buchausgabe 'Das 4. Reich' wurde abgeschlossen. In der schwedischen und holländischen Presse konnten kompromittierende Artikel über Kiesinger veröffentlicht werden. Für eine Publikation gegen die Fortsetzung der Großen Koalition wurde Material gesammelt und zusammengestellt, Sondierungs- und Kontaktgespräche geführt, Abgeordnete und Funktionäre um schriftliche Stellungnahme ersucht. Die Rohfassung der Publikation liegt vor."[399]

Einen Höhepunkt der politischen Einflußnahme bildete zweifellos die Bestechung des CDU-Abgeordneten Julius Steiner, der, wie die Ermittlungen des Generalbundesanwalts ergaben, beim konstruktiven Mißtrauensvotum gegen Willy Brandt dem Antrag seiner eigenen Fraktion gegen Zahlung von 50.000 DM seine Stimme versagte. Durch den Parteiwechsel der Abgeordneten Helms, Kienbaum und von Kühlmann-Stumm (FDP) zur CDU hatten die Regierungsparteien im Frühjahr 1972 im Deutschen Bundestag ihre Mehrheit verloren, so daß der Erfolg des konstruktiven Mißtrauensvotums von CDU und CSU rechnerisch außer Frage stand. Den Ermittlungsergebnissen der Generalbundesanwaltschaft zufolge wurde in dieser Situation

„in [der] Abteilung II HVA der Plan entwickelt, Julius Steiner durch Versprechen eines größeren Geldbetrages dem Mißtrauensvotum der Bundestagsopposition seine Stimme zu versagen. Nachdem der Angeschuldigte [Markus Wolf] den Plan im Grundsatz gebilligt hatte, führte er Gespräche mit seinem für die Anleitung der Abteilung II zuständigen Stellvertreter Werner Großmann [...], in welchen die Formulierung der mit Julius Steiner zu treffenden schriftlichen Vereinbarung festgelegt wurde. Dabei entschied der Angeschuldigte, daß Steiner als Gegenleistung für die Stimmabgabe ein Geldbetrag von 50.000 DM zu bieten sei. Planmäßig erklärte sich Julius Steiner zu der vom MfS vorgeschlagenen Verfahrensweise bereit, erhielt vor Durchführung der Bundestagsabstimmung bei einem Treff in Ost-Berlin von seinen Führungsoffizieren der Abteilung II HVA den Geldbetrag von 50.000 DM ausgehändigt und stimmte am 27. April 1972 im Parlament für Bundeskanzler Willy Brandt. [...] Parallel zu den – letztlich erfolgreichen – Bemühungen, unter Einschaltung Julius Steiners den Ausgang des konstruktiven Mißtrauensvotums im Bundestag zu beeinflussen, ordnete der Angeschuldigte an, daß zusätzlich durch eine aktive Maßnahme der Abteilung X HVA auch der FDP-Abgeordnete Dr. Erich Mende unter Anspielung auf lange zurückliegende Abschöpfkontakte zum MfS zur Stimmenabgabe für Bundeskanzler Brandt veranlaßt werden sollte. Ob der letztlich mit

---

399 Leiter der HV A, Bericht über die Erfüllung der politisch-operativen Verpflichtungen der II. Etappe der Vorbereitung des 20. Jahrestages der Deutschen Demokratischen Republik vom 18.3.1969, S. 4 f.; BStU, ZA, SdM 1474.

der Ausführung des Plans beauftragte IM den Abgeordneten Dr. Mende tatsächlich angesprochen hat, ist nicht bekannt."[400]

Außerdem hat auch der inzwischen wegen Spionage für das MfS rechtskräftig verurteilte ehemaligen Fraktionsgeschäftsführer der SPD, Karl Wienand, nach eigenen Aussagen „eine ganze Reihe von Oppositionsabgeordneten versucht zu überzeugen, nicht für den Barzel-Antrag zu stimmen".[401] Ob und gegebenenfalls wie das MfS auch über Wienand auf den Ausgang des Mißtrauensvotums Einfluß zu nehmen versucht hat, ist nicht bekannt.

Anfang der achtziger Jahre war das MfS vor allem darum bemüht, den Anti-Raketen-Protesten im Westen zum Erfolg zu verhelfen. Im August 1981 legte der Leiter der Abteilung II der HV A dazu ein ausführliches „Konzept für politisch-aktive Maßnahmen zur Förderung der Friedensbewegung in der BRD" vor, das u. a. eine „zentrale Steuerung des inoffiziellen Netzes" im Westen durch eine spezielle „Leitstelle" im MfS vorsah. Das „operative Netz" an inoffiziellen Mitarbeitern und Kontaktpersonen könne dabei nicht die Arbeit der DKP ersetzen und sei „deshalb dort konzentriert, wo diese wenig wirksam ist". [...] Aus der Bundeswehr sind Angehörige zu gewinnen, die den Sinn der geplanten Rüstungsmaßnahmen unter militärisch-strategischen Gesichtspunkten in Frage stellen."[402] Allein die Gruppierung „Generäle für den Frieden" wurde den „Erinnerungen" von Markus Wolf zufolge vom MfS mit 100.000 DM unterstützt.[403] Und im Telegrammstil gab Erich Mielke im Juni 1983 der MfS-Führungsspitze die folgenden Orientierungen für die Arbeit im Westen:

„Notwendig: Stärkere Unterstützung der Bewegung gegen Stationierung in westlichen Ländern, besonders BRD, durch geeignete, wirksame aktive Maßnahmen, unter Nutzung [der] Mittel und Möglichkeiten des MfS.

Es ist Aufgabe des MfS beizutragen, jene Kräfte zu unterstützen (in der SPD und FDP), die realistisch denken und jetzt für Aufhebung des Raketenbeschlusses eintreten.

Zunehmenden Differenzierungsprozeß nutzen, ihn fördern!

Kräfte in der SPD unterstützen, die Parteiführung drängen, endlich klar Stellung zu beziehen – möglichst noch vor Herbst (wenn Sonderparteitag darüber stattfinden soll). Die SPD darf nicht länger lavieren. Bei Kontakten mit Grünen konzentrieren auf Berührungspunkte im Kampf um Friedenssicherung.

---

400 Der Generalbundesanwalt 1992, S. 101 f.
401 Lotze 1995, S. 110.
402 HV A, Abt. II: Konzept für aktive Maßnahmen zur Förderung der Friedensbewegung in der BRD vom 17.8.1981, auszugsweise dokumentiert in: Sélitrenny/Weichert 1991, S. 196–200, hier 200 und 197 f.
403 Wolf 1997, S. 343.

Voraussetzung für effektive Maßnahmen: Noch bessere Analyse, auf welche Kräfte man sich stützen kann (Funktionäre, Landesverbände, Parteibasis)."[404]

Überliefert ist auch ein Vorhaben der Abteilung IX/B der HV A aus den frühen achtziger Jahren, „aktive Maßnahmen, die dazu beitragen sollen, die subversive Tätigkeit der feindlichen Geheimdienste und ihrer Stützpunkte unter Journalisten zu entlarven und zu beeinträchtigen, vorwiegend im Operationsgebiet unter Verwischung der DDR-Herkunft durchzuführen". Zu diesem Zweck übersandte die HV A der Hauptabteilung II/13 eine Namensliste von Journalisten mit der Bitte,

„zu prüfen

– welche Personen aus diesem Kreis bei Berücksichtigung operativer Erfordernisse längerfristig in aktive Maßnahmen gegen feindliche Geheimdienste einbezogen werden können?

– welche Erkenntnisse zu diesen Personen, neben Angaben zur Person (Lebensweg, Entwicklung, politische Haltung, Tätigkeit, Verbindungen usw.) insbesondere solche, mit denen Kontakte zu feindlichen Geheimdiensten nachgewiesen bzw. die dazu ausgenutzt werden können, Verdachtsmomente oder Beweise für eine geheimdienstlich orientierte bzw. gesteuerte subversive Tätigkeit zu schaffen, vorhanden sind, beschafft und schließlich zur operativen Ausnutzung zur Verfügung gestellt werden können?"[405]

Wie so oft bei den „aktiven Maßnahmen" war es der HV A letztlich gleichgültig, ob die Betroffenen tatsächlich für einen westlichen Geheimdienst tätig waren oder nicht – ausschlaggebend war allein, wie der vorgesehene Vorwurf auf möglichst glaubwürdige Weise zu belegen war. Tatsächlich übersandte die Hauptabteilung II/13 nach einigen Monaten der Überprüfung dann eine neue Namensliste, verbunden mit dem Vorschlag, „die nachfolgend aufgeführten Personen in diese Maßnahmen einzubeziehen".[406]

Bekämpfung „feindlicher" Stellen und Personen

Die Infiltrierung und „Zersetzung" DDR-kritischer Einrichtungen und Personen im Westen war von Anbeginn eine zentrale Aufgabe des MfS, wobei zwischen Geheimdiensten, als „feindlich" eingestuften Organisationen und Institutionen, SED-kritischen Medien, Einrichtungen der DDR- und Osteuropaforschung oder politisch engagierten Einzelpersonen kein prinzipieller Unterschied gemacht wurde. Bei der Bekämpfung dieser „feindlichen" Stellen und

---

404 Hinweise für die Kollegiumssitzung am 26.6.1983, S. 4; BStU, ZA, SdM 1567.
405 HV A, Abt. IX/B, Schreiben an den Leiter der HA II/13 vom 22.12.1982; BStU, ZA, HA II/13 1614.
406 HA II/13, Schreiben an HVA/IX/B vom 16.9.1983; ebenda.

Personen spielte die HV A frühzeitig eine Schlüsselrolle – in enger Zusammenarbeit mit den im Westen operierenden Diensteinheiten der „Abwehr".

In den fünfziger Jahren galten namentlich die Ostbüros von SPD und DGB als „Hauptfeind" der SED, deren Bekämpfung eigentlich eine klassische Aufgabe der „Abwehr" war. Tatsächlich setzte aber auch die „Aufklärung" von Anfang an ihre spezifischen Möglichkeiten im „Operationsgebiet" ein, um Gegner der DDR dort mundtot zu machen. Auch ehemalige Parteifunktionäre wie Heinz Lippmann oder Fritz Schenk, die nun für einen „Dritten Weg" eintraten, wurden von der HV A mittels verschiedener Quellen „bearbeitet".[407]

Ein Beispiel für das Vorgehen der HV A in diesem Bereich ist der Gewerkschaftsfunktionär Wilhelm Gronau, der vom MfS zielstrebig zur Spitzenquelle aufgebaut wurde. Als Geschäftsführer der Gewerkschaft Handel-Banken-Versicherungen bekam er von seinem Führungsoffizier, Paul Laufer, Mitte der fünfziger Jahre den Auftrag, „sich aktiv in der SPD zu betätigen, Fremdsprachen zu erlernen, publizistisch in den Zeitungen und Zeitschriften der Gewerkschaft tätig zu werden und interessante Bekanntschaften zu machen." Zugleich wurde er eingehend „mit Grundfragen der Personenaufklärung sowie mit einer Reihe operativ-technischer Probleme vertraut gemacht." Mit Unterstützung einer von Gronau angeworbenen Agentin wurde er schließlich persönlicher Sekretär des damaligen DGB-Vorsitzenden Willi Richter und Leiter des Referates Wiedervereinigung im DGB-Vorstand.[408]

In dieser Funktion arbeitete Gronau eng mit dem Bundesministerium für gesamtdeutsche Fragen, den Ostbüros von SPD und DGB und der Friedrich-Ebert-Stiftung zusammen und kam in den „Forschungsbeirat für Fragen der Wiedervereinigung Deutschlands", in das „Kuratorium Unteilbares Deutschland" sowie weitere Gremien. Dort beschaffte er für das MfS „äußerst wertvolle Informationen und hatte wesentlichen Anteil an der Beschaffung der Grauen Pläne und an der weitgehenden Zerschlagung" des Unterstützernetzes des Ostbüros der SPD. „Mit Akribie, Detail für Detail, Tag für Tag, Woche um Woche, Monat für Monat", so schrieb Markus Wolf in einer Würdigung Gronaus aus dem Jahr 1989, „durchforschte und ermittelte [er und] setzte sich auf zahllosen Sitzungen und Begegnungen genau ins Bild."[409] Erst 1972 wurde Gronau wegen Spionage in West-Berlin in Haft genommen, ein Jahr später wurde er ausgetauscht.

In einer Zusammenstellung vom Mai 1978 werden insgesamt 113 westdeutsche Institutionen aufgeführt, die vom MfS als „Zentren, Organisationen und Einrichtungen der politisch-ideologischen Diversion" klassifiziert wurden, darunter „staatliche Einrichtungen" wie das Bundesministerium für innerdeutsche Beziehungen, „Verlage und Rundfunkstationen" wie der RIAS und der Deutschlandfunk, „Zentren, Organisationen und Institutionen" wie „Amnesty

---

407 Einzelinformation 321/61 über das Renegatenzentrum „Der dritte Weg"; BStU, ZA, SdM 1121.
408 Deckname Stabil 1988, S. 86 ff.; Koch 1994, S. 199 ff.
409 Kundschafter des Friedens 1989, S. 297.

International" sowie „Einrichtungen der DDR- und Ostforschung" wie die Bundeszentrale für politische Bildung in Bonn.[410] Über viele der aufgeführten Einrichtungen bezeichnete sich die HV A als „umfassend auskunftsfähig", d. h. sie verfügte im Normalfall über mindestens eine gut plazierte Quelle im Inneren. Einer anderen Aufstellung zufolge war die HV A im Jahr 1983 für insgesamt 20 zentral „erfaßte Objekte des Feindes" zuständig, darunter das Bundesverteidigungsministerium, das Bundesamt und verschiedene Landesämter für Verfassungsschutz, aber ebenso „Amnesty International", das ZDF-Magazin, den Rundfunksender RIAS, das Kuratorium „Unteilbares Deutschland" und die „Gesellschaft für Deutschlandforschung".[411]

1988 waren es 153 „feindliche Stellen und Kräfte" (ohne Geheimdienste und Fluchthilfeorganisationen), zu denen Mielke jeweils eine bestimmte Diensteinheit beauftragte, in „ihre Ausgangsbasen und Führungsgremien einzudringen, rechtzeitig und umfassend ihre Pläne, Absichten und Maßnahmen zu erkennen, wirksam ihre feindlichen Machenschaften zu entlarven sowie nachhaltig ihr Wirksamwerden in der DDR und anderen sozialistischen Staaten zu verhindern."[412] Die HV A war für insgesamt 58 dieser Gruppen und Institutionen „verantwortlich", darunter der „Arbeitskreis Atomwaffenfreies Europa" in West-Berlin, der „Arbeitskreis ehemaliger DDR-Akademiker" in Köln, die ARD-Ostredaktion, der Axel Springer Verlag, der Bund der Mitteldeutschen und der Bund der Vertriebenen in Bonn, das Bundesamt für gewerbliche Wirtschaft in Frankfurt/Main, das Bundesinstitut für ostwissenschaftliche und internationale Studien in Köln, um nur die ersten der in alphabethischer Reihenfolge aufgelisteten „Objekte" zu nennen.[413] Diese Einrichtungen wurden in der Regel in Feindobjektakten (FOA), Operativen Vorgängen (OV) oder Zentralen Operativen Vorgängen (ZOV) bekämpft. Ziel war es, die jeweilige „Feindorganisation" umfassend aufzuklären, zu lähmen und nach Möglichkeit zu „zersetzen".[414]

Die Bekämpfung erfolgte aber auch personenbezogen. Zwar fehlt bislang ein Überblick über die Zahl der als „feindlich" eingestuften und bearbeiteten Bundesbürger, doch allein die (unvollständige) Liste aus der Bezirksverwaltung für Staatssicherheit Berlin über Personen im Westen, die als Unterstützer des „politischen Untergrundes" (PUT) in der DDR betrachtet wurden, umfaßte Anfang

---

410 Übersicht über Zentren, Organisationen und Einrichtungen der politisch-ideologischen Diversion in der BRD und in Westberlin vom Mai 1978; BStU, ZA, ZAIG 5161.

411 Abt. XII, Leiter: Schreiben an den stellvertretenden Leiter der ZAIG vom 10.2.1983, Anlage 1; BStU, Abt. Bildung und Forschung, Information und Dokumentation, Dokument 27.

412 Schreiben des Ministers vom 15.2.1985 in der aktualisierten Fassung vom 14.10.1988, S. 1 f.; BStU, ZA, DSt 103142.

413 Anlage 1 zum Schreiben des Ministers für Staatssicherheit vom 14.10.1988, betrifft: „Verantwortlichkeiten von Diensteinheiten zur Aufklärung, Kontrolle bzw. Bearbeitung feindlicher Stellen und Kräfte im Operationsgebiet", GVS o008-4/85; BStU, ZA, DSt 103142.

414 Zum Zersetzungsbegriff: Suckut 1996, S. 422; Richtlinie 1/76 zur Entwicklung und Bearbeitung Operativer Vorgänge (OV), abgedruckt in: Gill/Schröter 1991, S. 381 ff.

1989 fast 1.400 Namen.[415] Die HV A war daran in der Regel auch beteiligt, wenn die „Federführung" bei anderen Diensteinheiten lag.

Deutlich wird dies beispielsweise in dem umfangreichen ZOV gegen den in West-Berlin lebenden Bürgerrechtler Roland Jahn, der dort systematisch Zersetzungsmaßnahmen ausgesetzt war. Obgleich für seine „Bearbeitung" eigentlich die Hauptabteilung XX/5 zuständig war, ging die Abteilung X der HV A in derem Auftrag 1987 Hinweisen von inoffiziellen Mitarbeitern nach, daß Jahn beim Hamburger Institut für Sozialforschung tätig sei und berichtete im April: „Den Aussagen einer Quelle zufolge ist Jahn als Mitarbeiter dieses Institutes nicht bekannt." Wenige Monate später heißt es dann jedoch in einem Schreiben der Hauptabteilung XX/5 an Oberst Raabe von der HV A: „Mit Ihrer Unterstützung wurde der Nachweis erbracht, daß der Organisator und Inspirator politischer Untergrundtätigkeit in der DDR, JAHN, Roland [...] von der Stiftung Hamburger Institut für Sozialforschung beschäftigt wird und von dort ein bis Herbst 1987 befristetes Stipendium erhält." Die HV A wird sodann gebeten, eine Charakteristik der Stiftung und Erkenntnisse zu verschiedenen Personen zu liefern – was umgehend geschah.

Ähnliche Auskünfte erteilte die HV A auf Anfrage auch zu anderen Tätigkeitsfeldern und Kontaktleuten Jahns, so zum Gesamtdeutschen Institut, zu Mitarbeitern der Berliner „tageszeitung", zu einer Bundestagsabgeordneten der Grünen oder zu einer Südamerika-Reise Jahns. Wenn der Bürgerrechtler in Hessen ein Referat halten sollte, informierte die HV A schon vorab über die Einladung; und als die Bundestagsfraktion der Grünen erwog, ihn als Mitarbeiter einzustellen, traf die zuständige Diensteinheit die Festlegung: „In Zusammenarbeit mit der HVA/II ist eine Arbeitsaufnahme Jahns bei den 'Grünen' zu verhindern".[416] Gleichzeitig streute man unter Journalisten, Freunden und politischen Gruppierungen das Gerücht, er betreibe sein DDR-Engagement nur aus Geldgier (Aktion „Keil") und unterstellte ihm Absprachen mit konservativen CDU-Vertretern. In sogenannten „Abspracheprotokollen" wurde dazu vermerkt:

„Zu der gemeinsam mit der HVA/X durchgeführten Aktion „Keil" konnten erste Reaktionen Jahns festgestellt werden, die belegen, daß die gewünschte Zielstellung erreicht werden kann."

„- die im Rahmen der Aktion 'Keil' eingeleiteten Maßnahmen zeigen Wirkungen [...] Festgelegte Maßnahmen: [...] Erarbeitung einer langfristigen Konzeption für Zersetzungsmaßnahmen in Zusammenarbeit mit der HVA/X".[417]

---

415 Gesamt-PUT-Liste (NSW), Stand: 7.4.1989; BStU, ASt Berlin, A 1001/2.
416 Abspracheprotokoll vom ZOV „Weinberg" vom 13.11.1987; BStU, ZA, AOP 16922/91, Bd. 10, S. 21.
417 Abspracheprotokolle vom ZOV „Weinberg" vom 13.11.1987 und vom 9.1.1988; ebenda, S. 18 f. und 20.

Die wachsende Bedeutung, die der HV A bei der Bekämpfung von Kritikern innerhalb und außerhalb der DDR zufiel, geht auch aus zahlreichen anderen Unterlagen hervor (vgl. Kap. 4.2.4). So sandte Markus Wolf beispielsweise Anfang 1986 einen Bericht an Mielke über den „Beitrag der Hauptverwaltung A zur Gewährleistung der inneren Sicherheit der DDR", in dem es hieß, daß „im Ergebnis einer stärkeren Einbeziehung des IM-Netzes im Operationsgebiet und in der DDR [...] ein wertvoller Beitrag der HV A zur Gewährleistung der inneren Sicherheit der DDR und der sozialistischen Bruderländer erbracht" werden konnte. Dies hätte sich u. a. gezeigt in der

> „– Zerschlagung bzw. weiteren gemeinsamen Bearbeitung von Menschenhändlerbanden sowie Aufdeckung von Absichten und Maßnahmen von Einzelpersonen und Personengruppen zum ungesetzlichen Verlassen der DDR;
>
> – Abstimmung und Durchführung von Maßnahmen bei der Bekämpfung der P[olitisch]I[deologischen]D[iversion] und der Untergrundtätigkeit sowie der im Operationsgebiet tätigen Organisationen zur Schaffung des politischen Untergrundes in der DDR; [...].

Weiter wurden die DE [Diensteinheiten] der Abwehr informiert

> – zu feindlichen Aktivitäten des Vatikans, der Christlichen Internationale und der BRD- und Westberliner Kirchen sowie über Verbindungen zu feindlichen und negativen Personen innerhalb von Kirchenkreisen der DDR und der sogenannten blockübergreifenden Friedensbewegung;
>
> – zu Aktivitäten westlicher Auslandsvertretungen und bevorrechteter Personen;
>
> – zur politisch-ideologischen Situation an Hoch- und Fachschulen und innerhalb von DDR-Künstlerkreisen sowie über negative Personen an Universitäten und Hochschulen."[418]

Auch in der letzten Planorientierung der HV A nimmt dieser Schwerpunkt einen bedeutenden Raum ein. Auf der Grundlage einer speziellen Weisung von HVA-Chef Großmann vom 29. Februar 1988 waren alle Diensteinheiten „verantwortlich für die Aufklärung und Bearbeitung von im Operationsgebiet festgestellten Ausgangspunkten der Organisierung der politischen Oppositions- und Untergrundtätigkeit". Konkret ging es dabei um die

> „– Identifizierung feindlicher Kräfte, die unmittelbar Einfluß auf die Inspirierung und Steuerung der politischen Untergrundtätigkeit im Gesamtsystem der BRD und anderen NATO-Staaten nehmen. Aufklärung ihrer Pläne und Absichten, Überprüfung aller Hinweise auf mögliche Einflüsse imperialistischer Geheimdienste.

---

418 HV A, Beitrag der Hauptverwaltung A zur Gewährleistung der inneren Sicherheit der DDR, o. D. (mit Schreiben vom 6.1.1986 von Wolf an Mielke übersandt), S. 1 f.; BStU, ZA, ZAIG 7373.

- Aufklärung und Bearbeitung von Feindorganisationen, 'Initiativen' und Einzelpersonen, die als Organisatoren der politischen Untergrundtätigkeit in der DDR und anderen sozialistischen Staaten in Erscheinung treten.

Entlarvung konspirativer Verbindungskanäle und Maßnahmen zur Schaffung weiterer Verbindungslinien zwischen Feindkräften des Operationsgebietes und feindlich-negativen Kräften in der DDR.

Detaillierte Erfassung aller Hinweise über Haltungen, Aktivitäten, Pläne und Maßnahmen sich im Operationsgebiet aufhaltender Feindpersonen aus der DDR.

Geeignete DDR-IM sind auf dem Territorium der DDR mit in die Bearbeitung oppositioneller Kräfte und Gruppierungen einzubeziehen."[419]

Vorbereitungen auf Kriegs- und Krisensituationen

Der Kampf gegen den Westen wurde von SED und MfS immer auch als militärische Auseinandersetzung geplant und vorbereitet – unabhängig von den öffentlichen Bekenntnissen zum Frieden. Im MfS lief dazu eine intensive „Mobilmachungsarbeit" (Mob-Arbeit), bei der auch und gerade die HV A eine wichtige Rolle spielte. Die Einzelheiten und der Umfang dieser Vorbereitungen auf Kriegs- und Krisensituationen, insbesondere die Rolle der HV A in diesem Zusammenhang, liegen freilich noch überwiegend im dunkeln und bedürfen weiterer Recherchen.

Schon früh hatte die HV A die Aufgabe der „rechtzeitigen und zuverlässigen Aufklärung imperialistischer Aggressionsabsichten in allen möglichen Handlungs- und Kriegsarten" übertragen bekommen, die zuletzt durch den Ministerbefehl 1/85 umfassend geregelt wurde (vgl. dazu Kap. 4.2.2 und Kap. 4.2.4).[420] Bis 1989 verlangte die Planorientierung der HV A zu diesem Zweck „die Schaffung einer breiten Quellenbasis in den politischen und militärischen Entscheidungszentren der USA, der BRD und den anderen NATO-Staaten", die Bestimmung von „Spannungsmerkmale[n] hoher Schlüssigkeit" und die schnelle Analyse der dazu eingehenden Informationen durch das „Lagezentrum" der HV A. Für die „Informationstätigkeit im Verteidigungszustand" hatte die HV A einen eigenen Plan ausgearbeitet.[421]

---

419 Stellvertreter des Ministers, Planorientierung des Leiters der Hauptverwaltung A für das Jahr 1989, S. 12 f.; BStU, ASt Berlin, XV 24.

420 Stellvertreter des Ministers, Planorientierung des Leiters der Hauptverwaltung A für das Jahr 1989; ebenda, S. 5. Vgl. Befehl 1/85 „Aufgaben der Diensteinheiten des MfS zur frühzeitigen Aufklärung akuter Aggressionsabsichten und überraschender militärischer Aktivitäten imperialistischer Staaten und Bündnisse, insbesondere zur Verhinderung eines überraschenden Raketenkernwaffenangriffs gegen Staaten der sozialistischen Gemeinschaft" vom 15.2.1985; BStU, ZA, DSt 103137.

421 Plan der Hauptverwaltung A für die Informationstätigkeit im Verteidigungszustand (PIV) vom 15.6.1984; BStU, ASt Berlin, XV 3.

Darüber hinaus wurden aber auch spezielle Vorbereitungen für West-Einsätze der HV A in Spannungsperioden getroffen. So war, wie in Kapitel 5.5 näher dargestellt, die Durchführung von Sabotageaktionen Mitte der fünfziger Jahre Aufgabe der Abteilung III der HV A und ab 1987 der neugebildeten HVA-Abteilung XVIII. Auch in der dazwischen liegenden Zeit führte sie in der Bundesrepublik und in West-Berlin spezielle „Quellen, die in Spannungs- und Krisenzeiten [...] eine besondere Bedeutung gewinnen".[422] Nach einer zentralen Dienstbesprechung zur Mobilmachungsarbeit im MfS im Februar 1988[423] erließ der Leiter der HV A im Juni einen Befehl „zur politisch-operativen Vorbereitung der Hauptverwaltung A auf besondere Lagebedingungen im Operationsgebiet BRD und Westberlin", der die Diensteinheiten der „Aufklärung" dazu verpflichtete, die

„zur Durchführung geplanter linienspezifischer Maßnahmen [im Westen] erforderlichen Kräfte und Mittel [...] zu bestimmen, ihre Bereitschaft [...] zu organisieren und sicherzustellen, daß sie unter allen Lagebedingungen und zu jeder Zeit zum erfolgreichen Einsatz gebracht werden können. Von besonderer Bedeutung ist die rechtzeitige Bereitstellung der erforderlichen Daten, Informationen und operativ bedeutsamen Sachverhalte zu allen politisch-operativ relevanten Objekten und Personen."[424]

Verantwortlich für diese sogenannte „Vorbereitungsarbeit" war die Arbeitsgruppe des Leiters (AGL), die nicht nur die „erforderlichen dokumentarischen Grundlagen", sondern auch „die zur Durchführung linienspezifischer Maßnahmen der HV A im Operationsgebiet erforderlichen personellen Kräfte zahlenmäßig und strukturell zu bestimmen, im Zusammenwirken mit den zuständigen Diensteinheiten ihre zweckentsprechende Ausbildung und rechtzeitige Bereitstellung zu organisieren und die vollständige rückwärtige und technische Sicherstellung zu gewährleisten" hatte. Den Vorgaben der Arbeitsgruppe des Ministers (AGM) entsprechend (vgl. Kap. 5.5) hatten die Diensteinheiten der „Aufklärung" den umfassenden „Informationsbedarf" aktuell und präzise zu befriedigen, „eine aktuelle und detaillierte Auskunftsfähigkeit über das Operationsgebiet durch Übersichten zu den staats- und parteipolitischen, ökonomischen, militärischen, geheimdienstlichen und kulturellen Bereichen mit politisch-operativer Relevanz im Verteidigungszustand zu gewährleisten" und „alle durch die Diensteinheiten exakt bestimmten Objekte, Einrichtungen und Personen mit politisch-operativer Relevanz in Nachweisen zu führen".[425]

---

422 Stellvertreter des Ministers, Zu einigen Mitteln und Methoden der operativen Arbeit – Operative Schlußfolgerungen – vom 31.10.1983 (Neufassung der operativen Schlußfolgerungen vom 28.5.1979), S. 8; BStU, ASt Berlin, XV 8.

423 Referat Mielkes auf der Dienstbesprechung zur Mobilmachungsarbeit im MfS (26.2.1988), GVS o008-7/88; BStU, ZA, DSt 103458.

424 Stellvertreter des Ministers, Befehl HV A 2/88 zur politisch-operativen Vorbereitung der Hauptverwaltung A auf besondere Lagebedingungen im Operationsgebiet BRD und Westberlin vom 20.6.1988, S. 1; BStU, ASt Berlin, XV 9.

425 Ebenda, S. 2 f.

Unter Verweis auf die Dienstkonferenz im Februar und den Befehl vom Juni 1988 sind die „Herstellung und Gewährleistung höherer Stufen der Einsatzbereitschaft" und die „Vorbereitungsarbeit auf eine Spannungsperiode und den Verteidigungszustand" auch Gegenstand der letzten Planorientierung der HV A für das Jahr 1989. Hier wurde u. a. festgelegt, daß die entsprechenden Aufgaben in die Jahresarbeitspläne der jeweiligen Diensteinheiten aufzunehmen waren.[426] Wie dies konkret aussehen konnte, geht aus dem überlieferten Arbeitsplan der Abteilung XV der Berliner Bezirksverwaltung für Staatssicherheit hervor, in der es unter der Überschrift „7.6. Arbeit mit ausgewählten IM zur Gewährleistung des Verbindungswesens unter allen Lagebedingungen (Mob-Residenturen)" heißt: „Auf der Grundlage der Vorgaben des Stabs der HV A erfolgt die weitere Arbeit zur Qualifizierung der Mob-Residenturen 'Heinemann', 'Controletti' und 'Friedemann'."[427] Ersterer wird in einer als Anlage beigefügten Übersicht über die West-IM der Abteilung als Hauptamtlicher IM bezeichnet und taucht bereits in einer „Aufstellung über operative Verbindungen zu Organisationen und Gruppen der APO in Westberlin" als Mitglied des „Republikanischen Clubs" und der „Vereinigung Unvereinigter Sozialisten" (VUS) auf.[428] Bei „Controlletti" handelte es sich dagegen um einen Zahnarzt, bei „Friedemann" um einen Angestellten des West-Berliner Senats.

Die Planung „spezifischer" Einsätze im Westen erfolgte nicht nur im Rahmen der „Mobilmachungsarbeit", sondern folgte auch aktuellen „operativen" Bedürfnissen der HV A. Überliefert ist in diesem Zusammenhang eine Bitte von Markus Wolf vom März 1982 an die AGM/S, bei der es um „die Bereitstellung, Ausbildung und ständige Gewährleistung der Einsatzbereitschaft einiger weniger vertrauensvoller Einsatzkader für ganz spezifische Aufgaben im Operationsgebiet" ging. Die „Hauptrichtungen der [für diese] vorgesehenen Aufgaben" sollten in „der Bekämpfung feindlicher Personen in der vollen Breite der möglichen Maßnahmen zu ihrer Bestrafung, Unschädlichmachung, ihrer Verbringung in sicheren Gewahrsam, der Sicherung und dem Schutz von Personen, der Sicherung bedeutsamer operativer Maßnahmen [und] der Sicherstellung, der Sicherung und dem Transport von Dokumenten, technischen Materialien und Ausrüstungen" bestehen (vgl. Kap. 5.5).[429]

Aus einer Dienstanweisung vom Februar 1989 geht hervor, daß Ende der achtziger Jahre innerhalb der HV A eine „Spezifische Ausbildungseinrichtung" (SAE) existierte, um „die Diensteinheiten bei der physischen und psychischen Vorbereitung ihrer operativen Kräfte für die Lösung spezifischer politisch-operativer Aufgaben im vorgesehenen Einsatzgebiet unter komplizierten Bedingungen zu unterstützen". Verantwortlich für die SAE war der Leiter der

426 Stellvertreter des Ministers, Planorientierung des Leiters der Hauptverwaltung A für das Jahr 1989, S. 33; BStU, ASt Berlin, XV 24.
427 Arbeitsplan der Abt. XV der Bezirksverwaltung Berlin für das Jahr 1989 vom 16.12.1989; ebenda, S. 21.
428 HV A, Abt. X: Plan aktiver Maßnahmen gegen die Bundesversammlung am 5. März in Westberlin vom 17.2.1969 (Anlage); BStU, ZA, SdM 1439.
429 AGM/S, Leiter, Information über ein Anliegen der HV A zur Bereitstellung von Einsatzkräften durch die AGM/S vom 12.3.1982, S. 1; BStU, ZA, HA XXII, Bündel 521.

AGL, die u. a. dafür zu sorgen hatte, daß „über einen Zeitraum von 3-5 Tagen bis zu 6 Genossen gleichzeitig ausgebildet" und „Einzelausbildungen von IM aus dem Operationsgebiet durchgeführt werden können". Genutzt werden sollte die SAE der Dienstanweisung zufolge u. a. für „Mitarbeiter der Diensteinheiten, die für spezielle Aufgaben vorgesehen sind", für „OibE, die für die Lösung von Sonderaufgaben im Operationsgebiet einzeln oder in Gruppen vorgesehen sind", für „IM der DDR, die als Einsatzfunker oder Einsatzkader II in einer Spannungsperiode bzw. im Verteidigungszustand für das Operationsgebiet vorgesehen sind", für „IM aus dem Operationsgebiet, die für die Lösung spezifischer Aufgaben einzeln oder in Gruppen vorgesehen sind" sowie für „vor der Übersiedlung stehende bzw. bereits übergesiedelte Residenten". Das Ziel der Ausbildung bestand in der „speziellen individuellen Befähigung der Kader, Handlungen abzuwehren, die sich gegen ihr Leben und ihre Gesundheit richten und die Erfüllung ihres Auftrages im Operationsgebiet gefährden könnten."[430]

5.1.3 Vorgehensweisen

Über die Vorgehensweise der HV A, über Stärken und Schwächen des Aufklärungsapparates im Verlauf seiner fast vierzigjährigen Existenz, gibt eine Reihe von Dokumenten Auskunft, die zumeist aus der Binnenperspektive verfaßt wurden; hinzukommt das Befehls- und Anleitungsmaterial der HV A, das zumindest für die achtziger Jahre vergleichsweise dicht überliefert ist. Aus den frühen Jahren sind auch einige Akten aus der „operativen" Arbeit sowie einige aufschlußreiche Ermittlungsergebnisse aus Spionageprozessen in der Bundesrepublik überliefert.

Zur Anwerbung ihrer Agenten bediente sich die „Aufklärung" von Anfang an unterschiedlicher Methoden wie Erpressungen, Einschleusungen oder Werbungen auf der Basis politischer Überzeugungen. Im März 1955 wurde beispielsweise in der Abteilung II der Hauptabteilung XV der Plan entwickelt, die Mitarbeiterin der Ostabteilung der amerikanischen Mission in West-Berlin (HICOG) Christa Trapp als Agentin anzuwerben. Wolf bestätigte damals einen Plan, daß die Sekretärin dazu mit Hilfe eines an sie „herangespielten" anderen IM in den Ostsektor gebracht werden und dort vor die Alternative gestellt werden sollte, entweder gegen eine großzügige finanzielle Vergütung für die Staatssicherheit zu arbeiten oder „wegen der Tätigkeit für den Amerikaner und gegen das deutsche Volk" verhaftet zu werden.[431] Dieselbe Abteilung warb Ende der fünfziger Jahre den FDP-Politiker William Borm an, der zum damaligen Zeitpunkt wegen des Vorwurfs eines Transitvergehens schon seit mehreren Jahren in der DDR in Haft saß. Nach seiner Freilassung im Jahr 1959 traf

---

430 Stellvertreter des Ministers, DA 2/89 der HV A zur Nutzung der Spezifischen Ausbildungseinrichtung (SAE) der Hauptverwaltung A vom 27.2.1989, S. 3 ff.; BStU, ASt Gera XV 0278.

431 Werbevorlage vom 23.3.1955, Bl. 89, zitiert nach: Der Generalbundesanwalt 1992, S. 228.

sich der spätere Bundestagsabgeordnete (1965–1972) regelmäßig mit HVA-Offizieren und wurde von 1969 bis 1982 von Wolf praktisch selbst geführt.[432]

Durch sorgfältig vorbereitete Einschleusung gelangte dagegen 1956 das Ehepaar Christel und Günter Guillaume in die Bundesrepublik; beide waren 1955 in der DDR angeworben worden und unter Umgehung des Notaufnahmelagers in Gießen übergesiedelt worden. Durch ihre Führungsstelle in der HV A wurden sie über Jahre hinweg zu hochwertigen Quellen aufgebaut, die über die SPD zuletzt bis in das Bundeskanzleramt bzw. in die hessische Landesvertretung in Bonn vordrangen.[433] Politische Sympathien für die SED waren schließlich das Motiv, das zur Anwerbung des Nürnberger Fotokaufmann Hannsheinz Porst führte, der in den frühen fünfziger Jahren von einem Verwandten mit Offizieren der „Aufklärung" in Verbindung gebracht wurde und ab 1955 dann von Wolf persönlich geführt wurde. In Absprache mit dem MfS trat Porst im selben Jahr der FDP bei und profilierte sich dort als großzügiger „Mäzen" der Parteiarbeit. „Entschädigungen", die er 1958 an führende FDP-Politiker für deren Wahlkampfaufwendungen zahlte, bekam er von der HV A zurückerstattet. Ein zweiter, 1955 übergesiedelte Agent wurde ihm von der HV A für seine Arbeit in der FDP zur Seite gestellt und vertrat ihn bald auch in Sitzungen von Führungsgremien der Partei – die HV A war auf diese Weise über sämtliche Interna der Parteiarbeit informiert.[434]

Einen Einblick in die Arbeit des Aufklärungsapparates zu Beginn der sechziger Jahre gibt der Bericht der Abteilung für Sicherheitsfragen des Zentralkomitees der SED über einen „Brigadeeinsatz" in der HV A. Danach hatte die HV A 1961 in der „operativen Tätigkeit" ein höheres Niveau erreicht, was in Folgendem zum Ausdruck gekommen sei:

„– in der quantitativen und qualitativen Verbesserung der Informationen;

– das Netz ist durch eine bessere Auswahl inoffizieller Mitarbeiter qualifizierter und zuverlässiger geworden. Der Umfang des Netzes ist nach dem 13.8.1961 im wesentlichen erhalten geblieben und das Verbindungswesen wurde entsprechend den Schutzmaßnahmen von Partei und Regierung schon vorher umgestellt;

– außerdem konnte durch die Beschaffung einer Reihe wichtiger Materialien zur Entlarvung des Bonner Staates als Nachfolger des Hitlerstaates und seiner aggressiven Absichten und Kriegsvorbereitungen beigetragen werden;

---

432 Zum Fall Borm ausführlich: ebenda, S. 230 ff. sowie Koch 1994, S. 206 ff.

433 Ausführlich zum Fall Guillaume: Deckname Stabil 1988, S. 82 ff.; Guillaume, der Spion 1974; Guillaume 1988 und 1990; Knopp 1994; Vielain/Schell 1978. Der ehemalige Vorsitzende des SPD-Unterbezirks Frankfurt, Emil Bernt, hat in diesem Zusammenhang in einem Schreiben vom 8.12.1997 an den Verfasser ausdrücklich „auf die Vorgänge um die Unterwanderung" dieses Unterbezirks in den sechziger Jahren „durch die Tätigkeit Guillaumes" hingewiesen, die mit seinem Sturz geendet hätten.

434 Ausführlich zum Fall Porst: Zeller 1969; Der Generalbundesanwalt 1992, S. 237 ff.

– umfangreiche Arbeiten wurden für den eigenen Apparat für den Verteidigungszustand vorbereitet und durchgeführt."[435]

Kritisch wurde in dem Bericht angemerkt, daß es eine „Diskrepanz zwischen der hohen Anzahl der Informationen und ihrem nachrichtendienstlichen Wert" gebe. „Die Aufgabe der Werbung von Quellen in den Hauptzentren des Gegners wurde ungenügend gelöst. [...] Außerdem wurde die Zahl der zur Übersiedlung vorgesehenen Personen, Residenten und vor allem Funker nicht erfüllt." Die Tatsache, daß 1961 die Verbindung zu 400 Quellen in der DDR und im „Operationsgebiet" abgebrochen wurde und darüber hinaus zwischen 1952 und 1962 225 hauptamtliche Mitarbeiter der HV A ausschieden sowie sechs „Fälle von Verrat" auftraten, wurde als Beleg für die Notwendigkeit einer gründlicheren Prüfung der Werbungskandidaten und einer besseren Auswahl der Mitarbeiter gewertet. Darüber hinaus wurde festgestellt, „daß es durch den Minister [für Staatssicherheit] für die Hauptverwaltung Aufklärung kein festes System der Kontrolle gibt." Als Schlußfolgerung wurde u. a. gezogen, daß bei der Besetzung von Planstellen der HV A in Zukunft in der Regel „bewährte und qualifizierte Mitarbeiter der Abwehr" übernommen und ein „ständiger Kampf gegen alle Erscheinungsformen des liberalen Verhaltens in ideologischen Fragen" geführt werden sollte.[436]

Für die künftige Arbeit der HV A stellte der Bericht die folgenden „Hauptaufgaben":

„1. Verstärktes Eindringen in die politischen, wirtschaftlichen und militärischen Zentren und Führungsgremien des Gegners, um den politischen Wert der Informationen zu erhöhen und rechtzeitig die Pläne und Absichten des Gegners zu erkennen.

2. Stärkere Mithilfe bei der Durchführung von politisch-operativen aktiven Maßnahmen zur Entlarvung des Charakters des Bonner Staates, seiner Kriegsvorbereitungen und antinationalen Politik.

3. Maßnahmen zur Verbesserung des Verbindungswesens und der besseren Absicherung der im Operationsgebiet tätigen Quellen unter allen Bedingungen."[437]

Zur Qualifizierung der „operativen Arbeit" leitete die HVA-Führung in den sechziger Jahren umfangreiche Maßnahmen ein. Zur „Verbesserung des Systems der Kontrolle" fand noch vor der Auswertung des ZK-Berichtes im Kollegium des MfS eine Dienstbesprechung der HV A statt, in der eine Reihe von Festlegungen getroffen wurde.[438] Zur „planmäßigen Erhöhung der Bildung der Kader, der Entwicklung ihrer politisch-ideologischen Reife, der Anerziehung tschekistischer Charaktereigenschaften und Fähigkeiten" erließ

---

435 Bericht über den Brigadeeinsatz der Abt. für Sicherheitsfragen in der HA Aufklärung des Ministeriums für Staatssicherheit Berlin vom 15.3.1962, S. 2; BStU, ZA, SdM 1351.
436 Ebenda, S. 3, 6 und 16.
437 Ebenda, S. 4.
438 Vorschlag von Markus Wolf; ebenda, S. 6.

Wolf 1965 eine Direktive über die Aufgaben der Schule der HV A, die zu einem umfassenden Ausbildungsprogramm verpflichtet wurde: eine einjährige „Spezialausbildung" für Studenten der Juristischen Hochschule, „politische Qualifizierungslehrgänge" zur wirksamen politischen Anleitung des IM-Netzes, „operative Qualifizierungslehrgänge" zur Vermittlung der neuesten „Regimekenntnisse" und der sich daraus ergebenden „operativen Probleme der Theorie und Praxis der Aufklärungsarbeit", Einführungslehrgänge sowie Sonderlehrgänge der verschiedenen „Linien" der HV A und nicht zuletzt eine planmäßige Forschungsarbeit durch Analysen, Diplomarbeiten und Dissertationen.[439]

Im selben Jahr erließ Wolf auch eine neue Richtlinie zum Schutz des inoffiziellen Netzes im Westen, die eine zentrale Erfassung aller Erkenntnisse über Maßnahmen, Methoden und Mittel der „feindlichen Organe" gegen West-IM vorschrieb. Die Richtlinie sah u. a. eine Meldepflicht vor über „die zentral gelenkte Öffentlichkeitsarbeit [des Westens] zur Zersetzung des inoffiziellen Netzes [des MfS] mit Hilfe von Presse, Film, Funk und Fernsehen" sowie über die „Schulungs- und Aufklärungstätigkeit im Staatsapparat und in der Wirtschaft über die Arbeit und Methoden des MfS, insbesondere Schulung und Belehrung von Geheimnisträgern, Beamten, Behörden, Angestellten und Soldaten" in der Bundesrepublik. „Maßnahmen, Richtlinien, interne Dienstanweisungen der feindlichen Abwehrorgane und des Staatsapparates [...], die illegale Einschleusungen von Personen aufdecken bzw. verhindern sollen", sollten ebenso aufgeklärt werden wie die „Mittel feindlicher Grenz- und Abwehrorgane (u. a. Bundesgrenzschutz, Zollorgane, örtliche Polizeidienststellen) zur Grenzsicherung und zur Aufdeckung und Aufklärung von operativen Schleusungen". Weiter unterlagen der Meldepflicht: Angaben über die Ermittlungsmethoden des Westens; über die Absicherung zentraler staatlicher, militärischer und wirtschaftlicher Objekte; über „Personen, die Beziehungen in die DDR haben"; über routinemäßige Überprüfungsmaßnahmen sowie über administrativ-technische Maßnahmen wie beispielsweise der Aufbau zentraler Karteien zur Spionageabwehr in der Bundesrepublik.

In den Hinweisen für das Schlußwort von Erich Mielke auf der Delegiertenkonferenz der HVA-Parteiorganisation vom Februar 1967 verlangte dieser, daß bei der Arbeit mit West-IM die „Auftragserteilung wesentlich zu qualifizieren" sei. Nicht auf die Menge der Informationen käme es an, sondern in erster Linie auf die Qualität. Auch dem Schutz der Quellen käme eine erhöhte Bedeutung zu, obgleich sich jeder Spion ausrechnen könne, „wenn er gekriegt wird, wird er wieder freigeholt von der DDR. [...] Außerdem wird drüben keine Todesstrafe ausgesprochen, er hat überhaupt nichts zu riskieren, als ein bißchen im Gefängnis zu sitzen." In der ihm eigenen Art wies er die anwesenden Genossen der HV A schließlich darauf hin, daß „die Frage steht, auf Leben und Tod

---

439 Stellvertreter des Ministers, Direktive über die Aufgaben der Schule der HV A bei der Ausbildung und Qualifizierung der Kader und die Zusammenarbeit mit der Juristischen Hochschule vom 28.6.1965; BStU, ZA, SdM 1474, S. 55–64.

zu kämpfen. Da müssen die anderen getötet werden, wir müssen weiter leben und dazu muß man arbeiten. Das ist der größte Humanismus, Genossen".[440]

Im selben Jahr bat Wolf den Minister für Staatssicherheit um Genehmigung für zusätzliche Planstellen, um Mitarbeiter der HV A in Auslandsvertretungen der DDR plazieren zu können, ohne daß „die Residenten die von ihnen besetzten Planstellen voll ausfüllen müssen". Dem Ministerium für Auswärtige Angelegenheiten sollten zu diesem Zweck 20 „außerplanmäßige Attaché-Stellen" zur Verfügung gestellt werden, „so daß unter Wahrung der Konspiration das MfS über diese Planstellen voll verfügen kann."[441] Gleichzeitig war vorgesehen, daß geeignete Residenten, Gehilfen der Residenten (Chiffreure oder Funker), andere IM und eventuell auch Ehefrauen der Residenten „eine gründliche operativ-technische Ausbildung" erhalten, um die Auslandsvertretungen der DDR konspirativ auf das Vorhandensein von „Feindtechnik" (Abhöranlagen) überprüfen zu können.[442] Auch ein eigenes Übersetzerbüro hielt die HV A 1967 für erforderlich, da sich die „Quantität und Qualität interner Informationen und Materialien – besonders umfangreiche Dokumente mit hohem politischem und fachlichem Inhalt auf dem wirtschaftspolitischen und wissenschaftlich-technischen Sektor – und die Anforderungen an Übersetzungen auf diesem Gebiet seitens der Partei- und Staatsführung" wesentlich erhöht hätten.[443]

1968 erließ Mielke „Grundsätze" zur Regelung des Status von hauptamtlichen inoffiziellen Mitarbeitern (HIM) und getarnten Offizieren im besonderen Einsatz (OibE), die, zumeist in den Auslandsvertretungen der DDR oder als anderweitig getarnte Residenten, für die HV A berufsmäßig im Westen operierten.[444] OibE/Aufklärung werden in dem Dokument als „nachrichtendienstlich tätige Offiziere im Operationsgebiet" definiert, als „Offiziere, die in Schlüsselpositionen und in anderen für die nachrichtendienstliche Tätigkeit wichtigen Funktionen in Institutionen und Organisationen der Deutschen Demokratischen Republik (In- und Ausland) arbeiten", als „selbständig arbeitende oder in Arbeitsgruppen zusammengefaßte Offiziere, die keiner Institution oder Organisation angehören" sowie als „Offiziere, die sich in Vorbereitung ihres Einsatzes in der Ausbildung befinden". Das Papier regelte in allen Einzelheiten die praktischen Fragen eines Einsatzes, von der Verantwortung für „die Legendierung und evtl. Einschleusung in eine Institution oder Organisation" bis zur „regelmäßige[n] Kassierung von Parteibeiträgen". Darüber hinaus wurde festgelegt, daß ein Auslandseinsatz „doppelt auf das Dienstalter angerechnet werden" kann, „bei Erfüllung besonders gefährlicher Aufträge oder bei beson-

---

440 Hinweise für das Schlußwort auf der Delegiertenkonferenz der Parteiorganisation V (HVA) – 2.2.1967, S. 50 ff.; BStU, ZA, SdM 1343.

441 Stellvertreter des Ministers, Schreiben an Erich Mielke vom 19.7.1967; BStU, ZA, SdM 1448.

442 Vorlage zur Erhöhung der Wirksamkeit bei der operativ-technischen Absicherung der Auslandsvertretungen der DDR vom 19.7.1967; ebenda, S. 1.

443 Vorlage zur Einrichtung eines Übersetzerbüros vom 13.11.1967; ebenda

444 Grundsätze zur Regelung des Dienstverhältnisses mit den auf dem Gebiet der Aufklärung tätigen Offizieren im besonderen Einsatz des Ministeriums für Staatssicherheit und zur Regelung der Vereinbarungen mit den auf dem Gebiet der Aufklärung tätigen hauptamtlichen inoffiziellen Mitarbeitern des Ministeriums für Staatssicherheit; BStU, ZA, DSt 102131.

derer Standhaftigkeit in direkter Konfrontation mit dem Feind" sogar drei-
fach.[445] Ähnliche Regelungen wurden vom Minister auch für die HIM getroffen.

Ein umfassendes Regelwerk zur Arbeit mit inoffiziellen Mitarbeitern im „Operationsgebiet" trat im Januar 1968 in Kraft.[446] Hauptziel war danach „die Beschaffung von wertvollen, internen Informationen aus den entscheidenden
Zentren des Feindes. Das wichtigste Kriterium einer erfolgreichen Arbeit sind
besonders geheime Originaldokumente."[447] In der Richtlinie werden zunächst
die „Schwerpunkte" der Arbeit mit West-IM beschrieben, um dann ausführlich
die unterschiedlichen IM-Kategorien, die Vorbereitung und Durchführung ihrer Anwerbung, ihre Anleitung, Erziehung und Qualifizierung, das Verbindungswesen, Maßnahmen zum Schutz des IM-Netzes sowie Grundsätze der
Führungs- und Leitungstätigkeit darzulegen. Diese Festlegungen wurden in der
Folgezeit durch eine Reihe von Dienstanweisungen durch den Stellvertreter
des Ministers und Leiter der HV A weiter verfeinert und spezifiziert.

So verlangte beispielsweise die DA 5/71 „in verstärktem Maße von allen operativen Diensteinheiten der Aufklärung eine zielgerichtete operative Bearbeitung der Universitäten und Hochschulen im Operationsgebiet". Für jede Hochschule in der Bundesrepublik wurde eine „federführende" Diensteinheit zur
„Bearbeitung" festgelegt – von der Abteilung XV der HV A für die Technische Hochschule in Aachen über die Abteilung I der HV A für die Universität
Bonn bis zur Abteilung XV der Bezirksverwaltung Erfurt für die Universität
Würzburg. Diese Diensteinheiten hatten sogenannte „Objekt-Vorgänge" anzulegen, „alle operativ bedeutsamen Materialien" zu sammeln und spezielle
„Objekt-Analysen" zu erarbeiten; darüber hinaus sollten sie „sichern, daß alle
geeigneten Personen-Hinweise in Richtung der festgelegten Objekte zielstrebig
bearbeitet werden", anfangs in der Regel in Form einer „Operativen Personenkontrolle" (OPK). Wörtlich hieß es in der Dienstanweisung:

> „Ziel der operativen Bearbeitung der Universitäten und Hochschulen ist die
> Schaffung von stabilen operativen Stützpunkten in den Universitäten und
> Hochschulen zur
>
> – laufenden Gewinnung von Perspektiv-IM und geeigneten Einschleu-
>   sungskandidaten für das Eindringen in die Hauptobjekte des Feindes,
>
> – systematischen Nutzung für die Erarbeitung von Informationen entspre-
>   chend der Gesamtaufgabenstellung der HV A, insbesondere
>
> die Aufklärung der politischen Gruppierungen und deren Aktivitäten, be-
> sonders über maoistische und rechtsextreme Kreise sowie über den politi-
> schen Differenzierungsprozeß und dessen operative Nutzung,

---

445 Ebenda, S. 2, 8 f., 14 f.
446 Richtlinie 2/68 für die Arbeit mit Inoffiziellen Mitarbeitern im Operationsgebiet; BStU, ZA, DSt
     101126; dokumentiert in: Die inoffiziellen Mitarbeiter. Richtlinien, Befehle, Direktiven (I), hrsg.
     vom BStU, 1992, S. 223–266.
447 Ebenda, S. 263.

die Aufklärung und Bekämpfung der an den Universitäten und Hochschulen wirkenden Kräfte bzw. Institutionen der politisch-ideologischen Diversion, insbesondere auf dem Gebiet der sogenannten DDR- und Ost-Forschung,

die Aufklärung und Beschaffung von Forschungsergebnissen auf politischem, ökonomischem, militärtechnischem und naturwissenschaftlichem Gebiet,

die Aufklärung der Aktivitäten der Geheimdienste im Hochschulbereich,

die Erfassung bzw. Erarbeitung der sich für die Durchführung aktiver politisch-operativer Maßnahmen ergebenden Möglichkeiten, deren Nutzung der Abteilung X der HV A zur Bestätigung und Koordinierung vorzuschlagen ist,

die Erarbeitung von Hinweisen, Erkenntnissen und Möglichkeiten für den Aufbau und die Lancierung von Perspektiv-IM sowie von Protektionsmöglichkeiten."[448]

1971 erließ Wolf „Grundsätze für die Arbeit mit operativen Außenarbeitsgruppen (OAG)" – das heißt Gruppen von Offizieren im besonderen Einsatz (OibE) und Hauptamtlichen Inoffiziellen Mitarbeitern (HIM) der Aufklärung, „die unter einer speziellen Abdeckung relativ selbständig unter Leitung eines operativen Mitarbeiters konspirativ tätig sind und spezifische operative Aufgaben lösen" und dabei „gleichzeitig der Auswahl und Qualifizierung von Perspektivkadern und Einstellungskadern" dienen sollten – die „Kaderschmieden" der HV A. Die „Abdeckung", so hieß es in der Dienstanweisung, sollte „keinen oder nur einen geringen Publikumsverkehr nach sich ziehen", sich „in das Gesamtbild der für die Abdeckung ausgewählten Dienststellen, Institutionen, Betriebe u. a. einfügen" und der Öffentlichkeit „normal" erscheinen; „die Objekt- und Arbeitslegende ist schriftlich auszuarbeiten", und die Mitarbeiter „sind gewissenhaft mit diesen Legenden vertraut zu machen". Die OAG hatten die Aufgabe, „Grundlagenarbeit für die politisch-operative Arbeit im Operationsgebiet zu leisten" und waren „so zu gestalten, daß durch rationelle Nutzung und Ausbau der operativen Basis qualifizierte operative Materialien erarbeitet bzw. Kader gewonnen werden, die für die Bearbeitung der festgelegten Objekte des Feindes genutzt bzw. eingesetzt werden können". Hatten die Vorgän-

448 Stellvertreter des Ministers, DA 5/71 „über die systematische operative Bearbeitung der Universitäten und Hochschulen im Operationsgebiet – Bearbeitung von Universitäten und Hochschulen – vom 11.10.1971, VVS 198/A 38/71, hier: Fassung vom 1.8.1974; BStU, ASt Berlin, XV 11. Vgl. auch: HV A, Forschungsergebnisse zum Thema „Die politisch-operative Bearbeitung der Hochschulen in der BRD und in Westberlin", GVS 0211 – A 20/76; BStU, ASt Berlin, XV 6. Zur Erhöhung der „Wirksamkeit an den Schwerpunkten" wurden im Frühjahr 1971 in der Abt. XV der Bezirksverwaltung Berlin, die für die Bearbeitung der Freien und der Technischen Universität Berlin zuständig war, die Arbeitsgruppe D „(Bearbeitung von Studenten als Perspektiv-IM)" und die sogenannte „Außengruppe", die aus dem grenzüberschreitenden Reiseverkehr „Werber" und „Perspektiv-IM (Studenten und Sekretärinnen)" werben sollte, zusammengelegt zu einem neuen Referat D. Vorschlag der Abt. XV der Verwaltung für Staatssicherheit Groß-Berlin vom 25.3.1971; BStU, ASt Berlin, XV 25.

ge eine bestimmte „Reife" entwickelt, waren sie an die zuständigen Diensteinheiten zu übergeben.

„Im einzelnen richten die OAG ihre Tätigkeit auf die

- Bearbeitung operativer Hinweise, besonders aus dem Reiseverkehr, mit dem Ziel, Einschleusungskandidaten, Werber u. a. Kategorien von Perspektiv-IM zu gewinnen.[...]

- Gewinnung von geeigneten IM – die aufgrund ihrer Voraussetzungen, Funktion, Stellung und Verbindungen in der Lage sind, operative Hinweise im Operationsgebiet zu beschaffen und ihre Anfangsbearbeitung zu übernehmen;

- Suche und Auswahl von Einsatzkadern für den Einsatz im Operationsgebiet zum Ausbau von Kontakten und für andere operative Aufgaben im Rahmen der Aufgabenstellung der OAG;

- Erarbeitung von Hinweisen zur Gewinnung von Übersiedlungsdokumentationen;

- ständige Suche nach Übersiedlungskandidaten [...].

Durch eine konkrete Vorgabe der zu bearbeitenden Personenkreise bzw. der zu gewinnenden Kategorien von Kontaktpersonen und IM im Operationsgebiet ist sicherzustellen, daß die Tätigkeit der OAG konzentriert auf die Lösung der Schwerpunktaufgaben gerichtet und eine Verzettelung verhindert wird."[449]

Die DA 7/71 legte erneut „Maßnahmen zum Schutz und zur Sicherung des inoffiziellen Netzes" fest. In dem mit Anlagen über 60seitigen Papier wird eine „ständige und sorgfältige Analyse der Sicherheitslage in jedem Vorgang" verlangt und eine „Meldepflicht bei sicherheitsrelevanten Sachverhalten" vorgeschrieben – von „akuter Gefahrensituation" und „Doppelagententätigkeit" über „Verräter" und „Offenbarung" bis zu „Abbruch", „Aussiedlung" und „Dekonspiration"; zu jedem dieser „Sachverhalte" war ein genauer Fragenkatalog abzuarbeiten. Besondere Verantwortung kam dabei der sogenannten „AG S" zu, die u. a. befugt bzw. verpflichtet war, „zu den sicherheitsrelevanten Sachverhalten Kontrollvorgänge zu führen" sowie mit Zustimmung der HVA-Leitung „im erforderlichen Fall Einsicht in die jeweiligen Vorgänge zu nehmen". Die „Gewährleistung des Schutzes und der Sicherheit des inoffiziellen Netzes der Aufklärung", so hieß es in der Anweisung, „ist vor allem durch eine systematisch vorbeugende Arbeit, durch die Weiterentwicklung und Qualifizierung des abwehrmäßigen Denkens und Handelns aller Leiter und Mitarbeiter in der

---

449 Stellvertreter des Ministers, DA 6/71 „über Grundsätze für die Arbeit mit operativen Außenarbeitsgruppen (OAG) – Operative Außenarbeitsgruppen –" vom 14.10.1971; BStU, ASt Berlin, XV 11.

Vorgangsarbeit sowie durch die qualifizierte Abwehr feindlicher Angriffe auf das inoffizielle Netz zu erreichen."[450]

Einen Einblick in die Vorgehensweise des Aufklärungsapparates zu Beginn der siebziger Jahre gibt das im Bestand des BStU überlieferte Referat von Markus Wolf auf dem zentralen Führungsseminar des MfS vom 1. bis 3. März 1971.[451] Darin konstatiert Wolf zunächst „eine Reihe günstiger Voraussetzungen" wie die Verstärkung „der Widersprüche auf internationaler Ebene und zwischen den politischen Kräften in Westdeutschland" sowie die „zunehmende Ernüchterung breiter Bevölkerungskreise, besonders auch unter der studentischen Jugend". Die „Zentralisation des staatsmonopolistischen Machtapparates" bedinge, daß sich das für das MfS interessante Material in größerem Maße an bestimmten Schwerpunkten konzentriere – an „Schaltstellen" wie dem Bundeskriminalamt, dem Bundesministerium für Verteidigung, dem Bundesministerium für Wissenschaft und Forschung sowie in bestimmten Großkonzernen. Auf der anderen Seite habe die „Stärkung der Exekutivorgane" im Westen aber auch „unmittelbare Folgen für die operative Arbeit".

Vor der HV A und den Abteilungen XV stehe die Aufgabe, „das IM-Netz im Operationsgebiet qualitativ weiter zu verstärken", was besonders in der Gewinnung neuer wertvoller Quellen seinen Ausdruck finden müsse. Voraussetzung für das Eindringen in die Objekte sei eine gründliche Objektanalyse, einschließlich der Feinstruktur, der Personalpolitik und der optimalen Einschleusungswege. Bei Werbungen aus den Objekten solle stärker als bisher die „Werbung unter fremder Flagge" angewendet werden (d. h. in der Regel die Vorspiegelung, daß nicht das MfS, sondern eine westliche Stelle die Informationen in Empfang nimmt), denn die „Praxis zeugt vom Erfolg dieser Methode". Einschleusungen hingegen setzten vor allem die „Gewinnung geeigneter Perspektiv-IM, besonders Studenten, Sekretärinnen, Schreibkräfte u. a. Kategorien voraus"; deshalb sei ein „ausreichender Vorlauf an geeigneten Perspektiv-IM" notwendig, also die „zielstrebige, planmäßige Schaffung geeigneter Perspektiv-IM", wofür „objektiv günstige politische und operative Bedingungen" bestünden. Dies setzte wiederum die „Schaffung weiterer qualifizierter Werber aus dem Operationsgebiet voraus", wofür „ledige Männer aller Altersstufen" besonders interessierten. Auch geeignete DDR-Werber seien erforderlich, doch ergäbe sich hier „bei Erfolg" des Kontaktes das Problem der „Dokumentierung und Abdeckung", weshalb diese Werber besser als „Führungs-IM für Werber aus dem Operationsgebiet" fungieren sollten.

Für das MfS bleibe „auch in Zukunft für das Operationsgebiet in den NATO-Ländern die sogenannte illegale Linie ausschlaggebend, selbst wenn es in diesen Ländern größere offizielle Auslandsvertretungen geben sollte". Deshalb sei

---

450 Stellvertreter des Ministers, DA 7/71 der HV A „Maßnahmen zum Schutz und zur Sicherung des inoffiziellen Netzes der Hauptverwaltung A und der Abteilungen XV der Bezirksverwaltungen in der Fassung vom 20.4.1987; BStU, ASt Berlin, XV 14.
451 Referat des Generalleutnant Wolf zum zentralen Führungsseminar vom 1.–3.3.1971; BStU, ZA, ZAIG 7691.

es weiterhin notwendig, in der Abwehrarbeit in der DDR erprobte Kader für den Einsatz im Westen bereitzustellen, auch wenn Übersiedlungen immer komplizierter würden. Alle operativen Linien der Aufklärung müßten dafür „geeignete Originalpersonen erarbeiten" – also Personen, in deren Identität das MfS seine Spitzel schlüpfen lassen konnte – und dabei einen ständigen Vorlauf für die kommenden Jahre schaffen. Da die „USA als Hauptgegner weiter in den Vordergrund" rückten, sei die „allseitige Erschließung operativer Möglichkeiten zur Bearbeitung von USA-Objekten, der operativen Bearbeitung und Kontaktierung von USA-Bürgern sowie des Eindringens in die USA selbst" zentrale Aufgabe aller Linien der Aufklärung. „Hauptoperationsgebiet" für die HV A bleibe aber die Bundesrepublik.

Wolf hob in seinem Referat wiederholt hervor, wie wichtig die „Vervollkommnung der Nutzung des gesamten Systems des MfS für die effektivere Arbeit in Richtung Operationsgebiet" sei; bestimmte Aufgaben seien ohne die Kraft des gesamten Ministeriums nicht lösbar. So sei die Unterstützung der „progressiven jungen Nationalstaaten" und der „nationalen Befreiungsbewegungen" in der Dritten Welt keine „Ressortaufgabe der HV A", sondern müsse fester Bestandteil der Arbeit der verschiedenen Leitungsebenen und Linien werden. Diese müßten beispielsweise die im nicht-sozialistischen Ausland eingesetzten Kader besser überprüfen, da eine große Zahl von ihnen „republikflüchtig" geworden sei. Auch zur aktiven Bekämpfung der „imperialistischen Geheimdiensttätigkeit" müßten die legalen Positionen in dritten Ländern zielstrebiger genutzt werden. Da die HV A nach der DA 7/65 prinzipiell für die Nutzung und Bearbeitung aller für ein Jahr oder länger im Ausland eingesetzten Kader zuständig sei, müßten die zum Einsatz kommenden IM der HVA-Abteilung III rechtzeitig zur Zusammenarbeit „angeboten" werden. Die Zunahme der Zusammenarbeit des MfS mit den Sicherheitsorganen „progressiver Nationalstaaten" erfordere die „Bereitstellung und zielgerichtete Qualifizierung geeigneter Kader für den Einsatz als Berater, Verbindungsoffiziere, Instrukteure der verschiedenen Linien" gemäß dem Befehl 3/70 des Ministers (vgl. Kap. 5.1.1).

Auch bei den Aufgaben zum „Eindringen in die Hauptobjekte" sei, so Wolf, „die bessere Nutzung des Gesamtsystems unseres Ministeriums" erforderlich. Da jede von der DDR aus erkannte oder erschlossene Möglichkeit eine gewaltige Einsparung an Kraft, Mitteln und Risiko im Operationsgebiet bedeute, stünde insbesondere vor den Aufklärungsabteilungen der Bezirksverwaltungen „noch stärker die Aufgabe der besseren und allseitigen Nutzung der operativen Basis in unserer Republik für alle zentralen Aufgaben des MfS, d. h. hier der HV A im Operationsgebiet". Die „operative[...] Basis der Bezirke" müsse allseitig genutzt werden, „mit Perspektive auf die Hauptobjekte" und „auf die Bearbeitung bestimmter Personenkategorien wie Studenten, Sekretärinnen u. a., um qualifizierte Perspektiv-IM zu gewinnen". Zu den Hauptaufgaben der Aufklärungsabteilungen gehöre ferner die „effektivere Nutzung des vorhandenen Netzes im Operationsgebiet", die „operative Bearbeitung der zugewiesenen Objekte", die „Schaffung von Einsatz- und Übersiedlungskandidaten" sowie die „Entwicklung von Nachwuchskadern für die HV A". Bei der ange-strebten besseren Nutzung des Gesamtsystems des MfS ginge es vor allem um die „bessere Erfassung und Nutzung der Möglichkeiten des gesamten IM-Sy-stems", insbesondere in der DDR, zum Beispiel durch die „optimale Nutzung der Reise-IM ins Operationsgebiet" oder durch die „Qualifizierung der Bear-beitung des Reiseverkehrs". Der Stab der HV A werde dazu ein Modell ausar-beiten,

> „welche Personenkreise und welche -kategorien am zweckmäßigsten für die aktive operative Bearbeitung zu erfassen sind. [...] Es interessieren zum Beispiel Städte wie Bonn, Köln, Düsseldorf, Hannover, München, Frank-furt/Main, Hamburg, Kiel, Göttingen, Wiesbaden usw. Oder aus der Kate-gorie der Studenten bestimmte Studienrichtungen: Jura, politische Wissen-schaften, Journalistik, Sprachwissenschaften, Naturwissenschaften. Stu-denten aus den USA und geeignete Perspektivkader aus den NATO-Staaten. Personengruppen, die in Opposition zur Entwicklung in Westdeutschland stehen – Außerparlamentarische Opposition, Studenten-Organisationen, Personen in 'freien Berufen'".[452]

Größere Möglichkeiten seien auch bei der für die Postkontrolle zuständigen Abteilung M vorhanden. Besonders bei Aufträgen über bestimmte Straßen und Städte in Westdeutschland und West-Berlin erhielte die HV A verhältnismäßig wenig Material. Bei der Zusammenarbeit mit der für die Grenzkontrolle zu-ständigen Hauptabteilung VI ginge es besonders um eine schnellere Weiterga-be der Hinweise aus dem Reiseverkehr. Um die Basis der Bezirke verstärkt nutzbar zu machen, werde man noch weitere Hilfsmittel erarbeiten mit dem Ziel, „die Konspiration und den Abwehrriegel des Feindes an diesen entschei-denden Punkten aufzubrechen". Das Gesamtsystem des Ministeriums könne nur dann funktionieren, wenn die Teilsysteme richtig miteinander verbunden und aufeinander abgestimmt seien, denn umgekehrt könne auch die HV A

> „nicht qualifiziert im Operationsgebiet arbeiten, ohne dabei nicht gleichzei-tig die inneren Probleme, den Schutz und die Sicherung der DDR zu be-achten. Wir stellen deshalb an die Spitze die Forderung, daß Aufklärer ab-wehrmäßig denken und handeln müssen. Durch die ständige Erziehungsar-beit auf diesem Gebiet ist die Anzahl der Operativinformationen an die Abwehrabteilungen von Jahr zu Jahr beträchtlich gestiegen, die z.T. von wesentlicher Bedeutung waren und zu Festnahmen von Agenten in der DDR führten. Das zeugt insgesamt von einer stärkeren und besseren, allsei-tigen Nutzung des IM-Netzes im Operationsgebiet und in der DDR für die Sicherung der DDR und für eine bessere und qualifiziertere Zusammenar-beit mit den Abwehrlinien, insbesondere den Hauptabteilungen II, XVIII und XX. Es steht aber ebenso fest, daß auf dem Gebiet der Beschaffung von Abwehrinformationen durchaus noch weitere Möglichkeiten und Reserven vorhanden sind, die unbedingt ausgeschöpft werden müssen. Hier muß das

---

452 Ebenda, S. 21.

Einwirken der Abwehrabteilungen im konkreten Vorgang bzw. abzusichernden Objekt verstärkt werden."[453]

In seinem Referat beschäftigte sich Wolf auch ausführlich mit der Frage, wie einer Enttarnung des IM-Netzes im Westen besser vorgebeugt werden könnte. So müßte die Auswahl von Einsatzkadern aus der DDR sorgfältiger erfolgen, da diese, wenn sie falsch eingeschätzt würden, „im Operationsgebiet [...] nicht nur die Menschen, sondern das Ergebnis jahrelanger Arbeit" gefährdeten. Auch „nicht gründlich durchdachte Werbekombinationen, mangelnde Überprüfung der Werbekandidaten im Operationsgebiet, zu schnelles Vorgehen bei Kontaktanbahnungen und Werbungen in der DDR" führten häufig zu unnötigen Verlusten und Pannen. „Nicht alle Studenten und Sekretärinnen, die wir als IM betrachten, sind bereit, unsere Zielstellung zu verfolgen. Sie versuchen oft, im entscheidenden Moment auszuweichen oder, wie in einigen Fällen im letzten Jahr bewiesen, sich in dem Moment dem Feind zu stellen, in dem von der Betreuung zur konkreten Arbeit übergewechselt werden soll." Ein drittes Problem seien Fehler im Verbindungswesen, denn den feindlichen Abwehrorganen sei bekannt, daß besonders hier „unsere neuralgischen Punkte" lägen. Deshalb konzentrierten sie ihre Tätigkeit in verstärktem Maße auf den Bahnhof Friedrichstraße, den sogenannten Ho-Chi-Minh-Pfad, auf Grenzübergangsstellen, auf die Verkehrsknotenpunkte wie Bahnhöfe, Flugplätze und Häfen. Reisen und Grenzpassagen von IM, besonders über den Bahnhof Friedrichstraße, seien auf das notwendigste Minimum zu reduzieren. In der Vorbereitung und Anleitung der inoffiziellen Mitarbeiter „für das Verhalten vor feindlichen Untersuchungs- und Justizorganen" seien hingegen in den letzten Jahren wesentliche Fortschritte gemacht worden. Zum Schluß seines Referates stellte Wolf dann fest:

> „Wenn wir die Anstrengungen und Aktivitäten der feindlichen Abwehrorgane und imperialistischen Geheimdienste in unserer täglichen operativen Arbeit in Rechnung stellen, können wir auf dem feindlichen Territorium, das wir als Operationsgebiet bezeichnen, uns so bewegen, so operieren, unsere Kräfte in solchem Umfang einsetzen, steuern und zu Erfolgen führen, wie wir das entsprechend unserer Aufgabenstellung, Konzeptionen und Pläne für erforderlich halten. Wenn wir selbst keine ernsten Fehler machen, gibt es keine objektiven Umstände und keinen Feind, der uns daran hindern könnte."

Um Fehlerquellen auszuschließen, erließ Wolf auch in der Folgezeit immer wieder neue Anweisungen zur Regelung oftmals sehr spezieller Probleme. Die DA 1/76 machte beispielsweise die Abteilung IX der HV A „für die Erfassung, Erarbeitung und Weiterleitung von Informationen über terroristische Handlungen und Aktionen im Operationsgebiet sowie über Personalangaben von Terro-

---

453 Ebenda, S. 29 f.

risten" verantwortlich.[454] Die DA 3/79 regelte die „Aufgaben, Arbeitsweise und Anleitung der Abteilungen XV in den Bezirksverwaltungen", um die effektive „Nutzung der sich bietenden Möglichkeiten der operativen Basis in der DDR für die Arbeit ins Operationsgebiet" zu gewährleisten – insbesondere zur Schaffung von „Perspektiv-IM", „Werbern" und „Stützpunkten" an Universitäten und Hochschulen im „Operationsgebiet" und zur „Erarbeitung von Hinweisen auf operativ interessante Personen für die operativen Diensteinheiten der HV A".[455] Die DA 4/79 legte die „Schaffung von Grenzschleusen" und von „Quellen in den Grenzüberwachungsorganen der BRD und Westberlins zur Sicherung der Schleusungstätigkeit" sowie die „Aufklärung der für die Schleusungstätigkeit wichtigen Regimeverhältnisse im grenznahen Raum des Operationsgebietes" durch die Arbeitsgruppe G fest.[456]

Eine umfassende Neuregelung der Arbeit mit inoffiziellen Mitarbeitern im „Operationsgebiet" enthielt dann die Richtlinie 2/79, die speziell für die Diensteinheiten der „Aufklärung" als „verbindliche Grundlage" von Mielke erlassen wurde. In dem 50seitigen Regularium wurden die „Hauptmethoden" der Informationsgewinnung durch IM, Abschöpfung und Einsatz operativer Technik sowie Fragen der Konspiration und die Entwicklung eines „funktionstüchtigen IM-Netzes" detailliert geregelt. Darüber hinaus werden die unterschiedlichen IM-Kategorien definiert, die Werbungsmethoden beschrieben sowie Vorgaben für die praktische Arbeit mit inoffiziellen Mitarbeitern gemacht. In dem für das MfS so charakteristischen bürokratischen Sprachduktus werden zahlose Einzelheiten der IM-Arbeit fixiert, einschließlich der Motive, die Bundesbürger dazu hätten verleiten können, für das MfS zu arbeiten – von „progressiven politischen Überzeugungen" über „divergierende reaktionäre Überzeugungen und Interessen" bis hin zu „materiellen und persönlichen Interessen".[457]

Trotz dieser detaillierten Vorgaben wurde auch in der Folgezeit eine Fülle von Dienstanweisungen, Ordnungen, Durchführungsbestimmungen und Befehle

454 DA 1/76 des Stellvertreters des Ministers „über die Behandlung von Informationen über terroristische Aktionen und über Personalangaben von Terroristen im Operationsgebiet – Terroristen –" vom 25.10.1976; BStU, ASt Berlin, XV 10.

455 DA 3/79 des Stellvertreters des Ministers „über Aufgaben, Arbeitsweise und Anleitung der Abteilungen XV in den Bezirksverwaltungen – Arbeit der Abt. XV/BV –" vom 3.12.1979; BStU, ASt Berlin, XV 2. Die Arbeit der Abteilungen XV der Bezirksverwaltungen kann aus Zeitgründen im Rahmen dieses Berichtes leider nicht näher behandelt werden. Aus der Anlage zum überlieferten Exemplar der DA 3/79 sei jedoch die Liste der West-Berliner Objekte zitiert, deren „Bearbeitung in eigener Zuständigkeit" der Abt. XV der BV Berlin oblag: Senatskanzlei, Senator für Wirtschaft, Innensenat und Landesamt für Verfassungsschutz, Abgeordnetenhaus, Landesverbände von SPD, FDP und CDU, Jugendorganisationen dieser Parteien, Siemens West-Berlin, AEG Telefunken West-Berlin, Schering West-Berlin, Freie Universität mit den „Zentren politisch-ideologischer Diversion" Osteuropa-Institut, Otto-Suhr-Institut und „Ost-, DDR-, Friedens- und Zukunftsforschung", Deutsches Institut für Wirtschaftsforschung (DIW), Wissenschaftszentrum Berlin.

456 DA 4/79 des Stellvertreters des Ministers „über die Aufgaben und die Tätigkeit der Arbeitsgruppe G der HV A zur Schaffung und Nutzung von Grenzschleusen für das operative Verbindungswesen" vom 3.12.1979; BStU, ASt Berlin, XV 2.

457 Richtlinie 2/79 „für die Arbeit mit Inoffiziellen Mitarbeitern im Operationsgebiet" vom 8.12.1979, S. 14 f.; BStU, ASt Berlin, XV 22.

erlassen, mit denen in den achtziger Jahren die Vorgehensweise der HV A verbessert, verfeinert und den veränderten Bedingungen angepaßt wurde.[458] Insbesondere die systematische, rechnergestützte Auswertung der eingehenden Informationen erlangte im letzten Jahrzehnt der HV A immer größere Bedeutung. Zu diesem Zweck wurde ein spezielles „System zur Informationsrecherche der HV A" (SIRA) entwickelt, das den vier informationsauswertenden Diensteinheiten – Abteilung VII, SWT, Abteilung VI und Abteilung IX – ein EDV-gestütztes Informations- und Dokumentationssystem erlaubte.[459] Dabei ging es nicht nur um die Nutzung der Datenfonds dieser Diensteinheiten durch die gesamte HV A, sondern auch um die „Bereitstellung, Aufbereitung, Erfassung und Speicherung operativ bedeutsamer Informationen" in der Zentralen Personendatenbank (ZPDB) und im sogenannten „SYSTEM" des MfS.[460] Im Zuge der zunehmenden Verschmelzung von „Aufklärung" und „Abwehr" (vgl. Kap. 4.2.4) beteiligte sich die HV A nämlich ab Januar 1989 auch an der ZPDB und wurde in „zentrale Regelungen des MfS bei der Erfassung von Personen und der Registratur von Vorgängen und Akten" eingegliedert.[461] In diesem Zusammenhang wurde 1989 auch mit der „zentralen Weiterleitung von

---

458 Diese im einzelnen vorzustellen, ist im Rahmen dieses Berichtes aus zeitlichen Gründen nicht möglich und bleibt einer späteren Buchpublikation vorbehalten.

459 Stellvertreter des Ministers, Ordnung der HV A 1/88 „über die Anwendung der elektronischen Datenverarbeitung (EDV) in der Hauptverwaltung A" vom 1.7.1988; BStU, ASt Berlin, XV 389. HV A, Stab, Orientierung „für die weitere Qualifizierung der Auswertungs- und Informationstätigkeit in den operativen Diensteinheiten der HV A und den Abteilungen XV/BV" vom 17.5.1988; ebenda. Ohne Autor, ohne Titel, ohne Datum [17seitige Darstellung zur Arbeitsweise von SIRA]; BStU, ASt Berlin, XV 389. Ein Teil der SIRA-Datenträger wurde 1990 nicht vernichtet und im Frühjahr 1992 von bundesdeutschen Sicherheitsbehörden dem BStU übergeben; seitdem gab es umfangreiche Bemühungen, sie wieder lesbar zu machen. Die inhaltliche Auswertung der Datenträger beginnt 1998. Vgl. „Der Zugang zum Gedächtnis der Stasi-Spionageabteilung? In Eggersdorf bei Berlin wurde in den letzten Jahren der elektronische Nachlaß des MfS für die Gauck-Behörde lesbar gemacht", in: Berliner Zeitung vom 13./14.12.1997.

460 Stellvertreter des Ministers: Anweisung der HV A 2/81 „zur Nutzung der Datenfonds der informationsauswertenden Diensteinheiten der Hauptverwaltung A im Rahmen des Informations-Recherche-Systems auf der Basis der EDV – Speichernutzung der IADE –" vom 15.10.1981; BStU, ASt Berlin, XV 389. HV A, Leiter des Stabes, 1. Vorläufige DB zur Anweisung der HV A 2/81 (VVS A 88/81) „über die Nutzung der Datenfonds der IADE im Rahmen des Informations-Recherchesystems auf der Basis der EDV – Speichernutzung der IADE –" vom 5.1.1982; ebenda. Stellvertreter des Ministers, Ordnung der HV A 1/88 „über die Anwendung der elektronischen Datenverarbeitung (EDV) in der Hauptverwaltung A" vom 1.7.1988; BStU, ASt Gera, XV 0278. Stellvertreter des Ministers, DA 1/88 der HV A „über die Aufbereitung und Übergabe von operativ beschafften Informationen durch die operativen Diensteinheiten der HV A und die Abteilungen XV/BV an die informationsauswertenden Diensteinheiten der Hauptverwaltung A und deren Auswertung" vom 2.5.1989; BStU, ASt Gera, XV 0278. Stellvertreter des Ministers, DA 2/88 der HV A „zur Organisierung der Bereitstellung, Aufbereitung, Erfassung und Speicherung operativ bedeutsamer Informationen durch die operativen Diensteinheiten der Hauptverwaltung A und die Abteilungen XV der Bezirksverwaltungen" vom 1.7.1988; BStU, ASt Berlin, XV 389.

461 Ohne Autor, ohne Datum: Auszug aus der Planorientierung für 1988 (Punkt IV.5.); BStU, Abt. Bildung und Forschung, Information und Dokumentation, Dokument 39; Stellvertreter des Ministers: Anforderungen und Aufgaben, die sich aus der Mitarbeit der HV A an der ZPDB des MfS ergeben, 7.7.1987; ebenda.

Informationen, die in die Zuständigkeit von Abwehrlinien fallen, begonnen".[462]

In sogenannten „Operativen Schlußfolgerungen" fixierte Wolf 1983 noch einmal ausführlich die Details der Vorgehensweise der HV A.[463] Deutlich wird darin u. a., daß die „Aufklärung" nicht wahllos im Westen agieren sollte, sondern daß „die operative Arbeit [...] auf die effektive Bearbeitung der feindlichen Hauptobjekte zu konzentrieren" war – anders war das gigantische Informationsaufkommen gar nicht zu bewältigen. „Es kommt nicht darauf an, eine Vielzahl von IM zu führen, sondern diese in solchen Positionen zu haben, in denen sie in der Frage Krieg oder Frieden die entscheidenden Informationen beschaffen können." Auf der anderen Seite hielt Wolf gerade deshalb an der Basis ein sehr breites, systematisches Vorgehen für erforderlich – d. h. „eine umfassende Sammlung von Angaben zu Personen aus den Objekten" und eine „effektivere Gestaltung der Dossierarbeit", die Verstärkung der „Kontaktarbeit" in beiden deutschen Staaten, die umfassende Aufklärung und Überprüfung von „aus der Dossierarbeit erkannten Zielpersonen" für eine Werbung, „die Entwicklung geeigneter, für den Gegner nicht belasteter und überprüfbarer Werber und Werbestützpunkte", die „Suche und Auswahl geeigneter P[erspektiv-]IM", vorrangig „in operativen Schwerpunktterritorien oder Objektstädten", die dafür notwendige verstärkte „Entwicklung von Stützpunkten an Universitäten und Hochschulen", die Bearbeitung von „Basisstützpunkten" auf Landesebene, in der Friedensbewegung oder in alternativen Gruppen, um dort „PIM aufzubauen, die von ihren Führungskräften in zentrale Schwerpunktobjekte mitgenommen bzw. empfohlen werden" etc. „Generallinie muß sein, unter Nutzung aller operativen Möglichkeiten unseres Organs, eine große Anzahl von Personen aufzuklären und zu überprüfen, aber nur die perspektivreichsten Personen zu kontaktieren bzw. mit dem Ziel der Werbung zu bearbeiten."[464]

Die „Vervollkommnung der Objektbearbeitung" stand auch im Mittelpunkt eines umfangreichen Forschungsvorhabens an der Schule der HV A, das 1983 durch den späteren Wolf-Nachfolger, Generalleutnant Großmann, veranlaßt und 1987 abgeschlossen wurde. Dem Leiter der Schule zufolge entsprach die Forschungsarbeit „den Grundorientierungen in den Führungsdokumenten der HV A, in denen eine effektivere und erfolgreichere Bearbeitung der feindlichen Zentren und Objekte als eine zentrale Aufgabe für die Hauptverwaltung A gestellt und als Kernstück der operativen Arbeit im Operationsgebiet charakterisiert wird." Im Zentrum der „Objektbearbeitung" stand danach

„der Aufbau und die Führung eines IM-Netzes, was hinsichtlich seiner Struktur, Dislozierung und Organisation des Zusammenwirkens der IM den

---

462 HV A, Stab, 1. Stellvertreter, Schreiben an die Leiter der Diensteinheiten vom 16.12.1988; BStU, ASt Berlin, XV 389.
463 Stellvertreter des Ministers, Zu einigen Mitteln und Methoden der operativen Arbeit – Operative Schlußfolgerungen – vom 31.10.1983 (Neufassung der operativen Schlußfolgerungen vom 28.5.1979); BStU, ASt Berlin, XV 8.
464 Ebenda, S. 3 ff.

Zielen und Bedingungen der Objektbearbeitung entspricht. Dabei haben die Schaffung und der Einsatz von Quellen eine besondere Priorität. [...] Die Ausarbeitung der Bearbeitungskonzeption als das entscheidende Dokument zur Führung des operativen Angriffs auf die Hauptobjekte setzt ein hohes Niveau der Analysetätigkeit in der Objektbearbeitung voraus."[465]

Über die Wirksamkeit dieser Regularien und seiner Bemühungen um eine verbesserte Vorgehensweise legte Wolf u. a. in sogenannten „Sicherheitsanalysen" Rechenschaft ab, in denen er Erfolge und Mißerfolge der HV A kritisch bewertete. Für das Jahr 1985, in dem der Leiter der Spionageabwehr im Kölner Bundesamt für Verfassungsschutz, Tiedge, freiwillig in die DDR übertrat, ist im Bestand des BStU eine solche „Sicherheitsanalyse des inoffiziellen Netzes der HV A" überliefert. Wolf kommt darin zu der Einschätzung, daß dieses

„insgesamt stabil gearbeitet hat. Eine wesentliche Voraussetzung dafür war die verstärkte vorbeugende Führungs- und Leitungstätigkeit zum Schutz des inoffiziellen Netzes, insbesondere durch die rechtzeitige Einstellung der operativen Methodik bzw. des Arbeitsregimes auf die konkreten Erfordernisse sowie durch wirksame Zusammenarbeit der für die Sicherheit des inoffiziellen Netzes zuständigen Diensteinheiten der HVA mit den Diensteinheiten der Abwehr, insbesondere mit den HA II und IX. [...] In dieser Situation erlitt das BfV der BRD durch den Übertritt des Leiters der Spionageabwehr in die DDR sowie durch mehrere von der HVA im 2. Halbjahr erfolgreich durchgeführte Rückzüge wertvoller IM die bisher schwerste Niederlage. Das führte für das BfV auch bei seinen Verbündeten zu einem bedeutenden Vertrauensverlust. [...]

Zur konkreten politisch-operativen Lage ist festzustellen, daß es den feindlichen Organen der BRD und anderer imperialistischer Staaten im Jahr 1985 erneut nicht gelungen ist, wirksame Ergebnisse im Kampf gegen das inoffizielle Netz der HVA und seine aktive Aufklärungstätigkeit zu erreichen. Von den wenigen Verhaftungen erfolgte nur eine im Hauptoperationsgebiet BRD und zwei in Westberlin. Der operative Gesamtschaden ist insgesamt relativ gering. [...] Ausdrücklich ist festzustellen, daß alle Verhaftungen Einzelmaßnahmen waren. Die feindlichen Organe erreichten keine Einbrüche durch gezielte, systematische Bearbeitungskonzeptionen in das inoffizielle Netz. Die Mehrzahl der Verhaftungen hätte bei noch qualifizierterer Vorgangsführung gemäß den bestehenden Befehlen und Weisungen vermieden können."[466]

---

465 HV A, Objekt S, Leiter, Leiterinformation über vorliegende Forschungsergebnisse zur weiteren Vervollkommnung der Objektbearbeitung vom November 1987, S. 2; Matthias-Domaschk-Archiv (MDA), Hefter BV Leipzig HVA. Vgl. auch: HV A, Objekt S, Ergebniszusammenfassung zum Thema: Die weitere Entwicklung und Vervollkommnung der Objektbearbeitung durch die Diensteinheiten der HV A und die Abteilungen XV der Bezirksverwaltungen des MfS; BStU, ASt Berlin, XV 14.

466 HV A, Zur Sicherheitslage des inoffiziellen Netzes der HVA im Jahre 1985, S. 1 ff.; BStU, ZA, ZAIG 7373.

5.2 Bearbeitung von Geheimdiensten, Korrespondenten und anderen „feindlichen Zentren" – Die Hauptabteilung II[467]

Neben der HV A war die 1953 gebildete Hauptabteilung II die wohl bedeutendste Diensteinheit des MfS, die „in und nach dem Operationsgebiet" tätig wurde und zu diesem Zweck auch zahlreiche Agenten in der Bundesrepublik führte. Unter ihren Leitern Josef Kiefel (1953–1960), Werner Grünert (1960–1976) und Günther Kratsch (1976–1989) gehörte sie seit ihrer Gründung zum Kernbestand des Staatssicherheitsdienstes. Offiziell zuständig für „Spionageabwehr", bearbeitete sie in Wahrheit ein sehr viel breiteres Aufgabenfeld, das von der lückenlosen inneren Überwachung über die gezielte Verfolgung politischer Gegner bis hin zur Bekämpfung zahlreicher Institutionen im Westen reichte. Im Feindbild des MfS waren nahezu überall geheimdienstliche Angriffe und Verbindungen zu vermuten, die auf allen Ebenen möglichst vorbeugend bekämpft werden sollten. Wie beliebig der Begriff „Spionage" zur Stigmatisierung jedweder Kritik an der SED vom MfS eingesetzt wurde, zeigt schlaglichtartig der Fall der Veröffentlichung von Rudolf Bahros Buch „Die Alternative" oder des sogenannten „Spiegel-Manifestes", die beide als eben solche verfolgt wurden.[468]

Zum „komplexen Vorgehen bei der Abwehr geheimdienstlicher Angriffe gegen politische, ökonomische und militärische Bereiche"[469] gehörte es nicht nur, die sicherheitsrelevanten Felder im eigenen Land vor einer „Ausforschung" durch den Westen abzuschirmen. Vielmehr wollte man selbst in die westlichen Nachrichtendienste eindringen und deren Absichten und Arbeitsweise aufklären. Mit großem Aufwand bearbeitete die HA II deshalb – in enger Zusammenarbeit mit der HV A – deren Mitarbeiter, um sie anzuwerben, abzuschöpfen oder als Referenzpersonen für die Einschleusung von Perspektivagenten zu nutzen. Zur Beschaffung von Dokumenten, Unterlagen und Informationen wurde der Bestand an inoffiziellen Mitarbeitern (IM) beständig erweitert. Auf der Suche nach geheimdienstlichen „Angriffen" gerieten jedoch nicht nur die Nachrichtendienste selbst ins Visier der HA II, sondern auch Diplomaten, Journalisten oder Ausländer, die mit der DDR zu tun hatten oder dort lebten. Zu den „Zentren des Feindes" zählte das MfS daneben viele nichtgeheimdienstliche Institutionen und Behörden in der Bundesrepublik, die sie mit entsprechenden Überwachungsmaßnahmen überzog: Polizeidienststellen und Bundeswehreinrichtungen, Zentren der Datenverarbeitung und Massenmedien, politische Parteien und sogar karitative Einrichtungen, die sich um

---

467 Das folgende Kapitel beruht im wesentlichen auf der Forschungsarbeit von Hanna Labrenz-Weiß aus der Abt. Bildung und Forschung beim BStU; vgl. Labrenz-Weiß 1998.

468 Vgl. Problemstudie bezogen auf den Inhalt und die Entwicklung der Abwehrarbeit des MfS gegenüber geheimdienstlichen Angriffen auf politische Bereiche (Untersuchungszeitraum 1969/70 bis 1985/86); BStU, ZA, HA II/6, 1056, S. 165; zum „Spiegel-Manifest": Geppert 1996, S. 69.

469 Vgl. DA 1/87 zur Gewährleistung des komplexen Vorgehens bei der Abwehr geheimdienstlicher Angriffe gegen politische, ökonomische und militärische Bereiche – Spionageabwehr – vom 13.2.1987; BStU, ZA, DSt 103354.

469 Vgl. Schlußwort des Ministers auf der Delegiertenkonferenz der GO der HA II am 4.12.1985, S. 5 f.; BStU, ZA, ZAIG 3999.

Übersiedler aus der DDR kümmerten.[470] Ob es sich um die Otto-Benecke-Stiftung in Zirndorf handelte, um die Gesellschaft für bedrohte Völker in Berlin oder um den Rundfunksender RIAS – sie alle galten als „Objekte des Feindes", die in die Zuständigkeit der HA II fielen. Die „komplexe Spionageabwehr" wurde dabei vom MfS so weit gefaßt, daß darunter letztendlich jede Form des Ost-West-Kontaktes fiel, wenn dieser als eine – und wenn auch nur potentielle – Gefährdung der DDR betrachtet wurde. Allein die Tatsache der „Feindberührung" reichte vielfach aus, um die Maschinerie der HA II in Gang zu setzen.[471]

5.2.1 Entstehung und Entwicklung

Die Hauptabteilung II entstand im November 1953 aus der Zusammenlegung der Abteilungen II (Spionage) und IV (Spionageabwehr). Laut Befehl des ersten Ministers für Staatssicherheit, Wilhelm Zaisser, war die Abteilung II seit 1951 „für alle operative Agenturarbeit nach Westdeutschland" zuständig gewesen und damit die älteste Spionage-Diensteinheit des MfS.[472] Dem Befehl zufolge sollten damals auch in den Bezirksverwaltungen für Staatssicherheit unverzüglich Abteilungen II eingerichtet und mit entsprechendem Personal ausgestattet werden. Die neuen Abteilungen II mußten jede Werbung eines Informanten in der Bundesrepublik sofort an die zentrale Abteilung II des Ministeriums melden, wobei es ausdrücklich verboten war, Mitglieder der KPD zu werben. Auch die Kreisdienststellen mußten Informationen über wichtige Personen oder Ereignisse in Westdeutschland umgehend an die Bezirksverwaltung oder das Ministerium weitergeben, durften jedoch keine eigene Spionagetätigkeit betreiben. Die Bezirksverwaltungen sollten ihre zuverlässigen und überprüften Geheimen Informatoren (GI) an die Zentrale melden, damit diese auf einen Einsatz in der Bundesrepublik vorbereitet werden konnten.[473] Nach Bildung der Hauptabteilung II wurde diese in den Anleitungsbereich von Erich Mielke, damals 1. Stellvertreter des Staatssekretärs für Staatssicherheit, eingegliedert und Josef Kiefel mit ihrer Leitung beauftragt.[474]

---

470 Vgl. Bekämpfung feindlicher Stellen und Kräfte im Operationsgebiet, die subversiv gegen die DDR und andere sozialistische Staaten tätig sind (außer imperialistische Geheimdienste und kriminelle Menschenhändlerbanden); BStU, ZA, DSt 103142.

471 Ein besonders erschütterndes Dokument für diese Auffassung von „Spionageabwehr" ist der für Schulungszwecke angefertigte MfS-Film „Der Revisor", in dem der Fall eines älteren Mannes vorgeführt wird, der einem West-Korrespondenten einige literarische Arbeiten geben wollte, um sie im Westen zu veröffentlichen. Der Film zeigt, wie ein IM im Büro des Korrespondenten davon erfährt, das MfS informiert und dieses nach aufwendigen „Ermittlungen" und einer konspirativen Hausdurchsuchung den Betreffenden vor dem Büro des Korrespondenten schließlich wegen versuchter „Spionage" festnimmt. BStU, ZA, HA II-Vi 70.

472 Befehl 67/51 über die „Zentralgeleitete Erfassung und Bearbeitung aller Vorgänge der Abt. II (Spionage- und Abwehrarbeit)" vom 11.12.1951, S. 1; BStU, ZA, DSt 100016.

473 Ebenda, S. 2.

474 Befehl 371/53 über die „Löschung von Disziplinarstrafen, Beförderungen, Ernennungen und Veränderungen im Bereich des SfS" vom 25.11.1953 , S. 3; BStU, ZA, DSt 100076. Vgl. auch DA 48/53 vom 31.12.1953; BStU, ZA, DSt 100889.

Die Zusammenfassung von Spionage und Spionageabwehr in einer Hauptabteilung zeigt, wie eng der Zusammenhang zwischen innerer und äußerer Arbeit
in den fünfziger Jahren war. Zum einen lag die Gründung zweier deutscher
Staaten erst kurze Zeit zurück, und Berlin war nach wie vor eine offene Stadt,
in der man die politischen Systeme mit der U-Bahn wechseln konnte. Zum anderen hatte die brutale Repression im Inneren der DDR dazu geführt, daß politischer Widerstand gegen die SED nun fast nur noch im Untergrund oder von
westlichem Gebiet aus möglich war und dabei mehr und mehr konspirativ vorgehen mußte – Geheimdienste und geheimdienstähnliche Organisationen hatten unter diesen Bedingungen Hochkonjunktur. In dieser Gemengelage kam
der Hauptabteilung II und ihrer West-Arbeit zweifellos eine Schlüsselrolle zu.

Die neue Hauptabteilung gliederte sich damals in vier Abteilungen: Abteilung 1 (amerikanische Linie) unter der Leitung von Oberstleutnant Boede,
Abteilung 2 (englische Linie) unter Major Grünert, Abteilung 3 (französische
Linie) unter Oberstleutnant Heine und Abteilung 4 (westdeutsche Linie) unter
Oberstleutnant Kukelski.[475] Mit einer intensiven Unterwanderungsarbeit sowie
spektakulären Massenverhaftungen von tatsächlichen oder vermeintlichen Ge-
heimdienstagenten des Westens sorgte die Hauptabteilung II bald dafür, daß
die Bereitschaft, konspirativ gegen die SED-Diktatur zu arbeiten, zunehmend
zurückging. Bei der sogenannten „Aktion 'Feuerwerk'"[476] wurden Ende 1953
beispielsweise in der DDR 108 Personen unter der Beschuldigung festgenommen, einer „Filiale" der Organisation Gehlen, dem Vorläufer des Bundesnachrichtendienstes, in West-Berlin anzugehören. Im August 1954 führte die Aktion „Pfeil"[477] dann zur Festnahme von 354 Personen, die verdächtigt wurden,
für den amerikanischen Geheimdienst und die Organisation Gehlen gearbeitet
zu haben. Im Mai 1956 wurde die Aktion „Schlag" durchgeführt, bei der es der
Hauptabteilung II gelang, mit Hilfe des Geheimen Mitarbeiters Horst Hesse
(Deckname „Jürgen") in Würzburg die Agentenkartei des amerikanischen Militärspionagedienstes MIS (Military Intelligence Service) zu rauben – 140 Verhaftungen waren die Folge.[478]

Die Aktion „Schlag" wurde im Auftrag von Kiefel und Mielkes Stellvertreter,
Bruno Beater, organisiert und von einer „Gruppe für Sondereinsätze" durchgeführt. Diese stand unter Leitung des West-Berliner Kraftfahrzeugmechanikers
Hans Wax (Deckname „Donner"), der den Akten zufolge im November 1955
angeworben worden war und für das MfS „spezielle Aufträge" in Westberlin
und Westdeutschland" durchführte – neben Beobachtungs- und Aufklärungs-
arbeiten auch Entführungen, Anschläge und Einbrüche.[479] So rammten er und

475 Ebenda, S. 5.
476 Operativplan der Aktion „Feuerwerk" vom 26.10.1953; BStU, ZA, DSt 100077.
477 DA 44/54 zur Aktion „Pfeil" vom 26.7.1954; BStU, ZA, DSt 100926.
478 Operativplan der Aktion „Schlag" vom 16.5.1956; BStU, ZA, AIM 11599/85, Bd. 1 (II), S. 64;
    Auskunftsbericht über Hans Wax; ebenda, Bd. 2, S. 20 ff.; vgl. auch: Positionspapiere zur Neuorga-
    nisation der Spionageabwehr in der DDR, Anlage: Ergebnisse der Tätigkeit der Spionageabwehr in
    der Geschichte der DDR; BStU, ZA, HA II/AGL, Bündel 29.
479 Wax's Einsätze sind in einer 28 Bände umfassenden AIM-Akte dokumentiert; BStU, ZA, AIM
    11599/85; aus „Sicherheitsgründen" siedelte der 1927 geborene Automechaniker kurz vor dem

zwei Gehilfen am 17. November 1955 auf der Autobahn bei Alsfeld den Wagen des angeblichen „Gehlen-Residenten und Mitarbeiter des dänischen Geheimdienstes", Werner Rieker, fesselten ihn und transportierten ihn im Kofferraum in die DDR.[480] Dort wurde er dann zu 15 Jahren Haft verurteilt, von denen er bis zu seinem Freikauf durch die Bundesrepublik im Jahre 1964 die meiste Zeit im Gefängnis Bautzen II zubringen mußte. Im Dezember 1956 führte Wax in West-Berlin eine ähnliche Aktion durch, und 1958 erhielt er den Auftrag, den Sender „Freies Rußland" in München mit einem Sprengsatz „zu liquidieren" – das MfS revanchierte sich mit zahlreichen Auszeichnungen und umfangreichen Geldzahlungen. Als Kiefel 1960 die Leitung der Hauptabteilung II abgab und Leiter der Abteilung 21 wurde (zuständig für „spezielle" Aufgaben gegen „feindliche" Zentralen), wechselte auch die Sondergruppe „Donner" in die Abteilung 21. Ob die 1962 in der Hauptabteilung II gegründete Gruppe für Spezialaufgaben dieselben Aufgaben wie die Sondergruppe „Donner" zu erfüllen hatte, ist bislang ungeklärt.

Die Hauptabteilung II spielte in den fünfziger Jahren auch eine Rolle bei der Unterstützung der kommunistischen Infiltrationspolitik in der Bundesrepublik, die von der SED vor allem unter dem Signum der „gesamtdeutschen Arbeit" betrieben wurde. Zuständig dafür war u. a. die Abteilung Verkehr beim ZK der SED, die seit Mitte der fünfziger Jahre von der Hauptabteilung II „abgesichert" wurde.[481] Diese verfügte u. a. über zwei Parteibetriebe, die Druckerei „Phönix" und die Firma „Deutscher Kraftverkehr Grünau", die in organisatorischer und technischer Hinsicht die Arbeit der – ab 1956 illegalen – KPD in Westdeutschland unterstützten. Die ersten Versuche der SED, konspirative Firmen im westlichen Ausland zu schaffen, gab es aber schon Ende der vierziger/Anfang der fünfziger Jahre, als in Westdeutschland die sogenannte „Ost-West-Handelsorganisation" geschaffen wurde. Nachdem diese Organisation zerschlagen worden war, wurde mit Zustimmung der KPD das Transportunternehmen Richard Ihle in Hamburg aufgebaut und zum Umschlags- und Transportunternehmen entwickelt. Gleichzeitig wurden die Firmen Wittenbacher KG, IMOG und DHG in Essen neu gegründet, die jedoch nach dem Verbot der KPD im Jahre 1956 ihre Tätigkeit einstellten. 1962 wurden die kommunistisch gelenkten Firmen der Abteilung Verkehr beim ZK der SED als Patenbetriebe übergeben und die Geschäftsführer durch die SED eingesetzt; weitere konspirative Firmen wurden 1963/64 gegründet.[482] Auch im Zusammenhang mit der „gesamtdeutschen Arbeit" des FDGB wurde 1958 eine Arbeitsgruppe aus der

Mauerbau von West- nach Ost-Berlin über, wo er 1984 starb; vgl. Schlußbericht zum HIMS „Donner" vom 9.7.1985; ebenda, Bd. 1 (I), S. 480 ff.

480 Auskunftsbericht zu Wax, Hans, vom 11.6.1980; ebenda, Bd. 3 (I), Bl. 171; vgl. auch: „Donner, Blitz und Teddy", in: Der Spiegel, Nr. 10/1996, S. 58. Gegen einen der Mitarbeiter von Wax, Deckname: „Teddy", wurde im September 1997 in Berlin ein Prozeß eröffnet; vgl. Berliner Zeitung vom 6.9.1997.

481 Vgl. Analyse über das Arbeitsgebiet „Abteilung Verkehr beim ZK der SED" vom 7.12.1974; BStU, ZA, HA II/19, Bündel 150.

482 Neu gegründet wurden die Unternehmen Nolter AG, Chemoplast, Intema, Friam in Holland, Interschiff in Hamburg, Firma Melcher sowie Langenbruch und Wittenbacher KG in West-Berlin. Vgl. Aktenvermerk vom 3.4.1976; BStU, ZA, HA II/19, Bündel 34.

für Wirtschaft zuständigen Hauptabteilung III (vgl. Kap. 5.4) herausgelöst und in die Hauptabteilung II eingegliedert.

Zur Koordinierung der Arbeit der Abteilung Verkehr beim ZK der SED und der Abteilung 4 der Hauptabteilung II wurde 1960 ein Objektvorgang angelegt, in dem 91 Personen erfaßt wurden, die in Zusammenhang mit der Unterstützung der KPD bekannt geworden waren. Trotzdem kam es immer wieder zu Überschneidungen und Pannen, wenn die Hauptabteilung II zum Beispiel Personen unter dem Verdacht der Feindtätigkeit bearbeitete, die für die SED illegale Arbeit in der Bundesrepublik leisteten. Auf Anweisung des ZK der SED wurde deshalb die Arbeit der Hauptabteilung II/4 auf diesem Sektor 1961 eingestellt und der Objektvorgang abgeschlossen. Diese Entscheidung wurde jedoch später durch die Westkommission beim Politbüro des ZK der SED wieder revidiert, als es durch den Wegfall der „Absicherungsarbeit" zu Problemen in der illegalen Arbeit der KPD kam. Für die „Absicherung" der Abteilung Verkehr wurde deshalb 1962 von der Hauptabteilung II der Sondervorgang „Wegbereiter" eröffnet; Aufgabenschwerpunkte waren dabei die Unterstützung der Verkehrsabteilung bei der Zusammenarbeit mit der KPD und beim grenzüberschreitenden Verkehr sowie die Information von Partei und Regierung. Anfang 1962 gingen diese Aufgaben dann an das neugebildete Büro der Leitung II (BdL II) über.

Zu den Aufgaben der Hauptabteilung II, später des BdL I, gehörte es auch, zusammen mit der Hauptabteilung Personenschutz (HA PS) das Objekt „Valentin" abzusichern.[483] Dabei handelte es sich um den sogenannten „Freiheitssender 904", der 1956 – einen Tag nach dem Verbot der KPD – eingerichtet wurde, um politische Propaganda in der Bundesrepublik zu betreiben und die politische Anleitung der illegal arbeitenden Parteiorganisation zu gewährleisten.[484] Das BdL II soll auch für den „Einsatz von DKP-Mitarbeitern als Agenten" zuständig gewesen sein, die für das MfS in der Bundesrepublik Observationsaufträge ausführten.[485]

Die Situation nach dem Mauerbau brachte für das MfS und die Hauptabteilung II eine veränderte Ausgangslage und zusätzliche Aufgaben. Zu letzterem gehörte zum Beispiel das Aufspüren von Tunnel- und Stollenbauten von West-Berlin aus in das Hoheitsgebiet der DDR, von denen bis 1967 287 entdeckt wurden.[486] Insgesamt waren die Bedingungen für westliche Geheimdienstoperationen in der DDR aber deutlich erschwert – und damit die Arbeit für die Hauptabteilung II vereinfacht worden. Auf einer Dienstkonferenz der „Linie" II im Mai 1962 wurde festgelegt, innere und äußere Spionageabwehr in Zukunft stärker zu trennen. Um die Arbeit im „Operationsgebiet" zu verbessern,

---

483 Ebenda, S. 8.
484 Als Folge des Grundlagenvertrages wurde das Objekt im Mai 1972 aufgegeben und vom Ministerium für Post und Fernmeldewesen als Ferienobjekt übernommen.
485 „Bezahlte Westschnüffler", in: Der Spiegel Nr. 12/1991.
486 Joachim Schumann, Diplomarbeit zum Thema: „Erarbeitung eines Entwurfs zur Chronik der HA II für die II. Entwicklungsetappe 1960–1969"; BStU, ZA, JHS 21287, S. 33.

wurden neue Informanten „mit Feindverbindung" geworben.[487] Im Rahmen verschiedener Strukturveränderungen wurde 1963 zudem eine Operativgruppe gebildet, die primär den Bundesnachrichtendienst bekämpfen sollte.[488] 1964 gewann die Trennung dann weiter an Konturen, indem die Abteilungen 1 (bisher amerikanische Geheimdienste) und 2 (bisher englischer Geheimdienst) für die „offensive Abwehr" ausländischer Geheimdienste bzw. von BND und Verfassungsschutz zuständig wurden, während die Abteilungen 3 (bisher französischer Geheimdienst) und 4 (bisher BND) für die innere Abwehr verantwortlich wurden. 1968 schuf die Hauptabteilung II schließlich eigene Beobachtungsgruppen aus hauptamtlichen und inoffiziellen Mitarbeitern, die speziell für den Einsatz in der Bundesrepublik vorgesehen waren.[489]

Ungeachtet der veränderten Ausgangslage ging die West-Arbeit der Hauptabteilung II nach dem Mauerbau mit hoher Intensität weiter. So wurde, um nur ein Beispiel zu nennen, 1961 gegen das Landesamt für Verfassungsschutz (LfV) in West-Berlin der operative Vorgang „Signal" angelegt, weil das Amt beschuldigt wurde, alle „progressiven", um eine „freie Stadt" kämpfenden Kräfte zu unterdrücken.[490] Die Bearbeitung richtete sich vor allem gegen einen leitenden Mitarbeiter des Amtes mit dem Decknamen „Bergmann", der im Januar 1963 auf der Basis kompromittierenden Materials und finanzieller Interessiertheit für das MfS angeworben werden sollte.[491] Der inoffizielle Mitarbeiter des MfS „Streller", der diesen Plan durchführen sollte, wurde jedoch bei der Werbungsaktion von westdeutschen Sicherheitsorganen festgenommen. Im Rahmen der Aktion „Konterschlag" wurde der festgenommene IM deshalb mit Hilfe der Hauptabteilung II in die DDR zurückgeführt, um dort anschließend eine Verhaftungsserie in Gang zu setzen: 19 Personen wurden festgenommen, gegen 26 wurden Ermittlungsverfahren eingeleitet, 21 erhielten hohe Zuchthausstrafen.[492] Von den insgesamt neun inoffiziellen Mitarbeitern im LfV, die in dem 131 Bände umfassenden OV genannt werden, verblieben dem MfS nach der Aktion „Konterschlag" noch drei – die Geheimen Mitarbeiter (GM) „Flame" (HV A), „Werner" (HA II/4a) und „Fred Strauch" (HA II/4a).[493]

Im Zuge der politischen Entspannung zwischen Ost und West wuchs der Aufgabenbereich der Hauptabteilung II erneut an: Als eine „Bewährungsprobe" wurde bereits die Passierscheinregelung von 1963/64 bewertet, da erstmals wieder zahlreiche Besucher aus West-Berlin in die DDR einreisen konnten.

---

487 Ebenda, S. 43.
488 Befehl 278/63 vom 4.5.1963 über die „Bildung einer Operativgruppe in der HA II/4 sowie Auflösung des Referats C der HA II/4 und der selbständigen Arbeitsgruppe bei der HA II"; BStU, ZA, DSt 100380.
489 „Der Aufbau und Einsatz von Beobachtungsgruppen zur Bearbeitung operativer Schwerpunkte im Operationsgebiet, insbesondere zur Bearbeitung von Mitarbeitern und Dienststellen des BND und BfV durch die Linie II"; BStU, ZA, HA II 955, S. 248–285.
490 ZOV „Signal"; BStU, ZA, 5393/70, Bd. V, S. 4.
491 Vgl. Plan zur Überwerbung eines hauptamtlichen Mitarbeiters des Landesamtes für Verfassungsschutz Westberlin; ebenda, Bd. II, S. 101.
492 Ebenda, Bd. 90, S. 7 und Bd. V, S. 9.
493 Ebenda.

Die DA 4/68[494] ordnete dann die verstärkte Kontrolle von Ausländern in der DDR durch die „Linie" II an und ermächtigte die Hauptabteilung II zu einer Verstärkung der „äußeren Abwehr" in diesem Bereich. Der Abschluß des Viermächteabkommens (1970) und des Grundlagenvertrages (1971) sowie die Aufnahme diplomatischer Beziehungen zu zahlreichen Staaten führten schließlich zu einem Ende der extremen Isolierung der DDR und damit auch zu verstärkter „Feindberührung" – mit ausländischen Diplomaten und westlichen Korrespondenten in der DDR oder mit Gesprächspartnern der neu eröffneten DDR-Botschaften im Ausland. Zudem lockerten sich die Restriktionen im Reiseverkehr, so daß die Zahl persönlicher Begegnungen sukzessive anstieg. Die Hauptabteilung II bekam die Schlüsselrolle zugewiesen bei der „Absicherung" der neuen „Gefahrenquellen" und wurde zu diesem Zweck personell enorm aufgestockt. In ihren Methoden mußte sie jetzt freilich verstärkt darauf achten, daß kein außenpolitischer Schaden durch ihre Maßnahmen entstand.

Ausführliche Orientierungen zu den neuen Bedingungen für die „Abwehrarbeit" gab Mielke erstmals auf dem Zentralen Führungsseminar im März 1971, die auf zwei Dienstkonferenzen weiter konkretisiert wurden.[495] Mit dem Befehl 16/74 machte der Minister die Hauptabteilung II ab 1975 für die „politisch-operative Sicherung der Vertretungen anderer Staaten, internationaler zwischenstaatlicher Organisationen und bevorrechteten Personen" in der DDR zuständig.[496] Zugleich sollte die Hauptabteilung II die Abwehrarbeit im Bereich des Ministeriums für Auswärtige Angelegenheiten (MfAA) und seinen Vertretungen im Ausland übernehmen. Mit neuen Abteilungen, speziellen Sicherungsbereichen und eigenen Stützpunkten in Berlin-Mitte sollte die Hauptabteilung II nicht nur die diplomatischen Vertretungen vor Anschlägen schützen, sondern auch deren Besucher identifizieren und eventuelle geheimdienstliche Aktivitäten aufklären. Offiziere im besonderen Einsatz (OibE) besetzten Schlüsselstellungen in der DDR-Diplomatie, insbesondere im Bereich der Sicherheit der Botschaften und des Ministeriums.

Zur „politisch-operativen Sicherung" von westlichen Journalisten, die in der DDR tätig wurden, erließ der Minister den Befehl 17/74, der die Aufgaben der

---

494 DA 4/68: „Erhöhung der Effektivität der operativen Absicherung und Kontrolle der im Gebiet der Deutschen Demokratischen Republik wohnhaften Ausländer und Staatenlosen"; BStU, ZA, DSt 101068.

495 Zentrales Führungsseminar des Ministers, 1.–3.3.1971, Bd. 4, S. 254 ff.; BStU, ZA, DSt 102212. Konzeption für die Realisierung des präzisierten Forschungsauftrages vom 21.6.1988 zum Thema „Der Beitrag und die Verantwortung der Organe für Staatssicherheit im Kampf zur Sicherung des Friedens und der erfolgreichen Gestaltung der entwickelten sozialistischen Gesellschaft in der Erfüllung des Klassenauftrages des IX. und X. Parteitages der SED, insbesondere bei der Bekämpfung der Spionagetätigkeit der imperialistischen Geheimdienste", S. 128; BStU, ZA, HA II/6, 1057.

496 Befehl 16/74 zur politisch-operativen Sicherung der Vertretungen anderer Staaten, internationaler zwischenstaatlicher Organisationen und bevorrechteter Personen in der Deutschen Demokratischen Republik vom 12.8.1974; BStU, ZA, DSt 100802.

Hauptabteilung II auch in bezug auf diese Berufsgruppe genau festlegte;[497] ebenso wie der Befehl 16/74 sah er die Gründung einer speziellen Abteilung für den neuen Arbeitsbereich vor: die Hauptabteilung II/13 (vgl. Kap. 5.2.2). In Berlin wurde kurz nach der Einrichtung der Abteilung zugleich das „Haus der internationalen Presse" geschaffen und systematisch mit Offizieren im besonderen Einsatz und IM besetzt.[498] „Offiziell" kontrolliert wurden die West-Journalisten durch die Abteilung Journalistische Beziehungen im Ministerium für Auswärtige Angelegenheiten, die wiederum durch die Agitationsabteilung des Zentralkomitees gesteuert wurde.[499] Zumindest in der MfAA-Abteilung war das MfS aber auch direkt präsent, wie die aus „unmittelbarem eigenen operativen Erleben" geschriebene Diplomarbeit eines Oberstleutnant der Hauptabteilung II aus dem Jahre 1983 anschaulich macht.[500] Der Tätigkeitsbereich der Hauptabteilung II/13 beschränkte sich aber nicht auf das Territorium der DDR, sondern umfaßte auch die „personen-, vorgangs- und stützpunktbezogene Arbeit im und in das Operationsgebiet".[501] Ihre Aufgabe war die rechtzeitige Aufklärung der politischen Zielsetzungen journalistischer Vorhaben und die entsprechende Bearbeitung schon im Westen – in enger Zusammenarbeit mit der Hauptabteilung II/2 und der HV A/IX. Alle diesbezüglichen Informationen sollten der Hauptabteilung II/13 übergeben werden, die dann zu prüfen hatte, welche Maßnahmen einzuleiten seien.[502]

In den achtziger Jahren führte die Hauptabteilung II/13 mehr als 60 Operative Vorgänge (OV) und Operative Personenkontrollen (OPK) gegen westliche Journalisten. Deren „Bearbeitung" erfolgte nicht nur durch hauptamtliche MfS-Mitarbeiter, sondern auch durch Dutzende von inoffiziellen Mitarbeitern (IM), die in West-Berlin und Westdeutschland eingesetzt wurden;[503] zur Be-

---

497 Befehl 17/74 zur politisch-operativen Sicherung der in der Deutschen Demokratischen Republik akkreditierten Publikationsorgane anderer Staaten, deren ständigen Korrespondenten sowie von Reisekorrespondenten aus anderen Staaten vom 12.8.1974; BStU, ZA, DSt 100802.

498 Jahresarbeitsplan 1977 der HA II/13 vom 5.1.1977, S. 386 ff.; BStU, ZA, HA II/13. Danach sollten die Stellen des Sicherheitsbeauftragten, des Verwaltungsdirektors, des Elektroakustikers, der Chefsekretärin, des Einlaßleiters, des Schichtleiters sowie der Mitarbeiter des politischen Bereiches und der Dokumentation durch OibE besetzt werden. IM besetzten bereits folgende Stellen: Chef vom Dienst (zwei Stellen), Chefsekretärin (eine Stelle), Einlaß- und Informationsdienst (sechs Stellen), politischer Bereich (acht Stellen), Verwaltungsbereich (zwei Stellen), ein Gaststättenleiter, zwei Oberkellner, drei Kellner, ein Objektleiter, ein Techniker und ein Elektromeister. Vgl. auch Claus-Dieter Scholze: Der Einsatz von IM/GMS zur Kontrolle ständig und zeitweilig akkreditierter Korrespondenten der BRD und Westberlins bei der Realisierung journalistischer Vorhaben; BStU, ZA, JHS 1264.

499 Zur „offiziellen" Kontrolle der West-Journalisten durch das MfAA und das ZK vgl. Holzweißig 1997, S. 182 f.

500 Hans-Dieter Ternies, Zur Tätigkeit der Abteilung Journalistische Beziehungen des MfAA der DDR bei der Gewährleistung von Ordnung und Sicherheit durch Einhaltung und Durchsetzung gesetzlicher Regelungen und Schaffung von Beweisen für ungesetzliche Aktivitäten ausländischer Korrespondenten in der DDR; BStU, ZA, HA II/13 1249.

501 Befehl 17/74 zur politisch-operativen Sicherung der in der Deutschen Demokratischen Republik akkreditierten Publikationsorgane anderer Staaten, deren ständigen Korrespondenten sowie von Reisekorrespondenten aus anderen Staaten vom 12.8.1974, S. 10; BStU, ZA, DSt 100802.

502 Zur Bearbeitung der West-Medien durch das MfS ausführlicher: Holzweißig 1995.

503 Gegen westliche Journalisten waren u. a. die folgenden IM eingesetzt: IMB „Andre" – arabischer Korrespondent, der im Auftrag des MfS u. a. Kontakte zur US-Mission in Berlin-West unterhielt;

kämpfung mißliebiger Korrespondenten wurden durch das MfS in vielen Fällen Reisesperren verhängt.[504] So eröffnete die Hauptabteilung II/13 beispielsweise im November 1981 die OPK „Schleicher" gegen den Frankfurter Rundfunkjournalisten Karl Corino mit dem Ziel der „Aufklärung und Dokumentierung der gegen die DDR gerichteten journalistischen Aktivitäten" und der „Vervollständigung des Persönlichkeitsbildes des C".[505] Seine Kontakte und Reisen in die DDR sowie seine Sendungen im Hessischen Rundfunk waren bereits seit den frühen siebziger Jahren registriert worden, so daß ihn die Hauptabteilung II/13 schon 1977 „KK"-erfaßte.[506] Zur gezielten „Aufklärung" des Journalisten setzte die Hauptabteilung II sowohl eigene IM als auch solche anderer Diensteinheiten ein und verlangte die „Schaffung von Hinweisen, Beweisen, Aussagen und Niederschriften von Bürgern und staatlichen Institutionen über die Verletzungen der 'Verordnung über die Tätigkeit von Publikationsorganen anderer Staaten und deren Korrespondenten in der DDR' vom 21.2.1973 sowie anderer Rechtsnormen".[507] Bei Einreisen in die DDR wurde er von der Hauptabteilung VIII unverzüglich „zur Beobachtung aufgenommen"; das Staatliche Komitee für Rundfunk, Redaktion Monitor, lieferte im Auftrag des MfS Abschriften seiner Sendungen. Wegen seiner Kontakte zu kritischen Literaten in Leipzig wurde die OPK dann 1985 an die Abteilung XX der Bezirksverwaltung Leipzig abgeben, die aufgrund des erarbeiteten Materials den OV „Schleicher" eröffnete.[508] Journalisten wie Wolfgang Gast (1996) von der Berliner „Tageszeitung", Jochen Kummer (1997) von der „Welt am Sonntag", Karl Wilhelm Fricke (1996) vom „Deutschlandfunk" oder Helmut Löchöffel (1993) von der „Süddeutschen Zeitung" haben über ähnliche Formen der „Bearbeitung" berichtet.

Entlastet wurde die durch die Entspannungspolitik stark geforderte Hauptabteilung II an anderer Stelle: Auf Befehl des Ministers wurde die „Gegenspio-

---

IMB „Marti" – ein IM des MfS, der sich beruflich als Handelsvertreter in Berlin-West „stabilisierte"; IMB „Anton" – Korrespondent einer arabischen Zeitung, der im Auftrag des MfS zum Doppelagenten wurde; IMB „Michel" – Korrespondent einer arabischen Zeitung, der im Auftrag des MfS Kontakte zum amerikanischen Geheimdienst pflegen sollte; IMB „Prinz", IMB „Martina", IMB „Sayed" und IMB „Hansen" waren in verschiedenen Medieneinrichtungen in West-Berlin eingesetzt. Vgl. Jahresarbeitsplan der HA II/13 für 1988; BStU, ZA, HA II/13, 448, S. 13.

504 Einreisesperren erhielten bis 1986 u. a. die Journalisten: D. Bub – „Stern", Sperre seit 1983; W. Büscher – freischaffend, Sperre seit 1984; H. Clemens – „Hessischer Rundfunk", Sperre seit 1978; J. Fehrmann – freischaffend, Sperre seit 1985; E. Franzmann – „Express-Köln", Sperre seit 1980; K. W. Fricke – „Deutschlandfunk", Sperre seit 1985, H. van Loyen – ZDF, Sperre seit 1979; M. Mara – „Informationsbüro West"; M. T. Mehr – „Die Tageszeitung", Sperre seit 1979; P. Probst – ZDF; W. Sikorsky – „Ullstein BZ", Sperre seit 1971; F. Schenk – ZDF, Sperre seit 1979; C.G. Ströhm – „Die Welt", Sperre seit 1985; D. Urban – „Evangelischer Pressedienst", Sperre seit 1984; dem Spiegel-Korrespondenten Jörg Mettke wurde 1975 die Akkreditierung entzogen, dem ARD-Korrespondenten Lothar Loewe 1976, dem ZDF-Korrespondenten Peter van Loyen 1979 und dem „Stern"-Korrespondenten Dieter Bub 1983; das Ost-Berliner „Büro" des Spiegels wurde 1978 von der DDR geschlossen und durfte erst sieben Jahre später wiedereröffnet werden.

505 BStU, ASt Leipzig, AOPK 598/87. Bd. 1, Bl. 8.

506 Erfassung in der Kerblochkartei (KK) mit der Folge der alleinigen „Zuständigkeit" der erfassenden Diensteinheit für die Person.

507 BStU, ASt Leipzig, AOPK 598/87. Bd. 1, Bl. 14.

508 Ausführlicher: Corino 1993.

nage" 1973 an die HV A übertragen, mit der es in diesem Bereich ohnehin immer wieder zu Überschneidungen gekommen war.[509] Die neue Abteilung IX der HV A übernahm von der Hauptabteilung II nicht nur die Kompetenzen bei der „äußeren Spionageabwehr", sondern auch einen Teil ihrer IM; zugleich sollte sie die Auslandsvertretungen der DDR in den nicht-sozialistischen Ländern „sichern". Einige Jahre später wurde diese Regelung jedoch zum Teil wieder rückgängig gemacht und die Zuständigkeit für die äußere Spionageabwehr aufgeteilt: Die HV A war nun für die Bearbeitung der Geheimdienstzentralen zuständig, während die Hauptabteilung II für bestimmte Dienststellen des BND sowie für die Abteilung 3 des Bundesamtes für Verfassungsschutzes (BfV) verantwortlich zeichnete.[510] Unabhängig davon besaß die Hauptabteilung II aber weiterhin z.T. hochkarätige „Quellen" in den Zentralen bundesdeutscher Sicherheitsdienste wie den inzwischen verstorbenen Oberst Joachim Krase, der von 1969 bis 1988 – zuletzt als Vertreter des Amtschefs des Militärischen Abschirmdienstes (MAD) – für das MfS spionierte und vom Leiter der Hauptabteilung II, Kratsch, persönlich geführt wurde.[511] Eine besondere Rolle bei der Ausforschung der westlichen Geheimdienste durch die „Linie" II spielte auch die sogenannte „Blickfeldarbeit", d. h. die Positionierung von IM des MfS im „Blickfeld" von Geheimdienstmitarbeitern, um sie von diesen als Doppelagenten anwerben zu lassen und dann „in die Konspiration des Feindes einzudringen".[512]

In den achtziger Jahren wurde die Hauptabteilung II immer mehr zur zentralen Diensteinheit für die Spionageabwehr ausgebaut, vor allem seit sie – nach dem Tod von Beater – 1982 in den unmittelbaren Zuständigkeitsbereich des Ministers kam. Neben der Aufsicht über den gesamten Bereich der Postkontrolle war für die West-Arbeit auch die Wiedereingliederung des Büros der Leitung II (BdL II) von Bedeutung, aus dem 1980 die Abteilung 19 (HA II/19) entstand.[513] Diese Abteilung hatte, wie erwähnt, die Aufgabe, die Verbindungen des SED-Zentralkomitees zu DKP und SEW „abzusichern", und sollte u. a. die politische und ökonomische Spionageabwehr im Bereich der sogenannten „speziellen Firmen im Operationsgebiet" übernehmen – westdeutsche

---

509 Befehl 14/73 vom 25.4.1973 „Strukturveränderungen im MfS" – HV A –; BStU, ZA, DSt 100750.
510 Es handelte sich dabei um die BND-Dienststellen „Ring" (Bremen), „Brücke" (Hamburg) und „Isarsalon" (München) sowie um die Dienststellen in West-Berlin. Die Abt. 3 des BfV war für Verkehr auf Schiene und Straße sowie für politische Parteiarbeit zuständig. Vgl. Konzeption für die Realisierung des präzisierten Forschungsauftrages vom 10.2.1988 zum Thema „Der Beitrag und die Verantwortung der Organe für Staatssicherheit im Kampf zur Sicherung des Friedens und der erfolgreichen Gestaltung der entwickelten sozialistischen Gesellschaft in der Erfüllung des Klassenauftrages des IX. und X. Parteitages der SED, insbesondere bei der Bekämpfung der Spionagetätigkeit der imperialistischen Geheimdienste"; BStU, ZA, HA II/6, 1057, S. 210.
511 Zum Fall Krase vgl. Schlomann 1993, S. 149 ff.; Siebenmorgen 1993, S. 161 und 172.
512 Suckut 1996, S. 82; vgl. auch: Verwaltung für Staatssicherheit Groß-Berlin, Abt. II: Einige Grundanforderungen an die Gestaltung der gegen die imperialistischen Geheimdienste gerichteten Blickfeldarbeit, 17.6.1974; BStU, ASt Berlin, B 29.
513 Befehl 6/80 vom 1.4.1980 „Eingliederung der Diensteinheiten AG Ausländer, BDL II und Abt. XXI in die HA II"; BStU, ZA, DSt 102650.

Betriebe im (konspirativ abgedeckten) Eigentum der SED.[514] Die ökonomische und politische Verantwortung für diese Firmen lag bei der Abteilung Verkehr (Abteilung 72) des ZK der SED, dessen Leiter auch die Geschäftsführer auswählte. Um „Angriffe" westdeutscher Geheimdienste aufzuklären, wurden die Mitarbeiter dieser Firmen und ihre Ehepartner von der Hauptabteilung II/19 in operativen Vorgängen und Sicherungsvorgängen erfaßt.[515]

Im Selbstverständnis der Hauptabteilung II bildete die Phase 1982 bis 1986 die „erfolgreichste" Zeit in der Geschichte der Spionageabwehr durch das MfS.[516] Von den zwischen 1970 und 1985 wegen Spionage verhafteten 149 Personen wurden die meisten in den achtziger Jahren festgenommen. Die Anzahl der Ermittlungsverfahren wegen Spionageverdachts stieg allein 1982 im Vergleich zum Vorjahr um 170 Prozent[517] – was immer das MfS unter „Spionage" verstand. 1981 fanden vor dem Militärgericht Berlin insgesamt 19 Spionageprozesse statt, bei denen in vier Fällen auch Bürger der Bundesrepublik Deutschland bzw. West-Berlins verurteilt wurden.

Der Bedeutungszuwachs der Hauptabteilung II in den achtziger Jahren führte auch zu einer engeren Zusammenarbeit mit der HV A. Um die organisatorische Trennung zwischen „Abwehr" und „Aufklärung" zu überbrücken, wurde zum Beispiel die gemeinsame Bearbeitung von westlichen Journalisten und in der DDR tätigen Diplomaten vereinbart, die gemeinsame Nutzung von Technik sowie der Austausch von Informationen über Mitarbeiter und Strukturen der westlichen Geheimdienste.[518] Die „besten" IM der Hauptabteilung II im Westen sollten im Zusammenhang mit der DA 2/80 unter Leitung der HV A eingesetzt werden.[519] Die allgemeinen Vereinbarungen zwischen dem Leiter der Hauptabteilung II und der HV A, Kratsch und Wolf, wurden 1984 mit dem zuständigen Leiter der HV A/IX, Schütt, konkretisiert.[520] Insbesondere wurde festgelegt, die bewußte Weitergabe von (Des-)Informationen „an den Feind" durch IMB jeweils genau abzustimmen, wozu eine enge Zusammenarbeit der beteiligten Diensteinheiten erforderlich wäre.[521] Um die Erfahrungen der HV A für die praktische Arbeit der Hauptabteilung II nutzbar zu machen, wur-

---

514 Vorschlag zur Entwicklung der politisch-operativen Abwehrarbeit auf dem Gebiet der speziellen Firmen im Operationsgebiet vom 2.1.1986; BStU, ZA, HA II/19, Bündel 34.
515 Informationsbedarf zu Mitarbeitern „spezieller" Firmen („Transport") in Berlin-West; Erfassung spezieller Firmen aus dem Operationsgebiet vom 20.5.1986; Arbeitsplan des Leiters der HA II/19 vom 15.11.1988, S. 14; Leitmaterial spezieller Firmen. Aktivitäten von BRD-Geheimdiensten gegen Mitarbeiter „spezieller Firmen"; BStU, ZA, HA II/19, Bündel 34.
516 Referat des Leiters der HA II zur Dienstkonferenz vom 8.4.1987, S. 18; BStU, ZA, HA II/AGL, Bündel 6.
517 Ebenda, S. 105.
518 Protokoll über die Sitzung des Leitungskollektivs am 18.2.1983, S. 2; BStU, ZA, HA II/AKG, Bündel 43.
519 DA 2/80 vom 20.6.1980 betrifft: „Kadereinsatz für längerfristige operative Arbeit im Ausland", S. 6; BStU, ZA, DSt 102675.
520 Als Leiter der Abt. IX der HV A war Harry Schütt für die Aufklärung und Bearbeitung von BND, MAD, BfV/LfV sowie von Einrichtungen der USA, der Polizei, Emigrantenorganisationen und für die Telefonüberwachung im Großraum Bonn zuständig.
521 Protokoll über die Besprechung des Leiters der HA II am 12.3.1984, S. 2; BStU, ZA, HA II/AKG, Bündel 43.

den einzelne Mitarbeiter der Hauptabteilung II vorübergehend im Bereich der Aufklärung eingesetzt.[522]

Zur besseren Abstimmung der Spionageabwehr wurde in der Hauptabteilung II im Oktober 1985 die Arbeitsgruppe Koordinierung gebildet. Sie war der zentrale Ansprechpartner für die operativen Abteilungen und Arbeitsgruppen der Hauptabteilung II, für die Abteilungen II der Bezirksverwaltungen, für die anderen Abwehrdiensteinheiten des MfS in Berlin sowie für die HV A/IX. Zu den wichtigsten Aufgaben der AG K gehörte die zentrale Koordinierung der Arbeit mit den IMB, die Verbindungen zu westlichen Geheimdiensten unterhielten. Dabei ging es vor allem um die Erfassung und Steuerung des Informationsabflusses an westliche Geheimdienste, um die Organisierung ihrer gezielten Desinformation in Abstimmung mit der HV A/IX, um die Mithilfe bei der Vorbereitung von Legenden für den IMB-Einsatz, um die Erstellung von Analysen zum IMB-Bestand sowie um die aktuelle Bewertung der eingehenden Informationen.[523]

Der gesamte Bereich der Spionageabwehr wurde erstmals im Februar 1987 durch die DA 1/87 des Ministers für Staatssicherheit umfassend geregelt.[524] Sie galt für alle „Diensteinheiten der Abwehr zur vorbeugenden Verhinderung, Aufdeckung und Bekämpfung der Angriffe der Geheimdienste und Staatsschutzorgane" aus dem Westen.[525] Der Dienstanweisung zufolge hätten „die Angriffe imperialistischer Geheimdienste gegen alle gesellschaftlichen Bereiche [...] eine neue Qualität erreicht" und erforderten ein ebenso „komplexes Vorgehen" des MfS.[526] Die Federführung dafür wurde der Hauptabteilung II übertragen, auf der Ebene der Bezirksverwaltungen der jeweiligen Abteilung II. Alle Aktivitäten sollten in Zukunft zentral ausgewertet und „einheitlich ausgerichtet" werden, insbesondere was die Arbeit mit IMB anbetraf, die Verbindungen zu westlichen Geheimdiensten hatten.[527] Zu den Aufgaben der „Spionageabwehr" wurde besonders die Entwicklung eines adäquaten IM-Bestandes gezählt, die Sicherung der sogenannten „politisch-operativen Schwerpunktbereiche", die „zielgerichtete Arbeit mit IM im und nach dem Operationsgebiet", vor allem im Blickfeld von Mitarbeitern westlicher Geheimdienste und anderer „Zentren des Feindes", sowie die Bearbeitung aller Hinweise auf Spionagehandlungen und „andere geheimdienstlich gesteuerte subversive Aktivitäten".[528] Die „Linie" II sollte sich dabei u. a. darauf konzentrieren, „ge-

---

522 Ebenda.
523 Vgl. auch Ordnung II/3/87 und DB zur Funktion und den Aufgaben der Arbeitsgruppe Koordinierung der HA II vom 15.7.1987; BStU, ZA, HA II/AGL, Bündel 6.
524 DA 1/87 zur Gewährleistung des komplexen Vorgehens bei der Abwehr geheimdienstlicher Angriffe gegen politische, ökonomische und militärische Bereiche – Spionageabwehr – vom 13.2.1987; BStU, ZA, DSt 103354.
525 Ebenda, S. 6.
526 Ebenda, S. 5 f.
527 Zu diesem Zweck waren der DA spezielle Formblätter beigefügt, in denen über Treffs mit den entsprechenden IMB, über westliche Werbungsversuche von IM sowie über die Einsatz- und Entwicklungskonzeption zur Weiterführung der „Feindverbindungen" zentral berichtet werden mußte; vgl. DA 1/87, Anlagen 1a–1c; ebenda, S. 43–50.
528 Ebenda, S. 13.

heimdienstliche Verbindungslinien" zu enttarnen, die „agenturführenden Dienststellen" zu bearbeiten, in diese „einzudringen", ihre Informationsinteressen und „Angriffsschwerpunkte" herauszufinden sowie „Ausgangsbasen der Agenturarbeit" offensiv zu bekämpfen.[529] Dabei war die Hauptabteilung II zur Abstimmung und Zusammenarbeit mit der Hauptverwaltung A verpflichtet – sowohl bei grundsätzlichen Fragen als auch bei vorgesehenen konkreten Maßnahmen der „Arbeit im und nach dem Operationsgebiet" –, wie auch umgekehrt eine Informationspflicht der HV A zur IMB-Arbeit im Bereich westlicher Geheimdienste bestand.[530]

5.2.2 Aufgaben und Strukturen

„West-Arbeit" und „Ost-Arbeit" waren in der Hauptabteilung II kaum voneinander zu trennen. Während manche ihrer Abteilungen überwiegend im Innern der DDR „Spionageabwehr" betrieben, richteten sich andere teilweise oder ausschließlich gegen bundesdeutsche Institutionen und deren Mitarbeiter. Die überwiegend mit West-Arbeit beschäftigten Abteilungen und ihre Aufgaben sollen im Folgenden näher dargestellt werden.

ARBEITSGRUPPE KOORDINIERUNG (HA II/AG K): Die AG K wurde, wie erwähnt, Mitte der achtziger Jahre gegründet, um die Effektivität der Spionageabwehr zu verbessern. Sie hatte zum einen die Aufgabe, die Arbeit mit IMB, die Verbindungen zu westlichen Geheimdiensten unterhielten, zu koordinieren. Zum anderen sollte sie für eine Abstimmung der operativen Arbeit gegen die sogenannten „feindlichen Stellen" im Westen sorgen (ZOV/OV). Zum dritten war sie verantwortlich für die Identifizierung von westlichen Agenten und deren Zielpersonen, wofür die AG K u. a. einen speziellen Fahndungsspeicher führte.[531] In der AG K waren Anfang 1989 18 Personen beschäftigt.

ARBEITSGRUPPE AUSLÄNDER (AG A): Die AG A war für die „Absicherung und Kontrolle" der in der DDR ansässigen Ausländer verantwortlich. Diese sollten sowohl in der DDR als auch im „Operationsgebiet" bearbeitet, aufgeklärt und nach Möglichkeit geworben werden, um einem sogenannten „Feindmißbrauch" vorzubeugen. IMB der AG A unterhielten zum Beispiel Kontakte mit dem Bundesamt für Verfassungsschutz, zu Emigrantenorganisationen oder zum libyschen Geheimdienst. Im westlichen Ausland setzte die AG A 1988 u. a. einen Iraker, einen Jugoslawen und einen Österreicher ein, die hauptsächlich Exilgruppen und Studenten ausspionieren sollten. Andere im Westen eingesetzte IMB sollten Informationen zur „politischen Untergrundtätigkeit" gegen die DDR oder wissenschaftlich-technische Informationen liefern. Bei den für das Jahr 1989 geplanten Neuwerbungen konzentrierte sich die Arbeits-

---

529 Ebenda, S. 14 f.
530 Ebenda, S. 19 und 26.
531 Ordnung II/3/87 und DB zur Funktion und zu den Aufgaben der Arbeitsgruppe Koordinierung der HA II vom 15.7.1987; BStU, ZA, HA/AGL, Bündel 5.

gruppe auf Senatsmitarbeiter in Berlin-West und auf Beamte aus dem Bereich der Ausländerpolizei.[532] In der AG A arbeiteten zuletzt 40 Mitarbeiter.

ABTEILUNG 1 (HA II/1): Diese Abteilung hatte vor allem nachrichtendienstliche „Angriffe" gegen ehemalige Angehörige des MfS und dessen IM-Netz „abzuwehren", doch auch die vorgangs- und personenbezogene „Arbeit nach dem Operationsgebiet" und die dazugehörige Werbung von Agenten unter westdeutschen Bürgern zur Gewinnung von Informationen „aus dem Lager des Feindes"[533] bildeten einen Aufgabenschwerpunkt. 1989 waren 42 von 60 Planstellen dieser Abteilung besetzt.[534]

ABTEILUNG 2 (HA II/2): Diese Abteilung war für die „operative Bearbeitung" der Geheimdienststellen der Bundesrepublik Deutschland und für die Durchführung „weiterer offensiver Maßnahmen im Operationsgebiet" zuständig. Die Hauptabteilung II/2 sollte dazu Dokumente, Unterlagen und Informationen aus folgenden Einrichtungen und Parteien beschaffen: Bundesnachrichtendienst; Bundesamt und Landesämter für Verfassungsschutz (BfV, LfV); Militärischer Abschirmdienst; Bundeskriminalamt (BKA); Dienststellen der Bundeswehr; Polizeidienststellen; Zentren der Datenverarbeitung; Konzerne; Springer-Konzern; Massenmedien; CDU-Landesverbände in West-Berlin, Niedersachsen und Baden-Württemberg; SPD-Landesverband in West-Berlin; Die Grünen sowie Menschenrechtsorganisationen. Zur Beschaffung derartiger Informationen wurden im Bundesgebiet durch die Hauptabteilung II/2 zuletzt 34 IMB eingesetzt.[535] Für das Jahr 1989 waren 14 neue Werbungen von IMB im Operationsgebiet vorgesehen und 20 weitere in Vorbereitung; außerdem sollten 30 DDR-Bürger angeworben werden.[536] Zuletzt arbeiteten in der Hauptabteilung II/2 34 Personen.[537]

ABTEILUNG 3 (HA II/3): Diese Abteilung war für die Bearbeitung der „legalen Basis" des amerikanischen Geheimdienstes CIA in der DDR, der Botschaft der USA in der DDR und für andere US-Bürger zuständig, die im Verdacht standen, „feindlich" gegen die DDR tätig zu sein.[538] Auch die Bearbeitung von Vorgängen gegen Personen, die der Verbindung zum amerikanischen Geheimdienst CIA verdächtigt wurden, sowie die Kontrolle des Besucherverkehrs an der Botschaft oblagen dieser Abteilung. Ferner hatte sie die Aufgabe, in das „Sicherungssystem" der Botschaft einzudringen, das Botschaftsgebäude elektronisch zu überwachen und Informationen über diese Einrichtung zu sam-

---

532 Jahresarbeitsplan der AG Ausländer zu Schwerpunkten in der politisch-operativen Arbeit und ihrer Leitung vom 11.11.1988; BStU, ZA, HA II/AKG, Bündel 43, S. 9.

533 Ebenda, S. 6.

534 Vgl. Zimmerbelegungsplan der HA II/1 vom 13.2.1989; BStU, ZA, HA II/AGL, Bündel 35. Struktur- und Stellenplan der HA II vom 26.9.1988; BStU, ZA HA II/AKG, Bündel 43.

535 Sie lieferten hauptsächlich Informationen über die Dienststellen und Mitarbeiter des BND, des BfV und des BKA. Vgl. Arbeitsplan 1989 der HA II/2 vom 30.1.1988, S. 20; BStU, ZA, HA II/AKG, Bündel 43.

536 Arbeitsplan 1989 der HA II/2 vom 30.1.1988; BStU, ZA, HA II/AKG, Bündel 43.

537 Zimmerbelegungsplan der HA II/2 vom 9.2.1989; BStU, ZA, HA II/AGL, Bündel 35.

538 Arbeitsplan 1989 zu den politisch-operativen Schwerpunkten im Verantwortungsbereich der HA II/3 vom 21.11.1988; BStU, ZA, HA II/AKG, Bündel 43.

meln. Die Hauptabteilung II/3 sollte auch CIA-Stellen in West-Berlin aufklären. Für diese Abteilung waren 54 Planstellen[539] vorgesehen, namentlich bekannt sind jedoch nur 38 Mitarbeiter.[540]

ABTEILUNG 4 (HA II/4): Diese Abteilung war federführend für die Abwehr
von Militärspionage zuständig, betrieb aber durch ihr Referat 4 auch sogenannte „äußere Militärspionageabwehr" in der Bundesrepublik.

ABTEILUNG 5 (HA II/5): Diese Abteilung organisierte die Fahndung nach po-
stalischen Verbindungen westlicher Geheimdienste.

ABTEILUNG 6 (HA II/6): Zu den Aufgaben dieser Abteilung gehörten die „vorbeugende Verhinderung, Aufdeckung und Bekämpfung von Spionageangrif-
fen" westlicher Geheimdienste gegen politische sowie ausgewählte ökonomische Bereiche und Wissenschaftseinrichtungen und – in Zusammenarbeit mit
der HV A und der Hauptabteilung XVIII/5 – die „Bearbeitung" ehemaliger
hoher Geheimnisträger sowie in der Öffentlichkeit stehender DDR-Bürger. In
diesem Zusammenhang klärte sie auch Personen aus dem Bereich der bundesdeutschen Ostforschung auf sowie westliche Bürger, die sich offiziell in der
DDR aufhielten und deren Tätigkeit vom MfS als „politisch-ideologische Diversion" gewertet wurde.[541] Namentlich bekannt sind 29 Mitarbeiter dieser
Abteilung.[542]

ABTEILUNG 9 (HA II/9): Dieser Abteilung unterstand die Bearbeitung von Geheimdiensten westlicher europäischer Länder (ohne deutschsprachige Staaten).
Schwerpunkt bildeten britische und französische Geheimdienste sowie das
französische Kulturzentrum in Ost-Berlin. Hinzu kam die analytische Aufarbeitung von Diplomaten-Treffen in West-Berlin. Für 1989 waren insgesamt 20
IM-Werbungen geplant, bevorzugt von Ausländern mit Verbindungen nach
Frankreich und Großbritannien. Diese Abteilung hatte 35 Planstellen, von denen 30 besetzt waren.[543]

ABTEILUNG 11 (HA II/11): Diese Abteilung war für die „Außensicherung" der
ausländischen diplomatischen Vertretungen in Ost-Berlin zuständig, beteiligte
sich aber auch an deren Überwachung und Kontrolle.

ABTEILUNG 12 (HA II/12): Bei der „Bearbeitung" von Bundesbürgern fiel dieser Abteilung eine besondere Rolle zu, da sie für die geheimdienstliche Überwachung der Ständigen Vertretung (StäV) der Bundesrepublik Deutschland in
Ost-Berlin zuständig war. Observiert wurden vorrangig Mitarbeiter aus der
Wirtschafts-, der Rechts- und der politischen Abteilung sowie Westdeutsche,
die zu Dienstleistungen oder als Kuriere zur Ständigen Vertretung einrei-

---

539 Struktur- und Stellenplan der HA II vom 26.9.1988; BStU, ZA HA II/AKG, Bündel 43.
540 Zimmerbelegungsplan der HA II/3 vom 6.2.1989; BStU, ZA, HA II/AGL, Bündel 35.
541 Jahresarbeitsplan 1989 vom 28.11.1988, HA II/6, S. 20; BStU, ZA, HA II/AKG, Bündel 43.
542 Zimmerbelegungsplan der HA II/6; BStU, ZA, HA II/AGL, Bündel 35.
543 Struktur- und Stellenplan der HA II vom 26.9.1988; BStU, ZA, HA II/AKG, Bündel 43; Zimmer-
und Telefonverzeichnis der HA II/9 vom 6.2.1989; BStU, ZA, HA II/AGL, Bündel 35.

sten.[544] Obwohl während der gesamten Bearbeitungszeit unter den Angehörigen der StäV kein einziger Mitarbeiter eines westdeutschen Geheimdienstes festgestellt werden konnte (das MfS hingegen im Leiter des politischen Referates, Knut Gröndahl, mindestens einen hochrangigen Informanten besaß[545]), entfaltete die Hauptabteilung II/12 einen gigantischen Aufwand: Um das Gebäude der Ständigen Vertretung unter Kontrolle zu halten, wurden spezielle Observationsstützpunkte aufgebaut und rund um die Uhr besetzt; zusätzlich wurde in den gegenüberliegenden Häusern Videotechnik installiert. Die Abteilung M des MfS kontrollierte im Auftrag der Hauptabteilung II/12 die an die Vertretung gerichtete Post, und die Abteilung 26 überwachte die Telefonverbindungen. Die ca. 150 IM der Abteilung wurden in erster Linie eingesetzt, um die Mitarbeiter der StäV abzuschöpfen. Inoffizielle Mitarbeiter im Wohnbereich kontrollierten deren Tagesablauf und ihre Besucher oder wurden an westdeutsche Bürger „herangespielt", um kompromittierendes Material zusammenzutragen. 1989 arbeiteten 28 hauptamtliche Mitarbeiter[546] in der Hauptabteilung II/12, die von Oberstleutnant Reiner Oertel geleitet wurde.

ABTEILUNG 13 (HA II/13): Auch die 1976 gebildete Abteilung 13 arbeitete, wie erwähnt, überwiegend in Richtung Westen. Sie hatte die Aufgabe der „Sicherung und Bearbeitung der in der DDR akkreditierten Büros und Publikationsorgane ausländischer Staaten und deren ständige und Reisekorrespondenten".[547] Zur lückenlosen Kontrolle der West-Journalisten[548] wurde ein engmaschiges Netz aus IM und OibE geflochten, die im Internationalen Pressezentrum (IPZ), im Außenministerium, im Auslandspressedienst und ähnlichen Einrichtungen eingesetzt waren. Hinzukamen weitere IM aus anderen Diensteinheiten, die den Arbeits-, Wohn- und Freizeitbereich der in der DDR akkreditierten Korrespondenten überwachten. Darüber hinaus wurde die Hauptabteilung II/13 bei ihrer Überwachungsarbeit durch die „Linie" VI (Paßkontrolle, Tourismus, Interhotels), die Abteilung M (Postkontrolle), die Paketzollfahndung (PZF), die Abteilung 26 (Abhörmaßnahmen) die Zollorgane u. a. m. unterstützt. Die nachrichtendienstliche Ausspähung beschränkte sich dabei nicht auf die ausländischen Journalisten selbst, sondern schloß auch das „Eindringen" in die „Zentralen" westlicher Publikationsorgane ein. In der Abteilung waren 1989 von 65 Planstellen 41 besetzt.[549]

ABTEILUNG 14 (HA II/14): Diese Abteilung sollte die „Abwehrarbeit" im Ministerium für Auswärtige Angelegenheiten und seinen nachgeordneten Stellen gewährleisten, einschließlich der Einrichtungen für Diplomaten, der Dolmet-

544 Arbeitsplan der Abt. 12 für das Jahr 1989 vom 15.11.1988; BStU, ZA, HA II/AKG, Bündel 43.
545 Vgl. Holzweißig 1997, S. 209.
546 Zimmerbelegungsplan der HA II/12 vom 8.2.1989; BStU, ZA, HA II/AGL, Bündel 35.
547 Jahresarbeitsplan 1977 der HA II/13 vom 5.1.1977, S. 411; BStU, ZA, HA II/13, 448. Vgl. auch: Jahresarbeitsplan 1989 der HA II /13 vom 24.11.1988; BStU, ZA, HA II/AKG, Bündel 43.
548 Vom Abschluß des Grundlagenvertrages bis zum Herbst 1989 waren in der DDR bis zu 20 westdeutsche Hörfunk-, Fernseh- und Zeitungskorrespondenten ständig akkreditiert; hinzu kamen jährlich mehrere hundert Reisekorrespondenten; Holzweißig 1997, S. 182.
549 Vgl. Struktur- und Stellenplan der HA II vom 26.9.1988; BStU, ZA HA II/AKG, Bündel 43. Telefon- und Zimmernachweis der HA II/13. Stand 21.2.1989; BStU, ZA, HA II/AGL, Bündel 35.

scher und des Gästehauses des MfAA. Dabei arbeitete sie intensiv mit der HV A zusammen,[550] nicht zuletzt durch die Übergabe von IM bei vorübergehenden Auslandseinsätzen. An der Arbeit „im und nach dem Operationsgebiet" wirkten auch IM mit, die im Auftrag der Hauptabteilung II/14 übergesiedelt waren.[551] Von den 105 laut Stellenplan vorgesehenen Mitarbeitern, davon 66 OibE,[552] sind bislang 26 namentlich bekannt.[553]

ABTEILUNG 15 (HA II/15): Diese Abteilung war speziell für die Sicherung und Überwachung der Botschaften nicht-sozialistischer Staaten außerhalb Europas, ohne USA und Kanada, zuständig. Zu ihren wichtigsten Aufgaben gehörte die Gewinnung von IM, darunter auch solche mit Wohnsitz in West-Berlin.

ABTEILUNG 16 (HA II/16): Die Hauptabteilung II/16 war vorrangig mit „operativ-technischen" Aufgaben betraut. Dazu gehörte unter anderem. der Einsatz von Computern, von Techniken der Stimmenidentifizierung sowie Maßnahmen der akustischen und optischen Überwachung, insbesondere im „Operationsgebiet".

ABTEILUNG 17 (HA II/17): Diese Abteilung war für die praktische Durchführung konspirativer Beobachtungsmaßnahmen im Rahmen von Spionagevorgängen zuständig und hatte unter anderem – in Zusammenarbeit mit der Hauptabteilung II/3 – Stellen von US-Geheimdiensten in West-Berlin zu beobachten. Mit 66 Planstellen zählte sie zu den großen Abteilungen,[554] von denen bislang jedoch nur fünf Mitarbeiter namentlich bekannt sind.[555]

ABTEILUNG 18 (HA II/18): Diese 1977 geschaffene eigene Anti-Terror-Abteilung der Hauptabteilung II richtete sich auf die Abwehr terroristischer Handlungen gegen Botschaften und sogenannte „bevorrechtete Personen" in der DDR in Zusammenarbeit mit der Hauptabteilung XXII (Terrorabwehr)[556] sowie auf die vorbeugende Verhinderung „öffentlichkeitswirksamer Demonstrativhandlungen" von SED-Kritikern, hauptsächlich in Berlin-Mitte. Dazu wurden auch zahlreiche Personen bearbeitet, die Kontakte zu arabischen Terroristen hatten, sowie gezielt inoffizielle Mitarbeiter angeworben. Von den zuletzt geplanten 39 Mitarbeitern sind bislang nur 20 bekannt geworden.[557]

ABTEILUNG 19 (HA II/19): Diese bereits erwähnte Abteilung war in erster Linie für die politisch-operative Sicherung der Beziehungen der SED und des FDGB zu kommunistischen Parteien und Organisationen in der Bundesrepublik, vor allem DKP und SEW, zuständig. Dabei sollte sie u. a. die Aktivitäten

550 Arbeitsplan der HA II/14 für das Jahr 1989, S. 16; BStU, ZA, HA II/AKG, Bündel 43.
551 Ebenda, S. 21.
552 Struktur- und Stellenplan der HA II vom 26.9.1988; BStU, ZA HA II/AKG, Bündel 43.
553 Telefon- und Zimmerverzeichnis der HA II/14 vom 27.2.1989; BStU, ZA, HA II/AGL, Bündel 35.
554 Struktur- und Stellenplan der HA II vom 26.9.1988; BStU, ZA HA II/AKG, Bündel 43.
555 Arbeitsplan der Abt. 17 der HA II für das Jahr 1989 vom 22.11.1988; BStU, ZA, HA II/AKG, Bündel 43, Bl. 2.
556 Ausführlicher: Wunschik 1995.
557 Struktur- und Stellenplan der HA II vom 26.9.1988; BStU, ZA HA II/AKG, Bündel 43. Arbeitsplan der HA II/18 für das Jahr 1989 vom 28.11.1988; BStU, ZA, HA II/AKG, Bündel 43.

des Verfassungsschutzes zur Aufklärung dieser Verbindungen abwehren. Zu ihrem „Sicherungsbereich" gehörten u. a.: die Abteilung 72 (Verkehr) des ZK der SED und deren Betriebe, einschließlich der Kuriere von SED und der DKP, die Abteilung 70 (Institut für Politik und Wirtschaft – IPW), der Sektor Parteibeziehungen der SED-Bezirksleitung Berlin, die Abteilung Internationale Gewerkschaftsbeziehungen des Bundesvorstandes des FDGB, die zentrale Geschäftsstelle von „International – Informations- und Bildungszentrum e.V." und die Abteilung Internationale Verbindungen des FDGB beim Bezirksvorstand Berlin sowie die Militärorganisation (MO) der DKP (vgl. Kap. 5.5).[558] Fast alle der 43 Planstellen der Hauptabteilung II/19 waren besetzt.[559]

ABTEILUNG 20 (HA II/20): Diese vorrangig für den Schutz der sowjetischen Botschaft zuständige Abteilung überwachte auch die Diplomatenetage im Interhotel „Unter den Linden" sowie wichtige Mitarbeiter von NATO-Vertretungen und deren Kontaktpartner; mit 184 Planstellen war sie die größte Abteilung der Hauptabteilung II.[560]

5.2.3 Beispiele aus der IM-Arbeit

Für die „Arbeit im und nach dem Operationsgebiet" bildeten die inoffiziellen Mitarbeiter „mit Feindberührung" (IMB) das wichtigste Instrument der Hauptabteilung II. Im IMB-Bestand der Hauptabteilung II befanden sich sowohl Bundesbürger als auch DDR-Bürger sowie manchmal auch solche, die gezielt in die Bundesrepublik übergesiedelt wurden, um dort als Agenten eingesetzt zu werden. Drei Beispiele sollen die IM-Arbeit auf der „Linie" II illustrieren:

Eine bedeutende Agentin der Hauptabteilung II/2 war die 1957 geworbene Bundesbürgerin Ruth Wiegand. Für die Tarnung der Zusammenarbeit mit dem MfS bekam sie den Decknamen „Inge Schneider". In ihrer Verpflichtungserklärung schrieb sie unter anderem: „Angesichts der Remilitarisierung Westdeutschlands durch Adenauer und die Initiatoren des 2. Weltkrieges halte ich es für meine patriotische Pflicht mit allen Kräften einem drohenden 3. Weltkrieg entgegen zu wirken".[561] Zur Zeit ihrer Werbung war sie als Fernschreiberin bei der Bundesbahn beschäftigt. Sie lieferte dem MfS aus ihrem damaligen Arbeitsbereich „[...] Fernschreiben über Militärtransporte [...] meist im Original".[562]

1960 bewarb sich „Inge Schneider" im Auftrage des MfS beim Innenministerium, dem Landeskriminalamt Düsseldorf und bei der Bundeswehr. Sie wurde

558 Struktur- und Stellenplan der HA II vom 26.9.1988; BStU, ZA HA II/AKG, Bündel 43.
559 Struktur- und Stellenplan der HA II vom 26.9.1988; BStU, ZA, HA II/AKG, Bündel 43; Zimmer-belegungsplan der HA II/9 vom 7.2.1989; BStU, ZA, HA II/AGL, Bündel 35.
560 Struktur- und Stellenplan der HA II vom 26.9.1988; BStU, ZA HA II/AKG, Bündel 43.
561 Verpflichtungserklärung Ruth Wiegands vom 21.2.1957, Bl. 37; BStU, ZA, AIM 1776/91, Teil I, Bd. 1.
562 Einschätzung der GM „Inge Schneider"; ebenda, Bl. 113

schließlich bei der Bundeswehr eingestellt, wo sie Einsicht in die Tätigkeit des MAD bekam. Sie belieferte das MfS auch aus dieser Arbeitsstelle mit Originaldokumenten. Um die Agentin nicht zu gefährden, wurde der Ehemann – ebenfalls ein IMB des MfS – zu den Treffs nach Ost-Berlin bestellt.

1961 wurde „Inge Schneider" vom MfS mit einem zweiten bundesdeutschen Reisepaß ausgestattet. Darüber hinaus benutzte sie eine spezielle Geheimschrift, einen sogenannten „Container" (eine Damentasche mit Geheimfach), vier Tote Briefkästen (TBK), mehrere konspirative Objekte und ein mit dem MfS vereinbartes Losungswort, das lautete: „Entschuldigen Sie bitte, wie komme ich zur Luise-Emma-Straße?" – „Ich habe den gleichen Weg und bringe Sie hin!"

Im Auftrage des MfS bewarb sich „Inge Schneider" 1962 beim Landesamt für Verfassungsschutz (LfV) in Düsseldorf. Die Sicherheitsüberprüfung ergab dort keine Verdachtsmomente, da sie keine Verwandtschaft in der DDR besaß. Obwohl dem LfV bekannt war, daß der Ehemann 1955 an der Leipziger Messe teilnahm, wurde „Inge Schneider" 1964 beim LfV als Fernschreiberin eingestellt.

Im Zusammenhang mit Umstrukturierungen in Nordrhein-Westfalen wurde Frau Wiegand 1971 eine neue Stelle als Fernschreiberin im Landeskriminalamt angeboten. Die Hauptabteilung II sah darin die Möglichkeit, noch mehr Informationen zu bekommen, und beauftragte die Agentin, diese Stelle anzunehmen.[563] Bereits aufgrund der ersten Gedächtnisprotokolle, die sie dem MfS lieferte, wurden in der DDR 11 Ermittlungsverfahren eingeleitet.[564]

In den Jahren 1971 bis 1976 übergab „Inge Schneider" dem MfS insgesamt 3.281 Originaldokumente, davon 1.355 mit nachrichtendienstlicher Bedeutung.[565] Bis Oktober 1977 lieferte sie weitere 5.400 Einzelinformationen. Diese betrafen Hinweise zur Struktur und zum Personalbestand der westdeutschen Polizei, Informationen zur Tätigkeit der Geheimdienste und Polizeiorgane gegen Ost-Agenten, Hinweise zu Terroristen und Linksextremisten sowie über das Fahndungs- und Überwachungssystem der Bundesrepublik. Nach dem Ausscheiden aus dem LKA im Jahre 1982 berichtete Frau Wiegand auch weiterhin über Mitarbeiter ihrer ehemaligen Dienststelle.

Dem von Ruth Wiegand gelieferten Material wurde von der Führungsstelle eine außerordentliche Bedeutung beigemessen. Das Material umfaßt insgesamt 46 Bände der sogenannten Arbeitsakte der Agentin.[566] „Inge Schneider" erhielt für ihre Dienste insgesamt 846.000 DM sowie zahlreiche Auszeichnungen – 1972 den Ehrentitel „verdienter Mitarbeiter des MfS"[567], 1974 den „Kampfor-

---

563 Dienstwechsel bei der Quelle „Inge Schneider"; ebenda, Bl. 194.
564 Ebenda, Bl. 195.
565 Im Verlaufe des Jahres 1976 in den IM-Vorgängen „Inge Schneider" und „Fritz Würfel" eingetretene Ereignisse und die sich daraus ergebenden Konsequenzen für die Weiterführung des IM-Vorganges „Inge Schneider"; ebenda, Bl. 199.
566 AIM 1776/91; BStU, Teil II, 46 Bde.
567 Vorschlag zur Auszeichnung des inoffiziellen Mitarbeiters; ebenda, Teil I, Bd. 1, Bl. 196.

den für Verdienste um Volk und Vaterland in Bronze"[568], 1976 die „Medaille für treue Dienste in der NVA für 20 Jahre"[569], 1978 den Orden „Roter Stern" des Komitees für Staatssicherheit beim Ministerrat der UdSSR, 1981 den Kampforden für Verdienste um Volk und Vaterland in Silber, 1983 den Kampforden für Verdienste um Volk und Vaterland in Gold und 1988 die Verdienstmedaille der DDR.[570]

Ein zweiter Fall ist der des Sicherheitsbeauftragten der Firma IBM-Sondersysteme in Wilhelmshaven, Karl-Paul Gebauer, der in den siebziger Jahren als sogenannter „Selbststeller" zum MfS kam: Am 21. März 1975 meldete er sich an der Grenzübergangsstelle Friedrichstraße in Ost-Berlin und bot sich dort für eine nachrichtendienstliche Zusammenarbeit an. In seiner Firma hatte er Zugang zu geheimen und streng geheimen Unterlagen, die damals ein computergesteuertes Führungssystem der Bundesmarine und NATO entwickelte.[571] Als Beweis legte er zwei Dokumente über den Systemaufbau des Projektes und eine Skizze über die Nachrichtenverbindungen der Marine vor.

Karl-Paul Gebauer wurde zuerst als Kontaktperson „Drucker" und später als IMB „Reuter" geführt. Zur Verbindungsaufnahme erhielt Gebauer eine Deckadresse, eine Decktelefonnummer, einen Container und einen gefälschten Reisepaß auf den Namen Paul Gärtner. Ab 1977 bestand auch eine Instrukteurverbindung über den IM „Michael".

Gebauer übergab zuerst technische Zeichnungen des neuen Projektes mit den Standorten der installierten IBM-Anlagen und den Hauptfunktionen des Marineführungssystems; er machte Angaben zum Personalstand und informierte über den MAD-Stützpunkt in Wilhelmshaven. Bei weiteren Treffs im Jahre 1976 übergab er u. a. sechs Schmalfilme mit ca. 13.000 Aufnahmen von geheimen Unterlagen der NATO und der Bundeswehr.[572]

Anfang 1980 lieferte Gebauer der Hauptabteilung II als VS-Geheim eingestufte Dokumente zum Projekt „Tenne" im Umfang von 40 Leitz-Ordnern. Diese Dokumente ermöglichten es, im Fall eines Krieges das gesamte Führungssystem der Bundesmarine zu stören. Bei der Auflösung der IBM-Niederlassung in Wilhelmshaven hatten sie eigentlich unter seiner Kontrolle vernichtet werden sollen, doch Gebauer schaffte die Ordner zu sich nach Hause. Da er keine andere Möglichkeit sah, die Dokumente nach Ost-Berlin zu transportieren, entschloß er sich, einen Wagen zu mieten und sie zum Grenzübergang Drewitz zu fahren. In Drewitz „dekonspirierte" er sich vor den Mitarbeitern der Grenzkontrolle, um die Ladung abzugeben und an die Hauptabteilung II/2 weiterzuleiten. Wegen der Bedeutung der Dokumente wurde Mielke persönlich davon unterrichtet;[573] der Leiter der Hauptabteilung II, Kratsch,

568 Ebenda, Bl. 208.
569 Befehl K 3150/77; ebenda, Bl. 204.
570 Ebenda, Teil I, Bd. 2, Bl. 178.
571 BStU, ZA, AIM 6369/86, Teil I, Bd. 1, Bl. 57 und 78.
572 Ebenda, Teil II, Bd. 1 und 2.
573 Ebenda, Bd. 3, Bl. 261.

teilte Mielke dabei mit, daß die Auswertung dieser Dokumente die Möglichkeiten seiner Diensteinheit sprenge, und schlug vor, die Auswertung des Ge-
samtmaterials in militärisch-strategischer Hinsicht vornehmen zu lassen. Gebauer erhielt ein Jahr später auf Vorschlag von Kratsch den „Kampforden für
Verdienste um Volk und Vaterland" in Bronze sowie eine hohe Geldprämie.

Da Gebauer nach der Auflösung seiner Arbeitsstelle arbeitslos wurde, konnte
er keine relevanten Informationen mehr aus dem Bereich der Bundeswehr liefern konnte. Obwohl noch einige Treffs stattfanden, wurde der Vorgang 1986
wegen Perspektivlosigkeit geschlossen. Für seine Dienste bekam Gebauer insgesamt rund 70.000 DM vom MfS.

Ein drittes Beispiel ist das des einstigen Internationalen Pressezentrums (IPZ)
der DDR, das 1976 für die Betreuung westlicher Journalisten eingerichtet wurde (siehe oben); für die West-Arbeit des MfS – nicht nur der zuständigen
Hauptabteilung II/13, sondern auch der HV A – hatte es beträchtliche Bedeutung. Der von 1976 bis 1989 amtierende Direktor des IPZ, Fred Müller, wurde
als IM der HV A geführt,[574] berichtete aber auch dem stellvertretenden Abteilungsleiter der Hauptabteilung II/13, Ternies, der eine sogenannte Personen-
handakte zu Müller führte. Daneben führte die HV A noch mindestens vier
weitere IM in Schlüsselpositionen des IPZ.[575] Alle diese IM unterhielten sowohl direkte Kontakte zu ausländischen Journalisten als auch Kontakte zu Personen, die keine offiziellen Arbeitsbeziehungen zum IPZ hatten.

IPZ-Direktor Müller pflegte u. a. Kontakte zu einer WDR-Redakteurin, um sie
über interessante Vorgänge im WDR bzw. SFB abzuschöpfen. Darüber hinaus
reiste er in seiner Funktion als ehemaliger Sekretär des Verbandes der Film-
und Fernsehschaffenden der DDR mit einem weiteren IM der HV A zu den
Dokumentarfilmtagen nach Oberhausen in Westdeutschland. Dieser baute im
Auftrage der HV A/X beim Auslandspressedienst der DDR, „Panorama", auch
eine sogenannte Reisestelle zur „Kontaktarbeit mit ausländischen Journalisten"
auf. Ein anderer IM des IPZ pflegte u. a. eine langjährige Verbindung mit einem RIAS-Redakteur, den die HV A verdächtigte, für den amerikanischen
Geheimdienst tätig gewesen zu sein. Das IPZ diente dabei nicht nur der Abschöpfung und Überwachung von West-Journalisten, sondern auch der Legendierung und Offizialisierung anderer Aktivitäten der HV A. So wurden im
Herbst 1978 drei für die HV A interessante SPD-Landtagsabgeordnete in Abstimmung mit Professor Häber (Leiter der West-Abteilung des ZK der SED)
und W. Meyer (Leiter der Hauptabteilung Presse im MfAA) in die Betreuung

574 Information: Einsätze des Direktors des „Hauses für journalistische Dienstleistungen" (HfJD), Fred
    Müller, im Operationsgebiet im Auftrag der HVA/X vom 22.4.1978; Vorschlag für gemeinsame
    Maßnahmen mit der HVA/X vom 24.10.1985; Vorlage zu operativen Erkenntnissen zum Direktor
    des IPZ Berlin aus Sicht der Erkenntnisse zur Gewährleistung der inneren Sicherheit des MfS vom
    28.2.1989; BStU, ZA, HA II/13, 459.
575 HA II/13: Informationen über dekonspirierende Aktionen der HVA/X im und mit dem Sicherheits-
    objekt der HA II/13, „Internationales Pressezentrum" vom 16.6.1979; BStU, ZA, HA II/13, 459,
    S. 72–74.

des IPZ gegeben, ohne daß diese überhaupt journalistisch arbeiteten.[576] Das IPZ diente auch dazu, bei der Visaerteilung den DDR-Aufenthalt eines schwedischen Bürgers, der ein langjähriger Kontaktpartner eines HVA-IM war, als „Informationsreise und Gast des IPZ" zu legendieren. Schließlich wurde das IPZ auch für propagandistische Zwecke durch die HV A genutzt. So organisierte die HV A/X im Mai 1979 im IPZ ein Pressegespräch der Zeitschrift „Horizont" mit ausländischen Journalisten, das „auf Wunsch der asylsuchenden ehemaligen Sekretärin Goliath des CDU-Bundestagsabgeordneten MARX aus der BRD"[577] stattfand. Auch DDR-Bürger beteiligten sich auf diese Weise in erheblichem Maße an der inoffiziellen „Arbeit im und nach dem Operationsgebiet".

5.3 „Aufklärung" des Funkverkehrs und der Telefongespräche in Westdeutschland – Die Hauptabteilung III[578]

Bei seiner „Arbeit im und nach dem Operationsgebiet" bediente sich das MfS nicht nur menschlicher Quellen – der sogenannten „human intelligence" (HUMINT). Eine immer größere Rolle spielte vielmehr, wie in der Arbeit aller Nachrichtendienste, die technische oder funkelektronische Aufklärung – die sogenannte „signal intelligence" (SIGINT). Diese bereits während des Zweiten Weltkrieges bedeutsame Form der Spionage wurde dabei in erster Linie von der Linie III im MfS betrieben.[579]

Der Informationsgewinn durch den Einsatz technischer „Quellen" sowie nachrichtentechnischer Systeme und Verfahren hatte gegenüber der klassischen „agenturischen" Spionage für das MfS vor allem den Vorteil, daß er risikoärmer war. Er ermöglichte eine Vervielfachung des nachrichtendienstlichen Gewinns ohne die Gefahr der Enttarnung oder Verhaftung eigener „Quellen", da die „Aufklärung" des „Gegners" vom eigenen Territorium oder von „Stützpunkten" befreundeter Staaten bzw. aus Objekten mit diplomatischer Immunität erfolgte. Entscheidend für die wachsende Bedeutung der Linie III war dabei freilich nicht die bloße Aufzeichnung von nachrichtentechnischen Signalen aus dem Westen, sondern vor allem die systematische Analysetätigkeit, die einen breiten Ausstoß an „Auskunftsberichten", „Dossiers" und anderen „operativen Informationen" zur Folge hatte. Die großen Möglichkeiten der funkelektronischen Aufklärung führten dazu, daß die Zahl der Aufträge an die Linie III durch andere Diensteinheiten seit Mitte der siebziger Jahre beständig wuchs – was wiederum verstärkte Anstrengungen für eine gezielte und „systematische

---

576 Ebenda.
577 Ebenda. Frau Goliath beschaffte insgesamt 13 Jahre lang für das MfS parteipolitische Interna aus der CDU, bis sie 1979 in die DDR abberufen wurde. Zum Pressegespräch mit ihr im Mai 1979 vgl. auch Holzweißig 1997, S. 206. Zu den „engen Beziehungen" zwischen HVA/X und der Zeitschrift „Horizont": Bohnsack/Bremer 1992, S. 194.
578 Das folgende Kapitel stellt eine überarbeitete Zuarbeit von Andreas Schmidt von der Abteilung Bildung und Forschung beim BStU dar.
579 Vgl. Krieger/Weber 1997, S. 15 und 23 ff.

Dossierarbeit" zur Folge hatte. Über die Bedeutung der Ergebnisse der Funkaufklärung hieß es 1982 in einem Leiterreferat:[580]

„Es ist kein Geheimnis, daß wir als Linie III zum Teil besser, schneller und umfassender in der Lage sind, Personendossiers für die verschiedensten Diensteinheiten des MfS interessierenden Personen aus dem Operationsgebiet zu erarbeiten, als diese Diensteinheiten selbst. Und gerade deshalb, und ich meine mit Recht, werden die diesbezüglichen Anforderungen, die an uns als Linie III gestellt werden, nicht geringer, sondern immer größer. In zunehmendem Maße treten die Leitung des MfS und die Diensteinheiten des MfS an uns heran und stellen die berechtigten Forderungen und Bitten nach mehr hochwertigen Ausgangsangaben und Ausgangsmaterialien zu pol[itisch]-op[erativ] bedeutsamen Personen des Operationsgebietes. [...] Sind es nicht wir [...], die mit unseren Möglichkeiten

– in relativ kurzem Zeitraum umfassende Personenaufklärungsergebnisse auf den Tisch legen können und dabei z. B. selbst Hinweise und Angaben aus dem tiefsten intimen Bereich von Menschen, die beispielsweise ein IM nicht erarbeiten und erbringen könnte, erarbeiten

– [...], die ohne Menschen, IMs, der Gefahr auszusetzen, wesentliche und umfassende Angaben zu Personen erarbeiten können, selbst zu solchen Personen, die der Gegner besonders abschirmt, mitsichert bzw. die einer besonderen Sicherheitsstufe unterliegen, wenn z. B. Personenaufklärungsmaßnahmen im klassischen Sinne nur sehr schwer und durch aufwendige Mittel und Methoden realisiert werden könnten."[581]

Die Aufklärung der Bundesrepublik durch die Linie III spielt in den meisten Darstellungen zur West-Arbeit des MfS eine untergeordnete Rolle oder wird sogar gänzlich übersehen. Auch durch die Behörde des BStU wurden Strukturen, Methoden und Wirkungsweise der Funkaufklärung bislang nicht systematisch erforscht. Aus zahlreichen Opferakten ist aber bekannt, daß das MfS auch in der Bundesrepublik systematisch Telefongespräche und Funksprüche belauschte, deren Inhalt ständig analysiert und als „Hinweis" oder „Information" an die zuständigen Diensteinheiten weitergegeben wurde. Etwa 30.000 bis 40.000 Telefonanschlüsse sollen den Aussagen des ehemaligen Leiters der HA III, Horst Männchen, von der Linie III per „Zielkontrolle" im Westen ständig überwacht worden sein.[582] Im folgenden Kapitel wird deshalb erstmals eine ausführlichere Darstellung der Arbeit der Hauptabteilung III gegeben.

---

580 Referat in der HA III [ohne Autor] vom 22.6.1982; BStU, ZA, HA III 7974, S. 78.
581 Ebenda, S. 78 f.
582 Vernehmung von Horst Männchen vom 24.–26.9.1991, zitiert nach: Der Generalbundesanwalt 1993a, S. 114.

5.3.1 Entstehung und Entwicklung

Unter „elektronischem Kampf" verstand das MfS, den Einsatz wissenschaftlich-technisch-physikalischer Mittel und Methoden zu forcieren und „planmäßig zu einem geschlossenen, zentralgeleiteten, alle Nachrichtenkommunikationskanäle erfassenden System von festen und beweglichen (auch fliegenden und schwimmenden) Aufklärungsstützpunkten, Ortungseinrichtungen, Erfassungs-, Speicher- und Auswertungsanlagen, Stör- und Desinformationszentren usw." auszubauen.[583] In seiner Doktorarbeit an der Juristischen Hochschule des MfS bezeichnete Horst Männchen 1973 die „funkelektronische Aufklärung" des MfS als Entgegnung auf den „Kampf mit funkelektronischen Mitteln" durch die westlichen Verbündeten.[584] Insbesondere werden darin die Begriffe „Funkelektronischer Krieg", „Elektronische Kampfführung" (ELOKA), „Krieg im Äther" oder „Funkkrieg" dem westlichen Sprachgebrauch zugeschrieben. Wie in anderen Bereichen der West-Arbeit bildeten „Abwehr" und „Aufklärung" auch in der Funkaufklärung eine Einheit.

Im Jahre 1966 beauftragte Bruno Beater, 1. Stellvertreter des Ministers für Staatssicherheit, den späteren Leiter der Hauptabteilung III, Männchen, mit dem Aufbau einer Arbeitsgruppe, die mit verschiedenen Stützpunkten entlang der innerdeutschen Grenze den Funkverkehr der Bundesrepublik Deutschland aufklären sollte. Diese sogenannte „Koordinierungsgruppe Funk" besaß zunächst den Rang einer Stabsstelle und wurde bis zum Jahre 1970 schrittweise zum „Bereich III" im MfS erweitert.

Mit Wirkung vom 1. Juli 1971 wurden im MfS die „selbständige Abteilung III" und „im erforderlichen Umfang" in den Bezirksverwaltungen und der Verwaltung Groß-Berlin die „selbständigen Referate III" gebildet.[585] Aufgabe dieser Linie III war dem Befehl des Ministers zufolge die „Gewährleistung einer wirkungsvollen und optimalen Aufklärung, Abwehr und offensiven Bekämpfung der gegnerischen Elektronischen Kampfführung mit operativ-technisch-physikalischen Mitteln und Methoden".[586] Begründet wurde dies damit, daß die „imperialistische" BRD als festes Glied der NATO in zunehmender Weise feindlich-subversive Aktivitäten unter dem Begriff des „Elektronischen Kampfes" gegen die DDR und die sozialistischen Bruderstaaten entfalte.

Gemäß einer Vereinbarung übernahm die Linie III 1982 auch die bis dahin von der Abteilung 26 durchgeführte Kontrolle des grenzüberschreitenden, drahtgebundenen Fernsprechverkehrs (Aufgabe V) sowie des Fernschreibverkehrs

---

583 Vernehmung von Horst Männchen vom 24.–26.9.1991, zitiert nach: Der Generalbundesanwalt 1993a, S. 2.
584 Oberstleutnant Horst Männchen, Major Friedrich: Probleme des Einsatzes spezifischer technisch-physikalischer Mittel und Methoden durch das MfS bei der Abwehr und Aufklärung des „elektronischen Kampfes" in der Klassenkampfauseinandersetzung zwischen Imperialismus und Sozialismus; BStU, ZA, JHS 21825/1, S. 1–252 und 21825/2, S. 1–225.
585 Befehl 20/71 Mielkes vom 26.6.1971 zur Bildung der selbständigen Abteilungen III und der selbständigen Referate III im MfS, S. 1–10; BStU, ZA, DSt 100646.
586 Ebenda, S. 2.

(Aufgabe R); zugleich wurden die selbständigen Referate III in den Bezirksverwaltungen per Ministerbefehl in den Rang von Abteilungen gehoben.[587] Durch den Befehl 1/83 entstand aus der Fusion der Abteilung III im MfS und der für die Funkabwehr zuständigen Abteilung F schließlich die Hauptabteilung III,[588] die Anfang 1990 ihre Tätigkeit einstellte.

5.3.2 Strukturen und Personalbestand

Die HA III war eine der größten Diensteinheiten des MfS und gliederte sich zuletzt in fünf Stellvertreterbereiche mit insgesamt 25 Abteilungen, von denen eine die für die technische Ausbildung des Nachwuchses zuständige Schule „Bruno Beater" in Groß-Schönebeck war. Zu Beginn des Jahres 1989 unterhielt die Linie III zwischen 70 und 80 Objekte bzw. Stützpunkte auf dem Gebiet der DDR, die zumeist als Einrichtungen der NVA deklariert wurden. Das zentrale Dienstobjekt befand sich in Berlin-Wuhlheide. Von den ca. 45 Außenobjekten wurden 23 von den Abteilungen III der Bezirksverwaltungen geführt. Leiter der HA III war Generalmajor Horst Männchen.

Zum Anleitungsbereich des Leiters gehörten die Arbeitsgruppe des Leiters (AGL), die Auswertungs- und Kontrollgruppe (AKG), das Sekretariat des Leiters (SdL), der Finanzbereich und der Bereich Rückwärtige Dienste (RD). Die genaue Gliederung der HA III wird im Organigramm ersichtlich.

Nachfolgend werden die fünf Anleitungsbereiche näher skizziert; dabei stehen Darlegungen zu den Stellvertreterbereichen O (Operativ) und I (Informationsgewinnung) im Vordergrund, weil diese für die Tätigkeit im und nach dem Westen besondere Bedeutung besaßen.

1. Stellvertreter und Stellvertreter O (Operativ) – Oberst Heinz Fischer

Zu seinen Anleitungsbereichen gehörten der Bereich A (Auswertung) mit den Abteilungen 1, 6, 12, 13, 15 und T[echnik]/4.

Abteilung 1: In neun Referaten war die Auswertung, Analyse und Speicherung der operativen Informationen zu folgenden Themengebieten organisiert:

– Innen- und Außenpolitik nichtsozialistisches Wirtschaftsgebiet (NSW)

– Feindorganisationen und politisch-ideologische Diversion (PID)

– Grenzsicherung, Fahndung/West und „Ungesetzliches Verlassen der DDR"

– Sicherung Volkswirtschaft

---

587 Befehl 18/82 Mielkes vom 1.9.1982 zur Umbildung der selbständigen Referate III in den Bezirksverwaltungen des MfS in selbständige Abteilungen III in den BV des MfS, S. 1f.; BStU, ZA, DSt 102879.
588 Befehl 1/83 Mielkes vom 15.1.1983 zur Bildung der HA III im MfS, S. 1 f.; BStU, ZA, DSt 102905.

Struktur der HA III (Funkaufklärung und Funkabwehr) des MfS
Stand: Dezember 1988

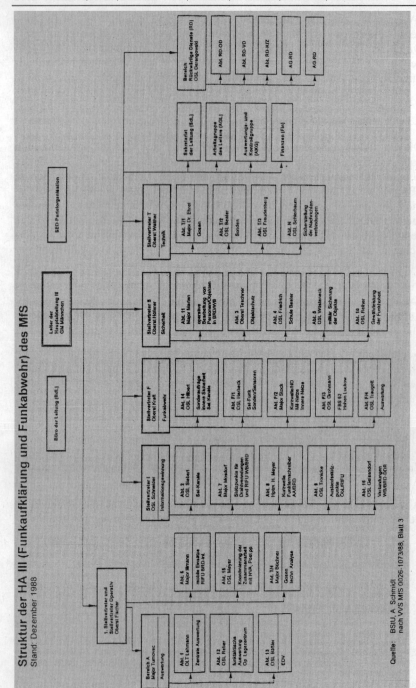

Quelle: BStU, A. Schmidt
nach VVS MfS 0026-1073/88, Blatt 3

– Innere Sicherheit

– Geheimdienste

– Gegnerische Abwehrorgane

– NATO-Streitkräfte

– Informationsbewertung im Projekt „Wertigkeit"[589] und Koordinierung des Informationsflusses an die Linien im MfS.

Abteilung 6: In vier Referaten und zwei Arbeitsgruppen wurde hier die Suche, Aufklärung und zeitweilige Bearbeitung von Nachrichtenverbindungen auf der Basis halbstationärer, mobiler Einsatztechnik realisiert, darunter auch die interne Richtfunkaufklärung und Funkaufklärung der Bundesrepublik entlang der Grenze zur DDR.

Abteilung 12: In fünf Referaten wurden hier vorrangig funktechnische Informationen und Daten analysiert. Für die Analyse wurden offiziell und inoffiziell beschaffte Unterlagen verwendet, aber auch nachrichtentechnische Daten und Erkenntnisse, die mittels eigener Technik in der Linie III gewonnen wurden. Im sogenannten „Operativen Lagezentrum" (OLZ) wurde die „Funklage" bewertet und dargestellt, denn das Wissen um die Funktüchtigkeit und das technische Know-how der „gegnerischen" Funk- und Fernmeldesysteme bildeten die Voraussetzung für adäquate Aktivitäten der Funkaufklärung und -abwehr.

Abteilung T/4: In drei Referaten wurden hier die Analyse und Erprobung technischer Verfahren und Spezifika für die Magnet- und Codeauswertung der abgehörten Sendekanäle vorgenommen; Ziel war ein ständiger Qualitätszuwachs bezüglich der Vorauswertung der abgehörten Gespräche. Eine Kardinalfunktion besaß dabei die sogenannte Methode der „Echtzeitanalyse":[590] An entsprechenden „Echtzeitarbeitsplätzen" konnten durch technische Neuerungen seit Mitte der achtziger Jahre die ankommenden Gespräche auf bis zu 20 Tonbandgeräten[591] gleichzeitig (vorher nur nacheinander) verfolgt werden, die mit sogenannten Rufnummernselektierungsanlagen (RSA) gekoppelt waren. Die „Echtzeitmethode" beinhaltete auch den Einsatz der rechnergestützten dezentralen Zielkontrollkartei (DZKK)[592], die eine schnellere „Zugriffszeit" auf jene Gespräche ermöglichte, die unter Zielkontrolle standen.

Stellvertreter I (Informationsgewinnung) – Oberstleutnant Peter Schneider

Zu seinen Anleitungsbereichen gehörten die Abteilungen 2, 7, 8, 9 und 16.

---

589 Im „Projekt Wertigkeit" wurden die Informationen nach den Bedeutungsstufen 1, 2 und 3 bewertet. Informationen der Wertigkeitsstufe 1 besaßen die höchste Bedeutung und Dringlichkeit.
590 Arbeitsdokument „Echtzeitarbeitsplatz" vom 23.5.197; BStU, ZA, HA III 585, S. 1–61, hier 4, 6–8 und 34.
591 Ebenda, S. 34.
592 Ebenda.

Abteilung 2: In drei Referaten wurde das Abschöpfen von Informationen aus den westlichen Nachrichtenbeziehungen per Satellit organisiert. Dazu gehörte auch die Aufklärung technischer Parameter des Satellitenfunks.

Abteilung 7: In zwei Referaten wurde vorrangig die selektive Abschöpfung der drahtlosen Richtfunkverbindungen zwischen dem Bundesgebiet und West-Berlin und der Richtfunktrassen innerhalb Westdeutschlands organisiert. Schwerpunkte bildeten dabei die Richtfunkstrecken bzw. -territorien West-Berlin, Hamburg, Hannover, Frankfurt/Main, Düsseldorf, Köln/Bonn und München. Die Informationsgewinnung basierte auf der Tätigkeit der Stützpunkte „Quelle 3" (Schwerin) und „Quelle 4" (Magdeburg).

Abteilung 8: In drei Referaten wurde hier seit Anfang der siebziger Jahre das Abschöpfen von Informationen aus den Funkbeziehungen westdeutscher Einrichtungen im Kurzwellen-Spektrum[593] organisiert. Dabei wurde eine enge Zusammenarbeit mit dem Referat 7 der Abteilung F[unkabwehr]/3, der Abteilung III BVfS[594] Erfurt und der Abteilung XI[595] gestaltet. Seit Mitte der siebziger Jahre war insbesondere das Eindringen in folgende Funkbeziehungen von Bedeutung:

– Sicherheitsdienst der Bundesrepublik

– Auswärtiges Amt (AA)

– Bundesgrenzschutz (BGS)

– Bereitschaftspolizei

– diplomatische und kommerzielle Verbindungsnetze.

In den Jahren 1975/76 konnten beispielsweise jährlich 2.000 bis 3.000 bedeutsame Informationen aus dem Bereich der Geheimdienste und Staatsschutzorgane gewonnen werden.[596] Allerdings war seit Mitte der achtziger Jahre ein erheblicher Abfall des Informationsaufkommens im KW-Bereich zu verzeichnen. Hauptursache hierfür war der Einsatz neuer Nachrichtentechnik, neuer Übertragungsverfahren und versierter Chiffriertechnik zum Schutze der Funkverbindungen, deren Folge eine verminderte Anwendung bzw. ein fast gänzlicher Verzicht auf den KW-Funk war.

Vor allem durch die diplomatischen Dienste in Westdeutschland wurden nun verstärkt Satellitenverbindungen anstelle des KW-Funks genutzt. Die Aktivitäten der Abteilung 8 verlagerten sich demgemäß seit Anfang der achtziger

---

593 Funkaufklärung im Kurzwellenbereich (KW): Umfaßte die komplexe Aufklärung und zeitweilige Abschöpfung einzelner Funknetze im gesamten Frequenzbereich von 1,5 MHz bis 30 MHz. Zeitweilig wurde die Aufklärung auf den speziellen Frequenzbereich von 4 MHz bis 10 MHz konzentriert.

594 BVfS: Bezirksverwaltung für Staatssicherheit

595 Abt. XI: Zuständig für die Enttarnung des Chiffrierverkehrs mittels Chiffriertechnik und kryptologischer Verfahren.

596 Einschätzung des Standes und der Wirksamkeit der Funkaufklärung im Kurzwellenbereich vom 28.3.1988; BStU, ZA, HA III 542, S. 140–166, hier 143.

Jahre auf das Eindringen in die rechnergestützte Fernschreibübermittlung. So wurden aus dem diplomatischen Dienst der Türkei im Jahre 1982 ca. 10.300 Telegramme bzw. Telexe, das heißt monatlich zwischen 800 und 1.600, abgefangen und an die Abteilung XI übergeben, die wiederum für eine fast hundertprozentige Dechiffrierung sorgte.[597]

Insgesamt gesehen ging die „Quelle KW-Funk" dem MfS in den achtziger Jahren aber nicht ganz verloren, wenngleich sich der Informationsschwund aufgrund des technischen Innovationsschubes in der Nachrichtentechnik der westdeutschen Dienste und Einrichtungen seit 1986 deutlich bemerkbar machte.

Aufgrund des geringen „operativen" Wertes von gewonnenen Informationen oder wegen des unverhältnismäßig hohen technischen Aufwandes wurden seit dieser Zeit einige Funkverbindungen im Kurzwellenbereich nur noch periodisch überprüft bzw. wurde ihre Abschöpfung sogar ganz eingestellt. Das betraf u. a. die Funkbeziehungen der Diplomatischen Dienste Nigerias und Marokkos, der Streitkräfte Frankreichs, die internen Funkverbindungen des Radiosenders „Deutsche Welle" in Köln, die Residentur- und Partnerdienstverbindungen des BND, die KW-Funknetze des BGS und der Zollorgane an der Seegrenze der Bundesrepublik. Dagegen blieb das Abschöpfen der KW-Funknetze des Auswärtigen Amtes (AA), der INTERPOL und des Diplomatischen Dienstes der Türkei dauerhaft von Interesse:

Auswärtiges Amt	„[...] zu Reiseaktivitäten von führenden Politikern des Operationsgebietes ins Ausland,
	zu Interna des Auswärtigen Amtes, insbesondere Baumaßnahmen an Auslandsvertretungen, Personalveränderungen u. ä.,
	zu Spannungs- und Krisensituationen."[598]
INTERPOL	„[...] zur gegnerischen Terrorismusbekämpfung, zur Durchsetzung der Embargopolitik des Gegners gegen die sozialistischen Länder,
	mit direktem Bezug zu Interessen der sozialistischen Staaten sowie
	zu Interna der INTERPOL [...]"[599]
Diplomatischer Dienst der Türkei	„[...] zu militärischen Fragen an der Südflanke der NATO und zur Militäraufklärung (Militärattaché) der Türkei,
	zu den [die] sozialistischen Staaten tangierenden politischen Fragen,
	zu terroristischen Aktivitäten verschiedener Kräfte [...]"[600]

597 Ebenda, S. 143.
598 Ebenda, S. 160.
599 Ebenda.

Die nachfolgende Tabelle zeichnet die Entwicklung des Informationsaufkommens der Abteilung 8 im Zeitraum von 1980–1987 nach:

Tabelle 1:

	1980	1981	1982	1983	1984	1985	1986	1987
Geheim-dienste	1	4	8	11	148	592	968	429
Staatsschutz-organe	861	560	106	48	14	14	142	23
Sicherheits-dienste	-	435	417	320	407	642	725	375
Polizei	1.330	2.775	2.105	8.157	136	55	131	5
Diplomatie	1.190	1.843	3.862	5.978	5.869	3.045	6.711	4.006
Militär	158	396	142	96	50	85	1.013	550
Gesamt	3.540	6.013	6.640	14.660	6.624	4.253	9.690	5.388

Abteilung 9: Das Wirken der fünf Referate der Abteilung 9 war eng an die speziellen Interessen der HV A gebunden. Die Zusammenarbeit zwischen der HV A und der HA III und darüber hinaus mit dem Ministerium des Innern der ČSSR (FMdI) umfaßte speziell das Einrichten und Betreiben von Abschöpfungsstützpunkten für die HV A auf dem Gebiet der Bundesrepublik und einiger westeuropäischer Staaten:

Stützpunkte der HA III in Zusammenarbeit mit der HV A[601]

–„Steuerung 1"	– Bonn	– Auslandsvertretung (AV) der DDR
–„Steuerung 1a"	– Bonn	– Botschaft der UdSSR
–„Steuerung 1b"	– Köln	– Handelspolitische Abteilung (HPA) der UdSSR
–„Steuerung 1c"	– Düsseldorf	– Handelspolitische Abteilung (HPA) der DDR
–„Steuerung 2"	– Wien/Österreich	– Botschaft der DDR in Wien
–„Steuerung 3"	– Brüssel/Belgien	– Botschaft der DDR in Brüssel
–„Netzwerk"	– Aden/VR Jemen	

Vom Stützpunkt „Steuerung 1" wurden folgende Bereiche überwacht:

Bundesamt für Verfassungsschutz (BfV)   Deckname „Otto"

Bundesnachrichtendienst (BND)   Deckname „Beate"

---

600 Ebenda, S. 161.
601 Schreiben von Oberst Degenhardt vom 31.10.1980: Eine Übersicht über die vorhandenen Funk-stützpunkte der HV A im Operationsgebiet mit technischer Ausrüstung, zu überwachenden gegneri-schen Funkdiensten und zu kontrollierenden Frequenzen; BStU, ZA, HA III 6646, S. 218–241.

Militärischer Abschirmdienst (MAD)   Deckname „Marta"

C-Netz (ÖbL)[602] der Deutschen Bundespost   Deckname „Bruder"

In diesem Stützpunkt standen ca. 30 m² zur Verfügung. Rund um die Uhr wurden 35 Tonbandgeräte und 32 Empfänger betrieben. Zusätzlich war ein Platz von ca. 4 m² mit „operativer Technik" der HV A belegt.

Von den Stützpunkten „Steuerung 1a" und „Steuerung 1b" wurden folgende Bereiche überwacht:

Bundesamt für Verfassungsschutz (BfV)   Deckname „Otto"

Bundesnachrichtendienst (BND)   Deckname „Beate".

Vom Stützpunkt „Steuerung 1c" wurden folgende Bereiche überwacht:

Bundesamt für Verfassungsschutz (BfV)   Deckname „Otto"

Bundesnachrichtendienst (BND)   Deckname „Beate"

Militärischer Abschirmdienst (MAD)   Deckname „Marta"

C-Netz (ÖbL) der Deutschen Bundespost   Deckname „Bruder"

alle Richtfunkstrecken im Territorium   Deckname „Staffel".

Dieser Stützpunkt war auf einer Fläche von ca. 20 m² eingerichtet und mit 35 Tonbandgeräten sowie 32 Empfängern ausgestattet.

Durch eine Spezialantenne wurden seit etwa 1982 Richtfunkaussendungen vom Hauptquartier der Britischen Rheinarmee empfangen. Zudem wurde ein Richtfunk-Netz der NATO, bezogen auf die Endstellen Bonn, Oslo, Den Haag, Kopenhagen, Brüssel, Hammerfest und Wilhelmshaven, abgehört.

Vom Stützpunkt „Steuerung 2" wurden folgende Bereiche überwacht:

Bundesamt für Verfassungsschutz (BfV)   Deckname „Otto"

Bundesnachrichtendienst (BND)   Deckname „Beate"

Militärischer Abschirmdienst (MAD)   Deckname „Marta"

Landessicherheitsorgane (LSO)   Deckname „LSO".

Vom Stützpunkt „Steuerung 3" wurden folgende Bereiche überwacht:

Bundesamt für Verfassungsschutz (BfV)   Deckname „Otto"

Bundesnachrichtendienst (BND)   Deckname „Beate"

---

602 ÖbL: Öffentlicher beweglicher Landfunkdienst; das heißt u. a. Autotelefongespräche, die durch territoriale Peil- und Verstärkersysteme übermittelt werden.

| Militärischer Abschirmdienst (MAD) | Deckname „Marta". |

In diesem Stützpunkt waren auf einer Fläche von ca. 30 m² elf Tonbandgeräte und zehn Empfänger untergebracht. Die HV A belegte ca. 4 m² Fläche mit eigener Technik.

Stützpunkte der HA III im Zusammenwirken mit der ČSSR

–„Rubin"	Cerov/ ČSSR
–„Topas"	Polednik/ ČSSR
–„Saphir 2"	Novy Ves ČSSR
–„Saphir 3"	Wien/Österreich

Abteilung 16: In fünf Referaten wurde das Abschöpfen von Informationen aus drahtgebundenen Nachrichtenverbindungen organisiert. Das betraf vorrangig das Auswerten von Fernschreiben der Parteien der Bundesrepublik und das Abhören der Telefone von Personen des öffentlichen Lebens. Auch die Telefonüberwachung von ausgereisten DDR-Bürgern mit sogenannten Rückverbindungen in die DDR war bevorzugte Aufgabe dieser Abteilung.

Stellvertreter F (Funkabwehr) – Oberstleutnant Ernst Kraft

Zu seinen Anleitungsbereichen gehörten die Abteilungen F/1, F/2, F/3, F/4 und 14.

Auf Funkbeobachtungsstationen und Funkpeilstellen wurde vorrangig die Funkabwehr im H[och]F[requenz]- und K[urz]W[ellen]-Bereich realisiert.

Stellvertreter S (Sicherheit) – Oberst Gerhard Höferer

Zu seinen Anleitungsbereichen gehörten die Abteilungen 3, 4, 5, 10 und 11.

Die Abteilung 3 zeichnete für die Sicherheit der Objekte und Stützpunkte der HA III verantwortlich. Im Zuständigkeitsbereich der Abteilung 4 befand sich die Schule „Bruno Beater", wo die Angehörigen der Linie III sowie Mitarbeiter im Verantwortungsbereich des Stellvertreters des Ministers, Generalleutnant Schwanitz, Qualifizierungslehrgänge absolvierten. Die Abteilung 5 war mit der Wach- und Sicherungseinheit der HA III identisch.

Die Abteilung 10 überwachte in erster Linie den gesamten Bereich Amateurfunk. Das betraf die Erkundung, Identifizierung und Kontrolle von sogenannten „Aussendungen", die die „Funkhoheit" der DDR untergruben und richtete sich sowohl gegen Amateurfunker in der DDR als auch in der BRD. Andererseits wurden Funkamateure in Ost und West als inoffizielle Mitarbeiter (Funk-IM) des MfS verpflichtet.

Die Abteilung 11 war für die Arbeit mit Funk-IM bzw. Funksicherungs-IM im und nach dem „Operationsgebiet" zuständig, die das MfS beim Aufklären und Abschöpfen von feindlichen Nachrichtenbeziehungen unterstützten. Die Abteilung 11 führte auch operative Vorgänge gegen Personen, Objekte und Organisationen. Zum Beispiel wurde der Deutsche Amateur-Radio-Club (DARC) als Organisation überwacht. Aber auch einzelne Mitglieder und die durch den DARC genutzten Objekte bzw. Wohnungen und Räumlichkeiten standen unter Beobachtung.

Stellvertreter Technik (T) – Oberstleutnant Ralph Walther

Zu seinen Anleitungsbereichen gehörten die Abteilungen T/1, T/2, T/3 und T/N. In diesem Bereich wurden Aufgaben wahrgenommen, die kurz- oder langfristig den Einsatz von operativer Technik ermöglichen sollten. Dazu zählten einerseits die Betreuung von Forschungs- bzw. Entwicklungsthemen, die Bewertung von technischen Problemen und die wissenschaftlich-technische Analyse im Sektor Nachrichtentechnik. Andererseits ging es im praktischen Sinne um die Erarbeitung von Projektunterlagen und technischen Sofortlösungen, die Ausrüstung stationärer, halbstationärer, mobiler und maritimer Stützpunkte oder um die Errichtung spezieller Anlagen und Spezialaufbauten wie z. B. Antennentragwerke.

Die HA III hatte zuletzt 2.361 Mitarbeiter, von denen ca. 800 im Wach- und Sicherungsdienst eingesetzt waren.[603] 500 Mitarbeiter versahen ihren Dienst im Zentralen Objekt Wuhlheide (ZOW), 700 Mitarbeiter im Zentralobjekt der Spezialfunkdienste (SF) in Gosen, etwa 700 Mitarbeiter in den zentral geführten Außenobjekten und ca. 600 Mitarbeiter in den Außenstellen, für die die jeweiligen Bezirksverwaltungen zuständig waren.

Der personelle Zuwachs seit Gründung der Linie III durch den Befehl 20/71 wird durch die nachfolgende Statistik verdeutlicht:[604]

603 Vgl. Gieseke 1995 (Beilage).
604 Ebenda.

Tabelle 2: Zahl der Mitarbeiter der Abteilung III/Hauptabteilung III einschließlich der Abteilung Funk (F) des MfS Berlin (ohne Bezirksverwaltungen) 1971–1989

	Abteilung Funk (F)	Abteilung III	Hauptabteilung III
1971	705	187	
1972	737	326	
1973	778	573	
1974	835	746	
1975	900	896	
1976	926	998	
1977	981	1.032	
1978	1.031	1.171	
1979	1.058	1.426	
1980	1.072	1.689	
1981	1.096	1.810	
1982	1.095	1.909	
1983	= zur HA III	= zur HA III	2.979
1984			2.985
1985			3.011
1986			2.971
1987			2.937
1988			2.848
1989			2.361

Unter der Maßgabe, die Struktur der HA III rationell zu gliedern und effektiv zu gestalten, kam es in den Jahren von 1985 bis 1988 zu einem Personalabbau hauptsächlich im Bereich Rückwärtige Dienste (Handwerker, Küchenpersonal, Fahrdienst, Urlaubsvertretung, u. ä.). Die Verringerung der Personalkapazität von 1988 zu 1989 ist der Tatsache geschuldet, daß die Bewachung der Dienstobjekte der Linie III zum größten Teil vom Wachregiment des MfS übernommen wurde.

5.3.3 Aufgabenfelder

Die HA III verstand sich als „Zentrales Organ des Elektronischen Kampfes (ELOKA) des MfS". Ihr oblag es, gemeinsam mit den nachgeordneten Diensteinheiten der Linie III in den Bezirksverwaltungen, mit nachrichtentechnischen Mitteln möglichst viele Informationen aus den „feindlichen" Nachrichtenbeziehungen zu gewinnen, in erster Linie aus den Funk- und Fernmeldeverbindungen der Bundesrepublik Deutschland. Daneben wurde eine dem Aufspüren illegaler Funksendungen auf dem Gebiet der DDR dienende Funkabwehr betrieben und eine auf den DDR-internen Funkverkehr beschränkte Funkkontrolle.

Die HA III erwarb über das Ablauschen und Abhören Kenntnisse und Erkenntnisse, die dem Informationsbedarf der Partei- und Staatsführung im allgemeinen und dem des MfS im speziellen Rechnung trugen. Insbesondere waren das Informationen aus den Bereichen der Bundesregierung und der Landesregierungen, der Parteien und Medien, der Bundeswehr, der Rüstungsindustrie, der westdeutschen Dienste und der Polizei. Darüber hinaus erfüllte die HA III vorrangig in den achtziger Jahren spezielle Informationsbedarfsvorgaben, die ihr von der HV A und den verschiedenen Hauptabteilungen, Abteilungen und Bezirksverwaltungen des MfS erteilt wurden. Das gezielte und systematische Überwachen vorgegebener Telefon- und Autotelefonanschlüsse erfolgte durch sogenannte operative Zielkontrollen. In den achtziger Jahren wurde das technische Potential der HA III auch immer mehr zur Bekämpfung der sogenannten „Politischen Untergrundtätigkeit" (PUT) eingesetzt.

Das Fernmeldenetz der Deutschen Bundespost (DBP) war in den achtziger Jahren auf die drei Übertragungsmedien Richtfunk, Kabel und Satellit abgestützt. Die nachfolgende Tabelle zeigt die quantitativen Anteile der wichtigsten Quellen der HA III für das Gesamtinformationsaufkommen der Linie III im Jahre 1987.[605]

Tabelle 3: Anteil der einzelnen Quellen am Gesamtinformationsaufkommen der Linie III

Quelle	prozentualer Anteil
TA 10[606]	21,87 %
Richtfunk	23,17 %
drahtgebundene Nachrichtenverbindungen	28,54 %
Ultrakurzwelle (UKW)	11,15 %
Kurzwelle (KW)	9,94 %
Satelliten	3,69 %
sonstigen Quellen (IM/MA/Funkamateure)	1,64 %

Aufklärung des Richtfunkverkehrs

Seit Ende der sechziger Jahre war es der HA III möglich, den das DDR-Territorium überquerenden Richtfunkverkehr zu überwachen. Dabei wurde ständig qualitativ verbesserte Technik eingesetzt. Gleiches galt auch für Teile des über Funktrassen innerhalb der BRD geführten Fernmeldeverkehrs.

---

605 Vgl. die MfS-Diplomarbeit von Schieferdecker (vgl. Kap. 7.2), S. 1–5 und 10–19, hier 10.
606 TA 10: Richtfunksystem; HA III-interne Bezeichnung für die Aufklärung und Abschöpfung des Funk- und Autotelefonverkehrs auf dem Funkfernsprechnetz B (B-Netz).

Einsatzstandorte der Richtfunkaufklärungsmaßnahmen der Abt. 6 an der Staatsgrenze West seit 1980

Bezirk Rostock
B - "Hoher Schönberg"
C - Stützpunkt "Kormoran" der Abteilung III/BVfS Rostock
D - "Kreuzberg"
E - "Bockholzberg"

Bezirk Schwerin
A - Utrecht
B - Stützpunkt "Falke" der Abteilung III/BVfS Schwerin
D - "Granziner Heidberge"
E - Boizenburg/Elbe (KD)
G - "Dömitzer Sandberge"

Bezirk Magdeburg
A - Stützpunkt "Urian" der Abteilung III/BVfS Magdeburg
B - "Alter Sessel"
C - "Stadtberg"
D - "Die Höhe"
E - H 211,1
F - "Rodenberg"
G - Güst Marienborn
H - "Buchberg"
I - "Weinberg"
J - "Butterberg"
K - "Hilgenberg"
L - Jübar
M - Stützpunkt "Lupine" der Abt. III/BVfS Magdeburg
N - "Seebenauer Holz"
O - Chüden
P - Riebau
Q - Mechau
R - Cumlosen

Bezirk Erfurt
B - "Heuberg"
C - H 345,1
D - "Bornberg" (Stützpunkt "Horizont 2" der Abteilung III/BVfS Erfurt)
E - Stützpunkt "Horizont 3" der Abteilung III/BVfS Erfurt
F - "Hohes Kreuz"
G - "Junkerkuppe"
H - "Teufelskanzel"
I - "Warteberg"
J - "Höheberg"
K - "Rain"
L - "Dönerberg"
M - Stützpunkt "Kondor" der Abteilung III/BVfS Erfurt

Bezirk Gera
A - "Wetzstein" (Stützpunkt "Radar")
B - Stützpunkt "Saale" der Abteilung III/BVfS Gera
C - Stützpunkt "Rennsteig" der Abteilung III/BVfS Gera
D - H 603,2 (Frössen)

Bezirk Karl-Marx-Stadt
A - Stützpunkt "Komet" der Abteilung III/BVfS K-M-S
D - Stützpunkt "Echo" der Abteilung III/BVfS K-M-S

Bezirk Suhl
A - "Ochsen"
C - Stützpunkt "Blitz" der Abteilung III/BVfS Suhl
I - Stützpunkt "Kristall" der Abteilung III/BVfS Suhl

Quelle: BStU, nach Vorlagen der Abt. 6 der HA III

Das Richtfunknetz der DBP in Westdeutschland und die Richtfunkverbindungen zwischen Westdeutschland und West-Berlin bildeten über viele Jahre hochwertige Quellen der HA III zur Deckung des Informationsbedarfs des MfS. Dabei bestand die Möglichkeit, durch die Insellage West-Berlins nahezu alle Fernmeldebereiche der BRD „anzugreifen" und zusätzlich über BRD-interne Richtfunkverbindungen in sogenannte „operativ-relevante Territorien des Operationsgebietes" einzudringen. Das Abschöpfen mit dem Richtfunksystem TA-500[607] erfolgte von verschiedenen Stützpunkten, vorwiegend entlang der Staatsgrenze (siehe Abbildung), für deren Standortwahl vor allem günstige Empfangsbedingungen und optimale Eindringtiefen ausschlaggebend waren.

Neben dem Zugriff zum öffentlichen Selbstwählferndienst bestand Zugang zu Mietleitungen von Sondernutzern, wobei insbesondere militärische Kräfte und Sicherheitsdienste von Bedeutung waren. Grundsätzlich konnten über die Bearbeitung des Richtfunknetzes der Deutschen Bundespost (DBP) Informationen zu allen bedeutsamen Nutzern im „Operationsgebiet" erbracht werden, die in den wesentlichen Funkterritorien West-Berlin, Hamburg, Hannover, Frankfurt/Main, Köln/Bonn, München und Düsseldorf abgelauscht wurden, insbesondere Informationen zu Spitzenpolitikern, zum Militärisch-Industriellen Komplex (MIK), zu den Führungsgremien des Militärs bis hin zur NATO und den Geheimdienstzentralen.

Drei weitere Abschöpfungsstützpunkte – Rubin, Topas, Saphir 2 – waren auf dem Gebiet der ehemaligen ČSSR stationiert. Auf dem Stützpunkt Rubin waren die Funkstrecken zur Versorgung der Hauptknotenvermittlungsstellen Weiden, Regensburg, Passau und Deggendorf sowie der Knotenvermittlungsstellen Starnberg, Schwandorf, Straubing und Amberg empfangbar. Durch den Stützpunkt Saphir 2 wurde die Botschaft der Bundesrepublik in Wien unter ständiger funkelektronischer Ausspähung gehalten.

Die Richtfunkaufklärung folgte der Methode „landgestützter Einsatzmaßnahmen auf halbstationärer Basis"; das heißt die Stützpunkte wurden über speziell ausgerüstete Großfahrzeuge und wiederverwendbare technische Aufbauten zeitweilig entfaltet. Die Einsatzstandorte entlang der westlichen Staatsgrenze bearbeiteten seit 1980 insgesamt 88 Trägerfrequenzanlagen[608] (BRD-interne Richtfunkquellen) mit insgesamt 69.720 Kanälen.

---

607 TA 500: Richtfunksystem (Antennen, Verstärker, Empfänger, Selektoren, Aufzeichnungsgeräte) zur Abschöpfung der drahtlosen Richtfunkverbindungen zwischen dem Bundesgebiet und West-Berlin, der das Gebiet der DDR in Thüringen passierenden Richtfunkstrecken Hamburg–München und München–Hannover (auch umgekehrt) und des auf Trassen innerhalb der Bundesrepublik verlaufenden Richtfunkverkehrs. Darunter fiel auch die rechnergestützte Informationsgewinnung aus dem öffentlichen Selbstwählferndienst (SWFD)-Netz der Deutschen Bundespost. Die Richtfunkaufklärung TA 500 wurde auch mit dem Terminus „funkelektronische Gebietserkundung" bezeichnet, die in der Suche/Aufklärung „gegnerischer" Richtfunk-Kommunikationssysteme sowie deren Kontrolle und gezielten Abschöpfung in vorgegebenen Frequenzbereichen bestand.
608 Richtfunksysteme (verschiedene Anlagentypen), um auf bestimmten Frequenzen Informationen oder Nachrichten von einer Informationsquelle zu einem Verbraucher zu führen. Wichtig war die Standortbestimmung der jeweiligen Anlage, das Erkennen des jeweils zugrunde liegenden technischen Systems, die Bestimmung der Sendefrequenzen und die Ermittlung der Kanäle (Kanalanaly-

Einen summarischen Überblick zum Bearbeitungsstand BRD-interner Richtfunkquellen gibt die nachfolgende Tabelle:[609]

Tabelle 4: Bearbeitungsstand trägerfrequenter Richtfunksysteme, Abt. 6, 1980–1987

Trägerfrequente Anlagen; BRD – intern

1980	5 Anlagen	3.060 Kanäle
1981	11 Anlagen	6.180 Kanäle
1982	30 Anlagen	13.740 Kanäle
1983	51 Anlagen	31.500 Kanäle
1984	65 Anlagen	45.540 Kanäle
1985	70 Anlagen	60.000 Kanäle
1086	71 Anlagen	60.000 Kanäle
1987	73 Anlagen	63.000 Kanäle

Im gleichen Zeitraum wurden mindestens 150 zeitweilige und/oder wiederholte „Einsatzmaßnahmen" durch die entfalteten Stützpunkte realisiert.

Drei Beispiele sollen diese Aktivitäten illustrieren:

Einsatzmaßnahme	Stützpunkt	Zeitraum	Richtfunkverbindung
Horizont 4	„Kormoran" RST	11/81	HV 45 Lübeck – HV 43 Kiel
Trennlinie 6	„Urian" MGB	10/87	HV 42 Bremen – ZV 5 Hannover
Horizont 5	„Rennsteig"	4/82	HV 96 Weiden – HV 92 Bayreuth
	GRA		HV 95 Bamberg

[HV (Hauptvermittlungsstelle), ZV (Zentralvermittlungsstelle), MGB (Magdeburg), GRA (Gera)]

---

se), in denen Informationen geführt worden sind. Die Informationsquellen wurden zeitlich befristet aufgeklärt und abgeschöpft. Die gewonnenen Informationen wurden im „Projekt Wertigkeit" analysiert. Informationsquellen waren angemietete Fernsprechkanäle, Richtfunkverbindungen im öffentlichen Selbstwählferndienstnetz der Deutschen Bundespost sowie Fernsprech-, Fernschreib- und andere Datenaustauschverbindungen. Seit 1983 war die selbständige Struktureinheit „Spezielle Informationsgewinnung" in der Abt. 6 für die Kontrolle und Bearbeitung trägerfrequenter Richtfunksysteme zuständig. Seit November 1987 wurde die Standortbestimmung von Trägerfrequenzanlagen durch Hubschraubereinsätze unter der Tarnbezeichnung „Relais IV" vervollkommnet.

609 Bearbeitungsstand trägerfrequenter Richtfunksysteme vom 7.12.1987; BStU, ZA, HA III 5357; S. 415–425, hier 416.

Einige andere markante Beispiele für Einsatzmaßnahmen der Richtfunkaufklärung seien nachfolgend kurz beschrieben:

Einsatzmaßnahme „Horizont 3"

- erstmalige Identifizierung und Abschöpfung von dienstinternem Telefonverkehr des Militärischen Abschirmdienstes auf Richtfunkstrecken der DBP;
- Abschöpfung eines Fernschreibkanals des BKA Wiesbaden (Nachrichtenaustausch mit Geheimdiensten der BRD)

Einsatzmaßnahme „Horizont 5"

- Abschöpfung von dienstinternem Telefonverkehr Politische Polizei Bayern

Einsatzmaßnahme „Trennlinie 5"

- Abschöpfung des Telefonverkehrs des Rechtsanwaltbüros Alfred Dreggers in Fulda mit allen politischen Führungsebenen in Bonn

Einsatzmaßnahme „Trennlinie 6"

- Identifizierung und Abschöpfung des Nachrichtenverkehrs von BRD-Geheimdiensten im Rahmen der rechnergestützten Massendatenauswertung.

Die Quelle Richtfunk war eine der bedeutsamsten Quellen der Linie III. Das wird u. a. am breitgefächerten Informationsgewinn zu verschiedenen Auswertebereichen deutlich. Neben der Quantität an gewonnenen Informationen aus Richtfunkverbindungen stand auch die Qualität der Information immer wieder im Mittelpunkt von Analysen. So wurde vermerkt, daß 47 % aller in Sofort-, Einzel- und Ergänzungsinformationen verarbeiteten „Materialien" der Linie III im Jahre 1987 aus der Quelle Richtfunk stammten.[610] Im gleichen Jahr lieferte die Quelle Richtfunk 31,5 % aller in der Linie III erarbeiteten „Spitzeninformationen".[611] Auch zu den folgenden Auswertungsbereichen war der Anteil der Quelle Richtfunk im Jahre 1987 außerordentlich hoch:[612]:

Elektronischer Kampf-ELOKA	74,1 %
Ostforschungseinrichtungen	61,4 %
Militär	52,6 %
Staatsschutzorgane	51,8 %
Feindorganisationen	49,4 %
Politik	38,8 %

610 Schieferdecker, (Kap.7.2), S. 11.
611 Ebenda.
612 Ebenda.

Sicherheitsdienste	36,9 %
Journalismus	24,4 %

Probleme bei der Abschöpfung der Richtfunkbeziehungen ergaben sich immer wieder hinsichtlich der Qualität des Funkfeldes. Während Gespräche über die Funkbrücke von und nach West-Berlin ohne Schwierigkeiten abgehört werden konnten, ergab sich für die anderen Funkstrecken das Problem, daß nur das in Richtung DDR verlaufende Funkfeld empfangbar war. Das hieß u. a., daß einer der beiden Gesprächspartner maximal nur mit mittelmäßiger Lautstärke hörbar war. Eine Ausnahme bildeten die technischen Bedingungen im Bereich des Stützpunktes „Lupine" der Bezirksverwaltung für Staatssicherheit Magdeburg. Der Stützpunkt befand sich in einem Waldgebiet der Gemarkung Holzhausen (ehemals Kreis Salzwedel) und war als Objekt der DDR-Grenztruppen legendiert. Die vorgeschobene geografische Lage – unmittelbare Grenznähe zur Lüneburger Heide und zu den Fernmeldeortsnetzbereichen Uelzen, Lüneburg, Wolfsburg, Braunschweig und Hannover – bot günstige Bedingungen, das öffentliche Selbstwählferndienst (SWFD)-Netz wichtiger Territorialbereiche Niedersachsens funkelektronisch zu erschließen und abzuschöpfen. Vorzügliche technische Parameter wie große Eindringtiefe, gut empfangbare Signalqualität und hohe Anzahl erfaßbarer Fernmeldeverbindungen ermöglichten eine intensive Informationsgewinnung aus den Fernmeldetrassen Köln/Bonn – Hannover, Hannover – Hamburg, Düsseldorf – Hannover und Hamburg – Braunschweig. Sowohl bei der rechnergestützten Bearbeitung als auch bei der manuellen Aufklärung von Gesprächsverbindungen auf diesen Richtfunkstrecken war der uneingeschränkte zweiseitige Empfang der Gesprächsteilnehmer möglich. Dies galt gleichermaßen für den Empfang von Gesprächen aus Richtfunkverbindungen, die über DDR-Gebiet verliefen (siehe Abbildung).

Abschöpfung BRD-interner Telefonverbindungen durch Quelle „Trennlinie 7" bzw. „Lupine" (Abt. III BVfS MGB)

Im Zeitraum vom 1. September 1987 bis 30. November 1987 wurde eine zeitweilige Arbeitsgruppe auf dem Stützpunkt „Lupine" gebildet. Ziel war es, spezielle öffentliche Verbindungen des Selbstwählferndienstes der DBP und einige Nachrichtenkanäle zu identifizieren und abzuschöpfen. Es wurden Nachrichten aus folgenden Geheimdienststellen gewonnen:

– Landesamt für Verfassungsschutz Niedersachsen

– Bundesamt für Verfassungsschutz Köln

– Bundeskriminalamt Meckenheim

– Landeskriminalamt Niedersachsen.

Wichtige Stützpunkte Richtfunk-Fernmelde-Aufklärung HA III

Quelle: BStU, nach Vorlagen der Abt. 6 der HA III

Dabei wurden im Zeitraum vom 7. September 1987 bis 25. Oktober 1987 beispielsweise folgende Abhörergebnisse erzielt:[613]

Gewonnene Informationen insgesamt:		109
davon	Wertigkeit 1	2
	Wertigkeit 2	44
	Wertigkeit 3	63

Auswertebereiche

Geheimdienste	1
Abwehrorgane	20
Staatsschutzorgane	21
Sicherheitsdienste	3
Feindorganisationen	2
Politik	21
Ökonomie	16
Journalismus	2
Diplomatie	3
Ostforschung	2
ungesetzliches Verlassen	1
Kontakte	7
Militär	4
MIK (Militärisch-Industrieller Komplex)	4
feindliche Personen/Untergrund DDR	2

Im November 1987 wurde die 32kanalige Selektionsanlage durch eine 128kanalige Selektionsanlage ersetzt. Damit war es möglich, die „operative Zielkontrolle" auf allen von Hannover nach Bonn/Köln verlaufenden Kanälen rechnergestützt durchzuführen. Im Dezember 1987 wurde dann die Richtfunkverbindung mit der Verkehrsrichtung Raum Niedersachsen/Hannover – Köln/Bonn allein in die Zuständigkeit der Abteilung III der BVfS Magdeburg übergeben. Der Kaderbestand des Stützpunktes „Lupine" der Abteilung III in Magdeburg umfaßte zu diesem Zeitpunkt 16 Mitarbeiter, von denen neun mit der Abschöpfung von Quellen beauftragt waren. Zur Bearbeitung der speziellen Richtfunktrasse wurde nunmehr eine Arbeitsgruppe von fünf Mitarbeitern gebildet.

Bis Mitte der achtziger Jahre setzte die DBP im überregionalen Fernmeldenetz vorwiegend analoge Richtfunksysteme ein. Seit 1986 wurden ausschließlich digitale Richtfunksysteme für den weiteren Fernsprechnetzausbau verwendet. Gleichzeitig wurden bestehende analoge Richtfunksysteme durch digitale ersetzt. Die Entwicklungskonzeption der DBP für den Ausbau des Fernmelde-

---

613 Abschlußbericht zur Tätigkeit einer zeitweiligen Einsatzgruppe der HA III zur Informationsgewinnung TA 500 auf dem Stützpunkt „Lupine" der Abt. III Magdeburg (Maßnahme Trennlinie 7) vom 19.11.1987; BStU, ZA, HA III 5491, S. 15–24, hier 18.

netzes sah u. a. vor, ein flächendeckendes digitales Richtfunknetz aufzubauen, das gemeinsam mit den anderen Übertragungsmedien bis 1995 überregional alle Zentral- und Hauptvermittlungsstellen miteinander verbinden sollte usw. Im Zuge dieser Entwicklung gingen der HA III seit Mitte der achtziger Jahre immer mehr Informationsquellen aus dem analogen Richtfunknetz verloren.

Aufklärung des Funk- und Autotelefonverkehrs

Eine ergiebige Quelle war auch der Autotelefonverkehr. Hier wurde sowohl die Nummer der rufenden als auch die der angerufenen Stelle übertragen. Dadurch konnten auch die abgehenden Gespräche kontrolliert werden. Nachrichtendienstliche Bedeutung besaß zunächst das sogenannte Funktelefonnetz B (B-Netz), das technisch unkompliziert abgeschöpft werden konnte. Seit Mitte der achtziger Jahre verlagerte sich die Abhörtätigkeit auf das inzwischen eingeführte C-Netz. Dieses trug fortan die MfS-interne Quellenbezeichnung TA 10 C[614]. Das Abschöpfen der Funknetze B und C erfolgte von den bereits genannten Stützpunkten entlang der innerdeutschen Grenze und auf dem Gebiet der ehemaligen ČSSR (siehe Abbildung).

Der Autotelefonverkehr innerhalb West-Berlins konnte problemlos und uneingeschränkt mitgehört werden. Das Abhören des Autotelefonverkehrs im übrigen Gebiet der BRD war dagegen nur dann möglich, wenn sich die Gesprächsteilnehmer im sogenannten Richtfunkerfassungsbereich befanden bzw. bewegten, dessen Grenzlinie sich von Bremen über Minden, Gießen, Aschaffenburg, Ingolstadt nach Berchtesgaden erstreckte. Außerhalb dieses Richtfunkerfassungssektors gab es für die funkelektronische Überwachung mindestens noch die Stützpunkte „Steuerung 1a", „Steuerung 1b" und „Steuerung 1c", die der herausragenden Bedeutung des Großraumes Düsseldorf–Köln–Bonn Rechnung trugen.

Der funkelektronischen Aufklärung unterlagen alle wichtigen Persönlichkeiten aus Politik, Militär und Wirtschaft, darunter das Autotelefon des Bundespräsidenten, des Präsidenten des Bundesnachrichtendienstes, des Präsidenten des Bundesamtes für Verfassungsschutz und des Generalbundesanwaltes. Daneben standen die Autotelefone sämtlicher Mitglieder der Bundesregierung seit etwa 1987 unter „Zielkontrolle". Das gleiche gilt für zahlreiche Abgeordnete des Bundestages.

---

614 TA 10C: Richtfunksystem; HA III-interne Bezeichnung für die Aufklärung und Abschöpfung der Funknetze bundesdeutscher Behörden und des Autotelefonverkehrs auf dem seit 1985 technisch ausgereifteren Funkfernsprechnetz C (C-Netz).

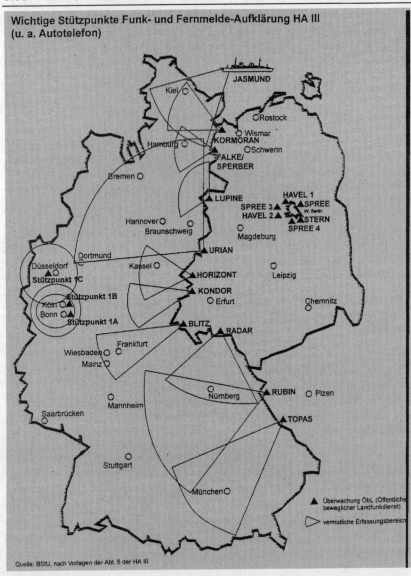

**Wichtige Stützpunkte Funk- und Fernmelde-Aufklärung HA III
(u. a. Autotelefon)**

Quelle: BStU, nach Vorlagen der Abt. 6 der HA III

Das Prinzip der Funkaufklärung basierte auf dem Modus, daß die Wählimpulse einer angerufenen Telefonnummer mit Spezialantennen aufgefangen wurden und binnen zehn Sekunden entsprechende Tonbandgeräte automatisch in Betrieb setzten, die das jeweilige Gespräch aufzeichneten. Normalerweise sollte das Abhören durch den Einsatz von sogenannten „Sprachverschleierern" geschützt werden. Doch wurde auf den Einsatz dieser Geräte in vielen Fällen offensichtlich verzichtet. Zudem war die HA III in der Lage, die Codes durch

entsprechende Geräte zur Sprachentschlüsselung zu „knacken". Diese Spra-
chentschlüsselungstechnik wurde zumeist aus der Bundesrepublik beschafft.

Von der HA III/9 wurden auch die UKW-Funknetze des Bundesnachrichtendienstes, des Verfassungsschutzes und des Bundesgrenzschutzes sowie der
Zollverwaltung und der Bayerischen Grenzpolizei „bearbeitet". So kontrollierte man von den Stützpunkten der ehemaligen ČSSR aus die an das interne
Polizeifunknetz (INPOL-Netz) angeschlossenen Datenfunkterminals der
Grenzpolizei Lindau und Bad Reichenhall und der Grenzpolizeistelle Nürnberg.

Schließlich war es der HA III auch gelungen, in die UKW-Funknetze der Ob-
servationsgruppen des Bundesnachrichtendienstes einzudringen, die die Treffs
mit Agenten begleitend sicherten. Zwar wurde deren Funkverkehr durch spezielle Geräte verschlüsselt, doch mit Hilfe entsprechender Gegengeräte konnten
auch diese Gespräche leicht abgehört werden. Auf diese Weise erhielt das MfS
Kenntnis von zahlreichen BND-Stützpunkten und ihrer Legendierung.

„Operative Zielkontrolle" (OZK)

Seit Ende der siebziger Jahre wurde die bis dahin erfolgte zeitweilige manuelle
Überwachung von Anschlüssen und Rufnummern auf ein neues Niveau gehoben. Die Stützpunkte der Linie III wurden mit selbsttätig funktionierenden
Rufnummerselektierungsanlagen (RSA) ausgestattet. Dadurch wurde es möglich, ausgewählte Fernmeldeanschlüsse zeitweise oder auch ständig automatisch zu überwachen. Vorher war dies nur möglich, indem avisierte Rufnummern mittels eines Codiergerätes lesbar gemacht und mit Listen verglichen
wurden, in denen die zu kontrollierenden Anschlüsse verzeichnet waren.

Das Herz einer jeden Selektierungsanlage bildete ein Erkennungsrechner, der
die angewählte Rufnummer suchte und bei positivem Abgleich eines von insgesamt 128 peripheren Tonbandgeräten anschaltete. Dieses Laufwerk druckte
umgehend ein Protokoll aus, das die erfaßte Fernmeldeverbindung, Datum,
Beginn und Ende des Aufzeichnungsvorganges, die entsprechenden Bearbei-
tungs- und Weiterleitungskriterien sowie das Gerät wiedergab, das den Ge-
sprächsverkehr aufgezeichnet hatte. Auch Telex- und Telefaxaussendungen
wurden auf Band aufgezeichnet und anschließend decodiert bzw. lesbar gemacht. Dazu setzte die Selektierungsanlage eine spezielle Technik in Betrieb,
wenn ein Anschluß angewählt wurde, zu dem die Datenübertragung erfolgte.

Die Auswertung der automatisch bespielten Bänder bewegte sich parallel zum
Abhörvorgang und erfolgte durch sogenannte Vorauswerter entsprechend den
Vorgaben des Zielkontrollauftrages. Danach wurde entschieden, ob eine Weiterbearbeitung zu erfolgen hatte. Unabhängig davon mußten zeitgleich ein oder
zwei Mitarbeiter in frei gesuchte Gespräche hineinhören, die nicht unter Zielkontrolle standen. Bei „operativ bedeutsamen" Gesprächsinhalten erfolgte die
sofortige Weiterleitung der Aufnahmebänder in die Gruppe der Vorauswerter.

Das Verfahren der Zielkontrolle wurde in einer speziellen Rahmenordnung der Linie III und zwei Durchführungsbestimmungen vom Februar 1986 geregelt und darin wie folgt definiert: „Das System der operativen Zielkontrollen ist eine spezifische Form der gezielten Informationsgewinnung in der Linie III, die durch die Abschöpfung vorgegebener Fernschreib- und Fernsprechanschlüsse (einschließlich Datex-, Telex- und Funkfernsprechanschlüsse) nach bestimmten Kriterien realisiert wird."[615] Die 1. Durchführungsbestimmung zur Informationsordnung[616] des MfS sah vor:

> „Kontrollaufträge an die Diensteinheiten der Linie III können erteilt werden zu
> – Telefon-, Telex- und Faksimileanschlüssen in der DDR und im Operationsgebiet
> – Mobiltelefonanschlüssen (Autotelefon, Schiffstelefon usw.) des Operationsgebietes
> – Eurosignalanschlüssen des Operationsgebietes."[617]

Aufträge waren des weiteren zu Bildschirmtext-, Datex- und Teletexanschlüssen möglich. Auch Rufnummern, unter denen Mail-Boxen und Datenverarbeitungssysteme zu erreichen waren, wurden unter Zielkontrolle gestellt, insbesondere um Codewörter und Einwahlsysteme zu erfahren.

Die erteilten Zielkontrollaufträge enthielten die Vorwahl- und Anschlußnummern (Telefon, Funktelefon, Telex, Teletex, Telefax) der abzuhörenden Personen, deren Vor- und Nachnamen, wenn bekannt Geburtsdatum und Wohnanschrift, die berufliche Tätigkeit und den konkreten Informationsbedarf. Die Kontrollvorgaben umfaßten fast immer auch die Privatsphäre und das Umfeld der abzuschöpfenden Personen. Hinzu kamen Vorgaben zur Laufzeit der „Operativen Zielkontrolle" (OZK), zur Form der Inhaltswiedergabe und zur Zeitspanne, innerhalb derer die jeweilige Information an die auftraggebende

---

615 Rahmenordnung der Linie III zur DA 1/80 des Ministers zur Aufbereitung, Bereitstellung, Erfassung und Speicherung politisch-operativ bedeutsamer Informationen vom 25.2.1986; BStU, ZA, HA III 282, S. 248–296; 1. DB zur Rahmenordnung der Linie III zur DA 1/80 des Ministers zur Aufbereitung, Bereitstellung, Erfassung und Speicherung politisch-operativ bedeutsamer Informationen (Zielkontrollordnung); ebenda, S. 272–288, hier 272; vgl. auch 2. DB zur Rahmenordnung der Linie III zur DA 1/80 des Ministers zur Aufbereitung, Bereitstellung, Erfassung und Speicherung politisch-operativ bedeutsamer Informationen (Ordnung Arbeitsrichtung III/16); ebenda, S. 289–296.

616 Ordnung 5/87 Mielkes vom 3.7.1987 über die Gewinnung, Aufbereitung und Weiterleitung operativ bedeutsamer Informationen durch Diensteinheiten der Linie III und deren Auswertung in den Diensteinheiten des MfS – Informationsordnung –, S. 1–13, Anlage; BStU, ZA, DSt 103395;
1. DB zur Ordnung 5/87 des Stellvertreters des Ministers Generalleutnant Schwanitz vom 7.12.1987. Festlegungen zur Erteilung gezielter Informationsbedarfsvorgaben sowie Kontrollaufträge durch die Diensteinheiten des MfS an die Diensteinheiten der Linie III, S. 1–7; ebenda;
2. DB zur Ordnung 5/87 des Stellvertreters des Ministers Generalleutnant Schwanitz vom 7.12.1987. Übermittlung operativ bedeutsamer Informationen der Diensteinheiten der Linie III an die Sicherheitsorgane der befreundeten sozialistischen Staaten, S. 1–5; ebenda;
3. DB zur Ordnung 5/87 des Stellvertreters des Ministers Generalleutnant Schwanitz vom 7.12.1987. Übermittlung von durch die Diensteinheiten der Linie III erarbeiteten Informationen an die Partner des politisch-operativen Zusammenwirkens, S. 1–5, ebenda.

617 1. DB zur Informationsordnung 5/87 vom 7.12.1987, S. 5; ebenda.

Diensteinheit zu übermitteln war. Für die Zielkontrolle gab es unterschiedliche „Laufzeiten"; sie konnten einen Monat, sechs Monate, zwei Jahre oder zehn Jahre betragen, was einer unbefristeten bzw. ständigen Überwachung gleichkam.

Die Weiterleitung der Informationen vollzog sich nach verschiedenen Abstufungen. Diese reichten von der „Sofortinformation" bis hin zur Magnetbandkonserve, die im Zeitraum von vier Werktagen auf dem Kurierweg zu überbringen war. Die „Sofortinformation" war binnen drei Stunden auf fernschriftlichem Wege zu übersenden. Sie beinhaltete die wörtliche Wiedergabe des Gesprächsinhaltes. Mitunter wurde die „Sofortinformation" auch vorab schon fernmündlich übermittelt.

Die Eingangskontrolle, Erfassung und Vermittlung der Zielkontrollaufträge erfolgte überwiegend rechnergestützt in der für die Koordinierung des EDV-Einsatzes zuständigen Abteilung 13. Von dort wurden die Aufträge über die Abteilung 12 an die betreffenden Stützpunkte weitergeleitet. Die Abteilung 12 zeichnete bis Mitte der achtziger Jahre für die Überprüfung der funktechnischen Realisierbarkeit der Zielkontrollaufträge verantwortlich. Die Zielkontrollaufträge (ZKA) wurden von der Abteilung 13 auf Disketten gespeichert und per Kurier an diejenigen Stützpunkte gebracht, die aufgrund ihrer territorialen Lage für das „Abschöpfen" der entsprechenden Anschlüsse am besten geeignet waren.

Zielkontrollaufträge wurden vor allem von der HV A erteilt. Andere Auftraggeber waren die HA II (Spionageabwehr), HA I (Sicherung der NVA und der Grenztruppen), HA XVIII (Sicherung der Volkswirtschaft), HA XIX (Sicherung der Verkehrs- und Nachrichtenverbindungen) und HA XXII (Terrorabwehr). Aber auch die HA XX (Staatsapparat, Kultur, Kirche, Untergrund), die Zentrale Koordinierungsgruppe (ZKG), der KGB und der Geheimdienst der ČSSR stellten Anträge zur Einleitung operativer Zielkontrollen.

Die HA III selbst durfte nur in Ausnahmefällen eigenständig operative Zielkontrollen einleiten und verwirklichen. Dies war besonders dann der Fall, wenn während der Abhörtätigkeit auf den Stützpunkten Erkenntnisse zu Bundesbürgern „anfielen", die für eine „operative Nutzung" in Betracht kamen. Hierzu zählten vorrangig Personen aus dem Politikumfeld wie persönliche Referenten, Sekretärinnen, Kraftfahrer, Angehörige von Geheimdienstmitarbeitern sowie ehemalige DDR-Bürger mit regen „Rückverbindungen". Diesbezügliche Abhörergebnisse wurden zur weiteren Verwendung vorrangig an die HV A übergeben.

Insgesamt wurden die Erkenntnisse aus operativen Zielkontrollen in den Fachreferaten der Abteilung 1 ausgewertet. Hier wurden Sofort-, Einzel- oder Ergänzungsinformationen erstellt oder aber Auskunftsberichte und Dossiers gefertigt, die an die zuständigen Diensteinheiten weiterzugeben waren. Alle Ausarbeitungen enthielten aus konspirativen Erwägungen keinen Hinweis auf die Linie III und waren zumeist sprachlich so gestaltet, als seien die Informationen auf menschliche „Quellen" (IM) zurückzuführen.

Wie das Verfahren der Zielkontrolle in der Praxis funktionierte, verdeutlich das Beispiel der in West-Berlin lebenden ehemaligen DDR-Bürger Jürgen Fuchs und Roland Jahn. Zu ihrer Überwachung arbeitete die HA III eng mit der HA XX, der HA IX, der HV A und der Abteilung 26 zusammen. In einem Aktenvermerk vom 28. Juli 1986 heißt es im Zentralen Operativen Vorgang „Weinberg":

> „1. Gen[osse] Vogel versicherte, daß beide Personen in Zielkontrolle gestellt sind und weitgehend gewährleistet wird, daß alle Informationen im grenzüberschreitenden Verkehr (DDR-Westberlin/BRD), innerhalb Westberlins und der BRD sowie zwischen der BRD und Westberlins aufbereitet und der HA XX/5 zugänglich gemacht werden.
>
> 2. Um die Zielkontrolle effektiv und möglichst umfassend organisieren zu können, benötigt die HA III Angaben über
>
> – die Telefonanschlüsse der operativ bearbeiteten Personen bzw. deren wichtigste Verbindungen (Operationsgebiet und DDR),
>
> – den Personenkreis, auf den die Zielfahndung in erster Linie konzentriert werden soll (Operationsgebiet und DDR),
>
> – Personen, die zentral bzw. dezentral bearbeitet werden, um den Informationsfluß unmittelbar zu gewährleisten,
>
> – die Erfassungsverhältnisse zu bearbeitender Personen."[618]

Und in einem anderen Vermerk vom 12. Januar 1988 wurden im Zusammenhang mit einem Ermittlungsverfahren bei ausgeschriebener Fahndung gegen Roland Jahn folgende Festlegungen getroffen:

> „– die HA XX/5 erhält ab sofort Kopien von gefertigten Bandaufzeichnungen zur operativen Auswertung und zur Anfertigung von auf Jahn bezogenen T[on]B[and]-Abschriften;
>
> – die HA XX/8 prüft Möglichkeiten zur Verbesserung der Telefonaufzeichnungen, insbesondere im Hinblick auf die Feststellung und Dokumentierung bei den überwachten Personen ankommender Gespräche;
>
> – die Zusammenarbeit und das Z[usammen]W[irken] mit anderen operativen Diensteinheiten, wie Diensteinheit HA XX, Abt. III, HV A und Abt. 26, wird durch die HA XX/5 gewährleistet – in Absprache mit der IX/2 [...].

An die HA XX/5 wurden übergeben:

> – 1 Satz Kopien gefertigter Abschriften zu Hirsch (Band 1),[619]

---

618 Zentraler Operativer Vorgang (ZOV) „Weinberg"; BStU, ZA, AOP 16922/91.

- TB zur Überwachung vom 22.12. – 26.12.1987 zu Poppe und Bohley (Originale),

- TB zur Überwachung vom 27.12. – 31.12.1987 zu allen 4 Personen (Originale),

- dazugehörige Zählstreifen und Auswertungen,

- Formulare zur Anfertigung von Abschriften."[620]

Stimmendatenbank

Spätestens seit 1985 entwickelte die HA III im Zusammenwirken mit dem Operativ-Technischen Sektor (OTS) auch ein technisches Verfahren zur automatischen Stimmanalyse und Erkennung von Stimmen. Dieses Projekt bezog sich vorrangig auf Personen aus dem „Operationsgebiet". Dazu wurden „Stimmkonserven" angelegt, die in die rechnergestützte Technik eingespeist wurden, um über Vergleichsvorgänge die Stimmerkennung von Gesprächsteilnehmern zu ermöglichen. Wichtige Parameter für den Stimmenabgleich waren dabei die Stimmlage, die Ausdrucksweise und der Dialekt.

In der Folgezeit vollzog sich das „Abhören" von Gesprächen auf einer qualitativ neuen Stufe, weil auch die Stimme als Selektierungsmerkmal eingesetzt werden konnte. Zum einen konnten die Telefongespräche von bestimmten Personen automatisch erfaßt werden, ganz gleich über welchen Anschluß sie liefen. Zum anderen war dadurch eine Identifizierung von Personen auch dann möglich, wenn sie keine Namen während des Gespräches nannten oder die Verständigung per „Decknamen" führten. Vermutlich wäre die HA III ab 1990 in der Lage gewesen, das Selektierungsmerkmal „Stimme" technisch ausgereift in die Abhörvorgänge zu integrieren.

Drahtgebundene Nachrichtenverbindungen

Die Kontrolle westlicher Kabelverbindungen durch das MfS erwies sich lange Zeit als problematisch. Ob und inwieweit die HA III versuchte, innerhalb der Bundesrepublik und West-Berlin Telefonkabel anzuzapfen, ist noch ungeklärt. Eine Überwachung des kabelgebundenen grenzüberschreitenden Fernmeldeverkehrs erfolgte zwar bereits seit Ende der sechziger Jahre, doch blieben die Ergebnisse wegen fehlender und unausgereifter Technik aus Sicht des MfS unbefriedigend.

In einem Schacht im Grenzsperrgebiet im Bereich des Brandenburger Tors wurde 1976 ein Kabel für den Fernmeldeverkehr zwischen West-Berlin und Ost-Berlin verlegt. Dieses Kabel wurde 1981 angezapft, indem ein „Mithörka-

619 Die Angabe „(Band 1)" bezieht sich auf die numerische Zuordnung der übergebenen Tonbänder.
620 Archivierter Untersuchungsvorgang (AUV); BStU, ZA, AUV 34/89.

bel" in den Stützpunkt „Brunnen" verlegt wurde. Der Stützpunkt „Brunnen" befand sich in einem Kellerraum der Otto-Grotewohl-Straße 5 in Ost-Berlin. Fortan konnte der über dieses Kabel geführte Fernsprechverkehr aufgezeichnet werden. Zunächst war die Abteilung 16, später die Abteilung 7 der HA III für dieses „Abhören" zuständig. Die Kontrolle des Kabels wurde 1984 in das Dienstobjekt Gotlindestraße verlagert.

Ende 1982 verliefen zwischen West-Berlin und Ost-Berlin etwa 570 ankommende und 90 abgehende Fernsprechkabelleitungen. Diese Kabel wurden im selben Jahr in der Knotenvermittlungsstelle des Fernmeldeamtes Dottistraße (Berlin-Lichtenberg) angezapft.[621] Die Sonderleitungen wurden in das nahe gelegene Dienstobjekt Gotlindestraße verlegt. Seitdem wurden die Fernmeldeverbindungen zwischen der DDR und West-Berlin durch Einsatz von Selektierungstechnik aufgezeichnet und ausgewertet. Im Objekt Gotlindestraße waren Ende 1989 zur automatischen Überwachung der Fernsprechverbindungen vier RSA-Anlagen installiert. Darunter befanden sich zwei Anlagen, die in der Lage waren, jeweils 1.024 Leitungen zu kontrollieren.

1982 wurden auch in Magdeburg, Schwerin und Leipzig die Knotenvermittlungsstellen für Leitungen zwischen der DDR und der BRD angezapft und von der Abteilung III der jeweiligen Bezirksverwaltung für Staatssicherheit abgehört. Von Leipzig führten zum damaligen Zeitpunkt 24 Leitungen, von Magdeburg 36 Leitungen und von Schwerin neun Leitungen in das Bundesgebiet. Auch in der BVfS Magdeburg wurde zur Kabelaufklärung eine 1.024kanalige Rufnummerselektierungsanlage betrieben.

Für die Kontrolle der Fernmeldeverbindungen innerhalb der DDR war die HA III nicht zuständig. Diese Aufgabe fiel in den Kompetenzbereich der Abteilung 26.

Glasfaserkabel-Überwachung

Die Entwicklung des technischen Fortschritts zwang das MfS, sich den technologischen Neuerungen jeweils anzupassen, um die Informationsgewinnung möglichst auf gleichem Niveau zu halten. Insbesondere die Digitalisierung der Fernmeldenetze bildete für das MfS eine „Herausforderung". Im Dezember 1983 wurde in einem Sachstandsbericht darauf verwiesen, daß „der Einsatz eines Glasfaserkabels, bestehend aus 40 Fasern mit einer Übertragungskapazität von 140 Mbit = 1.920 Kanäle je Faser" durch die Deutsche Bundespost (DBP) geplant sei.[622] Dieses Glasfaserkabel werde zwischen West-Berlin und der Bundesrepublik (Uelzen) verlegt. Im April 1985 wurde deshalb auf Anweisung des Leiters der HA III, Generalmajor Männchen, eine sogenannte „nichtstrukturelle" Arbeitsgruppe mit dem Ziel gebildet, dieses Glasfaserkabel für

---

621 Vernehmung von Horst Männchen, zitiert nach: Der Generalbundesanwalt 1993, S. 47 f.
622 Sachstandsbericht über erkannte Richtfunkbeziehungen der Deutschen Bundespost der BRD zwischen der BRD und Westberlin vom 2.12.1983; BStU, ZA, HA III 430, S. 144 f.

die Informationsgewinnung zu nutzen. Das Vorhaben trug die Tarnbezeichnung „Saphir A/2-1". Noch vor Inbetriebnahme wurde das Glasfaserkabel von der Deutschen Post (DP) der DDR angezapft. Die entsprechenden Kabel wurden zum Stützpunkt „Quelle 1" geführt. Dieser Stützpunkt befand sich in Rhinow und wurde durch die Abteilung 7 betrieben. Dort wurden die Gespräche und Nachrichten abgehört. Dabei wurden die einzelnen Fasern (Leitungen) durch den Einsatz entsprechender westlicher Technik aufgelöst.[623]

Im Juni 1987 wurde eine Gesamtkapazität von 76.800 Kanälen auf dem Glasfaserkabel erreicht, und zu Jahresende begann die DBP damit, Telefonverbindungen auf dieses Übertragungssystem zu schalten. Im Oktober 1989 konnten dann annähernd 6.000 Kanäle für Fernsprech- und Datenübertragungen genutzt werden. Bereits im Januar 1988 hatte die HA III auf 60 ausgesuchten Kanälen begonnen, Informationen zu gewinnen. Dies geschah teils durch manuelles Abhören, teils auf dem Wege der automatischen Zielkontrolle. In der Folgezeit wurde die Nutzungskapazität kontinuierlich gesteigert.

Satellitenfunk

Seit Anfang der achtziger Jahre befaßte sich die Linie III auch mit der Aufklärung und Nutzung des Satellitenfunks. Dabei stand die Rund-um-die-Uhr-Abschöpfung folgender Satellitensysteme im Vordergrund:

- Satellitensystem MARISAT,

- Satellitensystem FLEETSATCOM,

- Satellitensystem LEASAT,

- Satellitensystem INTELSAT (unter der Deckbezeichnung SATURN).

Das Kanalangebot der fünf im Empfangsbereich der Linie III observierten Satelliten übertraf das vorhandene technische Potential erheblich. Von den etwa 3.500 Kanälen, die durch die DBP genutzt wurden, konnten zuletzt 376 Sprachkanäle, 14 Fernschreibkanäle und eine Datenleitung bearbeitet werden. Für die Bearbeitung der Sprechkanäle standen eine 128kanalige und zwei 32kanalige automatische Selektierungsanlagen zur Verfügung. Daneben wurden fünf manuell bedienbare Geräte verwendet, die jeweils 40 Kanäle erfassen konnten.

Anfang 1989 war es möglich, folgende Satellitenverbindungen hinsichtlich der Gespräche, des Telexverkehrs und von Daten- und Telefaxübertragungen abzuschöpfen:

- Verbindungsrichtung USA – BRD,

---

623 In der Fachsprache wurde diese Technik als „PCM-Demultiplex-Technik" bezeichnet. Vgl.: Ausrüstungskonzeption für die Informationsgewinnung aus dem dienstintegrierten digitalen Netz (ISDN) der Deutschen Bundespost vom 22.3.1989; BStU, ZA, HA III 5406, S. 1–48, hier 11.

- Verbindungsrichtung Ägypten – BRD,

- Verbindungsrichtung Kenia – BRD,

- Verbindungsrichtung Israel – BRD,

- Verbindungsrichtung Südafrika – BRD,

- Verbindungsrichtung Jordanien – BRD,

- Verbindungsrichtung Nigeria – BRD,

- Verbindungsrichtung Syrien – BRD.

Eine wichtige Erkenntnisquelle waren die via Satellit übermittelten Informationen der BND-Residenturen Wien, Washington, New York, Amman, Nairobi und Pretoria an die BND-Zentrale in Pullach. Bereits seit 1988 kam es auch zur Kontrolle der satellitengestützten Funkaktivitäten des amerikanischen Geheimdienstes CIA.

Die Ergebnisse der Satellitenfunkaufklärung wurden lückenlos analysiert und beschrieben, wie an einem Beispiel verdeutlicht werden soll:

„[...] Ebenfalls seit Mitte des Monats Oktober 1988 werden Retranslationen von Faksimilesendungen im Interesse der USA-MFO-Streitkräfte (stationiert auf der Halbinsel Sinai-Ägypten) verstärkt festgestellt (Kanalfrequenz 261,675 MHz).

Aus dem in diesem Zusammenhang analysierten Telefoniefunkverkehr gelangten folgende Informationen zur Kenntnis:

1. Der US-Verteidigungsminister FRANK CARLUCKI besucht am 2.11.1988 das „NORDCAMP" auf Sinai, in seiner Begleitung befindet sich ein Oberstleutnant HUDDLESTON (phonetisch).

2. Der Stabschef der holländischen Armee PIETER JAN GRAFF besucht am 31.10.1988 das „SÜDCAMP" auf Sinai."[624]

Die lesbar gemachten Faksimile wurden der Abteilung 1 zur Auswertung übergeben.

Inoffizielle Mitarbeiter der Funksicherung (Funksicherungs-IM)

Die Linie III hatte eine besondere Kategorie inoffizieller Mitarbeiter, die sogenannten Funksicherungs-IM. Ihre Aufgabe war es, bestimmte Amateurfunk-Frequenzen zu überwachen und darüber zu berichten. Sie beschafften auch Informationen über Personen, die sich beruflich oder in ihrer Freizeit mit Funk- oder Fernmeldetechnik (z. B. Amateurfunker) befaßten. In den Arbeitsberich-

---

624 Operative Aufgabenstellung und Arbeitsergebnisse der Satellitenfunkabwehr der Spezialfunkdienste des MfS der DDR, Monat Oktober 1988 vom 4.11.1988; BStU, ZA, HA III 839, S. 72–76, hier 76.

ten der Abteilungen III finden sich mannigfaltige Hinweise auf den kombinierten Einsatz von Funk-IM und Überwachungstechnik.

Projekt „Fahndung West"

Seit den siebziger Jahren wurden durch die Linie III „Personen- und Sachfahndungshinweise", bezogen auf bundesdeutsche Dienste und Sicherheitsbehörden, ständig automatisch abgehört, aufgezeichnet und ausgewertet. Sämtliche auf diese Weise gewonnenen Informationen wurden seit 1980 im Datenverarbeitungsprojekt „Fahndung West" gespeichert – Informationen zu 200.000 Personen, 30.000 Kraftfahrzeugen und 1.000 Objekten allein im Jahr 1980.

Die Funktionsweise dieser Datenbank ist noch weitgehend unerforscht, doch kann schon jetzt auf zwei Nutzungsgebiete verwiesen werden:

1. Informationen aus dem Datenvorrat wurden an die HV A und an andere operative Diensteinheiten zweckbezogen weitergegeben.

2. Die Informationen und Daten dienten dazu, Agenten, inoffizielle Mitarbeiter oder Reisekader im Kontext „operativer Maßnahmen" im „Operationsgebiet" zu unterstützen und zu schützen.

Maßnahme „Schutz"

Seit Mitte der achtziger Jahre sicherte die Linie III „operative Vorgänge" der HV A in der BRD und in West-Berlin funktechnisch ab. Diese funktechnischen Sicherungshandlungen liefen unter der Deckbezeichnung „Schutz". In erster Linie handelte es sich dabei um die schützende Begleitung von „Treffs" zwischen Agenten der HV A und den betreffenden Kurieren oder Instrukteuren, aber auch um die Sicherung bei der Nutzung sogenannter „Toter Briefkästen" (TBK). Sicher ist, daß die Schutzmaßnahmen insgesamt von der Arbeitsgruppe „Nachrichten" (AG „N") der Abteilung 9 der HV A koordiniert worden sind. Der Beitrag der Linie III bestand darin, die Umgebung von „Trefforten" bzw. von Standorten „Toter Briefkästen" vor, während und nach einem „operativen Ereignis" funktechnisch aufzuklären. Auf diese Weise wollte man verhindern, daß die Aktionen des MfS durch Observationskräfte des Verfassungsschutzes, des Bundesnachrichtendienstes oder der Polizei gefährdet würden. Die gleiche Aufgabe hatte die Linie III auch bei der Sicherung von Schleusungsaktionen durch die HV A (Personen und Material). Hier ging es darum, die Aktivitäten des Bundesgrenzschutzes (BGS), der Polizei und der Zollverwaltung im betreffenden Grenzterritorium funktechnisch aufzuklären.

Maßnahme „Relais"

Seit dem Jahre 1982 führte die Linie III periodisch und regelmäßig „funktaktische" Aufklärungshandlungen mit dem Ziel durch, bestimmte Frequenzbereiche zu erkunden und auszuwerten, die aufgrund ihrer geringen elektromagnetischen Ausstrahlungswerte vom Territorium der DDR aus nicht erfaßt bzw. empfangen werden konnten. Diese „Maßnahmen" liefen unter den Deckbezeichnungen „Relais II", „Relais III" „Relais IV" oder „Relais VI". Diese „Funkaufklärung" betraf in erster Linie Firmenobjekte, Verlagsgebäude, Druckereien und wichtige Ämter, von denen aus Funkaussendungen betrieben werden konnten.

Im Rahmen der Maßnahme „Relais II" wurden beispielsweise seit 1983 mit einem sowjetischen Hubschrauber in monatlichen Abständen in West-Berlin gelegene Objekte funkelektronisch und fotooptisch aufgeklärt und analysiert. Andere Frequenzbereiche in der BRD und in Berlin-West wurden mit getarnten bzw. mit Diplomatenfahrzeugen erkundet und aufgeklärt. Ähnliche Aktionen erfolgten auch entlang der innerdeutschen Grenze. Die Aufklärungsergebnisse wurden in einem Katalog bilanziert und laufend aktualisiert.[625] Die Angaben zu stationären Anlagen und zu häufig genutzten Aufbauplätzen wurden in ein sogenanntes „Konzentratblatt" eingetragen und durch entsprechende Fotos, Kartenausschnitte und Lageskizzen ergänzt. Die dabei auf seiten des MfS zum Einsatz gekommenen Funkgeräte, die Antennen-, Aufzeichnungs- und Fototechnik stammten ausschließlich aus westlicher Produktion.

Maßnahme „Zugriff"

Seit Mitte der siebziger Jahre war die HA III in der Lage, mittels eines vom MfS beschafften und in der BRD hergestellten Autotelefons (B-Netz) bei bundesdeutschen Dienststellen, insbesondere beim Kraftfahrt-Bundesamt (KBA) in Flensburg, Informationen abzufragen. Zu diesem Zweck war der Teilnehmer-Codegeber des Autotelefons so manipuliert worden, daß er frei programmierbar war, das heißt durch Kennungen von Autotelefonen berechtigter Teilnehmer ersetzt werden konnte, die zuvor durch Abhören aufgeklärt wurden. Auch die zur Abfrage benötigten Kennwörter, die in bestimmten zeitlichen Abständen wechselten, stammten vorwiegend aus der Funkaufklärung. So erfuhr die HA III die vom Kraftfahrt-Bundesamt zur Direktabfrage alle zwei Wochen veränderten Codes durch Mitlesen des entsprechenden Fernschreibverkehrs. In Einzelfällen waren die Kennwörter von der HV A beschafft worden.

Die Maßnahme „Zugriff" wurde durch ein streng abgeschottetes Mitarbeiterteam der HA III durchgeführt. Die diesbezüglichen Aufträge erteilte zumeist die HV A oder die HA VIII (Ermittlungen und Beobachtungen). Zur Abfrage

---

625 Katalog, Stationen der Fernmelde- und Elektronischen Aufklärung im grenznahen Raum der BRD zur DDR, o. D.; BStU, ZA, HA III 6328, S. 1–59.

von Personendaten fuhr die „operative Gruppe" vornehmlich auf den Brocken im Harz oder in den Thüringer Wald. Diese grenznahen Gebiete waren durch eine funktüchtige Höhenlage gekennzeichnet und besaßen den Vorteil, daß die Peilung durch bundesdeutsche Dienststellen nicht genau ausmachen konnte, ob die elektronische Abstrahlung vom DDR-Gebiet ausgegangen war. Von wechselnden Standorten aus wurden so Verbindungen in das Fernsprechnetz der DBP – scheinbar von Bundesgebiet aus – hergestellt und darüber unkontrolliert telefoniert. Zur Personenkennung wurden dabei Namen verwendet, die zuvor aus beschafften Verzeichnissen westdeutscher Polizeidienststellen gewonnen wurden. Die anfallenden Gebühren wurden automatisch dem für die jeweils verwendete Kennung zugelassenen Teilnehmer zugeschlagen.

Außer Anfragen beim Kraftfahrt-Bundesamt, bei Kfz-Zulassungsstellen, Einwohnermeldeämtern, territorialen Polizeidienststellen und Dienststellen der Post erfolgten auch Anrufe bei Zielkontrollpersonen zum Zwecke des Stimmenvergleichs. Jährlich wurden etwa 1.000 „Zugriff"-Maßnahmen durchgeführt. Bisweilen wurde das entsprechende Autotelefon auch durch den KGB genutzt, um zu agenturischen Quellen im „Operationsgebiet" Verbindung aufzunehmen.

Zusammenarbeit mit den Funkabwehrdiensten (FAD) der Nachrichtendienste der sozialistischen Länder – UdSSR, Bulgarien, Ungarn, Polen, ČSSR

Als Teil des „Gesamtsystems des Elektronischen Kampfes" arbeitete die HA III auf dem Gebiet der Funkabwehr mit den Funkabwehrdiensten (FAD) der Bruderorgane zusammen. Für die Koordinierung dieser speziellen Zusammenarbeit war der sogenannte „Apparat der Koordination (AdK)" zuständig. Der AdK hatte seinen ständigen Sitz in Prag. Die Tätigkeit des AdK wurde Ende 1989 von Oberst Tschernokoshich geleitet. Der „Apparat der Koordination" war in sechs Teilbereiche gegliedert:[626]

FAD 1	UdSSR	Oberst Konoplow
FAD 3	Bulgarien	Oberst Marintschewski
FAD 4	Ungarn	Oberst Rusza
FAD 5	DDR	Oberst Ebert
FAD 6	Polen	Oberst Zabawski
FAD 8	ČSSR	Hptm. Cesenek.[627]

Neben mobilen und halbstationären Einsatzmaßnahmen zur Bearbeitung des „gegnerischen Agentenfunks" basierte die Funkabwehr in den einzelnen Funkabwehrbereichen auf der Arbeit ständiger Funkbeobachtungsstationen (FBS) und Funkpeilstellen (FPS). Zentralen Stellenwert besaßen dabei die FBS 51

---

626 Stützpunkte der HA III in Zusammenarbeit mit der HV A des MfS außerhalb der DDR und innerhalb der DDR. Die internationale Zusammenarbeit der Funkabwehrdienste sozialistischer Länder; BStU, ZA, HA III 379, S. 39–41, hier 40.
627 Ebenda, S. 40.

Gosen und die FBS 52 Hohen-Luckow, die im Dienste aller Funkabwehr-
dienstbereiche standen. Diese Funkbeobachtungsstationen waren mit sogenannten Funkpeilstellen technisch vernetzt. Die wichtigsten Funkpeilstellen
und ihre Nutzung sind nachfolgend genannt:[628]

– FPS 521 Gosen	für FAD 5 und 6
– FPS 522 Bautzen	für FAD 4 und 5
– FPS 523 Hohen-Luckow	für FAD 1, 5 und 8
– FPS 524 Erfurt	für FAD 1, 5 und 8
– FPS 575 Heudeber	für FAD 5
– FPS 576 Wieck	für FAD 5
– FPS 577 Langenheide	für FAD 5
– FPS 578 Großbeeren	für FAD 5
– FPS 579 Schönwalde	für FAD 5
– FPS 625 Gdansk/Polen	für FAD 5
– FPS 621 Warschau/Polen	für FAD 5
– FPS 823 Bratislava/ ČSSR	für FAD 5
– FPS 822 Plzen/ ČSSR	für FAD 5.

Neben der Beteiligung der HA III an den Aufgaben der Funkabwehr unter dem
Dach des „Apparates der Koordination" kam es aber auch besonders im Bereich der elektronischen Aufklärung zu einer engen Zusammenarbeit mit der
XVI. Verwaltung des KGB der UdSSR in Moskau und deren in Potsdam sta-
tionierter Gruppe 16. Auch mit der XIII. Verwaltung des Ministeriums des Innern der ČSSR gab es eine diesbezügliche Kooperation. Von und zu beiden
Bruderorganen waren Verbindungsoffiziere eingesetzt. Diese Zusammenarbeit
bezog sich auf den Austausch von Informationen, die Abstimmung von Auf-
klärungsplänen, die Durchführung gemeinsamer Forschungs- und Entwicklungsvorhaben und den Austausch von Technik. Zu bestimmten Terminen erhielten die befreundeten Nachrichtendienste – vor allem der KGB, Polen und
die ČSSR – ein Band bzw. Bänder mit ausgewählten, aktuellen und „operativ"
besonders wertvollen Zielkontrollaufträgen.

In den Jahren 1987 und 1988 gab es zur Aufklärung noch nicht erkannter
Richtfunksysteme entlang der Staatsgrenze der ČSSR zur Bundesrepublik
Deutschland gemeinsame Hubschraubereinsätze. Der bereits erwähnte gemeinsame Betrieb von drei auf dem Territorium der ČSSR stationierten Erfas-
sungsstützpunkten bot günstige Möglichkeiten zum Eindringen in die bundes-

---

628 Ebenda.

deutsche Nachrichtenkommunikation – vorrangig in UKW-Funkverbindungen, in Autotelefonnetze und in interne und grenzüberschreitende Richtfunkstrecken.

Maßnahme „Wolke III/86"

Unter der Deckbezeichnung „Wolke" war die HA III (Abteilung 14, Abteilung T/4 und Abteilung 6) in den Jahren 1983 und 1984 gemeinsam mit Kräften des FAD 6 des MdI der VR Polen bei Aufklärungseinsätzen mit funkelektronischen Mitteln im Nahbereich der US-Botschaft in Warschau beteiligt.[629] Diese Einsätze fanden unter dem Tarnnamen „Wolke III/86" im Januar 1986 ihre Fortführung. In dem entsprechenden Maßnahmeplan heißt es:

„Die operative Ziel- und Aufgabenstellung besteht in der erneuten Überprüfung der funkelektronischen Lage in der unmittelbaren Umgebung (Nahbereich) der US-Botschaft, um Veränderungen gegenüber der in den vorangegangenen Einsätzen festgestellten Situation zu erkennen. Schwerpunkte bilden dabei

– die potentiellen Möglichkeiten der US-Botschaft zur Abschöpfung des kommerziellen und nichtkommerziellen Funkverkehrs in Warschau; dazu sind die in Objektnähe einfallenden landeseigenen Funkverbindungen zu erfassen und unter dem Aspekt des Geheimnisabflusses zu bewerten;

– die Aufklärung der Funkaktivitäten des Zielobjektes [...] sowie zur weiteren Erkundung von Möglichkeiten ihrer offensiven Ausnutzung zum Eindringen in die Kommunikationsbeziehungen des Gegners;

– die Aufklärung evtl. vorhandener bzw. neu entstandener parasitärer Abstrahlungen technischer Einrichtungen des Zielobjektes, deren Erfassung und Abschöpfung Rückschlüsse auf innere Aktivitäten (Regimeverhältnisse) ermöglichen;

– die Aufklärung evtl. vorhandener geheimdienstlicher Aktivitäten im Nachrichtenverbindungssystem 'Pyramide'.

Die Einsatzkräfte wurden [...] durch den Leiter der HA III/6 detailliert eingewiesen. In die Einweisung werden auch die bei uns vorliegenden Erkenntnisse zur Untergrundtätigkeit der Feindsender Radio-Solidarnosc und die Methoden ihrer Bekämpfung mit einbezogen."[630]

Zur Durchführung der Aktion „Wolke III/86" wurden die technischen Mittel und Systeme sowie die Einsatzkräfte mit einem Sonderflugzeug transportiert. In der Begründung dazu hieß es unter anderem: „[...] wegen ihres (Technik)

---

629 Maßnahmeplan zur Durchführung (Fortführung) eines Aufklärungseinsatzes mit funkelektronischen Mitteln im Nahbereich der US-Botschaft in Warschau, Deckbezeichnung-"Wolke III/86" vom 2.12.1985; BStU, ZA, HA III 9543, S. 20 und 4–67.
630 Ebenda, S. 64 f.

hohen Wertumfanges und der im Aktionszeitraum zu erwartenden widrigen Straßenverhältnisse [...]".[631] Ein konspirativ geschützter Stützpunkt in der Nähe der US-Botschaft wurde von polnischer Seite bereitgestellt. Alle Legendierungsfragen, die Modi für die Melde- und Informationswege während des Einsatzes sowie für die Lagerung, den Transport und Gebrauch der benötigten „operativen" Dokumente und Materialien wurden gemeinsam abgestimmt. Der Abschlußbericht zum Einsatz „Wolke III/86" wurde durch Minister Mielke dem MdI der VR Polen und dem KGB übergeben.

Zusammenarbeit mit dem operativ-technischen Sektor (OTS)

Die Zusammenarbeit zwischen der HA III und dem OTS betraf sämtliche Belange auf dem Gebiet der Entwicklung, Anwendung und Sicherstellung von technischen Geräten und Systemen, die die Entfaltung der Funkspionage und Funkabwehr durch die Linie III ermöglichen sollten. Hauptpartner der HA III bei der „operativ-technischen Sicherstellung" war das Institut für Technische Untersuchungen (ITU).

Die Notwendigkeit, die technische Qualität der Nachrichtentechnologie ständig zu verbessern, ergab sich für das MfS seit Beginn der achtziger Jahre aus dem enormen qualitativen und quantitativen Entwicklungsschub bezüglich der Nachrichtenschlüsseltechnologie des „Gegners". Immer neue Erkenntnisse fanden Eingang in kommerziell und geheimdienstlich genutzte Nachrichtenübertragungssysteme.

Spätestens seit 1985 wurden im Rahmen einer wissenschaftlich-technischen Forschungsarbeit (WFA) mit der Deckbezeichnung „Omega"[632] alle Anstrengungen gebündelt, um den technischen Standard und technische Spezifika von „Agentenfunkverbindungen"[633] zu analysieren und zu prognostizieren sowie andererseits die Entwicklung technischer Geräte und Funkabwehrmittel voranzutreiben. Diese Forschungsarbeit wurde unter Beteiligung aller Funkabwehrdienste innerhalb des „Apparates der Koordination" realisiert und stand ganz im Zeichen der sogenannten „Strategie 2000"[634] mit ihren drei Teilkonzeptionen „Spezielle Informationsgewinnung", „Funkabwehr" und „Gegenwirkung"[635].

---

631 Maßnahmeplan „Wolke III/86", Vorschlag/Konzeption zur Durchführung eines Spezialistentreffens in Warschau vom 3.12.1985; BStU, ZA, HA III 9543, S. 20.
632 Bericht über Untersuchungen zur Schaffung eines einheitlichen Systems von technischen Funkabwehrmitteln für den VHF-UHF-SHF-EHF-Bereich (Deckbezeichnung „Omega") vom April 1987; BStU, ZA, OTS 58, S. 20–43.
633 Ebenda, S. 21 f.
634 Einschätzung des Standes der Zusammenarbeit mit dem OTS vom 10.1.1989; BStU, ZA, OTS 51, S. 2 und 11–13.
635 Zuarbeit zur Erarbeitung des Planstellennormativs vom 28.6.1988; BStU, ZA, OTS 779, S. 1–125, hier 96 ff.

Ausgangspunkt sämtlicher Bemühungen zur Verbesserung der Funk- und Abhörtechnik waren die in der Forschungsarbeit „Raduga-2"[636] gewonnenen Erkenntnisse zu den sich ständig verändernden taktisch-technischen Parametern von „Agentenfunkverbindungen". Vor allem die immer wieder festgestellten Veränderungen hinsichtlich der Frequenzbereiche, Sendedauer, Übertragungsgeschwindigkeiten, Bandbreiten und Codearten zeigten die Bestrebungen des „Gegners", seine „Agentenfunkverbindungen" besser zu schützen und zu tarnen. Dieses Ziel sollte hauptsächlich durch die ständige Verkürzung der Übertragungsdauer von Informationen erreicht werden. Der Einsatz von sogenannter Frequenzsprungtechnik bewirkte z. B., daß die Verweildauer pro Frequenzkanal weiter verringert werden konnte, ohne daß die Übertragungsgeschwindigkeit erhöht und der Informationsumfang reduziert werden mußte.

Insgesamt gesehen wurden im „operativ-technischen Sektor" folgende grundlegende Aufgaben für die Funkfahndung und -überwachung realisiert:

– Entwicklung und Bau von Empfangsantennen,

– Entwicklung und Bau von Empfängern bzw. Empfangsgeräten,

– Entwicklung und Bau von Überwachungsempfängern,

– Entwicklung und Bau von Peilsystemen,

– Entwicklung und Konstruktion von Datenverarbeitungs- und Rechentechnik für die Prozeßsteuerung,

– Entwicklung und Bau von Signalempfangs- und -analysetechnik,

– Entwicklung und Bau von Nachrichtenübertragungssystemen,

– Entwicklung und Bau von Funk- bzw. Impulsverstärkungsgeräten,

– Entwicklung und Bau von Zeitsystemen,

– Entwicklung und Bau von Kompaß- bzw. Navigationsverfahren,

– Entwicklung und Bau von Geräten und Gerätesystemen zur Satellitenüberwachung,

– Entwicklung und Bau von Schnittstellentechnik,

– Entwicklung und Bau von Speichertechnik,

– Entwicklung von adäquaten Chiffrier- bzw. Analyseverfahren.

---

636 Bericht über Untersuchungen zur Schaffung eines einheitlichen Systems von technischen Funkabwehrmitteln für den VHF-UHF-SHF-EHF-Bereich (Deckbezeichnung „Omega") vom April 1987; BStU, ZA, OTS 58, S. 20–43, hier 22.

Dossierarbeit

Die „Dossierarbeit" der Linie III war eine der wichtigsten Aufgaben, an der der Wert der „Fern- und Funkmeldeaufklärung" gemessen wurde. Stets wurde in Dienstkonferenzen und Referaten darauf hingewiesen, das „Ausspähen" und „Abschöpfen" nicht zu einer quantitativen Pflichtübung verkommen zu lassen, bei der lediglich Hinweise, Angaben und Merkmale ohne „operative Bedeutung" herausgelöst würden.[637]

Ein vorrangiges Ziel der „Dossierarbeit" war „die gezielte Unterstützung der operativen Linien des MfS zur Schaffung von Stützpunkten und IM im Operationsgebiet."[638] Diese Aufgabe speiste sich u. a. aus der 1982 formulierten Erkenntnis, „daß der Gegner in den letzten Jahren für sich bei der Aufspürung und Liquidierung von IM und Patrioten im Operationsgebiet einige Erfolge errungen hat. Unabhängig davon, ob nun hierbei Verrat oder andere Momente eine Rolle spielten, geht es darum, schnell und sicher das System und Netz der IM-Basis im Operationsgebiet wieder zu stabilisieren und stark zu machen."[639] Wiederholt wurde der „Spürsinn" der Mitarbeiter angesprochen, um „echte operative Anhaltspunkte" für eine mögliche Anwerbung zu finden.[640] Kriterien waren zum Beispiel:

– „außereheliche Liebes- und Intimverhältnisse verheirateter Personen", wobei auf markante „Begleitumstände" wie finanzielle Abhängigkeit vom Ehepartner und das daraus resultierende Verschwiegenheitsinteresse oder herabwürdigende sexuelle Praktiken ein besonderes Augenmerk gerichtet wurde,

– „finanzielle Sorgen und Probleme aus den verschiedensten Gründen", beispielhaft festzustellen durch Hinweise auf mehrmalige Kreditaufnahme, ungeduldiges Warten auf Gehaltszahlungen, Mahnungen zur Begleichung finanzieller Rückstände und Schulden,

– „Alkoholiker/Alkoholmißbrauch und Drogensucht",

– „Geltungsbedürfnis und Schwatzhaftigkeit",

– „ausgeprägte Leidenschaften",

– „Unzufriedenheit mit seiner Arbeit, Haß gegen seinen Vorgesetzten, künftige Aufenthalte in sozialistischen Staaten, ungebundene Tätigkeit im Operationsgebiet und damit verbundene künftige Reisen innerhalb des Operationsgebietes oder des kap[italistischen] Auslands usw. usf."[641]

Das „Abschöpfen" von Privatgesprächen auch „zu Zeiten während besonderer Ereignisse, Klassenkampfsituationen und Lagebedingungen" galt als wichtig,

637 Referat in der HA III [ohne Autor] vom 22.6.1982; BStU, ZA, HA III 7974, S. 82.
638 Ebenda.
639 Ebenda, S. 84.
640 Ebenda, S. 84 f.
641 Ebenda.

weil die „Aktivitäten im Äther" stiegen, die „Gesprächsfreudigkeit" zunahm und die „Konspiration ins Hintertreffen" geriet.[642] So heißt es in einem Leiterreferat vom Juni 1982:

„Im Zusammenhang mit der Verhängung des Ausnahmezustandes in der VR Polen im Dezember 1981 und der damit verbunden gewesenen Unterbrechung des internationalen Flug- und Reiseverkehrs mußte die Botschaft der BRD in Warschau nach Wegen suchen, ihre Kurierverbindungen auf eine andere Art und Weise zu realisieren. Diese Kurierverbindung von Warschau nach Bonn wurde schließlich – es gab offensichtlich keine andere Möglichkeit – dann wie folgt realisiert. Mitarbeiter der Botschaft der BRD in Warschau fuhren mit dem KFZ bis Westberlin. Nach Westberlin kam per Flugzeug der Kurier vom Auswärtigen Amt der BRD, in Westberlin wurde dann die Post ausgetauscht und die Rückfahrt von Westberlin erfolgte analog, d. h. von Westberlin nach Warschau mit dem KFZ und von Westberlin nach Bonn per Flugzeug. Die Botschaftsmitarbeiter, die als Kuriere eingesetzt waren, also keine wirklichen Kuriere waren, übernachteten in der Regel eine Nacht in Westberlin und meist immer in den gleichen Hotels. Da sie von der VR Polen aus zu dieser Zeit keinerlei private Kontakte in die BRD hatten, nutzten sie natürlich intensiv den Westberlin-Aufenthalt, um zu ihren Verwandten und Bekannten Kontakte aufzunehmen. Uns war es nun gelungen, in diese Verbindungen einzudringen.

Neben politisch-operativ wertvollen Informationen, die den Charakter der Sofortinformation trugen, war es uns durch intensive Abschöpfung der Gespräche dieser BRD-Botschaftsangehörigen möglich, zu ihnen umfassende Hinweise zu erarbeiten, die Aussagen über

– ihre Charaktereigenschaften

– ihre Tätigkeiten in der BRD-Botschaft in Warschau

– ihren Verwandten- und Bekanntenkreis

– ihre Frauen, Liebschaften und Liebeleien

– die Verhältnisse an der BRD-Botschaft in Warschau

zeitigten und im Rahmen der Dossierarbeit aufbereitet und somit wertvolle Ausgangsmaterialien für die operative Arbeit wurden. Und da nicht immer die gleichen Mitarbeiter kamen, sondern oft die Personen gewechselt wurden, war es möglich, zu einer ganzen Reihe von Angehörigen des diplomatischen Dienstes der BRD wertvolle Materialien zu erarbeiten".[643]

Ein zweites Ziel der „Dossierarbeit" war „die gezielte Unterstützung der Vorgangsarbeit der operativen Linien und Diensteinheiten des MfS, einschließlich der Bruderorgane".[644] Vorrangigen Wert besaßen dabei Zielkontrollen, die an

---

642 Ebenda, S. 92 f.
643 Ebenda, S. 94 f.
644 Ebenda, S. 98.

detaillierte inhaltliche Profile durch die auftraggebenden Diensteinheiten gebunden waren. Dieser konkrete, personifizierte Informationsbedarf wurde durch die Linie III von den zuständigen Diensteinheiten immer wieder eingefordert. Zugleich galt es aber auch, dem speziellen Informationsinteresse der Diensteinheiten zu Objekten, Einrichtungen und Institutionen nachzukommen. Dieser Informationsbedarf wurde unterschieden nach allgemeingültigen und aktuellen Aussagen sowie nach Sofortinformationen. Das Aufklärungsinteresse richtete sich natürlich auch auf die in diesen Einrichtungen und Objekten tätigen Personen.

Vor allem „Auskunftsberichte" und Dossiers zu „Angehörigen der gegnerischen Geheimdienste und Abwehrorgane", der Landesämter für Verfassungsschutz, der Observationsorgane des BND und des Militärischen Abschirmdienstes wurden als bedeutende Ergebnisse dargestellt: „Die Praxis unserer Arbeit beweist, daß wir selbst dazu in der Lage sind, zu den führenden Vertretern dieser Geheimdienst- und Abwehrorgane, Kinkel und Meyer, eine Vielzahl von Angaben und Hinweisen aus dem privaten Bereich zu erarbeiten, die zusammengesetzt sehr wertvolle Materialien darstellen."[645] „Auskunftsberichte" und Dossiers wurden ebenfalls zu Personen aus sogenannten „Feindorganisationen" wie der Internationalen Gesellschaft für Menschenrechte (IGfM) oder dem sogenannten Emigrantenzentrum „Kontinent" gefertigt.

Ein drittes Ziel der „Dossierarbeit" bestand in der „Vervollständigung und Präzisierung der im MfS zu ausgewählten Personen bereits vorhandenen Erkenntnisse."[646] Diese periodisch durchgeführte Erkenntnisverdichtung bezog sich auf folgende Personen und Personenkreise:

– führende Parteimitglieder der Bundesrepublik und West-Berlins,

– Bundestags- und Landtagsabgeordnete,

– Bundes- und Landesminister,

– führende Personen in den Massenmedien

– „Umfeldpersonen" von Politikern und Geheimdienstmitarbeitern (Sekretärinnen,

– Schreibkräfte, Kraftfahrer, persönliche Referenten und Mitarbeiter, Haushaltshilfen,

– Freundinnen, Freunde, Servicepersonen usw.),

– Offiziere und leitendes Personal der Bundeswehr und US-Armee,

– Personen der westlichen Friedensbewegung,

– Personen sogenannter „Zentren der politisch-ideologischen Diversion" wie Radio Free Europe, Radio Liberty, Deutsche Welle oder RIAS,

---

645 Ebenda, S. 99.
646 Ebenda, S. 101.

– Personen, die mit der sogenannten „Konterrevolution" in der VR Polen sympathisierten,

– Personen von Detekteien in der Bundesrepublik und in West-Berlin.

Das nachfolgende Beispiel verdeutlicht die planmäßige Dossierarbeit der Linie III. Im Referat 2 der Abteilung III/10 wurde im Frühjahr 1986 ein sogenannter „Prognoseplan" entwickelt, auf dessen Grundlage die Dossierarbeit zum Deutschen Amateur-Radio-Club (DARC) unter der Vorgangsbezeichnung „DACH" vorangetrieben wurde. In diesem „Prognoseplan" heißt es:

„Im Rahmen des operativen Materials 'Dach' wird der 'Deutsche Amateur-Radio-Club e.V.' der BRD (DARC) bearbeitet. Die Bearbeitung des Materials bezieht sich auf

– den Vorstand des DARC,

– den Amateurrat,

– den Funktionären bis auf Distriktebene,

– die Geschäftsstelle des DARC in Baunatal mit ihren Beschäftigten

und trägt komplexen Charakter. Die in der HA III vorliegenden operativen Erkenntnisse zum DARC, seinen Aktivitäten auf internationaler und bilateraler Ebene begründen die Notwendigkeit einer operativen Bearbeitung im Rahmen der offensiven Abwehrarbeit der Linie III."[647]

Die Bearbeitung des DARC wurde bis zum Jahre 1990 in fünf Bearbeitungsetappen von jeweils einem Kalenderjahr eingeteilt:

„1. Bearbeitungsetappe (1986)

In der ersten Etappe der Bearbeitung geht es vorrangig um die Erarbeitung von Angaben zu den Regimeverhältnissen im DARC und seiner Geschäftsstelle in Baunatal sowie der Erarbeitung von ersten Angaben zu den bekannten Führungskadern des DARC. [...] Die Möglichkeit einer Beobachtungsmaßnahme durch die HA VIII in Baunatal ist zu prüfen. Im Rahmen der 1. Etappe der Bearbeitung erfolgt die Ausarbeitung und Festlegung der wesentlichen Anforderungskriterien für die Auswahl der perspektivischen IM-Kandidaten.

2. Bearbeitungsetappe (1987)

Schwerpunkt [...] ist die Erarbeitung von Personenhinweisen aus dem Zielobjekt unter Nutzung der spezifischen Möglichkeiten der Linie III sowie der Auswertung von internen und offiziellen Materialien (Rundschreiben des DARC, Deutschlandrundspruch, Zeitschrift CQ-DL usw. [...] Zur Erarbeitung von Personenhinweisen wird das vorhandene IM-Netz eingesetzt. Es

---

647 Prognoseplan zur Bearbeitung des operativen Materials „Dach" für den Zeitraum 1986–1990; BStU, ZA, HA III 213, S. 32–34, hier 32.

erfolgt eine wesentliche Eingrenzung und spezifische Auswahl der weiteren Zielpersonen. [...]

3. Bearbeitungsetappe (1988)

In dieser Phase werden operative Ermittlungen realisiert und weitere Angaben zu den Personen durch Aufklärung und Werbung von Verbindungspartnern in der DDR gewonnen. Der Prozeß der weiteren Eingrenzung der operativ nutzbaren Zielpersonen wird fortgesetzt.

4. Bearbeitungsetappe (1989)

Die vierte Etappe dient der unmittelbaren Vorbereitung der Werbung der bis dahin festgelegten Kandidaten. In dieser Phase ist zum Kandidaten ein operativer Kontakt (wenn er nicht bereits besteht) herzustellen und zu festigen. Aufklärungshandlungen laufen parallel weiter.

5. Bearbeitungsetappe (1990)

In der fünften Bearbeitungetappe wird die Werbung der Kandidaten realisiert."[648]

Informationskategorien

Alle Informationen, die mittels nachrichtentechnischer Verfahren oder durch Funk-IM gewonnen wurden, durchliefen einen Auswertungsprozeß. Die Federführung für die Auswertung und Aufbereitung hatte die Abteilung 1 inne. Die Ordnung der Informationen wurde auf der Grundlage von „Personen-, Sachverhalts- und Merkmalskategorien" organisiert. So konnte der spezifische Gehalt einer Information genau vorbezeichneten „Schlagwörtern" zugeordnet werden und war zu jeder Zeit abrufbar. Solche „Schlagwörter" waren zum Beispiel:

– Ungesetzlicher Grenzübertritt BRD-DDR,

– Beabsichtigter ungesetzlicher Grenzübertritt BRD-DDR,

– Linksextremistische Organisationen,

– Geschehen an der Staatsgrenze DDR-Westberlin,

– Grenzdurchbruch,

– Kriminelle Menschenhändlerbanden etc.

Im sogenannten „Projekt Wertigkeit" wurden die Informationen nach den Bedeutungsstufen 1, 2 und 3 bewertet, wobei Informationen mit der Wertigkeitsstufe 1 die höchste Bedeutung und Dringlichkeit besaßen. Demgemäß wurden die Informationen entsprechend ihrer Wichtigkeit entweder als „Sofortinfor-

---

648 Ebenda, S. 33.

mation" an die auftraggebende Diensteinheit weitergeleitet oder sie durchliefen die dem allgemeinen Verfahrensablauf angepaßte Frist bzw. Hierarchie. Informationen, denen ein besonderer konspirativer Status zugewiesen war, durften nur auf Leiterebene ausgetauscht und diskutiert werden. Andere wichtige Informationen wurden mitunter mündlich oder vorab telefonisch weitergeleitet.

Allen Informationen war gemeinsam, daß sie durch eine Buchstaben-Ziffern-Kombination codiert wurden – z. B. so: „Information A/003817/29/01/88/03". Die Codierung enthielt neben dem Datum, an dem die Information gewonnen wurde, und der laufenden Informationsnummer, bezogen auf die „Quelle", von der die Information stammt, dabei unterschiedliche Buchstaben, die die Herkunft der jeweiligen Information markieren.

Die wichtigsten Buchstaben hatten dabei folgende Bedeutung:

A – Die Information wurde aus Ausgangserkenntnissen erarbeitet, die von einer spezifischen Quelle der Linie III stammten.

Eine „spezifische Quelle" der Linie III waren ein technisches System (stationär, halbstationär, mobil usw.) oder ein Stützpunkt, die den Abhörvorgang realisierten. Die Quelle trug zumeist den Namen der zugrundeliegenden technisch-elektronischen Einheit oder war durch eine Tarnbezeichnung gekennzeichnet.

Wichtige „spezifische Quellen" waren beispielsweise:

– der Stützpunkt „Kormoran" der Abteilung III/BVfS Rostock,

– der Stützpunkt „Falke" der Abteilung III/BVfS Schwerin,

– der Stützpunkt „Urian" der Abteilung III/BVfS Magdeburg.

– der Stützpunkt „Lupine" der Abteilung III/BVfS Magdeburg,

– der Stützpunkt „Horizont 2" der Abteilung III/BVfS Erfurt,

– der Stützpunkt „Blitz" der Abteilung III/BVfS Suhl,

– „Quelle 3" (Schwerin),

– „Quelle 4" (Magdeburg),

– „TA 10" (Richtfunksystem),

– „TA 10c" (Richtfunksystem C-Netz),

– „TA 500" (Richtfunksystem) u.v.a.m.

B – Die Information wurde aus Erkenntnissen erarbeitet, die in einem Auslandsstützpunkt („Steuerung 1", „Steuerung 1a" u. a.) gewonnen wurden.

C – Die Information wurde auf der Grundlage von Erkenntnissen erstellt, die von den Partnern des operativen Zusammenwirkens (POZW) geliefert wurden.

D – Die Information basierte auf Erkenntnissen von einem Funksicherungs-IM.

E – Die Information stützte sich auf Angaben und Erkenntnisse, die in einem Treff mit einem IM jeder anderen Kategorie bekannt wurden.

F – Die Information wurde auf der Basis von Angaben und Erkenntnissen erstellt, die ein Mitarbeiter der Linie III zu Sachverhalten aus dem Freizeitbereich geliefert hatte.

G – Die Information war die Quintessenz von Erkenntnissen, die aus mehreren „spezifischen Quellen" der Linie III gewonnen worden waren.

H – Die Information basierte auf Personen- und Sachverhaltsinformationen, die im Rahmen des Datenverarbeitungsprojektes (DV-Projekt) „Fahndung-West" rechnergestützt gewonnen und systematisiert worden waren.

Da im Verlaufe der achtziger Jahre die Zahl der abgehörten Fernsprechkanäle anstieg, vermehrte sich auch die Anzahl der „spezifischen Quellen" in der Linie III. Dies wiederum führte zu einer weiteren Differenzierung in der Quellenbezeichnung:

I – Informationen, die im Rahmen „operativer Zielkontrollen" aus Fernsprechverbindungen zwischen Westberlin und der DDR gewonnen wurden.

Z – Informationen, die im Rahmen „operativer Zielkontrollen" aus Fernsprechverbindungen zwischen der BRD und der DDR gewonnen wurden.

X – Informationen, die im Rahmen „operativer Zielkontrollen" aus Fernsprechverbindungen zwischen dem Ausland (außer BRD/WB) und der DDR gewonnen wurden.

T – Informationen, die im Rahmen der manuellen Direktkontrolle (nicht OZK) aus Fernsprechverbindungen aller Verkehrsrichtungen gewonnen wurden.

S – Informationen, die im Rahmen der Kontrolle des Richtfunkverkehrs der DDR gewonnen wurden.

Y – Informationen, die im Rahmen der Bearbeitung des Telexverkehrs der DDR mit dem Ausland gewonnen wurden.

„Aktive Maßnahmen"

Unter Federführung der Abteilung 16 der HA III wurde 1988 eine Vorlage für „aktive Maßnahmen" auf internationalen Fernmeldeleitungen erarbeitet, in der es u. a. heißt:

„Der Komplex der 'aktiven Maßnahmen' beinhaltet die Elemente
– der Desinformation und Täuschung
– der Verhinderung ungewollter internationaler Fernmeldeverbindungen
– der Störung bestehender Verbindungen

– des Trennens aufgebauter Verbindungen
– des Nutzens von Transitverbindungen und von Ausnahmehauptanschlüssen zur
Vortäuschung eines nicht realen Quellengebietes [...]"[649]

Schilderungen und Erfahrungsberichte von ehemaligen DDR-Bürgern belegen, daß das MfS den Telefonverkehr zwischen Bürgern in Ost und West als mitunter einziges Verständigungsmedium gezielt störte oder verhinderte: Gespräche wurden unterbrochen und/oder blockiert; stundenlang hatte das MfS „Leitungen auf sich gezogen", so daß das Einwählen auf eine Freileitung nicht möglich war; Transitleitungen nach Osteuropa, vor allem nach Polen und in die ČSSR, wurden gezielt „unterstört" sowie phasenweise und/oder punktuell blockiert, was dazu führte, daß die Kommunikationsfäden zu den Vertretern von Solidarnosc oder der Charta 77 oft rissen. Systematisch wurde auch telefonischer Psychoterror betrieben, etwa durch Hineinrufen in Gespräche, Verunsicherung der Gesprächsteilnehmer durch Beschimpfungen oder Drohungen, durch regelmäßiges und/oder nächtliches Anklingeln, ohne sich zu melden, durch das „Umschalten" von Telefonanschlüssen, so daß der Inhaber von beliebigen Personen angerufen werden konnte und wurde. Im Zusammenspiel zwischen der Linie III und der Linie VIII kam es auch zum Einsatz mobiler Stationen vor den Wohnhäusern der „Zielpersonen", um den Telefonverkehr zu manipulieren.

Im Verlaufe der achtziger Jahre wurden zudem die Voraussetzungen geschaffen für „aktive Maßnahmen" wie
„– Desinformation und Täuschung auf den Verbindungsrichtungen von der DDR nach dem Ausland,
– der manuellen Störung bestehender Verbindungen zwischen der DDR und der BRD und
zwischen Westberlin und der BRD im Fernamt Magdeburg. Gleiches gilt für das Trennen einer bereits bestehenden Verbindung."[650]

Über die Durchführung anderer „aktiver Maßnahmen" auf den internationalen Fernmeldeleitungen war bis zum Frühjahr 1988 noch keine endgültige Entscheidung getroffen worden. Es gab aber dazu zielgerichtete Tests und technische Untersuchungen im nationalen Netz der DDR. Das betraf vor allem Maßnahmen wie
„– 'Eintritt' in eine Transitverbindung und Anwahl eines Teilnehmers im Ausland,
– [...] (gezielte Unterbindung zu ausgewählten Fernsprechnummern beziehungsweise Ortsnetz- und Einwahlkennziffern),
– Unterbrechung bestehender Verbindungen durch Auslösung eines Impulses 'Gesprächsende' durch den Operateur (manuelle Informationsgewinner)."[651]

---

649 Vorlage. Zum Problemkreis „aktive Maßnahmen" auf internationalen Fernmeldeleitungen vom 7.4.1988; BStU, ZA, HA III 5357, S. 2–11, hier 8 f.
650 Ebenda, S. 11.

Ein Beispiel für diese technischen „Experimente" bilden die Maßnahmen, die unter der Tarnbezeichnung „Saphir A" der Abteilung III/BV Magdeburg geplant wurden. Vorgesehen waren aktive Manipulationen auf dem Grenzkabel GK 307, durch das u. a. die drei Fernmeldeverbindungen Westberlin – BRD, DDR – BRD/Westeuropa und Transit Osteuropa – BRD/Westeuropa verliefen. Auf diesem Kabel konnten seinerzeit folgende aktive Manipulationen durchgeführt werden

„– Unterbrechung des gesamten Fernmeldeverkehrs auf diesem Kabel

– selektive Unterbrechung gesprächsführender Kanäle

– breitbandige beziehungsweise selektive Störung

– Aufbau einer fiktiven Verbindung zur Desinformation."[652]

Am leichtesten waren „selektive Störungen" bzw. „Störungen" durch das Herbeiführen von Überlagerungen zu realisieren. Aber auch die Unterbrechung von Gesprächen bereitete kein Problem, wenn bestimmte Wahlgabeverfahren zugrunde lagen. Dennoch wurden innerhalb des MfS Bedenken gegenüber der technischen Ausreifung geäußert, z. B. weil „keine Dekoder zur Verfügung" standen und „kurzfristig entwickelt werden" mußten oder weil das „Ursprungsland" erkennbar und die „Störungen meßbar" seien. Bei der „gezielten Desinformation" wurde u. a. nach einer einwandfreien „konspirativen" Lösung gesucht, die verhinderte, daß die Tatsache der Einwahl vom Territorium der DDR aus festgestellt werden konnte.[653]

5.4 Wirtschaftsspionage und Überwachung westlicher Geschäftsleute – Die Hauptabteilung XVIII[654]

Die Kontrolle der Wirtschaft, insbesondere der Betriebe und der Handelsbeziehungen, gehörte von Anbeginn zu den zentralen Aufgaben des MfS – nicht zufällig ging das Ministerium für Staatssicherheit 1950 aus der von Erich Mielke zuvor aufgebauten und geleiteten „Hauptverwaltung zum Schutze der Volkswirtschaft" hervor.[655] Die dafür in erster Linie zuständige Abteilung – ab 1951 Hauptabteilung – III, die 1964 dann zur Hauptabteilung XVIII wurde,

---

651 Ebenda.
652 Ebenda, S. 5.
653 Ebenda, S. 7.
654 Der folgende Abschnitt beruht im wesentlichen auf den Forschungen von Maria Haendcke-Hoppe-Arndt für die Abt. Bildung und Forschung beim BStU; vgl. Haendcke-Hoppe-Arndt 1997. Diese stehen unter dem Vorbehalt, daß zum Zeitpunkt der Fertigstellung ihrer Studie über die HA XVIII der Erschließungsstand bei den Unterlagen der HA XVIII lediglich 25 % betrug. Von den Fachabteilungen waren nur zwei, die HA XVIII/7 (Außenhandel) und die HA XVIII/8 (Elektrotechnik und Elektronik), teilerschlossen, von den Unterlagen der AKG waren sogar nur 10 % erschlossen.
655 Beschluß des Politbüros der SED über das Ministerium für Staatssicherheit vom 24.1.1950, zitiert in: Hoffmann/Schmidt/Skyba 1993, S. 55; Gesetz über die Bildung eines Ministeriums für Staatssicherheit, in: GBl. der DDR 1950, Nr. 15 vom 21.2.1950, S. 95.

hatte dabei nicht nur eine nach innen gerichtete Überwachungsfunktion, sondern operierte in erheblichem Maße auch in der Bundesrepublik.

In den ersten Jahren spielten insbesondere die grenzüberschreitenden Verbindungen zu ehemaligen Besitzern und leitenden Mitarbeitern von enteigneten Betrieben, die inzwischen in Westdeutschland lebten, eine zentrale Rolle. So sollten die 1953 eingerichteten Objektsachbearbeiter in verschiedenen Schwerpunktbetrieben „feindliche Tätigkeiten", darunter Verbindungen zu westdeutschen Konzernen als ehemaligen Eigentümern der VEB, sowie sogenannte Sabotage- und Diversionshandlungen aufdecken. Nach einer Neustrukturierung der Arbeit im Gefolge der Ereignisse vom 17. Juni 1953 erhielt die Hauptabteilung III den Auftrag, sich hauptsächlich mit der Bekämpfung von „Sabotage" zu befassen, die in erster Linie vom Ostbüro der SPD sowie von ehemals leitenden Konzernangestellten betrieben würde. Ein weiteres wichtiges Einsatzfeld der Hauptabteilung III waren die Leipziger Messen, bei denen mit großem Aufwand versucht wurde, Geheime Informatoren (GI) und Geheime Mitarbeiter (GM) – auch aus dem Westen – anzuwerben.

Auf einer Dienstkonferenz im November 1954 verpflichtete der damalige Staatssekretär für Staatssicherheit, Ernst Wollweber, die Hauptabteilung III, verstärkt in Richtung Westen zu arbeiten und in feindliche Stellen einzudringen.[656] Diesem Auftrag trug die Dienstanweisung 3/55[657] vom Januar 1955 Rechnung, die die Schaffung eines besonderen Referates „für wirtschaftliche und wissenschaftlich-technische Aufklärung" vorsah mit Untergruppen in fast allen Bezirksverwaltungen. Die neue Linie „Konzerne" hatte die Aufgabe, das anfallende Material konzentriert zu bearbeiten sowie in westdeutsche Wirtschaftsvereinigungen und Forschungsorganisationen einzudringen, um deren Pläne und Absichten gegenüber der DDR aufzuklären. Die „Schaffung der dazu erforderlichen GI und GM" war dabei ebenso geplant wie die Beschaffung von wissenschaftlich-technischem Material zwecks „Auswertung in der volkseigenen Wirtschaft".

Im April 1955 folgte dann eine detaillierte Richtlinie, die vorschrieb, zu den wichtigsten westdeutschen Konzernen und Wirtschaftsvereinigungen sogenannte „Objektvorgänge" anzulegen. Jede Bezirksverwaltung für Staatssicherheit war nunmehr für bestimmte, namentlich aufgeführte West-Betriebe – von der Deutschen Werft AG bis zum Schering-Konzern – verantwortlich und sollte dort Geheime Mitarbeiter führen. Die Bearbeitung sollte sich dabei „auf die Forschungs- und Entwicklungsabteilungen sowie die Labors und Versuchsanlagen" konzentrieren sowie auf die wirtschaftspolitischen Abteilungen in den Generaldirektionen.[658] Ausführlich wurde die Anwerbung und Führung von entsprechenden Informanten in Westdeutschland beschrieben.

656 Vermerk über die Dienstbesprechung des Staatssekretärs mit der HA III am 30.11.1954; BStU, ZA, SdM 1920, Bl. 60–67.
657 DA 3/55 vom 21.1.1955, S. 1–4; BStU, ZA, DSt 100938.
658 Richtlinie für die wirtschaftliche und technisch-wissenschaftliche Aufklärung und für die Bearbeitung von Konzernen vom 18.4.1955, S. 1–13, hier 3; BStU, ZA, DSt 100938. Wie erfolgreich die

Die Bedeutung der West-Arbeit wurde im August 1955 auf einer Dienstkonferenz erneut unterstrichen, als Wollweber über die „Großkapitalisten" in Westdeutschland und ihre Absichten ausführte: „Bei ihnen muß doch der Gedanke auftauchen, wenn wir die Betriebe schon nicht bekommen, dann werden wir sie soviel wie möglich stören, auch in ihren technischen Anlagen, und gerade durch die Entspannung kann eintreten, daß sich die Aktivität in bezug auf Diversionsakte in unseren Betrieben, besonders in ehemaligen Konzernbetrieben, verstärkt."[659] Im Mai 1956 wurde die Linie „Konzerne" jedoch wieder aufgelöst, um die Arbeit zur Unterstützung der DDR-Wirtschaft und ihrer Forschungs- und Entwicklungsstellen „auf breiterer Basis" zu betreiben: Zuständig war nun die gesamte „Linie" III; für Flugzeugkonzerne trug die „Linie" VI die Verantwortung, für westdeutsche Ministerien und Wirtschaftsverbände die HV A.[660]

Auch nach dem Mauerbau blieb die West-Arbeit ein wichtiger Schwerpunkt der 1964 zur Hauptabteilung XVIII umgebildeten Diensteinheit unter dem späteren Mielke-Stellvertreter Rudolf Mittig. Im Zusammenhang mit der Zunahme von Kontakten und Geschäftsreisen in die Bundesrepublik ab Mitte der sechziger Jahre spielte vor allem die Überwachung des Wirtschaftsreiseverkehrs eine zentrale Rolle.[661] Dabei ging es nicht nur um eine umfassende Überprüfung der in den Westen reisenden DDR-Vertreter, sondern auch um eine lückenlose Kontrolle aller einreisenden Geschäftsreisenden, Firmenvertreter auf Leipziger Messen, Konferenzteilnehmer, Monteure, Techniker und Mitglieder von Handelsvertretungen. Zur Erfassung dieses Personenkreises wurde in der Hauptabteilung XVIII (wahrscheinlich 1964) die Arbeitsgruppe Wirtschaftsbeziehungen gegründet, der die „Federführung" bei der „Sicherung" des Geschäftsreiseverkehrs übertragen wurde – mit Ablegern in sämtlichen Bezirksverwaltungen. Außerdem war die Hauptabteilung XVIII dafür verantwortlich, daß in jedem westlichen Kundendienststützpunkt oder Baustab mindestens ein inoffizieller Mitarbeiter arbeitete. Daß diese intensive Überwachungsarbeit des MfS für die Betroffenen nicht ungefährlich war, zeigt schlaglichtartig der Fall der beiden Westdeutschen Hermann Hüttenrauch und Herbert Latinsky, die im Herbst 1967 in einem spektakulären Prozeß wegen „Spionage" zu 15 Jahren bzw. lebenslanger Haft verurteilt wurden – nachdem Hüttenrauch von einem MfS-Spitzel zuvor Unterlagen zugespielt worden wa-

HA III im Westen spionierte, belegt eine Belobigung Mielkes aus dem Jahr 1960 für „bedeutende Ergebnisse" auf dem Gebiet der wissenschaftlich-technischen Aufklärung. Darin wird u. a. dem Leiter der HA III für die erzielten Ergebnisse auf dem Gebiet der Elektronik und Radiotechnik gedankt und auch der Dank des damaligen Leiters des sowjetischen Komitees für Staatssicherheit (KfS) übermittelt; Befehl 588/60 vom 15.12.1960, Bl. 1–4; BStU, ZA, DSt 100306.

659 Referat des Staatssekretärs auf der Dienstbesprechung am 8.8.1955; BStU, ZA, SdM 1921, Bl. 59 f.

660 DA 12/56 zur weiteren Bearbeitung der westdeutschen Konzerne vom 12.5.1956, S. 2; BStU, ZA, DSt 100972.

661 Vgl. DA 7/65 „Politisch-operative Arbeit auf dem Gebiet des Reiseverkehrs zur Aufnahme bzw. Unterhaltung von Wirtschaftsbeziehungen zwischen der Deutschen Demokratischen Republik und dem nichtsozialistischen Ausland" vom 1.8.1965; BStU, ZA, DSt 101063.

ren.[662] Nach der Strafrechtsreform von 1968 bezog sich der Spionagevorwurf dann nicht mehr nur auf die Lieferung von Informationen an Institutionen, die als „verbrecherische Organisation" eingestuft worden waren, sondern betraf nunmehr alle „Organisationen, Einrichtungen, Gruppen oder Personen, deren Tätigkeit gegen die Deutsche Demokratische Republik oder andere friedliebende Völker gerichtet ist".[663]

Eine bedeutende Ausweitung des Spionageradius der Hauptabteilung XVIII bedeutete 1966 die Gründung des Bereiches Kommerzielle Beziehungen, später: Koordinierung (KoKo) im damaligen Ministerium für Außenhandel und Innerdeutschen Handel (MAI). Erster kommissarischer Bevollmächtigter des Bereiches wurde der OiBE der Hauptabteilung XVIII im MAI, Horst Roigk, der 1967 durch Alexander Schalck-Golodkowski ersetzt wurde; Stellvertreter Roigks wurde der damalige stellvertretende Abteilungsleiter der Hauptabteilung XVIII/7, Manfred Seidel. Die Hauptabteilung XVIII hatte nicht nur den KoKo-Bereich abwehrmäßig zu „sichern", sondern sollte einem 1976 geschlossenen Kooperationsabkommen zufolge auch „alle Möglichkeiten, Erfahrungen und Mitteilungen", die für die „Abwehr"-Linien von Bedeutung waren, übermittelt bekommen.[664] Die Hauptabteilung XVIII/7 und Hauptabteilung XVIII/8 plazierten zudem zahlreiche IM im KoKo-Bereich. Erst in den achtziger Jahren wurde die nachrichtendienstliche Verantwortung für den KoKo-Bereich aus der Hauptabteilung XVIII ausgegliedert.[665]

Die Ausweitung der Aufgaben der Hauptabteilung XVIII auf die Bereiche Außenhandel und Wissenschaft wurde in der von 1969 erlassenen Richtlinie 1/69 „Zur politisch-operativen Sicherung der Volkswirtschaft der Deutschen Demokratischen Republik" bestätigt.[666] Schwerpunkte der Überwachung bildeten danach u. a. die Außenwirtschaftsbeziehungen, die „Reisekader" sowie die einreisenden Geschäftspartner aus dem Westen. Im Rahmen der äußeren Abwehr sollten dabei die „vorhandenen operativen Möglichkeiten" zugleich voll zur Wirtschaftsspionage genutzt werden. Die 1. Durchführungsbestimmung zur Richtlinie legte überdies fest, daß die Arbeit der Hauptabteilung XVIII durch sechs Objektdienststellen und 83 Operativgruppen in wichtigen Betrieben und Industriezweigen unterstützt werden sollte.[667] In das Ministerium für Außenwirtschaft (MAW) und in besonders exponierte Außenhandelsbetriebe wurden spezielle „Kontrollbeauftragte" eingeschleust.

---

662 Vgl. Neue Formen und Methoden imperialistischer Spionage, Sabotage und Diversion gegen die sozialistische Volkswirtschaft der DDR. Aus dem Urteil des Obersten Gerichts vom 19.10.1967 gegen Hüttenrauch und Latinsky, in: Neue Justiz 21 (1967), S. 681–688.

663 Zum Spionagebegriff der DDR vgl. Anm. 278.

664 Ordnung über die Zusammenarbeit zwischen den Dienstbereichen des MfS und dem Bereich Kommerzielle Koordinierung des Ministeriums für Außenhandel und Innerdeutschen Handel, Entwurf o. D.; BStU, ZA, HA XVIII 8088.

665 Zum Bereich KoKo ausführlich: Deutscher Bundestag 1994.

666 Richtlinie 1/69 „Zur politisch-operativen Sicherung der Volkswirtschaft der Deutschen Demokratischen Republik" vom 25.8.1969; BStU, ZA, DSt 101131.

667 Anlage 1 zur Richtlinie 1/69, S. 1–54; ebenda. Zur Objektdienststelle Zeiss Jena vgl. Buthmann 1997.

Im Zusammenhang mit den Ost-Verträgen und den intensiveren Ost-West-Beziehungen verschärfte die Hauptabteilung XVIII Anfang der siebziger Jahre ihre „Abwehrarbeit" gen Westen. Schon im März 1971 hatte Erich Mielke auf einem Führungsseminar dazu aufgefordert, insbesondere die „gegnerische Ost- und DDR-Forschung" zu infiltrieren und in die „Feindzentralen" einzudringen.[668] Ein Beispiel dafür ist die Bearbeitung des Bauernverbandes in West-Berlin im ZOV „Bauernfeind", die unmittelbar nach dem Führungsseminar durch eine „Instruktion" des Leiters der Hauptabteilung XVIII verschärft wurde.[669] So schleuste die Abteilung XVIII der BV Potsdam den West-Berliner Agrarwissenschaftler Andreas Kurjo (Deckname „Thaer") als hauptamtlichen Mitarbeiter in den Bauernverband und forcierte die „Aufklärung" der Organisation.[670] In dem ZOV waren insgesamt 1.047 Personen registriert, darunter zahlreiche Rentner; 49 wurden in operativen Teilvorgängen bearbeitet, von denen 14 mit Ermittlungsverfahren, fünf durch Werbung zum IM und drei durch „Zersetzung" abgeschlossen wurden.[671] Auch die neu errichteten Handels- und Industriebüros in der DDR, die über keinen diplomatischen oder konsularischen Status verfügten, wurden nun von der „Linie" XVIII infiltriert.[672]

Die Unterzeichnung der KSZE-Schlußakte von Helsinki im Jahr 1975 führte in der Hauptabteilung XVIII zu einer Intensivierung ihrer West-Aktivitäten. Der Planorientierung für die Linie XVIII bis 1980 zufolge sollte die IMF-Basis[673] erweitert werden, um für die Abwehr „mehr und aussagekräftigere Informationen" aus dem Westen zu liefern.[674] Dabei betrug der Bestand der für den Außenhandel zuständigen Hauptabteilung XVIII/7 einer umfangreichen „Sicherungskonzeption" aus dem Jahre 1976 zufolge bereits 123 IM.[675] Im Mittelpunkt der „Abwehrarbeit" der Hauptabteilung XVIII/7 standen danach neben dem Ministerium für Außenhandel (MAH) 32 Einrichtungen des Außenhandels mit rund 17.000 Beschäftigten; darüber hinaus sollten 26.500 „Reiseka-

---

668 Rede Mielkes auf dem zentralen Führungsseminar am 3.3.1971, Bd. 3, S. 199; BStU, ZA, DSt 102212.

669 HA XVIII: Instruktion zur Bearbeitung des „Bauernverbandes Berlin e.V." vom 11.3.1971; BStU, ASt Potsdam, AOP 1650/66, ZOV „Bauernfeind", Bd. V, Bl. 16–22.

670 Unter den Decknamen „Thaer" und „Alexander" lieferte der Diplom-Landwirt aus Berlin-Steglitz zwischen 1969 und 1989 Informationen aus seinem beruflichen Umfeld – u. a. aus seiner Tätigkeit als Abteilungsleiter der „Grünen Woche", als Mitarbeiter der Forschungsstelle für gesamtdeutsche Fragen und einer Zeitarbeitsfirma aus Nürnberg sowie als Berater des Landwirtschaftsattachés der Ost-Berliner US-Botschaft. Etwa alle sechs Wochen traf er sich dazu mit seinen Führungsoffizieren in konspirativen Wohnungen in Ost-Berlin. Für die Informationen erhielt er zusammengerechnet rund 60.000 DM. Im Mai 1992 wurde er zu einer einjährigen Freiheitsstrafe auf Bewährung und einer Geldbuße von 4.000 DM verurteilt. Vgl. Berliner Zeitung vom 22.5.1992, S. 3.

671 BStU, ASt Potsdam, AOP 1650/66, ZOV „Bauernfeind", Bd. V, Bl. 59 und 64.

672 Vgl. Befehl 16/74 „Zur politisch-operativen Sicherung der Vertretungen anderer Staaten, internationaler zwischenstaatlicher Organisationen und bevorrechteter Personen in der Deutschen Demokratischen Republik", S. 1–28, hier 21 f.; BStU, ZA, DSt 100802.

673 IMF: Inoffizieller Mitarbeiter mit Feindverbindung im Operationsgebiet.

674 Planorientierung für die Planung der politisch-operativen Arbeit 1976–1980 der Abt. XVIII der BV/V vom 29.11.1975; BStU, ZA, HA XVIII 916, Bl. 27.

675 Sicherungskonzeption für den Handel der DDR mit kapitalistischen Industrieländern vom 12.2.1976; BStU, ZA, HA XVIII 8089, Bl. 43.

der" des Außenhandels und der Industrie sowie 25.000 Geschäftsreisende aus dem Westen „abgesichert" werden. Für zehn namentlich aufgeführte Konzerne in der Bundesrepublik sollten bis Juni 1976 die Ziele und die erforderlichen Kräfte für sogenannte operative Vorlaufmaterialien bestimmt werden. Wenig später, am 1. Januar 1977, wurde schließlich die Arbeitsgruppe Operationsgebiet gegründet, die die Arbeit im und in den Westen bündeln sollte. Hier sollten u. a. die Ergebnisse der IMF erfaßt und ausgewertet und die Zusammenarbeit mit anderen Diensteinheiten, vor allem der HV A und der Hauptabteilung II, koordiniert werden. 1981 erhielt die AG den Status einer Operativgruppe (OG/OG), und im Rahmen einer umfassenden Neustrukturierung wurde sie 1987 zur neu geschaffenen Abteilung 14 umgebildet, deren Leitung weiterhin in den Händen von Oberst Werner Stephan blieb.

Im Rahmen der Neubestimmung der Aufgaben für die Hauptabteilung XVIII durch die Dienstanweisung 1/82 wurden auch die Schwerpunkte der West-Arbeit neuformuliert: Unter den „Hauptaufgaben zur politisch-operativen Sicherung der Volkswirtschaft der DDR" nennt die Dienstanweisung an erster Stelle die „Aufklärung gegnerischer Pläne, Absichten und Maßnahmen sowie Kräfte, Mittel und Methoden". Darüber hinaus erhielt die Linie XVIII erneut den Auftrag, mit ihren spezifischen „operativen" Kräften und Mitteln die DDR-Wirtschaft zu unterstützen: durch die „Bereitstellung aussagefähiger Informationen zu Zielstellungen, Strategien und Taktiken von Konzernen, Firmen, Einrichtungen und Personen aus dem Operationsgebiet [...] (zum Beispiel Preisvergleiche, Kredit-, Liefer- und Leistungsbedingungen)"; durch die „volle Nutzung rechtlicher, vertraglicher und politisch-operativer Möglichkeiten zur Erlangung von Wiedergutmachungsleistungen"[676]; durch die „Erschließung zusätzlicher effektiver Exportmöglichkeiten" sowie durch die „volle Ausschöpfung der Möglichkeiten für die Erlangung, Überprüfung und Bereitstellung bedeutsamer wissenschaftlich-technischer Informationen in Abstimmung der HV A – im Klartext: durch Wirtschaftsspionage.[677]

Letztere wurde in einer speziellen Durchführungsbestimmung näher geregelt, in der HVA-Chef Markus Wolf anordnete: „Die für die politisch-operative Sicherung volkswirtschaftlicher Prozesse und Objekte zuständigen Diensteinheiten haben ihre operativen Kräfte und Mittel optimal und planmäßig zur Erlangung wissenschaftlich-technischer Erkenntnisse aus dem Operationsgebiet zu nutzen." Die konspirativ beschafften Technologien, Erzeugnismuster und Forschungsergebnisse sollten „unverzüglich" an den Sektor Wissenschaft und Technik (SWT) der HV A „zur Veranlassung der Auswertung und volkswirtschaftlichen Nutzung bzw. zur Gewinnung von Schlußfolgerungen für die Qualifizierung" der Wirtschaftsspionage übergeben werden. Die HVA/SWT

---

676 Derartige „Wiedergutmachungsleistungen" wurden Personen und Firmen im Westen systematisch abgepreßt, wenn das MfS sie bestimmter Rechtsverletzungen überführen konnte – zwischen 1986 und 1989 allein ein Betrag von 6.576.881 DM; OG der HA XVIII vom 14.11.1989; BStU, ZA, SdM 2289, Bl. 212.

677 Alle Zitate aus DA 1/82 zur politisch-operativen Sicherung der Volkswirtschaft vom 10.3.1982, S. 14 und 26; BStU, ZA, DSt 102836.

sollte sie wiederum über zentrale Wirtschafts- und Wissenschaftseinrichtungen der DDR der Volkswirtschaft zur Verfügung stellen, wobei die Unterlagen vorher als „geheim" zu kennzeichnen sowie Hinweise auf Quellen und das „Quellobjekt" weitestmöglich zu entfernen waren.[678] Umgekehrt sollte der SWT den operativen Diensteinheiten „Orientierungshilfen" geben bei der Bestimmung der „Zielobjekte" und der Schaffung neuer „Quellenpositionen" zur Erhöhung des „Informationsaufkommens".[679]

Eine andere Durchführungsbestimmung regelte die „Sicherung" der in der DDR eingesetzten ausländischen Arbeitskräfte, wobei diese auch für die „Arbeit im und nach dem Operationsgebiet" genutzt werden sollten.[680] Darüber hinaus sollte der Dienstanweisung 1/82 zufolge die „gegnerische [...] Kontaktpolitik/Kontakttätigkeit" zurückgedrängt und das „Zusammenwirken [...] äußerer und innerer feindlicher Kräfte" aufgedeckt werden. Die „Arbeit in und nach dem Operationsgebiet" war dabei „vorrangig durch die Entwicklung und Bearbeitung von Operativen Vorgängen, die Durchführung von OPK und durch die Arbeit mit IMB zu realisieren" und mit dem Leiter der HV A zu koordinieren. Als „Basis für die Entwicklung von IMB" waren vor allem Auslands- und Reisekader der DDR-Wirtschaft zu nutzen, sogenannte „Zielpersonen des Gegners" in DDR-Betrieben sowie westliche Geschäftsleute und Techniker.[681] Tatsächlich „bearbeitete" die Hauptabteilung XVIII Anfang der achtziger Jahre eine wachsende Zahl von Menschen in „Operativen Personenkontrollen" (OPK), doch beklagte ihr Leiter, Alfred Kleine, im Oktober 1983 zugleich, daß es trotz des hohen Bestandes an OPK und „Operativen Vorgängen" (OV) nicht genügend gelungen sei, Verstöße gegen das Strafgesetzbuch der DDR – Paragraph 97 (Spionage) und 98 (Sammlung von Nachrichten) – zu erarbeiten.[682]

Zu den Bundesbürgern, die auf diese Weise unter Observation des MfS gerieten, zählten ab Ende der siebziger Jahre auch immer mehr Wissenschaftler aus Einrichtungen der Ost- und DDR-Forschung, die nach Meinung des Leiters der Hauptabteilung XVIII die „Unterminierung der Werktätigen" anstrebten.[683] So ließ die Abteilung XVIII der BV Potsdam beispielsweise jahrelang drei Wirtschaftsforscher aus West-Berlin – u. a. durch den erwähnten IMF „Thaer" –

---

678 6. DB des Stellvertreters des Ministers: „Politisch-operative Sicherung der Auswertung und Nutzung politisch-operativ beschaffter wissenschaftlich-technischer Erkenntnisse in der Volkswirtschaft der DDR" vom 3.1.1983, S. 6 ff; ebenda.

679 DA 2/83 der HV A vom 15.11.83 zur Organisierung und Durchführung der Wirtschaftsaufklärung im Bereich der Hauptverwaltung A und der Abteilungen XV der Bezirksverwaltungen – Wirtschaftsaufklärung –, S. 4; BStU, ASt Berlin, XV 8.

680 5. DB des Stellvertreters des Ministers: „Politisch-operative Sicherung in der Volkswirtschaft der Deutschen Demokratischen Republik eingesetzter ausländischer Werktätiger" vom 3.1.1983, S. 9; BStU, ZA, DSt 102836. Vgl. auch Befehl 3/81 zur weiteren Qualifizierung der politisch-operativen Sicherung der sich ständig oder zeitweilig in der DDR aufhaltenden Ausländer vom 25.2.1981; BStU, ZA, DSt 102738.

681 DA 1/82 zur politisch-operativen Sicherung der Volkswirtschaft vom 10.3.1982, S. 11 und 14 ff.; BStU, ZA, DSt 102836.

682 HA XVIII, Leitung: „Auszüge aus Dokumenten der Dienstkonferenz der Linie XVIII zur weiteren Durchsetzung der DA 1/82 am 4. und 5.10.1983 an der Hochschule des MfS" vom 13.10.1983; BStU, ZA, HA XVIII 941, Bl. 32 f.

683 Ebenda, Bl. 29.

bespitzeln, obgleich deren Erkenntnisse auch nach eigenem Eingeständnis auf „legal zugänglichen Veröffentlichungen der DDR" beruhten und lediglich durch „umfassende und tiefgründige Analyse" zustande gekommen seien.[684] Die „personenbezogene Arbeit in und nach dem Operationsgebiet auf Linie XVIII" wurde 1985 sogar zum Thema einer „Dissertation" an der Juristischen Hochschule des MfS gemacht.[685]

1983 verlor die Hauptabteilung XVIII einen Teil ihrer Kompetenzen in der West-Arbeit, als – nach dem Überlaufen zweier führender KoKo-Manager[686] – die neu gebildete Arbeitsgruppe Bereich Kommerzielle Koordinierung (AG BKK) für den KoKo-Bereich zuständig wurde. Die diesem zugeordneten Außenhandelsbetriebe und Vertretergesellschaften verblieben zwar zunächst im Zuständigkeitsbereich der Hauptabteilung XVIII, doch ab 1986 wurden sie ebenfalls von der AG BKK bearbeitet. Die HA XVIII mußte in diesem Zusammenhang insgesamt 58 Planstellen an die AG BKK abtreten, darunter die aus 43 Personen bestehende Wach- und Sicherungseinheit des Internationalen Handelszentrums in der Friedrichstraße.

Auf der anderen Seite nahm das Aufgabentableau der Hauptabteilung XVIII in der ersten Hälfte der achtziger Jahre weiter zu. Dafür sorgten nicht nur die Dienstanweisung 1/82 mit ihren Festlegungen zur „Federführung" der Hauptabteilung XVIII bei der „Sicherung der Volkswirtschaft" und die Erweiterung des Auswertungs- und Informationssystems im MfS im Rahmen der Richtlinie 1/80. Vielmehr verstärkten sich nach der Stationierung von neuen Mittelstreckenraketen in Europa die Bemühungen des MfS um die „politisch-operative Sicherung von Forschungs-, Entwicklungs- und Produktionsvorhaben" für Rüstungsmaßnahmen des Warschauer Paktes sowie zur „frühzeitigen Aufklärung akuter Aggressionsabsichten und überraschender militärischer Aktivitäten imperialistischer Staaten und Bündnisse".[687] Die „Linie" XVIII war bei diesem Themenfeld besonders gefragt, und der Leiter der Hauptabteilung XVIII instruierte seine Abteilungsleiter im August 1985, daß ihre zuverlässigsten IM alle Abschöpfungsmöglichkeiten im Operationsgebiet nutzen

684 Major Stark, Abt. XVIII, BV Potsdam: „Vorschlag zur Einstellung der OPK Betty" vom 27.5.1987; BStU, ASt Potsdam, AOPK „Betty" 1390/87, Bl. 20.

685 Oberstleutnant Gert Grund und Oberstleutnant Wolfgang Meinel: Die personenbezogene Arbeit in und nach dem Operationsgebiet auf Linie XVIII; BStU, ZA, JHS 20089.

686 Vgl. Abweichender Bericht der Berichterstatterin der Gruppe Bündnis 90/Die Grünen im 1. Untersuchungsausschuß, Ingrid Köppe (MdB), S. 28–33 und 7–10 (Typoskript); Beschlußempfehlung und Bericht des Schalck-Untersuchungsausschusses vom 27.5.1994, BT 12/7600, S. 116.

687 Befehl 11/84 „Zur politisch-operativen Sicherung von Forschungs-, Entwicklungs- und Produktionsvorhaben für moderne strategisch bedeutsame Waffensysteme" vom 30.5.1984; BStU, ZA, DSt 103105; Befehl 1/85 „Aufgaben der Diensteinheiten des MfS zur frühzeitigen Aufklärung akuter Aggressionsabsichten und überraschender militärischer Aktivitäten imperialistischer Staaten und Bündnisse, insbesondere zur Verhinderung überraschender Raketenangriffe gegen Staaten der sozialistischen Gemeinschaft" vom 15.2.1985; BStU, ZA, DSt 103137; 1. DB zum Befehl 1/85 des Stellvertreters des Ministers „Allseitige Nutzung der Möglichkeiten der Diensteinheiten des MfS zur frühzeitigen und zuverlässigen Beschaffung von Hinweisen auf akute feindliche Aggressionsabsichten, -vorbereitungen und -handlungen" vom 5.6.1985; ebenda.

sollten, um den insgesamt 19 Indikatoren – von auffälligen Transportbewegungen bis zu Massenschlachtungen von Vieh – nachzugehen.[688]

Diese Tendenz setzte sich bis zur Auflösung des MfS fort. Nach dem XI. Parteitag der SED legte Mielke in seiner Zentralen Planvorgabe für den Zeitraum 1986–1990 fest, daß die Beiträge zur Spionageabwehr, zur Aufdeckung von Wirtschaftskriminalität, zur wirksamen Überwachung der Schwerpunktobjekte, zur Unterstützung und Stabilisierung volkswirtschaftlicher Prozesse und zur Beschaffung von wissenschaftlich-technischen Erkenntnissen erhöht werden sollten.[689] Im Mittelpunkt der „Unterstützung der Beschleunigung" des wissenschaftlich-technischen Fortschritts durch Schlüsseltechnologien sollte – in enger Kooperation mit der HV A – die Wirtschaftsspionage stehen; darüber hinaus sollten aber auch die westlichen Geschäftsreisenden durch eine gemeinsame „Realisierungskonzeption" der Hauptabteilung XVIII, der Hauptabteilung XIX (Verkehr) und der Hauptabteilung II (Spionageabwehr) noch besser unter Kontrolle genommen werden. Tatsächlich erging eine solche Ende 1988 an die Leiter aller Diensteinheiten und bestimmte – bei 1989 immerhin 63.830 geschäftlichen Einreisen – detailliert die Personenkategorien, über die in Zukunft Dossiers angelegt werden sollten.[690]

Zusätzliche Aufgaben übernahm die Hauptabteilung XVIII in der zweiten Hälfte der achtziger Jahre auch auf dem Gebiet der Umweltpolitik, denn das MfS beobachtete mit Sorge das Anwachsen „feindlicher Angriffe auf dem Gebiet von Umweltschutz und Wasserwirtschaft". So entfaltete die Hauptabteilung XVIII umfangreiche Aktivitäten zur Aufklärung und Bekämpfung der Umweltorganisation „Greenpeace Deutschland e.V.", nachdem Erich Mielke ihr 1988 mit der aktualisierten Geheimen Verschlußsache 4/85 die „Verantwortung" für diese Gruppe übertragen hatte. Die wichtigsten Mitglieder und Aktivisten der Organisation wurden durch die Abteilung 6 der Hauptabteilung XVIII „erfaßt" und aufgeklärt, Arbeitsstrukturen, Ziele und Vorgehensweise gegenüber der DDR bis ins einzelne ausgeforscht.[691] Um die „vorbeugende Verhinderung, Aufklärung und Bekämpfung der gegen diesen Bereich wirkenden gegnerischen Einrichtungen und Kräfte zu konzentrieren", wurde

---

688 Schreiben des Leiters der HA XVIII an den Leiter der HA XII: „Weisung zur Durchsetzung des Befehls 1/85 des Ministers vom 15.2.1985 in der HA XVIII" vom 5.8.1985; BStU, ZA, HA XVIII 1444, Bl. 1–14.

689 Zentrale Planvorgabe für 1986 und den Zeitraum bis 1990 vom 21.5.1986, S. 60; BStU, ZA, DSt 103287.

690 MfS-Realisierungskonzeption „zum abgestimmten und koordinierten Vorgehen bei der Erfassung, Kontrolle und schwerpunktbezogenen Bearbeitung der aus kommerziellen und wissenschaftlich-technischen Gründen einreisenden NSW-Personen" vom 1.12.1988; BStU, ZA, HA XVIII 125; vgl. auch Oberstleutnant Falk Vogel, Oberstleutnant Karl Heinz Kotira, Major Hans Georg Iwohn, Major Jürgen Lipowski, Hauptmann Jörg Frölich: Die politisch-operative Abwehrarbeit gegenüber Personen aus dem NSW, die im Rahmen ökonomischer, kommerzieller und wissenschaftlich-technischer Beziehungen in die DDR einreisen; BStU, ZA, JHS 20001.

691 HA XVIII, Leiter: Rückflußinformation zur weiteren Qualifizierung der Führung, Leitung und Organisation der politisch-operativen Abwehrarbeit bei der schwerpunktbezogenen Aufklärung und vorbeugenden Verhinderung subversiver Handlungen von „Greenpeace Deutschland e.V." gemäß GVS o008 4/85 des Ministers; BStU, ZA, DSt 103575, dokumentiert in: Bastian 1996, Dokument 23; ausführlicher dazu: ebenda, S. 9 ff.

1988 durch den Stellvertreter des Ministers, Mittig, ein Maßnahmeplan bestätigt, der den zielgerichteten „Einsatz von IM/GMS und qualifizierte OV/OPK-Arbeit" unter Federführung der Hauptabteilung XVIII und eine enge Zusammenarbeit aller involvierten Diensteinheiten, einschließlich der HV A, vorsah.[692] So wurde u. a. ein IM der Bezirksverwaltung für Staatssicherheit Berlin namens Volker Schleicher (IMB „Robert") gezielt im „Operationsgebiet" eingesetzt, um Kontakte zu Personen und Gruppierungen zu festigen, „die an Kontakten zu Personen aus der Öko-Bewegung" der DDR interessiert waren.[693] Noch im September 1989 legte die Abteilung 6 der Hauptabteilung XVIII in einem Entwurf zum Jahresplan für 1990 die Anlage eines „Zentralen Operativ-Vorganges" (ZOV) „Regenbogen" fest, in dessen Rahmen u. a. zwei IM für die „Blickfeldarbeit" zu „Greenpeace" ausgewählt und vorbereitet werden sollten, um auf diese Weise in die Organisation einzudringen.[694]

Wie viele Bundesbürger als IM für die Hauptabteilung XVIII gearbeitet haben, ist bislang unbekannt; von den insgesamt 1.886 IM der Hauptabteilung XVIII waren 1986 allerdings nur 44 als „IMB" (IM mit Feindverbindung) registriert.[695] Hierbei sind freilich weder die IM der Abteilungen XVIII in den Bezirksverwaltungen berücksichtigt, die auf rund 9.000 geschätzt werden, noch die der Einsatzrichtungen Wirtschaft in den 211 Kreisdienststellen, deren Zahl bis heute unbekannt ist.

5.5 „Offensive Kampfmaßnahmen im Operationsgebiet" – Das Arbeitsgebiet „S" der Arbeitsgruppe des Ministers

Zur West-Arbeit des MfS gehörte es auch, spezielle Kampfkräfte für den Einsatz in der Bundesrepublik und West-Berlin auszubilden, die „auf Befehl gegen politische, wirtschaftliche und militärische Schwerpunktobjekte – insbesondere deren neuralgische Punkte – einschließlich Personen erfolgreiche Aktionen" führen sollten. Diese Einsatzgruppen hatten „jederzeit bereit zu sein, um unter allen Bedingungen der Lage – unter relativ normalen, friedlichen Bedingungen als auch im Falle bewaffneter Auseinandersetzungen – aktive Aktionen gegen den Feind und sein Hinterland erfolgreich durchzuführen".[696]

---

692 HA XVIII, Leiter: „Weitere Qualifizierung der Führung, Leitung und Organisation der politisch-operativen Abwehrarbeit auf dem Gebiet von Umweltschutz und Wasserwirtschaft zur vorbeugenden Verhinderung, Aufklärung und Bekämpfung feindlicher Angriffe vom 16.5.1988; BStU, ZA, HA XVIII 7270, dokumentiert in: ebenda, Dokument 2, S. 104 und 108 f. (Seiten vertauscht).

693 BV Berlin, AG XXII: Einsatz- und Entwicklungskonzeption für den IMB „Robert"; BStU, ASt Berlin, AIM 5740/91, Bl. 235 ff., auszugsweise dokumentiert in: ebenda, Dokument 12.

694 Entwurf der HA XVIII/6 zum Jahresplan 1990; BStU, ZA, HA XVIII 5386, auszugsweise dokumentiert in: ebenda, Dokument 26.

695 Struktur und Dislokation des IM-Bestandes der HA XVIII, Stand 31.10.1986; BStU, ZA, HA XVIII 3018, Bl. 8 f.

696 Leiter Arbeitsgebiet „S" der Arbeitsgruppe des Ministers: Einsatzgrundsätze und Hauptaufgaben der Einsatzgruppen im Operationsgebiet vom 15.4.1981, GVS 046-9/81, S. 1; BStU, ZA, HA XXII Bündel 1600.

Geschichte und Arbeitsweise dieser speziell geschulten Kampfkräfte sind bislang nur in Umrissen bekannt. Anders als bei den von der „Abwehr" punktuell veranlaßten Entführungen, Überfällen, Einbrüchen oder Anschlägen (vgl. Kap. 5.2) ging es hier um die Schaffung von besonderen Einsatzgruppen, die systematisch für Sabotageaktionen und andere Kampfeinsätze im „Hinterland des Feindes" vorbereitet wurden. Entsprechende Aufgabenstellungen hatte – auf Vorschlag der sowjetischen Berater – bereits 1953 eine Abteilung z.b.V. (zur besonderen Verwendung) unter Leitung von Generalmajor Gutsche übernommen.[697] Diese Abteilung führte unter anderem das Scheinattentat gegen den Saarländischen Ministerpräsidenten Hoffmann im Jahr 1955 durch (vgl. Kap. 5.1).[698] Im selben Jahr wurde die Abteilung dem Stellvertreter des Ministers, Markus Wolf, unterstellt und ab 1956 als Abteilung III der HV A weitergeführt. Diese wurde 1959 aus der HV A herausgelöst und kam als Abteilung IV in den Anleitungsbereich der Arbeitsgruppe des Ministers (AGM). 1964 gingen daraus die Abteilungen IV/1 (Aufklärung im Operationsgebiet) und IV/2 (Ausbildung der Einsatzgruppen in der DDR) hervor. Darüber hinaus verfolgte auch die 15. Verwaltung der Nationalen Volksarmee (NVA) „gleichlautende operative Aufgaben", die, da sie „bereits in Friedenszeiten" durchgeführt werden mußten, 1962 ebenfalls im MfS aufging. Die Abteilungen IV/1 und IV/2 waren dem Arbeitsgebiet „S" zugeordnet, das von Heinz Stöcker geleitet wurde und – einschließlich der sogenannten „zentralen spezifischen Einsatzkräfte" (ZSK) – 1988 eine Stärke von 548 Mitarbeitern sowie 168 Unteroffizieren auf Zeit besaß.[699] 1988 wurde die AGM/S dann zur Abteilung XXIII umgewandelt,[700] die 1989 wiederum mit der Abteilung XXII zur Hauptabteilung XXII vereinigt wurde.[701] Die Abteilung IV der AGM ging dagegen 1987 in der neugebildeten HVA-Abteilung XVIII auf, die für die Aufklärung und Bearbeitung strategisch wichtiger Objekte in der Bundesrepublik, der Maßnahmen des Zivilschutzes sowie für Sabotagevorbereitung im Westen zuständig war.[702]

Ungeachtet der wechselnden Dislozierung in der MfS-Struktur blieben die Aufgaben der Einsatzgruppen im Laufe der Jahre weitgehend unverändert. Schon 1959 hieß es in einem Bericht über die bisherige Arbeit der Verwaltung 15, daß der „Auftrag, im Bereich der NVA eine Verwaltung aufzubauen, die mit der Aufgabe betraut ist, bei Angriffshandlungen der Bundeswehr auf die

697 Vgl. Befehl 371/53, betrifft: „Löschung von Disziplinarstrafen sowie Beförderungen, Ernennungen und Veränderungen im Bereich des SfS" vom 25.11.1953; BStU, ZA, DSt 100076.

698 Vgl. IM-Vorgang „Wenig"; BStU, ZA, AIM 1844/70.

699 Hinzu kamen noch 317 Mann der „territorialen spezifischen Einsatzkräfte" (TSK), die jedoch im Innern der DDR eingesetzt werden sollten; vgl. Auerbach 1994, S. 124. Die „Bezirks- bzw. Kreiskampfkräfte" sollten in der DDR u. a. eingeschleuste bewaffnete Gruppen und andere „subversive Elemente des Gegners" vernichten; vgl. Politisch-operative Hauptaufgaben zur Gewährleistung der staatlichen Sicherheit im Verantwortungsbereich, GVS Gr.Bln. 26 Nr. 133/74; BStU, ASt Berlin XV 11, S. 2.

700 Befehl 4/88 des Ministers, betrifft: „Umbenennung der AGM/S in Abt. XXII" vom 13.4.1988; BStU, ZA, DSt 103471.

701 Befehl 3/89 des Ministers, betrifft: „Bildung der HA XXII" vom 25.1.1989; BStU, ZA, DSt 103551.

702 Vgl. ausführlicher: Fingerle/Gieseke 1996.

DDR im Hinterland des Feindes eine wirkungsvolle Partisanentätigkeit zu entfalten", im wesentlich erfüllt worden sei. Ziel dieses Partisanenkampfes sei es,
„wichtige militärische Objekte des Feindes zu zerstören und seine Kampffä-
higkeit zu behindern", wobei dazu auch „Einrichtungen der Treibstoffversorgung", „wichtige Einrichtungen des Funk-, Telegrafen-, Fernsprech- und Ra-
darnetzes", „Störung der Strom-, Gas- und Wasserversorgung" sowie „Maßnahmen gegen das Personal mit langjähriger Spezialausbildung wie das Personal von Raketeneinheiten und die Piloten von Düsenmaschinen" gezählt wurden.[703] In fünf, später drei Schulen waren mehrere hundert „Partisanen" geschult worden, von denen 1962 bereits über 80 im Westen arbeiteten, wo sie
Stützpunkte mit Funkern, Kurieren, „Ermittlern" und Gelddepots aufbauten;
das Netz von „Gebietsleitern", „Gruppenleitern" und „Residenten" reichte von
Sylt bis in den Schwarzwald.[704]

1964 erließ Erich Mielke einen Befehl zur „Durchführung von Maßnahmen,
die notwendig sind, um unter allen Bedingungen der Lage bereit zu sein, zum
Schutz der Deutschen Demokratischen Republik aktive Maßnahmen gegen den
Feind und sein Hinterland erfolgreich durchführen zu können".[705] Dieser sah
vor, für operative Mitarbeiter verschiedener „Linien" des MfS sowie für inoffizielle Mitarbeiter der Hauptabteilung I (Angehörige der Grenztruppen der
NVA) spezielle Lehrgänge unter Leitung der AGM durchzuführen. Wie der
Leiter der AGM, Alfred Scholz, 1972 ausführte, sollten sie in die Lage versetzt
werden, gegen „neuralgische Punkte [...] erfolgreich Aktionen zu führen", darunter „Diversionsakte", „aktive physische Maßnahmen gegen bestimmte Personen" oder „Unterstützung bei physischer Auflehnung gegen die Staatsstruktur des Kriegsgegners".[706]

1973 wurden die „Einsatz- und Kampfgrundsätze tschekistischer Einsatzkader
bei der Durchführung offensiver tschekistischer Kampfmaßnahmen im Operationsgebiet" formuliert, und 1981 legte der Leiter der AGM/S, Stöcker, „Einsatzgrundsätze und Hauptaufgaben der Einsatzgruppen im Operationsgebiet"
fest. Die „Kampftaktik der Einsatzgruppen" war danach „durch überraschend
geführte geheime Aktionen gekennzeichnet". In der Übergangsphase von der
Spannungsperiode zum offenen militärischen Konflikt könnten sich nämlich
„konzentrierte Schläge durch tschekistische Einsatzkräfte als notwendig und
zweckmäßig erweisen, da in dieser Phase eine sehr hohe Wirkung durch gezielte Kampfaktionen erzielt werden muß". Die Durchführung aller Kampfaktionen müsse „dabei so erfolgen, daß keine Rückschlüsse und Zusammenhänge
für den Feind erkennbar werden", zum Beispiel durch Vortäuschung von Ha-
varien oder unter Ausnutzung der „Szene der Terror- und Gewaltverbrechen".

---

703 Ebenda, Dokument 4, S. 39 und 41 f.
704 Ebenda, S. 12.
705 Befehl 107/64 des Ministers, betrifft: „Bildung und Aufgaben der Arbeitsrichtung Stöcker in der
    AGM" vom 21.1.1964; BStU, ZA, DSt 100405, dokumentiert in: ebenda, S. 66 ff.
706 Zitiert nach: ebenda, S. 17.

Im Falle bewaffneter Auseinandersetzungen hätten die Einsatzgruppen die Aufgabe gehabt, gegen Objekte und Einrichtungen im politisch-militärischen Bereich, im ökonomischen Bereich sowie im militärischen Bereich u. a. wie folgt vorzugehen:

„Ausschaltung von Führungskräften mit Entscheidungsbefugnis oder speziellen Fähigkeiten; Störung der staatlichen Führungstätigkeit und der gesamtgesellschaftlichen Einwirkung zur imperialistischen Beeinflussung der Volksmassen; Erzeugung von Zweifeln, Chaos und Panik; [...] Störung bzw. Lahmlegung von Nachrichtenverbindungen (Draht, Funk); [...] Zerstörungen bzw. Beschädigungen der Gasversorgung, der Wasserversorgung, des Straßentransportwesens, des Binnenwasserstraßentransportwesens, des Seetransportwesens, des Lufttransportwesens; [...] Inbesitznahme wichtiger Bauwerke, Objekte und Anlagen".

In Spannungsperioden war u. a. vorgesehen:

„Behinderung und Verunsicherung politisch-administrativer Zentren zur Durchsetzung des Notstandsmechanismus; Verunsicherung von führenden Personen im imperialistischen Machtapparat; [...] Auslösung von panikerzeugenden Maßnahmen; [...] Störung bzw. Behinderung der Arbeit der Massenkommunikationsmittel; [...] Behinderung der Umstellung auf die Kriegswirtschaft durch Störungen in der Treibstoffversorgung, der Energie-, Gas- und Wasserversorgung, des Verkehrswesens sowie einzelner wichtiger Zulieferbetriebe der Rüstungs- und Versorgungsindustrie" etc.

Unter „relativ friedlichen Verhältnissen"[707] hatten die Einsatzgruppen folgende Aufgaben:

„Durchführung befohlener spezifischer Einzelaufgaben; Liquidierung oder Beibringung von Verrätern; Liquidierung bzw. Ausschaltung führender Personen von Terrororganisationen, deren Tätigkeit gegen die staatliche Sicherheit der DDR gerichtet ist; Verunsicherung von führenden Zentren der politisch-ideologischen Diversion durch Störung bzw. Behinderung ihres Arbeitsablaufes sowie Beschädigung oder Lahmlegung von Einrichtungen, Technik und Akten bzw. Unterlagen dieser Zentren; Beschaffung wichtiger Dokumente, Unterlagen oder spezifischer feindlicher Technik; Unterstützung von Kräften, die gegen den imperialistischen Machtapparat auftreten."[708]

Die tschekistischen Einsatzkräfte setzten sich einem Dokument aus dem Jahr 1973 zufolge aus speziellen „Einsatzkadern des MfS" und aus „allgemeinen

---

707 Als „relativ friedliche Verhältnisse" bezeichnete man „Verhältnisse des normalen, koexistierenden, abgegrenzten Nebeneinanderbestehens bei fortschreitender Tendenz der internationalen Entspannung"; Einsatz- und Kampfgrundsätze tschekistischer Einsatzkader bei der Durchführung offensiver tschekistischer Kampfmaßnahmen im Operationsgebiet; BStU, ZA, HA XXII, 5565, S. 145.

708 Alle Zitate aus: Leiter Arbeitsgebiet „S" der Arbeitsgruppe des Ministers: Einsatzgrundsätze und Hauptaufgaben der Einsatzgruppen im Operationsgebiet vom 15.4.1981, GVS 046-9/81; BStU, ZA, HA XXII, Bündel 1600.

Kämpfern im Auftrage des MfS" zusammen, die sich bei ihren Handlungen „auf das Stützpunktsystem des MfS im Operationsgebiet und bei entsprechenden Einsatz- und Kampfbedingungen auf patriotische Kräfte" stützen sollten. Der tschekistische Einzelkämpfer war danach „in der Regel ein tschekistischer Einsatzkader des MfS, welcher auf sich allein gestellt, spezifische offensive Kampfmaßnahmen im Operationsgebiet aufgrund seiner vielseitigen spezifischen Kenntnisse, Fähigkeiten und Fertigkeiten erfüllen kann". Die tschekistische Einsatzgruppe war demgegenüber „eine, entsprechend den Erfordernissen der zu erfüllenden spezifischen offensiven tschekistischen Kampfmaßnahmen im Operationsgebiet, zusammengestellte Gruppe tschekistischer Einsatzkräfte, welche von einem tschekistischen Einsatzkader des MfS geführt wird und aus weiteren tschekistischen Einsatzkadern, Spezialisten oder allgemeinen Kämpfern als Gruppenmitglieder bis zu einer Stärke von maximal 6 Kämpfern bestehen kann". Als „Spezialisten" galten dabei Kundschafter, Spezialisten für Sprengtechnik, für Funk und Nachrichten, für Alarm- und Sicherungstechnik, Scharfschützen, Kampfschwimmer sowie allgemeine Kämpfer mit beruflichen Spezial- und Sprachkenntnissen. Das tschekistische Kommando war schließlich „eine, entsprechend den Erfordernissen einer zu erfüllenden besonders komplizierten offensiven tschekistischen Kampfmaßnahme im Operationsgebiet, speziell aus tschekistischen Einsatzkadern, Spezialisten und allgemeinen Kämpfern zusammengestellte Einheit von mehr als 6 Kämpfern, welche stabsmäßig geführt wird."

Bei den „Kampfformen der offensiven tschekistischen Kampfmaßnahmen" differenzierte das MfS zwischen der „Erfüllung einer nach Ort und Zeit begrenzten, im Detail vorgegebenen Kampfaufgabe, mit und ohne Nutzung operativer Stützpunkte oder patriotischer Kräfte des Operationsgebietes" (die „tschekistische Aktion") und der „Gesamtheit der abgestimmten, koordinierten und voneinander abhängigen offensiven konspirativen Handlungen tschekistischer Einsatzkräfte in den jeweiligen Einsatzformen zur Erfüllung einer oder mehrerer bedeutsamer und komplizierter Kampfaufgaben im Operationsgebiet unter Ausnutzung aller erforderlichen operativen Stützpunkte und patriotischer Kräfte" (die „tschekistische Operation"). Bei den Einsatz- und Kampfbedingungen unterschied es zwischen „relativ friedlichen Verhältnissen (als Verhältnisse des normalen, koexistierenden, abgegrenzten Nebeneinanderbestehens bei fortschreitender Tendenz der internationalen Entspannung)", einer inneren „Krisensituation", einer äußeren „Spannungsperiode" und dem „Kriegsfall". Als Zielstellungen der tschekistischen Aktionen und Operationen werden „das Zerstören", „das Vernichten", „das Beschädigen", „das Lahmlegen", „das Stören", „das Behindern", „das Desorganisieren", „das Demoralisieren", „das Verunsichern", „das Liquidieren", „das Ausschalten" (von Personen) und „das Inbesitznehmen" aufgeführt, wobei jeweils hinzugefügt wird, wie das jeweilige Ziel erreicht werden kann – zum Beispiel so: „Das Liquidieren beinhaltet die physische Vernichtung von Einzelpersonen und Personengruppen. Erreichbar durch: Das Erschießen, Erstechen, Verbrennen, Zersprengen, Strangulieren, Erschlagen, Vergiften, Ersticken. [...] Das Ausschalten von

Personen beinhaltet die Handlungsunfähigkeit derselben im weitesten Sinne dieses Begriffes. Erreichbar durch: Die Geiselnahme, das andauernde oder zeitweilige Festhalten, die Entführung, das Verschwinden, die provozierte oder durch Drohung erzwungene Flucht, das Untertauchen, Verstecken, die mittels zugespielter echter oder gefälschter Informationen, Beweise, Beschuldigungen erreichte offizielle Abdankung, Funktionsenthebung, Entlassung, Verhaftung, Verurteilung, Inhaftierung und Vollstreckung der Todesstrafe, die Untergrabung des Vertrauens, des Ansehens, der Unbescholtenheit." (Hervorhebungen im Original).[709]

Über die praktische Umsetzung dieser martialischen Einsatzgrundsätze ist bislang wenig bekannt. In einer „Information" des Leiters der AGM/S vom März 1982 berichtet dieser jedoch „über ein Anliegen der HV A zur Bereitstellung von Einsatzkräften durch die AGM/S" – „im direkten Auftrag" von Markus Wolf.[710] Vorgesehen war danach, eine Gruppe von drei bis vier Mitarbeitern zu bilden und diese „als Einzelkämpfer oder als Einsatzgruppe gemeinsam mit speziell ausgebildeten Kräften der HV A im Operationsgebiet zur Durchführung spezifischer operativer Aufgaben einzusetzen" – u. a. zur „Bekämpfung feindlicher Personen in der vollen Breite der möglichen Maßnahmen". Die Ausbildung durch HV A und AGM/S „müßte in starkem Maße praxisbezogen sein und sollte bis zur Durchführung von Übungshandlungen, operativen Teilhandlungen, Tests und Reisen im Sinne von Übungen im Operationsgebiet ausgestaltet werden [...]. Grundsätze, Lösungswege und Maßnahmen, die bisher nur in Konzeptionen vorhanden sind, würden in der Praxis überprüft und vervollkommnet" – weshalb der Leiter der AGM/S die Empfehlung gab, dem Anliegen zuzustimmen (vgl. Kap. 5.1.2).

Ob der Minister für Staatssicherheit, Erich Mielke, wie vom Leiter der AGM in einem handschriftlichen Zusatz zur Auflage gemacht, der Bitte Wolfs nachgekommen ist, geht aus den Akten bislang nicht hervor. Noch 1988 fand jedoch im MfS eine zentrale Dienstbesprechung zur Mobilmachungsarbeit statt, bei der Mielke auch „einige Orientierungen zur weiteren Qualifizierung der Arbeit der AGM/S" gab. Er erinnerte dabei daran, daß die AGM/S „vor ca. 25 Jahren als ein in Spannungsperioden bzw. im Verteidigungszustand zu handelndes MOB-Organ gebildet [wurde]. In diesem Organ wurden und werden speziell ausgebildete Kampfkräfte vorbereitet, die die Hauptkräfte der Spezialkampfführung des MfS bilden. Sowohl in Spannungsperioden als auch im Verteidigungszustand ist die AGM/S aufgrund zentraler Festlegungen hauptverantwortlich für die Vorbereitung und Durchführung von spezifischen tschekistischen Maßnahmen und Aktionen in vorher klar bestimmten Bereichen des Operationsgebietes." Bestimmend für die Arbeit der AGM/S sei gegenwärtig u. a. die Vorbereitung und Durchführung solcher Maßnahmen „gegen ausge-

---

709 Alle Zitate aus: „Einsatz- und Kampfgrundsätze tschekistischer Einsatzkader bei der Durchführung offensiver tschekistischer Kampfmaßnahmen im Operationsgebiet", GVS 005-389/73; BStU, ZA, HA XXII 5565, S. 138 ff.

710 AGM/S, Leiter, Information über ein Anliegen der HV A zur Bereitstellung von Einsatzkräften durch die AGM/S vom 12.3.1982; BStU, ZA, HA XXII, Bündel 521.

wählte Schwerpunktobjekte des Gegners zur Störung des Vorbereitungs- und Umstellungsprozesses und zur Beeinträchtigung seiner Kampfkraft in Spannungsperioden und im Verteidigungszustand."[711]

Tatsächlich sind aus der Arbeit der AGM/S Übungsunterlagen und Ausbildungsanleitungen überliefert, die eine systematische Schulung der Einsatzgruppen für diese Aufgaben belegen – zum Beispiel für Überfälle, für die Legung eines „konspirativen Hinterhaltes" oder für die „Suche, Verfolgung und Einkreisung feindlicher Kräfte".[712] Ehemalige westdeutsche Kommunisten berichteten zu Beginn des Jahres 1990, daß die Deutsche Kommunistische Partei (DKP) in der Bundesrepublik eine geheime Militärorganisation (MO) mit mehreren hundert Mitgliedern unterhalten habe, die in Krisenfällen als „Partisanenarmee" Sabotageakte verüben sollte – augenscheinlich die vom MfS erwähnten „patriotischen Kräfte". Diese Kämpfer seien in der DDR von Spezialeinheiten des MfS und der NVA in mehrwöchigen Kursen für einen Untergrundeinsatz ausgebildet worden, darunter auch ein Postbeamter, gegen dessen Entlassung aus dem Staatsdienst in den siebziger Jahren in der Bundesrepublik etliche „Komitees gegen Berufsverbote" gekämpft hatten. Wie der „Spiegel" 1990 berichtete, seien die Angehörigen dieser konspirativen Organisation u. a. für die „Befreiung festgesetzter Genossen", für „Sabotageakte gegen Züge und Fernmeldeeinrichtungen" sowie für „Anschläge auf ausgesuchte Personen" vorgesehen gewesen.[713]

Die MO wurde den wenigen beim BStU aufgefundenen Unterlagen zufolge in den Jahren 1968/69 gegründet und vom MfS als Gruppe „Forster" bezeichnet. In den ersten fünf Jahren fand die Ausbildung der MO in Ungarn und in Polen statt. Mitte der siebziger Jahre wurde dann die Ausbildungsarbeit auf das Gebiet der DDR verlagert. Die Leitung der MO war in einer Villa in Berlin-Grünau untergebracht. Die westdeutschen Teilnehmer an den Lehrgängen wurden nicht nur militärisch ausgebildet, sondern auch in Fragen der Konspiration geschult. Die Mitglieder der MO waren in Gruppen eingeteilt, die sich zum Üben konspirativ in der Bundesrepublik treffen konnten.[714] Im Herbst 1995 verurteilte das Landgericht Frankfurt/Main 14 der noch feststellbaren Angehörigen der Militärorganisation wegen „Vorbereitung von Sabotagehandlungen" und „Agententätigkeit zu Sabotagezwecken" zu Geldbußen, ohne

711 Referat auf der Dienstbesprechung zur Mobilmachungsarbeit im MfS (26.2.1988), GVS o008-7/88, S. 122 f.; BStU, ZA, DSt 103458.
712 Abt. XXIII (AGM/S), Ausbildungsanleitung „Der Überfall", Juli 1988, VVS o073-H 14/88; BStU, ZA, HA XXII, Bündel 521; Arbeitsgebiet „S" der Arbeitsgruppe des Ministers, Ausbildungsrichtlinie: Der konspirative Hinterhalt gegen Einzelpersonen, Personengruppen und Fahrzeuge, 1974, GVS o05-389/73 und GVS 32/74; BStU, ZA, HA XXII, Bündel 5708; dies., Ausbildungsanleitung „Grundsätze der Suche, Verfolgung und Einkreisung feindlicher Kräfte", Oktober 1986, VVS o046-765/86; BStU, ZA, HA XXII, Bündel 521; zitiert nach: Auerbach 1994, S. 125.
713 Der Spiegel Nr. 1/1990, S. 65–70; Nr. 2/1990, S. 61–63; Nr. 4/1990, S. 89 f.; Nr. 11/1990, S. 105–109; Nr. 36/1990, S. 94 f.; Nr. 27/1991, S. 82 f.
714 Vgl. Arbeitsplan des Leiters der HA II/19 vom 15.11.1988; BStU, ZA HA II/AKG 43, S. 19.

freilich Umfang und Bedeutung der Untergrundtruppe wirklich aufklären zu können.[715]

Eine detaillierte Rekonstruktion der Geschichte der „Einsatzgruppen" des MfS scheitert vor allem daran, daß wichtige Unterlagen über deren Arbeit im Zuge der Auflösung der Staatssicherheit beseitigt wurden. Offenbar wurde die AGM/S seit Beginn der siebziger Jahre „zunehmend als eine in Friedenszeiten handelnde Kampfeinheit des MfS zur vorbeugenden Verhinderung und Bekämpfung möglicher Terror- und anderer operativ bedeutsamer Gewaltakte eingesetzt"[716] und mit Wirkung vom 1. April 1988 aus dem Anleitungsbereich der AGM herausgelöst. Doch obwohl sie damit mehr und mehr als Spezialeinheit gegen Terrorismus und „Rowdytum" fungierte, die die Partei- und Staatsführung schützen sollte und „Kader" aus Staaten und Guerillabewegungen der Dritten Welt ausbildete, hielt Mielke es auch noch 1988 für „erforderlich, die Aufgaben und Verantwortlichkeiten weiter zu präzisieren und eindeutig zu bestimmen, die sowohl in Friedenszeiten als auch in Spannungsperioden und im Verteidigungszustand zu lösen sind. Das schließt auch die Prüfung und exakte Bestimmung bzw. Präzisierung der im Operationsgebiet insgesamt zu lösenden Aufgaben. Ebenso müssen die Prinzipien der Zusammenarbeit mit anderen Diensteinheiten exakt bestimmt werden, d. h. es muß klar sein, wann und unter welchen Voraussetzungen diese Spezialkräfte anderen Diensteinheiten zur Unterstützung ihrer Aufgabenerfüllung zur Verfügung stehen."[717]

Unterlagen, die im Bestand der Bezirksverwaltung Berlin gefunden wurden, zeigen auch, daß das MfS systematisch die Übernahme von West-Berlin durch den Staatssicherheitsdienst vorbereitet hatte. Geplant war nicht nur die Einrichtung von Kreisdienststellen in allen westlichen Bezirken, für die bereits das Personal namentlich fixiert war – in den Dokumenten als „Konstituierung und Entfaltung der Verwaltung B 2" bezeichnet. Vielmehr wurde als zu lösende „Hauptaufgaben" der Staatssicherheit in West-Berlin konkret festgelegt:

„1. Festnahme, Isolation bzw. Internierung der feindlichen Kräfte auf der Grundlage der vorhandenen Dokumente, Zuführung in die festgelegten Zuführungspunkte, Sicherung der Erstvernehmung bedeutender Personen und zweckgerichtete Auswertung der gewonnenen Informationen.

Entfaltung eines wirksamen Fahndungssystems, um untergetauchte Feindkräfte aufzuspüren und unschädlich zu machen.

Schwerpunkte sind Geheimdienstmitarbeiter, Leitungskräfte der bekannten Feindorganisationen, leitende Polizeikräfte, Spitzenpolitiker, PID-Mitarbeiter aus den Medien, Spitzenbeamte aus Schwerpunktbereichen des Staatsapparates und Geheimnisträger aus Wirtschaft, Wissenschaft und Technik.

---

715 Der Spiegel Nr. 46/1995, S. 38; Frankfurter Rundschau vom 30.10.1995, S. 13.
716 Referat auf der Dienstbesprechung zur Mobilmachungsarbeit im MfS (26.2.1988), GVS o008-7/88, S. 122; BStU, ZA, DSt 103458.
717 Ebenda, S. 125.

2. Besetzung und Sicherung der bedeutsamen Zentren des Feindes, Sicherstellung und Erstauswertung dort vorhandener, aktuell operativ wichtiger Informationen und Dokumente.

Schwerpunkte sind bekannte Geheimdienstobjekte, Polizeidienststellen, Abwehrbereiche, Archive, Stabs- und Planungsbereiche in den feindlichen Hauptobjekten, des Staatsapparates, der Wissenschaftszentren (Akademien und Hochschulen), Konzernzentralen, Partei-, Organisations- und Feindorganisationsdienststellen sowie Datenbänke. [...]

6. Organisierung des politisch-operativen Kampfes gegen die zu erwartende Aktivierung der Feindtätigkeit. Einsatz vorhandener geeigneter IM aus Westberlin und der Hauptstadt zur Aufklärung und zum Eindringen und Unschädlichmachen dieser Feindkräfte, Brechen des gegnerischen Widerstandes.

Schwerpunkte sind Kampf gegen Spionage, Sabotage, Diversion, Terror, Hetze, politische Untergrundtätigkeit, Unruhestiftung durch Falschmeldung und Gerüchte, Plünderungen, Streik und Zusammenrottung, Angriffe auf progressive Kräfte und das bestehende Grenzregime."[718]

Im Juni 1987 wurde den Leitern ausgewählter Diensteinheiten in diesem Zusammenhang eine spezielle „Konzeption" erläutert; die einzelnen Maßnahmen waren in einem „Operationsplan für das Operationsgebiet II" fixiert – beide Dokumente konnten jedoch bislang nicht aufgefunden werden. Die „Verantwortung zur stabsmäßigen Führung der Vorbereitungsarbeit, der Koordination und der Sicherung des einheitlichen Vorgehens der einzubeziehenden Diensteinheiten sowie der militärischen Abstimmung im engen Zusammenwirken mit den zuständigen Organen" wurde der AGM übertragen. Die AGM kümmerte sich darum, daß „aktuelle, aussagekräftige, reale und praktisch anwendbare Führungs-, Auskunfts- und Berichtsdokumente zur Gesamtheit der Maßnahmen" vorlagen, „Übersichten zu den politisch-administrativen, geheimdienstlichen, subversiven, ökonomischen, kulturellen und militärischen Bereichen" erstellt wurden, „Personen, Personengruppen, Objekte, Organisationen, Einrichtungen, Materialien und Gegenstände mit politisch-operativer Relevanz exakt" bestimmt und „in laufenden Nachweisen gewissenhaft" geführt wurden. Zu diesem Zweck formulierte sie einen umfassenden „Informationsbedarf", der regelmäßig weiter präzisiert werden sollte und für dessen Deckung die betroffenen Diensteinheiten „alle einschlägigen inoffiziellen und offiziellen Quellen gründlich auszuschöpfen" hatten.[719]

---

718 Leiter der Bezirksverwaltung für Staatssicherheit Berlin: Linienspezifische Aufgaben der BV Berlin, 5.8.1985, S. 1 f.; BStU, ASt Berlin, A 1011/2.
719 Leiter der AGM: Informationsbedarf zur politisch-operativen Vorbereitung des Operationsgebiets II für besondere Lagebedingungen, 28.1.1988; BStU, ASt Berlin, XV 389.

5.6 „Abwehr" und Unterstützung des internationalen Terrorismus – Die Hauptabteilung XXII[720]

Die Akten der Abteilung XXII, die sich heute in den Archiven des Bundesbeauftragten befinden, enthalten weit weniger Belege für eine intensive Kooperation der bundesdeutschen Linksterroristen mit dem Staatssicherheitsdienst, als die spektakulären Presseberichte über die „RAF-Stasi-Connection"[721] in der Nachwendezeit zunächst vermuten ließen. Der überlieferte Aktenbestand dieser Diensteinheit, die sich MfS-intern als „Terrorabwehr" bezeichnete, enthält zu einem erheblichen Teil Quellen wie diverse „Grauschriften" des politischen Extremismus in der Bundesrepublik oder Ausschnitte westlicher Pressemeldungen, die für den interessierenden Zusammenhang ohne Bedeutung sind. Auch die MfS-Unterlagen im engeren Sinne helfen nicht immer weiter, sind doch die Grundsatzdokumente (wie etwa die „Jahresarbeitspläne" der verschiedenen Unterabteilungen dieser Diensteinheit) meist stereotyp gehalten und unter geflissentlicher Beachtung der Regeln der Konspiration formuliert. Aussagefähige Dokumente (wie im Zuge der Vorgangsbearbeitung erstellte „Maßnahmepläne" oder „Sachstandsberichte"), die etwas über die Kooperation sui generis und deren genauen Verlauf auszusagen vermögen, sind nur in geringem Umfang vorhanden. Daher schätzt das Bundesministerium des Inneren den Nutzen der heute verfügbaren Unterlagen eher zurückhaltend ein: „Für eine Zusammenarbeit zwischen MfS und RAF enthalten die Akten keine ausreichenden Beweise. Sie belegen jedoch enge Kontakte."[722] In Einzelfällen immerhin sind aussagekräftige Unterlagen, gerade zu palästinensischen Terroristen, überliefert.[723]

Die Ursachen des oftmals geringen Erkenntniswert der Akten liegen in der MfS-typischen allgemeinen Konspiration, welche in dieser mit einer heiklen Thematik befaßten Abteilung natürlich besonders streng beachtet wurde. Die Abteilung XXII legendierte ihre Aufgaben teilweise sogar gegenüber anderen Diensteinheiten des MfS.[724] Zu den Besonderheiten der Abteilung gehörte ferner, daß in den „Operativen Vorgängen" nicht bloß, wie in anderen Diensteinheiten gemeinhin üblich, einzelne oder wenige Personen bearbeitet wurden, sondern ganze „Feindobjekte", d. h. westliche Terrorgruppen mit teilweise Hunderten von Mitgliedern, was die Übersichtlichkeit des Materials stark beeinträchtigt. Weil die „Operativen Vorgänge" – wie die inoffiziellen Mitarbeiter – größtenteils zum Zeitpunkt der Wende noch aktiv waren, liegen die dazugehörigen Akten heute auch nicht als relativ kompakte, im Archiv des MfS (Abt. XII) verwahrte Vorgänge bereit; vielmehr befanden sich die Dokumente

---

720 Das nachfolgende Kapitel stellt eine leicht überarbeitete Zuarbeit von Tobias Wunschik von der Abt. Bildung und Forschung beim BStU dar.
721 Vgl. Müller/Kanonenberg 1992.
722 Zitiert nach Wolfgang Gast: Kistenweise Stasi-Akten für die RAF-Fahndung, in: Tageszeitung (taz) vom 29.6.1993, S. 3.
723 Vgl. Faksimile-Abdruck bei Schmaldienst/Matschke 1995, S. 254–300.
724 Vgl. Entwurf einer Präzisierung der operativen Verantwortlichkeiten (Arbeitsgegenstände) der Referate 1 und 3 der Abt. XXII/8 vom 28.6.1988; BStU, ZA, HA XXII 5479, Bl. 1–8, hier 5.

aus der laufenden Vorgangsbearbeitung im Herbst 1989 noch in verschiedenen Dienstzimmern der Abteilung XXII und wurden dann zu Aktenbündeln buchstäblich zusammengeschnürt, denen der innere Zusammenhang oft fehlt und die bis heute von den Erschließungsreferaten des Bundesbeauftragten lediglich „grob erschlossen" werden konnten.

Die größte Erschwernis bei der Aufklärung der Verbindungen zwischen Staatssicherheitsdienst und Terroristen ist jedoch die gezielte Vernichtung der Akten. Das noch existierende MfS bzw. dessen kurzlebiger Nachfolger, das Amt für Nationale Sicherheit (AfNS), bemühten sich bekanntlich im Spätherbst 1989, bestimmte Dokumente „verschwinden" zu lassen, was zugleich als Indiz für die politische Brisanz dieser Unterlagen gelten kann. Offensichtlich hielten die Geheimdienstmitarbeiter die Unterlagen der seinerzeitigen Hauptabteilung XXII (die nicht nur mit dem deutschen, sondern auch mit dem arabischen Terrorismus befaßt war) für besonders relevant, denn diese Bestände waren in überdurchschnittlichem Maße von der Aktenvernichtung betroffen. Wie es um die schriftliche Überlieferung bestellt ist, zeigt sich auch daran, daß die staatsanwaltschaftlichen Ermittlungen gegen seinerzeit im Westen tätige inoffizielle Mitarbeiter der Abteilung XXII sich teilweise mehr auf die Zeugenaussagen ehemaliger MfS-Mitarbeiter stützen als auf schriftliche Unterlagen.[725]

Die 1975 formierte Abteilung XXII[726] wurde zunächst von Oberst Harry Dahl geleitet, ab 1985 von Horst Franz. Bis 1980 wuchs die Zahl ihrer hauptamtlichen Mitarbeiter auf fast 140 Personen, doch auch mit 248 Mitarbeitern im Jahre 1988 zählte die Abteilung zu den kleineren Diensteinheiten im Ministerium für Staatssicherheit. Durch die im März 1989 erfolgte Vereinigung mit der für die unmittelbare militärische Bekämpfung von Gewalttätern zuständige Abteilung XXIII erhöhte sich die Zahl der Mitarbeiter auf zuletzt 878 Personen (Stand 31. Oktober 1989).[727] Angesichts der politischen Brisanz des Arbeitsgegenstandes war die Abteilung XXII in besonderem Maße um Rückendeckung bei der MfS-Spitze bemüht. Beispielsweise bedurfte die Auswahl der zu bearbeitenden „Zielobjekte" und die Grundkonzeption der in diesem Zusammenhang zu tätigenden „Treffs" die Zustimmung des Stellvertreters des Ministers Gerhard Neiber oder sogar von Mielke selbst.[728]

Weit mehr als andere Diensteinheiten des MfS, deren Tätigkeitsfeld die Bundesrepublik berührte, war die Abteilung XXII auf das „Operationsgebiet" fixiert. Die „Feindobjekte", welche die Abteilung XXII „federführend" zu bear-

725 Vgl. u. a. Meyer 1996, S. 472.
726 Zu Aufgaben und Struktur der Abt. XXII sowie für weitere Quellenhinweise vgl. Wunschik 1995 sowie Siebenmorgen 1993, S. 201–235.
727 Vgl. Gieseke 1995.
728 Vgl. Referat von Gerhard Neiber vom 25.1.1983 auf der Zentralen Dienstkonferenz des Arbeitsbereichs Neiber; BStU, ZA, HA XXII 5842, Bl. 458–680, hier 565. Mielke bestätigte beispielsweise auch, daß die RAF-Aussteigerin Inge Viett für das Jahr 1983 als IM zu werben sei. Vgl. Jahresplan 1983 der Abt. XXII vom 23.12.1982; BStU, ZA, HA XXII 5778, Bl. 1296–1338, hier 1304.

beiten hatte, lagen ausnahmslos im Westen;[729] sie war immer dann zuständig, wenn die Staatssicherheit glaubte, beim „Gegner" eine Bereitschaft zur Ausübung von Gewalt gegen die DDR erkennen zu können: „Entscheidendes Kriterium dafür, daß sich die Abteilung XXII der Aufklärung, operativen Kontrolle und Bearbeitung von Stellen und Kräften des Operationsgebietes zuwendet, ist ein Terror- bzw. anderer operativ bedeutsamer Gewaltbezug."[730] So standen zahlreiche terroristische Organisationen in der Bundesrepublik, Westeuropa und dem Nahen Osten – wie der international gesuchte „Top-Terrorist" „Carlos", die Abu-Nidal-Gruppe, die italienischen Roten Brigaden, die baskische ETA oder die irische IRA – in ihrem Visier. Doch auch die „autonome" und „antiimperialistische" Szene in West-Berlin sowie der militante politische Linksextremismus in der Bundesrepublik,[731] d. h. alle deutlich links von der SPD stehenden Gruppierungen mit DDR-kritischer bis -feindlicher Ausrichtung wie die Kommunistische Partei Deutschlands/Marxisten-Leninisten[732] mit ihrer Sektion DDR oder der Kommunistische Bund Westdeutschlands beobachtete die Diensteinheit prophylaktisch. Des weiteren befaßte sich die Abteilung XXII mit der Tageszeitung (taz)[733], bei der sie wertvolle Erkenntnisse über die linksterroristische Szene der Bundesrepublik zu gewinnen hoffte. Die Abteilung XXII operierte aber auch gegen die neonazistische und rechtsextreme Szene in Westdeutschland wie die Aktionsfront Nationaler Sozialisten/Nationale Aktivisten, die Kampfgruppe Priem und die Wehrsportgruppe Hoffmann. Hinzu kamen noch verschiedene militante Exilorganisationen wie exil-afghanisch-islamische Kräfte oder auch die türkischen rechtsextremen Grauen Wölfe sowie einige dezidiert antikommunistische Gruppen wie das Brüsewitz-Zentrum und die Arbeitsgemeinschaft 13. August – Haus am Checkpoint Charlie.

Zur Aufklärung der genannten Organisationen bediente sich der Staatssicherheitsdienst vor allem seiner inoffiziellen Mitarbeiter (IM). Es war beabsichtigt, geeignete „überörtlich einsetzbare IM" zu gewinnen und in das jeweilige Milieu einzuschleusen – womit jedoch, vermutlich aufgrund der Sorge vor Ver-

---

729 Vgl. DA 1/81 vom 16.3.1981 zur Aufklärung, vorbeugenden Verhinderung, operativen Bearbeitung und Bekämpfung von Terror- und anderen operativ bedeutsamen Gewaltakten, S. 8 und 22; BStU, ZA, DSt 102735. Siehe auch Protokoll der Beratung des Leiters der HA XXII vom 4.4.1989; BStU, ZA, HA XXII 884, o. Pag.; Geheime Verschlußsache 4/85 vom 15.2.1985: Bekämpfung feindlicher Stellen und Kräfte im Operationsgebiet, die subversiv gegen die DDR und andere sozialistische Staaten tätig sind (außer imperialistische Geheimdienste und kriminelle Menschenhändlerbanden); BStU, ZA, DSt 103142.

730 Vgl. Thesen zur Auswertung der multilateralen Beratung zu Problemen des sogenannten internationalen Terrorismus in Varna o. D. [Anfang Dezember 1987]; BStU, ZA, HA XXII 18118, Bl. 23–93, hier 28. Als Gewaltandrohungen betrachtete die Staatssicherheit „demonstrative Bekundungen bzw. Ankündigungen von Terror- und anderen operativ bedeutsamen Gewaltakten, insbesondere Attentate, Morde, Geiselnahmen, Entführungen, Erpressungen, Überfälle, Sprengstoffanschläge, Explosionen, Brände, sogenannte 'Bombenlegungen' und andere Gemeingefahren." 5. DB zur DA 1/81 vom 12.7.1984, S. 3 und 7; BStU, ZA, DSt 102735.

731 Vgl. Befehl 17/79 vom 8.12.1979 zur Aufklärung, vorbeugenden Verhinderung und Bekämpfung subversiver Pläne, Absichten und Maßnahmen linksextremistischer und trotzkistischer Organisationen, Gruppen und Kräfte; BStU, ZA, DSt 102619.

732 Vgl. Wunschik 1997b.

733 Vgl. Tageszeitung (taz) vom 28. bis 31.12.1992 (Serie), S. 5.

wicklungen, mehr die Peripherie als der „harte Kern" terroristischer Gruppen gemeint war.[734] Das Anforderungsprofil an die IM im linksextremen Bereich zielte auf „Szenekenner" aus dem Westen, von denen sich die Staatssicherheit den besten Überblick über die verschiedenen militanten Organisationen versprach. Werbungen aus dem eigentlichen terroristischen Milieu sollten nur unter bestimmten Bedingungen und unter größter Vorsicht vorgenommen werden. Gefragt waren auch DDR-Bürger, die an „Berührungspunkten" mit den verschiedenen terroristischen Organisationen eingesetzt werden konnten, insbesondere ostdeutsche Verwandte von bundesdeutschen Linksextremisten. Da auch Vorteile bei der Konspiration dafür sprachen, inoffizielle Mitarbeiter innerhalb Ostdeutschlands zu werben, kamen von den 161 inoffiziellen Mitarbeitern der gesamten Abteilung XXII lediglich 35 aus dem Westen, vornehmlich aus der Bundesrepublik.[735] Auffällig ist dabei der in dieser Diensteinheit überdurchschnittlich hohe Anteil inoffizieller Mitarbeiter mit direktem „Feindkontakt" (IMB).[736] Von dieser Kategorie setzte allein die Abteilung XXII gegen die einzelnen palästinensischen und arabischen Gruppierungen bis zu sechs Mitarbeiter ein (etwa gegen Abu Nidal).[737] Zur Aufklärung der französischen „Action Directe" war lediglich ein IMB im Einsatz, nämlich der ehemalige RAF-Anwalt Klaus Croissant.[738] Der ehemalige Angehörige der „Bewegung 2. Juni" Till Meyer[739] war dem MfS genauso zu Diensten wie der Ex-Terrorist und DDR-Bürger Werner Lotze.[740] Im Umfeld der genannten rechtsextremen Zielgruppen hatte die Abteilung XXII jeweils maximal drei IM plaziert.[741] Als sehr ergiebig erwies sich dabei der direkte „operative Kontakt" zu dem Rechtsterroristen Odfried Hepp.[742]

Die Verbindung zwischen dem Ministerium für Staatssicherheit und der westdeutschen Terroristenszene begann 1970 mit der dosierten Gewährung von Möglichkeiten des Aufenthaltes bzw. der Durchreise durch den SED-Staat.[743]

734 Vgl. DA 1/81 vom 16.3.1981 zur Aufklärung, vorbeugenden Verhinderung, operativen Bearbeitung und Bekämpfung von Terror- und anderen operativ bedeutsamen Gewalttaten, S. 23; BStU, ZA, DSt 102735; Entwurf einer DA von 1977 zur vorbeugenden Verhinderung, Aufklärung und Bekämpfung von Terror- und anderen schwerwiegenden Gewalttaten; BStU, ZA, HA XXII 865, o. Pag.

735 Die Zahl umfaßt IMB (Inoffizieller Mitarbeiter mit Feindkontakt), IME (Inoffizieller Mitarbeiter für besondere Einsätze) und IMS (Inoffizieller Mitarbeiter für Sicherheit). Vgl. Analyse der Abt. XXII vom 24.4.1987 zur Einschätzung der Wirksamkeit der IM-Arbeit in der Abt. XXII; BStU, ZA, HA XXII 17846, Bl. 12–29, hier 21.

736 Die IMB machten ein Drittel aller inoffiziellen Mitarbeiter der „Terrorabwehr" aus (der Kategorien IMB, IME und IMS), während ihr Anteil im gesamten Staatssicherheitsdienst (allerdings ohne HV A) nur 3,6 % betrug. Vgl. Müller-Enbergs, 1993, S. 9.

737 Vgl. Analyse der Abt. XXII/8 der IM-Arbeit auf der Grundlage der 1988 erzielten Ergebnisse bei der Qualifizierung und Erweiterung des IM-Bestandes in den Kategorien IMB/IMS vom 22.2.1989; BStU, ZA, HA XXII 521, o. Pag.

738 Vgl. Tageszeitung (taz) vom 5.1.1993, S. 1 und vom 12.2.1993, S. 2.

739 Vgl. Tageszeitung (taz) vom 27.1.1992, S. 3.

740 Vgl. Wunschik 1993, S. 177–189.

741 Vgl. Analyse der Abt. XXII/1 vom 17.10.1988 zum neonazistischen Potential des Operationsgebietes; BStU, ZA, HA XXII 1189, Bl. 6–50.

742 Vgl. Der Spiegel Nr. 47/1991, S. 137–144.

743 Ausführlicher zum Folgenden: Wunschik 1997a.

Nur wenige Wochen nach der gewaltsamen Befreiung von Andreas Baader am 14. Mai 1970, die als Gründungsdatum der „Rote Armee Fraktion" (RAF) gilt, ersuchte die daran beteiligte Ulrike Meinhof in Ost-Berlin um die Erlaubnis, das Territorium der DDR als Ausgangsbasis für die „Organisierung des Widerstandes" in West-Berlin nutzen zu können, weswegen sie umgehend einen „politisch Verantwortlichen" sprechen wolle. Sie wurde zunächst auf den Folgetag vertröstet,[744] dann jedoch nicht mehr über die Grenze gelassen.[745] Auch später duldete das MfS nach heutigem Wissensstand keine Operationsbasis der RAF auf ostdeutschem Terrain, ließ aber steckbrieflich gesuchte Terroristen auf dem Weg in den Nahen Osten den Ost-Berliner Flughafen Schönefeld ungehindert passieren.[746] Das MfS gestattete die Grenzpassage teilweise stillschweigend,[747] teilweise aber auch explizit[748]. Inge Viett beispielsweise, Mitglied der „Bewegung 2. Juni", wurde bei einem Grenzübertritt von MfS-Seite zutreffend versichert, es gäbe „keine Zusammenarbeit mit dem BRD-Polizeiapparat", der nachteilige Konsequenzen für die Linksterroristen nach sich ziehen könnte.[749] So konnte Viett unmittelbar nach der geglückten Befreiung von Till Meyer am 27. Mai 1978 am Grenzübergang Friedrichstraße in die DDR einreisen und sich damit dem Zugriff der westdeutschen Polizei entziehen.[750] Außerdem prüfte das MfS, ob die gefälschten Reisepässe von RAF-Terroristen den westlichen Sicherheitsbehörden schon bekannt waren und riet gegebenenfalls vor der weiteren Verwendung dieser Dokumente ab. Auch warnte sie das MfS rechtzeitig, als das Bundeskriminalamt ein von Terroristen angelegtes Erddepot beobachtete.[751] Und zumindest in einem Fall prüfte der Staatssicherheitsdienst den Verdacht der RAF, eine Person im Umfeld der Gruppe könnte für das Bundesamt für den Verfassungsschutz arbeiten[752] – als „Gegenleistung" erhielt das MfS von RAF-Unterstützern gesammelte Unterla-

---

744 Ihr Ansinnen trug sie beim 1. Sekretär des Zentralrates des FDJ, Günther Jahn, vor. Vgl. Günther Jahn, Information vom 17.8.1970; BStU, ZA, HA XX AIG 496, S. 17–19. Ihr Ehemann Klaus Rainer Röhl dagegen behauptet, Meinhof habe im gleichen Zeitraum um „Asyl" bzw. Unterschlupf in Ost-Berlin nachgesucht. Dort wurde ihr angedeutet, daß wohl ihre eigene, nicht aber die Aufnahme der anderen Gruppenmitglieder möglich sei. Unter diesen Bedingungen lehnte sie ab und ließ sich statt dessen in den Nahen Osten ausweisen; Röhl 1974, S. 395.

745 Vgl. KK Ulrike Meinhof; BStU, ZA, HA XX AIG 496.

746 Vgl. u. a. Bericht der HA IX/2 vom 7.8.1970; BStU, ZA, SdM 309, S. 39–42. Aus dem Dokument geht auch hervor, daß der Staatssicherheitsdienst teilweise im voraus über die geplanten Grenzübertritte von Horst Mahler, Hans-Jürgen Bäcker, Ulrike Meinhof und anderen informiert war. Vgl. auch Horchem 1988, S. 123.

747 Vgl. Volker Speitel: Ich mach das Affentheater nicht mehr mit (Interview), in: Stern Nr. 35/1981, S. 141.

748 Inge Viett: Wahr bleibt ... , in: Konkret 3/1992, S. 28. Zu ihrer Zusammenarbeit mit dem MfS vgl. Gert Rosenkranz und Jürgen Gottschlich: Neue Belege für die RAF als „5. Kolonne", in: Tageszeitung (taz) vom 27.2.1992, S. 11; Helmut Voigt: „Es ging um Schmidt/Strauß", in: Der Spiegel Nr. 26/1991, S. 94 f.

749 Viett 1997, S. 180.

750 Vgl. Meyer 1996, S. 361.

751 So der mit den RAF-Mitgliedern befaßte Hauptmann der Staatssicherheit Walter Lindner, zitiert nach: Süddeutsche Zeitung vom 10.1.1992, S. 6.

752 So die Angabe des genannten Walter Lindner im Prozeß gegen Inge Viett; vgl. Wolfhard Klein: „Nix, oder wie's war", in: Konkret Nr. 10/1992, S. 32 f.

gen über eine US-amerikanische Kaserne in der Bundesrepublik.[753] Naturgemäß verschaffte dies den im Westen meist steckbrieflich gesuchten Tätern einen erheblichen taktischen Vorteil. Sofern es in seiner Macht stand, sorgte das MfS mitunter sogar für die Freilasssung von Terroristen, wie aus einer MfS-Information hervorgeht: „Am 27. Juni 1978 wurden die Viett, Siepmann und Nicolai in Prag durch tschechische Sicherheitsorgane festgenommen und dem MfS übergeben. In der Zeit vom 28. Juni bis 12. Juli 1978 waren sie in der DDR in einem konspirativen Objekt untergebracht und wurden anschließend unter operativer Kontrolle nach Bagdad/Irak ausgeflogen."[754] Die Verhafteten an die westlichen Strafverfolgungsbehörden zu übergeben, kam der Staatssicherheit offenbar nicht in den Sinn.

Noch größere Handlungsfreiheit in der DDR hatten die ehemaligen Angehörigen der Revolutionären Zellen (RZ) Johannes Weinrich und Magdalena Kopp, da sie unter dem Schutz ihres Mentors, dem international gesuchten „Top-Terroristen" Carlos, standen.[755] Spätestens seit März 1979 hielt sich der palästinensische Terrorist immer wieder als Gast der jemenitischen Botschaft – und damit unter den duldsamen Blicken des Staatssicherheitsdienstes – in der DDR auf.[756] Allerdings verscherzte er sich durch sein undiszipliniertes Auftreten und seinen ausschweifenden Lebenswandel in der DDR ebenso seine Sympathien wie schon Jahre zuvor in Moskau.[757]

Johannes Weinrich konnte Ost-Berlin sogar in seine Terrorakte gegen die Bundesrepublik einbeziehen: Im Mai 1982 landete er mit 25 Kilogramm Sprengstoff im Gepäck auf dem Ost-Berliner Flughafen Schönefeld. Dies stellte eine „Einfuhr von Sprengmitteln" dar, die nach geltendem DDR-Recht mit mindestens zwei Jahren Haft hätte bestraft werden müssen (§ 206 StGB) – wäre das MfS ihm nicht so wohlgesonnen gewesen. Der Sprengstoff wurde zwar zeitweilig beschlagnahmt, doch gegen die Zusicherung Weinrichs, er werde das explosive Material nicht selbst verwenden, sondern an eine „Befreiungsbewegung" weiterleiten, später wieder an ihn ausgehändigt. Und dies, obwohl dem MfS bekannt war, daß Weinrich sich in nächster Nähe bereits ein konkretes Anschlagsziel ausgesucht hatte, nämlich die in West-Berlin gelegene Kultureinrichtung „Maison de France". Als dort am 16. August 1983 der

---

753 So beschrieb der mit den RAF-Mitgliedern ebenfalls unmittelbar befaßte Oberst der Staatssicherheit, Helmut Voigt, die Kooperation mit der RAF; zitiert nach Katrin Klocke: HA Terrorismus – Zusammenarbeit mit der Stasi, RTL-Plus (Spiegel-TV), 23.6.1991, 35 Minuten.

754 Information zu Aktivitäten von Vertretern der palästinensischen Befreiungsorganisation in Verbindung mit internationalen Terroristen zur Einziehung der DDR bei der Vorbereitung von Gewaltakten in Ländern Westeuropas vom 3.5.1979; BStU, ZA, HA XXII 18613, S. 277–292, hier 287; Viett 1997, S. 205.

755 Vgl. BStU, ZA, HA XXII 953, S. 154; HA XXII 18613, S. 95. Zu Weinrich vgl. Schmaldienst/Matschke 1995; Der Spiegel Nr. 35/1994, S. 133.

756 Vgl. Information zu Aktivitäten von Vertretern der palästinensischen Befreiungsorganisation in Verbindung mit internationalen Terroristen zur Einziehung der DDR bei der Vorbereitung von Gewaltakten in Ländern Westeuropas vom 3.5.1979; BStU, ZA, HA XXII 18613, S. 277–292, hier 278.

757 Vgl. Meier 1992, S. 201–209, Dietl/Neumann 1995, S. 89–107.

Sprengstoff detonierte, starb eine Person, weitere 21 wurden zum Teil schwer verletzt.[758]

Das logistisch aufwendigste Unterfangen des MfS war jedoch die Aufnahme von RAF-Angehörigen, die dem „bewaffneten Kampf" abschwören wollten. Durch Inge Viett vermittelt, konnten Anfang der achtziger Jahre Silke Maier-Witt, Susanne Albrecht, Monika Helbing, Ekkehard von Seckendorff-Gudent, Werner Lotze, Christine Dümlein, Sigrid Sternebeck und Ralf Baptist Friedrich (sowie später auch Hennig Beer und schließlich Viett selbst) in der DDR Unterschlupf finden. Um die RAF-Aussteiger zu überwachen, führte das MfS zunächst Operative Personenkontrollen (OPK) durch, legte 1981 die Operativen Vorgänge (OV) „Stern I" und „Stern II" neu an und setzte zur Absicherung ihrer Identität insgesamt 20 inoffizielle Mitarbeiter ein (Stand 1989).[759] Teilweise waren auch die RAF-Aussteiger selbst als inoffizielle Mitarbeiter tätig.[760] Weil 1985 und 1986 in ihrem gesellschaftlichen Umfeld und auch im Westen Hinweise auf die wahre Vergangenheit von Albrecht, Maier-Witt und Viett bekannt wurden, „mußten" die drei Frauen unabhängig voneinander abermals ihre Identität wechseln und an einem anderen Ort der DDR eine neue Existenz beginnen.[761] Maier-Witt hatte sich sogar einer Gesichtsoperation zu unterziehen, um eine erneute Wiedererkennung auszuschließen.[762] Ihre Betreuer vom MfS erklärten den Umkehrern angeblich, sie hofften auf den Ausstieg weiterer Terroristen, weil deren Aktivitäten „politisch nichts einbringen" würden.[763] Daß die polizeiliche Fahndung nach Links-Terroristen in der Bundesrepublik in der zweiten Hälfte der achtziger Jahre erfolglos blieb, ist u. a. darauf zurückzuführen, daß ein Teil der Gesuchten in der DDR unbehelligt hatte Unterschlupf finden können.

Die aktiven RAF-Mitglieder, die ihren „bewaffneten Kampf" fortsetzen wollten, zeigten sich höchst erfreut über die Unterstützung durch das MfS. Um die Perspektiven einer Kooperation auszuloten, sondierten im Vorfeld des geplan-

---

758 Gegen Weinreich wurde 1997 in dieser Sache vor dem Landgericht Berlin verhandelt. Alle für das Verfahren relevanten Unterlagen des MfS unterliegen einem Sperrvermerk der Staatsanwaltschaft und sind der wissenschaftlichen Forschung derzeit nicht zugänglich.

759 Vgl. Analyse der Abt. XXII/8 der IM-Arbeit auf der Grundlage der 1988 erzielten Ergebnisse bei der Qualifizierung und Erweiterung des IM-Bestandes in den Kategorien IMB/IMS vom 22.2.1989; BStU, ZA, HA XXII 521, o. Pag.

760 Vgl. Oberlandesgericht Koblenz, 2. Strafsenat, Urteil gegen Inge Viett vom 26.8.1992 (2 StE 3/91), S. 35.

761 Vgl. Oberlandesgericht Stuttgart, 5. Strafsenat, Urteil gegen Susanne Becker, geb. Albrecht vom 3.6.1991 (5-II StE e/90), S. 14; Viett 1997, S. 281.

762 Vgl. Wunschik 1992, S. 153.

763 So der o. g. Walter Lindner, zitiert nach: Süddeutsche Zeitung vom 9.1.1992, S. 6. Der seinerzeitige Leiter der Abt. XXII, Harry Dahl, sowie drei seiner Untergebenen, die sich durch die Aufnahme der Ex-Terroristen der Strafvereitelung in der Bundesrepublik schuldig gemacht haben, wurden im März 1997 „mit Strafvorbehalt verwarnt" und zu Geldbußen von bis zu 5.000 DM verurteilt. Dahls Nachfolger, Oberst Horst Franz, und sein Vorgesetzter, der stellvertretende Minister für Staatssicherheit, Generalleutnant Gerhard Neiber, die ebenfalls in dieser Sache hätten belangt werden können, galten seinerzeit als verhandlungsunfähig.

ten RAF-Attentats auf General Kroesen[764] zunächst Wolfgang Beer und Christian Klar in einem Gespräch mit MfS-Mitarbeitern die Lage.[765] Außer ihnen reisten später auch Helmut Pohl, Henning Beer, Adelheid Schulz und, seinerzeit im Terrorismus noch aktiv, Inge Viett in die DDR, wo sie in einem Objekt des MfS in Briesen bei Frankfurt an der Oder untergebracht wurden. Auf nahe gelegenen Schießplätzen wurden sie dann im Umgang mit Waffen, insbesondere einer Panzerfaust, trainiert.[766] Damit war nach gegenwärtigem Kenntnisstand ein Höchstmaß an Kooperation zwischen Terroristen der Roten Armee Fraktion und dem Ministerium für Staatssicherheit erreicht.

Das MfS zeigte also grundsätzlich keine Neigung, der westdeutschen Fahndung nach den politisch motivierten Gewalttätern behilflich zu sein; in manchen Fällen tendierte es sogar zur unmittelbaren Unterstützung der Terroristen. Vordringlichste Absicht des Staatssicherheitsdienstes der DDR war dabei die lückenlose Aufklärung der terroristischen Szene, denn nur so meinte der ostdeutsche Geheimdienst, etwaige Gefahren für die DDR abwehren bzw. die jeweilige Organisation „zielgerichtet bearbeiten" zu können – was auch immer sich im einzelnen dahinter verbergen mochte. Daher lautete der Auftrag des MfS, die Mitglieder extremistischer Gruppen linker wie rechter Couleur im Westen zu identifizieren, ihre Absichten zu erkunden, ihren personellen „Rückverbindungen" nach Ostdeutschland nachzuspüren und die vermutete Steuerung dieser Gruppen durch westliche Geheimdienste aufzudecken.[767] Gerade bei der Aufnahme der RAF-"Pensionäre" in die DDR stand eindeutig das Aufklärungsinteresse des MfS im Vordergrund. Hiervon versprach sich der Staatssicherheitsdienst aktuelle Auskünfte über die bundesdeutsche sowie die internationale Terrorszene; gleiches gilt für den DDR-Aufenthalt von Weinrich, dessen Wissen dann teilweise offen (in langen Gesprächen mit MfS-Vertretern), teilweise verdeckt (durch Post- und Telefonkontrolle) abgeschöpft wurde.[768]

Die Gastfreundschaft des MfS besonders gegenüber verschiedenen palästinensischen Gruppen war aber auch ein Ausdruck politischer Sympathien. Es entsprach der grundsätzlichen Linie der Ostblockstaaten, die „fortschrittlichen

---

764 Vgl. Oberlandesgericht Koblenz, 2. Strafsenat, Urteil gegen Henning Beer vom 3.7.1991, (2 StE 2/91), S. 79; Oberlandesgericht Koblenz, 2. Strafsenat, Urteil gegen Inge Viett vom 26.8.1992, (2 StE 3/91), S. 133 f. Dagegen bestimmte die Bundesanwaltschaft den Zeitpunkt der Übungen mit einer Panzerfaust in Briesen auf das Frühjahr 1982, also nach dem Anschlag auf Kroesen; vgl. Süddeutsche Zeitung vom 31.7.1992, S. 6. Wegen dieser Unsicherheiten wurde nach dreijährigen Recherchen das diesbezügliche Ermittlungsverfahren gegen Mielke und sechs ehemalige Mitarbeiter der Staatssicherheit am 16.9.1994 eingestellt; vgl. Süddeutsche Zeitung vom 17./18.9.1994, S. 2.
765 Vgl. Helmut Voigt: „Es ging um Schmidt/Strauß"; in: Der Spiegel Nr. 26/1991, S. 94 f.
766 Vgl. Der Spiegel Nr. 14/1991, S. 22–26, Nr. 26/1991, S. 92–95. Henning Beer nahm am militärischen Training möglicherweise nicht mehr teil.
767 Vgl. Befehl 17/79 vom 8.12.1979 zur Aufklärung, vorbeugenden Verhinderung und Bekämpfung subversiver Pläne, Absichten und Maßnahmen linksextremistischer und trotzkistischer Organisationen, Gruppen und Kräfte; BStU, ZA, DSt 102619; DA 1/81 vom 16.3.1981 zur Aufklärung, vorbeugenden Verhinderung, operativen Bearbeitung und Bekämpfung von Terror- und anderen operativ bedeutsamen Gewalttakten; BStU, ZA, DSt 102735.
768 Vgl. Der Spiegel Nr. 35/1994, S. 133.

Kräfte", d. h. die Befreiungsbewegungen der Dritten Welt sowie etliche „junge Nationalstaaten", als Verbündete im Kampf gegen den „Imperialismus" zu betrachten und sie dementsprechend zu fördern (vgl. Kap. 5.1). Gegenüber den offenkundig militanten Kräften innerhalb dieses Lagers grenzte sich Ost-Berlin nicht wirklich ab, so daß die massive Hilfe, etwa für den Süd-Jemen,[769] der offen mit der palästinensischen Terrororganisation PFLP paktierte, letztlich auch den bundesdeutschen Linksterroristen zugute kam, die sich in den Ausbildungslagern in Aden regelmäßig militärisch trainieren ließen.

Auch gegenüber der RAF bestand eine „unübersehbare Geistesverwandtschaft",[770] insbesondere was die gemeinsame Frontstellung gegenüber dem „Imperialismus" betraf. Auch wenn das SED-Regime den RAF-Terrorismus offiziell ablehnte,[771] beabsichtigte die Staatssicherheit doch, „ein Abgleiten linksterroristischer Kräfte in das Lager des Gegners zu verhindern".[772] Die gemeinsame Feindschaft gegenüber der „imperialistischen" Bundesrepublik stand auch hinter der Vorstellung Erich Mielkes, im Kriegsfall die RAF hinter den feindlichen Linien zur Schwächung des Gegners einzusetzen.[773]

Der Staatssicherheitsdienst wollte seine gewaltbereiten Gäste durch sein Entgegenkommen zu politischem Wohlverhalten gegenüber Ost-Berlin bewegen. Wäre man restriktiver vorgegangen, so die Befürchtung, hätten die Mitglieder palästinensischer Gruppierungen aus Verärgerung über den entzogenen Beistand auch gegen die DDR aktiv werden können. Mit der permanenten terroristischen Bedrohung des Westens konnte der Mielke-Apparat dagegen gut leben.[774] Angesichts der ideologischen Ausrichtung der linksmilitanten Kräfte war die Befürchtung, sie könnten die Fronten wechseln und sich gegen die DDR wenden, freilich weitgehend irreal.

Daß es trotz der wechselseitigen politischen Sympathien zwischen SED-Regime und Linksterroristen nie zu einem wirklichen Schulterschluß zwischen beiden kam, resultierte vor allem aus den Sicherheitsproblemen, die sich unvermeidlich aus dem DDR-Aufenthalt der Terroristen ergaben, aus taktischen Überlegungen und aus ideologischen Vorbehalten gegenüber bestimmten Formen des „individuellen Terrorismus". Das MfS registrierte dessen Stoßrichtung gegen den Westen zwar mit Wohlwollen, die „Kampfform" jedoch hielt es für kritikwürdig oder – im Sinne einer längerfristigen Strategie – sogar für kontraproduktiv.[775] Der subtilen Neigung der SED, dem bundesdeutschen

---

769 Vgl. u. a. die Vereinbarung über die Zusammenarbeit zwischen dem Ministerium für Staatssicherheit der Deutschen Demokratischen Republik und dem Komitee für Staatssicherheit der Volksdemokratischen Republik Jemen vom 25.11.1980; BStU, ZA, BdL/Dok. 001843.

770 Backes 1991, S. 200.

771 Vgl. u. a. Stellungnahme des Präsidiums der DKP zum Terroranschlag in Köln, abgedruckt in: Unsere Zeit vom 7.9.1977, S. 2.

772 Erfahrungen der Abt. XXII bei der Organisierung der vorbeugenden Terrorabwehr vom März 1988; BStU, ZA, HA XXII 5538, Bl. 127–145, hier 140.

773 Vgl. Interview mit Markus Wolf, in: Tageszeitung (taz) vom 25.8.1994, S. 10.

774 Vgl. Siebenmorgen 1993, S. 206.

775 So beschrieb eine 1983 in die DDR aufgenommene Ex-Terroristin die seinerzeitige Position der MfS-Mitarbeiter wie folgt: „Einerseits fanden sie die terroristische Praxis falsch und schädlich, an-

„Imperialismus" durch die Förderung des Linksterrorismus vielleicht den einen oder anderen Schlag zu versetzen, stand auch entgegen, daß der RAF-Terrorismus in den siebziger Jahren mehrfach polizeiliche Fahndungswellen und verstärkte Sicherheitsmaßnahmen in der Bundesrepublik ausgelöst hatte.[776] Diese Entwicklung gefährdete auch die MfS-Mitarbeiter im „Operationsgebiet" und konnte – in der Optik der SED – dem Westen als Vorwand zur „Unterdrückung" der „demokratischen Kräfte" dienen.[777] Der mit Abstand wichtigste Grund aber, die zu Gewalthandlungen neigenden Gäste immer wieder zur Mäßigung anzuhalten und sie nicht offen zu unterstützen, war die taktisch bedingte Sorge des MfS vor außenpolitischen Komplikationen. In den Augen der Weltöffentlichkeit der Unterstützung der weltweiten Terrorszene überführt zu werden, hätte dem SED-Regime tatsächlich schweren politischen Schaden zugefügt.[778] Deswegen hielt das MfS die Terroristen dazu an, sich auch innerhalb der DDR konspirativ zu bewegen, und aus dem gleichen Grund wurde die immer schwerer zu verbergende Unterstützung des internationalen Terrorismus ab 1984 deutlich reduziert.[779]

Da in diesem Zeitraum auch der Aufenthalt von „Carlos" und seinen deutschen Komplizen in der DDR nicht mehr geduldet wurde,[780] ist offenkundig, daß sich die Staatssicherheit sogar dieses gefährlichen Zeitgenossen erwehren konnte. Die DDR von terroristischer Gewalt frei zu halten, ist also offensichtlich auch anders möglich gewesen, als die weltweit gesuchten Gewalttäter durch Duldung und Unterstützung zu Wohlwollen gegenüber Ost-Berlin zu bewegen. Deutlich wird das tatsächliche Anliegen der sogenannten „Terrorabwehr" des MfS auch in der Absicht der Abteilung XXII, die Terrorismusbekämpfung der demokratischen Staaten nicht etwa zu unterstützen, sondern aufzuklären und zu „bearbeiten". In mindestens einem Fall sollten aktive Maßnahmen des MfS das Kölner Bundesamt für den Verfassungsschutz bei dessen Aufklärung des Terrorismus sogar behindern und verunsichern.[781]

---

dererseits respektierten sie die revolutionäre Moral der RAF und ihre antiimperialistische Überzeugung". Inge Viett: Wahr bleibt ..., in: Konkret 3/1992, S. 28 f.

776 Vgl. u. a. Schreiben Mielkes an die Leiter der Diensteinheiten vom 7.4.1977 über politisch-operative Maßnahmen nach dem Attentat auf den Generalbundesanwalt Buback; BStU, ZA, SdM 1931, Bl. 276–280.

777 Vgl. u. a. Einschätzung der Abt. XXII vom 14.11.1978 zu rechtlichen Regelungen zur Terrorismusbekämpfung in der BRD; BStU, ZA, HA XXII 777, Bd. 4, Bl. 2–4.

778 Vgl. hierzu auch die offiziellen Konsultationen der DDR und der USA zu Fragen der Terrorismusbekämpfung vom Februar 1988; BStU, ZA, HA XXII 18138.

779 Vgl. Nielsen 1996, S. 15.

780 Vgl. Jahresplan 1985 der Abt. XXII vom 20.12.1984; BStU, ZA, HA XXII 5778, Bl. 630–675, hier 640.

781 Vgl. Vorschlag von Oberst Horst Franz vom 12.2.1985 zur Durchführung einer Offensivmaßnahme gegen das Bundesamt für den Verfassungsschutz (OV „Reiter"); BStU, ZA, HA XXII 5619, Bl. 3 f. Nach Einschätzung des MfS wurde der „gegnerische Nachrichtendienst erheblich und mit Langzeitwirkung desinformiert und verunsichert". Wesentliche Ergebnisse der Erfüllung der Plan- und Kampfaufgaben der Abt. XXII vom 18.7.1985; BStU, ZA, HA XXII 5601, Bl. 233–238.

5.7 Kampf gegen Flucht und Ausreise – die Rolle der Zentralen Koordinierungsgruppe (ZKG)[782]

Auf deutschem Boden gab es nach 1945 ein untrügliches Barometer darüber, welches System die Deutschen im Ost-West-Vergleich vorzogen – die „Abstimmung mit den Füßen". Für den SED-Staat, der Zeit seiner Existenz die Überlegenheit über die westdeutsche parlamentarische Demokratie propagierte und aus der Ideologie des Marxismus/Leninismus seine historische Höherwertigkeit glaubhaft zu machen versuchte, mußte dieser Systemvergleich besonders schmerzhaft erscheinen. Flucht und Ausreise weitestgehend einzuschränken und zu unterbinden, stand deshalb immer im Zentrum der Politik der SED. Voraussetzung dafür waren detaillierte Erkenntnisse über die Seelenlage der Menschen und ihre Ambitionen, ein Überwachungs- und Kontrollsystem, das es ermöglichte, Fluchtanläufe bereits im Keim zu ersticken, ein Grenzsystem, das weitgehend undurchdringlich und abschreckend erscheinen mußte, sowie ein Apparat, der auch auf westdeutscher Seite nichts unversucht ließ, Personen und Einrichtungen aufzuspüren und zu bekämpfen, die Bemühungen um Flucht oder Ausreise aus der DDR praktisch unterstützten.

Damit war klar, daß der Kampf gegen Flucht und Ausreise eine zentrale Aufgabe aller Diensteinheiten des MfS bildete. Da SED und Staatssicherheit stets unterstellten, daß die Flucht- und Ausreisewilligkeit ihrer Bürger hauptsächlich durch westliche Einflüsse angeregt und letztlich initiiert wurde, hatten die operativen Diensteinheiten des MfS ihr Augenmerk besonders auf die „Ausgangspunkte und Zentren der feindlichen ideologischen Diversion" in der Bundesrepublik und in West-Berlin zu richten und dies vor allem durch den Einsatz von inoffiziellen Mitarbeitern.[783]

Bekämpfung der Fluchtbewegung

Während das MfS vor dem Mauerbau in erster Linie sogenannte „Abwerbungen" für die Massenflucht ihrer Bürger verantwortlich machte, schrieb es nach dem 13. August 1961 dem sogenannten staatsfeindlichen Menschenhandel und kriminellen Menschenhändlerbanden (KMHB) die Hauptschuld zu. Vor dem Mauerbau wurden deshalb vor allem Betriebe und Einrichtungen im Westen „aufgeklärt", die mit Flüchtlingen zu tun hatten bzw. viele Ostdeutsche aufnahmen; an dieser Aufgabe hatte sich das „gesamte inoffizielle Netz" des MfS im Westen auszurichten.[784] Nach dem Mauerbau war das MfS neben der weiteren „Aufklärung" der offiziellen Aufnahmestellen für Flüchtlinge vor allem mit der Suche, der Einschränkung und der Ausschaltung von Fluchthelfern be-

---

782 Das folgende Kapitel ist eine überarbeitete Zuarbeit von Bernd Eisenfeld von der Abt. Bildung und Forschung beim BStU.

783 Anweisung 1/60 „Politisch-operative Maßnahmen zur Einengung der Republikfluchten" vom 4.5.1960; „Entwurf über Maßnahmen und Vorschläge zur Bekämpfung der Republikflucht vom 2.3.1961, S. 1 f.; BStU, ZA, DSt 101427.

784 Ebenda.

schäftigt, wofür wiederum vor allem inoffizielle Mitarbeiter erforderlich waren.

Neue Fluchtgefahren sahen SED und MfS in den siebziger Jahren aufgrund der deutsch-deutschen Verträge, insbesondere des Transitabkommens,[785] sowie infolge der Vereinbarungen der Konferenz über Sicherheit und Zusammenarbeit in Europa heraufziehen. Ihnen sollte durch eine verstärkte zentrale Koordinierung der Aufgaben der Diensteinheiten des MfS zur Verhinderung der Flucht entgegengetreten werden.

In den sechziger und frühen siebziger Jahren war speziell die Abteilung 5 der Hauptabteilung XX für die personenbezogene Arbeit im und nach dem Westen zur Bekämpfung von „Feinden" der DDR verantwortlich. Ihr wurde die „Federführung" bei der Bekämpfung von westlichen Fluchthelferzentren und -gruppen übertragen. Außerdem übernahm sie koordinierende Funktionen bei der Bekämpfung der Flucht über andere Ostblockstaaten.[786] 1975 sah sich dann Erich Mielke veranlaßt, seinen Stellvertreter Generalleutnant Beater für die Koordinierung „aller politisch-operativer Maßnahmen" und „aller operativen Diensteinheiten" zur „Gewährleistung des planmäßigen, konzentrierten und wirksamen Vorgehens [...] bei der Vorbeugung, Aufklärung und Verhinderung des ungesetzlichen Verlassens der DDR und Bekämpfung des staatsfeindlichen Menschenhandels" verantwortlich zu machen.[787] Als ständige Arbeitsorgane zur Umsetzung dieser Aufgabe wurden in der MfS-Zentrale in Berlin die Zentrale Koordinierungsgruppe (ZKG), auf bezirklicher Ebene die Bezirkskoordinierungsgruppen (BKG) gebildet.[788]

Die ZKG war vor allem verantwortlich für die

– ständige Analyse der Flucht- und Ausreisebestrebungen

– Gewährleistung einer aktuellen Gesamtübersicht

– Herausarbeitung von Schwerpunkten

– Vorbereitung von Führungsentscheidungen und zentralen Orientierungen zur:

  – Aufdeckung und Beseitigung von Umständen, die das Verlassen der DDR begünstigen

  – Gewährleistung eines zielgerichteten Einsatzes von inoffiziellen Mitarbeitern

---

785 Vgl. Mitteilung der Bundesregierung zu Verbesserungen im Berlin-Verkehr vom 19.12.1975; dokumentiert in: Seminarmaterial „Berlin Verkehr", hrsg. vom Gesamtdeutschen Institut, Bonn o. J.

786 Befehl 506/62 des Ministers vom 27.8.1962; BStU, ZA, DSt 100366. Befehl 373/64 des Ministers vom 6.5.1964; BStU, ZA, DSt 100417.

787 Befehl 1/75 vom 15.12.1975 zur Vorbeugung, Aufklärung und Verhinderung des ungesetzlichen Verlassens der DDR und zur Bekämpfung des staatsfeindlichen Menschenhandels, S. 14; BStU, ZA, DSt 102092.

788 Vgl. Eisenfeld 1995b.

– konsequenten und umfassenden Aufklärung und Verhinderung des ungesetzlichen Verlassens der DDR

– offensiven Bekämpfung der Fluchthelfer in der DDR und im Westen

– ständige Verallgemeinerung der aus der Praxis und aus der Forschung gewonnenen Erfahrungen

– Information der operativen Diensteinheiten über neue Erkenntnisse

– Qualifizierung der operativen Diensteinheiten

– Entwicklung und Weiterführung zweckmäßiger Formen des gemeinsamen Vorgehens beim Einsatz der Kräfte, Mittel und Methoden

– Sicherstellung eines konzentriertes Einsatzes zur Aufklärung unbekannter Fluchtwege und -kräfte.[789]

Zur Bewältigung dieser Aufgaben mußten alle Diensteinheiten des MfS der ZKG über alle „operativ bedeutsamen" Erscheinungen (u. a. Erkenntnisse über entsprechende „feindliche Kräfte, Vorkommnisse, Handlungen") auf diesem Gebiet Meldung machen.[790] Diese Informationen wurden dann von den Mitarbeitern der ZKG in Form von operativen Handakten und einer Vielzahl von Karteien, u. a. zu IM, Objekten, Telefonnummern, KFZ, Fahndungen, Adressen und Bildmaterial, ausgewertet und verdichtet.[791]

Für eine zielgerichtete und effektivere Bekämpfung der Fluchthelfer wurden einzelne Operative Vorgänge (OV) in Teilvorgängen (mehrere OV) und Zentralen Operativen Vorgängen (ZOV) zusammengefaßt. Insbesondere ging es dabei um Zersetzungsmaßnahmen gegenüber angeblichen Auftraggebern, Aufkäufern, Unterstützern, Kurieren oder sogenannten „Stützpunkten" der Fluchthilfe.[792] Die Bearbeitung dieser Vorgänge wurde in die Hände derjenigen Diensteinheit des MfS gelegt, die „dafür über die besten politisch-operativen Möglichkeiten und Voraussetzungen verfügten."[793] Das hatte zur Folge, daß die bis 1975 verantwortlichen Diensteinheiten des MfS zur Bekämpfung von Fluchthelfern in der Regel auch weiterhin für deren Bearbeitung verantwortlich blieben, während die ZKG in erster Linie koordinierende Funktionen übernahm.

So sahen beispielsweise die Grundsätze der Führung von ZOV der BV Potsdam des MfS zur Bekämpfung von Fluchthilfeorganisationen vor, einmal im Jahr unter der Leitung der federführenden Diensteinheit der Abteilung VI (Beobachtung/Ermittlungen) eine Grundsatzberatung durchzuführen. Beteiligt waren nicht nur Vertreter der HA VI, der ZKG, der HA IX (Untersuchungsorgan)

---

789 Befehl 1/75, S. 15 ff.; BStU, ZA, DSt 102092. Eisenfeld 1995b.
790 Vgl. Befehl 1/75, S. 19 f.; BStU, ZA, DSt 102092.
791 Vgl. ebenda, S. 27.
792 Erich Mielke: Redemanuskript vom 22.1.1975, S. 119; BStU, ZA, DSt 102227. Vgl. hierzu die MfS-Diplomarbeit von Bogisch (Kap. 7.2).
793 Befehl 1/75, S. 19; BStU, ZA, DSt 102092.

und der Hauptverwaltung Aufklärung (HV A), sondern auch jener Diensteinheiten, die an Vorgängen oder Teilvorgängen im Rahmen des ZOV arbeiteten.[794] Darüber hinaus arbeitete die ZKG neben der bereits genannten Hauptabteilung XX/5 des MfS auch mit der Hauptabteilung VIII (Beobachtungen/Ermittlungen), der Abteilung X (Internationale Verbindungen) sowie mit der Hauptabteilung XXII (Terror- und Spionageabwehr) zusammen.

Der ZKG fielen vor allem anleitende und unterstützende Aufgaben zu, insbesondere beim abgestimmten Einsatz von inoffiziellen Mitarbeitern, die „im und nach dem Operationsgebiet" tätig waren. Für jeden eingesetzten IM wurde dazu im Rahmen des ZOV eine detaillierte „Einsatz- und Entwicklungskonzeption" angefertigt. Operiert wurde dabei auch mit der zielgerichteten Übersiedlung von überprüften IM in die Bundesrepublik.[795]

IM, die direkt in Fluchthilfeorganisationen tätig waren, sollten möglichst nicht mit den Personen identisch sein, die politisch-operative Zersetzungsmaßnahmen durchführten. Dies entsprach „voll und ganz der Rolle und Aufgabenstellung des inoffiziellen Mitarbeiters im Operationsgebiet."[796] Auf diese Weise sollten die „wertvolle" Quelle geschützt und die „günstigsten Möglichkeiten" ausgeschöpft werden, um in den Kern der Organisation einzudringen.[797]

Wie intensiv die Suche nach westlichen IM im Bereich der organisierten Fluchthilfe betrieben wurde, läßt sich beispielhaft aus den MfS-Berichten zum Zentralen Operativen Vorgang „Alpha" entnehmen. Diese einzige direkt von der ZKG durchgeführte „Bearbeitung" einer Fluchthilfeorganisation führte bei der Suche nach potentiellen IM zur Erfassung von nicht weniger als 600 Westdeutschen. Von über 300 Personen wurden Auskunftsberichte erstellt und schließlich 46 „herausgearbeitet", die für die Arbeit der ZKG bedeutsam erschienen. Vier von der ZKG direkt geführte IM erhielten den Auftrag, diese Personen näher aufzuklären.[798] Allein in den Monaten Juli bis September 1984 registrierte die ZKG im ZOV „Alpha" insgesamt 15 faktische bzw. potentielle inoffizielle Mitarbeiter, die 35 mündliche und 13 schriftliche Berichte abgaben.[799]

Unmittelbar eingeschaltet werden mußte die ZKG in akuten Fällen zur Festlegung von Sofortmaßnahmen und entsprechenden Abstimmungen mit anderen Abteilungen. Das traf vor allem auf die Zusammenarbeit mit der „Linie" IX, dem Untersuchungsorgan des MfS, zu. Die Abteilungen dieser Linie konnten aus Vernehmungen von Betroffenen unmittelbare Erkenntnisse über geplante und bevorstehende Fluchtunternehmen, über Fluchthelfer sowie über Mittel und Methoden gewinnen.

---

794 Vgl. die MfS-Diplomarbeit von Hauck (Kap. 7.2).
795 Ebenda, S. 17.
796 Vgl. die MfS-Diplomarbeit von Bogisch (Kap. 7.2.), S. 32.
797 Ebenda.
798 Protokoll Leitungsberatung der ZKG vom 25.6.1980; BStU, ZA, ZKG 94, Bl. 95.
799 Die 15 Personen setzten sich wie folgt zusammen: 1 IMB, 2 IMS, 1 GMS, 2 KW, 4 Vorlauf-IM, 3 Deckadressen und 2 Kontaktpersonen; vgl. Treffstatistik zur AG „Alpha" vom 1.7.–30.9.84; BStU, ZA, ZKG 824, Bl. 13.

Die Arbeit in Richtung Westen gegen Fluchthelfer und Fluchtwillige erfolgte sowohl konspirativ als auch offiziell. Einerseits wurden Operationspläne gegen westliche Fluchthelfer und diesen nahestehende Organisationen und Einrichtungen besonders streng geheimgehalten; andererseits betrieb man eine gezielte Öffentlichkeitsarbeit, um Fluchthelfer und deren Unterstützer zu kriminalisieren. Die „besten Ergebnisse" wurden dabei dem MfS zufolge dort erzielt, wo bei der Bekämpfung der organisierten Fluchthilfe die Voraussetzungen „für die umfassende und detaillierte Aufklärung [...] ihrer Leiter und Mitglieder, Hintermänner und Verbindungspersonen, Stützpunkte und [...] ihrer Pläne und Absichten, Mittel und Methoden" geschaffen werden konnten.[800]

Die öffentliche Diskreditierung erfolgte vornehmlich durch die ZKG in Zusammenarbeit mit anderen Diensteinheiten sowie im Zusammenwirken mit staatlichen Einrichtungen. Typisch dafür war die Lancierung von Desinformationen,[801] zum Beispiel in Form von Scheinwerbungen sowie von Wahrheiten und Halbwahrheiten (u. a. Informationen an die Presse über Charakterschwächen und abnorme bzw. ausschweifende Lebensgewohnheiten von Fluchthelfern). In diesen Kontext gehörte auch die Lancierung von Informationen über angeblich nachgewiesene Verletzungen innerstaatlicher Rechtsnormen der Bundesrepublik durch Fluchthelfer wie beispielsweise Schwarzhandel mit gebrauchten PKWs, Diebstahl von TÜV-Plaketten, Beschaffung, Verfälschung und Handel mit Blanko-Personalausweisen oder -Reisepässen, Rauschgiftschmuggel sowie Organisierung von Kindesentführungen und Finanzmanipulationen.[802] Eingeschleuste IM wurden vom MfS beauftragt, von Fall zu Fall entsprechende Anzeigen bei der Polizei zu veranlassen.[803]

Die Zunahme spektakulärer Fluchten, die seit Mitte der siebziger Jahre vom Westen aus mit Hilfe von Flugzeugen und Hubschraubern über die Staatsgrenzen der DDR, Ungarns und der ČSSR organisiert und durchgeführt wurden,[804] veranlaßten die ZKG auch zu verstärkten koordinierenden Maßnahmen zwischen den betroffenen Ostblockstaaten. So vereinbarte man beispielsweise, sich wechselseitig über den Reiseverkehr verdächtiger Personen zu informieren sowie in Grenznähe gelegene Flugplätze im Westen und mögliche Lande-

---

800 1. Ergänzung zur Information des Ministers des MfS im Juli 1977 vom Dezember 1978 über Erkenntnisse des gegnerischen Vorgehens – insbesondere krimineller Menschenhändlerbanden; BStU, ZA, ZKG 2105, S. 56.
801 Vgl. Eisenfeld 1996, S. 41–53.
802 Vgl. dazu die MfS-Diplomarbeit von Debski (Kap. 7.2.), S. 38 f.
803 Vgl. u. a. die MfS-Diplomarbeit von Hauck (Kap. 7.2.), S. 32.
804 Das MfS registrierte zwischen 1975 und Mitte 1983 insgesamt „19 geplante, versuchte bzw. gelungene Luftraumprovokationen". Zwischen 1980 und 1983 gelang auf diese Weise in acht Fällen zwölf Personen die Flucht aus der DDR. Vgl. Information über Ergebnisse und Erkenntnisse des MfS bei der Aufklärung und Bekämpfung von Luftraumprovokationen verbunden mit Personenschleusungen vom 16.6.1983; BStU, ZA, ZKG 754, Bl. 11.

plätze im „Grenzgebiet und im grenznahen Hinterland" durch die „Schaffung inoffizieller Positionen" gezielt zu überwachen.[805]

Versagten die Zersetzungsmaßnahmen, schreckte das MfS auch nicht vor Mordversuchen zurück, wie Gerichtsverfahren gegen ehemalige hauptamtliche und inoffizielle Mitarbeiter des MfS in bislang zwei Fällen zu Tage förderten. Opfer waren in beiden Fällen die Leiter von besonders wirkungsvollen Fluchthilfeorganisationen – der Fluchthelfer Wolfgang Welsch, der 1981 während eines Urlaubsaufenthaltes in Israel mit seiner Familie Opfer eines Vergiftungsattentates wurde und der tödlichen Dosis nur knapp entkam,[806] und der Fluchthelfer Julius Lampl, der mit Hilfe eines vom MfS gelieferten Sprengsatzes zwischen 1982 und 1983 „liquidiert" werden sollte.[807] Beide Mordaufträge, „operativ" geleitet von der Hauptabteilung VI (Paßkontrolle, Tourismus, Interhotel) und der Hauptabteilung VIII (Beobachtung und Ermittlung), wurden jeweils westdeutschen IM in die Hände gelegt und waren durch die Stellvertreter Mielkes, Bruno Beater und Gerhard Neiber, gedeckt.

Insgesamt konnte das MfS bezüglich der Unterbindung von Schleusungsaktionen aus der DDR eine „positive" Bilanz ziehen; die Zahl der versuchten oder gelungenen Ausschleusungen war stark rückläufig.[808] Trotzdem mußte selbstkritisch eingeräumt werden, daß es im Jahre 1980 „nur bei einzelnen kriminellen Menschenhändlerbanden gelang [...], IM in die unmittelbare Bearbeitung leitender Bandenmitglieder einzuführen. Die Mehrzahl der im und nach dem Operationsgebiet eingesetzten IM wirkt an der Peripherie der Banden."[809] Auch 1984 konnten „die IM im und nach dem Operationsgebiet nur zum Teil wertvolle Informationen entsprechend dem konkreten Arbeitsgegenstand zu besonders gefährlichen Feindpersonen erarbeiteten."[810] Schließlich seien auch „unüberprüfte Quellen bzw. solche, die noch nicht über die erforderliche politisch-operativen Fähigkeiten verfügten", bei der Arbeit im Operationsgebiet eingesetzt worden.[811]

805 Empfehlung der Beratung zu Fragen der vorbeugenden Verhinderung von spektakulären Schleusungsaktionen mittels Flugzeugen und Hubschraubern zwischen den Beauftragten des MfS der DDR und des FMdI der ČSSR vom 1.7.1983; ebenda, Bl. 8.
806 Vgl. Presseberichterstattung über den Prozeß, in: Berliner Morgenpost, Berliner Kurier, Die Welt und Berliner Zeitung vom 25.11.1993 sowie zum Urteilsspruch, in: Süddeutsche Zeitung, Die Welt, Frankfurter Rundschau vom 29.11.1994.
807 Vgl. Urteil des Kammergerichts Berlin vom 6.10.1993 sowie Presseberichterstattung vom 28.3.1996 in: Berliner Zeitung, Berliner Kurier, Neues Deutschland und Berliner Morgenpost (zusätzlich 2.4.1996).
808 Vgl. Eisenfeld 1995b, S. 49.
809 Jahresanalyse der ZKG für das Jahr 1980 vom 5.11.1980; BStU, ZA, ZKG 1978, S. 52.
810 Dienstbesprechung des Leiters der ZKG am 8.12.1984 zur weiteren Qualifizierung der Arbeit mit IM im und nach dem Operationsgebiet in den operativen Abteilungen der ZKG; BStU, ZA, ZKG 2296, Bl. 11.
811 Ebenda, Bl. 23 ff.

Statistiken lassen erkennen, daß das MfS 1977 insgesamt 19 professionell arbeitende Fluchthilfeorganisationen mit rund 150 Personen[812] und 1979 insgesamt 18 mit rund 190 Personen erfaßt hatte.[813]

Bekämpfung der Ausreise

Mit der Bildung der ZKG wurden auch die Voraussetzungen für eine zentrale Steuerung und Koordinierung der legalen Ausreise aus der DDR geschaffen.[814] Darin spiegelte sich die zunehmende Brisanz der Ausreisebestrebungen seit Mitte der siebziger Jahre als gesellschaftliches Konfliktfeld und destabilisierendes Element des SED-Regimes. Auch hier unterstellten die SED und ihr Sicherheitsapparat als auslösendes Motiv in erster Linie westliche Einflüsse. Als Träger dieser Einflüsse und damit als Zielpunkte der MfS-Arbeit galten Einrichtungen und Organisationen im Westen, die unmittelbar mit Ausgereisten zu tun hatten und/oder sich zur Hilfe gegenüber verfolgten und/oder ausreisewilligen Bürgern verpflichtet fühlten. Das traf auf staatliche Institutionen bzw. Einrichtungen zu wie das Bundesministerium für gesamtdeutsche bzw. innerdeutsche Beziehungen und das diesem nachgeordnete Gesamtdeutsche Institut sowie auf die Aufnahmelager in Gießen und Berlin-Marienfelde, vornehmlich aber auf Organisationen, Vereine, Verbände oder auch auf engagierte Einzelpersonen. Mit umfangreichen „Vorgängen" operierte das MfS hauptsächlich gegen die Internationale Gesellschaft für Menschenrechte (IGfM) in Frankfurt/Main und deren Ableger in West-Berlin, gegen den Verein „Hilferufe von drüben e.V." (Hvd) in Lippstadt, die „Arbeitsgemeinschaft 13. August" in West-Berlin und die „Vereinigung der Opfer des Stalinismus" (VOS), gegen Selbsthilfevereine ehemaliger DDR-Bürger und die Schriftstellerin Brigitte Klump, die als Beschwerdeführerin bei der UNO auftrat.[815]

Namentlich die IGfM und den Verein „Hilferufe von drüben" stufte das MfS als hochgradig gefährlich ein und „bearbeitete" sie mit ungeheurem Aufwand in den „Zentralen Operativen Vorgängen" (ZOV) „Zentrale" und „Kontra"; die Übernahme dieser ZOV durch die ZKG erfolgte im November 1983.[816] Schon 1981 fertigte die ZKG aber einen Auskunftsbericht über den Verein „Hilferufe von drüben", der deutlich macht, wie sehr das MfS versuchte, in die persönliche Sphäre von Bundesbürgern einzudringen.[817] Neben ausführlichen Dossiers über die Vorstandsmitglieder, den Ehrenpräsidenten und über die Ehrenmitglieder enthält die Dokumentation eine Liste mit den genauen Adressen sowie teilweise auch den Geburtsorten und Geburtsdaten von 373 Unterstützern in

---

812 Information des Ministers über Erkenntnisse des gegnerischen Vorgehens – insbesondere krimineller Menschenhändlerbanden vom Juli 1977, Anlage 2, S. 99–145; BStU, ZA, DSt 102374.

813 1. Ergänzung zur Information zur VVS 70/77 vom Dezember 1978; BStU, ZA, ZKG 2105, Anlage 1.

814 Eisenfeld 1995b.

815 Ebenda, S. 36 f.

816 Ebenda, S. 35 f.

817 Auskunftsbericht der ZKG aus dem Jahre 1981 zur FO [Feindorganisation] „Hilferufe von drüben"; BStU, ZA, ZKG 1745.

der Bundesrepublik und West-Berlin.[818] Alle operativen Diensteinheiten des MfS, die Personen „bearbeiteten" mit einem Bezug zur Gruppierung „Hilferufe von drüben", waren verpflichtet, die bekannt gewordenen Helfer „aufzuklären". Dazu gehörte die Erstellung eines „Persönlichkeitsbildes", die Aufklärung ihrer Verbindungen und Eigentumsverhältnisse, ihres „Verbindungssystems" zum Vorstand einschließlich der finanziellen Beziehungen sowie die prophylaktische „Bearbeitung" von Personen in der DDR, die noch nicht als Antragsteller in Erscheinung getreten waren, bei denen aber aus Sicht des MfS die Gefahr bestand, daß sie als „feindliche Stützpunkte" des Vereins genutzt werden könnten.[819] Alle „bedeutsamen Einzelmaßnahmen", die die operativen Diensteinheiten zu Operativen Vorgängen oder Teilvorgängen im Zusammenhang mit dem Verein einleiteten, mußten mit der ZKG vor ihrer Realisierung beraten werden. Vordringlich ging es dabei vor allem um den koordinierten Einsatz von IM.[820] Die „Aufklärung" der Unterstützer hatte im übrigen auch das Ziel, Ansatzpunkte zu finden, um aus ihrem Kreis Personen für eine IM-Tätigkeit zu gewinnen oder zu erpressen.[821]

Als ergiebige Quelle von Erkenntnissen über Aktivitäten ehemaliger DDR-Bürger in West-Berlin erwies sich auch die Plazierung von drei IM durch die ZKG im „Verband ehemaliger DDR-Bürger e.V.". Dieser Verband wurde von der ZKG unter dem Decknamen „Polyp" „bearbeitet". Das MfS gelangte auf diese Weise u. a. an die Mitgliederkartei über zeitweise bis zu 100 Personen sowie an Informationen über Einzelberatungen durch den Verband, auch von DDR-Bürgern, die diesen während einer West-Reise aufsuchten, um Rat und Hilfe in Fragen der Übersiedlung zu erlangen.

Diese Kontakte hatten insofern Bedeutung, als die Ausreise von DDR-Bürgern zwar in erster Linie auf eigene Erfahrungen mit der SED-Diktatur zurückging, durch sogenannte „Rückverbindungen", d. h. durch Kontakte zwischen ausgereisten und zurückgebliebenen DDR-Bürgern, jedoch stimuliert wurde. Das MfS mußte einräumen, daß die Rückverbindungen" einen der wesentlichsten Ausgangspunkte für neue Versuche des „ungesetzlichen Grenzübertritts" und der „rechtswidrigen Übersiedlungsersuchen" bildeten.[822] Diese schon seit Beginn der siebziger Jahre gewonnene Erkenntnis führte nicht nur zu allen möglichen Versuchen, die DDR-Bürger von diesen Kontakten fernzuhalten – zum Beispiel durch Einreiseverbote der Ausgereisten und Be- bzw. Verhinderungen von Treffen in anderen Ostblockstaaten. Sie äußerte sich auch in einer „operativen Bearbeitung" derjenigen, die sich nach ihrer Ausreise in den Westen nicht „zur Ruhe setzten", sondern sich dort für die Zurückgebliebenen weiter engagierten. Die Dienstanweisung 2/83 von Mielke legte dazu im einzelnen fest:

---

818 Ebenda, Anlage 3, S. 57–102.
819 Ebenda, S. 27.
820 Ebenda, S. 25.
821 Ausführlicher zur „Bearbeitung" der beiden Organisationen durch das MfS: Wüst 1996; Löwenthal/Kamphausen/Clausen 1994.
822 Vgl. Eisenfeld 1995a, S. 213.

„Bei ausgewählten operativ bedeutsamen Personen, von denen mit Sicherheit zu erwarten ist, daß sie nach erfolgter Übersiedlung gegen die DDR feindlich tätig werden, sind bereits vor der Übersiedlung die erforderlichen Maßnahmen zur Diskreditierung dieser Personen sowie zur Desinformation und Verunsicherung des Gegners einzuleiten [...] Durch die Anwendung operativer Kombinationen und Legenden sind die ausgewählten operativ bedeutsamen Personen noch vor der Übersiedlung zu verunsichern und in das Blickfeld gegnerischer Abwehrorgane zu rücken [...]. Durch den Einsatz von IM sowie die Anwendung operativer Mittel und Methoden im ehemaligen Umgangskreis ist zu gewährleisten, daß entstehende Rückverbindungen nach der Übersiedlung rechtzeitig erkannt, unterbunden, positiv beeinflußt oder für die Arbeit im und nach dem Operationsgebiet zielstrebig genutzt werden [...] Durch gezielte Argumentation sind übergesiedelte Personen in ihren ehemaligen Arbeits-, Wohn- und Freizeitbereichen zu diskreditieren, um deren Einfluß zurückzudrängen."[823]

Dieses Verfahren wurde auch gegenüber dem Autor dieses Kapitels, Bernd Eisenfeld, praktiziert und äußerte sich u. a. in folgenden Maßnahmen des MfS:

a) Ausstreuen von Gerüchten, die im Zusammenhang mit einer plötzlichen und außergewöhnlichen Einreiseerlaubnis in die DDR (u. a. im Zusammenhang mit einer Konfirmation) den Verdacht einer inoffiziellen Zusammenarbeit mit dem MfS auslösen sollten;[824]

b) weitere Einreiseerlaubnisse „mit dem Ziel der weiteren Kontrolle und Bearbeitung zum Nachweis der Begehung von Straftaten gemäß §§ 97 und 98 StGB der DDR [Spionage] und der Einleitung offensiver Maßnahmen gegen ihn, die insbesondere darauf auszurichten sind, bereits bestehende sicherheitspolitische Bedenken gegen seine Person zu verstärken";[825]

c) Observation von Treffen mit Freunden und Verwandten in der ČSSR;

d) Abhören von Telefongesprächen in West-Berlin sowohl am Dienstort als auch in der Privatwohnung.

Diese Maßnahmen machen deutlich, daß auch im Verantwortungsbereich der ZKG „West-Arbeit" und „Ost-Arbeit" einen untrennbaren Zusammenhang bildeten. Aus der Optik des MfS konnte die „Zurückdrängung" der Flucht- und Ausreisebewegung nur erfolgreich sein, wenn sie auch in West-Berlin und in der Bundesrepublik mit den spezifischen Mitteln der Staatssicherheit betrieben wurde. Wirksam war sie dabei insofern, als es ihr gelang, westdeutsche Einrichtungen und Organisationen zu infiltrieren, deren Aktivitäten einzuschränken und zu erschweren, Fluchtpläne aufzudecken und Fluchthilfeorganisationen zu zerschlagen, Ausgereiste, Flüchtlinge und Fluchthelfer ins Zwielicht zu

---

823 Vgl. Eisenfeld 1996, S. 49.

824 Vgl. Kerblochkarteikarte B. Eisenfeld; BStU, ZA, HA XX.

825 Vgl. Information der HA II/6 zu aktuellen öffentlichkeitswirksamen Aktionen des Verbandes ehemaliger DDR-Bürger e.V. im Zusammenhang mit den 750-Jahr-Feiern der Stadt Berlin; BStU, ZA, OV „Erz", HA II/6-653, Bl. 92 f. Hierzu: Eisenfeld 1996, S. 49 f.

rücken sowie die persönlichen Beziehungen zwischen Ausgereisten und Zurückgebliebenen zu behindern oder zu zerstören. Die Geschichte der Flucht- und Ausreisebewegung belegt allerdings auch, daß es dem SED-Regime letztlich nicht gelang, die bekämpften Phänomene in den Griff zu bekommen.[826]

6. Auswirkungen der „West-Arbeit"

6.1 Datentransfers nach Moskau[827]

Die Informationen, die sich das MfS auf konspirative Weise im Westen beschaffte, füllten nicht nur die Speicher und Archive der DDR-Staatssicherheit, wo sie von den Diensteinheiten nach Bedarf abgerufen werden konnten. Vielmehr wurden viele Informationen auch an die verbündeten sozialistischen Staaten weitergeleitet, deren Geheimdienste eine enge, vertraglich geregelte Kooperation pflegten. Erfuhr das MfS beispielsweise davon, daß ein „operativ bearbeiteter" Bundesbürger nach Ungarn oder in die ČSSR fuhr, wandte sich die zuständige Diensteinheit häufig über die für „Internationale Beziehungen" zuständige Abteilung X des MfS an den entsprechenden Partner-Geheimdienst und bat um Beobachtung des Betreffenden; der befreundete Geheimdienst gab dann auf dem selben Weg die in Erfahrung gebrachten Erkenntnisse einschließlich der genauen Ein- und Ausreisedaten an das MfS weiter.[828]

Schwerpunkte des Datentransfers bildeten Spionageergebnisse aus Politik, Wirtschaft und Militär sowie Informationen über „Feindpersonen", die nicht nur für die DDR von Interesse waren. In einer „Einschätzung des politischen Informationsaustausches mit dem DDR-Bruderorgan das Jahr 1988 betreffend" berichtet etwa der ungarische Geheimdienst von 178 Materialien, die er vom MfS bekommen habe. „Die Mehrzahl der Materialien knüpfte an unserem Informationsbedarf an." 49 Informationen seien direkt an die ungarische Partei- und Staatsführung weitergeleitet worden. Wichtigster Empfänger war jedoch zweifellos der sowjetische KGB, der vom MfS nur als „Freunde" tituliert wurde und einer Vereinbarung aus dem Jahr 1959 zufolge mit 32 „Verbindungsoffizieren" auch direkt beim MfS vertreten war.[829] Zu den Hauptaufgaben der Zusammenarbeit mit den Sowjets zählte dabei u. a. der „Austausch der politischen, ökonomischen und technisch-wissenschaftlichen Information" über

---

826 Vgl. dazu ausführlich: Eisenfeld 1995a, 1997, 1988.
827 Die Darstellung des „Systems der vereinigten Erfassung von Daten über den Gegner" (SOUD) stellt eine leicht überarbeitete Zuarbeit von Monika Tantzscher von der Abt. Bildung und Forschung des BStU dar; vgl. dazu ausführlicher: Wegmann/Tantzscher 1996.
828 Ausführlich zur Abt. X und zur Kooperation zwischen den Geheimdiensten der sozialistischen Staaten: Tantzscher 1996; aus der Perspektive eines Betroffenen: Knabe 1992.
829 Vereinbarung über den Unterhalt von Offizieren des Komitees für Staatssicherheit beim Ministerrat der UdSSR für Koordinierung und Verbindung mit dem MfS der DDR vom 30.10.1959; BStU, ZA, SdM 423, Bl. 8 ff.

Westdeutschland und andere kapitalistische Länder.[830] Darüber hinaus unterhielten die wichtigsten, im Westen tätigen Diensteinheiten des MfS, darunter die HV A, die Hauptabteilung I, die Hauptabteilung II und die Hauptabteilung XVIII, ständig eigene Arbeitskontakte zu den entsprechenden Abteilungen des KGB.

Der Umfang des Datentransfers zwischen der DDR und der Sowjetunion muß außerordentlich groß gewesen sein. Allein die für „wissenschaftlich-technische Auswertung" zuständige Abteilung V der HV A übergab zum 50. Jahrestag der russischen Oktoberrevolution (1967) dem KGB mehr als 11.000 Blatt Materialien – von Systemunterlagen der Firma Siemens zur Datenverarbeitung bis zu den Einstellungsbedingungen bei den Farbwerken Leverkusen.[831] Zwei Jahre später schlug Mielke dem für Wirtschaftsfragen verantwortlichen Politbüro-Mitglied Mittag vor, daß die DDR-Delegation bei Expertengesprächen mit sowjetischen Kollegen „beiliegende Unterlagen separat vorweist mit dem Hinweis, daß die DDR diesen vorhandenen Stock in die Kooperation mit der UdSSR einbringen könnte" – die Papiere waren vom MfS „zu Ehren des 20. Jahrestages der Deutschen Demokratischen Republik" beschafft worden und umfaßten insgesamt 150.000 Seiten.[832] Und in einem Kurzbericht des „Sektors Wissenschaft und Technik" (SWT) über „wichtige Arbeitsergebnisse der wissenschaftlich-technischen Aufklärung im 1. Halbjahr 1971" wird deutlich, daß insbesondere die Ergebnisse der Militärspionage fast ausnahmslos in die UdSSR transferiert wurden – etwa so: „Der Gegner entwickelt Flächenkampfmittel mit Mehrzwecksprengköpfen [...]. Der zurzeitige Stand beim Gegner konnte dokumentiert werden. Die Freunde haben uns gebeten, diese Arbeiten dringlichst weiterzuverfolgen."[833] Aber auch in umgekehrter Richtung flossen die Informationen, wie aus einer Einschätzung der Auswertungsabteilung der HV A vom Oktober 1970 hervorgeht; im Verlauf von zehn Monaten erhielt danach die HV A insgesamt 399 Berichte vom KGB, mit deren Aussagekraft sie aber oftmals wenig zufrieden war.[834]

Eine besondere Form des Datentransfers bildete das „System der vereinigten Erfassung von Daten über den Gegner" (SOUD),[835] das die Sicherheitsdienste von sechs Warschauer-Pakt-Staaten und drei weiteren verbündeten Ländern seit Ende der siebziger Jahre entwickelten. Seine Aufgabe war es, Erkenntnisse über gegnerische Geheimdienste sowie über Personen und Institutionen zusammenzuführen, von denen nach dem Verständnis der SOUD-Teilnehmer

---

830 Über die Gruppe des Komitees für Staatssicherheit beim Ministerrat der UdSSR zur Koordinierung und Verbindung mit dem MfS der DDR; ebenda, Bl. 13 ff.

831 Abt. V: Schreiben an Generalleutnant Wolf vom 26.10.1967, S. 1; BStU, ZA, SdM 1465.

832 Schreiben von Erich Mielke an Günter Mittag vom 3.9.1969; BStU, ZA, SdM 986.

833 Hauptverwaltung A, SWT-Leiter: Kurzbericht über wichtige Arbeitsergebnisse der wissenschaftlich-technischen Aufklärung im 1. Halbjahr 1971 vom 12.8.1971, S. 3; BStU, ZA, SdM 355, Bl. 14–22.

834 HV A, Abt. VII: Einschätzung von Informationen der sowjetischen Sicherheitsorgane (1.1.–14. 10.1970) vom 22.10.1970, S. 1; BStU, ZA, SdM, 578.

835 Die Abkürzung „SOUD" leitet sich von der russischen Bezeichnung „Sistema objedinjonnowo utschota dannych o protiwnike" ab.

eine Gefahr für ihre innere Sicherheit ausging. Auf die Gesamtmenge der Informationen hatte allerdings nur der sowjetische Geheimdienst als größter Nutznießer des Datenverbundes ständigen Zugriff. Der sogenannte Arbeitsapparat des SOUD in Moskau unterhielt den Zentralspeicher und war für den Aufbau des Systems, seinen Betrieb sowie für die Koordinierung der Erfassungen und Abfragen zuständig. Er war eine eigenständige Abteilung in der Verwaltung I der für die Auslandsaufklärung zuständigen I. Hauptverwaltung des KGB.[836]

Die Entwicklung des Systems verlief parallel zur Einführung der elektronischen Datenverarbeitung bei den kommunistischen Sicherheitsdiensten ab Anfang der siebziger Jahre. Ein entsprechendes Abkommen wurde Ende 1977 von den für die Staatssicherheit ihrer Länder verantwortlichen Ministern der Sowjetunion, der Tschechoslowakei, der DDR, Ungarns, Polens, Bulgariens, Kubas und der Mongolei unterzeichnet.[837] 1984 schloß sich auch Vietnam an.

Erste detaillierte Informationen über SOUD erhielt im Januar 1990 die Arbeitsgruppe Sicherheit, die nach einem Beschluß des Zentralen Runden Tisches vom 27. Dezember 1989 zur Überwachung des Auflösungsprozesses des DDR-Staatssicherheitsdienstes gebildet worden war.[838] Nach Öffnung der Archive des ehemaligen Ministeriums für Staatssicherheit ließ der Sonderbeauftragte der Bundesregierung für die personenbezogenen Unterlagen des ehemaligen Staatssicherheitsdienstes im Mai 1991 eine erste Bestandsaufnahme über die im Zentralarchiv des MfS lagernden SOUD-Unterlagen vornehmen.[839] Die Ergebnisse bildeten die Grundlage für die am 28. August 1991 erfolgte Antwort des Bundesministers des Innern auf die Anfrage des Abgeordneten Werner Schulz und der Gruppe Bündnis 90/Die Grünen zum SOUD an die Bundesregierung.[840] Die Anfragenden sahen in den im SOUD gespeicherten Personendaten, die „auch nach Auflösung des MfS sowohl in der Bundesrepublik Deutschland wie auch bei den früheren 'Bruderorganen' weiterhin vorhanden sein dürften", eine „gewaltige Gefährdung des Persönlichkeitsrechts der Betroffenen."[841] Die im gleichen Jahr erschienene Dokumentation über die Hauptverwaltung Aufklärung (HV A) des MfS von Rita Sélitrenny und Thilo

---

836 Zur Struktur des KGB und den Aufgaben der Diensteinheiten vgl. Barron 1974 und 1984; Geworkjan 1992; Andrew/Gordiewski 1990.

837 Vgl. Abkommen über das System der vereinigten Erfassung von Informationen über den Gegner (SOUD); BStU, ZA, SdM 425, Bl. 135–143.

838 Zur Arbeitsgruppe Sicherheit vgl. Gill/Schröter 1991, S. 218–221. Öffentlich bekannt wurde das System auch durch den in den Westen geflohenen KGB-Offizier Oleg Gordiewski. Vgl. Andrew/Gordiewski 1990, S. 825.

839 Vgl. Der Sonderbeauftragte der Bundesregierung für die personenbezogenen Unterlagen des ehemaligen Staatssicherheitsdienstes, Referat AU 5, Information über die Ergebnisse einer ersten Bestandsaufnahme von Dokumenten und Materialien, die durch das MfS – Mielkes Befehl 11/79 (SOUD) folgend – in das „System der vereinigten Erfassung von Informationen über den Gegner" eingespeichert wurden; Abt. Bildung und Forschung beim BStU, Information und Dokumentation, S. 1–24.

840 Vgl. Deutscher Bundestag, 12. Wahlperiode, Drucksache 12/1088, S. 1–5.

841 Ebenda, S. 1.

Weichert,[842] in der u. a. die Mitarbeit des MfS im SOUD in den wesentlichen Grundzügen erläutert wird, sowie eine teilweise irreführende Meldung des Bundeskriminalamts vom 18. Oktober 1991 zum „Datenverbund der STASI"[843] lösten 1992 eine erneute Anfrage an die Bundesregierung aus – diesmal der Abgeordneten Ingrid Köppe und der Gruppe Bündnis 90/Die Grünen.[844] Wiederholte Presseveröffentlichungen und Ausführungen über SOUD in Buchpublikationen zum Thema Geheimdienste[845] zeugen von einem anhaltenden Interesse an dem Datenspeichersystem, genährt auch von der Besorgnis, daß die Nachfolger des KGB nach den Worten des damaligen Generalbundesanwalts Alexander von Stahl „nach wie vor mit diesem gigantischen Machtinstrument SOUD arbeiten."[846]

Die Entstehung des SOUD hängt eng mit den Problemen der inneren Sicherheit und der Systemstabilität zusammen, die sich in den siebziger Jahren in den Augen der östlichen Geheimdienste für die Staaten des Warschauer Paktes infolge der partiellen Öffnung gegenüber dem Westen und der größeren Freizügigkeit und Bewegungsfreiheit für die eigenen Bürger im Zuge des verstärkten inneren Integrationsprozesses abzeichneten. So wurde 1971 das „Komplexprogramm für die weitere Vertiefung und Vervollkommnung der Zusammenarbeit und Entwicklung der sozialistischen Integration der Mitgliedsländer des RGW" beschlossen, was u. a. einen verstärkten Austausch von Wissenschaftlern, technischem Fachpersonal und sonstigen Arbeitskräften zur Folge hatte. Mitglieder des Rates für gegenseitige Wirtschaftshilfe – und bezeichnenderweise später auch des SOUD-Abkommens – wurden 1972 Kuba und 1978 Vietnam; die Mongolei war bereits 1962 aufgenommen worden. 1972 wurde dann der paß- und visafreie Reiseverkehr von und nach Polen und der ČSSR eingeführt. Daraus ergaben sich aus Sicht der kommunistischen Sicherheitsorgane umfängliche Aufgaben der „politisch-operativen Sicherung" des Grenzverkehrs wie auch des Aufenthalts der Bürger in den jeweiligen Ländern. Das betraf vor allem die Kontaktmöglichkeiten zu Angehörigen westlicher Staaten und zu westlichen Auslandsvertretungen, aber auch zu oppositionellen Kreisen in den anderen Ostblockländern. DDR-Bürger versuchten zugleich verstärkt, über andere Ostblockländer – vor allem über die Tschechoslowakei und Un-

---

842 Sélitrenny/Weichert 1991, S. 116–123.
843 Vgl. „Die Pressestelle des Bundeskriminalamtes teilt mit: Datenverbund der STASI mit dem KGB aufgedeckt". – Die Mitteilung enthält die Fehlinformation, der Zentralrechner des SOUD sei mit „sogenannten operativen Daten über Agenten des MfS gespeichert" worden. Gewarnt wird in diesem Zusammenhang vor der „Gefahr einer Reaktivierung durch das KGB". Vgl. hierzu auch Thilo Weichert: Der Geheimdienstspeicher der ehemaligen Ostblockstaaten – SOUD. Die Enthüllungen des Bundeskriminalamts BKA, Datenschutznachrichten 5/6 – 1991 (Stasi-Auslandsspionage), S. 5–10.
844 Deutscher Bundestag, 12. Wahlperiode, Drucksache 12/2041 vom 5.2.92, S. 1–3.
845 Vgl. Schell/Kalinka 1992; Siebenmorgen 1993, S. 298 und 304; Wegmann 1995, S. 884 f.; Frikke/Marquardt 1995, S. 76 ff. SOUD war auch Teil der Anklage gegen den langjährigen Leiter der DDR-Auslandsaufklärung, Markus Wolf. Vgl. Der Generalbundesanwalt 1992, S. 138 ff.
846 Alexander von Stahl: „KGB reaktiviert alte Stasi-Quellen, Russen richten ihr Spionagenetz in Deutschland neu aus", in: Die Welt vom 27.6.1992.

garn – in den Westen zu gelangen, und wurden dabei z.T. von westlichen Fluchthelfern unterstützt.[847]

Mit der Unterzeichnung der KSZE-Schlußakte von Helsinki im Jahr 1975 verpflichteten sich die Ostblockstaaten zur Beachtung der grundlegenden Menschenrechte, auf die sich nun eine wachsende Bürgerrechtsbewegung in diesen Ländern berief. Die von den Sicherheitsdiensten angestrebte Kontrolle der grenzübergreifenden Kontakte von Dissidenten war ohne eine enge Zusammenarbeit nicht zu gewährleisten. Dem Vertrag zwischen KGB und MfS von 1973 folgten 1974 Grundsatzvereinbarungen des MfS mit dem polnischen und dem bulgarischen Partnerdienst. Die Tschechoslowakei reihte sich 1977 ein, im selben Jahr, als auch das SOUD-Abkommen unterzeichnet wurde. Ungarn unterschrieb zwar keinen Grundsatzvertrag, arbeitete aber mit den Staatssicherheitsdiensten auf mehreren Fachbereichsebenen auf der Grundlage entsprechender Kooperationsvereinbarungen und Arbeitspläne zusammen.[848] Einzig Rumänien war von den Warschauer Pakt-Staaten an der Vernetzung der Geheimdienste nicht beteiligt. Neben der bilateralen Kooperation der verbündeten Sicherheitsdienste gewann auch die multilaterale Zusammenarbeit an Bedeutung. Das betraf nicht nur den grenzüberschreitenden Verkehr einschließlich des internationalen Zivilluftverkehrs, die abwehrmäßige Sicherung von Militärmanövern der Warschauer Pakt-Staaten und von großen internationalen Veranstaltungen, sondern vor allem die Terrorabwehr und die Bekämpfung der sogenannten politisch-ideologischen Diversion.[849]

Die Reihe der internationalen Konferenzen der Geheimdienste des Bündnissystems zum Thema „ideologische Diversion" war 1974 in Havanna eröffnet worden. Drei Jahre später fand in Budapest die nächste Tagung statt, auf der u. a. eine erste umfassende Bilanz über die für die innere Sicherheit der Ost-

---

847 Laut Bericht über die Zusammenarbeit der Linie Untersuchung des MfS mit der Linie Untersuchung des MdI der CSSR im Jahre 1972 vom 17.1.1973 wurden 1972 allein in der CSSR 918 DDR-Bürger wegen versuchten Grenzdurchbruchs festgenommen und der DDR übergeben. Die davon in die Zuständigkeit des MfS fallenden 462 Personen bedeuteten gegenüber 1971 eine Steigerung um mehr als das dreifache. Bei 10% aller Festgenommenen wurde eine direkte oder indirekte Hilfe bei den versuchten Grenzdurchbrüchen durch Bürger aus Westdeutschland, Westberlin oder anderen westlichen Staaten festgestellt; BStU, ZA, HA IX 267, Bl. 1–8.

848 Vgl. Entwurf der „Vereinbarung über die Zusammenarbeit zwischen dem Ministerium für Staatssicherheit der Deutschen Demokratischen Republik und dem Komitee für Staatssicherheit beim Ministerrat der Union der Sozialistischen Sowjetrepubliken" vom 28.11.1973; BStU, ZA, SdM 423, Bl. 182 ff. Entwurf der „Vereinbarung über die Zusammenarbeit zwischen dem Ministerium für Staatssicherheit der Deutschen Demokratischen Republik und dem Ministerium für Innere Angelegenheiten der Volksrepublik Polen"; BStU, ZA, ZAIG 5627a, Bl. 19 ff. Entwurf der „Vereinbarung über die Zusammenarbeit zwischen dem Ministerium für Staatssicherheit der Deutschen Demokratischen Republik und dem Ministerium des Innern der Volksrepublik Ungarn", o. D.; BStU, ZA, ZAIG 5627a, Bl. 8 ff. Die Abkommen mit der CSSR und mit Bulgarien wurden noch nicht aufgefunden, werden aber in anderen MfS-Unterlagen erwähnt; die Vereinbarung mit Ungarn wurde offenbar nicht unterzeichnet.

849 Nach Wörterbuch der Staatssicherheit zufolge war die politisch-ideologische Diversion „Bestandteil der gegen den realen Sozialismus gerichteten Subversion des Feindes, der die subversiven Angriffe auf ideologischem Gebiet umfaßt". Ziel seien die „Zersetzung des sozialistischen Bewußtseins" und die „Inspirierung antisozialistischer Verhaltensweisen bis hin zur Begehung von Staatsverbrechen gewesen". Vgl. Suckut 1996, S. 303 f.

blockländer als bedrohlich eingeschätzten Folgen der KSZE-Schlußakte von Helsinki gezogen wurde.[850] „1976 war so etwas wie ein Rekordjahr, was die Ausmaße der ideologischen Diversionshandlungen betrifft", stellte der sowjetische Delegationsleiter und damals noch Stellvertretende Vorsitzende des KGB, Generalleutnant W. M. Tschebrikow, in seiner Rede fest.[851] Die ideologische Diversion sei „unter den gegenwärtigen Bedingungen eines der gefährlichsten Mittel des subversiven Eindringens in die Staaten der sozialistischen Gemeinschaft." Erstmals in den Nachkriegsjahren hätten offizielle Vertreter der amerikanischen Botschaft versucht, mit dem „Komitee für die Einhaltung der Vereinbarungen von Helsinki" innerhalb der Sowjetunion ein legales Zentrum antisowjetischer Kräfte unter Führung des russischen Atomphysikers Juri Orlow zu schaffen.

Der Delegationsleiter des MfS, Generalmajor Irmler, bestätigte in seiner Rede eine ähnliche Entwicklung in der DDR. Mit Blick auf die Kooperation der Sicherheitsdienste verwies er auf die steigende Tendenz bei den „sogenannten Systemkritikern und anderen feindlich-negativen Kräften", Verbindungen mit Gleichgesinnten in anderen sozialistischen Ländern herzustellen oder dort mit Personen zusammenzutreffen, über die in der DDR eine Einreisesperre verhängt worden war.[852] Während des Treffens kamen auch Probleme der Terrorismusbekämpfung zur Sprache. Das MfS schlug in diesem Zusammenhang vor, auf bilateraler Ebene die im „SOUD vorgesehene Erfassung von Angaben über Mitglieder von Terrororganisationen und einzelnen Terroristen sowie zu Geiselnehmern, Flugzeug- und Schiffsentführern und Diversanten zeitlich vorzuziehen, [...] auch im Hinblick auf die Absicherung der Olympischen Spiele."[853] Nach dem Attentat der palästinensischen Gruppe „Schwarzer September" auf israelische Sportler während der Olympischen Spiele 1972 in München mußten sowohl die DDR als Veranstalter der X. Weltjugendfestspiele 1973[854] als auch später die Sowjetunion als Ausrichter der Olympischen Spiele 1980 ähnliches befürchten. Dies trug zweifellos ebenfalls zur Intensivierung des SOUD-Projekts bei. Daß SOUD jedoch eigens aus diesem Anlaß ins Leben gerufen worden sei, wie in mehreren Publikationen behauptet wird,[855] kann in dieser Ausschließlichkeit nach den bisher vorliegenden MfS-Unterlagen nicht bestätigt werden.

Im Mai 1980 ging das SOUD in den Testbetrieb und im Dezember 1980 in den Echtbetrieb über – von nun ab wurden nicht nur Daten eingegeben, sondern konnten auch Anfragen der Teilnehmerdienste bearbeitet werden. Im Januar 1981 war dann das SOUD einsatzbereit. Diese erste Etappe sah die Einrich-

---

850 Vgl. Symposium zu Problemen der politisch-ideologischen Diversionstätigkeit des Imperialismus und ihrer Bekämpfung, Budapest, 23.–29.5.1977; BStU, ZA, ZAIG 5106, S. 1–251.

851 Ebenda, S. 216.

852 Ebenda, S. 54.

853 Ebenda, S. 45 f.

854 Die Terrorabwehr während der Weltjugendfestspiele wurde 1973 noch von einer Zentralen Einsatzgruppe (ZEG) wahrgenommen; 1975 entstand dann im MfS eine selbständige Abt. für Terrorabwehr, die Abt. – später HA – XXII, vgl. Kap. 5.6 sowie Wunschik 1995.

855 Vgl. Sélitrenny/Weichert 1991, S. 117 und Reichenbach 1992, S. 156.

tung des Systems und die Erfassung von Personen in zunächst zehn, später 15 Personenkategorien (PK) vor. Die Personenkategorien untergliederten sich in:

PK 1   Mitarbeiter und Agenten gegnerischer Geheimdienste sowie Personen, die der Zugehörigkeit bzw. Verbindung zu ihnen verdächtigt werden.

PK 2   Leitende Mitarbeiter der Zentren der „politisch-ideologischen Diversion" sowie Mitarbeiter dieser Zentren, die subversiv gegen die sozialistische Staatengemeinschaft tätig sind.

PK 3   Mitglieder von Terrororganisationen, einzelne Terroristen, Geiselnehmer, Flugzeug- und Schiffsentführer.

PK 4   Mitglieder zionistischer, feindlicher Emigranten-, klerikaler und anderer Organisationen.

PK 5   Personen, die Aufträge gegnerischer Geheimdienste, der Zentren der politisch-ideologischen Diversion u. a. ausführen.

PK 6   Personen, die als Anschleusungen des Gegners entlarvt wurden sowie ausländische Bürger und Staatenlose, bei denen es in der Zusammenarbeit zu Mißerfolgen aus ungeklärten Gründen kam.

PK 7   Personen, die Falschinformationen anbieten oder aus Gewinnsucht ein und dieselben Materialien und technische Muster an mehrere Staaten verkaufen.

PK 8   Personen, die provokatorische Aktionen auf den Territorien der SOUD-Teilnehmerstaaten sowie gegen deren Auslandsvertretungen durchführen.

PK 9   Personen, die aus den SOUD-Teilnehmerstaaten ausgewiesen wurden bzw. gegen die eine Einreisesperre verhängt wurde.

PK 10   Personen, die besonders gefährliche Staatsverbrechen begangen haben und nach denen in den SOUD-Teilnehmerländern gefahndet wird.

PK 11   Diplomaten und Mitarbeiter westlicher diplomatischer und konsularischer Vertretungen.

PK 12   Akkreditierte Korrespondenten der NATO-Mitgliedsländer, Japans, Chinas und Thailands.

PK 13   Mitarbeiter von Handels- und Wirtschaftsvertretungen sowie von Kulturzentren.

PK 14   Mitglieder internationaler Schmugglerorganisationen sowie einzelne Schmuggler.

PK 15   Personen, die eine Schädigung der Wirtschaft der SOUD-Teilnehmerstaaten betreiben.

In der Regel wurden im SOUD nur solche Personen aufgenommen, die nicht Staatsbürger der neun Mitgliedsländer des Datenverbunds waren. Ausnahmen bildeten bestimmte Personen, die die Staatsangehörigkeit eines der Mitgliedsländer besaßen, jedoch mit staatlicher Genehmigung ausgereist waren oder „Republikflucht" begangen hatten und sich im westlichen Ausland bzw. in

„operativ interessierenden Staaten"[856] aufhielten. Bis Ende 1987 waren insgesamt 188.343 Personen im SOUD erfaßt worden. Nach den Personenkategorien verteilten sie sich wie folgt:

PK 1	(Mitarbeiter und Agenten gegnerischer Geheimdienste)	102.223
PK 2	(Mitarbeiter von Zentren ideologischer Diversion)	12.332
PK 3	(Mitglieder von Terrororganisationen u.ä.)	13.140
PK 4	(Mitglieder subversiver Organisationen)	9.337
PK 5	(Beauftragte von Geheimdiensten u.ä.)	6.941
PK 6	(„Anschleusungen")	2.082
PK 7	(Falsch-Informanten)	134
PK 8	(Provokateure)	803
PK 9	(ausgewiesene und unerwünschte Personen)	31.528
PK 10	(Staatsverbrecher)	1.093
PK 11	(feindliche Diplomaten)	5.576
PK 12	(feindliche Korrespondenten)	2.471
PK 13	(Mitarbeiter feindlicher Wirtschaftsvertretungen, Kulturzentren)	153
PK 14	(Schmuggler)	334
PK 15	(Wirtschaftsschädlinge)	196.[857]

Auf ihrer Moskauer Konferenz im Jahre 1986 beschlossen die SOUD-Teilnehmer die Erweiterung des Systems um die sogenannte Objektdatei, in der gegnerische Organisationen und Institutionen erfaßt werden sollten. Sie sollte in ihrem Aufbau den Personenkategorien entsprechen und folgende Komplexe umfassen:

„1.   Gegnerische Geheimdienste, ihre Dienststellen, Vertretungen und Residenturen, die gegen die Staaten der Teilnehmer des Abkommens tätig sind;

2.   Organisationen und Einrichtungen, die durch die Geheimdienste geschaffen wurden und finanziert werden und/oder ihnen als Tarnung dienen;

3.   Zentren der politisch-ideologischen Diversion [...];

---

856 Siehe Hinweise für die Nutzung von im „System der vereinigten Erfassung von Informationen über den Gegner" gespeicherten, operativ bedeutsamen Informationen durch die HV A, die operativen HA/selbst. Abt. und die BV/V vom 16.2.1981, S. 2; BStU, ZA, DSt 102741.
857 Vgl. Dokumente der zweiten multilateralen SOUD-Konferenz; BStU, ZA, Abt. X, Bündel 65.

4. Terroristische und extremistische Organisationen, die für die Sicherheitsorgane, die Teilnehmer des SOUD-Abkommens sind, von operativem Interesse sind;

5. Emigranten (aus den Staaten der Teilnehmer des Abkommens), national-chauvinistische, zionistische und klerikale Organisationen, die unmittelbar gegen die Staaten der Teilnehmer des Abkommens tätig sind;

6. Organisationen, die internationalen Schmuggel in großem Ausmaß betreiben [...]; Organisationen, die sich mit der Ausschleusung von Personen aus den Staaten der Teilnehmer des Abkommens befassen;

7. Organisationen, deren Tätigkeit auf die Unterminierung der Wirtschaft der Staaten der Teilnehmer des Abkommens abzielt."[858]

Zu einem späteren Zeitpunkt plante man eine Erweiterung um Informationen zu diplomatischen, konsularischen, Handels- und Wirtschaftsvertretungen und Kulturzentren der USA und der anderen NATO-Staaten sowie Japans und der VR China.

Die Nutzer des Systems, die operativen Diensteinheiten, konnten einerseits Erfassungen veranlassen und andererseits Auskunftsersuchen an das System richten. Ergab eine SOUD-Antwort, daß bei einem der angeschlossenen Staatssicherheitsdienste Erkenntnisse zu einer Person oder Einrichtung vorlagen, konnte die anfragende Diensteinheit über die für internationale Verbindungen zuständige Abteilung X des MfS Kontakt mit der entsprechenden Stelle des Partnerdienstes aufnehmen, um einen Informationsaustausch einzuleiten.

Zwischen 1979 und 1989 veranlaßte das MfS insgesamt 74.388 Erfassungen im System.[859] Nach Personenkategorien ergab sich Ende 1989 folgende Verteilung der MfS-Erfassungen:

PK 1	(Mitarbeiter und Agenten gegnerischer Geheimdienste)	17.901
PK 2	(Mitarbeiter von Zentren ideologischer Diversion)	3.054
PK 3	(Mitglieder von Terrororganisationen u.ä.)	2.730
PK 4	(Mitglieder subversiver Organisationen)	6.100
PK 5	(Beauftragte von Geheimdiensten u.ä.)	8.019
PK 6	(„Anschleusungen")	780

---

858 Siehe Arbeitsapparat des SOUD, Konzeption der Objektdatei des SOUD, Moskau, 1987 (o. Adressat); BStU, ZA, Abt. X, Bündel 65, S. 5–7.

859 Vgl. Der Sonderbeauftragte der Bundesregierung für die personenbezogenen Unterlagen des ehemaligen Staatssicherheitsdienstes, Referat AU 5, Information über die Ergebnisse einer ersten Bestandsaufnahme von Dokumenten und Materialien, die durch das MfS – Mielkes Befehl 11/79 (SOUD) folgend – in das „System der vereinigten Erfassung von Informationen über den Gegner" eingespeichert wurden; Abt. Bildung und Forschung beim BStU, Information und Dokumentation, S. 1 f.

PK 7	(Falsch-Informanten)	14
PK 8	(Provokateure)	304
PK 9	(ausgewiesene und unerwünschte Personen)	20.669
PK 10	(Staatsverbrecher)	189
PK 11	(feindliche Diplomaten)	1.279
PK 12	(feindliche Korrespondenten)	3.755
PK 13	(Mitarbeiter feindlicher Wirtschaftsvertretungen, Kulturzentren)	210
PK 14	(Schmuggler)	352
PK 15	(Wirtschaftsschädlinge)	200
Gesamt:		65.556[860]

Unter den mehr als 17.000 MfS-Erfassungen in der PK 1 befanden sich 4.441 mutmaßliche Mitarbeiter bundesdeutscher Nachrichtendienste[861] sowie 4.424 amerikanische, 737 britische, 537 französische, 286 niederländische und 24 italienische Geheimdienstangehörige. Hinzu kamen 28 Geheimdienstmitarbeiter Finnlands, 20 des Iran, 45 des Irak und über 7.000 weitere Erfassungen, bei denen eine eindeutige Zuordnung zu einem bestimmten Geheimdienst dem MfS nicht möglich war.

Die unter der PK 3 vom MfS erfaßten Personen verteilten sich u. a. auf folgende als „terroristisch" eingestufte Organisationen:

Bundesrepublik Deutschland:

– Kampfgruppe gegen Unmenschlichkeit	53
– Wiking Jugend	97
– Wehrsportgruppe Hoffmann	133
– Nationaldemokratische Partei Deutschlands	93
– Aktionsfront Nationaler Sozialisten/Freiheitliche Arbeiterpartei	87
– Revolutionäre Zellen	38
– Bewegung 2. Juni	24
– Baader-Meinhof Gruppe	9

---

860 Die Differenz der bestehenden zu den Gesamterfassungen ergibt sich vermutlich aus den gelöschten Datensätzen.
861 Davon waren 2.213 aus dem Bundesnachrichtendienst (BND), 1.507 aus dem Bereich der Ämter für Verfassungsschutz und 721 Angehörige des Militärischen Abschirmdienstes (MAD).

- Rote Armee Fraktion 132
- Rote Armee Fraktion/Asyl DDR[862] 9

Zusätzlich waren noch 503 sogenannte Einzelterroristen registriert.

International:

- Action Directe/Frankreich 13
- Libysche Terrorgruppen 36
- Graue Wölfe/Türkei 249
- IRA/Großbritannien 7
- ETA/Spanien 7
- LTTE/Sri Lanka 4
- Brigato Rosso/Italien 49
- PLO/Schwarzer September 95
- Kubanische Gruppe 18
- Moslem Bruderschaft 279
- Jugoslawische Gruppen 109
- Rote Armee/Japan 102
- Algerische/tunesische Tätergruppen 198
- Abu-Nidal-Organisation 66
- Carlos-Gruppe 22

Unter den Personen, für die eine Erfassung in der PK 6 veranlaßt war, befanden sich auch verschiedene inoffizielle Mitarbeiter des MfS, mit denen die Zusammenarbeit eingestellt worden war, weil der Verdacht bestand, sie würden im Auftrag eines westlichen Nachrichtendienstes mit dem MfS zusammenarbeiten.

Bis zum Zusammenbruch des östlichen Bündnissystems fanden insgesamt zwei multilaterale Konferenzen der SOUD-Teilnehmer statt. Die erste tagte 1986 in Moskau, doch wurde bisher außer dem Programm[863] nur die Rede des Delegationsleiters des MfS, Irmler,[864] aufgefunden. Der Vortrag Irmlers um-

---

862 Hierbei handelt es sich um ehemalige mutmaßliche Mitglieder der RAF, die unter der Deckung des MfS in der DDR lebten (vgl. Kap. 5.6).

863 Vgl. Modalitäten der Durchführung der multilateralen Beratung der Vertreter der SOUD-Teilnehmer in Moskau vom 28. bis 29.5. d. J., 26.2.1986, Übersetzung aus dem Russischen 247/86; BStU, ZA, SdM 425, Bl. 163 f.

864 Vgl. Ausführungen des Leiters der Delegation des MfS der DDR, Generalmajor Irmler, während der multilateralen Beratung der Vertreter der SOUD-Teilnehmer am 28. und 29.5.1986 in Moskau; BStU, ZA, ZAIG 5112, Bl. 2–15.

geht dabei weitgehend das Mißverhältnis zwischen Aufwand und Nutzen des Systems. Wie aus einem Vortrag des Leiters des Bereichs EDV der ZAIG, Bochmann, hervorgeht, war nämlich die „Trefferquote" bei Auskunftsersuchen des MfS nach Personen im System nahe Null: Auf mehr als 100 Anfragen entfiel nur eine positive Antwort, die zudem nicht in jedem Fall auch einen Erkenntnisgewinn bedeutete.[865] Bei den thematischen Recherchen war das Verhältnis zwischen Anfragen und erhaltenen Informationen siebzehn zu eins.[866] Statt dessen sprach Irmler von einer „Vielzahl wertvoller Informationen für die operative Arbeit des MfS", die bei den Recherchen im SOUD gewonnen worden seien. „Erstmals ist eine schnelle Zusammenführung und Verdichtung von bedeutsamen Informationen der Bruderorgane [...] eine immer umfassendere Beantwortung der Frage 'Wer ist wer?' unter den gegnerischen Kräften möglich. Besonders zutreffend ist das nach unseren Erkenntnissen hinsichtlich der Geheimdienste, der terroristischen u. a. extremistischen Organisationen und Kräfte."[867]

Zur Einspeicherung von Daten in das System führte er aus: „In erster Linie konzentrieren wir uns [...] auf die Aufbereitung und Erfassung der aktuellen operativen Materialien, der konkreten Ergebnisse der Arbeit mit den IM, der Bearbeitung der Operativen Vorgänge und der Operativen Personenkontrolle sowie der Untersuchungsarbeit, also auf 'lebende' Informationen, auf Informationen unmittelbar aus den operativen Arbeitsprozessen [...]. Wir schätzen ein, daß durch alle Diensteinheiten der Aufklärung und Abwehr, bis hin zu den Kreisdienststellen, die in das System einzuspeichernden Informationen bereits weitgehend aktuell und lückenlos aufbereitet und bereitgestellt wurden."[868] Erkenntnisgewinn durch das SOUD verzeichnete Irmler insbesondere „im Zusammenhang mit der operativen Sicherung unserer Auslandskader und Auslandsvertretungen, der Durchführung von operativen Maßnahmen gegen den Mißbrauch der diplomatischen Vertretungen nichtsozialistischer Staaten in der DDR, von internationalen Kongressen und Tagungen sowie der Zusammenarbeit mit internationalen Einrichtungen und Vertretern [...]." Dazu führt er vier Beispiele an, bei denen die Überprüfung von Kontakten und Verbindungen zur Feststellung einer Mitarbeit bei gegnerischen Geheimdiensten geführt hatte.[869]

Rückschlüsse auf die Ergebnisse der Moskauer Beratung erlaubt u. a. die Rede des Leiters des Arbeitsapparates von SOUD, Smirnow, auf der zweiten multilateralen SOUD-Konferenz vom 16. bis 20. Mai 1988 in Sofia. Dort heißt es dazu: „Die Nutzer brachten eine Reihe konstruktiver Vorschläge ein, wie z. B. die Speicherung von Daten über militärische Beobachter, insbesondere aus den

---

865 Vgl. Vortrag des Leiters des Bereiches EDV der ZAIG zu Grundfragen der Arbeit mit der Zentralen Personendatenbank des MfS (ZPDB), der Personendatenbank der DDR (PDB) sowie zur Nutzung des Sonderspeichers 11/79; BStU, ZA, ZAIG 7052, Bl. 1–62, hier 57.
866 Ebenda, Bl. 61.
867 Vgl. Ausführungen des Leiters der Delegation des MfS der DDR, Generalmajor Irmler, während der multilateralen Beratung der Vertreter der SOUD-Teilnehmer am 28. und 29.5.1986 in Moskau; BStU, ZA, ZAIG 5112, Bl. 9 f.
868 Ebenda, Bl. 5.
869 Ebenda, Bl. 10.

Ländern der NATO, die den Truppenmanövern der Warschauer Vertragsstaaten beiwohnen, sowie über Mitarbeiter von Organen, Einrichtungen und Objekten der NATO, über die Möglichkeit von Frühinformationen von Spionage- und Gegenspionageaktivitäten der gegnerischen Geheimdienste, über ideologische und ökonomische Diversion; über die erweiterte Erfassung von Personen besonders gefährlicher Kategorien [...]."[870]

Der wichtigste Beschluß der Konferenz 1986 war jedoch die Einleitung der sogenannten zweiten Etappe des Aufbaus von SOUD: die Schaffung einer Objektdatei, für die der Arbeitsapparat des SOUD 1987 eine Konzeption vorlegte.[871] Entsprechende Ergänzungen und Veränderungen fanden im SOUD-Abkommen und in der SOUD-Ordnung ihren Niederschlag.[872]

Die zweite multilaterale SOUD-Konferenz fand vom 16. bis 20. Mai 1988 in Sofia statt. Dank des aufgefundenen Beratungsprotokolls in russischer Sprache[873] können an dieser Stelle erstmals die Gesamtzahlen der bis 1988 gespeicherten Informationen zu den einzelnen Personenkategorien in ihrer Entwicklung seit Arbeitsbeginn des Systems der Öffentlichkeit zugänglich gemacht werden. Das erlaubt u. a. Schlußfolgerungen über die Möglichkeiten seiner weiteren Nutzung auch nach dem Zusammenbruch des östlichen Bündnissystems. Die Redebeiträge der Delegationsleiter ergeben eine Art Zusammenschau über Wirkungsweise und Schwächen des Systems ein Jahrzehnt nach seiner Gründung. Gleichzeitig spiegelt sich in ihnen die Situation der Sicherheitsdienste angesichts des unter Gorbatschow ausgelösten Liberalisierungsprozesses, der schließlich zum Untergang des sowjetischen Imperiums führte. Während die politische Lage von den einen scheinbar gelassen hingenommen wurde bzw. kaum Erwähnung fand, fällt insbesondere die Rede des MfS-Gesandten durch alarmierende Töne und Appelle an die „Bruderorgane" auf, aus SOUD endlich ein länderübergreifendes wirksames Kontrollinstrument zu machen.

Zur Anhörung kamen der Bericht des Arbeitsapparats des SOUD und die Vorträge der neun Delegationsleiter. Der Leiter des Arbeitsapparats, Smirnow, pries eingangs in seinem Referat die Vorzüge des Systems.[874] Erstmals sei es möglich, in einem einheitlichen Speicher bedeutende Mengen von früher zersplitterten Informationen über Personen zu konzentrieren, die eine reale oder potentielle Gefahr für die Mitgliedsländer darstellten. Dadurch müßten bestimmte Personen nicht mehr parallel von den Teilnehmern des Systems „bearbeitet" werden. Auch habe sich der Sicherheitsgrad in der Arbeit der Auslandsvertretungen sowie der Bürger im Ausland erhöht. Dann setzte Smirnow zur Kritik an: Trotz der 1986 gefaßten Beschlüsse zur Vergrößerung und Aktualisierung des Datenbestands und zur Erweiterung der funktionellen Aufga-

---

870 Vgl. Dokumente zweite multilaterale SOUD-Konferenz, S. 1–75; BStU, ZA, Abt. X, Bündel 65.
871 Vgl. Konzeption der Objektdatei des SOUD (Kurzfassung), S. 1–13; BStU, ZA, Abt. X, Bündel 65.
872 Vgl. Leiter Abt. X an Leiter ZAIG, Protokollentwürfe und Veränderungen zum SOUD-Abkommen und zur SOUD-Ordnung, 17.2.1987; BStU, ZA, Abt. X, Bündel 65, o. Pag.
873 Vgl. Dokumente zweite multilaterale SOUD-Konferenz, S. 1–75; BStU, ZA, Abt. X, Bündel 65.
874 Ebenda, S. 6–19.

ben des Systems bleibe der operative Nutzeffekt hinter den Erwartungen zurück. Dies sei in erster Linie darauf zurückzuführen, daß die gespeicherten Daten häufig unvollständig und nicht mehr aktuell seien und daß SOUD noch nicht unmittelbar in die Arbeitsprozesse der Sicherheitsorgane integriert sei. Wirklich aktiv genutzt würden in der Überprüfungsarbeit und in der Arbeit der signalisierenden Informierung nur 25 Prozent der verfügbaren Informationen. Einen qualitativ neuen Schritt in der Entwicklung des SOUD stellten jedoch die 1985 neu eingeführten fünf zusätzlichen Personenkategorien dar. Über sie enthalte das System ca. 8.800 Informationen, davon:

– mehr als 5.500 Datensätze zu Diplomaten und Angehörigen diplomatischer und konsularischer Vertretung der NATO-Staaten, Japans und der Volksrepublik China;

– ca. 2.500 erfaßte Korrespondenten der Massenmedien dieser Staaten;

– ca. 250 erfaßte Mitarbeiter von Handels-, Wirtschafts- und Kulturzentren der genannten Länder;

– ca. 350 „Schmuggler" und Mitglieder von Organisationen, die sich mit internationalem Schmuggel in großem Ausmaß befaßten;

– und mehr als 200 Personen, die „Störtätigkeit gegen die Wirtschaft" der Vertragspartner des Abkommens ausübten.

Smirnow führte weiterhin aus, daß seit der Moskauer Beratung eine umfangreiche Arbeit zur Ergänzung und Aktualisierung des Datenbestands geleistet worden sei. Dennoch könne man die Erfassung aller nach der SOUD-Ordnung zu berücksichtigenden Personenkategorien, die eine Gefahr darstellten oder von operativem Interesse für alle Teilnehmer des Systems seien, nicht als befriedigend bezeichnen. Die Mehrzahl der Teilnehmer liefere im wesentlichen Informationen, die nur für sie selbst von operativem Interesse seien.

In den Jahren 1986 und 1987 wurden nach Smirnows Worten mehr als 114.000 einmalige und ständige Überprüfungsersuchen an den Arbeitsapparat gestellt. Zu etwa 10.500 Personen seien Auskünfte erfolgt. Er berichtete, daß mit Hilfe der EDV eine klassifizierte Liste von Objekten und Organisationen erstellt worden sei, die bereits im Umlauf sei und zur Identifizierung genutzt würde. Ein weiterer wichtiger Schritt sei die Einführung von maschinenlesbaren Datenträgern, insbesondere von Magnetbändern. Der Arbeitsapparat habe bereits auf bilateraler Ebene mit einigen Nutzern diese Frage in Angriff genommen. Der Delegationsleiters des KGB, Schapkin, wiederholte die Kritik Smirnows bezüglich der ungenügenden Erweiterung des Datenbestands und der mangelnden Aktualität vieler Informationen.[875] Zu schleppend erfolgten auch die Erfassungen in den neuen Personenkategorien und die Bearbeitung der Auskunftsersuchen. Schapkin beklagte, daß die SOUD-Teilnehmer über keine einheitliche Technik verfügten.

---

875 Ebenda, S. 42–53.

Der Delegationsleiter des MfS, Schwock, führte dagegen aus, daß sich seit 1986 die Effizienz des Systems in der operativen Arbeit der Aufklärungs- und Spionageabwehrdiensteinheiten insgesamt erhöht habe.[876] Die Informationen über Mitarbeiter und Agenten der Geheimdienste der USA sowie über Diplomaten und Korrespondenten der USA hätten eine große Bedeutung für den rechtzeitigen und zielgerichteten Einsatz der operativen Kräfte des MfS. Das beziehe sich sowohl auf die konzentrierte operative Bearbeitung der Residentur der CIA in der Botschaft der USA in der DDR und der CIA-Vertretung in West-Berlin als auch auf die zahlreichen Mitarbeiter der US-Geheimdienste, die unter einem Vorwand aus dem Stabsquartier oder aus anderen europäischen Residenturen der CIA kurzfristig in die DDR beordert würden. Dank der SOUD-Informationen könnten häufig die notwendigen operativen Maßnahmen noch vor der Akkreditierung oder der Einreise solcher Personen realisiert werden.

Was die Arbeit anderer Geheimdienste, insbesondere der BRD, aber auch Großbritanniens, Frankreichs und nordeuropäischer Länder betrifft, so gebe es vorerst lediglich vereinzelte Resultate. Die Nutzung des Systems könne hier nur erfolgreich sein, wenn – wie bei der Informierung über die Geheimdienste, Diplomaten und Korrespondenten der USA – alle Partnerdienste möglichst vollständig die vorhandenen Informationen im SOUD speicherten. Fortschritte seien bei der Nutzung des Systems im Kampf gegen die „ideologische Diversion", gegen die Bestrebungen des Gegners zur Schaffung einer inneren Opposition und zur Organisierung einer politischen Untergrundtätigkeit in der DDR zu verzeichnen. Doch angesichts der gegenwärtigen politisch-operativen Lage sei dieser Fortschritt offensichtlich unzureichend. Kritisch stellte er fest, daß das SOUD ungenügend zur Unterstützung der operativen Abteilungen eingesetzt würde. Offenbar seien die im System gespeicherten Informationen unzulänglich.

Zur dritten multilateralen Beratung, die für 1990 in Ungarn geplant war, kam es nicht mehr. Zwar blieben auch nach der Umwandlung des MfS in ein Amt für Nationale Sicherheit (AfNS) die „Hinweise" zum Ausfüllen der SOUD-Belege in Kraft,[877] doch am 11. Dezember erklärte Oberst Schröter von der ZAIG in einem Schreiben an den neuen Leiter der Staatssicherheit, General Schwanitz, daß er eine „Entscheidung über den Verbleib bzw. die Vernichtung der operativen Daten, insbesondere solcher Projekte wie [...] des multilateralen Systems SOUD [für] dringend erforderlich" halte.[878] Drei Tage darauf beschloß der Ministerrat der DDR, das AfNS aufzulösen. Die letzte nachweisbare MfS-Registratur für SOUD erfolgte am 21.12.1989.[879] Bis dahin hatte das MfS 74.388 Erfassungen zu Personen im System veranlaßt. Im Archiv des BStU befinden sich heute 66.526 dieser Datensätze.

---

876 Ebenda, S. 26–31.
877 Ebenda, S. 8.
878 Siehe Schreiben von Oberst Schröter an Generalleutnant Schwanitz, 11.12.1989; BStU, ZA, ZAIG 5721, Bl. 25.
879 Siehe Posteingangsbuch der ZAIG/ 5 ab dem 5.4.1989; BStU, ZA, ZAIG 8583, Bl. 203–207.

Der Zentralspeicher in Moskau, in den diese Informationen eingingen, verblieb nach der Auflösung des MfS auch weiterhin bei der Auslandsaufklärung des sowjetischen KGB. Im Zuge der Zerschlagung des KGB Ende 1991 wurde daraus zunächst der neue sowjetische Aufklärungsdienst ZSR[880], aus dem dann der heutige russische SWR[881] hervorging. Dieser hat sein Hauptquartier nach wie vor in seinem alten Gebäude, so daß angenommen werden kann, daß auch die SOUD-Datensätze in die Archive des SWR übergegangen sind. Darüber hinaus dürften sich auch in den Beständen der Nachfolgeeinrichtungen anderer kommunistischer Sicherheitsdienste SOUD-Informationen aus dem MfS finden. Trotz ihres zunehmend historischen Charakters bilden sie immer noch ein Reservoir für die weitere nachrichtendienstliche Arbeit. Insbesondere die in der PK 1 erfaßten Personen sind zum Teil noch heute Mitarbeiter westlicher Nachrichtendienste und bleiben – auch aufgrund der SOUD-Daten – als solche erkennbar. Verglichen mit anderen zur Verfügung stehenden nachrichtendienstlichen Quellen spielt das SOUD-Material jedoch wahrscheinlich eher eine untergeordnete Rolle.

Die ursprüngliche Vision vom SOUD als einem funktionierenden, effizienten System des multinationalen nachrichtendienstlichen Informationsaustausches ist letztlich nie Wirklichkeit geworden. Dies lag nicht zuletzt in der Spezifik geheimdienstlicher Arbeit begründet. So haben laut Aussagen ehemaliger MfS-Mitarbeiter die maßgeblichen Diensteinheiten wie die HV A (Auslandsaufklärung) oder die Hauptabteilung II (Spionageabwehr) die Eingabe von Daten aus Sorge um den Quellenschutz nur in begrenztem Umfang realisiert. Auch dem ehemalige KGB-Offizier Oleg Gordiewski zufolge soll das SOUD niemals wirklich bedeutsam gewesen sein.[882] Der ehemalige Offizier der Nordamerika-Verwaltung der KGB-Auslandsaufklärung, Juri Schwez, bezeichnete das SOUD sogar überspitzt als eine „Art Friedhof für nutzlose Kontakte".[883] Ein weiterer Gesichtspunkt war das starke Divergieren der technischen Voraussetzungen bei den einzelnen Teilnehmern, das einen schnellen Datenabgleich verhinderte. Die Aufbereitung der zu erfassenden Daten war ein aufwendiger und umständlicher Arbeitsvorgang. Das komplizierte Verfahren des Austauschs neuer Erkenntnisse über die Moskauer Zentrale tat ein übriges.

Eine beispielgebende Wirkung scheint von SOUD dennoch ausgegangen zu sein – ein Nachfolgesystem befindet sich bereits im Aufbau. Im Frühjahr 1995 schlossen auf einem Treffen in Georgien elf Leiter von Sicherheits- und Geheimdiensten aus Ländern der GUS ein Abkommen über die Einrichtung eines gemeinsamen Datenverbundes.[884]

---

880 ZSR: Zentralnaja Slushba Raswedki (Zentraler Dienst für Aufklärung).
881 SWR: Slushba Wneschnei Raswedki (Dienst für Auslandsaufklärung).
882 Schreiben O. Gordiewskis an M. Tantzscher und B. Wegmann.
883 Schreiben Juri Schwez vom 19. und 26.6.1996 an M. Tantzscher.
884 Vgl. Sherr 1995, S. 11–17.

6.2 Wirkungen in der Bundesrepublik – eine vorläufige Bilanz

Die Wirkungen der West-Arbeit des MfS in der Bundesrepublik nachzuzeichnen und zu bemessen, gehört zweifellos zu den schwierigsten Problemen des vorliegenden Berichtes (vgl. Kap. 2.2). Voraussetzung dafür ist zunächst einmal die genaue Rekonstruktion der entsprechenden Bemühungen des MfS, wie sie in dieser Studie zumindest für Teilbereiche versucht wurde. Angesichts der vielfältigen Versuche der Einflußnahme im Westen bedarf es jedoch weiterer, breit angelegter Forschungsanstrengungen, um die einzelnen historischen Vorgänge unter Hinzuziehung der überlieferten Unterlagen möglichst umfassend und im Detail aufzuarbeiten. Bei kaum einem anderen Themenfeld ist die Historiographie dabei so stark mit der Schwierigkeit konfrontiert, daß sie „nicht weiß, was sie nicht weiß".[885]

Gleichwohl soll auf der Basis des vorliegenden Berichtes an dieser Stelle eine kurze, vorläufige Bilanz gezogen werden, welche Bedeutung der West-Arbeit des MfS letztendlich zukam. Betrachtet man die Geschichte des MfS von ihrem Ende her, muß man dabei zu dem Ergebnis kommen, daß dieses letztendlich erfolglos geblieben ist, weil es dem MfS nicht gelungen ist, seinen eigentlichen Auftrag, als „Schild und Schwert der Partei" die SED-Herrschaft zu sichern und zu festigen, zu erfüllen. Für die West-Arbeit drängt sich ein solcher Schluß noch mehr auf, weil die Politik der SED wohl zu keinem Zeitpunkt eine ernsthafte politische Bedrohung der demokratischen Ordnung der Bundesrepublik bildete.

Eine solche retrospektive Geschichtsbetrachtung ist jedoch wenig geeignet, die historischen Prozesse adäquat einzufangen. Aus makrohistorischer Perspektive liegt vielmehr die umgekehrte Schlußfolgerung näher, daß es der SED und ihren Sicherheitsapparaten immerhin über einen Zeitraum von mehr als 40 Jahren gelungen ist, die kommunistische Herrschaft in Ostdeutschland trotz ihrer eigenen gesellschaftlichen Minderheitsposition zu bewahren und zu stabilisieren. Das Ministerium für Staatssicherheit agierte insofern außerordentlich erfolgreich, als es die ihm übertragenen Aufgaben – außer im Juni 1953 – nahezu durchgehend zur Zufriedenheit der Führung löste. Dies gilt kaum weniger für die West-Arbeit des MfS, da die latente „Bedrohung" der SED-Herrschaft durch die Bundesrepublik wenigstens nach dem Mauerbau zu keinem Zeitpunkt zu einer ernsten politischen Destabilisierung der DDR geführt hat. „Versagt" hat, wenn überhaupt, nicht die Staatssicherheit, sondern die politische Führung, die es in der sich zuspitzenden Krisensituation des Jahres 1989 nicht mehr in der Lage war, wirksame Maßnahmen zur Systemstabilisierung zu ergreifen.

Unterhalb dieser globalen Betrachtungsweise ist zunächst hervorzuheben, wie bedeutsam die West-Arbeit für das MfS war. Der vorliegende Bericht hat deutlich gemacht, daß die „Arbeit im und nach dem Operationsgebiet" für das MfS von Anbeginn eine „Hauptaufgabe" war und daß sie vom gesamten Appa-

---

885 Vgl. Andrew 1997, S. 23.

rat des Ministeriums betrieben wurde. An der Nahtstelle der Blöcke war es in den Augen der SED nicht nur naheliegend, sondern überlebenswichtig, auch im Westen Deutschlands starke nachrichtendienstliche und geheimpolizeiliche Aktivitäten zu entfalten. Die Aufarbeitung der MfS-Vergangenheit ist daher keineswegs nur ein Problem der Ostdeutschen, sondern betrifft auch die alte Bundesrepublik – mehr, als es der Öffentlichkeit bislang bewußt zu sein scheint.

Tatsächlich ist der Kreis der Westdeutschen, der bis 1989 auf die eine oder andere Weise in das Visier der Staatssicherheit geriet, ungleich größer, als man auf den ersten Blick annehmen könnte – nicht umsonst waren rund zwei der insgesamt sechs Millionen erfaßten Menschen in der Zentralkartei des MfS Bundesbürger. Dazu gehörten nicht nur „operativ" interessierende Berufsgruppen wie Politiker, leitende Beamte, Militärs, Wirtschaftsleute, Angehörige der Polizei, der Geheimdienste, des Zolls und des Bundesgrenzschutzes, Journalisten, Diplomaten oder Sekretärinnen, sondern auch Studenten, Fluchthelfer, ehemalige DDR-Bürger, Links- oder Rechtsextremisten sowie zahllose ganz „normale" Westdeutsche und West-Berliner, die aufgrund ihres Wohnortes, ihrer verwandtschaftlichen Kontakte, ihrer Transitreisen durch die DDR oder wegen eines zufällig abgefangenen Briefes oder Telefonates ins Blickfeld der Staatssicherheit kamen. Eine der Wirkungen der West-Arbeit des MfS bestand somit in einer systematischen Verletzung der Privatsphäre von Bundesbürgern und in der Anhäufung eines ungeheuer großen Herrschaftswissens, das bei Bedarf abgerufen, nutzbar gemacht oder auch an befreundete Geheimdienste weitergeleitet werden konnte.

Die „Hauptwaffe" des MfS bildeten dabei auch in der West-Arbeit die inoffiziellen Mitarbeiter (IM), die auf breiter Basis und mit ungeheurer Systematik vom Staatssicherheitsdienst rekrutiert wurden, um über alle „operativ" relevanten Sachverhalte möglichst schon im Planungsstadium informiert zu werden. Dabei kamen keineswegs nur die „klassischen" Spione zum Einsatz, also Bundesbürger, die geheime Unterlagen an das MfS weitergaben oder darüber berichteten, sondern die unterschiedlichsten Kategorien und Typen geheimer Mitarbeiter: ein hochkomplexes System konspirativer Verbindungen, in dem auch Ostdeutsche und Angehörige dritter Staaten eine bedeutende Rolle spielten. Die konspirative Durchdringung der Bundesrepublik, d. h. die Existenz eines Netzes inoffizieller Mitarbeiter in Parteien und Organisationen, Bewegungen und Gruppierungen, Verwaltungen und Institutionen, Geheimdiensten und bewaffneten Verbänden, Universitäten und Redaktionen, Industriebetrieben und Wohngebieten, die unterschiedlichste Aufgaben erfüllten, aber von einem einheitlichen militärischen Apparat gelenkt wurden, zählt somit ebenfalls zu den grundlegenden Wirkungen der West-Arbeit des MfS.

Über die Aufgaben der inoffiziellen Mitarbeiter, die in der „Arbeit im und nach dem Operationsgebiet" zum Einsatz kamen, geben Planvorgaben, Anweisungen, Maßnahmepläne, Einsatzkonzeptionen u.ä. Dokumente oftmals detailliert Auskunft. Danach ging es dem MfS in erster Linie um einen umfassenden

Strom „operativ" bedeutsamer Informationen aus dem Westen, um die Einflußnahme auf für das kommunistische Herrschaftsystem relevante politische Entscheidungen und Entwicklungen, auf die Diskreditierung und Bekämpfung von als „feindlich" eingestuften Stellen und Personen sowie um eine intensive Vorbereitung auf Kriegs- und Krisensituationen, bei denen das MfS mit einem speziellen konspirativen Netz gegen den „Klassenfeind" agieren wollte. Eine wesentliche Aufgabe der inoffiziellen Arbeit bestand auch darin, die permanente Reproduktion und qualitative Verbesserung des IM-Netzes zu gewährleisten.

So wie in der „Ost-Arbeit" sind freilich auch in der „West-Arbeit" die Pläne des MfS nicht automatisch mit den tatsächlichen Handlungen oder den erzielten Ergebnissen gleichzusetzen. Häufig ist das überlieferte Aktenmaterial von einer spezifischen Binnensicht des MfS geprägt, die die „Gefährlichkeit" des „Gegners" überhöht und die eigene Schlagkraft betont – und damit gleichsam in beide Blickrichtungen eine nicht immer zutreffende Omnipotenz suggeriert. Umgekehrt kann aus diesem Generalvorbehalt jedoch ganz und gar nicht abgeleitet werden, daß das gesamte Ministerium für Staatssicherheit mit seinen zuletzt 91.000 hauptamtlichen Mitarbeitern – davon mehr als 3.800 in der HV A sowie über 700 in den Abteilungen XV der Bezirksverwaltungen – lediglich Pläne geschmiedet hat und seine Arbeit in der Bundesrepublik und West-Berlin folgenlos geblieben sei.

Unbestritten ist, daß das MfS bei seiner Informationsbeschaffung aus dem „Operationsgebiet" außerordentlich erfolgreich war – vielfach so sehr, daß es mit der Auswertung der gewonnenen Informationen kaum noch hinterherkam. Voraussetzung dafür war ein vergleichsweise dicht geknüpftes, wohl durchdachtes und den jeweiligen Verhältnissen Rechnung tragendes Spitzelnetz, das nicht nur aus der Binnenperspektive des MfS, sondern auch nach Einschätzung der westdeutschen Abwehrbehörden sehr effektiv arbeitete – zweifellos das wirkungsvollste Agentensystem auf westdeutschem Boden nach dem Ende des Zweiten Weltkrieges. Die umfassende Informationsbeschaffung hatte dabei weitreichende Konsequenzen: Während die Ergebnisse der Wirtschaftsspionage der DDR „Einsparungen" in Milliardenhöhe brachte und den ökonomischen Kollaps der achtziger Jahre wahrscheinlich um Jahre hinauszögerte, machte die Militärspionage den Westen im Fall einer kriegerischen Auseinandersetzung extrem verletzlich. Die Informationen aus dem politischen und gesellschaftlichen Leben boten die Grundlage für eine systematische Einflußnahme auf Personen, Vorgänge und Institutionen, während die systematische Ausforschung der Geheimdienste die innere Sicherheit und nicht zuletzt die persönliche Unversehrtheit ihrer Mitarbeiter gefährdete. Zudem bildeten sie die Voraussetzung für die „politisch-operative Vorbereitung auf besondere Lagebedingungen", d. h. auf Kriegs- und Spannungssituationen, die insbesondere im Fall West-Berlins zahlreiche Menschen ganz unmittelbar bedrohte. Daß die Informationsbeschaffung aus dem Westen, wie oftmals behauptet wird, bei den politisch Handelnden im Osten für ein realistischeres Bild des „Gegners" gesorgt und damit vor unbedachten Aktionen bewahrt hätte,[886] läßt sich aus dem hier ausgewerteten Aktenmaterial nicht ableiten, da es fast immer von einer betont feindlichen Grundhaltung geprägt ist und die „Gefahren" aus dem Westen eher über- als untertreibt.

Wie sehr es dem MfS letztendlich gelang, aufgrund des nachrichtendienstlich beschafften Wissens und mittels seiner konspirativen Verbindungen auch unmittelbaren politischen Einfluß in der Bundesrepublik auszuüben, ist nur im konkreten Fall und anhand detaillierter Einzelstudien zu beurteilen – die freilich durch die systematische Aktenvernichtung stark erschwert werden. Die SED-Führung selbst war dabei grundsätzlich der Ansicht, „daß wir heute auf die BRD stärker wirken als sie auf uns", wie sie 1984 hervorhob, als die KPdSU-Spitze Erich Honecker nach Moskau einbestellte, um ihn von seinem geplanten Bonn-Besuch abzuhalten.[887] In vielen Bereichen ist jedenfalls eine systematische Einflußnahme des MfS kaum von der Hand zu weisen – in einzelnen Fällen, wie etwa beim gescheiterten Mißtrauensvotum gegen Willy Brandt, auch mit gravierenden politischen Konsequenzen. Insbesondere die Intention, radikale Kritik an der DDR im Westen zu diskreditieren, zu isolieren oder zum Verstummen zu bringen, konnte vielfach mit Erfolg verwirklicht werden, nicht nur gegenüber ausgereisten oder ausgebürgerten DDR-Bürgern, sondern auch im Bereich des politischen, geistigen und wirtschaftlichen Lebens.

Allerdings griffe es zu kurz, die wachsende Akzeptanz, auf die die DDR als Staat in der alten Bundesrepublik stieß, vorrangig oder gar ausschließlich auf eine geheimdienstliche Einflußnahme durch das MfS zurückzuführen. Hinzu kam darüber hinaus die konspirative Einflußnahme durch den Parteiapparat der SED und die von der Öffentlichkeit abgeschirmten Verbindungen zu kommunistisch gelenkten oder beeinflußten Organisationen und Institutionen. Noch gewichtiger aber war wohl die zunehmende Bereitschaft der westdeutschen Gesellschaft, sich mit der Diktatur im Osten abzufinden und sich ihr geistig, politisch und ökonomisch auf neue Weise anzunähern. Die vielschichtigen Gründe dafür können an dieser Stelle nicht näher beleuchtet werden, doch unübersehbar ist, daß der „Wandel durch Annäherung", der als programmatische Maxime die Ostpolitik der sozialliberalen Koalition begründen sollte, auch und gerade in umgekehrter Richtung wirksam wurde: Der Gegensatz zwischen Diktatur und Demokratie verschwamm, die moralischen Barrieren gegenüber der kommunistischen Parteiherrschaft wurden tiefer gehängt oder eingeebnet, die strikte Immunität gegenüber einem System, das auf Gewalt und Unterdrückung beruhte, verlor sich im Zeitgeist der „Entspannung".

---

886 Vgl. aus der Sicht ehemaliger HVA-Mitarbeiter u. a. Wolf 1997, Hartmann 1997, Eltgen 1995 sowie aus wissenschaftlicher Perspektive den Ansatz von Krieger/Weber 1997, die von einer „Spionage für den Frieden" sprechen.
887 Vgl. Oldenburg/Stephan 1995, S. 800.

Abkürzungen

A-Auftrag	auch: A-Maßnahme – Abhören des Telefonverkehrs (Abt. 26) bzw. Dokumentieren von Post- und Paketsendungen (Abt. M)
ABBAX	Fluchthilfeorganisation
ABC-Waffen	Atomare, biologische, chemische Waffen
AdK	Apparat der Koordination
AE	Akteneinheit
AfNS	Amt für Nationale Sicherheit
AG A	Arbeitsgruppe Ausländer
AG BKK	Arbeitsgruppe Bereich Kommerzielle Koordinierung
AGL	Arbeitsgruppe des Leiters
AGM	Arbeitsgruppe des Ministers
AGM/S	Arbeitsgruppe „S" im Anleitungsbereich der Arbeitsgruppe des Ministers
AGS	Arbeitsgruppe Sicherheit
AIM	Archivierter IM-Vorgang bzw. archivierter IM-Vorlauf
AL	Alternative Liste
AOPK	Archivierte OPK-Akte
APN	Außenpolitischer Nachrichtendienst
APO	Außerparlamentarische Opposition
ARD	Arbeitsgemeinschaft der öffentlich-rechtlichen Rundfunkanstalten
ASt	Außenstelle des BStU
ASTA	Allgemeiner Studentenausschuß
AV	Auslandsvertretung
B-Auftrag	auch: B-Maßnahme – Raumüberwachung mittels Mikrofon (Abt. 26) bzw. Untersuchung und Dokumentierung von Post- und Paketsendungen (Abt. M)
B-Netz	Funktelefonnetz (der BRD)
BdL/Dok.	Büro der Leitung/Dokumentenstelle
BfV	Bundesamt für Verfassungsschutz
BGS	Bundesgrenzschutz
BKA	Bundeskriminalamt
BKG	Bezirkskoordinierungsgruppe
BMVtg	Bundesministerium der Verteidigung
BMWi	Bundesministerium für Wirtschaft
BMZ	Bundesministerium für wirtschaftliche Zusammenarbeit
BND	Bundesnachrichtendienst
BStU	Bundesbeauftragter für die Unterlagen des Staatssicherheitsdienstes der ehemaligen DDR
BTD	Bundestagsdrucksache
BV	Bezirksverwaltung
BVfS	Bezirksverwaltung für Staatssicherheit
C- Netz	Funktelefonnetz
CDU	Christlich-Demokratische Union

CIA	Central Intelligence Agency (US)
COCOM	Coordinating Committee/Controlling Commission (engl.) – Koordinierungsausschuß/Kontrollkommission
ČSSR	Tschechoslowakische Sozialistische Republik
CSU	Christlich-Soziale Union
D-Auftrag	auch: D-Maßnahme – Optische und elektronische Beobachtung von Personen und Dokumentierung von Handlungsabläufen bzw. Weiterleitung von Post- und Paketsendungen ohne Kontrolle (Abt. M)
DA	Dienstanweisung
DARC	Deutscher Amateur-Radio-Club
DBP	Deutsche Bundespost
DDR	Deutsche Demokratische Republik
DE	Diensteinheit
DFD	Demokratischer Frauenbund Deutschlands
DGB	Deutscher Gewerkschaftsbund
DHG	Diensthabender Gehilfe
DKP	Deutsche Kommunistische Partei
DM	Deutsche Mark
DP	Deutsche Post
DRP	Deutsche Reichspartei
DSP	Deutsche Soziale Partei
dv-	datenverarbeitend
DVdI	Deutsche Verwaltung des Innern
DVU	Deutsche Volksunion
DZKK	Dezentrale Zielkontrollkartei
EG	Europäische Gemeinschaft
EHF	extremely high frequency (engl.) – extrem hohe Frequenz
EKKI	Exekutivkomitee der Kommunistischen Internationale
ELOKA	Elektronische Kampfführung
EPR	Elektronisches Personenregister
ETA	Euskadi ta Ascatasuna (baskische Separatistenorganisation)
EWG	Europäische Wirtschaftgemeinschaft
F	Funkabwehr (selbständige Abt. F)
F 16	Zentrale Personenkartei des MfS
F 17	Feindobjektkartei des MfS
F 22	Vorgangskartei des MfS
F 430	Erfassungsbeleg des MfS
F 431	Auskunftsersuchen im MfS
F 432	Übernahme-/Löschungsmitteilung im MfS
F 505	IM-Vorauswahlkartei des MfS
F 78	Straßenkartei des MfS
F.D.P.	Freie Demokratische Partei
FAD	Funkabwehrdienst
FBS	Funkbeobachtungsstation
FDGB	Freier Deutscher Gewerkschaftsbund

FDJ	Freie Deutsche Jugend
FIM	Führungs-IM
FMdI	Ministerium des Innern der ČSSR
FOA	Feindobjektakte
FPS	Funkpeilstation
FU	Freie Universität
GAK	Gesamtdeutscher Arbeitskreis (der Land- und Forstwirtschaft)
GBM	Gesellschaft zum Schutz von Bürgerrecht und Menschenwürde
Gestapo	Geheime Staatspolizei
GI	Geheimer Informator
GM	Geheimer Mitarbeiter
GME	Geheimer Mitarbeiter im besonderen Einsatz
GMS	Gesellschaftlicher Mitarbeiter für Sicherheit
GRA	Gera
GÜST	Grenzübergangsstelle
GVS	Geheime Verschlußsache
HA	Hauptabteilung
HF	Hochfrequenz
HICOG	High Commissioner for Germany (engl.) – Hochkommissar für Deutschland
HIM	Hauptamtlicher Inoffizieller Mitarbeiter
HPA	Handelspolitische Abteilung
HPF	Hauptabteilung Paßkontrolle und Fahndung
HV	Hauptvermittlungsstelle
HV A	Hauptverwaltung A (Aufklärung)
Hvd	Hilferufe von drüben
I	Stellvertreterbereich Informationsgewinnung (HA III)
IADE	Informationsauswertende Diensteinheit
IBFG	Internationaler Bund Freier Gewerkschaften
IBM	International Business Machines
IGfM	Internationale Gesellschaft für Menschenrechte
IM	Inoffizieller Mitarbeiter
IMB	Inoffizieller Mitabeiter mit Feindverbindung bzw. zur unmittelbaren Bearbeitung im Verdacht der Feindtätigkeit stehender Personen
IMF	Inoffizieller Mitarbeiter der Abwehr mit Feindverbindung zum Operationsgebiet
INPOL	Informations- und Auskunftsystem der Polizei
INSCOM	Intelligence and Security Command (engl.) – Aufklärungs- und Sicherheitskommando der USA
IPZ	Internationales Pressezentrum
IRA	Irish Republican Army (engl.) – Irische Republikanische Armee
ISDN	Integrated Services Digital Network (engl.) – Digitales Fernsprechnetz
ITU	Institut für Technische Untersuchungen

IWE	Informationsbüro West
IWF	Institut für wirtschaftswissenschaftliche Forschung
JHS	Juristische Hochschule
KBA	Kraftfahrt-Bundesamt
KD	Kreisdienststelle des MfS
KfS	Komitee für Staatssicherheit (Bezeichnung des KGB durch das MfS)
KFZ	Kraftfahrzeug
KGB	Komitet gossudarstwennoi besopasnosti (russ.) – Komitee für Staatssicherheit
KGT	Kommando Grenztruppen
KgU	Kampfgruppe gegen Unmenschlichkeit
KMHB	Kriminelle Menschenhändlerbande
KoKo	Kommerzielle Koordinierung
KP	Kontaktperson
KPD/ML	Kommunistische Partei Deutschlands/Marxisten-Leninisten
KS	Komitee für Staatssicherheit
KSZE	Konferenz über Sicherheit und Zusammenarbeit in Europa
KV	Knotenvermittlungsstelle
KW	Konspirative Wohnung
KW-Spektrum	Kurzwellen-Spektrum
LAR	Legal abgedeckte Residentur
LSK	Luftstreitkräfte
LSO	Landessicherungsorgane
LTTE	Liberation Tigers of Tamil Eelam (Separatistenorganisation in Sri Lanka
M-Apparat	Geheimer Militär-Apparat der KPD
MAD	Militärischer Abschirmdienst
MAH	Ministerium für Außenhandel
MAI	Ministerium für Außenhandel und Innerdeutschen Handel
MAW	Ministerium für Außenwirtschaft
MdB	Mitglied des Bundestages
MfAA	Ministerium für Auswärtige Angelegenheiten
MfS	Ministerium für Staatssicherheit
MGB	Magdeburg
MGB	Ministerstwo gossudarstwennoi besopasnosti (russ.) – Ministerium für Staatssicherheit
MI	Militärinspektion (der Westmächte) in Westberlin
MIK	Militärisch- Industrieller Komplex
MIS	Military Intelligence Service (engl.) – Geheimdienst der USA
MO	Militärorganisation (der DKP)
Mob-Arbeit	Mobilmachungsarbeit
MVM	Militärverbindungsmission (der Westmächte in Potsdam)
N-Apparat	Nachrichtendienst der KPD
N/I	Abteilung Nachrichten und Informationen

NATO	North Atlantic Treaty Organization (engl.) – Nordatlantikpakt-Organisation
NKWD (NKVD)	Narodny kommissariat wnutrennich del (russ.) – Volkskommissariat für innere Angelegenheiten
NS	Nationalsozialistisch
NSW	Nichtsozialistisches Wirtschaftsgebiet
NVA	Nationale Volksarmee
OAG	Operative Außengruppe
OfA	Offizier für Aufklärung
OG	Operationsgebiet
OG/OG	Operationsgruppe/Operationsgebiet
OibE	Offizier im besonderen Einsatz
OLZ	Operatives Lagezentrum
OPK	Operative Personenkontrolle
OTS	Operativ-technischer Sektor
OV	Operativer Vorgang
OZK	Operative Zielkontrolle
PID	Politisch-Ideologische Diversion
PIM	Perspektiv-IM
PIV	Plan für die Informationstätigkeit im Verteidigungszustand
PK	Personenkategorie
PKE	Paßkontrolleinheit
PLO	Palestine Liberation Organization (engl.) – Palästinensische Befreiungsorganisation
PUT	Politische Untergrundtätigkeit
PZF	Postzollfahndung
RAF	Rote Armee Fraktion
RCDS	Ring Christlich-Demokratischer Studenten
RD	Rückwärtige Dienste
RIAS	Rundfunk im amerikanischen Sektor
RSA	Rufnummerselektierungsanlage
RST	Rostock
RZ	Revolutionäre Zelle
SAE	Spezifische Ausbildungseinrichtung
SAPMO	Stiftung Archiv der Parteien- und Massenorganisationen der DDR im Bundesarchiv
SDI	Strategic Defence Initiative (engl.) – Strategische Verteidigungsinitiative
SdM	Sekretariat des Ministers
SDS	Sozialistischer Deutscher Studentenbund
SED	Sozialistische Einheitspartei Deutschlands
SEW	Sozialistische Einheitspartei Westberlins
SF	Spezialfunkdienst
SHF	superhigh frequency (engl.) – superhohe Frequenz
SIRA	System Information Recherche Auskunft

SOUD	Sistem objedinjonnowo utschota dannych [o protiwnike] (russ.) – System der vereinigten Erfassung von Daten [über den Gegner]
SPD	Sozialdemokratische Partei Deutschlands
SS	Schutzstaffel
STäV	Ständige Vertretung
StUG	Stasi-Unterlagen-Gesetz
SU	Sowjetunion
SWR	Slushba wneschne raswedki (russ.) – Dienst für Auslandsaufklärung
SWT	Sektor Wissenschaft und Technik
T-Auftrag	auch: T-Maßnahme – Kontrolle des Fernschreibverkehrs
TA 500	Richtfunksystem
taz	Tageszeitung
TBK	Toter Briefkasten
TSK	Territoriale spezifische Kräfte
TU	Technische Universität
UAP	Unabhängige Arbeiterpartei
UBA	Umweltbundesamt
UFJ	Untersuchungsausschuß Freiheitlicher Juristen
UHF	ultrahigh frequency (eng.) – ultrahohe Frequenz
UKW	Ultrakurzwelle
UNO	United Nations Organization (engl.) – Organisation der Vereinten Nationen
USA	United States of America (engl.) – Vereinigte Staaten von Amerika
USPD	Unabhängige Sozialdemokratische Partei Deutschland
VdgB	Vereinigung der gegenseitigen Bauernhilfe
VHF	very high frequency (engl.) – sehr hohe Frequenz
VOS	Vereinigung der Opfer des Stalinismus
vpa	verlag politisches archiv
VR	Volksrepublik
VRD	Verwaltung Rückwärtige Dienste
VS	Verschlußsache
VSH-Kartei	Vorverdichtungs-, Such- und Hinweis-Kartei
VUS	Vereinigung unvereinigter Sozialisten
VVO	Vaterländischer Verdienstorden
VVS	Vertrauliche Verschlußsache
WFA	Wissenschaftlich-technische Forschungsarbeit
WTA	Wissenschaftlich-technische Auswertung
Z-Apparat	auch: ZER-Apparat – Geheimer Zersetzungsapparat der KPD
ZA	Zentralarchiv
ZAGG	Zentrale Arbeitsgruppe Geheimnisschutz
ZAIG	Zentrale Auswertungs- und Informationsgruppe
ZDF	Zweites Deutsches Fernsehen
ZEG	Zentrale Einsatzgruppe

ZK	Zentralkomitee
ZKG	Zentrale Koordinierungsgruppe
ZOV	Zentraler Operativer Vorgang
ZOW	Zentrales Objekt Wuhlheide (HA II)
ZPDB	Zentrale Personendatenbank
ZSK	Zentrale spezifische Kräfte
ZSR	Zentralnaja Slushba Raswedki (russ.) – Zentraler Dienst für Aufklärung
ZV	Zentralvermittlungsstelle

Literaturverzeichnis

a) Monographien und Aufsätze

Andrew, Christopher/Gordiewski, Oleg (Hrsg.): KGB. Die Geschichte seiner Auslandsoperationen von Lenin bis Gorbatschow, München 1990. More Instructions from the Centre: Top Secret Files on KGB Global Operations 1975–1985, London 1992. Comrade Kryuchkov's instructions: Top Secret Files on KGB Foreign Operations 1975–1985, Stanford/California 1993. Nachrichtendienste im Kalten Krieg: Probleme und Perspektiven, in: Krieger/Weber 1997, S. 23 ff.

Auerbach, Thomas: Vorbereitung auf den Tag X. Die geplanten Isolierungslager des MfS, hrsg. vom BStU, Berlin 1995. Der Frieden ist unteilbar. Die blockübergreifende Friedensbewegung im Visier der Stasi-Hauptabteilung XX/5 (1981–1987), in: Deutschland Archiv 30 (1997) 3, S. 369 ff.

Backes, Uwe: Bleierne Jahre. Baader-Meinhof und danach, Erlangen 1991

Bailey, George/Kondraschow, Sergej A./Murphy, David E.: Die unsichtbare Front. Der Krieg der Geheimdienste im geteilten Berlin, Berlin 1997

Bajohr, Walter: Das Erbe der Diktatur, Bonn 1992

Barron, John: KGB. Arbeit und Organisation des sowjetischen Geheimdienstes in Ost und West, Zürich/München 1974; KGB heute, Bern/München 1984

Bastian, Uwe: Greenpeace im unsichtbaren Visier des MfS. Kommentierte Dokumentation über die Ausnutzung und Bekämpfung der Umweltschutzorganisation Greenpeace und Westberliner Alternativgruppen durch die Staatssicherheit der DDR, Berlin 1995 (Arbeitspapiere des Forschungsverbundes SED-Staat). Greenpeace in der DDR: Erinnerungsberichte, Interviews und Dokumente, Berlin 1996

Baule, Bernward: Die politische Freund-Feind-Differenz als ideologische Grundlage des Ministeriums für Staatssicherheit (MfS), in: Deutschland Archiv 26(1993)2, S. 170-184

Benser, Günter/Krusch, Hans-Joachim (Hrsg.): Dokumente zur Geschichte der kommunistischen Bewegung in Deutschland, Reihe 1945/46, 5 Bände, München et al. 1993

Berlin-Handbuch: Das Lexikon der Bundeshauptstadt, Berlin 1992

Bittman, Ladislav: Geheimwaffe D, Bern 1972

Bohnsack, Günther/Brehmer, Herbert: Auftrag Irreführung: Wie die Stasi Politik im Westen machte, Hamburg 1992a. Auftrag: Irreführung: Wie die Stasi im Westen Politik machte, in: Zwie-Gespräch 2 (1992)11, S. 29-31

Bohnsack, Günther: Hauptverwaltung Aufklärung: Die Legende stirbt: Das Ende von Wolfs Geheimdienst, Berlin 1997

Borcke, Astrid von: Vom KGB zum MBRF: Das Ende des sowjetischen Komitees für Staatssicherheit und der neue russische Sicherheitsdienst, in: Aus Politik und Zeitgeschichte (1992) 21, S. 33-38

Borer, Ernst R.: Spionage: Abwerbemethoden und Anwerbepraktiken der Geheimdienste, Kreuzlingen 1975

Borkowski, Dieter: Der Mann ohne Skrupel. Ein Wolf im kapitalistischen Schafspelz, in: Europäische Ideen, Heft 105/1997, S. 1-5

Brandt, Heinz: Ein Traum, der nicht entführbar ist. Mein Weg zwischen Ost und West, München 1967

Braunbuch: Kriegs- und Naziverbrecher in der Bundesrepublik und in Westberlin – Staat, Wirtschaft, Verwaltung, Armee, Justiz, Wissenschaft; hrsg. vom Nationalrat der Nationalen Front des Demokratischen Deutschland und vom Dokumentationszentrum der staatlichen Archivverwaltung der DDR, Berlin 1968

Brauckmann, Roland: Amnesty International als Feindobjekt der DDR, Berlin 1996, (Schriftenreihe des Landesbeauftragten für die Unterlagen des Staatssicherheitsdienstes der ehemaligen DDR 3)

Brenner, Bert: Spione – und was nun? Das Stasi-Problem muß in erster Linie politisch gelöst werden, in: Zwie-Gespräch 1 (1991) 2, S. 15-25

Brinkschulte, Wolfgang/Gerlach, Hans Jörg/Heise, Thomas: Freikaufgewinnler. Die Mitverdiener im Westen, Frankfurt/Main 1993

Bundesministerium des Innern (Hrsg.): Verfassungsschutzbericht für das Jahr 1983, 1989, 1990, 1991, 1993–1995

Buschfort, Wolfgang: Das Ostbüro der SPD: Von der Gründung bis zur Berlin-Krise, München 1991 (Schriftenreihe Vierteljahreshefte für Zeitgeschichte, 63). Luftballons als Feindobjekte. Westdeutscher Konzern schließt Geheimabkommen mit der Staatssicherheit, in: Deutschland Archiv 27 (1994) 3, S. 276-279. „Schwennicke ist politisch erledigt". Der Kampf der Staatssicherheit gegen den Berliner FDP-Landesvorsitzenden, in: Deutschland Archiv 30 (1997) 2, S. 252-257

Buthmann, Reinhard: Kadersicherung im Kombinat VEB Carl Zeiss Jena. Die Staatssicherheit und das Scheitern des Mikroelektronikprogramms, Berlin 1997

Chaker, Irene: Die Arbeit der Hauptverwaltung Aufklärung (HVA) im „Operationsgebiet" und ihre Auswirkungen auf oppositionelle Bestrebungen in der DDR, in: Deutscher Bundestag: Materialien der Enquete-Kommission „Aufarbeitung von Geschichte und Folgen der SED-Diktatur in Deutschland" (12. Wahlperiode), Bd. VIII, Baden-Baden, Frankfurt/Main 1995, S. 126-242

Chotjewitz-Häfner, Renate et al. (Hrsg.): Die Biermann-Ausbürgerung und die Schriftsteller – ein deutsch-deutscher Fall. Protokoll der ersten Tagung der Geschichtskommission des Verbandes deutscher Schriftsteller (VS), Köln 1994

Clausen, Claus P./Kamphausen, Helmut/Löwenthal, Gerhard: Feindzentrale „Hilferufe von drüben", Lippstadt 1993

Colitt, Leslie: Spymaster. The real life Karla, his moles, and the East German secret police, London 1996

Corino, Karl: Transit. Rundfunksendung des Hessischen Rundfunks vom 4. Dezember 1993, 18.15–19.00 Uhr HR 2 (Manuskript)

DDR-Handbuch: hrsg. vom Bundesministerium für innerdeutsche Beziehungen, Köln 1985

Deckname Stabil: Stationen aus dem Leben und Wirken des Kommunisten und Tschekisten Paul Laufer, Leipzig 1988

Der Generalbundesanwalt: Anklageschrift gegen Markus Wolf, Karlsruhe 1992 (Eigendruck). Anklageschrift gegen Horst Männchen, Karlsruhe 1993a (Eigendruck). Anklageschrift gegen Rolf Wagenbreth, Wolfgang Mutz, Rolf Raabe und Bernd Michels, Karlsruhe 1993b (Eigendruck)

Deutscher Bundestag (Hrsg.): Der Bereich Kommerzielle Koordinierung und Alexander Schalck-Golodkowski – Werkzeuge des SED-Regimes, Bonn 1994 (Abschlußbericht des 1. Untersuchungsausschusses des 12. Deutschen Bundestages)

Die Inoffiziellen Mitarbeiter: Richtlinien, Befehle, Direktiven (I), hrsg. vom BStU, Berlin 1992

Dietl, Wilhelm/Dieter Neumann: Carlos: Das Ende eines Mythos: Die Jagd nach dem Top-Terroristen, Bergisch-Gladbach 1995

Ebert, Ottomar: Spionage-Karussell Ost-West, Bergisch-Gladbach1984

Edgar, J. H./Armin, R. J.: Spionage in Deutschland, Berlin 1962

Eichner, Klaus: Strafverfolgung wegen nachrichtendienstlicher Tätigkeit für die DDR, in: Unfrieden in Deutschland/Weissbuch, 5, Berlin 1995a, S. 285-310. Ermittlungsverfahren, Anklagen, Verurteilungen – eine Dokumentation, in: Unfrieden in Deutschland 5, Berlin 1995b, S. 319-391

Eichner, Klaus/Dobbert, Andreas: Headquarters Germany. Die amerikanischen Geheimdienste in Deutschland, Berlin 1997

Ein Bonner Dokument: Deutscher Bundestag, 12. Wahlperiode: Kleine Anfrage der Abgeordneten des Bundestages Ingrid Köppe und der Gruppe Bündnis 90/Die Grünen, „Kontakte der Bundesregierung zu ehemaligen Mitarbeitern des Ministeriums für Staatssicherheit" (Drucksache 12/5365) und Antwort der Bundesregierung mit Schreiben des Bundesministeriums des Innern v. 20. Juli 1993, in: Horch und Guck 2(1993)10, S. 33-34

Ein Dokument des sowjetzonalen Polizeistaates: Die Spitzel- und Agentenarbeit des Staatssicherheitsdienstes; in: SBZ-Archiv 5 (1954) 1/2, S. 8-10

Eisenfeld, Bernd: Die Ausreisebewegung – eine Erscheinungsform widerständigen Verhaltens, in: Ulrike Poppe et al. (Hrsg.): Zwischen Selbstbehauptung und Anpassung, Berlin 1995b, S. 192 ff. Die Zentrale Koordinierungsgruppe. Bekämpfung von Flucht und Übersiedlung, MfS-Handbuch Teil III/17, hrsg. vom BStU, Berlin 1995b. Gerüchteküche DDR – Die Desinformationspolitik des Ministeriums für Staatssicherheit, in: WerkstattGeschichte Nr. 15, 1996, S. 41 ff. Strategien des Ministeriums für Staatssicherheit zur Steuerung der Ausreisebewegung, in: Ausreisen oder dableiben?, hrsg. vom BStU, Berlin 1997, S. 6-18. Flucht und Ausreise – Macht und Ohnmacht, in: Am Ende des realen Sozialismus (3), Opposition in der DDR von den 70er Jahren bis zum Zusammenbruch der SED-Herrschaft. Analysen-Erfahrungsberichte-Dokumente, hrsg. von Eberhardt Kuhrt in Verbindung mit Hannsjörg F. Buck und Gunter Holzweißig im Auftrag des Bundesministeriums des Innern, Opladen 1998 (im Druck)

Eisenfeld, Peter: Dokumentation zum Staatssicherheitsdienst der ehemaligen DDR in 6 Teilen, Berlin 1990

Eltgen, Hans: Ohne Chance: Erinnerungen eines HVA-Offiziers, Berlin 1995

Engberding, Rainer O. M.: Spionageziel Wirtschaft: Technologie zum Nulltarif, Düsseldorf 1993

Engelmann, Roger: Brüchige Verbindungen. Die Beziehungen zwischen FDP und LDPD 1956–1966, in: Engelmann/Erker 1993, S. 13 ff. Diener zweier Herren. Das Verhältnis der Staatssicherheit zur SED und den sowjetischen Beratern 1950–1959, in: Siegfried Suckut/Walter Süß (Hrsg.), Staatspartei und Staatssicherheit. Zum Verhältnis von SED und MfS, Berlin 1997, S. 51 ff.

Engelmann, Roger/Erker, Paul: Annäherung und Abgrenzung. Aspekte deutsch-deutscher Beziehungen 1956–1969. Schriftenreihe der Vierteljahreszeitschrift für Zeitgeschichte, München 1993

Engelmann, Roger/Schumann, Silke: Der Ausbau des Überwachungsstaates. Der Konflikt Ulbricht-Wollweber und die Neuausrichtung des Staatssicherheitsdienstes der DDR 1957, in: Vierteljahreshefte für Zeitgeschichte 43 (1995) 2, S. 341-378. Kurs auf die entwickelte Diktatur. Walter Ulbricht, die Entmachtung Ernst Wollwebers und die Neuausrichtung des Staatssicherheitsdienstes 1956/57, hrsg. vom BStU, Berlin 1995b

Eppelmann, Rainer et al.: Lexikon des DDR-Sozialismus: Das Staats- und Gesellschaftssystem der Deutschen Demokratischen Republik, Studien zur Politik, Paderborn 1996

Erich Mielke (MfS) und Leonid Scherbarschin (KGB) über den drohenden Untergang des Sozialistischen Lagers. Protokoll eines Streitgesprächs vom 7. April 1989, in: Deutschland Archiv 26 (1993) 9, S. 1015-1034

Erker, Paul: „Arbeit nach Westdeutschland". Innenansichten des deutschlandpolitischen Apparates der SED 1959–1969, in: Engelmann/Erker 1993, S. 133 ff.

Felfe, Heinz: Im Dienst des Gegners. 10 Jahre Moskaus Mann im BND, Hamburg u. a. 1986. Im Dienst des Gegners. Autobiographie, Berlin (Ost) 1988

Fingerle, Stephan/Gieseke, Jens: Partisanen des Kalten Krieges: Die Untergrund-truppe der Nationalen Volksarmee 1957 bis 1962 und ihre Übernahme durch die Staatssicherheit, hrsg. vom BStU, Berlin 1996

Florath, Bernd/Mitter, Armin (Hrsg.): Die Ohnmacht der Allmächtigen: Geheimdienste und politische Polizei in der modernen Gesellschaft, Berlin 1992

Förster, Günter: Die Dissertationen an der „Juristischen Hochschule" des MfS. Eine annotierte Bibliographie, hrsg. vom BStU, Berlin 1994

Foote, Alexander: Handbuch für Spione, Darmstadt 1954

Forni, Luigi: Spie di Pankow – Spie di Bonn, Mailand 1965

Frederik, Hans: Das Ende einer Legende: Die abenteuerlichen Erlebnisse des Towarischtsch Alexander Busch, München 1971

Fricke, Karl Wilhelm: Die DDR-Staatssicherheit: Entwicklung, Strukturen, Aktionsfelder, Köln 1982. Die Erblast der DDR-Staatssicherheit; in: Außenpolitik 41 (1990) 4, S. 403-411

Fricke, Karl Wilhelm: Entmachtung und Erblast des MfS, in: Deutschland Archiv 23 (1990) 12, S. 1881-1890

Fricke, Karl Wilhelm: MfS intern. Macht, Strukturen, Auflösung der DDR-Staatssicherheit, Köln 1991

Fricke, Karl Wilhelm: „Schild und Schwert": Die Stasi. Funkdokumentation des DLF, Köln 1993

Fricke, Karl Wilhelm: „Jeden Verräter ereilt sein Schicksal". Die gnadenlose Verfolgung abtrünniger MfS-Mitarbeiter, in: Deutschland Archiv 27 (1994) 3, S. 258-265.

Fricke, Karl Wilhelm: Über „Verrat" und „Verräter" in der DDR-Staatssicherheit. Vorgetragen auf dem Diskussionsforum des Bundesbeauftragten für die Unterlagen des Staatssicherheitsdienstes der ehemaligen DDR in Berlin am 28. Oktober 1993, in: Zwie-Gespräch 4 (1994) 19, S. 11-16

Fricke, Karl Wilhelm: „Verrat" und „Verräter" in der DDR-Staatssicherheit, in: Recht und Politik 30 (1994) 1, S. 27-30

Fricke, Karl Wilhelm: 1996a: Entführungsopfer posthum rehabilitiert. Das Schicksal des Rechtsanwalts Walter Linse, in: Deutschland Archiv 29 (1996) 6, S. 713-717

Fricke, Karl Wilhelm: Zur Manipulierung und Präjudizierung politischer Strafurteile durch das MfS, in: Deutschland Archiv 29 (1996) 6, S. 887-896

Fricke, Karl Wilhelm: Organisation und Tätigkeit der DDR-Nachrichtendienste, in: Wolfgang Krieger/Jürgen Weber (Hrsg.) Spionage für den Frieden?, 1997, S. 213-224

Fricke, Karl Wilhelm: Ordinäre Abwehr – elitäre Aufklärung? Zur Rolle der Hauptverwaltung A im Ministerium für Staatssicherheit, in: Aus Politik und Zeitgeschichte B 50/1997, S. 17 ff.

Fricke, Karl Wilhelm: „Konzentrierte Schläge". Staatssicherheitsaktionen und politische Prozesse in der DDR 1953-1956, Berlin 1998 (im Druck)

Fricke, Karl Wilhelm/Marquardt, Bernhard: DDR-Staatssicherheit. Das Phänomen des Verrats – Die Zusammenarbeit zwischen MfS und KGB, Bochum 1995

Fuchs, Jürgen: Landschaften der Lüge, Teil I-V, in: Der Spiegel, Nr. 47/1991-51/1991

Fuchs, Jürgen: Politisch-operatives Zusammenwirken und aktive Maßnahmen, in: Bearbeiten – Zersetzen – Liquidieren. Methoden und Arbeitsweise des MfS, hrsg. vom BStU, Berlin 1993, S. 13-24

Fuchs, Jürgen: Unter Nutzung der Angst. Die „leise" Form des Terrors – Zersetzungsmaßnahmen des MfS, hrsg. vom BStU, Berlin 1994

Fuchs, Jürgen: Bearbeiten, dirigieren, zuspitzen. Die „leisen" Methoden des MfS, in: Klaus Behnke/Jürgen Fuchs (Hrsg.), Zersetzung der Seele. Psychologie und Psychiatrie im Dienste der Stasi, Hamburg 1995, S. 44ff

Gast, Wolfgang: Einsichtnahme von JournalistInnen in Stasiakten. „Trüffel-schweine" für die Staatsanwälte, in: Bürgerrechte & Polizei CILIP (1996) 2, S. 52-59

Gehlen, Reinhard: Der Dienst. Erinnerungen 1942-1972, Mainz el al. 1971

Gehlen, Reinhard: Zeichen der Zeit. Gedanken und Analysen zur weltpolitischen Entwicklung, Mainz 1973

Gehlen, Reinhard: Verschlußsache, Mainz 1980

Geppert, Dominik: Störmanöver „Das Manifest der Opposition" und die Schließung des Ost-Berliner „Spiegel"-Büros im Januar 1978, Berlin 1996

Gerken, Richard: Spione unter uns: Methoden und Praktiken der Roten Geheimdienste nach amtlichen Quellen. Die Abwehrarbeit in der Bundesrepublik Deutsch-land, Donauwörth 1965

Gespräch mit der „Oppositionsgruppe" der Arbeitsgruppe Sicherheit des „Runden Tisches" zur Stasi-Auflösung, in: Bürgerrechte & Polizei CILIP (1990) 1, S. 52-59

Geworkjan, Natalija: Der KGB lebt. Fakten, Personen und Schicksale aus der Geschichte des sowjetischen Geheimdienstes, Berlin 1992

Gieseke, Jens: Die Hauptamtlichen 1962. Zur Personalstruktur des Ministeriums für Staatssicherheit, in: Deutschland Archiv 27 (1994) 9, S. 940-954

Gieseke, Jens: Die hauptamtlichen Mitarbeiter des Ministeriums für Staatssicherheit (Anatomie der Staatssicherheit. Geschichte, Struktur, Methoden. MfS-Handbuch, Teil IV/1), hrsg. vom BStU, Berlin 1995

Gill, David: Das Ministerium für Staatssicherheit. Anatomie des Mielke-Imperiums, Berlin 1991

Gilles, Franz-Otto/Hertle, Hans-Hermann: Sicherung der Volkswirtschaft. Struktur und Tätigkeit der „Linie XVIII" des Ministerium für Staatssicherheit der DDR, dargestellt am Beispiel der Objektdienststellen in der Chemieindustrie, in: Deutschland Archiv 29 (1996) 1, S. 48-57

Graumann, Carl F./Moscovici, Serge (Hrsg.): Changing conceptions of conspiracy, Berlin 1987

Gries, Sabine: Die Pflichtberichte der wissenschaftlichen Reisekader der DDR, in: Dieter Voigt/Lothar Mertens (Hrsg.), Berlin 1995, S. 141-168

Günther, Heinz: Wie Spione gemacht wurden, Berlin o.J. (1992)

Guillaume, der Spion: Ein dokumentarischer Bericht, Landshut 1974 (anonym)

Guillaume, Günter: Die Aussage: protokolliert von Günter Karau/Günter Guillaume, Berlin , 1988

Guillaume, Günter: Die Aussage: Wie es wirklich war, München 1990

Haase, Dieter: Mein Name ist Haase – ich weiß .... zuviel?! Ein Doppelagent berichtet über unheimliche Regierungskriminalität, Celle 1993

Haendcke-Hoppe-Arndt, Maria: Die Hauptabteilung XVIII: Volkswirtschaft (Anatomie der Staatssicherheit. Geschichte, Struktur, Methoden. MfS-Handbuch, Teil III/10), hrsg. vom BStU, Berlin 1997

Hagen, Louis: Der heimliche Krieg auf deutschem Boden seit 1945, Düsseldorf 1969

Hartmann, Wolfgang: Gedanken gegen den Strom. Über Bürger der Alt-BRD im Dienste der DDR-Auslandsaufklärung, in: Unfrieden in Deutschland. Weissbuch 5: Unrecht im Rechts-Staat. Strafrecht und Siegerjustiz im Beitrittsgebiet, Berlin 1995, S. 311-318

Hartmann, Wolfgang: Aufklärer in der BRD, in: Blätter für deutsche und internationale Politik, Nr. 9/1997, S. 1123 ff.

Hartmann, Wolfgang: „Das Erbe Dzierzynskis" – oder weshalb seine Nachdenklichkeit abhanden kam. Persönliche Reflexionen und Fragen an Meinesgleichen, in: UTOPIE kreativ, Heft 83 (September) 1997, S. 5 ff.

Herborg, Mette/Viborg, Per: Stasi og Danmark, Holkenfeldt (Dänemark) 1996

Herz, Peter: Berlin-Lichtenberg Normannenstraße 22: Agentenzentrale SSD, Berlin 1961

Herzberg, Guntolf: Der OV „Netz" in den Akten des MfS: Die Stasi über das „European Network" und den „Ost-West-Dialog", Berlin 1992 (unveröffentlichtes Manuskript)

Hirsch, Ralf/Fuchs, Jürgen: Zu Artikel „Mustang" im Heft 4. Verleumdungen der Stasi/MfS-Zersetzungsstrategien und Desinformation aufklären, in: Horch und Guck 2 (1993) 5, S. 18–19

Höhne, Heinz: Krieg im Dunkeln, München 1985

Hoffmann, Dierk/Schmidt, Karl-Heinz/Skyba, Peter (Hrsg.): Die DDR vor dem Mauerbau. Dokumente zur Geschichte des anderen deutschen Staates, München 1993

Holzweißig, Gunter: Das MfS und die Medien, in: Deutschland Archiv 25 (1992) 1, S. 32-42

Holzweißig, Gunter: Klassenfeinde und „Entspannungsfreunde": West-Medien im Fadenkreuz von SED und MfS, Berlin 1995 (Schriftenreihe des Landesbeauftragten für die Unterlagen des Staatssicherheitsdiensten der ehemaligen DDR)

Holzweißig, Gunter: Zensur ohne Zensor. Die SED-Informationsdiktatur, Bonn 1997

Horchem, Hans Josef: Die verlorene Revolution. Terrorismus in Deutschland, Herford 1988

Hutton, J. Bernard: Ostagenten am Werk: Das Ohr am Eisernen Vorhang, Dokumentarbericht, München 1972

Jackob, Kerstin: Zur Arbeit des Sektors MfS der Abteilung für Sicherheitsfragen im Zentralkomitee der SED in den fünfziger Jahren, in: Zwie-Gespräch 2 (1992) 11, S. 12-22

Jentsch, Eva: Agenten unter uns: Spionage in der Bundesrepublik, Düsseldorf 1966

John, Otto: Zweimal kam ich heim: Vom Verschwörer zum Schützer der Verfassung, Düsseldorf 1969

Kabus, Andreas: Auftrag Windrose: Der militärische Geheimdienst der DDR, Berlin 1993

Kanonenberg, Andreas/Müller, Michael: Die RAF – Stasi – Connection, Berlin 1992

Karau, Gisela: Stasiprotokolle: Gespräche mit ehemaligen Mitarbeitern des „Ministeriums für Staatssicherheit" der DDR, Frankfurt/Main 1992

Kaufmann, Bernd et al.: Der Nachrichtendienst der KPD 1919–1937, Berlin 1993

Kelm, Georg: Bemerkungen zum „Stasi-Spionage-Beschluß" des Bundesverfassungsgerichtes, in: Horch und Guck 4 (1995) 16, S. 72-75

Keworkow, Wjatscheslaw: Der geheime Kanal. Moskau, der KGB und die Bonner Ostpolitik, Berlin 1995

Knabe, Hubertus: Akteneinsicht eines Westdeutschen, in: Hans Joachim Schädlich (Hrsg.), Aktenkundig. Berlin 1992, S. 229-253

Knabe, Hubertus: Die Stasi als Problem des Westens. Zur Tätigkeit des MfS im „Operationsgebiet", in: Aus Politik und Zeitgeschichte, B 50/1997, 5.12.1997, S. 3 ff.

Knabe, Hubertus:Die Stasi war immer mit dabei. Muß die Geschichte der alten Bundesrepublik neu geschrieben werden?, in: Frankfurter Allgemeine Zeitung vom 8.12.1997

Knopp, Guido: Verräter im Geheimen Krieg, München 1994

Koch, Egmont: Das geheime Kartell: BND, Schalck, Stasi & Co., Hamburg 1992

Koch, Peter-Ferdinand: Das Schalck-Imperium: Deutschland wird gekauft, München 1992

Koch, Peter-Ferdinand: Die feindlichen Brüder: DDR contra BRD, eine Bilanz nach 50 Jahren Bruderkrieg, Bern 1994

Köppe, Ingrid/Saathoff, Günter: Aufarbeitung der Stasi-Vergangenheit: Täter, Opfer, Unterlagen, in: Vorgänge 30 (1991) 2, S. 92-102

Kondraschew, Sergei A.: Stärken und Schwächen der sowjetischen Nachrichtendienste, insbesondere in bezug auf Deutschland in der Nachkriegszeit, in: Krieger/Weber 1997, S. 145-153.

Krieger, Wolfgang/Weber, Jürgen (Hrsg.): Spionage für den Frieden? Nachrichtendienste in Deutschland während des Kalten Krieges München 1997

Krivitsky, Walter G.: Ich war Stalins Agent, hrsg. von Hellmut G. Haasis, Grafenau-Döffingen 1990

Krjutschkow, Wladimir: Der Internationalist Markus Wolf, (unter dem Haupttitel: Alte Kameraden) übersetzt und gekürzt dokumentiert von Vera Ammer, in: Deutschland Archiv 27 (1994) 8, S. 894-896

Kubina, Michael: „In einer solchen Form, die nicht erkennen läßt, worum es sich handelt...". Zu den Anfängen der parteieigenen Geheim- und Sicherheitsapparate der KPD/SED nach dem Zweiten Weltkrieg, in: Internationale wissenschaftliche Korrespondenz zur Geschichte der Arbeiterbewegung (IWK), Heft 3/1996, S. 340-374

Kummer, Jochen: Stasi-Akte „Zwilling" – Wie ein WamS-Reporter und sein Bruder bespitzelt wurden, sechsteilige Artikelserie in: Welt am Sonntag, Nr. 17-22, 1997 (27. April-1. Juni)

Kundschafter des Friedens: Leipzig 1989 (Publikation für MfS-Angehörige)

Labrenz-Weiß, Hanna: Hauptabteilung II (Anatomie der Staatssicherheit. Geschichte, Struktur, Methoden. MfS-Handbuch, Teil III/7), hrsg. vom BStU, 1998 (im Druck)

Laufer, Jochen: Die Ursprünge des Überwachungsstaates in Ostdeutschland. Zur Bildung der Deutschen Verwaltung des Innern in der Sowjetischen Besatzungszone (1946), in: Bernd Florath/Armin Mitter/Stefan Wolle (Hrsg.), Die Ohnmacht der Allmächtigen. Geheimdienste und politische Polizei in der modernen Gesellschaft, Berlin 1992

Leide, Henry: Herr der Akten. Eine Skizze zur propagandistischen, operativen und justiziellen Auswertung von NS-Materialien durch das ehemalige MfS, 1998 (unveröffentlichtes Manuskript)

Lewytzkyj, Boris: Vom Roten Terror zur sozialistischen Gesetzlichkeit. Der sowjetische Sicherheitsdienst, München 1961

Lölhöffel, Helmut: Herzogin tankte, Baron putzte Scheiben. Bestürzendes und Banales aus der Stasi-Akte eines West-Journalisten, in: Horch und Guck 2 (1993) 5, S. 1-5

Lohneis, Hans: „DDR-Wissenschaft im Zwiespalt zwischen Forschung und Staats-sicherheit", in: Deutschland Archiv 27 (1994) 7, S. 747-750

Lotze, Gerd: Karl Wienand: Der Drahtzieher, Köln 1995

Mader, Julius: Die graue Hand. Eine Abrechnung mit dem Bonner Geheimdienst, Berlin o. J.

Mader, Julius: Gangster in Aktion. Aufbau und Verbrechen des amerikanischen Geheimdienstes, Berlin 1961

Mader, Julius: Die Killer lauern. Ein Dokumentarbericht über die Ausbildung und den Einsatz militärischer Diversions- und Sabotageeinheiten in den USA und in Westdeutschland, Berlin 1961

Mader, Julius: Who's who in CIA. Ein biographisches Nachschlagewerk über 3.000 Mitarbeiter der zivilen und militärischen Geheimdienstzweige der USA in 120 Staaten, hrsg. von Julius Mader, Berlin 1968

Mader, Julius: Dr.-Sorge-Report, Berlin 1984

Mader, Julius: Dr.-Sorge-Report. Ein Dokumentarbericht über Kundschafter des Friedens mit ausgewählten Artikeln von Richard Sorge, Berlin 1985

Mader, Julius/Stuchliki, Gerhard/Pehnert, Horst: Dr. Sorge funkt aus Tokyo, Berlin 1967

Mader, Julius/Charisius, Albrecht: Nicht länger geheim. Entwicklung, System und Arbeitsweise des imperialistischen deutschen Geheimdienstes, Berlin 1978

Mampel, Siegfried: Der Untergrundkampf des Ministeriums für Staatssicherheit gegen den Untersuchungsausschuß freiheitlicher Juristen in Berlin (West), Berlin 1994 (Schriftenreihe des Berliner Landesbeauftragten für die Unterlagen des Staatssicherheitsdienstes der ehemaligen DDR, 1)

Mampel, Siegfried: Organisierte Kriminalität der Stasi in Berlin (West). Die Machenschaften des Ministeriums für Staatssicherheit gegen den Untersuchungsausschuß Freiheitlicher Juristen, in: Deutschland Archiv 27 (1994) 9, S. 907-926

Mampel, Siegfried: Die DDR- und vergleichende Deutschlandsforschung in der Sicht des Ministeriums für Staatssicherheit, in: Deutschland Archiv 29 (1996) 1, S. 34-48

Materialien der Enquete-Kommission „Aufarbeitung von Geschichte und Folgen der SED-Diktatur in Deutschland", Band VIII: Das Ministerium für Staatssicherheit; Seilschaften, Altkader, Regierungs- und Vereinigungskriminalität, Deutscher Bundestag (12. Wahlperiode), Baden-Baden, Frankfurt/Main 1995

Meier, Richard: Geheimdienst ohne Maske: Der ehemalige Präsident des Bundesverfassungsschutzes über Agenten, Spione und einen gewissen Herrn Wolf, Bergisch-Gladbach 1992

Meier, Stephan Richard: Carlos. Demaskierung eines Topterroristen, München 1992

Mertens, Lothar: „Westdeutscher" Antisemitismus? MfS-Dokumente über eine Geheimaktion in der Bundesrepublik Deutschland, in: Deutschland Archiv 27 (1994) 12, S. 1271-1274

Meyer, Till: Staatsfeind. Erinnerungen, Hamburg 1996

Michels, Bernd: Spionage auf Deutsch: Wie ich über Nacht zum Top-Agent wurde, Düsseldorf 1992

Minnick, Wendell L.: Spies and Provocateurs: a worldwide Encyclopedia of Persons Conducting Espionage and Covert Action 1946–1991, Jefferson 1992

Morsey, Rudolf: Heinrich Lübke. Eine politische Biographie, Paderborn 1996

Müller-Enbergs, Helmut: IM-Statistik 1985–1989, BF informiert 3/1993, hrsg. vom BStU, Berlin 1993

Müller-Enbergs, Helmut (Hrsg.): Inoffizielle Mitarbeiter des Ministeriums für Staatssicherheit. Richtlinien und Durchführungsbestimmungen, Berlin 1996

Müller-Enbergs, Helmut (Hrsg.): Inoffizielle Mitarbeiter des Ministeriums für Staatssicherheit. Teil 2: Anleitungen für Agenten, Kundschafter und Spione in der Bundesrepublik Deutschland, Berlin 1998 (im Druck)

Münchner Arbeitsgruppe „Kommunistische Infiltration und Machtkampftechnik" im Komitee „Rettet die Freiheit" (Hrsg.): Verschwörung gegen die Freiheit. Die kommunistische Untergrundarbeit in der Bundesrepublik, o.O. (Typoskript), o. J.

Naimark, Norman M.: „To know everything and to report everything worth knowing". Building the East German Police State 1945–1949, Cold War International History Project, Working Paper No. 10, Stanford University 1994

Naimark, Norman M.: The Russians in Germany. A History of the Soviet Zone of Occupation, 1945–1949, Cambridge, Massachusetts/London 1995

Naimark, Norman M.: Die Russen in Deutschland. Die sowjetische Besatzungszone 1945 bis 1949, Berlin 1997

Naumann, Michael: Spitzel, Stasi, Spione, in: Zeit-Dossier 1, München 1980
Neugebauer, Gero: „Nützliche" oder „schädliche" DDR-Forschung. Bemerkungen zu
    Siegfried Mampel „Die DDR- und vergleichende Deutschlandforschung in der Sicht
    des MfS", in: Deutschland Archiv 29 (1996) 3, S. 454-456
Nielsen, Harald: The RAF-Stasi-Connection: The cooperation between the Ministry for
    State Security of the German Democratic Republic and German Left-Wing Terro-
    rism, Ebenhausen 1996 (unveröffentlichtes Manuskript)
Nitsche, Rudolf: Diplomat im besonderen Einsatz: Eine DDR-Biographie, Schkeuditz
    1994
Nollau, Günther: Die Internationale. Wurzeln und Erscheinungsformen des proletari-
    schen Internationalismus, Köln 1959
Nollau, Günther: Wie sicher ist die Bundesrepublik?, München 1976
Nollau, Günther: Das Amt. 50 Jahre Zeuge der Geschichte, München 1979
Norden, Albert: Ereignisse und Erlebtes, Berlin 1981
Oldenburg, Fred/Stephan, Gerd-Rüdiger: Honecker kam nicht bis Bonn. Neue Quellen
    zum Konflikt zwischen Ost-Berlin und Moskau 1984, in: Deutschland Archiv 28
    (1995) 8, S. 791 ff.
Organisationsstruktur des Ministeriums für Staatssicherheit 1989: bearbeitet von Ro-
    land Wiedmann, (Anatomie der Staatssicherheit. Geschichte, Struktur und Methoden.
    MfS-Handbuch, Teil V/1), hrsg. vom BStU, Berlin 1995
Ost-Berlin. Agitations- und Zersetzungszentrale für den Angriff gegen den Bestand und
    die verfassungsmäßige Ordnung der Bundesrepublik Deutschland und Opera-tions-
    basis der östlichen Spionagedienste: Drucksache 131179.60 der Bundesdruckerei,
    Bonn 1960
Peterlini, Hans Karl: Bomben aus zweiter Hand: Zwischen Gladio und Stasi, Südtirols
    mißbrauchter Terrorismus, Bozen (Italien) 1992
Petzold, Frank: Betrachtungen zur Auflösung des Ministeriums für Staatssicherheit
    unter der Regierung Modrow (Teil I-III). Zur Stasi-Auflösung, in: Horch und Guck 2
    (1993) 9, S. 3-16; 2(1993)10, S. 15-24; 2 (1993) 11, S. 28-34
Piekalkiewicz, Janusz: Weltgeschichte der Spionage: Agenten – System – Aktionen,
    München 1988
Pötzl, Norbert F.: „Basar der Spione". Die geheimen Missionen des DDR-Unterhänd-
    lers Wolfgang Vogel, Hamburg 1997
Reichenbach, Alexander: Chef der Spionage: Die Markus-Wolf-Story, Stuttgart 1992
Reichelt, Hans, et al. (Hrsg.): Unfrieden in Deutschland. Weissbuch 5, Unrecht im
    Rechts-Staat: Strafrecht und Siegerjustiz im Beitrittsgebiet, Berlin 1995
Richter, Michael: „Operationsgebiet" West, in: Die politische Meinung 38 (1993) 286,
    S. 35-40
Richter, Peter/Rösler, Klaus: Wolfs Westspione. Ein Insider-Report, Berlin 1992
Ridder, Helmut: Die deutsch-deutsche Spionage im Okular der westdeutschen
    Deutschland-Jurisprudenz (Edition Blätter 1), Bonn 1996
Röhl, Klaus Rainer: Fünf Finger sind keine Faust, Köln 1974
Roesler, Jörg: Industrieinnovation und Industriespionage in der DDR. Der Staatssicher-
    heitsdienst in der Innovationsgeschichte der DDR; in: Deutschland Archiv 27 (1994)
    10, S. 1026-1040
Roigk, Horst: Die Tätigkeit des ehemaligen MfS zur Sicherung der Volkswirtschaft der
    DDR. In: Zwie-Gespräch 5 (1995) 28-29, S. 12-23
Ruland, Bernd: Krieg auf leisen Sohlen: Spionage in Deutschland, Stuttgart 1971
Runge, Irene/Stelbrink, Uwe: Markus Wolf: „Ich bin kein Spion": Gespräche mit Mar-
    kus Wolf, Berlin 1990
Rupieper, Herrmann-Josef/Schroedter, Ekkard: Feindobjektakte „Spinne", Halle 1997
Schädlich, Hans Joachim (Hrsg.): Aktenkundig, Berlin 1992
Scharnhorst, Gerd: Spione in der Bundeswehr: Ein Dokumentarbericht, Bayreuth 1965

Schell, Manfred/Kalinka, Werner: Stasi und kein Ende: Die Personen und Fakten, Bonn 1991

Schlomann, Friedrich W.: Die Ostblock-Spionage gegen die Bundesrepublik Deutschland: Eine Analyse der nachrichtendienstlichen Offensive des Warschauer Paktes – insbesondere der „DDR" – gegen das freie Deutschland (Informationen zur Deutschlandpolitik, 18), München 1981

Schlomann, Friedrich W.: Operationsgebiet Bundesrepublik: Spionage, Sabotage und Subversion, München 1984

Schlomann, Friedrich W.: Die östliche Spionage gegen die Bundesrepublik Deutschland, in: Politische Studien 42(1991)320, S. 581-601

Schlomann, Friedrich W.: Das Erbe der Spionage, in: Politische Studien 43 (1992) 324, S. 82-92

Schlomann, Friedrich W.: Die Maulwürfe: Noch sind sie unter uns, die Helfer der Stasi im Westen, München 1993

Schmaldienst, Fritz/Matschke, Klaus-Dieter: Carlos-Komplize Weinrich: Die internationale Karriere eines deutschen Top-Terroristen, Frankfurt/Main 1995

Schmidt, Hagen: Spion unter Spitzeln, Köln 1997

Schollwer, Wolfgang: Die DDR-Staatssicherheit und das Ostbüro der FDP, in: Deutschland Archiv 29 (1996) 1, S. 100-106

Scholz, Michael F.: Bauernopfer der deutschen Frage. Der Kommunist Kurt Vieweg im Dschungel der Geheimdienste, Berlin 1997

Schroeder, Klaus/Staadt, Jochen: Im Westen nichts Neues? Dokumentation zur Diskussion um den Einfluß von SED, FDJ und MfS auf die Freie Universität Berlin, Berlin 1995 (Arbeitspapiere des Forschungsverbundes SED-Staat)

Schutzkomitee Freiheit und Sozialismus in Selbstzeugnissen, Dokumenten, Briefen und im Zerrspiegel der MfS-Akten, London, 1995 (europäische ideen, Sonderheft 1)

Schwan, Heribert: Erich Mielke. Der Mann, der die Stasi war, München 1997

Schwarz, Victor F.: „Mustang". MfS, CIA und DDR-Opposition. In: Horch und Guck 1 (1992) 4, S. 18-21

Seiffert, Wolfgang/Treutwein, Norbert: Die Schalck-Papiere: DDR-Mafia zwischen Ost und West, München 1991

Sélitrenny, Rita/Weichert, Thilo: Das unheimliche Erbe: Die Spionageabteilung der Stasi, Leipzig 1991

Semirjaga, Michail: Wie Berijas Leute in Ostdeutschland die „Demokratie" errichteten, in: Deutschland Archiv 29 (1996) 5, S. 741-752

Senator für Inneres (Hrsg.): Östliche Untergrundarbeit gegen Westberlin, Berlin 1959

Sherr, James: The new Russian Intelligence Empire, in: Problems of Post-Communism, November/Dezember 1995, S. 11-17

Siebenmorgen, Peter: „Staatssicherheit" der DDR. Der Westen im Fadenkreuz der Stasi, Bonn 1993

Staatssicherheit verpflichtete Agenten: in SBZ-Archiv 1 (1950) 3, S. 26

Stasi-Lexikon ohne alphabetische Folge: Teil 5 und 6 in Horch und Guck 2 (1993) 5, S. 57 und (1993) 6, S. 73

Stephan, Gerd-Rüdiger: Die Akten des DDR-Ministeriums für Staatssicherheit (MfS) und die Zeitgeschichtsforschung, in: Zeitschrift für Geschichtswissenschaft 42 (1994) 6, S. 530-532

Stiller, Werner: Im Zentrum der Spionage, Mainz 1986

Stolle, Uta: Traumhafte Quellen. Vom Nutzen der Stasi-Akten für die Geschichtsschreibung, in: Deutschland Archiv 30 (1997) 2, S. 209-221

Strotmann, Michael: Die Last der Vergangenheit. Zum Umgang mit den Stasi-Akten, in: Deutschland Archiv 26 (1993) 12, S. 1372-1389

Suckut, Siegfried (Hrsg.): Das Wörterbuch der Staatssicherheit. Definitionen des MfS zur „politisch-operativen Arbeit", Berlin 1996

Süß, Walter: Zu Wahrnehmung und Interpretation des Rechtsextremismus in der DDR durch das MfS, in: Deutschland Archiv 26 (1993) 4, S. 388-407

Tantzscher, Monika: Die Stasi und ihre geheimen Brüder. Die internationale Kooperation des MfS, in: Diktaturen in Europa im 20. Jahrhundert – der Fall DDR, hrsg. von Heiner Timmermann, Berlin 1996, S. 595 ff.

Tätigkeit des MfS gegen äußere und innere Feinde der DDR: in: Informationsmaterial für die Öffentlichkeitsarbeit, Berlin 1987, (internes Material, hrsg. vom MfS) Heft 12, S. 1-65

Thoms, Lieselotte: Die unsichtbare Front (ohne weitere Angaben)

Tumanow, Oleg: Geständnisse eines KGB-Agenten, Berlin 1993

Turber, Rudolf: Die Auswertung westlicher Medien im MfS, in: Deutschland Archiv 25 (1992) 3, S. 248-254

Untersuchungsausschuß Freiheitlicher Juristen (Hrsg.): Der Staatssicherheitsdienst: Terror als System, Berlin o. J.

Vielain, Heinz/Schell, Manfred: Verrat in Bonn, Berlin 1978

Viett, Inge: Nie war ich furchtloser. Autobiographie, Hamburg 1997

Villemarest, Pierre de: Le coup d'etat de Markus Wolf: la guerre secrete des deux Allemagnes 1945–1991, Frankreich 1991

Voelkner, Hans: Salto mortale: Vom Rampenlicht zur unsichtbaren Front, Berlin 1989

Voigt, Dieter/Mertens, Lothar (Hrsg.): DDR-Wissenschaft im Zwiespalt zwischen Forschung und Staatssicherheit, Berlin 1995 (Schriftenreihe der Gesellschaft für Deutschlandforschung)

Walther, Joachim: Sicherungsbereich Literatur. Schriftsteller und Staatssicherheit in der Deutschen Demokratischen Republik, Berlin 1996

Wegmann, Bodo: Die Nachrichtendienste der Russischen Förderation, in: Erich Schmidt-Eenboom (Hrsg.): Nachrichtendienste Nordamerika, Europa und Japan, Weilheim 1995, S. 848-935

Wegmann, Bodo/Tantzscher, Monika: SOUD. Das geheimdienstliche Datennetz des östlichen Bündnissystems, hrsg. vom BStU, Berlin 1996

Wenzel, Otto: Wie West-Berlin besetzt werden sollte, in: Die politische Meinung 38 (1993) 278, S. 71-75

Wenzel, Otto: Kriegsbereit: Der Nationale Verteidigungsrat der DDR 1960 bis 1989, Köln 1995

Werner, Ruth: Sonjas Rapport, Berlin 1977

Whitney, Craig R.: Advocatus Diaboli: Wolfgang Vogel – Anwalt zwischen Ost und West, Berlin 1993

Wolf, Markus: In eigenem Auftrag: Bekenntnisse und Einsichten, München 1991

Wolf, Markus: L' oeil de Berlin: entretiens de Maurice Najman avec l' expatron des services secrets est-allemands, Paris 1992

Wolf, Markus: Spionagechef im geheimen Krieg. Erinnerungen, Düsseldorf/München 1997

Wolle, Stefan (Hrsg.): Die Ohnmacht der Allmächtigen: Geheimdienste und poli-tische Polizei in der modernen Gesellschaft, Berlin 1992

Wolf, Markus: Polen und die DDR im Jahre 1956, in: Hans Henning Hahn und Heinrich Olschowsky (Hrsg.): Das Jahr 1956 in Ostmitteleuropa, Berlin 1996, S. 46–57.

Wüst, Jürgen: Menschenrechtsorganisation im Stasi-Visier, in: Die politische Meinung 40 (1995) 305, S. 66-71

Wüst, Jürgen: Die Internationale Gesellschaft für Menschenrechte (IGFM) im Visier von Antifa und Staatssicherheit, in: Jahrbuch Extremismus & Demokratie, Bonn 1996, S. 37-53

Wunschik, Tobias: Der Prozeß gegen Silke Maier-Witt, in: Uwe Backes/Eckhard Jesse (Hrsg.), Jahrbuch Extremismus & Demokratie, Bonn 1992, S. 146 ff.

Wunschik, Tobias: Biographisches Porträt: Werner Lotze, in: Uwe Backes/Eckhard Jesse (Hrsg.), Jahrbuch Extremismus & Demokratie, Bonn 1993, S. 177 ff.
Wunschik, Tobias: Die Hauptabteilung XXII: „Terrorabwehr", (Anatomie der Staatssicherheit. Geschichte, Struktur und Methoden. MfS-Handbuch, Teil III, 16), hrsg. vom BStU, Berlin 1995
Wunschik, Tobias: Baader-Meinhofs Kinder. Die zweite Generation der RAF, Opladen 1997
Wunschik, Tobias: Die maoistische KPD/ML und die Zerschlagung ihrer „Sektion DDR" durch das MfS, hrsg. vom BStU, Berlin 1997
Zeller, Claus: Marx hätte geweint: Der Porst-Prozeß, geteilte Nation im Zwielicht, Stuttgart 1969

b) Ausarbeitungen von MfS-Mitarbeitern

Im Folgenden wird eine Auswahl einschlägiger Ausarbeitungen von Mitarbeitern des MfS zur West-Arbeit aufgeführt. Dissertationen wurden nicht berücksichtigt, da dazu bereits eine ausführliche Übersicht vorliegt.[888]

Diplomarbeiten zur West-Arbeit

Bestier (Hauptmann): Die Zusammenführung und Qualifizierung von IM-Beobachtergruppen im Operationsgebiet zur Schaffung von Beweismitteln feindlich tätiger Personen, 37 Seiten, [1964], Z. Tgb.-Nr. Pos D 138, MfS-JHS MF 138

Beyer, Karl (Major; HA XIX/II): Die politisch-operative Arbeit nach dem und im Operationsgebiet zur Sicherung des berufsbedingten grenzüberschreitenden Verkehrs der Binnenschiffahrt der DDR, 110 Seiten, 30.4.1977, VVS JHS 001-322/77

Bieler, Klaus (Hauptmann; BV Frankfurt/Oder, Abt. II): Einige politisch-operative Voraussetzungen und Möglichkeiten zur Entwicklung vorhandener Perspektiv-IM (B) im Operationsgebiet zu IMF mit dem Ziel der Aufklärung der Pläne, Absichten, Maßnahmen, Mittel und Methoden des BND gegen die DDR, 50 Seiten, 15.2.1971, VVS MfS 160-182/71

Blechschmidt, Heini (Hauptmann; BV Karl-Marx-Stadt, Abt. II): Einige Methoden des Einsatzes von Werbern im Operationsgebiet auf der Linie II – äußere Abwehr, 48 Seiten, 20.12.1971, VVS MfS 160-219/71

Bogisch, Heinz-Peter (Oberleutnant; HA XX/5): Die Erarbeitung geeigneter Anknüpfungspunkte für die Ausarbeitung und Anwendung von Maßnahmen der Zersetzung bei Menschenhändlerbanden, 44 Seiten, Dezember 1976; VVS JHS 001-691/76

Bormann, Manfred (Major; HA VIII/Bereich 6), Kempe, Peter (Hauptmann; HA VIII/Bereich 6): Die Möglichkeiten und Bedingungen einer planmäßigen Suche und Auswahl von Werbekandidaten aus dem Operationsgebiet entsprechend den Anforderungen der operativen Beobachtung und Ermittlung, 95 Seiten, Januar 1979, GVS JHS 001-61/79

Brandt, Heinrich (Hauptmann; BV Neubrandenburg, Abt. II): Ausgewählte Probleme der politisch-ideologischen Erziehungsarbeit mit Instrukteuren, die inoffizielle Mitarbeiter im Operationsgebiet anleiten und erziehen, 75 Seiten, 20.7.1972, GVS MfS 160-64/72

Braun, Walter (Hauptmann; BV Karl-Marx-Stadt, Abt. II); Die zielgerichtete Herausarbeitung von operativ-relevanten Informationen über die Reisetätigkeit von Personen

---

888 Vgl. dazu: Förster 1994. Die vorliegende Auflistung basiert im wesentlichen auf einer Auswahl von Günter Förster.

aus dem Operationsgebiet in die DDR und die Festlegung erster operativer Maßnahmen zur Entwicklung von Ausgangsmaterialien der Militärspionage, 69 Seiten, 13.12.1974, VVS JHS 001-357/74

Dallmann, Erhard (Major; BV Magdeburg, Abt. XIX): Die Erfordernisse einer zielgerichteten Personenaufklärung und -kontrolle unter den Beschäftigten des VEB Deutsche Binnenreederei im berufsbedingten grenzüberschreitenden Verkehr im Operationsgebiet zur Aufdeckung und Verhinderung feindlicher Angriffe, 70 Seiten, 19.8.1972, VVS MfS 160-241/72

Dalski, Jürgen (Major; BV Frankfurt/Oder, AG XXII), Jerie, Dieter (Oberleutnant; Abt. XXII); Darstellung operativ-bedeutsamer Erscheinungen und Handlungen neonazistischer Potentiale des Operationsgebietes, deren Auswirkungen auf die DDR und daraus resultierende Schlußfolgerungen, 91 Seiten, 3.1.1986, VVS JHS o001-403/85, JHS 20411

Daum, Heinz (Hauptmann; Verwaltung Groß-Berlin, Abt. VI), Ullrich, Giesbert (Oberleutnant; Verwaltung Groß-Berlin, Abt. VI): Probleme der durchgängigen Kontrolle und Überwachung von operativ-interessanten Personen aus dem Operationsgebiet unter den Bedingungen der Interhotels, 86 Seiten, 15.12.1972, VVS MfS 160-312/72

Debski, Detlef (Oberleutnant; HA IX/9): Die Vorbereitung und Durchführung von Zersetzungsmaßnahmen gegen die kriminelle Menschenhändlerbande LAMP'L aus der Sicht der Linie Untersuchung, 60 Seiten, August 1982, VVS JHS o001-280/82

Doberstein, Werner (Oberleutnant; BV Magdeburg, Abt. XX): Die Notwendigkeit und Wege zur Nutzung der operativen Basis der Abteilung XX, Bezirksverwaltung Magdeburg, für ihre vorgangs- und personenbezogene Arbeit im und nach dem Operationsgebiet zur rechtzeitigen und vorbeugenden Verhinderung von Versuchen der Inspirierung und Organisierung politischer Untergrundtätigkeit durch feindliche Organisationen, Einrichtungen und Kräfte aus dem Operationsgebiet, 58 Seiten, 13.1.1982, VVS JHS 001-353/81

Dorn, Wolfgang (Major; HA VIII): Der Einsatz von Instrukteuren zur Qualifizierung der Zusammenarbeit mit Beobachter-IM und zur Vervollkommnung und Entwicklung der Arbeit mit Residenten der Linie VIII im Operationsgebiet, 122 Seiten, GVS JHS 001-94/75

Frantz, Josef (Major; BV Frankfurt/Oder, Abt. II): Die Notwendigkeit und Möglichkeit sowie einige Kriterien und Voraussetzungen zur Überwerbung von Agenten imperialistischer Geheimdienste, die im Operationsgebiet wohnhaft sind und als Instrukteure bzw. Kuriere zu Spionen in der DDR eingesetzt werden, 49 Seiten, Juli 1970, GVS MfS 160-27/70

Geithner, Gerhard (Oberleutnant; BV Gera, Abt. II): Die Anleitung und Entstehung von inoffiziellen Mitarbeitern, die zeitweilig ins Operationsgebiet reisen, zum Erkennen und zur Abwehr einer durch feindliche Abwehrorgane eingeleiteten Observation, 60 Seiten, 10.12.1970, VVS MfS 160-193/70

Gesierich, Klaus (Humboldt-Universität Berlin, Fachrichtung Kriminalistik): Erkenntnisse der kriminalistischen Wissenschaft und Praxis auf dem Gebiet der Spurenverursachung und ihre Nutzbarmachung beim Einsatz von IM im Operationsgebiet, insbesondere im System des Verbindungswesens zur Sicherung gegen imperialistische Abwehrorgane, 80 Seiten, November 1965, Z. Tgb.-Nr. Pos D 253, MfS-JHS MF 253

Glaser, Dietmar (Major; BV Potsdam, Abt. II): Aufgaben der Abteilung II der Bezirksverwaltung Potsdam zur weiteren Vervollkommnung der Arbeit im und nach dem Operationsgebiet unter Berücksichtigung der gegenwärtigen Bedingungen, 107 Seiten, 8.2.1980, GVS JHS 001-62/80

Gollesch, Tassilo (Hauptmann; HA I/GK-Nord Aufklärung), Weidner, Wilfried (Hauptmann; HA I/GK-Nord Aufklärung): Die Mittel und Methoden zur Erarbeitung und Bearbeitung von Personenhinweisen über Werbekandidaten aus dem Operationsgebiet, welche als Ermittler – IM im territorialen Zuständigkeitsbereich der Grenzaufklärung der Hauptabteilung I im Grenzvorfeld der BRD tätig werden sollen, 82 Seiten, 29.9.1980, VVS JHS 001-320/80

Görmer, Adolf (Major; HA I/GKN/Abw./UA Halberstadt): Die langfristige und zielgerichtete Aufklärung von IM-Kandidaten im Operationsgebiet unter Ausnutzung aller Mittel und Möglichkeiten, insbesondere durch die Entsendung von Einsatzkadern, 53 Seiten, 10.11.1975, GVS JHS o001-101/75

Graf, Herbert (Major; HA I/GKN/Aufklärung), Litsche, Peter (Hauptmann; HA I, GKS/Aufklärung): Aufgaben und Arbeitsgrundsätze für die Organisation der politisch-operativen Grenzarbeit des Bereiches Aufklärung der Hauptabteilung I/Kommando Grenztruppen an der Staatsgrenze zur BRD insbesondere im Rahmen des Verbindungswesens zu IM im Operationsgebiet, 59 Seiten, 10.10.1979, GVS JHS o001-84/79, K 680

Grüneberg, Kurt (Major; BV Frankfurt/Oder): Die Überprüfung der im Operationsgebiet tätigen inoffiziellen Mitarbeiter mittels einer systematischen und konkreten Berichtsauswertung und Vergleichsarbeit, 36 Seiten, 20.3.1965, Z. Tgb.-Nr. Pos D 165, MfS-JHS MF 164

Günther, Ralf (Major), Fünfstück, Michael (Hauptmann): Ausgewählte Probleme der konspirativen und offensiven Aufklärung von Werbemotiven und Werbegrundlagen der IM-Kandidaten aus dem Operationsgebiet, 104 Seiten + Seite. 1/1, GVS JHS o001-75/87, JHS 20965

Güntherodt, Ulrich (Hauptmann; BV Halle/Abt. XVIII/5): Die Planung, Leitung und Organisation der Zusammenarbeit der BV Halle/Abteilung XVIII mit den KD/OD zur Qualifizierung der Arbeit im und nach dem Operationsgebiet, 111 Seiten, 30.8.1985, VVS JHS o001-358/85, JHS 20372

Haase, Gerhard (Oberstleutnant; SED-Kreisleitung), Bauer, Hans-Jürgen (Major; Abt. IV): Die Voraussetzungen und Anforderungen zur Durchführung von politisch-operativen Reisen in das Operationsgebiet mit inoffiziellen Mitarbeitern (operativ-konspirative Reisetätigkeit), 136 Seiten, 30.10.1969, GVS JHS 001-109/69

Haase, Wolfgang (Major; KD Artern): Die Arbeit mit Einsatz- und Entwicklungskonzeptionen als eine wesentliche Voraussetzung für die weitere Qualifizierung und Effektivierung der Arbeit mit inoffiziellen Mitarbeitern, untersucht und dargestellt am Beispiel eines operativ-wertvollen Inoffiziellen Mitarbeiters aus der sachbezogenen und personengebundenen Arbeit in Richtung Operationsgebiet, 78 Seiten, 20.5.1980, GVS JHS 001-63/80

Hanke, Klaus Peter (Oberleutnant; HA II/13): Grundlegende Orientierungen zur Qualifizierung der politisch-operativen Arbeit der HA II/13 im und nach dem Operationsgebiet, 85 Seiten, 15.8.1988, GVS JHS o001-90/88, JHS 21135

Hauck, Horst (Oberstleutnant; BV Potsdam/Abteilung VI): Die politisch-operative Bearbeitung von kriminellen Menschenhändlerbanden einschließlich der Nutzung der Möglichkeit ihrer Zersetzung/Zerschlagung. Dargestellt an den Ergebnissen der politisch-operativen Bearbeitung der KMHB [...] und [...] in den ZOV „Rennstall" und „Alias", 38 Seiten und 32 Seiten Anhang; Mai 1983; VVS JHS o001-1414/83

Haußner, Lothar (HA II/4): Voraussetzungen und Hauptmöglichkeiten, Perspektivkader aus dem Operationsgebiet in das Blickfeld des Gegners zu rücken, mit dem Ziel des Einschleusens in Dienststellen des Bundesnachrichtendienstes, 42 Seiten, [1964], Z. Tgb.-Nr. Pos D 158, MfS-JHS MF 157

Heckel, Helmut (Major; HA I/Äußere Abwehr): Zu einigen politisch-operativen und psychologischen Fragen, wie sie sich im persönlichen Kennenlernen und der Kontaktführung bei IM-Kandidaten mit der Perspektive des zeitweiligen Einsatzes in das Operationsgebiet ergeben, 85 Seiten, 31.7.1972, VVS MfS 160-226/72

Hille, Heinz (Major; KD Wernigerode): Die Aufgaben einer Kreisdienststelle bei der Aufdeckung der Pläne und Absichten der feindlichen Dienststellen und Mitarbeiter im Operationsgebiet – westliches Vorfeld – im Rahmen des Einsatzes von inoffiziellen Mitarbeitern der äußeren Abwehr, [Enthält Verhinderung von Feindtätigkeiten an der Staatsgrenze], 113 Seiten, 30.10.1969, VVS MfS 160-128/69

Hoffmann, Peter (Hauptmann; BV Frankfurt/Oder, Abt. IX), Blum, Eberhard (Hauptmann; KD Beeskow): Die Bekämpfung der politischen Untergrundtätigkeit durch die Erarbeitung von Beweisen, insbesondere zu den Ausgangspunkten im Operationsgebiet und zur subjektiven Seite verletzter Straftatbestände, 78 Seiten, 30.10.1977, VVS JHS 001-403/77

Horn, Frank (Offiziersschüler; HA VIII/6): Die Schaffung eines IMS für den spezifischen Einsatz zur Erarbeitung von Hinweisen auf politisch-operativ nutzbare Kontakte und Verbindungen in das Operationsgebiet für die Hauptabteilung VIII/6, 43 Seiten, 31.3.1989, GVS o165-MfS D 18/89, JHS 22051

Horschig, Dieter (Oberleutnant; VfS Groß-Berlin, Abt. II): Politisch-operative Probleme der Kontaktierung von Werbekandidaten aus dem Operationsgebiet mit Verbindungen in die DDR, 94 Seiten, 18.1.1974, VVS MfS 160-253/73

Hünich, Werner (Hauptmann; HA VIII/4): Zur Gestaltung einiger Elemente eines funktionssicheren Verbindungssystems zwischen Zentrale und IM im Operationsgebiet Westberlin zur Gewährleistung eines schnellen Informationsaustausches, 63 Seiten, 30.7.1970, VVS MfS 160-151/70

Illert, [Werner] (Oberleutnant; HA VIII; Humboldt-Universität Berlin): Die Arbeit mit Personen- und Materialschleusen ins Operationsgebiet Westberlin als Bestandteil des Verbindungssystems und die sich daraus ergebenden Schlußfolgerungen für die Perspektive, 62 Seiten, 1.3.1971, VVS MfS 160-180/70

Jesche, Peter (Oberleutnant; BV Berlin, Abt. VIII/6): Suche, Auswahl und Anwendung von Legendierungen für den Einsatz von IM-Ermittlern im Operationsgebiet Westberlin, 110 Seiten, 15.1.1983, GVS JHS 001-68/83

Kämpf, Hartmut (Oberleutnant; BV Halle, Abt. II): Die Gestaltung einer zielgerichteten effektiven Blickfeldarbeit mit IM im Operationsgebiet zur offensiven Organisierung einer schwerpunktmäßigen Vorgangs-, Personen- und Objektbezogenen Abwehrarbeit auf dem Gebiet der Militärspionage, 83 Seiten, 15.7.1978, GVS JHS 001-52/78

Kempe, Harald (Hauptmann; VfS Groß-Berlin, Abt. II): Der Einsatz von IM zur Vorbereitung der Anwerbung hauptamtlicher Mitarbeiter der Geheimdienste im Operationsgebiet, 47 Seiten, September 1964, Z. Tgb.-Nr. Pos D 110, MfS-JHS MF 110

Klinger, André (Offiziersschüler; BV Neubrandenburg, Abt. II; 2. OSL): Die Verantwortung der operativen Diensteinheiten für die Gewährleistung der inneren Sicherheit des MfS im Zusammenhang mit Privatreisen von IM in das Operationsgebiet, 79 Seiten, 30.8.1989, VVS JHS o001-302/89, JHS 21465

Knoll, Dieter (Oberleutnant; BV Gera, Abt. II): Die Entwicklung von Verhaltensweisen zur Gewährleistung der Sicherheit bei Einsatz-IM im Reiseverkehr des Operationsgebietes, 83 Seiten, 30.11.1971, GVS MfS 160-34/71

Kobbelt, Dr. (Oberst, HV A/IX), Weser, Dr. (Major; ZMD), Kaden (Hauptmann; HV A/IX): Das Erkennen der objektiven und subjektiven Bedingungen von Fehlhandlungen übersiedelter inoffizieller Mitarbeiter im Operationsgebiet al.s eine Grundlage für die Realisierung einer erfolgreichen Aufklärungstätigkeit des MfS, 266 Seiten, 2 Bände, VVS JHS 001-261/78, JHS 21883/ 1 und 2 [Forschungsergebnisse]

Koch Wolfgang (Hauptmann): Der Einsatz von Werbern unter fremder Flagge zur Bearbeitung hauptamtlicher Mitarbeiter ausländischer imperialistischer Geheimdienste im Operationsgebiet, 32 Seiten, 3.10.1966, 413/66, JHS 22101

Kowski, Adolf (Hauptmann; BV Schwerin, Abt. VI), Liedtke, Hartmut (Oberleutnant; BV Schwerin, Abt. VI): Die Anforderungen an IMF aus dem Operationsgebiet zur

Bekämpfung der kriminellen Menschenhändlerbanden. Einige Grundfragen ihrer Gewinnung und Zusammenarbeit mit ihnen, 124 Seiten, VVS JHS 001-311/76

Kratsch (Major): Die Vorbereitung und Durchführung der Werbung von Perspektivkadern im Operationsgebiet und einige sich daraus ergebende Schlußfolgerungen für die Führungs- und Leitungstätigkeit der Linie II/2, 74 Seiten, 30.9.1965, Z. Tgb.-Nr. Pos D 191, MfS-JHS MF 191

Krause, Dietrich (Hauptmann; HA VI, Abt. 1): Anforderungen an zur Bekämpfung krimineller Menschenhändlerbanden im Operationsgebiet eingesetzter IMF, 100 Seiten , 3.8.1976, VVS JHS 001-333/76

Krebs, Heinz (Major; HA II), Fröhlich, Lothar (Hauptmann; HA II): Die Zusammenarbeit mit IM im Operationsgebiet, die zur Lösung äußerer Abwehraufgaben eingesetzt sind und die bewußte Nutzung der in diesem Bereich wirkenden psychologischen Faktoren, 79 Seiten, Mai 1972, VVS MfS 160-292/72

Kühn, Wolfgang (Hauptmann): Erkenntnisse und Möglichkeiten zur Verbesserung der Auftragserteilung und Berichterstattung im Rahmen der Qualifizierung und Erziehung der IM in den Bereichen des grenzüberschreitenden Verkehrs der Deutschen Reichsbahn und Mitropa, die zur Bearbeitung operativ-relevanter Kontaktversuche im Operationsgebiet eingesetzt werden, 66 Seiten, 29.7.1971, GVS MfS 160-65/71, K 577

Leistner, Heinz (Major; HA VII/3): Der zielstrebige Einsatz inoffizieller Mitarbeiter im Operationsgebiet zur Aufklärung verdächtiger Rückverbindungen von Staatsangehörigen des nichtsozialistischen Auslands, die um ständigen Aufenthalt in der Deutschen Demokratischen Republik nachsuchen, 86 Seiten, 26.11.1969, VVS MfS 160-136/69

Lemser, Andreas (Offiziersschüler; KD Weimar): Politisch-operative Prozesse des MfS bei der vorbeugenden Verhinderung, Aufdeckung und Bekämpfung erkannter Angriffsrichtungen des subversiven Mißbrauchs der Städtepartnerschaft durch feindlich-negative Kräfte des Operationsgebietes und feindlich-negative Personen, die im Sinne von politischer Untergrundtätigkeit in der DDR wirken, 67 Seiten, 30.3.1989, VVS JHS o001-306/89, JHS 21467

Lenz, Siegfried (Hauptmann; BV Schwerin, Abt. XVIII): Die Qualifizierung der politisch-operativen Arbeit der Linie XVIII im und nach dem Operationsgebiet durch eine intensive linienspezifische Nutzung ihrer operativen Basis, 60 Seiten, 20.2.1978, VVS JHS 001-275/78

Lipfert, Gottfried (Hauptmann; HA VIII/3): Die Erhöhung der Wirksamkeit der Zusammenarbeit mit inoffiziellen Mitarbeitern des MfS im Operationsgebiet BRD durch Qualifizierung der politisch-ideologischen Erziehung, 66 Seiten, 31.7.1972, VVS MfS 160-224/72

Lipkowski, Jürgen (Oberleutnant; JHS, Sektion Politisch-operative Spezialdisziplin): Grundfragen der Entwicklung und Führung von IMB für die Arbeit im und nach dem Operationsgebiet (Grundlagenmaterial), 89 Seiten, Februar 1983, VVS JHS o001-318/83

Lodtka, Frank (Offiziersschüler; HA II/2): Die Schaffung von perspektivischen Basen des MfS im Operationsgebiet unter Nutzung der Möglichkeiten des Personenkreises der Übersiedlungsersuchenden bei gleichzeitiger Beachtung und Nutzung der gegenwärtigen konkreten objektiven Bedingungen im Verhältnis DDR – BRD, 104 Seiten, 30.4.1988, GVS JHS o001-63/88, JHS 21112

Lorenz, Wolfgang (Hauptmann; HA I/GK-Nord, UA Aufklärung Grabow): Die Untersuchung objektiver und subjektiver Bedingungen, die bei der Prüfung der Zuverlässigkeit von IM (Operationsgebiet) der Hauptabteilung I/Grenzaufklärung zu beachten sind, 80 Seiten, 14.9.1978, VVS JHS 001-350/78

Löser, Heinz (Hauptmann; HA I/8): Zum Inhalt und über Wege der Vermittlung eines aufgabenbezogenen tschekistischen Feindbildes an IM-Ermittler der Hauptabteilung I aus dem Operationsgebiet Westberlin, 46 Seiten, 10.10.1979, VVS JHS 001-329/79

Matter, Dieter-Jürgen: Die Schaffung der operativen Basis eines inoffiziellen Mitarbeiters im Operationsgebiet, 73 Seiten, 1.7.1969, GVS MfS 160-294/69

Meitzner, Eberhard (Hauptmann; HA I/GK-Nord/Aufklärung): Die Anwendung zweckmäßiger Mittel und Methoden zur Erarbeitung aussagefähiger Überprüfungsangaben zur Einschätzung der Ehrlichkeit und Zuverlässigkeit von IM der Grenzaufklärung der Hauptabteilung I aus dem Operationsgebiet, 73 Seiten, 31.8.1976, GVS JHS 001-76/76

Melchert, Kurt (Major; BV Magdeburg, Abt. II): Die Analyse des IM-Systems der äußeren Spionageabwehr des Bezirkes Magdeburg im Operationsgebiet im Hinblick auf die Verkündung eines Notstandsfalles in Westdeutschland, 73 Seiten, 20.12.1968, VVS MfS 160-144/68

Miksch, Manfred (Oberstleutnant; HA VIII/6), Müller, Werner (Major; HA VIII/6): Der Aufbau und der operative Einsatz von Beobachter-Residenturen im Operationsgebiet BRD, 123 Seiten, GVS JHS 001-81/77

Mikuszeit, Erwin (Hauptmann; HA VIII/III): Die Methoden der Aufklärung und Kontaktierung von Personen aus dem Operationsgebiet für die inoffizielle Zusammenarbeit auf der Linie Ermittlung der Hauptabteilung VIII (Schulungsmaterial), 79 Seiten, 31.8.1966, Z. Tgb.-Nr. Pos D 310, MfS-JHS MF 306

Mohrmann, Fritz (Hauptmann; BV Schwerin, Abt. II): Zu einigen Problemen des zielstrebigen Einsatzes inoffizieller Mitarbeiter der Linie II/1 im Operationsgebiet zur Suche, Auswahl und Aufklärung von Perspektiv-IM, 54 Seiten, VVS MfS 160-144/69

More, Jens (Offiziersschüler; KD Potsdam), Wolf, Andreas (Offiziersschüler; KD Potsdam): Politisch-operative Nutzung der Reisen in dringenden Familienangelegenheiten von Bürgern des Verantwortungsbereiches der KD Potsdam zur Erarbeitung von operativen Anhaltspunkten für Feindangriffe auf diesen Personenkreis, zur Informationsgewinnung über das Operationsgebiet sowie zur Stärkung der operativen Basis der KD, 73 Seiten, 30.3.1988, VVS JHS o001-278/88, JHS 21157

Mühlberg, Helmut (Major; Abt. XXI): Ziele, Aufgaben und Anforderungen für eine wirkungsvollere Bearbeitung der in Operativen Vorgängen erfaßten Fahndungsobjekte aus dem Operationsgebiet unter besonderer Berücksichtigung der neuen Bedingungen im Klassenkampf, 68 Seiten, August 1978, GVS JHS 001-63/78

Mühle, Thomas (Offiziersschüler; HA IX/6): Methodisches und taktisches Vorgehen in Vorkommnisuntersuchungen von Fahnenfluchten Angehöriger der Grenztruppen der DDR in das Operationsgebiet, 48 Seiten, 31.3.1988, VVS JHS o001-330/88, JHS 21202

Müller, Gerhard (Major; Abt. E): Die Stellung der operativen Technik im Verbindungssystem zwischen Operationsgebiet und Zentrale, 41 Seiten, 30.1.1971, GVS MfS 160-23/70

Müller, Peter (Major; BV Schwerin, Abt. II): Die Organisierung der politisch-operativen Arbeit der Linie II im Operationsgebiet unter Beachtung des vorbereiteten und verkündeten Notstandes [Enthält Schutzgesetze, Sicherstellungsgesetze, Notverordnungen], 60 Seiten, 23.12.1968, VVS MfS 160-143/68

Naß, Alfred (Major; HA I/GK Süd Aufklärung): Ziele, Mittel und Methoden der Überprüfung von IM und IM-Kandidaten aus dem Operationsgebiet, 75 Seiten, 31.8.1979, VVS JHS o001-91/79

Oss, Juris (Oberleutnant; BV Magdeburg, Abt. XV): Die Suche und Auswahl von Werbern für den Einsatz im Operationsgebiet aus dem IM-System der inneren Abwehr in industriellen Großbetrieben für die Aufklärung und äußere Abwehr. Untersucht am

Beispiel des IM-Systems der Operativgruppe des VEB „Ernst Thälmann" Magdeburg, 72 Seiten, September 1968, GVS JHS 001-90/68, K 91

Ostrowski, Wolfgang (Oberstleutnant; HA I/Aufklärung), Teichmann, Gerhard (Hauptmann; HA I/Aufklärung): Die Bearbeitung des westlichen Grenzvorfeldes und des besonderen Territoriums Westberlin. Die effektive Gestaltung des Systems der Zusammenarbeit der in diesen Bereichen des Operationsgebietes tätigen Diensteinheiten des Ministeriums für Staatssicherheit, 188 Seiten, 30.1.1970, VVS MfS 160-195/69

Parade, Karsten (Offiziersschüler; XXII/4): Die Analysierung vorhandener Materialien zu ausgewählten operativ bedeutsamen Exil- und Emigrantenorganisationen des Operationsgebietes und die sich daraus ergebenden Konsequenzen für die Suche von IM-Kandidaten zur Bearbeitung dieser Organisationen, 74 Seiten, 25.4.1988, GVS o106-855/88, JHS 22048

Passig, Helmut (Major; KD Pößneck): Einige Aspekte der Herausarbeitung und Kontrolle der Rückverbindungen ehemaliger Staatsbürger der DDR, die ungesetzlich die DDR verlassen haben, und von Personen, die aus der Staatsbürgerschaft der DDR entlassen wurden und im Operationsgebiet mit feindlichen Personen und Organisationen zusammenarbeiten bzw. von diesen genutzt werden, um Straftaten gemäß den §§ 97, 105, 213 und 219 StGB zu organisieren und durchzuführen sowie Personen zu rechtswidrigen Übersiedlungsersuchen zu inspirieren, 92 Seiten, 20.8.1979, VVS JHS 001-359/79

Pechmann, Volkmar (Oberleutnant; HA XX/5): Die politisch-operative Zersetzung – eine wesentliche Methode zur Bekämpfung der Organisatoren und Inspiratoren politischer Untergrundtätigkeit im Operationsgebiet, besonders unter ehemaligen DDR-Bürgern, 37 Seiten, 13.6.1986, GVS JHS o001-94/86, JHS 20475

Pfannschmidt, Lutz (Hauptmann; HA I/GK Nord – Bereich Aufklärung): Der Einsatz von IM der Grenzaufklärung der Hauptabteilung I im Operationsgebiet zur Aufklärung und Bearbeitung subversiver Angriffe gegen die Staatsgrenze und Grenztruppen der DDR, 58 Seiten, 12.1.1982, VVS JHS 001-350/81

Pietras, Günter (Major; HA XX/4): Die Gewährleistung einer konzentrierten und schwerpunktbezogenen politisch-operativen Arbeit gegen feindliche politisch-klerikale Zentren im Operationsgebiet zur weiteren Stärkung der inneren Sicherheit der DDR
(Dargestellt an den Zentren „Brüsewitz-Zentrum" und „Evangeliumsrundfunk" Wetzlar), 31 Seiten, 30.7.1982, VVS JHS 001-297/82

Pioch, Klaus-Dieter (Hauptmann; HA I, Abt. Äußere Abwehr): Anforderungen an die Gestaltung des Verbindungswesens in der ersten Phase der Zusammenarbeit mit Personen aus dem Operationsgebiet, 104 Seiten, 28.12.1973, VVS MfS 160-308/73

Pojar (Major): Die Suche und Auswahl von Perspektivkadern aus der DDR und dem Operationsgebiet, die zum Einsatz als Leiter von Beobachtungsgruppen im Operationsgebiet geeignet sind (Schulungsmaterial), 42 Seiten, [1965], Z. Tgb.-Nr. Pos D 175, MfS-JHS MF 174

Prätorius, Peter (Major; BV Leipzig, Abt. XI): Möglichkeiten und Wege der vorgangs- und personenbezogenen Arbeit mit IM im und nach dem Operationsgebiet zur Spionageabwehr auf Linie XI, 74 Seiten, 15.12.1983, GVS JHS 001-89/83

Quitzsch, Frank (Hauptmann; KD Dresden-Stadt): Politisch-operativ bedeutsame Probleme bei der Nutzung der rechtlichen Regelungen der Anordnung über die Auswahl, Bestätigung und Vorbereitung von Reise- und Auslandskadern und die Durchführung ihrer dienstlichen Reisen (VVS B2 – 1034/81 des Ministerrates der DDR) zur Erhöhung der Qualität und Quantität operativ relevanter Informationen aus der kommerziellen Reisetätigkeit in das Operationsgebiet, 45 Seiten, 4.2.1985, VVS JHS o001-394/84, JHS 20227

Rabe, Karl (Hauptmann; Abt. II): Die grundsätzlichen Anforderungen an die Qualifizierung der Zusammenarbeit mit Werbungskandidaten aus dem Operationsgebiet auf der Linie II in der ersten Phase des Gewinnungsprozesses nach der Kontaktaufnahme bis zur Werbung, 79 Seiten, 12.10.1970, GVS MfS 160-25/70

Radecker, Ulrich (Oberleutnant; HA VIII/Abt. 13), Scherf, Reiner (Oberleutnant; HA VIII/Abt.13): Prüfung der Nutzbarkeit ausgewählter Einrichtungen des Operationsgebietes, ihrer Mittel und Methoden der Recherchetätigkeit zu Personen im Operationsgebiet für die weitere Qualifizierung der Ermittlungsführung der Hauptabteilung VIII/Abteilung 13, 104 Seiten, 8.7.1988, GVS JHS o001-87/88, JHS 21132

Radzuweit, Alfred (Hauptmann; BV Schwerin, Abt. II): Die politisch-operative Zusammenarbeit mit IMF aus dem Operationsgebiet und der sich daraus ergebende Nutzeffekt bei der Bearbeitung des Bundesnachrichtendienstes durch die Äußere Spionageabwehr, 90 Seiten, 14.9.1970, GVS MfS 160-55/70

Ramm, Sven (Offiziersschüler; HA XIX/3): Die Bestimmung von politisch-operativen Aufgaben der Abwehrarbeit an den Ausgangspunkten feindlicher Angriffe gegen das Verkehrswesen der DDR im Operationsgebiet, als eine wesentliche Voraussetzung für die Qualifizierung der Grundprozesse der inneren Abwehr in den Bereichen des Verkehrsträgers Mitropa, 96 Seiten, 31.3.1989, VVS JHS o001-282/89, JHS 21448

Rapmund, Thomas (Oberleutnant; Abt. XV): Operative Erfahrungen, Erkenntnisse und Reserven der Kreisdienststelle Karl-Marx-Stadt/Stadt der Bezirksverwaltung Karl-Marx-Stadt bei der Erschließung von Möglichkeiten der Reisekader-IM zur Realisierung eines Beitrages hinsichtlich der Qualifizierung der Arbeit im und nach dem Operationsgebiet, 65 Seiten, 10.7.1989, VVS JHS o001-468/89, JHS 21588

Roß, Torsten (Offiziersschüler; Abt. XXII/1): Analysierung operativ bedeutsamer Aktivitäten neonazistischer Organisationen, Gruppen und Kräfte des Operationsgebietes, BRD/WB in den Jahren 1986 und 1987 sowie ihre politisch-operative Einschätzung zur weiteren Präzisierung von Schwerpunkten der operativen Bearbeitung dieser Feindpotentiale durch die Abteilung XXII/1, 122 Seiten, 15.2.1988, VVS JHS o001-292/88, JHS 21169

Rusch, Horst (Major; HA I/GK Nord/Aufklärung): Die Hauptaufgabe der Hauptabteilung I/Aufklärung und die Organisierung des Zusammenwirkens mit der Hauptabteilung I/Abwehr bei der Realisierung des Schutzes der Staatsgrenze West zur DDR gegenüber den subversiven Angriffen durch die westdeutschen Grenzüberwachungsorgane und Personen aus dem grenznahen Operationsgebiet, 63 Seiten, 28.7.1972, VVS MfS 160-228/72

Scheffler, Dieter (Hauptmann; HA XIX/3): Zu Anforderungen einer weiteren Qualifizierung der Zusammenarbeit mit IM unter Reise-, Verhandlungs- und Betreuungskadern aus speziellen Bereichen des Ministeriums für Verkehrswesen der DDR zum Erkennen subversiv tätiger Personen im Operationsgebiet, 66 Seiten, 28.8.1972, GVS MfS 160-53/72

Schenk, Kurt (Hauptmann; BV Gera, Abt. II): Die zielstrebige Überprüfung der im feindlichen Operationsgebiet tätigen inoffiziellen Mitarbeiter mittels der konkreten Auftragserteilung und Berichtsauswertung, des Einsatzes von überprüften, zuverlässigen inoffiziellen Mitarbeitern sowie der Auswertung und des Vergleiches aller über den inoffiziellen Mitarbeiter vorhandenen Überprüfungsergebnisse und Materialien, 51 Seiten, Dezember 1964, Z. Tgb.-Nr. Pos D 151, MfS-JHS MF 151

Schenker (Hauptmann; BV Karl-Marx-Stadt): Die offensive Nutzung von Reisekadermonteuren aus dem VEB Buchungsmaschinenwerk Karl-Marx-Stadt zur Schaffung von Verbindungen, die sich objektiv aus den in dem Operationsgebiet bestehenden Generalvertretungen ergeben, zwecks Abschöpfung bzw. Anschleusung mit der politisch-operativen Zielstellung zur Erforschung der Pläne und Absichten des Gegners, 102 Seiten, 1966/67, VVS MfS 160-D 338, JHS MF 333

Schieferdecker, Jörg (Leutnant, HA III): Gegenwärtige und perspektivische Anforderungen an die spezifisch-operative Vorgehensweise zur funktaktisch-technischen Aufklärung BRD-interner Richtfunkstrecken unter dem Gesichtspunkt der weiteren Erschließung von Informationsquellen für die Hauptabteilung III, 15.3.1989, BStU, ZA, HA III/AKG 369

Schindler, Harald (Major; BV Karl-Marx-Stadt, Abt. II), Franik, Wolfgang (Hauptmann; BV Karl-Marx-Stadt, Abt. II), Ullmann, Dieter (Hauptmann; BV Karl-Marx-Stadt, Abt. II): Kernfragen der weiteren Qualifizierung des persönlichen Treffs auf dem Gebiet der DDR mit IM der Abwehrlinien aus dem Operationsgebiet, 87 Seiten, 1.10.1975, GVS JHS 001-80/75

Schindler, Manfred (Major; HA I, Abt. Äußere Abwehr): Bearbeitung ausgewählter Fahnenfluchtverbrechen durch die HA I im Operationsgebiet, 72 Seiten, 8.2.1984, GVS JHS o001-91/83

Schleder, Reinhard (Major; KD Bad Salzungen): Die weitere Vervollkommnung und Qualifizierung der politisch-operativen Arbeit im und nach dem Operationsgebiet der KD Bad Salzungen auf der Grundlage der Bearbeitung des Feindobjektes „Heimatkreis Geisaer Amt", 73 Seiten, 1.12.1986, GVS JHS o001-93/86, JHS 20474

Schlösser, Bernd (Major; BV Erfurt, Abt. XVIII): Grundfragen der Qualifizierung der Arbeit mit den Reisekader-IM auf Linie XVIII der Bezirksverwaltung Erfurt zur Erhöhung der Wirksamkeit der Arbeit im und nach dem Operationsgebiet, 63 Seiten, 22.8.1986, GVS JHS o001-91/86, JHS 20473

Schmelter, Josef (Hauptmann; BV Schwerin, Abt. XV), Schäfer, Karl-Heinz (Hauptmann; BV Magdeburg, Abt. XV): Grundsätze und methodische Probleme bei der Erarbeitung und Verwendung operativer Legenden in der politisch-operativen Arbeit ins und im Operationsgebiet, 120 Seiten, 15.9.1971, VVS MfS 160-392/71

Schmidt, Uwe (Hauptmann; HA I/GK Süd/Aufklärung, UA GR-3 Dernbach; BV Erfurt): Schlußfolgerungen für die politisch-operative Arbeit der Diensteinheiten der Grenzaufklärung der Hauptabteilung I in das und im Operationsgebiet, die sich aus Aufgaben und Handlungen der Grenzüberwachungsorgane der BRD im Grenzvorfeld bei Fahndungen ergeben, 106 Seiten, 15.12.1983, GVS JHS o001-87/83

Schönherr, Gottfried (Hauptmann; BV Karl-Marx-Stadt, Abt. II): Die Nutzung der Möglichkeiten der im feindlichen Operationsgebiet tätigen inoffiziellen Mitarbeiter bei der Suche, Auswahl und Aufklärung von Perspektivkadern mit dem Ziel des Eindringens in Zentren der imperialistischen Geheimdienste im Raum Bayern, 74 Seiten, 6.10.1966, Z. Tgb.-Nr. Pos D 344, MfS-JHS MF 338

Schröder, Bernd (Oberleutnant; BV Schwerin, Abt. VI): Erfahrungen der Abteilung VI der Bezirksverwaltung Schwerin sowie Probleme bei der Suche, Auswahl, Aufklärung und Überprüfung vorgangsbezogener IM-Kandidaten aus dem Operationsgebiet; Zur Aufklärung, Aufdeckung und Bekämpfung staatsfeindlicher Aktivitäten von KMHB und Herausarbeitung bedeutsamer Schlußfolgerungen für die Entwicklung von IM-Vorlaufmaterialien, 63 Seiten, 20.12.1984, GVS JHS o001-69/84, K 464

Schuart, Lutz (Hauptmann; KD Magdeburg): Das Erkennen der Motive, ihre Nutzung bei der Werbung und ihre Entwicklung in der ersten Phase der Zusammenarbeit mit IM aus dem Kreis positiver Jugendlicher aus Erweiterten Oberschulen sowie Fach- und Hochschulen, die für die perspektivische Entwicklung zum Einsatzkader in das Operationsgebiet vorgesehen sind, 77 Seiten, 18.9.1976, VVS JHS 001-355/76

Schult, Rudi (Oberleutnant; BV Potsdam, Abt. XI): Grundfragen der Entwicklung von Blickfeldarbeit auf Linie XI zur Qualifizierung der Arbeit im und nach dem Operationsgebiet, 57 Seiten, November 1981, GVS JHS o001-72/81

Schuster, Theodor (Hauptmann; Verwaltung Groß-Berlin, Abt. XIX): Zu ausgewählten Problemen der Zusammenarbeit mit inoffiziellen Mitarbeitern im Verkehrszweig Deutsche Reichsbahn im Operationsgebiet Westberlin, 75 Seiten, 31.8.1972, VVS MfS 160-213/72

Schwarz, André (Offiziersschüler; BV Schwerin, Abt. XV): Die Nutzung der operativen Basis des Bezirkes Schwerin, insbesondere des Ausreiseverkehrs von DDR-Bürgern in dringenden Familienangelegenheiten, zur offensiven Bearbeitung eines zugewiesenen Objektes im Operationsgebiet BRD im Sinne der Weisung 4/85 des Genossen Minister, 65 Seiten, 1.4.1988, VVS JHS o001-403/88, JHS 21270

Schwarzfeld, Paul (Hauptmann; BV Magdeburg, Abt. II): Methoden des Studiums und der Überprüfung von inoffiziellen Mitarbeitern aus dem Operationsgebiet, 69 Seiten, 30.11.1973, GVS MfS 160-54 A/73

Storch, Lothar (Major; BV Suhl): Die zielstrebige Einleitung von Maßnahmen zur Orientierung und Nutzung der im feindlichen Operationsgebiet vorhandenen IM für die Suche, Aufklärung und Auswahl von Perspektivkadern mit dem Ziel des Eindringens in den westdeutschen Geheimdienst (Schulungsmaterial), 131 Seiten, Oktober 1966, Z. Tgb.-Nr. Pos D 333, MfS-JHS MF 328

Straube, Karl-Heinz (Major; HA VI, Abt. 1): Vorbereitung und Einsatz von IME, die als Beobachtergruppe im Operationsgebiet zur personen- und vorgangsbezogenen Arbeit entsprechend der Spezifik der Linie VI eingesetzt werden, 82 Seiten, 20.12.1982, VVS JHS 001-337/82

Teichert, Dirk (Offiziersschüler): Zur weiteren Qualifizierung der Erarbeitung perspektivvoller Ausgangsmaterialien für die Suche und Auswahl von IM-Kandidaten unter Ausländern zur Arbeit im und nach dem Operationsgebiet, 73 Seiten, 31.3.1989, VVS JHS o001-362/89, JHS 21514

Tiebel, Werner (Hauptmann; HA VIII/13): Die Gewährleistung der aktuellen und konkreten Einschätzung der politisch-operativen Lage als Grundlage der Leitung politisch-operativer Arbeitsprozesse in den Diensteinheiten des Stellvertreterbereiches Operationsgebiet der Hauptabteilung VIII, 41 Seiten, 1.10.1980, GVS JHS 001-72/80

Tippmar, Dieter (Oberleutnant; Abt. XIX): Die Schaffung inoffizieller Mitarbeiter im Operationsgebiet Hof als Voraussetzung zur Gestaltung einer wirksamen äußeren Spionageabwehr, 50 Seiten, 14.7.1969, VVS MfS 160-210/69

Walter, Horst (Hauptmann; KD Halle): Die Nutzung der Möglichkeiten der Kreisdienststelle Halle für die Entwicklung und Verstärkung der politisch-operativen Arbeit nach dem Operationsgebiet, 49 Seiten, 10.4.1978, VVS JHS 001-280/78

Wehner, Jan (Offiziersschüler; HA II/2): Probleme der Erarbeitung von aktuellen und aufgabenbezogenen Anforderungsbildern für Perspektiv-IM aus dem Operationsgebiet, die mit dem Ziel ihrer Einschleusung in den Verfassungsschutz der BRD vorläufig als Polizeibeamte eingestellt werden sollen, 52 Seiten, 5.5.1989, VVS JHS o001-311/89, JHS 21471

Wessig, Gerd (Hauptmann; HA VI, Abt. 1): Zur Instruierung und zum Einsatz von inoffiziellen Mitarbeitern im und nach dem Operationsgebiet, die zur Erarbeitung von Ersthinweisen und Ausgangsmaterialien über Aktivitäten krimineller Menschenhändlerbanden und anderer feindlicher Kräfte bei der Organisierung und Durchführung des staatsfeindlichen Menschenhandels und von ungesetzlichen Grenzübertritten eingesetzt werden, 41 Seiten, Februar 1988, VVS JHS o001-384/87, JHS 21078

Wilde, Horst (Hauptmann; BV Groß-Berlin, Abt. VIII): Die Gewinnung geeigneter Beobachter- und Ermittler-IM im Operationsgebiet Westberlin auf der Grundlage konkreter Anforderungsbilder, 64 Seiten, 14.7.1976, VVS JHS 001-359/76

Willomitzer, Herbert (Major; Abt. IV): Die Vorbereitung von politisch-operativ-taktischen und operativ-technischen Maßnahmen zur Weiterführung der politisch-operativen Arbeit in einem Teilbereich der Linie IV/MfS im Operationsgebiet nach Auslösung einer Notstandssituation, 159 Seiten, 20.11.1969, GVS MfS 160-187/69

Wolf, Ulrich (Hauptmann; HA I/KGM – Aufklärung, UA GR 44): Zu einigen Anforderungen an die Suche, Auswahl und Aufklärung sowie Herstellung des sozialen Kontaktes zu geeigneten Perspektiv-IM-Kandidatinnen aus dem Operationsgebiet mit der

Zielstellung der Werbung und Lancierung in Grenzüberwachungsorgane der BRD und Westberlin, 141 Seiten, 15.8.1979, GVS JHS 001-87/79, K 632

Wortha, Holger (Offiziersschüler): Analyse der Regimebedingungen der Polizei von Berlin (West) und des Grenzzolldienstes von Berlin (West), die im Gewinnungsprozeß von IM aus dem Operationsgebiet mit der Einsatzrichtung des Eindringens in diese Organe zu beachten sind, 131 Seiten, 1.12.1989, VVS JHS o001-421/90, JHS 21630

Zapf, Peter (Major; KD Parchim): Die Nutzung der politisch-operativen Potenzen der Abwehr zur Erhöhung der Wirksamkeit der Aufklärung und Bekämpfung der vom Operationsgebiet ausgehenden Angriffe gegen die Volkswirtschaft des Bezirkes, 87 Seiten, 10.1.1988, GVS o028 BVfS SWu 156/87, JHS 22046

Zenker, Kurt (Oberstleutnant; BV Dresden): Probleme der Qualifizierung von IM im Operationsgebiet, insbesondere in der ersten Etappe der Zusammenarbeit, 67 Seiten, Dezember 1968, VVS MfS 160-159/68

Zentsch, Ronald (Feldwebel, HA III, Abt. 11): Analyse der objektiven Möglichkeiten des Bereiches Amateurfunk des Operationsgebietes zur Lösung der linienspezifischen Ziel- und Aufgabenstellungen der Hauptabteilung III, Abteilung 11, und sich daraus ergebende operative Konsequenzen zur Entwicklung einer zuverlässigen IM-Basis, 161 Seiten, 23.4.1988, GVS JHS o001-64/88, JHS 21113

Zollfrank, Helfried (Hauptmann; Abt. IV), Leiß, Günter (Hauptmann; Abt. IV), Eichhorn, Franz (Hauptmann; Abt. IV): Psychologische Aspekte auf dem Gebiet der Äußeren Abwehr bei der Vorbereitung und Durchführung operativer Reisen durch IM und der Einfluß der im Operationsgebiet herrschenden Bedingungen während des zeitweiligen Aufenthaltes im Einsatzgebiet. Schlußfolgerungen für die Anleitung, Erziehung und Qualifizierung der IM in psychologischer Sicht, 123 Seiten, VVS MfS 160-204/73

Abschlußarbeiten im postgradualen Studium

Erhardt, Arnd (Hauptmann; KD Ilmenau): Möglichkeiten der Basisnutzung der Technischen Hochschule Ilmenau für die Arbeit im und nach dem Operationsgebiet, 21 Seiten, 15.8.1985, GVS JHS o001-373/85

Firesch, Roland (Major; BV Leipzig, Abt. II): Anforderungen an die Einleitung von politisch-operativen Maßnahmen in der Vorgangs- und OPK-Bearbeitung der inneren Abwehr im und nach dem Operationsgebiet, 32 Seiten, 25.10.1983, VVS JHS 001-1471/83

Heymel, Horst (Major; HA I, GK Süd, UA GR 9 Aufklärung Meiningen): Ausgewählte Probleme zur Aufklärung, Prüfung der Werbbarkeit und Gewinnung perspektivvoller IM-Kandidaten aus dem Operationsgebiet, 34 Seiten, 30.6.1986, VVS JHS 001-1235/86, JHS 20926

Isensee, Gerd (Hauptmann; HA VIII/6): Grundsätzliche operative Anforderungen und Bedingungen beim Einsatz von Markierungsmitteln in der operativen Beobachtung Operationsgebiet, 26 Seiten, Oktober 1985, GVS JHS 001-380/85, JHS 20390

Knespel, Herbert (Oberstleutnant; BV Suhl, Abt. VI), Heinze, Wolfgang (Hauptmann; BV Suhl, Abt. VI): Zur zielgerichteten Gewinnung operativ bedeutsamer Informationen und deren Nutzung für die operative Arbeit im und nach dem Operationsgebiet, 123 Seiten, 2.9.1983; VVS JHS 001-1475/83

Müller, Heinz-Günther (Major; KD Weißensee): Versuche des Mißbrauchs der evangelischen Kirche der DDR zur Schaffung einer oppositionellen Bewegung – dargestellt am OV „Brett", unter Beachtung der Verbindungen der Hauptverdächtigen in das Operationsgebiet, 44 Seiten, 16.5.1985, VVS JHS 001-1215/84, JHS 20253

Müller, Peter (Oberstleutnant; BV Schwerin, Abt. II): Einige ausgewählte Probleme des Einsatzes von neugeworbenen IM zur operativen Bearbeitung spionageverdächtiger

Personen aus dem Operationsgebiet und die sich daraus ergebenden Aufgaben und Schlußfolgerungen für einen Leiter einer Diensteinheit, 63 Seiten, 27.7.1984, VVS JHS 001-1480/83

Pump, Otto (Oberstleutnant; KD Halberstadt): Die Ausschöpfung der Möglichkeiten einer Grenzkreisdienststelle im Zusammenhang mit der Arbeit im und nach dem Operationsgebiet, 102 Seiten, 10.9.1984, VVS JHS 001-1222/84

Schmidt, Hans-Jürgen (Oberstleutnant; BV Halle, OD Buna): Politisch-operative Kontrolle von NSW-Reisekadern nach der Rückkehr aus dem Operationsgebiet, konkret bezogen auf die Sicherungsbereiche Außenwirtschaftsbeziehungen und komplexe Anlagensicherheit, 102 Seiten, 15.8.1984, VVS JHS 001-1204/84, JHS 20243

Schmidt, Wolfgang (Hauptmann; KD Strausberg): Analyse der IM-Verbindungen der KD Strausberg hinsichtlich einer Nutzung für die Arbeit im und nach dem Operationsgebiet und Überlegungen zur weiteren Nutzung einer IM-Verbindung ins Operationsgebiet, 30 Seiten, VVS JHS 001-1454/83

Schneider, Reinhard (Hauptmann; HA I, MfNV, UA Sonderaufgaben): Untersuchungen zu ausgewählten Problemen unter den Reisekader-IM des Ministeriums für Nationale Verteidigung zur Erhöhung der operativen Wirksamkeit ihres Einsatzes im Operationsgebiet zur Erkennung und Bekämpfung der subversiven Angriffe gegen das Ministerium für Nationale Verteidigung, 39 Seiten, 18.7.1986, GVS JHS 001-353/86, JHS 20600

Schuchardt, Horst (Major; BV Erfurt, Abt. XV): Erfahrungen bei der Feststellung der Eignung von IM/DDR für den Einsatz im Operationsgebiet im Prozeß ihrer abwehrmäßigen Erprobung, 38 Seiten, 5.9.1983, VVS JHS 001-1448/83

Hans Lindemann

Die Politik der DDR gegenüber der Dritten Welt am Beispiel von Kuba, Nicaragua und Angola sowie die Konsequenzen für das Verhältnis der Bundesrepublik zu diesen Ländern

24.   DDR-Endphase und Konsequenzen

Literaturverzeichnis

Zusammenfassung

Einleitung

Bis kurz vor der Bandung-Konferenz im April 1955, an der 29 Länder Asiens und Afrikas teilgenommen hatten, verfügten die Ostblockstaaten – und somit auch die DDR –, wie Kurt Müller in seinem Werk „Über Kalkutta nach Paris? – Strategie und Aktivität des Ostblocks in den Entwicklungsländern" feststellte, „fast über keinerlei Organisationen, Einrichtungen und Formen der Arbeit in den Ländern Asiens, Afrikas und Lateinamerikas". (S. 23) Doch ging die DDR auch schon in den fünfziger Jahren daran, in den Entwicklungsländern, die sich in ihrer Haltung ihr gegenüber aufgeschlossen oder gar freundlich verhielten, Schwerpunkte zu bilden.

In Asien war das einerseits Indonesien unter Präsident Sukarno, dem die DDR sogar schon 1955 einen, wenn auch kleinen Kredit gewährte und andererseits Indien, mit dem es 1954 ein Handelsabkommen abschließen und dort zwei Jahre später eine Handelsvertretung errichten konnte. Anfang 1959 war es DDR-Ministerpräsident Otto Grotewohl gelungen, in Neu Delhi vom indischen Regierungschef empfangen zu werden. Die DDR war damit jedoch ihrem eigentlichen Ziel, von Indien diplomatisch anerkannt zu werden, noch nicht weitergekommen. Handelsvertretungen, 1956 in Syrien und 1958 im Irak errichtet, waren für die DDR zwar wichtige Vorstufen auf dem Weg bis zur diplomatischen Anerkennung, mehr aber nicht. Als jedoch Anfang 1959 die DDR und Ägypten konsularische Beziehungen aufnahmen, war damit zunächst ein Höhepunkt in ihren Verbindungen zu einem Entwicklungsland erreicht worden. 1959 hatte auf dem afrikanischen Kontinent Ghana die Eröffnung einer Handelsmission der DDR gestattet und eine solche Mission auch in Ost-Berlin errichtet, was damals ganz außergewöhnlich war. Auch in den sechziger Jahren blieb der DDR viele Jahre die diplomatische Anerkennung, außer durch Kuba 1963, versagt. So brachte selbst die Reise des DDR-Staatsratsvorsitzenden Walter Ulbricht nach Ägypten 1965 noch keinen Durchbruch. Das änderte sich erst 1969, als von Anfang Mai bis Anfang 1969 sechs Entwicklungsländer, es waren dies der Reihenfolge nach die Khmer Republik (Kambodscha), Irak, Syrien, Sudan, Südjemen und Ägypten, diplomatische Beziehungen mit der DDR vereinbarten und 1970 weitere sechs Entwicklungsländer diesen Schritt vollzogen haben. Unter den drei Staaten, die 1971 mit der DDR Botschaften austauschten, befand sich mit Chile erstmalig ein nichtkommunistisches lateinamerikanisches Entwicklungsland. Den eigentlichen Durchbruch konnte die DDR erst im letzten Quartal des Jahres 1972 erreichen, als 19 Entwicklungsländer Ost-Berlin diplomatisch anerkannten, also kurz vor oder nach Unterzeichnung des Grundlagenvertrages zwischen der Bundesrepublik Deutschland und der DDR. Zu einer regelrechten Anerkennungswelle kam es allerdings erst ab 1973. Allein 1973 hatten 33 Entwicklungsländer in Asien, Afrika und Lateinamerika den Botschafteraustausch mit Ost-Berlin vereinbart. Hatte die Abteilung Auslandsinformation des ZK der SED bis 1973 eine Anerkennungskampagne in den Entwicklungsländern koordiniert, konnte sie diese Tätigkeit nun einstellen und sich einer anderen wichtigen Aufgabe zuwenden: Lieferung von Argumenten in der Auseinandersetzung mit der Bundesrepublik in der Dritten Welt. Ab 1969 war die SED außerdem dazu übergegangen, ihre Beziehungen zu den Staatsparteien in mehreren Entwicklungsländern und zwar in Ägypten, Algerien, Bangladesch, Chile, Guinea, Irak, Kongo (Brazzaville), Südjemen und Syrien auszubauen.

Als Dachorganisation der in der DDR bestehenden Freundschaftsgesellschaften und -komitees zur Pflege der Beziehungen mit dem Ausland war Ende 1961 die „Liga für Völkerfreundschaft" gegründet worden. Im Vorstand dieser Vereinigung arbeiteten Funktionäre der SED, der sogenannten Blockparteien, des Staats- und Regierungsapparates sowie der verschiedenen Forschungsinstitute und Universitäten zusammen. Die Liga gab mehrere fremdsprachige Zeitschriften für die Entwicklungsländer heraus und unterhielt in Ägypten, Chile, Irak, Sudan und Syrien Kulturinstitute, wobei jedoch die Institute in Chile, 1973 nach dem Sturz Präsident Allendes, und im Sudan 1972, auf Anweisung der Regierung, ihre Tätigkeit einstellen mußten. Wichtigste Einrichtung im Bereich der Entwicklungsländerforschung der DDR war neben dem Institut Ökonomik der Entwicklungsländer bei der Hochschule für Ökonomie in Ost-Berlin der 1971 gegründete Zentrale Rat für Asien-, Afrika- und Lateinamerikawissenschaften. Diese Forschungseinrichtung unterstand dem Ministerium für Hoch- und Fachschulwesen und gab bis 1989 viele Publikationen, beispielsweise die Zeitschrift „Asien, Afrika, Lateinamerika" heraus. Durch den Sturz Präsident Sukarnos (1966) war für die DDR Indonesien als Operationsbasis ausgefallen. Sie konzentrierte sich in Südostasien danach stark auf Indien und Sri Lanka. Auch im arabischen Raum mußte sie eine Schwerpunktverlagerung vornehmen, nachdem 1971 im Sudan die Kommunistische Partei verboten worden war und die DDR zeitweilig in Schwierigkeiten geriet. Als sich 1973 die Beziehungen zwischen Ägypten und der Sowjetunion abkühlten, schränkte auch die DDR in Ägypten ihre Aktivität etwas ein, konzentrierte sich dafür aber mehr auf den Irak, Syrien und Algerien. Nachdem die DDR 1973 durch den Sturz Präsident Allendes ihren Stützpunkt in Chile verloren hatte und nicht mehr von dort aus in andere Staaten vordringen konnte, beschränkte sie sich neben den relativ guten Wirtschaftsbeziehungen mit Brasilien in ihrer Entwicklungshilfe auf Kuba und in geringerem Maße auf Peru, Kolumbien und Mexiko. (Alle diese Angaben hat der Autor einer Arbeit entnommen, die er 1974 verfaßte und im „Handbuch der Entwicklungshilfe", Baden-Baden 1974, veröffentlicht wurde.)

Über die „Grundzüge der sozialistischen Außenpolitik der DDR" hatte der damalige stellvertretende Außenminister der DDR, Ewald Moldt, 1972 geschrieben, die DDR gehe davon aus, „daß die Schaffung eines engen und vertrauensvollen Bündnisses zwischen den Staaten des sozialistischen Weltsystems und der nationalen Befreiungsbewegung eine objektive Notwendigkeit für den erfolgreichen antiimperialistischen Kampf im Wertmaßstab ist". (Die DDR – Entwicklung, Probleme, Perspektiven, S. 198) So ging die DDR in den siebziger Jahren immer stärker dazu über, sich solchen Entwicklungsländern zuzuwenden, die den sogenannten nichtkapitalistischen Entwicklungsweg einschlugen. In Afrika waren dies vor allem Äthiopien, Angola und Mosambik sowie die Befreiungsbewegungen SWAPO (Namibia) und ANC (Republik Südafrika), die das zumindest in ihren Publikationen und Erklärungen immer wieder anklingen ließen. So setzte Ost-Berlin große Hoffnungen darauf, daß sich ein Teil der Entwicklungsländer, so in Lateinamerika auch Nicaragua, auf dem Weg zum Sozialismus befinde, auch wenn dieser Weg lang und steinig sei. In den Ländern sozialistischer Orientierung, in denen sich sogenannte Vorhutparteien an der Macht befanden, konzentrierte die DDR in der zweiten Hälfte der siebziger und in den achtziger Jahren ihre Entwicklungshilfe, wobei gleichzeitig den Parteibeziehungen besonderes Augenmerk geschenkt wurde. Ab 1986, als sich die Wirtschaftskrise in der DDR immer mehr verschärfte, war sie in ihren Beziehungen zu den Entwicklungsländern gezwungen, ihre wirtschaftlichen Interessen an Rohstoffen aus diesen Ländern immer mehr zu unterstreichen. Wie sich die Haltung der DDR gegenüber den Entwicklungsländern änderte, das kann man bei einem Vergleich der Texte aus den Jahren 1973 und 1986 des in Ost-Berlin erschienenen Kleinen politischen Wörterbuchs ersehen. Hieß es 1973, die kulturellen und wissenschaftlichen Beziehungen zu den progressiven Ländern Asiens, Afrikas und Lateinamerikas verfolgten das Ziel, das Ansehen der DDR in diesem Länderbereich zu erhöhen und die Öffentlichkeit über die kulturellen und wissenschaftlichen Leistungen der DDR zu informieren, (Kleines politisches Wörterbuch 1973, S. 475) liest sich das 13 Jahre später ganz anders. Da heißt es, daß die DDR darum bemüht sei, vor allen Dingen mit den Ländern auf sozialistischem Entwicklungsweg enge und brüderliche Beziehungen zu entwickeln. Die Zusammenarbeit habe dazu beigetragen, daß das Ansehen des Sozialismus in diesen Ländern stetig wächst (Kleines politisches Wörterbuch 1986, S. 537).

Doch auch diese Auffassung wäre von der DDR wohl schon vier Jahre später korrigiert worden, wenn sie dann noch bestanden hätte, da eine Arbeitsgruppe aus dem DDR-Außenministerium und des Instituts für Internationale Beziehungen Potsdam-Babelsberg Anfang 1989 eine „Konzeption zur Bedeutung Afrikas in den internationalen Beziehungen am Ende des 20. Jahrhunderts" vorgelegt hatte. Dazu schreibt der ehemalige DDR-Botschafter in Simbabwe, Hans-Georg Schleicher: „Wichtig erschien damals vor allem die Herauslösung der Afrikabetrachtung aus dem Korsett der Klassenkampf-Sicht bis hin zur Anerkennung der Rolle des Westens für die Entwicklung in Afrika und zu einer angestrebten systemübergreifenden Zusammenarbeit." (Die DDR und Afrika, Münster, Hamburg 1993, S. 27 u. 29)

Kuba

1. Die außenpolitischen Beziehungen auf Staats- und Parteiebene

1.1. Bis zur Aufnahme diplomatischer Beziehungen

Als Fidel Castro am 1. Januar 1959 den Sieg der Revolution verkündete, waren darauf die Warschauer Pakt-Staaten sehr schlecht vorbereitet. Das hatte zwei Gründe: Einmal war für die Sowjetunion „Lateinamerika von jeher ein Kontinent, dem nur untergeordnete Bedeutung zukam"[1]. Zum anderen hatte die Sowjetunion wenige Wochen nach dem Machtantritt von Fulgencio Batista am 3.4.1952 die diplomatischen Beziehungen zu Kuba abgebrochen[2], während Batista eine besondere Polizeisektion zur Bekämpfung des Kommunismus einrichten ließ.[3] In einem Rückblick schrieb der erste TASS-Korrespondent in Kuba, der im Oktober 1959 in Havanna seine Arbeit aufnahm und für einige Monate der einzige Sowjetbürger auf Kuba war: „In jener Periode hatten wir in der UdSSR noch recht verschwommene Vorstellungen vom Charakter der kubanischen Revolution und wußten beinahe nichts über ihre Führer."[4] Nicht anders war es in der DDR. Dennoch konnte man in Ost-Berlin bereits 1959 einige Genugtuung empfinden. Denn Castro hatte den kubanischen Kommunisten Antonio Nunez Jimenez, der sich erstmalig schon 1951 und danach mehrfach zum Studium der Bodenreform in der DDR aufgehalten hatte, zum Direktor des Nationalen Instituts für Agrarreform berufen.[5] So war es auch nicht verwunderlich, daß die kubanische Bodenreform große Ähnlichkeiten mit der Kollektivierung der Landwirtschaft in der DDR und in der Sowjetunion aufwies.[6] Die eigentliche Zusammenarbeit zwischen der DDR und Kuba begann allerdings erst im Februar 1960, als ein Handels- und Zahlungsabkommen zwischen den Notenbanken beider Länder unterzeichnet wurde und im März jenes Jahres Handelsvertretungen als erste Stufe, vor der Aufnahme diplomatischer Beziehungen in Havanna und Ost-Berlin, eröffnet wurden.[7]

In dieser Phase war es der DDR bereits im Juli 1960 gelungen, eine Rundfunkvereinbarung mit Kuba zu treffen, die auch den Austausch von Mitarbeitern zu Studienzwecken vorsah.[8] Ersten prominenten Besuch aus Kuba erhielt die DDR im Dezember 1960, als auf seiner Rundreise durch die Warschauer Pakt-Staaten der damalige Präsident der Nationalbank, Ernesto Che Guevara, in Ost-Berlin das erste langfristige staatliche Handels- und Zahlungsabkommen und ein Abkommen über wissenschaftlich-technische Zusammenarbeit

---

1 Goldenberg: Kommunismus, S. 386.
2 Markert/Geyer: Osteuropa-Handbuch, S. 172.
3 Goldenberg: Kommunismus, S. 310.
4 Alexander Alexejew: Che, in: Neue Zeit (Moskau), Nr. 24 (1988), Nr. 24 (1988), S. 16.
5 Nunez Jimenez: Der Weg Kubas, S. 5; Huhn: Companero Castro, S. 86.
6 Goldenberg, Kommunismus, S. 340-341.
7 Helmut Ziebart: Neue Etappe in den Beziehungen der DDR zur Republik Kuba, in: Deutsche Außenpolitik, Nr. 8 (1980), S. 19.
8 Müller: Über Kalkutta, S. 561-562.

für die Jahre 1961 bis 1965 unterzeichnete.[9] Dabei fungierte als seine Dolmetscherin die damals 22jährige Tamara Bunke, die auf Wunsch Guevaras 1961 nach Kuba übersiedelte, wo sie zunächst im Ministerium für Erziehung tätig war und für ihn ab 1964 maßgebend den Partisanenkampf in Bolivien vorbereitete, wobei sie wie ihr Auftraggeber 1967 ums Leben kam.[10]

Tamara Bunke blieb nicht die einzige Helferin aus der DDR im kubanischen Erziehungsministerium. Dort arbeitete auch Prof. Fred Müller als Berater. Müller war einst deutscher Interbrigadist im spanischen Bürgerkrieg.[11] Am Anfang der Beziehungen der Warschauer Pakt-Staaten zu Kuba waren ehemalige Spanienkämpfer sehr gefragt. So leitete beispielsweise der spätere Mitkämpfer Alexander Dubceks, der tschechische Arzt Dr. Frantisek Kriegel, im kubanischen Gesundheitsministerium den Aufbau des Gesundheitswesens auf dem Lande.[12]

In der DDR wurde der ehemalige Spanienkämpfer, der Schriftsteller Ludwig Renn, 1961 Vorsitzender des „Komitees für Solidarität mit dem kubanischen Volk", das Kuba 1961/62 insgesamt 16 Millionen Mark als Unterstützung zufließen ließ.[13] Die Aktivität der DDR zahlte sich aus. So wurden nun in beiden Hauptstädten die bisherigen Handelsvertretungen im Mai 1961 zu Missionen erhoben.[14] Damit war Ost-Berlin der Aufnahme diplomatischer Beziehungen wieder einen Schritt näher gerückt. Inzwischen hatten nämlich beide Länder im März 1961 ein Abkommen über die kulturelle und wissenschaftliche Zusammenarbeit unterzeichnet, das die Zusammenarbeit auf dem Gebiet der Volksbildung, die Ausbildung und Qualifizierung von Trainern und Sportlehrern Kubas in der DDR sowie die berufliche Aus- und Weiterbildung von Bürgern Kubas vorsah.[15] Es ist einleuchtend, daß die Vertretung der DDR in Havanna nun nicht mehr nur mit Wirtschaftsfunktionären besetzt sein konnte. Als am 12. Januar 1963 beide Regierungen vereinbarten, diplomatische Beziehungen auf Botschafterebene aufzunehmen,[16] hatte die DDR ihr Ziel endlich erreicht. Sie unterhielt nun zu 13 Staaten diplomatische Beziehungen, worunter sich zwei Mitbegründer der Blockfreienbewegung, nämlich Jugoslawien und Kuba, befanden. Da Kuba das erste Land Lateinamerikas war, das sich zum Botschafteraustausch mit der DDR entschloß, sah Ost-Berlin darin zugleich einen wirkungsvollen Beitrag „zur Durchbrechung der imperialistischen diplomatischen Blockade ... und zur Stärkung seiner internationalen Position."[17] Da die „Hallstein-Doktrin" allen Ländern, die nach sowjetischem Vorbild die

9 Ziebart: Neue Etappe, S. 19.
10 Uwe Scheffler: Die Partisanen nannten sie „Tania la Guerrillera", in: Neues Deutschland vom 19. November 1987, S. 6.
11 Karlen Vesper: Spanienkrieg „Nichts Don-Quichotisches...", in: Neues Deutschland vom 21. November 1996, S. 3.
12 Rude pravo vom 27. August 1961, S. 2.
13 Spanger/Brock: Deutsche Staaten, S. 167 u. 381.
14 Radde: Diplomatischer Dienst, S. 188.
15 Müller: Über Kalkutta, S. 557-560.
16 Radde: Diplomatischer Dienst, S. 188.
17 Joachim Krüger: Drei Jahrzehnte sozialistischer Aufbau in Kuba, in: Einheit, Nr. 1 (1989), S. 70-75, hier S. 75.

DDR anerkennen und Botschafter mit beiden deutschen Staaten austauschen wollten, den „Abbruch der diplomatischen Beziehungen sowie der wirtschaftlichen und entwicklungspolitischen Zusammenarbeit"[18] androhte, brach nunmehr die Bundesrepublik Deutschland ihre diplomatischen Beziehungen zu Kuba ab. Die DDR besetzte den Botschafterposten in Havanna nicht mit einem Karrierediplomaten, sondern mit einem ehemaligen Teilnehmer einer Internationalen Brigade im spanischen Bürgerkrieg. Dabei handelte es sich um Fritz Johne, der bis zu seiner Ernennung zum Botschafter als Generalmajor die Militärakademie „Friedrich Engels" in Dresden geleitet hatte.[19]

1.2. Steiniger Weg bis zur „Freundschaftsdeklaration"

Hatte Fidel Castro die Grundlagen für die Zusammenarbeit mit den Warschauer Pakt-Staaten bereits im Oktober 1960 gelegt[20], waren die Beziehungen keineswegs gleichbleibend gut verlaufen. Verärgerung hatte im Herbst 1962 nicht nur der Abbau der sowjetischen Raketen auf Kuba hervorgerufen. 1963 beklagte Che Guevara die zurückgebliebene Technologie der osteuropäischen Länder und die geringe Qualität der oft unbrauchbaren und unpünktlich gelieferten Anlagen.[21] Erst am 1. Oktober 1965 war die Kommunistische Partei Kubas durch die Umbenennung der bisherigen Vereinigten Partei der Sozialistischen Revolution entstanden.[22] Zwar war das auch für die DDR ein Lichtblick, da nun der Parteiaufbau nach dem Vorbild der kommunistischen Parteien in Osteuropa vorgenommen worden war. Doch wetteiferten noch immer die Warschauer Pakt-Staaten und China um die Gunst Kubas, das sich noch nicht gegen China entschieden hatte. 1965 beschuldigte Che Guevara gar die Sowjetunion, „sich zusammen mit den Imperialisten an der Ausbeutung der Dritten Welt zu beteiligen"[23], während das kubanische Parteiorgan Granma 1967 „eine anonyme Studie über die Gefahr der Bürokratisierung sozialistischer Systeme mit einer eindeutigen Spitze gegen die UdSSR veröffentlichte"[24].

Diese Politik der Nadelstiche gab Kuba erst in der zweiten Jahreshälfte 1968 auf. Denn nun sprach sich Castro öffentlich für den Einmarsch von Warschauer Pakt-Truppen in die ČSSR aus, während sich Kuba gemeinsam mit der DDR in einem Kommuniqué am 21. November 1968 „gegen Revisionismus und Opportunismus wandte"[25].

---

18 Spanger/Brock: Deutsche Staaten, S. 164.
19 Radde: Diplomatischer Dienst, S. 72.
20 Boris Goldenberg: Die kubanische Revolution 1959-1976, in: Beilage zur Wochenzeitung Das Parlament, B 13/79, 31. März 1979, S. 19-37, hier S. 23.
21 Ebenda, S. 24.
22 Seydewitz/Zeller: Länder, S. 368.
23 Goldenberg: Die kubanische Revolution, S. 26-27.
24 Ebenda, S. 27.
25 Ebenda, S. 32.

Beides war gewiß ein wichtiges Signal, auch wenn die KP Kubas sich zu diesem Zeitpunkt noch nicht mit fliegenden Fahnen der „sozialistischen Staatengemeinschaft" unter Führung der Sowjetunion hinzugesellt hatte. Den Beweis hierfür lieferte sie im Juni 1969, als lediglich ein kubanischer Gastdelegierter, also keine offizielle Delegation, an der kommunistischen Weltkonferenz in Moskau teilnahm.[26] Das Jahr 1970 wird jedoch als das Jahr der „ideologischen Umrüstung" der kubanischen Kommunisten angesehen. Fortan wurde nur noch die Politik der chinesischen Kommunisten kritisiert, aber die UdSSR glorifiziert.[27] Deshalb kann man auch ab 1971 eine Intensivierung der Beziehungen zwischen Kuba und der DDR feststellen. So kam im Sommer 1971 erstmalig ein kubanischer Außenminister nach Ost-Berlin,[28] während der kubanische Partei- und Regierungschef Fidel Castro der DDR im Juni 1972 seinen ersten Besuch abstattete.[29] Dabei hatte SED-Chef Honecker seinem Gast zugesichert, daß Kuba auch in Zukunft von der DDR, gemeinsam mit der UdSSR, „jede mögliche Unterstützung beim Aufbau des Sozialismus" erhalten werde.[30] Die Grundlage auf wirtschaftlichem Gebiet war dazu am 12. Juli 1972 auf der 26. Ratstagung des Rates für Gegenseitige Wirtschaftshilfe (RGW) gelegt worden, während der Kuba als Mitglied aufgenommen wurde.[31] Beim Besuch Kubas hatte Honecker zunächst KPdSU-Generalsekretär Leonid Breschnew den Vortritt gelassen, der Anfang Februar 1974 mit Castro eine „Sowjetisch-kubanische Deklaration" und keinen Freundschaftsvertrag unterzeichnete, in der als „eine wichtige gemeinsame Errungenschaft der sozialistischen Staaten die endgültige Liquidierung der von den imperialistischen Kräften organisierten Blockade der DDR"[32] besonders hervorgehoben worden war.

Zur Einstimmung des Honecker-Besuchs in Kuba, Ende Februar 1974, war in Havanna in spanischer Sprache ein Sammelband mit Reden des SED-Chefs herausgegeben worden.[33] In der von Honecker und Castro unterzeichneten „Deklaration über die Festigung der Freundschaft und Vertiefung der Zusammenarbeit"[34] finden sich darin teilweise wortgetreue Passagen aus der „Sowjetisch-kubanischen Deklaration", beispielsweise dann, wenn es um die Definition der Nichtpaktgebundenheit geht.

In beiden Deklarationen wird Kuba als Mitglied der sogenannten sozialistischen Staatengemeinschaft vereinnahmt. Für wie bedeutsam die Freundschaftsdeklaration DDR-Kuba von offizieller Seite in der DDR beurteilt wurde, ergibt sich daraus, daß ein Staatsrechtler in einem Beitrag über die neuen Freundschaftsverträge der DDR „mit Staaten der sozialistischen Gemein-

---

26 Ebenda.
27 Ebenda.
28 Neues Deutschland vom 5. Juli 1971, S. 1.
29 Neues Deutschland vom 15. Juni 1972, S. 1-2.
30 Neues Deutschland vom 20. Juni 1972, S. 1.
31 Ewald Taeschner: Zusammenarbeit RGW-Kuba, Integration über 15.000 Kilometer, in: horizont, Nr. 8 (1974), S. 22.
32 Neues Deutschland vom 5. Februar 1974, S. 1.
33 Berliner Zeitung vom 18. Februar 1974, S. 4.
34 Neues Deutschland vom 28. Februar 1974, S. 1-2.

schaft" auch die zwischen der DDR und Kuba unterzeichnete Deklaration mit einschloß.[35]

1.3. DDR und Kuba schließen Freundschaftsvertrag

Bevor Honecker 1980 zu seinem zweiten Kubabesuch aufbrach, hatte Castro nach einer ausgedehnten Afrika-Reise im April 1977 eine Zwischenstation in Ost-Berlin eingelegt, um Honecker über die Lage auf dem afrikanischen Kontinent zu berichten. Das Ergebnis seiner Reise faßte Castro so zusammen, daß im Kampf gegen den Neokolonialismus die afrikanischen Staaten nur eine Hoffnung, nur einen Freund hätten, von denen sie Hilfe und Zusammenarbeit auf allen Gebieten erwarteten, „die sozialistische Gemeinschaft mit der Sowjetunion"[36].

Bei den Gesprächen waren die gemeinsamen außenpolitischen Positionen besonders hervorgehoben worden. Nun habe die Zusammenarbeit in der Außenpolitik eine noch höhere Stufe erreicht. Wichtige Schritte seien miteinander abgestimmt worden, während man in den nationalen Organisationen eng zusammenarbeite.[37] Daß damit die Afrikapolitik gemeint war, ergab sich aus dem von Honecker und Castro gebilligten Abschlußkommuniqué. Darin waren die „tiefgreifenden gesellschaftlichen Veränderungen" erwähnt worden, die beide Seiten herbeizuführen für dringend erforderlich hielten, was durch die Unterstützung der „revolutionären Bewegungen in Afrika" geschehen müsse. Ganz besonders hervorgehoben wurde jedoch die solidarische Unterstützung der DDR und Kubas „für die revolutionären Umgestaltungen in Äthiopien"[38]. In der Tat hatte sich nach dem Besuch Castros in Ost-Berlin sehr bald gezeigt, welch wichtige Rolle die DDR und Kuba bei der „solidarischen Unterstützung" Äthiopiens spielten, die weit über das hinaus ging, was andere RGW-Staaten von der Größe der DDR und Kubas für Addis Abeba leisteten. Als es um den Abschluß eines Freundschaftsvertrages mit Kuba ging, hatte die Sowjetunion der DDR die Vorreiterrolle überlassen. Sie war damit nicht nur das erste Warschauer Pakt-Land, das einen Freundschaftsvertrag mit Kuba unterzeichnete, sondern das erste kommunistisch regierte Land überhaupt, das diesen Schritt am 31. Mai 1980 vollzog.[39] (Weitere Freundschaftsverträge mit Kuba unterzeichneten Vietnam 1982, die Mongolei 1984, Nordkorea 1986 und die UdSSR 1989.)

Bevor Honecker während seines zweiten Kubabesuchs mit Castro den Freundschaftsvertrag unterzeichnete, hatte er besonders hervorgehoben, daß sich die DDR und Kuba „gemeinsam im vordersten Schützengraben des Kampfes"[40]

---

35 Joachim Krüger: Neue Freundschaftsverträge der DDR mit Staaten der sozialistischen Gemeinschaft, in: Deutsche Außenpolitik, Nr. 1 (1978), S. 5.
36 Horizont, Nr. 15 (1977).
37 Ebenda.
38 Neues Deutschland vom 5. April 1977, S. 1.
39 Ziebart: Neue Etappe, S. 18.
40 Neues Deutschland vom 30. Mai 1980, S. 3.

befänden. Wurde der Freundschaftsvertrag für die Dauer von 25 Jahren abgeschlossen (Art. 12), war mit keiner Silbe erwähnt worden, daß Kuba zur Blockfreienbewegung zählt, dessen Vorsitz es gerade 1979 übernommen hatte. (Bei den Freundschaftsverträgen, die die DDR mit Angola, Äthiopien, Mosambik und Südjemen unterzeichnete, hatte Ost-Berlin ausdrücklich versichert, daß es die Politik der Nichtpaktgebundenheit dieser Länder respektiert.) Vielmehr ging man wieder davon aus, daß Kuba zur „sozialistischen Staatengemeinschaft" gehört, weshalb sich beide Länder im Art. 5 des Vertrages versichern, daß sie „unablässig auf der Grundlage des Marxismus-Leninismus und des sozialistischen Internationalismus"[41] wirken wollen. Mit Rücksicht auf die USA enthält der Freundschaftsvertrag jedoch keine militärische Bündnisklausel, wie sie in allen Freundschaftsverträgen enthalten ist, die die DDR mit den Warschauer Pakt-Staaten unterzeichnete. Dennoch wird im Artikel 8 des Vertrages Kritik an der Kuba-Politik der USA geübt. Der US-Militärstützpunkt Guantanamo bestünde gegen den Willen des kubanischen Volkes, während „die Blockade und die Spionageflüge, die sich gegen die Republik Kuba richten"[42], unvereinbar mit der Wahrung der nationalen Souveränität Kubas seien.

Wie bei den Freundschaftsverträgen mit den Warschauer Pakt-Staaten sowie mit der Mongolei und Vietnam enthält der Freundschaftsvertrag DDR-Kuba auch eine Berlinklausel (Art. 9), in der es heißt, „daß Westberlin kein Bestandteil der Bundesrepublik Deutschland ist und auch weiterhin nicht von ihr regiert wird"[43], während beide Länder ihre Zusammenarbeit im RGW „festigen und erweitern"[44] wollen. Da Kuba bedingungslos der antichinesischen Politik der Sowjetunion und somit auch der DDR gefolgt war, konnte es im Abschlußkommuniqué auch heißen, daß sich die DDR und Kuba „entschieden gegen die Großmacht- und Hegemonialpolitik der chinesischen Führer und das Paktieren mit dem Imperialismus und der internationalen Reaktion"[45] wenden. Neben den hier erwähnten vier Treffen zwischen Honecker und Castro in den Jahren 1972, 1974, 1977 und 1980 hat es zwischen beiden Parteiführern noch kürzere Begegnungen im September 1981 in Havanna (nach Honeckers Besuch in Mexiko), im März 1983 in Ost-Berlin sowie bei Trauerfeierlichkeiten für verstorbene Parteichefs der KPdSU in Moskau und am Rande von Kongressen der KPdSU gegeben.

1.4. Hilfe der SED für die KP Kubas an ausgewählten Beispielen

Wie zwei kubanische Wissenschaftler in einem Aufsatz feststellten, hat sich das marxistisch-leninistische Denken in Kuba erst im Verlauf der siebziger

---

41 Vertrag über Freundschaft und Zusammenarbeit zwischen der Deutschen Demokratischen Republik und der Republik Kuba, in: Neues Deutschland vom 2. Juni 1980, S. 1.
42 Ebenda, S. 1.
43 Ebenda.
44 Ebenda.
45 Kommuniqué über den offiziellen Freundschaftsbesuch einer Partei- und Staatsdelegation der DDR in der Republik Kuba, in: Neues Deutschland vom 2. Juni 1980, S. 2-3, hier 3.

Jahre und zwar mit Hilfe der Sowjetunion und der DDR formiert.[46] Das war nicht die einzige Anerkennung, die kubanische Kommunisten der SED zollten. So hatte kurz vor dem 1. Parteitag der KP Kubas im Dezember 1975 ein führender Funktionär dieser Partei in einem Interview erklärt, daß die KP Kubas die wichtigen Erfahrungen, die die SED in ihrer Arbeit sammeln konnte, schöpferisch übernommen habe.[47] Das hatte auch Castro beim Kubabesuch Honeckers bestätigt, als er sagte, daß die Erfahrungen der SED im ideologischen Kampf für Kuba besonders vorteilhaft und deshalb vor allem die Entwicklung der Beziehungen zwischen beiden Parteien von so großer Bedeutung seien.[48]

Da Organisationsfragen nicht gerade die Stärke der KP Kubas sind, gingen schon 1979 kubanische Funktionäre bei der SED in die Lehre.[49] Unter dem Titel „Dokumente und Materialien der Zusammenarbeit zwischen der Sozialistischen Einheitspartei Deutschlands und der Kommunistischen Partei Kubas 1971 bis 1977" war außerdem in Ost-Berlin ein Buch erschienen.[50] Dabei handelte es sich um ein Gemeinschaftswerk des Instituts für Marxismus-Leninismus beim ZK der SED und des Instituts für Geschichte der kommunistischen Bewegung beim ZK der KP Kubas, das Anfang 1981 auch in spanischer Sprache in Havanna herausgegeben worden ist.[51]

Eine Zusammenarbeit gab es auch zwischen der Akademie für Gesellschaftswissenschaften beim ZK der SED und dem Forschungszentrum für Westeuropa in Havanna in politisch-theoretischen Fragen[52] sowie zwischen den Parteihochschulen „Karl Marx" (DDR) und „Nico Lopez" (Kuba) im ideologischen Bereich.[53] Eine enge Kooperation bestand weiterhin bei der Herausgabe der Werke von Marx und Engels in mehreren Bänden in spanischer Sprache.[54]

Honecker hat einmal die Zusammenarbeit von SED und KP Kubas als das Kernstück in den Beziehungen zwischen beiden Ländern bezeichnet.[55] In der Tat gab es einen recht umfangreichen Delegationsaustausch zwischen beiden Parteien, wobei sich die kubanischen Funktionäre vor allem mit der Kaderarbeit, der Agitation und Propaganda sowie der Organisationsarbeit der SED vertraut gemacht haben.[56]

---

46 Thalia Fung Riveron/Pablo Guadarrama Gonzales: Die Entwicklung des philosophischen Denkens in Kuba, in: Asien, Afrika, Lateinamerika, Nr. 1 (1988), S. 130-138, hier S. 137.
47 Antonio Perez Herrero, Mitglied des Sekretariats des ZK der KP Kubas in einem Interview, in: Neues Deutschland vom 16. Dezember 1975, S. 4.
48 Neues Deutschland vom 30. Mai 1980, S. 3.
49 Neues Deutschland vom 15. Juli 1979, S. 2.
50 Neues Deutschland vom 11./12. August 1979, S. 5.
51 Granma vom 29. Januar 1981 (nach Deutsche Welle, Monitor-Dienst).
52 Neues Deutschland vom 10. Juni 1982, S. 2.
53 Neues Deutschland vom 28. Januar 1982, S. 2.
54 Neues Deutschland vom 4. Mai 1981, S. 7.
55 Neues Deutschland vom 24. Februar 1984.
56 Neues Deutschland vom 29. Juli 1983.

2. Die Zusammenarbeit auf den Gebieten Militär und Staatssicherheit

2.1. Militär und vormilitärische Ausbildung

Was Waffenlieferungen der DDR in Entwicklungsländer und somit auch nach Kuba anbetrifft, so war sie bis Ende 1966 sehr zurückhaltend. Das kann durch ein Schreiben belegt werden, das Verteidigungsminister Heinz Hoffmann am 10. November 1966 an Erich Honecker in seiner Eigenschaft als Sekretär des Nationalen Verteidigungsrates der DDR richtete. Da der Besuch einer kubanischen Militärdelegation in Ostberlin anstand, wollte Hoffmann wissen, wie er sich auf entsprechende Fragen der Kubaner verhalten solle. So rechnete er mit einer Frage der Kubaner, ob die DDR über Schulen zur Ausbildung von Kämpfern für Partisanen oder subversiven Krieg verfügt. Auch erwartete er die Anfrage, ob die DDR in der Lage sei, Waffen und Ausrüstungsgegenstände zu liefern, die von Partisanengruppen benötigt werden. Außerdem wollte Hoffmann von Honecker wissen, wie er sich verhalten solle, wenn die Kubaner um die Vermittlung der Erfahrungen der DDR für die kubanischen Streitkräfte ersuchen, wenn es um die Grenzsicherung, die Agitation, Aufklärung und Abwehr im Kampf gegen den „westdeutschen Imperialismus" geht. Und schließlich fragte der DDR-Verteidigungsminister an, ob Möglichkeiten bestünden, daß kubanische Offiziere in der DDR studieren oder sich an Ort und Stelle über die vorhandenen Möglichkeiten der Nationalen Volksarmee der DDR einen Überblick verschaffen könnten. Bis auf eine Ausnahme hatte Honecker die Fragen Hoffmanns mit einem handschriftlichen „Nein" beantwortet. Honecker hatte lediglich die Frage Hoffmanns unbeantwortet gelassen, ob man den Kubanern die Erfahrungen bei der Grenzsicherung, Agitation, Aufklärung und Abwehr vermitteln solle.[57] Auch wenn schon zwei Monate nach dem Schreiben Hoffmanns an Honecker das SED-Politbüro einen Beschluß über die Lieferung nichtziviler Güter an nationale Befreiungsbewegungen Afrikas faßte, denen dabei die begrenzten Möglichkeiten der DDR zu erläutern seien,[58] kann man die Zurückhaltung Honeckers im Falle Kubas gut verstehen. Zum einen hatten sich in dieser Phase die sowjetisch-kubanischen Beziehungen rapide verschlechtert.[59] Zum anderen war eine Umorganisierung der kubanischen Streitkräfte nach sowjetischem Muster noch nicht erfolgt. Außerdem war bei der Aneignung von Fähigkeiten für die Beherrschung moderner Militärtechnik und -ausrüstung die Sowjetunion zuständig, die Kuba mit den meisten Waffen beliefert hatte. Deshalb bestand für die DDR keine Veranlassung, sich mit militärischer Hilfe an Kuba besonders hervorzutun. So besuchte Verteidigungsminister Hoffmann Kuba erst im Jahre 1971, am Vorabend der Umorganisierung der kubanischen Streitkräfte. Kuba verfügte damals über die zahlenmäßig stärkste, am besten ausgebildete und ausgerüstete Armee Iberoamerikas, was

---

57 van der Heyden u. a.: Afrika II, S. 11-12.
58 Ebenda, S. 13.
59 Goldenberg: Die kubanische Revolution, S. 26.

sie der Sowjetunion und den Ostblockstaaten verdankte, „ohne deren Hilfe die Revolution nicht hätte überleben können"[60].

Da Hoffmann erst im Herbst 1982 Kuba länger besuchte, konnte er nun feststellen, wie sich vor allem das Niveau der Ausbildung in den elf Jahren an der Offiziersschule „General Antonio Maceo" erhöht hatte[61], nachdem von 1973 bis 1976 die kubanische Armee, hierarchisch nach sowjetischem Muster gegliedert, erweitert, reorganisiert und mit neuen Waffen ausgerüstet worden war.[62]

Im September 1980 hatte eine kubanische Militärdelegation unter Leitung von Verteidigungsminister Raul Castro am Manöver „Waffenbrüderschaft 80" in der DDR teilgenommen. Dabei hatte Raul Castro zum Ausdruck gebracht, daß er seit 1965 schon mehrfach Gelegenheit gehabt habe, in der DDR an Manövern teilzunehmen. Das Manöver „Waffenbrüderschaft 80" habe ihm vor allem in politischer Hinsicht viel gegeben. Besonders beeindruckt war der kubanische Verteidigungsminister vom Zusammenwirken der Politischen Hauptverwaltungen der Armeen des Warschauer Paktes.[63] Zum Erfahrungsaustausch hielt sich Ende 1982 der damalige Leiter der Politischen Hauptverwaltung der Nationalen Volksarmee der DDR, Heinz Kessler, in Havanna auf, wo er mit dem Chef der Politischen Hauptverwaltung der kubanischen Streitkräfte, Sixto Batista Santana, zusammentraf. Ging es dabei um die Verteidigungs- und Sicherheitspolitik[64], hat Sixto Batista Santana als Divisionsgeneral und inzwischen Leiter der Militärabteilung des ZK der KP Kubas im Mai 1987 in Ost-Berlin sich erneut mit den Erfahrungen der DDR auf dem Gebiet der Verteidigungs- und Sicherheitspolitik vertraut gemacht.[65]

Wie sehr man in Moskau darauf bedacht war, keine Verstimmungen mehr zwischen Kuba und den Warschauer Pakt-Staaten aufkommen zu lassen, ging aus einem Gespräch hervor, das Marschall Viktor Georgjewitsch Kulikow, damals Oberbefehlshaber der vereinten Streitkräfte des Warschauer Pakts, im März 1981 mit Verteidigungsminister Hoffmann führte. Auf dem II. Parteitag der KP Kubas hatte nämlich Castro im Dezember 1980 die Hoffnung ausgesprochen, „daß die polnische Partei in der Lage ist, die Situation in Polen aus eigener Kraft zu bewältigen"[66], womit er die Auffassung vertrat, die polnischen Kommunisten müßten allein mit der Gewerkschaft „Solidarität" fertig werden. Das war in Moskau als Hinweis verstanden worden, daß Kuba diesmal, nicht wie nach dem Einmarsch sowjetischer Truppen in Afghanistan, einer militärischen Intervention in Polen zustimmen werde. Da man jedoch in Ost-Berlin die Auffassung vertrat, in Polen müsse hart durchgegriffen werden, notfalls

---

60 Ebenda, S. 35.
61 Neues Deutschland vom 21. Oktober 1982, S. 2.
62 Goldenberg: Die kubanische Revolution S. 33.
63 Neues Deutschland vom 13./14. September 1980, S. 3.
64 Granma vom 4. Dezember 1982 (nach Deutsche Welle, Monitor-Dienst).
65 Delegation der KP Kubas im Zentralkomitee empfangen, in: Neues Deutschland vom 21. Mai 1987, S. 2.
66 Castro: II. Parteitag, S. 141.

mit Hilfe von Einheiten des Militärbündnisses, mußte Marschall Kulikow für Klarheit sorgen. So teilte er Verteidigungsminister Hoffmann mit, der Einmarsch von Einheiten der Warschauer Pakt-Staaten in Polen hätte sehr große politische Auswirkungen und würde sich zweifellos äußerst nachteilig auf Kuba, Äthiopien, Angola, Mosambik, Kamputschea und andere fortschrittliche Länder auswirken.[67]

Was die Waffenlieferungen der DDR an Kuba anbetrifft, so sind diese weit weniger umfangreich als mit mehreren anderen Entwicklungsländern gewesen. Nach der Wende wurde bekannt, daß die IMES Import Export GmbH., ein Außenhandelsunternehmen aus dem Bereich Kommerzielle Koordinierung, Waffen an Kuba geliefert hat.[68] Sämtliche Waffenlieferungen nach Kuba waren nach der Wende von der Regierung der DDR jedoch gestoppt worden.[69]

Da Kuba die meisten Waffen aus der Sowjetunion erhielt, war es daran interessiert, vor allem Elektronik aus der DDR zu beziehen. Das ergab sich eindeutig aus einem Gespräch, das Castro mit Verteidigungsminister Hoffmann führte. Darin unterstrich er, wie wichtig für Kuba die Erfahrungen der DDR, besonders im Bereich der Mikroelektronik und im Robotereinsatz, seien.[70] So konnte der kubanische Verteidigungsminister Raul Castro im April 1985 bei einem Besuch in Ost-Berlin feststellen, daß die Zusammenarbeit mit der DDR ständig ausgebaut wird. Dabei unterstrich er erneut, daß Kuba wie die DDR einen vorgeschobenen Platz, Kuba auf dem amerikanischen Kontinent und die DDR „an den Grenzen des Sozialismus"[71], einnehmen. In den achtziger Jahren wurden auch von sowjetischer Seite die kubanischen Streitkräfte als eine moderne Armee neuen Typs bezeichnet, da Havannas Zusammenarbeit mit den bewaffneten Kräften der Sowjetunion und den anderen sozialistischen Ländern „wesentlichen Einfluß auf die Stärkung der Verteidigungsbereitschaft"[72] Kubas gehabt habe. Auch die Armeesportvereinigungen der DDR und Kubas arbeiteten eng zusammen. Koordinierendes Organ war dabei das 1958 gegründete „Sportkomitee der befreundeten Armeen" mit Sitz in Moskau[73], dem sowohl die DDR als auch Kuba angehörten. Die Zusammenarbeit im Militärsport wurde zwischen der DDR und Kuba vor allem 1977 und 1978 ausgebaut, als die IV. Sommerspartakiade der befreundeten Armeen 1977 in Havanna stattfand und die 22. Tagung des Sportkomitees der befreundeten Armeen im Mai 1978 in Ost-Berlin abgehalten worden war.[74] Noch intensiver war jedoch der Erfahrungsaustausch, der zwischen den Vereinigungen für vormilitärische

67 Tomasz Mianowicz: Verzögerte „brüderliche Hilfe" 1981 gegen Solidarnosc, in: Frankfurter Allgemeine Zeitung vom 3. Januar 1997, S. 6.
68 Klaus-Dieter Stefan: Heißes Eisen (2), DDR lieferte Waffen in die „Dritte Welt", in: horizont, Nr. 2 (1990), S. 31-32, hier S. 32.
69 Michael Albrecht: Immer sind die anderen schuld, in: Neue Zeit vom 28. Juli 1990, S. 3.
70 Horizont, Nr. 47 (1982).
71 Unsere Zusammenarbeit wird ständig ausgebaut, in: Neues Deutschland vom 9. April 1985, S. 2.
72 A. N. Glinkin: Die Zusammenarbeit mit der UdSSR und anderen sozialistischen Ländern in ihrer Bedeutung für die Revolution in Kuba, in: Asien, Afrika, Lateinamerika, Nr. 1 (1984), S. 133-144, hier: S. 140.
73 Spanger/Brock: Deutsche Staaten, S. 243.
74 Sächsische Zeitung vom 23. November 1979, S. 4.

Ausbildung beider Länder gepflegt wurde. So gab es einen umfangreichen Delegationsaustausch zwischen der Gesellschaft für Sport und Technik (GST) und der Gesellschaft für Patriotisch-Militärische Erziehung (SEPMI) auf höchster Ebene.[75] Hervorgegangen ist die SEPMI, welche erst im Januar 1980 gegründet worden war, aus dem Nationalen Komitee für vormilitärische Ausbildung Kubas, wobei die GST beim Aufbau dieser neuen Organisation „Geburtshilfe" geleistet hatte.[76] Viele der in der DDR tätig gewesenen jungen kubanischen Arbeitskräfte haben überdies aktiv in der GST mitgearbeitet.[77]

2.2. Staatssicherheitsdienst

Als Berater des kubanischen Innenministeriums ist zeitweilig der spätere stellvertretende Innenminister der DDR, Generalleutnant Willi Seifert, tätig gewesen.[78] Für diese Aufgabe hatte sich Seifert deshalb besonders gut geeignet, weil er bereits 1947 Vizepräsident der Deutschen Verwaltung des Innern der SBZ war[79], den Aufbau einer kommunistisch gelenkten Innenverwaltung somit in der Zentrale von Anfang an kennengelernt hatte. Als sich im Mai 1979 der mosambikanische Innenminister in Ost-Berlin aufhielt und zur gleichen Zeit auch der damalige kubanische Innenminister Sergio del Valle Jimenez Gespräche mit Staatssicherheitsminister Erich Mielke und Innenminister Friedrich Dickel führte[80], liegt zumindest der Schluß nahe, daß die Unterstützung der DDR und Kubas im Sicherheitsbereich für Mosambik behandelt worden ist. Mit Interesse war Ende Mai 1980 in Westeuropa die Tatsache registriert worden, daß sich in Honeckers Begleitung bei der Kubareise zur Unterzeichnung des Freundschaftsvertrages auch Staatssicherheitsminister Mielke befand, da dieser zuvor nur einmal auf einer Auslandsreise einer Partei- und Regierungsdelegation (nach Jugoslawien) angehört hatte. Da über die Gespräche Mielkes in Havanna nichts veröffentlicht wurde, dieser aber einen Meinungsaustausch mit Innenminister Ramiro Valdes Menendez hatte[81], dürfte es hierbei um die Koordinierung der Zusammenarbeit von Sicherheitsberatern der DDR und Kubas in verschiedenen afrikanischen Ländern gegangen sein.

Daß Kuba mit der DDR in Sicherheitsfragen eng zusammenarbeitete, wurde auch durch den Besuch des kubanischen Innenministers im Dezember 1982 in Ost-Berlin unterstrichen, wo er Gespräche mit Mielke, Dickel und Honecker führte.[82]

In Rostock hatte eine Schule für Nachrichtenbeschaffung des Staatssicherheitsdienstes der DDR sowohl Spezialisten für Kuba, als auch für Nicaragua

---

75 Neues Deutschland vom 30. April 1979, S. 2.

76 Granma vom 4.11.1984 (nach Deutsche Welle, Monitor-Dienst).

77 Kubanischer Gast weilte bei der GST, in: Sächsische Zeitung vom 29. Dezember 1982, S. 2.

78 Niethammer: Antifaschismus, S. 136.

79 Ebenda.

80 Neue Zeit vom 17. Mai 1979, S. 2.

81 Granma vom 30. Mai 1980 (nach Deutsche Welle, Monitor-Dienst).

82 Neue Zeit vom 8. Dezember 1982, S. 2.

und Namibia ausgebildet, wie ein Absolvent aus Namibia, der an einem Lehrgang an dieser Schule teilnahm, berichtete.[83] „Spezialisten" des Staatssicherheitsdienstes der DDR haben ihren kubanischen Kollegen aber auch beigebracht, wie man Systemgegner zu vernehmen hat. Nach dem Vorbild ihrer
Lehrmeister aus der DDR wandten die kubanischen Angehörigen der Staatssicherheit „recht rüde Methoden"[84] an.

3. Die außenwirtschaftlichen Beziehungen

3.1. Das Handelsvolumen

Die DDR und Kuba hatten 1960 zunächst nur Waren im Werte von 29,7 Millionen Mark[85] ausgetauscht. Auch nach der Gründung des gemeinsamen Ausschusses für wirtschaftliche und wissenschaftlich-technische Zusammenarbeit
im April 1964[86] änderte sich noch nicht viel. Denn zehn Jahre nach Aufnahme
der Außenhandelsbeziehungen war 1969 lediglich ein Gesamtvolumen von
316,5 Millionen Mark[87] erreicht worden. Eine neue Ära in der wirtschaftlichen
Zusammenarbeit beider Länder begann erst, als Kuba 1972 Mitglied des Rates
für Gegenseitige Wirtschaftshilfe wurde. Nun mußte sich Kuba den wirtschaftspolitischen Gesetzen der „sozialistischen Gemeinschaft" unterstellen,
was bereits durch die Koordinierung seines Fünfjahrplans mit den Fünfjahrplänen der anderen RGW-Staaten (1976-1980) seinen Ausdruck fand.

Entwickelte sich das Handelsvolumen DDR-Kuba von 1970-1975 noch recht
sprunghaft, beispielsweise war der Warenaustausch, der sich 1970 auf 480,3
Millionen Mark[88] belief, 1972 plötzlich auf 289,6 Millionen Mark[89] gesunken,
war ab 1976 eine kontinuierliche Aufwärtsentwicklung zu verzeichnen, wobei
1979 erstmalig ein Volumen von über einer Milliarde Mark, nämlich 1027,3
Millionen Mark[90], erreicht worden war. Allein im Zeitraum von 1985 bis 1989,
also in fünf Jahren, hatten beide Länder Waren im Wert von 12,3 Milliarden
Mark ausgetauscht, wobei 1989 mit 2,786 Milliarden Mark[91] der höchste Stand
in den Außenhandelsbeziehungen zwischen der DDR und Kuba erreicht worden war.

In den siebziger Jahren war die DDR nach der Sowjetunion zum zweitgrößten
Außenwirtschaftspartner Kubas aufgestiegen und hatte damit die Tschechoslowakei, die diesen Platz in den sechziger Jahren zeitweilig einnahm, über-

---

83 Frankfurter Allgemeine Zeitung vom 22. Juli 1989.
84 Uwe Scheffler: Dilemma der kubanischen Opposition – Nur als Erbe Fidels, nicht als Alternative,
   in: Neues Deutschland vom 3. August 1990, S. 4.
85 Statistisches Taschenbuch 1970, S. 103.
86 Ziebart: Neue Etappe, S. 20.
87 Statistisches Taschenbuch 1971, S. 103.
88 Statistisches Taschenbuch 1973, S. 103.
89 Statistisches Taschenbuch 1980, S. 101.
90 Statistisches Taschenbuch 1980, S. 101.
91 Statistisches Jahrbuch '90, S. 278.

rundet. Nahm Kuba in der Außenhandelsstatistik der DDR 1980 noch den 17. Platz ein, behauptete das Land ab 1981 bis 1989 den 16. Platz.

Mit dem Beitritt Kubas zum RGW hatte Castro „die gravierende Abwendung seines Landes von der Stellung zwischen der Sowjetunion und China markiert[92]. Da China bis 1971 jedoch der zweitwichtigste Handelspartner Kubas nach der Sowjetunion war, Peking aber nach der Hinwendung Castros an Moskau das Interesse an Kuba verloren hatte, mußten nun die RGW-Staaten, besonders aber die DDR, in die Bresche springen.[93]

3.2. Schwerpunkte der Wirtschaftshilfe der DDR

In den siebziger Jahren errichtete die DDR in Kuba zwei Druckereien, wobei der polygraphische Betrieb in Guantanamo als die größte Druckerei Lateinamerikas bezeichnet worden war.[94] Gemeinsam mit der Sowjetunion hatte die DDR ab 1982 diese Druckereien modernisiert, in denen die 3 nationalen und 13 Provinzzeitungen des Landes hergestellt wurden.[95] Nach der Unterzeichnung eines Abkommens über die Zusammenarbeit auf dem Gebiet des Post- und Fernmeldewesens im Oktober 1966, hatte die DDR ein aus 25 Telexämtern bestehendes Telexnetz in Kuba aufgebaut und das Landesfernsprechnetz erweitert. Sie errichtete außerdem ein Kurzwellen-Funkzentrum, über das ein sehr wesentlicher Teil des internationalen Fernsprech-, Telex- und Faksimileverkehrs Kubas abgewickelt werden konnte.[96] 1988 war die Zusammenarbeit noch durch den Aufbau einer Kooperation auf dem Gebiet der Vermittlungstechnik ergänzt worden, während Ausrüstungen für den Fernsprechverkehr weiterhin geliefert wurden.[97]

Die DDR baute in Kuba die größte Getreidemühle des Landes[98], errichtete Zementwerke, ein Düngemittelkombinat und Textilbetriebe.[99] Auch die größte Brotfabrik Kubas wurde mit Hilfe von Fachleuten aus der DDR errichtet.[100] 1987 wurde von der DDR die größte Keramikfabrik des Landes fertiggestellt, die jährlich 10 Millionen Einheiten Keramikgeschirr produzieren kann.[101] Zur Verarbeitung von Zitrusfrüchten zu Säften und Konzentraten war von Kuba und der DDR ein Kombinat inmitten riesiger Zitrusplantagen geschaffen wor-

92 Jacobsen u. a. (Hrsg.): Drei Jahrzehnte, S. 638.
93 Ebenda.
94 Ziebart: Neue Etappe, S. 22.
95 Evelin Hempel: Neue Technik für die Druckereien der Karibikinsel, in: Neues Deutschland vom 22. Mai 1986, S. 5.
96 IWE- Wirtschaftsdienst, Bonn, Berlin vom 12. Februar 1974.
97 Gespräche über die Erweiterung der Kooperation mit Kuba, in: Neues Deutschland vom 5. Juli 1988, S. 6.
98 Neues Deutschland vom 21. Juli 1977, S. 6.
99 Horizont, Nr. 10 (1975).
100 Sächsische Zeitung vom 9. Januar 1978, S. 5.
101 Keramikfabrik auf der Insel der Jugend eingeweiht, in: Neues Deutschland vom 26. März 1987, S. 5.

den.[102] Eine Handwerkszeugfabrik[103] sowie ein Montagewerk, in dem Transportmittel für Großbetriebe und den Kommunalverkehr zusammengesetzt
wurden[104], gehörten ebenfalls zu den von der DDR in Kuba verwirklichten
wichtigen Projekten. Hinzu kamen noch ein komplettes Walzwerk in der Nähe
eines Stahlwerks, das die Sowjetunion errichtet hatte[105], eine Luftzerlegungsanlage, die flüssigen und gasförmigen Sauerstoff und Stickstoff produziert sowie Zuckerfabriken, nachdem von der DDR die veralteten kubanischen Zukkerfabriken modernisiert worden waren.[106] Das erste Rechenzentrum für die
kubanische Landwirtschaft sowie das nationale Rechenzentrum des Staatlichen
Komitees für materiell-technische Versorgung Kubas waren bereits 1980 von
der DDR mit EDV-Anlagen ausgestattet worden.[107] Auch die Nationalbank
Kubas erhielt eine EDV-Anlage zur effektiveren Abwicklung des Zahlungsverkehrs aus der DDR.[108] Die DDR war für Kuba vor allem deshalb ein so
wichtiger Wirtschaftspartner, weil sie vor allem bei der Erneuerung von Betrieben, die einst von den USA Anfang der fünfziger Jahre mit Maschinen ausgestattet worden waren, als Land mit einer vielfältigen und hochentwickelten
Industrie wirksame Hilfe leisten konnte. Dabei kam es oft gar nicht auf äußerst
kostspielige Lieferungen für viele hundert Millionen Mark an. Sehr oft waren
es vor allem kleine und kleinste Teile, die Betriebe der DDR zulieferten, um
reparaturbedürftige Maschinen wieder in Ordnung zu bringen. Auch ging es
um Projekte, die ohne die Zulieferungen aus der DDR nicht hätten verwirklicht
werden können, wie beispielsweise beim Bau eines neuen Nickelwerkes im
Gebiet um Moa, wo Spezialisten aus der Sowjetunion, der DDR und aus anderen RGW-Ländern tätig waren.[109] Zudem war die DDR ein langjähriger Lieferant von Turbinen für modernisierte oder neu gebaute Zuckerverarbeitungsbetriebe.[110]

Schließlich gab es zwischen der DDR und Kuba auch noch ein Brauereiprogramm. Dabei ging es einmal darum, die alten, aus den USA stammenden Abfüllanlagen zu ersetzen. Zum anderen lieferte Ost-Berlin komplette Brauereien
und errichtete die größte Bierbrauerei Kubas in Camagüey.[111]

In Kuba war die DDR für die Errichtung von mehr als 50 Industriebetrieben
verantwortlich[112], von denen hier nur ein Teil genannt werden konnte. Um sich
einen Überblick verschaffen zu können, was die DDR Ende der achtziger Jahre
nach Kuba lieferte und von dort bezog, sollen nur die wichtigsten Posten aus

---

102 In Ciego de Avila bewährt sich die Gemeinschaftsarbeit, in: Neues Deutschland vom 3. Juli 1984,
    S. 5.
103 Neues Deutschland vom 26. Juli 1986, S. 1.
104 Neues Deutschland vom 7. April 1986, S. 5.
105 Berliner Zeitung vom 16. Oktober 1978, S. 2.
106 Neues Deutschland vom 10. Juli 1979, S. 5.
107 Neues Deutschland vom 4. Dezember 1980, S. 6.
108 Sächsische Zeitung vom 20. August 1981, S. 2.
109 IWE-Wirtschaftsdienst vom 25. November 1982.
110 Sächsische Zeitung vom 12. Mai 1983, S. 4.
111 Werner Micke, Rolf Hempel: Symbol der brüderlichen Beziehungen DDR-Kuba, in: Neues
    Deutschland vom 27. Dezember 1985, S. 5.
112 Spanger/Brock: Deutsche Staaten, S. 210.

dem Warenprotokoll für 1987 genannt werden. So exportierte die DDR nach Kuba Erzeugnisse des Maschinenbaus und der Elektrotechnik/Elektronik. Dazu gehörten Ausrüstungen für die Zuckerindustrie wie Generatoren und Dampferzeuger und für die Zementindustrie, Landtechnik, darunter Dieselmotoren für Bewässerungsprojekte, Ausrüstungen für die Textil- und Lebensmittelindustrie, Produktionsstätten der Elektronikindustrie sowie Nachrichten-, Büro- und Rechentechnik. Die Lieferung von Erzeugnissen der chemischen Industrie wie Pflanzenschutz- und Schädlingsbekämpfungsmittel und Kalidünger sowie von Konsumgütern war fortgesetzt worden. Kuba lieferte Nickelerze, Zucker und landwirtschaftliche Produkte wie frische und verarbeitete Zitrusfrüchte sowie Honig und Tabak. Außerdem bezog die DDR elektronische Bauelemente und Zulieferteile für den Maschinenbau.[113]

3.3. Seeverkehrs- und Hafenwirtschaft

Da die USA 1960 als Antwort auf die von Kuba vorgenommene Verstaatlichung sämtlicher noch in nordamerikanischem Eigentum befindlichen Firmen einen Boykott aller Lieferungen in dieses Land verhängte, mußte die kubanische Wirtschaft nun anderweitig versorgt werden. So war die Handelsflotte der DDR mit daran beteiligt, Waren aus Europa nach Kuba zu transportieren. Daraus entwickelte sich in der Seeverkehrswirtschaft zwischen beiden Ländern eine feste Zusammenarbeit.

Am Anfang hatten zwei Tankschiffe der DDR sowjetisches Erdöl nach Kuba transportiert.[114] Liefen in den zehn Jahren von 1960 bis 1969 250 Handelsschiffe der DDR Kuba an, waren es allein 1977 schon 70.[115] 1969 war ein Seeverkehrsabkommen unterzeichnet worden, das auch die Ausbildung von Kubanern zu Fachkräften in der DDR in Seeverkehrsangelegenheiten vorsah.[116] Da sich der Schiffsverkehr zwischen Rostock und den kubanischen Häfen weiterhin merklich erhöhte, wurden sowohl in Havanna als auch in Rostock gegenseitig Vertretungen der Seeverkehrswirtschaft eingerichtet.[117] Da Kuba für die Fangflotte der DDR ein wichtiger Stützpunkt war, besaß der VEB Fischkombinat Rostock ebenfalls eine ständige Vertretung in Havanna.[118]

Bereits 1962 hatten die DDR, Polen, die ČSSR und Kuba einen Gemeinschaftsliniendienst unter dem Namen CUBALCO gegründet, der als erster multilateraler Gemeinschaftsdienst von Reedereien sozialistischer Staaten galt und dem später auch die Sowjetunion beigetreten war.[119] Die zeitweilige Mitarbeit von Fachleuten aus der DDR im kubanischen Ministerium für Handels-

---

113 Warenprotokoll zwischen der DDR und Kuba vereinbart, in: Neues Deutschland vom 12. Februar 1987, S. 2.
114 Jahrbuch der DDR 1961, S. 239.
115 Jacobsen u. a. (Hrsg.): Drei Jahrzehnte, S. 639.
116 Ebenda.
117 Zentrum für Information und Dokumentation (ZIDA), Republik Kuba vom 1. April 1987, S. 12.
118 ZIDA, Republik Kuba vom 28.2.1977, S. 13.
119 DDR-Außenwirtschaft vom 14. Januar 1976, RGW Lexikon, S. 139.

marine sowie die Übergabe technischer Dokumentationen waren für Havanna eine Hilfe.[120] Auch wurden Kubaner in Rostock zu Hafenfacharbeitern und in anderen Berufen der Hafenwirtschaft ausgebildet.[121]

3.4. Hilfe in der kubanischen Landwirtschaft

Wenn sich schon der kubanische Direktor des Nationalen Instituts für Bodenreform in der DDR Anregungen holte, so war es folgerichtig, daß die Kubaner auch in der Landwirtschaft weiterhin auf die Hilfe Ost-Berlins setzten. So entstand 1982 südöstlich von Havanna mit Unterstützung der DDR das erste Agrochemische Zentrum Kubas. Die Einrichtungen dafür wurden aus Leipzig geliefert. Sie bestanden aus Teilen zum Bau von Lagerhallen für Dünger und Schädlingsbekämpfungsmittel, aus Annahme- und Verladestationen, einer Düngemittel-Mischanlage, einer Werkstatt und einem Sozialgebäude.[122]

Die Nationale Vereinigung der Kleinbauern (ANAP) Kubas arbeitete eng mit der Vereinigung der gegenseitigen Bauernhilfe (VdgB) in der DDR zusammen. Hatte das kubanische Staatsratsmitglied, der ANAP-Vorsitzende Jose Ramirez Cruz, in Kuba eine Vereinigung „Bauernfreundschaft Kuba-DDR" mitbegründet, die Schulungskurse für kubanische Bauern nach Vorlagen aus der DDR abhielt, wurden kubanische Bauern in der Schule der VdgB in Teutschenthal mit dem Ziel unterrichtet, für den Eintritt in Landwirtschaftliche Produktionsgenossenschaften zu sorgen, da die individuell wirtschaftenden Bauern ihrem Boden nicht viel abringen konnten. Die in Teutschenthal ausgebildeten Kubaner wurden nach ihrer Rückkehr in ihrer Heimat in der Regel als LPG-Vorsitzende eingesetzt, während die ANAP dafür sorgte, die Erfahrungen der DDR für die Bedingungen in Kuba nutzbar zu machen.[123]

3.5. Abstimmung im RGW

Auf der 30. RGW-Ratstagung im Juni 1976 in Ost-Berlin war beschlossen worden, Kuba im Rahmen des Komplexprogramms des RGW zur schnelleren Annäherung seiner Entwicklung an die anderen RGW-Länder besondere Unterstützung zu gewähren. Bei der darauffolgenden RGW-Ratstagung im Jahre 1977 erhielt Havanna die Zusicherung, daß der RGW Maßnahmen zur beschleunigten und effektiveren Entwicklung Kubas ausarbeiten werde. Denn, so hieß es dazu in einem Kommentar aus Ost-Berlin, durch alle diese Maßnahmen werde Kuba auch auf wirtschaftlichem Gebiet immer mehr zu einem Bei-

120 Neues Deutschland vom 15. August 1978, S. 6.
121 Ebenda.
122 Sächsische Zeitung vom 20. Juli 1982, S. 3.
123 Sächsische Zeitung vom 12. Dezember 1980, S. 4.

spiel für die anderen Länder Lateinamerikas, aber auch für afrikanische und asiatische Staaten.[124]

Dabei sollte man sich der Worte erinnern, die der im Staats- und Ministerrat Kubas für die Wirtschaftsbeziehungen zu den RGW-Staaten zuständige Carlos Rafael Rodriguez 1972 auf der RGW-Ratstagung in Moskau sagte, wo Kuba als Mitglied aufgenommen worden war. Ohne den Anschluß seines Landes an den Prozeß der Integration innerhalb des RGW, so erklärte er, sei die Entwicklung der kubanischen Wirtschaft unvorstellbar.[125]

So wurde Kuba in einem immer stärkeren Ausmaß in die spezielle Arbeitsteilung der RGW-Staaten eingebunden. In einer Anpassungsphase, die man von 1972 bis 1980 ausmachen kann, war Kuba Mitglied in 12 von 56 Koordinierungszentren des RGW geworden, in denen es um die Zusammenarbeit auf ausgewählten wissenschaftlich-technischen Gebieten geht. Nur in einem dieser Koordinationszentren, in denen Kuba tätig war, arbeitete die DDR nicht mit, nämlich im Koordinationszentrum für Direktproduktion von Eisen und Erz. In allen anderen elf Zentren konnten jedoch Abstimmungen getroffen werden, so bei Forschungen auf dem Gebiet der Biophysik, bei Fragen über die Verbesserung der Qualität in den Betrieben, bei der Ausarbeitung von Maßnahmen zum Korrosionsschutz von Metallen, bei der Untersuchung biologischer Prozesse der wichtigsten Gebiete des Weltozeans, beider Erforschung der Meere nach mineralischen Ressourcen, in der Nachrichtentechnik im Eisenbahntransport, bei mineralischen Düngemitteln, der Bekämpfung der Maul- und Klauenseuche, der Umwandlung der Sonnen- und Windenergie, bei der Schaffung von Traktoren für Spezialkulturen sowie schließlich bei Zementausrüstungen.[126]

Die europäischen RGW-Staaten stimmten sich vor allem dann ab, wenn es sich um die Verwirklichung von Großprojekten in Kuba handelte, bei denen entweder ein Land finanziell überfordert oder auf Zulieferungen von Ausrüstungen aus anderen RGW-Staaten angewiesen war. Das anschaulichste Beispiel dafür ist das gemeinsame Investitionsobjekt Aufbereitungswerk für Nickel-Kobalt-Erz in Las Camariocas. Da Kuba über die größten Nickelerzvorkommen der Welt verfügt, waren die RGW-Staaten natürlich an preisgünstigen Nickellieferungen aus diesem Land interessiert. So unterzeichneten 1975 Die Sowjetunion, die DDR und die weiteren fünf europäischen RGW-Staaten mit Kuba ein Abkommen über den Bau dieses neuen Aufbereitungswerks für Nickel-Kobalt-Erz. Je nach der Höhe des finanziellen Anteils an diesem Werk wurde dann von Kuba die Errichtung des Komplexes durch Nickellieferungen abgezahlt.[127]

Ähnlich verhielt es sich beim Bau des Textilkombinats in Santiago de Cuba, das als das größte Textilwerk Lateinamerikas bezeichnet wird. Hier hatten sich Fachleute aus der DDR, der Sowjetunion und der ČSSR abgestimmt, waren gemeinsam verantwortlich und teilten sich die Zulieferungen auf. Die Textil-

---

124 Horizont, Nr. 28 (1977).
125 Ebenda.
126 RGW Lexikon, S. 128-132.
127 Ebenda, S. 22-23.

maschinen kamen aus der DDR und der ČSSR, die Bauteile für die Hallenkonstruktionen aus der Sowjetunion.[128] Als drittes Beispiel sei noch die Errichtung eines Kombinats zur Verarbeitung von Zitrusfrüchten genannt. Daran beteiligten sich mit der DDR, entsprechend ihren Abnehmerinteressen, noch die Sowjetunion und weitere drei europäische RGW-Länder. Auch in diesem Fall zahlte Kuba den Bau und die maschinelle Einrichtung dieses Betriebs durch Lieferungen ab und exportierte Zitrussäfte sowie Fruchtkonzentrate in fünf RGW-Staaten.[129]

Da die Zuckerproduktion Kubas zu 70 Prozent von den RGW-Staaten abgenommen wurde, mußten diese daran interessiert sein, die veraltete Zuckerindustrie des Landes zu modernisieren. Zwar hatten die DDR und Kuba bereits bilaterale Abkommen über die Modernisierung dieses Industriezweiges abgeschlossen. 1981 war aber auch noch ein Generalabkommen zur Entwicklung der Zuckerindustrie mit Kuba unterzeichnet worden, an dem sich neben der DDR und der Sowjetunion, als dem größten Abnehmer kubanischen Zuckers, auch Bulgarien beteiligte.[130]

In Bereichen, in denen es nicht um komplizierte Verrechnungen ging, war die multilaterale Zusammenarbeit der RGW-Staaten in Kuba am reibungslosesten. So hatten die DDR und weitere sechs RGW-Staaten mit Kuba ein multilaterales Abkommen über die geologische Erschließung des Landes abgeschlossen.[131] In der ersten Jahreshälfte 1987 wurden zwei Zahlen bekannt, die beweisen sollten, wie stark sich die RGW-Länder in Kuba engagierten. So hieß es, daß über 1.300 Betriebe „mit Hilfe der Bruderländer"[132] entstanden seien und mehr als 200 Objekte in enger Zusammenarbeit mit der DDR, der Sowjetunion und anderen RGW-Ländern zur Zeit gebaut würden.[133]

Wenn Fachleute aus der DDR Kuba bei der Verbesserung seines Eisenbahnwesens halfen, mit deren Unterstützung wurde die wichtigste Eisenbahnstrekke, die quer durch das Land verläuft, ausgebaut und modernisiert[134], so gab es auch darüber im RGW eine Abstimmung. Denn Kuba gehörte seit 1966 der Organisation für die Zusammenarbeit der Eisenbahnen, einer Unterorganisation des RGW, an.[135] Diese Vereinigung besteht, trotz der Auflösung des RGW, noch immer. Doch ist Kuba nur noch formell Mitglied.[136]

Kurz vor der Wende tagte letztmalig das Sekretariat der Gemischten Kommission zur Anwendung des zwischen verschiedenen RGW-Ländern geschlosse-

128 Dokumentationen zur Außenwirtschaft vom 1. Juli 1983.
129 Sächsische Zeitung vom 7./8. Februar 1981, S. 2.
130 Neues Deutschland vom 9. Juli 1981, S. 6.
131 Neues Deutschland vom 31. Oktober/1. November 1981, S. 5.
132 Rolf Hempel: Zusammenarbeit im RGB sichert ein stabiles Wachstum der Wirtschaft, in: Sächsische Zeitung vom 24. März 1987, S. 4.
133 Neues Deutschland vom 22. April 1987, S. 5.
134 Horizont, Nr. 14 (1974).
135 RGW Lexikon, S. 160.
136 Erich Preuss: Ein Kind des RGW, das dessen Tod überlebte, in: Neues Deutschland vom 8. August 1995, S. 8.

nen Fischereiabkommens in Havanna, wobei Pläne der wissenschaftlich-technischen Kooperation beraten wurden. Neben Kuba und der DDR beteiligten sich die Fischereiorgane der Sowjetunion, Polens, Rumäniens und Bulgariens.[137]Zusammenfassend kann festgestellt werden, daß bei der Arbeitsteilung der RGW-Länder bei der Hilfe für Kuba fünf spezielle Programme entwickelt wurden. Das erste betraf die kubanische Zuckerproduktion, weshalb in die Modernisierung der Zuckerindustrie investiert wurde. Der zweite Schwerpunkt war die Steigerung der Förderung von Nickel. Ein drittes Programm betraf die Steigerung des Anbaus von Zitrusfrüchten und deren industrielle Verarbeitung. Das vierte Programmelement lag in der geologischen Erforschung des kubanischen Territoriums, während das fünfte multilaterale Programm sich mit der Entwicklung von Wissenschaft und Technologie befaßte,[138] da Kuba auch der direkte Zugang zur Datenbank des Internationalen Zentrums für wissenschaftliche und technische Information der RGW-Mitgliedsländer eingeräumt worden war.[139]

Besondere Bedeutung für Kuba hatte die 30. RGW-Ratstagung in Ost-Berlin im Juni 1976, als dem Land neben der Mongolei und Vietnam Vergünstigungen und Vorzüge eingeräumt worden waren.[140] Das hatte man allerdings meistens nur in einem umständlichen und verklausulierten Satz zum Ausdruck gebracht. So konnte man sich wenig darunter vorstellen, wenn es hieß: „Die RGW-Mitgliedsländer wenden für Kuba die speziellen, im Komplexprogramm genannten Hauptwege und -mittel zur Erweisung allseitiger Hilfe und Unterstützung für industriell weniger entwickelte Länder an."[141] Das bezog sich einmal auf Kredite mit einem niedrigen Zinssatz und zum anderen auf die Vorzugspreise, die Kuba im Handel mit den RGW-Staaten eingeräumt wurden. Die Vorzugspreise waren in der Regel auf fünf Jahre festgelegt worden. Auf die Weltmarktpreise, so beispielsweise bei Zucker, Nickel und Zitrusfrüchten erhielt Kuba einen Zuschlag. Hauptempfänger dieser Vergünstigungen durch Vorzugspreise war dabei Kuba. Denn neben diesem Land hatten nur noch Vietnam, die Mongolei, Nicaragua, Laos und Kambodscha Vergünstigungen erhalten, wobei aber der Anteil Kubas bei über 90 Prozent lag.[142] Allerdings wurde ein Vorzugspreis für kubanischen Zucker vom RGW schon 1967, also sieben Jahre vor der Ost-Berliner RGW-Ratstagung festgelegt. 1982 war schließlich in einer geheimen Vereinbarung beschlossen worden, „die Preisrelation von Importen zu Exporten unverändert zu lassen, das heißt ein höherer Preis für DDR-Produkte wurde durch einen höheren Preis für kubanischen Zucker kompensiert."[143] Castro hatte in einer Rede 1980 allerdings nur von „zufriedenstellenden und stimulierenden Preisen für Zucker, für Nickel und für

137 Radio Havanna IS, span., vom 30. Oktober 1989 (nach Deutsche Welle Monitor-Dienst).
138 H. Brezinski: Kubas mühseliges Verhältnis zum COMECON, in Neue Zürcher Zeitung vom 1. Oktober 1989, S. 14.
139 Prawda vom 24. Mai 1983 (nach Deutsche Welle Monitor-Dienst).
140 Asien, Afrika, Lateinamerika, Nr. 1 (1984), S. 136.
141 RGW Lexikon, S. 139.
142 Siebs: DDR und Dritte Welt, S. 65.
143 Ebenda, S. 65-66.

andere Produkte"[144] und nicht von günstigen Preisen gesprochen, da er auf dem Weltmarkt für Zucker und Nickel zeitweilig höhere Erträge – und das auch noch in frei konvertierbaren Währungen – hätte erhalten können.

4. Die Zusammenarbeit der Massenorganisationen

4.1. Freie Deutsche Jugend und Kommunistischer Jugendverband Kubas

Auf dem 3. Kongreß des Kommunistischen Jugendverbandes Kubas (UJC) war im April 1972 festgestellt worden, daß die Jugend des Landes ideologisch schwach, ungenügend diszipliniert und ihr Verantwortungsbewußtsein unterentwickelt sei.[145]

Das war Funktionären der Freien Deutschen Jugend (FDJ) schon in den sechziger Jahren bei Aufenthalten in Kuba ebenfalls nicht entgangen. Über die Verhältnisse im Lande war die FDJ deshalb relativ gut informiert, da bereits 1951 an den III. Weltjugendfestspielen in Ost-Berlin der kubanische Kommunist Flavio Bravo Pardo, damals in seiner Eigenschaft als Vizepräsident des prokommunistischen Weltbundes der Demokratischen Jugend (WBDJ), teilgenommen hatte, der die DDR auch in den folgenden Jahren über die Situation in Kuba auf dem laufenden hielt.[146]

Als im FDJ-Zentralrat 1963 der Beschluß gefaßt wurde, ab 1964 „Brigaden der Freundschaft" in Entwicklungsländer zu entsenden, war Kuba als eines der ersten Länder berücksichtigt worden.[147] Denn die Freundschaftsbrigaden sollten ja nicht nur bei der Errichtung wichtiger Bauten und Industriebetriebe helfen, sondern auch ideologische Arbeit leisten.[148] So hatten in den sechziger Jahren Freundschaftsbrigaden der FDJ an der Modernisierung verschiedener Industriebetriebe und am Bau eines Zementwerks mitgewirkt.[149] Bei den Brigademitgliedern handelte es sich um ausgesuchte Facharbeiter, Lehrmeister und Ingenieure, die die kubanischen Arbeitskräfte anzulernen und gleichzeitig Reparaturarbeiten an den von der DDR gelieferten Maschinen vorzunehmen hatten.[150]

Eine Freundschaftsbrigade der FDJ hatte 1977/78 in Havanna am Bau des Pionierpalastes mitgewirkt und damit zur Vorbereitung der 11. Weltjugendfestspiele einen wichtigen Beitrag geleistet, weil während des Festivals in diesem für die Jugendarbeit bestimmten Gebäude viele Veranstaltungen stattgefunden hatten. Im übrigen war die DDR das Land, welches nach der Sowjetunion die

---

144 Neues Deutschland vom 30. Mai 1980, S. 3.
145 Goldenberg: Die kubanische Revolution, S. 35.
146 Norbert Stein: Porträt von Flavio Bravo Pardo, Mitglied des ZK der KP Kubas und Präsident der Nationalversammlung, in: horizont, Nr. 45 (1982), S. 14-15, hier S. 14.
147 Neues Deutschland vom 24. Januar 1978, S. 6.
148 Siebs: DDR und Dritte Welt, S. 91.
149 Neues Deutschland vom 1./2. Dezember 1979, S. 5.
150 Siebs: Ebenda, S. 92.

zweitgrößte Delegation mit 750 jugendlichen Teilnehmern 1978 zu den Weltjugendfestspielen entsandt hatte.[151]

Ende 1979 hatte eine Freundschaftsbrigade der FDJ ihren Einsatz in Kuba beendet. Fünf Brigaden hatten sich bei dem fünfjährigen Einsatz abgelöst. Dabei war es nach Vereinbarungen zwischen beiden Jugendorganisationen um Renovierungsarbeiten in einem Zementwerk gegangen, das in den sechziger Jahren unter Mitwirkung der ersten Freundschaftsbrigade errichtet worden war. Die Brigaden hatten aus jeweils 13 jungen Schlossern und Elektrikern aus der DDR bestanden.[152] Um die reibungslose Produktion des von der DDR bei Cienfuegos errichteten Zementwerks zu garantieren, war im Oktober 1980 eine FDJ-Freundschaftsbrigade, bestehend aus 22 Schlossern, Mechanikern, Elektrikern und Lehrmeistern entsandt worden. Sie hatte dort zwei Aufgaben zu übernehmen: Instandhaltung des Zementwerkes und Qualifizierung der kubanischen Arbeitskräfte. Dazu war die Brigade in kleine Gruppen von zwei bis drei Personen aufgeteilt worden, um so in allen Abteilungen des Werkes tätig sein zu können. Den Gruppen waren je drei bis fünf kubanische Hilfsarbeiter zugeteilt worden, die von den Brigademitgliedern ausgebildet werden mußten.[153]

Ähnlich verfuhr man 1984, als eine weitere Freundschaftsbrigade auf der Baustelle der Brauerei in Camagüey tätig wurde, die ebenfalls von der DDR errichtet worden war. Dabei war der FDJ von kubanischer Seite hohes Lob gespendet worden. In der ökonomischen Zusammenarbeit hätten sich die Jugendverbände der DDR und Kubas „als Pioniere bewährt"[154].

Doch auch auf einem anderen Gebiet der Jugendpolitik äußerten sich die kubanischen Kommunisten sehr anerkennend über die DDR. So war 1978 in der kubanischen Nationalversammlung bei der Annahme des Kinder- und Jugendgesetzes noch einmal darauf verwiesen worden, daß bei der Erarbeitung des Entwurfs die Jugendgesetze der DDR und Ungarns besonders berücksichtigt worden seien.[155]

Auch wenn über die Tätigkeit der kubanischen Vertragsarbeiter in der DDR erst an anderer Stelle zu berichten sein wird, muß im Kapitel über die Zusammenarbeit zwischen FDJ und UJC eine sehr wichtige Vereinbarung genannt werden, die im Mai 1980 vom FDJ-Zentralrat und dem Nationalkomitee der UJC getroffen wurde. Darin war festgelegt worden, daß die FDJ-Grundorganisationen mit den in den DDR-Betrieben arbeitenden jungen Kubanern in drei Punkten zusammenwirken sollen: 1) auf politisch-ideologischem Gebiet, 2) bei

151 Granma vom 2. August 1978 (nach Deutsche Welle, Monitor-Dienst).
152 Neues Deutschland vom 14. Dezember 1979, S. 5.
153 Horizont, Nr. 3 (1981).
154 Klaus Kimmel: Meetings der Freundschaft und Erfahrungsaustausch, in: Neues Deutschland vom 1. November 1984, S. 6.
155 Neues Deutschland vom 10. Juni 1978, S. 6.

der Ausbildung zu qualifizierten Facharbeitern, 3) bei der Freizeitgestaltung.[156]

Auch hierbei ist aufschlußreich, daß bei der Aufzählung der drei Gebiete, auf denen zusammengearbeitet werden soll, der politisch-ideologische Bereich an erster Stelle genannt wird, obwohl doch die fachliche Qualifizierung der Arbeitskräfte für die kubanische Wirtschaft viel wichtiger war und deshalb an erster Stelle hätten stehen sollen. Wie eng die Beziehungen zwischen FDJ und UJC waren, dafür gibt es noch einen anderen Beweis. Hatte die FDJ mit den Jugendorganisationen der Warschauer Pakt-Staaten in Abständen Freundschaftstreffen veranstaltet, führte sie das auch im Falle Kubas ein, wobei die DDR das einzige Warschauer Pakt-Land war, das solche Treffen im Abstand von vier Jahren mit der Karibikinsel wechselseitig abhielt. Das erste „Treffen der Freundschaft zwischen der Jugend der DDR und der Republik Kuba" hatte 1980 in Rostock stattgefunden. An diesem Treffen hatten nicht nur in der DDR arbeitende und studierende Kubaner teilgenommen. 200 Kubaner waren außerdem von Havanna nach Rostock gekommen.[157] Fand das nächste „Treffen der Freundschaft" 1984 in der kubanischen Stadt Cienfuegos statt[158], gab es die dritte und letzte Begegnung 1988 in Magdeburg.[159]

Da der Delegationsaustausch zwischen FDJ und UJC sehr rege war, kann er hier nicht in weiteren Einzelheiten nachgezeichnet werden.

4.2. Gewerkschaften, Frauenverbände, Nationale Front

So intensiv wie die Beziehungen zwischen FDJ und UJC waren, sind die Kontakte zwischen den anderen Massenorganisationen der DDR und Kubas nicht gewesen. Man traf sich auf den Kongressen des Weltgewerkschaftsbundes oder der Internationalen Demokratischen Frauenföderation, also innerhalb der Dachverbände dieser prokommunistischen Vereinigungen, lud sich gegenseitig zu Kongressen ein und entsandte Studiendelegationen.

Wie einsilbig die DDR-Berichterstattung über den Kongreß der kubanischen Gewerkschaften CTC 1984 war, an der eine FDGB-Delegation teilgenommen hatte, soll hier kurz erläutert werden. Da war zwar die vom Kongreß angenommene Entschließung über proletarischen Internationalismus und Solidarität[160] erwähnt worden. Doch das Referat des CTC-Vorsitzenden Roberto Veiga veröffentlichte man nicht einmal auszugsweise, da es sehr kritische Passagen enthielt. So hatte er die mangelnde Kontrolle der Lohnausgaben, die schlechte Bedienung und fehlerhafte Wartung von Maschinen, die unkorrekte

156 Neues Deutschland vom 10. Mai 1980, S. 5.
157 Neues Deutschland vom 12./13. Juli 1980, S. 3.
158 Jugend setzt alle Kraft für Frieden und Sozialismus ein, in: Neues Deutschland vom 5. November 1984, S. 3.
159 FDJ überbrachte Jugend Kubas herzliche Kampfesgrüße, in: Neues Deutschland vom 3. April 1987, S. 5.
160 Neues Deutschland vom 27. Februar 1984, S. 6.

Lagerung von Rohstoffen sowie die unzureichende technische Qualifizierung vieler Arbeitskräfte getadelt.[161] Das von der DDR geschönte Kubabild sollte durch solche Äußerungen ganz offensichtlich nicht verdunkelt werden.

Was die Betreuung kubanischer Vertragsarbeiter und Studenten in der betraf, so war hierbei nicht nur die FDJ zuständig. 1980 hatten der FDGB und CTC ein Protokoll über die Betreuung junger Kubaner unterzeichnet. Darin erklärte sich der FDGB bereit, den Kubanern auch seine Gesundheits-, Kur- und Ferieneinrichtungen zur Verfügung zu stellen.[162]

Da Ost-Berlin Sitz der Internationalen Demokratischen Frauenföderation (IDFF) war, kamen Funktionärinnen der Kubanischen Frauenvereinigung (FMC) nicht nur zu Kongressen des Frauenbundes der DDR (DFD) mit ihren Kolleginnen in der DDR zusammen.

Gesprächspartner der Nationalen Front der DDR waren in Kuba die Komitees zur Verteidigung der Revolution (CDR). Diese Organisation nahm auch regelmäßig an den Konferenzen der Nationalen Fronten und gesellschaftlichen Organisationen sozialistischer und anderer befreundeter Länder teil. Die propagandistische Hilfe der Nationalen Front der DDR für Kuba bestand vor allem darin, in Botschaften und Resolutionen „die Drohungen des USA-Imperialismus gegen Kuba"[163] zu verurteilen.

5. Ausbildungshilfe und kubanische Vertragsarbeiter in der DDR

5.1. Die Ausbildungshilfe

Wenn Fidel Castro einmal vom „außergewöhnlich guten Erziehungssystem in der DDR"[164] sprach, so war ihm dieses deshalb so vertraut, weil Kuba vieles davon übernommen hatte. Die DDR-Ausbildungshilfe für Kuba hatte sehr bescheiden angefangen. Sie bestand Anfang der sechziger Jahre während der Alphabetisierungskampagne aus Lehr- und Lernmitteln bis zu kompletten Klasseneinrichtungen.[165] An der Alphabetisierungskampagne hatte als einzige Deutsche die zeitweilig im kubanischen Erziehungsministerium tätig gewesene Tamara Bunke teilgenommen.[166] 1963 und 1964 hatte die DDR ein kleines Kontingent von Studienplätzen, vor allem für die Ausbildung kubanischer Deutschlehrer, eingeräumt. In „dieser Phase der Entwicklung von Modelleinrichtungen für den Ausbau des kubanischen Bildungssystems"[167] hielten sich auch die ersten Pädagogen aus der DDR in Kuba auf.

161 Granma vom 21. Februar 1984 (nach Deutsche Welle Monitor-Dienst).
162 Radio Havanna (Inlandsprogramm) vom 5. Mai 1980, (nach Deutsche Welle Monitor-Dienst).
163 Neues Deutschland vom 19. November 1981, S. 6.
164 Neues Deutschland vom 30. Mai 1980, S. 3.
165 Fischer: Pädagogische Auslandsarbeit, S. 72.
166 Sächsische Zeitung vom 28. Juli 1978, S. 5.
167 Fischer: S. 72.

Ende der sechziger Jahre begann neben der Ausbildung von kubanischen Lehrern für die mathematisch-naturwissenschaftlichen Unterrichtsdisziplinen ein Qualifizierungsprogramm für kubanische Fachpädagogen in der DDR. Sie wurden dabei auf die Reform des Mathematikunterrichts vorbereitet, der in allen Klassen und Stufen des kubanischen Schulwesens nach dem in der DDR erprobten System erfolgte.[168]

Hatte sich schon 1967 das kubanische Erziehungsministerium zur Einführung von Experimentalklassen entschlossen, in denen nach der DDR-Methodik unterrichtet wurde, gab es 1968 einen Großversuch in etwa 2.000 Klassen der Unterstufe, denen die Mathematikbücher von der DDR zur Verfügung gestellt worden waren. Fachberater aus der DDR, die im kubanischen Erziehungsministerium arbeiteten, begleiteten den Mathematikunterricht. Ab 1971 gab es zudem Direkt- und Fernsehlehrgänge zur Methodik des modernen Mathematikunterrichts in Kuba, die ebenfalls von Pädagogen aus der DDR vorbereitet worden waren.[169]

Der Einfluß der DDR im kubanischen Erziehungswesen wurde 1975 durch einen Modellvorschlag über die Schule der 80er Jahre deutlich, der für das Land eine allgemeine zwölfklassige polytechnische mittlere Bildung vorsah. So hieß es im Organ des Volksbildungsministeriums der DDR: „Das gesamte Programm zur Vervollkommnung des kubanischen Schulsystems basiert auf wissenschaftlichen Untersuchungen, bei denen die Erfahrungen der sozialistischen Bruderländer berücksichtigt werden."[170] Bereits im Herbst 1974 hatten die an der II. Konferenz der Pädagogen sozialistischer Länder in Ost-Berlin teilnehmenden kubanischen Lehrer beinahe wörtlich das Erziehungsziel der DDR übernommen, als sie von der Herausbildung allseitig und harmonisch entwickelter sozialistischer Persönlichkeiten sprachen. Und der Präsident der Akademie der Pädagogischen Wissenschaften der DDR konnte nach einem Besuch des Zentrums für pädagogische Forschung in Havanna 1976 zufrieden feststellen, daß an diesem Institut die Erfahrungen der DDR berücksichtigt würden.[171]

Bei der Durchsetzung der polytechnischen Erziehung in Kuba konzentrierte sich die DDR vor allem darauf, ihre Konzeptionen in den naturwissenschaftlichen Fächern durchzusetzen. So wurde bis 1980 in die Stundenpläne der Klassen 10 bis 12 das polytechnische Theoriefach „Grundlagen der gegenwärtigen Produktion" eingeführt, das in seinem Entwurf dem Fach „Einführung in die sozialistische Produktion in der DDR" entsprach.[172] Unter Anleitung der DDR war die Einführung neuer Mathematik-Lehrpläne und mathematischer Unterrichtswerke in Kuba 1974 abgeschlossen worden. Deshalb hatten 1974 an der Pädagogischen Hochschule in Erfurt 30 kubanische Lehrer eine methodische

---

168 Ebenda, S. 73.
169 Ebenda.
170 Deutsche Lehrerzeitung, Nr. 37 (1975).
171 Deutsche Lehrerzeitung, Nr. 24 (1976).
172 Neues Deutschland vom 27. April 1974, S. 6.

Spezialausbildung erhalten. Weitere Qualifikationslehrgänge für kubanische Mathematiklehrer hatten an den Pädagogischen Hochschulen Potsdam und Köthen sowie am Institut für Lehrerbildung in Krossen stattgefunden.[173] Ab 1974 wurde bei der gesamten Mathematiklehrerausbildung in Kuba nach einer in der DDR entwickelten Methodik verfahren.[174] Dazu hatte der Schulbuchverlag der DDR mathematische Unterrichtswerke und methodische Materialien in spanischer Sprache zur Verfügung gestellt.[175] Bildungspolitisch hatte die DDR damit einen Erfolg errungen. Denn in Kuba war es ihr erstmalig gelungen, die Reform einer Unterrichtsdisziplin auf allen Stufen, einschließlich der Lehrerbildung sowie in allen Klassen des Schulwesens zu verwirklichen.

So gilt in Kuba Prof. Dr. Joachim Sieber, der 1968 in der DDR die Voraussetzungen für eine einheitliche mathematische Ausbildung von der ersten bis zur zehnten Klasse geschaffen hat, als der Schöpfer der „matematica moderna", wie sie dort nach seinen Plänen gelehrt wird. Damit wurde in Kuba, wie es hieß, „der alte bürgerliche Rechenunterricht nach USA-Muster"[176] abgeschafft.

Hatten Castro und DDR-Volksbildungsministerin Margot Honecker 1980 einen Meinungsaustausch über die politisch-ideologische Erziehung der Jugend geführt, vertrat Frau Honecker auch die Meinung, daß Kuba „über eines der fortgeschrittensten Bildungssysteme der Welt"[177] verfüge.

Die Angleichung des kubanischen Schulwissens an das der DDR geschah nicht nur im Fach Mathematik. Beispielsweise wurde auch der Geographieunterricht in beiden Ländern so angeglichen, so daß kubanische Schüler „etwa das gleiche geographische Wissen wie ihre Freunde in der DDR erwerben"[178]. Denn schon Ende der sechziger Jahre waren aus der DDR Weltkarten in spanischer Sprache für die kubanischen Schulen gedruckt worden, während Ende 1978 bereits der zweite Schulatlas, der „Atlas general" entstand, für den 76 Kartenseiten aus dem Schulatlas der DDR ausgesucht und ins Spanische übertragen worden waren. Ein Kartograph aus der DDR hatte auch am Nationalatlas Kubas mitgearbeitet, als in den siebziger Jahren Vorarbeiten dazu geleistet wurden. Fachleute des Akademie-Instituts für Geographie und Geoökologie in Leipzig beteiligten sich dann am Nationalatlas Kubas, als es um die geographische und kartographische Bearbeitung ging. Das Werk war 1989 zum 30. Jahrestag der kubanischen Revolution erschienen.[179] Um die Qualität des Physikunterrichts in Kuba zu verbessern, hatten kubanische Physiklehrer an der Pädagogischen Hochschule Dresden ein postgraduales Studium absolviert, um dann in ihrer Heimat als Fachberater das Wissen weitergeben zu können.[180] Auch noch Ende der achtziger Jahre war Kuba an der Weiterbildung von Päd-

173 Neue Zeit vom 15. Februar 1974, S. 3.
174 Deutsche Lehrerzeitung, Nr. 18 (1975).
175 Sächsische Zeitung vom 25. August 1978, S. 4.
176 Sächsische Zeitung vom 30. November 1979, S. 2.
177 Neues Deutschland vom 9./10. Februar 1980, S. 2.
178 Sächsische Zeitung vom 2./3. Dezember 1978, S. 4.
179 Leipziger Volkszeitung vom 3. Januar 1989, S. 5.
180 Kubanische Lehrer beenden Studien, in: Sächsische Zeitung vom 18. Juli 1986, S. 6.

agogen in der DDR sehr interessiert, was sich bei den letzten Gesprächen einer Delegation des DDR-Volksbildungsministeriums in Havanna ergab.[181]

Um die Qualität der Berufsausbildung zu verbessern, war in Kuba ein Netz von Berufsausbildungszentren geschaffen worden, wobei die DDR und andere RGW-Länder mitwirkten. So war in Kooperation mit der DDR in Matanzas das Ausbildungszentrum „Ernst Thälmann" entstanden.[182] Zunächst arbeiteten dort Lehrmeister aus der DDR, die ihr Wissen an die Kubaner weitergaben, so daß dieses Ausbildungszentrum schon nach wenigen Monaten von kubanischem Fachpersonal betrieben werden konnte.[183]

5.2. Kubanische Vertragsarbeiter in der DDR

Bereits Mitte der siebziger Jahre war Ost-Berlin immer stärker dazu übergegangen, junge Kubaner in der DDR auszubilden. So hatte man am 23. Juli 1975 ein „Abkommen über die berufliche Qualifizierung von Staatsbürgern Kubas in Betrieben der DDR"[184] unterzeichnet. Drei Gründe waren dafür maßgebend: Einmal war dies günstig, dadurch den Arbeitskräftemangel in der DDR etwas zu lindern. Zum anderen sollten junge Kubaner diszipliniertes Arbeiten kennenlernen und drittens mit den Maschinen in den Betrieben vertraut gemacht werden, an denen sie nach ihrer Rückkehr in ihrer Heimat zu arbeiten haben. Sie wurden als Facharbeiter, etwa als Schlosser, Mechaniker, Werkzeugmacher und in anderen Berufen ausgebildet. Mit Zahlenangaben über die in der DDR tätigen kubanischen Vertragsarbeiter ist Ost-Berlin jedoch immer recht zurückhaltend gewesen. So erfuhr man erstmalig 1980 aus einer kubanischen Quelle, daß „etwa 4.000 junge kubanische Arbeiter und Fachschüler eine Berufsausbildung in der DDR erhalten"[185]. Daß es in Ost-Berlin ein „Technisches Büro Kubas in der DDR" gab, das für die Ausbildungsprogramme der Vertragsarbeiter zuständig war, hatten die DDR-Medien ebenfalls nicht berichtet.

Dieses Büro hatte in einer Untersuchung festgestellt, daß 48 Prozent von den 4.000 im Jahre 1980 in der DDR befindlichen Kubanern die deutsche Sprache erlernen und in die Berufsausbildung eingeführt werden. 26 Prozent dieses Personenkreises absolviere Wiederholungskurse in allgemeinen Fächern, während 16 Prozent ihre Berufsausbildung bereits aufgenommen hätten und der Rest an Fachlehrgängen teilnehme. Vorgesehen sei eine Ausbildung in 59 technischen Sparten.[186]

---

181 Volksbildungsdelegation beendete Kuba-Besuch, in: Neues Deutschland vom 21. November 1988, S. 6.
182 Ausbildungszentrum Matanzas trägt den Namen Karl Marx, in: Neues Deutschland vom 16. Mai 1984, S. 5.
183 Granma vom 8. Februar 1974 (nach Deutsche Welle Monitor-Dienst).
184 Neues Deutschland vom 24. Juli 1975, S. 2.
185 Radio Havanna (IS) vom 25. Mai 1980 (nach Deutsche Welle Monitor-Dienst).
186 Ebenda.

Aus diesen Angaben ergibt sich, daß der größte Teil der kubanischen Vertragspartner ohne deutsche Sprachkenntnisse in die DDR kam. Denn die Zweigstelle des Leipziger Herder-Instituts in Havanna, die zwar mit modernen Sprachlabors ausgestattet war, unterrichtete lediglich kubanische Studienanwärter vor der Aufnahme ihres DDR-Hochschulstudiums in der deutschen Sprache.[187]

Doch wie sollte die Bezahlung der kubanischen Vertragsarbeiter erfolgen? Darüber hatte der Staatssekretär für Arbeit und Löhne der DDR, Wolfgang Beyreuther, 1980 in Kuba verhandelt.[188] Zwar zahlten die Betriebe der DDR den Kubanern den gleichen Lohn wie den deutschen Arbeitskräften. Jedoch wurden ihnen vom Nettolohn 60 Prozent abgezogen. Die sich daraus ergebende Gesamtsumme von 40 Millionen Mark stand der kubanischen Regierung entweder zum Kauf von Waren in der DDR oder zur Abzahlung aufgelaufener Schulden zur Verfügung.[189]

Daß die kubanischen Vertragsarbeiter von ihrer Regierung in der DDR finanziell so kurz gehalten wurden, ist verständlich. Bei dem in Kuba bestehenden viel niedrigeren Lebensstandard als in der DDR sollten sie im Ausland zwar etwas besser leben, aber nicht die Möglichkeit haben, zu viele materielle Güter anzusammeln, um nach ihrer Rückkehr keine Neidkomplexe bei den Nachbarn aufkommen zu lassen.

Als 1980 in Havanna eine Vereinbarung über die Zusammenarbeit auf dem Gebiet der Berufsausbildung für den Zeitraum von 1981 bis 1985 zwischen der DDR und Kuba unterzeichnet worden war, sind sich beide Seiten darüber im klaren gewesen, daß auch „die politisch-ideologische Erziehung des Nachwuchses der Arbeiterklasse"[190] garantiert werden müsse und dieser Aspekt im Mittelpunkt der weiteren Zusammenarbeit zwischen beiden Ländern auf dem Gebiet der Berufsausbildung stehen sollte.[191] Ganz offensichtlich hatte die KP Kubas nach der Rückkehr eines Teiles der Vertragsarbeiter aus der DDR, die die Verhältnisse dort im Vergleich zu ihrer Heimat, was die Versorgung mit Konsumgütern anbetraf, als geradezu paradiesisch empfunden haben mußten, einige Lücken in der ideologischen Erziehung entdeckt.

Beim Einsatz der kubanischen Vertragsarbeiter in der DDR bezog man sich nun nicht mehr auf das Abkommen über berufliche Qualifizierung von 1975, sondern auf das Regierungsabkommen aus dem Jahre 1978.[192]

Ende 1981 erfuhr man wiederum nur von kubanischer Seite, daß 2.000 junge Kubaner, vor allem aus der Armee entlassenes Personal, eine Ausbildung in der DDR erhalten sollen. Gegenwärtig würden 5.200 Kubaner in 72 Unter-

187 Horizont, Nr. 9 (1974).
188 Neues Deutschland vom 30. Juni 1980, S. 5.
189 Siebs: DDR und Dritte Welt, S. 71.
190 Neues Deutschland vom 17. November 1980, S. 5.
191 Ebenda.
192 Horizont, Nr. 34 (1980).

nehmen der DDR ausgebildet.[193] Demnach müßten sich dann 1982 7.200 Kubaner in der DDR befunden haben. Bis Ende 1985 waren 20.000 kubanische Arbeitskräfte seit 1978 in der DDR ausgebildet worden.[194] Für die politische Schulung der kubanischen Vertragsarbeiter war ein im Jahre 1982 gebildetes Landeskomitee des Kommunistischen Jugendverbandes Kubas (UJC) in der DDR mitverantwortlich.[195]

Dabei stützte sich der kubanische Jugendverband bei der Auswahl der Betreuer der kubanischen Arbeitskräfte in der DDR soweit wie möglich auf ehemalige Armeeangehörige. Einer dieser Betreuer war ein kubanischer Reserveoffizier, der in einer Einheit in Angola gedient hatte und sich neben seiner Betreuertätigkeit in der DDR zum Meister für Montagearbeiten qualifiziert hatte. In einem Interview erklärte er, in der DDR habe er gelernt, wie wichtig Disziplin sei. Auch ihm wäre es nicht leichtgefallen, „pünktlich und gewissenhaft zu sein"[196]. Damit hatte dieser Kubaner selbst das Thema berührt, über das in der DDR meistens nur unter vorgehaltener Hand gesprochen wurde. Denn nicht nur der bereits zitierte kubanische Gewerkschaftsfunktionär hatte seine Landsleute wegen Schlendrians kritisiert. Auch ehedem in Kuba tätig gewesene Experten aus der DDR räumten ein, daß die Arbeiter in Kuba, gemessen an mitteleuropäischen Maßstäben, es an Disziplin, Pünktlichkeit und Arbeitseifer mangeln ließen.

In der DDR lagen die kubanischen Vertragsarbeiter, vergleicht man deren Leistungen mit denen von Arbeitern aus anderen Entwicklungsländern, jedoch an der Spitze. In einem Landmaschinenbetrieb in Sachsen war die Normerfüllung im Jahresdurchschnitt ermittelt worden. Danach erfüllten die Kubaner die Norm mit 105,3 Prozent, die Vietnamesen mit 101,9 Prozent und die Mosambikaner mit 101,5 Prozent.[197]

Nachdem Kuba, nach der Wende im Sommer 1990, die Vertragsarbeiter aus der DDR abzuziehen begann, war im Oktober des gleichen Jahres mitgeteilt worden, daß seit 1963 etwa 100.000 Kubaner in der DDR eine Ausbildung erhalten hätten.[198] Die Besten unter den kubanischen Vertragsarbeitern hatten nach ihrer vierjährigen Ausbildung noch den Meisterbrief oder die Hochschulreife erwerben können, was von 20.000 Kubanern 220 geschafft haben.[199]

Die Gesamtzahl der in der DDR arbeitenden Vertragsarbeiter war 1989 mit 85 000 angegeben worden, von denen 53.000 aus Vietnam, 14.000 aus Mo-

193 Radio Havanna (IS) vom 3. November 1981 (nach Deutsche Welle Monitor-Dienst).
194 Radio Havanna (IS) vom 28. Dezember 1985 (nach Deutsche Welle Monitor-Dienst).
195 Neues Deutschland vom 2. Juli 1982, S. 4.
196 Sächsische Zeitung vom 4. März 1983, S. 3.
197 Carin-Ute Stäglich: Ausländische Werktätige bei uns – Eine Untersuchung im VEB Erntemaschinen Neustadt, in: Beilage der Sächsischen Zeitung vom 10. März 1989, S. 1.
198 Uwe Scheffler: Enttäuschung auf Kuba über DDR-Außenhändler, in: Neues Deutschland vom 16. Oktober 1990, S. 6.
199 Matthias Günkel: Seit 1978 erhielten 20 000 junge Kubaner eine Facharbeiterausbildung in der DDR, in: Sächsische Zeitung vom 12. Februar 1987, S. 7.

sambik und 10.000 aus Kuba kamen.[200] Unter den ausländischen Arbeitskräften in der DDR stellte Kuba somit das drittstärkste Kontingent. Wie wichtig für die kubanische Wirtschaft die Ausbildung von Fachkräften in der DDR war, soll hier nur an einem Beispiel belegt werden. Als in Kuba 1984 ein Halbleiterwerk seine Produktion aufnahm, wäre das ohne die Unterstützung eines „Patenbetriebs" in der DDR gar nicht möglich gewesen; nahezu jeder zweite Mitarbeiter von knapp 800 Belegschaftsmitgliedern hatte sich zu einer Aus- und Weiterbildung in der DDR aufgehalten.[201]

6. Die Kulturbeziehungen

Für die DDR war die auswärtige Kulturpolitik ein sehr wichtiges Instrument. Gab es zwischen den Warschauer Pakt-Staaten spätestens seit 1968 eine koordinierte Außenpolitik, wurde ab 1972 auch die auswärtige Kulturpolitik koordiniert, um Konkurrenzsituationen im westlichen Ausland und in der Dritten Welt zu vermeiden. Seit diesem Zeitpunkt fanden jährlich Sitzungen der Kulturminister der Warschauer Pakt-Staaten statt, an denen sich ab einem späteren Zeitpunkt auch die Kulturminister von Kuba, der Mongolei, Vietnam und Laos beteiligten.[202] Die Kulturbeziehungen zwischen der DDR und Kuba waren außerordentlich aktiv. Hatten beide Länder doch schon am 29. März 1961 ein Abkommen über die kulturelle und wissenschaftliche Zusammenarbeit unterzeichnet.[203]

6.1. Wissenschaftliche und wissenschaftlich-technische Zusammenarbeit

Bei den Bestrebungen, Kuba auch in der Forschung im „sozialistischen Lager" zu integrieren, nahmen kubanische Wissenschaftler erstmalig 1978 an einer Tagung von Philosophen der Warschauer Pakt-Staaten in Ost-Berlin teil. Dabei ging es um die Koordinierung der Arbeiten zur Methodologie der Gesellschaftswissenschaften. Waren bis 1977 bilaterale Vorhaben zwischen den Akademien für Gesellschaftswissenschaften vorherrschend, ging man seit der Tagung in Ost-Berlin immer stärker zu multilateralen Arbeiten über. So wurde beispielsweise das Lehrmaterial der „marxistisch-leninistischen Philosophie" unter der Beteiligung kubanischer Wissenschaftler gemeinsam ausgearbeitet.[204]

In der historischen Forschung wirkten Wissenschaftler der DDR an der Erarbeitung kubanischer Überblickswerke mit. So befand sich ein Projekt zur

---

200 Wertvolle Kräfte in vielen Betrieben, in: Neue Zeit vom 8. März 1989, S. 6.
201 Peter Kollewe: Beobachtungen in Kubas Pinar del Rio, in: Neues Deutschland vom 16./17. Mai 1987, S. 11.
202 Lange (Hrsg.): Aspekte, S. 58-59.
203 Müller: Über Kalkutta, S. 557-560.
204 Neue Zeit vom 12. April 1978, S. 5.

kommunistischen und Arbeiterbewegung in Lateinamerika in Arbeit[205], an dem Historiker aus der DDR bis 1990 beteiligt waren. Wenn von der wissenschaftlichen Zusammenarbeit zwischen der DDR und Kuba die Rede war, dann wurde stets die Tropenforschung genannt, in der beide Länder fast ein Vierteljahrhundert zusammengearbeitet haben. So war der Grundstein zum Institut für Grundlagenforschung in der tropischen Landwirtschaft „Alexander von Humboldt" bei der kubanischen Akademie der Wissenschaften bereits Ende 1965 von beiden Ländern gelegt worden. Diese Einrichtung diente der gemeinsamen Entwicklung, Untersuchung und Erprobung landwirtschaftlicher und industrieller Erzeugnisse der DDR und Kubas unter tropischen und subtropischen Bedingungen.[206] Da wurden Pflanzenschutzmittel der DDR auf ihre Anwendungsmöglichkeit an den wichtigsten Pflanzen Kubas getestet, Prüfungen für die Saatgutproduktion vorgenommen sowie der Klima- und Korrosionsschutz an Materialien und Fertigerzeugnissen aus beiden Ländern untersucht. Für die an diesem Institut tätigen Wissenschaftler aus der DDR war es ganz besonders wichtig zu erfahren, welchen Einfluß die tropischen Temperatur- und Feuchtigkeitsbedingungen auf eine Vielzahl industrieller Erzeugnisse aus der DDR ausüben.[207] Für Kuba aber war und ist die Arbeit dieses Instituts deshalb so wichtig, weil es auch die wissenschaftlichen Grundlagen für die Landwirtschaft des Landes schafft.

Bei der Erforschung des tropischen Regenwaldes und der Dornbuschvegetation Kubas haben sich Wissenschaftler aus der DDR ebenfalls verdient gemacht.[208] Die Akademien der Wissenschaften beider Länder hatten sich bei der Forschung auf ausgewählte naturwissenschaftliche Gebiete, so die Naturstoffchemie, die Kernforschung, die organische Chemie, auf das Informationswesen und nicht zuletzt auf die Gesellschaftswissenschaften konzentriert.[209]

Kubanische Agrarfachleute waren bei Besuchen in der DDR am Wissenschaftsbereich Obstproduktion interessiert. Für sie wurden Weiterbildungslehrgänge eingerichtet.[210]

Auf dem Gebiet der Meeresbiologie betätigten sich Wissenschaftler beider Länder bei der Erforschung der kubanischen Korallenriffe.[211] Gemeinsame Forschungsarbeiten gab es aber auch in der Forstwirtschaft.[212]

Entscheidende Hilfe leisteten Wissenschaftler aus der DDR bei der Anlegung eines der größten Botanischen Gärten der Welt bei Havanna, der in tropische Zonen Afrikas, Asiens, Australiens, Süd- und Mittelamerikas, der Antillen und Mexikos untergliedert wurde. Besonders hervorgehoben werden muß hier die

205 Bernd Schröter: Historische Forschung an der Universität Havanna, in: Asien, Afrika, Lateinamerika, Nr. 1 (1990), S. 361-364, hier: 363.
206 Horizont, Nr. 9 (1974).
207 Ebenda.
208 Neues Deutschland vom 30. September 1978, S. 6.
209 Neues Deutschland vom 11. Juni 1979, S. 5.
210 Neues Deutschland vom 8. August 1979, S. 6.
211 Neues Deutschland vom 1./2. September 1979, S. 7.
212 Sächsische Zeitung vom 30. Oktober 1981, S. 4.

Arbeit von Prof. Dr. Johannes Bisse, der sich ab 1966 sehr oft in Kuba aufhielt, Vorlesungen an der Universität Havanna hielt und kubanische Gewächse entdeckte, die bislang in der botanischen Wissenschaft unbekannt waren.[213] Ihm und einem Wissenschaftler aus Ost-Berlin ist es zu verdanken, daß erstmalig eine umfassende Bestandsaufnahme der kubanischen Flora vorgenommen wurde.[214] Da die beiden Wissenschaftler die seltenen Pflanzen auch mit nach Europa brachten, besteht nun in Jena und Berlin „die größte Lebendsammlung kubanischer Pflanzenarten außerhalb Kubas"[215].

Gemeinsame Forschungen gab es auch zwischen den Universitäten in Leipzig und Santa Clara in der Provinz Las Villas auf den Gebieten tropische Landwirtschaft, Veterinärmedizin, Sprachwissenschaft, Romanistik, Wirtschaftswissenschaften, Philosophie und Psychologie. Wissenschaftler dieser kubanischen Universität haben sich am Leipziger Institut für tropische Landwirtschaft gemeinsam mit ihren deutschen Kollegen mit Fragen der Resistenzzüchtung bei Zuckerrohr, der Schädlings- und Unkrautbekämpfung sowie mit der Düngung verschiedener Kulturen beschäftigt.[216]

Anfang der siebziger Jahre waren an der Universität Rostock die Lateinamerikawissenschaften ausgebaut worden. Die Universität war seitdem oft Treffpunkt von Lateinamerikawissenschaftlern der Warschauer Pakt-Staaten und Kubas. Denn 1976 hatte man dort eine RGW-Arbeitsgruppe „Strategie und Taktik der antiimperialistischen Bewegung und der ideologische Kampf in den Ländern Lateinamerikas" gegründet, die 1984 eine wissenschaftliche Tagung abhielt, an der sich neben Wissenschaftlern und Parteifunktionären aus Kuba sowie Funktionären von fünf weiteren lateinamerikanischen kommunistischen Parteien auch Vertreter der Akademien der Wissenschaften der DDR, der Sowjetunion und der ČSSR beteiligten.[217]

Besonders wichtig waren den Kubanern die Kontakte zur Hochschule für Architektur und Bauwesen in Weimar. Dabei ging es ihnen vor allem darum, Erfahrungen im industriellen Schulneubau zu sammeln, da in Kuba bis zum Jahr 2000 einige hundert neue Schulen gebaut werden sollen. Da mehrere Kubaner in Weimar studiert hatten, verfaßten sie dort auch eine sogenannte Kollektivdissertation über Schulneubauten unter tropischen Bedingungen. Die darin beschriebenen Bedingungen waren dann die Grundlage für die Typisierung der neu zu bauenden Schulen in Kuba. Mit dieser und anderen Dissertationen war die wissenschaftliche Basis für die verschiedenen Zweige des kubanischen Bauwesens und der Architektur erweitert worden.[218]

---

213 Neue Zeit vom 11. August 1980, S. 5.
214 Elke Kreischer: Großer Reichtum einmaliger Arten, in: Neue Zeit vom 25. März 1989, S. 8.
215 Herbert Ostwald: Kubanischer Palmfarn wurde zur „Berliner Pflanze", in: Neue Zeit vom 6. April 1994, S. 6.
216 Leipziger Volkszeitung vom 15. Januar 1983, S. 2.
217 Neues Deutschland vom 16. Mai 1984, S. 4.
218 Thüringer Tageblatt vom 30. Juli 1983, S. 3.

Die Hochschulbeziehungen auf dem Gebiet der Landwirtschaftswissenschaften hatten sich in den sechziger Jahren nur auf Hilfeleistungen der DDR beschränkt. Doch in den achtziger Jahren gab es ein Forschungsprogramm mit 16 volkswirtschaftlich wichtigen Themen der Veterinärmedizin sowie der Tier- und Pflanzenproduktion, an dem sich 78 kubanische und 46 Wissenschaftler der DDR beteiligten.[219]

Die nicht unerhebliche Unterstützung der DDR im Sektor Landwirtschaftswissenschaften in Kuba ergibt sich auch daraus, daß allein am Institut für Biotechnologie der Pflanzen, an der bereits erwähnten Zentraluniversität von Las Villas in Santa Clara, 26 Kubanerinnen und Kubaner arbeiten, die an Hochschulen der DDR promoviert haben.[220]

Trotz der sehr engen Beziehungen zu Kuba hat die DDR nie von der Möglichkeit Gebrauch gemacht, in diesem Land ein Kulturzentrum einzurichten, obwohl es in Artikel 2 des Kulturabkommens vom 29. März 1961 heißt, daß die Abkommenspartner die Einrichtung von Kulturzentren des Partnerlandes in ihrem Lande unterstützen,[221] während die ČSSR und Kuba bereits 1966 gegenseitig Kulturzentren in Prag und Havanna eröffnet hatten.

Dafür hat sich die DDR in Kuba jedoch nach Möglichkeit für die Verbreitung der deutschen Sprache eingesetzt. Um eine effektivere Aus- und Weiterbildung in der deutschen Sprache zu ermöglichen, hatte die DDR 1983 eine umfangreiche Auswahl von deutschen Büchern der Universität Havanna übergeben. Dort gab es nämlich bis zu diesem Zeitpunkt noch keine deutschsprachige Abteilung in der Universitäts-Zentralbibliothek, die mit dieser beachtlichen Buchspende nun geschaffen werden konnte. Denn neben wissenschaftlicher Literatur waren auch die Werke der deutschen Klassiker sowie die von Marx und Engels den Kubanern zur Verfügung gestellt worden.[222]

Auch gehörte in den achtziger Jahren noch immer eine Germanistin aus der DDR als Mitarbeiterin dem kubanischen Ministerium für Hochschulwesen an, welche für die Ausarbeitung von Deutschlehrbüchern für kubanische Fachkräfte verantwortlich war.[223]

Was die wissenschaftlich-technische Zusammenarbeit anbetrifft, so entwickelte diese sich vor allem in den Bereichen der Chemieindustrie, des Maschinenbaus, der Elektronik und des Bauwesens.[224]

Zur Weiterbildung hatten kubanische Elektronikfachleute in der DDR zwei Ziele. Sie reisten zum Computerhersteller Robotron nach Dresden, der auch

219 Omelio Borroto Leal/Heinz Zettl: Die Zusammenarbeit zwischen der DDR und der Republik Kuba in den Hochschulbeziehungen auf dem Gebiet der Landwirtschaftswissenschaften, in: Das Hochschulwesen, Nr. 11 (1985), S. 300-301, hier: S. 300.
220 Bruni und Klaus Steiniger: Kuba wird überleben, in: Unsere Zeit vom 23. August 1996, S. 15.
221 Müller: Über Kalkutta, S. 558.
222 Neues Deutschland vom 7. April 1983, S. 7.
223 Grimm-Preis der DDR in Havanna überreicht, in: Neue Zeit vom 9. Januar 1986, S. 4.
224 Neues Deutschland vom 3./4. November 1979, S. 2.

kubanische Facharbeiter schulte, und nach Neustrelitz zum Kosmos-For-schungsinstitut der DDR. Dort bildeten sie sich an der Satelliten-Bodenstation weiter, da die DDR in Havanna eine Empfangsanlage für Satellitensignale installiert hatte.[225]

6.2. Massenmedien

1989 konnten die DDR und Kuba auf eine dreißigjährige Rundfunkzusammenarbeit zurückblicken. Denn zu den ersten Abmachungen überhaupt, die beide Länder bereits vor der Aufnahme diplomatischer Beziehungen trafen, gehörte die Rundfunkvereinbarung vom 1. Juli 1960. Diese sah nicht nur den Austausch von Manuskripten und Tonbändern über die Entwicklung der Wirtschaft, Wissenschaft und Kultur beider Länder vor. In ihm war auch festgelegt worden, daß kubanische Rundfunkredakteure zum Erfahrungsaustausch in die DDR kommen sollen und Mitarbeiter des DDR-Rundfunks zu Studienzwecken Kuba besuchen werden[226]. Der Fernsehfunk der DDR war ebenfalls bereits seit 1960 für zahlreiche kubanische Fernsehspezialisten eine wichtige Ausbildungsstätte.[227]

Der Programmaustausch von informativen Beiträgen über den Aufbau in beiden Ländern und in der Funkdramatik war bis Ende der achtziger Jahre fortgesetzt worden.[228]

Im Fernsehen hatte sich die Zusammenarbeit in der Praxis 1980 schon so weit entwickelt, daß ein gemeinsamer Fernsehfilm über die Veränderungen in Kuba seit der Revolution gedreht werden konnte.[229]

Beim Fernsehfilmaustausch wurden neben Unterhaltungsfilmen auch Beiträge mit politischem Inhalt berücksichtigt, in denen die Politik der Bundesrepublik Deutschland und der Volksrepublik China polemisch und unsachlich dargestellt wurde. Obwohl Bonn und Havanna bereits 1975 die diplomatischen Beziehungen wiederaufgenommen hatten, lief 1978 in Kuba vor einem Millionenpublikum der tendenziöse DDR-Fernsehfilm „Die manipulierte Gesellschaft – Kennen Sie Kappler?", über den die kommunistische Jugendzeitung „Juventud Rebelde" urteilte, dieser Film entlarve die heutige Realität in der Bundesrepublik Deutschland. Verlage, Zeitungen und Film hätten dort eine Kampagne ins Leben gerufen, die das rehabilitieren solle, was von der Geschichte längst verurteilt worden sei: den Nationalsozialismus. Ähnlich hatte sich auch die Parteizeitung „Granma" geäußert, wie das SED-Zentralorgan berichtete.[230]

225 Neues Deutschland vom 21. Juli 1983, S. 5.
226 Müller: Über Kalkutta, S. 561-562.
227 Jahrbuch der DDR 1961, S. 400.
228 Sächsische Zeitung vom 8. Mai 1979, S. 6.
229 FF dabei, Nr. 28 (1980), S. 3.
230 Neues Deutschland vom 7. Februar 1978, S. 8.

Machten mit diesem in Kuba gezeigten DDR-Fernsehfilm die DDR und Kuba gemeinsam Front gegen die Bundesrepublik Deutschland, vereinigten sie sich auch bei der Kritik an den chinesischen Kommunisten. So wurde 1979 in der DDR der kubanische Fernsehfilm „Der große Sprung ins Leere" aufgeführt, in dem „Vergleiche zwischen der chinesischen Machtpolitik und dem Nationalsozialismus"[231] gezogen wurden.

Im Filmwesen arbeiteten beide Länder eng zusammen. So beteiligte sich Kuba regelmäßig an den Internationalen Dokumentar- und Kurzfilmwochen in Leipzig[232]. Zudem wurden wechselseitig Filme im Programm der ab 1979 veranstalteten Tage der Kultur der DDR in der Republik Kuba und der Tage der Kultur Kubas in der DDR aufgeführt.[233]

Eine Zusammenarbeit gab es auch zwischen den Auslandsrundfunkanstalten der DDR und Kubas, was in der Publizistik der DDR nicht behandelt wurde, sondern erst nach der Wende bekannt geworden ist.

Das Lateinamerika-Programm von Radio Berlin International (RBI) war zwar nicht für Kuba bestimmt, da RBI keinen Auftrag hatte, in die „sozialistischen Bruderländer" zu senden[234], zu denen Kuba seit den siebziger Jahren gezählt wurde. Doch eine wichtige Quelle für die Nachrichtensendungen im RBI-Lateinamerika-Programm waren die Meldungen der kubanischen Nachrichtenagentur Prensa Latina.[235] Für das Lateinamerika-Programm von RBI waren die Beziehungen zum kubanischen Auslandsrundfunk deshalb von großer Bedeutung, weil RBI-Redakteure dort praktische Erfahrungen im Rundfunk eines lateinamerikanischen Landes sammeln konnten, während kubanische Rundfunkredakteure bei RBI arbeiteten.[236] Einen Erfahrungsaustausch über die Gestaltung der Auslandsprogramme gab es zwischen RBI und dem kubanischen Auslandsdienst auch noch alle halbe Jahre auf den Konferenzen der sozialistischen Auslandsrundfunkanstalten auf Intendanten- und Chefredakteursebene, da zum Teilnehmerkreis dieser Konferenzen nicht nur die Auslandsrundfunkleitungen der Warschauer Pakt-Staaten, sondern auch die der Mongolei und Kubas gehörten.[237]

Die Zusammenarbeit der Nachrichtenagenturen ADN und Prensa Latina hatte bereits in den sechziger Jahren begonnen. Zeitgleich mit Moskau und Prag konnte Prensa Latina 1969 ein Büro in Ost-Berlin einrichten, während in Havanna der Korrespondent des SED-Zentralorgans Neues Deutschland außerdem noch für ADN berichtete. Da es ab 1976 eine Satellitenverbindung zwischen Havanna und Ost-Berlin gab, diente Prensa Latina Ost-Berlin als wichtige Schaltstelle in Europa, da über die Satellitenverbindung mit ADN Nach-

231 Sonntag, Nr. 13 (1979), S. 3.
232 Neue Zeit vom 19. April 1984, S. 5.
233 Neues Deutschland vom 8. September 1980, S. 2.
234 Röck: RBI, S. 25.
235 Ebenda, S. 17.
236 Ebenda, S. 96.
237 Ebenda, S. 11.

richten und Fotos auch mit anderen Warschauer Pakt-Staaten ausgetauscht werden konnten.[238]

Die Journalistenverbände beider Länder schlossen jeweils für fünf Jahre Abkommen über die Zusammenarbeit ab. Dabei ging es vorwiegend um die Pflege des Erfahrungsaustauschs auf den Gebieten des praktischen und theoretischen Journalismus sowie den Austausch von Materialien und Delegationen.[239]

Nachdem 1974 die Auslandspresseagentur „Panorama DDR" gegründet worden war, sind nun auch die Massenmedien Kubas in spanischer Sprache von dieser Agentur mit Artikeln und Meldungen versorgt worden.[240]

6.3. Hilfe der DDR beim Aufstieg Kubas zur „Sportgroßmacht"

Als 1964 eine Vereinbarung „über die Ausbildung von 200 kubanischen Sportstudenten in der DDR zu Instrukteuren für die Einführung des obligatorischen Sportunterrichts an den kubanischen Schulen"[241] getroffen worden war, hatte die DDR damit einen wichtigen Beitrag dazu geliefert, daß das kleine Kuba eines Tages zu einer „Sportgroßmacht" aufsteigen konnte. Trainer aus der DDR für die Disziplinen Volleyball, Rudern, Wasserspringen sowie im Bahnrad- und Boxsport hatten zu dieser positiven Entwicklung beigetragen.

In der ersten Phase der Zusammenarbeit von 1964 bis 1974 ging es darum, für den in Kuba eingeführten obligatorischen Sportunterricht an den Schulen genügend Lehrkräfte zu haben. Das war in erster Linie dadurch möglich, weil die 200 in der DDR zu Sportinstrukteuren ausgebildeten Kubaner nach ihrer Rückkehr ihr an der Sporthochschule Leipzig erworbenes Wissen weitergaben.

Als 1974 die Sportorganisationen beider Länder einen Freundschaftsvertrag unterzeichnet hatten, wurde einerseits der Austausch von Trainern erweitert. Andererseits half die DDR beim Freizeit- und Erholungssport, beim Bau sowie der Pflege von Sportstätten und -bauten.

Unterstützung leistete sie außerdem für die kubanische Sportpresse. Auch fanden jetzt gemeinsame Trainingslager in verschiedenen Sportdisziplinen statt.[242]

So gilt beispielsweise der Trainer Kurt Rosentritt aus der DDR als der „Vater des kubanischen Boxsports"[243]. Dieser entdeckte talentierte kubanische Boxer, die schließlich Weltmeister oder Olympiasieger wurden. Der heutige Cheftrainer der kubanischen Faustkampfelite erklärte nach der Wende, daß Rosentritt

---

238 Rolf Hempel: Zahlen und Fakten – Prensa Latina, in: Neues Deutschland vom 11. Mai 1981, S. 6.
239 Neues Deutschland vom 11. Mai 1981, S. 6.
240 Lange (Hrsg.): Aspekte, S. 59.
241 Fischer: Pädagogische Auslandsarbeit, S. 73.
242 Freundschaft, Zelinograd (Kasachstan), vom 22. November 1974, S. 3.
243 Der Lehrmeister und sein Schüler, in: Neue Zeit vom 27. März 1993, S. 8.

den Kubanern die Grundzüge der Trainingssystematik beibrachten, worauf noch heute die Arbeit im kubanischen Boxsport basiere.[244]

6.4. Das Gesundheitswesen

Bei der Hilfe im Gesundheitswesen spielte die DDR längst nicht die führende Rolle wie auf anderen Gebieten, da hier die Tschechoslowakei die wichtigste Position einnahm. Die Zusammenarbeit auf medizinischem Gebiet basierte auf dem im Jahre 1967 unterzeichneten Abkommen im Gesundheitswesen. Mediziner der DDR vermittelten kubanischen Ärzten ihre Erfahrungen bei der Tuberkulosebekämpfung, aber auch in der Gerichtsmedizin. Die pharmazeutische Industrie der DDR gab ihre Erfahrungen in der Herstellung von Insulin weiter. Mediziner aus der DDR hatten in Kuba Erfolg bei der Entwicklung neuartiger Blutuntersuchungsmethoden. Dabei waren auch die früher medizinisch überhaupt nicht betreuten Bevölkerungsteile in abgelegenen Gegenden mit erfaßt worden.[245] Um die kubanischen Ärzte über die neuesten Forschungsergebnisse zur Bekämpfung der Zuckerkrankheit zu informieren, waren sie regelmäßig zu den in Karlsburg bei Greifswald stattfindenden Symposien eingeladen worden.[246]

Auch in den Bereichen Infektionskrankheiten, Gesundheitsschutz für Mutter und Kind sowie Nierenerkrankungen gab es einen Erfahrungsaustausch, während die DDR Kuba bei der Weiterbildung medizinischer Fachkräfte unterstützte.[247] Als in den achtziger Jahren die DDR dazu überging, in die Zusammenarbeit mit Kuba auch die Mikrochirurgie mit einzubeziehen, hatte Fidel Castro vor allem die gute Forschungskooperation mit der DDR auf medizinischem Gebiet gelobt.[248] So konnte in Kuba beispielsweise auch ein Nationales Programm der Schwangerenüberwachung aufgebaut werden, weil dazu ein Gerätesystem, das an der Universität Jena entwickelt und von den Carl Zeiss Werken gefertigt worden war, zum Einsatz kam.[249]

7. Kirchenpolitik

Sowohl die SED als auch die KP Kubas ließen in einem beschränkten Rahmen Besuche von Theologen zu, wenn man sich davon nach innen und außen eine positive Resonanz versprach. Bei diesen Begegnungen waren Erfahrungen der Kirchen „in der sozialistischen Gesellschaft" ausgetauscht worden. Einen solchen Erfahrungsaustausch gab es ebenfalls zwischen SED und der KP Kubas, wobei auch nicht die „Entwicklungshilfe" der Ost-CDU unterschätzt werden

---

244 Ebenda.
245 Horizont, Nr. 9 (1974).
246 Neues Deutschland vom 4. März 1979, S. 6.
247 Neues Deutschland vom 4. April 1983, S. 2.
248 Neues Deutschland vom 7. Dezember 1983, S. 5.
249 Neues Deutschland vom 9. April 1984, S. 6.

darf, wenn es darum ging, das Miteinander von Marxisten und Christen in der DDR den Kubanern als kopierenswertes Modell zu erläutern.

So hatte beispielsweise Ende 1979 der Kubaarbeitskreis des Ökumenisch-Missionarischen Zentrums (ÖMZ) in Ost-Berlin zu einer Konsultation „Kirche im Sozialismus – Kirchliche Entwicklung in Kuba und der DDR" eingeladen, zu der der damalige Präsident der Presbyterianischen Kirche Kubas, Orestes Gonzales Cruz, gekommen war. Eines der Hauptreferate hielt der Leiter der Abteilung Kultur und Kirchenfragen des Hauptvorstandes der Ost-CDU, Carl Ordnung, der auch Sekretär des Regionalausschusses der Christlichen Friedenskonferenz (CFK)[250] war, die stets die außen- und abrüstungspolitischen Ziele der Sowjetunion, oft theologisch verbrämt, vertreten hatte.

Ein sogenannter Nationalausschuß der CFK war in Kuba erst 1981 gebildet worden, dem sowohl Mitglieder protestantischer Kirchen als auch Katholiken angehörten.[251]

Der Kapitän der Heilsarmee in Kuba, Felipe Prieto, hatte sich 1980 und 1981 insgesamt neun Monate in der DDR aufhalten dürfen. Dabei konnte er bei seinen Diskussionen in evangelischen Pfarrgemeinden nicht verstehen, daß Christen in der DDR auch als Bausoldaten Dienst taten, da sie den Dienst mit der Waffe ablehnten, was in Kuba unvorstellbar sei, da dort jeder Jugendliche bei einem Angriff die Heimat verteidigen würde.[252]

Konnte 1984 eine Delegation des Bundes Evangelischer Kirchen in der DDR unter der Leitung von Bischof Horst Gienke (Greifswald) auf Einladung des Ökumenischen Rates der Kirchen Kuba besuchen[253], hatten die Kubaner erst vier Jahre danach diesen Besuch erwidern und auch am Evangelischen Kirchentag in Rostock teilnehmen können.[254]

1983 hatte es gleich zwei Begegnungen mit Vertretern des Ökumenischen Rates der Kirchen Kubas gegeben. An deren 31. Nationalversammlung nahmen zwei Mitglieder des Arbeitskreises Kuba des ÖMZ aus Ost-Berlin teil[255], während der damalige Präsident des Ökumenischen Rates der Kirchen Kubas, Dr. Adolfo Ham, die DDR besuchte. Bei dieser Gelegenheit teilte er mit, daß er auch Mitglied eines „Komitees zur Verteidigung der Revolution" (CDR)[256] sei. An seiner Regimetreue bestanden daher keine Zweifel, da diese Komitees zur Überwachung der kubanischen Bevölkerung von der KP Kubas geschaffen worden sind. An den jährlich einmal stattfindenden Beratungen der Leiter der Staatsämter für Kirchenfragen sozialistischer Länder nahm stets ein Funktionär des ZK der KP Kubas teil, da es in Kuba bis heute kein Staatsamt für Kirchen-

---

250 Neue Zeit vom 15. Dezember 1979, S. 7.
251 Neue Zeit vom 1. Juli 1981, S. 6.
252 Standpunkt, Nr. 6 (1981), S. 154.
253 Christen tragen eine hohe Verantwortung für den Frieden, in: Neues Deutschland vom 20. November 1984, S. 1.
254 Kubaner Gäste in DDR-Gemeinden, in: Neue Zeit vom 9. Juli 1988, S. 6.
255 Neue Zeit vom 19. März 1983, S. 6.
256 Neue Zeit vom 27. Juli 1983, S. 5.

fragen gibt, sondern Ende 1985 beim Zentralkomitee lediglich eine Abteilung für religiöse Fragen eingerichtet worden ist. An der Tagung der Leiter der Staatsämter für Kirchenfragen 1985 in Ulan-Bator hatte der Hauptabteilungsleiter beim Staatssekretär für Kirchenfragen, Peter Heinrich, und aus Kuba der spätere Leiter der Abteilung für religiöse Fragen beim ZK der KP, Dr. Jose Felipe Carneado, teilgenommen. Carneado erklärte auf der Tagung, die Politik seines Landes habe verhindert, „daß gegnerische Kräfte die Kirchen für proimperialistische Positionen mißbrauchen konnten"[257]. In Ulan-Bator sicherte Carneado dem Vertreter der DDR eine Ausarbeitung über die Politik des Vatikans gegenüber Kuba zu, die dieser dem Staatssekretariat für Kirchenfragen der DDR mit dem Hinweis „Geheim" Anfang 1986 zukommen ließ.[258] Dieses Papier war schließlich dem Sekretär des ZK der SED, Werner Jarowinsky, vom Leiter der Arbeitsgruppe Kirchenfragen beim ZK der SED, Rudi Bellmann, zugeleitet worden.[259]

Darin schlug die KP Kubas vor, mit Hilfe einer differenzierten Politik zur Vertiefung der Widersprüche innerhalb der Kirche beizutragen. Dabei sollten „die Vertreter der besten Positionen innerhalb der Kirche herangezogen und unterstützt werden, gegen die konservativen und proimperialistischen Elemente"[260]. Mit dieser Auffassung liefen die kubanischen Kommunisten bei der SED offene Türen ein. Denn auch sie arbeitete gern mit Theologen zusammen, die die politischen Entscheidungen kommunistischer Regierungen guthießen und sie noch mit Bibelsprüchen verzierten.

Die SED ließ aber auch noch Ost-CDU-Politiker in der Kirchenpolitik in Kuba tätig werden. Als Ende 1985 der stellvertretende Ost-CDU-Vorsitzende Wolfgang Heyl erstmalig als offizieller Besucher in Havanna eintraf, war das schon ein besonderes Ereignis. Heyl führte nämlich einen „vertrauensvollen Meinungsaustausch"[261] mit dem gerade erst zum Leiter der Abteilung für religiöse Fragen beim ZK der KP Kubas ernannten Jose Felipe Carneado und trat geradezu als Lehrmeister auf. So dozierte er im ZK-Sekretariat, daß Christen und Marxisten soziale Gerechtigkeit, Menschenwürde und Frieden „nicht gegeneinander sondern nur im vertrauensvollen Bündnis miteinander erreichen können"[262]. Um außerhalb Kubas besser agieren zu können, war Mitte der achtziger Jahre diese These auch von Castro übernommen worden. Aktiv wurde außerdem der Mitarbeiter im Hauptvorstand der Ost-CDU, Carl Ordnung, in seiner Eigenschaft als Sekretär des CFK-Regionalausschusses, als in Havanna

---

257 „Information über die Beratung der Leiter der Staatsämter für Kirchenfragen sozialistischer Länder in Ulan-Bator (MVR)" ohne Unterschrift (Verfasser ist vermutlich Peter Heinrich) und ohne Datum, SAPMO-BArch ZPA IV 2/14/29, Bl. 67-73, hier: Bl. 71.

258 „Kommunistische Partei Kubas – Zentralkomitee", Schreiben vom 7. Januar 1986 an Peter Heinrich im Staatssekretariat für Kirchenfragen, als Anlage die Ausarbeitung „Politik des Vatikans gegenüber Kuba", SAPMO-BArch ZPA IV 2/14/29, Bl. 106-113.

259 Schreiben Rudi Bellmanns vom 29. Januar 1986 an Werner Jarowinsky, SAPMO-BArch ZPA IV 2/14/29, Bl. 105.

260 Ebenda, Bl. 112.

261 Rolf Hempel: Als Christen gemeinsam für Welt des Friedens und Gerechtigkeit, in: Neue Zeit vom 19. November 1985, S. 1-2, hier: S. 2.

262 Ebenda.

1987 die III. Vollversammlung der CFK in Lateinamerika und der Karibik stattfand.

Vergleicht man seinen Bericht über diese Tagung, der beim Leiter der Arbeitsgruppe Kirchenfragen im ZK der SED, Bellmann, landete, mit seinem Beitrag, den er zu diesem Thema für das Ost-CDU-Zentralorgan schrieb, so kann man einige gravierende Unterschiede erkennen. Heißt es in seinem internen Papier, daß Kirchenleitungen und Hierarchien kaum vertreten gewesen seien und man auf der Tagung habe hören können, daß der Vatikan ausdrücklich vor der Teilnahme an der Konferenz gewarnt habe[263], ist davon in seinem Zeitungsbeitrag keine Rede. Aus ihm mußte der unbefangene Leser eher den Eindruck gewinnen, daß den Kirchenleitungen diese Konferenz keineswegs gleichgültig gewesen ist, wenn es hieß: „Die kubanische Bischofskonferenz sandte ein freundliches Grußschreiben und delegierte den Rektor des Priesterseminars von Havanna als Teilnehmer."[264]

Carneado, der auf dem III. Parteitag der KP Kubas ZK-Mitglied geworden war, nahm Anfang 1987 in Prag an einer Konferenz in der Redaktion der internationalen kommunistischen Zeitschrift „Probleme des Friedens und des Sozialismus" teil, wo er vor Vertretern von 15 lateinamerikanischen kommunistischen Parteien eines der Hauptreferate zum Thema „Der Dialog zwischen Kommunisten und Christen unter den Bedingungen der gegenwärtigen Krise in der Region" hielt.[265] Diese Tatsache wäre in dieser Arbeit kaum der Erwähnung wert, wenn neben einem sowjetischen Mitarbeiter der Zeitschrift nicht auch noch ein Dozent des Sektors Lateinamerikawissenschaften der Universität Rostock an der Konferenz teilgenommen hätte[266], woraus sich ergibt, daß die Sowjetunion die DDR beim Thema Marxisten und Christen in Lateinamerika für sehr kompetent hielt, da weitere Teilnehmer aus den Warschauer Pakt-Staaten nicht eingeladen worden waren.

So hatte eine Funktionärin der Ost-CDU als Lateinamerikakennerin ein Buch mit statistischem Material veröffentlicht, aus dem sich ergibt, daß Kuba bereits 1965, also schon sieben Jahre nach Castros Machtergreifung, das lateinamerikanische Land mit den wenigsten Priestern war und sich in den Jahren danach die Zahl der Priester noch mehr verkleinerte.[267] Hatte der Ost-CDU-Vorsitzende Gerald Götting 1988 davon gesprochen, „daß es gerade in jüngster Zeit auch zu einem verstärkten Erfahrungsaustausch zwischen der CDU und kubanischen Christen über ihre Mitwirkung an der Gestaltung des Sozialismus in ihren Ländern gekommen sei"[268], war es erst nach der Wende möglich gewor-

---

263 „Bericht" vom 2. Juni 1987 über die III. Vollversammlung der CFK in Lateinamerika und der Karibik, Unterschrift: Carl Ordnung, SAPMO-BArch ZPA IV 2/14/184, Bl. 144-149, hier: Bl. 144.

264 Carl Ordnung: Friede als Frucht der Befreiung, in: Neue Zeit vom 24. Juni 1987, S. 5.

265 Der Dialog zwischen Marxisten und Gläubigen in Lateinamerika wird fortgesetzt, in: Probleme des Friedens und des Sozialismus, Nr. 2 (1987), S. 205-219, hier: S. 205.

266 Ebenda.

267 Radzimanowski: Stimme, S. 247.

268 Gemeinsames Wirken für Frieden und eine sozial gerechte Welt, in: Neue Zeit vom 5. März 1988, S. 1-2, hier: S. 1.

den, daß ab April 1990, bis zur Rückkehr der kubanischen Vertragsarbeiter in ihre Heimat, das (Ost-)Berliner Missionshaus einen kubanischen Pfarrer zu deren Hilfe und Unterstützung anstellen konnte.[269]

8. DDR-Endphase, Wendezeit und Konsequenzen

Es war ein ideologischer Gleichklang, als die DDR, Kuba und Nordkorea den Vertrieb der sowjetischen Monatszeitschrift „Sputnik" wegen angeblich nihilistischer und schändlicher Positionen im Oktober 1988 einstellen ließen.[270] Denn die Parteichefs dieser drei Länder stimmten darüber überein, daß Perestroika und Glasnost, also Reformen in Wirtschaft und Gesellschaft sowie mehr Freiheiten für die Bevölkerung, wie sie in dieser sowjetischen Zeitschrift zum Ausdruck gebracht wurden, tödlich für einen marxistisch-leninistisch geführten Staat sind. Castro hatte außerdem begriffen, daß „das 'neue Denken' und die 'Entideologisierung' der Konflikte, wie sie von Gorbatschow vertreten wurden, für Kuba schwere Bedrohungen beinhalteten"[271]. Vorahnungen, daß es „in der sozialistischen Gemeinschaft zu einem Bodenrutsch"[272] kommen und sich die Sowjetunion gar auflösen könnte, Kuba aber auch unter diesen Umständen weiterkämpfen werde[273], hatte er bereits in einer Rede am kubanischen Nationalfeiertag (26. Juli 1989) geäußert. Weil sich die Situation in der DDR immer mehr zuspitzte, hielt es Raul Castro auf der Reise zum Blockfreiengipfel in Belgrad Anfang September 1989 für angebracht, einen kurzen Zwischenaufenthalt in Ost-Berlin einzulegen, um sich von SED-Politbüromitglied Hermann Axen über die Situation informieren zu lassen.[274] Drei Wochen danach sprach Castro in einer Rede, in der er die Leistungsfähigkeit der kubanischen Staatssicherheitsorgane würdigte, gar von „Aggressionsdrohungen der nordamerikanischen Regierung gegen die DDR"[275]. In seinem Grußschreiben zum 40. Jahrestag der DDR hieß es zwar einerseits, daß die DDR „eine Friedensgarantie und eine unerschütterliche Bastion des Sozialismus"[276] sei. Castro ließ andererseits aber nicht unerwähnt, daß die DDR „den Angriffen jener entgegentritt, die den Sozialismus in diesem Bruderland zerschlagen möchten"[277].

Einen Monat vor der Öffnung der Berliner Mauer hatte die kubanische Parteizeitung „Granma" in einem Leitartikel ihren Lesern noch zu erklären versucht, „daß die Massenflucht aus der DDR lediglich eine von den USA inszenierte

269 Kubanischer Pfarrer für DDR-Latinos, in: Neue Zeit vom 11. Mai 1990, S. 5.
270 Was macht heute der „Sputnik"?, in: Neues Deutschland vom 24. März 1995, S. 5.
271 Habel, Revolution, S. 258.
272 Rede von Fidel Castro, in: Dokumentation, horizont, Nr. 9 (1989), S. 1.
273 Ebenda.
274 Neues Deutschland vom 4. September 1989, S. 1.
275 Radio Havanna (IS) vom 25. September 1989 (nach Deutsche Welle, Monitor-Dienst)
276 Neues Deutschland vom 9. Oktober 1989, S. 3.
277 Ebenda.

Destabilisierungskampagne gegen ein Land sei, in dem der Sozialismus seine Vorteile und Überlegenheit seit Jahrzehnten bewiesen habe"[278].

Letztmalig konnten Fidel und Raul Castro am 16. Oktober 1989 ein SED-Politbüromitglied in Havanna sprechen. Es war Verteidigungsminister Heinz Keßler, dem Fidel Castro noch den Rat mit auf den Weg gab: „Vergeßt eines nicht: wer auch nur ein wenig, nur ein Stück der Macht aus der Hand gibt, ist im internationalen Klassenkampf verloren. Und es ist Klassenkampf!"[279] Mit dieser Verhaltungsmaßregel konnte Keßler allerdings nicht mehr viel anfangen. Was Castro nach dem erzwungenen Rücktritt Honeckers aus der DDR und den anderen Warschauer Pakt-Staaten erfuhr, faßte er in einer Rede zwei Tage vor dem Fall der Berliner Mauer mit den Worten zusammen: „Wir haben in den sozialistischen Ländern sehr traurige Dinge entdeckt, wir sind bestürzt!"[280]

Noch deutlicher wurde Castro einen Monat danach, als er den Reformprozeß in den ostmittel- und osteuropäischen Ländern scharf kritisierte. Zwar nannte er zunächst nicht die DDR, als er sagte, Kuba sei kein Land, „in dem der Sozialismus mit den siegreichen Divisionen der Roten Armee eingeführt wurde"[281] Daß er damit die DDR gemeint hatte, war jedoch nicht schwer zu erraten. Wie schlecht Castro vorgab, über die Entwicklung in der DDR informiert zu sein, ging aus einem anderen Satz hervor, in dem er von den unglücklichen Massen sprach, die „zum Kapitalismus und Antikommunismus und in einem ihrer Länder zum Pangermanismus verführt werden"[282] Im Abstand von weiteren vier Wochen wollte Castro noch immer nicht verstehen, daß es den Menschen in der DDR in erster Linie um Meinungsfreiheit und Demokratie ging. Er aber vertrat die Auffassung, „auch hohes Lebensniveau und gelöste materielle Probleme könnten in die Krise führen, wie das Beispiel der DDR zeige"[283].

War Kuba einst in der „sozialistischen Gemeinschaft" verankert, mußte Castro Ende Januar 1990 feststellen, daß die Kette zu diesem Anker gerissen war. Die wirtschaftlichen und politischen Umwälzungen hätten das Bündnis „atomisiert", der sozialistische Block bestehe politisch nicht mehr, so daß die Entwicklung der Wirtschaftsbeziehungen Kubas zu den RGW-Staaten völlig unklar seien.[284]

Im Chor der Kritiker fehlte auch nicht die Stimme des kubanischen Politbüromitglieds und Kulturministers Armando Hart, der indirekt die RGW-Staaten

---

278 Gustavo Garcia-Ziemsen: Kubanische Winkelzüge, in: Deutsche Welle, „Blickpunkt"-Manuskript vom 13. Juli l990, S. 1-6, hier: S. 2.
279 Huhn: Companero Castro, S. 126.
280 Granma vom 8. November 1989 (nach Deutsche Welle Monitor-Dienst).
281 Kubanisches Fernsehen vom 7. Dezember 1989 (nach Deutsche Welle Monitor-Dienst).
282 Ebenda.
283 Neues Deutschland vom 6./7. Januar 1990, S. 5.
284 Castro: Ostblock politisch nicht mehr existent, in: Der Tagesspiegel vom 30. Januar 1990, S. 4.

dafür verantwortlich machte, weil von dort in der Vergangenheit „dogmatische Tendenzen nach Kuba importiert wurden"[285].

Immer wieder zeigte sich jedoch, daß Castro mit der DDR, seinem zweitwichtigsten Handelspartner, weit schonender als mit anderen RGW-Staaten umging, so auch in seiner Rede vor dem außerordentlichen Plenum des ZK Kubas im Februar 1990. Da hatte er die Hilfe dieser Staaten verspottet, da sie zum größten Teil „Abfall"[286] lieferten, wobei er die Länder und die Waren nannte, mit denen man in Kuba nicht zufrieden war. Von der Kritik hatte er lediglich die DDR ausgenommen. Dort hatte inzwischen der Minister für wirtschaftliche Zusammenarbeit, Hans-Wilhelm Ebeling, eine Entideologisierung der Entwicklungspolitik der DDR vorgenommen. Da führte natürlich auch kein Weg an Kuba vorbei. Hatte sich Ebeling im Juni 1989 für die Fortsetzung der humanitären Hilfe in Kuba ausgesprochen, war zwischen ihm und dem Parlamentarischen Staatssekretär beim Bundesministerium für wirtschaftliche Zusammenarbeit in Bonn, Hans-Peter Repnik, Ende Juli 1989 die Vereinbarung getroffen worden, „Kuba keine staatliche Hilfe mehr zu gewähren"[287]. Beklagte die DDR, daß Kuba im ersten Halbjahr 1990 nicht einmal 10 Prozent der vereinbarten Zuckermenge geliefert hatte, waren aber auch die Kubaner unzufrieden, weil die DDR Ausbilder und Fachleute aus Kuba abzog und DDR-Außenhandelsunternehmen ihre Vertretungen schlossen.[288] Das Ende der DDR hatte für Kuba vor allem auch deshalb fatale Folgen, weil vollkommen ungewiß war, welche Betriebe dort überleben und ob die Lieferung von Ersatzteilen, so bei Motorrädern, Computern, Turbinen, Generatoren, Landwirtschafts- und Textilmaschinen sowie bei elektronischen Geräten als gesichert angesehen werden kann.[289] Bereits Ende 1990 waren die Warenlieferungen aus den fünf neuen Bundesländern nach Kuba so stark zurückgegangen, daß die DSR, die ehemalige staatliche Reederei der DDR, ihren Liniendienst zwischen Rostock und Havanna einstellte, der bislang für Kuba eine der wichtigsten Schiffsverbindungen von und nach Europa war.[290]

In seiner Rede vor dem 4. Parteitag der KP Kubas am 10. Oktober 1991 hatte Fidel Castro die schweren Einbußen beklagt, die der Wirtschaft seines Landes durch die Wiedervereinigung Deutschlands entstanden sei. Er erwähnte dabei die wichtigsten Projekte, die nun nicht mehr beendet werden könnten, da die Regierungsabkommen zwischen Kuba und der DDR von Bonn nicht fortgesetzt würden. Vor allem nannte er die Zuckerindustrie, die aus der DDR viele Ausrüstungen erhalten hatte, den Abbruch der Arbeiten am Bau einer Nickel-

285 Armando Hart Davalos: Von tief verwurzelten Traditionen zur sozialistischen Weltanschauung, in: Probleme des Friedens und des Sozialismus, Nr. 1 (1990), S. 33-39, hier: S. 38.
286 Granma vom 16. Februar 1989 (nach Deutsche Welle Monitor-Dienst).
287 Siebs: DDR und Dritte Welt, S. 121-122.
288 Uwe Scheffler: Enttäuschung auf Kuba über DDR-Außenhändler, in: Neues Deutschland vom 16. Oktober 1990, S. 6.
289 Norbert Schnorbach: Schmerzhafte Lücken in Kubas Wirtschaft erwartet, in: Sächsische Zeitung vom 21. August 1990, S. 6.
290 Hildegard Stausberg: Kuba fällt zurück in einen Steinzeit-Kommunismus, in: Frankfurter Allgemeine Zeitung vom 18. März 1991, S. 16.

fabrik, die Industrialisierung der landwirtschaftlichen Produktion, die Entwicklung von Wissenschaft und Technologie durch Fachkräfte aus der DDR und beklagte schließlich den Verlust von „Regierungskrediten für Industrieprojekte"[291]. Als eines der vernünftigsten und vorteilhaftesten Geschäfte für die kubanische Wirtschaft hatte er die jährlichen Lieferungen von 22.000 Tonnen Milchpulver aus der DDR bezeichnet, woraus in Kuba 220 Millionen Liter Milch hergestellt wurden, was dem Verbrauch der Bevölkerung an Flüssigmilch in fünf Monaten entsprochen habe.[292]

Auch diese Vereinbarung, so das kubanische ZK-Mitglied Dario Lorenzo Machado, sei von der Bundesrepublik Deutschland einseitig gebrochen worden, obwohl „Kuba etwa 1,5 Millionen Dollar in Ausrüstungen zur Herstellung von Milchpulver in der DDR investiert"[293] habe.

In der Tat war durch die nicht fortgesetzten Milchpulverlieferungen ein großer Mangel an Milch für die Versorgung der Kinder entstanden. Als Konsequenz für die nicht mehr bestehende DDR nun Bonn die Schuld zuzuschieben, wie das gewisse Publikationen in Deutschland taten, weil die kubanischen Kinder wegen der ausgefallenen Milchpulverlieferungen leiden müßten, dafür besteht nicht der geringste Anlaß. Es hätte nämlich durchaus die Möglichkeit bestanden, diese Lieferungen, schon aus humanitären Gründen, über die katholische Kirche Kubas fortzusetzen.

Doch wie dazu Monsignore Cespedes (Havanna) erklärte, habe Fidel Castro es abgelehnt, über die katholische Kirche die Kinder versorgen zu lassen.[294] Denn, so der Direktor des Berliner Missionswerks, Hans Luther, der 1992 Kuba besuchte, Castro bleibe bei der Ansicht, die Bundesrepublik habe die DDR-Verträge zu übernehmen, wobei der Staatchef offenbar nicht wisse, „daß es sich keineswegs um eine simple Rechtsnachfolge handele"[295]. Castro dürfte aber vor allem deswegen gegen Konzessionen gewesen sein, weil er durch Milchpulverlieferungen über die katholische Kirche deren Aufwertung im Land fürchtete und obendrein die Kommunisten die Kontrolle über die Aktivität der Kirche verlieren könnten.

Doch hatten alle Fraktionen des Brandenburger Landtags im Oktober 1992 nach der Anhörung eines Vertreters des Berliner Missionswerks beschlossen, humanitäre Hilfe zu leisten. Wie der CDU-Abgeordnete Wagner erklärte, solle Kindern nicht als Strafe für ein Regime die Hilfe versagt werden, so daß die Landesregierung 190 Tonnen Milchpulver Kuba zur Verfügung stellte[296]. So

---

291 Wirtschaftlicher Rechenschaftsbericht Fidel Castros vor dem 4. Parteitag der KP Kubas vom 10. Oktober 1991, in: Deutsche Welle „dokumentation" vom 23. Oktober 1991, S. 1-21, hier: S. 12-13.
292 Ebenda, S. 12.
293 ND-Interview mit Dario Lorenzo Machado, Mitglied des ZK der KP Kubas, in: Neues Deutschland vom 4. November 1991, S. 5.
294 Regina Villavicencio: Evangelische Christen wollen nichts übers Knie brechen, in: Neue Zeit vom 4. Mai 1992, S. 6.
295 Ebenda.
296 Huhn/Burghardt: Kuba, S. 16-17.

kann die katholische Kirche Kubas mit Hilfe des katholischen Hilfswerks Misereor (Aachen) und des Caritasverbandes (Freiburg) seit 1989 Projekte in staatlichen Einrichtungen betreiben[297] und berät seit 1993 ein deutscher Entwicklungshelfer den Ökumenischen Rat der Kirchen in Kuba beim Aufbau einer eigenen Projektabteilung. Da der Vorsitzende des Ökumenischen Rats, Pfarrer Raul Suarez, seit 1993 der kubanischen Nationalversammlung angehört[298] und er sich als Christ und Sozialist bezeichnet, dürften Hilfsmaßnahmen aus dem Ausland in Zusammenarbeit mit dem Ökumenischen Rat nicht auf so große Schwierigkeiten stoßen.

Die Hilfsorganisation „Brot für die Welt" förderte in Kuba den alternativen Tourismus und Projekte wie die Installierung von Mini-Wasserkraftwerken oder zeigen der Landbevölkerung, wie man statt Feuerholz Biogas zum Kochen verwendet. Denn wie Dung zu Biogas und Biodünger verarbeitet werden kann, das brachten „Brot für die Welt"-Mitarbeiter den Kubanern in einem von ihnen eingerichteten Großlabor bei.[299] Ein ehemaliger Entwicklungshelfer der DDR betreut in Havanna seit 1994 ein Hilfsprojekt der „Deutschen Welthungerhilfe". Dabei geht es darum, die zur Selbstversorgung der Stadtbevölkerung mit Obst und Gemüse neu entstandenen Gartenkolonien mit in Kuba nicht vorhandenen Arbeitsgeräten zu versorgen und berufsfremde Arbeitskräfte zu Gärtnern anzulernen.[300] Auch die 1994 in Berlin gegründete „Stiftung Nord-Süd-Brücken", die einen Teil der Gelder des Solidaritätskomitees der DDR erhielt, unterstützt über verschiedene NRO Projekte in Kuba, in denen Hilfe zur Selbsthilfe geleistet wird.[301]

Schließlich nahm noch im September 1991 die in der PDS gegründete Arbeitsgemeinschaft „Cuba si" mit einer „Solidaritätskampagne Milch für Kubas Kinder" die Arbeit auf[302], die sich nach fünfjähriger Arbeit selbst als die „inzwischen international größte Hilfsorganisation für Kuba"[303] bezeichnet. Da „Cuba si" u. a. Witwen von Gefallenen des kubanischen Angola-Einsatzes mit Nähmaschinen, Fahrrädern, Medikamenten, Kleidung und einer Wasserpumpe unterstützte[304], dürften dabei wohl keinerlei Schwierigkeiten aufgetreten sein. Außerdem stellte das Humanitäre Büro der Europäischen Union allein 1994 für humanitäre Hilfeleistungen Kuba Medikamente, Krankenhausgeräte und

---

297 Elvira Treffinger: Christen Kubas im Schatten der Revolution, in: Neue Zeit vom 2. Dezember 1991, S. 5.
298 Rita Neubauer: Entwicklungshilfe für Kuba, in: Der Tagesspiegel vom 17. Mai 1993, S. 4.
299 Evangelische Entwicklungshilfe für Kuba, in: IPS-Pressedienst vom 20. April 1993 (nach Deutsche Welle Monitor-Dienst).
300 Martin Beutler: Auf neuem Kurs – Castro, Kuba und das Kapital, Manuskript einer Sendung der Deutschen Welle vom 19. Januar 1996, S. 1-16, hier: S. 7-9.
301 DDR-Spenden gut angelegt, Wolf-Dieter Graewe von der „Stiftung Nord-Süd-Brücken" gibt Auskunft, in: Neues Deutschland vom 27. Juni 1996, S. 7.
302 „Cuba si", eine Arbeitsgemeinschaft der PDS, bittet um Spenden, in: Neues Deutschland vom 3. September 1991, S. 5.
303 Neues Deutschland vom 19. September 1996, S. 7.
304 Ebenda.

Nahrungsmittel im Wert von 10 Millionen Ecu (etwa 11 Millionen Dollar) zur Verfügung.[305]

War die Bundesrepublik Deutschland bis 1958, also bis zum Machtantritt Castros, nach den USA und Japan der drittwichtigste Handelspartner Kubas, hatte ab Mitte der siebziger Jahre die DDR einen Spitzenplatz als zweitwichtigster Wirtschaftspartner nach der Sowjetunion bis 1989 eingenommen. Gegenwärtig nimmt die Bundesrepublik Deutschland keine Spitzenposition im Kubahandel ein. Wickelte Kuba bis 1989 85 Prozent seines Außenhandels mit den RGW-Staaten ab, etwa 5 Prozent entfielen dabei auf die DDR, stieg Mitte 1995 „der Warenaustausch Kubas mit den Ländern der Europäischen Union (EU) von zehn auf fast 50 Prozent des Handelsvolumens Kubas"[306]. Unter den Außenhandelspartnern Kubas nimmt Deutschland nur den 12. Platz ein. Beide Länder tauschten 1994 Waren im Wert von 113 Millionen DM und 1995 in einer Größenordnung von 151 Millionen DM aus.[307] Als nach 18monatigen Verhandlungen im April 1996 ein Investitionsschutzabkommen zwischen beiden Ländern unterzeichnet worden war, war dieses Abkommen das siebzehnte dieser Art, das Kuba abgeschlossen hatte.[308] Damit befand sich Deutschland auch hier nicht unter den ersten Ländern. Bis April 1996 gab es unter den bis zu diesem Zeitpunkt gegründeten 200 Gemeinschaftsunternehmen kein einziges mit deutscher Beteiligung.[309] Auch bei einem Seminar der Europäischen Gesellschaft der kleinen und mittelständischen Unternehmen waren von den 58 Firmen, die sich in Havanna vertreten ließen, nur sieben aus Deutschland gekommen, während Spanien mit 19 Vertretern die größte Teilnehmerzahl stellte.[310] Das deutsche Interesse hielt sich also hier ebenfalls in Grenzen.

Gelöst ist noch nicht die Schuldenfrage Kubas. Das Land hatte 1989 bei der DDR Schulden in Höhe von 800 Millionen Rubel, die es mit den Verlusten verrechnen möchte, die Kuba durch das Ausbleiben von Lieferungen aus der DDR, die, wie immer wieder versichert wurde, in gleicher Höhe entstanden sind[311]. Bei Verhandlungen zwischen Bonn und Havanna konnte darüber jedoch noch keine Einigung erzielt werden. Eines Tages könnte jedoch in Kuba von der deutschen Wirtschaft etwas fortgesetzt werden, was mit Hilfe der DDR in den achtziger Jahren begann: die Verwertung der reichlich vorhandenen Sonnenenergie. So war im Mai 1984 in Santiago de Cuba eine Versuchsanlage zur Nutzung der Sonnenenergie in Betrieb genommen worden, nachdem zuvor in Havanna eine Konferenz der RGW-Bevollmächtigten für

---

305 Humanitäre Millionenhilfe der Europäischen Union für Kuba, Meldung der spanischen Nachrichtenagentur EFE vom 29. Juni 1994 (nach Deutsche Welle, Monitor-Dienst).

306 Günther Maihold: Mit dem Kapitalismus den Sozialismus retten? Zur Reichweite der Reformbestrebungen in Kuba, in: Aus Politik und Zeitgeschichte, Beilage zur Wochenzeitung Das Parlament vom 22. November 1996, S. 30-37, hier: S. 31.

307 Ausweitung des Handels mit der BRD, in: Granma Internacional (deutsch) vom Juni 1996, S. 9.

308 Ebenda.

309 Castro: Kuba bleibt sozialistisch, in: Neues Deutschland vom 2. Mai 1996, S. 6.

310 Investitionen kleiner und mittelständischer Unternehmen werden gefördert, in: Granma Internacional (deutsch) vom Januar 1997, S. 9.

311 Kubas Konsequenz: Keine Konzessionen, in: Neues Deutschland vom 4. November 1991, S. 5.

die Erarbeitung neuer und wirksamerer Methoden zur Nutzung der Sonnenenergie stattgefunden hatte.[312] Erste Vorarbeiten für diese Zusammenarbeit
waren im Januar 1995 auf einer internationalen Konferenz über erneuerbare
Energie geleistet worden. Konferenzleiter war der SPD-Bundestagsabgeord-
nete Dr. Hermann Scheer in seiner Eigenschaft als Präsident der europäischen
Sonnenenergie-Vereinigung EUROSOLAR. Dabei war in Havanna die weltweit erste Technische Universität für regenerierbare Energien geschaffen worden, wobei zugesichert wurde, daß EUROSOLAR die Grundausstattung für
die neue Universitätsbibliothek spenden werde.[313]

Was aber schon jetzt getan werden könnte, damit die deutschen Spuren in Kuba nicht verwehen, sondern immer breiter und tiefer werden, wäre die Förderung des deutschen Sprachunterrichts. Hier hatten Germanisten aus der DDR
in der Zweigstelle des Herder-Instituts in Havanna und an kubanischen Universitäten sehr gute Arbeit geleistet. Wie der Präsident der Nationalversammlung Kubas, Dr. Ricardo Alarcon de Quesada, im Februar 1994 bei seinem Besuch in Dresden erklärte, ist Deutsch heute in Kuba nach Englisch die zweit-
bedeutendste Sprache.[314] Denn es sind ja nicht nur die 100.000 einst in der
DDR ausgebildeten Kubaner, die gute deutsche Sprachkenntnisse haben. Sieht
man einmal von den Ländern wie Argentinien, Brasilien und Chile mit vielen
deutschen Einwanderern ab, so kann man Kuba heute wohl als das lateinamerikanische Land bezeichnen, wo im Verhältnis zur Einwohnerzahl unter den
nicht deutschstämmigen Bürgern die deutsche Sprache am weitesten verbreitet
ist. Zu gegebener Zeit wäre deshalb die Einrichtung eines Goethe-Instituts sehr
zu empfehlen.

Was heute Österreich in Kuba möglich ist, sollte morgen aber auch Deutschland möglich sein, nämlich in der Nationalbibliothek zu Havanna Bücher zu
einem besonderen Jahrestag oder Jubiläum auszustellen, um danach, wie das
die Österreicher taten, die gezeigten 8.000 Bücher als Geschenk der Nationalbibliothek zur Verfügung zu stellen. Diese Ausstellung war „als erste ihrer Art
in Kuba"[315] bezeichnet worden. Denn wie die aus Thüringen stammende, an
der Germanistik-Fakultät der Universität Havanna lehrende Literaturdozentin
Petra Röhler erklärte, war bis 1989 der Inhalt der Studienfächer auf die DDR
konzentriert, was Literatur, Landeskunde und Geschichte anbetrifft. Seit 1990
gibt es jedoch einen neuen Studienplan, wobei die Information jetzt weitaus
größer sei.[316] Aktuelle Bücher aus Deutschland wären da gewiß sehr willkommen.

Die deutschen Sprachkenntnisse in Kuba zu bewahren, ja sie zu mehren und
nicht versanden zu lassen, muß deshalb in der auswärtigen Kulturpolitik der
Bundesrepublik Deutschland Priorität genießen. Schließlich kann das auch nur

---

312 Radio Havanna (IS) vom 7. Mai 1984 (nach Deutsche Welle, Monitor-Dienst).
313 Die Sonne kann man nicht privatisieren, in: Granma Internacional (deutsch) vom März 1995, S. 11.
314 In Havanna schaut man auch auf Sachsen, in: Sächsische Zeitung vom 5/6. Februar 1994, S. 6.
315 Bücher aus Österreich, in: Granma Internacional (deutsch) vom Dezember 1996, S. 10.
316 Beutler: siehe Fußnotenziffer 300, hier: S. 2.

positive Auswirkungen auf die Wirtschaftsbeziehungen beider Länder haben, die nicht auf dem derzeit niedrigen Niveau bleiben werden, wenn sich nach politischen Veränderungen auch wirkliche Reformen durchsetzen.

Gelegentlich ist die Auffassung vertreten worden, daß die vielen in der DDR ausgebildeten Kubaner dem Land in der derzeitigen Wirtschaftskrise wenig Nutzen brächten. Viele Betriebe, für die sie vorgesehen gewesen seien, arbeiteten wegen Materialmangels nicht oder seien Bauruinen, da ihr Weiterbau wegen des nun nicht mehr aus dem ehemaligen RGW-Bereich fließenden Geldes abgebrochen werden mußte. Dieser Meinung kann nur mit Einschränkungen zugestimmt werden, da sich seit 1990 ein Wirtschaftszweig für kubanische Verhältnisse geradezu stürmisch entwickelte, an den man bei der Ausbildung der Kubaner in der DDR kaum gedacht hatte: der Tourismus.

Da 1995 im Tourismus Einnahmen von 1,1 Milliarden Dollar erzielt worden waren, war dies, nach der Zuckerindustrie, die Branche, welche für die meisten Deviseneinnahmen Kubas sorgte. Castro rief deshalb die Tourismusbranche im Herbst 1996 dazu auf, Kubas Deviseneinnahmequelle Nummer eins zu werden.[317] Einer seiner Stellvertreter, das für Wirtschaftsfragen zuständige Politbüromitglied Carlos Lage, äußerte sogar die Ansicht, daß kein anderer Bereich in der kubanischen Wirtschaft derart unbegrenzte Entwicklungs- und Wachstumsaussichten habe, wie die Tourismusbranche. Diese sei bereits auf dem Wege, „der Motor der Wirtschaft und eine treibende Kraft zu werden"[318].

Da in der kubanischen Touristenstatistik die Deutschen nach den Kanadiern an zweiter Stelle stehen, erklärte ein irischer Hoteldirektor im Badeort Varadero, daß „die vielen deutschsprachigen Kubaner im Tourismus Gold wert sind"[319]. Die DDR hat daher auch hier unübersehbare Spuren hinterlassen. Ob es sich dabei um Kubaner handelt, die in der DDR Mathematik, Kernphysik oder Wirtschaftswissenschaften studierten, nicht wenige von ihnen findet man heute als Assistenzmanager eines Hoteldirektors oder in anderen Funktionen im Hotelwesen wieder. Aber auch als Facharbeiter ausgebildete Kubaner fanden wegen ihrer guten deutschen Sprachkenntnisse schnell Arbeit im Tourismus, sei es als Bedienungspersonal, Reiseführer, Reiseleiter oder, so die geistigen Fähigkeiten nicht sonderlich entwickelt waren, als Gepäckbeförderer und Taxichauffeure. Und nicht wenige Deutschlehrer verdienen sich zu ihrem niedrigen Gehalt im Tourismus ebenfalls noch etwas dazu[320], so beispielsweise als Animateure, da die Arbeitsplätze im Tourismus „krisensicherer sind als alle anderen, die Kubas Wirtschaft zu bieten hat"[321].

---

317 Granma vom 27. September 1996 (nach Deutsche Welle, Monitor-Dienst).
318 Granma vom 6. Dezember 1996 (nach Deutsche Welle, Monitor-Dienst).
319 Karl Morgenstern: Junge Elite mit DDR-Erfahrung, in: Sächsische Zeitung vom 2/3. April 1994, S. 7.
320 Ebenda.
321 Roland Mischke: Kubas Cayo Largo fast surrealistisch schön, in: Der Tagesspiegel vom 10. November 1996, S. 5

In Kuba hat die DDR jedoch auch noch ein trauriges Erbe hinterlassen, das Bonn zufiel, wo jedoch dringend Hilfe nötig ist. Die große Not, in der die meisten der etwa 200 aus der ehemaligen DDR stammenden Frauen leben, die einen kubanischen Vertragsarbeiter in ihrer alten Heimat geheiratet haben, ist dem Auswärtigen Amt bereits im März 1996 in einem Bericht der Deutschen Botschaft in Havanna geschildert worden.[322] Auch drei Bundestagsabgeordnete, Mitglieder des Haushaltsausschusses, welche im Dezember 1995 Kuba bereist hatten, waren erschüttert über die Verhältnisse, in denen diese Frauen, welche teilweise ihre DDR-Staatsbürgerschaft nicht aufgegeben hatten und somit deutsche Staatsbürger sind, leben. Ein Jahr nach der Reise dieser drei Bundestagsabgeordneten hatte sich einer von ihnen, der CSU-Bundestagsabgeordnete Dr. Erich Riedl, sehr besorgt darüber geäußert, daß dieses Problem noch nicht gelöst sei, wobei er „die Herzlosigkeit, mit der dieses Thema von deutschen Stellen behandelt wird"[323], kritisierte. In der Tat ist es unverständlich, daß diese Angelegenheit zwischen vier Bundesministerien hin- und hergeschoben wurde, obwohl für diesen kleinen Personenkreis nur recht geringe Mittel aufgebracht werden müßten. So hatte die PDS-Bundestagsabgeordnete Dr. Barbara Höll, welche ebenfalls zu der Kuba-Reisegruppe gehörte, errechnet, daß mit monatlich DM 30.000,- viel auszurichten sei.[324] Auf unbürokratischem Weg diesen in Not und Elend lebenden deutschen Frauen jährlich eine Summe von insgesamt 360.000 DM zukommen zu lassen, sollte eigentlich keine großen Schwierigkeiten verursachen, selbst wenn in einer Konsularliste 249 Deutsche, davon rund zehn Prozent Kinder, registriert sind und die Deutsche Botschaft „eine weit höhere Zahl betroffener Frauen nicht ausschließt"[325].

Welche Konsequenzen ergeben sich im Verhältnis der Bundesrepublik Deutschland gegenüber Kuba, nachdem die DDR als Staat aufgehört hat zu bestehen?

1) Dialog mit der Regierung nicht abreißen lassen, da nur so langfristig Erfolge bei der Einhaltung der elementaren Menschenrechte in Kuba erzielt werden können;

2) Fortsetzung und nach Möglichkeit Erweiterung der humanitären Hilfe und der Hilfe zur Selbsthilfe durch kirchliche und andere Vereinigungen;

3) Förderung der Pflege der deutschen Sprache durch Bücherspenden an Bibliotheken sowie Veranstaltung von Buchausstellungen und zu einem späteren Zeitpunkt Einrichtung eines Goethe-Instituts;

4) Gewährung von Sozialunterstützung für die in Kuba in Not lebenden Bürger deutscher Herkunft.

---

322 Matthias Meisner: Aktenzeichen „Pol 300.25" – ein Vermerk aus Havanna, in: Sächsische Zeitung vom 3. Dezember 1996, S. 3.
323 Ebenda.
324 Ebenda.
325 Verliebt in den Urwald, in: Der Spiegel, Nr. 49 vom 2. Dezember 1996, S. 182.

Nicaragua

9. Die außenpolitischen Beziehungen auf Staats- und Parteiebene

9.1. Bis zur Aufnahme diplomatischer Beziehungen

Obwohl die DDR, wie alle anderen kommunistisch regierten Staaten, bis zum Sturz des Regimes von Anastasio Somoza keine diplomatischen Beziehungen zu Nicaragua unterhielt, hatte sie nach dem Sieg der Sandinisten ausgezeichnete Anknüpfungspunkte, mit diesen in Kontakt zu kommen. Schließlich war es der deutsche Kommunist Willi Münzenberg, der 1929 General Augusto Cesar Sandino zu einem Antikolonialismus-Kongreß nach Frankfurt a. M. eingeladen hatte, der dort eine blutgetränkte Fahne aus Nicaragua vom Kampf gegen den „US-Imperialismus" übergab.[326] Daß die deutschen Kommunisten bereits in den zwanziger Jahren große Sympathien für den Freiheitskampf General Sandinos hatten, ergab sich zudem aus einer Artikelserie in der AIZ (Arbeiter-Illustrierten-Zeitung), die 1928 einen Sonderkorrespondenten zu den Sandinisten nach Nicaragua entsandt hatte. Diese Berichte waren von der DDR der Sandinistischen Front der Nationalen Befreiung (Frente Sandinista de Liberacion Nacional – FSLN) übersandt worden, die Auszüge daraus in ihrer Zeitung veröffentlichte.[327]

Nach dem Zusammenbruch der DDR kam überdies ans Tageslicht, daß das Ministerium für Staatssicherheit (MfS) bereits seit 1966 die FSLN unterstützte, was sich aus dem „Vorschlag zur Fortführung der solidarischen Unterstützung für die Sicherheitsorgane der Republik Nicaragua" ergibt, den der Leiter der Hauptabteilung X des MfS, Generalmajor Damm, am 7.6.1984 vorlegte.[328]

Bereits einen Tag nach dem Sturz des Somoza-Regimes hatte der DDR-Staats- und Parteichef Erich Honecker der Regierung der Nationalen Erneuerung Nicaraguas Glückwünsche übersandt und gleichzeitig die Anerkennung der neuen Regierung ausgesprochen.[329] Daß die DDR es im Falle Nicaraguas besonders eilig hatte, ergab sich daraus, daß in einer Maschine der INTER-FLUG, welche „Solidaritätsgüter" nach Nicaragua brachte, auch der Leiter der Lateinamerika-Abteilung des DDR-Außenministeriums, Dr. Joachim Naumann, mit mehreren Diplomaten bereits am 31.7.1979 in Managua eintraf, um Gespräche über die Aufnahme diplomatischer Beziehungen aufzunehmen. Im Ergebnis dieser Gespräche war am 1. August 1979 – mit Wirkung vom 20. Juli 1979 – die Aufnahme diplomatischer Beziehungen auf Botschafterebene vereinbart worden.[330] Die DDR war damit das erste kommunistisch regierte Land, das diplomatische Beziehungen zu Nicaragua aufnahm, da Kuba mit Wirkung vom 24.7.1979 und die Sowjetunion gar erst am 19.10.1979 den Botschafter-

---

326 Gross: Willi Münzenberg, S. 210.
327 Neues Deutschland vom 14./15. Juli 1979, S. 2.
328 Heinen: Mit Christus und der Revolution, S. 80.
329 Neues Deutschland vom 21./22. Juli 1979, S. 1.
330 Neues Deutschland vom 2. August 1979, S. 1.

austausch mit Nicaragua beschlossen haben.[331] Die DDR konnte auch mit dem
ersten nicaraguanischen Medienecho sehr zufrieden sein. Denn die von Ost-
Berlin geleistete Hilfe sei, wie Naumann vom DDR-Außenministerium formulierte, in Managua in aller Munde gewesen.[332] Die DDR hatte vor allem deshalb eine gute Presse in Nicaragua, da sie bereits im August 1979 verwundete
Kämpfer der FSLN aufnahm, die gesundgepflegt wurden.[333]

9.2. DDR ist „natürlicher Verbündeter" Nicaraguas

Daß Nicaragua unter den Sandinisten schon 1979 zur radikalen, prosowjetischen Gruppe der blockfreien Staaten gezählt werden mußte, ergab sich beim
Besuch von DDR-Außenminister Oskar Fischer im September 1979 in Managua. Fischer war der erste Außenminister eines Warschauer Pakt-Landes, der
Nicaragua besuchte. Dabei erklärte der nicaraguanische Außenminister Miguel
D' Escoto, daß seine Regierung die DDR-Führung „für den natürlichen Verbündeten unserer Revolution"[334] hält. Was es mit dem „natürlichen Verbündeten" auf sich hat, formulieren die jugoslawischen Kommunisten in einer
Analyse so: Der Leitsatz, an dem die einzelnen Länder der radikalen Strömung
in der Bewegung der Blockfreien festhalten, ist „das 'natürliche Bündnis' der
blockfreien Länder mit den Ländern der sozialistischen Gemeinschaft als ein-
zigem Garanten ihrer politischen Unabhängigkeit und wirtschaftlichen Gleichberechtigung."[335]

Fischer bekam bei seinem Besuch mehr, als er erwarten konnte. Denn die
FSLN-Nationalleitung äußerte den Wunsch, auch die Beziehungen auf Parteiebene, also zwischen FSLN und SED, zu entwickeln, auch wenn die FSLN
damals noch nicht als Partei angesehen werden konnte. Fischer war sogar Gelegenheit gegeben worden, vor 200 Funktionären der FSLN eine Ansprache zu
halten.[336]

Faßt man die Ergebnisse dieses Besuchs zusammen, so konnte die DDR-Führung damit vollauf zufrieden sein. Denn es
1) hatte der nicaraguanische Außenminister die DDR als „natürlichen Verbündeten" der Revolution in Nicaragua bezeichnet,
2) wünschte die FSLN die Entwicklung der Beziehungen zur SED auf Parteiebene,
3) wurden bei den Gesprächen über internationale Fragen Übereinstimmung
erzielt und
4) war dem DDR-Außenminister als erstem Politiker eines Warschauer Pakt-
Landes die Möglichkeit geboten worden, vor FSLN-Funktionären über die

---

331 La Barricada (Managua) vom 20. Oktober 1979 (nach Deutsche Welle Monitor-Dienst).
332 Horizont, Nr. 34 (1979).
333 Lindemann: Moskaus Traum, S. 243.
334 Ebenda, S. 22.
335 Internationale Politik (Belgrad) vom 5. Mai 1984, S. 22.
336 Neues Deutschland vom 24. September 1979, S. 2.

Politik der DDR und der anderen Warschauer Pakt-Staaten gegenüber den blockfreien Ländern zu referieren.

Welch große Bedeutung die Beziehungen der DDR zu Nicaragua hatten, geht allein auch daraus hervor, daß sie in Managua eine Botschaft unterhielt, die sechsmal so groß wie die der Bundesrepublik Deutschland war.[337]

10. Die SED und die Umwandlung der FSLN als Widerstandsorganisation in eine „revolutionäre Vorhutpartei"

Noch im August 1979 war von der SED die Behauptung aufgestellt worden, die kommunistische Sozialistische Partei Nicaraguas, „die marxistisch-leninistische Vorhut der Arbeiterklasse", habe ihren Einfluß unter den Werktätigen des Landes ausbauen können. Einschränkend wurde erwähnt, daß die Kampfkraft der nicaraguanischen Kommunisten aufgrund interner Auseinandersetzungen beeinträchtigt worden sei.[338]

Offener war der nicaraguanische Kommunistenchef Alvaro Ramirez, der erster nicaraguanischer Botschafter in der DDR wurde. Er gestand ein, daß seine Partei sich erst zu einem relativ späten Zeitpunkt auf die Teilnahme am bewaffneten Kampf orientierte.[339] Mit anderen Worten: „die Vorhut der Arbeiterklasse" hatte den richtigen Zeitpunkt zur Eröffnung des bewaffneten Kampfes gegen den Diktator Somoza verschlafen. Es ist deshalb auch nicht verwunderlich, daß die SED außerordentlich zurückhaltend mit Kontakten zur nicaraguanischen Bruderpartei war, um nicht die Beziehungen zur FSLN, der seinerzeit führenden Kraft des Landes, zu gefährden.

Ende März 1980 waren die beiden Mitglieder der FSLN-Nationalleitung, Verteidigungsminister Humberto Ortega und Innenminister Tomas Borge, zur Vorbereitung der offiziellen Aufnahme von Parteibeziehungen zwischen der SED und der FSLN, nach Ost-Berlin gekommen. Das entsprechende Kooperationsabkommen war von SED-Politbüromitglied Paul Verner und Verteidigungsminister Humberto Ortega unterzeichnet worden.[340] Die SED war damit nach der KPdSU und der KP Bulgariens die dritte kommunistische Partei eines Warschauer Pakt-Landes, die ein Abkommen über Zusammenarbeit mit der FSLN unterzeichnete.[341] Bereits anläßlich des ersten Jahrestages des Sieges über Somoza bescheinigte die FSLN der SED, daß sich die Zusammenarbeit zwischen beiden Parteien dynamisch und konstruktiv entwickelt habe. So war es auch ganz selbstverständlich, daß ein Vertreter der FSLN an der von der SED in Zusammenarbeit mit der damals in Prag erscheinenden internationalen prosowjetischen Zeitschrift „Probleme des Friedens und des Sozialismus" in

---

337 Rita Neubauer: DDR-Diplomaten in Nikaragua weichen bundesdeutschen Kollegen, in: Der Tagesspiegel vom 7. Oktober 1990, S. 33.
338 Einheit, Nr. 8 (1979), S. 880/881.
339 Horizont, Nr. 35 (1979).
340 Neues Deutschland vom 1. April 1980, S. 1.
341 Lindemann: Moskaus Traum, S. 44.

Ost-Berlin im Oktober 1980 ausgerichteten Konferenz zum Thema „Gemeinsamer Kampf der Arbeiterbewegung und der nationalen Befreiungsbewegung
gegen Imperialismus und sozialen Fortschritt" teilnahm. Der Delegierte aus
Managua bediente sich dabei ganz der in der DDR bei SED-Funktionären ge-
bräuchlichen Umgangssprache. So bezeichnete er Nicaragua als einen „festen
Stützpunkt im Kampf gegen Imperialismus, Kolonialismus, Neokolonialismus,
Zionismus und Apartheid zur Verteidigung der Demokratie und des Weltfrie-
dens".[342] Und einer der Parteiideologen der FSLN, Victor Tirado, sprach auf
dem 10. Parteitag der SED im April 1981 die Hoffnung aus, daß sein Land
immer mit der Unterstützung der sozialistischen Länder werde rechnen können. Gleichzeitig lobte er die Friedenspolitik des „Genossen Breschnew".[343]

Höchst befriedigt äußerte sich ein Mitarbeiter der Akademie für Gesellschaftswissenschaften beim ZK der SED bereits im August 1982 über die sich
vollziehenden „Reifeprozesse" bei der Umwandlung der FSLN. So hätten die
Sandinisten den „Führungsanspruch der Arbeiterklasse in der Revolution immer mehr herausgearbeitet. Als wichtigste Aufgabe betrachteten die Sandinisten deshalb, die Leitungsarbeit durch Kaderqualifizierung zu vervollkommnen und die politisch-ideologische Erziehungsarbeit unter den FSLN-Mitglie-
dern zu verbessern."[344]

Noch zufriedener konnte die SED sein, als FSLN-Parteiideologe Victor Tirado
im Frühjahr 1983 auf dem Internationalen Karl-Marx-Kongreß in Ost-Berlin
erklärte, daß Marx und Lenin den Sandinisten die allgemeine Richtung gewiesen hätten.[345] So war es auch nicht verwunderlich, daß Honecker, der bereits
1982 die FSLN eine „revolutionäre Vorhutpartei"[346] nannte, dieser 1983 versicherte, daß die DDR „unverbrüchlich an der Seite des nicaraguanischen Volkes"[347] stehe. Gewiß war Honecker nicht entgangen, daß FSLN-Parteiideologe
Tirado in seiner Rede auf dem Internationalen Marx-Kongreß in Ost-Berlin
Lenin fünfmal erwähnte und diese mit dem Satz beendete: „Wir sind gewiß,
daß wir unter dem Banner von Marx, Lenin und Sandino alle Schwierigkeiten
überwinden werden."[348] Jedenfalls tat die SED alles, um zwei der drei Säulen
(Marx, Lenin, Sandino), die das Gebäude der FSLN damals zusammenhielten,
zu stärken. Denn bis 1989 fand zwischen beiden Parteien ein umfangreicher
Meinungs- und Delegationsaustausch statt, so beispielsweise zwischen den
Zentralorganen „Neues Deutschland" und „Barricada" sowie den für Agitation,
Massenorganisationen, Schulung und ideologischen Fragen zuständigen Funktionären. Im Sommer 1984 war der für die internationalen Verbindungen zuständige SED-ZK-Sekretär Hermann Axen nach Managua gekommen, um die
neue Rollenoffset-Maschine in der Druckerei des FSLN-Zentralorgans „Barri-

342 Probleme des Friedens und des Sozialismus, Nr. 4 (1981), S. 500-501, hier S. 501.
343 Neues Deutschland vom 14. April 1981, S. 5.
344 Deutsche Außenpolitik, Nr, 8 (1982), S. 47.
345 Letz: Nicaragua, S. 257.
346 Neues Deutschland vom 19. Juli 1982, S. 2.
347 Neues Deutschland vom 19. Juli 1993, S. 1.
348 Letz: Nicaragua, S. 261.

cada" – ein Geschenk der SED – in Gang zu setzen. Das war für die FSLN deshalb so wichtig, weil dadurch ihr Zentralorgan die Auflage von 75.000 auf 110.000 Exemplare steigern konnte.[349]

Obwohl seit dem Sommer 1979 von Jahr zu Jahr die Unterstützung Nicaraguas durch die Sowjetunion, die DDR und Kuba immer stärker wurde, erklärte DDR-Staats- und Parteichef Honecker in einem Interview im Frühjahr 1986, daß man „in Nicaragua weder den Arm Kubas noch den der Sowjetunion spüren oder sehen kann."[350]

Wie sehr man jedoch den Arm der DDR in Nicaragua spüren konnte, bestätigte der nicaraguanische Staatspräsident und FSLN-Chef Daniel Ortega bei seinen Treffen mit Honecker. Er hatte ihn zunächst 1984 in Ost-Berlin besucht, als er sich auf seiner ersten Osteuroparundreise befand. Im Mai 1985 war Ortega erneut in Ost-Berlin, wobei er Honecker versicherte, daß „die DDR in der ersten Reihe der Solidarität mit Nicaragua steht."[351] Das war keine hohle Phrase, denn noch zwei Jahre nach seiner Abwahl hatte Ortega im Oktober 1992 bei einem Besuch Honeckers im Gefängnis erneut bekräftigt, die DDR-Hilfe für Nicaragua werde das Volk nicht vergessen. (FSLN-Funktionäre hatten damals sogar ein Honecker-Solidaritätskomitee gegründet.)[352] Damit hatte Ortega das wiederholt, als er im Januar 1989 von der bedeutenden Hilfe der DDR für das neue Nicaragua im Meinungsaustausch mit SED-Politbüromitglied Horst Sindermann sprach[353] und wenig später SED-Politbüromitglied Harry Tisch nach einem Gespräch mit Ortega in Managua zu dem Schluß kam, wie notwendig es sei, die Unterstützung für Nicaragua fortzusetzen, wobei Ortega anmerkte, daß die DDR Nicaragua „immens geholfen" habe.[354]

11. Die Zusammenarbeit auf den Gebieten Militär und Staatssicherheit

11.1. Ost-Berlins Hilfe für das Sandinistische Volksheer (EPS)

Im Frühjahr 1986 hatte der damalige nicaraguanische Staatspräsident Ortega erklärt, daß sein Land keine Waffen zu kaufen brauche, weil die sozialistischen Länder Gewehre, Panzer, Artillerie und Hubschrauber liefern.[355] Wie sich aus Akten des Ministeriums für Staatssicherheit der DDR ergibt, die sich beim Bundesbeauftragten für die Unterlagen des Staatssicherheitsdienstes der DDR befinden, hielt sich bereits Mitte September 1979 der damalige nicaraguanische Verteidigungsminister Oberst Bernadino Larios Montiel für vier Tage in der DDR auf. Laut Bericht des MfS ersuchte der nicaraguanische Verteidi-

---

349 Lindemann, Moskaus Traum, S. 105.
350 Neues Deutschland vom 19. März 1986, S. 1.
351 Lindemann: Moskaus Traum, S. 248-254.
352 Daniel Ortega besuchte Honecker im Gefängnis, in: Neues Deutschland vom 20. Oktober 1992, S. 5.
353 Treffen mit Daniel Ortega, in: Neue Zeit vom 5. Januar 1989, S. 4.
354 Solidarität mit Lateinamerika, in: Tribüne, vom 11. April 1998, S. 2.
355 Lindemann: Moskaus Traum, S. 235.

gungsminister um die Fortsetzung der bisher erwiesenen Hilfe, die der FSLN vom MfS, wie bereits erwähnt wurde, schon seit 1966 geleistet worden ist. Der nicaraguanische Minister ersuchte um die Lieferung von Transportmitteln, Pionier- und Nachrichtengerät sowie medizinische Ausrüstung und Lehrmittel für seine Truppe. Außerdem erwähnte Oberst Montiel, die nicaraguanische Marine benötige Patrouillenboote, die bei Bedarf mit Artilleriebewaffnung ausgerüstet werden könnten. Er erbat weiterhin Bekleidung und Ausrüstung für fliegertechnisches Personal sowie die Ausbildung von Unteroffizieren. Der nicaraguanische Verteidigungsminister erwähnte dabei, daß es seinem Land aus politischen Gründen zur Zeit nicht möglich sei, Waffen aus sozialistischen Ländern, sondern nur aus paktfreien Staaten einzuführen. Deshalb hatte der Minister auch gebeten, von Veröffentlichungen über seinen Besuch in Ost-Berlin in der DDR-Presse Abstand zu nehmen. In einer Liste des MfS aus dem Jahr 1989 wurden Lieferungen der DDR an die Sicherheitsorgane Nicaraguas für die Jahre 1979 bis 1989 aufgeführt. Sie hatten einen Wert von insgesamt 31 Millionen Mark. Dabei handelt es sich um militärisches, nachrichtentechnisches und medizinisches Material. Es waren dies Waffen, Munition, Funkanlagen, Fotolabors, Motorräder, Lastkraftwagen, Medikamente und militärische Bekleidung. Neben diesen Gütern wurde in der Liste für das Jahr 1985 noch vermerkt, daß den Sicherheitsorganen Nicaraguas auch Bücher der „Klassiker des Marxismus-Leninismus" geliefert wurden.[356]

Noch detaillierter waren die Waffenlieferungen der DDR an Nicaragua in einem Zeitschriftenbericht in der DDR nach dem Fall der Mauer Anfang 1990 wiedergegeben worden. Darin wurde erwähnt, daß die DDR Militärmaterial seit dem Jahre 1967 in Länder der Dritten Welt lieferte. So wurde Nicaragua vom Ingenieur-Technischen Außenhandel (ITA) der DDR, er hatte seinen Sitz in Horstwalde (40 km südlich von Berlin), mit folgenden Waffen und anderem militärischen Gerät ausgestattet:

1982: MPi, Munition, Handgranaten, Infantrieminen, Startanlagen für reaktive Geschosse, Tarnsätze, Fernmeldekabel, Feldküchen und Zelte;

1983: MPi, Munition, mobile Medizintechnik, Zelte, Fernmeldekabel, Werkstattwagen, Startanlagen für reaktive Geschosse sowie Fernrohre;

1984: MPi, Munition, Medizintechnik und Zelte;

1985: MPi, Munition, Handgranaten, Ortungsgeräte, Feldküchen, Zelte, und Werkstattwagen;

1986: Feldfernkabel und Handgranaten;

1987: Handgranaten, Munition und Medizintechnik;

---

356 Guido Heinen: Sandinisten baten Ostblock frühzeitig um Militärhilfe, Bericht der Deutschen Welle vom 5. April 1995 (EDV-Nr.: 9801 050495 102 01/114).

1988: 1.275 Zelte sowie Schuhe, Socken, Rucksäcke, mobile Medizintechnik und Feldküchen;

1989: 3.100 Batterien für gepanzerte Fahrzeuge, 700 Zelte, 100.000 Paar Schnürstiefel sowie 30 Motorräder ETZ 250 F.[357]

Bei dieser Aufstellung fällt auf, daß sich ab 1988 unter den Lieferungen der DDR an das Sandinistische Volksheer (Ejercito Popular Sandinista – EPS) - k e i n e Waffen mehr befanden. Zurückzuführen ist das auf den ab 1988 erkennbaren neuen Kurs der sowjetischen Nicaragua Politik, da bei dem intensiven Dialog zwischen der Sowjetunion und den USA auf Präsidenten- und Ministerebene stets auch über die Situation in Nicaragua gesprochen wurde. So hatte Moskau im Sommer 1989 seine Waffenlieferungen an Managua eingestellt, was Staats- und Parteichef Michail Gorbatschow im Dezember 1989 auf dem Gipfeltreffen von Malta Präsident George Bush noch einmal bestätigte.[358] Vom Nicaragua-Korrespondenten einer Moskauer Wochenzeitung wurde 1989 festgestellt, man könne ohne Übertreibung sagen, „daß in Nicaragua in hohem Maße mit sowjetischer Militärhilfe eine starke, kampffähige Armee aufgestellt wurde."[359] Dennoch sollte die Militärhilfe der DDR nicht unterschätzt werden, auch wenn die Sowjetunion zweifellos der Hauptlieferant von Waffen an das Sandinistische Volksheer gewesen ist.

Wie eng die Beziehungen des Sandinistischen Volksheeres zu den Warschauer Pakt-Staaten waren, ergibt sich auch daraus, daß ab 1983 an den Tagungen des „Sportkomitees der befreundeten Armeen", neben Armeesportlern der NVA aus der DDR, auch Armeesportler aus Nicaragua teilnahmen.[360]

Hatte Ende März 1980 der nicaraguanische Verteidigungsminister Humberto Ortega erstmalig Gespräche mit dem damaligen DDR-Verteidigungsminister Heinz Hoffmann geführt, war Ortegas damaliger Stellvertreter, Generalstabschef Joaquin Cuadra Locayo, Anfang Juni 1980 in der DDR eingetroffen. Wenige Tage zuvor hatte nämlich das Repräsentantenhaus in Washington beschlossen, Nicaragua eine Militärhilfe in Höhe von 5,5 Millionen Dollar zu verweigern.[361] Zwischen den Verteidigungsministern beider Länder hat es seitdem bis zum Oktober 1989 regelmäßige Begegnungen gegeben. Der letzte Meinungsaustausch hatte zwischen den Verteidigungsministern Heinz Keßler und Humberto Ortega in Managua, am Tag des Rücktritts von DDR-Staats- und Parteichef Honecker, stattgefunden.[362]

---

357 Klaus-Dieter Stefan: Heißes Eisen – DDR lieferte Waffen in die „Dritte Welt", in: horizont, Nr. 2/1990, S. 31.
358 Vojo Pekic: Neue Etappe in der Geschichte Nicaraguas, in: Internationale Politik vom 20. März 1990, S. 21-22.
359 Juri Kudimow: Wenn die Waffenlieferungen eingestellt sind..., in: Neue Zeit (Moskau), Nr. 42/1989, S. 8.
360 Neues Deutschland vom 14. April 1983, S. 4.
361 Neues Deutschland vom 6. Juni 1980, S. 2.
362 La Prensa (Managua) vom 19. Oktober 1989 (nach Deutsche Welle, Monitor-Dienst).

11.2. Staatssicherheitsdienst der DDR – Lehrmeister der Sandinisten

Bereits im Herbst 1979 war beim nicaraguanischen Innenministerium eine Ge-
neraldirektion des Staatssicherheitsdienstes (Direccion General de Seguridad
del Estado – DGSE) gegründet worden, deren Leitung Lenin Cerna übernahm.
Der kommunistische Arbeitersohn Lenin Cerna hatte zwar ein katholisches
College in Leon besucht. Doch hatte er sich in der Illegalität den Decknamen
Felix zugelegt. Mit diesem Decknamen wollte Cerna an Feliks Dsershinski,
den Begründer des sowjetischen Staatssicherheitsdienstes, erinnern.[363] Cernas
Chef, Innenminister Tomas Borge, der bereits in den fünfziger Jahren der Par-
tei der nicaraguanischen Kommunisten angehörte, hatte Ende 1980 die große
Bedeutung des Staatssicherheitsdienstes betont und dabei Lenin zitiert, der den
Staatssicherheitsdienst als wichtigsten Bereich bezeichnet habe.[364] In dieser
Rede hatte Innenminister Borge eingeräumt, daß bei der Gründung des sandinistischen Staatssicherheitsdienstes deren Mitarbeiter „nicht die leiseste Ah-
nung hatten, was es bedeutete, ein Mitglied einer Organisation dieser Art zu
sein".[365] Wenn diese Aussage Borges gewiß untertrieben war, so hatte der nicaraguanische Staatssicherheitsdienst Hilfe jedoch nötig, die ihm von Kuba,
der Sowjetunion, der DDR und Bulgarien geleistet worden ist. Einen ersten
Einblick in die Arbeit von Lenin Cernas Staatssicherheitsdienst vermittelte ein
ehemaliger leitender Mitarbeiter, der sich im Mai 1983 absetzen konnte. So
erhielten er und ein Teil seiner Kollegen ihre Ausbildung an der Schule des
kubanischen Sicherheitsdienstes in Havanna, wo sie auch Vorlesungen in
Marxismus-Leninismus besuchen mußten. Der Abteilung F 2 (Beobachtung
von Ausländern und Botschaften) gehörten 1983 kubanische und sowjetische
Berater an, während bulgarische Geheimdienstexperten die gesammelten Informationen zu analysieren hatten. Mitarbeiter des Staatssicherheitsdienstes
der DDR hätten die Aufgabe gehabt, die aus Ost-Berlin gelieferten Ausrüstungen für die technische Kontrolle der Sicherheitsoperationen zu installieren.
Dabei handelte es sich um Abhöranlagen für Telefone sowie um den Einbau
von Mikrofonen bei zu überwachenden Personen. Auch habe der DDR-Staatssicherheitsdienst Minikameras beschafft, die in Armbanduhren oder Gürtel
eingebaut werden konnten.[366] Diese Informationen wurden erneut bestätigt, als
in den darauffolgenden Jahren weitere hohe Mitarbeiter des sandinistischen
Staatssicherheitsdienstes aus Nicaragua fliehen konnten. So spielten, nach
Auffassung eines ehemaligen nicaraguanischen Geheimdienstoffiziers die
DDR und Bulgarien deshalb eine wichtige Rolle, weil sie sich mit der Analyse
der Informationen, Abhörtechniken und der Installation und Handhabung ver-
steckter Kameras beschäftigten.[367]

363 Lindemann: Moskaus Traum, S. 84.
364 Ebenda, S. 85.
365 Radio Sandino vom 27. Dezember 1980 (nach Deutsche Welle, Monitor-Dienst).
366 Radio Continente (Panama-Stadt) am 19. September 1983 (nach Deutsche Welle, Monitor-Dienst).
367 Bericht über Leutnant Alvaro Baldizon, in: Neue Zürcher Zeitung vom 6. Februar und 19. März
    1986.

Im September 1984 hatten der Minister für Staatssicherheit der DDR, Erich Mielke und der nicaraguanische Innenminister Tomas Borge in Ost-Berlin ein Protokoll über die Zusammenarbeit unterzeichnet. Auf 9 Schreibmaschinenseiten waren die Grundlagen der Zusammenarbeit erläutert worden.[368]

Dabei ging es vor allem auch darum, den Einfluß der katholischen Kirche in Nicaragua zurückzudrängen. Denn, wie ein Lateinamerika-Wissenschaftler der DDR schlußfolgerte, sind „in Nicaragua, einem Land, dessen Bevölkerung in hohem Maße religiös gebunden ist (80 Prozent Katholiken, 15 Prozent Protestanten), ohne breiteste Beteiligung von Gläubigen Revolution und Aufbau einer neuen Gesellschaft undenkbar."[369]

Den Sandinisten und ihren Helfern in Ost-Berlin ging es darum, auf die Gläubigen sowie auf die Geistlichkeit in Nicaragua Einfluß zu nehmen. Mit welchen Methoden Theologen in Nicaragua überwacht wurden, dafür gibt es ein Beweisstück, das Guido Heinen in seinem Buch über die Geschichte und Wirken der sogenannten Volkskirche im sandinistischen Nicaragua als einen „interessanten Zufallsfund in den Archiven der Gauck-Behörde" bezeichnet.[370] Aus dieser Akte erfährt man, daß der stellvertretende Leiter der Hauptabteilung XX/4 des Ministeriums für Staatssicherheit der DDR, Oberstleutnant Artur Hermann, sich vom 13. März bis zum 1. Mai 1989 in Nicaragua aufhielt und die Aufgabe hatte, Leitungskader und operative Mitarbeiter der Generaldirektion des Staatssicherheitsdienstes „auf der Abwehrlinie Kirchen/Ideologie (F-4)" zu qualifizieren.[371] Mit F-4 wurde in der Generaldirektion für Staatssicherheit Nicaraguas die „Abteilung Desinformation" bezeichnet, die sich mit ideologischen Operationen, wie beispielsweise der Irreführung ausländischer Geistlicher, der Infiltration der katholischen Kirche, ökumenischer Organisationen usw. befaßte. Für diese Abteilung waren Geheimdienstspezialisten aus der DDR zuständig.[372]

Über die Ergebnisse der Tätigkeit von Oberstleutnant Hermann in Nicaragua liegt nicht nur sein acht Seiten umfassender Bericht an seine Vorgesetzten vor. Vielmehr befindet sich beim Bundesbeauftragten für die Unterlagen des Staatssicherheitsdienstes der DDR auch noch das Reisetagebuch dieses Geheimdienstoffiziers (86 Seiten), in dem er seine Arbeit während seines siebenwöchigen Aufenthalts in Nicaragua sehr detailliert schildert.[373] Der Bericht und das Nicaragua-Tagebuch von Oberstleutnant Hermann hat deshalb Seltenheitswert, weil der sandinistische Chef des Staatssicherheitsdienstes, Lenin Cerna, nach der Abwahl der Sandinisten am 25. Februar 1990, alle die Sandi-

368 Heinen: Mit Christus und der Revolution, S. 80. (Das Protokoll über die Zusammenarbeit beider Ministerien vom 18. September 1984 befindet sich in der BStU-Dokumentenstelle.)

369 Winfried Kircheisen: Der nikaraguanische Protestantismus – ein vielschichtiges Bild, in: Asien, Afrika, Lateinamerika, Nr. 3 (1989), S. 505-514, hier S. 512.

370 Heinen: Mit Christus und der Revolution, S. 81. (Dabei handelt es sich um die „Information zur politisch-operativen Lage in Nikaragua im Bereich Kirchen und Ideologie" der HA XX/4, Berlin, 16. Mai 1989. -BStU HA XX/4-9, 000100-000121-).

371 Ebenda, S. 81.

372 Lindemann: Moskaus Traum, S. 95.

373 Heinen: Mit Christus und der Revolution, S. 82.

nisten schwer belastenden Unterlagen vernichten ließ. Wie Heinen bei seinen Recherchen in Nicaragua in Erfahrung brachte, wurde „angeblich lediglich eine Microfilmkopie der wichtigsten Dokumente nach Kuba ausgelagert."[374] Von Oberstleutnant Hermann erfährt man, daß allein im Mai 1989 die Abteilung F-4 über 600 Personen aus dem kirchlichen Bereich Nicaraguas Akten angelegt hat. In seinen Lehrveranstaltungen für Mitarbeiter des nicaraguanischen Staatssicherheitsdienstes hat Hermann die „operative Bearbeitung feindlich-klerikaler Kräfte" behandelt.[375]

Hermann vermerkt in seinem Tagebuch, daß der nicaraguanische Staatssicherheitsdienst im Bereich der Kirchen sich „vom bisher 'repressiven' Herangehen auf die Notwendigkeiten der Bündnispolitik, der Einbeziehung realistischer kirchlicher Kreise, umorientiert."[376] Gleichzeitig bedauert Hermann jedoch, daß diese „progressiven Kräfte" stark zersplittert sind, nicht konzeptionell abgestimmt arbeiten und zu wenig Einfluß gewinnen. Als Erfolg berichtet der Ost-Berliner Geheimdienstoffizier jedoch, daß es gelungen sei, einen Informellen Mitarbeiter des Geheimdienstes in die nächste Umgebung von Erzbischof Kardinal Obando y Bravo einzuschleusen, wo er Einsicht in geheime Dokumente nehmen konnte und vom Kardinal auf eine Reise in den Vatikan mitgenommen worden sei. Da Hermann durch seine Tätigkeit in der DDR den Wert sogenannter realistischer Kreise in den Kirchen zur Durchsetzung staatlicher Interessen kannte, hat er in seinen Qualifizierungslehrgängen in Managua die Themen Bündnispolitik und die Stabilisierung progressiver religiöser Zusammenschlüsse, die dann innerkirchliche Auseinandersetzungen auslösen sollten, behandelt. Dabei hat Hermann seinen Lehrgangsteilnehmern empfohlen, durch „zweckmäßige politisch-operative Maßnahmen" dem Prozeß der Dezentralisierung progressiver Kräfte entgegenzuwirken. In seiner Zusammenfassung hat Hermann die führenden Organisationen der nicaraguanischen „Volkskirche" (Iglesia popular) als zuverlässige und progressive Gemeinschaft aufgeführt.[377] Natürlich traf er sich auch mit dem IM „Danilo", dem die Bespitzelung von Kardinal Obando y Bravo übertragen worden war.[378] Außerdem besuchte er die Kirche Pater Uriel Molinas(ein Prediger der sogenannten Volkskirche), der sich nach dem Bericht eines IM des MfS durch besondere Nähe zur sandinistischen Führung auszeichnete.[379] Dazu hätte es nicht eines Geheimdienstberichts bedurft, da das von Pater Molina seinerzeit geleitete prosandinistische Ökumenische Zentrum, „Antonio Valdivieso" in Managua von der CDU der DDR unterstützt wurde.[380] In aller Offenheit notierte Oberstleutnant Hermann noch am 7. November 1989 in einer Zusammenfassung seines Einsatzes in Nicaragua, daß das Ökumenische Zentrum „Antonio

374 Ebenda, S. 22.
375 Ebenda, S. 82-83.
376 Ebenda, S. 85.
377 Ebenda, S. 86-87.
378 Ebenda, S. 103.
379 Ebenda, S. 102.
380 Neue Zeit vom 21. September 1985, S. 2.

Valdivieso" „Außenstelle der Sandinisten bleibt."[381] Hermann hielt weiterhin fest, daß das Ökumenische Zentrum als Devisenbeschaffer der Sandinisten diente. Es hatte außerdem keinerlei Berührungsängste, mit dem DDR-Staatssekretariat für Kirchenfragen in Kontakt zu kommen. Oberstleutnant Hermann hatte sich bei einem Besuch im Ökumenischen Zentrum als „Genosse Schwartz" vom Staatssekretariat für Kirchenfragen ausgegeben, um zu interessanten Informationen zu kommen. Denn, wie aus einem Bericht des sandinistischen Staatssicherheitsdienstes vom April 1989 an das Ministerium für Staatssicherheit der DDR hervorgeht, wurde das Ökumenische Zentrum in Managua vom Weltkirchenrat, von Brot für die Welt, dem Lateinamerikanischen Kirchenrat und anderen Organisationen unterstützt. Der sandinistische Staatssicherheitsdienst hatte dem MfS in Ost-Berlin sogar ein „Ersuchen um die aktive Unterstützung unseres Wahlprozesses" (für die Wahlen am 25. Februar 1990) gesandt. Darin hatte der Stellvertreter des sandinistischen Staatssicherheitschefs Cerna vor allem darum gebeten, internationale kirchliche Organisationen zu gewinnen, die die Wahlen im Sinne der Sandinisten beeinflussen könnten. Die führenden Vertreter dieser Organisationen müßten über eine positive Einstellung zur nicaraguanischen Revolution verfügen. Der sandinistische Staatssicherheitsdienst dachte dabei daran, daß der Nationalrat der Kirchen (USA), der Weltkirchenrat, der Lutherische Weltbund sowie der Lateinamerikanische Kirchenrat eine Beobachterkommission bei den Wahlen in Nicaragua bilden sollten und baten deshalb darum, daß dies vom Ministerium für Staatssicherheit (MfS)der DDR unterstützt werde, wobei es über seine Kanäle entsprechendes Propaganda- und Informationsmaterial verbreiten solle.[382]

Dazu dürfte es wenige Wochen vor dem Rücktritt Erich Mielkes und dem Durcheinander in seinem Ministerium nach dem Zusammenbruch der kommunistischen Regime in den Warschauer Pakt-Staaten nicht mehr gekommen sein. Fest steht jedoch, daß die DDR, gemeinsam mit Kuba, der Sowjetunion und Bulgarien, ganze Arbeit beim Aufbau des sandinistischen Staatssicherheitsdienstes geleistet haben. Nach Angaben seines damaligen Leiters Lenin Cerna, dessen Generaldirektion des Staatssicherheitsdienstes nach den für die Sandinisten im Februar 1990 verlorengegangenen Wahlen aufgelöst worden war, hatte diese Behörde 2.500 hauptamtliche Mitarbeiter und 30.000 Informelle Mitarbeiter (IMs)[383], so daß es in Nicaragua mit nur 3,2 Millionen Einwohnern ein perfekt funktionierendes Überwachungs- und Spitzelsystem gab.

Mielkes Leute in Lenin Cernas Generaldirektion hatten es nach der Abwahl der Sandinisten sehr eilig. So verließen die letzten „Berater" aus dem MfS im Februar 1990 Managua.[384]

---

381 Heinen: Mit Christus und der Revolution, S. 104.
382 Ebenda, S. 106-107.
383 Ebenda, S. 79.
384 Rita Neubauer: Die Stasi ging als erste, in: Der Tagesspiegel vom 7. Oktober 1990, S. 33.

12. Die Ausbildungshilfe der DDR – teilweise koordiniert mit Kuba

Nach Auffassung der Staats- und Parteiführung der DDR haben sich in den achtziger Jahren in Nicaragua „tiefgreifende antiimperialistisch-demokratische Umgestaltungen vollzogen."[385] Dabei hat die Ausbildungshilfe kommunistisch regierter Staaten, vor allem die Kubas und der DDR, eine wichtige Rolle gespielt. Voller Optimismus beurteilte man Ende 1984 in der DDR die Sandinistische Befreiungsfront (FSLN) als „die staatstragende Kraft", die dabei sei, „sich zur revolutionären Partei der Arbeiterklasse und der kleinen Bauern zu entwickeln." Besonders befriedigt war man in der DDR darüber, daß sich die FSLN immer stärker auf marxistisch-leninistische Grundsätze und Erfahrungswerte sozialistischer Staaten stützt."[386] Wenn der damalige stellvertretende Koordinator des Politischen Ausschusses der FSLN, Bayardo Arce, in einem Interview 1986 erklärte, ein Marxist sei in Nicaragua zwangsläufig auch Sandinist,[387] dann ist das von der DDR-Führung gewiß auch auf die Erfolge ihrer Ausbildungshilfe zurückgeführt worden. Denn schon vor dem Beginn der Alphabetisierungskampagne in Nicaragua, die im Frühjahr 1980 begonnen hatte, war von den Sandinisten nicht nur die große Hilfe Kubas, sondern auch die der DDR gewürdigt worden. Zwar konnte die DDR nicht, wie Kuba, 2.000 Lehrer nach Nicaragua entsenden, da spanische Sprachkenntnisse unter der Lehrerschaft der DDR eine Seltenheit waren. Dafür war sie jedoch besser als Kuba in der Lage, Nicaragua kostenlos Unterrichtsmittel, so auch Bleistifte, die in Kuba Mangelware sind, zur Verfügung zu stellen.[388]

Daß die Sowjetunion bei der Ausbildungshilfe in Nicaragua Kuba und der DDR den Vortritt ließ, hatte besondere Gründe. Einmal gab es zwischen Ost-Berlin und Havanna seit Jahren eine sehr intensive Zusammenarbeit im Volksbildungswesen. So war der Mathematikunterricht an kubanischen Schulen nach in der DDR ausgearbeiteten Methoden und Büchern eingeführt worden, was sich dann leicht auch auf nicaraguanische Verhältnisse übertragen ließ. Zum anderen verfügte nur Kuba unter den kommunistisch regierten Ländern über genügend Lehrkräfte, die ihr Wissen in spanischer Sprache in Nicaragua weitergeben konnten. So ergab sich dann die Arbeitsteilung, daß Kuba in Nicaragua Lehrkräfte einsetzen konnte und die DDR die Ausbildungsmethoden entwickelte sowie die Lehrbücher lieferte. Unter den seit 1973 in der DDR lebenden chilenischen Flüchtlingen konnte das Volksbildungsministerium einen Stab von Mitarbeitern gewinnen, die die für Nicaragua bestimmten Schulbücher ins Spanische übersetzten.[389] Die aus der DDR nach Nicaragua gesandten Schulbücher fanden zwar bei den sandinistischen Funktionären Beifall. Doch beim größten Teil der Eltern waren sie auf scharfe Ablehnung gestoßen. Denn

---

385 Wolfgang Leuchter: Zu einigen theoretisch-methodologischen Problemen der Vermittlung der kubanischen Erfahrungen zur Überwindung der Unterentwicklung, in: Asien, Afrika, Lateinamerika, Nr. 12/1986, S. 305-313, hier S. 305.
386 Lateinamerika – Kleines Nachschlagewerk, S. 322-323.
387 Arce u. a.: Sandinistas, S. 5
388 Lindemann: Moskaus Traum, S. 209-211.
389 Ebenda, S. 212.

der Schulunterricht wurde, wie seinerzeit in der DDR, „zur Indoktrinierung der Kinder mit marxistischen und militaristischen Inhalten oder einfach mit blankem Zynismus mißbraucht".[390]

In diesen, in der DDR gedruckten Fibeln war von den Sandinisten auf einem Faltblatt der Vermerk angebracht worden, daß man der DDR für die brüderliche solidarische Unterstützung danke. Dem westdeutschen Staatsrechtler, Prof. Dr. Martin Kriele, war eine solche Fibel bei seinem Nicaragua-Besuch vorgelegt worden. Er schreibt: „Lesen lernt man anhand von Wörtern wie 'töten', 'liquidieren', 'Maschinengewehr' usw. Die ersten Sätze lauten: 'Ich bin stolz und froh, ein Mitglied der Sandinistischen Jugend zu sein' – 'Mein Vater geht zur Versammlung der FSLN.' Im Rechnen werden z. B. folgende Aufgaben gestellt: Ein sandinistischer Guerillatrupp mit 20 Mann soll sich in zwei gleich große Gruppen teilen, wie viele entfallen auf jede Gruppe?... Den Deutschen erinnert das alles an die Erfahrungen im Dritten Reich oder in der DDR."[391] Die christliche Elternvereinigung Nicaraguas verwahrte sich zwar gegen jene Methoden, mit denen die „Köpfe und Herzen" ihrer Kinder „nach den Plänen und Interessen der herrschenden Partei FSLN deformiert" würden, da der wöchentliche Stundenplan immer häufiger mit marxistisch-leninistischen Lehren besetzt werde.[392] Aus dem Tenor des Protestes war unschwer die Beunruhigung über den ständig wachsenden Einfluß der DDR und Kubas im Erziehungswesen Nicaraguas zu erkennen. Während eines Besuchs in der DDR hatte der damalige nicaraguanische Erziehungsminister Carlos Tunnermann im Frühjahr 1984 eingehend das Bildungswesen studiert. Volksbildungsministerin Margot Honecker setzte alles daran, ihren nicaraguanischen Kollegen davon zu überzeugen, Schulbücher und pädagogische Literatur aus der DDR zu beziehen.[393]

Da diese Schulbücher kostenlos geliefert werden sollten, wurde den Sandinisten die Entscheidung leicht gemacht, das Angebot zu akzeptieren: 3,5 Millionen Schulbücher für die Schüler der ersten bis dritten Klassen in spanischer Sprache. Diesen Auftrag führte der Grafische Großbetrieb „Völkerfreundschaft" in Dresden aus, der sich auf die Produktion von Schulbüchern für jene Entwicklungsländer spezialisiert hatte, die den sogenannten sozialistischen Entwicklungsweg einschlagen. Für die Bücherspende erhielt Frau Honecker bei ihrem Nicaragua-Besuch im Sommer 1984 die Ehrendoktorwürde der Nationaluniversität in Managua. In der Laudatio hieß es, mit dieser Ehrung solle die Anerkennung für die politische und pädagogische Tätigkeit Frau Honekkers zum Ausdruck gebracht werden.[394]

Bis Februar 1985 hatte die Dresdner Druckerei bereits 1,8 Millionen Schulbücher nach Nicaragua auf den Weg gebracht. Bis zum Jahresende 1985 waren

---

390 Kriele: Nicaragua – das blutende Herz, S. 37.
391 Ebenda, S. 37-38.
392 La Prensa vom 13. April 1985 (nach Deutsche Welle, Monitor-Dienst).
393 Neues Deutschland vom 23. März 1984, S. 2.
394 Lindemann: Moskaus Traum, S. 218.

alle 3,5 Millionen Schulbücher sowie eine halbe Million Schulhefte ausgeliefert worden, was die DDR 6 Millionen Mark gekostet hat.[395] Die Geldmittel stammten aus dem Fonds des Solidaritätskomitees der DDR.[396] Wie schnell die DDR im Volksbildungs- sowie im Hochschulwesen Nicaragua an die Warschauer Pakt-Länder herangeführt hatte, ergibt sich allein daraus, daß ab 1984 Nicaragua an den Konferenzen der Bildungsminister sozialistischer Länder sowie an den Hochschulministerkonferenzen sozialistischer Länder teilnahm.[397]

Hochschullehrer aus der DDR waren seit 1982 an der Universität in Managua tätig.[398] Die DDR hatte sich aber auch als „Sportgroßmacht" einen Namen gemacht. So richtete sie in Managua die erste Nationale Sportschule Nicaraguas ein und zeigte sich großzügig, wenn es um die Gewährung von Stipendien für nicaraguanische Sportler an der Deutschen Hochschule für Körperkultur (DHfK) in Leipzig ging und entsandte zur Aus- und Weiterbildung von Sportlern Trainer nach Nicaragua.[399]

Beachtung fand in Nicaragua auch das von Volksbildungsministerin Honecker im Juli 1984 in Jinotepe (50 km südlich von Managua) eröffnete größte Polytechnische Berufsausbildungszentrum des Landes, das den Namen des deutschen Kommunisten Ernst Thälmann erhielt. Das Geld für die Finanzierung einer der Lehrausbildungsabteilungen dieses Zentrums hatte der christliche Ökumenische Jugenddienst in der DDR zur Verfügung gestellt. Neben den nicaraguanischen Lehrausbildern, die zuvor einen Lehrgang in der DDR besucht hatten, unterrichteten an diesem Polytechnischen Zentrum 18 Mitglieder einer FDJ-Freundschaftsbrigade. Ausgebildet wurden Schlosser, Elektriker, Klempner, Schneider und Näherinnen. Neben der fachlichen Ausbildung hatten die Jugendlichen auch politische Schulungskurse zu besuchen, die vom Sandinistischen Jugendverband des 19. Juli (Juventud Sandinista 19 de Julio) geleitet wurden.[400]

Da die Sandinisten bereits Ende Juli 1979 den Beschluß gefaßt hatten, einen Gewerkschaftsverband, die Sandinistische Zentrale der Werktätigen (Central Sandinista de Trabajadores – CST) zu gründen, hatte es der Freie Deutsche Gewerkschaftsbund (FDGB) der DDR von allen Gewerkschaften der Warschauer Pakt-Staaten am eiligsten, Gewerkschaftskontakte in Managua aufzunehmen. Der Besuch des Sekretärs im FDGB-Vorstand, Heinz Neukrantz, im September 1979 hatte vollen Erfolg, da eine Vereinbarung über die Entsendung von Funktionären zur Aus- und Weiterbildung in die DDR getroffen werden konnte. Auf dem 10. Weltgewerkschaftskongreß im Havanna (Februar 1982) waren die sandinistischen Gewerkschaften als Mitglied in den prosowjetischen Weltgewerkschaftsbund (WGB) aufgenommen worden. Fortan

395 Standpunkt, Nr. 7 (1985).
396 Neue Zeit vom 24. Dezember 1985, S. 2.
397 Lindemann: Moskaus Traum, S. 222-223.
398 Neues Deutschland vom 18. September 1984, S. 4.
399 Lindemann: Moskaus Traum, S. 225-226.
400 Ebenda, S. 215.

wurde die CST in der DDR als „Avantgarde der nicaraguanischen Gewerk-schaftsbewegung" bezeichnet. Die sandinistischen Gewerkschafter übernah-men sogar das in den Warschauer Pakt-Staaten übliche Vokabular, wie: Ar-beitskollektiv, Produktionswettbewerb oder Neuererbewegung, das sie an den osteuropäischen Gewerkschaftshochschulen kennengelernt hatten.[401]

Dennoch war es dem FDGB in Nicaragua nicht gelungen, die gesellschaftli-chen Strukturen der DDR auf die anderen Verhältnisse in Nicaragua rei-bungslos überzustülpen. Negativ hatte sich so in einigen Unternehmen Nicara-guas ausgewirkt, daß in der DDR oder in der Sowjetunion fortgebildete sandi-nistische Gewerkschafter eine andere Vorstellung von betrieblicher Demokra-tisierung hatten als die Mehrheit ihrer Kollegen in den heimatlichen Betrieben. „Die Übernahme fremder gesellschaftlicher Modelle erschwert so die Suche nach einem eigenen, nationalen Traditionen und Bedingungen entsprechenden Entwicklungsweg."[402]

Als erste Jugendorganisationen der Warschauer Pakt-Staaten waren die Freie Deutsche Jugend (FDJ) und die Pionierorganisation „Ernst Thälmann" in Nica-ragua zur Stelle. Es ist keineswegs eine Übertreibung, wenn man feststellt, daß diese beiden Organisationen der DDR bei der kommunistischen Beeinflussung der sandinistischen Jugend die wichtigste Rolle gespielt haben. Vor dem Sturz der Somoza-Diktatur unterhielt die FDJ lediglich Beziehungen zur prosowjeti-schen Sozialistischen Jugend Nicaraguas, deren Generalsekretär Eduardo Castillo im Dezember 1978 in Ost-Berlin dem damaligen FDJ-Chef Egon Krenz für die vielfältige Solidarität gedankt hatte. Ein knappes Jahr später war im November 1979 in Ost-Berlin zwischen dem Sandinistischen Jugendver-band und der FDJ eine Vereinbarung über die Zusammenarbeit unterzeichnet worden.[403] So konnten bereits im Sommer 1980 sandinistische Jugendfunktio-näre an der FDJ-Jugendhochschule „Wilhelm Pieck" am Bogensee ihr Studium aufnehmen.[404]

Kaum bekannt geworden ist die Tatsache, daß 1980 ein damals 46jähriger Dresdner Oberschullehrer, der die spanische Sprache gut beherrschte, maßge-bend am Aufbau der Vereinigung Sandinistischer Kinder „Luis Alfonso Ve-lasquez" (Asociacion de Ninos Sandinistas „Luis Alfonso Velasquez" – ANS) beteiligt gewesen ist. Nachdem seine Beratertätigkeit im Sommer 1980 eigent-lich abgeschlossen war, hatten die Sandinisten die FDJ und die SED darum gebeten, diesen Berater weiter in Managua arbeiten zu lassen, so daß die san-dinistische Kinderorganisation, nach dem Vorbild der Pionierorganisation „Ernst Thälmann", aufgebaut werden konnte.[405]

Für wie wichtig die Sandinisten die Beziehungen zur FDJ hielten, ergibt sich allein daraus, daß der damalige FDJ-Chef Krenz bei seinem Nicaragua-Besuch

401 Ebenda, S. 153-160.
402 Edelmann u. a.: Weder Schaf noch Wolf, S. 103.
403 Lindemann: Moskaus Traum, S. 160.
404 Ebenda, S. 161.
405 Sächsische Zeitung vom 10. Oktober 1980.

im Herbst 1981 von der gesamten Führungsspitze der FSLN empfangen wurde, wobei man ihm versicherte, daß die DDR „einen sehr wichtigen Beitrag für
die Sandinistische Volksrevolution geleistet hat und leistet".[406] Von der FDJ
wurde der Sandinistische Jugendverband, der auch Mitglied des prosowjetischen Weltbundes der Demokratischen Jugend geworden war, wie eine befreundete Jugendorganisation in den Warschauer Pakt-Staaten behandelt. So
kam es 1984 beispielsweise zum I. Treffen der Freundschaft zwischen der Jugend der DDR und Nicaraguas in Erfurt, so wie ähnliche Freundschaftstreffen
zwischen der FDJ und den prokommunistischen Jugendorganisationen Kubas,
Polens, der ČSSR usw. stattfanden. Die politisch wichtigste Hilfe der FDJ und
der Pionierorganisation „Ernst Thälmann" für die beiden sandinistischen Jugendorganisationen bestand unbestritten in der Ausbildung junger sandinistischer Funktionäre an Schulen der FDJ. Der bereits zitierte FSLN-Spitzen-
funktionär Bayardo Arce („ein Marxist ist in Nicaragua zwangsläufig ein Sandinist"), hatte im Oktober 1981 an der FDJ-Hochschule ein Referat gehalten
und erklärt, sein Land werde seine erkämpfte Freiheit „als Beitrag zum revolutionären Weltprozeß zu verteidigen wissen".[407]

Die engen Kontakte des Sandinistischen Jugendverbandes zur FDJ waren auch
fortgesetzt worden, als Egon Krenz in der SED aufstieg und Eberhard Aurich
die Führung der FDJ übernahm. So arbeitete die Sandinistische Jugendorganisation mit der FDJ beispielsweise auch bei der Vorbereitung der 12. kommunistischen Weltjugendfestspiele zusammen, die 1985 in Moskau stattgefunden
hatten. Im Spätsommer 1984 hatte Aurich in Managua vor 50 sandinistischen
Jugendfunktionären über die Arbeit der FDJ und die Jugendpolitik der DDR
referiert.[408] Die Pionierorganisation „Ernst Thälmann" hatte bereits 1983 die
Losung „Unser Lieblingsspielzeug für die Kinder Nicaraguas" ausgegeben.
Diese Aktion war 1984 und 1985 fortgeführt worden. 1985 hatte man mehr als
100.000 Pakete mit Spielwaren und Kinderbekleidung gepackt, die mit einem
sowjetischen Schiff nach Nicaragua transportiert wurden. An dieser Aktion
hatte sogar die sowjetische Pionierorganisation Gefallen gefunden und die
Pionieraktion „Companero" ins Leben gerufen, an der sich auch die Kinder der
in Kasachstan lebenden Deutschen beteiligten.[409]

Während der Weltjugendfestspiele in Moskau war zwischen der FDJ und der
Sandinistischen Jugend eine weitere Vereinbarung über die Zusammenarbeit
unterzeichnet worden, die unter anderem vorsah, daß FDJ-Freundschaftsbrigaden auch künftig in Nicaragua tätig sein werden. Die FDJ stellte weiterhin
ihre Bildungseinrichtungen zur Schulung von sandinistischen Jugendfunktionären zur Verfügung.[410]

---

406 Junge Welt vom 14. Oktober 1981, S. 1.
407 Junge Welt vom 23. Oktober 1981, S. 1.
408 Junge Welt vom 26. Oktober 1984, S. 2.
409 Freundschaft (Zelinograd/Kasachstan) vom 10. Januar 1986, S. 3.
410 Junge Welt vom 29. Juli 1985, S. 3.

In einem Aufsatz über die „marxistische Entwicklungskonzeption und sozialistische Orientierung" hieß es sehr richtig, daß „die sozialistische Orientierung als reale Erscheinung letztlich nur durch die Existenz des sozialistischen Weltsystems möglich ist".[411]

Nach dem Zusammenbruch dieses „Weltsystems" und der Abwahl der Sandinisten im Februar 1990 erschien in Kasachstan in der „Zeitung der Sowjetdeutschen" unter der Überschrift: „Zehn Jahre Bildungswesen unter sandinistischer Führung umsonst?" ein aufschlußreicher Beitrag. In Nicaragua habe nun eine Entideologisierung in allen Bildungseinrichtungen stattgefunden. Politisches Gedankengut in Form von Losungen, Wandzeitungen oder Plakaten würden aus den Schulen verbannt. Lehrern und Erziehern, viele von ihnen Sandinisten, drohe zwar nicht die Entlassung. Doch solle ihr Unterricht jetzt einzig und allein der fachlichen Ausbildung der Schüler dienen. Lesetexte in den Schulbüchern, in denen in den letzten zehn Jahren immer wieder die sandinistische Revolution behandelt und die „Errungenschaften des Volkes" gepriesen wurden, würden verschwinden. In einigen Gegenden des Landes seien die sandinistischen Schulbücher bereits verbrannt worden. (Dabei dürfte es sich um die zur politischen Beeinflussung der Kinder verwendeten Fibeln aus der DDR gehandelt haben.) Zitiert wird der neue nichtsandinistische Vizebildungsminister Humberto Belli, der erklärte, daß es notwendig sei, das in den letzten zehn Jahren gesunkene akademische und schulische Ausbildungsniveau zu verbessern,[412] was nicht als Lob für die während dieser Zeit von der DDR und Kuba geleistete Ausbildungshilfe in diesen beiden Bereichen verstanden werden kann. Dabei wußte die neue, nichtsandinistische Regierung Nicaraguas durchaus zu würdigen, „daß die Sandinisten das Analphabetentum von über 50 auf zwölf Prozent senkten und eine Volksbildung einleiteten."[413]

13. Außenwirtschaftliche Beziehungen der DDR – Einbindung in den RGW

Nach der Aufnahme diplomatischer Beziehungen zwischen der DDR und Nicaragua (20.7.1979) waren genau fünf Monate vergangen, bis aus den Medien der DDR erstmalig etwas über die sich anbahnenden Wirtschaftsbeziehungen zu erfahren war. Am 20. Dezember 1979 unterzeichnete die DDR als erstes Warschauer Pakt-Land in Managua einen Vertrag über die Lieferung von Kaffee mit der Nationalen Kaffeegesellschaft.[414]

An der Leipziger Frühjahrsmesse 1980 hatte sich Nicaragua erstmalig beteiligt und Kaffee, Zucker, Edelhölzer, Baumwolle sowie Textilien angeboten. Während der Messe konnte die DDR einen Vertrag über die Lieferung von 800 IFA-Lastkraftwagen mit Nicaragua abschließen. Außerdem bestellte Managua

411 Stier u. a.: Handbuch Entwicklungsländer, S. 96.
412 Zehn Jahre Bildungswesen unter sandinistischer Führung umsonst? in: Freundschaft vom 29. Juni 1990, S. 3.
413 Ebenda.
414 Neues Deutschland vom 21. Dezember 1979, S. 4.

mehr als 150 Lkw-Anhänger sowie Kleintransporter, ferner Pflanzenschutz-
und Schädlingsbekämpfungsmittel.[415]

Nach dem Sturz Somozas (Juli 1979) hatte Nicaragua bis zum Sommer 1981,
also innerhalb von zwei Jahren, immerhin Kredite im Wert von 1,2 Milliarden
Dollar erhalten. Allerdings waren darin lediglich Lieferkredite in Höhe von
138,5 Millionen Dollar aus Mitgliedsländern des Rates für Gegenseitige Wirtschaftshilfe (RGW) enthalten. So entfielen (in Dollar) 50 Millionen auf die
Sowjetunion, 35 Millionen auf die ČSSR, 30 Millionen auf die DDR, 18,5
Millionen auf Bulgarien und 5 Millionen auf Ungarn.[416]

Hatte die DDR mit Nicaragua am 31. März 1980 ein Handelsabkommen unterzeichnet, folgte am 18. Oktober 1980 noch ein Abkommen über die wirtschaftliche, industrielle und wissenschaftlich-technische Zusammenarbeit, dem
man die eigentlichen Schwerpunkte der angestrebten Zusammenarbeit entnehmen kann. Es waren dies die Gebiete Landwirtschaft, Agrarindustrie und
Nahrungsmittelindustrie, die chemische und pharmazeutische Industrie, die
metallverarbeitende Industrie und der Maschinenbau, die Leichtindustrie, die
polygrafische Industrie, die Schiffsindustrie, der Seetransport und die Fischerei, die Elektrotechnik und Elektronik, das Computer- und Nachrichtenwesen,
die Baumaterialienindustrie sowie die Volkswirtschaftsplanung.

Ein besonders wichtiger Punkt in diesem Abkommen war die berufliche Aus-
und Weiterbildung von Nicaraguanern, so die Entsendung von Praktikanten in
die DDR, der Austausch von Beratern, Spezialisten und Ausbildern. Bei der
Unterstützung Nicaraguas durch die DDR bei der Schaffung von Weiterbil-
dungsinstitutionen hieß es, daß dies unter möglicher Einbeziehung anderer sozialistischer Länder geschehen solle. Die DDR verpflichtete sich außerdem,
Nicaragua „fortgeschrittene Methoden der Organisation und Planung der Produktion"[417] zu vermitteln. Daß letzteres ein Hauptanliegen der DDR war, ergibt sich daraus, daß sie am 30. Januar 1982 mit Nicaragua ein Abkommen
über die Zusammenarbeit auf dem Gebiet der Planung und Leitung der Wirtschaft unterzeichnete.[418] Denn für die DDR und vor allem für die Sowjetunion
mußte das ein weiterer Schritt sein, der FSLN zu vermitteln, mit welchen Methoden sie auch auf dem Gebiet der Wirtschaft die Macht in die Hand bekommen kann, nachdem ihr das in den Bereichen Militär, Sicherheitsdienst und
Polizei, mit Unterstützung der Warschauer Pakt-Staaten, schon gelungen war.
Von 1980 bis 1989 fanden jährlich Tagungen der Gemischten Kommission
DDR-Nicaragua statt.[419]

Als Beispiel solidarischer Hilfe war von der DDR die Lieferung von 50.000
Tonnen Getreide für die nicaraguanische Bevölkerung bezeichnet worden, da

415 Leipziger Messe-Bulletin vom 11. März 1980.
416 Neue Zürcher Zeitung vom 12. September 1981.
417 DDR-Außenwirtschaft vom 17. Dezember 1980.
418 Neues Deutschland vom 1. Februar 1982, S. 2.
419 Außenwirtschaftsinformationen für Auslandsreisen, Nr. 79, Republik Nicaragua vom 6. September
     1998, S. 11.

die USA im Mai 1981 ihre Getreidelieferungen an Nicaragua eingestellt hatten. Daß bei den Getreidelieferungen gleich drei RGW-Staaten in die Bresche gesprungen waren, ergab sich aus einem DDR-Rundfunk-Kommentar: „Nicaragua ist jetzt mit Hilfe der Getreidelieferungen aus der UdSSR, Bulgarien und der DDR seiner Sorgen auf diesem Gebiet fürs nächste Jahr ledig."[420]

Im Zeitraum von 1980 bis 1982 hatte die DDR Nicaragua Lieferkredite in Höhe von 82 Millionen Dollar gewährt und dafür Lastkraftwagen, andere Transportmittel, Baumaschinen und Straßenbaumaschinen, Ausrüstungen für das Nachrichtenwesen, das Bildungs- und Gesundheitswesen sowie Dünge- und Schädlingsbekämpfungsmittel geliefert. Aus Nicaragua hatte die DDR lediglich Rohkaffee und Baumwolle beziehen können. Exportierte die DDR 1980 nach Nicaragua Waren im Wert von 71,4 Millionen Mark, beliefen sich die Bezüge auf nur 6,2 Millionen Mark, während in einer statistischen Übersicht über die Außenwirtschaftsbeziehungen DDR-Nicaragua für 1981 DDR-Exporte im Wert von 32,7 Millionen Mark und 1982 in Höhe von 111 Millionen Mark genannt werden, in diesen beiden Jahren aber keine Lieferungen Nicaraguas in die DDR notiert wurden.[421]

Daß sich, trotz der aus den RGW-Staaten angelaufenen Hilfe, Nicaragua 1983 in großer wirtschaftlicher Bedrängnis befand, konnte man im Herbst 1983 auf der 37. RGW-Ratstagung in Ost-Berlin erfahren. Zunächst hatte auf dieser Tagung jedoch DDR-Ministerpräsident Willi Stoph für eine große Überraschung gesorgt. In seinem Referat erwähnte er beinahe beiläufig, daß der RGW im September 1983 mit Nicaragua ein Abkommen unterzeichnet habe, daß dazu beitragen werde, „die Zusammenarbeit zu erweitern und die Unterstützung wirkungsvoll zu koordinieren".[422] Diese Mitteilung Stophs war deshalb eine kleine Sensation, weil Entwicklungsländer sozialistischer Orientierung, wie etwa Angola, Mosambik und Äthiopien, mit denen die DDR, die UdSSR und andere Warschauer Pakt-Staaten bereits durch Freundschaftsverträge verbunden waren, zu diesem Zeitpunkt noch keine Abkommen über Zusammenarbeit mit dem RGW unterzeichnen konnten, obwohl sie das längst erwartet hatten. Wenn der RGW sich jedoch im September 1983 entschloß, Nicaragua bevorzugt zu behandeln, so dürfte dies mehrere Gründe gehabt haben: Einmal war es leichter, einem kleinen Land wie Nicaragua mit nur 3,2 Millionen Einwohnern zu helfen, als beispielsweise Äthiopien mit einer damals neunmal größeren Einwohnerzahl. Zum anderen war Nicaragua seinerzeit für die Sowjetunion als möglicher Brückenkopf in Mittelamerika so wichtig, daß sie diese Basis durch kleinliche Behandlung der Sandinisten nicht verlieren wollte. Durch das vom RGW mit Nicaragua unterzeichnete Abkommen war es der Sowjetunion aber auch möglich, die vornehmlich auf ihren Schultern lastenden Hilfeleistungen

---

420 Stimme der DDR vom 29. Juni 1981.
421 Lateinamerika – Kleines Nachschlagewerk, S. 462.
422 Neues Deutschland vom 20. Oktober 1983, S. 3.

für Managua mit auf andere RGW-Mitglieder zu verteilen und diese Hilfe vor allem zu koordinieren.[423]

Auf der RGW-Ratstagung in Ost-Berlin hatte der nicaraguanische Beobachter, Planungsminister Henry Ruiz, der bis 1989 an allen RGW-Ratstagungen teilnahm, die Wirtschaftsmisere seines Landes drastisch geschildert, „was dringend die solidarische Aktion der Völker und Länder des Friedens und des sozialen Fortschritts erforderlich macht"[424], womit er natürlich die RGW-Staaten meinte. Dabei war sich Ruiz offenbar noch gar nicht im klaren darüber, daß sein Land bereits eine Vorzugsbehandlung genoß. Denn das noch viel notleidendere Mosambik hatte erst zwei Jahre später ein Abkommen mit dem RGW abschließen können, was auf der 40. RGW-Ratstagung im Juni 1985 in Warschau bestätigt worden war.[425]

Der Warenaustausch zwischen der DDR und Nicaragua hatte sich 1983 gegenüber 1982 von 111 Millionen auf 175,2 Millionen Mark erhöht, stieg 1984 auf 252,7 Millionen Mark an und erreichte 1985 mit 787,8 Millionen Mark seinen Höhepunkt, wobei es sich um Lieferungen der DDR im Wert von 723,9 Millionen Mark handelte, während die Einfuhren aus Nicaragua mit 63,9 Millionen Mark recht gering blieben.[426] 1986 war das Außenhandelsvolumen zwischen beiden Ländern auf 754,2 Millionen Mark leicht zurückgegangen. Führte die DDR Waren im Wert von 618,1 Millionen Mark nach Nicaragua aus, hatte Nicaragua seine Lieferungen in die DDR gegenüber 1985 mehr als verdoppeln können, da sie nun einen Wert von 136,1 Millionen Mark hatten. 1987 war das Handelsvolumen sogar um mehr als einhundert Millionen Mark auf 638,7 Millionen Mark zurückgegangen. Nicaragua hatte seine Lieferungen in die DDR weiter steigern können, da sie sich nun auf 228,3 Millionen Mark beliefen, während die Exporte der DDR 410,4 Millionen Mark erreichten. 1988 und 1989 ging es mit dem Außenhandel zwischen beiden Ländern weiter bergab. Seit 1985 erreichte das Handelsvolumen 1988 mit nur noch 456,1 Millionen Mark einen Tiefstand. Rapid zurückgefallen waren die Lieferungen Nicaraguas, die nur noch das Volumen von 100,5 Millionen Mark erreichten, während die DDR ihre Exporte auf 355,6 Millionen Mark reduziert hatte. Durch eine leichte Steigerung der Ausfuhren durch die DDR, die 1989 376,3 Millionen Mark betrugen, hatte sich das Handelsvolumen minimal auf 464,9 Millionen Mark erhöht. Doch waren die nicaraguanischen Lieferungen in die DDR auf 88,6 Millionen Mark zurückgegangen.[427]

War das Interesse der DDR und der Sowjetunion in der zweiten Hälfte der achtziger Jahre an Nicaragua als zweitem Stützpunkt in Lateinamerika erlahmt? In der Tat machte sich nach dem Amtsantritt von Michail Gorbatschow als neuer Generalsekretär der KPdSU im Frühjahr 1985 langsam aber sicher

---

423 Lindemann: Moskaus Traum, S. 232-233.
424 Neues Deutschland vom 20. Oktober 1983, S. 4.
425 Neues Deutschland vom 29./30. Juni 1985, S. 3.
426 Statistisches Taschenbuch der DDR 1985, S. 104, Statistisches Jahrbuch '90 der DDR, S. 278.
427 Statistisches Jahrbuch '90 der DDR, S. 278.

eine Kursänderung in der Nicaragua-Politik der Warschauer Pakt-Staaten bemerkbar, da die Sowjetunion zu einem besseren Verhältnis zu den USA kommen wollte. Das starke militärische Engagement der Ostblockstaaten in Nicaragua war jedoch ein Hindernis auf dem Weg zur Verbesserung der Beziehungen zwischen Moskau und Washington, das beiseite geräumt werden mußte.

Hinzu kam in der DDR aber noch ein anderes Problem, über das im SED-Politbüro Anfang Dezember 1987 beraten worden war. Da sich die wirtschaftliche Situation der DDR rapid verschlechtert hatte, deshalb lautete der Beschluß des Politbüros, daß neue Objekte in den Entwicklungsländern nur noch auf der Grundlage international üblicher kommerzieller Zahlungsbedingungen zu vereinbaren seien. Aus diesem Grund sollten nur noch Nicaragua, Angola und Kuba Kredite erhalten.[428]

Eine Vorzugsbehandlung wurde Nicaragua aber auch bei den Präferenzpreisen zuteil, die die DDR für fünf Jahre festlegte und Zuschläge auf die üblichen Weltmarktpreise gewährte. Präferenzpreisabkommen hatte die DDR lediglich mit sechs Entwicklungsländern abgeschlossen. Neben Nicaragua waren dies noch Laos und Kambodscha sowie die RGW-Mitglieder Kuba, die Mongolei und Vietnam, wobei Kuba mit einem Anteil von 90 Prozent am stärksten begünstigt wurde, gefolgt von Nicaragua mit über fünf Prozent.[429] So hatte die DDR Nicaragua für den Export von Bananen das Doppelte des Weltmarktpreises in Devisen bezahlt, weil das die einzige Möglichkeit war, von Nicaragua Kreditrückzahlungen zu erhalten, zumal Managua seine Bananen bevorzugt in konvertibler Währung verkaufte.[430]

Im Außenhandel Nicaraguas standen die RGW-Länder 1988 an erster Stelle. Mit ihnen wickelte das Land 34 Prozent seines Warenaustauschs ab, während auf die Länder der Europäischen Gemeinschaft nur 24 Prozent, die zentralamerikanischen Länder sowie andere Entwicklungsländer 23 Prozent und auf sonstige Länder 19 Prozent des Warenaustauschs entfielen.[431]

Da die RGW-Länder für einige Jahre die wichtigsten Lieferanten Nicaraguas waren, mußten sie auch die Verkehrsverbindungen in dieses mittelamerikanische Land verbessern. Sowjetische Aeroflot-Maschinen nahmen den Flugverkehr zwischen Moskau und Managua über Havanna auf, während die kubanische Fluggesellschaft CUBANA den Pendelverkehr zwischen Havanna und Managua verstärkte. Die sowjetische Baltische Schiffahrtsgesellschaft (BSC) und der VEB Deutfracht/Seereederei Rostock (DSR) gründeten einen gemeinsamen Liniendienst nach Nicaragua. Deren Ausgangspunkte waren das lettische Riga und der Überseehafen Rostock. Daß zwei RGW-Staaten einen gemeinsamen Liniendienst mit einem solch kleinen Land eröffneten, blieb auch eine Besonderheit. Aus den vom VEB Schiffsmaklerei Rostock herausgegebe-

---

428 Siebs: DDR und Dritte Welt, S. 64.
429 Ebenda, S. 65.
430 Ebenda, S. 66.
431 Außenwirtschaftsinformationen für Auslandsreisen, Nr. 79, Republik Nicaragua vom 6. September 1989, S. 11.

nen Segellisten ergab sich, daß der Schiffsverkehr zwischen Rostock und Corinto rasch zunahm. War es 1982 nur ein Schiff, das monatlich zwischen beiden Häfen verkehrte, sind es ab 1984 monatlich bis zu sechs Schiffen gewesen, die Frachten von Riga und Rostock nach Corinto beförderten. Dabei handelte es sich nicht nur um Güter aus der Sowjetunion und der DDR, sondern auch aus der ČSSR, die über Rostock verschifft wurden. Hatte zunächst Kuba Nicaragua ein Frachtschiff ausgeliehen, entschloß sich Polen zu einer Schenkung und lieferte der nicaraguanischen Handelsschiffahrt 1985 ein 10.000-Tonnen-Frachtschiff aus, während die insgesamt 8 maritimen Umschlagplätze des Landes bis Ende 1988 mit sowjetischer, tschechoslowakischer und bulgarischer Hilfe modernisiert worden sind.[432]

Kuba und die Sowjetunion hatten sich bereit erklärt, etwa 50 Prozent der nicaraguanischen Zuckerexporte zu weit über dem Weltmarktniveau liegenden Preisen zu kaufen. Kuba berechnete für jede Tonne Zucker damals 380 Dollar, was seinerzeit mehr als das Dreifache des Weltmarktpreises gewesen ist.[433] Der Zucker, den Kuba und die Sowjetunion kauften, kam wiederum aus der Zuckerfabrik „Victoria", die mit Hilfe der DDR und Kubas bei einem Wert von 70 Millionen Dollar gebaut und Anfang 1985 von SED-Politbüromitglied Egon Krenz und dem kubanischen Staatschef Fidel Castro eröffnet worden war.[434]

Die Lasten im RGW bei den Lieferungen nach Nicaragua waren folgendermaßen verteilt worden:

Die Sowjetunion stieg ab 1985, bis zum Ende der Herrschaft der Sandinisten, zum größten Erdöllieferanten auf und deckte etwa 90 Prozent des Erdölbedarfs Nicaraguas. Moskau lieferte außerdem Maschinen und Ausrüstungen für die Landwirtschaft, den Bergbau und für die erdölverarbeitende Industrie;

Kuba versorgte Nicaragua mit Technik für die Zuckerindustrie und stellte Fischereiboote zur Verfügung;

die Tschechoslowakei war für die Lieferung von Anlagen der Textil- und Schuhindustrie und von Ausbildungsflugzeugen „L-39" zuständig;

die DDR hatte für die Lieferung von Kraftfahrzeugen, Ausrüstungen für die chemische Industrie und für das Bauwesen zu sorgen;[435]

Bulgarien wurde mit Lieferungen von Kühlanlagen, Maschinen für die Nahrungsgüterindustrie, landwirtschaftliche Maschinen und Werkzeuge, Elektrokarren und Lastkraftwagen für die Landwirtschaft in Anspruch genommen. Die nicht unbeträchtliche Hilfe Bulgariens war dann auch der Anlaß dafür, daß

432 Lindemann: Moskaus Traum, S. 234-235.
433 Radio Managua vom 13. August 1985 (nach Deutsche Welle, Monitor-Dienst).
434 Neues Deutschland vom 14. Januar 1985.
435 Letz: Kurze Geschichte, S. 242-243.

1984 die Kommission RGW-Nicaragua ihre Tagung in der bulgarischen Messestadt Plovdiv abhielt.[436]

Außerdem war noch eine Arbeitsgruppe Außenhandel/Transport RGW-Nicaragua gegründet worden, die im Frühjahr 1985 ihre erste Tagung in Ost-Berlin abgehalten hatte. Wichtigste Themen sind die Festlegung der Arbeitspläne, die Koordinierung der Ausbildung von nicaraguanischen Fachkräften in den RGW-Staaten, die Zusammenarbeit in den Bereichen Landwirtschaft und Bergbau, im Energiewesen, in der Geologie und in der Textilindustrie gewesen. Beobachterstatus erhielt Nicaragua auch bei Sitzungen des Rates der Internationalen Investitionsbank in Moskau, eines der Geldinstitute der RGW-Länder.

Bei der koordinierten Hilfe der RGW-Länder für Nicaragua hatten die Sowjetunion, die DDR, Kuba, Bulgarien und die Tschechoslowakei die Hauptlast zu tragen, während die Hilfe Polens, Ungarns und Rumäniens gering geblieben ist.[437]

An dieser Stelle soll auch noch einmal auf die Hilfe des Solidaritätskomitees der DDR für Nicaragua verwiesen werden, das im Juli 1979 zu den ersten Vereinigungen aus den RGW-Staaten gehörte, das mit Hilfsgütern zur Stelle war. 1988 hatten dem Solidaritätskomitee der DDR aus Spenden der verschiedenen Massenorganisationen sowie der Kirchen und Religionsgemeinschaften über 212 Millionen Mark zur Verfügung gestanden, von denen allein 30,5 Millionen Mark für Nicaragua verwendet wurden. Unter den Empfängerländern befand sich das kleine Nicaragua nach Vietnam an zweiter Stelle, wobei Vietnam mit damals 60 Millionen Einwohnern Leistungen für 41 Millionen Mark erhalten hatte. 1989 stand dem Solidaritätskomitee der DDR ein Spendenaufkommen von 156,5 Millionen Mark zur Verfügung. Wieder befand sich Vietnam mit einer Summe von 33,4 Millionen Mark an erster Stelle, gefolgt von der SWAPO, welche Leistungen im Wert von 16,7 Millionen Mark erhielt. An dritter Stelle reihte sich Nicaragua ein, wobei 15,7 Millionen Mark für materielle Leistungen und die Ausbildung von Fachkräften Verwendung fanden.[438]

14. Die Zusammenarbeit im Gesundheitswesen

Bereits wenige Tage nach dem Sturz der Somoza-Diktatur im Juli 1979 hatte die DDR die ersten verwundeten Sandinisten im Ost-Berliner Oskar-Ziethen-Krankenhaus und im Städtischen Klinikum Berlinbuch aufgenommen, wo komplizierte Operationen vorgenommen worden sind und anschließend eine orthopädische Behandlung eingeleitet wurde. Daß nach und nach viele hundert schwerverwundete Sandinisten in der DDR operiert und gesundgepflegt wer-

---

436 Lindemann: Moskaus Traum, S. 237-240.
437 Ebenda, S. 241.
438 Bericht des Solidaritätskomitees, in: epd-Entwicklungspolitik: DDR – Entwicklungspolitik zwischen Ab- und Aufbruch, Frankfurt (Main) 1990, S. 53.

den konnten, war auch deshalb möglich, weil sich seinerzeit unter den in der DDR lebenden chilenischen Emigranten geeignetes Dolmetscher- und Pflegepersonal befand.[439]

Wie bei der Wirtschaftshilfe der RGW-Staaten für Nicaragua verhielt es sich auch bei der Hilfe im Gesundheitswesen. Die Lasten wurden auf viele Schultern verteilt. Da trat, weil es keinerlei Sprachprobleme gab, zunächst Kuba in Aktion und verpflichtete sich, 1.500 Nicaraguanerinnen zu Krankenhelferinnen auszubilden.

Stipendien für nicaraguanische Medizinstudenten stellten neben der DDR auch die Sowjetunion, Kuba und Bulgarien zur Verfügung.[440]

Relativ spät, nämlich erst 1982, waren zwei Ärzte und eine Physiotherapeutin aus der DDR nach Managua entsandt worden, während im Oktober 1983 zwischen Nicaragua und der DDR ein Abkommen über Zusammenarbeit im Gesundheits- und Sozialwesen unterzeichnet worden war. Darin hieß es, daß die DDR das nicaraguanische Gesundheitswesen auch bei dessen Leitung unterstützen werde.[441]

Wie stark die Sowjetunion und seine Verbündeten Nicaragua auch im Gesundheitswesen an sich banden, ergibt sich daraus, daß Nicaragua erstmalig (im Juni 1985 in Ost-Berlin) an der 25. Konferenz der Minister für Gesundheitswesen sozialistischer Länder mit seinem stellvertretenden Gesundheitsminister Dr. Pablo Absalom Coca Ruiz teilnahm.[442] Als der Minister wenige Monate danach erneut in Ost-Berlin war, unterstrich er, daß zwischen Nicaragua und der DDR die politischen, ideologischen und geistigen Bindungen immer intensiver würden, wobei er noch folgendes Bekenntnis ablegte: „Wir gehen mit immer mehr Festigkeit auf unserem Weg für die Schaffung des sozialistischen Vaterlandes voran, damit die sozialistische Gemeinschaft in der Welt immer größer wird."[443]

Wie selbstverständlich nahm ab 1985 Nicaragua auch an den Konsultativtreffen der Präsidenten der Rotkreuz- und Roten Halbmond-Gesellschaften der sozialistischen Länder teil.[444]

Waren verwundete Soldaten des Sandinistischen Volksheeres (EPS) auch noch 1989 in der sogenannten Solidaritätsstation „Jakob Morenga" des Klinikums in Berlin-Buch behandelt worden,[445] konnte als Geschenk der DDR am 23. Juli 1985 im Managua-Xolotlan in Gegenwart des nicaraguanischen Präsidenten Daniel Ortega ein Krankenhaus eröffnet werden, in das Ost-Berlin schon zu Anfang acht Millionen Mark investiert hatte. Das Krankenhaus, das den Na-

---

439 Lindemann: Moskaus Traum, S. 243-244.
440 El Nuevo Diario vom 5. Dezember 1980 (nach Deutsche Welle, Monitor-Dienst).
441 Neue Zeit vom 27. Februar 1985.
442 Neues Deutschland vom 11. Juni 1985, S. 2.
443 Stimme der DDR vom 27. Januar 1986 (nach Deutsche Welle, Monitor-Dienst).
444 Berliner Zeitung vom 11. September 1985, S. 4.
445 Klaus Erbstößer: Eine Fahrt der Solidarität, in: Neue Zeit vom 26. Mai 1989, S. 8.

men "Carlos Marx" trug, bestand zunächst nur aus großen Zelten und Containern, in dem bei der Eröffnung mehr als 20 Fachärzte und viele Krankenschwestern aus der DDR arbeiteten. Es gab eine Apotheke, eine Röntgenstation, ein Labor und eine mobile Optik-Ambulanz. Danach begannen Bauarbeiter aus der DDR die per Schiff eingetroffenen Fertigteilhäuser zu montieren, um das Zeltkrankenhaus Schritt für Schritt durch ein solides Krankenhaus mit Bettenstationen, Operationsräumen sowie eine Poliklinik mit mehreren Fachabteilungen zu ersetzen. Diese Häuser konnten 1986 von einer FDJ-Freundschaftsbrigade übergeben werden, mit einer Kapazität von rund 220 Betten im stationären Bereich, während der ambulante Bereich für die medizinische Grundversorgung von etwa 300.000 Einwohner Managuas bestimmt war. Die 25 Ärzte und die 60 Angehörigen des mittleren medizinischen Dienstes aus der DDR waren in der Allgemeinpraktischen Medizin sowie in den Fachbereichen Innere Medizin, Chirurgie, Gynäkologie und Pädiatrie tätig. Auch der größte Teil der Medikamente wurde aus der DDR geliefert.

Arbeiteten schon 1986 nicaraguanische Schwestern in diesem Krankenhaus mit, ging man nach der Ausbildung nicaraguanischer Ärzte in der DDR und in anderen RGW-Staaten dazu über, die Ärzte aus der DDR Schritt für Schritt durch Nicaraguaner zu ersetzten.[446]

Sollten die Mitglieder der FDJ-Freundschaftsbrigaden ausschließlich aus FDJ- und SED-Mitgliedern bestehen, konnte dieses Ziel kaum erreicht werden, da oft die berufliche Qualifikation fehlte. Beim medizinischen Personal des Krankenhauses "Carlos Marx" hatten nur 40 Prozent der SED angehört.[447] Den Höchststand an Ärzten, Hebammen, Krankenschwestern und Technikern aus der DDR hatte dieses Krankenhaus 1987 mit 120 Bediensteten erreicht.[448]

Auch noch kurz nach der Wiedervereinigung Deutschlands war das Carlos Marx-Krankenhaus nicht nur in der Hauptstadt Managua gut bekannt, sondern das meistbesuchteste Hospital im ganzen Land,[449] weshalb dieses Entwicklungsprojekt auch weiterhin unterstützt wurde, was noch an anderer Stelle zu behandeln sein wird.

15. Die Kulturbeziehungen und die Zusammenarbeit der Massenmedien

Wie schon auf anderen Gebieten, so war die DDR auch auf kulturellem Bereich das erste Warschauer Pakt-Land, das mit Nicaragua ein Kulturabkommen abschloß, das am 1. April 1980 unterzeichnet worden ist.[450]

---

446 Hamann: Blüte aus Feuer, S. 129-131.
447 Siebs: DDR und Dritte Welt, S. 93
448 Uwe Rosenhain: Vor Ort: Von DDR errichtetes Krankenhaus in Managua wird bald an Nikaragua übergeben, in: Neues Deutschland vom 19. Juni 1992, S. 6.
449 Rita Neubauer: Die Stasi ging als erste, in: Der Tagesspiegel vom 7. Oktober 1990, S. 33.
450 Neues Deutschland vom 2. April 1980.

Am 9. Festival des politischen Liedes in Ost-Berlin, das war im Juli 1979, kurz vor dem Sturz des Somoza-Regimes, hatte bereits eine Gruppe aus Nicaragua teilgenommen. Ein Jahr danach war vom Auftritt dieser Künstler in der DDR eine Langspielplatte herausgebracht worden. Ein großer Teil dieser Platten war nach Nicaragua verschickt worden, da zu diesem Zeitpunkt dort noch keine Schallplatten hergestellt werden konnten.[451]

Daß die DDR Wert darauf legte, nicht mit zweitrangigen Kulturbeiträgen in Nicaragua in Erscheinung zu treten, geht beispielsweise daraus hervor, daß sie den international angesehenen, damals in Dresden wirkenden Theaterregisseur und Brecht-Spezialisten Hannes Fischer für mehrere Wochen nach Managua entsandte. Fischer studierte dort im Auftrag des DDR-Kulturministeriums die Theatersituation. Fischer war dafür deshalb der am besten geeignete Mann, da er 1970/71, unter der Präsidentschaft Allendes, Theaterstücke von Brecht in Santiago de Chile einstudierte. Da Fischer fließend Spanisch spricht, konnte er in Gesprächen mit Vertretern der FSLN und nicaraguanischen Theaterfachleuten die Bereiche abstecken, in denen die DDR die Theaterarbeit des Landes zu unterstützen vermag.[452] Der Arbeitsplan über die kulturelle und wissenschaftliche Zusammenarbeit zwischen beiden Ländern umfaßte die Bereiche Hoch- und Fachschulwesen, Volks- und Berufsausbildung sowie den Kulturaustausch.[453] Wenn der Kulturaustausch in dem Arbeitsplan erst an dritter Stelle nach den verschiedenen Arten der Bildungshilfe genannt wurde, so beweist das am besten, daß es Nicaragua vor allem darauf ankam, von der DDR im wissenschaftlichen Bereich und der Volksbildung unterstützt zu werden. Dennoch muß auch darauf verwiesen werden, daß sich die DDR als einer der wenigen Warschauer-Pakt-Staaten von Anfang an recht intensiv mit der neuen nicaraguanischen Literatur befaßte und 1981 mit einer ersten Anthologie moderner nicaraguanischer Lyrik an die Öffentlichkeit trat. Ermutigung zur Herausgabe dieses Bandes war vom nicaraguanischen Kulturminister Ernesto Cardenal gekommen, der für die Herausgabe des Bandes auch deshalb dankte, weil ein Teil der Auflage in spanischer Sprache erschien, die nach Managua versandt worden war.[454] Die Sandinisten waren dankbar dafür, daß die DDR einen Lieferkredit im Werte von 10 Millionen Dollar zur Verfügung stellte. Für diesen Betrag konnte Managua 50 Schullabors und andere Ausrüstungen erwerben.[455] Seit 1980 waren auch junge Nicaraguaner zum Studium in die DDR gekommen. Allein im September 1981 hatte eine Sondermaschine der INTERFLUG 70 Nicaraguaner in die DDR geflogen, um dort an verschiedenen Universitäten und Ingenieurhochschulen das Studium aufzunehmen.[456] Die Technische Universität Dresden nahm junge nicaraguanische Wissenschaftler zum postgradualen Studium auf, die sich dort Kenntnisse zur Rein-

---

451 Neues Deutschland vom 5./6. Juli 1980.
452 Neues Deutschland vom 18. Juni 1980.
453 Neue Zeit vom 17. Juni 1981.
454 Neue Zeit vom 13. Juli 1981.
455 Neues Deutschland vom 12. September 1981.
456 Neues Deutschland vom 24. Oktober 1981.

haltung des Wassers und der Luft sowie des Schutzes von Fauna und Flora aneigneten.[457]

Ab 1981 hatte Nicaragua auch regelmäßig bis 1989 zu den Teilnehmern des Leipziger Dokumentarfilm-Festivals gehört.[458]

Da der nicaraguanische Kulturminister Ernesto Cardenal 1980 den Friedenspreis des Deutschen Buchhandels in Frankfurt (Main) erhalten hatte, wollte dem die DDR nicht untätig zusehen. So wurde Cardenal im Oktober 1985 von der Ost-Berliner Humboldt-Universität die Ehrendoktorwürde verliehen. In einem Vortrag, den Cardenal in Ost-Berlin in seiner Eigenschaft als Ehrenpräsident der prosowjetischen Christlichen Friedenskonferenz von Lateinamerika und der Karibik hielt, hatte er aus einem seiner Gedichte den Satz zitiert: „Kommunismus – das heißt das Reich Gottes auf Erden –, was für mich dasselbe ist."[459]

Noch peinlicher wurde es, als Cardenal die Behauptung aufstellte, der Marxismus-Leninismus müsse „von jedem Christen nicht nur gebilligt, sondern auch begrüßt werden"; denn man könne ein marxistischer Christ und sogar ein marxistisch-leninistischer Christ sein."[460] Obwohl jedes zehnjährige Schulkind in der DDR es damals besser als Cardenal wußte, daß es marxistisch-leninistische Christen nicht geben kann, wurde in den DDR-Medien nicht gegen Cardenal polemisiert, da beim Umbau der FSLN als Vorhutpartei zu einer prosowjetischen sozialistischen Partei im katholisch geprägten Nicaragua die „fortschrittlichen" Christen wie Cardenal dringend gebraucht wurden.

Im November 1986 hielten sich als Gäste der nicaraguanischen Dachorganisation der Künstlerverbände der stellvertretende Vorsitzende des Schriftstellerverbandes der DDR, Gerhard Holtz-Baumert, sowie das Vorstandsmitglied des Verbandes Bildender Künstler der DDR, Dr. Peter Michel, in Managua auf. Dabei unterzeichneten der Bund Bildender Künstler der DDR mit dem nicaraguanischen Künstlerbund (Union de Artistas Plasticos – UNAP) ein Abkommen, das den Austausch junger Künstler, die Unterstützung für die Arbeit der UNAP und der Nationalen Schule der Schönen Künste in Managua vorsah. Auch zwischen den Schriftstellerverbänden beider Länder war ein Abkommen unterzeichnet worden. So veröffentlichte Holtz-Baumert 1987 in der DDR einen Sammelband mit nicaraguanischen Märchen, während Mitte 1987 ein Heft der Zeitschrift „Bildende Kunst" über die Kunst und Kunstgeschichte Nicaraguas informierte.[461]

Mit der Entwicklung bei den sandinistischen Massenmedien konnte die DDR von Anfang an sehr zufrieden sein. War der Verband der Journalisten Nicaraguas schon im Dezember 1979 Mitglied der prosowjetischen Internationalen

457 Sächsische Zeitung vom 7. November 1981, S. 5.
458 Leipziger Volkszeitung vom 28./29. November 1981, S. 4.
459 Begegnung, Nr. 12 (1985).
460 Ebenda.
461 Peter Michel: 10 Jahre nach Nicaragua – Erinnerungen an einen Freund, in: Unsere Zeit vom 20. Dezember 1996, S. 15.

Journalistenorganisation (IJO) geworden, die damals ihre Exekutivtagung in Hanoi abhielt, hatte die nicaraguanische Journalistendelegation auf dem Rückflug eine Zwischenstation in Ost-Berlin eingelegt. Dort war zwischen den Journalistenverbänden der DDR und Nicaraguas die Zusammenarbeit beschlossen worden. Auch hatten die Gäste aus Managua Gelegenheit, mit dem Leiter der Abteilung Agitation des ZK der SED, Heinz Geggel, einen Meinungsaustausch zu führen.[462] Da war es dann nur noch ein kleiner Schritt, bis es der DDR-Nachrichtenagentur ADN – als erster Nachrichtenagentur eines Warschauer Pakt-Landes – gelang, mit der erst 1979 gegründeten, von den Sandinisten beherrschten Nachrichtenagentur ANN (Agencia Nueva Nicaragua) ein Abkommen über Nachrichten- und Fotoaustausch zu unterzeichnen, das auch noch eine Reihe von Maßnahmen zur Unterstützung des weiteren Aufbaus von ANN vorsah.[463] Zwar war ANN auch dem Informationspool der blockfreien Staaten beigetreten.[464] Doch nutzte ANN neben den Nachrichten- und Fotolieferungen von ADN besonders die Informationen der kubanischen Agentur Prensa Latina und der sowjetischen Agentur TASS.[465] ANN schloß außerdem noch Abkommen über die Zusammenarbeit mit der nordkoreanischen Agentur KCNA, der Vietnamesischen Nachrichtenagentur, der bulgarischen Agentur BTA sowie der tschechoslowakischen Agentur CTK ab.[466] Auch wenn schon wegen der geographischen Nähe für ANN die kubanische Nachrichtenagentur Prensa Latina als Helferin am wichtigsten gewesen sein dürfte, so steht fest, daß ADN-Mitarbeiter die sandinistisch beherrschte Agentur ANN mit aufgebaut haben.[467]

Es war für den sandinistischen Journalistenverband deshalb auch ganz selbstverständlich, daß er Anfang 1984 in Ost-Berlin am Konsultativtreffen der Leitungen von Journalistenverbänden sozialistischer Länder, zunächst mit Beobachterstatus, teilnahm. Dabei lobte die damalige Generalsekretärin des nicaraguanischen Journalistenverbandes, Lili Jotur, die sehr starke Unterstützung ihres Verbandes durch die prosowjetische Internationale Organisation der Journalisten (OIJ) in Prag.[468] So war von der Prager OIJ-Zentrale nicht nur die von dieser Organisation auf Kuba geschaffene Internationale Journalistenschule „Jose Marti" ersucht worden, nicaraguanische Journalisten zu Weiterbildungskursen aufzunehmen. Auch das Internationale Institut für Journalistik „Werner Lamberz" in Ost-Berlin-Friedrichshagen war mit der Aus- und Weiterbildung nicaraguanischer Journalisten beauftragt worden. Ein prominenter

462 Neues Deutschland vom 13. Dezember 1979, S. 2.
463 Neues Deutschland vom 23. Mai 1980.
464 Probleme des Friedens und des Sozialismus, Nr. 6 (1981), S. 833.
465 Radio Managua vom 5. August 1980 (nach Deutsche Welle, Monitor-Dienst).
466 Radio Sandino vom 2. Mai und 23. August 1980, Meldungen über Abkommen mit KCNA und Vietnamesischer Agentur (nach Deutsche Welle, Monitor-Dienst), Sofioter Nachrichten vom 5. Juni 1980, Abkommen mit BTA, Prager Volkszeitung vom 13. Juni 1980, Abkommen mit CTK.
467 Frankfurter Allgemeine Zeitung vom 8. Juni 1983.
468 Neue Zeit vom 12. Januar 1984, S. 2.

sandinistischer Journalist hatte bereits 1982/83 an diesem Institut in Berlin-Friedrichshagen studiert.[469]

Der Verband der Journalisten der DDR richtete außerdem in Managua einen fünfwöchigen Weiterbildungslehrgang für nicaraguanische Journalisten aus. Dabei mußte sich einer der Dozenten von der Dresdner „Sächsischen Zeitung" wie zu Hause gefühlt haben, da er in einer sandinistischen Radiostation an der Wand folgenden politischen Spruch fand: „Bei Radio Liberacion sind alle Milizionäre, weil alle Sandinisten sind."[470]

Wie eng die Beziehungen der nicaraguanischen Nachrichtenagentur ANN zur DDR und anderen Warschauer Pakt-Staaten war, ergibt sich beispielsweise daraus, daß ANN-Generaldirektor Carlos Garcia zu einem Meinungsaustausch vom ZK-Sekretär der SED für Agitation und Propaganda, Joachim Herrmann, im Juli 1984 empfangen wurde.[471]

So war es nicht weiter verwunderlich, daß im Oktober 1985 in der bulgarischen Hafenstadt Varna auf der 22. Konferenz der Generaldirektoren der 25 Informations- und Presseagenturen der kommunistischen Länder – ohne das blockfreie Jugoslawien – auch der ANN-Generaldirektor vertreten gewesen ist.[472]

Wie bereits an anderer Stelle erwähnt wurde, hatte der für die internationalen Verbindungen zuständige SED-ZK-Sekretär Hermann Axen als Geschenk seiner Partei dem FSLN-Zentralorgan „Barricada" eine Rollen-offset-Maschine übergeben. Auch bei den Pressefesten des SED-Zentralorgans durften die Sandinisten nicht fehlen, die dann diese Gelegenheit nutzten, Einrichtungen von Presse, Rundfunk und Fernsehen sowie die Sektion Journalistik an der Leipziger Universität zu besuchen.[473] Das sandinistisch regierte Nicaragua war natürlich auch der von der Sowjetunion dominierten Internationalen Rundfunk- und Fernsehorganisation (OIRT) beigetreten, während zwischen der DDR und Nicaragua bereits seit September 1981 ein Rundfunk- und Fernsehabkommen bestand. Dieses Abkommen sah auch die Weiterbildung von nicaraguanischen Rundfunk- und Fernsehmitarbeitern in der DDR vor. Außerdem hatte ein Redakteur der „Stimme der DDR" in einem vierwöchigen Lehrgang in Managua nicaraguanische Berufskollegen weiterzubilden. Im Programm des Sandinistischen Fernsehens sah man neben Produktionen aus Kuba auch Fernsehbeiträge aus der DDR.[474]

So lief im Sandinistischen Fernsehen beispielsweise die 13teilige DDR-Fernsehserie „Archiv des Todes", in der der Einsatz einer internationalen antifaschistischen „Kundschaftertruppe" (bestehend nur aus Kommunisten) während

---

469 Neues Deutschland vom 28./29. Dezember 1985.
470 Sächsische Zeitung vom 26. August 1983.
471 La Voz de Nicaragua vom 4. Juli 1984 (nach Deutsche Welle, Monitor-Dienst).
472 BTA vom 8. Oktober 1985 (nach Deutsche Welle, Monitor-Dienst).
473 Lindemann: Moskaus Traum, S. 105-106.
474 Ebenda, S. 107.

des Zweiten Weltkrieges geschildert wurde.[475] Wenn es um die Arbeit auf dem Gebiet der Massenmedien geht, muß hier auch noch die Bedeutung der bereits Mitte 1980 gegründeten Nicaraguanischen Vereinigung der Freundschaft mit den sozialistischen Ländern (spanische Abkürzung – ANAPS) behandelt werden, die zum Partner der innerhalb der Liga für Völkerfreundschaft der DDR gegründeten Freundschaftsgesellschaft DDR-Nicaragua wurde. Präsident dieser neuen Freundschaftsgesellschaft war der Ärztliche Direktor des Ost-Berliner Oskar-Ziethen-Krankenhauses, Dr. Joachim Berndt, in dessen Klinik verwundete Sandinisten gesundgepflegt worden sind. ANAPS war für die DDR als Türöffner deshalb wichtig, weil diese Vereinigung beste Kontakte zu Rundfunk und Fernsehen sowie zu den beiden sandinistischen Zeitungen „Nuevo Diario" und „Barricada" unterhielt. Wichtigste Aufgabe von ANAPS war es, in Nicaragua bei der Bevölkerung das Wissen über den sogenannten realen Sozialismus zu verstärken.[476]

16. DDR-Endphase und Konsequenzen

Knapp zweieinhalb Monate nach dem Sturz Honeckers war die sandinistische Staatsführung noch immer davon ausgegangen, daß sie weiter auf die Unterstützung der DDR zählen könne. So tat Vizepräsident Sergio Ramirez alles zur Beruhigung der Bevölkerung und erklärte, erst kürzlich seien mit der DDR entsprechende Vereinbarungen für das Jahr 1990 unterzeichnet worden. Das widerlege alle Meldungen, mit denen Uneinigkeit zwischen Nicaragua und den sozialistischen Ländern gesät werden solle. Managua sei gegenwärtig dabei, die ersten Kontakte zur neuen Regierung der DDR aufzunehmen[477].

Nach der Abwahl der Regierung Modrow hatte die demokratisch gewählte Regierung der DDR eine Entideologisierung der Entwicklungshilfe eingeleitet. Die erforderliche Vorarbeit dazu hatte der „Entwicklungspolitische Runde Tisch" (ERT) geleistet, der Anfang Februar 1990 erstmalig getagt hatte. Dabei war man zu dem Ergebnis gelangt, alle entwicklungspolitischen sinnvollen Aktivitäten der DDR fortzuführen.

Das waren auch die Grundlinien der Entwicklungspolitik der Regierung de Maizière. Es wurde ein Ministerium für wirtschaftliche Zusammenarbeit geschaffen, das unter der Leitung des damaligen Vorsitzenden der DSU, Hans-Wilhelm Ebeling, stand.[478] Da Minister Ebeling den humanitären Charakter der Entwicklungshilfe in den Vordergrund stellte, blieben auch sechs bedeutende Entwicklungshilfeprojekte der DDR in Nicaragua erhalten, die nach der Wiedervereinigung Deutschlands vom Bundesministerium für wirtschaftliche Zusammenarbeit fortgeführt worden sind. Es waren dies das Krankenhaus

475 Neues Deutschland vom 22. Januar 1981.
476 Neues Deutschland vom 4. Juli 1983.
477 Nikaragua zählt weiter auf DDR-Unterstützung, in: Neues Deutschland vom 27. Dezember 1989, S. 4.
478 Siebs: DDR und Dritte Welt, S. 122-124.

„Carlos Marx" in Managua, das Polytechnische Institut in Jinotepe, die Beratung im Bereich des Ministeriums für Bau- und Verkehrswesen, die Förderung im Bildungsbereich, die Beratung des Wirtschaftsministeriums sowie Unternehmensberatung und schließlich die Beratung des Institutes für Sozialfürsorge.[479]

Was das Krankenhaus „Carlos Marx" anbetrifft, das Anfang 1994 in „Deutsch-Nicaraguanisches Krankenhaus" (Hospital Aleman Nicaraguense) umbenannt worden war,[480] so hatte der Bundesminister für wirtschaftliche Zusammenarbeit, Carl-Dieter Spranger, im Juni 1992 bei seinem Besuch in Managua erklärt, das Krankenhaus werde weitergeführt, solle aber möglichst bald in nicaraguanische Hände übergeben werden. Von den einst 120 Ärzten, Krankenschwestern und Technikern aus der DDR, befanden sich 1992 nur noch 10 Ostdeutsche als Mitarbeiter in diesem Krankenhaus.[481] Im Spätsommer 1997 befand sich nur noch eine Ostdeutsche im deutsch-nicaraguanischen Krankenhaus, da nun die aus der DDR stammenden Ärzte und Krankenschwestern durch einheimisches Personal ersetzt wurden.[482]

Das Polytechnische Institut in Jinotepe, das zu DDR-Zeiten den Namen „Ernst Thälmann" trug, wird nun vom Deutschen Entwicklungsdienst (DED) fortgeführt.[483] 1992 arbeiteten noch zwei Entwicklungshelfer aus Ostdeutschland in Jinotepe.[484]

Als die Sandinisten im Februar 1990 abgewählt worden waren, betrugen die Auslandsschulden Nicaraguas 10 Milliarden Dollar, wobei vier Milliarden Dollar auf die Warschauer Pakt-Staaten, davon 680 Millionen Dollar auf die ehemalige DDR, entfielen.[485] Hatte Rußland Nicaragua den größten Teil der Schulden, die es gegenüber der Sowjetunion hatte, erlassen,[486] gehört Nicaragua seit 1990 zu den Entwicklungsländern, die aus der Bundesrepublik Deutschland bevorzugt Entwicklungshilfe erhalten, wobei auch der größte Teil der Schulden Managua erlassen worden ist.[487]

---

479 Abschlußbericht über die Fortführung von Entwicklungshilfeprojekten der ehemaligen DDR, Bonn 1991, in: BMZ-Informationen, Nr. 1 (1991).

480 Dario Azzellini: Der lange Arm der Namensjäger, in: Neues Deutschland vom 17. Februar 1994, S. 6.

481 Uwe Rosenhahn: „Carlos Marx" soll doch weiter heilen, in: Neues Deutschland vom 19. Juni 1992, S. 6.

482 Bernd Kubisch: Sie kam mit den FDJ-Brigaden, in: Neues Deutschland vom 4. September 1997, S. 11.

483 Rita Neubauer: Bundesregierung führt Entwicklungshilfeprojekte der DDR in Nicaragua weiter, in: Sächsische Zeitung vom 7. Februar 1992, S. 5.

484 Hannes Bahrmann: Nächstes mal wird alles anders, in: Wochenpost vom 22. Oktober 1992, S. 24-25, hier S. 24.

485 Hildegard Stausberg: In Nicaragua warnt man bereits vor dem Entstehen einer neuen Diktatur, in: Frankfurter Allgemeine Zeitung vom 31. Juli 1992, S. 5.

486 Rußland erläßt Nicaragua Schulden aus sowjetischer Zeit, LATIN (span.) vom 27. September 1994 (nach Deutsche Welle, Monitor-Dienst).

487 Bundesrepublik wird Nicaragua weiter finanziell unterstützen, AFP-Bericht aus Managua vom 15. Februar 1994.

Was kann die Bundesregierung außerdem tun, damit die von den Sandinisten Hand in Hand mit der DDR und den anderen kommunistischen Staaten in Nicaragua angerichteten Fehlentwicklungen beseitigt werden können?

1) Da Nicaragua das lateinamerikanische Land ist, in dem sich noch immer die meisten Minen im Erdboden befinden (110.000 Minen)[488], sollte technische Hilfe zur Beseitigung der Minen angeboten werden, da sich unter den Minenopfern vor allem immer wieder Kinder befinden;

2) Hilfe bei der Festigung des Rechtsstaates und bei der Modernisierung der öffentlichen Verwaltung;

3) Unterstützung der Sozialpolitik;

4) Hilfe bei der Entwicklung des zentralamerikanischen Integrationsprozesses nach dem Vorbild der Europäischen Union, nachdem neben Nicaragua fünf weitere zentralamerikanische Staaten beschlossen haben, in einer künftigen Union zu kooperieren;

5) Unterstützung bei der Bekämpfung des Rauschgifthandels.

Angola

17. *Die Verbindungen der DDR zur „Volksbewegung für die Befreiung Angolas" (MPLA) sowie ihre spätere Unterstützung für die Entwicklung der MPLA zu einer marxistisch-leninistischen Avantgardepartei*

Als am 10.12.1956 die „Volksbewegung für die Befreiung Angolas" (Movimento Popular de Libertacao de Angola – MPLA) von dem Arzt und Dichter Agostinho Neto gegründet worden war, war dies zunächst „eine Organisation von patriotischen Intellektuellen, Vertretern des städtischen Kleinbürgertums und Arbeitern"[489], von denen nicht wenige über gute Beziehungen zur KP Portugals verfügten oder – wie der spätere angolanische Präsident Neto – sich seit den fünfziger Jahren in der portugiesischen KP engagierten.[490] Da die SED seit ihrer Gründung zu den prosowjetischen portugiesischen Kommunisten intensive Kontakte pflegte, war es nicht verwunderlich, daß durch deren Vermittlung bereits im September 1960 ein Angolaner an einem achtmonatigen Kursus über politische Massen- und Jugendarbeit am „Seminar für Gewerkschaftler Afrikas und der Arabischen Welt", das am Institut für Ausländerstudium der Universität Leipzig eingerichtet worden war, teilnahm. Der damalige FDGB-Vorsitzende Herbert Warnke vertrat dabei die Meinung, daß die junge afrikanische Arbeiterbewegung Kader brauche, die mit der wissenschaftlichen Weltanschauung der Arbeiterklasse vertraut seien.[491] Zu einer Zeit also, da an

---

488 120 Millionen Minen weltweit, in: Kölner Stadt-Anzeiger vom 11./12. Oktober 1997, S. 4.
489 Neto: Gedichte, S. 6.
490 Courtois u. a.: Schwarzbuch des Kommunismus, S. 764.
491 Schatten: Afrika – schwarz oder rot?, S. 322.

die Unabhängigkeit Angolas von der portugiesischen Kolonialmacht nicht zu denken war, unterstützte die DDR „in Angola die dann mit Kuba verzahnte MPLA"[492].

Das war mit Beginn des bewaffneten Kampfes der MPLA im Februar 1961 der Fall. Dr. Neto hatte die DDR in den sechziger und in der ersten Hälfte der siebziger Jahre mehrmals besucht und mit hohen DDR-Funktionären auch weitere unzählige Begegnungen auf internationalen Konferenzen, zumal er auch zum Mitglied des Präsidiums des sowjetisch beherrschten Weltfriedensrates bestimmt worden war.[493] Als sich im August 1975, also noch vor der Proklamation der Volksrepublik Angola durch die MPLA, eine MPLA-Delegation in Ost-Berlin aufhielt, dankte sie der SED „für die seit Beginn des Kampfes erwiesene politische, moralische und materielle Unterstützung"[494]. Einer vertraulichen Information des Solidaritätskomitees der DDR vom November 1964 ist zu entnehmen, daß die MPLA um Hilfe Ost-Berlins mit Waffen, militärischer Ausrüstung sowie bei der Ausbildung von Militärkadern nachgesucht hatte, was von der DDR abgelehnt worden war. Sie beschränkte sich auf die Lieferung von paramilitärischen Ausrüstungsgegenständen wie Tarnanzüge, Zeltbahnen, Kompasse, Schlafdecken, Feldstecher usw. Als jedoch am 10. Januar 1967 das SED-Politbüro einen Beschluß über die Lieferung von nichtzivilen Gütern an nationale Befreiungsbewegungen Afrikas faßte, hat die DDR auch der MPLA Waffen und Munition geliefert, die Angolaner gleichzeitig aber auch über ihre begrenzten Möglichkeiten informiert.[495] „Die relative Zurückhaltung gegenüber einer militärischen Unterstützung für die MPLA, der eine klare antikolonialistische und antiimperialistische Orientierung und Masseneinfluß bescheinigt wurden, begründete man mit der nach den Auseinandersetzungen der MPLA mit der Exilregierung Holden Robertos noch anhaltenden Schwäche der Befreiungsbewegung."[496] Diese Schwäche hatte die MPLA 1972 überwunden, als sie in 11 von 16 Distrikten Angolas aktiv war und von der DDR als „einzige rechtmäßige Kampforganisation für die Interessen des angolanischen Volkes"[497] anerkannt wurde.

War die SED die erste Partei der Warschauer Pakt-Länder, welche Beziehungen zur MPLA aufgenommen und diese Ende 1971 in „direkte Parteibeziehungen"[498] umgewandelt hatte, da deren sogenannte sozialistische Orientierung schon damals erkennbar gewesen ist, hatten sowohl die Sowjetunion als auch die DDR am 11. November 1975, dem Gründungstag der Volksrepublik Angola beschlossen, diplomatische Beziehungen zu diesem Land aufzunehmen.[499] Da die Parteibeziehungen von der SED immer wieder als Herzstück

492 Wolfgang Höpker: DDR in Afrika: Moskaus verlängerter Arm, in: Afrika-Post, Nr. 2 (1984), S. 24-26, hier S. 25.
493 Horizont, Nr. 29 (1976).
494 Berliner Zeitung vom 27. August 1975, S. 1.
495 van der Heyden u. a.: Engagiert für Afrika (II), S. 11-13.
496 Ebenda, S. 15.
497 Büttner (Hrsg.): Afrika Geschichte Teil IV, S. 248.
498 van der Heyden u. a.: Engagiert für Afrika (II), S. 17.
499 Neues Deutschland vom 13. November 1975, S. 1.

bezeichnet wurden, legte sie nun größten Wert darauf, der MPLA bei der ideologischen Erziehungsarbeit zu helfen. Gewiß war die Unterstützung der DDR für die MPLA bei den seit 1975 bestehenden bewaffneten Auseinandersetzungen zwischen der MPLA und den von Ost-Berlin als proimperialistisch bezeichneten Organisationen „Befreiungsfront von Angola"(Frente Nacionale de Libertacao de Angola – FNLA) und „Nationale Union für die Vollständige Unabhängigkeit Angolas"(Uniao Nacional para a Independencia Total de Angola – UNITA)[500] mit militärischer Ausrüstung nicht zu unterschätzen. Besonderes Schwergewicht legte die SED jedoch auf die ideologische Schulung von MPLA-Funktionären. Schließlich war schon ab 1976 erkennbar, daß man sich in der MPLA darauf orientierte, die Vereinigung in eine marxistischleninistische Avantgardepartei umzuwandeln.[501]

So hatte beispielsweise eine Lektorengruppe des Zentralinstituts für sozialistische Wirtschaftsführung beim ZK der SED Anfang 1977 in Luanda ein sechswöchiges Seminar über sozialistische Leitungsmethoden für MPLA-Funktionäre veranstaltet.[502] Wie stark sich die SED politisch-organisatorisch in Angola engagierte, ergab sich auch aus einer Bemerkung des damaligen angolanischen Regierungschefs Lopo do Nascimento, der im Juni 1977 seine Dankbarkeit darüber zum Ausdruck brachte, daß sich Ruanda bei der Vorbereitung des I. Parteitages der MPLA auf die Erfahrungen der SED stützen könne.[503] So ist keineswegs übertrieben, wenn man die SED somit zu den Geburtshelfern der „revolutionären Vorhutpartei" MPLA-Partei der Arbeit zählt. Lopo do Nascimento formulierte das so, daß sich die MPLA bei der Gründung einer marxistisch-leninistischen Partei „auf ein sicheres Hinterland stützte, das aus den sozialistischen Ländern, unseren natürlichen Verbündeten, besteht"[504]. Hatte SED-Politbüromitglied Horst Sindermann als Gast des I. Kongresses der MPLA-Partei der Arbeit befriedigt festgestellt, daß nun „der Sozialismus als Staatsmacht auch auf dem afrikanischen Kontinent Einzug gehalten"[505] habe, war da ein politischer Mitarbeiter des ZK der SED in der Beurteilung der Umwandlung der MPLA in eine marxistisch-leninistische Partei wesentlich zurückhaltender. Er schrieb, daß dies zweifellos ein komplizierter, vielschichtiger und langwieriger Vorgang sei, der Verzögerungen und Rückschläge nicht ausschließe.

Schwierigkeiten entstünden vor allem deshalb, weil sich die Arbeiterklasse erst herausbilde, ihre gesellschaftliche Rolle also noch gering sei.[506] In Ost-Berlin erkannte man aber auch noch einen anderen Hinderungsgrund, der offen genannt wurde: Es stehe die große Zahl der Analphabeten „einer intensiven politischen Schulungsarbeit im Wege"[507]. So gebe es „selbst unter den kampfer-

---

500 Autorenkollektiv: Länder der Erde, S. 39.
501 Einheit Nr. 6 (1978), S. 578.
502 ADN-Korrespondentenbericht vom 18. Februar 1977.
503 Neues Deutschland vom 25. Juni 1977, S. 2.
504 Deutsche Außenpolitik, Nr. 8 (1978), S. 35.
505 Horizont, Nr. 3 (1978).
506 Einheit, Nr. 6 (1978), S. 577-578.
507 Horizont, Nr. 3 (1979).

probten Parteikadern noch immer des Lesens und Schreibens unkundige Genossen"[508]. Das hielt die SED jedoch nicht davon ab, im Frühjahr 1980 in Luanda erstmalig ein Seminar für leitende Kader des staatlichen Wirtschaftssektors Angolas abzuhalten, das von einer Lektorengruppe des Zentralinstituts für Sozialistische Wirtschaftsführung beim ZK der SED unterstützt worden war.[509]

An dem von SED-Funktionären 1977 in Luanda geschaffenen „Karl-Marx-Institut" wurden in dreijährigen Intensivkursen die Absolventen zu mittleren Leitungskadern qualifiziert, um danach in den verstaatlichten Betrieben, Farmen und Handelseinrichtungen Positionen übernehmen zu können. An den Seminaren konnten jeweils 1.500 Angolaner, 700 von ihnen in Abendkursen, teilnehmen. Am „Karl-Marx-Institut" arbeiteten 21 Dozenten aus der DDR. An den Abendkursen nahmen vor allem Abteilungsleiter aus dem Binnen- und Außenhandel Angolas teil, die ihr recht lückenhaftes Wissen in Statistik, Finanzmathematik, Betriebs- und Volkswirtschaftslehre sowie in Buchführung aufbesserten. Sowohl die MPLA-Partei der Arbeit als auch die SED vertraten die Auffassung, daß die Absolventen des „Karl-Marx-Instituts" als Spezialisten und Leiter die Politik der MPLA-Partei der Arbeit in einer „sozialistisch orientierten Gesellschaft durchsetzen sollen"[510].

Im Sommer 1983 hatte UNITA-Chef Dr. Jonas Savimbi gegenüber vier Abgeordneten des Europäischen Parlaments die Meinung vertreten, daß die DDR der wichtigste Helfer der MPLA-Partei der Arbeit sei.[511] Wenn Savimbi damit die Unterstützung der SED bei der Umwandlung der MPLA zu einer marxistisch-leninistischen Kaderpartei, die Hilfe beim Aufbau von Massenorganisationen und in der Volksbildung meinte, war dies keineswegs unrealistisch. In Publikationen Ost-Berlins wurde die DDR, was die gesamte Hilfe für Angola betrifft, allerdings erst an dritter Stelle, nach der Sowjetunion und Kuba, genannt.

Funktionäre der MPLA-Partei der Arbeit wurden aber auch in der DDR weitergebildet. Sie besuchten Lehrgänge an der Akademie für Gesellschaftswissenschaften beim ZK der SED, der Parteihochschule „Karl Marx", dem Zentralinstitut für sozialistische Wirtschaftsführung, an SED-Bezirksparteischulen sowie an der Parteischule „Karl Liebknecht" in Kleinmachnow. Ein Zusammenarbeit bestand auch zwischen der Parteihochschule „Karl Marx" und der Nationalen Parteischule „Agostinho Neto" in Luanda.[512]

Hatte das Sekretariat des ZK der SED bereits im Juni 1976 den Beschluß gefaßt, einen Berater zum Aufbau des Parteischulsystems der MPLA nach Luanda zu entsenden, haben von 1978 bis 1989 insgesamt 16 Lektoren der SED an der Nationalen Parteischule „Agostinho Neto" gearbeitet. Das Sekretariat des

---

508 Neues Deutschland vom 2. April 1980.
509 Neues Deutschland vom 31. März 1980.
510 Jornal de Angola (Luanda) vom 4. Juli 1981 (nach Deutsche Welle, Monitor-Dienst).
511 Frankfurter Allgemeine Zeitung vom 22. Juli 1983.
512 van der Heyden u. a.: Engagiert für Afrika (II), S. 165.

ZK der SED entschied zudem über den Einsatz von Regierungsberatern in Angola. So hatte ein Berater zeitweilig beim damaligen angolanischen Premierminister Lopo do Nasacimento, ein weiterer beim zweiten Stellvertreter des Premier und Vorsitzenden der Nationalen Plankommission, Carlos Rocha gearbeitet, während sich die DDR auch noch bereit erklärte, dem angolanischen Minister für Planung drei Berater zur Verfügung zu stellen. Dabei ging es vor allem darum, den Angolanern die Erfahrungen der DDR beim Aufbau einer zentralen Planung zu vermitteln.[513]

Da die SED-Führung immer wieder feststellen mußte, daß die angolanischen Parteimitglieder noch nicht über ein fundiertes marxistisch-leninistisches Wissen verfügten, hat das SED-Politbüro 1985 die Sozialstrukturen Angolas wissenschaftlich erforschen lassen, um aus dem Ergebnis Schlußfolgerungen für eine besser differenzierte Arbeit ziehen zu können.[514]

Sehr zufrieden konnte die SED-Führung jedoch mit der Einstellung des angolanischen Staats- und Parteichefs Jose Eduardo dos Santos gegenüber der DDR sein. Dos Santos, der im September 1979 nach dem Tod von Agostinho Neto diese Funktionen übernommen hatte, galt als Vertrauensmann der sowjetischen Führung.[515] Er hatte in den sechziger Jahren in Baku und Moskau sein Universitätsstudium abgeschlossen und meinte beim Besuch der DDR im Oktober 1981, daß „die wirksame und kämpferische Solidarität zwischen beiden Parteien immer fester geschmiedet worden sei"[516]. Da dos Santos damals auch die Auffassung vertrat, daß das Bündnis zwischen den Ländern mit sozialistischer Orientierung, zu denen Angola gehörte, und der Gemeinschaft der sozialistischen Staaten, also dem Ostblock, immer enger gestaltet werden müsse,[517] weigerte er sich auch nicht, die Mauer am Brandenburger Tor zu besichtigen. In das sogenannte Ehrenbuch des Ost-Berliner Stadtkommandanten notierte der damalige und heutige Präsident Angolas, „daß er sich von der entschlossenen Verteidigung der sozialistischen Errungenschaften und des Friedens im Zentrum Europas überzeugen konnte"[518]

18. Der Freundschaftsvertrag

Hatte Angola bereits im Oktober 1976 einen Freundschaftsvertrag mit der Sowjetunion unterzeichnet, war als zweites Warschauer Pakt-Land keineswegs die DDR gefolgt, obwohl sie doch nach der Sowjetunion der zweitwichtigste Helfer aus dem Ostblock in Angola war. Freundschaftsverträge mit Angola hatten im Oktober 1978 Bulgarien und im Dezember 1978 Polen abgeschlossen. Erst im Februar 1979 folgte dann als viertes Warschauer Pakt-Land die

---

513 Ebenda, S. 171-173.
514 Horizont, Nr. 10 (1985), S. 11.
515 Lazitch: Angola 1974 – 1988, S. 9.
516 Neues Deutschland vom 14. Oktober 1981.
517 Ebenda.
518 Neues Deutschland vom 15. Oktober 1981.

DDR und zwei Monate danach Rumänien. Nach einer Pause von reichlich zwei Jahren hatte dann Angola im Oktober 1981 Freundschaftsverträge mit Ungarn und der Tschechoslowakei unterzeichnet. Waren damit alle Warschauer Pakt-Staaten durch Freundschaftsverträge mit Angola verbunden, folgte im Herbst 1981 auch noch ein Freundschaftsvertrag zwischen Angola und Nordkorea, während Luanda 1982 auch seine zerrütteten Beziehungen zur KP Chinas normalisierte.[519]

Der Freundschaftsvertrag zwischen der DDR und Angola war der erste Freundschaftsvertrag, den die DDR mit einem afrikanischen Staat abgeschlossen hat. Er wurde während der Afrikareise des DDR-Staats- und Parteichefs Erich Honecker von diesem und Präsident Agostinho Neto am 19. Februar 1979 in Luanda unterzeichnet. Zuvor hatte die DDR Freundschaftsverträge ausschließlich mit Staaten des Warschauer Paktes sowie mit der Mongolei und Vietnam abgeschlossen. Wie die Verträge mit der Mongolei und Vietnam enthielt auch der Freundschaftsvertrag mit Angola keine militärische Beistandsklausel, die allerdings in dem kurz darauf unterzeichneten Freundschaftsvertrag zwischen der DDR und Mosambik nicht fehlte. Dennoch hat die DDR, was an anderer Stelle noch zu behandeln sein wird, in militärischen und Sicherheitsfragen mit Angola eng zusammengearbeitet.

Der Freundschaftsvertrag mit Angola war aber der erste Freundschaftsvertrag der DDR, der keinen Bezug auf West-Berlin enthielt. In allen zuvor abgeschlossenen Freundschaftsverträgen gab es die gleichlautende Berlin-Klausel, daß die vertragschließenden Seiten in Übereinstimmung mit dem Vierseitigen Abkommen vom 3. September 1971 ihre Verbindungen zu West-Berlin ausgehend davon unterhalten und entwickeln, daß West-Berlin kein Bestandteil der Bundesrepublik Deutschland ist und auch weiterhin nicht von ihr regiert wird. Daß Angola diese Klausel nicht bereit war zu übernehmen, war seinerzeit in Bonn mit Interesse zur Kenntnis genommen worden.

In der Präambel des Freundschaftsvertrages DDR–Angola wurde jedoch – wie in anderen Freundschaftsverträgen der DDR – der Marxismus-Leninismus und der sogenannte proletarische Internationalismus beschworen. Es fehlte allerdings jeder Hinweis darauf, wie es beispielsweise im Vertrag mit Vietnam in der Präambel hieß, daß der Schutz der sozialistischen Errungenschaften die internationalistische Pflicht beider Staaten sei. Besonders hervorgehoben wird jedoch, daß die DDR die Politik der Nichtpaktgebundenheit der Volksrepublik Angola ebenso achten werde wie Angola die friedliebende Außenpolitik der DDR. In dem auf 20 Jahre geschlossenen Vertrag wird besonders die Zusammenarbeit auf den Gebieten der Wirtschaft, Handel Wissenschaft, Technik und Kultur sowie zur Erfahrungsvermittlung hervorgehoben.[520] Unter dem Wort Erfahrungsvermittlung kann natürlich auch die Hilfe für die angolanische Armee durch die DDR verstanden werden.

519 Jornal de Angola vom 14. Juli 1982.
520 Neues Deutschland vom 20. Februar 1979.

Hatte die DDR-Volkskammer den Freundschaftsvertrag DDR-Angola bereits im Mai 1979 einmütig gebilligt,[521] nahm der Revolutionsrat der VR Angola die Ratifizierung des Freundschaftsvertrages erst im Januar 1980 vor.[522]

19. Unterstützung im militärischen und Sicherheitsbereich

19.1. Hilfe der DDR im militärischen Bereich

DDR-Außenminister Oskar Fischer hatte im Mai 1978 bei einem Besuch in Brüssel seinem belgischen Kollegen versichert, es gebe keinen direkten militärischen Beistand der DDR für Länder in Afrika. Es handele sich nur um eine Zusammenarbeit nichtmilitärischer Art.[523]

Tatsache jedoch ist, daß das SED-Politbüro bereits am 9. September 1975, also noch einige Wochen vor Ausrufung der Volksrepublik Angola, dem Ersuchen des MPLA-Präsidenten Agostinho Neto nachkam, seiner Befreiungsbewegung Waffen im Wert von 6 Millionen Mark zur Verfügung zu stellen. Dabei war es nicht geblieben. Nach der Proklamation der Volksrepublik Angola am 11.11.1975 hatten vier Flugzeuge der DDR 80 Tonnen militärische Güter nach Angola geflogen, während Anfang 1976 die SED-Führung beschloß, der MPLA per Schiff militärische Güter im Wert von 6,5 Millionen Mark zur Verfügung zu stellen.[524]

Benötigte die MPLA diese Waffen jetzt bei den militärischen Auseinandersetzungen mit der UNITA um die Macht, hatte das SED-Politbüro mit Beschluß vom 10. Januar 1967 der MPLA bereits Waffen geliefert, als deren Einheiten noch gegen die portugiesische Kolonialmacht kämpften. Die Lieferung militärischen Materials aus der DDR bestand 1967 aus Karabinern, leichten Maschinengewehren, Munition verschiedener Art, Doppelferngläsern, Schützenminen, Stahlhelmen und Unterkunftsdecken.[525] Hatte DDR-Außenminister Fischer 1978 den militärischen Beistand der DDR in Afrika noch geleugnet, räumte sein Stellvertreter Klaus Willerding im August 1979 immerhin ein, daß sich auf Wunsch einiger Länder in der Dritten Welt auch die Zusammenarbeit im militärischen Bereich entwickele.[526] Das konnte wohl auch nicht länger in Abrede gestellt werden, nachdem der damalige DDR-Verteidigungsminister Karl-Heinz Hoffmann bereits in der ersten Jahreshälfte 1978 eine ausgedehnte Afrikareise unternommen hatte, auf der er in Begleitung des stellvertretenden Chefs der Politischen Hauptverwaltung der NVA, Generalleutnant Ernst Hampf, in einer Offiziersschule in Angola mit sowjetischen und kubanischen Lehrern und Beratern zusammengetroffen war. Hampf hatte nach seiner Rückkehr in der DDR erklärt, daß die angolanischen Offiziere gegenüber der DDR-

521 Berliner Zeitung vom 26. Mai 1979.
522 Jornal de Angola vom 27. Januar 1980 (nach Deutsche Welle, Monitor-Dienst).
523 La Libre Belgique (Brüssel) vom 19. Mai 1978.
524 van der Heyden u. a.: S. 18-19.
525 Ebenda, S. 26.
526 Spanger/Brock: Dritte Welt, S. 194.

Militärdelegation ihren Dank für die solidarische Hilfe in ihrem schweren Kampf zum Ausdruck gebracht hätten.[527] Seit Dezember 1975 hat die DDR kontinuierlich schwerverwundete angolanische Militärangehörige in verschiedenen Spezialkliniken behandelt.[528] Seit Mitte der siebziger Jahre wurden Offiziere der „Volksbefreiungsstreitkräfte von Angola" (Forcas Armadas Populares de Libertacao de Angola – FAPLA) an den Militärakademien der DDR ausgebildet.[529] Auch wenn in Angola die Sowjetunion zu 90 Prozent die MPLA mit militärischem Material versorgte, hat die DDR auch in den achtziger Jahren Angola Unterstützung im militärischen Bereich gewährt.

1980 waren dies Maschinenpistolen, Munition und Zelte.[530] 1986 bestand die unentgeltliche Unterstützung des DDR-Verteidigungsministeriums vor allem in der Ausbildung und medizinischen Betreuung verwundeter Angolaner. Ein Gesamtbetrag von 1,935 Millionen Mark wurde dafür aufgewendet. 1987 war dafür allerdings nur ein Betrag von 4.300 Mark für die medizinische Betreuung und Ausbildung zur Verfügung gestellt worden, während 1988 die „materiellen Lieferungen" des DDR-Verteidigungsministeriums nach Angola einen Wert von 75.800 Mark hatten und nur 38.300 Mark für die medizinische Betreuung und Ausbildung verwendet worden sind.[531]

Wenn der damalige angolanische Verteidigungsminister Pedro Maria Tonha bei seinem Besuch in der DDR im November 1982 erklärte, daß dieser im Rahmen der engen militärischen Zusammenarbeit zwischen der angolanischen Armee und der Armee der DDR erfolgte, weil diese Beziehungen heute für Angola mehr als je zuvor lebenswichtig seien,[532] dann muß man sich fragen, was der angolanische Verteidigungsminister damit besonders ansprechen wollte. Einmal hatte Verteidigungsminister Hoffmann sein Angebot erneuert, Angola bei der Verteidigung gegen grenzüberschreitende Angriffe südafrikanischer Truppen zu unterstützen.[533]

Zum anderen ergibt sich aus einem Bericht über die im März 1980 erfolgte Reise des stellvertretenden Chefs des Hauptstabes für Automatisation und Mechanisierung der Truppenführung, Generalleutnant Gerhard Kunze, nach Angola, daß angolanische Militärangehörige in Dresden zu Spezialisten in der Datenverarbeitung für militärische Programme ausgebildet wurden. Außerdem haben im Halbjahresrhythmus jeweils drei Offiziere der Volksarmee der DDR in Angola gearbeitet. Während des Besuchs von Generalleutnant Kunze in Angola war festgestellt worden, daß die Organisationsprinzipien der angolanischen Armee weitestgehend denen der Nationalen Volksarmee der DDR angeglichen wurden. Darüber war die Begleitung von Generalleutnant Kunze nicht

---

527 Volksarmee, Nr. 22 (1978), S. 6.
528 Horizont, Nr. 30 (1976).
529 Spanger/Brock: S. 197.
530 Klaus-Dieter Stefan: Heißes Eisen (2) DDR lieferte Waffen in die „Dritte Welt", in: horizont, Nr. 2 (1990), S. 31.
531 van der Heyden u. a.: S. 27-28.
532 Radio Luanda vom 4. November 1982 (nach Deutsche Welle, Monitor-Dienst).
533 Radio Luanda vom 17. November 1982 (nach Deutsche Welle, Montior Dienst).

verwundert, da innerhalb der angolanischen Armee seinerzeit viele kubanische Militärs arbeiteten, die wiederum die Vorgehensweisen – wie die NVA – von der Sowjetunion übernommen hatten. Generalleutnant Kunze hatte in Angola die Hauptnachrichtenzentrale der Armee, deren Hauptsendezentrale sowie den Hauptführungspunkt der Armee besichtigt. Dabei mußte er feststellen, daß die Angolaner mit der von der DDR gelieferten Technik Schwierigkeiten hatten, was auf die unzulängliche Ausbildung des angolanischen Personals zurückgeführt wurde. Denn das Bildungsniveau in der Angolanischen Volksarmee sei weiterhin niedrig. So gab es, wie es in dem Bericht heißt, ganze Kompanien, die nur aus Analphabeten bestanden.

Zu der von der DDR an die Angolanische Volksarmee gelieferte Nachrichtentechnik hieß es, daß es damals noch keinen exakt arbeitenden Kundendienst in Angola gab, weshalb die Angolaner für die Armee bereits Nachrichtentechnik aus Großbritannien einführten.[534]

Auch wenn es, wie dieses Beispiel belegt, bei der von der DDR gelieferten Nachrichtentechnik Schwierigkeiten gab, gehörte sie eben doch zu den für die angolanische Armee „lebensnotwendigen" Dingen, von denen der angolanische Verteidigungsminister sprach, die das Land weder von der Sowjetunion noch aus Kuba erhalten konnte.

19.2. Zusammenarbeit im Sicherheitsbereich

Sechs Monate nach der Proklamation der Volksrepublik Angola war der damalige Generalkommandeur des Polizeikorps von Angola, Santana Andres Petroff, nach Ost-Berlin gekommen, um sich mit den Erfahrungen der Volkspolizei der DDR vertraut zu machen.[535] Etwa zur gleichen Zeit haben die Ministerien für Staatssicherheit der DDR und Kubas begonnen, den Staatssicherheitsdienst Angolas aufzubauen. So waren diese beiden Ministerien maßgeblich verantwortlich nicht nur für den Aufbau, sondern auch für die Leitung der Abteilung für Information und Sicherheit Angolas (Departemanto de Informacao e Seguranca de Angola – DISA), die 1979 aufgelöst worden war.[536]

Nach der Gründung des Ministeriums für Staatssicherheit der Volksrepublik Angola setzte Luanda die Zusammenarbeit mit Ost-Berlin im Sicherheitsbereich fort. Das ergibt sich aus einer Vereinbarung, die die Ministerien für Staatssicherheit beider Länder am 1. September 1982 in Ost-Berlin unterzeichneten. Bereits in der Präambel dieser Vereinbarung war von „der vollen Übereinstimmung der Interessen beider Seiten im Kampf gegen Imperialismus und Reaktion und deren Handlanger, gegen die imperialistischen Geheimdien-

---

534 Bericht über die Reise in die VR Angola (18.3. bis 27.3.1980), BStU (MfS HA II, Band 221/2).
535 Neues Deutschland vom 1. Mai 1976.
536 Kühne: Sowjetunion in Afrika, S. 81 u. 87.

ste und andere subversive Kräfte"[537] die Rede. In Artikel 1 der Vereinbarung wird der Austausch von Informationen über feindliche Geheimdienste und feindliche Organisationen, die sowohl gegen die DDR als auch Angola arbeiten, festgelegt. In Artikel 2 geht es um den Klassifizierungsgrad zum Geheimhaltungsschutz, während in Artikel 3 angekündigt wird, daß der Minister für Staatssicherheit der DDR beim angolanischen Minister für Staatssicherheit einen Vertreter einsetzen wird, der dem angolanischen Minister für Staatssicherheit für Konsultationen zu Fragen der Planung und Organisation der Tätigkeit der Sicherheitsorgane zur Verfügung steht. Dieser Vertreter Ost-Berlins war verantwortlich für die Anleitung und Kontrolle der in Angola zum Einsatz gekommenen Mitarbeiter des DDR-Staatssicherheitsdienstes und koordinierte deren Arbeit in Abstimmung mit dem angolanischen Minister für Staatssicherheit. Der Vertreter des Ministers für Staatssicherheit der DDR beim angolanischen Staatssicherheitsministerium hatte den Status eines Mitarbeiters der diplomatischen Vertretungen der DDR. In Artikel 4 geht es um die Konsultationen zwischen den Vertretern beider Seiten sowie um die Grund- und Spezialausbildungen. In Artikel 5 erfährt man, daß das Ministerium für Staatssicherheit der DDR zeitweise Mitarbeiter zu Konsultationen über Sicherheitsfragen, Ausbilder und Sachverständige entsendet, für die ebenfalls der Diplomaten-Status reklamiert wird. Die angolanische Seite verpflichtete sich, diesen Mitarbeitern kostenlos Unterkunft und Transport zur Verfügung zu stellen. Das Ministerium für Staatssicherheit der DDR garantierte in Artikel 6 den angolanischen Kollegen die Hilfe beim Ankauf von Materialien und Ausrüstungen bei DDR-Außenhandelsbetrieben, während sich beide Ministerien die gegenseitige Unterstützung bei der Beschaffung von Materialien und Ausrüstungen in Drittländern zusicherten.

Diese Vereinbarung trat mit ihrer Unterzeichnung durch die beiden Minister für Staatssicherheit in Kraft und war für einen Zeitraum von 5 Jahren gültig, wobei sich ihre Gültigkeit automatisch ständig um ein weiteres Jahr verlängerte, wenn sie nicht 6 Monate vor Ablauf der Gültigkeitsdauer von einer Seite gekündigt wurde.[538]

In der Afrika-Politik der DDR hat das Ministerium für Staatssicherheit in den siebziger und achtziger Jahren eine wichtige Rolle gespielt. In den sechziger Jahren, so hat der Leiter der Hauptverwaltung Aufklärung im Ministerium für Staatssicherheit der DDR, Markus Wolf, erklärt, sei Afrika „für seine Behörde noch ein Buch mit sieben Siegeln gewesen, für das er kein Rezept besessen habe, wie überhaupt die Auslandsspionage der DDR damals ohne Erfahrungen in der Dritten Welt gewesen sei"[539]. Durch ihre Sicherheitshilfe hat die DDR in Angola, mit der Sowjetunion und Kuba, die „Volksbewegung für die Be-

---

537 „Vereinbarung über die Zusammenarbeit zwischen dem Ministerium für Staatssicherheit der Deutschen Demokratischen Republik und dem Ministerium für Staatssicherheit der Volksrepublik Angola „ (1. September 1982), BStU, MfS-Dok.-Stelle, o. Sign. und Pag.
538 Ebenda.
539 Schleicher/Engel: S. 400.

freiung Angolas (MPLA) stabilisiert.[540] Als ein effizientes Instrument der Afrika-Politik, wobei die DDR im Gegensatz zur Sowjetunion nicht als Großmacht auftrat, konnte ihr Ministerium für Staatssicherheit mit vergleichsweise geringen finanziellen und personellen Mitteln relativ große Wirkungen erzielen, dem Ostblock erhebliche Positionsgewinne verschaffen, sich als verläßlicher Juniorpartner der Sowjetunion profilieren und zugleich „ihren Handlungsspielraum in der Afrika-Politik erweitern"[541].

20. Die Außenwirtschaftsbeziehungen und die Kontakte Angolas zum RGW

Die erste Partei- und Regierungsdelegation der DDR hatte im Juni 1976 Angola besucht und bei dieser Gelegenheit mehrere Abkommen, so ein Handelsabkommen, ein Abkommen über wissenschaftlich-technische Zusammenarbeit sowie ein Luftverkehrsabkommen unterzeichnet. Bei den Gesprächen ließ der damalige angolanische Regierungschef Lopo do Nascimento keinerlei Zweifel darüber aufkommen, daß sein Land den sozialistischen Entwicklungsweg einschlägt und bevorzugte Beziehungen mit den sozialistischen Ländern, insbesondere mit der Sowjetunion, anstrebt. Wörtlich fügte der angolanische Premierminister dem zu: „Das haben wir immer gesagt, und das werden wir auch weiterhin sagen."[542]

Es war deshalb auch logisch und konsequent, daß Angola sich an einer engeren Zusammenarbeit mit dem Rat für Gegenseitige Wirtschaftshilfe (RGW) interessiert zeigte und Anfang Juli 1976 eine Beobachterdelegation zur 30. RGW-Tagung nach Ost-Berlin entsandte, der zwei Staatssekretäre, zuständig für Industrie, Energie und Landwirtschaft sowie der Leiter der Wirtschaftsabteilung im Außenministerium, angehörten.[543]

Ende Dezember 1976 war dann zwischen Angola und dem RGW ein sogenanntes Verständigungsmemorandum unterzeichnet worden, das die Zusammenarbeit zwischen Angola und dem RGW regelt.[544] An der 32. RGW-Ratstagung, die Ende Juni 1978 in Bukarest abgehalten wurde, war Angola erneut durch eine Beobachterdelegation vertreten.[545]

Der Gemeinsame Wirtschaftsausschuß DDR-Angola war erstmalig Mitte September zu einer Tagung in Ost-Berlin zusammengetreten, wobei lediglich ein Dokument über die Vertiefung der wirtschaftlichen Zusammenarbeit unterzeichnet worden war.[546] Danach wurden jedoch mehrere Dokumente vorbereitet, die dann auf der zweiten Tagung des Gemeinsamen Wirtschaftsausschusses im Juni 1978 in Luanda unterzeichnet wurden. Es waren dies Verein-

540 Ebenda, S. 403.
541 Ebenda, S. 408.
542 Horizont, Nr. 29 (1976).
543 Neues Deutschland vom 7. Juli 1976.
544 Radio Luanda vom 27. Dezember 1976 (nach Deutsche Welle, Monitor-Dienst).
545 Neuer Weg (Bukarest) vom 28. Juni 1978.
546 Neues Deutschland vom 13. September 1977.

barungen über die Erweiterung der Zusammenarbeit auf den Gebieten des Transportwesens, der Geologie und des Bergbaus sowie in der Handelsschiff-fahrt.[547]

Anfang 1979 war von der DDR die Absicht bekräftigt worden, sich bei den Wirtschaftsbeziehungen mit den Entwicklungsländern noch stärker auf die so-genannten Staaten mit sozialistischer Orientierung, zu denen Angola gehörte, zu konzentrieren.[548] Diesen Ländern könne die DDR ihre Erfahrungen „aus der Periode der antifaschistisch-demokratischen Umwälzung sowie des Aufbaus der Grundlagen des Sozialismus in der Wirtschaft anbieten"[549]. Gleichzeitig gab Ost-Berlin aber auch sehr deutlich zu erkennen, daß die DDR in hohem Maße von Rohstoffimporten abhängig sei, weshalb sie „ein großes Interesse an der langfristigen Sicherung derartiger Importe"[550] aus den Entwicklungslän-dern habe.

Hatte der Außenhandel der DDR mit Angola 1977 ein Volumen von 236 Mil-lionen Mark erreicht, war er 1978 geringfügig auf 233,7 Millionen Mark abge-sunken, kam 1979 aber immerhin auf ein Volumen von 311,6 Millionen Mark, so daß Angola unter den Außenhandelspartnern der DDR in Afrika nach Ägypten an zweiter Stelle stand.[551] In den Jahren 1980 bis 1983 hatte das Vo-lumen des Warenaustauschs der DDR mit Angola jedoch nie mehr die Höhe von 311,6 Millionen Mark wie 1979 erreicht und war 1981 sogar auf einen Umfang von nur 198,5 Millionen Mark gefallen.[552] Das änderte sich erst 1984, als Angola zum wichtigsten Handelspartner der DDR in Afrika aufstieg, da in diesem Jahr Waren im Wert von 797,8 Millionen Mark ausgetauscht worden sind.[553] Da beide Länder 1983 nur Waren im Wert von 255,2 Millionen Mark ausgetauscht hatten, hatte sich das Volumen nun innerhalb eines Jahres mehr als verdreifacht.

In dem nach der Wende 1990 erschienenen Statistischen Jahrbuch der DDR waren die Aus- und Einfuhren erstmalig getrennt aufgeführt worden. So konnte man dem Zahlenwerk entnehmen, daß Ost-Berlin bei seinen Lieferun-gen nach Angola 1985 einen einmaligen Kraftakt vollführte. Den Ausfuhren in Höhe von 956,4 Millionen Mark standen nämlich nur Einfuhren im Umfang von nur 282,9 Millionen Mark gegenüber. Mit einem Gesamtvolumen von 1.239,3 Millionen Mark[554] war 1985 der Höhepunkt im Warenaustausch zwi-schen der DDR und Angola erreicht worden.

Aus einem Strategiepapier aus dem Büro des ZK-Sekretärs für internationale Verbindungen, Hermann Axen, vom 28. Oktober 1985 ergibt sich nämlich, daß die DDR nicht länger in der Lage war, „ihre Entwicklungspolitik unter der

547 Neues Deutschland vom 24. Juni 1978.
548 Deutsche Außenpolitik, Nr. 1 (1979).
549 Deutsche Außenpolitik, Nr. 5 (1979).
550 Ebenda.
551 Statistisches Taschenbuch der DDR, Jg. 1979 u. 1980, jeweils S. 91.
552 Statistisches Taschenbuch der DDR, Jg. 1982, S. 91.
553 Statistisches Taschenbuch der DDR, Jg. 1985.
554 Statistisches Jahrbuch der DDR , Jg. 1990, S. 278.

bestehenden ideologischen und prestigeorientierten Ausrichtung"[555] fortzusetzen. Deshalb heißt es in diesem Papier wörtlich: „Die sozialistischen Länder sind beim gegenwärtigen Kräfteverhältnis nicht in der Lage, in größerem Umfang entscheidende materielle Unterstützung revolutionärer Entwicklung zu leisten."[556] Das hatte natürlich auch seine Auswirkungen auf die weiteren Wirtschaftsbeziehungen der DDR mit Angola. Zwar wurde 1986 mit 1.136,6 Millionen Mark noch einmal ein respektabler Umfang im Warenaustausch zwischen beiden Ländern erreicht. Doch hatten die Lieferungen der DDR nach Angola bereits um mehr als 200 Millionen Mark gegenüber dem Vorjahr abgenommen und betrugen nur noch 723,5 Millionen Mark, während nun Angola mit Ausfuhren im Wert von 413,1 Millionen Mark in die DDR sein bestes Ergebnis erreichte.

Ab 1987 war schließlich ein unaufhaltsamer Abwärtstrend in den Außenhandelsbeziehungen zwischen beiden Ländern zu verzeichnen. Die Lieferungen der DDR an Angola sanken nun auf 132,8 Millionen Mark herab, betrugen also nicht einmal mehr 15 Prozent der DDR-Warenlieferungen in dieses Land im Jahre 1985, während Angola immerhin noch Waren im Wert von 296,5 Millionen Mark in die DDR ausführte, so daß ein Gesamtvolumen von 429,3 Millionen Mark erzielt werden konnte. 1988 war das Volumen des Warenaustauschs auf 325,9 Millionen Mark und 1989 gar auf 266 Millionen Mark gesunken, was in etwa wieder dem Stand der Wirtschaftsbeziehungen DDR-Angola mit Beginn des Warenaustauschs in den Anfangsjahren von 1977 bis 1980 entsprach.[557]

Dennoch hieß es in einem Beitrag nach der 42. Tagung des RGW im November 1986 in Bukarest, die sozialistischen Länder böten „den Entwicklungsländern alle Vorzüge eines Wirtschaftspartners mit dynamischer und von zyklischen Schwankungen freier Entwicklung.[558]

War auf der 42. RGW-Ratstagung in Bukarest ein Abkommen des RGW mit Angola bestätigt worden, wurde auch von einer multilateralen Koordinierung im Rahmen der Institutionen des RGW bei der Hilfe für die Entwicklungsländer gesprochen. Diese multilaterale Koordinierung der Entwicklungshilfe stelle zweifellos eine wichtige Reserve für die Erhöhung der Effektivität der Zusammenarbeit zwischen Entwicklungsländern und RGW-Ländern dar.[559]

Dennoch wurde eingeräumt, daß „die historisch bedingte starke wirtschaftliche Position der imperialistischen Staaten ... auf den Märkten der Entwicklungsländer erschwerende Faktoren für die weitere erfolgreiche Entwicklung der

---

555 Siebs: DDR und Dritte Welt, S. 23.
556 Ebenda.
557 Alle Außenhandelszahlen wurden dem Statistischen Jahrbuch der DDR, Jg. 1990, S. 278, entnommen.
558 Handbuch Entwicklungsländer, S. 35.
559 Ebenda, S. 37.

Wirtschaftsbeziehungen zwischen Entwicklungsländern und RGW-Ländern sind"[560].

Waren bis Ende 1981 etwa 8.000 Lastkraftwagen des Typs W 50 vom IFA-Automobilwerk Ludwigsfelde nach Angola geliefert worden, über deren Leistungsfähigkeit und geringe Störanfälligkeit Regierungsvertreter in Luanda des Lobes voll waren,[561] blieb Angola bis 1989 mit etwa 15.000 Fahrzeugen der bei weitem größte Importeur von LKW aus Ludwigsfelde in der Dritten Welt.[562] Hinzu kommt, daß von Fachleuten des IFA-Automobilwerks, vornehmlich in Angola weit mehr als 1.000 Kfz-Mechaniker ausgebildet wurden, da in 10 von 18 angolanischen Provinzen IFA-Kundendienststützpunkte eingerichtet werden konnten. Angola hatte zudem mehrere hundert leichtere Lastkraftwagen bei den Robur-Werken in Zittau bestellt, die vor allem von Einrichtungen des Handels, aber auch von Ministerien und anderen Regierungsämtern in Dienst gestellt worden sind.[563] Besonderes Schwergewicht legte die DDR auch auf die Hilfe in der angolanischen Landwirtschaft und war bis 1989 einer der größten Lieferanten von Landmaschinen, während bei der Belieferung von Krananlagen Angola ebenfalls einen wichtigen Platz einnahm.[564]

Die DDR hat überdies eine 200 km lange Hochspannungsfernleitung zwischen zwei angolanischen Provinzstädten errichtet und eine Schulbuchdruckerei in Luanda eingerichtet, die im Jahr 3 Millionen Broschüren herstellen kann.[565]

Bei ihren Bezügen aus Angola war die DDR vor allem an Rohkaffee und Erdöl interessiert. Zeitweilig bezog sie 20 Prozent ihres gesamten Rohkaffeebedarfs aus Angola. Wichtig war für Angola die Hilfe der DDR im Bergbau, der Geologie, im Gießereiwesen, der Textilindustrie in der Hafenwirtschaft und in der Fischerei.[566]

Da sich die ökonomische Krise in der zweiten Hälfte der achtziger Jahre in der DDR immer mehr zuspitzte, mußte das SED-Politbüro ein Entscheidung auch darüber treffen, wie man sich in dieser Situation mit Hilfeleistungen gegenüber den Entwicklungsländern verhält. So ergibt sich aus einem Protokoll der SED-Politbürositzung vom 1. Dezember 1987, ab 1988 Hilfeleistungen so zu gewähren, „daß ihr effektiver Einsatz mit den gesamtvolkswirtschaftlichen Interessen der DDR, den Zielen der Außenpolitik und der solidarischen Unterstützung der Entwicklungsländer übereinstimmt"[567].

Angola kam dabei relativ gut weg, da es neben Äthiopien, Mosambik, Kuba, Nicaragua und Vietnam zu den insgesamt sechs Ländern gehörte, die den sozialistischen Entwicklungsweg eingeschlagen hatten oder wie Kuba und Viet-

---

560 Ebenda.
561 Neues Deutschland vom 12. Dezember 1981.
562 van der Heyden u. a.: S. 37.
563 Dokumentationen zur Außenwirtschaft vom 7. August 1985.
564 van der Heyden u. a.: S. 37.
565 Neues Deutschland vom 12. Dezember 1982
566 Radio Luanda, 10. März 1980 (nach Deutsche Welle, Monitor-Dienst).
567 Siebs: DDR und Dritte Welt, S. 48.

nam bereits sozialistische Länder waren und 75 Prozent der vorgesehenen Hilfeleistungen der DDR erhielten. Und was die Gewährung von Krediten anbetraf, genoß auch hier Angola eine Vorzugsbehandlung, da 1988 neben Angola nur noch Nicaragua und Kuba Kredite erhalten sollten.[568]

21. Die technische Hilfe

Da die portugiesischen Schiffslotsen nach der Proklamation der Volksrepublik Angola Ende 1975 das Land verlassen hatten, war die Hafenwirtschaft in große Schwierigkeiten geraten. Die DDR entschloß sich deshalb sehr schnell, technische Hilfe zu leisten und entsandte die ersten Schiffslotsen Anfang 1976 nach Angola, die Lotsendienste in den Häfen von Luanda, Lobito, Benguela, Mocamedes und Cabinda leisteten. Daneben begannen die Fachleute aus der DDR sofort mit der Ausbildung junger Angolaner zu Schiffslotsen. Da es auch nicht genügend technische Offiziere bei der angolanischen Handelsmarine gab, übernahmen auch hier Angehörige der DDR-Handelsmarine zeitweise wichtige Positionen.[569] Techniker aus der DDR hatten außerdem im Hafen von Luanda die Kühlhalle überholt und in Südangola Unterwasserpumpen installiert, um an der Grenze zu Namibia die Wasserversorgung verschiedener Dörfer sicherzustellen, die monatelang fast unterbrochen war.[570]

Technische Hilfe leistete die DDR auch in der angolanischen Landwirtschaft. So hatte sie sich im Spätsommer 1976 zunächst bereit erklärt, 30 Landwirtschaftsexperten zu entsenden, die in verschiedenen landwirtschaftlichen Betrieben arbeiteten, während ab April 1977 Angolaner ohne Erfahrung in der Landwirtschaft für zwei- bis zweieinhalb Jahre zu Praktiken in die DDR kamen. Sie erhielten eine landwirtschaftliche Ausbildung und wurden in der Wartung und Reparatur von Landmaschinen ausgebildet.[571]

Im Juni 1977 hatte die angolanische Regierung Ost-Berlin dringend ersucht, Luanda technische Hilfe bei der Wiederinstandsetzung der durch den Bürgerkrieg zerstörten Wirtschaft zu leisten. Noch im gleichen Monat beschloß deshalb das SED-Politbüro, auch in Angola Freundschaftsbrigaden der FDJ einzusetzen. Bereits im August 1977 kam die erste FDJ-Freundschaftsbrigade in Angola zum Einsatz.[572] Damals leisteten 135 Kfz-, Landmaschinen- und Traktorenschlosser, Ingenieure, Elektriker und Mechaniker aus fast allen Bezirken der DDR technische Hilfe in Angola. Reparaturwerkstätten für die aus der DDR gelieferten Lastkraftwagen wurden eingerichtet und in der Hauptstadt Luanda eine Zentralwerkstatt für die an das angolanische Landwirtschaftsministerium gelieferten Lastkraftwagen gebaut. Die Angehörigen der Freundschaftsbrigaden leisteten auch in den sogenannten Brigadestützpunkten im

---

568 Siebs: S. 64.
569 Neue Zeit vom 5. August 1976.
570 Neues Deutschland vom 13. Dezember 1976.
571 Jornal de Angola vom 5. September 1977.
572 van der Heyden u. a.: S. 169.

Transportwesen und bei der Ausbildung junger Angolaner Hilfe. Daraus ergibt sich, daß die FDJ-Freundschaftsbrigaden in Angola zunächst beim Wiederaufbau des Transportwesens halfen.

Neben der Instandsetzung von Kraftfahrzeugen wurden von den Brigademitgliedern vor allem Traktoren und landwirtschaftliche Geräte repariert. Die im Oktober 1978 ausgetauschten 135 FDJ-Freundschaftsbrigademitglieder hatten sich außerdem noch die Aufgabe gestellt, daß jeder auf seinem Fachgebiet einen Angolaner anlernt und ihn zu einer Fachkraft ausbildet.[573] Haben Brigademitglieder sogar in ihrer Freizeit in Angola in verschiedenen Provinzen des Landes die Wasser- und Stromversorgung wieder in Gang gebracht und Maismühlen repariert, war es Generatorenspezialisten nach mehrmonatigen Arbeiten im Sommer 1978 gelungen, die ausgefallenen Turbinensätze des großen Kraftwerkes Matale wieder in Bewegung zu setzen. Das für die Stromversorgung der Hauptstadt Luanda wichtige Wasserkraftwerk Mabubas war von Technikern der DDR bereits Ende 1977 generalüberholt worden.[574]

Wegen der guten Arbeit, welche die erste FDJ-Freundschaftsbrigade in Angola leistete, wurde sie bereits Ende April 1978 vom angolanischen Jugendverband JMPLA mit dem Namen des angolanischen Nationalhelden Jaquim Kapango ausgezeichnet.[575]

Da 1964 die erste FDJ-Freundschaftsbrigade zum Einsatz gekommen war, veröffentlichte die Presse der DDR zum zwanzigjährigen Jubiläum der Brigaden 1984 eine Statistik über die aktuellen Einsatzorte. Genannt wurden neun Länder mit insgesamt 17 Einsatzorten, wobei Angola mit fünf Einsatzorten an erster Stelle stand und sich beispielsweise Äthiopien, Mosambik, Kuba und Nicaragua mit FDJ-Freundschaftsbrigaden in nur je zwei Einsatzorten begnügen mußten.[576]

Ende 1979 wurden in der Presse der DDR Zahlen darüber veröffentlicht, wie viele Angolaner seit dem Eintreffen der ersten FDJ-Freundschaftsbrigade im Sommer 1977, also innerhalb von knapp zweieinhalb Jahren, ausgebildet worden sind. Das konnte in der Tat nur ein Tropfen auf den heißen Stein sein. Denn es waren 400 Kraftfahrer, 100 Kfz-Mechaniker, 200 Mähdrescherfahrer, 100 Landmaschinenmechaniker und mehr als 400 Traktoristen.[577] Es sind also kaum mehr als 1.200 Angolaner gewesen, die in diesem Zeitraum in ihrer Heimat eine technische Ausbildung durch FDJ-Freundschaftsbrigademitglieder erhielten.

Da das Landmaschinenbaukombinat „Fortschritt" in Neustadt/Sachsen viele Maschinen für die angolanische Landwirtschaft lieferte, war in der Nähe von Luanda von diesem Unternehmen ein Service-, Montage- und Ausbildungs-

---

573 Armeerundschau Nr. 9 (1978), S. 36-37.
574 DDR-Außenwirtschaft vom 18. Januar 1978.
575 Neues Deutschland vom 26. April 1978.
576 Spanger/Brock: S. 219.
577 Neues Deutschland vom 29./30. Dezember 1979.

zentrum errichtet worden, in dem Angolaner zu Mechanikern für landwirtschaftliche Maschinen ausgebildet wurden.[578] Immer wieder waren Fachleute
aus Spezialbetrieben der DDR zu mehrmonatigen Einsätzen herangezogen
worden, um angolanische Arbeiter bei der Reparatur von Turbinen in Kraft-
werken zu unterstützen.[579]

Besonders erwähnt werden muß auch der Einsatz von Ingenieuren der Elek-
trotechnik aus der DDR, die in Angola Bedienungskräfte, Mechaniker und
Monteure für die Funk- und Fernmeldetechnik qualifizierten.[580] Technische
Hilfe leistete die DDR auch bei der Modernisierung der angolanischen Über-
seehäfen von Luanda, Lobito und Mocamedes, so daß in diesen drei Häfen die
Umschlagkapazität wesentlich erhöht werden konnte.[581]

Auf der 3. Tagung des Gemeinsamen Wirtschaftsausschusses DDR-Angola
war erst Anfang November 1979 ein Abkommen über die Zusammenarbeit auf
dem Gebiet der Berufsausbildung und Weiterbildung unterzeichnet worden,[582]
obwohl diese bereits seit 1976 praktiziert wurde.

Die FDJ-Freundschaftsbrigaden waren nicht nur zur Betreuung von Reparatur-
stützpunkten für Lastkraftwagen und Landmaschinen eingesetzt, sondern haben außerdem eine Berufsschule in Cabinda gebaut, in der sie Angolaner zu
technischen Facharbeitern ausbildeten. Da neben der Produktion von Erdöl der
Export von Kaffee die zweitwichtigste Deviseneinnahme Luandas ist, waren
FDJ-Brigademitglieder auch im angolanischen Kaffeehochland tätig, wo sie
technische Hilfe bei der Instandsetzung von Kaffeeschälmaschinen leisteten.[583]

Was jedoch das Berufsausbildungszentrum in Cabinda anbetrifft, wo ab Sommer 1983 Angolaner zu Schlossern, Elektrikern und Kfz-Mechanikern ausgebildet wurden, konnten später jährlich bis zu 300 Jugendliche von Technikern
aus der DDR unterrichtet werden. Gleichzeitig erfuhr man dabei auch, daß die
FDJ-Brigademitglieder dort täglich zehn Stunden arbeiten müssen und Kontakte zu kubanischen Entwicklungshelfern hatten, da im Berufsausbildungszentrum Cabinda neben Technikern aus der DDR kubanische Lehrkräfte tätig
gewesen sind.[584]

Neben Cabinda war ein weiterer Schwerpunkt der FDJ-Brigademitglieder der
angolanische Nationalbetrieb für Mechanisierung der Landwirtschaft
(ENAMA) in der Provinz Kwanza-Norte.[585]

Die Lehrprogramme wurden von Mitgliedern der FDJ-Freundschaftsbrigaden
erarbeitet und anschließend vom angolanischen Ministerium für Erziehungs-

578 Neues Deutschland vom 26. Juni 1979.
579 Horizont, Nr. 39 (1979).
580 ADN-Bericht aus Luanda vom 28. Dezember 1979 (nach Deutsche Welle, Monitor-Dienst).
581 Neues Deutschland vom 5. Februar 1979.
582 Neues Deutschland vom 3./4. November 1979.
583 Neues Deutschland vom 15. August 1979.
584 Neues Deutschland vom 8. Februar 1983.
585 Neues Deutschland vom 17. August 1982.

wesen bestätigt.[586] Die praxisnahe Fachausbildung durch die von der DDR entsandten Techniker ist von den Angolanern anerkannt worden. So sind im Zentrum für Berufsausbildung in Luanda, wo jährlich 600 Jugendliche in zwölf Berufen ausgebildet werden konnten, zeitweilig auch Mitarbeiter des Zentralinstituts für Berufsausbildung aus Ost-Berlin als Gastdozenten tätig gewesen.[587]

Zusammenfassend kann festgestellt werden, daß „bis 1989 ... in Angola die Berufsausbildung von technischem Personal in der Kaffeeproduktion, für die Mechanisierung der Landwirtschaft und für das Transportwesen zum Wirkungsfeld der FDJ-Brigaden gehörte. Mit diesem wichtigen Bereich ist Hilfe zur Selbsthilfe organisiert worden."[588]

Was nun die angolanischen Vertragsarbeiter anbetrifft, die in der DDR tätig waren und dort ebenfalls technische Berufe erlernten, so wurde Anfang 1989 mitgeteilt, daß 1.000 Angolaner in vielen Betrieben der DDR eine berufliche Aus- und Weiterbildung erhalten.[589]

22. Bildungspolitische Zusammenarbeit und Solidaritätssendungen

Das Solidaritätskomitee hat in der Entwicklungspolitik der DDR eine wichtige Rolle gespielt. Oft noch vor Aufnahme diplomatischer Beziehungen der DDR zu einem Entwicklungsland oder zugleich mit dem vereinbarten Botschafteraustausch waren von Ost-Berlin „Solidaritätssendungen" auf den Weg gebracht worden, die je nach Bedarf aus Medikamenten, Bekleidung, hochwertigen Lebensmitteln und anderen Gütern bestanden. Das Solidaritätskomitee, das schon Vorläufer unter anderen Namen in den fünfziger und sechziger Jahren hatte, war die einzige Institution in der DDR, die sich ausschließlich der Dritten Welt annahm. Zugleich war es „der bedeutsamste Geber unentgeltlicher Hilfe"[590], was im Falle Angolas ganz besonders zum Ausdruck kam. Bei den Hilfslieferungen des Solidaritätskomitees ins südliche Afrika von 1975 bis 1989 rangierte Angola nämlich mit Gütern im Wert von 193,303 Millionen Mark an erster Stelle, wobei allein 1976 unentgeltlich Waren mit einem Wert von 107,557 Millionen Mark geliefert worden waren.[591] Für die Ausbildungshilfe hatte das Solidaritätskomitee Angola von 1983 bis 1989 insgesamt 20,8 Millionen Mark eingeplant. Hier nahm Angola nicht die Spitzenposition ein, da im gleichen Zeitraum für Mosambik 86,25 Millionen Mark und die SWAPO 27,2o Millionen Mark vorgesehen waren. Doch fanden sich für die

586 Neues Deutschland vom 24. Juli 1985.
587 ADN-Bericht vom 12. März 1984 aus Luanda (nach Deutsche Welle, Monitor-Dienst).
588 van der Heyden u. a.: S. 170.
589 Wertvolle Kräfte in vielen Betrieben , in: Neue Zeit vom 8. März 1989, S. 4.
590 Spanger/Brock: S. 215.
591 van der Heyden u. a.: S. 154.

Jahre 1984 und 1985 keine Angaben darüber, welche Summen die drei Empfänger bekommen sollten.[592]

Zudem gibt es eine Statistik über die Anzahl der vom Solidaritätskomitee finanzierten Studenten an Hoch- und Fachschulen der DDR, die aus dem südlichen Afrika kamen. In den Studienjahren von 1983 bis 1989 studierten insgesamt 1624 Angolaner in der DDR, womit sich das Land auf Platz 2 befand, da Mosambik auf Kosten des Solidaritätskomitees im gleichen Zeitraum 1845 Studenten in die DDR entsenden konnte.[593] Addiert man die Hilfslieferungen, die Ausbildungs- und sonstigen Leistungen (ab 1983) der DDR für die Befreiungsbewegungen im südlichen Afrika, Angola und Mosambik von 1975 bis 1989, so befindet sich Angola unter den Empfängern mit 238,014 Millionen Mark nach Mosambik mit 277,245 Millionen Mark an zweiter Stelle.[594]

Aufschlußreich ist eine Tabelle über die Hilfslieferungen des Solidaritätskomitees und seiner Vorläufer an Befreiungsorganisationen im südlichen Afrika bis 1974. Daraus ist ersichtlich, daß vor der Unabhängigkeit Angolas die MPLA ab 1961 unterstützt wurde, allerdings in einem weit bescheidenerem Rahmen als ab 1975. Mit Gütern im Wert von 2,250 Millionen Mark war 1974 der Höchststand unentgeltlicher Lieferungen an die MPLA erreicht worden.[595]

Anfang 1976 hatte der damalige Sekretär des Solidaritätskomitees, Christian Kleinhempel, erklärt, daß die Unterstützung Angolas nun verstärkt fortgesetzt werden müsse, um die Wirtschaft des Landes wieder in Gang zu bringen.[596] Wie an anderer Stelle bereits erwähnt, hat die DDR deshalb 1976 für die beachtliche Summe von 107,5 Millionen Mark vom Solidaritätskomitee bezahlte Güter unentgeltlich nach Angola geliefert. Neben Medikamenten, Zelten, Schlafdecken und Lebensmitteln waren das auch größere medizinische Geräte, Sanitätskraftwagen und mehr als 200 Lastkraftwagen, damit aus dem angolanischen Hochland der dort geerntete Kaffee nach Luanda transportiert werden konnte.[597]

Im Juli 1977 begründete der Generalsekretär des Solidaritätskomitees, Horst Krüger, die erfolgte bedeutende materielle Hilfe. Diese Unterstützung habe Angola „in voller Übereinstimmung mit der Sowjetunion" erhalten, was dazu beitragen solle, daß in Afrika „das internationale Kräfteverhältnis zugunsten des Friedens und des Fortschritts verändert wird"[598].

Diesem Ziel folgend, hatte das Soldaritätskomitee 1981 nach schweren Kämpfen zwischen Einheiten der angolanischen Volksarmee und Truppen Südafrikas sowie der UNITA, seine kostenlosen Hilfslieferungen nach Angola wieder steigern müssen. Allein innerhalb von neun Monaten wurden Güter im Wert

---

592 Ebenda, S. 155.
593 Ebenda, S. 157.
594 Ebenda, S. 152.
595 Ebenda, S. 151.
596 Stimme der DDR vom 30. Januar 1976 (nach Deutsche Welle, Monitor-Dienst).
597 Radio DDR I vom 27. August 1976 (nach Deutsche Welle, Monitor-Dienst).
598 Stimme der DDR vom 13. Juli 1977 (nach Deutsche Welle, Monitor-Dienst).

von 10 Millionen Mark zur Verfügung gestellt. Darunter befanden sich Impf-
stoffe gegen Masern, Tetanus, Typhus und Cholera für die durch die Kampfhandlungen betroffene Zivilbevölkerung. Aber auch die angolanische Volksarmee benötigte dringend Unterstützung mit zivilen Gütern wie Zelte, Decken,
Luftmatratzen, Medikamente, medizinisch-technische Geräte, Verbandsmate-
rial und Nahrungsmittel, die einem Beauftragten des angolanischen Verteidigungsministerium übergeben wurden. Ein Teil der Hilfsgüter aus der DDR
kam auch verwundeten angolanischen Soldaten zugute.[599] Eine weitere größere Sendung an Hilfsgütern aus der DDR war im Herbst 1981 dem Chef der
Rückwärtigen Dienste der angolanischen Armee übergeben worden, so daß bis
zum Jahresende unentgeltlich Güter im Wert von rund 13,5 Millionen Mark
geliefert wurden.[600] In den Jahren bis 1989 ist dann diese Summe bei der unentgeltlichen Hilfe für Angola nie mehr erreicht worden. Was die bildungspolitische Zusammenarbeit zwischen der DDR und Angola betrifft, so waren das
Staatssekretariat für Berufsbildung, der Zentralrat der FDJ, das Ministerium
für Volksbildung und das Ministerium für Hoch- und Fachschulwesen der
DDR die Partner der Regierungsstellen in Luanda.[601]

Sehr früh, nämlich schon in der ersten Jahreshälfte 1976, hatte die DDR Angolaner zu Seminaren und Kursen eingeladen. So besuchten Angolaner Seminare am Institut für Kommunalpolitik in Weimar, nahmen angehende angolanische Lehrer an Kursen am Institut für Leitung und Organisation des Volksbildungswesens der Akademie der Wissenschaften der DDR teil, um sich mit
den Erfahrungen des sogenannten einheitlichen sozialistischen Bildungswesens vertraut zu machen. Auch die Genossenschaftsschule in Pillnitz bei Dresden konnten Angolaner besuchen und dort an den für Ausländer abgehaltenen
Kursen teilnehmen.[602] Außerdem stand ihnen das Institut für tropische Landwirtschaft an der Leipziger Universität offen, wenn es um die Ausbildung zu
Agrarspezialisten ging.[603]

An einem Qualifizierungslehrgang für Lehrer aus jungen Nationalstaaten Afrikas im Februar 1980 in Halle, hatten auch Pädagogen aus Angola teilgenommen, die sich mit Fragen der Leitung und Planung des Bildungswesens, der
„sozialistischen Pädagogik" und Psychologie beschäftigten. Kurz zuvor war
mitgeteilt worden, daß auf Wunsch Angolas die DDR die Hilfe im Volksbildungswesen verstärken werde, nachdem 1979 in Luanda eine Ausstellung über
die Volksbildung der DDR stattgefunden hatte.[604] Zu den bildungspolitischen
Maßnahmen der DDR für Angola gehörten auch die vom Solidaritätskomitee
finanzierten materiellen Leistungen, so die Übergabe kompletter Fachunter-

599 Neues Deutschland vom 26./27. September 1981.
600 Neues Deutschland vom 4. November 1981.
601 van der Heyden u. a.: S. 161.
602 Neue Zeit vom 5. August 1976.
603 Neues Deutschland vom 27. Februar 1979.
604 National-Zeitung vom 28. Februar 1980.

richtsräume, von Unterrichtsmitteln für den naturwissenschaftlichen Unterricht, Büchersendungen und Schulmaterial.[605]

Auch wenn auf die Anfrage eines Zeitungslesers in der DDR, aus welchen Ländern hauptsächlich junge Ausländer zur Ausbildung in die DDR kommen, 1981 nach Kambodscha und Mosambik Angola an dritter Stelle genannt wurde,[606] stand die DDR in der bildungspolitischen Zusammenarbeit in Angola nicht an erster Stelle, obwohl ihre Hilfe keineswegs unterschätzt wurde. Schon aus sprachlichen Gründen war die Hilfe Kubas weit unkomplizierter. Und so wurden, um nur ein Beispiel zu nennen, auf der kubanischen „Insel der Jugend" pro Jahr 2.000 angolanische Schüler ausgebildet.[607]

Waren Angolaner, die am Institut für Ökonomik der Entwicklungsländer der Hochschule für Ökonomie „Bruno Leuschner" in Ost-Berlin ausgebildet wurden, in ihrer Heimat für höhere Funktionen vorgesehen, sind an der Agraringenieurschule für tropische Landwirtschaft in Altenburg Angolaner für mittlere Funktionen unterrichtet worden, während an dem bereits erwähnten Institut für tropische Landwirtschaft der Universität Leipzig künftige Führungskräfte ihre Ausbildung erhalten haben.[608] Daß die DDR in der Forschung über das südliche Afrika eine besondere Rolle spielte, ergab sich auf der im Februar 1981 in Leipzig abgehaltenen internationalen Arbeitstagung über aktuelle Probleme der südafrikanischen Region, auf der sich eine ständige Arbeitsgruppe „Südliches Afrika" konstituierte, wobei die Koordinierung der Arbeit der DDR übertragen worden war. So lag die Federführung in den Händen der Sektion Afrika-Nahost-Wissenschaften der Universität Leipzig, da in der ständigen Arbeitsgruppe „Südliches Afrika" Wissenschaftler aus der DDR, Polen, der Tschechoslowakei, Ungarn und Bulgarien zusammenarbeiteten. Rumänien beteiligte sich an dieser Arbeit nicht, während die ständige Arbeitsgruppe „Südliches Afrika" einen wissenschaftlichen Austausch mit der ebenfalls nicht der Arbeitsgruppe angehörenden Sowjetunion hatte.[609]

Da diejenigen Entwicklungsländer, die den sozialistischen Entwicklungsweg eingeschlagen hatten, auch zu den Konferenzen der Minister für Volksbildung der sozialistischen Länder eingeladen wurden, fehlte Angola bei diesen Konferenzen nicht. Auf einer solchen Konferenz in Ost-Berlin im Herbst 1981 hatte der angolanische Erziehungsminister die Ausbildung von Pädagogen als eine Hauptfrage bei der Überwindung des kolonialen Erbes im Bildungswesen bezeichnet. Er besuchte deshalb auch das Institut für Leitung und Organisation des Volksbildungswesens der DDR in Potsdam, an dem viele angolanische Schulfunktionäre ausgebildet worden sind.[610]

---

605 Ebenda sowie van der van der Heyden u. a.: S. 161.
606 Neue Zeit vom 4. März 1981.
607 Neues Deutschland vom 13. Mai 1980.
608 Neues Deutschland vom 23. November 1979.
609 ADN-Bericht vom 17. Februar 1981 (nach Deutsche Welle, Monitor-Dienst).
610 Neues Deutschland vom 24./25. Oktober 1981.

Davon konnte sich DDR-Volksbildungsministerin Margot Honecker während ihres Angola-Besuchs im Januar 1982 überzeugen, als sie im Lehrerbildungsinstitut „Garcia Neto" in Luanda auf dort unterrichtende Pädagogen stieß, die ihre Ausbildung in der DDR erhalten hatten. Frau Honecker nutzte im Hochschulinstitut für pädagogische Wissenschaften in der südangolanischen Provinzhauptstadt Lubango die Gelegenheit, einen Vortrag über das Bildungswesen in der DDR zu halten, wobei sie besonders auf die Schulreform in den Jahren vor der Gründung der DDR einging,[611] da nach Auffassung Ost-Berlins diese Phase der Entwicklung viel Ähnlichkeit mit den damaligen Veränderungen in Angola hatte. Am Dresdner Kabinett für Lehrer-Weiterbildung fanden deshalb auch siebenwöchige Lehrgänge statt, in denen sich angolanische Lehrer über die politischen Grundlagen des Bildungswesens in der DDR informieren konnten. Dies Seminare wurden in portugiesischer Sprache abgehalten, wobei auf Anregung der Angolaner auch Vorträge zur Berufslenkung und -ausbildung stattfanden.[612]

Haben Absolventen der Hochschule für Ökonomie „Bruno Leuschner" in Ost-Berlin als Dozenten an der Universität Luanda Ökonomie und Philosophie gelehrt, wurden an einem Ausbildungszentrum für Polygrafie an der Technischen Hochschule im damaligen Karl-Marx-Stadt Angolaner ausgebildet, während Angolaner auch die Internationale Genossenschaftsschule des Verbandes der Konsumgenossenschaften der DDR in Hosterwitz bei Dresden absolvierten.[613]

Eine Gesamtbeurteilung des Engagements der DDR in der bildungspolitischen Zusammenarbeit mit Angola ist nicht einfach. So wie in dieser Arbeit war es auch den Autorinnen Bettina Husemann und Annette Neumann in der bislang umfangreichsten Untersuchung über die bildungspolitische Zusammenarbeit zwischen der DDR und Angola[614] lediglich möglich, „Teilaspekte der Zusammenarbeit herauszugreifen". Denn es gab – wie die beiden Autorinnen bei ihren Recherchen feststellen mußten – „keine zentrale Koordinierungsstelle, bei der alle Fäden der bildungspolitischen Zusammenarbeit zusammenliefen. Dies macht es so schwierig, ein vollständiges Bild aller Aktivitäten in diesem Bereich zu entwerfen."[615]

23. Kontakte auf gesellschaftlicher Ebene

23.1. Massenmedien

Obwohl die DDR-Nachrichtenagentur ADN bereits im April 1976, also sechs Monate nach der Proklamation der Volksrepublik Angola, mit einem Büro in

---

611 Neues Deutschland vom 22. Januar 1982.
612 Sächsische Zeitung vom 14. Mai 1982.
613 Sächsische Zeitung vom 24. Dezember 1980.
614 van der Heyden u. a.: S. 158 –175.
615 Ebenda, S. 174-175.

Luanda vertreten war, haben ADN und die angolanische Nachrichtenagentur ANGOP erst ein Jahr danach einen Kooperationsvertrag unterzeichnet.[616]

Da man sich der politischen Bedeutung, die die Massenmedien in den Entwicklungsländern haben, in der DDR wohl bewußt war, legte sie großen Wert auf die journalistische Ausbildungshilfe. Bereits 1963 war eine „Schule der Solidarität" gegründet worden, die dem Internationalen Institut für Journalistik „Werner Lamberz" in Berlin-Friedrichshagen angegliedert war.[617]

Die damalige Leiterin dieser Institution, Sonja Brie, hielt es für so wichtig, die Auswahl unter den Kandidaten selbst vorzunehmen, weshalb sie im Sommer 1976 nach Angola reiste und insgesamt 12 Angolaner auswählte, die dann an ihrem Institut studierten.[618]

Im November 1979 war in Luanda in Zusammenarbeit mit dem Staatlichen Komitee für Rundfunk der DDR in Luanda die erste Rundfunkschule Angolas eröffnet worden. Dieses Institut bildete sowohl Rundfunkjournalisten als auch Rundfunktechniker aus. Bei der Eröffnung der Schule war von angolanischer Seite hervorgehoben worden, daß das Land „Journalisten mit marxistisch-leninistischer Ideologie"[619] benötige.

Zwischen dem Staatlichen Komitee für Rundfunk der DDR und dem Nationalen Rundfunk Angolas fand auch ein Austausch von Programmen, Korrespondenten und Mitarbeitern statt. Besonders muß noch auf die portugiesischen Sendungen für Westafrika hingewiesen werden, die Radio Berlin International (RBI) mit täglich 45 Minuten ausstrahlte. Dabei handelte es sich zu einem großen Teil um ein Bildungsprogramm, eine Art Volkshochschule im Rundfunk mit leicht faßlichen Themen, bei denen fast nichts vorausgesetzt wurde, damit möglichst viele Angolaner ohne besondere Schulbildung und Vorkenntnisse diesen Sendungen folgen konnten.[620] Daß man damit bei RBI die richtige Richtung eingeschlagen hatte, ergab sich im Mai 1982 auf einer Konferenz der Massenmedien und deren Aufgaben bei der weiteren Entwicklung der VR Angola. Über die Rolle des angolanischen Fernsehens wurde dabei festgestellt, daß das Programm lediglich in fünf Städten empfangen werden könne, sein Einfluß daher relativ gering sei. Die einzige Tageszeitung des Landes, „Jornal de Angola" wiederum hätte das Problem des Analphabetentums zu berücksichtigen, da seinerzeit nur 40 Prozent der Bevölkerung des Landes lesen und schreiben konnten. Auch finde die Zeitung bei der Größe des Landes und wegen der Unterbrechung der Transportwege durch Sabotageakte und Kampfhandlungen nicht die erwünschte Verbreitung. Die besten Möglichkeiten der Information wurden deshalb dem Rundfunk eingeräumt, der rund um die Uhr

---

616 Neues Deutschland vom 15. April 1977.
617 Spanger/Brock: S. 239.
618 Neues Deutschland vom 10. Dezember 1976.
619 Radio DDR I vom 18. November 1979 (nach Deutsche Welle, Monitor-Dienst).
620 Die Union vom 28. Februar 1981.

im ganzen Land zu hören sei, in allen Sprachen des Landes sende und es den Analphabeten keine Schwierigkeiten bereite, den Sendungen zu folgen.[621]

Weil man in der DDR die Bedeutung des Rundfunks für Angola bereits lange vor der Massenmedienkonferenz in Luanda erkannt hatte, war sie auch bei der Ausbildung von Rundfunkredakteuren an der „Radio Escola" von „Radio Nacional de Angola" aktiv. Dort arbeiteten Rundfunkredakteure aus Ost-Berlin, die in Seminaren, an denen nicht mehr als je 20 Personen teilnahmen, den Angolanern zunächst eine journalistische Grundausbildung vermittelten. An der Rundfunkschule fanden auch Lehrgänge für Musikredakteure, Programmgestalter, für Rundfunktechniker sowie für Journalisten mit längerer Praxiserfahrung statt. Anfang der achtziger Jahre war die Rundfunkschule in Luanda die einzige ihrer Art in Afrika. Die jeweils fünf besten Absolventen eines jeden Lehrgangs wurden für Rundfunkspeziallehrgänge in der DDR vorgeschlagen, die an der „Schule der Solidarität" in Berlin-Friedrichshagen stattfanden.[622] An den Konferenzen der Generaldirektoren der Nachrichten- und Presseagenturen sozialistischer Länder nahm auch der Generaldirektor der angolanischen Nachrichtenagentur ANGOP teil, während der erst 1982 gegründete angolanische Journalistenverband sofort der prosowjetischen Internationalen Journalistenorganisation (IJO) in Prag beitrat, die daraufhin Anfang 1983 eine Konferenz in Luanda abhielt.[623]

23.2. Gewerkschaftskontakte

Hatten bereits vor der Unabhängigkeit Angolas einige angolanische Gewerkschaftler Seminare an der Gewerkschaftshochschule des FDGB in Bernau bei Berlin besucht, galt Anfang März 1976 der Besuch eines FDGB-Präsidiumsmitgliedes beim angolanischen Gewerkschaftsbund „Uniao Nacional dos Trabalhadores de Angola" (UNTA; Nationaler Bund der Werktätigen Angolas) Schulungsfragen. So wurde eine Übereinkunft darüber erzielt, daß eine Lektorengruppe des FDGB bereits sieben Wochen nach diesem Gespräch einen ersten Lehrgang für angolanische Gewerkschaftsfunktionäre in Luanda veranstaltete. Weitere Lehrgänge folgten, bei denen Fragen der gewerkschaftlichen Organisation und Probleme der Leitungstätigkeit im Mittelpunkt standen. An den Seminaren beteiligten sich nicht nur Funktionäre des Gewerkschaftsbundes UNTA, sondern auch Mitglieder der sogenannten Arbeiterkomitees aus den verstaatlichten Betrieben. Die Lektoren des FDGB vermittelten vor allem Erfahrungen aus den Anfangsjahren der DDR.[624]

An der moskaufreundlichen Haltung des Generalsekretärs des angolanischen Gewerkschaftsbundes UNTA, Pascal Luvualu, mußte nicht gezweifelt werden. Er war auch Vizepräsident des prosowjetischen Weltfriedensrates und kam in

---

621 Stimme der DDR vom 27. Mai 1982 (nach Deutsche Welle, Monitor-Dienst).
622 FF dabei, Nr. 49 (1981).
623 Radio Luanda vom 17. Januar 1983 (nach Deutsche Welle, Monitor-Dienst).
624 ADN-Bericht aus Luanda vom 27. April 1976 (nach Deutsche Welle, Monitor-Dienst).

dieser Eigenschaft im Februar 1979 zu einer Tagung dieser Vereinigung nach Ost-Berlin, wo er mit dem FDGB-Vorsitzenden Harry Tisch über die Entwicklung der Zusammenarbeit zwischen beiden Verbänden sprach.[625] Wieder war es auch um Schulungsfragen gegangen. In den Lehrgängen an der FDGB-Hochschule in Bernau bei Berlin, an denen auch angolanische Gewerkschaftsfunktionäre teilnahmen, sollten diese immun gemacht werden gegen sogenannte sozialreformistische Konzeptionen. Denn die gewerkschaftliche Verbrämung dieser Auffassungen mache diese um so gefährlicher und fordere von der DDR deshalb wirksame ideologische Aktivitäten.[626]

Nicht zuletzt durch die Unterstützung durch den FDGB in Schulungsfragen war es UNTA gelungen, im Land Industriegewerkschaften zu gründen. Erste, wenn auch noch recht bescheidene Erfolge konnte UNTA 1982 in der Wettbewerbsbewegung, die nach Vorbildern in der DDR und anderen Warschauer Pakt-Staaten organisiert wurde, in der politisch-ideologischen Schulung sowie in der Arbeitsdisziplin erzielen.[627]

In den achtziger Jahren wurde die Zusammenarbeit auf höchster Ebene zwischen dem FDGB und UNTA recht intensiv. UNTA-Generalsekretär Pascoal Luvuala hielt sich innerhalb von 19 Monaten, im Zeitraum von Oktober 1981 bis Mai 1983, dreimal in der DDR auf, wo es in Gesprächen mit dem FDGB-Vorsitzenden Harry Tisch und seiner Stellvertreterin, der langjährigen Leiterin der Gewerkschaftshochschule, Johanna Töpfer, auch wieder um Ausbildungsfragen ging.[628]

23.3. Zusammenarbeit der Jugendorganisationen

Erste Kontakte konnte die „Freie Deutsche Jugend" (FDJ) mit der „Jugend der Volksbefreiungsbewegung Angolas" (JMPLA) anläßlich des 10. Parlaments der FDJ Anfang Juni 1976 in Ost-Berlin knüpfen, zu dem eine JMPLA-Delegation eingeladen worden war.[629] Sieben Monate danach hatte der FDJ-Zentralrat einem Beauftragten der JMPLA eine Schenkungsurkunde überreicht, die besagt, daß die FDJ der angolanischen Jugendorganisation Medikamente im Wert von 80.000 Mark überläßt.[630]

Da, wie an anderer Stelle bereits behandelt wurde, seit dem Sommer 1977 FDJ-Freundschaftsbrigaden in Angola arbeiteten, war die JMPLA sehr intensiv mit einfachen FDJ-Mitgliedern und FDJ-Funktionären in Kontakt gekommen. Als sich im März 1980 eine JMPLA-Delegation unter der Leitung ihres 1. Nationalsekretärs Bornito de Sousa in der DDR aufhielt, wurden Einzelheiten über die Hilfe der FDJ für die angolanische Jugendorganisation bekannt.

625 Neues Deutschland vom 6. Februar 1979.
626 Asien, Afrika, Lateinamerika, Nr. 5 (1977), S. 723.
627 Deutsche Außenpolitik, Nr. 10 (1982), S. 81.
628 Neues Deutschland vom 26. Mai 1983.
629 Neues Deutschland vom 4. Juni 1976.
630 Junge Welt vom 12. Januar 1977.

So erhielten führende Funktionäre der JMPLA eine Ausbildung an der FDJ-Hochschule „Wilhelm Pieck" am Bogensee. In einem zwischen der FDJ und JMPLA unterzeichneten Abkommen wurde nicht nur festgelegt, daß die FDJ-Freundschaftsbrigaden ihre Arbeit fortsetzen werden. Die FDJ sicherte JMPLA auch noch materielle Unterstützung bei der Errichtung eines „Pionierlagers der (Kinder-) Pionierorganisation „Agostinho Neto" zu.[631]

Im April 1979 hatten „Freundschaftstage der Jugend Angolas und der DDR" in Angola stattgefunden, wobei von den Massenmedien der DDR besonders erwähnt wurde, daß dies die ersten Freundschaftstage der FDJ auf dem afrikanischen Kontinent gewesen seien. Die „Freundschaftstage" wurden als der bisherige Höhepunkt der Beziehungen zwischen beiden Verbänden bezeichnet und als wesentliche Gemeinsamkeiten von FDJ und JMPLA die Ideale des Marxismus-Leninismus hervorgehoben sowie die Notwendigkeit unterstrichen, „den Kampf gegen den Imperialismus und Neokolonialismus noch entschiedener zu führen"[632].

Da es im Statut der JMPLA heißt, daß ihr Aufbau und ihre Tätigkeit auf den Leninschen Organisationsprinzipien beruhen[633], war es nicht weiter verwunderlich, daß es in ihren politischen Aussagen einen Gleichklang mit denen der FDJ gab. Bei einem Besuch des JMPLA-Nationalsekretärs Bornito de Sousa im April 1980 in Ost-Berlin nannte dieser aber auch die Schwächen seines Verbandes. So sei es keine leichte Aufgabe, das politische Denken der angolanischen Jugend im Geiste des Fortschritts zu entwickeln, da im politischen Denken der jungen Generation „teilweise noch ideologische Rudimente des portugiesischen Kolonialismus herumspuken"[634]. Der Chef der JMPLA rühmte bei dieser Gelegenheit die Einsatzbereitschaft der FDJ-Freundschaftsbrigaden, weil sie neben ihrer regulären Arbeit gleichzeitig noch freiwillige Arbeitsstunden im Transportwesen, im medizinischen Bereich und bei der Versorgung der Bevölkerung mit Grundbedarfsgütern geleistet hätten.[635]

Ende 1981 hatte die JMPLA, obwohl sie als angolanische Massenorganisation galt, nur 80.000 Mitglieder, wurde aber, wie die FDJ in der DDR, als Kampfreserve und Kaderschmiede der Partei, also der MPLA-Partei der Arbeit, bezeichnet.[636] So vertrat die JMPLA-Führung die Auffassung, nicht forciert Mitglieder zu werben. Zunächst müßten die politischen Kenntnisse der Verbandsmitglieder wesentlich erweitert werden. Würde die zahlenmäßige Stärke des Verbandes erhöht, so müsse man unweigerlich auf ideologische und politische Schwierigkeiten stoßen. Die Hauptsache sei deshalb die Qualität, nicht die Quantität. Die Kaderausbildung sei notwendig, wobei der JMPLA von den sozialistischen Ländern große Unterstützung erwiesen werde. Daß die JMPLA inzwischen viel von der FDJ gelernt hatte, bestätigte der neue Nationalsekretär

631 Neues Deutschland vom 12. März 1980.
632 Neues Deutschland vom 16. April 1979.
633 Neue Zeit vom 17. April 1980.
634 Horizont, Nr. 15 (1980).
635 Ebenda.
636 Neues Deutschland vom 10. Dezember 1981.

der JMPLA, Domingos Francisco Bartolomeu. Denn ausgehend von den Erfahrungen der Bruderverbände hatte die JMPLA in die staatlichen Betrieben
Jugendbrigaden gebildet, die für eine neue Einstellung zur Arbeit beispielgebend sein sollten. Der angolanische Jugendverband hatte auch, wie die FDJ,
die Wehrziehung der Jugendlichen und ihre Vorbereitung auf die Landesverteidigung übernommen.[637]

23.4. Verbindungen der Frauenverbände

Im August 1977 hatten der Demokratische Frauenbund Deutschlands (DFD)
und die bereits 1961 gegründete „Organisation der Frauen Angolas" (Organizacao da Mulher Angolana – OMA) Beziehungen zu einander aufgenommen,
als eine Delegation der OMA in Ost-Berlin von der DFD-Vorsitzenden Ilse
Thiele empfangen worden war.[638] Da Frau Thiele als Vizepräsidentin der prokommunistischen Internationalen Demokratischen Frauenföderation (IDFF)
fungierte, dessen Sekretariat ebenfalls seinen Sitz in Ost-Berlin hatte, war für
die OMA Ost-Berlin eine wichtige Anlaufstelle, auch wenn sich das Schulungszentrum der IDFF für Afrika seit 1980 in Sofia befand.[639]

Da es sich bei der OMA um die mitgliederstärkste Massenorganisation des
Landes, vor den Gewerkschaften und dem Jugendverband, handelte, 1982 war
ihre Mitgliederzahl mit 800 000 und 1983 mit einer Million angegeben worden,[640] war sie eine wichtige Vereinigung Angolas, deren Leitung in den Händen von Ruth Neto lag (nicht Witwe des angolanischen Präsidenten). Die
OMA, welche sich zum Ziel gesetzt hatte, den Analphabetismus unter den angolanischen Frauen allmählich zu beseitigen, setzte sich für die Gesundheitsfürsorge von Mutter und Kind, die Schaffung von Kindergärten und -krippen
sowie für die Betreuung der Frauen auf dem Lande ein.[641] Was den Ausbau
und die Verbesserung der Kindergärten sowie die Gesundheitsfürsorge der
Frauen betraf, so waren die Arbeitsgebiete von DFD und OMA geradezu identisch. Wie die DFD-Vorsitzende Thiele so war auch OMA-Generalsekretärin
Neto Mitglied des Zentralkomitees ihrer Partei und forderte in Ansprachen,
wie ihre Kollegin in Ost-Berlin, einen organisierten Beitrag der Frauen zum
Aufbau einer sozialistischen Gesellschaft und setzte sich für „die echte Emanzipation der Frauen Angolas ein"[642]. OMA gehörte auch wie der DFD der prokommunistischen IDFF an. Auf den jeweiligen Bundes- oder Nationalkongressen von DFD und OMA waren stets hochrangige Gastdelegationen aus Angola
oder der DDR vertreten.[643]

637 Probleme des Friedens und des Sozialismus, Nr. 3 (1982), S. 335-336.
638 Neues Deutschland vom 17. August 1977.
639 Zimmermann: DDR Handbuch Bd. 1, S. 669.
640 Neues Deutschland vom 9. September 1983.
641 Sächsische Zeitung vom 9. Oktober 1982.
642 Radio Luanda vom 8. März 1983 (nach Deutsche Welle, Monitor-Dienst).
643 Neues Deutschland vom 5. März 1982.

23.5. Kultur- und Sportbeziehungen, Zusammenarbeit im Gesundheitswesen

Obwohl die DDR und Angola bereits im Juni 1976 ein Kulturabkommen unterzeichnet hatten, lief der eigentliche Kulturaustausch recht langsam an. Man kann wohl davon ausgehen, daß zunächst der wichtigste Beitrag der DDR für Angola die Möglichkeit war, Studenten an Universitäten und Hochschulen entsenden zu können. Im Sommer 1977 hatte der Reclam Verlag in Leipzig einen Band Gedichte des damaligen angolanischen Präsidenten Agostinho Neto herausgegeben, wobei in einer 7seitigen Einleitung das politische Profil der MPLA bis zur Unabhängigkeit des Landes und in einem 13seitigen Nachwort der politische und dichterische Werdegang Netos beschrieben wurden.[644]

Im Frühjahr 1978 hatte das Volkstheater Rostock eine mehrtägige Gastspielreise nach Angola unternommen, das den szenischen Bericht „El Cimarron" in spanischer Sprache aufführte.[645]

Angola beteiligte sich 1978 erstmalig an der Ausstellung „Schönste Bücher aus aller Welt" in Leipzig, während zahlreiche Verlage der DDR im gleichen Jahr auf der ersten Buchmesse in Luanda vertreten waren.[646] Kostenlos hatte die DDR überdies 300 000 Exemplare eines Mathematiklehrbuches in spanischer Sprache, das in Dresden hergestellt worden war, nach Angola geliefert.[647] Eine Ausstellung mit Grafiken der prominenten Künstlerin Lea Grundig und anderen zum Thema Kampf gegen den Rassismus und Apartheid wurde Anfang 1979 in Luanda gezeigt. Die erste bedeutende Ausstellung Angolas in einem Ostblockland fand wenige Wochen später unter dem Titel „Angola – traditionelle Kunst der Gegenwart" in Dresden statt. Als Themen waren das Leben des angolanischen Volkes während der Kolonialzeit sowie nach der Erlangung der Unabhängigkeit behandelt worden.[648] Zu seinem ersten Auslandsgastspiel überhaupt war im Spätsommer 1980 ein Folkloreensemble Angolas in die DDR gekommen und in fünf Großstädten aufgetreten. Ein sehr erfolgreiches Gastspiel absolvierte im März 1981 das Hallesche „Theater Junge Garde" in Angola, das in Luanda vor Tausenden Zuschauern spielte und in der zentralangolanischen Provinzhauptstadt Huambo auftrat.[649]

Im Sommer 1981 waren dem Nationalen Buch- und Schallplatteninstitut Angolas von der DDR Materialien für ein „Grafik-Kabinett" übergeben worden. Dieses angolanische Institut trug die Verantwortung für einen wichtigen Teil der Buchproduktion und der künstlerischen Ausstattung vieler Neuerscheinungen.[650]

---

644 Neto: Gedichte, S. 5-11 und S. 99-111.
645 Neues Deutschland vom 22. Mai 1978.
646 Neues Deutschland vom 15./16. Juli und vom 14. November 1978.
647 ADN-Korrespondentenbericht aus Luanda vom 6. September 1978 (nach Deutsche Welle, Monitor-Dienst).
648 Sächsische Zeitung vom 24. Februar 1979.
649 Neues Deutschland vom 6./7. September 1980 und vom 3. März 1981.
650 Neues Deutschland vom 10. Juli 1981.

Im September 1981 hielt sich der Generalsekretär des angolanischen Schriftstellerverbandes, Antonio Cardoso, in Ost-Berlin auf, wobei eine Vereinbarung über die Zusammenarbeit zwischen den Schriftstellerverbänden beider Länder unterzeichnet worden war. Dabei teilte Cardoso mit, daß von etwa siebzig jungen angolanischen Autoren eine sogenannte Literaturbrigade gegründet worden sei.[651]

Hatte der angolanische Schriftstellerverband zum 85. Geburtstag Bert Brechts in Anwesenheit des DDR-Botschafters einen Brecht-Abend gestaltet, war wenig später eine angolanische Schriftstellerdelegation zum 9. Schriftstellerkongreß der DDR nach Ost-Berlin gekommen.[652]

Schließlich sei noch darauf verwiesen, daß sich der Leipziger Komponist Thomas Heyn von Texten Agostinho Netos inspirieren ließ und unter dem Titel „Auf der Haut der Trommel" ein Oratorium für Sopransolo, Chor und großes Orchester schuf.[653]

1985 hatte der Landkartenverlag Hermann Haack in Gotha mit seinen Länderkarten eine neue Serie begonnen und als erstes Land die Volksrepublik Angola vorgestellt. Im gleichen Jahr hatten sich Künstler aus den sieben Warschauer Pakt-Staaten unter dem Motto „Freunde grüßen Freunde" auf eine gemeinsame Afrika-Tournee begeben, wobei mehrere angolanische Städte besucht wurden. Dabei war die DDR mit der Band „Evergreen Juniors" und der Sängerin Regina Thoss vertreten, nachdem diese Band bereits ein Jahr zuvor erfolgreich in Angola gastiert hatte.[654]

Die genannten Beispiele genügen, um zu beweisen, daß die DDR bei ihren kulturpolitischen Bemühungen in der Dritten Welt aus den noch in den sechziger Jahren gemachten Fehlern gelernt hat und bei der Propagierung ihrer Ansichten in Fragen der Kulturpolitik in der Dritten Welt von Land zu Land bestehende Besonderheiten berücksichtigt,[655] was sie auch im Fall Angolas tat.

Die DDR, welche als Sportgroßmacht Ländern in der Dritten Welt beachtliche Unterstützung leistete, ist auch in Angola aktiv geworden, obwohl als Förderer des Sports die Sowjetunion dort eine ebenso wichtige Rolle gespielt hat. Da Angola im Sommer 1980 erstmalig an Olympischen Spielen teilnahm, die in Moskau stattfanden, war die angolanische Leichtathletik-Mannschaft von einem sowjetischen Trainer für die Wettkämpfe vorbereitet worden.[656] Im Mai 1979 hatte der Oberste Rat für Körpererziehung und Sport Angolas zum Deutschen Turn- und Sportbund der DDR Beziehungen aufgenommen.[657] Bei der Ausbildung aktiver angolanischer Teilnehmer der Olympischen Sommerspiele in Moskau hatte sich DDR mit Trainingskursen ebenfalls beteiligt. Außerdem

651 Sonntag, Nr. 42 (1981).
652 Neues Deutschland vom 2. März und vom 1. Juni 1983.
653 Neue Zeit vom 4. August 1983.
654 Neues Deutschland vom 21. und vom 23/24. Februar 1985.
655 Lindemann/Müller: Auswärtige Kulturpolitik der DDR, S. 190-191.
656 Tass-Bericht vom 4. März 1980 (nach Deutsche Welle, Monitor-Dienst).
657 Neues Deutschland vom 12. Mai 1979.

hatte der Deutsche Turn- und Sportbund der DDR an der Sportschule in Bad Blankenburg eine Serie von Lehrgängen für Leitungskader aus afrikanischen Ländern eingerichtet, an denen ebenfalls Angolaner teilgenommen haben.[658]

Daß Angola bei der Ausbildung von Sportkadern und Trainern Hilfe von der DDR erhielt und in verschiedenen Sportarten zwischen Sportlern beider Länder eine enge Zusammenarbeit bestanden hat, bestätigte der angolanische Staatssekretär für Körperkultur und Sport, Ruy Dias Mingas in einem Interview.[659] Vereinbarungen über die Zusammenarbeit im Sport waren zwischen der DDR und Angola jeweils für einen Zeitraum von drei Jahren bis 1989 unterzeichnet worden.[660]

Hilfe im Gesundheitswesen hat die DDR der VR Angola ab Dezember 1975 gewährt, als sie eine erste Gruppe schwerverwundeter MPLA-Kämpfer zu Heilbehandlungen aufnahm und bis zum Frühjahr 1977 157 angolanische Soldaten nach meist schwierigen chirurgischen Eingriffen gesundgepflegt wurden.[661] Deshalb war es auch nicht verwunderlich, daß beide Länder bereits im August 1976 ein Abkommen über das Gesundheits- und Sozialwesen unterzeichneten. Darin verpflichtete sich die DDR, medizinische Fachkräfte an das Rehabilitationszentrum in Luanda zu entsenden und Angola bei der Ausbildung medizinischen Personals sowie bei der Gesundheitserziehung zu unterstützen.[662] Ein erstes Medizinerteam aus der DDR hatte im Dezember 1976 am Zentrum für Physiotherapie und Rehabilitation in Luanda seine Arbeit aufgenommen. Zunächst wurden von Fachleuten der DDR umfangreiche bauliche Veränderungen vorgenommen, um die stationäre Behandlung von 160 Patienten zu ermöglichen. In einer neu errichteten Werkstatt wurden erstmalig in Angola von Fachkräften aus der DDR Arm- und Beinprothesen hergestellt. Außerdem nahmen zwei Mediziner aus der DDR ihre Arbeit am Universitätshospital in Luanda auf. Das entsandte mittlere medizinische Personal stammte aus fünf Städten der DDR.[663] Einer vom kommunistisch gelenkten Internationalen Studentenbund in Prag nach Angola entsandten „medizinischen Brigade" hatte ebenfalls ein Arzt aus der DDR angehört.[664]

Die sogenannte „medizinische Gruppe der DDR" hatte in Angola in vier Einrichtungen des Gesundheitswesens in Luanda gearbeitet: In dem bereits erwähnten Rehabilitationszentrum, im Krankenhaus „I. Machel", im Militärhospital sowie im Zentrum für Geburtshilfe und Kinderheilkunde „Augusto N'Gangula". Im Rehabilitationszentrum waren nicht nur angolanische Soldaten, sondern auch Kämpfer der SWAPO aus Namibia behandelt worden. Au-

658 ADN-Bericht vom 13. Dezember 1980 (nach Deutsche Welle, Monitor-Dienst).
659 Neues Deutschland vom 28. Juli 1983.
660 Neues Deutschland vom 5. Juli 1984.
661 Radio DDR I, 4. April 1977 (nach Deutsche Welle, Monitor-Dienst).
662 ADN-Bericht vom 25. August 1976 (nach Deutsche Welle, Monitor-Dienst).
663 Sächsische Zeitung vom 21. April 1977
664 Neues Deutschland vom 30. Juli 1977.

ßerdem wurden dort von Fachleuten der DDR Angolaner zu Orthopädieme-chanikern ausgebildet.[665]

Die Hilfe der DDR im angolanischen Gesundheitswesen lag jedoch weit hinter der Hilfe der Sowjetunion und Kubas zurück. An der Spitze des damals in Angola tätigen ausländischen Personals im Gesundheitswesen standen die Kubaner mit 800 Mitarbeitern. Neben Ärzten aus Kuba, der DDR und der Sowjetunion waren auch Ärzte und medizinisches Personal aus Bulgarien in Angola beschäftigt. Seit 1978 sind regelmäßig Angolaner an der Medizinischen Fachschule am Kreiskrankenhaus Quedlinburg in Dreijahreskursen zu Krankenpflegerinnen und -pfleger ausgebildet worden.[666] Im angolanischen Kaffeehochland von Gabela hat gemeinsam mit kubanischen Ärzten auch ein Arzt aus der DDR die medizinische Betreuung der Bevölkerung übernommen, welche die erforderlichen Medikamente aus der Sowjetunion, Kuba, der DDR und Bulgarien erhalten haben.[667] Beim Besuch des angolanischen Gesundheitsministers Domingos Coelho da Cruz im Februar 1980 in der DDR wurde bekannt, daß bis zu diesem Zeitpunkt allein im Rostocker Südstadt-Krankenhaus mehr als 300 angolanische Soldaten eine mehrwöchige Spezialbehandlung erhalten hatten.[668]

Im Abkommen über Gesundheits- und Sozialwesen DDR-Angola war festgelegt worden, daß das Sächsische Serumwerk in Dresden Masernimpfstoff zur Verfügung stellt. Die erste Sendung reichte zur Immunisierung von 350.000 Kindern, eine zweite, noch größere Sendung war zur Immunisierung Hunderttausender angolanischer Kinder vorgesehen.[669] 17 medizinische Fachschulen in Angola sind mit kompletten Kollektionen medizinischen Anschauungsmaterials von der DDR ausgestattet worden.[670]

Nachdem es im Sommer 1981 in Südangola zu schweren Kämpfen zwischen Einheiten der angolanischen Volksarmee und der Republik Südafrika gekommen war, nahm die DDR weitere schwer verwundete angolanische Soldaten auf, die in der Ost-Berliner Charité, in Bad Düben bei Halle und in Rostock behandelt wurden. Bis 1981 waren in Rostock inzwischen über 400 angolanische Patienten medizinisch betreut worden.[671]

Auf Ersuchen Luandas wirkten Fachleute aus der DDR am Ausbau eines Systems der Rehabilitation Körpergeschädigter in Angola mit. Unter Federführung von Ärzten aus der DDR war ein entsprechendes Modell ausgearbeitet worden, daß schrittweise zunächst bis 1985 verwirklicht worden ist. Gleichzeitig machten sich Angolaner an der damaligen Magdeburger Bezirksakade-

---

665 Sächsische Zeitung vom 27. Mai 1979.
666 Neue Zeit vom 30. Januar 1980.
667 Neue Zeit vom 13. März 1980.
668 Neues Deutschland vom 4. Februar 1980.
669 Neues Deutschland vom 18./19. November 1978.
670 Sächsische Zeitung vom 19. Oktober 1978.
671 Neue Zeit vom 28. September 1981.

mie des Gesundheitswesens mit der medizinischen und sozialen Rehabilitation Körpergeschädigter in der DDR vertraut.[672]

Da in den verminten Gebieten Angolas viele Kinder körperliche Schäden davontrugen, das Augenlicht verloren oder große Sehschwierigkeiten hatten, besuchte im Spätsommer 1981 eine Delegation des Angolanischen Blindenverbandes das Rehabilitationszentrum für Blinde im damaligen Karl-Marx-Stadt, um sich über die Möglichkeiten beruflicher Rehabilitation sowie über die Betreuung und Behandlung sehgeschädigter Kinder zu informieren.[673]

Erstmalig in der Geschichte des angolanischen Gesundheitswesens war im März 1983 an der Universitätsklinik in Luanda eine mikrochirurgische Operation vorgenommen worden. Dieser Eingriff war nur deshalb möglich geworden, weil die DDR ein Operationsmikroskop aus dem VEB Carl Zeiss Jena zur Verfügung gestellt hatte und ein erfahrener Neurochirurg von der Ost-Berliner Charité in Luanda die entsprechenden Vorbereitungen für mikrochirurgische Eingriffe traf.[674]

Zusammenfassend kann festgestellt werden, daß die DDR mit der Entsendung von Spezialisten für die medizinische und berufliche Rehabilitation sowie bei der Aus- und Weiterbildung von Angolanern zu medizinischen Fachkräften, sowohl in der DDR als auch in Angola, dem Land gute Hilfe geleistet hat. Auch die Arbeit von Ärzten aus der DDR in angolanischen Gesundheitseinrichtungen sowie an der Universität Luanda und schließlich die medizinische Spezialbehandlung angolanischer Soldaten in der DDR, sind von der Regierung in Luanda stets anerkennend beurteilt worden.

23.6. Kirchliche Kontakte

Im Oktober 1976 hatte sich Bischof Emilio Juli Miguel de Carvalho von der Vereinigten Methodistischen Kirche Angolas in der DDR aufgehalten. Kontakte zu diesem Kirchenmann hatte die DDR über die prosowjetische Christliche Friedenskonferenz in Prag geknüpft, die im Oktober 1976 in Bad Saarow eine Arbeitsausschußsitzung abgehalten hatte, an der dieser angolanische Bischof teilnahm. Danach hatte er methodistische Gemeinden in Ost-Berlin besucht und dem Kirchenvorstand der Evangelisch-methodistischen Kirche einige Projekte in Angola genannt, für die Hilfe dringend erforderlich sei. Innerhalb der Aktion „Brot für die Welt" der evangelischen Kirchen und Freikirchen der DDR wurde Geld für die Realisierung dieser Projekte gesammelt.[675]

Als Bischof Emilio de Carvalho im Juli 1978 zu seinem zweiten Besuch in die DDR kam, hatte er in Ost-Berlin nicht nur Gespräche mit Theologen, sondern erstmalig auch mit Politikern geführt. Bischof de Carvalho schilderte die Si-

---

672 ADN-Bericht vom 13. Juli 1981 (nach Deutsche Welle, Monitor-Dienst).
673 Neues Deutschland vom 18. September 1981.
674 Neues Deutschland vom 28. März 1983.
675 Standpunkt Nr. 12 (1976).

tuation der Kirchen in Angola, wo, wie er sagte, die christlichen Gemeinden jährlich um 10 bis 14 Prozent wüchsen. Von den 6 Millionen Einwohnern des Landes seien 2 Millionen katholisch und eine Million Mitglieder evangelischer Kirchen. In einem Gespräch mit dem damaligen Vorsitzenden der Evangelischen Kirchenleitungen in der DDR, Bischof D. Dr. Albrecht Schönherr, hatte Bischof de Carvalho den Wunsch geäußert, daß künftig enge Beziehungen zwischen den Kirchen in Angola und in der DDR entstehen mögen.[676]

Hatte der Ost-CDU-Vorsitzende Gerald Götting den angolanischen Bischof über das Wirken seiner Partei bei der Gestaltung der sozialistischen Gesellschaft informiert, war der angolanische Kirchenmann auch noch vom stellvertretenden Staatssekretär für Kirchenfragen, Hermann Kalb, und dem Bischof der Evangelisch-methodistischen Kirche in der DDR, Armin Härtel, zu Gesprächen empfangen worden.[677]

Bischof Emilio de Carvalho hatte die DDR 1979 erneut besucht, während im Frühjahr 1980 der evangelische Theologe Dr. Carl-Jürgen Kaltenborn im Auftrag des Regionalausschusses der prosowjetischen Christlichen Friedenskonferenz in der DDR auf Einladung des Rates der Evangelischen Kirchen Angolas für fünf Wochen dieses Land bereiste. (K. war stellvertr. Direktor für Erziehung und Ausbildung an der Sektion Theologie der Ost-Berliner Humboldt-Universität.)

Wie Dr. Kaltenborn nach seiner Reise berichtete, bestehe in Angola ein regelrechter Heißhunger darauf, etwas zum Thema Kirche im Sozialismus zu erfahren. Er war überdies der erste evangelische Christ aus einem sozialistischen Land, der bei den evangelischen Kirchen Angolas zu Gast sein konnte. Da, wie Kaltenborn weiter mitteilte, der Rat der Evangelischen Kirchen Angolas daran interessiert sei, sich dem Generalthema Kirche im Sozialismus zuzuwenden, setzten hier jene regime-freundlichen evangelischen Theologen in der DDR, die einseitig auf die Arbeit der Prager Christlichen Friedenskonferenz festgelegt waren, den Hebel an. So wurden zum Thema Kirche im Sozialismus in einem eigens dafür geschaffenen Studienzentrum für Pfarrer und kirchliche Mitarbeiter in der angolanischen Hafenstadt Lobito Seminare abgehalten. Kaltenborn stellte bei seinem Angola-Besuch fest, daß die theologische Ausbildung in diesem Land nicht so umfassend sei, wie sie sein müßte, weshalb er für eine sinnvolle Unterstützung durch die DDR auf diesem Gebiet eintrat. So wurden zwei Angolanern Studienplätze am Theologischen Seminar der Evangelisch-methodistischen Kirche in Bad Klosterlausnitz in Thüringen bewilligt.[678] Dort hatten ab 1980 zwei angolanische Pastoren ein postgraduales Studium absolviert.[679] Auf seiner zweiten Angola-Reise Mitte 1981 will Dr. Kaltenborn festgestellt haben, daß dort die evangelischen Christen in großer Ein-

---

676 Neue Zeit vom 19. Juli 1978.
677 Neue Zeit vom 8. Juli 1978.
678 Standpunkt Nr. 9 (1980), S. 244-245.
679 Neue Zeit vom 6. Februar 1980.

mütigkeit zur MPLA-Partei der Arbeit stünden.[680] Es ist nicht zu leugnen, daß die Christliche Friedenskonferenz einen gewissen Einfluß auf die evangelischen Kirchen in Angola geltend machen konnte. So hatte sich beispielsweise im November 1981 eine dreiköpfige Delegation des Rates der Evangelischen Kirchen Angolas zur Jahrestagung der Christlichen Friedenskonferenz in der DDR in Ost-Berlin aufgehalten.[681] Kurz darauf waren die angolanischen Theologen auch Gäste des I. Internationalen Ökumenischen Symposiums, das die Sektion Theologie der Ost-Berliner Humboldt-Universität veranstaltete. Dieses Symposium hatte allerdings auch viel mit Politik zu tun. Es diente nämlich dem Zweck, wie es in einer Abschlußerklärung hieß, „die lebensgefährliche Politik der gegenwärtigen US-Regierung zu entlarven, welche die gesamte Welt mit einem nuklearen Inferno bedroht"[682].

Im Sommer 1982 hielt sich der methodistische Bischof Armin Härtel mit seiner Frau in Luanda auf. Während der Bischof einen jungen afrikanischen Pastor ordinierte, der ein Zusatzstudium in der DDR absolviert hatte, referierte seine Frau in einer großen kirchlichen Frauenveranstaltung über die Rolle der Frau in Kirche und Gesellschaft eines sozialistischen Landes.[683]

Im Frühjahr 1983 hatten die evangelischen Kirchen in der DDR einem evangelischen Hospital in Angola Medikamente sowie der angolanischen Flüchtlingshilfe Bekleidung zur Verfügung gestellt.[684] Auch sei noch darauf verwiesen, daß die (Ost-)Berliner Missionsgesellschaft 1987 materielle Hilfe vor allem für die Kinder im Flüchtlingslager der SWAPO Kwanza Sul in Angola leistete.[685]

Abschließend kann vermerkt werden, daß beinahe ausschließlich die Methodistische Kirche in der DDR und Kreise der prosowjetischen Christlichen Friedenskonferenz Kontakte zur evangelischen Kirche in Angola unterhielten, wenn man von Einzelgesprächen und den Spenden der gesamten evangelischen Kirche in der DDR für Angola einmal absieht. Kontakte der katholischen Kirche in der DDR oder regimefreundlicher katholischer Laien in der DDR zur katholischen Kirche in Angola konnten auch in der von regimefreundlichen katholischen Laien herausgegebenen Ostberliner Monatszeitschrift „begegnung" nicht festgestellt werden.

24. DDR-Endphase und Konsequenzen

Zum 40. Jahrestag der DDR war noch einmal eine Delegation der MPLA-Partei der Arbeit unter Leitung des ehemaligen angolanischen Ministerpräsi-

680 Standpunkt Nr. 10 (1981).
681 Standpunkt Nr. 12 (1981).
682 Neue Zeit vom 12. Dezember 1981.
683 Neue Zeit vom 21. August 1982.
684 Neue Zeit vom 31. März 1983.
685 Berliner Rundfunk vom 8. April 1987 (nach Deutsche Welle, Monitor-Dienst).

denten Lopo do Nascimento, der die DDR in den siebziger Jahren mehrfach besucht hatte, nach Ost-Berlin gekommen.[686]

Wenige Monate danach hatten die Veränderungen in der DDR auch ihre Auswirkungen auf Angola. Nach und nach wurden die FDJ-Freundschaftsbrigaden abgezogen, was aber nicht hieß, daß die bislang von Fachleuten aus der DDR betreuten Einrichtungen im Chaos versanken. Vielmehr wurden die Objekte nun vom Solidaritätskomitee der DDR und später vom Solidaritätsdienst International (SODI) in der Betreuung übernommen, wie das beispielsweise beim Berufsausbildungszentrum in Cabinda der Fall gewesen ist. Nach und nach wurden im Herbst 1990 auch die noch in der DDR tätigen angolanischen Vertragsarbeiter in ihre Heimat zurückgeflogen.[687] In Angola wiederum war auf einmal nicht mehr von der marxistisch-leninistischen Kaderpartei MPLA–Partei der Arbeit die Rede. Der Zusatz Partei der Arbeit fiel nun weg, als im Dezember 1990 der Parteitag der MPLA auch dem Vorschlag von Partei- und Staatschef Eduardo dos Santos zustimmte, ein Mehrparteiensystem einzuführen.[688] Was die Wirtschaft Angolas anbetrifft, so wiederholte Präsident dos Santos in einer Rede 1997 erneut, daß die Zeiten der zentralistischen Kommandowirtschaft vorbei seien und man sich nun in einem Übergangsprozeß „von einer zentralisierten zu einer breiter angelegten Wirtschaft befindet, in der die Regeln des Marktes eine entscheidende Rolle spielen"[689]. Die DDR aber hat bei der Entwicklungshilfe in Angola keine schlechte Arbeit geleistet. Das ergibt sich auch daraus, daß das Bundesministerium für wirtschaftliche Zusammenarbeit allein in Angola 11 Entwicklungsprojekte der DDR fortführte, womit in diesem Land die meisten DDR-Projekte übernommen wurden. Es sind dies die Kfz-Reparaturwerkstätten in Viana und Lubango, die Lehrerbildungsinstitute in Luanda und Lubango, das Berufsausbildungszentrum in Cabinda sowie das Berufsausbildungsinstitut in Cazenga, das Krankenhaus „Machel" und das Rehabilitationszentrum in Luanda, die Erziehungswissenschaftliche Hochschule und die Fakultät für Ingenieurwissenschaften der Universität Luanda sowie die Beraterfunktionen im Landwirtschaftsministerium in Luanda.[690] Ein außergewöhnlicher Fall privater Entwicklungshilfe, während der DDR-Zeit 1986 begonnen und nach der Vereinigung Deutschlands fortgesetzt, ist im Herbst 1996 vom Bundespräsidenten gewürdigt worden, als er ein Schweriner Ehepaar mit dem Bundesverdienstkreuz auszeichnete, weil es über 2.000 Pakete mit Lebensmitteln und Kleidung in das angolanische Dorf Gubal geschickt hatte.[691]

Was ergeben sich aber nun für Konsequenzen für das Verhältnis der Bundesrepublik Deutschland zu Angola, da es ja nicht nur um die Fortführung von elf

686 Neues Deutschland vom 6. Oktober 1989, S. 3.
687 DDR: Ausländische Arbeiter nach Hause!, in: Tageszeitung (taz) vom 22. September 1990.
688 Annette und Joachim Oelssner: Das Ziel heißt jetzt Demokratisierung, in: Neues Deutschland vom 27. September 1993, S. 5.
689 Angolanisches Fernsehen vom 11. April 1997 (nach Deutsche Welle, Monitor-Dienst).
690 Abschlußbericht über die Fortführung von Entwicklungshilfeprojekten der ehemaligen DDR, in: BMZ-Informationen, Nr. 1 (1991).
691 Ehepaar erhielt Verdienstkreuz, in: Neues Deutschland vom 29. Oktober 1996, S. 4.

von der DDR begonnenen Projekten in Angola geht? Im militärischen und Sicherheitsbereich, in dem die DDR in Angola, gemessen an ihrer Größe, relativ stark vertreten war, baut Luanda als weitere Helfer nicht auf Deutschland, sondern auf dessen NATO-Partner Portugal und Spanien sowie wegen der Modernisierung seiner Armee, die vorwiegend mit sowjetischem Gerät ausgerüstet ist, auf Rußland. So wurde bereits am 3. Oktober 1996 zwischen Angola und Portugal ein Militärabkommen unterzeichnet, in dem sich Lissabon verpflichtet, Angola bei der Organisation seines Verteidigungssystems zu unterstützen.[692] Spanien vereinbarte wenige Wochen später mit Angola, ein Expertenteam zur Ausbildung von Eliteeinheiten der angolanischen Sicherheitskräfte nach Luanda zu entsenden.[693]

Mit Rußland hatte Angola am 30. Januar 1997 ein neues Militärabkommen abgeschlossen, das von stellvertr. angolanischen Verteidigungsminister Roberto Leal Monteiro Ngongo als ein „Glanzlicht" in den traditionellen Bindungen zwischen den beiden Ländern und Völkern bezeichnet wurde.[694] Das war keineswegs übertrieben, da die weitere technische und militärische Zusammenarbeit zwischen beiden Ländern sogar vom russischen Verteidigungsminister Marschall Igor Sergejew im August 1998 in Luanda erörtert worden ist.[695]

Bei der Sprengung von Anti-Personen- und Anti-Tankminen, die DDR hatte aus Beständen der Nationalen Volksarmee Minen nach Angola geliefert, sind Fachleute aus Deutschland in Angola erwünscht, auch wenn die angolanische Regierung in einem Fall (Hilfsorganisation Komitee Cap Anamur) die Arbeitsgenehmigung verweigerte.[696]

Dennoch leistet Deutschland bei der Beseitigung der Minenfelder und bei der Stärkung der Selbsthilfeorganisationen' der Behinderten, die durch Minenexplosionen schwer verletzt wurden, Hilfe, die vom Bundesministerium für wirtschaftliche Zusammenarbeit finanziell unterstützt wird.[697] Da Angola das afrikanische Land ist, in dem sich mit 15 Millionen Minen die meisten dieser Sprengkörper befinden, bleibt im Bundeshaushalt der Posten „Minenräumung" wichtig. Dringlich bleibt auch die Reintegraton demobilisierter angolanischer Soldaten, für die Ausbildungszentren geschaffen werden müssen, weil sie außer dem Kriegshandwerk nichts weiter gelernt haben. Fördert hier die Europäische Union in kleinen Gemeinden mehrerer angolanischer Provinzen kleine Betriebe, in denen die durch den Krieg Vertriebenen oder ehemalige Soldaten

---

692 Bericht der Pan-African News Agency (PANA) aus Dakar vom 5. Oktober 1996 (nach Deutsche Welle, Monitor-Dienst).

693 Angolanisches Fernsehen vom 19. November 1996 (nach Deutsche Welle, Monitor-Dienst).

694 Radio Luanda vom 30. Januar 1998 (nach Deutsche Welle, Monitor-Dienst).

695 Radio Luanda vom 17. August 1998 (nach Deutsche Welle, Monitor-Dienst).

696 Zäher Friedensprozeß in Angola, in: Frankfurter Allgemeine Zeitung vom 20. März 1998, S. 10.

697 Hartmut Hausmann: Fast das ganze Land ist noch ein Minenfeld – Am Tropf der internationalen Hilfe, in: Das Parlament, Nr. 9 vom 21. Februar 1997, S. 14.

Arbeit finden sollen, entwickelt die Gesellschaft für Technische Zusammenarbeit (GTZ) in Angola humanitäre Programme.[698]

Von der Bundesregierung angeboten werden könnte mit dem Hinweis, daß diese Hilfe von den ehemaligen Warschauer Pakt-Staaten Ungarn und Rumänien angenommen wurde, Unterstützung bei der Reformierung des angolanischen Justizwesens. Angola benötigt ein neues Strafgesetzbuch. Da selbst Präsident dos Santos, der viele Jahre in der Sowjetunion gelebt hat, heute eine Justiz in Angola fordert, die von keiner politischen Partei kontrolliert wird[699], was 1988 natürlich noch ganz anders war, käme Hilfe aus Deutschland gewiß nicht ungelegen. Weiter gefördert werden sollte von der Konrad-Adenauer-Stiftung und von der Friedrich-Ebert-Stiftung der „Süd-Süd-Erfahrungsaustausch", da ohne diese Unterstützung manche Entwicklungsländer über für sie unerläßliche Veränderungen in Ländern mit ähnlichen Problemen nichts erfahren.

Wichtig ist die Dezentralisierung und Reorganisation der Verwaltung Angolas,[700] da diese zentralistisch-bürokratisch, ähnlich den Verwaltungen in der Sowjetunion oder der DDR, aufgebaut wurde. Denn zur Stärkung der demokratischen Institutionen und der staatlichen Verwaltung Angolas ist auch der Gemeindewiederaufbau unerläßlich, weshalb die Regierung in Luanda ein Gemeinderehabilitationsprogramm entwickelte, das von der Europäischen Union unterstützt wird, wie EU-Kommissar Joao de Deus Pinheira gegenüber Präsident dos Santos erklärte.[701] Nicht die Bundesrepublik Deutschland sondern Portugal hatte die Brückenfunktion zwischen Angola und der Europäischen Union zu übernehmen, da beide Länder aktiv in der am 17. Juli 1996 gründeten „Gemeinschaft der Staaten Portugiesischer Sprache" zusammenarbeiten, zu deren ersten Exekutivsekretär der ehemalige angolanische Regierungschef Marcelino Moco berufen worden ist.[702]

Wichtig bleibt Deutschland für Angola als Ersatzteillieferant, beispielsweise für die von der DDR gelieferten mehr als 15.000 Allzweck-Lastwagen W 50 des früheren IFA-Kombinats in Ludwigsfelde, da sehr viele dieser einfach zu reparierenden und robusten Fahrzeuge noch im Einsatz sind.[703]

In Stichworten seien hier noch einmal die Empfehlungen genannt, auf welchen Gebieten die Bundesrepublik Deutschland Angola Hilfe leisten kann: Einsatz bei der Beseitigung der Minenfelder und bei der Reintegration demobilisierter Soldaten, Stärkung der demokratischen Institutionen und Hilfe bei der Dezen-

---

698 Bericht der angolanischen Nachrichtenagentur ANGOP vom 30. Juli 1998 (nach Deutsche Welle, Monitor-Dienst).

699 Angolanisches Fernsehen vom 15. Mai 1998 (nach Deutsche Welle, Monitor-Dienst).

700 Musterbeispiel Mosambik? Neuansätze der Kommunalverwaltung – Vorbild für Angola, in: „info" Nr. 1 (1998), S. 1, herausgegeben von der Friedrich-Ebert-Stiftung, Bonn.

701 Radio Luanda vom 6. Februar 1998 (nach Deutsche Welle, Monitor-Dienst).

702 Theo Pischke: Vom Weltreich zur lusitanischen Staatengemeinschaft, in: Das Parlament, Nr. 28 vom 5. Juli 1996, S. 16.

703 Bernd Kubisch: „DDR-Dinos" im Dschungel – Der W 50 leistet noch heute in vielen Ländern Afrikas gute Dienste, in: Sächsische Zeitung vom 17. April 1997, S. 7.

tralisierung der Verwaltung, Unterstützung bei der Reformierung des Justizwesens sowie bei der Vermittlung im Süd-Süd-Erfahrungsaustausch.

Wie bereits in den Kapiteln über Kuba und Nicaragua der Hinweis nicht fehlte, die guten Landeskenntnisse derjenigen ehemaligen DDR-Bewohner zu nutzen, die sich längere Zeit in diesen Entwicklungsländern aufhielten, so muß das desgleichen im Falle Angolas unterstrichen werden. Aber auch die in der DDR ausgebildeten Angolaner sind ein Kapital, das bei der Zusammenarbeit zwischen beiden Ländern nützlich sein kann und deshalb nicht brachliegen sollte.

Literaturverzeichnis

Hannes Bahrmann/Christoph Links: Contras contra Nicaragua – Entstehung, Struktur, Taktik der bewaffneten Konterrevolution, Berlin (DDR) 1985

Frei Betto: Nachtgespräche mit Fidel, Freiburg (Schweiz) 1986

Tomas Borge: Tagesanbruch gegen den Tod – Zu Krieg und Frieden in Nicaragua, Wuppertal 1984

Gerhard Breme/Hans Kramer: Afrika – Kleines Nachschlagewerk, Berlin (DDR) 1985

Gerhard Brendel/Hans-Joachim Dubrowsky/Kurt Schickram: Ware-Geld-Beziehungen zwischen den RGW-Ländern, Berlin (DDR) 1983

Thea Büttner (Hrsg.): Afrika – Geschichte von den Anfängen bis zur Gegenwart, Teil IV: Afrika vom Zusammenbruch des imperialistischen Kolonialsystems bis zur Gegenwart, Berlin (DDR) 1985

Fidel Castro: Bericht des ZK der Kommunistischen Partei Kubas an den II. Parteitag der KPK – Materialien – Berlin (DDR) 1982

Fidel Castro: ...wen wir überleben wollen – Die ökonomische und soziale Krise der Welt, Dortmund 1984

Stephane Courtois/Nicolas Werth/Jean-Louis Panne/Andrzej Paczkowski/Karel Bartosek/Jean-Louis Margolin/Joachim Gauck/Ehrhart Neubert: Das Schwarzbuch des Kommunismus – Unterdrückung, Verbrechen und Terror, München, Zürich 1998

Karl-Heinz Domdey: Neo-Kolonialismus oder sozialistische Wirtschaftshilfe, Berlin (DDR) 1962

Marc Edelman/Klaus Fritsche: Weder Schaf noch Wolf – Sowjetunion-Lateinamerika 1917-1987, Bonn 1988

Manfred Engert/Heinz Stephan (Hrsg): Lexikon RGW, Leipzig 1981

Rainer Eppelmann/Horst Möller/Günter Nooke/Dorothee Wilms (Hrsg.): Lexikon des DDR-Sozialismus – Das Staats- und Gesellschaftssystem der Deutschen Demokratischen Republik, Paderborn u. a. 1996

Rainer Falk/Peter Wahl (Hrsg.): Befreiungsbewegungen in Afrika – Politische Programme, Grundsätze und Ziele von 1945 bis zur Gegenwart, Köln 1980

Hans-Joachim Fischer: Internationale pädagogische Beziehungen und pädagogische Auslandsarbeit der DDR, Paderborn 1975

Boris Goldenberg: Kommunismus in Lateinamerika, Stuttgart u. a. 1971

Babette Gross: Willi Münzenberg – Eine politische Biographie. Mit einem Vorwort von Arthur Koestler, Stuttgart 1967

Ernesto Che Guevara: Der neue Mensch, Entwürfe für das Leben in der Zukunft, Dortmund 1984

Ernesto Che Guevara: Guerillakampf und Befreiungsbewegung, Dortmund 1986

Janette Habel: Kuba – Die Revolution in Gefahr. Mit einem Vorwort von Francois Maspero, Köln 1993

Waltraut Hagen: Die Erben Sandinos – Nikaragua, ein Land im Aufbruch, Berlin (DDR) 1980

Peter Hamann: Blüte aus Feuer – Nikaragua – Reportage aus dem Alltag einer Revolution, Leipzig u. a. 1988

Armando Hart: Die Spielregeln ändern ... Kulturpolitik im Sozialismus, Köln 1987

Guido Heinen: „Mit Christus und der Revolution" – Geschichte und Wirken der „iglesia popular" im sandinistischen Nicaragua (1979-1990), Stuttgart u. a. 1995

Karl Ludolf Hübener/Eva Karnofsky/Pilar Lozano (Hrsg.): Weissbuch Lateinamerika – Eigenes und Fremdes, Wuppertal 1991

Klaus Huhn/Leo Burghardt: Überlebt Kuba? – Report aus Havanna, Berlin (1994)

Klaus Huhn: Companero Castro – Auf Kubas steinigem Weg, Berlin (1996)

Walter Hundt: Abbruch, Umbruch – Aufbruch? Brandenburgische Beziehungen nach Afrika, in: Ulrich van der Heyden, Ilona und Hans-Georg Schleicher (Hrsg.): Engagiert für Afrika – Die DDR und Afrika II, Münster, Hamburg 1994, S. 31-48

Bettina Husemann/Annette Neumann: DDR-VR Angola: Fakten zur bildungspolitischen Zusammenarbeit von 1975 bis 1989, in: Ulrich van der Heyden, Ilona und Hans-Georg Schleicher (Hrsg.): Engagiert in Afrika – Die DDR und Afrika II, Münster, Hamburg 1994, S. 158-175

Konrad Illgen: Freundschaft in Aktion, Berlin (DDR) 1961

Informationsbüro Nicaragua (Hrsg.): Nicaragua – Ein Volk im Familienbesitz, Hamburg 1985

Antonio Nunez Jimenez: Der Weg Kubas – Geschichte und Gegenwart des kubanischen Volkes, Berlin (DDR) 1964

G. F. Kim, M. Robbe, M. Grzeskowiak, G. Höpp, A. S. Kaufmann, L. R. Polonskaja (Hrsg.): Geistige Profile Asiens und Afrikas – Aktuelle Fragen der ideologischen Auseinandersetzung in der nationalen Befreiungsbewegung, Berlin (DDR) 1982

Martin Kriele: Nicaragua – Das blutende Herz Amerikas, München, Zürich 1985

Winrich Kühne: Die Politik der Sowjetunion in Afrika – Bedingungen und Dynamik ihres ideologisch, ökonomisch und militärischen Engagements, Baden-Baden 1983

Branko Lazitch: Angola 1974-1988 – Ein Mißerfolg des Kommunismus in Afrika, Bonn 1988

Malte Letz: Nicaragua – Dokumente einer Revolution, Leipzig 1985

Malte Letz: Kurze Geschichte der sandinistischen Revolution, Berlin (DDR) 1988

Hans Lindemann/Kurt Müller: Auswärtige Kulturpolitik der DDR, Bonn-Bad Godesberg 1974

Hans Lindemann: Das Werben Ost-Berlins bis zur diplomatischen Anerkennung durch die USA, Kanada und Kuba, in: Hans-Adolf Jacobsen, Gert Leptin, Ulrich Scheuner, Eberhard Schulz (Hrsg.): Drei Jahrzehnte Außenpolitik der DDR, München, Wien 1979, S. 623-626

Hans Lindemann: Die auswärtige Kulturpolitik der DDR, in: Klaus Lange (Hrsg.): Aspekte der deutschen Frage – Vorwort: Franz Josef Strauß, Herford 1986, S. 57-72

Hans Lindemann: Moskaus Traum: Nicaragua, Stuttgart, Bonn 1986

Werner Markert/Dietrich Geyer (Hrsg.): Osteuropa – Handbuch Sowjetunion – Verträge und Abkommen, Köln, Graz 1967

Walter Markov (Hrsg.): Geschichte und Geschichtsbild Afrikas – Studien zur Kolonialgeschichte der nationalen und kolonialen Befreiungsbewegung, Bd. 2, Berlin (DDR) 1960

Ewald Moldt: Grundzüge der sozialistischen Außenpolitik der DDR, in: Die DDR – Entwicklung, Probleme, Perspektiven, Frankfurt/M. 1972, S. 195-209

Kurt Müller: Über Kalkutta nach Paris? Strategie und Aktivität des Ostblocks in den Entwicklungsländern, Hannover 1965

Kurt Müller: Die Entwicklungshilfe Osteuropas – Konzeptionen und Schwerpunkte, Hannover 1970

Agostinho Neto – Einleitung von Anne-Sophie Arnold: Gedichte, Leipzig 1977

Lutz Niethammer (Hrsg.): Der „gesäuberte" Antifaschismus – Die SED und die roten Kapos von Buchenwald, Berlin 1994

Dieter Nohlen (Hrsg.): Lexikon Dritte Welt – Länder, Organisation, Theorien, Begriffe, Personen, Hamburg 1986

Werner Pade: Kuba – Volksbefreiungskrieg und Verteidigung einer Revolution, Berlin (DDR) 1986

Eberhard Panitz: Tamara Bunke – Mit Che Guevara in Bolivien, Schkeuditz 1996

Robert E. Quirk: Fidel Castro – Die Biographie, Berlin 1996

Jürgen Radde: Der Diplomatische Dienst der DDR – Namen und Daten, Köln 1977

Kersten Radzimanowski: Stimme der Stimmlosen –Dokumente zum sozialen Engagement katholischer Christen in Lateinamerika, Berlin (DDR) 1983

Claus-Dieter Röck: Radio Berlin International – Struktur und Entwicklung des Auslandsrundfunks der DDR – Wissenschaftliche Arbeit zur Erlangung des akademischen Grades eines Magister Artium an der Freien Universität Berlin, Berlin 1996

Fritz Schatten: Afrika schwarz oder rot?, München 1961

Hans-Georg Schleicher: Afrika in der Außenpolitik der DDR, in: Ulrich van der Heyden, Ilona und Hans-Georg Schleicher (Hrsg.): Die DDR und Afrika – Zwischen Klassenkampf und neuem Denken, Münster, Hamburg 1993, S. 10-29

Hans-Georg Schleicher/Ilona Schleicher: Waffen für den Süden Afrikas. Die DDR und der bewaffnete Befreiungskampf, in: Ulrich van der Heyden, Ilona und Hans-Georg Schleicher (Hrsg.): Engagiert für Afrika – Die DDR und Afrika II, Münster, Hamburg 1994, S. 7-30

Hans-Georg Schleicher/Ulf Engel: DDR-Geheimdienst und Afrika-Politik, in: Aussenpolitik, 4. Quartal (1996), S. 399-409

Ilona Schleicher: Statistische Angaben zur Solidarität für Befreiungsbewegungen und Staaten im südlichen Afrika, in: Ulrich van der Heyden, Ilona und Hans-Georg Schleicher (Hrsg.): Engagiert für Afrika – Die DDR und Afrika II, Münster, Hamburg 1994, S. 147-157

Gertrud Schütz (Leitung des Autorenkollektivs): Kleines politisches Wörterbuch, 2. Auflage 1973 und 6. Auflage 1986

Horst Seydewitz/Frank Zeller (Leitung des Autorenkollektivs): Länder der Erde, Politisch-ökonomisches Handbuch, Berlin (DDR) 1980

Benno-Eide Siebs: Die DDR und die Dritte Welt – Entwicklungspolitik in den achtziger Jahren – Hausarbeit zur Erlangung des Grades Magister Artium an der Ludwig-Maximilians-Universität, München 1993

Hans-Joachim Spanger/Lothar Brock: Die beiden deutschen Staaten in der Dritten Welt – Die Entwicklungspolitik der DDR – eine Herausforderung für die Bundesrepublik Deutschland?, Opladen 1987

Gleb Borissowitsch Staruschenko: Sozialistische Orientierung in Entwicklungsländern, Berlin (DDR) 1980

Statistisches Amt der DDR (Hrsg.): Statistisches Jahrbuch 1990 der Deutschen Demokratischen Republik, Berlin (DDR) 1990

Staatliche Zentralverwaltung für Statistik (Hrsg.): Statistisches Taschenbuch der Deutschen Demokratischen Republik, Ausgaben 1979 bis 1989, Berlin (DDR)

Peter Stier/Peter Jegzentis/Volker Wirth (Hrsg.): Handbuch Entwicklungsländer – Sozialökonomische Prozesse, Fakten und Strategien, Berlin (DDR) 1988

Manfred Uschner (Hrsg.): Lateinamerika – Kleines Nachschlagewerk, Berlin (DDR) 1985

Armando Valladares: Wider alle Hoffnung – Gefangener unter Fidel Castro – Erinnerungen, Stuttgart 1988

Anna Vollmann/Werner Zahn: Kuba – Vom „Modell" zurück zum „Hinterhof"?, Heilbronn 1996

Nathaniel Weyl: Die Verführten und die Schuldigen – Fidel Castro und Kuba, Bonn
  1962
Hartmut Zimmermann (Wissenschaftl. Ltg.): DDR-Handbuch Bd. I und II, Köln 1984

Zusammenfassung

In dieser Arbeit wurde versucht, an den Beispielen der Länder Kuba, Nicaragua und Angola die Aktivität der DDR in drei Entwicklungsländern darzustellen, die von ihr besonders bevorzugt worden sind. Das hatte verschiedene Gründe. Im Falle Kubas, das durch die DDR schon ab Anfang der sechziger Jahre große Unterstützung erfuhr, revanchierte sie sich dafür, daß Havanna diplomatische Beziehungen auf Botschafterebene zu Ost-Berlin aufnahm. Kuba war somit das erste Entwicklungsland, das die „Blockade durch die Hallstein-Doktrin" durchbrach und den Abbruch der diplomatischen Beziehungen durch die Bundesrepublik Deutschland in Kauf nahm, was von der DDR als großer außenpolitischer Erfolg angesehen wurde. Anfang der siebziger Jahre, als Kuba Mitglied des Rates für Gegenseitige Wirtschaftshilfe wurde, rückte die DDR schon bald zum zweitwichtigsten Handelspartner des Landes nach der Sowjetunion auf. Viele Jahre vor der Sowjetunion unterzeichnete sie mit Kuba außerdem einen Freundschaftsvertrag. Auf der Karibikinsel blieb sie in der Wirtschaft, Bildungspolitik, im Gesundheitswesen, in der wissenschaftlich-technischen Zusammenarbeit und auf vielen anderen Gebieten ein verläßlicher Juniorpartner der Sowjetunion.

Nicht anders war das in Nicaragua, wo die Sowjetunion und ihre Verbündeten im Warschauer Pakt ein solides zweites Standbein in Lateinamerika besitzen wollten, was unter einer sandinistischen Führung in den achtziger Jahren keineswegs unrealistisch erschien. Die Sandinistische Befreiungsfront berief sich schließlich nicht nur auf Sandino, sondern auch auf Marx und Lenin, weshalb sie in Ost-Berlin und Moskau als „Vorhutpartei" galt. In der Bildungshilfe der DDR müssen in Nicaragua besonders die politischen Beeinflussungsversuche Ost-Berlins hervorgehoben werden, die in den in millionenfacher Auflage gelieferten Schulbüchern ohne Hemmungen unternommen worden sind.

Zur Militarisierung Nicaraguas, die viele Jahre ein entscheidendes Hindernis für die Friedensbemühungen in Mittelamerika war, hatte die DDR schon frühzeitig beigetragen und dem Sandinistischen Volksheer Hilfe geleistet. Sie gehörte außerdem zu den wichtigsten Lehrmeistern des von den Sandinisten nach osteuropäischem Vorbild aufgebauten Sicherheitsdienstes. So hat ein höherer Offizier des Staatssicherheitsdienstes der DDR nicaraguanischen Mitarbeitern der Generaldirektion des Staatssicherheitsdienstes in Spezialschulungen „Erfahrungen" vermittelt, wie katholische Geistliche ausgeforscht und politisch beeinflußt werden können. Bei diesen Praktiken hatte der Staatssicherheitsdienst der DDR keine Scheu, bis ins Vorzimmer des Erzbischofs vorzudringen.

Als durchaus positiv kann die Hilfe der DDR im nicaraguanischen Gesundheitswesen angesehen werden. So schenkte sie der Hauptstadt Managua ein

Krankenhaus, in dem von Ärzten aus der DDR täglich mehrere hundert Patienten behandelt wurden. Auch die Ausbildungshilfe, die teilweise durch FDJ-Freundschaftsbrigaden geleistet worden ist, war wirkungsvoll, da hierbei viele hundert nicaraguanische Jugendliche in handwerklichen Berufen herangebildet worden sind.

Sowohl in Kuba als auch in Nicaragua und Angola hat die DDR beim Ausbau der Infrastruktur durch die Lieferung von Transportmitteln, Nachrichten- und Fernmeldetechnik sowie Druckereiausrüstungen beigetragen. Mit Angola unterzeichnete die DDR ihren ersten Freundschaftsvertrag mit einem afrikanischen Staat. Sie setzte große Hoffnungen darauf, daß sich die „Vorhutpartei" MPLA-Partei der Arbeit schrittweise zu einer sowjetfreundlichen kommunistischen Partei entwickeln werde. Diese Entwicklung wurde aber durch den Bürgerkrieg und das Fehlen gut geschulter Parteifunktionäre stark gehemmt. Auch wenn die SED die Beziehungen zur MPLA-Partei der Arbeit als „Herzstück" der Beziehungen bezeichnete und mit Schulungskursen half, stellte sich der erwünschte Erfolg auch deshalb nicht ein, da die Zahl der Analphabeten in Partei und Militär sehr hoch war.

Angola wurde als Land mit „sozialistischer Orientierung" von der DDR wirtschaftlich bevorzugt unterstützt und war zeitweilig der größte Handelspartner Ost-Berlins in Afrika. Als rohstoffarmes Land ist die DDR aber auch darauf bedacht gewesen, Rohstoffe wie Erdöl und Kaffee aus diesem Land zu erhalten.

Militärisch und im Sicherheitsbereich leistete die DDR in Angola ebenfalls Hilfe, war hier jedoch nach der Sowjetunion und Kuba erst die drittwichtigste Stütze. Im übrigen setzte die DDR bei der Entsendung von Ausbildern und Beratern weit mehr auf Qualität als auf Quantität, da sie es sich rein personell nicht leisten konnte, mit großen „Hundertschaften" in der Dritten Welt aufzutreten.

Durch viele Beispiele konnte in dieser Studie belegt werden, daß die DDR ihre Hilfe für die Entwicklungsländer gezielt auf jene Staaten konzentrierte, die den sogenannten sozialistischen Entwicklungsweg einschlugen oder – wie im Falle Kubas –, wo der Staatsaufbau dem anderer Staaten der „sozialistischen Gemeinschaft" entsprach, die Vorpostenfunktion Kubas als erster sozialistischer Staat auf dem amerikanischen Kontinent von der SED gestärkt und nicht in Zweifel gezogen wurde.

Bernhard Marquardt

Die Kooperation des Ministeriums für Staatssicherheit (MfS) mit dem KGB und anderen Geheimdiensten

Einleitung

Einleitung

Das Ministerium für Staatssicherheit war für die SED und ihre Politbürokratie konstitutives Herrschaftsinstrument ihrer Diktatur: „Schild und Schwert der Partei".[1] Das MfS vereinigte in sich DDR-interne Überwachungs- und Unterdrückungsfunktionen mit DDR-externen Aufklärungs- und Diversionsfunktionen. Im MfS bündelten sich die durch Gesetz nicht definierten Kompetenzen einer politischen Geheimpolizei, eines mit exekutiven Befugnissen ausgestatteten Untersuchungsorgans bei „Staatsverbrechen" sowie bei „Straftaten gegen die staatliche Ordnung" und eines geheimen Nachrichtendienstes. Das MfS unterlag keiner parlamentarischen Kontrolle, blähte seinen Personalbestand beständig auf und hatte 1989 91.000 Hauptamtliche Mitarbeiter und Offiziere im besonderen Einsatz (OibE).

Der Spionage-Apparat des Ministeriums für Staatssicherheit, die Hauptverwaltung Aufklärung (HV A), hatte Orwellsche Dimensionen und arbeitete oh-

---

1 Fricke: MfS intern, S. 11-20; ders.: Stichwort Staatssicherheit, S. 595-601.

ne jede Kontrolle mit weitreichenden Zwangsbefugnissen, mit menschenverachtender Skrupellosigkeit.

Die Einzigartigkeit von Mielkes Terror- und Spitzelsystem wurde von einem östlichen Geheimdienst in den Schatten gestellt: dem KGB. Die ostdeutsche Tschekisten-Organisation blieb letztlich doch nur Ableger und Filiale des sowjetischen KGB mit dessen Heer von ca. 500.000 Hauptamtlichen Mitarbeitern und bis zu 7 Mio. Inoffiziellen Mitarbeitern (IM), die „Stukatschi".

Dem sowjetischen KGB [2], das mit Abstand größte Staatssicherheits-, Spionage- und Sabotageunternehmen der Welt, fielen – nach ernstzunehmenden Schätzungen – 25 Mio. Menschen zum Opfer.[3]

Die Untersuchung der geheimdienstlichen Kooperation des Ministeriums für Staatssicherheit mit dem KGB und anderen Geheimdiensten, die Rekonstruktion der Strukturen und der Arbeitsweise des Staatssicherheitsdienstes der DDR anhand seiner Archivalien ist ein mühseliger Prozeß. Zu viele Akten sind vernichtet worden, andere wiederum sind noch heute unerschlossen.

Besonders rigoros wurde 1989/90 in der Endphase des Ministeriums für Staatssicherheit bzw. des Amtes für Nationale Sicherheit (AfNS) die Beseitigung von Akten und Unterlagen über die internationale geheimdienstliche Kooperation betrieben. [4]

Willi Damm, ehemaliger Leiter der Abteilung X des MfS, ließ z. B. das archivierte Aktenmaterial seiner Abteilung mit der Begründung vernichten, es enthalte belastende Informationen über die „Bruderorgane". Durch die vom Runden Tisch legitimierte und von der letzten DDR-Regierung Modrow zu Ende geführte „Selbstauflösung" der Hauptverwaltung Aufklärung (HV A) ist bis auf einen unbedeutenden Restbestand ein großer Teil der operativen Akten über Opfer und Täter im Westen beseitigt worden. Die HV A konnte aber auch ihre systematische Spurenbeseitigung dann noch weiterführen, als in der DDR eine CDU-geführte Regierung ins Amt kam.[5]

Die unerschlossene und lückenhafte Quellenlage zwingt dazu, überwiegend auf Bestände der Zentralen Auswertungs- und Informationsgruppe des MfS (ZAIG), des Sekretariats des Ministers (SdM) und der Dokumentenstelle des Zentralarchivs des MfS zurückzugreifen, die vornehmlich die administrative Ebene des MfS und des KGB erfaßt haben. Die *praktische* Umsetzung der Befehle, Richtlinien und konkreten operativen Maßnahmen[6] kann erst umfassend

---

2 Die im Westen gebräuchliche Bezeichnung „KGB" (Abkürzung des russischen Begriffs „Komitet gossudarstwennoi besopasnosti", deutsche Übersetzung „Komitee für Staatssicherheit", abgekürzt „KfS") war in der ehemaligen DDR nicht üblich. MfS-Angehörige bezeichneten das KGB bzw. dessen Mitarbeiter gemeinhin als „Freunde" oder benutzten die deutsche Abkürzung „KfS".

3 Vgl. Albaz: Geheimimperium KGB, 1992; Kogelfranz: KGB intern, S. 86-92.

4 Vgl. Tantzscher: Die Stasi und ihre geheimen Brüder. S. 595-621; Wegmann/Tantzscher: SOUD – Das geheimdienstliche Datennetz des östlichen Bündnissystems, S. 3-6.

5 Vgl. Hinweise bei Knabe: Die Stasi als Problem des Westens S. 3 f.

6 Zum Begriff der operativen Arbeit vgl. Das Wörterbuch der Staatssicherheit. Definitionen zur „politisch-operativen Arbeit", S. 264 f.

nachgewiesen werden, wenn die Dokumente aus den entsprechenden *operativen* MfS- und KGB- Abteilungen zugänglich sind.

So fehlen bis heute weitgehend die Unterlagen und Akten entscheidender *operativer* Diensteinheiten des MfS:

– der Hauptverwaltung Aufklärung (HV A),

– der Hauptabteilung I (HA I, zuständig für Abwehrarbeit in der NVA und den Grenztruppen und für die Aufklärung westlicher Militäreinrichtungen).

Die „Operativen Grenzschleusen" (OGS) gehörten zu den Topgeheimnissen der Staatssicherheit. Nicht nur Agenten benutzten die OGS an mindestens drei Stellen bei Schlutup (OGS „Nord-West") im Norden, nahe Jahrstedt (OGS „Kreuz") im mittleren Bereich sowie in der Nähe von Plauen (OGS „Süd"). Auch Sonderkommandos des Ministeriums für Staatssicherheit mit Spezialaufträgen[7] dürften die Schlupflöcher an der innerdeutschen Grenze genutzt haben.

– der Hauptabteilung II (HA II, zuständig für Spionageabwehr und Kontrolle ausländischer Botschaften),

– der Hauptabteilung III (HA III, zuständig für elektronische Funkaufklärung, Funkabwehr und -kontrolle),

– der Hauptabteilung XVIII (HA XVIII, zuständig für die „Sicherung der Volkswirtschaft und des RGW"),

– der Abteilung N (zuständig für Nachrichtenwesen, Sicherung der geheimen Regierungsnachrichtenverbindungen und den operativ-technischen Sektor), um nur einige zu nennen.

Stünden diese äußerst wichtigen Akten und Unterlagen zu unserer Verfügung, wären die Einblicke in die geheimdienstliche Kooperation von MfS mit dem KGB und anderen Geheimdiensten institutionell und personell informativer.

Der renommierte Mitarbeiter der russischen Organisation „Memorial" in Moskau, Nikita Petrov, bemerkt bezüglich der sowjetischen Geheimakten: „Obwohl seit dem Untergang der Sowjetunion und der Entmachtung der KPdSU inzwischen mehrere Jahre vergangen sind, ist es immer noch unmöglich, die Tätigkeit der sowjetischen Geheimpolizei in Osteuropa und insbesondere in Deutschland auf Grundlage der sowjetischen Akten systematisch zu untersuchen. Die Geheimdienste des heutigen Rußlands definieren sich noch wesentlich durch Kontinuität statt Abgrenzung von ihrer eigenen Vergangenheit. Zwar ist das System des GULAG zur Kritik freigegeben worden, doch wer Willkürakte und Verbrechen der sowjetischen Geheimpolizei jenseits der

---

7 Zu den Spezialaufträgen vgl. Einsatzgrundsätze und Hauptaufgaben der Einsatzgruppen im Operationsgebiet GVS MfS 046-9/81/L, Berlin (Ost) 15. April 1981, Arbeitsgruppe des Ministers, Arbeitsgebiet S, abgedruckt in: Voigt: Mord – Eine Arbeitsmethode des Ministeriums für Staatssicherheit, S. 43-67.

GULAG-Grenzen aufdecken will, stößt auf große Widerstände. So bleiben wir bisher auf eher zufällige Aktenfunde angewiesen, die in der Zeit unmittelbar nach dem Zusammenbruch der Sowjetunion gemacht werden konnten. Eine systematische Darstellung der Tätigkeit der sowjetischen Geheimdienste in Deutschland (und anderen osteuropäischen Staaten) steht noch aus, obwohl das heutige Rußland und seine Sicherheitsorgane davon nur profitieren könnten."[8]

Aufschlußreich könnten sicher auch die noch laufenden Ermittlungen der Bundesanwaltschaft sein. Die Ermittlungen richten sich gegen ca. 50 Ost- und Westdeutsche, die für den sowjetischen Geheimdienst KGB gearbeitet haben sollen – und möglicherweise jetzt noch für die Russen spionieren. Offensichtlich muß vieles noch gründlich geklärt werden, insbesondere hinsichtlich der gemeinsamen Aktionen von MfS und KGB in der alten Bundesrepublik, bei denen es so aussieht, als bestehe auch im Westen kein ungeteiltes Interesse an Aufklärung.[9]

Ungeachtet dessen soll hier der Versuch unternommen werden, anhand des verbliebenen Aktenbestandes die Zusammenarbeit des MfS mit den Geheimdiensten der ehemaligen Ostblockländer, insbesondere dem KGB, sowie mit den Sicherheitsdiensten der Entwicklungsländer und sogenannter Befreiungsbewegungen mit „sozialistischer Orientierung" aufzuzeigen.

Dazu gehören auch die Grundsatzvereinbarungen[10] über die Kooperation mit anderen Sicherheitsdiensten und die Vereinbarungen zwischen gleichgerichteten Fachabteilungen bzw. Linien – so der Fachausdruck –, soweit sie bisher aufgefunden werden konnten.[11]

Die internationalen Rahmenbedingungen, die die geheimdienstliche Kooperation beeinflußten und prägten, auch die zwischenstaatlichen Beziehungen, etwa zwischen den Ostblockländern und den Ländern der Dritten Welt, von denen das Zusammenwirken der Sicherheitsdienste abhing, bleiben außerhalb der Betrachtung.

1. Die Kooperation des Ministeriums für Staatssicherheit (MfS) mit dem KGB und osteuropäischen Geheimdiensten

Bei der Kooperation des MfS mit dem KGB zeichnen sich unterschiedliche Phasen[12] ab: Die erste umfaßt die Anfangszeit von 1950 bis etwa 1952/53, in der der noch schwache Apparat des MfS von den sowjetischen Instrukteuren des KGB regelrecht geführt wurde. Die Rolle der sowjetischen Instrukteure

---

8 Petrov: Die Apparate des NKVD und des MGB in Deutschland, S. 143.
9 Vgl. Knabe: Die Stasi als Problem des Westens, S. 3-16; ders., Die Stasi war immer dabei, in: Frankfurter Allgemeine Zeitung vom 8. Dezember 1997; Fricke: Ordinäre Abwehr – elitäre Aufklärung?, S. 17-26.
10 Vgl. Marquardt: Die Zusammenarbeit von MfS und KGB, S. 297-361; vgl. auch die mit zahlreichen Dokumenten angereicherte Fassung in: Fricke/Marquardt: DDR-Staatssicherheit, S. 50-169.
11 Vgl. Tantzscher: Die Stasi und ihre geheimen Brüder, S. 595 ff.
12 Vgl. Marquardt/Fricke: (Anm. 10).

beschränkte sich nicht nur auf die Anleitung und Kontrolle der operativen Arbeit, sondern erstreckte sich auch auf die Parteiarbeit in der Staatssicherheit. Als das Politbüro der SED auf Ulbrichts Initiative am 23. September 1953 einen Beschluß über die Arbeit der Parteiorganisation in der Staatssicherheit faßte – mit ihm wurde die Kontrolle der Geheimpolizei durch die Politbürokratie verstärkt –, hatte es seinen Entwurf dem sowjetischen Hochkommissar, Wladimir S. Semjonow, sowie dem damaligen sowjetischen Geheimdienstchef in Ostberlin, Jewgenij P. Pitowranow, vorzulegen und nach deren Weisungen revidieren müssen.[13]

Vielsagend ist auch, was die Autoren George Bailey, Sergej A. Kondraschow und David E. Murphy über die Kontrolle des MfS durch das MGB/KGB enthüllen: „Die Staatssicherheitseinheiten der DDR seien (am 17. Juni 1953) nicht in der Lage gewesen, mit den feindlichen Untergrundkräften fertig zu werden (...). Pitowranow reagierte auf die Lage, die er im Sommer 1953 in der DDR vorfand, also damit, daß er einerseits die ostdeutschen Sicherheitskräfte für unfähig erklärte, die Probleme zu bewältigen, und andererseits seinen eigenen (KGB)-Apparat ausbaute. Das stand im Gegensatz zu den bisherigen Bemühungen, das MfS zu einer formal selbständigen Einheit zu entwickeln, der man die Verantwortung für die Staatssicherheit in Ostdeutschland überlassen konnte. Zwar waren die Juni-Ereignisse auch für die Sowjets ein schwerer Schock, aber in diesem Vorschlag, selbst wieder die Fäden in die Hand zu nehmen, spiegelte sich auch die gespaltene Meinung des KGB hinsichtlich der Zukunft der ostdeutschen Staatssicherheit wider. Sollte das MfS ein eigenständiger Partner sein oder ein Hilfsdienst bleiben? Pitowranow setzte zwar sofort Maßnahmen in Gang, um die Lage nach dem 17. Juni besser in den Griff zu bekommen, war sich aber auch im klaren darüber, daß die Beziehungen zur Stasi verbessert werden mußten."[14]

Das russische Mißtrauen gegenüber dem MfS ging so weit, daß sie die offizielle Tätigkeit ihrer Instrukteure im MfS durch „inoffizielle Mitarbeiter" flankierten. Zudem erstreckte sich der sowjetische Zugriff auf die DDR-Staatssicherheit bis auf die Inthronisierung des MfS-Chefs. Erich Mielke, von Walter Ulbricht schon 1950 als Minister favorisiert, konnte erst 1957 in dieses Amt „befördert" werden – nach zweimaligem sowjetischem Veto.[15]

Dieses russische Mißtrauen belegt auch Nikita Petrovs historische Quellenanalyse: „Eine drastische Reduzierung des MGB-Apparates in Deutschland erfolgte erst nach Stalins Tod auf Initiative Berijas, der im März 1953 erneut das Innenministerium übernahm und das Staatssicherheitsministerium in dieses eingliederte. Berija kritisierte am 19. Mai 1953 in einem Schreiben an die Parteiführung die Arbeit des MGB-Bevollmächtigten in Deutschland. Sein Apparat sei übermäßig aufgeblasen – 2.222 Mitarbeiter, die die Arbeit der DDR-Staatssicherheit machten und die unmittelbaren sowjetischen Interessen

---

13 Vgl. Schumann: Parteierziehung in der Geheimpolizei, 1997.
14 Bailey u. a.: Die unsichtbare Front, S. 380 f.
15 Ebenda, S. 383 ff; Petrov: Die Apparate des NKVD und MGB in Deutschland, S. 152-154.

vernachlässigten (...). Nach dem 17. Juni 1953 in der DDR und Berijas Verhaftung am 26. Juni 1953 wurde die (angestrebte) Reform wieder in Frage gestellt. In einem Brief an die Parteiführung vom 13. Juli 1953 behauptete Innenminister Kruglov, daß die von Berija diktierte Entscheidung auf einer 'falschen Bewertung der politischen und operativen Lage in Deutschland' beruht habe. Es sei offensichtlich zu früh, die sowjetische Kontrolle über die DDR-Staatssicherheit aufzuheben. Der Apparat des MGB-Bevollmächtigten in Deutschland wurde (...) aufgestockt und erhielt erneut das Recht, den deutschen Genossen nicht nur Ratschläge, sondern auch Anweisungen zu geben und ihre Arbeit zu kontrollieren."[16] Eine exemplarisches Beispiel für die sowjetische Kontrolle der DDR-Staatssicherheit war der Prozeß gegen Paul Merker, der 1953 unter der Anklage stand, ein „zionistischer Agent" zu sein. Paul Merker, ausgestoßenes Mitglied des Politbüros der SED, sollte nach den Plänen Stalins, Berijas und Ulbrichts im Laufe des Jahres 1953 als ein „deutscher Slansky" in einem Berliner Schauprozeß vorgeführt und verurteilt werden.[17] Wolfgang Kiessling[18], der Biograph Paul Merkers, ist sicher und belegt akribisch, daß ein entsprechender Beschluß des SED-Politbüros nicht von dem Parteikontrollkommissar Hermann Matern allein verfaßt worden ist, sondern in Moskau vorformuliert wurde – so wie die Drehbücher des Slansky-Prozesses in der ČSSR auch. Es waren auch sowjetische Offiziere, die die Verhöre führten, während deutsche Stasileute (voran Erich Mielke) nur Handlanger waren.[19] Paul Merker wurde 1955 in einem Geheimprozeß vom Obersten Gericht der DDR zu acht Jahren Haft verurteilt – mit der Begründung, er habe sich während seiner Emigration in Mexiko „nicht auf die politische, sondern auf die rassische Emigration" gestützt und „Anschluß an emigrierte, kapitalistische jüdische Kreise" gesucht; seitdem habe er „zionistische Tendenzen" vertreten und in Verbindung mit Slansky und „Konsorten" für die „Untergrabung des volksdemokratischen Lagers" gewirkt. Bis zum Schluß rechnete Merker mit dem Tode; tatsächlich wurden in der ČSSR noch 1954 mehrere Angeklagte in den Folgeprozessen zur Slansky-Affäre zum Tode verurteilt – im Auftrag Moskaus.[20]

1953 bis 1957 schloß sich in der DDR eine Zwischenphase an, die etwa mit der Amtszeit von Ernst Wollweber identisch war, in der die Staatssicherheit zwar eine größere Selbständigkeit gewann, die nunmehr als „Berater" bezeichneten KGB-Offiziere aber weiterhin auf allen Ebenen eine faktische Weisungskompetenz in operativen Fragen und Vetobefugnisse bei bedeutsamen Leitungsentscheidungen hatten. Die „Berater" wurden sukzessive reduziert und 1958 in Verbindungsoffiziere umbenannt. Formal war das MfS jetzt vom KGB unabhängig, das Verhältnis wurde von nun an durch schriftliche Vereinbarungen und Verträge auf der Ebene einer formalen Gleichberechtigung gere-

16 Petrov: Die Apparate des NKVD und MGB in Deutschland, S. 155.
17 Werkentin: Politische Strafjustiz in der Ära Ulbricht, S. 23 und S. 148.
18 Vgl. Kiessling: Paul Merker in den Fängen der Sicherheitsorgane, 1995.
19 Vgl. Koenen Gerd: Stalins letzter Wahn. Paul Merker und der geplante Ost-Berliner Schauprozeß, in: Frankfurter Allgemeine Zeitung vom 7. März 1998.
20 Vgl. ebenda.

gelt, doch besonders in verschiedenen Schlüsselbereichen, insbesondere in der Militärabwehr (HA I), der Spionageabwehr und der Aufklärung (HV A), sicherte sich der sowjetische Geheimdienst [21] nach wie vor unmittelbaren Einblick und Einfluß.

Die Feststellung, daß die Anleitungs- und Kontrollmaßnahmen des KGB in ihrem Wesen, wenn auch nicht in der Form, für Armee und Staatssicherheit bis zum Systemkollaps 1989 erhalten blieben, dokumentieren Vereinbarungen und gemeinsame Perspektivpläne bis 1992. Das abgestimmte, wenngleich nicht immer reibungslos-effektive Zusammenwirken mit den Geheimdiensten der „sozialistischen Bruderländer" ergänzte die historisch einmalig enge Kooperation zwischen KGB und MfS, die MfS-Residenturen in Moskau und anderen Ostblockstädten einschloß.

Karl Wilhelm Fricke bemerkt zur Kooperation zwischen HV A und KGB zu Recht: „Solange die HV A existierte, mußte sie sich engen Bindungen an den Auslandsnachrichtendienst des KGB fügen, wenn diese Bindungen auch im Laufe der Zeit dem Wandel von der Subordination zur Kooperation unterlagen. Während früher die sowjetischen Genossen unmittelbar Anleitung und Kontrolle schon im Außenpolitischen Nachrichtendienst (APN) und hernach in der Aufklärung des MfS ausübten, zeigte das KGB seit den sechziger Jahren eher Zurückhaltung und nahm seine operativen Interessen offiziell durch Verbindungsoffiziere in der Leitung und in einzelnen Abteilungen wahr. Natürlich hatte das KGB Zugriff auf alle wesentlichen Informationen, die in der HV A 'erarbeitet' wurden. Dennoch konnte ein eingefleischtes Mißtrauen der Russen gegenüber den 'deutschen Freunden' nie gänzlich abgebaut werden."[22] Insider wie Bailey, Kondraschow und Murphy wissen davon, daß das KGB auch im MfS inoffizielle Quellen besaß und „sich für Informationen, die es über die regulären Kanäle nicht mit Sicherheit zu erhalten hoffte, auf 'vertrauenswürdige Kontakte' im MfS verließ."[23]

Letztlich verstanden sich alle Kader des MfS durchweg als „Tschekisten"[24]. Sie empfanden sich in der Tradition der 1917 geschaffenen TscheKa[25], der Leninischen Geheimpolizei, die wegen ihrer terroristischen Exzesse bekannt wurde. Auf eigentümliche Weise charakterisiert es das Selbstverständnis der Kader im Ministerium für Staatssicherheit, wenn ausgerechnet die blutige Geschichte der TscheKa die Traditionspflege im MfS inspirieren sollte.[26]

Die Entwicklungsgeschichte der Kooperation des Ministeriums für Staatssicherheit mit dem KGB und östlichen Geheimdiensten läßt sich anhand erschlossener Dokumente aufzeigen.

---

21 Vgl. dazu die Hinweise von Sergej A. Kondraschow, General a.D. des KGB, Moskau, in: Kondraschow: Stärken und Schwächen der sowjetischen Nachrichtendienste, S. 145-153.
22 Fricke: Ordinäre Abwehr – elitäre Aufklärung?, S. 20.
23 Bailey u. a.: Die unsichtbare Front, S. 558.
24 Vgl. die Hinweise von Fricke: Ordinäre Abwehr – elitäre Aufklärung?, S. 26.
25 TscheKa = russische Abkürzung für die durch Dekret vom 20. Dezember 1917 geschaffene Außerordentliche Kommission zum Kampf gegen Konterrevolution, Spekulation und Sabotage.
26 Vgl. Fricke: Ordinäre Abwehr – elitäre Aufklärung?, S. 26.

Bereits 1958 benennt der Leiter der Abteilung X[27], Willi Damm, auf einer Kollegiumssitzung die Inhalte der zukünftigen Zusammenarbeit mit den Sicherheitsdiensten der osteuropäischen Länder:

„a) Durchführung systematischer Besprechungen auf operativem Gebiet

b) Abstimmung über die zu bearbeitenden Objekte in Westdeutschland

c) Erfahrungsaustausch über die Methoden der feindlichen Abwehrorgane

d) Erfahrungsaustausch über die Durchführung von finanziellen Transaktionen unter Ausnutzung legaler Möglichkeiten

e) Verstärkung des Informationsaustauschs insbesondere durch Hinweise auf vorhandene operative Möglichkeiten und konkrete Aufgaben

f) Erfahrungsaustausch über den Aufbau von Legenden und die Anfertigung von Dokumentationen

g) Unterstützung und Koordinierung bei der Anfertigung von Dokumentationen (Bildung einer Zentralstelle)

h) Koordinierung auf dem Gebiet der operativen Technik (Entwicklung – Produktion – Anwendung)

i) Registrierung der in Westdeutschland lebenden Personen, die operativ ausgenutzt werden

j) Durchführung von Schleusungen nach Westdeutschland über die ČSSR und Österreich und Organisierung von Treffs in der ČSSR

k) Erfahrungsaustausch über die Arbeit der Operativgruppen des MfS in Warschau."[28]

In den siebziger Jahren wurde die Zusammenarbeit des MfS mit den Geheimdiensten der anderen Ostblockländer zielstrebig verstärkt. Davon zeugen die abgeschlossenen Grundsatzvereinbarungen über die Zusammenarbeit mit den Staatssicherheitsdiensten der Sowjetunion[29], Polens[30], der Tschechoslowakei[31],

---

27 Zur Struktur und den Aufgabengebieten der Abteilung X vgl. Tantzscher Monika, Die Stasi und ihre geheimen Brüder, S. 596-604.

28 Protokoll der Kollegiumssitzung vom 28. Januar 1958, Beschluß Nr. 4/58, BStU, ZA, SdM 1554, Bl. 29-30.

29 Vgl. Entwurf der „Vereinbarung über die Zusammenarbeit zwischen dem Ministerium für Staatssicherheit der Deutschen Demokratischen Republik und dem Komitee für Staatssicherheit beim Ministerrat der Union der Sozialistischen Sowjetrepubliken" vom 28.11.1973 (aus einem Zusatzprotokoll aus dem Jahre 1989 geht hervor, daß die Grundsatzvereinbarung am 6.12.1973 von Minister Mielke und dem damaligen Vorsitzenden des KfS, Andropow, unterzeichnet wurde), BStU, ZA, SdM 423, Bl. 182 ff.

30 Vgl. Entwurf der „Vereinbarung über die Zusammenarbeit zwischen dem Ministerium für Staatssicherheit der Deutschen Demokratischen Republik und dem Ministerium für Innere Angelegenheiten der Volksrepublik Polen" (laut Artikel XVI wurde die Vereinbarung am 16.5.1974 in Warschau in deutscher und polnischer Sprache ausgefertigt, die Unterzeichner sind Minister Mielke und der Minister für Innere Angelegenheiten der Volksrepublik Polen, Kowalczyk), BStU, ZA, ZAIG 5627 a, Bl. 19 ff.

Ungarns[32] und Bulgariens[33] sowie verschiedene Vereinbarungen auf Linienebene.

Rumänien spielte in der geheimdienstlichen Kooperation der osteuropäischen Staaten eine Außenseiterrolle.[34] Als einziger Ostblockstaat gestattete Rumänien keinen Einsatz von MfS-Operativgruppen auf seinem Territorium und war in das „System der vereinigten Erfassung von Daten über den Gegner" (SOUD) nicht integriert. Ein Protokoll der Vertragspartner beinhaltete die Zusammenarbeit zwischen dem MfS und dem Rat für Staatssicherheit Rumäniens (Securitate) auf den Linien äußere und innere Aufklärung, Abwehr, Operative Technik sowie Kader und Ausbildung.[35] Grundsatzdokumente über die Festnahme und Auslieferung von „Republikflüchtigen" aus der DDR, die über Rumänien in den Westen zu gelangen versuchten, konnten bislang nicht nachgewiesen werden,[36] jedoch sind Fälle von Auslieferungen durch rumänische Behörden aktenkundig.[37]

Auch mit Jugoslawien fand keine reguläre geheimdienstliche Zusammenarbeit statt. Bezüglich der Beziehungen zu Jugoslawien stand für das MfS das Problem der „Republikflucht" und des „Menschenhandels" im Vordergund. Da Jugoslawien jedoch an die Flüchtlingskonvention der UNO gebunden war, wurden weder „Fluchthelfer" noch Flüchtlinge strafrechtlich verfolgt, so daß auf diesem Gebiet eine Kooperation scheiterte.[38] Zwischen dem MfS und den Sicherheitsorganen Jugoslawiens fand allerdings ein begrenzter Austausch von Aufklärungsinformationen, ein Erfahrungsaustausch über Polizei- und Sicherheitstechnik, Bekämpfung der Emigranten und Bekämpfung des Terrorismus statt.[39]

---

31 Der Vertragstext wurde bisher noch nicht aufgefunden, verwiesen wird jedoch auf die „Vereinbarung über die Zusammenarbeit zwischen dem Föderalen Ministerium des Innern der Tschechoslowakischen Sozialistischen Republik und dem Ministerium für Staatssicherheit der Deutschen Demokratischen Republik vom 9. März 1977" in einer Kooperationsvereinbarung aus dem Jahre 1985, BStU, ZA, Abt. X, Bündel 176 (o. Pag.).

32 Vgl. Entwurf der „Vereinbarung über die Zusammenarbeit zwischen dem Ministerium für Staatssicherheit der Deutschen Demokratischen Republik und dem Ministerium des Innern der Volksrepublik Ungarn", o. D., Unterzeichner Minister Mielke und der Minister des Innern der Volksrepublik Ungarn, Benkei, BStU, ZA, ZAIG 5627 a, Bl. 8 ff.

33 Der Vertragstext wurde bisher noch nicht aufgefunden, jedoch wird die „Vereinbarung über die Zusammenarbeit des Ministeriums für Staatssicherheit der Deutschen Demokratischen Republik und dem Ministerium des Innern der Volksrepublik Bulgarien" vom 26. November 1974 in der Präambel einer Kooperationsvereinbarung zum Schutz der zivilen Luftfahrt aus dem Jahre 1985 erwähnt, BStU, ZA, Abt. X 217, Bl. 141 ff.

34 Vgl. Tantzscher: Die Stasi und ihre geheimen Brüder, S. 610.

35 Vgl. „Protokoll über die Zusammenarbeit zwischen dem Rat für Staatssicherheit der Sozialistischen Republik Rumänien und dem Ministerium für Staatssicherheit der Deutschen Demokratischen Republik" (Entwurf), BStU, ZA, Abt. X 247, Bl. 240 ff.

36 Vgl. Tantzscher: Die Stasi und ihre geheimen Brüder, S. 610.

37 Ebenda.

38 Ebenda, S. 616.

39 Ebenda und BStU, ZA, Abt. X 246 (o. Pag.).

Zu einem Schwerpunkt der Kooperation des MfS mit den Geheimdiensten des Ostblocks entwickelte sich die Verhinderung von „Republikflucht"[40] über die Westgrenzen Ungarns, der Tschechoslowakei sowie über Bulgarien, was 1976 zur Gründung einer Zentralen Koordinierungsgruppe (ZKG) im MfS und entsprechenden Bezirkskoordinierungsgruppen führte.[41]

Vom Zeitpunkt der Schließung der innerdeutschen Grenze am 13. August 1961 bis Ende 1988 hatten 235.000 Menschen die DDR illegal verlassen, davon um die 40.000 über die innerdeutsche Grenze. Zwischen 7.000 und 8.000 DDR-Bürger flohen bis 1988 über die Territorien anderer Ostblockstaaten, insbesondere der ČSSR, Ungarns und Bulgariens. Eine weitaus größere Anzahl Fluchtwilliger wurde jedoch von den Schutz- und Sicherheitsorganen dieser Länder an der Flucht gehindert. Zwischen 1971 und Ende 1988 waren das etwa 25.000 Menschen, von denen die Hälfte (von 1963 bis 1988 waren es insgesamt 14.737) an den DDR-Staatssicherheitsdienst zur Rückführung übergeben wurden.[42]

Um die anderen Ostblockländer zur optimalen Absicherung und Kontrolle ihrer Grenzen zu westlichen Staaten sowie der Grenzübergangsstellen innerhalb des sozialistischen Lagers und zu strafrechtlichen Maßnahmen gegenüber DDR-Flüchtlingen zu verpflichten, wurden über Jahrzehnte immer neue zwischenstaatliche Abkommen und Kooperationsvereinbarungen ausgehandelt.[43]

Die bilaterale Zusammenarbeit verlief mit den einzelnen Ländern sehr unterschiedlich. So verweigerte Polen trotz entsprechender vertraglicher Vereinbarungen bis zuletzt eine direkte Zusammenarbeit mit den Untersuchungsorganen der DDR-Staatssicherheit. Zu Konflikten mit den Justizorganen der ČSSR, Ungarns und Polens kam es beispielsweise bei der von der DDR geforderten Auslieferung von westlichen „Fluchthelfern". Bulgarien erwies sich als bereitwilliger Kooperationspartner, wenngleich dort die Effizienz bei der Fluchtverhinderung weit unter der der ČSSR lag. Zwischen den Sicherheitsdiensten der DDR und Rumäniens gab es zu keinem Zeitpunkt – wie oben erwähnt – eine reguläre Zusammenarbeit.[44]

Seit 1964 stationierte das MfS außerdem in den touristischen Ballungsgebieten Bulgariens, der ČSSR und Ungarns eigene Operativgruppen[45], die, unterstützt von Mitarbeitern des Reisebüros der DDR bzw. von Jugendtourist und in enger Kooperation mit den ansässigen Sicherheitsdiensten, bei Verdachtshinweisen

---

40 In diesem Zusammenhang waren mit verschiedenen Ostblockländern zusätzliche Vereinbarungen über die Zusammenarbeit in Fragen der Postkontrolle geschlossen worden. Vgl. BStU, ZA, SdM 423, Bl. 76 ff.

41 Vgl. Eisenfeld: Die Zentrale Koordinierungsgruppe – Bekämpfung von Flucht und Übersiedlung, 1995.

42 Vgl. Tantzscher: Die verlängerte Mauer.

43 Ebenda, S. 43 ff.

44 Ebenda, S. 45 ff und S. 61 ff.

45 Zu den Operativgruppen vgl. Tantzscher: Die Stasi und ihre geheimen Brüder, S. 616 ff; Marquardt/Fricke (Anm. 10).

„Operative Personenkontrollen", Fahndungen, Beobachtungen und Postkontrollen durchführten.[46]

Das Postulat des MfS, nicht nur die innere Stabilität der DDR jederzeit zu gewährleisten, sondern auch auf die Sicherheit und Geschlossenheit des gesamten „sozialistischen Lagers" hinzuwirken, kam 1968/69 erstmals konkret in den Aktivitäten des DDR-Geheimdienstes in Richtung ČSSR zur Anwendung.[47]

Seit den achtziger Jahren wurde das MfS, speziell die HV A, zudem in Polen offiziell und inoffiziell tätig, um die DDR gegen politisch-ideologische Einflüsse der polnischen Oppositionsbewegung abzuschirmen.[48]

Der Rostocker Wissenschaftler Detlef R. z. B., der seit 1981 in Polen an der Technischen Universität Gdansk (Danzig) lehrte, hatte als Stasi-Spion „Henryk" die Führungszirkel der Solidarnosc ausspioniert. Seine Berichte waren vom MfS an den polnischen Sicherheitsdienst weitergegeben worden.[49] 1995 wurde der Wissenschaftler Detlef R. von seiner Dozentenstelle in Polen suspendiert.

R. dürfte nicht der einzige Stasi-Agent in Polen gewesen sein. Das MfS unterhielt in Polen ein ganzes Netz von Spionen, die von sog. Operativ-Gruppen an den DDR-Auslandsvertretungen in Warschau, Krakow, Breslau und Gdansk geführt wurden.

Daneben arbeitete die Stasi natürlich offiziell mit dem polnischen Geheimdienst (SB) zusammen. Die Kooperation unterlag aber erheblichen Belastungen. In Polen war bekannt, daß die SED-Führung 1981 auf eine Warschauer-Pakt-Intervention in Polen[50] drängte und auch bereit war, selbst NVA-Truppen zu schicken. Immer wieder versuchte die DDR-Staatssicherheit, die Konfrontation zwischen Solidarnosc und der Polnischen Vereinigten Arbeiterpartei (PVAP) anzuheizen. Der Stasioffizier Günter Bohnsack, seit 1966 gehörte er der Abteilung „Aktive Maßnahmen"[51] der HV A an, schreibt in diesem Zusammenhang: „Als 1980 die polnischen Arbeiter in den Streik gegen ihre Füh-

46 Vgl. Tantzscher: Die verlängerte Mauer.
47 Vgl. Tantzscher: Maßnahme Donau und Einsatz Genesung, S. 5 ff.
48 Vgl. Tantzscher: Was in Polen geschieht, ist eine Lebensfrage!, S. 2601 ff.
49 Vgl. dazu Berliner Zeitung vom 8. Dezember 1995.
50 Vgl. Arbeitspapiere und Dokumente des Forschungsverbundes SED-Staat Nr. 3/ 1993, SED-Politbüro und polnische Krise 1980-1982, Berlin 1993.
51 Vgl. dazu das Kapitel „Aktive Maßnahmen", in: Schwan: Erich Mielke. Der Mann, der die Stasi war, S. 162 ff. Die „aktiven Maßnahmen" waren eine sowjetische Erfindung. Sie standen nicht nur für den „Krieg der Worte", sondern auch für eine Gliederung im Geheimdienst. Schon im ersten Sowjetgeheimdienst, der TscheKa, und dann in allen ihren Nachfolgeorganen hatten die Moskauer Spionagestrategen ein Desinformationsbüro installiert. Die Geheimdienste der anderen sozialistischen Staaten zogen in den 50er Jahren nach und bildeten entsprechende Einrichtungen. Das MfS begann 1962/63 die Abteilung „aktive Maßnahmen" aufzubauen. In einem wesentlichen Punkt unterschieden sich die „aktiven Maßnahmen" des MfS von der der entsprechenden Einrichtungen in den osteuropäischen Staaten. Das MfS warb Agenten selbständig an und führte sie auch. Das KGB hatte anfangs dagegen polemisiert, später aber – so Bohnsack – selbst einen Vorteil in dieser Arbeitsweise des MfS erkannt. Vgl. Bohnsack/Brehmer: Auftrag: Irreführung, S. 29 f.

rung traten, erhielten wir die Weisung, die Öffentlichkeit (...) irrezuführen. Gewerkschaftsführer wurden abgehört und heimlich gefilmt, Tonbandaufzeichnungen sinnentstellend zusammengeschnitten und über den Rundfunk verbreitet. Untergrundzeitungen der 'Solidarität' wurden gefälscht (...). Der Warschauer Sicherheitsdienst schickte uns fotokopierte Dokumente über polnische Priester, die sich nicht davon abhalten ließen, mehr Demokratie zu fordern. Wir diskreditierten sie, indem wir ihnen Kontakte zu NATO-Geheimdiensten andichteten."[52] An manchen Personen kleben die von der Stasi lancierten Verdächtigungen noch heute. So gab es Anfang des Jahres 1995 eine parlamentarische Anfrage eines postkommunistischen Abgeordneten an das polnische Innenministerium, ob Priester Franciszek Cybula, Beichtvater von Walesa, tatsächlich in den 80er Jahren für den israelischen Geheimdienst Mossad gearbeitet habe.

Die „aktiven Maßnahmen" gegen die Freiheitsbewegung in Polen wurden nach Einführung des Kriegsrechts am 13. Dezember 1981 verstärkt. Die SED-Führung wies an, daß alles getan werden müsse, um Polen im Bündnis zu halten und um zu verhindern, daß der „revolutionäre Funke" in die DDR übersprang. Das MfS begann in Folge, ein eigenes Agentennetz im Nachbarland Polen aufzubauen, unabhängig vom polnischen Geheimdienst. In den Hauptpositionen in Warschau saßen ausgewählte Stabsoffiziere der Spionageabwehr (Hauptabteilung II) und der HV A. Für die SED-Führung wurde Polen zur „Geheimen Ostfront".[53]

Hauptschwerpunkt der Zusammenarbeit zwischen MfS und KGB waren die Militär- und Wirtschaftsspionage, der „Sektor Wissenschaft und Technik" (SWT), aber auch die „Zersetzung" systemkritischer Opposition.

Innerhalb des Tätigkeitsspektrums der HV A bildete die ökonomische und wissenschaftlich-technische Aufklärung ein organisches Element. Die Aufgabenstellung des relativ eigenständigen Strukturbereichs der HV A, der seit Mitte der sechziger Jahre unter der Bezeichnung „Sektor Wissenschaft und Technik" (SWT) firmierte, zielte nicht nur darauf, empfindliche Lücken der eigenen Forschung und Industrieentwicklung zu schließen, sondern Grundlagen der modernen industriellen Fertigung und Schlüsseltechnologien flächendeckend auszuspionieren. Die Hauptaufgabe von SWT bestand in der konspirativen Beschaffung von wissenschaftlichen und technischen Lösungen in allen nur denkbaren Formen, von Mustern und Dokumentationen der Industrien und von internen wirtschaftsstrategischen Dokumenten westlicher Staaten, insbesondere der Bundesrepublik Deutschland.[54]

Der katastrophale wirtschaftliche Zustand der DDR Mitte der siebziger Jahre führte zu illegalen Praktiken und zu einer ganzen Reihe neuer organisatorischer Maßnahmen auf dem Gebiet der Wirtschaftsspionage und des Sektors

---

52 Vgl. Bohnsack/Brehmer: Herbert, Auftrag: Irreführung, S. 122 f.

53 Vgl. ebenda, S. 123 f; vgl. dazu „Informationen über aktuelle Aspekte der inneren Lage in der VR Polen", BStU ZA, HV A, Nr. 301/88, Bl. 277-280.

54 Vgl. Siebenmorgen: „Staatssicherheit" der DDR, S. 182 f.

Wissenschaft und Technik. So befahl der ehemalige Minister für Staatssicherheit, Erich Mielke, am 12. März 1987 (Befehl Nr. 2/87, Geheime Verschlußsache)[55], daß Generalmajor Vogel, Stellvertreter des Leiters der HV A und Leiter des SWT, für die Durchsetzung aller Maßnahmen des gesamten MfS bei der Beschaffung von westlichen Embargogütern verantwortlich sein sollte.

Es wurde eine nichtstrukturelle Arbeitsgruppe 'EMBARGO' im MfS gebildet, die unter strengster Konspiration Embargowaren und geheime Dokumente aus den westlichen Industriestaaten beschaffte, im Verbund mit Alexander Schalck-Golodkowski und dem Bereich Kommerzielle Koordinierung.[56]

Die Leistungsfähigkeit der Wirtschaftsspionage und des „Sektors Wissenschaft und Technik" (SWT) ging weit über das hinaus, was die DDR selbst umsetzen konnte. Immer häufiger wurde der „Sektor Wissenschaft und Technik" in den siebziger und achtziger Jahren im direkten Auftrag sowjetischer KGB-Stellen tätig, um sein umfangreiches Agentennetz für spezielle Beschaffungswünsche des KGB zu nutzen. In bestimmten Bereichen, etwa auf dem Gebiet der Luft- und Raumfahrttechnik, überstieg die Auftragsarbeit für den KGB bei weitem die Beschaffungen für eigene Zwecke.[57]

Die Hauptverwaltung Aufklärung des MfS gab, so Markus Wolf, ein Doppel der operativ beschafften Informationen an den KGB-Verbindungsoffizier weiter, und das sei eine „politische Selbstverständlichkeit" gewesen, die nicht ausdrücklich geregelt werden mußte. (Generalbundesanwalt beim Bundesgerichtshof, Anklageschrift gegen Generaloberst a.D. Markus Wolf, Karlsruhe 16.9.1992, S. 137 ff.)

Durch das Ministerium für Staatssicherheit der DDR wurden spätestens seit Beginn der achtziger Jahre zur „Realisierung politisch-operativer Aufgaben Sonderflüge auf der Strecke DDR-UdSSR-DDR mit Flugzeugen des MfS, legendiert als Flugzeuge der Luftfahrtgesellschaft der DDR, INTERFLUG, durchgeführt. Diese Sonderflüge erfolgten „zum Zwecke des Transports geheimer Unterlagen und operativer Technik für die Tätigkeit des MfS und des KfS, der Beförderung operativer Delegationen und Einzelpersonen (u. a. von Sicherheitsorganen junger Nationalstaaten, Befreiungsbewegungen usw.), der Überführung von Untersuchungshäftlingen und Strafgefangenen sowie der Realisierung geheimer Staatsaufträge".[58]

Den Umfang der Tätigkeit des „Sektors Wissenschaft und Technik" kann man erahnen, wenn man erfährt, daß der Generalbundesanwalt auf der Grundlage

---

55 Vgl. Befehl Nr. 2/87, Geheime Verschlußsache, GVS 0008, abgedruckt in: Fricke/Marquardt: DDR-Staatssicherheit, S. 142-144.
56 Vgl. Bericht des 1. Untersuchungsausschusses des 12. Deutschen Bundestages, Der Bereich Kommerzielle Koordinierung und Alexander Schalck-Golodkowski, Drucksache 12/9600, Bonn 1994.
57 Siebenmorgen: „Staatssicherheit" der DDR, S. 188 ff.
58 Vgl. BStU, SdM 153, Bl. 18-21.

der von Werner Stiller[59] erhaltenen Hinweise über hundert Ermittlungsverfahren gegen Bundesbürger eingeleitet hatte.

Die Abteilung XIII des SWT (letzter Leiter Oberst Siegfried Jesse; sein Stellvertreter Oberst Arno Mauersberger) war zuständig für die Aufklärungsarbeit im Bereich der Grundlagenforschung und -entwicklung (Chemie, Biologie, Medizin, Kernphysik, Gentechnologie und weitere neuartige Forschungsgebiete).

Die Abteilung XIV des SWT (letzter Leiter Oberst Horst Müller) hatte im Bereich der Forschung, Entwicklung und Produktion der Elektronik und Elektrotechnik ihr Betätigungsfeld. Hierzu gehörten auch zivile und militärische Fernmeldetechnik, Mikroelektronik, Lasertechnik, Datenverarbeitungstechnik und -software sowie wissenschaftlicher Gerätebau. (vgl. die Hinweise von Siebenmorgen, 1993, S. 191-192)

Die MfS-Mitarbeiter der Abteilung XV des SWT (letzter Leiter Oberst Günter Ebert, Stellvertreter Oberst Manfred Leistner) „beschafften" frühzeitig die komplette Dokumentation für die seinerzeit neuen Waffensysteme der Bundeswehr Kampfpanzer „Leopard 2" und Kampfflugzeug „Tornado". Auch hierbei muß angenommen werden, daß alle beschafften Dokumente und Materialien zuerst dem KGB zur Verfügung gestellt wurden.

Es läßt sich wohl zusammenfassend feststellen, daß es dem HV A-Apparat auf dem Gebiet der Militärspionage gelang, wichtige militärtechnische Dokumente aus NATO-Mitgliedstaaten zu beschaffen, die von der sowjetischen Rüstung zügig umgesetzt und praktisch realisiert werden konnten.

Zur Rüstungsbeschaffung[60] gehörten z. B.: Schottenpanzerung; Stabilisatoren, Rechner und moderne Entfernungsmesser für Kampfwagenkanonen; Flächenfeuermittel; fliegende Frühwarn- und Jägerleitsysteme; neuartige Legierungen für Raketenflugkörper sowie eine breite Palette von Fernmeldegeräten und elektronischen Aufklärungsmitteln.

Nicht gelungen ist es dem SWT offenkundig, einen signifikanten Beitrag zur Ausspähung der technischen Geheimnisse der Kernwaffenträgersysteme „Pershing II" und bodengestützter Marschflugkörper „Tomahawk" zu erschließen.

Insgesamt ersparte die Industrie- und Militärspionage der DDR und der UdSSR Milliarden an Forschungs- und Entwicklungskosten. Ernstzunehmende Schätzungen belaufen sich auf ca. 20 Milliarden US-Dollar.

Neben der bilateralen Zusammenarbeit wurde zunehmend die multilaterale Kooperation verstärkt.

---

59 Werner Stiller, Offizier im Dienst des Ministeriums für Staatssicherheit der DDR, war über Jahre als Top-Agent für den Bundesnachrichtendienst tätig. Stiller flüchtete am 18. Januar 1979 in die Bundesrepublik Deutschland. Stiller: Im Zentrum der Spionage, 1986.
60 Vgl. Siebenmorgen: „Staatssicherheit" der DDR, S. 193 f.

1.1 SOUD – Das geheimdienstliche Datennetz des östlichen Bündnissystems

Neben dem ständigen Informationsaustausch zwischen KGB und MfS, der auf allen Gebieten stattfand, gab es ab 1977 ein geheimdienstliches Datennetz des östlichen Bündnissystems – SOUD. [61]

SOUD – hinter dieser russischen Abkürzung verbirgt sich das „System der vereinigten Erfassung von Daten über den Gegner" – war ein streng geheimgehaltener Informationsverbund von neun Sicherheitsdiensten des östlichen Bündnissystems. Zu den Mitgliedsländern des SOUD gehörten seit 1977 die Sowjetunion, Bulgarien, die DDR, Kuba, die Mongolei, Polen, die Tschechoslowakei und Ungarn. 1984 schloß sich Vietnam an. Rumänien war in diesem Datenverbund nicht integriert.

Der Datenspeicher in Moskau führte die von den einzelnen Diensten übermittelten Angaben zu Personen und Institutionen zusammen, von denen nach dem Verständnis der SOUD-Partner eine „Gefahr für die innere Sicherheit" ausgehe.[62]

Ein vergleichbares multinationales nachrichtendienstliches Informationssystem hatte es bis dahin in der Geschichte der Geheimdienste noch nicht gegeben. Bis Ende 1987 wurden im SOUD ca. 188.000 Datensätze zu Personen gespeichert, die damit unter der Kontrolle der östlichen Geheimdienste standen.

Einer der Hauptlieferanten war das MfS. Zwischen 1979 und Ende 1989 veranlaßten die Diensteinheiten des MfS insgesamt 74.884 Erfassungen im SOUD. [63]

Zu den wichtigsten „Personenkategorien" (PK) – insgesamt waren es 15 – zählten die Mitarbeiter westlicher Nachrichtendienste, Terroristen und Personen, die angeblich „politisch-ideologische Diversion" oder „subversive Tätigkeiten gegen die Staaten der sozialistischen Gemeinschaft" betrieben. Erfaßt wurden außerdem Mitarbeiter westlicher diplomatischer und konsularischer Vertretungen sowie Journalisten.

Nach Personenkategorien (PK) geordnet weist die MfS-Statistik bis Ende 1989[64] aus:

61 Vgl. „Ordnung über das System der vereinigten Erfassung von Informationen über den Gegner (SOUD)", BStU, ZA, SdM 425, Bl. 145 ff. Der Befehl des Ministers für Staatssicherheit Nr. 11/79 vom 7. Juni 1979 betreffend Durchführung des SOUD-Abkommens, vgl. Marquardt: (Anm. 10, S. 346-347).

62 Vgl. Wegmann/Tantzscher: SOUD – Das geheimdienstliche Datennetz des östlichen Bündnissystems, S. 47-52.

63 Vgl. Referat AU 5 beim Sonderbeauftragten der Bundesregierung für die personenbezogenen Unterlagen des ehemaligen Staatssicherheitsdienstes: Information über die Ergebnisse einer ersten Bestandsaufnahme von Dokumenten und Materialien, die durch das MfS – Mielkes Befehl 11/79 (SOUD) folgend – in das „System der vereinigten Erfassung von Informationen über den Gegner" eingespeichert wurden. Abteilung Bildung und Forschung, Information und Dokumentation, S. 1-24 und Wegmann/Tantzscher: SOUD – Das geheimdienstliche Datennetz des östlichen Bündnissystems, S. 47-52.

PK 1 („Mitarbeiter und Agenten gegnerischer Geheimdienste")   17.901

Unter den mehr als 17.000 MfS-Erfassungen in der PK 1 befanden sich 4.441 mutmaßliche Mitarbeiter bundesdeutscher Nachrichtendienste, davon kamen 2.213 aus dem Bundesnachrichtendienst (BND), 1.507 aus dem Bereich der Ämter für Verfassungsschutz und 721 Angehörige des Militärischen Abschirmdienstes (MAD). Dazu kommen 4.424 amerikanische, 737 britische, 537 französische, 286 niederländische und 24 italienische Geheimdienstangehörige, die im SOUD-Datenverbund gespeichert sind.

Im Moskauer Zentralcomputer, aus dem die „befreundeten Dienste" jederzeit – in der höchsten Dringlichkeitsstufe binnen acht Stunden – Informationen abrufen konnten, sind Tausende Beamte und Agenten des BND registriert, weltweit mit Namen, Decknamen, Adresse, Telefonnummer, persönlichen Daten, besonderen Kennzeichen, Typen und Zulassungsnummern ihrer Autos. Das KGB und das Ministerium für Staatssicherheit konnten also über Jahre Maulwürfe in Pullacher Spitzenpositionen plazieren, die Zugang zum kompletten Personalbestand sowie zu sicherheitsrelevanten Informationen/Daten hatten.[65]

PK 2 („Mitarbeiter von Zentren 'ideologischer Diversion'")   3.054

PK 3 („Mitglieder von Terrororganisationen u.ä.")   2.730

Die unter der PK 3 vom MfS erfaßten Personen verteilen sich u. a. auf folgende als terroristisch eingestufte Organisationen:

Kampfgruppe gegen Unmenschlichkeit (KgU) mit 53 Erfassungen, NPD, Revolutionäre Zellen, Bewegung 2. Juni, Rote Armee Fraktion (RAF)/Asyl DDR. Zusätzlich waren hier 503 sog. Einzelterroristen registriert.

Terroristisch eingestufte internationale Organisationen: z. B. Action Directe/Frankreich, Libysche Terrorgruppen, Graue Wölfe/Türkei, IRA/Großbritannien, PLO/Schwarzer September, Abu-Nidal-Organisation, Carlos-Gruppe.[66]

PK 4 (Mitglieder „subversiver" Organisationen)   6.100

PK 5 („Beauftragte von Geheimdiensten u.ä.")   8.019

PK 6 („Anschleusungen")   780

PK 7 („Falsch-Informanten")   14

PK 8 („Provokateure")   304

PK 9 („ausgewiesene und unerwünschte Personen")   20.669

PK 10 („Staatsverbrecher")   189

64 Vgl. Anm. 62.
65 Vgl. dazu auch Der Spiegel, Nr. 17/1995.
66 Vgl. dazu die Beratung des MfS mit Vertretern des KfS der UdSSR zu Fragen des internationalen Terrorismus vom 16. September 1986, BStU, HA XXII, Archiv der Zentralstelle 17399/7, Bl. 2802-2804.

PK 11 („feindliche Diplomaten")	1.279
PK 12 („feindliche Korrespondenten")	3.755
PK 13 („Mitarbeiter feindlicher Wirtschaftsvertretungen, Kulturzentren")	210
PK 14 („Schmuggler")	352
PK 15 („Wirtschaftsschädlinge")	200
Gesamt: [67]	65.556

Wiederholte Presseveröffentlichungen und Ausführungen zum SOUD in Publikationen zum Thema Geheimdienste zeugen von einem anhaltenden öffentlichen Interesse an dem Datenspeichersystem, genährt auch von der Besorgnis, daß die Nachfolger des KGB nach wie vor mit diesem gigantischen Machtinstrument arbeiten.

Fachleute sehen in diesen gespeicherten Personendaten eine gewaltige Gefährdung der Persönlichkeitsrechte der Betroffenen.[68] Etwa 1 Mio. Bundesbürger könnten davon tangiert sein.

In dem Zusammenhang drängen sich Fragen auf:

1. Welche Erkenntnisse hat die Bundesregierung eigentlich über das in Moskau beim KGB geführte elektronische SOUD-System?

2. Wie wurde mit den SOUD-Personendaten bei der HV A bzw. der ZAIG (Zentrale Auswertungs- und Informationsgruppe) des MfS nach der politischen Wende verfahren?

3. Was ist der Bundesregierung über den Verbleib des Sonderspeichers im MfS bekannt?

4. Was gedenkt die Bundesregierung zum Schutz der Persönlichkeitsrechte der in der Bundesrepublik Deutschland lebenden gespeicherten Personen gegenüber den SOUD-Sicherheitsbehörden zu unternehmen, und was hat sie schon unternommen?

5. Welchen Handlungsbedarf sieht die Bundesregierung vor allem für den Schutz der informationellen Selbstbestimmung der in SOUD gespeicherten Personen?

---

67 Die Differenz der bestehenden zu den Gesamterfassungen ergibt sich vermutlich aus den gelöschten Datensätzen.

68 Vgl. Deutscher Bundestag, 12. Wahlperiode, Drucksache 12/1088, Antwort der Bundesregierung auf die Kleine Anfrage des Abgeordneten Werner Schulz (Berlin) und der Gruppe Bündnis 90/DIE GRÜNEN. System der vereinigten Erfassung von Informationen über den Gegner (SOUD) der früheren „sozialistischen" Geheimdienste, S. 1-5 und Drucksache 12/2041, Antwort der Bundesregierung auf die Kleine Anfrage des Abgeordneten Ingrid Köppe und der Gruppe Bündnis 90/DIE GRÜNEN. Informationen des Bundeskriminalamtes zum internationalen Datenspeicher SOUD in Moskau, S. 1-3. SOUD war auch Gegenstand der Anklage gegen den langjährigen Leiter der DDR-Auslandsaufklärung, Markus Wolf. Vgl. Der Generalbundesanwalt beim Bundesgerichtshof: Anklageschrift gegen Markus Wolf, Karlsruhe, 16.9.1992, S. 138-140.

Bisher hüllt sich die Bundesregierung in Schweigen, ein offensichtliches Tabu-Thema.

1.2 Zur Tätigkeit des MfS im „Operationsgebiet" im Auftrag des KGB

Nach der Integration der HV A in das MfS und der Ernennung von Ernst Wollweber zum Staatssekretär für Staatssicherheit wurde die West-Arbeit seit Mitte der fünfziger Jahre auf Befehl der Sowjets massiv verstärkt.[69]

Das Ministerium für Staatssicherheit war nicht nur in der DDR aktiv, sondern überzog auch die alte Bundesrepublik mit einem engmaschigen Überwachungsnetz, wie viele Dokumente und Vereinbarungen zwischen MfS und KGB belegen. So definierte die Richtlinie Nr. 2/79 die zweifellos mit dem KGB abgestimmten Aktionsfelder des MfS und insbesondere der HV A: „Das Operationsgebiet der Diensteinheiten der Aufklärung erstreckt sich insbesondere auf die USA, die BRD, die anderen NATO-Staaten und West-Berlin. Zunehmende Bedeutung gewinnt die operative Arbeit in Richtung VR China, in internationalen Krisenzonen und in ausgewählten Entwicklungsländern."[70]

Im Zentrum des Aufklärungsinteresses von MfS und KGB standen in den fünfziger Jahren Institutionen wie der „Rundfunk im amerikanischen Sektor" (RIAS), der „Untersuchungsausschuß freiheitlicher Juristen" (UfJ), die „Kampfgruppe gegen Unmenschlichkeit" (KgU), die Ostbüros von CDU und SPD sowie die „Vereinigung der Opfer des Stalinismus" (VOS), die vom MfS allesamt als „Agentenzentralen" betrachtet wurden.[71]

Die Ausforschung, Infiltrierung und Bekämpfung von Politik, Wirtschaft und Militär im Westen gewann, ausgelöst von entsprechenden sowjetischen Direktiven, zunehmend an Bedeutung.[72]

Die Anstrengungen, den Westen nachrichtendienstlich zu durchdringen, nahmen in den achtziger Jahren weiter zu, je deutlicher die Anzeichen für den politischen und ökonomischen Niedergang der DDR wurden. Zu den vorrangigen Aufgaben des MfS in Abstimmung mit dem KGB gehörte es, in der Bundesrepublik durch ein Netz von Quellen und Kontaktpersonen einen kontinuierlichen Informationsfluß aus Regierung und Staatsapparat, Parteien und Verbän-

---

69 Vgl. Knabe: Die Stasi als Problem des Westens, S. 3-16.

70 Richtlinie Nr. 2/79 für die Arbeit mit Inoffiziellen Mitarbeitern im „Operationsgebiet" (GVS MfS 0008-2/79), abgedruckt in: Gill/Schröter: Das Ministerium für Staatssicherheit, S. 480 ff.

71 Zum RIAS: Dienstanweisung II/IV/50 vom 13.1.1950 sowie „Nachträge" vom 19.2.1951 und vom 14.2.1951, BStU, ZA, DSt 100825; zum UfJ: Schreiben des Staatssekretärs vom 22.10.1951, BStU, ZA, DSt 100833; zur KgU: Befehl Nr. 60/52 vom 24.4.1952, BStU, ZA, DSt 100030; zur VOS: Sachakte „Pest" vom 24.1.1953, BStU, ZA, DSt 100861; allgemein: Schreiben des Staatssekretärs vom 9.3.1953, BStU, ZA, DSt 101392; vgl. dazu auch Bailey u. a.: Die unsichtbare Front, S. 155 ff.

72 Vgl. Protokoll der Kollegiumssitzung am 19./20.2.1958, BStU, ZA, SdM 1900, Bl. 7 f; Die zentrale Bedeutung der „Westarbeit" wurde auch im neuen MfS-Statut von 1969 bekräftigt, vgl. Statut des Ministeriums für Staatssicherheit der Deutschen Demokratischen Republik, bestätigt vom Nationalen Verteidigungsrat am 30.7.1969, in: Florath/Mitter (Hrsg.): Die Ohnmacht der Allmächtigen, S. 138-145, hier S. 139.

den, Wirtschaft und Wissenschaft, Militär- und Sicherheitsbehörden zu gewährleisten.

Ein Großteil der Informationen aus dem „Operationsgebiet", insbesondere aus dem militärisch-technischen Bereich, floß umgehend weiter an die „Freunde", wie das KGB im MfS-Jargon bezeichnet wurde. Neben der Wirtschafts- und Militärspionage ging es dem MfS insbesondere um seine Einflußnahme auf die westdeutsche Politik. Um Politiker der Bundesrepublik zu kompromittieren, suchte das MfS vor allem nach Hinweisen auf persönliche Verstrickungen westdeutscher Politiker in das NS-Regime, wofür „Personalakten aus der NS-Zeit aus den Archiven angefordert und nach belastendem Material durchsucht und je nach Maßgabe 'vervollständigt' wurden durch Dokumente aus eigener Fertigung" [73], wie einer der beteiligten HV A-Offiziere nach der Wende berichtete. Die Kampagnen gegen westdeutsche Politiker wurden in den sechziger Jahren unmittelbar vom ZK der SED und dem für Agitation zuständigen Mitglied, Albert Norden [74], gesteuert und richteten sich, so z. B. gegen Theodor Oberländer, Minister Hans Seebohm, Ernst Lemmer, Karsten Voigt, Heinrich Lübke, Hans Globke, Kurt-Georg Kiesinger, Herbert Wehner, Willy Brandt und Eugen Gerstenmaier. [75]

Einfluß übte das MfS auch über seine Präsenz in zahlreichen „progressiven Bewegungen und Gruppierungen" in der Bundesrepublik aus. Die Infiltrierung und „Zersetzung" DDR-kritischer Einrichtungen im Westen war in Abstimmung mit dem KGB von Anbeginn eine zentrale Aufgabe des MfS. In einer Zusammenstellung vom Mai 1978 werden insgesamt 113 westdeutsche Institutionen aufgeführt, die vom MfS als „Zentren, Organisationen und Einrichtungen der politisch-ideologischen Diversion" klassifiziert wurden, darunter staatliche Einrichtungen wie das Bundesministerium für innerdeutsche Beziehungen, Verlage und Rundfunkstationen wie der RIAS und der Deutschlandfunk, aber auch Organisationen wie Amnesty International, die Einrichtungen der DDR- und Ostforschung sowie die Bundeszentrale für politische Bildung in Bonn. [76]

MfS und KGB unternahmen „aktive Maßnahmen" gegen führende westdeutsche Politiker wie Herbert Wehner und den CDU-Bundestagsabgeordneten Julius Steiner, dessen Stimme beim Mißtrauensvotum Rainer Barzels gegen Willy Brandt am 27. April 1972 vom MfS mit 50.000 DM gekauft worden war.

Der Kanzlerspion Günter Guillaume löste nach seiner Enttarnung den Kanzlersturz von Willy Brandt aus.

---

73 Bohnsack/Brehmer: Auftrag: Irreführung, S. 49.
74 Vgl. Schreiben von Albert Norden an Erich Mielke vom 9.5.1960, BStU, ZA, SdM 1121.
75 Vgl. Knabe: Die Stasi als Problem des Westens, S. 11 f.
76 Vgl. „Übersicht über Zentren, Organisationen und Einrichtungen der politisch-ideologischen Diversion in der BRD und in Westberlin" vom 5. Mai 1978, BStU, ZA, MfS ZAIG 5161.

Diese Spionagefälle zeigen, welche Gefahren für die bundesdeutsche Demokratie aus dem Zusammenspiel MfS und KGB ausgingen und ausgehen.

Markus Wolf, der im Frühjahr 1997 zu zwei Jahren Haft auf Bewährung wegen Freiheitsberaubung in vier Fällen verurteilt wurde, erklärte 1991, daß die Zahl der bislang nicht enttarnten „Top-Leute" bei 50 bis 90 liege.

An dieser Stelle sei an weitere ausgewählte Beispiele der politischen und militärischen Aufklärung des Ministeriums für Staatssicherheit und des sowjetischen KGB in der Bundesrepublik Deutschland erinnert.

Ex-Verfassungsschützer und Überläufer Hansjoachim Tiedge setzte sich im August 1985 nach Ostberlin ab. Nach der Wende im August 1990 flüchtete Tiedge gen Moskau, um der Strafverfolgung durch die deutsche Justiz zu entgehen. Tiedges Delikt – Landesverrat im besonders schweren Fall, angedrohte Höchststrafe: lebenslänglich – ist erst in knapp 30 Jahren verjährt. Tiedge brachte es bis zum Gruppenleiter IV B, Chef von 100 Mitarbeitern und zuständig für „Nachrichtendienste der DDR". Er genoß in internationalen Geheimdienstkreisen großes Ansehen. Schließlich hatte er seine Finger in 816 Spionagefällen und einer Vielzahl sog. G-Operationen, in denen gegnerische Agenten „umgedreht wurden".

Am 19. September 1985 informierte Mielke in einem streng geheimen Schreiben den KGB-Chef V.M. Tschebrikow über den Übertritt des ehemaligen Regierungsdirektors des Bundesamtes für Verfassungsschutz Tietge in die DDR. Damit sei eine „langfristig im Bundesamt für Verfassungsschutz geführte operative Aktion des MfS der DDR erfolgreich abgeschlossen".[77] Darüber hinaus seien an die „Bruderorgane" der ČSSR, Polens, Bulgariens und Kubas entsprechende Informationen zur Enttarnung von Doppelagenten als auch zur Einführung der notwendigen Sicherheitsmaßnahmen übergeben worden.[78]

Im Bundesnachrichtendienst (BND) hatte die HV A Agenten plaziert, so u. a. die Regierungsdirektorin Dr. Gabriele Gast, die von 1969 bis 1990 für eine konstante Lieferung regierungsamtlicher Dokumente höchster Geheimhaltungsstufe sorgte. Durch Urteil des Bayerischen Obersten Landgerichts vom 19. Dezember 1991 erhielt sie eine Strafe von sechs Jahren und neun Monaten Freiheitsentzug.

Dr. Hagen Blau, Mitarbeiter im Auswärtigen Amt, versorgte die Abteilung I des MfS mit hochgradigen außenpolitischen geheimen Vorgängen, davon größtenteils dokumentarische Belege von 1960 bis 1989.

Über dreißig Jahre (bis 1990) überstellte Klaus Kurt von Rossendorf als führender Diplomat im Auswärtigen Dienst an die Abteilung I geheime Dokumente zur Außenpolitik der Bundesrepublik Deutschland und nahm an „aktiven Maßnahmen" des MfS teil.

---

77 Vgl. BStU, ZA, SdM 149, Bl. 1-29.
78 Ebenda.

Das Ehepaar Lutze, Jürgen Wiegel und das Ehepaar Kraut betrieben über mehrere Jahre Militärspionage im Auftrage der HV A des MfS.

Geheimzuhaltende, zumeist umfassende Dokumente über Stand und Perspektiven der Entwicklung der Aufklärungskräfte, -mittel und -einrichtungen der Bundesrepublik Deutschland und der NATO lieferten Alfred und Ludwig Spuhler bis 1989. Während Alfred Spuhler seinen Zugangsmöglichkeiten entsprechend Material aus dem BND – vorwiegend solches mit Bezug zur DDR und zum Warschauer Pakt sowie über innere Struktur und Arbeitsweise des BND – beschaffen sollte, hielt Ludwig Spuhler die Verbindung zur Führungsstelle in der HV A und war für die Weiterleitung des Verratsmaterials verantwortlich. Beide wurden wegen Landesverrats am 15. November 1991 vom Bayerischen Obersten Landesgericht zu zehn bzw. fünfeinhalb Jahren Freiheitsstrafe verurteilt.

Das Ehepaar Rupp, Decknamen „Topas" und „Türkis", überstellte von 1969-1990 geheime Dokumente über politische, militärische und rüstungspolitische Vorgänge des westlichen Bündnisses, interne Studien zu politischen, militärischen, wissenschaftlich-technischen und ökonomischen Fragen strategischer Regionen sowie Ergebnisse der NATO-Führungsorganisation.

Der ehemalige Verfassungsschützer Klaus Kuron hat acht Jahre lang die Spionage des bundesdeutschen Verfassungsschutzes lahmgelegt. Vom Oberlandesgericht Düsseldorf wurde er am 7. Februar 1992 zu zwölf Jahren Freiheitsstrafe verurteilt.

Rainer Rupp, der als „Topas" NATO-Geheimnisse verriet, gefährdete mit seinem umfangreichen Verratsmaterial ganz erheblich die NATO-Verteidigungsfähigkeit. Das Oberlandesgericht Düsseldorf verurteilte ihn am 17. November 1994 zu zwölf Jahren Freiheitsstrafe.

Tausende von Bundesbürgern fungierten dabei in Politik, Wirtschaft, Militär, Nachrichtendiensten oder Medien als bis heute unerkannte Zuträger und Befehlsempfänger des MfS und des KGB.[79] Die Aufarbeitung dieser „zweiten" Dimension der DDR-Staatssicherheit steht erst am Anfang – doch für eine wirkliche Bewältigung der kommunistischen Vergangenheit in Deutschland ist sie unerläßlich.

1.3 MfS und KGB im Kampf gegen die systemkritische Opposition und die Kirchen

In einem Protokoll aus dem Jahre 1978 haben sich das Ministerium für Staatssicherheit der DDR (MfS) und das Komitee für Staatssicherheit beim Ministerrat der UdSSR (KfS) zu gegenseitiger Amtshilfe verpflichtet.[80] Die gegenseiti-

---

79 Vgl. Knabe: Die Stasi als Problem des Westens, S. 3-16.
80 Vgl. Protokoll über die Regelung des Zusammenwirkens zwischen dem MfS der DDR und der Vertretung des KfS beim Ministerrat der UdSSR beim Ministerium für Staatssicherheit der DDR vom

ge Unterstützung sollte sich auf die „Bearbeitung, Zersetzung und Beeinflussung ausgewählter Gruppierungen und Einzelpersonen" konzentrieren.

Mielke und Andropow (seinerzeit noch Chef des KGB) haben die Abkommen/Verträge persönlich „bestätigt", ausgehandelt wurden sie von den zuständigen Abteilungsleitern Generalmajor Kienberg und Generalleutnant Bobkow.

Neben der „Zersetzung" im Bereich „religiöser Einrichtungen und Organisationen" sah der Stasi-Plan ein abgestimmtes Zusammenwirken vor allem „auf dem Gebiet gegnerischer Angriffe im kulturellen Bereich" vor. Mit dem „Ziel der Aufklärung und Einschränkung subversiver Aktivitäten" des Internationalen PEN-Clubs, London, und der „Herausgeber der BRD-Zeitschrift, 'L 76'" sollten in gegenseitiger Absprache Informationen ausgetauscht werden. Ziel der gemeinsamen Zersetzungsmaßnahmen war die Isolierung und Kriminalisierung kritischer Schriftsteller und Künstler wie Wolf Biermann, Manfred Krug, Reiner Kunze, Stefan Heym, Jurek Becker, Franz Fühmann, Günter Kuhnert, Christa Wolf, Rolf Schneider, des russischen Schriftstellers Kopelew und des Regisseurs Ljubimow.

Gemeinsam gingen die östlichen Geheimdienste auch gegen verschiedene westdeutsche Verlage vor, die kritische DDR-Literatur verlegten. Im Punkt 1.4. der Anlage zum „Plan" heißt es: „Die Hauptabteilung XX und die V. Verwaltung organisieren in gegenseitiger Abstimmung die politisch-operative Kontrolle der Lektoren Krüger (Luchterhand-Verlag), Grimm (Bertelsmann-Verlag), Borchert (Suhrkamp-Verlag)."

Im Jahre 1986 wurde der vermutlich letzte Perspektivplan der Hauptabteilung XX des MfS und der entsprechenden V. Verwaltung des KfS unterzeichnet.[81] Im Zentrum standen die Bearbeitung „subversiver und anderer operativ bedeutsamer ideologischer Zentren und Organisationen im Operationsgebiet", die „Bekämpfung der politisch-ideologischen Diversion des Gegners unter Ausnutzung klerikaler Organisationen" und die „Bekämpfung innerer feindlicher Kräfte" – vornehmlich auf dem kulturellen Sektor.

Nicht nur die „Forschungsstelle für unabhängige Literatur und gesellschaftliche Bewegungen in Osteuropa" an der Universität Bremen oder das „Internationale Zentrum zum Studium der russischen Kunst des 20. Jahrhunderts" an der Universität Bochum wurden von der kooperierenden Hauptabteilung XX des MfS und der V. Verwaltung des KGB ins Visier genommen.

---

29. März 1978, Zusatzprotokoll zur „Vereinbarung über die Zusammenarbeit zwischen dem Ministerium für Staatssicherheit der Deutschen Demokratischen Republik und dem Komitee für Staatssicherheit der Union der Sozialistischen Sowjetrepubliken vom 6. Dezember 1973" über die Zusammenarbeit auf wissenschaftlich-technischen und operativ-technischen Gebieten; BStU, ZA, Abt. X, Bündel 2 (o. Pag.).

81 Vgl. Plan für die Zusammenarbeit zwischen der Hauptabteilung XX des Ministeriums für Staatssicherheit der Deutschen Demokratischen Republik und der V. Verwaltung des Komitees für Staatssicherheit der Union der Sozialistischen Sowjetrepubliken für den Zeitraum 1986-1990, Entwurf, o. D., Unterzeichner: Generalmajor Kienberg und Generalleutnant Abramow; BStU, ZA, Abt. X, Bündel 176.

Wie aus dem Perspektivplan (1986-1990) ersichtlich wird, standen auch die Kirchen weltweit unter besonderer Beobachtung der östlichen Nachrichtendienste.[82]

Auf Genfs „Heiligem Berg", wo sich die Zentralen des Lutherischen Weltbundes (LWB), der Ökumenische Rat der Kirchen (ÖRK) und die Konferenz Europäischer Kirchen (KEK) befinden, spionierten Agenten des MfS. Das KGB nahm über die russisch-orthodoxe Kirchenführung Einfluß auf den Weltkirchenrat. [83]

Im Zentrum der geheimdienstlichen Beobachtung und Zersetzung von MfS und KGB standen u. a. folgende kirchliche Institutionen:[84]

„Glaube in der 2. Welt", (Zollikon-Zürich/Schweiz), „Christlich-paneuropäisches Studienwerk" (Brüsewitz-Zentrum-Bonn/BRD), „Christliche Ostmission" (Bad Nauheim-Schwalheim/BRD), „Zentrum zum Studium von Religion und Kommunismus" (Großbritannien), „Christliche Osthilfe" (Friedberg-Ockstadt/BRD), „Mission für Süd-Ost-Europa" (Siegen/BRD), „Radio Vatikan", „Ostpriesterhilfe" (BRD), „Königsteiner Anstalten" (BRD), „Kirche in Not" (BRD), „ZK der Katholiken der BRD", „Opus Dei".[85]

Auch der Mentor des damals jungen Manfred Stolpe, Bischof Friedrich Wilhelm Krummacher, war ein Mann der Sowjets. Friedrich Wilhelm Krummacher gehörte zu den handverlesenen Kadern, die im Juni 1945 von Stalin in die Sowjetische Besatzungszone entsandt wurden. „Wir können ihn in Berlin gebrauchen für die Arbeit in der protestantischen Kirche", urteilte der KPD-Vorsitzende Wilhelm Pieck über Krummacher, der seit 1946 unter dem Decknamen „Martin" für den Geheimdienst Moskaus arbeitete. (vgl. Focus 12/1995)

In den sechziger und siebziger Jahren entwickelte die vatikanische Diplomatie unter Papst Paul VI. und dem eifrigen Monsignore Casaroli (seit Anfang Juli 1967 Erzbischof, seit April 1979 Staatssekretär im Vatikan), eine ehrgeizige Ostpolitik. Damit rückte die vatikanische Ostpolitik in das Zentrum östlicher und westlicher Spionagedienste.

Dokumente des Ministeriums für Staatssicherheit der DDR [86] belegen, daß nicht nur Papst Paul VI. jahrelang von östlichen Geheimdiensten bespitzelt

---

82 Vgl. Besier/Wolf (Hrsg.): „Pfarrer, Christen und Katholiken", 1992; Besier: Der SED-Staat und die Kirche 1969-1990, 1995.

83 Vgl. Schulz: Schnüffelei in Genf. Die östlichen Geheimdienste auf dem heiligen Berg, in: Evangelische Kommentare, 3/1992, S. 150; Schmidt-Eenboom: Schnüffler ohne Maske, S. 354-355.

84 Vgl. Plan für die Zusammenarbeit zwischen der Hauptabteilung XX des Ministeriums für Staatssicherheit der Deutschen Demokratischen Republik und der V. Verwaltung des Komitees für Staatssicherheit der Union der Sozialistischen Sowjetrepubliken für den Zeitraum 1986-1990, Entwurf, o. D., Unterzeichner: Generalmajor Kienberg und Generalleutnant Abramow; BStU, ZA, Abt. X, Bündel 176.

85 Vgl. Chaker: Die Arbeit der Hauptverwaltung Aufklärung (HV A) im „Operationsgebiet", S. 126-242, insb. Dokument 4, S. 200-213.

86 Vgl. u. a. BStU, ZA, ZAIG 1947, Bl. 1-12; ZAIG Z 2794, Bl. 1-5; ZAIG Z 2880, DSt 000818, Bl. 1-14; ZAIG Z 2894, DSt 00720, Bl. 1-2; ZAIG Z 3151, Bl. 8-11; ZAIG Z 3253, Bl. 1-4; ZAIG Z 3361, Bl. 1-3; ZAIG Z 3555, Bl. 1-7; BStU, ZA, HA XX/4 127, Bl. 17-124; HA XX/4 412, Bl. 247-

wurde, sondern daß auch über Johannes Paul II. detaillierte Informationen einer hochrangigen Quelle aus dem Vatikan an Ostblock-Geheimdienste flossen. In den Unterlagen der für die Überwachung der Kirchen zuständigen Stasi-Abteilung XX/4 befinden sich u. a. Übersetzungen von KGB-Unterlagen aus dem Russischen vom November 1978, die Informationen des polnischen Geheimdienstes über Johannes Paul II. wiedergeben. Die Akten des Ministeriums für Staatssicherheit und des KGB belegen, daß die östlichen Geheimdienste bestens über das „Kräfteverhältnis im Kardinalskollegium" im Bilde waren. Johannes Paul II. schätzten die östlichen Geheimdienste als einen Geistlichen mit „äußerst antikommunistischen Ansichten" ein. Er werde versuchen, „die Ostpolitik des Vatikans härter zu gestalten".

Die in der Berliner Gauck-Behörde aufgetauchten Stasi-Akten über die Bespitzelung des Vatikans sind Fragmente eines Spionage-Vorgangs der von Markus Wolf geleiteten MfS-Auslandsabteilung (HV A) aus den Jahren 1970-1978. Die Akten dokumentieren das jahrelange Interesse der östlichen Geheimdienste am Vatikan als politischem Machtfaktor in Europa. Besonders als in den siebziger Jahren ein Wandel in der Ost-Politik Westeuropas sichtbar wurde und Politiker wie Willy Brandt und Großbritanniens Premier Edward Heath den damaligen Papst Paul VI. aufsuchten, verstärkten die östlichen Geheimdienste offensichtlich ihre Präsenz im Vatikan.

Bei all diesen Gesprächen des Papstes mit den Staatsrepräsentanten über die deutsche Ostpolitik, über Konflikte in Nordirland und im Nahen Osten war offenbar ein Top-Spion dabei, der selbst den Inhalt der Privat-Audienzen des Heiligen Vaters als wörtliche Stenogramme an den polnischen Geheimdienst weitergab. Über den KGB gelangten diese Informationen dann in das MfS.

Größtes Interesse hatte das MfS auch an der Haltung der katholischen Kirche in der DDR sowie am politischen Kräfteverhältnis in Westdeutschland. So gelangten brisante Informationen über kirchliche Reaktionen auf die DDR-Religionspolitik, über innerkirchliche Konferenzen ebenso an die DDR-Staatssicherheit wie die Inhalte von Briefen der CDU/CSU-Politiker Rainer Barzel und Franz Josef Strauß.

Wer war der hochrangige Spion an der Seite des Papstes? Zwar wäre es theoretisch nicht allzu schwierig, den in Frage kommenden Personenkreis zu identifizieren – in der Praxis bleibt die Überprüfung der Identität des Spions aber schwierig. Die Archive der Abteilung IV („Kircheninfiltration") des polnischen Geheimdienstes wurden während der Wende 1989 auf Befehl des polnischen Innenministers, Czeslaw Kiszczak, verbrannt.

Ende 1996 wies der Pressesprecher des Papstes, Navarro-Valls, mit Entschiedenheit die Behauptung zurück, die gefundenen Geheimdienstberichte aus ehemals kommunistischen Staaten, darunter auch aus der DDR, hätten einen

---

253; HA XX/4 1238, Bl. 163-166, 264-267; HA XX/4 1253, Bl. 42-46, 122-125; HA XX/4 1262, Bl. 54, 55, 142-146, 192-197, 283-297; HA XX/4 1425, Bl. 1-60; HA XX/4 1785, Bl. 221-289, 324-342; HA XX/4/II 5172/74, Bl. 125-263; HA XX/4 2342, Bl. 7-136.

authentischen vatikanischen Autor. Ein Fachmann für den Vatikan und die Geheimdienste, der israelische Militärhistoriker Doron Arazi, kam allerdings zu dem Urteil: „Das Vatikan-Dementi ist also nach allen Kriterien der internen und externen Quellenkritik unglaubwürdig, (...) der alte Pawlowsche Reflex der vatikanischen Geheimniskrämerei. Etwas mehr Gelassenheit und Offenheit wären hier zu empfehlen, schließlich haben am Ende die Divisionen des Papstes die Stalins besiegt."[87] Offiziell hüllt sich der Vatikan bis heute in Schweigen.

Kirchenexperten sprechen von einem „erschreckenden Politikum" für die katholische Kirche.

Am 13. Mai 1981 feuerte auf dem Petersplatz in Rom Ali Mehmet Agca Schüsse auf den Papst Johannes Paul II. Der Schütze war kein Unbekannter für das Sicherheitspersonal des Vatikans. Im Herbst 1979, zwei Tage vor der Ankunft Johannes Pauls II. in Istanbul, hatte Agca in einem Brief an die Zeitung Milliyet angedroht, den „Anführer der Kreuzfahrer, Johannes Paul II." zu töten.

In einem Schnellverfahren wurde der Attentäter von einem italienischen Gericht zu lebenslanger Haft verurteilt.[88] Doch von Beginn an gab es Zweifel an seiner Alleintäterschaft.[89] Auch aus dem Vatikan verlautete, „eine Hand" habe die Pistole abgefeuert, „eine andere Hand" habe „gelenkt". Kardinalstaatssekretär Agostino Casaroli ließ durchblicken, er halte es für wahrscheinlich, daß die Sowjets den Papst ausschalten wollten, um Solidarnosc den wichtigsten Rückhalt zu nehmen. Agca selbst verstrickte sich in Widersprüche. Nach seiner ursprünglichen Version, allein gehandelt zu haben, beschuldigte er den bulgarischen Geheimdienst, später den sowjetischen KGB, ein drittes Mal die rechtsradikalen türkischen „Grauen Wölfe", Auftraggeber der Schüsse auf den Papst gewesen zu sein.[90]

1997 belastete ein ehemaliger KGB-Agent, Viktor Schejmow, den sowjetischen Geheimdiest KGB und seinen damaligen Chef, Jurij Andropow, Drahtzieher des Attentats am 13. Mai gewesen zu sein. Schejmow arbeitete in der Dechiffrierabteilung des KGB. Nach seinen Worten lief über seinen Schreibtisch eine Anordnung Andropows an alle KGB-Residenten, alle erdenklichen Schritte zu unternehmen, „um sich dem Papst zu nähern". Schejmow zufolge bedeutete der Ausdruck „sich nähern" im KGB-Sprachgebrauch „liquidieren".[91]

Zum Papstattentat berichtete der KGB-Überläufer weiter, daß der bulgarische Geheimdienst der verläßlichste Verbündete des KGB war und schon in der Vergangenheit häufiger mit gefährlichen und heiklen Missionen betraut wurde.

---

87 Zit. nach Frankfurter Allgemeine Zeitung vom 25. November 1996.
88 Knopp u. a.: Vatikan. Die Macht der Päpste, S. 306 f.
89 Ebenda, S. 307 f; vgl. dazu auch Reichel: Schüsse auf dem Petersplatz, 1984; Sterling: Wer schoß auf den Papst?, 1985.
90 Knopp, S. 308.
91 Vgl. Interview des Historikers Knopp Guido mit dem KGB-Agenten Schejmow, ebenda, S. 311.

Diese Aussagen des KGB-Agenten passen zu den Berichten und Dokumenten aus den Archiven des MfS und des bulgarischen Geheimdienstes, die in jüngster Zeit bekannt wurden und die ebenfalls auf den KGB verweisen.

Auf eine Steuerung durch Moskau lassen auch die Aussagen des Stasi-Offiziers Günter Bohnsack schließen. Bohnsack berichtete der Staatsanwaltschaft in Berlin, daß die Stasi an einer unmittelbar nach dem Attentat einsetzenden Desinformationskampagne beteiligt gewesen sei.[92] Diese Aussagen sind auch durch Telegramme zwischen der Stasi und dem bulgarischen Geheimdienst belegt, die wenige Tage nach dem Attentat abgefaßt wurden und nun in der Gauck-Behörde liegen. Der Inhalt der Telegramme läßt den Schluß zu, daß ihre Verfasser über die Hintergründe des Papstattentats informiert waren.[93]

Gab es einen Mordbefehl aus Moskau bereits im Herbst 1979? Akten von sowjetischen Politbürositzungen des Jahres 1979 zeigen, daß das Politbüro sich wiederholt mit den „Gefahren" des Wirkens des Papstes für den Ostblock befaßte. Am 13. November 1979 stimmte das gesamte Politbüro einem umfangreichen Maßnahmenkatalog gegen das Oberhaupt der katholischen Kirche zu.[94] Das Protokoll vermerkt, es müsse dringend „etwas gegen die Haltung des Vatikans gegenüber den sozialistischen Staaten unternommen werden". Ob tatsächlich der ehemalige KGB-Chef Jurij Andropow Drahtzieher des Attentats am 13. Mai 1981 war, bleibt offen, solange die Akten der Geheimdienste in Moskau und Sofia unter Verschluß gehalten werden und die Beteiligten schweigen.

Untersuchungsrichter Rosario Priore, der sich jahrelang mit den Hintergründen des 13. Mai 1981 beschäftigt hatte, bedauert, daß die Staatsanwaltschaft das Verfahren inzwischen eingestellt hat. „Da, wo vitale Interessen von Staaten berührt werden", meint er resigniert, „versagen die Mittel unserer Justiz".[95]

2. Die Kooperation des MfS mit den Sicherheitsorganen der Entwicklungsländer

Aus überlieferten Akten des MfS über seine Kooperation mit den Sicherheitsorganen der Entwicklungsländer geht hervor, daß sich das MfS an der Seite der sowjetischen Führungsmacht und dem KGB arbeitsteilig vor allem als „Entwicklungshelfer"[96] hervorgetan hat. Die geheimdienstliche internationale Unterstützung des MfS reichte bis in die fünfziger Jahre zurück[97], gewann jedoch

---

92 Vgl. Bohnsack/Brehmer: Auftrag: Irreführung, S. 138 ff und vgl. Süddeutsche Zeitung vom 24. Oktober 1997.

93 Vgl. Knopp u. a.: Vatikan. Die Macht der Päpste, S. 308 f.

94 Vgl. die Hinweise von Knopp: ebenda S. 312.

95 Zitiert nach Knopp, S. 312.

96 Vgl. Tantzscher: Die Stasi und ihre geheimen Brüder, S. 610 ff.

97 Vgl. „Übersicht Ministerium des Innern Sozialistische Republik Vietnam" (o. D.). Nach dieser Darstellung begann die geheimdienstliche Zusammenarbeit mit Vietnam in den 50er Jahren. Die „Vereinbarung über die Zusammenarbeit zwischen dem MfS der DDR und dem MdI der SR Vietnam" wurde jedoch erst 1980 geschlossen, BStU, ZA, Abt. X, Bündel 188 (o. Pag.).

erst in den siebziger Jahren an Bedeutung.[98] Gemäß Dienstanweisung Nr. 2/80[99] entsandte die HV A zur „Hilfe beim Aufbau und der Festigung von Schutz- und Sicherheitsorganen progressiver junger Nationalstaaten" Berater, Ausbilder und operativ-technische Spezialisten als Einsatzkader in Länder der Dritten Welt. Die Kooperation mit dem KGB auf diesem Gebiet war bereits Bestandteil der Grundsatzvereinbarung zwischen dem MfS und dem KfS aus dem Jahre 1973.[100]

Aus den MfS-Akten ist u. a. auch das arbeitsteilige Vorgehen weiterer sozialistischen Staaten bei der Unterstützung bzw. bei dem Aufbau der Sicherheitsorgane in den Ländern der Dritten Welt ersichtlich. Neben dem KGB trat der kubanische Geheimdienst Minint als Aktivist insbesondere auf dem afrikanischen Kontinent in Erscheinung.[101] In einem aus der HV A stammenden „Bericht über die Konsultationen mit dem Minint Kubas" vom 28.10.1987 wird die Präsenz des Geheimdienstes Kubas in elf afrikanischen Ländern benannt, der auch konkrete Kampfaufträge zu erfüllen hatte.[102]

Einbezogen in die militärischen Hilfsleistungen in den Entwicklungsländern – so beim Aufbau der Polizei und des Militärapparats[103] – waren auch das Ministerium für Nationale Verteidigung und das Ministerium des Innern der DDR, wobei das MfS häufig die Rolle des Koordinators übernahm.

Zwischen 1966 und 1980 lassen sich bisher Unterstützungsmaßnahmen bzw. Arbeitsbeziehungen[104] des MfS zu den Sicherheitsorganen von Kuba[105], Vietnam, Laos, Kampuchea, Südjemen[106], Ägypten[107], Sudan[108], Kongo, Äthiopi-

---

98 Vgl. „Referat des Stellv. des Ministers, Genossen Generalleutnant Wolf, auf dem zentralen Führungsseminar vom 1.-3. März 1971", BStU, ZA, DSt 102212, S. 5 (MfS-Zählung).

99 Vgl. BStU, ZA, DSt 102675.

100 Vgl. Zusatzprotokoll zur „Vereinbarung über die Zusammenarbeit zwischen dem Ministerium für Staatssicherheit der Deutschen Demokratischen Republik und dem Komitee für Staatssicherheit der Union der Sozialistischen Sowjetrepubliken vom 6. Dezember 1973" über die Zusammenarbeit auf wissenschaftlich-technischen und operativ-technischen Gebieten; BStU, ZA, Abt. X, Bündel 2 (o. Pag.); vgl. dazu auch BStU, ZAIG, 5131, Bl. 73 ff. In einer Rededisposition zu Gesprächen mit dem KfS „Zu einigen Problemen der Zusammenarbeit mit den Schutz- und Sicherheitsorganen von Nationalstaaten im arabischen und afrikanischen Raum" von 1970 heißt es im Zusammenhang mit Abstimmungsfragen: „Auf Grund der Tatsache, daß die Sowjetunion als Weltmacht in allen in Frage kommenden Ländern so oder so engagiert ist, während die Rolle und die Möglichkeiten der DDR naturgemäß begrenzt sind, sollte unseres Erachtens das KfS hier stärker initiativ sein und auch hier seine zentrale Rolle bewußt wahrnehmen.", BStU, ZA, ZAIG 5131, Bl. 73 ff.

101 In einem aus der HV A stammenden „Bericht über die Konsultationen mit dem Minint Kubas zur Problematik „Zusammenarbeit mit befreundeten Sicherheitsorganen (Afrika) und Unterstützung derselben" vom 28.10.1987 wird die Präsenz Kubas in 11 afrikanischen Ländern benannt, BStU, ZA, Abt. X, Bündel 180 (nicht erschl. Mat., o. Pag.).

102 Vgl. ebenda.

103 Vgl. Tantzscher: Die Stasi und ihre geheimen Brüder, S. 612 ff.

104 Vgl. ebenda, S. 613 ff.

105 Aus einer „Vorlage Reise einer Delegation des MfS der DDR zum Besuch des Ministeriums des Innern in der Republik Kuba bis März 1970" geht hervor, daß eine Vereinbarung über die geheimdienstliche Zusammenarbeit auf Ministerebene vorbereitet werden sollte. Die Vereinbarung wurde bisher noch nicht aufgefunden, BStU, ZA, SdM 1436, Bl. 16 ff.

106 Von der „Vereinbarung über die Zusammenarbeit zwischen dem Ministerium für Staatssicherheit der Deutschen Demokratischen Republik und dem Komitee für Staatssicherheit der Volksdemokra-

en[109], Mocambique[110], Sambia[111], Sansibar/ Tansania[112], Angola, Nikaragua und Grenada nachweisen.

Zwischen 1966 und 1984 stellte das MfS in Form „solidarischer Unterstützung" über 248 Mio. Mark der DDR und 14,1 Mio. Valuta-Mark zur Verfügung.[113] An erster Stelle steht dabei Südjemen mit rund 94 Mio. Mark, gefolgt von Vietnam mit 48 Mio., Tansania über 22 Mio. Mark, Laos 3,5 Mio. Mark und Nikaragua 2,5 Mio. Mark. Ebenfalls aufgeführt werden die „Palästinensischen Befreiungsbewegungen" (PLO), die mehr als 8 Mio. Mark vom MfS erhielten. Zu den bevorzugten Befreiungsbewegungen gehörten des weiteren die rhodesische ZAPU (Simbabwe), die Südwestafrikanische Volksorganisation von Namibia (SWAPO) und der Afrikanische Nationalkongreß von Südafrika (ANC).[114]

In einem Schreiben von Fiedler, Hauptverwaltung A, Abt. III/AG an den Leiter der Abteilung X, Damm, vom 18. Dezember 1984 wird eine Zusammenstellung der „Realisierten Maßnahmen zur Zusammenarbeit mit Sicherheitsorganen in Nationalstaaten 1984" übersandt. Diese Aufstellung erlaubt Einblicke in die Zusammenarbeit des MfS mit den Sicherheitsorganen Mocambiques, Jemens, Äthiopiens, Angolas, Tansanias, Nikaraguas, des ANC und der SWAPO.[115]

tischen Republik Jemen" wurde bisher nur das dazugehörige „Protokoll für die vorgesehenen Maßnahmen der Zusammenarbeit(...)" aufgefunden, BStU, ZA, Abt. X Nr. 234, Bl. 2 ff.

107 BStU, ZA, Abt. X 111, Bl. 7 ff.

108 Eine „Vereinbarung" zwischen dem MfS und den Sicherheitsorganen der Demokratischen Republik Sudan wird in einer Mitteilung der Abteilung X an die HA Kader und Schulung vom 26.3.1970 erwähnt, BStU, ZA, Abt. X 237, Bl. 20.

109 Eine „Notiz über die Beratung zwischen den Delegationen des MfS der DDR und des MfÖS Äthiopiens am 4.6.1987 im MfS der DDR" besagt, daß Äthiopien sich 1977 „an die Partei- und Staatsführung der DDR zwecks Unterstützung beim Aufbau eines einheitlichen Sicherungsorgans" wandte, BStU, ZA, Abt. X Nr. 92, Bl. 273.

110 Entwurf der „Vereinbarung über die Zusammenarbeit zwischen dem Ministerium für Staatssicherheit der Deutschen Demokratischen Republik und dem Sicherheitsorgan der Volksrepublik Mocambique" von 1978, Unterzeichner Minister Mielke und Nationaler Direktor des SNAP der VRM, Velose, BStU, ZA, Abt. X 90, Bl. 92 ff; vgl. auch „Vereinbarung über die Zusammenarbeit zwischen dem Ministerium für Staatssicherheit (MfS) der Deutschen Demokratischen Republik und dem Nationalen Volkssicherheitsdienst (SNAP) der Volksrepublik Mocambique" vom 29.8.1988, unterzeichnet von Minister Mielke und Minister für Sicherheit der VRM, Mariano de Araujo Matsinha, BStU, ZA, Abt. X 289, Bl. 92 ff.

111 „Protokoll über die Gebiete der Zusammenarbeit zwischen dem Sicherheitsdienst Sambias und dem Sicherheitsdienst der Ostdeutschen Demokratischen Republik" vom September 1980 (Arbeitsübersetzung, ohne Unterschrift), BStU, ZA, Abt. X 240, Bl. 18 ff.

112 Eine Zusammenarbeit ist seit Ende der 60er Jahre aktenkundig, obwohl damals auch China seinen Einfluß in Tansania stark geltend machte; vgl. „Vereinbarung über die Zusammenarbeit zwischen dem Ministerium für Staatssicherheit der Deutschen Demokratischen Republik und dem nationalen Sicherheitsorgan der Revolutionären Regierung Sansibars/Tansania" vom 25.9.1979, unterzeichnet von Minister Mielke und dem Staatsminister im Büro des Vorsitzenden des Revolutionsrates in Sansibar (Name unleserlich), BStU, ZA, Abt. X 238, Bl. 32 ff.

113 Vgl. BStU, ZA, Abt. X 107, Bl. 153 ff.

114 Vgl. HV A/III/AG, „Zusammenarbeit mit Sicherheitsorganen national befreiter Staaten und Nationaler Befreiungsbewegungen und deren Unterstützung", 7. Dezember 1985, BStU, ZA, Abt. X Nr. 93, Bl. 14 ff.

115 Vgl. BStU, ZA, Abt. X Nr. 93, Bl. 23-28, Bl. 37-38.

Die Unterstützung von seiten des MfS bestand vor allem in der Schulung von Führungskräften der Sicherheitsdienste, in militärischer Ausbildung und in enormen Waffenlieferungen.

Das MfS vermittelte Grundausbildung in Aufklärung, innerer Abwehr, Spionageabwehr, Personenschutz, Grenzkontrolle, Nachrichtenwesen und Fototechnik. Es entsandte Militär- und Sicherheitsexperten, die die neueste Sicherheitstechnik – etwa in Flughäfen und an Grenzkontrollpunkten – einbauen halfen, Nachrichtentechnik installierten und beim Aufbau von Ausbildungsstätten erhebliche Unterstützung gaben.[116]

Noch im Jahre 1989 fanden in der DDR verschiedene Ausbildungsmaßnahmen des MfS statt. Teilnehmerländer waren Mocambique, Äthiopien, Jemen, Tansania, Kongo, Nikaragua und Vietnam mit ca. 150 Teilnehmern.[117]

Aus MfS-Unterlagen wird z. B. die Unterstützung Mocambiques deutlich.[118] Diese Unterlagen belegen die Entsendung einer Operativgruppe des MfS auf den Linien Aufklärung, Spionageabwehr, Untergrund, Ökonomie, Grenzkontrolle und Nachrichtenwesen. Die materielle Unterstützung umfaßte Lieferungen (Waffen und Munition, Ausrüstung für die Sicherheitsorgane) im Gesamtwert von ca. 7 Mio. Mark.

Detaillierte Angaben über die Zusammenarbeit zwischen dem MfS und den Angehörigen der Sicherheitsorgane Nikaraguas gehen aus einem MfS-Dokument von 1989 [119] hervor. Danach wurden von der Hauptabteilung Personenschutz (PS) im Zeitraum von 1980 bis 1988 in vier Lehrgängen insgesamt 136 Geheimdienst-Mitarbeiter in den Verwendungsrichtungen Nahabsicherung, Objektsicherung, spezifisch-operative Überprüfung, Nachrichten- und Einsatzplanung ausgebildet. Die Ausbildung erfolgte in den Richtungen:

– Grundfragen des „revolutionären Weltprozesses"

– Rolle und Arbeitsweise der „imperialistischen Geheimdienste", bezogen auf die Region Mittelamerika

– Aufgaben, Mittel und Methoden des Personenschutzes insgesamt und in den Verwendungsrichtungen

– Waffen- und Schießausbildung

– Sport- und Zweikampfausbildung.[120]

Bis 1974 gab es auf dem Gebiet der militärischen Unterstützungsleistungen an Entwicklungsländer und entsprechende Organisationen keine formalisierten Regelungen. Sie wurden offenbar erstmals am 3. Januar 1975 mit Befehl

---

116 Vgl. Tantzscher: Die Stasi und ihre geheimen Brüder, S. 615 f.
117 Vgl. BStU, ZA, Abt. X Nr. 53, Bl. 1 ff.
118 Vgl. a. Anm. 115 a.O.
119 Vgl. BStU, ZA, Abt. X Nr. 107, Bl. 136 f.
120 Vgl. ebenda, „Internationale Ausbildungshilfe für Angehörige der Sicherheitsorgane der Republik Nikaragua im Personenschutz in der DDR", S. 136 f.

Nr. 2/75 des Ministers für Nationale Verteidigung (GVS- Nr. A 257953) fest-gelegt.[121]

Die ab 1966 erstmals dokumentierten Unterstützungsleistungen bestanden hauptsächlich aus Kampftechnik, Bewaffnung, Munition, Ersatzteilen und anderem militärtypischem Material sowie Transportleistungen. Im wesentlichen wurden geliefert: Flugzeuge mit Ersatztriebwerken, zugehörende Bewaffnung sowie Munition, Panzer, Flugabwehrraketen, Geschütze, Panzerabwehrwaffen und große Stückzahlen Infanteriewaffen (Maschinenpistolen mit entsprechender Munition).[122]

In Übersichten und Meldungen wurde der Wert der Waffenlieferungen extrem niedrig angesetzt. Der Grund hierfür ist aus den Dokumenten nicht ersichtlich. Wahrscheinlich sollte bei einem Bekanntwerden der Summen nicht direkt auf den tatsächlichen Umfang sowie die Art der Unterstützungsleistungen geschlossen werden können.[123] 1967/68 wurde z. B. im „Zusammenhang mit der israelischen Aggression" der Wert von 50 Jagdflugzeugen MiG-17 mit Ersatztriebwerken, 103 Geschützen und Panzerabwehrkanonen, 20.000 Handfeuerwaffen mit Munition, 150.000 Schützenminen und 3.500 Handgranaten nur mit 44 Mio. Mark veranschlagt (Lieferung an die Vereinigte Arabische Republik= Ägypten und Syrien).[124]

1977 wird der Wert von 30 mittleren Panzern T 34/85 einschließlich vier Kampfsätze Munition pro Panzer sowie zugehörende Ersatzteilsätze insgesamt nur mit 2,5 Mio. Mark angegeben (Lieferung an die Volksrepublik Mocambique).[125]

Im November 1973 übergab die NVA in Abstimmung mit dem MfS „anläßlich der erneuten israelischen Aggression" der Syrischen Arabischen Republik eine Lieferung, die u. a. 12 Abfangjagdflugzeuge MiG-21, 62 Panzer T-54 sowie zugehörende Bewaffnung und Munition enthielt.[126]

Von 1973 bis 1975 erhielt Vietnam ca. 40.000 Maschinenpistolen, 900 Panzerfäuste, 40 Mio. Schuß Infanteriemunition, 100 rückstoßfreie Geschütze ein-

---

121 Vgl. Engelhardt: Unterstützung befreundeter Staaten, S. 317 ff.
122 Vgl. ebenda, S. 318.
123 Vgl. dazu „Festlegung zur Planung, Abrechnung, Nachweisführung, Verrechnung und Kontrolle finanzieller Mittel der materiell-technischen Sicherstellung im Rahmen der gegenseitigen Unterstützung befreundeter Sicherheitsorgane", BStU, ZA, Abt. Finanzen Nr. 1540, Bl. 158 ff.
124 Ministerrat der Deutschen Demokratischen Republik, Ministerium für Nationale Verteidigung, Der Minister, GVS-Nr. A 461 304, Berlin, 01.04.1977, Bl. 3/4 (AZN 32656), zit. nach Engelhardt Heinrich, Unterstützung befreundeter Staaten und progressiver nationaler Befreiungsbewegungen durch die NVA, S. 318.
125 Ministerrat der Deutschen Demokratischen Republik, Ministerium für Nationale Verteidigung, Der Minister, GVS-Nr. 391 514, Berlin, 31.01.1977, Bl. 2 (AZN 32656).
126 Chronik des Ministeriums für Nationale Verteidigung vom 01.12.1972 bis 31.11.1973, GKdos-Nr. A 327 102, Bl. 241.

schließlich Munition sowie Funkstationen, Feldfernkabel, Ersatzteile und Sanitätsmaterial.[127]

1978, 1984 und 1989 lieferte die NVA, wie vorliegende Dokumente belegen, größere Stückzahlen Panzer T-34/85, Panzerabwehrkanonen und Infanteriewaffen an Äthiopien.[128]

Wie aus einem Schreiben an den Vorsitzenden des Nationalen Verteidigungsrates, Honecker, hervorgeht, lieferte die NVA 1976 nach Angola kostenlos 20 Panzer T-34/85 mit Munition und Ersatzteilen. Der Gesamtwert dieser „Hilfe" betrug nach DDR-Angaben 4,5 Mio. Mark.[129]

Über den gesamten Zeitraum von 1966 bis 1989 erhielten insgesamt 26 Entwicklungsländer und Organisationen Lieferungen im Wert von 641,4 Mio. Mark. Nicht enthalten in dieser Summe sind ca. 370 Mio. Mark für Unterstützungsleistungen auf dem Gebiet der militärischen und sicherheitspolitischen Ausbildung.[130]

Der Gesamtwert der materiellen und personellen Unterstützungsleistungen für die Sicherheitsorgane der Entwicklungsländer durch MfS und NVA betrug somit – nach bisheriger Quellenlage – insgesamt 1,01 Mrd. Mark.

Wie aus den angeführten MfS-Dokumenten hervorgeht, stand die politisch-ideologische Ausbildung der Sicherheitskader aus den Entwicklungsländern an hervorgehobener Stelle. Erst in zweiter Linie folgten die militärische Ausbildung von Personal, die Lieferung von Waffen und Geräten sowie die militärtechnische Zusammenarbeit. Das MfS und das KGB nutzten diese Unterstützungen und Verbindungen auch, um etwa in benachbarten Regionen mit Hilfe des Kooperationspartners neue Spionagestützpunkte zu schaffen. So sollten mit dem Geheimdienst Jemens 1981 „Voraussetzungen zum Aufbau von Agenturen im Innenministerium Saudi-Arabiens und im Außenministerium Kuweits geschaffen werden"[131].

Aus dem Dargelegten wird die Vernetzung der ehemals verbündeten Geheimdienste weit über die Grenzen der östlichen Staatengemeinschaft hinaus deutlich. Die Stasi bildete – nicht zuletzt durch die existentielle Abhängigkeit der DDR von der sowjetischen Führungsmacht – eines der stärksten Bindeglieder in der Gemeinschaft „geheimer Brüder".[132]

127 Chronik des Ministeriums für Nationale Verteidigung vom 01.12.1972 bis 31.11.1973, vom 01.12.1973 bis 30.11.1974 und vom 01.12.1974 bis 30.11.1975, GKdos-Nr. A 327 102, Bl. 239, A 327 411, Bl. 265 und A 398 247, Bl. 109.
128 Chronik des Ministeriums für Nationale Verteidigung vom 01.12.1977 bis 30.11.1978, vom 01.12.1983 bis 30.11.1984 und vom 01.12.1988 bis 30.11.1989, GKdos-Nr. 502 541, Bl. 295, A 612 512, Bl. 31 und GVS-Nr. A 917 020, Bl. 34.
129 Vgl. Dokument GVS A 391 151.
130 Vgl. Engelhardt: Unterstützung befreundeter Staaten, S. 325.
131 BStU, ZA, Abt. X Nr. 234, Bl. 3.
132 Vgl. Tantzscher: Die Stasi und ihre geheimen Brüder, S. 620.

3. Zunehmende Aktivitäten russischer Geheimdienste in den neuen Bundesländern – Seilschaften zu früheren Stasi-Mitarbeitern

Der Verfassungsschutz in den neuen Bundesländern muß sich zunehmend mit Aktivitäten russischer und anderer östlicher Geheimdienste auseinandersetzen. Zum Teil werden alte Verbindungen zu ehemaligen Stasimitarbeitern reaktiviert.

Die russischen Spionagedienste konzentrieren sich nicht mehr auf die klassischen Spionagefelder Politik und Militär, sondern mit steigender Tendenz auf Technologie, Wissenschaft und Wirtschaft. Präsident Boris Jelzin persönlich hat die Wirtschaftsspionage zu einer wichtigen Aufgabe der Geheimdienste erklärt, um die russische Mißwirtschaft durch gezielte Informationsbeschaffung abzufedern. In Rußland ist Spionage offiziell Regierungspolitik.

Russische Geheimdienste gehen dabei äußerst variantenreich, vielschichtig und subtil vor. Unter anderem gründen sie Firmen, die nur einen einzigen Zweck zu erfüllen haben: Beschaffung von Erkenntnissen und Waren, die auf normalem Wege nicht zu bekommen sind. In Einzelfällen kommen offenbar alte Seilschaften zwischen ehemaligen MfS-Mitarbeitern und Ex-KGB-Mitarbeitern zum Tragen, die für neue Spionagetätigkeiten wieder aktiviert werden.

Mittlerweile sind in den neuen Bundesländern mehrere Tarnfirmen aufgeflogen, die nur gegründet wurden, um westliche Hochtechnologie zu beschaffen. Die Moskauer Agenten sind auch nach dem Ende des Kalten Krieges in Deutschland überproportional aktiv.[133] Die Nachfolgeorganisationen des KGB machen sich im Bereich der Westspionage geradezu Konkurrenz.

Hansjörg Geiger, Präsident des BND, warnt vor allem deutsche Firmen, die mit Rußland Joint-ventures unterhalten. In einer Reihe dieser Firmen seien ehemalige KGB-Offiziere tätig. Das Bundesamt für Verfassungsschutz hatte 1995 165 russische Spione enttarnt. Sie stammen zum einen aus dem Konsular- und Botschaftsbereich, andere haben aber auch eine „zivile Legende" als Firmen- und Handelsvertreter, Wissenschaftler, Künstler oder Journalisten. So z. B. ermittelt seit 1997 das Bundeskriminalamt gegen zwei Deutsche wegen Verdachts der geheimdienstlichen Agententätigkeit für das ehemalige sowjetische KGB und dessen russischen Nachfolger SWR. Die beiden Männer werden beschuldigt, von 1983 bis 1994 Informationen aus deutschen Flugzeugwerken an das DDR-Ministerium für Staatssicherheit bzw. an den russischen Geheimdienst SWR übermittelt zu haben. Die Dasa (Daimler-Benz Aerospace) AG unterhält in und bei Hamburg verschiedene Werke, in denen in erster Linie Teile für den Mittelstrecken-Airbus 319 gefertigt werden. Einer der Beschuldigten war seit 1980 bei der Dasa beschäftigt. 1983 habe er sich, so die Bun-

---

133 Vgl. dazu „Der neue Agentenkrieg. Vertrauliche Dossiers der Sicherheitsbehörden belegen: Moskau aktiviert alte Geheimdienstnetze und schickt immer mehr Spione nach Deutschland", Focus 5/1997; vgl. dazu auch die Verfassungsschutzberichte ab 1991-1997.

desanwaltschaft, zur Mitarbeit beim MfS verpflichtet und Informationen über die Fertigung des Verkehrsflugzeugs geliefert. Da die DDR solche Flugzeuge nicht herstellte, habe das MfS die Informationen an den sowjetischen Geheimdienst weitergeleitet. Nach dem Umbruch 1989 habe sich einer der Beschuldigten bereit erklärt, weiter für das KGB und dessen Nachfolgeorganisation SWR zu arbeiten. Für den russischen Geheimdienst sind Elektronikkenntnisse beim Airbus-Bau von besonderem Interesse, vor allem das System „Fly by wire", bei dem Computersteuerbefehle über Laserlichtleitungen gehen.

Der Verfall des sowjetischen Imperiums zeigt, daß ein Sicherheitsdienst letztlich keine „Wunderwaffe" ist, um Mängel des wirtschaftlichen und politischen Systems und der politisch-strategischen Entscheidungen auf die Dauer wettzumachen. Schließlich riskiert ein Staat, der zu solchen Methoden greift, daß evtl. auch noch die eigenen Dienste der Kontrolle der politischen Führung entgleiten, mit entsprechenden Gefahren für die eigene Innenpolitik.

Stalins Großer Terror bleibt gerade in Rußland ein national prägendes Schrekkenserlebnis und eine Warnung. Der russische Nachrichtendienst, der die „Hauptgegner" des alten KGB verloren hat, wird sich künftig – sofern es nicht eine autoritäre Restauration gibt – in erster Linie auf einen vormals internen Bereich konzentrieren müssen: Die Entwicklungen in den ehemaligen Sowjetrepubliken, die zum Teil zu potentiellen neuen Gegenspielern geworden sind bzw. aufgrund interner Krisen- und Destabilisierungstendenzen zur Quelle neuer totalitärer Risiken werden. Insbesondere die restaurativen Nostalgien in den Führungen gerade der Sicherheitsapparate und die katastrophale Misere der russischen Wirtschaft und Gesellschaft – eine rote Mafia, die die gesamte Gesellschaft wie eine Krake durchzieht – begünstigen konservativ-autoritäre Strukturen im russischen Imperium.

Literaturverzeichnis

Jewgenija Albaz: Geheimimperium KGB. Totengräber der Sowjetunion, München 1992
Christopher Andrew/Olek Gordiewski: KGB. Die Geschichte seiner Auslandsoperationen von Lenin bis Gorbatschow, München 1990
Christopher Andrew: Nachrichtendienste im Kalten Krieg: Probleme und Perspektiven, in: Wolfgang Krieger/Jürgen Weber (Hrsg.), Spionage für den Frieden?, München und Landsberg am Lech 1997, S. 23-48
Arbeitspapiere und Dokumente des Forschungsverbundes SED-Staat Nr. 3/1993, SED-Politbüro und polnische Krise 1980-1982, Berlin 1993
George Bailey/ Sergej A. Kondraschow/ David E. Murphy: Die unsichtbare Front. Der Krieg der Geheimdienste im geteilten Berlin, Berlin 1997
Wadim Bakatin: Im Inneren des KGB, Frankfurt a.M. 1993. Die russische Originalausgabe erschien 1992 unter dem Titel „Isbawlenije ot KGB", Verlag Nowosti, Moskau 1992
John Barron: KGB. Arbeit und Organisation des sowjetischen Geheimdienstes in Ost und West. Mit einem Beitrag von Alexander Solschenizyn, Bern, München 1974

Bericht des 1. Untersuchungsausschusses des 12. Deutschen Bundestages, Der Bereich Kommerzielle Koordinierung und Alexander Schalck-Golodkowski, Drucksache 12/9600, Bonn 1994

Gerhard Besier/Stephan Wolf (Hrsg.): „Pfarrer, Christen und Katholiken". Das Ministerium für Staatssicherheit der ehemaligen DDR und die Kirchen, 2. Aufl., Neukirchen-Vluyn 1992

Gerhard Besier: Der SED-Staat und die Kirche 1969-1990, Berlin 1995

Lew Besymenski: Sowjetischer Nachrichtendienst und Wiedervereinigung Deutschlands: Der Berija-Plan von 1953, in: Wolfgang Krieger/Jürgen Weber (Hrsg.): Spionage für den Frieden?, München und Landsberg am Lech 1997, S. 155-159

Günter Bohnsack/Herbert Brehmer: Auftrag: Irreführung. Wie die Stasi im Westen Politik machte, Hamburg 1992

Astrid von Borcke: KGB. Die Macht im Untergrund, Neuhausen-Stuttgart 1987

Astrid von Borcke: Der KGB in der sowjetischen Außen- und Sicherheitspolitik, in: Berichte des Bundesinstituts für ostwissenschaftliche und internationale Studien, 34/1992

Astrid von Borcke: Sinn und Unsinn der Geheimdienste. Die Lehren aus den Erfahrungen des KGB und der neue russische Nachrichtendienst, in: Berichte des Bundesinstituts für ostwissenschaftliche und internationale Studien, 36/1992

Alexander Busgalin/Andrej Kolganow: Rußland – Die neue Gefahr aus dem Osten, Berlin 1996

Irene Chaker: Die Arbeit der Hauptverwaltung Aufklärung (HV A) im „Operationsgebiet" und ihre Auswirkungen auf oppositionelle Bestrebungen in der DDR, in: Materialien der Enquete-Kommission „Aufarbeitung von Geschichte und Folgen der SED-Diktatur in Deutschland" des Deutschen Bundestages (12. Wahlperiode), Bd. VIII, Baden-Baden 1995, S. 126-242

Der Generalbundesanwalt beim Bundesgerichtshof, Anklageschrift gegen Generaloberst a.D. Markus Wolf, Karlsruhe 1992

Der Generalbundesanwalt beim Bundesgerichtshof, Anklageschrift gegen Dr. Günter Kratsch, Wolfgang Lohse, Wolfgang Mauersberger, Kurt Ulbrich, Karlsruhe 1992

Deutscher Bundestag, 12. Wahlperiode, Drucksache 12/1088, Antwort der Bundesregierung auf die Kleine Anfrage des Abgeordneten Werner Schulz (Berlin) und der Gruppe Bündnis 90/DIE GRÜNEN. System der vereinigten Erfassung von Informationen über den Gegner (SOUD) der früheren „sozialistischen" Geheimdienste, S. 1-5

Deutscher Bundestag, 12. Wahlperiode, Drucksache 12/2041, Antwort der Bundesregierung auf die Kleine Anfrage des Abgeordneten Ingrid Köppe und der Gruppe Bündnis 90/DIE GRÜNEN. Informationen des Bundeskriminalamtes zum internationalen Datenspeicher SOUD in Moskau, S. 1-3

Bernd Eisenfeld: Die Zentrale Koordinierungsgruppe – Bekämpfung von Flucht und Übersiedlung (Anatomie der Staatssicherheit. Geschichte, Struktur, Methoden. MfS-Handbuch, hrsg. von Klaus-Dietmar Henke/ Siegfried Suckut u. a., Teil III/17), BStU, Berlin 1995

Heiner Emde: Spionage und Abwehr in der Bundesrepublik Deutschland von 1979 bis heute, Bergisch-Gladbach 1986

Heinrich Engelhardt: Unterstützung befreundeter Staaten und progressiver nationaler Befreiungsbewegungen durch die NVA, in: Klaus Naumann (Hrsg.), NVA. Anspruch und Wirklichkeit nach ausgewählten Dokumenten, Berlin, Bonn 1993, S. 317-329

Jan von Flocken/Michael Klonovsky: Stalins Lager in Deutschland 1945-1950. Dokumentation – Zeugenberichte, Berlin 1991

Bernd Florath/Armin Mitter (Hrsg.): Die Ohnmacht der Allmächtigen: Geheimdienste und politische Polizei in der modernen Gesellschaft, Berlin 1992

Karl Wilhelm Fricke: Politik und Justiz in der DDR. Zur Geschichte der politischen Verfolgung 1945-1968, Bericht und Dokumentation, Köln 1979

Karl Wilhelm Fricke: Die DDR-Staatssicherheit. Entwicklung/Strukturen/Aktionsfelder, Köln (3. Aufl.), Köln 1989

Karl Wilhelm Fricke: MfS intern. Macht, Strukturen, Auflösung der DDR-Staatssicherheit, Köln 1991

Karl Wilhelm Fricke/Bernhard Marquardt: DDR-Staatssicherheit. Das Phänomen des Verrats. Die Zusammenarbeit von MfS und KGB, Bochum 1995

Karl Wilhelm Fricke: Funkmanuskript Deutschlandfunk vom 23. Mai 1995

Karl Wilhelm Fricke: Stichwort Staatssicherheit, in: Rainer Eppelmann, Horst Möller u. a. (Hrsg.), Lexikon des DDR-Sozialismus, Paderborn, München, Wien, Zürich 1996, S. 595-601

Karl Wilhelm Fricke: Ordinäre Abwehr – elitäre Aufklärung? Zur Rolle der Hauptverwaltung A im Ministerium für Staatssicherheit, in: Aus Politik und Zeitgeschichte, Beilage zur Wochenzeitung Das Parlament, B 50/97, S. 17-26

Joachim Gauck: Die Stasi-Akten. Das unheimliche Erbe der DDR, Hamburg 1991

David Gill/Ulrich Schröter: Das Ministerium für Staatssicherheit. Anatomie des Mielke-Imperiums, Berlin 1991

O. Kalugin: The First Directorate. My 32 Years in Intelligence and Espionage against the West, New York 1994

Wjatscheslaw Keworkow: Der geheime Kanal. Moskau, der KGB und die Bonner Ostpolitik. Mit einem Nachwort von Egon Bahr, Berlin 1995

Wolfgang Kiessling: Paul Merker in den Fängen der Sicherheitsorgane Stalins und Ulbrichts, Berlin 1995

Hubertus Knabe: Die Stasi als Problem des Westens, in: Aus Politik und Zeitgeschichte, Beilage zur Wochenzeitung Das Parlament, B 50/97, S. 3-16

Guido Knopp: Top-Spione. Verräter im Geheimen Krieg, München 1994

Guido Knopp u. a.: Vatikan. Die Macht der Päpste, München 1997

Siegfried Kogelfranz: KGB intern, in: Spiegel special, 1/1996, S. 86-92

Sergej A. Kondraschow: Stärken und Schwächen der sowjetischen Nachrichtendienste, insbesondere in bezug auf Deutschland in der Nachkriegszeit, in: Wolfgang Krieger/Jürgen Weber (Hrsg.), Spionage für den Frieden?, München und Landsberg am Lech 1997, S. 145-153

Wolfgang Krieger/Jürgen Weber (Hrsg.): Spionage für den Frieden?, München und Landsberg am Lech 1997

Ernst-Joachim Lampe (Hrsg.): Die Verfolgung von Regierungskriminalität nach der Wiedervereinigung, Bd. II, Köln u. a. 1993

Martin Malia: Vollstreckter Wahn. Rußland 1917-1991, Stuttgart 1994

Bernhard Marquardt: Der Totalitarismus – ein gescheitertes Herrschaftssystem. Eine Analyse der Sowjetunion und anderer Staaten Ost-Mitteleuropas, 2. Aufl., Bochum 1992

Bernhard Marquardt/Karl Wilhelm Fricke: DDR-Staatssicherheit. Das Phänomen des Verrats. Die Zusammenarbeit von MfS und KGB, Bochum 1995

Bernhard Marquardt: Die Zusammenarbeit von MfS und KGB, in: Materialien der Enquete-Kommission „Aufarbeitung von Geschichte und Folgen der SED-Diktatur in Deutschland" des Deutschen Bundestages (12. Wahlperiode), Bd. VIII, Baden-Baden 1995, S. 297-361

Armin Mitter/Stephan Wolle (Hrsg.): Ich liebe euch doch alle! Befehle, Lageberichte des MfS, Januar-November 1989, Berlin 1990

Klaus Naumann (Hrsg.): NVA. Anspruch und Wirklichkeit nach ausgewählten Dokumenten, Berlin, Bonn 1993

Notiz über die Besprechung des Genossen Minister E. Mielke mit dem Stellvertreter des Vorsitzenden des KfS der UdSSR und Leiter der I. Hauptabteilung – Genossen

Generalmajor L. Schebarschin – am 7.4.1989, in: BStU, ZA, ZAIG 5198, Bl. 100-139, Einleitung und Dokumentation von W. Süß, in: Deutschland Archiv, 26. Jg. 9/1993, S. 1015-1034

Nikita Petrov: Die Apparate des NKVD und des MGB in Deutschland (1945-1953). Eine historische Skizze, in: von Plato Alexander et al. (Hrsg.), Sowjetische Speziallager in Deutschland (1945-1950), Bd. 1, Studien und Berichte, Berlin 1998, S. 143-157

Hubert Reichel: Schüsse auf dem Petersplatz. Hintergründe und Hintermänner des Papst-Attentates und die „Bulgarian Connection", Frankfurt a.M. 1984

Ralf Georg Reuth/Andreas Bönte: Das Komplott. Wie es wirklich zur deutschen Einheit kam, München 1993

Manfred Schell/Werner Kalinka: Stasi und kein Ende. Die Personen und Fakten, Berlin/Frankfurt a.M. 1991

Friedrich Wilhelm Schlomann: Die Maulwürfe. Noch sind sie unter uns, die Helfer der Stasi im Westen, München 1993

Erich Schmidt-Eenboom: Schnüffler ohne Nase. Der BND. Die unheimliche Macht im Staate, Düsseldorf, Wien u. a. 1993

Silke Schumann: Parteierziehung in der Geheimpolizei. Zur Rolle der SED im MfS der fünfziger Jahre. Analysen und Dokumente. Wissenschaftliche Reihe des Bundesbeauftragten für die Unterlagen des Staatssicherheitsdienstes der ehemaligen DDR, Bd. 9, Berlin 1997

Heribert Schwan: Erich Mielke. Der Mann, der die Stasi war, München 1997

Rita Sélitrenny/Thilo Weichert: Das unheimliche Erbe. Die Spionageabteilung der Stasi, Leipzig 1991

Peter Siebenmorgen: „Staatssicherheit" der DDR. Der Westen im Fadenkreuz der Stasi, Bonn 1993

Stasi intern. Macht und Banalität, hrsg. vom Leipziger Bürgerkomitee zur Auflösung des MfS/AfNS, 2. Aufl., Leipzig 1992

Claire Sterling: Wer schoß auf den Papst? Das Attentat auf Johannes Paul II., München 1985

Werner Stiller: Im Zentrum der Spionage. Mit einem Nachwort von Karl Wilhelm Frikke, 5. verbesserte Auflage, Mainz 1986

Viktor Suworow: GRU – Die Speerspitze. Spionage – Organisation und Sicherheitsapparat der Roten Armee – Aufbau, Ziele, Strategie, Arbeitsweise und Führungskader, Bern, München, Wien 1985

Monika Tantzscher: Was in Polen geschieht, ist eine Lebensfrage! Das MfS und die polnische Krise 1980/81, in: Enquete-Kommission „Aufarbeitung von Geschichte und Folgen der SED-Diktatur in Deutschland" des Deutschen Bundestages (12. Wahlperiode), Bd. V.3, Frankfurt a.M./ Baden-Baden 1995, S. 2601 ff.

Monika Tantzscher: Die Stasi und ihre geheimen Brüder, in: Diktaturen in Europa im 20. Jahrhundert – der Fall DDR, hrsg. von Timmermann Heiner, Berlin 1996, S. 595-621

Monika Tantzscher: Die verlängerte Mauer. Die Zusammenarbeit der Sicherheitsdienste der Warschauer-Pakt-Staaten bei der Verhinderung von „Republikflucht", veröffentlicht in diesem Band

Dieter Voigt: Mord – Eine Arbeitsmethode des Ministeriums für Staatssicherheit, in: Politische Studien, Heft 349, 47. Jg. , München 1996, S. 43-67

Hermann Weber: „Weiße Flecken" in der Geschichte. Die KPD-Opfer der Stalinschen Säuberungen und ihre Rehabilitierung, Berlin 1990

Falco Werkentin: Politische Strafjustiz in der Ära Ulbricht, Berlin 1995

Anne Worst: Das Ende eines Geheimdienstes. Oder: Wie lebendig ist die Stasi, Berlin 1991

Vladislav Zubok: Der sowjetische Geheimdienst in Deutschland und die Berlinkrise 1958-1961, in: Wolfgang Krieger/Jürgen Weber (Hrsg.), Spionage für den Frieden?, München und Landsberg am Lech 1997, S. 121-143

Veröffentlichte Dokumente des Bundesbeauftragten für die Unterlagen des Staatssicherheitsdienstes der ehemaligen Deutschen Demokratischen Republik:

Die Inoffiziellen Mitarbeiter. Richtlinien, Befehle, Direktiven, Reihe A: 2 Bände, Berlin 1992

Das Wörterbuch der Staatssicherheit, Definitionen des MfS zur „politisch-operativen Arbeit", Reihe A, Nr. 1/93, Berlin 1993

Die Organisationsstruktur des Ministeriums für Staatssicherheit 1989. Vorläufiger Aufriß nach dem Erkenntnisstand von Juni 1993, Reihe A, Nr. 2/93, Berlin 1993

Monika Tantzscher: Maßnahme Donau und Einsatz Genesung – Die Niederschlagung des Prager Frühlings 1968/69 im Spiegel der MfS-Akten, BStU, Abt. Bildung und Forschung, Reihe B, Analysen und Berichte Nr. I/1994, Berlin 1994

Süß Walter: Entmachtung und Verfall der Staatssicherheit, Ein Kapitel aus dem Spätherbst 1989, Reihe B, Nr. 5/1994, Berlin 1994

Bodo Wegmann/Monika Tantzscher: SOUD – Das geheimdienstliche Datennetz des östlichen Bündnissystems, in: Analysen und Berichte des Bundesbeauftragten für die Unterlagen des Staatssicherheitsdienstes der ehemaligen Deutschen Demokratischen Republik, Reihe B, Nr. 1/96, Berlin 1996

Zusammenfassung

1. Das Ministerium für Staatssicherheit war für die SED und ihre Politbürokratie konstitutives Herrschaftsinstrument ihrer Diktatur: „Schild und Schwert der Partei". Im MfS bündelten sich die durch Gesetz nicht definierten Kompetenzen einer politischen Geheimpolizei, eines mit exekutiven Befugnissen ausgestatteten Untersuchungsorgans bei „Staatsverbrechen" sowie bei „Straftaten gegen die staatliche Ordnung" und eines geheimen Nachrichtendienstes.

   Die Einzigartigkeit von Mielkes Terror- und Spitzelsystem wurde von einem östlichen Geheimdienst in den Schatten gestellt: dem KGB. Die ostdeutsche Tschekisten-Organisation blieb letztlich doch nur Ableger und Filiale des sowjetischen KGB mit dessen Heer von ca. 500.000 Hauptamtlichen Mitarbeitern und bis zu 7 Mio. Inoffiziellen Mitarbeitern (IM), die „Stukatschi".

2. Die Untersuchung der geheimdienstlichen Kooperation des Ministeriums für Staatssicherheit mit dem KGB und anderen Geheimdiensten, die Rekonstruktion der Strukturen und der Arbeitsweise des Staatssicherheitsdienstes der DDR anhand seiner Archivalien ist ein mühseliger Prozeß. Zu viele Akten sind vernichtet worden, andere wiederum sind noch heute unerschlossen.

   Besonders rigoros wurde 1989/90 in der Endphase des Ministeriums für Staatssicherheit bzw. des Amtes für Nationale Sicherheit (AfNS) die Beseitigung von Akten und Unterlagen über die internationale geheimdienstliche Kooperation betrieben.

Offensichtlich muß vieles noch gründlich geklärt werden, insbesondere hinsichtlich der gemeinsamen Aktionen von MfS und KGB in der alten Bundesrepublik, bei denen es so aussieht, als bestehe auch im Westen kein ungeteiltes Interesse an Aufklärung.

3. Bei der Kooperation des MfS mit dem KGB zeichnen sich unterschiedliche Phasen ab: Die erste umfaßt die Anfangszeit von 1950 bis etwa 1952/53, in der der noch schwache Apparat des MfS von den sowjetischen Instrukteuren des KGB regelrecht geführt wurde. Die Rolle der sowjetischen Instrukteure beschränkte sich nicht nur auf die Anleitung und Kontrolle der operativen Arbeit, sondern erstreckte sich auch auf die Parteiarbeit in der Staatssicherheit.

Das russische Mißtrauen gegenüber dem MfS ging so weit, daß sie die offizielle Tätigkeit ihrer Instrukteure im MfS durch „inoffizielle Mitarbeiter" flankierten. Zudem erstreckte sich der sowjetische Zugriff auf die DDR-Staatssicherheit bis auf die Inthronisierung des MfS-Chefs. Erich Mielke, von Walter Ulbricht schon 1950 als Minister favorisiert, konnte erst 1957 in dieses Amt „befördert" werden – nach zweimaligem sowjetischen Veto.

1953 bis 1957 schloß sich in der DDR eine Zwischenphase an, die etwa mit der Amtszeit von Ernst Wollweber identisch war, in der die Staatssicherheit zwar eine größere Selbständigkeit gewann, die nunmehr als „Berater" bezeichneten KGB-Offiziere aber weiterhin auf allen Ebenen eine faktische Weisungskompetenz in operativen Fragen und Vetobefugnisse bei bedeutsamen Leitungsentscheidungen hatten. Die „Berater" wurden sukzessive reduziert und 1958 in Verbindungsoffiziere umbenannt. Formal war das MfS jetzt vom KGB unabhängig, das Verhältnis wurde von nun an durch schriftliche Vereinbarungen und Verträge auf der Ebene einer formalen Gleichberechtigung geregelt, doch besonders in verschiedenen Schlüsselbereichen, insbesondere in der Militärabwehr (HA I), der Spionageabwehr und der Aufklärung (HV A), sicherte sich der sowjetische Geheimdienst nach wie vor unmittelbaren Einblick und Einfluß.

Die Feststellung, daß die Anleitungs- und Kontrollmaßnahmen des KGB in ihrem Wesen, wenn auch nicht in der Form, für Armee und Staatssicherheit bis zum Systemkollaps 1989 erhalten blieben, dokumentieren Vereinbarungen und gemeinsame Perspektivpläne bis 1992. Das abgestimmte, wenngleich nicht immer reibungslos-effektive Zusammenwirken mit den Geheimdiensten der „sozialistischen Bruderländer" ergänzte die historisch einmalig enge Kooperation zwischen KGB und MfS, die MfS-Residenturen in Moskau und anderen Ostblockstädten einschloß.

4. In den siebziger Jahren wurde die Zusammenarbeit des MfS mit den Geheimdiensten der anderen Ostblockländer zielstrebig verstärkt. Davon zeugen die abgeschlossenen Grundsatzvereinbarungen über die Zusammenarbeit mit den Staatssicherheitsdiensten der Sowjetunion, Polens, der Tsche-

choslowakei, Ungarns und Bulgariens sowie verschiedene Vereinbarungen auf Linienebene.

Rumänien spielte in der geheimdienstlichen Kooperation der osteuropäischen Staaten eine Außenseiterrolle. Als einziger Ostblockstaat gestattete Rumänien keinen Einsatz von MfS-Operativgruppen auf seinem Territorium und war in das „System der vereinigten Erfassung von Daten über den Gegner" (SOUD) nicht integriert.

Zu einem Schwerpunkt der Kooperation des MfS mit den Geheimdiensten des Ostblocks entwickelte sich die Verhinderung von „Republikflucht" über die Westgrenzen Ungarns, der Tschechoslowakei sowie über Bulgarien, was 1976 zur Gründung einer Zentralen Koordinierungsgruppe (ZKG) im MfS und entsprechenden Bezirkskoordinierungsgruppen führte.

Die bilaterale Zusammenarbeit verlief mit den einzelnen Ländern sehr unterschiedlich. So verweigerte Polen trotz entsprechender vertraglicher Vereinbarungen bis zuletzt eine direkte Zusammenarbeit mit den Untersuchungsorganen der DDR-Staatssicherheit. Zu Konflikten mit den Justizorganen der ČSSR, Ungarns und Polens kam es beispielsweise bei der von der DDR geforderten Auslieferung von westlichen „Fluchthelfern". Bulgarien erwies sich als bereitwilliger Kooperationspartner, wenngleich dort die Effizienz bei der Fluchtverhinderung weit unter der der ČSSR lag. Zwischen den Sicherheitsdiensten der DDR und Rumäniens gab es zu keinem Zeitpunkt eine reguläre Zusammenarbeit.

5. Hauptschwerpunkt der Zusammenarbeit zwischen MfS und KGB waren die Militär- und Wirtschaftsspionage, der „Sektor Wissenschaft und Technik" (SWT), aber auch die „Zersetzung" systemkritischer Opposition.

Die Aufgabenstellung des relativ eigenständigen Strukturbereichs der HV A, der seit Mitte der sechziger Jahre unter der Bezeichnung „Sektor Wissenschaft und Technik" (SWT) firmierte, zielte nicht nur darauf, empfindliche Lücken der eigenen Forschung und Industrieentwicklung zu schließen, sondern Grundlagen der modernen industriellen Fertigung und Schlüsseltechnologien flächendeckend auszuspionieren. Die Hauptaufgabe von SWT bestand in der konspirativen Beschaffung von wissenschaftlichen und technischen Lösungen in allen nur denkbaren Formen, von Mustern und Dokumentationen der Industrien und von internen wirtschaftsstrategischen Dokumenten westlicher Staaten, insbesondere der Bundesrepublik Deutschland.

Eine nichtstrukturelle Arbeitsgruppe „EMBARGO" im MfS beschaffte unter strengster Geheimhaltung Embargowaren und geheime Dokumente aus den westlichen Industriestaaten im Verbund mit Alexander Schalck-Golodkowski und dem Bereich Kommerzielle Koordinierung.

6. Neben dem ständigen Informationsaustausch zwischen KGB und MfS, der auf allen Gebieten stattfand, gab es ab 1977 ein geheimdienstliches Daten-

netz des östlichen Bündnissystems – SOUD, ein streng geheimgehaltener Informationsverbund von neun Sicherheitsdiensten des östlichen Bündnissystems.

Bis Ende 1987 wurden im SOUD ca. 188.000 Datensätze zu Personen gespeichert, die damit unter der Kontrolle der östlichen Geheimdienste standen.

Zu den wichtigsten „Personenkategorien" (PK) – insgesamt waren es 15 – zählten die Mitarbeiter westlicher Nachrichtendienste, Terroristen und Personen, die angeblich „politisch-ideologische Diversion" oder „subversive Tätigkeiten gegen die Staaten der sozialistischen Gemeinschaft" betrieben. Erfaßt wurden außerdem Mitarbeiter westlicher diplomatischer und konsularischer Vertretung sowie Journalisten.

Im Moskauer Zentralcomputer, aus dem die „befreundeten Dienste" jederzeit – in der höchsten Dringlichkeitsstufe binnen acht Stunden – Informationen abrufen konnten, sind Tausende Beamte und Agenten des BND registriert, weltweit mit Namen, Decknamen, Adresse, Telefonnummer, persönlichen Daten, besonderen Kennzeichen, Typen und Zulassungsnummern ihrer Autos. Das KGB und das Ministerium für Staatssicherheit konnten also über Jahre Maulwürfe in Pullacher Spitzenpositionen plazieren, die Zugang zum kompletten Personalbestand sowie zu sicherheitsrelevanten Informationen/Daten hatten.

7. Das Ministerium für Staatssicherheit war nicht nur in der DDR aktiv, sondern überzog auch die alte Bundesrepublik mit einem engmaschigen Überwachungsnetz, wie viele Dokumente und Vereinbarungen zwischen MfS und KGB belegen.

Die Anstrengungen, den Westen nachrichtendienstlich zu durchdringen, nahmen in den achtziger Jahren weiter zu, je deutlicher die Anzeichen für den politischen und ökonomischen Niedergang der DDR wurden.

Tausende von Bundesbürgern fungierten dabei in Politik, Wirtschaft, Militär, Nachrichtendiensten oder Medien als bis heute unerkannte Zuträger und Befehlsempfänger des MfS und des KGB. Die Aufarbeitung dieser „zweiten" Dimension der DDR-Staatssicherheit steht erst am Anfang – doch für eine wirkliche Bewältigung der kommunistischen Vergangenheit in Deutschland ist sie unerläßlich.

8. In den sechziger und siebziger Jahren entwickelte die vatikanische Diplomatie unter Papst Paul VI. eine ehrgeizige Ostpolitik. Damit rückte die vatikanische Ostpolitik in das Zentrum östlicher und westlicher Spionagedienste.

Dokumente des Ministeriums für Staatssicherheit der DDR belegen, daß nicht nur Papst Paul VI. jahrelang von östlichen Geheimdiensten bespitzelt wurde, sondern daß auch über Johannes Paul II. detaillierte Informationen einer hochrangigen Quelle aus dem Vatikan an Ostblock-Geheimdienste flossen.

Die MfS- und KGB-Akten dokumentieren das jahrelange Interesse der östlichen Geheimdienste am Vatikan als politischem Machtfaktor in Europa.

9. Zwischen 1966 und 1980 lassen sich bisher Unterstützungsmaßnahmen bzw. Arbeitsbeziehungen des MfS zu den Sicherheitsorganen von Kuba, Vietnam, Laos, Kampuchea, Südjemen, Ägypten, Sudan, Kongo, Äthiopien, Mocambique, Sambia, Sansibar/Tansania, Angola, Nikaragua und Grenada nachweisen.

Zu den bevorzugten Befreiungsbewegungen gehörten die „Palästinensischen Befreiungsbewegungen" (PLO), die rhodesische ZAPU, die Südwestafrikanische Volksorganisation von Namibia (SWAPO) und der Afrikanische Nationalkongreß von Südafrika (ANC).

Die Unterstützung von seiten des MfS bestand vor allem in der Schulung von Führungskräften der Sicherheitsdienste, in militärischer Ausbildung und in enormen Waffenlieferungen.

Über den gesamten Zeitraum von 1966 bis 1989 erhielten insgesamt 26 Entwicklungsländer und Organisationen Lieferungen im Wert von 641,4 Mio. Mark. Nicht enthalten in dieser Summe sind ca. 370 Mio. Mark für Unterstützungsleistungen auf dem Gebiet der militärischen und sicherheitspolitischen Ausbildung.

Der Gesamtwert der materiellen und personellen Unterstützungsleistungen für die Sicherheitsorgane der Entwicklungsländer durch MfS und NVA betrug somit – nach bisheriger Quellenlage – insgesamt 1,01 Mrd. Mark.

Es gab eine Vernetzung der ehemals verbündeten Geheimdienste weit über die Grenzen der östlichen Staatengemeinschaft hinaus. Das MfS bildete – nicht zuletzt durch die existentielle Abhängigkeit der DDR von der sowjetischen Führungsmacht – eines der stärksten Bindeglieder in der Gemeinschaft „geheimer Brüder".

10. Der Verfassungsschutz in den neuen Bundesländern muß sich zunehmend mit Aktivitäten russischer und anderer östlicher Geheimdienste auseinandersetzen. Zum Teil werden alte Verbindungen und Seilschaften zu ehemaligen MfS-Mitarbeitern reaktiviert.

Die russischen Spionagedienste konzentrieren sich nicht mehr auf die klassischen Spionagefelder Politik und Militär, sondern mit steigender Tendenz auf Technologie, Wissenschaft und Wirtschaft.

Russische Geheimdienste gehen dabei äußerst variantenreich, vielschichtig und subtil vor. Unter anderem gründen sie Firmen, die nur einen einzigen Zweck zu erfüllen haben: Beschaffung von Erkenntnissen und Waren, die auf normalem Wege nicht zu bekommen sind.

Hansjörg Geiger, Präsident des BND, warnt vor allem deutsche Firmen, die mit Rußland Joint-ventures unterhalten. In einer Reihe dieser Firmen seien ehemalige KGB-Offiziere tätig. Das Bundesamt für Verfassungsschutz hatte 1995 165 russische Spione enttarnt. Sie stammen zum einen aus dem Konsular- und Botschaftsbereich, andere haben aber auch eine „zivile Legende" als Firmen- und Handelsvertreter, Wissenschaftler, Künstler oder Journalisten.